Großkommentare der Praxis

# Strafgesetzbuch
# Leipziger Kommentar

Großkommentar

13., neu bearbeitete Auflage

herausgegeben von
Gabriele Cirener, Henning Radtke, Ruth Rissing-van Saan,
Thomas Rönnau, Wilhelm Schluckebier

**Zweiter Band**
§§ 19 bis 31

Bearbeiter:
§§ 19–21: Torsten Verrel/Alexander Linke/Johannes Koranyi
Vor §§ 22–24: Uwe Murmann
Vor §§ 25–31: Bernd Schünemann/Luís Greco
Sachregister: Christian Klie

DE GRUYTER

ISBN 978-3-11-030027-7
e-ISBN (PDF) 978-3-11-030045-1
e-ISBN (E-PUB) 978-3-11-038109-2

**Library of Congress Control Number: 2018965043**

**Bibliografische Information der Deutschen Nationalbibliothek**
Die Deutsche Nationalbibliothek verzeichnet diese Publikation in der Deutschen Nationalbibliografie; detaillierte bibliografische Daten sind im Internet über http://dnb.dnb.de abrufbar.



Satz/Datenkonvertierung: Meta Systems Publishing & Printservices GmbH, Wustermark
Druck und Bindung: CPI books GmbH, Leck



www.degruyter.com

## Verzeichnis der Bearbeiter der 13. Auflage

Dr. **Philipp Ambach**, Chief, Victim Participation and Reparations, Section Registry, International Criminal Court
**Gerhard Altvater**, Bundesanwalt beim Bundesgerichtshof (Abteilungsleiter) a. D., Karlsruhe
**Elisabeth Baier**, LL.M., Rechtsanwältin, Berlin
Dr. **Christoph Barthe**, Oberstaatsanwalt beim Bundesgerichtshof, Richter am Sondergerichtshof für den Kosovo (Kosovo Specialist Chambers)
Dr. **Alexander Baur**, Juniorprofessor an der Universität Hamburg
Dr. **Christian Brand**, Universität Konstanz
Dr. **Dominik Brodowski**, LL.M. (UPenn), Juniorprofessor an der Universität des Saarlandes
Dr. **Christoph Burchard**, LL.M., Universitätsprofessor an der Goethe-Universität Frankfurt am Main
Dr. **Jens Bülte**, Universitätsprofessor an der Universität Mannheim
**Gabriele Cirener**, Vorsitzende Richterin am Bundesgerichtshof, Leipzig
Dr. **Christoph Coen**, Oberstaatsanwalt beim Bundesgerichtshof, Karlsruhe
Dr. Dr. h.c. **Gerhard Dannecker**, Seniorprofessor an der Ruprecht-Karls-Universität Heidelberg
Dr. **Tobias Engelstätter**, Oberstaatsanwalt beim Bundesgerichtshof, Karlsruhe
Dr. **Robert Esser**, Universitätsprofessor an der Universität Passau
Dr. **Julia Gebhard**, Legislative Support Officer, OSZE Büro für Demokratische Institutionen und Menschenrechte (OSZE/ODIHR)
Dr. **Oliver Harry Gerson**, Universität Passau
Dr. **Ferdinand Gillmeister**, Rechtsanwalt, Freiburg, Honorarprofessor an der Universität Bayreuth
Dr. **Ingke Goeckenjan**, Universitätsprofessorin an der Ruhr-Universität Bochum
Dr. **Luís Greco**, LL.M., Universitätsprofessor an der Humboldt-Universität zu Berlin
**Anette Greger**, Oberstaatsanwältin beim Bundesgerichtshof, Karlsruhe
Dr. **Andreas Grube**, Richter am Bundesgerichtshof, Karlsruhe
Dr. **Anette Grünewald**, Universitätsprofessorin an der Friedrich-Schiller-Universität Jena
Dr. **Georg-Friedrich Güntge**, Leitender Oberstaatsanwalt bei der Generalstaatsanwaltschaft in Schleswig, Honorarprofessor an der Christian-Albrechts-Universität zu Kiel
Dr. **Michael Heghmanns**, Universitätsprofessor an der Westfälischen Wilhelms-Universität Münster, Vorsitzender Richter am Landgericht Münster
**Gregor Herb**, Vorsitzender Richter am Landgericht Berlin
Dr. **Mayeul Hiéramente**, Rechtsanwalt (Fachanwalt für Strafrecht), Hamburg
Dr. Dr. **Eric Hilgendorf**, Universitätsprofessor an der Julius-Maximilians-Universität Würzburg
Dr. **Tatjana Hörnle**, Universitätsprofessorin an der Humboldt-Universität zu Berlin
Dr. **Kristian Hohn**, Privatdozent an der Bucerius Law School Hamburg
Dr. **Jutta Hubrach**, Vorsitzende Richterin am Oberlandesgericht
Dr. **Florian Jeßberger**, Universitätsprofessor an der Humboldt-Universität zu Berlin
Dr. **Johannes Koranyi**, Richter am Landgericht Bonn
Dr. **Peter König**, Richter am Bundesgerichtshof, Leipzig, Honorarprofessor an der Ludwig-Maximilians-Universität München
Dr. **Ralf Krack**, Universitätsprofessor an der Universität Osnabrück
**Juliane Krause**, Richterin am Bayerischen Obersten Landesgericht, Bamberg
Dr. **Matthias Krauß**, Bundesanwalt beim Bundesgerichtshof, Karlsruhe
Dr. **Christoph Krehl**, Richter am Bundesgerichtshof, Karlsruhe, Honorarprofessor an der Goethe-Universität Frankfurt am Main
**Helena Krüger**, Wissenschaftliche Mitarbeiterin an der Universität Passau
Dr. **Matthias Krüger**, Universitätsprofessor an der Universität München
Dr. Dr. h.c. **Michael Kubiciel**, Universitätsprofessor an der Universität Augsburg



https://doi.org/10.1515/9783110300451-202

Dr. **Hans Kudlich**, Universitätsprofessor an der Friedrich-Alexander-Universität Erlangen-Nürnberg
**Stefanie Küfner**, Legal & Policy Officer, HRS, Registry, International Criminal Court
Dr. **Michael Lindemann**, Universitätsprofessor an der Universität Bielefeld
Dr. **Alexander Linke**, Richter am Landgericht Köln
**Kai Lohse**, Bundesanwalt beim Bundesgerichtshof, Karlsruhe
Dr. **Manfred Möhrenschlager**, Ministerialrat a. D., Bonn
Dr. **Andreas Mosbacher**, Richter am Bundesgerichtshof, Leipzig, Honorarprofessor an der Universität Leipzig
Dr. **Svenja Münzner**, Lehrbeauftragte an der Justus-Liebig-Universität Gießen, Staatsanwältin beim Bundesgerichtshof, Karlsruhe
Dr. **Uwe Murmann**, Universitätsprofessor an der Georg-August-Universität Göttingen
Dr. **Nina Nestler**, Universitätsprofessorin an der Universität Bayreuth
Dr. **Jens Peglau**, Richter am Oberlandesgericht, Hamm
Dr. **Andreas Popp**, M.A., Universitätsprofessor an der Universität Konstanz
Dr. **Henning Radtke**, Richter des Bundesverfassungsgerichts, Karlsruhe, Honorarprofessor an der Leibniz Universität Hannover
Dr. **Ruth Rissing-van Saan**, Vorsitzende Richterin am Bundesgerichtshof a. D., Bochum, Honorarprofessorin an der Ruhr-Universität Bochum
Dr. **Thomas Rönnau**, Universitätsprofessor an der Bucerius Law School Hamburg
Dr. **Henning Rosenau**, Universitätsprofessor an der Martin-Luther-Universität Halle-Wittenberg
Dr. h.c. **Wilhelm Schluckebier**, Richter des Bundesverfassungsgerichts a. D., Karlsruhe
Dr. **Wilhelm Schmidt**, Bundesanwalt beim Bundesgerichtshof a. D., Karlsruhe
Dr. **Ursula Schneider**, Richterin am Bundesgerichtshof, Leipzig
**Daniel Scholze**, wissenschaftlicher Mitarbeiter am Bundesgerichtshof, Karlsruhe
Dr. Dres. h.c. **Friedrich-Christian Schroeder**, em. Universitätsprofessor an der Universität Regensburg
Dr. Dr. h.c. mult. **Bernd Schünemann**, em. Universitätsprofessor an der Ludwig-Maximilians-Universität München
Dr. **Jan C. Schuhr**, Universitätsprofessor an der Ruprecht-Karls-Universität Heidelberg
Dr. **Christoph Sowada**, Universitätsprofessor an der Universität Greifswald
Dr. **Mark Steinsiek**, Ministerialrat, Niedersächsisches Ministerium für Wirtschaft, Arbeit, Verkehr und Digitalisierung
Dr. **Brian Valerius**, Universitätsprofessor an der Universität Bayreuth
Dr. **Torsten Verrel**, Universitätsprofessor an der Universität Bonn
Dr. Dr. Dr. h.c. **Thomas Vormbaum**, Universitätsprofessor an der Fern-Universität in Hagen
Dr. **Tonio Walter**, Universitätsprofessor an der Universität Regensburg, Richter am Bayerischen Obersten Landesgericht
Dr. **Thomas Weigend**, em. Universitätsprofessor an der Universität zu Köln
**Jochen Weingarten**, Oberstaatsanwalt beim Bundesgerichtshof, Karlsruhe
**Lienhard Weiß**, Bundesanwalt beim Bundesgerichtshof, Karlsruhe
Dr. **Gerhard Werle**, Universitätsprofessor an der Humboldt-Universität zu Berlin
**Stefan Wiedner**, Richter am Oberlandesgericht Koblenz
Dr. **Gereon Wolters**, Universitätsprofessor an der Ruhr-Universität Bochum, Mitglied des Verfassungsgerichtshofes für das Land Nordrhein-Westfalen
Dr. **Frank Zieschang**, Universitätsprofessor an der Julius-Maximilians-Universität Würzburg
Dr. **Georg Zimmermann**, Vorsitzender Richter am Landgericht Bielefeld
**Kathrin Zitzelsberger**, Universität Passau

# Vorwort

Der vorliegende Band 2 der 13. Auflage des Leipziger Kommentars umfasst den letzten Teil des Ersten sowie insgesamt den Zweiten und den Dritten Titel des Zweiten Abschnitts des Allgemeinen Teils des Strafgesetzbuchs mit den Vorschriften zur Schuldfähigkeit, zum Versuch, zum Rücktritt vom Versuch, sowie zur Täterschaft und zur Teilnahme an fremder Tat. Er enthält mithin gesetzliche Regelungen von grundsätzlicher dogmatischer Bedeutung und erheblicher praktischer Relevanz. In diesen Zusammenhängen geht es zwar nicht um gesetzgeberische Neuerungen, die Bearbeitung bedarf aber der Aktualisierung bei der Darstellung und Kommentierung von Entwicklungen der Rechtsprechung zu diesen grundlegenden Problembereichen und der sie begleitenden wissenschaftlichen Diskussionen im Schrifttum, da die Kommentierungen der Vorauflage hierzu noch aus dem Jahr 2006 stammen.

Diese Aufgabe hat ein weitgehend neuer Kreis von Autoren übernommen, da *Heinz Schöch, Thomas Hillenkamp, Hans Lilie* und *Dietlinde Albrecht* ihre Mitarbeit aus unterschiedlichen Gründen beendet haben. An Ihre Stelle sind *Torsten Verrel, Johannes Koranyi, Alexander Linke* und *Uwe Murmann* getreten. *Bernd Schünemann* hat hingegen seine Kommentierung der §§ 25–31 mit Unterstützung von *Luís Greco* weitergeführt und aktualisiert. Verlag und Herausgeber freuen sich über ihre neue bzw. weitere Mitarbeit.

Den ausgeschiedenen Autoren gebührt hingegen der ausdrückliche Dank des Verlages und der Herausgeber für ihre geleistete wissenschaftliche Arbeit, die auch weiterhin das Fundament der aktuellen Bearbeitungen durch die neuen Autoren bildet, die allerdings zugleich das Ziel des Leipziger Kommentars, den aktuellen Stand der strafrechtlichen Probleme widerzuspiegeln, zu berücksichtigen haben. Die Autoren tragen letztlich die wissenschaftliche Verantwortung für Darstellung und die Auswahl der zitierten Entscheidungen und wissenschaftlichen Beiträge in Lehrbüchern, Kommentaren, Festschriften, Zeitschriften usw., sowie für die Kriterien ihrer Wahl. In der gegenwärtigen Zeit scheint es nämlich nicht mehr wirklich leistbar, die Fülle des strafrechtlichen Materials erschöpfend wiederzugeben.

Die vorliegenden Kommentierungen haben durchweg den Bearbeitungsstand von Mai 2020, teilweise konnten auch noch spätere Entscheidungen und Literaturbeiträge berücksichtigt werden.

Bochum, im August 2020 Ruth Rissing-van Saan


https://doi.org/10.1515/9783110300451-203

# Inhaltsverzeichnis

# Abkürzungsverzeichnis

| | |
|---|---|
| AA | Auswärtiges Amt |
| aA | anderer Ansicht |
| a. a. O. | am angegebenen Ort |
| AbfG | Gesetz über die Vermeidung und Entsorgung von Abfällen (Abfallgesetz) |
| AbfVerbrG | Gesetz über die Überwachung und Kontrolle der grenzüberschreitenden Verbringung von Abfällen (Abfallverbringungsgesetz) |
| Abg. | Abgeordneter |
| AbgO | Reichsabgabenordnung |
| abgedr. | abgedruckt |
| Abk. | Abkommen |
| abl. | ablehnend |
| ABl. | Amtsblatt |
| AblEU | Amtsblatt der Europäischen Union (ab 2003); Ausgabe C: Mitteilungen und Bekanntmachungen; Ausgabe L: Rechtsvorschriften |
| AblKR | Amtsblatt des Kontrollrats |
| Abs. | Absatz |
| Abschn. | Abschnitt |
| abw. | abweichend |
| AbwAG | Abwasserabgabengesetz |
| AcP | Archiv für civilistische Praxis (zit. nach Band u. Seite) |
| AdVermiG | Gesetz über die Vermittlung der Annahme als Kind und über das Verbot der Vermittlung von Ersatzmüttern (Adoptionsvermittlungsgesetz) |
| AE | Alternativ-Entwurf eines StGB, 1966 ff. |
| a. E. | am Ende |
| AEUV | Vertrag über die Arbeitsweise der Europäischen Union |
| ÄndG | Änderungsgesetz |
| ÄndVO | Änderungsverordnung |
| a. F. | alte Fassung |
| AFG | Arbeitsförderungsgesetz |
| AfP | Archiv für Presserecht |
| AG | Amtsgericht; in Verbindung mit einem Gesetz: Ausführungsgesetz |
| AGBG/AGB-Gesetz | Gesetz zur Regelung des Rechts der Allgemeinen Geschäftsbedingungen |
| AHK | Alliierte Hohe Kommission |
| AIDP | Association Internationale de Droit Pénal |
| AktG | Gesetz über Aktiengesellschaften und Kommanditgesellschaften auf Aktien (Aktiengesetz) |
| AktO | Anweisung für die Verwaltung des Schriftguts bei den Geschäftsstellen der Gerichte und der Staatsanwaltschaften (Aktenordnung) |
| allg. | allgemein |
| allg. M. | allgemeine Meinung |
| Alt. | Alternative |
| aM | anderer Meinung |
| A&M | Arzneimittel und Recht (Zeitschrift für Arzneimittel und Arzneimittelpolitik) |
| AMG | Arzneimittelgesetz |
| amtl. Begr. | amtliche Begründung |
| and. | anders |
| Angekl. | Angeklagte(r) |
| Anh. | Anhang |
| AnhRügG | Gesetz über die Rechtsbehelfe bei Verletzung des Anspruchs auf rechtliches Gehör (Anhörungsrügengesetz) |
| Anl. | Anlage |
| Anm. | Anmerkung |
| Annalen | Annalen des Reichsgerichts |
| AnwBl. | Anwaltsblatt |
| ao | außerordentlich |


https://doi.org/10.1515/9783110300451-205

| | |
|---|---|
| AO 1977 | Abgabenordnung |
| AöR | Archiv des öffentlichen Rechts |
| AOStrÄndG | Gesetz zur Änderung strafrechtlicher Vorschriften der Reichsabgabenordnung und anderer Gesetze |
| AP | Arbeitsrechtliche Praxis (Nachschlagewerk des Bundesarbeitsgerichts) |
| AR | Arztrecht |
| ArchKrim. | Archiv für Kriminologie |
| ArchPF | Archiv für das Post- und Fernmeldewesen |
| ArchPR | Archiv für Presserecht |
| ArchPT | Archiv für Post und Telekommunikation |
| ARSP | Archiv für Rechts- und Sozialphilosophie |
| Art. | Artikel |
| AT | Allgemeiner Teil des Strafgesetzbuches |
| AtG/AtomG | Gesetz über die friedliche Verwendung der Kernenergie und den Schutz gegen ihre Gefahren (Atomgesetz) |
| AÜG | Arbeitnehmerüberlassungsgesetz |
| Auff. | Auffassung |
| aufgehob. | aufgehoben |
| Aufl. | Auflage |
| Aufs. | Aufsatz |
| AuR | Arbeit und Recht |
| ausdrückl. | ausdrücklich |
| ausführl. | ausführlich |
| AusfVO | Ausführungsverordnung |
| ausl. | ausländisch |
| AuslG | Ausländergesetz |
| AusnVO | Ausnahmeverordnung |
| ausschl. | ausschließlich |
| AV | Allgemeine Verfügung |
| AVG | Angestelltenversicherungsgesetz |
| AWG | Außenwirtschaftsgesetz |
| AWG/StÄG | Gesetz zur Änderung des Außenwirtschaftsgesetzes, des Strafgesetzbuches und anderer Gesetze |
| Az. | Aktenzeichen |
| b. | bei |
| BA | Blutalkohol, Wissenschaftliche Zeitschrift für die medizinische und die juristische Praxis |
| BAG | Bundesarbeitsgericht |
| BAGE | Entscheidungen des Bundesarbeitsgerichts (zit. nach Band u. Seite) |
| BAK | Blutalkoholkonzentration |
| BÄK | Bundesärztekammer |
| BÄO | Bundesärzteordnung |
| BAnz. | Bundesanzeiger |
| BauFordSiG | Bauforderungssicherungsgesetz |
| BauGB | Baugesetzbuch |
| BauR | Zeitschrift für das gesamte öffentliche und private Baurecht |
| Bay. | Bayern, bayerisch |
| BayBS | Bereinigte Sammlung des Bayerischen Landesrechts (1802–1956) |
| BayJagdG | Bayerisches Jagdgesetz |
| BayLSG | Bayerisches Landessozialgericht |
| BayObLG | Bayerisches Oberstes Landesgericht |
| BayObLGSt | Sammlung von Entscheidungen des Bayerischen Obersten Landesgerichts in Strafsachen |
| BayPAG | Bayerisches Polizeiaufgabengesetz |
| BayVBl. | Bayerische Verwaltungsblätter |
| BayVerf. | Verfassung des Freistaates Bayern |
| BayVerfGHE | s. BayVGHE |

| | |
|---|---|
| BayVerwBl. | Bayerische Verwaltungsblätter |
| BayVGH | Bayerischer Verwaltungsgerichtshof |
| BayVGHE | Sammlung von Entscheidungen des Bayerischen Verwaltungsgerichtshofs mit Entscheidungen des Bayerischen Verfassungsgerichtshofs, des Bayerischen Dienststrafhofs und des Bayerischen Gerichtshofs für Kompetenzkonflikte |
| BayZ | Zeitschrift für Rechtspflege in Bayern (1905–1934) |
| BB | Betriebs-Berater |
| BBG | Bundesbeamtengesetz |
| Bbg | Brandenburg |
| BBodSchG | Gesetz zum Schutz vor schädlichen Bodenveränderungen und zur Sanierung von Altlasten (Bundes-Bodenschutzgesetz) |
| Bd., Bde | Band, Bände |
| BDH | Bundesdisziplinarhof |
| BDO | Bundesdisziplinarordnung |
| BDSG | Bundesdatenschutzgesetz |
| Bearb. | Bearbeitung |
| BeckRS | Beck-Rechtsprechung |
| begl. | beglaubigt |
| BegleitG zum TKG | Begleitgesetz zum Telekommunikationsgesetz |
| Begr., begr. | Begründung, begründet |
| Bek. | Bekanntmachung |
| Bekl., bekl. | Beklagter, beklagt |
| Bem. | Bemerkung |
| ber. | berichtigt |
| bes. | besonders, besondere(r, s) |
| Beschl. | Beschluss |
| Beschw. | Beschwerde |
| Bespr. | Besprechung |
| Best. | Bestimmung |
| BestechungsVO | Bestechungsverordnung |
| bestr. | bestritten |
| betr. | betreffend |
| BeurkG | Beurkundungsgesetz |
| BewH | Bewährungshilfe |
| BezG | Bezirksgericht |
| BFH | Bundesfinanzhof |
| BFHE | Entscheidungen des Bundesfinanzhofs (zit. nach Band u. Seite) |
| BfJG | Gesetz über die Errichtung des Bundesamtes für Justiz = Art. 1 des Gesetzes zur Errichtung und zur Regelung der Aufgaben des Bundesamtes für Justiz |
| BG | Bundesgericht (Schweiz) |
| BGB | Bürgerliches Gesetzbuch |
| BGBl. I, II, III | Bundesgesetzblatt Teil I, II und III |
| BGE | Entscheidungen des Schweizerischen Bundesgerichts (Amtliche Sammlung) |
| BGH | Bundesgerichtshof |
| BGHGrS | Bundesgerichtshof, Großer Senat |
| BGHR | BGH-Rechtsprechung |
| BGHSt | Entscheidungen des Bundesgerichtshofes in Strafsachen |
| BGHZ | Entscheidungen des Bundesgerichtshofes in Zivilsachen |
| BG Pr. | Die Praxis des Bundesgerichts (Entscheidungen des schweizerischen Bundesgerichts) |
| BilMoG | Gesetz zur Modernisierung des Bilanzrechts |
| BImSchG | Bundes-Immissionsschutzgesetz |
| BImSchVO | Bundes-Immissionsschutzverordnung |
| BinnSchiffG/ BinSchG | Gesetz betr. die privatrechtlichen Verhältnisse der Binnenschifffahrt (Binnenschiffahrtsgesetz) |
| BiRiLiG | Bilanzrichtlinien-Gesetz |
| BJagdG | Bundesjagdgesetz |

| | |
|---|---|
| BJM | Basler Juristische Mitteilungen |
| BK | Basler Kommentar zum Strafgesetzbuch; auch: Bonner Kommentar zum Grundgesetz |
| BKA | Bundeskriminalamt |
| BKAG/BKrimAG | Gesetz über die Einrichtung eines Bundeskriminalpolizeiamtes (Bundeskriminalamtes) |
| Bln. | Berlin |
| Bln.GVBl.Sb. | Sammlung des bereinigten Berliner Landesrechts, Sonderband I (1806–1945) und II (1945–1967) |
| BlStSozArbR | Blätter für Steuern, Sozialversicherung und Arbeitsrecht |
| Blutalkohol | Blutalkohol, Wissenschaftliche Zeitschrift für die medizinische und juristische Praxis |
| BMI | Bundesminister(ium) des Inneren |
| BMJ | Bundesminister(ium) der Justiz |
| BNatSchG | Gesetz über Naturschutz und Landschaftspflege (Bundesnaturschutzgesetz) |
| BNotÄndG | Drittes Gesetz zur Änderung der Bundesnotarordnung und anderer Gesetze |
| BNotO | Bundesnotarordnung |
| BPolG | Bundespolizeigesetz |
| BR | Bundesrat |
| BRAGO | Bundesgebührenordnung für Rechtsanwälte |
| BRAK | Bundesrechtsanwaltskammer |
| BranntwMG/ BranntwMonG | Branntweinmonopolgesetz |
| BRAO | Bundesrechtsanwaltsordnung |
| BRAOÄndG | Gesetz zur Änderung der Bundesrechtsanwaltsordnung, der Patentrechtsanwaltsordnung und anderer Gesetze |
| BRD | Bundesrepublik Deutschland |
| BR-Drs./BRDrucks. | Bundesrats-Drucksache |
| BReg. | Bundesregierung |
| Brem. | Bremen |
| BremPolG | Bremisches Polizeigesetz |
| BRProt. | Protokolle des Bundesrates |
| BRRG | Beamtenrechtsrahmengesetz |
| BRStenBer. | Verhandlungen des Bundesrates, Stenographische Berichte (zit. nach Sitzung u. Seite) |
| BS | Sammlung des bereinigten Landesrechts |
| BSeuchG | Bundes-Seuchengesetz |
| BSG | Bundessozialgericht |
| BSGE | Entscheidungen des Bundessozialgerichts (zit. nach Band u. Seite) |
| BSHG | Bundessozialhilfegesetz |
| Bsp. | Beispiel |
| BStBl. | Bundessteuerblatt |
| BT | Besonderer Teil des StGB; auch: Bundestag |
| BT-Drs./BTDrucks. | Bundestags-Drucksache |
| BtMG | Gesetz über den Verkehr mit Betäubungsmitteln (Betäubungsmittelgesetz) |
| BTProt. | s. BTVerh. |
| BTRAussch. | Rechtsausschuss des Deutschen Bundestags |
| BTStenBer. | Verhandlungen des deutschen Bundestages, Stenographische Berichte (zit. nach Wahlperiode u. Seite) |
| BTVerh. | Verhandlungen des Deutschen Bundestages |
| Buchst. | Buchstabe |
| BVerfG | Bundesverfassungsgericht |
| BVerfGE | Entscheidungen des Bundesverfassungsgerichts |
| BVerfGG | Gesetz über das Bundesverfassungsgericht |
| BVerwG | Bundesverwaltungsgericht |
| BVerwGE | Entscheidungen des Bundesverwaltungsgerichts |
| BVV | Beitragsverfahrensverordnung |
| BVwVfG | (Bundes-)Verwaltungsverfahrensgesetz |
| BW | Baden-Württemberg |
| bzgl. | bezüglich |
| BZR | Bundeszentralregister |

| | |
|---|---|
| BZRG | Gesetz über das Bundeszentralregister und das Erziehungsregister (Bundeszentralregistergesetz) |
| bzw. | beziehungsweise |
| ca. | circa |
| CCZ | Corporate Compliance Zeitschrift |
| ChemG | Gesetz zum Schutz vor gefährlichen Stoffen (Chemikaliengesetz) |
| CR | Computer und Recht |
| CWÜAG | AusführungsG zum Chemiewaffenübereinkommen (CWÜ-AG) |
| DA | Deutschland Archiv |
| DÄBl. | Deutsches Ärzteblatt |
| dagg. | dagegen |
| DAR | Deutsches Autorecht |
| DAV | Deutscher Anwaltsverein |
| DB | Der Betrieb |
| DDevR | Deutsche Devisen-Rundschau (1951–1959) |
| DDR | Deutsche Demokratische Republik |
| DDT-G | Gesetz über den Verkehr mit DDT (DDT-Gesetz) |
| DepotG | Gesetz über die Verwahrung und Anschaffung von Wertpapieren (Depotgesetz) |
| ders./dies. | derselbe/dieselbe |
| dgl. | dergleichen |
| DGVZ | Deutsche Gerichtsvollzieher-Zeitung |
| d. h. | das heißt |
| dies. | dieselbe(n) |
| Diff., diff. | Differenzierung, differenzierend |
| Diss. | Dissertation |
| DJ | Deutsche Justiz, Rechtspflege und Rechtspolitik |
| DJT | Deutscher Juristentag |
| DJZ | Deutsche Juristenzeitung (1896–1936) |
| DMW | Deutsche Medizinische Wochenschrift |
| DNA-AnalysG | Gesetz zur Novellierung der forensischen DNA-Analyse |
| DNutzG | Gesetz zur effektiven Nutzung von Dateien im Bereich der Staatsanwaltschaften |
| DÖV | Die Öffentliche Verwaltung |
| DOGE | Entscheidungen des Deutschen Obergerichts für das Vereinigte Wirtschaftsgebiet |
| DR | Deutsches Recht, Wochenausgabe (vereinigt mit Juristische Wochenschrift) (1931–1945) |
| DRechtsw. | Deutsche Rechtswissenschaft (1936–1943) |
| DRiB | Deutscher Richterbund |
| DRiG | Deutsches Richtergesetz |
| DRiZ | Deutsche Richterzeitung |
| DRM | Deutsches Recht, Monatsausgabe (vereinigt mit Deutsche Rechtspflege) |
| DRpfl. | Deutsche Rechtspflege (1936–1939) |
| Drs./Drucks. | Drucksache |
| DRsp. | Deutsche Rechtsprechung, hrsg. von Feuerhake (Loseblattsammlung) |
| DRZ | Deutsche Rechts-Zeitschrift (1946–1950) |
| DSB | Datenschutzberater |
| DStR | Deutsches Strafrecht (1934–1944); jetzt: Deutsches Steuerrecht |
| DStrR | Deutsches Steuerrecht |
| DStrZ | Deutsche Strafrechts-Zeitung (1914–1922) |
| DStZ A | Deutsche Steuerzeitung, bis Jg. 67 (1979): Ausgabe A |
| dt. | deutsch |
| DtZ | Deutsch-Deutsche Rechts-Zeitschrift |
| DuD | Datenschutz und Datensicherheit |
| DuR | Demokratie und Recht |
| DV | Datenverarbeitung |
| DVBl. | Deutsches Verwaltungsblatt |

| | |
|---|---|
| DVJJ | Deutsche Vereinigung für Jugendgerichte und Jugendgerichtshilfen e.V. |
| DVO | Durchführungsverordnung |
| DVollzO | Dienst- und Vollzugsordnung |
| DVP | Deutsche Verwaltungspraxis |
| DVR | Datenverarbeitung im Recht (bis 1985, danach vereinigt mit IuR) |
| DWW | Deutsche Wohnungswirtschaft |
| DZWIR | Deutsche Zeitschrift für Wirtschafts- und Insolvenzrecht |
| E | Entwurf; auch: Entscheidung |
| E 1927 | Entwurf eines Allgemeinen Deutschen Strafgesetzbuches nebst Begründung (Reichstagsvorlage) 1927 |
| E 62 | Entwurf eines Strafgesetzbuches mit Begründung 1962 |
| EAO | Entwurf einer Abgabenordnung |
| ec | electronic cash |
| ebd. | ebenda |
| EBM | Einheitlicher Bewertungsmaßstab |
| ebso. | ebenso |
| ed(s) | editor(s) |
| EDV | Elektronische Datenverarbeitung |
| EEGOWiG | Entwurf eines Einführungsgesetzes zum Gesetz über Ordnungswidrigkeiten |
| EEGStGB | Entwurf eines Einführungsgesetzes zum Strafgesetzbuch (EGStGB) |
| EFG | Entscheidungen der Finanzgerichte |
| EG | Einführungsgesetz bzw. Europäische Gemeinschaft(en) bzw. Erinnerungsgabe |
| EGBGB | Einführungsgesetz zum Bürgerlichen Gesetzbuch |
| EG-FinanzschutzG/ EGFinSchG | Gesetz zum Übereinkommen v. 26.8.1995 über den Schutz der finanziellen Interessen der Europäischen Gemeinschaften |
| EGGVG | Einführungsgesetz zum Gerichtsverfassungsgesetz |
| EGH/EhrenGHE | Ehrengerichtliche Entscheidungen der Ehrengerichtshöfe der Rechtsanwaltschaft des Bundesgebiets und des Landes Berlin |
| EGInsO | Einführungsgesetz zur Insolvenzordnung |
| EGInsOÄndG | Gesetz zur Änderung des Einführungsgesetzes zur Insolvenzordnung und anderer Gesetze |
| EGKS | Europäische Gemeinschaft für Kohle und Stahl |
| EGMR | Europäischer Gerichtshof für Menschenrechte |
| EGOWiG | Einführungsgesetz zum Gesetz über Ordnungswidrigkeiten |
| EGStGB | Einführungsgesetz zum Strafgesetzbuch |
| EGStPO | Einführungsgesetz zur Strafprozeßordnung |
| EGV | Vertrag zur Gründung der Europäischen Gemeinschaft |
| EheG | Ehegesetz |
| ehem. | ehemalig |
| Einf. | Einführung |
| eingeh. | eingehend |
| einschl. | einschließlich |
| einschr. | einschränkend |
| Einl. | Einleitung |
| EJF | Entscheidungen aus dem Jugend- und Familienrecht (1951–1969) |
| EKMR | Europäische Kommission für Menschenrechte |
| EmmingerVO | Verordnung über Gerichtsverfassung und Strafrechtspflege |
| EMRK | Europäische Menschenrechtskonvention |
| entgg. | entgegen |
| Entsch. | Entscheidung |
| entspr. | entsprechend |
| Entw. | Entwurf |
| Erg. | Ergebnis bzw. Ergänzung |
| ErgBd. | Ergänzungsband |
| ErgThG | Ergotherapeutengesetz |
| Erl. | Erläuterung |

| | |
|---|---|
| Erw. | Erwiderung |
| ESchG | Embryonenschutzgesetz |
| EssGespr. | Essener Gespräche zum Thema Staat und Kirche |
| EStG | Einkommensteuergesetz |
| etc. | et cetera |
| Ethik Med. | Ethik in der Medizin |
| ETS | European Treaty Series |
| EU | Europäische Union |
| EU-ABl | Amtsblatt der Europäischen Union |
| EUBestG | Gesetz zum Protokoll v. 27.9.1996 zum Übereinkommen über den Schutz der finanziellen Interessen der Europäischen Gemeinschaften (EU-Bestechungsgesetz) |
| EuCLR | European Criminal Law Review |
| eucrim | The European Criminal Law Associations' Forum |
| EuGH | Gerichtshof der Europäischen Gemeinschaft |
| EuGHE | Entscheidungen des Gerichtshofs der Europäischen Gemeinschaften – Amtliche Sammlung |
| EuGRZ | Europäische Grundrechte-Zeitschrift |
| EuHbG | Gesetz zur Umsetzung des Rahmenbeschlusses über den Europäischen Haftbefehl und die Übergabeverfahren zwischen den Mitgliedstaaten der Europäischen Union (Europäisches Haftbefehlsgesetz – EuHbG) |
| EuR | Europarecht |
| EurGHMR | Europäischer Gerichtshof für Menschenrechte |
| EurKomMR | Europäische Kommission für Menschenrechte |
| europ. | europäisch |
| EuropolG | Europol-Gesetz |
| EUV | Vertrag über die Europäische Union |
| EuZW | Europäische Zeitschrift für Wirtschaftsrecht |
| EV | Vertrag zwischen der Bundesrepublik Deutschland und der Deutschen Demokratischen Republik über die Herstellung der Einheit Deutschlands – Einigungsvertrag |
| EV I bzw. II | Anlage I bzw. II zum EV |
| evtl. | eventuell |
| EWG | Europäische Wirtschaftsgemeinschaft |
| EWGV | Vertrag zur Gründung der Europäischen Wirtschaftsgemeinschaft |
| EWIR | Entscheidungen zum Wirtschaftsrecht |
| EWiV | Europäische wirtschaftliche Interessenvereinigung |
| EWR | Schriftenreihe zum europäischen Weinrecht; auch: Europäischer Wirtschafts-Raum |
| EzSt | Entscheidungssammlung zum Straf- u. Ordnungswidrigkeitenrecht, hrsg. von Lemke |
| f, ff | folgende, fortfolgende |
| FA | Fachanwalt für Arbeitsrecht |
| FAG | Gesetz über Fernmeldeanlagen |
| FamRZ | Ehe und Familie im privaten und öffentlichen Recht, Zeitschrift für das gesamte Familienrecht |
| FAO | Fachanwaltsordnung |
| FAZ | Frankfurter Allgemeine Zeitung |
| FD-StrafR | Fachdienst Strafrecht |
| Festschr. | Festschrift |
| FG | Finanzgericht; auch: Festgabe |
| FGG | Gesetz über die Angelegenheiten der freiwilligen Gerichtsbarkeit |
| FGO | Finanzgerichtsordnung |
| fin. | finanziell |
| FinDAG | Finanzdienstleistungsaufsichtsgesetz |
| FinVerwG/FVG | Gesetz über die Finanzverwaltung |
| FlaggRG/FlRG | Gesetz über das Flaggenrecht der Seeschiffe und die Flaggenführung der Binnenschiffe (Flaggenrechtsgesetz) |
| FLF | Finanzierung, Leasing, Factoring |
| FlRV | Flaggenrechtsverordnung |
| FMStG | Finanzmarktstabilisierungsgesetz |

| | |
|---|---|
| Fn. | Fußnote |
| Forens Psychiatr Psychol Kriminol | Forensische Psychiatrie, Psychologie, Kriminologie |
| Fortschr Neurol Psychiat | Fortschritte der Neurologie. Psychiatrie |
| fragl. | fraglich |
| FS | Festschrift |
| G bzw. Ges. | Gesetz |
| G 10 | Gesetz zur Beschränkung des Brief-, Post- und Fernmeldegeheimnisses (Gesetz zu Artikel 10 Grundgesetz) |
| GA | Goltdammer's Archiv für Strafrecht, zit. nach Jahr u. Seite (bis 1933: Archiv für Strafrecht und Strafprozeß, zit. nach Band u. Seite) |
| GAA | Geldausgabeautomat |
| GBA | Generalbundesanwalt |
| GBG | Gesetz über die Beförderung gefährlicher Güter |
| GBl. | Gesetzblatt |
| GbR | Gesellschaft bürgerlichen Rechts |
| geänd. | geändert |
| GebFra | Geburtshilfe und Frauenheilkunde |
| GedS | Gedächtnisschrift |
| gem. | gemäß |
| Gemeinsame-Dateien-Gesetz | Gesetz zur Errichtung gemeinsamer Dateien von Polizeibehörden und Nachrichtendiensten des Bundes und der Länder |
| GenG | Gesetz betreffend die Erwerbs- und Wirtschaftsgenossenschaften |
| GenStA | Generalstaatsanwalt |
| GerS | Der Gerichtssaal |
| GeschlKG/GeschlkrG | Gesetz zur Bekämpfung der Geschlechtskrankheiten |
| GeschO | Geschäftsordnung |
| gesetzl. | gesetzlich |
| GesO | Gesamtvollstreckungsordnung |
| GesR | Gesundheitsrecht (Zeitschrift für Arztrecht, Krankenrecht, Apotheken- und Arzneimittelrecht) |
| GesRZ | Der Gesellschafter |
| GewArch | Gewerbearchiv, Zeitschrift für Gewerbe- und Wirtschaftsverwaltungsrecht |
| GewO | Gewerbeordnung |
| GewVerbrG | Gesetz gegen gefährliche Gewohnheitsverbrecher und über Maßregeln der Sicherung und Besserung |
| gg. | gegen |
| GG | Grundgesetz für die Bundesrepublik Deutschland |
| ggf. | gegebenenfalls |
| GjS/GjSM | Gesetz über die Verbreitung jugendgefährdender Schriften und Medieninhalte |
| GKG | Gerichtskostengesetz |
| GKÖD | Gesamtkommentar Öffentliches Dienstrecht |
| gl. | gleich |
| GmbHG | Gesetz betreffend die Gesellschaften mit beschränkter Haftung |
| GmbHR/GmbH-Rdsch | GmbH-Rundschau (vorher: Rundschau für GmbH) |
| GMBl. | Gemeinsames Ministerialblatt |
| GnO | Gnadenordnung (Landesrecht) |
| GOÄ | Gebührenordnung für Ärzte |
| GoB | Grundsätze ordnungsmäßiger Buchführung |
| GoBi | Grundsätze ordnungsmäßiger Bilanzierung |
| grdl. | grundlegend |
| grds. | grundsätzlich |
| GrS | Großer Senat |

| | |
|---|---|
| GrSSt | Großer Senat in Strafsachen |
| GRUR | Gewerblicher Rechtsschutz und Urheberrecht |
| GS | Der Gerichtssaal (zit. nach Band u. Seite); auch: Gedächtnisschrift |
| GSNW | Sammlung des bereinigten Landesrechts Nordrhein-Westfalen (1945–1956) |
| GSSchlH | Sammlung des schleswig-holsteinischen Landesrechts, 2 Bde (1963) |
| GÜG | Gesetz zur Überwachung des Verkehrs mit Grundstoffen, die für die unerlaubte Herstellung von Betäubungsmitteln mißbraucht werden können (Grundstoffüberwachungsgesetz) |
| GV | Gemeinsame Verfügung (mehrerer Ministerien) (auch: Grundlagenvertrag) |
| GVBl. | Gesetz- und Verordnungsblatt |
| GVBl. I–III | Sammlung des bereinigten Hessischen Landesrechts |
| GVG | Gerichtsverfassungsgesetz |
| GWB | Gesetz gegen Wettbewerbsbeschränkungen |
| GwG | Gesetz über das Aufspüren von Gewinnen aus schweren Straftaten (Geldwäschegesetz) |
| h. A. | herrschende Ansicht |
| HaagLKO/HLKO | Haager Abkommen betr. die Gesetze und Gebräuche des Landkriegs |
| HAG | Heimarbeitsgesetz |
| Halbs./Hbs. | Halbsatz |
| Hamb. | Hamburg |
| HambJVBl | Hamburgisches Justizverwaltungsblatt |
| HambSOG | Hamburger Sicherheits- und Ordnungsgesetz |
| HannRpfl | Hannoversche Rechtspflege |
| Hans. | Hanseatisch |
| HansGZ bzw. HGZ | Hanseatische Gerichtszeitung (1889–1927) |
| HansJVBl | Hanseatisches Justizverwaltungsblatt (bis 1946/47) |
| HansOLGSt | Entscheidungen des Hanseatischen Oberlandesgerichts in Strafsachen (1879–1932/33) |
| HansRGZ | Hanseatische Rechts- und Gerichtszeitschrift (1928–43), vorher: |
| HansRZ | Hanseatische Rechtszeitschrift für Handel, Schiffahrt und Versicherung, Kolonial- und Auslandsbeziehungen sowie für Hansestädtisches Recht (1918–1927) |
| Hdb. | Handbuch |
| HdbStR | Isensee/Kirchhof (Hrsg.), Handbuch des Staatsrechts der Bundesrepublik Deutschland |
| HeilPrG | Gesetz über die berufsmäßige Ausübung der Heilkunde ohne Bestallung (Heilpraktikergesetz) |
| Hess. | Hessen |
| HessSOG | Hessisches Sicherheits- und Ordnungsgesetz |
| HESt | Höchstrichterliche Entscheidungen, Sammlung von Entscheidungen der Oberlandesgerichte und der Obersten Gerichte in Strafsachen (1948–49) |
| HFR | Höchstrichterliche Finanzrechtsprechung |
| HGB | Handelsgesetzbuch |
| hins. | hinsichtlich |
| Hinw. | Hinweis |
| h. L. | herrschende Lehre |
| h. M. | herrschende Meinung |
| HöchstRR | Höchstrichterliche Rechtsprechung auf dem Gebiete des Strafrechts, Beilage zur Zeitschrift für die gesamte Strafrechtswissenschaft (1 zu Bd. 46, 2 zu Bd. 47, 3 zu Bd. 48) |
| HRR | Höchstrichterliche Rechtsprechung (1928–1942), bis 1927: Die Rechtsprechung, Beilage zur Zeitschrift Juristische Rundschau |
| HRRS | Höchstrichterliche Rechtsprechung im Strafrecht |
| Hrsg. bzw. hrsg. | Herausgeber bzw. herausgegeben |
| h. Rspr. | herrschende Rechtsprechung |
| HWiStR | Krekeler/Tiedemann/Ulsenheimer/Weinmann (Hrsg.) Handwörterbuch des Wirtschafts- und Steuerstrafrechts |
| i. Allg. | im Allgemeinen |
| i. allg. S. | im allgemeinen Sinne |
| i. d. F. | in der Fassung |
| i. d. R. | in der Regel |

| | |
|---|---|
| i. d. S. | in diesem Sinne |
| i. E./i. Erg. | im Ergebnis |
| i. e. S. | im engeren Sinne |
| IGH | Internationaler Gerichtshof |
| i. gl. S. | im gleichen Sinne |
| i. Grds. | im Grundsatz |
| IHK | Industrie- und Handelskammer |
| i. H. v. | in Höhe von |
| ILC | International Law Commission |
| ILM | International Legal Materials |
| IM | Innenminister(ium) |
| IMT | International Military Tribunal (Nürnberg) |
| inl. | inländisch |
| insb./insbes. | insbesondere |
| insges. | insgesamt |
| InsO | Insolvenzordnung |
| IntBestG | Gesetz zur Bekämpfung internationaler Bestechung |
| inzw. | inzwischen |
| IPBPR | Internationaler Pakt über bürgerliche und politische Rechte |
| i. R. d. | im Rahmen der/des |
| i. R.v. | im Rahmen von |
| i. S. | im Sinne |
| i. S. d. | im Sinne der/des |
| i. S.e. | im Sinne einer(s) |
| IStGH | (ständiger) Internationaler Strafgerichtshof (Den Haag) |
| IStGH-Statut | Internationaler Strafgerichtshof – Statut |
| IStR | Internationales Strafrecht |
| i. S. v. | im Sinne von |
| i. techn. S. | im technischen Sinne |
| ITRB | IT-Rechtsberater |
| i. U. | im Unterschied |
| i. Üb. | im Übrigen |
| IuKDG | Gesetz zur Regelung der Rahmenbedingungen für Informations- und Kommunikationsdienste (Informations- und Kommunikationsdienstegesetz) |
| IuR | Informatik und Recht |
| iuris | Rechtsportal der iuris-GmbH |
| iurisPR | iuris-Praxis-Report (Anmerkungen) |
| i. V. m. | in Verbindung mit |
| i. W. | im Wesentlichen |
| i. w. S. | im weiteren Sinne |
| i. Z. m. | im Zusammenhang mit |
| JA | Juristische Arbeitsblätter für Ausbildung und Examen |
| JahrbÖR | Jahrbuch des öffentlichen Rechts der Gegenwart |
| JahrbPostw. | Jahrbuch des Postwesens (1937–1941/42) |
| JA-R | Juristische Arbeitsblätter – Rechtsprechung |
| JAVollzO | Jugendarrestvollzugsordnung |
| JBeitrO | Justizbeitreibungsordnung |
| JBl. | Justizblatt; auch: Juristische Blätter (Österreich) |
| JBlRhPf. | Justizblatt Rheinland-Pfalz |
| JBl Saar | Justizblatt des Saarlandes |
| JbVerkR | Jahrbuch Verkehrsrecht |
| jew. | jeweils |
| JFGErg. | Entscheidungen des Kammergerichts und des Oberlandesgerichts München in Kosten-, Straf-, Miet- und Pachtschutzsachen (Jahrbuch für Entscheidungen in Angelegenheiten der freiwilligen Gerichtsbarkeit und des Grundbuchrechts, ErgBd.) |

| | |
|---|---|
| JGG | Jugendgerichtsgesetz |
| JK | Jura-Kartei |
| JKomG | Gesetz über die Verwendung elektronischer Kommunikationsformen in der Justiz (Justizkommunikationsgesetz) |
| JM | Justizminister(ium) |
| JMBlNRW/JMBlNW | Justizministerialblatt für das Land Nordrhein-Westfalen |
| JÖSchG | Gesetz zum Schutze der Jugend in der Öffentlichkeit |
| JOR | Jahrbuch für Ostrecht |
| JöR | Jahrbuch des öffentlichen Rechts der Gegenwart |
| JR | Juristische Rundschau |
| JRE | Jahrbuch für Recht und Ethik |
| JSt | Journal für Strafrecht |
| JStGH | Internationaler Strafgerichtshof für das ehemalige Jugoslawien |
| JStGH-Statut | Internationaler Strafgerichtshof für das ehemalige Jugoslawien – Statut |
| 1. JuMoG | Erstes Gesetz zur Modernisierung der Justiz (1. Justizmodernisierungsgesetz) |
| 2. JuMoG | Zweites Gesetz zur Modernisierung der Justiz (2. Justizmodernisierungsgesetz) |
| JurA | Juristische Analysen |
| Jura | Juristische Ausbildung |
| JurBl./JBl. | Juristische Blätter |
| JurJahrb. | Juristen-Jahrbuch |
| JurPC | Internet-Zeitschrift für Rechtsinformatik und Informationsrecht |
| JuS | Juristische Schulung, Zeitschrift für Studium und Ausbildung |
| Justiz | Die Justiz, Amtsblatt des Justizministeriums von Baden-Württemberg |
| JuV | Justiz und Verwaltung |
| JVA | Justizvollzugsanstalt |
| JVBl. | Justizverwaltungsblatt |
| JVKostO | Gesetz über Kosten im Bereich der Justizverwaltung |
| JVollz. | Jugendstrafvollzugsordnung; s. auch JAVollzO |
| JW | Juristische Wochenschrift |
| JWG | Jugendwohlfahrtsgesetz |
| JZ | Juristenzeitung |
| JZ-GD | Juristenzeitung – Gesetzgebungsdienst |
| Kap. | Kapitel |
| KastG/KastrG | Gesetz über die freiwillige Kastration |
| KE | Kommissionsentwurf |
| KFG | Gesetz über den Verkehr mit Kraftfahrzeugen |
| Kfz. | Kraftfahrzeug |
| KG | Kammergericht bzw. Kommanditgesellschaft |
| KGJ | Jahrbuch für Entscheidungen des Kammergerichts in Sachen der freiwilligen Gerichtsbarkeit, in Kosten-, Stempel- und Strafsachen (1881–1922) |
| KindRG | Gesetz zur Reform des Kindschaftsrechts |
| KJ | Kritische Justiz |
| KKZ | Kommunal-Kassen-Zeitschrift |
| KO | Konkursordnung |
| KOM | (EU-)Kommission |
| KorBekG/ KorrBekG/ KorrBG | Gesetz zur Bekämpfung der Korruption |
| K&R | Kommunikation und Recht |
| KRABl. | s. ABlKR |
| KreditwesenG/ KWG | Gesetz über das Kreditwesen |
| KRG | Kontrollratsgesetz |
| KriegswaffKG/ KWKG | Gesetz über die Kontrolle von Kriegswaffen |

| | |
|---|---|
| KrimAbh. | Kriminalistische Abhandlungen, hrsg. von Exner |
| KrimGwFr | Kriminologische Gegenwartsfragen (zit. nach Band u. Seite) |
| Kriminalistik | Kriminalistik, Zeitschrift für die gesamte kriminalistische Wissenschaft und Praxis |
| KrimJournal | Kriminologisches Journal |
| KriPoZ | Kriminalpolitische Zeitschrift |
| krit. | kritisch |
| KritJ/Krit. Justiz | Kritische Justiz |
| KritV/KritVj | Kritische Vierteljahresschrift für Gesetzgebung und Rechtsprechung |
| KrW-/AbfG | Gesetz zur Förderung der Kreislaufwirtschaft und Sicherung der umweltverträglichen Beseitigung von Abfällen (Kreislaufwirtschafts- und Abfallgesetz) |
| KTS | Konkurs-, Treuhand- und Schiedsgerichtswesen (jetzt: Zeitschrift für Insolvenzrecht) |
| KunstUrhG/KUrhG | Kunsturhebergesetz |
| KuT | Konkurs-, Treuhand- und Schiedsgerichtswesen |
| KuV/k+v/K+V | Kraftfahrt und Verkehrsrecht, Zeitschrift der Akademie für Verkehrswissenschaft, Hamburg |
| KWG | s. KreditwesenG |
| LegPer. | Legislaturperiode |
| Lfg. | Lieferung |
| LFGB | Lebens- und Futtermittelgesetzbuch |
| LG | Landgericht |
| lit. | littera (Buchstabe) |
| Lit. | Literatur |
| LKRZ | Zeitschrift für Landes- und Kommunalrecht Hessen/Rheinland-Pfalz/Saarland |
| LM | Nachschlagewerk des Bundesgerichtshofs, hrsg. v. Lindenmaier/Möhring u. a. (zit. nach Paragraph und Nummer) |
| LMBG | Gesetz über den Verkehr mit Lebensmitteln, Tabakerzeugnissen, kosmetischen Mitteln und sonstigen Bedarfsgegenständen (Lebensmittel- und Bedarfsgegenständegesetz) |
| LPG | Landespressegesetz |
| LPK | Lehr- und Praxiskommentar |
| LRA | Landratsamt |
| LRE | Sammlung lebensmittelrechtlicher Entscheidungen |
| LS | Leitsatz |
| lt. | laut |
| LT | Landtag |
| Ltd. | Limited (Private company limited by shares) |
| LuftSiG | Gesetz zur Neuregelung von Luftsicherheitsaufgaben (Luftsicherheitsgesetz) |
| LuftVG | Luftverkehrgesetz |
| LuftVO/LuftVVO | Verordnung über den Luftverkehr |
| LuftVZO | Luftverkehrs-Zulassungs-Ordnung |
| LVerf. | Landesverfassung |
| LVwG SH | Landesverwaltungsgesetz Schleswig-Holstein |
| LZ | Leipziger Zeitschrift für Deutsches Recht (1907–1933) |
| m. | mit |
| m. Anm. | mit Anmerkung |
| Mat. | Materialien zur Strafrechtsreform (1954). Band I: Gutachten der Strafrechtslehrer. Band II: Rechtsvergleichende Arbeiten |
| m. a. W. | mit anderen Worten |
| m. Bespr. | mit Besprechung |
| MdB | Mitglied des Bundestages |
| MdL | Mitglied des Landtages |
| MDR | Monatsschrift für Deutsches Recht |
| MDStV | Staatsvertrag über Mediendienste |
| MedR | Medizinrecht |
| MedSach | Der Medizinische Sachverständige |
| MEPolG | Musterentwurf eines einheitlichen Polizeigesetzes |

| | |
|---|---|
| MfS | Ministerium für Staatssicherheit |
| mit Nachw. | mit Nachweisen |
| MiStra | Anordnung über Mitteilungen in Strafsachen |
| missverst. | missverständlich |
| Mitt. | Mitteilung |
| MittIKV | Mitteilungen der Internationalen Kriminalistischen Vereinigung (1889–1914; 1926–1933) |
| MK | Münchener Kommentar zum Strafgesetzbuch |
| m. krit. Anm. | mit kritischer Anmerkung (von) |
| MMR | MultiMedia und Recht |
| MMW | Münchner Medizinische Wochenschrift |
| MoMiG | Gesetz zur Modernisierung des GmbH-Rechts und zur Bekämpfung von Missbräuchen |
| MRG | Militärregierungsgesetz |
| MschrKrim./ MonKrim. | Monatsschrift für Kriminologie und Strafrechtsreform |
| MschrKrimBiol/ MonKrimBiol. | Monatsschrift für Kriminalbiologie und Strafrechtsreform |
| MschrKrimPsych/ MonKrimPsych. | Monatsschrift für Kriminalpsychologie und Strafrechtsreform (1904/05–1936) |
| MStGO | Militärstrafgerichtsordnung |
| m. w. N. | mit weiteren Nachweisen |
| m. zust./abl. Anm. | mit zustimmender/ablehnender Anmerkung |
| Nachtr. | Nachtrag |
| Nachw. | Nachweis |
| NATO-Truppen-statut/NTS | Abkommen zwischen den Parteien des Nordatlantikvertrags v. 19.6.1951 über die Rechtsstellung ihrer Truppen (NATO-Truppenstatut) |
| Nds. | Niedersachsen |
| NdsRpfl./Nds.Rpfl | Niedersächsische Rechtspflege |
| NdsSOG | Niedersächsisches Sicherheits- und Ordnungsgesetz |
| NEhelG | Gesetz über die Rechtsstellung der nichtehelichen Kinder |
| n. F. | neue Fassung |
| Niederschr./ Niederschriften | Niederschriften über die Sitzungen der Großen Strafrechtskommission |
| Nieders.GVBl. (Sb. I, II) | Niedersächsisches Gesetz- und Verordnungsblatt, Sonderband I und II, Sammlung des bereinigten niedersächsischen Rechts |
| NJ | Neue Justiz |
| NJOZ | Neue Juristische Online-Zeitschrift |
| NJW | Neue Juristische Wochenschrift |
| NJW-CoR | Computerreport der Neuen Juristischen Wochenschrift |
| NJW-RR | NJW-Rechtsprechungs-Report Zivilrecht |
| NK | Nomos Kommentar zum Strafgesetzbuch |
| NKrimP | Neue Kriminalpolitik |
| NPA | Neues Polizei-Archiv |
| Nr.(n) | Nummer(n) |
| NRW | Nordrhein-Westfalen |
| NStE | Neue Entscheidungssammlung für Strafrecht, hrsg. von Rebmann, Dahs und Miebach |
| NStZ | Neue Zeitschrift für Strafrecht |
| NStZ-RR | NStZ-Rechtsprechungs-Report Strafrecht |
| NuR | Natur und Recht |
| NVwZ | Neue Zeitschrift für Verwaltungsrecht |
| NWB | Neue Wirtschaftsbriefe für Steuer- und Wirtschaftsrecht |
| NWVBl | Nordrhein-Westfälische Verwaltungsblätter |
| NZA | Neue Zeitschrift für Arbeits- und Sozialrecht |
| NZA-RR | NZA-Rechtsprechungsreport Arbeitsrecht |
| NZBau | Neue Zeitschrift für Baurecht und Vergaberecht |
| NZG | Neue Zeitschrift für Gesellschaftsrecht |

| | |
|---|---|
| NZI | Neue Zeitschrift für das Recht der Insolvenz und Sanierung |
| NZM | Neue Zeitschrift für Miet- und Wohnungsrecht |
| NZS | Neue Zeitschrift für Sozialrecht |
| NZV | Neue Zeitschrift für Verkehrsrecht |
| NZWehrr/NZWehrR | Neue Zeitschrift für Wehrrecht |
| NZWiSt | Neue Zeitschrift für Wirtschafts-, Steuer- und Unternehmensstrafrecht |
| o. | oben |
| o. ä. | oder ähnlich |
| ob. dict. | obiter dictum |
| OBGer | Obergericht (Schweizer Kantone) |
| öffentl. | öffentlich |
| OECD | Organisation for Economic Cooperation and Development |
| ÖJZ/ÖstJZ | Österreichische Juristenzeitung |
| Öst OGH | Österreichischer Oberster Gerichtshof; ohne Zusatz: Entscheidung des Öst OGH in Strafsachen (zit. nach Band und Seite) |
| o. g. | oben genannt |
| OG | Oberstes Gericht der DDR |
| OGDDR | Entscheidungen des Obersten Gerichts der DDR |
| OGH | Oberster Gerichtshof (Österreich) |
| OGHBrZ | Oberster Gerichtshof für die Britische Zone |
| OGHSt | Entscheidungen des Obersten Gerichtshofes für die Britische Zone in Strafsachen (1949/50) |
| OHG | Offene Handelsgesellschaft |
| OLG | Oberlandesgericht |
| OLGSt | Entscheidungen der Oberlandesgerichte zum Straf- u. Strafverfahrensrecht (zit. nach Paragraph u. Seite, n. F. nach Paragraph u. Nummer) |
| OR | Obligationenrecht (Schweiz) |
| o. R. | ohne Rechnung |
| OrgK | Organisierte Kriminalität |
| OrgKG | Gesetz zur Bekämpfung des illegalen Rauschgifthandels und anderer Erscheinungsformen der Organisierten Kriminalität |
| OrgKVerbG | Gesetz zur Verbesserung der Bekämpfung der Organisierten Kriminalität |
| OVG | Oberverwaltungsgericht |
| OWiG | Gesetz über Ordnungswidrigkeiten |
| PartG | Gesetz über die politischen Parteien (Parteiengesetz) |
| PartGG | Partnerschaftsgesellschaftsgesetz |
| PatG | Patentgesetz |
| PAuswG | Gesetz über Personalausweise |
| PersV | Die Personalverwaltung |
| PflanzenSchG/PflSchG | Gesetz zum Schutz der Kulturpflanzen (Pflanzenschutzgesetz) |
| PharmR | PharmaRecht |
| PHI | Produkthaftpflicht International |
| PIF | Protection des Intérêts Financiers (EU) |
| PIN | Personal Identification Number |
| PlProt. | Plenarprotokoll |
| PolG | Polizeigesetz |
| polit. | politisch |
| Polizei | Die Polizei (seit 1955: Die Polizei – Polizeipraxis) |
| PolV/PolVO | Polizeiverordnung |
| PostG | Gesetz über das Postwesen (Postgesetz) |
| PostO | Postordnung |
| Pr. | Preußen |
| PrG | Pressegesetz |
| PrGS | Preußische Gesetzessammlung (1810–1945) |

| | |
|---|---|
| ProdSG | Produktsicherheitsgesetz |
| Prot. | Protokolle über die Sitzungen des Sonderausschusses für die Strafrechtsreform |
| Prot. BT-RA | Protokolle des Rechtsausschusses des Deutschen Bundestages (zit. nach Nummern) |
| Pr. OT | Preußisches Obertribunal |
| PrOVG | Preußisches Oberverwaltungsgericht |
| PrPVG | Preußisches Polizeiverwaltungsgesetz |
| PrZeugnVerwG | Gesetz über das Zeugnisverweigerungsrecht der Mitarbeiter von Presse und Rundfunk |
| PStG | Personenstandsgesetz |
| PStR | Praxis Steuerstrafrecht |
| psych. | psychisch |
| PsychThG | Gesetz über die Berufe des psychologischen Psychotherapeuten und des Kinder- und Jugendlichenpsychotherapeuten (Psychotherapeutengesetz) |
| PTV | Polizei, Technik, Verkehr |
| PVT | Polizei, Verkehr und Technik |
| qualif. | qualifizierend |
| R | Rechtsprechung des Reichsgerichts in Strafsachen (zit. nach Band u. Seite) |
| RabgO/RAO | Reichsabgabenordnung |
| RAussch. | Rechtsausschuss |
| RBerG | Gesetz zur Verhütung von Mißbrauch auf dem Gebiet der Rechtsberatung |
| RdA | Recht der Arbeit |
| RdErl. | Runderlass |
| RdJB | Recht der Jugend und des Bildungswesens |
| RdK | Das Recht des Kraftfahrers, Unabhängige Monatsschrift des Kraftverkehrsrechts (1926–43, 1949–55) |
| Rdn. | Randnummer |
| Rdschr./RdSchr. | Rundschreiben |
| RDStH | Entscheidungen des Reichsdienststrafhofs (1939–41) |
| RDStO | Reichsdienststrafordnung |
| RDV | Recht der Datenverarbeitung |
| Recht | Das Recht, begründet von Soergel (1897–1944) |
| RechtsM | Rechtsmedizin |
| rechtspol. | rechtspolitisch |
| RechtsTh | Rechtstheorie |
| rechtsvergl. | rechtsvergleichend |
| RefE | Referentenentwurf |
| Reg. | Regierung |
| RegBl. | Regierungsblatt |
| rel. | relativ |
| RfStV | Rundfunkstaatsvertrag |
| RG | Reichsgericht |
| RGBl., RGBl. I, II | Reichsgesetzblatt, von 1922–1945 Teil I und Teil II |
| RGRspr. | Rechtsprechung des Reichsgerichts in Strafsachen (1879–1888) |
| RGSt | Entscheidungen des Reichsgerichts in Strafsachen |
| RGZ | Entscheidungen des Reichsgerichts in Zivilsachen |
| RHG | Rechnungshofgesetz |
| RHilfeG/RHG | Gesetz über die innerdeutsche Rechts- und Amtshilfe in Strafsachen |
| RhPf. | Rheinland-Pfalz |
| RiAA | Grundsätze des anwaltlichen Standesrechts – Richtlinien gem. § 177 Abs. 2 Satz 2 BRAO |
| RIDP | Revue internationale de droit pénal |
| RiJGG | Richtlinien der Landesjustizverwaltungen zum Jugendgerichtsgesetz |
| RiOWiG | Gemeinsame Anordnung über die Zuständigkeit der Staatsanwaltschaft zur Verfolgung von Ordnungswidrigkeiten und über die Zusammenarbeit mit den Verwaltungsbehörden |
| RiStBV | Richtlinien für das Strafverfahren und das Bußgeldverfahren |
| RiVASt | Richtlinien für den Rechtshilfeverkehr mit dem Ausland in strafrechtlichen Angelegenheiten |

| | |
|---|---|
| RIW | Recht der Internationalen Wirtschaft |
| RJagdG | Reichsjagdgesetz |
| RKG/RKnappschG | Reichsknappschaftsgesetz |
| RKGE | Entscheidungen des Reichskriegsgerichts |
| RMBl. | Reichsministerialblatt, Zentralblatt für das Deutsche Reich (1923–45) |
| RMG/RMilGE | Entscheidungen des Reichsmilitärgerichts (zit. nach Band u. Seite) |
| RöntgVO/RöV | Röntgenverordnung |
| ROW | Recht in Ost und West. Zeitschrift für Rechtsvergleichung und interzonale Rechtsprobleme |
| R & P | Recht und Psychiatrie |
| Rpfleger | Der Deutsche Rechtspfleger |
| RpflG | Rechtspflegergesetz |
| RPostG | Reichspostgesetz |
| Rspr. | Rechtsprechung |
| RStGB | Reichsstrafgesetzbuch |
| RStGH | Internationaler Strafgerichtshof für Ruanda |
| RStGH-Statut | Internationaler Strafgerichtshof für Ruanda – Statut |
| RT | Reichstag |
| RTDrucks. | Drucksachen des Reichstages |
| RTVerh. | Verhandlungen des Reichstages |
| RuP | Recht und Politik. Vierteljahreshefte für Rechts- und Verwaltungspolitik |
| RVG | Rechtsanwaltsvergütungsgesetz |
| RVO | Reichsversicherungsordnung |
| s. | siehe |
| S. | Seite oder Satz |
| s. a. | siehe auch |
| SA | Sonderausschuss für die Strafrechtsreform |
| SaarPolG | Saarländisches Polizeigesetz |
| SaarRZ | Saarländische Rechts- und Steuerzeitschrift |
| SaBremR | Sammlung des bremischen Rechts (1964) |
| SächsArch. | Sächsisches Archiv für Rechtspflege, seit 1924 (bis 1941/42), Archiv für Rechtspflege in Sachsen, Thüringen und Anhalt |
| SächsOLG | Annalen des Sächsischen Oberlandesgerichts zu Dresden (1880–1920) |
| SächsPolG | Sächsisches Polizeigesetz |
| Sarl | Societé à responsabilité limitée |
| SchAZtg | Schiedsamts-Zeitung |
| ScheckG/SchG | Scheckgesetz |
| SchiedsmZ | Schiedsmannszeitung (1926–1945), seit 1950 Der Schiedsmann |
| SchKG | Gesetz zur Vermeidung und Bewältigung von Schwangerschaftskonflikten (Schwangerschaftskonfliktgesetz) |
| SchlH | Schleswig-Holstein |
| SchlHA | Schleswig-Holsteinische Anzeigen |
| Schriften der MGH | Schriften der Monumenta Germanicae Historica |
| SchwangUG | (DDR-)Gesetz über die Unterbrechung der Schwangerschaft |
| SchwarzArbG | Schwarzarbeitsbekämpfungsgesetz |
| schweiz. | schweizerisch |
| SchwJZ | Schweizerische Juristen-Zeitung |
| SchwZStr. | Schweizer Zeitschrift für Strafrecht |
| SeeArbG | Seearbeitsgesetz |
| SeemannsG | Seemannsgesetz |
| SeeRÜbk./SRÜ | Seerechtsübereinkommen der Vereinten Nationen; Vertragsgesetz |
| Sen. | Senat |
| SeuffBl. | Seufferts Blätter für Rechtsanwendung (1836–1913) |
| SexualdelikteBekG | Gesetz zur Bekämpfung von Sexualdelikten und anderen gefährlichen Straftaten (Sexualdeliktebekämpfungsgesetz) |
| SFHÄndG | Schwangeren- und Familienhilfeänderungsgesetz |

| | |
|---|---|
| SFHG | Gesetz zum Schutz des vorgeburtlichen/werdenden Lebens, zur Förderung einer kinderfreundlicheren Gesellschaft, für Hilfen im Schwangerschaftskonflikt und zur Regelung des Schwangerschaftsabbruchs (Schwangeren- und Familienhilfegesetz) |
| SG/SoldatG | Gesetz über die Rechtsstellung der Soldaten |
| SGB I, III, IV, V, VIII, X, XI | I: Sozialgesetzbuch, Allgemeiner Teil<br>III: Sozialgesetzbuch, Arbeitsförderung<br>IV: Sozialgesetzbuch, Gemeinsame Vorschriften für die Sozialversicherung<br>V: Sozialgesetzbuch, Gesetzliche Krankenversicherung<br>VIII: Sozialgesetzbuch, Kinder- und Jugendhilfe<br>X: Sozialgesetzbuch, Verwaltungsverfahren, Zusammenarbeit der Leistungsträger und ihre Beziehung zu Dritten<br>XI: Soziale Pflegeversicherung |
| SGb. | Sozialgerichtsbarkeit |
| SGG | Sozialgerichtsgesetz |
| SGV.NW | Sammlung des bereinigten Gesetz- und Verordnungsblatts für das Land Nordrhein-Westfalen (Loseblattsammlung) |
| SichVG | Gesetz zur Rechtsvereinheitlichung der Sicherungsverwahrung |
| SJZ | Süddeutsche Juristen-Zeitung (1946–50), dann Juristenzeitung |
| SK | Systematischer Kommentar zum Strafgesetzbuch |
| Slg. | Sammlung der Rechtsprechung des EuGH |
| s. o. | siehe oben |
| sog. | sogenannt(e) |
| Sonderausschuss | Sonderausschuss des Bundestages für die Strafrechtsreform, Niederschriften zitiert nach Wahlperiode und Sitzung |
| SortenSchG | Gesetz über den Schutz von Pflanzensorten (Sortenschutzgesetz) |
| SozVers | Die Sozialversicherung |
| spez. | speziell |
| SprengG/ SprengstoffG | Gesetz über explosionsgefährliche Stoffe (Sprengstoffgesetz) |
| SpuRT | Zeitschrift für Sport und Recht |
| SSt | Entscheidungen des österreichischen Obersten Gerichtshofes in Strafsachen und Disziplinarangelegenheiten |
| StA | Staatsanwalt(schaft) |
| StaatsGH | Staatsgerichtshof |
| StaatsschStrafsG | Gesetz zur allgemeinen Einführung eines zweiten Rechtszuges in Staatsschutz-Strafsachen |
| StÄG | s. StRÄndG |
| StAZ | Das Standesamt, Zeitschrift für Standesamtswesen, Personenstandsrecht, Ehe- u. Kindschaftsrecht, Staatsangehörigkeitsrecht |
| StB | Der Steuerberater |
| StenB/StenBer | Stenographischer Bericht |
| StGB | Strafgesetzbuch |
| StPO | Strafprozeßordnung |
| str. | streitig, strittig |
| StrAbh. | Strafrechtliche Abhandlungen |
| StRÄndG | Strafrechtsänderungsgesetz (1. vom 30.8.1951)<br>18. ~ – Gesetz zur Bekämpfung der Umweltkriminalität<br>27. ~ – Kinderpornographie<br>28. ~ – Abgeordnetenbestechung<br>31. ~ – Zweites Gesetz zur Bekämpfung der Umweltkriminalität<br>37. ~ – §§ 180b, 181 StGB<br>40. ~ – Gesetz zur Strafbarkeit beharrlicher Nachstellungen<br>41. ~ – Bekämpfung der Computerkriminalität<br>42. ~ – Anhebung der Höchstgrenze des Tagessatzes bei Geldstrafen |
| StraffreiheitsG/ StrFG | Gesetz über Straffreiheit |
| StraFo | Strafverteidigerforum |

| | |
|---|---|
| strafr. | strafrechtlich |
| StrafrAbh. | Strafrechtliche Abhandlungen, hrsg. von Bennecke, dann von Beling, v. Lilienthal und Schoetensack |
| StraßVerkSichG | 1. Gesetz zur Sicherung des Straßenverkehrs (Straßenverkehrssicherungsgesetz – StraßenVSichG) |
| StrEG | Gesetz über die Entschädigung für Strafverfolgungsmaßnahmen |
| StREG | Gesetz über ergänzende Maßnahmen zum 5. StrRG (Strafrechtsreformergänzungsgesetz) |
| StrlSchuV/ StrlSchVO | Strahlenschutzverordnung |
| StRR | Strafrechtsreport |
| StrRG | Gesetz zur Reform des Strafrechts (1. ~, 2. ~, … 6. ~) |
| st. Rspr. | ständige Rechtsprechung |
| StS | Strafsenat |
| StuR | Staat und Recht |
| StV/StrVert. | Strafverteidiger |
| StVE | Straßenverkehrsentscheidungen, hrsg. von Cramer, Berz, Gontard, Loseblattsammlung (zit. nach Paragraph u. Nummer) |
| StVG | Straßenverkehrsgesetz |
| StVGÄndG | Gesetz zur Änderung des Straßenverkehrsgesetzes und anderer Gesetze |
| StVj/StVJ | Steuerliche Vierteljahresschrift |
| StVK | Strafvollstreckungskammer |
| StVO | Straßenverkehrsordnung |
| StVollstrO | Strafvollstreckungsordnung |
| StVollzÄndG | Gesetz zur Änderung des Strafvollzugsgesetzes |
| StVollzG | Gesetz über den Vollzug der Freiheitsstrafe und der freiheitsentziehenden Maßregeln der Besserung und Sicherung (Strafvollzugsgesetz) |
| StVollzK | Blätter für Strafvollzugskunde (Beilage zur Zeitschrift „Der Vollzugsdienst“) |
| 1. StVRG | Erstes Gesetz zur Reform des Strafverfahrensrechts |
| 1. StVRErgG | Erstes Gesetz zur Ergänzung des 1. StVRG |
| StVZO | Straßenverkehrs-Zulassungs-Ordnung |
| s. u. | siehe unten |
| SubvG | Subventionsgesetz |
| SV | Sachverhalt |
| TDG | Gesetz über die Nutzung von Telediensten |
| TerrorBekG | Gesetz zur Bekämpfung des internationalen Terrorismus (Terrorismusbekämpfungsgesetz) |
| TerrorBekErgG | Gesetz zur Ergänzung des Terrorismusbekämpfungsgesetzes (Terrorismusbekämpfungsergänzungsgesetz) |
| ThürPAG | Thüringisches Polizeiaufgabengesetz |
| TierschG/ TierschutzG | Tierschutzgesetz |
| Tit. | Titel |
| TKG | Telekommunikationsgesetz |
| TPG | Gesetz über die Spende, Entnahme und Übertragung von Organen (Transplantationsgesetz) |
| TV | Truppenvertrag |
| Tz. | Textziffer, -zahl |
| u. | unten (auch: und) |
| u. a. | unter anderem (auch: andere) |
| u. ä. | und ähnliche |
| u. a. m. | und anderes mehr |
| UdG | Urkundsbeamter der Geschäftsstelle |
| Üb. | Überblick; Übersicht |
| Übereink./Übk. | Übereinkommen |
| ÜbergangsAO | Übergangsanordnung |

| | |
|---|---|
| ü. M. | überwiegende Meinung |
| UFITA | Archiv für Urheber-, Film-, Funk- und Theaterrecht |
| UG | Unternehmergesellschaft |
| U-Haft | Untersuchungshaft |
| UMAG | Gesetz zur Unternehmensintegrität und Modernisierung des Anfechtungsrechts |
| umstr. | umstritten |
| UmwRG | Umweltrahmengesetz der DDR |
| UNO | United Nations Organization (Vereinte Nationen) |
| UNTS | United Nations Treaty Series |
| unv. | unveröffentlicht |
| UPR | Umwelt- und Planungsrecht |
| UrhG | Gesetz über Urheberrecht und verwandte Schutzrechte (Urheberrechtsgesetz) |
| UStG | Umsatzsteuergesetz |
| usw. | und so weiter |
| UTR | Umwelt- und Technikrecht, Schriftenreihe des Instituts für Umwelt- und Technikrecht der Universität Trier, hrsg. von Rüdiger Breuer u. a. |
| u. U. | unter Umständen |
| UVNVAG | Ausführungsgesetz v. 23.7.1998 (BGBl. I S. 1882) zu dem Vertrag v. 24.9.1996 über das umfassende Verbot von Nuklearversuchen – Zustimmungsgesetz |
| UWG | Gesetz gegen den unlauteren Wettbewerb |
| UZwG | Gesetz über den unmittelbaren Zwang bei Ausübung öffentlicher Gewalt durch Vollzugsbeamte des Bundes |
| UZwGBw | Gesetz über die Anwendung unmittelbaren Zwanges und die Ausübung besonderer Befugnisse durch Soldaten der Bundeswehr und zivile Wachpersonen |
| v. | von, vom |
| VAE | Verkehrsrechtliche Abhandlungen und Entscheidungen |
| VAG | Versicherungsaufsichtsgesetz |
| v. A. w. | von Amts wegen |
| VBlBW | Verwaltungsblätter für Baden-Württemberg |
| VD | Verkehrsdienst |
| VDA bzw. VDB | Vergleichende Darstellung des deutschen und ausländischen Strafrechts, Allgemeiner bzw. Besonderer Teil |
| VE | Vorentwurf |
| VerbrBekG | Gesetz zur Änderung des Strafgesetzbuches, der Strafprozeßordnung und anderer Gesetze (Verbrechensbekämpfungsgesetz) |
| VerbringungsG/ VerbG | Gesetz zur Überwachung strafrechtlicher und anderer Verbringungsverbote |
| VereinfVO | Vereinfachungsverordnung<br>1. ~ –, VO über Maßnahmen auf dem Gebiet der Gerichtsverfassung und Rechtspflege<br>2. ~ –, VO zur weiteren Vereinfachung der Strafrechtspflege<br>3. ~ –, Dritte VO zur Vereinfachung der Strafrechtspflege<br>4. ~ –, Vierte VO zur Vereinfachung der Strafrechtspflege |
| VereinhG | Gesetz zur Wiederherstellung der Rechtseinheit auf dem Gebiete der Gerichtsverfassung, der bürgerlichen Rechtspflege, des Strafverfahrens und des Kostenrechts |
| VereinsG | Gesetz zur Regelung des öffentlichen Vereinsrechts (Vereinsgesetz) |
| VerfGH | Verfassungsgerichtshof |
| VerglO | Vergleichsordnung |
| Verh. | Verhandlungen des Deutschen Bundestages (BT), des Deutschen Juristentages (DJT) usw. |
| VerjährG | Gesetz über das Ruhen der Verjährung bei SED-Unrechtstaten<br>2. VerjährG, Gesetz zur Verlängerung strafrechtlicher Verjährungsfristen vom 27.9.1993<br>3. VerjährG, Gesetz zur weiteren Verlängerung strafrechtlicher Verjährungsfristen vom 22.12.1997 |
| VerkMitt./VM | Verkehrsrechtliche Mitteilungen |
| VerkProspektG | Wertpapiere-Verkaufsprospektgesetz |
| vermitt. | vermittelnd |

| | |
|---|---|
| VerpflG | Gesetz über die förmliche Verpflichtung nichtbeamteter Personen (Verpflichtungsgesetz) i. d. F. v. Art. 42 EGStGB |
| VerschG | Verschollenheitsgesetz |
| VersG | Gesetz über Versammlungen und Aufzüge (Versammlungsgesetz) |
| VersR | Versicherungsrecht, Juristische Rundschau für die Individualversicherung |
| VerwArch. | Verwaltungsarchiv |
| VG | Verwaltungsgericht |
| VGH | Verwaltungsgerichtshof |
| vgl. | vergleiche |
| Vhdlgen | s. Verh. |
| VJZ | Zeitschrift für Vermögems- und Immobilienrecht |
| VN | Vereinte Nationen |
| VN-Satzung | Satzung der Vereinten Nationen |
| VO | Verordnung |
| VOBl. | Verordnungsblatt |
| VOR | Zeitschrift für Verkehrs- und Ordnungswidrigkeitenrecht |
| Voraufl. | Vorauflage |
| Vorbem. | Vorbemerkung |
| VorE | Vorentwurf |
| vorgen. | vorgenannt |
| VRS | Verkehrsrechts-Sammlung, Entscheidungen aus allen Gebieten des Verkehrsrechts |
| VStGB | Völkerstrafgesetzbuch |
| VVDStRL | Veröffentlichungen der Vereinigung deutscher Staatsrechtslehrer (zit. nach Heft u. Seite) |
| VVG | Gesetz über den Versicherungsvertrag |
| VwBlBW | Verwaltungsblätter Baden-Württemberg |
| VwGO | Verwaltungsgerichtsordnung |
| VwVfG | Verwaltungsverfahrensgesetz |
| VwVG | Verwaltungsvollstreckungsgesetz |
| VwZG | Verwaltungszustellungsgesetz |
| | |
| WaffG/WaffenG | Waffengesetz |
| Warn./WarnRspr | Sammlung zivilrechtlicher Entscheidungen des RG, hrsg. von Warneyer (zit. nach Jahr und Nummer) |
| WBl | Wirtschaftsrechtliche Blätter (Österreich) |
| WDO | Wehrdisziplinarordnung |
| WehrpflG | Wehrpflichtgesetz |
| WeimVerf./WV | Verfassung des Deutschen Reichs (sog. „Weimarer Verfassung“) |
| WeinG | Weingesetz |
| weitergeh. | weitergehend |
| WHG | Gesetz zur Ordnung des Wasserhaushalts (Wasserhaushaltsgesetz) |
| WiB | Wirtschaftsrechtliche Beratung |
| 1. WiKG | 1. Gesetz zur Bekämpfung der Wirtschaftskriminalität |
| 2. WiKG | 2. Gesetz zur Bekämpfung der Wirtschaftskriminalität |
| WissR | Wissenschaftsrecht |
| WiStG | Gesetz zur weiteren Vereinfachung des Wirtschaftsstrafrechts (Wirtschaftsstrafgesetz 1954) |
| wistra | Zeitschrift für Wirtschaft, Steuer, Strafrecht, dann: Zeitschrift für Wirtschafts- und Steuerstrafrecht |
| WiVerw | Wirtschaft und Verwaltung |
| WK | Wiener Kommentar zum Strafgesetzbuch |
| WM | Wertpapier-Mitteilungen |
| w. N. b. | weitere Nachweise bei |
| WoÜbG | Gesetz zur Umsetzung des Urteils des Bundesverfassungsgerichts vom 3. März 2004 (akustische Wohnraumüberwachung) v. 24.6.2005 |
| WuM | Wohnungswirtschaft und Mietrecht |
| WPg | Die Wirtschaftsprüfung |

| | |
|---|---|
| WpHG | Gesetz über Wertpapierhandel |
| WRP | Wettbewerb in Recht und Praxis |
| WStG | Wehrstrafgesetz |
| WZG | Warenzeichengesetz |
| z. | zur, zum |
| (Z) | Entscheidung in Zivilsachen |
| ZAG | Zahlungsdiensteaufsichtsgesetz |
| ZahlVGJG | Gesetz über den Zahlungsverkehr mit Gerichten und Justizbehörden |
| ZAkDR | Zeitschrift der Akademie für Deutsches Recht (1934–1944) |
| ZaöRV | Zeitschrift für ausländisches öffentliches Recht und Völkerrecht |
| z. B. | zum Beispiel |
| ZBB | Zeitschrift für Bankrecht und Bankwirtschaft |
| ZbernJV/ZBJV | Zeitschrift des Bernischen Juristenvereins |
| ZBl. f. Verk. Med. | Zentralblatt für Verkehrsmedizin, Verkehrspsychologie, Luft- und Raumfahrtmedizin |
| ZDG | Gesetz über den Zivildienst der Kriegsdienstverweigerer (Zivildienstgesetz) |
| ZfB | Zeitschrift für Binnenschifffahrt und Wasserstraßen |
| ZfBR | Zeitschrift für deutsches und internationales Baurecht |
| Z. f. d. ges. Sachverst.wesen | Zeitschrift für das gesamte Sachverständigenwesen |
| ZFIS | Zeitschrift für innere Sicherheit |
| ZfJ | Zentralblatt für Jugendrecht |
| ZfL | Zeitschrift für Lebensrecht |
| ZfRV | Zeitschrift für Rechtsvergleichung, Internationales Privatrecht und Europarecht |
| ZfS/ZfSch | Zeitschrift für Schadensrecht |
| ZfStrVo | Zeitschrift für Strafvollzug und Straffälligenhilfe |
| ZfW | Zeitschrift für Wasserrecht |
| ZfWG | Zeitschrift für Wett- und Glücksspielrecht |
| ZfZ | Zeitschrift für Zölle und Verbrauchssteuern |
| ZG | Zeitschrift für Gesetzgebung |
| ZGR | Zeitschrift für Unternehmens- und Gesellschaftsrecht |
| ZHR | Zeitschrift für das gesamte Handelsrecht und Wirtschaftsrecht, begr. v. Goldschmidt |
| Zif./Ziff. | Ziffer(n) |
| ZInsO | Zeitschrift für das gesamte Insolvenzrecht |
| ZIP | Zeitschrift für Wirtschaftsrecht |
| ZIS | Zeitschrift für Internationale Strafrechtsdogmatik |
| zit. | zitiert |
| ZJS | Zeitschrift für das Juristische Studium |
| ZMR | Zeitschrift für Miet- und Raumrecht |
| ZNER | Zeitschrift für Neues Energierecht |
| ZollG | Zollgesetz |
| ZParl | Zeitschrift für Parlamentsfragen |
| ZPO | Zivilprozessordnung |
| ZRP | Zeitschrift für Rechtspolitik |
| ZSchwR | Zeitschrift für Schweizerisches Recht |
| ZStW | Zeitschrift für die gesamte Strafrechtswissenschaft |
| z. T. | zum Teil |
| ZUM | Zeitschrift für Urheber- und Medienrecht/Film und Recht |
| zusf. | zusammenfassend |
| zust. | zustimmend |
| ZustErgG | Gesetz zur Ergänzung von Zuständigkeiten auf den Gebieten des Bürgerlichen Rechts, des Handelsrechts und des Strafrechts (Zuständigkeitsergänzungsgesetz) |
| ZustG | Zustimmungsgesetz |
| ZustVO | Verordnung über die Zuständigkeit der Strafgerichte, die Sondergerichte und sonstige strafverfahrensrechtliche Vorschriften |
| zutr. | zutreffend |

| | |
|---|---|
| z. V. b. | zur Veröffentlichung bestimmt |
| ZVG | Gesetz über die Zwangsversteigerung und die Zwangsverwaltung (Zwangsversteigerungsgesetz) |
| ZVS | Zeitschrift für Verkehrssicherheit |
| zw. | zweifelhaft (auch: zweifelnd) |
| ZWehrR | Zeitschrift für Wehrrecht (1936/37–1944) |
| ZWH | Zeitschrift für Wirtschaftsstrafrecht und Haftung im Unternehmen |
| z. Z. | zur Zeit |
| ZZP | Zeitschrift für Zivilprozess |

doch unter starker Einschränkung, da meist die Gebotenheit der Trutzwehr zu verneinen sein wird (*Streng* MK Rdn. 10; *Roxin/Greco* AT I § 15 Rdn. 61 f). Ein Kind kann ferner Vortäter einer Hehlerei oder (strafunmündiges) Mitglied einer Bande i. S. d. § 244 Abs. 1 Nr. 2 sein;[11] ob eine Kompensation gemäß § 199 zulässig ist, wenn ein Kind beteiligt war, ist streitig.[12]

Als **Prozesshindernis** schließt § 19 die Strafverfolgung von Kindern aus; gleichwohl eingeleitete Verfahren sind einzustellen.[13] Dies erfolgt nach bereits eingeleitetem Ermittlungsverfahren aus § 170 Abs. 2 StPO, im Zwischenverfahren wird die Eröffnung des Verfahrens gem. § 204 StPO abgelehnt und nach Eröffnung des Hauptverfahrens wird das Verfahren gem. 206a Abs. 1 StPO eingestellt (*Streng* MK Rdn. 11). Wird erst in der Hauptverhandlung festgestellt,[14] dass der Täter im Zeitpunkt der Tat noch ein Kind war oder ist dies nicht auszuschließen, so wird das Verfahren durch Prozessurteil gem. § 260 Abs. 3 StPO eingestellt (*Kintzi* DRiZ **1997** 3). Dies gilt auch wenn der Täter mittlerweile das Strafmündigkeitsalter erreicht hat, was zwar der Gesetzeswortlaut nicht ausdrücklich ergibt, aber aus dem Zusammenhang mit dem JGG folgt. Dieses sieht Sanktionen nur für Straftaten von Personen vor, die bei Tatbegehung jugendlich oder heranwachsend waren, nicht jedoch für Taten von Kindern (§ 1 JGG). Die deutsche Rechtsordnung stellt also für die im Kindesalter begangenen Taten ein Strafverfahren nicht zur Verfügung (*Walter* DriZ **1999** 325 f; **aA** *Schoene* DRiZ **1999** 321 ff). Reaktionen auf Straftaten von Kindern sind daher nur im Rahmen des Jugendhilferechts (SGB VIII) und der familien- und vormundschaftsrichterlichen Erziehungsaufgaben nach den §§ 1631 Abs. 3, 1666, 1666a, 1800, 1915 BGB möglich. 3

Daher dürfen gegen Strafunmündige auch **keine Maßregeln** der Besserung und Sicherung (§§ 63 ff) verhängt werden. Eine Ausnahme macht das Gesetz bei der Sicherungseinziehung nach §§ 74b Abs. 1 Nr. 1, 74d in Verbindung mit § 76a Abs. 2 S. 2.[15] 4

Zu den weiteren Folgen einer Nichtbeachtung des Prozesshindernisses *Brunner/Dölling* JGG § 1 Rdn. 27; *Ostendorf* JGG § 1 Rdn. 13. 5

Nach wohl überwiegender Meinung in der Literatur soll eine **vorläufige Festnahme** gem. § 127 StPO bei kindlichen Tätern nicht zulässig sein, weil dieses Zwangsmittel ausschließlich der Sicherung der Durchführung eines Strafverfahrens gegen den Festgenommenen diene, was bei Strafunmündigen nicht in Betracht komme (*Diemer/Schoreit/Sonnen* JGG § 1 Rdn. 22; *Ostendorf* JGG § 1 Rdn. 3). Dies kann jedoch nicht überzeugen, denn bei rechtswidrigen Taten Strafunmündiger sind auch andere strafrechtlich relevante Fragen zu klären, beispielsweise das Alter des Täters, die Existenz von Hintermännern oder Beteiligten (*Verrel* NStZ **2001** 285). Für eine vorläufige Festnahme spricht auch der spezialpräventive Aspekt der Verhinderung von Folgetaten mittels jugendhilferechtlicher Maßnahmen (*Streng* MK Rdn. 12). Der Wortlaut des § 127 Abs. 3 StPO, welcher den Begriff „Straftat" verwendet, widerspricht dem nicht, denn bei den dort relativierten Prozessvoraussetzungen geht es um die Verfolgbarkeit von Taten, für die der Begriff der Straftat angebracht ist (*Streng* MK[3] Rdn. 12). § 127 Abs. 1 StPO verlangt lediglich die Betroffenheit von „jemand" und verzichtet auf die sonst übliche strafprozessuale Bezeichnung als Beschuldigter oder Verdächtiger (*Verrel* NStZ **2001** 287). 6

Ebenso umstritten ist die Anwendbarkeit der Maßnahmen der **Identitätsfeststellung** gemäß § 163b Abs. 1 und 2 StPO. Angesichts der in § 163 StPO normierten Verpflichtung der Polizei alle Straftaten aufzuklären, muss die Polizei auch im Zusammenhang mit Kindern Maßnahmen ergreifen können, die erforderlich sind, um die Beziehung des Kindes zur Tat und die möglicherweise gegebene Strafunmündigkeit festzustellen (*Verrel* NStZ **2001** 285; **abweichend** *Streng* MK Rdn. 13). Besteht die Möglichkeit, dass strafmündige Personen an der Tat eines Kindes beteiligt waren, so kann im Strafverfahren gegen diese das Kind als Zeuge vernommen werden. Dabei ist gegebenenfalls eine Belehrung gem. § 52 StPO erforderlich, während § 55 StPO nicht in Be- 7

11 BGHSt **1** 47; *Ellbogen/Wichmann* JuS **2007** 114, 115; *Satzger/Schluckebier/Widmaier/Kaspar* Rdn. 3.
12 **Ablehnend** *Streng* MK Rdn. 10; **differenzierend** *Herdegen* LK[11] § 199 Rdn. 2.
13 RGSt **57** 206; *Roxin/Greco* AT 1 § 20 Rdn. 51; **kritisch** *Zielinski* GedS Hilde Kaufmann S. 875, 882.
14 Zu den Methoden der Altersdiagnostik *Jung* StV **2013** 51.
15 *Sch/Schröder/Perron/Weißer* Rdn. 4; *Streng* MK Rdn. 14.

tracht kommt (*Verrel* NStZ **2001** 285). Strittig ist auch die Anwendung der §§ 102, 111b, 81a, 81b StPO.[16]

8 Entscheidend für die Einordnung ist der **Zeitpunkt** der Begehung der Tat. Wann eine Tat begangen wurde, richtet sich nach dem Zeitpunkt, in dem der Täter gehandelt hat oder hätte handeln müssen (*Eisenberg/Kölbel* JGG § 3 Rdn. 4). Lässt er sich nicht zweifelsfrei aufklären, gilt, weil es auch um die materielle Frage der Schuld geht, der Grundsatz „in dubio pro reo".[17]

9 Der Begehungszeitpunkt bestimmt sich nach § 8. Bei zeitlichem Auseinanderfallen von Handlung und Erfolg ist also der Abschluss der Handlung maßgebend. Teile eines Dauerdelikts oder einer fortgesetzten Handlung, welche vor dem Erreichen der Strafmündigkeit begangen sind, bleiben außer Betracht.[18]

## II. Abgrenzung zu Jugendlichen

10 Bei Jugendlichen ist nach § 3 JGG jeweils positiv zu prüfen, ob sie nach ihrer geistigen und sittlichen Entwicklung reif genug sind, das Unrecht der Tat einzusehen und nach dieser Einsicht zu handeln. Der Jugendliche ist strafrechtlich verantwortlich, wenn er diese Fähigkeiten hatte, oder wenn er sie zwar im konkreten Fall nicht hatte, aufgrund seiner Reife jedoch hätte haben müssen (*Diemer/Schoreit/Sonnen* JGG § 3 Rdn. 3). § 3 JGG ist ein Element der Schuld und keine Verfahrensvoraussetzung (zum Verhältnis zwischen § 3 JGG und den §§ 20, 21 vgl. § 20 Rdn. 213 ff).

## III. Kriminalprognostische Bedeutung

11 Bedeutsam ist die Berücksichtigung von Kindheitsdelinquenz auch in einem später stattfindenden Jugendstrafverfahren. Während im Kindesalter nur mit Maßnahmen der öffentlichen Jugendhilfe reagiert werden kann, sind bei Jugendlichen die Vorschriften des **JGG** anzuwenden. Bei der prognostischen Beurteilung der Erziehungsbedürftigkeit des Täters ist die Kinderdelinquenz zwingend zu berücksichtigen. Die gegen dieses in der Praxis gängige Vorgehen vereinzelt erhobenen Einwände[19] überzeugen nicht (s. hierzu *Verrel* NStZ **2001** 288).

12 Zwar sind die Aufzeichnungen der Polizei nur beschränkt verlässlich, weil bei Kindern genauere Ermittlungen im Hinblick auf die Strafunmündigkeit unterbleiben (*Verrel* NStZ **2001** 288). Ein Verstoß gegen die **Unschuldsvermutung** liegt gleichwohl nicht vor, da das Gericht nunmehr im Jugendstrafverfahren gemäß § 244 Abs. 2 StPO die relevanten Einzelheiten der Kinderdelinquenz aufklären muss. Insbesondere wenn der Jugendliche der ihm vorgeworfenen Kinderdelinquenz widerspricht, ist darüber Beweis zu erheben.

13 Auch **datenschutzrechtlich** ist es keineswegs ausgeschlossen, Informationen über kindliches Fehlverhalten, welche das Jugendamt im Rahmen der Jugendhilfe erhoben hat, nunmehr im Bericht der Jugendgerichtshilfe gemäß §§ 38, 43 JGG zu berücksichtigen. Diese Mitteilungsbefugnis ergibt sich aus den §§ 61 Abs. 3, 64, 65 SGB VIII, 69 Abs. 1 Nr. 1 SGB X.

14 Es trifft auch nicht zu, dass damit die prognostische Bedeutung von Kinderkriminalität verkannt wird. Natürlich darf deren **Episodenhaftigkeit** bezüglich der Begehung leichterer Straftaten nicht zu schematischer Negativbewertung bei der Prognose führen. Es geht nicht um die Kinderdelinquenz als solche, sondern um die wiederholte Begehung schwererer Straftaten, insbesondere von Gewaltdelikten, denen nach allen Erkenntnissen der Prognoseforschung erhebliche prognostische Bedeutung zukommt.

---

16 Ausführlich *Verrel* NStZ **2001** 285 f; *Streng* MK Rdn. 13 m. w. N.; *Rogall* SK Rdn. 14 ff m. w. N.; kritisch zu allen Maßnahmen *Albrecht, P. A.* S. 88 f.

17 BGHSt **5** 366; *Brunner/Dölling* JGG § 1 Rdn. 20, 23; *Eisenberg/Kölbel* JGG § 1 Rdn. 28; *Ostendorf* JGG § 1 Rdn. 11.

18 RGSt **66** 36, 37; *Eisenberg/Kölbel* JGG § 1 Rdn. 4; *Ostendorf* JGG § 1 Rdn. 8; *Sch/Schröder/Perron/Weißer* Rdn. 2.

19 *Bottke* FS Geerds 290; *Eisenberg/Kölbel* § 43 Rdn. 24; *Frehsee* ZStW **100** (1988), 318 ff; *Ostendorf* JGG § 1 Rdn. 3.

# § 20 Schuldunfähigkeit wegen seelischer Störungen

**Ohne Schuld handelt, wer bei Begehung der Tat wegen einer krankhaften seelischen Störung, wegen einer tiefgreifenden Bewusstseinsstörung oder wegen Schwachsinns oder einer schweren anderen seelischen Abartigkeit unfähig ist, das Unrecht der Tat einzusehen oder nach dieser Einsicht zu handeln.**

## Schrifttum zu Grundfragen von Willensfreiheit und Schuld

*Achenbach* Historische und dogmatische Grundlagen der strafrechtssystematischen Schuldlehre (1974); *Adam/Schmidt/Schumacher* Nulla poena sine culpa – Was besagt das verfassungsrechtliche Schuldprinzip? NStZ **2017** 7; *P.-A. Albrecht* Unsicherheitszonen des Schuldstrafrechts, GA **1983** 193; *Baltzer* Noch einmal: Die Willensfreiheit – eine Schimäre? Zur Bedeutung der Erkenntnisse der Hirnforschung für das Schuldprinzip, Festschrift Kargl (2015) 13; *Baratta* Philosophie und Strafrecht (1985); *Baumgartner/Eser* (Hrsg.) Schuld und Verantwortung (1983); *Baurmann* Zweckrationalität und Strafrecht (1987); *Bernsmann/Kisker* § 20 StGB und die Entschuldbarkeit von Delinquenz diesseits biologisch-psycho(patho)logischer Exkulpationsmerkmale, MschrKrim. **1975** 325; *Bieri* Das Handwerk der Freiheit: Über die Entdeckung des eigenen Willens (2011); *Blau/Franke* Prolegomena zur strafrechtlichen Schuldfähigkeit, Jura **1982** 393; *Bock* Ideen und Schimären im Strafrecht, ZStW **103** (1991) 636; *Bockelmann* Willensfreiheit und Zurechnungsfähigkeit, ZStW **75** (1963) 372; **77** (1965) 253; *Braun* Meine Freiheit ist deine Freiheit, JZ **2004** 610; *Bron* Schuld und Freiheit aus psychiatrischer und juristischer Sicht, MedR **1990** 240; *Bröckers* Strafrechtliche Verantwortung ohne Willensfreiheit (2015); *Burkhardt* Das Zweckmoment im Schuldbegriff, GA **1976** 321; *ders.* Schuldprinzip, Unrechtsbewusstsein, Schuldtheorie, Vermeidbarkeit des Verbotsirrtums, in *Eser/Burkhardt* Strafrecht I (1992) 163 (zit.: *Burkhardt* 1992); *ders.* Freiheitsbewusstsein und strafrechtliche Schuld, Festschrift Lenckner (1998) 1; *ders.* Und sie bewegt uns doch: die Freiheit, Das Magazin **2003** Nr. 2, 21 (zit.: *Burkhardt* 2003); *Cerezo* Der materielle Schuldbegriff, ZStW **108** (1996) 9; *Danner* Gibt es einen freien Willen? 4. Aufl. (1977); *Dencker* Gefährlichkeitsvermutung statt Tatschuld? StV **1988** 262; *Dölling* Gerechtigkeit, Hilfe und Kontrolle – Über Entwicklungen bei der Schuldfähigkeitsbeurteilung und bei der Anordnung von Maßregeln der Besserung und Sicherung, Festschrift Rolinski (2002) 56; *Dreher* Der psychologische Determinismus Manfred Danners, ZStW **95** (1983) 340; *ders.* Die Willensfreiheit (1987); *ders.* Kann der Mensch schuldig werden? Universitas **1989** 1040; *ders.* Unser indeterministisches Strafrecht, Festschrift Spendel (1992) 13; *Eickhoff* Die Benachteiligung des psychisch kranken Rechtsbrechers im Strafrecht, NStZ **1987** 65; *Ebert* Charakterschuld, Festschrift Kühl (2014) 137; *Engisch* Die Lehre von der Willensfreiheit in der strafrechtsphilosophischen Doktrin der Gegenwart, 2. Aufl. (1965); *Eser/Fletcher* (Hrsg.) Rechtfertigung und Entschuldigung (1988); *Fischer/Hoven* (Hrsg.) Schuld (2017); *Frisch* Zur Zukunft des Schuldstrafrechts – Schuldstrafrecht und Neurowissenschaften, Festschrift Kühl (2014) 187; *Frister* Schuldprinzip, Verbot der Verdachtsstrafe und Unschuldsvermutung als materielle Grundprinzipien des Strafrechts (1988); *ders.* Die Struktur des „voluntativen Schuldelements" (1993); *ders.* Überlegungen zu einem agnostischen Begriff der Schuldfähigkeit, Festschrift Frisch (2013) 533; *ders.* Der strafrechtsdogmatische Begriff der Schuld, JuS **2013** 1057; *Füllgrabe/Schinzel* Die problematische Deutung bildgebender Verfahren und das Problem der Willensfreiheit, Kriminalistik **2008** 233; *Gimbernat Ordeig* Zur Strafrechtssystematik auf der Grundlage der Nichtbeweisbarkeit der Willensfreiheit, Festschrift Henkel (1974) 151; *Gleß* Von der Verantwortung einer E-Person, GA **2017** 324; *dies./Weigend* Intelligente Agenten und das Strafrecht, ZStW **126** (2014) 561; *Griffel* Prävention und Schuldstrafe, ZStW **98** (1986) 28; *ders.* Widersprüche um die Schuldstrafe, GA **1989** 193; *ders.* Freiheit und Schuld, MDR **1991** 109; *ders.* Willensfreiheit und Strafrecht, GA **1996** 457; *Günther* Hirnforschung und strafrechtlicher Schuldbegriff, KJ **2006** 116; *Guss* Willensfreiheit (2002); *Haddenbrock* Soziale oder forensische Schuldfähigkeit (Zurechnungsfähigkeit) (1992); *ders.* Geistesfreiheit und Geisteskrankheit – Grenzparameter forensischer Schuldfähigkeit, NStZ **1995** 581; *ders.* Die temporalanthropologische Komplementarität der Freiheitsprämisse des Schuldstrafrechts, MschrKrim. **1996** 50; *ders.* Das rechtliche Schuldprinzip in wissenschaftlich-anthropologischer (= global akzeptabler) Sicht, GA **2003** 521; *Haffke* Tiefenpsychologie und Strafrecht (1976); *Hallmann* Gebundene Freiheit und strafrechtliche Schuld (2017); *Hassemer* Grenzen des Wissens im Strafprozess. Neuvermessung durch die empirischen Wissenschaften vom Menschen? ZStW **121** (2009) 829; *ders.* Schuld, Festschrift Kirchhof (2013) 1337; *Hauptmann* Strafrecht und Willensfreiheit, Rechtstheorie **15** (1984) 153; *Henrich* (Hrsg.) Aspekte der Freiheit (1982); *Herzberg* Willensunfreiheit und Schuldvorwurf (2010); *ders.* Überlegungen zum ethischen und strafrechtlichen Schuldbegriff, Festschrift Achenbach (2011) 157; *ders.* Freiheit als Deliktsvoraussetzung, Festschrift Schünemann (2014) 391; *ders.* Der strafrechtliche Schuldbegriff im 21. Jahrhundert, GA **2015** 250; *Hillenkamp* Strafrecht ohne Willensfreiheit? Eine Antwort auf die Hirnforschung, JZ **2005** 313; *ders.* (Hrsg.) Neue Hirnforschung – Neues Strafrecht (2006); *ders.* Hirnforschung, Willensfreiheit und Strafrecht – Versuch einer Zwischenbilanz, ZStW **127** (2015) 10; *ders.* Freie Willensbestimmung und Gesetz JZ **2015** 391; *Hirsch* Das Schuldprinzip und seine Funktion im Strafrecht, ZStW **106** (1994) 746; *ders.*



https://doi.org/10.1515/9783110300451-002

Zur gegenwärtigen deutschen Diskussion über Willensfreiheit und Strafrecht, ZIS **2010** 62; *Hörnle* Kriminalstrafe ohne Vorwurf. Ein Plädoyer für Änderungen in der strafrechtlichen Verbrechenslehre (2013); *dies.* Grenzen der Individualisierung von Schuldurteilen, Festschrift Schünemann (2014) 93; *dies.* Zwecke und Rechtfertigung staatlicher Strafe, Festschrift Neumann (2017) 593; *Hoyer* Normative Ansprechbarkeit als Schuldelement, Festschrift Roxin (2011) 721, *Jäger* Willensfreiheit, Kausalität und Determination – Stirbt das moderne Schuldstrafrecht durch die moderne Gehirnforschung? GA **2013** 3; *Janzarik* Grundlagen der Einsicht und das Verhältnis von Einsicht und Steuerung, Nervenarzt **1991** 423; *Jakobs* Schuld und Prävention (1976); *ders.* Das Schuldprinzip (1993); *ders.* Individuum und Person, ZStW **117** (2005) 247; *Arthur Kaufmann* Das Schuldprinzip, 2. Aufl. (1976); *ders.* Schuld und Prävention, Festschrift Wassermann (1985) 889; *ders.* Strafrecht und Freiheit, Fundamenta Psychiatrica **1988** 146; *Keiser* Schuldfähigkeit als Voraussetzung der Strafe, Jura **2001** 376; *Kim* Zur Fragwürdigkeit und Notwendigkeit des strafrechtlichen Schuldprinzips (1987); *Kindhäuser* Personalität, Schuld und Vergeltung, GA **1989** 493; *ders.* Rechtstreue als Schuldkategorie, ZStW **107** (1995) 701; *ders.* Strafrechtliche Schuld im demokratischen Rechtsstaat, Festschrift Hassemer (2010) 761; *Kirste* Willensfreiheit, Kultur und Recht, Festschrift Neumann (2017) 213; *Krauß* Neue Hirnforschung – Neues Strafrecht? Festschrift Jung (2007) 411; *Krauth* Die Hirnforschung und der „gefährliche Mensch". Zur neurowissenschaftlich begründeten Abwesenheit des freien Willens, KritV **2008** 303; *Krehl* Schuld und Verfassung, in *Fischer/Hoven* (Hrsg.) Schuld (2017) 123; *Kröber* Forensische Psychiatrie. Ihre Beziehungen zur klinischen Psychiatrie und zur Kriminologie, Nervenarzt **2005** 1377; *Krümpelmann* Dogmatische und empirische Probleme des sozialen Schuldbegriffs, GA **1983** 337; *Kunz* Prävention und gerechte Zurechnung, ZStW **98** (1986) 823; *Küpper* Grenzen der normativierenden Strafrechtsdogmatik (1990); *Lackner* Prävention und Schuldunfähigkeit, Festschrift Kleinknecht (1985) 245; *Lampe* (Hrsg.) Verantwortlichkeit und Recht (1989); *ders.* Das Schuldmoment im deutschen Strafrecht, Festschrift Heinz (2012) 778; *Lauter/Schreiber* (Hrsg.) Rechtsprobleme in der Psychiatrie 2. Aufl. (1981); *Maiwald* Gedanken zu einem sozialen Schuldbegriff, Festschrift Lackner (1987) 149; *G. Merkel* Hirnforschung, Sprache und Recht, Festschrift Herzberg (2008) 3; *dies.* Die Bedeutung der Neurowissenschaften für das Konzept verantwortlicher Urheberschaft, in *Walkowiak/Erber-Schropp* (Hrsg.) Planen und Handeln: Neurowissenschaftliche, psychologische und gesellschaftsrelevante Aspekte (2017) 151 (zit. *G. Merkel* 2017); *R. Merkel* Schuld, Charakter und normative Ansprechbarkeit, Festschrift Roxin (2011) 737; *ders.* Willensfreiheit und rechtliche Schuld: Eine strafrechtsphilosophische Untersuchung, 2. Aufl. (2014); *Meyer-Mews* Ohne freien Willen – aber schuldfähig? HRRS **2014** 487 *Mosbacher* Naturwissenschaftliche Scheingefechte um die Willensfreiheit, JR **2005** 61; *Müller-Dietz* Grundfragen des strafrechtlichen Sanktionensystems (1979); *ders.* Hirnforschung und Schuld, GA **2006** 338; *Nedopil* Freiraum für den menschlichen Willen. Gedanken zu einem überflüssigen und unlösbaren Disput, Festschrift Schöch (2010) 979; *Neumann* Neue Entwicklungen im Bereich der Argumentationsmuster zur Begründung oder zum Ausschluß strafrechtlicher Verantwortlichkeit, ZStW **99** (1987) 567; *Pauen/Roth* Freiheit, Schuld und Verantwortung (2008); *Pawlik* Das Unrecht des Bürgers (2012); *Pothast* Seminar Freies Handeln und Determinismus, 2. Aufl. (1988); *Prinz* Der Mensch ist nicht frei, Das Magazin **2003** Nr. 2, 18; *Prinz/Mummendey/Mausfeld/Lindenberger/Kliegl/Fiedler* Gehirn&Geist **7–8**/2005 56, 60; *Reinelt* Entscheidungsfreiheit und Recht – Determinismus contra Indeterminismus, NJW **2004** 2792; *Quarck* Zur Strafbarkeit von e-Personen, ZIS **2020** 65; *Renzikowski* Forensische Psychiatrie und Strafrechtswissenschaft, NJW **1990** 2905; *Roth* Bewusste und unbewusste Handlungssteuerung aus neurobiologischer Sicht, in *Meyer-Krahmer/Lange* (Hrsg.) Geisteswissenschaften und Innovation (1999) 77; *ders.* Willensfreiheit, Verantwortlichkeit und Verhaltensautonomie des Menschen aus der Sicht der Hirnforschung, Festschrift Lampe (2003) 43; *ders.* Fühlen, Denken, Handeln, 2. Aufl. 2003 (zit.: *Roth* 2003); *ders.* Strafrechtliche Willensfreiheit und zivilrechtliche Freiheit der Willensbestimmung aus Sicht der Hirnforschung, Jahrbuch für Wissenschaft und Ethik **19** (2015) 65; *Roth/Lück/Strüber* Schuld und Verantwortung von Gewaltstraftätern aus der Sicht der Hirnforschung und Neuropsychopathologie, DRiZ **2005** 356; *Roxin* Sinn und Grenzen staatlicher Strafe, JuS **1966** 377 (= Strafrechtliche Grundlagenprobleme S. 1); *ders.* Kriminalpolitische Überlegungen zum Schuldprinzip, MschrKrim. **1973** 316; *ders.* „Schuld" und „Verantwortlichkeit" als strafrechtliche Systemkategorien, Festschrift Henkel (1974) 171; *ders.* Zur jüngsten Diskussion über Schuld, Prävention und Verantwortlichkeit im Strafrecht, Festschrift Bockelmann (1979) 279; *ders.* Zur Problematik des Schuldstrafrechts, ZStW **96** (1984) 641; *ders.* Was bleibt von der Schuld im Strafrecht übrig? SchwZStr. **1987** 356; *ders.* Normative Ansprechbarkeit als Schuldkriterium, GA **2015** 489; *Sandherr* Strafrechtliche Fragen des autonomen Fahrens, NZV **2019** 1; *Schiemann* Kann es einen freien Willen geben? – Risiken und Nebenwirkungen der Hirnforschung für das deutsche Strafrecht, NJW **2004** 2056; *dies.* Unbestimmte Schuldfähigkeitsfeststellungen. Verstoß der §§ 20, 21 StGB gegen den Bestimmtheitsgrundsatz nach Art. 103 II GG (2012); *Schild* Hirnforschung und Strafrecht. Die Schwierigkeit keine Satire schreiben zu müssen, in *Fischer/Hoven* (Hrsg.) Schuld (2017) 11; *Schmidt-Recla* Theorien zur Schuldfähigkeit (2000); *M. Schneider* Geisteskrankheit und Gefährlichkeit. Strafrechtliche Behandlung von Gefährlichkeit im Falle nicht bejahter Verantwortlichkeit (1998); *Schöch* Empirische Grundlagen der Generalprävention, Festschrift Jescheck (1985) 1081; *ders.* Willensfreiheit und Schuld aus kriminologischer Sicht, in *Eisenburg* (Hrsg.) Die Freiheit des Menschen (1998) 82 (zit.: *Schöch* 1998); *ders.* Zum Verhältnis von Psychiatrie und Strafrecht aus juristischer Sicht, Nervenarzt **2005** 1382; *Schöneborn*

Grenzen einer generalpräventiven Rekonstruktion des strafrechtlichen Schuldprinzips, ZStW **92** (1980) 682; *Schreiber* Was heißt heute strafrechtliche Schuld und wie kann der Psychiater bei ihrer Feststellung mitwirken? Nervenarzt **1977** 242; *Schünemann* (Hrsg.) Grundfragen des modernen Strafrechtssystems (1984); *ders.* Schuldstrafrecht oder Normatives Maßnahmenrecht, 2. Aufl. (1977); *Seelmann* Neue Entwicklungen beim strafrechtsdogmatischen Schuldbegriff, Jura **1980** 505; *Simmler/Markwalder* Roboter in der Verantwortung? – Zur Neuauflage der Debatte um den funktionalen Schuldbegriff, ZStW **129** (2017) 20; *Singer* Conditio humana aus neurobiologischer Perspektive, in *Elsner/Schreiber* (Hrsg.) Was ist der Mensch (2002) 143; *ders.* Ein neues Menschenbild? Gespräche über Hirnforschung (2003); *Spilgies* Ohne welchen freien Willen? – zur Frage einer präjudiziellen Wirkung der Geschäfts- und Deliktsunfähigkeit nach den §§ 104 Nr. 2, 827 S. 1 BGB für die Schuldfähigkeit nach § 20 StGB, HRRS **2015** 177; *Stratenwerth* Die Zukunft des strafrechtlichen Schuldprinzips (1977); *ders.* Willensfreiheit – eine staatsnotwendige Fiktion? SchwZStr. **1984** 225; *ders.* Vermeidbarer Schuldausschluß, Gedächtnisschrift Armin Kaufmann (1989) 485; *Streng* Psychoanalyse und Strafrecht, MschrKrim. **1976** 77; *ders.* Schuld, Vergeltung, Generalprävention, ZStW **92** (1980) 637; *ders.* Schuld ohne Freiheit? ZStW **101** (1989) 273; *ders.* Schuldbegriff und Hirnforschung, Festschrift Jakobs (2007) 675; *Stompe/Schanda* (Hrsg.) Der freie Wille und die Schuldfähigkeit (2010); *Theune* Auswirkungen einer schweren anderen seelischen Abartigkeit auf die Schuldfähigkeit und die Zumessung von Strafe und Maßregel, NStZ-RR **2002** 225; *Thomas* (Hrsg.) Schuld: Zusammenhänge und Hintergründe (1990); *Tiemeyer* Grundlagenprobleme des normativen Schuldbegriffs, GA **1986** 203; *ders.* Zur Möglichkeit eines erfahrungswissenschaftlich gesicherten Schuldbegriffs, ZStW **100** (1988) 527; *ders.* Der „relative Indeterminismus" und seine Bedeutung für das Strafrecht, ZStW **105** (1993) 483; *Wagner* Das absurde System, 2. Aufl. (1985); *Weißer* Ist das Konzept strafrechtlicher Schuld nach § 20 StGB durch die Erkenntnisse der Neurowissenschaften widerlegt? GA **2013** 26; *Welzel* Gedanken zur „Willensfreiheit", Festschrift Engisch (1969) 91; *ders.* Gedanken zur „Willensfreiheit", JZ **1970** 174.

## Schrifttum zu Allgemeinen Fragen der Schuldfähigkeitsbeurteilung

*Becker-Toussaint u. a.* (Hrsg.) Aspekte der psychoanalytischen Begutachtung im Strafverfahren (1981); *Blau* Methodologische Probleme bei der Handhabung der Schuldunfähigkeitsbestimmungen des Strafgesetzbuches aus juristischer Sicht, MschrKrim. **1989** 71; *Boetticher/Nedopil/Bosinski/Saß* Mindestanforderungen für Schuldfähigkeitsgutachten, NStZ **2005** 57; *Bohnert* Strafmündigkeit und Normkenntnis, NStZ **1988** 249; *Bresser* Probleme bei der Schuldfähigkeits- und Schuldbeurteilung, NJW **1978** 1188; *Deck-Mannagetta/Reinhardt* (Hrsg.) Psychiatrische Begutachtung im Strafverfahren (1989); *Dölling* Begutachtung der Schuldfähigkeit und Strafurteil, Festschrift Kaiser (1998) 1337; *Duncker* Zur Bedeutung der Psychoanalyse für die Schuldbegutachtung usw., MschrKrim. **1988** 381; *Egg* (Hrsg.) Brennpunkte der Rechtspsychologie (1991); *Eisenberg* Anmerkung zu dem Beitrag Mindestanforderungen für Schuldfähigkeitsgutachten, NStZ **2005** 57, 304; *Endres* Die Diagnostik des Andershandelnkönnens und die Unfreiheit der psychologischen Diagnostik: Empirische Befunde und kritische Anmerkungen zur Begutachtung der Schuldfähigkeit, Praxis der Rechtspsychologie **10** (2000) 6; *Falkai/Wittchen* Diagnostisches und Statistisches Manual Psychischer Störungen – DSM-5 (2015); *Frank/Harrer* Zur Problematik der Reifebeurteilung jugendlicher Delinquenten, Forensia **2** (1977/78) 44; *dies.* (Hrsg.) Der Sachverständige im Strafrecht; Kriminalitätsverhütung (1990); *Frister* Der Begriff der Schuldfähigkeit, MschrKrim. **1994** 316; *Gabber* Das Verhältnis von § 3 JGG zu den §§ 20, 21 StGB, ZJJ **2007** 167; *Goreta* Möglichkeiten und Grenzen des psychoanalytischen Ansatzes in der forensischen Psychiatrie, R & P **1988** 20; *Haddenbrock* Psychiatrisches Krankheitsparadigma und strafrechtliche Schuldfähigkeit, Festschrift Sarstedt (1981) 35; *ders.* „Steuerungsfähigkeit" zur Tatvermeidung – Hauptparameter forensischer Schuldfähigkeit? MschrKrim. **1994** 44; *ders.* Zum „Begriff der Schuldfähigkeit" – Replik auf die kritischen Überlegungen von H. Frister zu meinem Beitrag MschrKrim. 1994, 44, MschrKrim. **1994** 324; *ders.* Gesinnungsbestimmtes und naturbestimmtes Handeln, MschrKrim. **2001** 288; *Haffke* Gibt es ein verfassungsrechtliches Besserungsverbot? MschrKrim. **1975** 246; *S.O. Hoffmann* Psychotherapeutische Gesichtspunkte zur „schweren anderen seelischen Abartigkeit" im Sinne des Strafgesetzbuchs, Festschrift Leithoff (1985) 457; *Hommers* (Hrsg.) Perspektiven der Rechtspsychologie (1991); *Janzarik* Grundlagen der Schuldfähigkeitsprüfung (1995); *Keiser* Schuldfähigkeit als Voraussetzung der Strafe, Jura **2001** 376; *Kerner/Kury/Sessar* (Hrsg.) Deutsche Forschungen zur Kriminalitätsentstehung und Kriminalitätskontrolle Bd. 2 (1983); *Konrad* Psychiatrische Richtungen und Schuldfähigkeit (1995); *Konrad/Huchzermeier/Rasch* Forensische Psychiatrie und Psychotherapie, 5. Aufl. (2019); *Krümpelmann* Die Neugestaltung der Vorschriften über die Schuldfähigkeit durch das Zweite Strafrechtsreformgesetz vom 4. Juli 1969, ZStW **88** (1976) 6; *Kruse* Die Sachverständigenauswahl für die Schuldfähigkeitsbeurteilung, NJW **2014** 509; *R. Lange* Anthropologische Grenzbereiche zwischen Psychiatrie, Psychologie und Recht, NJW **1980** 2729; *Leferenz* Die Neugestaltung der Vorschriften über die Schuldfähigkeit durch das 2. StrRG, ZStW **88** (1976) 40; *Lenckner* Strafe, Schuld und Schuldfähigkeit, in *Göppinger/Witter* (Hrsg.) Handbuch der forensischen Psychiatrie (1972) 3; *Luthe* Schuldfähigkeit und Tiefenpsychologie, Forensia **4** (1983/84) 161; *Maatz* Erinnerung und Erinnerungsstörungen als sog. psychodiagnostische Kriterien der §§ 20, 21 StGB, NStZ **2001** 1; *Marneros/Ullrich/Rössner* Angeklagter Straftäter – Das Dilemma der Begutachtung (2002); *Meyer* Psychiatrische Diagnosen und ihre Bedeutung für die Schuldfähigkeit im Sinne der §§ 20, 21 StGB, ZStW **88** (1976) 46; *Mitterauer* Die Logik der Handlungsfreiheit, Forensia **6** (1985) 125; *Müller/Nedopil* Forensische Psychiatrie, 5. Aufl. (2017); *Müller-Isberner/Gonzalez* (Hrsg.) Forensische Psychiatrie: Schuldfähigkeit, Kriminaltherapie, Kriminalprognose (1998); *Nack* Abhängigkeit des Richters vom Sachverständigen, GA **2009** 201; *Nedopil* Grenzziehung zwischen Patient und Straftäter, NJW **2000** 837; *ders.* Forensische Psychiatrie – Psychopathologie zwischen Neurowissenschaft und normativen Zwängen, Festschrift Widmaier (2008), 925; *Ostendorf Die* Prüfung der strafrechtlichen Verantwortlichkeit nach § 3 JGG – der erste Einstieg in die Diversion, JZ **1986** 664; *Plate* Psyche, Unrecht und Schuld (2002); *Rasch* Angst vor der Abartigkeit, NStZ **1982** 177; *ders.* Die Zuordnung der psychiatrisch-psychologischen Diagnosen zu den vier psychischen Merkmalen der §§ 20, 21 StGB, StV **1984** 264; *Rasch/Volbert* Ist der Damm gebrochen? MschrKrim. **1985** 137; *Renzikowski* Forensische Psychiatrie und Strafrechtswissenschaft, NJW **1990** 2905; *Roxin* Die Schuldunfähigkeit Erwachsener im Urteil des Strafrechts, Festschrift Spann (1986) 457; *Rudolf/Röttgers* Rechtsfragen in der Psychiatrie (1997); *Rupp-Diakojanni* Die Schuldfähigkeit Jugendlicher innerhalb der jugendstrafrechtlichen Systematik (1990); *Saß* Ein psychopathologisches System für die Beurteilung der Schuldfähigkeit, Forensia **6** (1985) 33; *ders.* Forensische Erheblichkeit seelischer Störungen im psychopathologischen Referenzsystem, Festschrift Schewe (1991) 266; *Schaffstein* Die entschuldigte Vatertötung, Festschrift Stutte (1979) 253; *Schiemann* Unbestimmte Schuldfähigkeitsfeststellungen. Verstoß der §§ 20, 21 StGB gegen den Bestimmtheitsgrundsatz nach Art. 103 II GG (2012); *dies.* Die Variablen der Schulfähigkeitsfeststellung – Verstoß gegen den Bestimmtheitsgrundsatz des Art. 103 Abs. 2 GG, R & P **2013** 80; *Schmidt/Scholz* Schuldfähigkeitsbegutachtung bei Tötungsdelikten, MschrKrim. **83** (2000) 414; *Schmitt* Die „schwere andere seelische Abartigkeit" in §§ 20 und 21 StGB, ZStW **92** (1980) 346; *Kurt Schneider* Die Beurteilung der Zurechnungsfähigkeit, 3. Aufl. (1956); *Schöch* Mindestanforderungen für Schuldfähigkeits- und Prognosegutachten, Festschrift Widmaier (2008) 967; *ders.* Schuldfähigkeitsbeurteilung und strafrechtliche Sanktionen bei psychisch Gestörten, in *Dudeck/Kaspar/Lindemann* (Hrsg.) Verantwortung und Zurechnung im Spiegel von Strafrecht und Psychiatrie (2014); *Schreiber* Bedeutung und Auswirkungen der neugefaßten Bestimmungen über die Schuldfähigkeit, NStZ **1981** 46; *Schreiber/Rosenau* Rechtliche Grundlagen der psychiatrischen Begutachtung, in: *Venzlaff/Foerster/Dreßing/Habermeyer* Psychiatrische Begutachtung, 6. Auflage (2015) 89; *Schünemann* Die deutschsprachige Strafrechtswissenschaft nach der Strafrechtsreform usw., GA **1986** 293; *Schwalm* Schuld und Schuldfähigkeit im Licht der Strafrechtsreformgesetze, JZ **1970** 487; *Streng* Komorbidität, Schuld(un)fähigkeit und Maßregelanordnung – Befunde zur rechtlichen Relevanz des Zusammentreffens mehrerer psychischer Störungen, StV **2004** 614; *Tondorf* Zur Einführung von Mindeststandards für die Schuldfähigkeits- und Prognosegutachten durch den BGH, StV **2004** 279; *Venzlaff* Ist die Restaurierung eines „engen" Krankheitsbegriffs erforderlich, um kriminalpolitische Gefahren abzuwenden? ZStW **88** (1976) 57; *ders.* Methodische und praktische Probleme nach dem 2. Strafrechtsreformgesetz, Nervenarzt **1977** 253; *Venzlaff/Foerster/Dreßing/Habermeyer* Psychiatrische Begutachtung, 6. Auflage (2015); *Verrel* Die Anwendung der §§ 20, 21 StGB im Bereich der Tötungskriminalität, MschrKrim. **1994** 272; *ders.* Schuldfähigkeitsbegutachtung und Strafzumessung bei Tötungsdelikten, Neue Kriminologische Studien Bd 14 (1995); *ders.* Schuldfähigkeitsgut- und schlechtachten. Zur Überfälligkeit verbindlicher Qualitätsanforderungen an Gutachten und Urteile, Festschrift Rössner (2015) 428; *Walter/Müller* Der Beitrag der Neurowissenschaften zum psychiatrischen Krankheitsbegriff, Nervenarzt **2015** 22; *Wegener* Seelische Abartigkeit (§ 20 Strafgesetzbuch), KJ **1989** 316; *Wenn* Begutachtung der Schuldfähigkeit von jugendlichen Straftätern (1995); *Witter* Die Bedeutung des psychiatrischen Krankheitsbegriffs für das Strafrecht, Festschrift Lange (1976) 723; *ders.* Wissen und Werten bei der Beurteilung der strafrechtlichen Schuldfähigkeit, Festschrift Leferenz (1983) 441; *ders.* (Hrsg.) Der psychiatrische Sachverständige im Strafrecht (1987); *ders.* Unterschiedliche Perspektiven in der allgemeinen und in der forensischen Psychiatrie (1990); *Wolfslast* Die Regelung der Schuldfähigkeit im StGB, JA **1981** 464; *Zabel* Der Krankheitsbegriff des § 20 StGB, in *Beck* Krankheit und Recht. Ethische und juristische Perspektiven (2017) 135.

## Schrifttum zu medizinischen Gesamtdarstellungen

*Baer* Psychiatrie für Juristen (1988); *Battegay u. a.* Handwörterbuch der Psychiatrie (1984); *Berner* Psychiatrische Systematik, 3. Aufl. (1982); *Bleuler* Lehrbuch der Psychiatrie, 15. Aufl. (1983); *Forster* (Hrsg.) Praxis der Rechtsmedizin (1986); *Glatzel* Forensische Psychiatrie (1985); *Göppinger/Witter* (Hrsg.) Handbuch der forensischen Psychiatrie (1972); *Huber* Psychiatrie, 3. Aufl. (1981, Nachdruck 1985); *Jaspers* Allgemeine Psychopathologie, 9. Aufl. (1973); *Konrad/Huchzermeier/Rasch* Forensische Psychiatrie und Psychotherapie, 5. Aufl. (2019); *Langelüddeke/Bresser* Gerichtliche Psychiatrie, 4. Aufl. (1976); *Lempp* Gerichtliche Kinder- und Jugendpsychiatrie (1983); *Liebel/v. Uslar* Forensische Psychologie (1975); *Luthe* Die strukturale Psychopathologie in der Praxis der Gerichtspsychiatrie (1985); *ders.* Forensische Psychopathologie (1988); *Müller/Nedopil* Forensische Psychiatrie, 5. Aufl. (2017); *Peters* (Hrsg.) Psychiatrie Bd. II (Kindlers Psychologie des 20. Jahrhunderts) (1980); *ders.* Psychiatrie der Gegenwart, 1. Aufl. 1961 (Hrsg. *Gruhle u. a.*), 3. Aufl. 1987 (Hrsg. *Kisker u. a.*); *Kurt Schneider* Klinische Psychopathologie, 12. (posthume) Aufl. (1980); *Schwerd* (Hrsg.) Rechtsmedizin, 5. Aufl. (1992); *Tölle* Psychiatrie, 8. Aufl. (1988); *Undeutsch* (Hrsg.) Handbuch der Psychologie, Bd. 11 Forensische Psychologie (1967); *Venzlaff* Psychiatrische Begutachtung (1986); *Venzlaff/Foerster/Dreßing/Habermeyer* Psychiatrische Begutachtung, 6. Auflage (2015); *Wegener* Einführung in die forensische Psychologie (1981); *Witter* Grundriß der gerichtlichen Psychologie und Psychiatrie (1970).

## Schrifttum zu einzelnen Gründen der Schuldunfähigkeit

*Achner/Bischof* Hörigkeit und Schuldfähigkeit, MschrKrim. **1992** 136; *Athen* Klinische und forensische Beurteilung von Dämmerzuständen, Das öff. Gesundheitswesen **1985** 65; *Bach* Über die Zusammenhänge von Schuldfähigkeit und Sexualdelinquenz unter Berücksichtigung verschiedener Typen von Sexualstraftätern (1995); *Barbey* Fahnenflucht und eigenmächtige Abwesenheit als psychopathologisches und forensisches Problem, Forensia **6** (1985) 185; *ders.* Die Verkehrsunfallflucht – ein Sonderdelikt in der forensisch-psychiatrischen Begutachtung? BA **1992** 252; *Bochnik/Gärtner* Neurosebegriffe und § 20 StGB, MedR **1986** 57; *Bönner/de Boor* (Hrsg.) Antrieb und Hemmung bei den Tötungsdelikten (1982); *de Boor* Über Monoperceptosen, Z.f.d. ges. Sachverst.wesen **1983** 38; *ders.* Aversionsneurosen, Festschrift Klug (1983) 571; *ders.* Wahn und Wirklichkeit – Psychiatrische Grenzfälle vor Gericht (1997); *ders.* Wahn und Wirklichkeit (1997); *ders./Rode/Kammeier* (Hrsg.) Der Krankheitsbegriff und seine strafrechtlichen Folgen: neue Diskussionen um die „schwere seelische Abartigkeit" (2003); *Bork/Foerster* Psychiatrische Begutachtung bei problematischem Spielverhalten, Sucht **2004** 368; *Briken* Das Konstrukt „sexuelle Sucht" im Zusammenhang mit forensisch psychiatrischen Fragestellungen, FPPK **2016** 173; *Briken/Müller* Kann der Schweregrad einer paraphilen Störung zur Beurteilung der Schuldfähigkeit mit Hilfe von Merkmalen aus Prognoseinstrumenten erfasst werden? Nervenarzt **2016** 304; *Briken* Paraphilie und paraphile Störung im DSM-5, FPPK **2015** 140; *Brunner/Müller/Vogel/Briken* Evaluation von operationalisierten Kriterien zur Schuldfähigkeitsbeurteilung bei paraphiler Störung, R & P **2016** 228; *Dinger/Stein/Koch* „Querulanz" aus der Sicht von Berufsgruppen des Justizsystems, R & P **1987** 126; *Dreßing/Habermeyer* Persönlichkeitsstörungen, in *Venzlaff/Foerster/Dreßing/Habermeyer* Psychiatrische Begutachtung, 6. Aufl. (2015) 291; *Dudeck/Kaspar/Lindemann* (Hrsg.) Verantwortung und Zurechnung im Spiegel von Strafrecht und Psychiatrie (2014); *Eggers* Zur Beziehungsdynamik intrafamiliärer Tötungshandlungen, R & P **1996** 178; *Eisenberg* Horror-Video-Konsum und Voraussetzungen von § 3 JGG bzw. §§ 20, 21 StGB? NJW **1997** 1336; *Erhardt* Zur psychologisch-psychiatrischen und forensischen Beurteilung sogenannter Querulanten, Festschrift Göppinger (1990) 409; *Faller* Unterbringung des Täters gemäß § 63 StGB in einem psychiatrischen Krankenhaus nach Diagnose „Borderline"-Persönlichkeitsstörung, NJW **1997** 3073; *Feuerlein* (Hrsg.) Theorie der Sucht (1986); *Foerster* Gedanken zur psychiatrischen Beurteilung neurotischer und persönlichkeitsgestörter Menschen bei strafrechtlichen Fragen, MschrKrim. **1989** 83; *ders./Bork* Spielen, Stehlen, Feuerlegen: abnorme Gewohnheiten und Störungen der Impulskontrolle nach ICD-10, in *Venzlaff/Foerster/Dreßing/Habermeyer* Psychiatrische Begutachtung 6. Aufl. (2015) 331; *Foerster/Knöllinger* „Kleptomanie" – Psychopathologisches Syndrom oder absoleter Begriff? StV **2000** 457; *Frädrich/Pfäfflin* Zur Prävalenz von Persönlichkeitsstörungen, R & P **2000** 95; *Frank* Schwachsinn und Zurechnungsfähigkeit, Forensia **2** (1977/78) 36; *Giese* Zur Psychopathologie der Sexualität (1963) (zit.: *Giese* 1963); *ders./Schorsch* Zur Psychopathologie der Sexualität (1973); *Glatzel* Zur psychiatrischen Begutachtung von Ladendieben, StV **1982** 40; *ders.* Zur forensisch-psychiatrischen Problematik der tiefgreifenden Bewußtseinsstörung, StV **1982** 434; *ders.* Tiefgreifende Bewußtseinsstörung nur bei der sogenannten Affekttat? StV **1983** 339; *ders.* Mord und Totschlag (1987); *ders.* Die Bedeutung des Nachweises einer Hirnverletzung für die Beurteilung der Schuldfähigkeit, StV **1990** 132; *Göppinger/Bresser* Tötungsdelikte (1980); *Groß* Schizophrene Prodrome und ihre forensische Bedeutung, Forensia **8** (1987) 167; *ders./Pfolz* Schizophrenie und Zurechnungsfähigkeit, Forensia **2** (1977/78) 25; *Gschwind/Rautenberg* Kriminalpsychopathologie (1987); *Haesler* (Hrsg.) Psychisch abnorme und drogenabhängige Rechtsbrecher (1984); *Hörburger/Habermeyer* Zu den Zusammenhängen zwischen paraphilen Störungen, Persönlichkeitsstörungen und Sexualdelinquenz, FPPK **2020** 149; *Hoffmann* Bedeutung des Intelligenzquotienten für die Feststellung des Eingangsmerkmals Schwachsonn im Sinne der §§ 20,21 StGB, FPPK **2014** 164; *Huber* Die forensisch-psychiatrische Beurteilung schizophrener Kranker im Lichte neuerer Langzeitstudien, Festschrift Leferenz (1983) 463; *ders.* (Hrsg.) Basisstadien endogener Psychosen und das Borderline-Problem (1985); *Hübner* Glücksspiel, Schuldfähigkeit und Beschaffungskriminalität, MschrKrim. **1989** 236; *H. Jäger* Individuelle Zurechnung kollektiven Verhaltens (1985); *Kallwass* Der Psychopath (1969); *Kaufen* Zur forensischen Beurteilung psychischer Auffälligkeiten von Epileptikern, MschrKrim. **1984** 389; *Kellermannn* Glücksspielsucht und Beschaffungsdelinquenz, StV **2005** 287; *Knecht* „Atypical Theft Offender" – ein brauchbares diagnostisches Konzept für die forensische Psychiatrie? Archiv für Kriminologie **209** (2002) 129; *Konrad/Weitze* Forensisch-psychiatrische Begutachtung der Schuldfähigkeit bei koprophilen Handlungen an einem Minderjährigen, Rechtsmedizin **7** (1997) 61; *Kröber* Spielsucht und Schuldfähigkeit, Forensia **8** (1987) 113; *ders.* Konzepte zur Beurteilung der „schweren anderen seelischen Abartigkeit", Nervenarzt **1995** 532; *ders.* Zum Beurteilungsspielraum gerichtlicher Unterbringungsentscheidungen bei sog. Borderline-Persönlichkeitsstörung, Anmerkungen zum Beschluss des 4. Strafsenats vom 6.2.1997, NStZ **1998** 80; *ders.* Das limbische System – ein mortaler Limbus? FAZ 11.11.2003, 37 (zit.: *Kröber* FAZ); *ders.* Beurteilung von Einsichts- und Steuerungsfähigkeit bei

Personen mit geistiger Behinderung im Strafverfahren, FPPK **2014** 175; *Leygraf* Die Beurteilung der Schuldfähigkeit bei Tötungsdelikten, in *Egg (Hrsg.)* Tötungsdelikte: mediale Wahrnehmung, kriminologische Erkenntnisse, juristische Aufarbeitung, KrimZ (2002) 225; *Leygraf/Mester/Tölle* Psychodynamische Aspekte krankhaften Stehlens, Festschrift Venzlaff (1986) 201; *Leygraf/Windgassen* Zur Problematik krankhaften Stehlens am Beispiel der Anorexia nervosa, Nervenarzt **1990** 413; *dies.* Psychiatrische und forensische Aspekte krankhafter Diebstahlshandlungen, StV **1991** 86; *Maatz* Schuldfähigkeitsbeurteilung – Juristische Aspekte bei der Begutachtung von Persönlichkeitsstörungen, FPPK **2007** 147; *Mauthe* Zur psychiatrischen Begutachtung von Sexualstraftätern, DriZ **1999** 262; *Meyer* Die Beurteilung der Schuldfähigkeit bei Abhängigkeit vom Glücksspiel, MschrKrim. **1988** 213; **1989** 295; *Meyer/Fabian/Wetzels* Kriminalpsychologische Aspekte und die forensisch-psychologische Wertung des pathologischen Glückspiels, StV **1990** 464; *Möller/Bier-Weiß* Sammeln als nicht stoffgebundenes Suchtverhalten von forensischer Relevanz? Rechtsmedizin **7** (1997) 53; *Falkai u. a.* Schizophrene Psychosen in *Möller/Laux/Kapfhammer (Hrsg)* Psychiatrie, Psychosomatik, Psychotherapie 5. Aufl. (2017) 1583; *Nedopil* Schuld- und Prozeßfähigkeit von Querulanten, Forensia **5** (1985) 185; *ders.* Pädophilie als schwere andere seelische Abartigkeit, NStZ **2001** 474; *Neumann/Ross/Opitz-Welke* Psychiatrisches Störungsprofil im Vergleich. Schizophrene Straftäter zwischen Maßregelvollzug und Justizvollzugspsychiatrie, R & P **2018** 3 *Osburg* Forensisch-psychiatrisch begutachtete Ladendiebe – eine Typologie, MschrKrim. **1982** 10; *Payk* Schlafwandeln und Schuldfähigkeit, MedR **1988** 125; *Pittrow/Saß* Epilepsie und Dämmerzustand bei motivisch unklaren Delikten, MschrKrim. **1994** 82; *Rasch* Über Spieler, Festschrift Bürger-Prinz (1962) 173; *ders.* Die psychiatrisch-psychologische Beurteilung der sog. schweren anderen seelischen Abartigkeit, StV **1991** 126; *ders.* Die Schwere der Abartigkeit, R&P **1992** 76; *ders.* Zweifelhafte Kriteriologien für die Beurteilung der tiefgreifenden Bewußtseinsstörung, NJW **1993** 757; *Rösler et al* Prevalence of attention-deficit/hyperactivity disorder in male young prison inmates, European Archive of Psychiatry and Clinical Neuroscience **254** (2004) 365; *Rössner* Dissoziale Persönlichkeit und Strafrecht, in *Schöch/Jehle* (Hrsg.) Angewandte Kriminologie zwischen Sicherheit und Freiheit, Forum (2004) 391; *Rohdich/Kirste* Ein integrierter Behandlungsansatz für schizophrene Patienten mit Suchterkrankung und Persönlichkeitsstörung in der Klinik für Forensische Psychiatrie Haina, R & P **2005** 116; *Saß* Die „tiefgreifende Bewußtseinsstörung" gemäß den §§ 20, 21 StGB – eine problematische Kategorie aus forensisch-psychiatrischer Sicht, Forensia **4** (1983/84) 3; *ders.* Psychopathie Soziopathie Dissozialität (1987); *ders.* Zur Diagnostik der Persönlichkeitsstörungen in der forensischen Psychiatrie, Forensia **9** (1988) 149; *ders.* Zur Standardisierung der Persönlichkeitserfassung mit einer integrierten Merkmalsliste für Persönlichkeitsstörungen, MschrKrim. **1989** 133; *ders.* Forensische Erheblichkeit seelischer Störungen im psychopathologischen Referenzsystem, Festschrift Schewe (1991) 266; *Saß/Koehler* Borderline-Syndrome, Neurosen und Persönlichkeitsstörungen, Nervenarzt 53 **1982** 519; *Saß/Wiegand* Exzessives Glücksspielen als Krankheit, Nervenarzt **1990** 435; *Saß/Herpertz* (Hrsg.) Psychotherapie von Persönlichkeitsstörungen (1999); *Schmidt/Scholz/Nedopil* Schuldfähigkeit, Dissozialität und ‚Psychopathy' – eine Gutachtenanalyse, MschrKrim. **2004** 103; *Shiemann* Weg mit dem Schwachsinn – zur längst überfälligen Ersetzung der Begriffe „Schwachsinn" und „Abartigkeit" in § 20 StGB und der verpassten Chance einer umfassenden Reform der Schuldfähigkeitsfeststellung, KriPoZ **2019** 338; *Scholz/Schmidt* Schuldfähigkeit bei schwerer anderer seelischer Abartigkeit: Psychopathologie – gutachterliche Entscheidungshilfen (2003); *Schöch* Das Gesetz zur Bekämpfung von Sexualdelikten und anderen gefährlichen Straftaten vom 26.1.1998, NJW **1998** 1257; *ders.* Spielsucht und Schuldfähigkeit, Anmerkung zu BGH JR 2005, 294, JR **2005** 296; *Schorsch* Perversion als Straftat (1985); *ders.* Die juristische Bewertung sexueller Tötungen, Festschrift Venzlaff (1986) 169; *Schretzenmayer* Die forensisch-psychiatrische Begutachtung von Persönlichkeitsstörungen, neurotischen Störungen, Belastungs- und Anpassungsstörungen sowie von Affektdelikten (2002); *Schumacher* Gruppendynamik und Straftat, NJW **1980** 1880; *ders.* Die Beurteilung der Schuldfähigkeit bei nicht stoffgebundenen Abhängigkeiten, Festschrift Sarstedt (1981) 361; *Solms-Rödelheim* Zum Problem der Zurechnungsfähigkeit bei Neurosen und Psychopathien, Forensia **2** (1977/78) 50; *Spraner* Zur Willensfreiheit geistig Behinderter, ZFSH/SGB **1999** 26; *Stange* Gibt es psychiatrische Diagnostikansätze, um den Begriff der schweren anderen seelischen Abartigkeit in §§ 20, 21 StGB auszufüllen? (2003); *Thalmann* Neues vom Psychopathen, MschKrim **2009** 376; *Theune* Die Beurteilung der schweren anderen seelischen Abartigkeit in der Rechtsprechung und ihre Vereinbarkeit mit dem Schuldprinzip, ZStW **114** (2002) 300; *Tolle* Gibt es Psychopathen? DÄBl. **1980** 1629; *Vent* Spielsucht als Affektregulation (1999); *Voß* Persönlichkeitsstörung und Intelligenzminderung, FPPK **2014** 167; *C. Wahl* (Hrsg.) Spielsucht (1988); *J. Weber* Sogenannte nicht stoffgebundene Süchte und ihre forensisch-psychologische Bedeutung, Das öff. Gesundheitswesen **1987** 581; *Witter/Rösler* Zur Begriffsbestimmung und rechtlichen Beurteilung sogenannter Neurosen, Forensia **6** (1985) 1.

## Schrifttum zu Alkohol, Drogen, Medikamente und Suchtstörungen im Besonderen

*Aderjan/Schmidt* Die Bedeutung der quantitativen Benzodiazepin-Analyse in Urin- und Blutproben, Der med. Sachverst. **1980** 92; *Bischof* Forensisch-psychiatrische Probleme bei der strafrechtlichen Begutachtung Alkoholkranker und Drogenabhängiger, Forensia **2** (1977/78) 95; *Blau* Promillegrenze und verminderte Schuld, BA **1989** 1; *Bresser*

Trunkenheit – Bewußtseinsstörung – Schuldfähigkeit, Forensia **5** (1984) 45; *Denk u. a.* Haaranalysen bei Betäubungsmittelkonsum, Kriminalistik **1992** 253; *Dittmann* Die Bedeutung typischer Rauschmittelkombinationen und möglicher rauschphasenabhängiger Wirkungen bei der Schuldfähigkeitsbegutachtung, Blutalkohol Supplement **2003** 29; *Dölling* Über Schuldfähigkeitsbeurteilung und Rechtsfolgenzumessung bei Gewaltdelikten, Festschrift Müller-Dietz (2001) 119; *Eben* (Hrsg.) Aktuelle Probleme der Strafrechtspflege (1991); *Erkwoh/Saß* Forensisch-psychiatrische Aspekte des Drogenmissbrauches, Rechtsmedizin **6** (1996) 105; *Foerster/Dreßing/Dreßing* Störungen durch psychotrope Substanzen, in *Venzlaff Foerster/Dreßing/Habermeyer* Psychiatrische Begutachtung 6. Auflage (2015) S. 550; *Foerster/Winckler* Erfüllt das Führen eines Kraftfahrzeugs durch einen an Epilepsie Leidenden den Tatbestand von StGB § 315c? Anmerkung zu BGH NStZ 1995, 183, NStZ **1995** 344; *Forster/Joachim* Alkohol und Schuldfähigkeit: eine Orientierungshilfe für Mediziner und Juristen (1997); *Forster/Rengier* Alkoholbedingte Schuldunfähigkeit und Rauschbegriff des § 323a StGB aus rechtsmedizinischer und juristischer Sicht, NJW **1986** 2869; *Foth* Zur Strafzumessung bei Taten unter Alkoholeinfluß, DRiZ **1990** 417; *ders.* Alkohol, verminderte Schuldfähigkeit, Strafzumessung, NJ **1991** 386; *ders.* Zur Frage der verminderten Schuldfähigkeit bei alkoholisierten Tätern, in *Egg/Geisler* (Hrsg.) Alkohol, Strafrecht und Kriminalität (2000) 97; *Frister* Eine Strafrahmenmilderung kommt in der Regel nicht in Betracht, wenn der Täter die erhebliche Verminderung seiner Schuldfähigkeit durch selbst verschuldete Trunkenheit herbeigeführt hat, JZ **2003** 1019; *Gerchow* Alkohol- und Drogenkriminalität unter dem Aspekt neuerer Entwicklungen, BA **1985** 152; *ders.* Rauschdelikte – Begutachtungsprobleme, Forensia **7** (1986) 155; *Gerchow/Heifer/Schewe/Schwerd/Zink* Die Berechnung der maximalen Blutalkoholkonzentration und ihr Beweiswert für die Beurteilung der Schuldfähigkeit, BA **1985** 77; *v. Gerlach* Blutalkoholwert und Schuldfähigkeit in der Rechtsprechung des Bundesgerichtshofs, BA **1990** 305; *Glatzel* Zur Beurteilung der Schuldfähigkeit bei Rauschmittelkonsumenten, Kriminalistik **1996** 799; *Gouzoulis-Mayfrank* Psychopathologische und kognitive Veränderungen unter Rauschdrogen – Relevanz für die strafrechtliche Beurteilung, FPPK **2009** 264; *Graw/Haffner* Atemalkohol und Blutalkohol – Messung und Interpretation aus rechtsmedizinischer Sicht Zeitschrift für Verkehrssicherheit **2016** 13; *Habermeyer/Venzlaffl* Affektive Störungen in *Venzlaff/Foerster/Dreßing/Habermeyer* (Hrsg.) Psychiatrische Begutachtung, 6. Aufl. (2015) 245; *Haddenbrock/Witter/Luthe/Rösler* Promillediagnostik versus Psychodiagnostik (Diskussion), MschrKrim. **1988** 402; *Haffner u. a.* Statistische Annäherung an forensische Rückrechnungswerte für Alkoholiker, BA **1992** 53; *Hirsch* Alkoholdelinquenz in der Bundesrepublik Deutschland, Beih. 1981 zur ZStW S. 2; *Hofstätter* Nur Haarspalterei? Kriminalistik **1992** 395; *Kauert* Drogenwirkung und Schuldfähigkeit – Toxikologischer Befund und Aussagemöglichkeit, Blutalkohol Supplement **2003** 15; *Kemper* Psychopharmaka und Straßenverkehr, DAR **1986** 391; *Konrad* Probleme der forensisch-psychiatrischen Beurteilung von Rauschzuständen, MEDSACH **1995** 5; *Kreuzer* Drogendelinquenten zwischen Therapie und Strafjustiz, NJW **1979** 1241; *Kröber* Kriterien verminderter Schuldfähigkeit nach Alkoholkonsum, NStZ **1996** 569 (zit.: *Kröber* 1996); *ders.* Die Beeinflussung der Schuldfähigkeit durch Alkoholkonsum, Sucht **2001** 341; *ders.* Individuelle Schuldfähigkeit nach Alkoholkonsum, in *Egg* (Hrsg.) Alkohol, Strafrecht und Kriminalität (2000); *ders.* Pathologisches Glücksspielen: Persönlichkeitsmerkmale und forensische Aspekte, FPPK **2009** 90; *Kegler/Boy/Büttner* Wie viele Muffins mit Alkohol müssen für eine relevante Beeinflussung durch Alkohol konsumiert werden, BA **2019** 172; *Krumm* Die BAK-Bestimmung anhand von Trinkmengenangaben, NJW **2010** 1577; *Lammel* Das „pathologische Spielen" im Spiegel der höchstrichterlichen Rechtsprechung, in *Lammel et al* (Hrsg) Die forensische Relevanz ‚abnormer Gewohnheiten', Jahresheft für Forensische Psychiatrie **2008** 87; *Leygraf* Kleptomanie und Ladendiebstahl: Ein historischer Überblick FPPK **2009** 107; *Luthe/Rösler* Die Beurteilung der Schuldfähigkeit bei akuter alkoholtoxischer Bewußtseinsstörung, ZStW **98** (1986) 314; *Maatz* Die Beurteilung alkoholisierter Straftäter in der Rechtsprechung des Bundesgerichtshofes – Die Kontroverse BAK versus psychopathologische Symptomatik, BA **1996** 233; *ders.* §§ 20, 21 StGB, Privilegierung der Süchtigen? – zur normativen Bestimmung der Schuldfähigkeit alkoholisierter Straftäter, StV **1998** 279; *ders.* Erinnerungen und Erinnerungsstörungen als sog. psychodiagnostische Kriterien der §§ 20, 21 StGB, NStZ **2001** 1; *ders.* Drogenbedingte Verminderung der Schuldfähigkeit – zum gegenwärtigen Stand der Rechtsprechung des Bundesgerichtshofs, Blutalkohol Supplement **2003** 7; *ders.* Der alkoholisierte Affekttäter – Bedeutung für die Schuldfähigkeit, Nervenarzt **2005** 1389; *Maatz/Mille* Drogen und Sicherheit des Straßenverkehrs, DRiZ **1993** 15; *Maatz/Wahl* Die Verminderung der Schuldfähigkeit infolge Alkoholisierung, Festschrift BGH (2000) 531; *Miltner u. a.* Zum Stellenwert der Blutalkoholkonzentration bei der Beurteilung der Schuldfähigkeit, BA **1990** 279; *Müller* Rechtliche und gesellschaftliche Stellung von Menschen mit einer „geistigen Behinderung" (2001); *Oehmichen/Patzelt/Birkholz* (Hrsg.) Drogenabhängigkeit (1992); *Otto* Die Beurteilung alkoholbedingter Delinquenz in der Rechtsprechung des Bundesgerichtshofs, Festgabe BGH (2000) 113; *Paeffgen* Strafzumessungsaspekte bei § 323a StGB, NStZ **1993** 66; *Pluisch* Neuere Tendenzen der BGH-Rechtsprechung bei der Beurteilung der erheblich verminderten Schuldfähigkeit gemäß § 21 StGB nach Medikamenteneinnahme, NZV **1996** 98; *Rautenberg* Strafmilderung bei selbstverschuldeten Rauschzuständen? – Eine Anregung für den Gesetzgeber aus den neuen Bundesländern, DtZ **1997** 45; *Pfister* Drogenkonsum und Strafrecht, FPPK **2009** 253; *Reinhardt/Sachs* Haaranalysen als Mittel zur Beurteilung des Ausmaßes einer Drogenabhängigkeit, Festschrift Schewe (1991) 261;

*Rengier/Forster* Die sogenannten „Promillegrenzen" zur alkoholischen Schuldunfähigkeit aus juristisch-medizinischer Sicht, BA **1987** 161; *Romanczuk-Seiferth/Mörsen/Heinz* Pathologisches Glücksspiel und Delinquenz, FPPK **2016** 155; *Rumpf/Kiefer* DSM-5: Die Aufhebung der Unterscheidung von Abhängigkeit und Missbrauch und die Öffnung für Verhaltenssüchte, Sucht **57** (2010) 45; *Saba* Schuldfähigkeit bei Beschaffungskriminalität Drogensüchtiger mit Schwerpunkt auf den Opiatsüchtigen (1999); *Salger* Strafrechtliche Aspekte der Einnahme von Psychopharmaka, DAR **1986** 383; *ders.* Die Bedeutung des Tatzeit-Blutalkoholwertes für die Beurteilung der erheblich verminderten Schuldfähigkeit, Festschrift Pfeiffer (1988) 379; *ders.* Zur korrekten Berechnung der Tatzeit-Blutalkoholkonzentration, DRiZ **1989** 174; *Schewe* Alkoholdelinquenz aus medizinischer Sicht, Beih. 1981 z. ZStW S. 39; *ders.* Die „mögliche" Blutalkoholkonzentration von 2 ‰ als Grenzwert der absoluten verminderten Schuldfähigkeit? JR **1987** 179; *ders.* Blutalkoholwert und Schuldfähigkeit, Festschrift Venzlaff (1986) 39; *Schnarr* Alkohol als Strafmilderungsgrund, in *Schnarr/Henning/Hettinger* (Hrsg.) Reform des Sanktionenrechts – Alkohol als Strafmilderungsgrund, Vollrausch, Actio libera in causa Band 1 (2001) 1; *Schnarr/Hennig/Hettinger* Alkohol als Strafmilderungsgrund – Vollrausch – Actio libera in causa (2001); *Schneble* Zum forensischen Stellenwert der Blutalkoholkonzentration bei der Prüfung der Schuldfähigkeit, Festschrift Pribilla (1990) 307; *Schneider* Glückspielsucht in der Rechtsprechung des Bundesgerichtshofs, FPPK **2016** 164; *Schneider/Frister* (Hrsg.) Alkohol und Schuldfähigkeit (2002); *Schramm/Kröber* Probleme der Schuldfähigkeitsbeurteilung bei Drogenabhängigen – Angst vor dem Entzug und Dissozialität, MEDSACH **1994** 205; Sucht und Delinquenz (Hrsg. Deutsche Hauptstelle gegen die Suchtgefahren [1983]); *Täschner* Forensisch-psychiatrische Probleme bei der Beurteilung von Drogenkonsumenten, NJW **1984** 638; *ders.* Kriterien der Schuldfähigkeit Drogenabhängiger, BA **1993** 313; *ders.* Heroinsucht und Schuldfähigkeit, Blutalkohol Supplement **2003** 3; *Theune* Auswirkungen der Drogenabhängigkeit auf die Schuldfähigkeit und die Zumessung von Strafe und Maßregeln, NStZ **1997** 57; *Verhoff/Wunder/Paulke/Toennes* Überprüfung einer angegebenen Trinkmenge anhand der gemessenen Blutalkoholkonzentration mit Hilfe der Widmark-Formel, BA **2017** 1; *Wendt* Persönlichkeitsbedingte Sucht oder drogenbedingte Persönlichkeitsveränderung? Differentialdiagnostik der Verläufe bei Drogenabhängigkeit und ihre Bedeutung für die Schuldfähigkeit, Blutalkohol Supplement **2003** 21; *Winckler* Der „pathologische Rausch", Nervenarzt **1999**, 1; *Zabel* Schuldunfähigkeit bzw. verminderte Schuldfähigkeit und Promillegrenze, BA **1986** 262.

## Schrifttum zu Affekten im Besonderen

*Barbey* Postdeliktische Erinnerungsstörungen – Ergebnisse einer retrospektiven Erhebung, BA **1990** 241; *Berendt* Affekt und Vorverschulden (1983); *Bernsmann* Affekt und Opferverhalten, NStZ **1989** 160; *Blau* Die Affekttat zwischen Empirie und normativer Bewertung, Festschrift Tröndle (1989) 109; *Burgheim* Tötungsdelikte bei Partnertrennungen, MschrKrim. **1994** 215; *ders.* Zur Dynamik von Tötungsverbrechen am Beispiel der sogenannten Trennungstaten, ZfStrVo **1994** 277; *Dannhorn* Anmerkungen zur subjektiven Tatseite bei Tötungsdelikten, NStZ **2007** 297; *Diesinger* Der Affekttäter (1977); *Eisenberg* Horror-Video-Konsum und Voraussetzungen von § 3 JGG bzw. §§ 20, 21 StGB? NJW **1997** 1336; *Endres* Psychologische und psychiatrische Konzepte der tiefgreifenden Bewußtseinsstörung nach §§ 20, 21 StGB, StV **1998** 674; *Foerster* Die Problematik der Beurteilung von Affekttaten aus psychiatrischer Sicht, StraFo **1997** 165; *ders./Bork/Venzlaff* Die „tiefgreifende Bewusstseinsstörung" und andere affektive Ausnahmezustände, in *Venzlaff/Foerster/Dreßing/Habermeyer* (Hrsg.) Psychiatrische Begutachtung, 6. Aufl. (2015) 259; *Frisch* Grundprobleme der Bestrafung „verschuldeter" Affekttaten, ZStW **101** (1989) 538; *Geilen* Zur Problematik des schuldausschließenden Affekts, Festschrift Maurach (1972) 173; *Glatzel* Privilegierung versus Dekulpation bei Tötungsdelikten, StV **1987** 553; *ders.* Die Bewertung von Schuld und Verantwortlichkeit, Kriminalistik **1995** 97; *Grosbüsch* Die Affekttat (1981); *Haas* Die Zurechnung zur Schuld bei Affekttaten – Zugleich eine Anmerkung zum Urteil des BGH vom 29.10.2008–2 StR 349/08, Festschrift Krey (2010) 117; *Klesczewski* (Hrsg.) Affekt und Strafrecht: erstes interdisziplinäres Symposium der Juristenfakultät Leipzig 15. Juni 2002 (2004); *Kröber* Persönlichkeit, konstellative Faktoren und die Bereitschaft zum „Affektdelikt", in *Krümpelmann* Affekt und Schuldfähigkeit (1972, Nachdruck 1988); *ders.* Motivation und Handlung im Affekt, Festschrift Welzel (1974) 327; *ders.* Schuldzurechnung unter Affekt und alkoholisch bedingter Schuldunfähigkeit, ZStW **99** (1987) 191; *ders.* Die strafrechtliche Schuldfähigkeit bei Affekttaten, R & P **1990** 150; *Maatz* Der alkoholisierte Affekttäter – Bedeutung für die Schuldfähigkeit, Nervenarzt **2005** 1389; *Maisch* Die Tatamnesie bei sogenannten Affektdelikten, StV **1995** 381; *Marneros* Affekttaten und Impulstaten (2007); *Nau* Die Bewusstseinsform bei normalpsychologischen Affekttaten: ein Vorsatzproblem? (2001); *Otto* Affekt und Vorverschulden, Jura **1992** 329; *Prittwitz* Dolus eventualis und Affekt, GA **1994** 454; *Quatember* Affekt und Zurechnungsfähigkeit, Forensia **2** (1977/78) 55; *Rasch* Tötung des Intimpartners (1964); *ders.* Die psychologisch-psychiatrische Beurteilung von Affektdelikten, NJW **1980** 1309; *ders.* Zweifelhafte Kriteriologien für die Beurteilung der tiefgreifenden Bewußtseinsstörung, NJW **1993** 757; *Ritzel* Forensisch-psychiatrische Beurteilung der Affekttat, MMW **1980** 623; *Rudolphi* Affekt und Schuld, Festschrift Henkel (1974) 199; *Salger* Zur forensischen Beurteilung der Affekttat im Hinblick auf erheblich verminderte Schuldfähigkeit, Festschrift Tröndle (1989) 201; *Saß* Affektdelikte,

Nervenarzt **1983** 557; *ders.* Handelt es sich bei der Beurteilung von Affektdelikten um ein psychopathologisches Problem? FortschrNeurPsych. **1985** 55; *ders.* Affekt und Schuldfähigkeit: ein psychopathologischer Lösungsvorschlag, in *Saß* (Hrsg.) Affektdelikte, Interdisziplinäre Beiträge zur Beurteilung von affektiv akzentuierten Straftaten (1993) 214; *ders.* (Hrsg.) Affektdelikte: interdisziplinäre Beiträge zur Beurteilung von affektiv akzentuierten Straftaten (1993; zit. Affektdelikte); *Schewe* Reflexbewegung Handlung Vorsatz (1972); *Schorsch* Affekttaten und sexuelle Perversionstaten im strukturellen Vergleich, R&P **1988** 10; *Schumacher* Gruppendynamik und strafrechtliche Schuldfähigkeit, StV **1993** 549; *Simons* Tötungsdelikte als Folge mißlungener Problemlösungen (1988); *Steck* Tödlich endende Beziehungskonflikte, R&P **2002** 211; *ders./Matthes/Sauter* Tödlich endende Partnerkonflikte, MschrKrim. **1997** 404; *Täschner* Kriterien der Schuldfähigkeit Drogenabhängiger bei unterschiedlichen Deliktformen, BA **1993** 313; *Theune* Auswirkungen des normalpsychologischen (psychogenen) Affektes auf die Schuldfähigkeit sowie den Schuld- und Rechtsfolgenausspruch, NStZ **1999** 273; *Venzlaff* Die forensisch-psychiatrische Beurteilung affektiver Bewußtseinsstörungen, Festschrift Blau (1985) 391; *Ziegert* Vorsatz, Schuld und Vorverschulden (1987); *ders.* Die Affekttat zwischen Wertung und Willkür in *Saß* (Hrsg.) Affektdelikte, Interdisziplinäre Beiträge zur Beurteilung von affektiv akzentuierten Straftaten (1993) 43.

## Schrifttum zur actio libera in causa

*Ambos* Der Anfang vom Ende der actio libera in causa? NJW **1997** 2296; *Baier* Unterlassungsstrafbarkeit trotz fehlender Handlungs- oder Schuldfähigkeit, GA **1999** 272; *Dold* Die actio libera in causa als Sonderfall der mittelbaren Täterschaft, GA **2008** 427; *Fahnenschmidt* Der Anfang vom Ende der actio libera in causa? DRiZ **1997** 77; *Freund* Actio libera in causa vel omittendo bei Rauschdelikten im Straßenverkehr, GA **2014** 137; *Gerhold/Kuhne* Über den bislang unbeachteten Einfluss des 2. Strafrechtsreformgesetzes auf die Eigenhändigkeitsdoktrin speziell im Rahmen der Straßenverkehrsdelikte, ZStW **124** (2012) 943; *Hardtung* Die „Rechtsfigur" der actio libera in causa beim strafbaren Führen eines Fahrzeugs und anderen Delikten – Möglichkeiten und Grenzen der Bestrafung, NZV **1997** 97; *Henning* Vollrausch, in *Hettinger* Reform des Sanktionenrechts – Alkohol als Strafmilderungsgrund, Vollrausch, Actio libera in causa Band 1 (2001) 97; *Herzberg* Gedanken zur actio libera in causa, Festschrift Spendel (1992) 203; *Hettinger* Die „actio libera in causa": Strafbarkeit wegen Begehungstat trotz Schuldunfähigkeit? (1988); *ders.* Zur Strafbarkeit der fahrlässigen „actio libera in causa", GA **1989** 1; *ders.* Die „actio libera in causa": eine unendliche Geschichte, Festschrift Geerds (1995) 623; *ders.* Actio libera in causa, in *Hettinger* (Hrsg.) Reform des Sanktionenrechts – Alkohol als Strafmilderungsgrund, Vollrausch, Actio libera in causa Band 1 (2001) 189; *ders.* Vorverschulden in *Fischer/Hoven* (Hrsg.) Schuld (2017) 189; *Hirsch* Zur Frage der Haltung des BGH zur actio libera in causa, Anmerkung zu BGH JR **1997** 391, JR **1997** 391; *ders.* Zwischenbilanz des langjährigen Meinungsstreits über die actio libera in causa, Festschrift Geppert (2011) 233; *Horn* Der Anfang vom Ende der actio libera in causa, StV **1997** 264; *Hruschka* Probleme der actio libera in causa heute, JZ **1989** 310; *ders.* Die actio libera in causa – speziell bei § 20 StGB mit zwei Vorschlägen für die Gesetzgebung, JZ **1996** 64; *ders.* Die actio libera in causa bei Vorsatztaten und bei Fahrlässigkeitstaten, JZ **1997** 22; *ders.* „Actio libera in causa" und mittelbare Täterschaft, Festschrift Gössel (2002) 145; *Hoyer* In Rückerinnerung an Eckhart Horn – Anfang und Ende der actio libera in causa, GA **2008** 711; *Jakobs* Die sogenannte actio libera in causa, Festschrift Nishihara (1998) 105; *Jerouschek* Die Rechtsfigur der actio libera in causa – Allgemeines Zurechnungsprinzip oder verfassungswidrige Strafbarkeitskonstruktion? JuS **1997** 385; *ders.* Zur Bedeutung des so genannten Koinzidenzprinzips im Strafrecht, JuS **2001** 417; *Joerden* Strukturen des strafrechtlichen Verantwortlichkeitsbegriffs: Relationen und ihre Verkettungen (1988); *Kindhäuser* Gefährdung als Straftat (1989); *Krause* Probleme der actio libera in causa, Jura **1980** 169; *Küper* Der „verschuldete" rechtfertigende Notstand (1983); *ders.* Aspekte der „actio libera in causa", Festschrift Leferenz (1983) 573; *Lampe* (Hrsg.) Verantwortlichkeit und Recht (Jahrb. f. Rechtssoziologie u. Rechtstheorie Bd. XIV, 1989); *Mitsch* Actio libera in causa und mittelbare Täterschaft, Festschrift Küper (2007) 347; *Nedopil* Konstruktion und Argument in der neueren Diskussion zur actio libera in causa, Festschrift Arthur Kaufmann (1993) 581; *Neumann* Zurechnung und „Vorverschulden" (1985); *ders.* Gesetzeswidrigkeit der Rechtsfigur der actio libera in causa? Anmerkung zu BGH StV 1997, 21, StV **1997** 23; *Otto* Actio libera in causa, Jura **1986** 426; *ders.* BGHSt **42** 235 und die actio libera in causa, Jura **1999** 217; *ders.* Die Beurteilung alkoholbedingter Delinquenz in der Rechtsprechung des Bundesgerichtshofs, Festgabe BGH (2000) 113; *Paeffgen* Actio libera in causa und § 323a StGB, ZStW **97** (1985) 513; *Puppe* Grundzüge der actio libera in causa, JuS **1980** 346; *Rath* Zur actio libera in causa bei Schuldunfähigkeit des Täters, JuS **1995** 405; *Rönnau* Grundstruktur und Erscheinungsformen der actio libera in causa, JA **1997** 599; *ders.* Dogmatisch-konstruktive Lösungsmodelle zur actio libera in causa, JA **1997** 707; *Roxin* Bemerkungen zur actio libera in causa, Festschrift Lackner (1987) 307; *Salger* Die actio libera in causa – eine rechtswidrige Rechtsfigur, NStZ **1993** 561; *Satzger* Dreimal in causa – actio libera in causa, omissio libera in causa und actio illicita in causa, Jura **2006** 513; *Schmidhäuser* Die actio libera in causa: ein symptomatisches Problem der deutschen Strafrechtswissenschaft (1992); *Schweinberger* Die Rechtsfigur der actio libera in causa, JuS **1998** 191; *Spendel* Actio libera in causa und Verkehrsstraftaten, JR **1997** 133; *Sternberg-Lieben*

Grenzen fahrlässiger actio libera in causa, Gedenkschrift Schlüchter (2002) 217; *Streng* Der neue Streit um die „actio libera in causa", JZ **1997** 709; *ders.* „actio libera in causa" und Vollrauschstrafbarkeit – rechtspolitische Perspektiven, JZ **2000** 20; *ders.* „Actio libera in causa" in *Egg* (Hrsg.) Alkohol, Strafrecht und Kriminalität (2000) 69; *ders.* Actio libera in causa und verminderte Schuldfähigkeit – BGH NStZ 2000, 584, JuS **2001** 540; *ders.* Strafmilderung gem. §§ 21, 49 I StGB auch bei eigenverantwortlich herbeigeführter Trunkenheit? Festschrift Rengier (2018) 113; *Sydow* Die actio libera in causa nach dem Rechtsprechungswandel des Bundesgerichtshofs (2002); *Wolff, M.* Das Ende der actio libera in causa, NJW **1997** 2032; *Wolter* Vorsätzliche Vollendung ohne Vollendungsvorsatz, Festschrift Leferenz (1983) 545.

## Schrifttum zu Diagnoseschlüsseln, standardisierter Dokumentation, Schwereskalen

*Berberich/Zaudig* Das alternative Modell für Persönlichkeitsstörungen in DSM-5, FPPK **2015** 155; *Blau* Zum Thema „Quantifizierung", MschrKrim. **1986** 348; *Boetticher/Nedopil/Bosinski/Saß* Mindestanforderungen für Schuldfähigkeitsgutachten, NStZ **2005** 57; *Bresser* Über die Grenzen psychiatrischer Dokumentation: Was wird nicht abgebildet? Forensia **9** (1988) 163; *Dilling/Mombour/Schmidt/Schulte-Markwort* (Hrsg.) Internationale Klassifikation psychischer Störungen, ICD-10 Kapitel V(F) 3. Aufl. (2004); *Erhardt* Zur Problematik von Terminologie und Klassifikation in der Forensischen Psychiatrie, Forensia **5** (1984) 35; *Fabricius* Quantifizierung von Schuldfähigkeit, R & P **1984** 181; *Falkai/Wittchen* Diagnostisches und Statistisches Manual Psychischer Störungen – DSM-5 (2015); *Foerster* Kann die Anwendung einer klinischen Beeinträchtigungsschwere-Skala hilfreich sein bei der Feststellung einer „schweren seelischen Abartigkeit"? NStZ **1988** 444; *ders./Heck* Zur Quantifizierung der sogenannten „schweren anderen seelischen Abartigkeit", MschrKrim. **1991** 49; *Hettinger* Reform des Sanktionenrechts – Alkohol als Strafmilderungsgrund, Vollrausch, Actio libera in causa Band 1 (2001); *ders.* Reform des Sanktionenrechts – Einführung der Einheitsstrafe Band 2 (2001); *Konrad/Huchzermeier* ICD-11: Ändert sich die forensisch-psychiatrische Begutachtung im Strafrecht? R&P **2019** 84; *Kröber/Faller/Wulf* Nutzen und Grenzen standardisierter Schuldfähigkeitsbegutachtung, MschrKrim. **1994** 339; *Maisch* Diagnostische Urteilsbildung zur Einschätzung von Schweregraden psychischer Störungen und ihrer Auswirkungen für forensische Zwecke, MschrKrim. **1983** 343; *Mende* Zur Frage der Quantifizierung in der Forensischen Psychiatrie, MschrKrim. **1983** 328; *Möller/v. Zerssen* Psychopathometrische Verfahren, Nervenarzt **1982** 493; **1983** 1; *Nedopil* Operationalisierung und Standardisierung als Hilfen bei der psychiatrischen Begutachtung, MschrKrim. **1988** 117; *ders./Graß* Das Forensisch-Psychiatrische Dokumentationssystem (FPDS) Forensia **9** (1988) 139; *Rösler* Entwicklungsmöglichkeiten des phänomenalen Ansatzes in der psychiatrischen Dokumentation, Forensia **9** (1988) 175; *Rösler* Zur kriteriengeleiteten Erfassung von Affektdelikten, Nervenarzt **1991** 49; *Saß* Ein psychopathologisches Referenzsystem für die Beurteilung der Schuldfähigkeit, Forensia **6** (1985) 33; *ders.* Zur Klassifikation der Persönlichkeitsstörungen, Nervenarzt **1986** 193; *ders.* Zur Standardisierung der Persönlichkeitserfassung mit einer integrierten Merkmalsliste für Persönlichkeitsstörungen, MschrKrim. **1989** 133; *ders.* Forensische Erheblichkeit seelischer Störungen im psychopathologischen Referenzsystem, Festschrift Schewe (1991) 266; *ders./Wiegand* Operationalisierte Klassifikationssysteme in der forensischen Psychiatrie – Fortschritt oder Irrweg? Festschrift Göppinger (1990) 349; *Saß/Wittchen/Zaudig/Houben* (Hrsg.) Diagnostisches und statistisches Manual Psychischer Störungen – Textrevision – DSM-IV-TR 312.31, Deutsche Bearbeitung (2003); *Schöch* Die Beurteilung von Schweregraden schuldmindernder oder schuldausschließender Persönlichkeitsstörungen aus juristischer Sicht, MschrKrim. **1983** 333; *Schüler-Springorum* „Benzin nach Metern"? Festschrift Venzlaff (1986) 52; *Steller* Standards der forensisch-psychologischen Begutachtung, MschrKrim. **1988** 16.

## Schrifttum zu Sachverständigen und Verfahren

*Barton* Der psychowissenschaftliche Sachverständige im Strafverfahren (1983); *Basdorf* Gebotene psychiatrische Begutachtung in Fällen auffälliger Besonderheiten in der Tat und/oder bei dem Täter, HRRS **2008** 274; *Blau* Der befangene Sachverständige im Strafprozeß, Festschrift Schewe (1991) 10; *Bochnik/Gärtner/Richtberg* Richter und psychiatrischer Sachverständiger, MedR **1988** 73; *Boetticher/Nedopil/Bosinski/Saß u. a.* Mindestanforderungen für Schuldfähigkeitsgutachten, NStZ **2005** 57; *Böttger/Kury/Albrecht* (Hrsg.) Kriminologische Forschung in den 80er Jahren (1988); *de Boor* Retrograde Extrapolation, Forensia **2** (1977/78) 55; *ders.* Zur Problematik des psychiatrischen Gutachtens über die Schuldfähigkeit, Z.f.d. ges. Sachverst.wesen **1986** 92; *Dehne-Niemann* Zur Psychiatrieunterbringung von Jugendlichen bei Zusammentreffen von Entwicklungsdefiziten und pathologischen Störungen der Bewusstseinstätigkeit, NStZ **2018** 374; *Detter* Der Sachverständige im Strafverfahren – eine Bestandsaufnahme, NStZ **1998** 57; *Dippel* Die Stellung des Sachverständigen im Strafprozeß (1986); *Dittmann u. a.* Psychiatrische Sachverständige und Juristen – ein problematisches Verhältnis? Festschrift Pribilla (1990) 267; *Dölling* Begutachtung der Schuldfähigkeit und Strafurteil, Festschrift Kaiser (1999) 1337; *ders.* Rausch, Kriminalität und Strafrecht, in *Kiesel* (Hrsg.) Rausch (1999) 149; *Dressing/Foerster*, Begutachtung der posttraumatischen Belastungsstörung, FPPK **2014** 26; *Dreß-*

*ing/Dreßing* Möglichkeiten und Grenzen neurowissenschaftlicher Untersuchungsmethoden bei der Beurteilung von Delinquenz, MschrKrim. **2014** 345; *Egg* (Hrsg.) Psychologisch-psychiatrische Begutachtung in der Strafjustiz (2012); *Eisenberg* Anmerkung zu dem Beitrag Mindestanforderungen für Schuldfähigkeitsgutachten, NStZ 2005, 57–62, NStZ **2005** 304; *Engelhardt* Schuldfähigkeitsbegutachtung und Strafurteil: eine Untersuchung über die Auswirkungen von Sachverständigengutachten auf die Entscheidung über die Schuldfähigkeit in Strafverfahren wegen Gewaltdelikten vor bayerischen Strafgerichten (1994); *Foerster* Der psychiatrische Sachverständige zwischen Norm und Empirie, NJW **1983** 2049; *ders.* Die Bedeutung von Lehre und Forschung für die forensische Psychiatrie, Festschrift Venzlaff (1986) 25; *ders.* Die forensisch-psychiatrische Beurteilung persönlichkeitsgestörter Straftäter, Festschrift Schewe (1991) 189; *ders.* Forensische Psychiatrie in der Bundesrepublik Deutschland, DRiZ **1991** 197; *Fotakis* Zur Kompetenz des psychiatrischen Sachverständigen, Festschrift Venzlaff (1986) 301; *Furger* Hinweise zum kritischen Umgang mit psychiatrischen Gutachten, SchwZStr. **1988** 385; *Gerstenfeld* Der Psychiater als Inquisitor – Die Bedeutung des Geständnisses für das Begutachtungsergebnis, MschrKrim. **2000** 280; *Glatzel* Zur Beurteilung der Schuldfähigkeit bei Rauschmittelkonsumenten, Kriminalistik **1996** 799; *Göppinger/Kaiser* (Hrsg.) Kriminologie und Strafverfahren (1976); *Gretenkord* Aspekte der Schuldfähigkeitsbegutachtung aus Sicht eines psychologischen Praktikers, Praxis der Rechtspsychologie **10** (2000) 25; *Habermeyer/Saß* Die Mindeststandards der Schuldfähigkeitsbegutachtung aus psychiatrischer Sicht, FPPK **2007** 10; *Haddenbrock* Der Psychiater im Strafprozeß, DRiZ **1974** 37; *Heim* Der forensisch-psychiatrische Gutachter in der Hauptverhandlung, R & P **1989** 149; *Haenel* Die Beziehung zwischen Gutachter und zu untersuchenden und ihre Bedeutung bei der Begutachtung chronischer psychischer Traumafolgen, Der medizinische Sachverständige **96** (2002) 84; *Heinz* Fehlerquellen forensisch-psychiatrischer Gutachten (1982); *Helbing* Forensische Gutachten auf dem Prüfstand, ZRP **2004** 55; *Hettinger* Tatstrafrecht – ein hinreichend beachtetes Grundprinzip? Festschrift Lüderssen (2002) 253; *Hetzer* Wahrheitsfindung im Strafprozeß (1982); *Horn* Die prognostische Beurteilung im Strafverfahren, MschrKrim. **1989** 97; *Arthur Kaufmann* Das Problem der Abhängigkeit des Strafrichters vom medizinischen Sachverständigen, JZ **1985** 1065; *Konrad* Forensisch-psychiatrische Gutachten im Unterbringungsverfahren gemäß § 63 StGB, Med. Sachverst. **1992** 25; *Kröber* Das psychoanalytische Gutachten zwischen Psychiatrie und Strafrecht, R & P **1994** 64; *Kruse* Die Sachverständigenauswahl für die Schuldfähigkeitsbeurteilung, NJW **2014** 509; *Kulisch* Psychiater oder Psychologe? StraFo **2001** 337; *Luthe* Die zweifelhafte Schuldfähigkeit: Einführung in Theorie und Praxis der Begutachtung für Beteiligte an Gerichtsverfahren (1996); *Maisch* Disziplinen und Methoden psychologisch-psychiatrischer Sachverständiger, R & P **1984** 162; *ders.* Fehlerquellen psychologisch-psychiatrischer Begutachtung im Strafprozeß, StV **1985** 517; *Maisch/Schorsch* Zur Problematik der Kompetenz-Abgrenzung von psychologischen und psychiatrischen Sachverständigen bei Schuldfähigkeitsfragen, StV **1983** 32; *Marneros/Rössner/Haring* (Hrsg.) Psychiatrie und Justiz (2000); *Mauthe* Zur psychiatrischen Begutachtung von Sexualstraftätern, DRiZ **1999** 162; *Mende/Bürke* Fehlerquellen bei der nervenärztlichen Begutachtung, Forensia **7** (1986) 143; *Menne* (Hrsg.) Psychoanalyse und Justiz (1984); *Meyer* Der psychiatrische Sachverständige und seine Funktion im Strafprozeß, MschrKrim. **1981** 224; *Nack* Abhängigkeit des Richters vom Sachverständigen, GA **2009** 201; *Nedopil* Grenzgänger. Zum Dilemma von Recht und Psychiatrie, Festschrift Schüler-Springorum (1993) 571; *ders.* Verständigungsschwierigkeiten zwischen den Juristen und den psychiatrischen Sachverständigen, NStZ **1999** 433; *ders.* Begutachtung zwischen öffentlichem Druck und wissenschaftlicher Erkenntnis, R & P **1999** 120; *ders.* Grenzziehung zwischen Patient und Straftäter, NJW **2000** 837; *ders.* Qualität psychiatrischer Gutachten und deren unkritische Übernahme durch Gerichte, Anmerkung zu BGH JR **2005** 216; *ders./Krupinski* Beispiel-Gutachten aus der forensischen Psychiatrie (2001); *Parzeller* Gutachterauswahl und Gutachterkompetenz – Die Begutachtung der Schuldfähigkeit im Strafverfahren durch Rechtsmediziner, Rechtsmedizin **13** (2003) 301; *Pfäfflin* Vorurteilsstruktur und Ideologie psychiatrischer Gutachten über Sexualstraftäter (1978); *Plewig* Funktion und Rolle des Sachverständigen aus der Sicht des Strafrichters (1983); *Rasch* Richtige und falsche psychiatrische Gutachten, MschrKrim. **1982** 257; *ders.* Die Auswahl des richtigen Psycho-Sachverständigen im Strafverfahren, NStZ **1992** 257; *ders.* Das Missbehagen des psychischen Sachverständigen im Strafverfahren, Festschrift Schüler-Springorum (1993) 561; *Rauch* Nochmals: Gutachterliche Kompetenz bei der Klärung der Schuldfähigkeit oder: Der Streit zwischen Psychiatrie und Psychologie, NStZ **1984** 497; *Rode/Legano* Der Straftäter und sein Gutachter – Subjektive Aspekte der psychiatrischen Begutachtung, StV **1995** 496; *Rössner* Zur Feststellung einer psychischen Störung nach §§ 20, 21 StGB im Strafverfahren: Eine Problemskizze anhand empirischer Befunde, Festschrift Lenckner (1998) 837; *ders.* Der psychowissenschaftliche Sachverständige als notwendiger Subsumtionspartner der Juristen bei der Herstellung der Fallnorm, Festschrift Widmaier (2008) 941; *Schmidt/Scholz* Schuldfähigkeitsbegutachtung bei Tötungsdelikten, MschrKrim. **2000** 414; *B. Schmitt* Bemerkungen zur Bestellung des psychiatrischen Sachverständigen im Strafverfahren, Festschrift Geerds (1995) 541; *Schnoor* Beurteilung der Schuldfähigkeit (2009); *Schöch* Zum Verhältnis von Psychiatrie und Strafrecht aus juristischer Sicht, Nervenarzt **2005**, 1382; *Scholz* Schuldfähigkeitsbegutachtung durch Diplom-Psychologen – Am Beispiel der sogenannten schweren anderen seelischen Abartigkeit, ZStW **116** (2004) 618; *ders./Schmidt* Schuldfähigkeitsbegutachtung bei Tötungsdelikten – Neue Befunde zur Begutachtungspraxis sowie zu Divergenzen zwischen Gutachtern und Gerichten, MschrKrim. **2000** 414; *ders.* Mindestanforderungen für Schuldfähigkeits- und Prognosegutachten, Festschrift Widmaier (2008) 967; *Schorsch* Phantasie, Irrtum, Lüge und die Wahrheitsfindung, StV **1985** 522; *Schöttle* Die Schuldfähigkeitsbegutachtung im Jugendstrafverfahren (2013); *Schreiber* Zur Rolle des psychiatrisch-psychologischen Sachverständigen im Strafverfahren, Festschrift Wassermann (1985) 1007; *ders./Rosenau* Rechtliche Grundlagen der psychiatrischen Begutachtung, in *Venzlaff/Foerster/Dreßing/Habermeyer* (Hrsg.) Psychiatrische Begutachtung, 6. Aufl. (2015) 89; *dies.* Der Sachverständige im Verfahren und in der Verhandlung in *Venzlaff/Foerster/Dreßing/Habermeyer* (Hrsg.) Psychiatrische Begutachtung, 6. Aufl. (2015) 153; *Schumacher/Arndt* Die Unantastbarkeit der Menschenwürde als Maßstab für psychiatrische Gutachten, StV **2003** 96; *Streng* Richter und Sachverständiger, Festschrift Leferenz (1983) 397; *ders.* Psychowissenschaftler und Strafjuristen – Verständigungsebenen und Kompetenzkonflikte bei der Schuldfähigkeitsentscheidung, 1.Teil NStZ **1995** 12, 2.Teil NStZ **1995** 161; *Täschner* Welcher Sachverständige ist für die Beurteilung des Geisteszustandes von Sexualdelinquenten zuständig? MschrKrim. **1980** 108; *Tondorf* Der „aufgedrängte" Sachverständige – ein Ärgernis für die Verteidigung, R & P **1984** 155; *Undeutsch* Zur Problematik des psychologischen Sachverständigen, Festschrift Lange (1976) 703; *Venzlaff* Fehler und Irrtümer in psychiatrischen Gutachten, NStZ **1983** 199; *Verrel* Die Anwendung der §§ 20, 21 StGB im Bereich der Tötungskriminalität, MschrKrim. **1994** 272; *ders.* Die Verwertung von Schuldfähigkeitsgutachten im Strafurteil, ZStW **106** (1994) 332; *ders.* Schuldfähigkeitsbegutachtung und Strafzumessung bei Tötungsdelikten (1995); *ders.* Schuldfähigkeitsgut- und schlechtachten. Zur Überfälligkeit verbindlicher Qualitätsanforderungen an Gutachten und Urteile, Festschrift Rössner (2015) 428; *Wächtler* Das Schuldfähigkeitsgutachten zwischen Machtkampf und Glaubenskrieg, StV **2003** 184; *Wegener* Über die Beziehungen zwischen der forensischen Psychologie und der forensischen Psychiatrie, Festschrift Venzlaff (1986) 181; *Witter* Richtige oder falsche psychiatrische Gutachten? MschrKrim. **1983** 253; *G. Wolff* Gutachterliche Kompetenz bei der Klärung der Schuldunfähigkeit, NStZ **1983** 537; *St. Wolff* Die Vermittlung von Recht und Psychiatrie als praktisches Problem, StV **1992** 292.

*Zum früheren* Schrifttum s. auch Voraufl. zu §§ 20, 21.

## Entstehungsgeschichte

Geistige Beeinträchtigungen und Minderungen der kognitiven Fähigkeiten waren ebenso wie exzessiver Rauschmittelgenuss und Affekte stets Begleitformen sozialen Lebens. Eine bewusste strafrechtliche Auseinandersetzung mit ihnen begann jedoch erst auf höheren Entwicklungsstufen des Rechts und der Medizin.[1] Die Carolina von 1532 gab dem Richter in Art. 179, 219 vor, bei Jugend oder Gebrechlichkeit, die zu einem Entfallen der Einsicht führte, verständigen Rat zu suchen, in der Regel bei den juristischen Fakultäten. Im gemeinen Recht wurden lediglich – ohne systematische und begriffliche Klärung – geistige Zustände beschrieben, welche Strafe ausschließen konnten. Erst das Preußische ALR enthielt Bestimmungen über den Ausschluss und die Verminderung der Schuldfähigkeit (Teil II Tit. 20 §§ 16, 18). Das Preußische StGB von 1851 nahm „Wahnsinnige" und „Blödsinnige" von strafrechtlicher Verantwortlichkeit schlechthin aus, enthielt aber keine Regelung über die verminderte Schuldfähigkeit.

Im Reichsstrafgesetzbuch von 1871 fanden die Auffassungen medizinischer Fachgelehrter weitgehend Berücksichtigung. Sie führten zu der Vorschrift des § 51, die ursprünglich lautete:

**Eine strafbare Handlung ist nicht vorhanden, wenn der Täter zur Zeit der Begehung der Handlung sich in einem Zustande von Bewusstlosigkeit oder krankhafter Störung der Geistestätigkeit befand, durch welchen seine freie Willensbestimmung ausgeschlossen war.**

Auch das RStGB kannte keine Bestimmung über die verminderte Schuldfähigkeit.[2] Eine solche wurde erst durch Art. 3 Nr. 4 des Gesetzes gegen gefährliche Gewohnheitsverbrecher und über Maßregeln der Sicherung und Besserung vom 24.11.1933 (RGBl. I S. 995) geschaffen (Begründung Dt. ReichsAnz. u. Preuß. StaatsAnz. Nr. 277 v. 27.11.1933, 1. Beil. S. 1). Hierdurch erhielt § 51 StGB insgesamt folgende Fassung:

---

1 Übersichten bei *His* Das Strafrecht des deutschen Mittelalters Bd. I (1920) S. 67; *Lenckner* Hdb. d. forens. Psychiatrie Bd. I (1972) S. 78; *v. Lilienthal* VDA Bd. V (1908) S. 1; *Lubbers* Die Geschichte der Zurechnungsfähigkeit von Carpzow bis zur Gegenwart (1938, Neudruck 1977); *Schild* NK Rdn. 9; *Eb. Schmidt* Einführung in die Geschichte der deutschen Strafrechtspflege 3. Aufl. (1965) S. 36, 71; *Streng* MK Rdn. 4 ff; speziell zur Behandlung des Rausches *Hettinger* S. 57, zur Psychopathie *Rautenberg* Die psychiatrisch-strafrechtliche Beurteilung des sogenannten Psychopathen in historischer Sicht, SchlHA **1986** 2.

2 Zum damaligen Streitstand in dieser Frage *Kahl* VDA Bd. I (1908) S. 1; Überblick über die gesetzliche Entwicklung bei *Rautenberg* Verminderte Schuldfähigkeit (1984) S. 3; als Strafzumessungsgrund galt verminderte Schuldfähigkeit bereits vor ihrer gesetzlichen Regelung, RGSt **69** 110, 112.

**(1) Eine strafbare Handlung ist nicht vorhanden, wenn der Täter zur Zeit der Tat wegen Bewusstseinsstörung, wegen krankhafter Störung der Geistestätigkeit oder wegen Geistesschwäche unfähig ist, das Unerlaubte der Tat einzusehen oder nach dieser Einsicht zu handeln.**

**(2) War die Fähigkeit, das Unerlaubte der Tat einzusehen oder nach dieser Einsicht zu handeln, zur Zeit der Tat aus einem dieser Gründe erheblich vermindert, so kann die Strafe nach den Vorschriften über die Bestrafung des Versuchs gemildert werden.**

Die Unterscheidung von Einsichts- und Steuerungsfähigkeit folgte dem Vorbild des § 3 JGG vom 16.2.1923, wonach die strafrechtliche Verantwortlichkeit bei Jugendlichen im Alter zwischen 14 und 18 Jahren bei fehlender geistiger oder sittlicher Reife entfiel.[3]

Die geltenden Bestimmungen der §§ 20, 21 beruhen auf dem E 1962 (dazu *H. Kaufmann* JZ **1967** 139), dem seinerseits die Vorarbeiten der Großen Strafrechtskommission zugrunde lagen. Ziel der Reform war, der Rechtsprechung, welche § 51 a. F. weit ausgelegt hatte, eine feste gesetzliche Grundlage zu geben. Ferner sollten Forderungen und Erkenntnisse der Medizin Berücksichtigung finden. Die Große Strafrechtskommission und der Sonderausschuss des Deutschen Bundestages für die Strafrechtsreform hörten zahlreiche Sachverständige.[4] Sachlich umstritten blieb, ob das Merkmal der schweren anderen seelischen Abartigkeit nur eine Verminderung der Schuldfähigkeit oder – wie die anderen Merkmale – auch ihren Ausschluss begründen könne. Die Große Strafrechtskommission, der E 1962 (§ 25, Begründung S. 141) und der Sonderausschuss in der IV. Wahlperiode (Bericht S. 20) hatten die sog. differenzierende Lösung befürwortet. Psychiater wiesen aber auf sehr seltene Fälle (ca. 2 %) hin, in denen Schuldunfähigkeit auch infolge einer schweren anderen seelischen Abartigkeit in Betracht komme. Darauf entschloss sich der Sonderausschuss zur jetzigen „Einheitslösung" oder „harmonisierenden Lösung" (Prot. V/241, 449, 477, 484; Bericht BTDrucks. V/4095 S. 10), nach welcher das vierte psychopathologische Merkmal auch im Bereich des § 20 Bedeutung erlangen kann. Sie ist durch das 2. StrRG geltendes Recht geworden. Zum Recht der DDR s. LK[11].

Ein Gesetzesentwurf der Bundesregierung vom 10.6.2020 sieht vor, den Begriff „Schwachsinn" durch den Begriff der „Intelligenzminderung" und den Begriff der „Abartigkeit" durch den Begriff der „Störung" zu ersetzen (BTDrucks. 19/19859 S. 35, 47 ff). Anlass der Änderungen soll ausweislich der Entwurfsbegründung allein der Umstand sein, dass die gegenwärtigen Begrifflichkeiten als veraltet und stigmatisierend empfunden werden könnten. Eine inhaltliche Änderung soll mit dem Begriffswechsel nicht einhergehen, vielmehr sollen die vom BGH in den vergangenen Jahrzehnten vorgenommenen Ausformungen der Rechtsbegriffe sowie die hierzu entwickelte Kasuistik ausdrücklich nicht aufgegeben werden (BTDrucks. 19/19859 S. 35, 47, 49; hierzu auch *Schiemann* KriPoZ **2019** 338 ff).

## Übersicht



3 Vertiefend *Eisenberg/Kölbel* JGG § 3 Rdn. 3.

4 Hierzu im Einzelnen Niederschriften 4 492; Mat. der Gr. Strafrechtskommission: Gutachten pp zu Fragen der Strafrechtsreform m. ärztl. Einschlag; Prot. V/449; Bericht des Sonderausschusses über die Beratung des E 1962 in der IV. Wahlp. S. 20.

## I. Allgemeines

### 1. Grundlagen

1 § 20 geht davon aus, dass die Schuldfähigkeit (früher: Zurechnungsfähigkeit) bei Erwachsenen die Regel und die Schuldunfähigkeit die Ausnahme ist.[5] Kinder gelten bis zum vollendeten 14. Lebensjahr generell als schuldunfähig (§ 19 StGB), Jugendliche vom vollendeten 14. bis zum vollendeten 18. Lebensjahr sind bedingt schuldfähig, d. h. die Schuldfähigkeit muss in jedem Fall positiv festgestellt werden (§ 3 JGG).[6] Im Übrigen handelt der Täter ohne Schuld, wenn er bei Begehung der Tat infolge bestimmter, in der Vorschrift aufgeführter Störungen einsichts- oder steuerungsunfähig war.[7] In diesem Fall ist Strafe ausgeschlossen. Ist vom Vorliegen eines Defektes auszugehen, können aber Maßregeln der Besserung und Sicherung nach §§ 63, 64, 69, 70 verhängt werden. § 20 weist eine zwei- bzw. mehrstufige Struktur auf, die auch von der Praxis bei der Prüfung fehlender Schuldfähigkeit zugrunde gelegt wird.[8] Auf der ersten Stufe – dem

5 *Adam/Schmidt/Schumacher* NStZ **2017** 7, 10; *Nedopil* FS Schöch 979, 987; *Streng* MK Rdn. 1, 29.

6 Zum Verhältnis von § 3 JGG zu § 20 StGB Rdn. 213 ff; ferner BGHSt **26** 67, 70; *Dehne-Niemann* NStZ **2018** 374, 375; *Eisenberg/Kölbel* § 3 JGG Rdn. 33 ff; *SSW/Kaspar* Rdn. 110 f; *Rogall* SK Rdn. 2.

7 Die herkömmliche Bezeichnung stellt auf das „biologische" und das „psychologische" Stockwerk ab, *SSW/Kaspar* Rdn. 1; *Lackner/Kühl/Kühl* Rdn. 1. Von anderer Seite wird von biologisch-psychologischer, psychologisch-normativer oder biologisch-normativer Methode gesprochen, vgl. *Jakobs* AT 18/3; *Jescheck/Weigend* AT § 40 III 1; *Rasch* StV **1984** 264, 265; *Roxin* FS Spann 457, 458; *Schreiber/Rosenau* S. 95 sprechen von psychisch-normativer Methode; vgl. ferner *Streng* MK Rdn. 15; **kritisch** *Fischer* Rdn. 5.

8 BGH NStZ-RR **2018** 240; **2019** 238; **2020** 71; StV **2019** 226, 227; 239, 240; BGH bei *Pfister* NStZ-RR **2018** 161, 162; **2020** 233, 234; BGH bei *Detter* NStZ **2020** 133, 135; *SSW/Kaspar* Rdn. 1; **kritisch** *Schild* NK Rdn. 33 f.

sog. „biologischen Stockwerk" – ist das Vorliegen eines der vom Gesetz genannten vier Eingangsmerkmale in Gestalt der krankhaften seelischen Störung, der tiefgreifenden Bewusstseinsstörung, des Schwachsinns sowie der schweren anderen seelischen Abartigkeit[9] zu prüfen. Wird eines der Merkmale festgestellt, ist auf der zweiten Stufe – dem „psychologischen Stockwerk" – der Frage nachzugehen, ob der vorhandene Defekt im Zeitpunkt der Tatbegehung zur Folge gehabt hat, dass der Betroffene unfähig war, das Unrecht seiner Handlung einzusehen oder nach dieser Einsicht zu handeln.

Die Schuldfähigkeit ist von der **Handlungsfähigkeit** zu unterscheiden.[10] Fehlt es an einer 2
Handlung als gewolltem Tun eines Menschen, stellen sich die Fragen nach Schuldfähigkeit und Schuld nicht, da Ausgangspunkt strafrechtlicher Zurechnung auch in § 20 die rechtswidrige Tat (§ 11 Abs. 1 Nr. 5) ist. Körperbewegungen im Zustand völliger Bewusstlosigkeit, etwa bei epileptischen Anfällen (OLG Schleswig VRS **64** 429), sind Nichthandlungen, nicht hingegen wegen Bewusstseinsstörung entschuldigte Taten. Die Abgrenzung ist jedoch bei Rauschzuständen mitunter schwierig.[11] Entscheidend ist insoweit, ob der Wille als Handlungsgrundlage der Tat wirksam war.[12] Keine geeigneten Abgrenzungsmerkmale sind demgegenüber fehlende Vorhersehbarkeit oder mangelnde Beherrschbarkeit der Situation; so ist auch der durch ein unabwendbares Ereignis verursachte Verkehrsunfall (§ 7 Abs. 2 StVG) in der Regel das Ergebnis menschlichen Handelns (**aA** *Jakobs* AT 6/34; *ders.* FS Welzel 307). Körperbewegungen auf Grund reflektorischer Nervenreizungen, die nicht über das Bewusstsein vermittelt werden (z. B. beim Zusammenzucken unter einem Stromschlag), scheiden hiernach als Handlungen aus, nicht aber schnelle („instinktive") Spontanreaktionen im Straßenverkehr bei plötzlich auftauchenden Hindernissen.[13] Ebenso sind eingeschliffene, automatisierte Verhaltensweisen generell vom Willen getragen, und auch für kurzschlüssige Affekt- und Triebdurchbrüche ist die Handlungsqualität zu bejahen (*Sch/Schröder/Eisele* vor § 13 Rdn. 41).

Von einem logischen Standpunkt aus betrachtet wäre Schuldfähigkeit die Voraussetzung 3
für Schuld (so *Baumann/Weber/Mitsch/Eisele* AT § 17 Rdn. 1). Doch ist der dem Gesetz selbst fremde Begriff nur ein Kürzel. Er umfasst die Unrechtseinsicht und die Fähigkeit zu normgemäßer Steuerung. Diese beiden Elemente konstituieren die Vorwerfbarkeit des Täterverhaltens im Einzelfall und sind damit Schuldmerkmale (*Jescheck/Weigend* AT § 39 IV 2). Im Verbrechensaufbau gehören sie in die Schuldebene und ihre Konsequenzen für andere Tatbeteiligte regelt § 29.

## 2. Schulprinzip

Das Gesetz definiert den Begriff Schuld nicht ausdrücklich, verwendet ihn jedoch mehrfach 4
(§ 46 Abs. 1, § 17, § 35) oder setzt ihn voraus (§§ 19–21). Die Vorschriften über die Schuldfähigkeit verwirklichen das **Schuldprinzip**, dem nach der Rechtsprechung des BVerfG Verfassungsrang zukommt.[14] Strafe darf nur verhängt werden, sofern dem Täter sein Tun vorzuwerfen ist, denn nur dann ist der mit ihr verbundene sozialethische Tadel gerechtfertigt.[15] Das Schuldprinzip

---

9 Zum Entwurf der Bundesregierung vom 10.6.2020, wonach die Begriffe „Schwachsinn" und „andere seelische Abartigkeit" durch die Begriffe „Intelligenzminderung" und „andere seelische Störung" ersetzt werden sollen (BTDrucks. 19/19859 S. 35, 47 ff), vgl. oben zur Entstehungsgeschichte.

10 BGH VRS **56** 447; *Frister* FS Frisch 533, 536; *SSW/Kaspar* Rdn. 3; *Streng* MK Rdn. 1; anders im Anschluss an den Gesetzeswortlaut zunächst RGSt **11** 56, 58; **21** 14; **29** 130.

11 Hierzu BGHSt **1** 124, 127; BGH NJW **1952** 193, 194; vgl. ferner BGH MDR **1994** 127.

12 RGSt **69** 189, 191; OLG Hamm JZ **1974** 716; OLG Karlsruhe NJW-RR **2015** 1059, 1060; *Jescheck/Weigend* AT § 23 V 2a; *Lackner/Kühl/Kühl* Rdn. 14; vertiefend *Sch/Schröder/Eisele* vor § 13 Rdn. 37 ff.

13 Zur Abgrenzung OLG Karlsruhe NJW-RR **2015** 1059, 1060; OLG Hamm NJW **1975** 657; OLG Frankfurt VRS **28** 364; ferner *Roxin/Greco* AT I § 8 Rdn. 65 ff.

14 BVerfGE **20** 323, 331; **41** 121, 125; **45** 187, 259; **50** 125, 133; **80** 367, 379; **110** 1, 13; **120** 224, 253; **123**, 267, 408; **130** 1, 26; **133**, 168, 228; **140** 317, 344; ferner BGHSt **50** 40, 49.

15 BGHSt **23** 176, 192; *Lenckner* Hdb. d. forens. Psychiatrie Bd. I S. 96.

findet seine Grundlage nach der jüngeren Rechtsprechung des BVerfG neben dem Rechtsstaatsprinzip und dem allgemeinen Persönlichkeitsrecht vorrangig in der Garantie der Menschenwürde. So hebt das BVerfG in seiner Lissabon-Entscheidung aus dem Jahr 2009 (BVerfGE **123**, 267) hervor, der in Art. 1 Abs. 1 GG verankerte Schutz der Menschenwürde gründe auf der Vorstellung vom Menschen als einem geistig-sittlichen Wesen, das darauf angelegt sei, in Freiheit sich selbst zu bestimmen und sich zu entfalten. Hiervon ausgehend setze auch der strafrechtliche Schuldgrundsatz die Eigenverantwortung des Menschen voraus, der sein Handeln selbst bestimmen und sich kraft seiner Willensfreiheit zwischen Recht und Unrecht entscheiden könne.[16]

### 3. Analogiefähigkeit

5 Mit den Ausprägungen des Schuldprinzips im Zusammenhang steht die Frage, ob § 20 eine abschließende Regelung enthält oder ob Entschuldigung auch auf andere als die darin genannten Defekte gestützt werden kann. Das Schuldprinzip scheint die Möglichkeit **analoger Anwendung** zu fordern, da niemand bestraft werden darf, der – aus welchen Gründen auch immer – ohne Schuld handelt.[17] § 17 unterbindet aber eine solche Analogie, indem er für den dort geregelten Fall fehlender Unrechtseinsicht auf die Vermeidbarkeit des Defekts abstellt. Auch ist zu berücksichtigen, dass die mit einer Exkulpation verbundene Konsequenz des Überwechselns zu freiheitsentziehenden Maßregeln nach §§ 61 ff auf andere, im Einzelfall aber häufig ebenso schwerwiegende Weise in die Freiheit des Beschuldigten eingreifen würde. Eine Analogie würde sich mithin nicht zwangsläufig günstig für den Betroffenen auswirken. Allerdings ist der maßgebliche Gesetzeswortlaut in § 20 mit dem Merkmal der schweren anderen seelischen Abartigkeit so weit, dass die in Betracht kommenden Störungen im Allgemeinen vollständig erfasst werden.[18]

### 4. Anwendungshäufigkeit

6 Über die quantitative Bedeutung der Schuldfähigkeitsbegutachtung können nur begrenzte Aussagen getroffen werden. Die Strafverfolgungsstatistik erfasst nur die Fälle einer letztendlichen Annahme von Schuldunfähigkeit oder verminderter Schuldfähigkeit, nicht aber die Fälle, in denen eine Begutachtung vorgenommen, aber die Voraussetzungen der §§ 20, 21 durch das Gericht im Ergebnis verneint wurden.

7 Wie sich aus Tabelle 1 ergibt, die sich nur auf das allgemeine Strafrecht (ohne Jugendstrafrecht) bezieht, wird weitaus häufiger als eine Aufhebung (§ 20) eine Verminderung (§ 21) der Schuldfähigkeit angenommen. So waren im Jahr 2018 lediglich 0,12 % der Abgeurteilten nach § 20 exkulpiert, wohingegen § 21 bei immerhin 2,5 % der Verurteilten zur Anwendung gelangte. Für die Vorjahre ergeben sich vergleichbare Werte, wobei der Anteil der Abgeurteilten, die nach § 20 exkulpiert waren, nie über 0,12 % lag. Für § 21 weist das Jahr 2002 mit 3,1 % der Verurteilten die höchste Anwendungsquote aus. Vom Jahr 2002 abgesehen, bewegt sich der Anteil der Verurteilten, bei denen eine verminderte Schuldfähigkeit nach § 21 angenommen wurde, seit dem Jahr 2001 konstant im Bereich zwischen 2,4 und 2,9 %. Eine Entschuldigung nach § 20 liegt in der

---

16 BVerfGE **123** 267, 408; hierzu *Adam/Schmidt/Schumacher* NStZ **2017** 7 f; *Krehl* in *Fischer/Hoven* S. 123, 125 f; vgl. ferner BVerfG NJW **2013** 1058, 1059; **2016** 1149, 1152; **2019** 2837, 2839; *Roxin/Greco* AT I § 19 Rdn. 53e ff; zur historischen Entwicklung *Schiemann* S. 98 ff.

17 *Bernsmann/Kisker* MschrKrim. **1975** 325, 332; *Geilen* FS Maurach 173, 191; *Jakobs* AT 18/7; *Krümpelmann* GA **1983** 337, 359 Fn. 92; *Roxin* FS Spann 457, 460.

18 *Blau* MschrKrim. **1989** 71, 74; *Krümpelmann* ZStW **99** (1987) 181, 192; *Sch/Schröder/Perron/Weißer* Rdn. 5; **iE** auch *Rogall* SK Rdn. 9, der Raum für eine Analogie jedoch für Persönlichkeitsdefizite sieht, deren Bedeutung für das menschliche Handeln die medizinische Wissenschaft erst nach Erlass des Gesetzes erkennt; **kritisch** zur Formulierung der Eingangsmerkmale insgesamt *Schild* NK Rdn. 69 ff.

Regel lediglich bei 0,09 oder 0,10 % der Abgeurteilten vor. Der Entwicklung der Ex- und Dekulpationen kann demnach entnommen werden, dass eine Beeinträchtigung der Schuldfähigkeit bei den abgeurteilten Tätern in der Gerichtspraxis bis heute eine Ausnahme darstellt. Die statistische Entwicklung seit 1975 hat gezeigt, dass der befürchtete Dammbruch jedenfalls bei den Exkulpationen ausgeblieben ist. Während vor der Reform 0,11 % aller Abgeurteilten exkulpiert wurden, waren es danach fast ein Jahrzehnt nur um die 0,05 %. Auch gegenwärtig wird der Wert von 0,10 % nur vereinzelt überschritten. Demgegenüber sind die Dekulpationen im Zeitraum von 1975 bis heute von 1,3 % auf 2,5 % aller Verurteilten gestiegen, also um nahezu das 2-fache, obgleich seit dem Höchststand im Jahr 2002 mit 3,1 % in jüngerer Vergangenheit wieder eine etwas rückläufige Tendenz ausgemacht werden kann. Empirische Untersuchungen legen die These nahe, dass der Anstieg der Anwendungsfälle von § 21 neben der Zunahme des Alkohol-, Drogen- und Medikamentenmissbrauchs vor allem auf der häufigeren Anwendung der schweren anderen seelischen Abartigkeit beruht und hier vor allem auf dem weiten Konzept der Persönlichkeitsstörungen nach ICD-10 und DSM-5, teilweise auch auf der häufigeren Anerkennung von Störungen der Sexualpräferenz als Paraphilien im Sinne dieser Klassifikationssysteme.[19] Wie sich aus den letzten beiden Spalten von Tabelle 1 ergibt, hat dies auch zu einem beträchtlichen Anstieg der Untergebrachten im Maßregelvollzug gemäß § 63 und § 64 geführt. Insbesondere sind die Fälle, in denen bei nach § 21 vermindert Schuldfähigen die Unterbringung in einer Entziehungsanstalt nach § 64 angeordnet wurde, von 0,8 % im Jahr 1975 auf zuletzt 5,1 % angestiegen.

Starke Unterschiede gibt es bei den Ex- und Dekulpierungsanteilen zwischen den verschiedenen Deliktsgruppen (vgl. Tabelle 2; ähnlich der Längsschnittvergleich bei *Streng* MK Rdn. 8 f). Bei den Exkulpierungsraten dominierten im Jahr 2018 die Delikte gegen das Leben mit 12,85 %, gefolgt von gemeingefährlichen Straftaten mit 4,45 %, Raub und Erpressung mit 0,79 % und Delikten gegen die körperliche Unversehrtheit sowie die sexuelle Selbstbestimmung mit jeweils 0,41 %. Verminderte Schuldfähigkeit gemäß § 21 wird mit 18,56 % ebenfalls bei Tötungsdelikten am häufigsten bejaht, es folgen Raub und Erpressung (10,71 %), Gemeingefährliche Straftaten (8,57 %) und Körperverletzungsdelikte (7,59 %). 8

Die unterschiedlich hohen Ex- und Dekulpationsraten bei den verschiedenen Deliktsgruppen beruhen einerseits darauf, dass gewisse Delikte eher im Defektzustand begangen werden, andererseits aber auch auf der unterschiedlich hohen Bereitschaft der Staatsanwaltschaften und Gerichte, eine mögliche Ausnahmesituation überhaupt in Betracht zu ziehen und eine Begutachtung anzuordnen. So wird insbesondere bei Tötungs- und Sexualdelikten in der Regel eine psychiatrische Begutachtung angeordnet. Die Deliktsart ist der Faktor, dem das größte „Gewicht" für die Veranlassung einer psychiatrischen Begutachtung zukommt.[20] 9

**Tabelle 1:** Anwendungshäufigkeit der §§ 20, 21 und 63, 64 StGB (alle Straftaten, nur allgemeines Strafrecht) 10

| | Abgeurteilte | § 20 | | § 63 | | Verurteilte | § 21 | | § 63 | | § 64 | |
|---|---|---|---|---|---|---|---|---|---|---|---|---|
| Jahr | N | n | %* | n | %** | N | N | %* | n | %** | n | %** |
| 1967 | 628.751 | 656 | 0,10 | 197 | 30,0 | 558.384 | 6.047 | 1,1 | 98 | 1,6 | – | |
| 1973 | 687.651 | 578 | 0,08 | 201 | 34,8 | 601.419 | 6.679 | 1,1 | 112 | 1,7 | – | |
| 1975 | 655.971 | 312 | 0,05 | 167 | 53,5 | 567.605 | 7.356 | 1,3 | 123 | 1,7 | 61 | 0,8 |
| 1977 | 726.375 | 423 | 0,06 | 201 | 47,5 | 607.307 | 10.824 | 1,8 | 118 | 1,1 | 133 | 1,2 |
| 1981 | 743.788 | 372 | 0,05 | 193 | 51,9 | 605.946 | 12.341 | 2,0 | 131 | 1,1 | 190 | 1,5 |
| 1985 | 741.861 | 455 | 0,06 | 247 | 54,3 | 600.798 | 13.556 | 2,3 | 124 | 0,9 | 242 | 1,8 |
| 1989 | 755.376 | 525 | 0,07 | 234 | 44,6 | 608.548 | 14.033 | 2,3 | 147 | 1,1 | 264 | 1,9 |

19 Zu Untersuchungen in Baden-Württemberg, Bayern, Niedersachsen und Sachsen-Anhalt *Dölling* FS Kaiser 1337 ff; *Frädrich/Pfäfflin* R & P **2000** 95 ff; *Marneros/Ullrich/Rössner* S. 80 ff; *Verrel* S. 108; *ders.* MschrKrim. **1994** 272 ff; vgl. auch *Streng* MK Rdn. 11 zu regionalen Unterschieden bei den Exkulpationsraten.

20 *Marneros/Ullrich/Rössner* S. 101; *Nack* GA **2009** 201, 202 f; *Schiemann* S. 389 f; *Streng* MK Rdn. 8 f.

| Jahr | Abgeur-teilte N | § 20 n | %* | § 63 n | %** | Verur-teilte N | § 21 N | %* | § 63 n | %** | § 64 n | %** |
|---|---|---|---|---|---|---|---|---|---|---|---|---|
| 1993 | 817.044 | 523 | 0,06 | 293 | 56,0 | 688.128 | 14.730 | 2,1 | 143 | 1,0 | 311 | 2,1 |
| 1997 | 821.706 | 685 | 0,08 | 432 | 63,1 | 692.723 | 17.599 | 2,5 | 253 | 1,4 | 525 | 3,0 |
| 2001 | 744.122 | 724 | 0,10 | 512 | 70,7 | 622.027 | 17.980 | 2,9 | 247 | 1,4 | 584 | 3,2 |
| 2002 | 739.555 | 771 | 0,10 | 524 | 68,0 | 618.269 | 19.236 | 3,1 | 263 | 1,4 | 702 | 3,6 |
| 2003 | 758.667 | 695 | 0,09 | 508 | 73,1 | 634.735 | 18.612 | 2,9 | 292 | 1,6 | 746 | 4,0 |
| 2005 | 807.427 | 771 | 0,09 | 548 | 71,1 | 674.004 | 18.095 | 2,7 | 239 | 1,3 | 740 | 4,1 |
| 2007 | 887.687 | 927 | 0,10 | 665 | 71,7 | 776.277 | 19.314 | 2,5 | 286 | 1,5 | 729 | 3,8 |
| 2009 | 839.759 | 887 | 0,11 | 669 | 75,4 | 727.641 | 19.821 | 2,7 | 232 | 1,2 | 811 | 4,1 |
| 2010 | 816.540 | 843 | 0,10 | 639 | 75,8 | 704.802 | 19.060 | 2,7 | 243 | 1,3 | 840 | 4,4 |
| 2011 | 813.847 | 766 | 0,09 | 581 | 75,8 | 705.640 | 17.520 | 2,5 | 230 | 1,3 | 882 | 5,0 |
| 2012 | 788.876 | 745 | 0,09 | 551 | 74,0 | 682.206 | 17.729 | 2,6 | 203 | 1,1 | 853 | 4,8 |
| 2013 | 780.389 | 718 | 0,09 | 562 | 78,3 | 674.201 | 16.977 | 2,5 | 208 | 1,2 | 820 | 4,8 |
| 2014 | 781.745 | 664 | 0,08 | 565 | 85,1 | 676.688 | 16.356 | 2,4 | 164 | 1,0 | 806 | 4,9 |
| 2015 | 806.961 | 782 | 0,10 | 619 | 79,2 | 674.145 | 15.950 | 2,4 | 159 | 1,0 | 795 | 5,0 |
| 2016 | 803.037 | 709 | 0,09 | 591 | 83,3 | 676.145 | 16.159 | 2,4 | 173 | 1,1 | 748 | 4,6 |
| 2017 | 778.901 | 781 | 0,10 | 608 | 77,8 | 656.376 | 15.978 | 2,4 | 146 | 0,9 | 762 | 4,8 |
| 2018 | 773.441 | 928 | 0,12 | 731 | 78,8 | 653.060 | 16.185 | 2,5 | 167 | 1,0 | 827 | 5,1 |

**= niedrigster (genauer) %-Wert** *** = % bezogen auf Abgeurteilte bzw. Verurteilte**
**= höchster (genauer) %-Wert** **** = % bezogen auf § 20 bzw. § 21**

**Quelle: jeweilige Strafverfolgungsstatistik, zuletzt Tab. 2.2, 2.3, 5.6, 5.7**

11 **Tabelle 2:** Schuldunfähig Abgeurteilte und vermindert schuldfähig Verurteilte im Jahr 2018 nach Deliktsarten (allgemeines Strafrecht und Jugendstrafrecht)

| Art der Straftat | Abgeur-teilte | Schuldunfähige Abgeur-teilte gemäß § 20 n | % | Verurteilte | Vermindert schuldfähige Verurteilte gemäß § 21 n | % |
|---|---|---|---|---|---|---|
| **Straftaten insgesamt** | **869.105** | **928** | **0,11** | **712.338** | **16.185** | **2,27** |
| gegen die sexuelle Selbstbestimmung §§ 174–184 | 10.396 | 43 | 0,41 | 8.209 | 365 | 4,45 |
| gegen das Leben §§ 211–222* | 1.066 | 137 | 12,85 | 738 | 137 | 18,56 |
| gegen die körperliche Unversehrtheit §§ 221–231* | 91.212 | 376 | 0,41 | 60.943 | 4.623 | 7,59 |
| Diebstahl und Unterschlagung §§ 242–248c | 141.050 | 21 | 0,01 | 115.732 | 3.570 | 3,08 |
| Raub und Erpressung, räuberischer Angriff auf Kraftfahrer §§ 249–255, 316a | 9.084 | 72 | 0,79 | 6.882 | 737 | 10,71 |
| Betrug und Untreue §§ 263–266b | 165.847 | 3 | 0,002 | 139.690 | 492 | 0,35 |
| Gemeingefährliche Straftaten §§ 306–323c* | 3.036 | 135 | 4,45 | 2.298 | 197 | 8,57 |

*Ohne Straftaten im Straßenverkehr.

Quelle: Statistisches Bundesamt, Strafverfolgungsstatistik, Fachserie 10/Reihe 3, Tabelle 2.1, 5.6. und 5.7

## II. Verhältnis zu § 17

§ 20 ist hinsichtlich der Einsichtskomponente ungenau formuliert. Es kommt hier nicht auf die Fähigkeit zur Unrechtseinsicht an, sondern darauf, dass der Täter diese Einsicht im Tatzeitpunkt hatte.[21] Hatte er sie (und konnte er auch gemäß dieser Einsicht handeln), dann ist seine Schuld nicht gemindert, auch wenn er seine Kenntnis infolge einer geistigen Beeinträchtigung nur mit Mühe gewonnen haben mag.[22] Unrechtskenntnis aber bedeutet Verbotskenntnis, wodurch § 20 eine Brücke zu § 17 schlägt. Fehlende Unrechtseinsicht ist, wenn sie auf einer psychischen Störung beruht, eine hierdurch geprägte Form des Verbotsirrtums.[23] § 17 setzt aber die – regelmäßig der Tat vorgelagerte – Unvermeidbarkeit des Irrtums voraus, während § 20 allein die Einsichtsunfähigkeit zum Zeitpunkt der Tatbegehung aufgrund eines psychischen Defektes erfasst (*Streng* MK Rdn. 16). § 20 hat also eigenständige Bedeutung gegenüber § 17 (**aA** *Sch/Schröder/Perron/Weißer* Rdn. 27): Zum einen wegen der Nennung besonders nahe liegender Ausschlussgründe für die Einsichtsfähigkeit (*Jescheck/Weigend* AT § 40 III 3), zum andern, weil nur unter den Voraussetzungen des § 20, nicht aber bei bloßer Verbotsunkenntnis, eine Maßregel nach §§ 63, 64, 69, verhängt werden kann (*Schreiber/Rosenau* S. 106). 12

Demgegenüber führt das Nebeneinander von § 21 und § 17 zu scheinbaren Spannungen (Prot. V/1791). § 21 setzt eine „erhebliche" Verminderung der Einsichtsfähigkeit voraus, während § 17 jeden Verbotsirrtum berücksichtigt. Indessen lässt sich das Spannungsverhältnis mit der auf tatsächlichem Gebiet liegenden Erwägung auflösen, dass eine Verminderung der Einsichtsfähigkeit, welche sogar zum Verlust der Einsicht geführt hat, immer erheblich ist und damit auf derselben Wertungsebene wie § 17 liegt. Größere praktische Relevanz hat in diesem Zusammenhang der Umstand, dass § 17 volle Entschuldigung ausschließt, wenn der Verbotsirrtum vermeidbar war (hierzu § 21 Rdn. 9). 13

## III. Voraussetzungen des Schuldurteils

§ 20 verlangt für das Schuldurteil, dass der Täter Unrechtseinsicht hatte und gemäß dieser Einsicht handeln konnte. Das Vorliegen von Einsichts- und Steuerungsfähigkeit ist Grundvoraussetzung dafür, dass die geltenden Strafnormen überhaupt als Handlungsanweisungen aufgefasst und dem Täter sein Verstoß gegen diese vorgeworfen werden kann. Dies wirft zugleich die Frage auf, ob die dem Schuldprinzip nach Einschätzung des BVerfG (Rdn. 4) zugrunde liegende Vorstellung der Willensfreiheit realistisch ist, ob der Mensch von einem naturwissenschaftlichen Standpunk aus betrachtet also tatsächlich in der Lage ist, sich eigenverantwortlich für oder gegen die Vornahme einer bestimmten Handlung zu entscheiden, und wie dies nachträglich festgestellt werden kann. Gleichermaßen berührt sind die Grundfragen nach den Strafzwecken und dem materiellen Begriff von Schuld. 14

### 1. Das Problem der Willensfreiheit

Definiert man Schuld im Sinne der heute überwiegenden Meinung als „subjektive Zurechnung rechtswidrigen Verhaltens trotz normativer Ansprechbarkeit" (*Roxin/Greco* AT I § 19 Rdn. 36; 15

21 Vgl. BGH NStZ-RR **2019** 334, 335; **2020** 8, 9; StV **2019** 239, 240.

22 Ständ. Rspr., BGHSt **21** 27, 28 m. Anm. *Dreher* JR **1966** 350; BGHSt **34** 22, 25; **iE** auch BGH NJW **2013** 246, 247; NStZ-RR **2017** 239; NStZ **2019** 78; BGH bei *Detter* NStZ **2020** 464.

23 BGH GA **1968** 279; **1971** 365; BGH bei *Holtz* MDR **1978** 984; BGH NStZ **1985** 309; **1986** 264; **1989** 430; BGH Beschl. v. 1.3.2011–3 StR 22/11 (juris); *Geilen* FS Maurach 173, 191; *SSW/Kaspar* Rdn. 6; *Lackner/Kühl/Kühl* Rdn. 15; *Sch/Schröder/Perron/Weißer* Rdn. 4; *Streng* MK Rdn. 16 f; **aA** *Frister* JuS **2013** 1057, 1061; *ders.* FS Frisch 533, 551 f; *Jakobs* AT 18/24; *Schild* NK Rdn. 27 f, 62 ff; *Schreiber/Rosenau* S. 106.

*Schreiber/Rosenau* S. 94), so stellt sich die Frage, ob der damit verbundene persönliche Vorwurf die Willensfreiheit des Täters voraussetzt. Ein Andershandelnkönnen gäbe es nicht, wenn das Verhalten des Menschen bloßes Produkt von Anlage und Umwelt oder von neurobiologischen Gehirnaktivitäten (Rdn. 25) wäre, welche dieses Tun zwangläufig nach sich ziehen. Dieser deterministischen Konzeption widerspricht der Indeterminismus. Nach diesem ist der Mensch in der Lage, die auf ihn einwirkenden Kausalfaktoren zu steuern und kraft seiner Willensfreiheit vorausplanend eigene Ziele zu setzen und zu verwirklichen. Für eben diese bewusste Zielsetzung und die zum Zwecke ihrer Realisierung ergriffenen Handlungen kann er verantwortlich gemacht werden. Der so skizzierte Streit um das Freiheitsproblem ist nicht lediglich juristischer Natur; er greift tief in naturwissenschaftliche, psychologische, philosophische und theologische Fragestellungen ein.[24]

16 Der **Bundesgerichtshof** hat sich schon zu Beginn seiner Rechtsprechung in den 50er Jahren zu einem nahezu schrankenlosen **Indeterminismus** bekannt. In der berühmten Entscheidung vom 18. März 1952 heißt es: „Mit dem Unwerturteil der Schuld wird dem Täter vorgeworfen, dass er sich nicht rechtmäßig verhalten, dass er sich für das Unrecht entschieden hat, obwohl er sich rechtmäßig verhalten, sich für das Recht hätte entscheiden können. Der innere Grund des Schuldvorwurfes liegt darin, dass der Mensch auf freie, verantwortliche, sittliche Selbstbestimmung angelegt und deshalb befähigt ist, sich für das Recht und gegen das Unrecht zu entscheiden“ (BGHSt **2** 194, 200; hierzu *Ebert* FS Kühl 137, 149 f; *Jäger* GA **2013** 3, 6 f). In späteren Entscheidungen hat der Bundesgerichtshof ein solch klares Bekenntnis zur Willensfreiheit vermieden, wohingegen das BVerfG auch in jüngerer Vergangenheit nachdrücklich am Gedanken der Eigenverantwortung des Menschen festgehalten hat, der sein Handeln selbst bestimmt und sich kraft seiner Willensfreiheit zwischen Recht und Unrecht entscheiden kann (Rdn. 4 sowie BVerfG NJW **2013** 1058, 1059; **2016** 1149, 1153). Gegenwärtig gehen die Praxis und ein beachtlicher Teil der Literatur ohne vertiefte Auseinandersetzung mit der Problematik davon aus, dass das vom reifen und seelisch gesunden Menschen ausgehende Prinzip der Eigenverantwortlichkeit eine unumstößliche Realität unserer sozialen Existenz darstelle; Schuld sei Verantwortung für eine Straftat i. S. individueller Vorwerfbarkeit.[25]

17 In der **Wissenschaft** wird die Begründung des Schuldvorwurfs durch das Bekenntnis zur Freiheit des Menschen überwiegend für unzureichend gehalten, da die Entscheidungsfreiheit des Täters in der konkreten Situation unbeweisbar sei.[26] Da aber auch die deterministische Konzeption nicht beweisbar ist, geht man von einer Ungewissheit aus, die nach normativen Grundsätzen zu überbrücken ist, zumal der Grundsatz „in dubio pro reo“ in Fällen der prinzipiellen Erkenntnisgrenzen unanwendbar ist. Die in diesem Zusammenhang entwickelten Lösungsansätze reichen von der Negierung des Problems der Willensfreiheit bis zur Betonung des individuellen Freiheitsbewusstseins.

18 Zur Negierung des Problems der Willensfreiheit führt der **funktionale Schuldbegriff** von *Jakobs*, der Schuld als Zuschreibung nach generalpräventiven Bedürfnissen versteht. Nicht die Willensfreiheit sei der tragende Grund für den Schuldvorwurf, sondern „die Stabilisierung des durch das deliktische Verhalten gestörten Ordnungsvertrauens“ (*Jakobs* Schuld und Prävention S. 8 ff; s. auch AT 17/18 ff und Das Schuldprinzip S. 24). Diese Auffassung ist aber nicht überzeugend, da sie die Schuld letztlich durch generalpräventive Bedürfnisse ersetzt.[27] Damit geht die

---

24 Eingehend dazu *Adam/Schmidt/Schumacher* NStZ **2017** 7, 8 f; *Dreher* Die Willensfreiheit (1987); *ders.* ZStW **95** (1983) 340; *Frister* JuS **2013** 1057, 1059 f; *Herzberg* FS Achenbach 157 ff; *Pothast* Seminar: Freies Handeln und Determinismus 2. Aufl. (1988); *Haddenbrock* Schuldfähigkeit S. 116 ff, 123 ff; *ders.* NStZ **1995** 581; *ders.* MschrKrim. **2001** 288; *ders.* GA **2003** 521; *Maiwald* FS Lackner 149 ff.

25 Hierzu *Hillenkamp* JZ **2005** 320; *Hirsch* ZStW **106** (1994) 746 ff; vgl. ferner *Frister* JuS **2013** 1059 f.

26 *Bröckers* S. 257; *Sch/Schröder/Eisele* vor §§ 13 ff Rdn. 109 f; *Pawlik* S. 282; *Roxin/Greco* AT I § 19 Rdn. 21 f; *Streng* MK Rdn. 53; *Jescheck/Weigend* AT § 37 I 4; Überblick zur Entwicklung des Schuldbegriffs bei *Herzberg* GA **2015** 250, 253 ff.

27 zur **Kritik** etwa *Bröckers* S. 80 ff; *Hörnle* FS Schünemann 93, 104; *Rogall* SK vor § 19 Rdn. 21; *Roxin/Greco* AT I § 19 Rdn. 34; *Streng* MK Rdn. 21 f m. w. N.

strafbarkeitseinschränkende Funktion des Schuldprinzips weitgehend verloren. Die herrschende Meinung hält daran fest, dass die Entscheidungsfreiheit eine unabdingbare Voraussetzung des Schuldgrundsatzes ist. Sie versucht aber, auf verschiedenen Wegen die Feststellung der konkreten Freiheit im Einzelfall entbehrlich zu machen.

Der **„pragmatische soziale Schuldbegriff"**, der am Prinzip subjektiver Zurechnung norm- 19
abweichenden Verhaltens festhält, verzichtet auf die Feststellung des Fehlgebrauchs der Wahlfreiheit im indeterministischen Sinne und bezeichnet Schuld „auf der Basis der Erfahrung pragmatisch als Zurückbleiben hinter dem Maß an Verhalten, das vom Bürger unter normalen Bedingungen erwartet werden kann und erwartet wird, als Fehlgebrauch eines Könnens, das wir uns wechselseitig für die Praxis unseres individuellen und sozialen Lebens zuschreiben" (*Schreiber/Rosenau* S. 92 f). In eine ähnliche Richtung weist der von *Frister* eingenommene **agnostische Blickwinkel**, wonach Schuldfähigkeit als Fähigkeit zu einem rationalen Entscheidungsprozess zu begreifen sein soll.[28] Überschneidungen dürften sich auch mit dem insbesondere von *Kindhäuser* vertretenen **diskursiven Schuldbegriff** ergeben, der auf dem Gedanken fußt, dass die geltenden Rechtsnormen Ergebnis einer rechtlichen Verständigung der Bürger seien und auch das normabweichende Verhalten des Täters einen kommunikativen Akt darstelle.[29] Schuld sei die Verletzung einer Norm, die man als mündiger Bürger und dementsprechend als Diskursteilnehmer mitgesetzt habe bzw. deren Setzung man habe beeinflussen können.[30]

Die im sozialen Schuldbegriff angelegte Verlagerung des Problems auf die **normative** Ebe- 20
ne[31] kommt in der Konzeption von *Roxin* am klarsten zum Ausdruck, die Schuld als „unrechtes Handeln trotz normativer Ansprechbarkeit" bezeichnet.[32] Als normativ ansprechbar gilt jeder, der nach seiner geistigen und seelischen Verfassung zu normorientiertem Verhalten fähig ist, also jeder, dessen Fähigkeit zur Selbststeuerung nicht durch geistig-seelische Beeinträchtigungen ausgeschlossen ist. Der Täter wird „bei intakter Steuerungsfähigkeit und damit gegebener normativer Ansprechbarkeit als frei behandelt". Die Freiheitsannahme ist nach *Roxin* also eine „normative Setzung, eine soziale Spielregel, deren gesellschaftlicher Wert vom erkenntnistheoretischen und naturwissenschaftlichen Problem der Willensfreiheit unabhängig ist" (*Roxin/Greco* AT I § 19 Rdn. 37). Es sei mit der Freiheit im Recht nicht anders als mit der Gleichheit. Wenn die Rechtsordnung von der Gleichheit aller Menschen ausgehe, stelle sie nicht den unsinnigen Satz auf, dass die Menschen tatsächlich alle gleich seien, sondern sie ordne an, dass die Menschen vor dem Gesetz eine gleiche Behandlung erfahren sollen. Die Konzeption *Roxins* ist zuletzt von *Greco* fortentwickelt worden, der diese mit dem Gedanken in Einklang zu bringen sucht, dass Schuld als strafbezogene Unklugheit zu deuten sei (*Roxin/Greco* AT I § 19 Rdn. 35j, 49a mit Verweis auf *Greco* Lebendiges und Totes in Feuerbachs Straftheorie (2009) S. 484 ff). Eine Bestrafung als Übelszufügung könne nur dann gerechtfertigt sein, wenn der Täter die faire Gelegenheit hatte, nicht allein die Tat, sondern auch die eigene Bestrafung durch rechtskonformes Verhalten planmäßig zu vermeiden. Schuld sei der Täter an seiner Bestrafung, wenn er sich so verhält, dass er später bestraft werden kann, wenn er also in diesem Sinne „unklug" agiert (*Roxin/Greco* AT I § 19 Rdn. 35k). Die Konzeption *Roxins* sei vor diesem Hintergrund dahingehend zu präzisieren, dass die Norm, von der der Täter ansprechbar sein muss, nicht als Verhaltensnorm, sondern als Sanktionsnorm zu begreifen sei (*Roxin/Greco* AT I § 19 Rdn. 49a).

*Roxin* und *Greco* bezeichnen ihre Auffassungen als eine „gemischt empirisch-normative Ge- 21
gebenheit" (*Roxin/Greco* AT I § 19 Rdn. 46). Empirisch feststellbar sei die bei gesunden Erwachsenen regelmäßig vorhandene prinzipielle Fähigkeit zur Selbststeuerung und die damit gegebe-

**28** *Frister* FS Frisch 533, 546 f auch zu *Herzberg* Willensunfreiheit S. 105 f, wonach die Schuldunfähigkeit als Motivation durch bestimmte psychische Störungen einzustufen sein soll; hierzu *Rogall* SK vor § 19 Rdn. 24.

**29** *Kindhäuser* ZStW **107** (1995) 718 ff, 725 f; *ders.* FS Hassemer 761, 766 ff.

**30** *Kindhäuser* FS Hassemer 766, 771; hierzu *Hallmann* S. 81 f; *Roxin/Greco* AT I § 19 Rdn. 35d ff.

**31** *Streng* NStZ **1995** 161, 164 f.

**32** *Roxin* GA **2015** 489 ff; *ders./Greco* AT I § 19 Rdn. 36; ferner *Hoyer* FS Roxin 723, 724 ff; *R. Merkel* FS Roxin 737, 752 ff.

ne normative Ansprechbarkeit. Normativ zugeschrieben werde dagegen – jedenfalls von dem, der sich nicht auf eine indeterministische Position festlegen will – die aus diesem Befund abgeleitete Möglichkeit zu rechtmäßigem Verhalten. Die Frage nach dem tatsächlichen Andershandelnkönnen bleibt bei dieser Konzeption letztlich unbeantwortet, weshalb *Roxin* konsequent jede absolute Rechtfertigung der Strafe sowie sittliche Postulate wie Sühne von Schuld ablehnt. *Roxins* und *Grecos* empirisch-normativer Schuldbegriff ist die strafrechtsdogmatisch konsequenteste normative Konzeption, die kein Bekenntnis zum Indeterminismus fordert und gleichwohl an der individuellen Verantwortlichkeit des Täters im Regelfall festhält.

22 Problematisch ist aber, dass nach dieser Konzeption anthropologisch so zentrale Begriffe wie Freiheit, Entscheidung und Gewissen bei der strafrechtlichen Schuld keine Rolle mehr spielen sollen. Danach ist Schuld nur noch ein normatives Konstrukt, bei dem es auf das subjektive Erleben der Menschen nicht mehr ankommt. Angesichts der zentralen Rolle, die das **Freiheitsbewusstsein** im sozialen Zusammenleben und bei der Zuschreibung von Verantwortung hat, muss auch diese subjektive Freiheit in den strafrechtlichen Schuldbegriff aufgenommen werden.[33] Da alle Menschen in dem Bewusstsein handeln, sich auch anders entscheiden zu können, ist das Freiheitsbewusstsein eine psychische und soziale Realität, die im Alltagsleben erfahren wird. Ähnlich wie wir den Schmerz nur als Schmerzerlebnis empfinden, entspricht der Entscheidungsfreiheit das Bewusstsein des Anderskönnens.[34] Es ist die subjektive Gewissheit der Steuerungsfähigkeit, die im Gesetz als normative Ansprechbarkeit vorausgesetzt wird. Das Freiheitsbewusstsein schafft den individuellen Spielraum für praktische Entscheidungsalternativen und eröffnet damit auch die Möglichkeit, normative Erwartungen an den Handelnden zu richten.

23 In Abwandlung des früheren BGH-Urteils kann man sagen: Weil der Mensch darauf angelegt ist, im Bewusstsein der Freiheit zu handeln, wird von ihm jederzeit die verantwortliche Entscheidung erwartet.[35] Das Freiheitsbewusstsein ist auch unabhängig von dem Bekenntnis zum Determinismus oder Indeterminismus. Für einen Menschen, der sich überlegt, ob er etwas tun oder unterlassen soll, ist es ein rein theoretisches Problem, ob er dazu determiniert ist oder nicht. Er wird die Entscheidung so treffen, wie er sie für richtig hält, im Bewusstsein, dass er sich auch anders hätte entscheiden können. Die Freiheit des Willens wird für den Einzelnen dadurch erfahrbar, dass sein Wille seinen eigenen Urteilen gehorcht.[36]

24 Dieses Bewusstsein des Anderskönnens bzw. die Annahme, dass der eigene Wille durch Überlegen bestimmt wird, sind die entscheidende Grundlage für den subjektiven Schuldvorwurf. Nach diesem subjektiv empirisch-normativen Schuldbegriff wird dem Täter also vorgeworfen, dass er sich nicht rechtmäßig verhalten hat, obwohl es ihm aus seiner Sicht möglich war, sich für das Recht und gegen das Unrecht zu entscheiden (vgl. *Schöch* Willensfreiheit S. 92 f). Diese **Kombination von normativer Ansprechbarkeit und subjektiver Freiheit** lässt sich auch mit einem deterministischen Weltbild vereinbaren. Auch ein Determinist kann, sofern er nicht psychisch krank ist, nicht leugnen, dass er seine täglichen Entscheidungen im Bewusstsein der Freiheit trifft. Im Grunde handelt es sich um zwei notwendige Komponenten der individuellen Schuldbeurteilung. Das Freiheitsbewusstsein begründet aus der Sicht des Täters, warum er für seine rechtswidrige Tat verantwortlich gemacht wird, das Konstrukt der normativen Ansprechbarkeit begründet aus der Sicht der Strafrechtsordnung, warum es trotz Unbeweisbarkeit der Willensfreiheit legitim ist, psychisch gesunde Täter für ihr Verhalten verantwortlich zu machen.

25 In jüngerer Vergangenheit wird von Seiten der modernen **Hirnforschung**, die mit Hilfe bildgebender Verfahren (z. B. Magnetresonanztomographie oder Kernspintomographie) Hirnaktivitäten messen und darstellen kann, teilweise wieder ein **neurophysiologischer Determinismus** vertreten, der dem Prinzip persönlicher Schuld die Grundlage entziehen und zu tiefgreifenden

---

**33** In diesem Sinne *Tiemeyer* GA **1986** 203 ff; *ders.* ZStW **105** (1993) 483 ff; *Burkhardt* 2003 S. 21 ff; *Griffel* GA **1996** 457; *Schmidhäuser* FS Jescheck 485, 498; *Streng* MK Rdn. 55 f, **kritisch** *Hillenkamp* JZ **2005** 320.

**34** *Burkhardt* 2003 S. 24.

**35** *Burkhardt* 2003 S. 24; *Hirsch* ZIS **2010** 67.

**36** Aus philosophischer Perspektive *Bieri* S. 80 f; ferner *Roxin/Greco* AT I § 19 Rdn. 37, 39.

Veränderungen unseres Selbstverständnisses zwingen soll.[37] Unter Berufung auf seit den 1980er Jahren durchgeführte Experimente wird geltend gemacht, dem bewussten Willensentschluss zu einer Bewegung gehe stets eine unbewusste neuronale Aktivität voraus.[38] Die für die Entscheidungsfindung ursächlich werdende Funktionseinheit des Gehirns in Gestalt des limbischen Systems werde durch bio-chemische und physikalische Prozesse vorherbestimmt, denen der Mensch nicht frei gegenüberstehe. Vielmehr würden sich Geist und Bewusstsein innerhalb bekannter physiologischer, physikalischer und chemischer Gesetzmäßigkeiten vollziehen und das Wollen, Denken und Verhalten des Menschen in großen Teilen von Gehirnsystemen gesteuert, die grundsätzlich unbewusst arbeiten und dem bewussten Ich nur sehr begrenzt zugänglich seien (*Roth* 2003 S. 530 ff; *ders.* Jahrbuch für Wissenschaft und Ethik **19** [2015] 69). Dem Willensentschluss gehe ein auf elektrischen Aktivitäten des Gehirns beruhendes „Bereitschaftspotential" voraus, das unbewusst entstehe und den nachfolgenden Willensentschluss determiniere. Was der Mensch in der „Erste-Person-Perspektive" als freien Willen alltäglich erfahre, sei mit dem „was uns wissenschaftliche Analyse aus der Dritte-Person-Perspektive" lehre, nicht zu vereinbaren.[39] Die Annahme, wir seien „voll verantwortlich für das was wir tun, weil wir es ja auch anders hätten machen können", sei „aus neurobiologischer Perspektive nicht haltbar" (*Singer* S. 12, 58 f). Als Konsequenz wird von Vertretern des neurophysiologischen Determinismus die Abschaffung eines Strafrechts gefordert, das gegen den Täter den (Schuld-)Vorwurf erhebt, eine unrechtmäßige Handlung ausgeführt zu haben, obgleich er sich auch gegen deren Vornahme hätte entscheiden können (*R. Merkel/Roth* in *Stompe/Schanda* S. 143 ff; *Singer* S. 65 f). Das gegenwärtige strafrechtliche Schuldprinzip habe zur Folge, dass Täter für etwas verantwortlich gemacht werden, für das sie „nichts können", da ihnen die Entscheidung für eine alternative Handlung gar nicht möglich gewesen sei (*Pauen/Roth* S. 156 ff). Auch *Hörnle* hat sich im Kontext jüngerer Erkenntnisse neurowissenschaftlicher Untersuchungen nachdrücklich für einen Verzicht auf einen unmittelbaren Schuldvorwurf ausgesprochen.[40] Dass der Täter strafrechtlich zur Verantwortung gezogen wird, werde durch die Begehung von Unrecht hinreichend legitimiert, wodurch der Weg eröffnet werde, den Schuldvorwurf aufzugeben und eine stärkere Fokussierung auf das **Tatunrecht** vorzunehmen.[41] Diesen Gedanken aufgreifend ist von einigen Autoren bereits der Standpunkt eingenommen worden, erst eine entsprechende „Überwindung" des traditionellen Schuldkonzeptes schaffe die Möglichkeit, sachgerechte Antworten auf zukünftig vermehrt zu erwartende Fragestellungen im Hinblick auf die strafrechtliche Verantwortung von Unternehmen und autonom agierenden Robotern und Systemen zu finden.[42]

Hinsichtlich der Schlussfolgerungen, die aus den Erkenntnissen der modernen Hirnforschung zu ziehen sind, ist im Auge zu behalten, dass durch diese die Auseinandersetzung um die Willensfreiheit nicht etwa neu entfacht, sondern lediglich um die Frage nach der naturwissenschaftlichen Beweisbarkeit einer fehlenden Willensfreiheit erweitert wurde.[43] Verbreitet ist in diesem Zusammenhang die Einschätzung, jüngere Forschungsergebnisse würden schon angesichts der vielfältigen Kritik, der Design und Auswertung der in Bezug genommenen Experi- **26**

**37** *Roth* FS Lampe 43 ff, 57; *ders.* 2003 S. 536 ff; *Singer* S. 194; vertiefend *R. Merkel* S. 114 f, 134.

**38** *Libet*, The Behavioral and Brain Sciences **8** (1985) 529 ff; Überblick bei *Baltzer* FS Kargl 13 ff; *Frisch* FS Kühl 187, 190 ff; *Hillenkamp* ZStW **127** (2015) 10, 14 ff; *Hirsch* ZIS **2010** 62; *G. Merkel* FS Herzberg 3, 4 ff; *dies.* 2017 S. 151; *Weißer* GA **2013** 26 ff.

**39** *Singer* S. 22, 32; ähnlich *Roth* FS Lampe 55 ff; aus psychologischer Perspektive *Prinz* Das Magazin **2003** Nr. 2 S. 18.

**40** *Hörnle* S. 58, 63 ff, 71 f; *dies.* FS Schünemann 93, 96 ff; *dies.* FS Neumann 593, 604 f; kritisch *Roxin* GA **2015** 489, 501; *Streng* MK Rdn. 59; die Begrifflichkeit in den Vordergrund rückend *Herzberg* GA **2015** 250, 251 f.

**41** *Hörnle* S. 50 f, 67; *dies.* FS Schünemann 93, 95 ff.

**42** *Simmler/Markwalder* ZStW **129** (2017) 20, 37 ff, 46 f; zur Auseinandersetzung auch *Bierschenk* Strafrechtliche Aspekte der Fintech, in *Krimphove* Fintechs (2019) S. 131, 140 f; *Gleß* GA **2017** 324, 325; *dies./Weigend* ZStW **126** (2014) 561, 573; *Quarck* ZIS **2020** 65, 67 f; zur strafrechtlichen Verantwortung im Kontext automatisierten Fahrens etwa *Sandherr* NZV **2019** 1.

**43** Zutreffend *Sch/Schröder/Eisele* vor §§ 13 ff Rdn. 110a; *Frisch* FS Kühl 187, 193 f; *Hirsch* ZIS **2010** 62 f.

mente im Hinblick auf ihren Erkenntnisgewinn für die hier betroffene Fragestellung ausgesetzt seien, nicht zu einer fundamentalen Neuausrichtung des Diskurses nötigen.[44] Insbesondere wird darauf hingewiesen, dass durch die angewandten Methoden der Hirnforschung allenfalls neuronale Verknüpfungen erklärt werden, nicht jedoch die Nichtexistenz des freien Willens bewiesen werden könne.[45] Kritisch bewertet wird im Übrigen die Rezeption der eigenen Forschungsergebnisse durch die Vertreter des neurophysiologischen Determinismus, die Auswirkungen auf die zivilrechtliche Konzeption von freier Willensbestimmung (§ 104 Nr. 2 BGB) und Verschuldenshaftung weitgehend unberücksichtigt lässt (*Fischer* vor § 13 Rdn. 9b; *Hillenkamp* ZStW **127** (2015) 10, 39 ff, 42; *Jäger* GA **2013** 3, 12; *Schild* in *Fischer/Hoven* S. 18 f). Soweit vereinzelt auch die zivilrechtlichen Bestimmungen zur freien Willensbestimmung in die Betrachtung einbezogen werden (hierzu *Roth* Jahrbuch für Wissenschaft und Ethik **19** [2015] 69 ff), werden diese verbreitet als mit den Ergebnissen der modernen Hirnforschung für vereinbar erklärt, ohne den sich hieraus ergebenden Widerspruch zwischen zivil- und strafrechtlicher Konzeption der Willensfreiheit näher zu beleuchten bzw. zufriedenstellend aufzulösen.[46] Auch die Konsequenzen eines reinen Präventionsstrafrechts (hierzu noch Rdn. 27, 30) werden bei der Diskussion um die naturwissenschaftliche Nachweisbarkeit eines freien Willens häufig nicht hinreichend bedacht.[47] Aber auch generell bieten die Ergebnisse moderner Hirnforschung keinen Anlass, von der vorstehend begründeten Konzeption von normativer Ansprechbarkeit und subjektiver Freiheit abzurücken. Denn aus der genaueren neurobiologischen Erfassung der psychischen und mentalen Vorgänge folgt nicht, dass die menschliche Entscheidung unfrei ist; vielmehr dokumentiert diese nur den unbestreitbaren Umstand, dass es für jedes menschliche Verhalten physiologische und lebensgeschichtliche Bedingungen gibt.[48] Die Erkenntnis, dass unsere Entscheidungen auf einer materiell fassbaren biologischen Grundlage beruhen, sagt nichts darüber, ob diese frei sind oder nicht. Dementsprechend könnten Befunde der Hirnforschung allenfalls dann geeignet sein, nachhaltige Bedenken gegenüber dem Festhalten am Schuldstrafrecht aufkommen zu lassen, wenn aus ihnen eindeutig hervorginge, dass das Bemühen um normkonformes Verhalten von vornherein unwirksam ist, da menschliche Entscheidungen unbewusst und unabänderlich vorgeformt werden (*Streng* MK Rdn. 62). Da dies nicht der Fall ist, ist auch von Seiten der Neurowissenschaften in jüngster Vergangenheit vermehrt ein vermittelnder Standpunkt eingenommen worden, wonach Determinismus und freie Willensbestimmung nicht in unauflösbarem Widerspruch stehen sollen. Vielmehr sollen unbewusst wirksame neuronale Prozesse lediglich den Rahmen bilden, in dem selbstbestimmte Entscheidungen mit begrenzten kognitiven und zeitlichen Ressourcen getroffen werden (*Pauen/Roth* S. 10 f; vgl. bereits *Krauth* KritV **2008** 303 ff). Auch hierdurch wird indes das begriffliche Missverständnis der unter Rdn. 25 skizzierten Positionen nicht gänzlich eingeebnet, die verkennen, dass normative Ansprechbarkeit eine „normative Setzung" darstellt, die nicht vom erkenntnistheoretischen Problem der Wil-

---

**44** Vgl. nur *Baumann/Weber/Mitsch/Eisele* AT § 16 Rdn. 25; *Sch/Schröder/Eisele* vor §§ 13 ff Rdn. 110a; *Frisch* FS Kühl 187, 201 f; *Füllgrabe/Schinzel* Kriminalistik **2008** 233 ff; *Hassemer* ZStW **121** (2009) 840; *Jäger* GA **2013** 8 f; *Krauß* FS Jung 411, 428 f; *Schild* in *Fischer/Hoven* S. 22 ff; *Streng* FS Jakobs 684 f; kritisch zur unreflektierten Anwendung neurowissenschaftlicher Befunde in der praktischen Rechtsprechung *Dreßing/Dreßing* MschrKrim. **2014** 345, 350 f; zurückhaltend gegenüber Kritik an der naturwissenschaftlichen Schlüssigkeit der Ergebnisse moderner Hirnforschung aber *Roxin/Greco* AT I § 19 Rdn. 52l.

**45** *Füllgrabe/Schinzel* Kriminalistik **2008** 239; *Hassemer* ZStW **121** (2009) 847 f; *Hillenkamp* ZStW **127** (2015) 10, 75 f; ferner *Fischer* vor § 13 Rdn. 10.

**46** **Kritisch** *Hillenkamp* JZ **2015** 391 ff; *Schild* in *Fischer/Hoven* S. 20 f; differenzierend insoweit *Spilgies* HRRS **2015** 177 ff; allgemein zum Verhältnis der §§ 104, 827 BGB zu § 20 StGB *Meyer-Mews* HRRS **2014** 487 ff.

**47** Eingehend *Hillenkamp* ZStW **127** (2015) 10, 50 ff; *Hirsch* ZIS **2010** 64 f.

**48** **Kritisch** auch *Burkhardt* 2003 S. 21 ff; *Fischer* vor § 13 Rdn. 10 f; *Hallmann* S. 87 ff; *Hassemer* FS Kirchhof 1337, 1340 ff; *Jakobs* ZStW **117** (2005) 247; *Kirste* FS Neumann 213, 222 ff; *Kröber* Nervenarzt **2005** 1379; *Lampe* ZStW **118** (2006) 1 ff; *Mosbacher* JR **2005** 61; *Rogall* SK vor § 19 Rdn. 28 ff; *Schild* in *Fischer/Hoven* S. 28 f; *Schreiber/Rosenau* S. 106 f; kritisch zur Rezeption der Erkenntnisse der Hirnforschung durch die deutsche Strafrechtswissenschaft *Schiemann* NJW **2004** 2056, 2058 f; zum Ganzen auch *Streng* MK Rdn. 62.

lensfreiheit abhängt (*Roxin/Greco* AT I § 19 Rdn. 36 ff; *Müller-Dietz* GA **2006** 338, 341; vgl. ferner *Streng* MK Rdn. 62). Der Gesetzgeber hat in § 20 die empirischen Tatbestände verankert, in denen eine Willensentscheidung nach seiner Einschätzung als unfrei anzusehen ist, und hat hierdurch zugleich zum Ausdruck gebracht, dass bei deren Nichtvorhandensein eine Strafbarkeit jedenfalls nicht am Fehlen von Einsichts- oder Steuerungsfähigkeit scheitert.[49] Die Dokumentation eines neuronalen Korrelats für menschliches Verhalten erklärt nicht kausal, auf welchen Prinzipien psychische Phänomene und Leistungen beruhen (*Prinz u. a.* Gehirn&Geist 7–8/**2005** 56, 60) und kann der dem Schuldprinzip zugrunde liegenden Vorstellung von normativer Ansprechbarkeit und subjektiver Freiheit nicht die Grundlage entziehen. Hiervon unbeschadet ist der Umstand, dass die Erkenntnisse der modernen Hirnforschung und die dabei entwickelten bildgebenden Verfahren eine Hilfestellung für die Prüfung der §§ 20, 21 bieten und Fortschritte bei der Therapie psychisch kranker Menschen ermöglichen können.[50]

## 2. Folgen aus der Unbeweisbarkeit von Willensfreiheit

Da es keine Strafe ohne Schuld geben darf, Schuld aber Verantwortungsfähigkeit voraussetzt, 27
berührt die Unbeweisbarkeit von Willensfreiheit die Legitimität staatlichen Strafens überhaupt.[51] Wenn es denkbar ist, dass der Täter im Sinne des Determinismus für seine Tat „nichts kann", da ihm in der konkreten Situation eine alternative Handlung nicht möglich war, stellt sich die Frage, ob der Staat ihn so behandeln darf, als habe er sich frei entscheiden können. Die Problematik verschärft sich, sobald die denkbare Alternative eines reinen Maßregel- bzw. Präventionsstrafrechts in den Blick genommen wird. Maßregeln sind allein unter dem Gesichtspunkt eines Sicherungsbedürfnisses der Allgemeinheit zu rechtfertigen, denn normbestätigend wirkt nur die Strafe.[52] Viele Taten lösen ein Sicherungsbedürfnis aber gar nicht aus. Das gilt für Tötungen in einmaligen, nicht wiederkehrenden Konfliktsituationen ebenso wie für viele Straftaten in totalitären Regierungssystemen. Sie müssten ohne jede strafrechtliche Reaktion bleiben. Umgekehrt wären gegen gewohnheitsmäßige Taschendiebe und Zechpreller langjährige Freiheitsstrafen zu verhängen, weil Besserung nicht zu erwarten ist.[53] Keine dieser Konsequenzen wäre mit einem am Verhältnismäßigkeitsgrundsatz und am Rechtsstaatsprinzip orientierten Strafsystem in Einklang zu bringen.

*Kohlrausch* hat die Willensfreiheit deshalb als „staatsnotwendige Fiktion" bezeichnet.[54] Der 28
BGH hat sich nicht nur zur Willensfreiheit bekannt, sondern in einer frühen Entscheidung beim abgestumpften Gewohnheitsverbrecher sogar eine **Lebensführungsschuld** angenommen (BGHSt **2** 194, 200, 208; vgl. auch *Lampe* FS Heinz 778, 792; zur allgemeinen Kritik am Kriterium der Lebensführungs- bzw. Charakterschuld *Roxin/Greco* AT I § 19 Rdn. 62; *Streng* MK Rdn. 58).

Einige Autoren begnügen sich mit der praktischen Gewissheit, dass der Mensch fähig ist, 29
sich durch Normen motivieren zu lassen.[55] Ob dieser normativen Ansprechbarkeit[56] Willensfrei-

---

**49** Vertiefend *Hillenkamp* JZ **2015**, 399 ff.

**50** *Dreßing/Dreßing* MschrKrim. **2014** 345, 352 f; *Kröber* Nervenarzt **2005** 1379; *Roxin/Greco* AT I § 19 Rdn. 52v; vertiefend *Walter/Müller* Nervenarzt **2015** 22.

**51** *Hauptmann* Rechtstheorie **15** (1984) 153; *Roxin* Grundlagenprobleme S. 1, 4.

**52** *Amelung* in *Schünemann* S. 85, 99; *Schünemann* Grundfragen S. 153, 178.

**53** *Dreher* Willensfreiheit S. 20; *Lenckner* Hdb. d. forens. Psychiatrie Bd. I S. 17; zur défense sociale und den dagegen bestehenden Einwänden *Roxin* Grundlagenprobleme S. 1, 6.

**54** *Kohlrausch* Sollen und Können als Grundlage der strafrechtlichen Zurechnung, Festgabe Güterbock (1910) S. 1, 26; ebenso *Haft* AT 5. Teil § 3, 2; ähnlich für den Schuldbegriff *Wagner* Das absurde System 2. Aufl. (1985) S. 18, 22, 47; zurückhaltend *Roxin/Greco* AT I § 19 Rdn. 49.

**55** *Jähnke* LK[11] Rdn. 12 m. w. N.; *Roxin/Greco* AT I § 19 Rdn. 36, 39 f; *Schreiber/Rosenau* S. 107; **kritisch** *Baurmann* Zweckrationalität S. 294; *Streng* MK Rdn. 57.

**56** Der Begriff geht wohl auf *v. Liszt* zurück (*Tiemeyer* ZStW **100** [1988] 527, 533), vgl. ZStW **13** (1893) 324, 343; *ders.* Zurechnungsfähigkeit als Empfänglichkeit für die durch Strafe bezweckte Motivsetzung.

heit zugrunde liegt, wird – als generell und im Einzelfall nicht feststellbar – dahingestellt gelassen.[57] Eine damit sich berührende Auffassung nimmt an, dass jedenfalls die negative Feststellung möglich sei, der Mensch habe in bestimmten Situationen keine Wahlfreiheit, und dies genüge;[58] sie stimmt mit der psychiatrischen „Falsifikationsmethode“[59] überein, die ebenfalls lediglich nach Störungen fragt, welche geeignet sind, die Entscheidungsfreiheit aufzuheben.

30 Im Ergebnis ist festzustellen, dass der Gesetzgeber durch die Verankerung der Schuldstrafe im geltenden Recht trotz der **Unbeweisbarkeit von Willensfreiheit** seine Grenzen nicht überschritten hat. Denn auch Determination ist nicht beweisbar. Wäre das non liquet für das Recht ein Hindernis, hätte sich der Gesetzgeber der Schaffung von Sanktionen überhaupt enthalten müssen. Der gelegentlich anklingende Gedanke, im Zweifel sei zugunsten des Täters ein Maßregelrecht geboten (*Engisch* S. 39; *Hassemer* in *Baumgartner/Eser* S. 89, 102, 105), vermag nicht zu überzeugen. Maßregeln stellen im Verhältnis zu einer Strafe für den Betroffenen nicht per se das geringere Übel dar. Faktisch und insbesondere in ihrer stigmatisierenden Wirkung können Unterbringung und Sicherungsverwahrung einen wenigstens ebenso schwerwiegenden Eingriff in das Leben des Betroffenen darstellen wie die Verhängung einer Strafe.[60] Hieran hat auch das als Konsequenz der jüngeren Rechtsprechung des EGMR sowie des BVerfG verabschiedete Gesetz zur Umsetzung des Abstandsgebotes im Recht der Sicherungsverwahrung (BGBl. I 2012 S. 2425) nichts Wesentliches zu ändern vermocht. Denn sowohl bei der Sicherungsverwahrung als auch der Unterbringung nach § 63 folgt eine gesteigerte Eingriffsintensität im Verhältnis zur Freiheitsstrafe bereits aus ihrer prinzipiell unbefristeten Dauer. Abgesehen hiervon beschränkt sich die Geltung des Satzes „in dubio pro reo“ auf die gerichtliche Tatsachenfeststellung. Der Gesetzgeber hingegen ist darin frei, eine von mehreren wissenschaftlich begründbaren Alternativen zu wählen (*Roxin* ZStW **96** [1984] 641, 650). Das hat er mit der Entscheidung für die Sanktion „Strafe“ getan, so dass die Freiheitsfrage für das geltende Recht – rechtstheoretisch – nicht offen ist. Sie ist es nur insoweit, als ein exakter Beweis für die Übereinstimmung der gesetzgeberischen Entscheidung mit den tatsächlichen Gegebenheiten nicht zu führen ist. In diesem Sinne gilt **Willensfreiheit als praktisches Postulat,** welches aber durch die tägliche Erfahrung eine Bestätigung findet, sich im sozialen Leben als Realität darstellt und daher wohlbegründet ist.[61] Im Ergebnis führt dies zu weitgehenden Übereinstimmungen mit den Vertretern eines pragmatisch-sozialen Schuldbegriffs (*Schreiber/Rosenau* S. 93; *Lackner/Kühl/Heger* vor § 13 Rdn. 23, 26), die die durchschnittliche menschliche Motivationsfähigkeit zum Ausgangspunkt ihrer Erwägungen nehmen und die Freiheitsfrage theoretisch dahingestellt lassen (*Hettinger* S. 51, 54). Kein durchgreifender Einwand liegt in diesem Zusammenhang darin, dass Willensfreiheit im Einzelfall nicht feststellbar ist (dazu Rdn. 31 ff). Auch Motivationsfähigkeit ist nicht feststellbar im naturwissenschaftlichen Sinne, sondern etwas, das wir uns „gegenseitig zuschreiben“ (*Schreiber* Nervenarzt **1977** 242, 245).

---

**57** *Achenbach* S. 7; *Burkhardt* in *Baumgartner/Eser* S. 51, 62; *Krümpelmann* ZStW **99** (1987) 191, 192 Fn. 4; *Lackner/Kühl/Kühl* Rdn. 12, vor § 13 Rdn. 26; *Maiwald* FS Lackner 149, 155; *Schreiber* NStZ **1981** 46, 51; zum österreichischen Recht *Moos* FS Pallin 283, 288.

**58** *Tiemeyer* GA **1986** 203, 223; *ders.* ZStW **100** (1988) 527, 543; dazu *Dreher* FS Spendel 13, 15; *Streng* ZStW **101** (1989) 273, 279; zu ihm wiederum *Griffel* MDR **1991** 109.

**59** *Luthe* in *Witter* Sachverständige S. 94, 104; *Witter* MschrKrim. **1983** 253, 258; *ders.* FS Leferenz 441, 444; *ders.* Perspektiven S. 33; **aA** *Haddenbrock* JR **1991** 225, 226; *Streng* ZStW **101** (1989) 273, 279.

**60** OLG Karlsruhe JR **1975** 473 m. Anm. *Hanack* S. 441; allgemein zur Eingriffsintensität auch BGH NStZ-RR **2016** 306; **2019** 138 f; Beschl. v. 13.5.2020–1 StR 128/20 (juris); *Lackner* FS Kleinknecht 245, 266; *Roxin* ZStW **96** (1984) 641, 646, 651; *Stratenwerth* Schuldprinzip S. 27; zur überlangen Dauer der Unterbringung nach § 63 *Laubenthal* FS Krause 357 (positiver *Bischof* MschrKrim. **1985** 29); zur Frage, inwieweit die Psychiatrie zur Behandlung der Untergebrachten in der Lage ist, *Eisenberg* NStZ **2004** 240, 242; *Pollähne* NK § 63 Rdn. 14 f; *ders.* BewHi **2011** 319; *Rasch* NStZ **1982** 177, 180; vgl. auch *Haddenbrock* FS Sarstedt 35, 46.

**61** *Baumann/Weber/Mitsch/Eisele* AT § 16 Rdn. 24 f; *Fischer* vor § 13 Rdn. 8 ff; *Jescheck/Weigend* AT § 37 I 3; *Kim* S. 67; *Lenckner* Hdb. d. forens. Psychiatrie Bd. I S. 97; *Rogall* SK Rdn. 61 f.

### 3. Feststellbarkeit von Schuldfähigkeit im Einzelfall

Von der Postulierung genereller Willensfreiheit zu unterscheiden ist die Frage, ob und wie die Fähigkeit einer Person, im konkreten Fall anders zu handeln als geschehen, nachträglich feststellbar ist. Hier liegt das Kernproblem der Vorschriften über die Schuldfähigkeit. Das Gesetz nimmt an, dass der geistig gesunde Mensch im Normalfall die Gebote des Rechts erkennen und ihnen folgen kann; Störungen dieser Fähigkeiten betrachtet es, wie die Wortwahl in § 20 ergibt, als Ausnahme. Es verlangt von jedermann, dass er seine Steuerungskräfte voll einsetzt.[62] Eine besondere Prüfung ihres Vorhandenseins ist deshalb im Regelfall entbehrlich.[63] 31

Im **„Agnostizismusstreit"** geht es um die mit dem Indeterminismusproblem (Rdn. 15 ff) zusammenhängende Frage, ob wissenschaftlich begründete Aussagen der Psychiatrie oder Psychologie zur Einsichts- und Steuerungsfähigkeit überhaupt möglich sind.[64] Die vor allem von *Kurt Schneider* geprägte agnostische Richtung vertritt die Ansicht, dass die Frage nach der Einsichts- und Steuerungsfähigkeit im Einzelfall wissenschaftlich nicht beantwortet werden könne,[65] während die gnostische Richtung empirische Aussagen über die Wirkungen psychischer Störungen auf das Bedingungsgefüge des Handelns als Basis für die Beurteilung der Einsichts- und Steuerungsfähigkeit für möglich hält.[66] Sie geht davon aus, dass keine Entscheidung über die Willensfreiheit verlangt wird, sondern nur eine Beurteilung von unterschiedlichen Graden sozialer Kompetenz anhand des Vergleichsmaßstabs der normativen Ansprechbarkeit des durchschnittlichen Menschen. Dies entspricht dem pragmatischen sozialen Schuldbegriff (Rdn. 19), bei dem es auf den Nachweis der Willensfreiheit im Einzelfall nicht ankommt. 32

Der psychiatrische oder psychologische Sachverständige hat neben der Darlegung der Störungen anhand der vier Eingangsmerkmale dem Gericht nur darzulegen, in welchem Ausmaß aus seiner fachwissenschaftlichen Sicht Einsichts- oder Steuerungsfähigkeit bei der Tat beeinträchtigt waren. Das abschließende normative Urteil über die Einsichts- oder Steuerungsfähigkeit ist ausschließlich Sache des Richters.[67] Die für den Sachverständigen verbleibenden Wertungsprobleme beim Grad der individuellen Abweichung vom Durchschnittsmenschen beruhen nicht auf der Unlösbarkeit der Freiheitsfrage, sondern begegnen regelmäßig bei der normativen Bewertung medizinischer Befunde, z. B. bei der Beurteilung der Erwerbs- oder Berufsunfähigkeit, der Fahreignung oder der Arbeitsunfähigkeit im Rahmen einer Krankschreibung. Auch die psychischen Merkmale des ersten Stockwerks lassen sich nicht ohne Wertungen feststellen, wie bereits die Begriffe „tiefgreifende Bewusstseinsstörung" und „schwere seelische Abartigkeit" zeigen. 33

Der Sachverständige muss also in allen Fällen die Intensitätsfrage beantworten, denn auch bei den krankhaften seelischen Störungen und beim Schwachsinn führt nur ein Teil der Fälle automatisch zum Schuldausschluss (z. B. akute Schizophrenie). Von ihm wird aber keine juristisch-normative Aussage erwartet, sondern eine empirisch-vergleichende Einschätzung über das Ausmaß der Beeinträchtigung des Täters im Vergleich zu Durchschnittsmenschen oder zu anderen Straftätern. Die Einschätzung des Sachverständigen nimmt dem Richter zwar die Letztentscheidung über § 20 oder § 21 nicht ab, ist aber eine wichtige Hilfe bei der gemeinsamen Suche nach **psychiatrisch-juristischen Konventionen**, ohne die eine einigermaßen einheitliche Konkretisierung der §§ 20, 34

62 BGHSt **14** 30, 32; BGH bei *Holtz* MDR **1987** 444; *SSW/Kaspar* Rdn. 14.

63 OLG Düsseldorf NStZ-RR **1996** 134; ferner *Streng* MK Rdn. 2; zur Abgrenzung BGH StV **2018** 211 im Falle der erstmaligen Begehung einer Sexualstraftat in „hohem Alter" bei gleichzeitigem Vorliegen weiterer Umstände, die auf die Möglichkeit einer durch Altersabbau bedingten Enthemmtheit hindeuten.

64 Hierzu *Schreiber/Rosenau* S. 106 f m. w. N.

65 Klassisch *Kurt Schneider* Zurechnungsfähigkeit S. 16, 28; s. ferner *Haddenbrock* Hdb. d. forens. Psychiatrie Bd. II S. 911.

66 Hierzu *Schreiber/Rosenau* S. 107 m. w. N.

67 BGHSt **8** 113, 124; BGH NStZ **2013** 453; NStZ-RR **2008** 39; **2017** 204 f; **2019** 334 335; StV **2019** 226, 227; 239, 240; *Fischer* Rdn. 65; *Nedopil* FS Widmaier 925, 937 f.

21 in der Gerichtspraxis nicht möglich wäre.[68] Hieraus folgt zugleich, dass ein Gericht regelmäßig nur dann befugt ist, von dem Gutachten eines in der Hauptverhandlung gehörten Sachverständigen abzuweichen, wenn es selbst die für die abweichende Beurteilung erforderliche Sachkunde besitzt.[69] Dabei ist das Gericht gehalten, sich konkret mit den Ausführungen des Sachverständigen auseinanderzusetzen, um zu belegen, dass es über das bessere Fachwissen verfügt (BGH NStZ-RR **2017** 222 f). Es hat zum Zwecke der Überprüfbarkeit durch das Revisionsgericht im Urteil insbesondere auch die Stellungnahme des Sachverständigen zu den Gesichtspunkten wiederzugeben, auf die es seine abweichende Auffassung stützt, und unter Auseinandersetzung mit diesen Gesichtspunkten seine Gegenansicht zu begründen (BGH NStZ-RR **2017** 222; NStZ **2019** 691).

35 Der Agnostizismusstreit spielt derzeit weder in der gerichtlichen Praxis noch in der wissenschaftlichen Diskussion seit 1975 eine wesentliche Rolle, weshalb man den „Mindestanforderungen für Schuldfähigkeitsgutachten" (*Boetticher et al.* NStZ **2005** 57 ff; *Verrel* FS Rössner 428, 431 ff) nicht vorwerfen kann, dass sie sich mit dieser eher akademischen Frage nicht auseinandergesetzt haben (*Schöch* FS Widmaier 967, 971 ff, 978 ff; **aA** *Eisenberg* NStZ **2005** 305).

36 **a) „Biologisches Stockwerk".** Die Ungewissheit beginnt im **„biologischen Stockwerk".** Der Psychiatrie und Psychologie stehen für die Ermittlung seelischer Störungen nur eine begrenzte Zahl objektiver Diagnoseverfahren zur Verfügung. Im Wesentlichen müssen die Befunde durch Beobachtung im persönlichen Gespräch erhoben werden. Die Ergebnisse können von der Persönlichkeit des Arztes und der Einstellung des Probanden zu ihm sowie zur Untersuchung überhaupt beeinflusst werden; die Bewertung ist daher notwendig subjektiv (s. auch Rdn. 217). In der Praxis werden die Schwierigkeiten noch dadurch verstärkt, dass die Untersuchungsergebnisse auf den Zustand des Betroffenen im Zeitpunkt der Tat rückbezogen werden müssen.

37 Um die Objektivität und die Vergleichbarkeit der Beurteilungen zu verbessern, sind seit den 1980er Jahren **Diagnoseschlüssel** entwickelt worden, die den jeweiligen Defekt unter Beschreibung seiner Art und Schwere einer bestimmten Schlüsselnummer zuordnen.[70] Dabei handelt es sich um systematische Zusammenstellungen von Krankheitsbildern, die anhand von Kriterienkatalogen operationalisiert wurden und dadurch auch mittels standardisierter Erhebungsverfahren überprüfbar sind. Die Brauchbarkeit dieser überwiegend nicht für forensische Zwecke entwickelten Störungsklassifikationen wurde früher teilweise skeptisch beurteilt,[71] jedoch sind sie in jüngerer Vergangenheit differenzierter geworden. Spätestens seit Anfang der 90er Jahre haben die Diagnoseverfahren zunehmende Bedeutung gewonnen. Auch die Gerichte gehen mittlerweile verbreitet davon aus, dass sich forensisch tätige Sachverständige bei der Beurteilung strafrechtlicher Verantwortung standardmäßig an den Kriterien der in der forensischen Psychiatrie gebräuchlichen diagnostischen und statistischen Klassifikationssysteme orientieren.[72] Ihr Vorteil für

---

**68** *Kaiser* § 82 Rdn. 8; *Schreiber/Rosenau* S. 90.

**69** BGH StraFo **2008** 334 f; StV **2019** 226, 227.

**70** ICD = International Classification of Diseases, 10. Revision (ICD-10), entwickelt von der Weltgesundheitsorganisation, in Deutsch herausgegeben als „Internationale Klassifikation psychischer Störungen" von *Dilling/Mombour/Schmidt/Schulte-Markwort* (2004). Die aktualisierte Fassung ICD-11 wurde am 18.6.2018 durch die WHO vorgestellt. Sie soll im Januar 2022 in Kraft treten; hierzu *Konrad/Huchzermeier* R & P **2019** 84. DSM-5 = Diagnostisches und Statistisches Manual psychischer Störungen – Textrevision – der amerikanischen Gesellschaft für Psychiatrie; hierzu *Falkai/Wittchen* zu den Vorläufern Deutsche Bearbeitung von *Wittchen/Saß/Zaudig/Koehler* 3. Aufl. (1991); vgl. ferner *Mende* MschrKrim. **1983** 328. FPDS = (deutsches) Forensisch-psychiatrisches Dokumentationssystem, Weiterentwicklung des klinischen AMDP für forensische Zwecke; dazu *Nedopil/Graßl* Forensia **9** (1988) 139. Vertiefend *Zabel* Krankheitsbegriff S. 135, 146 ff.

**71** Beim ICD-Schlüssel veranlassten die Unterschiede zur Begriffsbildung der deutschen Psychiatrie die Herausgeber zu einem Glossar; vgl. *Blau* MschrKrim. **1986** 348; **1989** 71, 72; *Nedopil* MschrKrim. **1988** 117; *Saß* Nervenarzt **1986** S. 193, 196; *Saß/Wiegand* FS Göppinger 349; *Schünemann* GA **1986** 293, 297.

**72** *Boetticher et al.* NStZ **2005** 58; vertiefend BGHSt **37** 397, 400 f; vgl. *Fischer* Rdn. 7.

die gerichtliche Praxis liegt insbesondere in der Herstellung von Vergleichbarkeit unterschiedlicher psychiatrischer und psychologischer Gutachten für insoweit nicht geschulte Juristen.

Für die Eingangsmerkmale des § 20 müssen konkrete Feststellungen zum Ausmaß der vorhandenen Störung und ihrer Auswirkung auf die Tat getroffen werden; die bloße Diagnose reicht nicht aus.[73] Die Einordnung eines psychopathologischen Befundes in eines der anerkannten Klassifikationssysteme der Weltgesundheitsorganisation WHO (z. B. ICD-10 ggf. ab 2022: ICD-11 [*Dilling/Mombour/Schmidt/Schulte-Markwort* 2004; *Konrad/Huchzermeier* R & P **2019** 84] oder DSM-5 [*Falkai/Wittchen* 2015; zur Vorgängerversion *Saß/Wittchen/Zaudig/Houben* 2003]) ist zwar nicht zwingend vorgeschrieben, sie wird aber von den Gerichten und den anderen Verfahrensbeteiligten immer häufiger erwartet, um die Nachvollziehbarkeit und Transparenz des Gutachtens zu gewährleisten (*Boetticher et al.* NStZ **2005** 58). Allerdings ist die Bezeichnung einer oder mehrerer psychischer Störungen nach ICD-10 oder DSM-5 für die rechtliche Beurteilung der Schuldfähigkeit nicht verbindlich, insbesondere stellen die in den Klassifikationssystemen diagnostizierten Kategorien keine psychiatrischen Äquivalente zu den Eingangsmerkmalen des § 20 dar.[74] Ob der sachverständige Befund unter ein Eingangsmerkmal des § 20 subsumiert werden kann, ist eine juristische Frage, die allein das Gericht mittels wertender Betrachtung des Schweregrades der Störung und ihrer Tatrelevanz entscheidet.[75] 38

Im Falle der Heranziehung eines anerkannten Klassifikationssystems durch den Sachverständigen ist das Gericht angehalten, eindeutig klarzustellen, welchem Eingangsmerkmal des § 20 ein auf Grundlage des Klassifikationssystems vom Sachverständigen diagnostizierter Befund zu subsumieren ist (BGH NStZ-RR **2016** 72, 73; **2019** 334, 335). Die Zitierung des Störungsbefundes nach ICD-10 oder DSM-5 ersetzt weder die Einordnung unter eines der Eingangsmerkmale des § 20[76] (BGHSt **49** 347, 352) noch die erforderlichen Feststellungen zum Ausmaß der Störungen (BGH NStZ-RR **2016** 72, 73; **2019** 334, 335; *Fischer* Rdn. 7a; *Streng* MK Rdn 41). Gelangt der Sachverständige zu dem Ergebnis, dass das Störungsbild die Merkmale eines oder mehrerer Muster oder einer Mischform der Klassifikationen in ICD-10 oder DSM-5 erfüllt, ist für die Annahme einer „schweren anderen seelischen Abartigkeit" auch das Ausmaß der psychischen Störung und deren Auswirkung auf die Tat(en) zu bestimmen, die vom Sachverständigen aufgrund einer Gesamtbetrachtung der Persönlichkeit des Beschuldigten, des Ausprägungsgrades der Störung und ihrer Auswirkung auf seine soziale Anpassungsfähigkeit ermittelt werden kann.[77] Die Rechtsprechung hat aber wiederholt zum Ausdruck gebracht, dass ein Befund nach ICD-10 in der Regel auf eine nicht ganz geringfügige Beeinträchtigung hinweist.[78] 39

In der Regel dürfen die Diagnose der psychischen Störung sowie ihre Einordnung unter die Eingangsmerkmale des § 20 nicht offen bleiben.[79] Dies gilt gleichermaßen für die Anordnung des § 63, denn dieser setzt einen länger dauernden psychischen Defektzustand des Betroffenen voraus, auf welchem die Gefährlichkeit beruht.[80] Liegen mehrere Merkmale gleichzeitig vor oder ist keines in „reiner" Form gegeben, muss das Gericht „konkrete Feststellungen zu den handlungsleitenden Auswirkungen der Störung zum Zeitpunkt der Tat (vgl. § 20) treffen" (BGHSt **49** 347, 352). Dabei dürfen die in Betracht kommenden Eingangsmerkmale nicht nur jeweils isoliert 40

---

73 BGH NStZ-RR **2013** 309, 310; **2016** 135; **2019** 334, 335; **2020** 71; 274; StV **2019** 239; BGH bei *Detter* NStZ **2020** 133, 137; *SSW/Kaspar* Rdn. 16.

74 BGHSt **37** 397, 401; **49** 45, 52; BGH NStZ-RR **2013** 309, 310; **2018** 14; **2020** 222, 223.

75 BGH NStZ-RR **2013** 309, 310; NStZ-RR **2014** 244 f; **2019** 334, 335; Beschl. v. 11.2.2016–2 StR 512/15 (juris); StV **2019** 226, 227; problematisch z. B. bei Spielsucht, Kleptomanie oder Pyromanie, s. u. Rdn. 161 ff.

76 Dafür de lege ferenda *Gretenkord* Praxis der Rechtspsychologie **2002** 25 ff.

77 BGHSt **49** 45, 52; BGH StraFFo **2012** 275 f; BGH bei *Detter* NStZ **2020** 133, 137.

78 BGHSt **37** 397, 400 f; **49** 45, 52; BGH NStZ-RR **1998** 188 ff; **2013** 309, 310 f; OLG Karlsruhe StV **2008** 83; zurückhaltender *Fischer* Rdn. 7 f.

79 BGHSt **49** 347, 351, 355; BGH NStZ-RR **2016**, 72, 73; **2017** 165, 166; **2019** 386, 387; *Streng* MK Rdn. 12.

80 BGHSt **34** 24, 28; **42** 385, 388; **49** 347, 351; BGH bei *Pfister* NStZ-RR **2018** 161.

betrachtet und abgehandelt werden, sondern es ist auch eine Gesamtwürdigung geboten (BGH NStZ-RR **2004** 360; **2017** 368; **2020** 71, 72; s. Rdn. 180).

**41** Einige Arbeiten konzentrieren sich auf die Zusammenstellung von Merkmalskatalogen speziell für die Schuldfähigkeitsbeurteilung.[81] Darin sind diejenigen Anzeichen aufgelistet, die für oder gegen eine bestimmte Beeinträchtigung sprechen. Für den Affekt erarbeitete Kataloge[82] erfreuen sich einiger Anerkennung, sind aber noch nicht in sämtlichen Einzelheiten abgestimmt, etwa im Hinblick auf die Bedeutung von Erinnerungsstörungen (Rdn. 135). Einen vergleichbaren Merkmalskatalog hat *Saß* für Psychopathien entwickelt.[83]

**42** **b) „Psychologisches Stockwerk".** Im psychologischen Stockwerk kommt es nicht darauf an, ob die Einsichts- oder Steuerungsfähigkeit des Betroffenen generell aufgehoben oder rechtlich erheblich eingeschränkt ist. Maßgeblich ist nur der Zustand zum Zeitpunkt der Tatbegehung (BGH NStZ-RR **2019** 334, 335; **2020** 8, 9), wobei für die Beurteilung neben der Art und Weise der Tatausführung auch die Vorgeschichte, der Anlass zur Tat, die Motivlage des Beschuldigten und sein Verhalten nach der Tat von Bedeutung sein können (BGH NStZ-RR **2016** 135 f; BGH bei *Detter* NStZ **2018** 386, 387 f; *Hinz* JR **2019** 99, 100 f). Unmittelbare wissenschaftliche Aussagen hierzu sind nur begrenzt möglich (z. B. bei einer schweren Intelligenzminderung), da sich die motivatorischen Fähigkeiten des Menschen der nachträglichen Erforschung entziehen. *Dass* der Täter trotz im Allgemeinen vielleicht rechtstreuer Gesinnung gegen die geltenden Normen verstoßen hat, ist durch die Tat erwiesen; *ob* dies Folge einer Beeinträchtigung der Einsichts- oder Steuerungsfähigkeit ist oder er Kräfte zur Vermeidung der Tat hatte und aufbieten konnte, ist allenfalls mittelbar zu erschließen.[84] Dafür sind der Ausprägungsgrad der festgestellten Störung und der Einfluss auf die soziale Anpassungsfähigkeit entscheidend.[85] Bei dauerhaften Störungen, die nicht nur zur Tatzeit wirksam sind, hängt die Bewertung der Schwere insbesondere davon ab, ob es im Alltag außerhalb des zu beurteilenden Delikts zu Einschränkungen des beruflichen und sozialen Handlungsvermögens gekommen ist (*Boetticher et al.* NStZ **2005** 58). Wurde eine Persönlichkeitsstörung oder eine andere psychopathologische Auffälligkeit zutreffend einer Kategorie gemäß ICD-10 zugeordnet und als schwer eingestuft, liegt es nahe, dass sie jedenfalls die Wirkungen einer erheblichen Verminderung der Schuldfähigkeit im Sinne des § 21 hatte. Will der Tatrichter dennoch die Erheblichkeit der Störung verneinen, hat er dies näher zu begründen (BGH NStZ-RR **1998** 188; NStZ **2004** 437 438). Im Übrigen hat das Gericht im „psychologischen Stockwerk" zur Beantwortung der Frage, ob die Einsichts- oder Steuerungsfähigkeit bei der Tat infolge des festgestellten Defekts erheblich vermindert oder aufgehoben war, eine erkennbare Abgrenzung gegenüber Verhaltensweisen vorzunehmen, die sich noch innerhalb menschlichen Verhaltens bewegen und Ursache für strafbares Verhalten sein können, ohne dass sie die Schuldfähigkeit jedenfalls „erheblich" im Sinne von § 21 berühren (BGH NStZ-RR **2013** 309, 311). Zu diesem Zweck ist bei der Würdigung des Sachverhaltes im Urteil eine für das Revisionsgericht nachprüfbare, konkretisierende Darstellung vorzunehmen, aus der hervorgehen muss, dass und in welcher Weise sich die festgestellte psychische Störung bei Begehung der Taten auf die Einsichts- oder Steuerungsfähigkeit ausgewirkt hat (BGH NStZ-RR **2016** 135 f; **2017** 74, 75; 165, 166; **2019** 134, 136). Maßgeblich zu berücksichtigen sind bei der Bewertung auch normative Gesichtspunkte, da die rechtliche Erheblichkeit der Verminderung des Hem-

**81** *Schöch* MschrKrim. **1983** 333, 340 ff; *Schünemann* GA **1986** 293, 297.
**82** *Schöch* MschrKrim. **1983** 342; *Venzlaff* FS Blau S. 391, 403.
**83** *Saß* Psychopathie S. 119; s. ferner *Scholz* ZStW **116** (2004) 618, 628 ff.
**84** *Haddenbrock* S. 124; *Jescheck/Weigend* AT § 37 I 2b; *Lackner/Kühl/Kühl* Rdn. 13; *Lenckner* Hdb. d. forens. Psychiatrie Bd. I S. 97; *Rasch* StV **1984** 264, 265; *Roxin* ZStW **96** (1984) 641, 643; *Schreiber* FS Wassermann 1007, 1019; optimistischer *Albrecht* GA **1983** 193, 214.
**85** BGH NJW **2015** 3319, 3320; NStZ-RR **2020** 5.

mungsvermögens entscheidend von den Anforderungen abhängt, die die Rechtsordnung an jedermann stellt.[86]

Die Beurteilung der Einsichts- und Steuerungsfähigkeit kann auf unterschiedliche Art und Weise erfolgen. Als Anknüpfungspunkt kommt zunächst die Konvention in Betracht, dass die echten Geisteskrankheiten in akuten Phasen im Allgemeinen volle Entschuldigung begründen, die meisten anderen Störungen regelmäßig nicht.[87] Jedoch bleibt das Gericht auch beim Vorliegen echter Psychosen verpflichtet, im Einzelfall festzustellen, wie sich die Störung in der konkreten Handlungssituation ausgewirkt hat. So muss auch für den Fall, dass eine Schizophrenie diagnostiziert worden ist, seitens des Gerichts untersucht werden, ob sich der Angeklagte im Zeitpunkt der Tatbegehung in einem akuten Schub der Krankheit befunden und welche Auswirkungen dieser gehabt hat.[88] Insbesondere handelt es sich bei der Feststellung der Einsichts- und Steuerungsfähigkeit um eine spezifisch richterliche Aufgabe, die nicht abschließend durch den Sachverständigen ausgeführt wird.[89] Eine verallgemeinerungsfähige Systematisierung versucht von psychiatrischer Seite gleichwohl eine Syndromlehre, welche das manifeste Erscheinungsbild der Störung (Syndrom) ohne Rücksicht auf seine Ursachen darauf untersucht, ob es einer Geisteskrankheit entspricht.[90] Die Rechtsprechung hat dafür eine Grundlage geliefert, indem sie auf den **„Krankheitswert"** der jeweiligen Störung abgestellt hat (zu den Bedenken hiergegen Rdn. 63 f). Dieser Pragmatismus ist indes ungenügend, wo Differenzierungen angebracht sind. Auffassungen, die deshalb allein oder maßgeblich auf die Stärke des Defekts[91] oder darauf abstellen, ob dieser für eine schwere Beeinträchtigung der Kontroll- oder Steuerungsfunktion des Bewusstseins typisch ist,[92] sind tendenziell zutreffend, liefern einen solchen Maßstab für sich genommen aber nicht, weil der Bezugspunkt für das Urteil fehlt. Eine weitere Ansicht, welche die Verantwortungs- und Sühnefähigkeit und damit letztlich die Strafempfänglichkeit des Täters als ausschlaggebend erachtet (*Haddenbrock* Hdb. d. forens. Psychiatrie Bd. II S. 863, 900; *ders.* Schuldfähigkeit S. 252), hat entgegen § 20 nicht den Tatzeitpunkt im Blick und kann daher für den Zustand des Täters in diesem Zeitpunkt lediglich Indizien liefern (*Sch/Schröder/Perron/Weißer* Rdn. 26). 43

Verbreitet wird heute eine **empirisch-vergleichende Einschätzung** zugrunde gelegt. Man fragt danach, wie sich erfahrungsgemäß ein Mensch in der – sorgfältig erforschten – inneren und äußeren Situation des Täters verhalten hätte. Ergibt dieses „analogische Verfahren", dass andere in derselben Lage die Tat vermieden hätten, dann rechtfertigt sich der Schluss, dass auch der Täter hierzu imstande war; er muss die Tat folglich schuldhaft begangen haben.[93] Maßgebliches Indiz für die Schuldfähigkeit kann hiernach der Umstand sein, dass der Täter in einem sinnentsprechenden, für den „normalen" Menschen nachvollziehbaren Motivationszusammenhang gehandelt hat.[94] Die Aufgabe des Sachverständigen sowie des Richters besteht hiernach in der Bildung des Normaltypus eines Menschen, dessen durchschnittliche Fähigkeiten in der jeweiligen Situation den Maßstab für die Anforderungen liefern, welche an den einzelnen Täter zu stellen sind.[95] Die gegen diesen Ansatz geltend gemachten Einwände, dass Grund- 44

86 BGHSt **46** 66, 77; BGH NJW **2014** 3382, 3384; NStZ-RR **2013** 309, 310; **2015** 137; NStZ **2015** 266, 268.

87 *Leferenz* ZStW **88** (1976) 40, 41; weitergehend *Kurt Schneider* Zurechnungsfähigkeit S. 27.

88 BGH NStZ-RR **2008** 39; ferner BGH NStZ-RR **2013** 145, 146; **2015** 306 f; **2017** 74, 75; **2019** 106.

89 BGH NJW **2013** 181, 182; NStZ-RR **2015** 71; **2020** 71; StV **2019** 226, 227; vgl. auch *Kruse* NJW **2014** 509.

90 *Witter* FS Leferenz 441, 445.

91 *Jakobs* AT 18/25.

92 *Lackner/Kühl/Kühl* Rdn. 13; *Salger* FS Pfeiffer 379, 381; ähnlich (Regelbilder für alle Störungen) *Krümpelmann* GA **1983** 337, 349. ff.

93 *Jescheck/Weigend* AT § 39 III; *Arthur Kaufmann* Schuldprinzip S. 212, 223; *Lenckner* Hdb. d. forens. Psychiatrie Bd. I S. 100; *Maiwald* FS Lackner 149, 164; *Schreiber/Rosenau* S. 91, 109; vom dogmatischen Ausgangspunkt der Schuldfähigkeit als „Gleichheit" ausgehend auch *Jakobs* AT 17/48 (s. aber 18/25).

94 *Sch/Schröder/Perron/Weißer* Rdn. 26.

95 BGH NStZ **2013** 53, 54; NJW **1983** 350; RGSt **67** 251, 252; *Blau/Franke* Jura **1982** 393, 395; *Schöch* MschrKrim. **1983** 333, 339; **kritisch** *Bresser* in *Witter* Sachverständige S. 21; *Langelüddeke/Bresser* S. 100; *Schreiber* in *Lauter/Schreiber* S. 29, 33.

lage des Schuldurteils damit nicht das Vermögen des Täters, sondern die Fähigkeiten anderer seien, und dass es den Durchschnittsmenschen in der Situation des Täters nicht gebe,[96] greifen nicht durch. Keine materielle Schuldauffassung, welche der Schuld eine empirische Grundlage belässt, kommt im Ergebnis ohne einen solchen Vergleich aus, weil die psychische Störung nur als Abweichung vom Normalen erfassbar ist. Den Einwänden suchen im Übrigen Auffassungen zu begegnen, die die Schuldfähigkeit rechtstheoretisch als Zumutbarkeit normgemäßen Handelns begreifen und darauf abstellen, welche Anforderungen die Rechtsgemeinschaft allgemein an den Einzelnen in dessen Situation stellen muss, um sich selbst zu erhalten.[97] Eine Rechtfertigung dieser Ansichten liegt in der gesetzlichen Behandlung des vermeidbaren Verbotsirrtums durch § 17 und der gebotenen Gleichbehandlung von Einsichts- und Steuerungsunfähigkeit.[98]

45 Alle diese – vielfach sich überschneidenden – Ansichten betonen in unterschiedlicher Stärke Teilaspekte einer **empirisch-normativen Methode**, welche als einzige sachgemäße Ergebnisse erwarten lässt. Nach dem Gesetz ist der geistig gesunde, normal veranlagte Mensch der Regelfall und im Allgemeinen schuldfähig (Rdn. 31). Vor diesem Hintergrund ist es naheliegend, für die Ausnahmefälle, in denen der Täter diesem vom Gesetzgeber als Regel vorausgesetzten Menschenbild nicht entspricht, auf die Methode des Vergleichs zurückzugreifen. Dies ist vorrangig eine empirische Aufgabe (**aA** *Jakobs* AT 17/23). Es obliegt deshalb zunächst dem Sachverständigen, das Ausmaß der psychischen Störung und deren Auswirkung auf die Tat(en) zu bestimmen, die auf Grund einer Gesamtbetrachtung der Persönlichkeit des Beschuldigten, des Ausprägungsgrades der Störung und ihrer Auswirkung auf seine soziale Anpassungsfähigkeit zu ermitteln sind.[99] Der sachverständig beratene Richter hat auf dieser Grundlage einerseits die innere Befindlichkeit des Täters im Tatzeitpunkt sorgfältig zu erforschen, andererseits vorhandenes Erfahrungswissen über das Verhalten von Menschen in der Situation des Täters heranzuziehen und zu nutzen (BGH StV **1990** 302). Erfüllt der Richter diese Aufgabe, so verschafft das dem anschließenden normativen Urteil,[100] dass von dem Täter die Vermeidung der Tat erwartet werden durfte und musste, eine verlässliche Grundlage. Keine Besonderheit für das richterliche Tun bildet der Umstand, dass das Bild des „Normalen" durch normative Elemente vorgeprägt und das normative Zumutbarkeitsurteil von Art und Stärke der Störung abhängig ist. Tatsachenermittlung und -bewertung bilden auch sonst häufig eine Gemengelage. Zu berücksichtigen ist allerdings auch, dass Persönlichkeitsstörungen bei vielen Straftätern vorliegen. Diese stets als entlastend zu werten, könnte einem an der Schuld orientiertes Strafrecht zuwiderlaufen.[101] Schon vor diesem Hintergrund fordert die faktisch-normative Gemengelage eine besonders enge, auf fundierten psychiatrischen Kenntnissen beruhende Zusammenarbeit des Richters mit dem Sachverständigen (Rdn. 217 ff).

46 **c) Normatives Urteil.** Noch nicht befriedigend geklärt sind die Kriterien, die das normative Urteil der Zumutbarkeit rechtmäßigen Verhaltens im Einzelfall zu tragen vermögen.[102] Dass dem Täter in der konkreten Tatsituation die Vermeidung der Tat angesonnen werden durfte und

---

**96** *Albrecht* GA **1983** 193, 214; *Bröckers* S. 57 ff; *Engisch* S. 22; *Haddenbrock* Forensia **2** (1977/78) 11, 13; *Hauptmann* Rechtstheorie **15** (1984) 153, 159; *Herzberg* FS Schünemann 391, 392; *Roxin/Greco* AT I § 19 Rdn. 22; *Schreiber* in *Lauter/Schreiber* S. 29, 33; *Tiemeyer* GA **1986** 203, 214.

**97** *Jescheck/Weigend* AT § 39 III 2; tiefenpsychologisch *Streng* ZStW **92** (1980) 637, 656; ebenso die Vertreter der Präventionstheorien, die mit dem Begriff der „Zuschreibung" arbeiten, *Jakobs* AT 18/25.

**98** Vgl. bereits *Dreher* GA **1957** 97, 100.

**99** *Boetticher et al.* NStZ **2005** 59 ff; ungerechtfertigte Kritik bei *Eisenberg* NStZ **2005** 305, der den o. g. Empfehlungen Kompetenzüberschreitungen und „Simplifizierungen" vorwirft.

**100** BGHSt **8** 113, 124; **49** 45, 53; BGH GA **1962** 116; NStZ **2013** 31, 32; *Blau* BA **1989** 1, 5; *Lackner/Kühl/Kühl* Rdn. 13; *Maisch* MschrKrim. **1983** 343, 346; *Sch/Schröder/Perron/Weißer* Rdn. 26; *Schreiber* in *Lauter/Schreiber* S. 29, 36; **kritisch** *Streng* FS Leferenz 397, 404.

**101** *Stratenwerth/Kuhlen* AT § 10 Rdn. 29; *Schöch* Nervenarzt **2005** 1386 f.

**102** *Krümpelmann* in *Egg* S. 412; *Rudolphi* SK[7] vor § 19 Rdn. 1b; *Stratenwerth* Schuldprinzip S. 42.

musste, ist eine Blankettformel, die ihrerseits vom Bild des „Normalen" geprägt ist (Rdn. 45). Welches Maß präventiver Vorkehrungen die Gesellschaft zur Erhaltung ihrer selbst einsetzen muss, ist kaum konkret fassbar.[103] Der Vergleich des Täters mit anderen „in seiner Situation" wirft vor diesem Hintergrund die Frage auf, inwieweit es auf die Besonderheiten des Einzelfalles ankommt oder ob diese aus präventiven Gründen zu vernachlässigen sind.[104]

Die Entstehungsgeschichte des Gesetzes und die **Rechtstradition** einschließlich der überkommenen Wertüberzeugungen geben jedoch wichtige Hinweise. Danach ist zunächst die Art der Störung von Bedeutung. Krankheiten lassen die Erwartung normgemäßen Verhaltens eher zurücktreten als Abweichungen auf normalpsychologischer Grundlage.[105] Zornaffekte, denen jedermann erliegen kann, oder Triebregungen, denen sich viele ausgesetzt sehen, sind grundsätzlich normal, weil „ubiquitär" (*Jakobs* AT 18/25). Menschliche Eigenschaften geraten erst dann in das Blickfeld des Psychiaters, wenn der Betroffene oder die Umgebung darunter leiden.[106] Dem entspricht, dass der Gesetzgeber die schwere andere seelische Abartigkeit nur zögernd in den Katalog des § 20 aufgenommen hat.[107] Auch die Rechtsprechung hat wiederholt betont, das Gesetz nehme an, dass der geistig gesunde Mensch im Normalfall über diejenigen Kräfte verfüge, welche es ihm ermöglichen, strafbaren Neigungen und/oder Gefühlsexplosionen zu widerstehen. Er ist deshalb verpflichtet, diese Kräfte voll einzusetzen.[108] Darüber hinaus setzt das Gesetz voraus, dass leichte Hirndefekte sowie Minimalabweichungen des Verstandes und der Wesensart für sich genommen die Zumutbarkeit normgemäßen Verhaltens in der Regel nicht einzuschränken vermögen.[109] Vielmehr sind Art und Stärke der jeweiligen Störung im Einzelnen zu würdigen und am verletzten Rechtsgut zu messen.[110] **47**

Auch im normativen Bereich sind aber **schematische Richtlinien verfehlt**; es ist zu differenzieren. Allgemein lässt sich zwar die Aussage treffen, dass Entschuldigung umso ferner liegt, je „normaler" der Tatantrieb ist;[111] ein Erfahrungssatz verbirgt sich dahinter jedoch nicht.[112] Die Anforderungen sind umso höher, je schwerer das zugrundeliegende Delikt ist (BGH NJW **2006** 386; NStZ-RR **2007** 105, 106; *Roxin/Greco* AT I § 20 Rdn. 31a; vgl. ferner BGH NStZ-RR **2017** 165, 167). Die normative Beurteilung des Hemmungsvermögens gibt den Gerichten die Möglichkeit, einer zu großzügigen Exkulpationstendenz entgegenzuwirken und die Annahme von Schuldunfähigkeit auf die schwereren Ausprägungen psychischer Störungen zu beschränken.[113] **48**

Daneben kann auch den **Entstehungsbedingungen** der Störung Bedeutung zukommen. Derjenige, dem der Eintritt des Defektzustandes zuzurechnen ist, hat größere Anstrengungen zur Vermeidung daraus drohender schädlicher Folgen zu unternehmen als jemand, den die Störung schicksalhaft getroffen hat (*Jakobs* AT 17/69 ff). Ist der Ausnahmezustand von anderen verursacht oder handelt der Täter in der Nähe der Voraussetzungen des Notstandes nach § 35, wird Selbstbeherrschung dagegen schwerer fallen und möglicherweise auch nicht gefordert werden können (*Schaffstein* FS Stutte 253, 267). Eine besondere Rolle spielt diese Risikoverteilung beim Affekt (vgl. BGHSt **11** 20, 26), während sie beim Alkoholrausch bis zum Erreichen der Grenze des § 323a[114] häufig unbeachtet bleibt (Rdn. 98) und bei der Betäubungsmittelkriminali- **49**

**103** Für eine Strafbegrenzung bei geringem präventivem Bedürfnis insb. *Roxin* ZStW **96** (1984) 641, 654; *ders./Greco* AT I § 19 Rdn. 3, 6.
**104** BGH NJW **1966** 1871; *Albrecht* GA **1983** 193, 214; *Lackner* FS Kleinknecht 245, 256.
**105** BGH bei *Dallinger* MDR **1972** 269.
**106** *Kurt Schneider* Psychopathologie S. 4, 17; *Saß* Psychopathie S. 14.
**107** Hierzu Bericht BTDrucks. V/4095 S. 10; *Rasch* NStZ **1982** 177, 179.
**108** BGHSt **14** 30, 32; **23** 176, 190; BGH NJW **1955** 1726; BGH bei *Holtz* MDR **1987** 444.
**109** BGH NJW **1983** 350.
**110** BGH NStZ-RR **2017** 165, 166; Beschl. v. 21.11.2017–2 StR 375/17 (juris); *Blau* FS Tröndle 109, 118.
**111** BGH NStZ **1991** 31, 32; BGH bei *Holtz* MDR **1984** 980; BGH LM StGB § 51 II Nr. 15.
**112** BGH StV **1990** 302; vgl. ferner BGHR StGB § 21 seel. Abartigkeit 14; *Meyer* ZStW **88** (1976) 46, 88.
**113** *Stratenwerth/Kuhlen* AT § 10 Rdn. 38.
**114** Zum Einfluss der Schaffung des jetzigen § 323a auf die Exkulpationspraxis bei Rauschzuständen *Krümpelmann* ZStW **99** (1987) 191, 195; *v. Weber* FS Stock 59, 63.

tät immerhin dazu führt, dass die bloße Abhängigkeit als Entschuldigung regelmäßig ausscheidet (Rdn. 116).

50 Inwieweit ein **Vorverschulden** allgemein von Bedeutung ist, ist weithin ungeklärt (vgl. hierzu *Stratenwerth* GedS Armin Kaufmann 485; *Streng* MK Rdn. 110 ff); insbesondere ist die Reichweite der Regelungen in § 17 streitig (dazu Rdn. 211 f).

## IV. Grundlagen der Schuldfähigkeitsbeurteilung

### 1. Psychiatrisches und juristisches System seelischer Störungen

51 § 51 RStGB kannte als Zentralbegriff die „krankhafte Störung der Geistestätigkeit". Um dem Schuldprinzip gerecht zu werden, wandte das RG und ihm folgend der BGH diesen Begriff auf jedes psychische Geschehen an, welches eine Verminderung oder Aufhebung der Schuldfähigkeit bewirken konnte.[115] Als krankhafte Störung der Geistestätigkeit galten nicht nur Geisteskrankheiten im klinisch-psychiatrischen Sinne, sondern alle Arten von Störungen der Verstandestätigkeit sowie des Willens-, Gefühls- oder Trieblebens, welche die bei einem normalen und geistig reifen Menschen vorhandenen, zur Willensbildung befähigenden Vorstellungen und Gefühle beeinträchtigen.[116] Damit geriet die Rechtsprechung in Gegensatz zu Teilen der forensischen Psychiatrie, die einen derart weitreichenden Krankheitsbegriff ablehnte. Der von der Rechtsprechung entwickelte „juristische Krankheitsbegriff" bereitete ihr teils erhebliche Verständnisschwierigkeiten (vgl. BGHSt **23** 176, 191).

52 **a) Psychiatrische Systeme.** Ein „medizinischer Krankheitsbegriff" lag zunächst dem psychiatrischen System zugrunde, welches mit dem Namen *Kurt Schneider* verknüpft ist.[117] Es unterscheidet zwischen **Krankheiten** und **abnormen Spielarten menschlichen Wesens** und ist in folgender schematischer Übersicht dargestellt.[118]

| Psychische Störungen | | | | | |
|---|---|---|---|---|---|
| **Krankheiten** | | **Abnorme Spielarten menschlichen Wesens** | | | |
| Körperlich begründbare (exogene) Psychosen und Defektzustände (z. B. nach Kopfverletzungen, Vergiftungen, Infektionen, Altersabbau) | Körperlich nicht begründbare (endogene) Psychosen (Schizophrenie und Zyklothymie) | Oligophrenie (Schwachsinn unbekannter Ursache) | Persönlichkeitsstörungen (Psychopathien) | abnorme Erlebnisreaktionen (Neurosen) | Triebstörungen, Süchte |

115 RGSt **57** 76; **73** 121; RG HRR **1936** Nr. 1463; RG DJ **1939** 869; RG DR **1939** 987; vgl. schon RGSt **7** 425, 427. Dazu *Bernsmann/Kisker* MschrKrim. **1975** 325, 328; *Krümpelmann* ZStW **88** (1976) 6, 9; *Lenckner* Hdb. d. forens. Psychiatrie Bd. I S. 103; *Schmitt* ZStW **92** (1980) 346.

116 BGHSt **14** 30, 32; ferner BGHSt **11** 20; **19** 201, 204; **23** 176, 190; BGH bei *Dallinger* MDR **1953** 146; BGH MDR **1955** 368; NJW **1955** 1726; **1959** 2315, 2316; GA **1962** 185.

117 *Kurt Schneider* Klinische Psychopathologie 12. (posthume) Aufl. 1980; *ders.* Die Beurteilung der Zurechnungsfähigkeit 3. Aufl. 1956; *Jaspers* S. 507 f; *Witter* Hdb. d. forens. Psychiatrie Bd. I S. 477 ff.

118 *Kurt Schneider* Psychopathologie S. 2; *ders.* Zurechnungsfähigkeit S. 10; *Huber* S. 26; *Rasch* StV **1984** 264, 268; zur vielfach umstrittenen Terminologie *Saß* Psychopathie S. 15.

Krankheiten sind hiernach lediglich die Psychosen und die durch sie verursachten Defektzustände. Sie unterscheiden sich von den abnormen Spielarten menschlichen Wesens durch die Ursache. Krankheiten haben feststellbare oder – so die endogenen Psychosen – zu vermutende **körperliche** Ursachen, die anderen Störungen nicht. Als Methode zur Abgrenzung der Krankheiten von den abnormen Spielarten menschlichen Wesens gelten Erklären und Verstehen. Endogene Psychosen sind nach Erlebensform und (oder) Erlebnisinhalt unverständlich. Die psychotische Lebensäußerung ist aus der Biographie nicht ableitbar; es fehlt die Sinnkontinuität.[119] Exogene Psychosen sind durch die Ursachen erklärbar. Für die abnormen Spielarten menschlichen Wesens trifft all dies nicht zu. Sie sind gegenüber dem Normalen lediglich quantitative Abweichungen, während die Krankheiten qualitativ ein aliud darstellen.[120] 53

Das psychiatrische System von *Kurt Schneider* hat erhebliche praktische Bedeutung erlangt und beeinflusst bis heute den Diskurs in psychiatrischen Lehrbüchern. Auch seine Abgrenzung der Psychosen von den Spielarten menschlichen Wesens gilt verbreitet als zutreffend oder zumindest hilfreich.[121] Zu keiner Zeit unbestritten war sein Krankheitsbegriff jedoch, soweit er mehr als ein bloßer (formaler) Ordnungsbegriff sein sollte. Krankheit als behandlungsbedürftiges Leiden und als schuldausschließendes oder -minderndes Geschehen gibt es auch im Bereich der Neurosen und der anderen Spielarten menschlichen Wesens.[122] Die auf *Kurt Schneider* zurückgehende **medizinische Krankheitsdefinition** ist daher in erster Linie als Klassifizierungsbegriff gerechtfertigt.[123] Daneben hat der Begriff nach der Rechtsprechung insofern einen Wert, als das in der Krankheit sichtbare Ausmaß psychischer Störung einen Vergleichsmaßstab bei der Beurteilung der nicht-pathologischen Abweichungen abgeben kann. Entschuldigung soll danach in Betracht kommen, wenn die Auswirkungen einer nicht-krankhaften Auffälligkeit auf das Persönlichkeitsgefüge in ihrem Gewicht denen einer Krankheit gleichkommen, also **„Krankheitswert"** haben.[124] 54

Mit dieser Bedeutung haben der Krankheitsbegriff *Schneiders* und sein psychiatrisches System Eingang in § 20 gefunden,[125] so dass es außerhalb des Gesetzes **keinen** eigenen **„juristischen" Krankheitsbegriff** mehr gibt. Die Festlegung des Gesetzgebers ist teilweise als verfehlt bezeichnet worden, weil der Psychiater auf den Begriff des Krankhaften als Bezugspunkt und Vergleichsgröße angewiesen, dieser aber nicht auf körperliche Störungen reduzierbar sei, und weil auch im Normativen sachlich zutreffende Begriffe verwendet werden sollten.[126] In der gerichtlichen Anwendungspraxis hat sich demgegenüber gezeigt, dass dem Gesetzgeber eine überzeugende und praktikable Abgrenzung – auch zwischen Krankheit und Gefährlichkeit – gelungen ist. 55

Verbreitete Zustimmung hat der von *Rasch* entwickelte **strukturell-soziale Krankheitsbegriff** gefunden, bei dem die allgemeine soziale Kompetenz der Persönlichkeit, ihre entindividua- 56

---

**119** *Bresser* in *Witter* Sachverständige S. 86; *Haddenbrock* FS Sarstedt 35, 43; *Jaspers* S. 483, 486; *Schewe/Reinhardt* in *Schwerd* S. 213; *Witter* Hdb. d. forens. Psychiatrie Bd. I S. 478; *ders.* FS Lange 723, 726; **kritisch** *Rasch* StV **1984** 264, 265.

**120** *Baer* S. 9; *Haddenbrock* Kriminolog. Gegenw.fragen **13** (1978) 161, 175; *Langelüddeke/Bresser* S. 97; *Witter* Hdb. d. forens. Psychiatrie Bd. I S. 490; *ders.* FS Lange 723, 726; *ders.* Grundriß S. 8.

**121** *Bresser* in *Witter* Sachverständige S. 80; *Foerster* MschrKrim. **1989** 83; *Haddenbrock* Kriminolog. Gegenw.fragen **13** (1978) 161, 175; *ders.* FS Sarstedt 35, 43; *ders.* Schuldfähigkeit S. 206; *Huber* S. 24; *Luthe/Rösler* ZStW **98** (1986) 314, 321; **kritisch** *Meyer* ZStW **88** (1976) 46, 48; *Venzlaff* ZStW **88** (1976) 57, 58; **aA** *Glatzel* Forens. Psychiatrie S. 67; *Luthe* Psychopathologie S. 40; *Maisch/Schorsch* StV **1983** 32, 37; *Rasch* NStZ **1982** 177; StV **1984** 264, 265.

**122** *Rasch* StV **1984** 264, 265; *Schreiber* NStZ **1981** 46, 48; vgl. auch BGHSt **11** 304, 306.

**123** *Venzlaff* ZStW **88** (1976) 57, 60; *Witter* Grundriß S. 10.

**124** BGHSt **34** 22, 24 f; **37** 397; BGH Beschl. v. 24.1.2017–2 StR 459/16 (juris); dazu Rdn. 63 f.

**125** E 1962 S. 138 f; Bericht des Sonderausschusses IV. Wahlp. S. 20; *Jescheck/Weigend* AT § 40 III 2a; *Krümpelmann* ZStW **88** (1976) 6, 15; *Lackner/Kühl/Kühl* Rdn. 3; *Lenckner* Hdb. d. forens. Psychiatrie Bd. I S. 115; *Rasch* StV **1984** 264; *Schreiber* NStZ **1981** 46; *Schreiber/Rosenau* S. 96; *Schwalm* JZ **1970** 487, 493; **kritisch** *Mahlmann* Verwissenschaftlichung des Rechts – Verrechtlichung von Wissenschaft? (1986); *Schild* NK Rdn. 9 f.

**126** *Rasch* StV **1984** 264, 265; *Schreiber/Rosenau* S. 97 f.

lisierende, typisierende Umprägung im Vordergrund steht.[127] Die Zuerkennung von Krankheit mit forensischer Relevanz hängt davon ab, „ob der zu beurteilende Zustand die Struktur von ‚Krankheit' hat und ob er die allgemeine soziale Kompetenz der Persönlichkeit beeinträchtigt".[128] Dimensionen, die bei der Beurteilung der sozialen Kompetenz Beachtung verdienen, sind: Einengung der Lebensführung, Arbeitsunfähigkeit, Abbruch bzw. Verlust von Kontakten, verzerrte Realitätsbeurteilung, Stereotypisierung des Verhaltens, Festgelegtsein auf bestimmte Verhaltensmuster sowie Häufung sozialer Konflikte auch außerhalb strafrechtlicher Belange.[129]

**57** Ähnlich sieht *Foerster* das Merkmal der Krankhaftigkeit in Einschränkungen der Variabilität des Verhaltens und Erlebens im Hinblick auf die Anforderungen in einer gegebenen Situation (*Foerster* MschrKrim. **1989** 83). *Venzlaff* hält in funktionaler Sicht die Krankheitsdiagnose für weniger bedeutungsvoll; ihm kommt es auf die fehlende oder eingeschränkte Sozialisation als Folge psychischer Unregelmäßigkeiten an (*Venzlaff* FS Schaffstein 293, 295).

**58** Das von *Saß* entwickelte „psychopathologische Referenzsystem" soll vergleichbare Maßstäbe für die Erfassung und Schweregradbestimmung der verschiedenen forensisch relevanten psychischen Störungen ermöglichen (*Saß* Forensia **6** [1985], 34, 37; *ders.* FS Schewe 266, 271 ff). Als Prinzip gilt, dass die zu prüfenden psychischen Auffälligkeiten in Struktur und Ausprägung verglichen werden mit den psychopathologischen Erscheinungen bei geistig-seelischen Krankheiten. Die empirisch gesicherten Kenntnisse von körperlich begründbaren und endogenen Psychosen, die als krankhafte seelische Störung anerkannt sind, bilden die Kernkategorie der Schuldfähigkeitsbeurteilung.[130] Die in diesem Kerngebiet psychischer Störungen vorliegende Symptomatologie liefert einen empirisch gut gesicherten Orientierungsrahmen für sämtliche Erscheinungen gestörten Seelenlebens (*Saß* FS Schewe 272). Der Maßstab für die Erheblichkeit liegt dabei nicht in einer abstrakten Formel der Krankhaftigkeit oder Krankheitswertigkeit, sondern in einer Analyse der Desintegration psychischer Funktionen, für die bei den drei anderen Kategorien des Schwachsinns, der tiefgreifenden Bewusstseinsstörung und der schweren anderen seelischen Abartigkeit spezielle Kriterien zu entwickeln sind (Einzelheiten dazu *Saß* Forensia **6** [1985], 38 ff; *ders.* FS Schewe 273 ff). Alle diese systematischen Bemühungen werden durch die gesetzliche Regelung nicht behindert, solange diese richtig verstanden wird: Der in § 20 verwendete Krankheitsbegriff ist ein **formaler Ordnungsbegriff**, der die Definition der Krankheit den Erkenntnissen der Psychowissenschaften überlässt, sich aber nicht mit der Verneinung oder Bejahung eines pathologischen Befundes begnügt. Daran scheitern viele Sachverständige und Gerichte, die Krankheit und Schuldfähigkeit in eine materiale Beziehung zueinander bringen. Dies kann dazu führen, dass die Prüfung der Schuldfähigkeit fälschlicherweise abgebrochen wird, wenn Anzeichen einer Krankheit im Sinne eines pathologischen Geschehens nicht ermittelt werden konnten,[131] aber auch dazu, dass Krankheit ohne sorgfältige Prüfung der weiteren Voraussetzungen mit Schuldunfähigkeit oder verminderter Schuldfähigkeit gleichgesetzt wird.[132]

## b) Juristisches System

**59** **aa) Krankhafte seelische Störung.** Krankhafte seelische Störungen sind in der Terminologie des § 20 somit die exogenen und endogenen Psychosen, bspw. in Gestalt einer Schizophrenie,

---

**127** *Rasch in Lauter/Schreiber* S. 38, 41; *ders.* NStZ **1982** 177, 182; *ders.* StV **1984** 264, 267; *ders.* StV **1991** 126, 131; weitergeführt in *Konrad/Huchzermeier/Rasch* S. 133 f; **kritisch** *Witter* MschrKrim. **1983** 253, 261.

**128** *Konrad/Huchzermeier/Rasch* S. 133.

**129** *Konrad/Huchzermeier/Rasch* S. 134.

**130** *Krümpelmann* ZStW **88** (1976) 6 ff.

**131** BGHSt **34** 22, 24; **35** 76, 78; **35** 200, 207; BGH Beschl. v. 10.9.2013–2 StR 321/13 (juris); BGHR StGB § 21 seel. Abartigk. 6, 9, 14, 19; BGH bei *Holtz* MDR **1979** 105; *Maisch/Schorsch* StV **1983** 32, 36.

**132** Auf die Gefahr einer Gleichsetzung von Gefährlichkeit und Krankheit bei gefährlichen Sexualstraftätern weist zutreffend *Nedopil* (R & P **1999** 120 ff) hin.

sowie deren Defektzustände (zu den medizinischen Merkmalen im Übrigen Rdn. 82 ff). Als Vergiftungen gehören auch die akuten Alkohol- und Drogenräusche hierher (vgl. RGSt **5** 338; BGH NJW **2012** 2672, 2673 mit Anm. *Schiemann*; BGH NStZ **2013** 519, 521). Geringe Normabweichungen, die zwar auf einem Organprozess beruhen, in ihren Wirkungen aber unbedeutend sind, erfüllen nach dem Wortsinn den Begriff des Krankhaften nicht (BGH NJW **1983** 350). Auch die Medizin verwendet für solche Fälle nicht den Begriff der Psychose, sondern stellt auf das Vorliegen eines „Durchgangssyndroms" oder einer „Hirnleistungsschwäche" ab (*Huber* S. 27). Der Begriff der krankhaften seelischen Störung ist weit auszulegen; er umfasst auch angeborene Störungen. Seelisch ist im Sinne von psychisch zu verstehen und deckt den Bereich des Intellektuellen und Emotionalen ab. Krankhaft ist eine Störung, wenn sie auf eine somatische (körperliche) Ursache zurückgeht oder eine solche Ursache vermutet werden muss.[133] „Krankhaft" ist zugleich eine quantitative Begrenzung angesichts eines breit gefächerten Diagnosekataloges. Damit wird zum einen die Analogie zur Schicksalhaftigkeit einer Krankheit, die sich der willentlichen Steuerung entzieht, nahegelegt, zum andern die Erschütterung des Persönlichkeitsgefüges in einem Ausmaß, das die Einsichts- und Steuerungsfähigkeit aufhebt, verdeutlicht (*Müller/Nedopil* 4.1.1).

**Beispiele** exogener Psychosen sind Intoxikationen durch Alkohol, Drogen oder Medika- 60
mente, Abweichungen durch und nach Hirnverletzungen sowie degenerative Hirnerkrankungen, ebenso vorübergehende organische Psychosen infolge von Infektionen, Stoffwechseldefekten oder epileptischen Verwirrtheits- oder Dämmerzuständen sowie körperliche Abhängigkeiten (*Müller/Nedopil* 4.1.1). Sie können angeboren oder erworben sein; der Begriff der Störung verlangt nicht, dass zuvor ein regelgerechter Zustand vorhanden war.

**bb) Tiefgreifende Bewusstseinsstörung.** Bewusstseinsstörungen sind Störungen der Fähig- 61
keit zur Vergegenwärtigung des eigenen intellektuellen und emotionalen Erlebens,[134] die nicht auf einem Organprozess beruhen. Hierunter fallen Schlaftrunkenheit, Erschöpfung, Schlafwandeln, gelegentlich der Unfallschock und vor allem der sog. normalpsychologische Affekt, der als auf einer Erschütterung des Gefühlslebens beruhende Bewusstseinsstörung besonders bei Gewalttaten im sozialen Nahbereich auftritt.[135] Relativ häufig sind affektive Erregungs- und Ausnahmezustände, während Übermüdungs-, Erschöpfungs- und Dämmerzustände selten vorkommen.[136] Die davon zu unterscheidenden Impulshandlungen aufgrund starker Erregung begründen als solche noch keine Bewusstseinsstörung, können aber in Verbindung mit konstellativen Faktoren aus allen vier Merkmalen des § 20 forensisch relevant werden, insbesondere in Verbindung mit psychotropen Substanzen.[137] Drogen- und Alkoholräusche sind zwar ebenso wie eine Anzahl anderer Beeinträchtigungen durch Bewusstseinsstörungen gekennzeichnet (*Saß* Forensia **4** [1983/84] 3, 4), zählen aber systematisch zu den Krankheiten. Praktische Bedeutung hat die Einordnung nicht.

**Tiefgreifend** soll eine Bewusstseinsstörung nach der Gesetzesbegründung sein, wenn sie 62
von einer solchen Intensität ist, dass das seelische Gefüge des Betroffenen zerstört, im Falle des § 21 erschüttert ist.[138] Nur in sehr seltenen Fällen kommt ein Ausschluss der Steuerungsfähigkeit in Betracht, wenn ein Mensch ohne geistige oder seelische Dauerschäden ausschließlich durch

---

133 Begr. zu § 24 E 1962, S. 137 f; *Lackner/Kühl/Kühl* Rdn. 3.

134 *Fischer* Rdn. 27; *Jescheck/Weigend* AT § 40 III 2b; *Rogall* SK Rdn. 18; *Saß* Forensia **4** (1983/84) 3, 5; *Sch/Schröder/Perron/Weißer* Rdn. 12; *Spittler* FortschrNeur-Psych. **1992** 54; *Thomae/Schmidt* in *Undeutsch* S. 326, 338; *Wegener* Einführung S. 74; *Witter* Hdb. d. forens. Psychiatrie Bd. I S. 432.

135 E 1962 S. 139; BGHSt **6** 329, 332; BGH NStZ **1983** 280; *Frisch* ZStW **101** (1989) 538, 548.

136 BGH NStZ **1983** 280; zur Abgrenzung von Nichthandlungen im Zustand der Bewusstlosigkeit Rdn. 2.

137 *Marneros* S. 123 ff.

138 Bericht BTDrucks. V/4095 S. 11; BGH NStZ **1990** 231; BGHSt **34** 22, 25; **35** 200, 207; **37** 397, 401; *SSW/Kaspar* Rdn. 53; **kritisch** *Fischer* Rdn. 29; *Sch/Schröder/Perron/Weißer* Rdn. 14; *Schild* NK Rdn. 87.

den Höchstgrad seiner Erregung in eine Lage gerät, in der er gänzlich die Selbstbesinnung und die Fassung verliert.[139] Das Wort „tiefgreifend" wird mitunter als überflüssig angesehen (*Rasch* NJW **1980** 1309; *ders.* StV **1984** 264, 267; *ders.* StV **1991** 126, 127), ist aber nach der Entstehungsgeschichte unverzichtbar. Der E 1962 hatte vorgesehen, dass die Bewusstseinsstörung einer krankhaften Störung „gleichwertig" sein sollte und knüpfte damit ausdrücklich an die von der Rechtsprechung entwickelte Kategorie des „Krankheitswertes" an,[140] die einen rechtlichen Maßstab für die zu fordernde Schwere normal-psychologischer Störungen liefert. Der Gesetzgeber änderte die Terminologie unter dem Eindruck von Einwänden aus psychiatrischen und psychologischen Kreisen, die geltend machten, Krankes und Gesundes könnten nicht miteinander verglichen werden (Bericht BTDrucks. V/4095 S. 10; *Schreiber* NStZ **1981** 46, 47; *Schwalm* JZ **1970** 487, 494). Eine sachliche Abweichung war damit nicht beabsichtigt.[141] Das Merkmal hat daher auch einen normativen Einschlag.[142]

63 Das Wort „tiefgreifend" soll nach heutigem Verständnis zum Ausdruck bringen, dass nur Bewusstseinsstörungen von solcher Intensität erfasst werden, die das Persönlichkeitsgefüge in vergleichbar schwerwiegender Weise beeinträchtigen, wie eine krankhafte Störung.[143] Allerdings sollte der Begriff **„Krankheitswert"** hierfür **vermieden** werden; dieser ist in den Psychowissenschaften umstritten und auch juristisch missverständlich, da es gerade nicht um krankhaft bedingte Bewusstseinsstörungen geht.[144] Soweit er bei den schweren anderen seelischen Abartigkeiten zur Bestimmung des rechtserheblichen Schweregrads der Störung herangezogen wird, ist er dort gleichermaßen problematisch (Rdn. 72). Sachliche Vergleiche von Symptomen einer Bewusstseinsstörung mit Krankheitssymptomen sind unzulässig und die Kategorien von Verstehen und Erklären sind dabei unbrauchbar (BGHR StGB § 21 seel. Abartigk. 19); ihre Verwendung würde § 20 auf den Bereich des Krankhaften reduzieren.[145] Die Rechtsprechung hatte deshalb wiederholt Anlass zu betonen, dass „Krankheitswert" ein reiner Maßbegriff ist, also das Gewicht und nicht die Art der Störung umschreibt.[146]

64 Auch als Maßbegriff führt der Krankheitswert aber nicht weiter und sollte aufgegeben werden.[147] Er setzt voraus, dass Krankheit ein definierbares Ausmaß hat, an dem auch andere Störungen **gemessen** werden können. Dies trifft jedoch nicht zu. Lediglich das Gewicht schwerster Defektzustände und akuter Phasen endogener Psychosen steht fest, so dass sie als Vergleichsmaßstab dienen können.[148] Der Vergleich normalpsychologischer Störungen etwa mit endogenen Psychosen in ihrer Vollform mag damit eine Aussage dahin ermöglichen, dass Schuldunfähigkeit vorliegt. Diese Fälle sind aber in der Regel ohnehin unproblematisch. Unterhalb dieser Schwelle hingegen ist der Vergleich unergiebig. Gerade bei kritischen Sachverhaltsgestaltungen bleibt offen, ob eine normalpsychologische Abweichung ein Gewicht erreicht, welches im Rahmen von § 21 Bedeutung erlangen kann. Denn bei den überaus zahlreichen Defekten, für die fraglich ist, ob die Auffälligkeit noch im Bereich des rechtlich Unerheblichen liegt oder schon eine gewichtigere Störung darstellt, ist der Vergleich etwa mit einer endogenen Psychose zu

---

**139** BGH NStZ **1997** 232 f.

**140** BGHSt **37** 397; BGH NJW **1983** 350; BGH bei *Holtz* MDR **1979** 105; BGH NStZ **1983** 280; **1990** 231; StV **1984** 419; BGH LM StGB § 51 II Nr. 15; vgl. auch BGHSt **10** 57, 60; *Fischer* Rdn. 29; abw. BGH NJW **1989** 918.

**141** *Krümpelmann* ZStW **88** (1976) 6, 8.

**142** *Roxin* FS Spann 457, 466; **kritisch** *Lenckner* Hdb. d. forens. Psychiatrie Bd. I S. 117.

**143** BGHSt **34** 22, 25; **35** 200, 207; **37** 397, 401; BGH NStZ **2013** 155, 156; NStZ-RR **2010** 7; **2018** 14.

**144** *Fischer* Rdn. 29; *Rogall* SK Rdn. 8, 19.

**145** *Witter* Hdb. d. forens. Psychiatrie Bd. II S. 1019.

**146** BGHSt **34** 22, 24; **35** 76, 78; **35** 200, 207; BGHR StGB § 21 seel. Abartigkeit 6, 9, 14, 19; BGH NStZ **1990** 400, 401; StV **1992** 316; BGH bei *Holtz* MDR **1979** 105.

**147** *Fischer* Rdn. 29; *Krümpelmann* ZStW **88** (1976) 6, 8, 29; *Lackner* FS Kleinknecht 245, 263; *Merkel* MedR **1986** 53, 57; *Roxin* FS Spann 457, 466; *Schild* NK Rdn. 87; *Schreiber/Rosenau* S. 97; *Thomae/Schmidt* in *Undeutsch* S. 326, 345; **anders** *Bresser* in *Frank/Harrer* S. 38, 43; *Sch/Schröder/Perron/Weißer* Rdn. 14, 22.

**148** *Rasch* StV **1991** 126, 131; *Venzlaff* FS Schaffstein 293, 295; *Saß* FS Schewe 266 ff.

ungenau. Für § 21 können auch Abweichungen ohne Realitätsverlust oder andere den Psychosen eigentümliche Symptome von Bedeutung sein.

Der BGH hat es deshalb für denkbar erachtet, statt Krankheitsbildern, welche zum Ausschluss der Schuldfähigkeit führen, „schwächere Formen" zum Vergleich heranzuziehen (BGHSt **37** 397, 401). Ein solcher **Vergleich** setzt indessen voraus, dass das Gewicht der „schwächeren Form" im Rahmen der Schuldfähigkeitsbeurteilung feststeht und nicht seinerseits erst zu ermitteln ist. Hier versagt die Heranziehung „schwächerer Formen" als Vergleichsmaßstab. Keine krankhafte Störung schwächerer Form eignet sich als Bezugsgröße, weil deren Auswirkungen jeweils im konkreten Fall bestimmt werden müssen. Eine frühkindliche Hirnschädigung kann Folgen verschiedener Art und Stärke haben und ebenso folgenlos geblieben sein. Die Orientierung am „Krankheitswert" ersetzt in diesen Fällen lediglich eine Unbekannte durch eine andere. Die im Gesetzgebungsverfahren zu Recht gegen den Begriff des Krankheitswertes erhobenen Einwände sind durch die Änderung der Terminologie also nicht ausgeräumt. 65

Erfolgversprechender zur Konkretisierung der tiefgreifenden Bewusstseinsstörungen erscheint der Weg, den die Rechtsprechung im Rahmen des § 323a zur Charakterisierung des Rausches beschritten hat. Rausch ist hiernach ein Zustand, der nach seinem ganzen Erscheinungsbild als durch den Genuss von Rauschmitteln hervorgerufen anzusehen ist.[149] Für die Zwecke der §§ 20, 21 ergibt eine **Weiterentwicklung der Rauschdefinition** einen brauchbaren Maßstab. Als tiefgreifend ist eine Bewusstseinsstörung zu bezeichnen, wenn sie nach ihrem ganzen Erscheinungsbild so ausgeprägt ist, dass sich die Möglichkeit einer daraus folgenden Aufhebung oder Minderung des Einsichts- oder Hemmungsvermögens aufdrängt. 66

**cc) Schwachsinn.** Schwachsinn (Oligophrenie) ist die angeborene Intelligenzschwäche (näher *Wegener* Einführung S. 90) ohne nachweisbare Ursache (E 1962 S. 140; BGH NStZ **1997** 199; NStZ-RR **2018** 239; **2020** 36). Ist eine körperliche Ursache bekannt, liegt auch dann, wenn diese noch vor der Geburt wirksam war, eine krankhafte seelische Störung vor.[150] Auch hier scheiden leichtere Formen aus, also bloße leichte bis mittelgradige Minderungen der geistigen Leistungsfähigkeit, welche den Persönlichkeitskern nicht berühren (BGH NStZ-RR **2017** 270; *Lenckner* Hdb. d. forens. Psychiatrie Bd. I S. 118). Bestrebungen, den Begriff des „Schwachsinns" – ohne inhaltliche Änderungen – durch denjenigen der „Intelligenzminderung" zu ersetzen (Gesetzesentwurf der Bundesregierung vom 10.6.2020; BTDrucks. 19/19859 S. 35, 47 ff), verdienen angesichts der möglichen diskriminierenden Wirkung der gegenwärtigen Gesetzesfassung Zustimmung. 67

**dd) Schwere andere seelische Abartigkeit.** Mit diesem Merkmal hat das Gesetz einen Auffangbegriff eingeführt. Der gesetzliche Ausdruck „Abartigkeit" wird zutreffend als stigmatisierend kritisiert,[151] da er vordergründig auf Triebstörungen ausgerichtet scheint. Obwohl mit diesem Terminus keine sachlichen Vorentscheidungen verbunden sind, sollte er ersetzt werden. Vorzuziehen wäre der vom Alternativ-Entwurf vorgeschlagene Begriff der „vergleichbar schweren Störung" oder der „Persönlichkeitsanomalie"[152] bzw. der mit Entwurf der Bundesregierung vom 10.6.2020 vorgeschlagene Terminus der „schweren anderen seelischen Störung".[153] In der Praxis wird vielfach auch nur vom „4. Merkmal" gesprochen. 68

---

**149** BGHSt **22** 8, 10; **26** 363, 364; **32** 48, 53; BGH NStZ-RR **2011** 80; ferner *Fischer* § 323a Rdn. 4; *Forster/Rengier* NJW **1986** 2869; *Geisler* MK Rdn. § 323a Rdn. 16.

**150** *Fischer* Rdn. 35; *Rogall* SK Rdn. 26; *Schreiber/Rosenau* S. 102; *Sch/Schröder/Perron/Weißer* Rdn. 18; teilw. **kritisch** *Schiemann* KriPoZ **2019** 338, 342.

**151** *Fischer* Rdn. 36; *Foerster* MschrKrim. **1989** 83; *Konrad/Huchzermeier/Rasch* S. 140, 145; *Krümpelmann* ZStW **88** (1976) 6, 30; *Rasch* StV **1984** 264, 266; *Schreiber/Rosenau* S. 102; *Streng* MK Rdn. 40.

**152** Vgl. *Konrad/Huchzermeier/Rasch* S. 140, 145; *Schreiber/Rosenau* S. 102.

**153** BTDrucks. 19/19859 S. 49 f; *Schiemann* KriPoZ **2019** 338, 341.

69 Unter das Merkmal fallen alle Normabweichungen, die nicht einem der sonstigen Kriterien zuzuordnen, insbesondere **nicht pathologisch bedingt** sind.[154] Es umfasst seelische Störungen und Fehlentwicklungen ohne körperliche Ursache, nicht jedoch den intellektuellen Irrtum, dem jedermann erliegen kann (über das Verhältnis zum Verbotsirrtum Rdn. 12), und Reifeverzögerungen, weil diese von den Spezialregelungen der §§ 3, 105 JGG erfasst werden. Auch Charaktermängel können eine seelische Abartigkeit darstellen. Der teilweise anzutreffende Gedanke, dass jeder Mensch für seinen Charakter einzustehen habe,[155] kann nicht zur Abgrenzung der rechtserheblichen von unbeachtlichen Normabweichungen dienen.[156] Er widerspricht dem Schuldprinzip, weil der Täter auf die Entwicklung seines Charakters bis zu einem gewissen Alter keinen bestimmenden Einfluss hat. Er widerspricht ferner dem Grundsatz der Tatschuld, welcher auf das in der konkreten Tat zum Ausdruck kommende Versagen abhebt und nach dessen Vermeidbarkeit fragt. Schließlich sind auch keine Kriterien ersichtlich, die Charaktermängel von seelischen Störungen verlässlich abzugrenzen vermögen.[157]

70 Den seelischen Abartigkeiten wird – im Unterschied zu den meist kurzfristigen Bewusstseinsstörungen – ein Element der **Dauerhaftigkeit** beigelegt.[158] Das ist zwar insoweit zutreffend, als Fehlanlagen und Fehlentwicklungen in der Regel ihre volle Ausprägung nicht sofort erfahren und nicht lediglich flüchtiger Natur sind; doch hat dieser Gesichtspunkt für die forensische Praxis keine eigenständige Bedeutung. Er begründet vielmehr Missverständnisse, wenn der Sachverständige etwa die dauerhaften Persönlichkeitszüge isoliert auf ihre Aussagekraft für die Schuldfähigkeitsbeurteilung untersucht und die Tat sodann in das gefundene Ergebnis einordnet.[159]

71 Zu den anderen seelischen Abartigkeiten zählen hiernach bestimmte sexuelle Verhaltensabweichungen und Störungen (BGH NStZ **1995** 329 f; StV **2017** 29), Süchte, Persönlichkeitsstörungen (früher **Psychopathien**; vgl. BGH NStZ-RR **1997** 355 f; NStZ **2018** 704; StV **2019** 238), Neurosen und Belastungsreaktionen, ohne dass es dabei auf Systembildungen in der Psychiatrie oder der Psychologie ankäme (*Schild* NK Rdn. 102; BGH NStZ-RR **2002** 225; NStZ **1998** 30 f; zu den medizinischen Merkmalen Rdn. 152 ff). Allerdings wird das 4. Eingangsmerkmal allein durch den Befund einer nicht pathologisch begründeten Persönlichkeitsstörung nicht belegt. Erforderlich ist vielmehr, dass diese in ihrem Gewicht einer krankhaften seelischen Störung gleichkommt, was sich vorrangig nach Ausprägungsgrad der Störung und ihrem Einfluss auf die soziale Anpassungsfähigkeit des Täters bemisst.[160] Nicht hierher gehören im Übrigen bloße Haltlosigkeit (BGH bei *Dallinger* MDR **1953** 146), Unempfänglichkeit gegenüber Freiheitsstrafen (**aA** OLG Frankfurt/M. GA **1971** 316), Hass, Geltungssucht (*Fischer* Rdn. 41) sowie eine mangelnde ethische Verwurzelung, welche früher – verkürzt – unter dem Begriff des „moralischen Irreseins" (moral insanity) diskutiert wurde.[161] Die heute gebräuchlichen Ausdrücke Soziopathie und Dissozialität, auch „antisoziale Persönlichkeit", dürften denselben Sachverhalt meinen.[162]

---

**154** BGHSt **34** 22, 24; **35** 76, 79; BGHR StGB § 21 seel. Abartigkeit 6, 9, 14, 15, 17; *Roxin/Greco* AT I § 20 Rdn. 24; **kritisch** zur Weite des Begriffs *Blau* MschrKrim. **1989** 71, 73; *Göppinger* FS Leferenz 411, 418; *Lackner/Kühl/Kühl* Rdn. 11 f; *Sch/Schröder/Perron/Weißer* Rdn. 19; *Schreiber* NStZ **1981** 46, 48; *Bresser* in *Witter* Sachverständige S. 80, 91 (eine wissenschaftliche Diagnose nicht zulassend); *Foerster* FS Venzlaff 25, 28.

**155** *Engisch* S. 53; *Lange* FS Bockelmann 261, 272; *Moos* ZStW **89** (1977) 796, 820.

**156** So die frühere Rechtsprechung, BGHSt **14** 30, 33; **23** 176, 190; BGH LM StGB § 51 I Nr. 10 = NJW **1955** 1726; MDR **1955** 368; NJW **1958** 2123; **1966** 1871; **1983** 350; RG DR **1939** 987; *R. Lange* in *Haesler* S. 63.

**157** Vgl. BGH LM StGB § 51 I Nr. 10; § 51 II Nr. 15; *Jakobs* AT 18/20; *Kallwass* S. 70; *Lenckner* Hdb. d. forens. Psychiatrie Bd. I S. 104; *Rasch* StV **1991** 126, 127; *Saß* Psychopathie S. 115, *Sch/Schröder/Perron/Weißer* Rdn. 21; **aA** *Lackner/Kühl/Kühl* Rdn. 11; *R. Lange* in *Haesler* S. 63.

**158** *Lenckner* Hdb. d. forens. Psychiatrie Bd. I S. 118; *Saß* Forensia **4** (1983/84) 3, 12; *Witter* FS Leferenz 441, 456.

**159** BGH JR **1990** 119 m. Anm. *Blau*; BGHR StGB § 21 seel. Abartigk. 2, 4, 9; **abweichend** *Witter* Sachverständige S. 66, 194; näher Rdn. 184.

**160** BGH NJW **2015** 3319, 3320; NStZ-RR **2018** 10; **2020** 222, 223; StV **2019** 238.

**161** RGSt **15** 97, 99; OGHSt **2** 73, 75; eingehend *Janzarik* Hdb. d. forens. Psychiatrie Bd. I S. 692; *Saß* Psychopathie S. 6.

**162** Vgl. BGHR StGB § 21 Alkoholauswirkungen 2.

Vergleichbare Probleme wie das Wort „tiefgreifend" bei den Bewusstseinsstörungen bereitet der Ausdruck „schwer" bei den anderen seelischen Abartigkeiten. Nach der Gesetzesbegründung sollen beide Worte gleichermaßen dem Schutz vor zu weitgehender Exkulpation dienen (E 1962 S. 142). Aber auch für die Beurteilung der **Schwere** einer Abartigkeit hat der Gesetzgeber keinen Maßstab festgelegt (**kritisch** daher bereits *Leferenz* ZStW **88** [1976] 40, 42), und der Begriff des Krankheitswertes (BGHSt **37** 397) liefert – wie bei den Bewusstseinsstörungen (Rdn. 62 ff) – nur eine beschränkte Orientierungshilfe. Andererseits kann nur aus Art und Schwere der Normabweichung auf eine Beeinträchtigung der Schuldfähigkeit geschlossen werden, einen anderen Weg gibt es nicht (Rdn. 45). Das Adjektiv schwer soll zum Ausdruck bringen, dass die seelische Abartigkeit in ihrer den Betroffenen belastenden Wirkung und im Hinblick auf seine Fähigkeit zu normgerechtem Verhalten von solchem Gewicht ist, dass sie als gleichwertig mit den krankhaften seelischen Störungen erscheint.[163] 72

Die rechtlichen Parallelen zum Merkmal der tiefgreifenden Bewusstseinsstörung bieten einen weiteren Ansatzpunkt für die Bestimmung des rechtserheblichen Schweregrades einer anderen seelischen Abartigkeit (vgl. Rdn. 66). Als schwer ist danach eine andere seelische Abartigkeit zu bezeichnen, die nach ihrem ganzen Erscheinungsbild so ausgeprägt ist, dass sich die Möglichkeit einer daraus folgenden Aufhebung oder Minderung des Einsichts- oder Hemmungsvermögens aufdrängt. (**aA** [generelle Einschränkung der sozialen Kompetenz] *Venzlaff* in *Frank/Harrer* S. 11, 19). 73

## 2. Allgemeine Beurteilungsgrundsätze

**a) Methodik.** Liegt eine seelische Störung vor, sind ihre Folgen für die Schuldfähigkeit abzuschätzen. Da sich das Fehlen der Einsicht oder des Hemmungsvermögens zur Tatzeit der unmittelbaren Erkenntnis entzieht (Rdn. 42), sind Art und Ausmaß der seelischen Beeinträchtigung der entscheidende empirische Ausgangspunkt für die Beurteilung ihrer psychischen Auswirkungen. Deshalb ist auch die Zuordnung einer Störung zu den einzelnen Merkmalen des § 20 nicht lediglich eine Frage der begrifflichen Klarheit. Sie kann zugleich die Einschätzung der Störungsfolgen beeinflussen (Rdn. 47). Darüber hinaus gibt es „störungstypische" Verfehlungen wie etwa kleinere Sexual-, Eigentums- und Brandstiftungsdelikte bei Schwachsinnigen oder Sexualstraftaten von Männern im Rückbildungsalter. Allgemein gilt freilich, dass die Feststellung der Intensität der Beeinträchtigung wichtiger ist als die genaue Diagnose.[164] 74

Diese Form der gemischten Methode, welche vom „biologischen" auf das „psychische" Stockwerk schließt, gilt allgemein und auch bei der schweren anderen seelischen Abartigkeit.[165] Nur so ist eine Abgrenzung zum bloßen intellektuellen Irrtum (Rdn. 12) möglich. 75

Das **normative Modell** zur Abschätzung der Auswirkungen einer Störung auf die Schuldfähigkeit ist in Rdn. 45 ff dargelegt. Es ist insofern zu ergänzen, als tiefgreifende Bewusstseinsstörungen und schwere andere seelische Abartigkeiten häufig, aber nicht stets (BGH NStZ **2000** 585; StV **2017** 29 ff; NStZ-RR **2019** 238, 239; BGH bei *Pfister* NStZ-RR **2018** 161, 165) die Schuldfähigkeit berühren (nicht: aufheben) werden, weil die Definition des rechtserheblichen Schweregrades (Rdn. 66, 72) einen solchen Einfluss nahelegt.[166] 76

**163** BGHSt **34** 22, 24 f, 28 f; BGH NJW **2015** 3319, 3320; NStZ-RR **2018** 10; **2019** 334, 335; **2020** 222, 223; StV **2019** 238; NStZ **2018** 704 mit Anm. *Dannhorn*; BGH JR **2019** 98 f mit Anm. *Hinz*; BGH bei *Detter* NStZ **2020** 133, 135; **iE** *Rogall* SK Rdn. 31.

**164** *Foerster* MschrKrim. **1989** 83; *Rasch* StV **1984** 264, 266.

**165** BGH StV **1990** 302; *Saß* Forensia **6** (1985) 33, 36; **aA** wohl *Haddenbrock* Kriminologische Gegenwartsfragen **13** (1978) 161, 168; *Krümpelmann* ZStW **88** (1976) 6, 20; **99** (1987) 191, 192 Fn. 4.

**166** BGHR StGB § 21 seel. Abartigkeit 10, 20; BGH NStZ-RR **2019** 168, 169; Beschl. v. 15.7.2020–2 StR 175/20 (juris); *Rasch* StV **1991** 126, 127; *Salger* FS Tröndle 201, 214.

77 Die Störung muss sich in jedem Fall auf die Tat ausgewirkt haben; es muss also ein **Zusammenhang** zwischen Störung und Tat bestehen.[167] Unerheblich sind lediglich mittelbare Folgen der Störung. Dient beispielsweise der Raubüberfall des Betäubungsmittelabhängigen nicht der Beschaffung von Geldmitteln für neuen Stoff, sondern der Auffüllung der chronisch leeren Haushaltskasse, ist ein Zusammenhang zwischen einer möglichen suchtbedingten Verminderung des Hemmungsvermögens und der Tat nicht gegeben (BGHR StGB § 21 BtM-Auswirkungen 2; seel. Abartigkeit 17).

**78** Der Zusammenhang zwischen Störung und Tat ist nicht mit der Conditio-sine-qua-non-Formel erfassbar, die überhaupt bei psychischen Sachverhalten versagt (BGHSt **27** 246, 249). Es genügt, wenn der Defekt die Willensbildung des Täters mitbeeinflusst hat.[168] Darüber hinaus muss die Störung das konkret verwirklichte Unrecht betreffen. Zwar wird es sich bei den in § 20 StGB bezeichneten psychischen Störungen im Falle ihres Vorhandenseins häufig um einen Dauerzustand handeln, gleichwohl gibt es keine Schuldunfähigkeit „an sich".[169] Der Täter kann daher bei derselben Tat für den einen Rechtsverstoß voll verantwortlich sein, für den anderen nicht, selbst wenn eine tateinheitliche Begehungsweise vorliegt (BGHSt **14** 114; BGH NStZ **1990** 231; *Streng* MK Rdn. 2; zurückhaltend aber BGH NStZ-RR **2014** 212, 213). Maßgeblich ist insoweit jedoch eine einzel- und deliktsbezogene Betrachtung. So wird etwa für den Fall, dass der Täter durch den Erwerb und teilweisen Weiterverkauf von Betäubungsmitteln tateinheitlich die Tatbestände des Handeltreibens und des Besitzes von Betäubungsmitteln in nicht geringer Menge verwirklicht, die Schuldfähigkeitsbeurteilung in der Regel nur einheitlich getroffen werden können (BGH NStZ **2012** 44).

79 **b) Begriffliches.** Fehlende Unrechtseinsicht ist ein Fall des Verbotsirrtums (Rdn. 12). Sie kann bei extremer Intelligenzminderung und bei Wahnkrankheiten vorliegen, ist aber nicht sehr häufig. Steuerungsunfähigkeit ist ein forensisch vertrauteres Bild. Ihr Kennzeichen ist das Fehlen des Hemmungsvermögens, nicht hingegen das Fehlen von Hemmungen selbst; die Überwindung entgegenstehender Hemmungen ist Voraussetzung jeder, auch einer in schuldfähigem Zustand verübten Tat.[170] Steuerungsunfähigkeit ist daher gegeben, wenn der Täter auch bei Aufbietung aller Widerstandskräfte außerstande ist, die Anreize zur Tat und die ihr entgegenstehenden Hemmungsvorstellungen gegeneinander abzuwägen und danach seinen Willensentschluss zu bilden.[171]

**80** Obwohl Einsichts- und Steuerungsunfähigkeit schwer zu trennen sind (*Janzarik* Nervenarzt **1991** 423; *Langelüddeke/Bresser* S. 269; *Foth* FS Salger 35), kann die Anwendung des § 20 nicht auf beide Alternativen gleichzeitig gestützt werden;[172] denn fehlende Einsicht lässt die Steuerungsfähigkeit für die konkrete Tat zwangsläufig entfallen. Nur wenn davon auszugehen ist, dass der Täter in der konkreten Tatsituation einsichtsfähig war, kann sich die Frage nach seiner Steuerungsfähigkeit stellen (BGH NStZ-RR **2017** 203, 205; NStZ **2019** 78; Beschl. v. 6.5.2020 – 4 StR 12/20 [juris]). Zwar existieren nach Einschätzung des BGH Ausnahmekonstellationen, in denen sich ein ambivalentes Störungsbild sowohl auf die Einsichts- als auch auf die Steuerungsfähigkeit auswirkt, jedoch darf auch in diesem Fall im Urteil regelmäßig nicht offengelassen werden, ob von einer Beeinträchtigung der Einsichts- oder Steuerungsfähigkeit auszugehen

**167** BGH NJW **2016** 341; NStZ-RR **2016** 76; *Rasch* StV **1991** 126, 130; *Venzlaff* ZStW **88** (1976) 57, 59.
**168** BGH StV **1986** 14; BGHR § 21 Ursachen mehrere 2, 3, 7, 9; *Rasch* StV **1991** 126, 130; *Schreiber* NStZ **1981** 46, 51.
**169** BGH NStE StGB § 21 Nr. 14; *Fischer* Rdn. 2a; **aA** *Bockelmann/Volk* AT § 16 A IV 2c.
**170** *Bonner/de Boor* Antrieb und Hemmung bei den Tötungsdelikten (1982) S. 5.
**171** RGSt **57** 76; **63** 46, 48; **67** 149, 150; *Fischer* Rdn. 4; *Sch/Schröder/Perron/Weißer* Rdn. 29; gänzlich **anders** *Jakobs* in *Witter* Sachverständige S. 271, 280: § 20 liege vor, wenn das Verhalten des Täters nicht mehr als individuelle Wahl verstanden werden kann, weil die Motivation zur Tat von ihm selbst objektiv erlitten wird; weil es an der Qualität eines sich selbst verwaltenden Subjekts fehle.
**172** BGHSt **21** 27; **40** 341, 349; BGH NStZ-RR **2015** 273 f; **2017** 165, 167; BGH bei *Pfister* NStZ-RR **2018** 161.

ist.[173] Auch für eine Unterbringung nach § 63 ist eine eindeutige Klassifizierung erforderlich; sie darf weder auf Einsichts- **oder** Steuerungsunfähigkeit noch auf Einsichts- **und** Steuerungsunfähigkeit gestützt werden.[174] Bleibt nach den Urteilsgründen zweifelhaft, welche Alternative das Tatgericht annehmen wollte, gefährdet dies den Bestand des Urteils insgesamt (BGH NStZ-RR **2017** 201, 202; Beschluss v. 6.5.2020–4 StR 12/20 [juris]).

Für bestimmte Störungen haben sich weitgehend anerkannte Kriterien bei der Beurteilung der Einsichts- und Steuerungsfähigkeit herausgebildet, so für die endogenen Psychosen, für Affekte und Persönlichkeitsstörungen (Rdn. 37 ff); in anderen Bereichen herrscht beträchtliche Unsicherheit. 81

## V. Beurteilungsmerkmale bei den einzelnen Störungen

### 1. Endogene Psychosen

sind Störungen mit postulierter somatischer Ursache in Form schizophrener Störungen (meist wahnhaft) und affektiver Störungen (meist bipolar), die früher auch als Zyklothymie, Gemütskrankheit oder manisch-depressives Irresein bezeichnet wurden.[175] Die Schizophrenien[176] sowie die affektiven Psychosen sind nur begrifflich, selten in der Praxis scharf voneinander zu unterscheiden. „Von den Psychosen, deren körperliches Wesen man nicht kennt, zieht man die einigermaßen typisch zyklothymen ab, den bleibenden Rest heißt man Schizophrenien."[177] Die Unzulänglichkeiten der Unterscheidung haben den Begriff der schizo-affektiven oder Mischpsychose hervorgebracht.[178] Hervorstechendes Merkmal aller endogenen Psychosen ist die Störung des Realitätsbezuges (*Rasch* in *Beck-Managetta/Reinhardt* S. 13). Eifersuchtswahn oder andere psychoseähnliche Wahnentwicklungen gehören nicht hierher, sondern zum Merkmal der „schweren anderen seelischen Abartigkeit".[179] Obwohl es deutliche Hinweise auf organische Ursachen von ADHS-Erkrankungen[180] gibt, bereitet die Abgrenzung zur Symptomatik von insbesondere dissozialen Persönlichkeitsstörungen erhebliche differentialdiagnostische Schwierigkeiten, die eine Subsumtion unter das 4. Eingangsmerkmal nahelegen.[181] Für die in jedem Fall erforderliche Gesamtwürdigung, die auch etwaige Komorbiditäten zu berücksichtigen hat, bedarf es keiner Entscheidung über die Zuordnung.[182] 82

Die **affektiven Störungen** bezeichnen Stimmungsänderungen, die nach der Richtung (Depression oder Manie oder dazwischen wechselnd als bipolare Störung) und der Verlaufsform (Episode, rezidivierend, anhaltend) unterschieden werden können.[183] Zwischen den Phasen ist der Betroffene nicht beeinträchtigt;[184] es ist auch nur sehr selten mit bleibenden Folgeschäden (Defektzuständen) zu rechnen.[185] 83

---

173 BGH NStZ-RR **2003** 232; **2004** 38 f; *Rogall* SK Rdn. 58.

174 BGH StV **1999** 485; NStZ-RR **2003** 232; **2006** 167, 168; BGH bei *Pfister* NStZ-RR **2018** 161; **2020** 233.

175 *Müller/Nedopil* S. 188.

176 BGH StV **1995** 405; **1998** 15; **1999** 485.

177 *Kurt Schneider* Psychopathologie S. 6; ähnlich *Glatzel* Forens. Psychiatrie S. 73; *Huber* S. 117; *Witter/Bresser* Sachverständige S. 83.

178 *Scharfetter* Psychiatrie d. Gegenwart 4 S. 31; zur Diagnosehäufigkeit *Möller/Laux/Kampfhammer/Falkai* u. a. S. 1584.

179 *Venzlaff/Foerster/Dreßing/Habermeyer/Schreiber/Rosenau* S. 99; BGH NJW **1997** 3101 = NStZ **1998** 296 f m. zust. Anm. *Winckler/Foerster*; vgl. Rdn. 69 ff.

180 *Venzlaff/Foerster/Dreßing/Habermeyer/Rösler/Retz* S. 181; zur Prävalenz bei Strafgefangenen *Retz/Rösler* ADHD **2010** 195; *Rösler et al* European Archive of Psychiatry and Clinical Neuroscience **2004** 365.

181 *Müller/Nedopil* S. 132 f; OLG Hamm NStZ-RR **2008** 138.

182 BGH bei *Pfister* NStZ-RR **2017** 161, 164; StV **2017** 588; OLG Hamm NStZ-RR **2008** 139.

183 *Venzlaff/Foerster/Dreßing/Habermeyer/Habermeyer/Venzlaff* S. 246; *Müller/Nedopil* S. 188 f.

184 BGH R & P **2005**, 201: keine dauerhafte Verminderung der Schuldfähigkeit in einer „hypomanischen Episode".

185 *Bleuler* S. 466; *Venzlaff/Schmidt-Degenhard* S. 156.

84 Die **Schizophrenien** werden herkömmlich[186] nach den im Vordergrund stehenden Symptomen unterteilt und kommen am häufigsten in paranoider Form (Wahnideen [Paranoia] und Sinnestäuschungen [Halluzinationen]) vor; daneben sind quantitativ noch bedeutsam die hebephrene Schizophrenie (läppischer Affekt, typischerweise als Jugendstörung)[187] und die katatone Schizophrenie (gestörte Psychomotorik – Körperstarre oder Erregung);[188] seltener ist die Schizophrenia simplex (schleichender Beginn, unbegreifliches soziales Versagen, verschrobene Sprache).[189] Allerdings sind diese Formen praktisch nicht rein anzutreffen[190] und es besteht nach wie vor keine Klarheit über die Ätiologie.[191] Während die Schizophrenien früher als progredient galten – nach den einzelnen Schüben blieb ein jedes Mal verstärkter Defektzustand zurück –, unterscheidet die Medizin heute unterschiedliche Verläufe, die von völliger Symptomfreiheit über eine zurückbleibende Negativsymptomatik bis hin zur Exazerbation reichen können, worauf vielfältige Faktoren wie etwa Vorschädigungen, Partnerschaft und soziale Unterstützung Einfluss nehmen.[192] Dank moderner Pharmakotherapie mit Neuroleptika, die mit psycho- und sozialtherapeutischen Maßnahmen kombiniert werden, gelingt es, die Mehrzahl der Patienten erfolgreich mit früher Entlassung in die ambulante Behandlung zu therapieren.[193] Bei 20–25 % aller akut Erkrankten kommt die Erstmanifestation zur vollständigen Ausheilung, bei etwa einem Drittel bleibt eine Residualsymptomatik mit Verlust an energetischem Potential und Persönlichkeitsveränderungen mit Facetten der verschiedenen Grundstörungen; nach ca. 20 Jahren sind zwei Drittel aller Kranken entweder vollständig oder bis auf diskrete Residuen remittiert.[194] Forensische Relevanz hat die Schizophrenie, vor allem im Zusammenhang mit Aggressionsdelikten, deren Risiko bei Hinzutreten von Substanzmissbrauch und Persönlichkeitsstörungen deutlich erhöht ist.[195]

85 Von den endogenen Psychosen sind differentialdiagnostisch eine Reihe von Leiden zu trennen, die eine **ähnliche Symptomatik** hervorbringen, aber nicht zu diesen Krankheiten zählen. Fragen wirft insbesondere das sog. Borderline-(Grenzfall-)Syndrom[196] auf. Wie die Wortwahl zeigt, handelt es sich hierbei um einen Symptomkomplex, der an der Grenze zwischen Neurose und Psychose steht.[197] Teils begreift man darunter psychosenahe Abweichungen,[198] teils eine in seiner Ursache spezifische vorübergehende oder dauernde Persönlichkeitsstörung[199] mit Symptomen wie chronischen Ängsten, Phobien, Amnesien, Selbstschädigungen, Zwangshandlungen oder Wahn. Nach den Kategorien des § 20 ist die Borderline-Störung als schwere andere seelische Abartigkeit einzuordnen (s. Rdn. 168 ff).

86 Ferner sind zu nennen **reaktive Depressionen**, welche bestimmten Formen der affektiven Störungen ähneln können, sich davon aber in Unruhe und Erlebnisinhalt – als einfühlbare Reaktion auf ein psychisches Trauma – abheben (*Strömgren* Psychiatrie d. Gegenwart 4 S. 202).

---

**186** Zur Abkehr von diesen Prägnanztypen im ICD-11 und DSM-V *Konrad/Huchzermeier/Rasch* S. 268 f.

**187** *Müller/Nedopil* S. 175; *Bleuler* S. 438; *Scharfetter* Psychiatrie d. Gegenwart 4 S. 29.

**188** BGH StV **1997** 469.

**189** *Bleuler* S. 440.

**190** S. auch *Mundt/Lang* Psychiatrie d. Gegenwart 4 S. 53; *Venzlaff* in *Venzlaff* S. 174 zur Basisstörung bei allen Schizophrenien; *Kurt Schneider* Psychopathologie S. 135.

**191** *Möller/Laux/Kapfhammer/Falkai* u. a. S. 1585.

**192** *Möller/Laux/Kapfhammer/Falkai* u. a. S. 1616; *Huber* FS Leferenz 463, 464; *Retterstöl* Psychiatrie d. Gegenwart 4 S. 105; *Witter* Grundriß S. 91.

**193** *Müller/Nedopil* S. 178 f.

**194** *Foerster/Venzlaff/Schmidt-Degenhard* S. 142 f.

**195** Zusammenstellung der Risikofaktoren für Gewaltdelinquenz bei Schizophrenen *Müller/Nedopil* S. 181.

**196** BGH NStZ **1997** 278; **1999** 508; *Streng* MK Rdn. 44.

**197** *Müller/Nedopil* S. 219.

**198** *Rasch* StV **1991** 126, 128.

**199** Übersicht bei *Saß/Koehler* Nervenarzt **1982** 519, 521; *Huber/Saß/Koehler* Basisstadien S. 195; s. ferner BGHR StGB § 21 seel. Abartigk. 13; *Bleuler* S. 444; *Rohde-Dachser* Psychiatrie d. Gegenwart 1 S. 126; *Battegay/Rohde-Dachser* S. 94; *Schewe/Reinhardt* in *Schwerd* S. 225; *Venzlaff/Venzlaff* S. 177.

Besondere Abgrenzungsschwierigkeiten können auch die verschiedenen Formen von **Wahn** 87
(Paranoia) bereiten. Während die überwertige Idee als höchste Konzentration auf einen bestimmten Gegenstand zu herausragenden Leistungen führen kann und zunächst als normal gilt,[200] bewirkt eine weitere Verfestigung und Verengung des Denkens nicht selten Realitätsverlust; es entstehen objektiv falsche, nicht korrigierbare und oft mit Heftigkeit verfochtene Anschauungen und damit Wahnvorstellungen. Sie gehören zu den schweren anderen seelischen Abartigkeiten. Die Charakterisierung einer solchen Störung als paranoid (oder schizoid, schizotypisch) besagt für sich genommen noch nichts über die Schuldfähigkeit[201] ebenso wenig wie die Diagnose einer Wahnsymptomatik.[202]

Wahnvorstellungen und Sinnestäuschungen können somit auftreten, ohne dass eine endo- 88
gene Psychose vorliegt. Umgekehrt sind derartige „produktive" Symptome zwar häufig bei Schizophrenien und affektiven Störungen anzutreffen, aber nicht stets. Der Richter ist in diesem Bereich auf die Erfahrung des **Sachverständigen** angewiesen; eigene Sachkunde kann er nicht in Anspruch nehmen. Insbesondere ist davor zu warnen, einzelne Symptome voreilig bestimmten Krankheiten oder Normabweichungen zuzuordnen. Wichtig ist aber die Kenntnis der Anzeichen im Verhalten des Täters, welche eine Begutachtung nahelegen. Dies sind in erster Linie – neben Wahn und Sinnestäuschung (z. B. Hören von Stimmen, olfaktorische Halluzinationen) – leibliche Beeinflussungserlebnisse, Gedankenbeeinflussung, zerfahrene Gedankenführung. Bei affektiven Störungen fällt weiter die durch Erlebnisreize kaum zu beeinflussende Konstanz der Stimmungslage auf; in depressiven Phasen auch Früherwachen und Antriebslosigkeit, in manischen Phasen pausenlose Aktivität, Fortfall von Hemmungen, kaum nachvollziehbarer ständiger Themenwechsel.[203] Subtile Anzeichen können selbst dem Arzt verborgen bleiben oder erst durch längere Beobachtung ihre wirkliche Bedeutung verraten. Forensisch bereitet dies besondere Schwierigkeiten, wenn die Tat als erster Durchbruch einer Psychose in Betracht kommt oder massivere Symptome einer solchen Krankheit erst im Anschluss an die Tat auftreten.[204] Völlig sinn- und motivlose Taten sollten deshalb regelmäßig Anlass zur Prüfung sein, ob ein Sachverständiger hinzuzuziehen ist.

Allein die Diagnose einer endogenen Psychose, namentlich einer Schizophrenie führt heute 89
nicht mehr zur Annahme einer Schuldfähigkeitsaufhebung oder -beeinträchtigung.[205] Der BGH differenziert nach dem Ausprägungsgrad und den bei Tatbegehung festgestellten Auswirkungen auf die Handlungsmöglichkeiten und verlangt von den Tatgerichten darauf bezogene ‚konkretisierende' und nachvollziehbare Urteilsfeststellungen.[206] **Schuldunfähigkeit** ist in der Regel nur bei akuten Schüben gegeben.[207] Bei subakuten Zuständen kann „allenfalls" verminderte Steuerungsfähigkeit vorliegen (BGH StV **2016** 720). § 20 StGB kommt ferner während manischer und depressiver Phasen in ihrer Vollform und bei schwersten Defektzuständen (Endphasen der Schizophrenie) in Betracht.[208] Dagegen reicht die bloße Feststellung einer die Schizophrenie kenn-

---

**200** *de Boor* Zeitschr. f. d. ges. Sachverst.wesen **1983** 38; *Witter* Grundriß S. 75; *ders.* Hdb. d. forens. Psychiatrie Bd. I S. 470; *ders.* Bd. II S. 1020.

**201** Vgl. BGHSt **37** 397 m. Anm. *Grasnick* JR **1992** 118; BGH NStZ **1991** 31; *Bleuler* S. 577.

**202** BGH NStZ-RR **2016** 72 (Beziehungswahn); **2015** 168 (Eifersuchtswahn); dagegen beanstandet BGH NStZ **2009** 383 den Ausschluss von § 20 StGB in einem Fall von Querulantenwahn.

**203** *Venzlaff/Schmidt-Degenhard* S. 159.

**204** *Bresser* Hdb. d. forens. Psychiatrie Bd. I S. 541; *Groß* Forensia **8** (1987) 167; *Frank/Harrer/Venzlaff* S. 11, 15; *ders.* NStZ **1983** 199, 201; zur Früherkennung von Schizophrenien *Groß u. a.* Fundamenta Psychiatrica **1991** 172.

**205** Zur früheren Auffassung von der Schizophrenie als „Paradigma der Schuldunfähigkeit" *Müller/Nedopil* S. 184; *Blei* AT § 56 I; *Kurt Schneider* Zurechnungsfähigkeit S. 27.

**206** BGH bei *Pfister* NStZ-RR **2019** 235; **2018** 161, 162 f; **2016** 161, 167; BeckRS **2016** 11572.

**207** BGH bei *Pfister* NStZ-RR **2017** 161, 163; NStZ-RR **2017** 369 (Wahnerkrankung); StV **2015** 215; **1995** 405 f.

**208** *Witter/Bresser* Sachverständige S. 80, 88; *Erhardt /Villinger* Psychiatrie d. Gegenwart 1. Aufl. Bd. III S. 181, 217; *Glatzel* Forens. Psychiatrie S. 87; *Huber* FS Leferenz 463, 472; *Bleuler/Mende* S. 642; *Meyer* ZStW **88** (1976) 46, 48; *Rasch* StV **1984** 264, 266; *Schreiber* NStZ **1981** 46, 51; *Venzlaff/Venzlaff* S. 182, 197; *Witter* MschrKrim. **1983** 253, 259; *ders.* Sachverständige S. 68; abw. *Krümpelmann* GA **1983** 337, 351; zu weitgehend BGH NStZ **1991** 527.

zeichnenden Negativsymptomatik (BGH NStZ-RR **2018** 163) ebenso wenig aus wie die Mischdiagnose einer schizoaffektiven Störung (BGH NStZ **2018** 69) oder die Diagnose einer bipolaren Störung.[209] Die Annahme voller Schuldfähigkeit gilt jedoch nur, wenn das Delikt aus dem Leben des Menschen heraus normalpsychologisch nachvollziehbar ist; dies muss sorgfältig geprüft werden.[210] Damit erledigt sich auch die Frage, ob es bei diesen Kranken „lucida intervalla" (lichte Momente) gibt (*Roxin/Greco* AT I § 20 Rdn. 31).

90 **Psychosenahe Erscheinungen** werden selten für § 20, häufig aber für § 21 Bedeutung erlangen. In Ausnahmefällen – etwa bei Beleidigungen oder Nötigungen durch Querulanten (BGH NStZ **2009** 383) – kommt auch eine Exkulpation hinsichtlich des störungstypischen Delikts, also partielle Schuldunfähigkeit, in Betracht (*Erhardt* FS Göppinger 409; Rdn. 180 ff).

## 2. Exogene Psychosen

91 sind Störungen, die nachweisbar auf hirnorganischen Ursachen beruhen.

92 Dazu gehören traumatische Psychosen aufgrund von Hirnverletzungen, Infektionspsychosen (z. B. progressive Paralyse, Enzephalitis oder Meningitis), außerdem hirnorganische Krampfleiden (BGH NStZ-RR **2009** 136),[211] Hirntumore, hirnorganisch bedingter Persönlichkeitsabbau i. S. d. Demenz (Hirnarteriosklerose, Hirnatrophie oder krankheitsbedingter – nicht angeborener – Schwachsinn; zu degenerativen Erkrankungen vgl. BGH NStZ **1983** 43; StV **1989** 102 f; **1994** 14, 15), ferner hirnorganische Schädigungen infolge längeren Drogenkonsums, Intelligenz- und Persönlichkeitsabbau bei chronischen Alkoholikern (vgl. BGHR, § 20 Einsichtsfähigkeit 3 – Alkoholhalluzinose) sowie körperliche Abhängigkeit von psychotropen Substanzen. Demgegenüber gehört die Sucht infolge psychischer Abhängigkeit, die nicht oder noch nicht zur körperlichen Abhängigkeit geführt hat, zu den seelischen Abartigkeiten der vierten Fallgruppe (vgl. zum ganzen *Müller/Nedopil* S. 40 f, 152; *Sch/Schröder/Perron/Weißer* Rdn. 10, 21). Forensisch steht die reversible Intoxikationspsychose in Form der Alkohol-, Drogen- oder Medikamentenintoxikation im Mittelpunkt. Am häufigsten ist der Alkoholrausch, aber auch die **Rauschwirkung** von zentral wirksamen Medikamenten (z. B. Benzodiazepine, morphinhaltige Medikamente, Neuroleptika) ist bedeutsam, wird jedoch bei Ermittlungen oft nicht hinreichend beachtet.

93 Im Verhältnis zu Störungen ohne körperliche Ursache ist die Beurteilung jedoch vielfach erleichtert, weil sich der Defekt häufig mit technischen Methoden und Apparaten (z. B. EEG) nachweisen und in seiner Stärke erfassen lässt. Von Juristen werden deshalb hirnorganische Störungen in ihrer Bedeutung für die Schuldfähigkeit oft überschätzt. Unhaltbar ist aber die Ansicht, auf die Feststellung der Ursachen komme es nicht an, weil allein die psychopathologischen Auswirkungen einer Störung von Belang seien (*Glatzel* StV **1990** 132). Die **Ermittlung der Ursache** liefert wichtige Anhaltspunkte für die Art der psychischen Auswirkungen und für die Bestimmung des Grades der Minderung der Schuldfähigkeit. Zu Recht fordern die forensischen Sachverständigen, dass die Begutachtung des Täters eine körperliche Untersuchung einschließen müsse (*Mende/Bürke* Forensia **7** [1986] 143, 145). Ein Beispiel bietet die Epilepsie, bei der das EEG ein entscheidendes diagnostisches Hilfsmittel ist (zur Schuldfähigkeit *Forster/Mende* S. 516, *Pittrow/Saß* MschrKrim. **1994** 82; BGHR StGB § 21 Ursachen, mehrere 12).

94 Bei durch Körperprozesse verursachten Wesensänderungen **(Pseudopsychopathien)** wie denen von Epileptikern (vgl. BGH StV **1991** 245) ermöglichen Dauer und Schwere der Krankheit mitunter einen mittelbaren Rückschluss auf die psychischen Auswirkungen. Ansonsten sind wie

---

**209** BGH bei *Pfister* NStZ-RR **2019** 235; **2018** 161,163; **2017** 161, 163; BGH NStZ **2017**, 76.

**210** *Müller/Nedopil* S. 185; BGH NStZ-RR **2002** 202f; für affektive Störungen BGHSt **46** 257, 260; BGH R & P **2005** 201.

**211** Zum Verschulden und zur Einsichtsfähigkeit eines Epileptikers bei einem von ihm verursachten tödlichen Verkehrsunfall vgl. BGH NJW **1995** 795 m. Anm. *Kaatsch* BA **1995** 293 f.

bei den schweren anderen seelischen Abartigkeiten die Auswirkungen der Persönlichkeitsveränderung auf die Einsichts- und Steuerungsfähigkeit abzuschätzen.[212]

### 3. Alkohol

ist quantitativ gesehen die „kriminologisch bedeutsamste Droge“ (*Konrad/Huchzermeier/Rasch* S. 245; für Tötungsdelikte *Verrel* S. 108 f). Für die Trunkenheit liegt mit der Blutalkoholkonzentration (BAK) eine objektive Messgröße vor, die eine erhebliche Indizfunktion für die Schuldfähigkeitsbeurteilung hat, aber in eine Gesamtschau aller Beweisanzeichen einzubinden ist. Schwierige Probleme stellen sich beim Zusammenwirken von alkoholischer Beeinflussung mit anderen die Schuldfähigkeit berührenden Umständen (s. Rdn. 181) wie Affekt,[213] Erschöpfung, Drogeneinnahme.[214] Zur rechtlichen Behandlung des schuldhaften Sichberauschens und zur actio libera in causa Rdn. 194 ff; zu § 21 Rdn. 33; insb. zur Ablehnung der fakultativen Strafrahmenmilderung bei verminderter Schuldfähigkeit 49 ff. 95

Teilweise wird der Rauschzustand wegen vergleichbarer Auswirkungen als tiefgreifende Bewusstseinsstörung bezeichnet, ohne dass dieser rein begriffliche Streit praktische Konsequenzen hätte.[215] Obwohl die für alle exogenen Psychosen typische Bewusstseinsstörung hier nur vorübergehender Natur ist, sollte der Alkoholrausch nicht mehr unter das Merkmal „tiefgreifende Bewusstseinsstörung“ subsumiert werden (ebenso *Foerster*[6] S. 202: Störungen durch illegale Drogen und Medikamente). 96

Alkoholmissbrauch kann für die Schuldfähigkeit in der Form der Abhängigkeit (Sucht), des organischen Psychosyndroms und des akuten Rausches Bedeutung erlangen (umfassend *Böning/Holzbach* Psychiatrie d. Gegenwart 3 S. 143; zum Begriff der Sucht *Feuerlein/Wanke* S. 180). 97

Die **Abhängigkeit** führt bei Süchtigen (Gamma- und Deltatrinkern, dazu *Venzlaff/Finzen* S. 271; *Langelüddeke/Bresser* S. 153) in extremen Fällen dazu, dass ihnen selbst das Trinken, das Sichberauschen, nicht mehr vorgeworfen werden kann, so dass auch eine Verurteilung nach § 323a ausscheidet.[216] In der Regel führt sie aber nur zu einer erheblichen Verminderung der Steuerungsfähigkeit (vgl. BGH StV **2005** 495). Ansonsten ist Alkoholsucht heute bei nahezu allen Deliktsformen anzutreffen. Langjähriger Alkoholmissbrauch führt häufig zu einem organischen Psychosyndrom, d. h. zu hirnorganischen Veränderungen mit Persönlichkeitsabbau. Es kann mit rauschbedingten Alkoholpsychosen einhergehen wie etwa dem Delirium tremens, das allerdings oft auch als Entzugssymptom auftritt. Das Psychosyndrom kann nur ein Sachverständiger ermitteln und beurteilen.[217] Anlass zur Hinzuziehung eines Sachverständigen bieten regelmäßig bereits Dauer und Ausmaß des Missbrauchs; die Folgen müssen nicht stets auf den ersten Blick erkennbar sein. 98

Die Beurteilung des **akuten Rausches** gehört zu den täglichen richterlichen Aufgaben. Dafür ist die Höhe der BAK ein besonders wichtiges, aber nicht allein maßgebliches Indiz, das in eine Gesamtbetrachtung aller wesentlichen objektiven und subjektiven Umstände einbezogen werden muss, die sich auf das Erscheinungsbild des Täters vor, während und nach der Tat 99

---

**212** *Koufen* MschrKrim. **1984** 389; zu organisch bedingten Dämmerzuständen (im Gegensatz zu Affekten als psychogenen Dämmerzuständen) *Athen* Das öff. Gesundheitswesen **1985** 65.

**213** BGHR StGB § 20 BAK 13; Bewusstseinsstörung 9.

**214** *Forster/Brettel* S. 460ff; BGH bei *Holtz* MDR **1992** 631; BGHR StGB § 20 Ursachen, mehrere 1, 2.

**215** *Sch/Schröder/Perron/Weißer* Rdn. 13, 16; offen gelassen von BGHSt **37** 231, 239; mit der herrschenden Literaturmeinung für eine „krankhafte seelische Störung“ durch einen akuten Alkoholrausch BGHSt **43** 66, 68.

**216** BGHSt **1** 196, 199; BGHR StGB § 323a Sichberauschen 1; BGH bei *Janiszewski* NStZ **1991** 576; *Fischer* § 323a Rdn. 14; *Lackner/Kühl/Heger* § 323a Rdn. 13; *Sch/Schröder/Hecker* § 323a Rdn. 11.

**217** BGHSt **7** 35; BGHR StGB § 20 Einsichtsfähigk. 1; *Bischof* Forensia **2** (1977/78) S. 95, zum Korsakow-Syndrom (u. a. Verwirrtheit, Denk- und Gedächtnisstörungen) BGHR StGB § 20 Bewusstseinsstörung 7, 8; *Böning/Holzbach* Psychiatrie d. Gegenwart 3 S. 165; *Beck-Mannagetta/Reinhardt/Platz* S. 77, 83.

beziehen und Auskunft über sein Leistungsverhalten geben.[218] Zu den Ausnahmefällen zählen die Überempfindlichkeit gegen Alkohol,[219] die durch gesteigerte Erregung gekennzeichnete abnorme Alkoholreaktion (*Venzlaff/Finzen* S. 268) und der pathologische Rausch. Dieser ist eine ganz seltene Form einer Alkoholpsychose; häufig liegt eine Hirnschädigung zugrunde. Merkmale sind ein plötzliches Einsetzen höchster Affekte ohne Bezug zur gegebenen Situation, ein Ende in einem narkoseartigen Schlaf und Erinnerungslosigkeit.[220] Er begründet wegen seines den endogenen Psychosen vergleichbaren Bildes Schuldunfähigkeit.[221] Alkoholisierung spielt auch als konstellativer Faktor eine wichtige Rolle (s. Rdn. 181 ff), insbesondere bei der Tötung des (trennungswilligen oder untreuen) Intimpartners durch den (verlassenen) alkoholisierten Affekttäter (dazu *Maatz* Nervenarzt **2005** 1389 ff m. w. N.).

**100** Für die gewöhnliche Trunkenheit haben Rechtsprechung und Wissenschaft **Schwellenwerte** der BAK ermittelt, deren Überschreitung Indizwirkung für eine Beeinträchtigung der Steuerungsfähigkeit entfaltet;[222] ein Ausschluss der Unrechtseinsicht durch Trunkenheit wird kaum vorkommen. Danach ist von einem BAK-Wert ab 2 ‰ erheblich vermindertes Hemmungsvermögen in Betracht zu ziehen[223] und ab 3 ‰ Steuerungsunfähigkeit.[224] Je höher die gemessene BAK, je kürzer die Zeit zwischen Tat und Blutentnahme und je alkoholungewohnter der Täter ist, desto größer wird der Indizwert der BAK eingeschätzt.[225] Bei schwerwiegenden Straftaten, insbesondere Delikten gegen das Leben, sind diese Werte um 10 % zu erhöhen, weil vor der Begehung schwerer Taten eine höhere Hemmschwelle liegt,[226] also 2,2 ‰ für § 21 StGB und 3,3 ‰ für § 20 StGB.[227] Andererseits können die Indizwerte im Einzelfall – insbesondere bei Erschöpfung oder nach Einnahme von Schlaf- oder Beruhigungstabletten sowie bei trinkungewohnten Personen – auch erheblich niedriger liegen. Im Regelfall – beim Fehlen von Besonderheiten im Sachverhalt und von den in Rdn. 95 ff dargelegten Ausnahmen abgesehen – muss der Richter aber erst beim Erreichen des Schwellenwertes von 2 ‰ (bzw. 2,2 ‰) in eine nähere Prüfung der Schuldfähigkeit eintreten, dann allerdings stets.[228] Als Besonderheiten sind zu nennen: Hirnverletzungen oder affektive Erregung (BGH StV **1986** 285; BGH bei *Holtz* MDR **1992** 631); alkoholbedingte Ausfallerscheinungen (BGH NStZ **1990** 384), die jedoch keine zwingende oder regelmäßige Begleiterscheinung einer schuldfähigkeitsrelevanten Alkoholisierung sind;[229]

---

**218** BGHSt **57** 247; **43** 66; BGH NStZ-RR **2000** 299; **2004** 163; **2013** 272; NStZ **2016** 671.

**219** RGSt **73** 11, 12; BGHSt **34** 313.

**220** *Bresser* Forensia **5** (1984) 45, 52; *Forster/Brettel* S. 479; *Venzlaff/Finzen* S. 269; *Glatzel* Forens. Psychiatrie S. 109; *Beck-Mannagetta/Reinhardt/Platz* S. 77, 82; *Schwerd/Schewe/Reinhardt* S. 232; *Witter* Hdb. d. Forens. Psychiatrie Bd. II S. 1035; **krit.** *Frank/Harrer/Venzlaff* S. 11, 18.

**221** BGH bei *Pfeiffer/Maul/Schulte* § 51 Anm. 5; *Erhardt/Villinger* Psychiatrie d. Gegenwart 1. Aufl. Bd. III S. 181, 210.

**222** BGHSt **37** 231, 234; BGHR StGB § 20 BAK 7; BGH bei *Detter* NStZ **1990** 176; vgl. bereits BGH bei *Pfeiffer/Maul/Schulte* § 51 Anm. 8; *Bischof* Forensia **2** (1977/78) 95, 98; *Blau* JR **1988** 212; *Bresser* Forensia **5** (1984) 45, 57; *v. Gerlach* BA **1990** 305; *Gerchow* Forensia **7** (1986) 155, 163; *Glatzel* Forens. Psychiatrie S. 107; *Roxin* FS Spann 457, 460; *Salger* Verkehrsstrafrecht S. 9, 11; *ders.* FS Pfeiffer 379, 383; *Schewe* JR **1987** 179, 184; *ders.* Sucht u. Delinquenz S. 43, 46; *ders.* FS Venzlaff 39, 45; abw. *ders.* BA **1991** 264, 266; *Schwerd/Schewe/Reinhardt* S. 231; *Zabel* BA **1986** 262; **kritisch** *Rengier/Forster* BA **1987** 161.

**223** BGHSt **37** 231, 234; BGHR StGB § 21 BAK 15; BGH NStZ-RR **2012** 137 (2,44 ‰); **2013** 337 (2,7 ‰); bei *Pfister* NStZ-RR **2012** 161, 162 f (2,3- 2,7‰); BGH NStZ-RR **2016** 103; **2019** 170; (jew. über 3 ‰); BGH StV **2019** 242 (2,79 ‰); OLG Dresden BA **2019** 203 (2,37 ‰); *Foth* NJ **1991** 386; vgl. aber BGH BA **2000** 256 m. krit. Anm. *Scheffer* (1,96 ‰).

**224** BGHSt **34** 29, 31; BGH NStZ-RR **2013** 272; NStZ **1986** 114; **1982** 243, 376; BGHR StGB § 20 BAK 2, 6, 7, 8; *Schewe* FS z. 25jähr. Bestehen d. Bundes geg. Alkohol im Straßenverkehr (1982), S. 171, 181; **dagegen** *Luthe/Rösler* Sachverständige S. 211; unklar OLG Düsseldorf NJW **1992** 992.

**225** *Müller/Nedopil* S. 153; BGH bei *Detter* NStZ **1999** 121.

**226** BGHSt **37** 231, 235; BGH NStZ **1991** 126 (Tötungsdelikte); BGHR StGB § 21 BAK 16 (Anstiftung zur gef. Körperverletzung); *Eben/v. Gerlach* S. 165, 175; *Salger* FS Pfeiffer 379, 389; **anders** (normativ aus Art. 1, 2 GG ableitbar) *Blau* FS Tröndle 109, 119.

**227** BGHSt **37** 231, 235; BGH NStZ **1991** 126; BGH BA **2001** 186; BGH NStZ-RR **2012** 137.

**228** BGH StV **1987** 341; BGH NStZ **1990** 384.

**229** BGH bei *Pfister* NStZ-RR **2012** 161 f, **2018** 161.

Alkoholungewohntheit bei internistischer und altersbedingter Vorschädigung des Gehirns (BGH StV **2007** 128); sonstige Auffälligkeiten in Person und Tat, die auf eine affektive Erregung hindeuten (BGH StV **1989** 14); Anfallsleiden (OLG Köln VRS **68** 350); auch jugendliches Alter des Täters; allenfalls ausnahmsweise jedoch die Eigenschaft als Heranwachsender (weitergehend BGH NStZ **1984** 75; BGH StV **1992** 432).

Ein schematisches Vorgehen nach der Höhe der Blutalkoholkonzentration (BAK) ist wegen **101** der ganz unterschiedlichen Auswirkungen auf Personen und in verschiedenen Tatsituationen unmöglich. Insbesondere bei starker Alkoholgewöhnung oder -toleranz hat selbst eine BAK von 3 ‰ und mehr nicht zwingend größere Ausfallerscheinungen zur Folge, während sie bei Personen ohne diese Merkmale bereits tödliche Wirkung haben kann. Bei Vorliegen einer BAK von 3 ‰ oder mehr zur Tatzeit darf eine Schuldfähigkeit des Angeklagten jedoch nur bejaht werden, wenn der Richter sich nach einer – alle wesentlichen objektiven und subjektiven Umstände im Erscheinungsbild des Täters erfassenden – Gesamtwürdigung vom Fortbestehen der Steuerungsfähigkeit ohne Zweifel überzeugen konnte.[230] Unter erheblicher Kritik im forensisch-psychiatrischen und juristischen Schrifttum[231] hatte die Rechtsprechung aufgrund einer Entscheidung des 4. Senats vom 22.11.1990 (BGHSt **37** 231 ff) zwischenzeitlich (von 1990 bis Ende 1996) versucht, die Annahme **erheblich verminderter Steuerungsfähigkeit** als „kaum widerlegbare" Folge einer BAK von 2,0 ‰ und mehr zu postulieren. Gegenüber der durch einen „wissenschaftlich gesicherten statistischen Erfahrungssatz" verbürgten Bedeutung der Blutalkoholkonzentration sollten andere psychopathologische Faktoren nur ganz ausnahmsweise von Bedeutung sein, wenn sie durch einen fachkundigen Mediziner in unmittelbarem Zusammenhang mit dem Tatgeschehen diagnostiziert würden (BGHSt **37** 231 ff, 241, 244).[232] Hintergrund dieser Rechtsprechung, der sich alle Strafsenate des BGH angeschlossen hatten, waren vor allem Praktikabilitätsgesichtspunkte (vgl. *Salger* 1988, S. 379 ff: „einfache und schnelle" sowie „rechtlich unbedenkliche" Bewältigung eines „Massenproblems").

Im Rahmen eines vom 1. Senat in die Wege geleiteten Anfrageverfahrens gemäß § 132 II, III **102** GVG sind jedoch sämtliche Strafsenate des Bundesgerichtshofs zu der seither in st. Rspr. betonten Feststellung gelangt, dass ein gesicherter medizinisch-statistischer Erfahrungssatz über die alleinige Bedeutung der Blutalkoholkonzentration für die Annahme einer Ex- oder Dekulpation nicht existiert.[233] Der Entscheidung lag ein Gutachten von *Kröber* zugrunde (NStZ **1996** 569 ff). Damit hat die **„Psycho-Diagnostik"** im Verhältnis zur „Promille-Diagnostik" wieder größere Bedeutung erlangt (vgl. *Sch/Schröder/Perron/Weißer* Rdn. 16a). BGHSt **57** 247 (m. Anm. *Schiemann* NJW **2012** 2676) hebt nunmehr sogar die Nachrangigkeit der BAK gegenüber aussagekräftigen psychodiagnostischen Kriterien hervor.[234] Doch sollen die Anforderungen an die Aussagekraft solcher Kriterien mit der Höhe der Alkoholkonzentration steigen[235] und wird der Indizwert

---

**230** BGH DAR **1993** 395; *Streng* MK Rdn. 71: Schwellenwert für erhöhten Begründungsaufwand; vgl. BGH NStZ-RR **2016** 103; NStZ **2000** 136.

**231** Aus dem rechtsmedizinischen Schrifttum vgl. die Nachweise in BGHSt **37** 231; *Glatzel* StV **1990** 132, 134; *Grüner* JR **1992** 117, 118; *Helfer/Pluisch* BA **1990** 436; *Miltner u. a.* BA **1990** 279; *Schewe* JR **1987** 179, 183; *ders.* BA **1991** 264; *Frank/Harrer/Venzlaff* S. 11, 18; *Witter* Sachverständige S. 21 („primitiver Biologismus"); **aA** *Haddenbrock* MschrKrim. **1988** 402, 405, 418; noch anders (BAK über 2 ‰ deutet auf Missbrauchgewöhnung und erhaltene Schuldfähigkeit hin) *Hommers/Stephan* S. 91, 94, 104; vgl. zur ähnlichen Beurteilung bei Betäubungsmittelmissbrauch Rdn. 51; aus der juristischen Literatur: *Blau* JR **1988** 210; *ders.* **1989** 337; *Fischer* Rdn. 19; *Foth* NJ **1991** 386, 388; *Lackner/Kühl/Kühl* § 21 Rdn. 3; *R. Lange* JZ **1991** 1071; *Mayer* NStZ **1991** 526; *Roxin/Greco* AT I § 20 Rdn. 10.

**232** Ebenso BGH JR **1988** 208; BGHR StGB § 21 BAK 6, 10; zum Grundsatz in dubio pro reo BGHR StGB § 20 BAK 10; eingehend *v. Gerlach* BA **1990** 305; *Salger* Verkehrsstrafrecht S. 9, 11; *ders.* FS Pfeiffer 379, 385; *Maatz* BA **1996** 233 ff.

**233** BGHSt **43** 66 ff = JR **1997** 514 m. zust. Anm. *Loos*; Anfragebeschluss BGH NStZ **1996** 592 ff; BGHSt **57** 247; BGH NStZ-RR **2013** 272; NStZ **2015** 634; **2016** 103.

**234** Ähnlich zuvor schon BGH NStZ **2005** 329.

**235** BGH NStZ **2000** 136; BGH bei *Pfister* NStZ-RR **2012** 161, 163.

einer (tatzeitnah gemessenen) besonders hohen Blutalkoholkonzentration bei alkoholgewohnten Tätern nicht schon durch deren unauffälliges äußeres Verhalten relativiert.[236]

103 Einigkeit bestand zwischen den Strafsenaten schon vorher darin, dass **im Bereich des § 20** eine korrespondierende Indizwirkung des Schwellenwertes von 3 ‰ (3,3 ‰) nicht besteht,[237] da es sich insoweit nicht um einen „Grenzwert" aufgrund medizinisch-statistischer Erfahrung handelt, der Gegenindizien verdrängt (BGH NStZ **1996** 593). Darin liegt kein Widerspruch. Der vermindert Schuldfähige ist schuldfähig und hebt sich lediglich graduell vom Normalen ab. Der steuerungsunfähige Täter hingegen unterscheidet sich von anderen qualitativ. Zwar hat ein besonders hoher BAK-Wert auch für § 20 großes Gewicht.[238] Gegenanzeichen können dieses Gewicht im Rahmen einer Gesamtwürdigung aber relativieren. Nur wenn **Gegenindizien** fehlen, wird bei einer über dem Schwellenwert liegenden BAK Schuldunfähigkeit regelmäßig anzunehmen sein. Das Hinzutreten weiterer belastender Faktoren kann hingegen das Gewicht des BAK-Wertes verstärken.

104 Als wichtige **psychodiagnostische Gegenindizien** sind umsichtiges Reagieren auf unvorhergesehene und plötzliche Situationsveränderungen[239] sowie außergewöhnliche Körperbeherrschung zu betrachten. Ebenso von Bedeutung sind Alkoholgewöhnung und -toleranz.[240] „Süchtiges Gleichgewicht" zeigt ebenso wie bei Betäubungsmittelabhängigen auch beim Alkoholiker, etwa beim Spiegeltrinker, voll erhaltene Schuldfähigkeit an;[241] führt der Süchtige sich den seiner Sucht entsprechenden Bedarf an Alkohol zu, befindet er sich unter dem Blickwinkel der Steuerungsfähigkeit im „Normalzustand". Planvolles, zielgerichtetes, auch äußerlich geordnetes, motorisch kontrolliertes und situationsangepasstes Verhalten besagt dagegen bei alkoholgewohnten Tätern nach ständiger Rechtsprechung wenig,[242] weil es Voraussetzung der Tat ist und Ausdruck einer durch Übung erworbenen Kompensationsfähigkeit sein kann.[243] Umgekehrt kann aber die Unsinnigkeit der Tat und diffuses, wenig folgerichtiges Vorgehen ein Anhalt für aufgehobenes Hemmungsvermögen sein.[244] Eine erhaltene Erinnerung ist allein ebenso wenig aussagekräftig, eher schon ein „Filmriss".[245] Noch weniger taugt das Kriterium der Persönlichkeitsfremdheit der Tat; es besagt nur, dass man dem nüchternen Täter die Tat nicht zutrauen würde; das ist keine nachprüfbare Aussage.[246] Die Einschätzung des Trunkenheitsgrades des Täters durch darin nicht geschulte Personen ist für die Beweiswürdigung bedeutungslos (BGH StV **1992** 317); anders die Mitteilung konkreter Indiztatsachen wie Lallen, Schwanken oder sons-

**236** BGH NStZ-RR **2016** 103; **2018** 136; BGH bei *Pfister* NStZ-RR **2019** 233 f; BGH StV **2013** 476; NJW **2015** 3525.

**237** BGHSt **35** 308, 315; BGH NStZ **1982** 376; **1991** 126, 127; BGH StV **1989** 387; BGH VRS **69** 431; BGHR StGB § 20 BAK 1–4, 6, 10, 12, 13; BGH NStE StGB § 20 Nr. 25; *Salger* Verkehrsstrafrecht S. 9, 14.

**238** BGHR StGB § 20 BAK 10, 12, 13; BGH NStZ **2000** 136; StV **1998** 256 f; OLG Karlsruhe BA **2017** 35, 36 f; OLG Hamm BA **2017** 40, 42.

**239** Vgl. BGHR StGB § 20 BAK 1; § 21 BAK 9; Alkoholauswirkungen 2, s. auch Rdn. 72 ff.

**240** *Streng* MK Rdn. 69; BGH NStZ **1997** 591f; StV **1998** 258; NStZ-RR **1997** 161.

**241** *Hommers/Stephan* S. 91, 94, 104; s. auch BGH bei *Pfeiffer/Maul/Schulte* § 51 Anm. 5.

**242** BGH StV **1991** 297; **1992** 317; BGH NStZ **1984** 408; **1987** 453; **2016**, 103; BGH bei *Pfister* NStZ-RR **2018** 161 f; BGH NStZ-RR **2020** 5; BGHR StGB § 20 BAK 12; § 21 BAK 4, 7, 15; *v. Gerlach* BA **1990** 305; s. ferner Rdn. 73; **kritisch** *Foth* NJ **1991** 386, 388; **aA** *Streng* MK Rdn. 69.

**243** BGH NStZ-RR **2020** 5; BGH bei *Pfister* NStZ-RR **2018** 162; zum geringen Indizwert des Nachtatverhaltens bei unfallbedingter Ernüchterung BGH NStZ-RR **2018** 136, 138; StraFo **2012** 109.

**244** BGHR StGB § 20 BAK 5; Bewusstseinsstörung 2; § 21 BAK 6.

**245** BGHSt **34** 22, 26; BGH NStZ **1981** 298; 1982 376; **1989** 365, BGH StV **1990** 259; **1991** 297; BGH bei *Dallinger* MDR **1953** 596; BGH bei *Holtz* MDR **1976** 632; BGH VRS **69** 431; BGH GA **1955** 269; BGHR StGB § 20 BAK 11; § 21 BAK 4; Ursachen, mehrere 11; § 323a *Rausch* 2; BGH NStE StGB § 20 Nr. 25; *Athen* Das öff. Gesundheitswesen **1985** 65; *Forster/Forster/Joachim* S. 480 ff; *Beck-Mannagetta/Reinhardt/Platz* S. 77, 97; zu weitgehend BGHR StGB § 20 Bewusstseinsstörung 5; OLG Karlsruhe BA **1991** 190; s. ferner Rdn. 184.

**246** BGH bei *Spiegel* DAR **1982** 197; *Beck-Mannagetta/Reinhardt/Platz* S. 77, 97; *Schwerd/Schewe/Reinhardt* S. 221; vgl. auch *Rasch* NJW **1980** 1309, 1312; *Venzlaff/Mende* S. 324; **aA** BGH NStZ **1981** 298.

tige motorische Ausfälle (BGHR StGB § 21 Ursachen, mehrere 11), die aber selbst bei hohen BAK-Werten fehlen können (*Hommers/Stephan* S. 91, 109).

Können belastende Indizien nicht nachgewiesen oder entlastende Indizien nicht widerlegt werden, so ist nach dem Grundsatz in dubio pro reo von den für den Beschuldigten günstigeren Begleitumständen auszugehen, wobei allerdings nicht isoliert auf das einzelne Indiz, sondern auf das Ergebnis einer Gesamtwürdigung der Gesamtanzeichen abzustellen ist (*Fischer* Rdn. 21a). Gegenüber aussagekräftigen psychodiagnostischen Beweisanzeichen ist einem Blutalkoholwert insbesondere dann geringere Bedeutung beizumessen, wenn dieser lediglich auf Grund von Trinkmengenangaben nach längerer Trinkzeit ermittelt worden ist.[247] Eine tatzeitnah gemessene BAK von **mehr als 2 ‰** stellt aber nach wie vor das wichtigste Indiz für eine erhebliche Verminderung der Steuerungsfähigkeit dar (*Schöch* GA **2006** 372). 105

**Die Ermittlung der Tatzeit-BAK** geschieht durch *Hinrechnung* (aus den Trinkmengen vor der Tat) oder *Rückrechnung* (aus einer nach der Tat entnommenen Blutprobe).[248] 106

**Die Hinrechnung** beruht auf der festgestellten Trinkmenge vor der Tat aufgrund der Angaben des Angeklagten und etwaiger Zeugen, auch wenn diese nur eine ungefähre zeitliche und mengenmäßige Eingrenzung des Alkoholkonsums ermöglichen.[249] Daraus ergäbe sich eine BAK, die vorhanden wäre, wenn der aufgenommene Alkohol insgesamt und gleichzeitig ins Blut gelangt und damit im Zentralnervensystem wirksam geworden wäre. Weil nicht der gesamte Alkohol in dieser Weise wirksam und der ins Blut gelangte fortlaufend (aber nicht unbedingt gleichmäßig) abgebaut wird, sind von der theoretischen BAK mit Hilfe der sog. Widmark-Formel Abzüge wegen der Verteilung des Alkohols im Körpergewebe zu machen sowie ein Resorptionsdefizit und der Alkoholabbau zu berücksichtigen.[250] 107

Nach der Widmark-Formel (c=A/p x r) ist die aufgenommene Alkoholmenge in Gramm (A) durch das reduzierte Körpergewicht in kg zu teilen. Das reduzierte Körpergewicht spiegelt die Verteilung des Alkohols im gesamten Körpergewebe (also außerhalb des Bluts) wider; dazu ist das Körpergewicht (p) mit dem sog. Verteilungsfaktor c (in der Regel 0,7) zu multiplizieren. **Beispiel:** Der 70 kg schwere Täter hat von 16 Uhr bis zur Tat um 21 Uhr 4 l Bier getrunken. 4 Liter Bier enthalten durchschnittlich 160 g Alkohol.[251] Die Höchst-BAK beträgt nach Errechnung des reduzierten Körpergewichts (70 × 0,7 = 49 kg) 160 g geteilt durch 49 kg = 3,26 ‰.[252] Hiervon abzuziehen sind das Resorptionsdefizit (nicht vom Körper resorbierter Alkohol, zwischen 10 und 30 %, in dubio pro reo mithin: 10 %)[253] von 0,32‰ sowie der Abbau über 5 Stunden (in dubio 0,1‰ pro Stunde) = 0,5‰. Der Täter hätte hiernach im Tatzeitpunkt eine für die Beurteilung maßgebende BAK von 2,44‰ gehabt. Um die Nachprüfung eines derartigen Ergebnisses zu ermöglichen, bedarf es der Feststellung des Körpergewichts, der Getränkeart, der Trinkmenge und der Trinkzeit im Urteil.[254] Doch darf die scheinbare Genauigkeit der Berechnung nicht darü- 108

---

247 BGH NStZ **1998** 457 f; BGHSt **35** 308, 315.

248 Zu den untereinander abweichenden Berechnungsarten bei Beurteilung der **Fahrtauglichkeit:** BGHSt **25** 246, 250; BGH NStZ **1986** 114; BGHR StGB § 316 I Fahruntüchtigkeit, absolute 1; *Salger* DRiZ **1989** 174; der **Glaubwürdigkeit** einer Beweisperson: BGHR StGB § 21 BAK 1, 3, 7, 8, 18; bei **Plausibilitäts- oder Kontrollberechnungen** findet der Zweifelssatz keine Anwendung (BGHR StGB § 20 BAK 3).

249 BGH bei *Pfister* NStZ-RR **2019** 233, 234; BGH NStZ **2010** 257; *Krumm* NJW **2010** 1577; zur Würdigung von Trinkmengenangaben des Angeklagten BGH NStZ **1991** 126, 127.

250 BGHSt **34** 29, 32; **35** 286, 288; **37** 231, 238; BGHR StGB § 20 BAK 2, 4; BGH VRS **71** 176; zur Bedeutung von Atemalkohol-Werten s. *Schoknecht/Schröder* BGesundheitsbl. **1992** 435; Denkschrift d. Deutschen Gesellschaft f. Rechtsmedizin, BA **1992** 108, 116; *Schoknecht/Brackemeyer* BA **1992** 316; *Graw/Haffner* Zeitschrift für Verkehrssicherheit **2016**, 13.

251 *Gerchow/Heberle* Alkohol-Alkoholismus-Lexikon S. 30; *Janiszewski/Jagow/Burmann* StVO 19. Aufl. § 316 StGB Rdn. 39.

252 Einzelheiten bei *Forster/Brettel* S. 450.

253 BGHSt **37**, 231; BGH NJW **1998** 3427.

254 BGHR StGB § 20 BAK 5, 11, 12; § 12 BAK 2.

ber hinwegtäuschen, dass der sog. Reduktionsfaktor ein Durchschnittswert ist, welcher die Berechnung mit beträchtlichen Unsicherheiten behaftet.

109 **Die Rückrechnung** auf der Grundlage einer nach der Tat entnommenen Blutprobe ist bis zu einem Zeitraum von 10 Stunden einfacher. Wenn zwischen Tat und Blutentnahme kein Nachtrunk stattgefunden hat, ist zugunsten des Täters ein stündlicher Alkoholabbau von 0,2 ‰ und zusätzlich ein einmaliger Sicherheitszuschlag von 0,2 ‰ anzusetzen (BGHSt **37** 231, 237).[255] Ein individueller Abbauwert, welchen man früher aus der Differenz zweier im Abstand entnommener Blutproben zu ermitteln suchte, ist nach medizinischer Erkenntnis nicht feststellbar.[256] Auch die Dauer der Resorptionsphase, in welcher die BAK-Kurve noch ansteigt, lässt sich nicht im Einzelfall bestimmen. Sie kann an sich zwar bis zu 2 Stunden dauern (BGHSt **25** 246, 250 bezüglich der belastenden Rückrechnung für die Fahruntüchtigkeit gem. § 316 StGB). Um eine Benachteiligung des Angeklagten auszuschließen, ist aber bei der Beurteilung der Schuldfähigkeit anzunehmen, dass die Resorption im Tatzeitpunkt abgeschlossen und der Scheitelpunkt der BAK-Kurve erreicht war. In die Rückrechnung ist daher der gesamte zwischen Tat und Blutentnahme verstrichene Zeitraum einzubeziehen.[257]

110 Für die Rückrechnung kann ein **Nachtrunk** Bedeutung erlangen. Steht er fest, ist aus der festgestellten Nachtrunkmenge mit Hilfe der Widmark-Formel (Rdn. 108) ein BAK-Wert zu ermitteln,[258] welcher vom Ergebnis der Rückrechnung abzuziehen ist, weil der Nachtrunk im Tatzeitpunkt keine Bedeutung für die Schuldfähigkeit hatte. Der In-dubio-Satz gebietet hierbei aber, die Berechnungsfaktoren so zu handhaben, dass sich ein möglichst niedriger Nachtrunkwert ergibt, denn je geringer der Abzug wegen Nachtrunks ist, desto höher ist der verbleibende Tatzeitwert. Ein höherer BAK-Wert aber wirkt bei der Prüfung der Schuldfähigkeitsfrage zugunsten des Angeklagten. Daher ist für den Nachtrunk ein Resorptionsdefizit von 30 % anzunehmen (BGHR StGB § 21 BAK 10). Ein Abzug für Alkoholabbau im Blut scheidet hingegen aus. Der bei der Rückrechnung ohnehin berücksichtigte stündliche Abbau von 0,2 ‰ ist bereits ein Maximalwert, er verändert sich nicht dadurch, dass der Täter nach der Tat weiteren Alkohol zu sich nimmt.

Ein nur möglicher Nachtrunk bleibt für die Schuldfähigkeitsbeurteilung außer Betracht. Seine Berücksichtigung würde gegen den In-dubio-Satz verstoßen, weil sich daraus zu Lasten des Täters eine Verminderung der Tatzeit-BAK ohne feststehende Tatsachengrundlage ergäbe.

111 Stets ist jedoch der eingeschränkte Beweiswert errechneter BAK-Werte aufgrund von **Trinkmengenangaben** oder bei einer **Rückrechnung über lange Zeiträume** zu beachten.[259] Dieser hat jedenfalls nicht dieselbe Indizwirkung für die Schuldfähigkeit wie der von einer Blutprobe ohne oder mit kurzzeitiger Rückrechnung entnommene Wert (BGHSt **36** 286, 289). Dies ändert aber nichts daran, dass es bei nicht widerlegbaren Trinkmengenangaben der Zweifelssatz gebietet, den errechneten Maximalwert mit der sich daraus ergebenden Indizwirkung der Beurteilung der Schuldfähigkeit zugrunde zu legen, wenn keine kontraindikatorischen Beweisanzeichen vorhanden sind.[260] Dies führt in der Regel zur Annahme verminderter Schuldfähigkeit beim Überschreiten des Schwellenwertes (Rdn. 45; s. ferner Rdn. 235). Allerdings verbietet es der Zweifelssatz nicht, die errechnete BAK in eine Gesamtwürdigung aller für die Schuldfähigkeit relevanten Feststellungen zum Tatgeschehen und zum Täterverhalten – also Beweisanzeichen im weiteren Sinne wie Alkoholgewöhnung und Tatplanung – einzubeziehen, weshalb in aller

---

**255** Gutachten von *Gerchow/Heifer/Schewe/Schwerd/Zink* BA **1985** 77, nunmehr ständige Rechtsprechung, vgl. BGH NStZ **1991** 329; **aA** für Alkoholiker (0,29 ‰ und mehr pro Stunde + 0,2 Sicherheitszuschlag) *Haffner u. a.* BA **1992** 46; s. auch *Bilzer u. a.* BA **1991** 377.

**256** BGHSt **34** 29, 32; BGH NStZ **1991** 329 m. Anm. *Grüner* JR **1992** 117; BGH NStZ **1986** 114; BGH VRS **71** 176, 360.

**257** *Salger* DRiZ **1989** 174; **aA** *Grüner* JR **1992** 118.

**258** Näher zu den Berechnungsmethoden *Verhoff/Wunder/Paulke/Toennes* BA **2017** 1 ff.

**259** BGH NStZ **2000** 136 f; **1998** 457; **1995** 226; nach *Kröber* NStZ **1996** 569, 576 sogar indiziell bedeutungslos und praktisch irreführend; ähnlich *Kröber* Sucht **2001** 341 ff.

**260** BGHSt **36** 286, 291; BGH NStZ **1989** 17; Bay-ObLG VRS **82** 182.

Regel doch ein völliger Ausschluss der Steuerungsfähigkeit verneint werden kann.[261] Führt die Trinkmengenangabe zu einer unrealistisch hohen BAK sind Kontrollrechnungen mit anderen medizinisch möglichen Resorptions- und Abbauwerten durchzuführenden. Innerhalb der sich daraus ergebenden Spanne aus dem Höchst- und Mindestwert ist unter Berücksichtigung psychodiagnostischer Kriterien ein realistisch erscheinender Wert zugrunde zu legen.[262] Ist der genaue Tatzeitpunkt nicht festzustellen und hat der Angeklagte in den Tagen vor der Tat und darüber hinaus durchgehend in erheblichem Maße Alkohol konsumiert, so ist für einen Ausschluss der Schuldunfähigkeit die Feststellung erforderlich, dass für den gesamten in Betracht kommenden Tatzeitraum die BAK des Täters den Wert von 3‰ nicht erreicht hat.[263]

Noch keine einheitliche Linie hat die Rechtsprechung dazu gefunden, ob aus der **Alkoholgewöhnung** und -verträglichkeit Rückschlüsse auf eine trotz erheblicher BAK erhalten gebliebene Steuerungsfähigkeit gezogen werden können (Nachweise bei *Sch/Schröder/Perron/Weißer* Rdn. 16d). Diese werden von psychiatrischer und gerichtsmedizinischer Seite für besonders wichtig gehalten.[264] 112

Relevante Beeinträchtigungen **unterhalb der Schwellenwerte** wurden bei folgenden physischen und psychischen Befindlichkeiten in Verbindung mit Alkohol anerkannt: Affekte oder affektive Erregungen,[265] ein Unfallschock (BGH VRS **24** 189), hirnorganische Schädigungen (BGH NStZ **1992** 32; StV **1987** 246 m. Anm. *Neumann* StV **1993** 187), Schizophrenie (BGH NStZ **1991** 352), schwere Persönlichkeitsstörung (BGH NStZ **1999** 508), schwere neurotische Fehlentwicklung (BGH NJW **1984** 1631), soziopathische Persönlichkeitsstruktur (BGH StV **1993** 185f; BGH-R § 20, Ursachen, mehrere 2), die zusätzliche Einnahme von Drogen (BGH StV **1988** 294; zur Wirkung von Kokain bei einer BAK von 3,1 ‰ BGH StV **2019** 228) und das Zusammenwirken mit Medikamenten (OLG Karlsruhe VRS **80** [1991] 440, 448); zur Einlassung, die BAK sei durch den Genuß alkoholhaltiger Lebensmittel hervorgerufen worden *Kegler/Boy/Büttner* BA **2019** 172. 113

Zu den Ausnahmefällen, in denen der Grad der Alkoholisierung geringere Bedeutung hat, gehört die durch gesteigerte Erregung gekennzeichnete abnorme Alkoholreaktion (sogenannter abnormer oder komplizierter Rausch), bei dem lediglich eine quantitative Steigerung der Alkoholwirkung eintritt, die sich in einer außergewöhnlich starken Ausprägung einzelner rauschtypischer Merkmale wie Streitsucht oder Gereiztheit äußert (BGHSt **40** 198, 199). Davon zu unterscheiden ist der sog. **pathologische Rausch**, der nach der psychiatrischen Literatur äußerst selten auftritt und als ein durch Alkohol ausgelöster Dämmerzustand beschrieben wird. Dabei handelt es sich um äußerst intensive Wut- und Angstaffekte, welche das alkoholbedingte dämmrige Bewusstsein psychogen noch weiter einengen (*Saß/Joachim* Affektdelikte [1993] S. 187). Ein pathologischer Rausch entsteht fast immer aufgrund einer Hirnschädigung oder einer schwerwiegenden körperlichen Erkrankung, die eine Alkoholunverträglichkeit zur Folge haben.[266] Sein Ablauf ist gekennzeichnet durch rasches, gleichzeitiges Einsetzen von vitaler Erregung, Bewusstseinsstörung und einem massiven Affektausbruch (zu den Voraussetzungen vgl. BGH NJW **1994** 2426 f = JR **1995** 115 ff m. Anm. *Blau*). Die Erlebniszusammenhänge haben keine durchschaubaren Sinnbezüge mehr. Die Grundstimmung ist meistens die Angst. Das Handeln erscheint nur noch von Affekt erfüllt und enthält kein gegenständliches Erleben mehr (*Saß/Joachim* Affektdelikte [1993] S. 187). Körperliche Anzeichen, wie sie bei einem Alkoholrausch 114

**261** Vgl. BGHSt **35** 308, 316 f; *Streng* MK Rdn. 30, 72.

**262** BGH NStZ **2008** 70; **1998** 459; BGH NStZ-RR **1997** 33 f; BGH BA **2000** 186; *Fischer* Rdn. 15a; *SSW/Kaspar* Rdn. 43.

**263** BGHR StGB § 20 BAK 15; zur Berücksichtigung leerlaufender Abbauzeiten, wenn der Angeklagte vor der Tat in zwei Phasen Alkohol getrunken hat vgl. BGH NStZ **1994** 334.

**264** Vgl. *Kröber* NStZ **1996** 569 ff; *Joachim* nach BGH NStZ **1996** 592 ff.

**265** BGHSt **35** 308, 317; BGH NStZ **1986** 114; **1987** 321; **1988** 268 mit Anm. *Venzlaff*; **1997** 232; **1999** 508.

**266** Hierzu und zum Folgenden BGHSt **40** 198, 200; **krit.** *Schneider/Frister* S. 28, die wegen der unspezifischen und differenzialdiagnostisch wenig trennscharfen Merkmale auf diese diagnostische Kategorie verzichten wollen; differenzierend *Konrad* MEDSACH **1995** 5 ff.

üblicherweise zu beobachten sind – Torkeln, Taumeln oder verwaschene Sprache –, fehlen. Dem laienhaften Betrachter vermittelt der Berauschte eher den Eindruck eines Geisteskranken als den eines Volltrunkenen. Das anfallsartige Geschehen endet in der Regel in einem narkoseähnlichen Schlaf, aus dem der Betroffene fast immer ohne Erinnerung erwacht (BGHSt **40** 200 mit Nachweisen aus der psychiatrischen und rechtsmedizinischen Literatur). Ein solcher pathologischer Rausch begründet wegen seines den endogenen Psychosen vergleichbaren Bildes Schuldunfähigkeit (bei erstmaligem Auftreten kann dem Betroffenen auch kein Schuldvorwurf unter dem Aspekt der actio libera in causa oder des Sichberauschens im Sinne des § 323a StGB gemacht werden).[267]

115 **Fehlen** zuverlässige Berechnungsgrundlagen für die Bestimmung der Tatzeit-**BAK**, so ist der Richter in der Regel[268] gehalten, sich unter Beachtung des Zweifelssatzes eine Überzeugung davon zu verschaffen, welche Höchstmenge aufgenommenen Alkohols nach der Sachlage in Betracht kommt,[269] doch muss er sich nicht in reiner Spekulation ergehen.[270] Ergeben sich zureichende tatsächliche Anknüpfungspunkte, ist zwar eine Schätzung zulässig und geboten (BGHR StGB § 21 BAK 23). Der Richter ist aber nicht verpflichtet, Sachverhalte zugunsten des Angeklagten zu unterstellen, für die es keinen begründeten Anhalt gibt.[271] Lassen sich nach Erschöpfung aller Beweismöglichkeiten keine Erkenntnisse darüber gewinnen, dass der Täter erheblich alkoholisiert war, ist daher volle Schuldfähigkeit anzunehmen.[272] Auf eine eingehende Erörterung des Trunkenheitsgrades kann der Richter ferner verzichten, wenn die Angaben des Angeklagten über seinen Alkoholgenuss (bei fehlender Blutprobe) die Möglichkeit einer Beeinträchtigung der Schuldfähigkeit nicht nahe legen (OLG Düsseldorf JZ **1990** 100). Umgekehrt müssen festgestellte psychodiagnostische Merkmale auch dann geprüft und im Hinblick auf die Frage der Schuldfähigkeit gewürdigt werden, wenn Feststellungen zur Menge des getrunkenen Alkohols und zur BAK unmöglich sind. Unerheblich ist Alkoholgenuss im Falle der actio libera in causa (Rdn. 194).

## 4. Drogenkonsum und -abhängigkeit

116 können sich in vielfältiger Weise auf die von der Rspr. seit Jahrzehnten unverändert restriktiv[273] vorgenommene Beurteilung der Schuldfähigkeit[274] auswirken. Die bloße Abhängigkeit von Drogen[275] kann eine schwere andere seelische Abartigkeit sein, soweit sie nicht wegen körperlicher Abhängigkeit zu den krankhaften seelischen Störungen gehört (Rdn. 92). Sie beeinflusst für sich genommen die Steuerungsfähigkeit nicht (*Maatz* BA Supplement **2003** 7 ff m.w.N). Ihr Ausschluss ist jedoch in Betracht zu ziehen,[276] wenn langjähriger Betäubungsmittelmissbrauch zu schwersten Persönlichkeitsveränderungen geführt hat. In diesen Fällen liegt regelmäßig zugleich ein organischer Befund und damit eine krankhafte seelische Störung vor. Ebenso zu beur-

---

**267** BGHSt **40** 198, 200; **krit.** aufgrund empirischer Befunde *Winckler* Nervenarzt **1999** 1; *Fischer* Rdn. 18.

**268** BGH NJW **1986** 1555, 1557; StV **1989** 12 m. Anm. *Weider*, BGHR StGB § 21 BAK 13.

**269** BGHR StGB § 20 BAK 1; § 21 BAK 22; Ursachen, mehrere 12.

**270** BGH NStZ **1992** 32; weitergehend BGH StV **1992** 317.

**271** BGH NStZ **2007** 266; BGHSt **34** 29, 34; BGHR StGB § 21 BAK 22.

**272** BGH bei *Pfister* NStZ-RR **2018** 161 f; BGHR StGB § 21 BAK 9, 13.

**273** *Pfister* FPPK **2009** 253, 257.

**274** Zur Begutachtung bei Drogenkonsumenten *Glatzel* Kriminalistik **1996** 799; *Erkwoh/Saß* Rechtsmedizin **1996** 105; *Schramm/Kroeber* MEDSACH **1994** 205; *Täschner* BA **1993** 313; sowie die Beiträge von *Kauert, Maatz, Täschner, Wendt/Kröber* in BA Supplement **2003** 3–28.

**275** Dazu *Geschwinde* Rauschdrogen 2. Aufl. [1990]; *Maatz/Mille* DRiZ **1993** 15; *Oehmichen u. a.* Drogenabhängigkeit 1992; *Theune* NStZ **1997** 57 ff.

**276** BGH StV **1988** 198 m. Anm. *Kamischke;* BGH bei *Schoreit* NStZ **1990** 331; BGH bei *Schmidt* MDR **1991** 1115; BGHR StGB § 21 BtM-Auswirkungen 6, 8, 10, 11; BGH NStZ **2013** 53; *Venzlaff/Finzen* S. 277; *Gerchow* Psychiatrie d. Gegenwart 3 S. 81, 90; *Kreuzer* NJW **1979** 1241, 1243; *Salger* DAR **1986** 383; *Täschner* NJW **1984** 638, 639.

teilen ist ein akuter Rausch. Schwere Entzugserscheinungen können die Steuerungsfähigkeit bei Beschaffungsdelikten in Ausnahmefällen, zumal in Kombination mit Persönlichkeitsveränderungen, gleichfalls aufheben.[277] Die Angst vor nahe bevorstehenden, schon einmal als „grausamst" erlebten Entzugserscheinungen, mögen mitunter den Drang zur Beschaffungskriminalität übermächtig werden lassen und die Voraussetzungen des § 21,[278] nicht aber von § 20 begründen.[279] Eine Drogenabhängigkeit, welche sich nicht tatmotivierend ausgewirkt hat, ist gänzlich bedeutungslos (BGHR StGB § 21 BtM-Auswirkungen 2; seel. Abartigkeit 17).

Ein weiterer, aber nicht einheitlich beurteilter Fall möglicher Schuldunfähigkeit ist der sog. **„flash back"**, bei dem nach längerer Enthaltsamkeit von LSD oder Haschisch, also ohne akute Intoxikation, aus ungeklärter Ursache die Symptome eines schweren Rausches auftreten.[280] **117**

Es fehlen bislang verlässliche Maßstäbe zur nachträglichen Bestimmung der Wirkmenge von Drogen und für die nachträgliche Beurteilung der Schuldfähigkeit an Hand des Ausmaßes der Betäubungsmittelaufnahme. **Methoden** der Hinrechnung zur Tat und der Rückrechnung nach der Tat wie beim Alkohol (Rdn. 106 ff) gibt es nicht. Dies ist bei einem schweren akuten Rausch weniger problematisch, da die Beurteilung der Psychose nach denselben Kriterien wie bei einem Alkoholrausch, bei dem Blutprobe und Trinkmengenangaben fehlen, also nach psychodiagnostischen Merkmalen, vorzunehmen ist (*Foerster/Graw/Thieme*[6] S. 216 f). Weniger problematisch ist auch die Beurteilung ausgeprägter drogeninduzierter Persönlichkeitsdepravationen[281] als schwere andere seelische Abartigkeit. Misslich ist das Fehlen eines der BAK vergleichbaren Parameters aber in den Fällen, in denen es nicht zu einem schweren Rausch gekommen ist, in denen Nachwirkungen einer Drogenaufnahme abzuschätzen sind oder in denen Drogengenuss im Zusammenhang mit anderen belastenden Faktoren zu beurteilen ist. Es geht hier in aller Regel um die Voraussetzungen des § 21 (*Frank/Harrer/Platz* S. 113, 128; *Schwerd/Schewe/Reinhardt* S. 234). **118**

Der Wissenschaft ist es zwar gelungen, Drogen und ihre Abbauprodukte im Blut, im Urin und in den Haaren (*Balabanova u. a.* Zeitschr. f. Rechtsmedizin **1989** 503; *Reinhardt/Sachs* FS Schewe 261) nachzuweisen. Sogar der Verzehr geringer Mengen Mohnkuchen hinterlässt entsprechende Spuren (*Forster/Logemann/Werp* S. 763). Aber bei einer Droge wie Haschisch gestattet ein positiver Urinbefund lediglich den Schluss, dass Cannabis konsumiert wurde. Über den Zeitpunkt des Konsums und über die aufgenommene Menge sind Feststellungen hingegen kaum jemals möglich (dazu auch Rdn. 121). Wegen der unerforschten individuellen Wirkungen von Drogen ist auch eine hinreichend zuverlässige Aussage über die Korrelation zwischen Urin- oder Blutbefund und Beeinträchtigung der Steuerungsfähigkeit nicht möglich.[282] Feststehen dürfte lediglich, dass mit dem Suchtgewöhnungseffekt die Wirkung der einzelnen Dosis abnimmt. Es bleibt mithin lediglich der Versuch, aus **psychodiagnostischen Merkmalen** unter Verwertung des Blut-, Urin- oder Haarbefundes Rückschlüsse auf die Tatzeit-Befindlichkeit des Täters zu ziehen (OLG Köln StV **1992** 167). **119**

Dementsprechend haben bei der **Begutachtung von Drogenabhängigen** weniger die Intensität und Dauer des Konsums als vielmehr die psychopathologischen Folgen und Persönlichkeitsveränderungen Bedeutung.[283] Deren Abklärung beruht auf einer medizinischen Objektivie- **120**

---

**277** BGHR StGB § 20 BtM-Auswirkungen 1; BGH NStZ-RR **1997** 227 ff; NStZ **2001** 82 f; **2002** 31 f; NStZ-RR **2013** 519; **2017** 167.

**278** BGHR StGB § 21 BtM-Auswirkungen 5,7,9,11,16; BGH NStZ **1990** 384; NStZ-RR **2001** 81; NStZ **2012** 44; BGH bei *Pfister* NStZ-RR **2017** 163.

**279** *Gouzoulis-Mayfrank* FPPK **2009** 174; *Haddenbrock* Schuldfähigkeit S. 273; *Täschner* NJW **1984** 638, 639; *Haesler/Vossen* S. 311, 314; **aA**, aber undifferenziert, *Kellermann* in Sucht u. Delinquenz S. 77, 79.

**280** *Forster/Logemann/Werp* S. 776; *Schwerd/Schewe/Reinhardt* S. 234; *Venzlaff/Schleuss* S. 445.

**281** *Müller/Nedopil* S. 171; zur geringeren kriminogenen Bedeutung *Schwerd/Schewe/Reinhardt* S. 233.

**282** *Gerchow* BA **1985** 152; **1987** 233; in *Oehmichen u. a.* S. 175, 182; 25. Deutscher Verkehrsgerichtstag (1987) S. 38, 40; *Forster/Logemann/Werp* S. 779; *Maatz/Mille* DRiZ **1993** 15, 24; *Salger* DAR **1986** 383, 388.

**283** *Müller/Nedopil* S. 169 f; vgl.auch *Gouzoulis-Mayfrank* **2009** 273.

rung des vom Probanden angegebenen[284] Drogenmissbrauchs, der Quantifizierung der Sucht u. a. mit Hilfe von Stadieneinteilungen[285] und auf dem Abgleich mit der Primärpersönlichkeit. Probleme bereiten die Objektivierung eines länger zurückliegenden Konsums und die Beurteilung des Beschaffungsdrucks bei noch nicht ausgeprägter oder sich entwickelnder Persönlichkeitsdepravation.

## 5. Medikamente

121 Wie beim Drogeneinfluss ist auch die Beurteilung der durch zentral wirksame Medikamente (sog. psychotrope Substanzen wie Benzodiazepine, morphinhaltige Medikamente, Neuroleptika; nicht andere Medikamente wie Herz- und Kreislaufmittel, Antihistaminica oder pflanzliche Beruhigungsmittel, die allenfalls Übermüdung zur Folge haben) hervorgerufenen Beeinträchtigungen nicht anhand allgemein gültiger Messgrößen oder Gesetzmäßigkeiten[286] möglich. Allerdings sind die in Blut- und Urinproben des Täters ermittelten Wirkstoffe und Abbauprodukte nicht ohne Bedeutung. Mit einiger Zuverlässigkeit lässt sich daraus immerhin die Größenordnung der Medikamentenaufnahme abschätzen; etwaige Angaben des Täters zu seinem Tablettenkonsum lassen sich hiermit überprüfen (s. *Aderjan/Schmidt* MEDSACH **1980** 92). Hohe Konzentrationen werden im Übrigen eine Beeinträchtigung der Steuerungsfähigkeit eher anzeigen als niedrige und umgekehrt. Die bloße Abhängigkeit von psychotropen Medikamenten ist kein Grund, die volle Schuldfähigkeit des Täters anzuzweifeln, weil Medikamentensucht qualitativ nichts anderes als Betäubungsmittelabhängigkeit ist. Eine akute Intoxikation hingegen kann zu Bewusstseinstrübungen bis hin zum Verlust der Handlungsfähigkeit führen; bei Schlafmittelabhängigkeit ist auch eine Wirkungsumkehr des Medikaments hin zum Aufputschen möglich (BGHR StGB § 21 Ursachen, mehrere 10).

122 In der Praxis führt die Einnahme eines einzigen Medikaments selten zu größeren Begutachtungsproblemen. Schwieriger zu beurteilen sind **Kombinationswirkungen** verschiedener Medikamente oder von Medikamenten mit Drogen und Alkohol (hierzu *Forster/Joachim* S. 404; *Glatzel* Forens. Psychiatrie S. 112). Betäubungsmittelabhängige suchen häufig durch die Einnahme von Benzodiazepinen (früher Valium mit dem Wirkstoff Diazepam, seither Rohypnol mit dem Wirkstoff Flunitrazepam) die als angenehm empfundenen Wirkungen des Betäubungsmittelgenusses zu steigern und zu verlängern oder unangenehme Begleiterscheinungen und Entzugssymptome zu bekämpfen. Aussagen zu § 20 oder § 21 sind auch in diesen Fällen nur im Wege einer Gesamtwürdigung[287] der psychodiagnostischen Beurteilungsmerkmale und des Blut- oder Urinbefundes zu treffen (*Salger* Verkehrsstrafrecht S. 9, 18), wobei wiederum die feststellbaren Verhaltensauffälligkeiten und das Leistungsverhalten des Täters größeres Gewicht haben (*Pluisch* NZV **1996** 98 ff).

## 6. Affekte

123 Unter den tiefgreifenden Bewusstseinsstörungen haben die **normalpsychologischen Affekte**, d. h. solche, die nicht als Symptom einer Krankheit in Erscheinung treten, die mit Abstand größte forensische Bedeutung. Wegen der fehlenden Spezifität von Erregungszuständen im Kontext mit Straftaten, der im Unterschied zu anderen Eingangsmerkmalen bei tiefgreifenden Bewusst-

284 Zur Pflicht des Richters, Konsumangaben des Beschuldigten zu überprüfen, BGH NStZ **2000** 86.
285 Nach wie vor gebräuchlich ist die vier Stadien umfassende Einteilung von *Waldmann* **1975**.
286 Zur fehlenden Validität der Halbwertzeit oder der bloßen Wirkstoffmenge *Forster/Logemann/Werp* S. 722, 726 ff (s. aber auch *Kemper* DAR **1986** 391); *Forster/Joachim* S. 397; *Gerchow* BA **1987** 233; *Kemper* DAR **1986** 391, 394; *Maatz/Mille* DRiZ **1993** 15, 24.
287 BGH NStZ **1995** 226 mit Anm. *Pluisch* NStZ **1995** 330.

seinsstörungen nicht vorhandenen Trennung zwischen der Diagnose und der daraus resultierenden psychischen Beeinträchtigung,[288] der in aller Regel fehlenden Möglichkeit, Sanktionsbedürfnissen auf der Maßregelspur Rechnung zu tragen und schließlich wegen der Probleme der Tatrekonstruktion ist die Affektbeurteilung eine ausgesprochen schwierige, in besonderer Weise normativ aufgeladene Fragestellung der Schuldfähigkeitsbeurteilung. Als konstellative Faktoren spielen Übermüdung und Erschöpfung[289] eine gewisse Rolle, in besonderen Konstellationen auch gruppendynamische Effekte in Verbindung mit Alkoholisierung bei Gewalttaten Jugendlicher (*Schumacher* StV **1993** 549). In seltenen Fällen können Affekte den Tatvorsatz[290] sowie besondere Bewusstseinsformen wie bei den niedrigen Beweggründen und der Heimtücke in § 211[291] berühren, in der Regel aber eher die **Steuerungsfähigkeit**, während das Unrechtsbewusstsein erhalten bleibt.[292] Nur ausnahmsweise kommt ein völliger Schuldausschluss in Betracht, der auch im Zusammenwirken von Affekt und alkoholischer Enthemmung möglich ist.[293]

Eine überzeugende **Definition** des Begriffs Affekt ist bisher nicht gelungen. Seine Kenn- **124**
zeichnung als „Höchstform der Erregung" (BGHSt **11** 20, 24) bzw. als reaktives seelisches Gefühl von akutem Charakter, starkem Grad und mit körperlichen Begleiterscheinungen (*Saß* Nervenarzt **1983** 557, 558)[294] beschreibt immerhin wesentliche Aspekte. Es geht stets um Zustände höchster Erregung (*Saß* Affektdelikte, S. 1: impulsive Taten im Zustand hochgespannter Affekterregung), die das Bewusstsein in unterschiedlichem Maße einengen können, also um normalpsychologische Erscheinungen, bei denen es entscheidend auf das Ausmaß der Bewusstseinsverengung ankommt, insbesondere auf den Verlust der bewussten Beziehung zur Umwelt.[295] Zu unterscheiden sind dabei sthenische und asthenische Affekte.

**Sthenische Affekte** sind Wut, Hass, Zorn (*Saß/Rauch* Affektdelikte 1993, S. 202); sie sind **125**
häufige Ursache von Gewalttaten gegen Leib und Leben sowie von Beleidigungen. Das Gesetz hat für sie Sonderregelungen in § 213 1. Alt. und §§ 199, 233 geschaffen. Es gibt geradezu typische Konstellationen, in denen Selbstbeherrschung eine die Kräfte des Täters übersteigende Aufgabe sein kann. Geschehensabläufe dieser Art – in erster Linie ist der partnerschaftliche Beziehungskonflikt zu nennen – werfen zwar nicht die Frage nach der Unrechtseinsicht auf,[296] weil der Affekttäter die Tat in ihrer Bedeutung regelmäßig klar erfasst und mit dieser Bedeutung will.[297] Infolge einer Einengung und Fixierung seines Bewusstseins auf bestimmte, konfliktbeladene Gedankeninhalte und Vorstellungen kann aber die Fähigkeit zum Abwägen, also die Steue-

**288** *Müller/Nedopil* S. 278; vgl. *Haas* FS Krey 117, 130 f.

**289** BGH BeckRS **2007** 5469; BGH NStZ **1983** 280; RG HRR **1939** Nr. 1063.

**290** BGH VRS **20** 47; *Geilen* FS Maurach 173, 176; *E. A. Wolff* FS Gallas 197, 209 Fn. 49; *Prittwitz* GA **1994** 454 ff hält jedenfalls dolus eventualis bei Affekttaten für ausgeschlossen; **aA** *Bockelmann* GedS Radbruch 252, 256; *Krümpelmann* Affekt S. 208; *Schewe* Reflexbewegung S. 107; *Ziegert* S. 21, 171; *Stratenwerth* FS Welzel 289, 300; **krit.** *Maatz* Nervenarzt **2005** 1393, der zutreffend auf die Gefahr einer Überstrapazierung der Hemmschwellentheorie bei vorsätzlicher Tötung hinweist.

**291** Zu den besonderen Darlegungserfordernissen BGHSt **53** 31 f m. Anm. *Streng* JR **2009** 341; BGH NStZ **2008** 510 f; StV **2010** 287, 289; sehr restriktiv aus forensisch-psychiatrischer Sicht *Dannhorn* NStZ **2007** 297.

**292** BGHSt **2** 194, 206; zum Merkmal „tiefgreifend" Rdn. 62 ff.

**293** BGH StV **1994** 13; NStZ **1997** 232 f; vgl. BGH NJW **2009** 305; BGH StV **2017** 584; einschränkend *Maatz* Nervenarzt **2005** 1393, 1401.

**294** Weitere Begriffsbestimmungen *Blau* FS Tröndle 109; *Diesinger* S. 4; *Geilen* FS Maurach 173, 175; *Glatzel* Kriminalistik **1995** 454; *Krümpelmann* ZStW **99** (1987) 191, 202; *Quatember* Forensia **2** (1977/78) 55; *Rudolphi* FS Henkel 199, 201; *Saß/Kröber* Affektdelikte, S. 77 ff; *Saß/Krümpelmann* Affektdelikte, S. 18 ff; für Einordnung als schwere andere seelische Abartigkeit *Schorsch* R & P **1988** 10, 19; aus anderen Gründen auch *Haddenbrock* Schuldfähigkeit S. 275; dazu Rdn. 16.

**295** *Kaiser/Schöch/Kinzig* Schuldfähigkeit, Fall 4 Rdn. 41; *Schöch* MschrKrim. **1983** 333 342 mit typischen Befundkriterien.

**296** BGHSt **2** 194, 206; BGHR StGB § 20 Bewusstseinsstörung 6; *Blau* FS Tröndle 109, 116.

**297** *Schewe* Reflexbewegung S. 101; anders BGH GA **1971** 365, 366; zweifelnd *Krümpelmann* FS Welzel 327, 338.

rungsfähigkeit beeinträchtigt sein.[298] Treffend ist daher die Kennzeichnung des Affekts als Verlust der Besonnenheit (*Glatzel* StV **1982** 434, 435; *Jakobs* AT² 18/17) oder Bewusstseinseinengung (*Venzlaff/Foerster/Dreßing/Habermeyer/Foerster/Bork/Venzlaff* S. 260).

126 **Asthenische Affekte** umschreibt das Gesetz in § 33 mit den Worten Verwirrung, Furcht und Schrecken. Sie können Flucht- und Panikreaktionen auslösen und für § 142,[299] bei einer Massenflucht aus umschlossenen Räumen sowie beim sog. erweiterten Suizid Bedeutung erlangen. Auch die Exzesstat des überraschten Einbrechers kann hierher gehören.[300] Bei Kindestötungen spielen die §§ 20, 21 hingegen kaum eine Rolle.[301] Asthenische Affekte höchsten Grades können die Schuldfähigkeit in erster Linie dann beeinträchtigen, wenn andere belastende Umstände hinzutreten und die Wirkung der Angst oder der Verwirrung verstärken.[302] Wann dies der Fall ist, ist im Einzelnen aber ungeklärt.[303]

127 Wichtigstes Merkmal einer aus einem partnerschaftlichen **Beziehungskonflikt** erwachsenen Affekttat ist die spezifische Vorgeschichte (*Maatz* Nervenarzt **2005** 1393 f). Hierdurch unterscheidet sie sich von „Impulstaten".[304] Fortwährende Demütigung, Kränkung oder eine konstitutionelle psychische Unterlegenheit lassen in dem Täter eine Affektspannung entstehen.[305] Im Wechselbad der Beziehung verzehrt der Kampf gegen den einsetzenden Drang nach aggressiver Entladung die seelischen Widerstandskräfte, bis ein Zustand der Tatbereitschaft eintritt. Er ist dem präsuizidalen Syndrom (*Rosenau* LK vor § 211 Rdn. 105) vergleichbar und fällt durch eine depressive Einengung („Affekttunnel") auf, zu der körperliche Symptome hinzutreten. Auch ein gedankliches Vorbefassen mit der Tat („Vorgestalten") findet sich in diesem Zustand. Die eigentliche Tat kann dann aus einer erfolglosen „letzten Aussprache" heraus – zu der die Tatwaffe oft bereits mitgeführt war – oder aus einem an sich unbedeutenden Anlass geschehen. Sie ist ihrerseits nach bestimmten Abläufen typisierbar, oft auch durch erstaunlichen kurzzeitigen Energie- und Kraftaufwand gekennzeichnet (*Bernsmann* NStZ **1989** 106, 163) und kann gegen ein Ersatzopfer gerichtet sein (BGH NStZ **1988** 268 m. Anm. *Venzlaff*; *Krümpelmann* Affekt S. 98; *Krümpelmann* FS Welzel 327, 332).[306] Unzutreffend ist es deshalb, die Jähzornstat des explosiven Psychopathen mit der Affektproblematik in Verbindung zu bringen (BGH bei *Pfeiffer/Maul/Schulte* § 51 Anm. 4 a. E.; *Krümpelmann* ZStW **99** [1987] 191, 209). Echte, die Schuldfähigkeit beeinträchtigende Affekte sind immer „protrahiert" (zeitlich gedehnt); der Begriff des protrahierten Affekts hat keinen eigenen Erkenntniswert (*Krümpelmann* Affekt S. 131; *Göppinger/Bresser/Quatember* S. 141, 146). Kurzzeitig verursachtes „Ausrasten" eines Täters wirft die Frage nach affektbedingtem Vorliegen der Voraussetzungen der §§ 20, 21 allenfalls auf, wenn die Explosion eine Vorgeschichte hat und von einer entsprechend disponierten Persönlichkeit ausgeht (wohl **abw.** BGHR StGB § 20 Bewusstseinsstörung 3, 9); ansonsten ist meist an die enthemmende Wirkung von Alkohol zu denken. In solchen Fällen kommt eine sog. Impulstat in Betracht,

**298** *Frisch* ZStW **101** (1989) 538, 548; *Krümpelmann* FS Welzel 327, 338; *Rudolphi* FS Henkel 199, 206; *Rauch* FS Leferenz 379, 387; Überblick bei *Albrecht* GA **1983** 193, 203. S. auch *Haddenbrock* Schuldfähigkeit S. 275 (Einordnung der Störung als schwere andere seelische Abartigkeit).

**299** BGH VRS **20** 47; KG VRS **67** 258; OLG Hamm VRS **37** 431; **42** 24; OLG Köln NJW **1967** 1521, 1522; BGH NStZ **1984** 259.

**300** *Bernsmann* NStZ **1989** 160; *Blau* FS Tröndle 109, 111; dagegen *Krümpelmann* Affekt S. 135.

**301** BGH NStZ-RR **2018** 14; BGH bei *Holtz* MDR **1983** 44; *Göppinger/Bresser/Vossen* S. 81, 88.

**302** BGH NStZ **1984** 259; BGH VRS **18** 201; **20** 47.

**303** *Krümpelmann* R & P **1990** 149, 153; *Spiegel* DAR **1972** 291, 294; für Gleichbehandlung mit anderen Affekten bei entspr. Vorgeschichte *Barbey* Forensia **6** (1985) 185, 193; BA **1992** 252, 261.

**304** *Marneros* S. 145; **krit.** BGH NStZ **2008** 618 f; *Müller/Nedopil* S. 283 f.

**305** Vgl. die Beispiele von *Saß/Kröber* Affektdelikte 1993, S. 83 ff sowie die Interview-Daten bei *Steck* R & P **2002** 211 ff.

**306** Klassische Darstellung bei *Rasch* Tötung des Intimpartners (1964); Fallbeispiele BGHSt **8** 113; **11** 20; OGHSt. 3 19; hierzu ferner *Berendt* S. 13; *Krümpelmann* Affekt S. 90; *Krümpelmann* FS Welzel 327, 330; ZStW **99** (1987) 191, 206; *Rudolphi* FS Henkel 199, 212; *Undeutsch/Thomae/Schmidt* S. 326, 357; *Venzlaff* ZStW **88** (1976) 57, 62; *Wegener* Einführung S. 86; zu einem Fall latenten Affekts *Glatzel* StV **1983** 339.

die vor allem in Verbindung mit konstellativen Faktoren (z. B. Alkohol, Persönlichkeitsstörung) Auswirkungen auf die Steuerungsfähigkeit haben kann (*Marneros* S. 123 ff).

128 Die Regelmäßigkeiten solcher Affekttaten sind empirisch gut belegt und lassen sich im Prinzip sogar im Experiment nachweisen.[307] Sie treten vorwiegend **bei Männern** in Erscheinung. Frauen erliegen, sofern sie aus der Opferrolle heraustreten, bei der Lösung ihrer Partnerkonflikte offenbar seltener derartigen explosiven Gefühlsreaktionen. Dass das Bild der Affekttat deshalb ein sexistisches Konstrukt von Männern und für sie sei (*Schorsch* R & P **1988** 10, 11), ist jedoch eine ideologiebehaftete Verzerrung.

129 Affekte, denen jedermann erliegen kann, gehören auch bei Tötungsdelikten zum Bereich des **Normalen**[308] und können nur unter engen Voraussetzungen entschuldigen (§ 33) oder zu einer Abmilderung der Sanktion führen. Liegen diese Voraussetzungen nicht vor, muss der geistig gesunde Mensch seine Affekte und sich im Allgemeinen beherrschen.[309] Andererseits sind die §§ 20, 21 hier nicht außer Geltung gesetzt. Die bruchlose Vereinigung der beiden gegenläufigen Gesetzestendenzen ist eine schwierige Aufgabe.

130 In der Beurteilung der Schuldfähigkeit von Affekttätern setzen die einzelnen Psychiater unterschiedliche Schwerpunkte. Während eine Richtung auf die Entwicklung zur Tat (die Psychodynamik im Tatvorfeld) abhebt, erblicken andere die gewichtigeren Merkmale in der Täter-Opfer-Beziehung und den Tatumständen selbst.[310] Richtig kann nur eine **Gesamtbetrachtung**[311] sein. Die psychodynamische Richtung vermag Affekte, bei denen die spezifische Vorgeschichte aus Beweisgründen nur unzulänglich erfassbar ist, kaum zu würdigen. Die Gegenansicht vernachlässigt Forschungsergebnisse mit hoher Plausibilität. Die erforderliche Gesamtbetrachtung muss sich deshalb auf möglichst viele Affektmerkmale erstrecken; auf deren Feststellung sollten die Verfahrensbeteiligten besonderen Wert legen.

131 Nach im Einzelnen unterschiedlich bewerteten, aber sachlich in wesentlichen Punkten übereinstimmenden **Merkmalskatalogen** ist die Prüfung der Schuldfähigkeit weitgehend an Hand bestimmter Anzeichen möglich.[312] Der Merkmalskatalog von *Saß*, der auch Eingang in die Rechtsprechung gefunden hat,[313] nennt **für** eine Beeinträchtigung der Schuldfähigkeit folgende Kriterien:[314]

132 Spezifische Vorgeschichte und Tatanlaufzeit; affektive Ausgangssituation mit Tatbereitschaft; psychopathologische Disposition der Persönlichkeit; konstellative Faktoren (Alkohol, Medikamente, Übermüdung); abrupter, elementarer Tatablauf ohne Sicherungstendenzen; charakteristischer Affektauf- und -abbau, Folgeverhalten mit schwerer Erschütterung; Einengung des Wahrnehmungsfeldes und der seelischen Abläufe; Missverhältnis zwischen Tatanstoß und Reaktion; Erinnerungsstörungen; Persönlichkeitsfremdheit; Störung der Sinn- und Erlebniskontinuität.

133 **Gegen** eine Beeinträchtigung der Schuldfähigkeit sprechen die folgenden Merkmale: Aggressives Vorgestalten in der Phantasie; Ankündigen der Tat; Aggressive Handlungen in der

---

**307** Vgl. die Darstellung der sog. Dembo-Versuche bei *Krümpelmann* Affekt S. 59 ff; *Krümpelmann* FS Welzel 327, 330; zur Dynamik von Tötungsverbrechen bei sog. Trennungstaten finden sich empirische Daten bei *Burgheim* MschrKrim. **1994** 215; ZfStrVo **1994** 277 und *Steck/Matthes/Sauter* MschrKrim. **1997** 404.

**308** BGH NStZ **2013** 31, 32; 538; **2009** 571 f; **2008** 510, 512.

**309** BGH bei *Dallinger* MDR **1953** 146; BGH bei *Holtz* MDR **1987** 444; OGHSt. 3 19, 23; 3 80, 82: **krit.** *Fischer* Rdn. 30a.

**310** Darstellung bei *Müller/Nedopil* S. 278 ff; *Krümpelmann* ZStW **99** (1987) 191, 204; *Rasch* Die Tötung des Intimpartners (1964), 105; *Witter* Sachverständige S. 177.

**311** St. Rspr. BGH NStZ **2013** 31, 32; **2008** 510, 512; BGH NStZ-RR **2004** 234, 235 m. w. N.; *Blau* FS Tröndle 109, 123.

**312** Zusammenfassend und weiterführend *Marneros* S. 75 ff.

**313** BGH StV **1987** 434; **1988** 57, 58; 1989 12, 335 m. Anm. *Schlothauen* **1990** 493; BGH NStZ **1990** 231; **1995,** 175; **2005** 149 f; **2016,** 671; BGH bei *Holtz* MDR **1992** 63 1; BGHR § 20 Bewusstseinsstörung 3; § 21 Affekt 5; *Saß* Nervenarzt **1983** 557, 562; *Maatz* Nervenarzt **2005** 1393 f.

**314** *Saß* Nervenarzt **1983** 557; modifiziert in FortschrNeurPsych. **1985** 55, 61; dargestellt von *Goydke* in Verkehrsstrafverfahren, Schriftenreihe der Arb.Gem. Strafrecht u. Verkehrsrecht d. DAV [1992] S. 16; *Salger* FS Tröndle 201, 208.

Tatanlaufzeit; Vorbereitungshandlungen für die Tat (dazu BGH StV **2001** 228ff); Konstellierung der Tatsituation durch den Täter; fehlender Zusammenhang Provokation – Erregung – Tat; zielgerichtete Gestaltung des Tatablaufs vorwiegend durch den Täter, lang hingezogenes Tatgeschehen (BGH StV **2010**, 287, 289), komplexer Handlungsablauf in Etappen; erhaltene Introspektionsfähigkeit (Selbstbeobachtung) bei der Tat; exakte, detailreiche Erinnerung; zustimmende Kommentierung des Tatgeschehens; Fehlen von vegetativen, psychomotorischen und psychischen Begleiterscheinungen heftiger Affekterregung (Introspektionsfähigkeit und Kommentierung fehlen im Katalog von 1985).[315] Dazu tritt umsichtiges, geordnetes Nachtatverhalten.[316]

134 Die einzelnen Merkmale müssen jeweils durch **Anknüpfungstatsachen** aus dem Sachverhalt belegt werden (BGH NStZ **2005** 149 f). Sie sind von unterschiedlichem Gewicht und werden auch von Psychiatern und Psychologen unterschiedlich gewertet (vgl. *Endres* StV **1998** 674 ff). Kaum objektivierbar ist die Gewichtung und gegenseitige Verrechnung von Positiv- und Negativpunkten (*Rasch* NJW **1993** 757 ff).

135 Umstritten ist insbesondere, ob **Erinnerungsstörungen** von Bedeutung sind.[317] Amnesien können auf psychischer Verdrängung beruhen; behaupteter Erinnerungsverlust ist häufig auch als Verteidigungsvorbringen zu würdigen.[318] Dass echte Tatzeitamnesien nie beweisbar seien und daher für die Beurteilung schlechthin ausschieden (*Rasch* NJW **1980** 1309, 1312), erscheint indessen zu weitgehend. Wenn der Täter unmittelbar nach dem Verlassen des Tatorts zu sich kommt, fassungslos auf seine blutbeschmierten Hände starrt und fragt, was geschehen sei, wird der Richter ihm eine Erinnerungslücke glauben dürfen.[319] Mit aller Vorsicht wird anzunehmen sein, dass eine derartige Erinnerungsstörung zwar als gewichtiger Hinweis auf eine Beeinträchtigung der Schuldfähigkeit zu gelten hat,[320] dass umgekehrt eine erhaltene Erinnerung aber keinen Schluss auf ein intaktes Hemmungsvermögen zur Tatzeit gestattet.[321] Einigkeit besteht hingegen in der Auffassung, dass das Hinzutreten konstellativer Faktoren, wie insbesondere Alkoholisierung, von besonderer Bedeutung ist.[322]

136 **Schuldunfähigkeit** ist nach der **Rechtsprechung** nur in seltenen Ausnahmefällen gegeben.[323] Tritt der affektive Ausnahmezustand erst nach Versuchsbeginn ein, ist dies nach den Regeln über den abweichenden Kausalverlauf eine zumeist unwesentliche Abweichung, welche die strafrechtli-

---

**315** Ähnliche Zusammenstellungen auch bei *Schöch* MschrKrim. **1983** 333, 342; *Blau* FS Tröndle 109, 122; *Glatzel* Mord u. Totschlag S. 31; s. aber StV **1982** 434, 435; *Bleuler/Mende* S. 658; in *Forster* S. 503; in *Venzlaff* S. 323; *Rasch* NJW **1980** 1309, 1313; *Ritzel* MM W **1980** 623, 626; *Hommers/Thomae* S. 81, 89; *Undeutsch* Hdwb. d. Kriminologie 2. Aufl. (1966) S. 205, 224; *Venzlaff* FS Blau 391, 397; *Witter* Sachverständige S. 177; dagegen zu Unrecht *Bernsmann* NStZ **1989** 160; *Schorsch* R & P **1988** 10, 15; zur Differenzierung in Trennungstaten und Bereicherungstaten *Simons* S. 91, 117; *Saß* Nervenarzt **1983** 557, 567 f.

**316** Vgl. BGH NStZ **1990** 231; BGHR StGB § 21 Bewusstseinsstörung 4; skeptisch bei isolierter Betrachtung des Nachtatverhaltens BGH NStZ-RR **2004** 161 f; den lediglich indiziellen Charakter äußerer Umstände betont BGH NStZ-RR **2013** 71 f.

**317** **Bejahend**: *Langelüddeke/Bresser* S. 259; *Forster/Mende* S. 503; *Venzlaff/Mende* S. 320, 324; *Venzlaff* FS Blau 391, 403; **Verneinend**: *Barbey* BA **1990** 241, 257; *Bernsmann* NStZ **1989** 160; *Glatzel* StV **1982** 434, 436; *Maisch* StV **1995** 381; *Rasch* NJW **1980** 1309, 1312; **1993** 757 ff; *Schwerd/Schewe/Reinhardt* S. 220, 222; **Differenzierend**: *Ritzel* MM W **1980** 623, 626; *Saß* Nervenarzt **1983** 557, 565; insgesamt **kritisch** *Frank/Harrer/Bresser* S. 38, 43; einschränkend i. S. eines Einzelindizes im Rahmen der Gesamtwürdigung *Maatz* NStZ **2001** 1, 8.

**318** BGHSt **8** 113, 119; BGH NStZ **1987** 503; skeptisch auch *Maatz* NStZ **2001** 1, 8.

**319** Vgl. BGHSt **11** 20, 25; BGH GA **1971** 365; BGH **StV 1987** 434; OGHSt. **3** 19, 23; *Quatember* Forensia **2** (1977/78) 55, 59.

**320** BGHR StGB § 20 Affekt 2; Bewusstseinsstörung 3, 4, 5, 9; BGH StV **1992** 569.

**321** BGH bei *Dallinger* MDR **1972** 752; BGH bei *Theune* NStZ-RR **2007** 161, 164 f; BeckRS **2007** 05469; BGHR StGB § 20 Bewusstseinsstörung 5; § 21 Alkoholeinwirkungen 1; **kritisch** auch *Maatz* NStZ **2001** 1, 8:.

**322** BGH bei *Holtz* MDR **1992** 631; BGHR StGB § 21 Ursachen, mehrere 11; s. Rdn. 180:.

**323** BGHSt **3** 194, 198; **7** 325, 327; **8** 113, 125; **11** 20; **53** 31 f; BGH NStZ **1997**, 232; 333, 334; BGH NStZ-RR **2008** 105; BGH NJW **2009** 305; weitere Nachweise bei *Theune* NStZ **1999** 273 ff.

che Verantwortlichkeit nicht ausschließt.[324] Ist dies ausnahmsweise doch der Fall, so ist wegen Versuchs zu bestrafen (*Roxin/Greco* AT I, § 20 Rdn. 68, § 12 Rdn. 191 f). Wann ein Ausnahmefall vorliegt, welcher einen Ausgleich der in Rdn. 129 dargelegten gegenläufigen Gesetzestendenzen verlangt, ist jedoch wenig geklärt. Im Schrifttum wird geltend gemacht, dass nach allen Beobachtungen Steuerungsunfähigkeit bei zahlreichen echten Affektdelikten vorliege.[325] In der gegenwärtigen Praxis spielt § 20 jedoch nahezu keine Rolle, während bei der Anwendung des § 21 großzügiger verfahren wird. [326] Der Grund liegt in Bedürfnissen der Generalprävention (Integrationsprävention). Beziehungsdelikte aus dem Nahbereich zeigen oft keine allgemeine Gefährlichkeit des Täters an, so dass die Anordnung von Maßregeln ausscheidet. Der bei voller Entschuldigung verbleibende Verzicht auf jede strafrechtliche Sanktion gegen den „normalen" Täter stieße aber gerade in aufsehenerregenden Fällen auf Ablehnung und ließe die Frage nach der Rechtsgeltung laut werden.[327]

Es muss aber auch dem Schuldprinzip entsprochen werden. Selbstbeherrschung kann nicht **137**
gefordert werden, wenn der Täter eine solche Leistung effektiv nicht erbringen kann. Die Rechtsprechung versucht diese Spannung im Wege einer **Risikoverteilung** zwischen Täter und Opfer zu mildern, bei der danach gefragt wird, welche Rolle das Opfer bei der Konfliktverursachung gespielt hat und ob den Täter ein Verschulden an der Entstehung des Affekts trifft.

Entschuldigung auf Grund höchsten Affekts kommt danach in Betracht, wenn der Konflikt **138**
**vom Opfer verursacht** war und dieses die Gefahr einer explosiven Entladung zurechenbar heraufbeschworen hat,[328] ferner fast nur bei sog. asthenischen Affekten,[329] so gut wie nicht bei sthenischen Affekten.[330] Die Rechtsprechung hat diesen Gesichtspunkt zwar bisher im Zusammenhang mit dem Täterverschulden erörtert.[331] In der Sache hat sie aber stets eine Risikoverteilung nach Verursachungsschwerpunkten vorgenommen. Wenn vom Opfer verursachter gerechter Zorn zur Strafmilderung führt, ist ein vom Opfer zu verantwortender Zustand der Schuldunfähigkeit erst recht nach der in § 213 niedergelegten gesetzlichen Leitlinie zu bewerten, und Präventionsgesichtspunkte entfalten keine Durchschlagskraft. Die zu § 213 ergangene Rechtsprechung, welche eine Gesamtbetrachtung der Täter-Opfer-Beziehung verlangt (BGHR StGB § 213 1. Alt., Misshandlung 3), ist damit zwar nicht unmittelbar einschlägig, aber ihre Grundlagen sind vergleichbar und mit der gebotenen Zurückhaltung übertragbar. So ist das Gewicht von Kränkungen auch nach ihrer Bedeutung im Lebenskreis der Beteiligten zu beurteilen.[332] Andererseits fehlt es an einer zurechenbaren Verschärfung des Konflikts durch das Opfer, wenn dieses an einer psychischen Erkrankung leidet und sein Verhalten erkennbar darauf beruht (BGH NJW **1987** 3143).

Ein **Verschulden des Täters** an der Entstehung des Affekts schließt nach der Rspr. eine **139**
Entschuldigung aus,[333] sofern nicht ohnehin die Voraussetzungen der actio libera in causa vor-

---

**324** BGHSt **7** 325, 329; **23** 133, 135; BGH bei *Holtz* MDR **1977** 458; BGH NStZ **2003** 535 f; *H. Mayer* JZ **1956** 109; *Oehler* GA **1956** 1; JZ 1970 380; *Herzberg* FS Oehler 163, 171; *Sch/Schröder/CramerSternberg-Lieben/Schuster* § 15 Rdn. 56; *Roxin/Greco* AT I, § 20 Rdn. 68, § 12 Rdn. 191 f; **abw.** *Geilen* FS Maurach 173, 194; *Jakobs* AT 17/68; *Krümpelmann* Affekt S. 140; *Wolter* ZStW **89** (1977) 649, 700; s. ferner BGH JZ **1979** 411, 412 u. Rdn. 75.

**325** *Krümpelmann* R & P **1990** 150, 152; *Hommers/Krümpelmann* S. 13, 30; *Rudolphi* FS Henkel, S. 199, 206; **aA** *Mende* in *Venzlaff* S. 324; *Schewe/Reinhardt* in *Schwerd* S. 226; *Venzlaff* ZStW **88** (1976) 57, 62; zurückhaltend auch *Glatzel* StV **1987** 553, 556; *Rasch* NJW **1980** 1309, 1314.

**326** *Salger* FS Tröndle 201, 213; *Fischer* Rdn. 30 f.

**327** *Krümpelmann* GA **1983** 387, 354; ZStW **99** (1987) 191, 221; *Müller-Dietz* Grundfragen S. 4.

**328** BGH NStZ **1997** 232; vgl. BGH NStZ **2013** 31, 32; *Bernsmann* NStZ **1989** 160, 164; *Blau* FS Tröndle 109, 112; *Jakobs* AT 17/72; *Gerchow/Jakobs* S. 21, 32; *Neumann* Zurechnung und „Vorverschulden" S. 255; **dagegen** *Frisch* ZStW **101** (1989) 538, 554 Fn. 68; *Sch/Schröder/Perron/Weißer* Rdn. 15; *Haas* FS Krey 117, 137 f.

**329** BGH StV **2001** 563 (Panik); Verwirrung, Furcht, Schrecken, vgl. § 33.

**330** Wut, Hass, ungerichtete Aggressionen; vgl. *Fischer* Rdn. 30a.

**331** BGHSt **11** 20, 26; BGH bei *Dallinger* MDR **1953** 146; OGHSt. **3** 19, 22.

**332** BGH NStZ **1985** 216; **1987** 503.

**333** BGHSt **3** 194, 198; **35** 143, 145; BGH NJW **1959** 2315; BGH bei *Dallinger* MDR **1953** 146; BGH bei *Herlan* MDR **1955** 527; BGH bei *Holtz* MDR **1977** 458; **1987** 444; BGH bei *Pfeiffer/Maul/Schulte* § 51 Anm. 4; OGHSt. **3** 80, 82; Bedenken in BGHSt **7** 325, 328; **8** 113, 125; **11** 20, 26.

liegen (Rdn. 194 ff). Hat der Täter zur Entstehung seiner Erregung vorwerfbar beigetragen oder war das Anwachsen des Gefühlsdrucks für ihn vorhersehbar, soll ihn eine erhöhte Pflicht zur Selbstbeherrschung treffen.[334]

140 Das **Schrifttum** steht dieser normativen Deutung affektbedingter Bewusstseinsstörungen zumeist **ablehnend** gegenüber und hält den Ausschluss der Exkulpation wegen Vorverschuldens mit dem Schuldprinzip für unvereinbar.[335] § 20 StGB stelle eindeutig auf die tiefgreifende Bewusstseinsstörung „bei Begehung der Tat" ab, weshalb ein früheres Verschulden unter dem Aspekt einer vorsätzlichen schuldhaften Tat ausscheiden müsse. Bei gegebener Affektintensität zur Tatzeit könne der außerhalb der Psyche des Täters liegende Gesichtspunkt, ob sich das Opfer oder der Täter die Konfliktentstehung zurechnen lassen muss, keine Rolle spielen.[336]

141 Vielfach wird daher eine strafrechtliche Verantwortlichkeit des Affekttäters nur nach den Grundsätzen der **actio libera in causa** für möglich gehalten.[337] Eine Bestrafung wegen einer Vorsatztat würde aber voraussetzen, dass der Täter den schuldausschließenden Affekt vorsätzlich herbeigeführt oder nicht abgewendet hat. Dies wird sich in aller Regel nicht feststellen lassen. Deshalb kommt nur eine Bestrafung wegen fahrlässiger actio libera in causa in Betracht, wobei der Fahrlässigkeitsvorwurf dadurch begründet wird, dass der Täter in der Phase der Entstehung und Verschärfung des Konfliktes, insbesondere bei der Auseinandersetzung mit den Vorgestalten der Tat, keine Vorkehrungen gegen eine mögliche und später nicht mehr kontrollierbare Affektentladung getroffen hat (z. B. durch Entfernung aus dem Einflussbereich des potentiellen Opfers) weil er leichtsinnig darauf vertraut hat, den Affektdurchbruch vermeiden zu können.[338]

142 Einige Autoren befürworten bei Vorverschulden eine **analoge Anwendung des § 17**, oft einschließlich der in § 17 Satz 2 bei Vermeidbarkeit vorgesehenen Strafrahmenmilderung, oder sie greifen auf eine Rechtsanalogie zu den §§ 17, 35, 213 sowie zu Rechtsgrundsätzen der Notwehrprovokation zurück.[339] Die Analogie zu § 17 verkennt, dass hier das Fehlen der Unrechtseinsicht nur bei Unvermeidbarkeit zum Schuldausschluss führt, während in § 20 nirgends die Rede davon ist, dass nur die unvermeidbare Steuerungsunfähigkeit die Schuld ausschließt (*Roxin/Greco* AT I, § 20 Rdn. 17). Im Übrigen wären diese Analogien nur geboten, wenn das zutreffende Ergebnis nicht durch Auslegung des § 20 erzielbar wäre. Da dies aber möglich ist (s. Rdn. 143), entfällt auch die Grundlage für eine Strafrahmenmilderung nach Satz 2 jener Vorschrift. Soweit eine actio libera in causa nicht vorliegt, kann der besonderen Natur des Vorverschuldens bei § 21 durch Versagung der fakultativen Strafmilderung Rechnung getragen werden.[340]

143 Trotz der nicht zu verkennenden Spannungen mit dem Schuldprinzip ist an der **Schuldfähigkeitsbeurteilung unter Risiko- und Verschuldensgesichtspunkten festzuhalten.**[341] Zu rechtfertigen ist dies mit der Besonderheit des Merkmals der tiefgreifenden Bewusstseinsstö-

---

**334** *Ziegen* S. 201, 208; **dagegen** *Frisch* NStZ **1989** 265; Präventive Begründung (vgl. Rdn. 9) bei *Neumann* ZStW **99** (1987) 567, 581; s. auch *ders.* Zurechnung und „Vorverschulden" S. 259.

**335** *Haas* FS Krey 117, 143 ff; *Bockelmann/Volk* AT § 16 A IV 2bb; *Jescheck/Weigend* AT § 40 III 2b; *Baumann/Weber/Mitsch/Eisele* AT § 18 Rdn. 16 Fn. 14; *Otto* Jura **1992** 329; *ders.* Grundkurs AT § 13 Rdn. 8; *Roxin* FS Spann 457, 463; *Roxin/Greco* AT I § 20 Rdn. 16; *Sch/Schröder/Perron/Weißer* Rdn. 15a; *Schild* NK Rdn 95; *Grosbüsch* S. 33; *Schreiber* NStZ **1981** 46, 49; *Venzlaff/Foerster/Dreßing/Habermeyer/Schreiber/Rosenau* S. 101; *Fischer* Rdn. 59; *SSW/Kaspar* Rdn 65; eher zustimmend *Stratenwerth/Kuhlen* AT$^{6}$ § 10 Rdn. 31.

**336** *Haas* FS Krey 117, 137; *Streng* Strafrechtl. Sanktionen, Rdn. 896.

**337** *Roxin/Greco* AT I, § 20 Rdn. 18; *Fischer* Rdn. 34; *Lackner/Kühl/Kühl* Rdn. 7.

**338** Vgl. *Roxin/Greco* AT I, § 20 Rdn. 18.

**339** *Blau* FS Tröndle 109, 118; *Geilen* FS Maurach 173, 190; *Krümpelmann* GA **1983** 337, 355; *ders.* ZStW **99** (1987) 191, 221; *ders.* R & P **1990** 150, 153, 155; *Hommers/Krümpelmann* S. 13, 32 (anders noch Affekt S. 259; ZStW **88** (1976) 6, 13); *Rudolphi* FS Henkel 199, 207; *Bonner/Rudolphi* S. 16; SK Rdn. 12; *Stratenwerth* GedS Armin Kaufmann 485, 495; *Ziegert* S. 203; wohl auch *Jakobs* AT 18/16, 18 (s. aber 18/10).

**340** BGHSt **53** 31 f unter Betonung der Beschränkung auf die Affektgenese; BGHSt **35** 143; BGH NStZ **1997** 334.

**341** Ebenso *Rogall* SK Rdn 24.

rung, dass es hier keine klare Trennung zwischen der Diagnosestellung und der Beurteilung der Auswirkungen auf die Steuerungsfähigkeit gibt. Vielmehr fällt diese Prüfung letztlich in einem Wertungsakt zusammen,[342] da schon die Kriterienkataloge keine ausschließlich psychowissenschaftlichen Maßstäbe verwenden. Damit ist ein im Vergleich zu anderen Eingangsmerkmalen besonders weiter Raum für normative Überlegungen eröffnet.[343] Diese dürfen sich jedoch nicht in der Berücksichtigung generalpräventiv motivierter Straferwartungen erschöpfen, sondern müssen an Kriterien individueller Verantwortlichkeit anknüpfen. Es dürfen keine für den Täter unerfüllbaren Anforderungen an die Selbstbeherrschung gestellt und müssen Besonderheiten wie etwa mangelnde Vorerfahrungen oder Komorbiditäten berücksichtigt werden. Eine derartige Wertung muss alle Umstände des Geschehens würdigen und kann die zur Tat führenden Steuerungsvorgänge (*Küper* Notstand S. 86) nicht ausblenden (*Frisch* ZStW **101** [1989] 538, 607; zur actio libera vgl. auch *Stratenwerth/Kuhlen*[6] § 10 Rdn. 47). Vielmehr gebietet eine normative Betrachtung, von dem Täter, der vorwerfbar selbst zur Entstehung des gefährlichen Affekts beigetragen hat, Selbstbeherrschung bis zum Tatzeitpunkt zu verlangen. Zorn und Wut sind allgemein als gefahrenträchtige Aufwallungen bekannt, so dass die Pflicht zur Beherrschung dem Gedanken der Zuständigkeit für im eigenen Verantwortungsbereich befindliche Gefahrenquellen entspricht.[344] Die normativ begründete Versagung einer Entschuldigung legt dem Täter keine gegen das Schuldprinzip verstoßende, weil unerfüllbare Last auf, denn sie stellt auf die Vermeidbarkeit des Affekts ab.[345] Mit § 20 ist das vereinbar. Der E 1962 hat die Frage ausdrücklich offen gelassen (E 1962 S. 139); eine bestimmte Willensäußerung des Gesetzgebers hierzu ist nicht feststellbar.

**Wann** den Täter ein **Verschulden** an der Entstehung des Affekts im Sinne der Rechtspre- **144**
chung trifft, ist im Einzelfall zu entscheiden und sorgfältig zu begründen.[346] Ein Tatschuldstrafrecht darf die Entstehungsbedingungen der tatauslösenden Erregung nicht zu weit zurückverfolgen; anderenfalls überschritte es die Schwelle zur Lebensführungsschuld. Außerdem bedarf es der Festlegung, welche konkreten Umstände dem Täter ein solch deutliches Warnsignal setzen, dass er Anlass hat, der wachsenden Erregung entgegenzuwirken. Die kritische Situation tritt ein, wenn der unmittelbar zur Tat führende Affekt sich aufbaut; daher muss das Schuldurteil an diese Affektgenese anknüpfen.[347] Unbeachtlich sind Umstände, welche noch keinen Bezug zur konkreten Tat haben, wie etwa Eifersucht bei ehewidrigem Verhalten (BGH bei *Holtz* MDR **1976** 633), verschuldete wirtschaftliche Schwierigkeiten (BGH NStZ **1984** 259), Duldung übermäßigen Alkoholgenusses des Opfers (BGH NJW **1988** 1153).

Als markanter **Anknüpfungspunkt für einen Vorwurf** stellen sich in einem Beziehungs- **145**
konflikt die typischen Vorgestalten der Tat dar,[348] auch der Entschluss, eine Waffe zur Aussprache mitzunehmen[349] oder eine sonstige gefahrerhöhende Handlung.[350] Einem Täter, der sich in

---

**342** Insoweit zutreffend *Haas* FS Krey 117, 130 f; s. auch *Müller/Nedopil* 278; **krit.** *Schiemann* R & P **2012**, 80, 84 unter Verweis auf die Mindeststandards von *Boetticher/Nedopil/Bosinski/Saß* NStZ **2005** 58 f.

**343** Vgl. BGH NStZ **1997** 333 f; BGH bei *Dallinger* MDR **1974** 721; OGHSt. **3** 19, 22; *Krümpelmann* Affekt S. 248.

**344** Insoweit Unterlassungsschuld annehmend *Berendt* S. 77 ff, 98, 104; *Krümpelmann* R & P **1990** 150, 154; wohl auch *Frisch* ZStW **101** (1989) 538, 570 m. Fn. 113, 587; vgl. auch *Hruschka* Strafrecht nach log.-analyt. Methode 2. Aufl. (1988) S. 294, der aus dem primären Tötungsverbot Sekundärpflichten (Obliegenheiten) ableitet, sich nicht in gefahrenträchtige Zustände zu versetzen; dazu *Frisch* ZStW **101** (1989) 538, 575; *Neumann* GA **1985** 389; vgl. ferner OGHSt. **2** 324, 327; **aA** *Roxin* FS Spann 457, 464; AT 1 § 20 Rdn. 19.

**345** **Dagegen** *Glatzel* Mord u. Totschlag S. 34.

**346** BGHSt **53** 31 f m. Anm. *Streng* JR **2009** 341 u. Bspr. *Haas* FS Krey 117; BGH NStZ **1997** 333 f; BGH StV **1993** 354 f.

**347** BGHSt **53** 31 f; **35** 143, 145 m. Anm. *Blau* JR **1988** 511 und *Frisch* NStZ **1989** 263; BGH NStZ **1984** 311; BGH VRS **71** 21, 22; BGH NJW **1959** 2315, 2317; *Krümpelmann* Affekt S. 238.

**348** *Frisch* ZStW **101** (1989) 538, 566; *Geilen* FS Maurach 173, 193; *Rudolphi* FS Henkel 199, 213; *Ziegen* S. 209; **anders** *Krümpelmann* Affekt S. 240.

**349** BGHSt **8** 113, 125; BGH NStZ **1984** 118; BGH bei *Holtz* MDR **1987** 444; BGHR StGB § 21 Affekt 3; *Frisch* NStZ **1989** 265.

**350** Beispiele BGHSt **11** 139, 142; bei *Frisch* ZStW **101** [1989] 538, 589; *Roxin* FS Spann 457, 464.

rechtsfeindlicher Absicht in eine kritische, affektbeladene Situation begibt, wird Entschuldigung wegen affektiver Entgleisung ebenfalls nicht zuteil werden können.[351] Das gilt etwa für den Mann, der seine Partnerin unter Missachtung ihres Selbstbestimmungsrechts gewaltsam zu sich zurückholen will, dabei in einen Affekt gerät und sie in dieser Situation tötet. Hierbei ist die normale affektive Beteiligung bei einem Tötungsdelikt von einer darüber hinausgehenden tiefgreifenden Bewusstseinsstörung zu unterscheiden.[352] Auch können die Dauer der affektiv belasteten Situation und sogar die berufliche Stellung des Täters als Polizeibeamter eine verstärkte Pflicht zur Selbstzügelung auslösen.[353] Andererseits schließt der Glaube, den Konflikt bereits bewältigt zu haben, ein Vorverschulden ebenso aus wie manche Sachlage, welche zum erweiterten Suizid führt.[354]

146 Voraussetzung für den Vorwurf, die Entstehung des tatauslösenden Affekts nicht vermieden zu haben, ist aber die **Fähigkeit des Täters** hierzu.[355] Daran kann es bei einem Täter fehlen, der an einer schweren Persönlichkeitsstörung leidet (BGHSt **35** 143, 146), oder der erheblich alkoholisch enthemmt ist (BGHR StGB § 21 Affekt 3). In solchen Fällen liegt relevantes Vorverschulden nur vor, wenn der Täter im Zeitpunkt der Alkoholaufnahme und sonstiger gefahrerhöhender Tatvorbereitung (z. B. Mitnahme des Tatwerkzeugs) voll schuldfähig war und damit rechnen musste, dass er das Opfer im Affekt töten würde (*Maatz* Nervenarzt **2005** 1396 m. w. N.).

147 Für eine erhaltene Fähigkeit zur Affektbeherrschung spricht, dass der Täter seine aggressiven Neigungen kennt und gelernt hat, mit ihnen umzugehen (BGH NStZ **1984** 311), oder dass die Situation für ihn nicht neu ist (BGHR StGB § 21 Affekt 5). In solchen Fällen ist ihm auch anzusinnen, konfliktträchtige Situationen zu meiden.[356]

148 Nicht zu fordern ist hingegen, dass der Täter während der Affektgenese die im Affekt begangene Tat bereits **vorhersehen** konnte.[357] Es ist rechtsdogmatisch nicht zu begründen, dass der Täter eine vorsätzliche Straftat begehe, wenn er sie fahrlässig nicht vorhersieht. Vielmehr führt das Erfordernis der Vorhersehbarkeit der Tat zur Konfusion mit der actio libera in causa.[358] Nach dieser Rechtsfigur begründet der Wille, in schuldunfähigem Zustand eine bestimmte Straftat zu begehen, strafrechtliche Haftung wegen vorsätzlicher Tat; bedenkt der Täter fahrlässig nicht, dass er unter den Voraussetzungen des § 20 eine bestimmte rechtswidrige Tat verüben werde, trifft ihn ein Fahrlässigkeitsvorwurf (Rdn. 141, 194 ff). Diese Grundsätze sind bei der Affekttat nicht außer Geltung gesetzt. Deren Besonderheit liegt vielmehr darin, dass ein Vorverschulden unmittelbar die Voraussetzungen des § 20 ausschließt (Rdn. 143).

149 Wenn ausnahmsweise eine völlige Aufhebung der Steuerungsfähigkeit wegen Affektes bei einem erheblich alkoholisierten Täter anzunehmen oder nicht auszuschließen ist und auch weder eine actio libera in causa noch die Zurechnung des Vorverschuldens bei der Affektentstehung greifen, kommt eine Strafbarkeit nach dem Auffangtatbestand des **§ 323a** in Betracht.[359] Diese setzt aber voraus, dass der Täter beim Alkoholgenuss vor Eintritt der Schuldunfähigkeit mit affektbegründenden Umständen gerechnet und sie billigend in Kauf genommen hat (vor-

---

**351** BGH NStZ **1984** 259; BGHR StGB § 21 Vorverschulden 3; OGHSt. **3** 80, 82; BGH NStZ **1995** 539 bei affektiver Erregung nach Anzeigedrohung des vergewaltigten Tatopfers.

**352** BGH NStZ-RR **1997** 296.

**353** BGH bei *Holtz* MDR **1977** 458.

**354** *Krümpelmann* GA **1983** 337, 355; ZStW **99** (1987) 191, 226.

**355** BGH StV **2009** 527, 529.

**356** *Berendt* S. 98; *Frisch* ZStW **101** (1989) 538, 589; *Krümpelmann* Affekt S. 241.

**357** BGH bei *Holtz* MDR **1977** 458; **aA** BGHSt **35** 143, 145; BGHR StGB § 21 Affekt 3 (für § 21); vgl. auch BGHSt **53**, 31 f; *Salger* FS Tröndle 201, 213; dagegen unter Befürwortung einer Bestrafung nach den Grundsätzen der actio libera in causa *Blau* JR **1988** 516; *Frisch* NStZ **1989** 265; *Otto* Jura **1992** 329; *ders.* Grundkurs AT § 13 Rdn. 8; *Sch/Schröder/Perron/Weißer* Rdn. 15a; zutreffende Antikritik bei *Krümpelmann* R & P **1990** 150; noch anders (Vorsatzstrafe, wenn Unrecht der später verwirklichten Art vorhersehbar) *Rudolphi* FS Henkel 199, 210.

**358** Dafür *Frisch* ZStW **101** (1989) 538, 570.

**359** *Maatz* Nervenarzt **2005** 1398.

sätzliche Begehung) oder sie in vorwerfbarer Weise nicht bedacht hat (fahrlässige Begehung; BGH NStZ **1997**, 232 f).

## 7. Schwachsinn

ist ein Merkmal, das § 20 StGB als Unterfall[360] der „schweren seelischen Abartigkeit" aufführt (Rdn. 67) und begrifflich ebenso überholt wie diese.[361] Es wird hier nur eine angeborene Intelligenzschwäche ohne nachweisbaren Organbefund erfasst. Intelligenzdefekte mit bekannter körperlicher Ursache (z. B. als Folge einer intrauterinen, geburtstraumatischen oder frühkindlichen Hirnschädigung sowie als Folge eines hirnorganischen Krankheitsprozesses) fallen bereits unter die „krankhaften seelischen Störungen"; die Zuordnung hat indes keine Konsequenzen für die Defektbeurteilung.[362] Herkömmlich wird nach den Schweregraden der Behinderung zwischen Debilität (Bildungsfähige, IQ 50–69), Imbezillität (lebenspraktisch Bildbare, IQ 30–49) und Idiotie (schwerstgeschädigte Behinderte, IQ unter 30)[363] unterschieden. Ein IQ unter 50 bedeutet bei Erwachsenen im allgemeinen Bildungsunfähigkeit (*Wegener* Einführung S. 98) und Ausschluss der Schuldfähigkeit. **150**

Im ICD-10 F70–F73 erfolgt eine Einteilung in vier Stufen, wobei der weniger stigmatisierende, nicht nach der Ursache differenzierende Oberbegriff der „Intelligenzminderung" verwendet wird.[364] Außerdem wird zur Schuldfähigkeitsbeurteilung der vergleichbare Entwicklungsstand eines Kindes herangezogen.[365] Leistungs- und Intelligenztests stellen allerdings nur ein (wichtiges) Hilfsmittel dar und ersetzen nicht die gebotene umfassende psychodiagnostische Abklärung, bei der auch die schulischen Leistungen eine wichtige Beurteilungsgrundlage sind (BGHR StGB § 63 Zustand 8; 17). Maßgebend bleibt die Qualität der (Rest-)Intelligenz.[366] Die Verhängung einer strafrechtlichen Rechtsfolge setzt auch bei intelligenzgeminderten Personen eine umfassende Würdigung der Persönlichkeit (BGHSt **5** 312) und mit Blick auf § 63 die sichere Feststellung von § 21 voraus (BGH BeckRS **2013** 17468); es darf bei der Schuldfähigkeitsbeurteilung eines minderbegabten Menschen keine Beschränkung auf die Feststellung eines niedrigen IQ stattfinden (BGH NStZ-RR **2017** 270). Vielmehr müssen auch die im diagnostischen Gespräch oder in der Lebensbewährung gezeigte praktische Intelligenz (*Streng* MK Rdn. 39), soziale Fertigkeiten, Teilleistungsschwächen (*Müller/Nedopil* S. 258 f; BGH NJW **1967** 299) berücksichtigt und bei diesen Personen gehäuft auftretende komorbide Persönlichkeitsstörungen[367] abgeklärt werden. Die regelmäßig erforderliche Hinzuziehung eines Sachverständigen[368] entbindet das Gericht nicht von der genauen und widerspruchsfreien Darlegung des Einflusses der Intelligenzminderung auf die Einsichts- oder Steuerungsfähigkeit in der konkreten Tatsituation.[369] **151**

---

**360** BGH NStZ **2017** 270; **1997** 199.

**361** Der Gesetzentwurf der Bundesregierung vom 10.06.**2020** (BT-Drs. 19/19859) sieht die Ersetzung von „Schwachsinn" und „Abartigkeit" durch die Begriffe „Intelligenzminderung" und „Störung" vor.

**362** BGH bei *Pfister* NStZ-RR **2018** 161, 164; zu den gesetzeshistorischen Gründen *Lammel* FPPK **2014** 175, 177.

**363** *Wegener* Einführung S. 91; *Witter* Sachverständige S. 66; *Roxin* FS Spann 457, 465: zur Begriffsgeschichte *Müller* 2001.

**364** *Dilling u. a.* ICD-10, S. 169: leicht (IQ 50–69, mentales Alter 9 bis unter 12 Jahre), mittelgradig (IQ 35–49, 6 bis unter 9 Jahre); schwer (IQ 20–34, 3 bis unter 6 Jahre), schwerst (IQ unter 20, unter 3 Jahren).

**365** Vgl. auch BGHSt **20** 264; RGSt **68** 35, 37; **krit.** LK und *Langelüddeke/Bresser* S. 132, 263.

**366** *Witter/Bresser* Sachverständige S. 89; *Frank* Forensia **2** (1977/78) 36, 41; *Undeutsch/Thomae/Schmidt* S. 326, 335.

**367** Zur schwierigen Differentialdiagnostik *Voß* FPPK **2014** 169.

**368** BGH NJW **1967** 299, zu den Anforderungen an die Diagnostik *Häßler* FPPK **2014** 159, 161 ff.

**369** BGH bei *Pfister* NStZ **2019** 235; BGH NStZ-RR **2017** 270; **201**, 257 f; **2011** 4.

## 8. Schwere andere seelische Abartigkeiten

152 Mit dem sprachlich verfehlten[370] **Oberbegriff** der schweren anderen seelischen Abartigkeiten hat der Reformgesetzgeber 1975 die in ihrer rechtlichen Bewertung seinerzeit so umstrittenen psychischen Auffälligkeiten erfasst, die nach bisherigem Erkenntnisstand nicht auf einem organischen Prozess beruhen[371] und nicht unter das zweite und dritte Eingangsmerkmal subsumiert werden können. Der Auffangcharakter dieses Merkmals, terminologische und (differential)diagnostische Unsicherheiten und die nicht zuletzt kriminalpolitisch begründete Erwartung des Gesetzgebers, dass kriminorelevante Persönlichkeitsmerkmale, Neigungen und Gefühle[372] grundsätzlich beherrscht werden müssen,[373] führen nur ausnahmsweise zur Annahme von Schuldunfähigkeit. Die Normativität der Schuldfähigkeitsbeurteilung gerade bei dem 4. Eingangsmerkmal wird durch den quantifizierenden Zusatz ‚schwer' (Rdn. 72) deutlich.[374] Es verbieten sich aber kategorische Feststellungen dergestalt, dass bestimmte Störungen niemals oder stets diese Voraussetzung erfüllen.[375] Wird die Schwere der Störung bejaht, liegt jedoch eine erhebliche Verminderung der Schuldfähigkeit – zumeist der Steuerungsfähigkeit[376] – nahe.[377]

153 Die frühere Dreiteilung in Psychopathien, Neurosen und sexuelle Triebstörungen ist vor allem unter dem Einfluss psychiatrischer Klassifikationssysteme (Rdn. 52) einer differenzierteren und begrifflich veränderten Einteilung in **Fallgruppen** gewichen. Heute gehören dazu sexuelle Verhaltensabweichungen und Störungen (BGH NStZ **1995** 329 f), Suchtstörungen (soweit sie nicht oder noch nicht zu einer körperlichen Abhängigkeit geführt haben; vgl. *Müller/Nedopil* S. 40 f), Persönlichkeitsstörungen (früher Psychopathien),[378] Neurosen, Belastungsreaktionen und Anpassungsstörungen sowie paranoide Entwicklungen mit Wahnvorstellungen ohne psychotische Ursache.[379] Insbesondere bei den Persönlichkeitsstörungen, Neurosen und psychogenen Reaktionen handelt es sich nicht um trennscharfe Diagnosebegriffe; vielmehr ist die Abgrenzung im Einzelfall problematisch (vgl. dazu den Kategorienkatalog bei *Scholz* ZStW **116** [2004] 618 ff) und nicht selten vom wissenschaftlichen Standort des Sachverständigen und von der zugrunde liegenden Schuldkonzeption abhängig (*Theune* ZStW **114** [2002] 300 ff).

154 **a) Sexuelle Verhaltensabweichungen und Störungen.** wurden in der herkömmlichen Terminologie oft als Triebstörungen oder Perversionen bezeichnet. Forensisch am häufigsten relevant sind Pädophilie und Exhibitionismus, seltener Sadismus, Fetischismus oder andere Formen. Sie bildeten den Anlass für die Entwicklung des sogenannten juristischen Krankheitsbegriffs durch die Rechtsprechung, bevor der Gesetzgeber mit den „schweren anderen seelischen Abartigkeiten" klarstellte, dass nicht nur somatisch bedingte seelische Störungen, son-

---

370 Zur Reform s. o. Fn. 187; *Rasch* NStZ **1984** 264, 266; **1991** 126.

371 Skeptisch *Müller/Nedopil* S. 216 im Hinblick auf biologische und neurophysiologische Besonderheiten bei bestimmten – vor allem dissozialen – Persönlichkeitsstörungen.

372 Beispiele bei *Fischer* Rdn. 39a.

373 BGHSt **14** 30, 32; **23** 176, 190; BGH NJW **1955** 1726; BGH bei *Holtz* MDR **1987** 444; OGHSt. **3** 80, 82; BGH NJW **2014** 3382, 3384; vgl. BGH bei *Pfister* NStZ-RR **2016** 161, 164.

374 BGHSt **49** 45, 54; BGH NStZ **1991** 31, 32; BGH bei *Holtz* MDR **1984** 979; Bericht BTDrucks. V/4095 S. 10; OLG Hamm NJW **1977** 1498, 1499; *Bleuler/Mende* S. 648; *Rasch* NStZ **1982** 177, 179; *Wegener* Einführung S. 101; **aA** (niemals § 20) *Frank/Harrer/Rauch* S. 74, 80.

375 BGH bei *Pfister* NStZ-RR **2017** 161, 164 (dissoziale Persönlichkeitsstörung); BGH R & P **2016**, 191 f (kombinierte Persönlichkeitsstörung).

376 BGH BeckRS **2020** 20926; StV **2020** 22; *Müller/Nedopil* zu Persönlichkeitsstörungen S. 231.

377 BGH NStZ-RR **2018** 69; BGH bei *Pfister* NStZ-RR **2018** 161, 165.

378 Zum heutigen Psychopathy-Konzept *Schmidt/Scholz/Nedopil* MschrKrim. **2004** 103; *Müller/Nedopil* S. 221 ff; *Thalmann* MschKrim **2009** 376.

379 *Müller/Nedopil* S. 40, 173 f; BGH NStZ **1997** 335 f; zum Eifersuchtswahn BGH NJW **1997** 3101 = NStZ **1998** 296 f m. zust. Anm. *Winckler/Foerster* und *Blau* JR **1998** 207 ff.

dern alle Arten von Störungen der Verstandestätigkeit sowie des Willens-, Gefühls- oder Trieblebens die Schuldfähigkeit ausschließen oder erheblich mindern können.[380] Im ICD-10 werden unter der Gruppe F 65 außer den bereits genannten noch folgende „Störungen der Sexualpräferenz“ genannt: fetischistischer Transvestitismus; Voyeurismus, Sadomasochismus, multiple, sonstige oder nicht näher bezeichnete Störungen der Sexualpräferenz;[381] im DSM-V wird zwischen „Paraphilie“ und „paraphilen Störungen“ differenziert.[382]

Als Anhaltspunkt für die Beurteilung der idR nur die Steuerungsfähigkeit betreffenden Stö- 155
rungsintensität hat die problematische Differenzierung der Rspr. zwischen naturwidriger Triebhaftigkeit (z. B. Pädophilie), bei der schon ein Trieb von durchschnittlicher Stärke genügen könne, und normaler Sexualität, bei der die Triebhaftigkeit unüberwindbar stark ausgeprägt sein müsse,[383] an Bedeutung verloren. Entscheidend ist allein das Ausmaß der störungsbedingten **Persönlichkeitsveränderung** und die daraus resultierende Zwangswirkung,[384] für die das Vorliegen einer süchtigen Entwicklung[385] (Rdn. 157) sowie auch außerhalb des Tatgeschehens sichtbar gewordene Einschränkungen des Handlungsvermögens wesentliche Kriterien sind.[386] Die Abartigkeit eines sexuellen Verhaltens allein[387] – eine heute ohnehin problematische Bezeichnung[388] – rechtfertigt folglich noch nicht die Annahme einer rechtserheblichen Störung.

Die sachgerechte Diagnostik sexueller Störungen setzt eine ausführliche Sexualanamnese 156
und eine Einordnung paraphiler Neigungen anhand der gängigen Klassifikationssysteme voraus. Bei der Einstufung einer **Paraphilie** als schwere seelische Abartigkeit bedarf es einer Gesamtschau der Persönlichkeit des Täters[389] unter Einbeziehung seiner Entwicklung, seines Charakterbildes und der Tatmotive sowie einer Prüfung des Anteils der Paraphilie an der Sexualstruktur und im Persönlichkeitsgefüge sowie der bisherigen Fähigkeit des Probanden zur Kontrolle paraphiler Impulse.[390] Richterliche Sachkunde reicht dafür regelmäßig nicht aus.[391]

Für die sehr seltene Exkulpation orientiert sich die Rechtsprechung im Anschluss an *Giese* 157
(1963, S. 32 ff; *Giese/Schorsch* S. 155 ff) am Kriterium der **„süchtigen Entwicklung“**,[392] verwendet dafür aber heute den Begriff der „eingeschliffenen Verhaltensschablone“.[393]Kriterien hierfür sind Verfall an Sinnlichkeit; steigende Frequenz der sexuellen Betätigung bei abnehmender Satisfaktion; Ausbau von Phantasie und Raffinement; Einengung auf diese Praktiken; Promiskui-

---

380 BGHSt **14** 30; **19** 201; **23** 176.

381 *Dilling/Mombour/Schmidt/Schulte-Markwort* S. 162 ff; zur Systematik des DSM-5 *Müller/Nedopil* S. 240 f.

382 Dazu *Briken* FPPK **2015** 140,.

383 BGHSt **14** 31; **23** 176, 190; BGH JR **1990** 119; bereits relativierend BGH NStZ **1994** 75; R & P **2010** 226; **krit.** *Sch/Schröder/Perron/Weißer* Rdn. 23; *Venzlaff/Foerster/Dreßing/Habermeyer/Schreiber/Rosenau* S. 105 f.

384 BGH NStZ-RR **2007** 337; BGH bei *Pfister* NStZ-RR **2018** 161, 164; BGH NStZ-RR **2019** 168.

385 BGH NStZ-RR **2018** 39; BGH JR **1990** 119 m. Anm. *Blau;* BGH NJW **1989** 2958 f; *Krümpelmann* GA **1983** 337, 359; *Rogall* SK Rdn. 45; *Sch/Schröder/Perron/Weißer* Rdn. 21; *Giese/Schorsch/Schorsch* Psychopathologie der Sexualität (1973) S. 14, 28; weitergehend zu sexuellen Impulshandlungen in *Venzlaff* S. 279, 310; *Haesler/Witter* S. 341, 346; warnend *Jakobs* AT 18/23.

386 Zur neueren Entwicklung von Kriterienkatalogen zur Schwerebeurteilung *Brunner et al* R & P **2016**, 228; *Briken/Müller* Nervenarzt **2016**, 304.

387 Im hessischen „Kannibalenfall“ hat der 2. Senat des BGH dem Landgericht bescheinigt, dass es trotz der festgestellten schweren Persönlichkeitsstörung des Angeklagten, die mit einer sexuellen Einengung auf den Fetisch Männerfleisch verbunden war, ohne Rechtsfehler von dessen uneingeschränkter Schuldfähigkeit ausgegangen war (BGH NStZ **2005** 505, insoweit unvollständig abgedruckt); zur Koprophilie (eine mit sexueller Regung einhergehende Neigung, den Kot und/oder Urin eines anderen Menschen zu verzehren) *Konrad/Weitze* Rechtsmedizin **7** (1997) 61 ff.

388 *Jakobs* AT 18/22; *Sch/Schröder/Perron/Weißer* Rdn. 23.

389 BGH NJW **1998**, 2753 m. Anm. *Winckler/Foerster* NStZ **1999** 126; StV **2017** 29; NStZ-RR **2018** 39; 69.

390 *Boetticher/Nedopil/Bosinski/Saß* NStZ **2005** 61 f mit Hinweisen zu den für die Beurteilung der Steuerungsfähigkeit relevanten Aspekten.

391 Zu Sexualerststraftätern in hohem Alter BGH bei *Pfister* NStZ-RR **2018** 161, 165; BGH BeckRS **2017** 124469.

392 BGH JR **1990** 119; NStZ **1993** 181; **2001** 243; zur historischen Entwicklung und Kritik *Briken* FPPK **2016** 173.

393 BGH NStZ-RR **2004** 201; **2007** 337; **2010** 304 f; NStZ **2015** 688; NStZ-RR **2018** 39.

tät (Beliebigkeit des Partners, mangelnde persönliche Beziehung) und Anonymität; Süchtigkeit des Erlebens; dranghafte Unruhe, Unrast, Fahrigkeit, Reizbarkeit.[394] Voraussetzung für eine Exkulpation ist, dass der Trieb derart gesteigert ist, dass der Täter selbst bei Aufbietung aller ihm eigenen Willenskräfte ihm nicht zu widerstehen vermag.[395] Auch für Beeinträchtigungen i. S. d. § 21 StGB fordert die Rspr. einen „starken, mehr oder weniger unwiderstehlichen Zwang"[396]; ein zielgerichtetes und planvolles Verhalten erlaubt jedoch nicht den Schluss auf die Unerheblichkeit der Störung[397]

158 Höchstrichterliche Entscheidungen finden sich zur Pädophilie,[398] zum Sadismus[399] und zur Hypersexualität.[400] **Exhibitionismus** stellt für sich genommen kein Krankheitsbild dar, kann aber Ausfluss einer rechtserheblichen Störung sein.[401] Dass jeder Exhibitionist gestört sei, das Gesetz aber diese Störung mit der Schaffung des § 183 für unbeachtlich erklärt habe, ist den §§ 20, 21 nicht zu entnehmen.[402]

159 **b) Suchtstörungen.** Im Mittelpunkt stehen stoffgebundene Süchte in Form der **Alkohol-, Drogen- und Medikamentenabhängigkeit**. ICD-10 definiert Diagnosekriterien für ein Abhängigkeitssyndrom, das nach verschiedenen psychotropen Substanzen aufgeschlüsselt wird (F 10–F 19: Alkohol, Opioide, Cannabinoide, Sedative oder Hypnotika, Kokain, sonstige Stimulanzien einschließlich Koffein, Halluzinogene, Tabak, flüchtige Lösungsmittel und sonstige psychotrope Substanzen). Während die akute Intoxikation und die körperlichen Folgen von längerem Suchtmittelkonsum zu den krankhaften seelischen Störungen zählen, unterfallen suchtmittelinduzierte Persönlichkeitsveränderungen den schweren anderen seelischen Abartigkeiten.[403]

160 Die **Rechtsprechung** verfolgt auch bei Suchtfällen eine sehr restriktive Linie (*Streng* MK § 20 Rdn. 105), nach der eine Exkulpation regelmäßig ausgeschlossen ist und auch § 21 nur bei objektivierbaren schwersten Persönlichkeitsveränderungen in Betracht kommt.[404]

161 Dieses Erfordernis gilt in besonderer Weise für die Beurteilung nicht stoffgebundener Süchte, insbesondere von **Spielsucht** (BGH bei *Pfister* NStZ-RR **2019** 236), die im ICD-10 F 63.0 unter der Kategorie abnorme Gewohnheiten und Störungen der Impulskontrolle als pathologisches Spielen klassifiziert wird; DSM-V codiert gestörtes Glücksspielen erstmals unter Aufgabe der Unterscheidung zwischen Missbrauch und Abhängigkeit.[405] Hier lassen sich in krassen Fällen psychische Defekte und Persönlichkeitsänderungen feststellen, die eine ähnliche Struktur und Schwere aufweisen wie bei stoffgebundenen Süchten oder bei devianter Sexualität.[406] „Patholo-

---

**394** *Giese* **1963** 32 ff, 420; *Glatzel* Forens. Psychiatrie S. 175; *Rasch* FS Bürger-Prinz 173; *Saß* Psychopathie S. 119; *Schorsch* R & P **1988** 10; ferner *Schumacher* FS Sarstedt 361, 365; *Feuerlein/Schumacher* S. 165, 168; zur Beurteilung sexueller Abweichungen nach dem tiefenpsychologischen (psychodynamischen) Modell; *Forster/Wille S.* 531 und Rdn. 70.

**395** BGH bei *Pfister* NStZ-RR **2018** 161, 164; *Streng* MK § 20 Rdn. 99; *Venzlaff/Foerster/Dreßing/Habermeyer/Schreiber/Rosenau* S. 105.

**396** BGH NStZ-RR **2007** 337; NStZ **2016** 144 m. Praxiskommentar *Piel*.

**397** BGH BeckRS **2020** 20926; BGH NStZ-RR **2019**, 168 f.

**398** BGH NJW **1998** 2752, dazu Anm. *Winckler/Förster* NStZ **1999** 236; BGH NJW **1998**, 2753 m. Anm. *Winckler/Foerster* NStZ **1999** 126; BGH NJW **1998** 3654; NStZ **1999** 611; **2001** 243 mit Anm. *Nedopil* NStZ **2001** 474; NStZ-RR **2004** 201; **2018** 39; StV **2005** 20 f; NStZ **2016** 144.

**399** BGH NStZ **1994** 75; NStZ-RR **1998** 174.

**400** BGHR § 21 seelische Abartigkeit 22, 26, 32; StV **1996** 367.

**401** OLG Zweibrücken StV **1986** 436; *Bleuler/Mende* S. 655; *Forster/Wille* S. 552.

**402** BGHSt **28** 357; BGHR StGB § 20 Steuerungsfähigkeit 1.

**403** *Konrad/Huchzermeier/Rasch* S. 322; *Müller/Nedopil* S. 49, 140 ff; BGH NStZ **2001** 83.

**404** BGHR StGB § 21 BtM-Auswirkungen 5, 8, 12; BGH NStZ **2001** 85.

**405** *Romanczuk-Seiferth/Mörsen/Heinz* FPPK **2016** 155; *Rumpf/Kiefer* Sucht **57** (2011) 45, 46 f.

**406** *Müller/Nedopil* S. 238; *Konrad/Huchzermeier/Rasch* S. 337; *Streng* MK § 20 Rdn. 107; *Kellermann* StV **2005** 287 ff.

gisches Spielen" oder „Spielsucht" stellen nach der Rspr.[407] für sich genommen keine die Schuldfähigkeit erheblich einschränkende oder ausschließende krankhafte seelische Störung oder andere seelische Abartigkeit dar. Maßgeblich sei, ob der Betreffende durch seine Spielsucht gravierende psychische Veränderungen in seiner Persönlichkeit erfahre, die in ihrem Schweregrad einer krankhaften seelischen Störung gleichwertig seien und dass die Straftaten der Fortsetzung des Spiels gedient haben.[408]

Tatsächlich findet sich in der Rechtsprechung des **BGH** kein einziger Fall mit vollständiger Exkulpation, und viele Entscheidungen zum pathologischen Spielen verneinen bzw. bezweifeln durchweg eine erhebliche Verminderung der Steuerungsfähigkeit. Während die juristische Literatur insoweit – unter Verweis auf die Rechtsprechung – kaum eigenständige Positionen vertritt,[409] ist die forensische Behandlung extremer Spielleidenschaft in der psychiatrisch-psychologischen Literatur umstritten (vgl. *Müller/Nedopil* S. 238 m. w. N.). **162**

Ausgehend von den psychiatrischen Klassifikationssystemen will ein Teil der Literatur die Spielsucht als **eigenständiges** und einheitliches psychiatrisch-psychologisches **Syndrom** akzeptieren, das – ebenso wie Alkohol- oder Drogensucht – der „schweren anderen seelischen Abartigkeit" zuzuordnen ist.[410] **163**

Die wohl überwiegende Meinung in der psychiatrischen Literatur **lehnt** dagegen die eigenständige Bedeutung der „Spielsucht" als Krankheit im Kontext der §§ 20, 21 StGB **ab** und behandelt exzessives Spielverhalten nur als Symptom für andere psychopathologische Auffälligkeiten.[411] Insbesondere weist sie nicht selten auf eine dissoziale, narzisstische oder Borderline-Persönlichkeitsstörung hin. Die vermittelnde Position, die bei „Spielsucht" eine Primärstörung mit möglicherweise ursächlicher Wirkung für delinquentes Verhalten nicht grundsätzlich verneint, entspricht in etwa der Konzeption *Raschs*, der verschiedene Kriterien für eine relevante Steuerungsbeeinträchtigung entwickelt hat und letztlich darauf abstellt, ob durch das exzessive Spielen eine „typisierende Umprägung" der Persönlichkeit, eine „Persönlichkeitsentartung" eingetreten sei, wie sie in der Rechtsprechung – unter Bezugnahme auf die süchtige Persönlichkeit – bei der Beurteilung der schweren seelischen Abartigkeit verlangt werde.[412] Dies wird allerdings oft erst nach aufwendiger Begutachtung feststellbar sein, während die – von der überwiegenden psychiatrischen Literatur befürwortete – Reduzierung auf ein Symptom für andere psychopathologische Auffälligkeiten ein engeres Eingangsraster für die Begutachtung zugrunde legt. **164**

Deshalb ist die in der forensisch-psychiatrischen Literatur überwiegend vertretene **engere Konzeption vorzugswürdig**. Denn die vom BGH geforderte Gleichwertigkeit mit dem Schweregrad einer krankhaften seelischen Störung ist praktisch nur in den Fällen der Komorbidität[413] zu erreichen, d. h. beim Zusammentreffen der Spielsucht mit anderen gravierenden psychopathologischen Auffälligkeiten. Sie ist auch sachgerecht, denn die primär an klinischen Aspekten orientierten Klassifikationssysteme sind forensisch nicht unmittelbar relevant (BGHSt **37** 397, 401). Die für die klinische und therapeutische Behandlung der Spielsucht, der Kleptomanie und der Pyromanie sinnvolle Einordnung im ICD-10 und DSM-V bedeutet also nicht, dass diese „Störungen der Impulskontrolle" automatisch auch als „schwere andere seelische Abartigkeit" zu **165**

**407** Dazu *Schneider* FPPK **2016** 164; *Lammel* **2008** 35.

**408** BGH bei *Pfister* NStZ-RR **2019** 236; BGH NStZ **2014** 80; BGHSt **49** 365, 369 ff = JR **2005** 294 mit Anm. *Schöch* = NStZ **2005** 207 mit Anm. *Bottke* S. 327; vgl. auch BGHR StGB § 21 seelische Abartigkeit 7, 8, 17; BGH NStZ **1994** 501; **1999** 448 f; **2004** 31 f; **2005** 281f; LG München NStZ **1996** 335 m. Anm. *Stoll* NStZ **1997** 283.

**409** Vgl. z. B. *Lackner/Kühl/Kühl* Rdn. 11; *Streng* MK Rdn. 107; *Fischer* Rdn. 41.

**410** Vgl. *Schumacher* FS Sarstedt 361 ff; *Meyer* MschrKrim. **1988** 213–227; *Kellermann* NStZ **1996** 335 f.

**411** *Saß/Wiegand* Nervenarzt **1990** 435 ff; ähnlich *Kröber* Forensia **8** (1987) 113; JR **1989** 381; *Müller/Nedopil* S. 238 f; *Bork/Foerster* Sucht **2004** 368 ff mit Hinweisen zu Therapiemöglichkeiten und pharmakologischer Behandlung; *Kröber* FPPK **2009** 96.

**412** *Rasch* StV **1991** 129; *Konrad/Huchzermeier/Rasch* S. 337.

**413** Dazu *Streng* StV **2004** 614 ff; Rdn. 180; *Kröber* FPPK **2009** 93 f.

qualifizieren wären. Vielmehr ist es im Kontext der §§ 20, 21 StGB wegen der gebotenen engen Auslegung des 4.Merkmals und wegen der hohen Anforderungen an die Beeinträchtigung der Steuerungsfähigkeit sachgerechter, diese lediglich als Symptome für umfassendere psychopathologische Auffälligkeiten heranzuziehen (*Schöch* JR **2005** 296 f). Was für die Kleptomanie und Pyromanie heute nahezu unstreitig ist (s. folgenden Absatz), kann für die Spielsucht nicht anders beurteilt werden.

166 **Pathologisches Stehlen** (*Kleptomanie ICD-10 F 63.2*) und **pathologische Brandstiftung** *(Pyromanie ICD-10 F 63.1)* sind über den Diagnoseschlüssel der amerikanischen psychiatrischen Gesellschaft ebenfalls unter der Fallgruppe F 63 (abnorme Gewohnheiten und Störungen der Impulskontrolle) in den internationalen Diagnoseschlüssel gelangt. Sie werden jedoch in der deutschen Psychiatrie aufgrund einer langen und intensiven Diskussion nahezu einhellig als eigenständige Merkmale abgelehnt.[414] Dies schließt nicht aus, dass es bei diesen Delikten einen relativ hohen Anteil anderer relevanter Störungen geben und die Kombination zu eingeschränkter Schuldfähigkeit führen kann.[415] Auch die Rechtsprechung hat bisher ein eigenständiges Merkmal Kleptomanie nicht anerkannt.[416]

167 In einem außergewöhnlichen Fall hat das LG Passau (NStZ **1996** 601 = JR **1997** 118 mit zust. Anm. *Brunner*) aufgrund des **suchtartigen Konsums von gewaltdarstellenden Horror-Videos** mit gleichzeitig schwerem Erziehungsversagen der Eltern bei einem 15-jährigen Jugendlichen eine schwere andere seelische Abartigkeit bejaht und für eine schwere Gewalttat nach dem Vorbild der Horror-Figur eine erheblich verminderte Steuerungsfähigkeit gemäß § 21 StGB angenommen (**kritisch** und noch weitergehend *Eisenberg* NJW **1997** 1336 ff). Forensische Relevanz kann auch die Sammelsucht haben (*Möller/Bier-Weiß* Rechtsmedizin **7** [1997] 53).

168 **c) Persönlichkeitsstörungen.** Dagegen berührt eine Persönlichkeitsstörung (früher als Psychopathie, Charakterneurose, Kernneurose, abnorme Persönlichkeit bezeichnet) selten allein, zusammen mit anderen Faktoren (Rdn 180 ff.) allerdings häufiger die Schuldfähigkeit, ohne sie jedoch in aller Regel völlig aufzuheben.[417]

169 Die Persönlichkeitsstörungen beschreiben in ihrem Temperaments- und Charaktermerkmalen besonders auffällige Persönlichkeitsstrukturen, die sich vor allem durch ein tiefgreifend abnormes, meist dissoziales Verhaltensmuster auszeichnen, das andauernd ist, bereits in der Kindheit oder Jugend beginnt und sich im Erwachsenenalter manifestiert. Hieraus resultiert eine **starke forensische Relevanz**, die noch durch ein erhöhtes Risiko für Gewalttaten bei manchen Persönlichkeitsgestörten verstärkt wird.[418] Für die Betroffenen selbst sind mit der Störung erhebliche subjektive Leiden und deutliche Leistungseinschränkungen verbunden. Es werden mehrere Idealtypen unterschieden, die sich in Anlehnung an ICD-10 60–60.9, 61.0[419] und DSM-V aufschlüsseln lassen in paranoide, schizoide, dissoziale,[420] emotional instabile (impulsiver und Borderlinetypus), histrionische (früher hysterische), anankastische (zwanghafte), ängstliche und abhängige Persönlichkeiten, narzisstische und schizotype sowie kombinierte Persönlichkeitsstörung.[421] Die klinische Diagnose einer Persönlichkeitsstörung darf nicht automatisch mit dem juristischen Begriff der schweren anderen seelischen Abartigkeit gleichgesetzt werden.

---

**414** *Konrad/Huchzermeier/Rasch* S. 340 f; *Müller/Nedopil* S. 237; *Foerster/Foerster/Bork* S. 332; *Foerster/Knöllinger* StV **2000** 457 ff; *Leygraf* FPPK **2009** 107 zur Kleptomanie; s.auch KG Berlin BeckRS **2013** 01209.

**415** BGH NStZ-RR **2007** 336 (pyromanische Neigung und Alkoholabusus).

**416** BGH NJW **1969** 563; OLG Düsseldorf NStZ-RR **1996** 134; OLG Koblenz R & P **2006** 101.

**417** *Foerster* MschrKrim. **1989** 83, 86; *Witter* Sachverständige S. 69.

**418** *Dudeck/Kaspar/Lindemann/Dudeck* **2014** 87; *Kröber* Nervenarzt **2005** 1380.

**419** Zu den Änderungen in der Erfassung der Persönlichkeitsstörungen durch den 2022 in Kraft tretenden ICD-11 *Konrad/Huchzermeier* R&P **2019** 84, 85 f, 88 f.

**420** Zur Bedeutung der „Psychopathie Checklist" als Prognoseinstrument *Müller/Nedopil* S. 221 ff.

**421** *Müller/Nedopil* S. 217 ff.

auf ausländische Regelungen[2] verstärkt die Absenkung der Strafmündigkeitsgrenze auf 12 Jahre verlangt.[3] Diese Forderung wird in Praxis und Literatur fast durchweg aus gutem Grund zurückgewiesen.[4] De lege ferenda besteht für eine Absenkung kein rechtspolitisches Bedürfnis. Mit den vorhandenen familien- und jugendhilferechtlichen (vgl. §§ 1666 ff BGB, 27 SGB VIII) sowie strafprozessualen Eingriffsmöglichkeiten gegenüber Kindern (hierzu Rdn. 6 f) existiert – eine konsequente Nutzung vorausgesetzt – ein ausreichendes Instrumentarium, um dieser Delinquenzform wirksam zu begegnen. Gegen die Absenkung des Strafmündigkeitsalters spricht zudem aufgrund der stigmatisierenden und traumatisierenden Wirkung einer strafrechtlichen Hauptverhandlung auf kindliche Angeklagte der erhebliche Änderungsbedarf in StPO und GVG. So wären (anstelle der bisherigen Jugendstrafabteilungen) spezielle Jugendgerichte mit entsprechender, gesetzlich verpflichtender Ausbildung der dort tätigen Richter sinnvoll. Nur so könnte die Justiz einer noch jüngeren Beschuldigtenklientel, bei der die (nicht unzweifelhafte) strafrechtliche Reife i. S. d. § 3 JGG regelmäßig mit sachverständiger Hilfe zu klären sein wird, unter Fürsorgegesichtspunkten gerecht werden (*Streng* MK Rdn. 18 m. w. N.). Der hierfür zu betreibende Aufwand erscheint vor dem zu erwartenden Ertrag einer etwaigen strafrechtlichen Ahndung unverhältnismäßig. Zur empirischen Absicherung der geltenden Altersgrenze des § 19 *Hommers/Lewand* MschrKrim **2005** 61; *Köhnken u. a.* in *DVJJ* Achtung (für) Jugend! 505 ff. Zum gegenläufigen Vorschlag, die Altersgrenze auf 16 Jahre anzuheben vgl. *Eisenberg/Kölbel* JGG § 3 Rdn. 3b; *Streng* MK Rdn. 20 jew. m. w. N.

## I. Rechtsnatur und Rechtsfolgen

1 § 19 bezeichnet Personen unter 14 Jahren – im Sinne des StGB also Kinder (§ 176 Abs. 1) – als generell schuldunfähig[5] und bestimmt damit die Grenze der Strafmündigkeit. Der 14. Geburtstag selbst fällt nach dem allgemeinen Grundsatz des § 187 Abs. 2 Satz 2 BGB bereits in das Strafmündigkeitsalter.[6] Vorher findet eine Prüfung der Einsichts- und Steuerungsfähigkeit nicht statt, auch wenn das Kind im konkreten Fall die dafür erforderliche Reife vielleicht schon erreicht hat.[7]

Die Bestimmung stellt eine unwiderlegliche Vermutung auf (*E 1962* S. 137), die jeden Gegenbeweis ausschließt.[8] Rechtssystematisch hat sie eine Doppelnatur. Materiell rechtlich enthält sie einen Schuldausschließungsgrund, prozessual stellt die Strafunmündigkeit ein Prozesshindernis[9] dar, wird teilweise allerdings auch in der gegensätzlichen Lesart (Strafmündigkeit) als Prozessvoraussetzung[10] eingeordnet.

2 Als **Schuldausschließungsgrund** bestimmt § 19 den Standort des Strafmündigkeitsalters im Verbrechensaufbau. Ausgeschlossen ist bei Straftaten von Kindern lediglich die Schuld; Tatbestandsmäßigkeit und Rechtswidrigkeit werden nicht berührt. Daher bleibt Teilnahme an solchen Taten möglich, soweit nicht – etwa bei Beteiligung Erwachsener – mittelbare Täterschaft vorliegt. Grundsätzlich ist gegen rechtswidrige Taten von Kindern auch Notwehr zulässig, je-

2 Z. B. Schweiz 7 Jahre, Holland 12 Jahre (*Albrecht, H.-J.* Gutachten D 84); umfassender internationaler Vergleich bei *Albrecht/Kilchling* (Hrsg.), Jugendstrafrecht in Europa (2002).

3 *Hinz* ZRP **2000** 107 ff; früher *Weinschenk* MschrKrim. **1984** 15 ff; diff. *Paul* ZRP **2003** 204 f; *Hefendehl* JZ **2000** 600, 604 f.

4 Vgl. die Kurzstellungnahmen von Experten in DVJJ-J **1996** 321 ff; *Deutscher Juristentag* Verhandlungen des 64. Deutschen Juristentages Berlin 2002, Band II/1, Sitzungsberichte N 110; *Albrecht, H.-J.* Gutachten D 85, 166; *Streng* MK Rdn. 16 ff; *Verrel/Linke* HK-GS Rdn. 3; *Hommers/Lewand* ZfJ **2003** 7 ff; MschrKrim **2005** 61 ff; *Kreuzer* NJW **2002** 2345, 2348; ferner *Wolfslast* FS Bemmann 274.

5 **Kritisch** *Lange* LK[10] Rdn. 2; *Weinschenk* MschKrim. **1984** 15; **anders** *Maurach/Zipf* AT 1 § 36 IV Rdn. 84.

6 RGSt **35** 37; *Bohnert* NStZ **1988** 249; *Brunner* JGG § 1 Rdn. 10.

7 *Schild* NK Rdn. 2; *Sch/Schröder/Perron/Weißer* Rdn. 1.

8 Zur empirischen Fundierung *Hommes/Lewand* ZfJ **2003** 7 ff; **kritisch** Lange LK[10] Rdn. 2; *Roxin/Greco* AT I § 20 Rdn. 50, die jedoch den Ausschluss der Verantwortlichkeit von Kindern im Hinblick auf die fehlende normative Ansprechbarkeit bzw. präventive Strafbedürftigkeit für sachgerecht halten.

9 *Brunner* JGG § 1 Rdn. 25; *Fischer* Rdn. 2; *Lackner/Kühl/Kühl* Rdn. 2; *Frehsee* ZStW **100** (1988) 290, 295; *Sch/Schröder/Perron/Weißer* Rdn. 3, 5.

10 *Brunner* JGG § 1 Rdn. 27; *Fischer* KK Einl. Rdn. 333; *Eisenberg/Kölbel* JGG § 1 Rdn. 11; *Löwe/Rosenberg/Kühne et al.*[27] Einl. Kap. K Rdn. 40.

# Strafgesetzbuch

vom 15. Mai 1871 (RGBl. 127);
neugefasst durch Bek. v. 13.11.1998 (BGBl. I 3322);
zuletzt geändert durch Gesetz v. 9.10.2020 (BGBl. I S. 2075)

## ALLGEMEINER TEIL

## ERSTER TITEL **Grundlagen der Strafbarkeit**

## § 19 Schuldunfähigkeit des Kindes

**Schuldunfähig ist, wer bei Begehung der Tat noch nicht vierzehn Jahre alt ist.**

### Schrifttum

*H.-J. Albrecht,* Ist das deutsche Jugendstrafrecht noch zeitgemäß? Gutachten D zum 64. Deutschen Juristentag (2002); *P.-A. Albrecht* Jugendstrafrecht, 3. Aufl. (2000); *Bohnert* Strafmündigkeit und Normkenntnis, NStZ **1988** 249; *Bottke* Berücksichtigung kinderdelinquenten Vorverhaltens, Festschrift Geerds (1995) 263; *Brunner* Überlegungen zur Strafmündigkeit, JR **1997** 492; *ders./Dölling* Jugendgerichtsgesetz, 13. Aufl. (2017); *Diemer/Schoreit/Sonnen* Jugendgerichtsgesetz, 7. Aufl. (2015); *Dörner* 100 Jahre Diskussion des Strafmündigkeitsalters, DVJJ-Journal **1996** 176; *Dräger* Die Strafmündigkeitsgrenzen in der deutschen Kriminalgesetzgebung des 19. Jahrhunderts, Diss. Kiel 1992; *Eisenberg/Kölbel* Jugendgerichtsgesetz, 21. Aufl. (2020); *Elliger* 12/13jährige zum Jugendgericht? Heranwachsende zum Strafgericht? DVJJ-Journal **1996** 324; *Fischer* Strafmündigkeit und Strafwürdigkeit im Jugendstrafrecht (2000); *Frehsee* „Strafverfolgung" von strafunmündigen Kindern, ZStW **100** (1988) 290; *ders.* 12/13jährige zum Jugendgericht? Heranwachsende zum Strafgericht? DVJJ-Journal **1996** 321; *Hinz* Strafmündigkeit ab vollendetem 12. Lebensjahr? ZRP **2000**, 107; *Hommers/Lewand* Zur empirischen Fundierung des strafrechtlichen Eintrittsalters, ZfJ **2003** 7; *dies.* Beurteilung egoistisch oder altruistisch motivierter Einbrüche zur empirischen Fundierung des § 19 StGB, MschrKrim **2005** 61; *Jung* Die Altersermittlung im Strafverfahren StV **2013** 51; *Köhnken/Bliesener/Ostendorf/Barnikol/Marx/Thomas* Die Verantwortlichkeit jugendlicher Straftäter nach § 3 JGG, in *DVJJ* Achtung (für) Jugend! (2012) 493; *Ostendorf* Jugendgerichtsgesetz, 10. Aufl. (2016); *Roesler* Die Diskussion über die Herabsetzung der Strafmündigkeitsgrenze und den Umgang mit Kinderdelinquenz, Diss. Köln 2008; *Schaffstein/Beulke/Swoboda* Jugendstrafrecht 15. Aufl. (2014); *Schoene* Können Kinder Beschuldigte sein? DRiZ **1999** 321; *Steiger* Strafprozessuale Ermittlungsmaßnahmen gegen Kinder Diss. Regensburg 2014; *Streng* Jugendstrafrecht (2003); *Traulsen* Zur Delinquenz der 12- und 13jährigen, DVJJ-Journal **1997** 47; *Verrel* Kinderdelinquenz – ein strafrechtliches Tabu? NStZ **2001** 284; *Walter* Zulässigkeit der Strafverfolgung von Kindern? – Eine Stellungnahme zu H. Schoene – Können Kinder Beschuldigte sein? DRiZ **1999** 325; *Weinschenk* Beginnt die Schuldfähigkeit wirklich erst mit der Vollendung des 14. Lebensjahres? MschrKrim. **1984** 15; *Wolfslast* Strafrecht für Kinder? Zur Frage einer Herabsetzung der Strafmündigkeitsgrenze, Festschrift Bemmann (1997) 274.

### Entstehungsgeschichte und Reformfragen

§ 55 des RStGB von 1871 bestimmte, dass strafrechtlich nicht verfolgt werden kann, wer bei der Begehung einer Handlung das 12. Lebensjahr nicht vollendet hat.[1] Die §§ 56 und 57 RStGB regelten die Verantwortlichkeit von Jugendlichen zwischen 12 und 18 Jahren. Die Vorschriften sind durch das JGG vom 16.2.1923 aus dem Strafgesetzbuch herausgelöst worden; dabei wurde die Strafmündigkeitsgrenze auf 14 Jahre angehoben. Das RJGG vom 6.11.1943 ermöglichte wieder die Bestrafung von 12- und 13-Jährigen, allerdings nur in schweren Fällen. Erst das JGG vom 4.8.1953 führte wieder die Altersgrenze von 14 Jahren ein. Das 2. StrRG vom 4.7.1969 hat die Bestimmung über die Strafmündigkeit wieder in das StGB eingefügt, weil sie wegen ihrer allgemeinen Bedeutung hierher gehöre (E 1962 S. 137); das EGStGB hat sie neu gefasst (dazu Erster Bericht des Sonderausschusses des BT, BT-Drs. 7/1261 S. 4). Regelmäßig wurde und wird auch heute noch anlässlich spektakulärer Fälle der Kinderdelinquenz und im Hinblick

**1** Allgemein zur Entwicklung des Jugendstrafrechts *Göppinger/Witter/Lenckner* Hdb. d. forens. Psychiatrie Bd. I (1972) S. 242; *Schaffstein/Beulke/Swoboda* §§ 3–5; *Eisenberg/Kölbel* JGG Einleitung Rdn. 1 ff; *Streng* MK Rdn. 3, 4.



https://doi.org/10.1515/9783110300451-001

Vielmehr muss im Rahmen einer Gesamtschau zwischen strafrechtlich nicht relevanten Auffälligkeiten und psychopathologischen Persönlichkeitsstörungen anhand einer „Vielzahl diagnostischer Kriterien" (BGH bei *Pfister*, NStZ-RR **2018** 161, 164) unterschieden werden. Nur wenn die durch die Persönlichkeitsstörung hervorgerufenen Leistungseinbußen in ihrer Gesamtheit das Leben des Betroffenen in vergleichbar schwerer Weise wie eine krankhafte seelische Störung beeinträchtigen, kann von einer schweren anderen seelischen Abartigkeit gesprochen werden.[422] Bei der Schwerebeurteilung ist maßgeblich, ob es auch im Alltag außerhalb des Delikts zu Einschränkungen des sozialen Handlungsvermögens gekommen ist.[423]

Die Rechtsprechung verlangt eine genaue Qualifizierung der Art der Persönlichkeitsstörung 170
und eine Darlegung des symptomatischen Zusammenhangs der Störung mit dem Tatgeschehen.[424] Nicht selten wird beanstandet, dass trotz Vorliegens einer schweren anderen seelischen Abartigkeit die erhebliche Verminderung der Steuerungsfähigkeit zu oberflächlich verneint[425] oder zu ungenau bejaht[426] wurde. Mit besonderer Skepsis wird in der Rechtsprechung nach wie vor die **Borderline**-Persönlichkeitsstörung behandelt, wohl auch deshalb, weil hier die Gefahr einer Fehldiagnose und einer nicht gerechtfertigten Unterbringungsempfehlung gemäß § 63 durch unerfahrene Sachverständige nicht ganz gering ist.[427]

Persönlichkeitsstörungen werden regelmäßig nach den vorherrschenden **Auffälligkeiten** 171
beschrieben (*Kurt Schneider* Psychopathologie S. 17), teilweise auch von psychopathologischen Entwicklungen – in Symptomatik und Gewicht fortschreitenden Störungen – abgehoben.[428] Für die Schuldfähigkeitsbeurteilung haben derartige Systematisierungen ersichtlich keinen Wert, entscheidend sind Beschreibung und Gewichtung der einzelnen Befunde. Insbesondere sollte die der Klinik der endogenen Psychosen entlehnte Terminologie nicht dazu verleiten, vorschnell auf eine Beeinträchtigung der Schuldfähigkeit zu schließen. So neigen paranoide Persönlichkeiten zu Größenideen und dazu, bedeutungslosen Geschehnissen wahnhaft einen bestimmten Sinn beizulegen; anankastische Persönlichkeiten zu zwanghaft wiederholten Handlungen, zu Perfektionismus und übermäßiger Gewissenhaftigkeit; schizoide Persönlichkeiten sind kontaktarm, gefühlskalt, auch verschrobene Querköpfe und Eigenbrötler.[429] Ob und inwieweit sie in der Lage sind, eine konkrete Straftat zu vermeiden, ist eine völlig andere Frage. Allerdings gibt es auch Grenzfälle mit psychoseähnlichen Symptomen, welche die Anwendung des § 21 ohne weiteres nahe legen.[430]

Die Beurteilung der Schuldfähigkeit sollte sich an den Kriterien von ICD-10 oder DMS-V[431] 172
orientieren und dabei den allgemeinen definierenden Merkmalen von Persönlichkeitsstörungen in beiden Klassifikationssystemen besondere Beachtung widmen (*Boetticher/Nedopil/Bosinski/Saß et al.* NStZ **2005** 60 mit weiteren Hinweisen zur sachgerechten Diagnostik). Jedoch genügt die bloße Angabe der klassifikationsgestützten Diagnose namentlich von kombinierten Persönlichkeitsstörungen zur Annahme einer auch schuldfähigkeitsrelevanten Störung nicht.[432] In

**422** Ständige Rspr. BGH BeckRS **2018** 18141; **krit.** *Fischer* Rdn. 38b; vgl. *Boetticher/Nedopil/Bosinski/Saß* NStZ **2005** 60 mit beispielhaften Kriterien für diese Einstufung.

**423** BGH BeckRS **2017** 131136; vgl. *Müller/Nedopil* S. 231 f.

**424** BGH bei *Pfister* NStZ-RR **2018** 161, 162; BGH NStZ-RR **1998** 106; BGHSt **37** 397, 401 f; BGH NStZ **1997** 383; NJW **1997** 3101.

**425** BGH NJW **2015** 3319; BGH NStZ-RR **2012** 140 in Kombination mit Affekt; BGH NStZ-RR **1998** 188; **2004** 8.

**426** BGH NStZ-RR **2019** 334; BGH bei *Pfister* NStZ **2016** 161, 164; NStZ **2006** 154.

**427** BGH NStZ-RR **2017** 269 unter Betonung des Erfordernisses einer Zwangswirkung; BGHSt **42** 385, zust. *Faller* NJW **1997** 3073 f; **abl.** *Kröber* NStZ **1998** 80; *Dannborn* NStZ **1998** 81; BGH NStZ-RR **2004** 199.

**428** **Krit.** *Saß* Forensia **9** (1988) 149, 152.

**429** Näher zu kriminogenen Verhaltensweisen bei einzelnen Persönlichkeitsstörungen *Müller/Nedopil* S. 228 ff; *Bleuler* S. 577; zur unbefriedigenden wissenschaftlichen Erforschung unter forensischen Aspekten *Müller* FS Venzlaff 17, 25, 28.

**430** BGHSt **37** 397 m. Anm. *Grasnick* JR **1992** 118, Rdn. 38.

**431** Zu den Veränderungen gegenüber der Vorgängerfassung *Berberich/Zaudig* FPPK **2015** 155.

**432** BGH NStZ-RR **2019** 334; BGH bei *Pfister* NStZ-RR **2017** 161, 164.

dem Bemühen, die bei Persönlichkeitsstörungen zentrale Problematik der Schwerequantifizierung und die dahinter stehende Entscheidungslogik des Gutachters (*Müller/Nedopil* S. 231) zu operationalisieren und transparent zu machen, hat *Saß* (Psychopathie S. 119; Forensia **6** [1985] 33; in: *Saß/Herpertz* S. 179 f; dazu auch *Schwerd/Schewe/Reinhardt* S. 227) ähnlich wie für Affekte einen **Merkmalskatalog** entworfen, in dem die für und gegen eine Beeinträchtigung der Schuldfähigkeit bei Psychopathien und anderen schweren seelischen Abartigkeiten sprechenden Anzeichen aufgelistet sind.

173 Danach sprechen **für** eine mindestens erhebliche Verminderung der Schuldfähigkeit: psychopathische Disposition der Persönlichkeit; chronische konstellative Faktoren (Abusus, Lebensumstände); Schwäche der Abwehr- und Realitätsprüfungsmechanismen; Einengung der Lebensführung; Stereotypisierung des Verhaltens; Häufung sozialer Konflikte auch außerhalb des Delinquenzbereichs; konflikthafte Zuspitzung und emotionale Labilisierung in der Zeit vor der Tat; abrupter, impulshafter Tatablauf; aktuelle konstellative Faktoren (Alkohol, Drogen, Ermüdung, Affekt); Hervorgehen der Tat aus neurotischen Konflikten oder entsprechender Symptomatik; bei sexuellen Deviationen auch Einengung, Fixierung, Progredienz (s. Rdn. 154 ff).

**Gegen** eine Beeinträchtigung der Schuldfähigkeit sprechen Tatvorbereitungen; planmäßiges Vorgehen bei der Tat; Fähigkeit zu warten; lang hingezogenes Tatgeschehen; komplexer Handlungsablauf in Etappen; Vorsorge gegen Entdeckung; Möglichkeit anderen Verhaltens unter vergleichbaren Umständen; Hervorgehen des Delikts aus dissozialen Charakterzügen. *Foerster* (MschrKrim. **1989** 83, 86) stellt allgemeiner auf Realitätsprüfung und Wirklichkeitssinn, Urteilskraft, Regulierung und Kontrolle von Trieben, Affekten und Impulsen, Objektbeziehungen, Abwehrfunktionen und Reizschutz ab, jedoch im Rahmen einer **umfassenden Persönlichkeitsbeurteilung**, welche auch alle situativen Gegebenheiten einschließt (eingehend auch *Foerster/Foerster/Bork/Venzlaff* S. 260 f).

174 Die **gerichtliche Praxis** lässt noch keine geschlossene Linie erkennen. In der Vergangenheit tendierte sie eher zu einer großzügigen Annahme der Voraussetzungen des § 21.[433] Auffälligkeiten, welche früher als unbeachtlich galten (Rdn. 68 ff), erscheinen unter anderer Bezeichnung vielfach als rechtserhebliche Störungen.[434] Es hatte den Anschein, als würden die Grenzen der Verantwortlichkeit für moralische Defizite mit Hilfe von Ausdrücken wie Dissozialität und Soziopathie häufig überspielt.[435] Das ist ebenso wenig gerechtfertigt wie die grundsätzliche Annahme voller Verantwortlichkeit bei Persönlichkeitsgestörten.[436] Der Umstand, dass dadurch haltlose, willensschwache und gefühlskalte Personen gegenüber dem an sich rechtstreuen Bürger bevorzugt werden, ist unter Gerechtigkeitsaspekten nicht unbedenklich (vgl. BGHR StGB § 21 Einsichtsfähigkeit 3 – „narzisstische Urwut"). Deshalb müssen sozial deviante Verhaltensweisen von chronischen Rückfalltätern sorgfältig von den psychopathologischen Merkmalen einer Persönlichkeitsstörung abgegrenzt werden (*Boetticher/Nedopil/Bosinski/Saß etal.* NStZ **2005** 60). Neuere Entscheidungen betonen demgegenüber die Notwendigkeit einer normativen Abgrenzung zwischen Persönlichkeitsausprägungen und psychopathologischen Auffälligkeiten.[437]

175 Zwar ist es nach den Maßstäben des Schuldstrafrechts verboten, bei Persönlichkeitsgestörten die Anwendung des § 21 mit Rücksicht darauf abzulehnen, dass sie kaum behandelbar sind und bei einer Einweisung gemäß § 63 in den Krankenanstalten nur stören.[438] Allerdings bedarf die für klinische Zwecke entwickelte relativ weite Konzeption der Persönlichkeitsstörung nach ICD-10 und DSM-V einer Anpassung an forensische Bedürfnisse. Der auch international gesi-

---

**433** S.o. Rdn. 7; **krit.** *Schöch* Nervenarzt **2005** 1386 f; *Frank/Harrer/Bresser* S. 38, 44; *Glatze* Forens. Psychiatrie S. 212.

**434** Vgl. z. B. BGH StV **1990** 302; **1992** 316; NStZ **1990** 122.

**435** Zur Abgrenzung *Blei* AT § 56 III; *Saß* Psychopathie S. 82; BGH StV **1992** 316; Rdn. 71.

**436** *Venzlaff/Venzlaff* S. 357.

**437** BGH bei *Pfister* NStZ-RR **2017** 161, 162; BGH R & P **2016** 191; BGH StraFo **2016** 300; BGH NStZ **2015** 306.

**438** *Rasch* NStZ **1982** 177, 180; *Rautenberg* SchlHA **1986** 2, 6; *Saß* Forensia **6** (1985) 33, 36.

cherte Befund eines hohen Anteils persönlichkeitsgestörter im Straf- und Maßregelvollzug[439] gibt Anlass, die strengen normativen Anforderungen an die Beeinträchtigung der Steuerungsfähigkeit gemäß § 21 StGB beim 4. Merkmal zu betonen,[440] die es gestatten, neben zahlreichen diagnostischen Kriterien auch die **Therapieprognose** ergänzend heranzuziehen. Eine derartige teleologische und rechtsfolgenorientierte Auslegung unbestimmter Rechtsbegriffe ist unserer Rechtsordnung nicht fremd und steht im Einklang mit dem strafrechtlichen Zurechnungs- und Sanktionensystem.[441] In Grenzfällen der verminderten Schuldfähigkeit – nicht bei eindeutiger Feststellung – sollte diese verneint werden, wenn die Therapieprognose für das psychiatrische Krankenhaus nicht günstiger ist als für den Strafvollzug mit sozialtherapeutischen Anstalten.

**d) Neurosen.** Neurotische Störungen sind erlebnisbedingte psychische Fehlentwicklungen, die 176
sich in seelischen und/oder körperlichen Symptomen manifestieren können (*Rasch* StV **1991** 126 ff) und sich von den Belastungsreaktionen (Rdn. 178) durch die schon in der Kindheit erfolgende Traumatisierung unterscheiden (*Müller/Nedopil* S. 196). Im ICD-10 wird der Begriff der Neurose als selbständige Klassifikation weitgehend aufgegeben und mit den und Belastungs- und somatoformen Störungen zu einer einheitlichen Gruppe zusammengefasst. Im Hinblick auf die bisherige forensische Praxis empfiehlt es sich jedoch, den Begriff als selbständige Einheit beizubehalten (*Konrad/Huchzermeier/Rasch* S. 313). Die Abgrenzung zu den Persönlichkeitsstörungen ist oft schwierig. Strafrechtlich spielen Neurosen eine geringere Rolle. Die Voraussetzungen des § 21 liegen bei stark ausgeprägten Neurosen, insbesondere wenn sie bereits psychoseähnliche Symptome aufweisen, relativ häufig vor. Sehr selten wird Schuldunfähigkeit angenommen; jedoch ist auch dies nicht völlig ausgeschlossen.[442]

Die Diagnose einer Neurose beruht oft auf tiefenpsychologischen Theorien (dazu *Becker-Toussaint* S. 29) Hierbei ist darauf zu achten, dass der Sachverständige nicht dem Missverständnis erliegt, dass aus den Tiefen des Unbewussten hervorbrechende Antriebe von dem Täter nicht zu verantworten seien, weil er auf sein Unbewusstes keinen Einfluss habe oder weil die Tiefenpsychologie dem Determinismus verhaftet sein müsse und deshalb generell zur Exkulpation neige.[443] Solche Auffassungen sind verfehlt.[444] Es bleibt sich gleich, aus welcher Quelle ein Antrieb herrührt und welche Ursachen er hat (vgl. *Müller/Nedopil* S. 196); entscheidend ist allein, ob er nach der psychischen Befindlichkeit des Täters im Einzelfall **beherrschbar** ist.

Höchstrichterliche Entscheidungen zu Neurosen gibt es kaum.[445] In der Begutachtung fin- 177
den Merkmalskataloge und scorebasierte Instrumente Anwendung.[446] Im Hinblick auf die engen Beziehungen zwischen Neurose und Psychopathie (Rdn. 171) sind dabei auch die Merkmale von Bedeutung, welche zur Beurteilung von Persönlichkeitsstörungen dienen (Rdn. 173 ff). Ein eindrucksvolles Fallbeispiel für Ladendiebstähle einer schwer neurotisch gestörten 33-jährigen Frau findet sich bei *Konrad/Huchzermeier/Rasch* S. 316 f.

---

439 Zusammengefasst bei *Müller/Nedopil* S. 228 ff; außerdem *Marneros/Ulrich/Rössner* S. 75; *Frädrich/Pfäfflin* S. 95–104.

440 Vgl. BGH NStZ **1991** 31; NStZ-RR **2005** 331 f bei *Theune*.

441 *Schöch* Nervenarzt **2005** 1387 f.

442 KG BeckRS **2010** 4771; *Frank/Harrer/Venzlaff* S. 11, 16, 20; *Müller/Nedopil* S. 205.

443 *Krümpelmann* GA **1983** 337, 358; *Schwerd/Schewe/Reinhardt* S. 217; *Wegener* Einführung S. 69; *Haesler/Witter* S. 341, 349; *Witter* FS Wassermann 1007, 1014.

444 *Beck-Mannagetta* S. 23, 36; *Beck-Mannagetta/Reinhardt/Bohle* S. 39, 46; *Bräutigam* Hdb. d. forens. Psychiatrie Bd. I S. 777; *Duncker* MschrKrim. **1988** 381, 383; *Glatzel* Forens. Psychiatrie S. 195; *Menne/Goldschmidt* S. 23, 38; *Hoffmann* FS Leithoff 457, 464; *Huber* Hdb. d. forens. Psychiatrie Bd. I S. 746; *Lenckner* Hdb. d. forens. Psychiatrie Bd. I S. 117; *Luthe* Forensia **4** (1983/84) 161, 168; StV **1991** 126, 130; *Streng* MschrKrim. **1976** 77, 80; *Frank/Harrer/Venzlaff* S. 11, 20; *Goreta* R & P **1988** 20; *Beck-Mannagetta/Reinhardt/Goreta* S. 227, 233.

445 BGH NStZ **2009** 383; NJW **1966** 1871; OLG Düsseldorf GA **1983** 473.

446 Für Querulantenwahn *Nedopil* Forensia **5** (1985) 188; zur Objektivierung von Simulation und Aggravation *Müller/Nedopil* S. 209 ff.

178 **e) Belastungsreaktionen und Anpassungsstörungen.** Sie werden auch als abnorme Erlebnisreaktionen oder psychogene Reaktionen bezeichnet. Es handelt sich um akut (ICD-10 F 43.0) oder verzögert eintretende (ICD-10 F 43,1–2) Reaktionen auf außergewöhnliche physische oder psychische Belastungen, wie sie zum Beispiel durch Todes- oder Gewalterfahrungen, Konflikte in der Familie, in einer Partnerschaft oder im Berufsleben auftreten können.[447] Als Folge von Extrembelastungen kann die Störung chronisch fortbestehen, so dass eine „andauernde Persönlichkeitsänderung nach Extrembelastung" (ICD-10 Nr. F 62.0) diagnostiziert werden muss (*Müller/Nedopil* S. 200). Hierher gehören auch **posttraumatische Belastungsstörungen** nach einem überwältigenden traumatischen Erlebnis wie Naturkatastrophen, Kriegsereignisse, Unfälle, Vergewaltigung, Verlust der sozialen Stellung oder des sozialen Bezugsrahmens durch den plötzlichen Tod naher Angehöriger oder ähnliches (*Müller/Nedopil* S. 199).

179 Die Rspr.[448] ist sehr zurückhaltend bei der Annahme einer Schuldfähigkeitsbeeinträchtigung, hatte bisher aber nur mit Fällen weniger gravierender Belastungssituationen zu tun. Dabei spielten **normative Überlegungen**, was an Störungsverarbeitung erwartet werden kann,[449] sowie unzureichende tatrichterliche Feststellungen zur Störungserheblichkeit[450] eine Rolle.

## 9. Komorbidität

180 Im Rahmen der Schuldfähigkeit bedeutet Komorbidität die Kumulation mehrerer Eingangsmerkmale des § 20 StGB im Sinne des Zusammentreffens mehrerer psychischer Störungen.[451] Gesetzlich ist die Komorbidität nicht geregelt. Somit stellt sich die Frage, wie das gleichzeitige Auftreten von mehreren Störungen zu behandeln ist, insbesondere, wenn nur die Kumulation zu §§ 20, 21 StGB führt.

Das Zusammentreffen mehrerer Beeinträchtigungen darf nicht zu einer isolierten Betrachtung der Einzelstörungen führen, sondern erfordert eine umfassende **Gesamtwürdigung**[452] ihrer Auswirkungen auf das seelische Gefüge des Täters.[453] Störungskombinationen können vielfältig sein und ein Zusammentreffen dauerhafter Zustände, das Hinzutreten vorrübergehender konstellativer oder situativer Faktoren (z. B. Trunkenheit oder Affekt) ebenso betreffen wie mehrere vorrübergehende, sich gegenseitig verstärkende Ausfälle wie z. B. beim alkoholisierten Affekttäter.[454] Leidet der Angeklagte unter mehreren nach international geltenden Standards (ICD) als schwer eingestuften Persönlichkeitsstörungen, so liegt es nahe, dass das Hinzutreten externer Einflüsse, wie etwa die Aufnahme von Alkohol, zu einer Verminderung oder einem vollständigem Ausschluss der Steuerungsfähigkeit führen kann.[455] Allgemein anerkannte „Verknüpfungsregeln" gibt es nicht; weder eine allzu starre Fixierung auf die „Hauptdiagnose" noch ein schlichtes Aufsummieren einzelner leichter Beeinträchtigungen würde der Komplexität psychischer Störungen gerecht (*Winckler/Foerster* NStZ **1999** 237).

---

447 Vgl. *Konrad/Huchzermeier/Rasch*5
S. 393; *Müller/Nedopil* S. 198.

448 BGH NStZ **2015** 266, 268 f; NStZ-RR **2008** 274 f; **2004** 70 f.

449 Vgl. *Fischer* Rn 41.

450 Zur Begutachtung *Dressing/Foerster* FPPK **2014** 26; speziell zu Übertragungsproblemen bei Patienten mit posttraumatischer Belastungsstörung *Haenel* **2002** 194.

451 *Streng* StV **2004** 614 ff; *Müller/Nedopil* S. 39.

452 BGH NStZ-RR **2019** 170; NStZ **2013** 519; BGHSt **34** 22, 26; BGHR StGB § 20 Ursachen, mehrere 1, 2.

453 Fragwürdig ist die Einschätzung in BGH NJW **1985** 350, „leichte Hirndefekte und Minimalabweichungen des Verstandes oder der Wesensart" seien „in der Gruppe der Rechtsbrecher sehr verbreitet, ohne forensische Bedeutung zu erlangen (*Langelüddeke-Bresser* Gerichtliche Psychiatrie, 4. Aufl., S. 138)"; ebenso *de Boor* FS Klug 571.

454 BGH StV **1987** 341; **1994** 13; NStZ **1997** 232; *Maatz* Nervenarzt **2005** 1391, 1394.

455 BGH StV **2004** 477; NStZ-RR **2004** 162.

Die **praktische Bedeutung** des Problems ist relativ groß, wie verschiedene empirische Studien zeigen.[456] In der forensisch-psychiatrischen Literatur wird vor allem auf das häufige Zusammentreffen von Alkoholmissbrauch und Alkoholabhängigkeit mit anderen psychischen Störungen, insbesondere mit der dissozialen Persönlichkeitsstörung und Schizophrenie hingewiesen (*Müller/Nedopil* S. 168, 181 m. w. N.). Außerdem spielt die Tötung des (trennungswilligen oder untreuen) Intimpartners durch den alkoholisierten Affekttäter eine besondere Rolle (*Maatz* Nervenarzt **2005** 1389 ff). In sehr seltenen Fällen kommt ein völliger Schuldausschluss in Betracht, der auch im Zusammenwirken von Affekt und alkoholischer Enthemmung möglich ist.[457] Es ist in solchen Fällen fehlerhaft, allein auf den Alkoholisierungsgrad oder den Affekt abzustellen, ohne den jeweils anderen Anteil zu berücksichtigen (BGH StraFo **2004** 249). Eine „Doppelmilderung" wäre aber unzulässig; vielmehr geht es darum, die Auswirkungen des Affektes und der Alkoholisierung in einer „gestalthaften Gesamtschau des Geschehens" (*Rasch* Tötung des Intimpartners [1964] S. 105) gemeinsam zu würdigen (*Maatz* Nervenarzt **2005** 1394 f). 181

Die Problematik wird in mehreren höchstrichterlichen Entscheidungen der letzten Jahre behandelt, z. B. BGHSt **44** 338, 344 (Persönlichkeitsstörung, Alkoholsucht); **44** 369, 375 (Psychose, geringer Alkohol); BGH NJW **1998** 2752; BGH NStZ-RR **2019** 44 (Pädophilie, Persönlichkeitsstörung);[458] BGH NStZ **2004** 197 (Alkoholabhängigkeit, Intelligenzminderung, kombinierte Persönlichkeitsstörung mit dissozialen, paranoiden, schizoiden und impulsiven Zügen); BGH NStZ-RR **2008** 335 (Alkoholisierung, Persönlichkeitsstörung); BGH NStZ-RR **2010** 7 (Alkohol, Drogen, Persönlichkeitsstörung); BGH NStZ **2011** 209 (Minderbegabung, Alkoholkonsum); BGH NStZ-RR **2012** 140 (Zwangserkrankung und Affekt); BGH NStZ **2013** 519 (Persönlichkeitsstörung, Suchtmittelabhängigkeit); BGH bei Pfister NStZ-RR **2016** 161, 163 (Abhängigkeit von psychotropen Substanzen, Persönlichkeitsstörung); BGH bei *Pfister* NStZ-RR **2019** 233, 235 (affektive Psychose, Alkohol- und Betäubungsmittelabhängigkeit). Die erste gründliche juristische Erörterung des Problems findet sich bei *Streng* (StV **2004** 614 ff). 182

Folgende Kombinationen kommen in der Praxis häufig vor: dauerhafte krankhafte Störung und Alkoholisierung bzw. Drogenkonsum; tiefgreifende Bewusstseinsstörung und Alkoholisierung; Alkoholintoxikation und Drogenwirkungen; Persönlichkeitsstörung und Alkoholisierung bzw. Drogenkonsum. Es gibt aber auch andere relevante Kombinationen (vgl. z. B. KG BeckRS **2010** 4771: Angstneurose, Medikamenten-und Alkoholmissbrauch; BGH NStZ **2003** 363 f: Diabetes, Bluthochdruck, „nervliche Belastung"; BGHR § 21 StGB Ursachen, mehrere 5: Tabletten, Schwachsinn, Depression).[459] Im psychiatrischen Krankenhaus Haina/Hessen gibt es seit Beginn der 90er Jahre einen integrierten Behandlungsansatz für schizophrene Patienten mit Suchterkrankung und Persönlichkeitsstörung. Dabei finden sich unter 158 Patienten folgende Diagnosen: Schizophrenie + Substanzmissbrauch 45 %; Schizophrenie + Substanzmissbrauch + Persönlichkeitsstörung 29 %; Substanzmissbrauch + Persönlichkeitsstörung 15 %; nur schizophrene Psychose 5 % (*Rohdich/Kirste* R & P **2005** 116 f). 183

## 10. Einzelheiten aus der Rechtsprechung

Unrechtseinheit und Hemmungsvermögen des Täters beziehen sich immer auf den konkreten Rechtsverstoß. Ebenso wie das Unrechtsbewusstsein teilbar ist, ist es auch die Schuldfähig- 184

**456** *Verrel* S. 107 f; *Marneros/Ullrich/Rössner* S. 87 f.

**457** BGH StV **1994** 13; NStZ **1997** 232 f; einschränkend *Maatz* Nervenarzt **2005** 1393, 1401; restriktiver auch BGH StraFo **2004** 249.

**458** Zum Zusammenhang zwischen paraphilen und Persönlichkeitsstörungen *Hörburger/Habermeyer* FPPK **2020** 149 ff.

**459** Zur Komorbidität bei Gefangenen und Untergebrachten *Neumann/Ross/Opitz-Welke* R & P **2018** 3, 8 ff.; *Rohdich/Kirste* R & P **2005** 116 f.

keit.[460] So wird ein Querulant bei Beleidigungsdelikten eher die Voraussetzungen des § 21 erfüllen als bei einem Mord (BGH NJW **1966** 1871). Ein berauschter Täter kann für einen Gesetzesverstoß noch, für einen anderen schon nicht mehr verantwortlich sein (BGHSt **14** 114, 116); selbst für einzelne Teile eines einheitlichen Geschehens kann die Schuldfrage unterschiedlich zu beantworten sein (BGH NStZ-RR **2019** 134; NStZ **1990** 231; anders BGH NStZ **2012** 44 für tateinheitlich verwirklichte Tatbestände des BtMG; s. auch BGH NStZ-RR **2012** 6: kein § 20 bei nur zeitweiser Schuldunfähigkeit während eines mehrjährigen Tatzeitraums). Der Lustmörder ist anders zu beurteilen als derjenige, der aus Habgier tötet oder ein sonstiges Mordmerkmal verwirklicht (BGH JR **1990** 119 m. Anm. *Blau*). Dass ein Sexualtäter auf anderen Gebieten, etwa im Erwerbsleben, ungestört willensfähig und zielstrebig ist, besagt nichts (BGH LM StGB § 51 Nr. 4), insbesondere kann intakte Intelligenz einen Altersabbau überdecken (BGH NJW **1964** 2213; NStZ **1983** 34; StV **1989** 102). Aus intakter Intelligenz rechtfertigt sich auch nicht ohne weiteres der Schluss, dass ein Exhibitionist in der Lage gewesen sei, sich belasteten Situationen von vornherein zu entziehen (BGHSt **28** 357). Bei einem Tötungsdelikt kann es anders liegen (BGH bei *Holtz* MDR **1984** 979). Intakte Intelligenz kann im Übrigen auch durch eine künstlich aufrechterhaltene Verhaltensfassade lediglich vorgespiegelt sein (*Venzlaff* in *Thomas* S. 41, 54). Die Stärke der vorhandenen Hemmungen richtet sich auch nach dem angegriffenen Rechtsgut. So wird das Hemmungsvermögen in Bezug auf eine Vergewaltigung oft noch ausreichen, während es bei Sexualtaten, bei denen ein Widerstand nicht zu brechen ist, versagt (BGH LM StGB § 51 Nr. 4). Ebenso kann ein bloß unbedeutender Tatbeitrag (Beihilfe) bei arbeitsteiligem Vorgehen die Widerstandskräfte des Täters mindern (BGHR StGB § 21 BtM-Auswirkungen 1).

**185** Bei der Anwendung der §§ 20, 21 StGB kann insb. mit Blick auf § 63 **nicht offen bleiben,** welches Eingangsmerkmal vorliegt (BGH NStZ-RR **2019** 233 f; **2008** 274; **2003** 232, BGH NStZ **2017** 203, 205) Dies gilt auch bei diagnostischen Zuordnungsproblemen oder bei mehreren Störungen, die für sich gesehen noch kein Merkmal iSv § 20 erfüllen (BGHSt **49** 347, 356). Ebenso wenig darf offen bleiben, ob die Einsichts- oder Steuerungsfähigkeit betroffen ist (BGH NStZ-RR **2018** 302; **2015** 273); Störungen, die sowohl die Unrechtseinsicht als auch die Steuerungsfähigkeit aufheben sind Ausnahmefälle (BGH NStZ **2006** 167 f: schizoaffektive Psychose mit akuter schizomanischer Episode), die einer besonderen Begründung bedürfen (BGH bei *Pfister* NStZ-RR **2018** 161).

**186** Dem Merkmal der **Persönlichkeitsfremdheit** hat die Rechtsprechung zwar gelegentlich Bedeutung beigemessen (BGH NStZ **1981** 298), doch ist dieses Kriterium weder zuverlässig feststellbar noch aussagekräftig.[461] Dem rechtstreuen Normalbürger ist jede vorsätzliche Straftat persönlichkeitsfremd, dem Hangtäter die dem Hang entsprechende Tat überhaupt nicht. Folgerungen lassen sich daraus nicht herleiten (s. auch Rdn. 104). Die Beurteilung der Schuldfähigkeit darf sich deshalb nicht isoliert auf den seelischen Zustand des Täters gründen, sondern muss die Tat in ihren konkreten Bezügen einschließen.[462] Von der Deliktsbegehung an sich kann ebenso wenig wie von der Art der Deliktsbegehung auf eine schuldfähigkeitsrelevante Störung geschlossen werden (BGH StV **1992** 316: „Soziopathie"; zu dissozialen Persönlichkeitsstörungen BGH NStZ **1999** 395 m. Anm. *Winkler/Foerster* NStZ **2000** 192, 193; *Maatz* FPPK **2007** 147, 149)

**187** **Planvolles**, zielgerichtetes und folgerichtiges **Vorgehen** erlaubt zwar meist die Annahme erhaltener Unrechtseinsicht; ein Schluss auf ungeschmälertes Steuerungsvermögen ist aber nach ständiger Rechtsprechung – nicht nur beim Trunkenheitstäter – im Allgemeinen unge-

---

**460** BGHSt **10** 355, 356; **14** 114, 116; BGH bei *Pfister* NStZ-RR **2016** 161 f; BGH NStZ **1990** 231; BGH StV **1984** 419; *Fischer* Rdn. 2a; *Erhardt* FS Göppinger 409; *Jakobs* AT 18/26; *Jescheck/Weigend* AT § 40 III 3; *Lackner/Kühl/Kühl* Rdn. 16; *Roxin/Greco* AT I § 21 Rdn. 16 f; *Rogall* SK Rdn. 59; *Schewe* JR **1987** 179, 181; *Sch/Schröder//Perron/Weißer* Rdn. 31; für Jugendliche BGH bei *Herlan* GA **1961** 358; RGSt **11** 387; **47** 385; *Bohnert* NStZ **1988** 249.

**461** *Rasch* NJW **1980** 1309, 1312; *Salger* DAR **1986** 383, 388; *Schwerd/Schewe/Reinhardt* S. 221.

**462** BGHSt **37** 397, 402; BGH GA **1971** 365; BGH StV **1988** 384; BGH NStE StGB § 21 Nr. 14; *Blau* JR **1990** 120; **aA** *Bockelmann* ZStW **75** (1963) 372, 383; *Witter* Sachverständige S. 66, 194.

rechtfertigt,[463] weil im zielgerichteten Handeln nichts anderes als die Verwirklichung des Tatvorsatzes liegt. Dasselbe gilt für logisches Vorgehen beim Betrug (BGH StV **1990** 302). Die Gefahr eines Zirkelschlusses ist – ebenso wie bei dem Merkmal des ungestörten Leistungsverhaltens (BGH StV **1990** 302; BGHR StGB § 21 Ursachen, mehrere 11) – aber gebannt, sofern Besonderheiten im Sachverhalt wie intensive, lang hingezogene Tatvorbereitungen (BGHR StGB § 21 Ursachen, mehrere 4), Vorsicht, Tarnungsmaßnahmen und gezielte Auswahl des Tatobjekts (BGH bei Dallinger MDR **1968** 200) oder ungewöhnliche Anforderungen an die Tatausführung festgestellt sind. Bei Fluchtreaktionen nach Unfallschock (dazu KG VRS **67** 258) ist hingegen – anders als bei Polizeiflucht (BGH NStZ **1984** 259) – planvolles Vorgehen mit verminderter Schuldfähigkeit unvereinbar (BGH VRS **20** 47; OLG Hamm VRS **42** 24). Umsichtiges, zielstrebiges Nachtatverhalten spricht auch sonst gegen einen schuldmindernden Affekt (BGH NStZ **1990** 231). Ein aus planvollem, zielgerichtetem Verhalten gezogener Schluss auf erhaltene Einsichtsfähigkeit versagt, wenn der Täter in Wahnvorstellungen befangen ist und sein Handeln danach bestimmt (BGHR StGB § 20 Einsichtsfähigkeit 2).

Dass ein Täter früher vergleichbaren Tatanreizen widerstanden hat, gestattet nicht ohne weite- 188
res den Schluss, er sei dazu auch in der aktuellen Situation imstande und daher uneingeschränkt steuerungsfähig gewesen; so ist vor allem ein **früherer Tatverzicht** bei Entdeckungsgefahr ohne Aussagewert (BGH LM StGB § 51 Nr. 4; BGH StV **1988** 384; *Haddenbrock* FS Sarstedt 35, 38; *Krümpelmann* ZStW **88** [1976] 6, 21), ebenso der Umstand, dass der Täter auf ein Weiterhandeln ganz (BGH StV **1990** 302) oder zeitweilig verzichten konnte (BGHR StGB § 21 Alkoholauswirkungen 1).

Eine erhaltene oder gestörte **Erinnerung** an das Tatgeschehen ist bei hohen BAK-Werten iso- 189
liert von geringem Beweiswert (Rdn. 104), kann aber im Rahmen der stets erforderlichen Gesamtbetrachtung Bedeutung erlangen. Ebenso ist bei alkoholisierten Tätern stets zu berücksichtigen, dass das Ergebnis der Tat ernüchternd gewirkt haben kann (BGH NStZ **1983** 19; **1984** 408). Außerhalb von Trunkenheitstaten kann dagegen Erinnerungslosigkeit – ebenso wie unkontrolliertes Verhalten – ein Anzeichen für eine Beeinträchtigung sein (BGH GA **1971** 365; **aA** *Barbey* BA **1990** 241, 257; zur Bedeutung von erhaltener und gestörter Erinnerung bei Affekttaten Rdn. 135).

Die **eigene Einschätzung** des Täters über seine Verantwortlichkeit ist regelmäßig ohne Be- 190
weiswert (BGHR StGB § 21 seel. Abartigkeit 14). Anders liegt es bei der Beurteilung der eigenen Trunkenheit, die wiederum darin ungeschulte Dritte nicht zuverlässig abschätzen können (Rdn. 104).

## VI. Maßgebender Zeitpunkt

Die Schuldfähigkeit des Täters muss bei der Begehung der Tat gegeben sein, damit er zur Ver- 191
antwortung gezogen werden kann. Maßgebender Zeitpunkt ist wie in § 8 die **Tathandlung**, nicht der Erfolgseintritt. Da es um persönliche Schuld, nicht um Zurechnungsfragen geht, ist auch allein auf den Handelnden, nicht auf die Tatbeiträge anderer Beteiligter abzustellen (§ 29). Für die Strafbarkeit des mittelbaren Täters oder des Anstifters kommt es daher darauf an, ob er bei der Einwirkung auf den anderen Beteiligten schuldfähig war oder nicht. Wird Mittäterschaft durch die Mitwirkung an Vorbereitungshandlungen begründet, ist der Zeitpunkt dieser Mitwirkung maßgebend.

Die Schuldfähigkeit muss nicht während der gesamten Dauer der Tathandlung vorliegen. 192
Es genügt zur Strafbarkeit, wenn sie in **irgendeinem Zeitpunkt** gegeben ist, in dem der Täter den Ablauf des Geschehens durch Tun oder Unterlassen gestaltet. Jedoch ist der Umfang der

463 RGSt **63** 46, 49; BGHSt **1** 384, 385; **34** 22, 26; BGH NStZ **1981** 298; **1982** 243, 376; **1983** 19; **1984** 259, 408; BGH GA **1955** 269, 271; 1971 365; BGH bei Holtz MDR **1976** 632; BGH bei *Spiegel* DAR **1982** 197; BGH VRS **23** 209, 211; BGHR StGB § 20 Bewußtseinsstörung 2; § 21 seel. Abartigk. 10; Alkoholauswirkungen 6; BayObLGSt. **1953** 143, 144; *Fischer* Rdn. 24, 25; *Lackner/Kühl/Kühl* Rdn. 17; *Salger* FS Pfeiffer 379, 388; *Sch/Schröder//Perron/Weißer* Rdn. 30; bedenklich BGH StV **1991** 155; **kritisch** *Foth* NJ **1991** 386, 388.

Haftung (Schuldumfang) auf die Tatteile beschränkt, für die er verantwortlich zu machen ist (*Sch/Schröder//Perron/Weißer* Rdn. 41).

193 Wird der Täter nach dem Beginn des **Versuchs** schuldunfähig, so ändert das an seiner Strafbarkeit – wegen vollendeter Tat – nichts, sofern der weitere Tatablauf im Wesentlichen seinem Plan entspricht; es gelten die Regeln über den abweichenden Kausalverlauf (s. u. Rdn. 197).[464] Wird der Täter bereits vor Versuchsbeginn schuldunfähig, so liegt – von dem Fall der actio libera in causa abgesehen – eine strafbare Handlung auch dann nicht vor, wenn die Tat den im Zustand der Schuldfähigkeit geplanten Verlauf nimmt (BGHSt **23** 356; BGH NStZ **1998**, 30 f; zusammenfassend *Hettinger* S. 199). Zur entsprechenden Problematik bei verminderter Schuldfähigkeit s. § 21 Rdn. 52 ff.

## VII. Vorverlagerte Schuld (actio libera in causa)

### 1. Abgrenzung

194 Der Grundsatz des Gesetzes, dass Schuldfähigkeit bei Begehung der Tat gegeben sein muss (Koinzidenzprinzip),[465] wirft unter Präventions- und Gerechtigkeitsgesichtspunkten Fragen auf, die bisher nicht alle zufriedenstellend beantwortet sind. Für einen Teilbereich hat § 323a Abhilfe geschaffen.[466] Der selbstverschuldete Rausch ist strafbar, wenn der Täter im Zustand wenigstens nicht ausschließbarer Schuldunfähigkeit irgendeine rechtswidrige Tat begeht. Versetzt sich der Täter aber, weil er anders seine einem geplanten Mord im Wege stehenden Hemmungen nicht zu überwinden vermag, vorsätzlich in einen Rausch, um die Tat im Zustand der Schuldunfähigkeit zu begehen, so kann es nicht Rechtens sein, ihn nur aus § 323a zu bestrafen. Dieser Täter hat seine Tat „in freier Ursache" – wie jeder andere Mörder – ins Werk gesetzt und plangemäß vollendet; das Rechtsgefühl verlangt seine Bestrafung aus § 211, weil die Berufung auf willentlich herbeigeführte Schuldunfähigkeit ein „Rechtsmissbrauch" wäre.[467] Ebenso schuldig ist der Bahnwärter, der sich betrinkt, um sich unfähig zu machen, die notwendige Weichenstellung vorzunehmen, und so vorsätzlich einen Unfall herbeiführt.[468] Eine bei der Ursachensetzung freie Handlung (actio libera in causa) liegt bei einem mehraktigen Geschehen vor, bei welchem der schuldfähige Täter in der ersten Phase vorsätzlich oder fahrlässig eine Ursache für die eigentliche Tathandlung setzt, die er dann in der zweiten Phase als inzwischen Schuldunfähiger ausführt (*Kühl* AT § 11 Rdn. 6). Bei Unterlassungsdelikten gibt es die vergleichbare Figur der „omissio libera in causa" (*Roxin* AT II § 31 Rdn. 103 ff), die aber ebenso umstritten ist und für regelungsbedürftig gehalten wird (*Baier* GA **1999** 272 283 f).

195 Die Rechtsprechung hat diese im Gesetz nicht vorgesehene Konstruktion unter der Bezeichnung **„actio libera in causa"**[469] oder „vorverlagerte Schuld" seit langem akzeptiert.[470] Erst in einem Urteil vom 22.8.1996 hat der 4. Strafsenat des BGH eine Einschränkung für eigenhändige

**464** BGHSt **7** 325, 329; **23** 133, 135 m. Anm. *Oehler* JZ **1970** 380; BGH bei *Holtz* MDR **1977** 458; *Herzberg* FS Oehler 163, 171; *Jescheck/Weigend* AT § 40 III 4; *Kühl* AT § 11 Rdn. 25; *Roxin/Greco* AT I § 12 Rdn. 191 f.; *Rogall* SK Rdn. 67; *Sch/Schröder/Perron/Weißer* Rdn. 40; **abw.** *Geilen* FS Maurach 173, 194; JuS **1972** 73, 76; *Jakobs* AT 17/68; *Krümpelmann* Affekt S. 140; *Wolter* ZStW **89** (1977) 649, 700; *ders.* FS Leferenz 545, 567 (s. aber S. 552); sehr weit differenzierend *Frisch* Tatbestandsmäßiges Verhalten und Zurechnung zum Erfolg (1988) S. 615; s. ferner BGH JZ **1979** 412.

**465** *Roxin/Greco* AT I § 20 Rdn. 58; *Streng* MK Rdn. 115; BGHSt **42** 235, 241; BGH NStZ-RR **2015** 275, 276.m. w. N.

**466** Zu den Bemühungen der Rechtsprechung vor Einführung des heutigen § 323a *v. Weber* FS Stock 59, 63; *Krümpelmann* ZStW **99** (1987) 191, 195.

**467** *Otto* Jura **1986** 426, 431; vgl. auch *Paeffgen* ZStW **87** [1985] 513, 523.

**468** Zur Abgrenzung von Tun und Unterlassen hierbei *Rudolphi* SK[7] vor § 13 Rdn. 46.

**469** Zur Herkunft des Begriffs *Hruschka* ZStW **96** (1984) 661; JZ **1989** 310; *Krause* Jura **1980** 169, 170.

**470** RGSt **22** 413; **60** 29; **70** 85, 87; **73** 177, 182; RG JW **1930** 909 m. Anm. *Honig;* RG HRR **1939** Nr. 1316; BGHSt **2** 14, 17; **17** 259, 333; **21** 381; **34** 29, 33; LM StGB § 51 I Nr. 7; BGH NJW **1977** 590. Eine Änderung deutete sich an durch den Aufsatz von *Salger/Mutzbauer* NStZ **1993** 561.

verhaltensgebundene Delikte wie §§ 315c StGB, 21 StVG gemacht, da das Sichberauschen noch nicht als „Führen" eines Kraftfahrzeugs im Sinne dieser Bestimmungen bezeichnet werden könne (BGHSt **42** 235, 239 f = JR **1997** 391 m. zust. Anm. *Hirsch*).[471] Bei der Bestrafung wegen fahrlässiger Tötung (§ 222) oder anderen fahrlässigen Erfolgsdelikten bedürfe es des Rückgriffs auf die Rechtsfigur der actio libera in causa nicht, da Gegenstand des strafrechtlichen Vorwurfs jedes in Bezug auf den tatbestandsmäßigen „Erfolg" sorgfaltwidrige Verhalten sei, das diesen ursächlich herbeiführe, also auch das Sich-Betrinken trotz erkennbarer Gefahr einer anschließenden Trunkenheitsfahrt (BGHSt **42** 235, 236 f; ebenso bereits BGHSt **40** 341 343 für die §§ 222, 229, 315c Abs. 1 Nr. 1b i. V. m. Abs. 3 Nr. 2 bei einem vorhersehbaren epileptischen Anfall). Inzwischen haben der 2. und 3. Senat des BGH bekräftigt, dass sie im Übrigen an der Rechtsfigur der actio libera in causa festhalten wollen.[472]

Während nach § 323a das Sichberauschen Strafe auslöst, ist bei der actio libera in causa Gegenstand des Schuldvorwurfs die im Defektzustand begangene Tat.[473] Die Abgrenzung geschieht allein im subjektiven Bereich. Bei **§ 323a** hat der Täter keine oder nur eine unbestimmte subjektive Beziehung zur Rauschtat. Die actio libera in causa setzt dagegen voraus, dass er eine bestimmte rechtswidrige Handlung begehen will oder dass er – im defektfreien Zustand – die Möglichkeit der Begehung eines bestimmten Rechtsverstoßes fahrlässig nicht bedenkt. Sind diese Voraussetzungen zu bejahen, kommt es auf die Schuldfähigkeit im Tatzeitpunkt nicht mehr an; sie bedarf folglich auch keiner Feststellung im Urteil (OLG Koblenz VRS **76** 365, 366; MDR **1972** 622). 196

Von der actio libera in causa sind die Fälle zu unterscheiden, in denen die Schuldunfähigkeit erst nach Versuchsbeginn eintritt (s. Rdn. 193). Zu einer solchen **„sukzessiven Schuldunfähigkeit"** kann es vor allem in Fällen kommen, in denen der Täter durch seine eigenen Angriffshandlungen in eine affektive Ausnahmesituation, einen sogenannten „Blutrausch", gerät (*Streng* MK Rdn. 111). Da der Täter aufgrund eines affektfrei gebildeten Tatvorsatzes zur Tatausführung angesetzt hat, greift hier die Konstruktion der actio libera in causa nicht ein; vielmehr gelten für diese Fälle der „sukzessiven Schuldunfähigkeit" die Regeln über den abweichenden Kausalverlauf.[474] Danach bleibt eine Bestrafung wegen eines vollendeten vorsätzlichen Delikts möglich, wenn es sich um eine „unerhebliche Abweichung vom vorgestellten Kausalverlauf" handelt, d. h. wenn sich die Abweichung in den Grenzen des nach allgemeiner Lebenserfahrung Voraussehbaren hält und keine andere Bewertung der Tat rechtfertigt (*Lackner/Kühl/Kühl* § 15 Rdn. 11 m. w. N.). Das ist dann der Fall, „wenn sich der Zustand der Zurechnungsunfähigkeit aus dem vorangegangenen Handeln entwickelt hat und nicht durch äußere (von der Persönlichkeit unabhängige) Einflüsse ausgelöst worden ist" (BGHSt **23** 133, 136). War der Eintritt der Schuldunfähigkeit durch das Verhalten des Opfers oder Dritter ausgelöst oder die affektive Ausnahmesituation aus anderen Gründen völlig unvorhersehbar, so kommt nur eine Bestrafung wegen Versuches in Betracht (vgl. auch Rdn. 211). 197

## 2. Begründung der Rechtsfigur

Die rechtliche **Begründung der Rechtsfigur** mit ihren Auswirkungen ist streitig.[475] Die Rechtsprechung hat zunächst das Bild eines Täters gebraucht, der sich zur Ausführung der Tat seiner 198

---

471 Zustimmend *Fahnenschmidt* DRiZ **1997** 77; *Hirsch* NStZ **1997** 230; JR **1997** *Hruschka* JZ **1997** 22; *Roxin/Greco* AT I § 20 Rdn. 62, 64; *Wolf* NJW **1997** 2032; **kritisch** *Otto* Festgabe BGH S. 211; *Neumann* StV **1997** 23, 25; *Spendel* JR **1997** 133, 135; *Freund* GA **2014** 137, 141 ff.

472 BGH NStZ **1999** 448; **2000** 584 mit Bespr. *Streng* JuS **2001** 540; BGHR StGB § 20 actio libera in causa 4.

473 Zur rechtstheoretischen Einbettung des Problems *Hruschka* JZ **1989** 310.

474 BGHSt **7** 325; 23 133; BGH NStZ **1998** 30 f; **2003** 535 f; *Lackner/Kühl/Kühl* Rdn. 16.

475 Übersichten bei *Hettinger* S. 436; *Küper* Notstand S. 82; *Otto* Jura **1986** 426; *Roxin* FS Lackner 307; *Roxin/Greco* AT I § 20 Rdn. 56 ff; *Schmidhäuser* Die actio libera; *Sch/Schröder/Perron/Weißer* Rdn. 35.

eigenen Person als Werkzeug bedient.[476] In neuerer Zeit spricht sie von vorverlagerter Schuld und erblickt den die Zurechnung begründenden Akt in der Herbeiführung des Defektzustandes (BGHSt **17** 333, 335). Dies ist mit dem Wortlaut des § 20 nur vereinbar, wenn man das zweckbestimmte Sichberauschen bereits als Teil der Tatbegehung ansieht. Diese **Tatbestandslösung** liegt bis heute der Rechtsprechung zugrunde (BGHSt **42** 235, 239) und wird auch überwiegend in der Literatur vertreten.[477] Das den Schuldausschluss begründende Sichberauschen oder sonstige Vorverhalten wird als Anfang der geplanten Tat angesehen. Da der Täter bereits zum früheren Zeitpunkt eine innere Beziehung zu seiner Tat hergestellt hat, ist es gerechtfertigt, daran den strafrechtlichen Vorwurf anzuknüpfen. Teils wird dies damit begründet, dass der Versuch bereits mit der Herbeiführung des Defektzustandes beginne, teils wird in Analogie zur mittelbaren Täterschaft angenommen, dass der Täter sich selbst als schuldloses Werkzeug einsetze.[478] Diese Konzeption stimmt mit der neueren Rechtsprechung überein, die nur bei eigenhändigen Delikten wie §§ 315c, 316, bei denen auch mittelbare Täterschaft nicht in Betracht kommt, die Möglichkeit einer actio libera in causa verneint.[479] So wie bei der mittelbaren Täterschaft der Versuch in der Entlassung des Werkzeugs aus dem eigenen Herrschaftsbereich liegt, so beginnt bei der actio libera in causa der Versuch bereits mit der Versetzung der eigenen Person in den Zustand der Schuldunfähigkeit (*Roxin/Greco* AT I § 20 Rdn. 61).

**199** Die Tatbestandslösung findet nicht allgemeine Zustimmung und wird teilweise als Zweckkonstruktion bezeichnet, welche das erwünschte – und richtige – Ergebnis nicht trage.[480] Vielmehr müsse die actio libera in causa als richterrechtliche[481] oder gewohnheitsrechtliche[482] Ausnahme vom Koinzidenzprinzip begriffen werden.[483] Dieses sog. **Ausnahmemodell** habe der Gesetzgeber akzeptiert, ohne dies im Gesetzeswortlaut zum Ausdruck zu bringen.[484] Dass der Sachverhalt keinen Raum für Richterrecht lasse, sei eine nicht begründbare Behauptung (**aA** *Hettinger* S. 447; GA **1989** 1, 19). Die Ausnahme stehe auch mit dem Schuldprinzip in Einklang, weil es an einer auf die Tatbestandsverwirklichung bezogenen Schuld nicht mangele (vgl. Rdn. 140; *Eser/Kaiser/Weigend/Burkhardt* S. 147, 171). Der Täter habe sich im Hinblick auf die im schuldunfähigen Zustand begangene Tat schuldhaft um seine Schuldfähigkeit gebracht. Die bei Begehung der Tat fehlende Schuld werde durch dieses schuldhafte Vorverhalten ausgegli-

---

**476** RGSt **22** 413, 415; ebenso: *Puppe* JuS **1980** 346, 348; *Roxin* FS Lackner 307, 314.

**477** *Berendt* Affekt S. 66; *Eben* AT S. 84; *Lampe* S. 286, 292; *Puppe* JuS **1980** 346; *Roxin* FS Lackner 307, 314; *Rogall* SK Rdn. 71, 77; *Roxin/Greco* AT I § 20 Rdn. 59 ff; *Rudolphi* SK[7] Rdn. 28b; *Satzger* Jura **2006** 513 ff; *Wessels/Beulke/Satzger* AT Rdn. 658 ff.; *Wolter* FS Leferenz 545, 555 (aber im Ergebnis abw. S. 567); **andere Begründung:** Berauschung und Tat bilden retrospektiv eine Bewertungseinheit, so dass das Koinzidenzprinzip nicht verletzt ist; *Herzberg* FS Spendel 203, 207; *Spendel* LK[10] § 323a Rdn. 30.

**478** *Roxin/Greco* AT I§ 20 Rdn. 61; *Hirsch* NStZ **1997** 231; JR **1997** 392; *Jakobs* AT 17/64; *Sch/Schröder/Perron/Weißer* Rdn. 35; *Schünemann* FS Lampe, S. 537, 554; *Dold* GA **2008** 427, 428; skeptisch zur Begründung über die mittelbare Täterschaft BGHSt **42** 235, 240.

**479** *Roxin/Greco* AT I § 20 Rdn. 62; **krit.** hierzu *Rogall* SK Rdn. 74; *Freund* GA **2014** 139 m. w. N.; *Hirsch* FS Geppert 233, 239 ff.

**480** *Jähnke* LK[11] § 20 Rdn. 78; *Kindhäuser* Gefährdung als Straftat (1989) S. 124; *Küper* Notstand S. 84; *Neumann* S. 32; *Otto* Jura **1986** 426, 429; *ders.* Grundkurs AT § 13 Rdn. 18; *Sch/Schröder/Perron/Weißer* Rdn. 35; *Stratenwerth* GedS Armin Kaufmann 485, 493; zur weitgehenden Übereinstimmung beider Modelle zutreffend *Stratenwerth/Kuhlen* AT § 10 Rdn. 47.

**481** *Jähnke* LK[11] § 20 Rdn. 78.

**482** *Haft* AT 5. Teil § 4, 2d; *Jescheck/Weigend* AT § 40 VI 1; *Ulsamer/Lemke* Lexikon d. Rechts S. 718; **zweifelnd** *Krause* Jura **1980** 169, 172.

**483** Mit teils abw. Begründung ebenso *Eser/Kaiser/Weigend/Burkhardt* S. 147, 171; *Hruschka* Strafrecht 2. Aufl. (1988) S. 40, 294; *Küper* Notstand S. 86; *Neumann* S. 44; *Otto* Grundkurs AT § 13 Rdn. 24; *Streng* ZStW **101** (1989) 273, 303.

**484** E 1962 S. 538 f; RegEntw. d. EGStGB, BTDrucks. 7/550 S. 268; Schriftl. Bericht des Sonderausschusses BTDrucks. 7/1261 S. 20 f; *Jähnke* LK[11] § 20 Rdn. 78; Nachw. auch bei *Hettinger* S. 333 ff; zum Analogieverbot und Art. 103 Abs. 2 GG in diesem Zusammenhang treffend *Otto* Jura **1986** 426, 430.

chen (sog. **Schuldlösung**).[485] Das Ausnahmemodell verstößt gegen den Grundsatz nullum crimen sine lege (Art. 103 II GG), der strafbegründendes Gewohnheitsrecht und richterrechtliche Durchbrechungen des Koinzidenzprinzips ausschließt.[486] Es ist auch mit dem eindeutigen Wortlaut des § 20 StGB, nach dem die Schuldfähigkeit bei Begehung der Tat vorliegen muss, nicht in Einklang zu bringen" (BGHSt **42** 235, 241).

Eine Zwischenlösung im Sinne eines modifizierten Tatbestandmodells stellt das sog. **Ausdehnungsmodell** dar.[487] Danach ist das Sich-Versetzen in den zurechnungsunfähigen Zustand zwar noch keine Versuchshandlung, jedoch kann bei späterer Tatbegehung im Zustand der Schuldunfähigkeit die Zurechnung dennoch an das Vorverhalten anknüpfen, weil sich der Tatbegriff i. S. d. § 20 im Sinne einer funktionalen Schuldzuschreibung auf das an sich nur vorbereitende Sichschuldunfähig-Machen erstreckt. Auch diese Lösung ist von BGHSt **42** 235, 240 f nicht akzeptiert worden, da das Strafgesetzbuch in § 20 keinen anderen Tatbegriff verwende als z. B. in den §§ 16, Abs. 1 und 2, 17 S. 1 und dieses Zurechnungsmodell über die Fälle der actio libera in causa hinaus zu unangemessenen Einschränkungen des § 20 führen würde (BGHSt **42** 235, 240 f). **200**

Im Hinblick auf die Schwierigkeiten bei der dogmatischen Begründung der actio libera in causa und die mögliche Kollision einer extensiven Auslegung mit Art 103 II GG mehren sich die grundsätzlich **ablehnenden Stimmen** in der Literatur, die entweder eine gesetzliche Regelung[488] für notwendig halten oder eine Beschränkung der Strafbarkeit auf § 323a StGB.[489] **201**

### 3. Vorsätzliche actio libera in causa

**Vorsätzliche actio libera in causa** liegt zweifelsfrei vor, wenn der Täter den Tatvorsatz vor Eintritt des Defektzustandes bildet, auch diesen Zustand in seinen Willen aufnimmt und die Tat sodann willentlich begeht. Vorausgesetzt wird also ein **„Doppelvorsatz"** bezüglich der Herbeiführung des schuldunfähigen Zustandes und bezüglich der späteren Tatbegehung in diesem Zustand.[490] Der auf den Defekt gerichtete Vorsatz kann bedingt[491] und seinerseits im Zustand verminderter Schuldfähigkeit gefasst sein.[492] Es bedarf auch keiner Herbeiführung der Schuldunfähigkeit gerade zum Zwecke der Tatbegehung (*Krause* Jura **1980** 169, 174). Vielmehr genügt es, wenn der Täter Rauschmittel zu sich nimmt, obwohl er unter Billigung des Erfolgs damit rechnet, dass er die Tat begehen werde.[493] Actio libera in causa scheidet aber aus, sofern der Defektzustand vor Tatbeginn ohne Verschulden des Täters, etwa schicksalhaft oder durch Manipulationen Dritter, eintritt (BGHSt **23** 356, 358; *Sch/Schröder/Perron/Weißer* Rdn. 36). **202**

---

**485** *Kühl* AT § 11 Rdn. 9; *Hruschka* FS Gössel 145; *ders.* JZ **1989** 312; *Jerouschek* FS Hirsch 241; *Jerouschek/Kölbel* JuS **2001** 417; *Jescheck/Weigend* AT § 40 VI 1; *Küper* FS Leferenz 573; *Jähnke* LK[11] § 20 Rdn. 78; *Lackner/Kühl/Kühl* Rdn. 25.

**486** BGHSt **42** 235, 241; *Roxin/Greco* AT I§ 20 Rdn 58; *Sch/Schröder/Perron/Weißer* Rdn. 35a m. w. N.

**487** *Streng* MK Rdn. 128 ff; ZStW **101** (1989), 273, 310 ff; JZ **1994** 709, 711 ff; JZ **2000** 20, 22 ff; ähnlich *Herzberg* FS Spendel 236; *Jerouschek* JuS **1997** 385 („Relationstheorie"); Gegenargumente bei *Hettinger* FS Geerds, S. 637, 644.

**488** Gesetzesvorschläge im Sinne von Klarstellungen bei § 20 finden sich u. a. bei *Hruschka* JZ **1996** 64, 71; *Streng* JZ **2000** 20, 26 f; *ders.* FS Rengier 122 f. Hinweise auf Regelungen in Italien, Spanien und in der Schweiz bei *Ambos* NJW **1997** 2296, 2298.

**489** *Hettinger* S. 449, 459; *ders.* FS Geerds, S. 623 ff; *ders.* Reform des Sanktionenrechts Bd 1, S. 189; *Paeffgen* ZStW **97** (1985) 513, 524; *ders.* NK Vor § 323a, Rdn. 5 ff; *Satzger/Schluckebier/Widmaier/Kaspar* Rdn. 106; *ders.* Jura **2007** 69, 71; *Kindhäuser* AT § 23 Rdn. 20; *Köhler* AT 7. II. 5.3.1; *Neumann* FS Arthur Kaufmann 581; *Rath* JuS **1995** 405; *Rönnau* JA **1997** 599 und 707; *Salger/Mutzbauer* NStZ **1993** 561, 565.

**490** *Kühl* AT § 11 Rdn. 19; *Wessels/Beulke/Satzger* AT Rdn. 667; *Streng* MK Rdn. 141; BGHSt **2** 17; **17** 334; **23** 135; 358; BGH NJW **1977** 590; **aA** *Jähnke* LK[11] § 20 Rdn. 82.

**491** BGH NStZ **2002** 28; OLG Hamm NJW **1972** 2232; OLG Koblenz VRS **76** 365, 366.

**492** OLG Düsseldorf NJW **1962** 684; *Krause* Jura **1980** 169, 174; *Sch/Schröder/Perron/Weißer* Rdn. 37.

**493** BGH NJW **1977** 590; LM StGB § 51 I Nr. 7; *Puppe* JuS **1980** 346, 349; *Kühl* AT § 11 Rdn. 21.

203 Bei der geplanten Tat muss es sich aber grundsätzlich um eine **bestimmte** Rechtsverletzung handeln (BGHSt **2** 14, 17; BGH NStZ **1992** 536; bei Holtz MDR **1991** 1020). Die Voraussicht irgendeiner beliebigen Straftat oder die Kenntnis der eigenen Neigung zu Gewalttätigkeiten genügen nicht und führen im Falle einer Straftat nur zur Bestrafung nach § 323a.[494] Für die Anforderungen an die Bestimmtheit des Tatvorsatzes gelten keine Besonderheiten. So handelt derjenige vorsätzlich, der sich vornimmt, irgendeine ihm begegnende Frau zu vergewaltigen und dies dann im Zustand der Schuldunfähigkeit tut.[495] Eine rauschbedingte Verwechslung der Person des Opfers wird vom BGH in einem obiter dictum als unbeachtlicher error in persona bezeichnet (BGHSt **21** 381, 383 f). Zutreffend nimmt die Literatur in diesem Falle – wie bei der mittelbaren Täterschaft für den abirrenden Tatmittler – ganz überwiegend eine wesentliche Abweichung vom Plan und damit eine aberratio ictus an, die nur zur Bestrafung wegen Versuchs der geplanten Straftat führt.[496]

204 Je nach dem Charakter des Delikts kann die **Konkretisierung des Vorsatzes** bloß auf eine bestimmte Art von Rechtsbrüchen genügen, sofern die weiteren Einzelheiten wie etwa die Person der weiteren Beteiligten gleichgültig sind (BGH NJW **1977** 590; BGH bei Dallinger MDR **1967** 724 betr. Betäubungsmittelstraftaten). Der Entschluss eines früher Drogenabhängigen zum erneuten Betäubungsmittelkonsum umfasst aber nur einschlägige Straftaten, nicht ohne weiteres Gewaltdelikte (BGH NJW **1977** 590). Vorsätzliche Handlungen dieser Art kommen vor (BGH bei Dallinger MDR **1969** 903), sind aber selten und bedürfen zur inneren Tatseite sorgfältiger Prüfung.[497]

## 4. Fahrlässige Herbeiführung des Defektzustandes

205 **Fahrlässige Herbeiführung des Defektzustandes** schließt eine Bestrafung wegen vorsätzlicher actio libera in causa aus, da es an dem erforderlichen Doppelvorsatz fehlt.[498] Wenn der Täter fahrlässig nicht bedacht hat, dass er im Zustand der Schuldunfähigkeit eine vorsätzliche gefährliche Körperverletzung begehen wird, so kann er nur wegen fahrlässiger Körperverletzung unter den Voraussetzungen der actio libera in causa in Tateinheit mit § 323a (gefährliche Körperverletzung als Rauschtat) bestraft werden (BGHSt **2** 14, 18; *Roxin/Greco* AT I § 20 Rdn. 76; *Hruschka* JZ **1997** 22). Die in LK[11] vertretene Auffassung, in solchen Fällen sei wegen vorsätzlicher Tat zu bestrafen (*Jähnke* LK[11] § 20 Rdn. 81 f), ist nicht haltbar; sie betrifft auch andere Fälle, in denen sich der Täter Mut antrinkt, dabei aber über das Ziel hinausschießt, oder in denen er den Tatzeitpunkt im Wirtshaus abwartet und sich versehentlich berauscht (BGH NStE StGB § 20 Nr. 24). Hier plant er eine bestimmte Tat und begeht sie später mit natürlichem Vorsatz, jedoch führt er den Defektzustand fahrlässig herbei. Bei einem solchen Täter, der nach Versuchsbeginn – hier also nach Trinkbeginn – schuldunfähig wird, gelten – wie oben dargelegt (Rdn. 197) – die Grundsätze über den abweichenden Kausalverlauf.[499] Nach ihnen wird der Eintritt der Schuldunfähigkeit für den Täter in der Regel eine unwesentliche Abweichung vom vorgestellten Kausalverlauf darstellen und die Zurechnung der Tat zum Vorsatz nicht in Frage stellen.

---

494 BGH StV **1993**, 356; OLG Schleswig NStZ **1986** 511; *Wessels/Beulke/Satzger* AT Rdn. 668.

495 BGHSt **21** 381 m. Anm. *Cramer* JZ **1968** 273 und *Schröder* JR **1968** 305; *Kühl* AT § 11 Rdn. 21.

496 *Roxin/Greco* AT I § 20 Rdn 75; *Rogall* SK Rdn. 82; *Sch/Schröder/Perron/Weißer* Rdn. 37; differenzierend (bei Identifizierungsvorbehalt error in persona) *Kühl* AT § 11 Rdn. 23; *Wessels/Beulke/Satzger* AT Rdn. 671.

497 BGHSt **17** 259, 263; BGH LM StGB § 51 I Nr. 7; RG HRR 1939 Nr. 1316.

498 *Jakobs* AT 17/66; *Jescheck/Weigend* AT § 40 VI 2; *Lackner/Kühl/Kühl* Rdn. 26; *Lenckner* Hdb. d. forens. Psychiatrie Bd. I S. 47; *Otto* Jura **1986** 426, 433; *Grundkurs* AT § 13 Rdn. 24; *Puppe* JuS **1980** 346, 348; *Roxin* FS Lackner 307, 320; AT I § 20 Rdn. 64; *Rogall* SK Rdn. 81; *Sch/Schröder/Perron/Weißer* Rdn. 36; *Fischer* Rdn. 50, 51; *Wessels/Beulke/Satzger* AT Rdn. 673; *Wolter* FS Leferenz 545, 555; BayObLG NJW **1969** 1583, 1584; VRS **64** 189, 190; OLG Koblenz VRS **75** 34, 35; OLG Schleswig MDR **1989** 761.

499 BGHSt **7** 325, 329; **23** 133, 135 m. Anm. *Oehler* JZ **1970** 380; BGH NStZ **1998** 30 f; **2003** 535 f; *Sch/Schröder/Cramer/Sternberg-Lieben/Schuster* § 15 Rdn. 56.

## 5. Fahrlässige actio libera in causa

**Fahrlässige actio libera in causa** liegt vor, wenn der Täter vorsätzlich oder fahrlässig in Schuldunfähigkeit gerät und fahrlässig nicht bedenkt, dass er in diesem Zustand eine bestimmte Straftat begehen[500] oder eine bestimmte schwere Folge herbeiführen (BGHR StGB § 21 Vorverschulden 3) kann. Es fehlt bei diesen Sachverhaltsgestaltungen mithin an dem verantwortlich gefassten Tatentschluss (OLG Koblenz VRS **74** 29, 31). Früher betraf dies vor allem Autofahrer, die in Fahrbereitschaft oder in dem möglichen Wissen, noch fahren zu müssen, dem Alkohol zusprachen und dann im Zustand der Schuldunfähigkeit ein Straßenverkehrsdelikt begingen (BayObLG VRS **61** 339; bei *Janiszewski* NStZ **1988** 264). Seit dem Urteil des 4. Senats vom 22.8.1996 (BGHSt **42** 235) kommt auch die fahrlässige actio libera in causa bei eigenhändigen verhaltensgebundenen Delikten wie §§ 315c, 316 nicht mehr in Betracht. Für die Bestrafung wegen fahrlässiger Tötung oder fahrlässiger Körperverletzung wird die Rechtsfigur der actio libera in causa nicht benötigt, da Anknüpfungspunkt für die Fahrlässigkeitsschuld jedes in Bezug auf den tatbestandsmäßigen „Erfolg" sorgfaltswidrige Verhalten ist, also auch das Sich-Betrinken trotz erkennbarer Gefahr einer anschließenden Trunkenheitsfahrt (BGHSt **42** 235, 236 f; s. Rdn. 195). Dies gilt auch für die fahrlässigen Erfolgsdelikte außerhalb des Straßenverkehrs, weshalb man von einer „Sonderform normaler Fahrlässigkeit" (*Streng* MK Rdn. 148) sprechen kann, welche das Konstrukt der fahrlässigen actio libera in causa letztlich entbehrlich erscheinen lässt.[501] 206

## 6. Ursachen der Schuldunfähigkeit

Welche Ursache die Schuldunfähigkeit bewirkt hat, ist ohne Belang. Häufig handelt es sich um Kombinationswirkungen von Rauschmitteln (OLG Düsseldorf NJW **1962** 684; OLG Hamm NJW **1972** 2232) oder von Alkohol und körperlichen Beeinträchtigungen (BGH VRS **16** 186, 189). Auch ein Zusammentreffen mehrerer psychischer Beeinträchtigungen, die in der psychiatrischen Literatur als Komorbidität bezeichnet wird (Rdn. 179; *Streng* StV **2004** 614 ff), kommt oft vor und bedarf einer besonders sorgfältigen Gesamtwürdigung ihrer Auswirkungen auf das seelische Gefüge des Täters (BGHSt **34** 22, 26; BGHR StGB § 20 Ursachen, mehrere 1, 2; zu den praktisch relevanten Kombinationen s. o. Rdn. 181). 207

Keinen Unterschied macht es, ob der Täter lediglich seine Schuldfähigkeit beeinträchtigt oder zusätzlich auch seine Handlungsfähigkeit (omissio libera in causa).[502] 208

**Keine Verschuldenshaftung** nach den Grundsätzen der actio libera in causa setzt im Allgemeinen ein, sofern die Schuldunfähigkeit ihre Ursache in einem **krankhaften Geschehen** (exogene oder endogene Psychose) hat (**aA** *Neumann* ZStW **99** [1987] 567, 581). Daher ist es unerheblich, dass der Täter den Ausbruch der akuten Phase einer Psychose herbeiführt, indem er trotz wahrgenommener eindeutiger Anzeichen es unterlässt, seine Einweisung in ein psychiatrisches Krankenhaus zu veranlassen. Die gegenteilige Auffassung liefe auf eine strafbewehrte Pflicht, sich ärztlich behandeln zu lassen und körperliche Eingriffe zu dulden, hinaus. Eine solche allgemeine Pflicht ist dem Strafrecht aber fremd; sie würde zudem den Zwecken zuwiderlaufen, welche das Strafrecht mit § 63 verfolgt. Denn wenn zufolge der Grundsätze über die actio libera in causa die §§ 20, 21 außer Anwendung blieben, fehlte es an der rechtlichen Möglichkeit, den 209

---

**500** BGHSt **2** 14, 18; **17** 259, 263; **17** 333, 335; RGSt **70** 85, 87; OLG Celle VRS **40** 16; OLG Schleswig NStZ 1986 511; *Stratenwerth* GedS Armin Kaufmann 485, 498; **dagegen** *Hettinger* S. 455; GA **1989** 1, 15; abw. auch *Krause* Jura **1980** 169, 175.

**501** Ebenso *Frisch* ZStW **101** (1998) 608 ff; *Hettinger* S. 450 ff; *Otto* Festgabe BGH S. 126 f; *Neumann* StV **1997** 24; *Roxin* FS Lackner 312; *Streng* MK Rdn. 148.

**502** *Krause* Jura **1980** 169, 172; *Otto* Jura **1986** 426, 434; *Sch/Schröder/Stree/Bosch* Vor § 13 Rdn. 144.

Täter nach § 63 in einem psychiatrischen Krankenhaus unterzubringen. Die Vorschrift muss in derartigen Fällen aber aus Sicherheitsgründen Vorrang haben.

210 Daher ist die Grenze der Haftung für Straftaten, die in **schicksalhaft krankhaften Defektlagen** begangen werden, dort zu ziehen, wo der Täter eine medizinische Behandlung in der vorhandenen oder möglichen Kenntnis der Folgen abbricht oder wo er die Tat ohne zusätzliche Inanspruchnahme ärztlicher Hilfe vermeiden könnte.

## VIII. Verschuldete Schuldunfähigkeit im Übrigen

211 Liegen die Voraussetzungen der actio libera in causa nicht vor, weil der Täter vor dem Eintritt der Schuldunfähigkeit keine bestimmte Tat ins Auge gefasst hat, so haftet er gleichwohl in den Fällen der Affekttat, sofern der Affekt verschuldet ist (Rdn. 140 ff). Umgekehrt scheidet Strafbarkeit wegen des Vorrangs des § 63 häufig aus, wenn der Täter schuldhaft eine psychotische Phase nicht vermeidet und in diesem Zustand eine Straftat begeht (Rdn. 209). Für unter Alkohol-, Drogen- und Medikamenteneinfluss begangene Delikte kann § 323a eingreifen. Ansonsten gilt zwar nicht der Satz, dass verschuldete Schuldunfähigkeit stets unbeachtlich sei (so *Cramer* JZ **1971** 766), jedoch auch nicht sein Gegenteil (**aA** *Sch/Schröder/Perron/Weißer* Rdn. 42). Vielmehr kommt den **Entstehungsbedingungen** des Defektzustandes im Rahmen des normativen Urteils über die Zumutbarkeit rechtmäßigen Verhaltens (Rdn. 46 ff) eine gewisse Bedeutung zu.

212 Insbesondere Neurosen wie der Querulantenwahn werden oftmals die Prüfung nahe legen, ob der Täter sich **schuldhaft** einer **Entwicklung** überlassen hat, welche letztlich zur Tat führte; ähnlich verhält es sich beim Eifersuchtswahn. Solchen Tätern werden häufig Belehrungen, Warnungen und auch Bestrafungen zuteil, die ihnen in noch schuldfähigem Zustand deutliche Zeichen setzen; auch die zur Tat führende Entwicklung nehmen diese Delinquenten – wie der Affekttäter das Stadium des Vorgestaltens – wahr. Ähnliches gilt für Triebtäter, die die zur Straftat führende Situation häufig in schuldfähigem Zustand selbst schaffen. Gleichwohl ist deren Exkulpation bei extrem ausgeprägten Störungen nicht grundsätzlich ausgeschlossen, da § 20 auf dem Tatschuldgedanken beruht, der nicht durch Aspekte der Lebensführungschuld ausgehöhlt werden darf.[503] Allerdings geht es in diesen Fällen in aller Regel nicht um Schuldunfähigkeit, sondern um verminderte Schuldfähigkeit gemäß § 21. Hier kann das Vorverschulden im Rahmen der Strafzumessung regelmäßig berücksichtigt werden. Eine grundsätzliche Verneinung der Strafrahmenmilderungsmöglichkeit nach §§ 21, 49 wäre aber nicht sachgerecht, da sie den Spielraum der Strafzumessungsschuld zu schematisch einengen würde (s. § 21 Rdn. 49 ff; **aA** LK[11] Rdn. 86).

## IX. Verhältnis zu § 3 JGG

213 Nach § 3 JGG sind Jugendliche zwischen 14 und 18 Jahren strafrechtlich verantwortlich, wenn sie zur Zeit der Tat nach ihrer sittlichen und geistigen Entwicklung reif genug sind, das Unrecht der Tat einzusehen und nach dieser Einsicht zu handeln. Die Schuldfähigkeit und damit die **„Strafmündigkeit“** des Jugendlichen muss positiv festgestellt werden. Ausführungen derart, dass die Schuldfähigkeit indiziert und für ihr Fehlen keine Anhaltspunkte ersichtlich seien, dürfen in diesem Zusammenhang nicht angestellt werden. Vielmehr müssen umgekehrt die Anhaltspunkte dargelegt werden, aus denen auf die Schuldfähigkeit des Jugendlichen zur Zeit der Tat geschlossen werden kann.[504] Jedoch entspricht § 3 JGG den §§ 20, 21 StGB insoweit, als er ebenfalls nach einer psychisch-normativen Methode aufgebaut ist: Während in § 3 JGG Reifungsdefizite zum Ausschluss der Schuldfähigkeit führen sollen, sind es bei den §§ 20, 21 StGB

**503** Zutr. *Sch/Schröder/Perron/Weißer* Rdn. 42, **aA** LK[11] Rdn. 86.
**504** BGH NStZ **2013**, 286; **2017**, 644, 645.

reifeunabhängige pathologische Hintergründe, welche die Schuldfähigkeit ausschließen können.[505] Die Frage, welche Vorschriften bei einem in der Einsichts- oder Steuerungsfähigkeit beeinträchtigten Jugendlichen anzuwenden sind, erscheint zunächst für die Schuldfähigkeit kaum relevant, während sie für die Bestimmung der Rechtsfolgen von erheblicher Bedeutung ist. Denn § 3 JGG führt bei fehlender Strafreife allenfalls zur Anordnung von familien- und vormundschaftsrichterlichen Maßnahmen, während die §§ 20, 21 StGB die Möglichkeit einer Anordnung der auch im Jugendstrafrecht zulässigen Maßregeln der Besserung und Sicherung (§ 7 JGG), insbesondere der Unterbringung in einem psychiatrischen Krankenhaus oder in einer Entziehungsanstalt (§§ 63, 64 StGB), beinhalten.

Oft lassen sich die Defizite nicht eindeutig § 20 StGB oder § 3 JGG zuordnen; vielmehr treffen **214** psychopathologische Schädigung und Reifeverzögerung zumindest ihrem äußeren Erscheinungsbild nach zusammen (*Meier/Rössner/Schöch*³ § 5 Rdn. 17; skeptisch *Lempp* Gerichtl. Kinder- und Jugendpsychiatrie S. 212). Handelt es sich bei der Persönlichkeitsstörung um die Folge eines noch nicht abgeschlossenen Entwicklungsprozesses und ist voraussichtlich mit fortschreitender Reife ein Ausgleich zu erwarten, so ist allein § 3 JGG anwendbar. In Fällen einer pathologischen Störung, die vom Entwicklungsprozess des Jugendlichen unabhängig ist und die voraussichtlich mit fortschreitender Entwicklung nicht oder nur mangelhaft ausgleichsfähig ist, bestimmen sich die Rechtsfolgen allein nach den §§ 20, 21 (*Schild* NK Rdn. 68). Bleiben Zweifel, ob neben § 3 JGG auch die Merkmale des § 20 vorliegen, ist nur § 3 JGG anwendbar (*Sch/Schröder/Perron/Weißer* Rdn. 44); denn die Unterbringung gemäß § 63 als die wesentliche Folgemaßnahme ist nur bei positiver Feststellung der Schuldunfähigkeit und der weiteren Kautelen statthaft (BGHSt **34** 22, 26). In Fällen der **Defektkumulation,** in denen sich die Voraussetzungen sowohl des § 3 JGG als auch der §§ 20, 21 zuverlässig ermitteln lassen (z. B. bei einer pathologischen Entwicklungsstörung aufgrund frühkindlicher Hirnschädigung), gebührt keiner der Vorschriften ein grundsätzlicher Vorrang,[506] vielmehr ist auf die Rechtsfolge zu erkennen, deren besondere Bedingungen gegeben sind. Der Richter hat damit regelmäßig die Möglichkeit, diejenige Anordnung zu treffen, die unter erzieherischen Gesichtspunkten dem Wohl des Jugendlichen am besten gerecht wird.[507] Die Rechtsprechung fördert dies dadurch, dass sie an die Unterbringung eines Jugendlichen im psychiatrischen Krankenhaus besonders strenge Anforderungen stellt (BGHSt **37** 373).

Eine **verminderte** jugendstrafrechtliche Verantwortlichkeit analog § 21 gibt es im Jugend- **215** strafrecht nicht; jedoch kann der Reifegrad bei der Auswahl und Zumessung der Sanktionen eine Rolle spielen (*Venzlaff/Foerster/Dreßing/Habermeyer/Schreiber/Rosenau* S. 113). Daneben kommt § 21 StGB als allgemeiner Strafmilderungsgrund in Betracht (BGHSt **5** 367), dessen Anwendung allerdings zugleich die Möglichkeit einer Unterbringung nach § 63 StGB eröffnet. Diese soll sogar dann möglich sein, wenn die Strafmündigkeit gemäß § 3 JGG verneint wurde.[508] Trotz des scheinbaren begrifflichen Widerspruchs ist dem zuzustimmen,[509] da die Verneinung des § 3 JGG nur die Strafbegründungsschuld ausschließt und damit lediglich den Weg für die Rechtsfol-

**505** *Streng* MK Rdn. 156; *Laue* MK § 3 JGG Rdn. 25. Vgl. auch BGHSt **5** 366, 367; **22** 41, 42; *Eisenberg/Kölbel* JGG § 3 Rdn. 33; *Nissen/Schmitz/Lempp* S. 15, 22; *Roxin/Greco* AT I § 20 Rdn. 54; *Sch/Schröder/Perron/Weißer* Rdn. 44; *Wegener* Einführung S. 158.

**506** Streitig: wie hier BGHSt **26** 67, 68 m. Amn. *Brunner* JR **1976** 116; *Lenckner* Hdb. d. forens. Psychiatrie Bd. I S. 254; *Roxin/Greco* AT I § 20 Rdn. 54; *Rogall* SK Rdn. 2; *Schaffstein/Beulke/Swoboda* Rdn. 185; *Venzlaff/Foerster/Dreßing/Habermeyer/Schreiber/Rosenau* S. 113; *Streng* MK Rdn. 157; **aA** (Vorrang des § 3 JGG) *Eisenberg/Kölbel* JGG § 3 Rdn. 36, 39; *Ostendorf* § 3 Rdn. 20; *Undeutsch/Peters* S. 260, 281; *Rupp-Diakojanni* S. 65; (Vorrang der §§ 20, 21) *Blau/Franke* Jura **1982** 393, 398.

**507** *Schaffstein/Beulke/Swoboda* Rdn. 185; *Remschmidt/Rössner* HK-JGG § 3 Rdn. 34; für einen Vorrang des § 3 *Eisenberg/Kölbel* JGG § 3 Rdn. 39; BGH NStZ **2000** 485 f; für einen Vorrang der §§ 20, 21 BGHSt **26** 67.

**508** BGHSt **26** 67 mit zust. Anm. *Brunner* JR **1976** 116: im Fall eines jugendlichen Debilen; OLG Jena NStZ-RR **2007** 217, 218 f.

**509** Ebenso *Brunner/Dölling* § 3 Rdn. 13; *Diemer/Schoreit/Sonnen* JGG § 3 Rdn. 28; *Streng* MK Rdn. 158; § 21 Rdn. 47; *Sch/Schröder/Perron/Weißer* § 21 Rdn. 27; **aA** OLG Karlsruhe NStZ **2000**, 485; *Eisenberg*/Kölbel JGG § 3 Rdn. 34; *Ostendorf* § 3 Rdn. 4; *Schaffstein/Beulke/Swoboda* Rdn. 186.

ge der Strafmilderung nach § 21 versperrt. Im Unterschied hierzu knüpft die Verhängung von Maßregeln nach §§ 5 Abs. 3, 7 JGG i. V. m. §§ 63, 64 bei fehlender Unrechtseinsicht ohne Differenzierung nach dem Ausprägungsgrad der Störung allgemein an die *Voraussetzungen* der §§ 20, 21 StGB an, also konkret an den eine Unterbringung rechtfertigenden Defekt und dessen Auswirkungen auf das Handeln des Täters.

216 Die **Ermittlung der Schuldfähigkeit** des Jugendlichen vollzieht sich methodisch wie beim Erwachsenen; es ist vom „biologischen“ auf das „psychologische“ Stockwerk zu schließen (Rdn. 74 ff). Jedoch gilt mit dem Kriterium der Reifeverzögerung oder der Möglichkeit der Nachreifung ein anderes „biologisches“ Merkmal (BGH NStZ **1982** 332), welchem eine zusätzliche Problematik anhaftet, weil es auch unreife Erwachsene gibt. Als Maßstab dient der durchschnittliche Entwicklungsstand anderer Jugendlicher. Für das vergleichende Urteil sind die konkreten Tatumstände aber von besonderer Bedeutung. Jugendliche sind leichter zu beeinflussen als Erwachsene; an ihr Hemmungsvermögen können aus normativer Sicht nicht dieselben Anforderungen gestellt werden wie bei älteren Menschen. Außerdem ist auch bei der Unrechtseinsicht differenzierter auf den einzelnen Tatbestand abzuheben, weil sich die Eingliederung des Jugendlichen in die Welt der Erwachsenen und ihre verschiedenen Verbote nur schrittweise vollzieht (*Lenckner* Hdb. d. forens. Psychiatrie Bd. I S. 251; *Rupp-Diakojanni* S. 59 ff).

## X. Zusammenarbeit mit dem Sachverständigen. Verfahrensfragen

### 1. Problematik des Sachverständigenbeweises

217 In der wissenschaftlichen Literatur über die Rechtswirklichkeit von Schuldfähigkeitsgutachten wird häufig kritisiert, dass diese den wissenschaftlichen Standard verfehlen, weil das Ergebnis nicht aus mitgeteilten Befunden reproduzierbar abgeleitet ist und damit als willkürlich erscheint, weil dem subjektiven Ermessen ein erkennbar zu breiter Spielraum eingeräumt wird und weil inhaltliche und methodische Unzulänglichkeiten bis hin zu einer den Täter herabsetzenden Wortwahl anzutreffen sind.[510] In den letzten Jahren ist deshalb eine Reihe von Beiträgen über Fehler in psychiatrischen Gutachten erschienen.[511] Die Standardwerke der forensischen Psychiatrie und andere Publikationen bemühen sich, Sachverständigen und Richtern gezielte Hilfen für ihre Tätigkeit zu geben.[512] Große Anstrengungen werden auch unternommen, die Erhebung und Bewertung der Befunde mit Hilfe von Diagnoseschlüsseln und Merkmalskatalogen objektiver und damit nachprüfbarer zu gestalten (Rdn. 37 ff).

218 Aber auch aus juristischer Sicht wird oft kritisiert, dass die Realität des Sachverständigenbeweises nicht mit der gesetzlichen Konzeption (§ 78 StPO) und der von der Rechtsprechung geforderten **Gehilfenrolle** des Sachverständigen (BGHSt **3** 27 f; **7** 238 f; **11** 211, 213; **13** 1, 4) übereinstimmt (*Schöttle* Schuldfähigkeitsbegutachtung S. 44 ff, 242; *Verrel* Schuldfähigkeitsbegutachtung S. 32 f, 41 ff m. w. N.). Nicht optimal ist es daher, wenn im Urteil des Tatrichters das schriftliche Gutachten unter Übernahme der Terminologie wiederkehrt und so der Eindruck ver-

---

**510** *Foerster* DRiZ **1991** 197; *Frank/Harrer/Heinz* S. 29, 30; *Tondorf* StV **2004** 279 ff; in *Venzlaff* S. 141; *Maisch* StV **1985** 517, 518; *Streng* NStZ **1995** 12; *Venzlaff* NStZ **1983** 199; *Scholz/Schmidt* MschrKrim. **2000** 414 ff; *Schnoor* 30 ff; *Verrel* Schuldfähigkeitsbegutachtung (1995) S. 32 f, 41 ff; *ders.* MschrKrim. **1994** 272 ff; *ders.* ZStW **106** (1994) 332 ff; *ders.* FS Rössner 428 ff; zur Kritik aus Verteidigersicht *Wächter* StV **2003** 144; als Streitschrift aus psychoanalytischer Sicht versteht sich *Tilmann Mosers* Repressive Kriminalpsychiatrie (1971); überzogene Pauschalkritik bei *Helbling* ZRP **2004** 55.

**511** *Kaiser/Kury/Albrecht/Böttger u. a.* S. 223; *Fegert u. a.* Abschlussbericht (2003) S. 79 ff; *Gerstenfeld* MschrKrim. **2000** 280 ff; *Heinz* Fehlerquellen; *Konrad* Med. Sachverst. **1992** 25; *Maisch* StV **1985** 517; *Mende/Bürke* Forensia **7** (1986) 143; *Pfäfflin* Vorurteilsstruktur; *Rasch* MschrKrim. **1982** 257; R & P **1992** 76; *Venzlaff* NStZ **1983** 199; *Witter* MschrKrim. **1983** 253; aus juristischer Sicht *Peters* Fehlerquellen im Strafprozeß 2. Band (1972) S. 118 ff.

**512** *Venzlaff/Foerster/Dreßing/Habermeyer/Foerster/Dreßing* S. 71 ff.; *Göppinger u. a.* Hdb. d. forens. Psychiatrie Bd. II S. 1485; *Müller/Nedopil* S. 407 ff.; *Konrad/Rasch* S. 195 ff.

mittelt wird, der Urteilsverfasser ist dem Gutachten gefolgt, ohne es zu verstehen (*Salger* FS Tröndle S. 201).

Dies widerspricht der elementaren Aufgabe des Richters, sich eine **eigene Überzeugung** 219 von der Schuld des Täters zu bilden. Er muss sich die Grundlagen der Schuldfähigkeitsbeurteilung erarbeiten, um den Beweiswert des Sachverständigengutachtens würdigen zu können. Die Problematik des Sachverständigenbeweises liegt nicht primär in Kompetenzüberschreitungen der forensisch tätigen Psychiater und Psychologen, sondern eher darin, dass Richter mangels ausreichender Kenntnisse methodisch ungenügend fundierte Ergebnisse der Begutachtung ohne eigenständige Sachprüfung (dazu *Plewig* S. 174; *Verrel* S. 34) oder aufgrund eines falschen Verständnisses der Aufgaben des Sachverständigen (*Nack* GA **2009** 201, 204 f) übernehmen. Die Abhängigkeit des Strafrichters vom Sachverständigen erscheint damit als hausgemachtes Problem der Justiz (*Arthur Kaufmann* JZ **1985** 1065), das durch gezieltere Aus- und Fortbildung der Richter, Staatsanwälte und Verteidiger sowie durch regelmäßigen Erfahrungsaustausch zwischen den forensisch tätigen Psychiatern, Psychologen und Juristen zu überwinden ist.

Einen wesentlichen Beitrag zur Fortbildung und Kommunikation für beide Seiten stellen 220 die **Empfehlungen einer interdisziplinären Arbeitsgruppe** aus Juristen, forensischen Psychiatern und Psychologen zu Mindestanforderungen für Schuldfähigkeitsgutachten dar (*Boetticher etal.* NStZ **2005** 57 ff; s. a. *Schöch* FS Widmaier 975 ff). Diese enthalten je einen Katalog mit formellen und inhaltlichen Mindestanforderungen für forensische Gutachten sowie weitere Mindestanforderungen bei der Schuldfähigkeitsbeurteilung von Beschuldigten mit Persönlichkeitsstörungen oder sexueller Devianz (*Boetticher etal.* NStZ **2005** 59 ff) und sollen dem Sachverständigen die fachgerechte Gutachtenerstellung und den Verfahrensbeteiligten die Bewertung der Aussagekraft konkreter Gutachten erleichtern. Auch für die Auswahl des Sachverständigen nach §§ 73 ff StPO und für das Beweisrecht nach § 244 StPO können sie herangezogen werden. Schließlich können sie bei der Entscheidung helfen, ob die Sachkunde des Gutachters zweifelhaft ist, ob das Gutachten von unzutreffenden tatsächlichen Voraussetzungen ausgeht, ob es Widersprüche enthält oder ob einem anderen Sachverständigen überlegene Forschungsmittel zur Verfügung stehen (*Boetticher et al.* NStZ **2005** 57; vgl. z. B. BGHSt **49** 347, 353). Bedarf hierfür war schon vorher von fachkundiger Seite artikuliert worden (*Tondorf* StV **2004** 279, 283). Die hiergegen von *Eisenberg* (NStZ **2005** 304 ff) vorgebrachten Einwände überzeugen nicht (dazu bereits Rdn. 32 ff; im Einzelnen auch *Schöch* FS Widmaier 972 ff, 978 ff). Die Empfehlungen erwecken nicht den Anschein normativer Verbindlichkeit (**aA** *Fischer* Rdn. 64a), sondern verstehen sich als interdisziplinärer Beitrag angewandter Wissenschaft, der für Verbesserungsvorschläge offen ist und genügend Spielraum für Besonderheiten des jeweiligen Einzelfalls lässt. „Verfassungsrechtliche Bedenken im Hinblick auf die tatrichterliche Unabhängigkeit" (*Eisenberg* NStZ **2005** 306) sind folglich nicht angebracht.

## 2. Aufgaben und Auswahl des Sachverständigen

Aufgabe des Sachverständigen ist es, dem Gericht die tatsächlichen Kenntnisse zu vermitteln, 221 welche dieses für seine Entscheidung zur Schuldfähigkeit benötigt (*Detter* NStZ **1998** 57, 61). Die Funktion des Sachverständigen beschränkt sich nicht darauf darzulegen, wie es „zur Tatzeit im Kopf des Täters aussah" (so *Sarstedt* NJW **1968** 177, 181). Vielmehr obliegt ihm auch die Vermittlung des vorhandenen Erfahrungswissens über das Verhalten von anderen Menschen in der Situation des Täters. Im Hinblick auf die dem Gesetz zugrunde liegende Schuldkonzeption muss der Sachverständige die Anforderungen, die er an einen „Normalen" stellt, darlegen (Rdn. 31 ff).

Art und Stärke der Störung einerseits, ihr Vergleich mit dem Normaltypus und die Bewer- 222 tung der Abweichung als erheblich andererseits bilden eine empirisch-normative Gemengelage (Rdn. 45). Sie lässt eine Trennung des Normativen von seinem tatsächlichen Substrat nicht zu. Die Frage an den Sachverständigen nach seiner fachwissenschaftlichen Beurteilung der Schuldfähigkeitsvoraussetzungen (nicht: ob er „den § 21 ausschließen" könne – das kann er nie) ist daher keine Grenzüberschreitung.[513] Dass das Gericht dem Urteil nach Überprüfung der Darlegungen des Sachverständigen nur seine eigene Wertung zugrunde legen darf,[514] steht dazu nicht in Widerspruch.

223 Ob zur Begutachtung ein **Psychiater** oder ein **Psychologe** herangezogen werden sollte, war Gegenstand lebhaften Streits zwischen den Fachdisziplinen. Heute dürfte er zwar abgeflaut, aber kaum endgültig beigelegt sein.[515] Die Rechtsprechung überlässt die Auswahl bei Zuständen nicht krankhafter Art dem pflichtgemäßen Ermessen des Tatrichters.[516] Nur ausnahmsweise – bei Hirnschäden und Kopfverletzungen – verlangt sie, sofern es sich nicht um eine ersichtlich folgenlose bloße Gehirnerschütterung gehandelt hat (BGHR StGB § 21 Sachverst. 10), die Zuziehung eines Spezialisten (Neurologen).[517] Ganz besondere Tatumstände können es ferner erforderlich machen, von Amts wegen aus dem Fachgebiet einen Sachverständigen eines speziellen Forschungsbereichs oder mit besonderen Erfahrungen hinzuzuziehen, so bei Delikten auf sexueller Grundlage (BGHSt **23** 176, 187; BGHR StGB § 21 seel. Abartigkeit 18) oder für Schriftvergleiche (BGHSt **10** 116, 119). Eines Drogenspezialisten bedarf es zur Beurteilung Drogenabhängiger angesichts des heutigen Wissensstandes in der Psychiatrie nicht (**aA** OLG Köln MDR **1981** 598, 953).

224 Im Allgemeinen sollte sich der Tatrichter bei der Auswahl von dem Gesichtspunkt leiten lassen, dass der forensische Psychiater die umfassenderen Kenntnisse und Erfahrungen hat, insbesondere wenn er den „Krankheitswert" einer Störung (Rdn. 62 ff) darlegen soll, und dass zur Begutachtung in aller Regel eine körperliche Untersuchung gehört, für die nur er gerüstet ist (*Rauch* NStZ **1984** 497, 498). Zur Beurteilung von Krankheiten erscheint der Psychologe nach seiner Ausbildung generell weniger geeignet (*Wegener* Festschrift Venzlaff 181, 186); er kann dem Psychiater im Einzelfall gleichstehen, soweit Schwachsinn oder sonstige nicht krankhafte Störungen zu beurteilen sind.[518] Ob eine psychoanalytische Begutachtung im Bereich der §§ 20, 21 Ertrag verspricht, kann aber zweifelhaft sein (Rdn. 176 ff). Unergiebig ist jegliche Sachverständigentätigkeit jedenfalls, sofern der Gutachter einen streng deterministischen oder einen agnostischen Standpunkt einnimmt (*Schreiber* FS Wassermann 1007, 1018), weil er damit das Gesetz für nicht vollziehbar hält und, wenn er konsequent sein will, zu einer Beantwortung der gestellten Fragen nicht gelangen kann.

### 3. Einführung und Würdigung des Gutachtens

225 Im Gutachten ist für alle Beteiligten nachvollziehbar und transparent darzulegen, auf Grund welcher Anknüpfungstatsachen (Angaben des Probanden, Ermittlungsergebnisse, Vorgaben des

---

**513** BGHSt **7** 238, 240; BGH NStZ-RR **2011** 4; *Foerster* NJW **1983** 2049, 2052; *Schreiber* Nervenarzt **1977** 242, 246; NStZ **1981** 46, 51; in *Lauter/Schreiber* S. 29, 36; zurückhaltend *Rudolphi* SK[7] Rdn. 23; **aA** *Streng* Strafrechtl. Sanktionen Rdn. 961; *Fischer* Rdn. 63.

**514** BGHSt **2**, 14, 16; **8** 113, 124; BGH NStZ **2013** 53, 54; NStZ-RR **2019** 334, 336; v. 17.8.2011–5 StR 261/11; v. 19.10.2011–2 StR 172/11.

**515** *Bernsmann* NStZ **1989** 160, 161; *Bresser* NJW **1958** 248; *Kulisch* StraFo **2001** 337; *Liebel/v. Uslar* S. 120; *Rasch* NStZ **1984** 497; *Scholz* ZStW **118** (2004) 618; *Täschner* MSchrKrim. **1980** 108 mit Entgegnung *Sigusch* MschrKrim. **1981** 229 und *Schorsch/Pfäfflin* MschrKrim. **1981** 234; *G.Wolff* NStZ **1983** 537; vgl. dazu *Löwe/Rosenberg/Gollwitzer*[25] StPO § 244 Rdn. 81 m. Fn. 145; zur Kompetenz von Rechtsmedizinern *Parzeller* Rechtsmedizin **2003** 301; zu psychologischen Psychotherapeuten *Kruse* NJW **2014** 509.

**516** BGHSt **23** 8, 13 m. Anm. *Peters* JR **1970** 152; **34** 355, 357 m. Anm. *Meyer* NStZ **1988** 87; BGHR StGB § 21 Sachverst. 6; BGH NStZ **1990** 400; bei Holtz MDR **1984** 982.

**517** BGH NJW **1969** 1578; bei Holtz MDR **1977** 281; BGH bei *Pfeiffer/Maul/Schulte* § 51 Anm. 13; BGHR StGB § 20 Sachverst. 2, 4; § 21 Sachverst. 1, 4; Ursachen, mehrere 2, 8; StPO § 261 Sachkunde 1; § 244 IV 1 Sachkunde 3; NJW **1993** 1540; einschr. BGH NStZ **1991** 80; dagegen *Glatzel* StV **1990** 132.

**518** BGH StV **1989** 102; BGHR StGB § 21 Sachverst. 3; *Maisch/Schorsch* StV **1983** 32, 37; *Salger* FS Tröndle 201, 204; *Undeutsch* FS Lange, S. 703; *Egg/Wegener* S. 423; weitergehend *Rasch* in *Lauter/Schreiber* S. 38, 43. **Kritisch** zu der Praxis, einen Psychologen als bloßen Ergänzungsgutachter zu verwenden, *Wegener* FS Venzlaff 181, 186.

Gerichts zum Sachverhalt und zu möglichen Tathandlungsvarianten) sowie auf Grund welcher Methoden und Denkmodelle der Sachverständige zu den von ihm gefunden Ergebnissen gelangt ist.[519] Wenn der Sachverständige sich weigert, seine Methoden offen zu legen, sollte dies für den Tatrichter Anlass zu Zweifeln an dessen Sachkunde geben, was wiederum die Anhörung eines „weiteren Sachverständigen" gemäß § 244 Abs. 4 S. 2 StPO zur Folge haben kann (BGHSt **49** 347, 352 f; BGH NStZ **1999** 630 ff). Der Wert eines Gutachtens bestimmt sich nicht nach dem Umfang des für den Richter eigentlich entbehrlichen Aktenauszuges, der möglichst knapp und präzis sein sollte, sondern nach der Qualität der Anamnese und der Befunde (*Rasch/Konrad* S. 338 ff).

Bei der Abfassung schriftlicher Gutachten empfiehlt sich die Einhaltung einer relativ **sche-** 226
**matischen** Struktur, um wesentliche Punkte nicht zu übersehen und weil es dem Leser leichter fällt, das Gutachten zu erfassen, wenn er genau weiß, wo welche Informationen zu finden sind. Deshalb enthalten die Empfehlungen der interdisziplinären Arbeitsgruppe (*Boetticher et al.* NStZ **2005** 59 f) sowohl formale Anforderungen an Aufbau und Gliederung des Gutachtens als auch inhaltliche Aspekte wie die Verwendung kriterienorientierter Diagnosen entsprechend ICD-10 oder DSM-IV-TR (Rdn. 37 ff).

Es muss ersichtlich sein, welchen Stellenwert die Tat bei der Diagnose und Beurteilung 227
hat. Nur so kann eine tautologische Beweisführung ausgeschlossen werden (Rdn. 186 ff). Die Beurteilung darf also nicht lediglich eine subjektive Erläuterung des Tatgeschehens darstellen. Überdies ist so gewährleistet, dass der Sachverständige nachprüfbar Veränderungen der Sachlage, welche erst die Beweisaufnahme ergeben hat, berücksichtigen kann. Die mangelnde Trennung von Befund, Bewertung und daraus gezogener Folgerung ist ein **Fehler**, der ebenso schwer wiegen kann wie eine unzulängliche biografische und Fremdanamnese oder das Fehlen einer körperlichen Untersuchung (*Rasch* StV **1984** 264, 265; *Venzlaff* NStZ **1983** 199, 201). Eine Beurteilung ohne eingehende Untersuchung wird sich nur vertreten lassen, wenn Beweisgegenstand nicht der Zustand des Angeklagten selbst ist, sondern die Frage, ob Anhaltspunkte bestehen, welche seine Prüfung erforderlich machen. Wenn der Beschuldigte seine Mitwirkung an der Untersuchung verweigert, ist die bloße Beobachtung in der Hauptverhandlung allerdings unvermeidbar (**kritisch** hierzu *Kury/Venzlaff* S. 75, 86).

Für die Einführung des Gutachtens in das Strafverfahren sind auch dessen **Beweisgrundla-** 228
**gen** darzulegen. Es muss deutlich werden, ob und welche Angaben des Beschuldigten als Anknüpfungstatsachen zugrunde gelegt wurden. Besonders hervorzuheben sind die gerichtlich noch zu überprüfenden Zusatztatsachen (*Boetticher et al.* NStZ **2005** 58), d. h. die das Gutachten vorbereitenden Anknüpfungstatsachen, zu deren Ermittlung – anders als bei den sog. Befundtatsachen des Sachverständigen – keine besondere Sachkunde erforderlich ist und die daher auch das Gericht hätte feststellen können.[520] Um sie gerichtlich verwerten zu können, muss der Sachverständige hierüber gesondert als Zeuge vernommen werden (BGHSt **22** 268, 271; BGH NStZ **1985** 135). In Betracht kommen hierfür z. B. Tatsachen, die der Sachverständige von Angehörigen oder anderen Auskunftspersonen erfahren hat, ein bisher noch nicht vorliegendes Geständnis des Angeklagten (BGH NJW **1988** 1223 f) oder Erkenntnisse aus einem außergerichtlichen Augenschein (BGH NStZ **1993** 245).

In der **Hauptverhandlung** muss das mündliche Gutachten auf das dort gefundene Beweis- 229
ergebnis – gegebenenfalls mit vom Gericht vorgegebenen Sachverhaltsvarianten – eingehen. Grundlage für die richterliche Urteilsfindung ist allein das in der Hauptverhandlung mündlich erstattete Gutachten. Der vorläufige Charakter des schriftlichen Gutachtens muss dem Sachverständigen und dem Gericht bewusst bleiben.[521]

Bei der kritischen Auseinandersetzung mit dem Gutachten sollte der **Richter** sich bewusst 230
sein, dass dem Sachverständigen – von einigen technischen Untersuchungen abgesehen – prin-

---

**519** BGH NStZ **2004** 437 ff; NStZ-RR **2009** 45 f; *Boetticher et al.* NStZ **2005** 58.
**520** BGHSt **13** 1; **18** 107; **20** 164, 166; *Meyer-Goßner/Schmitt* § 79 Rdn. 11.
**521** BGH NStZ **2008** 418; *Boetticher et al.* NStZ **2005** 58.

zipiell keine anderen Hilfsmittel zur Verfügung stehen als ihm selbst (vgl. *Schorsch* StV **1985** 522). Zwar ist die gezielte, auf besonderer Ausbildung und Erfahrung beruhende und ohne Zeitdruck durchgeführte Exploration des Täters nicht mit dessen Vernehmung in der Hauptverhandlung vergleichbar. Erkenntnismittel ist aber in beiden Fällen das Gespräch. Das psychiatrische Gutachten ist daher kein unter Verwendung hochkomplizierter Apparate gewonnener Sachbeweis, sondern die Schilderung von Tatsachen, welche ein und dieselbe Person wahrgenommen, gefiltert und bewertet hat. Das sollte den Sachverständigen auch veranlassen, von der beliebten Verschlüsselung seiner Darlegungen in einen medizinischen Fachjargon abzusehen (*Langelüddeke/Bresser* S. 21).

231 Für die Verfahrensbeteiligten besteht kein Anlass zur Scheu vor der medizinischen **Fachsprache**. Sie müssen vielmehr in Rechnung stellen, dass einige psychiatrische Begriffe nicht eindeutig definiert und umstritten sind. Scheinbar klare Diagnosen bieten deshalb besonderen Anlass zu kritischer Prüfung (*Schüler-Springorum* FS Venzlaff 52, 58; *Streng* NStZ **1995** 161, 165). Welcher Diagnose ein bestimmtes Erscheinungsbild zugeordnet wird, kann auch von der Schulrichtung abhängen, zu welcher sich der Sachverständige rechnet (*Rasch* MschrKrim. **1982** 257, 261). Darüber hinaus ist die medizinische Fachsprache durchaus nicht immer vorbildlich. So ist eine „symptomatische Schizophrenie" keineswegs, wie der Ausdruck vermuten lässt, eine Schizophrenie, sondern eine Störung mit den Anzeichen einer solchen Krankheit.

232 Eine sachgerechte **Würdigung** des Gutachtens verlangt auch auf Seiten der Juristen ein gewisses Einfühlungsvermögen in medizinische Denkkategorien, ein Gespür für medizinisch erhebliche Sachverhalte und die Bereitschaft zur Respektierung des beruflichen Selbstverständnisses des Psychiaters und der Maximen ärztlicher Ethik (*Nedopil* NStZ **1999** 433 ff). Wer nicht weiß, welche Symptome für ein krankhaftes Geschehen sprechen können, wird keine Auffälligkeiten in Vorakten und früheren klinischen Berichten entdecken und kann auch das Gutachten nicht darauf überprüfen, ob es alle erheblichen Befundtatsachen berücksichtigt und ausgewertet hat. Ein Richter, der die gebotene Souveränität besitzt, wird im Übrigen imstande sein, überflüssigen Sachverständigenbeweis zu vermeiden.[522] Entbehrlich ist z. B. ein Gutachten zur Tatzeitbefindlichkeit des Angeklagten in Fällen, in denen offensichtlich die Voraussetzungen der actio libera in causa gegeben sind, oder in Betäubungsmittelsachen, in denen Anhaltspunkte für eine Verminderung der Schuldfähigkeit fehlen (BGHR StPO § 244 II Schuldfähigkeit 2; Rdn. 116). Auch die Berechnung der Tatzeit-Blutalkoholkonzentration sollten die Gerichte in einfachen Fällen ohne Sachverständigen durchführen können.

## 4. Verfahrensfragen

233 Ergibt sich im Strafverfahren die Schuldunfähigkeit des Angeklagten, so hat das Gericht ihn freizusprechen und gegebenenfalls Maßregeln nach den §§ 61 ff anzuordnen. Stellt sich in der Hauptverhandlung die Verhandlungsunfähigkeit des Angeklagten heraus, so ist das Verfahren gem. § 260 Abs. 3 StPO einzustellen und anschließend ein selbständiges Sicherungsverfahren nach § 71 StGB, §§ 413 ff StPO durchzuführen; ein Übergang ins Sicherungsverfahren analog § 416 StPO ist unzulässig (BGHSt **46** 345, 347). Steht die Schuldunfähigkeit bereits im Ermittlungsverfahren zur Überzeugung der Staatsanwaltschaft fest, so kann sie an Stelle der Anklage einen Antrag auf Durchführung des Sicherungsverfahrens gem. § 413 StPO stellen.

234 Da das Gesetz annimmt, dass der Mensch im allgemeinen schuldfähig ist, braucht sich das Gericht mit den Voraussetzungen der §§ 20, 21 nur zu befassen, wenn **Anzeichen** einer rechtserheblichen Störung erkennbar sind, nicht jedoch, sofern solche völlig fern liegen (BGH StV **2017**

**522 Kritisch** zur Überpsychologisierung des Strafverfahrens *Rasch* in *Beck-Mannagetta/Reinhardt* S. 13, 17; zur übermäßigen Heranziehung von Sachverständigen *Schüler-Springorum* in *Hippius* (Hrsg.) Ausblicke auf die Psychiatrie (1984) S. 69.

520 f.), wegen der „Überbrückung" des Defektzustands aus Rechtsgründen ferner nicht im Falle der actio libera in causa (Rdn. 194 ff).

Lassen sich tatsächliche Umstände im Rahmen der Schuldfähigkeitsprüfung weder feststellen noch ausschließen, gilt der Satz **in dubio pro reo.**[523] Daraus folgt aber nicht, dass für die Annahme von Schuldunfähigkeit oder verminderter Schuldfähigkeit dieser Satz ebenfalls gilt,[524] denn hierbei handelt es sich um eine Rechtsfrage.[525] Es ist daher jeweils zu prüfen, welche Auswirkungen das nach dem Zweifelssatz zu unterstellende Geschehen hatte. So sind unwiderlegte Behauptungen früherer epileptischer Anfälle, zurückliegender Selbstmordversuche oder anderer biografischer Besonderheiten, über Tatmotive und relevante Tatabläufe mit ihrem vollen Gewicht in die Würdigung einzubeziehen. Rechtfertigen sie allein oder zusammen mit anderen Umständen den Schluss auf eine Beeinträchtigung der Schuldfähigkeit, dann – und nur dann – ist sie dem Urteil zugrunde zu legen. Ebenso verhält es sich bei nicht ausschließbarer Trunkenheit (zur notwendigen Zurückhaltung gegenüber Trinkmengenangaben des Angeklagten Rdn. 115). Im Bereich des § 20 ist die zu unterstellende BAK in die Würdigung aller Indizien einzubeziehen (Rdn. 103 ff). 235

Allgemeine Vorgaben, wann das Gericht bei der Beurteilung der Schuldfähigkeit einen Sachverständigen hinzuziehen muss oder aufgrund eigener Sachkunde entscheiden kann, gibt es – abgesehen von § 246a StPO – nicht (BGH StV **2008** 618 m. Anm. *Erb*). Anlass zur Inanspruchnahme sachverständiger Hilfe, insbesondere bei Kapitaldelikten, geben aber regelmäßig[526] Auffälligkeiten in der konkreten Fallgestaltung,[527] wie Hirnschäden und Kopfverletzungen (Rdn. 223), geistige Minderbegabung oder ein Zurückbleiben in der Entwicklung (BGH NJW **1967** 299), so bei Begehung eines für Schwachsinnige typischen Delikts (OLG Köln MDR **1980** 245), Kapitalstrafsachen, die nach Jugendstrafrecht zu beurteilen sind,[528] Auffälligkeiten Unbestrafter im fortgeschrittenen Alter, so die plötzliche Häufung von Ladendiebstählen bei einer Frau in der Menopause (OLG Köln MDR **1975** 858; StV **1992** 321) oder Sexualdelikte und andere Straftaten (*Venzlaff* in *Thomas* S. 41, 54) im Rückbildungsalter.[529] Triebanomalien und ungewöhnliche Tatausführung[530] können ebenfalls die Zuziehung eines Sachverständigen gebieten, ebenso übermäßiger Geschlechtstrieb[531] und je nach Lage des Falles langjähriger Alkohol- oder Drogenmissbrauch (Rdn. 98, 116) sowie regelmäßig Taten unter dem Einfluss einer BAK um 3 ‰ (OLG Koblenz VRS **79** 13). Auch die Beurteilung mehrerer belastender Faktoren in ihrem Zusammenwirken (Affekt und Alkohol, Alkohol und psychopathische Persönlichkeit usw.) bedarf sachverständiger Beratung (vgl. BGH v. 23.2.2011–5 StR 24/11), ferner stets die Beurteilung von endogenen Psychosen (Rdn. 82 ff). Nicht erforderlich ist die Hinzuziehung allerdings, wenn Auswirkungen der Störung auf die Tatbegehung fernliegend sind, etwa im Falle der (längerfristig angelegten) Steuerhinterziehung eines Spielsüchtigen (BGH v. 8.6.2011–1 StR 122/11). 236

Allerdings genügt **ein** Sachverständiger (BGHSt **23** 176, 187; BGH NStZ **1991** 80), dessen Auswahl grundsätzlich dem pflichtgemäßen Ermessen des Gerichts obliegt (Rdn. 221 ff). Die Bestellung eines weiteren Gutachters – auch einer anderen Schulrichtung oder eines anderen For- 237

---

**523** BGHSt **3** 169, 173; **8** 113, 124; **37** 231; BGH StV **1983** 278; BGHR StGB § 20 Bewußtseinsstörung 1; StPO § 261 In dubio pro reo 1, 6; RGSt **70** 127; zur Problematik BGHSt **36** 286, 290.

**524** *Blau* FS Tröndle, S. 109, 124; *Fischer* Rdn. 67; *Eben/v. Gerlach* S. 165, 182; *Lackner/Kühl/Kühl* Rdn. 23, FS Kleinknecht 245, 264; *Schöch* MschrKrim. **1983** 333, 338; *Sch/Schröder/Perron/Weißer* Rdn. 43.

**525** BGH StV **2019** 235; BGH Beschl. v. 17.12.2019–2 StR 419/19; v. 30.7.2019–2 StR 172/19.

**526** Allerdings nicht zwangsläufig, vgl. BGHR StPO § 244 Abs. 1 Sachverständiger 21; restriktiver noch BGHR StPO § 244 Abs 2 Sachverständiger 20.

**527** BGH bei *Becker* NStZ-RR **2002** 65, 69; **2007** 83, 84; **2009** 115; v. 6.7.2011–5 StR 230/11; OLG Koblenz v. 7.4.2014–2 Ss 2/14; *Basdorf* HRRS **2008** 275, 279.

**528** BGHR StGB § 21 Sachverständiger 13; StPO § 244 IV 1 Sachkunde 13.

**529** BGH NStZ **1983** 34; StV **1989** 102; **2006** 13; **2008** 245; BGHR StGB § 21 Sachverst.5, 6; BGH v. 23.2.2011–5 StR 24/11.

**530** BGHSt **23** 176; **60** 52, 57; BGHR StGB § 21 Sachverst. 7, 8, 13, 14; seel. Abartigk. 16; BGH NStZ **1989** 190.

**531** BGH NJW **1962** 1779; BGH bei Dallinger MDR **1969** 901; BGHR StGB § 21 seel. Abartigkeit 22.

schungsbereichs – kann in aller Regel nicht verlangt werden; entsprechende Beweisbegehren scheitern – von den in Rdn. 223 f genannten Ausnahmen abgesehen – fast durchweg an § 244 Abs. 4 S. 2 1. Halbs. StPO (BGHSt **34** 355; *Löwe/Rosenberg/Becker* StPO § 244 Rdn. 326). Bei erheblichen inhaltlichen und methodischen Mängeln des Gutachtens (vgl. § 244 Abs. 4 S. 2 2. Halbs. StPO) ist das Gericht allerdings kraft seiner Amtsaufklärungspflicht (§ 244 Abs. 2 StPO) oder aufgrund eines Beweisantrags verpflichtet, ein weiteres Sachverständigengutachten einzuholen (BGHSt **49** 347, 358 = JR **2005** 213 m. zust. Anm. Nedopil).

**238** Eine Anstaltsbeobachtung (§ 81 StPO) ist ebenfalls nur erforderlich, wenn die Aufklärungspflicht sie gebietet; als bloße Zweituntersuchung können Verfahrensbeteiligte sie nicht erzwingen (BGHSt **8** 76; zur Bestellung von Obergutachtern BGHSt **3** 169, 174). Ein weiterer Sachverständiger ist daher auch kein neues Beweismittel i. S. d. Wiederaufnahmerechts (OLG Karlsruhe GA **1972** 316). Eines **weiteren** Sachverständigen bedarf es allerdings regelmäßig, sofern der Erstgutachter Widersprüche zwischen dem schriftlichen und mündlichen Gutachten nicht auszuräumen vermag (BGHSt **8** 113, 116; BGHR StPO § 21 Sachverständiger 2) oder wenn seine Sachkunde sonst zweifelhaft ist.

**239** Im **Urteil** muss das Gericht die zum Verständnis und die für die Beurteilung der gedanklichen Schlüssigkeit des Gutachtens notwendigen Anknüpfungstatsachen – auch aus Vorgutachten, auf die der Sachverständige Bezug genommen hat (BGH NStZ-RR **2019** 386, 387) – darlegen. Das gilt auch, wenn es sich dem Sachverständigen ohne weitere eigene Erwägungen anschließt.[532] Folgt das Gericht einem widersprüchlichen Gutachten, so muss es vorhandene Widersprüche auflösen (BGH v. 14.7.2010–2 StR 278/10). Will das Gericht von einem von Mängeln freien Gutachten abweichen, weil es sein Ergebnis nicht für überzeugend hält, so ist es verfahrensrechtlich auch hieran nicht gehindert. Es muss allerdings unter Wiedergabe der maßgeblichen Darlegungen des Sachverständigen im Urteil für das Revisionsgericht nachprüfbar belegen, dass es die zur Entscheidung nötige Sachkunde durch die Ausführungen des gehörten Sachverständigen erlangt hat, und unter Auseinandersetzung mit dessen Ausführungen seine Gegenansicht begründen.[533]

## XI. Recht der DDR und des Einigungsvertrages

**240** S. LK[11] Rdn 96 f.

---

532 St. Rspr.: vgl. etwa BGH NStZ-RR **2014** 305, 306; BGH v. 8.10.2019–2 StR 362/19; v. 28.1.2020–4 StR 632/19.

533 BGH NStZ **2009** 571; NStZ-RR **2010** 105, 106; v. 14.1.2020–2 StR 284/19; entsprechend für den Fall von zwei sich widersprechenden Gutachten BGH v. 30.10.2014–3 StR 379/14.

# § 21 Verminderte Schuldfähigkeit

**Ist die Fähigkeit des Täters, das Unrecht der Tat einzusehen oder nach dieser Einsicht zu handeln, aus einem der in § 20 bezeichneten Gründe bei Begehung der Tat erheblich vermindert, so kann die Strafe nach § 49 Abs. 1 gemildert werden.**

## Schrifttum

*H.-J. Albrecht* Das deutsche Konzept der verminderten Schuldfähigkeit und Lösungen im ausländischen Strafrecht, in *Kröber/Albrecht* (Hrsg.) Verminderte Schuldfähigkeit und psychiatrische Maßregel (2001) 7; *Baier* §§ 21, 49 StGB: Keine Strafminderung wegen vorwerfbarer Trunkenheit, JA **2004** 104; *Dölling* Über Schuldfähigkeitsbeurteilung und Rechtsfolgenzumessung bei Gewaltdelikten, Festschrift Müller-Dietz (2001) 119; *Duensing* Schuldmindernde Wirkung des zurechenbaren Alkoholgenusses, StraFo **2005** 15; *Foth* Alkohol, verminderte Schuldfähigkeit, Strafzumessung, NJ **1991** 386; *ders.* Einige Bemerkungen zur verminderten Schuldfähigkeit bei alkoholisierten Straftätern, Festschrift Salger (1995) 31; *ders.* Zur Frage der verminderten Schuldfähigkeit bei alkoholisierten Straftätern, in *Egg* (Hrsg.) Alkohol, Strafrecht und Kriminalität, KrimZ **2000** 97; *Frister* Überlegungen zu einem agnostischen Begriff der Schuldfähigkeit, Festschrift Frisch (2013); *Gabber* Verminderte Schuldfähigkeit bei selbstverschuldeter Trunkenheit, Diss. Passau 2008; *Göppinger* Kriminologische Aspekte der sogenannten verminderten Schuldfähigkeit (§ 21 StGB), Festschrift Leferenz (1983) 411; *Haffke* Zur Ambivalenz des § 21 StGB, R & P **1991** 94; *König* Verschärfung der Anforderungen an eine Strafmilderung bei alkoholisierten Straftätern, NJ **2005** 44; *Kotsalis* Verminderte Schuldfähigkeit und Schuldprinzip, Festschrift Baumann (1992) 33; *Krauß* Schuldzurechnung und Schuldzumessung als Probleme des Sachverständigenbeweises, Kriminolog. Gegenwartsfragen **12** (1976) 88; *Kröber* Kriterien verminderter Schuldfähigkeit nach Alkoholkonsum, NStZ **1996** 569; *ders./Albrecht* (Hrsg.) Verminderte Schuldfähigkeit und psychiatrische Maßregel (2001); *Landgraf* Die „verschuldete" verminderte Schuldfähigkeit (1988); *Maatz* §§ 20, 21 StGB, Privilegierung der Süchtigen? – zur normativen Bestimmung der Schuldfähigkeit alkoholisierter Straftäter, StV **1998** 279; *ders.* Drogenbedingte Verminderung der Schuldfähigkeit – zum gegenwärtigen Stand der Rechtsprechung des Bundesgerichtshofs, Blutalkohol Supplement **2003** 7; *Mack*, Trunkenheit und Obliegenheit: eine rechtsdogmatische Untersuchung zur Strafmilderung bei rauschbedingt verminderter Schuldfähigkeit, Diss. Heidelberg 2008; *Morge* Die actio libera in causa im Rahmen des § 21 StGB, Diss. Jena 2015; *Neumann* Erfolgshaftung bei selbstverschuldeter Trunkenheit StV **2003** 527; *Pluisch* Neuere Tendenzen der BGH-Rechtsprechung bei der Beurteilung der erheblich verminderten Schuldfähigkeit gemäß § 21 StGB nach Medikamenteneinnahme, NZV **1996** 98; *Rau* Verminderte Schuldfähigkeit (§ 21 StGB) und selbstverschuldete Trunkenheit, JR **2004** 401; *Rautenberg* Verminderte Schuldfähigkeit (1984); *ders.* Strafmilderung bei selbstverschuldeten Rauschzuständen? – Eine Anregung für den Gesetzgeber aus den neuen Bundesländern, DtZ **1997** 45; *Reinecke* Der wegen Trunkenheit vermindert schuldfähige Täter, Diss. Hamburg 2010; *Rissing-van Saan* Beeinträchtigung der Schuldfähigkeit bei der Begehung von Straftaten und deren strafrechtliche Folgen, in *Schneider/Frister* (Hrsg.) Alkohol und Schuldfähigkeit (2002) 103; *Schild* Strafrechtsdogmatische Aspekte der Tötung des Intimpartners, JA **1991** 48; *Schnarr* Alkohol als Strafmilderungsgrund, in *Hettinger* (Hrsg.) Reform des Sanktionenrechts, Band 1 (2001) 5; *Schöch* Die Beurteilung von Schweregraden schuldmindernder oder schuldausschließender Persönlichkeitsstörungen aus juristischer Sicht, MschrKrim. **1983** 343; *ders.* Abschied von der Strafmilderung bei alkoholbedingter Dekulpation? GA **2006** 371; *ders.* Schuldfähigkeitsbeurteilung und strafrechtliche Sanktionen bei psychisch Gestörten, in *Dudeck/Kaspar/Lindemann* (Hrsg.) Verantwortung und Zurechnung im Spiegel von Strafrecht und Psychiatrie (2014); *Streng* Ausschluss der Strafmilderung gem. § 21 StGB bei eigenverantwortlicher Berauschung? NJW **2003** 2963; *ders.* Punitivität und Dekulpation – Befunde und Überlegungen zur Anwendung von § 21 StGB bei Kapitaldelikten, Festschrift Nedopil (2012) 301; *ders.* Strafmilderung gem. §§ 21, 49 I StGB auch bei eigenverantwortlich herbeigeführter Trunkenheit?, Festschrift Rengier (2018) 113; *Terhorst* Zur Strafbemessung bei verminderter Schuldfähigkeit infolge Drogensucht, MDR **1982** 368; *Theune* Auswirkungen der Drogenabhängigkeit auf die Schuldfähigkeit und die Zumessung von Strafe und Maßregeln, NStZ **1997** 57; *Thilmann* Die Auswirkungen von Alkohol und Drogen auf die Schuldfähigkeit, Diss. Heidelberg 2006; *Tondorf* Eine neue Chance zur Revitalisierung der sozialtherapeutischen Anstalt – über die Entkoppelung des § 21 StGB von § 63 StGB, Festgabe Haffke (2009) 145; *Verrel/Hoppe* Trunkenheit und schuldangemessene Strafe – BGH, NJW **2003** 2394, JuS **2005** 308; *Winckler/Foerster* Erhebliche Verminderung der Schuldfähigkeit – Pädophilie, NStZ **1999** 236.

S. im Übrigen die Schrifttumsangaben zu § 20.

## Entstehungsgeschichte

s. bei § 20 sowie *Rautenberg* Verminderte Schuldfähigkeit (1984); *Schnarr* Alkohol als Strafmilderungsgrund, in *Hettinger* S. 6 ff.



https://doi.org/10.1515/9783110300451-003

## Übersicht



## I. Allgemeines

1 Verminderte Schuldfähigkeit ist keine selbständige dritte Kategorie der „Halbzurechnungsfähigkeit“ zwischen Schuldfähigkeit und Schuldunfähigkeit, sondern eine besondere Form der Schuldfähigkeit.[1] Die Annahme verminderter Schuldfähigkeit wird als sog. Dekulpation bezeichnet. Der vermindert schuldfähige Täter ist für seine Tat verantwortlich und wird bestraft.[2] Qualitativ andersartig gegenüber dem Normalen ist allein der Schuldunfähige.[3] Die Vorschrift berücksichtigt, dass es dem Täter aus bestimmten Gründen wesentlich schwerer fallen musste, sich normgerecht zu verhalten. § 21 enthält daher einen Schuldminderungsgrund, an den sich eine Strafzumessungsregel anschließt.[4] Daraus wird ersichtlich, dass Schuldfähigkeit quantifizierbar ist (*Rasch* StV **1991** 126, 131; *Schöch* MschrKrim. **1983** 333, 339). Der verminderten Schuldfähigkeit liegt ein empirisches Substrat zugrunde; die Bestimmung ist nicht lediglich eine Ausprägung des Gedankens der Zumutbarkeit (**aA** *Witter/Jakobs* Sachverständige S. 271, 281; *ders.* AT 18/28). Prozessual betrifft die Vorschrift allein den Rechtsfolgenausspruch.[5]

2 Eine Brücke zu § 20 schlägt § 21 jedoch insofern, als aus dem Zustand des Täters drohenden Gefahren auch durch Maßregeln der Besserung und Sicherung begegnet werden kann, welche teils unter den Voraussetzungen des § 21 (§ 63), teils ohne Rücksicht auf sie (so insbesondere nach § 64) angeordnet werden dürfen. Fernwirkungen wie eine Änderung des Deliktcharakters oder bei der Verjährung zieht die Anwendung des § 21 nicht nach sich (BGHSt **16** 71, 72). Zu der

---

1 *Jescheck/Weigend* AT § 40 IV 1; *Roxin/Greco* AT I § 20 Rdn. 33; *Venzlaff/Foerster/Dreßing/Habermeyer/Schreiber/Rosenau* S. 108.

2 **Kritisch** z. B. *Krauß* Kriminolog. Gegenwartsfragen **12** (1976) 88; dazu *Rautenberg* S. 195; rechtsvergleichend zum österr. Recht *Zipf* Kriminolog. Gegenwartsfragen **15** (1982) 157.

3 *Witter* Sachverständige S. 16; *Kröber/Albrecht/Kröber* S. 60.

4 OLG Hamm NJW **1977** 1498; *Fischer* Rdn. 2; *Haffke* R & P **1991** 94, 99; *Jescheck/Weigend* AT § 40 IV 1; *Lenckner* Hdb. d. forens. Psychiatrie Bd. I S. 122; *Roxin/Greco* AT I § 20 Rdn. 33; *Sch/Schröder/Perron/Weißer* Rdn. 1; *Schreiber* NStZ **1981** 46, 48; **aA** (bloße Strafzumessungsregel) *Göppinger* FS Leferenz 411, 420; *Krauß* Kriminolog. Gegenwartsfragen **12** 94 f; *Schöch* MschrKrim. **1983** 333, 339.

5 BGH v. 12.12.2012–2 StR 481/12; *Hanack* LR[25] § 344 Rdn. 29 m. w. N.; **aA** *Hettinger* JZ **1987** 386, 390, 394.

besonderen Problematik des Eingreifens von § 323a bei ungewisser Beweislage s. BGHSt **32** 48; *Fischer* § 323a Rdn. 21a.

Die **Anwendungshäufigkeit** der Bestimmung ist in den letzten Jahrzehnten bis zu Beginn dieses Jahrhunderts beständig und beträchtlich gestiegen (1975 bis 2002 von 1,3 % auf 3,1 % aller Verurteilten, also um deutlich mehr als das Zweieinhalbfache, s. zu den Zahlen im Einzelnen § 20 Rdn. 10, Tab. 1). Damit zeichnete sich zunächst ein „inflationärer Umgang der Strafjustiz mit dem § 21" (*Maatz* StV **1998** 279, 285) ab, dessen Ursachen vielschichtig waren, namentlich die Zunahme des Alkohol-, Drogen- und Medikamentenmissbrauchs, die Begutachtungspraxis[6] sowie eine spürbare Großzügigkeit der Gerichte bei der Anwendung der Vorschrift zugunsten des Angeklagten. Letzeres dürfte auch mit dem Bestreben zusammenhängen, Urteile „revisionsfest" bzw. für den Verurteilten akzeptabler zu gestalten.[7] Nunmehr ist die Anwendungshäufigkeit allerdings rückläufig und hat sich in den letzten Jahren (2014–2018) konstant auf einen Wert von 2,4 % aller Verurteilten eingependelt.[8] Als Ursache für diesen Trend kommt einerseits eine veränderte, kritischere Bewertung von Gewaltdelikten (*Streng* MK Rdn. 5), andererseits ein restriktiverer, sich in regelmäßig wiederkehrenden (bislang erfolglosen) Gesetzesinitiativen[9] niederschlagender Umgang mit Alkoholtaten in Betracht.[10] Wie sich aus den letzten beiden Spalten der Tabelle 1 (§ 20 Rdn. 10) ergibt, war auch die Anordnung von Maßregeln gemäß § 63 und § 64 beträchtlichen Schwankungen unterworfen. Die Häufigkeit auf § 21 gestützter Unterbringungen in einem psychiatrischen Krankenhaus nach § 63 ist in den letzten Jahren in Übereinstimmung mit dem bei § 21 festgestellten Trend (s. o.) wieder deutlich rückläufig, was auch auf den restriktiveren Umgang der Gerichte mit der Unterbringung nach § 63 zurückzuführen sein dürfte.[11] Im Unterschied hierzu verhält sich die Anwendungshäufigkeit unter Bejahung des § 21 angeordneter Unterbringungen in einer Entziehungsanstalt (§ 64). Diese stieg in den letzten Jahren kontinuierlich an, was dem allgemeinen Trend der Anordnungshäufigkeit des § 64 StGB entspricht. Zur Begründung wird hierzu auf ein „Bedürfnis der Gerichte" verwiesen, „der zunehmenden Suchtproblematik bei Straffälligen mit nachhaltigen therapieorientierten Sanktionen zu begegnen" sowie auf die Verteidigungsstrategie, Angeklagten den meist als angenehmer empfundenen Maßregelvollzug gem. § 64 zu ermöglichen.[12] Zwar können die Gerichte kriminalpolitische Fehlentwicklungen nur begrenzt korrigieren, jedoch zeigen die regional erheblichen Unterschiede bei den Dekulpationsraten, dass sich regionale Konventionen gebildet haben,[13] die auch durch strengere Anforderungen bei der Erheblichkeitsbeurteilung der Beeinträchtigung der Steuerungsfähigkeit wieder korrigiert werden können (Rdn. 22). Immerhin weist die Entwicklung bei den Tötungsdelikten sowie bei der Vergewaltigung seit Anfang der 90er Jahre auf eine eher sinkende Dekulpationsbereitschaft der Gerichte hin, die mit der strengeren gesellschaftlichen Bewertung der Straftaten unter Alkoholeinfluss zusammenhängen dürfte (*Streng* MK Rdn. 5 mit tabellarischen Nachweisen). 3

## II. Struktur der Vorschrift

§ 21 ist ebenso wie § 20 zweistufig aufgebaut. Eine erhebliche Verminderung der Schuldfähigkeit setzt das Vorliegen eines der in § 20 bezeichneten Defekte voraus. Das Gesetz hat mit der sog. 4

---

**6** Vgl. *Göppinger* FS Leferenz 420; *Schreiber* NStZ **1981** 46, 50; *Marneros/Ullrich/Rössner* (2002).

**7** *Streng* MK Rdn. 6; *Rogall* SK Rdn. 3; zu weiteren Erklärungsansätzen für die damalige Entwicklung *Schöch* LK[12] Rdn. 3.

**8** *Streng* MK Rdn. 5 mit tabellarischem Nachweis deliktsspezifischer Dekulpationsquoten von 1957 bis 2013; *Kröber/Albrecht/Albrecht, H.-J.* S. 10 ff; *Göppinger* FS Tröndle 473, 483; *Rasch/Volbert* MschrKrim. **1985** 137.

**9** BT-Drs. 14/545; 14/759; 16/4021; BR-Drs. 204/18; 265/19.

**10** *Dudeck/Kaspar/Lindemann/Schöch* S. 32; *Streng* MK Rdn. 5, s. hierzu Rdn. 49 ff.

**11** Zur Entwicklung bis 2003 *Schöch* LK[12] Rdn. 3; krit. zu auf § 21 basierenden Unterbringungen nach § 63 *Tondorf* FG Haffke 150 ff.

**12** *Satzger/Schluckebier/Widmaier/Kaspar* § 64 Rdn. 2; *Dudeck/Kaspar/Lindemann/Schöch* S. 26.

**13** *Müller/Siadak* MschrKrim. **1991** 316, 319; *Kröber/Faller/Wulf* MschrKrim. **1994** 339, 349; *Streng* MK Rdn. 7.

harmonisierenden Lösung den Bestrebungen eine Absage erteilt, welche das Merkmal der schweren anderen seelischen Abartigkeit dem § 21 vorbehalten wollten (s. Entstehungsgeschichte zu § 20; *Schreiber* NStZ **1981** 46). Die Störung muss sich sodann im „psychologischen Stockwerk" schuldmindernd ausgewirkt haben; von ihrer Art und Stärke ist im Allgemeinen auf die psychische Beeinträchtigung zu schließen (zur Methode § 20 Rdn. 74–78).

5 Das den Bestimmungen der §§ 20, 21 zugrunde liegende System und der juristische Gehalt der einzelnen Merkmale sind in den Erläuterungen zu § 20 dargestellt (§ 20 Rdn. 51 ff). Ebenso ergeben die dortigen Ausführungen zugleich für den Bereich der erheblich verminderten Schuldfähigkeit die empirischen und normativen Beurteilungsgrundlagen der einzelnen Störungen (§ 20 Rdn. 52 ff), die alle auch für § 21 in Betracht kommen. Auch hier gilt, dass der Tatrichter nicht offen lassen darf, ob die Einsichts- oder Steuerungsfähigkeit vermindert war (BGHSt **49** 347, 351; BGH v. 26.4.2007–4 StR 7/07). Ebenso wenig können Einsichts- und Steuerungsunfähigkeit im Regelfall gleichzeitig gegeben sein,[14] wobei es nach Auffassung des BGH[15] ambivalente Krankheitsbilder gibt, bei denen ausnahmsweise beide Alternativen in Betracht kommen. Ob eine erhebliche Beeinträchtigung der Einsichts- oder Steuerungsfähigkeit vorliegt, ist eine Rechtsfrage, für die der Grundsatz „in dubio pro reo" nicht gilt.[16]

6 Praktisch kommen für die **Anwendung** des § 21 in erster Linie nicht krankhafte Zustände in Betracht, bei denen Schuldunfähigkeit ferner liegt (BGH NStZ **1991** 31, 32; BGH bei Holtz MDR **1984** 979), aber nicht ausgeschlossen ist. Zu nennen sind Psychopathien, Neurosen, Triebstörungen sowie die normalpsychologischen Affekte und der Schwachsinn. Jedoch können auch Krankheiten, so vor allem Defektzustände nach Hirnverletzungen oder Wesensveränderungen bei Epileptikern erheblich verminderte Schuldfähigkeit bewirken.[17] Endogene Psychosen erfüllen die Voraussetzungen des § 21 häufig außerhalb akuter Phasen, so vor allem beim Vorliegen der sog. schizophrenen Basisstörung.

7 Ein **Irrtum** über die eigene Schuldfähigkeit oder den Grad ihrer Beeinträchtigung ist bedeutungslos (*Fischer* § 16 Rdn. 19; *Sch/Schröder/Sternberg-Lieben/Schuster* § 16 Rdn. 33), weil diese Umstände nicht zum gesetzlichen Tatbestand gehören und von § 16 daher nicht erfasst sind.

## III. Einsichtsfähigkeit (1. Alternative)

### 1. Regelungsgegenstand und Verhältnis zum Verbotsirrtum

8 Nach dem Gesetzeswortlaut in seiner 1. Alternative ist als Folge der biologisch-psychologischen Störung eine Verminderung der Fähigkeit erforderlich, das Unerlaubte der Tat einzusehen. Das ist ungenau. Verminderte Einsichtsfähigkeit kann den Täter nicht entlasten, wenn er das Unrecht seines Tuns dennoch erkennt. Zwischen Kenntnis und Unkenntnis gibt es keine schuldmindernde dritte Kategorie.[18] Fehlende Unrechtseinsicht aber ist ein Verbotsirrtum und als solcher zu behandeln (§ 20 Rdn. 12). In ständiger Rechtsprechung erkennt der BGH deshalb, dass die 1. Alternative des § 21 ausscheidet, „wenn der Täter trotz an sich verminderter Einsichtsfähigkeit das Unerlaubte seines Tuns erkennt". Denn seine Schuld wird nicht gemindert, wenn er

---

**14** St. Rspr.: BGHSt **40** 349; BGHR StGB § 21 Einsichtsfähigkeit 3; BGH NJW **1995** 1229; NStZ **1989** 430; **1990** 333; NStZ-RR **1998** 294; **2003** 232, 233; v. 15.2.2008–2 StR 22/08; v. 7.11.2018–5 StR 449/18.

**15** BGH NStZ-RR **2013** 368, 369; **2016** 239, 240; 21.6.2016–5 StR 214/16; v. 22.8.2017–3 StR 249/17; v. 22.5.2019–1 StR 651/18.

**16** BGH NStZ **2005** 281, 282; vgl. auch BGH v. 1.6.2017–2 StR 57/17.

**17** Krit. bei Straßenverkehrsgefährdung durch einen Epileptiker gem. § 315a Abs. 1 Nr. 1a *Foerster/Winckler* NStZ **1995** 344 f, Anmerkung zu BGHSt **40** 341, 348ff, die sogar § 20 nicht ausschließen wollen.

**18** *Weinschenk* bezeichnet § 21 deshalb als logisch unhaltbar (Forensia **7** (1986) 55); **dagegen** zu Recht *Haddenbrock* Forensia **8** (1987) 157; *Rautenberg* Forensia **9** (1988) 111.

ungeachtet seiner geistigen Verfassung das Unrecht tatsächlich eingesehen hat.[19] § 21 StGB regelt ebenso wie § 20 StGB, soweit er auf die Einsichtsfähigkeit abstellt, einen Fall des Verbotsirrtums.[20] Fehlt dem Täter die Einsicht wegen einer krankhaften seelischen Störung oder aus einem anderen in § 20 StGB bezeichneten Grund, ohne dass ihm dies zum Vorwurf gemacht werden kann, so ist – auch bei an sich nur verminderter Einsichtsfähigkeit – nicht § 21 StGB, sondern § 20 StGB anwendbar. „Die Vorschrift des § 21 StGB kann in den Fällen der verminderten Einsichtsfähigkeit nur dann angewendet werden, wenn die Einsicht gefehlt hat, dies aber dem Täter vorzuwerfen ist".[21]

Das Schrifttum pflichtet dem bei, weist allerdings darüber hinausgehend auf den Wider- 9
spruch zum Wortlaut des § 17 hin.[22] Während § 21 nur eine erhebliche Verminderung der Einsichtsfähigkeit berücksichtigt, ist nach den Regeln des § 17 über den Verbotsirrtum jeder Rechtsirrtum beachtlich. Die darin liegende Diskrepanz ist durch die Annahme eines Vorrangs der täterfreundlicheren Norm des § 17 zu beseitigen.[23] Kommt aufgrund eines biologisch-psychologisch bedingten vermeidbaren Verbotsirrtums wegen der Gefährlichkeit des Täters eine Unterbringung in einem psychiatrischen Krankenhaus nach § 63 in Betracht, so behält § 21 insoweit seine eigenständige Bedeutung gegenüber § 17 (*Streng* MK Rdn. 14).

## 2. Verschulden

Bei fehlender Unrechtseinsicht ist Voraussetzung einer Anwendung des § 21 hiernach ein Ver- 10
schulden des Täters an seinem intellektuellen Mangel. Ein derartiges Verschulden liegt in aller Regel vor. Der unter den Bedingungen des § 21 handelnde Täter ist nach der Definition des Gesetzes zur Einsicht fähig; wäre er es nicht, wäre § 20 anzuwenden. Die nicht genutzte Fähigkeit zur Einsicht begründet den Schuldvorwurf, weshalb nach h. M. § 21 insoweit nur ein Anwendungsfall des vermeidbaren Verbotsirrtums gemäß § 17 ist.[24] Das entbindet jedoch nicht von der Prüfung, ob weitere Umstände des konkreten Tatgeschehens einen Vorwurf ausnahmsweise entfallen lassen. Insoweit trifft der Satz zu, dass aus der Tatsache nur verminderter Schuldfähigkeit nicht ohne weiteres auf die Vorwerfbarkeit des Fehlens der Einsicht geschlossen werden darf (BGH GA **1969** 279).

Gegenstand des Schuldvorwurfs ist aber nicht ein Beitrag des Täters zur Entstehung der 11
Störung, sondern zum **Fehlen der Einsicht**. Dass der Täter den tatauslösenden Affekt nicht vermieden hat, ist daher nach den Grundsätzen über den verschuldeten Affekt (§ 20 Rdn. 140) zu beurteilen (**aA** BGH VRS **71** 21, 22). Der Begriff des „Krankheitswertes" ist hier – wie bei § 20 (s. dort Rdn. 62–66, 72) nur begrenzt tauglich als Maßstab für die Gewichtigkeit und Stärke der Normabweichung (so aber BGHSt **34** 22, 24 f; BGH NStZ **1991** 330). Ausgeschlossen ist ein

**19** BGH NStZ-RR **2017** 239; v. 21.8.2019–3 StR 325/19; v. 6.8.2019–3 StR 46/19; v. 7.5.2019–5 StR 120/19 jew. m. w. N.

**20** **AA** *Frister* FS Frisch 533, 551; *ders.* JuS **2013** 1059, 1061; *Schild* NK Rdn. 12 f m. w. N.: „selbst- und eigenständige Strafzumessungsvorschrift".

**21** BGHSt **40** 341, 349; ähnlich bereits BGHSt **21** 27, 28 m. Anm. *Dreher* JR **1966** 350 und *Schröder* JZ **1966** 451; BGHSt **34** 22, 25; BGH NJW **2013**, 246, 247; **2014**, 2738; NStZ **2011** 336 f.; NStZ-RR **2002** 328; **2004** 38 f; **2008** 140; **2012** 366; **2014** 337, 338; **2015** 273; **2016** 271; StV **2005** 495 f; StraFo **2005** 207 f.

**22** *Dreher* GA **1957** 97, 98; *Fischer* Rdn. 3–4; *Haffke* R & P **1991** 94, 104; *Jescheck/Weigend* AT § 40 IV 1; *Lackner/Kühl/Kühl* Rdn. 1; *Lenckner* Hdb. d. forens. Psychiatrie Bd. I S. 123; *Streng* MK Rdn. 11; *Roxin/Greco* AT I § 20 Rdn. 36; *Sch/Schröder/Perron/Weißer* Rdn. 6, 7; *Venzlaff/Foerster/Dreßing/Habermeyer/Schreiber/Rosenau* S. 110; **aA** *Jakobs* AT 18/31, der die Erheblichkeitsschwelle des § 21 in § 17 hineininterpretieren will, während *Jähnke* (LK[11] Rdn. 4) jede verminderte Einsichtsfähigkeit, die zum Fehlen der Unrechtseinsicht führt, für erheblich i. S. d. § 21 hält und deshalb die von der Literatur betonte Diskrepanz für ein Scheinproblem hält.

**23** *Dreher* GA **1957** 97, 99; *Haffke* R & P **1991** 94, 104; *Lenckner* Hdb. d. forens. Psychiatrie Bd. I S. 127; *Roxin/Greco* AT I § 20 Rdn. 36; *Sch/Schröder/Perron/Weißer* Rdn. 6, 7; *Venzlaff/Foerster/Dreßing/Habermeyer/Schreiber/Rosenau* S. 79; **aA** (Vorrang des § 21) *Jakobs* AT[2] 18/31; *Rudolphi* SK[7] Rdn. 4.

**24** *Sch/Schröder/Perron/Weißer* Rdn. 6/7; *Streng* MK Rdn. 11.

Verschulden bezüglich des Einsichtsmangels bei tiefgreifender Bewusstseinsstörung oder schwerer anderer seelischer Abartigkeit nur in den seltenen Fällen, in denen diese für die Fähigkeit des Betroffenen zur Unrechtseinsicht ähnliches Gewicht wie die Beeinträchtigung der Einsichtsfähigkeit bei den krankhaften seelischen Störungen haben.[25] In solchen Fällen wird die Unrechtseinsicht regelmäßig direkt nach § 20 ausgeschlossen sein (*Dreher* JZ **1966** 350; *Jakobs* AT 18/29 Fn. 78 f). Fehlendes Verschulden an mangelnder Unrechtseinsicht kommt deshalb praktisch fast nur in Betracht, wenn Handlungen Dritter die Wirkungen der Störung bei dem Täter verstärken, etwa die unbemerkte Gabe bewusstseinsverändernder Drogen.

12 Verminderte Einsichtsfähigkeit kann auch Bedeutung erlangen für die **Beurteilung eines Tatbestands- oder Verbotsirrtums**, der sich auf der geistigen Beeinträchtigung aufbaut, aber eine selbständige sachliche Grundlage hat. Das Problem stellte sich in dem „Katzenkönig-Fall".[26] Der Täter war eingebunden in ein mystisches Beziehungsgeflecht und wurde für ein Tötungsgeschehen unter dem Vorwand missbraucht, im Falle seiner Weigerung müssten Millionen Menschen sterben. Der BGH hat dem vermindert schuldfähigen Täter zu Recht einen vermeidbaren Verbotsirrtum vorgeworfen, weil seine Fähigkeit zur Unrechtserkenntnis nicht aufgehoben war (vgl. auch BGH MDR **1979** 987; *Rudolphi* SK[7] § 50 Rdn. 11).

### 3. Folgen

13 Im Gegensatz zur folgenlos gebliebenen verminderten Einsichtsfähigkeit führt erheblich vermindertes Hemmungsvermögen ohne weiteres zur Anwendung des § 21. Die unterschiedlichen Rechtsfolgen verlangen deshalb, dass der Richter sich Klarheit darüber verschafft, welche der **Alternativen** des § 21 vorliegt. Er kann seine Entscheidung nicht auf beide zugleich stützen[27] (vgl. aber auch Rdn. 5) oder eine Wahlfeststellung treffen (vgl. auch § 20 Rdn. 80).

14 Das gilt auch bei der Anordnung von **Maßregeln** der Besserung und Sicherung, sofern diese an das Vorliegen der Voraussetzungen des § 21 geknüpft sind. Eine bloß allgemein verminderte Fähigkeit zur Unrechtseinsicht schließt derartige Anordnungen aus, wenn der Täter das Unrecht seines Tuns gleichwohl erkannt hat.[28]

## IV. Steuerungsfähigkeit (2. Alternative)

### 1. Zum Begriff des Hemmungsvermögens

15 Der Gesetzeswortlaut ist auch in seiner 2. Alternative nicht ganz genau. Eine Anwendung des § 21 scheidet aus, wenn die Fähigkeit des Täters zu einsichtsgemäßem Handeln zwar allgemein reduziert ist, sein Hemmungsvermögen bei der konkreten Tat aber vollkommen intakt war (BGHSt **21** 27; *Venzlaff/Foerster/Dreßing/Habermeyer/Schreiber/Rosenau* S. 109). Der Begriff des Hemmungsvermögens ist bei § 20 Rdn. 79 erläutert. Er bedeutet nicht, dass der Täter Hemmungen zu überwinden hatte; dies ist Kennzeichen einer jeden Tat. Maßgebend ist vielmehr, ob ihm auf Grund biologisch-psychologischer Störungen die normgerechte Steuerung seines Verhaltens wesentlich erschwert war, er muss den Tatanreizen wesentlich weniger Widerstand leisten können als ein Durchschnittsbürger (BGH NJW **2009** 1979, 1980; *Streng* MK Rdn. 17). Die Fähigkeit

25 BGHSt **34** 22, 24f, 28f; **35** 76, 78f; **37** 397, 401; **49** 45, 52; BGH StV **1997** 127f; *Kröber* NStZ **1998** 80 f.

26 BGHSt **35** 347 m. Anm. *Herzberg* Jura **1990** 16; **kritisch** *Küper* JZ **1989** 617, 627 f; *Schaffstein* NStZ **1989** 153; *Schumann* NStZ **1990** 32.

27 BGHSt **21** 28; **40** 341, 349 m. Anm. *Kaatsch* BA **1995** 293; BGH NStZ **1989** 430; **1990** 333; **2005** 205, 206; NStZ-RR **2015** 273;StraFo **2005** 207 f.; v. 2.8.2016–2 StR 574/15.

28 BGHSt **21** 27, 28 m. Anm. *Schröder* JZ **1966** 451;**34** 22, 26; **42** 385 389; BGH NStZ **1985** 309; NStZ-RR **2004** 38, 39; *Sch/Schröder/Lenckner/Stree/Kinzig* § 63 Rdn. 13; *Fischer* § 63 Rdn. 11.

zu solcher Steuerung setzt zwar logisch die Feststellung voraus, dass der Täter Unrechtseinsicht hatte;[29] meist ist eine derartige Feststellung aber entbehrlich, weil ein Fehlen der Einsicht nach der Sachlage nicht in Betracht zu ziehen ist. Kein Fall verminderter Steuerungsfähigkeit und überhaupt des § 21 (vielmehr nach § 66 zu beurteilen) ist eine absolute Unempfänglichkeit des Täters für Strafe (**aA** OLG Frankfurt/M. GA **1971** 316).

Beim **Alkoholrausch** geht die Rechtsprechung nach Aufgabe der strengen Regelvermutung für eine erheblich verminderte Steuerungsfähigkeit als „kaum widerlegbare" Folge einer BAK ab 2,0 ‰ (bzw. 2,2 ‰; BGHSt **37** 231) durch BGHSt **43** 66 heute zutreffend davon aus, dass ein gesicherter medizinisch-statistischer Erfahrungssatz über die alleinige Bedeutung der Blutalkoholkonzentration für die Annahme einer Ex- oder Dekulpation nicht existiert.[30] Nach wie vor wird die Blutalkoholkonzentration als gewichtiges Indiz für die erhebliche Herabsetzung des Hemmungsvermögens angesehen, das aber durch psychodiagnostische Kriterien widerlegt werden kann. Diese werden von den verschiedenen Strafsenaten des BGH unterschiedlich gewichtet.[31] Während der 4. Senat (NStZ-RR **1997** 162; **2013** 272) und ihm weitgehend folgend der 2. und 5. Senat[32] daran festhalten, dass bei BAK-Werten von 2 ‰ § 21 ernsthaft in Betracht zu ziehen sei, sofern keine sicheren Anhaltspunkte für eine Verneinung verminderter Steuerungsfähigkeit vorliegen, betonen der 1. Senat und ansatzweise auch der 3. Senat stärker die psychodiagnostische Gesamtbeurteilung.[33] Deshalb kann auch ein niedrigerer BAK-Wert als 2,0 ‰ bei Tatbegehung eine erheblich verminderte Steuerungsfähigkeit begründen, wenn besondere Umstände vorliegen, welche die Tat insgesamt als persönlichkeitsfremd und nicht erklärlich erscheinen lassen (BGH NStZ **2000** 193). 16

Bei Abweichungen von der Regelvermutung nach oben spielt die **Alkoholgewöhnung** die wichtigste Rolle, da bei Gewohnheitstrinkern die Steuerungsfähigkeit in der Regel auch bei BAK-Werten zwischen 2,0 und 3,0 ‰ erhalten bleibt (*Kröber* NStZ **1996** 573; BGH NStZ **2005** 329 f). In Ausnahmefällen wurde sogar bei berechneten Maximalwerten von 3,54 ‰ (BGH NStZ **2002** 532) oder 3,23 ‰ (BGH 11.9.2003–4 StR 139/03) eine erhebliche Verminderung des Steuerungsvermögens ausgeschlossen. Einfache Handlungsabläufe eines alkoholgewohnten Täters genügen aber bei einer BAK von 3,61 ‰ nicht als Indiz für uneingeschränkte Steuerungsfähigkeit (BGH NStZ **2005** 683 f); vielmehr können sich geübte Trinker aufgrund einer mit der Zeit erworbenen Kompensationsfähigkeit im Bereich grobmotorischer Fähigkeiten trotz extrem hoher BAK und aufgehobener Steuerungsfähigkeit äußerlich unauffällig verhalten.[34] Demnach stellt eine tatzeitnah gemessene BAK von mehr als 2 ‰ nach wie vor das wichtigste Indiz für die Verminderung der Steuerungsfähigkeit dar, das nur in Ausnahmefällen durch klare und eindeutige psychodiagnostische Kriterien widerlegt werden kann.[35] 17

## 2. Erheblichkeit

Die Problematik der Bestimmung liegt in einer rational begründbaren und sachgerechten Eingrenzung ihres Anwendungsbereiches. 18

**29** BGH bei Pfeiffer/Maul/Schulte § 51 Anm. 15a; OLG Hamm VRS **43** 347, 349.

**30** Bekräftigt zuletzt durch BGH NJW **2015** 3525, 3526; eingehend dazu § 20 Rdn. 101–105; *Maatz* StV **1998** 279 ff.

**31** BGHSt **43** 66, 76; BGH NStZ **2005** 329, 331; *Lackner/Kühl/Kühl* § Rdn. 3; *Rissing-van Saan* S. 103, 107; *Rönnau* JA **1997** 924.

**32** BGHR StGB § 21 Blutalkoholkonzentration 44; BGH NJW **2015**, 3525; NStZ **2012**, 262; **2015**, 634; NStZ-RR **2016** 103, 104; StraFo **2012**, 109; **2013**, 476.

**33** BGHSt **57** 247, 251 f.; BGH NJW **1998** 3427; NStZ **2000** 193; **2005** 92.

**34** BGH NStZ **2007**, 695; ähnlich auch BGH NStZ **2015** 634; NStZ-RR **2009** 70; **2016** 103, 105; **2018** 136; v. 18.7.2018–1 StR 321/18; v. 23.1.2019–1 StR 448/18; *Fischer* § 20 Rdn. 23a.

**35** BGHR StGB § 21 Blutalkoholkonzentration 44; NJW **2015** 3525, 3526; *Schöch* GA **2006** 372.

19 Mit dem Rechtsbegriff[36] der Erheblichkeit will das Gesetz alle bloßen Varianten der Normalität dem Anwendungsbereich der Vorschrift entziehen; schuldmindernde Abweichungen unterhalb der Erheblichkeitsschwelle verweist es in die Strafzumessung.[37] Als Rechtsfrage ist die Erheblichkeit – ohne Bindung an Äußerungen von Sachverständigen – vom Tatrichter in eigener Verantwortung zu beantworten.[38] Folglich ist die Erheblichkeitsbeurteilung nicht dem Zweifelssatz zugänglich (BGH NStZ-RR **2004** 329 f; NStZ **2005** 149 f).

20 Entscheidend sind die **Anforderungen**, welche die Rechtsordnung **an jedermann** stellt. Diese Anforderungen sind umso höher, je schwerwiegender das in Rede stehende Delikt ist.[39] Eine exaktere Erfassung des Begriffs der Erheblichkeit ist nicht möglich, wenngleich sich Grenzen abstecken lassen. So fallen geistige Beeinträchtigungen, welche bei Kapital-, Trieb- und Hangverbrechern regelmäßig vorliegen, nicht unter § 21 (E 1962 S. 142). Die Rechtsprechung formuliert dahin, dass leichte Hirndefekte, Minimalabweichungen des Verstandes und der Wesensart in der Gruppe der Rechtsbrecher sehr verbreitet seien; das werde vom Gesetz vorausgesetzt und sei für sich genommen unerheblich (BGH NJW **1983** 350; BGH LM StGB § 51 II Nr. 15). Die andere Grenzlinie ist erreicht, wenn die Beeinträchtigung in qualitative Andersartigkeit umschlägt und Schuldunfähigkeit nach § 20 vorliegt. Weitere allgemeine Aussagen erscheinen jedoch bedenklich.

21 Unzutreffend ist jedenfalls der Satz, dass Willensschwäche, Charaktermängel und kriminelle Veranlagung eine erhebliche Verminderung der Schuldfähigkeit nicht zu begründen vermögen. Die Bezeichnung des rechtserheblichen Zustandes als Erschütterung des Persönlichkeitsgefüges (E 1962 S. 139; OLG Hamm NJW **1977** 1498) ist zwar griffig, aber so allgemein, dass in Zweifelsfällen wenig daraus herzuleiten ist. Zu weit geht das Bild, wonach die Abweichung vom normalen seelischen Geschehen so groß sein müsse, dass sie sich der Grenzmarke nähert, bei welcher der Bereich des schlechthin Andersartigen im Sinne des § 20 beginnt.[40] Eine im Einzelnen noch zu konkretisierende Leitlinie bietet immerhin die Formel, dass eine Beeinträchtigung erheblich sein könne, wenn **krankhafte Symptome** in der Persönlichkeit des Täters **führend** geworden sind (*Rasch* StV **1991** 126, 131); „krankhaft" ist dabei als allgemeine Umschreibung für eine Abweichung von der Norm zu verstehen.

22 In dem verbleibenden Rahmen ist eine möglichst gleichmäßige Rechtsanwendung anzustreben (*Salger* FS Tröndle S. 201, 203), die durch vorhandene und zu entwickelnde Merkmalskataloge für die einzelnen Störungen (§ 20 Rdn. 41, 133, 172) gefördert wird. Dabei ist zu beachten, dass im Bereich der Humanwissenschaften nur **Wahrscheinlichkeitsaussagen** möglich sind und die normativen Grenzen nur mit Hilfe von Konventionen festgelegt werden können (*Schöch* MschrKrim. **1983** 338; *Venzlaff/Foerster/Dreßing/Habermeyer/Schreiber/Rosenau* S. 109). Die Erheblichkeit der Störung kann nur über eine quantitative Einschätzung durch den sachverständig beratenen Richter bestimmt werden, der sich bewusst sein muss, dass es hier um eine vergleichende Gewichtung geht und nicht um die Suche nach nicht vorhandenen qualitativen Unterschieden (*Schöch* MschrKrim. **1983** 338).

23 Ausgangspunkt ist – wie bei § 20 – die sorgfältige Erforschung der inneren Befindlichkeit des Täters im Zeitpunkt der Tat und die Heranziehung vorhandenen Erfahrungswissens darüber, wie sich andere in der Situation des Täters verhalten (§ 20 Rdn. 45). Dazu hat der Tatrichter in einer – bereits für das voluntative Vorsatzelement relevanten (BGH StV **2012** 663) – Gesamtbetrachtung auch die Persönlichkeit des Angeklagten und dessen Entwicklung zu bewerten, wobei

36 BGHSt **8** 113, 124; **43** 66, 77; *Fischer* Rdn. 7; *Sch/Schröder/Perron/Weißer* Rdn. 5; *Theune* NStZ **1997** 59; *Maatz* StV **1998** 183.

37 BGH NStZ **1984** 259; BGH StV **1983** 148; *Roxin/Greco* AT I § 20 Rdn. 34.

38 BGHSt **49** 45, 53; BGH NStZ **2007** 639, 640; NStZ-RR **2010** 73, 74; **2011**, 4; **2017** 37 m. w. N.; *Nack* GA **2009** 201, 205.

39 BGHSt **49** 45, 53; BGH NJW **2014** 3382, 3384; NStZ **2005** 149 f; **2009** 258, 259; NStZ-RR **2017** 37, 38; *Nack* GA **2009** 201, 205.

40 So *Lenckner* Hdb. d. forens. Psychiatrie Bd. I S. 125; ähnlich *Roxin/Greco* AT I § 20 Rdn. 34; *Jakobs* AT 18/29.

Vorgeschichte, unmittelbarer Anlass und Ausführung der Tat sowie das Verhalten danach von Bedeutung sind (BGH wistra **2016**, 357). Ergibt der (bereits normativ geprägte) Vergleich eine **Abweichung** des Täters **vom Normalbild**, so ist die rein normative Frage anzuschließen, ob die Abweichung als erheblich anzuerkennen ist. Sie lautet nicht wie bei § 20, ob dem Täter die Vermeidung der Tat angesonnen werden konnte und musste – das ist bei nur verminderter Steuerungsfähigkeit stets der Fall. Sie geht vielmehr dahin, ob dem Täter auf Grund seines Zustands die Normbefolgung so wesentlich erschwert war, dass die Rechtsordnung diesen Umstand bei der Durchsetzung ihrer Verhaltenserwartungen nicht übergehen darf (vgl. BGHSt **53** 221, 223).

Von der Art und der Stärke der Störung ist auf die Minderung des Hemmungsvermögens zu schließen. „Entscheidend sind die Anforderungen, die die Rechtsordnung an jedermann stellt. Diese sind umso höher, je schwerer das in Rede stehende Delikt ist".[41] Auch hier ist zu beachten, dass vor schweren Gewalttaten, insbesondere Delikten gegen das Leben, eine höhere **Hemmschwelle** liegt als vor anderen Rechtsverstößen; das Urteil über die Steuerungsfähigkeit ist immer auf den konkret verwirklichten Tatbestand zu beziehen (§ 20 Rdn. 184 f). 24

Gewisse Vorentscheidungen fallen hierbei schon durch die Einordnung einer Bewusstseinsstörung als tiefgreifend und einer Abartigkeit als schwer (§ 20 Rdn. 76). Verfehlt ist die vereinzelt in der Rechtsprechung auftauchende Annahme, die schwere seelische Abartigkeit führe – wenn sie nicht die Schuldfähigkeit ausschließe – regelmäßig zu einer erheblich verminderten Steuerungsfähigkeit.[42] Vielmehr ist die Verneinung der Erheblichkeit einer schweren seelischen Abartigkeit durch den Tatrichter besonders **begründungsbedürftig**.[43] Hierbei ist – wie bereits dargelegt (§ 20 Rdn. 174 f) – zu berücksichtigen, dass die für klinische Zwecke entwickelte relativ weite Konzeption der Persönlichkeitsstörung nach ICD-10 (Kategorie F6; *Dilling/Mombour/Schmidt/Schulte-Markwort* S. 149 ff) und DSM-IV-TR (*Saß/Wittchen/Zaudig/Houben* S. 743 ff) einer Anpassung an forensische Bedürfnisse bedarf, um nicht zu einer schrankenlosen Ausweitung des § 21 zu gelangen. Ähnliches gilt für die Abhängigkeiten von psychotropen Substanzen und die sexuellen Deviationen, die neben den Persönlichkeitsstörungen zu den am häufigsten zu begutachtenden Störungen gehören (*Winckler/Foerster* NStZ **1997** 335). Neben den sachbedingten Unschärfen bei der Diagnostik dieser Störungen kommt es bei der Schwerebeurteilung zu Einschätzungen, die nicht unerheblich von subjektiven Positionen des Sachverständigen abhängen können. Die Eigenständigkeit des „zweiten Stockwerks" gebietet es, die strengen normativen Anforderungen an die Beeinträchtigung der Steuerungsfähigkeit gemäß § 21 StGB besonders beim 4. Eingangsmerkmal zu betonen (vgl. BGH NStZ **1991** 31; *Winckler/Foerster* NStZ **1997** 334 f). In Grenzfällen[44] – nicht bei eindeutiger Feststellung – sollte die normativ geprägte (s. § 20 Rdn. 46 ff) erhebliche Verminderung der Steuerungsfähigkeit im Wege rechtsfolgenorientierter teleologischer Reduktion verneint werden, wenn die Therapieprognose für das psychiatrische Krankenhaus nicht günstiger ist als für den Strafvollzug (*Schöch* Nervenarzt **2005** 1387 f; s. o. § 20 Rdn. 175). Ansätze hierzu finden sich in einer Entscheidung des 4. Strafsenats des BGH vom 4.1.2005, in der für die Diagnose „Persönlichkeitsstörung" eine restiktive Anwendung der §§ 21, 63 StGB verlangt wird (BGH 4 StR 592/ 04, NStZ-RR **2005** 331 f bei *Theune*). 25

Hat der Täter seinen Defektzustand schuldhaft herbeigeführt (z. B. durch Berauschung trotz vorhersehbarer Straftaten oder mitverschuldeten Affekt), ohne dass die Voraussetzungen der vorsätzlichen actio libera in causa vorliegen (dazu Rdn. 33 ff), so schließt dies nach h. M. 26

---

**41** BGH NStZ-RR **2004** 329, 330; ähnlich BGH StV **2004** 263; *Boetticher et al.* NStZ **2005** 61 f; vgl. auch *Roxin/Greco* AT I § 20 Rdn. 34.

**42** BGH NStZ **1996** 380 m. **krit.** Anm. von *Winckler/Foerster* NStZ **1997** 334; zurückhaltender BGHSt **37** 397, 400 ff; BGH NStZ **1997** 485; BGHR StGB § 20 seelische Abartigkeit 20.

**43** BGH NStZ-RR **2017** 37, 38; ähnlich *Boetticher et al.* NStZ **2005** 58.

**44** Zum Überlappungsbereich zwischen Persönlichkeitsstörungen und Soziopathie *Kröber/Albrecht/Kröber* S. 60 f, 63; *Saß* Psychopathie Soziopathie Dissozialität (1987).

die Verminderung der Schuldfähigkeit nicht aus, sondern ist beim möglichen Verzicht auf die fakultative Strafmilderung zu beachten.[45] Die Gegenauffassung (*Jähnke* LK[11] Rdn. 12), die sich auf einen Wertungsvergleich mit § 213 stützt, überzeugt nicht, da es in § 213 nicht um eine Änderung der Schuldfähigkeit, sondern nur darum geht, dass der verschuldete Affekt die vertypte Strafzumessungsregel[46] des Totschlags in einem minder schweren Fall beseitigt. Es ist daher sachgerecht, dass eine durch biologisch-psychologische Defekte reduzierte Schuld nicht erst bei der allgemeinen Strafzumessung berücksichtigt wird, sondern zu einer **neuen Schuldbewertung** – unter Berücksichtigung des Vorverschuldens – führt, für die das Gesetz die fakultative Strafrahmenmilderung nach §§ 21, 49 vorsieht (ähnlich *Sch/Schröder/Perron/Weißer* Rdn. 21).

### 3. Abstufungen der Beeinträchtigung. Verhältnis zu § 213

27 Bei einer erheblichen Verminderung der Schuldfähigkeit sind innerhalb dieses Rahmens weitere Abstufungen nach dem Schweregrad der psychischen Störung geboten, um dem Maß der Einschränkung der Handlungskompetenz des Täters gerecht zu werden.[47] Auch unterschiedliche Affektgrade oder Ausprägungen von Persönlichkeitsstörungen ermöglichen strafzumessungsrechtlich relevante Differenzierungen.[48] Eine Differenzierung nach dem Grad der Alkoholisierung bei einer BAK zwischen 2 ‰ und 3 ‰ wäre allerdings willkürlich, weil die individuellen Wirkungen des Rausches einer subtileren Unterscheidung als über das Raster, welches die Rechtsprechung anlegt (§ 20 Rdn. 95 ff; § 21 Rdn. 16), nicht zugänglich sind. Sinnvoll sind aber Abstufungen nach der Schwere des Rausches an Hand psychodiagnostischer und psychopathologischer Kriterien.

28 Generell ist es nicht ausgeschlossen, graduelle Steigerungen oder Abschwächungen innerhalb des § 21 bei der Strafzumessung innerhalb des milderen Strafrahmens **erneut** zu berücksichtigen; soweit Unterschiede feststellbar sind, ist dies im Hinblick auf die gesetzlich vorgeschriebene schuldangemessene Bestrafung (§ 46 Abs. 1 S. 1) sogar geboten.[49]

29 In diesem Sinne hat die Rechtsprechung ausdrücklich klargestellt, dass es nicht gegen das Doppelverwertungsverbot des § 46 Abs. 3 verstößt, wenn innerhalb des nach § 49 gemilderten Strafrahmens noch einmal Ausprägungsgrade einzelner Umstände bei der Strafzumessung berücksichtigt werden, die bereits zur Annahme eines vertypten Strafmilderungsgrundes geführt haben, z. B. der Verschuldensgrad bei der Minderung der Schuldfähigkeit infolge von Alkoholgenuss (BGHSt **26** 311 f) oder beim Versuch, ob das Versuchsstadium mehr oder weniger nahe der Vollendung liegt (BGHSt **16** 351, 354; **26** 311 f).[50]

30 Deshalb ist es auch konsequent, dass die h. M. eine **Doppelmilderung** nach §§ 21, 49 und nach § 213 grds. zulässt, wenn die Voraussetzungen des § 213 1. Alt. vorliegen, der Affekt aber

---

**45** BGHSt **35** 143, 147; **43**, 66, 77 f; **53** 31, 32; BGH NStZ **1984** 118; *Frisch* ZStW **101** (1989) 538, 605; *Krümpelmann* ZStW **88** (1976) 6, 39; R & P **1990** 150, 154; *Salger* FS Tröndle 201, 213, 215; *Streng* MK Rdn. 23 m. w. N.

**46** H. M.: *Lackner/Kühl/Kühl* § 213 Rdn. 1; *Neumann/Saliger* NK § 213 Rdn. 3; *Schneider* NStZ **2001**, 455; *Schneider* MK § 213 Rdn 1.

**47** *Schöch* MschrKrim. **1983** 333, 337, 339; *Jakobs* AT 18/30; *Venzlaff/Foerster/Dreßing/Habermeyer/Schreiber/Rosenau* S. 111 f.; *Lackner/Kühl/Kühl* Rdn. 5; BGH NStZ **1984** 548; ansatzweise in diesem Sinne auch BGHSt **7** 28, 31; BGH StV **1981** 237; NStZ **1984** 548; **zweifelnd** BGHR StGB § 21 Strafrahmenverschiebung 2, 17; *Sch/Schröder/Perron/Weißer* Rdn. 23; *Haffke* R & P 1991, 100; **aA** *Jähnke* LK[11] Rdn. 11; *Salger* FS Tröndle 215.

**48** **AA** *Janzarik* Hdb. d. forens. Psychiatrie Bd. I S. 651; *Langelüddeke/Bresser* S. 257; *Salger* FS Tröndle 201, 215; *Witter* FS Lange 703, 731.

**49** Konsequent *Jakobs* AT 18/30, der bei sehr starker Beeinträchtigung neben § 49 Abs. 1 sogar Strafmilderung nach § 49 Abs. 2 zulassen will.

**50** Relevant wird der Ausprägungsgrad auch in den Fällen der Komorbidität (§ 20 Rdn. 72); vgl. BayObLG VRS **67** 219 für das Zusammentreffen von jeweils für sich für § 21 ausreichender Gehirnschädigung und Alkoholwirkung.

die für diese Bestimmung genügende Stärke übersteigt.[51] § 50 steht nicht entgegen, weil der Schuldminderungsgrund des § 213 den des § 21 nicht notwendig einschließt. Gleichwohl kann der Tatrichter aber auch eine weitere Milderung mit der Erwägung versagen, dass „beide[n] Milderungsgründe auf dieselbe Wurzel zurückzuführen sind".[52]

In den meisten **Tötungsfällen** wird die verminderte Schuldfähigkeit nur zu einem sonst 31
minder schweren Fall gem. § 213 2. Alt. führen, weshalb kein Raum für eine Doppelmilderung bleibt.[53] In diesen Fällen lässt die Rechtsprechung dem Richter die Wahl zwischen drei verschiedenen Strafrahmen: aus § 212 bei Verzicht auf jede Strafmilderung, aus der vertypten Strafrahmenmilderung gem. §§ 212, 21, 49 und aus dem Strafrahmen des § 213.[54]

Verfehlt ist es, der erheblichen Verminderung der Steuerungsfähigkeit ein anderes Gewicht 32
als einer Beeinträchtigung der Einsichtsfähigkeit beizulegen.[55] Schlechthin unzulässig ist eine unterschiedliche Würdigung einer feststehenden und einer lediglich nach dem Zweifelssatz anzunehmenden Verminderung des Hemmungsvermögens.[56]

## V. Actio libera in causa

### 1. Geltung im Rahmen des § 21

Nach h. M. ist die Rechtsfigur der actio libera in causa auch bei bloß verminderter Schuldfähig- 33
keit anwendbar mit der Folge, dass eine Schuldmilderung nach § 21 nicht in Betracht kommt, weil den Täter ebenfalls eine vorverlagerte Schuld trifft, der vorsätzlich nach dem Tatentschluss nicht seine Schuldunfähigkeit herbeiführt, sondern lediglich vermindert schuldfähig wird oder gegen den in gleichem Maße wie bei § 20 ein Fahrlässigkeitsvorwurf zu erheben ist (§ 20 Rdn. 206).[57] Dass jemand, der im Wirtshaus den Tatzeitpunkt erwartet, versehentlich oder zufällig die Grenzmarke der Schuldunfähigkeit knapp verfehlt, kann für die rechtliche Bewertung seiner Schuld keinen Unterschied begründen. Dogmatische Begründungsprobleme haben insoweit die Anhänger der „Tatbestandslösung", die im Sichberauschen bereits den Beginn des Versuchs der sodann verübten Tat erblicken (§ 20 Rdn. 198). Sie räumen ein, dass für eine Vorverlegung des Versuchsbeginns im Falle des § 21, in dem ein schuldfähiger Täter die eigentliche Ausführungshandlung begeht, kein Raum ist.[58] Sie lehnen daher im Rahmen des § 21 die Anwendung der actio libera in causa ab und wollen dem Täter lediglich die nach § 21 mögliche Strafrahmenmilderung versagen.[59]

Diese **Strafzumesssungslösung** umgeht zwar die strafrechtsdogmatischen Begründungs- 34
probleme, wird aber der Sachfrage nicht gerecht. Wenn es dem Täter nach der Rechtsfigur der actio libera in causa verwehrt ist, Schuldunfähigkeit bei der Tat geltend zu machen, dann muss dies erst recht für die nur verminderte Schuldfähigkeit gelten. In beiden Fällen verwirklicht er in voller Schuld alle Elemente der Straftat und haftet dafür, weil eine Berufung auf Ex- oder

---

**51** BGH JZ **1983** 400 m. Anm. *Schmitt;* NStZ **2009** 91, 92; **2011** 339, 340; **2013** 341; NStZ-RR **2004** 105; StraFo **2012** 24; *Fischer* § 213 Rdn. 17; *Lackner/Kühl/Kühl* § 213 Rdn. 10; *Maurach/Schröder/Maiwald* BT 1 § 2 IV Rdn. 58; **aA** für den Fall, dass der provokationsbedingte Affekt zugleich zur verminderten Steuerungsfähigkeit gemäß § 21 führt: *Jähnke* LK[11] Rdn. 12; *Blau* FS Tröndle 109, 116, 120.

**52** So angedeutet in BGH NStZ **2009** 91, 92; **2011** 339, 340; **2013** 341; deutlicher noch *Schneider* NStZ **2001** 455, 457.

**53** BGHR StGB § 50 Mehrfachmilderung 2; BGH MDR **1985** 947.

**54** BGHSt **21** 59; BGH NStZ **1984** 118; **1993** 278; *Fischer* § 213 Rdn. 18 ff; **kritisch** *Schneider* NStZ **2001** 455, 459 f.

**55** BGH NStZ **1985** 357; **1989** 18; StV **1990** 62.

**56** BGH NStZ **1989** 18; **1996** 328; **2014** 510, 511; StV **1999** 490.

**57** BGHSt **21** 381, 382; **34** 29, 33; BGH NStZ **1999** 448; **2000** 584; **2003** 535; **2005** 384; *Bruns* Strafzumessungsrecht S. 531; *Fischer* Rdn. 16; *Lackner/Kühl/Kühl* Rdn. 6; *Rautenberg* S. 164; *Sch/Schröder /Perron/Weißer* Rdn. 11; s. ferner § 20 Rdn. 62 mit Fn. 114; **aA** *Landgraf* S. 132; *Salger* FS Tröndle 201, 216; *Roxin* FS Lackner 307, 322; AT I § 20 Rdn. 69.

**58** *Puppe* JuS **1980** 346, 349; *Roxin* FS Lackner 307, 322; *Roxin/Greco* AT I § 20 Rdn. 69; *Rudolphi* SK[7] Rdn. 4a.

**59** So BGH NStZ **1984** 118; *Salger* FS Tröndle 201, 216; *Roxin/Greco* AT I § 20 Rdn. 69; *Rudolphi* SK[7] Rdn. 4a.

Dekulpation bei entsprechender Planung oder Nachlässigkeit rechtsmissbräuchlich wäre (vgl. *Otto* Grundkurs AT § 13 Rdn. 26). Im Rahmen des § 21 bestehen auch keine Bedenken, die actio libera in causa auf ein anderes Begründungsmodell als die Tatbestandslösung zu stützen (s. § 20 Rdn. 199). Da es in § 21 nicht um Schuldbegründung, sondern um eine fakultative Strafrahmenmilderung geht, kann ohne Verstoß gegen Art. 103 Abs. 2 GG auf diese traditionelle Rechtsfigur zurückgegriffen werden (*Sch/Schröder/Perron/Weißer* Rdn. 11). Im Falle der actio libera in causa scheidet die Anwendung des § 21 deshalb unter denselben Voraussetzungen aus wie die des § 20 (s. im Einzelnen § 20 Rdn. 199 ff).

## 2. Einzelheiten

35 Auch die Folgen sind dieselben, jedoch mit einer Ausnahme. Hat der Täter bei der (vorsätzlichen oder fahrlässigen) Herbeiführung des Defektzustandes fahrlässig nicht bedacht, dass er in diesem Zustand eine bestimmte Vorsatztat begehen werde, so ist dies – anders als im Falle des § 20 – kein Fall der fahrlässigen actio libera in causa, sondern der Täter wird wegen vorsätzlich begangener Tat bestraft. Denn der lediglich im Zustand des § 21 Handelnde ist schuldfähig; es kommt bei ihm auf Vorsatz und Schuld im Zeitpunkt der Ausführungshandlung an (*Sch/Schröder/Perron/Weißer* Rdn. 11; *Fischer* Rdn. 16). Das zieht zwar auch die grundsätzliche Anwendbarkeit der Strafrahmenmilderung nach §§ 21, 49 nach sich,[60] weil die Sachlage im subjektiven Bereich anders nicht erfassbar ist. Aber der Fahrlässigkeitsvorwurf gibt dem Richter die Befugnis, von der Strafrahmenmilderung des § 49 im Einzelfall abzusehen.[61] Die vorausgegangene Fahrlässigkeit wäre darüber hinaus regelmäßig ein für die Verurteilung wegen fahrlässiger Straftat genügender tatbestandsmäßiger Sorgfaltsverstoß. Daher darf in diesen Fällen bei der Strafbemessung der für die entsprechende Fahrlässigkeitstat vorgesehene Strafrahmen nicht unterschritten werden.[62]

36 Ist § 21 ohne Rücksicht auf die vorwerfbare Herbeiführung seiner Voraussetzungen aus anderen Gründen anwendbar (der in Fahrbereitschaft trinkende Täter ist Hirnverletzter), so hat es dabei sein Bewenden.[63]

37 Die Grundsätze der actio libera in causa gelten selbstverständlich nicht, soweit der Täter bereits im Zeitpunkt des Ingangsetzens des Geschehensablaufs in seiner Schuldfähigkeit erheblich vermindert ist (BayObLG VRS **67** 219, 221; OLG Hamm NJW **1974** 614). Doch kann sich der vermindert Schuldfähige in den Zustand des § 20 versetzen und in dieser Weise haftbar sein (§ 20 Rdn. 198 ff).

# VI. Strafrahmenwahl

## 1. Wahlmöglichkeiten

38 Die Vorschrift eröffnet dem Richter die Möglichkeit, den Regelstrafrahmen des verwirklichten Tatbestandes gemäß § 49 Abs. 1 zu mildern. Statt dessen und über den Gesetzeswortlaut hinaus ist der Richter aber auch befugt, verminderte Schuldfähigkeit des Täters durch die Annahme eines minder schweren Falles zu berücksichtigen,[64] sofern der gesetzliche Tatbestand eine Straf-

---

**60** BGH StV **1993** 356; NStZ **2005** 384; OLG Hamm DAR **1972** 133; OLG Koblenz VRS **51** 201.
**61** *Sch/Schröder/Perron/Weißer* Rdn. 11; *Fischer* Rdn. 16; *Streng* MK Rdn. 30; s. u. Rdn. 49.
**62** *Rudolphi* SK[7] Rdn. 4a; *Sch/Schröder/Perron/Weißer* Rdn. 11; *Streng* MK Rdn. 30.
**63** BayObLG VRS **67** 219; *Sch/Schröder/Perron/Weißer* Rdn. 11; s. auch BayObLG NJW **1968** 2299.
**64** E 1962 S. 187; BGHSt **16** 360; **27** 298; BGH StV **1982** 113; **1997** 521; NStZ **1984** 262; **1986** 117; **1997** 145; *Fischer* Rdn. 19; *Lackner/Kühl/Kühl* § 50 Rdn. 2; *Sch/Schröder/Stree/Kinzig* § 50 Rdn. 3; **aA** *Timpe* JR **1986** 77.

milderung für solche Fälle vorsieht.[65] Ebenso gestattet § 21 bei Sachverhalten, welche an sich die Voraussetzungen eines besonders schweren Falles erfüllen, auf den Regelstrafrahmen zurückzugehen[66] oder den durch Regelbeispiele für besonders schwere Fälle gebildeten Sonderstrafrahmen nach §§ 21, 49 herabzusetzen.[67] Die Wahlmöglichkeiten wirken sich besonders stark bei §§ 212, 213 (Rdn. 30 f) und bei § 250 aus, weil die Strafrahmen dieser Bestimmungen in sich nicht spannungsfrei sind.

Streitig ist jedoch, ob der Richter wegen des Vorliegens der Voraussetzungen des § 21 stets einen milderen Strafrahmen wählen muss und ob er unter mehreren verfügbaren den dem Täter günstigsten heranzuziehen hat. Beides ist zu verneinen (Rdn. 40, 64 f). 39

## 2. Fakultative Strafrahmenmilderung

Problematisch ist, dass nach dem Wortlaut des Gesetzes der Richter die Strafe nur gemäß § 49 Abs. 1 StGB mildern kann, dies jedoch nicht muss. Es ist umstritten, ob diese bloße „Kann-Milderung" mit dem – auch verfassungsrechtlich verankerten – Schuldprinzip zu vereinbaren ist. Eine dem Gesetzeswortlaut und der Entstehungsgeschichte (E 1962 S. 142) widersprechende Umdeutung in eine zwingende Vorschrift (so § 22 AE-StGB) würde voraussetzen, dass verminderte Schuldfähigkeit stets so stark verminderte Schuld ist, dass eine Versagung der Rahmenmilderung das Schuldprinzip missachtet.[68] Das ist jedoch – wie auch das Bundesverfassungsgericht festgestellt hat – nicht der Fall.[69] Als zwingend müsste die Milderung auf Grund des Schuldprinzips nur gelten, wenn der im Normalrahmen gewährte Spielraum stets oder regelmäßig nicht ausreicht, um die Schuld zutreffend zu erfassen. Ein solcher Nachweis ist nicht zu führen. 40

Dies gilt selbst in Fällen der absoluten Strafe, wo die Versagung der Strafmilderung, wie im Fall des § 211, zur Verhängung der **lebenslangen Freiheitsstrafe** führt.[70] Es ist verfassungsrechtlich nicht zu beanstanden, „den Schuldgehalt einer Tat nicht allein nach dem Grad der Schuldfähigkeit des Täters zu bestimmen, sondern nach den Gesamtumständen, welche die Tat unter dem Gesichtspunkt der Schuld mehr oder minder leicht oder schwer erscheinen lassen" (BVerfGE **50** 10 f). Die gegenteilige Auffassung[71] berücksichtigt nicht hinreichend, dass der Gesetzgeber inzwischen in § 57a zum Ausdruck bringt, dass der lebenslangen Freiheitsstrafe verschiedene Schuldschweregrade zugrunde liegen können, die vom Schwurgericht nach Maßgabe der individuellen Schuld festgestellt werden müssen (BVerfGE **86** 288, 317 ff) und die sich in unterschiedlicher Dauer des Vollzugs auswirken. Verminderte Schuldfähigkeit wird in aller Regel – allerdings nicht zwingend – dazu führen, dass die sonst vorliegende „besondere Schwere der Schuld" gem. § 57a verneint wird (*Streng* MK Rdn. 38). Insbesondere in den Fällen selbstverschuldeter Trunkenheit lässt die neuere Rechtsprechung trotz erheblich verminderter Steuerungsfähigkeit die Annahme besonders schwerer Schuld zu (BGH NStZ **2005** 88). 41

Der Rahmen der von der lebenslangen Freiheitsstrafe umfassten Schuldgrade ist also so weit gespannt, dass auch Taten nach § 21 StGB darunter fallen können, wenn straferhöhende 42

---

**65** Noch weiter gehend – stets Rahmen des § 49 Abs. 2 – *Jakobs* AT 18/30; *Timpe* JR **1986** 77.

**66** BGH NStZ **1983** 268; **1986** 368; NJW **1986** 1699, 1700; vgl. auch BGHSt **33** 92 m. Bespr. *Frisch* JR **1986** 89, der eine Kombination der gemilderten Strafrahmen befürwortet; **aA** *Schäfer* JR **1986** 523; *Sch/Schröder/Stree/Kinzig* § 50 Rdn. 7.

**67** *Sch/Schröder/Stree/Kinzig* § 50 Rdn. 7; vgl. BGHSt **33** 370, 377 m. Anm. *Schäfer* JR **1986** 522.

**68** So *Haffke* R & P **1991** 94, 99; *Kotsalis* FS Baumann 33, 42; *Rautenberg* S. 188 (m. Ausnahme Rausch); *Rudolphi* SK[7] Rdn. 5; *Sch/Schröder/Perron/Weißer* Rdn. 14, 19, 21; *Stratenwerth/Kuhlen* AT § 10 Rdn. 42; *Wolfslast* JA **1981** 464, 470.

**69** BVerfGE **50** 5; BGHSt **7** 28; BGH NJW **1993** 2544; NStZ **1997** 592; **2004** 619; *Bruns* Strafzumessungsrecht S. 512; *Jescheck/Weigend* AT § 40 IV 2; *Roxin/Greco* AT I § 20 Rdn. 37 ff; einschränkend *Jakobs* AT 18/34.

**70** BGHSt **7** 28 f; **49** 239, 247 f; BGH StV **1993** 355; NStZ **1985** 164; **1994** 183.

**71** *Roxin/Greco* AT I § 20 Rdn. 44; *Lenckner* Hdb. d. forens. Psychiatrie Bd. I S. 133; *Jakobs* AT S. 538 f.; *Venzlaff/Foerster/Dreßing/Habermeyer/Schreiber/Rosenau* S. 111.

Umstände hinzutreten. Deshalb entspricht es der gesetzlichen Konzeption der lebenslangen Freiheitsstrafe, das Gewicht der Schuldminderung im Verhältnis zu den schulderschwerenden Umständen im Einzelfall zu bestimmen und danach die Entscheidung zu treffen, ob eine Rahmenänderung nach § 49 Abs. 1 geboten ist oder nicht. Allerdings müssen aufgrund der absoluten Strafandrohung **besonders erschwerende Umstände** vorliegen, um die mit den Voraussetzungen des § 21 StGB verbundene Schuldminderung so auszugleichen, dass die gesetzliche Höchststrafe verhängt werden darf.[72]

### 3. Versagungsgründe

43 Im Übrigen ist wegen der gebotenen verfassungskonformen Orientierung am Schuldprinzip eine restriktive Handhabung des richterlichen Ermessens erforderlich, die den Milderungsverzicht auf seltene Ausnahmen beschränkt.[73] Da das Gesetz eine erhebliche Verminderung der Schuldfähigkeit verlangt, muss der Tatsache Rechnung getragen werden, dass auch eine erheblich verringerte Schuld des Täters vorliegt (*Venzlaff/Foerster/Dreßing/Habermeyer/Schreiber/Rosenau* S. 110).[74] Das Ausmaß der Änderung des Strafrahmens in § 49 Abs. 1 zeigt, dass der Gesetzgeber die Verringerung als im Allgemeinen beträchtlich ansieht. An ein Absehen von Milderung sind umso höhere Anforderungen zu stellen, je mehr sich der gemilderte Strafrahmen von dem nicht gemilderten unterscheidet (*Satzger/Schluckebier/Widmaier/Kaspar* Rdn. 18; vgl. auch *Sch/Schröder/Perron/Weißer* § 21 Rn. 14 m. w. N.).

44 Die Strafmilderung nach § 21 StGB darf keinesfalls aus schuldfremden – also insbesondere aus spezial- oder generalpräventiven – Gründen versagt werden, obwohl das Bedürfnis nach einer spezialpräventiven Sicherungsstrafe beim Erlass des Gewohnheitsverbrechergesetzes vom 24.11.1933 maßgeblich für die Einführung der bloßen Kann-Milderung in § 51 Abs. 2, dem Vorläufer des heutigen § 21, war.[75] Nach heutigem Verständnis der Schuldstrafe dürfen **präventive Strafzwecke** nur innerhalb des Spielraums zwischen schon schuldangemessener und noch schuldangemessener Strafe berücksichtigt werden (BGHSt **7** 28, 32; **20** 264, 267). Für darüber hinausgehende spezialpräventive Bedürfnisse stehen Maßregeln der Besserung und Sicherung nach §§ 63 ff StGB zur Verfügung. Eine Strafmilderung nach § 21 StGB darf auch nicht mit der Begründung versagt werden, dass der Täter eine geringere Strafempfindlichkeit aufweise, wie es zum Teil für Schwachsinnige oder Psychopathen angenommen wird.[76]

45 Die Versagung der Strafmilderung darf auch nicht damit begründet werden, dass eine Verminderung der Schuldfähigkeit nicht positiv festgestellt werden konnte (BGH StV **1984** 464; NStZ **1989** 18; NStZ-RR **2000** 166 f). Wenn wegen **Nicht-Aufklärbarkeit** der den Befund betreffenden Tatsachen zweifelhaft bleibt, ob der Täter zur Zeit der Tat voll oder vermindert schuldfähig war, so ist § 49 Abs. 1 anzuwenden (BGHSt **8** 113, 124; BGH StV **1984** 69). Kann dagegen nicht festgestellt werden, ob der Täter schuldunfähig oder vermindert schuldfähig war, so gilt § 20 StGB. Im ersten Fall sind jedoch die Regeln der actio libera in causa, im zweiten Fall ist § 323a StGB zu beachten (vgl. *Sch/Schröder/Perron/Weißer* Rdn. 12; BGH NJW **1992** 1519).

---

**72** BGH NStZ-RR **1995** 295; BGHR § 21 Strafrahmenverschiebung 7, 8, 12, 18, 25; BGH v. 30.9.2008–5 StR 305/08; *Streng* MK Rdn. 37.

**73** BGHSt 7 29; BGH NJW **1981** 1221; **1993** 2544; StV **1994** 608; NStZ-RR **2010**, 336; gegen Regelmilderung *Foth* FS Salger 31, 37.

**74** In diesem Sinne auch RGSt **69** 314, 317; BGHSt **7** 28, 30; BGHR StGB § 21 Strafrahmenverschiebung 3, 9, 14, 18, 21; v. 22.5.2019–1 StR 651/18; *Montenbruck* Strafrahmen und Strafzumessung (1983) S. 128.

**75** Vgl. *Roxin/Greco* AT I § 20 Rdn. 38 m. w. N.; *Venzlaff/Foerster/Dreßing/Habermeyer/Schreiber/Rosenau* S. 110.

**76** Zutreffend *Roxin/Greco* AT I § 20 Rn. 39; **anders** noch die ältere Rechtsprechung BGHSt **7** 28 31; BGH MDR **1953** 147.

**a) Gesamtwürdigung.** Streitig ist jedoch, welche Umstände bei der Entscheidung zu berücksichtigen sind. Ein Teil des Schrifttums will nur auf den Schuldminderungsgrund bezogene Gesichtspunkte heranziehen. Wie beim Versuch die mehr oder minder große Nähe zur Vollendung von Bedeutung ist, sollen im Rahmen der verminderten Schuldfähigkeit nur mit dieser zusammenhängende Umstände eine Versagung der Strafrahmenmilderung rechtfertigen.[77] Die Rechtsprechung und die wohl überwiegende Literatur verlangen hingegen eine Gesamtwürdigung aller Umstände in der Tat und der Person des Täters.[78] Das ist zutreffend, weil eine Beeinträchtigung nach §§ 20, 21 immer auf den einzelnen Rechtsverstoß in seiner konkreten Gestalt bezogen ist (§ 20 Rdn. 76 ff, 184 ff) und sich von dessen Umständen ebenso wenig trennen lässt wie von der Person des Täters. Außerdem entspricht dies der allgemeinen Strafzumessungsregel des § 46 Abs. 2 S. 1, nach der die gesamten tat- und täterbezogenen Umstände, die für und gegen den Täter sprechen, gegeneinander abzuwägen sind (*Roxin/Greco* AT I § 20 Rdn. 41). Bei der gebotenen restriktiven, am Schuldgrundsatz orientierten Interpretation der „Kann-Milderung" kommen nach der Rechtsprechung und der überwiegenden Meinung in der Literatur nur zwei Fallgruppen für die Versagung der Strafmilderung in Betracht: der Ausgleich der erheblich verminderten Schuldfähigkeit durch andere schulderhöhende Umstände (Rdn. 47 f) und die selbstverschuldete Einschränkung der Schuldfähigkeit (Rdn. 49 ff), die besonders häufig bei Straftaten unter Alkoholeinfluss, aber auch bei Affekttaten vorkommt (*Roxin/Greco* AT I § 20 Rdn. 40; *Venzlaff/Foerster/Dreßing/Habermeyer/Schreiber/Rosenau* S. 111). 46

**b) Tatmodalitäten.** Schulderhöhende Umstände, welche im Rahmen der Gesamtwürdigung die an sich gebotene Milderung kompensieren können, ergeben sich zunächst aus der Tat selbst. Besondere Grausamkeit und Brutalität, die Tötung mehrerer Opfer oder die Verletzung mehrerer Strafgesetze sind Strafzumessungstatsachen, die sich zu Lasten des Täters bereits bei der Strafrahmenwahl auswirken können, ebenso geplante Elemente der Heimtücke beim Totschlag (BGHR StGB § 21 BAK), gesteigerte verbrecherische Energie oder besondere Rücksichtslosigkeit bei der Tatausführung.[79] Ihre schulderhöhende Bedeutung ist jeweils im Einzelfall zu bestimmen. 47

Sind die besonderen Tatmodalitäten gerade auf den Zustand zurückzuführen, der die verminderte Schuldfähigkeit begründet hat, dann dürfen sie dem Täter nicht in vollem Umfang angelastet werden. Zwar ist ihre Berücksichtigung nicht ausgeschlossen, weil der Täter schuldfähig und für seine Tat in ihrer konkreten Ausführung verantwortlich ist. Aber sie sind in ihrem Gewicht angesichts der geistigen Beeinträchtigung des Täters gemindert.[80] Das ist nur anders, wenn die Herbeiführung dieses Zustandes ihrerseits Ausdruck erhöhter Schuld ist, wie die Alkoholaufnahme trotz Kenntnis der eigenen Neigung zu alkoholbedingten Ausschreitungen.[81] 48

**c) Vorverschulden.** In der zweiten Fallgruppe geht es um das Vorverschulden des Täters, insbesondere beim selbstverschuldeten Alkohol- oder Drogenrausch in den Fällen, in denen die 49

---

**77** *Dreher* JZ **1968** 209, 213; *Frisch* ZStW **101** (1989) 538, 605; *Frisch/Bergmann* JZ **1990** 944, 949; *Horn* GedS Armin Kaufmann 573, 587; *ders.* SK[7] § 46 Rdn. 68d; *Lackner/Kühl/Kühl* § 49 Rdn. 4; *Landgraf* S. 88.

**78** BGHSt **7** 28, 31; **43** 66, 78; BGHR StGB § 21 Strafrahmenverschiebung 3, 21; BGH StV **1981** 237; NStZ **1986** 114, 115; zustimmend *Bruns* Strafzumessungsrecht S. 526; *Montenbruck* Strafrahmen und Strafzumessung (1983) S. 129; *Roxin/Greco* AT I § 20 Rdn. 41 f; *Fischer* Rdn. 18, 20; *Schäfer/Sander/van Gemmeren* Strafzumessung Rdn. 919 ff; *Streng* MK Rdn. 20.

**79** BGHSt **7** 28, 31; BGH bei Holtz MDR **1986** 96; **1990** 676; BGHR StGB § 21 Strafrahmenverschiebung 11, 12; OGHSt **2** 98, 103; *Fischer* Rdn. 22; *Jescheck/Weigend* AT § 40 IV 2; **krit.** *Lackner/Kühl/Kühl* Rdn. 5; **aA** *Sch/Schröder/Perron/Weißer* Rdn. 18 f.

**80** BGHSt **16** 360, 364; BGHR StGB § 21 Strafrahmenverschiebung 5, 15, 20; Strafzumessung 1–5, 9, 11; BGH NStZ **1986** 114, 115; **1991** 81; **1992** 538; **1997** 592; StV **1989** 198, 199; bei Holtz MDR **1988** 98, 99.

**81** BGH NStZ **1989** 18; bei Holtz MDR **1988** 98, 99.

actio libera in causa nicht eingreift, weil der Täter im Zeitpunkt des schuldhaften Sichversetzens in den Zustand verminderter Schuldfähigkeit noch nicht vorsätzlich bzw. fahrlässig im Hinblick auf die begangene Tat gehandelt hat. In Betracht kommen hier auch Fälle des Affektes,[82] u. U. sogar Persönlichkeits- oder Triebstörungen, deren tatfördernde oder hemmungsmindernde Wirkung der Täter kennt.[83] Hat der Täter seinen schuldmindernden Defekt schuldhaft selbst herbeigeführt (z. B. durch Einnahme aggressivitätssteigernder Sexualhormone, BGH NStZ **2006** 98), so kann die Strafrahmenmilderung grundsätzlich versagt werden, sofern er damit rechnen musste, dass er in diesem Zustand Straftaten verüben werde. Die Zurechnung eines solchen Vorverschuldens setzt allerdings – wie bei den schulderhöhenden Tatmodalitäten (Rdn. 47 f) – voraus, dass das betreffende Verhalten nicht seinerseits Ausdruck der Störung ist (*Fischer* Rdn. 24). Andererseits schließen die Grundsätze der actio libera in causa in Fällen des Vorverschuldens eine Strafrahmenverschiebung nicht zwingend aus, z. B. bei schwersten Gesundheitsschäden des Täters aufgrund eines anschließenden Selbsttötungsversuchs (BGH NStZ **2005** 384).

50 Da das Tatschuldprinzip einen auf konkretes Unrecht bezogenen Vorwurf verlangt, bedarf es indessen einer bestimmten subjektiven Beziehung zu der später begangenen strafbaren Handlung. Die **Rechtsprechung** ist hierbei nicht einheitlich verfahren. Zunächst hat sie die selbstverschuldete Trunkenheit für unbeachtlich gehalten (BGH bei Dallinger MDR **1951** 657; anders schon BGH NJW **1953** 1760). Dann hat sie darauf abgehoben, dass der Täter, der seine erheblich verminderte Schuldfähigkeit selbst herbeigeführt hat, die Neigung hatte, nach Alkoholgenuss Straftaten zu begehen, und er sich dieser Neigung bewusst war oder doch hätte bewusst sein können.[84] Doch ist eine Neigung zu Straftaten lediglich ein allgemeiner, nicht auf die abzuurteilende Tat bezogener Strafzumessungsgrund. In diesem Sinne hat auch die Rechtsprechung zunächst (vgl. zur weiteren Entwicklung Rdn. 53 ff) präzisiert, dass der Täter zwar nicht bereits ein gleiches oder ähnliches Delikt begangen haben muss, jedoch Handlungen, welche nach Ausmaß und Intensität der ihm jetzt vorgeworfenen Straftat entsprechen.[85] Ausreichend konnte dabei auch eine einzelne Vortat sein. Entscheidend ist aber nicht eine äußerliche Vergleichbarkeit der einzelnen Taten, sondern die nämliche Wurzel des jeweiligen deliktischen Verhaltens. Denn schulderhöhende Wirkung kommt nur der Kenntnis der eigenen Gefährlichkeit und der Voraussehbarkeit daraus entstehender Rechtsbrüche zu. Sie fordert besondere Vorkehrungen, deren Unterlassen dem Täter vorgeworfen werden darf. Vorkehrungen aber sind nur möglich gegen ein seiner Art nach bestimmbares und in seinem Ausmaß abschätzbares Risiko. Dabei ist die Möglichkeit einer künftigen Intensivierung des Unrechts stets in Rechnung zu stellen. Eine ausreichende Kongruenz wurde bejaht zwischen typischen Bandentaten (BGH MDR **1960** 938) und Rohheitsdelikten untereinander, etwa Körperverletzungs- und Tötungsdelikten sowie Raubtaten mit Verletzung der körperlichen Integrität (BGHR StGB § 21 Strafrahmenverschiebung 3; sehr eng BGH NStZ **1986** 114, 115); u. U. auch zwischen Sachbeschädigung und Tötung, sofern beides auf einer Neigung zu Kurzschlussreaktionen beruht (BGHR StGB § 21 Strafrahmenverschiebung 2), sowie zwischen Sachbeschädigung und gefährlicher Körperverletzung bei Auseinandersetzungen im Nahbereich (BGHR StGB § 21 Strafzumessung 6). Verneint wurde die Kongruenz hingegen zwischen Bereicherungs- und Sexualdelikten wie Raub und Vergewalti-

---

**82** BGHSt **35** 143 m. Anm. *Blau* JR **1988** 514; **53** 31, 32 m. Anm. *Streng* JR **2009** 341 ff., *Winkler* jurisPR-StrafR 2/**2009** Anm. 1.

**83** *Fischer* Rdn. 24; **kritisch** *Sch/Schröder/Perron/Weißer* Rdn. 21; rechtsvergleichend *Schnarr* in *Hettinger* S. 21 ff.

**84** BGHSt **34** 29, 33; BGHR StGB § 21 Strafrahmenverschiebung 1, 11, 19; BGH MDR **1985** 947 m. Anm. *Bruns* JR **1986** 337; NStZ **1986** 114; vgl. ferner BGH VRS **16** 186, 189; **23** 209; BGH bei Dallinger MDR **1972** 16, 570; OGHSt **2** 324, 327. Einzelheiten zur Entwicklung bei *Hettinger/Schnarr* S. 49 ff; zum neuesten Stand s. Rdn. 52 ff.

**85** BGHSt **35** 143, 145; **53** 31, 33; BGHR StGB § 21 Strafrahmenverschiebung 3, 6, 9, 14, 16; **dagegen** *Haffke* R & P **1991** 94; *Landgraf* S. 88; *Neumann* Zurechnung S. 128, 140; *Rudolphi* SK[7] Rdn. 4b; *Sch/Schröder/Perron/Weißer* Rdn. 21; *Venzlaff/Foerster/Dreßing/Habermeyer/Schreiber/Rosenau* S. 111; zustimmend jedoch *Jakobs* AT 18/34; *Jescheck/Weigend* AT § 40 IV 2; *Rautenberg* S. 188 ff.

gung (BGHR StGB § 21 Vorverschulden 1). Konkretisiert sich die Voraussehbarkeit in subjektiver Hinsicht auf eine bestimmte Tat, liegt actio libera in causa vor (Rdn. 33 ff).

Nach den Grundsätzen der unbeachtlichen Abweichung vom Kausalverlauf beurteilt es 51 sich, wenn der Täter während der Durchführung einer in schuldfähigem Zustand geplanten und ins Werk gesetzten Straftat in Übererregung gerät und sich die Voraussetzungen des § 21 einstellen. Die Lage ist nicht anders als beim Eintritt von Schuldunfähigkeit nach Versuchsbeginn (§ 20 Rdn. 191 ff, 197; verfehlt – Haftung entsprechend actio libera in causa – BGHR StGB § 21 Vorverschulden 3). Da der Täter jedoch schuldfähig bleibt, dürfte ein Fall, in dem eine Zurechnung der Kausalabweichung ausscheidet, kaum denkbar sein.

Zu einer erheblichen Verschärfung bei der Versagung der fakultativen Strafmilderung ten- 52 diert die neuere **Rechtsprechung bei selbstverschuldeter Trunkenheit,** dem praktisch wichtigsten Fall des Vorverschuldens. Nach der prinzipiellen Anerkennung alkoholbedingter Schuldminderung als fakultativen Strafmilderungsgrund (Rdn. 49) versagte sie die Strafmilderung zunächst nur dann, wenn der Täter, der sich bewusst betrinkt, schon früher unter Alkoholeinfluss straffällig geworden war und daher weiß oder wissen muss, dass er in diesem Zustand zu Straftaten *vergleichbarer Art* neigt, die nach Ausmaß und Intensität mit der nunmehr begangenen Tat vergleichbar sind.[86] Die Literatur hat diesem Modell überwiegend zugestimmt.[87]

**Hiervon abweichend hat der 3. Strafsenat** im Jahr 2003 in einem ausführlich begründe- 53 ten obiter dictum deutlich gemacht, dass er an dieser Rechtsprechung nicht festhalten wolle, sondern die Strafrahmenverschiebung nach §§ 21, 49 „in der Regel schon allein dann" ausschließen wolle, „wenn die erhebliche Verminderung der Schuldfähigkeit auf verschuldeter Trunkenheit beruht" (BGH NStZ **2003** 480 ff). Das Erfordernis der Warnwirkung früher unter Alkoholeinfluss begangener – vergleichbarer – Straftaten stehe im Widerspruch zu der gesetzlichen Regelung des Vollrausches in § 323a, nach der das schuldhafte Sichberauschen unabhängig von vergleichbaren Vorerfahrungen bestraft werde.[88] Dieser „Testballon" (*Scheffler* BA **2003** 449; *Foth* NStZ **2003** 597) führte zu einer uneinheitlichen und Schwankungen unterworfenen Rechtsprechung der anderen Senate. Der 1. Senat schloss sich der neuen Linie zunächst tendenziell an,[89] schränkte dann seine Rechtsprechung unter Rückgriff und Präzisierung des Vorhersehbarkeitskriteriums aber wieder ein. Er bejahte eine Milderungsversagung bei selbst verschuldeter Trunkenheit, wenn sich zugleich aufgrund der persönlichen oder situativen Verhältnisse des Einzelfalls das Risiko der Begehung von Straftaten vorhersehbar signifikant infolge der Trunkenheit erhöht hat, etwa wenn der Täter weiß, dass er unter Alkoholeinfluss zu strafbaren Verhaltensweisen neigt, aber trotzdem Alkohol trinkt; auf einschlägige Vorverurteilungen komme es dabei nicht an (BGH NStZ-RR **2014** 238, 239). Der 2. Senat hat – ebenfalls in einem obiter dictum – zuerst angedeutet, dass er zu der vom 3. Senat vertretenen Rechtsauffassung neige, jedoch ein entsprechender Fall nicht vorliege, wenn der Täter alkoholkrank sei.[90] In neueren Entscheidungen distanzierte sich der 2. Senat von einer schematischen Versagung der Strafmilderung wegen selbst zu verantwortenden Alkoholrausches: Diese sei zwar in der Regel geboten, insbesondere seien keine einschlägigen Vorstrafen erforderlich, um eine Strafrahmenverschiebung abzulehnen. Ausnahmen von diesem Grundsatz seien jedoch möglich, etwa wenn der Täter über keine Vorerfahrungen derart verfüge, dass er persönlich unter Alkoholeinfluss zu

86 BGHSt **34** 29, 33; **43** 66, 78; BGH NJW **1997** 2460; StV **1991** 254 f; **1993** 355.

87 *Jakobs* AT 18/34; *Jescheck/Weigend* AT § 40 IV 2; *Maatz* StV **1999** 279, 284; *Roxin/Greco* AT I § 20 Rdn. 45; *Schäfer/Sander/van Gemmeren* Strafzumessung Rdn. 1016; *Fischer* Rdn. 24 f; *Streng* NJW **2003** 2963, 2966; *Verrel/Hoppe* JuS **2005** 308, 311; **aA** wegen Interpretation des § 21 als Mussvorschrift: *Sch/Schröder/Perron/Weißer* Rdn. 21; *Stratenwerth/Kuhlen* AT § 10 Rdn. 42.

88 BGH NStZ **2003** 480 ff = JZ **2003** 1016 m. Anm. *Frister*.

89 BGH NStZ **2005** 151 f; offen gelassen im Beschl. v. 5.8.2003–1 StR 302/03.

90 BGHR StGB § 21 Strafrahmenverschiebung 32; ebenso 3. Senat BGHR StGB § 21 Strafrahmenverschiebung 33; BGH NStZ **2012** 687, 688; 5. Senat BGH StV **2005** 495.

rechtsgutsverletzendem Verhalten neige.[91] Der 4. Senat hatte – kurz vor der Entscheidung des 3. Senats – die bisherige Rechtsprechung bekräftigt (BGH NStZ-RR **2003** 136) und diese bis vor kurzem (dazu Rn. 55) auch beibehalten (BGH NStZ **2006** 274, 275; NStZ-RR **2006** 185, 186).

54 Eine stärker auf das tatrichterliche Ermessen abstellende Weiterentwicklung der bisherigen Rechtsprechung stellte das Urteil des 5. Strafsenats vom 17.8.2004 dar (BGHSt **49** 239 m. zust. Anm. *König* NJ **2005** 44). Dieser wollte zwar an der Rechtsprechung zur Strafrahmenverschiebung bei vorwerfbarer Alkoholisierung nicht mehr uneingeschränkt festhalten, gelangte aber zu einem differenzierenden Ergebnis, das der älteren Rechtsprechung nicht tragend widersprach. Der 5. Senat wies darauf hin, dass eine generelle Versagung der Strafrahmenmilderung bei zu verantwortender Trunkenheit weder aus dem Rechtsgedanken des § 323a noch aus den Überlegungen des historischen Gesetzgebers abzuleiten sei (BGHSt **49** 239, 248 ff). Für eine Versagung der Strafrahmenmilderung sei zumindest Fahrlässigkeit des Täters, also Vorhersehbarkeit und Vermeidbarkeit bezüglich eines rechtswidrigen Ergebnisses ganz allgemein (objektiv) und speziell für den Täter (subjektiv) erforderlich (BGHSt **49** 239, 242; vgl. auch BGH NStZ **2005** 384 ff). Hierfür komme neben Vorerfahrungen mit vergleichbaren Straftaten (vgl. etwa BGH NStZ **2008** 619, 620) auch die Alkoholisierung in einer Umgebung in Betracht, in der sich aufgrund der persönlichen und situativen Verhältnisse des Einzelfalles das Risiko der Begehung von Straftaten vorhersehbar signifikant infolge des Alkoholgenusses erhöht habe (z. B. Alkoholisierung in einer emotional aufgeladenen Krisensituation oder unter gruppendynamischen Einflüssen, etwa in einer Gruppe marodierender Hooligans oder gewaltbereiter Radikaler, s. BGHSt **49** 239, 243 ff). An die Überzeugungsbildung des Tatrichters, der die Begriffe der objektiven und subjektiven Vorhersehbarkeit strafbaren Verhaltens bei Alkoholisierung in wertender Betrachtung auszufüllen habe, dürften dabei nicht zu hohe Anforderungen gestellt werden, da die vielfach verheerende Wirkung des übermäßigen Alkoholgenusses allgemein bekannt sei. In der Literatur hat die Entscheidung des 5. Senats überwiegend Zustimmung erfahren, während die Entscheidung des 3. Senats größtenteils als Verstoß gegen das Schuldprinzip abgelehnt wurde.[92]

55 Die Kontroverse zwischen den Senaten hat zu einer Vorlage gemäß § 132 Abs. 2 und 4 GVG durch den 3. Senat geführt (BGH NStZ **2016**, 203 ff). Dabei hat dieser seine Rechtsprechung konkretisiert, während die übrigen Senate[93] – mit Ausnahme des 4. Senats (NStZ-RR **2016** 305 f), welcher sich unter Aufgabe entgegenstehender Rechtsprechung dem 3. Senat grundsätzlich anschloss – an ihren bisherigen Rechtsauffassungen festgehalten haben. Der 3. Senat stellte nun stärker als in seiner Ausgangsentscheidung den Ermessensspielraum des Tatrichters bei der Entscheidung über die fakultative Strafrahmenmilderung in den Vordergrund. Dabei betonte er unter Rückgriff auf die bisherige Argumentation die dem selbstverschuldeten Alkoholrausch innewohnende abstrakte Gefahr für strafrechtlich geschützte Rechtsgüter, welche unabhängig von Vorerfahrungen oder situativen Umständen bestehe. Denn schon für sich genommen sei diese Gefahr ein tatschuldrelevantes Kriterium. Sie könne daher im Einklang mit der Strafzumessung im engeren Sinne, wo eine vorwerfbare Alkoholisierung ohne ein Vorhersehbarkeitskriterium eine Strafschärfung begründen könne, für sich genommen eine Milderungsversagung tragen.

56 Der **Große Senat für Strafsachen** (Beschluss v. 24.7.2017 – GSSt 3/17 = BGHSt **62** 247 = NStZ **2018** 273) hat die Vorlagefrage nunmehr dahingehend entschieden, dass eine selbstverschuldete Trunkenheit die Versagung der Strafrahmenmilderung *grundsätzlich* tragen könne. Gleichzeitig betont der Senat allerdings vermittelnd den tatrichterlichen Ermessensspielraum. Ausgangspunkt sei die Annahme, dass aufgrund der erheblichen Verminderung der Schuldfähigkeit grundsätzlich auch von einem geringeren Schuldgehalt der Tat auszugehen sei. Aufgrund dessen erfordere die Versagung der Strafrahmenverschiebung schulderhöhende, kompensierende Umstände (Kompensationsprinzip). Ein solcher Umstand sei vor dem Hintergrund des allgemein anerkannten dem Alkoholrausch innewohnenden Risikos das eigenverantwortliche Sich-Betrin-

---

**91** BGH StV **2006** 465 f; v. 7.9.2015 – 2 StR 350/15; v. 24.8.2016–2 StR 504/15.

**92** Zur bisherigen Diskussion *Schöch* LK[12] Rdn. 57 m. w. N.; instruktiv auch *Streng* FS Rengier 113 ff.

**93** BGH v. 10.5.2016–1 ARs 21/15; v. 7.11.2016–2 ARs 386/15; v. 1.3.2016–5 ARs 50/15.

ken; dieses öffne „das Tor für unbestimmtes rechtliches Versagen". Demgegenüber sei die vorhersehbare signifikante Erhöhung des Risikos der Begehung von Straftaten keine *notwendige* Voraussetzung. Der mit diesem Kriterium statuierte eigenständige Pflichtwidrigkeitszusammenhang stehe im Widerspruch zur fortbestehenden strafrechtlichen Verantwortlichkeit. Auch sei im Rahmen der Strafzumessung im engeren Sinne die verschuldete Trunkenheit tatschuldrelevantes Kriterium ohne dass es auf einen zusätzlichen subjektiven Konnex zur später begangenen Tat ankomme. Dies entspreche der Wertung der §§ 323a StGB, 122 OWiG, die ein solches zusätzliches subjektives Element ebenfalls nicht voraussetzten.

Insgesamt hat der Große Senat damit zwar dem zusätzlichen Kriterium der Vorhersehbarkeit 57
und Vermeidbarkeit von Straftaten im Rausch als konstitutiven Bestandteil der Wertungsentscheidung eine Absage erteilt. Gleichwohl betont er jedoch auch, dass der Tatrichter bei seiner Entscheidung keinen festen Regeln unterliege, sondern in eigener Verantwortung die tatschuldrelevanten Umstände, und damit auch den hier gegenständlichen Alkoholrausch, zu gewichten habe. Damit wird entgegen der Rechtsprechung des 3. Senats in seiner Entscheidung aus dem Jahr 2003 (Rdn. 53) eine *ausnahmslose* Milderungsversagung nicht postuliert. Eine „partielle Suspendierung des Schuldprinzips" (vgl. *Verrel/Hoppe* JuS **2005** 308, 310) ist folglich ausgeblieben. Positiv zu werten in diesem Sinne ist, dass dem Tatrichter sachgerechte Differenzierungen mit der Folge einer Strafrahmenverschiebung im Einzelfall möglich bleiben. Abzuwarten bleibt, ob die Gewährung der Strafrahmenverschiebung in der Tatsacheninstanz nun wie teilweise formuliert „mit deutlich höheren Barrikaden"[94] versehen ist. Hierfür spräche, dass der vormals postulierte Zurechnungszusammenhang kein zusätzliches Kriterium der Milderungsversagung mehr darstellt, so dass der verschuldete Rausch an sich in der Gesamtabwägung eine höhere Gewichtigkeit erhalten könnte. Andererseits hat der Große Senat das Kompensationsprinzip ebenfalls deutlich hervorgehoben (BGH NJW **2018** 1180, 1182). Im Rahmen der nur eingeschränkt überprüfbaren Gesamtwürdigung des Tatrichters bleibt es daher – wie schon bisher – möglich eine über 10 Jahre andauernde Straflosigkeit (BGH v. 10.3.2010–5 StR 62/10) ebenso schuldmindernd zu berücksichtigen wie eine auf einem emotionalen Ausnahmezustand beruhende Alkoholisierung (vgl. BGH NStZ **2009** 202 ff) und hierauf trotz einer relevanten Alkoholintoxikation die Strafrahmenverschiebung zu stützen. Ohnehin hat mit der Entscheidung des Großen Senats nur eine Angleichung und Harmonisierung der divergierenden Rechtsprechungslinien stattgefunden: Denn der 5. Senat hat schon zu Beginn der hiesigen Diskussion aufgrund der „verheerenden Wirkungen übermäßigen Alkoholgebrauchs" eine Strafrahmenverschiebung für die meisten Fallgestaltungen versagt (BGHSt **49** 239, 246). Diese strenge Sichtweise erschien vor dem Hintergrund der die Kontroverse tragenden Fälle von Gewaltdelikten auch angezeigt. Im Ergebnis war damit schon seinerzeit eine tragende Argumentationslinie der Entscheidung des Großen Senats, nämlich die Gefährlichkeit übermäßigen Alkoholkonsums, unter gleichzeitiger Relativierung des Vorhersehbarkeitsmoments angelegt. Konnte man weiterhin einer allein auf die selbstverschuldete Trunkenheit gestützten Milderungsversagung noch einen Wertungswiderspruch zu § 323a (bei aufgehobener Steuerungsfähigkeit nach § 323a Höchststrafe von 5 Jahren, bei verminderter Steuerungsfähigkeit und Nichtanwendung von §§ 21, 49 Abs. 1 hingegen 15 Jahre) entgegenhalten,[95] so verfängt auch dieses Argument grundsätzlich nicht mehr. Denn der Tatrichter kann weiterhin mit der gebotenen restriktiveren Handhabung der Milderungsversagung (s. Rdn. 43) sachgerechte Ergebnisse herbeiführen und die Differenz zwischen den Strafrahmen abmildern (s. a. *Schneider* LK[13] § 46 Rdn. 276). In der Literatur wird die Entscheidung des Großen Senats unterschiedlich bewertet: Teilweise wird sie als Bestätigung der (ursprünglichen) Linie des 3. Senats i.S.e. regelmäßigen Milderungsversagung gesehen,[96] teilweise gerade als Ablehnung dieser Rechtsprechung[97] bzw. – wie hier – als vermittelnde Lösung.[98] Diese

---

**94** *Jahn* NJW **2018** 1184, 1185.
**95** *Fischer* Rdn. 29; *Neumann* StV **2003** 528 f; *Verrel/Hoppe* JuS **2005** 310.
**96** *Fischer* Rdn. 28; *Streng* FS Rengier 114, 122; *Roxin/Greco* AT I § 20 Rdn. 45c; *Jahn* NJW **2018** 1184 f.
**97** *Schäfer* JR **2018** 257.
**98** *Peglau* jurisPR-StrafR 7/**2018** Anm. 3.

unterschiedliche Rezeption lässt daran zweifeln, ob durch die Entscheidung eine Vereinheitlichung der Rechtsprechung erreicht wird. Vieles spricht dafür, dass es in dieser Frage weiterhin bei „revisionsfreien Räumen" (*Schäfer/Sander/van Gemmeren* Strafzumessung Rdn. 1020) und den damit verbundenen Unsicherheiten für den Tatrichter bleibt.

58 Nicht ohne weiteres als schulderhöhender Umstand gilt eine **selbstverschuldete Sucht**. So wird der Alkohol- oder Drogensüchtige, solange er abhängig ist, selten die Kraft aufbringen, dem Drang nach erneutem Rauschmittelkonsum zu widerstehen.[99] Anders verhält es sich bei Beschaffungstaten von Drogenabhängigen, wenn der Täter in klarer Kenntnis der Folgen eine ihm angebotene Drogentherapie abgelehnt hat. Sofern in derartigen Fällen nicht ohnehin die Voraussetzungen einer actio libera in causa gegeben sind (§ 20 Rdn. 209 f), wird dieses Verhalten als Gleichgültigkeit gegenüber den Anforderungen des Rechts und damit als schulderhöhender Umstand gewertet werden können (*Terhorst* MDR **1982** 368; OLG Köln NStZ **1982** 250).

59 Auch Tätern, deren Widerstandskraft gegenüber dem Aufsuchen oder Schaffen von Gelegenheiten zur Begehung von Sexualdelikten auf Grund einer **sexuellen Perversion** herabgesetzt ist, kann nicht ohne weiteres ein Vorverschulden angelastet werden (BGHSt **28** 357, 359; BGH NJW **1962** 1779, 1780; BGHR StGB § 21 Strafrahmenverschiebung 34; vgl. auch OLG Köln GA **1978** 84). Vgl. dazu im Übrigen § 20 Rdn. 211 f.

60 **d) Einzelheiten.** Keine schulderhöhenden Momente lassen sich aus spezialpräventiven Erwägungen gewinnen (Rdn. 44). Gemäß § 46 Abs. 1 Satz 2 finden sie ihren Platz vielmehr in der durch den anwendbaren Strafrahmen vorgegebenen konkreten Strafzumessung (*Lackner/Kühl/Kühl* § 46 Rdn. 27), und auch hier nur im Rahmen des Spielraums, innerhalb dessen eine Strafe noch als gerechter Schuldausgleich anzuerkennen ist (BGHSt **20** 264, 267).

61 Unzulässig ist es auch, eine Rahmenmilderung bestimmten Gruppen von Straftätern (wie z. B. Psychopathen und Drogenabhängigen) oder bei einzelnen Begehungsweisen (z. B. Trunkenheit im Verkehr) von vornherein zu versagen (*Sch/Schröder/Perron/Weißer* Rdn. 22; BGH NJW **1953** 1760; StV **1989** 199: Vermögens- und Steuerstraftaten). Dass der Täter vergleichbare Taten bereits in voll schuldfähigem Zustand begangen hat, besagt für sich genommen nichts über den Umfang seines Verschuldens im Zustand des § 21 (BGH StV **1986** 14).

62 Leidet der Täter an mehreren Störungen, von denen jede für sich zu einer Verminderung der Steuerungsfähigkeit geführt hat (allgemein zur Komorbidität § 20 Rdn. 180–183), so ist der Strafrahmen gleichwohl nur einmal zu mildern, wenn der Zustand insgesamt das Ausmaß, welches § 21 voraussetzt, nicht überschreitet (BayObLG VRS **67** 219).

63 Fehlerhaft ist es, Feststellungen zur verminderten Schuldfähigkeit mit der Begründung zu unterlassen, dass eine Rahmenmilderung auch unterbleiben würde, wenn die Voraussetzungen des § 21 vorlägen. Eine **hypothetische Strafzumessung** verfehlt notwendigerweise die Bewertung der konkreten Schuld (BGHSt **7** 359; BGH StV **1981** 401; BGH bei Pfeiffer/Maul/Schulte § 51 Anm. 17; OLG Düsseldorf StV **1996** 217; **aA** wohl BGH bei Dallinger MDR **1951** 657; OLG Hamm VRS **12** 434).

## 4. Auswahl unter mehreren Strafrahmen

64 Welchen Strafrahmen der Richter unter mehreren zur Verfügung stehenden (Rdn. 38) wählt, ist seinem pflichtgemäßen Ermessen überlassen.[100] Er muss nur im Urteil darlegen, dass er die Wahlmöglichkeit geprüft hat (BGHSt **16** 360, 363; BGH bei Holtz MDR **1979** 105). Dabei kann sich eine bestimmte Abfolge der Prüfungsschritte als zweckmäßig erweisen; ein Abweichen davon

---

**99** St. Rspr.: BGHR StGB § 21 Strafrahmenverschiebung 10, 19, 33, 38; NStZ **2009** 258 f; NStZ-RR **2010** 74; v. 3.2.2011–4 StR 673/10; v. 10.11.2016–1 StR 501/16 m. w. N.; v. 22.5.2019–1 StR 651/18.

**100** BGHSt **21** 57; BGH NStZ **1982** 200; bei Holtz MDR **1978** 987; *Hettinger* Das Doppelverwertungsverbot bei strafrahmenbildenden Umständen (1982) S. 289.

ist jedoch nicht zwangsläufig ein Rechtsfehler (BGHR StGB vor § 1 minder schwerer Fall Gesamtwürdigung, unvollst. 7). Die Versagung einer (weiteren) Rahmenmilderung aus §§ 21, 49 bedarf besonderer Begründung. Im Allgemeinen ist von mehreren möglichen Strafrahmen derjenige heranzuziehen, der dem Täter am günstigsten ist, jedenfalls muss das Gericht dokumentieren, dass es sich der unterschiedlichen Strafrahmen bewusst war.[101]

Der Richter ist auch befugt, den bei Annahme eines minder schweren Falles sich ergeben- 65
den Strafrahmen zusätzlich nach §§ 21, 49 herabzusetzen, wenn die Milderungsgründe jeweils eine selbständige sachliche Grundlage haben (vgl. BGHSt **30** 166 m. Anm. *Bruns* JR **1982** 166; *Lackner/Kühl/Kühl* § 50 Rdn. 5; zum Verhältnis von § 213 und §§ 21, 49 s. Rdn. 27 ff).

## VII. Strafzumessung

Setzt der Richter den Strafrahmen auf einem der in Rdn. 38 bezeichneten Wege herab, so ist 66
der Strafmilderungsgrund des § 21 verbraucht. Er darf nach § 50 nicht noch einmal zu einer Rahmenmilderung führen, und die Tatsache der verminderten Schuldfähigkeit als solche darf bei der konkreten Strafzumessung nicht erneut berücksichtigt werden.[102] Unerheblich ist dabei, ob etwa die Annahme eines minder schweren Falles allein auf der verminderten Schuldfähigkeit oder zugleich auf anderen Umständen beruht (BGH NJW **1986** 1699, 1700). Doch beschränkt sich das **Doppelverwertungsverbot** darauf. Auf die den Milderungsgrund konkretisierenden Umstände muss der Richter innerhalb des maßgebenden Rahmens, bei der Strafzumessung im engeren Sinne, zurückkommen.[103] Da sie bereits zu einer Rahmenmilderung geführt haben, darf er ihnen allerdings ein entsprechend geringeres Gewicht beilegen (BGHR StGB § 50 Strafhöhenbemessung 1, 2); hat ein Übergang von der lebenslangen zu zeitiger Freiheitsstrafe stattgefunden, kann ein weiteres strafmilderndes Gewicht auch gänzlich fehlen (BGH NStZ **1992** 538).

Als derartige konkretisierende Umstände bezeichnet die Rechtsprechung sachgerecht das 67
Ausmaß der Beeinträchtigung der Steuerungsfähigkeit (BGHSt **7** 28, 31; BGH StV **1981** 237; NStZ **1984** 548); sie ist hierbei den Gedankengängen verhaftet, welche eine Versagung der Strafrahmenmilderung beim Versuch im Falle der Nähe zur Tatvollendung rechtfertigen (BGHSt **16** 351, 353). Soweit Abstufungen nach dem Schweregrad der psychischen Störung feststellbar sind, ist deren Verwertung geboten, um dem Maß der Einschränkung der Handlungskompetenz des Täters gerecht zu werden (Rdn. 27). Im Mittelpunkt der Bewertung stehen deshalb im Wesentlichen **Verschuldens**gesichtspunkte.[104] Bei mehreren Störungen, von denen jede für sich zur erheblichen Verminderung der Steuerungsfähigkeit geführt hätte, kann auch dieser Umstand Bedeutung erlangen (BayObLG VRS **67** 219). Im Übrigen ist zu beachten, dass die Tatsache der verminderten Steuerungsfähigkeit auch das Gewicht aller übrigen Strafzumessungstatsachen beeinflussen kann.

Die angemessene Strafe ist innerhalb des zunächst festgelegten Strafrahmens zu ermitteln. 68
Bei Aburteilung mehrerer Taten sind die jeweiligen Einzelstrafen zu mildern, nicht erst die Gesamtstrafe (BGH NJW **1966** 509), da die Voraussetzungen des § 21 für jeden Rechtsverstoß gesondert zu prüfen sind. Die Verhängung der **Höchststrafe**, auch der lebenslangen Freiheitsstrafe bei Mord, ist nicht unzulässig (Rdn. 42).

---

**101** *Fischer* § 50 Rdn. 5; *Lackner/Kühl/Kühl* § 50 Rdn. 2; vgl. auch BGH StV **2015** 551, 552; 552 m. Anm. *Schlothauer* StV **2015** 550.

**102** BGHSt **26** 311; **16** 351, 354; BGH NJW **1983** 350; **1989** 3230; NStZ **1984** 584; **1990** 30; *Lackner/Kühl/Kühl* § 49 Rdn. 10; *Sch/Schröder/Perron/Weißer* Rdn. 23.

**103** BGHSt **26** 311; BGHR StGB § 50 Strafhöhenbemessung 2, 3, 4; BGH StV **1982** 522; **1983** 60; **1985** 54; NStZ **1984** 548; *Bruns* Recht der Strafzumessung (1985) S. 207; *Rogall* SK Rdn. 33; *Lackner/Kühl/Kühl* § 49 Rdn. 10; **aA** *Dreher* JZ **1968** 209, 213.

**104** BGHSt **26** 311, 312; BGH NStZ **1984** 548.

## VIII. Verhältnis zu § 3 JGG und § 7 WStG

69 Zum Verhältnis zu § 3 JGG s. § 20 Rdn. 215.

70 Die Sonderregelung des § 7 WStG, welche für **Soldaten** eine Strafmilderung bei selbstverschuldeter Trunkenheit ausschließt, kann als weitere Fallgruppe für die Versagung der fakultativen Strafmilderung (Rdn. 46 ff) in den Rahmen der Ermessensnorm des § 21 eingebaut werden (*Streng* MK Rdn. 48).

## IX. Recht des Einigungsvertrages

71 Zu den Voraussetzungen und Folgen erheblich verminderter Schuldfähigkeit im Recht der DDR und zum Übergangsrecht vgl. LK[11] § 20 Rdn. 96 ff.

## ZWEITER TITEL **Versuch**

# Vorbemerkungen zu den §§ 22 ff

## Schrifttum*

*Adams/Shavell* Zur Strafbarkeit des Versuchs, GA **1990** 337; *Albrecht* Der untaugliche Versuch (1973); *Altenhain* Der Zusammenhang zwischen Grunddelikt und schwerer Folge bei den erfolgsqualifizierten Versuchen, GA **1996** 19; *Alwart* Strafwürdiges Versuchen (1982); *ders.* Zur Kritik der strafrechtlichen Stufenlehre, GA **1986** 245; *Ambos* Der Allgemeine Teil des Völkerstrafrechts (2002); *ders.* Internationales Strafrecht, 5. Aufl. (2018); *Androulakis* Über die dritte Art der Rechtsgüterbeeinträchtigung, Festschrift Schreiber (2003) 13; *Arndt* Die landesverräterische Geheimnisverletzung, ZStW **66** (1954) 41; *Arzt* Die Neufassung der Diebstahlsbestimmungen, JuS **1972** 515; *ders.* Urteilsanmerkung, StV **1985** 104; *Bacher* Versuch und Rücktritt vom Versuch beim erfolgsqualifizierten Delikt (1999); *Bacigalupo/Grasso/Tiedemann* Vorschlag einer EG-Verordnung über Grundsätze für die Anwendung gemeinschaftsrechtlicher Sanktionen, in Schünemann/Suárez González (Hrsg.), Bausteine des europäischen Wirtschaftsstrafrechts (1994) 466; *Baier* Versuchter Raub mit Todesfolge, JA **2001** 751; *Bamberger* Versuch beim Unterlassungsdelikt, Diss. jur. Bonn 1978; *Baumgarten* Die Lehre vom Versuche der Verbrechen (1888); *v. Bar* Gesetz und Schuld II (1907); *Beck* Unrechtsbegründung und Vorfeldkriminalisierung (1992); *Berz* Formelle Tatbestandsverwirklichung und materialer Rechtsgüterschutz: eine Untersuchung zu den Gefährdungs- und Unternehmensdelikten (1986); *ders.* Die entsprechende Anwendung von Vorschriften über die tätige Reue am Beispiel der Unternehmensdelikte, Festschrift Stree/Wessels (1993) 331; *Beulke* Urteilsanmerkung, NStZ **1999** 26; *Bitzilekis* Über die strafrechtliche Bedeutung der Abgrenzung von Vollendung und Beendigung der Straftat, ZStW **99** (1987) 723; *Blei* Die Regelbeispieltechnik der schweren Fälle und §§ 243, 244 StGB, Festschrift Heinitz (1972) 419; *Bloy* Die dogmatische Bedeutung der Strafausschließungs- und Strafaufhebungsgründe (1976); *ders.* Grund und Grenzen der Strafbarkeit der mißlungenen Anstiftung, JR **1992** 493; *ders.* Urteilsanmerkung, JZ **1999** 157; *ders.* Unrechtsgehalt und Strafbarkeit des grob unverständigen Versuchs, ZStW **113** (2001) 76; *ders.* Die Bedeutung des Irrtums über die Täterrolle, ZStW **117** (2005) 3; *Bockelmann* Zur Abgrenzung der Vorbereitung vom Versuch, JZ **1954** 486; *ders.* Über das Verhältnis der Begünstigung zur Vortat, NJW **1951** 620; *ders.* Strafrechtliche Untersuchungen (1957); *Braunsteffer* Die Problematik der Regelbeispieltechnik im Strafrecht, Diss. jur. Mannheim (1976); *Brockhaus* Die strafrechtliche Dogmatik von Vorbereitung, Versuch und Rücktritt im europäischen Vergleich (2006); *ders.* Die *inchoate offences* im englischen Strafrecht, ZStW **119** (2007) 153; *Bünger* Über Vorstellung und Wille als Elemente der subjektiven Verschuldung, ZStW **6** (1886) 291; *Burgstaller* Über den Verbrechensversuch, JBl. **1969** 521; *ders.* Der Versuch nach § 15 StGB, JBl. **1976** 117; *v. Buri* Versuch und Kausalität, GS **32** (1880) 321; *ders.* Ueber die sog. untauglichen Versuchshandlungen, ZStW **1** (1881) 185; *ders.* Ueber den Begriff der Gefahr und seine Anwendung auf den Versuch, GS **40** (1888) 503; *Burkhardt* Das Unternehmensdelikt und seine Grenzen, JZ **1971** 352; *Bussmann* Zur Dogmatik erfolgsqualifizierter Delikte nach dem Sechsten Strafrechtsreformgesetz, GA **1999** 21; *Cahill* Inchoate Crimes, in Dubber/Hörnle (Hrsg.), The Oxford Handbook of Criminal Law (2014) 512; *Calliess* Die Rechtsnatur der „besonders schweren Fälle" und Regelbeispiele im Strafrecht, JZ **1975** 112; *ders.* Der Rechtscharakter der Regelbeispiele im Strafrecht, NJW **1998**, 930; *Colombi Ciacchi* Italien als Vorbild – Für die Straflosigkeit des untauglichen Versuchs, Festschrift Samson (2010) 3; *Cancio* Überlegungen zu einer gemeineuropäischen Regelung des Versuchs, in Tiedemann (Hrsg.), Wirtschaftsstrafrecht in der Europäischen Union (2002) 169; *Degener* Strafgesetzliche Regelbeispiele und deliktisches Versuchen, Festschrift Stree/Wessels (1993) 305; *Delmas-Marty* Corpus Juris der strafrechtlichen Regelungen zum Schutz der finanziellen Interessen der Europäischen Gemeinschaft (2001); *Delaquis* Der untaugliche Versuch (1904); *Dessecker* Im Vorfeld eines Verbrechens: die Handlungsmodalitäten des § 30 StGB, JA **2005** 549; *Dicke* Zur Problematik des untauglichen Versuchs, JuS **1968** 157; *Dohna, Graf zu* Der Mangel am Tatbestand, Festgabe Güterbock (1910) 35; *Dold* Eine Revision der Lehre vom Rücktritt vom Versuch(2017); *Dreher* Die Malaise mit § 252 StGB, MDR **1976** 529; *ders.* Grundsätze und Probleme des § 49a StGB, GA **1954** 14; *Donatsch/Tag* Strafrecht I Verbrechenslehre, 9. Aufl. (2013); *Dreßler* Vorbereitung und Versuch im Strafrecht der Deutschen Demokratischen Republik im Vergleich mit dem Recht der Bundesrepublik Deutschland (1982); *Dubber/Hörnle* Criminal Law. A Comparative Approach (2014); *Duff* Criminal Attempts (2004); *Duttge* Vorbereitung eines Computerbetruges: auf dem Weg zu einem „grenzenlosen" Strafrecht, Festschrift Weber (2004) 285; *ders./Hörnle/Renzikowski* Das Gesetz zur Änderung der Vorschriften über die Straftaten gegen die sexuelle Selbstbestimmung, NJW **2004** 1065; *Eisele* Die Regelbeispielsmethode im Strafrecht (2004); *ders.* Die Regelbeispielsmethode: Tatbestands- oder Strafzumessungslösung? JA **2006** 309; *Engisch* Der Un-

* Die Kommentierung basiert auf der von *Hillenkamp* bearbeiteten 12. Aufl. von **2007**. Übernommene Passagen sind nicht besonders kenntlich gemacht. Der Autor der aktuellen Auflage, der allein die Verantwortung für deren Inhalt trägt, weiß sich dem Verfasser der Vorauflage zu Dank verpflichtet!



https://doi.org/10.1515/9783110300451-004

rechtstatbestand im Strafrecht, Festschrift DJT Bd. I (1960) 401; *Engländer* Kausalitätsprobleme beim unechten Unterlassungsdelikt – BGH NStZ **2000**, 414, JuS **2001** 958; *Fabry* Der besonders schwere Fall der versuchten Tat, NJW **1986** 15; *Fahl/Scheuermann-Kettner* Versuch, Vorbereitung usw. – Lernbeitrag Strafrecht, JA **1999** 124; *Fincke* Das Verhältnis des Allgemeinen zum Besonderen Teil des Strafrechts (1975); *Fischer* Der räuberische Angriff auf Kraftfahrer nach dem 6. Strafrechtsreformgesetz, Jura **2000** 433; *Fabrizy* StGB und ausgewählte Nebengesetze, 13. Aufl. (2018); *Fornascari* Die Regelung des Versuchs und des Rücktritts vom Versuch im deutschen und italienischen Strafrecht, in Momsen/Bloy/Rackow (Hrsg.), Fragmentarisches Strafrecht (2003) 49; *Frank* Vollendung und Versuch, VDA Bd. V (1908) 163; *Franzius* Versuch und Vorbereitungshandlungen, in: Materialien zur Strafrechtsreform 2. Band (1954) 309; *Freisler* Gedanken zum Kriegsstrafrecht und zur Gewaltverbrecherverordnung, DJ **1939** 1849; *Frisch* Der Irrtum als Unrechts- und/oder Schuldausschluß im deutschen Strafrecht, in Eser/Perron (Hrsg.), Rechtfertigung und Entschuldigung III (1991) 217; *Fuchs* Probleme des Deliktsversuchs, ÖJZ **1986** 257; *ders.* Überlegungen zu Fahrlässigkeit, Versuch, Beteiligung und Diversion, Festschrift Burgstaller (2004) 41; *Furtner* Rechtliche Vollendung und tatsächliche Beendigung bei einer Straftat, JR **1966** 169; *ders.* Verhältnis von Beihilfe und Begünstigung, MDR **1965** 431; *Gallas* Urteilsanmerkung, ZAkDR **1937** 437; *ders.* Beiträge zur Verbrechenslehre (1968); *Geilen* Raub und Erpressung, Jura **1979** 613; *v. Gemmingen* Die Rechtswidrigkeit des Versuchs (1932); *Geppert* Urteilsanmerkung, NStZ **1986** 552; *ders.* Räuberischer Angriff auf Kraftfahrer (§ 316a StGB), Jura **1995** 310; *ders.* Die versuchte Anstiftung (§ 30 Abs. I StGB), Jura **1997** 546; *Germann* Über den Grund der Strafbarkeit des Versuchs (1914); *ders.* Das Verbrechen im neuen Strafrecht (1942); *Gierhake* Der Zusammenhang von Freiheit, Sicherheit und Strafe im Recht (2013); *Glöckner* Cogitationis poenam nemo patitur; zu den Anfängen einer Versuchslehre in der Jurisprudenz (1989); *Gössel* Zur Strafbarkeit des Versuchs nach dem 2. StrRG, GA **1971** 255; *ders.* Über die Vollendung des Diebstahls, ZStW **85** (1973) 591; *ders.* Rezension – Martin Fincke: Das Verhältnis des Allgemeinen zum Besonderen Teil des Strafrechts, JA **1975** 385; *ders.* Dogmatische Überlegungen zur Teilnahme am erfolgsqualifizierten Delikt nach § 18 StGB, Festschrift Lange (1976) 219; *ders.* Normtheoretische Überlegungen zur Strafbarkeit unvollendet gebliebener Straftaten, Festschrift Szwarc (2009) 193; *ders.* Über die Straftat des versuchten erfolgsqualifizierten Delikts, ZIS **2011** 386; *ders.* Überlegungen zum Strafgrund des Versuchs, Festschrift Wolter (2013) S. 403; *Goltdammer* Die Materialien zum Straf-Gesetzbuche für die Preußischen Staaten Theil I (1851); *Graul* Versuch eines Regelbeispiels – BayObLG NStZ 1997, 442; BGH NStZ-RR 1997, 293, JuS **1999** 852; *dies.* Urteilsanmerkung, JR **1999** 249; *Gropp* Tagungsbericht, Diskussionsbeiträge der Strafrechtslehrertagung 1985 in Frankfurt a. M., ZStW **97** (1985) 919; *Grünwald* Der Versuch des unechten Unterlassungsdelikts, JZ **1959** 46; *ders.* Die Beteiligung durch Unterlassen, GA **1959** 110; *Grupp* Das Verhältnis von Unrechtsbegründung und Unrechtsaufhebung bei der versuchten Tat (2009); *Günther* Der „Versuch" des räuberischen Angriffs auf Kraftfahrer, JZ **1987** 16; *ders.* Der Zusammenhang zwischen Raub und Todesfolge (§ 251 StGB), Festschrift Hirsch (1999) 543; *Gürtner* Der Gedanke der Gerechtigkeit in der deutschen Strafrechtserneuerung, in Gürtner/Freisler, Das neue Strafrecht – Grundsätzliche Gedanken zum Geleit (1936) 19; *Haas* Zum Rechtsgrund von Versuch und Rücktritt, ZStW **123** (2011) 226; *Hälschner* Die Beurtheilung fortgesetzter und fortdauernder Verbrechen bei einem während ihrer Verübung erfolgten Wechsel in der Gesetzgebung, GA **8** (1860) 441; *Haffke* Unterlassung der Unterlassung, ZStW **87** (1975) 44; *Hall* Über das Mißlingen. Eine anthropologisch-strafrechtliche Studie über Versuch und Fahrlässigkeit, Festschrift Wolf (1962) 454; *Hardtung* Gegen die Vorprüfung beim Versuch, Jura **1996** 293; *ders.* Versuch und Rücktritt bei den Teilvorsatzdelikten des § 11 Abs. 2 StGB: über Erfolgsqualifikationen und andere Vorsatz-Fahrlässigkeits-Kombinationen (2002); *ders.* Urteilsanmerkung, NStZ **2003** 261; *Harzer* Der provozierende Helfer und die Beihilfe am untauglichen Versuch, StV **1996** 336; *Hau* Die Beendigung der Straftat und ihre rechtlichen Wirkungen (1974); *Heckler* Die Ermittlung der beim Rücktritt vom Versuch erforderlichen Rücktrittsleistung anhand der objektiven Vollendungsgefahr (2002); *Heinitz* Franz von Liszt als Dogmatiker, ZStW **81** (1969) 572; *Hennig* Vorbereitung und Versuch im Strafrecht der DDR (1966); *Hennke* Zur Abgrenzung der strafbaren Vorbereitungshandlung beim Hochverrat, ZStW **66** (1954) 390; *Herzberg* Der Versuch beim unechten Unterlassungsdelikt, MDR **1973** 89; *ders.* Täterschaft und Teilnahme: eine systematische Darstellung anhand von Grundfällen (1977); *ders.* Täterschaft, Mittäterschaft und Akzessorietät der Teilnahme, ZStW **99** (1987) 49; *ders.* Zur Strafbarkeit des untauglichen Versuchs, GA **2001** 257; *ders.* Zum Merkmal „durch den Raub" in § 251 StGB und zum Rücktritt vom tödlichen Raubversuch, JZ 2007, 615; *ders.* Zum Versuch des erfolgsqualifizierten Delikts, Festschrift Amelung (2009) 159; *ders./Putzke* Straflose Vorbereitung oder strafbarer Versuch? Zur Eingrenzung von § 22 StGB und Art. 13 § 1 K.k. Festschrift Szwarc (2009) 205; *Hillenkamp* Die Bedeutung von Vorsatzkonkretisierungen bei abweichendem Tatverlauf (1971); *ders.* Urteilsanmerkung, MDR **1977** 242; *ders.* Vorsatztat und Opferverhalten (1981); *ders.* Möglichkeiten der Erweiterung des Instituts der tätigen Reue, in Schöch (Hrsg.), Wiedergutmachung und Strafrecht (1987) 81; *ders.* Zur „Vorstellung von der Tat" im Tatbestand des Versuchs, Festschrift Roxin (2001) 689; *ders./Cornelius* 32 Probleme aus dem Strafrecht Allgemeiner Teil, 15. Aufl. (2017); *Hirsch* Zur Problematik des erfolgsqualifizierten Delikts, GA **1972** 65; *ders.* Untauglicher Versuch und Tatstrafrecht, Festschrift Roxin (2001) 711; *ders.* Zur Behandlung des ungefährlichen „Versuchs" de lege lata und de lege ferenda, Gedächtnisschrift Vogler (2004) 31; *ders.* Die subjektive Versuchstheorie, ein Wegbereiter der NS-Strafrechtsdoktrin, JZ **2007** 494; *Höinghaus* Das neue Strafgesetzbuch für den norddeutschen

Bund mit den vollständigen amtlichen Motiven, 2. Aufl. (1870); *Honig* Entwurf eines amerikanischen Musterstrafgesetzbuchs (1965); *ders.* Entwurf eines Strafgesetzbuchs für die Vereinigten Staaten von Amerika (Model Penal Code) Teil I, ZStW **75** (1963) 63; Teil II ZStW **77** (1965) 37; *Horder* Ashworth's Principles of Criminal Law 8. Aufl. (2016); *Horn* Der Versuch, ZStW **20** (1900) 309; *Hruschka* Dogmatik der Dauerstraftaten und das Problem der Tatbeendigung, GA **1968** 193; *ders.* Urteilsanmerkung, JZ **1969** 607; *ders.* Urteilsanmerkung, JZ **1983** 217; *Hsueh* Abschied vom Begriff der Tatbeendigung im Strafrecht (2013); *Husemann* Die Verbesserung des strafrechtlichen Schutzes des bargeldlosen Zahlungsverkehrs durch das 35. Strafrechtsänderungsgesetz, NJW **2004** 104; *Ingelfinger* Zur tatbestandlichen Reichweite der Neuregelung des räuberischen Angriffs auf Kraftfahrer und zur Möglichkeit strafbefreienden Rücktritts vom Versuch, JR **2000** 225; *Isenbeck* Beendigung der Tat bei Raub und Diebstahl, NJW **1965** 2326; *Jakobs* Kriminalisierung im Vorfeld einer Rechtsgutsverletzung, ZStW **97** (1985) 751; *ders.* Materielle Vollendung bei Verletzungsdelikten gegen eine Person, Festschrift Roxin (2001) 793; *ders.* Der „Versuch" des Versuchs, Festschrift Streng (2017) 37; *Jescheck* Wesen und rechtliche Bedeutung der Beendigung der Straftat, Festschrift Welzel (1974) 683; *ders.* Strafrechtsreform in Deutschland Allgemeiner Teil (Versuch), SchweizZStr. **91** (1975) 1; *ders.* Versuch und Rücktritt bei Beteiligung mehrerer Personen an der Straftat, ZStW **99** (1987) 111; *Joerden* Zur Versuchsstrafbarkeit beim Betrug und seinen Derivaten im Wirtschaftsstrafrecht, Festschrift Blomeyer (2004) 373; *Jung* Zur Strafbarkeit des untauglichen Versuchs – ein Zwischenruf aus rechtsvergleichender Sicht, ZStW **117** (2005) 937; *Kadel* Urteilsanmerkung, JR **1985** 386; *Armin Kaufmann* Die Dogmatik der Unterlassungsdelikte (1959); *ders.* Die Dogmatik im Alternativ-Entwurf, ZStW **80** (1968) 34; *Kawaguchi* Der untaugliche Versuch im japanischen Strafrecht unter Berücksichtigung der deutschen Versuchslehre, ZStW **110** (1998) 561; *Kayser* Schärfster Kampf dem Gewaltverbrecher!, DR **1940** 44; *Keiler* Actus reus and participation in European criminal law (2013); *ders./Roef* Inchoate Offences. Attempt and Preparation in Keiler/Roef (Hrsg.) Comparative Concepts of Criminal Law 2. Aufl. (2016) 203; *Kern* Grade der Rechtswidrigkeit, ZStW **64** (1952) 255; *Kindhäuser* Gefährdung als Straftat: rechtstheoretische Untersuchungen zur Dogmatik der abstrakten und konkreten Gefährdungsdelikte (1989); *ders.* Zur Anwendbarkeit der Regeln des Allgemeinen Teils auf den besonders schweren Fall des Diebstahls, Festschrift Triffterer (1996) 123; *ders.* Versuch und Vollendung – normtheoretisch betrachtet, Festschrift Fischer (2018) 125; *Kölz-Ott* Eventualvorsatz und Versuch (1974); *Koffka* Niederschriften **2** (1958); *Kostuch* Versuch und Rücktritt beim erfolgsqualifizierten Delikt (2004); *Kratzsch* Die Bemühungen um Präzisierung der Ansatzformel (§ 22 StGB) – ein absolut untauglicher Versuch? (Teil 1), JA **1983** 420; *ders.* Verhaltenssteuerung und Organisation im Strafrecht: Ansätze zur Reform des strafrechtlichen Unrechtsbegriffs und der Regeln der Gesetzesanwendung (1985); *Kretschmer* Urteilsanmerkung, NStZ **1998** 401; *ders.* Mittelbare Täterschaft – Irrtümer über die tatherrschaftsbegründende Situation, Jura **2003**, 535; *Krüger* Der Versuchsbeginn bei mittelbarer Täterschaft (1994); *Kühl* Die Beendigung des vorsätzlichen Begehungsdelikts (1974); *ders.* Grundfälle zu Vorbereitung, Versuch, Vollendung und Beendigung, JuS **1979** 718, 874; **1980** 120, 273, 506, 650, 811; **1981** 193; **1982** 189; *ders.* Angriff und Verteidigung bei der Notwehr (I), Jura **1993** 57; *ders.* Die Beendigung des vollendeten Delikts, Festschrift Roxin (2001) 665; *ders.* Vollendung und Beendigung bei den Eigentums- und Vermögensdelikten, JuS **2002** 729; *ders.* Der Versuch des erfolgsqualifizierten Delikts, Festschrift Gössel (2002) 191; *ders.* Urteilsanmerkung, JZ **2003** 637; *ders.* Das erfolgsqualifizierte Delikt (Teil II): Versuch des erfolgsqualifizierten Delikts und Rücktritt, Jura **2003** 19; *ders.* Versuchsstrafbarkeit und Versuchsbeginn, Festschrift Küper (2007) 289; *ders.* Die Straftat in ihrer zeitlichen Entwicklung, JA **2014** 907; *Küper* Gefährdung als Erfolgsqualifikation? NJW **1976** 543; *ders.* Grenzfragen der Unfallflucht – zugleich ein Beitrag zur Deliktsbeendigung, JZ **1981** 251; *ders.* Regelbeispiel und Versuch des Regelbeispiels, JZ **1986** 518; *ders.* „Sukzessive" Tatbeteiligung vor und nach Raubvollendung – BGH, NJW 1985, 814; JuS **1986** 862; *ders.* Der Rücktritt vom „erfolgsqualifizierten Versuch", JZ **1997** 229; *ders.* „Erfolgsqualifizierter" oder „folgenschwerer" Versuch. Über die Grundlage des sog. Erfolgsqualifizierten Versuchs Festschrift Herzberg (2008) 323; *ders.* Probleme und Strukturen des „erfolgsqualifizierten Versuchs", JZ **2019** 872; *Küpper* Der unmittelbare Zusammenhang zwischen Grunddelikt und schwerer Folge beim erfolgsqualifizierten Delikt (1982); *Kusche* Zur Subjektivität und Normativität der Versuchsstrafbarkeit Jura **2019** 913; *Lackner* Das konkrete Gefährdungsdelikt im Verkehrsstrafrecht (1967); *Lampe* Unechte Unternehmen, untaugliche Versuche, Festschrift Rogall (2018) 223; *Laubenthal* Der Versuch des qualifizierten Delikts einschließlich des Versuchs im besonders schweren Fall bei Regelbeispielen, JZ **1987** 1065; *Laue* Ist der erfolgsqualifizierte Versuch einer Körperverletzung mit Todesfolge möglich? JuS **2003** 743; *Lehmann* Die Bestrafung des Versuchs nach deutschem und amerikanischem Recht (1962); *Lekschas/Buchholz* Strafrecht der DDR – Lehrbuch (1988); *Lesch* Das Problem der sukzessiven Beihilfe (1992); *Letzgus* Vorstufen der Beteiligung (1972); *Lieben* Gleichstellung von „versuchtem" und „vollendetem" Regelbeispiel? NStZ **1984** 538; *Eduard v. Liszt* Zur Lehre vom Versuch, ZStW **25** (1905) 24; *Franz v. Liszt* Das fehlgeschlagene Delikt und die Cohn'sche Versuchstheorie, ZStW **1** (1881) 93; *v. Löbbecke* Strafbarkeit des versuchten Diebstahls in einem schweren Fall, MDR **1973** 374; *Lotz/Reschke* Die harmonische Abgrenzung der Beendigungsphasen von § 246 StGB und § 242 StGB – zugleich ein Beitrag zur Beendigung der Unterschlagung, JR **2013** 59, 60; *Macke* Die unvollendeten Straftaten – the inchoate offences, in Mansdörfer (Hrsg.), Die allgemeine Straftatlehre des common law, Eine Darstellung unter besonderer Berücksichtigung des englischen Strafrechts (2005) 163; *T. Maier* Die Objektivierung des

Versuchsunrechts (2005); *Maihofer* Der Versuch der Unterlassung, GA **1958** 289; *Maiwald* Abschied vom strafrechtlichen Handlungsbegriff, ZStW **86** (1974) 626; *ders.* Historische und dogmatische Aspekte der Einheitstäterlösung, Festschrift Bockelmann (1979) 343; *ders.* Die natürliche Handlungseinheit (1964); *Maiwald* Über taugliche, untaugliche und grob unverständige Versuche. Eine rechtsvergleichende Bestandsaufnahme, in Koriath/Krack/Radtke/Jehle (Hrsg), Grundfragen des Strafrechts, Rechtsphilosophie und die Reform der Juristenausbildung (2010) 159; *Malitz* Der untaugliche Versuch beim unechten Unterlassungsdelikt (1998); *Maurer* Strafbewehrte Handlungspflichten des GmbH-Geschäftsführers in der Krise, wistra **2003** 174; *M. E. Mayer* Versuch und Teilnahme, in Aschrott/v. Liszt Reform des Strafgesetzbuchs Erster Band AT (1910) 331; *Meinecke* Die Gesetzgebungssystematik der Versuchsstrafbarkeit von Verbrechen und Vergehen im StGB (2001); *Meyer* Kritik an der Neuregelung der Versuchsstrafbarkeit ZStW **87** (1975) 598; *Ministerium der Justiz (MdJ)* Strafrecht der DDR – Lehrkommentar zum StGB Band I (1987); *Mitsch* Die Vermögensdelikte im Strafgesetzbuch nach dem 6. Strafrechtsreformgesetz, ZStW **111** (1999) 65; *ders.* Verjährung von Bestechungsdelikten und Beendigung der Tat, Jura 2009 534; *ders.* Das Unternehmensdelikt, Jura **2012** 526; *ders.* Vorbereitung und Strafrecht, Jura **2013** 696; *ders.* Das unechte Unternehmensdelikt, JuS **2015** 97; *ders.* § 23 Abs. 3 StGB – Grob unverständiges Strafrecht, ZIS **2016** 352; *ders.* Die Beendigung als ungeschriebenes Merkmal der Straftat, JA **2017** 407; *ders.* Der Versuch der erfolgsqualifizierten Teilnahme an einem verbotenen Kraftfahrzeugrennen, Festschrift Fischer (2018), 253; *Mittermaier* Der Versuch von Verbrechen, bei denen es an dem erforderlichen Gegenstande des Verbrechens mangelt, und der Versuch mit untauglichen Mitteln, GS **11** (1859) 403; *Momsen* Das „unmittelbare Ansetzen" als Ausdruck generalpräventiver Strafbedürftigkeit, in Momsen/Bloy/Rackow (Hrsg.), Fragmentarisches Strafrecht (2003) 61; *R. Müller* Wann beginnt die Strafverfolgungsverjährung bei Steuerhinterziehung? wistra **2004** 11; *Murmann* Versuchsunrecht und Rücktritt (1999); *ders.* Tatentschluss und Legitimation der Versuchsstrafbarkeit, Festschrift Merkel (2020) 727; *Nagler* Die Neuordnung der Strafbarkeit von Versuch und Beihilfe, GS **115** (1941) 24; *Naka* Der Strafgrund des Versuchs, in Hirsch/Weigend (Hrsg.), Strafrecht und Kriminalpolitik in Japan und Deutschland (1989) 93; *Neuhaus* Die strafbare Deliktsvorbereitung unter besonderer Berücksichtigung des § 234a Abs. 3 StGB (1993); *Niepoth* Der untaugliche Versuch beim unechten Unterlassungsdelikt (1994); *Oberhofer* Aberglaube und Unverstand in der Lehre von Versuch und Rücktritt (2016); *Oehler* Das objektive Zweckmoment in der rechtswidrigen Handlung (1959); *ders.* Das erfolgsqualifizierte Delikt als Gefährdungsdelikt, ZStW **69** (1975) 503; *ders.* Konkurrenz von unechtem und echtem Unterlassungsdelikt, JuS **1961** 154; *Otto* Schadenseintritt und Verjährungsbeginn, Festschrift Lackner (1987) 715; *ders.* Strafrechtliche Aspekte des Eigentumsschutzes (II), Jura **1989** 200; *Papageorgiou-Gonatas* Wo liegt die Grenze zwischen Vorbereitungshandlungen und Versuch? (1988); *Patzelt* Ungerechtfertigte Steuervorteile und Verlustabzug im Steuerstrafrecht (1990); *Perron* Sind die nationalen Grenzen des Strafrechts überwindbar? ZStW **109** (1997) 290; *Polaino Navarrete* Das Versuchsunrecht am Beispiel der schlichten Tätigkeitsdelikte und der echten Unterlassungsdelikte, Festschrift Gössel (2002) 157; *Puppe* Grundzüge der actio libera in causa, JuS **1980** 350; *Puschke* Legitimation, Grenzen und Dogmatik von Vorbereitungstatbeständen (2017); *Putzke* Der strafbare Versuch, JuS **2009** 894, 985, 1083; *Radbruch* Entwurf eines allgemeinen deutschen Strafgesetzbuches (1922); *Radtke* Die Dogmatik der Brandstiftungsdelikte: zugleich ein Beitrag zur Lehre von den gemeingefährlichen Delikten (1998); *Rath* Grundfälle zum Unrecht des Versuchs, JuS **1998** 1006, **1999** 32, 140; *Rengier* Erfolgsqualifizierte Delikte und verwandte Erscheinungsformen (1986); *ders.* Die Brandstiftungsdelikte nach dem sechsten Gesetz zur Reform des Strafrechts, JuS **1998** 397; *Renzikowski* Wahnkausalität und Wahndelikt – zur Strafbarkeit des untauglichen Versuchs, in M. Kaufmann (Hrsg.) Wahn und Wirklichkeit – Multiple Realitäten (2003) 309; *Rey-Sanfiz* Die Begriffsbestimmung des Versuchs und ihre Auswirkungen auf den Versuchsbeginn (2006); *Roeder* Die Erscheinungsformen des Verbrechens im Spiegel der subjektiven und objektiven Strafrechtstheorie (1953); *Roxin* Unterlassung, Vorsatz und Fahrlässigkeit, Versuch und Teilnahme im neuen Strafgesetzbuch, JuS **1973** 329; *ders.* Tatentschluß und Anfang der Ausführung beim Versuch, JuS **1979** 1; *ders.* Über den Tatentschluß, Gedächtnisschrift Schröder (1979) 145; *ders.* Urteilsanmerkung, NStZ **1998** 616; *ders.* Über den Strafgrund des Versuchs, Festschrift Nishihara (1998) 157; *ders.* Zur Strafbarkeit des untauglichen Versuchs, Festschrift Jung (2007) 829; *ders.* Der Strafgrund beim untauglichen und beim tauglichen Versuch, GA **2017** 656; *Roxin/Isfen* Der allgemeine Teil des neuen türkischen Strafgesetzbuches, GA **2005** 228; *Roxin/Stree/Zipf/Jung* Einführung in das neue Strafrecht, 2. Aufl. (1975); *Rudolphi* Die Strafbarkeit des versuchten unechten Unterlassungsdelikts, MDR **1967** 1; *ders.* Vorhersehbarkeit und Schutzzweck der Norm in der strafrechtlichen Fahrlässigkeitslehre, JuS **1969** 549; *ders.* Inhalt und Funktion des Handlungsunwertes im Rahmen der personalen Unrechtslehre, Festschrift Maurach (1972) 51; *ders.* Die zeitlichen Grenzen der sukzessiven Beihilfe, Festschrift Jescheck (1985) 559; *Rummler* Die Gewalttaten an der deutsch-deutschen Grenze vor Gericht (2000); *Safferling* Die Abgrenzung strafloser Vorbereitung und strafbarem Versuch im deutschen, europäischen und im Völkerstrafrecht, ZStW **118** (2006) 682; *Sánchez Lázaro* Strafbarkeit nicht voll zurechenbarer Rechtsgutsverletzungen nach Versuchsgrundsätzen im Fahrlässigkeitsbereich, GA **2005** 700; *Satzger* Die Europäisierung des Strafrechts (2001); *ders.* Das neue Völkerstrafgesetzbuch – Eine kritische Würdigung, NStZ **2002** 125; *ders.* Grundsätze eines europäischen Strafrechts in Böse (Hrsg.) Europäisches Strafrecht (2013) 61; *ders.* Der irreale Versuch – über die Schwierigkeiten der Strafrechtsdogmatik, dem abergläubischen Versuch Herr zu werden,

Jura **2013** 1017; *Sauermann* Der Versuch als „delictum sui generis" (1927), Strafrechtliche Abhandlungen 227; *Sax* „Tatbestand" und Rechtsgutsverletzung, JZ **1976** 429; *Schaffstein* Die allgemeinen Lehren vom Verbrechen in ihrer Entwicklung durch die Wissenschaft des gemeinen Strafrechts (1930); *ders.* Die Vollendung der Unterlassung, Festschrift Dreher (1977) 147; *W. Schmid* Über Feuerbachs Lehre vom „Mangel am Tatbestand", Gedächtnisschrift Schröder (1978) 19; *Schmidhäuser* Gesinnungsethik und Gesinnungsstrafrecht, Festschrift Gallas (1973) 81; *Schmitz* Unrecht und Zeit (2001); *Schneider* Der abergläubische Versuch, GA **1956** 262; *Schröder* Grundprobleme des § 49a StGB, JuS **1967** 289; *ders.* Urteilsanmerkung, JZ **1967** 368; *ders.* Die Unternehmensdelikte, Festschrift Kern (1968) 457; *K. Schubert* Der Versuch – Überlegungen zur Rechtsvergleichung und Harmonisierung (2005); *W. Schubert* Die Quellen zum Strafgesetzbuch von 1870/71, GA **1982** 191; *Schünemann* Die deutschsprachige Strafrechtswissenschaft nach der Strafrechtsreform im Spiegel des Leipziger Kommentars und des Wiener Kommentars, GA **1986** 293; *Schuster* Das Verhältnis von Strafnormen und Bezugsnormen aus anderen Rechtsgebieten (2012); *Schwabe/Zitzen* Probleme der Absatzhilfe bei § 259 I StGB, JA **2005** 193; *Sieber* Memorandum für ein Europäisches Modellstrafgesetzbuch, JZ **1997** 369; *ders./Cornils* Nationales Strafrecht in rechtsvergleichender Darstellung: Allgemeiner Teil. Band 3: Objektive Tatseite, subjektive Tatseite, Strafbares Verhalten im Vorfeld der Tatvollendung (2008); *Seminara/Hirsch* Zur strafrechtlichen Versuchslehre im 19. und 20. Jahrhundert (2008); *Sobota* Zur Strafrahmenwahl beim Zusammentreffen von besonders schwerem Fall und besonderem gesetzlichen Milderungsgrund, HRRS **2015** 339; *Sowada* Das „unechte Unternehmensdelikt" – eine überflüssige Rechtsfigur, GA **1988** 195; *ders.* Die erfolgsqualifizierten Delikte im Spannungsfeld zwischen Allgemeinem und Besonderem Teil des Strafrechts, Jura **1995** 644; *ders.* Die Gubener Hetzjagd: Versuchte Körperverletzung mit Todesfolge, Jura **2003** 549; *Spendel* Zur Notwendigkeit des Objektivismus im Strafrecht, ZStW **65** (1953) 519; *ders.* Kritik der subjektiven Versuchstheorie, NJW **1965** 1881; *ders.* Zur Neubegründung der objektiven Versuchstheorie, Festschrift Stock (1966) 89; *Stein* Gemeingefährliche Straftaten – Brandstiftung, in Einführung in das 6. Strafrechtsreformgesetz 1998 (1998) 75; *ders.* Beendeter und unbeendeter Versuch beim Begehungs- und Unterlassungsdelikt, GA **2010** 129; *Steinberg/Burghaus* Versuchte Steuerhinterziehung „in großem Ausmaß" nach § 370 Abs. 3 S. 2 Nr. 1 AO, ZIS **2011** 578; *Steppan* Die versuchte Tatbegehung in der Carolina, Festschrift Kocher (2002) 291; *Sternberg-Lieben* Versuch und § 243 StGB, Jura **1986** 185; *Stratenwerth* Urteilsanmerkung, JZ **1961** 95; *ders.* Die fakultative Strafmilderung beim Versuch, Festgabe zum schweizerischen Juristentag (1963) 247; *Stree* Zur Auslegung der §§ 224, 226 StGB (zugleich ein Beitrag zum Versuch erfolgsqualifizierter Delikte), GA **1960** 289; *Streng* Der Irrtum beim Versuch – ein Irrtum? ZStW **109** (1997) 863; *ders.* Der Eintritt der Regelwirkung in Versuchskonstellationen, Festschrift Puppe (2011) 1025; *Struensee* Versuch und Vorsatz, Gedächtnisschrift Armin Kaufmann (1989) 523; *Stuckenberg* Allgemeiner Teil des Europäischen Strafrechts in Böse (Hrsg.) Europäisches Strafrecht (2013) 379; *Sturm* Das unvollendete fahrlässige Delikt, ZStW **59** (1940) 23; *Theis* Unbeendeter Versuch und strafbare Vorbereitungshandlung (2016); *Thomsen* Über den Versuch der durch eine Folge qualifizierten Delikte (1895); *Tiedemann* Tatbestandsfunktionen im Nebenstrafrecht (1969); *ders.* Grunderfordernisse des Allgemeinen Teils für ein europäisches Sanktionenrecht – Generalbericht, ZStW **110** (1998) 497; *ders.* Der Allgemeine Teil des Strafrechts im Lichte der europäischen Rechtsvergleichung, Festschrift Lenckner (1998) 411; *Timpe* Untauglicher Versuch und Wahndelikt, ZStW **125** (2014) 755; *Toepel* Untauglicher Versuch und Einheit des Systems, Festschrift Kindhäuser (2019) 549; *Trechsel/Noll* Schweizerisches Strafrecht AT (1998); *Treplin* Der Versuch, ZStW **76** (1964) 441; *Ulsenheimer* Zur Problematik des Versuchs erfolgsqualifizierter Delikte, GA **1966** 257; *ders.* Zur Problematik des Rücktritts vom Versuch erfolgsqualifizierter Delikte, Festschrift Bockelmann (1979) 405; *ders.* Urteilsanmerkung, StV **1986** 201; *Vehling* Die Abgrenzung von Vorbereitung und Versuch (1991); *Vogler* Funktion und Grenzen der Gesetzeseinheit, Festschrift Bockelmann (1979) 715; *ders.* Zur Frage der Ursächlichkeit der Beihilfe für die Haupttat, Festschrift Heinitz (1972) 295; *ders.* Die Begünstigungshandlung. Zum Begriff „Hilfe leisten" in § 257 StGB, Festschrift Dreher (1977) 405; *Wachter* Das Unrecht der versuchten Tat (2015); *Warda* Grundfragen der strafrechtlichen Konkurrenzlehre, JuS **1964** 81; *Waiblinger* Subjektivismus und Objektivismus in der neueren Lehre und Rechtsprechung vom Versuch, ZStW **69** (1957) 189; *Waider* Strafbare Versuchshandlungen der Jagdwilderer, GA **1962** 176; *Walter* Der Kern des Strafrechts (2006); *Walther* Vollendungsprobleme beim Tötungsdelikt, NStZ **2005** 657; *Waßmer* Tagungsbericht – Die Harmonisierung des Europäischen Strafrechts (II), JZ **2001** 134; *Weigend* Die Entwicklung der deutschen Versuchslehre, in Hirsch/Weigend (Hrsg.), Strafrecht und Kriminalpolitik in Japan und Deutschland (1989) 113; *Weisert* Der Hilfeleistungsbegriff bei der Begünstigung (1999); *Werle* Konturen eines deutschen Völkerstrafrechts, JZ **2001** 885; *ders.* Völkerstrafrecht (2003); *Wessels* Zur Problematik der Regelbeispiele, Festschrift Maurach (1972) 295; *ders.* Zur Indizwirkung der Regelbeispiele für besonders schwere Fälle einer Straftat, Festschrift Lackner (1987) 423; *Wilda* Das Strafrecht der Germanen (1842); *Wittenbeck* Probleme der Vorbereitung und des Versuchs einer Straftat, NJ **1967** 370; *Wolff* Urteilsanmerkung, JR **2005** 128; *Wolter* Objektive und personale Zurechnung von Verhalten, Gefahr und Verletzung in einem funktionalen Strafrechtssystem (1981); *ders.* Zur Struktur der erfolgsqualifizierten Delikte, JuS **1981** 168; *ders.* Der „unmittelbare Zusammenhang" zwischen Grunddelikt und schwerer Folge beim erfolgsqualifizierten Delikt, GA **1984** 443; *Wolters* Das Unternehmensdelikt (2001); *ders.* Die Milderung des Strafrahmens wegen versuchter Tat beim echten Unternehmensdelikt, Festschrift Rudolphi (2004) 347; *ders.* Der Rücktritt beim „erfolgsqualifizierten Delikt", GA **2007** 65; *Yamanaka* Zum Beginn der Tatausführung im japanischen Strafrecht, in Hirsch/Weigend (Hrsg.), Strafrecht und Kriminalpolitik in Japan und Deutschland (1989) 101; *Zaczyk* Das Unrecht der versuchten Tat (1987); *ders.* Strafrecht, Rechtsphilosophie und der untaugliche Versuch, Festschrift Maiwald (2010) 885; *Zielinski* Handlungs- und Erfolgsunwert im Unrechtsbegriff: Untersuchungen zur Struktur von Unrechtsbegründung und Unrechtsausschluß (1973); *Zieschang* Die Gefährdungsdelikte (1998); *Zimmermann* Zum Strafgrund des Versuchs (§§ 22 f. StGB) – Plädoyer für eine erweiterte Gefährlichkeitstheorie –, JR **2018** 23; *Zipf* Dogmatische und kriminalpolitische Fragen bei § 243 Abs. 2 StGB, Festschrift Dreher (1977) 389; *ders.* Urteilsanmerkung, JR **1981** 119; *Zoll* Der untaugliche Versuch im polnischen Strafrecht, Festschrift Eser (2005) 655; *Zimmermann* Auf dem Weg zu einem deutschen Völkerstrafgesetzbuch, ZRP **2002** 97; *Zopfs* Der schwere Bandendiebstahl nach § 244a StGB, GA **1995** 320.

Vgl. auch das Schrifttum zu § 22.

## Übersicht



## Alphabetisches Stichwortverzeichnis s. § 22

## I. Entwicklungsstufen der Vorsatztat

### 1. Überblick

Jede vorsätzliche Straftat durchläuft eine Kette von Entwicklungsstadien, die als Gedanke und Entwurf im Inneren des Täters anheben und als Befriedigung über die Erreichung des Ziels oder die Verwirklichung von Motiv oder Absicht auch dort enden kann. Dazwischen tritt die Tat nach außen, wird zur Willensbetätigung, die mit der ersten Vorbereitung beginnt und mit der „Verhaltens-" oder „Erfolgsbeendigung" (s. dazu *Kühl* Beendigung S. 76 ff) im Regelfall ihren Abschluss findet. Häufig werden die Glieder der Kette als Planung und Entschluss, Vorbereitung, Versuch, Vollendung und Beendigung bezeichnet (**„Stufenlehre"**).[1] Dabei wird verschiedentlich darauf hingewiesen, dass sich diese Reihung aus dem üblichen Ablauf ergibt, dieser aber nicht zwingend ist, weil Vorbereitungen schon vorangetrieben sein können, ohne dass der Entschluss bereits endgültig feststeht (*Hillenkamp* LK[12] Rdn. 1; *Stratenwerth/Kuhlen* § 11 Rdn. 2).[2] Grundsätzlicher noch ist zu fragen, ob es überhaupt sinnvoll ist, vor dem Eintritt in das Versuchsstadium von einem (festen) „Entschluss" zu sprechen (dazu – verneinend – § 22 Rdn. 32 f). Im Übrigen kann naturgemäß die Kette jederzeit abbrechen, wenn der Täter sein Vorhaben vorzeitig aufgibt oder scheitert (*Jäger* SK Rdn. 1). Dann kann der erreichten Stufe selbständiges Gewicht zukommen, während sie anderenfalls in der nächstfolgenden aufgeht.[3] 1

Wenn von **Entwicklungsstufen** die Rede ist, ist nicht vorausgesetzt, dass sie sich stets nach Zeitintervallen und äußerer Gestalt in deutlicher Weise voneinander absetzen. Vielmehr können sie sich – wie bei einer Tötung im Affekt – in Sekunden ereignen. Gleichwohl gebieten das Tatprinzip (*Jakobs* 25/1a) und der nullum-crimen-Grundsatz (*Kühl* AT § 14 Rdn. 2 f, 14) die trennscharfe Abschichtung der einzelnen Stufen. Denn während der bloße Gedanke nicht strafbar ist (s. dazu Rdn. 3), sind es die Vorbereitung, der Versuch und die Vollendung je für sich nur unter den besonderen Festlegungen, die das Gesetz trifft und deren Beachtung die Garantiefunktion des Strafrechts (Art. 103 Abs. 2 GG, § 1) gebietet.[4] Dabei nehmen Strafwürdigkeit und Strafbedürftigkeit ab, je mehr sich die Verwirklichungsstufe von der tatbestandsmäßigen Vollendung entfernt (*Vogler* LK[10] Rdn. 2). Dem entspricht die eingeschränkte Anordnung der Strafbarkeit des Versuchs (§ 23 Abs. 2) wie die (allerdings tendenziell schwindende) Zurückhaltung gegenüber einer Strafausdehnung (*Maurach/Gössel/Zipf* AT/2 § 39 Rdn. 32) auf die ihm vorgelagerten Stadien. Auch lässt die Einsicht, dass mit der Vollendung das Unrechtszentrum umschrieben ist, gegenüber jeder strafschärfenden oder gar strafbegründenden Verwertung der Beendigungsphase Skepsis anraten (Rdn. 20 ff; *Kühl* AT § 14 Rdn. 4). 2

### 2. Planung und Entschlussfassung

Die gedankliche Planung einer Tat und der bloße Entschluss im Sinne einer inneren (als Entscheidung der freien Person freilich stets auch wieder änderbaren) Selbstfestlegung, sie zu begehen (zu unterscheiden von dem Tatentschluss im Sinne von § 22, vgl. § 22 Rdn. 32), bleiben 3

---

1 *Hillenkamp* LK[12] Rdn. 1; *Jakobs* 25/1 ff; *Jescheck/Weigend* vor § 49; *Joecks* Rdn. 2; *Kühl* AT § 14 Rdn. 5 ff; *Lackner/KühlKühl* Rdn. 1 ff; *Jäger* SK Rdn. 1 ff; *Sch/Schröder/Eser/Bosch* Rdn. 1 ff; *Kühl* JA **2014** 907 ff; *Rengier* AT § 33 Rdn. 7 ff; *Stratenwerth/Kuhlen* § 11 Rdn. 2 ff; *Wessels/Beulke/Satzger* Rdn. 61 ff. *Maurach/Gössel/Zipf* AT/2 § 39 Rdn. 27; *ders.* FS Szwarc S. 193, 199 unterscheidet Planung, Vorbereitung, Beginn, Durchführung, Vollendung und Beendigung. **Krit.** zur Stufenlehre *Alwart* GA **1986** 245; *T. Maier* Objektivierung S. 55 ff.

2 So in Fällen bloßer Tatgeneigtheit, s. dazu § 22 Rdn. 41.

3 Das gilt im konkurrenzrechtlichen Sinne naturgemäß nur, soweit die erreichte Stufe – also z. B. der Versuch eines Verbrechens – strafbar ist, vgl. *Hoffmann-Holland* MK § 22 Rdn. 29.

4 So auch im schweizerischen Recht, vgl. *Niggli/Maeder* BK StGB I Vor Art. 22 Rdn. 8.

straflos: cogitationis poenam nemo patitur (*Ulpian*).[5] Sie verletzen „nichts und niemanden" (*Stratenwerth/Kuhlen* § 11 Rdn. 4), solange sie Interna oder bloße Äußerung bleiben. Ihre Ausforschung und Kontrolle ist dem Staat ebenso verwehrt wie ihre Bestrafung. Jemandes Gedanken und Gesinnungen zu ermitteln und durch strafbewehrte Schranken einzuengen, begnügte sich nicht mit der äußeren Einhaltung der Rechtsordnung, sondern zielte auf innere Anpassung an sie. Das aber widerspräche dem Tatprinzip und zerstörte die Freiheit der Person. Zu ihr gehört eine von jeder staatlichen Observanz freie gedankliche Sphäre.[6]

4 **Ausnahmen** hiervon sind nur **scheinbare**. So ist der bloße Entschluss, ein bestimmtes Verbrechen zu begehen, zwar in Tatbeständen wie §§ 239a, b, 306b Abs. 2 Nr. 2 oder § 316a auch ohne jede Äußerung dieses Entschlusses ein die Strafbarkeit mit-, aber diese eben nicht allein konstituierendes Element. § 241 Abs. 1 macht nicht den (nicht einmal notwendigen; *Lackner/Kühl/Heger* § 241 Rdn. 3) Entschluss, ein Verbrechen zu verüben, sondern die Bedrohung mit einem Verbrechen zum Gegenstand seines Verbots.[7] Und auch § 30, dessen Regelung teilweise mit der Anerkennung eines Internbereichs der Person für nicht vereinbar gesehen wird (*Jakobs* 25/1c; *Stratenwerth/Kuhlen* § 11 Rdn. 5), verlangt jedenfalls eine Entäußerung des deliktischen Entschlusses, die regelmäßig eine abstrakte Gefährlichkeit für das anzugreifende Rechtsgut begründet (*SSW/Murmann* § 30 Rdn. 1) und von der man gerade nicht sagen kann, „dass sie über die Verlautbarung eines Entschlusses" (dessen Durchführung nur vom Äußernden abhänge und dann in der Tat wie der ohne Fremdbeteiligung gefasste Tatentschluss straflos bleiben müsste) „nicht hinausgelangt" (so aber AE Begr. S. 67). Vielmehr ist hier das Vorbereitungsstadium beschritten, in dem die Berechtigung des Staates, mit Strafe zu drohen, im Grundsatz beginnt.[8] Das wird freilich teilweise dort anders beurteilt, wo mit der Einbeziehung objektiv ungefährlicher Verhaltensweisen, also beim untauglichen Versuch der Beteiligung, § 30 den manifestierten geistigen Angriff auf das Recht kriminalisiert (*SSW/Murmann* § 30 Rdn. 1, 5, 16).

## 3. Vorbereitung

5 Da die Tatbestände des Besonderen Teils und des Nebenstrafrechts nur die vollendete Ausführung des jeweiligen Verbrechens oder Vergehens unter Strafe stellen und § 22 den Bereich des Strafbaren nur in den Grenzen des Versuchs erweitert, bildet die Vorbereitungshandlung ein in der **Regel noch nicht tatbestandliches** und infolgedessen nicht strafbares Glied im vom Täter vorgestellten Ablauf eines Geschehens, das (möglicherweise) in eine Rechtsgutsverletzung mündet.[9] Ein allgemeines Anzeichen dafür, dass der Handlung nur vorbereitende Bedeutung zukommt, kann es sein, dass die Fortführung der Tat – wie es RGSt **43** 332, 333 formuliert – noch einer „neuen Willensregung" bedarf, dass die eigentliche Tatausführung noch in räumlicher und zeitlicher Ferne liegt und dass deshalb die Tatbestandsverwirklichung noch nicht nahegerückt ist (s. zu den genannten Kriterien § 22 Rdn. 80 ff). Auch lassen sich Leitbilder typischer Vorbereitungshandlungen entwerfen. So wird das Herstellen und Beschaffen von Tatmitteln oder -werkzeugen, ihr Herrichten und Bereitstellen, das Aufsuchen des Tatorts und das Auskundschaften oder Schaffen der Tatgelegenheit in der Regel dem Vorbereitungsbereich angehören (s. dazu näher § 22 Rdn. 128 ff). In den Vorbereitungsbereich können zudem auch Handlungen fallen, die sich erst nach der Tat auswirken sollen, wie Vorkehrungen zur Verhinderung der Entdeckung der Tat (Beschaffen eines Alibis) oder zur Sicherung der Tatvorteile (das Herrichten

5 D. 48. 19. 18.; vgl. dazu die gleichnamige Schrift von *Glöckner*.

6 *Jakobs* 25/1a; *ders.* ZStW **97** (1985) 753 ff, 773; *Stratenwerth/Kuhlen* § 11 Rdn. 5; vgl. auch *Beck* Unrechtsbegründung S. 78 ff.

7 Für Strafwürdigkeit daher auch *Jakobs* ZStW **97** (1985) 775.

8 Zur Problematik des Sich-bereit-Erklärens s. *Roxin* AT II § 28 Rdn. 8.

9 Eingehend *Mitsch* Jura **2013** 696 ff; *Theis* S. 109 ff.

eines Verstecks). Ob vorbereitende Handlungen für das Gesamt der Tat nur untergeordnet, höchst wichtig oder sogar condicio sine qua non sind, ist ohne Bedeutung. Wesentlich ist allein, dass sie die Zone des Versuchs noch nicht erreicht und das weitgehend straflose Terrain noch nicht verlassen haben. Ist es anders, tritt Strafbarkeit in dem durch § 23 Abs. 1 umschriebenen Umfang ein. Damit wird das **Gewicht der Aufgabe** sichtbar, zwischen Versuch und Vorbereitung klare Grenzen zu ziehen. Ihre Lösung ist sicher bis zu einem gewissen Grade „Tatfrage" (*Vogler* LK[10] Rdn. 4), setzt aber ebenso sicher eine legitime und gesetzestreue Konkretisierung der Schwelle voraus (s. dazu im Einzelnen § 22 Rdn. 102 ff), mit deren Überschreitung die Tat ihre Vorläufigkeit verliert.

**a) Straflosigkeit.** Die Straflosigkeit der Vorbereitungshandlungen wird verbreitet darauf zurückgeführt, dass sie sich „meist im Verborgenen" ereigneten, „verschiedenen Deutungen Raum" ließen und dass sie deshalb „den Rechtsfrieden in der Regel nicht oder nicht so sehr" beeinträchtigten, dass Strafe erforderlich wäre (*Roxin* JuS **1979** 1). Es fehle ihnen die Kraft, „das Rechtsgefühl der Allgemeinheit" ernstlich zu erschüttern (*Vogler* LK[10] Rdn. 6). Es liegt auf der Hand, dass diese auf der Eindruckstheorie (s. dazu Rdn. 83 ff) fußenden Aussagen nur auf einen Teil aller Vorbereitungshandlungen zutreffen,[10] die punktuelle Strafbarkeit von Vorbereitungshandlungen (z. B. § 30) nicht begründen und daher die gesetzgeberischen Dezisionen auch nicht wirklich erklären können (s. krit. auch *Beck* Unrechtsbegründung S. 42 ff). Grundsätzlich kommen Vorbereitungshandlungen nur als Gegenstand präventiver Maßnahmen in Betracht, weil sie das Recht nicht bereits verletzen, sondern Rechtsverletzungen vorbereiten. Das kann nach der Wertung des Gesetzgebers anders sein, wenn ihnen bereits ein strafwürdiger Gefährdungsunwert zukommt (dazu eingehend und kritisch *Gierhake* S. 180 ff; ferner *Petzsche* ZStW **131** [2019] 576, 585 ff; *Zaczyk* NK § 22 Rdn. 3). Fehlt es an einer gesetzlichen Vertypung einer Vorbereitungshandlung in einem Straftatbestand, so liegt ein rechtsstaatliches Bedenken gegen ihre Erfassung als Verhalten im Vorfeld eines Tatbestandes in der mangelnden Bestimmtheit des strafbaren Verhaltens (Art. 103 Abs. 2 GG) und darin, dass solche Vorbereitungshandlungen materiell vom Unrechtszentrum noch weit entfernt sind (s. *Sch/Schröder/Eser/Bosch* Rdn. 13). Damit hängt es zusammen, dass vor dem Versuchsstadium ein Vorsatz als tatmächtiger Verwirklichungswille bezogen auf die Vornahme der tatbestandsmäßigen Ausführungshandlung nicht besteht. Es ist in diesem Stadium vielmehr normativ zu erwarten, dass das Tatvorhaben vor dem Entstehen irgendeiner „Gefährlichkeit" (s. dazu *Beck* Unrechtsbegründung S. 117 ff) neutralisiert oder zurückgenommen wird (*Stratenwerth/Kuhlen* § 11 Rdn. 8; eingehend § 22 Rdn. 36 ff). Praktisch würde die auch von den Vertretern der Eindruckstheorie hervorgehobene soziale Unauffälligkeit vieler Vorbereitungshandlungen zudem zu einem hohen Anteil im Dunkelfeld verbleibender oder bei Entdeckung schwer beweisbarer Taten führen (*Maurach/Gössel/Zipf* AT/2 § 39 Rdn. 43). Neben der begrenzten Begründbarkeit strafwürdigen Unrechts sprechen also Probleme der Tatbestandsbestimmtheit sowie Verfolgungsdefizite und das ultima-ratio-Prinzip gegen die strafrechtliche Erfassung von Vorbereitungshandlungen. Der im Satz „cogitationis poenam nemo patitur" ausgedrückte Gedanke ist nicht so umkehrbar, dass was nicht bloß deliktischer Gedanke bleibt, allein deswegen schon eine soziale Störung sei (*Jakobs* 25/1a). 6

**b) Ausnahmen von der Straflosigkeit.** Die im Grundsatz zu befürwortende (s. Rdn. 6) Straflosigkeit der Vorbereitungshandlungen hat der Gesetzgeber aus vornehmlich kriminalpolitischen Gründen für bestimmte – nicht immer klar gegeneinander abgrenzbare – Fallgruppen durchbrochen ([teilweise] krit. dazu *Gierhake* S. 180 ff; *Jakobs* 25/8; *ders.* ZStW **97** [1985] 751; 7

10 Z. B. nicht auf den bewaffnet an der Mietshaustür klingelnden und zum Mord entschlossenen Schwiegersohn: gleichwohl nur Vorbereitung, vgl. BGH StV **1984** 420; näher § 22 Rdn. 79.

*Petzsche* ZStW **131** (2019) 576, 585 ff; *Puschke* S. 36 ff; *Rath* JuS **1999** 35; *Theis* S. 121 ff).[11] Das ist als **erstes** so bei der sogenannten **unselbständigen Ausdehnung von Straftatbeständen** auf das Vorbereitungsstadium. Zu diesem Mittel greift der Gesetzgeber dort, wo nach der Eigenart des Tatbestandes (und mit Blick auf die Bedeutung des geschützten Rechtsguts) ein besonders früher Zugriff vor allem deshalb erforderlich erscheint, weil die Effektivität des Rechtsschutzes bei einem Zuwarten auf das Versuchsstadium litte, die Eigenart des Tatbestandes also den frühen Zugriff gebietet. In die Gruppe der hier gemeinten Delikte (zu ihrer Legitimation s. *Beck* Unrechtsbegründung S. 134 ff) fällt die Vorbereitung eines hochverräterischen Unternehmens (§ 83) oder von Sabotageakten (§ 87), die landesverräterische (§ 98) oder geheimdienstliche Agententätigkeit (§ 99) sowie die Vorbereitung einer Verschleppung (§ 234 Abs. 3; s. dazu *Maurach/Gössel/Zipf* AT/2 § 39 Rdn. 47; *Neuhaus* Deliktsvorbereitung S. 158 ff) oder eines Angriffs auf den Luft- oder Seeverkehr (§ 316c Abs. 4) durch die jeweils teils formell als „Vorbereitung" gekennzeichneten oder doch jedenfalls materiell als solche einzustufenden Handlungen (zur Möglichkeit eines Versuchs s. Rdn. 131).

8 Die **zweite** Fallgruppe zeichnet sich dadurch aus, dass der Gesetzgeber bestimmte Handlungen wegen ihrer typischen Ausprägung und besonderen Gefährlichkeit in einem **selbständigen Delikt** unter Strafe stellt, obwohl die beschriebene Tat materiell nur die Vorstufe einer anderen Tat ist (*Jescheck/Weigend* § 49 VI 2b; *Jäger* SK Rdn. 4). Hierhin kann man die Vorbereitung eines Angriffskrieges (§ 80) und die Ausspähung von Staatsgeheimnissen (§ 96), die Vorbereitung eines Explosions- oder Strahlungsverbrechens (§ 310), aber auch die Vorbereitung der Fälschung von Geld- oder Wertzeichen (§ 149; s. dazu und zu § 152a Abs. 5 i. V. m. § 149 *Husemann* NJW **2004** 107 f), das Einwirken auf ein Kind durch Schriften (§ 176 Abs. 4 Nr. 3; krit. hierzu *Duttge/Hörnle/Renzikowski* NJW **2004** 1067), die Vorbereitung eines Computerbetruges (§ 263a Abs. 3; krit. hierzu *Duttge* FS Weber 285; *Husemann* NJW **2004** 107), das Herstellen unechter Urkunden (§ 267 Abs. 1 1. Alt., s. *Jakobs* 25/10) oder technischer Aufzeichnungen (§ 268 Abs. 1 1. Alt.), die Vorbereitung der Fälschung von amtlichen Ausweisen (§ 275) sowie das Inverkehrbringen von Mitteln zum Abbruch der Schwangerschaft (§ 219b) zählen.[12] Auch der Versicherungsmissbrauch (§ 265) gehört hierher, soweit er der Vorbereitung des Betruges dient (s. dazu *Wessels/Hillenkamp/Schuhr* Rdn. 654 ff). Schließlich lassen sich auf Täuschung ausgerichtete Handlungen (§§ 264, 264a, 265b) hier einordnen, soweit ihre Bestrafung nicht einmal einen korrespondierenden Irrtum voraussetzt (*Maurach/Gössel/Zipf* AT/2 § 39 Rdn. 49; *Sch/Schröder/Eser/Bosch* Rdn. 14; zur Möglichkeit eines Versuchs s. Rdn. 130).[13]

9 Praktisch wichtiger als die Unterscheidung nach der Unselbständigkeit oder Selbständigkeit der Tatbestände ist die Frage, ob das Gesetz die **Vorbereitungshandlung vertypt** oder nicht.[14] Letzteres ist etwa bei §§ 80 und 234 Abs. 3 der Fall, wo als Tathandlung lediglich eine „Vorbereitung" gefordert ist. Hier wird teilweise verlangt, dass die fragliche Handlung eindeutig auf das Delikt vorausverweisen müsse (*Stratenwerth/Kuhlen* § 11 Rdn. 9), so dass äußerlich sozial unauffälliges Verhalten ausschiede (*Jakobs* 25/9; s. auch *Zaczyk* NK § 22 Rdn. 4). Diese Einschränkung leidet freilich darunter, dass gerade im Vorbereitungsstadium ein eindeutiger Deliktsbezug typischerweise noch nicht nach außen tritt und daher in vielen Fällen die Vorverlagerung des Schutzes leerliefe. Zudem hat der Gesetzgeber verschiedentlich auch bei vertypten Vorbereitungshandlungen auf einen äußerlich erkennbaren deliktischen Sinnbezug verzichtet, wenn etwa das bloße Sich-Bereithalten zur Begehung bestimmter Handlungen ausreichen soll (§ 87 Abs. 1 Nr. 1).

---

**11** S. zu ihrer Einteilung auch *Jakobs* 25/9 ff; *Jescheck/Weigend* § 49 VI; *Maurach/Gössel/Zipf* AT/2 § 39 Rdn. 45 ff; *Jäger* SK Rdn. 2 ff; *Sch/Schröder/Eser/Bosch* Rdn. 13; *Mitsch* Jura **2013** 696, 397 ff; zu strafbaren Vorstadien der Verbrechensbegehung im Völkerstrafrecht s. *Werle* Völkerstrafrecht Rdn. 422 ff; zum schweizerischen Recht vgl. *Niggli/Maeder* BK StGB I Vor Art. 22 Rdn. 8 ff.

**12** *Mitsch* Jura **2013** 696, 698 f.

**13** Zum Verhältnis des versuchten Betruges zu seinen „Derivaten" vgl. *Joerden* FS Blomeyer 373, 381 ff.

**14** *Zaczyk* NK § 22 Rdn. 4.

Als **drittes** hat der Gesetzgeber mit § 30 die Strafbarkeit bei Verbrechen generell auf bestimmte Fälle der sogenannten **„vorweggenommenen Beteiligung"** erstreckt (s. Rdn. 141 ff). Hinter diesem Strafausdehnungsgrund steht die Absicht des Gesetzgebers, unselbständige Vorbereitungshandlung zu erfassen, die wegen des jedenfalls angestrebten Zusammenwirkens mehrerer als besonders gefährlich und bei Verbrechen auch als strafwürdig erscheinen (*Roxin* AT II § 28 Rdn. 5). Dabei wird die besondere Gefährlichkeit der Verabredung und des Sich-bereit-Erklärens in der psychischen Bindung der Beteiligten, in den übrigen Varianten dagegen darin gesehen, dass der die Tat Anstoßende die auf die Rechtsgutsverletzung zulaufenden Kräfte nicht mehr wie der Alleintäter unter seiner Herrschaft behält (BGHSt **1** 309).[15] In § 233 Abs. 5 sind sogar vorgelagerte Beihilfehandlungen, wie das Vorschubleisten der Ausbeutung der Arbeitskraft durch die Vermietung von Geschäftsräumen, selbständig unter Strafe gestellt.[16] 10

Hinsichtlich des **Verhältnisses von strafbaren Vorbereitungshandlungen und Versuch bzw. Vollendung** gilt Folgendes: Verwirklicht der Täter seinen Deliktsplan über die jeweils schon unter Strafe gestellte Vorbereitungshandlung hinaus, **tritt** diese in aller Regel **zurück** (*Jäger* SK Rdn. 3). So ist z. B. die versuchte Anstiftung (§ 30 Abs. 1) wie die Verbrechensverabredung (§ 30 Abs. 2) gegenüber der vollendeten Anstiftung oder der versuchten oder vollendeten Tat subsidiär.[17] Das gilt allerdings dann nicht, wenn die strafbare Vorbereitungshandlung im Unrechtsgehalt weiter reicht als die ausgeführte Tat (*Vogler* FS Bockelmann 725). Deshalb ist zusätzlich eine Strafbarkeit nach § 30 gegeben, wenn der verabredete schwere Raub nur als einfacher ausgeführt oder der zum Meineid Angestiftete nur uneidlich vernommen wird.[18] Reicht dagegen der Unrechtsgehalt der jeweiligen Vorbereitungshandlung nicht über den der sie fortführenden Handlung hinaus, gilt die angesprochene Regel. So tritt z. B. § 149 hinter der versuchten oder vollendeten Geld- oder Wertzeichenfälschung nach §§ 146, 148 ebenso zurück[19] wie beispielsweise § 310, falls es zur Ausführung eines Explosions- oder Strahlungsverbrechens kommt.[20] Dient der Versicherungsmissbrauch (§ 265) der Vorbereitung eines Betrugs, geht der versuchte oder vollendete § 263 aufgrund der in ihrem Wortlaut zu engen Subsidiaritätsklausel des § 265 diesem selbst dann vor, wenn der Betrug gegenüber dem Versicherungsmissbrauch eine selbständige Tat darstellt (*Wessels/Hillenkamp/Schuhr* Rdn. 656, 667). Für §§ 264, 264a und 265b gelten dagegen aufgrund ihrer jeweiligen Tatbestandsstruktur und Schutzrichtungen im Verhältnis zu § 263 wiederum je eigene und im einzelnen umstrittene Regeln.[21] Wird der jeweilige Tatbestand verwirklicht, liegt in allen Fällen ein **formell vollendetes Delikt** vor (*Sch/Schröder/Eser/Bosch* Rdn. 14). Die Vertatbestandlichung von Vorbereitungshandlungen zieht die Frage nach sich, ob im Falle einer Strafbarkeit auch ein Versuch der Vorbereitung in Betracht zu ziehen ist (s. dazu unten Rdn. 129 ff). 11

## 4. Versuch

Der Versuch ist ein der Vorbereitung folgendes weiteres Stadium vor der Vollendung: Er ist die bereits begonnene, aber nicht vollendete Tat.[22] Strafbar ist der Versuch nur in den durch §§ 22, 12

---

**15** S. auch BGHSt **4** 16, 19; *Letzgus* Vorstufen S. 123 ff; *Roxin* AT II § 28 Rdn. 5; *Sch/Schröder/Eser/Bosch* Rdn. 14; *SSW/Murmann* § 30 Rdn. 1.

**16** *Sch/Schröder/Eisele* § 233 Rdn. 7; *Lackner/Kühl/Heger* § 233 Rdn. 6. Dazu kritisch *Petzsche* ZStW **131** (2019) 576, 586; der Kritik zustimmend *SSW/Zimmermann* § 233 Rdn. 18.

**17** *SSW/Murmann* § 30 Rdn. 30; *Roxin* AT II § 28 Rdn. 37, 69.

**18** BGHSt **1** 242; **9** 131; **14** 379; *Roxin* LK[11] § 30 Rdn. 80; *Jäger* SK Rdn. 3; *SSW/Murmann* § 30 Rdn. 30; *Sch/Schröder/Heine/Weißer* § 30 Rdn. 39; **aA** *Kohlrausch/Lange* § 49a VI; *Schneider* GA **1956** 262.

**19** RGSt **65** 203, 205; RG JW **1934** 2850; *Jäger* SK Rdn. 4.

**20** *Sch/Schröder/Heine/Bosch* § 310 Rdn. 11.

**21** S. *Sch/Schröder/Eser/Perron* § 264 Rdn. 87; *Sch/Schröder/Eser/Perron* § 264a Rdn. 41; *Sch/Schröder/Eser/Perron* § 265b Rdn. 51.

**22** *Jescheck/Weigend* § 49 III; *Lackner/KühlKühl* Rdn. 3; § 22 Rdn. 1; *Sch/Schröder/Eser/Bosch* § 23 Rdn. 1 ff; *Fischer* § 22 Rdn. 2. Dass der Versuch konkurrenzrechtlich in der Vollendung aufgeht, also gewissermaßen erhalten bleibt,

23 gesetzten Grenzen. Kennzeichen des Versuchs sind negativ das Fehlen einer dem Täter objektiv zurechenbaren Vollendung (*Jäger* SK § 22 Rdn. 2; näher dazu § 22 Rdn. 10 ff), positiv der Entschluss, eine (bestimmte) Straftat zu begehen (*Roxin* GedS Schröder 145 ff; näher dazu § 22 Rdn. 28 ff) und die Betätigung dieses Entschlusses im Sinne eines über die bloße Vorbereitung hinausgehenden, (zumindest) unmittelbaren Ansetzens zur Tatbestandsverwirklichung (näher dazu § 22 Rdn. 68 ff). Die gesetzliche „Begriffsbestimmung" (§ 22) gibt diese Elemente nur unvollkommen wieder (§ 22 Rdn. 8). Sie schließt es aber aus, vom Versuchstatbestand neben dem unmittelbaren Ansetzen zur Tatbestandsverwirklichung die objektive Verwirklichung bestimmter Tatbestandsmerkmale zu verlangen, die für das „Tatbild" der vollendeten Tat unverzichtbar sein sollen.[23]

**13** Einigkeit besteht darüber, dass es beim Versuch am äußeren Tatbestand, jedenfalls an seiner zurechenbaren Herbeiführung teilweise fehlt (*Gössel* FS Wolter 403, 416). Der **innere Tatbestand** muss dagegen vollständig vorliegen (präzisierend § 22 Rdn. 30 ff). Über den Vorsatz bezüglich aller objektiven Tatumstände hinaus müssen also auch die bei der betreffenden Deliktsart vorausgesetzten besonderen subjektiven Tatbestandsmerkmale gegeben sein, wie beispielsweise die Zueignungsabsicht bei Diebstahl und Raub, die Täuschungsabsicht bei der Urkundenfälschung oder die Bereicherungsabsicht bei Betrug oder Erpressung (näher dazu § 22 Rdn. 67). Es lässt sich vom Versuch daher auch von einer vollständig gewollten, aber unvollständig gebliebenen Tat sprechen (*Lackner/Kühl/Kühl* § 22 Rdn. 1; *Maurach/Gössel/Zipf* AT/2 § 40 Rdn. 34).

**14** Aus dieser Struktur und dem begriffsnotwendigen Fehlen der Vollendung ergibt sich einerseits, dass der Versuch ein **unselbständiger Tatbestand** ist (*Jescheck/Weigend* § 49 III; *Maurach/Gössel/Zipf* AT/2 § 40 Rdn. 34 ff; *Sauermann* Versuch S. 31), dessen Merkmale nicht aus sich heraus zu verstehen, sondern stets auf den Tatbestand einer bestimmten Verbrechens- oder Vergehensnorm zu beziehen sind (*Baumann/Weber/Mitsch/Eisele* § 22 Rdn. 2; *Jescheck/Weigend* § 49 III; *Schmidhäuser* Lb 15/5; näher § 22 Rdn. 40 f). Zum anderen lässt sich das tatbestandsmäßige Unrecht des Versuchs ohne subjektive Tatseite nicht begründen (*Gallas* Beiträge S. 48) und oft auch nicht erfassen, da das äußere Handlungsgeschehen häufig indifferent bleibt (*Gropp* § 9 Rdn. 18; *Kühl* JuS **1980** 507). Der innere Tatbestand beansprucht beim Versuch daher den Vorrang vor dem äußeren Hergang der Tat (*Kühl* AT § 15 Rdn. 7, 17; s. § 22 Rdn. 28).

**15** Aus dem Erfordernis eines in § 43 a. F. durch das Wort „Entschluss" noch ausdrücklich verlangten und durch das Abstellen auf die Vorstellung des Täters von der Tat nach der Auffassung des Gesetzgebers auch heute noch hinreichend angedeuteten Tatvorsatzes[24] folgt – ebenso wie aus § 15 und § 23 Abs. 1[25] –, dass der Versuch vorsätzliches Handeln voraussetzt. Deshalb ist der **fahrlässige Versuch** von der „Begriffsbestimmung" des § 22 ausgeschlossen[26] und folglich jedenfalls de lege lata nach unbestrittener Meinung straflos.[27] Auch die Frage der Strafbarkeit

---

ist kein Grund, die Nichtvollendung nicht zu seiner Kennzeichnung zu nutzen, **aA** *Hardtung* Jura **1996** 293, 301; *Hoffmann-Holland* MK § 22 Rdn. 29; vgl. dagegen hier § 22 Rdn. 9.

**23** Abgesehen davon, dass eine äußere „Ähnlichkeit der versuchten Tat mit dem vom Gesetzgeber im Deliktstatbestand fixierten Verhalten" zwar häufig gegeben, namentlich beim untauglichen Versuch aber keine einzuhaltende Voraussetzung ist, ist eine Sortierung der Tatbestandsmerkmale danach, ob sie das Tatbild maßgeblich prägen oder nicht, ohne Willkür nicht zu leisten. Der Vorschlag *T. Maiers* Objektivierung S. 209 ff (Zitat S. 213) überzeugt daher nicht. Vgl. zu dessen Würdigung aber auch *Zaczyk* GA **2008** 56 ff.

**24** BT-Drucks. V 4095 S. 11 betont deshalb, dass die Aufnahme des Vorsatzes in die Definition (des § 26 E 1962) überflüssig sei; vgl. dazu § 22 Rdn. 2, 9. Zur Bedeutung der „Vorstellung von der Tat" vgl. *Hillenkamp* FS Roxin (2001) 689 und näher § 22 Rdn. 87 ff; gegen die Weiterverwendung des Wortes „Entschluss" *Baumann/Weber/Mitsch/Eisele* § 22 Rdn. 31.

**25** *Mitsch* ZIS **2016** 352, 356.

**26** **AA** *Rey-Sanfiz* S. 279 ff.

**27** Vgl. *Sturm* ZStW **59** (1940) 23, 32, der deshalb zumindest für schwerste Fahrlässigkeit die Strafbarkeit des Versuchs fordert; vgl. dazu auch *Jakobs* 9/27. Bedenken gegen eine vollendungsbegründende Zurechnung mitwirkenden Verhaltens von Nebentätern oder Opfern im Fahrlässigkeitsbereich führen *Sánchez Lázaro* GA **2006** 700, 713 ff zum Vorschlag eines fahrlässigen Versuchs(-tatbestandes) de lege ferenda.

des **Versuchs beim Fahrlässigkeitsdelikt** stellt sich im Rahmen der §§ 22 ff nicht, da das Gesetz kein fahrlässiges Verbrechen und keine Strafandrohung für Versuch bei fahrlässigen Vergehen kennt (*Vogler* LK[10] Rdn. 8).

Es ist daher nur von theoretischem Interesse, ob es den **fahrlässigen Versuch** überhaupt **gibt**. Das wird teils generell[28] oder doch jedenfalls für die bewusste Fahrlässigkeit[29] bejaht, teils grundsätzlich verneint[30] oder auch mit Hinweis auf die de lege lata mangelnde Entscheidungsbedürftigkeit offen gelassen.[31] Die **konstruktive Möglichkeit** eines fahrlässigen Versuchs wird man schon deshalb schwerlich verneinen können, weil der Gesetzgeber in § 315c Abs. 1 Nr. 2 f, Abs. 3 Nr. 2 geregelt hat, dass der fahrlässige Versuch des Wendens auf Autobahnen (etc) die Strafbarkeit begründen kann. Auch wenn man diese Vorschrift für „verfehlt" hält (*Zaczyk* NK § 22 Rdn. 21)[32] demonstriert sie doch, dass der Gesetzgeber eine solche Regelung jedenfalls treffen *kann*.[33] Freilich ist nicht zu übersehen, dass ein solcher fahrlässiger Versuch nicht nur einen geringeren, sondern einen grundsätzlich anderen Unrechtsgehalt verkörpert als der vorsätzliche Versuch. Denn bei letzterem ist es gerade der über das objektiv unvollkommene Geschehen hinausgreifende Verwirklichungswille, der die Tat als einen spezifischen Deliktsversuch kennzeichnet (*Stratenwerth/Kuhlen* § 11 Rdn. 24). An diesem Willen fehlt es aber nicht nur bei der unbewussten, sondern auch bei der bewussten Fahrlässigkeit (*Baumann/Weber/Mitsch/Eisele* § 12 Rdn. 72). Zwar ist es richtig, dass was vollzogen werden kann auch einen Anfang hat (*Jakobs* 25/28; zust. *Freund/Rostalski* § 8 Rdn. 2), nicht aber, dass dieses Anfangen unterschiedslos Versuch zu nennen wäre. Will der Gesetzgeber daher namentlich die folgenlose oder die nur zu einem Gefahrerfolg führende Fahrlässigkeit unter Strafe stellen, wird er sich grundsätzlich der Figuren des (vollendeten) fahrlässigen Tätigkeits- oder des fahrlässigen Gefährdungsdelikts zu bedienen haben (*Baumann/Weber/Mitsch/Eisele* § 12 Rdn. 72 mit Fn. 130). Auch bei letzterem wird ein Versuch teilweise für nicht denkbar gehalten. So versuche der seine Fahruntüchtigkeit nicht Kennende und in dieser Unkenntnis den Motor startende Fahrzeugführer weder nach geltendem Recht, noch in der Sache, eine Trunkenheitsfahrt zu verwirklichen.[34] Bei den **vorsätzlichen Gefährdungsdelikten** ist der Versuch nicht anders als bei vorsätzlichen Verletzungsdelikten grundsätzlich möglich und liegt vor, wenn der vom Vorsatz erfasste Gefährdungserfolg trotz der gefährdenden Handlung oder eines unmittelbaren Ansetzens zu ihr ausbleibt (*Vogler* LK[10] § 22 Rdn. 8) oder in einer dem Täter nicht zurechenbaren Weise eintritt. Dem Gesetzgeber steht also auch ohne den fahrlässigen Versuch ein hinreichendes Instrumentarium zur Verfügung, erhebliche Gefährdungen strafrechtlich zu erfassen. Daher fehlt es auch am kriminalpolitischen Bedürfnis, den Versuch fahrlässiger Taten unter Strafe zu stellen. 16

Auch im Versuchsbereich gibt es – ähnlich wie auf dem Feld der Vorbereitungshandlungen (s. Rdn. 7 ff) – mit den **Unternehmensdelikten** eine Tatbestandsgruppe, die bereits das deliktische Vorfeld – hier im Sinne des Versuchs – in den Vollendungsbereich einbezieht (*Sch/Schröder/Eser/Bosch* Rdn. 15). Das gilt zunächst für die sogenannten **echten** Unternehmensdelikte, bei denen durch § 11 Abs. 1 Nr. 6 der Versuch der Vollendung ausdrücklich gleichgestellt wird. Das geschieht z. B. in §§ 81, 82, 184 Abs. 1 Nr. 4, 307 Abs. 1, 316c Abs. 1 Nr. 2 und § 357. Hier ist jeder Versuch, das tatbestandlich geschützte Rechtsgut mit den dort vorgesehenen Mitteln 17

---

**28** *Freund/Rostalski* § 8 Rdn. 2 f; *Jakobs* 25/28; *Maurach/Gössel/Zipf* AT/2 § 40 Rdn. 76; *Jäger* SK § 22 Rdn. 1; *Rey-Sanfiz* S. 279 ff; *Rudolphi* JuS **1969** 553; *Mitsch* ZIS **2016** 352, 356; *Wachter* S. 120 f, 177 ff; *Wolter* Zurechnung S. 193 ff, 299 f; vgl. auch *Rath* JuS **1998** 1011.

**29** *Baumann/Weber/Mitsch/Eisele* § 12 Rdn. 72; *Jescheck/Weigend* § 54 IV; vgl. dazu *Jakobs* 25/28.

**30** *Alwart* Versuchen S. 154 ff; *Stratenwerth/Kuhlen* § 11 Rdn. 24; *Fischer* § 22 Rdn. 8a; *Zaczyk* Unrecht S. 209 ff, 235 f.; *ders.* NK § 22 Rdn. 21.

**31** Z. B. von *Kühl* AT § 15 Rdn. 23; *Sch/Schröder/Eser/Bosch* § 22 Rdn. 22; *Vogler* LK[10] § 22 Rdn. 8.

**32** *Kindhäuser/Hilgendorf* LPK § 22 Rdn. 10 sprechen von einer „Ausnahme", was mit ihrer Annahme, der fahrlässige Versuch sei „konstruktiv nicht möglich" unvereinbar ist.

**33** *Rey-Sanfiz* S. 279 f.

**34** So BayObLG NJW **1955** 395; OLG Hamm NJW **1954** 1780 (beide zu § 316 a. F.); *Hillenkamp* LK[12] Rdn. 15; **aA** *Maurach/Gössel/Zipf* AT/2 § 40 Rdn. 76.

anzugreifen, schon Vollendung. Deshalb entfällt sowohl die Strafmilderungsmöglichkeit nach Versuchsgrundsätzen als auch das Rücktrittsprivileg des § 24 (*Jakobs* 25/5; näher Rdn. 133 ff). Bei den sogenannten **unechten** Unternehmensdelikten fehlt das Wort „Unternehmen" im Tatbestand. Es ergibt sich aber aus der jeweiligen Tatbestandsfassung, dass eine mit bestimmten Absichten oder Tendenzen verfolgte Tätigkeit schon die Vollendungsstufe erreichen soll (*Lackner/Kühl/Kühl* § 11 Rdn. 19). Welche Delikte hierzu zählen, ist im Einzelnen umstritten (*Sowada* GA **1988** 198). Als Beispiel lassen sich das „Widerstandleisten" in § 113 (*Sch/Schröder/Eser* § 113 Rdn. 2, 40 f) oder das dem Wilde „Nachstellen" in § 292 (*Küper/Zopfs* Rdn. 404 ff; *Wessels/Hillenkamp/Schuhr* Rdn. 450) nennen (zur Übertragung von Versuchsregeln auf diese Deliktsgruppen s. u. Rdn. 119 f). Ob § 238 Abs. 1 Nr. 2 in der Variante des Versuchs der Kontaktherstellung als echtes oder unechtes Unternehmensdelikt anzusehen ist, ist umstritten.[35]

## 5. Vollendung

**18** Vollendet ist die Straftat, sobald alle Tatbestandsmerkmale vorliegen, der Tatbestand also objektiv und subjektiv erfüllt ist (BGHSt **3** 40, 43). Die Vollendung bestimmt sich daher anhand **formeller Kriterien**. Fehlt es an einem objektiven Merkmal, kommt nur Versuch in Betracht, liegen die Tatbestandsvoraussetzungen vor, wird die Vollendung andererseits weder dadurch ausgeschlossen, dass eine (tatbestandlich nicht vorausgesetzte) Rechtsgutsbeeinträchtigung fehlt (*Jakobs* 25/1g), noch dadurch, dass der Täter seine (im Tatbestand geforderte) Absicht noch nicht in vollem Umfang zu verwirklichen vermochte (s. RGSt **58** 277, 278 und § 22 Rdn. 17). Die **Bedeutung** des Stadiums der Vollendung liegt einerseits darin, dass erst mit ihm bei fehlender Strafbarkeit des Versuchs die Strafbarkeitsgrenze überschritten wird. Andererseits ist bei einer Strafbarkeit des Versuchs die dort vorgesehene Strafmilderung ebenso wie die Rücktrittsmöglichkeit mit der Vollendung ausgeschlossen (*Kühl* AT § 14 Rdn. 16). Mitunter hat der Gesetzgeber allerdings das Institut der tätigen Reue als Strafaufhebungsgrund auch nach Vollendung namentlich dort eingesetzt, wo Umkehr oder Gegensteuerung des Täters bei weit vorverlegtem Vollendungszeitpunkt Schaden oder Schadensintensivierung noch abzuwenden oder wo ein verwirklichter Schaden durch nachträgliches Täterverhalten auszugleichen ist.[36]

**19** Obwohl sich der Begriff der Vollendung im Allgemeinen Teil des StGB (§§ 11 Abs. 1 Nr. 6, 24) findet, lässt sich die Vollendung nicht allgemein, sondern immer nur im Hinblick auf den einzelnen Tatbestand ermitteln.[37] Immerhin kann man aber für die beiden großen Tatbestandskategorien der Tätigkeits- und der Erfolgsdelikte einige allgemeingültige Aussagen treffen (näher dazu § 22 Rdn. 12 ff). So sind **Tätigkeitsdelikte** bereits mit der Vornahme der Handlung erfüllt (*Fischer* § 22 Rdn. 4). Das gilt auch dann, wenn das mit der Handlung Erreichte hinter dem Gewollten zurückbleibt (s. § 22 Rdn. 14). Erschöpft sich der Tatbestand wie bei den echten Unterlassungsdelikten in einer bloßen Untätigkeit in einer tatbestandsmäßigen Situation, so führt die Nichtvornahme der erwarteten Handlung sogleich zur Vollendung (s. § 22 Rdn. 184 f). Bei den **Erfolgsdelikten** muss dagegen – gleichgültig, ob sie durch Tun oder Unterlassen verwirklicht werden – der dem Täter zurechenbare (s. § 22 Rdn. 20 ff) Erfolg eingetreten sein, bei den Verletzungsdelikten also die Verletzung des Tatobjekts, bei den konkreten Gefährdungsdelikten dessen Gefährdung. Bei Äußerungsdelikten wie der Beleidigung kommt es auf den Eintritt eines Zwischenerfolgs – die Kenntnisnahme durch einen Dritten bzw. des Opfers – an (s. § 22 Rdn. 15). Wann der Erfolg eintritt, ist Tatbestandsfrage und unter Umständen nicht leicht zu entscheiden. Die vom

---

35 *Fischer* § 238 Rdn. 13; *Mosbacher* NStZ **2007**, 665, 667; *Murmann* Grundkurs, § 14 Rdn. 36.

36 Man kann insoweit von präventiver (z. B. §§ 264 Abs. 5, 306e) und kompensatorischer (z. B. § 98 Abs. 2 und § 371 AO) tätiger Reue sprechen, vgl. *Hillenkamp* Möglichkeiten S. 83.

37 BGHSt **9** 62; **24** 178; BGH NStZ **2008** 215; BGH NJW **1973** 814; OLG Stuttgart Justiz **1996** 92; *Kühl* JuS **2002** 729, 730; *Fischer* § 22 Rdn. 4; *Kühl* JA **2014** 907 f; zu den Gesetzgeber leitenden materiellen Vollendungskriterien vgl. *Jakobs* FS Roxin (2001) 793.

Gesetz vorausgesetzten Absichten oder Motive müssen sich dagegen nicht erfüllen (s. § 22 Rdn. 17). Auch hindern Abschwächungen gegenüber dem vom Täter Erstrebten die Vollendung nicht, sofern das Erzielte dem Tatbestandserfolg entspricht (s. § 22 Rdn. 16), der Täter einer Erpressung also z. B. weniger als die verlangte Summe erhält (BGHSt **41** 368, 371). Lehnt der Täter allerdings die angebotene geringere Summe ab, bleibt es beim Versuch (*Vogler* LK[10] § 22 Rdn. 21).

## 6. Beendigung

Während die vorstehend (Rdn. 3 ff) beschriebenen Abschnitte des Tatgeschehens in ihrer Existenz als unangefochten und in ihren Grundlagen als weitgehend geklärt gelten können, sind die Fragen, ob es eine der Tatbestandsvollendung nachfolgende Beendigungsphase überhaupt gibt[38] und – wenn ja – zu welchen Schlussfolgerungen sie berechtigt,[39] trotz ihrer weit zurückgreifenden[40] und grundlegenden[41] Erörterung in der Wissenschaft von einer einmütigen Beantwortung noch weit entfernt. Das gilt einerseits im Verhältnis zwischen Literatur und Rechtsprechung, weil die Gerichte von der wissenschaftlichen Diskussion bislang kaum Kenntnis genommen[42] und sich infolgedessen mit den wachsenden Bedenken namentlich gegen die von der Rechtsprechung befürworteten strafausdehnenden und strafschärfenden „Verwertung" des Beendigungsstadiums auch noch nicht auseinandergesetzt haben. Andererseits beruht die fehlende Einmütigkeit in der Literatur maßgeblich darauf, dass es an einer gesetzlichen Erwähnung der Beendigung im Allgemeinen Teil des Strafgesetzbuchs zwar – wie zur Vollendung (in § 11 Abs. 1 Nr. 6 und § 24) – nicht gänzlich fehlt (s. §§ 2 Abs. 2, 3; 78a), dass es ihr aber anders als der durch die Tatbestände des Besonderen Teils jedenfalls theoretisch genauestens vorgegebenen Vollendung an einem gesetzlichen Anknüpfungspunkt vollständig mangelt (s. hierzu *Kühl* FS Roxin [2001] 669 f). 20

**a) Begriffsbestimmung.** Die Definition der Beendigung bzw. der durch sie abgeschlossenen Verbrechensstufe ist nicht einheitlich. Der **Rechtsprechung** liegt überwiegend eine mehr **faktisch** geprägte Sicht zugrunde.[43] So hat sie beim Diebstahl und Raub für die Auslösung ganz unterschiedlicher Rechtsfolgen stets „nicht nur die Verwirklichung der Tatbestandsmerkmale bis zur Vollendung ..., sondern das ganze Geschehen bis zu dessen tatsächlicher Beendigung" für tauglich erachtet und hierin die mit der Wegnahme „in unmittelbarem örtlichen und zeitlichen Zusammenhang" stehende weitere „Verwirklichung der Zueignungsabsicht" (BGHSt **20** 195, 197) bis zu einem Zeitpunkt gesehen, in dem der Täter „den Gewahrsam an der Beute gefestigt und gesichert" (BGH JZ **1989** 759; BGH NStZ **2000** 31) hat. In der Beendigungsphase befinden sich hiernach Diebstahl und Raub, solange sich z. B. der Täter noch „im unmittelbaren Herrschaftsbereich des Bestohlenen befindet ... oder aus anderen Gründen einem erhöhten Risiko ausgesetzt ist, die Beute durch Nacheile zu verlieren" (BGH NStZ **2001** 89),[44] nicht mehr dagegen, wenn die Tatbeteiligten „schon eine hinreichend sichere Verfügungsgewalt" über die Beute erlangt (BGH NStZ **1999** 511), sie also beispielsweise „an ihren Bestimmungsort" geschafft (BGHSt **4** 32) haben. 21

---

**38** Aus unterschiedlichen Gründen skeptisch bzw. verneinend z. B. *Bitzilekis* ZStW **99** (1987) 723 ff; *Hruschka* GA **1968** 193; *Jakobs* 25/12.

**39** Überblick zu möglichen Schlussfolgerungen bei *Mitsch* JA **2017** 407, 410 f.

**40** Die Diskussion geht wohl auf *Hälschner* GA **8** (1860) 441 zurück.

**41** S. namentlich die monographischen Bearbeitungen von *Hau* Beendigung; *Hsueh* Abschied und *Kühl* Beendigung; ferner z. B. *Bitzilekis* ZStW **99** (1987) 723; *Jescheck* FS Welzel 683; *Kühl* FS Roxin (2001) 665; *ders.* AT § 14 Rdn. 21 ff.

**42** BGH NStZ **2000** 31 registriert immerhin die Kritik „im Lichte von Art. 103 II GG" von *Roxin* LK[11] § 27 Rdn. 32 ff; vgl. auch BGHSt **52** 300, 302 f, wo die Vertreter der „tatbestandlichen Vollendungslehre" zitiert werden, eine Auseinandersetzung aber nicht stattfindet, wenn der BGH lediglich bemerkt, von den in ständiger Rechtsprechung entwickelten „Grundsätzen abzuweichen, besteht kein Anlass"; OLG München NStZ **2006** 630, 631.

**43** Kritisch dazu *Hsueh* Abschied S. 44 ff.

**44** Unter Berufung auf BGH StGB § 252 frische Tat 2 und 3; vgl. zusammenfassend auch BGH NStZ **1987** 453.

Den Betrug sieht die Rechtsprechung bei gleichbleibend faktischer Betrachtung als beendet an, „wenn der Täter den Vorteil erlangt" (BGH NJW **1974** 914; BGH NStZ **2014** 516 m. Anm. *Becker*; BGH wistra **2016** 332, 333) oder sich bei sukzessiver Schadensentwicklung das letzte schädigende Ereignis eingestellt hat (BGH wistra **2004** 228), das unerlaubte Entfernen vom Unfallort, sobald der Täter „sein Fahrtziel erreicht oder sich sonst in Sicherheit gebracht" hat (BayObLG NJW **1980** 412).[45] Verallgemeinernd tritt hiernach die Beendigung „erst ein, wenn das Tatgeschehen über die eigentliche Tatbestandserfüllung hinaus seinen tatsächlichen Abschluss gefunden hat".[46]

**22** Eine stärker **normative** Ausfüllung erfährt der Begriff durch die **Rechtsprechung** dagegen dann, wenn sie für die Beendigungsphase Handlungen voraussetzt, „in denen noch das Tatunrecht tatsächlichen Ausdruck findet, die sich der Sache nach noch als Bestandteil des Unrechts darstellen können" (BGH NStZ **1993** 538) und die deshalb vor dem Zeitpunkt liegen, in dem das durch den Tatbestand geschützte Interesse „nicht weiter beeinträchtigt werden" kann, weil „der Angriff auf das betroffene Rechtsgut" (BGH NJW **1985** 814) und damit „das Tatunrecht" (BayObLG StV **1999** 383) „in vollem Umfang verwirklicht ist" (BGHSt **52** 300, 302).[47] Die Rechtsprechung gibt nicht zu erkennen, dass sie die **unterschiedlichen Akzentuierungen** auch als sachlichen Unterschied verstanden wissen will. In der Tat kommt etwa der faktischen Sicherung der Verfügungsgewalt als Realisierung der Zueignungsabsicht ein Unrechtsbezug hinsichtlich des Tatbestands eines Eigentumsdelikts zu. Dagegen lässt sich eine Ausdehnung der Beendigungsphase bis zum Erreichen des Fahrtziels beim unerlaubten Entfernen vom Unfallort schwerlich mit dem normativen Ansatz in Einklang bringen; dieser Zeitpunkt ist für das Rechtsgut des § 142, nämlich der Schutz der Ansprüche von Geschädigten, ohne Relevanz.[48]

**23** Auch in der **Literatur** findet sich das Spannungsverhältnis von faktischer und normativer Betrachtung. So wollen etwa *Eser/Bosch* „von der formellen Vollendung ... die tatsächliche Beendigung der Tat (materielle Beendigung)" unterscheiden und von letzterer erst sprechen, „wenn das Tatgeschehen über die eigentliche Tatbestandserfüllung hinaus seinen **tatsächlichen Abschluss** gefunden hat". Dafür soll beispielsweise die Verwirklichung mit der Tat verknüpfter Absichten erforderlich und der (ungewollte) endgültige Verlust der Beute durch den Täter ausreichend sein (*Sch/Schröder/Eser/Bosch* Rdn. 4). Dem steht es nahe, wenn für die materielle Beendigung verlangt wird, dass „die von dem jeweiligen Straftatbestand bekämpften Rechtsgutsverletzungen tatsächlich in dem vom Täter gewollten Umfang eingetreten", vom „Tatbestand verlangte" Absichten also verwirklicht oder z. B. die gewollte umfassende Folge einer Brandstiftung eingetreten sind.[49] **Einschränkend** wird von einer zwischen diesem (mehr) faktischen und dem normativen Begriffsansatz anzusiedelnden Ansicht betont, dass die „Grenzen der Strafbarkeit" über die Beendigungsphase nicht „ohne gesetzliche Grundlage ausgedehnt" werden dürften und dass deshalb auch die Beendigung (wie die Vollendung) ein „Problem der Auslegung der einschlägigen Strafvorschriften" sei. Daher würde „eine beliebige Ausdehnung der ‚Nachzone' auf alle Folgen, die der Täter mit der Straftat angestrebt hat, ... die Grenzen" einer gesetzlich legitimierten Strafausdehnung sprengen. Allerdings genüge für die stattdessen verlangte **normative Anbindung** an den Tatbestand, dass die „strafrechtlich relevante Phase" zwar nicht mehr mit dem strengen Wort-, wohl aber mit dem der Norm „innewohnenden Ver-

---

**45** Ebenso *SSW/Ernemann* § 142 Rn. 57.

**46** BayObLG NJW **1980** 412; ähnlich BGH wistra **2003** 385 in einem Fall der Angestelltenbestechung.

**47** BGH NJW **1985** 814; das BayObLG StV **1999** 383 spricht ebenfalls vom „Abschluß des Tatunrechts".

**48** Allerdings ist die Formulierung in BayObLG NJW **1980** 412 insoweit nicht ganz klar („sein Fahrtziel erreicht oder sich sonst in Sicherheit gebracht hat"). Kommt es entscheidend darauf an, dass der Täter die Möglichkeit von Feststellungen zuverlässig vereitelt hat, so besteht auch noch ein gewisser Rechtsgutsbezug (betont von OLG Karlsruhe NStZ-RR **2017** 355). Mit dem Erreichen des Fahrziels hat das aber nicht notwendig etwas zu tun. Vgl. auch *Hsueh* Abschied S. 46 f.

**49** So z. B. *Heinrich* Rdn. 713; *Jäger* SK Rdn. 8; *Vogler* LK[10] Rdn. 23; *Lotz/Reschke* JR **2013** 59, 62 (mit der Folge, dass auch bei § 246 eine Beendigungsphase anzuerkennen sei); ähnlich *Jakobs* 25/12, der den Eintritt aller vom Vorsatz umfassten, für die Vollendung aber nicht notwendigen Tatfolgen für maßgeblich erklärt; s. auch *Fischer* § 22 Rdn. 6.

botssinn materiell erfasst" werde (*Jescheck* FS Welzel 683, 684, 690 f). Danach können auch nach der Vollendung liegende Handlungen und Ereignisse, die unter kein Tatbestandsmerkmal mehr subsumierbar sind, zur Begehung der Tat im Sinne ihrer Beendigung gehören.[50]

Die hierin liegende „Auflockerung" der Bindung an den Gesetzeswortlaut wird von einer an Stimmen gewinnenden dritten Ansicht bekämpft, die statt einer An- eine **Einbindung** der Beendigungsphase in den jeweiligen Tatbestand in dem Sinne verlangt, dass „das Beendigungsstadium in rechtsstaatlich vertretbarer Weise normativ – und nicht nur über den faktischen Annex eines tatsächlichen Abschlusses – mit dem Tatbestand des jeweiligen Delikts" verknüpft und dass deshalb zur Beendigung nur ein über die Vollendung hinausreichendes „Verhalten/ Geschehen" geschlagen wird, das „sich durch zulässige Interpretation sprachlich und sachlich noch in den jeweiligen Tatbestand einbeziehen" und „als dessen (weitere) Verwirklichung darstellen lässt" (*Küper* JZ **1981** 251 f; *ders.* JuS **1986** 869); erforderlich sei, dass die Straftat „noch fortdauert, genauer: tatbestandsmäßig noch fortgeführt wird" (*Kühl* JA **2014** 907, 909). Dass sich auch bei diesem „tatbestandskonformen Beendigungsbegriff" (*Kühl* FS Roxin [2001] 675) dann nicht anders als bei der Vollendung über die Wortlautverträglichkeit einer Subsumtion streiten lässt, versteht sich von selbst.[51] Diese Ansicht lässt hierfür aber anders als die beiden anderen Auffassungen nur einen durch den Wortlaut des jeweiligen Tatbestandes begrenzten Raum.[52] 24

**b) Anwendungsbereich.** Bei welchen **Tatbeständen** bzw. **Tatabläufen** ein Auseinandertreten von Vollendung und Beendigung in Betracht kommt, ist gleichfalls nicht abschließend geklärt. Naturgemäß hängt die Antwort hierauf (auch) davon ab, wie die Beendigungsphase definiert wird; denn wo das in Betracht kommende Geschehen beispielsweise noch als Verwirklichung einer mit der Tatbegehung verbundenen, im Tatbestand aber nicht verankerten oder das eigentliche Tatunrecht nicht mehr berührenden Absicht erscheint, kann nur auf dem Boden eines faktischen, nicht mehr aber auf der Grundlage eines (streng) tatbestandsbezogenen normativen Verständnisses der Beendigung von einer tatbestandsrelevanten Nachzone gesprochen werden. Das gilt z. B. für eine Verletzung von Privatgeheimnissen (§ 203 Abs. 1) oder eine mittelbare Falschbeurkundung (§ 271 Abs. 1), die „in der Absicht, sich oder einen anderen zu bereichern oder zu schädigen" (§ 203 Abs. 6, 271 Abs. 3), begangen werden. Hier fallen Vollendung und Beendigung dann schon vor der Realisierung der Absicht zusammen, wenn man der Qualifikation keinerlei Erweiterung des Tatunrechts, sondern nur eine Steigerung der Verwerflichkeit bescheinigt, eine tatunrechtsbezogene Erweiterung aber von der die Tat beendenden Handlung verlangt. So sieht es die Rechtsprechung in diesen beiden Fällen ebenso wie bei der Hehlerei, da in allen drei Tatbeständen der erstrebte Vermögensvorteil nicht rechtswidrig sein müsse und infolge dessen auf das Tatunrecht keinen Einfluss mehr habe (BGH NStZ **1993** 538). Da mit der Verwirklichung der Absicht auch solche Taten andererseits fraglos erst ihren „tatsächlichen Abschluss" finden, ist die Gegenposition nicht gehindert, eine Beendigungsphase zu bejahen. 25

Unter diesen begrifflichen Vorbehalt ist daher auch die von *Jescheck* (FS Welzel 683, 685 ff) vorgeschlagene und von *Vogler* (LK[10] Rdn. 24 ff) weitgehend übernommene **Vierteilung der Fallgruppen**[53] zu stellen. So will *Jescheck* von einer **ersten Gruppe** dort sprechen, wo der Ge- 26

---

**50** Dieser Auffassung lassen sich *Hau* Beendigung S. 36; *Jescheck/Weigend* § 49 III 3; § 64 III 3b; *Schmidhäuser* LB 15/9; *Stratenwerth/Kuhlen* § 11 Rdn. 14 mit § 12 Rdn. 130 ff; *ders.* JZ **1961** 97 und *Wessels/Beulke/Satzger* Rdn. 67 zuordnen.

**51** Kritisch *Lotz/Reschke* JR **2013** 59, 62 f.

**52** Diese Auffassung findet sich mit Nuancierungen z. B. bei *Kühl* AT § 14 Rdn. 27; *ders.* JuS **2002** 731 f; *Lackner/ Kühl/Kühl* Rdn. 2 („zumindest, soweit es um strafbarkeitsbegründende/-schärfende Folgen geht"); *Maurach/Gössel/ Zipf* AT/2 § 39 Rdn. 54; *Roxin* LK[11] § 27 Rdn. 37; *ders.* AT II § 26 Rdn. 262; nahestehend *Köhler* AT S. 536; *Lesch* Beihilfe S. 57 ff; *Zaczyk* Unrecht S. 194.

**53** Sie werden von *Bitzilekis* ZStW **99** (1987) 725 ff und *Patzelt* Steuervorteile S. 132 ff zu zwei Kategorien zusammengezogen.

setzgeber den Eintritt der Vollendung aus **kriminalpolitischen Gründen** „im Verhältnis zu dem erst später erfolgenden Abschluss des deliktischen Gesamtgeschehens" vorverlegt habe. Das soll bei **Absichtsdelikten** wie dem Diebstahl oder der Urkundenfälschung, bei **Gefährdungsdelikten** wie der Trunkenheitsfahrt oder der Brandstiftung und bei den echten (§ 81) wie unechten (§ 292 in der Variante des Nachstellens) **Unternehmensdelikten** so sein.

**27** Schon an dieser Gruppe zeigt sich, dass sie nur dann Delikte mit einer einheitlich verstandenen Beendigungsphase zusammenfasst, wenn man sich zuvor auf einen bestimmten Begriff der Beendigung und – bei normativer Sicht – zudem auf eine Festlegung des jeweiligen Tatunrechts verständigt. So werden zwar die Absichtsdelikte in der Tat verbreitet zur Demonstration der Beendigungsstufe benutzt, weil erst die Verwirklichung der „überschießenden Innentendenz" die materielle Beendigung der Tat bewirke.[54] Das kann man unangefochten jedenfalls in einem tatsächlichen Sinne so sehen. Hält man dagegen die normative An- oder sogar Einbindung der Beendigung in das Tatunrecht für nötig, so können im Tatbestand erwähnte Absichten, die sich nicht auf das durch den Tatbestand geschützte Rechtsgut beziehen, die Anerkennung einer Beendigungsphase nicht begründen. Das wird – wie schon erwähnt (Rdn. 25) – für §§ 203 Abs. 6, 271 Abs. 3 und auch für § 211[55] so gesehen. Zum Teil wird das Fehlen einer Beendigungsphase selbst für Diebstahl und Betrug behauptet, die paradigmatisch für diese Gruppe stehen.[56] Auch zu den Gefährdungsdelikten wird die These *Jeschecks*, „der Abschluss des Verbrechensablaufs ergebe sich erst aus dem Eintritt der Verletzung des geschützten Handlungsobjekts", mit der auf die Tatbestandseinbindung verpflichteten Begründung zurückgewiesen, dass die Verletzung hier gerade kein Merkmal des Tatbestands und dass für die strafbare Rechtsgutsbeeinträchtigung nicht der „Hintergrund" der Norm, sondern allein das Strafgesetz maßgebend sei.[57] Für die Brandstiftung wird in dieser Gruppe allerdings eine Beendigungsphase verbreitet gleichwohl anerkannt, weil hier sprachlich von einem „In-Brand-Setzen" bis zum Stadium der vollständigen Einäscherung des Objekts und weil beim weiterfressenden Schaden auch sachlich noch von einer Verwirklichung des Tatbestandes die Rede sein könne.[58] Für die Unternehmensdelikte wird dagegen bezweifelt, ob es angesichts der (formellen oder materiellen) Gleichstellung von Vollendung und Versuch einer Beendigungsphase überhaupt bedarf.[59]

**28** Breite Anerkennung findet die Beendigungsphase in einer **zweiten Gruppe** (*Jescheck* FS Welzel 686 ff), deren Kennzeichen die **iterative oder durative Struktur** der hier versammelten Tatbestände ist. Der Tatbestand wird in diesen Fällen durch kontinuierliche, vom gleichen Vorsatz getragene Handlungen bzw. Unterlassungen[60] immer wieder verwirklicht (*Maiwald* Handlungseinheit S. 70 ff). Das gilt zunächst für die sogenannten **Dauerdelikte** wie den Hausfriedensbruch (§ 123), die Verletzung der Fürsorgepflicht (§ 171), die Förderung der Prostitution (§ 180c) oder die Freiheitsberaubung (§ 239).[61] Bei ihnen wird durch die Straftat ein rechtswidriger Zustand geschaffen, den der Täter durch aktives Tun oder gegebenenfalls auch durch garantenpflichtwidriges Unterlassen (*Kühl* Beendigung S. 62 ff) aufrechterhält und dadurch den Tatbestand fortlaufend weiterverwirklicht. Hier wird davon gesprochen, dass solche Delikte mit

**54** So z. B. *Jäger* Rdn. 8; *Sch/Schröder/Eser/Bosch* Rdn. 6; *Wessels/Beulke/Satzger* Rdn. 61.

**55** In den ersten drei Fällen von BGH NStZ **1993** 588 (vgl. Rdn. 24); *Jescheck* FS Welzel 685 Fn. 14 nennt hierfür auch die Verdeckungs- bzw. Ermöglichungsabsicht beim Mord. Das ist allerdings deshalb zweifelhaft, weil die in die Absicht eingebundene Zweck-Mittel-Relation das Tatunrecht dieses Mordtypus mitbestimmen dürfte.

**56** Nämlich z. B. von *Kühl* FS Roxin (2001) 674 f; zum Diebstahl bzw. Raub s. auch *Bitzilekis* ZStW **99** (1987) 729 f, 734 f; *Küper* JuS **1986** 869.

**57** *Maurach/Gössel/Zipf* AT/2 § 39 Rdn. 69 gegen *Hau* Beendigung S. 36.

**58** S. hierzu *Hau* Beendigung S. 94 f; *Kühl* Beendigung S. 105; zusammenfassend *Küper* JZ **1981** 252 f.

**59** S. *Bitzilekis* ZStW **99** (1987) 728 f.

**60** S. zur Unterscheidung von Vollendung und Beendigung bei unterlassener Bilanz- bzw. Inventaraufstellung nach § 283 Abs. 1 Nr. 7b *Maurer* wistra **2003** 175.

**61** Für eine Beendigungsphase treten hier z. B. ein *Baumann/Weber/Mitsch/Eisele* § 6 Rdn. 58; *Mitsch* JA **2017** 407, 408; *Murmann* Grundkurs § 14 Rdn. 33; *Otto* § 18 Rdn. 10; *Sch/Schröder/Eser/Bosch* Rdn. 9; *Wessels/Beulke/Satzger* Rdn. 47; in der Sache auch *Jakobs* 8/81; *Roxin* AT I § 10 Rdn. 107.

der ersten Herstellung des rechtswidrigen Zustands vollendet, aber erst mit der Aufhebung des Zustands beendet sind. Den Dauerdelikten werden insoweit Tatbestände hinzugesellt, die – wie § 267 – eine **tatbestandliche Handlungseinheit** zwischen zwei Akten, deren erster die Tat schon vollendet, herzustellen vermögen oder die – wie z. B. die landesverräterische oder geheimdienstliche Agententätigkeit (§§ 98, 99), die Geldfälschung (§ 146) oder die Beteiligung an einer Schlägerei (§ 231) – in ihrer Handlungsbeschreibung eine **Vielzahl von Einzelakten umschließen** (*Vogler* LK[10] Rdn. 28). Zu nennen wären hier auch die Tathandlungen bei der Nachstellung (§ 238), die in ihrer Zusammenschau das Merkmal der Beharrlichkeit erfüllen, aber auch darüber hinausgehen können, so dass es nach eingetretener Vollendung gewissermaßen zu einer „Übererfüllung" des Merkmals kommt.[62] Diese Fälle gelten auch einem streng normativen Verständnis deshalb als Prototyp für die berechtigte Anerkennung einer Beendigungsphase, weil es sich hier um eine subsumtionsfähige Weiterverwirklichung des Tatbestandes und damit um eine spezifisch „tatbestandsbezogene Beendigung" handele (*Kühl* FS Roxin [2001] 676 ff; *Lackner/Kühl/Kühl* Rdn. 2). Gerade deshalb wird freilich auch in Frage gestellt, ob es des (unbestimmten) Begriffs der Beendigung[63] oder auch des Dauerdelikts[64] hier überhaupt bedürfe, da sich das Weiterhandeln auch als immer noch anhaltende Vollendung begreifen lasse.

Zur **dritten Gruppe** zählen nach *Jeschecks* ursprünglicher (s. Rdn. 30) Vierteilung Fälle der 29
in der Konkurrenzlehre von ihm sogenannten **„fortlaufenden Tatbestandsverwirklichung"** (FS Welzel 688 f). Hierunter werden Tatabläufe verstanden, die jenen bei den zuvor genannten Dauerstraftaten, mehraktigen Tatbeständen und Unternehmensdelikten ähneln, bei denen das Auseinanderfallen von Vollendung und Beendigung aber **nicht** wie dort **in der Deliktsstruktur selbst angelegt**, sondern Folge einer nur zufälligen Gestaltung der Handlung ist. So stehe etwa eine durch schmerzhafte Fesselung oder eine Reihe von Schlägen herbeigeführte Körperverletzung einer Dauerstraftat, die Folge von Eingehungs- und Erfüllungsbetrug einem mehraktigen Delikt und die Einfuhr von Schmuggelgut unter Umgehung der Zollstelle als Zollhinterziehung (§ 392 RAO), die erst mit dem Eintreffen am Bestimmungsort beendet sei (BGHSt **3** 40, 44), einem Unternehmensdelikt gleich. Hier lässt sich mit einer verbreiteten Zweiteilung statt von iterativer Delikts- von **iterativer Handlungsstruktur** (*Kühl* AT § 14 Rdn. 23 f) sprechen, bei der nicht anders als bei jener die Unbedenklichkeit (aber auch Entbehrlichkeit, s. *Bitzilekis* ZStW **99** [1987] 726 f) einer Beendigungsphase wiederum auch aus normativer Sicht daraus folgt, dass solche Handlungen – wie z. B. auch die Wegnahme beim Diebstahl in mehreren Einzelakten (*Gössel* ZStW **85** (1973) 645) – zwanglos unter den Tatbestand subsumiert werden können (*Lackner/Kühl/Kühl* Rdn. 2). Das gilt auch dort, wo durch weitere Handlungen der schon eingetretene Gefährdungsschaden in eine endgültige Schädigung des Vermögens umschlägt (so bei der Untreue BGH NStZ **2001** 650; BGH wistra **2003** 379, 380; LG Wiesbaden NJW **2002** 1510, 1512).

Der **vierten Gruppe** ordnet *Jescheck* (FS Welzel 689) mit den Fällen der **natürlichen Handlungseinheit** und der (mittlerweile von der Rechtsprechung praktisch aufgegebenen) fortgesetzten Handlung zwei weitere Erscheinungen der Konkurrenzlehre deshalb einer von der dritten geschiedenen Kategorie zu, weil sich mit der Erfüllung des jeweils ersten und letzten in diesen Zusammenhang einbezogenen Tatbestandes zwar auch bei ihnen zwischen Vollendung und Beendigung unterscheiden, sich diese Unterscheidung aber nicht mehr aus einer Auslegung des jeweiligen Tatbestandes, sondern nur aus einem „Kunstprodukt der Konkurrenzlehre" herleiten lasse. Freilich lässt sich etwa das Beispiel der Verwirklichung der Körperverletzung durch mehrere Schläge ebenso gut hier wie in der dritten Gruppe einordnen.[65] Möglicherweise deshalb findet sich im Lehrbuch (*Jescheck/Weigend* § 49 III 3) die hier in der ursprünglichen 30

62 *Mitsch* JA **2017** 407, 408 f.

63 *Jakobs* 8/81 und *Roxin* AT I § 10 Rdn. 107 verzichten bei sachlicher Anerkennung dieser Tatbestandsphase auf den Beendigungsbegriff; expressis verbis **ablehnend** z. B. *Bitzilekis* ZStW **99** (1987) 724, 777; *Hruschka* GA **1968** 204 f.

64 *Hsueh* Abschied S. 51 ff.

65 Vgl. z. B. *Kühl* AT § 14 Rdn. 23.

Fassung aufgeführte dritte Gruppe in einer anderen Gestalt, wenn hierzu Fälle zählen sollen, in denen der End- oder Gesamterfolg der Tat durch Handlungen erreicht werde, die wie die Bergung der Diebstahlsbeute oder die Vernichtung des ganzen Gebäudes bei der Brandstiftung „nicht mehr im formellen Sinne der Beschreibung des Tatbestandes" entsprechen.

31 **c) Stellungnahme.** Eine Stellungnahme zu den Fragen der Existenz und der Bedeutung einer das deliktische Geschehen abschließenden eigenständigen Beendigungsstufe hat zunächst **dreierlei** zu bedenken. **Zum ersten** ist daran festzuhalten, dass der Begriff der Beendigung eine **Daseinsberechtigung** besitzt und es der inhaltlichen Bestimmung einer nach der (ersten) Vollendung einsetzenden und mit der Beendigung das Tatgeschehen abschließenden Beendigungsphase mitunter bedarf.[66] Zum einen folgt das mit §§ 2 Abs. 2, 3; 78a aus dem Gesetz selbst, das – jedenfalls in diesen Zusammenhängen – eine Festlegung verlangt (BGH wistra **2003** 385). Vorausgesetzt wird die Unterscheidbarkeit darüber hinaus aber auch in anderen Sachlagen. So ist es seit langem die von der Literatur unterstützte Position der Rechtsprechung, dass der Anwendungsbereich des § 252 in zeitlicher Hinsicht auch dann, wenn der Täter schon zuvor wahrgenommen worden ist, erst mit der Vollendung der Wegnahme beginnt und spätestens mit der (tatsächlichen) Beendigung des Diebstahls endet (BGHSt **28** 224, 229; BGH StV **1985** 13; BGH NJW **1987** 2687).[67] Darüber hinaus gilt es aber auch dann, wenn man den Begriff der Beendigung in anderen Problemgestaltungen als entbehrlich[68] oder – weil aus ihm etwa im Zusammenhang mit Fragen der Teilnahme oder der Qualifikation zu weit gehende Folgerungen abgeleitet werden – als gefährlich[69] ansieht, an ihm festzuhalten, weil er mit der Kennzeichnung einer über die formelle erste Vollendung hinaus reichenden Phase deren Problematik gerade hervorhebt, ohne über die Berechtigung auf diese Spanne bezogener Folgen schon etwas auszusagen. Man sollte daher die Beendigung sicher nicht „pauschal" als eine alle möglichen Auswirkungen begründende „Stufe des Delikts behandeln" (*Jakobs* 25/12), den Begriff aber auch nicht verabschieden. Es ist aber hervorzuheben, dass mit der Anerkennung einer Beendigungsphase noch keine Festlegung hinsichtlich daraus zu ziehender, insbesondere für den Täter ungünstige Konsequenzen verbunden ist (näher Rdn. 34 ff).

32 **Zum zweiten** empfiehlt es sich, **kein Delikt** und **keine Deliktsgruppe** kategorisch aus dem Kreis der für eine Beendigungsphase in Betracht kommenden Tatbestände **auszuschließen.** Das gilt namentlich für die in dieser Hinsicht in Gefahr stehenden Zustandsdelikte (s. *Jescheck* FS Welzel 687). So können z. B. die Körperverletzung oder die Sachbeschädigung durch wiederholte Beeinträchtigungshandlungen ebenso in iterativer Handlungsweise (s. *Kühl* AT § 14 Rdn. 23) verwirklicht werden, wie die Beleidigung durch einen Schwall unflätiger Beschimpfungen. Auch kann sich die Vollendung der Sachbeschädigung wie die der Brandstiftung dehnen.[70] Eine Beendigungsphase kann allerdings dort **nicht in Betracht** kommen, wo der Tatbestand eine abgeschlossene Rechtsgutsverletzung umschreibt, die weiterer Vertiefung nicht zugänglich ist. Insbesondere beim Totschlag fallen deshalb Vollendung und Beendigung zusammen.[71] Aber schon beim zum Mord qualifizierten Totschlag ist eine Beendigungsphase nicht von vornherein

**66** Für einen „Abschied vom Begriff der Tatbeendigung" dagegen *Hsueh* Abschied.

**67** Vgl. nur *Sch/Schröder/Eser/Bosch* § 252 Rdn. 3; *Wessels/Hillenkamp/Schuhr* Rdn. 398 jeweils m. w. N.

**68** So z. B. *Bitzilekis* ZStW **99** (1987) 723 für alle sechs von ihm behandelten Fragenkreise.

**69** So z. B. *Kühl*, der deshalb jedenfalls „den tatbestandslosen oder außertatbestandlichen Beendigungsbegriff" (in der hier – Rdn. 22 – gebildeten Terminologie den faktischen und eingeschränkt faktischen Beendigungsbegriff) aufzugeben rät (FS Roxin [2001] 678); aus unterschiedlichen Gründen **krit.** auch *Gössel* ZStW **85** (1973) 591; *Herzberg* Täterschaft S. 71; *Hruschka* JZ **1983** 217; *Isenbeck* NJW **1965** 2326; *Rudolphi* FS Jescheck 559.

**70** Vgl. das Beispiel bei *Jescheck* FS Welzel 687 Fn. 23; bei *Baumann/Weber/Mitsch/Eisele* § 6 Rdn. 58 wird für Zustandsdelikte dagegen eine Beendigungsphase verneint; für Identität zwischen Vollendung und Beendigung bei der Steuerhinterziehung *R. Müller* wistra **2004** 11 f, 14.

**71** *Mitsch* JA **2017** 407. Problematisierend *Walther* NStZ **2005** 657 ff, die freilich vor allem der Frage nachgeht, ob durch eine Vorverlegung des Vollendungszeitpunkts Raum für eine Beendigungsphase geschaffen wird.

ausgeschlossen, wenn man etwa an die geschlechtliche Befriedigung an der Leiche eines zu diesem Zweck getöteten Menschen oder die Ausplünderung des bereits toten Opfers eines Habgiermordes denkt.

**Zum dritten** muss man sich von der Vorstellung lösen, man könne die zwischen (formeller) Vollendung und (materieller) Beendigung liegende Phase in einer für alle in Betracht kommenden Tatbestände und Fragestellungen gleich gültigen Weise bestimmen.[72] Dem steht zum einen entgegen, dass – was als Einsicht heute unbestritten sein dürfte – die Beendigung nicht anders als die Vollendung sich als eine Frage des **jeweiligen Tatbestandes** und daher nur in einem engen Bezug zu dessen Umschreibung und Rechtsgut stellt. Das gilt ersichtlich für ein normatives Verständnis (s. Rdn. 22 f), nach dem man „bei den einzelnen Delikten ansetzen und begründen" muss, warum z. B. beim Diebstahl die Beutesicherung noch zum Unrecht des § 242 oder beim Betrug die Vorteilserlangung noch zum Tatbestand des § 263 gehört (*Kühl* FS Roxin [2001] 674; *ders.* JuS **2002** 732 f). Aber auch bei einer mehr faktischen Sinngebung (s. Rdn. 21, 23) kann ein für die Beendigung erforderlicher „Zusammenhang" zwischen der kein Tatbestandsmerkmal mehr erfüllenden Handlung und dem in Frage stehenden Tatbestand „nur so lange angenommen werden, als dadurch der Angriff auf das betroffene Rechtsgut andauert oder gar intensiviert, also nicht nur Tatverdeckung bezweckt wird" (*Sch/Schröder/Eser/Bosch* Rdn. 8). Diese Einsicht schließt zwar nicht aus, dass man für die Beendigungsphase auch generell oder wenigstens für Deliktsgruppen verbindliche Aussagen trifft, bewahrt aber vor der Gefahr, die notwendige Tatbestandsbezogenheit beispielsweise dadurch einzuebnen, dass man für Absichtsdelikte ohne Rücksicht auf die Bedeutung der Absicht für das Tatunrecht (z. B. in § 203 Abs. 6 einerseits, § 242 andererseits) behauptet, sie fänden unterschiedslos erst mit der Verwirklichung der Absicht ihr Ende. 33

Zum anderen gilt das damit benannte **Differenzierungsgebot** auch für den **jeweiligen Problemzusammenhang**, in dem sich die Frage nach einer Beendigungsstufe oder einem solchen Zeitpunkt stellt (*Otto* AT § 18 Rdn. 13; *ders.* FS Lackner 715, 716 ff). So ist die Antwort darauf, wann eine Tat im Sinne des § 78a „beendet" ist (s. z. B. BGHSt **52** 300; BGH NStZ **1993** 538; BGH wistra **2003** 385), im Grundsatz wie in Zweifelsfällen nicht ohne Blick auf die Teleologie dieser den **Verjährungsbeginn** festlegenden Vorschrift zu finden.[73] Dass dabei ähnliche Gesichtspunkte den Ausschlag geben können wie dort, wo die Beendigung die Amnestiefähigkeit der Tat (s. dazu *Kühl* Beendigung S. 173 ff) oder einen Begehungsort im Sinne der §§ 3, 9 begründen soll (vgl. BGH NJW **1974** 914), liegt nahe. Andere Erwägungen treten dagegen in den Vordergrund, wo die Beendigungsphase noch eine **(Erfolgs-) Qualifikation** auslösen (vgl. BGH NStZ **1998** 351; BGH NJW **1999** 1039), für **Mittäterschaft** (vgl. BGH NStZ **2008** 280 [dazu *Murmann* ZJS **2008** 456 ff]; **1999** 510) und **Beihilfe** (vgl. BGH NStZ **2000** 31; BGH wistra **2003** 379, 381 f) gegebenenfalls in Abgrenzung zur Begünstigung[74] noch offen sein[75] oder eine Konkurrenz herstellen (vgl. BGH NStZ **2001** 88)[76] können soll. Dass solche Fragestellungen wiederum über den Begriff hinaus wenig mit jener verbindet, wann ein Diebstahl noch eine „frische" – und das heißt noch nicht beendete (s. Rdn. 31) – Tat im Sinne des **§ 252** ist, liegt auf der Hand. Dagegen ist es denkbar, dass diese zuletzt genannte Problematik Berührungspunkte damit hat, dass die **Gegenwärtigkeit** eines deliktischen **Angriffs** im Sinne der **Notrechte** erst mit der Beendigung 34

---

72 Kritisch *Hsueh* Abschied S. 78 ff.

73 Vgl. dazu *Otto* FS Lackner 715, 720 ff; *Schmitz* Unrecht S. 213 ff; *Hsueh* Abschied S. 101 ff; zum Verjährungsbeginn bei der Steuerhinterziehung durch aktives Tun und durch Unterlassen s. *R. Müller* wistra **2004** 11.

74 Vgl. dazu nur *Lackner/Kühl/Kühl* § 27 Rdn. 3 m. w. N.; *Roxin* AT II § 25 Rdn. 220 ff; § 26 Rdn. 257 ff; *Schmitz* Unrecht S. 209 ff; *Weisert* Hilfeleistung S. 217 ff; zur Abhängigkeit der sukzessiven Beihilfe vom Teilnahmeunrecht s. auch *Lesch* Beihilfe S. 66.

75 Neben der Verjährung gehören diese drei Fragenkreise zu den im hier dargestellten Zusammenhang meist diskutierten, s. nur *Jescheck* FS Welzel 696 ff; *Kühl* FS Roxin (2001) 678 ff jeweils m. w. N.

76 Vgl. hierzu *Kühl* Beendigung S. 176 ff; *ders.* § 21 Rdn. 40 f.

des jeweiligen deliktischen Verhaltens entfällt.[77] Eine sachliche Nähe hierzu besteht wiederum bei Beantwortung der Frage, ob man in bestimmten Fällen den **agent provocateur** straflos ausgehen lassen kann, wenn er es zwar zu einer (formell) vollendeten, nicht aber zu einer (materiell) beendeten Tat kommen lassen will (vgl. BGH StV **1981** 549).[78]

35 **d) Folgerungen.** Detaillierte Antworten auf die damit aufgelisteten und in den unterschiedlichsten Bereichen des Allgemeinen und Besonderen Teils beheimateten Fragestellungen müssten ersichtlich über die Thematik des Versuchs und seine Einbettung in eine Stufenlehre, um die es hier geht, weit hinausgreifen. Es muss daher an dieser Stelle im Wesentlichen mit der Einsicht sein Bewenden haben, dass eine selbständige Verbrechensstufe der Beendigung für alle Delikte und Deliktsgruppen im Grundsatz anzuerkennen (Rdn. 31 f; *Vogler* LK[10] Rdn. 34) und dass sie im jeweiligen Problem- und Deliktszusammenhang (doppeltes Differenzierungsgebot, s. Rdn. 33 f) zu bestimmen ist. Dabei ist allerdings zu berücksichtigen, dass das Gesetzlichkeitsprinzip (§ 1, Art. 103 Abs. 2 GG) eine wortlautüberschreitende Strafbegründung auch bezogen auf diese Phase verbietet (*Kühl* AT § 14 Rdn. 25; *Mitsch* JA **2017** 407, 411). Aber auch dort, wo der nullum-crimen-Grundsatz der Anerkennung einer mit der Tatbestandsbeschreibung selbst nicht mehr vereinbaren Ausdehnung der Tat nicht im Wege stünde, sprechen die besseren Gründe für eine enge Anbindung an das im jeweiligen Tatbestand umrissene Unrecht. Daraus ergeben sich für die **Beendigungsphase generell** die im Folgenden (Rdn. 36 ff) aufgeführten **Konsequenzen.**

36 **Zum einen** ist dort, wo die Beendigungsstufe **strafbarkeitsbegründende** oder **-schärfende** Folgen nach sich ziehen und rechtfertigen können soll, aufgrund des Gesetzlichkeitsprinzips eine Einbindung dieser Phase in das tatbestandlich umschriebene Unrecht im Sinne des in Rdn. 24 wiedergegebenen streng normativen Verständnisses zu verlangen. Hier reicht für eine die Grenzen des Tatbestandes vernachlässigende Überdehnung weder der Verweis auf eine gewohnheitsrechtliche Legitimation (so aber *Hau* Beendigung S. 49 ff; abl. *Kühl* JuS **2002** 731; *Zaczyk* NK § 22 Rdn. 10), noch die Behauptung, es lasse sich in vorsichtiger Lockerung der Bindung an den möglichen Wortlaut ein nur noch dem materiellen Verbots-, nicht aber mehr dem Wortsinn unterfallendes Stadium einbeziehen, weil es dem Gesetzgeber darum gegangen sei, das „deliktische Gesamtgeschehen" zu erfassen (so aber *Jescheck* FS Welzel 689, 690 f). Mit beiden Positionen wird das Gesetzlichkeitsprinzip verletzt. Stattdessen ist ein „tatbestandsbezogener Beendigungsbegriff" (*Kühl* FS Roxin [2001] 678) zu fordern, der im hier erörterten Kontext die Beendigung als ein den Geboten des Art. 103 Abs. 2 GG unterworfenes tatbestandsspezifisches Auslegungsproblem begreift. Danach fallen nur solche Handlungen und Geschehnisse in die Beendigungsphase, die sich „durch zulässige Interpretation sprachlich und sachlich" noch als eine fortgesetzte Verwirklichung der Tat verstehen lassen (*Küper* JZ **1981** 251).[79]

37 Hiervon kann verallgemeinernd bei jenen **Tatbeständen** oder **Tatabläufen** gesprochen werden, bei denen die Verwirklichung der Tat der iterativen (durativen) Deliktsstruktur des Tatbestandes entspricht oder in sonst **iterativer Handlungsstruktur** verläuft (s. Rdn. 28 f). Das gilt für die Dauerdelikte und jene Fallgruppen, in denen infolge natürlicher oder rechtlicher Handlungseinheit von einer sich über mehrere Handlungen oder Unterlassungen erstreckenden Weiterverwirklichung des Delikts und deshalb von noch „innertatbestandlichem Verhalten" (*Vogler* LK[10] Rdn. 35) gesprochen werden kann. Hier ist „das Hinausschieben des Beendigungs-

---

77 Vgl. zu diesem Zusammenhang *Wessels/Hillenkamp/Schuhr* Rdn. 399 m. w. N.; vgl. allgemein zum Zusammenhang der Beendigung eines Angriffs im Sinne der Notwehr und dem hier erörterten Beendigungsbegriff *Kühl* Beendigung S. 851 ff; *ders.* Jura **1993** 62 f m. w. N.

78 Es geht hier – wie bei der Notwehr – um die Abwendung bzw. den Nichteintritt des endgültigen Rechtsgutsschadens, s. dazu *Hillenkamp/Cornelius* AT 24. Problem; *Jakobs* 23/17; *Roxin* AT II § 26 Rdn. 156.

79 Auch *Küper* JuS **1986** 869; ebenso *Kühl* FS Roxin (2001) 676 ff; vgl. auch *Gössel* ZStW **85** (1973) 646; *Isenbeck* NJW **1965** 2327.

zeitpunktes" und die strafbarkeitsbegründende oder -schärfende Verwertung der damit eröffneten Nachzone „unproblematisch" (*Lackner/Kühl/Kühl* Rdn. 2), da man in der Sache ebenso gut statt von einer Beendigungs- von einer noch anhaltenden, weil gestreckten Vollendungsphase reden könnte.[80] Was jenseits dieses „Prototyps einer tatbestandsmäßigen Beendigung" (*Kühl* FS Roxin [2001] 676) liegt, ist einer vergleichbar verallgemeinernden Beurteilung nicht zugänglich. So lässt sich für die Brandstiftung eine Beendigungsphase bis zum endgültigen Niederbrennen wohl vertreten (vgl. dazu OLG Hamm JZ **1961** 94 mit Anmerkung *Stratenwerth*), und ebenso für die Untreue bis zum Umschlag des Gefährdungsschadens in einen endgültigen Vermögensverlust (BGH NJW **2001** 2102, 2106; BGH NStZ **2001** 650; LG Wiesbaden NJW **2002** 1510, 1512; einschränkend *Schmitz* Unrecht S. 203 ff), nicht dagegen, dass das unerlaubte Entfernen vom Unfallort bis zum Erreichen des Fahrtziels oder dem endgültigen Sich-in-Sicherheit-Bringen andauere.[81] Namentlich bei den für die Praxis in erheblichem Umfang relevanten Absichtsdelikten ist die pauschale Auskunft, sie seien „materiell" stets erst nach Verwirklichung der Absicht beendet (s. Rdn. 27), mit der im hier erörterten Zusammenhang verlangten normativen Einbindung nicht vereinbar. Das gilt einerseits für jene Fälle, in denen die Absicht keinen Bezug zum Tatunrecht aufweist (Rdn. 25). Aber auch dort, wo (wie beim Diebstahl oder Betrug) ein Rechtsgutsbezug schwerlich zu leugnen ist, wird eine dem Tatbestand noch subsumierbare Phase, die in der Sicherung der Beute oder der Erlangung des erstrebten Vorteils liegen soll, vermehrt und zu Recht bestritten.[82] Hiermit sind einer Beendigungsphase zugängliche iterative Verwirklichungen wie das stückweise Heraustragen der Beute aus dem Gewahrsamsbereich des Diebstahlsopfers oder die Veranlassung weiterer schädigender Verfügungen auf der Grundlage eines bereits geschaffenen Irrtums nicht zu verwechseln.

Diese **Aussagen** (Rdn. 37) **gelten** vor allem für die beiden Fragenkreise, in denen die straf- **38**
begründende bzw. -schärfende Verwertung der Beendigungsphase besonders deutlich in Erscheinung tritt. Das ist zum einen die Behauptung, dass zwischen Vollendung und Beendigung noch eine Tatbeteiligung in Form von **Beihilfe** oder (sukzessiver) **Mittäterschaft** in Betracht komme, zum anderen die Annahme, die Phase eigne sich noch für die Zurechnung (**erfolgs-)qualifizierender Umstände.**[83] Die Rechtsprechung bei Diebstahl und Raub[84] sieht das unter Missachtung des Bestimmtheitsgrundsatzes anders.[85] Auch bei der **Verjährung** wirkt sich die Beendigung für den Straftäter ungünstig aus. Man sollte daher auch hier und unabhängig davon, ob die Verjährung den Ableitungen des Art. 103 Abs. 2 GG unterliegt,[86] einen tatbestandsmäßigen Beendigungsbegriff einem „gelockerten" oder faktischen Verständnis vorziehen. Eine solche Interpretation ist auch mit dem Zweck der Verfolgungsverjährung – Schaffung von Rechtsfrieden und Stärkung des Beschleunigungsgrundsatzes[87] – vereinbar.[88] Der BGH vertritt dagegen auch im Rahmen von § 78a einen materiellen Beendigungsbegriff mit der Folge, dass die Verjährung bei §§ 332, 334 erst mit Vornahme der Diensthandlung beginnt, die Gegenstand

**80** Wenn auch, um die Problematik der Zone nicht zu verschütten, nicht sollte, s. Rdn. 30.

**81** So aber BayObLG NJW **1980** 412; OLG Karlsruhe NStZ-RR **2017** 355; *SSW/Ernemann* § 142 Rdn. 57; zu Recht enger *Fischer* § 142 Rdn. 61; *Küper* JZ **1981** 253 ff.

**82** Vgl. *Kühl* FS Roxin (2001) 673 ff; *Murmann* Grundkurs § 27 Rdn. 61, 139 je m. w. N. Kritisch (Gewahrsamssicherung liege noch innerhalb der Wortlautgrenze) *Hsueh* Abschied S. 159 ff.

**83** Diese Beispiele dominieren die Diskussion, vgl. nur *Kühl* FS Roxin (2001) 679, 683; *ders.* JuS **2002** 733 ff; *Krey/Esser* AT Rdn. 1198 f; *Murmann* ZJS 2008 456 ff; *Roxin* AT II § 25 Rdn. 220 ff, § 26 Rdn. 257 ff; *Jäger* SK Rdn. 10, 11; *Sch/Schröder/Eser/Bosch* Rdn. 10, 11.

**84** Vgl. zur Tatbeteiligung z. B. BGHSt **2** 344; **3** 40; **4** 132; **6** 248; **19** 323; BGH NStZ **1999** 510; **2000** 594; **2008** 280; NStZ-RR **2015** 13, 14; zur Qualifikation BGHSt **20** 194; **38** 298; BGH MDR **80** 106; BGH NStZ **1985** 547; **1998** 354; **2010** 327; zur Erfolgsqualifikation BGHSt **38** 295; BGH NJW **1999** 1034; BGH NStZ **1999** 554; **2001** 371; ferner *Wessels/Hillenkamp/Schuhr* Rdn. 131 f, 388 m. w. N.

**85** Vgl. kritisch zur Behandlung der sukzessiven Tatbeteiligung auch *Hsueh* Abschied S. 228.

**86** Ablehnend die h. M., vgl. etwa BGHSt **40** 113, 118; *Lackner/Kühl/Kühl* § 78 Rdn. 5; *Mitsch* Jura **2009** 534, 536.

**87** *SSW/Rosenau* § 78 Rdn. 5.

**88** Eingehend *Gleß/Geth* StV **2009** 183 ff; *Mitsch* Jura **2009** 534, 536 f.

der Unrechtsvereinbarung ist (BGHSt **52** 300, 303).[89] Erst mit Vornahme der pflichtwidrigen Diensthandlung finde der Angriff auf die Lauterkeit der Amtsausübung sowie das öffentliche Vertrauen in diese seinen Abschluss, denn diese Schutzgüter würden „am nachhaltigsten dadurch beeinträchtigt, dass der durch die Bestechung befangene Amtsträger den ‚Staatswillen' tatsächlich verfälscht, indem er die erkaufte pflichtwidrige Diensthandlung ausübt" (BGHSt **52** 300, 304). Dagegen ist es mit einem tatbestandsmäßigen Beendigungsbegriff vereinbar, wenn der BGH die für den Beginn der Verjährung maßgebliche Tatbeendigung bei einer durch schadensgleiche Vermögensgefährdung schon vollendeten Untreue erst in der Realisierung dieser Gefährdung erblickt (BGH NStZ **2001** 650; wistra **2003** 379, 380).[90] Begründen lässt sich dies damit, dass auch der endgültige Schaden dem tatbestandlichen Begriff des Schadens bzw. Nachteils unterfällt. Als letztes sei auf die freilich abweichende Rolle der Beendigung im Rahmen des **räuberischen Diebstahls** (§ 252) hingewiesen. Zwar belastet auch hier die Beendigungsphase den Täter, da in ihr der Raubstrafrahmen greift und die Raubqualifikationen noch ausgelöst werden können. Zu bedenken ist aber, dass der Beendigungsbegriff in § 252 sich deshalb von einem streng normativen Verständnis trennen muss, weil eine innertatbestandliche Deutung die Abgrenzung zum Raub nicht leisten und die ganz andere Frage, wie lange es sich bei einem Diebstahl noch um eine „frische Tat" handelt, auch nicht sachgerecht beantworten könnte. In diesem Problemzusammenhang ist deshalb ein Begriffsverständnis zugrunde zu legen, das auf die tatsächliche Beendigung setzt,[91] ohne damit freilich den Bezug zum Diebstahls- (oder Raub-)Tatbestand vollends zu verlieren. Das geschieht richtigerweise nicht durch das Abstellen auf die Verwirklichung der Zueignungsabsicht durch das Herbeiführen eines erst jenseits der Wegnahme eintretenden Aneignungs- oder Enteignungserfolgs,[92] sondern durch die den funktionalen Zusammenhang zwischen dem eingesetzten Raubmittel und der Besitzerhaltungsabsicht wahrende Forderung, auf die Beendigung der Wegnahme im Sinne einer Beutesicherung abzustellen.

39 **Zum anderen** sollte man auf eine (mit der zu § 252 soeben geforderten) vergleichbare **Anbindung** der Beendigungsphase an die tatbestandliche Umschreibung auch dort nicht verzichten, wo z. B. mit der Beendigung die **Gegenwärtigkeit des Angriffs** im Sinne des § 32 oder wo bei fehlendem Willen, dass die Haupttat beendet werde, die Strafbarkeit des **agent provocateur** entfallen können soll.[93] In solchen Zusammenhängen steht zwar das Gesetzlichkeitsprinzip einer „Auflockerung" nicht unmittelbar entgegen, weil sie den Notwehr Übenden oder den Anstifter begünstigt. Eine Einbindung der Beendigungsphase in den Tatbestand ist daher hier nicht zwingend. Einem Abstellen auf irgendeine nur „tatsächliche" und vom Tatbestand kaum noch geprägte Beendigung steht aber zum einen entgegen, dass der Nebeneffekt einer Ausdehnung der Notwehrlage oder der Straflosigkeit einer Anstiftung eine Belastung des Angreifers bzw. eine Gefährdung des durch die Haupttat angegriffenen Rechtsguts sein kann. Aus solchen Gründen sind im Strafrecht auch vordergründig nur begünstigenden Lösungen Grenzen gesetzt (s. hierzu *Hillenkamp* Vorsatztat S. 157 ff). Zum anderen kann eine tatbestandsgelöste Beendigungslehre „für den Eintritt der materiellen Beendigung keine auch nur halbwegs präzisen Kriterien angeben" (*Roxin* AT II § 26 Rdn. 262) und ist daher „völlig willkürlich" (*Kühl* JuS **1982** 191).

---

89 Zustimmend etwa *SSW/Rosenau* § 78a Rdn. 2. Ablehnend etwa *Dann* NJW **2008** 3078 f; *Geß/Geth* StV **2009** 183 ff; *Mitsch* Jura **2009** 534, 535 ff. Vgl. auch *Kuhlen* JR **2009** 53 ff.

90 *SSW/Saliger* § 266 Rdn. 132.

91 BGHSt **28** 224; die Frische kann hiernach auch schon vor der faktischen Beendigung entfallen, vgl. *Hsueh* Abschied S. 96, 195 ff (der allerdings meint, der „Beendigungsbegriff als solcher" könne „nicht viel zur Bestimmung der Reichweite der Tatfrische beitragen"; a. a. O. S. 202); *Wessels/Hillenkamp/Schuhr* Rdn. 399.

92 **Ablehnend** hierzu *Küper* JuS **1986** 869.

93 OLG Oldenburg NJW **1999** 2751 f; *Kühl* AT § 20 Rdn. 205; *SSW/Murmann* § 26 Rdn. 14. Zu beidem kritisch und für einen Verzicht auf eine Orientierung am Beendigungsbegriff *Hsueh* Abschied S. 89 ff, 237 ff.

## II. Entstehungsgeschichte der Versuchsregelung

### 1. Anordnung im Allgemeinen Teil

Da die Tatbestände des Besonderen Teils das Delikt als **vollendete Tat** (näher zur Vollendung s. o. Rdn. 18 f) schildern, bedarf es besonderer **Strafausdehnungsgründe**, wenn das vor dem Zeitpunkt der Vollendung liegende Verhalten unter Strafe gestellt werden soll (*Maurach/Gössel/Zipf* AT/2 § 39 Rdn. 40 f; *Maurach* FS Szwarc 193, 201). Der Gesetzgeber hat sich im Hinblick auf den **Versuch** (zu Vorbereitungshandlungen s. o. Rdn. 3 ff) für eine nicht ganz selbstverständliche, angesichts der Verallgemeinerungsfähigkeit und -bedürftigkeit der zu diesem Institut zu treffenden Grundaussagen aber vorzugswürdige (*Bockelmann* Untersuchungen S. 158) Regelung im Allgemeinen Teil schon mit §§ 43 ff des Strafgesetzbuchs für das Deutsche Reich vom 15.5.1871 (RGBl. 127) entschieden und diese Entscheidung weder damals noch seitdem in Frage gestellt (*Corves* Prot. SA V S. 1651). Sie macht den Versuch zu einem **unselbständigen Tatbestand**, weil seine Merkmale stets auf ein Delikt des Besonderen Teils zu beziehen sind (*Sauermann* Versuch S. 31 ff; *Jescheck/Weigend* § 49 III).[94] 40

Mit dieser Entscheidung knüpft der Gesetzgeber an das schon in der Vergangenheit im deutschen wie im ausländischen Recht seit langem bevorzugte Regelungsmodell an (*Frank* Vollendung S. 173 ff). Denn während z. B. das germanische Recht nur einzelne Versuchshandlungen wie das Zücken des Schwertes oder das Wegelagern mit Strafe bedrohte (*Baumgarten* Versuch S. 106 f)[95] und auch im französischen code pénal von 1791 noch eine generelle Bestimmung über den Versuch fehlte (*Frank* Vollendung S. 176), enthielt schon die aus der mittelalterlichen italienischen Jurisprudenz schöpfende und an *Schwarzenbergs* Bambergensis auch zum Versuch unmittelbar angelehnte erste reichsrechtliche Kodifikation mit Art. 178 der Constitutio Carolina Criminalis aus dem Jahre 1532 eine dem Allgemeinen Teil zuzurechnende (*Schaffstein* Lehren S. 159) Versuchsdefinition.[96] Sie stellte den Versuch als selbständige Verbrechensform der Vollendung gegenüber, deutete eine Abgrenzung zu den Vorbereitungshandlungen an und traf Aussagen über die Strafbarkeit und die Bestimmung der Strafe. Auch verwies sie bereits durch die Nennung nur dessen, der „durch andere mittel, wider seinen willen verhindert würde", auf die Möglichkeit eines freiwilligen Rücktritts (*Baumgarten* S. 110 ff).[97] 41

Die damit zum Ausdruck gelangte Einsicht, dass der Versuch eine Erscheinung des damals als Begriff und Institution freilich noch unbekannten Allgemeinen Teils ist,[98] liegt dann auch den „von unternommenen und ausgeführten Verbrechen" handelnden §§ 39ff Theil II Titel 20 des Preußischen Allgemeinen Landrechts[99] zugrunde und hat die Partikulargesetze des 19. Jahrhunderts beherrscht (*Baumgarten* Versuch S. 273 ff). Das gilt auch für das Preußische Strafgesetzbuch von 1851, das in seinem § 31 die aus der nunmehr auch in Frankreich eingeführten allgemeinen Regelung des Versuchs im Art. 2 des code pénal von 1810 stammende Kennzeichnung dieser Verbrechensform als „commencement d'exécution" durch das Abstellen auf den „Anfang der Ausführung" übernahm und das als Vorbild für das Strafgesetzbuch für den Norddeutschen Bund von 1870 (RGBl. 197) und das Strafgesetzbuch für das Deutsche Reich von 1871 42

94 Zu einem alternativen Regelungsvorschlag *Walter* S. 450 ff.

95 Vgl. näher *Wilda* Germanen S. 598 ff.

96 Neben der sich mit Art. 119, 172 und 173 wenige Versuchsbestimmungen zu einzelnen Delikten finden, vgl. dazu *Baumgarten* Versuch S. 111; zurückhaltender in der Deutung *Steppan* FS Kocher 291, 292 f.

97 Vgl. zur Entwicklung der Versuchslehre auf dieser Grundlage im Gemeinen Recht *Schaffstein* Lehren S. 157 ff; *Steppan* FS Kocher 291, 295 ff.

98 *Schaffstein* Lehren S. 159 betont, dass „der Versuchsbegriff zu den ersten als solchen erkannten allgemeinen Begriffen gehört".

99 Das wie die CCC auch im Besonderen Teil hier und da auf den Versuch einging, so z. B. in § 828; vgl. zum PrALR *Goltdammer* Materialien Bd. 1 S. 244 ff.

(RGBl. 127) damit dem französischen Recht seinen Einfluss auf das deutsche Recht nachhaltig sicherte[100] (*Goltdammer* Materialien Bd. **1** S. 252 f).

## 2. Zu entscheidende Grundfragen

43 Hat sich der Gesetzgeber zur Möglichkeit eines strafbaren Versuchs und zu seiner Regelung im Allgemeinen Teil bekannt, sieht er sich seit alters her vor eine Reihe von Fragen gestellt, die zu entscheiden (heute) teilweise ein Gebot des Gesetzlichkeitsprinzips ist, während andere auch Rechtsprechung und Lehre überlassen werden können. Zu den Grundfragen[101] gehört, 1. bei welchen Delikten der Versuch strafbar sein soll, 2. wie er zu bestrafen ist, 3. ob auch der untaugliche und der abergläubische Versuch strafbar sein sollen, 4. wie der strafbare Versuch von der (regelmäßig) straflosen Vorbereitung abzugrenzen ist und 5. welche Voraussetzungen für einen strafbefreienden Rücktritt zu gelten haben. Während sich zur ersten Frage z. B. das Reichsstrafgesetzbuch nach dem Vorbild der Art. 2 und 3 des französischen code pénal von 1810 in § 43 Abs. 2 für die auch heute noch (§ 23 Abs. 1) gültige Regelung entschied (*Meinecke* Gesetzgebungssystematik S. 13),[102] überließ es beispielsweise die Antwort auf die dritte Frage der Wissenschaft.[103] Das auf das Zweite Gesetz zur Reform des Strafrechts vom 4.7.1969 (BGBl. I 717) zurückgehende heutige Recht hat dagegen bis auf den abergläubischen Versuch alle Fragen ausdrücklich entschieden.

44 Dabei war und ist die Ursache tiefgreifender Meinungsverschiedenheiten dazu, wie die Antworten ausfallen sollten, neben **Differenzen in der Kriminalpolitik**[104] vor allem der althergebrachte **Gegensatz** zwischen der **objektiven** und der **subjektiven Versuchstheorie**, die als jeweiliger Ausgangspunkt häufig zu einer unterschiedlichen Beantwortung der Streitfragen führen.[105] Um das zu illustrieren, genügt hier zunächst (näher s. Rdn. 56 ff) zur Kennzeichnung dieser beiden Grundhaltungen, dass nach der objektiven Theorie der Strafgrund des Versuchs in der konkreten Gefährdung des geschützten Tatobjekts liegt und dass daher zum Handlungsunwert auch beim Versuch noch ein spezifischer Erfolgsunwert hinzutreten muss. Die subjektive Theorie verzichtet dagegen hierauf und sieht den Strafgrund des Versuchs allein in dem durch Handlungen betätigten[106] rechtsfeindlichen Willen, begnügt sich also mit einem Handlungsunwert. Offensichtlich muss diese Weichenstellung gerade für die Fragen nach der Strafbarkeit von untauglichen und abergläubischen Versuchen sowie für die Bestimmung des Zeitpunkts des Versuchsbeginns weitreichende Bedeutung haben.

45 **a) Versuchsstrafbarkeit.** Die im heutigen § 23 Abs. 1 enthaltene Differenzierung zwischen der generellen Versuchsstrafbarkeit von Verbrechen und der nur im Einzelfall angeordneten Versuchsstrafbarkeit von Vergehen ist eine vor allem kriminalpolitisch geprägte gesetzgeberische

**100** Das gilt auch für die Regelung des heutigen § 23 Abs. 1, vgl. *Meinecke* Gesetzgebungssystematik S. 13; zum Streit um das französische „Vorbild" vgl. aber auch *Schubert* GA **1982** 202, 204 ff; ferner *Höinghaus* S. 68 f.

**101** Vgl. zu ihnen und zur Zusammenstellung der historischen Antworten *Baumgarten* Versuch S. 228 ff; *Frank* Vollendung S. 163 ff.

**102** Vgl. dort (S. 13 ff) und zur Kritik an dieser Entscheidung im früheren Schrifttum.

**103** Vgl. Vorentwurf zu einem Deutschen Strafgesetzbuch (1909), Begr. Allgemeiner Teil S. 284 ff; *Frank* § 43 Bem. III 2; *Hillenkamp* FS Roxin (2001) 691.

**104** Ablesbar z. B. in der auf ein Fehlen des „kriminalpolitischen Bedürfnisses" gestützten Entscheidung für die Straflosigkeit des Versuchs eines untauglichen Subjekts oder des auf grobem Unverstand beruhenden Versuchs in § 25 AE (s. dazu Begr. S. 61).

**105** Vgl. *Corves* Prot. SA V/1651 sowie *Bockelmann* Untersuchungen S. 154; *Busch* LK[9] § 43 Rdn. 1; *Haas* ZStW **123** (2011), 226, 227 ff; *Seminara* in: Seminara/Hirsch S. 3 ff.

**106** Auf die Voraussetzung der Betätigung verzichtete selbst das nationalsozialistische Willensstrafrecht nicht, vgl. *Gürtner/Freisler/Gürtner* Das neue Strafrecht S. 26 f.

Entscheidung. Die benachbarten Kodifikationen Österreichs und der Schweiz haben sich für eine Versuchsstrafbarkeit von Verbrechen und Vergehen entschieden (s. *Meinecke* Gesetzgebungssystematik S. 20 ff).[107] Das geltende deutsche Recht geht auf den französischen code pénal von 1810 zurück, den sich das Preußische Strafgesetzbuch von 1851 zum Vorbild nahm. Die dort getroffene Entscheidung für die weitgehende Straflosigkeit des Versuchs von Vergehen rechtfertigten die Verfasser Napoleon gegenüber namentlich mit der schwereren Erkennbarkeit und dem fehlenden gesellschaftlichen Interesse an der Bestrafung des Vergehensversuchs (s. dazu *Meinecke* Gesetzgebungssystematik S. 13 ff mit Belegen). In der Begründung des § 33 des Preußischen Strafgesetzbuchs wird hinzugefügt, dass sich bei Vergehen „nicht eine so entschiedene Willensbestimmung annehmen lasse, um eine Strafanwendung für den Versuch zu rechtfertigen" (*Goltdammer* Materialien Bd. **1** S. 281). Die Motive des Strafgesetzbuches für den Norddeutschen Bund erklären die Beibehaltung der Vorschrift so, „dass durch den Versuch einer strafbaren Handlung die staatliche Rechtsordnung umso weniger berührt werde, je weniger schwer die vollendete strafbare Handlung selbst sein würde" (*Höinghaus* S. 68). Trotz nicht unerheblicher Kritik an der Übernahme dieses Regelungsmodells durch den Reichsstrafgesetzgeber haben auch die Große Strafrechtskommission mit § 27 E 1962 (Begr. S. 142) und der AE in § 25 an der darin verankerten Kompromisslösung festgehalten. Dabei verwies man einerseits darauf, dass selbst der dem nationalsozialistischen Willensstrafrecht und mit ihm der „kämpferischen Haltung ..., schon den Beginn der Täterschaft grundsätzlich bei allen Straftaten für strafbar zu erklären und ... mit der vollen Schärfe des Gesetzes ... zu ahnden" verhaftete E 1936 „aus kriminalpolitischen Gründen" Ausnahmen von der Strafbarkeit des Vergehensversuchs vorsah,[108] die er auf Beweisschwierigkeiten, mangelnde Strafwürdigkeit, aber auch darauf stützte, dass es „eine Übertreibung" des Gedankens des Willensstrafrechts wäre, wenn man ihn auch bei der leichten Körperverletzung durchführte, „da der Beginn einer Körperverletzung vielfach noch keine einer kriminellen Ahndung bedürftige Willensschuld erkennen" lasse (E 1936 Begr. S. 250). Zum anderen wurde betont, dass aus der These, der Versuch sei deshalb strafwürdig, „weil schon in ihm Rechtsfeindschaft und Schuld des Täters sich offenbaren", keineswegs folge, „dass jeder Versuch bestraft werden müsste"; denn „einen völlig lückenlosen Katalog von Strafdrohungen gegen jedes strafwürdige Verhalten aufzustellen", sei keineswegs „Leitidee und Prinzip der Strafgesetzgebung" (*Bockelmann* Untersuchungen S. 157).[109] Die Orientierung an **kriminalpolitischer Zweckmäßigkeit** prägt auch das geltende Recht, mit dem eine Entscheidung zugunsten einer nur fallweisen Strafbarkeit des Vergehensversuchs getroffen wurde.

**b) Versuchsbestrafung.** Auch die Antwort auf die Frage, ob der Versuch wie das vollendete 46
Delikt zu bestrafen oder ob die Strafe hier – sei es obligatorisch, sei es fakultativ – zu mildern ist, kann aus strafgrundtheoretischen wie aus von den Strafzwecken mitbestimmten kriminalpolitischen Gründen unterschiedlich ausfallen. Ließe sich der Gesetzgeber allein von einer rein subjektiven Versuchstheorie leiten, läge es auf den ersten Blick nahe, für Vollendung und Versuch obligatorisch das gleiche Strafmaß mit der Begründung vorzusehen, dass es für den verbrecherischen Willen und die ihm entsprechende Willensschuld keinen bedeutsamen Unterschied ausmachen könne, ob der Erfolg zufällig eingetreten oder ausgeblieben sei (*Vogler* LK[10]

**107** Ebenso das polnische StGB, s. dazu *Zoll* FS Eser 655, 656 f.

**108** Nämlich für Ehebetrug (§ 191), Ehebruch (§ 192), Körperverletzung (§ 413) und Sachbeschädigung (§ 477); vgl. E 1936 Begr. S. 13; zum grundsätzlichen Bekenntnis zum Willensstrafrecht und der Begründung der Ausnahmen vgl. auch *Gürtner* und *Freisler* in: Gürtner/Freisler Das neue Strafrecht S. 26 f und S. 139 sowie *Meinecke* Gesetzgebungssystematik S. 18 f.

**109** *Bockelmann* Untersuchungen S. 157 bezeichnet hier den Gedanken des sog. Willensstrafrechts nicht als „wofür er sich gelegentlich ausgegeben hat, eine selbstverständliche Konsequenz der subjektiven Versuchstheorie", sondern „als ihre Verballhornung aus politischen Gründen".

Entstehungsgeschichte vor § 22).[110] Bei näherem Hinsehen lässt sich aber auch aus „einer subjektiven, erfolgsfreien Versuchsauffassung" die Forderung nach einer wenigstens fakultativen Strafminderung herleiten, um Fällen Rechnung zu tragen, in denen „trotz der Vollendungsnähe des Versuchs eine weitere verbrecherische Energie nötig wäre, den Erfolg herbeizuführen", denn „hier ist ... die Tat noch nicht gleichermaßen strafwürdig wie im Falle der Vollendung" (*Schmidhäuser* Lb 15/20). Diese Argumentation betrifft ersichtlich insbesondere den unbeendeten Versuch.[111] Von einem rein objektiven Standpunkt aus ist dagegen jeder Versuch im Vergleich zur Vollendung geringeres Unrecht mit der Folge, dass er als minus obligatorisch milder zu bestrafen wäre (*Bockelmann* Untersuchungen S. 154).[112]

**47** In der Geschichte der Gesetzgebung finden sich unterschiedliche Antworten (näher *Höinghaus* S. 68 f). Während der napoleonische Code pénal das versuchte Verbrechen wie das Verbrechen selbst behandelte,[113] entschloss sich der preußische Gesetzgeber, „weil das subjective Moment, welches das französische Recht ausschließlich im Auge habe, nicht allein als das bestimmende angesehen werden könne", trotz zunächst gleicher Aussage in § 32 Abs. 1 Satz 1 dazu, lebenslängliche Zuchthaus- und Todesstrafe in zeitige Zuchthausstrafe umzuwandeln und den Richter im Übrigen auf die Berücksichtigung der Nichtvollendung als strafmildernden Gesichtspunkt innerhalb des für die Vollendung geltenden Strafrahmens ausdrücklich hinzuweisen, „weil mit der deutschen Gesetzgebung und Jurisprudenz auch das objective (Moment) als ein wesentlich mitbestimmendes hinzugezogen werden müsse" (*Goltdammer* Materialien Bd. **1** S. 279). Das Reichsstrafgesetzbuch von 1871 sah in Rückkehr „zu der Deutschen, sachlich allein begründeten Rechtsauffassung" (*Höinghaus* S. 69) eine obligatorische Strafmilderung vor, die später aber unter Hinweis auf die „neue willensstrafrechtliche Grundauffassung" (*Freisler* DJ **1939** 1856) durch § 4 der Gewaltverbrecherverordnung vom 5.12.1939 (RGBl. I S. 2378; dazu *Kayser* DR **1940** 345, 349) zugunsten der Möglichkeit, „die Strafe des Versuches ... nach dem Maß der Willensschuld zu bestimmen", es nicht „auf den vielfach von Zufälligkeiten abhängigen Erfolg ... ankommen" zu lassen (Begr. zu § 4, zitiert in DJ **1939** 1856) und daher für den Versuch auch auf die Strafe für die vollendete Tat erkennen zu können, aufgelockert wurde (s. zur Anwendung RG DJ **1942** 477). Die Neufassung des § 44 a. F. im Sinne einer bloß fakultativen Minderbestrafung ohne Ausschluss selbst der Todesstrafe erfolgte durch die Novelle vom 29.5.1943 (RGBl. I S. 341).

**48** Obwohl der Alternativentwurf die subjektive Versuchstheorie zugrunde legte (AE AT Begr. S. 61), meinte er, zu einer obligatorischen Strafmilderung zurückkehren zu sollen, weil auch der, der „den Handlungsunwert besonders" betone, anerkennen müsse, „dass auch der Erfolgsunwert das Unrecht der Tat" mit begründe und „sein Ausbleiben daher dieses Unrecht" mindere (AE AT Begr. S. 61; **krit.** *Armin Kaufmann* ZStW **80** [1968] 50 ff). Das 2. Strafrechtsreformgesetz (und mit ihm das geltende Recht) ist dem in Übereinstimmung mit dem E 1962 nicht gefolgt. Es sieht die nur **fakultative Strafmilderung** als die „logische Konsequenz aus der im neuen StGB ausdrücklich anerkannten subjektiven Versuchstheorie", für die „der verbrecherische Wille und damit die Gefährlichkeit des Täters der tragende Strafgrund beim Versuch" sei und für die es daher für „die Strafbemessung keinen grundsätzlichen Unterschied bedeuten" könne, „ob der

---

**110** *Baumann* § 52 III 2 empfindet unter diesem Blickwinkel die 1943 vollzogene Umwandlung von der obligatorischen in eine fakultative Minderung als „faulen Kompromiß. Besser wäre dann schon gewesen, Versuch und Vollendung gleichzustellen". *Stratenwerth/Kuhlen* § 11 Rdn. 48 halten dagegen, dass nicht nur das Ausbleiben, sondern auch der Eintritt des Erfolgs für ein Willensstrafrecht gleichgültig und dass deshalb auch bei Erfolgseintritt unter Umständen die Versuchsstrafe angemessen sein müsse; für eine Gleichbehandlung von Versuch und Vollendung *Roeder* Erscheinungsformen S. 17.

**111** Für obligatorische Strafminderung beim unbeendeten Versuch *Armin Kaufmann* ZStW **80** (1968) 51 f; *Zielinski* Unrechtsbegriff S. 213 ff.

**112** Vgl. zum insoweit folgerichtigen italienischen Recht *Fornascari* S. 50 f.

**113** Die Gerichtspraxis milderte allerdings gleichwohl die Bestrafung, s. *Franzius* Materialien Bd. **2** S. 318; *Meyer* ZStW **87** (1975) 614; ebenso die heutige polnische Praxis, s. *Zoll* FS Eser 655, 657 für den tauglichen Versuch.

Erfolg eingetreten oder aus Gründen, die außerhalb des Willensbereichs des Täters liegen, ausgeblieben" sei (Bericht SA BT-Drucks. V/4095 S. 11).[114] Die auf dieser Grundlage „beinahe prinzipwidrig" (*Bockelmann* Niederschriften **2** 173) anmutende Möglichkeit, die Strafe – wenn auch nur fakultativ – zu mindern, beruht hierbei auf der Annahme, dass „eine im Versuch stecken gebliebene Tat (oft) nur eine geringere Sühne" erfordere, weil und wenn „sie einen schwächeren verbrecherischen Willen" offenbare „oder weil es aus sonstigen Gründen unbillig" erscheine, „dem Täter den ausgebliebenen Erfolg nicht zugute zu halten" (E 1962 Begr. S. 143).[115]

**c) Untauglicher und abergläubischer Versuch.** Da beim untauglichen und erst recht beim abergläubischen Versuch eine objektive Gefahr für das angegriffene Rechtsgut ebenso fehlt wie eine objektive Gefährlichkeit in Bezug auf die Tatbestandsverwirklichung, müssen die eine solche Gefahrenlage für das Versuchsunrecht voraussetzenden Anhänger einer objektiven Versuchstheorie beide Versuchsarten straflos lassen. Die subjektive Lehre führt dagegen zur grundsätzlichen Strafbarkeit jedenfalls des untauglichen Versuchs, da ihr auch die Betätigung des rechtsfeindlichen Willens genügt, die nur nach der Vorstellung des Täters eine objektiv geeignete Ausführungshandlung darstellt. Es liegt die Annahme nicht fern, dass eine konsequent zu Ende geführte subjektive Theorie aus diesem Grunde auch den abergläubischen Versuch zu bestrafen hätte (*Roxin* FS Nishihara 165) oder diese Möglichkeit zumindest bestünde, wenn man das Strafbedürfnis bejahen würde (s. näher § 22 Rdn. 245 ff). Dem ist aber schon das RGSt **33** 321, 323 mit der Überlegung entgegengetreten, dass auch die subjektive Versuchslehre die Strafwürdigkeit nicht auf einen „rechtlich indifferenten" und nur für die „Sphäre des Sittlichen, der Moral" erheblichen, sondern nur auf einen rechtsfeindlichen Willen gründen will. 49

Der Reichsstrafgesetzgeber hat die Frage, ob der untaugliche Versuch strafbar ist, 1871 angesichts der Gespaltenheit der „früheren deutschen Landesgesetzgebungen" und des schon mit Beginn des 19. Jahrhunderts entbrannten (s. *Heinitz* ZStW **81** [1969] 589) „Kampfes der Meinungen" nicht entscheiden wollen (Vorentwurf zu einem Deutschen Strafgesetzbuch 1909 Begr. AT S. 284 ff) und hat sich daher in § 43 die freilich die objektive Versuchstheorie eher begünstigende Fassung des seinerseits auf Art. 2 des napoleonischen code pénal zurückgehenden § 31 des Preußischen Strafgesetzbuchs von 1851 zum Vorbild genommen.[116] Schon die früheste Rechtsprechung des Reichsgerichts nutzte dann aber den belassenen Freiraum (RGSt **1** 439, 443) zu einer radikalen Abkehr von dem vom Preußischen Obertribunal (GA **1854** 548; 822 f; Archiv des Kriminalrechts **1854** 489) noch verfochtenen objektiven Standpunkt und schwenkte unter dem Einfluss *v. Buris* mit aller Entschlossenheit auf eine subjektive Linie ein, die von Beginn an die Strafbarkeit selbst des absolut untauglichen Versuchs bejahte (RGSt **1** 439),[117] den abergläubischen Versuch allerdings hiervon ausnahm (RGSt **33** 321). Von diesem Grundbekenntnis zur subjektiven Theorie und der aus ihm folgenden Strafbarkeit des untauglichen Versuchs haben sich vom Vorentwurf zu einem Deutschen Strafgesetzbuch aus dem Jahre 1909 bis hin zum E 1962 und dem Alternativentwurf zum Allgemeinen Teil alle Entwürfe leiten lassen (s. *Hillenkamp* FS Roxin [2001] 691 ff). Es liegt auch dem heute geltenden Recht zugrunde (*Corves* Prot. SA V 50

---

114 Für *Corves* Prot. SA V S. 1653 ist daher die Entscheidung des AE trotz gleichen subjektiven Ausgangspunkts widersprüchlich.

115 *Meyer* ZStW **87** (1975) 614 sieht in dieser „Mittellösung" den Ausdruck einer Entscheidung für eine gemischt subjektiv-objektive Versuchstheorie.

116 Die zwar „den Gegenstand der Doctrin überlassen wollte", aber doch verbreitet als eine Entscheidung für die objektive Versuchstheorie angesehen wurde, die schon dem römischen Recht und der Carolina sowie der preußischen und französischen Praxis zugrunde gelegen habe (s. *Goltdammer* Materialien Bd. **1** S. 272 f).

117 Hier heißt es (441): „Darüber kann nun kein Zweifel aufkommen, dass im Versuch der verbrecherische Wille diejenige Erscheinung ist, gegen welche das Strafgesetz sich richtet, im Gegensatz zu dem in der Vollendung zutage tretenden, aus dem verbrecherischen Willen hervorgegangenen rechtswidrigen Erfolge." Vgl. auch RGSt **1** 451; **8** 198; **34** 217.

S. 1652, 1745; Bericht SA BT-Drucks. V/4095 S. 11). Denn einerseits hat das 2. Strafrechtsreformgesetz mit der Aufnahme der „Vorstellung" in die Ansatzformel des § 22 sich zur subjektiven Lehre bekannt und andererseits in § 23 Abs. 3 folgerichtig die **grundsätzliche Strafbarkeit** des untauglichen Versuchs vorausgesetzt (s. näher § 22 Rdn. 234 ff). Ob namentlich von der zuletzt genannten Vorschrift neben dem grob unverständigen auch der irreale, abergläubische Versuch erfasst werden sollte, ist – auch vor dem Hintergrund gewisser Widersprüchlichkeiten hierzu in der Begründung des E 1962 (S. 144, 145) – umstritten (s. näher § 22 Rdn. 245 ff).

51 **d) Beginn des Versuchs.** Die Antwort auf die Frage, wann ein Geschehen seinen nur vorbereitenden Charakter ablegt und in das Stadium des Versuchs eintritt, wird jedenfalls bis zu einem gewissen Grade von dem zugrunde gelegten Verständnis des Versuchsunrechts dirigiert. In der Tendenz wird eine objektive Versuchstheorie, die eine Gefährdung des Tatobjekts oder des Rechtsguts verlangt, zu einer restriktiveren, näher an der Tatbestandsverwirklichung orientierten Bestimmung des Versuchsstadiums kommen als eine subjektive Theorie, die den Strafgrund allein in der rechtsfeindlichen Gesinnung des Täters erblickt. Das gilt insbesondere dann, wenn man auch die Entscheidung über den Versuchsbeginn selbst einem subjektiven Bewertungsmaßstab unterwirft.[118] Einer solchen Ausweitung des Versuchsbereichs lässt sich allerdings auch ohne grundsätzliche Preisgabe des subjektiven Ansatzes entgegentreten, indem man es zwar bei der subjektiven Beurteilungsgrundlage belässt, für die Frage des Versuchsbeginns dann aber auf einen objektiven Bewertungsmaßstab abstellt (s. dazu näher § 22 Rdn. 113 ff).[119] Hintergrund dessen ist die Einsicht, dass eine innere Einstellung eine Bestrafung nur dann legitimieren kann, wenn der Täter sie bis in ein Stadium durchgehalten hat, das einer wirkmächtigen Realisierung dieser Einstellung unmittelbar vorgelagert ist (§ 22 Rdn. 102 ff).

52 Der napoleonische code pénal betrachtete jeden Verbrechensversuch, „qui aura été manifestée par des actes extérieurs et suivie d'un commencement d'exécution", wie das Verbrechen selbst.[120] Ihm folgte das Preußische Strafgesetzbuch von 1851, das in § 31 Handlungen verlangte, „welche einen Anfang der Ausführung enthalten", eine Formulierung, die dann auch das Reichsstrafgesetzbuch in § 43 übernahm. Es ist schon hervorgehoben worden (Rdn. 50), dass der Reichsstrafgesetzgeber den Streit zwischen objektiver und subjektiver Versuchstheorie nicht entscheiden wollte, mit der Übernahme des „Anfangs der Ausführung" aber eine objektive Deutung begünstigte.[121] Sie setzte sich in der Praxis des Reichsgerichts gleichwohl von Beginn an nicht durch. Vielmehr wurde auch für den Versuchsbeginn ein subjektiver Standpunkt entwickelt, der die Strafbarkeit zum Teil bedenklich weit vorverlagerte (RGSt **72** 66; **77** 173).[122] Dieser Tendenz leistete auch die Begründung zum Vorentwurf zu einem Deutschen Strafgesetzbuch aus dem Jahre 1909 Vorschub, die sich zur subjektiven Theorie bekannte und daraus folgerte, dass wenn „der Wille betätigt" sei, „es auf alles Weitere nur ... mit der stillschweigenden", im Gesetzestext des Entwurfs allerdings nicht aufgeführten „Einschränkung ‚in der Vorstellung des Täters'" ankomme. In diesem Sinne sei – so die Begründung (S. 285) – „auch der Begriff der Ausführungshandlung zu verstehen, also losgelöst von jeder objektiven Beziehung und nur als Ausführung nach der Meinung des Handelnden".

53 Der damit eingeleitete **Siegeszug der subjektiven Versuchstheorie** hat sich über den E 1962 (Begr. S. 143 f) und den AE AT (Begr. S. 61) bis hin zum geltenden Recht (*Corves* Prot. SA V S. 1651 f) fortgesetzt. Dies ist allerdings nicht in der vom Vorentwurf vorgezeichneten Weise

---

**118** Wie es namentlich *v. Buri* ZStW **1** (1881) 185 ff und GS **32** (1880) 321 ff; **40** (1888) 503 ff befürwortete.

**119** Auch dann bleibt es bei einer subjektiven Versuchstheorie, s. *Hirsch* FS Roxin (2001) 712.

**120** Die Worte „actes extérieurs et suivis" entfielen „durch die Revision vom 28. April 1832", so dass der Satz nur noch das „manifestée par un commencement d'exécution" enthielt, *Goltdammer* Materialien Bd. **1** S. 253, 263.

**121** Vgl. zum Streit um die Auslegung auch schon im französischen Rechtskreis *Goltdammer* Materialien Bd. **1** S. 263 ff.

**122** Als Beleg zitiert von E 1962 Begr. S. 144; vgl. auch die Übersicht bei *Maurach/Gössel/Zipf* AT/2 § 40 Rdn. 11 ff.

geschehen, den Versuchsbeginn vollständig zu subjektivieren. Vielmehr macht das geltende Recht die Vorstellung des Täters von der Tat nur zur maßgeblichen Beurteilungsgrundlage, nicht aber zugleich zum Bewertungsmaßstab für den Versuchsbeginn. So verknüpft es in der Ansatzformel sein grundsätzliches Bekenntnis zur subjektiven Theorie mit der deren Gefahren eindämmenden Anweisung, den Versuchsbeginn von einem unmittelbaren Ansetzen zur Tatbestandsverwirklichung abhängig zu machen (s. dazu § 22 Rdn. 68 ff sowie *Corves* Prot. SA V S. 1745 und *Dreher* Prot. SA V S. 1746).

**e) Rücktritt.** Schließlich kommt der Entscheidung für die objektive oder die subjektive Theorie Bedeutung auch für die Anforderungen zu, die an einen strafbefreienden Rücktritt zu stellen sind. Folgt man einem objektiven Standpunkt, wird man die Straffreiheit an die objektive Wirksamkeit der Rücktrittshandlung knüpfen. Demzufolge ist die Möglichkeit eines Rücktritts ausgeschlossen, wenn der Nichteintritt des Erfolgs nicht auf der späteren Tätigkeit des Täters beruht, sondern darauf, dass die (ex ante als gefährlich einzustufende) Handlung den Erfolg schon gar nicht herbeiführen konnte (RGSt **17** 158, 160; **51** 205, 211; **68** 306, 309) oder darauf, dass der Erfolgseintritt durch das Verhalten Dritter verhindert wurde. Sieht man demgegenüber den Grund der Versuchsstrafbarkeit in der Betätigung des rechtsfeindlichen Willens, muss das tätige Sichtbarmachen eines entgegenstehenden Willens im Grundsatz ohne Rücksicht darauf zur Straffreiheit führen, aus welchen Gründen der Erfolg ausbleibt (*Bockelmann* Untersuchungen S. 154 f). 54

Das französische Recht stellte 1810 nur den Versuch unter Strafe, bei dem der Abbruch oder mangelnde Erfolg seine Ursache in zufälligen oder vom Willen des Täters unabhängigen Umständen hatte. Auch § 31 des Preußischen Strafgesetzbuchs von 1851 machte die Strafbarkeit hiervon abhängig (s. dazu *Goltdammer* Materialien Bd. **1** S. 255 ff). Mit der „objektivistisch gefassten Rücktrittsregelung" (so die Kennzeichnung von *Bockelmann* Niederschriften **2** 174) des § 46 a. F. wollte der Reichsstrafgesetzgeber zwar kein Bekenntnis zur objektiven Versuchstheorie ablegen (Vorentwurf zu einem Deutschen Strafgesetzbuch 1909 Begr. S. 284 ff), bewirkte aber mit ihr, dass das Reichsgericht entgegen seiner im Übrigen subjektiven Versuchslehre einen strafbefreienden Rücktritt vom beendeten untauglichen, als solchen aber nicht erkannten Versuch von Gesetzes wegen nicht für denkbar hielt (RGSt **17** 158; **68** 306, 309). Die diese Möglichkeit heute eröffnende und damit die **subjektive Versuchslehre** folgerichtig in die Rücktrittsvorschrift hineintragende Fassung des geltenden Rechts (§ 24 Abs. 1 Satz 2; Abs. 2 Satz 2) fand ihren Wegbereiter in der Luminal-Entscheidung des Bundesgerichtshofs (BGHSt **11** 324), die die Inkonsequenz des Reichsgerichts rügte und unter Berufung auf den damals (1958) soeben veröffentlichten „Entwurf des Allgemeinen Teils eines Strafgesetzbuchs nach den Beschlüssen der Großen Strafrechtskommission" die in dessen § 27 Abs. 3 vorgeschlagene Lösung für sachangemessen und mit dem seinerzeit geltenden Recht bereits vereinbar erklärte. Der Alternativentwurf und der E 1962 sind dem durch die ausdrückliche Klarstellung gefolgt, dass der Täter vom untauglichen bzw. endgültig fehlgeschlagenen Versuch so lange zurücktreten könne, „solange er noch nicht weiß, dass die Vollendung der Tat ohne sein Zutun unterblieben oder misslungen ist" (E 1962 Begr. S. 146). 55

## III. Strafgrund des Versuchs

### 1. Überlegungen zur Entscheidungsbedürftigkeit

**a) Meinungsvielfalt.** Der **Streit** um den Strafgrund des Versuchs[123] ist in der **Lehre** ebenso alt wie **unentschieden.** Er ist in all seinen historischen wie gegenwärtigen Verästelungen und Fa- 56

**123** Zum Begriff des Strafgrunds *Gössel* FS Wolter 403 ff.

cetten kaum noch zu überblicken.[124] Da es bei Grund und Grenzen der Strafbarkeit des Versuchs namentlich um dessen Unrecht geht,[125] berührt die Frage den „Kern der strafrechtlichen Unrechtslehre" und führt hier auf den „Gegensatz von objektiven und subjektiven Verbrechenslehren" zurück (*Stratenwerth/Kuhlen* § 11 Rdn. 16).[126] Dabei wird es überwiegend so gesehen, dass der Versuch angesichts der begriffsnotwendig fehlenden Vollendung (s. § 22 Rdn. 10 ff) einer gegenüber dieser Verbrechensform eigenständigen Strafbegründung bedürfe (*Roxin* FS Nishihara 168), teils aber auch so, dass eher eine Rechtfertigung der (schärferen) Bestrafung der Vollendung Not tue (*Freund/Rostalski* § 8 Rdn. 11).[127] Dieser Perspektivenwechsel beruht auf der auch sonst vertretenen These, dass „der Strafgrund des Versuchs ... exakt derjenige der Vollendung", mit diesem also identisch sei (*Jakobs* 25/15),[128] was jedenfalls den Druck mindert, unter dem eine Rechtfertigung der Bestrafung des Versuchs steht.

**57** Die bezeichnete Vielfalt ist schon in der Mitte des 19. Jahrhunderts durch die beiden großen Lager der **objektiven** und der **subjektiven** Versuchslehren und der ihnen zuzuordnenden oder doch nahestehenden Stimmen geprägt,[129] und auch die heute weit verbreitete **Eindruckstheorie** geht in ihren Anfängen auf den Ausgang jenes Jahrhunderts zurück.[130] Deren häufig anzutreffende Bezeichnung als subjektiv-objektive Lehre trägt die Einschätzung, der Streit sei zugunsten dieser vermittelnden Meinung „abgeebbt" (*Vogler* LK[10] Rdn. 37) und habe „zu einer weitgehenden Annäherung der Standpunkte geführt" (*Stratenwerth/Kuhlen* § 11 Rdn. 20; s. auch *Niggli/Maeder* BK StGB I Vor Art. 22 Rdn. 15). Die gegenüber der Eindruckstheorie in jüngerer Zeit wachsende Kritik lässt dieses versöhnliche Bild aber zunehmend verblassen. So ist es einerseits zu einer gewissen, vor dem Hintergrund der aktuellen Gesetzeslage freilich modifizierten, Wiederbelebung des Gegensatzes von Objektivisten und Subjektivisten gekommen. Andererseits ist ein Kreis von Strafgrundlehren neu entstanden, die sich selbst aufgrund ihrer philosophischen, strafzweckorientierten oder ökonomischen Ausrichtung jenseits des herkömmlichen Meinungsspektrums ansiedeln oder die sich doch wenigstens als alternative „Vereinigungstheorie" (*Roxin* FS Nishihara 161) oder „echte subjektiv-objektive Theorie" (*Hirsch* FS Roxin [2001] 726) in deutlichem Gegensatz zu dem subjektiv-objektiven Kompromiss jener Eindruckstheorie sehen.

**58** Die **Rechtsprechung** nimmt in ihrer seit den ersten Tagen des Reichsgerichts (RGSt **1** 439, 443; 451; **8** 198) vollzogenen Abkehr von der objektiven Versuchslehre, wie sie noch der Spruchpraxis des Preußischen Obertribunals (GA **1854** 548; 822 f) zugrunde lag, zugunsten eines **subjektiven Standpunktes** zwar in ihren Anfängen zu jener gegensätzlichen Position noch Stellung, hat sich im weiteren Verlauf aber kaum mehr veranlasst gesehen, die von ihr bevorzugte Lehre gegen abweichende Stimmen zu verteidigen. Auch der Bundesgerichtshof hat an der subjektiven Versuchslehre festgehalten (BGHSt **11** 324), ohne den grundlegenden Streit erneut zu thematisieren.[131] Er hat sich vielmehr anlässlich der 1975 in Kraft getretenen Neufassung der Versuchsbestimmungen in Übereinstimmung mit deren Zielsetzung (s. § 22 Rdn. 3 ff) damit begnügt, einer extrem subjektivistischen Vorverlagerung des Versuchsbereiches im Sinne einer objektiven Begrenzung eine Absage zu erteilen (BGHSt **26** 201; **28** 162; **35** 6). Auf schon damals

---

**124** Vgl. nur den differenzierten und kritischen Überblick bei *Zaczyk* Unrecht S. 20–125.

**125** *Murmann* Versuchsunrecht S. 3; *Zaczyk* NK § 22 Rdn. 7.

**126** Das macht die Einbindung der verschiedenen Theorien in die jeweilige Unrechtslehre bei *Zaczyk* Unrecht S. 20–125 besonders deutlich; vgl. auch *Heckler* Ermittlung S. 77 ff.

**127** Vgl. zu Lehren, die im Versuch den „Prototyp des Unrechts" sehen, *Zaczyk* Unrecht S. 100 ff.

**128** Vgl. auch *Frister* Rdn. 23/4; *Hoffmann-Holland* MK § 22 Rdn. 12–16 (mit Kritik an der Deutung *Freunds* in Rdn. 21); *Polaino Navarrete* FS Gössel 157; *Wachter* S. 3 f; *Waiblinger* ZStW **69** (1957) 202; ferner *Vehling* S. 87, der den Versuch als „kompletten Normbruch" mit einem entsprechenden „Geltungsschaden" deutet (S. 103); vgl. auch *Stratenwerth/Kuhlen* § 11 Rdn. 10: Versuch als Verletzung der strafrechtlich sanktionierten Verhaltensnorm.

**129** *Haas* ZStW **123** (2011), 226 ff.

**130** Vgl. vorerst nur *Zaczyk* Unrecht S. 23 mit Fn. 20, S. 41, 46.

**131** In BGHSt **11** 324, 327 wird für die dort zu entscheidende Frage allerdings zu Unrecht eine Übereinstimmung mit den Teilen der Rechtswissenschaft angenommen, die „das Wesen des Versuchs in einer objektiven Gefährdung" sehen.

vorfindbare oder später hinzutretende Vorschläge, gebotene oder erwünschte Restriktionen durch den Rückgriff auf andere als subjektiv geprägte Versuchslehren zu stützen, ging und geht die Rechtsprechung aber nicht ein.[132]

**b) Erkenntnisinteresse.** Die Antwort auf die Frage nach dem Strafgrund des Versuchs hängt auch davon ab, mit welchem Erkenntnisinteresse man diese Frage stellt. Sucht man – wie es die Lehre vielfach tut – nach der **„richtigen"** Antwort, kann man das Gesetz (zunächst) beiseite lassen (beispielhaft *Köhler* AT S. 451 ff) und unter Offenlegung des methodischen Ansatzes eine aus dem für erkenntnisleitend erachteten verbrechenssystematischen, strafzweckverpflichteten oder philosophischen Fundament entwickelte Lösung anbieten, die die gesetzliche Regelung (zufällig) rechtfertigen oder deren Unvereinbarkeit mit dem „richtigen" Recht aufzeigen mag. Sucht man umgekehrt nach der **vom Gesetzgeber gegebenen** Antwort, wird man diese aus Gesetzestext und -motiven unter Beachtung allgemeiner Auslegungsgrundsätze zu entwickeln trachten.[133] 59

Die Rechtsprechung des Reichsgerichts sah sich angesichts der bewussten Neutralität des Reichsstrafgesetzgebers gegenüber objektiver oder subjektiver Versuchslehre (Rdn. 50) noch darin frei, sich dem zuerst genannten Erkenntnisinteresse zuzuwenden und mit der damaligen Wissenschaft um die „richtige" Antwort zu ringen. Diese Freiheit ist der heutigen Praxis – wie sich aus der Entstehungsgeschichte (Rdn. 43 ff) schon ergibt und noch näher zu zeigen ist – seit dem Inkrafttreten des 2. Strafrechtsreformgesetzes vom Gesetzgeber genommen. Die im Gesetz zum Ausdruck gebrachte Wertung ist als Entscheidung des Gesetzgebers – im von der Verfassung gezogenen Rahmen – zu respektieren. Damit endet freilich nicht die **Notwendigkeit des Bemühens um die Ausarbeitung eines konsistenten und legitimen Konzepts strafrechtlichen Versuchsunrechts.**[134] Denn der Gesetzgeber hat zwar grundsätzliche Weichenstellungen vorgenommen, aber selbstverständlich kein geschlossenes Konzept präsentiert und dessen Hintergründe abschließend thematisiert. Eine sachgerechte sowie konsistente Interpretation der Versuchsvorschriften im Rahmen der gesetzlichen Vorgaben und die Ausfüllung von Regelungslücken verlangen danach grundsätzliche Überlegungen zum Strafgrund des Versuchs, freilich **unter Einbeziehung der gesetzlichen Vorgaben.** 60

## 2. Die gesetzgeberische Entscheidung

**a) Grundsätzliche Festlegung auf die subjektive Theorie.** Der Reformgesetzgeber, auf den das StGB in der Fassung der Bekanntmachung vom 2. Januar 1975 (BGBl. I 1) zurückgeht, hat sich bewusst für ein Regelungskonzept entschieden, mit dem er ein **Bekenntnis zur subjektiven Versuchslehre** abgelegt hat.[135] Damit hat sich zwar „gewiss keine Revolution ereignet" (*Hillenkamp* LK[12] Rdn. 60), da die Rechtsprechung dieser Auffassung schon seit 1880 folgte und sich seit dem Vorentwurf zu einem Deutschen Strafgesetzbuch aus dem Jahre 1909 (krit. insoweit allerdings *M. E. Mayer* Reform S. 337 f) auch alle amtlichen und nichtamtlichen Entwürfe für sie ausgesprochen hatten (s. *Hillenkamp* FS Roxin [2001] 690 ff). Jedoch entschied sich die Reform in der Strafgrundfrage gegenüber dem die objektive Lehre eher begünstigenden Reichsstrafgesetzbuch und der dieser Lehre bis in die dreißiger Jahre herrschend verhafteten Auffassung „grundsätzlich neu" (*Weigend* Entwicklung S. 116). Nicht treffend ist demgegenüber die 61

132 *Hoffmann-Holland* MK § 22 Rdn. 4.

133 Eine Beschränkung auf dieses Anliegen muss allerdings (entgegen *Hillenkamp* LK[12] Rn. 59; *Zimmermann* JR **2018** 23) aus den in der folgenden Rdn. genannten Gründen, scheitern; vgl. auch *Wachter* S. 2 ff, 182 f).

134 Vgl. *Zaczyk* FS Maiwald 885 ff.

135 Zweiter schriftlicher Bericht des Sonderausschusses für die Strafrechtsreform BT-Drs. V/4095 S. 11; *Matt/Renzikowski/Heger* Rdn. 9; *Streng* ZStW **109** (1997) 864. **AA** etwa *Ambos* HK-GS § 22 Rdn. 5; *Roxin* AT II § 29 Rdn. 35 ff.

Behauptung, das geltende StGB habe „die Regelung des Versuchs, wie sie dem StGB von 1871 in den §§ 43 ff zugrunde lag, weitgehend ohne inhaltliche Umgestaltung in die §§ 22 ff übernommen" (*Vogler* LK[10] Entstehungsgeschichte vor § 22) und der Versuch habe daher „nur in wenigen Punkten eine Neuregelung, im Übrigen nur eine freilich nicht durchweg geglückte Neufassung erfahren" (*Jescheck* LK[11] Einl. Rdn. 78).

62 Die – verschiedentlich in Zweifel gezogene (s. dazu Rdn. 67 ff und § 22 Rdn. 6) – Entscheidung des Gesetzgebers für die subjektive Versuchslehre,[136] **zeigt sich u.a. daran** dass der Sonderausschuss für die Strafrechtsreform die fakultative Strafmilderung nach § 23 Abs. 2 als „logische Konsequenz aus der im neuen StGB ausdrücklich anerkannten subjektiven Versuchstheorie" bezeichnet hat (Bericht SA BT-Drucks. V/4095 S. 11). Und auch der Vertreter des Bundesministeriums der Justiz, der selbst der objektiven Theorie zuneigte, aber „Abstriche und Konzessionen" beiden Standpunkten anriet, war „geneigt", das Kapitel im Sinne der subjektiven Theorie „als abgeschlossen anzusehen". Er hielt diese Entscheidung auch für „wohl richtig". Da man bei der Problematik namentlich des Rücktritts um sie nicht herumkomme, sprach er sich dafür aus, nicht nach der Empfehlung *Bockelmanns* (Niederschriften **2** 175), der selber der subjektiven Lehre anhing, von einer Festlegung auf sie abzusehen, sondern sich mit dem Votum der Großen Strafrechtskommission, dem E 1962 und den Verfassern des AE zu ihr zu bekennen (*Corves* Prot. SA V S. 1651 f).

63 Dieses die Beratungen durchziehende und von den Beratenden ganz überwiegend geteilte Bekenntnis hat **im Gesetz Ausdruck** gefunden. Dabei hat sich die deutlichste Absage an eine objektive Versuchslehre durch die Aufnahme des Begriffs der „Vorstellung" in die Begriffsbestimmung des Versuchs vollzogen. Während der Vorentwurf sich 1909 nur in der Begründung (S. 285) darauf berief, dass es nach der von ihm favorisierten subjektiven Theorie für die „Ausführungshandlung" allein auf die Vorstellung des Täters ankomme, machten der Entwurf *Radbruchs* aus dem Jahre 1922 und der Amtliche Entwurf eines Allgemeinen Deutschen Strafgesetzbuchs von 1925 die gleichlautende Entscheidung erstmalig im Gesetzestext fest.[137] So verfährt auch das geltende Recht. Danach kommt es einerseits für das Überschreiten der Grenze zwischen Vorbereitung und Versuch maßgeblich auf die subjektive Vorstellung des Täters vom Gesamtablauf der Tat an (s. näher § 22 Rdn. 78 ff). Andererseits hindert auch die Untauglichkeit des Vorhabens den Versuchsbeginn hiernach nicht, sofern nur der Täter nach seiner Vorstellung von der Tauglichkeit seines Unternehmens ausgeht (s. § 22 Rdn. 227 ff und zu beidem *Hillenkamp* FS Roxin [2001] 690 ff, 696 ff). Mit dieser letzteren Aussage hat sich das Gesetz für die Strafbarkeit auch des untauglichen Versuchs entschieden, die es in § 23 Abs. 3 dann voraussetzt. Beide für das Gepräge der geltenden Regelung zentralen Entscheidungen sind nur auf dem Boden einer subjektiven Versuchslehre denkbar. Es ist schon gezeigt (Rdn. 54 f), dass und wie sich die damit eingeschlagene Linie in die Rücktrittsvorschrift hinein fortsetzt.

64 **b) Gehalt der Entscheidung.** Mit der Entscheidung für die subjektive Versuchstheorie ist zwar eine grundsätzliche Weichenstellung verbunden, die **inhaltliche Festlegung** des Unrechts des Versuchs und des diesem korrespondierenden Strafgrundes aber nur in Umrissen vorgezeichnet. Dabei wird die in zwei Richtungen denkbare nähere Ausfüllung eines subjektiv bestimmten Versuchsunrechts etwas unvermittelt miteinander verknüpft, wenn in den Augen des Sonderausschusses nach der subjektiven Versuchslehre **„der verbrecherische Wille und damit die Gefährlichkeit des Täters** der tragende Strafgrund beim Versuch" sein sollen (Bericht SA BT-Drucks. V 4095 S. 11). Das bedarf, da sich hierin zwei Strömungen im Lager der Subjektivisten

136 Ebenso *Frister* Rdn. 23/3; *Gössel* GA **1971** 225 f; *Kühl* AT § 15 Rdn. 39; *ders.* JuS **1980** 121; *Lackner/Kühl/Kühl* § 22 Rdn. 11; *Weigend* Entwicklung S. 116; *Zaczyk* NK § 22 Rdn. 19; *ders.* Unrecht S. 81; wohl auch *Safferling* ZStW **118** (2006) 682, 700.

137 § 23 Abs. 1 beider Entwürfe lautete: „Wer den Entschluß, eine strafbare Handlung zu begehen, durch Handlungen betätigt, die nach seiner Vorstellung den Anfang der Ausführung bilden, ist wegen Versuchs zu bestrafen".

vermischen, einer Verdeutlichung sowohl hinsichtlich der unterschiedlichen Ansätze als auch der unter ihnen bestehenden Verbindung.

Die ältere Begründung der subjektiven Versuchstheorie (s. dazu *Zaczyk* Unrecht S. 76) lässt nach der Entscheidung der vereinigten Strafsenate des Reichsgerichts darüber keinen „Zweifel aufkommen, dass im Versuche der verbrecherische Wille diejenige Erscheinung ist, gegen welche das Strafgesetz sich richtet" (RGSt **1** 439, 441), vorausgesetzt, dass sich „der verbrecherische Gedanke in äußeren Handlungen kundgegeben" (442) und der Täter „damit seine Auflehnung gegen die Rechtsordnung bethätigt" hat (443). Es ist also die **Betätigung des rechtsfeindlichen Willens**, die „bewiesene offene Feindschaft gegen das Gesetz, welche der dolose Wille zu erkennen gibt" (*v. Buri* GS **32** [1880] 322), die den Strafgrund des Versuchs ausmacht.[138] Ein „anderer Zweig der subjektivistischen Versuchslehre" (*Weigend* Entwicklung S. 118; *Zaczyk* Unrecht S. 82) geht auf *E. v. Liszt* zurück, der aus dem für *v. Buri* „einmal bewiesenen" einen „aller Wahrscheinlichkeit nach fortdauernden bösen Willen" ableitete, „der noch Tausende neue gefährliche Handlungen erzeugen kann" und dessen Fortwirken daher die „prävenierende Seite" der Aufgabe des Strafrechts „als Rechtsgüterschutz" auf den Plan rufe (ZStW **25** [1905] 24, 36). Der Wille wird hier also insoweit thematisch, als er **über die Tat hinausweisende spezialpräventive Bedürfnisse** auslöse. Anklänge an diese von späteren Autoren aufgegriffene,[139] wenn auch nie gründlicher ausgearbeitete (*Roxin* FS Nishihara 167) Auffassung finden sich nicht nur in dem zitierten Bericht des Sonderausschusses (Rdn. 64), sondern auch in der Begründung des E 1962, die die Strafbedürftigkeit selbst für den völlig untauglichen, grob unverständigen oder gar abergläubischen Versuch daraus herleiten zu können glaubte, dass auch in einem solchen Versuch „ein erheblicher verbrecherischer Wille zutage treten (könne), der befürchten" lasse, „dass er sich nach dem Fehlschlag auf andere, taugliche Weise durchzusetzen sucht" (Begr. S. 145). 65

Wer wie der Sonderausschuss den „verbrecherischen Willen **und damit** die Gefährlichkeit des Täters" als „tragenden Strafgrund" bezeichnet (s. Rdn. 64), legt dem **geltenden Recht die beiden Begründungen** einer subjektiven Versuchslehre zugrunde.[140] Repressiv antwortet die Versuchsstrafe hiernach auf das (vergangene) Unrecht einer tätigen Auflehnung gegen das Strafgesetz, präventiv richtet sie sich gegen die Gefährlichkeit des Täters. Dabei soll die Versuchstat offenbar Zeichen ebenso schon bewiesener Gefährlichkeit wie eine hinreichende Basis für die Vermutung sein, der Täter bleibe gefährlich und werde die Tat mit größerer Erfolgsaussicht wiederholen. Ihn davon abzuhalten, tritt als Zweck neben die Notwendigkeit, den schon erfolgten Angriff auf die Rechtsordnung nicht ohne Antwort zu lassen. Das in dem Angriff auf das Recht liegende Unrecht ist folglich Grund zu strafen und Anlass, durch Strafe Wiederholung zu unterbinden. **Repressive** und **spezialpräventive** Komponente einer Versuchsbestrafung sind damit für eine subjektive Versuchslehre benannt (s. zum generalpräventiven Aspekt Rdn. 73). 66

**c) Tragfähigkeit der Entscheidung.** Die subjektive Versuchstheorie[141] ist bekanntlich in beiden Ausprägungen erheblichen Einwänden ausgesetzt (s. *Gropp* Tagungsbericht ZStW **97** [1985] 67

**138** Ersichtlich ist in diese Charakterisierung auch das Unrechtsbewusstsein einbezogen ist, das freilich kein Spezifikum des Versuchsunrechts darstellt; vgl. *SSW/Kudlich/Schuhr* § 22 Rdn. 7 (die eine Vermengung von Tatsachenvorstellung und Unrechtsbewusstsein rügen).

**139** Zu finden bei *Engisch* FS DJT 435; *Kohlrausch/Lange* § 43 Vorbem. III; *Oehler* Zweckmoment S. 121; *Waiblinger* ZStW **69** (1957) 214; auch *Bockelmann* JZ **1954** 473 und Untersuchungen S. 146 f, 162 wird mit seinem Bild von der „Feuerprobe der kritischen Situation" hierfür in Anspruch genommen.

**140** Nicht aber etwas anderes als die subjektive Theorie; verfehlt daher die Kritik von *Meyer* ZStW **87** (1975) 603; *Papageorgiou-Gonatas* S. 212 f.

**141** Vgl. zu ihrer namentlich praktischen Verbreitung in Europa *K. Schubert* Versuch S. 264 ff, 274.

921, 928).[142] Dabei kann eine Kommentierung des geltenden Rechts in der kritischen Auseinandersetzung mit dieser Auffassung freilich nicht die gesetzgeberische Entscheidung ignorieren (Rdn. 59), sondern muss die gesetzlichen Vorgaben unter Beachtung der Verfassung wie auch der grundsätzlichen Einsichten in eine legitimierbare Strafbegründung sowie der Anforderungen einer konsistenten Dogmatik konkretisieren und verbleibende Spielräume ausfüllen. Vor diesem Hintergrund lassen sich einige **Annahmen** formulieren, die, ohne dass sie in der genannten Formel explizit zum Ausdruck gebracht würden, **der subjektiven Versuchstheorie zugrunde liegen müssen.** Auszugehen ist von der Einsicht, dass das Vorliegen eines rechtsfeindlichen Willens zunächst nicht mehr ist als ein tatsächlicher Befund, Die Annahme, dass ein solcher Wille im Falle seiner Objektivierung Unrecht begründet, impliziert, dass dem Willen des Einzelnen für die Unrechtsverwirklichung (beim Versuch wie bei der Vollendung) konstitutive Bedeutung zukommen muss.[143] Damit ist die Frage nach dem **Verhältnis des Täterwillens zum Unrecht** angesprochen, also die Frage, warum der rechtsfeindliche Wille nicht nur eine abweichende Stellungnahme zum Recht darstellt, sondern als Unrecht dieses Recht auch tatsächlich verletzen kann. Als Erklärung hierfür kann zum einen auf den Charakter des Rechts als Sollensordnung und darauf verwiesen werden, dass das Recht selbst mit seinem Anspruch auf Normbefolgung den Ungehorsam als Unrecht definiert. Diese Bestimmung, wie sie im Kern der durch die Auflehnung gegen das Recht charakterisierten Imperativentheorie entspricht,[144] bleibt freilich formal und kann den materiellen Charakter des (Versuchs-) Unrechts nicht begründen. Darüber geht es einen Schritt hinaus, wenn nicht nur auf die Abweichung von den rechtlichen Erwartungen durch die Objektivierung des Täterwillens verwiesen wird, sondern zusätzlich darauf, dass der auf Rechtsverletzung gerichtete Wille die Geltungskraft der Norm in Frage stellt. Der deliktische Wille weicht damit nicht nur von den rechtlichen Vorgaben ab, sondern der Täter bezieht Stellung zum Befolgungsanspruch der Norm. Das Strafrecht tritt der sozialpsychologischen Wirkmacht dieser Stellungnahme entgegen. Hinter diesem Konzept steht ersichtlich die generalpräventive Straftheorie – mit all ihren Schwächen (zusammenfassend *Murmann* Grundkurs 8 Rdn. 34 ff). Gegenstand des strafrechtlichen Schutzes ist damit die Normordnung als solche, die freilich nicht um ihrer selbst willen durch das Strafrecht stabilisiert werden soll, sondern wegen ihrer Bedeutung für das soziale Zusammenleben. Noch unvermittelter bei der sozialpsychologischen Wirkung des Normbruchs setzt die Eindruckstheorie an, die den rechtsfeindlichen Willen insoweit als versuchsunrechtsbegründend akzeptiert, wie er geeignet erscheint, bei den anderen Mitgliedern der Rechtsgemeinschaft einen rechtserschütternden Eindruck hervorzurufen. Während die beiden letztgenannten Auffassungen für die Unrechtsbegründung an sozialpsychologische Reflexe als Reaktion auf die Willensäußerung des Täters anknüpfen, besteht schließlich noch die Möglichkeit, dass der **deliktische Wille** unmittelbar das **Recht verletzt.** Das setzt freilich eine entsprechende Verletzungsmacht voraus. Eine solche lässt sich nur begründen, wenn das Recht nicht als dem Einzelnen von außen vorgegebene Werteordnung verstanden wird. Die Verletzungsmacht des Willensverhaltens wird erst verständlich, wenn das rechtmäßige Willensverhalten des Einzelnen für das Recht konstitutiv ist. Nur wenn der Einzelne das Recht in diesem Sinne positiv mitträgt, hat sein deliktischer Wille die Macht, das Recht auch zu verletzen.[145] Die subjektive Theorie, wie sie dem geltenden Recht, auch nach dem Willen des Gesetzgebers, zugrunde liegt, hat sich zwar darauf festgelegt, *dass* der Wille für

---

**142** Vgl. etwa *Jakobs* 25/17; *Roxin* AT II § 29 Rdn. 35 ff. Aus – nicht überzeugender – normtheoretischer Kritik **abl.** *T. Maier* Objektivierung S. 143 ff, 158.

**143** Für die Vertreter der subjektiven Theorie, die wie *v. Buri* beim Versuch dem Täterwillen nur deshalb konstitutive Bedeutung beigemessen haben, weil er in dem naturalistischen, strikt objektiven Konzept nicht unterzubringen war, ist freilich die Maßgeblichkeit des Täterwillens (und die Spaltung des Unrechtsbegriffs in einen objektiven bei der Vollendung und einen subjektiven beim Versuch) kaum begründbar; *Zaczyk* Unrecht S. 78 f; *Wachter* S. 16.

**144** Zu dieser *Zaczyk* Unrecht S. 86 ff.

**145** Zu diesem Zusammenhang von Recht und Unrecht im Kontext der Begründung des Versuchsunrechts grundlegend *Zaczyk* Unrecht S. 194 ff.

die Unrechtsbegründung maßgeblich ist, aber damit nicht zugleich geklärt, *wie* dieser Wille das Unrecht konstituiert. Dabei ist diese Frage ersichtlich von Bedeutung zum einen für die Überzeugungskraft der subjektiven Theorie und zum anderen für die Beantwortung konkreter Auslegungsfragen.

Eine **konsistente Begründung der Unrechtsrelevanz des Willensverhaltens** wird nur gelingen, wenn die objektivierte Einstellung der Person für das Recht konstitutiv ist und so der das Recht negierende Wille dieses Recht auch verletzen kann (vgl. dazu auch noch die Ausführungen zur Anerkennungslehre Rdn. 93 f).[146] Das führt weiter zu der Überlegung, dass dieser Bezug zum Recht nicht schon durch ein Willensverhalten begründet sein kann, das sich in der instrumentalen Veränderung äußerer Gegebenheiten erschöpft. Vorausgesetzt ist vielmehr, dass mit der versuchten Tat das Opfer (oder auch die Allgemeinheit oder der Staat als Rechtsgutsträger) nicht nur äußerlich angegriffen, sondern gerade in seinem Anspruch auf Anerkennung im Recht verletzt wird. Der rechtsfeindliche Wille kann dann nicht lediglich als böse Gesinnung verstanden werden, sondern als ein Wille, der die Macht hat, das Rechtsverhältnis, in dessen Konstituierung er eingebunden ist, zu verletzen. Dabei kann diese Verletzungsmacht – wie die Einbeziehung des untauglichen Versuchs zeigt – ihre rechtsverletzende Qualität nicht maßgeblich daraus beziehen, dass es zu einer Beeinträchtigung von Rechtsgutsobjekten tatsächlich kommt oder zumindest kommen kann.[147] Die subjektive Theorie impliziert vielmehr, dass bereits der sich selbst als verletzungsmächtig verstehende Wille im Falle seiner Objektivierung das Recht (des Opfers oder der Allgemeinheit oder des Staates) verletzt. Obwohl der Inhalt des das Rechtsverhältnis verletzenden Willens demnach bei Versuch und Vollendung durchaus unterschiedlich sein kann (dazu sogleich noch Rdn. 69), sollte aus dem Begründungsgang doch deutlich geworden sein, dass Versuch und Vollendung nicht kategorial unterschiedliche Formen von Unrecht zum Gegenstand haben. Die **Entscheidung des Täters** ist vielmehr für Recht und Unrecht, **für Versuch und Vollendung gleichermaßen konstitutiv.**[148] 68

In **normentheoretischer Hinsicht** ist – in Übereinstimmung mit der h. M., die diesen Aspekt aber regelmäßig nicht thematisiert – darauf hinzuweisen, dass vom Standpunkt der subjektiven Versuchstheorie aus der Versuchsstrafbarkeit andere Verhaltensnormen zugrunde liegen (können) als der Vollendungsstrafbarkeit.[149] Während mit dem Erfordernis einer rechtlich missbilligten Gefahrschaffung, wie der Verhaltensnormverstoß bei der Vollendung nach dem gegenwärtigen Stand der objektiven Zurechnungslehre bzw. der Lehre vom tatbestandsmäßigen Verhaltens regelmäßig umschrieben wird, ein objektiv gefährliches und unerlaubtes Verhalten bezeichnet ist, liegt der Verhaltensnormverstoß beim Versuch darin, dass der Täter eine Handlung vornimmt, die auf der Grundlage seiner Vorstellung entweder bereits einen Tatbestand des Besonderen Teils erfüllt oder zumindest einem auf Grundlage der Tätervorstellung tatbestandsmäßigen Verhalten unmittelbar vorgelagert ist.[150] Unabhängig davon, ob ein tauglicher oder ein untauglicher Versuch in Rede steht, ist die Verhaltensnorm relativ bezogen auf die Tätervorstellung zu bestimmen. Anders als beim Vollendungsdelikt ist damit eine objektive Bestimmung der den Versuchstatbestand erfüllenden Verhaltensnormverletzung nicht möglich – was freilich nichts daran ändert, dass die verletzten Verhaltensnormen beim tauglichen Versuch mit Vornahme der Ausführungshandlung einerseits und bei der Vollendung andererseits inhaltsgleich sind; insoweit ist also nur die Basis der Begründung eine andere.[151] Die Unterscheidung verliert an 69

146 Im Einzelnen entfaltet von *Zaczyk* Unrecht S. 196 ff.

147 In diesem Sinne freilich *Roxin* mit seinem dualistischen Ansatz, s. Rdn. 89.

148 *Zaczyk* Unrecht S. 233. Der gegen die Eindruckstheorie berechtigt erhobene Einwand, dass es beim Versuch gegenüber der Vollendung zu einer „Auswechslung des Bestrafungsgrundes" komme (*Kindhäuser/Zimmermann* AT § 30 Rdn. 10; *Zimmermann* JR **2018** 23, 25) trifft den vorliegenden Standpunkt also nicht.

149 **AA** *Gössel* FS Wolter 403, 415; *Maurach* FS Szwarc 193, 203 f.

150 Bezogen auf das unmittelbare Ansetzen wird ein Verhaltensnormverstoß mitunter bestritten; etwa von *Dold* S. 38 ff. Dezidiert bejahend dagegen *Theis* S. 67 ff.

151 Ähnlich – ohne Hervorhebung der Unterscheidung in taugliche und untaugliche Versuche – *Theis* S. 65 f.

Gewicht, wenn man die Verhaltensnormen (mit Blick auf deren Bestimmungsfunktion) stets (auch für das vollendete Delikt) individuell bestimmt (dazu Rdn. 103).

**70** Vor dem Hintergrund der unterschiedlichen Ansätze für das Verständnis der Unrechtsrelevanz des rechtsfeindlichen Willens lassen sich nun auch die verschiedenen **Einwände gegen die subjektive Theorie** angemessen behandeln:

**71** Was zunächst den Einwand angeht, die subjektive Versuchstheorie rücke vom Tatstrafrecht ab und führe in ein **Gesinnungsstrafrecht,**[152] so ist damit zwar eine mit beiden Begründungssträngen dieser Lehre verknüpfte Gefahr bezeichnet, nicht aber ein Grund, sie im Ganzen zu verwerfen. Berechtigt wäre der Vorwurf freilich, wenn auf der Grundlage der subjektiven Theorie eine innere Einstellung als solche bestraft würde. Es wurde aber bereits gezeigt (Rdn. 67 f), dass als Gegenstand des Rechts nur Verhaltensweisen in Betracht kommen, die sich in der äußeren (sozialen) Wirklichkeit auswirken. In der Einsicht, dass das Recht äußere Freiheitsordnung ist und als solche verletzt wird, liegt bereits eine gewisse Einschränkung gegenüber einem strikt subjektiven Verständnis des (Versuchs-) Unrechts. Gegen den Vorwurf des Gesinnungsstrafrechts lässt sich also zunächst anführen, dass die subjektive Theorie – übrigens selbst in ihrer nationalsozialistischen „Verballhornung" (*Bockelmann* Untersuchungen S. 157) im sog. Willensstrafrecht[153] – einen „wirklich betätigten Abfall von den Grundwerten rechtlicher Gesinnung" verlangt (*Welzel* § 1 I), der „begleitet ist von der Vorstellung des Täters, dass er durch sein Tun eine Tatbestandsverwirklichung herbeiführe" (*Bockelmann* Niederschriften **2** 175). Damit ist auch deutlich, dass als Objektivierung nicht schon eine abstrakt ablehnende Stellungnahme zum geltenden Recht genügt, sondern ein Verhalten zu fordern ist, mit dem der Täter den Entschluss manifestiert, auch wirklich die deliktische Handlung vorzunehmen oder zu ihr überzugehen. Ihren gleichsam nur symbolischen Charakter verliert aber auch eine solche Objektivierung erst dann, wenn ihr tatsächlich Verletzungsbedeutung[154] zukommt. Das ist der Fall, wenn im Versuch das Rechtsverhältnis zum Opfer (oder auch zur Allgemeinheit oder zum Staat) tatsächlich verletzt wird, weil ein rechtsfeindliches Willensverhalten die Konstitutionsbedingungen des Rechts angreift (Rdn. 68). Die **Festlegung dieses Zeitpunkts** kann in einer subjektiven Theorie, die die Konstitutionsbedingungen des Rechts durch die freie Person berücksichtigt, **nicht beliebig** nach vorn verlegt werden. Denn diese Freiheit schließt es aus, die Person wegen jeder tätigen Planungsleistung bereits auf ein deliktisches Geschehen festgelegt zu verstehen. Es besteht eine **normativ begründete Erwartung**, dass **deliktische Pläne wieder aufgegeben** werden.[155] Die Person ist demnach so lange als rechtmäßig agierender Konstituent des Rechtsverhältnisses anzusehen, wie sie nicht zu dessen Verletzung übergeht. Ein solcher Übergang zur Verletzung ist aber erst dann anzunehmen, wenn der Täter seinem rechtsfeindlichen Willen in einer Weise Ausdruck verleiht, die dem in ihn gesetzten Vertrauen als eines Mitglieds der Rechtsgemeinschaft die Grundlage entzieht.[156] Eine subjektive Theorie, die auch die sachliche Begründung für die Relevanz des rechtsfeindlichen Willens in angemessener Weise einbezieht, entfaltet also durchaus aus sich heraus eine begrenzende Wirkung (näher § 22 Rdn. 36 ff).

---

**152** Vgl. nur *Heinrich* AT Rdn. 634; *Hirsch* JZ **2007** 494 ff; *Hirsch* in: Seminara/Hirsch 63 ff (der auf den Zusammenhang mit der NS-Strafrechtsdoktrin verweist); *Roxin* FS Nishihara 168; *Spendel* NJW **1965** 1881, 1882, 1887; *ders.* FS Stock 89, 92, 97; *Weigend* Entwicklung S. 124; *Zimmermann* JR **2018** 23, 24. Gegen den Vorwurf des Gesinnungsstrafrechts *Matt/Renzikowski/Heger* § 22 Rdn. 10.

**153** *Gürtner/Freisler/Gürtner* Das neue Strafrecht S. 26 f; zu einer denkbaren Begründung vgl. *Adams/Shavell* GA **1990** 354 f. Vgl. dazu auch *Hirsch* JZ **2007** 494 ff (der freilich den Vorwurf des Gesinnungsstrafrechts gegen die subjektive Theorie erhebt).

**154** Womit – wie dann im weiteren Text noch deutlicher werden sollte – gerade nicht eine Verletzung oder Gefährdung eines Rechtsgutsobjekts gemeint ist, sondern ein rechtsverletzendes Willensverhalten.

**155** Dabei entspricht es der Wertung des Gesetzgebers, dass mitunter insbesondere solche Planungsleistungen, die aufgrund der Bindung der Akteure eine besonders intensive Festlegung demonstrieren oder aufgrund einer solchen Festlegung besonders gefährlich sind, bereits eigenes Unrecht begründen (§ 30), Rdn. 10.

**156** Ähnliche Überlegungen bei *Stein* SK vor § 13 Rdn. 67.

Unter dem Aspekt des Gesinnungsunrechts **problematisch** bleibt dagegen ein Strafrecht, dessen „tiefste Aufgabe" es sei, „die unverbrüchliche Geltung" der Rechtsordnung dem abtrünnigen Willen gegenüber zu offenbaren, das „sozialethische Urteil der Bürger" zu formen und „ihre bleibende rechtstreue Gesinnung" zu stützen (*Welzel* § 1 I). Eine solche **nur** die „Verletzung der Normgeltung" (*Jakobs* 25/15),[157] den „Normgeltungsschaden" (*Freund/Rostalski* § 8 Rdn. 14; *Vehling* S. 106 ff) reparierende, dem Rechtsgüterschutz nicht mehr konkret verpflichtete (*Adams/Shavell* GA **1990** 339 f) und allein an die durch **den Auflehnungswillen eingetretene Friedensstörung** anknüpfende Strafgrundbestimmung liefe in der Tat Gefahr, „sich von den objektiven Grundlagen des Tatstrafrechts zugunsten einer Subjektivierung" zu lösen und in die Nähe eines Gesinnungsstrafrechts zu rücken.[158] Auch ließe sich gegen die generalpräventive Ausrichtung solcher Begründungen einwenden, dass mit ihr „der Einzelne letztlich als bloßes Mittel zur Erreichung außerhalb seiner Person liegender Zwecke benutzt" und die Verhaltensweise nicht „aus in ihr selbst liegenden Gründen" bekämpft werde.[159] 72

Eine eklatante **Entfernung von einem Tatstrafrecht**, ja vom Strafrecht überhaupt, begründet der Gedanke, aus dem rechtsfeindlichen Willen bei der Tat auf eine „Wiederholungswahrscheinlichkeit" (*Weigend* Entwicklung S. 118) und damit auf eine **Gefährlichkeit des Täters** zu schließen und diese zum Strafgrund des Versuchs zu erheben (**„Tätertheorie"**).[160] Damit erlitte der Täter Strafe nicht für das, was er getan hat, sondern für das, was er vermutlich zu tun gedenkt und die Strafe würde „zur vorbeugenden Maßnahme werden".[161] Anknüpfungspunkt wäre weniger der verbrecherische Wille als „tatgestaltender", sondern als „über die Einzeltat hinaus relevanter Faktor".[162] Eine solche Sicht ist schon in den Beratungen der Großen Strafrechtskommission auf Widerspruch gestoßen. Vor allem *Gallas* (Niederschriften **2** 195) hat sich dagegen gewandt, „den Sinn der Bestrafung des untauglichen Versuchs ... in der Berücksichtigung der Symptomatik des Verhaltens des Täters für seine gefährliche Gesinnung" zu sehen, weil sich eine subjektive Versuchstheorie mit einer solchen „Gefährlichkeitssymptomatik" von einem „Tatstrafrecht" entferne.[163] Diesem Vorwurf setzt sich aber nicht aus, wer aus dem vom Täter in der Versuchstat selbst dokumentierten „kriminellen gefährlichen Willen" lediglich „Anlass und Recht" ableitet, sich mit dem Täter „als einem bereits strafbar Gewordenen ... zu beschäftigen" (*Eb. Schmidt* Niederschriften **2** 191). So gesehen weist die Tätertheorie auf eine **„spezialpräventive Komponente der Versuchsbestrafung"** hin (*Roxin* FS Nishihara 167; *Roxin* AT II § 29 Rdn. 41),[164] freilich ohne damit eine Besonderheit gegenüber der Vollendungsstrafe zu markieren. Insgesamt befasst sich die Täterlehre weder mit einem strafrechtlichen Unrechtsvorwurf noch spricht sie spezifisch das Unrecht der versuchten Tat an, sie kann damit **keinen Beitrag zum Verständnis des Strafgrunds des Versuchs** leisten. 73

Das **Fazit** hieraus ist, dass eine nähere Bestimmung des auf die Verwirklichung eines Tatbestandes bezogenen Willensverhaltens eine Unrechtsbegründung erlaubt, die einem Tatstrafrecht angemessen ist. So ist es möglich, auch auf dem Boden einer subjektiven Versuchslehre nicht jede noch so tatbestandsferne oder gänzlich ungefährliche Betätigung eines rechtsfeindlichen Willens unterschiedslos in die Versuchsstrafbarkeit einzubeziehen. Vielmehr lassen sich einer in diese Richtungen weisenden Uferlosigkeit (*Jakobs* ZStW **97** [1985] 751, 753) oder Über- 74

**157** Daran anschließend *Timpe* ZStW **125** (2014) 763 ff.

**158** *Roxin* FS Nishihara 168; *Gössel* FS Szwarc 193, 197 f; *Weigend* Entwicklung S. 124.

**159** *Rudolphi* FS Maurach 51, 72.

**160** Zur Kritik auch *Haas* ZStW **123** (2011), 226, 229 f; *Rey-Sanfiz* S. 79 ff; *Toepel* FS Kindhäuser 549, 553 f; *Zimmermann* JR **2018** 23, 24.

**161** So der Einwand *Stratenwerths* FG SchwJT 265.

**162** So in der Tat *Kohlrausch/Lange* § 43 Vorbem. III 4; vgl. auch *Gropp* § 9 Rdn. 87; **kritisch** gegenüber der Tätertheorie aus solchen Gründen auch *Albrecht* Versuch S. 36; *Roxin* FS Nishihara S. 167; *Spendel* NJW **1965** 1884 f.

**163** Insoweit *Gallas* zustimmend *Hirsch* JZ **2007** 494, 499.

**164** Zur Spezialprävention als im Rahmen der Spielraumtheorie zu berücksichtigender Nebeneffekt von Strafe s. *Murmann* Grundkurs § 8 Rdn. 33, 44.

härte der Bestrafung aus der subjektiven Versuchslehre selbst begründbare Grenzen setzen, die ein Übermaß des Strafens und eine sich ins Unbestimmte verflüchtigende Konturlosigkeit seines Anknüpfungstatbestandes verhindern.

75 Weitere **Einwände**[165] betreffen die **Umsetzung des Bekenntnisses zur subjektiven Versuchstheorie** im Gesetz. So könne die subjektive Theorie schon nicht verständlich machen, **warum Vorbereitungshandlungen grundsätzlich straflos** blieben. Dieser Einwand lässt sich auf die Überlegung stützen, dass eine „Betätigung des rechtsfeindlichen Willens" bereits in jeder Vorbereitungshandlung liegt.[166] Gegen eine solche Ausdehnung lässt sich aber – neben dem ultima ratio-Prinzip und den allgemein gegen die Bestrafung von Vorbereitungshandlungen ins Feld zu führenden Gründen (s. Rdn. 6) – geltend machen, dass eine Interpretation der subjektiven Theorie, die für die Unrechtsbegründung auf die rechtsverletzende Macht des Täterwillens abstellt, sehr wohl nach der Art des betätigten Willens unterscheiden kann (Rdn. 68, 71). Denn Willensbetätigungen im Vorfeld der Tat weisen nicht nur mit Blick auf ihre zeitliche Distanz zur Tatausführung eine geringere objektive Gefährlichkeit auf, sondern der im Vorfeld betätigte Wille hat auch in seinem Bezug auf das zu schützende Rechtsverhältnis eine andere Qualität. Da nämlich die Person jederzeit von ihrem deliktischen Vorhaben abrücken kann und dies sogar normativ zu erwarten ist, bleibt eine solche Entscheidung notwendig vorläufig. Der Täter hat „noch nicht die Hemmungsschwelle überschritten, die das Stadium des Versuchs kennzeichnet" (*Gallas* Niederschriften **2** 195). Eine – und sei es in einer Vorbereitungshandlung objektivierte – Willensbetätigung bleibt in diesem Stadium noch unverbindliche Gesinnung und ist noch nicht der das Rechtsverhältnis verletzende Entschluss. Es geht also nicht darum, dass tatbestandsferne Vorbereitungshandlungen noch keinen hinreichenden Ausweis der Tätergefährlichkeit darstellen (so aber *Hillenkamp* LK[12] Rdn. 70; gegen die Relevanz dieses Aspekts für die Unrechtsbegründung Rdn. 73), sondern um das Fehlen der tatstrafrechtlich vorausgesetzten Verletzungsentscheidung.

76 Dass zudem der **Beginn des Versuchs** vom Gesetz von dem **objektiven Kriterium** des unmittelbaren Ansetzens zur Tatbestandsverwirklichung abhängig gemacht wird, führt gleichfalls nicht zu einem „Widerspruch zu der subjektiven Grundauffassung" (zutr. *Jescheck* Niederschriften **2** 194).[167] Denn erstens bleibt die maßgebliche Beurteilungsgrundlage für diesen objektiven Befund die subjektive „Vorstellung" des Täters vom Ablauf der Tat. Zweitens muss auch eine subjektive Strafgrundlehre der Gefahr, „den Täter zum Richter über sich selbst" zu machen, indem man allein auf sein Urteil abstellt, wann er „die letzte maßgebliche Entscheidung über das Ob der Tat gefällt" und damit den Versuchsbereich betreten hat,[168] dadurch begegnen, dass man zwar „das Material des Täters zugrunde (legt) ..., dieses Material aber nach objektiven ... Kriterien der Rechtsordnung" prüft und beurteilt (*Gallas* Niederschriften **2** 195). Die Aussage der subjektiven Theorie, Strafgrund des Versuchs sei der betätigte rechtsfeindliche Wille, bedeutet nicht, dass dieser Wille auch das Unrecht definiert. Das ist im Gegenteil völlig ausgeschlossen, da Recht und Unrecht interpersonale und innerhalb einer Rechtsgemeinschaft gültige Wertentscheidungen darstellen, die einseitiger Definition entzogen sind. Schließlich und vor allem liegt die Bedeutung der objektiven Tatseite gerade darin, dass der Täter mit der Erfüllung des objekti-

---

**165** Die folgenden Einwände sind vor 1975 Einwände gegen die subjektive Versuchslehre, vgl. dazu schon *v. Hippel* II S. 421 ff; als Vorwurf der Inkonsequenz des geltenden Rechts werden sie (teilweise) z. B. von *Ambos* HK-GS § 22 Rdn. 5; *Heckler* Ermittlung S. 67 ff, *Jakobs* 25/17, *Roxin* FS Nishihara 165 f, *Roxin* AT II § 29 Rdn. 35 ff und *Weigend* Entwicklung S. 124 ff erhoben; s. auch *Dicke* JuS **1968** 157, 158; *Kratzsch* JA **1983** 420, 424, 426; *Zaczyk* Unrecht S. 81 f.

**166** Z. B. *Ambos* HK-GS § 22 Rdn. 5.

**167** **AA** *Bockelmann* Niederschriften **2** 176; *Ambos* HK-GS § 22 Rdn. 5; *Roxin* GA **2017** 656, 661; wie hier *Kühl* AT § 15 Rdn. 39.

**168** So die subjektive Lehre von *Bockelmann* Niederschriften **2** 176; *ders.* JZ **1954** 473; vgl. hierzu auch § 22 Rdn. 87.

ven Versuchstatbestandes die Festigkeit seines Entschlusses manifestiert (näher § 22 Rdn. 37, 102 ff). § 22 kann insoweit nicht als „Absage" an die subjektive Theorie[169] verstanden werden.

Man wird es auch vor dem Hintergrund der subjektiven Versuchslehre nicht als „prinzipwidrig" (*Bockelmann* Niederschriften **2** 173; s. dazu schon Rdn. 48) ansehen müssen, dass § 23 Abs. 2 eine **fakultative Strafmilderung** gegenüber der vollendeten Tat vorsieht.[170] Denn einerseits unterscheiden sich die vom Täter aufgebrachte „verbrecherische Energie" (*Schmidhäuser* Lb 15/20) und der von ihm bewirkte Handlungsunwert je nach dem Stadium, in das der Versuch vorgerückt ist (*Gallas* Niederschriften **2** 196; *Struensee* GedS Armin Kaufmann S. 539): Ein unbeendeter Versuch unterscheidet sich vom beendeten Versuch nicht nur hinsichtlich der Nähe zur Tatbestandsverwirklichung, sondern auch hinsichtlich der Qualität des Entschlusses (s. eingehend § 22 Rdn. 36 ff). Und zum anderen kann auch eine das Handlungsunrecht besonders betonende Lehre die Bedeutung des Erfolgsunwerts als realisiertem Handlungsunwert richtigerweise nicht ausblenden (AE AT Begr. S. 61).[171] 77

Nicht ganz einfach ist es, vom Boden der subjektiven Versuchslehre die Strafmilderung oder gar das Absehen von Strafe beim Handeln aus **grobem Unverstand** (§ 23 Abs. 3) zu erklären.[172] Denn die grobe Verkennung von Tatsachen oder Naturgesetzlichkeiten sagt eher etwas über die intellektuellen Kapazitäten eines Täters als über seine Einstellung zum angegriffenen Rechtsgut aus. Der Hinweis auf einen geringeren Handlungsunwert kann vor dem Hintergrund einer subjektiven Theorie, die diesen Unwert auf der Basis der Tätervorstellung beurteilen muss, nicht überzeugen, auch nicht in Verbindung mit dem zusätzlichen Hinweis auf eine geringere Tätergefährlichkeit (vgl. Rdn. 73 und *Roxin* GA **2017** 656, 663; **aA** *Hillenkamp* LK[12] Rdn. 73). Es fällt deshalb vom Boden der subjektiven Theorie schwer, die Option zu Minderbestrafung oder Strafverzicht mit einem reduzierten Unrechtsgehalt des betätigten rechtsfeindlichen Willens zu erklären. Konsequenter dürfte es sein, § 23 Abs. 3 nicht mit einer reduzierten Strafwürdigkeit zu begründen, sondern mit einem fallweise reduzierten Strafbedürfnis, das insbesondere die generalpräventive Wirkung der Strafe betrifft.[173] Es ist dann auch durchaus konsequent, dass das reduzierte Strafbedürfnis nicht in jedem Fall nach einer Strafmilderung oder gar nach einem Absehen von Strafe verlangt, da der Gedanke des Schuldausgleichs von der gravierenden Fehleinschätzung der tatsächlichen Gegebenheiten nicht berührt wird. 78

Generelle Straffreiheit wird aber ganz überwiegend von den Vertretern der subjektiven Theorie im Falle des **abergläubischen Versuchs** angenommen (so schon RGSt **33** 321, 323; **aA** noch *v. Buri* GS **32** [1880] 329, 369 ff; s. Rdn. 49). Das ist jedenfalls insofern richtig, wie „die hypothetische Erwägung, dass der Täter die Tat mit einem tauglichen Mittel wiederholen könnte, ... die Strafe nicht rechtfertigen (kann): Sie würde bedeuten, dass man die – durch das ‚Symptom' des irrealen Versuchs offenbarte – gefährliche Geisteshaltung des Täters als solche strafrechtlich ahndet und damit den Bereich des Tatstrafrechts verlässt" (AE AT Begr. S. 61; vgl. oben Rdn. 73). Problematischer ist die Begründung der Annahme, der abergläubische Versuch stelle keine Betätigung des rechtsfeindlichen Willens im Sinne der subjektiven Theorie dar. Dafür hat *Gallas* (Niederschriften **2** 195) angeführt: „Hat der Täter geglaubt, durch Totbeten töten zu können, so hat er etwas – von seinem Tatbild her gesehen – Nichtkriminelles angestrebt, denn es kann nicht sinnvollerweise verboten sein, jemand totzubeten, weil dies 79

---

**169** So die missverständliche Formulierung von *Jescheck* SchwZStR **91** (1975) 1, 29; vgl. dazu § 22 Rdn. 6 f. Eine Absage ist nur einer rein subjektiven Abgrenzung gegeben, s. § 22 Rdn. 62.

**170** So aber *Roxin* GA **2017** 656, 662.

**171** Vertiefend *Zaczyk* Unrecht S. 99 ff.

**172** Kritisch z. B. *Ambos* HK-GS § 22 Rdn. 5. Vgl. auch *Zaczyk* NK § 23 Rdn. 15: § 23 Abs. 3 als Versuch, „die Unzulänglichkeiten der subjektiven Versuchstheorie mit ihrer viel zu großen Ausdehnung der Strafbarkeit mit einer unscharfen gesetzlichen Regelung aufzufangen".

**173** Diesen Aspekt wird von Vertretern der Eindruckstheorie dem Unrecht zugeschlagen und behauptet, der Versuch aus grobem Unverstand bedürfe „im Grunde keiner Strafe", da er keinen rechtserschütternden Eindruck hervorrufe (*Roxin* AT II § 29 Rdn. 369). Das dürfte freilich – bei allen Unschärfen, die der Beurteilung der Frage des

praktisch ein ungefährliches Tun ist". Das ist angreifbar, weil es ebenso für den untauglichen, insbesondere für den grob unverständigen, Versuch gilt und auch der Täter eines abergläubischen Versuchs durchaus ein kriminelles Ziel, etwa die Tötung eines Menschen, vor Augen hat. Da das Gesetz hinsichtlich der Behandlung des abergläubischen Versuchs keinerlei Vorgaben getroffen hat, kann sich aber unabhängig davon, ob dessen Straflosigkeit im Einklang mit der subjektiven Theorie steht oder nicht, aus dem erzielten Ergebnis jedenfalls keine Friktion zwischen der gesetzgeberischen Entscheidung für die subjektive Theorie und dem gesetzlichen Konzept ergeben. Die Frage ist dann letztlich die, welches Ergebnis vom Boden der subjektiven Theorie und mit Blick auf die Strafbedürftigkeit in solchen Fällen angemessen erscheint (§ 22 Rdn. 245 ff).

80 Nicht in Widerspruch zur subjektiven Theorie steht es auch, dass der Gesetzgeber den Versuch nur bei **Verbrechen** stets, bei **Vergehen** aber nur in **ausgewählten Fällen** unter Strafe gestellt hat.[174] Denn das Gewicht des maßgeblich durch die subjektive Seite geprägten Handlungsunwerts ist selbstverständlich von Bedeutung für die Frage der Strafwürdigkeit, so dass es gute Gründe für einen Gesetzgeber gibt, zum Versuch der Körperverletzung[175] oder des Versicherungsmissbrauchs gegebenenfalls anders zu entscheiden, als zum Versuch von Mord oder Raub. „Leitidee und Prinzip" auch einer einem bestimmten Strafgrund verpflichteten Gesetzgebung kann es nicht sein, einen allein von dieser Lehre diktierten „völlig lückenlosen Katalog von Strafdrohungen" einzurichten (*Bockelmann* Untersuchungen S. 157).

81 Nach allem lässt sich weder sagen, es sei „unzutreffend ..., wenn der Sonderausschuss von einer gesetzlichen Anerkennung der subjektiven Theorie" spreche (so die Kritik von *Roxin* FS Nishihara 166) noch, dass „die in §§ 22 und 23 vorgesehenen Begrenzungen der Versuchsstrafbarkeit" sich „kaum" aus dem subjektivistischen Ansatz „heraus begründen" ließen (so der Vorhalt von *Weigend* Entwicklung S. 125; zurückhaltender *Heckler* Ermittlung S. 74). Die geläufige Bezeichnung der gesetzlichen Konzeption als **gemischt subjektiv-objektive Theorie** kann man vor dem Hintergrund der gesetzgeberischen Entscheidung kritisch sehen (*Hirsch* FS Roxin [2001] 711; *Hillenkamp* LK[12] Rdn. 75).[176] Denn es wäre ein Missverständnis anzunehmen, dass der für diese Bezeichnung vor allem namhaft gemachte objektive Bewertungsmaßstab für den Versuchsbeginn dem subjektiv gefassten Strafgrund einen objektiven hinzufügt. Es lässt sich deshalb verdeutlichend zwar von einer **engen** oder **eingeschränkten subjektiven Versuchslehre** sprechen, nicht aber von einer „gemischten" Strafgrundtheorie, wenn man die vom Gesetzgeber gewollte und im Gesetz verankerte meint.[177]

### 3. Abweichende Meinungen

82 Wie schon hervorgehoben (Rdn. 59 f), lassen sich stärker gesetzesgeleitete Deutungen und stärker von theoretischen oder philosophischen Vorstellungen geleitete Bemühungen unterscheiden. Beide Ansätze haben ihre Berechtigung, wobei die gesetzgeberische Entscheidung – im Rahmen der verfassungsrechtlichen und dogmatischen Vertretbarkeit – zu respektieren ist, wes-

---

Auftretens eines rechtserschütternden Eindrucks anhaften – in dieser Allgemeinheit nicht zutreffen, da schon das Bewusstsein der Allgemeinheit, dass der Täter seinen rechtsfeindlichen Willen in aus seiner Sicht tauglicher Weise zu verwirklichen trachtete, sehr wohl von Bedeutung für das Recht ist.

**174** Zu den Gründen vgl. *Meinecke* Gesetzgebungssystematik S. 25 ff.

**175** Auf dessen Strafbarkeit selbst der E 1936 Begr. S. 250 trotz seines Bekenntnisses zum Konzept des Willensstrafrechts verzichtete, vgl. Rdn. 45.

**176** Das klingt z. B. bei *Baumann/Weber/Mitsch/Eisele* § 22 Rdn. 26, *Heinrich* AT Rdn. 637; *Jescheck/Weigend* § 49 II 2 und *Joecks/Jäger* Rdn. 15 an; vgl. zum schweizerischen Recht *Niggli/Maeder* BK StGB I Vor Art. 22 Rdn. 11 ff.

**177** Ebenso *Corves* Prot. SA V S. 1651; *Frister* Rdn. 23/3; *Gallas* Niederschriften **2** 195; *Kühl* JuS **1980** 121; *Lackner/Kühl/Kühl* § 22 Rdn. 11; nicht zu verwechseln mit der individuell-objektiven Abgrenzungsmethode zum Versuchsbeginn, vgl. § 22 Rdn. 54, 77, 87.

halb im Folgenden jedenfalls ein Schwerpunkt auf solche Positionen gelegt werden kann, die mit dem gesetzlichen Konzept im Einklang stehen.

**a) Eindruckstheorie.** Die meisten Vertreter der bis heute verbreitet[178] vertretenen Eindruckstheorie[179] gehen von der subjektiven Versuchstheorie aus, wollen aber als versuchsbegründend nur solche Betätigungen des rechtsfeindlichen Willens erfassen, durch die „das Vertrauen der Allgemeinheit in die Geltung der Rechtsordnung erschüttert und das Gefühl der Rechtssicherheit und damit der Rechtsfriede beeinträchtigt werden kann“ (*Jescheck/Weigend* § 49 II 3; *Vogler* LK[10] Rdn. 52; zu den unterschiedlichen Formulierungen dieser Lehre s. *Alwart* Versuchen S. 209 f.). Dabei ist es zwar prima facie plausibel, dass Rechtsverletzungen einen rechtserschütternden Eindruck hervorrufen. Problematisch ist aber der Schluss vom rechtserschütternden Eindruck auf die Rechtsverletzung. Denn es ist durchaus möglich, dass einerseits – straflose – Vorbereitungshandlungen einen rechtserschütternden Eindruck hervorrufen und andererseits – strafbare – objektiv ungefährliche Verhaltensweisen einen solchen Eindruck nicht begründen. Die Vertreter der Eindruckstheorie bieten dementsprechend auch keine empirischen Belege für die rechtserschütternde Wirkung eines Verhaltens an. Für ausreichend wird eine anzunehmende und damit normativ zu bestimmende Eignung zur Hervorrufung dieser Wirkung gehalten.[180] Es handle sich um eine „rationale Rekonstruktion des dem Gesetzgeber vorschwebenden Regelungsplanes“, die „konkurrenzlos“ sei, „weil sie These und Antithese der objektiven und subjektiven Versuchstheorie ... dialektisch überformt und zugleich für die Versuchslehre jene Hinwendung zu einer generalpräventiven Strafrechtsbegrenzung praktiziert, die ... ohnehin unabweisbar“ sei (*Schünemann* GA **1986** 311). Neben der Auffassung, die die Eindruckstheorie als Einschränkung der subjektiven Theorie präsentiert (*Jäger* SK Rdn. 14; *Sch/Schröder/Eser/Bosch* Rdn. 21 f), findet sich auch eine Lehre, die die Eindruckstheorie als eigenständige Begründung des Versuchsunrechts und damit als Alternative zur subjektiven Theorie begreift (*Roxin* JuS **1979** 1). 83

Die **Eindruckstheorie** kann **weder die gesetzliche Regelung „rational“ erklären noch in der Sache überzeugen.**[181] Soweit die Eindruckstheorie **als Begrenzung der subjektiven Theorie** interpretiert wird, wirkt nur letztere strafbegründend und es bleibt dunkel, wie ein Aspekt, der für die Unrechtsbegründung nicht ausschlaggebend ist, zu seiner Begrenzung herangezogen werden kann (*Murmann* Versuchsunrecht S. 4). Folgt die Strafwürdigkeit bereits aus der rechtsfeindlichen Entscheidung, so kann dem rechtserschütternden Eindruck lediglich noch Relevanz für die Strafbedürftigkeit (vgl. Rdn. 78) zukommen. Die Eindruckstheorie ist dann eine 84

---

178 *Kindhäuser/Zimmermann* AT § 30 Rdn. 9 sprechen von der heute vorherrschenden Auffassung.

179 Als deren Anhänger lassen sich heute z. B. *Fischer* § 22 Rdn. 40; *Gropp* § 9 Rdn. 88 f; *Haft* S. 223; *Jescheck/Weigend* § 49 II 3; *Joecks/Jäger* Rdn. 15; *Meyer* ZStW **87** (1975) 603, 618; *Papageorgiou-Gonatas* S. 200 ff, 209 ff; *Radtke* JuS **1996** 878, 880; *Roxin* JuS **1979** 1 (mittlerweile aufgegeben, vgl. *ders.* GA **2017** 656, 663 ff); *Jäger* SK Rdn. 15; *Sch/Schröder/Eser/Bosch* Rdn. 17, 22; *Satzger* Jura **2013** 1017, 1024 f; *Streng* ZStW **109** (1997) 865; *Vogler* LK[10] Rdn. 52 ff; *Wessels/Beulke/Satzger* Rdn. 931 und *Wolter* Zurechnung S. 97 f benennen; zur historischen Begründung dieser Lehre durch *Bünger* ZStW **6** (1886) 291, 361 f; *v. Bar* Gesetz und Schuld II (1907) S. 490 f, 527 ff, *v. Gemmingen* Die Rechtswidrigkeit des Versuchs (1932) und *Horn* ZStW **20** (1900) 309 ff, 324 ff s. *Zaczyk* Unrecht S. 23 ff.

180 Vgl. dazu m. w. N., auch zu unterschiedlichen Akzentuierungen, *Wachter* S. 57 f.

181 Vgl. zur nachfolgenden Kritik *Ambos* HK-GS § 22 Rdn. 6; *Androulakis* FS Schreiber 15 f; *Harzer* StV **1996** 338 f; *Herzberg* GA **2001** 266 f; *Hirsch* FS Roxin (2001) 714 f, 723 f; *ders.* GedS Vogler S. 31 f; *Jakobs* 25/20; *Kratzsch* Verhaltenssteuerung S. 66 f; *Krey/Esser* AT Rdn. 1205; *Krüger* Versuchsbeginn S. 120 ff; *Köhler* AT S. 454; *Kühl* AT § 15 Rdn. 41 ff; *Malitz* Versuch S. 160; *Murmann* Versuchsunrecht S. 4 f; *Rath* JuS **1998** 1008; *Renzikowski* S. 313 f; *Rey-Sanfiz* S. 91 ff; *Roxin* AT II § 29 Rdn. 47 ff; *Stratenwerth/Kuhlen* § 11 Rdn. 21; *Wachter* S. 56 ff; *Weigend* Entwicklung S. 121 ff; *Zaczyk* Unrecht S. 25 ff; *ders.* NK § 22 Rdn. 11; vgl. auch *T. Maier* Objektivierung, der seine Kritik (S. 27 ff und passim) allerdings letztlich maßgeblich mit der Kritik an der hier zugrunde gelegten subjektiven Lehre verknüpft (S. 160 ff).

versuchsspezifische Reformulierung der Theorie der positiven Generalprävention.[182] Damit wird das Grund-Folge-Verhältnis von Straftat und Strafe umgekehrt.[183] Versteht man die Eindruckstheorie **als eigenständige Versuchstheorie**, so verlagert sich die Begründung der Strafbarkeit vom Täterverhalten auf die (vermuteten) Empfindungen in der Bevölkerung.[184] Damit orientiert sich die Unrechtsbegründung an den Bestrafungsbedürfnissen der anderen Gesellschaftsmitglieder und damit allenfalls an einem Reflex des verwirklichten Unrechts (*Murmann* Versuchsunrecht S. 4 f).[185] Des Weiteren leidet die Eindruckstheorie darunter, dass die Strafbarkeit eines Verhaltens schwerlich von seiner mehr oder weniger zufälligen, empirisch nicht belegbaren, in ihrer Intensität nicht umschriebenen und irrationale Empfindungen nicht ausgrenzenden Erschütterung eines in seinen notwendigen Eigenschaften nicht näher festgelegten Homunculus abhängig gemacht werden kann, ohne die Berechenbarkeit des Strafens aufzugeben und das Willkürverbot zu verletzen (*Zieschang* S. 138).[186] Zudem erweist sich in Fällen, in denen die „Erschütterung" aus nichts anderem herzuleiten ist, als daraus, dass ein fraglos strafbarer Versuch begangen wurde, die Forderung der Eindruckstheorie als eine Leerformel ohne die ihr zugedachte, auf Einschränkung zielende Kraft (*Hoffmann-Holland* MK § 22 Rdn. 10).

**85** Diese inhaltlichen Schwächen verknüpfen sich mit dem **nicht einlösbaren Anspruch**, die **Grenzziehungen des geltenden Rechts** besser als die subjektive Versuchslehre **zu erklären**. Das gilt für die weitgehende Straflosigkeit von Vorbereitungshandlungen, unter denen sich fraglos auch solche befinden, die einen rechtserschütternden Eindruck hervorrufen können, wie umgekehrt für Versuchstaten, die strafbar sind, obwohl es ihnen an der „sozialpsychologischen Wirkung" (*Sch/Schröder/Eser/Bosch* Rdn. 22) einer Rechtsfriedensstörung fehlt (s. Rdn. 6; § 22 Rdn. 93 f). Daraus folgt auch schon, dass die Eindruckstheorie keine Grundlage für eine sicherere Abgrenzung von Vorbereitung und Versuch bietet (§ 22 Rdn. 93 f). Dass das „allgemeine Gefühl der Rechtssicherheit" bei Ausbleiben des Erfolgs „meist weniger beeinträchtigt sein wird als bei vollendeter Tat" (*Roxin* JuS **1979** 1), erklärt die fakultative Strafmilderung mit einer von Fall zu Fall beleg- wie widerlegbaren Vermutung. Auch die Tatsache, dass § 23 Abs. 3 auf der Strafbarkeit selbst des grob unverständigen Versuchs grundsätzlich beharrt, kann die Eindruckstheorie nicht erklären; dafür, dass von Strafe abgesehen werden kann, braucht man sie nicht (§ 22 Rdn. 237). Darauf, dass beim abergläubischen Versuch Beunruhigung in der Bevölkerung ausbleibt, ist schließlich kein Verlass, gegebenenfalls aufkommende Heiterkeit kein Grund, einen Versuch zu leugnen (§ 22 Rdn. 245).

**86** Die Eindruckstheorie kann eine **zu ihren Gunsten getroffene gesetzgeberische Entscheidung** schon deshalb **nicht in Anspruch nehmen**, weil sie den gesetzgeberischen Beratungen nicht zugrunde lag und infolgedessen auch keinen nennenswerten Einfluss gewinnen konnte. Man wird auch vermuten dürfen, dass der Gesetzgeber sich diese Lehre – hätte sie zur Debatte gestanden – nicht zu eigen gemacht hätte. Denn sie ist „ein bloßes Etikett für den unvermittelten Rückgriff auf die Strafzwecklehre" und hierin einseitig auf „Gesichtspunkte der positiven Generalprävention" beschränkt (*Stratenwerth/Kuhlen* § 11 Rdn. 21). Das wird der Eindruckstheorie zwar gelegentlich gerade zugutegehalten, weil sie damit „den allgemeinen Strafzweck der Bewährung der Rechtsordnung in den Vordergrund stellt" (*Vogler* LK[10] Rdn. 54).[187] Hierin liegt aber in Wahrheit ein Mangel (*Kühl* AT § 15 Rdn. 41). Denn damit wird gleichzeitig eine „unmittelbare Abhängigkeit zu einer spezifischen Ausprägung (nur) einer Strafzwecklehre" hergestellt (*Weigend* Entwicklung S. 122), die sich zwar im Konzert der Strafzwecke großer Anerkennung

---

**182** *Murmann* Versuchsunrecht S. 4.

**183** *Kahlo* FS Neumann 607, 613.

**184** *Rey-Sanfiz* S. 98; *Wege* Rücktritt und Normgeltung (2011) S. 72.

**185** Eingehend *Dold* S. 58 f. Vgl. auch *SSW/Kudlich/Schuhr* § 22 Rdn. 7: „...darf das nicht darüber hinwegtäuschen, dass die normative Aussage des Strafrechts unabhängig vom empirischen und damit kontingenten Effekt bei einer zudem unbestimmbaren Allgemeinheit ist.".

**186** Zustimmend *Roxin* GA **2017** 656, 664.

**187** Vgl. auch das Zitat von *Schünemann* GA **1986** 311 und Rdn. 77.

erfreut, die sich aber nach der vor allem in §§ 46, 47 und 56 zutage tretenden und die Praxis beherrschenden, auf dem Gedanken des Schuldausgleichs basierenden Vereinigungslehre in eine Strafzweckkonzeption einzufügen hat, die die Trias der klassischen Strafzwecke verbindet.[188] Das gelingt der Eindruckstheorie durch ihre einseitige Ausrichtung nicht.

**b) Theorie des expressiven Normbruchs.** Dieser Vorhalt ist auch gegenüber einer der Eindruckstheorie nahestehenden Lehre zu machen, die das Verbrechen nicht primär als „Bewirken von Verletzungen an Gütern", sondern als **„Verletzung der Normgeltung"** sieht und den Verbrechensversuch daher „über die verletzte Normgeltung" zu erfassen sucht (*Jakobs* 25/15).[189] Für diese Lehre sind Versuch wie Vollendung „Angriffe auf die Normgeltung". Mindestinhalt strafbaren Verhaltens ist danach, dass der Täter „durch sein Verhalten **expressiv** macht, dass er sich nicht an die Norm hält", Strafgrund des Versuchs folglich „das Expressiv-Werden eines Normbruchs" in einem externen bzw. positivrechtlich für extern erklärten Verhalten (*Jakobs* 25/21). Danach beurteilt sich die **Tauglichkeit eines Versuchs** nicht danach, ob das Verhalten nach der Art des eingesetzten Mittels und des angezielten Objekts grundsätzlich zur Vollendung führen kann, sondern danach, ob es geeignet ist, die Normgeltung zu beeinträchtigen. Das soll dann der Fall sein, wenn es eine kommunikative Relevanz aufweist, was wiederum nur der Fall sei, wenn der Tätervorstellung eine grundsätzlich rationale Weltsicht zugrunde liegt; „nur rationale Organisation" dürfe „als relevante Organisation gelten" (*Jakobs* 25/23). Daran fehle es beim **abergläubischen Versuch** ebenso wie in anderen Fällen einer „kommunikativ irrelevanten Weltgestaltung".[190] 87

Diese Sichtweise führt positivrechtlich in **Friktionen mit § 23 Abs. 3**, der mit der Unterscheidung in untaugliches Mittel und untaugliches Objekt ersichtlich von einem abweichenden Verständnis von Untauglichkeit ausgeht. Weiter kann man sich fragen, ob die von *Jakobs* behauptete Überlegenheit gegenüber der Eindruckstheorie bei der Behandlung des abergläubischen Versuchs zutrifft. Denn die Abhängigkeit des rechtserschütternden Eindrucks vom Verständnis der Akteure[191] trifft auch für die Beantwortung der Frage zu, welche Organisation als rational akzeptiert wird. Denn schließlich geht es um soziale Relevanz und nicht um wissenschaftliche Einsicht. Auch kann die Lehre sowenig wie die Eindruckstheorie, erklären, warum nur das tatbestandsnahe und nicht auch schon das im Vorbereitungsstadium denkbare „Expressiv-Werden" des Normbruchs bestraft werden soll (*Roxin* AT II § 29 Rdn. 45). Vor allem ist aber auch sie **einseitig generalpräventiv orientiert**. Denn wenn der Strafgrund des Versuchs allein darin liegt, dass der Täter expressiv macht, dass er sich an die Norm nicht hält, dient Strafe ausschließlich dazu, die Normgeltung zu bestätigen und der „Desavouierung der Norm ... auf Kosten des Normbrechers" zu widersprechen (*Jakobs* 1/11), m. a. W. das enttäuschte Normvertrauen der Bürger wieder aufzurichten. Dieser Ansatz ist als Unrechtsbegründung schon deshalb nicht tragfähig, weil sich das Unrecht damit auf die Normstabilisierungsbedürfnisse der anderen Gesellschaftsmitglieder stützt und nicht auf die vom Täter zu verantwortende Tat als solche (vgl. Rdn. 84).[192] 88

**188** *Murmann* Grundkurs § 8 Rdn. 39 ff; *Krey/Esser* AT Rdn. 1203.
**189** Diesem Ansatz stehen *Freund/Rostalski* § 8 Rdn. 14, *Kindhäuser* Gefährdung S. 20 f, *ders.* AT § 30 Rdn. 10; *Theis* S. 55; und *Vehling* S. 87 ff nahe; vgl. auch *Toepel* FS Kindhäuser 549, 556 ff. Die Nähe zur Eindruckstheorie wird von *Jäger* SK Rdn. 19 betont. *Roxin* FS Nishihara 168 sieht sie – was dem nicht widerspricht – als eine Variante der subjektiven Theorie an; **krit.** *Krüger* Versuchsbeginn S. 134 ff; *T. Maier* Objektivierung S. 184 ff; *Zaczyk* Unrecht S. 32 ff.
**190** *Jakobs* 25/23.
**191** *Jakobs* 25/22.
**192** Vgl. auch *Grupp* S. 98.

89 **c) Vereinigungstheorien.** *Roxin* (FS Nishihara 157 ff) sieht nunmehr[193] den Strafgrund des Versuchs nach der von ihm vorgetragenen Vereinigungstheorie[194] „in dem general- oder spezialpräventiven Strafbedürfnis, das im Regelfall aus der vorsätzlichen tatbestandsnahen Gefährdung, ausnahmsweise aber auch schon aus einem in einer tatbestandsnahen Handlung sich manifestierenden rechtserschütternden Normbruch hergeleitet werden kann" und beschreibt die „Eigenart dieser Auffassung" damit, „dass sie den Strafgrund des Versuchs auf zwei verschiedene Wurzeln zurückführt. Sie stellt primär auf die tatbestandsnahe Gefährdung ab, die den tauglichen, aber auch den gefährlichen untauglichen Versuch" kennzeichne (*Roxin* AT II § 29 Rdn. 11). Hinsichtlich des letzteren schließt *Roxin* an die neuere Gefährlichkeitstheorie an (Rdn. 97 ff); ausreichend sei danach, wenn „ein einsichtiger Drittbeurteiler, der die Ziele des Täters kennt und über dessen etwaiges Sonderwissen verfügt, mit der Erfolgsherbeiführung rechnen muss" (*Roxin* AT II § 29 Rdn. 11).[195] Eine lediglich subsidiäre[196] Begründung soll die Strafbarkeit ungefährlicher untauglicher, insbesondere auch grob unverständiger Versuche, aufgrund der Entscheidung des Gesetzgebers finden, auch in solchen Versuchen „einen rechtserschütternden Normbruch" zu erblicken (*Roxin* (AT II § 29 Rdn. 12). Zudem verweist er zur Begründung darauf, dass auch in solchen Fällen auf der Grundlage der Tätervorstellung ein Rechtsgutsangriff vorliege (*Roxin* FS Jung 829, 840). Zu nennen ist weiterhin die allerdings nur skizzenhaft ausgearbeitete „modifizierte Vereinigungstheorie" von *Ambos* (HK-GS § 22 Rdn. 8), wonach Versuch „die Verwirklichung des Handlungsunwerts durch den Täter ‚nach seiner Vorstellung' (§ 22) bei – im Regelfall – Herbeiführung einer tatbestandsnahen Gefährdung (‚unmittelbares Ansetzen')" sei.

90 **Überzeugen** können **beide Ansätze nicht**:[197] Soweit es die von *Roxin* intendierte Wiederbelebung der objektiven Versuchstheorie anbelangt, bleibt die Strafbegründung vordergründig, da die objektive Gefährlichkeit lediglich einen naturalistischen Sachverhalt beschreibt.[198] Zudem lässt sich mit dem Gedanken der Rechtsgutsgefährdung das Versuchsunrecht abstrakter Gefährdungsdelikte nicht erklären.[199] Soweit *Roxin* (FS Jung 829, 831) den Gefährdungsaspekt mit der Aufgabe des Strafrechts verbindet, (subsidiären) Rechtsgüterschutz zu leisten, ist auch damit noch nicht der Strafgrund benannt, sondern lediglich auf die Frage verwiesen, in welcher Weise das Strafrecht auf (potentielle) Täter im Interesse der Gewährleistung von Rechtsgüterschutz einwirkt. Der Strafgrund des Versuchs liegt nach *Roxin* folglich nicht in der unerlaubten Gefährdung als solcher, sondern in dem general- oder spezialpräventiven Strafbedürfnis, das zum einen durch die Gefährdung (tauglicher Versuch unter Einschluss des objektiv untauglichen, aber ex ante aus Sicht eines Durchschnittsbeobachters tauglichen Versuchs)[200] und zum anderen durch den rechtserschütternden Eindruck (ungefährlicher Versuch) ausgelöst werde.[201] Soweit *Roxin* (FS Jung 829, 840) für den ungefährlichen Versuch auf das Vorliegen eines Rechtsgutsangriffs verweist, kann letztlich nichts anderes gemeint sein, denn dieser Befund begründet nicht aus sich heraus die Strafbarkeit. Unter dem Aspekt der Begründung generalpräventiver Strafbedürfnisse ist aber auch die Gefährdung nichts anderes als die Hervorrufung eines rechtserschütternden Eindrucks, der allenfalls mit Blick auf die objektive Gefährlichkeit im Einzelfall beson-

**193** Auch *Roxin* FS Jung 829, 8333 ff. In JuS **1979** 1 vertritt *Roxin* noch die Eindruckstheorie, deutet freilich auch dort schon eine „Zweispurigkeit" an.

**194** Sie geht auf *Kohlrausch/Lange* § 43 Vorbem. III 3 zurück; in der Tendenz übereinstimmend sieht sich *Otto* AT § 18 Rdn. 5; einen ausführlichen Begründungsversuch für die Vereinigungslehre liefert *Heckler* Ermittlung S. 77 ff, 90 ff.

**195** Dazu zutreffend kritisch *Kindhäuser* FS Fischer 125, 126.

**196** Für *Roxin* FS Jung 829, 841 verdient „dogmatisch und kriminalpolitisch eine auf dem Gefährdungsgedanken beruhende monistische Theorie den Vorzug".

**197** Kritisch auch *Ambos* HK-GS § 22 Rdn. 7; *Grupp* S. 109; *Wachter* S. 72 ff; *Zaczyk* NK § 22 Rdn. 11 mit Fn. 55: „grundlos".

**198** Vgl. auch *Timpe* ZStW **125** (2014) 757 ff.

**199** Zutreffend *Kindhäuser* FS Fischer 125, 126.

**200** Dazu *Roxin* FS Jung 829, 831 f.

**201** *Roxin* FS Nishihara 158.

ders nachhaltig sein kann. Damit bleibt von dem behaupteten Dualismus nur der karge Rest eines je nach Fallgruppe unterschiedlich intensiven, Strafbedürfnisse begründenden rechtserschütternden Eindrucks (dazu schon *Murmann* Versuchsunrecht S. 6 f.). *Roxin* (FS Jung 829, 840) selbst hat als Gemeinsamkeit beider Versuchsarten den konkreten Rechtsgutsangriff ausgewiesen und den Unterschied hinsichtlich der Gefährlichkeit hervorgehoben. Aber das greift aus den genannten Gründen zu kurz, weil damit gerade in einem Konzept des subsidiären Rechtgüterschutzes gar nicht die normative Ebene angesprochen ist, auf der der Strafgrund des Versuchs angesiedelt ist. Weiter ist gegenüber dieser Deutung darauf hinzuweisen, dass sie der **gesetzgeberischen Vorstellung** und Wertung **nicht entspricht.**[202] Nach ihr ist von einer nur subsidiären und in ihrer Berechtigung zweifelhaften (*Roxin* FS Nishihara 162) Bestrafung des (ungefährlichen) untauglichen Versuchs nicht die Rede. Vielmehr liegt es in der Konsequenz einer subjektiven Strafgrundlehre, den Gefährdungserfolg gegenüber dem bei beiden Versuchsarten gleichermaßen vorausgesetzten Handlungsunwert zu vernachlässigen. Daraus rechtfertigt sich die im Grundsatz gleiche Bestrafung von tauglichem und „gefährlichem" wie „ungefährlichem" untauglichen Versuch und die für beide zulässige Vollendungsstrafe. Es ist daher eine vom Gesetz nicht gedeckte Wertung, „dass dem Versuch in erster Linie der Gefährdungsgedanke zugrunde" liege (S. 158) und es sich daher beim untauglichen (ungefährlichen) Versuch um eine nur „defizitäre Art" dieser Deliktskategorie handle (S. 159; ebenso aber auch *Heckler* Ermittlung S. 102 f; wie hier *Bloy* ZStW **113** [2001] 78). *Ambos* (HK-GS § 22 Rdn. 8) vermeidet zwar eine Bezugnahme auf die Eindruckstheorie „mit der ihr eigenen Unbestimmtheit", bietet aber auch keine Erklärung dafür an, warum die „Herbeiführung einer tatbestandsnahen Gefährdung" die zwar „im Regelfall" zur Begründung von Versuchsunrecht gehört, letztlich dann doch verzichtbar sein soll. Dem auf die Tätervorstellung gegründeten unmittelbaren Ansetzen ist die Gefährdung nicht immanent.

Unter den Vereinigungslehren ist auch die von *Schmidhäuser* (StudB 11/16) vorgeschlagene und von *Alwart* (Versuchen S. 158 ff) weiterentwickelte **„dualistische" Versuchstheorie** zu nennen.[203] Sie teilt mit der Vereinigungslehre *Roxins* (Rdn. 83) das Streben nach der Abkehr von einer monistischen, das heißt für alle Versuchsarten gleichermaßen geltenden Begründung und will zwischen intentionalem und gefährlichem Versuchen unterscheiden. Ein die Versuchsstrafe tragender Gefährdungsunwert findet sich hiernach bei einem tauglichen Versuch, wobei das Gefahrurteil hinsichtlich seiner „Prognosebasis ... auf einer ex-post-Betrachtung" beruhen soll (*Schmidhäuser* StudB 11/29). Bei intentionalem Versuchen begründet das ein bestimmtes Rechtsgut gezielt infrage stellende Verhalten dessen zu Strafe berechtigenden Zielunwert (11/34 ff). Fehlt es wie beim untauglichen Versuch am Gefährdungsunwert, kommt hiernach Strafe nur bei absichtlichem Handeln in Betracht. 91

Eine **Schwäche** dieses Ansatzes liegt gerade in dem Dualismus, der die Einheit des Versuchsunrechts zerreißt.[204] Vom Standpunkt des positiven Rechts lässt sich gegen diese Lehre geltend machen, dass sie sich **nicht** um eine **Rekonstruktion des** gesetzgeberischen **Konzepts bemüht.** Vielmehr fragt sie, „was ein Geschehen zunächst strafwürdig macht, so dass der Gesetzgeber es legitim für strafbar erklären kann" (*Schmidhäuser* StudB 11/15). Fällt seine Antwort umfassender oder anders aus, ist sie nicht gültig (*Alwart* Versuchen S. 158). Ein solcher Ansatz zielt nicht auf die Auslegung des geltenden Rechts.[205] Er führt bei Diskrepanz zu ungesetzlichen Folgen. Eine unterschiedliche Sicht der Versuchsarten liegt dem Gesetz nicht zugrunde (*T. Maier* Objektivierung S. 207). 92

**202** Ebenso *Gössel* FS Wolter 403, 412.

**203** **Krit.** zu ihr *Jakobs* 25/18; *Krüger* Versuchsbeginn S. 124 f; *Jäger* SK Rdn. 16; *Sch/Schröder/Eser/Bosch* Rdn. 23; *Weigend* Entwicklung S. 121; *Zaczyk* Unrecht S. 27 f; *Zieschang* S. 142 f.

**204** *Wachter* S. 74.

**205** Ebenso *Hoffmann-Holland* MK § 22 Rdn. 57; *Kindhäuser/Hilgendorf* LPK Rdn. 5; *Roxin* AT II § 29 Rdn. 51.

93 **d) Theorie von der Verletzung des Anerkennungsverhältnisses.** Eine von *Zaczyk* (Unrecht S. 126 ff, 229 ff) begründete Lehre, die sich als Theorie von der Verletzung des Anerkennungsverhältnisses bezeichnen lässt,[206] setzt an der dem Unrecht vorgängigen Bestimmung rechtlicher Verhältnisse an, an deren Konstituierung die Bürger bereits Anteil haben müssen, weil sich nur so erklären lässt, dass sie das Recht auch verletzen können (vgl. Rdn. 67 f). Nach *Zaczyk* ist vollendetes Unrecht „verwirklichte Unterdrückung konkreter begegnender, von der Rechtsgemeinschaft anerkannter Freiheit, soweit Rechtsgüter des Einzelnen oder der Gemeinschaft betroffen sind" (Unrecht S. 194 ff, 326 f). „Die vollendete Verletzung eines Daseinselements von Freiheit" ist demnach so beschaffen, „dass über sie das Gleichheitsverhältnis zerstört wird, in dem einer der Beteiligten (der Täter) den ihm zukommenden Freiheitsraum so erweitert, dass der oder die angegriffenen anderen nicht als **anerkannte Gleiche** bestehen bleiben" (S. 200). Auch Versuchsunrecht ist danach „Verletzung des Anerkennungsverhältnisses, in dem die Mitglieder der Rechtsgemeinschaft einander als freie und gleiche verbunden sind" (*Murmann* Versuchsunrecht S. 5). Der Versuch stellt sich dabei „zwischen der Rechtsgutskonstitution" durch wechselseitige Anerkennung und der „vollendeten Rechtsgutsbeeinträchtigung" als „Übergang eines der Konstituenten des jeweils betroffenen Rechtsguts von der **Anerkennung zur Verletzung** dar" (*Zaczyk* Unrecht S. 229 ff, 327). Im Versuch liegt eine Umwandlung des anerkennenden in einen „das Rechtsverhältnis ... zerstörenden Willen" (*Rath* JuS **1998** 1009).[207]

94 **Gegen diese Konzeption** lässt sich geltend machen, dass sie an die philosophischen Lehren von *Kant* und *Fichte* anknüpft, die für die gesetzgeberischen Beratungen und die Entscheidung zugunsten einer subjektiven Theorie sicher nicht prägend wirkten (*Hillenkamp* LK[12] Rdn. 89; *Roxin* FS Jung 829, 831; vgl. auch *Zaczyk* NK § 22 Rdn. 12). Dabei geht auch die Anerkennungslehre im Einklang mit der subjektiven Theorie von der Maßgeblichkeit des Willensverhaltens für die Begründung des Versuchsunrechts aus. Man kann die Anerkennungstheorie deshalb durchaus als das **Bemühen um ein vertieftes Verständnis der Relevanz des Willensverhaltens** verstehen (s. schon Rdn. 67 f). Sie bemüht sich um die letztlich auch für die subjektive Theorie unerlässliche Erklärung dafür, *warum* ein betätigter rechtsfeindlicher Wille überhaupt dazu in der Lage ist, das Recht zu verletzen. Weist man eine sozialpsychologische Erklärung, wie sie die Eindruckstheorie propagiert, zurück, weil sie die Unrechtsbegründung in „in die Köpfe der anderen" verlagert (Rdn. 84), und insistiert auf eine Begründung, die die Unrechtshandlung als „Leistung" des Täters ausweist, so bedarf es eines Rechtsverständnisses, in dem das Willensverhalten des Einzelnen eine konstitutive Rolle für das Recht spielt. Denn nur wenn die Person an der Konstitution von Recht beteiligt ist, kann sie auch die Macht haben, das Recht als solches zu verletzen. Die subjektive Theorie muss begründen, weshalb ein rechtsfeindlicher Wille nicht nur belangloser Widerspruch gegen ein Recht ist, dem der Einzelne nichts anhaben kann, sondern wirkliche Verletzung. Die Anerkennungstheorie benennt demnach ein Problem, das die subjektive Theorie nicht angemessen thematisiert, und bietet dafür eine Lösung an. Diese Lösung ist freilich nicht allgemein konsentiert und erlaubt es im Rahmen einer Interpretation des positiven Rechts nicht, den im Gesetz zum Ausdruck gebrachten gesetzgeberischen Willen zu unterlaufen (in diesem Sinne auch *Zaczyk* NK § 22 Rdn. 12). So stimmen insbesondere die von *Zaczyk* aus dem Bruch des Anerkennungsverhältnisses für den untauglichen Versuch hergeleiteten Folgerungen mit dem Gesetz nicht überein (s. näher § 22 Rdn. 242 ff).

95 In einer gewissen Nähe zur Anerkennungslehre steht das Konzept von *Wachter*, der sich auf die Philosophie *Hegels* beruft, welcher die Einseitigkeit eines rein negativen Konzepts von Frei-

---

**206** Ihr folgen *Köhler* AT S. 451 ff; *Krüger* Versuchsunrecht S. 140 ff, 159; *Murmann* Versuchsunrecht S. 5 f; *Rath* JuS **1998** 1008 f; vgl. auch die eingehende Darstellung bei *Rey-Sanfiz* S. 144 ff der – trotz einer gewissen Nähe zu diesen freiheitlich normativen Ansätzen – von einem normativ- funktionalen Strafrechtsverständnis ausgehend eine „mangelhafte Vermittlung des Sozialen" kritisiert (S. 162 ff); **krit.** *Roxin* AT II § 29 Rdn. 52 f, 55; *Sch/Schröder/Eser/Bosch* Rdn. 24; *T. Maier* Objektivierung S. 196 ff; *Vehling* Abgrenzung S. 72 f; *Wachter* S. 69 f; *Zieschang* S. 143 ff.

**207** Zu der Einsicht, dass der Versuch eine Rechtsverletzung darstellt (und nicht nur den Versuch einer solchen) auch *Rey-Sanfiz* S. 228 f.

heit überwunden habe zugunsten eines Verständnisses von Freiheit, das auch die Mitwirkung an Institutionen der Freiheitlichkeit umfasst (*Wachter* S. 100 ff). Jeder Einzelne sei „zur Anerkennung der staatlichen Institutionen und damit auch des Rechts verpflichtet".[208] Da der „Freiheitsgenuss unter der strikten Bedingung eigener Konformität" stehe, sei die Strafzufügung ein „Gebot der Fairness".[209] Wachter versteht seine **„freiheitliche Vergeltungslehre"** als von ihrer empirischen Einkleidung befreite Lehre von der positiven Generalprävention.[210] Eine das Verbrechen kennzeichnende „Absage an das gemeinsame Freiheitsprojekt" verlange nicht unbedingt eine spürbare Verletzung; entscheidend sei „die materialisierte Einstellung des potentiellen Täters".[211] Von der Lehre vom Anerkennungsverhältnis soll sich dieser Ansatz dadurch abheben, dass sich das Strafunrecht nicht in der Verletzung individueller Interessen erschöpfe, sondern voraussetze, „dass in dem Angriff auf das Subjekt zugleich die Allgemeinheit betroffen wird".[212] Damit wird freilich die vorstehend (Rdn. 93) dargestellte Gegenposition verkürzt: Auch in der Lehre vom Anerkennungsverhältnis wird nicht übersehen, dass insbesondere dem Staat und Rechtsgütern der Allgemeinheit Relevanz für die Freiheitsentfaltung zukommt (vgl. *Zaczyk* GA **2018** 340, 341). Für die Beantwortung der Frage, wann eine Verletzung vorliegt, will *Wachter* Einsichten der **objektiven Zurechnungslehre** auch **für den Versuch fruchtbar** machen (*Wachter* S. 124 ff.), was keine besonderen Schwierigkeiten hinsichtlich des tauglichen Versuchs bereitet, soweit also der Täter tatsächlich ein rechtlich missbilligtes Risiko schafft (oder dazu unmittelbar ansetzt). Die mangelnde Bereitschaft zur Mitwirkung an einem Klima der Freiheit könne sich aber auch im untauglichen Versuch manifestieren; auch hier setze der Täter eine rechtlich missbilligte Einstellung um.[213] Einer Stellungnahme vom Recht könne allerdings keine Relevanz zukommen, wenn sie auf Vorstellungen basiert, deren Unrichtigkeit in einer Gesellschaft zweifelsfrei konsentiert ist.[214] Ausschlaggebend sei, „ob der Täter auf dem Boden seiner (nicht allzu fern liegenden) Außenweltwahrnehmung ein tatsächlich unerlaubtes Risiko begründet".[215] Insofern nähert sich die Auffassung der Theorie des expressiven Normbruchs (Rdn. 87). Auch die Konzeption *Wachters* bemüht sich um eine vom positiven Recht gelöste Versuchsbegründung, was freilich ihre praktische Bedeutung dort begrenzen muss, wo die erzielten Ergebnisse mit dem (verfassungskonformen) **geltenden Recht in Widerspruch** stehen (etwa bei der Strafbarkeit des grob unverständigen Versuchs; *Wachter* S. 213). Der Lehre vom gegenseitigen Anerkennungsverhältnis ist diese Auffassung **nicht überlegen**. Zum einen unterschätzt sie deren Leistungsfähigkeit hinsichtlich des Schutzes von Gütern der Allgemeinheit (s. schon Rdn. 95). Zum anderen bleibt die Rolle des Einzelnen für die Konstitution des Rechts unterbestimmt (*Zaczyk* GA **2018** 340, 343). Fraglich bleibt auch, inwieweit die Wertungen der objektiven Zurechnungslehre hier weiterführen können. Denn auch der grob unverständig Versuchende geht von Umständen aus, die – die Richtigkeit der Tätervorstellung unterstellt – nach den Maßstäben der objektiven Zurechnungslehre rechtlich missbilligt wären. Nur das Ausweichen auf eine Außenperspektive relativiert diesen Befund. Die Bereitschaft, an der Konstitution von Freiheit mitzuwirken zeigt sich aber nicht darin, wie wirklichkeitsnah die Vorstellungen des Täters sind. Im Vorstellungshorizont dessen, der einen grob unverständigen Versuch begeht, werden die Bedingungen des freiheitlichen Zusammenlebens genauso missachtet wie durch den, der näher an der Realität agiert.

An *Hegel* schließt auch das von *Rey-Sanfiz* (S. 173 ff; dazu *M.-K. Meyer* ZIS **2008** 178 ff) entwickelte Konzept an. Die wesentliche Wende gegenüber dem Ansatz von *Zaczyk* liegt darin, dass die Konstituierung von Recht nicht von der Rechtsperson her ihren Ausgangspunkt nimmt, **96**

**208** *Wachter* S. 112.
**209** *Wachter* S. 113.
**210** *Wachter* S. 114.
**211** *Wachter* S. 115, 116.
**212** *Wachter* S. 116.
**213** *Wachter* S. 185 ff.
**214** *Wachter* S. 199 ff.
**215** *Wachter* S. 209.

sondern die **Rechtsperson** selbst **innergesellschaftlich „konstruiert“** wird (*Rey-Sanfiz* S. 194). Das führt – wie bei *Wachter* – dazu, dass dem Individuum die „Aufgabe“ zukomme, „die konkrete und wirkliche autonomieermöglichende Struktur bzw. Identität bzw. Gestalt der konkreten Gesellschaft aufrechtzuerhalten“ (*Rey-Sanfiz* S. 195). Die **Überzeugungskraft** eines solchen gesellschaftsfunktionalen Ansatzes **hängt davon ab**, inwieweit man bereit ist, seine philosophischen Grundlagen zu übernehmen und darin die Gewähr dafür sieht, dass individuelle Freiheit nicht geopfert, sondern gerade zur Wirklichkeit gebracht werde (so *Rey-Sanfiz* S. 195 im Anschluss an *Pawlik*). Während *Rey-Sanfiz* das „Anerkennungsverhältnis zwischen Täter und Norm“ bei Versuch und Vollendung gleichermaßen verletzt sieht – insofern liege eine „perfekte Tatbestandsverwirklichung als festgestellte Nicht-Beachtung der konkret verletzten Norm“ vor –, sei auf der Ebene des „hierdurch vermittelte(n) interpersonale(n) Anerkennungsverhältnis(ses)“ zwischen Versuchs- und Vollendungstatbestand zu differenzieren (*Rey-Sanfiz* S. 230, 236). Der „richtige Weg zur Interpretation des § 22 StGB“ liege „darin, den Versuch als Teilverwirklichung des (Gesamt-)Tatbestandes über die Feststellung eines unerlaubten Risikos nach tatbestandsspezifischer Auslegung zu begreifen“ (*Rey-Sanfiz* S. 238). An dieser Stelle greift *Rey-Sanfiz* (S. 238 ff) – ebenso wie *Wachter* – auf die **Lehre von der objektiven Zurechnung** zurück. Es ist dann zwar konsequent – aber mit einem unbefangenen Verständnis des Wortlauts von § 22 schwerlich vereinbar[216] – dass mit dem unmittelbaren Ansetzen nicht ein tatbestands*nahes*, sondern ein **teilverwirklichendes tatbestandliches Verhalten** angesprochen sei, so dass § 22 – entgegen dem geläufigen Verständnis (dazu § 22 Rdn. 1) – nicht lediglich eine Ansatzformel oder Teildefinition, sondern eine Begriffsbestimmung biete (*Rey-Sanfiz* S. 239 ff). Damit zeichnen sich Schwierigkeiten im Umgang mit dem untauglichen Versuch ab, die *Rey-Sanfiz* (S. 267 ff) im Anschluss an *Jakobs* und im Rahmen seines Ansatzes konsequent dahingehend lösen will, dass der Gegensatz zwischen tauglichen und untauglichen Versuchen mit der Unterscheidung in kommunikativ relevantes und irrelevantes Verhalten zu überwinden sei. Das führt naturgemäß zu dem bereits im Zusammenhang mit der Konzeption von *Jakobs* genannten (Rdn. 87) Problem, einen sinnvollen Anwendungsbereich für § 23 Abs. 3 zu erhalten. Tatsächlich fällt dieser Bereich bei *Rey-Sanfiz* (S. 271 ff) – in deutlicher Entfernung vom Gesetzeswortlaut – sehr schmal aus. So drücke eine Täterin, die in der Vorstellung, ihren Mann damit töten zu können, eine hierfür völlig unzureichende Menge Insektengift auf sein Brot sprüht (BGHSt **41** 94), hiermit kommunikativ relevant nur eine (versuchte) Körperverletzung aus.[217]

97 **e) Objektive Theorien.** Die bis in die 30er Jahre des vergangenen Jahrhunderts[218] in der Wissenschaft vorherrschende, von *Feuerbach* begründete[219] und noch in den 1960er Jahren von wenigen „einsamen Rufern“ verteidigte[220] objektive Theorie sieht den Strafgrund des Versuchs in der Gefährdung des mit dem Versuch angegriffenen Handlungsobjekts oder Guts.[221] Nicht der

**216** Das sieht *Rey-Sanfiz* S. 240 f.

**217** *Rey-Sanfiz* S. 274 f.

**218** Der „Siegeszug“ der subjektiven Theorie hebt schon mit *v. Buris* Einfluss auf das Reichsgericht an und ist deshalb mit der Hinwendung des NS-Strafrechts zum Willensstrafrecht für die Praxis nicht erklärbar, *Weigend* Entwicklung S. 118; auf das Umschwenken von Teilen der Lehre weist *Hirsch* FS Roxin (2001) 712 hin; s. hierzu auch *T. Maier* Objektivierung S. 142 ff.

**219** Vgl. *Feuerbach* Lehrbuch des gemeinen in Deutschland gültigen Peinlichen Rechts, 14. Aufl. (1847) § 42 mit Anm. 3; dazu *Rey-Sanfiz* S. 21 ff; *Zaczyk* Unrecht S. 42.

**220** So von *Spendel* ZStW **65** (1953) 518, 521 ff; *ders.* NJW **1965** 1881 ff; *ders.* FS Stock 89 ff (auf S. 89 sieht sich *Spendel* als „einsamer Rufer“); s. auch *Dicke* JuS **1968** 157; *Treplin* ZStW **76** (1964) 441. Zu *Spendel* s. *Rey-Sanfiz* S. 52 ff.

**221** Zu nennen sind etwa *Baumgarten* Die Lehre vom Versuche der Verbrechen (1888) S. 419 ff; *Finger* Lehrbuch des deutschen Strafrechts, Bd. 1 (1904) S. 226 ff; *Geib* Lehrbuch des deutschen Strafrechts (1862) S. 308 ff; *Hagemann* GA **1884** 221 ff.; *Huther* GA **1888** 438 ff.; *Merkel* Lehrbuch des deutschen Strafrechts (1889) S. 130 ff; *Rosenberg* ZStW **20** (1900) 685, 702, 705 ff; *Senf* GS **67** (1906) 245, 305 ff.; weitere Nachw. bei *Zaczyk* Unrecht S. 41 m. Fn. 1.

Täterwille ist entscheidend, sondern die nahe Gefahr der Verwirklichung des tatbestandsmäßigen Erfolges. Dabei ist für die **ältere abstrakt-objektive Theorie** kennzeichnend, dass sie die Gefahr ex post beurteilte, das Kriterium der Gefahr also nicht „als Zustand der Ungewissheit" erfasste (*Zaczyk* Unrecht S. 45). Auf *Mittermaier*[222] geht hierbei die bei Feuerbach noch offengelassene nähere Bestimmung der Gefährlichkeit des Versuchs in der Weise zurück, dass (ex post) zwischen (straflosem) absolut und (strafbarem) relativ untauglichem Versuch unterschieden werden sollte. Diese den Gefahrbegriff nicht zutreffend erfassende und im Übrigen auf einer undurchführbaren Unterscheidung beruhende ältere Deutung wurde später durch die von *v. Liszt* (Lb 2. Aufl. 1884 S. 191) begründete und von *v. Hippel* (II S. 425 ff) näher ausgearbeitete **jüngere konkret-objektive Theorie** ersetzt.[223] Dieser **Gefährlichkeitstheorie** gelang es, „den Gefährdungsgedanken in praktisch brauchbarer Weise" (*Vogler* LK[10] Rdn. 40) in der Gestalt umzuformulieren, dass es nunmehr im Wege einer „nachträglichen Prognose" (*v. Liszt* ZStW **1** [1881] 102) darauf ankam, die Gefährlichkeit prognostisch aus der „Lage zur Zeit der Tat" zu beantworten, also „alles auszuschalten, was erst hinterdrein bekannt wurde" (*v. Hippel* II S. 427). Als gefährlich galt hiernach der Versuch, der nach dem Urteil eines alle ex ante (zur Zeit der Tat) erkennbaren und die dem Täter bekannten Tatsachen einbeziehenden „Richters" es als „ernsthafte Möglichkeit" erscheinen ließ, „dass der Erfolg eintritt; ungefährlich, wenn dies als praktisch ausgeschlossen erscheint" (*v. Hippel* II S. 427 f).

Diese Lehre, die den auf Verletzung angelegten Versuch sachwidrig[224] in die Nähe eines **98**
Gefährdungsdelikts bringt, ist mit einer Regelung, die auf die Vorstellung des Täters von der Tat abstellt und von der uneingeschränkten Strafbarkeit des untauglichen Versuchs ausgeht, nicht vereinbar (*Vogler* LK[10] Rdn. 45). Dabei sind die inhaltlichen Schwächen der älteren abstrakt-objektiven Theorie durch die ihr zuteil gewordene Kritik (zusf. *v. Hippel* II S. 417 ff) so deutlich geworden, dass sie seit langem keine Anhänger mehr findet. Die neuere **Gefährlichkeitstheorie** wird dagegen auch heute noch (und wieder) nicht nur als eine de lege ferenda zu bevorzugende Konzeption (so *Weigend* Entwicklung S. 126 ff), sondern auch als eine dem geltenden Recht zugrunde zu legende Strafgrundlehre ausgegeben. Dabei will *Roxin* (FS Nishihara 159 f, 163; GA **2017** 656 ff; und AT II § 29 Rdn. 10 ff) ihre Maßgeblichkeit in seiner dualistischen Vereinigungstheorie (s. Rdn. 89) auf den tauglichen und den „gefährlichen" untauglichen Versuch beschränken (ähnlich *Zimmermann* JR **2018** 23, 25 f). Für *Hirsch* (FS Roxin [2001] 713, 716 ff; *ders.* GedS Vogler S. 31, 32 ff; *ders.* JZ **2007** 494, 500 ff) und einige seiner Schüler[225] soll dagegen ihre Grenzziehung zwischen aus ex-ante-Sicht gefährlichen und ungefährlichen Versuchen schon die lex lata im Ganzen bestimmen. Die Bezeichnung dieser Lehre als **echte subjektiv-objektive Theorie** (*Hirsch* FS Roxin [2001] 726) soll hierbei verdeutlichen, dass die subjektive und objektive Seite des Versuchs sich zu einem „normbezogenen Strafgrund" vereinigen, nicht aber leugnen, dass diese Auffassung der Gefährlichkeitstheorie zuzuordnen ist. Ihre Benennung legt freilich besser als jene offen, dass in der Sache eine gewisse Nähe zu der herkömmlich bei den objektiv-subjektiven oder eben auch vermittelnden Theorien eingeordneten **Plantheorie**[226] besteht.

---

**222** *Mittermaier* GS **11** (1859) 403 ff; dazu auch *Rey-Sanfiz* S. 48 ff; zu früheren Andeutungen dieser Auffassung bei *Mittermaier* s. *Zaczyk* Unrecht S. 43.

**223** Dazu *Rey-Sanfiz* S. 50 ff.

**224** *Roxin* FS Nishihara 159 sieht beim tauglichen Versuch eine Ähnlichkeit; zu Recht **ablehnend** aber *Köhler* AT S. 452 f; *Zaczyk* Unrecht S. 50; vgl. auch *Hirsch* FS Roxin (2001) 718.

**225** *Malitz* S. 179 ff, 188 f; *Hau* S. 50 ff; *Zieschang* S. 137 ff, 141, 148; zur Diskussionslage vgl. die Nachweise bei *Hirsch* FS Roxin (2001) 713; **krit.** zu *Hirsch Androulakis* FS Schreiber 16 ff; *T. Maier* Objektivierung S. 176 ff; *Roxin* AT II § 29 Rdn. 57; für eine Interpretation des Art. 35 des neuen türkischen StGB i. S. der Lehre *Hirschs* sprechen sich *Roxin/Isfen* GA **2005** 239 aus; zur durch die objektive Lehre geprägten Versuchsstrafbarkeit in Italien s. *Fornascari* S. 49, 50 ff.

**226** Vgl. zu ihr und ihren Vertretern *Zaczyk* Unrecht S. 82 ff (zum angedeuteten Zusammenhang S. 45); *Vogler* LK[10] Rdn. 51: „Versuch, wenn objektiv der verbrecherische Wille deutlich in einer Handlung zutage tritt, die subjektiv

**99** Diese Lehre mag angesichts ihrer vielfachen Akzeptanz in Europa (*K. Schubert* Versuch S. 260, 261 f; s. aber auch S. 264 ff) und ihrer Übereinstimmung mit dem aus der modernen Zurechnungslehre stammenden Verbot, ein unerlaubtes Risiko für die Gutsverletzung zu schaffen (s. dazu schon *v. Hippel* II S. 430), ein erörterungswürdiger Entwurf für eine neu zu konzipierende Versuchsregelung sein (*Hillenkamp* LK[12] Rdn. 92; s. auch *Roxin* AT II § 29 Rdn. 24). Es ist aber zu **bestreiten**, dass die Kernaussage dieser Lehre das geltende Recht prägt (*Fischer* § 22 Rdn. 42b).[227] Auch der taugliche Versuch findet nach der gesetzgeberischen subjektiven Konzeption seinen Strafgrund nicht in der objektiven Gefährdung des Rechtsguts (s. schon Rdn. 90). Vor allem aber lässt sich die von *Hirsch* aufgegriffene Unterscheidung zwischen einem strafbaren untauglichen, weil (ex ante) gefährlichen und einem straflosen untauglichen, weil (ex ante) ungefährlichen Versuch de lege lata nicht halten. Sie widerspricht der für den untauglichen Versuch vom Gesetz unterschiedslos angeordneten Strafbarkeit und kann – was *Hirsch* selbst einräumt – § 23 Abs. 3 keinen sinnvollen Regelungsgehalt mehr zuweisen. Damit ersetzt die Gefährlichkeitstheorie, die der subjektiven Theorie (bei angemessenen Anforderungen an die Objektivierung der Entscheidung: zu Unrecht) „eine Abirrung ins Gesinnungsstrafrecht" (*Hirsch* GedS Vogler 41) vorwirft,[228] ganz offenkundig das gesetzgeberische Programm durch ein ihm für überlegen erachtetes, vom Willen des Gesetzgebers aber abweichendes Konzept. Das ist auch dann mit den Regeln der Gesetzesauslegung nicht mehr vereinbar, wenn man dem Gesetzespositivismus kritisch gegenübersteht.[229] Im Übrigen führt diese Lehre in das Dilemma der Abgrenzung zwischen absoluter und relativer Untauglichkeit oder doch zumindest in ein diesem verwandtes zurück (s. Rdn. 27), wenn und weil sie die Unterscheidung von einer nicht ohne weiteres rational nachvollziehbar unterschiedlichen Ausstattung des Wissens eines „einsichtigen Drittbeurteilers" (*Roxin* AT II § 29 Rdn. 11) abhängig macht, der z. B. ein vorangegangenes Entladen der Waffe nicht, die Eigenschaft des Zielobjekts als Pappfigur dagegen doch kennen soll.[230]

**100** Keiner Auseinandersetzung bedarf es heute mehr mit der gleichfalls den objektiven Theorien zuzurechnenden **Lehre vom Mangel am Tatbestand.**[231] Nach dieser namentlich von *Binding, Beling, Frank* und *Dohna* vertretenen Auffassung kommt Versuch nur dort in Betracht, wo der Erfolg als „tatbestandliches Schlussstück" fehlt (krit. dazu *Fincke* S. 36). Dagegen soll ein „Mangel" an den übrigen Tatbestandsmerkmalen zur Straflosigkeit führen, weil diese – anders als der Erfolg – zur Strafbarkeit gehörten. In Bezug auf den untauglichen Versuch wird zwischen ontologischem und nomologischem Irrtum unterschieden (*Frank* § 43 Anm. III). Die Lehre sucht nicht nach einer (neuen) Angabe des Strafgrundes, sondern nach einer vom objektiven Strafgrund nahegelegten Einschränkung der Strafbarkeit des Versuchs (*v. Hippel* II S. 397). Dabei wird aber verkannt, dass der Erfolg keine andere Bedeutung für die Strafbarkeit besitzt als alle übrigen Tatbestandsmerkmale; denn sie alle sind „rechtlich gleich notwendig und inhaltlich gleich wesentlich" (*v.Hippel* II S. 432 f).

**101** **f) Sonstige Theorien.** Bemühungen, der gesetzgeberischen Gründung des Versuchsunrechts und des Strafgrunds eine „richtige" entgegenzusetzen, finden sich schließlich bei *Kratzsch*. Dieser Autor gelangt in seiner Abhandlung über „Verhaltenssteuerung und Organisation im Straf-

---

nach dem Gesamtplan des Täters unmittelbar zur Gefährdung des Schutzobjekts führt". Der Wille muss also „seinem Inhalt nach gefährlicher Wille" sein (*Zaczyk* Unrecht S. 83).

**227** Dagegen wiederum *Roxin* GA **2017** 656, 665.

**228** Vgl. dazu auch *Hirsch* JZ **2007** 494 ff.

**229** Vgl. hierzu die Kritik von *Hirsch* GedS Vogler 34 ff an den sich auf die gesetzgeberische Entscheidung für die subjektive Theorie berufenden Ausführungen von *Herzberg* GA **2001** 257 ff.

**230** Zu den daraus resultierenden Schwierigkeiten im österreichischen Recht s. *Fuchs* FS Burgstaller 41, 43 ff.

**231** Vgl. zu ihr, ihren Vertretern und zur Kritik *Rey-Sanfiz* S. 88 ff; *Vogler* LK[10] Rdn. 41 ff; *Zaczyk* Unrecht S. 53 f.

recht“[232] zu der These, „Grundlage des Versuchsunrechts“ sei „ein kausales Verhalten des Täters, das nicht als individuelles Ereignis, sondern als typisches Element einer Klasse von gefährlichen Handlungen gesteuert“ werde. Da ein wirksamer Rechtsgüterschutz nur gewährleistet sei, wenn bei der Bekämpfung drohender Beeinträchtigungen jeder – nicht nur der vom Täter beherrschbare – Zufall ausgeschaltet ist und die betreffenden Regelungen lückenlos sind,[233] geht er davon aus, dass es sich beim Versuch um ein **abstraktes Gefährdungsdelikt** handle, das die Aufgabe habe, in einem „sehr weit fortgeschrittenen Stadium der Tatgenese“, in dem „typischerweise eine konkrete Gefahr des Erfolgseintritts besteht“, die „Betätigung des deliktischen Willens“ zu unterbinden (S. 442 f). Diese hier nur vereinfacht wiedergegebenen Erkenntnisse basieren auf dem Versuch, Einsichten der **„kybernetischen Systemtheorie** und der **Organisationstheorie** ... auch für die Erfassung des Strafrechts und seiner Normen“ nutzbar zu machen (S. 197 f). Schon das dezidiert präventiv ausgerichtete Unrechtskonzept, innerhalb dessen § 22 StGB als Subsystem die rechtzeitige Verhinderung von Rechtsgutsverletzungen leisten soll,[234] vermag **nicht zu überzeugen** (vgl. Rdn. 84).[235] Die empirischen Prämissen des Konzepts sind alles andere als evident. So ist schon nicht nachvollziehbar, weshalb der Täter, der mit Vollendungsvorsatz handelt, nicht bereits durch die Androhung der Vollendungsstrafbarkeit zur Abstandnahme von der Tat motiviert wird; unter diesem Blickwinkel lässt sich die Funktion einer gesonderten Strafandrohung für den Versuch nicht erklären.[236] Weiter kann die – auch von *Zimmermann* (JR **2018** 23, 27 ff) vertretene – Kennzeichnung des Versuchs als **abstraktes Gefährdungsdelikt nicht überzeugen.**[237] Die Behauptung, auch beim untauglichen Versuch bestehe eine abstrakte Gefahr, weil „er zwar nicht für das individuelle Schutzobjekt, aber insgesamt als Handlung mit den Merkmalen X, Y, Z in anderen Wirklichkeitsbereichen durchaus für das betreffende Rechtsgut zur Gefahr werden kann“,[238] trifft auf die konkrete Situation der Untauglichkeit und damit objektiven Ungefährlichkeit gerade nicht zu.[239] Die im Einzelfall u. U. fehlende Gefährlichkeit kann so nicht angemessen berücksichtigt werden.[240] Jeder Blick für die Legitimationsanforderungen strafbaren Verhaltens geht verloren, wenn sich dessen Begründung darin erschöpfen soll, dass es sich um „Beifang“ strafwürdigen Verhaltens handle.[241] Die Einordnung als bloßer „Beifang“ trifft auch in der Sache deshalb nicht zu, weil § 23 Abs. 3 eine ganze Gruppe evident ungefährlicher Verhaltensweisen gesondert regelt und grundsätzlich der Strafandrohung unterwirft.[242] Eine überlegene Bestimmung des Versuchsbeginns leistet diese Lehre nicht (s. § 22 Rdn. 97 f).

Einen **ökonomischen Ansatz** vertreten *Adams* und *Shavell* (GA **1990** 337).[243] Sie legen der (Versuchs-)Strafe nur die Zwecke der „Abschreckung“ und der „tatsächlichen Verunmöglichung (Sicherung)“ zugrunde und wollen mit der Versuchsstrafbarkeit die von der Straf-„Obergrenze verursachte Abschreckungslücke ... verkleinern“ (351). Auch dieses Konzept ist keine Nachzeichnung der Gesetzesentscheidung. Es fußt allein auf dem negativen Aspekt von General- und Spe- **102**

---

232 Zu der in diesem Werk aus dem Jahre 1985 entwickelten und teilweise in JA **1983** 420 ff, 578 ff vorweggenommenen Konzeption s. **krit.** *Krüger* Versuchsbeginn S. 112 f; *T. Maier* Objektivierung S. 180 ff; *Rey-Sanfiz* S. 56 ff; *Roxin* AT II § 29 Rdn. 54; *Vehling* S. 61 ff; *Zaczyk* Unrecht S. 39 ff.

233 *Kratzsch* Verhaltenssteuerung S. 186; *ders.* JA **1981** 420, 427.

234 *Kratzsch* Verhaltenssteuerung S. 430.

235 Vgl. *Zaczyk* Unrecht S. 38 ff; *Neumann* GA **1987** 278 ff.

236 Zutreffend *Neumann* GA **1987** 278, 280.

237 *Roxin* AT II § 29 Rdn. 54; *Toepel* FS Kindhäuser 549, 552 ff. Vgl. auch *Momsen* S. 78, 86 ff.

238 *Kratzsch* JA **1983** 578, 581.

239 Zutreffend *Grupp* S. 107; *Roxin* AT II § 29 Rdn. 54.

240 *Wachter* S. 54 f.; *Zaczyk* Unrecht S. 38.

241 So aber *Zimmermann* JR **2018** 23, 28.

242 Das Bemühen, § 23 Abs. 3 als Ausprägung des im Rahmen der abstrakten Gefährdungsdelikte diskutierten Gedankens eines zur Straflosigkeit führenden Gegenbeweises der Ungefährlichkeit zu interpretieren, ignoriert schon, dass § 23 Abs. 3 die Möglichkeit eines Absehens von Strafe nur fakultativ eröffnet.

243 **Krit.** dazu *Krüger* Versuchsbeginn S. 127.

zialprävention. Eine Legitimation der Versuchsstrafbarkeit kann so nicht geleistet werden.[244] Die Strafe mutiert in diesem Konzept von einem sozialethischen Vorwurf zu einem Preis, den der Täter für die Begehung der Tat zu bezahlen hat. Dabei liegt der negativen Abschreckung ein Nutzen-Kosten-Modell zugrunde, das die Feuerbachsche Zwangstheorie ökonomisch übersetzt und den Täter wirklichkeitsfremd als kalkulierenden homo oeconomicus zeichnet. Der Sicherung liegt die Tätertheorie in ihrer verfehlten (s. Rdn. 73) Aussage zugrunde, die Tat sei als Symptom einer „Neigung" zu sehen und daher „die zukünftige Gefährlichkeit einer Person" in Schach zu halten. Auch diese Lehre trägt daher zu einem besseren Verständnis des geltenden Rechts kaum etwas bei.

103 Des Weiteren ist auf die **normentheoretische Begründung** zu verweisen, die *Stein* angeboten hat:[245] Die Unerlaubtheit eines Verhaltens als Voraussetzung von dessen Strafbarkeit sei Gegenstand der Verhaltensnormen.[246] Deren Bestimmungsfunktion könne aber nur erfüllt werden, wenn sie an das „Vorstellungsbild des konkreten Adressaten anknüpfen und festlegen, ob bei diesem Vorstellungsbild das betreffende Verhalten verboten ist oder nicht".[247] Es liegt auf der Hand, dass in einem solchen Konzept der untaugliche Versuch kein besonderes Problem darstellt, vielmehr aus der einzunehmenden Täterperspektive zwischen tauglichen und untauglichen Versuchen auf Verhaltensnormenebene kein Unterschied besteht. Trotz der Erstreckung der Verhaltensnormwidrigkeit auf objektiv ungefährliche Verhaltensweisen sollen die Verhaltensnormen „ausschließlich die Funktion" haben, „konkrete Rechtsgutsobjektsverletzungen zu verhindern, sie verbieten also ein Verhalten wegen seiner Gefährlichkeit für konkrete Rechtsgutsobjekte",[248] wobei offenbar eine Gefährlichkeit aus Täterperspektive gemeint ist. Damit widerspricht *Stein* der h. M., die das rechtlich missbilligte Verhalten als Verstoß gegen eine Verhaltensnorm versteht, die objektiv gefährliche Verhaltensweisen verbietet. Diese objektivierende Sichtweise ist berechtigt, weil das Recht seine Verhaltensanforderungen unabhängig von der individuellen Sichtweise definieren muss.[249] Die Einheit von Versuch und Vollendung als Unrecht kann danach nicht auf Verhaltensnormenebene mit Blick auf die Bestimmungsfunktion von Normen begründet werden.

## IV. Sonderfälle des Versuchs

### 1. Gefährdungs- und Tätigkeitsdelikte

104 Obwohl bei der Behandlung des Versuchs das klassische Verletzungsdelikt gleichsam als Modell im Vordergrund steht, gehören die Gefährdungs- und die schlichten Tätigkeitsdelikte nur eingeschränkt zu den hier in einem engeren Sinne gemeinten Sonderfällen des Versuchs.

105 Das gilt zunächst für die **konkreten Gefährdungsdelikte** und auch **diejenigen abstrakten Gefährdungsdelikte**, deren (abstrakte) Gefährlichkeit – wie zum Beispiel in §§ 306a Abs. 1, 314 – für das geschützte Rechtsgut an den Eintritt eines bestimmten Außenwelterfolges oder -zustandes geknüpft wird. Diese Delikte sind nicht anders als die Verletzungsdelikte Erfolgsdelikte (*Sch/Schröder/Eisele* vor §§ 13 ff Rdn. 130). Für sie gilt daher im Grundsatz nichts Besonderes. Zwar liegt in der Anordnung der Versuchsstrafbarkeit gegenüber der ohnehin mit den Gefährdungsdelikten in das Vorfeld erweiterten Strafbarkeit eine „weitere Strafbarkeitsvorverla-

244 *Zaczyk* NK § 22 Rdn. 11.
245 Zum Folgenden *Stein* GA **2010** 129 ff.
246 *Stein* GA **2010** 129, 130.
247 *Stein* GA **2010** 129, 131.
248 *Stein* GA **2010** 129, 131.
249 Es geht in dem Streit letztlich darum, ob man die Bewertungsnorm (Qualifizierung eines Verhaltens als unerlaubt) oder die Bestimmungsnorm (Motivationskraft der Norm in Richtung auf das gewünschte Verhalten) in den Vordergrund stellt; *Weigend* FS Gössel 129, 139 f.

gerung" (*Arzt/Weber/Heinrich/Hilgendorf* BT § 35 Rdn. 117). Die Möglichkeiten eines Versuchs und die inhaltlichen Fragen ergeben sich hier aber deshalb nicht anders als bei den Verletzungsdelikten. So kann der vom Vorsatz umfasste (Gefahr-)Erfolg auch hier noch ausstehen oder lediglich der Beginn der gefährdenden Handlung vorliegen. Die Identität gilt freilich für die **Frage des Versuchsbeginns** nur, wenn man die Antwort – wie es hier geschieht – von der Vornahme der Ausführungshandlung bzw. der Nähe zu dieser (§ 22 Rdn. 110 ff) abhängig macht. Stellt man dagegen auf eine unmittelbare Rechtsgutsgefährdung ab (s. dazu § 22 Rdn. 84 ff), folgen Schwierigkeiten daraus, dass bei den konkreten Gefährdungsdelikten der Gefahrerfolg nicht (erst) Versuch, sondern (schon) Vollendung bedeutet, während bei den abstrakten Gefährdungsdelikten das Rechtsgut nicht einmal im Vollendungsfall in (konkrete) Gefahr geraten sein muss. Daraus ergibt sich der berechtigte Vorhalt, dass die den Gefährdungsaspekt in den Vordergrund rückende „individuell-materielle" Abgrenzungslehre (s. zu ihr § 22 Rdn. 84 ff) für Gefährdungsdelikte nicht passt.[250] Das gilt auch für eine Lehre, die für den Versuchsbeginn beim konkreten Gefährdungsdelikt auf die Formel zurückgreift, unmittelbares Ansetzen liege vor, wenn der Täter räumlich die Sphäre des Opfers berührt und ein zeitlicher Zusammenhang mit der tatbestandlichen Ausführungshandlung vorliegt (s. dazu § 22 Rdn. 93 f) und die deshalb verlangt, dass „das Gefahrenobjekt in den Wirkungsbereich des Täterhandelns getreten" oder es – anders formuliert – „bereits zu einer Berührung der verschiedenen Rechtssphären gekommen" sein muss (so *Momsen* S. 77, 81). Diese Lehre lässt mit dem Rückgriff auf die „Sphärentheorie" im Bereich der konkreten Gefährdungsdelikte für den Versuch praktisch keinen Raum, weil bei ihnen mit der „Berührung der verschiedenen Rechtssphären" in aller Regel der Gefährdungserfolg eingetreten und deshalb das Delikt vollendet sein wird. Denn wenn sich etwa bei einer Trunkenheitsfahrt Täter und Opfer(-sphären) begegnen, kommt es zu der von § 315c vorausgesetzten konkreten Gefahr.[251]

Der gegen die individuell-materielle Abgrenzungslehre im Zusammenhang mit Gefähr- **106** dungsdelikten zu erhebende Vorhalt trifft gleichermaßen bei den **(schlichten) Tätigkeitsdelikten** (§ 22 Rdn. 84) zu. Auch deren Beginn kann nicht von einer im Tatbestand nicht vorausgesetzten unmittelbaren Rechtsgutsgefährdung, sondern nur von der Gefahr der Vornahme der tatbestandsmäßigen Handlung abhängen. Das gilt hier deshalb umso mehr, als nicht alle (schlichten) Tätigkeitsdelikte zugleich auch wenigstens **abstrakte Gefährdungsdelikte** (wie z. B. §§ 142, 154, 316) sind, sondern sich zum Teil als Delikte erweisen, bei denen der Handlungsvollzug (wie z. B. in §§ 173, 174, 176) seinen Unwert in sich selbst trägt (*Roxin* AT I § 10 Rdn. 103). Ferner ergibt sich gegenüber den Erfolgsdelikten die Besonderheit, dass der beendete Versuch mit der Vollendung zusammenfällt (*Roxin* AT I § 10 Rdn. 103). Im Übrigen ist aber auch bei den Tätigkeitsdelikten ein Versuch ohne weiteres möglich. Das gilt zum einen für den Fall des untauglichen Versuchs (z. B. sexueller Missbrauch eines irrig für jünger als 14 gehaltenen Kindes – § 174 Abs. 1, 4 – oder Beischlaf mit einem Mädchen, das irrtümlich als leibliche Tochter angesehen wird, s. RGSt **47** 189, 191 zu § 173 a. F.) und zum anderen dann, wenn zur im Tatbestand vorausgesetzten Handlung unmittelbar angesetzt oder – wie beim Sprechen der Eidesworte (s. BGHSt **4** 172, 176)[252] – schon mit ihr begonnen ist.

Während es bei diesen beiden Deliktsarten folglich nur um ihrer besonderen Struktur ange- **107** messene Abwandlungen der allgemein zum Versuch gültigen Antworten und damit nur bedingt um „Sonderfälle" des Versuchs geht, ist für andere Formen des Delikts bereits umstritten, ob ein Versuch überhaupt (begrifflich) möglich und wenn ja, ob er auch strafbar ist. Insoweit lässt sich mit mehr Berechtigung von **Sonderfällen** des Versuchs sprechen (zum „Versuch" von **Fahrlässigkeitsdelikten** s. Rdn. 15 f).

---

**250** Für einen Sonderweg bei der Bestimmung des unmittelbaren Ansetzens bei Gefährdungsdelikten *Zaczyk* Unrecht S. 322 f.

**251** *Momsen*, der sein Ergebnis selbst aus der Definition der konkreten Gefahr folgert (S. 69 ff), sieht diesen Einwand (S. 82), zugleich aber doch einen „schmalen Raum" für Versuch.

**252** S. auch *Zöller* SK § 154 Rdn. 11; *Sch/Schröder/Bosch/Schittenhelm* § 154 Rdn. 15 jeweils mit Hinweisen auch zu Fallgestaltungen des untauglichen Versuchs.

## 2. Unterlassungsdelikte

108 **a) Struktur- und Strafbarkeit des Unterlassungsversuchs.** Nicht nur das Begehungsdelikt, sondern auch das Unterlassungsdelikt kann nach heute h. M. in **all seinen Erscheinungsformen** das Stadium des tauglichen wie des untauglichen Versuchs durchlaufen.[253] Bedenken, die sich aus der Begriffsbestimmung des § 43 a. F. möglicherweise herleiten ließen (s. dazu *Herzberg* MDR **1973** 89 f), haben sich mit der Neufassung erledigt. Auch hat sich die These *Armin Kaufmanns* (Unterlassungsdelikte S. 204 ff) und *Welzels* (§ 27 A IV, § 28 V) nicht durchgesetzt, es gäbe keinen Versuch der Unterlassung, sondern nur die Unterlassung eines Erfolgsabwendungsversuchs als ein den Unterlassungsdelikten eigentümliches Phänomen, das dem beendeten untauglichen Versuch gleichzustellen sei. Diese These fußt auf der von der h. L. zurecht (s. *Stratenwerth/Kuhlen* § 14 Rdn. 3 mit § 13 Rdn. 70 f) überwundenen Annahme, es mangele dem Unterlassungsdelikt an einem Befund, der in seiner Struktur dem Vorsatz beim Begehungsdelikt gleichkomme.

109 Bezweifelt wird allerdings verschiedentlich die **Strafbarkeit** des **untauglichen Unterlassungsversuchs.** Da hier äußerlich betrachtet schlichte, tatbestandlich irrelevante Untätigkeit vorliegt, wird verschiedentlich angenommen, dieser Versuch erschöpfe sich in einem reinen Gesinnungsunwert (*Jäger* SK § 22 Rdn. 55; *Schmidhäuser* StudB 13/27; *ders.* FS Gallas 81, 96 f; *Zaczyk* NK § 22 Rn 60). Aber damit wird dem naturalistischen Unterschied von Tun und Unterlassen eine Relevanz beigelegt, die ihm nicht zukommt:[254] Es macht für den Angriff auf das Rechtsverhältnis keinen Unterschied, ob der Täter dem Opfer Zucker in der Annahme, es sei Gift, verabreicht, oder als Garant das Opfer nicht daran hindert, den Zucker, den der Garant für Gift hält, zu sich zu nehmen. In solchen Konstellationen bestünde auf der Grundlage der Tätervorstellung eine Garantenbeziehung und eine Pflicht zum Tätigwerden. Dass es tatsächlich nicht zu einer Verletzung kommen kann, es also objektiv nicht „zu einer Verschlechterung der Lage des Rechtsguts" kommen kann (weshalb *Zaczyk* NK § 22 Rn 60 einen Versuch nicht für möglich hält), kennzeichnet auch sonst den untauglichen Versuch. Es ändert aber nichts daran, dass sich der Täter gegen die Erfüllung der rechtlichen Pflichten entscheidet, die ihm auf der Grundlage seiner Vorstellungen obliegen, und damit seine Wendung gegen die rechtlichen Verhältnisse manifestiert. Es besteht demnach im Grundsatz kein Anlass, den untauglichen Unterlassungsversuch von der Strafbarkeit auszunehmen (BGHSt **40** 257, 270, 272). Geringere Strafwürdigkeit ist gegebenenfalls durch Strafmilderung auszugleichen.[255] Auch die Strafbedürftigkeit ist nicht zu leugnen, so dass auch der Vorschlag eines „sachlichen Strafausschließungsgrundes" (*Niepoth* Untauglicher Versuch S. 243 ff, 287 ff, 374 ff) keinen Beifall verdient (s. im Einzelnen § 22 Rdn. 167 ff).[256]

110 Der Unterlassungsversuch weist weitgehend **Parallelen zum Begehungsversuch** auf. Ebenso wie beim Begehungsdelikt erfordert auch der Unterlassungsversuch subjektive und objektive Momente. **Subjektiv** ist der auf die Nichtvornahme der rechtlich erwarteten Tätigkeit und das dadurch bewirkte[257] Eintreten des Erfolgs gerichtete Vorsatz zu verlangen. Dabei ist – entgegen BGHSt **62** 223, 242 f) – nicht vorausgesetzt, dass dem Täter bewusst ist, dass der Rettungserfolg mit an Sicherheit grenzender Wahrscheinlichkeit eintreten werde. Es genügen vielmehr die allgemeinen Vorsatzanforderungen, bei dolus eventualis also nach der Rechtspre-

---

**253** OGHSt **1** 359; *Grünwald* JZ **1959** 48 ff; *Jakobs* 29/113; *Jescheck/Weigend* § 60 II; *Kühl* AT § 18 Rdn. 142; *Lackner/Kühl/Kühl* § 22 Rdn. 17; *Maurach/Gössel/Zipf* AT/2 § 40 Rdn. 136; *Sch/Schröder/Eser/Bosch* Rdn. 27; *Stratenwerth/Kuhlen* § 14 Rdn. 2; jedenfalls für das unechte Unterlassungsdelikt bestätigend BGHSt **38** 356, 358 f; **40** 270; BGH NStZ **1997** 485; BGH NStZ **2016** 664, 665.

**254** Ebenso *Stein* SK vor § 13 Rdn. 64.

**255** *Malitz* Untauglicher Versuch S. 48 ff; *Malitz* selbst will beim untauglichen Versuch in Anlehnung an die Gefährlichkeitstheorie (s. Rdn. 97 f) entscheiden.

**256** Wie hier die h. M., vgl. nur *Jakobs* 29/114; *Kühl* AT § 18 Rdn. 151; *Gaede* NK § 13 Rdn. 22, 24; *Sch/Schröder/Eser/Bosch* § 22 Rdn. 91. Ablehnend gegen *Niepoth* auch *Zaczyk* NK § 22 Rn 60.

**257** Auch der Unterlassende kann in einem sozialen Sinn einen Erfolg bewirken; das Unterlassen verändert die soziale Wirklichkeit in der realen Welt und ist in diesem Sinne nicht lediglich „quasi-kausal"; *Kahlo* Die Handlungsform der Unterlassung als Kriminaldelikt, 2001, S. 251 ff.

chung, dass der Täter den Erfolgseintritt für möglich hält und seinen Eintritt billigt.[258] Der Vorsatz muss auch die Umstände umfassen, die die Garantenstellung und die jedenfalls bei verhaltensgebundenen Delikten zu fordernde „Entsprechung" begründen. Insoweit ist der Tatentschluss umfassender als beim Versuch des Begehungsdelikts (*Kühl* AT § 18 Rdn. 144) und unter Umständen mit den besonderen Fragen des Irrtums über die Garantenstellung oder -pflicht belastet. **Objektiv** ist auch beim Unterlassungsdelikt maßgeblich, dass der Täter auf der Grundlage seiner Vorstellung von der Tat zur Verwirklichung des Tatbestandes unmittelbar ansetzt (BGHSt **40** 257, 271; *Fischer* § 22 Rdn. 31). Da das Gesetz für das Unterlassungsdelikt nichts anderes bestimmt, gilt die Ansatzformel auch hier. Es trifft auch nicht zu, dass die Formel hier „nicht weiterführt, weil ein dem Ansetzen zur aktiven Begehung vergleichbarer Moment nicht gegeben" sei (so aber *Jescheck/Weigend* § 60 II 2; *Vogler* LK[10] Rdn. 61). Richtig ist nur, dass die Ansatzformel auf die Besonderheiten der Unterlassung zuzuschneiden ist (s. dazu § 22 Rdn. 167 ff). Hier wie im Übrigen sind naturgemäß die strukturspezifischen Besonderheiten der echten wie der unechten Unterlassungsdelikte zu berücksichtigen.

**b) Echte Unterlassungsdelikte.** Das echte Unterlassungsdelikt erschöpft sich zumeist (z. B. in §§ 123 2. Alt., 142 Abs. 2, 323c) im bloßen Untätigbleiben gegenüber der durch den Eintritt einer tatbestandlichen Situation ausgelösten Verhaltensaufforderung einer Gebotsnorm (schlichte Untätigkeitsdelikte). Das hat zur Folge, dass – abgesehen vom Fall des beendeten untauglichen Versuchs (s. § 22 Rdn. 184) – in der Regel jedes Unterlassen trotz bestehender Handlungspflicht bereits die Vollendung des echten Unterlassungsdelikts nach sich zieht.[259] Nicht Versuch, sondern **Vollendung** liegt daher selbst dann vor, wenn der Täter nach Nichtvornahme der gebotenen Handlung im Zeitraum erfolgreicher Handlungsmöglichkeit doch noch seine Pflicht erfüllt (*Fischer* § 22 Rdn. 34). Droht möglicherweise ein Schwerverletzter nach einem Verkehrsunfall zu verbluten, ist nach § 323c sofortige Hilfe geboten. Wer diese unterlässt, ist daher auch dann strafbar, wenn er später doch noch hilft und vielleicht sogar den drohenden Tod des Verletzten abwendet (*Schmidhäuser* AT 17/25 unter Einräumung einer „moralischen Schrecksekunde"; s. dazu auch BGHR § 323c Unglücksfall 3 – Straftat). Ein Rücktritt scheidet aus.[260] Diskutabel ist eine analoge Anwendung der Vorschriften zur tätigen Reue.[261] 111

Eine **Ausnahme** wird teilweise hinsichtlich **§ 138** angenommen (*Hillenkamp* LK[12] Rdn. 103): Hier sei ein Versuch deshalb denkbar, „weil der Tatbestand den Zeitraum für die gebotene Handlung auf den Bereich der ersten Möglichkeit der Anzeige bis zur letzten Gelegenheit, die Anzeige noch rechtzeitig zu erstatten, erstreckt". Deshalb liege ein Versuch vor, wenn „der Täter die Anzeige in der Absicht, sie gänzlich zu unterlassen, zunächst hinauszögert, dann aber doch noch rechtzeitig nachholt". Die Vorstellung einer zeitlich gestreckten Handlungspflicht, deren Erfüllung nach Pflichtentstehung noch die Vollendung ausschließt, überzeugt aber nicht (dazu § 22 Rdn. 185). Bestimmt man die Rechtzeitigkeit unter Orientierung an der Frage, wann der Täter ein rechtlich missbilligtes Risiko dahingehend schafft, dass der Zeitpunkt verstreicht, zu dem eine Anzeigeerstattung die Tatabwendung noch zuverlässig ermöglicht hätte, so ist dieser Zeitpunkt auch als Bezugspunkt des unmittelbaren Ansetzens anzuerkennen. Für den Versuch bleibt also lediglich der schmale zeitliche Bereich, wenn der Täter unmittelbar vor dem Entste- 112

258 *Engländer* JuS **2001** 958, 961; *Fischer* Rdn. 31a; *Hoven* NStZ **2017** 707 f; *Kudlich/Hoven* FS Rogall 209, 214 ff; *SSW/Kudlich* § 13 Rdn. 38; *Sowada* GS Joecks S. 163 *Rissing-van Saan/Verrel* NStZ **2018** 57, 63 ff.

259 *Jescheck/Weigend* § 60 II 1; *Maurach/Gössel/Zipf* AT/2 § 40 Rdn. 139 f; *Sch/Schröder/Eser/Bosch* § 22 Rdn. 53; *Fischer* § 22 Rdn. 34; *Schaffstein* FS Dreher 149, 158; *Schmidhäuser* StudB 17/25.

260 Vgl. dazu BGHSt **14** 213; **17** 166; **21** 50, 55; *Schaffstein* FS Dreher 149, 157; s. aber auch die im Text folgende Rdn. 103.

261 Bei § 323c dafür etwa *Lackner/Kühl/Kühl* § 323c Rdn. 11; ablehnend *SSW/Schöch* § 323c Rdn. 22.

hen dieser Handlungspflicht bereits zu deren Nichterfüllung entschlossen ist.[262] Soweit man die Möglichkeit eines Versuchs über den hier anerkannten Bereich hinaus für eröffnet hält, hat dies zwar insoweit bei allen bisher genannten Delikten nur theoretische Bedeutung, als der Versuch hier nicht mit Strafe bedroht ist. Sie ist aber insofern von Belang, als die Anerkennung einer Versuchsphase die Vollendung hinauszögert. Das zeigt sich z. B. bei der unterlassenen Hilfeleistung nach § 323c, für die – anders als hier (Rdn. 111) – vereinzelt für eine Spanne zwischen „unverzüglicher" und „noch rechtzeitiger" Gebotserfüllung (*Maihofer* GA **1958** 296) oder für eine solche, in der sich infolge der Untätigkeit die „Chancen der Erfolgsabwendung" nicht vermindert oder gar erledigt haben (*Stein* SK § 323c Rdn. 17), noch eine Zone des Versuchs eingeräumt wird.

113 Als Beispiele eines echten Unterlassungsdelikts, bei denen der **Versuch strafbar** ist, sind im geltenden Recht das durch das Unterlassen gebotener Rechtshandlungen begehbare Verbrechen der Rechtsbeugung (§ 339) sowie die unterlassene Führung von Handelsbüchern oder die unterlassene Aufstellung von Bilanzen nach § 283 Abs. 1 Nr. 5, 7b, Abs. 3 zu nennen (*Jescheck/Weigend* § 60 II 1). Abgesehen vom ohnehin möglichen untauglichen Versuch (*Jescheck/Weigend* § 60 II 1) ist ein Versuch durch Unterlassen jedenfalls bei Erfolgsdelikten möglich. Interpretiert man also § 120 Abs. 2 als echtes Unterlassungsdelikt, so befindet sich der Täter ab Beginn der Verhinderungspflicht bis zum Verstreichenlassen der aus seiner Sicht letzten Verhinderungsmöglichkeit im Versuchsstadium.[263] Bei schlichten Untätigkeitsdelikten wird man dagegen mit Verstreichenlassen der gebotenen Handlung stets bereits Vollendung annehmen müssen, so dass nur der schmale Bereich unmittelbar vor der tatbestandlichen Unterlassung bleibt (Rdn. 112). Dagegen steht es mit allgemeinen Grundsätzen nicht in Einklang, wenn *Tiedemann* (LK[12] § 283 Rdn. 151, 201) einen Versuchsbeginn zu einem früheren Zeitpunkt anerkennen will, wenn der Täter seinen Unterlassungsentschluss durch äußere Handlungen objektiviert hat, die diesen Entschluss hinreichend erkennen lassen. Ein solcher „Entschluss" entfernt sich gesetzwidrig von der in § 22 vorausgesetzten Unmittelbarkeit (s. § 22 Rdn. 32 ff).

114 **c) Unechte Unterlassungsdelikte.** Beim unechten Unterlassungsdelikt begründet die Nichthinderung des Eintritts des tatbestandsmäßigen Erfolgs trotz Bestehens einer Garantenpflicht den strafrechtlichen Vorwurf. Hier hat der Versuch erhebliche praktische Bedeutung (*Jescheck/Weigend* § 60 II 2).[264] Er ist in all seinen **Erscheinungsformen** möglich.

115 So lässt sich auch im Rahmen des unechten Unterlassungsdelikts zwischen dem **tauglichen** und dem **untauglichen** Versuch unterscheiden (*Grünwald* GA **1959** 116 ff; *Armin Kaufmann* S. 293 f; s. schon Rdn. 108 f). Daher begeht einen tauglichen Tötungsversuch durch Unterlassen, wer das von ihm im Straßenverkehr pflichtwidrig verletzte und nur durch Zufall später von anderen gerettete Opfer seinem – wie der Täter weiß – ohne Hilfe tödlichen Schicksal überlässt, einen untauglichen Versuch dagegen, wer unter sonst gleichen Umständen nur irrig davon ausgeht, das Opfer habe den Anprall überlebt (BGH VRS **13** 120). Dass der untaugliche Versuch nicht strafwürdig oder strafbedürftig und daher schon nach geltendem Recht nicht strafbar sei, trifft nicht zu (s. Rdn. 109). Differenzierungsbedarf besteht allerdings hinsichtlich solcher Fälle,

---

**262** Der BGH (St **42** 86, 88) will es freilich ausreichen lassen, wenn die Verhinderung der geplanten Tat „grundsätzlich noch möglich" ist. Der Täter trage zwar bei einem riskanten Zuwarten das Vollendungsrisiko, verliere aber nicht die Möglichkeit rechtzeitiger Anzeigeerstattung. Das impliziert die Vorstellung einer rückwirkenden Festlegung des tatbestandlichen Verhaltensunrechts, weil die Rechtzeitigkeit der Anzeigeerstattung von der ex ante ungewissen Möglichkeit der Tatverhinderung abhängig gemacht wird; zutreffende Kritik bei *Puppe* NStZ **1996** 597 f; *Rudolphi* FS Roxin (2001) S. 827, 829. Diskutabel bleibt angesichts der frühen Vollendungsstrafbarkeit eine analoge Anwendung von § 24; *Loos/Westendorf* Jura **1998** 403, 407 ff; *Rudolphi* FS Roxin (2001) 827, 829.

**263** *Sch/Schröder/Eser/Bosch* § 22 Rdn. 53.

**264** Vgl. nur die zu § 22 Rdn. 170 ff aufgeführten Entscheidungen, die sich mit der Abgrenzung von Vorbereitung und Versuch in diesem Bereich befassen.

in denen der Täter die tatsächlichen Voraussetzungen einer Garantenstellung nur irrtümlich annimmt (§ 22 Rdn. 310 ff). Bildet sich der Täter eine rechtlich nicht bestehende Garantenstellung in juristischer Fehlwertung nur ein, führt die nur vorgestellte Subjektstauglichkeit ins Wahndelikt (s. näher § 22 Rdn. 307). Dass entgegen verbreiteter Ansicht über den Versuchsbeginn hier wie sonst nach der Ansatzformel zu entscheiden ist, wurde schon betont (Rdn. 110).[265]

### 3. Erfolgsqualifizierte Delikte

**a) Möglichkeit des Versuchs.** Kennzeichen der erfolgsqualifizierten Delikte ist, dass das vor- 116
sätzlich oder fahrlässig begangene Grunddelikt eine Qualifikation[266] erfährt, wenn durch seine Begehung ein bestimmter (qualifizierter) Erfolg – zumeist eine schwere Gesundheitsschädigung oder der Tod – ein- bzw. (zum Erfolg des Grunddelikts) hinzutritt.[267] Soweit es sich (wie z. B. in §§ 309, 314 in der vor dem 6. StrRG v. 26. Januar 1998 geltenden Fassung) um reine Fahrlässigkeitskombinationen handelt, kommt ein Versuch nicht in Betracht (s. Rdn. 15). Soweit diese Delikte dagegen auf einem vorsätzlich verwirklichten Grundtatbestand aufbauen, sind sie entgegen *Gössel* (FS Lange 229 ff; *ders.* ZIS **2011** 386, 389) nicht dem Versuch unzugängliche Fahrlässigkeitstaten, die nur „durch eine vorsätzliche Sorgfaltswidrigkeit gekennzeichnet sind" (so *Maurach/Gössel/Zipf* AT/2[7] § 43 Rdn. 117), sondern nach ihrer durch § 11 Abs. 2 verbindlich vorgenommenen Einstufung als Vorsatztaten **grundsätzlich** dem **Versuch zugänglich** (*Kühl* FS Gössel 194, 200 f).[268] Dabei wird von Rechtsprechung (BGH NStZ **2001** 371; 534 mit Bespr. *Baier* JA **2001** 751 zu § 251) und h. L. zwischen der Figur des erfolgsqualifizierten Versuchs und der der versuchten Erfolgsqualifizierung unterschieden (s. *Kühl* AT § 17a Rdn. 32).[269]

**b) Erfolgsqualifizierter Versuch.** Von einem erfolgsqualifizierten Versuch ist dann zu spre- 117
chen, wenn das Grunddelikt nur bis in das Versuchsstadium gelangt, die Versuchshandlung aber bereits die schwere Folge auslöst (*Geilen* Jura **1979** 614; *Rath* JuS **1999** 141). Von diesem Ausgangspunkt **ausgeschlossen** ist damit bereits die nur vereinzelt vertretene Auffassung, die (freilich als Interpretation von § 251 auf diese Vorschrift beschränkt) eine Vollendung der Erfolgsqualifikation annimmt (**Vollendungslösung**; *Wolters* GA **2007** 65) und damit die Einsicht übergeht, dass eine Vollendungsstrafbarkeit auch hinsichtlich des Grunddelikts Vollendung voraussetzt. Das gilt auch für § 251, denn „durch den Raub" verlangt nicht nur eine Herbeiführung der schweren Folge durch das Raubmittel, sondern die Vollendung dieser Tat setzt die Verwirklichung der Diebstahlskomponente voraus.[270] Ausgehend von der **Versuchslösung** ist danach zu **unterscheiden**, ob die Folge **fahrlässig** (§ 18) bzw. leichtfertig oder ob

**265** Zu Besonderheiten beim Rücktritt vom Versuch s. *Kühl* AT § 18 Rdn. 152 ff und die Anmerkungen hierzu bei § 24.

**266** Bei erfolgsqualifizierten Regelbeispielen (z. B. § 218 Abs. 2 Nr. 2; vor Inkrafttreten des 6. Strafrechtsreformgesetzes z. B. auch § 310b Abs. 3, § 330 Satz 2 Nr. 1, 2) sind die für den Versuch bei Regelbeispielen einschlägigen Voraussetzungen zu beachten, vgl. Rdn. 144 ff.

**267** Dazu *Jescheck/Weigend* § 26 II 1a; *Küper* NJW **1976** 543, 546; eingehend zum Begriff des erfolgsqualifizierten Delikts *Duttge* FS Herzberg 309 ff.

**268** Vgl. gegen diesen „Fahrlässigkeitseinwand" auch *Kostuch* S. 13 ff; *Küper* JZ **2019** 872, 879 f; *Roxin* AT II § 29 Rdn. 327; *Sch/Schröder/ Sternberg-Lieben/Schuster* § 18 Rdn. 8.

**269** Vgl. *Fischer* § 22 Rdn. 37 ff; *SSW/Kudlich/Schuhr* § 22 Rdn. 73; *Murmann* Grundkurs § 28 Rdn. 96 ff; *Sowada* Jura **1995** 646 ff; *Vogel/Bülte* LK § 18 Rdn. 72; *Wessels/Beulke/Satzger* Rdn. 998. Nicht hierher gehört der sog. qualifizierte Versuch, von dem die Rede ist, wenn – wie z. B. bei einem durch eine Körperverletzung schon versuchten Mord – im Versuch eine vollendete (und daher nicht mehr rücktrittsfähige) Tat enthalten ist, vgl. *Sch/Schröder/Eser* § 24 Rdn. 109.

**270** Eingehende Auseinandersetzung mit *Wolters* bei *Herzberg* JZ **2007** 615 ff und *Küper* JZ **2019** 872, 878 f; ferner *Hardtung* MK § 18 Rdn. 76.

sie **vorsätzlich** herbeigeführt worden ist (*Vogel/Bülte* LK § 18 Rdn. 74 ff). Die Auffassung, dass in beiden Fällen mangels Vollendung des Grunddelikts das erfolgsqualifizierte Delikt **grundsätzlich ausscheide**, weil der Strafrahmen ohne den Eintritt des Grunddeliktserfolgs stets überhöht und die ratio der Strafverschärfung nicht erfüllt sei (RGSt **40** 321, 325; Nachw. hierzu bei *Hillenkamp/Cornelius* AT 16. Problem), ist heute **zu Recht aufgegeben**, weil sie dem differenzierten Bild der erfolgsqualifizierten Delikte nicht gerecht wird (*Roxin* AT II § 29 Rdn. 327).

**118** Im Fall der lediglich **fahrlässig verursachten schweren Folge** wird allerdings vereinzelt angenommen, ein Versuch der Erfolgsqualifikation liege deshalb nicht vor, weil es hierfür an einer **rechtlichen Grundlage** (Art. 103 Abs. 2 GG) **fehle** (*Hardtung* Versuch S. 198 ff, 222, 263; *ders.* MK § 18 Rdn. 77 ff).[271] Denn § 22 verlange die Vorstellung von der Tat, also auch die Vorstellung vom Eintritt der schweren Folge, woran es beim diesbezüglich fahrlässig handelnden Täter fehle. § 22 erlaube damit nur eine Bestrafung wegen des Versuchs des Grunddelikts. Allerdings sei gleichwohl der Strafrahmen der Erfolgsqualifikation unter Berücksichtigung der Strafmilderungsmöglichkeit des § 23 Abs. 2 anzuwenden (**Strafschärfungslösung**).[272] Begründet wird dies unter Hinweis darauf, dass § 23 Abs. 2 mit der dort angeordneten Milderungsmöglichkeit zugleich zum Ausdruck bringe, dass für die versuchte Tat grundsätzlich der für die vollendete Tat eröffnete Strafrahmen maßgeblich sei. Da im Vollendungsfall (wenn also das Grunddelikt nicht im Versuchsstadium stecken geblieben wäre) die Erfolgsqualifikation erfüllt gewesen wäre, sei folglich die Versuchsstrafe unter Zugrundelegung des Strafrahmens der Erfolgsqualifikation zu bilden. **Überzeugend** ist das **nicht**: Das gilt zunächst für die Deutung des Qualifikationstatbestandes als Strafzumessungsregel.[273] Aus dem Wortlaut der Qualifikationstatbestände ergibt sich vielmehr eindeutig, dass die dort angeordnete Rechtsfolge nur dann eingreift, wenn sämtliche Voraussetzungen (also auch die Erfüllung des Grundtatbestandes) vorliegen. Daran ändert auch § 23 Abs. 2 nichts. Denn diese Vorschrift ordnet die Orientierung am Vollendungsstrafrahmen für den Fall an, dass die Tat im Versuchsstadium stecken bleibt. Gerade daran soll es aber nach Auffassung der Vertreter der Strafschärfungslösung fehlen. Freilich trifft auch die damit angesprochene Grundlage der Strafschärfungslösung, dass nämlich der Versuch der Erfolgsqualifikation auch den Vorsatz bezogen auf den Eintritt der schweren Folge voraussetzt, nicht zu.[274] Von begrenzter Tragweite ist insoweit allerdings der häufig zu lesende Hinweis auf die Definitionsnorm des § 11 Abs. 2, der man aber immerhin entnehmen kann, dass begriffliche Bedenken gegen einen Versuch der Erfolgsqualifikation nicht bestehen.[275] Bedeutsamer ist die Einsicht, dass die Anwendung von § 22 auf erfolgsqualifizierte Delikte deren besonderen Charakter berücksichtigen muss, der eben darin liegt, dass hinsichtlich der schweren Folge eine Fahrlässigkeitsbeziehung ausreicht. Es ist nicht einzusehen, weshalb eine Versuchsstrafbarkeit insoweit höhere Anforderungen stellen soll als eine Vollendungsstrafbarkeit. Die eine den Versuch der Erfolgsqualifikation begründende „Vorstellung von der Tat" muss demnach zwar die Umstände umfassen, die die tatbestandsspezifische Gefährlichkeit begründen, nicht aber den Eintritt der Folge. Damit wird zugleich dem Charakter von § 22 als eines Strafausdehnungsgrundes Rechnung getragen (während die Vorschrift nach der Gegenauffassung einen gegenüber der Vollendung strafbarkeitseinschränkenden Gehalt entfaltet).

---

**271** Auch *Hardtung* NStZ **2003** 261, 262; *Herzberg* MK[1] § 23 Rdn. 8 f mit Fn. 14; *ders.* FS Amelung 159, 161 ff; *Putzke* JuS **2009** 1083, 1086 mit Fn. 27.

**272** *Hardtung* MK § 18 Rdn. 82; *ders.* NStZ **2003** 261, 262; *Herzberg* MK[1] § 23 Rdn. 8 f.

**273** Zutreffend – auch zum Folgenden – *Küper* FS Herzberg 323, 326 ff.

**274** *Kostuch* S. 16 ff, 71 ff; *Kühl* Jura **2003** 19, 21; *ders.* FS Gössel 201 f; *ders.* AT § 17a Rdn. 43; *Küper* FS Herzberg 323, 328 ff.; *ders.* JZ **2019** 872, 881 f; *Roxin* AT II § 338; alle auch zum Folgenden.

**275** Auf § 11 Abs. 2 wird z. B. hingewiesen bei *Hillenkamp* LK[12] Rn. 108; *Kostuch* S. 17; *Kühl* AT § 17a Rdn. 43; *Murmann* Grundkurs § 28 Rdn. 98; *Vogel/Bülte* LK § 18 Rdn. 79. Kritisch zur Tragweite des Arguments *Hardtung* MK § 18 Rdn. 79; *Küper* FS Herzberg 323, 337 ff; *ders.* JZ **2019** 872, 877.

Ist die Folge fahrlässig verursacht worden, genügt für eine Strafbarkeit des Versuchs des erfolgsqualifizierten Delikts allerdings nicht, dass es sich bei ihm um ein Verbrechen handelt.[276] Vielmehr muss hier stets der **Versuch des Grunddelikts** selbst **strafbar** sein (für § 221 offen gelassen in BGH StV **1986** 201 mit Anm. *Ulsenheimer*).[277] Anderenfalls würde dem nach der Regelung des § 18 die Strafe lediglich schärfenden Erfolg eine strafbegründende Wirkung zukommen. Zudem würde unter Berufung auf nur (zusätzliches) Fahrlässigkeitsunrecht die gesetzgeberische Grundentscheidung unterlaufen, an den Handlungsunwert des versuchten Grunddelikts keine Strafe zu knüpfen. Das Problem hat sich durch die Einführung der Versuchsstrafbarkeit in § 223 Abs. 2, § 239 Abs. 2 und § 318 Abs. 2 zwar vermindert, bleibt aber für § 221 Abs. 2 Nr. 2, Abs. 3; § 235 Abs. 1 Nr. 1, Abs. 2 Nr. 2, Abs. 5; 238 Abs. 1, Abs. 3;[278] § 315d Abs. 1 Nr. 2, 3, Abs. 2, Abs. 5[279] sowie § 330 Abs. 2 (i. V. m. § 325 Abs. 2, Abs. 3, § 326 Abs. 3, § 327 Abs. 1, Abs. 2, § 329 Abs. 1–4) erhalten. 119

Ist der Versuch des Grunddelikts strafbar, hängt die Strafbarkeit des erfolgsqualifizierten Versuchs nach der heute zu Recht h. M.[280] im weiteren davon ab, ob nach der tatbestandlichen Ausgestaltung des erfolgsqualifizierten Delikts der Gesetzgeber die erhöhte Strafe an die qualifizierende Folge als Ausdruck schon der **Gefährlichkeit der Tathandlung**, oder aber erst und nur als Beleg einer spezifischen **Gefährlichkeit des Erfolgs des Grunddelikts** anknüpft. Ist letzteres der Fall, ist ein Versuch ohne Eintritt des Grunddeliktserfolgs nicht denkbar. Gegen diese Differenzierung wird zwar vereinzelt eingewandt,[281] sie sei kaum möglich oder doch jedenfalls ungeeignet, die angedeutete Folgerung zu rechtfertigen. Hiernach soll es auf die Vollendung des Grunddelikts in keinem Fall ankommen. Dagegen spricht aber, dass die erfolgsqualifizierten Delikte die ratio ihrer Strafschärfung ersichtlich zum einen Teil aus dem Aspekt ihrer besonderen Handlungsgefährlichkeit und zum anderen aus dem der Erfolgsgefährlichkeit beziehen. Zwar lässt sich sicher bisweilen darüber streiten, welcher Gruppe das fragliche Delikt zugehört. Das ändert aber nichts an der grundsätzlichen Unterscheidbarkeit und ihrer Aussagekraft für die Frage der Strafbarkeit des Versuchs; denn dieser muss – soll er von dem geschärften Strafrahmen erfasst werden – der je besonderen ratio der Strafschärfung entsprechen. Anderenfalls käme es zur Eröffnung eines Strafrahmens, der den Unrechtsgehalt denkbarer Taten übersteigt. 120

Hiernach ist **beispielsweise** bei der **sexuellen Nötigung/Vergewaltigung** oder dem **Raub mit Todesfolge** (§§ 178, 251) ein Versuch so denkbar, dass es zum Beischlaf (oder einer ähnlichen sexuellen Handlung) bzw. zum Gewahrsamswechsel nicht kommt, die Nötigungshandlung aber leichtfertig den Tod herbeiführt. Dabei ist auch beim Versuch der für erfolgsqualifizierte 121

---

**276** So aber *Baumann/Weber/Mitsch/Eisele* § 22 Rdn. 13 f; *Matt/Renzikowski/Heger* § 23 Rdn. 16; *Kostuch* S. 23 ff; *Laubenthal* JZ **1987** 1067; *Otto* AT § 18 Rdn. 89; *Rath* JuS **1999** 142; *Sowada* Jura **1995** 652 f; *Stree* GA **1960** 294.

**277** *Bussmann* GA **1999** 23 f; *Duttge* HK-GS § 18 Rdn. 16; *Gropp* § 9 Rdn. 49c; *Hardtung* Versuch S. 265, 281; *Heinrich* AT Rdn. 699; *Krey/Esser* AT Rdn. 1375; *Kühl* AT § 17a Rdn. 47; *ders.* JuS **1981** 196; *ders.* Jura **2003** 21; *ders.* FS Küper 289, 299; *ders.* FS Gössel 205; *Lackner/Kühl/Kühl* § 18 Rdn. 11; *SSW/Kudlich/Schuhr* § 22 Rdn. 75; *Murmann* Grundkurs § 28 Rdn. 99; *Putzke* JuS **2009** 1083, 1086; *Matt/Renzikowski/Renzikowski* § 18 Rdn. 24; *Rengier* Erfolgsqualifizierte Delikte S. 245 f; *Roxin* AT II § 29 Rdn. 323; *Schaefer* AnwK § 18 Rdn. 9; *Sch/Schröder/Sternberg-Lieben/Schuster* § 18 Rdn. 9; *Sch/Schröder/Hecker* § 315d Rdn. 14 (zu § 315d Abs. 5); *Schroeder* LK[11] § 18 Rdn. 38; *Ulsenheimer* GA **1966** 269 ff; *Vogel/Bülte* LK § 18 Rdn. 79.

**278** Dazu etwa *Fischer* § 238 Rdn. 37; *Sch/Schröder/Eisele* § 238 Rdn. 38.

**279** *Sch/Schröder/Hecker* § 315d Rdn. 14. Eingehend (für Strafbarkeit des erfolgsqualifizierten Versuchs) *Mitsch* FS Fischer 253 ff.

**280** *Blei* AT § 65 III 2; *Fahl/Scheuermann-Kettner* JA **1999** 127; *Fischer* § 18 Rdn. 2, 7; *Günther* FS Hirsch 552; *Jakobs* 25/26; *Jescheck/Weigend* § 49 VII 2a; *Joecks/Jäger* § 18 Rdn. 6; *Kühl* AT § 17a Rdn. 48; *ders.* JuS **1981** 196; *Küpper* Zusammenhang S. 119 ff; *Lackner/Kühl/Kühl* § 18 Rdn. 9; *Laubenthal* JZ **1987** 1067; *Rath* JuS **1999** 142; *Rengier* Erfolgsqualifizierte Delikte S. 234 ff; *Matt/Renzikowski/Renzikowski* § 18 Rdn. 27; *Roxin* AT II § 29 Rdn. 328; *Stein* SK § 18 Rdn. 55; *Sch/Schröder/ Sternberg-Lieben/Schuster* § 18 Rdn. 9; *Sowada* Jura **1995** 647; *Stratenwerth/Kuhlen* § 15 Rdn. 60; *Vogel/Bülte* LK § 18 Rdn. 79; *Wessels/Beulke/Satzger* Rdn. 1001; **ähnlich** differenzierend auch *Paeffgen* NK § 18 Rdn. 120 ff und *Ulsenheimer* GA **1966** 257 ff.

**281** *Heinrich* AT Rdn. 696 f; *Otto* AT § 18 Rdn. 83 ff; *Schröder* JZ **1967** 368; *Stree* GA **1960** 292 f; nahestehend *Wolter* JuS **1981** 173, 178; *ders.* GA **1984** 445.

Delikte stets erforderliche tatbestandsspezifische Gefahrzusammenhang zu verlangen (BGH NJW **1998** 3361 zu § 251; BGHSt **48** 34 zu § 227). Während sich für die Minderheitsmeinung, nach welcher die Verwirklichung der Handlungsgefahr stets ausreichen soll (s. Rdn. 120), dieses Ergebnis von selbst versteht, ist nach der hier in Übereinstimmung mit der h. M. verfochtenen differenzierenden Auffassung der Grund für den Verzicht auf die Vollendung des Grunddelikts darin zu sehen, dass bei sexueller Nötigung bzw. Vergewaltigung und Raub die spezifische und typische Todesgefahr nicht aus der sexuellen Handlung oder aus dem Gewahrsamsverlust, sondern aus den zu diesen Zwecken angewandten Nötigungsmitteln erwächst.[282] Dabei ist entgegen einigen Stimmen in der Literatur[283] nicht zu verlangen, dass der „Teilerfolg" der Verwirklichung des Nötigungsmittels bereits eingetreten und sich die Folge aus diesem Zwischenerfolg entwickelt hat; denn in diesen Delikten ergibt sich die Handlungsgefährlichkeit, an die die Strafschärfung knüpft, auch schon aus der gegebenenfalls nur versuchten Anwendung des Nötigungsmittels. Der Wortlaut beider Vorschriften, nach dem der Tod „durch den Raub" bzw. durch die „sexuelle Nötigung oder Vergewaltigung" verursacht worden sein muss, steht schließlich der dargelegten Schlussfolgerung nicht entgegen, da man die Versuchsregelung der §§ 22, 23 als Ergänzung des Tatbestands in den Begriff „Raub" bzw. „sexuelle Nötigung"/„Vergewaltigung" mit hineinlesen[284] muss (RGSt **62** 422, 423; *Küper* JZ **1997** 230). Ist der Raubversuch bereits fehlgeschlagen, so kann eine anschließend vorgenommene Tötungshandlung den tatbestandsspezifischen Zusammenhang nicht mehr begründen, und zwar entgegen der Rechtsprechung nicht nur für den Fall, dass der Täter das Opfer nunmehr aus Wut über die gescheiterte Wegnahme tötet (so BGH NStZ **2019** 730),[285] sondern auch dann, wenn der Täter die tödliche Gewalt zur Ermöglichung der Flucht einsetzt (**aA** BGH NStZ **2017** 638 f).[286] Bei **Freiheitsberaubung, erpresserischem Menschenraub** und **Geiselnahme** (§§ 239, 239a, 239b) spricht vieles dafür, die schon beim Versuch des Einsperrens, des Sich-Bemächtigens oder Entführens durch den hierbei angewendeten Zwang eingetretene Folge ausreichen zu lassen (*Roxin* AT II § 29 Rdn. 335).

122 Die Lösung für **§§ 226, 227** ist auch unter den Anhängern der differenzierenden Lehre deshalb umstritten, weil man unterschiedlicher Meinung darüber sein kann, ob diese Tatbestände ausschließlich an eine Erfolgsgefährlichkeit anknüpfen,[287] oder ob sie (wie der BGH meint; BGHSt **14** 112; **31** 96; **48** 34, 37)[288] auch die Handlungsgefährlichkeit der zugrunde liegenden Körperverletzung erfassen wollen. Genügt die Handlungsgefährlichkeit, so kommt auch ein durch die schwere Folge qualifizierter Versuch in Betracht (BGHSt **48** 34, 37; BGH NStZ-RR **2019** 378, dazu *Jäger* JA **2020** 153 ff).

123 Ähnlich umstritten war die Lösung für **§ 307 Abs. 1 Nr. 1 a. F.** (*Vogler* LK[10] Rdn. 81). Auch hier sollte nach BGHSt **7** 37, 39 genügen, dass der verwendete Zündstoff den Tod eines Menschen verursacht, nicht allerdings, dass eine tödliche Explosion den Tod bewirkt, die Brandstiftung aber fehlschlägt (BGHSt **20** 230). Während der Wortlaut des § 307 a. F. („durch den Brand")

---

**282** S. RGSt **69** 332; BGH bei Dallinger MDR **1971** 363 zu § 178 a. F.; RGSt **62** 422; RG HRR **1941** 521; BGH StV **1996** 546 zu § 251; *Küper* JZ **2019** 872, 873 f; *Roxin* AT II § 29 Rdn. 332 ff.

**283** *Altenhain* GA **1996** 30, 35; *Hirsch* GA **1972** 75 f; *Oehler* ZStW **69** (1957) 520 f.

**284** Kritisch zu dieser Formulierung und mit vertiefter Begründung aus der gesetzlichen Tatbestandssystematik (im Ergebnis freilich übereinstimmend) *Küper* JZ **2019** 872, 875 f.

**285** Dazu *Eisele* JuS **2019** 1219 ff; *Habetha* NStZ **2019** 731 ff; *Jäger* JA **2019** 950 ff.

**286** Ablehnend *Jäger* **2018** 152 ff; *Kudlich* NStZ **2017** 639 f; skeptisch zu § 251 und ablehnend zu § 250 Abs. 2 Nr. 3 b auch BGH NJW **2010** 1892 f m. Anm. *Kudlich* NStZ **2011** 518 f.

**287** So z. B. RGSt **44** 137, 139; *Hardtung* NStZ **2003** 263; *Jescheck/Weigend* § 49 VII 2a; *Küpper* Zusammenhang S. 119 ff; *Kühl* AT § 17a Rdn. 50; *Lackner/Kühl/Kühl* § 227 Rdn. 2; *Roxin* AT II § 29 Rdn. 329; *Sch/Schröder/Stree/Sternberg-Lieben* § 226 Rdn. 1, § 227 Rdn. 5; vgl. zum Streit *Murmann* Grundkurs § 23 Rn. 126 ff; *Sowada* Jura **2003** 552 f.

**288** Aus der Literatur etwa *Eisele* BT 1 Rdn. 373, 384; *Grünewald* LK[12] § 227 Rdn. 10; *Laue* JuS **2003** 745; *Rengier* BT 2 § 16 Rdn. 11, 29; *Sowada* Jura **2003** 553; *Vogel/Bülte* LK § 18 Rdn. 79; *Wessels/Beulke/Satzger* Rdn. 1001; *Zöller* AnwK § 227 Rdn. 11. **Einschränkend** zu § 227 *Wessels/Hettinger/Engländer* Rdn. 280 (für den Fall, dass das [versuchte] Grunddelikt § 224 Abs. 1 Nr. 5 [lebensgefährliche Behandlung] erfüllt), so auch in *Matt/Renzikowski/Engländer* § 227 Rdn. 5, dazu auch *Engländer* GA **2008** 669.

entgegen der Auffassung des BGH eher für die Notwendigkeit der Erfolgsbezogenheit der Todesfolge sprach, lässt sich die auf die Handlungsgefährlichkeit abstellende Lösung mit der Neufassung des **§ 306c** deshalb (besser) vereinbaren, weil dort jetzt von „Brandstiftung" die Rede ist. Hierfür streitet in der Sache, dass schon das Hantieren mit Zündstoff und daher bereits die (versuchte) Brandstiftungshandlung ein mitunter tödliches Risiko birgt.[289]

In der zweiten **Variante** des erfolgsqualifizierten Versuchs handelt der Täter auch bezüglich der (eingetretenen) Folge **vorsätzlich**. So liegt es z. B., wenn der Täter bei dem fehlgeschlagenen Versuch, das Opfer einzusperren, dessen schon hierdurch eingetretene schwere Gesundheitsschädigung in Kauf genommen hat oder der Täter bei einem gezielten Schlag mit einem Gewehrkolben auf den Kopf des Opfers damit rechnet, es könnte in Siechtum verfallen, diese Folge aber eintritt, weil sich bereits beim Ausholen ein das Opfer treffender Schuss löst. Besteht objektiv der tatbestandsspezifische Zusammenhang zwischen Handlungsgefahr und Erfolgseintritt und steht die Abweichung des tatsächlichen vom vorgestellten Geschehen einer Zurechnung zum Vorsatz nicht entgegen (was herkömmlich bejaht wird, wenn sich der Verlauf im Rahmen des nach der Lebenserfahrung Vorhersehbaren bewegt und keine andere Bewertung gegenüber dem vorgestellten Verlauf verdient), so ist auch hier der Versuch des erfolgsqualifizierten Delikts zu bejahen, sofern es sich um Tatbestände handelt, deren Strafschärfung an die Handlungsgefährlichkeit knüpft (für § 239 bejahend *Roxin* AT I § 10 Rdn. 118). Insoweit gilt nichts anderes als in der fahrlässigen Variante. Abweichend von dieser kann man aber auf eine **Strafbarkeit des Versuchs** des **Grunddelikts** (s. dazu Rdn. 119) hier angesichts des Verbrechenscharakters der erfolgsqualifizierten Tat **verzichten**, weil das zum für sich genommen straflosen, aber vorsätzlichen Handlungsunrecht des Grunddelikts hinzutretende vorsätzliche Handlungs- und Erfolgsunrecht dazu berechtigt, auf diese Form des Versuchs die auch sonst für das Vorsatzdelikt geltende Regel des § 23 Abs. 1 anzuwenden.[290] 124

**c) Versuchte Erfolgsqualifizierung.** Von einer versuchten Erfolgsqualifizierung ist dann zu sprechen, wenn der Täter das Grunddelikt versucht[291] oder vollendet und dabei auch vorsätzlich hinsichtlich der Herbeiführung der schweren Folge handelt, diese aber ausbleibt.[292] So liegt es z. B., wenn der Täter bei einer schweren Brandstiftung nach § 306a den dann aufgrund glücklicher Umstände ausbleibenden Tod der Bewohner billigend in Kauf genommen hat (= §§ 306c, 22, s. BGH JR **2005** 127 mit Anm. *Wolff*). Da § 18 mit seiner Formulierung „wenigstens Fahrlässigkeit" Vorsatz nicht ausschließt und das seit dem 6. StrRG die meisten der durch den Todeserfolg qualifizierten Delikte durch die Aufnahme des Wortes „wenigstens" vor „leichtfertig" nunmehr eindeutig auch nicht mehr tun,[293] steht einem Versuch in der dargestellten Form nichts im Wege,[294] soweit es sich 125

---

**289** Für die Möglichkeit des Anknüpfens an die Handlungsgefährlichkeit auch *Matt/Renzikowski/Dietmeier* § 306c Rdn. 8; *Fischer* § 306c Rdn. 5; *Sch/Schröder/Heine/Bosch* § 306c Rdn. 9; *Kargl* NK § 306c Rdn. 5; *Radtke* MK § 306c Rdn. 31; *ders.* Brandstiftungsdelikte S. 315 ff; *Rengier* JuS **1998** 398 400; *Weiler* HK-GS § 306c Rdn. 5; *SSW/Wolters* § 306c Rdn. 5; **aA** *Bussmann* GA **1999** 33; *Roxin* AT II § 29 Rdn. 331; *Stein* Brandstiftung Rdn. 81 ff.

**290** Ebenso *Hardtung* MK § 18 Rdn. 70; *Hirsch* GA **1972** 75; *Koffka* Niederschriften **2** S. 238; *Schroeder* LK[11] § 18 Rdn. 39; *Ulsenheimer* FS Bockelmann 418 unter Aufgabe von GA **1966** 257, 275; auch hier verlangen die Versuchsstrafbarkeit des Grunddelikts dagegen *Paeffgen* NK § 18 Rdn. 113; *Sch/Schröder/Sternberg-Lieben/Schuster* § 18 Rdn. 9; offen *Kühl* AT § 17a Rdn. 47.

**291** Dazu, dass ein Versuch ausreicht, s. *Roxin* AT II § 29 Rdn. 320.

**292** Die diese Figur ablehnende Auffassung von *Schröder* StGB 17. Aufl. § 56 Rdn. 9; *ders.* JZ **1967** 368 und *Tiedemann* Tatbestandsfunktionen S. 236 hat sich nicht durchgesetzt und ist bei *Sch/Schröder/Sternberg-Lieben/Schuster* § 18 Rdn. 11 aufgegeben; wie hier *Jescheck/Weigend* § 49 VII 2b; *Kühl* AT § 17a Rdn. 33; *Paeffgen* NK § 18 Rdn. 110, 126; *Rengier* Erfolgsqualifizierte Delikte S. 247 f; *Stein* SK § 18 Rdn. 51.

**293** So z. B. die §§ 176b, 178, 239a Abs. 3, 239b Abs. 2, 251, 306c, 307 Abs. 3, 308 Abs. 3, 309 Abs. 4, 313 Abs. 2, 314 Abs. 2, 316a Abs. 3; zum überkommenen Streit um die Konkurrenz- oder Exklusivitätslehre bei Delikten, die Leichtfertigkeit verlangen, vgl. BGHSt **39** 100; *Paeffgen* NK § 18 Rdn. 84 ff; *Sch/Schröder/Sternberg-Lieben/Schuster* § 18 Rdn. 3.

**294** *Kostuch* S. 219 f; *Kühl* Jura **2003** 19; *ders.* FS Küper S. 289, 297 f.

beim erfolgsqualifizierten Delikt um ein Verbrechen handelt. Auch hier (s. Rdn. 124) ist unerheblich, ob der Grunddeliktsversuch unter Strafe steht, da zum Unrecht des (versuchten, s. BGH NJW **2001** 1075, 1076) Grunddelikts das auf den Eintritt der Folge gerichtete vorsätzliche Handlungsunrecht hinzutritt.[295] Der Strafbarkeit der versuchten Erfolgsqualifizierung steht nicht entgegen, dass eine solche weder eine tatbestandsspezifische Gefahr noch deren Realisierung im Erfolgsunwert voraussetzt (so aber *Bacher* S. 281 ff). Auf beides kommt es für eine an die Tätervorstellung anknüpfende Versuchsstrafbarkeit gerade nicht an (zutreffend *Hardtung* MK § 18 Rdn. 70).

126 Freilich ist zu beachten, dass es erfolgsqualifizierte Delikte gibt, die sich bei einer in Kauf genommenen oder absichtlich erstrebten Folge (zugleich) in ein anderes Tatbild verwandeln (*Rath* JuS **1999** 141). So liegt es z. B. in § 227, bei dem der Vorsatz bezüglich der Todesfolge eine Bestrafung nach §§ 212, 22 auslöst oder bei § 226 Abs. 1, bei dem die mit Sicherheit vorhergesehene oder absichtlich erstrebte, aber ausgebliebene Folge den Versuch der Qualifikation des § 226 Abs. 2 nach sich zieht. Zwar wird teilweise dafür plädiert, den Versuch des erfolgsqualifizierten Delikts schon nach § 226 Abs. 1 oder § 227 tatbestandlich zu verneinen (s. für § 227 z. B. *Wolters* SK § 227 Rdn. 18; *Roxin* AT II § 29 Rdn. 319). Aber es ist nicht zu sehen, an welchem Erfordernis eine Tatbestandsverwirklichung scheitern soll. Zudem lassen es die aus solcher Alternativität folgenden Konsequenzen angeraten erscheinen, dieser Annahme eine Konkurrenzlösung vorzuziehen (*Kühl* AT § 17a Rdn. 34; *Paeffgen* NK § 18 Rdn. 87 ff). Der Versuch des erfolgsqualifizierten Delikts wird dann durch den Versuch dieser vorgehenden Tat verdrängt.

127 Nach diesen Grundsätzen macht sich z. B. einer versuchten verbrecherischen Freiheitsberaubung nach § 239 Abs. 3 Nr. 1 schuldig, wer, um sich eines lästigen Verwandten zu entledigen, diesen bewusst widerrechtlich in eine geschlossene Anstalt verbringt, die den Verwandten erwartungswidrig aber als geistig gesund nach wenigen Stunden wieder entlässt (RGSt **16** 179; BGH **10** 306, 309; BGH GA **1958** 304).[296] Ebenso ist der Täter wegen einer versuchten schweren Körperverletzung gemäß § 226 Abs. 1 Nr. 1 strafbar, der bei einem Schuss auf den Unterleib die dann ausbleibende Folge in Kauf nimmt, dass das Opfer die Fortpflanzungsfähigkeit verliert (BGHSt **21** 194 mit abl. Anm. *Schröder* JZ **1967** 368). Dabei macht es (weil der Täter sich jedenfalls eine Realisierung der Erfolgsgefahr vorstellt: unabhängig von dem Streit, ob auch die Realisierung der Handlungsgefährlichkeit ausreicht[297]) keinen Unterschied, ob das Opfer getroffen wird oder der Schuss vorbeigeht, auch das Grunddelikt also im Versuch steckenbleibt (*Kühl* AT § 17a Rdn. 37; BGH NJW **2001** 1075, 1076). Rechnet der Täter bei der zum Zwecke des Raubes eingesetzten Gewalt mit dem Tod seines Opfers, kommt dieses aber mit dem Leben davon, tritt der versuchte Raub mit Todesfolge neben den Mordversuch (*Wessels/Hillenkamp/Schuhr* Rdn. 391). Auch §§ 306c, 22, 23 Abs. 1 stehen mit einem Mordversuch in Tateinheit, wenn der Brandstifter mit dem durch glücklichen Zufall ausbleibenden Tod der Bewohner des in Brand gesetzten Hauses rechnet.

128 Zum **Rücktritt vom Versuch** des erfolgsqualifizierten Delikts s. BGHSt **42** 158 sowie § 24 Rdn. 537 ff.

---

**295** Wie hier *Kostuch* S. 221; *Krey/Esser* AT Rdn. 1374; *Kühl* AT § 17a Rdn. 37; **aA** *Heinrich* AT Rdn. 691; *Wessels/Beulke/Satzger* Rdn. 999.

**296** Es ist allerdings mit der Neufassung des § 239 Abs. 3 Nr. 1 durch das 6. StrRG streitig geworden, ob es sich nach wie vor um ein erfolgsqualifiziertes Delikt (und nicht um eine Qualifikation) handelt, s. für letzteres Matt/Renzikowski/*Eidam* § 239 Rdn. 16; *Sch/Schröder/Eisele* § 239 Rdn. 12; *Fischer* § 239 Rdn. 15; *Joecks/Jäger* § 239 Rdn. 24; *Lenz* HK-GS § 239 Rdn. 15; *Sonnen* NK § 239 Rdn. 26; *vHH/Valerius* § 239 Rdn. 19; *Wessels/Hettinger/Engländer* Rdn. 359; *Wieck-Noodt* MK § 239 Rdn. 44; für ersteres *Arzt/Weber/Heinrich/Hilgendorf* BT § 9 Rdn. 30; *Duttge* FS Herzberg 320; *Lackner/Kühl/Kühl* § 239 Rdn. 9; *Mitsch* GA **2009** 335 f; *Rengier* BT 2 § 22 Rdn. 19; *Schluckebier* LK[12] Rdn. 33; *SSW/Schluckebier* § 239 Rdn. 12; *Wolters* SK § 239 Rdn. 20; weiteres Beispiel bei *Kühl* Jura **2003** 20.

**297** Zu diesem etwa *Sch/Schröder/Sternberg-Lieben* Rdn. § 226 Rdn. 1.

## 4. Vorbereitungshandlungen und Unternehmensdelikte

**a) Vorbereitungshandlungen.** Aus den schon dargelegten Gründen (Rdn. 6) hat der Gesetzgeber Vorbereitungshandlungen nur ausnahmsweise unter Strafe gestellt. Ist das aber der Fall, handelt es sich bei der Verwirklichung eines solchen Tatbestandes um formell vollendete Delikte (*Sch/Schröder/Eser/Bosch* Rdn. 14). Damit stellt sich auch bei ihnen die Frage, inwieweit ein Versuch denkbar und strafbar ist. Für die Antwort kommt es entsprechend der oben (Rdn. 7 f) vorgenommenen Differenzierung darauf an, ob die Vorbereitung durch einen **Sondertatbestand**, der bestimmte Vorbereitungshandlungen verselbständigend beschreibt, oder durch **eine unselbständige Ausdehnung eines Haupttatbestandes** unter Strafe gestellt ist. 129

Ist die Vorbereitungshandlung in einem **Sondertatbestand**, der eine typischerweise bereits gefährliche Vorbereitungshandlung beschreibt, mit Strafe bedroht, ist ein Versuch trotz der materiell in das Feld der Vorbereitung vorverlegten Vollendung möglich (*Roxin* AT II § 29 Rdn. 343 f; *Sch/Schröder/Eser/Bosch* Rdn. 28; *Neuhaus* Deliktsvorbereitung S. 229f). So kann darin, dass sich der Täter an eine Auskunftsperson heranmacht, um sich ein Staatsgeheimnis zu verschaffen, ein Versuch nach § 96 liegen.[298] Der Versuch des Versicherungsmissbrauchs ist auch dann nach § 265 Abs. 2 strafbar, wenn er (nur) der Vorbereitung eines Betruges dient, aber z. B. daran scheitert, dass der Täter die zerstörte Sache irrtümlich für versichert hielt[299] oder ihm die Zerstörung der Sache nicht gelingt. Ein Versuch nach § 310 liegt vor, wenn der Täter zur Herstellung einer technischen Apparatur zur Tatausführung unmittelbar ansetzt.[300] Auch der Versuch der Bildung terroristischer Vereinigungen (§ 129a) ist strafbar.[301] Angesichts der diese Deliktsgruppe prägenden Verselbständigung des tatbestandlichen Unrechts gegenüber der Tat, in deren Vorzone die Handlung der Sache nach liegt, ist die Versuchsstrafbarkeit hinzunehmen. Dass sie kriminalpolitisch in all diesen Fällen Sinn macht, ist allerdings zu bezweifeln.[302] 130

Dient der Vorbereitungstatbestand dagegen dazu, über eine **unselbständige Ausdehnung** des Straftatbestandes dessen deliktisches Vorfeld mit abzudecken, stellt er bereits die Vorbereitungshandlung unter Strafe. In solchen Fällen ist nach BGHSt **6** 85, 87 der „Versuch nicht denkbar", weil er „seinem Wesen nach nichts anderes als eine weitere Vorbereitung der Haupttat" wäre. Auch das Reichsgericht vertrat die Ansicht, es könne den „strafbaren Versuch ... einer nur vorbereitenden Handlung rechtsgrundsätzlich" nicht geben. Es liege zudem nicht in der Absicht des Gesetzgebers, der „wie im Falle des § 83 StGB eine bloße Vorbereitungshandlung unter besondere Strafe" stelle, „darüber hinaus noch den Versuch der Vorbereitung für strafbar zu erklären" (RGSt **58** 392, 394). Ob diese Überlegungen alleine tragen, erscheint zweifelhaft. Zwar ist der taugliche Versuch als seiner Art nach gefährliches Bemühen um Förderung des geplanten Verhaltens stets als Vorbereitungshandlung bereits tatbestandlich erfasst.[303] Dagegen ist das untaugliche Bemühen objektiv keine Förderungshandlung, so dass insoweit grundsätzlich Raum für die Konstruktion eines (untauglichen) Versuchs bleibt. An der begrifflichen Denkbarkeit fehlt es danach nicht,[304] und für die 131

---

**298** BGHSt **6** 385; *Jescheck/Weigend* § 49 VI; *Sch/Schröder/Eser/Bosch* Rdn. 28; **aA** *Arndt* ZStW **66** (1954) 75.

**299** S. zu § 265 a. F. RGSt **68** 430, 436; ferner *Fincke* S. 46; *Gössel* JA **1975** 385, 387; *Sch/Schröder/Perron* § 265 Rdn. 15.

**300** *Herzog* NK § 310 Rdn. 13; *Lackner/Kühl/Heger* § 310 Rdn. 4; *Sch/Schröder/Heine/Bosch* § 310 Rdn. 9; *Kargl* NK § 310 Rdn. 14. Kritik bei *Krack* MK § 310 Rdn. 14: „Diese mit einem erheblichen Strafmaß verbundene Vorverlagerung der Strafbarkeit in das Vorfeld eines Vorbereitungsdelikts eines Unternehmensdelikts erscheint unter dem Gesichtspunkt der Legitimation der Strafdrohung als fragwürdig.".

**301** *Sch/Schröder/Sternberg-Lieben/Schittenhelm* § 129a Rdn. 5. Der BGH (NStZ **2015** 455, 456; *Schiemann* NJW **2015** 1034 f; **kritisch** *Gundelach* StV **2018** 110 ff) hat sogar eine Ausdehnung der Strafbarkeit durch § 30 gebilligt; dazu *SSW/Murmann* § 30 Rdn. 4.

**302** *Sch/Schröder/Eser/Bosch* Rdn. 28 und *Vogler* LK[10] Rdn. 89 halten die Versuchsstrafbarkeit für „kriminalpolitisch vertretbar"; für § 265 ist das z. B. aber zu bezweifeln, s. *Fischer* § 265 Rdn. 13; *Wessels/Hillenkamp/Schuhr* Rdn. 661.

**303** Vgl. *Paeffgen* NK § 83 Rdn. 19.

**304** Vgl. *Lackner/Kühl/Kühl* § 83 Rdn. 3. **AA** *Arndt* ZStW **66** (1954) 72; *Henneke* ZStW **66** (1954) 401.

fehlende Absicht des Gesetzgebers gibt es keinen Beleg. Entscheidend dürfte daher sein, dass bei einer noch weiteren Vorverlagerung „nichts mehr an strafwürdiger Willensverwirklichung" zu finden (*Schmidhäuser* AT 15/11) und auch kein Strafbedürfnis anzuerkennen ist.[305] Soweit ein Versuch z. B. zu § 83 „dogmatisch ... als untaugliche Vorbereitung" für „denkbar" gehalten wird, wird deren Erfassung folgerichtig als „rechtsstaatswidrig" bezeichnet (*Lackner/Kühl/Kühl* § 83 Rdn. 3).[306]

132 Liegt der Versuch eines Sondertatbestandes (Rdn. 130) vor, ist die Möglichkeit eines **Rücktritts** eröffnet. Ist die tatbestandlich beschriebene Vorbereitungshandlung in den hier beschriebenen beiden Deliktsgruppen dagegen vorgenommen, ist die jeweilige Tat formell vollendet. Damit scheidet eine Anwendung des § 24 aus (BGHSt **15** 198, 199). Ist die Möglichkeit einer **tätigen Reue** für das fragliche Delikt nicht vorgesehen, ist eine analoge Heranziehung einschlägiger Regelungen anderer Tatbestände in aller Regel ausgeschlossen, da es schon an einer dem Gesetzgeber unbewusst gebliebenen Regelungslücke fehlt.[307]

133 **b) Unternehmensdelikte.** Bei dieser Gruppe von Delikten sind die **echten** von den **unechten** Unternehmensdelikten zu **unterscheiden.**

134 Von **echten** Unternehmensdelikten ist dort zu sprechen, wo das Gesetz Versuch und Vollendung (wie z. B. in §§ 81, 82, 184 Abs. 1 Nr. 4, 8, 9, 307 Abs. 1, 309 Abs. 1, 2, 316c Abs. 1 Nr. 2, 357)[308] dadurch gleichstellt, dass es für ausreichend erklärt, dass der Täter es **unternimmt**, das im jeweiligen Tatbestand Beschriebene zu erreichen. Die formelle Gleichstellung im Sinne der Tatbestandserfüllung ändert also nichts daran, dass sich bei einer materiellen Betrachtungsweise verschiede „Verwirklichungsstufen" unterscheiden lassen.[309] Das „Unternehmen" einer Tat bedeutet Versuch und Vollendung (§ 11 Abs. 1 Nr. 6). Unmittelbare Folge dieser gesetzlichen Entscheidung ist einerseits der Ausschluss der für den Versuch vorgesehenen fakultativen Strafmilderung nach § 23 Abs. 2 und der Berücksichtigung von Unverstand (*Jakobs* 25/5; *Stein/Deiters* SK § 11 Rdn. 83), andererseits die Unmöglichkeit, nach § 24 **zurückzutreten** (*Jescheck/Weigend* § 49 VIII 2; *Fischer* § 11 Rdn. 28a). Diese bislang h. A.[310] gerät zwar hinsichtlich aller drei Vorschriften neuerdings in die Kritik,[311] ist aber als nach der geltenden Rechtslage unabweisbare Konsequenz hinzunehmen. Man mag die gesetzgeberische Entscheidung aus guten Gründen für verfehlt halten, aber ihr sachlicher Gehalt liegt gerade darin, dem Täter die mit der Versuchsstrafbarkeit verbundenen Privilegien zu verwehren.[312] **Tätige Reue** ist nur dort möglich, wo sie vorgesehen ist, eine Analogie auch (Rdn. 132) hier mangels einer unbewussten Regelungslücke

---

**305** *Jakobs* 25/9; *Jescheck/Weigend* § 49 VI 3; *Vogler* LK[10] Rdn. 90 f; i. E. auch *Roxin* AT II § 29 Rdn. 342; *Maurach/Gössel/Zipf* AT/2 § 39 Rdn. 50; zum schweizerischen Recht s. *Niggli/Maeder* BK StGB I Vor Art. 22 Rdn. 10.

**306** Im Ergebnis ähnlich *Paeffgen* NK § 83 Rdn. 22.

**307** Für weitgehende Analogie dagegen z. B. *Jescheck/Weigend* § 51 V 2; *Sch/Schröder/Eser/Bosch* § 24 Rdn. 116 m. w. N.; für § 265 z. B. ablehnend *Wessels/Hillenkamp/Schuhr* Rdn. 660.

**308** Weiter Tatbestände finden sich im Nebenstrafrecht, etwa § 1 Abs. 1 Nr. 2–5, 7, § 3, § 4 Abs. 1 Nr. 1, 2, § 7 ESchG.

**309** *Mitsch* Jura **2012** 526.

**310** *Baumann/Weber/Mitsch/Eisele* § 22 Rdn. 8; *Frister* Rdn. 23/10; *SSW/Satzger* § 11 Rdn. 47; *Sch/Schröder/Hecker* § 11 Rdn. 48.

**311** Für Anwendung des § 23 Abs. 2 *Hoffmann-Holland* MK § 24 Rdn. 188; *Mitsch* Jura **2012** 526, 527 f; *ders.* ZIS **2016** 352, 353; *Wolters* FS Rudolphi 374 ff (anders noch *ders.* Unternehmensdelikt S. 264 ff); hiergegen *Gropp* § 9 Rdn. 11. Für Anwendung des § 23 Abs. 3 (in Verbindung mit einer entsprechenden Anwendung des § 23 Abs. 2); *Mitsch* Jura **2012** 526, 527 f; *ders.* ZIS **2016** 352, 353; *Wolters* Unternehmensdelikt S. 274 ff; dagegen *Sch/Schröder/Hecker* § 11 Rdn. 48. Für Anwendung des § 24 *Wolters* Unternehmensdelikt S. 177 ff, 202 ff (bei Fehlen spezieller Reueregelungen); ihm folgend *Gropp*, § 9 Rdn. 11; *Hoffmann-Holland* MK § 24 Rdn. 188; *Radtke* MK § 11 Rdn. 139. Dagegen *Sch/Schröder/Hecker* § 11 Rdn. 49.

**312** Zu der Schwierigkeit, eine sachliche Begründung mit Blick auf eine (nahezu) gleiche Strafwürdigkeit von Versuch und Vollendung in diesen Fällen zu begründen eingehend *Lampe* FS Rogall 223, 224 ff.

nicht möglich.[313] Der über § 11 Abs. 2 in die Unternehmenstatbestände hineinzulesende Versuch umfasst alle Formen des Versuchs, die § 22 kennt. Für eine engere oder hiervon abweichende Sicht (*Burkhardt* JZ **1971** 352) besteht folglich kein Raum. Auch der untaugliche Versuch genügt daher für ein Unternehmen im Sinne dieser Tatbestände (RGSt **39** 321; **56** 225; **72**, 80; *Sch/Schröder/Hecker* § 11 Rdn. 47; *Radtke* MK § 11 Rdn. 137).

Für die **Abgrenzung** zwischen **Vorbereitung** und Versuch gilt bei Unternehmensdelikten nichts anderes als sonst (*Gribbohm* LK[11] § 11 Rdn. 89; *SSW/Satzger* § 11 Rdn. 47), es ist also auf das unmittelbare Ansetzen im Sinne von § 22 abzustellen (BGH 4 StR 219/15 v. 16.7.2015). Die (versuchsnahe) Vorbereitung ist auch nicht etwa dort, wo es sich um ein Verbrechen handelt, als **Versuch** des **Unternehmensdelikts** strafbar (BGHSt **5** 281; **15** 198). Das folgt daraus, dass sich mit einem nachvollziehbaren Sinn schon schwerlich von einem Versuch des Versuchs sprechen lässt (*Jakobs* 25/6).[314] Vor allem liegt es aber nicht in der Absicht des Gesetzgebers, über die Figur des Unternehmensdelikts den Bereich strafbarer Vorstadien (s. Rdn. 3 ff) auszudehnen. Da der Versuch des Unternehmens materiell Vorbereitung ist, bleibt es bei der grundsätzlichen (s. Rdn. 5) **Straflosigkeit.**[315] **135**

Unter den **unechten Unternehmensdelikten** sind Tatbestände zu verstehen, in denen der Unternehmensbegriff zwar fehlt, die aber eine – objektiv oft ambivalente (*Sch/Schröder/Eser/Hecker* § 11 Rdn. 47) – Betätigung mit einer bestimmten Tendenz schon als vollendetes Delikt unter Strafe stellen und damit gleichfalls materielle Versuchshandlungen der Vollendungsstrafe unterwerfen.[316] Ein tatbestandsmäßiger Erfolg fehlt in dieser Deliktsform.[317] Beispiele finden sich in §§ 111 (auffordern), 113 (Widerstand leisten), 114 (angreifen), 125 (einwirken), 238 Abs. 1 Nr. 2 (Versuch, Kontakt herzustellen),[318] 292 (dem Wilde nachstellen), 257 (Hilfe leisten) und der Sache nach auch in § 316a (Angriff verüben).[319] **136**

Auch bei dieser Gruppe von Delikten geht es darum, inwieweit **Versuchsregeln** auf sie **übertragbar** sind, ob also die Tatbestände so weit reichen, dass sie die unter § 22 subsumierbaren Verhaltensweisen erfassen. Gegen den Vorschlag, die unechten Unternehmensdelikte in dieser Beziehung nicht anders zu behandeln als die echten (so *Bockelmann* NJW **1951** 622 ff; *Waider* GA **1962** 176 ff), spricht, dass § 11 Abs. 1 Nr. 6 auf sie keine Anwendung findet und daher die vollständige Einbeziehung dessen, was nach Versuchsgrundsätzen strafbar ist, den Strafbarkeitsbereich dieser Delikte unter Verletzung des nullum-crimen-Prinzips zu überdehnen droht (*Stein/Deiters* SK § 11 Rdn. 86; *Sch/Schröder/Hecker* § 11 Rdn. 51). Richtigerweise ist es eine Frage der Auslegung des jeweiligen Tatbestandes, ob der (auch untaugliche) Versuch von seinem Anwendungsbereich erfasst ist.[320] So würde man etwa zu einer Überdehnung der Strafbarkeit kommen, wenn auch der Versuch am untauglichen Objekt für tatbestandsmäßig erklärt würde. Da- **137**

---

**313** *Gribbohm* LK[11] § 11 Rdn. 91; *Sch/Schröder/Hecker* § 11 Rdn. 49; *Jakobs* 25/5; *Fischer* § 11 Rdn. 28a; **aA** *Sch/Schröder/Eser*[27] § 11 Rdn. 51; s. auch *Berz* FS Stree/Wessels 333 f; *Hillenkamp* Möglichkeiten S. 81 ff.

**314** Vgl. auch *Jakobs* FS Streng 37 ff.

**315** *Baumann/Weber/Mitsch/Eisele* § 22 Rdn. 18; *Burkhardt* JZ **1971** 357; *Fincke* S. 54; *Günther* JZ **1987** 27; *Jakobs* 25/6; *Roxin* AT II § 29 Rdn. 345; *Stein/Deiters* SK § 11 Rdn. 81; schon für begriffliche Unmöglichkeit *Alwart* Versuchen S. 114; *Tröndle* LK[10] § 11 Rdn. 74.

**316** Eingehend *Mitsch* JuS **2015** 97 ff.

**317** *Jakobs* 25/7; *Stein/Deiters* SK § 11 Rdn. 84; *Schröder* FS Kern 464 ff; *Sch/Schröder/Eser/Hecker* § 11 Rdn. 47; *Sowada* GA **1988** 201 ff.

**318** § 238 Abs. 1 Nr. 2 wird häufig als echtes Unternehmensdelikt angesehen; vgl. *Fischer* § 238 Rdn. 13; *SSW/Schluckebier* § 238 Rdn. 9; undeutlich *Gericke* MK § 238 Rdn. 22. Dagegen spricht aber, dass der Gesetzgeber den Begriff des „Unternehmens" hier nicht verwendet; *Mosbacher* NStZ **2007** 667, der für die Annahme eines unechten Unternehmensdelikts plädiert, ebenso *Matt/Renzikowski/Eidam* § 238 Rdn. 14. Für Unternehmensdelikt allgemein *Sonnen* NK § 238 Rdn. 34; *Wolters* SK § 238 Rdn. 25; dagegen *Sch/Schröder/Eisele* § 238 Rdn. 11.

**319** Bei § 316a ist der Versuch (zusätzlich) strafbar; zur Struktur dieses Delikts nach Beseitigung des Begriffs des Unternehmens durch das 6. StrRG vgl. *Ingelfinger* JR **2000** 232 ff; *Mitsch* ZStW **111** (1999) 110; *Wessels/Hillenkamp/Schuhr* Rdn. 417 f; zu weiteren Beispielen vgl. *Sch/Schröder/Hecker* § 11 Rdn. 50.

**320** Zutreffend *Mitsch* JuS **2015** 97, 103; vgl. auch *Lampe* FS Rogall 223 ff.

her ist beispielsweise straflos, wer einer Hauskatze nachstellt, die er für eine Wildkatze hält.[321] Der Wortlaut lässt es nicht zu, das Objekt der Nachstellung durch eine diesbezügliche Vorstellung des Täters zu ersetzen.[322] Entsprechendes gilt, wenn sich eine Hilfeleistung im Sinne des § 257 auf einen Gegenstand richtet, von dem der Täter nur irrig annimmt, dass er aus einer rechtswidrigen Vortat stamme (*Jescheck/Weigend* § 49 VIII 2; *Sch/Schröder/Hecker* § 11 Rdn. 51). Insoweit ist der Bereich des Strafbaren enger zu ziehen als beim Versuch. Kein Konflikt mit dem Gesetzlichkeitsprinzip besteht freilich, wenn der Tatbestand explizit die Vollendungsstrafbarkeit auf den Versuch erstreckt. Damit ist der Versuch in dem von § 22 gezogenen Rahmen – einschließlich des untauglichen Versuchs – erfasst.[323] So liegt es bei § 238 Abs. 1 Nr. 2.[324]

138 Ob der Versuch mit **untauglichen Mitteln** in gleicher Weise ausgenommen werden sollte (so z. B. *Stein/Deiters* SK § 11 Rdn. 87), ist dagegen zweifelhaft, da diesen Delikten eigentümlich ist, dass das Ziel der Handlung ohnehin nicht erreicht werden muss. Für den Tatbestand der Begünstigung lässt die Rechtsprechung zwar zu Recht eine objektiv untaugliche Beistandsleistung nicht ausreichen (BGHSt **4** 221, 224 f; BGH JZ **1985** 299), weil sonst die Straflosigkeit eines (untauglichen) Versuchs der zur Täterschaft aufgewerteten Beihilfe unterlaufen und der Begriff des Hilfeleistens anders bestimmt würde als in § 27.[325] Solche tatbestandsspezifischen Gründe gibt es aber beispielsweise nicht in § 292, weshalb wenig dagegen spricht, von einem „dem Wilde nachstellen" auch dann zu reden, wenn der Täter sich mit einem nur vermeintlich geladenen Gewehr auf die Pirsch begibt. Hier ist folglich einer pauschalen Lösung eine Differenzierung nach Tatbeständen vorzuziehen. Dann lässt sich beispielsweise die Ausführung eines Angriffs mit untauglichen Mitteln in § 316a aus der Vollendung deshalb ausklammern, weil hier der Versuch ohnehin mit Strafe bedroht ist (so z. B. *Fischer* Jura **2000** 440; *Ingelfinger* JR **2000** 232).

139 Auch bei unechten Unternehmensdelikten gelten die für die **Abgrenzung von Vorbereitung und Versuch** einschlägigen Regeln. Das wird verkannt, wenn schon im Aufsuchen geeigneter Plätze innerhalb eines Wildwechsels zum Legen mitgeführter Schlingen eine vollendete Tat nach § 292 Abs. 1, Nr. 1 1. Alt. (RGSt **70** 226)[326] oder im Platz nehmen im Kfz in der Absicht, den Kfz-Führer später in räuberischer Absicht anzugreifen, ein vollendeter räuberischer Angriff auf Kraftfahrer nach § 316a (so BGHSt **33** 378, 381)[327] liegen soll. Für eine **analoge** Anwendung von Vorschriften über **tätige Reue** ist dagegen, wenn das unechte Unternehmensdelikt nach den vorstehenden Grundsätzen vollendet ist, auch hier im Grundsatz kein Platz (BGHSt **14** 217; *Mitsch* JuS **2015** 97, 104; *Stein/Deiters* SK § 11 Rdn. 88).[328]

---

**321** *Jakobs* 25/7; *Küper/Zopfs* BT Rdn. 406; *Wessels/Hillenkamp/Schuhr* Rdn. 450; **aA** *Arzt/Weber/Heinrich/Hilgendorf* BT § 16 Rdn. 15; *Kindhäuser/Böse* BT 2 § 11 Rdn. 22.

**322** *Küper/Zopfs* BT Rdn. 406.

**323** *Gericke* MK § 238 Rdn. 22.

**324** Das gleiche Ergebnis erzielt freilich, wer § 238 Abs. 1 Nr. 2 als echtes Unternehmensdelikt auffasst, s. Rdn. 136.

**325** *Bosch* Jura **2012** 273; *Sch/Schröder/Hecker* § 257 Rdn. 11; *SSW/Jahn* § 257 Rdn. 17; *Kindhäuser/Hilgendorf* LPK § 257 Rdn. 12; *Küper/Zopfs* BT Rdn. 343 (die sich Rdn. 344 gegen die Einordnung als Unternehmensdelikt wenden und stattdessen ein „Gefährlichkeitsdelikt eigener Art" annehmen wollen); *Wessels/Hillenkamp/Schuhr* Rdn. 808. Anders die Interessenförderungstheorie, *Seelmann* JuS **1983** 34; *Arzt/Weber/Heinrich/Hilgendorf* § 27 Rdn. 5 ff (so auch noch RGSt **50** 364, 366; **66** 316, 324).

**326** Für Vollendung auch *Lackner/Kühl/Heger* § 292 Rdn. 2; *Schünemann* LK[12] § 292 Rdn. 45, 47; wie hier OLG Frankfurt NJW **1984** 812; *Sch/Schröder/Heine/Hecker* § 292 Rdn. 12; *Gaede* NK § 292 Rdn. 23; *Maurach/Schroeder/Maiwald/Hoyer/Momsen* § 38 Rdn. 15; *Putzke* AnwK § 292 Rdn. 13; *Wessels/Hillenkamp/Schuhr* Rdn. 450.

**327** **Abl.** *Geppert* Jura **1995** 313; *ders.* NStZ **1986** 553 f; *Gribbohm* LK[11] § 11 Rdn. 89; *Günther* JZ **1987** 23 ff; *Wessels/Hillenkamp/Schuhr* Rdn. 425.

**328** Für § 316a ist eine analoge Anwendung allerdings zu erwägen, vgl. *Wessels/Hillenkamp/Schuhr* Rdn. 426; ablehnend *Mitsch* JuS **2015** 97, 104.

## 5. Teilnahme am Versuch

Teilnahme am Versuch liegt vor, wenn der Beteiligte – Anstifter oder Gehilfe – seinen Tatbeitrag geleistet und die Haupttat immerhin, aber auch nur das Stadium des Versuchs erreicht hat. Dass dann Anstiftung oder Beihilfe möglich sind, ergibt sich daraus, dass auch der Versuch einer Straftat eine vorsätzlich begangene rechtswidrige Tat im Sinne der §§ 26, 27 sein kann. Voraussetzung dafür ist, dass der Versuch der Haupttat nach §§ 22, 23 strafbar ist (*Kühl* AT § 20 Rdn. 137). Aus der Akzessorietät der Teilnahme folgt, dass der Teilnehmer, obwohl er die Vollendung der Tat in seinen Vorsatz aufgenommen hat, auch nur wegen Beteiligung an der Versuchstat bestraft werden kann (RGSt **38** 248, 250; *Vogler* LK¹⁰ Rdn. 97). Aus dem Charakter der Teilnahme als akzessorischem Rechtsgutsangriff[329] ergibt sich zudem, dass dem Teilnehmer nicht – wie dem agent provocateur (RGSt **15** 315, 317; BGHSt **4** 199; BGH StV **1981** 549) oder dem die Untauglichkeit des Versuchs der Haupttat kennenden Gehilfen (RGSt **56** 168) – der Vorsatz bezogen auf die Vollendung der Haupttat fehlen darf (*Sch/Schröder/Heine/Weißer* vor §§ 25 ff Rdn. 15). 140

## 6. Versuchte Teilnahme

Versuchte Teilnahme im technischen Sinn **gibt es nicht.**[330] Der Versuch bezieht sich nicht auf eine Beteiligungsform, sondern auf eine Tat. Mit Ablehnung der Lehre vom Teilnehmerdelikt und mit Anerkennung der Akzessorietät der Teilnahme ist diese als solche aber gerade noch keine Tat. Das ändert zwar nichts daran, dass der sogenannte „Versuch der Beteiligung" (§ 30 StGB) auch Elemente der Teilnahme (seit mit dem 3. StrÄG vom 4.8.1953 die Beihilfe nicht mehr mit Strafe bedroht ist, nur noch der Anstiftung; BGHSt **14** 156 f; *Vogler* FS Heinitz 302) ebenso wie Elemente des Versuchs enthält; aber sachlich gehört § 30 in den Bereich der **Vorfeldstrafbarkeit.**[331] Treffender sind Bezeichnungen wie die erfolglose, die misslungene oder die missglückte Teilnahme. Spezifische Fragen des Versuchs stellen sich daher nicht. Auch soweit diskutiert wird, inwieweit die Maßstäbe des § 22 den Beginn der Strafbarkeit bei der versuchten Anstiftung nach § 30 Abs. 1 markieren (oder aber der Beginn der Einwirkung auf den präsumtiven Haupttäter nach der ratio von § 30 nicht ausreicht)[332] geht es nicht um eine Interpretation der §§ 22 ff, sondern um die Auslegung von § 30. Es ist insofern auf die dortige Kommentierung zu verweisen. 141

Auch für das Verständnis der Versuchsregeln relevant ist aber die grundsätzliche gesetzgeberische Entscheidung für eine Strafausdehnung in das Vorfeld der Tat (deren Berechtigung bereits grundsätzlich angezweifelt wird).[333] Mit dem Verweis auf § 23 Abs. 3 in § 30 Abs. 1 S. 3 hat der Gesetzgeber für die Einbeziehung untauglicher und damit objektiv ungefährlicher Verhaltensweisen in den Bereich der Vorfeldkriminalität votiert. Es lässt sich daraus entnehmen, dass Strafgrund bereits der in bestimmten Vorbereitungshandlungen manifestierte geistige Angriff auf das Recht sein soll.[334] 142

Die versuchte Teilnahme ist im Regelfall als mitbestrafte Vortat im Verhältnis zu einer Teilnahme am Versuch **subsidiär** (BGHSt **14** 378; BGH NStZ **1983** 364). Das gilt auch dann, wenn die versuchte Tat von geringerem Gewicht und in der geplanten Tat enthalten ist. Wiegt die geplante Tat dagegen schwerer als die letztlich versuchte, so ist richtigerweise von **Tateinheit** auszugehen (BGHSt **9** 131; *SSW/Murmann* § 30 Rdn. 30). Ist ein Teilnahmeversuch fehlgeschla- 143

**329** Dazu *SSW/Murmann* Vor § 25 Rdn. 17.
**330** Zutreffend *Bloy* JR **1992** 493 f.
**331** *Bloy* JR **1992** 494; *Letzgus* HK-GS § 30 Rdn. 10.
**332** *SSW/Murmann* § 30 Rdn. 18 f.
**333** *Zaczyk* NK § 22 Rdn. 1, 4 f.
**334** *SSW/Murmann* § 30 Rdn. 1.

gen und unternimmt der Täters des § 30 einen weiteren Teilnahmeversuch, auf dessen Grundlage die Haupttat in das Versuchsstadium gelangt, so besteht zwischen der versuchten Teilnahme und der Teilnahme am Versuch **Realkonkurrenz** (BGHSt **44** 91,93 f mit Anm. *Beulke* NStZ **1999** 26 ff).

## 7. Regelbeispiele

**144** Macht der Gesetzgeber von der Regelbeispielstechnik Gebrauch, indem er erschwerende Umstände benennt, bei deren Erfüllung in der Regel ein besonders schwerer Fall vorliegt, der den Strafrahmen für die im Bezugstatbestand umschriebene Tat verschärft, ergeben sich auch unter dem Blickwinkel des **Versuchs besondere Probleme.** Sie nehmen quantitativ eher zu, da sich der Gesetzgeber trotz mancher Bedenken (zusf. *Calliess* NJW **1998** 930; *Eisele* Regelbeispielsmethode S. 1 f) nicht scheut, den schon länger bestehenden Regelungen (z. B. in §§ 94 Abs. 2, 98 Abs. 1 Satz 2, 100 Abs. 2, 121 Abs. 3, 243) neue hinzuzufügen (z. B. in §§ 263 Abs. 3, 266 Abs. 2, 267 Abs. 3). Allerdings finden sich auch Umwandlungen ehemaliger Regelbeispiele in (Erfolgs-)Qualifikationen (z. B. in §§ 235 Abs. 4, 244 Abs. 1 Nr. 3), die an den hier erörterten Zweifelsfragen nicht mehr teilhaben.

**145** Die **eine** der beiden **Fragen** betrifft das Problem, ob für den **Versuchsbeginn** die Vollendung oder sogar das „Ansetzen" zur Verwirklichung eines Regelbeispiels (z. B. zum Einbrechen im Sinne des § 243 Abs. 1 Satz 2 Nr. 1) ausreichen oder doch wenigstens eine indizielle Bedeutung haben, auch wenn darin ein unmittelbares Ansetzen zur Handlung des Bezugstatbestandes noch nicht zu sehen ist. Diese Frage steht in engem Zusammenhang mit der vergleichbaren Problematik des Versuchsbeginns bei qualifizierten und zusammengesetzten Delikten und wird daher dort beantwortet (§ 22 Rdn. 155 ff).[335] Hier sei nur bemerkt, dass es Regelbeispiele gibt, die – wie z. B. das gewerbsmäßige Handeln in § 243 Abs. 1 Satz 2 Nr. 3, 263 Abs. 3 Satz 2 Nr. 1 oder eine bestimmte Eigenschaft des Tatobjekts in § 243 Abs. 1 Satz 2 Nr. 5 und 7 – als Bezugspunkt für ein unmittelbares Ansetzen nicht in Betracht kommen. Die hier aufgeworfene Frage stellt sich vielmehr nur dort, wo die Verwirklichung des Regelbeispiels eine zur Ausführungshandlung hinzukommende Handlung voraussetzt.[336] Im Übrigen ergibt sich das Problem nur, wenn man die (umstrittene) Möglichkeit einer Kombination von auf das Regelbeispiel oder den Bezugstatbestand bezogenen Versuchs mit der Annahme eines besonders schweren Falles anerkennt.

**146** Damit ist die **zweite Frage** benannt, nämlich die, ob die **Regelbeispielwirkung** auch **beim Versuch eingreift.** Der Gesetzeswortlaut lässt sich dafür insoweit geltend machen, wie die Strafzumessungsvorschrift auf eine Gesetzesüberschrift Bezug nimmt, unter der auch der Versuch geregelt ist (etwa bei §§ 242, 243: „Diebstahl") oder der Anordnung der Versuchsstrafbarkeit nachgestellt ist (etwa bei § 263). Dagegen gibt der Wortlaut nichts für die Annahme her, dass ein Regelbeispiel erst verwirklicht sein könne, wenn die Ausführungshandlung abgeschlossen vorliegt, so dass etwa ein Einbrechen i. S. v. § 243 Abs. 1 Nr. 1 erst vollendet vorläge, wenn auch die Wegnahmehandlung vollendet ist (womit das Eingreifen der Regelbeispielwirkung auf die vollendete Tat begrenzt wäre).[337] Teilweise wird auch angenommen, beim Versuch des Bezugstatbestandes sei die Regelbeispielwirkung per se entkräftet.[338] Aber diese Auffassung wird weder dem Wortlaut gerecht (s. o.), noch leuchtet sie ein. Denn einem reduzierten Versuchsunrecht trägt die fakultative Strafmilderung Rechnung und gerade bei vollständiger Erfüllung des Regelbeispiels ist dessen Handlungsunwert in gleichem Umfang verwirklicht wie bei vollendeter

---

**335** Wer Regelbeispiele als „Merkmale des Gesamttatbestandes" qualifizierenden Merkmalen gleichstellt, behandelt beide Problemkreise gleich, so *Eisele* Regelbeispielsmethode S. 163 ff, 189 f, 297 ff.

**336** *Eisele* JA **2006** 313; *Degener* FS Stree/Wessels 305, 309; vgl. auch *Hillenkamp* MDR **1977** 242 f.

**337** So *Arzt* StV **1985** 104; *Degener* FS Stree/Wessels 305, 327 ff.

**338** *Arzt* JuS **1972** 517; *Calliess* JZ **1975** 118.

Tat.[339] Das Ausbleiben der Vollendung ist nicht notwendig ein Indiz für geringere Schuld oder kriminelle Energie.[340] Im Grundsatz ist demnach die Anwendung des bei Vorliegen von Regelbeispielen eröffneten Strafrahmens auch dann sachgerecht, wenn die Verwirklichung des Bezugstatbestands lediglich versucht wurde.[341]

Umstritten ist aber, ob der **Eintritt der Regelwirkung** von der **vollständigen Verwirklichung** des Regelbeispiels abhängig zu machen ist oder schon deshalb bejaht werden kann, weil der (betätigte) Wille dazu vorhanden war (*Wessels* FS Maurach 295, 306).[342] Dabei ist klar, dass die Erstreckung der Regelbeispielwirkung auf den „Versuch" von dessen Verwirklichung nicht auf §§ 22, 23 gestützt werden kann, weil Regelbeispiele keine Tatbestände, sondern Strafzumessungsregeln sind, auf die sich die gesetzliche Regelung der Versuchsstrafbarkeit nicht erstreckt.[343] Richtigerweise kommt die Indizwirkung nur dem vollständig **verwirklichten Regelbeispiel** zu.[344] Deshalb kommt beispielsweise beim **Diebstahl** ein Versuch in einem besonders schweren Fall nur in Betracht, wenn der Diebstahl versucht und das Merkmal eines Regelbeispiels vollständig erfüllt ist.[345] Ist dagegen der Diebstahl versucht (oder vollendet) und das Regelbeispiel nicht über das „Versuchsstadium" hinausgekommen, bleibt es bei der Anwendung der §§ 242, 22, 23 (bzw. – im Vollendungsfall – § 242). Der Entschluss, auch ein Regelbeispiel zu verwirklichen und die darauf zielende Betätigung lassen sich vom Strafrahmen des Bezugstatbestandes hinreichend erfassen. Die gegenteilige Auffassung des Bundesgerichtshofs (BGHSt **33**, 370)[346] in einem Fall, in dem Diebstahl und Regelbeispiel nicht vollendet waren, kann sich auf die Tatbestandsnähe des Regelbeispiels nicht berufen. Denn einerseits spielt diese Nähe für die Straferhöhung keine Rolle, da die ihr korrespondierende Unrechts- und Schulderhöhung ersichtlich von der vollen Erfüllung des Regelbeispiels (und nicht schon von deren Beginn) abhängt. Und andererseits verstieße die angesichts der für § 243 selbst fehlenden „Versuchsregelung" nur entsprechend denkbare Anwendung des § 22 gegen das Analogieverbot. Schließlich müsste nach der Auffassung des Bundesgerichtshofs selbst derjenige Täter mit den Folgen des besonders schweren Falls belastet werden, der sich die Erfüllung der Voraussetzungen des Regelbeispiels nur irrtümlich einbildete (*Wessels/Hillenkamp/Schuhr* Rdn. 217). All das spricht dafür, die Anwendung des erweiterten Strafrahmens den Fällen vorzubehalten, in denen das Regelbeispiel „vollendet" ist. Wie bei § 243 will der BGH (NStZ **2011** 167) etwa auch hinsichtlich **§ 370 Abs. 3 Satz 2 Nr. 1 AO** („in großem Ausmaß Steuern verkürzt") entscheiden, während der 147

339 *Eisele* Regelbeispielsmethode S. 311 ff, 317 f; *Küper* JZ **1986** 518; *Sternberg-Lieben* Jura **1986** 185; *Wessels/Hillenkamp/Schuhr* Rdn. 212; *Zipf* JR **1981** 121.

340 OLG Köln MDR **1973** 779. Zur Strafrahmenbestimmung in solchen Fällen s. *Eisele* Regelbeispielsmethode S. 303 ff.

341 *Murmann* Grundkurs § 28 Rdn. 81; *Rengier* BT 1 § 3 Rdn. 51; *Putzke* JuS **2009** 1083, 1084 f; *Streng* FS Puppe 1025, 1030.

342 Die Verwirklichung des Regelbeispiels wird nicht vorausgesetzt von BGHSt 33 370; OLG Hamm 1 RVs 91/16 v. 27.12.2016.

343 BGHSt **33** 370, 374 f; BGH NStZ-RR **1997** 293; *Vogler* LK[10] Rdn. 103; *Degener* FS Stree/Wessels 305, 309 f. Missverständlich daher BayObLG NStZ **1997** 442. **AA** *Eisele* Regelbeispielsmethode S. 163 ff, 294 ff, 314.

344 Aus der Rechtsprechung BGH NStZ **2003** 602; BGH NStZ-RR **2016** 138 (zu § 177 Abs. 2 Satz 2 Nr. 1 a. F.); BayObLG JR **1981** 118; OLG Düsseldorf NJW **1983** 2712; OLG Stuttgart NStZ **1981** 222. Aus der Literatur z. B. *Blei* BT § 54 III; *Fischer* § 46 Rdn. 101 f; *Duttge* HK-GS § 243 Rdn. 60; *Graul* JuS **1999** 855; *Matt/Renzikowski/Heger* § 23 Rdn. 17; *Murmann* Grundkurs § 28 Rdn. 82; *Kadel* JR **1985** 386; *Lieben* NStZ **1984** 538; v. *Löbbecke* MDR **1973** 374; *Putzke* JuS **2009** 1083, 1085; *R. Schmidt* Rdn. 692; *Steinberg/Burghaus* ZIS **2011** 578 ff; *Sternberg-Lieben* Jura **1986** 183. Eine zusätzliche Frage ist dann, ob die Indizwirkung des verwirklichten Regelbeispiels durch die fehlende Vollendung des Bezugstatbestandes entkräftet werden kann; dazu *Sobota* HRRS **2015** 339, 343 f.

345 *Murmann* Grundkurs § 28 Rdn. 82; *Wessels/Hillenkamp/Schuhr* Rdn. 215 ff.

346 Auch BGH NStZ **1984** 262. Dem BGH zustimmend z. B. *Frister* Rdn. 23/7; *Eisele* Regelbeispielsmethode S. 301 ff; *ders.* JA **2006** 314; *Fabry* NJW **1986** 15; *Kindhäuser* FS Triffterer 123; *Maurach/Schroeder/Maiwald/Hoyer/Momsen* BT 1 § 33 Rdn. 110. **Krit.** bzw. **abl.** dagegen *Arzt* StV **1985** 104; *Graul* JuS **1999** 852; *Küper* JZ **1986** 518; *Lackner/Kühl/Kühl* § 46 Rdn. 15; *Murmann* Grundkurs § 28 Rdn. 82; *Otto* Jura **1989** 200; *Wessels* FS Lackner 423; *Zopfs* GA **1995** 320 ff.

Vermögensverlust großen Ausmaßes nach **§ 263 Abs. 3 Satz 2 Nr. 2** tatsächlich eingetreten sein müsse, damit die Regelwirkung eintritt (BGH NStZ-RR **2009** 206 f). Der BGH hat Letzteres mit der Erwägung begründet, dass der Vermögensverlust den Gefährdungsschaden nicht umfasse (BGHSt **48** 354). „Würde schon die beabsichtigte Zufügung eines großen Vermögensverlustes, zu der der Täter angesetzt hat, ohne dass das Betrugsdelikt vollendet wäre, zur Annahme des Regelbeispiels führen, müsste es auch im Falle einer Vermögensgefährdung, die zur Annahme eines vollendeten Betruges führt, aber nach den Vorstellungen des Täters noch in einen endgültigen Vermögensschaden umschlagen soll, ohne weiteres ebenfalls gegeben sein" (StV **2007** 132).[347] Möglich bleibt freilich die Annahme eines besonders schweren Falles, die sich nicht auf die Regelwirkung, sondern auf eine **Gesamtwürdigung** stützt.[348] Freilich kann sich eine solche Gesamtwürdigung nicht kurzerhand auf den „Versuch des Regelbeispiels" stützen, da damit die Begrenzung der Indizwirkung auf das vollständig verwirklichte Regelbeispiel unterlaufen würde.

## V. Fremde Rechte, Völkerstrafrecht, EU-Recht und Harmonisierung

**148** Mit dem am 1.7.1968 in Kraft getretenen „Strafgesetzbuch der Deutschen Demokratischen Republik" (StGB-DDR) vom 12.1.1968 hatte sich die **DDR** in § 21 StGB-DDR eine Versuchsregelung gegeben, die in mehrfacher Hinsicht vom RStGB und auch von der seit 1975 in der BRD geltenden Regelung abwich. § 21 Abs. 1 StGB-DDR lautete: „Vorbereitung und Versuch begründen strafrechtliche Verantwortlichkeit nur, wenn es das Gesetz ausdrücklich bestimmt". Hiernach war in Anlehnung an das russische StGB und im Gefolge der schon zuvor eingeleiteten Entwicklung des politischen Strafrechts[349] eine Entscheidung für eine zwar nicht generelle, immerhin aber 29 Tatbestände namentlich des Militär- (§§ 254, 259 StGB-DDR) und des politischen Strafrechts einschließlich des ungesetzlichen Grenzübertritts (§§ 213, 216 StGB-DDR) betreffende Erweiterung der Strafbarkeit auf Vorbereitungshandlungen gefallen, die beispielsweise mit dem Mord (§ 112 Abs. 3 StGB-DDR), dem Menschenhandel (§ 132 Abs. 3 StGB-DDR) oder dem Angriff auf das Verkehrswesen (§ 198 Abs. 5 StGB-DDR) auch Straftaten der allgemeinen Kriminalität betraf.[350] Sie trat neben die auch im Strafgesetzbuch der DDR (§ 227) freilich nur für ausgesuchte Delikte (nämlich die, deren Nichtanzeige nach § 225 StGB-DDR strafbar sein sollte) und wenige Verhaltensformen (*Dreßler* Vorbereitung S. 71 f) aufrechterhaltene Strafbarkeit eines Beteiligungsversuchs.

**149** Die Erwartung, dass angesichts der (partiellen) Strafbarkeitserweiterung auf die Vorbereitung und einer objektiven Versuchsdefinition in § 21 Abs. 3 („Versuch liegt vor, wenn der Täter mit der vorsätzlichen Ausführung der Straftat beginnt, ohne sie zu vollenden") der Versuchsbereich selbst enger an den Tatbestand heranrücken könnte, als vor allem nach der verpönten subjektivistischen Versuchslehre des Dritten Reichs, spiegelte sich zwar in Empfehlungen wider, dass der Versuch beginne, „wenn der Täter durch sein Tun oder Unterlassen ein im gesetzlichen Tatbestand gekennzeichnetes, die Ausführungshandlung betreffendes objektives Merkmal der Straftat verwirklicht hat oder zumindest begonnen hat, es zu verwirklichen" (*Lekschas/Buchholz* S. 302). Damit gelang auch – wie im westlichen Strafrecht durch § 22 – eine Abkehr von einer durch eine rein subjektive Versuchslehre in der Tat begünstigte extreme Ausweitung des Versuchsbereichs. Die praktischen Ergebnisse deckten sich aber im Übrigen weitgehend mit denen der westdeutschen Judikatur. Das gilt zunächst für den Versuchsbeginn.[351] Das gilt

**347** Kritisch zu den Differenzierungen des BGH *Steinberg/Burghaus* ZIS **2011** 578 ff.

**348** BGH NStZ-RR **2009** 206, 207; *Fischer* § 46 Rdn. 101 f; *Sch/Schröder/Bosch* § 243 Rdn. 42a.

**349** OGSt **2** 9 zur Boykotthetze; *Dreßler* Vorbereitung S. 20 f.

**350** Vollzählige Auflistung der Tatbestände bei *Dreßler* Vorbereitung S. 150.

**351** Vgl. *Lekschas/Buchholz* S. 302 f; *MdJ*-Komm. StGB § 21 Bem. 1, 5 mit Nachweisen zur Rechtsprechung; vgl. z. B. OG NJ **1967** 353; **1974** 182; zur hier getroffenen Einschätzung vgl. auch *Dreßler* Vorbereitung S. 43, 147.

aber auch für die Strafbarkeit des im StGB-DDR nicht ausdrücklich aufgenommenen, aber allgemein anerkannten untauglichen (*Dreßler* Vorbereitung S. 38 ff)[352] und den Verzicht auf die Bestrafung des irrealen Versuchs (*MdJ*-Komm. StGB § 21 Bem. 1). Auch wurde trotz der objektiven, auf den Begriff der „Vorstellung" verzichtenden Definition für die Bestimmung des Beginns der Ausführungshandlung entscheidend auf das „Handlungsprogramm des Täters als Element der subjektiven Seite" abgestellt (*Lekschas/Buchholz* S. 302 f; *Wittenbeck* NJ **1967** 370). Zur Strafbarkeit von vor dem 3.10.1990 in der DDR begangene **Alttaten** vgl. *Hillenkamp* LK[12] Rdn. 147.

Das **europäische** und das **außereuropäische** Recht des Versuchs und seines Vorstadiums zeigen naturgemäß „ein buntes Bild" (*Jescheck/Weigend* § 49 IX).[353] Es kann hier nicht viel mehr geleistet werden, als auf das **Spektrum der Lösungsansätze** hinzuweisen, die sich in der Diskussion befinden. So finden sich auf die fünf zentralen Grundfragen (bei welchen Delikten der Versuch strafbar sein soll; wie er zu bestrafen ist; ob auch der untaugliche[354] und der abergläubische Versuch strafbar sein sollen; wie der strafbare Versuch von der [regelmäßig] straflosen Vorbereitung abzugrenzen ist[355] und welche Voraussetzungen für einen strafbefreienden Rücktritt zu gelten haben; vgl. Rdn. 43 ff) unterschiedlichste Antworten.[356] Nicht anders als in beiden Teilen Deutschlands (Rdn. 148 f) unterscheidet sich schon der Grad der Pönalisierung des Vorbereitungsstadiums erheblich (s. *Brockhaus* Dogmatik S. 461 ff). So verzichten z. B. Frankreich und die Türkei wie das bundesrepublikanische Recht auf eine generelle Erfassung dieses Entwicklungsstadiums der Straftat, während sich beispielsweise in Schweden (Kap. 23 § 2) und Polen (Kap. II Art. 16) eine kasuistische Aufzählung von strafbaren Vorbereitungshandlungen im Allgemeinen Teil findet. Die Antworten auf den Umfang einer grundsätzlich vorgesehenen Strafbarkeit (*K. Schubert* Versuch S. 57 ff; vgl. auch *Brockhaus* Dogmatik S. 19) fallen vor allem deshalb unterschiedlich aus, weil das Bekenntnis des deutschen Gesetzgebers zur subjektiven Versuchslehre nicht überall geteilt (s. *Hirsch* FS Roxin [2001] 713) oder doch mit untereinander abweichenden Konzessionen an objektive Versuchslehren verbunden wird (*Brockhaus* Dogmatik S. 469 ff; *Cancio* Überlegungen S. 175 ff; *K. Schubert* Versuch S. 60 ff; *Tiedemann* FS Lenckner 411, 432).[357] Namentlich die Fragen der Abgrenzung von Vorbereitung und Versuch und (des Umfangs) der Strafbarkeit des untauglichen Versuchs hängen hiervon wie allerdings auch von der die gesetzlichen Vorgaben nicht immer umsetzenden Praxis[358] maßgeblich ab. Dabei verbietet es sich, den Umfang der Versuchsstrafbarkeit allein mit Blick auf einen Einzelaspekt zu beurteilen. Erst eine Zusammenschau, bei der etwa der Umfang der Versuchsstrafbarkeit ebenso zu berücksichtigen ist wie die Möglichkeit eines strafbefreienden Rücktritts, ergibt ein angemessenes Bild.[359] **150**

---

352 Mit Verweis auf die Arbeit von *Hennig* Vorbereitung und Versuch im Strafrecht der DDR Berlin/Ost 1966.

353 S. zu ihm *K. Schubert* Versuch S. 82–215; Abdruck von 15 nationalen Regelungen S. 290 ff; ferner *Brockhaus* Dogmatik S. 27 ff (Länderberichte zu 5 ausgewählten europäischen Staaten).

354 Dazu rechtsvergleichend *Maiwald* Über taugliche, untaugliche und grob unverständige Versuche, S. 159 ff; *Schuster* S. 80 ff. Zum italienischen Strafrecht *Colombi Ciacchi* FS Samson 3 ff.

355 Bezogen auf einen Vergleich mit dem polnischen Recht *Herzberg./Putzke* FS Szwarc 205 ff.

356 Vgl. dazu zunächst *Cancio* Überlegungen S. 175 ff; *Jescheck* ZStW **99** (1987) 111 ff mit Ergänzung *Tiedemann* ZStW **110** (1998) 511 ff wie den kurzen Überblick bei *Jescheck/Weigend* § 49 IX; *Vogler* LK[10] Rdn. 105; instruktiv zu nationalen Regelungen in Europa und zu übernationalen Regelungen *Brockhaus* Dogmatik S. 27 ff, 417 ff; *K. Schubert* Versuch S. 60 ff, 215 ff; weiter zurückliegend *Baumgarten* S. 273 ff zu den deutschen Partikulargesetzen; *Frank* Vollendung S. 163 ff zum Stand im Jahre 1908; zur Ansatzformel vgl. auch *Ambos* Völkerstrafrecht S. 716 ff.

357 Vgl. z. B. zur Interpretation des neuen Art. 35 des türkischen StGB i. S. einer objektiven Gefährlichkeitsprognose *Roxin/Isfen* GA **2005** 239; zur Behandlung namentlich des untauglichen Versuchs in Polen vgl. *Zoll* FS Eser 655; ebenfalls rechtsvergleichend zum untauglichen Versuch *Jung* ZStW **117** (2005) 937 ff.

358 S. dazu zusf. *K. Schubert* Versuch S. 266 ff; vgl. auch *Jung* ZStW **117** (2005) 937, 940 ff zu Divergenzen zwischen Gesetz und Kommentarliteratur.

359 *Jung* ZStW **117** (2005) 937, 939.

**151** So sieht z. B. die **österreichische** Regelung (s. dazu *Brockhaus* Dogmatik S. 207 ff; *K. Schubert* Versuch S. 141 ff, 182 ff, 209 ff, 297) in § 15 Abs. 1 öStGB eine Erweiterung der Versuchsstrafbarkeit auf alle Vorsatzdelikte vor und lässt eine Milderung der Strafe nur innerhalb des normalen Strafrahmens zu (§ 34 Nr. 13 öStGB). Die Versuchsdefinition verlangt für den Versuchsbeginn, dass der Täter seinen Entschluss zur Tatausführung „durch eine der Ausführung unmittelbar vorangehende Handlung betätigt" (§ 15 Abs. 2 öStGB). Damit soll eine rein subjektive Bestimmung bewusst (*Fabrizy* § 15 Rdn. 15) nicht mehr zulässig sein (*Kienapfel/Höpfel/Kert* Gundriss AT$^{14}$ Z 21 Rdn. 16). Trotz des Verzichts auf den Begriff der „Vorstellung" wird die Formel kaum anders verstanden als die des § 22 (*Burgstaller* JurBL. **1976** 117 ff; *Triffterer* AT § 15 Rdn. 13). Mit § 15 Abs. 3 weist das Gesetz den Richter an, zwischen einem straflosen absolut untauglichen und einem strafbaren relativ tauglichen Versuch zu unterscheiden. Wie schwierig diese Unterscheidung ist, zeigt die Judikatur (Nachweise bei *Fabrizy* § 15 Rdn. 20 ff; *Fuchs* ÖJZ **1986** 257). § 16 öStGB sieht eine Strafbefreiung beim Rücktritt vor, die dem deutschen Recht nahekommt. Auch das **schweizerische** Recht macht in Art. 22 Abs. 1 schwStGB für die Strafbarkeit des Versuchs keinen Unterschied zwischen Vergehen und Verbrechen und lässt fakultativ eine mildere Bestrafung zu. Für Übertretungen ist der Versuch nur in den vom Gesetz ausdrücklich bestimmten Fällen strafbar (Art. 105 Abs. 2 schwStGB). Das schwStGB unterscheidet zwischen unvollendetem Versuch und vollendetem Versuch und verbindet mit deren Regelung die dazugehörige Möglichkeit des Rücktritts (Art. 22, 23 schwStGB), wobei der Rücktritt lediglich fakultativ die Möglichkeit der Strafmilderung oder des Absehens von Strafe eröffnet (Art. 23 schwStGB). Trotz einer rein objektiv auf den Beginn der Ausführung abstellenden Kennzeichnung des Versuchsbeginns in Art. 22 Abs. 1 schwStGB verlangt die Rechtsprechung im Anschluss an *Germann* Verbrechen S. 191 f eine „Tätigkeit, die nach dem Plan, den sich der Täter gemacht hat, auf dem Weg zum Erfolg den letzten entscheidenden Schritt darstellt, von dem es in der Regel kein Zurück mehr gibt, es sei denn wegen äusserer Umstände, die eine Weiterverfolgung der Absicht erschweren oder verunmöglichen" (BGE **118** IV 396).[360] Über die Angemessenheit dieser als „Schwellentheorie" bezeichneten Auslegung wird auch im schweizerischen Schrifttum gestritten.[361] Der untaugliche Versuch ist unter Strafe gestellt (Art. 22 Abs. 1 schwStGB); der grob unverständige Versuch ist nicht strafbar (Art. 22 Abs. 2 schwStGB).

**152** Hinsichtlich des **anglo-amerikanischen Rechtskreises** sind folgende Aspekte hervorzuheben:[362] Obgleich hier die Versuchsstrafbarkeit jenseits der gemeinsamen Grundlage im *Common Law* national unterschiedlich[363] ausgestaltet ist, kommt übergreifend dem **subjektiven Element** des Versuchsdelikts (*mens rea*) herausragende Bedeutung zu, insoweit in Bezug auf den Deliktserfolg direkter Vorsatz (*purpose*[364] bzw. *intent*[365]) bestehen muss. Dies gilt auch, wenn für die Vollendungsstrafbarkeit eine weniger starke subjektive Beziehung zur Tatbegehung ausreicht. Nur zum Teil kommt es zu einer Ausweitung der Versuchsstrafbarkeit dadurch, dass hinsichtlich der Tatumstände („*circumstances*") (grobe) Fahrlässigkeit für ausreichend erachtet wird.[366] Deutlich umstrittener sind jedoch die Anforderungen an das **objektive Element** des

---

**360** Erstmals BGE **71** IV 205, 211, seitdem st. Rspr., vgl. BGE **99** IV 151, 153; **119** IV 250, 253; **131** IV 100, 104.

**361** *Niggli/Maeder* BK StGB I Art. 22 Rdn. 7 ff; *Donatsch/Tag* Strafrecht I S. 132 ff; *Trechsel/Noll* AT S. 158 ff.

**362** Vgl. auch *Brockhaus* ZStW **119** (2007) 153 ff; *Macke* S. 163 ff.

**363** Zu nennen sind insbesondere der *Criminal Attempts Act* (CAA) von 1981 für England und Wales (dazu *Brockhaus* ZStW **119** [2007] 153, 155 ff), der *Criminal Proceure (Scotland) Act* von 1995 für Schottland sowie – obgleich lediglich ein Modell zur Strafrechtsreform der US-amerikanischen Bundesstaaten – der vom *American Law Institute* entworfene *Model Penal Code* (MPC), vgl. *The American Law Institute* Model Penal Code and Commentaries (1985). Vgl. mit einem Ausschnitt aus der US-amerikanischen Rechsprechung sowie Gesetzgebung der Bundesstaaten *Dubber/Hörnle* S. 342 ff.

**364** Vgl. § 5.01 Abs. 1 MPC.

**365** Vgl. § 1 Abs. 1 CAA. Vgl. dazu *Keiler* S. 383 ff; *Keiler/Roef* S. 223 f und für das *Common Law* die Nachweise bei *Schubert* Versuch S. 82.

**366** § 5.01 Abs. 1 MPC verlangt insoweit lediglich das Vorliegen der für die Begehung der Tat erforderlichen Schuldform; vgl. dazu *The American Law Institute* Model Penal Code and Commentaries (1985) N. 16, 301 ff. und *Schubert*

Versuchsdelikts (*actus reus*). Hier haben sich – was zum Teil auch auf unterschiedliche Auffassungen vom Strafgrund des Versuchs zurückgeht[367] – in Wissenschaft und Rechtsprechung verschiedene Maßstäbe ausgebildet: Neben rein subjektivierenden Ansätzen, die für den Versuchsbeginn jegliche Handlung in Tatintention ausreichen lassen,[368] gibt es verschiedene objektivierende Ansätze. Diese stellen teils auf eine klare, objektive Manifestation der Tatintention in äußeren Handlungen ab,[369] teils auf die letzte, unmittelbar vor Tatbestandsverwirklichung liegende Handlung.[370] Der *proximity-test* des anglo-amerikanischen *Common Law* bestimmt den Versuchsbeginn ausgehend vom vollendeten Delikt danach, ob eine hinreichende Tatbestandsnähe erreicht wurde.[371] Der *substantial step-test* des US-amerikanischen *Model Penal Code* fragt hingegen prospektiv, ob auf Grundlage der Intention des Täters ein wesentlicher Schritt zur Deliktsverwirklichung vorgenommen wurde.[372] Ein besonderes Problem des anglo-amerikanischen *Common Law* ist der **untaugliche Versuch**, welcher nach tradierter Auffassung in Fällen rechtlicher Unmöglichkeit (*legal impossibility*) straflos, bei lediglich tatsächlicher Unmöglichkeit (*factual impossiblity*) strafbar ist.[373] Moderne Gesetzgebungen und jüngere Judikatur verwerfen jedoch diese Unterscheidung und gehen von einer generellen Strafbarkeit des untauglichen Versuchs aus.[374] Das englische Recht hält den **Rücktritt** für unbeachtlich und misst ihm lediglich im Einzelfall strafmildernde Bedeutung zu.[375] Der *Model Penal Code* hingegen erkennt unter § 5.01 den Rücktritt (*Renunciation of Criminal Purpose*) als *defense* an.[376] Auch verschiedene US-Bundesstaaten haben detaillierte Rücktrittsregeln etabliert.[377]

Die Versuchsstrafbarkeit ist **völkerstrafrechtlich anerkannt.**[378] Während das am 30.6.2002 **153**
in Kraft getretene **deutsche Völkerstrafgesetzbuch** (BGBl. I S. 2254)[379] als nationales Recht in § 2 VStGB auf das allgemeine Strafrecht verweist und damit keine Sonderregelung gegenüber

---

Versuch S. 252. Zwar ist der Wortlaut des CAA insoweit undeutig, wird aber überwiegend auch dahingehend ausgelegt, dass Fahrlässigkeit bzgl. der „circumstances" ausreicht vgl. dazu m. w. N. *Schubert* Versuch S. 93 ff. Darüber hinaus gibt es Bestrebungen, grundsätzlich auf das Erfordernis eines direkten Vorsatz zu verzichten und für die Versuchsstrafbarkeit diejenige Schuldform genügen zu lassen, die auch für die vollendete Tat erforderlich ist, was bspw. auch *reckless attempts* ermöglichen würde. Vgl. so etwa *Cahill* S. 521. Die h. M. hält weiterhin am direkten Vorsatz als *principal ingredient of the crime* fest, vgl. *Duff* S. 5; *Horder* S. 458 ff und m. w. N.

**367** Im Wesentlichen wird neben einem opfer- bzw. tatorientierten Ansatz, der den Strafgrund des Versuchs in der Schaffung eines hinreichenden Schadensrisikos für ein Rechtsgut sieht, ein täterorientierter Ansatz vertreten, der die Absicht des Täters, schädigende Handlungen zu vollziehen, als strafwürdige Bedrohung für die Gesellschaft qualifiziert. Vgl. dazu m. w. N. *Schubert* Versuch S. 44 f, 82 ff; *Keiler* S. 355 f; *Keiler/ Roef* S. 214 f sowie *Cahill* S. 512 ff.

**368** Sog. *first act*-Lehre, vgl. *Brockhaus* ZStW **119** (2007) 153, 157 f; *Duff* S. 35 ff und *Schubert* Versuch S. 89 f.

**369** Sog. *unequivocality*-Test, vgl. dazu *Schubert* Versuch S. 89; *Duff* S. 48 ff.

**370** So die *last act*-Lehre, vgl. dazu *Brockhaus* ZStW **119** (2007) 153, 156; *Duff* S. 37 ff und *Schubert* Versuch S. 84 ff.

**371** In England ist die insoweit maßgebliche Entscheidung R. v. Gullefer (1990) 3 All ER 882, wonach ein Versuch beginnt, sobald die Handlung „more than merely preparatory" ist, welche in der Folge aber uneinheitlich rezipiert wurde, wobei sich u. a. eine verschuldensbezogene sowie eine handlungsbezogene, auf eine Rechtsgutsgefährdung abstellende Lesart ausbildete. Vgl. hierzu m. w. N. *Duff* S. 42 ff; *Schubert* Versuch S. 87 f; *Brockhaus* Dogmatik S. 327 ff; *Keiler* S. 364 ff; *Horder* S. 461 ff; *Keiler/Roef* S. 221 f.

**372** § 5.01 Abs. 1c und dazu *Schubert* Versuch S. 252 ff und *Dubber/Hörnle* S. 353 f.

**373** Vgl. dazu konzis *Cahill* S. 521 f und mit eingehender, an Beispielen konkretisierter Darstellung der Unterscheidung People v. Rollino, 37 Misc. 2d 14, 233 N.Y.S. 2d 580 (1962).

**374** So kommt es für die Strafbarkeit gem. § 1 Abs. 2 und 3 CAA sowie § 5.01 Abs. 1 a/c MPC ausschließlich auf die Tätervorstellung an. Vgl. auch m. w. N. *Brockhaus* ZStW **119** (2007) 153, 159 f; *Keiler/Roef* S. 225 ff; *Dubber/Hörnle* S. 357; *Maiwald* Über taugliche, untaugliche und grob unverständige Versuche S. 159, 175 ff; und *Schubert* Versuch S. 254 f.

**375** *Brockhaus* ZStW **119** (2007) 153, 161 f; *Keiler* S. 406 f; *Keiler/Roef* S. 278; *Schubert* Versuch S. 190 f.

**376** *Dubber/Hörnle* S. 377 ff.

**377** *Brockhaus* ZStW **119** (2007) 153, 162 f.

**378** *Ambos* Internationales Strafrecht § 7 Rdn. 67; *Satzger* Internationales und Europäisches Strafrecht § 15 Rdn. 68.

**379** Vgl. dazu *Satzger* NStZ **2002** 125; *Werle* Völkerstrafrecht Rdn. 221 ff; *Werle* JZ **2001** 885; *Zimmermann* ZRP **2002** 97.

den §§ 22–24 vorsieht, enthält das seit dem 1.7.2002 geltende **Römische Statut des Internationalen Strafgerichtshofs** (IStGH-Statut) in Art. 25 Abs. 3 (f) die Bestimmung (s. zu ihr *Brockhaus* Dogmatik S. 432 ff; *Schubert* Versuch S. 234 ff), dass für ein der Gerichtsbarkeit des Gerichtshofs unterliegendes Verbrechen auch bestraft wird, wer „versucht, ein solches Verbrechen zu begehen, indem er eine Handlung vornimmt, die einen wesentlichen Schritt zum Beginn seiner Ausführung darstellt, wobei er jedoch aufgrund von Umständen, die vom Willen des Täters unabhängig sind, nicht zur Tatausführung kommt. Wer jedoch die weitere Ausführung des Verbrechens aufgibt oder dessen Vollendung auf andere Weise verhindert, ist aufgrund dieses Statuts für den Versuch des Verbrechens nicht strafbar, wenn er das strafbare Ziel vollständig und freiwillig aufgegeben hat" (BT-Drucks. 14/2682 S. 28 f). Diese Regelung verkörpert in ihrem Kern Völkergewohnheitsrecht (*Werle* Völkerstrafrecht Rdn. 732 f). Ihr Inhalt entspricht nach der Einschätzung der Begründung zum VStGB „der Sache nach ... der Versuchsregelung nach §§ 22–24 StGB" (BT-Drucks. 14/8524 S. 17). *Ambos* (Völkerstrafrecht S. 708; *ders.* Internationales Strafrecht § 7 Rdn. 68) sieht hierin eine „gemischt französisch-US-amerikanische Lösung". Es handle sich um eine gemischt subjektiv-objektive Lehre, bei der allerdings die äußere Versuchshandlung aufgewertet sei, so dass die Rechtsgutsgefährdung in den Vordergrund rücke (*Ambos* Internationales Strafrecht § 7 Rdn. 68). Vor diesem Hintergrund plädiert *Ambos* (Internationales Strafrecht § 7 Rdn. 69) für die Bestimmung des Versuchsbeginns anhand einer „materialen tatbestands- und rechtsgutsbezogenen Gesamtbetrachtung", die den Herrschaftsverlust ebenso berücksichtigt wie die materiale Rechtsgutsgefährdung und bei tatbestandlicher Teilverwirklichung stets zu einem Eintritt in das Versuchsstadium führt (zu letzterem ebenso *Werle* Völkerstrafrecht Rdn. 734).[380] Zutreffend kritisch hat sich *Hillenkamp* (LK[12] Rdn. 152 m. Fn. 205) zu der Annahme geäußert, dass mit Blick auf den herausgehobenen Unrechtsgehalt der völkerstrafrechtlichen Verbrechen an die Tatbestandsnähe der Versuchshandlung nicht zu hohe Anforderungen gestellt werden dürften (so *Ambos* Internationales Strafrecht § 7 Rdn. 69). Denn die Last der Legitimation dafür, eine freie Person auf der Grundlage einer noch revidierbaren Entscheidung zu bestrafen (dazu § 22 Rdn. 102 ff), wiegt nicht deshalb weniger schwer, weil eine gewichtige Straftat im Raum steht. Der objektive Akzent in der Begründung des Versuchsunrechts wirkt hier tendenziell strafausdehnend, da es ausgehend von der Frage der Rechtsgutsgefährdung natürlich naheliegt, nach dem Gewicht des bedrohten Rechtsguts zu differenzieren. *Safferling* (ZStW **118** [2006] 682, 709 ff) plädiert für eine subjektive Interpretation von Art 25 Abs. 3 (f) IStGH-Statut. Wie im nationalen Recht ungeklärt ist der Fall des Versuchsbeginns bei mehreren Personen (*Werle* Völkerstrafrecht Rdn. 737). Die Vorschrift gilt als wenig gelungen (*Werle* Völkerstrafrecht Rdn. 734).

154 Hinsichtlich des **Rechts der EU** ist in zahlreichen Harmonisierungsakten auch eine Versuchsstrafbarkeit vorgesehen.[381] Dabei hat sich der Rat in seinen „Musterbestimmungen als Orientierungspunkte für die Beratungen des Rates im Bereich des Strafrechts" für eine gewisse Zurückhaltung ausgesprochen: „Der Versuch der vorsätzlichen Begehung sollte unter Strafe gestellt werden, wenn dies im Hinblick auf die Haupttat notwendig und verhältnismäßig ist" (Rats-Dok. 16542/2/09 REV 2 Nr. 9). In inhaltlicher Hinsicht findet aber eine Harmonisierung im Allgemeinen Teil praktisch nicht statt.[382] Dementsprechend ist auch keine Begriffsdefinition des „Versuchs" durch die EU erfolgt, so dass insoweit die Nationalstaaten im Bereich des harmonisierten Strafrechts ihre je eigenen Regeln zugrunde legen müssen.[383]

155 Überlegungen in Richtung auf einheitliche Grundsätze eines Allgemeinen Teils finden sich in privaten Entwürfen wie dem **Corpus Juris** der strafrechtlichen Regelungen zum Schutz der

---

**380** Krit. *Safferling* ZStW **118** (2006) 682, 709 ff.

**381** Z. B. Art. 16 Abs. 3 Richtlinie (EU) 2017/541 (Terrorismusbekämpfung); Art. 3 Richtlinie (EU) 2011/36 (Bekämpfung des Menschenhandels); zusammenfassend *Böse/Stuckenberg* § 10 Rdn. 44.

**382** Vgl. *Ambos* Internationales Strafrecht § 11 Rdn. 12. Tendenziell für eine Harmonisierung *Satzger* in Böse (Hrsg.) § 2 Rdn. 85 ff.

**383** *Böse/Stuckenberg* § 10 Rdn. 6. Vgl. aber auch *Böse/Satzger* § 2 Rdn. 86.

finanziellen Interessen der Europäischen Union.[384] Die dort in Art. 11 enthaltene Versuchsregelung hat folgenden Wortlaut: „(1) der Versuch der in den Artikeln 1–3 und 5–8 genannten Taten ist ebenso strafbar wie die Beteiligung an dem Versuch. Die für den Versuch verhängte Strafe ist auf drei Viertel der Strafe zu mildern, die für das vollendete Delikt angedroht ist (Artikel 14). (2) Eines Versuchs ist schuldig, wer den Vorsatz hat, eine der in den Artikeln 1–3 und 5–8 genannten Taten zu begehen und mit diesem Vorsatz eine Handlung vornimmt, die den Beginn der Tatausführung bedeutet. (3) Wegen Versuchs wird nicht bestraft, wer von der Durchführung des Delikts freiwillig zurücktritt oder sie freiwillig verhindert. Wenn die Tat nicht aus anderen Gründen durchgeführt wird, genügt es zur Straflosigkeit, dass sich eine Person freiwillig und ernsthaft bemüht, von der Durchführung zurückzutreten oder sie zu verhindern.“[385]

Für das europäische Recht sind vier **weitere Vorschläge** zu nennen. Der erste wurde von **156** *Bacigalupo*, *Grasso* und *Tiedemann* (in: Schünemann/Suárez González Bausteine S. 466) formuliert und lautet: „(1) Versuch ist anzunehmen, wenn der Täter mit der Ausführung der Zuwiderhandlung beginnt und die Vollendung aus Gründen ausbleibt, die vom Willen des Täters unabhängig sind. (2) Der Versuch einer Zuwiderhandlung kann nur geahndet werden, wenn dies ausdrücklich bestimmt ist. (3) Der Versuch wird nicht geahndet, wenn der Täter freiwillig sein Verhalten aufgibt oder die Zuwiderhandlung verhindert. Sind an der Zuwiderhandlung mehrere beteiligt, so bleiben diejenigen frei von Sanktionen, welche die Vollendung der Zuwiderhandlung freiwillig verhindern.“ *Cancio* (Überlegungen S. 179 ff) stellt dem einen an das französische Recht angelehnten Vorschlag gegenüber, der lautet: „(1) Ein Versuch liegt vor, wenn der Täter vorsätzlich Handlungen vornimmt, die den Beginn der Ausführung der Tat bedeuten. (2) Der Versuch ist nur strafbar, wenn dies ausdrücklich gesetzlich vorgesehen ist. Die Strafe darf zwei Drittel der für die Vollendung geltenden Strafe nicht überschreiten.“ Als Rücktrittsregelung schlägt *Cancio* vor: „(1) Wegen Versuchs wird nicht bestraft, wer freiwillig die weitere Ausführung der Tat aufgibt. (2) Beteiligte, die freiwillig verhindern, dass die Straftat vollendet wird, werden straflos. Unterbleibt die Tat ohne Zutun des Beteiligten oder wird sie unabhängig von seinem früheren Verhalten begangen, so genügt zu seiner Straflosigkeit sein freiwilliges und ernsthaftes Bemühen, die Tat zu verhindern.“[386] *Schubert* (Versuch S. 289) hat nach eingehender Analyse europäischer und supranationaler Regelungen einen den Postulaten der Konsensfähigkeit (S. 274) und der Konsistenz (S. 275) verpflichteten, „pluralistischen“ Vorschlag (S. 273) erarbeitet, der der in der Praxis weitgehend festzustellenden Subjektivierungstendenz entgegensteuern (S. 277 f), den untauglichen Versuch aber nicht ausschließen (S. 283 ff) soll. Dieser lautet: „(1) Strafbarer Versuch liegt vor, wenn der Täter vorsätzlich eine Handlung vornimmt, die nach seiner Vorstellung von der Tat den Beginn ihrer Ausführung bedeutet. (2) Die Strafe darf zwei Drittel der für die Vollendung vorgesehenen Höchststrafe nicht übersteigen.“ Die Rücktrittsregelung soll folgendermaßen lauten: „(1) Wegen Versuchs wird nicht bestraft, wer freiwillig die Tatausführung aufgibt oder ihre Vollendung verhindert. (2) Unterbleibt die Tat ohne sein Zutun, so wird der Täter straffrei, wenn er sich in Unkenntnis dessen freiwillig und ernsthaft um Verhinderung der Vollendung bemüht. (3) Sind an der Tat mehrere beteiligt, werden diejenigen nicht bestraft, die freiwillig ihre Vollendung verhindern.“ Der jüngste Vorschlag stammt von *Brockhaus* Dogmatik S. 519. Er basiert auf „einer gemischt subjektiv-objektiven Versuchslehre mit einer Dominanz des subjektiven Elements“ (S. 514). Er lautet: „(1) Den Versuch einer Straftat begeht, wer vorsätzlich Handlungen vornimmt, die den Beginn der Ausführung der Tat bedeuten. Einen Beginn der Ausführung bildet eine Handlung, die nach Vorstellung des Täters unmittelbar in die tatbestandliche Ausführungshandlung einmündet. (2) Abs. 1 findet auch dann Anwendung, wenn die Vollendung der Tat entgegen der Tätervorstellung unter den gegebenen

**384** *Delmas-Marty* (Hrsg.) Corpus Juris der strafrechtlichen Regelungen zum Schutz der finanziellen Interessen der Europäischen Union (1998).

**385** Vgl. zum Text in deutscher und englischer Sprache *K. Schubert* Versuch S. 220, zur Entstehung und zum Inhalt S. 215 ff m. w. N.; ferner *Brockhaus* Dogmatik S. 417 ff.

**386** Vgl. zu beiden Entwürfen *Schubert* Versuch S. 225 ff, 271.

Umständen aus tatsächlichen oder rechtlichen Gründen von vornherein nicht eintreten kann. Der irreale Versuch ist straflos. (3) Der Versuch eines vorsätzlichen Delikts ist stets strafbar. Von der Versuchsstrafbarkeit kann im Ausnahmefall durch Einzelbestimmungen im Besonderen Teil sowohl bei Verbrechen als auch bei Vergehen abgesehen werden. (4) Die für den Versuch verhängte Strafe kann auf $^3/_4$ der Strafe gemildert werden, die für das vollendete Delikt angedroht ist." Die vorgeschlagene Rücktrittsvorschrift lautet: „Wegen Versuchs wird nicht bestraft, wer die weitere Ausführung der Tat freiwillig aufgibt, oder deren Vollendung freiwillig verhindert. Wenn die Tat aus anderen Gründen nicht vollendet wird, so genügt zur Straflosigkeit, dass sich eine Person freiwillig und ernsthaft bemüht, die Vollendung der Tat zu verhindern." § 3 enthält dann noch einen Vorschlag für strafbare Vorbereitungshandlungen.

## § 22 Begriffsbestimmung

**Eine Straftat versucht, wer nach seiner Vorstellung von der Tat zur Verwirklichung des Tatbestandes unmittelbar ansetzt.**

**§ 43 a. F.:**

(1) Wer den Entschluß, ein Verbrechen oder Vergehen zu verüben, durch Handlungen, welche einen Anfang der Ausführung dieses Verbrechens oder Vergehens enthalten, betätigt hat, ist, wenn das beabsichtigte Verbrechen oder Vergehen nicht zur Vollendung gekommen ist, wegen Versuchs zu bestrafen.

(2) Der Versuch eines Vergehens wird jedoch nur in den Fällen bestraft, in welchen das Gesetz dies ausdrücklich bestimmt.

**§ 26 E 1962:**

(1) Eine Straftat versucht, wer den Vorsatz, die Tat zu vollenden, durch eine Handlung betätigt, die den Anfang der Ausführung bildet oder nach seiner Vorstellung von den Tatumständen bilden würde, jedoch nicht zur Vollendung führt.

(2) Den Anfang der Ausführung bildet eine Handlung, durch die der Täter mit der Verwirklichung des Tatbestandes beginnt oder unmittelbar dazu ansetzt.

**§ 24 AE:**

Den Versuch einer Straftat begeht, wer nach seinem Tatplan zu ihrer Verwirklichung unmittelbar ansetzt.

### Schrifttum*

*Abrahams/Schwarz* Nichtzahlung des Entgelts für „Telefon-Sex" – Vollendeter Betrug, untauglicher Versuch oder Wahndelikt? Jura **1997** 355; *Ahrens* Vermeintliche Mittäterschaft und Versuchsstrafbarkeit, JA **1996** 664; *Alwart* Strafwürdiges Versuchen (1982); *ders.* Der Begriff des Motivbündels im Strafrecht, GA **1983** 433; *Ambrosius* Untersuchungen zur Vorsatzabgrenzung (1966); *Androulakis* Über die dritte Art der Rechtsgüterbeeinträchtigung, Festschrift Schreiber (2003) 13; *Angerer* Rücktritt im Vorbereitungsstadium (2004); *Arzt* Bedingter Entschluß und Vorbereitungshandlung, JZ **1969** 54; *ders.* Die Neufassung der Diebstahlsbestimmungen, JuS **1972** 385, 515, 576; *ders.* Urteilsanmerkung, StV **1985** 104; *ders.* Urteilsanmerkung, JR **1997** 469; *Bachmann* Vorsatz und Rechtsirrtum im Allgemeinen Strafrecht und im Steuerstrafrecht (1993); *Baier* Unterlassungsstrafbarkeit trotz fehlender Handlungs- oder Schuldfähigkeit – Zugleich ein Beitrag zur Rechtsfigur der omissio libera in causa, GA **1999** 272; *ders.* Die versuchte Tötung durch Einsatz einer Giftfalle – BGHSt 43, 177, JA **1999** 771; *Bauer* Die Abgrenzung des dolus eventualis – ein Problem der Versuchsdogmatik, wistra **1991** 168; *Baumann* Das Umkehrverhältnis zwischen Versuch und Irrtum im Strafrecht, NJW **1962** 16; *ders.* Täterschaft und Teilnahme, JuS **1963** 85; *Baumgarten* Die Lehre vom Versuche der Verbrechen (1888); *Becher* Zur Abgrenzung von Vorbereitung und Versuch gemäß § 22 des 2. StrRG, Diss. jur. Münster (1973); *Bechtel* Wenn der Erfolg früher eintritt als gedacht – Zwischen dolus subsequens und unbeachtlicher Abweichung vom vorgestellten Kausalverlauf, JA **2018** 909; *Behm* Urteilsanmerkung, NStZ **1996** 317; *Bellay* Urteilsanmerkung, NStZ **2000** 591; *Berz* Grundlagen des Versuchsbeginns, Jura **1984** 511; *ders.* Urteilsanmerkung, NStZ **1996** 85; *Beulke* Urteilsanmerkung, NStZ **1982** 330; *ders.* Urteilsanmerkung, BGH NStZ **1983** 504; *ders.* Die vermeintliche mittelbare Täterschaft, Festschrift Kühl (2014) 116; *Binding*, Die Normen II/2 (1916); *ders.* Das bedingte Verbrechen, GS **68** (1916) 1; *Bindokat* Zur Frage des doppelten Irrtums, NJW **1963** 745; *Blei* Das Wahnverbrechen, JA **1973** 237, 321, 389, 459, 529, 601; *ders.* Versuch und Rücktritt vom Versuch nach neuem Recht, JA **1975** 95, 167, 233; *ders.* Urteilsanmerkung, JA **1975** 41, 101, 315; *ders.* Urteilsanmerkung, JA **1976** 101, 313; *Bloy* Urteilsanmerkung, JR **1984** 123; *ders.* Die Beteiligungsformen als Zurechnungstypus im Strafrecht (1985); *ders.* Grund und Grenzen der Strafbarkeit der mißlungenen Anstiftung, JR **1992** 493; *ders.* Unrechtsgehalt und Strafbarkeit des grob unverständigen Versuchs, ZStW **113** (2001) 76; *ders.* Die Bedeutung des Irrtums über die Täterrolle, ZStW **117** (2005) 3; *Bockelmann* Zur Abgrenzung der Vorbereitung vom Versuch, JZ **1954** 468; *ders.* Die jüngste Rechtsprechung des BGH zur Abgrenzung der Vorbereitung vom Versuch, JZ **1955** 193; *ders.* Strafrechtliche Untersuchungen (1957); *Böhm/Jung* Strafbarkeit bei abstrakt-genereller Unerweislichkeit von Tatbestandsmerkmalen? medstra **2016** 266; *Böse* Der Beginn des beendeten Versuchs: Die Entscheidung des BGH zur „Giftfalle", JA **1999** 342; *Borchert* Urteilsanmerkung, JA **1980** 254;

* Die Kommentierung basiert auf der von *Hillenkamp* bearbeiteten 12. Aufl. von **2007**. Übernommene Passagen sind nicht besonders kenntlich gemacht. Der Autor der aktuellen Auflage, der allein die Verantwortung für deren Inhalt trägt, weiß sich dem Verfasser der Vorauflage zu Dank verpflichtet!



https://doi.org/10.1515/9783110300451-005

*Bosch* Unmittelbares Ansetzen zum Versuch, Jura **2011** 909; *Bottke* Sinn oder Unsinn kriminalrechtlicher AIDS-Prävention? Zugleich Versuch eines vorläufigen Resümees, in Szwarc AIDS und Strafrecht (1996) 277; *ders.* Untauglicher Versuch und freiwilliger Rücktritt, Festgabe BGH Bd. IV (2000) 135; *ders.* Zur Möglichkeit und Strafbarkeit des untauglichen Versuchs einer Straftat, Festschrift Hruschka (2005) 395; *Brand/Fett* Urteilsanmerkung, NStZ **1998** 507; *Bringewat* Der sog. doppelte Irrtum, MDR **1970** 652; *Bruns* Zur Frage der Strafbarkeit des „Versuchs" eines untauglichen Subjekts, DStrR **1938** 161; *ders.* Der untaugliche Täter im Strafrecht (1955); *ders.* Die Strafbarkeit des Versuchs eines untauglichen Subjekts, GA **1979** 161; *Burgstaller* Über den Verbrechensversuch, JurBl. **1969** 521; *ders.* Der Versuch nach § 15 StGB, JurBl. **1976** 113; *v. Buri* Zur Lehre vom Versuche, GS **19** (1867) 60; *ders.* Der Versuch des Verbrechens mit untauglichem Mittel oder an einem untauglichen Objekt, GS **20** (1868) 325; *ders.* Versuch und Kausalität, GS **32** (1880) 323; *Burkhardt* Rechtsirrtum und Wahndelikt, JZ **1981** 681; *ders.* Zur Abgrenzung von Versuch und Wahndelikt im Steuerstrafrecht, wistra **1982** 178; *ders.* Vorspiegelung von Tatsachen als Vorbereitungshandlung zum Betrug, OLG Karlsruhe, NJW 1982, 59, JuS **1983** 426; *ders.* Nachschlag zum Wahndelikt, GA **2013** 346; *Buser* Zurechnungsfragen beim mittäterschaftlichen Versuch (1998); *Coester* Die Vorbereitungshandlung im E 1927 (1933), Strafrechtliche Abhandlungen 329; *Cohn* Zur Lehre vom versuchten und vollendeten Verbrechen (1880); *Dallinger* Aus der Rechtsprechung des Bundesgerichtshofs in Strafsachen, MDR **1953** 19; *ders.* Aus der Rechtsprechung des Bundesgerichtshofs in Strafsachen, MDR **1966** 725; *ders.* Aus der Rechtsprechung des Bundesgerichtshofs in Strafsachen, MDR **1972** 16; *ders.* Aus der Rechtsprechung des Bundesgerichtshofs in Strafsachen, MDR **1974** 721; *Dedy* Preiswert Wohnen und Trinken, Jura **2002** 137; *Dencker* Besprechung von Aufsätzen und Anmerkungen zum Straf- und Strafprozeßrecht, NStZ **1982** 458; *ders.* Kausalität und Gesamttat (1996); *Derksen* Tatentschluß und Versuchsbeginn bei der Förderung von nicht vom Täter veranlaßten unbewußten fremden Selbstgefährdungen, GA **1998** 592; *Dey* Anmerkung zu BGH JR 2000 293, JR **2000** 295; *Dicke* Zur Problematik des untauglichen Versuchs, JuS **1968** 159; *Graf zu Dohna* Versuch, in Aschrott/Kohlrausch Reform des Strafrechts (1926) 95; *Dopslaff* Plädoyer für einen Verzicht auf die Unterscheidung in deskriptive und normative Tatbestandsmerkmale, GA **1987** 1; *Dornis* Der Versuchsbeginn in Selbstschädigungsfällen, Jura **2001** 664; *Dreher* Der Irrtum über Rechtfertigungsgründe, Festschrift Heinitz (1972) 207; *Eisele* Urteilsanmerkung NStZ **2001** 416; *ders.* Die Regelbeispielsmethode im Strafrecht (2004); *ders.* Die Regelbeispielsmethode: Tatbestands- oder Strafzumessungslösung? JA **2006** 309; *Ellbogen* Untauglicher Versuch – grob unverständiger Versuch – abergläubischer Versuch, Festschrift Heintschel-Heinegg (2015) 125; *Endrulat* Der umgekehrte Rechtsirrtum (1994); *Engisch* Die rechtliche Bedeutung der ärztlichen Operation (1958); *ders.* Der „umgekehrte Irrtum" und das Umkehrprinzip, Festschrift Heinitz (1972) 185; *Engländer* Der Versuchsbeginn bei der Elektrofalle – BGH NStZ 2001, 475, JuS **2003** 330; *Erb* Zur Konstruktion eines untauglichen Versuchs der Mittäterschaft bei scheinbarem unmittelbarem Ansetzen eines vermeintlichen Mittäters zur Verwirklichung des Tatbestandes, NStZ **1995** 424; *ders.* Ureilsanmerkung, NStZ **2001** 317; *ders.* Versuchsbeginn bei zeitlich gestrecktem Ansetzen zur Tatbegehung, Festschrift Streng (2017) 13; *Eschenbach* Zurechnungsnorm im Strafrecht, Jura **1992** 637; *Exner* Versuch und Rücktritt vom Versuch eines Unterlassungsdelikts, Jura **2010** 276; *Fiedler* Vorhaben und Versuch im Strafrecht (1967); *Foth* Neuere Kontroversen um den Begriff des Wahnverbrechens, JR **1965** 366; *T. Frank* „You've got (Spam-)Mail", CR **2004** 123; *Frisch* Grund- und Grenzprobleme des sogenannten subjektiven Rechtfertigungselements, Festschrift Lackner (1987) 112; *ders.* Tatbestandsmäßiges Verhalten und Zurechnung des Erfolges (1988); *ders.* Der Irrtum als Unrechts- und/oder Schuldausschluss im deutschen Strafrecht, in Eser/Perron (Hrsg.), Rechtfertigung und Entschuldigung III (1991) 217 (zit.: *Frisch* Irrtum); *ders.* Untauglicher Versuch und Wahndelikt, insbesondere bei Irrtümern über außerstrafrechtliche Normen, GA **2019** 305; *ders.* Untauglicher Versuch oder Wahndelikt? Festschrift Eisenberg (2019) 617; *Frister* Der Begriff „Verwirklichung des Tatbestandes" in § 22 StGB, Festschrift Wolter (2013) 375; *Fuchs* Überlegungen zu Fahrlässigkeit, Versuch, Beteiligung und Diversion, Festschrift Burgstaller (2004) 41; *Gaede* Mord ohne Leiche – BGH NJW 2002, 1057, JuS **2002** 1058; *ders.* Urteilsanmerkung, StraFo **2003** 392; *Gallas* Beiträge zur Verbrechenslehre (1968); *ders.* Zur Struktur des strafrechtlichen Unrechtsbegriffs, Festschrift Bockelmann (1979) 155; *Geilen* Sukzessive Zurechnungsfähigkeit, Unterbringung und Rücktritt – BGHSt 23, 356ff, JuS **1972** 73; *ders.* Raub und Erpressung (§§ 249–256 StGB), Jura **1979** 221; *ders.* Urteilsanmerkung, JK **1982** StGB § 22/7; *v. Gemmingen* Die Rechtswidrigkeit des Versuchs (1932), Strafrechtliche Abhandlungen 306; *Geppert* Urteilsanmerkung, JK **1991** StGB § 22/15; *ders.* Urteilsanmerkung, JK **1992** StGB § 242/15; *ders.* Die subjektiven Rechtfertigungselemente, Jura **1995** 103; *ders.* Urteilsanmerkung, JK **1998** StGB § 22/18; *ders.* Urteilsanmerkung, JK **1998** StGB § 243/3; *Glandien* Fehlvorstellungen im Markenstrafrecht (2018); *Globke/Hettinger* Zur vermeintlichen Mittäterschaft, Festschrift Kühl (2014) 213; *Gössel* Urteilsanmerkung, JR **1976** 249; *ders.* Urteilsanmerkung, JR **1998** 293; *ders.* Über das Verhältnis von Vorsatz und subjektiven Tatbestandselementen, dargestellt an den Beispielen des Diebstahls und des Menschenhansdels, Gedächtnisschrift Zipf (1999) 215; *ders.* Überlegungen zum Verhältnis von Norm, Tatbestand und dem Irrtum über das Vorliegen eines rechtfertigenden Sachverhalts, Festschrift Triffterer (1996) 93; *ders.* Urteilsanmerkung, JR **2005** 159; *Gorka* Der Versuchsbeginn des Mittäters (2000); *Graul* Der „umgekehrte Erlaubnistatbestandsirrtum", JuS **1994** L 73; *dies.* Urteilsanmerkung, JR **1995** 427; *dies.* „Versuch eines Regelbeispiels" –

BayObLG, NStZ 1997, 442; BGH, NStZ-RR 1997, 293, JuS **1999** 852; *dies.* Zur Haftung eines (potentiellen) Mittäters für die Vollendung bei Lossagung von der Tat im Vorbereitungsstadium, Gedächtnisschrift Meurer (2002) 89; *Gropp* Vom Rücktrittshorizont zum Versuchshorizont, Festschrift Gössel (2002) 175; *ders.* Abschied vom „Doppelirrtum, ZIS **2016** 601; *Grünwald* Der Versuch des unechten Unterlassungsdelikts, JZ **1959** 46; *Grupp* Das Verhältnis von Unrechtsbegründung und Unrechtsaufhebung bei der versuchten Tat (2009); *Günther* Der „Versuch" des räuberischen Angriffs auf Kraftfahrer, JZ **1987** 16; *Guhra* Das vorsätzlich tatbestandsmäßige Verhalten beim beendeten Versuch (2002); *Haas* Beteiligung und Versuchsbeginn bei der Strafvereitelung, Festschrift Maiwald (2010) 277; *ders.* Zum Rechtsgrund von Versuch und Rücktritt, ZStW **123** (2011) 226; *Haffke* Delictum sui generis und Begriffsjurisprudenz, JuS **1973** 402; *Haft* Der doppelte Irrtum im Strafrecht, JuS **1980** 430, 588, 659; *ders.* Grenzfälle des Irrtums über normative Tatbestandsmerkmale im Strafrecht, JA **1981** 281; *Hall* Die Abgrenzung von Vorbereitung und Versuch im Willensstrafrecht, GS **110** (1938) 95; *Hannich/Kudlich* Urteilsanmerkung, StV **1998** 370; *Hardtung* Gegen die Vorprüfung beim Versuch, Jura **1996** 293; *ders.* Urteilsanmerkung, NStZ **2003** 261; *Hardwig* Der Versuch bei untauglichem Subjekt, GA **1957** 170; *Hartung* Urteilsanmerkung, JR **1954** 111; *Hassemer* Urteilsanmerkung, JuS **1982** 703; *Hauf* Neuere Entscheidungen zur Mittäterschaft unter besonderer Berücksichtigung der Problematik der Aufgabe der Mitwirkung eines Beteiligten während der Tatausführung bzw. vor Eintritt in das Versuchsstadium, NStZ **1994** 263; *Heckler* Versuchsbeginn bei vermeintlicher Mittäterschaft, GA **1997** 72; *Heidingsfelder* Der umgekehrte Subsumtionsirrtum (1991); *Heinitz* Streitfragen der Verbrechenslehre, JR **1956** 248; *B. Heinrich* Einkaufsfreuden (Übungshausarbeit im Strafrecht für Fortgeschrittene), Jura **1997** 366; *ders.* Die Abgrenzung von untauglichem, grob unverständigem und abergläubischem Versuch, Jura **1998** 393; *Helgerth* Urteilsanmerkung, NStZ **1989** 117; *Hentschel* Urteilsanmerkung, JR **1981** 211; *Herdegen* Der Verbotsirrtum in der Rechtsprechung des BGH, Festschrift BGH 25 (1975) 195; *Herzberg* Anstiftung und Beihilfe als Straftatbestände, GA **1971** 1; *ders.* Der Versuch beim unechten Unterlassungsdelikt, MDR **1973** 89; *ders.* Täterschaft und Teilnahme (1977); *ders.* Das Wahndelikt in der Rechtsprechung des BGH, JuS **1980** 469; *ders.* Der Anfang des Versuchs bei mittelbarer Täterschaft, JuS **1985** 1; *ders.* Handeln in Unkenntnis einer Rechtfertigungslage, JA **1986** 190; *ders.* Subjektive Rechtfertigungselemente? JA **1986** 541; *ders.* Aids: Herausforderung und Prüfstein des Strafrechts, JZ **1989** 470; *ders.* Strafverzicht bei bedingt vorsätzlichem Versuch – zugleich ein Beitrag zur Entlastung des § 24, NStZ **1990** 311; *ders.* Gedanken zur actio libera in causa: Straffreie Deliktsvorbereitung als „Begehung der Tat" (§§ 16, 20, 34 StGB)? Festschrift Spendel (1992) 203; *ders.* Unrechtsausschluß und Erlaubnistatbestandsirrtum bei vollendeter Tatbestandserfüllung, Festschrift Stree/Wessels (1993) 203; *ders.* Das vollendete vorsätzliche Begehungsdelikt als qualifiziertes Versuchs-, Fahrlässigkeits- und Unterlassungsdelikt, JuS **1996** 377; *ders.* Die strafrechtliche Haftung für die Infizierung oder Gefährdung durch HIV, in Szwarc AIDS und Strafrecht (1996) 61; *ders.* Urteilsanmerkung, JuS **1999** 224; *ders.* Vollendeter Mord bei Tötung des falschen Opfers? NStZ **1999** 217; *ders.* Der Versuch, die Straftat durch einen anderen zu begehen, Festschrift Roxin (2001) 749; *ders.* Zur Strafbarkeit des untauglichen Versuchs, GA **2001** 257; *ders.* Rechtsirrige Annahme einer Straftatbegehung – Versuch oder Wahndelikt? Gedächtnisschrift Schlüchter (2002) 189; *ders.* Begehung und Erfolg beim Versuch (§§ 8, 22 StGB), Festschrift Rudolphi (2004) 75; *ders./Putzke* Straflose Vorbereitung oder strafbarer Versuch? Zur Eingrenzung von § 22 StGB und Art. 13 § 1 K.k. Festschrift Szwarc (2009) 205; *Hettinger* Die „actio libera in causa" – Strafbarkeit wegen Begehungstat trotz Schuldunfähigkeit? (1988); *ders.* Strafbarkeit der „fahrlässigen actio libera in causa", GA **1989** 1; *ders.* Die „actio libera in causa": eine unendliche Geschichte? Festschrift Geerds (1995) 628; *Heuchemer* Der „unterschlagene" BMW JA **2000** 946; *ders.* Urkundenfälschung JA-R **2001** 145; *Hilgendorf* Strafrecht und Interkulturalität, JZ **2009** 139; *Hillenkamp* Die Bedeutung von Vorsatzkonkretisierungen bei abweichendem Tatverlauf (1971); *ders.* Urteilsanmerkung, MDR **1977** 242; *ders.* Beweisnot und materielles Recht, Festschrift Wassermann (1985) 861; *ders.* Urteilsanmerkung, JR **1987** 254; *ders.* In tyrannos – viktimodogmatische Bemerkungen zur Tötung des Familientyrannen, Festschrift Miyazawa (1995) 141; *ders.* Der praktische Fall – Strafrecht: Das Aufnahmeritual und seine Folgen, JuS **2001** 159; *ders.* Zur „Vorstellung von der Tat" im Tatbestand des Versuchs, Festschrift Roxin (2001) 689; ders. Unverstand und Aberglaube, Festschrift Schreiber (2003) 135; *ders.* Der praktische Fall – Strafrecht: Tricksereien und zarte Bande, JuS **2003** 157; *v. Hippel* Deutsches Strafrecht Bd. II. Das Verbrechen. Allgemeine Lehren (Neudruck 1971); *Hirsch* Die Lehre von den negativen Tatbestandsmerkmalen (1960); *ders.* Der Streit um Handlungs- und Unrechtslehre insbesondere im Spiegel der Zeitschrift für die gesamte Strafrechtswissenschaft (Teil II), ZStW **94** (1982) 239; *ders.* Die Entwicklung der Strafrechtsdogmatik nach Welzel, Festschrift Köln (1988) 399; *ders.* Zur actio libera in causa, Festschrift Nishihara (1998) 88; *ders.* Untauglicher Versuch und Tatstrafrecht, Festschrift Roxin (2001) 711; *ders.* Tatstrafrecht – ein hinreichend beachtetes Grundprinzip? Festschrift Lüderssen (2002) 253; *ders.* Zur Behandlung des ungefährlichen „Versuchs" de lege lata und de lege ferenda, Gedächtnisschrift Vogler (2004) 31; *Höser* Vorbereitungshandlung und Versuch im Steuerstrafrecht (1984); *Hoff/in der Schmitten* Wann ist der Mensch tot? (1995); *Hoffmann* Über das unmittelbare Ansetzen während zeitlich gestreckter Handlungsabläufe, JA **2016** 194; *Holtz* Urteilsanmerkung, MDR **1977** 807; *ders.* Urteilsanmerkung, MDR **1978** 623; *ders.* Urteilsanmerkung, MDR **1980** 271; *ders.* Urteilsanmerkung, MDR **1986** 974; *Horn* Actio libera in causa – eine notwendige, eine zulässige Rechtsfigur? GA **1969** 289; *Hotz* Untauglicher Versuch und Wahndelikt bei Fehlvorstellungen über rechtsinstitutionelle Tatsachen JuS **2016** 221; *Hoyer* Strafrechtsdogmatik nach Armin Kaufmann (1997); *Hübner* Urteilsanmerkung, JR **1978** 40; *Ingelfinger* „Schein"-Mittäter und Versuchsbeginn, JZ **1995** 704; *Jäger* Urteilsanmerkung, NStZ **2000** 415; *ders.* Urteilsanmerkung, JR **2002**, 383; *Jakobs* Buchbesprechung, JR **1977** 131; *ders.* Tätervorstellung und objektive Zurechnung, Gedächtnisschrift Armin Kaufmann (1989) 271; *Jescheck* Strafrechtsreform in Deutschland, Allgemeiner Teil (Versuch), SchwZStrR **91** (1975) 1; *ders.* Versuch und Rücktritt bei Beteiligung mehrerer Personen an der Straftat, ZStW **99** (1987) 111; *Joerden* Der auf die Verwirklichung von zwei Tatbeständen gerichtete Vorsatz, ZStW **95** (1983) 565; *ders.* Urteilsanmerkung, JZ **1995** 735; *ders.* Der praktische Fall – Strafrecht: Abenteuer eines Antiquitätenhändlers, JuS **1996** 622; *John* Entwurf mit Motiven zum Strafgesetzbuche (1868); *C. Jung* Die Vorstellung von der Tat beim strafrechtlichen Versuch, JA **2006** 228; *H. Jung* Strafbarkeit des untauglichen Versuchs bei vermeintlicher Mittäterschaft, JuS **1995** 360; *ders.* Zur Strafbarkeit des untauglichen Versuchs – ein Zwischenruf aus rechtsvergleichender Sicht, ZStW **117** (2005) 938; *Kadel* Versuchsbeginn bei mittelbarer Täterschaft – versuchte mittelbare Täterschaft, GA **1983** 299; *Kaufmann* Die Dogmatik der Unterlassungsdelikte (1959); *ders.* Die Dogmatik im Alternativ-Entwurf, ZStW **80** (1968) 34; *Kienapfel* Urteilsanmerkung, JR **1992** 122; *Kim* Die Risikoschaffung und der untaugliche Versuch (2006); *Kindhäuser* Gefährdung als Straftat: rechtstheoretische Untersuchungen zur Dogmatik der abstrakten und konkreten Gefährdungsdelikte (1989); *ders.* Zur Unterscheidung von Tat- und Rechtsirrtum, GA **1990** 407; *ders.* Zur Anwendbarkeit der Regeln des Allgemeinen Teils auf den besonders schweren Fall des Diebstahls, Festschrift Triffterer (1996) 135; *ders.* Versuch und Wahn, Festschrift Streng (2017) 325; *ders.* Versuch und Vollendung – normtheoretisch betrachtet, Festschrift Fischer (2018) 125; *Klee* Die Grenze zwischen Versuch (Unternehmen) und Vorbereitung, DStR **1934** 283; *Knauer* AIDS und HIV – Immer noch eine Herausforderung für die Strafrechtsdogmatik, GA **1998** 428; *ders.* Versuchsprobleme bei der Dreieckserpressung, JuS **2014** 690; *Kölz-Ott* Eventualvorsatz und Versuch (1974); *Kohn* Der untaugliche Versuch und das Wahnverbrechen (1904), Strafrechtliche Abhandlungen 53; *Kostuch* Versuch und Rücktritt beim erfolgsqualifizierten Delikt (2004); *Kraatz* Versuchter Prozessbetrug in mittelbarer Täterschaft, Jura **2007** 531; *Krack* Der Versuchsbeginn bei Mittäterschaft und mittelbarer Täterschaft, ZStW **110** (1998) 611; *ders.* Urteilsanmerkung, NStZ **2004** 697; *ders.* Die Münzhändlerkonstellation – Eine Fallgruppe für die Unterlassungsdelikte, ZStW **117** (2005) 555; *ders.* Unmittelbares Ansetzen durch einen nur vermeintlichen Tatmittler? Gedächtnisschrift Eckert (2008) 467; *ders.* Jetzt geht's los – typische Klausurfehler im Rahmen der Versuchsprüfung, JA **2015** 905; *Kratzsch* Die Bemühungen um Präzisierung der Ansatzformel (§ 22 StGB) – ein absolut untauglicher Versuch, JA **1983** 420, 578; *ders.* Verhaltenssteuerung und Organisation im Strafrecht (1985); *Kretschmer* Strafbares Erstreiten und Vollstrecken von Titeln, GA **2004** 458; *ders.* Der abergläubische Irrtum in seiner strafrechtlichen Relevanz, JR **2004** 444; *Kriegsmann* Wahnverbrechen und untauglicher Versuch (1904); *Krüger* Fälle zur JA-Kartei, JA **1984** Üb.Blätter 21; *ders.* Versuchsbeginn bei mittelbarer Täterschaft (1994); *Kudlich* Urteilsanmerkung, NStZ **1997** 432; *ders.* Ein Schnäpschen in Ehren – die Giftfalle des Apothekers – BGH, NJW 1997, 3453, JuS **1998** 596; *ders.* Katzenkönig & Co. – Übersinnliches von den Strafgerichten, JZ **2004** 72; *ders.* Urteilsanmerkung, JuS **2005** 186; *ders.* Der Versuch des unechten Unterlassungsdelikts, JA **2008** 601; *Kühl* Die Beendigung des vorsätzlichen Begehungsdelikts (1974); *ders.* Zum Verjährungsbeginn bei Anstellungs- und Rentenbetrug, JZ **1978** 549; *ders.* Grundfälle zu Vorbereitung, Versuch, Vollendung und Beendigung, JuS **1980** 120, 506, 650, 811; JuS **1982** 110; *ders.* Versuch in mittelbarer Täterschaft, BGHSt 30 363, JuS **1983** 180; *ders.* Die Beendigung des vollendeten Delikts, Festschrift Roxin (2001) 665; *ders.* Vollendung und Beendigung bei den Eigentums- und Vermögensdelikten, JuS **2002** 729; *ders.* Urteilsanmerkung, JZ **2003** 637; *ders.* Versuchsstrafbarkeit und Versuchsbeginn, Festschrift Küper (2007) 289; *Kühne* Strafbarkeit der versuchten Mittäterschaft? NJW **1995** 934; *Küper* Versuchsbeginn und Mittäterschaft (1978); *ders.* Versuchs- und Rücktrittsprobleme bei mehreren Tatbeteiligten, JZ **1979** 775; *ders.* Grenzfragen der Unfallflucht, JZ **1981** 209, 251; *ders.* Der verschuldete rechtfertigende Notstand (1983); *ders.* Der Versuchsbeginn bei mittelbarer Täterschaft, JZ **1983** 361; *ders.* Aspekte der „actio libera in causa". Ein Dialog, Festschrift Leferenz (1983) 573; *ders.* Zur Abgrenzung von Vorbereitung und Versuch, NJW **1984** 777; *ders.* Deliktsversuch, Regelbeispiel und Versuch des Regelbeispiels, JZ **1986** 518; *ders.* „Teilverwirklichung" des Tatbestandes: ein Kriterium des Versuchs? JZ **1992** 338; *ders.* Zur Problematik der „betrügerischen Absicht" (§ 265 StGB) in Irrtumsfällen, NStZ **1993** 313; *ders.* Der Rücktritt vom Versuch des unechten Unterlassungsdelikts, ZStW **112** (2000) 1; *ders.* Mensch oder Embryo? Der Anfang des „Menschseins" nach neuem Strafrecht, GA **2001** 515; *ders.* Vollendung und Versuch beim räuberischen Diebstahl (§ 252 StGB), Jura **2001** 21; *ders.* Vollendung, Versuch und Rücktritt im „Interferenzbereich" zwischen Schwangerschaftsabbruch und allgemeinem Tötungsdelikt – ein imaginäres Lehrgespräch, ZIS **2010** 197; *ders.* Anmerkungen zum Irrtum über die Beteiligungsform, Festschrift Roxin (2011) 895; *ders.* Über den Versuch der Absatzhehlerei, Festschrift Paeffgen (2015) 345; *Küpper* Anspruch und wirkliche Bedeutung des Theorienstreits über die Abgrenzung von Täterschaft und Teilnahme, GA **1986** 437; *ders.* Zur Abgrenzung der Täterschaftsformen, GA **1998**, 519; *Küpper/Mosbacher* Untauglicher Versuch bei nur vermeintlicher Mittäterschaft – BGH, NJW 1995, 142, JuS **1995** 488; *Kuhlen* Die Unterscheidung von vorsatzausschließendem und nicht vorsatzausschließendem Irrtum (1987); *ders.* Eine Anmerkung zur Lehre vom Doppelirrtum, Festschrift Paeffgen (2015) 247; *Kusche* Zur Subjektivität und Normativität der Versuchsstrafbarkeit, Jura **2019** 913; *Lampe* Genügt für den Entschluß des Täters in § 43 StGB sein bedingter Vorsatz? NJW **1958** 332; *ders.* Der praktische Fall Strafrecht: Der vorgetäuschte Einbruch, JuS **1967** 564; *ders.* Unvollkommen zweiaktige Rechtfertigungsgründe, GA **1978** 7; *ders.* „Begehung" von Straftaten, GA **2009** 673; *Lange* Strafrechtsreform. Reform im Dilemma (1972); *Laubenthal* Der Versuch des qualifizierten Dellikts einschließlich des Versuchs im besonders schweren Fall bei Regelbeispielen, JZ **1987** 1065; *Lenckner* Notwehr bei provoziertem und verschuldetem Angriff, GA **1961** 299; *ders.* Der rechtfertigende Notstand (1965); *ders.* Die Rechtfertigungsgründe und das Erfordernis pflichtgemäßer Prüfung, Festschrift H. Mayer (1966) 165; *ders.* Begünstigung, Strafvereitelung und Vereidigungsverbot nach § 60 Nr. 2 StPO, NStZ **1982** 401; *Less* Genügt „bedingtes Wollen" zum strafbaren Verbrechensversuch? GA **1956** 33; *v. Liszt* Die Lehre vom Versuch, ZStW **25** (1905) 24; *Lönnies* Rücktritt und tätige Reue beim unechten Unterlassungsdelikt, NJW **1962** 1950; *Loos* Zum Inhalt der subjektiven Rechtfertigungselemente, Festschrift Oehler (1985) 227; *ders.* Urteilsanmerkung, JR **1994**, 511; *Lüderssen* Irrtum und Prävention, Festschrift Roxin (2001) 457; *Maaß* Betrug gegenüber einem Makler – BGHSt 31, 178, JuS **1984** 25; *Mack* Die Abgrenzung zwischen Vorbereitung und Versuch im Wirtschafts- und Nebenstrafrecht (2004); *K.-H. Maier* Die mittelbare Täterschaft bei Steuerdelikten, MDR **1986** 358; *T. Maier* Die Objektivierung des Versuchsunrechts (2005); *Maihofer* Der Versuch der Unterlassung, GA **1958** 289; *Maiwald* Zur strafrechtssystematischen Funktion des Begriffs der objektiven Zurechnung, Festschrift Miyazawa (1995) 465; *ders.* Über taugliche, untaugliche und grob unverständige Versuche. Eine rechtsvergleichende Bestandsaufnahme, in Koriath/Krack/Radtke/Jehle (Hrsg), Grundfragen des Strafrechts, Rechtsphilosophie und die Reform der Juristenausbildung (2010) 159; *Malitz* Der untaugliche Versuch beim unechten Unterlassungsdelikt (1998); *Mattern* Urteilsanmerkung, JZ **1954** 254; *Maurach* Fragen der actio libera in causa, JuS **1961** 373; *ders.* Die Beiträge der neuen höchstrichterlichen Rechtsprechung zur Bestimmung des Wahnverbrechens, NJW **1962** 716, 767; *Mayer* Zur Abgrenzung des Versuchs von der Vorbereitungshandlung, SJZ **1949** 172; *Meine* Die Abgrenzung von Vorbereitungshandlung und Versuchsbeginn bei der Hinterziehung von Veranlagungssteuer unter Zuhilfenahme einer falschen Buchführung, GA **1978** 321; *Merkel* Tödlicher Behandlungsabbruch und mutmaßliche Einwilligung bei Patienten im apallischen Syndrom, ZStW **107** (1995) 545; *ders.* Extrem unreife Frühgeborene und der Beginn des strafrechtlichen Lebensschutzes. Rechtsethische und strafrechtliche Grundlagen, in Rechtsphilosophische Hefte VIII **1998** 128; *D. Meyer* Abgrenzung der Vorbereitung vom Versuch einer Straftat, JuS **1977** 19; *ders.* Das Beisichführen und Vorzeigen eines ge(ver)fälschten Führerscheins als Gebrauchmachen von einer falschen Urkunde, MDR **1977** 444; *H. Meyer* Der Anfang der Ausführung (1892); *J. Meyer* Kritik an der Neuregelung der Versuchsstrafbarkeit, ZStW **87** (1975) 598; *M.-K. Meyer* Das Unmittelbarkeitsprinzip am Beispiel des Versuchs, GA **2002** 367; *Mezger* Urteilsanmerkung, JZ **1951** 179; *ders.* Urteilsanmerkung, NJW **1952** 514; *Miller/Rackow* Transnationale Täterschaft und Teilnahme – Beteiligungsdogmatik und Strafanwendungsrecht, ZStW **117** (2005) 379; *Mitsch* Schrifttum: Vehling, Die Abgrenzung von Vorbereitung und Versuch, GA **1996** 297; *ders.* Notwehr gegen fahrlässig provozierten Angriff – BGH NStZ 2001, 143, JuS **2001** 751; *ders.* Nichts ging los im „Münzhändler-Fall", ZIS **2013** 369 sowie Festschrift Kühne (2013) 31; *ders.* Der untaugliche Straftäter, Jura **2014** 585; *ders.* § 23 Abs. 3 StGB: grob unverständiges Strafrecht, ZIS **2016** 352; *Mösbauer* Aktuelle Rechtsfragen bei der Abgrenzung des Versuchs von der Vorbereitungshandlung im Steuerstrafrecht, DStZ **1997** 577; *Momsen* Das „unmittelbare Ansetzen" als Ausdruck generalpräventiver Strafbedürftigkeit, in Momsen/Bloy/Rackow (Hrsg.), Fragmentarisches Strafrecht (2003) 61; *Moog* Die Abgrenzung zwischen Vorbereitung und Versuch, Diss. jur. (1950); *Mühlbauer* Die Rechtsprechung des Bundesgerichtshofs zur Tötungshemmschwelle (1999); *Murmann* Versuchsunrecht und Rücktritt (1999); *ders.* Tatentschluss und Legitimation der Versuchsstrafbarkeit, in Festschrift Merkel (2020) 727; *Mylonopoulos* Versuchsbeginn und Mittäterschaft, GA **2011** 462; *Neuhaus* Der endgültige Täuschungsentschluß – eine Strafbarkeitsvoraussetzung der Urkundenfälschung? GA **1994** 224; *Niehaus* Der Begriff des Handeltreibens mit Betäubungsmitteln, JR **2005** 192; *Niepoth* Der untaugliche Versuch beim unechten Unterlassungsdelikt – zugleich Anmerkung zum Urteil des BGH vom 22. September 1992 (BGHSt 38, 356), JA **1994** 337; *ders.* Der untaugliche Versuch beim unechten Unterlassungsdelikt (1994); *Nierwertberg* Der strafrechtliche Subsumtionsirrtum – Tatbestands- oder Verbotsirrtum, Wahndelikt oder untauglicher Versuch? Jura **1985** 238; *Niese* Finalität, Vorsatz, Fahrlässigkeit (1951); *Niethammer* Buchbesprechung, DRZ **1949** 428; *Noll* Zur Gesetzgebungstechnik des AE, in J. Baumann (Hrsg.) Programm für ein neues StGB (1968) 42; *Nowakowski* Zu Welzels Lehre von der Fahrlässigkeit, JZ **1958** 335; *Oberhofer* Aberglaube und Unverstand in der Lehre von Versuch und Rücktritt (2016); *Oehler* Das objektive Zweckmoment in der rechtswidrigen Handlung (1959); *ders.* Urteilsanmerkung, JZ **1970** 380; *Oetker* Vorbereitung und Versuch, Beihilfe und Deliktsabwendung, GS **88** (1922) 86; *Olmedo Cardenete* Zum Versuch beim echten Unterlassungsdelikt, Festschrift Roxin (2011) 917; *Ordeig* Gedanken zum Täterbegriff und zur Teilnahmelehre, ZStW **80** (1968) 915; *Otto* Urteilsanmerkung, NJW **1976** 578; *ders.* Die strafrechtliche Bekämpfung unlauterer Einflußnahmen auf öffentliche Versteigerungen durch Scheingebote, NJW **1979** 681; *ders.* Versuch und Rücktritt bei mehreren Tatbeteiligten, JA **1980** 641, 707; *ders.* Urteilsanmerkung, JK **1987** StGB § 240/10; *ders.* Urteilsanmerkung, JK **1992** StGB

§ 22/15; *ders.* Urteilsanmerkung, JK **1996** StGB § 259/14; *ders.* Urteilsanmerkung, NStZ **1998** 243; *ders.* Die strafrechtliche Haftung für die Auslieferung gefährlicher Produkte, Festschrift Hirsch (1999) 291; *Paeffgen* Betäubungsmittelstrafrecht und der Bundesgerichtshof Festgabe BGH IV (2000) 722; *Pahlke* Rücktritt bei dolus eventualis (1993); *Papageorgiou-Gonatas* Wo liegt die Grenze zwischen Vorbereitungshandlungen und Versuch? (1988); *Papathanasiou* Die Widerspiegelung der gesetzgeberischen Grundentscheidung im Verständnishorizont des Täters, Festschrift Roxin (2011) 467; *dies.* Irrtum über normative Tatbestandsmerkmale (2014); *Pasker* Urteilsanmerkung, JA **1991**, 341; *Plaschke* Ein Nagetier schreibt Rechtsgeschichte: Der Doppelirrtum im Strafrecht Jura **2001** 235; *Prüßner* Die von mehreren versuchte Tat (2004); *Puppe* Grundzüge der actio libera in causa, JuS **1980** 346; *dies.* Der objektive Tatbestand der Anstiftung, GA **1984** 101; *dies.* Der halbherzige Rücktritt, NStZ **1984** 488; *dies.* Die logische Tragweite des sog. Umkehrschlusses, Festschrift Lackner (1987) 199; *dies.* Urkundenechtheit bei Handeln unter fremdem Namen und Betrug in mittelbarer Täterschaft – BayObLG, NJW 1988, 1401, JuS **1989** 361; *dies.* Tatirrtum, Rechtsirrtum, Subsumtionsirrtum, GA **1990** 145; *dies.* Urteilsanmerkung, NStZ **2001** 482; *dies.* Urteilsanmerkung, JR **2003** 123; *dies.* Der Versuch des mittelbaren Täters, Festschrift Dahs (2005) 173; *dies.* Vorsatz und Rechtsirrtum, Festschrift Herzberg (2008) 275; *dies.* Die Architektur der Beteiligungsformen, GA **2013** 514; *dies.* Der Umkehrschluss, ZStW **128** (2016) 301; *Putzke* Der strafbare Versuch JuS **2009** 894, 985, 1083; *Radtke* An der Grenze des strafbaren untauglichen Versuchs – BGH, NJW 1995, 2176, JuS **1996** 878; *Rath* Zum Standort einer error in objecto-Prüfung im Unrechtsaufbau des Versuchs, JuS **1997** 424; *ders.* Grundfälle zum Unrecht des Versuchs, JuS **1998** 1006, 1106; **1999**, 32, 140; *ders.* Das subjektive Rechtfertigungselement (2002); *Reiß* Die Abgrenzung von untauglichem Versuch und Wahndelikt am Beispiel der Steuerhinterziehung, wistra **1986** 193; *Renzikowski* Wahnkausalität und Wahndelikt – Zur Strafbarkeit des untauglichen Versuchs, in M. Kaufmann (Hrsg.) Wahn und Wirklichkeit – Multiple Realitäten (2003) 309; *Rey-Sanfiz* Die Begriffsbestimmung des Versuchs und ihre Auswirkungen auf den Versuchsbeginn (2006); *Rönnau* Der neue Straftatbestand des Versicherungsmißbrauchs – eine wenig geglückte Gesetzesregelung, JR **1998** 441; *ders.* Grundwissen – Strafrecht: Versuchsbeginn JuS **2013** 879; *ders.* Grundwissen – Strafrecht: Versuchsbeginn bei Mittäterschaft, mittelbarer Täterschaft und unechten Unterlassungsdelikten, JuS **2014** 109; *Rohrer* Über die Nichtexistenz subjektiver Rechtfertigungselemente, JA **1986** 363; *Roos* Verbrecherische Willensäußerung – strafbarer Versuch? JR **1950** 206; *Rosenau* Der Apotheker, der Dieb und der Bayerwald Bärwurz: Einbruch mit fast tödlichem Ausgang, Jura **2000** 427; *Roßmüller/Rohrer* Versuch und Mittäterschaft, MDR **1996** 986; *Rotsch/Sahan* Rücktritt vom Versuch bei Brandstiftungsdelikten, JA **2005** 171; *Roxin* Der Anfang des beendeten Versuchs, Festschrift Maurach (1972) 213; *ders.* Unterlassung, Vorsatz und Fahrlässigkeit, Versuch und Teilnahme im neuen Strafgesetzbuch, JuS **1973** 329; *ders.* Einführung in das neue Strafrecht (1974); *ders.* Über den Tatentschluß, Gedächtnisschrift Schröder (1978) 145; *ders.* Tatentschluß und Anfang der Ausführung beim Versuch, JuS **1979** 1; *ders.* Bemerkungen zur actio libera in causa, Festschrift Lackner (1987) 307; *ders.* Urteilsanmerkung, StV **1992** 517; *ders.* Die Abgrenzung von untauglichem Versuch und Wahndelikt, JZ **1996** 981; *ders.* Zur Mittäterschaft beim Versuch, Festschrift Odersky (1996) 489; *ders.* Urteilsanmerkung, JZ **1998** 211; *ders.* Über den Strafgrund des Versuchs, Festschrift Nishihara (1998) 157; *ders.* Urteilsanmerkung, StV **2003** 619; *ders.* Zur Erfolgszurechnung bei vorzeitig ausgelöstem Kausalverlauf, GA **2003** 257; *ders.* Zur Strafbarkeit des untauglichen Versuchs, Festschrift Jung (2007) 829; *ders.* Zum unbeendeten Versuch des Einzeltäters, Festschrift Herzberg (2008) 341; *ders.* Der im Vorbereitungsstadium ausscheidende Mittäter, Festschrift Frisch (2013) 613; *ders.* Der Strafgrund beim untauglichen und beim tauglichen Versuch, GA **2017** 656; *Rudolphi* Zur Abgrenzung zwischen Vorbereitung und Versuch, JuS **1973** 20; *ders.* Zur Tatbestandsbezogenheit des Tatherrschaftsbegriffs bei der Mittäterschaft, Festschrift Bockelmann (1979) 369; *Safferling* Die Abgrenzung zwischen strafloser Vorbereitung und strafbarem Versuch im deutschen, europäischen und im Völkerstrafrecht, ZStW **118** (2006) 682; *Saliger* Der praktische Fall – Strafrecht: Mordanschläge mit Hindernissen, JuS **1995** 1004; *Salm* Das versuchte Verbrechen (1957); *ders.* Das vollendete Verbrechen I/1 (1963); *Sancinetti* Subjektive Unrechtsbegründung und Rücktritt vom Versuch (1995); *Sander/Malkowski* Urteilsanmerkung, NStZ **1999** 36; *Satzger* Der irreale Versuch – über die Schwierigkeiten der Strafrechtsdogmatik, dem abergläubischen Versuch Herr zu werden, Jura **2013** 1017; *Sauermann* Der Versuch als „delictum sui generis" (1927), Strafrechtliche Abhandlungen 227; *Sax* Zum logischen und sachlichen Gehalt des sog. „Umkehrschlusses aus § 59 StGB", JZ **1964** 241; *Schaffstein* Tatbestandsirrtum und Verbotsirrtum, Festschrift Celle I (1961) 175; *ders.* Die Vollendung der Unterlassung, Festschrift Dreher (1977) 147; *Scheffler* Von Telefonsex, Sittenwidrigkeit und Betrug – LG Mannheim, NJW 1995, 3398, JuS **1996** 1070; *Schilling* Der Verbrechensversuch des Mittäters und des mittelbaren Täters (1975); *Schlehofer* Risikovorsatz und zeitliche Reichweite der Zurechnung bei ungeschütztem Geschlechtsverkehr des HIV-Infizierten, NJW **1989** 2017; *ders.* Der error in persona des Haupttäters – eine aberratio ictus für den Teilnehmer, GA **1992** 307; *ders.* Vorsatz und Tatabweichung (1996); *Schliebitz* Error in persona, JA **1998** 833; *ders.* Die Erfolgszurechnung beim „misslungenen" Rücktritt (2002); *Schlüchter* Irrtum über normative Tatbestandsmerkmale im Strafrecht (1983); *ders.* Grundfälle zum Bewertungsirrtum des Täters im Grenzbereich zwischen den §§ 16 und 17 StGB, JuS **1985** 527; *W. Schmid* Bedingter Handlungswille beim Versuch und im Bereich der strafbaren Vorbereitungshandlung, ZStW **74**

(1962) 48; *Eb. Schmidt* Die mittelbare Täterschaft, Festgabe Frank (1930) Bd. 2 106; *D. Schmidt* Die Entwicklung des Betäubungsmittelstrafrechts bis Mitte 2005, NJW **2005** 3250; *Schmitz* Die Abgrenzung von strafbarem Versuchen und Wahndelikt, Jura **2003** 593; *Schötensack* Der Versuch und der Amtliche Entwurf eines Allgemeinen Deutschen StGB, GS **91** (1925) 378; *ders.* Der Verbrechensversuch, Festgabe Frank (1930) Bd. 2 55; *Schönwandt* Grundlagen der Strafbarkeit des untauglichen Versuchs, Diss. jur. Göttingen (1975); *H. Schröder* Grundprobleme des Rücktritts vom Versuch, JuS **1962** 81; *F.-C. Schroeder* Urteilsanmerkung, NJW **1976** 490; *J. Schröder* Der bedingte Tatentschluß, Diss. jur. Hamburg (1969); *Schroth* Vorsatz und Irrtum (1998); *Schüler* Der Mangel am Tatbestand (1914), Strafrechtliche Abhandlungen 181; *Schünemann* Die deutschsprachige Strafrechtswissenschaft nach der Strafrechtsreform im Spiegel des Leipziger Kommentars und des Wiener Kommentars, 2. Teil: Schuld und Kriminalpolitik, GA **1986** 293; *ders.* AIDS und Strafrecht, in Szwarc AIDS und Strafrecht (1996) 9; *Schuhr* Der „Entschluss", spätestens überüberüberübermorgen zu töten, oder: Wer handeln kann, aber nicht handelt, versucht nicht zu handeln, HRRS **2014** 402; *Schumann* Urteilsanmerkung, JZ **1987** 523; *Schumann* Der Rücktritt gem. § 24 StGB auf der „Tatbestandsebene" des Versuchs, ZStW **130** (2018) 1; *Schuster* Das Verhältnis von Strafnormen und Bezugsnormen aus anderen Rechtsgebieten (2012); *Seier* Urteilsanmerkung, JA **1982** 369; *ders.* Der Kündigungsbetrug (1989); *ders.* Prozeßbetrug durch Rechts- und ungenügende Tatsachenbehauptung, ZStW **102** (1990) 563; *Seier/Gaude* Untaugliche, grob unverständige und abergläubische Versuche, JuS **1999** 456; *Senf* Vorbereitung und Versuch, GS **67** (1906) 245; *Sonnen* Urteilsanmerkung, JA **1979** 334; *Sonnen/Hansen-Siedler* Die Abgrenzung des Versuchs von Vorbereitung und Vollendung, JA **1988** 17; *Sowada* Die Gubener Hetzjagd; versuchte Körperverletzung mit Todesfolge, Jura **2003** 549; *Spatscheck/Bertrand* Rücktritt vom Versuch der Steuerhinterziehung durch Unterlassen als Alternative zur strafbefreienden Selbstanzeige, DStR **2015** 2420; *Spendel* Zur Notwendigkeit des Objektivismus im Strafrecht, ZStW **65** (1953) 519; *ders.* Der sog. Umkehrschluß aus § 59 StGB nach der subjektiven Versuchstheorie, ZStW **69** (1957) 441; *ders.* Kritik der subjektiven Versuchstheorie, NJW **1965** 1881; *ders.* Zur Neubegründung der objektiven Versuchstheorie, Festschrift Stock (1966) 89; *ders.* Zur Kritik der subjektiven Versuchs- und Teilnahmetheorie, JuS **1969** 314; *Spielmann* Der bedingte Tatentschluss und die Vorbereitungshandlung (2005); *Stein* Garantenpflichten aufgrund vorsätzlicher-pflichtwidriger Ingerenz, JR **1999** 265; *ders.* Beendeter und unbeendeter Versuch beim Begehungs- und Unterlassungsdelikt, GA **2010** 129; *Stöger* Versuch des untauglichen Täters (1961); *Stooß* Dolus eventualis und Gefährdung, ZStW **15** (1895) 199; *Strate* Mit Taktik zur Wahrheitsfindung, ZRP **1987** 314; *Stratenwerth* Die Definitionen im Allgemeinen Teil des Entwurfs 1962, ZStW **76** (1964) 669; *ders.* Der Versuch des untauglichen Subjekts, Festschrift Bruns (1978) 59; *Stree* Beginn des Versuchs bei qualifizierten Straftaten, Festschrift Peters (1974) 179; *Stree* Urteilsanmerkung NStZ **1983** 551; *Streng* Rücktritt und dolus eventualis, JZ **1990** 212; *ders.* Der Irrtum beim Versuch – ein Irrtum? ZStW **109** (1997) 863; *ders.* Wie „objektiv" ist der objektive Versuchstatbestand? Gedächtnisschrift Zipf (1999) 325; *ders.* Das „Wahndelikt" – ein Wahn? GA **2009** 529; *Struensee* Versuch und Vorsatz, Gedächtnisschrift Armin Kaufmann (1989) 523; *ders.* Verursachungsvorsatz und Wahnkausalität, ZStW **102** (1990) 21; *Szwarc* (Hrsg.) AIDS und Strafrecht (1996); *Theis* Unbeendeter Versuch und strafbare Vorbereitungshandlung (2016); *Tiedemann* Zur Reform der Vermögens- und Wirtschaftsstraftatbestände, ZRP **1970** 256; *ders.* Gutachten 49. Deutscher Juristentag, DJT **1972** C 52; *ders.* Der Versuch der Zweckentfremdung im Steuerstrafrecht, JR **1973** 412; *ders.* Wirtschaftsstrafrecht und Wirtschaftskriminalität 1 Allg. Teil (1976); *ders.* Die Überschuldung als Tatbestandsmerkmal des Bankrotts, Gedächtnisschrift Schröder (1978) 289; *ders.* Zum Verhältnis von Allgemeinem und Besonderem Teil des Strafrechts, Festschrift Baumann (1992) 7; *Timpe* Untauglicher Versuch und Wahndelikt, ZStW **125** (2014) 755; *Tischler* Verbotsirrtum und Irrtum über normative Tatbestandsmerkmale: Dogmengeschichte eines Abgrenzungsproblems (1984); *Tölle* Zum Beginn der Strafbarkeit einer Abfallverschiebung nach § 326 II, IV StGB, NStZ **1997** 325; *Toepel* Zur Abgrenzung von untauglichem Versuch und Wahndelikt, ZIS **2017** 606; *ders.* Untauglicher Versuch und Einheit des Systems Festschrift Kindhäuser (2019) 549; *Tomiak/Franzke* Inhalt und Nutzen der Teilverwirklichungsregel, HRRS **2019** 337; *Traub* Die umgekehrte „Parallelwertung in der Laiensphäre" – Wahndelikt oder untauglicher Versuch, JuS **1967** 113; *Treplin* Der Versuch – Grundzüge des Wesens und der Handlung, ZStW **76** (1964) 441; *Tröndle* Festschrift-Besprechung, JR **1974** 221; *ders.* Der Hirntod, seine rechtliche Bedeutung und das neue Transplantationsgesetz, Festschrift Hirsch (1999) 779; *Trüg* Urteilsanmerkung, JA **2002** 102; *Übler* Neue Entwicklungen im Bereich der actio libera in causa (2003); *Ulsenheimer* Das Personensorgerecht der Eltern im Widerstreit mit dem Gewissen und dem Strafgesetzbuch, FamRZ **1968** 568; *Valdágua* Versuchsbeginn des Mittäters bei den Herrschaftsdelikten, ZStW **98** (1986) 839; *Valerius* Untauglicher Versuch und Wahndelikt, JA **2010** 113; *Vehling* Die Abgrenzung von Vorbereitung und Versuch (1991); *Vogel* Norm und Pflicht bei den unechten Unterlassensdelikten (1993); *ders.* Die versuchte „passive Sterbehilfe" nach BGH, MDR 1989, 80, MDR **1995** 337; *Vogler* Buchbesprechung, GA **1977** 61; *ders.* Der Beginn des Versuchs, Festschrift Stree/Wessels (1993) 285; *Wächtler* Urteilsanmerkung, StV **1989** 252; *Waiblinger* Subjektivismus und Objektivismus in der neueren Lehre und Rechtsprechung vom Versuch, ZStW **69** (1957) 189; *ders.* Die Abgrenzung des strafbaren Versuchs, SchwZStr. **72** (1957) 121; *Walder* Straflose Vorbereitung und strafbarer Versuch, SchwZStr **99** (1982) 225; *Walter* Der Kern des Strafrechts (2006); *K. Weber* Was lässt der Beschluss des 3. Strafsenats des BGH vom

10.7.2003 vom Handeltreiben übrig? NStZ **2004** 66; *ders.* Nichts Neues vom Handeltreiben? JR **2006** 139; *U. Weber* Urteilsanmerkung, MDR **1961** 426; *ders.* Probleme der Versuchsstrafbarkeit bei mehreren Beteiligten, Festschrift Lenckner (1998) 435; *v. Weber* Der Irrtum über einen Rechtfertigungsgrund, JZ **1951** 260; *Weidemann* Der Irrtum über die Steuerrechtslage, Festschrift Herzberg (2008) 299; *Weigend* Die Entwicklung der deutschen Versuchslehre, in Hirsch/Weigend, Strafrecht und Kriminalpolitik in Japan und Deutschland (1989) 112; *Welp* Vorangegangenes Tun als Grundlage einer Handlungsäquivalenz der Unterlassung (1968); *Welzel* Urteilsanmerkung, JZ **1953** 119; *ders.* Irrtumsfragen im Steuerstrafrecht NJW **1953** 486; *Wendeburg* Die Bedeutung des Irrtums über täterschaftsbegründende Umstände (2018); *Wessels* Zur Problematik der Regelbeispiele für „schwere" und „besondes schwere Fälle", Festschrift Maurach (1975) 295; *Winkler* Verbrechen und Vergehen gegen das Betäubungsmittelgesetz, NStZ **2006** 328; *Wolter* Vorsätzliche Vollendung ohne Vollendungsvorsatz? Festschrift Leferenz (1983) 545; *ders.* Zum umgekehrten dolus generalis, GA **2006** 406; *Wolters* Versuchsbeginn bei Einsatz eines sich selbst schädigenden Tatmittlers, NJW **1998** 578; *ders.* Urteilsanmerkung, JR **1999** 36; *Womelsdorf* Zur Problematik des Versuchs beim unechten Unterlassungsdelikt (1976); *Zaczyk* Das Unrecht der versuchten Tat (1987); *ders.* Urteilsanmerkung, StV **1992** 377; *ders.* Strafrecht, Rechtsphilosophie und der untaugliche Versuch, Festschrift Maiwald (2010) 885; *ders.* Der Versuchsbeginn beim Prozessbetrug, Festschrift Krey (2010) 485; *Zielinski* Handlungs- und Erfolgsunwert im Unrechtsbegriff (1973); *Zieschang* Die Gefährdungsdelikte (1998); *Zoll* Der untaugliche Versuch im polnischen Strafrecht, Festschrift Eser (2005) 655; *Zopfs* Vermeintliche Mittäterschaft und Versuchsbeginn, Jura **1996** 19.

Vgl. auch das Schrifttum Vor § 22.

## Übersicht

## Alphabetisches Stichwortverzeichnis

Zahlen = Randnummern (ohne Zusatz: Kommentierung des § 22); „Vorbem." = Vor § 22; „§ 22" = Kommentierung des § 22; „§ 23" = Kommentierung des § 23

## I. Entstehung und Ziele der Neuregelung

### 1. Vergleich mit § 26 E 1962 und § 24 AE

1 § 22 ist durch das 2. StrRG vom 4.7.1969 (BGBl I 717) eingefügt worden. Die Vorschrift versteht sich nach ihrer amtlichen Überschrift zwar als „Begriffsbestimmung" des strafbaren Versuchs. Sie verkürzt ihren Gegenstand gegenüber § 43 a. F. und § 26 E 1962 aber auf die maßgeblichen Kriterien für dessen Abgrenzung zur straflosen Vorbereitung (**aA** *Rey-Sanfiz* S. 240). In dieser Zurückhaltung folgt sie der bewusst (*Noll* Gesetzgebungstechnik S. 43 f) nicht umfassend auf den Begriff, sondern auf die Lösung des im Mittelpunkt stehenden Problems zugeschnittenen Definition des § 24 AE. Auch inhaltlich knüpft § 22 an diese in ihrer Formulierung auf *Welzel* (§ 24 III; Niederschriften **2** 197)[1] zurückgehende Vorschrift, zugleich aber auch an den insoweit zwar nur wenig, aber nicht vollends unbedeutend unterschiedlichen Vorschlag des E 1962 an.

2 Zum Verzicht auf den in § 26 Abs. 1 E 1962 erwähnten „Vorsatz, die Tat zu vollenden" bewog den Gesetzgeber, dass mit der Wendung „nach seiner Vorstellung" das für den Versuch vorausgesetzte vorsätzliche Handeln hinreichend klargestellt und dass die Ausrichtung des Vorsatzes auf Tatvollendung ohnehin selbstverständlich sei. Zur Ersetzung der übrigen Merkmale des ersten Absatzes und ihrer Teildefinition in § 26 Abs. 2 E 1962 durch die deutlich merkmalsärmere geltende Fassung fühlte sich der Gesetzgeber berechtigt, weil das insoweit prägnantere Vorbild des § 24 AE den Inhalt des umständlicheren und pedantischen E 1962 nur auf dessen wesentliche Aussage zurückführe (zust. *Baumann* § 32 II 2; krit. *Blei* AT § 66 II). In der Sache berichtigte der Gesetzgeber die Ansatzformel des § 24 AE dann allerdings in zweierlei Hinsicht in Anlehnung an den E 1962. Bevorzugt wurde einerseits die Wendung „nach seiner Vorstellung", weil sie sich besser als die Formulierung „nach seinem Tatplan" für Affekttaten eigne, in denen es an einer zeitlich vorangehenden Planung fehle. Andererseits gab die auf die Straftat bezogene AE-Formulierung „zu ihrer Verwirklichung unmittelbar ansetzt" zu Bedenken Anlass, weil sie zu einer gewissen Vorverlagerung des Beginns der Versuchsstrafbarkeit führen könnte. Um einer solchen Gefahr zu begegnen, wählte der Gesetzgeber die Wendung „zur Verwirklichung des Tatbestandes unmittelbar ansetzt". Damit sollte klargestellt werden, „dass nicht irgendein beliebiges Ansetzen zu der Straftat schlechthin, sondern nur ein solches zur Verwirklichung eines Tatbestandsmerkmals ausreicht" (BTDrucks. V/4095 S. 11; *Corves* Prot. SA V 1745 f).

1 *Welzels* Formulierung (§ 24 III vor 1): „Der Versuch beginnt mit derjenigen Tätigkeit, mit der der Täter nach seinem Verbrechensplan unmittelbar zur Verwirklichung des Verbrechenstatbestandes ansetzt" macht allerdings die Tatsache, dass es um den Versuchsbeginn und nicht um eine begriffliche Festlegung des Versuchs im Ganzen ging, deutlicher als der Gesetzestext, vgl. *Jakobs* 25/55.

## 2. Zielsetzungen gegenüber § 43 a. F.

Die Ziele, die der Gesetzgeber mit der Ablösung der mit § 43 a. F. überkommenen Versuchsregelung durch § 22 verfolgte, lassen sich aus den zu § 26 E 1962 und § 24 AE niedergelegten Vorstellungen herleiten, weil sich der Sonderausschuss für die Strafrechtsreform mit diesen im Grundsatz im Einklang sah (BTDrucks. V/4095 S. 11; Prot. SA V 1651 f; 1745 ff). 3

Vornehmliches Ziel war es danach, die für die Strafbarkeit entscheidende **Abgrenzung** von strafloser Vorbereitung und strafbarem Versuch in einer dem **Bestimmtheitsgebot** besser gerecht werdenden Weise festzuschreiben (E 1962 Begr. S. 143). Das sollte in zweierlei Weise geschehen. Zum ersten sollte die in der Formulierung „Anfang der Ausführung" nicht deutlich entschiedene Frage, ob sich der Versuchsbeginn auf das der tatbestandsmäßigen Handlung unmittelbar vorangehende Verhalten erstrecke, den Bedürfnissen der Praxis gemäß im bejahenden Sinne entschieden werden. Zum zweiten wollte man durch die Beschränkung dieser Ausdehnung auf die unmittelbar der Tatbestandsverwirklichung vorangehende Phase der zwar teilweise widersprüchlichen, in der Tendenz aber die Grenze des strafbaren Versuchs eher weit in den Bereich der Vorbereitung hineinziehenden Rechtsprechung (E 1962 Begr. S. 144 zitiert als Beleg RGSt **72** 66; **77** 173) entgegentreten (s. *Blei* JA **1975** 95). 4

Mit der Wendung „nach seiner Vorstellung" verknüpfte der Gesetzgeber das weitere Ziel, auch in § 22 zu erkennen zu geben, dass für ihn der Streit um die **Strafbarkeit** des **untauglichen Versuchs** im Sinne der sie bejahenden Rechtsprechung entschieden sei (E 1962 Begr. S. 143; BTDrucks. V/4095 S. 11 f).[2] Dieses Ziel fügte sich in das Bemühen, dem Bestimmtheitsgebot besser gerecht zu werden als § 43 a. F., denn diese Vorschrift hatte nach Auffassung des Gesetzgebers nicht entschieden, ob der untaugliche Versuch im Sinne der subjektiven Versuchslehre strafbar ist (s. zu beidem *Bockelmann* JZ **1954** 468). 5

Dass der Gesetzgeber mit dem naturgemäß nicht nur für den untauglichen Versuch maßgeblichen Verweis auf die Tätervorstellung als Beurteilungsgrundlage für die Abgrenzungsfrage und die (auch) mit ihm implizit getroffene Entscheidung für die Strafbarkeit des untauglichen Versuchs den weiteren „Zweck" verband, „die **subjektive Versuchstheorie** zu kodifizieren" (AE Begr. S. 61; vgl. auch E 1962 Begr. S. 143 f; BTDrucks. V/4095 S. 11; *Corves* Prot. SA V 1651 f), ist zwar im zuletzt beschriebenen Zusammenhang (Rdn. 5) zu verstehen. Das damit abgelegte uneingeschränkte Bekenntnis zu dieser Theorie hat in seiner Anbindung an § 22 aber Irritationen bewirkt; denn das vornehmlich mit dieser Vorschrift verfolgte Ziel, „den Versuch hart an die Grenze der Tatbestandshandlung" heranzurücken (*Roxin* Einführung S. 15 f), scheint auf dem Boden einer für die gerügten Überspannungen von der Rechtsprechung gerade in Anspruch genommenen subjektiven Versuchslehre nur schwerlich erreichbar. Zudem ist die Voraussetzung des unmittelbaren Ansetzens zur Verwirklichung des Tatbestandes weder ohne weiteres Forderung noch Folge einer betont subjektiven Versuchstheorie (vgl. aber Rdn. 36 f). Man hat daher der Gesetzesbegründung vorgehalten, sie stehe insoweit in Widerspruch zum Gesetz (*J. Meyer* ZStW **87** [1975] 598, 603) und sich dafür auch auf die Wertung berufen, das „neue Recht" erteile in § 22 „der subjektiven Theorie eine Absage" (*Jescheck* SchwZStR **91** [1975] 1, 29). 6

Die damit bemängelte **Spannung** ist geringer, als mit der zitierten Kritik gerügt. Der mit der Ansatzformel zur Abgrenzung von Vorbereitung und Versuch eingenommene „individuell-objektive" Standpunkt entfernt sich zwar insofern von einer „rein subjektiven" Betrachtungsweise, als der Täterwille nicht die Abgrenzungsfrage entscheidet (*Jescheck/Weigend* § 49 IV 1; *Roxin* Einführung S. 15). Er ist aber mit einem **Grundbekenntnis** zur subjektiven Theorie nicht unvereinbar (s. *Kühl* JuS **1980** 120, 121; *Lackner/Kühl/Kühl* Rdn. 11 mit Rdn. 4). Die Festlegung der Grenze zwischen Vorbereitung und Versuch lässt sich ohne Preisgabe der subjektiven Versuchslehre auch nach objektiven Maßstäben treffen, solange sie dabei auf der subjektiven Vorstellung des Täters basiert (s. *Corves* Prot. SA V S. 1652; vor § 22 Rdn. 71). Diese Entscheidung hat der Gesetzgeber in § 22 getroffen (*Streng* ZStW **109** [1997] 862, 864 f). 7

2 Dagegen *Mitsch* ZIS **2016** 352, 354 f.

## II. Begriff und Struktur des Versuchs

8 Was das Gesetz in § 22 als **„Begriffsbestimmung"** des Versuchs bezeichnet, ist in Wahrheit nur eine Bestimmung des Versuchsbeginns (s. Rdn. 1; *Sch/Schröder/Eser/Bosch* Rdn. 1; *Zaczyk* NK Rdn. 1; nicht anders § 13 Abs. 1 OWiG). Begriff und Struktur des Versuchs lassen sich daher aus der gesetzlichen Regelung nur unter Einbeziehung des im Gesetz vorausgesetzten „Wesens" des Versuchs erschließen. Danach ist für den Versuch kennzeichnend, „dass der vollständigen Erfüllung des subjektiven Tatbestands durch den Täter" zwar „ein Mangel im objektiven Tatbestand gegenübersteht" (BGHSt **36** 221, 222 f; BGH StV **1986** 201; präzisierend Rdn. 32 ff),[3] die Tat aber durch ein unmittelbares Ansetzen zur Verwirklichung des Tatbestands über das Stadium der Vorbereitung hinaus gediehen ist. In diesem Sinne ist **Versuch** die vollständig gewollte, aber unvollständig gebliebene, zwischen Vorbereitung und Vollendung liegende Tat (*Fischer* Rdn. 2; *Lackner/Kühl/Kühl* Rdn. 1; *Vogler* LK[10] Rdn. 1). Die darin enthaltene Beschreibung der **drei Elemente** des Versuchs – Nichtvollendung der Tat, Tatentschluss und unmittelbares Ansetzen zur Tat – macht deutlich, dass es einen Versuch „an sich" nicht gibt. Er ist ein **unselbständiger** Tatbestand, der sich in seinen drei Bestandteilen stets auf einen gesetzlichen Straftatbestand bezieht und hierin seine notwendige Ergänzung findet.[4]

9 Der mit dem vollständigen **subjektiven Tatbestand** gleichzusetzende „Entschluss", die Tat zu verüben, ist allerdings als subjektives Merkmal des Versuchs – anders als noch in § 43 a. F. – in § 22 nicht mehr enthalten. Auch sein wesentlicher Bestandteil, der Vorsatz (in § 26 Abs. 1 E 1962 noch neben der Vorstellung aufgeführt), ist nicht mehr genannt. Der Vorsatz ist aber in der Wendung „nach seiner Vorstellung" nach Auffassung des Gesetzgebers als Voraussetzung des Versuchs nach wie vor hinlänglich verankert (BTDrucks. V/4095 S. 11). Zu ihm treten im jeweiligen Straftatbestand des Besonderen Teils etwa verlangte Absichten, Tendenzen und Motive (Rdn. 67) ergänzend hinzu. Dieser vollständige subjektive Tatbestand beansprucht im Versuch schon angesichts der Unvollständigkeit des objektiven Tatbestands den Vorrang.[5] Ihm schreibt auch der Gesetzgeber für die Begründung schon des tatbestandsmäßigen Unrechts des Versuchs maßgebliche Relevanz zu.[6] Hinzukommen muss die **Betätigung** des Tatentschlusses durch ein Verhalten, das nach § 22 zwar nicht schon (teilweise) Verwirklichung des Tatbestandes, aber zumindest unmittelbares Ansetzen hierzu sein muss. Auf die Benennung der **Nichtvollendung** der Tat als Begriffsmerkmal des Versuchs (§ 26 Abs. 1 E 1962) oder als Voraussetzung seiner Bestrafung (§ 43 Abs. 1 a. F.) hat § 22 ohne hierauf eingehende Begründung zwar verzichtet.[7] Das ändert aber weder etwas an der unbestrittenen Einsicht, dass der Versuch als Vorstufe jeder Vollendung in dieser aufgeht,[8] noch daran, dass vom Stadium des Versuchs als eigenständiger Unrechtsform sinnvollerweise nur bis zum Eintritt der Vollendung zu sprechen ist (*Lackner/Kühl/Kühl* Rdn. 1). Das und nicht, dass bei Vollendung der Tatbestand des Versuchs nachträglich entfällt, ist seit jeher gemeint, wenn von der Nichtvollendung als einem für den Versuch „be-

---

3 *Lackner/Kühl/Kühl* Rdn. 1; *Maurach/Gössel/Zipf* AT/2 § 40 Rdn. 34.

4 Es gibt folglich nur einen Mord-, Diebstahls-, Betrugs- usw. versuch; s. *Baumann/Weber/Mitsch/Eisele* § 22 Rdn. 1; *Haft* S. 225; *Jescheck/Weigend* § 49 III vor 1; *Kühl* JuS **1980** 120, 122; *Sauermann* Versuch S. 31; *Vogler* LK[10] Vor § 22 Rdn. 16; *ders.* FS Stree/Wessels 285, 290; die Forderung, dass auch beim Versuch das Tatbild der vollendeten Tat maßgeblich prägende Merkmale objektiv gegeben sein müssten, ist daraus entgegen *T. Maier* Objektivierung S. 239 ff nicht ableitbar (s. auch vor § 22 Rdn. 12).

5 *v. Heintschel-Heinegg* Prüfungstraining Strafrecht I (1992) Rdn. 476; *Kühl* AT § 15 Rdn. 7.

6 *Blei* AT § 65 I; *Gallas* Beiträge S. 48; der Vorsatz ist beim Versuch unabhängig von Handlungs- und Unrechtslehren daher stets als subjektives Unrechtsmerkmal behandelt worden, vgl. *Roxin* AT I § 10 Rdn. 64; *Sch/Schröder/Eser/Bosch* Rdn. 3.

7 Der Grund ist darin zu vermuten, dass die hierauf ebenfalls ohne ausdrückliche Begründung (s. AE Begr. S. 61 zu § 24) verzichtende AE-Formulierung vor allem deshalb den Vorzug erhielt, „weil sie weniger pedantisch wie die in § 26 E 62 vorgeschlagene wirkt und trotzdem ausreicht" (BTDrucks. V/4095 S. 11).

8 Zweifel bei *Rath* JuS **1998** 1006.

griffsnotwendigen" negativen Merkmal die Rede ist.[9] Die die gegenteilige Aussage angreifende Kritik[10] geht daher ins Leere.

## III. Voraussetzungen des Versuchs

### 1. Nichtvollendung der Tat

**a) Vorrang der Vollendung.** Anlass zu einer Versuchsprüfung besteht nur dann, wenn es zur Vollendung der Tat nicht gekommen ist (s. Rdn. 9).[11] Schon deshalb steht die Feststellung fehlender Vollendung am Anfang. Sich dieser **Vorfrage** jedenfalls in Zweifelsfällen zunächst und genauer zuzuwenden, begegnet zudem der Gefahr, die Sachlage unangemessen zu bewerten. So kann die vorschnelle Ablehnung der Vollendung den Täter im Falle der Straflosigkeit des Versuchs,[12] eines „Rücktritts" oder des Gebrauchmachens von der Möglichkeit der Strafmilderung (§ 23 Abs. 2) zu Unrecht bevorteilen. Umgekehrt kann eine unbedachte Bejahung der Vollendung ihm die mit dem Versuch verbundenen Privilegien entziehen.[13] Bleiben tatsächliche **Zweifel**, ob die Tat vollendet oder versucht ist, so ist aufgrund des Stufenverhältnisses zugunsten des Täters von Versuch auszugehen.[14] 10

Vollendet ist die vorsätzliche Tat, sobald alle objektiven Tatbestandsmerkmale vorsätzlich verwirklicht sind,[15] (allenfalls) versucht, solange es an mindestens einem der objektiven Merkmale noch fehlt.[16] Danach ist die **Vollendung** ein formeller Begriff (vor § 22 Rdn. 18), der über die Rechtsgutsverletzung nichts aussagt.[17] Sein Inhalt richtet sich trotz seiner Erwähnung auch im Allgemeinen Teil des Strafgesetzbuchs (nämlich in §§ 11 Abs. 1 Nr. 6, 24, s. dazu *Kühl* FS Roxin [2001] 667) ausschließlich nach der gesetzlichen Beschreibung des in Frage stehenden Tatbestands. Daher lässt sich die Vollendung auch nicht allgemein, sondern nur im Hinblick auf den einzelnen Tatbestand ermitteln (BGHSt **24** 178; OLG Stuttgart Justiz **1996**, 92). Einzelheiten gehören folglich in den Besonderen Teil. Das schließt es aber nicht aus, einige wenige verallgemeinerungsfähige Aussagen auch im hier erörterten Zusammenhang zu treffen. 11

**b) Tätigkeitsdelikte.** Tätigkeitsdelikte sind bereits mit Vornahme der tatbestandsmäßigen Handlung vollendet (s. zum Unterlassen Rdn. 184 f). Daran fehlt es z. B. bei **§ 154** beim Voreid vor Abschluss der Aussage (RGSt **14** 19; *Sch/Schröder/Bosch/Schittenhelm* § 154 Rdn. 15), beim Nacheid vor der Beendigung des Schwurs (*Lackner/Kühl/Heger* § 154 Rdn. 10). Eine falsche un- 12

9 So bei *Jescheck/Weigend* § 49 III vor 1; *Sch/Schröder/Eser/Bosch* Rdn. 2; vgl. auch *Jakobs* 25/24; *Wessels/Beulke/Satzger* Rdn. 937. RGSt **41** 352, 353 sagt hierzu: „Zwar hat § 43 StGB seinem Wortlaut nach die Nichtvollendung der geplanten Tat in die Begriffsbestimmung des Versuchs aufgenommen. Damit ist aber nicht etwa ein Tatbestandsmerkmal des versuchten Verbrechens geschaffen ...; vielmehr will die Hervorhebung der Nichtvollendung nur den Versuch gegen die vollendete Straftat abgrenzen und namentlich zum Ausdruck bringen, dass die Bestrafung der einzelnen Versuchshandlung nicht neben der Bestrafung des vollendeten Verbrechens stattfinden soll ... (Subsidiarität der Strafdrohung)"; ebenso BGH GA **1956** 26, 28.

10 *Hardtung* Jura **1996** 293; *Herzberg* JuS **1996**, 377; *Hoffmann-Holland* MK Rdn. 29 f; klarstellend *Kühl* AT § 15 Rdn. 8 mit Fn. 5b; *Lackner/Kühl/Kühl* Rdn. 1.

11 Vgl. z. B. *Ambos* HK-GS § 22 Rdn. 9; *Krey/Esser* AT Rdn. 1195; *Kühl* AT § 15 Rdn. 8.

12 So z. B. im Rahmen der §§ 316, 142, 153, vgl. dazu Rdn. 12.

13 Vgl. zu diesen Gefahren *Arzt* Strafrechtsklausur S. 210; *Kühl* JuS **1980** 120, 122 f; *Sonnen/Hansen-Siedler* JA **1988** 17, 23 f; gegen eine „Vorprüfung", in der Sache aber nicht anders *Hardtung* Jura **1996** 293, 298 f; *Putzke* JuS **2009** 894, 895 f.

14 Vgl. RGSt **41** 352; BGHSt **36** 262, 268; *Fischer* § 1 Rdn. 35; *Ambos* HK-GS § 22 Rdn. 9; *Fischer* § 1 Rdn. 35.

15 BGHSt **3** 40, 43; *Fischer* Rdn. 4; *Kühl* JuS **1982** 110; *Lackner/Kühl* vor § 22 Rdn. 2.

16 *Baumann/Weber/Mitsch/Eisele* § 22 Rdn. 4; *Otto* AT § 18 Rdn. 15; *Wessels/Beulke/Satzger* Rdn. 937.

17 *Freund/Rostalski* § 8 Rdn. 28; *Jakobs* 25/1 g; *Kühl* Beendigung S. 18.

eidliche Aussage (**§ 153**) tritt erst dann in den Bereich der nur noch nach § 158 abmilderbaren[18] Strafbarkeit ein, wenn die Vernehmung abgeschlossen ist. Das ist sie nach der Rechtsprechung, wenn der Richter endgültig zum Ausdruck gebracht hat, dass er vom Zeugen keine Auskunft mehr erwartet (BGH NJW **1960** 731; BayObLG StV **1989** 251 mit Anm. *Wächtler*) und der Zeuge zu erkennen gibt, dass er seinerseits nichts mehr bekunden und das bisher Geäußerte als seine verantwortliche Aussage gelten lassen will (BGHSt **8** 301, 306, 314; *Sch/Schröder/Bosch/Schittenhelm* § 153 Rdn. 8). Nach BGHSt **35** 390 wird **§ 316** nicht bereits dadurch verwirklicht, dass der Fahruntüchtige in der Absicht, alsbald wegzufahren, den Motor seines Fahrzeugs anlässt und das Abblendlicht einschaltet, sondern erst dadurch, dass er das Fahrzeug in Bewegung setzt.[19] Zuvor handle es sich allenfalls um unmittelbares Ansetzen zur Tat und damit um Versuch, den der Gesetzgeber bewusst straflos gelassen habe. **§ 142** verlangt, dass sich der Unfallbeteiligte vom Unfallort entfernt. Hielte man das für die Beschreibung eines reinen Tätigkeitsdelikts, müsste eine „Absetzbewegung" für Vollendung schon genügen. Der heute nicht mehr strafbare Versuch wäre dann von der die Entziehung durch Flucht durch das Sichentfernen vom Unfallort ersetzenden geltenden Regelung als Vollendung erfasst. Hält man dagegen richtigerweise an einer erfolgsorientierten Auslegung fest, die verlangt, dass die Beeinträchtigung des Feststellungsinteresses wenigstens konkret denkbar ist, ist für Vollendung das Verlassen des Bereichs zu verlangen, in dem der Zusammenhang mit dem Unfall noch ohne weiteres erkennbar ist.[20]

13 Die in den hier nur beispielhaft aufgeführten Entscheidungen sichtbar werdende Tendenz der Praxis, die hinter der jeweiligen Norm stehenden Schutzgutüberlegungen und die gesetzgeberische Entscheidung gegen eine Versuchsstrafbarkeit für einen eher späten, die Vollendung keinesfalls in den materiellen Versuchsbereich vorverlegenden Zeitpunkt in Anspruch zu nehmen, verdient in dieser den Willen des Gesetzgebers achtenden Zurückhaltung Zustimmung. Dagegen werfen extensive Interpretationen, die materielle Versuchshandlungen in den Tatbestand einbeziehen, mit Blick auf Wortlaut und Unrechtsgehalt der Straftatbestände Probleme auf. Das gilt namentlich für Entscheidungen, die das **Handeltreiben** im Sinne der §§ 29, 30 BtMG in einem Stadium für vollendet erklären, das bei materieller Betrachtung dem des Versuchs (BGH StV **1992** 516; 517) entspricht. Solche Überdehnung leuchtet schon angesichts der hier gegebenen Versuchsstrafbarkeit nicht ein. Sie entzieht zudem dem noch Schwankenden Möglichkeiten der Umkehr, die ihm das Gesetz mit guten Gründen noch lässt.[21] Deshalb war es zu begrüßen, dass der 3. Senat in seinem Vorlagebeschluss an den Großen Senat den Eintritt in ernsthafte Verhandlungen für eine Vollendung des Handeltreibens nicht ausreichen lassen, sondern hierfür die Einigung zwischen Händler und Lieferanten verlangen wollte (BGH JR **2005** 258, 260).[22] Es ist zu bedauern, dass der Große Senat (BGHSt **50** 252) diesem dem Versuch einen

---

**18** Im straflosen „Versuchsstadium" kann die zunächst falsche Aussage ohne Einhaltung der Voraussetzungen des nicht einschlägigen § 24 „zurechtgerückt" und damit im Ganzen gesehen richtig werden, BGH NStZ **1982** 431, vgl. dazu *Fischer* § 153 Rdn. 11; *Lackner/Kühl/Heger* § 153 Rdn. 6; *Sch/Schröder/Bosch/Schittenhelm* § 153 Rdn. 8.

**19** *SSW/Ernemann* § 316 Rdn. 3.

**20** OLG Stuttgart JR **1981** 209 mit Anm. *Hentschel*; OLG Karlsruhe NStZ **1988** 409; *SSW/Ernemann* § 142 Rdn. 20. Vgl. zur Abhängigkeit des Vollendungszeitpunkts von der Deutung des § 142 *Kühl* JuS **1982** 110, 111; *Küper* JZ **1981** 209, 212 ff.

**21** Zu Recht zurückhaltender daher BGH StV **1981** 549; **krit.** i. S. des Textes *Paeffgen* FG BGH IV S. 722 ff; *Roxin* Anm. StV **1992** 517; *Strate* ZRP **1987** 314; s. auch die Kritik von *Zaczyk* Anm. StV **1992** 377 an der Entscheidung BGH StV **1992** 376, die die „Einfuhr" i. S. des § 30 Abs. 1 Nr. 4 BtMG früh für vollendet erklärt (vgl. auch BGHSt **31** 215; 253; BGH NStZ **1993** 287); zu weiterer Kasuistik im Nebenstrafrecht s. *Fischer* Rdn. 13 ff.

**22** Vgl. dazu *Gaede* HRRS 2005 250; *Niehaus* JR **2005** 192 sowie den Anfragebeschluss BGH StV **2003** 501 mit Bespr. *Gaede* StraFo **2003** 391, *Roxin* StV **2003** 619 und *Weber* NStZ **2004** 66. Der 2. Senat wollte an seiner bisherigen Rechtsprechung festhalten (BGH NStZ-RR **2004** 183) und betonte, dass von dem Vorschlag des 3. Senats nur erfolglose Ankaufs-, nicht aber erfolglose Verkaufsbemühungen erfasst werden (BGH StV **2005** 271); zum Zwischenstand s. *D. Schmidt* NJW **2005** 3250. Zur Entscheidung des Großen Senats s. *K. Weber* JR **2006** 139; *Winkler* NStZ **2006** 328. Zur zurückhaltenden Beurteilung der vollendeten Einfuhr in Fällen bloßer Zwischenlandung eines Betäubungsmittel-Kuriers im Inland s. BGH NStZ **2004** 693.

eigenständigen und praxisrelevanten Raum lassenden Vorschlag nicht folgt.[23] Die Aufforderung, durch ein Ausweichen in die Beihilfe[24] die angemessene Strafmilderung zu erreichen (BGHSt **50** 252, 266), ist nicht geeignet, die rechtsstaatlichen Bedenken gegen eine Überdehnung des Vollendungsstadiums auszuräumen.

Aufgrund der Tatbestandsbezogenheit des Vollendungszeitpunkts (Rdn. 11) ist die Möglichkeit der Umkehr selbst bei einem **Zurückbleiben** des **Erreichten** hinter dem **Gewollten** verwirkt, wenn das bereits Vollzogene die tatbestandlichen Anforderungen an die Tathandlung erfüllt. So liegt es z. B. dort, wo sexuelle Handlungen im Sinne der §§ 174, 176 die vom Täter erstrebte Intensität nicht erreichen (RGSt **58** 278; **69** 140, 142 f; OGH NJW **1950** 710), die nötige Geschlechtsbezogenheit (BGH NStZ-RR **1997** 292) und Erheblichkeit (§ 184h Nr. 1) aber schon aufweisen.[25] Ebenso ist ein räuberischer Angriff auf Kraftfahrer schon verübt, auch wenn sich der gewünschte Angriffserfolg nicht einstellt (*Wessels/Hillenkamp/Schuhr* Rdn. 417, 425). 14

**c) Erfolgsdelikte.** Bei den Erfolgsdelikten fehlt es an der Vollendung naturgemäß dann, wenn der tatbestandsmäßige Erfolg ausbleibt. Worin dieser Erfolg besteht, ist wiederum eine Frage des jeweiligen Tatbestands. Bei den Verletzungsdelikten muss der Verletzungserfolg, bei den **Tötungsdelikten** also etwa der Tod des Menschen eingetreten sein. Ist der Herz-Kreislauf-Stillstand noch nicht irreversibel, ist das Tötungsdelikt jedenfalls nur versucht; ganz überwiegend wird Vollendung bei Eintritt des Hirntods angenommen.[26] Konkrete Gefährdungsdelikte setzen einen Gefahrerfolg voraus, **§ 315c** z. B. die konkrete Gefährdung von Leib oder Leben eines Menschen.[27] Ist im Tatbestand eine **Drohung** verlangt, gehört zur Vollendung, dass das Opfer von der Drohung Kenntnis erlangt (so BGH JR **2005** 159 zu § 250 Abs. 2 Nr. 1 mit insoweit zust. Anm. *Gössel*).[28] Bei Äußerungsdelikten wie der **Beleidigung** oder dem **Offenbaren eines Privatgeheimnisses** ist – wie auch bei der Erregung eines öffentlichen Ärgernisses (**§ 183a**) – die Kenntnisnahme durch einen Dritten (bei § 185 ggfls. auch des Opfers) erforderlich.[29] Bleiben Gefährdung oder Kenntnisnahme aus, ist das Versuchsstadium nicht überschritten. Besteht der (erstrebte) Erfolg – wie es bei der Nötigung denkbar ist – in einem **Unterlassen**, ist die Tat in dem Zeitpunkt vollendet, in dem der Genötigte sonst die Handlung vorgenommen haben würde. Dann ist er in seiner Handlungsfreiheit beeinträchtigt. Ist die erstrebte Unterlassung – wie es bei §§ 253, 263 vorkommt – nur das den Erfolg bewirkende Verhalten, muss der Erfolg noch hinzutreten, die Nichtgeltendmachung des Anspruchs also z. B. einen Schaden bewirken (s. *Schaffstein* FS Dreher 159 ff). 15

Ein **Zurückbleiben** gegenüber dem vom Täter Erstrebten verhindert die Vollendung dagegen nicht, sofern das schon Erreichte dem Tatbestandserfolg genügt (vgl. Rdn. 14). So muss der Genötigte die verlangte Handlung nicht in vollem Umfang vorgenommen haben. Hat er mit ihrer Ausführung begonnen, ist **§ 240** erfüllt (BGH NStZ **1987** 70 mit **krit.** Anm. *Otto* JK **1987** StGB § 240/10). Hat das Nötigungsopfer im vorgesehenen Zeitpunkt von der geplanten Handlung (z. B. einer Anzeige) abgesehen, ist § 240 vollendet, auch wenn die Handlung später nachgeholt werden kann (*Schaffstein* FS Dreher 160). Die **Brandstiftung** ist vollendet, sobald die in Brand 16

23 Kritisch etwa auch *Krumdiek/Wesemann* StV **2006** 634 ff. Grundsätzlich positiv *Weber* JR **2006** 139 ff.

24 Zu den neueren Bemühungen des BGH, den Bereich der Täterschaft einzuengen, um eine „faktische Einheitstäterschaft" im Bereich des Handeltreibens zu vermeiden, BGHSt **51** 219, 221 ff; *SSW/Murmann* § 25 Rdn. 45.

25 Vgl. auch BGHSt **31** 317, 321 mit Anm. *Stree* NStZ **1983** 551: Der Tatbestand des § 99 Abs. 1 Nr. 1 „verlangt lediglich eine Tätigkeit für den Geheimdienst, nicht eine erfolgreiche" und von der Täterin eigentlich beabsichtigte „Durchführung nachrichtendienstlicher Aufträge".

26 *Murmann* Grundkurs § 21 Rdn. 16 m. w. N.

27 Wovon bei einem mitfahrenden Insassen nicht allein deshalb auszugehen ist, weil der Fahrer erheblich angetrunken ist, vgl. klarstellend BGH NStZ **1996** 83 mit zust. Anm. *Berz*.

28 Zur Entscheidung vgl. auch *Wessels/Hillenkamp/Schuhr* BT/2 Rdn. 383 m. w. N.

29 Vgl. *Roxin* AT I § 10 Rdn. 102.

gesetzte Sache vom Feuer so erfasst ist, dass ein Weiterbrennen ohne Fortwirken des Zündstoffes ermöglicht wird (BGHSt **36** 221, 222). Hieran ändert sich folglich nichts, wenn der Brand gelöscht wird, bevor der vom Täter erstrebte erhebliche Schaden (vgl. § 306e) eintritt. Wird eine geringere Menge entwendet als gewünscht, hindert das die Vollendung des **Diebstahls** oder des **Raubs**[30] ebensowenig wie die einer **Erpressung**, wo der Täter eine geringere als die verlangte Summe erhält. Hier ist mit der Vollendung der Tat der weitergehende, auf Erlangung einer höheren Summe gerichtete, aber fehlgeschlagene Versuch verbunden (BGHSt **41** 368, 371).

17 Sind tatbestandlich zusätzliche **Absichten** oder **Motive** vorausgesetzt, so gehört deren Verwirklichung bisweilen zwar zur materiellen Beendigung der Tat (s. dazu vor § 22 Rdn. 20 ff), nicht aber zum tatbestandlichen Erfolg. Daher scheitert weder beim **Betrug** noch bei der **Erpressung** die Vollendung daran, dass der Täter die erstrebte Bereicherung nicht erzielt (BGHSt **19** 342). Gleiches gilt für die **Urkundenfälschung** in ihren beiden ersten Alternativen, wenn es zur beabsichtigten Täuschung im Rechtsverkehr nicht kommt (*Jakobs* 25/1g, 2). **Mord** zur Befriedigung des Geschlechtstriebes setzt für Vollendung keine Motivationserfüllung voraus (BGH NJW **1982** 2565). Dagegen liegt nach Rspr. und h. L. nur ein fehlgeschlagener Versuch vor, wenn sich die nach § 242 oder § 249 erforderliche Zueignungsabsicht auf den Inhalt eines weggenommenen Behältnisses bezieht, der Täter sich aber über den Inhalt des Behältnisses in einem Irrtum befindet und er an der tatsächlich dort befindlichen Sache kein Interesse hat.[31] Ein zusätzliches Problem ist hier freilich die Konkretisierung der materialen Kriterien für die Beantwortung der Frage, wann eine die Vollendung tragende Übereinstimmung zwischen Tätervorstellung und Behältnisinhalt gegeben ist. Macht sich der Täter konkrete Vorstellungen (z. B.: Bargeld), so fehlt es nach diesem Ansatz jedenfalls dann an der erforderlichen Übereinstimmung von Zueignungsabsicht und deren Gegenstand, wenn letzterer ohne wirtschaftlichen Wert für den Täter ist. Hier kommt dann nur Versuch in Betracht (BGH NStZ **2004** 333; BGH StV **2010** 22; BGH NStZ-RR **2010** 75). Andererseits ändert sich an der Vollendung nichts, wenn sich der Gegenstand, auf den sich die Zueignungsabsicht bezog, nachträglich als für den angestrebten weiteren Zweck untauglich erweist (BGH NStZ **2004** 386).

18 **d) Gründe der Nichtvollendung.** An welchen Tatbestandsvoraussetzungen es für die Vollendung fehlt, ist für die Nichtvollendung selbst ohne Bedeutung.[32] Dass der Erfolg nicht eingetreten ist, kann z. B. auf der Untauglichkeit des Mittels oder der Untauglichkeit des Objekts oder auf beidem beruhen, aber auch darauf, dass der (taugliche) Versuch aufgegeben wird oder fehlschlägt. Das Scheitern der Vollendung kann seine Ursache ferner in fehlender Täterqualität oder darin haben, dass das Geschehen nicht dort stattfindet, wo es nach dem Tatbestand stattfinden muss (z. B. im öffentlichen Straßenverkehr, § 315c). Auch bei Tätigkeitsdelikten kann die Vollendung etwa wegen Untauglichkeit des Handlungsobjekts oder daran scheitern, dass die Tat nur bis in das Versuchsstadium vorangetrieben wurde. Da alle Gründe gleichermaßen der Vollendung entgegenstehen, kommt es auf ihre Grundlage nicht an. Sie gewinnt erst bei der Versuchsprüfung Bedeutung. Hier kann mit Rücksicht auf den Grund und Grad der Untauglichkeit des Mittels oder Objekts Strafmilderung oder Straflosigkeit (§ 23 Abs. 3) und bei der Untauglichkeit des Subjekts statt eines Versuchs auch ein Wahndelikt in Betracht kommen (Rdn. 305 ff). Für

---

**30** Zur zweifelhaften Einordnung des Diebstahls als Erfolgsdelikt vgl. *Kindhäuser* NK § 242 Rdn. 5 ff; die gewaltsame Wegnahme einer Jacke, um darin – vergeblich – nach Geld zu suchen, führt dagegen nicht zur Vollendung des Raubs (BGH StV **1983** 460; **1987** 245); zur Abgrenzung von Versuch und Vollendung beim räuberischen Diebstahl s. *Küper* Jura **2001** 21.

**31** BGH StV **1990** 408; NStZ **2004** 333; NStZ **2006** 686, 687; NStZ-RR **2013** 309; Kriminalistik **2016** 768; Kriminalistik **2017** 750; Kriminalistik **2018** 156; NJW **2019** 2868 *Sch/Schröder/Bosch* § 242 Rdn. 63; *Kudlich/Oğlakcıoğlu* JA 2012, 324; *Streng* JuS **2007**, 424; *SSW/Kudlich* § 242 Rdn. 38. Dagegen eingehend für die Auffassung, dass solche Fehlvorstellungen als bloße Motivirrtümer irrelevant seien, *Böse* GA **2010** 252 ff.

**32** *Sch/Schröder/Eser/Bosch* Rdn. 6; *Vogler* LK[10] Rdn. 126.

den Rücktritt kann die Entscheidung zwischen untauglichem und fehlgeschlagenem Versuch und die Tatsache der Aufgabe Bedeutung gewinnen.

**e) Problemfälle.** Die Feststellung des Ausbleibens der Vollendung kann Auslegungsprobleme aufwerfen, die die Tatbestände des besonderen Teils betreffen.[33] Das gilt etwa für die Fragen, wann eine konkrete Vermögensgefährdung schon „schadensgleich“,[34] wann (z. B. in Selbstbedienungsläden) durch die Wegnahmehandlung ein Gewahrsamswechsel schon bewirkt[35] oder wann ein Gebäude schon in Brand gesetzt[36] ist. Bisweilen sind Schutzzweckerwägungen ausschlaggebend. So kann es an der Vollendung z. B. einer Geldfälschung (BGHSt **34** 108),[37] einer Hehlerei (BGHSt **43** 110), einer Geldwäsche (BGH StV **1999** 94) oder eines Handeltreibens im Sinne von § 29 Abs. 1 Nr. 1 BtMG (BGH StV **1981** 549) fehlen, wenn inkriminierte Gegenstände nur in die Hand verdeckter Ermittler verschoben werden. Bisweilen ist als Vorfrage zu klären, ob ein von der Handlung getrennter Erfolg überhaupt verlangt ist. Dass beispielsweise beim Absetzen oder bei der Absatzhilfe ein Absatzerfolg ausbleibt, kann nur dann eine vollendete Hehlerei verhindern, wenn man den Absatzerfolg zur Voraussetzung dieser Tatvarianten macht.[38] 19

**aa) Kausalität, tatbestandsmäßiges Verhalten und objektive Zurechnung.** Der tatbestandsmäßige Erfolg ist auch ausgeblieben, wenn zwar äußerlich betrachtetet dessen naturalistische Voraussetzungen (etwa die Verletzung oder der Tod eines Menschen) vorliegen, diese Gegebenheiten dem Täter aber nicht zugerechnet werden können.[39] Wann das so ist, ist eine Frage der Lehren von **Kausalität, tatbestandsmäßigem Verhalten** und **objektiver Zurechnung.** 20

Bereits an der **Kausalität fehlt** es etwa, wenn ein späteres Ereignis ganz unabhängig von der früher gesetzten Bedingung eine neue Ursachenreihe eröffnet, die nicht an die vom Täter gesetzte anknüpft, sondern allein den Erfolg bewirkt (s. RGSt **69** 44, 47; BGH NStZ **1989** 431). Hier spricht man von „überholender“ Kausalität, die nur eine versuchte Tat übrig lässt.[40] Darüber hinaus kann nach der Rechtsprechung der nötige Ursachenzusammenhang auch dann ausbleiben, wenn z. B. beim Betrug die Verfügung durch den Irrtum nicht einmal mitbedingt (BGHSt **13** 13; *Roxin* AT I § 11 Rdn. 31; *Wessels/Hillenkamp/Schuhr* Rdn. 524) oder wenn bei einer 21

33 Vgl. *Kühl* Jus **1980** 120, 122 ff; **1982** 110 ff; **2002** 730; *Sonnen/Hansen-Siedler* JA **1988** 17, 22 ff; Beispiele aus dem Nebenstrafrecht bei *Mack* (S. 23, 77, 83, 84, 86, 88, 89, 102, 106, 124, 128, 129, 131, 134 und OLG Düsseldorf NJW **2005** 1960 (zur Steuerhinterziehung durch Nichtabgabe einer Einkommensteuererklärung in Fällen des Erlasses eines Schätzungsbescheides nach und vor Veranlagungsschluss) sowie BGH NStZ-RR **2016** 172 m. Anm. *Gehm* NZWiSt **2016** 242 (zum Eintritt des Taterfolgs bei Steueranmeldungen [§ 150 Abs. 1 S. 3 AO] – konkret: Umsatzsteuervoranmeldungen – erst dann, wenn sie unter den Voraussetzungen des § 168 AO einer Steuerfestsetzung unter Vorbehalt der Nachprüfung gleichstehen); auch BGH wistra **2016** 112.

34 Zum begrifflichen Problem der Rede von einer „schadensgleichen Vermögensgefährdung“ BGH NJW **2009** 2390, 2391. Besser „schadensbegründend“, vgl. *Küper* S. 372; zum Problem beim Betrug vgl. nur *Tiedemann* LK[12] § 263 Rdn. 168 ff; *Sch/Schröder/Perron* § 263 Rdn. 143 ff; bei der Untreue, bei der mangels Strafbarkeit des Versuchs hiervon die Strafbarkeit überhaupt abhängt, s. *Murmann* Jura **2010** 561 ff; *Schünemann* LK[12] § 266 Rdn. 177 ff; bei der Erpressung s. BGH StV **1998** 80; 661.

35 BGH NStZ **1987** 71; OLG Karlsruhe NStZ-RR **2005** 140, 141; *Heintschel-Heinegg* Rdn. 489 ff; *Wessels/Hillenkamp/Schuhr* Rdn. 121 ff, zu Selbstbedienungsläden Rdn. 125 ff; BGHSt **41** 198, 204 ff; OLG Düsseldorf NJW **1988** 922; BayObLG StV **1998** 205.

36 Vgl. *Lackner/Kühl/Heger* § 306 Rdn. 3 m. w. N.

37 Vgl. auch BGH NStZ-RR **2002** 302 m. w. N.

38 Was die Rechtsprechung seit BGHSt **59** 40 entgegen der früheren Rechtsprechung (BGHSt **27** 45; BGH NJW **1990** 2897; BGH wistra **2006** 16) verlangt.

39 *Haft* AT S. 225; *Hauf* S. 112; *Jäger* SK Rdn. 2; *Krey/Esser* AT Rdn. 1195; *Kühl* AT § 15 Rdn. 10; *Wessels/Beulke/Satzger* Rdn. 937.

40 So z. B. im sog. Bratpfannenfall BGH NJW **1966** 1823; es ist allerdings zweifelhaft, ob die Kausalitätsfrage dort richtig beurteilt worden ist, vgl. *Wessels/Beulke/Satzger* Rdn. 235.

Erpressung die Zahlung nicht unter dem Druck der Drohung, sondern ausschließlich deshalb erfolgt ist, weil die Polizei dazu aus ermittlungstaktischen Gründen rät (BGH StV **1998** 78). Auch dann kommt nur Versuch in Betracht. Inwieweit hierbei „irgendeine ursächliche Verknüpfung" durch eine „spezifischere" zu ersetzen ist, ist eine Frage des Besonderen Teils (s. z. B. BayObLG NStZ **1990** 281 zu § 240), die dort in Abhängigkeit zum jeweiligen Tatbestand zu beantworten ist. Fällen objektiv fehlender stehen im Verfahren Fälle **nicht nachgewiesener** Kausalität gleich (BGHSt **36** 1 mit Anm. *Helgerth* NStZ **1989** 117).[41]

22 Während ein fehlender Kausalzusammenhang unstr. den objektiven Tatbestand ausschließt und damit grundsätzlich den Anwendungsbereich des Versuchs eröffnet, bleiben Fälle zu diskutieren, in denen der kausale Verlauf ungewöhnlich ist und **vom vorgestellten Verlauf abweicht.** Die tradierte Lehre und die Rechtsprechung, derzufolge sich die Tatbestandsverwirklichung bei Erfolgsdelikten objektiv in der kausalen Erfolgsherbeiführung nach den Maßstäben der Äquivalenztheorie erschöpfte, konnte selbst gravierende Abweichungen vom vorgestellten und erwartbaren Kausalverlauf nicht aus dem Bereich des objektiven Tatbestandes ausscheiden. Die Lösung wurde dann im Bereich des Vorsatzes mit Hilfe der Lehre vom **Irrtum über den Kausalverlauf** gesucht.[42] Dieser Lehre liegt die Annahme zugrunde, dass sich der Vorsatz auf den Geschehensverlauf erstrecken, nicht aber alle seine ohnehin nicht vorhersehbaren Einzelheiten erfassen muss. Selbst wenn ein Kausalverlauf im Rahmen des Vorhersehbaren liegt, wird zusätzlich noch Bedarf nach einer Einschränkung dergestalt gesehen, dass eine wertungsmäßige Vergleichbarkeit von tatsächlichem und vorgestelltem Kausalverlauf zu fordern sei. Aus beiden Komponenten hat sich die klassische Formel entwickelt, wonach Abweichungen gegenüber dem vorgestellten Verlauf regelmäßig dann den Vorsatz nicht ausschließen, „wenn sie sich noch innerhalb der Grenzen des nach allgemeiner Lebenserfahrung Voraussehbaren halten und keine andere Bewertung der Tat rechtfertigen" (BGHSt **7** 325, 329; **23** 135; **38** 32, 34). Liegt es in einer der beiden Richtungen anders, entfällt hiernach aufgrund eines Tatbestandsirrtums der Vorsatz bezogen auf den tatsächlichen Verlauf. Soweit sich der Täter einen Verlauf vorgestellt hat, der bei Richtigkeit dieser Vorstellungen einem Straftatbestand subsumierbar wäre, kommt eine Versuchsstrafbarkeit in Betracht.[43]

23 Wenn auch den so erzielten Ergebnissen im Regelfall zuzustimmen ist, kann die Begründung nicht überzeugen, weil so der objektive Tatbestand als typisiertes Unrecht unterbestimmt bleibt.[44] Richtigerweise setzt die Erfüllung des objektiven Tatbestandes den Verstoß gegen eine Verhaltensnorm voraus, so dass der Täter stets eine **rechtlich missbilligte Gefahr** für das tatbestandlich geschützte Rechtsgut schaffen muss, die sich dann **im Erfolg realisiert** (Pflichtwidrigkeits- und Schutzzweckzusammenhang).[45] Fehlt es nur an einer dieser Voraussetzungen, so fehlt es an einer tatbestandsmäßigen Ausführungshandlung (wenn schon keine rechtlich missbilligte Gefahrschaffung vorliegt) oder an der objektiven Zurechnung (bei fehlendem Pflichtwidrigkeits- oder Schutzzweckzusammenhang; mitunter wird auch das Fehlen der rechtlich missbilligten Gefahrschaffung in der objektiven Zurechnungslehre verortet). Wann dies der Fall ist, ist eine Frage des objektiven Tatbestandes, zu dessen Interpretation die Lehren vom tatbestandsmäßigen Verhalten (grundlegend *Frisch* Tatbestandsmäßiges Verhalten) und von der objektiven Zurechnung (grundlegend *Roxin* FS Honig 133 ff) herangezogen werden.[46]

24 **bb) Fehlen des subjektiven Rechtfertigungselements.** Umstritten ist, ob und inwieweit eine Vollendungsstrafbarkeit ausscheidet, wenn der Täter eine **objektiv** vorliegende **Rechtferti-**

---

41 Vgl. zu Zweifelsfällen auch BGHSt **32** 25, 27; BGH StV **1986** 200; *Lackner/Kühl/Heger* vor § 13 Rdn. 11.

42 *Blei* AT § 66 IV; *Heintschel-Heinegg* Rdn. 478; *Sch/Schöder/Eser/Bosch* Rdn. 7; *Vogler* LK[10] Rdn. 127.

43 Vgl. *Jescheck/Weigend* § 29 V 6 b; *Vogler* LK[10] Aufl. Rdn. 127.

44 Eingehend zur Abweichungslehre und der verfehlten Verortung der dort erörterten Probleme im Bereich des Vorsatzes *Frisch* Tatbestandsmäßiges Verhalten S. 457 ff.

45 Überblick bei *Murmann* Grundkurs § 23 Rdn. 28 ff.

46 Zusammenfassend *Zieschang* HdbStrR § 33 Rdn. 35 ff.

**gungslage nicht erkennt.** So liegt es etwa dort, wo sich ein durch eine rechtswidrige Vollstreckungshandlung Betroffener in Unkenntnis der Unrechtmäßigkeit der Amtshandlung mit einer objektiv durch Notwehr gerechtfertigten Körperverletzung des Amtsträgers zur Wehr setzt (KG GA **1975** 213),[47] oder dort, wo ein Arzt die objektiv gegebene medizinische Indikation für einen Schwangerschaftsabbruch nicht kennt (BGHSt **38** 144).[48] In solchen Fällen ist der Erfolg zurechenbar bewirkt. Eine im Vordringen befindliche Literaturauffassung und ein Teil der Rechtsprechung votieren zu Recht (entgegen einer älteren Rechtsprechung, BGHSt **2** 111) gegen eine Vollendungsstrafbarkeit und für die Anwendung der Regeln zum (untauglichen) Versuch, da das **Erfolgsunrecht** durch das Vorliegen der objektiven Voraussetzungen der Rechtfertigung **entfällt** (näher Rdn. 255).

In Fällen einer **Einwilligung** muss nur dann auf die entsprechende Anwendung der Versuchsregeln zurückgegriffen werden, wenn die Einwilligung lediglich rechtfertigend wirkt. 25
Schließt sie bereits den Tatbestand aus, sind die Versuchsregeln unmittelbar anzuwenden (*Roxin* AT I § 13 Rdn. 9, 118 ff).[49] Insoweit gilt dann nichts anderes als beim tatbestandsausschließenden **Einverständnis.** Das zeigt sich am Beispiel der Diebesfalle, bei der dem Täter das die Wegnahme ausschließende Einverständnis unbekannt ist. Hier liegt ein untauglicher Diebstahlsversuch vor.[50] Schließlich ist die **Unkenntnis** eines die **Rechtswidrigkeit** ausschließenden Sachverhalts nicht stets mit dem Fehlen des subjektiven Rechtfertigungselementes identisch. Hat der Täter eines Diebstahls, Raubs, Betrugs oder einer Erpressung einen fälligen und einredefreien Anspruch auf die begehrte Sache, fehlt es nach heute herrschender Meinung[51] an der Rechtswidrigkeit der erstrebten Zueignung bzw. Bereicherung. Folglich kann er schon den Tatbestand nicht vollenden. Weiß er von seinem Anspruch nichts, führt das „direkt" in den untauglichen Versuch (s. Rdn. 252; BGHSt **42** 268, 272 f).[52]

## 2. Strafbarkeit des Versuchs

Da die Tatbestände des Besonderen Teils wie auch des Nebenstrafrechts die Erfüllung aller 26
Merkmale verlangen, die eine formelle Vollendung begründen, kommt eine Strafbarkeit des Versuchs nach dem Grundsatz nullum crimen, nulla poena sine lege (Art. 103 Abs. 2 GG, § 1) nur aufgrund einer gesetzlichen Anordnung in Betracht.[53] **§ 23** ist die erforderliche **Strafausdehnungsnorm.** Da in § 23 Abs. 1 ebenso wie dort, wo die Versuchsstrafbarkeit eines Vergehens ausdrücklich angeordnet ist, nur von „Versuch", nicht aber von seinen Elementen die Rede ist, bildet **§ 22** die zur Anordnung der Versuchsstrafbarkeit in § 23 durch das **Bestimmtheitsgebot** unabweisbar verlangte Ergänzung. Obwohl die Vorschrift knapp gefasst und gegenüber ihrer Vorgängerin merkmalsärmer ist, ändern die verbleibenden Auslegungsspielräume nichts an der hinreichenden Bestimmtheit von § 22 (auch im Zusammenspiel mit § 23).[54]

---

47 Zu einem erdachten Notwehrfall vgl. *Spendel* LK[11] § 32 Rdn. 140.

48 Zu einem erdachten Notstandsfall vgl. *Joerden* JuS **1996** 622.

49 Überblick zum Meinsungsstand bei *Murmann* Grundkurs § 25 Rn. 121 ff. Vertiefend für die Rechtfertigungslösung *Murmann* Die Selbstverantwortung des Opfers im Strafrecht (2005) S. 369 ff.

50 Vgl. BGHSt **4** 199; dazu, inwieweit in solchen Fällen auch das tatbestandliche Unrecht der Unterschlagung ausgeschlossen sein kann, vgl. OLG Celle JR **1987** 253 mit **krit.** Anm. *Hillenkamp*; *Geppert* Anm. JK **1992** StGB § 242/15; *Krey/Hellmann/Heinrich* BT/2 Rdn. 41 f; *Rengier* BT/1 § 2 Rdn. 67.

51 Vgl. *Wessels/Hillenkamp/Schuhr* Rdn. 200 f, 585 ff.

52 Der subjektive Tatbestand ist in solchen Fällen vollständig, weil der Täter neben dem Vorsatz die Absicht rechtswidriger Zueignung bzw. Bereicherung hat; für vollendete Tat in solchen Fällen *Gössel* GedS Zipf 215, 228.

53 Vgl. dazu *Kühl* AT § 15 Rdn. 2; *Naucke* § 6 Rdn. 114; *Stratenwerth/Kuhlen* § 11 Rdn. 11.

54 Der von *Naucke* § 6 Rdn. 27 in diesem Zusammenhang gebrauchte Begriff „Spielraum" führt allerdings in die Nähe der Verletzung des Bestimmtheitsgebots. Gemeint sind aber Auslegungsdifferenzen, die auch die im Urteil von *Blei* JA **1975** 95 „gesetzestechnisch vorzügliche Bestimmung" des § 43 a. F. bekanntlich nicht ausschloß.

27 Von der Strafbarkeit ausgeschlossen ist nach § 22 fahrlässiges Verhalten.[55] Das folgt aus der Formulierung „nach seiner Vorstellung", die vorsätzliches Handeln voraussetzt (BTDrucks. V/ 4095 S. 11).[56] Damit ist nicht entschieden, dass ein **fahrlässiger Versuch** „nicht denkbar" (AE Begr. S. 61), sondern nur, dass er nach der gesetzlichen Regelung ausgeschlossen ist.[57] Die Frage ist daher de lege lata nur von theoretischem Interesse (s. vor § 22 Rdn. 15 f).

### 3. Subjektiver Tatbestand

28 **a) Verhältnis zum objektiven Tatbestand.** Wie das vollendete so kennt auch das versuchte Delikt objektive und subjektive Merkmale. Dabei kommt dem subjektiven Tatbestand eine gewisse Vorrangstellung in dem Sinne zu, dass nur die Kenntnis dessen, was sich der Täter zu tun oder zu unterlassen vorgenommen hat, die Feststellung erlaubt, ob und nach welchem Tatbestand eine Versuchsstrafbarkeit in Betracht kommt und ob zur Tatbestandsverwirklichung unmittelbar angesetzt wurde. Die Unvollständigkeit des objektiven Tatbestandes zwingt zur „Grundlegung"[58] des subjektiven, der wie bei der vollendeten Tat vollständig gegeben sein muss. Zu ihm gehören deshalb neben dem Vorsatz (Rdn. 29 ff) auch die vom Tatbestand etwa geforderten subjektiven Unrechtselemente (Rdn. 67 ff). Auch wenn § 22 im Gegensatz zu § 43 a. F. den beides umfassenden „Entschluss, ein Verbrechen oder Vergehen zu verüben" nicht mehr nennt (Rdn. 9), hat sich insoweit das Recht nicht verändert. Daher bleibt die ältere Rechtsprechung hierzu verwertbar (*Vogler* LK[10] Rdn. 2). An der etablierten Bezeichnung des subjektiven Versuchstatbestands als **„Tatentschluss"** kann ohne Bedenken festgehalten werden.[59] Er gibt der Unvollkommenheit der Tat gegenüber dem Vorhaben Ausdruck (*Rath* JuS **1998** 1006, 1011) und betont die Notwendigkeit eines endgültigen (*Otto* JA **1980** 641, 642) „inneren Rucks" (*Roxin* GedS Schröder 145, 159). Die an dem Begriff geübte Kritik, welche rügt, dass er die inhaltliche Übereinstimmung mit dem subjektiven Tatbestand des Vorsatzdelikts verneble,[60] ist angesichts des tatsächlich erforderlichen Differenzierungsbedarfs (Rdn. 29 ff) in Wahrheit ein Vorzug.[61]

29 **b) Vorsatz.** Das Vorsatzerfordernis ist mit den Worten „Vorstellung von der Tat" (s. dazu Rdn. 115 ff) hinlänglich zum Ausdruck gebracht (Rdn. 2, 9; zur Frage des fahrlässigen Versuchs s. Rdn. 27; vor § 22 Rdn. 15 f).[62] Freilich ist damit noch nicht geklärt, was unter Vorsatz zu verstehen ist. Diese Frage betrifft aber in dieser Allgemeinheit nicht spezifisch den Versuch. Insoweit ist aber zu klären, ob der Vorsatz, wie er für das vollendete Delikt entwickelt wurde, auf den Versuch übertragbar ist oder ob für den Versuch ein eigenständiger Vorsatzbegriff zu entwickeln ist. Die h. M. versteht unter Vorsatz den **Willen zur Verwirklichung eines Straftatbestandes in Kenntnis aller seiner objektiven Umstände**[63] und erklärt den herausgehobenen Charakter des Vorsatzdelikts damit, dass der Vorsatztäter eine **Entscheidung gegen das rechtlich ge-**

---

55 *Fischer* Rdn. 8a; *Frister* 23/5; *Sch/Schröder/Eser/Bosch* Rdn. 22.
56 **AA** *Mitsch* ZIS **2016** 352, 356.
57 Allein diese gegenüber der Begründung zum AE (ebenso *Corves* Prot. SA V 1652) zurückhaltendere Aussage, die sich deutlich so zu dem den Vorsatz sogar neben der Vorstellung noch ausdrücklich zitierenden § 26 E 1962 (Begr. S. 144) und zum geltenden Recht (BTDrucks. V/4095 S. 11) findet, entspricht der gesetzgeberischen Zuständigkeit.
58 *Streng* ZStW **109** (1997) 862, 866 f; s. *Kühl* AT § 15 Rdn. 17, 39; *Rath* JuS **1998** 1006, 1010 f.
59 Das geschieht ebenso bei *Gropp* § 9 Rdn. 18; *Jäger* SK Rdn. 4; *Kühl* JuS **1980** 120, 124; *Kratzsch* JA **1983** 578, 583; *Lackner/Kühl/Kühl* Rdn. 2; *Roxin* AT II § 29 Rdn. 59 ff; *Wessels/Beulke/Satzger* Rdn. 939; abl. *Spielmann* S. 34 ff.
60 *Baumann/Weber/Mitsch/Eisele* § 22 Rdn. 31.
61 Vgl. *Zaczyk* NK Rdn. 13.
62 Vgl. *Ambos* HK-GS Rdn. 11; *Roxin* AT II § 29 Rdn. 60.
63 *Wessels/Beulke/Satzger* Rdn. 316.

**schützte Gut** trifft.[64] Dieser Vorsatzbegriff soll nach überwiegender Auffassung bei versuchtem und vollendetem Delikt der gleiche sein (s. zum Vorsatz beim Unterlassungsversuch vor § 22 Rdn. 110).[65] So heißt es in der Vorauflage (*Hillenkamp* LK[12] Rdn. 31), der Vorsatz müsse „im Zeitpunkt des Versuchsbeginns vollständig vorliegen und die Tathandlung bis zur Versuchsbeendigung tragen", weshalb „der Unterschied nicht im Vorsatz, sondern nur in dessen Vollzug" liege.[66] Das verlangt zumindest einige **Klarstellungen** und **Präzisierungen:**

**aa) Verhältnis zum Vorsatz beim vollendeten Delikt.** Eine erste Klarstellung betrifft das Element des **„Wissens"** im Tatentschluss. Die herkömmliche Vorstellung, wonach Wissen als Kenntnis tatsächlicher Umstände oder Vorgänge verstanden wird, kann auf den Vorsatz beim Versuch nicht ohne weiteres übertragen werden.[67] Da Grundlage des Vorsatzes die Vorstellungen des Täters von der Tat sind und diese mit der Wirklichkeit nicht übereinstimmen müssen (wie sich besonders am untauglichen Versuch zeigt), kann ein solches Wissen bezogen auf die Wirklichkeit von vornherein beim Versuch nicht vorausgesetzt werden. „Wissen" bezieht sich hier also nicht auf die Wirklichkeit, sondern ist eine für wahr gehaltene **Vorstellung von der Wirklichkeit**. Für den inneren Sachverhalt macht das freilich keinen Unterschied, die subjektive Annahme eines Wissens besteht unabhängig davon, ob die Vorstellung des Täters von der Wirklichkeit zutrifft oder nicht.[68] 30

Hintergrund weiterer Präzisierungen ist die Einsicht, dass der Vorsatz keine gedankliche Haltung ist, die losgelöst von der äußeren Umsetzung besteht. Der Vorsatz ist vielmehr die innere Seite der Tat und erhält seine Qualität gerade dadurch, dass er nicht lediglich in einem abstrakten Bezug zu den äußeren Ereignissen steht, sondern die **Tatausführung determiniert.**[69] Diese Determination gelingt zur Gänze[70] freilich nur beim vollendeten Delikt, während sie beim Versuch (zumindest partiell) in der Tätervorstellung verbleibt. Die äußere Tatseite bleibt aber in jedem Fall Ausdruck der inneren Tatseite, wenn auch beim Versuch vor dem Hintergrund der subjektiven Unrechtsbegründung nicht die tatsächliche Geschehensgestaltung den Ausschlag gibt, sondern die im äußeren Geschehen liegende Manifestation des rechtsfeindlichen Willens, der sich in **vorgestellter Wirkmacht** äußert.[71] 31

**64** *Kühl* AT § 5 Rdn. 11; *Murmann* Grundkurs § 24 Rdn. 7. Eingehend *Frisch*, Vorsatz und Risiko, S. 33 ff, 102 ff.

**65** *Baumann/Weber/Mitsch/Eisele* § 22 Rdn. 31; *Frisch* Rechtfertigung S. 268; *Gropp* § 9 Rdn. 21; *Jäger* SK Rdn. 4; *Kühl* AT § 18 Rdn. 143; *Roxin* AT II § 29 Rdn. 71; *Wessels/Beulke/Satzger* Rdn. 939. **Dagegen** *Streng* ZStW **109** (1997) 862, 870 f; *C. Jung* JA **2006** 229 ff; *Schumann* ZStW **130** (2018) 1, 17; *Spielmann* S. 34 ff, 64; *Murmann* Versuchsunrecht S. 8 ff; *Struensee* GedS Armin Kaufmann 523 ff (mit daraus abgeleiteten Bedenken gegen die – gleiche – Strafwürdigkeit des unbeendeten Versuchs); s. auch *Sancinetti* Subjektive Unrechtsbegründung S. 63 ff, *Jan Schröder* Tatentschluß S. 72 ff.

**66** So etwa auch *Ambos* HK-GS Rdn. 11; *Jakobs* 25/24; *Lackner/Kühl/Kühl* Rdn. 1; *Rath* JuS **1998** 1006, 1007, 1011.

**67** Zutreffend *Streng* ZStW **109** (1997) 862, 870; auch *Schumann* ZStW **130** (2018) 1, 17 f.

**68** **AA** offenbar *Streng* ZStW **109** (1997) 862, 870 f, der den Begriff des Wissens für den Fall einer Kongruenz von innerem und äußerem Sachverhalt reservieren will und das Vorstellungsbild des Versuchstäters als voluntativ geprägten Vorsatz interpretiert. Aber es trifft den psychischen Sachverhalt nicht, wenn hier von einem voluntativen Element gesprochen wird. Auch *Kim* S. 52 ff, will den Vorsatzbegriff auf die Konstellation beschränken, in der tatsächlich ein Risiko geschaffen wird.

**69** Vgl. *Baumann/Weber/Mitsch/Eisele* § 22 Rdn. 31; *Schuhr* HRRS **2014** 402; *Streng* ZStW **109** (1997) 862, 869; *Zaczyk* NK Rdn. 13.

**70** Freilich ist die Frage, wann eine Determination des äußeren Geschehens im Sinne des jeweiligen Tatbestandes „gelungen" ist, auch beim vollendeten Delikt insoweit normativ zu beantworten, als gewisse Abweichungen des tatsächlichen Geschehensverlaufs von den Vorstellungen des Täters für die Vollendung als irrelevant anzusehen sind.

**71** *Streng* ZStW **109** (1997) 862, 880.

32 **bb) Vorsatzzeitpunkt und Vorsatzentwicklung.** Damit lässt sich hinsichtlich des **Zeitpunkts**, in dem der Tatentschluss (und auch der Vorsatz) vorliegen muss, eine Präzisierung vornehmen: häufig wird der Eindruck vermittelt oder auch explizit die Auffassung vertreten, der Tatentschluss liege bereits vor dem Eintritt in das Versuchsstadium vor und das unmittelbare Ansetzen komme dann hinzu und führe zum Versuchsbeginn.[72] Dieser Eindruck entspricht dem gutachterlichen Prüfungsschema, in dem zunächst das Vorliegen des subjektiven Versuchstatbestands noch ohne Rücksicht auf die äußere Tatseite festgestellt wird. Richtigerweise korrespondieren subjektiver und objektiver Versuchstatbestand aber. Zum „Tatentschluss" im Sinne des Versuchsplans wird ein Tatvorhaben **erst mit dem unmittelbaren Ansetzen.**[73] Erst in diesem Zeitpunkt lässt sich die Annahme begründen, dass der Täter die das Vorsatzunrecht kennzeichnende „Entscheidung gegen das tatbestandlich geschützte Rechtsgut" getroffen hat. Für jeden zuvor gefassten Plan, dessen tätige Umsetzung nicht durch eine andere, die Vorfeldstrafbarkeit anordnende Norm erfasst ist, ist die Vorläufigkeit und Unverbindlichkeit durch die Einordnung als Vorbereitungshandlung anerkannt (vgl. vor § 22 Rdn. 5 ff). Das zeigt sich auch daran, dass sich das unmittelbare Ansetzen nur auf der Grundlage der gerade zu diesem Zeitpunkt vorliegenden Vorstellung bestimmen lässt. Jede frühere Tatplanung ist ohne Relevanz, wenn sie nicht auch im Zeitpunkt des unmittelbaren Ansetzens durchgehalten wird (vgl. Rdn. 117). Die Unverbindlichkeit jeder vorhergehenden Planung hat zur Konsequenz, dass die vorab zu erörternde Frage der Tatentschlossenheit zunächst nur einen psychischen Sachverhalt zum Gegenstand hat, dessen rechtliche Qualität als Tatenschluss erst feststeht, wenn sich der Wille objektiv in einem unmittelbaren Ansetzen realisiert hat. In diesem Sinne lässt sich mit *Puppe* (GA **1985** 101, 117) sagen: „Der strafrechtlich relevante Tatentschluss entsteht also erst mit und in der Tat. Wie der Wille die Tat, so macht erst die Tat den Willen". Freilich bleibt auch mit dem Eintritt in das Versuchsstadium vor Vornahme der Ausführungshandlung noch die Möglichkeit, den Tatentschluss aufzugeben. Lediglich die erfahrungsbasierte Annahme, dass ein unmittelbar vor Vornahme der Ausführungshandlung bestehender Entschluss auch bis zu deren Vornahme durchgehalten wird, legitimiert insoweit die Bejahung eines Tatentschlusses (näher Rdn. 36 f). Daran wird ein Unterschied zum Vorsatz im Sinne von § 16 deutlich: Der Tatentschluss setzt zeitlich früher an als der auf die Ausführungshandlung bezogene Vorsatz und erweitert dessen Gegenstand.[74]

33 Die Einsicht, dass ein Tatentschluss erst mit Eintritt in das Versuchsstadium vorliegt, hat **Auswirkungen auf die Beteiligung im Vorbereitungsstadium**: Der von der h. M. vertretenen Lehre vom omnimodo facturus liegt die Annahme zugrunde, dass bereits im Vorbereitungsstadium ein fester Tatentschluss vorliegen könne, der eine **Anstiftung** ausschließt.[75] Folgt man dagegen der Einsicht, dass ein rechtlich relevanter Tatentschluss, der „die Feuerprobe der kritischen Situation bestanden hat",[76] erst ab Versuchsbeginn vorliegen kann, so ist die Frage, ob der Anstifter auf den Tatentschluss noch Einfluss haben kann, im Vorbereitungsstadium nicht zu entscheiden. So kann eine Tataufforderung an einen bereits „fest zur Tat Entschlossenen" (also nach h. M. an einen omnimodo facturus) gerichtet sein, der sodann von der Tat doch wieder zunächst Abstand nimmt, sie dann aber schließlich gerade wegen der Tataufforderung begeht.

---

**72** BGH NStZ **1991** 233; *Arzt* JZ **1969** 54, 55; *Hillenkamp* FS Roxin (2001) 689, 702; *Jakobs* 25/30. Eingehend in diesem Sinne *Theis* S. 77 ff.

**73** *Baumann/Weber/Mitsch/Eisele* § 22 Rdn. 31; *Hardtung/Putzke* AT Rdn. 1143; *Neuhaus* GA **1994**, 223, 228 f; *Putzke* JuS **2009** 894, 896; *Schuhr* HRRS **2014** 402; *Streng* GedS Zipf 325, 340; *Zaczyk* Unrecht S. 246. Zutreffend auch BGH NStZ **2002** 309 mit der Einsicht, dass ein rechtlich relevanter Vorsatz erst mit dem unmittelbaren Ansetzen vorliegt.

**74** Dagegen wendet *Lackner/Kühl/Kühl* Rdn. 1 ein, der Vorsatz müsse vom Versuchsbeginn an vorliegen und könne sich während der Zeitspanne bis zur Versuchsbeendigung lediglich konkretisieren oder auch verändern. Aber das ist nicht richtig: Rechtlich relevant ist für die Vollendung ausschließlich der Vorsatz, der die tatbestandliche Ausführungshandlung trägt.

**75** Vgl. BGH GmbHR **2013** 820; *Wessels/Beulke/Satzger* Rn. 883.

**76** *Bockelmann* JZ **1954** 473.

Hier steht es der Anstiftung nicht entgegen, dass sie zunächst auf einen omnimodo facturus trifft. Entscheidend ist allein, ob der Tatentschluss, mit dem der Täter in das Versuchsstadium eintritt, vom Anstifter hervorgerufen wurde.[77] Bezogen auf die **Mittäterschaft** folgt aus der Einsicht, dass der Tatentschluss beim unmittelbaren Ansetzen vorliegen muss, dass Grundlage der Zurechnung nur ein am Beginn des Ausführungsstadiums vorliegender Tatentschluss sein kann (näher Rdn. 213 ff).

Unabhängig davon, ob die Determination der Tatausführung dem vorsätzlich handelnden Täter gelingt oder nicht, folgt aus dem Bezug des Vorsatzes auf die äußere Geschehensgestaltung, dass der Vorsatz nicht etwa einen statischen Inhalt hat und, nachdem er einmal gefasst ist, vom (vorgestellten) Verwirklichungsgrad der Tat unbeeinflusst bleibt.[78] Vielmehr **wandeln** sich im Verlauf der Tat die **Inhalte von Wissen und Wollen dynamisch**: Das Wissen kann sich nicht auf künftige Vorgänge beziehen, sondern immer nur auf den (vermeintlich) realisierten Teil,[79] während künftige Handlungen nur gewollt werden können, wobei freilich ein Wissen um bestehende Zusammenhänge (z. B.: der abzugebende Schuss kann das Opfer tödlich verletzen) auch dem Willen Inhalt gibt. Zusammenfassend: Nicht nur das (vorgestellte) äußere Geschehen entwickelt sich von der Vorbereitung über den Versuch bis zur Vollendung, sondern dem korrespondiert auch eine Entwicklung des Tatentschlusses. 34

**Innerhalb des Versuchsstadiums** ist der Vorsatz vor Vornahme der Ausführungshandlung (beim unbeendeten Versuch) von dem Vorsatz bei Vornahme der Ausführungshandlung (beendeter Versuch) zu unterscheiden (zur differenzierten Verwendung der Begriffe „unbeendeter" und „beendeter" Versuch im Kontext des Versuchsbeginns einerseits und des Rücktritts andererseits s. Rdn. 113, 137). Der Vorsatz beim **beendeten Versuch** zeichnet sich dadurch aus, dass der Täter in der Vorstellung handelt, eine objektiv geeignete Ausführungshandlung vorzunehmen. Der Täter geht also davon aus, das tatbestandliche Geschehen zu steuern. Soweit es den **unbeendeten Versuch** anbelangt, bezieht sich das Wissenselement des Vorsatzes auf die Vornahme der Handlungen, mit denen der Täter unmittelbar zur Tatbestandsverwirklichung ansetzt und sein Vorhaben ggfls. noch weiter vorantreibt, während die Vornahme der Ausführungshandlung in diesem Zeitpunkt lediglich ein Projekt ist, dessen Realisierung der Täter in seinen Willen aufgenommen haben muss, dessen Verwirklichung aber als künftiges Geschehen nicht Gegenstand seines Wissens sein kann. Diese Unterscheidung kennzeichnet nicht lediglich ein anderes Verwirklichungsstadium (**aA** *Hillenkamp* LK[12] Rdn. 31), sondern eine Änderung des Verhältnisses von Wissens- und Willenskomponente. 35

**cc) Strafbarkeitslegitimierende und -begrenzende Bedeutung.** Die genannten Einsichten zum Tatentschluss **korrespondieren den Überlegungen zum Versuchsunrecht:** Die Manifestation des rechtsfeindlichen Willens findet ihren klarsten Ausdruck dann, wenn der Vorsatz bis zur Vornahme der Ausführungshandlung durchgehalten wird, also im **beendeten Versuch** (zum Begriffsverständnis im Rahmen des Versuchs Rdn. 137). Soweit nicht ein untauglicher (einschließlich grob unverständiger oder abergläubischer, s. Rdn. 245 ff) Versuch vorliegt, entspricht der Handlungsunwert hier ohne weiteres dem vollendeten Delikt.[80] Abweichend hiervon kommt es aber für das Versuchsunrecht nicht auf die objektive Gefährlichkeit an, so dass auch Vorsatzinhalte in Betracht kommen, die objektiv ungefährliches (untaugliches) Verhalten zum Gegenstand haben. 36

Der **unbeendete Versuch** (zum Begriff Rdn. 113) hingegen ist eine Konstellation, in der der Entschluss zur Tatbegehung in der Form des Willens, zur tatbestandsmäßigen Handlung 37

---

**77** Vgl. in diesem Sinne *Hoyer* SK § 26 Rn. 6 ff; *SSW/Murmann* § 26 Rdn. 6; *Puppe* GA **1984** 117 ff; *dies.* GA **2013** 520 f; *Schild* NK § 26 Rdn. 8 f.

**78** Insoweit zutreffend *Lackner/Kühl/Kühl* Rdn. 1.

**79** Das verlangt an dieser Stelle keine Stellungnahme zu der Frage, ob der Vorsatz zugleich ein Wollen voraussetzt.

**80** Vgl. auch *Kindhäuser* FS Fischer 125, 137.

überzugehen, vorhanden ist.[81] Bei solchen **„tatbestandsnahen Vorbereitungshandlungen"** (*Murmann* Versuchsunrecht S. 10 ff) besteht ein Legitimationsproblem, das durch die Auffassung, der Vorsatz entspreche dem der vollendeten Tat, eingeebnet wird (eingehend dazu *Murmann* FS Merkel 727, 732 ff): Der Vorsatz als Wille, die Ausführungshandlung vorzunehmen, steht notwendig unter dem Vorbehalt der freien Person, von diesem Vorhaben auch noch „in letzter Sekunde" Abstand nehmen zu können. Diese Möglichkeit hat auch der sogenannte „fest" zur Tat Entschlossene.[82] Der unbeendete Versuch betrifft also eine Konstellation, in der **zum Vorsatz noch die Freiheit gehört, die Tat nicht auszuführen**. Das kann nur in engem Rahmen dort die Kriminalstrafe legitimieren, wo der Ausführungswille noch so unmittelbar vor Vornahme der Ausführungshandlung durchgehalten wird, dass dies die Annahme legitimiert, dass ein Freiheitsgebrauch im Sinne einer Abstandnahme nicht mehr zu erwarten ist.[83] Nur in diesem Fall lässt sich bereits der Wille, der noch nicht in einer Ausführungshandlung manifestiert wurde, als Entscheidung gegen das Rechtsgut verstehen. Dem Täter kann und muss hier abverlangt werden zu akzeptieren, dass er mit dem erreichten Stadium der Ausführung seines deliktischen Vorhabens das Vertrauen in die Erfüllung der grundsätzlich an ihn gerichtete normativen Erwartung rechtstreuen Verhaltens verspielt hat.[84] Das **unmittelbare Ansetzen** markiert danach nicht nur das Überschreiten einer objektiven Schwelle zum Versuchsbeginn, sondern zugleich den Zeitpunkt, in dem der Wille, zur Tatausführung überzugehen, zum Tatvorsatz wird. Diesem letztgenannten Aspekt wird man sogar gegenüber dem Kriterium der äußeren Nähe zur Tatausführung den Vorrang einräumen müssen, da der erforderlichen Nähe zur Tatausführung gerade mit Blick auf die Legitimation der Versuchsstrafe trotz fortbestehender Freiheit zur Abstandnahme Relevanz zukommt. Daraus folgt ein weiteres, nämlich die Einsicht, dass die Bestimmung der Grenze zum Eintritt in das Versuchsstadium trotz des objektiven Maßstabes, den das Kriterium des „unmittelbaren Ansetzens" setzt, material den Zeitpunkt im Blick haben muss, in dem sich der Täter nicht mehr auf die Möglichkeit berufen kann, die Tat nicht ausführen zu wollen. Hierfür ist die unmittelbare Nähe zur Vornahme der Ausführungshandlung freilich der geeignete Maßstab.

38 Die dynamische Entwicklung des Vorsatzes ändert nichts daran, dass auch der Vorsatz im Stadium des unbeendeten Versuchs auf die Tatbestandsverwirklichung gerichtet (und nicht etwa auf das unmittelbare Ansetzen begrenzt) ist. Auch der Vorsatz beim unbeendeten Versuch ist aufgrund des voluntativen Elements bereits auf Vollendung gerichtet[85] und damit **vollwertiger Vorsatz** (und nicht lediglich ein „Mängelwesen").[86] Eine Auffassung, die diese Festlegung nicht akzeptieren wollte, würde die Legitimation der (dem beendeten Versuch gleichgestellten) Strafbarkeit des unbeendeten Versuchs in eine Krise bringen.[87] Die subjektive Beziehung ist freilich je nach Versuchsstadium anders geartet. Auch wenn der Täter beim unbeendeten Versuch noch die Möglichkeit behält, auf die Manifestation seines Entschlusses durch Vornahme der Ausführungshandlung zu verzichten, so befindet er sich doch auch hier in einer Phase, die praktisch kaum Raum für Zweifel daran lässt, dass der deliktische Wille auch durchgehalten

---

**81** Vgl. auch die Analyse bei *Kindhäuser* FS Fischer 125, 137 ff.

**82** Vgl. auch *Schlehofer* Vorsatz und Tatabweichung (1996) S. 45.

**83** So auch *Theis* S. 89 ff. Ähnlich mit komplexer Begründung *Dold* S. 86 ff. Nach *Kindhäuser* FS Fischer Rdn. 125, 139 „betrifft der unbeendete Versuch die vorausgehende konkrete Gestaltung des Wie [der Tat]". Aber über dieses „Wie" bestimmen auch schon weit vorgelagerte Vorbereitungshandlungen, so entscheidet die Beschaffung der Waffe schon wesentlich über Tatmodalitäten bei der Tötung.

**84** Dieser „Vollendungswille" wird nicht nur „unterstellt" und ist auch keine „Fiktion" (so aber *Schumann* ZStW **130** [2018] 1, 15), sondern ist – nicht anders als sonstige innere Tatsachen – dem Beweis zugänglich.

**85** Der „Vollendungsvorsatz" besteht also bei dieser Analyse nicht erst im Zeitpunkt der Vornahme der Ausführungshandlung; so aber die Interpretation bei *Küper* ZStW **112** (2000) 36 m. Fn. 79 zu *Murmann* Versuchsunrecht S. 9 ff.

**86** So *Struensee* GS Armin Kaufmann 523, 527 ff. Dagegen *Roxin* AT II § 29 Rdn. 62 ff; *Jakobs* 25/24 m. Fn. 33b.

**87** Vgl. dazu – und dazu, dass *Struensees* Argumentation auf einen geringeres Unrecht verwirklichenden Vorsatz beim unbeendeten Versuch abzielt – *Theis* S. 76.

wird. Dem Gesetzgeber steht es jedenfalls frei, diesen Unterschied bei der Frage der Versuchsstrafbarkeit zu ignorieren (so wie es ihm auch freisteht, unterschiedliche Vorsatzgrade unter einem einheitlichen Vorsatzbegriff zusammenzufassen).

Der Umstand, dass der Vorsatz beim unbeendeten Versuch die Ausführungshandlung erst als noch vorzunehmende Handlung zum Gegenstand hat, **zieht** freilich der **Zurechnung zum Vorsatz** in diesem Stadium **Grenzen**. Relevant werden diese Grenzen in Fällen, in denen der tatbestandlich vorausgesetzte **Erfolg aufgrund einer Handlung eintritt, die nach Tätervorstellung der Ausführungshandlung vorgelagert** ist. Das ist unbestritten, soweit der Erfolg bereits durch eine **Vorbereitungshandlung** herbeigeführt wird. Sperrt der Täter sein Opfer in den Kofferraum seines Fahrzeugs in der Absicht, ihm an einem 100 km entfernten Ort eine Unterschrift abzunötigen und es sodann zu töten, und erstickt das Opfer im Kofferraum, so hat der Täter mit dem Ablegen des Opfers im Kofferraum zur Tat noch nicht unmittelbar angesetzt mit der Folge, „dass sich mangels eines rechtlich relevanten Vorsatzes die Frage einer (wesentlichen oder unwesentlichen) Abweichung des tatsächlichen vom vorgestelten Kausalverlauf nicht stellt" (BGH NStZ **2002** 309).[88] Es bleibt damit nur eine Strafbarkeit aus dem Fahrlässigkeitstatbestand. Das soll nach überwiegender Auffassung anders sein, wenn die erfolgsursächliche Handlung im **Ausführungsstadium** – aber vor Vornahme der vom Täter beabsichtigten Ausführungshandlung – vorgenommen wird (vgl. dazu auch § 24 Rdn. 61 ff). Will der Täter etwa das Opfer niederschlagen, um es sodann durch eine Injektion mit einer mit Luft gefüllten Spritze zu töten, so soll eine unerhebliche Abweichung vom Kausalverlauf vorliegen und die Tat sei vollendet (vgl. BGH NStZ **2002** 475, 476; BGH NStZ **2018** 27 f m. Anm. *Engländer*).[89] Dafür wird geltend gemacht, der Täter handle ab Versuchsbeginn mit Vollendungsvorsatz. Das Verhalten im Ausführungsstadium stelle eine Einheit dar; die Unterscheidung in unbeendeten und beendeten Versuch kenne das Gesetz nicht. Und schließlich überzeuge es auch wertungsmäßig nicht, den Täter, der die Gefährlichkeit seiner versuchsbegründenden Handlung unterschätzt, zu privilegieren. **Richtigerweise** fehlt es aber auch hier – nicht anders als bei der entsprechenden Konstellation im Vorbereitungsstadium – bei Vornahme der erfolgsursächlichen Handlung am Vorsatz zur Verwirklichung des Tatbestandes durch gerade diese Handlung.[90] Der Vollendungsvorsatz findet in dem Willen, im unmittelbaren Anschluss zur Ausführungshandlung überzugehen, seinen Ausdruck und gerade nicht darin, dass bereits die Handlung, die nach Tätervorstellung in das Versuchsstadium führt, bereits den Erfolg herbeiführt. Die wirklichkeitsgestaltende, steuernde Macht des Vorsatzes verwirklicht sich nicht in der aus Tätersicht zufälligen Erfolgsherbeiführung. Das lässt sich mit der Lehre von der unwesentlichen Abweichung vom Kausalverlauf nicht überspielen. Denn deren Wertungsmaßstab knüpft daran an, dass sich der Täter *überhaupt* vorstellt, dass sein Verhalten zur Erfolgsherbeiführung geeignet ist und er sich lediglich hinsichtlich der Art und Weise unzutreffende Vorstellungen macht. Die Lehre hilft folglich dann nicht weiter, wenn sich der Täter nicht vorstellt, dass die vorgenommene Handlung den Erfolg herbeizuführen vermag.[91] Auch insoweit bleibt also nur eine Fahrlässigkeitshaftung. 39

**dd) Tatbestandsgebundenheit.** Der Vorsatz muss den **Erfordernissen** des **jeweiligen Tatbestandes** entsprechen. Er muss wie beim vollendeten Delikt auf sämtliche objektiven Tatbe- 40

88 Zustimmend etwa *Baumann/Weber/Mitsch/Eisele* § 11 Rdn. 81; *Engländer* NStZ **2018** 28 f; *Kühl* AT § 13 Rdn. 48a.

89 Aus der Literatur etwa *Baumann/Weber/Mitsch/Eisele* § 11 Rdn. 83; *Bechtel* JA **2018** 909, 913; *Kühl* AT § 13 Rdn. 48a; *Rengier* AT § 15 Rdn. 64.

90 *Freund/Rostalski* § 7 Rdn. 153 f; *Frisch* Tatbestandsmäßiges Verhalten S. 603 f, 623; *Gropp* AT § 9 Rdn. 62 ff; *Jakobs* 26/13; *Kindhäuser* AT § 27 Rdn. 49; *v. Schliebitz* Erfolgszurechnung S. 66 ff; *Struensee* GS Armin Kaufmann 523, 533 f, 538; *Theis* S. 80 f; *Wolter* FS Leferenz 567 f; *ders.* GA **2006** 406 ff; vgl. dazu auch *Küper* ZStW **112** (2000) 35 ff.

91 Treffend *Frisch* Tatbestandsmäßiges Verhalten S. 604.

standsmerkmale[92] gerichtet sein. Das setzt voraus, dass sich der Täter ein Tatobjekt (BGH StV **1996** 81 zu § 259) und eine Tathandlung (BGH NStZ **1981** 144 zu § 258; BayObLG NJW **1992** 521 zu § 240; RGSt **61** 15 zu § 807 ZPO) vorstellt, die (träfe die Tätervorstellung zu) den Tatbestand zu erfüllen geeignet sind. Werden Tatmodalitäten, wie die Ausnutzung der besonderen Verhältnisse des Straßenverkehrs in § 316a, beschrieben, muss sich der Vorsatz hierauf erstrecken (BGH NStZ **2004** 207, 208 f). Bei qualifizierenden Tatbeständen muss der Vorsatz auch die Erschwerungsgründe umfassen. Erfolgsdelikte setzen auch beim Versuch voraus, dass der Täter den Erfolgseintritt für möglich gehalten hat. Nimmt der Täter an, bei dem von ihm vorgestellten Sachverhalt drohe der Erfolgseintritt nicht (BGHSt **36** 1, 16 ff), kommt vorsätzliches Verhalten – und damit ein Versuch – nicht in Betracht. Das gilt für Verletzungs- (BGHSt **36** 1, 9 zu § 223a a. F.; BGH NStZ-RR **1996** 97 zu § 212; OLG Düsseldorf NJW **1992** 924 zu § 263)[93] wie für konkrete (BGH NStZ-RR **1996** 132 zu § 311 a. F.; BGH NStZ **1985** 501 zu § 221 a. F.; OLG Düsseldorf NZV **1994** 486 zu § 315b), naturgemäß aber nicht für abstrakte Gefährdungsdelikte (BGHSt **36** 221 zu § 306 Nr. 3 a. F.). Auch auf ungeschriebene Tatbestandsmerkmale wie die Kausalität oder die objektive Zurechnung muss sich der Vorsatz erstrecken.

41 Der jeweilige Tatbestand entscheidet auch darüber, welche **Vorsatzform** der Versuch erfordert. Ist Absicht oder Wissentlichkeit verlangt, gilt dies auch für Versuch (*Baumann/Weber/Mitsch/Eisele* § 22 Rdn. 33). Deshalb muss der Täter einer versuchten Strafvereitelung sicher gewusst oder beabsichtigt haben, dass die Verhängung einer Jugendstrafe auf Grund seiner Tat unterbleibt, wenn der Vortäter ein Jugendlicher ist (OLG Hamm StV **2004** 659; *Sch/Schröder/Hecker* § 258 Rdn. 23), wohingegen hinsichtlich der Vortat dolus eventualis ausreicht (BGH NStZ **2015** 702, 703). **Bedingter Vorsatz** reicht aus, wo er auch bei der vollendeten Tat genügt (BGH NStZ **1998** 615f).[94] Das Reichsgericht (RGSt **12** 64, 65) hat diesen Standpunkt schon früh aus dem Gesetz hergeleitet, das beim „Entschluss" keinerlei Unterscheidung treffe und daher die Möglichkeit des Versuchs bei keiner „Form des Dolus" ausschließe. Soweit ersichtlich, ist die daran anschließende Rechtsprechung dieser Auffassung ohne hinzutretende Gründe gefolgt.[95] Auch die herrschende Lehre akzeptiert dieses Ergebnis.[96] Nur vereinzelte Stimmen widersprechen grundsätzlich[97] oder sehen eine Versuchsstrafbarkeit bei dolus eventualis zumindest kritisch.[98] Andere verlangen als Kompensation für das schwach ausgeprägte voluntative Element ein größeres objektives Unrecht, wie es etwa beim tauglichen oder beim objektiv gefährlichen

---

**92** Wozu nach ständiger Rechtsprechung auch die Rechtswidrigkeit der Bereicherungsabsicht beim Betrug (BGHSt **42** 268) und der Zueignungsabsicht beim Diebstahl (RGSt **49** 140; BGHSt **17** 87) zählt, vgl. Rdn. 53.

**93** BGHSt **36** 1, 15 (AIDS) enthält auch Aussagen zu § 212; vgl. zu § 212 auch BGH NStZ **1983**, 365 und zum Tötungsversuch durch Zufahren auf Polizeibeamte neben BGH NStZ-RR **1996** 97 (mit Hinweis auf die Hemmschwelle verneinend) auch BGH VRS **56** 139 (bejahend).

**94** Z. B. *Ambos* HK-GS Rdn. 13.

**95** In den in Rdn. 40 zitierten Entscheidungen ging es ganz überwiegend um Fälle des dolus eventualis, in denen die Frage, ob diese Vorsatzform für Versuch genügt, nicht thematisiert wird, so ebenso RGSt **69** 339, 341; **70** 257, 259; BGHSt **31** 374, 378 f.

**96** *Baumann/Weber/Mitsch/Eisele* § 22 Rdn. 32 f; *Hoffmann-Holland* MK Rdn. 45 f; *Köhler* S. 459 f; *Krey/Esser* AT Rdn. 1212; *Kühl* AT § 15 Rdn. 25 f; *T. Maier* Objektivierung S. 50 ff; *Jäger* SK Rdn. 5; *Sch/Schröder/Eser/Bosch* Rdn. 17; *Wessels/Beulke/Satzger* Rdn. 939.

**97** *Bauer* wistra **1991** 169 f; *Lampe* NJW **1958** 332; *Puppe* NStZ **1984** 488, 491 argumentiert mit Inkonsistenzen zum Rücktritt, die sich aber nur ergeben, wenn man – entgegen der hier in § 24 Rdn. 339 ff vertretenen Auffassung – beim Rücktritt nach § 24 Abs. 1 S. 1 Alt. 2 suboptimale Verhinderungshandlungen für ausreichend hält. Aus der älteren Literatur vgl. *Binding* Die Normen II/2 (1916) S. 820; *Stooß* ZStW **15** (1895) 199; *von Wächter* Deutsches Strafrecht **1881** S. 209.

**98** *Herzberg* JZ **1989** 470, 477 f mit dem Vorschlag, § 23 Abs. 3 de lege ferenda um den Fall des Versuchs mit dolus eventualis zu ergänzen; *ders.* NStZ **1990**, 311, 315 f; *Streng* JZ **1990** 212, 219 mit dem Vorschlag, den Versuch mit dolus eventualis durch Schaffung neuer Strafvorschriften für Fälle bewußter Gefährdung zu verdrängen. Beide Autoren erkennen de lege lata den Versuch mit dolus eventualis aus den im Text aufgeführten Gründen aber an.

Versuch vorliege.[99] Überzeugen können all diese Einschränkungen nicht: Schwierige Folgefragen beim Rücktritt vom Versuch lassen sich vom Gesetzesanwender nicht durch eine Korrektur des § 22 (oder durch eine von *Herzberg* NStZ **1990** 311 vorgeschlagene entsprechende Anwendung des § 23 Abs. 3, s.dazu § 23 Rdn. 84) beheben. Da der Versuch ein notwendiges Durchgangsstadium jeder vollendeten Tat ist, deren Strafbarkeit bei dolus eventualis in den hier interessierenden Tatbeständen aber feststeht, sind höhere subjektive Anforderungen an den Versuch nicht begründbar (BGH NStZ **1998** 615 f). Sie finden im Gesetz keine Stütze. Die schon zur Zeit der Geltung des § 43 a. F. einen Ausschluss der Fälle bedingten Vorsatzes nicht tragende Wendung „wenn das beabsichtigte Verbrechen ..." (s. dazu Vorentwurf zu einem Deutschen StGB 1909, Begr. S. 282) ist in § 22 nicht mehr enthalten. Auch ist keine gesetzgeberische Erwägung zu einer Einschränkung bekannt.[100] Diese Gründe stehen ebenso der Überlegung entgegen, dass der untaugliche Versuch mangels Gefährdungsunwert eines Zielunwerts bedürfte. Auch dafür ergibt die gesetzliche Regelung nichts. Sie behandelt vielmehr den untauglichen Versuch mit dem tauglichen grundsätzlich gleich. Der zentrale Grund liegt aber darin, dass kein Wertungsunterschied besteht, der über den im Rahmen der Strafzumessung eröffneten Spielraum hinaus nach einer Sonderbehandlung des dolus eventualis verlangt oder diese auch nur nahelegt. Akzeptiert man den dolus eventualis als Vorsatzform und damit die Annahme, dass sich der Täter auch mit nur bedingtem Vorsatz gegen das Rechtsgut entscheidet, so ist eine Versuchsstrafbarkeit in diesen Konstellationen auf dem Boden der subjektiven Theorie nur konsequent (s. eingehend *Pahlke* Rücktritt S. 30ff; *Roxin* AT II § 29 Rdn. 74 ff).

**ee) Wissenskomponente: „Irrtumsfälle" und dolus alternativus.** Soweit es die Wissens- 42
komponente anbelangt, kommt es beim Versuch zwar nicht auf eine Übereinstimmung der Vorstellung mit der Wirklichkeit an (Rdn. 30), der psychische Sachverhalt muss aber in seiner **Intensität und Konkretheit** dem bei vollendeter Tat entsprechen.[101] Freilich wird der Vorsatz praktisch beim beendeten Versuch und bei der Vollendung mitunter zu größerer Konkretheit gelangen als beim Versuchsbeginn, etwa weil der Wegnahmevorsatz im Verlauf der Tatausführung auf einen bestimmten Gegenstand gerichtet wird. Gleichwohl genügt für den Vorsatz die Vorstellung, alles Stehlenswerte mitnehmen zu wollen. Reicht Mitbewusstsein für die Vollendung aus, so genügt es auch für Versuch. Affekttaten, bei denen es an einer zeitlich vorausgehenden Planung mangelt, sind nach dem Willen des Gesetzgebers dadurch ausdrücklich einbezogen, dass die AE-Formulierung „nach seinem Tatplan" durch „nach seiner Vorstellung" ersetzt worden ist (BTDrucks. V/4095 S. 11; *Sch/Schröder/Eser/Bosch* Rdn. 16). Wer die Möglichkeit des Erfolgseintritts nicht erkennt, hat aber auch beim Versuch kein ausreichendes Wissen, selbst wenn sich diese Möglichkeit aufdrängt (BGH NStZ **1983** 365). **Normative Merkmale** muss auch der Versuchstäter in ihrer Bedeutung erfassen. Daran kann es bei einer Nötigung fehlen, wenn der Täter von einer Entwicklung des Geschehens ausgeht, welche die Verwerflichkeit ausschließt (BayObLG NJW **1992** 521). Es ist ausreichend, wenn der Täter die wesentlichen Umstände kennt, die das Tatbestandsmerkmal begründen, dieses selbst aber nur „nach Laienart" in seinem sozialen Sinngehalt begreift (so zum Vermögensschaden beim Betrug OLG Düsseldorf NJW **1992** 924).[102]

---

**99** So *Schmidhäuser* AT 11/16 f aufgrund seiner dualistischen Versuchslehre, weil beim untauglichen Versuch der Gefährdungsunwert fehlt und daher Zielunwert zu verlangen sei; ebenso *Alwart* Strafwürdiges Versuchen S. 140 ff; 219 f; mit anderer Begründung ähnlich *Kölz-Ott* Eventualvorsatz S. 100, 146 f; *Salm* Verbrechen I/1 **1963** S. 50 f; *Zaczyk* NK Rdn. 19.

**100** BTDrucks. V/4095 S. 11 spricht unterschiedslos von „Vorsatzfällen".

**101** BayObLG NJW **2003** 911; RGSt **70** 257, 258; RG DR **1943**, 576.

**102** *Kühl* AT § 15 Rdn. 27, 28; *Rath* JuS **1998** 1006, 1011; *Sch/Schröder/Perron* § 263 Rdn. 165; *Sch/Schröder/Sternberg-Lieben/Schuster* § 15 Rn. 43 f.

43 Da ein **Irrtum** eine Abweichung von Vorstellung und Wirklichkeit darstellt, kann ihm beim Versuch **keine rechtliche Relevanz** zukommen (**aA** *Hillenkamp* LK[12] Rdn. 33, 91).[103] Maßgeblich für den Tatentschluss ist allein die Tätervorstellung.[104] Hält man am Begriff des „Wissens" für den Vorsatz beim Versuch fest, so ist damit eine Vorstellung vom Vorliegen eines Sachverhalts bezeichnet (Rdn. 30). Eine solche Vorstellung kann gegeben sein oder nicht, sie kann aber nicht (am Maßstab der Wirklichkeit) falsch sein. Gegen diese Auffassung hat *Hillenkamp* (LK[12] Rdn. 34) geltend gemacht, es sei „zwar richtig, dass man mangels Kenntnis der Fremdheit der Sache einen Raubentschluss unabhängig davon verneinen muss, ob die Sache tatsächlich fremd ist oder nicht. Ist sie es aber, beruht die Verneinung des Vorsatzes beim Versuch wie bei der Vollendung auf der Einsicht, dass der Täter einen Tatumstand nicht kennt, der zum gesetzlichen Tatbestand, von dem der Versuchstäter wie der Vollendungstäter eine Vorstellung haben muss, gehört." Das ist nicht überzeugend, weil der Vorsatz nicht mangels „Kenntnis" der Fremdheit entfällt, sondern schlicht deshalb, weil der Vorsatz bezogen auf die Fremdheit fehlt.[105] Dementsprechend hat auch die Verneinung des Vorsatzes nichts damit zu tun, ob die Sache fremd ist oder nicht; die Diskrepanz zur Wirklichkeit ist im Rahmen des Versuchs ein faktischer Befund ohne rechtliche Relevanz. Entsprechend lässt sich ein Irrtum über die Identität des Opfers im Rahmen der Versuchsprüfung schon gar nicht als solcher feststellen, weil der Täter nach seiner allein maßgeblichen Vorstellung von dem „richtigen" Opfer ausgeht. Ein **error in persona** ist danach nicht nur unbeachtlich (so *Hillenkamp* LK[12] Rdn. 33), sondern liegt schon nicht vor.[106] Schießt ein Räuber auf der Flucht auf einen hinter ihm herlaufenden Mittäter in der Meinung, es handle sich um einen Verfolger und verfehlt er sein Ziel, liegt auf der Grundlage seiner Vorstellung (und nicht etwa „angesichts der Unbeachtlichkeit des error in persona"; so aber *Hillenkamp* LK[12] Rdn. 33) ein versuchter Mord vor (BGHSt **11** 268; s. dazu *Hillenkamp* Vorsatzkonkretisierungen S. 77). Ebenso liegt es, wenn der Täter das von ihm zu einer „Sprengfalle" umfunktionierte Fahrzeug bei einem Mordversuch einer falschen Person zuordnet (BGH NStZ **1998** 294, 295 geht von einem error in persona aus; dazu zutreffend **krit.** *Herzberg* JuS **1999** 224 f). Ebensowenig kommen **Fehlvorstellungen bezogen auf den konkreten Kausalverlauf** bei der Versuchsprüfung in den Blick, da dem tatsächlichen Verlauf keine Relevanz zukommt (während sich im Falle des Erfolgseintritts die Zurechnungsfrage im Rahmen der Vollendungsprüfung stellt, s. noch Rdn. 44).[107] Möglich sind freilich Fehlvorstellungen, die nicht die äußere Wirklichkeit betreffen, sondern die Bewertung des vorgestellten Sachverhalts. So liegt es beim **Subsumtionsirrtum**, der wie beim vollendeten Delikt unbeachtlich ist (OLG Düsseldorf NJW **1992** 924).

44 Das Vorstehende gilt auch dann, wenn es auf Grund von **Abweichungen vom vorgestellten Kausalverlauf** früher als vom Täter vorgestellt zu einer objektiv tatbestandsmäßigen Rechtsgutsgefährdung kommt (s. schon Rdn. 39), wenn sich also der Täter etwa vorstellt, erst die fünfte Dosis eines sukzessive verabreichten Giftes bringe das Opfer in Lebensgefahr, während dies in Wahrheit schon bei der dritten Dosis der Fall ist oder wenn (im Fall des Unterlassens) der Garant sich vorstellt, erst das Auslassen der fünften Mahlzeit begründe eine Gefahr für das Leben des Kindes, während die Gefahr in Wahrheit bereits mit der dritten ausgelassenen

---

**103** *Hoffmann-Holland* MK Rdn. 36 ff; *C. Jung* JA **2006** 229 ff; *SSW/Kudlich/Schuhr* Rdn. 16, 26; *Murmann* Grundkurs § 28 Rdn. 40; *Putzke* JuS **2009** 894, 898; *Streng* ZStW **109** (1997) 862 ff, 874 ff; auch für den Erlaubnistatbestandsirrtum beim Versuch stellen *Herzberg* FS Stree/Wessels 203, 221 f und *Hoffmann-Holland* MK Rdn. 150 allein auf diese Vorstellung, nicht aber darauf ab, ob sie richtig oder falsch ist; zum error in persona s. *Herzberg* JuS **1999** 224; *Rath* JuS **1997** 424 ff; *Spielmann* S. 23, 26, 38 will in Anlehnung an *Herzberg* NStZ **1999** 218 statt vom „Kenntnisvorsatz" i. S. des § 16 beim Versuch von einem in § 22 geregelten „Vorstellungsvorsatz" sprechen; vgl. auch *T. Maier* Objektivierung S. 43 ff.

**104** **AA** *Roxin* AT I § 29 Rdn. 70; *Ambos* HK-GS Rdn. 12; *Hillenkamp* FS Roxin (2001) 705 ff.

**105** Zutreffend auch *Grupp* S. 200 f.

**106** *Streng* ZStW **109** (1997) 862, 874 ff.

**107** *Streng* ZStW **109** (1997) 862, 878 f.

Mahlzeit eintritt. Sofern man richtigerweise den Versuchsbeginn an die vorgestellte unerlaubte Gefährdung (welche die Ausführungshandlung darstellt) anknüpft (Rdn. 121), beginnt der Versuch auf der Grundlage der Tätervorstellung erst mit dem unmittelbaren Ansetzen zur fünften Giftgabe bzw. zum Auslassen der fünften Mahlzeit. Das Auseinanderfallen von Vorstellung und Realität spielt also für den Versuchsbeginn keine Rolle (Rdn. 121, 180). Zugleich ist aber klar, dass der Täter bereits mit der jeweils dritten Handlung bzw. Unterlassung eine rechtlich missbilligte Gefahr für das Leben des Opfers geschaffen hat, so dass ihm der früher als erwartet eintretende Erfolg objektiv zurechenbar wäre. Sähe man diesen Verlauf als unbeachtliche Kausalabweichung vom Vorsatz gedeckt (so *Hillenkamp* LK[12] Rdn. 150), so würde dies das irritiernde Ergebnis nach sich ziehen, dass ein objektiv und subjektiv tatbestandsmäßiges Verhalten im Sinne eines vollendeten Delikts zu einem Zeitpunkt vorliegt, in dem der Täter seinem Plan gemäß noch nicht in das Versuchsstadium eingetreten ist. Diese Friktion ließe sich freilich mit der Annahme vermeiden, dass der Täter bereits mit der dritten Giftmenge bzw. dem Auslassen der dritten Mahlzeit unmittelbar angesetzt hat. In diesem Sinne meint *Hillenkamp* (LK[12] Rdn. 150),[108] dass für den Fall eines gegenüber der Tätervorstellung früheren Eintretens der kritischen Situation „gleichwohl schon von Versuch zu sprechen" sei, „wenn sich die Abweichung im Rahmen des nach der Lebenserfahrung Vorhersehbaren hält und keine andere Bewertung rechtfertigt". Tatsächlich ist in Fällen wie den vorliegenden eine unerhebliche Kausalabweichung aber abzulehnen: Auch wenn es im Rahmen des Vorhersehbaren liegt, dass ein sukzessives Verhalten früher als vom Täter geplant für das Rechtsgut gefährlich wird, so lässt sich doch wertungsmäßig nicht von einer unerheblichen Abweichung sprechen, genau genommen stellt sich die Abweichungsfrage gar nicht, weil zum Zeitpunkt der dritten Giftgabe bzw. Unterlassung noch gar kein Vorsatz vorliegt. Denn ein sich als tatmächtig verstehender Vorsatz liegt erst im Stadium der Ausführung vor, wenn also der Täter dem Opfer die Giftdosis verabreicht bzw. die Mahlzeit vorenthält, die aus Tätersicht die Lebensgefahr begründet, bzw. dies zumindest unmittelbar bevorsteht. Im Abweichungsfall bleibt also nur die Strafbarkeit wegen Körperverletzungsdelikten und – im Falle des Eintritts des Todeserfolgs – wegen fahrlässiger Tötung.

Da sich der Tatentschluss nur auf die Verwirklichung eines Tatbestandes beziehen muss, **45** schließen Fehlvorstellungen über die tatsächlichen Voraussetzungen eines Rechtfertigungsgrundes (**Erlaubnistatbestandsirrtum**) den Tatentschluss nicht aus (sofern man nicht der Lehre von den negativen Tatbestandsmerkmalen[109] folgen will).[110] Im Ergebnis ist aber klar, dass auch eine Versuchsstrafbarkeit ausscheidet, wenn man mit der h. M. im Vollendungsfall eine Vorsatzstrafbarkeit ablehnt.[111] Die Begründung liegt darin, dass der Täter beim Versuch wie bei der Vollendung „an sich rechtstreu" handeln will.[112] Allerdings liegt es abweichend von der Konstellation der Vollendung hier nahe, anstatt auf eine Analogie zu § 16 auf eine solche zu § 22 und damit auf einen fehlenden Entschluss zur Begehung einer rechtswidrigen Tat zu verweisen. Denn während § 16 die Frage betrifft, ob eine realisierte Tatbestandsvoraussetzung vom Vorsatz umfasst ist, und es auch bei seiner analogen Anwendung im Rahmen des Erlaubnistatbestandsirrtums darum geht, ob ein eingetretener Erfolg dem Täter subjektiv angelastet werden kann (oder es diesbezüglich am Vorsatzunrecht oder zumindest am Vorsatzschuldvorwurf fehlt), kommt es für die Begründung von Versuchsunrecht allein darauf an, ob der Täter mit seinem Verhalten seine rechtsfeindliche Einstellung manifestiert hat. Ausschlaggebend für den Ausschluss der Versuchsstrafbarkeit ist danach allein die Tätervorstellung, ohne dass die Abweichung zur Wirklichkeit überhaupt in den Blick gerät. Auch insoweit liegt demnach keine Irr-

**108** Vgl. auch *Glandien* S. 150.

**109** Vgl. etwa *Kindhäuser* LPK Vor §§ 32–35 Rdn. 39.

**110** *Streng* ZStW **109** (1997) 862, 883 f.

**111** BGHSt **3** 105, 106 f; **31** 264, 286 f; BGH NStZ-RR **2011**, 238; NStZ **2014**, 30 f; *Sch/Schröder/Eser/Bosch* Rdn. 14/15; *Köhler* S. 324 ff; *Kühl* AT § 13 Rdn. 71 ff; *Matt/Renzikowski/Gaede* § 16 Rdn. 35; *Murmann* Grundkurs § 25 Rdn. 18 f; *Puppe* NK § 16 Rdn. 137 f; *Roxin* AT I § 14 Rdn. 64 ff; *Stein* SK § 16 Rdn. 12 ff; *Zaczyk* NK Rdn. 14.

**112** BGHSt **3** 105, 107.

tumskonstellation vor.[113] Für diese Sichtweise spricht auch, dass nicht einzusehen wäre, weshalb die deliktssystematische Einordnung von Rechtfertigungsgründen (auf Tatbestands- oder Rechtswidrigkeitsebene) einen Einfluss auf die Maßgeblichkeit der Regeln des § 22 haben sollte. Für die Analogie zu § 22 spricht auch, dass der Verweis auf die Fahrlässigkeitsstrafbarkeit in § 16 in Fällen des Versuchs verfehlt wäre.[114] Die Anschlussfrage, welche Auswirkungen die Straflosigkeit des vom Vorliegen rechtfertigender Umstände ausgehenden Täters auf die **Rechtfertigungsmöglichkeiten** des in seinen Rechten Beeinträchtigten hat, ist kein spezifisches Problem der Versuchskonstellation, sondern betrifft auch den „Normalfall" des Erlaubnistatbestandsirrtums. Überwiegend wird das Bestehen des Notwehrrechts nicht in Zweifel gezogen.[115] Das ist – ungeachtet der Straflosigkeit eines „fahrlässigen Versuchs" – jedenfalls dort unproblematisch, wo die Fehleinschätzung dem Täter als fahrlässig anzulasten ist. Trifft ihn keine Schuld, so stellt sich die in § 32 verortete Frage, ob Notwehr gegen schuldloses Verhalten ausgeschlossen ist (und nur § 34 eingreift) oder lediglich die Gebotenheit eingeschränkt ist.[116]

46 Ist die Vorstellung deshalb **nicht** auf **nur einen Tatbestand festgelegt**, weil der Täter zwar eine bestimmte Handlung vornehmen will, dabei aber nicht sicher weiß, welchen von mehreren in Betracht gezogenen Tatbeständen er verwirklichen wird, ist die Lösung zweifelhaft. Dabei kann es in den viel erörterten Schulfällen zum einen so liegen, dass der Täter sich nicht sicher ist, ob er das eine oder das andere Objekt verletzen wird, bei einem Schuss auf den Hund also beispielsweise billigend für möglich hält, dass er den Herrn trifft. Hier ist die Bestrafung wegen zweier (vollendeter oder versuchter) Vorsatztaten (die zueinander im Verhältnis der Tateinheit stehen) nur dann außer Streit, wenn der Täter beide Möglichkeiten kumulativ in Rechnung stellt und billigt.[117] Ist er dagegen der Meinung, dass er nur entweder Hund oder Herrn verletzen kann, liegt ein Fall des **dolus alternativus** vor. Das gleiche gilt in der zweiten Konstellation des dolus alternativus, in der der Sachverhalt die Vollendung nur eines Tatbestandes zulässt, der Täter sich aber unsicher ist, von welchem.[118] Wer sich ein Wildschwein zueignet und dabei im Zweifel ist, ob er es in freier Wildbahn oder in einem weitläufigen Tiergehege antrifft, hat zwar die Vorstellung von Wilderei und Diebstahl, nicht aber – wie er weiß – die Möglichkeit, beides zu begehen. Daher kann er auch nicht beide Tatbestände kumulativ verwirklichen wollen. Vor diesem Hintergrund entzündet sich der Streit um die Frage nach der strafrechtlichen Behandlung des dolus alternativus an Bedenken gegen eine Gleichbehandlung mit den Fällen des dolus cumulativus. Dabei wird z. T. mit unterschiedlichen Überlegungen bereits an der Tatbestandsverwirklichung angesetzt, und zwar entweder am Vorsatz oder an dessen Verwirklichung. Auf den letztgenannten Aspekt stellen die Vertreter der Auffassung ab, die im Falle der Vollendung eines Delikts allein dieses für verwirklicht halten.[119] Dieses Ergebnis wird verschiedentlich für unbefriedigend gehalten, wenn lediglich das leichtere Delikt vollendet wird. Dann soll nur der Vorsatz bezogen auf das schwerere Delikt zur Geltung kommen.[120] Das gilt von diesem Ausgangspunkt konsequenterweise auch dann, wenn überhaupt keine Vollendung eintritt; insofern sei dann nur der schwerere Versuch verwirklicht.[121] Die Begründung einer Ein-

---

**113** Vgl. *Hoffmann-Holland* MK Rdn. 152.

**114** *Streng* ZStW **109** (1997) 862, 884 f.

**115** Gegen diesbezügliche Bedenken bei *Hirsch* ZStW **94** (1982) 239, 260 *Herzberg* FS Stree/Wessels 203, 220 f; *Streng* ZStW **109** (1997) 862, 885 f.

**116** Im letztgenannten Sinne BSG JZ **2000** 96, 97; im erstgenannten Sinne dagegen in seiner Besprechung der Entscheidung *Roxin* JZ **2000** 99. Vgl. zu diesen Fragen auch *Sch/Schröder/Perron/Eisele* § 32 Rdn. 24, 52.

**117** *Kühl* AT § 5 Rdn. 27a f; *Murmann* Grundkurs § 24 Rdn. 36.

**118** Allgemein instruktiv zum dolus alternativus *Schmitz* ZStW **112** (2000) 301 ff; zusammenfassend *Murmann* Grundkurs § 24 Rdn. 33 ff.

**119** *Mezger* LK[8] § 59 Anm. c bis e; *Zaczyk* NK Rdn 20.

**120** *Kaspar* AT Rdn. 228; *Kühl* AT § 5 Rdn. 27b; *ders.* JuS **1980** 275; *Vogel* LK[12] § 15 Rdn. 136.

**121** *Lackner/Kühl/Kühl* § 15 Rdn. 29; *Otto* AT § 7 Rdn. 23; *Vogel* LK[12] § 16 Rdn. 136; vertiefend *Joerden* ZStW **95** (1983) 565, 589 ff. Anlass dafür, vom tätergünstigeren leichteren Delikt auszugehen (aufgegeben von *Maurach/Zipf* AT/1 § 22 Rdn. 27), besteht angesichts des vom Täter gefassten Entschluss nicht; *Hillenkamp* LK[12] Rdn. 37.

schränkung bereits der Tatbestandsverwirklichung bereitet allerdings Schwierigkeiten: Der Vorsatz bezogen auf beide Deliktsverwirklichungen lässt sich schwerlich bestreiten; sein Vorliegen hängt weder vom Gewicht der Tat ab noch kann er rückwirkend bezogen auf das eine Delikt entfallen, wenn das andere vollendet wird. Der Gedanke, der weniger gewichtige Vorsatz sei „verbraucht" (*Ambos* HK-GS Rdn. 13; *Kaspar* AT Rdn. 228), lässt sich mit der Tätereinstellung nicht in Einklang bringen und ist insbesondere dann nicht plausibel, wenn der Täter tatsächlich das weniger gewichtige Delikt vollendet; hier lässt sich schwerlich bestreiten, dass der Täter den eingetretenen Erfolg als vom Vorsatz umfasst zu verantworten hat. Ebensowenig überzeugt die Überlegung, „einem wirklichen Vollzug" könne „nicht ein wirkmächtiger zweiter beigesellt, sondern nur beigedacht" werden (*Zaczyk* NK Rdn. 20). Denn auch der Vollzug und häufig auch die tatsächliche Wirkmacht lassen sich erst aus ex post-Perspektive beurteilen. Zudem wird das Versuchsunrecht bereits durch vorgestellte manifestierte Wirkmacht begründet, an der es auch dort nicht fehlt, wo es nicht zur Deliktsverwirklichung gekommen ist bzw. überhaupt nicht zur Deliktsverwirklichung kommen kann (wie beim untauglichen Versuch). Das zeigt sich auch daran, dass bei Ausbleiben einer Vollendung die schwerere Tat maßgeblich sein soll.[122] Ist demnach richtigerweise an der (je nach Konstellation versuchten oder vollendeten) Tatbestandsverwirklichung festzuhalten, so bleibt die weitere Behandlung des Verhältnisses der Delikte der Ebene der **Konkurrenzen** vorbehalten.[123] Hier werden dann z. T. aufgrund wertender Betrachtung Differenzierungen vorgeschlagen, die denen auf Tatbestandsebene entsprechen.[124] So verdränge die vollendete Tat die versuchte jedenfalls bei annähernd gleicher Schutzrichtung, wohingegen bei wesentlich schwererem Unrechtsgehalt des versuchten Delikts Tateinheit mit dem vollendeten bestehe, und schließlich bei mehreren Versuchen der schwerere den leichteren verdränge, wenn damit der Unrechtsgehalt hinreichend erfasst werde. Überwiegend wird in allen Konstellationen für **Tateinheit** plädiert.[125] Dafür spricht, dass so die unterschiedlichen Angriffsrichtungen im Urteil zur Geltung kommen und die Abgrenzungsprobleme der Gegenauffassung vermieden werden. Dem gegenüber den Fällen des dolus cumulativus geringeren Unrechtsgehalt kann durch die Strafzumessung Rechnung getragen werden.

**ff) Willenskomponente.** Die Willenskomponente des Vorsatzes unterscheidet sich von der des vollendeten Delikts nicht strukturell, aber je nach Versuchsstadium hinsichtlich des Inhalts: Im Stadium des unbeendeten Versuchs (heißt hier: vor Vornahme der Ausführungshandlung, Rdn. 113) bezieht sich der Wille des Täters auch auf die künftige Vornahme einer Ausführungshandlung, wohingegen beim beendeten Versuch (wie auch beim vollendeten Delikt) die Ausführungshandlung bereits Gegenstand des Wissens ist. Abgesehen davon, dass insofern auch das Willensmoment notwendig das Verwirklichungsstadium der Tat reflektieren muss, ist stets vorausgesetzt, dass sich der Wille wie beim vollendeten Delikt auf die Tatbestandsverwirklichung bezieht. Ist **Absicht** verlangt, muss es dem Täter auch beim Versuch auf die Erfolgsverwirklichung als Mittel zur Erreichung seines (unter Umständen weiteren, s. BGHSt **4** 107; **16** 1) Zwecks ankommen. Bei „als notwendig erkannten Folgen der Handlung" ergibt sich – selbst wenn dem Täter an ihnen „nicht liegt" – die nötige Aufnahme in den Willen auch hier von selbst (RGSt **5** 314, 317).[126] Nicht anders als beim vollendeten Delikt verlangt die Rechtsprechung auch für einen mit **dolus eventualis** ausgeführten Versuch, dass der Täter mit dem Eintritt des Erfolges „in der Weise einverstanden ist, dass er die Tatbestandsverwirklichung billigend in Kauf nimmt oder sich um des erstrebten Zieles willen wenigstens mit ihr abfindet, mag ihm auch der Erfolgs- 47

**122** *Zaczyk* NK Rdn. 20.
**123** *Jakobs* 8/23; *Murmann* Grundkurs § 24 Rdn. 35; *Puppe* NK § 15 Rdn. 115 f; *Roxin* AT I § 12 Rdn. 92 ff; *Stein* SK § 16 Rdn. 57.
**124** S. zum Folgenden *Wessels/Beulke/Satzger* Rdn. 352 ff.
**125** *Hillenkamp* LK[12] Rdn. 37; *Jeßberger/Sander* JuS **2006** 1065; *Rengier* AT § 14 Rdn. 52.
**126** *Murmann* Grundkurs § 24 Rdn. 17.

eintritt an sich unerwünscht sein" (BGHSt **36** 1, 9). Nicht anders als sonst ist zur bewussten Fahrlässigkeit abzugrenzen. Sie reicht für Versuch nicht aus, weil und wenn der Täter mit der als möglich erkannten Tatbestandsverwirklichung „nicht einverstanden ist und ernsthaft – nicht nur vage – darauf vertraut, der tatbestandliche Erfolg werde nicht eintreten" (BGHSt **36** 1, 9 f). Dann fehlt es (nach h. M.) zwar nicht an der intellektuellen „Vorstellung", wohl aber am Willensmoment. Für „formelhafte Feststellungen" ist zu alledem auch im Versuchsfall kein Raum (BGHSt **36** 1, 11). Es gelten die allgemeinen **Anforderungen an die richterliche Überzeugungsbildung**, wie sie beim Schluss von äußeren auf innere Tatsachen zu stellen sind. So soll ein Tötungsvorsatz bei besonders gefährlichen Gewalthandlungen zwar nahe liegen.[127] Es sind aber gegenläufige Anhaltspunkte zu berücksichtigen,[128] und es ist eine Gesamtwürdigung vorzunehmen.[129] Die „Hemmschwellentheorie" erschöpft sich nach neuerer Rechtsprechung in einem Hinweis auf § 261 StPO und begründet keine zusätzlichen Anforderungen an die Vorsatzbegründung.[130] Insgesamt ist die Überzeugung vom Vorliegen eines Vorsatzes häufig schwerer zu gewinnen und zu begründen als beim vollendeten Delikt, weil die äußeren Anhaltspunkte bei fehlender Vollendung oder gar fehlender Ausführungshandlung regelmäßig dürftiger sind als bei vollendeter Tat.

48 Alle Vorsatzarten setzen den **Willen** voraus, die Tat zu **vollenden.**[131] So wie dem agent provocateur der Anstiftervorsatz fehlt, wenn er die provozierte Tat nur bis zum Versuch kommen lassen will (RGSt **15** 315) und dem Teilnehmer der Gehilfenvorsatz, wenn er von der Untauglichkeit des Haupttatversuchs weiß (RGSt **56** 168), so fehlt es am Tätervorsatz, wenn der Wille nur auf die Entwicklung der Straftat bis zum Versuch gerichtet ist.[132] Das ist zwar nicht in Fällen des dolus alternativus (Rdn. 46), wohl aber in Fällen der Mittäterschaft denkbar (BGHSt **39** 236, 238).[133] Der Vollendungswille muss vom Beginn des Versuchs bis zu seiner Beendigung bestehen.[134]

49 **c) Unbedingter Handlungswille.** Der Versuch setzt einen unbedingten Handlungswillen voraus; mitunter ist auch die Rede von Tatentschlossenheit.[135] Ein nur bedingter Handlungswille (der nicht mit dem Willen beim bedingten Vorsatz verwechselt werden darf; BGH GA **1963** 147f: „auch der bedingte Vorsatz setzt unbedingten Handlungswillen voraus") reicht dagegen nicht aus.[136] Von ihm ist die Rede, wenn sich der Handelnde seine Entscheidung darüber noch vorbe-

---

**127** BGHSt **57** 183, 186, 188; BGH NStZ **2016** 670, 671; **2015** 216. Eingehend zur Kasuistik *Artkämper/Dannhorn* NStZ **2015** 241 ff; *Puppe* NStZ **2016** 575 ff.

**128** Vgl. BGH StraFo **2016** 110 f; NJW **2016** 1970, 1971; NStZ **1986** 549, 550.

**129** BGH NStZ **2017** 25; **2016** 25, 26; NStZ-RR **2016** 111, 112; StV **1988** 93 f.

**130** BGHSt **57** 183, 189 ff. Dazu etwa *Heghmanns* ZJS **2012** 826 ff; *Mandla* NStZ **2012** 695 ff; *Puppe* JR **2012** 477 ff. Aus der früheren Rechtsprechung siehe etwa BGH NStZ-RR **2010** 144, 145. Vgl. auch *Puppe* NStZ **2014** 183 ff (zur fortwährenden Bedeutung des Hemmschwellenarguments in der Rechtsprechung; s. auch BGH NStZ 2020 349, 350).

**131** Z. B. *Ambos* HK-GS Rdn. 13.

**132** *Baumann/Weber/Mitsch/Eisele* § 22 Rdn. 34; *Herzberg* GA **1971** 1, 11 f; *Roxin* AT II § 29 Rdn. 80; *Sch/Schröder/Eser/Bosch* Rdn. 21.

**133** *Küper* JZ **1979** 775, 781; *Sch/Schröder/Heine/Weißer* § 25 Rdn. 99.

**134** *Wolter* FS Leferenz 545, 548 f.

**135** So *Hillenkamp* LK[12] Rdn. 40 im Anschluss an *Jakobs* 25/29. Der Begriff leistet aber im Verhältnis zur Deliktsstufe des Tatentschlusses keine deutliche Akzentuierung des Gemeinten. *Rath* JuS **1998** 1006, 1011 wählt zur Kennzeichnung des Problems den Begriff der „Vorsatzstabilität". Bei bloßer Tatgeneigtheit fehlt es aber nicht an der Stabilität, sondern am Vorsatz selbst. Zudem ist mit dem Erfordernis eines „unbedingten Handlungswillens" zutreffend die Einstellung zur Tathandlung thematisiert, nicht zu den sonstigen, je nach Tatbestand für einen Vorsatz vorausgesetzten Inhalten, die etwa im Vollendungsvorsatz (Rdn. 48) zu thematisieren sind.

**136** *Jäger* SK Rdn. 6; *Jescheck/Weigend* § 29 III 3e; § 49 III 1; *Schmid* ZStW **74** (1962) 48 ff; *Sch/Schröder/Eser/Bosch* Rdn. 18; *Vogler* LK[10] Rdn. 9; *Wessels/Beulke/Satzger* Rdn. 941. *Less* GA **1956** 33 spricht von „bedingtem Wollen", ebenso *Welzel* § 13 I 2 vor a).

hält, ob er die Ausführungshandlung vornehmen will oder nicht. Umgekehrt weist den unbedingten Handlungswillen nur auf, wer nicht mehr unschlüssig schwankt, sondern wer sich zur Vornahme der tatbestandsmäßigen Handlung entschlossen hat.[137] Ein Problem mit dem Erfordernis eines unbedingten Handlungswillens kann beim **beendeten Versuch** von vornherein **nicht** auftreten: Nimmt der Täter (auf der Grundlage seiner Vorstellung) die Ausführungshandlung vor, so hat er etwaige Zweifel hinsichtlich deren Vornahme ersichtlich überwunden. Hier stellt sich dann lediglich noch die Frage, ob die Vornahme der Tathandlung von dem erforderlichen Vorsatz zur Tatverwirklichung getragen war. Darin liegt aber keine Unsicherheit mehr über die Vornahme der Handlung, sondern über deren Bewertung. Ein etwaiges Vertrauen in das Ausbleiben eines tatbestandlich vorausgesetzten Erfolges führt zwar (nach h. M.) zum Fehlen des voluntativen Elements, berührt aber nicht den Handlungswillen. Zum unbedingten Handlungswillen ist hier so wenig ein Wort zu verlieren wie beim vollendeten Delikt (näher Rdn. 62).

Das Vorliegen eines unbedingten Handlungswillens kann also allenfalls beim **unbeendeten Versuch** zweifelhaft sein. Hier kann sich die Frage stellen, ob der Täter bereits fest zur Vornahme der Ausführungshandlung entschlossen war oder er insoweit noch Zweifel hegt. Dabei ist ein solcher Zweifel nur in zeitlich und inhaltlich engem Rahmen rechtlich relevant: In **zeitlicher** Hinsicht ist die Frage des Vorliegens fester Entschlossenheit oder fortbestehenden Zweifels irrelevant, sofern das Vorbereitungsstadium betroffen ist (Rdn. 32).[138] Relevant wird die Frage der Festigkeit des Entschlusses erst im Stadium des unmittelbaren Ansetzens. Hier stellt sich nun bei genauerer Betrachtung das Problem, dass sich die Schwelle zum Versuchsbeginn nicht nur auf der Grundlage eines vorgestellten Tatverlaufs bestimmt, sondern zum unmittelbaren Ansetzen immer schon der Vorsatz zur Tatverwirklichung gehört, an dem es beim lediglich bedingten Handlungswillen gerade fehlt (Rdn. 31 f). Daraus folgt, dass sich die Frage der Tatentschlossenheit bezogen auf den Zeitraum stellt, ab dem ein unmittelbares Ansetzen auf der Grundlage der Tätervorstellung vorliegen würde, sofern der Täter den festen Tatentschluss gefasst hätte, also keinen Zweifel mehr hegte.[139] Lediglich in diesem sehr engen zeitlichen Rahmen entscheidet das Vorliegen des unbedingten Handlungswillens darüber, ob der Vorsatz den Täter bereits über die Versuchsschwelle geführt hat oder sein Zweifel dem Tatentschluss (und damit auch dem Versuchsbeginn) (noch) entgegensteht.[140] 50

Daraus folgt **nicht**, wie *Herzberg* meint, dass der unbedingte Handlungswille kein eigenständiges Kriterium darstellt, sondern **im unmittelbaren Ansetzen aufgeht**.[141] Allerdings hat der BGH mehrere Entscheidungen getroffen, in denen er bei einem inneren Vorbehalt das unmittelbare Ansetzen verneint hat.[142] So lag es etwa in der Konstellation, dass die Täter die Entführung ihres Opfers nicht durchführen wollten, falls es auf ihr Klingeln mit dem Kind auf dem Arm erscheinen würde, was dann tatsächlich der Fall war. Hier habe es „noch eines weiteren Willensimpulses" bedurft, „damit ihr Tun unmittelbar in die Tatbestandshandlung einmündete".[143] Tatsächlich waren die Täter aber unbedingt zur Tat entschlossen, sofern ein ihrem Willen entzogener Umstand (Öffnen der Tür ohne Kind) eintreten würde. Sie waren zum Zeitpunkt des Klingelns an der Türe ohne jeden inneren Vorbehalt entschlossen, die Tat zu begehen, sofern die äußere Bedingung erfüllt sein sollte. Für diesen Zeitpunkt lag also ein fester Tatentschluss vor (s. Rdn. 58). Bejaht man für diesen Zeitpunkt (also bevor das Opfer mit dem Kind auf dem 51

---

**137** Deutlich in diesem Sinne *Jäger* SK Rdn. 6; *Kühl* AT § 15 Rdn. 30; *Welzel* § 13 I 2 vor a); vgl. auch *Roxin* GedS Schröder S. 145, 153.

**138** Ebenso *Streng* GedS Zipf S. 325, 344 f; vgl. auch *Baumann/Weber/Mitsch/Eisele* § 22 Rdn. 31.

**139** In diesem Sinne wohl auch *Baumann/Weber/Mitsch/Eisele* § 22 Rdn. 31.

**140** Freilich müssen auch Vorbereitungshandlungen von einem festen Tatentschluss getragen sein, wenn sie ausnahmsweise strafbar sind (BGHSt **12** 306, 309; OLG Hamm StV **1997** 242). Aber das ist eine Frage der insoweit einschlägigen Tatbestände und nicht von § 22.

**141** *Herzberg* MK[1] Rdn. 103.

**142** BGH NStZ **1999** 395, 396; NStZ **2013** 579; ferner BGH NStZ **2001** 415, 416.

**143** BGH NStZ **1999** 395, 396.

Arm an der Tür auftaucht), das unmittelbare Ansetzen, so spielt die Bedingung, von der die Fortsetzung der Tat abhängig gemacht wurde, für den Eintritt in das Versuchsstadium keine Rolle. Es liegt ein unmittelbares Ansetzen (mit Rücktrittsvorbehalt) vor (Rdn. 65).[144] Anders liegt es freilich, wenn der Täter seine Entschlussfassung von einer Bedingung abhängig macht, die vor dem Eintritt in das Versuchsstadium liegt. Erfüllt sich diese Bedingung nicht, so kommt es schon nicht dazu, dass der Täter einen relevanten Tatentschluss fasst.

52 In **inhaltlicher** Hinsicht bezieht sich die Frage des unbedingten Handlungswillens auf die Vornahme der tatbestandsmäßigen Ausführungshandlung. Nicht treffend ist es dagegen, wenn häufig formuliert wird, der unbedingte Handlungswille müsse sich auf die Tatbestandsverwirklichung (insbesondere also auch auf den Eintritt des tatbestandsmäßigen Erfolges) beziehen.[145] Denn damit wird das Erfordernis des unbedingten Handlungswillens mit den sonstigen Vorsatzanforderungen vermengt: Ist der Täter fest zur Vornahme der Ausführungshandlung entschlossen, so kann der Vorsatz zwar (nach h. M.) noch daran scheitern, dass er den Eintritt des Erfolges nicht billigend in Kauf nimmt. Aber das betrifft keine spezifische Problematik der mangelnden Entschlossenheit, wie sie gerade beim Versuch auftreten kann, sondern die sonstigen Vorsatzvoraussetzungen, deren Vorliegen auch beim vollendeten Delikt zweifelhaft sein kann. Ebenfalls keinen spezifischen Bezug zum Erreichen des Versuchsstadiums weist die Frage auf, ob der Täter einen festen Entschluss im Sinne tatbestandlich geforderter überschießender Innentendenzen gefasst hat.[146] Solche Innentendenzen müssen zwar bei Versuchsbeginn vorliegen, determinieren aber nicht die Tatausführung und haben dementsprechend auch keinen Einfluss auf den Zeitpunkt, in dem das Versuchsstadium erreicht wird.

53 Zweifel daran, ob ein unbedingter Handlungswille vorliegt, werden (in Anlehnung an *Schmid* ZStW **74** [1962] 48 ff 51) in **drei Fallgruppen** erwogen: der bloßen Tatgeneigtheit, des Tatentschlusses auf bewusst unsicherer (hypothetischer) Tatsachengrundlage und des Tatentschlusses mit Rücktrittsvorbehalt.[147]

54 **aa) Tatgeneigtheit.** Die Notwendigkeit, den unbedingten Handlungswillen von bloßer Tatgeneigtheit abzugrenzen, ergibt sich nach den vorstehenden Überlegungen (Rdn. 49 f und noch Rdn. 62) erst bezogen auf ein Stadium, in dem bei Vorliegen eines unbedingten Handlungswillens auch ein Tatentschluss gegeben sein kann, also erst dann, wenn auf der Grundlage der Vorstellung des Täters von dem Geschehensverlauf sein Verhalten als unmittelbares Ansetzen in Betracht kommt.[148] Im Stadium der bloßen Tatgeneigtheit, in dem der Täter die Verwirklichung eines Straftatbestandes zwar als Möglichkeit ins Auge gefasst hat, jedoch noch unentschlossen ist, ob er zur Vornahme des tatbestandsmäßigen Verhaltens übergehen will, fehlt es an der erforderlichen innerlich vorbehaltlosen Tatentschlossenheit. Bei dem bloß Tatgeneigten ist die Entscheidung über das „Ob" der Tat noch nicht gefallen, auch wenn er präzise Vorstellungen von Objekt und Modalitäten der ins Auge gefassten Tat hat. Im Zustand der **Unentschlossenheit** ist der Tatbestandsverwirklichungswille noch nicht abschließend gebildet. Bei dieser Sachlage scheidet eine Versuchsbestrafung nicht erst wegen auf solcher Grundlage zu

---

**144** Zutreffend *Dey* JR **2000** 295, 296; *Jäger* NStZ **2000** 415, 416; *ders.* JA **2013** 949, 950; *Hoffmann-Holland* MK Rdn. 99.

**145** Z. B. *Kühl* AT § 15 Rdn. 30.

**146** Zu § 316a bezüglich des Raubes usw., vgl. *Günther* JZ **1987** 16, 22; zur Endgültigkeit des Täuschungsentschlusses in § 267 vgl. RGSt **75** 19, 25; *Neuhaus* GA **1994** 224, 228 ff.

**147** **Krit.** zu dieser Dreiteilung *Hardtung/Putzke* AT Rdn. 1143; *Roxin* GedS Schröder 145, 147 ff; *ders.* AT II § 29 Rdn. 86; dagegen *Krey/Esser* AT Rdn. 1211.

**148** Ohne Erkenntniswert bleibt etwa das bei *Wessels/Beulke/Satzger* Rdn. 942 zur Illustration bloßer Tatgeneigtheit genannte Beispiel, in dem der Neffe Tötungsmöglichkeiten im Internet recherchiert. Der dortige Hinweis auf das Fehlen konkreter Tatvorstellungen trifft nicht den Punkt. Selbst wenn der Neffe nach abgeschlossener Recherche klare Vorstellungen entwickelt hätte, läge in diesem Stadium nichts Anderes vor als eine rechtlich belanglose Tatgeneigtheit.

verneinenden unmittelbaren Ansetzens aus.[149] Der Zustand der Unentschlossenheit ist vielmehr mangels entschiedenen Willens kein Tatentschluss (*Vogler* LK[10] Rdn. 10; *Welzel* § 13 I 2 vor a). Die **Rechtsprechung** bereits des RG entscheidet nicht anders, wenn sie im Betreten eines Raumes die Betätigung eines „endgültigen" Vorsatzes noch nicht sieht, „wenn sich der Dieb noch gar nicht im klaren ist, was er stehlen will, und aus welchem Raum" (RGSt **54** 181, 183),[150] oder wenn sie den „Entschluss" zur Tötung bei einem Täter verneint, der „zunächst nur durch Vorhalten der Pistole seinen Schwiegervater bedrohen", sich beim Ergreifen der Pistole aber das Schießen auf ihn „noch vorbehalten wollte" (RGSt **68** 339, 341). Der BGH folgt dieser Linie, wenn er im Nichtausholen mit einer bereits ergriffenen Axt ein Indiz dafür sieht, „dass der Entschluss zum Zuschlagen noch nicht endgültig gefasst war" (BGH bei *Holtz* MDR **1980** 271 f) oder wenn dem Täter die erforderliche „endgültige Entscheidung", ob er die zum Überfall ausersehene Bank betritt oder nicht, durch Eintreffen der Polizei „abgenommen" wird (BGH StV **1987** 528 f).[151] Insoweit bleibt der Täter im Stadium strafloser Vorbereitung (vgl. z. B. RGSt **75** 19, 25). Das Erreichen des Versuchsstadiums hängt eben nicht nur davon ab, ob auf der Grundlage eines als möglich vorgestellten Tatablaufs keine weiteren wesentlichen Zwischenschritte mehr erforderlich wären, sondern auch davon, ob der Täter dazu entschlossen ist, diese (unwesentlichen) Zwischenschritte auch zu gehen und die Tathandlung vorzunehmen.

**Abweichend** nimmt *Arzt* (JZ **1969** 54, 56) in den Fällen, in denen der Täter schon auf den 55
Erfolg hinarbeitet, aber die endgültige Entschließung noch aufschiebt, dolus eventualis an. Der Vorbehalt späterer Entschlussfassung ändere nichts daran, dass der Täter mit dem Hinarbeiten auf den Erfolg die Möglichkeit in Kauf nehme, dass sein Verhalten vor dem Zeitpunkt, in dem er seinen endgültigen Entschluss fasse, den Erfolg (mit) herbeiführe. Dem möglichen Einwand einer unangemessenen Erweiterung des Strafbarkeitsbereichs in das Vorfeld will *Arzt* (S. 58 ff) durch eine restriktive Auslegung des unmittelbaren Ansetzens begegnen. Ähnlich – wenn auch enger – will *Jakobs* (25/30) im Anschluss an *Walder* (SchwZStr **99** [1982] 225, 251 f) den noch unsicheren Durchhaltewillen dann als Entschluss gelten lassen, wenn die auf seiner Grundlage vorgenommenen Handlungen für den Täter keinen anderen Sinn aufweisen, als die Tat vorzubereiten oder zu ihr anzusetzen. Diesen Auffassungen ist zwar zuzugeben, dass namentlich das allein bei Einfügung in ein verbrecherisches Vorhaben Sinn machende Hinarbeiten auf die Tatbestandsverwirklichung als **Indiz** für hinreichende Entschlossenheit spricht.[152] Es ist aber nicht unwiderlegbar. Denn wo dieses Vor- und Hinarbeiten noch auf einer unsicheren inneren Basis beruht, kann es bei aller „Eindeutigkeit" das wegen der Unentschlossenheit fehlende voluntative Element nicht ersetzen. Seine Annahme wäre folglich bloße Fiktion. Es ist auch nichts vorentschieden, vielmehr alles Maßgebliche in die noch ausstehende Entschließung verschoben.[153]

Die hier in Übereinstimmung mit der h. M. vertretene Forderung nach einem ohne verblei- 56
benden inneren Vorbehalt und damit „endgültig" gefassten Verwirklichungswillen ist **Einwendungen** ausgesetzt. Einerseits wird problematisiert, inwieweit ein fest zur Tat Entschlossener

149 So aber *Spielmann* S. 128 ff, der die bloße Tatgeneigtheit für den von ihm unter Verkennung der Funktion des Begriffs der Vorstellung in § 22 (s. dazu Rdn. 115 ff) für maßgeblich erachteten „Vorstellungsvorsatz" ausreichen und Versuch bis zur Auflösung der Unsicherheit aufgrund der zuvor bestehenden „Abgeschirmtheit" der Gefahr der Tatbestandsverwirklichung nur an der Unmittelbarkeit des Ansetzens scheitern lassen will.

150 Richtig ist diese Aussage allerdings nur, wenn damit – wie in einem von RG JW **1932** 3087 gebildeten Beispielsfall – über das „Ob" noch keine Entscheidung gefallen war, **krit.** zu RGSt **54** 181 daher zu Recht *Schmid* ZStW **74** (1962) 48, 50; **zweifelhaft** daher BGH StV **2001** 621.

151 Im letztgenannten Fall ist freilich fraglich, ob sich die Abgrenzungsfrage von unbedingtem Handlungswillen und Tatgeneigtheit überhaupt stellt, weil nicht ausgemacht ist, ob vor dem Betreten der Bank selbst bei unbedingtem Handlungswillen überhaupt ein unmittelbares Ansetzen vorgelegen hätte.

152 *Kühl* AT § 15 Rdn. 34; *Rath* JuS **1998** 1006, 1012; *Roxin* GedS Schröder 145, 151, 163; *Zaczyk* Unrecht S. 247 (jedenfalls wenn die Handlung im Falle eines Tatentschlusses schon die Qualität eines unmittelbaren Ansetzens hat).

153 Man sollte daher auch nicht von einem „Vorentschluß" sprechen; *Schmidhäuser*, der diesen Ausdruck gebraucht (Lb 15/33), entscheidet in der Sache dann aber wie im Text.

noch im Sinne psychischer Beihilfe bestärkt werden kann.[154] Andererseits wird bezweifelt, dass es eine hundertprozentige Entschlossenheit als psychische Realität überhaupt gebe (*Roxin* GedS Schröder S. 145 ff). *Roxin* will daher die Grenze, die Tatgeneigtheit und Entschluss trennt, dort ziehen, „wo die zum Delikt hindrängenden Motive das Übergewicht über die Hemmungsvorstellungen" so erlangen, dass „der Täter die Tat lieber begehen als lassen will" und hiervon schon sprechen, wenn jemand nur „zu 90 % (oder so gut wie) entschlossen", noch „wankend" oder sich „nicht mehr so ganz sicher" ist (*Roxin* a. a. O. S. 159, 161; *ders.*, JuS **1979** 1, 3).[155] Dass damit aber die Wirklichkeit besser getroffen oder der Beteiligungsfrage eine sachgerechtere Grundlage gegeben würde, ist zu bestreiten. Denn einerseits kennzeichnen die von der h. L. bevorzugten Attribute wie „endgültig" oder „unwiderruflich" treffender als die zitierte Formel den allein interessierenden Zustand, der eingetreten ist, nachdem die zur Tat drängenden Motive die Oberhand gewonnen haben und der eingetreten sein muss, um von Entschlossenheit zu reden. Andererseits ist eine psychische Beihilfe in Gestalt einer Bestärkung des Tatentschlusses auch bezogen auf denjenigen möglich, der „fest" zur Tat entschlossen ist. Denn zu einer solchen Selbstfestlegung gehört stets auch die Freiheit, den gefassten Entschluss wieder aufzugeben. Versteht man unter Beihilfe eine rechtlich missbilligte Erhöhung des Haupttatrisikos, so reicht es aus, dass durch die psychische Einflussnahme die Chancen vermindert werden, dass der Haupttäter von seinem Vorhaben Abstand nimmt. Diese Wirkung ist jeder Bestärkung, die für den Haupttäter nicht völlig irrelevant ist, immanent,[156] wobei sich der akzessorische Unwert der Beihilfe erst im Versuchsstadium entfaltet, wenn die bestärkende Handlung das Risiko der Haupttatbegehung erhöht. Wer dagegen dem nur „zu 90 % (oder so gut wie)" Entschlossenen, dem noch Wankenden „hilft", den Entschluss erst zu fassen, ist in Wahrheit ein den erforderlichen „Willensruck" erst ermöglichender Anstifter.[157]

57 **bb) Tatentschluss auf bewusst unsicherer Tatsachengrundlage.** Von der bloßen Tatgeneigtheit ist die Fallgruppe des Tatentschlusses auf bewusst unsicherer Tatsachengrundlage zu unterscheiden, die dadurch gekennzeichnet ist, dass der Täter die Tat nur unter gewissen tatsächlichen Voraussetzungen begehen will, deren künftiger Eintritt oder künftiges Ausbleiben bei der Fassung des Entschlusses noch ungewiss ist. Nach dem Willen des Täters sollen erst Eintritt oder Ausbleiben dieser objektiven Bedingungen endgültig darüber entscheiden, ob er die Tat ausführt. Auch insoweit ist nur die Rede von Konstellationen, in denen der Täter sich bei Vorliegen eines Tatentschlusses bereits im Versuchsstadium befindet; im Vorbereitungsstadium ist jede Diskussion über das Vorliegen eines Tatentschlusses ohne Relevanz für die Versuchsstrafbarkeit (Rdn. 49 f, 54, 62). Die Praxis zeigt, dass subjektive Festlegungen auch angesichts und trotz noch bestehender Unsicherheit über die objektiven Gegebenheiten nicht selten vorkommen.[158] So kann es z. B. liegen, wenn der Streitende zum tödlichen Einsatz eines Messers in einer tätlichen Auseinandersetzung entschlossen ist, falls er zu unterliegen droht (BGH NStZ **1991** 233), wenn die Ausführung eines Bankraubes nur noch davon abhängig gemacht wird, dass sich keine Kunden im Schalterraum befinden (BGH NStZ **1996** 38), oder wenn die Begehung

---

**154** *Samson* Hypothetische Kausalverläufe im Strafrecht, 1972, S. 189 ff; für eine Beschränkung auf den „als wankelmütig bekannten Täter" *Otto* FS Lenckner 199; ähnlich *Schönke/Schröder/Heine/Weißer* § 27 Rdn. 15.

**155** Vgl. ferner *Roxin* AT II § 29 Rdn. 87 ff; zust. *Ambos* HK-GS Rdn. 14; *Kühl* AT § 15 Rdn. 36; *Neuhaus* GA **1994** 224, 228; *Sch/Schröder/Eser/Bosch* Rdn. 18; als eine mögliche Beschreibung akzeptiert von *Günther* JZ **1987** 16, 22; *Rath* JuS **1998** 1006, 1012; **krit.** *Dold* S. 100 ff; *Herzberg* MK[1] Rdn. 99; *Spielmann* S. 122. *Zaczyk* Unrecht S. 246 f will diesen Befund nur genügen lassen, wenn er sich im unmittelbaren Ansetzen manifestiert.

**156** *Murmann* JuS **1999** 551; *ders.* Grundkurs § 27 Rdn. 130; *SSW/Murmann* § 27 Rdn. 5.

**157** Zum „Willensruck" als zentralem Punkt der Willenshandlung s. *Ambrosius* Vorsatzabgrenzung S. 20 ff; aufgenommen von BGH StV **1997** 528, 529; BGHSt **48** 34, 36; *Jescheck/Weigend* § 29 III 3e (die von „definitiver Willensentscheidung" sprechen); *Vogler* LK[10] Rdn. 13.

**158** Abweichende Beurteilung bei *Roxin* GedS Schröder 145, 148, der „keinerlei Veranlassung" für eine solche Festlegung sieht.

eines Diebstahls in einem Juweliergeschäft unter der Bedingung steht, dass „sich eine entsprechende Gelegenheit findet" (BGH NStZ **2001** 445). Auch die umstrittenen „Alternativfälle", bei denen das Opfer vor die Wahl gestellt wird, den Eintritt der vom Täter für die Tatverwirklichung gesetzte Bedingung abzuwenden, weisen diese Struktur auf (BGH NStZ **2014** 633; näher dazu Rdn. 165 f). In allen Fällen des Tatentschlusses auf bewusst unsicherer Tatsachengrundlage ist der zum Versuch gehörige Entschluss der Tatbestandsverwirklichung vorhanden, wenn er für den Fall des Eintritts der Bedingung im vorstehend umschriebenen Sinne (s. Rdn. 49 ff) feststeht. Nicht der Entschluss, **nur** seine **Ausführung** hängt dann noch von Bedingungen ab. Die Entscheidung über das „Ob" der Tat behält sich der Täter nicht mehr vor. Vielmehr ist er unbeschadet des Unsicherheitsfaktors subjektiv zur Tat fest und endgültig entschlossen (*Schmid* ZStW **74** [1962] 48, 54).[159]

Die Abhängigkeit der Realisierung des deliktischen Vorhabens von **Voraussetzungen**, die dem **Willen des Täters entzogen** sind, steht der Annahme eines endgültigen Willens zur Tatausführung nicht entgegen (BGHSt **12** 306, 310). Es fehlt folglich an der für § 22 erforderlichen Entschlossenheit auch dann nicht, wenn der Täter sich nur über die Möglichkeit des Gelingens der Tat im Unklaren ist (*Sch/Schröder/Eser/Bosch* Rdn. 19). Die Durchführungsmöglichkeiten und Erfolgsaussichten entziehen sich in der Regel sicherem Wissen (*Kühl* AT § 15 Rdn. 31). Der Täter kann auf die Gefahr des Misslingens hin handeln, wenn er sich eine Erfolgschance einräumt. Auch dann liegt Tatentschlossenheit vor (*Vogler* LK[10] Rdn. 16). 58

An der nötigen Entschlossenheit fehlt es dagegen dann, wenn es der **tatauslösenden Motivation** durch einen anderen noch bedarf. Im Gegensatz zum Tatentschluss auf hypothetischer Tatsachengrundlage macht der Täter in solchen Fällen die Entschlussfassung selbst noch von dem Verhalten eines anderen abhängig (*Vogler* LK[10] Rdn. 15). Der Täter muss sich das fremdgesetzte Motiv erst noch zu eigen machen, auch wenn er hierzu bereits vorab bereit war. *Hillenkamp* (LK[12] Rdn. 46) verdeutlicht das am Beispiel des Lohnmörders, der sich zur Tat erbietet, wenn er die geforderte Belohnung erhält. Für ihn bestehe keinerlei Anlass, vor dem Eintritt der Bedingung aus seiner allgemeinen Tatbereitschaft eine konkrete Tatentschlossenheit werden zu lassen. Das ist im Ergebnis richtig, wird aber noch klarer vor dem Hintergrund der Einsicht, dass der versuchsbegründende Tatentschluss nicht bereits dann vorliegt, wenn der Täter sich im Vorfeld der Tat „fest" oder auch „bedingt" zu deren Ausführung entschlossen hat, sondern erst dann, wenn er unmittelbar zur Tatausführung ansetzt (Rdn. 31 f). Die im Vorfeld bestehende Bereitschaft zur Tatbegehung gegen Bezahlung ist kein Tatentschluss, sondern bleibt ein unverbindlicher, für die Versuchsbegründung irrelevanter Plan. Erst wenn der Täter unmittelbar zur Tatbegehung ansetzt hat er einen wirkmächtigen Tatentschluss gefasst. Beruht dieser Tatentschluss darauf, dass sich der Täter die Belohnung verdienen will, so hat ihn der Auftraggeber angestiftet. Die Behauptung, mit der Forderung nach einem unbedingten Handlungswillen könne es auch im Falle des Lohnmörders keine Anstiftung geben (*Roxin* GedS Schröder S. 145, 147 und JuS **1979** 1, 8f), trifft demnach nicht zu. *Hillenkamp* (LK[12] Rdn. 46) grenzt die vorstehende Konstellation – ebenfalls im Ergebnis zutreffend – von dem Verhalten desjenigen ab, „der dem schon Entschiedenen nur die Durchführung ermöglicht oder erleichert, indem er für den Eintritt der Bedingung sorgt. Wer vor der Bank Kunden vom Betreten abhält und dadurch die Bedingung eintreten lässt, von der die bereits im Schalterraum befindlichen Bankräuber die Ausführung des Banküberfalls abhängig machen, ist Gehilfe." *Hillenkamps* Hinweis auf den bereits gefassten Tatentschluss trifft freilich nur dann zu, wenn sich die Bankräuber bei Tätigwerden des Gehilfen bereits im Versuchsstadium befinden. Machen die Täter hingegen schon im Vorbereitungsstadium den Beginn der Tatausführung davon abhängig, dass anschließend draußen jemand den Eingang bewacht, so lässt sich schwerlich bestreiten, dass der Tatentschluss im Ausführungsstadium ohne die Zusicherung der Unterstützung nicht zustande gekommen wäre. Der Unterschied dieser Konstellation zum Fall des Lohnmörders liegt demnach in Wahrheit 59

159 Ebenso *Jäger* SK Rdn. 8; *Jescheck/Weigend* § 49 III 1; *Kindhäuser* LPK Rdn. 13; *Kühl* AT § 15 Rdn. 31; *Sch/Schröder/Eser/Bosch* Rdn. 18.

nicht darin, dass der Haupttäter nur im Falle der Anstiftung noch keinen Tatentschluss gefasst hat, während der Gehilfe stets zugunsten eines bereits entschlossenen Täters unterstützend tätig wird. Der Unterschied liegt vielmehr darin, dass der Gehilfe auch für den Fall, dass der Haupttäter seine Tatausführung von dessen Mitwirkungsbereitschaft abhängig macht, nicht die die Anstiftung kennzeichnende Tataufforderung an den Haupttäter richtet.[160] Er liefert kein Motiv für die Tatbegehung, sondern ordnet sich dem Plan des Haupttäters unter.[161]

60 Die **Abgrenzung** (s. hierzu schon RGSt **16** 133; BGHSt **12** 306, 309; **21** 14, 17) des Tatentschlusses auf bewusst unsicherer Tatsachengrundlage von bloßer **Tatgeneigtheit** kann Schwierigkeiten bereiten. So hängt es z. B. von den Umständen des Einzelfalles ab, ob der **Untersuchung des Tatobjekts** auf seine Tauglichkeit ein versuchsbegründender Entschluss zugrunde liegt. Will der Täter mit der Untersuchung erst noch feststellen, ob er sich die Gelegenheit der Tat zunutze machen soll, liegt ein Tatentschluss noch nicht vor. Das Sichvergewissern über den Gegenstand oder den Wert der etwaigen Beute dient dann noch der Vorbereitung der Entschließung. Ist der Täter dagegen schon zur Tat entschlossen, falls sich das Objekt als brauchbar erweist, ist – sofern die Tat durch die Untersuchung in das Ausführungsstadium gelangt ist (vgl. dazu Rdn. 62) – Versuch gegeben und das Ergebnis der Untersuchung kann den Täter allenfalls zur Aufgabe des Entschlusses veranlassen. Hiernach fehlt es am endgültigen Entschluss zwar noch dann, wenn sich ein Dealer von der Qualität des angebotenen Haschischs mit der Bemerkung überzeugen will, er werde sich (nur) möglicherweise zum Erwerb entschließen, nicht aber, wenn er „den Ankauf von 100 g Haschisch zum Preis von 800 DM vereinbart – normale Qualität des Haschischs vorausgesetzt". Im letzteren Fall wäre der Tatentschluss nicht zu bezweifeln, wenn er sich bereits auf ein versuchsbegründendes Verhalten bezieht (**aA** OLG Celle MDR **1986** 421, das nicht nur die Unmittelbarkeit, sondern auch eine Entschlussfassung bezweifelt).

61 Nach diesen Grundsätzen ist auch bei **Diebstahl** und **Unterschlagung** zu verfahren. Da § 242 nicht auf die Wegnahme bestimmter Sachen abstellt, ist es für den Diebstahlsvorsatz wie auch für die Zueignungsabsicht gleichgültig, ob sie von vornherein auf bestimmte Objekte konkretisiert waren oder allgemein dahin gingen, stehlenswerte Gegenstände mitzunehmen. Ist der Täter etwa von vornherein entschlossen, nur eine ganz bestimmte Sache wegzunehmen (BGH StV **1990** 205: Geld bei einem Handtaschenraub) oder die Tat nur bei einer bestimmten Mindestsumme zu Ende bringen will (BGH StV **1990** 206 zu § 253), so bleibt der Tatentschluss von der Enttäuschung der Hoffung unberührt.[162] Versuch liegt – sofern auch die objektive Tatseite zu bejahen ist (Rdn. 125, 159) – vor, wenn der Täter ein Haus mit dem Entschluss betritt, mitzunehmen, was er an Brauchbarem findet (RGSt **70** 201, 202 f), wie auch dann, wenn er – zur Tat entschlossen – erst feststellen will, ob es etwas Stehlenswertes gibt (OLG Hamm MDR **1976** 155). Öffnet ein Postschaffner einen Brief, um sich dessen Inhalt zuzueignen, falls dieser in „Geld oder Geldeswert" besteht, liegt Tatentschluss ebenso vor (RGSt **65** 145, 148), wie wenn er einen Brief in der Absicht aus dem Postgang nimmt, seinen Inhalt zu prüfen und – falls er für ihn brauchbar ist – sich zuzueignen (RG JW **1933** 2706). Dagegen fehlt es am Versuch dieser Delikte, wenn der Täter sich erst nach der Prüfung des Inhalts über die Aneignung schlüssig werden will oder wenn er beim Rütteln an den Vorderrädern verschiedener Pkws hofft, ein Fahrzeug ohne eingerastetes Lenkradschloss zu finden, sich aber noch nicht sicher ist, ob er dieses dann auch „nehmen" wird (vgl. BGHSt **22** 80 zu § 248b).

62 Freilich ist zu beachten, dass auch ein fester Entschluss als psychischer Befund noch **kein Tatentschluss** i. S. v. § 22 ist, solange sich der Täter noch **im Vorbereitungsstadium** befindet

**160** *SSW/Murmann* § 26 Rdn.

**161** Zutreffend *Jocks* MK § 27 Rdn. 14. Dagegen greift es zu kurz, wenn *Rath* JuS **1998** 1006, 1012, meint, hier komme mit Blick auf das Hervorrufen des Tatentschlusses Anstiftung in Betracht.

**162** BGHSt **4** 256, 258; **41** 368, 371; BGH StV 1982 223; BGH 1 StR 506/81 v. 29.9.81; BGH 2 StR 85/83 v. 9.3.83; RG Recht **14** 20, 24; RGSt **64** 250; vgl. auch *Vogel* LK[12] § 253 Rdn. 45.

(**aA** *Hillenkamp* LK[12] Rdn. 50).[163] Soweit verschiedentlich von „Entschlussfassungen" im Vorfeld des Versuchs die Rede ist, unterfallen solche Entschlüsse – ganz unabhängig von ihrer „Festigkeit"[164] – nicht dem Begriff des rechtlich relevanten Tatentschlusses, den der Versuchstäter gefasst haben muss. Diese bereits in Rdn. 49 ff entwickelte Einsicht soll anhand von **Beispielen** verdeutlicht werden: Wer sich für den Fall des drohenden Unterliegens in einer tätlichen Auseinandersetzung mit einem Messer bewaffnet, um den Gegner gegebenenfalls zu töten, hat durch das bloße Einstecken des Messers nicht nur nicht zur Tötung unmittelbar angesetzt (BGH NStZ **1991** 233), sondern schon keinen relevanten Tatentschluss gefasst (**aA** *Hillenkamp* LK[12] Rdn. 50). Ebenso fehlt es noch an einem Tatentschluss iSv. § 22, wenn der Täter beim Antritt einer Reise zu seiner Frau entschlossen ist, diese zu töten, wenn sie nicht zu ihm zurückkehrt (vgl. BGHSt **21** 14, 17),[165] wie auch dann, wenn der Täter die Ausführung eines Raubes davon abhängig macht, dass er hierzu Hilfe findet (vgl. BGHSt **21** 319, 322).[166] Verneint man ein unmittelbares Ansetzen dessen, der Devisen in die Fußmatte seines Autos einnäht, um sie im Falle des Ausbleibens einer Einfuhrgenehmigung einzuschmuggeln oder dessen, der an den Vorderrädern eines Autos rüttelt, um es zu stehlen, falls das Lenkradschloss nicht verriegelt ist (*Hillenkamp* LK[12] Rdn. 50; **aA** RGSt **71** 53; BGHSt **22** 80, 81), so liegt insoweit jeweils bereits kein relevanter Tatentschluss vor (insofern **aA** *Hillenkamp* LK[12] Rdn. 50). Nicht nur am unmittelbaren Ansetzen, sondern bereits am Tatentschluss fehlt es auch dann, wenn ein Täter mit Chloroform oder Schreckschusspistole für den Fall des Widerstandes bewaffnet das Haus des Opfers betritt, um (gegebenenfalls) einen Raub zu begehen, dann aber im Hausflur von der Polizei abgefangen wird (vgl. OLG Hamm StV **1997** 242 f).[167] Dagegen liegt ein fester Tatentschluss auf unsicherer Tatsachengrundlage vor, wenn der Täter die Ausführungshandlung bereits vornimmt, etwa eine Frau „gewisse Mittel" gebraucht, um sich für den Fall, dass sie schwanger ist, der Leibesfrucht zu entledigen (RG DJZ **1903** 106). Anzunehmen ist ein Tatentschluss aber auch dann, wenn der Täter beim unmittelbaren Ansetzen zum Erwerb einer Sache zumindest für möglich hält, dass sie gestohlen wurde (§ 259; vgl. BGH StV **1996** 81, 82).[168] Nicht ausgeschlossen ist damit freilich, dass in anderem Kontext, nämlich dort, wo **Vorbereitungshandlungen unter Strafe gestellt** sind, im Vorfeld des Versuchs bereits eine Entschlussfassung im rechtlichen Sinn vorliegt, welche sich auf künftige deliktische Handlungen bezieht. So liegt es beim Sich-Bereit-Erklären oder bei der Verbrechensverabredung nach § 30, etwa bei einer Verabredung von Häftlingen, sich durch Beraubung einer ihnen bekannten Gastwirtin Geld zu beschaffen, falls ihnen der Ausbruch aus dem Gefängnis gelingt (BGHSt **12** 306, 309 zu **§ 49a a. F.**). Gleiches gilt dort, wo bei Vornahme der Tathandlung der Entschluss zu einer später erfolgenden Rechtsgutsbeeinträchtigung vorliegen muss, etwa die Absicht zur Täuschung im Rechtsverkehr bei § 267. Dementsprechend „genügt es für das Merkmal ‚zur Täuschung im Rechtsverkehr', dass nach dem Willen des Täters von der falschen Urkunde nur für einen bestimmten Fall oder nur unter Voraussetzungen, deren Eintritt vorerst noch ungewiss ist, Gebrauch gemacht werden soll" (BGHSt **5**

---

**163** Vgl. *Puppe* GA **1984** 101, 117; *Streng* GedS Zipf 325, 344 f; *Zaczyk* Unrecht S. 246 f. **AA** *Satzger* Jura **2017** 1169, 1170 unter Hinweis auf § 30 Abs. 2. Das trifft freilich deshalb nicht, weil dessen Handlungsunwert bereits in der Kollussionsabrede liegt.

**164** Es geht also nicht um die empirische Frage nach der „Wankelmütigkeit" des Menschen; weshalb dir Kritik von *Satzger* Jura **2017** 1169, 1170 nicht trifft.

**165** Freilich kann diese Entscheidung nicht als Stellungnahme zum Tatentschluss in § 22 verstanden werden, weil es im Rahmen von § 213 um die Frage der Verknüpfung von Provokation und Tatentschluss ging.

**166** Die Entscheidung steht im Kontext der Frage, ob ein Gesamtvorsatz im Rahmen des Fortsetzungszusammenhangs anzunehmen ist; Aufschluss über einen Tatentschluss nach § 22 gibt sie demnach nicht.

**167** Vgl. auch *Otto* Anm. JK **96**, StGB § 259/14 zu BGH StV **1996** 81: kein unmittelbares Ansetzen zur Hehlerei vor Vollendung der Vortat, wenn für den Fall der erfolgreichen Vollendung des Vorerwerbs der Ankauf zugesagt wird.

**168** Freilich wird man in dem entschiedenen Fall ein unmittelbares Ansetzen ablehnen müssen, weil lediglich Verhandlungen geführt wurden und eine Übertragung der Verfügungsgewalt noch nicht unmittelbar bevorstand; vgl. *Sch/Schröder/Hecker* § 259 Rdn. 46 f. Vgl. auch *Otto* Anm. JK **96**, StGB § 259/14 zu BGH StV **1996** 81.

149).[169] Man kann also zwar durchaus davon sprechen, dass „auch in all jenen Fällen über die Tatentschlossenheit unter Umständen schon weit vor Versuchsbeginn entschieden werden" müsse, „in denen das Gesetz zur Ausführung einer tatbestandlichen Handlung (oder wenigstens deren Versuch) den zusätzlichen Entschluss verlangt, eine bestimmte Tat zu begehen (wie z. B. in §§ 239a, b, 316a), einen mitgeführten Gegenstand ‚gegebenenfalls' zu verwenden (wie z. B. in §§ 244 Abs. 1 Nr. 1b, 250 Abs. 1 Nr. 1b) oder eine bestimmte Absicht zu verwirklichen" (*Hillenkamp* LK[12] Rdn. 50). Bei all diesen Intentionen geht es aber gerade nicht um einen den Eintritt in das Versuchsstadium markierenden Tatentschluss, der auf die Ausführungshandlung bezogen sein muss. Der für den Versuchbeginn vorausgesetzte Tatentschluss ist also von tatbestandlich geforderten deliktischen Absichten klar zu unterscheiden.[170]

**63** Hinsichtlich der Relevanz der Art der Betätigung für das Vorliegen eines unbedingten Handlungswillens ist zu differenzieren: Eine möglicherweise anfänglich bestehende Unsicherheit hat sich jedenfalls dann als nicht relevant für den Täter erwiesen, wenn er die Ausführungshandlung vorgenommen hat.[171] Hat der Täter die Ausführungshandlung noch nicht vorgenommen, so entscheidet die **Art der Betätigung** nicht über das Vorliegen des unbedingten Handlungswillens. Sicher ist eine Handlung, die im Falle eines Tatentschlusses als Versuchsbeginn anzusehen wäre, ein Indiz für eine Entschlossenheit dahingehend, dann auch die Ausführungshandlung vorzunehmen. Auch in solchen Fällen kann es sich aber um einen „Täter" handeln, der noch schwankt (RGSt **68** 339).[172] Eine solche psychische Verfassung ist auch bei dem nicht ausgeschlossen, der eine Handlung vornimmt, die nur mit Blick auf die anschließende Ausführungshandlung des erwogenen Delikts Sinn macht (s. schon Rdn. 55). Wird etwa die Untersuchung einer Schwangeren allein mit Blick auf einen sich gegebenenfalls unmittelbar anschließenden Schwangerschaftsabbruch vorgenommen, so fehlt es gleichwohl am unbedingten Handlungswillen, wenn die Untersuchung zunächst noch zu dem Zweck erfolgt, die noch Schwankende über den Entwicklungsstand der Schwangerschaft zu informieren und ihr so erst eine Grundlage für eine Entscheidung zu verschaffen. Dann liegt trotz Fehlens eines anderweitigen Sinns der Untersuchung (entgegen *Jakobs* 25/33) lediglich Tatgeneigtheit vor. Steht dagegen fest, dass die Untersuchung unmittelbar in den Schwangerschaftsabbruch übergehen soll, wenn die Schwangerschaft noch nicht über den vierten Monat hinausgekommen ist, so liegt ein unbedingter Handlungswille auf unsicherer Tatsachengrundlage vor (s. dazu auch BGH bei Dallinger MDR **1953** 19).

**64** **cc) Tatentschluss mit Rücktrittsvorbehalt.** Hat der Täter auf der Grundlage seines Tatentschlusses unmittelbar zur Tatbestandsverwirklichung angesetzt, so spielt es für das Vorliegen eines Versuchs keine Rolle, wenn er sich vorbehalten hat, bei Eintritt oder Ausbleiben bestimmter Gegebenheiten von der (weiteren) Ausführung seines Entschlusses Abstand zu nehmen. Auch der Tatentschluss mit Rücktrittsvorbehalt ist also ein Fall des Tatentschlusses auf bewusst unsicherer Tatsachenlage, so dass der Tatentschluss von der Unwägbarkeit unberührt bleibt, weil der Täter unter den von ihm gesetzten Voraussetzungen jedenfalls handeln will (s. schon RGSt **77** 172, 175; deshalb gegen die Unterscheidung *Jakobs* 25/34). Eine gewisse Besonderheit, die den Tatentschluss mit Rücktrittsvorbehalt auszeichnet, ist, dass der Täter die Vorstellung haben muss, von der Tatausführung noch Abstand nehmen zu können. Dementsprechend kann man mit *Jäger* (JA **2013** 950; *ders.* NStZ **2000** 415, 416) den „Unterschied zwischen einem Tatent-

**169** Vgl. auch RGSt **16** 133: Anfertigung eines unechten Akzeptes, um es zu gebrauchen, falls ein laufender Wechsel prolongiert werden muss und der Wechselgläubiger die Prolongation genehmigt (zu § 267 a. F.).

**170** Weshalb die Argumentation von *Satzger* Jura **2017** 1169, 1170, nicht trifft.

**171** Das bedeutet noch nicht notwendig die Bejahung des Vorsatzes (wenn etwa der Vollendungsvorsatz fehlt). Ein strafbarer Versuch scheitert hier aber jedenfalls nicht daran, dass der Täter hinsichtlich der Vornahme der Ausführungshandlung noch unentschlossen ist.

**172** Ebenso *Roxin* GedS Schröder S. 145, 165.

schluss auf bewusst unsicherer Tatsachengrundlage und einem Tatentschluss unter Rücktrittsvorbehalt" darin sehen, „dass der Täter bei ersterem einen Fehlschlag einkalkuliert (...), während er bei Letzterem trotz möglicher Fortsetzung der Tat unter bestimmten Umständen eine Umkehr einkalkuliert". Mit Blick auf die Frage des Vorliegens eines Tatentschlusses kommt den Besonderheiten des Tatentschlusses mit Rücktrittsvorbehalt aber **keine Bedeutung** zu.[173]

Dafür, dass der Vorbehalt des Täters, bei Eintritt oder Ausbleiben bestimmter Gegebenheiten von der (weiteren) Ausführung seines Entschlusses „zurückzutreten", unbeachtlich ist, lässt sich auch auf die Existenz des § 24 verweisen (*Jäger* SK Rdn. 9). Die dem endgültigen Tatentschluss hinzugefügte auflösende Bedingung stellt den Vorsatz nicht in Frage.[174] Es bedarf auch in solchen Fällen keines weiteren Willensimpulses, damit das Tun unmittelbar in die Tatbestandshandlung einmündet (**aA** BGH NStZ **1999** 395; NStZ **2013** 579; s. schon Rdn. 51).[175] Deshalb beginnt der Versuch des § 239a auch dann, wenn die an der Tür des Opfers klingelnden Täter die Entführung abbrechen wollen, falls das Opfer mit seinem Kleinkind erscheint (*Jäger* NStZ **2000** 416).[176] Behält sich der Täter eines sexuellen Missbrauchs von Kindern vor, „die Kinder in Ruhe zu lassen, falls sie weinen sollten",[177] so steht dieser Vorbehalt der Tatentschlossenheit nicht im Wege. Ein Tatentschluss wird vielfach auch bejaht, wenn der Täter das weitere Vorantreiben eines Devisenschmuggels aufzugeben gedenkt, falls er die nötige Einfuhrgenehmigung noch rechtzeitig erhält.[178] Das trifft beim Sachverhalt von RGSt **71**, 53 f freilich nur zu, wenn man – nicht überzeugend (Rdn. 62) – beim bloßen Einnähen in die Fußmatte des Pkws bereits ein unmittelbares Ansetzen zum Verbringen ins Ausland annimmt. Ob es zur Strafbarkeit wegen Versuchs kommt, hängt – sofern die Tat in das Versuchsstadium gelangt ist – allein davon ab, ob die Voraussetzungen des Rücktritts gegeben sind (*Vogler* LK[10] Rdn. 20). 65

Keine Konstellation des Handlungswillens auf bewusst unsicherer Tatsachengrundlage, wohl aber ein Tatentschluss mit Rücktrittsvorbehalt, kommt **beim beendeten Versuch** in Betracht. Hier ist vorausgesetzt, dass die Tatsachenungewissheit für den Täter nicht über die Vornahme der Ausführungshandlung entscheidet. Der Täter kann sich aber bei ihrer Vornahme für den Fall des nachfolgenden Auftretens bestimmter Umstände vorbehalten, den Eintritt des Taterfolges zu verhindern. Zweifel am Vorliegen eines Tatentschlusses kann dieser Vorbehalt freilich ebenfalls nicht begründen. 66

**d) Subjektive Unrechtselemente.** Neben dem Vorsatz müssen auch die für den jeweiligen Tatbestand etwa vorausgesetzten subjektiven Tatbestandsmerkmale gegeben sein, die im Aufbau des Verbrechensbegriffs auf derselben Ebene wie der Vorsatz liegen (*Baumann/Weber/Mitsch/Eisele* § 22 Rdn. 51; *Jescheck/Weigend* § 49 III 1b). Der Grund hierfür besteht darin, dass das Versuchsunrecht auf der Basis einer subjektiven Theorie (näher Vor § 22 Rdn. 61 ff) danach verlangt, dass die innere Unrechtsseite vollständig vorliegt. Gehört zum subjektiven Tatbestand neben dem Wissen und Wollen der Merkmale des objektiven Tatbestandes (wie z. B. in §§ 242, 249, 253, 263) eine bestimmte **Absicht**, so liegt mangels eines vollständigen Tatentschlusses kein Versuch vor, wenn der Täter keine dem Gesetz entsprechende Absicht aufweist[179] oder sie noch nicht entsprechend der für die Tatentschlossenheit notwendigen Endgültigkeit gefasst 67

---

173 Zutreffend *Jakobs* 25/34.

174 *Blei* JA **1975** 167; *Arzt* JZ **1969** 54; *Kühl* AT § 15 Rdn. 32; *Rath* JuS **1998** 1006, 1012; *Roxin* GedS Schröder S. 145, 146, 165; *ders.* JuS **1979** 1, 2; *Sch/Schröder/Eser/Bosch* Rdn. 20; *Schmid* ZStW **74** (1962) 48, 54 ff.

175 Zutreffend *Dey* JR **2000** 295, 296; *Jäger* NStZ **2000** 415, 416; *ders.* JA **2013** 949, 950; *Hoffmann-Holland* MK Rdn. 99.

176 I.E. nicht anders *Hoffmann-Holland* MK Rdn. 99.

177 Von *Schmid* ZStW **74** (1962) 48, 70 f mitgeteilter Sachverhalt des Strafgerichts Basel Stadt vom 20.4.1953.

178 Verneinend RGSt **71**, 53 f; bejahend *Hillenkamp* LK[12] Rdn. 51; *Jescheck/Weigend* § 29 III 3e; *Jan Schröder* Der bedingte Tatentschluss S. 88.

179 Vgl. z. B. zu § 229 a. F. BGHSt **36** 262, 266; OLG Karlsruhe NStZ-RR **1997** 5 f; zu § 253 BayObLG NJW **2003** 911.

hat.[180] So muss auch beim Diebstahlsversuch die Zueignungsabsicht zwar ebensowenig wie der Wegnahmevorsatz von vornherein auf bestimmte Sachen gerichtet sein (*Sch/Schröder/Bosch* § 242 Rdn. 62 m. w. N.), nicht ausreichend ist aber eine bloße Gebrauchsabsicht. Glaubt der Täter, auf die Sache oder Leistung einen Anspruch zu haben, fehlt ihm die im subjektiven Tatbestand des Diebstahls bzw. des Betrugs für Vollendung wie Versuch vorausgesetzte Vorstellung von der Rechtswidrigkeit der erstrebten Zueignung oder Bereicherung.[181] Dann liegt auch ein entsprechender Versuch nicht vor. Die Rechtsprechung lässt an dieser Identität des subjektiven Tatbestands beider Verbrechensformen auch im übrigen keinen Zweifel. So wird zu Recht betont, dass das zum **niedrigen Beweggrund** gehörende Bewusstsein auch bei nur versuchtem Mord nicht fehlen darf (BGH VRS **56** 139). Auch sonst müssen bei Merkmalen, die **im Kern objektiver Natur** sind, aber einen **subjektiven Einschlag** aufweisen, die subjektiven Voraussetzungen erfüllt sein. So liegt es etwa beim „bewussten" Ausnutzen der Arg- und Wehrlosigkeit in „feindseliger Willensrichtung"[182] bei der Heimtücke oder der „gefühllosen, unbarmherzigen Gesinnung" bei der Grausamkeit.

## 4. Objektiver Tatbestand

68 Objektiv setzt der Versuch voraus, dass der Täter nach seiner **Vorstellung** von der Tat zur Verwirklichung des Tatbestands **unmittelbar ansetzt.** Erfüllt die Betätigung des Tatentschlusses diese Voraussetzung, hat der Täter das Stadium der in der Regel straflosen Vorbereitung verlassen. Die heutige Gesetzesfassung, die im objektiven Tatbestand des Versuchs das subjektive Kriterium der Vorstellung von der Tat mit dem objektiven Merkmal des unmittelbaren Ansetzens zur Verwirklichung des Tatbestandes verbindet, steht am Ende einer langen Auseinandersetzung zwischen objektiv und subjektiv geprägten Überlegungen, die Stadien von Vorbereitung und Versuch voneinander abzugrenzen. Da das unmittelbare Ansetzen positivrechtlich den Versuchsbeginn markiert, muss es als Konkretisierung des allgemeinen Unrechtskonzepts verstanden werden können,[183] ohne dass sich aus letzterem ohne weiteres die Beantwortung der Abgrenzungsfrage entnehmen ließe. Hierfür ist die **mit Hilfe der ratio auszulegende gesetzliche Formulierung** maßgeblich.

69 **a) Dogmengeschichtliche Entwicklung und gesetzgeberische Entscheidung.** Den Ausgangspunkt der dogmengeschichtlichen Entwicklung[184] bildet die **formell-objektive Theorie.** Nach ihr liegt ein Versuch erst dann vor, wenn der Täter mit der im Gesetz beschriebenen tatbestandlichen Handlung begonnen hat. Mindestens ein Teilstück derjenigen Handlung muss verwirklicht sein, „die logisch bereits als tatbestandsmäßig unter den Deliktstatbestand" fällt (*v. Hippel* II S. 398) oder die mit anderen Worten „durch das im Tatbestand der einzelnen Verbrechen verwendete, den Erfolg in sich schließende Tätigkeitswort erfasst" wird (*Liszt/Schmidt* 14./15. Aufl. S. 182, 305).[185] Zum versuchten Betrug würde danach gehören, dass der Täter „wenigstens eine auf Täuschung gerichtete Tätigkeit begonnen haben muss" (RGSt **70** 151, 157).

---

**180** S. hierzu krit. *Herzberg* MK¹ Rdn. 110.

**181** Nach BGHSt **42** 268, 272 (vgl. auch OLG Düsseldorf wistra **1992** 74) führt diese Vorstellung zum Vorsatzausschluss wegen eines Tatbestandsirrtums nach § 16; nach *Roxin* AT I § 12 Rdn. 140 ff ist § 16 nur analog anzuwenden; **krit.** *Gössel* GedS Zipf 215, 228.

**182** Das Erfordernis der „feindseligen Willensrichtung" hat der BGH in seiner Bedeutung mittlerweile deutlich eingeschränkt; BGH NJW **2019** 2413 m. Anm. *Mitsch*; *Eisele* JuS **2019** 1124 ff.

**183** Es ist deshalb üblich, die Bestimmung des Versuchsbeginns im Zusammenhang mit dem Unrechtskonzept zu diskutiern; vgl. *Kratzsch* JA **1981** 420, 421.

**184** Vgl. dazu *Kratzsch* Verhaltenssteuerung S. 41 ff; *Papageorgiou-Gonatas* S. 37 ff; *Roxin* AT II § 29 Rdn. 104 f.

**185** Im Ausgangspunkt auch *Rey-Sanfiz* S. 238.

Die Orientierung an den in den einzelnen Tatbeständen umschriebenen Handlungen kann unter dem Aspekt der Gesetzesbestimmtheit als Vorzug angesehen werden. Allerdings ist dem Ansatz auch vorgeworfen worden, dass gerade in den problematischen Fällen, „keine andere Möglichkeit" bleibe, „als die Entscheidung, mehr oder minder unreflektiert, dem natürlichen Sprachgebrauch zu überlassen" (*Stratenwerth/Kuhlen* § 11 Rdn. 30).[186] Tatsächlich vernachlässigt die formell-objektive Theorie den materiellen Unrechtsgehalt des Verhaltens zugunsten der formalen Betrachtung.[187] So müssten strafwürdige Betätigungen des deliktischen Willens straffrei bleiben, nur weil sie noch kein Teilstück der im Tatbestand beschriebenen Tätigkeit darstellen. Durch die Fassung des § 22, nach der auch **schon** nichttatbestandliche, erst zur Verwirklichung des Deliktstatbestandes **ansetzende** Handlungen als Versuch strafbar sein können, ist der formell-objektiven Theorie die gesetzliche Grundlage entzogen (*Jescheck/Weigend* § 49 IV 1; *Sch/Schröder/Eser/Bosch* Rdn. 26; *Rath* JuS **1998** 1106, 1107). Der Gesetzgeber will zwar ihren rechtsstaatlichen Gehalt mit seiner Formulierung „zur Verwirklichung des Tatbestandes" (statt allgemein „der Straftat", s. Rdn. 2) soweit wie möglich bewahren (*Jäger* SK Rdn. 12), mit der Ersetzung des „Anfangs der Ausführung" durch das „unmittelbare Ansetzen" den Versuch aber auf das der tatbestandsmäßigen Handlung unmittelbar vorangehende Verhalten erstrecken (s. Rdn. 4). Eine Wiederbelebung der formell-objektiven Theorien stimmt mit dieser Entscheidung nicht überein.[188] 70

Von der streng formalen Position lösen sich die verschiedenen Spielarten der **materiell-objektiven Theorien** (vgl. hierzu *Becher* S. 4 ff; *Mezger* 3. Aufl. § 52 III). Sie erweitern den Kranz des in den Versuch einzubeziehenden Verhaltens (krit. zu dieser Aussage *Stratenwerth/Kuhlen* § 11 Rdn. 32). So sind nach der **Frankschen Formel** zum „Anfang der Ausführung" schon alle Tätigkeitsakte zu rechnen, „die vermöge ihrer notwendigen Zusammengehörigkeit mit der Tatbestandshandlung für die natürliche Auffassung als deren Bestandteil erscheinen" (*Frank* § 43 Anm. II 2b). Hierin fließen durch die Bezugnahme auf die „natürliche Auffassung" materielle Wertungen mit ein, die über die formale Beschreibung hinausführen können. Diese Ausdehnung bleibt aber durch die notwendige (nach *v. Hippel* II S. 402 „unmittelbare") Zusammengehörigkeit mit der Tatbestandshandlung in objektiv eng gezogenen Grenzen. Weniger deutlich ist diese Anbindung an die formale Tatbestandsbeschreibung, wenn es nach einer anderen Spielart auf die **unmittelbare Gefährdung** des geschützten Rechtsguts ankommen soll. An die Stelle des formellen Tatbestands tritt danach der gefährliche Rechtsgutsangriff als materiell-objektives Abgrenzungskritierium (*Mezger* 3. Aufl. § 52 III). Auf beide Weisen wird der Versuchsbeginn in das tatbestandliche Vorfeld erstreckt. 71

Die materiell-objektiven Lehren wollen der Einsicht Rechnung tragen, dass nur mit ihrer Hilfe strafwürdige Fälle einzubeziehen seien, deren Ausscheiden aus dem Versuchsbereich aus „formellen" Gründen materiell kaum zu rechtfertigen wäre. Die Grundgedanken dieser Lehre leben daher bis heute fort (s. z. B. *Sch/Schröder/Eser/Bosch* Rdn. 42). Es wird bezweifelt, ob sie zu einer verlässlichen Grenzziehung mehr beitragen als das gesetzliche Unmittelbarkeitskriterium (*Hillenkamp* LK[12] Rdn. 58). Mit dem Wortlaut von § 22 stimmen sie insofern nicht überein, als sie in ihrer überkommenen Gestaltung die Tätervorstellung als Beurteilsgrundlage ausblenden. 72

Dagegen ist für die **subjektive Theorie** allein die Qualität des Täterwillens ausschlaggebend (vgl. insb. *von Buri* GS **19** [1867] 71 ff; **20** [1868] 325 ff; **32** [880] 357 ff). Diese Auffassung ist 73

186 Hier setzen die Konkretisierungsbemühungen von *Rey-Sanfiz* S. 238 ff an.

187 Die Parallelen zum Gegensatz von formell- und materiell-objektiver Theorie (Tatherrschaftslehre) bei der Abgrenzung von Täterschaft und Teilnahme (dazu etwa *Murmann* Grundkurs § 27 Rdn. 7 ff) sind weder zu übersehen noch sind sie zufällig.

188 *Zaczyk* Unrecht S. 322 ff, 330 hat sich zwar für die Anwendung der „alten formell-objektiven Theorie" für konkrete und abstrakte Gefährdungsdelikte sowie für Vorbereitungshandlungen selbständig erfassende Tatbestände ausgesprochen. Die Begründung dafür entspricht aber nicht dem formell-objektiven Ansatz, sondern ist materieller Natur, wenn er darauf verweist, dass hier erst mit dem Beginn der tatbestandsmäßigen Ausführungshandlung der notwendige Rechtsgutsbezug hergestellt wird.

im Kontext eines Tatbestandsverständnisses zu sehen, dass die Tatbestandserfüllung auf jede Form des Kausalwerdens für den tatbestandsmäßigen Erfolg reduziert. Da die äußere Wirklichkeit determiniert ist, bestehe keine konkrete Gefahr; jeder Versuch sei objektiv ungefährlich. Da damit das äußere Geschehen für den Versuch belanglos ist, bleibt als Anknüpfungspunkt allein die subjektive Seite der Tat:[189] „Darüber nun kann kein Zweifel aufkommen, dass im Versuche der verbrecherische Wille diejenige Erscheinung ist, gegen welche das Strafgesetz sich richtet ..." (RGSt **1** 439, 441 f).

74 Die Orientierung an der subjektiven Seite wirft freilich die Frage auf, ob es auf die **Einschätzung des Täters selbst** für den Versuchsbeginn ankommen soll,[190] **oder** auf eine **objektive Bewertung der inneren Tatseite**. Da sich das Recht als objektive Ordnung nicht von individuellen Bewertungen abhängig machen kann, wird auch eine subjektive Theorie den Willen anhand des Stadiums, in das der Verwirklichungswille getreten ist, beurteilen müssen.[191] Während das aus der Rechtsprechung geläufige Kriterium des Überschreitens der Schwelle zum „Jetzt geht es los" (BGHSt **26** 201, 203) seinem Wortlaut nach auch noch für eine individuelle Bestimmung offen erscheint,[192] ist die Formulierung, wonach der Versuch beginnt, wenn „der Verbrechensvorsatz die Feuerprobe der kritischen Situation bestanden hat" (*Bockelmann* Untersuchungen S. 146 f) deutlicher auf eine objektive Bestimmung des maßgeblichen Zeitpunktes ausgelegt.[193]

75 Durch die Vernachlässigung objektiver Kriterien hat die subjektive Theorie zu einer bedenklichen Ausuferung der Versuchsstrafbarkeit in der Rechtsprechung geführt.[194] Zwar haben Lehre und Praxis eingedenk des im Tatprinzip zum Ausdruck kommenden Satzes „cogitationis poenam nemo patitur" (Dig. 48.19.18. *Ulpian*) mit der **Betätigung** des verbrecherischen Willens immer zugleich eine irgendwie geartete objektiv sichtbare Verwirklichung der Tätervorstellung gefordert (s. dazu *Becher* S. 8 f m. w. N.), so dass der Vorwurf eines reinen Gesinnungsstrafrechts überspannt ist. Sie haben an die Voraussetzungen aber nicht selten so geringe Anforderungen gestellt, dass dies letztlich „auf eine Preisgabe objektiver Elemente hinauslief" (*Maurach/Gössel/Zipf* AT/2 § 40 Rdn. 13).[195] Jedenfalls solchen Folgerungen einer rein subjektiv geprägten Abgrenzung zwischen Vorbereitung und Versuch ist durch die gesetzliche Beschreibung des objektiven Moments als unmittelbares Ansetzen zur Verwirklichung des Tatbestandes durch das geltende Recht der Weg verlegt worden (*Jescheck/Weigend* § 49 IV 1).

76 Schon vor der Neufassung des § 22 hatte sich unter dem Eindruck der wechselseitigen Kritik in Literatur und Rechtsprechung eine vermittelnde Auffassung entwickelt, die subjektive und objektive Elemente verband (s. *Becher* S. 10 m. w. N). Nach dieser **individuell-objektiven Theorie** liegt ein „Anfang der Ausführung" – wie es § 43 a. F. noch nannte – vor, wenn der verbrecherische Wille in einer Handlung zutage getreten ist, die nach dem Tatplan des Täters unmittelbar zur Gefährdung des Schutzobjekts des jeweiligen Tatbestands führt oder doch nach der Vorstellung des Täters führen soll (vgl. *Busch* LK[9] § 43 Rdn. 13 mit zahlreichen Nachweisen). Die zwi-

**189** Dazu *Zaczyk* Unrecht S. 78 f.

**190** In diesem Sinne *Germann* Das Verbrechen im neuen Strafrecht (1943) S. 71 f.

**191** *Stratenwerth/Kuhlen* § 11 Rdn. 34.

**192** Das impliziert die Formulierung, der Versuchsbeginn liege vor, „wenn der Täter subjektiv die Schwelle zum ‚jetzt geht es los' überschreitet und objektiv zur tatbestandsmäßigen Angriffshandlung ansetzt, so dass sein Tun ohne Zwischenakte in die Tatbestandsverwirklichung übergeht" (BGHSt **40** 257, 268). In diesem Sinne kritisch *Zaczyk* Unrecht S. 302.

**193** Vgl. *Stratenwerth/Kuhlen* § 11 Rdn. 34; *Zaczyk* Unrecht S. 303. Was dann wiederum Anlass für die Kritik bietet, dass dem Kriterium keine eigenständige Bedeutung zukomme; *Rath* JuS **1998** 1106, 1108.

**194** Vgl. RGSt **72** 66: Fingierter Einbruchsdiebstahl als versuchter Versicherungsbetrug; BGHSt **6** 302: Aufforderung an ein Mädchen, mitzugehen bzw. um 17 Uhr am Pferdekarussell zu sein, als Beginn des Verleitens im Sinn des § 176 Abs. 1 Nr. 3 a. F.; einen bedenklichen Schritt in diese Richtung zurück tut BGHSt **48** 34, 36; dazu **krit.** *Puppe* AT § 20 Rdn. 25 ff.

**195** *Baumann/Weber* haben noch in der 8. Aufl. 1977 (§ 32 II 1) den Vorwurf, die auch von ihnen vertretene subjektive Versuchstheorie führe zu einem „Abgleiten ins Gesinnungsstrafrecht", „scharf zurückgewiesen".

schen objektiven und subjektiven Kriterien vermittelnde Tendenz dieser Lehre hat sich in der Rechtsprechung erst später verfestigt.[196] Während die preußische Praxis unter Führung des Obertribunals den objektiven Standpunkt verfocht, entschied sich das Reichsgericht unter dem bestimmenden Einfluss *von Buris* für die subjektive Versuchstheorie und stellte bei der Abgrenzung daher überwiegend auf den Willen des Täters ab.[197] Die Rechtsprechung des BGH ging schon vor der Reform der Versuchsvorschriften dazu über, den Täterplan zugrunde zu legen und den Versuchsbeginn davon abhängig zu machen, dass nach diesem Plan das Vorhaben des Täters in seinem unmittelbaren Fortgang zu einer Gefährdung des angegriffenen Handlungsobjekts führte (BGHSt **2** 380, 381).

Das **Gesetz** hat sich in § 22 für eine **individuell-objektive** Sichtweise **entschieden.**[198] Auf 77
der einen Seite wird der subjektive Ausgangspunkt durch die Bezugnahme auf „die Vorstellung von der Tat" betont, auf der anderen einer rein subjektiven Abgrenzung durch die **Ansatzformel** eine Absage erteilt (*Jescheck/Weigend* § 49 IV 1; *Roxin* Einführung S. 15), denn mit dem objektiven Kriterium des unmittelbaren Ansetzens zur Tatbestandsverwirklichung sollte den Gefahren einer subjektiv dominierten Lehre entgegengewirkt werden (*Corves* Prot. SA V S. 1745; *Dreher* Prot. SA V S. 1746; E 1962 Begr. S. 144). Allerdings verlangt diese Einsicht nach einer Lesart, die sich aus dem Gesetzestext nicht ohne weiteres ergibt. Denn die Formulierung, wonach der Täter „nach seiner Vorstellung von der Tat" unmittelbar zu dieser angesetzt haben muss, lässt durchaus Raum für eine Interpretation, die die Bestimmung des Versuchsbeginns dem Täter überlässt.[199] Gemeint ist aber eine objektive Beurteilung **auf der Grundlage der Vorstellung** des Täters von der Tat.

**b) Heutiger Meinungsstand.** Mit der Neubestimmung des Versuchsbeginns durch § 22 (s. 78
dazu Rdn. 1) sind die vorstehend (Rdn. 69 ff) beschriebenen älteren Positionen überholt.[200] Unmittelbares Ansetzen ist vor formellem Beginn der Tatbestandsverwirklichung möglich (Rdn. 70). Auch kann materiell ungefährliches Verhalten der Ansatzformel auf der Basis der Vorstellung genügen (Rdn. 72). Ein Abstellen nur auf die Tätervorstellung ist dagegen nicht diskutabel (Rdn. 75). Zur näheren Umschreibung der gesetzlichen Vorgaben taugt daher nach dem heutigen Gesetzes- und Meinungsstand nur ein Ansatz, der die **individuell-objektive Theorie** zur **Grundlage** hat. Dabei sind die auf der Grundlage von § 43 Abs. 1 a. F. entwickelten Formeln (Rdn. 76) nicht überholt (BGHSt **26** 201, 202). Soweit sie freilich den jetzigen Gesetzestext nur vorwegnehmen oder paraphrasieren (s. dazu *Roxin* JuS **1979** 1, 3),[201] begegnen sie denselben Vorbehalten, die auch gegen diesen selbst erhoben werden, nämlich dass es dem Gesetz „an genügend scharf umrissenen Abgrenzungsmerkmalen" dafür fehle, „wo genau die Grenze zwischen Vorbereitung und Versuch verläuft" (*Stree* FS Peters 179) und dass es sich deshalb bei § 22 um nicht mehr als eine Richt- oder Leitlinie zur Lösung des Abgrenzungsproblems handle (*Kühl* JuS **1980** 507; *Vogler* LK[10] Rdn. 30).[202]

---

**196** Eine umfassende Analyse der Rechtsprechung mit dem Versuch der Zuordnung einzelner Entscheidungen zu den unterschiedlichen Lösungsansätzen findet sich bei *Papageorgiou-Gonatas* S. 88 ff; vgl. auch die Zusammenstellung der Rechtsprechung des BGH nach mehr subjektiv und mehr objektiv ausgerichteten Entscheidungen bei *Busch* LK[9] § 43 Rdn. 16, 17.

**197** RGSt **1** 439; **8** 198; **17** 158; **42** 92; **50** 35; **55** 138; **56** 316; **60** 209, 215; **61** 104, 109; **64** 130, 132 und ganz extrem **52** 184; auf dem Boden der objektiven Gefährlichkeitstheorie dagegen RGSt **68** 340.

**198** Nach Normtext und Genese unbestreitbar, vgl. nur *Jäger* SK Rdn. 13; *Jescheck/Weigend* § 49 IV 1; *Krack* JA **2015** 905, 908; *Kühl* AT § 15 Rdn. 44 f; *Sch/Schröder/Eser/Bosch* Rdn. 32; verfehlte Kritik hieran bei *Safferling* ZStW **118** (2006) 700.

**199** So wohl auch *Rath* JuS **1998** 1106.

**200** *Rath* JuS **1998** 1106, 1107.

**201** Vgl. auch *Herzberg* MK[1] Rdn. 119; *Roxin* FS Herzberg 341, 346 f.

**202** *Becher* S. 16, 154.

79 Bei solcher Kritik kann es nicht überraschen, dass sich der **Streit** um die Abgrenzung zwar verlagert, **nicht** aber **erledigt** hat. Vertreten werden einerseits Ansätze, die nach dem jeweils maßgeblichen Abgrenzungsmerkmal mit Begriffen wie Teilakts- oder Zwischenaktslehre, Sphären- oder Gefährdungstheorie, Zwangsläufigkeits- oder Unzweideutigkeitslösung oder mit Bildern von der „Feuerprobe" und dem „Jetzt geht es los" gekennzeichnet werden. Ihnen stehen kombinierende Theorien unterschiedlicher Reichweite gegenüber, die mit kumulativen oder alternativen Formeln aufwarten. Säuberliche Trennungen und Zuordnungen vorzunehmen, ist nicht durchweg möglich. Es mag aber helfen, einem großen Lager, das eine mal mehr subjektiv, mal mehr objektiv gefärbte räumlich-zeitliche Nähe zur vom Gesetzeswortlaut geprägten Tatbestandsverwirklichung verlangt und sich darin eher in der Nachfolge der formell-objektiven Abgrenzungslösungen findet (= **individuell-formelle Theorien**), einem anderen Lager gegenüberzustellen, das die geforderte Unmittelbarkeit des Ansetzens in der eingetretenen oder nach der Tätervorstellung zu erwartenden Gefährdung des betroffenen Rechtsguts erkennt und damit materieller Grenzziehung den Vorzug gibt (= **individuell-materielle Theorien**). Im dritten Lager versammeln sich dann die Stimmen, die in Vereinigungs- oder Kombinationslehren die jeweils eine Seite durch die andere ergänzt, konkretisiert und gesichert und damit die Ernte des über ein Jahrhundert alten Streites nur durch die Berücksichtigung formeller und materieller Kriterien vollständig eingebracht sehen (= **Vereinigungs**- oder **Kombinationstheorien**). Lehren schließlich, die sich gegen eine Zuordnung zu einem der drei Lager sperren, verfolgen deutlicher als diese das Ziel, ihre – häufig neu und eigenständig begründete – Konzeption vom Unrecht des Versuchs bis in die Ansatzformel hinein zu verwirklichen. Man kann sie – ohne damit den zuvor erwähnten Positionen einen solchen Rückbezug abzusprechen – wegen ihres betonteren Bemühens, zwischen Strafgrund des Versuchs und Ansatzformel einen Gleichklang herzustellen, als „**Harmonisierungslehren**" bezeichnen und sie unter dieser Klammer in einem vierten Lager zusammenfassen.

80 **aa) Individuell-formelle Theorien.** Den engsten Kern im Lager der individuell-formellen Theorien bilden Stimmen, die im „unmittelbaren Ansetzen" einen Bestandteil der „Ausführungshandlung" sehen und letztere zwar nicht mit der „Erfüllung eines Tatbestandsmerkmals" gleichsetzen, aber doch verlangen, dass das der Tatbestandsverwirklichung vorgelagerte Verhalten so beschaffen ist, „dass es sich durch zulässige Interpretation sprachlich und sachlich in den jeweiligen Tatbestand einbeziehen lässt" (*Vogler* LK[10] Rdn. 60). Die Frage des unmittelbaren Ansetzens ist damit ein **Problem der Tatbestandsauslegung**, wobei die Bindung an den „möglichen Wortsinn" freilich „zu lockern" sei (*Vogler* LK[10] Rdn. 60). In diesem Sinne seien auch Vorgänge, die das Stadium der formellen Verwirklichung der Ausführungshandlung noch nicht erreicht haben, einzubeziehen, wenn das Verhalten von dem dem Tatbestand innewohnenden Verbotssinn bereits materiell erfasst wird und dem im Tatbestand vertypten Unrecht schon entspricht (*Vogler* LK[10] Rdn. 60; *ders.*, FS Stree/Wessels S. 285, 291 ff; so schon RGSt **70** 151, 157). Dem hiergegen erhobenen Vorhalt, dass hiermit mehr gefordert werde, als vom Gesetz,[203] entzieht sich eine Formulierung, nach der „Versuch begeht, wer eine Handlung verwirklicht, die – weil nach dem individuellen Täterplan zwischen ihr und der eigentlichen Tatbestandshandlung keine weiteren wesentlichen Teilakte liegen – für eine natürliche Auffassung als deren Bestandteil erscheint" (*Jäger* SK Rdn. 23). Dieser durch Abwandlung der Frankschen Formel zu einer formellen[204] **Teil-** oder **Zwischenaktslehre** mutierte Abgrenzungsvorschlag repräsentiert die

203 *Kühl* AT § 15 Rdn. 57; *Roxin* AT II § 29 Rdn. 107 f (sein Einwand, diese Lehre helfe bei reinen Erfolgsdelikten nicht weiter, ist allerdings ausräumbar, s. dazu Rdn. 104); der Gesetzgeber wollte durch den Austausch des „Anfangs der Ausführung" gegen das „unmittelbare Ansetzen" das der tatbestandsmäßigen Handlung vorausgehende und ihr daher gerade noch nicht „entsprechende" Verhalten einbeziehen, vgl. Rdn. 4; **krit.** auch *M.-K. Meyer* GA **2002** 367, 370.

204 Auch Vertreter der materiellen Gefährdungstheorie bedienen sich – wie z. B. *Sch/Schröder/Eser/Bosch* Rdn. 42 – des Bildes der noch notwendigen „Zwischenschritte".

mächtigste Strömung innerhalb der individuell-formellen Theorie.[205] Mit ihm wird der Versuch auf alle „Handlungen des Täters, die nach dessen Plan derjenigen Handlung unmittelbar vorgelagert sind, die ein Tatbestandsmerkmal erfüllt" (E 1962 Begr. S. 144), erweitert, zugleich aber auf den letzten der der Tatbestandsverwirklichung vorausgehenden Schritte beschränkt.[206] Der Gefahr, dass eine so beschriebene Handlungsunmittelbarkeit die Handlungsabläufe in einer Art „Zeitlupen-Strafrecht" (*Geilen* S. 164) atomisiert und deshalb z. B. das dem Heben, Anlegen, Zielen und Abdrücken noch vorgelagerte Ziehen der Waffe im Angesicht des Opfers sachwidrig nicht als versuchte Tötung zu behandeln vermöchte (s. dazu BGHSt **26** 201, 204; BGH NStZ **1993** 133; *Sch/Schröder/Eser/Bosch* Rdn. 40 f), sucht diese Ansicht dadurch zu begegnen, dass sie in die „natürliche Auffassung" den sozialen Sinnzusammenhang des Handlungsgeschehens einbezieht, danach nur **unwesentliche Zwischenschritte** (krit. hierzu *Roxin* AT II § 29 Rdn. 138) als Versuchshemmnis ausscheidet und damit eine naturalistisch nach einzelnen körperlichen Bewegungen aufspaltende Betrachtung vermeidet.[207] Das naturalistische Kriterium der „Zwischenschritte", das für sich genommen die Aufspaltung in einzelne Körperbewegungen geradezu herausfordert, wird also erst durch das Kriterium der Wesentlichkeit einer normativen Betrachtung zugänglich.[208] Bisweilen wird deshalb auch statt auf den letzten Tätigkeitsakt auf die der Tatbestandshandlung unmittelbar vorgelagerte Phase im Handlungsablauf abgestellt (*Becher* S. 34).

Die **Rechtsprechung** hat sich unmittelbar nach Inkrafttreten des § 22 dieser wohl von *Maurach*[209] begründeten Teilaktslehre bedient. Sie hatte bis dahin das Versuchsstadium auf Handlungen erstreckt, „die im ungestörten Fortgang unmittelbar zur Tatbestandserfüllung führen sollten" oder „die im unmittelbaren räumlichen und zeitlichen Zusammenhang mit der Tatbestandsverwirklichung standen".[210] Hiervon ging die Rechtsprechung nach der Gesetzesänderung ergänzend aus, „wenn der Täter objektiv zur tatbestandsmäßigen Angriffshandlung ansetzt, so dass sein Tun ohne Zwischenakte in die Tatbestandserfüllung einmündet".[211] Dabei wirkt die Aufnahme der Zwischenaktslehre vordergründig zwar nur wie eine erläuternde Fortschreibung der alten Formeln. Bei näherem Hinsehen soll sie aber offenbar den „Gewinn an Rechtssicherheit", den der BGH „in der strikten Anknüpfung des Unmittelbarkeitserfordernisses an die tatbestandsmäßige Handlung" durch § 22 n. F. sieht (BGHSt **26** 201, 203), besser als jene verbürgen. Zudem soll die Zwischenaktslehre – „der Nichterwähnung des Gedankens der unmittelbaren Gefährdung des geschützten Rechtsguts" (BGHSt **26** 201, 203) in § 22 Rechnung tragend – dieses zuvor auch gebrauchte materielle Abgrenzungskriterium durch ein formelles er- 81

---

**205** Die Zwischenaktslehre wird unter anderem vertreten von: *Baumann/Weber/Mitsch/Eisele* § 22 Rdn. 68; *Berz* Jura **1984** 511, 514, 517; *Ebert* S. 120; *Fischer* Rdn. 10; *Hoffmann-Holland* MK Rdn. 122; *Jäger* SK Rdn. 23; *Jescheck/Weigend* § 49 IV 3; *Kindhäuser* AT § 31 Rdn. 18; *Krey/Esser* AT Rdn. 1221; *Kühl* AT § 15 Rdn. 58 ff; *Maurach/Gössel/Zipf* AT/2 § 40 Rdn. 48 ff; *Rönnau* JuS **2013** 879, 881 f.

**206** *Stratenwerth*[3] Rdn. 671 moniert an der Formel *Rudolphis*, dass der den Versuch begründende Teilakt hiernach „der eigentlichen Tatbestandshandlung zugleich vorgelagert *und* ihr Bestandteil" sei; etwas abgemildert scheint die Kritik jetzt bei *Stratenwerth/Kuhlen* § 11 Rdn. 39.

**207** Vgl. dazu schon RGSt **68** 336, 337: der Angeklagte wollte „ohne Dazwischentreten einer neuen Handlung in einem Zuge" den Revolver herausziehen, entsichern und alsdann schießen; RGSt **59** 158; **77** 2; ferner z. B. *Berz* Jura **1984** 511, 514; *Kühl* AT § 15 Rdn. 60 f; *Maurach/Gössel/Zipf* AT/2 § 40 Rdn. 54; *Fiedler* S. 108 spricht von einem „makroskopischen Handlungsabschnitt"; gegen eine „atomisierende Betrachtung" vgl. schon *Oetker* GS **88** 86, 89.

**208** Vgl. *Murmann* Versuchsunrecht S. 25.

**209** Nach *Maurach* AT (4. Aufl. 1971) S. 499 kommt es gemäß § 22 „allein darauf an, ob der begangenen Handlung noch weitere (Teil-)Akte bis zur Verwirklichung eines Tatbestandsmerkmals folgen (dann noch kein Versuch), oder ob sie ohne weitere Akte in die Verwirklichung eines Tatbestandsmerkmals einmündet (dann Versuch)"; zust. *Rudolphi* JuS **1973** 22.

**210** Nachweise hierzu in BGHSt **26** 201, 203, der ersten zu § 22 n. F. ergangenen Entscheidung; ebenso auch noch BGH StV **2017** 441, 442.

**211** BGHSt **26** 201, 203 f; 28 162, 163; **64** 318; BGH NStZ **2018** 648, 649; BGH StV **2017** 441, 442; BGH NStZ **2017** 86, 87; BGH NStZ **2014** 447, 448.

setzen.[212] In der so begründeten Tradition sind daher nur solche Entscheidungen zu sehen, die auf den Gefährdungsgedanken zugunsten der Zwischenaktsformel verzichten.[213] Der Gefahr eines „Zeitlupen-Strafrechts" begegnen auch sie. Denn zu den noch ausstehenden wesentlichen Zwischenakten zählen solche Handlungen nicht, „die wegen ihrer notwendigen Zusammengehörigkeit mit der Tathandlung nach dem Plan des Täters als deren Bestandteil erscheinen, weil sie an diese zeitlich und räumlich angrenzen und mit ihr im Falle der Ausführung eine natürliche Einheit bilden" (BGH NJW **1980** 1759; NStZ **2014** 447, 448; BGHSt **64** 318; s. dazu auch *Berz* Jura **1984** 514).

82 Die Zwischenaktstheorie wird von der Rechtsprechung mitunter mit der Forderung verknüpft, der Täter müsse auch objektiv die Schwelle zum **„Jetzt geht es los"** überschritten haben.[214] Meist wird allerdings – eben weil es schon „losgeht" – unter diese Voraussetzung gar nicht selbständig subsumiert. Mitunter konkretisiert die Rechtsprechung diese Formulierung aber dahingehend, dass zu verlangen sei, dass „keine Zwischenhandlungen" mehr anstehen, „zu denen es noch eines neuen Willensimpulses des Täters bedürfte".[215] Man kann das als bloß etwas andere Umschreibung dessen verstehen, was einen noch erforderlichen Zwischenschritt zum wesentlichen macht (*Hillenkamp* LK[12] Rdn. 67; *Hoffmann-Holland* MK Rdn. 111).[216] Die Prüfformel gewinnt aber schon daraus eine gewisse Anschaulichkeit, dass sie den Rechtsanwender dazu auffordert, sich zur Beantwortung der Frage nach verbleibenden wesentlichen Zwischenschritten in die Rolle eines gedachten Täters zu versetzen. Vor allem aber spricht sie einen für die materielle Ausfüllung des Wesentlichkeitskriteriums zentralen Punkt an, nämlich die **Selbstfestlegung des Täters**, die trotz fortbestehender Freiheit zur Abstandnahme eine Kriminalisierung seines Verhaltens legitimiert (Rdn. 36 ff; vor § 22 Rdn. 71). Freilich hängt auch diese Selbstfestlegung wiederum ganz wesentlich davon ab, wie nah der Täter durch sein Verhalten an die Vornahme der Ausführungshandlung herangerückt ist. Die „Jetzt geht es los"-Formel bleibt also als Bemühen um Konkretisierung des Wesentlichkeitskriteriums in das Konzept einer individuell-formellen Theorie integriert. Nichts Anderes gilt für die Umschreibung des Versuchsbeginns als dem Zeitpunkt, in dem „der Verbrechensvorsatz die **Feuerprobe der kritischen Situation** bestanden hat" (sog. **Krisentheorie**). Diese Situation soll nach *Bockelmann* (Untersuchungen S. 146 f) gegeben sein, „wenn der Täter sich vor der Aufgabe sieht, die Handlung vorzunehmen, die ... zur Verwirklichung des Tatbestandes ... führen wird. Es ist der Augenblick, in dem die letzte maßgebliche Entscheidung über das Ob der Tat gefällt wird." Auch diese Formel bringt den Aspekt der Selbstfestlegung der Person anschaulich zum Ausdruck.

83 Jede dieser Formeln (Willensruck/Willensimpuls, Jetzt geht es los, Feuerprobe der kritischen Situation) würde freilich die **Gefahr einer unangemessenen Vorverlagerung** i. S. der hergebrachten subjektiven Theorie (Rdn. 74 f) bergen, wenn man sie dahingehend verstehen

---

212 Was angesichts der Untauglichkeit des Gefährdungsgedankens (s. Rdn. 86) Unterstützung verdient, **krit.** dagegen zu der Begründung des BGH *Roxin* AT II § 29 Rdn. 125.

213 Das geschieht in BGHSt **26** 201; **28** 162; **35** 6, 8 f; **36** 249, 250 f; **37** 294, 297 f; **48**, 34, 36; BGH wistra **1984** 142; BGH StV **1987** 528; BGH wistra **1988** 357; **1990** 19; BGH StV **1992** 62; BGH NStZ **1996** 38; BGH NStZ **1997** 31; 83; BGH NStZ **1999** 395; BGH NStZ **2001** 415; KG JR **1984** 250; OLG Düsseldorf MDR **1994** 1235.

214 Vgl. etwa BGHSt **26** 201, 203; **28** 162, 163; **36** 249, 250; **48** 34, 36; **64** 318 (wo die Formel sogar an den Anfang der Definition gestellt wird); BGH StV **2017** 441, 442; BGH NStZ **1999** 395, 396; BGH NStZ **1996** 38; ebenso *Krey/Esser* AT Rdn. 1215. Die Formulierung geht auf *Hall* GS **110** 95, 107 zurück und ist von *Schwalm* Niederschriften **2** S. 189 aufgegriffen worden; *Dreher* StGB (35. Aufl. 1975) § 22 Bem. 5 C hat sie mit der Gefährdungsformel verbunden; die Kombination mit der Zwischenaktslehre findet sich stereotyp in allen vorstehend aufgeführten Entscheidungen. Selten wird die Formel im Subsumtionsvorgang in Bezug genommen (etwa BGHSt 36 249, 250; **48** 34, 36; BGH NStZ 1997 83). Zur Empfehlung, diese Formulierung im Sinne eines objektiven Zeitkriteriums zu deuten, vgl. *Kühl* AT § 15 Rdn. 69; *Küper* JZ **1979** 781.

215 So z. B. in BGHSt **64** 318; BGH NJW **2014** 1463; BGH NStZ **2011** 517; BGH NStZ **1993** 33; 398; BGH StV **1999** 593; s. auch schon RGSt **43** 332, 333.

216 Vgl. *Engländer* NStZ **2017** 87, 88: „kaum mehr als ein hochgradig unbestimmtes Schlagwort"; ebenso *Rengier* AT § 34 Rdn. 23.

wollte, dass tatsächlich die **innere Haltung des individuellen Täters** zu befragen wäre (*Hillenkamp* LK[12] Rdn. 67).[217] *Roxin* (AT II § 29 Rdn. 131) weist durchaus zu Recht darauf hin, dass sich der das Gift anrührende Täter bereits zu diesem Zeitpunkt sagen könnte „Jetzt geht es los". Auch der die Verfolgung aufnehmende Täter, der das Opfer misshandeln will, wenn er es einholen kann, mag sich sagen, dass es nun losgeht.[218] Richtigerweise darf aber keine dieser Formeln dahingehend (miss-)verstanden werden, dass sie den Versuchsbeginn der individuellen Bestimmung des Täters überlässt. Eine solche Subjektivierung des Versuchsbeginns würde den objektiven Maßstab des Rechts verfehlen. Versteht man die Formeln dagegen in dem Sinne, dass der Täter sein Tatvorhaben bis zu einem Zeitpunkt durchgehalten hat, in dem legitimerweise angenommen werden kann, dass er sich nicht mehr rechtstreu motivieren wird, sondern zur Vornahme der Ausführungshandlung voranschreitet, so umschreibt die Schwelle zum „Jetzt geht es los" ebenso wie die „Feuerprobe der kritischen Situation" den Moment, in dem die Umsetzung der Entscheidung praktisch sicher zu erwarten ist (woran es beim Mischen des Giftes offenkundig noch fehlt). Mit der Wendung, dass es keines weiteren „Willensrucks" oder „Willensimpulses" mehr bedarf, wird die nahezu „automatische" Realisierung der geplanten Ausführungshandlung noch deutlicher zum Ausdruck gebracht.

**bb) Individuell-materielle Theorien.** Dem Vorwurf einer lediglich formellen Bestimmung des Versuchsbeginns anhand des letzten Teilakts vor der Tatbestandsverwirklichung will eine verbreitete Meinung dadurch begegnen, dass auf den **Gefährdungsgedanken** abgestellt wird.[219] Im Gegensatz zu der älteren materiell-objektiven Lehre wird hierbei heute nicht mehr auf die objektive Gefährlichkeit,[220] sondern auf eine den gesetzlichen Vorgaben Rechnung tragende **individuell-materielle Gefährdung**, also auf die Gefährlichkeit des Verhaltens auf der Grundlage der Tätervorstellung, abgestellt.[221] Ist eine Situation eingetreten, in der nach einer dem Täterplan entsprechenden Wirklichkeit das betreffende Rechtsgut bereits unmittelbar gefährdet ist (oder wäre), ist hiernach Versuch gegeben. 84

Zahlreiche **Judikate** bedienen sich dieser **Alternative zur Zwischenaktslehre.** Dabei leiten sie in der Regel die Versuchsprüfung nicht anders als die dort aufgeführten Entscheidungen ein. So heißt es nach dem Zitat der „Begriffsbestimmung" des § 22 häufig: „Die Grenze von der Vorbereitung zum Versuch wird nicht erst überschritten, wenn der Täter ein Tatbestandsmerkmal verwirklicht, sondern schon dann, wenn er Handlungen vornimmt, die nach seinem Tatplan im ungestörten Fortgang unmittelbar zur Tatbestandserfüllung führen sollen oder die im unmittelbaren räumlichen und zeitlichen Zusammenhang mit ihr stehen ..." (BayObLG NJW **1990** 781). Erst dann wird die Teilakts- durch die Gefährdungsformel ersetzt, wenn (in der zitier- 85

---

**217** In diesem Sinne bezieht sich etwa BGH NStZ **1997** 83 auf die innere Einstellung des Täters (die aber im konkreten Fall gegen ein Eintreten in das Versuchsstadium angeführt wurde). Auch die Kritik von *Rönnau* JuS **2013** 879, 881, versteht diese Formeln rein subjektiv.

**218** Vgl. BGHSt 48 34, 36, wobei die Behauptung, es habe keines weiteren „Willensimpulses" oder „Willensrucks" zur Umsetzung der Pläne mehr bedurft, durchaus angreifbar ist; kritisch *Hillenkamp* LK[12] Rdn. 67.

**219** *Blei* JA **1976** 103; *Bosch* Jura **2011** 909, 910; *Küper* JZ **1983** 367; *ders.* JZ **1992** 345, 347; *D. Meyer* JuS **1977** 21 f; *Otto* AT § 18 Rdn. 28 ff; *Sonnen* JA **1979** 334; *Tiedemann* JR **1973** 412.

**220** So werden *Gössel* JR **1976** 251, *Otto* NJW **1976** 579 und *Jäger* SK Rdn. 26, 28 mit Fn. 93 vereinzelt verstanden, weil sie – in der Tat so verstehbar – den Versuch in BGHSt **26** 201 (Klingeln an der Tür des Tankstellenpächters) davon abhängig machen wollten, dass „sich eine Person der Tür" genähert oder „sich auf den Weg zur Tür" gemacht hat. S. hiergegen *Berz* Jura **1984** 513; *Blei* JA **1976** 102; *Kühl* JuS **1980** 814; *Roxin* JuS **1979** 6. Die Bemühungen *Spendels* NJW **1965** 1881 und FS Stock 98 ff um eine rein objektive Begründung liegen vor der Gesetzeserneuerung.

**221** Deutlich BGHSt **43** 177, 182; *Otto* AT § 18 Rdn. 30; *Sch/Schröder/Eser/Bosch* Rdn. 42; s. auch *Zieschang* Gefährdungsdelikte S. 148 f; nach *Gropp* FS Gössel 175, 184 ff soll hierbei nicht die „Planungs-", sondern die „Handlungsvorstellung" maßgeblich und nur dann versuchsbegründend sein, wenn der Täter die Vorstellung „von der unmittelbaren und nicht mehr vollständig beherrschten Gefährdung des Angriffsobjekts zum Zeitpunkt seines Handelns" hat.

ten Entscheidung) hinzugefügt wird: „... mithin – aus Sicht des Täters – das geschützte Rechtsgut in eine konkrete Gefahr bringen".[222] Bisweilen werden auch Handlungen verlangt, die „eine tätige, das geschützte Rechtsgut unmittelbar gefährdende Beziehung zum Angriffsgegenstand" herstellen (hierfür findet sich der Begriff der **Angriffstheorie**, s. *Becher* S. 47), wovon zu reden sei, wenn „der Täter subjektiv die Schwelle zum ‚Jetzt geht es los' überschritten hat und objektiv oder subjektiv das geschützte Rechtsgut in eine konkrete Gefahr bringt".[223] Dabei sind die jeweiligen Anreicherungen des Gefährdungsaspekts nicht (nur) formelhaft gemeint. Vielmehr soll die Verknüpfung mit den hergebrachten Wendungen vom ungestörten Fortgang, dem unmittelbaren Einmünden und dem ‚Jetzt geht es los' eine noch nicht ausreichende beliebige „objektive Gefährdung des geschützten Rechtsguts" ganz offenbar in eine nach der Vorstellung des Täters „unmittelbare", in eine „konkrete" Gefährdung verwandeln.[224] Treten die Kriterien nebeneinander auf, so handelt es sich bereits um eine Vereinigungstheorie.[225] In der wohl als richtungsweisend zu verstehenden Entscheidung BGHSt **64** 318 wird die Abgrenzungsformel zunächst ganz im Sinne der Zwischenakttheorie formuliert. Erst im Rahmen des vom BGH betonten Tatbestandsbezugs des unmittelbaren Ansetzens heißt es dann: „Wesentliches Kriterium für die Abgrenzung zwischen Vorbereitungs- und Versuchsstadium ist das aus der Sicht des Täters erreichte Maß konkreter Gefährdung des geschützten Rechtsguts".

**86** Gegen die individuell-materielle, auf die unmittelbare Gefährdung abstellende Lehre sind **Vorbehalte** zu erheben. Zunächst deutet – wie es der BGH (St **26** 201, 203) unmittelbar nach Inkrafttreten der Reform noch zutreffend sah – die „Nichterwähnung des Gedankens der unmittelbaren Gefährdung des geschützten Rechtsguts" in § 22 darauf hin, dass in der stattdessen gewählten „strikten Anknüpfung des Unmittelbarkeitserfordernisses an die tatbestandsmäßige Handlung" ein vom Gesetzgeber gewollter „Gewinn an Rechtssicherheit" liegen sollte.[226] Dass dieser Gewinn durch die auf eine Gefährdung des Rechtsguts abstellende individuell-materielle Theorie verspielt werde (beispielhaft OLG München NJW **2006** 3364), ist ein gewichtiger Einwand gegen sie. Das Bedenken eines Verlusts an Bestimmtheit der Grenzziehung verbindet sich mit der Gefahr einer durch das Gefahrkriterium kaum kontrollierbaren Vorverlagerung des Versuchsbeginns. Letztere beruht auf der Annahme, dass die Gefährdung des Rechtsguts schon mit der ersten Vorbereitungshandlung einsetzt und bis zur Vollendung nur einer quantitativen Steigerung unterliegt. In ihr sind Grade, nicht aber ein die Zäsur zwischen Vorbereitung und Versuch begründender Qualitätswandel enthalten.[227] Es bedarf daher einschränkender Zusätze, um den Gefährdungsgedanken brauchbar zu machen. Mit dem Verlangen nach einer „unmittelbaren" oder „ernsthaften" Gefährdung ist aber ein dem Bestimmtheitsgebot entsprechender Maßstab nicht gefunden. Das gilt umso mehr, als das Urteil über die Gefährlichkeit namentlich in Fällen objektiv fehlender Gefahr „subjektiviert" und damit mit allen Unsicherheiten belastet werden muss, die sich mit einer Prognose ex ante verbinden. Schließlich versagt der Gefährdungsgedanke bei

---

**222** Ganz ähnlich BGH NStZ **1983** 51; BGH NJW **1985** 1035; BGH StV **1989** 526; BGH MDR **1990** 842; OLG Oldenburg StV **1983** 506; OLG Frankfurt StV **1992** 360; OLG Düsseldorf NJW **1993** 22, 53; OLG Karlsruhe MDR **1993** 368; in einem Fall mittelbarer Täterschaft auch BGHSt **30** 363, 365; enger OLG Frankfurt a.M. NStZ-RR **2003** 238 (nur Leitsatz).

**223** OLG Oldenburg StV **1983** 506; BGHSt **64** 318; s. zur Bedeutung der in der Regel mit dem Bild des „Angriffs" verknüpften „tätigen Beziehung" auch *Becher* S. 8, 13, 47 ff und *Kühl* AT § 15 Rdn. 72 ff.

**224** Betont wird dies von BGHSt **35** 6, 9; BGH NStZ **1989** 473 (Entscheidungen, die sich allerdings auch der Zwischenaktslehre bedienen); deutlich pointiert ist der Zusammenhang bei *Otto* AT § 18 Rdn. 30 f; vgl. auch BGH wistra **1993** 26.

**225** *Hoffmann-Holland* MK Rdn. 112.

**226** Einen deutlichen Abschied vom Gefährdungsgedanken findet man allerdings an den hierfür bisweilen (vgl. z. B. *Vogler* LK[10] Rdn. 29) als Beleg zitierten Stellen (E 1962 Begründung S. 144; Prot. V S. 1746 f) nicht; auch der 1. Senat – von dem der zitierte Hinweis stammt – hat sich wenig später und unter Zitierung von BGHSt **26** 201 wieder auf den Gefährdungsgedanken berufen, vgl. BGH bei *Holtz* MDR **1978** 625 f; ferner BGHSt **43** 177, 181.

**227** *Becher* S. 45 ff; *Berz* Jura **1984** 513; *Jäger* SK Rdn. 19; *Jakobs* 25/15; *Krey/Esser* AT Rdn. 1225; *Kühl* JuS **1980** 814; *ders.* § 15 Rdn. 82; *M.-K. Meyer* GA **2002** 376; *Rath* JuS **1998** 1108; *Rönnau* JuS **2013** 879, 881; *Roxin* AT II § 29 Rdn. 129.

den Tätigkeitsdelikten und abstrakten Gefährdungsdelikten, bei denen es selbst zur Vollendung des Delikts keiner konkreten Gefährdung des Rechtsguts bedarf (s. Rdn. 105 f vor § 22).[228]

Die Bedenken gewinnen noch an Gewicht, wenn der Aspekt der Gefährdung (nebst anderen 87
Kriterien) nur noch vorgeblich die Zwischenakttheorie konkretisiert, in Wahrheit aber die **Ausgangsdefinition aushöhlt.** Symptomatisch dafür ist BGH NStZ **2014** 447 (mit zutreffend kritischer Anm. *Krehl*):[229] Der Täter hatte sein Opfer in seine Gewalt gebracht und die Absicht, es vor dessen Tötung über einen längeren Zeitraum, nicht ausschließbar sogar über mehrere Tage, zu quälen. Der BGH bewegt sich mit seiner Ausgangsdefinition noch in herkömmlichen Bahnen: Versuchsbegründend sei ein Verhalten, „soweit es nach der Vorstellung des Täters der Verwirklichung eines Tatbestandsmerkmals räumlich und zeitlich unmittelbar vorgelagert ist oder nach dem Tatplan im ungestörten Fortgang ohne Zwischenakte in die Tatbestandsverwirklichung einmünden soll". Ersichtlich fehlt vorliegend der zeitliche Zusammenhang und es erscheint prima facie auch evident, dass mehrtägige Misshandlungen des Opfers allemal wesentliche Zwischenakte auf dem Weg zur Tötung darstellen. Der BGH meint dann aber – ebenfalls im Einklang mit zahlreichen aktuellen Judikaten –, die zitierten „abstrakten Maßstäbe" bedürften **„angesichts der Vielzahl denkbarer Sachverhaltsgestaltungen** ... stets der **wertenden Konkretisierung unter Beachtung der Umstände des Einzelfalles"**.[230] In diesem Kontext wird dann als „wesentliches Abgrenzungskriterium" die **Rechtsgutsgefährdung** aus Tätersicht genannt. Daneben könne die **„Dichte des Tatplans"** Bedeutung gewinnen: „So sind Handlungen, die keinen tatbestandsfremden Zwecken dienen, sondern wegen ihrer notwendigen Zusammengehörigkeit mit der Tathandlung nach dem Plan des Täters als deren Bestandteil erscheinen, weil sie an diese zeitlich und räumlich angrenzen und mit ihr im Falle der Ausführung eine natürliche Einheit bilden, nicht als der Annahme unmittelbaren Ansetzens entgegenstehende Zwischenakte anzusehen."[231] Der „zeitlichen Streckung" des Geschehens billigt der BGH letztlich keine Relevanz zu. Sie könne nichts an dem „situativen Zusammenhang" ändern, der zwischen der Freiheitsberaubung, den Quälereien und dem letztlich geplanten Tötungsakt bestehe. Mit der Marginalisierung des Erfordernisses eines zeitlichen Zusammenhangs entfernt sich die Entscheidung deutlich von der sonstigen Rechtsprechung und läuft Gefahr, in nicht nachvollziehbarer Weise Definitionsbestandteile auf- oder abzuwerten.[232] Mit seinem Verweis auf die „Dichte des Tatplans", durch den das anfängliche Quälen mit dem geplanten Tötungsakt in einem „situativen Zusammenhang" stehe, missachtet der BGH zudem die gesetzlich vorgegebene Orientierung des unmittelbaren Ansetzes an der tatbestandsmäßigen Ausführungshandlung. Denn auch der vom Täter durch dessen Plan hergestellte Zusammenhang zwischen Quälereien und Todesherbeiführung vermag nichts daran zu ändern, dass für die Erfüllung des Tatbestandes eines Tötungsdelikts die „eigentliche" Tötungshandlung den Ausschlag gibt, also ein Verhalten, dass die rechtlich missbilligte Gefahr des Todeseintritts schafft. Das Quälen stellt sowenig einen „notwendigen Teil des zum Tod des Opfers führenden Geschehensablaufs" dar wie das vor der Tötung der Ehefrau geplante Abnöti-

228 *Berz* Jura **1984** 511, 513; *Kindhäuser* AT § 31 Rdn. 17; *Rönnau* JuS **2013** 879, 881; *Stratenwerth/Kuhlen* § 11 Rdn. 33; *Tiedemann* FS Baumann 12; *Vogel* Norm und Pflicht S. 229; **aA** *Otto* AT § 18 Rdn. 37.

229 Ablehnend auch *Schuhr* HRRS **2014** 402 ff; *Tomiak/Franzke* HRRS **2019** 337, 342 f. BGH NStZ **2019** 79 liegt hinsichtlich der Vernachlässigung des Aspekts der zeitlichen Nähe hinsichtlich einer Versuchsstrafbarkeit bezogen auf § 177 (a. F.) auf der gleichen Linie.

230 Ebenso BGH NJW **2002** 1057; BGH NStZ **2006** 331 f; BGH NStZ **2011** 517; BGH NJW **2014** 1463; BGH NStZ **2019** 79. Ähnlich BGHR StGB § 22 Ansetzen 39.

231 Vgl. auch BGH NStZ **2018** 648, 649; BGH NStZ **2011** 517, 518; BGH NStZ **2006** 331 f; OLG Rostock 20 RR 6/19–1 Ss 3/19 v. 1.3.2019; KG NStZ-RR **2013** 138.

232 Vgl. *Krehl* NStZ **2014** 449; *Schuhr* StV **2007** 188 f; ferner *Hoffmann-Holland* MK Rdn. 112. Dagegen hält BGH NStZ **2006** 331, 332 (mit zutreffend kritischer Anm. *Schuhr* StV **2007** 188 f) nur scheinbar an dem Erfordernis eines zeitlichen Zusammenhangs fest. Die dortige Behauptung, die Täter hätten „nur noch wenige Meter und Sekunden von der Tatbestandsverwirklichung" getrennt, ist praktisch aus der Luft gegriffen (die Täter mussten erst noch gewaltsam eine Zwischentür öffnen und das Benzin verteilen, das sodann entzündet werden sollte). Deutlich restriktiver dagegen BGH NStZ **2018** 648, 649 f.

gen einer Unterschrift unter eine Generalvollmacht (so der Fall in BGH NJW **2002** 1057, 1058).[233] Es ist gewiss kein Zufall, dass sich der BGH in dieser Entscheidung der Formel von der Schwelle zum „Jetzt geht es los" nicht bedient hat. Denn bezogen auf die Tötung des Opfers wollte der Täter gerade noch nicht, dass es losgeht, weil er zuvor das Quälen des Opfers auskosten wollte. Der Übergang zum Tötungsgeschehen kann nicht deshalb als praktisch sicher behandelt werden, weil der Täter hinsichtlich des Quälens Willensstärke bewiesen hat; das Töten eines Menschen hat eine neue Qualität und seine Realisierung vollzieht sich nicht gleichsam „automatisch", sondern bedarf eines zusätzlichen Willensimpulses, mit dem der Plan zum wirkmächtigen Entschluss wird.[234] Als **weiteres Beispiel** für die sachliche Preisgabe der Zwischenaktlehre durch eine Betonung des Gefährdungsaspekts kann auf die Konstellation des Versteckens von Ware im Herrschaftsbereich des Marktinhabers in der Absicht, diese zu einem zeitlich deutlich späteren Zeitpunkt (sei es unter Überwindung von Zäunen oder des Kassenbereichs) abzuholen, hingewiesen werden (dazu auch Rdn. 125). Die Begründung des unmittelbaren Ansetzens mit Blick auf die Gewahrsamslockerung zu Lasten des Berechtigten (OLG Rostock 20 RR 6/19–1 Ss 3/19 v. 1.3.2019; OLG Hamm 2 SS 499/08 v. 5.1.2009; LG Potsdam NStZ **2007** 336, 337 f) ersetzt den Tatbestandsbezug durch das Kriterium einer allgemeinen Eigentumsgefährdung. Als im Bereich des **Einbruchsdiebstahls wegweisende Entscheidung** wird man auch BGHSt **64** 318 (dazu *Eisele* JuS **2020** 798 ff; *Heintschel-Heinegg* JA **2020** 550 f) in diesem Kontext nennen müssen. Es sei zur Abgrenzung von Vorbereitung und Versuch „darauf abzustellen, ob aus Tätersicht bereits die konkrete Gefahr eines ungehinderten Zugriffs auf das in Aussicht genomme Stehlgut besteht". Eine solche Gefahr bestehe bei durch Schutzmechanismen gesicherten Gegenständen bereits beim ersten Angriff auf einen solchen Schutzmechanismus, „wenn sich der Täter bei dessen Überwindung nach dem Tatplan ohne tatbestandsfremde Zwischenschritte, zeitliche Zäsur oder weitere eigenständige Willensbildung einen ungehinderten Zugriff auf die erwartete Beute vorstellt". Die Überwindung des Schutzmechanismus selbst kommt danach – offenbar ungeachtet des hierfür erforderlichen Aufwands und der eingeplanten Dauer – als Zwischenschritt nicht in Betracht. Eine gravierende Marginalisierung von der Wegnahme vorgelagerten Handlungen liegt darin, dass der Angriff auf den ersten Schutzmechanismus selbst dann den Eintritt in das Versuchsstadium markieren soll, wenn der Täter davon ausgeht, noch weitere Hindernisse überwinden zu müssen, sofern „die Überwindung aller Schutzmechanismen in unmittelbarem zeitlichen und räumlichen Zusammenhang mit paraten Mitteln erfolgen soll". Jedenfalls das Aufbrechen weiterer Türen, wörtlich genommen wohl auch das Öffnen eines Tresors, stellen danach keine wesentlichen Zwischenschritte dar.

**88** Den Schwächen und Gefahren einer Orientierung am Gefährdungskriterium versucht eine **Variante** der **Gefährdungstheorie** zu begegnen: Um die in der Rechtsgutsgefährdung sich verflüchtigende Anknüpfung an die formelle Tatbestandsverwirklichung wiederherzustellen und den Vorwurf der Unbestimmtheit abzumildern, wird vorgeschlagen, statt auf die Gefährdung von Rechtsgut oder Tatobjekt auf die „Gefahr der Verwirklichung des konkreten Deliktstatbestands" (*v. Hippel* II S. 405; *Klee* DStr **1934** 283, 292; krit. dazu *Zaczyk* Unrecht S. 48) abzuheben. Dadurch soll eine tatbestandsrelevante oder tatbestandsnahe Gefahr ermittelt werden, die eine „dem formellen Tatbestandsbeginn praktisch gleichwertige Gefährdung" ergebe (*Geilen* S. 164).[235] Auch soll hiermit der Einwand entkräftet werden, die Theorie versage bei Gefährdungsdelikten;[236] denn „während die Vorstellung einer Gefahr der Gefährdung des Rechtsguts Schwierigkeiten" bereite, sei dies hinsichtlich einer Gefahr der Tatbestandsverwirklichung nicht der Fall (*v. Hippel* II S. 405).

---

233 Ebenfalls nicht überzeugend BGH NStZ **2006** 331.

234 *Schuhr* HRRS **2014** 402 ff.

235 Vgl. hierzu auch *Becher* S. 7, 43 f m. w. N.; *Sch/Schröder/Eser/Bosch* Rdn. 42.

236 *v. Hippel* II S. 405; *Otto* AT § 18 Rdn. 37. *Zaczyk* Unrecht S. 322 ff will bei konkreten und abstrakten Gefährdungsdelikten die „formell-objektive" Lehre wiederbeleben, hebt aber in Wahrheit auch hierbei auf den Gefährdungsgedanken ab (s. hierzu bereits oben Fn. 122).

Das Erfordernis einer tatbestandsbezogenen Gefährdung lässt sich im Sinne einer **Übereinstimmung mit der Zwischenakttheorie** interpretieren.[237] Ist nämlich maßgeblich die Gefahr, dass der Täter seinen Entschluss zur Vornahme der Ausführungshandlung überzugehen, durchhält, so ist damit die Situation erfasst, dass keine wesentlichen Zwischenschritte mehr erforderlich sind (näher Rn. 103 ff). Als in diese Richtung weisenden Versuch wird man die **„konkretisierte Teilaktstheorie"** *Roxins* (AT II § 29 Rdn. 139 ff; *ders.* FS Herzberg S. 341, 347 ff) auffassen können, die *Roxin* zunächst in engem Zusammenhang mit der Eindruckstheorie entwickelt (dazu vor § 22 Rdn. 83 ff), die sich aber gegenüber dieser gewissermaßen verselbständigt hat. Der letzte, den Versuchsbeginn markierende Teilakt sei durch die Hilfsbegriffe des „engen zeitlichen Zusammenhangs" und die „Einwirkung auf die Opfer- bzw. Tatbestandssphäre" zu charakterisieren; erforderlich sei das kumulative Vorliegen beider Kriterien.[238] Diese Umschreibung ist sicher konkreter und für eine sachgerechte Einschränkung des Versuchsstadiums hilfreicher als ein allgemeines Gefahrkriterium. Freilich lässt sich im Einzelfall streiten, wann die Opfersphäre berührt ist,[239] und mit dem Ausweichen auf die Tatbestandssphäre bei solchen Tatbeständen, die eine äußere Beeinträchtigung eines individuellen Opfers nicht voraussetzen (wie z. B. bei der Geldfälschung [§ 146] und dem Meineid [§ 154])[240] ist kein zusätzlicher Erkenntnisgewinn verbunden.[241] 89

*Hillenkamp* (LK[12] Rdn. 85) will dem Gefährdungsgedanken **im Rahmen der** von ihm vertretenen **Zwischenaktslehre** eine gewisse **Bedeutung zusprechen.**[242] Sie liege in einer das Ergebnis der Zwischenaktsformel **korrigierenden Funktion.** Dahinter steht die Vorstellung, dass die Zwischenakttheorie die Gefährlichkeit des erreichten Verwirklichungsstadiums spiegelt, wenn „die noch ausstehenden Teilakte die bereits eingetretene **unmittelbare Gefahr der Tatbestandsverwirklichung** nicht mehr nennenswert steigern". Der Gefährdungsgedanke stellt damit das normative Kriterium dar, das einer naturalistischen Aufspaltung in einzelne Körperbewegungen entgegensteht. Es könne aber auch „so liegen, dass es an weiteren Zwischenschritten nach der Vorstellung des Täters nicht mehr fehlt, die **Tatbestandsverwirklichung** aber **noch so fern** liegt oder **ungewiss** ist, dass von einer versuchsadäquaten Gefahr des Umschlagens in die Verwirklichung des Tatbestandes noch nicht die Rede sein kann. Hier muss für ein unmittelbares Ansetzen zu der Vornahme der letzten Teilhandlung noch jene Gefahr hinzutreten." *Hillenkamp* versteht dieses Konzept nicht im Sinne einer kumulativen Vereinigungslehre, sondern als eine **modifizierte Zwischenaktslehre**, „die die enge Anbindung an die Tatbestandsverwirklichung dadurch zu erreichen sucht, dass sie von Versuch spricht, wenn nach der Vorstellung des Täters von der Tat erstens zwischen der vorgenommenen Handlung und der eigentlichen Tatbestandshandlung keine wesentlichen Zwischenschritte mehr liegen und wenn sich zweitens der dadurch eingetretene Zustand als unmittelbare Gefahr der Tatbestandsverwirklichung beschreiben lässt".[243] Zu diesem Ansatz ist **kritisch** anzumerken, dass zwar richtig gesehen ist, dass die fehlende Erforderlichkeit weiterer aktiver Handlungen des Täters noch nicht ohne weiteres in das Versuchsstadium führen kann, wenn die Tatbestandsverwirklichung nach dem letzten Akt noch in weiter Ferne ist. Eine nähere Analyse der betreffenden Fälle zeigt aber, dass die 90

---

**237** So *Ambos* HK-GS Rdn. 24.

**238** *Roxin* AT II § 29 Rdn. 139 f; *ders.* FS Herzberg 341, 347 f.

**239** Dazu *Roxin* FS Herzberg 341, 349. Kritisch etwa *Rönnau* JuS **2013** 879, 881.

**240** *Roxin* FS Herzberg 341, 349.

**241** Vgl. zur Kritik auch *Rey-Sanfiz* S. 130 ff, 296 ff.

**242** Ebenso *Ambos* HK-GS Rdn. 24.

**243** *Kühl* AT § 15 Rdn. 70 ff benutzt für die „Korrektur" der Zwischenaktslehre statt der Gefahr der Tatbestandsverwirklichung das Erfordernis einer „zeitlichen Unmittelbarkeit"; vgl. auch *Streng* GedS Zipf 325, 326; ferner *Küper* JZ **1983** 361, 367 Fn. 42, der die „Gefährdungsformel", die „allenfalls beim Versuch eines Verletzungsdelikts" passt, durch Kriterien ersetzen will, „die deutlicher auf den unmittelbaren Zusammenhang des Verhaltens mit der jeweils tatbestandlich typisierten Deliktshandlung" abstellen. Der von *Hillenkamp* vertretene Standpunkt ähnelt der von *Herzberg* (FS Roxin [2001] 749, 755 ff, 761 ff; *ders.* MK[1] Rdn. 128, 136 ff, 143 ff, 155 ff) vorgeschlagenen Trennung von Versuchshandlung und Versuchserfolg.

Distanz zwischen letzter Handlung und Tatbestandsverwirklichung richtigerweise durch eine präzisere Bestimmung der Ausführungshandlung zu schließen ist, auf die sich das unmittelbare Ansetzen beziehen muss (näher Rdn. 139 ff).

91 **cc) Vereinigungslehren.** Unter den Vereinigungslehren deckt die **kumulative Variante** den Gegensatz zwischen Teilakts- und Gefährdungslösung durch schlichtes Aneinanderreihen beider Formeln zu. Die **Rechtsprechung** bedient sich in zahlreichen Entscheidungen dieses Konzepts: „Die Grenze von der Vorbereitungshandlung zum Versuch wird" hiernach „nicht erst überschritten, wenn der Täter ein Tatbestandsmerkmal verwirklicht, sondern schon dann, wenn er Handlungen vornimmt, die nach seinem Tatplan der Erfüllung eines Tatbestandsmerkmals vorgelagert sind und in die Tatbestandshandlung unmittelbar einmünden, die mithin – aus der Sicht des Täters – das geschützte Rechtsgut in eine konkrete Gefahr bringen. Dementsprechend erstreckt sich das Versuchsstadium auf Handlungen, die im ungestörten Fortgang unmittelbar zur Tatbestandserfüllung führen sollen oder die im unmittelbaren räumlichen und zeitlichen Zusammenhang mit ihr stehen. Dies ist der Fall, wenn der Täter subjektiv die Schwelle zum ‚Jetzt geht es los' überschreitet und objektiv zur tatbestandsmäßigen Angriffshandlung ansetzt, so dass sein Tun ohne Zwischenschritte in die Tatbestandserfüllung übergeht" (BGH NStZ **1987** 20; in BGH StV **2017** 441, 442 als **ständige Rechtsprechung** bezeichnet).[244]

92 Die hierin zum Ausdruck kommende Suche nach einer sinnvollen Verbindung (*Geppert* JK **98** StGB 22/18) findet in der zitierten kumulativen Gestalt zum Teil Zustimmung.[245] Soweit sie dem Gefährdungsaspekt einen selbständigen Raum gewährt, sind gegen sie freilich die Einwendungen zu erheben, die bereits gegen diesen Ansatz geltend gemacht wurden (Rdn. 87). Teilweise werden aber auch **Präferenzvarianten** hinsichtlich der beiden Momente vertreten. So wird einerseits der in der Zwischenaktslehre formalisierten räumlich-zeitlichen Anbindung an die Tatbestandsverwirklichung gegenüber dem Gefährdungsaspekt der Vorrang gegeben[246] und Versuch trotz eingetretener Gefährdung beim Fehlen ersterer noch verneint. Trotz eines Primats des Gefährdungsaspekts zu einem faktischen Gleichklang beider Kriterien führt eine „subjektiv-materiale Gefährdungsabgrenzung", die eine nach dem Täterplan bestehende unmittelbare Gefährdung voraussetzt und diese nur gegeben sieht, wenn keine weiteren wesentlichen Zwischenschritte zur tatbestandsrelevanten Beeinträchtigung des Rechtsguts mehr erforderlich sind (*Sch/Schröder/Eser/Bosch* Rdn. 42).[247] Andererseits hält die Rechtsprechung namentlich in Fällen mittelbarer Täterschaft nach der Nennung beider Kriterien für „entscheidend, ob nach dem Tatplan die Einzelhandlungen des Täters in ihrer Gesamtheit schon einen derartigen Angriff auf das geschützte Rechtsgut enthalten, dass es bereits gefährdet ist und der Schaden sich unmittel-

**244** Nicht immer gleich ausführlich, der Sache nach aber identisch BGH NStZ **2013** 156,157; BGH StV **1984** 420; BGH NStZ **2004** 38, 39; BGH JR **2005** 258, 260; OLG Karlsruhe MDR **1993** 368; BayObLG NJW **1994** 21, 64; OLG München NStZ-RR **1996** 71. Es finden sich auch Entscheidungen, in denen der Gefährdungsaspekt zwar nicht in der – ebenfalls als ständige Rechtsprechung bezeichneten – Grundformel benannt, dann aber im Rahmen der Subsumtion berücksichtigt wird, so BGHSt **64** 318.

**245** *Heinrich* AT Rdn. 728 f; *Lackner/Kühl/Kühl* Rdn. 4; *Wessels/Beulke/Satzger* Rdn. 947 (hier werden das Fehlen noch wesentlicher Zwischenschritte und die konkrete Gefährdung als „Indiz für die Tatbestandsnähe des Ansetzens und die erforderliche Unmittelbarkeitsbeziehung" gesehen); s. auch den kumulativen Konkretisierungsansatz von *Jakobs* 25/61 ff, der zwischen zwingenden und beweglichen Entscheidungsrichtlinien unterscheidet. Deutlich unbestimmter und offener ist die den Vereinigungslehren nahestehende „ganzheitliche Methode" *Schmidhäusers* Studienbuch 11/47 ff, nach der „zielnahes" Verhalten beim von *Schmidhäuser* sog. „Zielversuch" sich aus der Abwägung aller Einzelelemente ergeben soll.

**246** So in BGHSt **35** 6, 8 f; BGH NStZ **1989** 473; BGH NJW **2002** 1057; BGH NStZ **2002** 433, 435; OLG Hamm StV **1997** 242, 243; s. dazu auch *Kühl* JuS **1980** 815; *ders.* § 15 Rdn. 82 ff; BGHSt **48** 34, 36 lässt in seiner Formel den Gefährdungsgedanken ohne Erklärung weg.

**247** Erzielt werden soll hiermit eine in wertender Sicht „dem formellen Tatbestandsbeginn praktisch gleichwertige" Gefährdung (*Geilen* S. 164).

bar anschließen kann" und hat das im konkreten Fall – obwohl der Täter „seinen Teil zur Tatbestandsverwirklichung bewirkt hat" – verneint (BGHSt **43** 180 f). Während hier dem Gefährdungsaspekt versuchsbegrenzende Wirkung beigemessen wird, soll ihm nach neueren Judikaten fallweise auch versuchsbegründende, den zeitlich-räumlichen Zusammenhang marginalisierende Bedeutung zukommen (BGH NStZ **2014** 447; dazu schon oben Rdn. 87).

**dd) Harmonisierungslehren.** Unter den Harmonisierungslehren findet sich zunächst ein von *Roxin* JuS **1979** 1 ff entwickelter Weg, den nach der von ihm damals noch vorbehaltlos[248] vertretenen **Eindruckstheorie** (s. dazu Rdn. 83 ff vor § 22) maßgeblichen **Strafgrund** des Versuchs in die Ansatzformel unmittelbar hineinwirken zu lassen. Der Versuch ist hiernach „strafbar, wenn und soweit er geeignet ist, in der Allgemeinheit einen rechtsschütternden Eindruck hervorzurufen".[249] Er gefährde dann den Rechtsfrieden und bedürfe deshalb einer dem Maße dieser Beeinträchtigung entsprechenden Sanktion. Daraus erkläre sich nicht nur, dass der Versuch erst mit dem unmittelbaren Ansetzen beginne; denn bloße Vorbereitungshandlungen blieben meist im Verborgenen, ließen verschiedenen Deutungen Raum und beeinträchtigten den Rechtsfrieden in der Regel nicht oder nicht so sehr, dass Strafe erforderlich wäre.[250] Vielmehr folge hieraus auch, „dass der Täter ... in eine Beziehung zur Sphäre des Opfers" treten müsse, „die einen rechtserschütternden Eindruck hervorruft".[251] Die Eindruckstheorie lasse sich also für die Abgrenzung unmittelbar fruchtbar machen, „indem der den Rechtsfrieden störende Zugriff auf die Opfersphäre als notwendiges Element der Ausführungshandlung" erscheine.[252] Da es an einer Erschütterung des Rechtsfriedens noch fehle, solange das Täterverhalten noch nicht direkt zur eigentlichen Tatbestandshandlung führe, müsse zur Berührung der Opfersphäre allerdings noch „etwas hinzukommen: nämlich ein ‚enger zeitlicher Zusammenhang' zwischen Täterhandlung und erwartetem Erfolgseintritt, der sich durch die Worte ‚Jetzt geht es los' kennzeichnen" lasse.[253] Diese für den unbeendeten und den unter Kontrolle des Täters bleibenden beendeten Versuch zu fordernde Verknüpfung zwischen zeitlicher Nähe und Sphärenbeziehung ist nach *Roxin* für aus dem Herrschaftsbereich und der Kontrolle des Täters entlassene Kausalverläufe freilich entbehrlich, weil in solchen Fällen des beendeten Versuchs „der rechtserschütternde Eindruck, der den Strafgrund des Versuchs bildet", bereits „in so starkem Maße" vorliege, dass eine „Sanktionslosigkeit als unerträglich" erscheine.[254] Dem tritt *J. Meyer* ZStW **87** (1975) 607 ebenfalls unter Berufung auf die Eindruckstheorie mit der Modifikation bei, die in Gang gesetzte Kausalkette müsse gewissermaßen „mit tödlicher Sicherheit" zum deliktischen Erfolg führen (sogenannte **Zwangsläufigkeitstheorie**). 93

Die **Eindruckstheorie** vermag schon als Lehre vom Versuchsunrecht **nicht zu überzeugen** (Vor § 22 Rdn. 84 ff) und kann dementsprechend auch keinen tragfähigen Beitrag zur Bestimmung des unmittelbaren Ansetzens liefern. Letztlich leitet sie die Strafbarkeit aus Bestrafungsbedürfnissen her. Dabei will die Eindruckstheorie dem Einwand, die sozialpsychologische Wir- 94

---

**248** Zu der heute von ihm vertretenen „Vereinigungstheorie" s. *Roxin* FS Nishihara S. 157 ff; *ders.* AT II § 29 Rdn. 10 ff; heute bestreitet *Roxin* AT II § 29 Rdn. 99 ff jede Möglichkeit der Ableitung des Beginns der Ausführung aus den Strafgrundtheorien; dort – Rdn. 101 – jetzt auch gegen einen solchen Versuch der Eindruckstheorie.

**249** *Roxin* JuS **1979** 1; *Jäger* SK vor § 22 Rdn. 15; *Papageorgiou-Gonatas* S. 221 ff; *Sch/Schröder/Eser/Bosch* vor § 22 Rdn. 22.

**250** *Roxin* JuS **1979** 1.

**251** *Roxin* JuS **1979** 4.

**252** *Roxin* JuS **1979** 4.

**253** *Roxin* JuS **1979** 4 f.

**254** *Roxin* JuS **1979** 10. In der Grundlegung ebenso *Papageorgiou-Gonatas* S. 209 ff; für die Gefährdungsdelikte will *Momsen* (S. 61, 80 ff) mit ähnlichen Umschreibungen des Versuchsbeginns (s. Rdn. 97 vor § 22) das unmittelbare Ansetzen als „Ausdruck der generalpräventiv begründeten Strafbedürftigkeit" sehen; die Bezeichnung dieser Lehre als „Sphärentheorie" z. B. bei *Otto* AT § 18 Rdn. 25 und *Rath* JuS **1998** 1108 verkürzt ihren Aussagegehalt. Zum Sphärengedanken s. auch *Schlehofer* Vorsatz S. 86 f und *Hoffmann-Holland* MK Rdn. 124 f.

kung von Versuchstaten bleibe jedenfalls dann aus, wenn die Tat unentdeckt bleibt, durch die Formulierung entgehen, dass es ausreiche, wenn die Tat zur Hervorrufung eines rechtserschütternden Eindrucks „geeignet“ sei.[255] In der Sache ist das der Verzicht auf das Hervorrufen eines rechtserschütternden Eindrucks und der Verweis auf eine hypothetische Wirkung im Falle einer Kenntnisnahme durch die Rechtsgemeinschaft. Ob die vermutete Wirkung tatsächlich eintreten würde, ist empirisch freilich ungeklärt. Insbesondere liegt es nahe, dass auch Handlungen im Vorbereitungsstadium, etwa die sorgfältige Planung einer Straftat, das Besorgen von Tatwerkzeugen etc., durchaus geeignet sind, einen rechtserschütternden Eindruck bei Mitgliedern der Rechtsgemeinschaft hervorzurufen.[256] Auch die Strafbarkeit gewisser Vorbereitungshandlungen (z. B. § 30 StGB) zeugt davon, dass der rechtserschütternde Eindruck nicht vom Eintritt in das Versuchsstadium abhängt.[257] Zur Konkretisierung des Versuchsbeginns werden folglich mit einer gewissen Beliebigkeit (s. *Kühl* AT § 15 Rdn. 42) Kriterien herangezogen, die der Eindruckstheorie nicht immanent sind.[258] So dient die Eindruckstheorie zum einen als Dach für die Zwischenaktslehre,[259] die Forderung nach Handlungsunmittelbarkeit[260] und nach einem „engen zeitlichen Zusammenhang“ im Sinne des ‚Jetzt geht es los‘,[261] aber auch für eine Auffassung, die nach der Unzweideutigkeit des Kausalverlaufs oder nach der Gefährdung des Rechtsguts entscheidet.[262] Zum anderen soll sie die Notwendigkeit begründen, dass „der Täter zur Sphäre des Opfers in eine Beziehung tritt“ (*Roxin* JuS **1979** 1, 4). Hinter all diesen Kriterien steht offenbar das Bemühen um eine normative Umgrenzung auf solche Konstellationen, in denen dem durch das erreichte Verwirklichungsstadium hervorgerufenen Eindruck ein versuchsbegründendes Gewicht zukommt. Damit ist aber unübersehbar, dass der rechtserschütternde Eindruck lediglich ein Sekundärphänomen darstellt und letztlich die Frage zu beantworten ist, unter welchen Voraussetzungen der Täter durch sein Verhalten so nahe an das Ausführungsstadium herangekommen ist, dass die Versuchsstrafbarkeit legitimierbar ist. Die sachliche Begründung (dazu vor § 22 Rdn. 67 ff) wird durch den Verweis auf den rechtserschütternden Eindruck eher verdunkelt als erhellt. Schließlich ist an den Folgerungen nur weniges neu. So ist die Sphärenbeziehung zwar mit der Eindruckstheorie erstmals verbunden, in der Sache von der Herstellung einer „tätigen, das geschützte Rechtsgut unmittelbar gefährdenden Beziehung zum Angriffsgegenstand“ (s. Rdn. 85) aber kaum merklich entfernt.[263] Dazu, dass sich die Kriterien der zeitlichen Nähe und der Einwirkung auf die Opfer- bzw. Tatbestandssphäre auch losgelöst von der Eindruckstheorie fruchtbar machen lassen, s. schon Rdn. 89.

95 Der Eindruckstheorie verwandt[264] sind auch andere „Harmonisierungslehren“, die auf der **positiven Generalprävention** gründen. Ist die Strafe nach *Jakobs* der „auf Kosten des Täters voll-

**255** S. dazu *Alwart* S. 210; *Weigend* Entwicklung S. 122 f m. w. N.; zur Ausräumung dieses Einwands vgl. z. B. *Radtke* JuS **1996** 880.

**256** Man denke an einen angetrunkenen, den geladenen Revolver im Hosenbund tragenden Ehemann, der bei seiner Schwiegermutter und anderen Mietparteien eines Mietshauses klingelt, um seinen gegenüber der Ehefrau angekündigten Mordplan in die Tat umzusetzen (nach BGH StV **1984** 420: Vorbereitung) oder an vier schwerbewaffnet und maskiert am Tatort vorfahrende Bankräuber, vgl. dazu *Jakobs* 25/20; *Kühl* AT § 15 Rdn. 43; *Weigend* Entwicklung S. 122 f, der zusätzlich auf Schwierigkeiten bei äußerlich neutralen Handlungen verweist; ferner *Maurach/Gössel/Zipf* AT/2 § 40 Rdn. 22.

**257** Vgl. auch *Jakobs* 25/20, zu § 267 StGB in der Herstellungsvariante.

**258** Zutreffend *Zaczyk* Unrecht S. 304.

**259** Zu der sich als Anhänger der Eindruckstheorie zum Beispiel *Jäger* SK Rdn. 23 vor § 22 mit Rdn. 15 bekennt.

**260** *Vogler* LK[10] Rdn. 56 vor § 22 mit Rdn. 39.

**261** So *Roxin* JuS **1979** 1, 4.

**262** *J. Meyer* ZStW **87** (1975) 598, 604, 607 einerseits, *Sch/Schröder/Eser/Bosch* Rdn. 22 vor § 22 mit Rdn. 42 andererseits.

**263** *Androulakis* FS Schreiber S. 19 spricht vom unmittelbaren Ansetzen als Bruch der um das Rechtsgut lagernden Einfluss- und Nutzsphäre; **krit.** zur Sphärenbeziehung *Jakobs* 25/68.

**264** *Jakobs* 25/20 und *Vehling* S. 59 ff distanzieren sich nur vorsichtig von ihr; zur Verwandtschaft beider Ansätze s. *Jäger* SK Rdn. 18 vor § 22.

zogene Widerspruch gegen den Normbruch" mit dem Ziel der „Erhaltung der Norm als Orientierungsmuster für sozialen Kontakt",[265] so müsse der Normbruch beim Versuch durch das Verhalten des Täters „expressiv" werden.[266] Wann dies der Fall ist, lasse sich nicht pauschal bestimmen; herkömmliche Kriterien wie zeitliche und räumliche Nähe einschließlich des Einbruchs in die Schutzsphäre des Betroffenen sollen eine Rolle spielen.[267] Sozial übliche Verhaltensweisen können einen Normbruch nicht expressiv machen, sofern sie nicht bereits nach Tätervorstellung die Ausführungshandlung darstellen.[268] Im gleichen Fahrwasser bewegt sich *Vehling* S. 87 ff. Er deutet den Versuch auf dem Hintergrund der Straftheorie der positiven Generalprävention unter Bruch „mit den Prämissen herkömmlicher Versuchslehren" (a. a. O. S. 87) als einen dem vollendeten Delikt nicht nachstehenden „kompletten Normbruch", dessen Unrecht sich nicht aus einem Intentions- oder Handlungsunwert im überkommenen Sinne und auch nicht aus sinnlich fassbaren Ereignissen wie der Rechtsgutsgefährdung oder der Erschütterung des allgemeinen Rechtsbewusstseins, sondern aus einem Erfolgsunwert im Sinne eines „Geltungsschadens" herleite, der sich als „Enttäuschung normativer Erwartungen" bei „Überschreitung des erlaubten Risikos" einstelle (a. a. O. S. 123). Hieraus wird für den Versuchsbeginn gefolgert, dass er eintrete, wenn „1) der Täter durch sein rolleninadäquates Verhalten ein rechtlich missbilligtes Risiko gesetzt hat und 2) das vom Täter inadäquat gesetzte Risiko die intendierte Tatbestandsverwirklichung indiziert" (a. a. O. S. 141). Die Illustration dieser Voraussetzungen am „Pfeffertütenfall" (BGH NJW **1952** 514) zeigt, dass sich diese Lehre mit anderen generalpräventiv gegründeten eng berührt. Denn wenn für das inadäquate Risikosetzen ein sozial auffälliges Verhalten verlangt wird, das sich vom Raub nicht mehr deutlich distanziert (a. a. O. S. 147), ist im Sinne *Jakobs* 25/21 der Normbruch „tatbestandsnah" und „expressiv" und im Sinne der Eindruckstheorie ein rechtserschütternder Eindruck begründet.[269] Auch ist – im Sinne der **„Unzweideutigkeitstheorie"** (s. dazu *Becher* S. 9; *J. Meyer* ZStW **87** [1975] 611; krit. *Roxin* AT II § 29 Rdn. 183) – dann ein Verhalten an den Tag gelegt, das sich nur noch durch den Verbrechensvorsatz erklärt.

**Überzeugen** können diese Ansätze **nicht**, weil sie das Unrecht von der Straftheorie her aufrollen und anstelle rechtlicher Verhältnisse die Rechtsnormen selbst schützen wollen (vgl. vor § 22 Rdn. 72, 87 f). Sie führen auch bei der Bestimmung des unmittelbaren Ansetzens nicht weiter: Wann der Versuch beginnt, ist auch hier nur mit geringer Bestimmtheit beschrieben. So wird die Schwelle hinreichender Verdeutlichung des Normungehorsams von *Jakobs* (25/55 ff) zwar zunächst in enger Anlehnung an den Gesetzestext bestimmt, der erzielte Gewinn an Rechtssicherheit aber dann dadurch wieder aufs Spiel gesetzt, dass die Entscheidung einem heterogenen Katalog teils zwingender, teils beweglicher Entscheidungsrichtlinien überantwortet wird. Während *Jakobs* (25/61 ff) zur Präzisierung seiner Indikatoren immerhin noch Erhebliches leistet, findet sich bei *Vehling* dazu, wann „das vom Täter inadäquat gesetzte Risiko" nach seiner Lehre „die intendierte Tatbestandsverwirklichung indiziert", praktisch nichts.[270] Neben dieser Vagheit verdient die übereinstimmende Verneinung eines Versuchs bei sozial üblichem (*Jakobs* 25/65) oder rollenadäquatem (*Vehling* S. 141) Verhalten Kritik. Denn dass bei gleicher Vorstellung von der Tat die maskiert und mit der Waffe in der Hand an der Tür klingelnden Täter im „Tankstellenfall" (BGHSt **26** 201) einen Raubversuch begehen sollen, bei einer vom 96

---

**265** *Jakobs* 1/10 f.
**266** *Jakobs* 25/21.
**267** *Jakobs* 25/64 ff.
**268** *Jakobs* 25/65.
**269** Zur Verwandtschaft zwischen Eindruckstheorie und der Lehre vom expressiven und tatbestandsnahen Normbruch im Sinne *Jakobs* 25/21 ff vgl. *Jäger* SK vor § 22 Rdn. 18; vgl. auch *Freund/Rostalski* § 8 Rdn. 14, 61, die eine eindeutige Infragestellung der Normgeltung verlangen.
**270** Die „erwartbare Zugriffsmöglichkeit" (*Vehling* S. 148) ist jedenfalls ein sehr vages Bild; **krit.** daher auch *Jäger* SK Rdn. 21; *Kindhäuser* LPK Rdn. 21; *Mitsch* GA **1996** 297 f; *Roxin* AT II § 29 Rdn. 190.

Tankstellenpächter veranstalteten Karnevalsparty aber nicht,[271] bedeutet eine gesetzesferne, weil die Vorstellung nicht mehr zur maßgeblichen Beurteilungsgrundlage machende Wiederbelebung der überholten Lehre vom dolus ex re (s. hierzu *Becher* S. 9, 41), mit der lediglich tatbestandsnahes Verhalten nur bei durch Sozial- oder Rolleninadäqunz begründeter „Unzweideutigkeit" den Normbruch hinreichend expressiv machen könnte. Das läuft auf die Privilegierung perfekter Tarnung hinaus.[272]

97 Für *Kratzsch*[273] hat „der Tatbestand des § 22 StGB die Form eines **abstrakten Gefährdungsdelikts** sui generis" (JA **1983** 422). Für diesen Deliktstyp sei „kennzeichnend, dass er von jeder konkreten Beziehung der Täterhandlung zu einem individuellen Handlungsobjekt" abstrahiere und deshalb – was namentlich die Strafbarkeit des untauglichen Versuchs zulasse – „nicht notwendigerweise eine reale Chance der Rechtsgutsverletzung" voraussetze (JA **1983** 428). Als „Strafgrund des Versuchs" folgt für *Kratzsch* hieraus „dessen abstrakte Gefährlichkeit insofern, als das Täterverhalten zwar nicht in der konkreten Situation, aber bei einer anderen Sachverhaltskonstellation hätte zum Erfolg führen können". § 22 gebe sich daher nicht „mit einer Gefahrenabwehr in Bezug auf die Tatsituation zufrieden". Vielmehr strebe das Gesetz es an, umfassenden Rechtsgüterschutz durch **rechtzeitige Beherrschung aller Zufallsgefahren** zu gewährleisten (Verhaltenssteuerung S. 438). Dabei müsse die aus dem Ziel möglichst umfassenden Rechtsgüterschutzes abgeleitete Charakterisierung des Versuchs als eines abstrakten Gefährdungsdelikts, die nach *Kratzsch* eine extrem weite Vorverlagerung der Strafbarkeit impliziert, durch Verhältnismäßigkeitserwägungen eingeschränkt werden.[274] „Spezielles Schutzziel des § 22" sei es – und das ist nun unmittelbar auf die Ansatzformel bezogen – „der Betätigung des Tatentschlusses in einem Zeitpunkt entgegenzuwirken, in dem die betreffende Handlung aufgrund ihres fortgeschrittenen Aufbaus die erhöhte Wahrscheinlichkeit einer Tatbestandsverwirklichung" begründe (Verhaltenssteuerung S. 446). Wann dieses in materieller Hinsicht im „Vergleich zu den vorangehenden Verwirklichungsstufen" durch die „erhöhte Realisierungs- und Erfolgsgefahr" gekennzeichnete fortgeschrittene Handlungsstadium (Verhaltenssteuerung S. 448) erreicht ist, wird durch eine Zweiteilung denkbarer Akte beschrieben (Verhaltenssteuerung S. 444 ff). „Soweit es sich um Teilakte handelt, die im Sinne einer ‚Und'-Verknüpfung[275] zugleich die gesamte Tatbestandshandlung in Gang setzen", entfalle jede Unsicherheit einer für die verlangte Gefahr vorausgesetzten Prognose, dass die Tat tatsächlich durchgeführt werde. Dem Teilakt selbst seien hier schon „sichere Anzeichen zu entnehmen, dass die Tatbestandshandlung als einheitliches Wirkungsgeschehen begonnen" sei. Dann aber handle es sich um

---

271 So *Vehling* S. 149, weil sich das Verhalten der Räuber im letzteren Fall noch „im Rahmen des Sozialadäquaten" halte; ähnlich *Jakobs* 25/65 für das „Betreten einer Bank zu Raubzwecken aber ohne Maske oder sonstiges Tatindiz"; vergleichbar müßte man das Besteigen einer Leiter, das man beim Dieb für Versuchsbeginn hielte, beim Fassadenanstreicher – da rollenadäquat – als unmittelbares Ansetzen ablehnen; s. dazu schon *John* Entwurf S. 217: „Mußt Du aus den als geschehen erwiesenen Thatsachen den Schluß ziehen, daß ein bestimmtes Verbrechen gewollt ist, so strafe das, was geschehen ist, als den Versuch eines Verbrechens; zwingen Dich dagegen die als geschehen erwiesenen Thatsachen nicht dazu, diesen Schluß zu ziehen, so lasse das, was geschehen ist, straflos"; der im Text erhobene Vorwurf trifft auch *Roxin* AT II § 29 Rdn. 191, wenn er in Anlehnung an *Vehling* die von ihm verlangte Einwirkung auf die Opfersphäre unterschiedlich beurteilen will je nach dem, ob ein Fremder oder der Vater das Kind in Missbrauchsabsicht in den Wald führt.

272 So etwa auch im Pfeffertütenfall (BGH NJW **1952** 514), wenn ein Unterschied zwischen dem Warten mit einer Pfeffertüte und dem mit einer Waffe bestehen soll, s. *Vehling* S. 147; auch die Eindruckstheorie hat „bei äußerlich neutralem Verhalten" Schwierigkeiten, wenn sie die Vorstellung des Täters für die Beurteilung des Eindrucks nicht zugrunde legt, vgl. *Weigend* Entwicklung S. 123; **krit.** zur Sozialadäquanz als Grenzkriterium auch *Herzberg* MK[1] Rdn. 125.

273 *Kratzsch* JA **1983** 420 ff, 578 ff; *ders.* Verhaltenssteuerung und Organisation im Strafrecht (1985) (dazu *Neumann* GA **1987** 278 ff).

274 *Kratzsch* JA **1981** 420, 578 f.

275 Diese ‚Und'-Verknüpfung wird von *Kratzsch* JA **1983** 582 folgendermaßen konkretisiert: „Versuch ist nicht bereits gegeben, wenn der Täter mit einem Teilakt die Tatausführung beginnt. Ein solcher Teilakt und damit auch

einen Versuch. Demgegenüber blieben alle „Teilakte der Tatbestandsverwirklichung, die als solche verselbständigt sind und ohne die postulierte ‚Und'-Verknüpfung mit den anderen Teilakten der Gesamthandlung in Gang gesetzt werden", mit der Unsicherheit einer noch fehlerträchtigen Voraussage in einem solchen Maße belastet, dass sie als Versuchshandlungen ausschieden.

**Angreifbar** sind schon das Unrechtskonzept und die Qualifizierung des Versuchs als abstraktes Gefährdungsdelikt (Vor § 22 Rdn. 101). Da diese Charakterisierung „der Auslegung der Ansatzformel ihren Stempel" aufdrücke,[276] wirken sich die diesbezüglichen Bedenken auch hier aus. Die Bestimmung des Versuchsbeginns ist mit erheblichen Unklarheiten belastet.[277] Nachdem *Kratzsch* die „Zielstruktur der §§ 22–24 StGB" als einen „Gleichgewichtszustand" umschreibt, „in dem ein schwer durchschaubares Geflecht von konkurrierenden Zielen zum Ausgleich gebracht wird" (S. 442) und sodann erklärt, „der Zeitpunkt des Versuchsbeginns" sei „so gewählt, dass die Versuchstat einen den Normzielen (...) entsprechenden erhöhten Handlungs-, Leitungs- und Erfolgsunwert aufweist" (S. 443), lassen sich handhabbare Lösungen kaum noch erwarten. Mit der Annahme, dass Versuch nicht bereits gegeben sei, „wenn der Täter mit einem Teilakt die Tatausführung beginnt",[278] wird offenbar der Bezugspunkt der Vornahme der tatbestandsmäßigen Ausführungshandlung aus dem Blick verloren.[279] Die Rede von der „Und-Verknüpfung" schafft keinerlei Klarheit (*Hillenkamp* LK[12] Rdn. 81).[280] Mit der Zwischenaktslehre kann dem Gedanken, dass eine hohe Gefahr besteht, dass es zur Vornahme der Ausführungshandlung kommt, mindestens ebenso gut Ausdruck verliehen werden. 98

Besonders deutlich findet sich der Ansatz der Harmonisierungslehren bei *Zaczyk*.[281] Er sieht in den vorstehend (Rdn. 80 ff) zusammengefassten Lösungen nur „Konkretisierungen der gesetzlichen Umschreibungen in § 22" von immerhin „heuristischem Wert", nicht aber „Beiträge zur grundsätzlichen Bestimmung von Unrecht im Vorfeld des Tatbestandes" (Unrecht S. 303). Im unmittelbaren Ansetzen muss sich nach seiner Auffassung aber eine Tat erweisen, „von der ... mit Grund gesagt werden kann, dass sie (schon) Unrecht darstellt" (Unrecht S. 299). Daher ist zunächst maßgeblich, worin das strafbegründende Unrecht des Versuchs liegt (Unrecht S. 237). Vollendetes Unrecht begreift *Zaczyk* als „verwirklichte Unterdrückung konkreter begegnender, von der Rechtsgemeinschaft anerkannter Freiheit, soweit Rechtsgüter des Einzelnen oder der Gesellschaft betroffen sind. Seine personale Bedeutung erhält es dadurch, dass der Einzelne die Freiheit des oder der Anderen als Konstituent der jeweils angegriffenen Rechtsgüter verletzt" (Unrecht S. 194 ff, 326 f). Die Versuchshandlung muss danach (wenigstens) „einen Zugriff auf rechtlich konstituierte Freiheit darstellen" (Unrecht S. 308), um (schon) Unrecht zu sein. Der Versuch einer Tat stellt sich folglich „zwischen der Rechtsgutskonstitution einerseits und der vollendeten Rechtsgutsbeeinträchtigung andererseits" (Unrecht S. 309) „als **Übergang** eines der Konstituenten des jeweils betroffenen Rechtsguts **von der Anerkennung zur Verletzung** dar" (Unrecht S. 229 ff, 327). Als unmittelbares Ansetzen will *Zaczyk* diesen Übergang dann qualifizieren, wenn der Täter „entweder mit der Vornahme der tatbestandsmäßigen Handlung beginnt oder aber mit 99

das Ansetzen erlangen erst dann die Qualität eines Versuchs, wenn mit dem Teilakt zugleich („unmittelbar") die Verwirklichung der gesamten Tatbestandshandlung in Gang gesetzt wird. Teilakt und Tatbestandsverwirklichung müssen also ‚zusammenkommen', d. h. i. S. einer ‚Und'-Beziehung (Konjunktion) miteinander verknüpft sein: das eine darf nicht ohne das andere gegeben sein"; vgl. auch *Kratzsch* Verhaltenssteuerung S. 325 ff, 337.

**276** *Kratzsch* JA **1981** 420, 422.

**277** So auch *Grupp* S. 149 f; *Neumann* GA **1987** 278, 279 f.

**278** *Kratzsch* JA **1981** 578, 582.

**279** Das zeigt auch das von *Kratzsch* JA **1981** 578, 582, herangezogen Beispiel eines Verstoßes gegen devisenrechtliche Bestimmungen, wo das Einnähen des Geldes in eine Fußmatte als Vorbereitung einer späteren Ausreise als Teilakt interpretiert wird.

**280** Die Anwendung der Formel auf Zweifelsfälle durch *Kratzsch* JA **1983** 584 ff spiegelt den geringen eigenständigen Ertrag des Verlangens nach einem „Ansetzen zur Verwirklichung der gesamten Tatbestandshandlung" bzw. nach einer „Verknüpfung von Teilakt und Gesamtakt" (S. 585) wider.

**281** *Zaczyk* Das Unrecht der versuchten Tat (1987). Nahestehend *Murmann* Versuchsunrecht S. 5 ff; *Köhler* S. 452 f, 460 f, 463 f.

seiner Handlung das jeweils angegriffene Rechtsgut so **‚in den Griff‘** bekommt, dass er bereits in eine überlegene, das jeweils angegriffene Daseinselement von Freiheit ihm gegenüber in eine unterlegene Stellung gerät“ (Unrecht S. 311). Letzteres wird auch so beschrieben, „dass der Vollzug der im Tatbestand beschriebenen Handlungen wegen der gesetzten Überlegenheit nur akzidentielle Bedeutung hat“ (Unrecht S. 310). Bei Vorbereitungshandlungen ist Unfreiheit dagegen noch nicht hergestellt, weil und wenn es „noch des Hinzutretens weiterer Handlungen und Umstände“ bedarf, „um diese qualitative Überlegenheit zu erreichen“. Wann sie erreicht ist, ist nach *Zaczyk* „von vielerlei Umständen abhängig, die letztlich nur am Einzelfall“ und unter „Betrachtung der gesamten Situation“ gewichtet werden können. Hierbei kann dann „auf der beschriebenen Grundlage jede der“ (hier unter Rdn. 65 ff) „genannten Formeln hilfreich sein“.[282]

**100** Auch wenn dem Ausgangspunkt *Zaczyks* hinsichtlich der Rechts- und Unrechtsbestimmung zugestimmt werden kann (vgl. vor § 22 Rdn. 67 ff), ist damit noch nicht ausgemacht, dass der Versuchsbeginn treffend erfasst ist.[283] Trotz der (auch aus Art. 103 Abs. 2 GG begründeten) Betonung der Bedeutung des Tatbestandes für die Unrechtsvertypung (Unrecht S. 310), verlangt *Zaczyk* – grundsätzlich zu Recht –, dass mit dem Versuch auch materielles Unrecht verwirklicht ist. Dessen Umschreibung, wonach der Täter bereits in eine überlegene Stellung zum Rechtsgut gelangt sein müsse, dieses gewissermaßen schon „in den Griff bekommen“ haben müsse, macht aber bereits für manche Vollendungstatbestände Schwierigkeiten, wenn dort lediglich abstrakte Rechtsgutsgefahren oder weit in das Vorfeld der Rechtsgutsverletzung verlagerte Handlungen umschrieben werden. Soweit bei *Zaczyk* erkennbar Zweifel hinsichtlich der Legitimität gewisser Vorfeldstrafbarkeiten mitschwingen (insb. Unrecht S. 324), soll diese Frage, die nicht versuchsspezifisch ist, hier ausgeklammert bleiben. Akzeptiert man, dass die Tatbestände Umschreibungen von materiellem Unrecht darstellen und liegt das Versuchsunrecht im Kern in einer Entscheidung des Täters zugunsten der Rechtsgutsverletzung, so ist nicht die Erlangung einer bestimmten Machtposition maßgeblich, sondern allein, dass die Entscheidung in einer Weise manifest getroffen ist, dass ihr Vollzug praktisch gewiss ist (näher Rdn. 82 f, 102 ff). Der Übergang zum Unrecht liegt darin, dass ein rechtswidriger Freiheitsgebrauch nicht mehr ernsthaft in Zweifel steht. Ob damit eine „Überlegenheit“ einhergeht, ist eher zufällig. Das Kriterium mag passen, wenn der Täter sein Opfer etwa schon im Visier seiner Waffe hat. Es birgt aber die Gefahr von Überdehnungen, wenn der Täter sein Opfer bereits in seiner Gewalt hat, es aber etwa vor Vornahme der Tötungshandlung noch längere Zeit quälen will[284] oder er das an einen einsamen Ort verbrachte Kind erst noch zu einvernehmlichen sexuellen Handlungen überreden will.[285] An seine Leistungsgrenzen stößt das Kriterium in Fällen, in denen der Täter auch unmittelbar vor Vornahme der Ausführungshandlung noch keine überlegene Stellung innehat. Will der Täter etwa gerade damit beginnen, dem Opfer in betrügerischer Absicht falsche Tatsachen mitzuteilen, so ist nicht zu sehen, weshalb schon vor Übermittlung der Unwahrheit durch das bloße Hineintreten in eine Gesprächssituation eine Überlegenheit des Täters bestehen soll. Gleichwohl ist in diesem Beispiel – nach dem Wortlaut von § 22 und mit Blick auf die bereits vor Abschluss der Täuschungshandlung manifeste Entscheidung – das Versuchsstadium erreicht. Nicht anders ist es bei Delikten, die ihrer Struktur nach eine gewisse Distanz zur endgültigen Verletzung des Rechtsguts aufweisen. Das ist etwa der Fall bei abstrakten Gefährdungsdelikten. Stellt das tatbestandlich umschriebene Verhalten Kriminalunrecht dar, so liegt das Versuchsunrecht in der manifesten Entscheidung, zur Vornahme einer

---

**282** Neben den hier als individuell-formell und individuell-materiell bezeichneten Lösungsvorschlägen sind von *Zaczyk* auch die Ansätze von *Roxin* (Rdn. 72) und *Kratzsch* (Rdn. 74) mit gemeint. Im Verweis auf die Einbeziehung aller Umstände des Einzelfalls und die Betrachtung der gesamten Situation wird auch Nähe zu *Schmidhäusers* Vorschlag (Studienbuch 11/47 ff) hergestellt, bei dem von ihm sog. „Zielversuch“ die Grenze zwischen Vorbereitung und Versuch in „ganzheitlicher Betrachtung“ zu ziehen, eine Auffassung, die die Entscheidung ganz der richterlichen Einzelbewertung überlässt und daher dem Bestimmtheitsgebot nicht genügt, ebenso *Roxin* AT II § 29 Rdn. 181.

**283** Kritisch auch *Ambos* HK-GS Rdn. 25; *Grupp* S. 150; *Sch/Schröder/Eser/Bosch* Vor § 22 Rdn. 24.

**284** Vgl. BGH NStZ **2014** 447; zutreffend kritisch *Tomiak/Franzke* HRRS **2019** 337, 342.

**285** Insofern gegen einen Versuchsbeginn BGHSt **35** 6, 8 f; dazu folgerichtig kritisch *Zaczyk* NK Rn. 25 mit Fn. 135.

solchen Handlung unmittelbar überzugehen. Das tatbestandlich geschützte Rechtsverhältnis wird hier bereits angegriffen, auch wenn aufgrund der Tatbestandsstruktur die Rechtsgutsverletzung, auf deren Vermeidung die Norm zielt, noch fern sein mag und möglicherweise ganz ausbleibt (**aA** *Zaczyk* Unrecht S. 323, der hier erst mit Beginn der Ausführungshandlung Versuch annehmen will, weil erst dann das „Gefahrmoment real werden" könne). Letztlich wird das Kriterium der „Überlegenheit" zwar durchaus einen Beitrag zur Auslegung des Unmittelbarkeitskriteriums leisten können (nämlich bei der Frage, ob ein erforderlicher Zwischenschritt als „wesentlich" anzusehen ist; Rdn. 107), aber ein zwingendes und zudem trennscharfes Element ist es nicht.[286] Dementsprechend misst *Zaczyk* dann auch den herkömmlichen Kriterien „heuristischen Wert" für die Bestimmungs des Versuchsbeginns zu.[287]

Von einem ähnlichen Standpunkt zur Bestimmung des Versuchsunrechts ausgehend wie *Zaczyk* verlangt *Rath* (JuS **1998** 1106, 1109 f) bei der auch von ihm geforderten Harmonisierung „das reale Opfer, welches bereits unrechtlich in seiner Wirkungsmacht angegriffen worden sein muss, stärker in die Überlegungen einzubeziehen" und zu fragen, „wann das Verhalten des Täters dem Opfer bereits tatsächlich Wirkungsmacht entzieht". Das soll in dem Stadium der Tatausführung der Fall sein, „ab dem das Täterverhalten ... es erforderlich" macht, „eine **Verteidigungshandlung vorzunehmen**, die inhaltlich demjenigen Deliktstatbestand genau korrespondiert, um dessen Versuch es geht".[288] Obwohl *Rath* hiervon nicht schon allgemein beim Eintritt einer Notwehrlage sprechen will, steht seine Auffassung der den „Angriffslehren" (*Becher* S. 47) zuzurechnenden Lösung *M. E. Mayers* nahe, nach der Ausführungshandlungen diejenigen sind, „die das Rechtsgut angreifen; die erste Angriffshandlung ist der Anfang der Ausführung. Vorbereitungshandlungen enthalten keinen Angriff, lassen also den befriedeten Zustand des Rechtsguts unverändert".[289] Eine **Schwäche** dieser Auffassung liegt darin, das der Gewinn an Rechtssicherheit begrenzt bleibt, da sie einerseits die Unsicherheiten über das Entstehen einer (präventiven) Notwehrlage in den Versuchsbeginn hineinträgt und andererseits die verlangte „konkrete Reaktionsnotwendigkeit" mit der Verteidigung schon zulassenden Gegenwärtigkeit nicht gleichsetzt.[290] Über die schon früher behauptete Indizwirkung der „Notwehrprobe" (*M. E. Mayer* Allg. Teil **1915** S. 352; s. schon Rdn. 76) führt auch diese Lehre daher nicht wirklich hinaus. Es ist zwar zwar naheliegend, dass sich der Angreifer bei Bestehen eines Notwehrrechts im Versuchsstadium befindet, aber ein notwendiger Zusammenhang zwischen Versuchsbeginn und Notwehrlage ist damit nicht begründet. Schließlich stößt das Konzept auch an Grenzen, wenn es um die Bestimmung des Versuchsbeginns bei nicht notwehrfähigen Allgemeingütern geht. 101

**c) Eigene Auffassung.** Eine Stellungnahme muss mit *Zaczyk* von der Selbstverständlichkeit ausgehen, dass sich der Versuch als Kriminalunrecht begründen lassen muss.[291] Dabei liegt eine gewisse Schwierigkeit darin, dass die gesetzlichen Tatbestände mitunter Verhaltensweisen erfassen, die weit im Vorfeld der Rechtsgutsverletzung liegen und bei denen bereits im Falle der 102

**286** Vgl. dazu *Zaczyk* Unrecht S. 311 ff mit Fallbeispielen; **krit.** zu *Zaczyk* daher auch *Roxin* AT II § 29 Rdn. 187; *Jäger* SK Rdn. 20.

**287** Vgl. dazu *Hillenkamp* LK[12] Rdn. 81; **krit.** *Rey-Sanfiz* S. 171.

**288** Zur Unrechtsbegründung s. *Rath* JuS **1998** 1008 f; zu den im Text zitierten Folgerungen für die Abgrenzung vgl. JuS **1998** 1109 ff; zur Differenzierung zur Notwehrlage s. S. 1110 Fn. 43.

**289** *M. E. Mayer* Allg. Teil 1915 S. 352. Dort heißt es in Fn. 29: „Man gewinnt ein Hilfsmittel für die Anwendung der Lehre, wenn man sich die Frage vorlegt, ob der Zeitpunkt der Notwehr (§ 53) schon gekommen ist"; vgl. auch *Treplin* ZStW **76** (1964) 441, 461: „Während der Täter mit der Vorbereitungshandlung noch nicht in einer Beziehung zum Deliktsobjekt steht, geht er mit der teilweisen Verwirklichung des Tatbestandes zum Angriff über, indem er die Beziehung zum Deliktsobjekt aufnimmt ... Für die Bestimmung des Anfangs der Ausführung ... ist die teilweise Verwirklichung des Deliktstatbestandes und der darin zugleich liegende Angriff auf das Deliktsobjekt grundlegend".

**290** Vgl. auch *Kühl* AT § 15 Rdn. 61 mit Fn. 92a: „nicht gerade ‚unkompliziert'".

**291** Ebenso *Rath* JuS **1998** 1106, 1109. Anders *Hillenkamp* LK[12] Rdn. 87, der die Versuchsbestimmung von „Glaubensfragen" zur Unrechtsbestimmung freihalten will.

Vollendung die Unrechtsbegründung Schwierigkeiten bereitet. Solche Fragen können im Rahmen einer Kommentierung des positiven Rechts zum Versuchsbeginns nicht thematisch sein, vielmehr ist davon auszugehen, dass die gesetzlichen Straftatbestände materielles Kriminalunrecht verkörpern und sich dieses Unrecht auf eine Phase vor der Vollendung erstreckt, sofern der Versuch unter Strafe gestellt ist. Es kann hier nur um eine **Bestimmung des Versuchsunrechts relativ zum durch die gesetzlichen Tatbestände definierten Vollendungsunrecht** gehen. Damit ist auch die vom Gesetzgeber geforderte Anbindung des Versuchsunrechts an die (vorgestellte) Tatbestandsverwirklichung sichergestellt. Im Rahmen der gesetzlichen Vorgaben verdient deshalb eine Auffassung den **Vorzug,** die sich den Ausgangspunkt der **individuell-formellen Theorien** (Rdn. 80 ff) zu eigen macht und den Versuchsbeginn mit der zu diesem Ansatz herrschenden Strömung im Grundsatz (s. zu Präzisierungen Rdn. 103 ff) auf das Stadium festlegt, in dem zur Verwirklichung des Tatbestandes nach der Vorstellung des Täters **keine wesentlichen Zwischenschritte** mehr erforderlich sind. Diese Lehre hat zunächst den Vorteil, dass sie nicht nur auf Erfolgs-, sondern auch auf Tätigkeits- und Gefährdungsdelikte ohne Einschränkung anwendbar ist. Sie kommt zudem dem Wortlaut der Ansatzformel am nächsten. Auch trägt sie besser als alle anderen dem gesetzgeberischen Willen Rechnung, die Ausdehnung des Versuchsbereichs über die „tatbestandsmäßige Ausführungshandlung" hinaus (Rdn. 4) durch die enge Bindung des Ansetzens an die Verwirklichung des Tatbestandes zu begrenzen. Diese „Gesetzestreue" einer individuell-formellen Theorie ist keineswegs von nur „formaler" Bedeutung; denn da mit § 22 die durch die Tatbestandsbeschreibungen des Besonderen Teils gezogenen Strafbarkeitsgrenzen ausgedehnt und andererseits der in der Regel straffreie Raum der Vorbereitung verlassen, der Bereich der Strafbarkeit insgesamt also erheblich erweitert wird, hat die Garantiefunktion des nullum-crimen-Prinzips hier kein geringeres Gewicht als bei den Tatbeständen des Besonderen Teils.[292]

103 Für die **vertiefte Begründung** und **Konturierung** des Versuchsstadiums sind bereits wesentliche Schritte geleistet worden: Ausgangspunkt ist ein Verständnis des Strafgrunds des Versuchs, wonach das Versuchsunrecht im betätigten rechtsfeindlichen Willen zu erblicken ist (vor § 22 Rdn. 61 ff). Im zweiten Schritt wurde dieser rechtsfeindliche Wille im Tatentschluss konkretisiert, zu dem der Vorsatz als Entscheidung für die Verwirklichung des Tatbestandes – und damit gegen das tatbestandlich geschützte Rechtsgut – gehört (Rdn. 29 ff). Diese Entscheidung wird nicht bereits getroffen, wenn der Täter einen deliktischen Plan fasst und dessen Realisierung vorbereitet. Dem Täter bleibt nämlich im Vorbereitungsstadium jederzeit die Freiheit, von seinem deliktischen Vorhaben Abstand zu nehmen. Die Annahme, der Täter habe in diesem frühen Stadium seine Entscheidung bereits getroffen und werde einen einmal gefassten deliktischen Plan fortführen, würde den Täter als Person diffamieren, ihm nämlich ohne hinreichende Legimitationsgrundlage unterstellen, auf ein deliktisches Verhalten festgelegt zu sein und von seiner Freiheit nicht den Gebrauch zu machen, den das Recht von ihm erwartet. Eine Entscheidung zugunsten der Tatbegehung, die einen Tatentschluss im Sinne des Versuchstatbestandes darstellt, liegt also nicht schon im Stadium der letztlich unverbindlichen Planung vor, sondern erst in einem Stadium, in dem **legitimerweise** angenommen werden darf, dass der Täter sein Vorhaben realisieren wird und deshalb gleichsam **an seiner Entscheidung festgehalten** werden darf. Tatentschluss und unmittelbares Ansetzen fallen demnach zusammen.[293] Erst als Objektivierung eines Tatentschlusses kann ein Verhalten den Eintritt in das Versuchsstadium markieren (s. schon Rdn. 32 ff). Freilich kann von einer wirkmächtigen Wilensäußerung, die (nach Vorstellung des Täters) zur Tatbestandsverwirklichung führen kann, streng genommen nur dort

---

**292** Zu dem Bemühen, dem Bestimmtheitsgebot gerecht zu werden, vgl. E 1962 Begr. S. 143; zum Vorrang einer „formellen" Bestimmung des Versuchsbeginns unter dem Blickwinkel des nullum-crimen-Grundsatzes s. *Stratenwerth*[3] Rdn. 666; *Kühl* AT § 15 Rdn. 41, 46 („Gewinn an Rechtssicherheit").

**293** Es ist danach schon im Ansatz verfehlt, nach Ablehnung des Vorsatzes zur Tatbestandsverwirklichung noch die Frage aufzuwerfen, ob der Täter bezogen auf diesen Zeitpunkt zur Tat unmittelbar angesetzt hat; offenbar verkannt in BGH NStZ **2018** 648, 649 f.

die Rede sein, wo der Täter die **Ausführungshandlung vornimmt**. So liegt es beim beendeten Versuch (zum Begriff im vorliegenden Kontext Rdn. 137). Dagegen hat der Täter im Stadium eines aufgrund der Nichtvornahme einer Ausführungshandlung unbeendeten Versuchs die Entscheidung nicht aus der Hand gegeben, sondern behält die Freiheit, sein Vorhaben aufzugeben und sich normtreu zu verhalten. Es ist danach legitimationsbedürftig, bereits in diesem Stadium einen Tatentschluss anzunehmen und dem Täter damit den Hinweis auf die Freiheit, die Ausführungshandlung letztlich doch nicht vornehmen zu wollen, abzuschneiden.[294] Der Gesetzgeber hat mit § 22 die positivrechtliche Grundlage (Art. 103 Abs. 2 GG) dafür geschaffen, den Täter bereits in diesem Stadium als jemanden zu behandeln, von dem anzunehmen ist, dass er zur Vornahme des tatbestandsmäßigen Verhaltens vorangeschritten wäre. Die materielle Begründung kann nur als ein Zugeständnis an die erfahrungsgegründete Einsicht verstanden werden, dass ab einem bestimmten Stadium **praktisch nicht mehr mit einer Abstandnahme von der Tatausführung zu rechnen** ist.[295] Es geht um die Bestimmung des Zeitpunkts, ab dem sich die Erwartung, dass es zu einem Fehlgebrauch der Freiheit im Sinne der Vornahme der tatbestandsmäßigen Handlung kommen wird, im Sinne einer praktischen Gewissheit verdichtet hat. Man kann das als „Feuerprobe der kritischen Situation" oder als „Überschreiten der Schwelle zum „Jetzt-geht-es-Los" umschreiben.[296] Treffend erscheint auch die Umschreibung, dass eine Selbstfestlegung des Täters erfolgt ist, so dass er keines „Willensrucks" oder zusätzlichen „Willensimpulses" mehr bedarf (zu all diesen Umschreibungen oben Rdn. 82 f). Erst eine solche Gewissheit kann es legitimieren, den Täter an seinem noch nicht realisierten Entschluss festzuhalten und die Strafe mit dem Vorwurf zu verknüpfen, eine Handlung künfig vornehmen zu wollen.[297] Es liegt auf der Hand, dass man damit – mit vertiefter Begründung – die Fälle erfasst, in denen eine konkrete Gefahr der Vornahme der tatbestandsmäßigen Handlung besteht; das entspricht der oben bereits betonten Ähnlichkeit der individuell-formellen Theorie mit der Auffassung, die auf die Gefahr der (vorgestellten) Tatbestandsverwirklichung abstellt (Rdn. 88 f).[298]

Das Unmittelbarkeitskriterium soll also sicherstellen, dass eine Versuchsstrafbarkeit nicht 104 bereits wegen solcher Handlungen eingreift, in denen eine als abschließend zu begreifende Entscheidung für die Tatbegehung noch nicht getroffen ist. Freilich ist diese ratio eingebettet in eine im Begriff der „Unmittelbarkeit" zum Ausdruck kommende grundsätzliche gesetzgeberische Entscheidung dafür, den Beginn des Versuchs **eng an die Vornahme der Ausführungshandlung heranzurücken.**[299] Damit wird zugleich den Anforderungen an den Grundsatz der **Gesetzesbestimmtheit** Rechnung getragen und angemessen berücksichtigt, dass die lediglich fakultative Strafmilderungsmöglichkeit beim Versuch, also die grundsätzlich bestehende Möglichkeit der Verhängung der Vollendungsstrafe,[300] für eine enge Anbindung des Versuchs an die Ausführungshandlung spricht.

Dabei lässt sich schon dem **Begriff der Unmittelbarkeit** entnehmen, dass lediglich solche 105 Handlungen den Eintritt in das Versuchsstadium begründen können, die der Ausführungshand-

---

**294** Schon *Murmann* Versuchsunrecht S. 10 ff. Ähnlich *Stein* GA **2010** 129, 139, 145 f, 147 f. mit normtheoretischen Überlegungen.

**295** Vgl. auch *Erb* FS Streng 13, 14 („wenn der Täter im Angesicht einer akut drohenden Zuspitzung an dem eingeschlagenen Weg festhält"); *Kratzsch* JA **1981** 578, 581; *Puppe* AT § 20 Rdn. 40 (wenn der Täter „keine weitere Zeit mehr zum Überlegen hat", so habe „er sich damit für die Ausführung der Tat entschieden").

**296** Solche Formeln sind also – entgegen *Putzke* JuS **2009** 985, 986 – nicht „gänzlich unbrauchbar".

**297** Es versteht sich von selbst, dass der Zeitpunkt, ab dem diese praktische Gewissheit besteht, nicht etwa von der individuellen Entschlossenheit des einzelnen Täters abhängig gemacht werden kann. Da eine allgemeine Rechtsfrage zu klären ist, muss maßgeblich der Zeitpunkt sein, ab dem allgemein von durchzuhaltender Entschlossenheit auszugehen ist.

**298** Ebenso *Stein* GA **2010** 129, 149.

**299** *Roxin* Einführung S. 15.

**300** *Ambos* HK-GS Rdn. 21.

lung direkt vorgelagert sind.[301] Die Zwischenankttheorie wird also bereits begrifflich durch § 22 nahe gelegt. Das Kriterium der **„Wesentlichkeit“** bietet den erforderlichen Raum für eine Normativierung, die einer naturalistischen Zergliederung des Geschehens in Bewegungsvorgänge entgegengehalten werden kann. Offen ist damit noch der Maßstab, an dem das Kriterium der Wesentlichkeit zu messen ist. Da das unmittelbare Ansetzen den Zeitpunkt des Übertritts von der grundsätzlich straflosen Vorbereitungshandlung zum strafbaren Versuch markiert, muss das Kriterium eines sein, dass die Legitimation der Bestrafung im Vorfeld der Vornahme der tatbestandsmäßigen Handlung trägt.

106 Auszugehen ist von der Einsicht, dass der Eintritt in das Versuchsstadium dann anzunehmen ist, wenn sich die **Entscheidung des Täters** zugunsten der Tatausführung in einer Weise **manifestiert**, die gerade aufgrund der nach der Tätervorstellung bestehenden Nähe zur Vornahme der Ausführungshandlung keinen Raum für Zweifel lässt, dass der Täter auch wirklich zur Tatausführung übergeht. Damit ist klargestellt, dass eine noch so intensive Planung oder sonstige Vorbereitung in einem Stadium, das nicht die erforderliche **zeitliche Nähe** zur Tatausführung aufweist, den Eintritt in das Versuchsstadium nicht begründen kann. Abweichend von der Rechtsprechung, die häufig alternativ darauf abstellt, ob eine Handlung „im ungestörten Fortgang unmittelbar zur Tatbestandserfüllung führen“ soll „oder(!) die im unmittelbaren räumlichen und zeitlichen Zusammenhang mit ihr“ steht (BGH NStZ **1987** 20; BGH StV **2017** 441, 442; s. Rdn. 91), ist danach der zeitliche Zusammenhang zur Ausführungshandlung ein unabdingbares Erfordernis des Versuchsbeginns. Denn immer dann, wenn vor Vornahme der Ausführungshandlung ein längerer Zeitraum liegt, ist damit immer auch eine „Bedenkzeit“ gewonnen, von der anzunehmen ist, dass der Täter sie dazu nutzt, sich rechtstreu zu motivieren (eine Einsicht, die freilich im Kontext einer angemessenen Bestimmung der Ausführungshandlung zu sehen ist, dazu Rdn. 139 ff). Praktische Gewissheit hinsichtlich der anschließenden Vornahme der Ausführungshandlung besteht dann, wenn anzunehmen ist, dass die Entscheidung für die Vornahme der vorgelagerten Handlung und der Ausführungshandlung **einheitlich getroffen** wird, also im Entscheidungsprozess keine Trennung in Einzelakte mehr erfolgt. Beispielhaft: Wer entschlossen ist, das Opfer zu erschießen und dazu noch die Waffe heben und abdrücken muss, trifft nicht bewusst zwei Entscheidungen für das Heben der Waffe einerseits und für das Abdrücken andererseits. Freilich sind auch Konstellationen denkbar, in denen das Geschehen nicht in dieser Weise im Fluss ist und praktische Zweifel am Durchhalten des Tatvorhabens dennoch nicht angebracht sind. So liegt es, wenn der Täter an der Haustür klingelt, um das Opfer bei Öffnen der Tür zu nötigen und zu berauben. Rechnet der Täter damit, dass sich die Tür jederzeit öffnen kann und ist er für diesen Fall entschlossen, sofort zur Tatausführung überzugehen, so ist Angesichts des erreichten Stadiums praktisch nicht damit zu rechnen, dass er beim Öffnen der Tür auf die Vornahme der Ausführungshandlung verzichtet.[302]

107 Liegt die spezifische Unrechtsqualität darin, dass der Täter die Entscheidung zur anschließenden Vornahme der Ausführungshandlung getroffen hat, so kommt es nicht entscheidend darauf an, ob der Täter mit dem unmittelbaren Ansetzen das Rechtsgut bereits **„in den Griff bekommen“** hat (dazu Rdn. 99 f). Dabei lässt sich nicht bestreiten, dass bei einem Täter, der sein Opfer zur Begehung weiterer Straftaten in seine Gewalt gebracht hat, eine gesteigerte Wahrscheinlichkeit von deren Begehung anzunehmen sein wird. Aber die verringerte Aussicht darauf, dass sich der Täter noch rechtmäßig motiviert,[303] kann nicht dazu führen, dass die zeitliche Komponente ihre Bedeutung verliert, also das Versuchsstadium z. B. bereits erreicht ist,

---

**301** Das Erfordernis der Unmittelbarkeit behält als Konkretisierung der Reichweite des „Ansetzens“ durchaus seine eigenständige Bedeutung; **aA** *Herzberg* MK[1] Rdn. 145; zutreffend dagegen *Frister* FS Wolter 375, 378 f.

**302** Klarstellend: Daran ändert sich nichts, wenn sich der Täter vorbehalten hat, die Tat nicht zu begehen, wenn das Opfer etwa mit einem Kind an der Tür erscheint. Denn die im Klingeln an der Haustür manifestierte versuchsbegründende Entscheidung liegt bereits darin, dass sein bis in dieses Stadium durchgehaltener Entschluss feststeht, die Tat bei Vorliegen der für ihn günstigen Rahmenbedingungen zu begehen.

**303** Vgl. zu diesem Aspekt auch *Stein* GA **2010** 146.

wenn der Täter das an einen einsamen Ort verbrachte Kind erst noch zu einvernehmlichen sexuellen Handlungen überreden will.[304] Gleiches gilt, wenn der Täter erst nach Tagen, in denen er das Opfer gefangen hält, zu dessen Tötung übergehen will.[305] Die Schwelle zum „Jetzt-geht-es Los“ bezogen auf die Tötung ist mit dem Beginn des Festhaltens noch nicht erreicht.[306]

Dabei verbleiben gewisse **unvermeidbare Unschärfen** bei der Abgrenzung von Vorbereitung und Versuchsstadium. Die Versuchsstrafbarkeit setzt die Bestimmung einer Zäsur innerhalb eines Geschehens voraus, das sich in eine beliebige Anzahl von Momenten zerlegen lässt. Damit bleibt ein „Schmerz der Grenze“ dort, wo rationale Begründungen in die eine wie in die andere Richtung möglich sind.[307] Diese Unschärfe ist mit jeder Vorverlagerung der Strafbarkeit gegenüber der Vornahme der tatbestandsmäßigen Handlung notwendig verbunden, ist also im Gesetz begründet und trifft die hier vertretene Auffassung ebenso wie jede andere Interpretation des Erfordernisses des „unmittelbaren Ansetzens“. Entscheidend dafür, ob der Täter mit der Wertung zugunsten der Annahme eines Eintritts in das Versuchsstadium belastet werden kann, muss sein, dass diese Wertung auch **ihm gegenüber legitimierbar** ist. Dafür bietet der hier vertretene Ansatz ein Prüfkriterium, nämlich die positive Beantwortung der Frage, ob der Täter nach dem von ihm gebildeten Willen und dem darauf basierenden Verhalten die Unterstellung der Rechtsgemeinschaft akzeptieren muss, dass er den gefassten Entschluss auch durchhalten wird. Der trotz der verbleibenden Unschärfen zu erhebende Anspruch an die **Gesetzesbestimmtheit** kann freilich nicht über die Einsicht hinweghelfen, dass eine zuverlässige Grenzziehung schlechterdings unmöglich ist. Das legt immerhin – ähnlich wie bei der Abgrenzung von Täterschaft und Teilnahme – eine gewisse **Zurückhaltung bei der revisionsgerichtlichen Kontrolle** in dem Sinne nahe, dass tatrichterliche Entscheidungen akzeptiert werden sollten, wenn die anzuwendenden Maßstäbe erkannt und deren Anwendung auf einen vollständig gewürdigten Sachverhalt zu einem vertretbaren Ergebnis geführt hat.[308] 108

In **normtheoretischer Hinsicht** kann man schließlich fragen, ob mit dem unmittelbaren Ansetzen im Vorfeld der Vornahme der tatbestandsmäßigen Ausführungshandlung bereits eine (auf der Grundlage der Tätervorstellung zu bildende) Verhaltensnorm verletzt wird.[309] Da jegliches Unrecht eine Verhaltensnormverletzung voraussetzt, ist diese Frage richtigerweise zu bejahen, wobei zur Unrechtsbegründung darauf zu verweisen ist, dass der seinen Tatentschluss im unmittelbaren Ansetzen objektivierende Täter sich bereits in einem Stadium manifester Missachtung des Opers befindet (vor § 22 Rdn. 62 ff).[310] Lediglich klarstellend ist noch darauf hinzuweisen, dass die im unmittelbaren Ansetzen verwirklichte Verhaltensnormverletzung nicht adäquat beschrieben ist, wenn die Verhaltensnorm, wie sie beim vollendeten Delikt verletzt ist, so 109

---

**304** So aber *Zaczyk* NK Rn. 25 mit Fn. 135.

**305** So aber BGH NStZ **2014** 447.

**306** Zutreffend *Hoffmann* JA **2016** 194, 195.

**307** Vgl. *Bockelmann* JZ **1954** 468, 469, der die Abgrenzungsfrage für ebenso unlösbar hält wie die Frage danach, „wieviel Körner einen Haufen machen“; *Rath* JuS **1998** 1106, 1107; vgl. zum sog. Haufen-Paradox die Nachweise bei *Merkel* in: Rechtsphilosophische Hefte VIII **1998** S. 128 f.

**308** Zur Abgrenzung von Täterschaft und Teilnahme zusammenfassend *SSW/Murmann* Vor §§ 25 ff Rdn. 12.

**309** Bejahend *Bloy* ZStW **113** (2001) 76, 92 („Der Versuch setzt einen wirklichen Verhaltensnormverstoß voraus und nicht nur einen ‚Versuch‘ desselben.“); *Freund/Rostalski* § 8 Rdn. 54, 6; *Kühl* AT § 15 Rdn. 2. Eingehend dagegen *Dold* S. 38 ff, 97: Im Stadium des unmittelbaren Ansetzens (vor Vornahme der Ausführungshandlung) liege „keine unmittelbare Verletzung einer Verhaltensnorm“ vor. Der Täter dürfe vielmehr so behandelt werden, „also ob“ er bereits eine Verhaltensnorm verletzt hat.

**310** Ähnlich *Kindhäuser* FS Fischer 125, 138 f, der allerdings meint, §§ 22 f seien „nicht nur konstitutiv für die Strafbarkeit, sondern auch für die Rechtswidrigkeit des (unbeendeten) Versuchs“. Das überzeugt nicht: Die Strafbarkeit begründet nicht den Verhaltensnormverstoß, sondern knüpft an ihn an. **Kritisch** *Dold* S. 60 f, der meint, die Aufgabe der normativen Erwartung müsse dazu führen, den Täter nicht mehr als selbstverantwortliche Person zu begreifen. Aber das ist nicht richtig: Auch wenn von der eigenverantwortlichen Person rechtstreues Verhalten erwartet wird, ändert das nichts an der Einsicht, dass die eigenverantwortliche Person sich auch für eine Straftatbegehung entscheiden kann. Andernfalls müsste jedem Straftäter die Verantwortlichkeit abgesprochen werden. Schließlich

weit gefasst wird, dass sie auch die Konstellation des unmittelbaren Ansetzens erfasst.[311] Zur Erfassung des jeweiligen Unrechtsgehalts muss vielmehr jeder deliktische Verhaltenstypus einer eigenständigen Verhaltensnorm unterfallen. Die Unrechtsbegründung vor und nach Vornahme der tatbestandsmäßigen Handlung weist Unterschiede auf (vor § 22 Rdn. 69).[312] Dass eine Zugrundelegung der Verhaltensnorm, wie sie dem vollendeten Delikt zugrunde liegt, nicht überzeugt, zeigen schon die Fälle des untauglichen Versuchs, in denen eine korrespondierende Verhaltensnorm für den Fall der Vollendung nicht existiert.[313] Nicht überzeugen kann auch die Auffassung von *Theis* (S. 98 ff), der zwar ebenfalls beim unbeendeten Versuch eine andere Verhaltensnorm verletzt sieht als beim beendeten, dann aber meint, der Bruch der (mit dem unmittelbaren Ansetzen verletzten) „Vornorm" könne nicht strafbarkeitsbegründend wirken. Begründet wird das mit der Annahme, dass die grundsätzlich gleiche Strafbarkeit von Vollendung und Versuch sich nur damit erklären lasse, „dass die Strafe aus der Hauptnorm folgen muss" (S. 97) (wobei mit „Hauptnorm" die „Verhaltensnorm des vorsätzlichen Vollendungsdelikts" gemeint ist, S. 64). Damit ist schon angedeutet, dass die Strafbarkeit bei unbeendetem und beendetem Versuch in durchaus unterschiedlicher Weise aus der Hauptnorm „folgt". Während es nämlich beim beendeten Versuch zum „Bruch" der Hauptnorm kommt (S. 106), „beruht das Verbot des unbeendeten Versuchs auf der hypothetischen Beeinträchtigung der Geltung der Hauptnorm" (S. 98). Das legt freilich die Frage nahe, weshalb nicht auch der unterschiedliche Bezug zur Hauptnorm eine differenzierte strafrechtliche Behandlung verlangt. Die Begründung dürfte im Konzept von *Theis* darin liegen, dass er das Strafunrecht nicht in der Verletzung der Norm, sondern in der Beeinträchtigung von deren Geltungsanspruch erblickt (S. 55), die beim beendeten und unbeendeten Versuch in nahezu gleicher Weise gegeben sei (S. 99). Richtigerweise liegt das Unrecht des (beendeten und unbeendeten) Versuchs aber nicht in einer Beeinträchtigung des Geltungsanspruchs (dagegen schon vor § 22 Rdn. 87), sondern in der Verletzung einer strafbewehrten Norm, materiell in der Verletzung eines Rechtsverhältnisses (vor § 22 Rdn. 67 ff). Die Verletzung einer nicht-strafbewehrten Norm kann also nicht schon deshalb Strafe legitimieren, weil sie gewissermaßen auf die Geltung einer strafbewehrten Norm ausstrahlt.

110 **d) Bezugspunkt des unmittelbaren Ansetzens.** Bezugspunkt des unmittelbaren Ansetzens ist nach dem Vorstehenden die **tatbestandsmäßige Ausführungshandlung** (wobei bei zusammengesetzten und mehraktigen Delikten der Versuchsbeginn ein unmittelbares Ansetzen zu sämtlichen Ausführungshandlungen voraussetzt, s. noch Rdn. 162). Da man nur zu einem Verhalten, nicht aber zu einem Erfolg ansetzen kann, entspricht diese Interpretation dem Gesetzestext, obwohl dort in unklarer Weise von einem Ansetzen zur Tatbestandsverwirklichung die

---

folgt aus der Einsicht, dass der Täter mit dem unmittelbaren Ansetzen bereits das Rechtsverhältnis verletzt, dass die Konturierung des Versuchsstadiums ein normatives Problem ist, für das der in dubio reo-Grundsatz schon im Ansatz ohne Relevanz ist; **a. A.** *Theis* S. 101 ff.

**311** In diesem Sinne wohl *Freund/Rostalski* § 8 Rdn. 68; *Kühl* AT § 15 Rdn. 2. Eingehend *Toepel* FS Kindhäuser 549 ff, der die Verhaltensnorm sehr weit im Sinne eines Verbots der Vornahme von Handlungen fasst, die den tatbestandsmäßigen Erfolg verursachen (S. 549 f). Selbst mit diesem, die Errungenschaften der objektiven Zurechnungslehre übergehenden, Verständnis lässt sich die vertretene These nicht halten. *Toepel* (S. 551) meint (offenbar bezogen auf den unbeendeten Versuch; eine explizite Differenzierung findet nicht statt), der „Widerspruch des Versuchstäters" sei „nur noch nicht komplett. Es handelt sich um einen versuchten Normwiderspruch, noch nicht um einen vollständigen Normwiderspruch oder Normbruch." Damit ist die Einsicht preisgegeben, dass die Anwendung einer Sanktionsnorm einen Verhaltensnormverstoß voraussetzt.

**312** In diesem Sinne auch *Theis* S. 63 ff, der aber die legitimierende Grundlage für die Bestrafung des unbeendeten Versuchs nicht in der „Beeinträchtigung der Geltung der Vornorm" erblickt (S. 97). Dazu sogleich im Text.

**313** (Auch) deshalb überzeugt es auch nicht, wenn *Theis* S. 97 gegen die Position von *Stein* einwendet, dass aus der lediglich fakultativen Strafmilderung für den Versuch folge, dass die Bestrafung des unbeendeten Versuchs aus der „Hauptnorm" (als der „Verhaltensnorm des vorsätzlichen Vollendungsdelikts", S. 64) folgen müsse.

Rede ist.[314] Die Frage des Bezugspunkts des unmittelbaren Ansetzens wird häufig nicht explizit thematisiert,[315] in der Rechtsprechung finden sich nebeneinander sowohl Formulierungen der Zwischenakttheorie, die als Bezugspunkt die Tatbestandsverwirklichung nennen,[316] als auch solche, die auf die Vornahme der Ausführungshandlung abstellen,[317] wobei in der Sache auch mit der erstgeannten Formulierung in der Regel offenbar kein abweichender Aussagegehalt verbunden sein soll. Dazu passt es, dass in vielen Entscheidungen weitgehend ununterschieden einerseits von Handlungen die Rede ist, „die der Erfüllung eines Tatbestandsmerkmals vorgelagert sind und in die Tatbestandshandlung unmittelbar einmünden" und andererseits im gleichen Atemzuge ein Ansetzen „zum tatbestandsmäßigen Angriff in der Weise" verlangt wird, dass das „Tun ohne Zwischenakt in die Tatbestandserfüllung übergeht", weil dem unmittelbaren Einmünden der „Handlungen in die Tatbestandsverwirklichung entscheidende Bedeutung" zukomme (OLG Hamm StV **1997** 242; ähnlich BGH NStZ **1987** 20; BGH NStZ **1993** 398).

Zu einem abweichenden Verständnis führt es, wenn das unmittelbare Ansetzen mit dem **111**
Erfordernis einer (aufgrund der Tätervorstellung zu beurteilenden) **Gefährdung** verbunden wird, die sich nicht auf die Vornahme der tatbestandsmäßigen Handlung, sondern **auf die Tatvollendung bezieht.** Das in der Vorauflage verfochtene (zusätzliche) Erfordernis einer (nach Tätervorstellung bestehenden) Gefahr der Verwirklichung des Tatbestandes (*Hillenkamp* LK[12] Rdn. 96 ff, 110 ff)[318] soll **zweierlei leisten**, nämlich zum einen „die in aller Regel für den Versuchsbeginn hinreichende Handlungsunmittelbarkeit (...) in Ausnahmefällen trotz noch ausstehender Teilakte herzustellen" und zum anderen „einen zu frühen Versuchsbeginn verhindern, wenn von der Gefahr trotz eingetretener Handlungsunmittelbarkeit noch nicht die Rede sein kann" (*Hillenkamp* LK[12] Rdn. 111). Soweit es die (äußerst zurückhaltend zu gebrauchende) Möglichkeit einer **Annahme des unmittelbaren Ansetzens trotz noch ausstehender Zwischenakte** anbelangt, sollen diese „dadurch gekennzeichnet" sein, „dass die noch nicht vollzogenen Teilakte nach der Vorstellung des Täters in unmittelbarer zeitlicher Abfolge in die Tathandlung einmünden sollen und dass sie deshalb nur gleichsam mechanische Glieder einer Handlungskette sind, weil sie von einem **einheitlichen Willensimpuls** (...) getragen und daher – einmal angestoßen – einem annähernd **automatischen** Ablauf unterworfen sind" (*Hillenkamp* LK[12] Rdn. 112). Die „noch ausstehenden Schritte" verlören „zwar nicht ihr für die Zielerreichung oft wesentliches, ja ausschlaggebendes Gewicht", die unmittelbar drohende Gefahr der Vornahme

---

**314** Zutreffend *Frister* FS Wolter 375, 376. Dagegen setzen etwa *Herzberg/Putzke* FS Szwarc 205, 210 Tatbestandsverwirklichung und Deliktsvollendung gleich. Zu begrifflichen Friktionen der Verwendung des Begriffs der „Verwirklichung" anstelle des Begriffs der „Begehung" eingehend *Lampe* GA **2009** 673, 675 ff.

**315** Darauf weist zutreffend *Frister* FS Wolter 375, hin. Siehe aber schon *Murmann* Versuchsunrecht S. 12 ff.

**316** Vgl. BGHSt **64** 318 (maßgeblich sei das „`unmittelbare Einmünden' seiner Handlungen in die Erfolgsverwirklichung"); BGH NStZ **1989** 473 (Gefährdungshandlungen müssen „unmittelbar zur Tatbestandsverwirklichung" führen); OLG Koblenz VRS **55** 428; OLG Oldenburg StV **1983** 506 („Enderfolg nahegerückt"; HansOLG Bremen JR **1981** 474 (zur „Herbeiführung des [Vereitelungs-]Erfolges unmittelbar"); OLG Köln StV **2003** 15, 16 f (alles getan, was nach der Vorstellung des Täters „ohne weiteres in die Vollendung des Tatbestandes einmünden würde".

**317** BGHSt **26** 201, 203 f. Vgl. auch BGHSt **35** 6, 8 (Einmünden in die „tatbestandliche Ausführungshandlung") und BGH NJW **1993** 133 f (Vornahme von Handlungen, die „in die Tatbestandshandlung unmittelbar einmünden").

**318** An *Hillenkamp* anschließend *Wendeburg* S. 134 f. Als Vorläufer seiner Position benennt *Hillenkamp* LK[12] Rdn. 110 *v. Hippel* (II S. 405) der „in der objektiven Gefahr der Verwirklichung des konkreten Deliktstatbestandes" zwar den „Rechtsgrund der Strafbarkeit des Versuchs" gesehen, diese Einsicht aber für den Versuchsbeginn nur wenig fruchtbar gemacht habe. Ähnliches gelte für *Klee* (DStR **1934** 283, 292) und für *Moog* Die Abgrenzung zwischen Vorbereitung und Versuch, ungedr. Diss. Köln **1950** S. 130 f, der seinen Vorschlag, den Versuchsbeginn von der Vornahme von Handlungen abhängig zu machen, „welche die unmittelbare Gefahr der Verwirklichung eines Verbrechens- oder Vergehenstatbestandes in sich tragen" ebenfalls nicht weiter ausgearbeitet habe. In der Sache sieht sich *Hillenkamp* LK[12] Rdn. 110 in Einklang mit der Forderung *Herzbergs* nach einem „Zuspitzungserfolg" (MK[1] Rdn. 137) i. S. der „unmittelbaren Gefahr der Tatbestandsverwirklichung" (MK[1] Rdn. 145), wenn auch dort die Tatbestandsverwirklichung in diesem Sinne mit der Deliktsvollendung gleichgesetzt (MK[1] Rdn. 145) und für die Gefahr ein „unmittelbares Bevorstehen der (ganzen) Tatbestandsverwirklichung" verlangt wird (MK[1] Rdn. 157, 159, 163).

der Ausführungshandlung rechtfertige aber gleichwohl die Annahme des Versuchsbeginns. *Hillenkamp* (LK[12] Rdn. 112) sieht, dass sich die verbleibenden Zwischenschritte damit auch als „unwesentlich" bezeichnen lassen. Das ist aber nur dann eine Frage begrifflicher Beliebigkeit, wenn hinter den Begriffen der „Wesentlichkeit" bzw. „Unwesentlichkeit" kein normatives Konzept steht. Geht es in diesen Begriffen dagegen gerade um die Frage, ob die Entscheidung ein Geschehen zu einer Einheit verknüpft (näher Rdn. 105 f), so ist die Gefahr der Vornahme der Ausführungshandlung im Begriff der Wesentlichkeit/Unwesentlichkeit fundiert. Des von *Hillenkamp* vorgeschlagenen Korrektivs bedarf es damit nicht.

112 Die zweite Funktion des Kriteriums einer vom Täter vorgestellten Gefahr der Tatbestandsverwirklichung (*Hillenkamp* LK[12] Rdn. 114 ff) kommt in Rechtsprechung und Literatur in gewissen Konstellationen zum Tragen, in denen angenommen wird, der Täter habe zwar die tatbestandsmäßige Ausführungshandlung bereits vorgenommen, die Tatbestandsverwirklichung stehe dennoch nicht unmittelbar bevor, und zwar insbesondere weil das Opfer noch eine (unbewusst) selbstschädigende Handlung vornehmen muss oder zwischen der Entlassung des Tatmittlers aus dem Einflussbereich des Hintermannes und dem planmäßigen Rechtsgutsangriff noch ein längerer Zeitraum liegt (zu diesen und weiteren Fällen Rdn. 140 ff).[319] Damit wird in unklarer Weise von Fall zu Fall der Versuchsbeginn bezogen auf die Ausführungshandlung oder mit Blick auf die Nähe zur Tatvollendung begründet (*Hillenkamp* LK[12] Rdn. 96 ff sieht in diesen unterschiedlichen Kriterien gerade den Gewinn). Hintergrund und Schwäche dieser Auffassung ist eine unzureichende Bestimmung des tatbestandsmäßigen Verhaltens, die sich in der Vorstellung zeigt, eine Handlung könne tatbestandsmäßig sein und damit im Falle des Erfolgseintritts die Vollendungsstrafbarkeit tragen, gleichzeitig aber nicht den Handlungsunwert verkörpern, der zur Begründung von Versuchsunrecht erforderlich ist. Das ist aber nicht richtig (näher Rdn. 149 ff):[320] Der tatbestandlich vorausgesetzte Handlungsunwert findet seine Begründung als rechtlich missbilligte Gefahrschaffung gerade in seiner (normativ, nicht unbedingt zeitlich oder räumlich zu bestimmenden) Nähe zum Erfolgseintritt. Die Ausführungshandlung kann also in ihrem Unwert nicht von der Vollendungsgefahr entkoppelt werden, sondern setzt stets eine normativ relevante Gefahr der Erfolgsrealisierung voraus. Wird die Ausführungshandlung bereits unter Berücksichtigung dieser Einsicht bestimmt, so manifestiert die Entscheidung für die Vornahme einer solchen Ausführungshandlung stets auch die Entscheidung für die Tatvollendung.

113 **e) Konkretisierung der Ansatzformel für den unbeendeten Versuch.** Die Verdeutlichung der Ansatzformel auf der Grundlage der vorstehend entwickelten Sinngebung geschieht hier zunächst für das **Leitbild** des vom Alleintäter begangenen unbeendeten Versuchs des Begehungsdelikts, auf das die Formel in erster Linie zugeschnitten ist (*Roxin* Einführung S. 16). Dabei ist darauf hinzuweisen, dass sich der **Begriff des unbeendeten Versuchs** nicht ohne weiteres mit dem im Rahmen von § 24 gebräuchlichen Begriff deckt. Übereinstimmung besteht noch insoweit, als in beiden Zusammenhängen die Konstellation erfasst ist, dass der Täter die Ausführungshandlung(en) noch nicht vorgenommen hat und deshalb davon ausgeht, dass es noch deren Vornahme bedarf, um den Erfolg herbeizuführen. Der Begriff des unbeendeten Versuchs ist im Rahmen von § 24 aber (jedenfalls nach h. M.) insoweit weiter gefasst, als auch Konstellationen des sogenannten „vorläufig fehlgeschlagenen Versuchs" erfasst werden, in denen der Täter die bereits vorgenommene Ausführungshandlung rückblickend nicht für erfolgstauglich hält und nunmehr annimmt, durch eine unmittelbar anschließende Handlung den Erfolg noch her-

**319** Vgl. dazu (ablehnend) *Frister* FS Wolter 375, 376 ff.

**320** Kritisch auch *Frister* FS Wolter 375, 379 ff. der ebenfalls an der Ausführungshandlung als Bezugspunkt des unmittelbaren Ansetzens festhalten will, dann aber für ein von der vorgestellten Gefährdung unabhängiges Verständnis der Ausführungshandlung plädiert. Damit gelangt er zu einer weiten Vorverlagerung des Versuchsbeginns, der nur von Fall zu Fall die fehlende Endgültigkeit des Tatentschlusses entgegengesetzt werden kann.

beiführen zu können (vgl. § 24 Rdn. 80 ff). Der insoweit maßgebliche Rücktrittshorizont ist bereits eine Korrektur gegenüber dem ursprünglichen Tatentschluss, welcher für den Eintritt in das Versuchsstadium zugrundezulegen ist.

Da § 22 mangels anderweitiger Regelungen auch für Fälle der mittelbaren Täterschaft und der Mittäterschaft, für das Unterlassungsdelikt sowie für alle übrigen vom Grundtypus abweichenden **Sonderformen des Versuchs** (*Otto* AT § 18 Rdn. 33) gilt, sind zwar für diese die für den Grundfall zu entwickelnden Annahmen nicht ohne Berücksichtigung der jeweils hinzutretenden Regelungsstrukturen gültig, bilden aber doch den durch die einheitliche Regelungsgrundlage gemeinsam geltenden Kern. Ihre Entwicklung hat dreierlei zu bedenken: Zum **ersten** handelt es sich bei der Festlegung des Versuchsbeginns immer auch um eine Frage der **Auslegung** des jeweils in Frage stehenden **Tatbestandes**, so dass sich die Antworten niemals „losgelöst von den einzelnen Tatbeständen" (*Lackner/Kühl/Kühl* Rdn. 4), sondern nur durch eine hier im einzelnen nicht zu leistende Verschränkung der Ansatzformel mit dem jeweiligen Tatbestand finden lassen (Rdn. 110 ff).[321] Es geht nicht um einen Versuchstatbestand „an sich", sondern um den Versuch der Verwirklichung des je besonderen Verbrechens (s. schon Rdn. 8). Daher ist es nicht ausgeschlossen, dass die Grenze zwischen Vorbereitung und Versuch in einem einheitlichen Geschehen (Versuch, Kellerfenster aufzustemmen, um in das Haus einzudringen, in dem das Opfer schläft) bezüglich unterschiedlicher Delikte (Diebstahl und Vergewaltigung, s. BGH NStZ **2000** 418 mit krit. Anm. *Bellay* 591)[322] und selbst bei verschiedenen Tatbestandsalternativen ein- und desselben Tatbestandes unterschiedlich verläuft (s. BGHSt **35** 6, 9 zu § 176; *Roxin* AT II § 29 Rdn. 169). Hieraus wird zwar verbreitet abgeleitet, dass alles gesetzgeberische Bemühen „um eine Definition des Versuchsbegriffs zwangsläufig scheitern" und sich das Gesetz daher mit einer bloßen „Leitlinie für die im Einzelfall nach den in den jeweiligen Straftatbeständen umschriebenen Tatbestandshandlungen zu treffende Entscheidung" begnügen müsse (*Vogler* LK[10] Rdn. 58; ähnlich *Frister* AT 23/41; *M.-K. Meyer* GA **2002** 367, 377). Mit diesem die in der Tat nicht zu leugnende Unauffindbarkeit einer trennscharfen Zauberformel zuspitzenden Bild von der **Leit-** oder **Richtlinie**[323] darf aber **zweitens** nicht die Vorstellung verbunden werden, es handle sich bei der Ansatzformel nur um eine richterliches Ermessen beratende (RGSt **53** 217, 218; **59** 1; so noch BGH NJW **1952** 430, 431) und aufgrund allgemeiner Strafwürdigkeitsüberlegungen oder Erwägungen zur Zielsetzung des jeweiligen Tatbestandes überspielbare Empfehlung (dagegen zu Recht BGH NJW **1988** 3109; OLG Düsseldorf NJW **1993** 2253, 2254). Das widerspräche dem gesetzgeberischen Anliegen, dem Bestimmtheitsgebot durch § 22 besser gerecht zu werden als zuvor (s. Rdn. 4) und „durch Grundsätze (zu) verdeutlichen, wie die Abgrenzung im einzelnen Fall zu gewinnen ist" (E 1962 Begr. S. 143) (vgl. zu verbleibenden Unschärfen und dem Umgang mit ihnen Rdn. 108). Aus der Anbindung des Versuchsbeginns an die Verwirklichung des Tatbestandes (s. Rdn. 110 ff) auf der Grundlage der Tätervorstellung folgt **drittens**, dass die Versuchsgrenze in den „zwei Denkschritten" (*Otto* AT § 18 Rdn. 23) festzulegen ist, die 114

**321** *Ambos* HK-GS Rdn. 26; vgl. insoweit speziell zum Versuchsbeginn bei § 258 *Haas* FS Maiwald 277, 284 ff.

**322** Zustimmend *Roxin* AT II § 29 Rdn. 141; ablehnend *Herzberg/Putzke* FS Szwarc 205, 223 f.

**323** Es findet sich z. B. bei *Bockelmann/Volk* S. 208 und *Kühl* AT § 15 Rdn. 44, die sich mit *Berz* Jura **1984** 511, *Roxin* JuS **1979** 1, 4, *Stratenwerth* ZStW **76** (1964) 669, 701; *T. Maier* Objektivierung S. 41 sowie *Wessels/Beulke/Satzger* Rdn. 949 über den Befund einig sind, dass eine gesetzgeberische Definition die Frage, „wie viele Körner einen Haufen machen" (so der Vergleich *Bockelmanns* JZ **1954** 469), nicht exakt entscheiden kann; das sah auch schon der Vorentwurf eines Deutschen StGB 1909 so, aber keinen „Anlaß, wegen der fließenden Grenzen ... die Unterscheidung ... ganz dem freien richterlichen Ermessen zu überlassen". Vielmehr wollte auch er schon dem „Richter eine, wenn auch nicht jeden Zweifel ausschließende, so doch brauchbare Richtlinie" an die Hand geben, „die im wesentlichen eine gleichmäßige Anwendung der Vorschriften über eine Bestrafung des Versuchs gewährleistet" (Begr. S. 284). Auf diese der Rechtssicherheit dienende Funktion der gesetzlichen Vorgabe verzichtet, wer sich der Versuchsgrenze nur durch eine „typengebundene Methode der Fallvergleichung" nähern will, so *M.-K. Meyer* GA **2002** 367, 378 ff.

die in § 22 zu findende Entscheidung für eine **individuell-objektive Beurteilungsweise** vorzeichnet.[324]

115 **aa) Vorstellung von der Tat.** Ob am objektiven Beurteilungsmaßstab der Zwischenaktslehre (oder der mit ihr konkurrierenden Konkretisierungsformeln) gemessen ein Versuchsbeginn vorliegt, lässt sich danach nur auf der subjektiven Grundlage der Tätervorstellung beurteilen. Die konkrete Vorstellung des Täters von der Tat bildet die in einem ersten Schritt zu ermittelnde tatsächliche Grundlage für die Entscheidung, ob ein unmittelbares Ansetzen im Sinne von § 22 vorliegt (BGH NJW **1997** 83; *Blei* JA **1975** 95 f; *Fischer* Rdn. 10b). **Subjektive Beurteilungsgrundlage** und objektiver Bewertungsmaßstab sind dabei streng zu trennen. Deshalb kommt es nicht darauf an, ob der Täter selbst das Tatgeschehen als Vorbereitungs- oder Ausführungshandlung einschätzt, sondern ausschließlich darauf, ob aufgrund des vom Täter vorgestellten Tatbildes nach objektiven Kriterien schon ein Versuch anzunehmen ist (s. Rdn. 74).[325] Alles andere machte „den Täter zum Richter über sich selbst" (*Bockelmann* Niederschriften **2** 175). Daher ist auch keine „konkrete Ausführungsvorstellung" in dem Sinne zu verlangen, dass der Täter in wenigstens laienmäßiger Wertung nachvollziehen müsse, „nunmehr mit der Ausführung zu beginnen" (so aber *Schwalm* Niederschriften **2** 189). Vielmehr muss er nur die Tatsachen kennen oder sich vorstellen, die zur Bewertung der Handlung als Versuchsbeginn führen.[326] Zumindest missverständlich ist schließlich die Kennzeichnung der gesetzlichen Regelung als Verknüpfung subjektiver und objektiver Abgrenzungskriterien (BGH bei *Holtz* MDR **1980** 217), weil dadurch der falsche Eindruck entsteht, die Vorstellung sei nicht nur Beurteilungsgrundlage, sondern stelle zugleich auch ein (subjektives) Abgrenzungskriterium dar (*Kühl* JuS **1980** 813).

116 Die **Notwendigkeit** einer subjektiven Beurteilungsgrundlage ergibt sich **zum einen** daraus, dass es einen objektiv unzweideutigen Versuch nicht gibt, weil angesichts der Mehrdeutigkeit objektiver Verhaltensweisen und der Vielgestaltigkeit der Wege zur Verbrechensverwirklichung (*Welzel* S. 190) die Tatsachen nicht aus sich selbst heraus sprechen[327] und die objektive Äußerung der auf Deliktsbegehung gerichteten Willensbetätigung beim Versuch zudem notwendig fragmentarisch bleibt. Erst die **Ablaufsvorstellung** des Täters (*Hillenkamp* FS Roxin [2001] 703, 704),[328] also die konkreten „Vorstellungen des Täters, die den Ablauf des äußeren Geschehens bestimmen" (BGH GA **1955** 123, 124), ermöglichen die Einordnung der Täterhandlung als Versuch oder Vorbereitung, weil nur aus ihnen ersichtlich wird, wie die geplante Tat im einzelnen ablaufen soll und welche Bedeutung der zu untersuchenden Handlung im geplanten Geschehensverlauf zukommt (*Fischer* Rdn. 10b). So macht es z. B. beim Versuch der Vornahme sexueller Handlungen an einem Kind (§ 176 Abs. 1) einen Unterschied, ob der Täter das Kind an einen zur Vornahme der geplanten Handlungen geeigneten Ort führt, um dort „ohne weitere Zwischenakte sogleich den körperlichen Kontakt" aufzunehmen oder weil er beabsichtigt, „das Kind auf freiwilliger Basis zu verführen" und folglich der sexuellen Handlung der Verführungsversuch noch vorgelagert ist (BGHSt **35** 6, 9) oder es ihm gar nur um die Verabredung einer weiteren Zusammenkunft geht (BGH 1 StR 606/73 v. 22.1.1974; vgl. auch BGHR StGB § 176 Abs. 1

---

**324** Dabei ist – will man die Zielsetzungen des § 22 gegenüber § 43 a. F. (vgl. dazu Rdn. 3 ff) nicht außer Acht lassen – nicht davon auszugehen, „beide Formulierungen" ließen „sich übereinstimmend interpretieren" (so aber noch BGHSt **26**, 201, 202; dagegen *Blei* JA **1976** 102; *Vogler* LK[10] Rdn. 38).

**325** *Baumann/Weber/Mitsch/Eisele* § 22 Rdn. 57; *Becher* S. 19 ff; *Jescheck* Niederschriften **2** 194; *Kühl* AT § 15 Rdn. 77; *Papageorgiou-Gonatas* S. 180 f; *Sch/Schröder/Eser/Bosch* Rdn. 33/34; *Kusche* Jura **2019** 913 918; zu älteren Fehldeutungen in dieser Richtung s. *Hillenkamp* FS Roxin (2001) 704 f; wiederbelebt von *Safferling* ZStW **118** (2006) 700.

**326** *Becher* S. 21 ff.

**327** Vgl. dazu schon *Jescheck* Niederschriften **2** 194; *Welzel* Niederschriften **2** 197 sowie *Bockelmann* JZ **1954** 468, 471, der aus diesen Gründen die Lehre vom dolus ex re verwarf.

**328** Zust. *Roxin* AT II § 29 Rdn. 5.

Versuch 1).[329] Auch für die sogenannten **Alternativfälle** kommt es entscheidend auf die Vorstellung des Täters vom Tatablauf an. So kann das Bedrohen mit einer Pistole als Raubmittel schon Anfang der Ausführung des Raubes, im Hinblick auf ein Tötungsdelikt dagegen noch bloße Vorbereitungshandlung sein (vgl. dazu unten Rdn. 165 f). Dieser ersten Funktion der Vorstellung von der Tat, anhand des Verlaufsplans den Stellenwert der Handlung zwischen dem, was schon erfolgt ist, und dem, was noch erfolgen soll, festzulegen (*Baumann/Weber/Mitsch/Eisele* § 22 Rdn. 58), hat sich bereits das Reichsgericht (RGSt **3** 136, 139; **66** 141) bedient und der Alternativentwurf Rechnung getragen, als er den „Tatplan" zur Richtschnur erhob. Unter ihm ist nichts anderes als die „Vorstellung" zu verstehen, durch die der Gesetzgeber den Tatplan nur ersetzte, um auch Affekttaten, bei denen von einer zeitlich vorhergehenden, überlegten Planung nicht die Rede sein könne, gerecht zu werden.[330]

Die Maßgeblichkeit der Vorstellung des Täters von der Tat gewinnt **zum anderen** in Fällen 117
des **untauglichen Versuchs** besondere Bedeutung, in denen der Vorstellung kein objektiv möglicher Verlauf korrespondiert. Hier hat das Reichsgericht im Gefolge seiner Entscheidung für die Strafbarkeit des untauglichen Versuchs es von Beginn an ausreichen lassen, „dass eine Handlung von dem Thäter (nur) in der Vorstellung unternommen" wird, sie werde den beabsichtigten Erfolg herbeiführen (RGSt **1** 439, 443; 451, 452; **34** 218, 220 f). Diese Funktion der Vorstellung, auch die (irrige) Annahme der Tauglichkeit des Tuns und damit die (bloße) **Tauglichkeitsvorstellung** der Bestimmung des Beginns der Ausführung zugrunde zu legen, hat seit dem Amtlichen Entwurf eines Allgemeinen Deutschen Strafgesetzbuches aus dem Jahre 1925 die Aufnahme der Vorstellung in die gesetzliche Begriffsbestimmung des Versuchs (§ 23 Abs. 1 AE 1925) maßgeblich bestimmt und ist auch mit der geltenden Gesetzesfassung verbunden (s. zu ihrer Entwicklung und zum Begriff *Hillenkamp* FS Roxin [2001] 690 ff, 704). Der Bundesgerichtshof hat sich ihrer im Falle einer **mittelbaren Täterschaft**, in dem der Vordermann „nur zum Schein bereit war, die vom Angeklagten geplante Tat auszuführen, er also von vornherein ein untauglicher Tatmittler war" mit dem Hinweis bedient, dass „allein die Vorstellung des mittelbaren Täters von der Tauglichkeit seiner Handlung" für dessen Strafbarkeit entscheidend sei (BGHSt **30** 363, 366). Beispiele hierfür bilden auch die sogenannten **Auflauerungsfälle**,[331] in denen das vom Täter erwartete Erscheinen des Tatopfers ausbleibt. Mit Rücksicht auf die Maßgeblichkeit der subjektiven Beurteilungsgrundlage schließt die fehlende „Gegenwärtigkeit des Opfers" (*Blei* JA **1976** 315 gegen *Otto* NJW **1976** 579, beide zu BGHSt **26** 201)[332] die Annahme eines Versuchs nicht aus.[333] Vielmehr kommt es allein darauf an, ob dann, wenn die Erwartung des Täters zuträfe, nach seinen sonstigen Vorstellungen über den Ablauf der Tat die objektiven Kriterien für den Versuchsbeginn erfüllt sind (*Baumann/Weber/Mitsch/Eisele* § 26 Rdn. 58 ff). Danach ist auf den Inhalt und die Gestalt der Vorstellung abzustellen, die sie im **Zeitpunkt der Vornahme** der Handlung, die nach objektiven Maßstäben den Versuchsbeginn markiert, angenommen hat.

---

**329** Vgl. hierzu auch den Lichthupen-Fall BGH bei *Holtz* MDR **1977** 807 (dazu *Kühl* AT § 15 Rdn. 78), die Klingelfälle BGHSt **26** 201; BGH NStZ **1984** 506 (dazu *Roxin* JuS **1979** 1, 6; *Wessels/Beulke/Satzger* Rdn. 866); BGH NStZ-RR **2004** 361 oder den Fall der Passauer Giftfalle BGHSt **43** 177; ferner BGHSt **28**, 162; **31** 10; **37** 294; **40** 208; 257, 268; BGH wistra **1990** 19; BGH NJW **1993** 21, 25 BGH NStZ-RR **1996** 34; BGH NStZ **1997** 83; BGH NJW **2002** 1057; OLG Frankfurt JZ **1992** 360; OLG München NStZ-RR **1996** 31; OLG Hamm StV **1997** 242. Kritisch zu BGHSt **35** 6, 9 unter Hinweis auf die darin liegenden Zwischenschritte, dass der ausgewählte Ort erst erreicht werden muss bevor zu sexuellen Handlungen übergegangen werden kann, *Herzberg/Putzke* FS Szwarc 205, 214 f.

**330** In der Rechtsprechung ist der Begriff des Tat- oder Gesamtplans gleichwohl nach wie vor gebräuchlich geblieben, vgl. dazu BGH NJW **2002** 1057; *Fiedler* S. 39 f; *Hillenkamp* FS Roxin (2001) 698; zur Motivation des Gesetzgebers vgl. 2. Bericht SA BTDrucks. V/4095 S. 11; *Corves* Prot. SA V S. 1745 f.

**331** BGHSt **26** 201; BGH NJW **1952** 514 (Pfeffertüten-Fall); BGH LM § 249 Nr. 9; BGH bei Dallinger MDR **1966** 725; BGH NStZ **1987** 20; BGH StV **1989** 526; BGH NStZ **2012** 85; s. auch schon RGSt **77** 1; ob man in diesen Fällen von einem untauglichen oder von einem fehlgeschlagenen Versuch spricht, spielt im hier maßgeblichen Zusammenhang keine Rolle, vgl. BGHSt **30** 363, 366.

**332** Vgl. auch *Kühl* AT § 15 Rdn. 75; *Roxin* JuS **1979** 1, 6; mißverständlich *Gössel* JR **1976** 251; *Jäger* SK Rdn. 26.

**333** *Ambos* HK-GS Rdn. 16; *Sch/Schröder/Eser/Bosch* Rdn. 42.

Bezieht sie (wie häufig in den Auflauerungsfällen) den Fehlschlag als denkbare Entwicklung mit ein, kann das den Versuchsbeginn freilich nicht hindern (in dieser Richtung missverstehbar *Gropp* FS Gössel 175, 186 ff; verfehlt BGH NStZ **2013** 579 mit zutreffend kritischer Anm. *Jäger* JA **2013** 949, 250; s. noch Rdn. 125). Das gilt auch dann, wenn das Auftauchen des Opfers noch völlig ungewiss ist.[334] Die **objektive** Gefährlichkeit der Tat für das Tatopfer bzw. Tatobjekt scheidet mit der Anerkennung der Tätervorstellung als Beurteilungsgrundlage als Abgrenzungskriterium aus.[335] Daher kann ein Versuchsbeginn weder (allein) damit begründet werden, dass das Opfer bereits objektiv in Gefahr schwebt (BGH NStZ **1989** 473; BGHSt **35** 6, 9), noch ist er damit zu verneinen, dass eine objektive Gefährdung des Rechtsguts (noch) fehlt (BGH GA **1984** 25). Das wird auch in der Rechtsprechung immer deutlicher betont.[336]

**118** Die Vorstellung des Täters vom Ablauf (Rdn. 116) und von der Tauglichkeit seines Tuns (Rdn. 117) akzentuiert einen bestimmten Aspekt des Tatentschlusses mit Blick auf die Beurteilung der Frage, ob das Verhalten des Täters nach objektivem Urteil als unmittelbares Ansetzen zur Tatbestandsverwirklichung anzusehen ist. **Tatentschluss und Tätervorstellung** sind danach hinsichtlich des kognitiven Elements des Vorsatzes **gleichzusetzen.**[337] In der Vorauflage (*Hillenkamp* LK[12] Rdn. 90; *ders.* FS Roxin [2001] S. 689, 700 ff)[338] war die Auffassung vertreten worden, Tatentschluss und Tätervorstellung seien nach „Inhalt, Standort und Funktion" zu unterscheiden. Seine Begründung soll dies darin finden, dass die im Rahmen der Vorstellung relevanten Einzelheiten zum schrittweisen Vollzug und zum zeitlichen Ablauf der Tat wie auch zur etwaigen Einbeziehung von Opferverhalten, für den auf die Verwirklichung des objektiven Tatbestandes bezogenen Vorsatz nicht von Relevanz seien.[339] Das fügt sich ein in die oben (Rdn. 32) bereits zurückgewiesene Vorstellung, dass der Tatentschluss unabhängig vom unmittelbarem Ansetzen diesem vorgelagert sein könne. Es kann aber nicht überzeugen, den Vorsatz von den Vorstellungen zur konkreten Tatverwirklichung zu isolieren. Es gibt (jeweils im Sinne des § 22) weder einen Tatentschluss ohne Vorstellung von der Tat noch umgekehrt eine (im Sinne von § 22 relevante) Vorstellung von der Tat ohne Tatentschluss.[340] Als wirkmächtige Entscheidung gegen das Rechtsgut erschöpft sich der Vorsatz nicht in abstrakten Vorstellungen, sondern umfasst auch die verwirklichungsrelevanten Details. Dazu gehören gerade auch die Umstände, die für die Beurteilung des unmittelbaren Ansetzens relevant sind. Das Bild einer „über den Tatentschluss unter Umständen deutlich hinausgehende(n) ‚Ablaufsvorstellung'"[341] verkennt, dass der Vorsatz nur dann die Versuchsstrafbarkeit tragen kann, wenn er einen vollständigen Unrechtssachverhalt verkörpert, wozu auch die Vorstellung von Umständen gehört, die ein unmittelbares Ansetzen begründen. Die Vorstellung ist also nicht erst eine im objektiven Tatbestand relevante Grundlage für die Anwendung des Maßstabes der Unmittelbarkeit,[342] sondern diese Vorstellung gibt der Entscheidung gegen das tatbestandlich geschützte Gut den erforderlichen Inhalt. Aus dem Vorstehenden folgt dann auch, dass es keinen Anlass gibt, zwar bei der Vorstellung i. S. v. § 22 allein auf die Tätervorstellung abzustellen, aber beim Vorsatz der

**334** **AA** *Kusche* Jura **2019** 913 919. Die Irrelevanz der Ungewissheit führt freilich in ein gewisses Spannungsverhältnis zur Behandlung der Fälle, in denen die Vollendung noch von einem Verhalten des Opfers abhängt; dazu Rdn. 142.

**335** *Hillenkamp* FS Roxin (2001) 705 f; *Kühl* AT § 15 Rdn. 80 ff; *Sch/Schröder/Eser/Bosch* Rdn. 42; *Streng* ZStW **109** (1997) 862, 864.

**336** So z. B. von BGHSt **30** 363, 365 f; **35** 6, 9; **40** 257, 269; **43** 177, 182; BGH StV **1984** 420; **1989** 526; NStZ **1987** 20; **1989** 473; BayObLG NJW **1990** 781; OLG Frankfurt StV **1992** 360; OLG München NStZ-RR **1996** 71. Insoweit kritisch zu BGHSt **35** 6, 9 *Herzberg/Putzke* FS Szwarc 205, 214 f.

**337** *Bockelmann/Volk* S. 207; *Frister* 23/14; *Gropp* § 9 Rdn. 18; *Haft* S. 225; *Heinrich* AT Rdn. 648; *Heintschel/Heinegg* Rdn. 515; *Sch/Schröder/Eser/Bosch* Rdn. 13; *Zaczyk* NK Rdn. 13.

**338** Zust. *Fischer* Rdn. 8a; *Roxin* AT II § 29 Rdn. 3 ff; *Wachter* S. 190 f.

**339** Daneben verweist *Hillenkamp* FS Roxin (2001) 689 ff auf die Gesetzgebungsgeschichte.

**340** **AA** *Hillenkamp* LK[12] Rdn. 90.

**341** *Hillenkamp* FS Roxin (2001) 659, 704.

**342** So aber *Hillenkamp* LK[12] Rdn. 90; *ders.* FS Roxin (2001) 659, 702.

Irrtumsregelung nach § 16 Relevanz zuzubilligen.[343] Eine Abweichung von Vorsatz und äußerem Geschehensablauf, wie sie den **Irrtum** kennzeichnet, bleibt **beim Versuch ohne rechtliche Relevanz** (s. schon Rdn. 43 f).

**bb) Teilverwirklichung des Tatbestandes.** Während § 26 Abs. 2 E 1962 den Anfang der Ausführung noch wahlweise entweder in einer Handlung sah, „durch die der Täter mit der Verwirklichung des Tatbestandes beginnt" oder mit der er „unmittelbar dazu ansetzt", beschränkte sich § 24 AE auf die Alternative des unmittelbaren Ansetzens als „das für den Versuch erforderliche Minimum". Die Begründung, dass es sich bei dieser „Vereinfachung" von selbst verstehe, „dass auch derjenige einen Versuch begeht, der dieses Minimum überschreitet" (AE Begr. S. 61), machte sich der Reformgesetzgeber zueigen und verzichtete mit der „knapperen Formulierung" des AE auf die Erwähnung dessen, was „erst recht" einen Versuchsbeginn darstelle (BTDrucks. V/4095 S. 11; *Corves* Prot. SA V 1745). Hiermit ist einerseits der eine **Teilverwirklichung** des Tatbestandes als Versuchsminimum fordernden formell-objektiven Theorie eine **Absage** erteilt (s. Rdn. 4, 69 f). Andererseits wird aber aus der Einbeziehung des Vorstadiums geschlossen, dass mit dem Beginn schon der Tatbestandsverwirklichung im Sinne einer Teilverwirklichung des Tatbestandes die **Grenze** der Vorbereitung **eindeutig** und **ausnahmslos überschritten** werde.[344] Das wird daraus gefolgert, dass der Täter in diesen Fällen „über das bloße Ansetzen schon hinausgelangt" (*Jescheck/Weigend* § 49 IV 4) und daher „mehr als von § 22 gefordert verwirklicht" sei (*Kühl* AT § 15 Rdn. 55). Während manche hiervon nur sprechen, wenn „mit der tatbestandsmäßigen Ausführungshandlung selbst"[345] zumindest begonnen wurde, wollen andere die Verwirklichung eines (beliebigen) objektiven „Merkmals des Tatbestandes" ausreichen lassen.[346] Auch findet sich die beides einschließende Formulierung, das Versuchsstadium sei erreicht, „wenn der Tatbestand bereits zum Teil verwirklicht" sei (BGH NStZ **1997** 31). Überwiegend wird dieses Ergebnis aus § 22 hergeleitet. Vertreten wird aber auch, dass die „Abgrenzungsformel des § 22" hier gar „nicht bemüht werden" müsse, weil in diesen Fällen schon „in objektiver Hinsicht zweifelsfrei ein Versuch" vorliege.[347] Jenseits dieses Streits ist immerhin **konsentiert**, dass der Beginn oder gar Vollzug der Tatbestandshandlung jedenfalls **in aller Regel** zum Versuch des (Grund-)Tatbestandes führt.[348] In der **Rechtsprechung** finden sich überwiegend Entscheidungen, in denen dieser Regelcharakter betont wird,[349] während andere Judikate jedenfalls dem Wortlaut nach anzunehmen scheinen, dass bei Teilverwirklichung ausnahmslos von einem Versuchsbeginn auszugehen sei.[350] 119

343 Siehe *Streng* ZStW **109** (1997) 862, 874 ff; ferner *Herzberg* JuS **1999** 224 f unter Berufung auf *Schlehofer* GA **1992** 313; *Hoffmann-Holland* MK Rdn. 38 ff; ihm folgend *C. Jung* JA **2006** 229 ff. **AA** *Hillenkamp* LK[12] Rdn. 91; *ders.* FS Roxin (2001) 659, 706 f; *Roxin* AT II § 29 Rdn. 70.

344 So etwa *Fischer* Rdn. 9; *Kühl* AT § 15 Rdn. 55; *Jescheck/Weigend* S. 520; *Vogler* FS Stree/Wessels 297 f; OLG Bamberg NStZ **1982** 247.

345 *Jescheck/Weigend* § 49 IV 4; ebenso *Blei* AT S. 224; *Kühl* AT § 15 Rdn. 20, 55; *ders.* JuS **1980** 650; *Vogler* LK[10] Rdn. 35; *Vogler* FS Stree/Wessels 285, 297 f; *Zaczyk* S. 311; hierbei wird freilich nicht immer deutlich, ob die Tathandlung in bewusster Abgrenzung zu sonstigen Tatbestandsmerkmalen steht.

346 OLG Bamberg NStZ **1982** 247; *Fischer* Rdn. 9; *Meyer* JuS **1977** 19, 22. *Berz* Jura **1984** 511, 512 und *Ebert* S. 121 nennen beides alternativ.

347 So *Kühl* AT § 15 Rdn. 20 sowie OLG Bamberg NStZ **1982** 247 im Anschluss an *Meyer* JuS **1977** 19, 22, für den es auf die Vorstellungen des Täters hier nicht ankommen soll; nach *Jescheck/Weigend* § 49 IV 4 ist der Fall in § 22 nicht „ausdrücklich" erfasst.

348 Vgl. hierfür z. B. BGH NStZ **2015** 207; *Ambos* HK-GS Rdn. 27; *Baumann/Weber/Mitsch/Eisele* § 22 Rdn. 61; *Berz* Jura **1984** 511, 512; *Kratzsch* JA **1983** 578, 585; *Lackner/Kühl* Rdn. 3; *Maurach/Gössel/Zipf* AT/2 § 40 Rdn. 43; *R. Schmidt* Rdn. 673; *Wessels/Beulke/Satzger* Rdn. 944.

349 BGHSt **37** 294, 296; BGH NStZ **2002** 433, 435; BGH StV **2003** 444, 446; NStZ **2011** 400, 401; NStZ **2015** 207; Hans. OLG Hamburg NZWiSt **2016** 146.

350 BGH NStZ **2019** 79; OLG Rostock 20 RR 6/19–1 Ss 3/19 v. 1.3.2019; s. auch *Tomiak/Franzke* HRRS **2019** 337, 343.

120 Die Formel, wonach die Teilverwirklichung des Tatbestandes stets in das Versuchsstadium führt, ist **zu grob und bedarf der Präzisierung:**[351] Zunächst ist klarzustellen, dass die Begründung für einen Eintritt in das Versuchsstadium nicht darin liegen kann, dass objektiv eine Teilverwirklichung vorliegt. Denn damit würde die gesetzgeberische Entscheidung für eine Maßgeblichkeit der Tätervorstellung unterlaufen. Weiter bedarf es der Präzisierung, worauf die „Teilverwirklichung" zu beziehen ist. Richtigerweise muss sich das Ansetzen – und dementsprechend auch die Teilverwirklichungsregel – auf die Vornahme der tatbestandsmäßigen Ausführungshandlung beziehen (Rdn. 110 ff). Die „Verwirklichung" sonstiger Umstände, etwa das Mitführen einer Waffe, kann den Eintritt in das Versuchsstadium nicht begründen (näher Rdn. 155 ff).[352] Bei mehraktigen Delikten kann die Teilverwirklichung nur dann einen zuverlässigen Schluss auf den Versuchsbeginn zulassen, wenn sie sich auf sämtliche Ausführungshandlungen bezieht (Rdn. 162).[353] Nur begrenzt weiterführend ist es schließlich, als Teilverwirklichungsfälle auch solche anzusehen, bei denen mit der Vornahme der tatbestandlichen Ausführungshandlung lediglich begonnen wurde. Soweit die Ausführungshandlung in nur einem Akt besteht, würde damit die Schärfe der Grenzziehung praktisch aufgegeben. Denn wann beispielsweise eine Tötungs- oder Sachzerstörungshandlung „beginnt", ist mit kaum geringeren Auslegungsproblemen behaftet als die Entscheidung, wann man zu diesen Tathandlungen unmittelbar ansetzt. Insoweit greift die Kritik, die an der formell-objektiven Theorie deren Unsicherheit rügte (*Hillenkamp* LK[12] Rdn. 93).[354] Anders liegt es bei zeitlich gestreckten Ausführungshandlungen, insbesondere im Falle iterativer Tatbegehung. Nimmt der Täter hier den ersten Ausführungsakt vor, lässt sich schwerlich noch sinnvoll bestreiten, dass mit der Tatausführung begonnen wurde. Insgesamt kann das Kriterium der Teilverwirklichung für den Versuchsbeginn nicht die umfassende Geltung beanspruchen, die der Begriff impliziert. Dazu, das die Vornahme der Ausfürungshandlung – bei mehraktigen Delikten sämtlicher Ausführungshandlungen – stets in das Versuchsstadium führt, siehe die Ausführungen zum beendeten Versuch (Rdn. 137 ff).

121 Die Diskussion über den Zusammenhang von Teilverwirklichung und Versuchsbeginn wird auch bezogen auf solche Fälle geführt, in denen der Täter noch nicht das aus seiner Sicht Erforderliche getan hat, sondern seinem Plan gemäß den Tatbestand **sukzessiv verwirklichen** will. Es stellt sich hier die Frage, ob bereits die erste im Rahmen eines solchen Plans vorgenommene Handlung den Eintritt in das Versuchsstadium markiert, obwohl diese Handlung aus Tätersicht noch nicht ausreicht, um das geschützte Rechtsgut in unmittelbare Gefahr zu bringen. So liegt es etwa, wenn der Täter das Opfer durch die regelmäßige Verabreichung geringer, für sich genommen nicht lebensgefährlicher Giftmengen töten will. Der BGH steht auf dem Standpunkt, dass „die Ausführung der Tat schon mit der ersten Giftmenge beginnt".[355] Dahinter steht die Vorstellung, dass die Ausführungshandlung in solchen Fällen als Gesamtheit der Einzelakte zu verstehen ist. **Richtigerweise** beginnt auch hier die Tatbestandsverwirklichung erst mit der Vornahme einer Handlung, die auf Grundlage der Tätervorstellung eine rechtlich missbilligte Gefahr in Richtung auf das tatbestandlich geschützte Rechtsgut schafft. Ist die erste Giftgabe in dieser Hinsicht nach Tätervorstellung noch völlig ungefährlich, so stellt sie noch keine tatbestandsmäßige Handlung dar und auch kein unmittelbares Ansetzen zu einer solchen, wenn die nach Tätervorstellung schließlich lebensgefährdende Giftgabe noch nicht unmittelbar bevor-

---

351 Zutreffend *Kühl* FS Küper 289, 301 ff.

352 Insoweit zutreffend *Herzberg/Putzke* FS Swarcz 205, 212.

353 Etwa *Frister* 23/43. Unzureichend bedacht in BGH NStZ **2019** 79 mit insoweit zutreffend kritischer Anm. *Eidam* sowie *Tomiak/Franzke* HRRS **2019** 337, 343 f soweit dort aus der Anwendung von Gewalt ohne weiteres auf einen Versuch des § 177 StGB (a. F.) geschlossen wird.

354 So zutr. *Burkhardt* JuS **1983** 426, 427 unter Berufung auf die Kritik von *Köhler* Deutsches Strafrecht (1917) S. 445 und *Hugo Meyer* Der Anfang der Ausführung (1892) S. 19 f; dem zust. *Roxin* AT II § 29 Rdn. 111 ff; vgl. auch *Busch* LK[9] § 43 Rdn. 35 f; ferner *Seier* ZStW **102** (1990) 563, 585 f.

355 BGHSt **40** 257, 271 (wo diese Konstellation allerdings nur beispielhaft erörtert wird).

steht.[356] Daran ändert auch die Überlegung nichts, dass auch die für sich noch nicht lebensgefährliche Ersthandlung nach Tätervorstellung letztlich in Verbindung mit weiteren Giftgaben den Todeserfolg mitverursachen soll. Denn das Verbot, dem Opfer eine für sich genommen nicht lebensgefährliche Giftmenge zu verabreichen, hat seinen legitimen Zweck nicht darin, den tödlichen Erfolg mit Blick auf weitere eigenverantwortliche Entscheidungen (auf die der Täter mit dem gefassten Plan ja noch nicht festgelegt ist) zu vermeiden. Damit zeigt sich, dass diese Konstellation richtigerweise gar **nicht dem Thema der Teilverwirklichung zuzuschlagen** ist.

**cc) Anforderungen an die Handlungsunmittelbarkeit.** Mit dem auf der subjektiven Beurteilungsgrundlage (s. Rdn. 115 ff) zu ermittelnden Kriterium des unmittelbaren Ansetzens zur Tathandlung ist die sog. **Handlungsunmittelbarkeit** (*Kühl* JuS **1980** 650; *ders.* § 15 Rdn. 55) gemeint. Sie setzt voraus, dass zwischen der zu beurteilenden Handlung und der eigentlichen Tatbestandsausführungshandlung **keine weiteren** (relevanten, Rdn. 123 ff) **(Teil-)Akte** mehr liegen, positiv gewendet, dass die vorgenommene Handlung unmittelbar **in die Tathandlung einmündet** oder **diese** schon **(teilweise) ist.** Sind dagegen nach dem Täterplan noch weitere (relevante) Handlungen vorzunehmen, bevor die tatbestandlich beschriebene Handlung einsetzt, so fehlt es an der Handlungsunmittelbarkeit und es liegt nur eine Vorbereitungshandlung vor. Auf das Ansetzen zur Tathandlung bezogen gilt demnach die sog. **Teil**- oder **Zwischenaktslehre** mit der Maßgabe, dass es nicht um den letzten Akt vor der (oder um die) Verwirklichung eines (beliebigen) Tatbestandsmerkmals (so in der Formulierung *Maurachs* AT 4. Aufl. S. 499) oder der Tatbestandserfüllung im Ganzen, sondern um den letzten Akt vor der (oder um die) tatbestandliche(n) Ausführungshandlung(en) geht (so deutlich BGHSt **26** 201, 203). Von diesem Stadium der Handlungsunmittelbarkeit ist nach der an § 24 AE angelehnten vereinfachenden Formulierung (s. Rdn. 1 f) des § 22 naturgemäß auszugehen, wenn die **Tathandlung** schon **vollzogen** wurde wie auch dann, wenn sie schon **begonnen** ist (*Kühl* AT § 15 Rdn. 56), aber eben – erweiternd – auch dann, wenn sie **unmittelbar** als nächster Teilschritt **bevorsteht.** 122

Freilich wäre die Handlungsunmittelbarkeit deutlich zu formal gefasst, wenn jede Körperbewegung wie das Entsichern und Anlegen (RGSt **68** 339) oder das Spannen des Hahnes der Waffe (RGSt **59** 386), den Unmittelbarkeitszusammenhang zerreißen würde (Rdn. 80 f). Die h. M. lehnt die Unmittelbarkeit deshalb zu Recht nur ab, wenn der Täter auf der Grundlage seiner Vorstellung noch **wesentliche** Zwischenschritte zur Vornahme der Ausführungshandlung realisieren muss bzw. bejaht – umgekehrt – den Eintritt in das Versuchsstadium, wenn lediglich noch unwesentliche Zwischenschritte zur Vornahme der Ausführungshandlung ausstehen. Der Begriff der „Wesentlichkeit" gibt als solcher allerdings keinen Aufschluss darüber, anhand **welcher Maßstäbe** die „Wesentlichkeit" zu bestimmen ist.[357] Es wurde bereits **Rdn. 103 ff** näher ausgeführt, dass die damit erforderliche normative Betrachtung auf den Strafgrund des Versuchs verweist, denn mit der Abgrenzung wesentlicher von unwesentlichen Zwischenschritten wird der Moment festgelegt, in dem ein Verhalten nach dem gesetzlichen Konzept eine Versuchsstrafbarkeit legitimiert.[358] Als maßgebliches Kriterium hatte sich das Erfordernis erwiesen, dass der Täter mit der Manifestation seines Entschlusses in ein Stadium eingetreten sein muss, in dem die (praktisch) sichere Erwartung begründet ist, dass der Täter an der Realisierung seines Vorhaben festhält. Die Ablehnung einer „atomisierten Betrachtung" findet so ihre sachliche Berechtigung darin, dass auch das menschliche Entscheidungsverhalten Handlungsverläufe nicht in einzelne Körperbewegungen zerlegt, sondern in ihrer dienenden Funktion auf ein bestimmtes Ziel hin als Einheit erfasst. 123

356 Eine völlig andere Frage ist, ob mit der für das Leben ungefährlichen Giftmenge bereits eine Körperverletzung einhergeht, was in aller Regel zu bejahen sein wird.

357 Weshalb verschiedentlich kritisiert wird, dass „der Bestimmtheitsgewinn einer formellen Teilaktslehre durch den Rückgriff auf den diffusen Begriff der Wesentlichkeit wieder preisgegeben" werde; *Ambos* HK-GS Rdn. 22.

358 *Bock* AT S. 446; *Sch/Schröder/Eser/Bosch* Rdn. 33/34; *Kusche* Jura **2019** 913 918.

124 **dd) Kasuistik.** Es liegt auf der Hand, dass die für eine Versuchsstrafbarkeit vorausgesetzte manifestierte Entscheidung für die Vornahme einer Ausführungshandlung **Raum für Wertungen** hinsichtlich der Frage eröffnet, ob die Entscheidung die erforderliche Einheit zwischen Täterverhalten und vorgestellter Ausführungshandlung herstellt (Rdn. 108). Zwar macht es für diese Grenzziehung keinen Unterschied, ob sich die Frage des Versuchsbeginns bezogen auf ein verhaltensbezogenes Delikt oder bezogen auf ein reines Erfolgsdelikt stellt (anders *Hillenkamp* LK[12] Rdn. 103). Allerdings tritt bei verhaltensbezogenen Delikten im Regelfall nicht das Problem der Bestimmung des tatbestandsmäßigen Verhaltens auf (zu Ausnahmen etwa Rdn. 154), während bei reinen Erfolgsdelikten die Gefahr besteht, Unklarheiten bei der Bestimmung der Ausführungshandlung und des Versuchsbeginns zu vermengen.

125 Beschreibt das Gesetz die Tatbestandshandlung (**verhaltensgebundene Delikte**), so bereitet die Bestimmung des Bezugspunkts des unmittelbaren Ansetzens meist keine Schwierigkeiten. Zudem führt die gesetzliche Festlegung des tatbestandlichen Verhaltens dazu, dass auch das vorgelagerte Versuchsverhalten eher einer Typisierung zugänglich ist. **Einzelfälle:** Das wörtliche Angebot, Falschgeld zu liefern (**§§ 146 Abs. 1 Nr. 3; 147**), das sich der Täter selbst noch beschaffen muss, ist noch nicht der letzte Teilakt vor dem durch Entlassung aus dem (hier noch gar nicht begründeten) Gewahrsam zu bewirkenden *Inverkehrbringen* (BGH StV **1987** 101 zu § 146 Abs. 1 Nr. 1; BGH NStZ **2003**, 423 zu § 147). Um einen solchen handelt es sich auch nicht beim Aufgeben von Briefen zur Post, deren präparierte Wertzeichen vom Empfänger an den Absender erst noch zurückgeschickt, vom Entwertungsstempel befreit und erst dann *als gültig verwendet* (§ 148 Abs. 2) werden sollten (unzutreffend daher OLG Koblenz NJW **1983** 1625; s. dazu *Küper* NJW **1984** 777). Ein unmittelbares Ansetzen zum Inverkehrbringen liegt auch noch nicht vor, wenn der Täter einen gefälschten Geldschein mit sich führt, um diesen zu einem noch nicht festgelegten Zeitpunkt im Zahlungsverkehr einzusetzen (KG [5] 161 Ss 81/17 [41/17] v. 23.5.2017) Gleichfalls dürfte es entgegen BGH NStZ-RR **2004** 40 an einem Versuch der Gründung einer *terroristischen Vereinigung* (**§ 129a**) noch mangeln, wenn der Täter bislang eine Person mit dem konkreten Ansinnen, diese als Mitglied der zu gründenden Vereinigung zu gewinnen, nur angesprochen hat. Bei der *Vornahme sexueller Handlungen* an einem Kind (**§ 176 Abs. 1**) kommt es darauf an, ob der mit dem Kind am Tatort angelangte Täter (nach seiner [Ablaufs-]Vorstellung von der Tat, s. Rdn. 116) unmittelbar zur Vornahme übergehen (BGHR StGB § 176 Versuch 1), oder ob er das Kind hier erst durch Überredung zum „freiwilligen" Mitmachen „verführen" will (BGHSt **35** 6, 8 f mit dem zutreffenden Hinweis darauf, dass der Versuch des Bestimmens nach § 176 Abs. 2 früher beginnen kann).[359] Soweit der BGH es aber für den Versuchsbeginn des § 176 Abs. 1 schon für ausreichend hält, dass sich der Täter mit seinem Opfer auf den Weg zum ausersehenen Tatort macht (BGHSt **35** 6, 8 f; BGH 1 StR 606/73 v. 22.1.1974), wird man zumindest verlangen müssen, dass nur noch eine kurze Wegstrecke zurückzulegen ist.[360] Dagegen reicht es noch nicht aus, dass das Opfer mit dem Wegführen den Schutz seiner vertrauten Umgebung verliert.[361] Denn die Verschlechterung der Lage des Opfers vermag die Unmittelbarkeit des Eintretens in das Ausführungsstadium nicht zu ersetzen. Möglicherweise zum Diebstahl, nicht aber zum „sexuell geprägten Zwangsverhalten" des **§ 177 Abs. 1** setzt unmittelbar an, wer ein Kellerfenster aufzustemmen sucht, um im Haus Geld zu stehlen und das dort schlafende Opfer zu vergewaltigen (BGH NStZ **2000** 418 mit krit. Anm. *Bellay* NStZ **2000** 591).[362] Entgegen BGH StV **1999** 593 steht das *Bemächtigen/Entführen* nach **§ 239a Abs. 1** jedenfalls dann unmittelbar bevor, wenn die Täter an der Tür des Opfers klingeln, um es nach

---

**359** Zustimmend etwa *Kühl* AT § 15 Rdn. 66; *Roxin* AT II § 29 Rdn. 167 f.

**360** *Kühl* AT § 15 Rdn. 66. Das Erreichen des Tatortes verlangen dagegen *Tomiak/Franzke* HRRS **2019** 337,343.

**361** So die Argumentation von *Roxin* AT II § 29 Rdn. 167, der hinsichtlich des auch von ihm geforderten engen zeitlichen Zusammenhangs auf den „zügigen Fortgang zur Tatvollendung" verweist, der freilich je nach Wegstrecke zweifelhaft ist.

**362** Vgl. auch *Maurach/Gössel/Zipf* AT/2 § 40 Rdn. 44. Zum Sonderfall des Betrugsversuchs durch „AGG-Hopping" *Brand/Rahimi-Azar* NJW **2015** 2993, 2995.

dem Öffnen unverzüglich in ihre Gewalt zu bringen. Dass sie die Ausführung von der äußeren Bedingung abhängig machen, dass das Opfer ohne sein Kleinkind erscheint, ändert nichts an der Tatentschlossenheit (s. Rdn. 57 ff, 65; eines weiteren „Willensimpulses" bedurfte es daher insoweit nicht, s. dazu *Jäger* NStZ **2000** 415; *Kudlich* JuS **2005** 187; *Roxin* AT II § 29 Rdn. 154) und auch nichts daran, dass der nächste Schritt (nicht anders als im zutreffend entschiedenen Tankstellen-Fall BGHSt **26** 201) der Beginn der Tathandlung sein sollte. Dementsprechend kann es auch nicht überzeugen, wenn der BGH (NStZ **2013** 579 mit zutreffend kritischer Anm. *Jäger* JA **2013** 949, 250) das unmittelbare Ansetzen zur *räuberischen Erpressung* (**§§ 253, 255**) deshalb in Frage stellt, weil die Täter, die mit der Absicht, unmittelbar nach dem Öffnen der Tür mit den Nötigungshandlungen zu beginnen, bereits geklingelt hatten, von der Tatausführung Abstand nehmen wollten, falls sich ein Kind im Haus befindet. An einem unmittelbaren Ansetzen fehlt es andererseits, wenn die Täter dem Entführungsopfer auflauern oder hinter ihm herfahren, zwar nicht, weil es zum erwarteten Anhalten und Aussteigen des Opfers aus seinem Pkw nicht kommt, wohl aber, weil die Täter ihr Versteck bzw. ihr Auto bei einem Anhalten noch verlassen und sich dem Opfer nähern mussten, bevor sie zum Bemächtigen übergehen konnten (anders für die zweite Variante BGH NStZ **1997** 83). Hat der Täter die Nötigungshandlung bereits vorgenommen, so ist ein Versuchsbeginn nach den Grundsätzen des beendeten Versuchs zu bejahen (Rdn. 139); das gilt auch im Fall der *Dreieckserpressung*, selbst wenn das abgenötigte Verhalten nicht unmittelbar auf die Nötigungshandlung folgen soll (**aA** *Knauer* JuS **2014** 690, 692). Im Rahmen von **§ 259** ist Bezugspunkt des unmittelbaren Ansetzens die Übernahme (Sich-Verschaffen) bzw. Übertragung der Verfügungsgewalt (einem Dritten Verschaffen).[363] Das gilt auch für die *Absatzhehlerei*, seit der BGH (St **59** 42) für diese einen Absatzerfolg voraussetzt.[364] Erforderlich ist für ein unmittelbares Ansetzen also auch insoweit, dass die Übertragung der Verfügungsgewalt nach der Tätervorstellung unmittelbar bevorsteht; bloße Vereinbarungen genügen nicht (BGH NStZ **2019** 80 f). Demnach begründet das Anfertigen von Fotografien der Hehlerware und das Ansprechen von Personen in der Hoffnung, dass diese bei dem Verkauf dienlich sein könnten, noch keinen Versuch der Absatzhehlerei (**aA** offenbar BGHSt **59** 42).[365] Für die *Absatzhilfe* stellt sich die Frage, ob sich das unmittelbare Ansetzen auf die Unterstützungshandlung bezieht oder der Versuchsbeginn von der auf Absatz gerichteten Tätigkeit des Vortäters abhängt. Richtigerweise folgt aus dem materiellen Beihilfecharakter der Absatzhilfe das Erfordernis einer quasiakzessorischen Bestimmung des Versuchsbeginns, so dass der Absatzhelfer erst dann unmittelbar ansetzt, wenn auch der Vortäter mit zum Absetzen unmittelbar ansetzt.[366] Es kann also nicht den Versuch der Absatzhilfe begründen, wenn das gestohlene Gerät lediglich zum Zweck der Reparatur übernommen wurde (**aA** BGH NStZ **1994** 395, 396).[367] Zur *Täuschung* einer Versicherung (**§ 263**) setzt noch nicht an, wer die versicherte Sache mutwillig beschädigt (OLG München wistra **2006** 436). Beim Eingehungsbetrug (§ 263) ist die Sondierung der Vertragsbereitschaft noch Vorbereitung, das von Täuschung begleitete Vertragsangebot in der Vorstellung, der Verhandlungspartner werde es möglicherweise annehmen, dagegen Versuch (BGH NStZ **1997** 31). Deutliche Zwischenschritte sind noch erforderlich, wenn der Täter von gefälschten Postsparbüchern Beträge abheben will, über die Einrichtung solcher Sparbücher mit geringem Einzahlungsbetrag und unter falschem Namen aber noch nicht hinausgekommen ist (BGH wistra **1984**

**363** OLG Köln StV **2019** 688, 689; *Sch/Schröder/Hecker* § 259 Rdn. 46.

**364** Was *Küper* GA **2015** 129, 142 dazu veranlasst hat, die Absatzhehlerei als „schlichtes Erfolgsdelikt" einzuordnen, was aber deshalb nicht überzeugt, weil nicht jeder beliebige Übergang der Verfügungsgewalt den Tatbestand erfüllt.

**365** In der zitierten Entscheidung steht das unmittelbare Ansetzen freilich nicht im Mittelpunkt, sondern wird vom BGH „implizit unterstellt"; so zutreffend *Küper* GA **2015** 129, 142, der auch zu Recht darauf hinweist, dass die genannten Maßnahmen „schwerlich bereits ein ‚unmittelbares Ansetzen' zur Tatbestandsverwirklichung darstellten". Eingehend *Küper* FS Paeffgen 345, 351 ff.

**366** OLG Köln StV **2019** 688, 689 (dazu *Jahn* JuS **2017** 1128 ff); *Dehne-Niemann* HRRS **2015** 72, 78; *Sch/Schröder/Hecker* § 259 Rdn. 48; *SSW/Jahn* § 259 Rdn. 48.

**367** Eingehend zum Ganzen *Küper* JZ **2015** 1032, 1039 ff; *ders.* FS Paeffgen 345, 355 ff.

142). Im Falle der beabsichtigten Täuschung eines Kreditgebers durch eine nicht vorhandene Sicherheiten vorspiegelnde Erklärung vermisst BGH StV **2003** 444, 446 zu Recht noch wesentliche Zwischenschritte, weil die Erklärung ein vereinbartes Überprüfungsverfahren (an dem die Täter mitwirken mussten) noch nicht durchlaufen und deshalb auch noch nicht die kreditgebende Bank erreicht hatte. Anders liegt es, wenn der Täter es zumindest für möglich hält, dass auf der Grundlage der von ihm eingereichten manipulierten Unterlagen ein Kreditvertrag zustande kommt (vgl. OLG Hamm 1 RVs 72/16 v. 29.9.2016). Der Versuch eines *Prozessbetruges* wird überwiegend auch dann schon mit der Einreichung einer den unwahren Vortrag enthaltenden Klage- oder Antragsschrift bejaht, wenn die Einwirkung in der mündlichen Verhandlung (u. U. in Verbindung mit einer Zeugenbenennung) fortgesetzt werden soll (OLG Köln NJW-RR **2003** 507, 508; OLG Bamberg **1982** 247 f m. Anm. *Hilger*).[368] Richtigerweise ist hier zunächst zu klären, ob (nach Tätervorstellung)[369] die irrtumsbehaftete Entscheidung bereits auf den Schriftsatz gründen kann (dann liegt bereits ein beendeter Versuch vor)[370] oder ob die der Verfügung zugrundeliegende richterliche Überzeugung erst auf der Grundlage des mündlichen Vortrags gebildet wird.[371] Letzterenfalls muss sich das unmittelbare Ansetzen auf diesen Vortrag beziehen, so dass der Beginn des Vortrags (nicht sein Abschluss; so *Zaczyk* NK Rdn. 31)[372] maßgeblich ist; vorbereitende Schriftsätze begründen noch keinen Betrugsversuch. Eine gewissermaßen doppelt mittelbar täterschaftliche Konstruktion liegt vor, wenn der Täter dem einen gerichtlichen Beweisbeschluss umsetzenden Sachverständigen ein von ihm manipuliertes Kfz zur Begutachtung überlässt. Ein versuchsbegründender Herrschaftsverlust liegt hier noch nicht vor, wenn sich der Täter auf das Ergebnis der Begutachtung im Prozess noch berufen muss (für Versuchsbeginn dagegen OLG München NJW **2006** 3364 f; dazu *Kraatz* Jura **2007** 531 ff; *Zaczyk* FS Krey S. 485 ff). Die Erklärung unrichtiger Tatsachen in einem *Mahnantrag* mit dem Ziel, den Rechtspfleger zum Erlass eines sachlich nicht begründeten Mahnbescheides gegen den Antragsgegner zu veranlassen, begründet entgegen der Rechtsprechung (BGHSt 24 257, 260 f; OLG Celle NStZ-RR **2012** 111; zutreffend ablehnend *Kudlich* JA **2012** 152, 154) noch kein unmittelbares Ansetzen zum Betrug. Denn abgesehen von der Frage, ob der Rechtspfleger einem Irrtum unterliegt (krit. *Sch/Schröder/Perron* § 263 Rdn. 73; *Rengier* BT I § 13 Rdn. 48), begründet der Erlass des Mahnbescheids noch keinen Vermögensschaden (so auch BGHSt 24 257, 260 f; OLG Celle NStZ-RR **2012** 111, 113). Eine tatbestandliche Täuschungshandlung kann folglich erst in der Beantragung eines Vollstreckungsbescheids liegen (zutreffend *Zaczyk* NK Rdn. 31). Entsprechendes gilt (entgegen BGH NStZ **2012** 322, 323) bezogen auf **§ 263a** im automatisierten Mahnverfahren (insoweit gegen Täuschungsäquivalenz *Beulke* FS Rengier S. 147, 149 f; *Rengier* BT I § 14 Rdn. 13). Bei einer E-mail-Werbung durch einen sog. Spammer, die für einen Dialer wirbt, hängt der Versuchsbeginn nach §§ 263, 263a von der Ausgestaltung der E-mail ab (*Frank* CR **2004** 127 f). Ein versuchter Computerbetrug (§ 263a) durch den Einsatz von mittels *Phishing* erlangter Zugangsdaten für Bankkonten liegt erst dann vor, wenn der Täter „diese Daten verwendet, indem er sie beispielsweise in den Computer eingibt, um so eine von dem tatsächlich Berechtigten nicht autorisierte Überweisung zu tätigen“. Dagegen gehören die Einrichtung von Zielkonten, eine fingierte polizeiliche Anmeldung und das Abfangen von Kontounterlagen noch zum Vorbereitungsstadium (KG StV **2013** 515 f; dazu *Jahn* JuS **2012** 1135 ff). Beim Ausspähen von Zahlungskartendaten mittels *Skimming* muss sich das unmittelbare Ansetzen auf die Fälschungshandlung nach **§§ 152a Abs. 1 Nr. 1,**

---

**368** Ebenso *Fischer* § 263 Rdn. 199; *SSW/Satzger* § 263 Rdn. 342; *Tiedemann* LK[12] § 263 Rdn. 279.
**369** Die Maßgeblichkeit der Tätervorstellung wird verkannt von OLG Bamberg NStZ **1982** 247 f.
**370** Insofern zutreffend OLG Bamberg NStZ **1982** 247 f.
**371** Einen Versuchsbeginn durch Erhebung einer Stufenklage zu Recht verneinend OLG Hamm wistra **2009** 322.
**372** Im Fall des täuschenden Parteivortrags sei dies erst der Schluss der mündlichen Verhandlung. Eingehend *Zaczyk* FS Krey 485, 497 f, dessen Argumentation sich vor allem auf die strukturelle Verwandtschaft mit der mittelbaren Täterschaft stützt. Danach sei der versuchte Prozessbetrug durch die täuschende Partei nur als beendeter Versuch möglich. Das überzeugt nicht, weil die tatbestandliche Ausführungshandlung des § 263 die Täuschungshandlung ist, auf die das unmittelbare Ansetzen bezogen sein muss.

**152b Abs. 1, 4**, also auf das Übertragen der zuvor ausgespähten Kartendaten auf die Kartendublette beziehen (BGH NJW **2014** 1463 f; dazu *Schiemann* JR **2014** 303 ff).[373] Das Anbringen der Auslese-Geräte am Geldautomaten, das Auswerten der Videoaufzeichnungen, das systematische Erfassen der so ermittelten PINs und das Aufspielen der ausgelesenen Daten auf einen Datenträger stellen bloße Vorbereitungshandlungen dar (BGH NJW **2014** 1463 f; BGH NStZ-RR **2011** 367 f; BGH NStZ **2011** 89; BGH StV **2011** 533). Dagegen soll die Weitergabe der Daten an im Ausland befindliche Mittäter den Versuchsbeginn markieren, wenn damit ein gleichsam automatisierter Ablauf in Gang gesetzt, also nach einem vorab festgelegten Plan in engem zeitlichen Zusammenhang die Fälschungshandlung vorgenommen wird (BGH NStZ **2011** 517 f; dazu kritisch *Kudlich* ZWH **2011** 32 f; enger BGH NStZ-RR **2011** 367, 368: wenn der Täter „mit der Fälschungshandlung selbst beginnt").[374] Zum *Herstellen* einer unechten Urkunde (**§ 267 Abs. 1**) setzt unmittelbar an, wer in die bereits mit dem Siegel und der Unterschrift eines zuständigen Beamten versehenen Führerscheinformulare nur noch Personalien und Lichtbild einzufügen braucht (BGH *Holtz* MDR **1978** 625), nicht aber, wer zu ähnlich vorpräparierten Kraftfahrzeugscheinen und -briefen erst noch die dazugehörigen Autos stehlen muss (OLG Koblenz VRS **55** 428). Für ein unmittelbares Ansetzen zur *Wegnahme* beim Diebstahl (**§ 242**) von Pkws reicht das Rütteln an den Vorderrädern ebensowenig aus (**aA** BGHSt **22** 80; *Roxin* JuS **1979** 6) wie das Anfertigen von Zündschlüsselkopien und das Erfragen des Standorts der Fahrzeuge beim Halter, solange sich der Täter noch nicht einmal auf den Weg zu den Fahrzeugen begeben hat (BGHSt **28** 162). Auch genügt es für den Versuchsbeginn nicht, wenn der Täter den Türgriff eines Autos dahingehend prüft, ob dieser demontierbar ist, wenn er bei einem für ihn günstigen Befund anschließend noch sein Werkzeug aus seinem in der Nähe abgestellten Pkw holen muss (BGH StV **2013** 216). Schließlich ist auch die Entwendung des Tankschlosses zur Herstellung eines Nachschlüssels selbst dann durch zunächst diesen Akt und die Rückkehr zum Fahrzeug von der Wegnahme des Pkws noch so deutlich entfernt, dass selbst bei einem zügig vorgestellten Ablauf noch kein Versuch vorliegt (anders für diese Variante des Diebstahls nach der „Tankdeckelmethode" BGH StV **1992** 62). Krass verfehlt ist die Annahme eines Diebstahlsversuchs, wenn der Täter tagsüber den Gewahrsam des Berechtigten gelockert hat (durch Verstecken von Waren im Außengelände eines Baumarktes) und dabei vorhat, in der Nacht über den Zaun zu steigen und die Waren wegzunehmen (so OLG Hamm 2 SS 499/08 v. 5.1.2009; LG Potsdam NStZ **2007** 336, 337 f).[375] Gleiches gilt, wenn der Täter gezielt Waren aus einem durch Überwachungskameras besonders gesicherten Bereich (Whiskyflasche aus dem Spirituosenregel) in einen anderen Bereich verbringt (Textilabteilung), sie dort unter anderer Ware verbirgt, um die Waren zu einem (offen gebliebenen) späteren Zeitpunkt „abzuholen" und den Markt ohne Bezahlung zu verlassen (für ein unmittelbares Ansetzen unter Hinweis auf die Rechtsgutsgefährdung, „weil der Eigentümer mangels Kenntnis des Verstecks keine Zugriffmöglichkeit mehr hatte", OLG Rostock 20 RR 6/19–1 Ss 3/19 v. 1.3.2019). Entsprechend hat der BGH (StraFo 2016 213) (gegen den Antrag der GBA) in einer Konstellation arbeitsteiligen Handelns entschieden, wobei die Entscheidung keinen Aufschluss darüber gibt, welcher Zeitraum zwischen dem Verstecken der Ware durch den einen Mittäter und dem Abholen durch die anderen liegen sollte. Richtigerweise liegt in all diesen Fällen bezogen auf die zeitlich (zumindest: möglicherweise) deutlich spätere Wegnahme nur eine Vorbereitungshandlung vor.[376] Tathandlung ist der Bruch, nicht die Lockerung des Gewahrsams; die Entscheidung

---

**373** Vgl. auch OLG Jena NStZ-RR **2009** 236: Kein Versuchsbeginn beim erfolglosen Bemühen, ein Paket mit Zahlungskartenrohlingen ausgehändigt zu erhalten.

**374** Im Vorfeld des Versuches kommen freilich § 30 sowie §§ 152b Abs. 5 i. V. m. § 149 in Betracht.

**375** Verschärfend wirkt es dann noch, wenn aus dem unmittelbaren Ansetzen zur Verwirklichung des zugrundeliegenden Tatbestandes auf das unmittelbare Ansetzen zur Verwirklichung des Regelbeispiels geschlossen und die Regelbeispielwirkung bejaht wird; so OLG Hamm 1 RVs 91/16 v. 27.12.2016.

**376** Zutreffend *Walter* NStZ **2008** 157. Im Ergebnis zutreffend LG Mönchengladbach 32 Ns 18/14 v. 3.9.2014 (allerdings nicht mit Blick auf die zeitliche Distanz zur Tatausführung, sondern mit Hinweis auf die Höhe des noch zu überwindenden Zauns). Wie hier wohl auch *Putzke* JuS **2009** 985, 986 f.

für die Vornahme der Ausführungshandlung ist mit der Erleichterung der späteren Wegnahme noch nicht gefallen. Wer mit einer fahrbaren Einbruchswerkstatt oder einer Zugmaschine zum Tatort fährt, dort aber noch eine Zigarettenpause einlegt oder die abzuschleppenden Container erst einmal auf brauchbare Inhalte inspiziert, bereitet den Diebstahl noch vor (BGH NStZ **1989** 473; OLG Oldenburg StV **1983** 506). Dagegen setzt zur Wegnahme unmittelbar an, wer das Fenster eine Hühnerstalls mit einer dicken Masse zur Verhinderung von Klirrgeräuschen eingeschmiert hat und nun „in ununterbrochener Folge" das Fenster eindrücken oder mit einem Werkzeug einschlagen will, um die hinter dem Fenster hockenden Hühner zu stehlen (RGSt **54** 35, 36).[377] Ein unmittelbares Ansetzen zur Wegnahme nach § 242 verneint hat der 5. Strafsenat (BGH NStZ **2019** 716 m. Anm. *Kudlich* NStZ **2020** 34 f; BGH 5 StR 274/19 v. 4.7.2019) dagegen jeweils in einem Fall, in dem der Täter den Holzrahmen einer Terrassentür durchbohrt und nun vorhatte, den Türöffnungshebel zu bedienen, um so in das Wohnhaus zu gelangen, um Bargeld und Wertgegenstände zu entwenden. Ob das Zustimmung verdient hängt davon ab, wie aufwändig es sich nach Tätervorstellung noch darstellt, in das Haus zu gelangen. Ist das Öffnen der Tür nur noch „Formsache" und soll die Suche nach Stehlenswertem unmittelbar nach Eindringen in die Räumlichkeiten beginnen, so ist ein wesentlicher Zwischenschritt nicht mehr erforderlich.[378] Der Senat hat sich in der wohl als grundlegend zu verstehenden Entscheidung BGHSt **64** 318 (dazu *Eisele* JuS **2020** 798 ff; *Heintschel-Heinegg* JA **2020** 550 f) zwischenzeitlich von seinem eigenen Judikat distanziert und stellt bei Diebstahlsdelikten im Ausgangspunkt darauf ab, „ob aus Tätersicht bereits die konkrete Gefahr eines ungehinderten Zugriffs auf das in Aussicht genomme Stehlgut besteht" (s. dazu schon Rdn. 87). Das sei der Fall, wenn der Täter Werkzeug zum Zweck des Aufbrechens eines Zigarettenautomaten bei diesem ablege und den Automaten zur Geräuschdämpfung mit einer Plane verhülle. Damit sei der Automat dem Blick anderer entzogen und dem Zugriff des Täters, der im Falle einer erfolgreichen Suche nach einer Steckdose mit Hilfe eines Trennschleifers, andernfalls mit anderen Werkzeugen zum Aufbruch übergehen wollte, in besonderer Weise ausgesetzt. Ebenfalls wohl vornehmlich aus kriminalpolitischen Gründen großzügig hat sich der BGH (*Holtz* MDR **1985** 627; BGHR StGB § 22 Ansetzen 39) bei der Annahme des Versuchsbeginns beim *Trickdiebstahl* in dem Fall gezeigt, dass sich einer der Täter als „Wasserwerker" ausgab, um Einlass in eine Wohnung zu erhalten und so auch seinem Mittäter das Betreten der Wohnung zu ermöglichen, der dort nach Wertsachen suchen und diese entwenden sollte. Der Angriff auf den fremden Gewahrsam beginne hier bereits mit dem Begehren um Einlass. Das ist zweifelhaft, weil erst nach dem Einlass eine Ablenkung des Opfers gelingen und eine erfolgreiche Suche nach Wertgegenständen erfolgen musste, bevor mit deren Wegnahme begonnen werden konnte. Mit eben dieser Begründung hat der BGH (NStZ **2016** 616, 617) in einer vergleichbaren Konstellation ein unmittelbares Ansetzen abgelehnt.[379] Zum Raub (**§ 249**) setzt an, wer an der Wohnungstür des Tankstellenpächters maskiert und mit der Waffe in der Hand klingelt, um nach dem erwarteten (dazu, dass es allein darauf ankommt s. Rdn. 117) Öffnen den Pächter sogleich mit der Waffe zu bedrohen, zu fesseln und zur Duldung der Wegnahme zu nötigen (BGHSt **26** 201).[380] Nichts andere gilt, wenn der Täter eine räuberische Erpressung (§§ 253, 255) begehen will (BGH 3 StR 105/10 v. 11.5.2010). Dagegen

**377** Das RG hatte den Versuchsbeginn allerdings auf die Handlung des Einbrechens statt auf die Wegnahmehandlung bezogen. In der Literatur wird teilweise angenommen, dass die (für zutreffend gehaltene) Annahme des Versuchsbeginns bezogen auf § 242 auf dem Boden einer formalen Zwischenaktlehre problematisch sei und deshalb Gefährdungsaspekte (*Sch/Schröder/Eser/Bosch* Rdn. 40) bzw. die Nähe der Tatbestandsverwirklichung (so *Hillenkamp* LK[12] Rdn. 113) in die Betrachtung einbezogen werden müssten.

**378** Ähnlich *Kudlich* NStZ **2020** 34.

**379** Vgl. *Jäger* JA **2018** 874, 875 f, der mit guten Gründen meint, die Abweichung zwischen den Entscheidungen hätte Anlass für eine Anfrage geboten.

**380** Zur Abgrenzung von einem – noch nicht versuchsbegründenden – Klingeln zur Begehung eines Diebstahls aus einer Wohnung vgl. BGH NStZ **2016** 616, 617. Dabei greift der dortige Hinweis, dass die Täter beim Raub in der Vorstellung handeln, sofort zu Gewalthandlungen überzugehen und damit ein Tatbestandsmerkmal zu erfüllen,

liegt noch kein Versuch vor, wenn der Täter sich noch auf dem Treppenabsatz vor der Klingel des Raubopfers befindet und nach dem Öffnen das Opfer zunächst in ein Gespräch zu verwickeln beabsichtigt, bevor er es notfalls mit Chloroform betäuben und ausrauben will (mustergültig hierzu OLG Hamm StV **1997** 242). Ähnlich wie im „Lichthupen-Fall" (BGH Holtz MDR **1977** 807), in dem der BGH die noch ausstehenden Zwischenschritte übergeht (s. hierzu *Kühl* JuS **1980** 652; *Küper* JZ **1979** 777) und daher unzutreffend von einem Raubversuch ausgeht, mussten auch im Reifennagel-Fall (entgegen BGH NJW **1980** 1759) die Täter, die bislang nur einen Nagel in den Reifen des Fahrzeugs des Kassenboten getrieben hatten, nach ihrer Vorstellung auf das Erscheinen des Boten noch warten, ihm hinterherfahren, bei der eintretenden Reifenpanne selbst anhalten, das Fahrzeug verlassen und auf den Boten zugehen und konnten erst dann zur Tathandlung schreiten. Von Handlungsunmittelbarkeit kann daher beim Treiben des Nagels in den Reifen noch keine Rede sein (i. E. ebenso *Roxin* AT II § 29 Rdn. 165). Richtig erkannt ist dagegen, dass noch „erhebliche Zwischenschritte" fehlen, wenn die zum Überfall auf eine Bank am Montagmorgen entschlossenen Täter am Sonntagabend in die Bankräume eindringen wollen, um sich dort zu verbergen, davon aber absehen, als sie Spuren entdecken, die darauf hinweisen, dass ihre zuvor schon getroffenen Vorbereitungen im Vorraum der Bank entdeckt worden sind (BGH NStZ **2004** 38, 39). Beim *Führen eines Fahrzeugs* nach **§ 315c** wird man nach den Maßstäben von BGHSt **35** 390 (wo es um die Abgrenzung zur Vollendung geht, s. Rdn. 12) für ein unmittelbares Ansetzen verlangen müssen, dass der Fahrzeugführer das Fahrzeug in der Vorstellung bestiegen hat, es sogleich anzulassen und loszufahren. Beim *Verbringen* von Abfall nach **§ 326 Abs. 2** ist (bei Gutgläubigkeit des Transporteurs) jedenfalls mit dem Auslaufen des Schiffes das Versuchsstadium erreicht; das „Bereitstellen zur Verschiffung" soll nach Auffassung des Hans. OLG Hamburg (NZWiSt **2016** 146) nur dann genügen, wenn es in unmittelbaren räumlichen und zeitlichen Zusammenhang zur Tathandlung steht.[381] Letzteres erscheint problematisch: Hat der Täter aus seiner Sicht mit der Bereitstellung alles Erforderliche veranlasst, so sind von seiner Seite keine Zwischenschritte mehr erforderlich; er hat das Geschehen aus der Hand gegeben und befindet sich damit im Versuchsstadium (vgl. Rdn. 168 ff zum Versuchsbeginn bei mittelbarer Täterschaft).[382]

Ist die Tatbestandshandlung nur nach dem herbeizuführenden Erfolg bezeichnet („töten", 126
„an der Gesundheit schädigen" etc.), so dass alle möglichen Tätigkeiten, die den Erfolg nach sich ziehen können, in Betracht kommen (**reine Erfolgsdelikte**), so bereitet bereits die Festlegung der Ausführungshandlung als Bezugspunkt des unmittelbaren Ansetzens mitunter größere Schwierigkeiten. Obwohl sich das Erfordernis der Bestimmung des tatbestandsmäßigen Verhaltens auch beim vollendeten Delikt stellt, muss sich die Praxis hier vielfach nicht mit Details belasten, weil es letztlich gleichgültig ist, welche Handlung die tatbestandsmäßige Ausführungshandlung darstellt, sofern schließlich der Erfolg planmäßig herbeigeführt wurde. Während beim vollendeten Delikt ein Verhalten tatbestandsmäßig ist, wenn es eine rechtlich missbilligte Gefahrschaffung bezogen auf den konkreten tatbestandsmäßigen Erfolg darstellt, muss sich diese Definition beim versuchten Delikt an der Tätervorstellung orientieren. Als tatbestandsmäßig ist danach ein Verhalten dann anzusehen, wenn es auf der Grundlage der Tätervorstellung eine rechtlich missbilligte Gefahrschaffung in Richtung auf den vorgestellten tatbestandsmäßigen Erfolg darstellt (bzw. bei Richtigkeit dieser Vorstellung darstellen würde), so dass dieser Erfolg im Falle seines Eintritts zurechenbar wäre. Da der Zweck der Verhaltensmissbilligung grundsätzlich nicht darin zu sehen ist, eine weitere deliktische Entscheidung des Täters zu verhindern, ist im Regelfall erst das letzte aktive Verhalten des Täters, das unmittelbar in den Erfolg einmünden soll, als tatbestandsmäßiges Verhalten anzusehen. Solche Tathandlun-

---

noch zu kurz, da der Versuchsbeginn auch ein unmittelbares Ansetzen zur Wegnahme verlangt, dessen Bejahung mit Blick auf die Relevanz der Gewalt auf die Gewahrsamsverhältnisse aber beim Raub naheliegt; zutreffend *Jäger* JA **2018** 874, 876.

**381** Vgl. zum Versuchsbeginn bei der Abfallverschiebung *Tölle* NStZ **1997** 325 ff.

**382** So auch *Junck/Ogiermann* NZWiSt **2016** 147 f.

gen, die nach der Vorstellung des Täters den Erfolg herbeiführen sollen, sind also z. B. das Schießen, Stechen oder Schlagen als Tötungs- oder Körperverletzungshandlung, das Setzen einer Spritze beim Schwangerschaftsabbruch oder das Besorgen eines Fluchtautos oder eine Falschaussage als die den Strafvereitelungserfolg herbeiführende Handlung. Erst nach diesem Gedankenschritt kann auf der mit ihm gewonnenen Grundlage entschieden werden, ob das Täterverhalten der letzte Teilakt vor dem Beginn dieser „Tathandlung" ist (s. *Kühl* JuS **1980** 508; *Vogler* LK[10] Rdn. 65; ähnlich *Frister* 23/27).

127 **Einzelfälle:** Hiernach kann bei einem **Tötungsvorhaben** durch *Erschießen* das Eindringen mit schussbereiter Waffe in den Raum, in dem der Täter das Opfer vermutet, die nötige Handlungsunmittelbarkeit herstellen, wenn beim Antreffen des Opfers sofort geschossen werden soll (BGH NStZ **1987** 20).[383] Dagegen sind noch wesentlichen Zwischenschritte erforderlich, wenn der an der Eingangstür eines Mehrfamilienhauses klingelnde Täter zur Wohnungstür noch vordringen und sich dort Eingang verschaffen muss (BGH StV **1984** 420; *Roxin* AT II § 29 Rdn. 151, der diesen Fall zu den von ihm sog. Annäherungsfällen zählt). Ebenfalls wesentliche Zwischenschritte hat der BGH (NStZ **2018** 648, 650) angenommen, wenn es nach Vorstellung des Täters noch erforderlich ist, „dem Flüchtenden nachzusetzen, ihn vor der Haustür zu stellen und dort die Voraussetzungen für eine erfolgreiche Schussabgabe zu schaffen".[384] Entgegen BGH NStZ-RR **1998** 203 liegt es bei einem Tötungsvorhaben durch *Erschlagen* nicht anders, wenn der mit einem Axtstiel bewaffnete Täter die Treppe zum Obergeschoß noch nehmen und in das Schlafzimmer eindringen muss, in dem das Opfer schläft. Im Stadium der Vorbereitung befindet sich, wer sein Opfer beim ersten Angriff nur verteidigungsunfähig machen und die Tötungshandlung erst nach einem genau geplanten mehraktigen Geschehensablauf in größerem örtlichen und zeitlichen Abstand ausführen will. Dies gilt zumal dann, wenn sich unter den noch vorgesehenen Handlungsschritten auch solche befinden, die in keinem inneren Zusammenhang mit der Tötung stehen und durch den vorherigen Tod des Tatopfers sogar vereitelt würden (BGH NJW **2002** 1057, 1058 mit zust. Anm. *Jäger* JR **2002** 383, 384). Das Ergebnis erscheint auf den ersten Blick evident (*Hillenkamp* LK[12] Rdn. 104: „ganz sicher") und könnte allenfalls deshalb in Zweifel gezogen werden, weil die Ausschaltung von Verteidigungsmöglichkeiten unter dem Aspekt der Rechtsgutsgefährdung für einen Versuch ins Feld geführt werden könnte (zu Recht **abl.** aber auch insoweit BGH NJW **2002** 1057, 1058; s. dazu auch *Gaede* JuS **2002** 1058, 1061). Unter Hinweis auf die Rechtsgutsgefährdung hat der BGH (NStZ **2014** 447)[385] einen Versuchsbeginn dagegen (zu Unrecht, s. schon Rdn. 87) für den Fall bejaht, dass der Täter das in seine Gewalt gebrachte Opfer noch mehrere Tage bis zu dessen Tötung quälen wollte. Im Unterschied zur vorstehenden Konstellation hat der BGH hierfür auf die „Dichte des Tatplans" verwiesen, da die Quälereien „keinen tatbestandsfremden Zwecken" gedient hätten, „sondern wegen ihrer notwendigen Zusammengehörigkeit mit der Tathandlung nach dem Plan des Täters als deren Bestandteil erscheinen". Der allein maßgebliche gesetzliche Tatbestand stellt einen solchen Zusammenhang zwischen „Quälen" und „Töten" aber gerade nicht her. Schon mit Blick auf den zeitlichen Ablauf kann der vom Täter hergestellte Zusammenhang nichts daran ändern, dass es bezogen auf die Ausführungshandlung („töten") an der Unmittelbarkeit fehlt. Andererseits ist Handlungsunmittelbarkeit gegeben, wenn bei einem **Körperverletzungsversuch** durch *Schießen* der Täter die geladene Waffe bereits gezogen, entsichert und auf das Opfer gerichtet hat. Das „Krümmen des Fingers am Abzugshebel" als zweifelsfreies Beginnen des Schießens muss dann nicht abgewartet werden (zutr. gegen diese engere Auffassung des GBA daher BGH NStZ

383 Wenn BGH NStZ **1993** 398 bei sonst vergleichbarer Sachlage ein unmittelbares Ansetzen zum Erstechen verneint, weil der Täter sich noch eine „weitere Klärung der Lage" in dem Sinne vorbehalten wollte, dass weitere Personen nicht anwesend waren, dürfte eher ein Fall bloßer Tatgeneigtheit vorgelegen haben. Bei Zugrundelegung eines Tatentschlusses, dessen Realisierung lediglich von günstigen äußeren Umständen abhängig gemacht wurde, wäre richtigerweise von unmittelbarem Ansetzen auszugehen gewesen.

384 Zustimmend *Hecker* JuS **2019** 176 ff; *Hinderer* NStZ **2019** 18 f.

385 Mit zutreffend kritischer Anm. *Krehl*; ablehnend auch *Schuhr* HRRS **2014** 402 ff.

**1993** 133). Werfen die Täter benzingefüllte Brandflaschen vor ein Lokal, um die dort befindlichen Opfer aus dem Haus zu treiben und sie unmittelbar darauf auf der Straße gemeinschaftlich zu misshandeln, so stellt das Ergreifen der Opfer keinen wesentlichen Zwischenschritt dar (BGH NStZ **2000** 422; **aA** *Hillenkamp* LK[12] Rdn. 104). Bei einer **Strafvereitelung** durch *Falschaussage* ist deren Absprache und Zusage für den Zeugen noch Vorbereitung. Handlungsunmittelbarkeit tritt erst in der Vernehmungssituation ein. Das gilt auch dann, wenn der Zeuge in einem Brief die Aussage schon niedergelegt und hierdurch das Gericht veranlasst hat, dem auf den Brief gestützten Beweisantrag der Verteidigerin zu entsprechen (für einen Vereitelungsversuch dagegen OLG Karlsruhe MDR **1993** 368).[386] Dass auch für den *Verteidiger* die Versuchsgrenze erst mit „dem Beginn der falschen Zeugenaussage" überschritten ist (so noch BGHSt **31** 10; HansOLG Bremen JR **1981** 474; krit. hierzu *Beulke* NStZ **1982** 330), hat die Rechtsprechung dahin korrigiert, dass schon die Benennung eines „präparierten" Zeugen (BGH StV **1987** 195), von dessen fortbestehender Bereitschaft zur Falschaussage der Verteidiger aufgrund konkreter Anhaltspunkte ausgehen kann (deutlich hierzu OLG Frankfurt StV **1992** 360, 362; s. auch OLG Frankfurt a. M. NStZ-RR **2003** 238), diese Feststellung rechtfertige (BGH NJW **1983** 2712; OLG Köln StV **2003** 15, 16 f). Das ist aber nur dann richtig, wenn schon die Benennung als letzter aktiver Handlung des Verteidigers als tatbestandsmäßiges Verhalten anzusehen ist (und damit ein Fall des beendeten Versuchs vorliegt). Weder die Vornahme der Tathandlung noch ein unmittelbar vorgelagerter Akt liegen vor, wenn ein Verteidiger einen Zeugen zur Falschaussage zwar auffordert, von diesem aber keine Zusage erhält und daher seine Vernehmung auch nicht beantragt (KG JR **1984** 250). Der BGH (NStZ **2006** 331, 332) hat den Versuch einer **Brandstiftung** in einem Fall angenommen, in dem die Täter zur Ausführung der Tat mit Hilfe eines ihnen zur Verfügung gestellten Schlüssels bis in den Vorraum des ausersehenen Diskothekenraums gelangt waren. Der Tatplan sah vor, noch eine verschlossene Zwischentür mit einem Kuhfuß zu öffnen, um dann das mitgeführte Benzin auszuschütten und zu entzünden. Der BGH hat diesen Zwischenschritten ihre Wesentlichkeit vor allem unter Hinweis auf die „Dichte des Tatplans" abgesprochen (zu diesem Kriterium schon oben und Rdn. 87): Sie hätten kein „Zwischengeschehen" dargestellt, dessen „Ausgang offen gewesen wäre oder das zu neuen Planungen oder Entschlussfassungen geführt hätte", da den Tätern die Notwendigkeit der gewaltsamen Türöffnung und deren Beschaffenheit bekannt gewesen und in den Planungen entsprechend berücksichtigt worden seien.[387] Diese Argumentation verkennt, dass die Person auch bei sorgfältiger Planung nicht auf die Realisierung der eingeplanten Handlungen festgelegt ist, sondern die normative Erwartung rechtstreuen Verhaltens fortbesteht, die nicht durch intellektuelle Planungsleistungen, sondern nach dem Konzept des § 22 nur durch das unmittelbare Bevorstehen der Ausführungshandlung ausgehebelt werden kann.[388] Zutreffend hat der BGH (NStZ **2008** 209) den Versuchsbeginn bei **Herbeiführen einer Sprengstoffexplosion** (§ 308) verneint, wenn der Täter nach dem Ausströmenlassen von Gas davon ausging, dass es zur Herbeiführung der Explosion „zwingend noch weiterer von ihm später zu erbringender Handlungen" bedürfe und bis dahin nichts passieren könne.

---

**386** *Hillenkamp* LK[12] Rdn. 113 hat hier einen Versuchsbeginn mit der Überlegung erwogen, dass sich der Zeuge durch Einreichung der schriftlichen Aussage auf die Unwahrheit festgelegt und sich damit einem (Zwangs-) Mechanismus ausgeliefert habe, der eine nicht mehr maßgeblich steigerbare Gefahr der Tatbestandsverwirklichung begründe. Überzeugen kann das nicht: Die Annahme, die Entscheidung werde durchgehalten, wird nach § 22 durch das unmittelbare Bevorstehen der Ausführungshandlung, nicht durch sonstige Indizien für eine besonders intensive Selbstfestlegung begründet.

**387** Ergänzend meint der BGH (NStZ **2006** 331, 332), dass auch der räumliche und zeitliche Zusammenhang bestehe: Die Täter hätten „nur noch wenige Meter und Sekunden von der Tatbestandsverwirklichung" getrennt. Das ist schlicht unzutreffend.

**388** *Schuhr* StV **2007** 188 f. Ablehnend auch *Hillenkamp* LK[12] Rdn. 113, der meint, dass der BGH die Anforderungen an die Wesentlichkeit so hoch ansetze, dass der rechtsstaatliche Gewinn der Zwischenaktslehre hierdurch wieder verloren zu gehen drohe.

128 **Typische Vorbereitungshandlungen – Kasuistik:** Es lassen sich verallgemeinernd **Handlungsschritte** benennen, denen es an der erforderlichen Handlungsunmittelbarkeit noch gebricht und die daher **typischerweise Vorbereitungshandlungen** darstellen (s. *Roxin* AT II § 29 Rdn. 173–179; *Jäger* SK Rdn. 24 ff; *Vogler* LK[10] Rdn. 68–70).

129 Dazu gehören zunächst das **Herstellen** und **Beschaffen** der **Tatmittel** und **Werkzeuge**, sowie deren Herrichten und Bereitstellen. **Betrugsversuch** liegt daher noch nicht vor, wenn der Täter sich bei einer Behörde eine falsche Bescheinigung ausstellen lässt, um sie später bei einer anderen Behörde zu Täuschungszwecken vorzulegen (**aA** RGSt **77** 172, 173; OLG Celle DRiZ **1947** 153), oder unter falschem Namen Postsparbücher mit geringen Einzahlungsbeträgen errichtet, um nach deren Verfälschung höhere Beträge abzuheben (BGH wistra **1984** 142). Wer einen Einbruchsdiebstahl oder einen Unfallschaden fingiert, um später die Versicherungsgesellschaft zu täuschen, kann hiermit bereits § 265 erfüllen, begeht aber ebensowenig schon einen Betrugsversuch (BGH NJW **1952** 340; OLG München wistra **2006** 436; **aA** RGSt **72** 66) wie der, der einen noch unbekannten Gehilfen für den geplanten Betrug zu gewinnen versucht (**aA** RGSt **77** 172; abl. zu RGSt **72** 66; **77** 172 daher auch E 1962 Begr. S. 144). Wer auf dem Entwerterfeld einer Fahrkarte eine Wachsschicht aufträgt, um den Aufdruck des Entwerters nach der Fahrt wieder abzuwischen und die Fahrkarte neu benutzen zu können, bereitet hiermit eine Tat nach § 265a bzw. § 263 erst vor (vgl. OLG Düsseldorf NJW **1990** 924). Das gilt auch für § 148 Abs. 2, wenn der Täter die ähnlich präparierten Wertzeichen erstmalig zur Post gibt (**aA** OLG Koblenz NJW **1983** 1625). Ein **Diebstahlsversuch** liegt weder im Anfertigen von Zündschlüsselkopien (BGHSt **28** 162) noch im Mitnehmen eines Tankverschlusses, um mit dessen Hilfe eine Schlüsselkopie herzustellen (**aA** BGH StV **1992** 62). Ein **Abtreibungsversuch** liegt nicht darin, dass sich die Schwangere bemüht, einen Arzt zu gewinnen (BGHSt **4** 17). Das Mischen eines Giftpilzes unter ein vom Opfer zusammengetragenes, aber noch nicht zubereitetes Pilzgericht ist dagegen nur dann eindeutig lediglich vorbereitendes Herstellen eines Tatmittels nach § 224 Abs. 1 Nr. 1, wenn der Täter die Mahlzeit später selbst zubereiten und dem Opfer vorsetzen will (s. zum anders gelagerten Fall [Zubereitung der Pilze durch die nichtsahnende Köchin] RG JW **1936** 513 Rdn. 161). Auch das Bereithalten von Tatwerkzeugen am Tatort ist noch typische Vorbereitungshandlung, wenn beispielsweise die eingerichtete Brandanlage erst vier oder fünf Tage später in Gang gesetzt (BGH NStZ **1981** 99) oder die für den Einbruch erforderliche Winde schon drei Tage vor dem ausersehenen Tattag am Tatort niedergelegt wird.[389]

130 Auch das (bloße) **Aufsuchen des Tatorts** ist noch Vorbereitungshandlung, soweit es noch weiterer Zwischenschritte bedarf, um die erforderliche Handlungsunmittelbarkeit herzustellen. Daher fehlt es am Versuch, wenn der Täter mit dem (kindlichen) Opfer zum Tatort fährt, um hier ein die Vornahme sexueller Handlungen erst vorbereitendes Gespräch zu beginnen (s. BGHSt **35** 6, 9 in der zweiten Tatplanvariante) oder es vor der geplanten Tötung noch zu einer Unterschrift zu zwingen (BGH NJW **2002** 1057), wenn die Schwangere ein Sanatorium aufsucht, um dort eine Abtreibung vornehmen zu lassen (RG HRR **1930** Nr. 1671), wenn der Täter die Räume des Opfers betritt, in denen er einen Trickdiebstahl zu dessen Lasten begehen will (KG NStZ-RR **2013** 138; dazu *Kudlich* JA **2013** 552 ff), der Täter einen Ladenraum betritt, um in einem unbeobachteten Moment eine Kasse aufzubrechen (**aA** BayObLG NStZ **1997** 442: das Betreten und die „Inaugenscheinnahme“ der Kasse begründe einen Versuch; in RGSt **69** 327 gingen die Täter schon deutlich darüber hinaus), auf das Trittbrett eines fahrenden Güterzuges aufspringt, um aus diesem nach Entfernung der Verschlussplomben zu stehlen (**aA** RGSt **54** 328),[390] ein Polizeigebäude betritt, um dem dort Inhaftierten Eisensägeblätter für einen Ausbruch zu übergeben (**aA** BGHSt **9** 62, 64: ein Fördern der Selbstbefreiung [§ 120] liege schon im Betreten, da „die Übergabe der Sägeblätter in greifbare Nähe gerückt und damit für die natürliche Auffassung

---

**389** Vgl. BGHSt **2** 380 f (s. dazu *Roxin* JuS **1979** 5), wo die Täter den Tatort allerdings bereits wieder aufgesucht und die Winde aus dem Versteck geholt und bereitgelegt hatten, weshalb der BGH einen Versuch angenommen hat; ablehnend dazu wie auch zu BGH *Dallinger* MDR **1966** 892 *Hillenkamp* LK[12] Rdn. 106.

**390** Wie hier *Zaczyk* NK Rdn. 26.

der obrigkeitliche Gewahrsam schon unmittelbar gefährdet wurde")[391] oder die Täter nur bis zum Bankeingang vorfahren, aber noch nicht die mitgeführten Waffen herausholen und ihre Masken auch noch nicht aufsetzen (BGH Holtz MDR **1978** 985) oder unverrichteter Dinge wieder umkehren, weil sie ihre schon getroffenen Vorbereitungen im Bankvorraum für entdeckt halten (BGH NStZ **2004** 38, 39). Das gilt auch, wenn sie zwar in der Absicht, den Filialleiter zu überfallen, die Filiale schon betreten, von weiteren geplanten Handlungen wie der Maskierung aber Abstand genommen haben, weil zu viele Kunden anwesend waren (BGH NStZ **1996** 38). Ist ein Einbruchsdiebstahl in einem Haus geplant, genügt das Betreten des zugehörigen Grundstücks für den Versuchsbeginn jedenfalls dann noch nicht, wenn dem keine wesentlichen Hindernisse entgegenstehen (etwa weil einem Gartentor keine erhebliche Schutzfunktion zukommt) (BGH NStZ **2017** 86, 87); das soll nach der Rechtsprechung u. U. anders sein, wenn der äußeren Grundstücksbegrenzung bereits eine gewahrsamssichernde Funktion bezogen auf die im Haus befindlichen Gegenstände zukommt (BGHSt **64** 318; OLG Frankfurt 1 Ws 202/88 v. 17.11.1988) (dazu bereits Rdn. 87, 125). Das Aufsuchen des Tatortes kann freilich auch bereits den **Versuchsbeginn markieren**, wenn im unmittelbaren Gefolge der nächste Akt in die Tathandlung führen soll oder der Täter am aufgesuchten Tatort sämtliche Vorbereitungshandlungen bereits abgeschlossen hat. So liegt es etwa dort, wo der Täter mit schussbereiter Waffe in einen Raum einbricht, um das darin vermutete Opfer sofort zu erschießen (BGH NStZ **1987** 20) oder im schon betretenen Schalterraum einer Poststelle die schriftliche Drohung angefertigt hat, mit der im nächsten Schritt die Kassiererin zur Herausgabe des Geldes aufgefordert werden soll (BGH GA **1980** 24; *Kühl* JuS **1980** 654).[392] Auch in RGSt **69** 327 hatte der Täter nicht nur das Ladengeschäft betreten, sondern die Tür hinter sich verriegelt und den für den Überfall ausersehenen Ladeninhaber bereits in ein Gespräch verwickelt, aus dem übergangslos die Bedrohung mit der Pistole hervorgehen sollte. Die aufgrund unterschiedlicher Tatpläne notwendige Differenzierung zwischen äußerlich annähernd gleich liegenden Sachverhaltsgestaltungen zeigt sich besonders deutlich in den sog. **Auflauerungs-** und **Erwartungsfällen** (*Roxin* JuS **1979** 5 f; *ders.* AT II § 29 Rdn. 155 ff). Während im „Pfeffertütenfall" (BGH NJW **1952** 514 mit abl. Anm. *Mezger*) die am Tatort lauernden Täter das Aussteigen des unmittelbar erwarteten Opfers aus der Straßenbahn erst noch abwarten und auf es zutreten und im „Lichthupenfall" (BGH Holtz MDR **1977** 807) die im Versteck liegenden Mittäter noch aus der Parklücke herausfahren, die Fahrbahn blockieren und den Geldtransporter besteigen mussten, ihre Gegenwart am Tatort also wie im Regelfall noch keine Handlungsunmittelbarkeit zum Raub bedeutet[393] (Rdn. 117, 125, jeweils **aA** der BGH), ist in den hierher zu zählenden **Klingelfällen** (s. dazu *Wessels/Beulke/Satzger* Rdn. 952) der Vorbereitungsbereich verlassen, wenn nach der Vorstellung des Täters (s. Rdn. 117, 125 und *Roxin* AT II § 29 Rdn. 156, 158) das Opfer sogleich erscheinen und alsdann ohne weiteres mit der Tathandlung konfrontiert werden soll (so im Tankstellenfall BGHSt **26** 201; s. auch BGH NStZ **1984** 506). Will der Täter nach dem Klingeln und Öffnen der Tür den Raum dagegen erst noch betreten und dort das Opfer in ein Gespräch verwickeln (OLG Hamm StV **1997** 242) oder die Waffe erst dann aus dem Hosenbund ziehen (BGH StV **1984** 420), fehlt es an der Handlungsunmittelbarkeit noch, nicht dagegen, wenn sich der Täter unmittelbar nach dem Öffnen des Opfers bemächtigen will, sofern es ihm alleine entgegentritt (**aA** BGH StV **1999** 593; BGH NStZ-RR **2004** 361 mit Bespr. *Kudlich* JuS **2005** 186 und BGH NStZ **2013** 579 mit abl. Anm. *Jäger* JA **2013** 949, 250; s. dazu schon Rdn. 125).

**391** Wie hier *Zaczyk* NK Rdn. 26.

**392** Kritisch *Zaczyk* S. 314: Die „Freiheit der Posthalterin, über das Vermögen der Post zu verfügen", sei „in ihrem Bestand (ihrem Dasein)" noch nicht angegriffen gewesen. Die Täter habe noch nicht „das Gleichheitsverhältnis verletzt und sich zum Herrn der Situation gemacht".

**393** BGH bei Holtz MDR **1977** 807 kommt dagegen trotz Zitierung auch der Zwischenaktsformel zum gegenteiligen Ergebnis; ebenso *Küper* JZ **1979** 777, 780 f unter Verweis auf die unmittelbare zeitliche Abfolge; wie hier *Kühl* JuS **1980** 652 und § 15 Rdn. 61; vgl. auch *Becher* S. 36 f, der zu Recht darauf hinweist, dass in einem ununterbrochenen zeitlichen Zusammenhang mit der Tatbestandsverwirklichung auch Vorbereitungshandlungen stehen können.

131 Auch mit dem bloßen **Auskundschaften** oder **Schaffen** einer **Tatgelegenheit** wird regelmäßig keine hinreichende Handlungsunmittelbarkeit hergestellt. So ist das Rütteln an den Vorderrädern von Pkws (sog. **Probierfälle,** *Roxin* JuS **1979** 6; *ders.* AT II § 29 Rdn. 160 f) selbst dann vom unmittelbaren Ansetzen zur Wegnahme noch einen wesentlichen Zwischenschritt entfernt, wenn beim Fehlen einer Lenkradsperre zum Gewahrsamsbruch unmittelbar übergegangen werden soll. Hier ist das Sich-zu-schaffen-Machen am Türschloss oder ein ähnliches, den Gewahrsam berührendes Verhalten nach positivem Ausgang der Durchführungsprobe abzuwarten (**aA** BGHSt **22** 80; der Entscheidung zust. *Roxin* JuS **1979** 6; *Jäger* SK Rdn. 30). Wer das Auto eines Kassenboten oder eines Entführungsopfers beschädigt, um diese zu überfallen, wenn sie später infolge der Beschädigung anhalten und aussteigen müssen, ist von den Tathandlungen der §§ 249, 239a noch deutlich entfernt, weil er lediglich die Gelegenheit zu ihrer Vornahme schafft (**aA** BGH NJW **1980** 1759 und BGH NStZ **1997** 83). Hierher gehört auch der Fall, in dem der Täter dem Opfer ein Mittel eingibt, um es zu betäuben, weil er sich außerstande sieht, das bei Bewusstsein befindliche Kind zu töten und die Tat durch Aufschneiden der Pulsadern erst begehen will, nachdem die betäubende Wirkung sicher eingetreten ist (**aA** RGSt **59** 157). Zu Recht sieht das BayObLGSt. **1989** 143 in einem bloßen, an Prostituierte „unter Verschweigung seiner Infizierung gestellten Ansinnen eines HI-Virusträgers, mit ihm ohne Schutzmittel Sexualverkehr auszuüben," ein den Körperverletzungsversuch nur vorbereitendes „Erkunden und Schaffen einer Tatgelegenheit". Insbesondere bei den „Sittlichkeitsdelikten" hat die ältere Rechtsprechung in den sog. **Missbrauchsfällen** (*Roxin* JuS **1979** 8; *ders.* AT II § 29 Rdn. 166 ff) die Versuchsgrenze – eingestandenermaßen (s. BGHSt **6** 302, 304) aus kriminalpolitischen Gründen – weit in den Bereich des vorbereitenden Auskundschaftens und Schaffens einer Tatgelegenheit vorverlegt, wenn sie etwa die Einladung eines Jungen nach Berlin, um ihn hier sexuell zu missbrauchen (RG DR **1939** 363) oder die Verabredung um 17 Uhr am Pferdekarussell (BGHSt **6** 302; s. auch BGH bei Dallinger MDR **1974** 722; dazu *Bockelmann* JZ **1955** 194) schon als Versuch nach § 175a Nr. 3 bzw. § 176 Abs. 1 Nr. 3 a. F. angesehen hat.[394] Die im Ergebnis berechtigte Kritik an solchen Entscheidungen nimmt in ihrer Härte freilich bisweilen zu wenig darauf Bedacht, dass in den seinerzeit erforderlichen Tathandlungen des „Verführens" oder „Verleitens" zu unzüchtigen Handlungen ein Latenzmoment steckt, das zu einem verhältnismäßig frühen Eintritt der Handlungsunmittelbarkeit führen kann (deutlich hierzu RGSt **52** 184).

132 Dem Schaffen einer Tatgelegenheit eng verwandt ist schließlich die **Beseitigung** von **Hindernissen,** die das unmittelbare Ansetzen im Regelfall erst ermöglicht. Hierher lässt sich auch der (Rdn. 131 schon erwähnte, freilich gegenteilig entschiedene) Fall RGSt **59** 157 zählen, in dem sich der Täter nicht in der Lage sah, sein Kind zu töten, so lange dieses bei Bewusstsein war (das Bewusstsein als Hindernis). Auch wird man entgegen BGHSt **3** 297 mit der dort gegebenen Begründung, dass das Vertreiben eines sich möglicherweise bei dem erst später und an anderer Stelle geplanten Raub als hinderlich erweisenden Begleiters des Raubopfers eben nur „die naheliegende Möglichkeit eines Bruches des fremden Gewahrsams herbeiführt", die Handlungsunmittelbarkeit noch zu verneinen haben. Deren Fehlen lässt sich auch nicht mit einer vermeintlich schon „erheblichen Gefährdung des Vermögens" des späteren Raubopfers überspielen, wenn eine präsente Gefahr der Tatbestandsverwirklichung noch nicht besteht. In der gleichfalls zu den **„Schutzminderungsfällen"** (*Roxin* JuS **1979** 6; *ders.* AT II § 29 Rdn. 162 ff) zählenden Entscheidung des RGSt **53** 217 ist dem Gericht zwar darin zuzustimmen, dass man zur Wegnahme „die bloße Ermöglichung ihrer Ausführung" dann schon rechnen kann, „wenn ein dem unmittelbaren Zugriff sich entgegenstellendes Hindernis vom Täter beiseite geschoben wird, um im sofortigen Anschluss daran sich der nunmehr ungeschützten Beute zu bemächtigen"; denn in solchen Fällen ist „die Entfernung des Hindernisses keine bloße Sicherung einer erst künftig zu begehenden Tat, sondern die Überwindung einer mit ihr fest verbundenen Hemmung", mit

394 Nicht ausreichend dagegen der Plan, mit dem Kind an einen Ort zu gehen, wo es zur Verabredung eines späteren Treffens kommen soll, bei dem dann sexuelle Handlungen vorgenommen werden sollen; BGH 1 StR 606/73 v. 22.1.1974.

deren Beseitigung der zu Bestehlende bereits in seiner ungestörten Gewahrsamsausübung beeinträchtigt wird. Man wird aber bezweifeln müssen, dass es im entschiedenen „Hofhund-Fall" so lag. Denn hier wurde keine Schutzvorrichtung beiseite geschoben, um unmittelbaren Zugriff auf das Diebstahlsobjekt zu nehmen. Vielmehr wurde in einer diesen Zugriff erst ermöglichenden und ihn daher in einer für die Hindernisbeseitigung typischen, nur vorbereitenden Weise der Hofhund vom Tatort weggeführt und außerhalb angebunden. Erst dann wollte der Täter auf das Gehöft zurückkehren und sich hier an die Wegnahme machen. Dann aber fehlt es noch an der Handlungsunmittelbarkeit.[395] An der auf die Tathandlung bezogenen Unmittelbarkeit fehlt es auch, wenn der Täter gewahrsamslockernde Handlungen vornimmt, der Gewahrsamsbruch aber deutlich später stattfinden soll (**aA** OLG Hamm 2 SS 499/08 v. 5.1.2009; LG Potsdam NStZ **2007** 336, 337 f; s. schon Rdn. 125).

133 **f) Anwendbarkeit der Ansatzformel im Nebenstrafrecht.**[396] § 22 gilt auch für das Nebenstrafrecht (§ 1 Abs. 1 EGStGB). Die Anwendbarkeit der Ansatzformel wird im Nebenstrafrecht in zweierlei Richtung in Frage gestellt, nämlich zum einen mit der Behauptung, sie führe zu einer unangemessenen Begrenzung und zum anderen mit der Behauptung, sie führe zu einer unangemessenen Ausdehnung der Versuchsstrafbarkeit. Die erstgenannte Kritik macht etwa geltend, die Ansatzformel führe bei der „Zoll- und Embargokriminalität" praktisch zur Straffreiheit, „weil sich der Täter nur noch im Augenblick der unmittelbaren Annäherung an die Grenze strafbar" mache und weil folglich vorher auch kein prozessualer Zugriff auf Beweismaterial zulässig sei. Die mit dieser Kritik verknüpfte Forderung, man solle die Entscheidung nach der Abgrenzungsformel jedenfalls im Wirtschaftsstrafrecht „entgegen dem Willen ihrer Urheber weiterhin auf die ernsthafte Gefährdung des geschützten Rechtsgutes" stützen, leitet sich auch daraus her, dass „ein unmittelbares Ansetzen bei der Wirtschaftskriminalität häufig nach außen überhaupt nicht erkennbar" sei.[397] Soweit dies auf einen äußerlich gleichförmigen, „nahtlos ineinander übergehenden Geschehensablauf" zurückgeführt wird, dient diese Beschreibung zugleich der Untermauerung der vermeintlich generellen Überlegenheit des materiellen Gefährdungsgedankens gegenüber einer Zäsuren verlangenden Zwischenaktslehre. Solche Zäsuren seien hier nämlich entweder nicht möglich oder beliebig und „formal".[398] Die genau gegenläufige Kritik, die eine zu weite Ausdehnung des Versuchsstadiums im Nebenstrafrecht befürchtet, wendet sich gegen diffuse Rechtsgutsbestimmungen und die unscharfe Deliktstypik zahlreicher Tatbestände des Nebenstrafrechts und plädiert deshalb dafür, das unmittelbare Ansetzen erst mit Beginn der Tatbestandshandlung anzunehmen, um sicherzustellen, dass ein die Strafbarkeit legitimierendes Unrecht gegeben ist.[399]

134 Richtigerweise beansprucht die **Ansatzformel** auch im Nebenstrafrecht **unverändert Anerkennung.**[400] Das folgt bereits aus dem **Wortlaut** des Gesetzes, das eine unterschiedliche Behandlung je nach Tatbestand nicht vorsieht, entspricht aber auch der **ratio** der Versuchsstrafbarkeit (wobei hier die Legitimation der Straftatbestände des Nebenstrafrechts nicht zu diskutieren ist). Soweit für eine Betonung des Gefährdungsgedankens plädiert wird, führt diese Lockerung

---

**395** Zutreffend *Bosch* Jura **2011** 909, 911; *Vogler* LK[10] Rdn. 50.

**396** Vgl. dazu umfassend *Mack* S. 1 f, 21 ff, 167 ff.

**397** Zitate aus *Tiedemann* JR **1973** 412; Gutachten 49. DJT **1972** C 52; ZRP **1970** 258; vgl. auch *ders.* Wirtschaftskriminalität I S. 220 ff; gegen ein Abstellen auf die Rechtsgutsgefährdung aber *ders.* FS Baumann 13; zur Kritik s. auch *Mack* S. 1 f.

**398** So *Sch/Schröder/Eser/Bosch* Rdn. 41.

**399** *Zaczyk* NK Rdn. 27; *Ambos* HK-GS Rdn. 29.

**400** Z. B. BGH NStZ **2008** 409, 410. Die Rechtsprechung bedient sich, wie *Mack* S. 23–142 umfassend zeigt, im Nebenstrafrecht keiner „Sonderformeln". Der Vorschlag *Macks* (S. 167), auf eine Festlegung zu verzichten, läuft in die Gefahr einer Beliebigkeit. Seine fallgruppenspezifische, die Besonderheiten der betroffenen Delikte einbeziehende Lösung (S. 143 ff, 167 ff) ist dann aber eine für jeden theoretischen Ausgangspunkt hilfreiche Konkretisierung.

der Anforderungen gegenüber dem formalen Gehalt der Zwischenakttheorie gerade mit Blick auf die vielen Tätigkeits- und abstrakten Gefährdungsdelikte des Nebenstrafrechts mit oft schwer zu konkretisierendem Rechtsgut zu Unsicherheiten bei der Abgrenzung von Vorbereitung und Versuch. Auch befördert die an die Rechtsgutsgefährdung anknüpfende Lehre die in der Rechtsprechung gerade hier verbreitete Neigung, aus kriminalistischen und kriminalpolitischen Gründen den Bereich der Versuchsstrafbarkeit weit vorzuverlegen, um zu verhindern, dass „die Anwendung und Durchsetzung der gesetzlichen Bestimmungen unangemessen" erschwert und „die Verletzung der Vorschriften ... bezweckende Handlungen in den Bereich von risikolosen Vorbereitungshandlungen" verwiesen werden (BGHSt **20**, 150, 151).[401] Sich dies zur Aufgabe zu machen, ist Sache des Gesetzgebers und folglich nur in den Grenzen der gesetzgeberischen Entscheidung zulässig. Der Gesetzgeber hat gerade im Wirtschaftsstrafrecht vielfach Vorfeldtatbestände geschaffen, deren nochmalige Erweiterung durch einen frühen Versuchsbeginn zu einer unangemessenen Strafbarkeitsausdehnung führen würde. Sowenig wie die Ausdehnung überzeugt aber auch eine engere Grenzziehung des Versuchsbeginns im Nebenstrafrecht. Denn auch insoweit manifestieren unmittelbar der tatbestandlichen Ausführungshandlung vorgelagerte Handlungen den Entschluss, zur Ausführungshandlung überzugehen und damit den im Tatbestand vorausgesetzten Handlungsunwert zu verwirklichen. Es ist nicht Sache der Rechtsprechung, die gesetzgeberische Entscheidung für eine Versuchsstrafbarkeit bereichsweise zu korrigieren.

135 Für die **Kasuistik** im Nebenstrafrecht lässt sich damit Folgendes festhalten: Im Rahmen des § 22a **KWKG**[402] ist – wie der BGH zu Recht betont – „die Grenze zwischen Versuch und Vorbereitungshandlung" eben „nicht aufgrund allgemeiner Erwägungen zur Zielsetzung des Gesetzes über die Kontrolle von Kriegswaffen oder mit Hilfe von Strafwürdigkeitsüberlegungen, sondern wie bei allen anderen Delikten nach den Grundsätzen des § 22 StGB zu ziehen".[403] Danach reicht für einen Versuch des § 22a Abs. 1 Nr. 7 KWKG, der zur Tatbestandsverwirklichung einen Vertragsabschluss verlangt, ein bindendes und alle wesentlichen, für einen Vertragsabschluss notwendigen Angaben enthaltendes Angebot an Interessenten aus, wenn deren ernsthaft geäußertes Interesse nach der Vorstellung des Täters erwarten lässt, der nächste, in ungestörtem Fortgang zu prognostizierende Schritt werde die Annahme des Angebots sein. Sind dagegen noch wesentliche Fragen offen oder befinden sich die Beteiligten noch in Sondierungsgesprächen darüber, ob eine Vertragsbereitschaft besteht, ist das Vorbereitungsstadium noch nicht verlassen (BGH NJW **1988** 3109; **1994** 135). Geht es um eine nach § 22a Abs. 1 Nr. 4 KWKG verbotene **Einfuhr,** die hier mit dem Überschreiten der Grenze des Bundesgebietes vollendet ist, ist bei einer Beförderung auf dem Seeweg die Veranlassung des Auslaufens des Schiffes die maßgebliche Ausführungshandlung, ab der das Geschehen aus der Hand gegeben ist.[404] Auch eine Ausfuhr nach **§ 34 Abs. 1 AWG** (a.F) kann weder mit dem Beschaffen oder Herstellen des auszuführenden Gutes noch mit dem bloßen Aufladen der Ware auf das Transportmittel beginnen; denn selbst wenn sich das Transportmittel nach der Vorstellung des Täters „alsbald nach der Grenze in Bewegung" setzen soll, bei deren Überquerung sich die Ausfuhr vollendet, tritt die Handlungsunmittelbarkeit aufgrund der erforderlichen Orientierung an der Tathandlung („Ausfuhr") erst kurz vor der Grenze bzw. dann ein, wenn der Täter das weitere Geschehen durch Einschaltung eines gutgläubigen Transporteurs aus der Hand gegeben hat (mittelbare

**401** Dieser „kriminalpolitische" Ansatz wird in seiner bedenklichen Weite von *Tölle* NStZ **1997** 325 auf den Versuchsbeginn der Abfallverschiebung nach § 326 Abs. 2, 4 übertragen.

**402** In der Fassung der Bekanntmachung vom 22. November 1990; § 22a ist an die Stelle des § 16a KWKG a. F. getreten.

**403** BGH NJW **1988** 3109; ebenso OLG Düsseldorf NJW **1993** 2253; die Maßgeblichkeit der Tatbestandsverwirklichungsnähe betont auch *Vogler* FS Stree/Wessels 294 f.

**404** OLG Düsseldorf NJW **1993** 2254, 2255 stellt unter Berufung auf das Gefährdungsmoment auf die Veranlassung des Auslaufens ab. Dagegen will *Hillenkamp* LK[12] Rdn. 118 mit Blick auf das von ihm propagierte Erfordernis einer „unmittelbaren Gefahr der Tatbestandsverwirklichung" auf den Zeitpunkt abstellen, zu dem die „unmittelbare räumliche und zeitliche Nähe zum Erreichen der deutschen Hoheitsgrenze" hergestellt ist.

Täterschaft, Rdn. 186 ff).[405] Das nach **§ 18 Abs. 1 Nr. 1a AWG** strafbewehrte Bereitstellungsverbot ist erst durch den tatsächlichen Transfer des Gutes verletzt, so dass ein unmittelbares Ansetzen erst dann vorliegt, wenn das Gut „auf den Weg zum gelisteten Empfänger gebracht oder für diesen zur unmittelbaren Abholung bereit gestellt" wurde; im Vorbereitungsstadium bewegt sich der Täter, wenn die Ware zunächst in ein Drittland geliefert werden soll und es aus Tätersicht noch weiterer Zwischenschritte bedarf, um sie an den Bestimmungsort zu bringen (BGH 3 StR 62/14 v. 9.12.2014). Hinsichtlich des Einschleusens von Ausländern (**§ 96 AufenthG**) komme bei Fehlen einer Bezugstat nach § 96 Abs. 1 AufenthG eine von § 96 Abs. 3 AufenthG erfasste, zur Täterschaft hochgestufte versuchte Teilnahme in Betracht, für die nach Auffassung des BGH (NStZ **2015** 399, 401; BGH NJW **2012** 2821 f; BGHR AufenthG § 96 Abs. 3 Unmittelbares Ansetzen 1) die allgemeinen Versuchsgrundsätze gelten, wobei ergänzend die Rechtsprechung zu § 30 Abs. 1 sowohl bezogen auf die an den Tatentschluss als auch bezogen auf die an das unmittelbare Ansetzen zu stellenden Anforderungen heranzuziehen sei. Maßgeblich für den Versuchsbeginn sei das unmittelbare Ansetzen zur Hilfeleistung. Das führt dazu, dass Verhaltensweisen, die weit im Vorfeld der geförderten Haupttat liegen, bereits in das Versuchsstadium führen, wenn etwa der Schleuser an einem vereinbarten Treffpunkt im Ausland vergeblich auf die nach Deutschland zu verbringenden Ausländer wartet (BGHR AufenthG § 96 Abs. 3 Unmittelbares Ansetzen 1). Besonders deutlich erweist sich die Gefahr einer unhaltbaren Vorverlegung des Versuchsbeginns bei einem Abstellen auf das materielle Gefährdungsmoment im Nebenstrafrecht, wenn der Versuch einer Hinterziehung von Eingangsabgaben nach **§ 370 AO** schon darin liegen soll, dass der Täter bei der Ausreise überhöhte Angaben zur mitgeführten Treibstoffmenge macht, um bei der Wiedereinreise eine höhere Menge Dieselkraftstoff abgabenfrei einführen zu können. Wenn in einem solchen Fall von der beim Einfuhrschmuggel sonst zu Recht eingehaltenen Linie abgegangen wird, dass die Einreise unmittelbar bevorstehen muss, und wenn das Noch-Ausstehen selbst des Zwischenschrittes des Einkaufs der einzuführenden Ware dem Versuchsbeginn hier nicht im Wege stehen soll, weil die falsche Angabe bereits „die Gefährdung des staatlichen Anspruchs auf Zahlung der Eingangsabgaben zur Folge" und der Täter sich durch die Ausstellung eines entsprechenden Treibstoffausweises vor Entdeckung abgesichert habe (so BayObLG JR **1978** 38), dann bleibt von der gesetzlich verlangten Handlungsunmittelbarkeit bezogen auf die tatbestandliche Ausführungshandlung nichts mehr übrig.[406] Für Einfuhrdelikte, bei denen die beabsichtigte Steuerverkürzung durch Angabe inhaltlich falscher Anmeldungen bei der zollamtlichen Abfertigung bewirkt werden soll, gilt, dass der Versuch erst mit der wahrheitswidrigen, weil z. B. unvollständigen Zollanmeldung beginnt (BGH NJW **2003** 3068, 3070). Der Tatbestand des § 370 Abs. 1 Nr. 1 AO setzt unrichtige oder unvollständige Angaben über steuerlich erhebliche Tatsachen voraus; der Eintritt des Steuerhinterziehungserfolgs setzt voraus, dass der materielle Steueranspruch des Staates beeinträchtigt wird (BGH wistra **1983** 113, 114; OLG Hamm NStZ-RR **2009** 177 [wonach eine solche Beeinträchtigung bereits im Erschleichen einer Wiedereinsetzung in den vorherigen Stand liegen könne]). Soweit durch falsche Angaben gegenüber dem Finanzamt zunächst nur die Erteilung einer Steuernummer begehrt wird, fehlt es an der Steuererheblichkeit der Angaben. Die Schwelle zum Versuch wird nach der Zwischenaktslehre in einem solchen Fall daher erst überschritten, wenn die falsche

---

405 Vgl. *Tiedemann* Wirtschaftsstrafrecht Rdn. 626 ff; *Graf/Jäger/Wittig/Cornelius* § 17 AWG Rdn. 44 ff und BGH NJW **1992** 3114, der die Frage allerdings offen lässt. Mit einem hier ganz diffusen materiellen Gefährdungskriterium läßt sich naturgemäß schon das aufwändige Herstellen des Gutes in Ausfuhrabsicht als Versuchsbeginn begründen, s. *Tölle* NStZ **1997** 325, 327 für Fälle der Abfallverschiebung nach § 326 Abs. 2, 4.

406 Zu Recht **ablehnend** daher *Berz* Jura **1984** 516; *Hübner* JR **1978** 40; *Kühl* JuS **1980** 653; *Kratzsch* JA **1983**, 578; zur Abgrenzung von Vorbereitung und Versuch im Steuerstrafrecht vgl. auch *Meine* GA **1978** 321; *Mösbauer* DStZ **1997** 577 und umfassend *Höser* Vorbereitungshandlung S. 29 ff, 112 ff auf der Grundlage einer kumulativen Vereinigungslehre (S. 28); **krit.** zum hier behandelten Fall a. a. O. S. 217 f. Zum Versuchsbeginn der Steuerhinterziehung durch Unterlassen *Spatscheck/Bertrand* DStR **2015** 2420, 2421 f. und Rdn. 180.

Steuererklärung beim Finanzamt eingereicht wird (BGH NStZ-RR **2003** 20, 21).[407] Folgerichtig stellen die datenmäßige Erfassung und Verbuchung der Belege sowie die Erstellung des falschen Zahlenwerks für eine später abzugebende Steuererklärung oder Umsatzsteuervoranmeldung noch Vorbereitungshandlungen dar (BGHSt **31** 225 f; BGH wistra **1994** 268). Das soll auch dann gelten, wenn den mit der Einreichung der Steuermeldungen betrauten **gutgläubigen Mitarbeitern eines Steuerberatungsbüros** unzutreffende Informationen und gefälschte Belege übermittelt werden. Auch der mittelbare Täter befinde sich hier noch im Vorbereitungsstadium (BGH wistra **1994** 268; BGH NZWiSt **2014** 432, 436). Das soll anders sein, wenn „der Steuerberater lediglich die Umsätze und Steuerbeträge aus den wenigen ihm übergebenen Eingangs- und Ausgangsrechnungen aufzuaddieren und sodann für den Angeklagten die Summen in einer Umsatzsteuervoranmeldung elektronisch an die Finanzbehörden zu übermitteln" hat; in diesem Fall könne der Angeklagte „davon ausgehen, dass die Tathandlung der Einreichung unrichtiger Umsatzsteuervoranmeldungen durch den Steuerberater ohne weitere Zwischenschritte nach Übergabe der Rechnungen an ihn erfolgen würde" (BGH NZWiSt **2014** 432, 436). Das entspricht den vom BGH für den Versuchsbeginn des mittelbaren Täters angelegten Maßstäben (Rdn. 193 ff). Richtigerweise wäre dagegen generell auf den Zeitpunkt abzustellen, zu dem der Täter das Geschehen aus der Hand gegeben, also die unzutreffenden Informationen bzw. gefälschten Belege an den Steuerberater weitergereicht hat, so dass das weitere Geschehen bis zur Einreichung beim Finanzamt ohne weiteres Zutun des Hintermanns abläuft (Rdn. 199 ff). Da bei der Steuerhehlerei nach **§ 374 AO** das „Sichverschaffen" das Erlangen eigener Verfügungsgewalt voraussetzt, kann der Eintritt in Kaufverhandlungen ein unmittelbares Ansetzen zum Ankaufen (als Unterfall des Sichverschaffens) nur dann darstellen, „wenn sich die Übergabe der Waren oder Erzeugnisse an den Käufer sofort anschließen kann und soll, sobald eine Einigung über den Kaufpreis zu Stande gekommen ist, und die Verhandlung so der Verschaffung der Verfügungsgewalt unmittelbar vorgelagert ist"; daran fehlt es jedenfalls dann, wenn etwa bei telefonischen Vertragsverhandlungen noch keine Einigung über Zeit und Ort der Lieferung erfolgt ist (BGH NStZ **2008** 409 f).

**136** Soweit es Straftaten nach dem **BtMG** anbelangt, gilt Folgendes: Die weite Interpretation des **Handeltreibens** im Sinne des § 29 Abs. 1 S. 1 Nr. 1 BtMG durch den BGH, derzufolge Handeltreiben „jede eigennützige auf den Umsatz von Betäubungsmitteln gerichtete Tätigkeit" sei, so dass die Tat bereits vollendet sei, wenn „der Täter bei einem beabsichtigten Ankauf von zum gewinnbringenden Weiterverkauf bestimmten Betäubungsmitteln in ernsthafte Verhandlungen mit dem potentiellen Verkäufer eintritt" (BGHSt **52** [GrS] 50 252), führt dazu, dass materielle Versuchshandlungen bereits in die Vollendung einbezogen werden. So soll selbst der Anbau von Cannabis-Pflanzen ab dem Stadium, in dem sie eine nicht geringe Menge THC enthalten, ein Handeltreiben darstellen, wenn er auf gewinnbringende Veräußerung der erst noch herzustellenden Betäubungsmittel zielt (BGH NStZ **2006** 578 f). Der Versuch des Anbaus, der erst mit dem unmittelbaren Ansetzen zur Aussaat oder zum Anpflanzen beginne, wofür regelmäßig das Heranschaffen des Saatguts oder der Setzlinge an die vorbereitete Fläche zu verlangen sei, begrenze den Versuch des Handeltreibens; letzterer könne also nicht bereits mit auf den Anbau gerichteten Vorbereitungshandlungen begründet werden (BGH NStZ **2012** 43 f). Dagegen stellen „weit im Vorfeld des beabsichtigten Güterumsatzes liegende" Aktivitäten lediglich Vorbereitungshandlungen dar; der BGH nennt „ergebnislose Anfragen nach Betäubungsmitteln und entsprechende Erkundungsfahrten" (BGH StV **2019** 336, 337; BGH StV **2010** 134 f). Ersichtlich führt der weite und unscharfe Begriff des Handeltreibens zu Unschärfen sowohl bei der Abgrenzung von Versuch und Vollendung als auch der von Vorbereitung und Versuch. Eine (zu) weite Ausdehnung des Versuchsstadiums liegt in der Erwägung, der Antritt einer Fahrt in der Absicht des Betäubungsmittelerwerbs könne bereits den Versuchsbeginn markieren, wenn dem Täter „am Zielort ein zuverlässiger Händler bekannt" ist (BGH StV **2019** 336, 337; vgl. auch BGH StV **1996** 548, 549). Gleiches gilt, wenn die in der Justizvollzugsanstalt beschäftigte Täterin einen Strafgefangenen anbietet, Cannabis zum gewinnbringenden

---

**407** Zum Vollendungszeitpunkt bei § 370 Abs. 1 AO BGH NStZ **2015** 282 („wenn der Täter durch seine Tathandlung Steuern verkürzt oder für sich oder einen anderen nicht gerechtfertigte Steuervorteile erlangt hat").

Weiterverkauf in die JVA einzuschmuggeln und ihm zu überlassen (OLG München NStZ **2011** 464, 465). Es soll den Versuchsbeginn begründen, dass die Täterin „die feste Absicht und auf Grund ihrer Tätigkeit auch die Möglichkeit" dazu hatte, Cannabis zu besorgen und das detailliert geplante Vorhaben umzusetzen. Richtigerweise kann das aber nichts daran ändern, dass insbesondere das Beschaffen der Drogen noch einen wesentlichen Zwischenschritt darstellt. Die Behauptung des Gerichts, durch die Konkretisierung der Tat und deren Erörterung mit dem Strafgefangenen habe die Täterin „die Tatverwirklichung derart aus der Hand gegeben, dass sie nach ihrer Vorstellung lediglich von dessen Zustimmung abhing" bedient sich einer Wendung aus dem Bereich der mittelbaren Täterschaft, die hier völlig neben der Sache liegt. Da nach der Rechtsprechung die Inbesitznahme von Betäubungsmitteln in Verwertungsabsicht auch dann ein Handeltreiben darstellt, wenn sie nicht auf abgeleitetem Erwerb beruht, könne auch ein unmittelbares Ansetzen zum Diebstahl ein versuchtes Handeltreiben darstellen. Der BGH (NStZ **2016** 612, 613) hält es für ausreichend, wenn der Täter den Drogenbesitzer aus dessen Wohnung lockt und ein Fenster entriegelt, um seinen Gehilfen Gelegenheit zu geben, die Drogen aus der Wohnung zu holen und auf der Treppe zur Abholung für den Täter bereit zu legen. Verlangt man abweichend vom BGH für eine Vollendung, dass eine Einigung zustande gekommen ist (s. dazu Rdn. 13), genügt das Suchen nach einer Telefonnummer, um ein Verhandlungsgespräch zu beginnen, noch nicht für den Eintritt in das Versuchsstadium; dagegen liegt ein Versuch nach diesem Ansatz vor, wenn ernsthafte Gespräche mit dem Ziel der Einigung begonnen wurden (BGH JR **2005** 258, 261). Beim unerlaubten **Erwerb** (§ 29 Abs. 1 Nr. 1 BtMG) liegt die Ausführungshandlung in der einvernehmlichen Übertragung der tatsächlichen Verfügungsgewalt. Das bloße Verpflichtungsgeschäft begründet weder die Vollendung noch einen Versuch. Versuchter Erwerb liegt vielmehr nur dann vor, „wenn der Täter nach seiner Vorstellung von der Tat unmittelbar zur Erlangung der tatsächlichen Verfügungsgewalt vom Vorbesitzer ansetzt" (BGHSt **40** 208, 209). Umgekehrt verlangt die **Abgabe** (§ 29 Abs. 1 Nr. 1, § 29a BtMG) die tatsächliche Verschaffung der Verfügungsmacht, woran es beim bloßen Aufbewahren von Betäubungsmitteln zum gewinnbringenden Weiterverkauf ebenso fehlt (BGH NStZ **2014** 717) wie beim Verkaufsangebot (BGH 1 StR 441/19 v. 24.10.2019). Bezogen auf die **unerlaubte Einfuhr von Betäubungsmitteln** nach § 29 Abs. 1 Nr. 1, § 30 Abs. 1 Nr. 4 BtMG liegt Vollendung erst dann vor, wenn die Drogen in dem Täter zurechenbarer Weise aus dem Ausland über die Grenze in das Hoheitsgebiet der Bundesrepublik Deutschland verbracht wurden (BGH NStZ **2010** 222). Nur Versuch kommt deshalb in Betracht, wenn der Täter die Drogen bei der Post aufgegeben, diese aber bereits im Ausland entdeckt werden und im Einvernehmen der beteiligten Zollbehörden zum Zwecke der Überführung ins Inland befördert werden; ein solcher Ablauf weicht in die Vollendung hindernder wesentlicher Weise von der Tätervorstellung ab (BGHSt **56** 162, 165 ff) – richtigerweise ist ein solcher Verlauf schon nicht objektiv zurechenbar, weil die verletzte Verhaltensnorm nicht dazu dient, den behördlichen Transport ins Inland zu verhindern. Ein Versuch der unerlaubten Einfuhr von Betäubungsmitteln liegt noch nicht vor, „wenn der in einem Kraftfahrzeug befindliche Täter noch einige Kilometer bis zur Grenze zu überwinden hat"; das ändert sich, „wenn er sich kurz vor der Grenze oder der vor ihr eingerichteten Kontrollstelle befindet" (BGHSt **36** 250; BGH StV **1996** 548; BGH wistra **1993** 26; BGH StV **2017** 287) oder der Täter die letzte Autobahnausfahrt vor der Kontrollstelle passiert hat (vgl. OLG Düsseldorf MDR **1994** 1235). Muss der Täter noch „hunderte Kilometer" zurücklegen (BGH NStZ **1983** 51) oder gar noch einmal übernachten, bevor er die Grenze erreicht (BGH NStZ **1983** 224), liegt hiernach noch kein Versuch vor. Ist dagegen das mit den Betäubungsmitteln versehene Reisegepäck beim Flughafen aufgegeben, so dass der Täter darauf nicht mehr ohne weiteres zugreifen kann, so ist das Versuchsstadium erreicht, und zwar – entgegen BGH MDR **1990** 842; BGH NStZ **2010** 222 – auch dann, wenn der Abflug mehrere Tage später erfolgen soll.[408] Das ergibt sich daraus, dass der Täter das „seinerseits Erforderliche zur Vollendung der Tat vollbracht" hat (so auch BGH MDR **1990** 842); es liegt eine Konstellation mittel-

408 Entgegen BGH NStZ **2008** 41 ist auch nicht der Zeitpunkt maßgeblich, zu dem das Gepäck mit den Drogen in das Flugzeug geladen wird, sondern das Aufgeben des Gepäcks, weil damit der Transport aus der Hand gegeben wird.

barer Täterschaft vor, in der der Hintermann das Geschehen aus der Hand gegeben hat (s. Rdn. 186 ff). Beim Transport von am Körper befestigten Drogen auf dem Luftweg ist Versuch jedenfalls dann anzunehmen, wenn der Kurier nach dem Passieren etwaiger Kontrollen das abflugbereite und Deutschland direkt ansteuernde Flugzeug besteigt (BGH StV **2005** 272). Der Täter manifestiert damit seine Entscheidung, zur tatbestandsmäßigen Handlung überzugehen, in einer Weise, die keinen Raum für Zweifel lässt.[409] Eine unbegründete Einschränkung stellt es deshalb dar, wenn nach BGH NStZ **2010** 222 bei Mitführen der Drogen im Handgepäck der Versuchsbeginn „frühestens" mit dem Betreten der Maschine „in Betracht" komme.

### g) Anwendung der Ansatzformel auf Sonderfälle

#### aa) Beendeter Versuch

137 **(1) Begriff.** Wie der Begriff des unbeendeten Versuchs (Rdn. 113) bedarf auch der des beendeten Versuchs der **Präzisierung** und einer **Abgrenzung gegenüber seiner Verwendung im Rahmen des Rücktritts.** Nach einer an *Frank* (§ 43 Bem. IV) angelehnten Formel soll der Versuch beendet (und damit das Versuchsstadium stets erreicht sein; *Busch* LK[9] § 43 Rdn. 33a), wenn der Täter nach seiner Vorstellung von der Tat alles getan hat, was ihm zur Vollendung des Delikts erforderlich erscheint (so auch die Definition bei *Hillenkamp* LK[12] Rdn. 131).[410] Diese Formulierung ist im Rahmen der Frage des Versuchsbeginns schon deshalb schief, weil mit ihr eine ex post-Perspektive eingenommen wird, die konsequenterweise dazu führen müsste, dass der vom Täter erkannte oder unterstellte Fehlschlag seiner bisherigen Bemühungen der Annahme eines beendeten Versuchs entgegensteht. Hintergrund der notwendigen begrifflichen Unterscheidung von beendetem Versuch im Rahmen von § 22 einerseits und § 24 andererseits ist das **unterschiedliche Erkenntnisinteresse:**[411] Während es bei § 24 darum geht, die Fälle zu erfassen, in denen vom Täter ein aktives Verhindern zu verlangen ist, geht es bei § 22 um die Abgrenzung von Vorbereitung und Versuch. Damit kommt der Vornahme der **Ausführungshandlung** in den unterschiedlichen Kontexten **unterschiedliche Bedeutung** zu. Während sie beim beendeten Versuch nach § 24 lediglich die Grundlage für das vom Täter (nach der Lehre vom Rücktrittshorizont) ex post zu bildende Urteil über die fortbestehende Gefahr für das Rechtsgut darstellt, geht es beim beendeten Versuch im Kontext von § 22 um die Frage, ob ihre Vornahme den rechtsfeindlichen Willen in versuchsbegründender Weise manifestiert. Beispielhaft: Wenn der Täter mit Tötungsvorsatz auf das Opfer schießt, interessiert es nur im Rahmen von § 24, ob der Schuss das Opfer lebensgefährlich verletzt oder verfehlt und ob ihm noch weitere Möglichkeiten der Erfolgsherbeiführung zur Verfügung stehen. Im Rahmen von § 22 kommt es hingegen darauf an, ob der Täter mit der Vornahme der Ausführungshandlung seinem rechtsfeindlichen Willen in versuchsbegründender Weise Ausdruck verliehen hat. Die Diskussion um die Frage, ob ein beendeter Versuch stets den Versuchsbeginn i. S. v. § 22 markiert, muss also von einem Verständnis ausgehen, wonach ein beendeter Versuch dann vorliegt, wenn der Täter (auf der Grundlage seiner Vorstellung) die **Ausführungshandlung(en)**[412] **vornimmt.**[413]

138 Begrifflich möglich und wohl auch am gebräuchlichsten ist allerdings ein Verständnis, wonach ein beendeter Versuch dann vorliegt, wenn der Täter eine Handlung vornimmt, die nach

---

**409** Krit. *Hillenkamp* LK[12] Rdn. 119 wegen der Distanz zur Tatbestandsverwirklichung.

**410** Explizit für eine begriffliche Gleichsetzung des beendeten Versuchs im vorliegenden Zusammenhang und des beendeten Versuchs i. S. v. § 24 *Jäger* SK Rdn. 40.

**411** Vgl. auch *Kühl* AT § 15 Rdn. 85b, der deshalb dafür plädiert, den Begriff des beendeten Versuchs im Kontext des Versuchsbeginns nicht zu verwenden.

**412** Setzt ein Tatbestand mehrere Ausführungshandlungen voraus (mehraktige Delikte), so liegt ein beendeter Versuch in diesem Sinne selbstverständlich nur vor, wenn der Täter (auf der Grundlage seiner Vorstellung) sämtliche Ausführungshandlungen vorgenommen hat.

**413** So wohl auch das Verständnis von *Grupp* S. 156.

seiner Vorstellung **ohne weiteres Zutun** von seiner Seite **zum Erfolg führt**. Diese Begriffsbestimmung begründet so lange keine Abweichung von der Orientierung an der Vornahme der Ausführungshandlung, wie letztere zugleich die (aus Tätersicht) letzte erfolgsbezogene Aktivität des Täters darstellt. Über diese Fälle hinaus wird aber mit der Frage nach der Relevanz der letzten aktiven Handlung des Täters die Frage aufgeworfen, inwieweit der Versuchsbeginn von der Vornahme der Ausführungshandlung entkoppelt werden kann (dazu Rdn. 140 ff).

**(2) Eintritt in das Versuchsstadium.** Richtigerweise ist davon auszugehen, dass der Täter 139
dann, wenn er auf der Grundlage seiner Vorstellung die tatbestandliche(n) Ausführungshandlung(en) vornimmt, damit **stets** in das Versuchsstadium eintritt (s. schon Rdn. 119 ff).[414] Als Begründung dieser Auffassung kann formal ein **Erst-Recht-Schluss** gezogen werden: Liegt der Versuchsbeginn bereits vor, wenn der Täter nach seiner Vorstellung zur Vornahme der Ausführungshandlung unmittelbar angesetzt hat, dann muss er erst recht vorliegen, wenn diese Ausführungshandlung nach Tätervorstellung tatsächlich vorgenommen wurde. Freilich setzt diese Begründung voraus, dass Bezugsgegenstand des unmittelbaren Ansetzens die tatbestandliche Ausführungshandlung ist (Rdn. 110). Das Ergebnis erweist sich aber auch in **materieller Hinsicht** als richtig, weil der Täter mit Vornahme der Ausführungshandlung die tatbestandlich vorausgesetzte, das Versuchsunrecht charakterisierende Entscheidung gegen das Rechtsgut getroffen hat. Mit der Vornahme des tatbestandsmäßigen Verhaltens liegt der deliktische Handlungsunwert vollständig vor; mehr als dieser Handlungsunwert (der im Fall des Erfolgseintritts dann auch die Vollendungsstrafbarkeit trägt) kann für den Versuch nicht vorausgesetzt werden. Zumindest für den Regelfall besteht denn auch Einigkeit, dass die Vornahme der Ausführungshandlung in das Versuchsstadium führt.[415]

**(3) Problematische Fälle.** Zweifel daran, dass ein Verhalten, das auf der Grundlage der Täter- 140
vorstellung als Vornahme der Ausführungshandlung bewertet wird, zwingend in das Versuchsstadium führt, werden allerdings dort geltend gemacht, wo das Verhalten nach Tätervorstellung noch eine **große Distanz zur Vollendung** aufweist. Diese Zweifel betreffen nur ganz vereinzelt die Konstellation, dass die Tathandlung einen naturhaften Verlauf in Gang setzen soll, der erst deutlich später den tatbestandlichen Erfolg herbeiführen soll (**„Spätfolgenfälle“**). Klassisch ist der Fall der HIV-Infektion, die nach Vorstellung des Täters erst Jahre später zum Tod des Opfers führen soll. Akzeptiert man hier die Beibringung der Viren als (auf der Grundlage der Tätervorstellung) tatbestandsmäßiges Verhalten,[416] so ist der Täter damit zugleich in das Versuchsstadium eingetreten (zutreffend *Roxin* AT II § 29 Rdn. 203). Die Annahme, der Versuch beginne erst zu dem Zeitpunkt, für den sich der Täter „frühestens ein von ihm verursachtes Sterben des Opfers für möglich gehalten hat“ (so *Herzberg/Putzke* FS Szwarc S. 205, 220) entkoppelt den Versuchsbeginn von jeder Möglichkeit der Einflussnahme des Täters auf das Geschehen. Das von *Herzberg/Putzke* postulierte Erfordernis eines „Ansetzungserfolgs“ im Sinne des Eintretens einer unmittelbaren Rechtsgutsgefährdung kann hier noch weniger überzeugen als in solchen Fällen, in denen der Täter noch Einfluß auf das Kausalgeschehen nehmen kann (dazu Rdn. 144).

Diskutiert wird die Frage des Versuchsbeginns aufgrund der Vornahme der Ausführungs- 141
handlung bei noch entfernter Vollendungsgefahr vor allem für solche Fälle, in denen ein ange-

---

414 *Herzberg* MDR **1973** 89 ff; *Kühl* FS Küper 289, 302 f; *Puppe* AT § 20 Rdn. 39; *Wege* Rücktritt und Normgeltung (2011) S. 73; ähnlich *Blei* JA **1975** 167 f. **AA** etwa *Herzberg/Putzke* FS Szwarc 205, 212 f.

415 Vgl. hierfür z. B. *Baumann/Weber/Mitsch/Eisele* § 22 Rdn. 62; *Berz* Jura **1984** 511, 512; *Kratzsch* JA **1983** 578, 585; *Lackner/Kühl/Kühl* Rdn. 3; *Maurach/Gössel/Zipf* AT/2 § 40 Rdn. 43; *R. Schmidt* Rdn. 673; *Wessels/Beulke/Satzger* Rdn. 944.

416 Zur diesbezüglichen Diskussion der Tatbestandsmäßigkeit bei den „Spätfolgenfällen“ *Frisch* Tatbestandsmäßiges Verhalten, S. 495 ff.

stoßener Verlauf aus Tätersicht noch **Möglichkeiten des Abbruchs** bietet, wobei die Optionen für eine Einwirkung auf den Geschehensverlauf sehr unterschiedlich sein können. Hier lassen sich Konstellationen, in denen der Täter die Gefahrenquelle noch in seinem Herrschaftsbereich hat (der Täter stellt das vergiftete Getränk für das Opfer bereit und hält sich bis zu dessen später erwarteten Eintreffen in unmittelbarer Nähe auf) von solchen unterscheiden, in denen der Täter erst wieder den Zugriff auf die Gefahrenquelle erlangen muss (die in einem Stadion platzierte Bombe soll durch einen installierten Zeitzünder drei Tage später expodieren).[417] In den gleichen Kontext gehören auch Fälle der **mittelbaren Täterschaft**, in denen zwischen der Einwirkung durch den Hintermann und der rechtsgutsverletzenden Handlung durch das Werkzeug noch ein längerer Zeitraum liegt, wobei auch hier wieder unterschiedliche Einflussmöglichkeiten bestehen können, nachdem das Werkzeug einmal aktiviert wurde (Rdn. 186 ff).[418] Schließlich werden hier noch Fälle angesprochen, in denen der Täter eine Handlung vornimmt, die phänomenologisch den Anforderungen an eine tatbestandliche Ausführungshandlung entspricht, bei deren Vornahme der Täter aber davon ausgeht, dass es zur Verwirklichung des Tatbestandes **weiterer Handlungen dieser Art zur Tatbestandsverwirklichung bedarf** (zu dieser Fallgruppe Rdn. 154). Ferner können Zweifel bei solchen Fällen auftauchen, in denen der Täter **sukzessiv** vorgehen will und die Ersthandlung noch nicht mit unmittelbaren Gefahren für das geschützte Rechtsgut verbunden sein soll (zu dieser Fallgruppe bereits Rdn. 44, 121).

142 **(4) Lösung der Rechtsprechung.** Die Rechtsprechung hat – unter Berufung auf allgemeine Versuchsgrundsätze[419] – die Distanz zwischen Ausführungshandlung und Vollendung zunächst bei der **mittelbaren Täterschaft** berücksichtigt und im „Salzsäure-Fall" ein unmittelbares Ansetzen des mittelbaren Täters von der planmäßigen Nähe des Werkzeughandelns zu der Tatbestandsverwirklichung – und damit von einer Art „Zwischenerfolg"[420] – abhängig gemacht: „In mittelbarer Täterschaft versucht eine Straftat derjenige, der nach seiner Vorstellung die erforderliche Einwirkung auf den Tatmittler abgeschlossen hat, so dass nach dem Tatplan dieser im unmittelbaren Anschluss die Tat ausführen soll und das geschützte Rechtsgut damit bereits in diesem Zeitpunkt gefährdet ist."[421] Auch in Fällen, in denen der Erfolgseintritt noch von einem **selbstschädigenden Opferverhalten** abhängig ist,[422] hat der BGH das Auseinanderfallen zwischen Täterverhalten und Erfolgseintritt berücksichtigt, dabei allerdings nicht die zeitliche Nähe zwischen Handlung und Erfolgseintritt als das zentrale Kriterium angesehen, sondern die Höhe der Wahrscheinlichkeit, dass es zu dem selbstschädigenden Verhalten kommt.[423] So hat der BGH (St **43** 177, 171) das unmittelbare Ansetzen beim Stellen einer Giftfalle abgelehnt, wenn der Täter „ein Erscheinen des Opfers im Wirkungskreis des Tatmittels ... für lediglich möglich, aber noch ungewiss oder gar für wenig wahrscheinlich" hält; eine versuchsbegründende „unmittelbare Rechtsgutsgefährdung" trete „nach dem Tatplan erst dann ein, wenn das Opfer tatsächlich erscheint, dabei Anstalten trifft, die erwartete selbstschädigende handlung vorzunehmen und

---

**417** Beispiel von *Frister* FS Wolter 375, 384.

**418** Zu nennen ist hier auch der Fall, dass der Täter das mit Betäubungsmitteln versehene Reisegepäck beim Fluhafen aufgegeben hat, der Abflug aber mehrere Tage später erfolgen soll (Versuchsbeginn verneinend BGH MDR **1990** 842).

**419** BGHSt **40** 257, 268. Dazu *Frister* FS Wolter 375, 377.

**420** Vgl. *Herzberg* FS Roxin (2001) 749, 763 ff.

**421** BGHSt **30** 363, 365; **40** 257, 268 f.; BGH StV **1997** 632 f.; siehe auch BGH NStZ **2001** 475, 476; BGHSt 43, 177 = JZ **1998** 209 mit kritischer Anm. *Roxin* = NStZ 1998, 241 mit zustimmender Anm. *Otto;* dazu auch *Rengier* AT § 36 Rn. 14; *Wolters* NJW **1998** 578.

**422** Wobei die Antwort auf die Frage, ob auch dieser Fall der mittelbaren Täterschaft zuzuschlagen ist, hier dahinstehen kann; eingehend dazu *Weddig* S. 37 ff.

**423** Das Kriterium der fehlenden Gewissheit hat der BGH in späteren Entscheidungen auch bei der mittelbaren Täterschaft angewendet; BGH NJW **2020** 559, 560; BGH NZWiSt **2014** 432, 436.

sich deshalb die Gefahr für das Opfer verdichtet".[424] Entsprechend verneint der BGH den Versuchsbeginn im von ihm selbst gebildeten Beispiel einer im Wald weggeworfenen Getränkeflasche mit giftigem Inhalt, wenn es der Täter für wenig wahrscheinlich hält, dass jemand die Flasche finden und aus ihr trinken könnte.[425] Dagegen hat der BGH das unmittelbare Ansetzen beim Anbringen einer Autobombe an einem fremden Fahrzeug sowie bei der Manipulation von Steckdosen durch den Vormieter bejaht, weil hier jeweils außer Zweifel gestanden habe, dass es in absehbarer Zeit zu der schadensauslösenden Benutzung des Pkw bzw. der Steckdosen kommen würde.[426] Die Berücksichtigung des nachfolgenden Verhaltens des Tatmittlers bzw. des Opfers steht ersichtlich in einem **Spannungsverhältnis zur Zwischenakttheorie** und auch zum Wortlaut des Gesetzes, das ein unmittelbares Ansetzen des Täters (nicht eines Werkzeugs oder des Opfers) verlangt. Der BGH hat darauf verwiesen, dass es in solchen Konstellationen zwar nicht am Ansetzen zur Tatbestandsverwirklichung, wohl aber an der „Unmittelbarkeit des Angriffs" und deshalb an der vom Gesetzgeber vorausgesetzten Gefährdung des Rechtsguts nach Tätervorstellung fehlen könne.[427]

Diesen Überlegungen ist zu **widersprechen.** Das gilt zunächst für die dem Wortlaut von § 22 nicht entsprechende **Entkoppelung von Ansetzen und Unmittelbarkeit;** Bezugspunkt der Unmittelbarkeit ist das Ansetzen und nicht eine davon losgelöst zu beurteilende, nach Tätervorstellung bestehende Gefährlichkeit.[428] Die Manifestation des rechtsfeindlichen Willens ist mit der Vornahme der Handlung, die das Opfer einer nicht mehr beherrschten Gefahr aussetzt, unabhängig von Überlegungen zur Nähe oder zur Wahrscheinlichkeit der Gefahrrealisierung komplett. Es ist folglich mit dem Strafgrund des Versuchs nicht vereinbar, wenn der Versuchsbeginn von solchen Überlegungen abhängig gemacht wird.[429] Eine nach Tätervorstellung geringe Wahrscheinlichkeit der Realisierung einer Gefahr, die einer Handlung anhaftet, kann für das Vorliegen eines Tatentschlusses bezogen auf die Vornahme einer rechtlich missbilligten Gefahrschaffung im Sinne des jeweiligen Tatbestandes von Bedeutung sein, aber nicht für das Stadium, in dem sich die Tat befindet. Bleiben Ansetzen und Unmittelbarkeit auf die Ausführungshandlung bezogen, so spielt weder die Frage, wann aufgrund der Ausführungshandlung der Erfolg eintritt, noch die Höhe der Gefahr, dass es überhaupt zum Erfolgseintritt kommt, eine Rolle für die Bestimmung des Versuchsbeginns.[430] Hinzu kommt, dass weitgehend ungeklärt ist, wie groß die Wahrscheinlichkeit der Gefahrrealisierung sein muss, damit ein unmittelbares Ansetzen zu bejahen ist. Gerade in Fällen, in denen der Täter es letztlich dem Zufall überlässt, ob sich das geschaffene Risiko realisiert (etwa im Fall der im Wald weggeworfenen Flasche mit giftigem Inhalt), werden diesbezügliche Vorstellungen für den Täter selbst auch gar nicht von Belang sein; ein diesbezüglicher „Plan" kann mangels Planbarkeit nicht existieren. 143

**(5) Weitere Auffassungen.** Aus ähnlichen Überlegungen ist auch dem Ansatz von *Herzberg/Putzke* (FS Szwarc 205, 217 f) zu **widersprechen**, die ein **zeitlich gestrecktes unmittelbares Ansetzen** für möglich halten, das mit der aktiven Handlung (etwa dem Vergiften des Getränks) beginne und mit dem Unterlassen der Gefahrbeseitigung komplettiert werde. Ähnlich der Rechtsprechung ist für *Herzberg/Putzke* der Eintritt der (vorgestellten) unmittelbaren Gefahr ein auf die Ansetzungshandlung folgender „Ansetzungserfolg". Hintergrund dieser Auffassung ist 144

**424** Monographisch zu diesem Fall *Weddig*, der (S. 85 ff) hinsichtlich des Gefährdungserfordernisses dem BGH zustimmt.

**425** BGHSt **43** 177, 181; zustimmend etwa *Ambos* HK-GS Rdn. 28.

**426** BGH NStZ **2001** 475 (Steckdose); BGH NStZ **1998** 294, 295 (Sprengfalle; dazu *Herzberg* JuS **1999** 224 ff.

**427** BGHSt **43** 177, 181 f.

**428** *Murmann* Versuchsunrecht S. 22; *Streng* GedS Zipf S. 325, 332 f, 336 f; dem zustimmend *Erb* FS Streng 13, 15.

**429** *Erb* FS Streng 13, 15.

**430** Eingehend *Murmann* Versuchsunrecht S. 19 ff; *Streng* GedS Zipf S. 325, 332 ff; ähnlich *Bosch* Jura **2011** 909, 913; *Hardtung/Putzke* AT Rdn. 1192.

wohl die Annahme, dass die Tat als versuchtes Unterlassungsdelikt „offensichtlich falsch eingestuft wäre"; der Täter sei „in jedem Fall wegen eines Handlungsdelikts zu bestrafen" (*Herzberg/Putzke* FS Szwarc S. 205, 218). Diese Intuition trifft weder im Ergebnis zu (Rdn. 150 ff) noch lässt sie sich dogmatisch fundieren. Nicht anders als im Konzept der Rechtsprechung bleibt die Frage des unmittelbaren Ansetzens bis zum Eintritt des „Ansetzungserfolgs" in der Schwebe und die Qualität des Verhaltens als unmittelbares Ansetzen wird erst ex post begründet.

**145** In eine ähnliche Richtung weist das Konzept von *Erb* (FS Streng 13, 19 ff), der ebenfalls Entschluss und Ansetzen auseinanderreißt und für die Konstruktion eines **„aufschiebend bedingten unmittelbaren Ansetzens"** plädiert: Ein bereits bei Vornahme der aktiven Handlung gefasster Tatentschluss führe nur bei einer „Bestätigung von dessen Nachhaltigkeit" zur Versuchsstrafbarkeit. Diese Bestätigung soll darin liegen, dass der Täter die aus seiner Sicht letzte sichere Revokationsmöglichkeit verstreichen lässt. Erst zu diesem Zeitpunkt durchlaufe der Tatentschluss die „Feuerprobe der kritischen Situation" und der Täter trete in das Versuchsstadium ein. Der Versuchsbeginn richte sich damit nach Unterlassungsmaßstäben, obwohl für die Entschlussfassung der Zeitpunkt des aktiven Tuns maßgeblich sei. Den zentralen Vorteil dieser Lösung sieht *Erb* in einer vermeintlichen (dazu Rdn. 150) Schwäche der Unterlassungslösung, nämlich darin, dass der Versuch auch dann erst mit der unmittelbar drohenden Gefahrrealisierung beginne, wenn der Täter die gestellte Falle in diesem Zeitpunkt gar nicht mehr im Gedächtnis hat. Dieser wesentlich kriminalpolitisch inspirierte, auf die Schließung angeblicher Strafbarkeitslücken gerichtete Ansatz kann **dogmatisch nicht überzeugen**: Die Vorstellung, ein Entschluss könne eine Bestätigung erfahren, wenn der Täter diesen Entschluss im maßgeblichen Gefährdungszeitpunkt gar nicht mehr präsent hat, hält schon immanenter Kritik nicht stand. Unkenntnis kann Unachtsamkeit manifestieren (und deshalb einen Fahrlässigkeitsvorwurf tragen), aber gerade nicht die den Vorsatz auszeichnende Entscheidung gegen das Rechtsgut. Entgegen *Erb* liegt auch keine Lösung darin, nun kurzerhand auf den Zeitpunkt zurückzugreifen, zu dem der Täter die Falle mit der Vorstellung gestellt hat, dass es später durch das Verhalten des Opfers zur Verletzung des tatbestandlich geschützten Rechtsguts kommt. *Erb* sieht selbst, dass solange der Täter die Kontrolle über das Geschehen noch nicht aus der Hand gegeben hat, noch kein unmittelbares Ansetzen vorliegt und sein Entschluss die „Feuerprobe der kritischen Situtation" noch nicht bestanden hat. Es liegt damit kein Tatentschluss i. S. v. § 22 vor, und das spätere Verhalten vermag daran nichts zu ändern. Der Tatentschluss erhält seine Qualität gerade dadurch, dass er als Entscheidung gegen das Rechtsgut wirklichkeitsgestaltende Kraft beansprucht (Rdn. 31 ff). Er kann deshalb nicht von dem versuchsbegründenden Verhalten isoliert werden. Der Täter würde sonst letztlich dafür bestraft, dass böse Gedanken seine Vorbereitungshandlung begleiten.

**146** Die wohl **h. L.** differenziert danach, ob der Täter das Geschehen trotz Vornahme einer Handlung, die ohne sein weiteres Zutun zum Erfolgseintritt führen kann, noch in seinem Herrschaftsbereich behält und also die drohende Gefahr jederzeit entschärfen kann (Vorbereitung) oder aber das Geschehen bereits **aus der Hand gegeben** hat (Versuch).[431] Befindet sich also das bereitgestellte Gift noch im unmittelbaren Einflussbereich des Täters, so ist das Versuchsstadium noch nicht erreicht,[432] ist dagegen die Gefahr aus dem Herrschaftsbereich entlassen, wie im Falle der installierten Autobombe oder der manipulierten Steckdosen, so liegt Versuch vor.[433]

---

**431** Grundlegend *Roxin* FS Maurach 213, 215ff; *ders.* JuS **1979** 9 f (der selbst [*Roxin* FS Maurach 214; *ders.* JuS **1979** 9] erste Ansätze hierfür bei *Schmidhäuser* AT 1. Aufl. 1970 Rdn. 15/490 und Aufnahme in der 2. Aufl. 1975 Rdn. 15/52 sah). *Roxin* verzichtet aufgrund seiner Abkehr von der Eindruckstheorie (AT II § 29 Rdn. 46 ff) nunmehr auf aus ihr abgeleitete Argumente. Siehe auch *Böse* JA **1999** 345; *Gropp* § 9 Rdn. 37d, e; *Jäger* SK Rdn. 40; *Jescheck/Weigend* § 49 IV 5; *Streng* GedS Zipf S. 325, 335, 340, 342 (relativierend für Fälle mittelbarer Täterschaft, wenn das Werkzeug erst aufgrund eigener Situationseinschätzung täitg wird); *Zaczyk* NK Rdn. 29 (der zusätzlich eine Gefährdung verlangt); s. auch *Sch/Schröder/Eser/Bosch* Rdn. 42; bei erkanntem Fehlen einer „Kompensation" der „Schädigungsmöglichkeit" auch *Guhra* Verhalten S. 130 f.

**432** So zu BGHSt 43, 177 *Murmann* Versuchsunrecht S. 23; *Roxin* JZ **1998** 211; **aA** *Hoffmann* JA **2016** 194, 196 f.

**433** *Hoffmann* JA **2016** 194, 197.

Eine gewisse **Schwierigkeit** dieses Ansatzes liegt freilich darin, den Begriff des Aus-der-Hand-Gebens **präzise zu fassen**. Denn es sind vielfältige Konstellationen denkbar, in denen der Täter zwar die Gefahrquelle nicht (mehr) unmittelbar beherrscht, es aber doch mit mehr oder weniger Aufwand möglich wäre, sie wieder in den Griff zu bekommen, bevor das Risiko der Realisierung akut wird. So kann es etwa im Fall der Autobombe liegen, wenn der Täter davon ausgeht, diese vor Fahrzeugnutzung wieder entschärfen zu können. Gleiches gilt im Beispiel der in einem Fußballstadion platzierten Bombe, die durch Zeitzünder gesteuert bei einem Spiel drei Tage später explodieren soll. Der Täter wird hier von der Möglichkeit ausgehen, entweder selbst in das Stadion eindringen und die Bombe entschärfen oder dies zumindest durch einen Anruf bei der Polizei veranlassen zu können. Obwohl also auch hier der Täter auf der Grundlage seiner Vorstellung mit Vornahme der letzten aktiven Handlung den Einfluss auf den Erfolgseintritt noch nicht gänzlich verloren hat, würde die h. M. hier wohl annehmen, das Geschehen sei aus der Hand gegeben und das Versuchsstadium erreicht.[434] In diesem Sinne hat auch der BGH (zur mittelbaren Täterschaft) für das Aus-der-Hand-geben des Tatgeschehens nicht vorausgesetzt, dass sich der Täter damit „jeglicher Einflussmöglichkeit auf den Vordermann begeben" haben müsse; erforderlich sei lediglich, „dass der Täter nach seiner Überzeugung nunmehr dem Geschehen seinen Lauf lassen kann, weil er soweit auf das ‚Werkzeug' eingewirkt hat, dass dieses die Tat ohne weitere Einflussnahme bis zur Vollendung ausführen werde."[435]

**Kritisch** wird gegen diese h. L. eingewandt, dass sie den Eintritt in das Versuchsstadium bis weit vor das Stadium einer konkreten (wirklichen oder vorgestellten) **Rechtsgutsgefährdung** vorverlagere (BGHSt **43** 177, 182). Gerade von Seiten derer, die den Versuchsbeginn generell in Abhängigkeit von der Rechtsgutsgefährdung bestimmen wollen, liegt es damit nahe, die Abgrenzung von Vorbereitung und Versuch auch in den Fällen des Aus-der Hand-Gebens der allgemeinen Ansatzformel zu unterwerfen. Dann kehrt hier naturgemäß die zur Abgrenzung von der Vorbereitung zum Versuch allgemein vorfindbare Vielfalt der Lösungsvorschläge zurück. So verlangt etwa *Vogler* (LK[10] Rdn. 76) auch hier, dass sich „die zu beurteilende Handlung ... sprachlich und sachlich in der Weise in den Tatbestand einbeziehen lassen" müsse, „dass sie durch den dem Tatbestand immanenten Verbotssinn materiell erfasst" werde. Das aber lasse sich von dem Zubereiten und Bereitstellen der vergifteten Speise ganz unabhängig davon, ob der Täter in der Nähe der Gefahrenquelle verweile oder nicht, gerade noch nicht sagen. *Otto* (AT § 18 Rdn. 33, 43) will die von ihm bevorzugte Gefährdungsformel „für alle Versuchskonstellationen" verwenden und stimmt daher der von *Gössel* (JR **1976** 250) geforderten Voraussetzung zu, das Opfer müsse sich für den Beginn des Versuchs erst noch „in den Wirkungskreis des Tatmittels begeben".[436] Für *Rath* (JuS **1998** 1110 f) ist beim beendeten Versuch nicht anders als 147

**434** *Roxin* FS Maurach 213, 216, sieht etwa im dem Täter noch möglichen Entreißen des Giftes, das das nichtsahnende Opfer bereits an sich genommen hat, „eine rückläufige psychische Entwicklung, wie sie für den Rücktritt kennzeichnend ist". Undeutlicher bleibt *Roxin* (a. a. O. S. 223) in dem Fall, dass der Täter zu dem Ort, an dem er die Bombe, die eine Woche später explodieren soll, platziert hat, „keinen Zugang mehr hat". Den hier anzunehmenden Herrschaftsverlust wird man richtigerweise nicht tatsächlich, sondern normativ in dem Sinne interpretieren müssen, dass er schon dann vorliegt, wenn der Ort dem Täter nicht ohne weiteres zugänglich ist und also nicht seinem erweiterten Wirkungsbereich zugehört, während etwa die Notwendigkeit, nächtlich in diesen Ort einzudringen oder auch nur Sorge tragen zu müssen, beobachtet zu werden, ein Fall fehlenden Zugangs wäre (*Zaczyk* NK Rdn. 29). Die von *Frister* FS Wolter 375, 384, als kaum akzeptable Konsequenz der h. L. unterstellte Annahme von Straflosigkeit des beim Legen der Bombe im Fussballstadion ertappten Täters, dürfte also von der h. L. so nicht gezogen werden. In dem von *Herzberg* (FS Roxin [2001] 749, 760) gebildeten Beispiel der Krankenschwester, die das Gift auf den Nachttisch des schlafenden Patienten stellt und dann das Krankenzimmer verlässt, liegt ein klarer Fall des Herrschaftsverlusts vor.

**435** BGHSt **40** 257, 269.

**436** **Krit.** hierzu *Roxin* JuS **1979** 10; *ders.* AT II § 29 Rdn. 196 ff; die Formulierung ist in BGHSt **43** 177, 181 aufgegriffen und mit der so nicht zutreffenden (vgl. Rdn. 66) Behauptung untermauert, der Gesetzgeber habe sich mit der Aufnahme des Unmittelbarkeitskriteriums in § 22 „dazu bekannt, dass die Strafbarkeit des Versuchs nicht völlig losgelöst von einer Gefährdung des Rechtsguts" zu bestimmen sei.

beim unbeendeten entscheidend, ob im Moment des Abschlusses der Täterhandlung schon eine spezifische, dem Angriff auf das Rechtsgut korrespondierende Verteidigungshandlung erforderlich sei. Davon könne man auch nach Aufgabe der Herrschaft über das Geschehen in pauschaler Weise nur unzulässig vergröbernd reden. *Hillenkamp* (LK[12] Rdn. 134 ff) schließlich verlangt vom Boden seiner „modifizierten Zwischenakttheorie" neben der erforderlichen Handlungsunmittelbarkeit die Gefahr der Verwirklichung des Tatbestandes, also eine Nähe zum Erfolgseintritt. An letzterer fehle es in Konstellationen einer „Erfolgsautomatik", wenn nämlich der durch das Täterverhalten angestoßene Verlauf unabhängig von einem mitwirkenden Opferverhalten erst in einem späteren Zeitpunkt zur Tatbestandsverwirklichung führen soll (*Hillenkamp* LK[12] Rdn. 136 ff). Bedürfe es dagegen, wie in den Fällen der Spreng-, Gift- oder Stromfalle (Rdn. 141), zur Tatvollendung noch der Mitwirkung des Opfers, so fehle es an der Handlungsunmittelbarkeit, so lange der Täter nicht durch das ihm zurechenbare Opferverhalten unmittelbar zur Tat ansetzt (*Hillenkamp* LK[12] Rdn. 140 f). Letztlich vermögen all diese Ansätze aus den bereits genannten Gründen (Rdn. 84 ff) nicht zu überzeugen.

**148** Probleme bereitet der h. L. freilich nicht nur die Ziehung einer Grenzlinie, ab der das Geschehen aus der Hand gegeben ist, sondern auch die **dogmatische Verortung** dieses Kriteriums. Bleibt es dabei, dass die letzte aktive Handlung des Täters die tatbestandsmäßige Ausführungshandlung darstellt, so liegt auch dieser Konstruktion ein Auseinanderfallen von Ausführungshandlung und Versuchsbeginn zugrunde, wenn der Täter etwa das Gift zwar bereitstellt, das Risiko aber beherrscht, weil er sich weiterhin in dessen unmittelbarer Nähe aufhält und es zuverlässig entfernen kann.

149 **(6) Die Bestimmung des tatbestandsmäßigen Verhaltens als zutreffender Ausgangspunkt.** Hält man dagegen daran fest, dass sich das **unmittelbare Ansetzen auf die Vornahme der** (auf der Grundlage der Tätervorstellung) **tatbestandsmäßigen Ausführungshandlung beziehen** muss und mit deren Vornahme das Versuchsstadium stets erreicht ist (Rdn. 139), so eröffnen sich bei gestreckten Verläufen wie den Vorstehenden im Wesentlichen **zwei Möglichkeiten** der Bestimmung des Versuchsbeginns: Zum einen könnte angenommen werden, die **letzte aktive Handlung des Täters sei die Ausführungshandlung** des Täters mit der Folge, dass damit **stets auch das Versuchsstadium erreicht** sei.[437] Davon sind dann auch die Fälle erfasst, in denen der Täter die Gefahrenquelle zuverlässig in seinem Herrschaftsbereich belässt und das Opfer erst deutlich später die Zugriffsmöglichkeit erlangen soll. *Frister* begründet diese weite Vorverlagerung der Strafbarkeit mit der Überlegung, dass es angesichts der einmal arrangierten Situation keiner weiteren Entscheidung des Täters bedürfe, um den Erfolg herbeizuführen.[438] Diese Auffassung verkürzt das rechtlich relevante Verständnis von „Entscheidung" durch die im Kontext sozialer Wirklichkeitsgestaltung nicht ohne weiteres zutreffende Annahme, dass den auf ein positives Tun bezogenen Willensäußerungen im Entscheidungsverhalten einer Person eine herausgehobene Bedeutung in dem Sinne zukommt, dass die äußere Manifestation dieser Willensäußerung die Entscheidung gleichsam zementiert.[439] Im Kontext von § 22 ist der Begriff der Entscheidung nicht bezogen auf das Anstoßen eines Geschehensverlaufs, sondern normativ bezogen auf die Verwirklichung eines tatbestandsmäßigen Rechtsgutsangriffs zu verstehen. Legitime Grundlage der Strafbarkeit ist eine solche Entscheidung nur dann, wenn sie in einem Stadium vorliegt, in dem mit einer gewissen Zuverlässigkeit angenommen werden kann, dass sie auch durchgehalten wird, der Täter also nicht von der ihm zustehenden Freiheit in der normativ zu erwartenden Weise Gebrauch macht, von der Verwirklichung seines Plans Abstand zu nehmen (Rdn. 103 ff). Die versuchsbegründende Annahme des Vorliegens einer Entscheidung, die der Tä-

**437** So *Frister* FS Wolter 375, 384 f; *Hoffmann* JA **2016** 194, 196 f.

**438** *Frister* FS Wolter 375, 385.

**439** Zutreffend verweist *Roxin* FS Maurach 213, 216 darauf, dass im eigenen Herrschaftsbereich zwischen Tun und Unterlassen kein relevanter Unterschied besteht.

ter bis zur Konkretisierung der Gefahr durchhält, ist in Konstellationen, in denen sich die Gefahrenquelle noch vollständig im Herrschaftsbereich des Täters befindet, nicht legitimierbar. Der Täter kann sich begründet auf seine fortbestehende Freiheit berufen, die auf der Grundlage seiner Vorstellung nur latente Gefahrenquelle vor Konkretisierung der Gefahr zu beseitigen.

Daraus folgt schon der **zweite** – und letztlich **zutreffende** – **Ansatz** zur Bestimmung der 150
versuchsbegründenden Ausführungshandlung, wonach sich die Festlegung des tatbestandsmäßigen Verhaltens nicht in einem Verweis auf die letzte aktive Handlung des Täter erschöpft, sondern es hierfür zusätzlicher Kriterien bedarf.[440] Maßgeblich sind die allgemein für die Bestimmung des tatbestandsmäßigen Verhaltens relevanten Auslegungsgesichtspunkte, bei den im vorliegenden Kontext allein in Betracht kommenden Erfolgsdelikten also das Kriterium der **rechtlich missbilligten Gefahrschaffung** (unabhängig davon, ob man dieses als Erfordernis der objektiven Zurechnung oder des tatbestandsmäßigen Verhaltens interpretiert). Dabei greift es zu kurz, dieses Kriterium deshalb für untauglich zu halten, weil auch gewisse Vorbereitungshandlungen mit Blick auf die Gefahr des späteren Erfolgseintritts rechtlich missbilligt seien, etwa der Erwerb einer Schußwaffe.[441] Denn das spezifische Missbilligungsurteil, welches das tatbestandsmäßige Handeln charakterisiert, kann nicht beliebig auf Vorverhalten erstreckt werden.[442] So ist der Verstoß gegen das WaffG gerade nicht schon mit Blick auf konkrete Lebensgefahren, sondern allgemein in Richtung auf die abstrakten Gefahren im Umgang mit Schusswaffen rechtlich missbilligt; ein Verstoß gegen das WaffG erfüllt also noch nicht per se die Voraussetzungen einer rechtlich missbilligten Gefahrschaffung im Rahmen von § 212. Das rechtlich missbilligte Verhalten kann nur dann als Ausführungshandlung gewertet werden, wenn es (unter Zugrundelegung der Tätervorstellung) eine Zurechnung des vom Vorsatz umfassten Erfolges erlauben würde, wenn also die auf der Grundlage der Tätervorstellung verletzte Verhaltensnorm gerade dazu dient, Erfolge von der Art des angestrebten zu verhindern (Schutzzweck der Norm). Dabei dienen Verhaltensnormen in aller Regel nicht dazu, gewissermaßen vorbeugend eine spätere eigenverantwortliche Entscheidung des Täters zugunsten eines deliktischen Verhaltens zu verhindern.[443] In diesem Rahmen stellt sich nunmehr die Frage, ob auch dann, wenn der Täter eine Gefahrenquelle zuverlässig in seinem Herrschaftsbereich belassen hat, bereits deren Bereitstellung eine rechtlich missbilligte Gefahrschaffung im Sinne des jeweiligen Erfolgsdelikts, etwa von § 212, darstellt. Das ist richtigerweise aus den Gründen zu verneinen, die nach h. L. der Begründung einer Versuchsstrafbarkeit in solchen Fällen entgegenstehen: Die zuverlässig beherrschte Gefahr, deren Realisierung noch völlig in der Entscheidungsmacht des Täters steht, begründet nicht den Handlungsunwert des § 212.[444] Es liegt nicht im Schutzzweck der Verhaltensnorm zu vermeiden, dass künftige Fehlentscheidungen des Täters (hier also die Nichtbeseitigung der Gefahrenquelle) unterbleiben.[445] Erst die Entlassung des Risikos aus dem vom Täter kontrollierten Herrschaftsbereich setzt das Opfer einer Gefahr aus, deren Eindämmung durch die dafür verantwortliche Person nicht mehr zu erwarten ist.[446] Freilich bleiben Risikodimensionen, bezogen auf die eine

---

**440** Im Sinne einer Gleichsetzung von letzter aktiver Handlung und Ausführungshandlung dagegen *Herzberg/Putzke* FS Szwarc 205, 212.

**441** So die Argumentation von *Frister* FS Wolter 375, 383.

**442** Das Erfordernis einer normativen Bestimmung der Ausführungshandlung zeigt sich in besonderer Deutlichkeit bei den Unterlassungsdelikten, bei denen die Anknüpfung an äußeres Verhalten von vornherein ausscheidet und eine normative Bestimmung erforderlich ist, die insbesondere das Gefahrmoment zu berücksichtigen hat.

**443** Vgl. dazu *Frisch* Tatbestandsmäßiges Verhalten S. 465 f.

**444** So auch *Stein* GA **2010** 129, 141.

**445** Dabei wird nicht übersehen, dass dieser Argumentation auch Bedeutung zukommt, wenn der Täter den Erfolg vorsätzlich herbeiführen will, der dann tatsächlich erst nachfolgend durch fahrlässiges Verhalten (BGHSt **14** 193) oder aufgrund eines neuen Entschlusses später herbeigeführt wird (BGH NStZ **2016** 721). In beiden Fällen hat der BGH abweichend entschieden. Vgl. dazu *Murmann* Grundkurs § 24 Rdn. 72 ff.

**446** Im Ergebnis ebenso *Angerer* S. 72 ff, die aber nicht auf das Unterlassen der Risikobeseitigung abstellen will, sondern das tatbestandliche Verhalten in der Gesamtheit von aktivem Handeln und anschließendem „Aus-der Hand-Geben“ oder Abwarten erblicken will.

**rechtliche Missbilligung des vorangegangenen Verhaltens** besteht, etwa das Risiko unbeabsichtigten Herrschaftsverlusts oder das Risiko, dass aufgrund unvorhergesehener Ereignisse eine andere Person in den Gefahrbereich gerät. Aber diese Risikodimensionen (die im Falle ihrer Realisierung eine Fahrlässigkeitshaftung begründen können) sind von dem Risiko zu unterscheiden, dass der Täter die Gefahr auch zum Zeitpunkt ihrer drohenden Realisierung nicht beseitigt. Lediglich eine Fahrlässigkeitshaftung ist auch dort begründet, wo der Täter nach Schaffung der latenten Gefahr und vor deren Konkretisierung seine Einstellung ändert, etwa nunmehr darauf vertraut, das Opfer werde das Gift nicht konsumieren. Dann fehlt es zum Zeitpunkt der Verhaltenspflichtverletzung durch Unterlassen am Vorsatz.[447]

151 Freilich wird man die Fälle, in denen das aktive Arrangieren einer gefährlichen Situation noch nicht als rechtlich missbilligte Gefahrschaffung im Sinne eines Erfolgsdelikts aufzufassen ist, eng fassen müssen. Liegt die geschaffene Gefahr von Anfang an **außerhalb des Organisationskreises des Täters** oder begibt sich der Täter in einer Weise aus dem von ihm beherrschten Bereich, die darauf angelegt ist, der Gefahr ihren Lauf zu lassen, so schließt das zwar Möglichkeiten der Neutralisierung der Gefahr nicht ohne weiteres aus (etwa durch Benachrichtigung der Polizei), aber das Entscheidungsverhalten des Täters signalisiert, dass solche Korrekturen nicht zu erwarten sind und legitimiert es, ihm den Einwand abzuschneiden, er hätte eine solche Maßnahme ergriffen. Im Fall der Autobombe wie auch in dem der durch den Vormieter manipulierten Steckdosen und bei der im Fussballstadion deponierten Bombe (Beispiele Rdn. 141) wird man also jeweils die letzte aktive Handlung als Ausführungshandlung bewerten müssen.

152 Die h. L. stellt also durchaus zutreffend die Bedeutung des Kriteriums heraus, dass die Gefahr den unmittelbaren Herrschaftsbereich des Täters verläßt. Abweichend von der h. L. ist damit aber kein besonderes Kriterium für die Festlegung des Versuchsbeginns gewonnen, sondern ein Kriterium für die **Bestimmung des tatbestandsmäßigen Handelns.**[448] Die vom Täter geschaffene potentiell gefährliche Situation entwickelt sich zur tatbestandsmäßigen rechtlich missbilligten Gefahr, wenn der Täter die Kontrolle über die Gefahrenquelle verliert, indem er sich entweder von der Gefahrenquelle entfernt oder aber das Opfer so in den unmittelbaren Gefahrenbereich gerät, dass der Täter das schädigende Ereignis nicht mehr zuverlässig verhindern kann. In jedem Fall liegt die Pflichtverletzung darin, dass der Täter es **unterlassen** hat, die **Gefahrenquelle zu beseitigen.**[449] Dabei folgt die diesbezügliche **Garantenpflicht** aus der Schaffung oder Beherrschung der Gefahrenquelle.[450] Für das unmittelbare Ansetzen gelten damit die diesbezüglichen Grundsätze bei Unterlassen (Rdn. 167 ff), so dass der Versuch anzunehmen wäre, wenn nach Tätervorstellung unmittelbar eine Situation bevorsteht, in der er zur Beseitigung der Gefahrenquelle etwa aufgrund des sich nähernden Opfers nicht mehr ohne weiteres in der Lage wäre.

153 Die Annahme, dass das Unterlassen der Beseitigung der Gefahrenquelle Bezugspunkt des unmittelbaren Ansetzens ist, impliziert eine weitere Einsicht, nämlich die, dass die Vornahme der letzten **aktiven Handlung nicht** von einem **Tatentschluss** i. S. d. Versuchstatbestandes getragen ist. Unabhängig davon, wie fest sich der Täter auch vorgenommen haben mag, dem Geschehen nach Vornahme seiner letzten aktiven Handlung seinen Lauf zu lassen, liegt ein die Versuchsstrafbarkeit legitimierender wirkmächtiger Tatentschluss noch nicht vor, solange die Ausführungshandlung noch nicht unmittelbar bevorsteht (s. Rdn. 32).[451] Ausschlaggebend ist

447 Zutreffend AG Bremen LRE **66** 319 f.

448 *Murmann* Versuchsunrecht S. 22 ff.

449 Vgl. auch *Roxin* AT II § 29 Rdn. 208, der davon spricht, dass solche Fälle aus Begehen und Unterlassen zusammengesetzt seien: „Das letzte deliktische Verhalten ist die Unterlassung der Gefahrenbeseitigung".

450 Vgl. Roxin FS Maurach 213, 218, 221 f; *Jakobs* AT 25/72; *Murmann* Versuchsunrecht S. 16 ff; *Streng* GedS Zipf 325, 338, 343, 346 f. Kritisch *Erb* FS Streng 13, 17 ff.

451 **AA** *Roxin* FS Maurach 213, 216 f, der für das Vorliegen eines unbedingten Tatentschlusses votiert. Aber es geht hier nicht darum, ob der Täter seinen Entschluss an Bedingungen knüpft, sondern darum, dass ein von der Ausführung entkoppelter Plan aufgrund der fortbestehenden Freiheit zur Abstandnahme ganz unabhängig von konkreten psychischen Befindlichkeiten im Unverbindlichen bleibt.

damit der Vorsatz im Zeitpunkt des Beginns des Unterlassungsversuchs. Das von *Herzberg* (FS Roxin [2001] 749, 760)[452] gebildete Beispiel, dass der Täter die geschaffene Gefahr im maßgeblichen Zeitpunkt vergessen hat, ist im Sinne einer Fahrlässigkeitshaftung zu lösen.[453]

Die Frage, ob bei Vornahme der Ausführungshandlung(en) ausnahmslos das Versuchsstadium erreicht ist, wird auch für solche Konstellationen diskutiert, in denen der Täter bei Vornahme einer Handlung, die äußerlich Merkmale einer tatbestandsmäßigen Ausführungshandlung aufweist, davon ausgeht, noch **weitere Handlungen dieser Art zur Tatbestandsverwirklichung vornehmen** zu müssen. Das Problem ist insbesondere für den **Betrug** praktisch geworden, wenn gegenüber dem Opfer Täuschungshandlungen vorgenommen wurden, die nach der Vorstellung des Täters zunächst nur darauf abzielen, sich z. B. in das Vertrauen des Opfers einzuschleichen oder die sonst den Boden dafür bereiten sollen, dass es später aufgrund einer weiteren Täuschungshandlung zu einer irrtumsbedingten Vermögensverfügung kommt. Hier hat die Rechtsprechung teilweise angenommen, die anfänglichen Täuschungshandlungen erfüllten zwar den Tatbestand des § 263, führten aber dennoch nicht in das Versuchsstadium, „wenn nämlich der Täter damit noch nicht zu der die Strafbarkeit – oder eine erhöhte Strafbarkeit – begründenden Rechtsverletzung angesetzt hat".[454] *Küper* (JZ **1992** 346) hat diesen Standpunkt mit der Überlegung untermauert, § 263 enhalte kein Kriterium, das „die dort typisierte Täuschungshandlung" einzuschränken erlaube. Die Vorschrift differenziere „nicht nach objektiv und subjektiv ‚unzulänglichen', ‚fertigen' und ‚unfertigen' Täuschungen; eine solche Unterscheidung innerhalb des Tatbestandes wäre willkürlich". Dagegen stehen die wohl überwiegende Rechtsprechung und Literatur zu Recht auf dem Standpunkt, dass nicht jede Verhaltensweise, die phänomenologisch, als „Täuschung", der tatbestandlichen Verhaltensbeschreibung entspricht, deshalb auch schon ohne weiteres eine Täuschungshandlung im Sinne von § 263 darstellt.[455] Die Verhaltensbeschreibung zielt nämlich darauf ab, den Unrechtstypus des Betrugs zu umreißen und muss demnach immer schon dessen spezifischen Unwertgehalt verkörpern. Wie bei den reinen Erfolgsdelikten auch, muss das tatbestandsmäßige Verhalten eine rechtlich missbilligte Gefahrschaffung für das tatbestandlich geschützte Rechtsgut begründen. Eine rein phänomenologische Erfassung eines Verhaltens vermag weder die Gefährdung für das geschützte Rechtsgut noch den straffreien Verhaltensrahmen angemessen zu erfassen. Das tatbestands- 154

452 Ebenso – kritisch – *Erb* FS Streng 13, 18 f. Der Einwand ist auch deshalb nicht durchschlagend, weil das Problem des Vorliegens des Tatentschlusses im maßgeblichen Unterlassungszeitpunkt kein Spezifikum der Fälle ist, in denen die Garantenpflicht auf Ingerenz beruht. Beginnt der Versuch bei Unterlassen nach h. M. erst bei einer Konkretisierung der Gefahrenlage, sind auch sonst Fälle denkbar, in denen ein Garant, der zunächst noch straffrei zuwarten darf, die Gefahr im Zeitpunkt ihrer Verdichtung nicht mehr im Blick hat. (Diesen Fall will *Erb* FS Streng 13, 21 f, mit seiner Konstruktion eines „aufschiebend bedingten unmittelbaren Ansetzens" lösen: der Täter treffe seine endgültige Entscheidung bereits vor Versuchsbeginn, „auch wenn er die ‚Feuerprobe der kritischen Situation' erst nachträglich besteht". Dogmatisch ist das nicht haltbar [s. Rdn. 145] und das kriminalpolitische Argument [„ein solcher Unterlassungstäer kann schwerlich deshalb straffrei ausgehen ..."] trifft mit Blick auf eine mögliche Fahrlässigkeitsstrafbarkeit nicht zu.).

453 Das sieht auch *Herzberg* (FS Roxin [2001] 749, 760 mit Fn. 29), der zudem erkennt, dass sich das Beispiel schwerlich anhand eines Tötungsdelikts realistisch bilden lässt und deshalb das Beispiel einer relativ wenig gewichtigen Körperverletzung konstruiert.

454 BGHSt **31** 178, 182; ebenso OLG Schleswig SchlHAnz **1987** 101. Zust. *Hillenkamp* LK[12] Rdn. 94; *Hoffmann-Holland* MK Rdn. 107; *Küper* JZ **1992** 338, 345; ähnlich schon *Burkhardt* JuS **1983** 426 ff; dezidiert **abl.** *Bloy* JR **1984** 124 f; *Murmann* Versuchsunrecht S. 13 ff; *Vogler* LK[10] Rdn. 35a; **krit.** auch *Maaß* JuS **1984** 25, 28. Vgl. auch RGSt **77** 172, 173 f, wo ebenfalls vorbereitende Täuschungshandlungen bereits als tatbestandsmäßig angesehen wurden, allerdings mit der Konsequenz, dass damit bereits das Versuchsstadium erreicht sei.

455 BGHSt **37** 294, 296; BGH NStZ **2011** 400; **2002** 433, 435; OLG Karlsruhe NJW **1982** 59 (mit **abl.** Besprechung von *Burkhardt* JuS **1983** 426 und *Krüger* JA **1984** 23 f); OLG Hamm StV **2012** 155 (undeutlich); *Bosch* Jura **2011** 909, 911; *Jescheck/Weigend* S. 521; *Kühl* AT § 15 Rdn. 55; *ders.* FS Küper 289, 303; *Murmann* Versuchsunrecht S. 13 ff; **krit.** *Geppert* JK **91** StGB § 22/15; *Pasker* JA **1991** 341 f; *Roxin* AT II § 29 Rdn. 116 ff und *Kienapfel* JR **1992** 122 f, der empfiehlt, den Versuchsbeginn auf „beiden Ebenen" abzusichern; *Seier* ZStW **102** (1990) 563, 587 will nur bei „genuin tatbestandsmäßiger" Täuschung die Teilverwirlichungsregel anwenden.

spezifische Missbilligungsurteil beim Betrug zielt nicht auf die Vermeidung der Möglichkeit, den Boden für weitere, vom Täter eigenverantwortlich vorzunehmende Täuschungshandlungen zu bereiten, sondern auf die Unterbindung solcher Täuschungshandlungen, die zur Hervorrufung des tatbestandlich vorausgesetzten Irrtums und über die Verfügung zu einer Beeinträchtigung des tatbestandlich geschützten Rechtsguts führen können. Die von der Gegenauffassung propagierte Annahme einer „tatbestandsmäßigen Vorbereitungshandlung" zerreißt dagegen Tatbestandsmäßigkeit und Handlungsunwert.[456] Ist folglich die Täuschungshandlung nur ein Verhalten, das unmittelbar auf die Hervorrufung des Irrtums zielt, auf dessen Grundlage das Opfer verfügen soll, so sind vorgelagerte Täuschungshandlungen nicht tatbestandsmäßig i. S. v. § 263 mit der Folge, dass bei ihrer Vornahme keine „Teilverwirklichung" des Tatbestandes vorliegt und dementsprechend auch keine Ausnahme von dem Grundsatz erforderlich ist, dass die Vornahme der Ausführungshandlung stets in das Versuchsstadium führt.

155 **bb) Qualifizierte Tatbestände, zusammengesetzte Delikte und Regelbeispiele.** Die frühere Rechtsprechung ging im Verein mit der lange Zeit h. L.[457] davon aus, dass der Versuch eines **qualifizierten** Delikts bereits mit dem unmittelbaren Ansetzen zum qualifizierenden Merkmal beginne. Da bei echten Qualifikationstatbeständen (im Gegensatz zu Regelbeispielen) die Qualifikationsmerkmale Teilstücke des Tatbestandes sind, erschien es naheliegend, den Anfang der Ausführung nicht notwendig auf die Tathandlung oder den Grundtatbestand, sondern auf jedes beliebige Merkmal des Gesamttatbestandes zu beziehen. War das qualifizierende Merkmal schon erfüllt und wird eine formale Gleichwertigkeit aller Tatbestandsmerkmale unterstellt, so drängt sich im Verbund mit einer ebenso formal verstandenen Teilverwirklichungstheorie die Annahme auf, dass mit der Verwirklichung eines (beliebigen) Tatbestandsmerkmals der Versuchsbeginn vorliegt. Dass damit die Versuchsstrafbarkeit bei qualifizierten Delikten gegenüber dem Grunddelikt u. U. vorverlegt wurde, nahm man in Kauf: Das Beisichführen einer Waffe im Vorbereitungsstadium eines Diebstahls[458] führte zum Versuch des § 244 Abs. 1 Nr. 1, obwohl der Versuch des einfachen Diebstahls nicht vor dem unmittelbaren Ansetzen zur Wegnahme beginnen konnte. Für **zusammengesetzte** Delikte, die sich – wie der Raub – aus zwei selbständigen Tatbeständen zu einem Sondertatbestand verbinden, hatte diese Auffassung zur Folge, dass das unmittelbare Ansetzen schon zu einem der beiden Tatbestandsteile ohne Rücksicht darauf ausreichte, wann nach der Vorstellung des Täters das Geschehen in die Verwirklichung auch des anderen Teiles einmünden sollte. Nach dem Willen der Verfasser des E 1962 (Begr. S. 144, 403, 409) erstreckte sich diese Lehre schließlich auch auf Tatbestände, bei denen **Regelbeispiele** zur Strafschärfung führen. „Den Anfang der Ausführung bildet" hiernach bei ihnen „auch eine Handlung, durch die der Täter mit der Verwirklichung eines Tatbestandsmerkmals eines Regelbeispiels beginnt oder unmittelbar dazu ansetzt". Hieran sollte auch die z. B. durch „die Ablösung des Erschwerungstatbestandes des § 243 Abs. 1 Nr. 2 und 3 StGB durch Regelbeispiele des besonders schweren Falles" entschwundene und vom E 1962 selbst in Anführungszeichen gesetzte Tatbestandsqualität der Regelbeispielsmerkmale nichts ändern.

156 Diese **Lehre** kann **nicht überzeugen.**[459] Sie führt nicht nur zu einer unsachgemäßen Ausweitung der Versuchsstrafbarkeit. Vielmehr missachtet sie auch den Willen des Gesetzgebers,

---

**456** Vgl. *Küper* JZ **1992** 347 mit Fn. 59; dazu *Murmann* Versuchsunrecht S. 15. Es ist nach alledem auch nicht „nur eine Frage der Formulierung", ob man das tatbestandsmäßige Verhalten bereits enger fasst oder den Versuchsbeginn trotz Annahme einer tatbestandsmäßigen Handlung ablehnt. Das würde nicht weniger bedeuten, als dass die Auslegung des Tatbestandes insofern beliebig wäre.

**457** Vgl. nur RGSt **38** 177, 178; **54** 42, 43; *Busch* LK[9] § 43 Rdn. 31; ebenso *Baldus* LK[9] § 249 Rdn. 18; *Heimann-Trosien* LK[9] § 243 Rdn. 47; ferner *Wessels* FS Maurach 295, 305.

**458** Z. B. auf der Fahrt zum Tatort vgl. BGH 5 StR 573/70 v. 1.12.1970 zu § 251 a. F.; vgl. dazu **abl.** *Krey/Esser* AT Rdn. 1234.

**459** Vgl. z. B. *Bosch* Jura **2011** 909, 911.

nach dem gerade „nicht irgendein beliebiges Ansetzen zu der Straftat schlechthin" (BTDrucks. V/4095 S. 11), sondern nur ein solches zur Verwirklichung des Tatbestandes ausreichen soll. Damit ist stets vorausgesetzt, dass sich das unmittelbare Ansetzen auf den tatbestandlichen Handlungsunwert bezieht, der durch qualifizierende Merkmale zwar gesteigert, aber nicht ersetzt werden kann. Auch wenn es praktisch nicht selten so sein wird, dass etwa bei der Erfüllung qualifizierender Merkmale oder der Vornahme einer der Tathandlungen eines zusammengesetzten Delikts insgesamt das Versuchsstadium erreicht ist, folgt dies nicht etwa aus einer Art „Regelwirkung", sondern bedarf der Prüfung nach allgemeinen Grundsätzen,[460] was aber nicht heißt, dass dem unmittelbaren Ansetzen zur Verwirklichung eines Merkmals oder gar der Teilverwirklichung jede Bedeutung abzusprechen ist, wenn nämlich aufgrund des inneren Zusammenhangs der Merkmale damit auch ein **unmittelbares Ansetzen zum Gesamttatbestand** anzunehmen ist.

Nach dem Vorstehenden (Rdn. 156) gelten für Qualifikationen, zusammengesetzte Tatbestände und Regelbeispiele die **allgemeinen Grundsätze**. Unbeschadet formaler Strukturunterschiede bei der Tatbestandsbildung richtet sich der Versuchsbeginn folglich nach der Ansatzformel (*Vogler* LK[10] Rdn. 80). Ob zusätzliche Merkmale einen im Kern identischen Unrechtsgehalt steigern (Qualifikation) oder dem Unrecht eine neue Qualität geben (zusammengesetzte Delikte) oder aber die Strafzumessung betreffen (Regelbeispiele), kann ebenso wie die Frage, ob das unrechtsmodifizierende Verhalten dem zugrundeliegenden Tatbestand vorangeht oder nachfolgt, unter dem Aspekt des Versuchsbeginns keinen Unterschied machen. Die Entscheidung des Gesetzgebers für die Erfassung eines strafschärfenden Merkmals in einer Qualifikation oder in einer Strafzumessungsvorschrift, erscheint geradezu beliebig und ist mitunter kriminalpolitisch motiviert, hat aber jedenfalls keine versuchsspezifischen Gründe (*Hillenkamp* LK[12] Rdn. 122). Der Entscheidung für eine dieser formalen Strukturen und der darauf beruhenden systematischen Zuweisung zu einer bestimmten Deliktsart können folglich keine sachlichen Vorgaben für die hier zu entscheidende Frage entnommen werden. **157**

Bei **qualifizierten Tatbeständen** ist von einem Versuchsbeginn hiernach nur dann zu sprechen, wenn mit dem unmittelbaren Ansetzen zu der qualifizierenden Handlung oder der (Teil-)Verwirklichung des qualifizierenden Merkmals[461] auf der Grundlage der Tätervorstellung zugleich das Stadium erreicht ist, in dem **keine weiteren wesentlichen Zwischenschritte bis zur Vornahme der im Grundtatbestand vorausgesetzten Ausführungshandlung** erforderlich sind.[462] Nur wenn der Täter die im unmittelbaren Ansetzen manifestierte Entscheidung für das im Grunddelikt verkörperte Handlungsunrecht getroffen hat, weist auch der auf die qualifizierenden Umstände bezogene Entschluss den spezifischen Unwertgehalt auf, den der Versuch des qualifizierten Delikts verlangt.[463] Denn die qualifizierenden Merkmale beziehen ihren spezifischen Unwert gerade aus dem Zusammenhang, in dem sie mit dem im Grunddelikt verkörperten Unwert stehen. Ein allein auf ein qualifiziertes Merkmal bezogener manifestierter Tatentschluss kann also nicht als Entscheidung für die Verwirklichung des tatbestandlichen Unrechts interpretiert werden. Daraus folgt, dass schon die Rede vom unmittelbaren Ansetzen zur Verwirklichung eines qualifizierenden Merkmals wie auch von dessen Erfüllung im Rechtssinne **158**

460 Vgl. *Heinrich* AT Rdn. 731 ff.

461 „Unmittelbar Ansetzen" kann der Täter nur zu solchen Qualifikationsmerkmalen, die er handelnd verwirklichen kann, etwa das Beisichführen einer Waffe. Zu Merkmalen, die einen tatbegleitenden Umstand beschreiben, wie etwa die Gewerbsmäßigkeit, kann nicht unmittelbar angesetzt werden, diese können nur „verwirklicht" werden, wobei eine solche Verwirklichung im technischen Sinn ohne die zumindest versuchte Vornahme der Ausführungshandlung nicht vorliegen kann.

462 In diesem Sinne etwa BGHSt **64** 318 (mit der nicht überzeugenden Einschränkung, dass dies nur „in der Regel" der Fall sei; kritisch auch *Eisele* JuS **2020** 798, 799); BGH NStZ **2018** 148; BGH NStZ **2017** 86 („grundsätzlich") m. Anm. *Engländer*; BGH NStZ **2015** 207 f (dazu *Kudlich* JA **2015** 152 ff); *Eisele* JuS **2017** 175, 176; *Sch/Schröder/Eser/Bosch* Rdn. 58; *Jäger* SK Rdn. 32; *Kudlich* JA **2017** 152, 153; *Murmann* Grundkurs, § 28 Rdn. 79 f; *Eisele* Die Regelbeispielmethode im Strafrecht (2004) S. 298 f.

463 Vgl. auch *Laubenthal* JZ **1987** 1065, 1066.

unzutreffend ist, sofern der Täter nicht auch zur Erfüllung des Grundtatbestandes unmittelbar angesetzt hat. Das Mitführen einer Waffe oder das Einbrechen in eine Wohnung, die nach Tätervorstellung noch nicht mit dem unmittelbaren Ansetzen zur Wegnahme einhergehen, manifestieren also noch nicht den spezifischen Entschluss zur Begehung eines Diebstahls mit Waffen oder eines Wohnungseinbruchsdiebstahls nach § 244 Abs. 1 Nr. 1a bzw. 3.[464]

159 Daran **ändert** es auch **nichts**, wenn der Täter den **Plan** gefasst hat, **zur Vornahme der Ausführungshandlung überzugehen.** Denn der das Versuchsunrecht begründende wirkmächtige Tatentschluss liegt frühestens vor, wenn der Täter zur Vornahme der Ausführungshandlung unmittelbar ansetzt (Rdn. 32). Die vorangegangene Verwirklichung eines Qualifikationsmerkmals präjudiziert nicht den auf die Vornahme der Ausführungshandlung des Grunddelikts bezogenen Tatentschluss i. S. d. § 22. Nach dem Konzept des § 22 kann sich der Täter vielmehr so lange auf seine fortbestehende Freiheit zur Abstandnahme von seinem deliktischen Plan berufen, wie deren Vornahme nicht unmittelbar bevorsteht. Erforderlich ist also stets, dass der Täter zur **Verwirklichung des Gesamttatbestandes** unmittelbar ansetzt.[465] Davon kann in dem von *Stree* (FS Peters S. 184 f) gebildeten und vielfach aufgenommenen Beispiel des der **Brandlegung vorausgehenden Entfernens oder Unbrauchbarmachens von Löschgeräten** (§ 307 Nr. 3 a. F.), das heute nach § 306b Abs. 2 Nr. 3 zu beurteilen ist, in der Regel selbst dann nicht die Rede sein, wenn das Inbrandsetzen nicht erst bei späterer Gelegenheit, sondern nach Beendigung der das Löschen erschwerenden oder verhindernden Tätigkeit vorgenommen werden soll, ist doch für das Inbrandsetzen selbst regelmäßig noch das Herbeischaffen, Anlegen und Entfachen des Zündmaterials erforderlich.[466] Auch spricht die „zeitliche Unterbrechung" gegen Versuch, wenn der geplante **Einbruchs- oder Einsteigediebstahl** nicht unmittelbar nach dem „Losbrechen von Brettern" vonstatten gehen sollte (s. RG Rechtspr. **7** 341). Das Eindringen über das Gartentor begründet noch keinen Versuchsbeginn, wenn der Täter erst im durch weitere Sicherungen geschützten Wohnhaus zur Wegnahme schreiten will (BGH NStZ **2017** 86, 87). An einem unmittelbaren Ansetzen zur Wegnahme sollte es nach BGH NStZ **2019** 716 (m. Anm. *Kudlich* NStZ **2020** 34 f) auch dann noch fehlen, wenn der Täter den Holzrahmen einer Terrassentür durchbohrt und dabei vorhat, anschließend den Türöffnungshebel zu bedienen, um so in das Wohnhaus zu gelangen, um Bargeld und Wertgegenstände zu entwenden. Ob das Zustimmung verdient hängt davon ab, wie aufwändig sich aus Tätersicht das weitere Geschehen bis zur Wegnahme gestaltet (s. schon Rdn. 125).[467] Gegenüber diesen Judikaten deutlich großzügiger will BGHSt **64** 318 (zustimmend *Eisele* JuS **2020** 798 ff; *Heintschel-Heinegg* JA **2020** 550 f) im Beginn des Einbrechens, Einsteigens oder Eindringens regelmäßig bereits den Versuchsbeginn bezogen auf die Wegnahme erblicken, und zwar selbst dann, wenn der Täter davon ausgeht, noch weitere Hindernisse überwinden zu müssen (dazu schon Rdn. 87, 125). Das **Mitsichführen einer Waffe** beim Aufsuchen des Tatorts reicht für einen Diebstahlsversuch nicht aus, solange hierin noch nicht ein unmittelbares Ansetzen zur Wegnahme selbst gesehen werden kann (insoweit zutr. RGSt **54** 42, 43, 45 zu § 243 Abs. 1 Nr. 5 a. F.). Dasselbe gilt für die entsprechenden Raubqualifikationen des § 250; auch der qualifizierte Raub beginnt erst mit dem unmittelbaren Ansetzen zum Grundtatbestand (vgl. hierzu beim Raub Rdn. 162). Auch hier kann das Mitführen eines geladenen Revolvers auf der Fahrt zum Tatort für sich genommen keinen Versuch begründen, da das Aufsuchen des Tatortes noch bloße Vorbereitungshandlung zu § 249 ist (BGH MDR **1982** 1035). Das Zünden einer Rohrbombe um einer erst anschließend erfolgenden Nötigungshandlung Nachdruck zu verleihen, ist bezogen auf §§ 253, 255 lediglich eine den Qualifikationstatbestand

**464** Vgl. z. B. *Herzberg/Putzke* FS Swarcz 205, 212.

**465** Kritisch zu dieser Formulierung *Zaczyk* NK Rdn. 53 unter Hinweis auf die unterschiedlichen Verknüpfungen zwischen Grunddelikt und Qualifikation.

**466** Ebenso *Jäger* SK Rdn. 32; *Laubenthal* JZ **1987** 1065 f; für Versuch z. B. *Roxin* JuS **1979** 7.

**467** BGH NStZ **2017** 86, 87. Vgl. auch OLG Hamm 2 Ss 499/08 v. 5.1.2009 (vier Meter hoher Zaun als nicht wesentliches Hindernis); LG Mönchengladbach 32 Ns 18/14 v. 3.9.2014 (sechs Meter hoher Zaun als wesentliches Hindernis); LG Potsdam NStZ **2007** 336, 337 f (drei Meter hoher Zaun mit Stacheldraht als nicht wesentliches Hinfernis).

des § 250 Abs. 2 Nr. 1 StGB nicht erfüllende Vorbereitungshandlung (BGH NStZ **2018** 148). Qualifizierende Handlungen können folglich nicht losgelöst vom Grundtatbestand zu einer Vorverlegung des Versuchsbeginns führen.[468]

**Umgekehrt** genügt allerdings auch das unmittelbare Ansetzen zum Grunddelikt nicht für die Annahme eines Versuchs des Qualifikationstatbestandes, wenn die qualifizierende Handlung dem Grunddelikt nachfolgt und der Täter mit der (unter Umständen erst für einen späteren Zeitpunkt vorgesehenen) Verwirklichung des qualifizierenden Merkmals noch nicht begonnen hat. Denn auch insoweit kann die Strafbarkeit aus dem versuchten Qualifikationstatbestand nur legitimiert werden, wenn der **manifestierte Tatentschluss den gesamten Unrechtsgehalt erfasst.** Vor Eintritt in das Stadium des unmittelbaren Ansetzens ist das Vorhaben, qualifizierende Merkmale zu verwirklichen, nur ein böser Gedanke, von dem der Täter noch Abstand nehmen kann (und rechtlich gesehen muss). Deshalb beginnt der Täter, der sich anschickt, ein Gebäude in Brand zu setzen, noch keinen Versuch nach § 306b Abs. 2 Nr. 3, solange er noch nicht zu der nach enstandenem Brand geplanten Erschwerung der Löscharbeiten unmittelbar angesetzt hat.[469] Selbst die Verwirklichung des Grundtatbestandes reicht für den Versuchsbeginn nicht notwendig aus. Macht der Täter eine falsche Aussage (§ 153) in der Absicht, sie gegebenenfalls zu beschwören, wird mit Recht für den Versuchsbeginn des Meineides das unmittelbare Ansetzen zum Eid verlangt.[470] Die genannten Grundsätze gelten auch beim **Versuch des erfolgsqualifizierten Delikts.** Es ist also nicht zutreffend, wenn der BGH bezogen auf eine versuchte schwere Körperverletzung (§ 226 Abs. 2) meint, dass es ausreiche, wenn „der mit Vorsatz hinsichtlich der schweren Folge Handelnde die Ausführung der Körperverletzung begonnen hat" (BGH NJW **2001** 1075, 1076; **krit.** hierzu *Eisele* NStZ **2001** 416, 417 f; *Mitsch* JuS **2001** 751, 754). 160

Nichts Anderes gilt für **§ 252**, auch wenn dieser Tatbestand nicht als qualifizierter Diebstahl, sondern als ein selbständiges raubähnliches Delikt angesehen wird (*Lackner/Kühl/Kühl* § 252 Rdn. 1). Versuchter räuberischer Diebstahl setzt daher voraus, dass der Täter zur Gewaltanwendung oder Drohung angesetzt hat.[471] Solange das nicht geschieht, führt die bloße Absicht, sich mit Raubmitteln im Besitz des gestohlenen Gutes zu erhalten, falls der Täter auf frischer Tat betroffen wird, noch nicht über die Vorbereitung hinaus. Ein diesbezüglicher Tatentschluss liegt erst dann vor, wenn der Einsatz des Nötigungsmittels unmittelbar bevorsteht. 161

Auch das Unrecht des Versuchs eines **zusammengesetzten Delikts** kann nur verwirklichen, wer zum **Gesamttatbestand** unmittelbar ansetzt. Es ist also auch insoweit zu verlangen, dass der Tatentschluss bezogen auf jede der Ausführungshandlungen manifestiert wird. Das bedeutet für den hier im Mittelpunkt stehenden Tatbestand des **Raubes** (§ 249), dass der Täter sowohl zum Einsatz des Nötigungsmittels als auch zur Wegnahme zumindest unmittelbar angesetzt haben muss.[472] Es kann also in dieser Allgemeinheit nicht überzeugen, wenn das Reichsgericht (St **69** 327, 329) aus dem Charakter des Raubes als zusammengesetztem Delikt folgert, dass mit der „Ausführung dieses Verbrechens schon begonnen ist, sobald eine Handlung vorgenom- 162

**468** So – unter Berufung auf notwendige „Synchronisiering" (*Geilen* Jura **1979**, 222) von qualifizierendem Geschehen und Grundtatbestand – *Kühl* AT § 15 Rdn. 50; im Grundsatz ebenso *Baumann/Weber/Mitsch/Eisele* § 22 Rdn. 64; *Gropp* § 9 Rdn. 64; *Jakobs* 25/70; *Lackner/Kühl/Kühl* Rdn. 10; *Rath* JuS **1999** 140; *Roxin* AT II § 29 Rdn. 170 f; *Sch/Schröder/Eser* Rdn. 58; *Stratenwerth/Kuhlen* § 11 Rn 43; *Wessels/Beulke/Satzger* Rdn. 957; *Zaczyk* NK Rdn. 53; grundlegend *Stree* FS Peters 186 f.

**469** *Laubenthal* JZ **1987** 1065, 1066.

**470** *Jescheck/Weigend* S. 516; *Rath* JuS **1999** 141; *Roxin* JuS **1979** 8; *Sch/Schröder/Eser/Bosch* Rdn. 58; *Wessels/Beulke/Satzger* Rdn. 861; speziell zum Versuch des Nacheides vgl. Zöller SK § 154 Rdn. 11 m. w. N.; zum Ganzen vgl. auch *Eisele* Regelbeispielsmethode S. 299 f, der diese Grundsätze auch auf die Regelbeispiele des § 243, die er als Tatbestände behandelt (S. 163 ff, 189 f), anwenden will; *ders.* JA **2006** 314.

**471** *Arzt* JuS **1972** 578; *Bosch* Jura **2011** 909, 911; *Gropp* § 9 Rdn. 67; *Jäger* SK Rdn. 32; *Kühl* AT § 15 Rdn. 49.

**472** *Rengier* BT I § 7 Rn. 41; **aA** *Engländer* NStZ 2017 87 (der seine Auffassung für „unstreitig" hält); *Kühl* AT § 15 Rn. 48. Entgegen *Knauer* JuS **2014** 690, 692 können die für den Raub entwickelten Grundsätze nicht auf die Erpressung übertragen werden.

men wird, die zur unmittelbaren Verwirklichung auch nur eines dieser mehreren Tatbestandsmerkmale gehört". Freilich bleibt die Frage, ob das **unmittelbare Ansetzen zum Einsatz des Nötigungsmittels** (bzw. dessen erfolgter Einsatz) gewissermaßen „automatisch" auch ein unmittelbares Ansetzen zur Wegnahme darstellt, da der Einsatz des Nötigungsmittels gerade der Ermöglichung der Wegnahme dienen soll, so dass mit der Nötigungshandlung nach Tätervorstellung zugleich das letzte Hindernis auf dem Weg zur Wegnahme zur Seite geräumt werden soll. Tatsächlich wird dieser innere Zusammenhang von Nötigung und Wegnahme in aller Regel die Annahme rechtfertigen, dass sich der Täter mit dem unmittelbaren Ansetzen zur Nötigung auch hinsichtlich der Wegnahme im Versuchsstadium befindet. Jedenfalls dann, wenn dem Einsatz des Nötigungsmittels nach Tätervorstellung als nächster Schritt in unmittelbarer zeitlicher Abfolge die Wegnahme folgen soll, ist bereits zur Verwirklichung des Gesamttatbestandes unmittelbar angesetzt. Zweifelhaft bleiben lediglich Fälle, in denen zwischen dem Einsatz des Nötigungsmittels und der Wegnahme noch eine **zeitliche Zäsur** liegt, wenn der Täter etwa das Opfer einsperrt, um es zu zermürben und zu schwächen, um nach Tagen zurückzukehren und ihm seine Habseligkeiten wegzunehmen. Wenn auch bereits das Einsperren den Beginn der Nötigung markiert, liegt darin noch kein unmittelbares Ansetzen zur Wegnahme.[473] Mit dem Kriterium der Unmittelbarkeit hat sich der Gesetzgeber dafür entschieden, eine Nähe zur Ausführungshandlung zu fordern, bei deren Vorliegen die Annahme gerechtfertigt ist, dass der Täter von seiner Freiheit zur Abstandnahme keinen Gebrauch macht. Liegt eine längere Zeitspanne zwischen dem unmittelbaren Ansetzen zur ersten Ausführungshandlung bzw. deren Vornahme und der geplanten zweiten Ausführungshandlung, so lässt sich nicht mehr ohne weiteres behaupten, dass sich der manifestierte Wille auf die weiteren Handlungsvollzüge erstreckt, so dass es keiner weiteren Entschlussfassung für die spätere Wegnahmehandlung mehr bedarf. Der innere Zusammenhang von Erst- und Zweithandlung legt den Täter auf die anschließende Wegnahmehandlung nicht fest. In solchen Ausnahmefällen liegt demnach noch kein unmittelbares Ansetzen zum zusammengesetzten Delikt vor.[474] Das ist für den **umgekehrten Fall** allgemeine Meinung, in dem der Täter bei Beginn der Wegnahme vorhat, diese notfalls mit Gewalt durchzuführen, er dann aber nicht in eine entsprechende Situation gerät. Neben der wie beim qualifizierten Delikt (s. Rdn. 160) geltenden Einsicht, dass das die Wegnahme erschwerende Moment keine quasi automatische und ohne neuen Willensimpuls eintretende Folge des begonnenen Gewahrsamsbruchs ist, folgt das zutreffende Ergebnis hier auch aus der Existenz des § 244 Abs. 1 Nr. 1 b, der sonst (mit Blick auf den dann annehmenden Raubversuch) weitgehend überflüssig wäre.[475] Diese Einsichten sind auf alle **mehraktige Delikte** übertragbar. So macht es ersichtlich keinen Unterschied, ob das schon eingeschlossene Opfer später beraubt oder ob es zur Duldung sexueller Handlungen genötigt (§ 177 Abs. 2 Nr. 5) werden soll. Nicht überzeugen kann es dagegen, aus der Verwirklichung von Gewalt ohne weiteres auf den Beginn des Versuchs einer sexuellen Nötigung (§ 177 Abs. 5 Nr. 1) zu schließen (so aber BGH NStZ **2019** 79 [zu § 177 Abs. 1 a. F.] mit zutreffend kritischer Anm. *Eidam*).

**163** Auch die (unmittelbar bevorstehende) Verwirklichung von **Regelbeispielen** führt für sich genommen nicht in das Versuchsstadium (vgl. vor § 22 Rdn. 144 f). Das folgt zunächst aus den gleichen Gründen, die auch dagegen sprechen, aus der Erfüllung eines Qualifikationsmerkmals auf den Versuchsbeginn zu schließen (Rdn. 156). Erforderlich ist also stets ein **unmittelbares**

---

**473** Eine andere Frage ist, ob bei einer Zäsur überhaupt noch das Tatbild des Raubes vorliegt; bejahend, wenn zwischen Gewaltanwendung und Wegnahme nicht mehr als zwei Stunden liegen, BGH NJW **2016** 2900, 2901; dazu *SSW/Kudlich* § 249 Rdn. 14.

**474** Anders die wohl überwiegende Ansicht, wenn nach ihr das unmittelbare Ansetzen zur Gewalthandlung oder das Verwirklichen dieses ersten Aktes stets zum Raubversuch führen soll, so z. B. *Jescheck/Weigend* § 49 IV 4; *Kühl* AT § 15 Rdn. 48; *Sch/Schröder/Eser/Bosch* Rdn. 38; *Vogler* LK[10] Rdn. 84 mit Rdn. 52. Wie hier aber *Bosch* Jura **2011** 909, 911; *Frister* 23/43; *Gropp* § 9 Rdn. 66; *Wessels/Beulke/Satzger* Rdn. 959; *Zaczyk* NK Rdn. 52.

**475** *Arzt* JuS **1972** 578; *Kühl* AT § 15 Rdn. 49; *Kindhäuser* FS Triffterer 135; *Rath* JuS **1999** 140; *Sch/Schröder/Eser/Bosch* Rdn. 38; *Stree* FS Peters 190.

**Ansetzen zum der Strafzumessungsregel zugrundeliegenden Tatbestand.**[476] Hierfür ist die Verwirklichung des Regelbeispiels häufig ohne jede Aussagekraft. So ist schon nicht ersichtlich, was die in § 243 Abs. 1 S. 2 Nrn. 2–7 genannten Regelfälle zur hier behandelten Frage beitragen können (s. schon vor § 22 Rdn. 145). Aber auch beim Regelbeispiel der Nr. 1 kann das Ansetzen zum Einbrechen, Einsteigen oder Eindringen nur dann den Versuchsbeginn markieren, wenn (wie in BGH StV **1985** 103 mit **krit.** Anm. *Arzt*) als nächster Schritt der Gewahrsamsbruch geplant ist. Ein diese Anforderungen ignorierender „Automatismus" verfehlt die gesetzlichen Anfoderungen an den Versuchsbeginn (*Hillenkamp* MDR **1977** 243).[477] Das wird in der **Rechtsprechung** teilweise ebenso gesehen,[478] mitunter aber auch **verkannt.**[479] So ist für das OLG Hamm (MDR **1976** 155 mit **abl.** Anm. *Hillenkamp* MDR **1977** 242 f) der strafbare Versuch in den Fällen des besonders schweren Diebstahls nach §§ 242, 243 Abs. 1 Nr. 1 StGB" erreicht, „sobald der Täter mit der Verwirklichung des Erschwerungsgrundes beginnt, insbesondere sobald er zur Tatausführung in das Gebäude bzw. den umschlossenen Raum eindringt" (ebenso E 1962 Begr. S. 144). Das soll auch gelten, wenn der über eine Mauer in den vorderen Hof einer Gaststätte gelangte Dieb vom Sims einer zweiten Mauer erst noch Ausschau hält, ob er aus dem hinter der Mauer liegenden Hofteil oder dem angrenzenden Gebäude etwas stehlen könnte. Noch früher, nämlich schon mit dem Lösen einer Bleiumbördelung eines Seitenfensters, durch das der Dieb einsteigen will, soll nach BGHSt **33** 370 der Diebstahl beginnen, weil auch der vormalig als Verbrechen eingestufte schwere Diebstahl als versucht galt, sobald der Täter zur Verwirklichung des Einbruchs angesetzt hatte (a. a. O. 373). Noch weniger kann der Versuch der Wegnahme einer durch ein verschlossenes Behältnis besonders gesicherten Sache darin liegen, dass der Täter in der Absicht, die Sache zu entwenden, einen Verkaufsraum betritt, bei Inaugenscheinnahme des Behältnisses (nämlich der Ladenkasse) aber feststellt, dass dieses offensteht und sich darin keine Gegenstände (keine Geldscheine) mehr befinden (**aA** BayObLG NStZ **1997** 442).[480] Schließlich ist auch der umgekehrte Automatismus, also die Annahme eines **unmittelbaren Ansetzens zur Verwirklichung eines Regelbeispiels aufgrund des unmittelbaren Ansetzens zum Grundtatbestand,** nicht anzuerkennen (**aA** OLG Hamm 1 RVs 91/16 v. 27.12.2016). Freilich kommt dieser Konstruktion ohnehin nur Relevanz zu, wenn man eine Regelbeispielwirkung auch anerkennt, wenn die Verwirklichung des Regelbeispiels lediglich „versucht" wurde (dagegen vor § 22 Rdn. 147).

Gegen eine Relevanz der Erfüllung von Regelbeispielen bzw. des unmittelbaren Ansetzens 164
hierzu sprechen auch **rechtsstaatliche Bedenken.** Denn § 22 verlangt das unmittelbare Ansetzen zur Verwirklichung des Tatbestandes. Regelbeispielen **fehlt** aber die **Tatbestandsqualität.**[481] Darüber kann auch die – ohnehin zweifelhafte – Überlegung nicht hinweghelfen, dass Regelbeispiele „sich im Wesen nicht tiefgreifend von selbständigen Qualifikationstatbeständen

**476** Heute h. M., s. *Baumann/Weber/Mitsch/Eisele* § 22 Rdn. 66; *Gropp* § 9 Rdn. 65; *Jäger* SK Rdn. 32; *Krey/Esser* AT Rdn. 1234; *Kühl* AT § 15 Rdn. 54; *Laubenthal* JZ **1987** 1065, 1069; *Roxin* AT II § 29 Rdn. 172 (missverständlich aber Rdn. 145); *Sch/Schröder/Eser/Bosch* Rdn. 58; *Wessels/Beulke/Satzger* Rdn. 958; *Wessels/Hillenkamp/Schuhr* Rdn. 219; die Parallelität zum Ansetzen zur Qualifikation zeigt sich deutlich bei *Eisele* Regelbeispielsmethode S. 297 ff, der die hier vertretene Linie vollständig teilt, obwohl er die benannten Regelbeispiele als „Merkmale des Gesamttatbestandes" ansieht (S. 163 ff, 189); *ders.* JA **2006** 313.

**477** So etwa, wenn nach dem Aufbrechen der Dielenbretter mit dem Einsteigen noch einige Tage zugewartet werden soll, vgl. RG Rechtspr. **7** 341; zu Recht zurückhaltend gegenüber der „Regelwirkung" daher auch *Jäger* SK Rdn. 33; *Kühl* AT § 15 Rdn. 54.

**478** BGH NStZ **2017** 86, 87.

**479** Zu BGHSt **64** 318 bereits Rdn. 87, 125, 159, wobei diese Entscheidung (wenn auch nur „in der Regel"; kritisch insoweit *Eisele* JuS **2020** 798, 799) das unmittelbare Ansetzen zum Grunddelikt für ausschlaggebend hält, dann aber den Grundsatz formuliert, dass dies bereits mit dem unmittelbaren Ansetzen zum Regelbeispiel vorliege.

**480** **Krit.** auch *Geppert* JK 98 StGB § 243/3; *Graul* JuS **1999** 852; *Sander/Malkowski* NStZ **1999** 36; *Wessels/Hillenkamp/Schuhr* Rdn. 218.

**481** **Anders** *Eisele* Regelbeispielsmethode S. 163 ff, 189 f, der den hier erhobenen Einwand daher nicht teilt (S. 297 f).

unterschieden". Vielmehr ist der hieraus gezogene Schluss, es liege nahe, „die Regelbeispiele" namentlich „der besonders schweren Diebstahlsfälle, insbesondere das Einbrechen nach § 243 Abs. 1 Satz 2 Nr. 1 StGB ... im Ergebnis wie ein Tatbestandsmerkmal zu behandeln" (BGHSt **33** 370, 374),[482] jedenfalls im hier erörterten Zusammenhang neben der schon sachlich verfehlten Erweiterung des für den Versuchsbeginn maßgeblichen Anknüpfungspunktes ein kaum zu leugnender **Verstoß gegen das Analogieverbot.**[483] Im **umgekehrten Fall**, in dem der Täter bereits zur Tatbestandsverwirklichung unmittelbar angesetzt und sich dabei die Verwirklichung eines Regelbeispiels für einen späteren Zeitpunkt vorgenommen hat, hat der BGH zu Recht einen Versuch unter Einbeziehung des Regelbeispiels abgelehnt (BGH StV **1996** 147: Ansetzen zur Gefangenenmeuterei verbunden mit der Planung des späteren Beisichführens von Schusswaffen [§ 121 Abs. 3 Nr. 1]).

165 **cc) Alternativfälle.** Erhebliche Schwierigkeiten bereitet die Lösung der von *Vogler* (LK[10] Rdn. 86 f) wie auch von *Hillenkamp* (LK[12] Rdn. 129 f) im Anschluss an *Roxin* (JuS **1979** 8 f) erörterten Alternativfälle. Unter einem **Alternativfall** ist die Sachverhaltsgestaltung zu verstehen, in der der Täter als Übel die Ausführung einer in der Regel schweren Straftat gegen das Opfer der Nötigung androht, falls dieses nicht zu der vom Täter verlangten Handlung bereit ist. Dabei macht der Täter – wie etwa mit der Drohung „Geld oder Leben" – die Ausführung der angedrohten Tat von der Weigerung des Opfers abhängig, dem Täterbegehren nachzukommen. Hier stellt sich die Frage, ob neben einem versuchten oder vollendeten Raub bzw. einer räuberischen Erpressung auch ein Mordversuch vorliegt. Der **BGH** hat sich in NStZ **2014** 633 mit einem ungewöhnlichen, strukturell aber den vorstehenden Konstellationen entsprechenden Fall befasst: Die Täterin bedrohte das im Auto sitzende Opfer mit einer Pistole und wollte es für den Fall erschießen, dass es nicht aus dem Wagen steigen und ein Gespräch mit ihr führen wollte. Der BGH geht davon aus, dass die Täterin „zu diesem Zeitpunkt schon einen Tatentschluss gefasst hatte, weil lediglich die Tatausführung, nicht aber der Wille zur Tat davon abhängig war, dass der Nebenkläger [das Opfer] auch unter Vorhalt der Pistole weiterhin nicht bereit war, mit ihr ein Gespräch zu führen". Es fehle aber am unmittelbaren Ansetzen, da die Umsetzung des geplanten Tötungsvorhabens noch von dem – freilich von der Täterin nicht zu beeinflussenden – Eintritt der Bedingung abhing, dass das Opfer sich nicht gesprächsbereit zeigt. Erst als sich das Opfer endgültig abwandte und die Täterin den Abzug der Waffe betätigte, habe sie unmittelbar zur Ausführung der Tötungshandlung angesetzt.[484]

166 Soweit diese Fallgruppe überhaupt behandelt wird, votieren die Autoren – ebenso wie der BGH – für die **Verneinung eines unmittelbaren Ansetzens**, solange der Täter nicht zur Ausführung seiner Drohung gegenüber dem sich widersetzenden Opfer übergeht.[485] Die **Begründung** für dieses Ergebnis bereitet allerdings Probleme: So kann es kaum überzeugen, wenn *Roxin* (JuS **1979** 1, 9) behauptet, es fehle sowohl an der von ihm geforderten Sphärenbeziehung als auch am unmittelbaren zeitlichen Zusammenhang. Beides lässt sich schwerlich bestreiten, wenn der Täter dem Opfer drohend eine Pistole an den Kopf hält.[486] Im Zentrum der Überlegungen muss (auch in Abgrenzung zu sonstigen Konstellationen eines von äußeren Umständen abhängigen Tatentschlusses, Rdn. 57 ff) die Frage stehen, welche Rolle es spielt, dass der Übergang zur Vornahme der Ausführungshandlung aus Tätersicht von der Entscheidung des Opfers, ob es sich dem nötigenden Druck beugen will, abhängt. Von der Bedeutung dieser „Entscheidungsmacht" des Opfers hängt es ab, ob man annimmt, der Täter habe das Rechtsgut des Opfers

---

**482** Vgl. dazu auch *Laubenthal* JZ **1987** 1065, 1069.

**483** **Abl.** daher *Hillenkamp* MDR **1977** 242; *Kühl* AT § 15 Rdn. 53; *Küper* JZ **1986** 524; zurückhaltender *Laubenthal* JZ **1987** 1065, 1070.

**484** Zustimmend *Brüning* ZJS **2014** 454, 456.

**485** *Hillenkamp* LK[12] Rdn. 129 f.; *Putzke* JuS **2009** 894,897; *Roxin* JuS **1979** 1, 9; *Vogler* LK[10] Rdn. 86 f.

**486** Zutreffend kritisch *Hillenkamp* LK[12] Rdn. 130.

bereits „in den Griff bekommen" (*Zaczyk* Unrecht S. 229 ff, 311, s. dazu Rdn. 99) oder es bestehe bereits eine Rechtsgutsgefährdung[487] oder es liege ein Angriff auf das bedrohte Rechtsgut vor (*Rath* JuS **1998** 1008 f; dazu Rdn. 101). *Hillenkamp* (LK[12] Rdn. 130) verneint auf der Grundlage der modifizierten Zwischenaktslehre (dazu Rdn. 90) die von ihm geforderte Gefahr der Tatbestandsverwirklichung, an der es nämlich fehle, solange das Opfer seine Entscheidung nicht trifft.[488] *Putzke* (JuS 2009 894, 897) sieht bezogen auf das angedrohte Verhalten noch nicht das erlaubte Risiko überschritten, weil der Täter es etwa in der Situation „Geld oder Leben" für höchst wahrscheinlich halte, dass sich das Opfer der Drohung beugt. Damit hängt die Entscheidung freilich vom Rangverhältnis der angegriffenen Rechtsgüter ab (wie liegt es, wenn der Täter das Opfer mit dem Tode bedroht, wenn dieses nicht bereit ist, sein Kind zum sexuellen Missbrauch zu übergeben?). Vor allem aber bleibt das vorgestellte Risiko selbstverständlich auch dann rechtlich missbilligt, wenn die Wahrscheinlichkeit, dass dem Opfer das Geld wichtiger als sein Leben ist, auch nur minimal erscheint. *Vogler* (LK[10] Rdn. 87) schließlich sieht – ebenso wie der BGH (NStZ **2014** 633) – die Handlungsunmittelbarkeit nicht gegeben, weil die zwischengeschaltete Opferentscheidung dem Unmittelbarkeitszusammenhang entgegenstehe. Es ist aber so noch nicht ersichtlich, was diese Bedingung von anderen unterscheidet, die dem Versuchsbeginn nicht entgegenstehen (s. Rdn. 57 ff). In Wahrheit dürfte sich die **Handlungsunmittelbarkeit** (und damit auch die Nähe zur Tatbestandsverwirklichung) **schwerlich leugnen** lassen. Ist der Täter bei einer sein Ansinnen ablehnenden Äußerung des Opfers oder für den Fall des Ablaufens eines von ihm gesetzten Ultimatums vorbehaltlos dazu bereit, seine Drohung wahrzumachen, so besteht keinerlei innere oder äußere Hemmung, die der Wirkmacht seiner Entscheidung entgegensteht. Der Täter hat in einer der Tatausführung unmittelbar vorgelagerten Situation die Realisierung seiner Entschlossenheit von einem Opferverhalten abhängig gemacht, das seinem Einfluss entzogen ist. In dieser Situation lässt sich nicht mit der Entscheidungsmacht des Opfers argumentieren, zumal dieses sich von Rechts wegen der Drohung nicht beugen muss.[489] Weitere Zwischenschritte des Täters sind nicht mehr erforderlich, was auch daran augenscheinlich wird, dass für den BGH letztlich der Versuchsbeginn mit der Ausführungshandlung (dem Betätigen des Abzugs) zusammenfällt. Wenn die Annahme eines Versuchs contraintuitiv erscheint, dann deshalb, weil man sich schwerlich der praktisch regelmäßig zutreffenden Annahme verschließen kann, dass der Täter letztlich seine Entscheidung für die Realisierung der Drohung erst dann treffen wird, wenn sich das Opfer tatsächlich nicht seinem Willen beugt. Eine Bestätigung erfährt das Ergebnis aber darin, dass sich das Opfer, wenn es sich gegen den Nötiger wehrt, nicht nur seine Willensfreiheit verteidigt, sondern auch das Rechtsgut, dass der Täter zu verletzen droht.[490]

**dd) Unterlassungsdelikte.** Dass es auch den Versuch des Unterlassungsdelikts gibt, ist heute unbestritten (zum untauglichen Versuch beim Unterlassungsdelikt s. Rdn. 248, Vor § 22 Rdn. 109).[491] Mit der Einsicht, dass die Regelung des § 22 trotz ihres vordergründigen Zuschnitts auf den unbeendeten Begehungsversuch auch für alle „Sonderformen" Geltung beansprucht, ist dem Bundesgerichtshof (BGHSt **40** 257, 271) zunächst darin zuzustimmen, dass die Abgrenzung von Vorbereitung und Versuch auch im Bereich des **unechten** (zum echten Unterlassen s. Rdn. 184 f) **Unterlassens** „nur in der sinngemäßen Anwendung der für das Begehungsdelikt entwickelten Grundsätze ... gefunden" und dass deshalb auch hier die Antwort nur danach ge- 167

**487** *Hillenkamp* LK[12] Rdn. 130 hält beide Kriterien ohne weiteres für erfüllt.

**488** Ähnlich i. E. *Spielmann* S. 97 f, 133 ff.

**489** *Herzberg* MK[1] Rdn. 105 verneint das unmittelbare Ansetzen zum Mord im Anschluss an *Schlehofer* Vorsatz S. 39 mit der „hocheffizienten Gefahrabschirmung", die im Lebenswillen des Bedrohten liege.

**490** **AA** wohl *Brüning* ZJS **2014** 454, 456.

**491** BGHSt **38** 356, 358 f; **40** 257, 270; OLG Hamburg NStZ **2016** 530, 534; *Roxin* AT II § 29 Rdn. 266; s. dazu, dass der Wortlaut des § 22 auch den Unterlassungsversuch erfasst, *Herzberg* MDR **1973** 90, der das für § 43 a. F. bestritt.

geben werden kann, „ob der Täter nach seiner Vorstellung von der Tat mit dem Beginn seines Untätigbleibens zur Tatausführung unmittelbar ansetzt".[492] Es ist danach nur ein naturalistischer Befund, der für die rechtliche Bewertung nicht den Ausschlag geben kann, dass sich das Zurückbleiben hinter der Verhaltenserwartung von deren Entstehen bis zum Erfolgseintritt in aller Regel als ein äußerlich gleichförmiges Kontinuum des Unterlassens darstellt, also ein den Begehungsdelikten vergleichbarer, in „Schritte" zerfallender Ablauf fehlt (s. *Vogler* LK[10] Rdn. 109). Das enthebt den an § 22 gebundenen Rechtsanwender aber nicht der Aufgabe, auch beim Unterlassen den Versuchsbeginn an eine Zäsur zu binden, ab der die Untätigkeit zum unmittelbaren Ansetzen zur Tatbestandsverwirklichung wird. Das geschieht dann, wenn das Unterlassen nach der Vorstellung des Täters vom Ablauf der Tat in das vom Tatbestand vorausgesetzte Verhalten unmittelbar einmündet.

168 **Hintergrund** des Unmittelbarkeitserfordernisses ist hier entsprechend dem positiven Tun (Rdn. 102 ff), dass sich die Versuchsstrafbarkeit nur legitimieren lässt, wenn der Täter seinen Tatentschluss in einem Stadium manifestiert, das dem garantenpflichtwidrigen Unterlassen so unmittelbar vorgelagert ist, dass davon ausgegangen werden darf, dass der **Täter die Selbstfestlegung durchhält.**[493] Beim Unterlassen zeigt sich mit besonderer Deutlichkeit, dass eine Unterteilung in naturalistische Teilakte, wie etwa Körperbewegungen, für den Versuchsbeginn nicht den Ausschlag geben kann.[494] Es ist vielmehr die zeitliche Nähe zum tatbestandsmäßigen Verhalten, das Durchhalten eines zunächst unverbindlichen Tatplanes, der dann zum Tatentschluss i. S. v. § 22 wird, welches den rechtsfeindlichen Willen auch im Falle äußerlicher Untätigkeit kennzeichnet.

169 **Bezugspunkt** des unmittelbaren Ansetzens ist also auch beim Unterlassen das (auf der Grundlage der Tätervorstellung zu beurteilende) **tatbestandsmäßige Verhalten.** Es ist deshalb vorab zu bestimmen, wann ein garantenpflichtwidriges, den Tatbestand erfüllendes Unterlassen vorliegt. Dabei bereitet die Bestimmung des Versuchsbeginns keine Probleme, wenn bei Auftreten einer (vom Täter vorgestellten) bestimmten Situation unvermittelt eine Garantenpflicht entsteht, bei deren Verletzung ein tatbestandlicher Erfolg zurechenbar wäre. Beispielhaft: Verletzt der Täter durch seine unachtsame Fahrweise einen Fußgänger und geht davon aus, dass er zu dessen Rettung sofort einen Notarzt verständigen muss, so ist auch die Garantenpflicht entstanden und es liegt bei deren Verletzung ein **beendeter Versuch** (in dem Sinne, dass das tatbestandsmäßige Verhalten vorgenommen wurde)[495] vor. Entsprechend dem Begehungsdelikt (Rdn. 137 ff) führt also ein tatbestandsmäßiges Unterlassen stets in das Versuchsstadium. Abgrenzungsbedarf gegenüber bloßen Vorbereitungshandlungen, wie er für den **unbeendeten Versuch** (also vor der tatbestandlichen Unterlassung) kennzeichnend ist, besteht aber dann, wenn dem garantenpflichtwidrigen Unterlassen eine Phase vorausgeht, in der der Täter zwar die garantenpflichtbegründenden Umstände bereits in seine Vorstellung aufnimmt, aber die daraus abzuleitende Pflicht noch nicht verletzt, sondern allenfalls unmittelbar zu deren Verletzung ansetzt. Dieser Ausgangspunkl lässt sich in Auseinandersetzung mit den vertretenen Auffassungen noch genauer entfalten (Rdn. 172 ff).

170 In der **Diskussion** um den Versuchsbeginn beim Unterlassen werden im wesentlichen **drei Positionen** vertreten. Dabei stehen sich gewissermaßen am jeweils äußeren Ende der Skala die Auffassungen gegenüber, die den Versuchsbeginn bei Verstreichenlassen der aus Tätersicht ersten bzw. letzten Rettungsmöglichkeit annehmen. Die h. M. stellt vermittelnd auf normative As-

---

**492** Übereinstimmend *Fischer* Rdn. 31; *Freund/Rostalski* § 8 Rdn. 69; *Frister* Rdn. 23/33; *Malitz* Der untaugliche Versuch S. 99 f; *Otto* AT § 18 Rdn. 33, 35; *Vogel* Norm und Pflicht S. 227 f; *ders.* MDR **1995** 340; *Vogler* LK[10] Rdn. 115; *Wessels/Beulke/Satzger* Rdn. 1221 f; **aA** *Jescheck/Weigend* § 60 II 2: „Die Formel ... führt hier nicht weiter"; **krit.** auch *Stein* SK vor § 13 Rdn. 65.

**493** Ähnlich *Stein* SK vor § 13 Rdn. 67.

**494** Vgl. auch *Stein* SK vor § 13 Rdn. 65.

**495** Es geht hier also nicht um die zum Rücktritt diskutierte Frage, ob beim Unterlassen zwischen beendetem und unbeendetem Versuch zu unterscheiden ist.

pekte, insbesondere auf das Maß der Gefährdung auf der Grundlage der Tätervorstellung ab. Soweit es die Orientierung an der **ersten Rettungsmöglichkeit** anbelangt, wird hierfür vor allem darauf hingewiesen, dass damit den Belangen des Opferschutzes optimal Rechnung getragen werde.[496] Begrifflich lässt sich dafür anführen, dass sich hier durchaus von einem „Beginn der Untätigkeit" (BGHSt **40** 257, 271) sprechen lässt. Auch mag sich ein rechtserschütternder Eindruck schon einstellen.[497] Gleichwohl wird dieser Zeitpunkt für den Versuchsbeginn überwiegend und zu Recht abgelehnt, weil darin eine – auch im Verhältnis zum Begehungsdelikt – zu weite Ausdehnung des Versuchsstadiums auf (nach Tätervorstellung) völlig ungefährliche Verhaltensweisen gesehen wird.[498] Vor diesem Hintergrund wird dann auch der Vorwurf eines Gesinnungsstrafrechts erhoben (*Kühl* AT, § 18 Rn. 146; kritisch *Hillenkamp* LK[12] Rdn. 143). Für einen Versuchsbeginn erst mit Verstreichenlassen der **letzten Rettungsmöglichkeit** wird geltend gemacht, dass die Rechtsordnung lediglich eine rechtzeitige Abwendung des Erfolgs verlange.[499] Dagegen wird eingewandt (*Hillenkamp* LK[12] Rdn. 144), dass gerade die Versuchsregelung der gesetzgeberischen Entscheidung für eine Strafbarkeit von Verhaltensweisen Ausdruck verleiht, die den Erfolgseintritt wahrscheinlicher machen. Nach der auf die letzte Rettungsmöglichkeit abstellenden Lehre würde der Versuchsbeginn dagegen mit dem tatbestandsmäßigen Verhalten zusammenfallen; es bliebe damit überhaupt kein Raum für ein unmittelbares Ansetzen (*Baumann/Weber/Mitsch/Eisele* § 22 Rdn. 75). Das späte Einsetzen der Versuchsstrafbarkeit wäre gerade dann besonders bedenklich, wenn selbst bei massiver Gefährdung des Rechtsguts nach Tätervorstellung noch eine letzte Rettungschance verbleibt (vgl. OGHSt. **1** 357).[500] In systematischer Hinsicht lässt sich gegen die Orientierung an der letzten Rettungschance zum einen einwenden, dass danach nur der untaugliche oder fehlgeschlagene Versuch denkbar wären, weil mit der erfolgreichen Wahrnehmung der letzten Rettungschance eine Strafbarkeit gar nicht erst entstünde. Zum zweiten würde § 24 insoweit weitgehend überflüssig, da jede Möglichkeit, den Erfolg noch abzuwenden, schon die Annahme des Versuchs ausschlösse.[501] Die Praxis schließlich stört die oft nicht aufzulösende Ungewissheit darüber, wann sich die letzte Möglichkeit bietet und wendet dies auch gegen den von *Grünwald* (JZ **1959** 46, 48) gemachten Vorschlag, die letzte gegen die mit der **größten Erfolgsaussicht** versehene Chance auszutauschen.[502] Sofern der letztgenannte Vorschlag darauf hinausläuft, den Versuchsbeginn regelmäßig im Verstreichenlassen der ersten Rettungsmöglichkeit zu erblicken, sind die gegen diese Position erhobenen Bedenken (s. o.) auch hier geltend zu machen.[503]

Die **heute vorherrschende Meinung** ist sich in der Ablehnung der beiden vorstehend skizzierten Extrempositionen einig (s. BGHSt **40** 257, 270 f; *Kindhäuser* LPK Rdn. 26 ff; *Lackner/Kühl/Kühl*, Rdn. 17). Stattdessen findet sich ein dem Begehungsdelikt eng verwandtes Angebot an Begründungsansätzen. Teils wird die nach der Zwischenaktslehre erforderliche Handlungsunmittelbarkeit auch beim Unterlassen verlangt. So meint *Gössel* (*Maurach/Gössel/Zipf* AT/2 § 40 Rdn. 147): „Das Versuchsstadium ist demnach dann erreicht, wenn sich an eine erstmalige Unterlassung keine weiteren Unterlassungen anschließen müssen, um den Tatbestand des jeweili- 171

496 *Herzberg* MDR **1973** 89 ff.

497 Vgl. schon *A. Kaufmann* Unterlassungsdelikte S. 216 und *Roxin* JuS **1979** 12 mit den im Text noch als „konzedierbar" eingeräumten Argumenten; ferner *Kühl* AT § 18 Rdn. 146; *Rath* JuS **1999** 36; *Vogler* LK[10] Rdn. 110.

498 Z. B. *Exner* Jura **2010** 279; *Hillenkamp* LK[12] Rdn. 143; *Kudlich* JA **2008** 601, 603; *SSW/Kudlich/Schuhr* § 22 Rn. 69.

499 *A. Kaufmann* Unterlassungsdelikte S. 210 ff; *Welzel* Strafrecht S. 221; im Ausgangspunkt auch *Grünwald* JZ **1959** 46, der dann aber differenziert.

500 Vgl. auch *Hillenkamp/Cornelius* AT 14. Problem 2. Beispiel.

501 Zu Recht **abl.** daher z. B. *Kühl* AT § 18 Rdn. 147; *Baumann/Weber/Mitsch/Eisele* § 22 Rdn. 75; *Roxin* **1979** 13; *ders.* AT II § 29 Rdn. 284 f; *Sch/Schröder/Eser/Bosch* Rdn. 48; *Vogler* LK[10] Rdn. 111.

502 BGHSt **40** 257, 271 f; gegen *Grünwalds* Auffassung wird auch eingewandt, dass sie sich von der in Rdn. 143 dargestellten Meinung nicht unterscheide, da die „erste stets auch die erfolgversprechendste Abwendungsmöglichkeit" sei.

503 *Kudlich* JA **2008** 601, 603.

gen unechten Unterlassungsdelikts zu verwirklichen."[504] Mitunter verfehlt der Verweis auf die Zwischenakttheorie aber auch deren sachlichen Gehalt im Sinne einer Handlungsunmittelbarkeit, wenn darauf abgestellt wird, dass das Unterlassen der gebotenen Handlung nach der Tätervorstellung ohne weitere Zwischenschritte zum Erfolgseintritt führt[505] – damit wird das tatbestandsmäßige Verhalten als Bezugspunkt des unmittelbaren Ansetzens aus den Augen verloren. *Rath* (JuS **1999** 36) will das von ihm für das positive Tun entwickelte Kriterium der „Notwendigkeit einer tatbestandsspezifischen Verteidigungshandlung" auf das Unterlassen übertragen. Überwiegend wird allerdings darauf abgestellt, ob der Garant auch noch untätig bleibt, obwohl für das geschützte Rechtsgut eine konkrete Gefährdung eintritt.[506] Dabei greifen auf diese individuell-materielle Begründung (s. Rdn. 84 ff) hier nicht nur deren Vertreter,[507] sondern auch aus anderen Lagern (s. Rdn. 80 ff, 91 ff) stammende Stimmen zurück,[508] darunter namentlich solche, die beim positiven Tun die Zwischenaktslehre befürworten.[509] Dazu wird vor allem betont, dass der Versuchsbeginn beim Unterlassen nicht mit der (ersten) Möglichkeit, wohl aber mit der (ersten) Gebotenheit des Eingreifens zusammenfalle und dass hiervon erst dann die Rede sein könne, wenn eine weitere Untätigkeit das zu schützende Rechtsgut in konkrete Gefahr bringe oder diese doch erheblich steigere. Der (sonst abgelehnte) Gefährdungsaspekt soll hier danach seine Berechtigung aus der Besinnung auf die Aufgabe der Garantengebote gewinnen.[510]

172 **Zutreffend** und nach dem Gesetzeswortlaut geboten ist die Anwendung der **Ansatzformel** des § 22,[511] also eine Bestimmung des Versuchsbeginns danach, wann das dem tatbestandlichen Unterlassen unmittelbar vorausliegende Stadium erreicht ist. Wie bei der Zwischenakttheorie auch sonst hängt dieser enge Zusammenhang nicht von naturkausalen Vorgängen (Körperbewegungen) ab, sondern davon, ob der Täter an seinem Vorhaben auch in einem Zeitpunkt noch festhält, der so nah an das Ausführungsstadium herangerückt ist, dass er sich nicht mehr überzeugend auf die Freiheit zur jederzeitigen Abstandnahme von seinem Vorhaben berufen kann (Rdn. 102 ff).

173 Vor diesem Hintergrund wird die Schwäche gerade auch der Ansätze deutlich, die auf das Vorliegen einer (nach Tätervorstellung bestehenden) Rechtsgutsgefährdung abstellen: Damit wird nämlich nicht nur ein Kriterium für maßgeblich gehalten, das für die Bestimmung des Versuchsbeginns allenfalls bedingt geeignet ist (Rdn. 86 f). Vor allem versperrt der unvermittelte Rückgriff auf dieses Kriterium den Blick auf die Notwendigkeit, den **Zusammenhang mit der tatbestandlichen Ausführungshandlung** herzustellen.[512] Eine sich davon lösende Vorgehens-

---

**504** Freilich gelangen die Ausführungen nicht zu völliger Klarheit, wenn der zitierte Satz als Erläuterung zu der Aussage zu verstehen sein soll, dass nach der Ansatzformel darauf abzustellen sei, „ob die Unterlassungshandlung der tatbestandlichen Rechtsgutsbeeinträchtigung unmittelbar vorhergeht" (*Maurach/Gössel/Zipf* AT/2 § 40 Rdn. 147). Der Rechtsgutsbeeinträchtigung geht aber das tatbestandliche Unterlassen, nicht das unmittelbare Ansetzen hierzu unmittelbar voraus.

**505** So *Fischer* Rdn. 33. Dazu passt es, dass *Fischer* Rdn. 31 das unmittelbare Ansetzen mit einer konkreten Rechtsgutsgefährdung identifiziert.

**506** *Fischer* Rdn. 31; *Gaede* NK § 13 Rdn. 23; *Hoffmann-Holland* MK Rdn. 116; *Kudlich* JA **2008** 601, 603; *Zaczyk* NK Rdn. 64.

**507** Wie z. B. *Sch/Schröder/Eser/Bosch* Rdn. 42, 50; BGHSt **40** 257, 271.

**508** So z. B. *Roxin* JuS **1979** 13 als Anhänger der Eindruckstheorie; *ders.* AT II § 29 Rdn. 271 ff für den Fall nicht aufgegebenen Herrschaftsverlusts (deutlich Rdn. 272) aufgrund seiner zum beendeten Versuch entwickelten „Alternativformel" (§ 29 Rdn. 196 ff); vgl. auch *Gropp* § 9 Rdn. 77.

**509** So z. B. *Krey/Esser* AT Rdn. 1221, 1245; *Kühl* AT § 15 Rdn. 55 ff mit § 18 Rdn. 148 ff; vgl. auch *Kindhäuser* AT § 36 Rdn. 41 f mit § 31 Rdn. 18.

**510** Auch *Sch/Schröder/Eser/Bosch* Rdn. 50 bringen hier den – auch sonst (Rdn. 42) verwendeten – Gefährdungsaspekt mit dem Pflichtversäumnis in Zusammenhang: Versuchsbeginn und (erste) Pflichtversäumnis seien identisch, setzten aber Gefährdung durch Nichthandeln voraus.

**511** BGHSt **40** 257, 271; OLG Hamburg NStZ **2016** 530, 535; *Frister* 23/36; *Maurach/Gössel/Zipf* AT/2 § 40 Rdn. 147; *Stein* SK vor § 13 Rdn. 65 ff.

**512** Beim vollendeten Delikt fällt dieser Mangel an Präzision nicht auf, weil es hier regelmäßig nicht darauf ankommt, ab welchem Zeitpunkt ein tatbestandsmäßiges Unterlassen vorliegt, wenn der Täter auch die letzte Ret-

weise entspricht weder den Vorgaben des Gesetzes noch der ratio der Versuchsstrafbarkeit. Die Bestimmung des Zeitpunkts, in dem eine schlichte Untätigkeit in ein garantenpflichtwidriges Unterlassen umschlägt (und damit der Verhaltensunwert des jeweiligen Unterlassungsdelikts vorliegt), ist danach unerlässlich. Es ist also zunächst zu klären, welches Rettungsbemühen einer Person abzuverlangen ist, damit sie das Handlungsunrecht des jeweiligen Unterlassungstatbestandes erfüllt. Damit ist nichts Anderes verlangt, als zunächst den **Inhalt der Garantenpflicht** (auf der Grundlage der Tätervorstellung) festzustellen (zur Konstellation des Irrtums über das Bestehen einer Garantenpflicht s. Rdn. 308 ff).[513] Freilich ist für die Begründung der Garantenpflicht dann die vom Täter vorgestellte Gefährlichkeit seines Unterlassens für das zu schützende Rechtsgut (ebenso wie beim positiven Tun auch) von Relevanz.

Mit diesem Schritt sind auch die Überlegungen zum **beendeten Versuch** auf das Unterlassen zu übertragen: Verletzt der Täter (auf der Grundlage seiner Vorstellungen) seine Garantenpflicht zum Tätigwerden, so ist das Versuchsstadium stets erreicht (s. schon Rdn. 169; **aA** *Hillenkamp* LK[12] Rdn. 146).[514] Der Täter hat hier nämlich den der Ausführungshandlung unmittelbar vorgelagerten Zeitpunkt des Versuchsbeginns bereits überschritten und seine Entscheidung gegen das Rechtsgut in einer Weise demonstriert, die eine Berufung auf die Freiheit zur Aufgabe des gefassten Plans versperrt (Rdn. 102 ff). Auch insoweit ist **begrifflich** klarzustellen, dass im vorliegenden Zusammenhang eine Übertragung des in § 24 zugrunde gelegten Verständnisses des beendeten Versuchs nicht sachgerecht erscheint, weil dort (nach h. M.) eine Perspektive nach Vornahme der Ausführungshandlung einzunehmen ist und weitere dem Täter aus seiner Sicht zu Gebote stehende Möglichkeiten der Tatvollendung zu berücksichtigen sind. Für die Frage des Versuchsbeginns kann es aber nicht darauf ankommen, ob sich nach der Ausführungshandlung noch weitere Handlungsoptionen ergeben. Im Rahmen von § 22 liegt mit **Vornahme der Ausführungshandlung** (beim Unterlassen ist das die Nichtvornahme der rechtlich gebotenen Handlung) ein beendeter Versuch vor, also auch dann, wenn er i. S. v. § 24 fehlgeschlagen oder (bei lediglich vorläufigem Fehlschlag) unbeendet sein mag. 174

Problematisch erscheinen gerade beim Unterlassen solche Konstellationen, in denen sich die **Untätigkeit über einen längeren Zeitraum** erstreckt. So liegt es etwa, wenn das Opfer hilflos auf den Gleisen liegt und dem Garanten bis zum Eintreffen des Zuges noch ein längerer Zeitraum zur Rettung zur Verfügung steht. Entsprechendes gilt im Fall der unterlassenen Nahrungszufuhr für ein Kind oder einen künstlich zu ernährenden Patienten. Maßgeblich für das Vorliegen eines beendeten Versuchs ist beim Unterlassen wie auch beim positiven Tun, dass der Täter auf der Grundlage seiner Vorstellung das **Rechtsgut in rechtlich missbilligter Weise der Gefahr einer tatbestandlichen Beeinträchtigung** aussetzt, weil er diese Gefahr entweder geschaffen (positives Tun) oder nicht beseitigt hat (Unterlassen). Dabei sind Aspekte wie die Größe der Gefahr, die Eigenverantwortlichkeit des Opfers, kurz: die spezifische Ausgestaltung der besonderen Pflichtenbeziehung bezogen auf die konkrete Tatsituation zu berücksichtigen, wie sie im Rahmen der Lehre von den Garantenpflichten ausgearbeitet ist (dazu, dass diese Ausarbeitung allerdings die Frage nach dem Beginn des Bestehens einer Garantenpflicht vernachlässigt, s. noch Rdn. 182). Damit scheiden jedenfalls solche Verhaltensweisen aus, die (nach Tätervorstellung) noch nicht die tatbestandlich geforderte Gefahr für das geschützte Rechtsgut begründen.[515] Deshalb kann – im Einklang mit der h. M. (Rdn. 170 f) – auch für die Versuchsbegründung nicht pauschal die erste Handlungsmöglichkeit maßgeblich sein. Wenn 175

tungschance hat verstreichen lassen. – Die Schwäche des Abstellens auf den erfolgsbezogenen Gefährdungsgedanken teilen auch solche Auffassungen, die zwar die Zwischenakttheorie auf das Unterlassen übertragen wollen, dann aber den Versuchsbeginn anhand der Frage bestimmen wollen, ob das Unterlassen der gebotenen Handlung „ohne weitere Zwischenschritte zum (gewünschten oder gebilligten) Erfolgseintritt" führt; *Fischer* Rdn. 33.

**513** Vgl. auch *Hillenkamp* LK[12] Rdn. 146.

**514** Ebenso *Jakobs* 29/116; *Stein* SK vor § 13 Rdn. 65 f.

**515** Das bedeutet bei den hier meist in Rede stehenden Verletzungsdelikten das Fehlen einer konkreten Gefahr. Bei abstrakten Gefährdungsdelikten kann eine solche freilich nicht verlangt werden. Hier kann sich das Problem

also der Garant, der das Opfer volltrunken schlafend auf den Gleisen antrifft (*A. Kaufmann* Unterlassungsdelikte S. 212 f), weiß, dass der nächste Zug erst in vier Stunden kommt und er zuvor zuverlässig Gelegenheit zur Rettung haben wird, so kann das Verstreichenlassen der ersten Abwendungsmöglichkeit deshalb keinen beendeten Versuch begründen, weil er (bezogen auf den Verhaltenszeitpunkt) nicht vorsätzlich die Rettungschancen des Opfers verschlechtert, also kein vorsätzlich garantenpflichtiges Unterlassen vorliegt.[516] (Eine Garantenpflicht zum sofortigen Tätigwerden etwa mit Blick auf das Risiko eines ungeplanten Kontrollverlusts bleibt davon unberührt, ist aber nicht Gegenstand des Vorsatzes und deshalb auch nicht eines Versuchs.) Andererseits liegt eine Verletzung der Garantenpflicht – ebenfalls im Einklang mit der h. M. (Rdn. 170 f) – auch nicht erst zu dem Zeitpunkt der letzten Rettungsmöglichkeit vor, in dem das Opfer nach Tätervorstellung noch „in letzter Sekunde" von den Gleisen gezogen werden kann.[517] Allzu weit von diesem Zeitpunkt ist die tatbestandsmäßige Unterlassung aber in aller Regel nicht entfernt. Denn aus dem Erfordernis der rechtlich missbilligten Gefahrschaffung bezogen auf das tatbestandlich geschützte Rechtsgut folgt, dass eine **konkrete Bedrohungssituation** bestehen muss. Der Zug muss also bereits so nahe herangekommen sein, dass eine weitere Untätigkeit (auf der Grundlage der Tätervorstellung) eine zuverlässige Rettung des Opfers zumindest erschweren würde.[518] Erst zu diesem Zeitpunkt erhält das Verhalten seinen spezifischen Tötungssinn und der Täter hat seinem Tötungsvorsatz in einer Ausführungshandlung – durch Untätigkeit in einer kritischen Situation – Ausdruck gegeben. Entsprechendes gilt für das Beispiel der unterlassenen Nahrungszufuhr:[519] Eine rechtlich missbilligte Gefahr im Sinne eines Tötungsdelikts besteht z. B. nicht schon dann, wenn eine reguläre Mahlzeit eines Kindes ausgelassen wird. Die zum Versuchsbeginn teilweise vertretene gegenteilige Auffassung (BGHSt **40** 257, 271 für den Fall vorenthaltener künstlicher Ernährung)[520] knüpft entweder daran an, dass übliche, aber rechtlich völlig unverbindliche Handlungen ausgelassen werden (etwa die täglich auf 13 Uhr angesetzte Mahlzeit). Oder aber das Handeln mag einen Rechtsgutsbezug aufweisen, aber nicht den erforderlichen Bezug zum tatbestandlich geschützten Rechtsgut (etwa: das Opfer leidet unter starken Hungergefühlen). Für einen beendeten Versuch eines Tötungsdelikts genügt es nicht, wenn der Täter sich ein Verhalten vorstellt, das zwar die körperliche Integrität, nicht aber das Leben des Opfers einer Gefahr aussetzt.[521] Die Entscheidung, das Opfer durch Vorenthaltung der Nahrungszufuhr zu töten, ist erst im Sinne des für die Ausführung der Tat erforderlichen Vorsatz getroffen und durch das Täterverhalten objektiviert, wenn der Täter die Vorstellung hat, das Leben des Opfers in Gefahr zu bringen. Dem Gefährdungsaspekt kommt also – nicht anders als beim positiven Tun – für die Beurteilung der Tatbestandsmäßigkeit des Verhaltens erhebliche Bedeutung zu. Der **Unterschied zur h. M.**, die diesem Aspekt ebenfalls für entscheidend hält (Rdn. 171), liegt in der **dogmatischen Verortung**: Während die h. M. die Gefährdung für ein Kriterium zur Bestimmung des Versuchsbeginns hält, betrifft sie richtigerweise die

---

des beendeten Versuchs aber auch nicht stellen, wenn mit der Vornahme der abstrakt gefährlichen Handlung der Tatbestand bereits erfüllt, also Vollendung eingetreten ist.

**516** Der Wunsch, das Opfer möge bei Eintreffen des Zuges überfahren werden, ist bezogen auf die konkrete Situation kein Tötungsvorsatz, weil ihm aktuell (auch nach Tätervorstellung) keine Erfolgsmächtigkeit zukommt.

**517** In diesem Sinne aber (freilich nicht bezogen auf das tatbestandsmäßige Verhalten, sondern bezogen auf den Versuchsbeginn) *Kaufmann* Die Dogmatik der Unterlassungsdelikte S. 210 ff.; *Welzel* S. 206, 221.Dagegen etwa *Sch/Schröder/Eser/Bosch* Rdn. 48; *Hillenkamp* LK[12] Rdn. 143.

**518** *Jäger* SK Rdn. 43. Freilich können auch vor diesem Zeitpunkt bereits rechtlich missbilligte Gefahren in Richtung auf das geschützte Rechtsgut bestehen, etwa die Gefahr, aufgrund plötzlicher Bewusstlosigkeit nicht mehr zur Rettung in der Lage zu sein. Unabhängig von der Frage, ob bei der Konturierung der Garantenpflicht solche Risiken überhaupt zu berücksichtigen sind, spielen sie jedenfalls im Versuchsbereich keine Rolle, weil sie in aller Regel vom Täter nicht bedacht werden und also nicht als Tätervorstellung der Bestimmung des unmittelbaren Ansetzens zugrundegelegt werden können.

**519** Zutreffend *Jäger* SK Rdn. 43; *Sch/Schröder/Eser/Bosch* Rdn. 51; *Hillenkamp* LK[12] Rdn. 150.

**520** Zustimmend etwa *Fischer* Rdn. 33.

**521** Zutreffend *Hillenkamp* LK[12] Rdn. 150.

Konturierung des tatbestandsmäßigen Verhaltens. Denn die vom Täter vorgestellte Gefährdung stellt nicht die unmittelbare Nähe zum tatbestandsmäßigen Verhalten her, sondern charakterisiert dieses Verhalten selbst. Das entzieht der von vielen Vertretern der h. M. vertretenen, in der Sache nicht begründeten und auch nicht begründbaren Annahme einer unterschiedlichen Relevanz des Kriteriums der materiellen Gefahrschaffung bei positivem Tun und Unterlassen die Grundlage.

Aus dem vorstehenden Ansatz folgt auch die Lösung der umstrittenen Fälle, in denen der Garant das **Geschehen** aus seinem **Herrschaftsbereich entlässt**, im Beispielsfall des nahenden Zuges der Garant also etwa den Gleisbereich verlässt oder er im Fall der unterlassenen Nahrungszufuhr das Kind verlässt, um dem Geschehen seinen Lauf zu lassen. Die Parallele zu den Fällen des beendeten Versuchs, in denen der Täter eine Situation in der Erwartung arrangiert hat, dass sich das später eintreffende Opfer irrtumsbedingt selbst schädigt (Rdn. 141 ff), liegen auf der Hand. Entsprechend parallel verläuft auch die **Diskussion: Zum Teil** wird geltend gemacht, eine **unterschiedliche Bestimmung des Versuchsbeginns** je nachdem, ob der Täter am Ort des Geschehens bleibt oder diesen verlässt, sei **nicht plausibel**. Es gebe keinen sachlichen Grund dafür, die Versuchsstrafbarkeit im Falle des „Aus-der-Hand-Gebens" des Geschehens weit in ein Stadium vorzuverlegen, in dem es an der Gefahr der Tatbestandsverwirklichung und einer Rechtsgutsgefährdung noch fehle (*Hillenkamp* LK[12] Rdn. 148, 150). Auch im Gesetz finde eine Bestimmung des Versuchsbeginns anhand des Kriteriums des Aus-der-Hand-Gebens keine Stütze. Ein Versuch liege im Beispiel des nahenden Zuges dementsprechend erst dann vor, wenn der Garant nicht rechtzeitig zurückkehrt, um das Opfer kurz vor Eintreffen des Zuges von den Schienen zu ziehen (*Hillenkamp* LK[12] Rdn. 148). Die **Gegenauffassung** bejaht einen **Versuchsbeginn**, wenn der Täter das Geschehen **aus seinem Herrschaftsbereich entlässt.**[522] Damit wird eine Übereinstimmung mit der entsprechenden Differenzierung beim beendeten Versuch hergestellt. Hiernach mache sich der Streckenwärter, der von einem Eintreffen des nächsten Zuges erst vier Stunden später ausgeht, wegen eines Tötungsversuchs schon dann strafbar, wenn er in der Absicht, den Dingen ihren Lauf zu lassen, den Ort des Geschehens verlässt. Er könne sich von Strafe nur noch unter den Bedingungen eines Rücktritts befreien. Bewahrt er sich dagegen seinen Einfluss, soll der Versuch erst deutlich später – nämlich mit Eintritt der Gefährdung – beginnen. Daher bleibe er auch bei unfreiwilligem Rettungshandeln oder dem Eingreifen Dritter von Strafe (nur) im zuletzt genannten Fall verschont. 176

Im **Grundsatz zutreffend** ist die letztgenannte, **differenzierende Auffassung**. Das liegt freilich nicht daran, dass sie eine eigenständige Theorie zum Versuchsbeginn darstellt, sondern daran, dass sie einen Aspekt anspricht, der für die Bestimmung des tatbestandsmäßigen Verhaltens von Belang ist. Bevor sich nämlich die Frage nach dem Versuchsbeginn stellt, muss – wie stets im Rahmen von § 22 – das **tatbestandsmäßige Verhalten** bestimmt werden. Hier spielt es nun durchaus eine Rolle, ob der Garant das Geschehen in seiner Kontrolle behält oder aus seinem Herrschaftsbereich entlässt. Die Berücksichtigung des Umstands, dass sich die Situation des Opfers dadurch verschlechtert, dass der für die Abwehr der Gefahr zuständige Garant die Kontrolle über die Situation verliert, entspricht allgemeinen Zurechnungskriterien (und ist folglich nicht gesetzesferner als diese selbst). Das gilt zunächst für den Fall, dass der Garant sich ein rechtzeitiges Eingreifen unmöglich macht. Schon mangels physisch-realer Handlungsmöglichkeit im Zeitpunkt der Gefahrkonkretisierung kann bezogen auf diesen Zeitpunkt eine Garantenpflicht zur Erfolgsabwendung nicht begründet werden. Dann kann aber auch nicht sinnvoll von einem Versuch durch Nichtergreifen einer fehlenden Rettungsmöglichkeit gesprochen wer- 177

**522** Begründet ist diese Auffassung von *Roxin* Maurach 232 f; *ders.* AT II § 29 Rdn. 271 ff; Zustimmung findet sie z. B. bei *Fischer* Rdn. 33; *Gaede* NK § 13 Rdn. 23; *Heinrich* AT Rdn. 755; *Köhler* S. 467; *Maurach/Gössel/Zipf* AT/2 Rdn. 147 f; *Wessels/Beulke/Satzger* Rdn. 1222; *Womelsdorf* S. 94 ff.; *Zaczyk* S. 319; vgl. auch BGHSt **38** 356, 360; **krit.** *Otto* AT § 18 Rdn. 44 f.

den.[523] Es bleibt freilich – entsprechend den Rdn. 151 erörterten Parallelfällen – die Frage, ob der Garant das Geschehen tatsächlich aus seinem Herrschaftsbereich entlassen hat, wenn z.B noch die Möglichkeit besteht, die Polizei zu verständigen, um das Opfer von den Gleisen zu ziehen zu lassen. Die Beantwortung dieser **Wertungsfrage** hängt davon ab, ob der Garant durch sein Verhalten die Rettungsmöglichkeiten für das Opfer unerlaubt verschlechtert hat. Das ist nicht schon der Fall, wenn sich der Garant eine kürzere Strecke von dem Opfer entfernt hat und ohne Schwierigkeiten innerhalb des zeitlichen Rahmens, in dem er eine Konkretisierung der Gefahr (etwa das Nahen des Zuges) erwartet, zurückkehren kann. Anders liegt es, wenn ihm die Rettung nicht mehr unproblematisch und zuverlässig möglich ist, weil etwa andere Personen eingeschaltet werden müssen oder ungewiss ist, ob die Rückkehr zum Ort des Geschehens ohne weiteres möglich ist.[524]

178 **Nach diesen Maßstäben** ist auch der (RGSt **66** 71 nachgebildete) **Fall** zu entscheiden, in dem die Eltern das im Walde geborene Kind hilflos liegenlassen und nach Hause gehen, „damit es umkomme" (s. dazu *Grünwald* JZ **1959**, 49; *Roxin* FS Maurach 232). Hier beginnt der Tötungsversuch mit dem Verlassen des Kindes,[525] und zwar deshalb, weil das Kind zu diesem Zeitpunkt auf der Grundlage der Tätervorstellung einer nicht mehr kontrollierten Gefahr für sein Leben ausgesetzt ist, mithin bereits ein garantenpflichtwidriges Unterlassen vorliegt.[526] Ebenso dürfte von einem (wie immer: auf der Grundlage der Tätervorstellung zu beurteilenden) tatbestandsmäßigen Unterlassen (und damit von einem Versuch) auszugehen sein, wenn ein Unfallverursacher den Unfallort am frühen Wintermorgen in der Meinung verlässt, das angefahrene Opfer werde erst nach Eintritt des Nachtfrostes an Unterkühlung sterben.[527] Dagegen ließe sich freilich geltend machen, der Garant sei davon ausgegangen, noch genug Zeit zu haben, um zum Unfallort zurückzukehren und rettende Maßnahmen zu ergreifen. Abgesehen davon, dass ein Täter in dieser Situation schwerlich verkannt haben kann, dass er das Unfallopfer vielfältigen Gefahren, auch für sein Leben, aussetzt, begründet die zum Opfer geschaffene Distanz einen erhöhten Aufwand und gesteigerte Unsicherheit bezogen auf die Rettung vor der Gefahr des nächtlichen Erfrierens.[528]

179 Für den Fall, dass dem Garanten geboten ist, die rechtswidrige **Tat eines Dritten zu verhindern** oder die **gegen** das vom Garanten **zu schützende Gut gerichtete Tat** abzuwehren (wie z. B. in BGH NJW **2003**, 1057), soll nach teilweise vertretener Auffassung der Versuch erst beginnen, „wenn der täterschaftlich Handelnde zur Tatbestandsverwirklichung unmittelbar angesetzt" (*Blei* AT § 86 III 2). Hier stellt sich freilich in einem ersten Schritt die Frage, ob der Garant als Täter oder Teilnehmer haftet. An einer täterschaftlichen Haftung wird es grundsätzlich fehlen, wenn seine Pflicht darauf begrenzt ist, auf den eigenverantwortlich agierenden Begehungstäter einzuwirken.[529] Ist er lediglich Teilnehmer, so folgt die Maßgeblichkeit des Versuchsbeginns der Haupttat nach allgemeinen Akzessorietätsgrundsätzen. Steht die Eigenverantwortlichkeit des Begehungstäters einer täterschaftlichen Haftung des Garanten dagegen nicht entgegen, so gelten für den Versuchsbeginn die allgemeinen Grundsätze. Es ist also der Inhalt

**523** Das mag freilich anders sehen, wer im Sinne eines Ausnahmemodells bei der omissio libera in causa dem Täter das Nichthandeln vorwerfen und ihm verwehren will, sich auf die selbst herbeigeführte Handlungsunfähigkeit zu berufen (in diesem Sinne *Hillenkamp* LK[12] Rdn. 148; *Otto* AT § 18 Rdn. 45; *Vogler* LK[10] Rdn. 113); dazu und zum Gegenkonzept (Anknüpfen am vorzuwerfenden Vereiteln der Rettungsmöglichkeit) *Murmann* Grundkurs § 29 Rdn. 22.

**524** Dagegen scheint etwa *Gaede* NK § 13 Rdn. 23 erst dann von einem Kontrollverlust ausgehen zu wollen, wenn dem Täter ein helfendes Eingreifen schlechterdings unmöglich ist.

**525** Für Tötungsversuch auch *Roxin* AT II § 29 Rdn. 273.

**526** Dagegen meint *Hillenkamp* LK[12] Rdn. 149, der Versuch beginne „erst in dem Zeitpunkt, in dem eine für das Leben kritische Situation und damit die Gefahr der Tatbestandsverwirklichung entsteht". Aber dieser Zeitpunkt ist erreicht, wenn die Eltern das Neugeborene im Wald verlassen, damit es umkomme.

**527** **AA** *Hillenkamp* LK[12] Rdn. 149.

**528** In diesem Sinne wohl auch *Jakobs* 29/118.

**529** Dazu eingehend *Murmann* FS Beulke 181 ff.

der Garantenpflicht zu bestimmen. Und da die Eigenverantwortlichkeit hier der täterschaftlichen Haftung nicht entgegensteht, orientiert sich der Inhalt der Pflicht an dem empirisch zu bestimmenden[530] Gefahrenpotential, das von dem potentiellen Begehungstäter droht. Dann wird ein effektiver Schutz des ausersehenen Opfers häufig ein Eingreifen bereits vor der Versuchshandlung des Begehungstäters verlangen. Damit dürfte nicht nur die „Pflichtversäumnis schon unmittelbar vor der für das Rechtsgut stets riskanten Versuchshandlung des Dritten versuchsrelevant" sein (*Hillenkamp* LK[12] Rdn. 151), sondern u. U. auch schon eine Untätigkeit in einem weiter vorgelagerten Vorbereitungsstadium des Begehungstäters, wenn sich die Rettungschancen durch weiteres Zuwarten verschlechtern. Auch hier ist der Aspekt der Geschehensherrschaft von Bedeutung: Der Garant ist verpflichtet, die Möglichkeit einer Beherrschung der Gefahr nicht durch weiteres Zuwarten zu verspielen. Die hiermit verbundene Vorverlegung des Versuchsbeginns gegenüber dem Versuch des Dritten dürfte auch dann sachgerecht sein, wenn der Garant das **selbstschädigende Verhalten des Opfers** (wie z. B. den Suizid der nicht eigenverantwortlich handelnden Ehefrau, vgl. BGH NStZ **1984** 73) abzuwenden hat. Auch hier liegt ein garantenpflichtwidriges Unterlassen bereits dann vor, wenn weiteres Zuwarten die Rettungschancen verschlechtert

Aus der **Kasuistik** zum **beendeten Versuch** ist etwa der vom OLG Hamm entschiedenen **180**
Fall (NJW **1968** 212 mit Besprechung *Ulsenheimer* FamRZ **1968** 568) zu nennen, in dem die Eltern sich geweigert hatten, ihr lebensgefährlich erkranktes Kind durch eine Bluttransfusion retten zu lassen, wobei der Tod des Kindes „ohne sofortigen Blutaustausch innerhalb kürzester Zeit" drohte (zust. *Roxin* JuS **1979** 12; *ders.* AT II § 29 Rdn. 274). **Problematisch** ist es dagegen, wenn der BGH (St **40** 257, 271) bei einem „längeren", zum Tode führenden Unterlassen der gebotenen künstlichen Ernährung einer noch nicht moribunden Patientin den Versuch bereits mit dem Beginn der „Untätigkeit" gleichsetzt.[531] Zuzustimmen wäre dem freilich, wenn die im gleichen Begründungsgang aufgestellte Behauptung zuträfe, dass das Leben der Patientin schon konkret gefährdet gewesen sei. Eine solche konkrete Gefährdung, die bereits eine Verletzung der Garantenpflicht und damit das Vorliegen eines beendeten Versuchs implizieren würde, findet aber in dem Sachverhalt keine Grundlage. Der zum Vergleich herangezogene Fall einer sukzessiven Zuführung kleiner, zunächst nicht lebensgefährlicher Giftmengen, trägt das Ergebnis nicht. Denn die vom BGH als selbstverständlich vorausgesetzte Annahme, dass auch die erste, noch nicht lebensgefährliche Giftgabe bereits den Anfang der Ausführung markiert, überzeugt nicht, weil die Tötungshandlung die Schaffung einer rechtlich missbilligten Gefahr in Richtung auf das Leben des Opfers voraussetzt, an der es hier gerade noch fehlt (dazu Rdn. 121). Auch wenn die Einstellung der Nahrungszufuhr pflichtwidrig gewesen sein mag (weil sie medizinischen Standards nicht entspricht und insbesondere die körperliche Integrität des Patienten zu beeinträchtigen vermag), kommt es für eine (auf der Grundlage der Tätervorstellung zu beurteilende) tötungstatbestandsmäßige Gefahrschaffung darauf an, dass bereits eine unerlaubte Gefahr für das Leben begründet ist. Bei der **Steuerhinterziehung durch Unterlassen** liegt ein beendeter Versuch dann vor, wenn der Täter die Erklärungsfrist gegenüber dem Finanzamt verstreichen lässt.[532] Bei Veranlagungssteuern (insb. Einkommenssteuer, Gewerbesteuer, Körperschaftssteuer) hält der BGH die gesetzliche Abgabefrist (§ 149 Abs. 2 AO), die am 31.7. des Folgejahres endet, für maßgeblich.[533] In der Literatur wird überwiegend für einen späteren Zeitpunkt, insbesondere für eine Orientierung an der Frist, die im Falle der Beauftragung eines Steuerberaters gilt, plädiert (§ 149 Abs. 3 AO: Ende Februar des zweiten auf den Besteuerungszeitraum folgenden Ka-

**530** Da der täterschaftlichen Verantwortlichkeit des Unterlassenden die Eigenverantwortlichkeit des Begehungstäters nicht entgegensteht, kann die Erwartung normgemäßen Verhaltens der Annahme einer tatsächlich bestehenden Gefahr nicht entgegengesetzt werden.

**531** Zu Recht **krit.** daher *Kühl* AT § 18 Rdn. 146; *Roxin* AT II § 29 Rdn. 280 ff; dem BGH zust. dagegen *Fischer* Rdn. 33.

**532** Eingehend *Spatscheck/Bertrand* DStR **2015** 2420, 2421 f.

**533** BGH NZWiSt **2013** 478, 479 (wo noch die Fünfmonatsfrist nach altem Recht galt).

lenderjahres).[534] Materiell plausibel, aber kaum fixierbar, erscheint der „Zeitpunkt, zu dem es nach der Tätervorstellung zum Abschluss der Veranlagungsarbeiten des für den Steuerpflichtigen zuständigen Finanzamts kommt".[535]

181 Der **unbeendete Versuch** des Unterlassungsdelikts ist – nicht anders als beim positiven Tun – dadurch gekennzeichnet, dass der Täter **unmittelbar zum tatbestandlichen Unterlassen ansetzt.**[536] Hier bleibt der Täter also in einem Stadium untätig, das so nahe an das tatbestandliche Unterlassen herangerückt ist, dass die fortbestehende Freiheit zur Vornahme der rechtlich erwarteten Handlung dem strafrechtlichen Vorwurf, das deliktische Verhalten realisieren zu wollen, nicht entgegen steht (s. Rdn. 103ff). Die in einem Tatstrafrecht vorausgesetzte Manifestation des rechtsfeindlichen Willens liegt erst dann vor, wenn das tatbestandsmäßige Verhalten so unmittelbar bevorsteht, dass bei fortdauernder Untätigkeit die Annahme, der Täter werde seinen vorgefassten Plan durchhalten, legitim ist. Ausschlaggebend ist auch hier entsprechend den Maßstäben der Zwischenaktslehre, dass weitere Untätigkeit (auf der Grundlage der Tätervorstellung) der gleichsam letzte Schritt vor dem Stadium der konkreten garantenpflichtwidrigen Unterlassung ist (ebenso *Baumann/Weber/Mitsch/Eisele* § 22 Rdn. 76 f; *Stein* SK § Vor § 13 Rdn. 67). Auch wo der Täter noch auf eine spätere Abwendungsmöglichkeit baut, z. B. auf eine erst am nächsten Tag eingeleitete intensivmedizinische Behandlung, ist doch die Grenze zum Versuch überschritten, wenn die fortgesetzte Verweigerung künstlicher Ernährung der Lebensgefährdung unmittelbar vorgelagert ist. Betrifft der unbeendete Versuch demnach ein Stadium, das der Verletzung einer Garantenpflicht unmittelbar vorgelagert ist, so folgt daraus, dass das Versuchsstadium beim Unterlassen (nicht anders als beim positiven Tun) bereits erreicht sein kann, bevor der Täter das tatbestandlich vorausgesetzte rechtlich missbilligten Verhalten an den Tag legt. Das bedeutet, dass der Unterlassende beim unbeendeten Versuch noch **nicht** die für den Vollendungstatbestand vorausgesetzte **Garantenpflicht verletzt.** Diese Einsicht, die üblicherweise offenbar nicht klar gesehen wird, ist letztlich eine Selbstverständlichkeit: Die Garantenpflicht i. S. v. § 13 umreißt das tatbestandsmäßige Verhalten. Der unbeendete Versuch dehnt die Strafbarkeit – nicht anders als beim positiven Tun – über das tatbestandliche Geschehen hinaus aus, erstreckt sie also auf einen Bereich, in dem ein tatbestandsmäßiges Verhalten gerade noch nicht vorliegt. § 13 bezieht sich nur auf eine im Ausführungsstadium bestehende Rechtspflicht und § 22 begründet eine Erweiterung der Strafbarkeit über diese Pflichtverletzung hinaus. Die verletzte Pflicht liegt hier also darin, dass der Täter mit seiner Untätigkeit dem Entschluss Ausdruck verleiht, seine Garantenpflicht nach § 13 bei deren Entstehen nicht erfüllen zu wollen. Man mag freilich auch davon sprechen, dass § 22 die Garantenpflicht in das Vorfeld des Tatbestands hinaus ausdehnt. Aber auch dann bleibt festzuhalten, dass damit eine Sonderpflicht spezifischen Inhalts verletzt ist, die nicht mit der für die Vollendungsstrafbarkeit vorausgesetzten Sonderpflicht identisch ist.

182 Die hier vorgeschlagene konsequente Übernahme der für das aktive Handeln entwickelten Grundsätze auf das Unterlassen ist vor dem Hintergrund der Einsicht konsequent, dass die Zwischenakttheorie nicht durch den Blick auf die naturalistischen Einzelakte angemessen charakterisiert werden kann, sondern normativ die Nähe zur Vornahme des tatbestandsmäßigen Verhaltens den Ausschlag gibt.[537] Dass eine **präzise Bestimmung des Versuchsbeginns** hier noch **größere Probleme** bereitet als beim positiven Tun, liegt zunächst an den besonderen Schwierigkeiten bei der Bestimmung des tatbestandsmäßigen Verhaltens: Das tatbestandsmäßige Unterlassen umfasst häufig einen Zeitraum vom Entstehen einer pflichtenbegründenden Gefahrenlage bis zu deren Realisierung. Der Beginn des tatbestandsmäßigen Unterlassens wird nicht durch eine markante Täterhandlung markiert, sondern durch eine bestimmte (beim Versuch: vorgestellte) Gefahrenlage, die sich unabhängig vom Täter entwickelt. Zwar ist die Lehre von

---

**534** Dazu *Spatscheck/Bertrand* DStR **2015** 2420, 2421.
**535** So *Spatscheck/Bertrand* DStR **2015** 2420, 2422.
**536** Ebenso *Frister* 23/36; *Küper* ZStW **112** (2000) 1, 29 mit Fn. 62; *Stein* SK vor § 13 Rdn. 67.
**537** Vgl. *Stein* SK vor § 13 Rdn. 65ff.

den Garantenpflichten umfangreich ausgearbeitet. Aber diese Lehre muss sich meist nicht vertieft um die Beantwortung der Frage kümmern, zu welchem Zeitpunkt genau die Pflicht zum Entstehen kommt. Beim vollendeten Delikt steht nämlich immer fest, dass der Täter jedenfalls zu lange zugewartet hat, der Beginn der Pflichtverletzung spielt dann keine Rolle mehr. Dieses Problem stellt sich gerade im Fall des Versuchs, wird aber auch hier von der h. M. nicht näher ausgearbeitet, weil es in einer allgemeinen Lehre vom Versuchsbeginn aufgeht, die nicht zwischen der Verletzung der Garantenpflicht und der dieser unmittelbar vorgelagerten Phase unterscheidet. Zu diesen Unschärfen bei der Bestimmung des tatbestandsmäßigen Unterlassens tritt beim unbeendeten Versuch noch das Problem zu bestimmen, wann eine Untätigkeit dem tatbestandlichen Unterlassen „unmittelbar" vorgelagert wird. Im Verhältnis zur h. M. werden sich die Ergebnisse häufig nicht unterscheiden, soweit das Opfer durch das Unterlassen in eine Gefahr gebracht wurde. Es ist aber hervorzuheben, dass nach der hier vertretenen Auffassung beim unbeendeten Unterlassungsversuch auch Konstellationen erfasst werden, in denen gerade noch keine garantenpflichtwidrige Gefahr besteht, so dass ein Versuch auch in Betracht kommt, bevor das geschützte Rechtsgut konkret gefährdet ist.

Für den unbeendeten Versuch ergeben sich danach etwa für das **Beispiel** des nahenden Zuges folgende Lösung: Der Versuch beginnt in dem Stadium, das dem Rdn. 176 f dargestellten unmittelbar vorgelagert ist, also unmittelbar vor dem Zeitpunkt, zu dem die Untätigkeit den Charakter einer Tötungshandlung annimmt. Man kann von dem Zeitpunkt sprechen, in dem die Untätigkeit in einen unmittelbaren Bezug zum konkret lebensgefährlichen Unterlassen tritt, also die nahe Gefahr der Tatbestandsverwirklichung (nicht etwa bereits des Erfolgseintritts!) auslöst (*Hillenkamp* LK[12] Rdn. 147). Davon ist – wenn der Körper mühelos von den Gleisen zu ziehen ist – erst wenige Minuten vor dem erwarteten Eintreffen des Zuges auszugehen,[538] beim Erfordernis größerer Anstrengungen (s. dazu BGHSt **38** 356, 358) entsprechend früher. 183

Für die **echten Unterlassungsdelikte**[539] gelten die vorstehend für die unechten Unterlassungsdelikte entwickelten Aussagen insoweit **entsprechend**, als es sich – wie etwa bei den §§ 339, 357 – um **Erfolgsdelikte** handelt (*Sch/Schröder/EserBosch* Rdn. 53; *Roxin* AT II § 29 Rdn. 294).[540] Nimmt sich der Richter vor, z. B. durch die Nichtweiterleitung einer Beschwerde an das Beschwerdegericht (LG Berlin MDR **1995** 192), durch das Nichtstellen zur Sachaufklärung gebotener Fragen (RGSt **57** 35; **69** 216) oder durch eine „bewusst gesetzwidrige Versagung eines Verteidigers" (BGHSt **10** 298) die Lage des Beschuldigten zu verschlechtern, so beginnt der Versuch der Rechtsbeugung regelmäßig kurz vor Ablauf der Frist oder des Verfahrensabschnittes, innerhalb derer bzw. dessen die Vornahme der Handlung geboten ist (*Schaffstein* FS Dreher 156; *Sch/Schröder/Eser/Bosch* Rdn. 53). Bei den echten Unterlassungsdelikten, die sich – wie die §§ 123 2. Alt., 138, 142 Abs. 2, 323c – in einer **bloßen Untätigkeit** erschöpfen und daher „erfolgsfrei" sind (*Schmidhäuser* AT 16/16), ist angesichts der ganz überwiegenden Straflosigkeit des Versuchs der Versuchsbeginn oft nur von akademischem Interesse (zur Ausnahme des § 283 Abs. 1 Nr. 5, 7, Abs. 2, 3 s. sogleich und vor § 22 Rdn. 113). Ist bei Eintritt der tatbestandsmäßigen Situation unverzügliches Handeln geboten, bleibt für ein der Tatbestandserfüllung „vorgelagertes" Unterlassen praktisch kein Raum. Untätigkeit trotz bestehender Handlungspflicht zieht hier unmittelbar die Vollendung der Tat ohne Rücksicht darauf nach sich, ob der Täter die gebotene Handlung noch nachholt (s. vor § 22 Rdn. 111). Bei einem (beendeten) Versuch kann es hier nur bleiben, wenn der Täter die tatbestandliche Lage – also etwa das Überleben des einzigen Unfallbeteiligten trotz dessen offenkundigen, für eine vernünftige Person ohne weiteres erkennbaren Todes – irrig annimmt. Auch dann bleibt für bloßes Ansetzen aber praktisch kein Raum. 184

538 Dagegen markiert es eher den Zeitpunkt des beendeten Versuchs, wenn *Frister* 23/37 den Zeitpunkt für maßgeblich hält, in dem „die Zeit für die Bergung des B nicht mehr auszureichen droht".

539 Dazu *Olmedo Cardenete* FS Roxin (2011) 917 ff.

540 Zur umstrittenen Frage der Einordnung von Erfolgsdelikten unter die echten Unterlassungsdelikte vgl. *Stein* SK vor § 13 Rdn. 10.

185 Mitunter wird etwas Anderes dort angenommen, „wo der Tatbestand eine gewisse **zeitliche Spanne** eröffnet, innerhalb derer die gebotene Handlung noch vorgenommen werden kann" (*Hillenkamp* LK[12] Rdn. 152). Als Beispiel wird der Fall genannt, dass der von einem Bankraub in Kenntnis Gesetzte die Behörden nicht unterrichtet, obwohl sich die Räuber auf dem Weg zur Bank befinden, auch wenn ein einige Minuten später erfolgender Anruf noch „rechtzeitig" wäre.[541] Ebenso soll es liegen, wenn die Frist zur Aufstellung einer Bilanz (§ 283 Abs. 1 Nr. 7b, Abs. 3) zwar noch nicht abgelaufen ist, die rechtzeitige Fertigstellung aber schwierig wird und der Täter die Aufstellung in diesem Wissen unterlässt (*Hillenkamp* LK[12] Rdn. 152; *Tiedemann* LK[12] § 283 Rdn. 201). Richtigerweise ist aber auch bei diesen Delikten ein fixer Zeitpunkt zu definieren, zu dem die geforderte Handlung vorzunehmen ist, so dass beim Verstreichenlassen dieses Moments Vollendung eingetreten ist. Entweder es besteht die Möglichkeit risikolosen (oder noch erlaubt riskanten) Zuwartens, dann besteht noch keine Handlungspflicht, deren Verletzung unter den Tatbestand des Unterlassungsdelikts fällt. Oder das Zuwarten schafft ein unerlaubtes Risiko, dann liegt bei einem reinen Untätigkeitsdelikt stets auch Vollendung vor. Für einen unbeendeten Versuch bleibt also auch hier nur der knappe Zeitraum vor Unterlassen der gebotenen Handlung. So kann bei § 138 nicht erst im Nachhinein in Abhängigkeit vom tatsächlichen Geschehensverlauf die Rechtzeitigkeit der Anzeige bestimmt werden, sondern es muss bereits im Moment des Unterlassens feststehen, ob der Täter damit seine Anzeigepflicht verletzt (und damit Vollendung vorliegt). § 138 eröffnet also keine Zeitspanne, innerhalb derer eine Unterrichtung der Behörden noch als rechtzeitig anzusehen ist.[542] Das gleiche gilt für die Bilanzaufstellung, deren Unterlassen ab einem bestimmten Zeitpunkt die Vollendung von § 283 Abs. 1 Nr. 7b, Abs. 3 begründet. Bezogen auf diesen Zeitpunkt ist dann nach allgemeinen Grundsätzen das unmittelbare Ansetzen zu beziehen.

186 **ee) Mittelbare Täterschaft.** Die Meinungen zum Beginn des Versuchs gehen auch bei der mittelbaren Täterschaft weit auseinander. **Unbestritten** und richtig ist zwar, dass dieser Zeitpunkt sicher gekommen ist, wenn das **Werkzeug** entsprechend der Vorstellung des Hintermannes **selbst schon unmittelbar zur Tatbestandsverwirklichung ansetzt** (*Küper* JZ **1983** 363; *Sch/Schröder/Eser/Bosch* Rdn. 54; *Zaczyk* NK Rdn. 30). Ist der Tatmittler aber noch untätig oder seinerseits vor der Versuchsgrenze stehen geblieben, setzt der **Streit** der Meinungen ein.[543]

187 Dabei wird nach einer von *Blei* (AT § 72 II 4) noch 1983 als herrschend bezeichneten **Lehre** danach unterschieden, ob das Werkzeug **gutgläubig** oder **bösgläubig** und wieweit es der Herrschaft des Hintermanns unterworfen ist. Dahinter steht die Überlegung, dass die Einwirkung auf einen gutgläubigen (oder geisteskranken) Tatmittler dem beginnenden Einsatz eines mechanischen Werkzeugs gleiche und daher bereits den Versuch auslöse, während bei einem dolos agierenden und daher weniger zuverlässig beherrschten Mittler dessen Eintritt in das Versuchsstadium abgewartet werden müsse.[544] Gerade umgekehrt will allerdings *Jakobs* (21/105) beim gutgläubigen Werkzeug auf dessen Beginn, beim bösgläubigen auf das „unmittelbare Ansetzen zum Abschluss" der Einwirkung abheben. Diese differenzierenden Auffassungen vermögen **nicht zu überzeugen.** Für die Begründung mittelbarer Täterschaft macht die Gut- oder Bösgläubigkeit des Werkzeugs keinen Unterschied, stets ist vorausgesetzt, dass der Hintermann das Geschehen beherrscht. Abgesehen von dieser normativen Gleichwertigkeit der Werkzeuge ist es auch praktisch keineswegs ausgemacht, dass das gutgläubige Werkzeug in der Hand des Hintermannes eine stets gefährlichere oder leichter zu steuernde „Waffe" ist als der dolose,

---

**541** Zur Unterscheidung von „unverzüglich" und „rechtzeitig" *Schaffstein* FS Dreher 148 ff.

**542** Ebenso *Puppe* NStZ **1996** 597 f; *Rudolphi* FS Roxin (2001) 827, 829; **aA** BGHSt **42** 86, 88; *Hohmann* MK § 138 Rdn. 14.

**543** Übersicht bei *Hillenkamp/Cornelius* AT 15. Problem.

**544** So *Blei* AT § 72 II 4; vgl. ferner *Busch* LK[9] § 42 Rdn. 33; *Kohlrausch/Lange* § 43 Vorb. II 3; *Schönke/Schröder*[17] § 43 Rdn. 16; *Welzel* § 24 III 5.

aber gefügige Mittler (*Roxin* FS Maurach 228; *Sch/Schröder/Eser/Bosch* Rdn. 54a). Auch ist die Unterscheidung zwischen dolosem und undolosem Werkzeug nicht immer leicht (*Roxin* AT II § 29 Rdn. 259). Die Lösung des Problems des Versuchsbeginns bei mittelbarer Täterschaft muss daher von einer Gleichbehandlung beider Fallgestaltungen ausgehen.

**Überwiegend** wird heute für den Versuchsbeginn teils generell auf das Einwirken auf den Tatmittler,[545] teils ebenso generell auf das unmittelbare Ansetzen des Werkzeugs abgestellt.[546] Dabei beruft sich die zuerst genannte **„Einzellösung"** namentlich darauf, dass die beim mittelbaren Täter zu beurteilende tatbestandsmäßige Handlung in seiner Einwirkung auf den Tatmittler bestehe und dass es daher für seinen Versuchsbeginn nicht auf die Handlung des Ausführenden, sondern allein auf den Stand seiner Einflussnahme ankomme. Nach der sog. **„Gesamtlösung"** bilden mittelbarer Täter und Tatmittler dagegen eine Einheit. Solange das Handeln des Werkzeugs nicht unmittelbar in die Tatbestandsverwirklichung einmünde, befinde sich auch der Täter nicht im Versuchsstadium, „denn der mittelbare Täter führt durch die Mittelsperson aus, also nicht früher als diese" (*Frank* § 43 Bem. II 2a). 188

Die **Gesamtlösung** leidet an **konstruktiven Schwierigkeiten**. Zum einen wird nicht sehr klar, wie die **Einheit zwischen dem Handeln von Hinter- und Vordermann** zu verstehen sein soll, ob also etwa die Handlungen von Hintermann und Vordermann gleichsam zu einer normativen Einheit verschmelzen oder ob eher der Vergleich mit einem zweiaktigen Delikt passend erscheint (zu letzterem – ablehnend – *Krack* ZStW **110** [1998] 611, 635 f) oder die dem tatbestandsmäßigen Geschehen vorgelagerte Einwirkungshandlung die Grundlage für eine Zurechnung der vom Vordermann vorgenommene Ausführungshandlung ist oder ob schließlich nach einer Sondermeinung *Herzbergs* die Versuchshandlung des Hintermannes und der Versuchserfolg als Verhalten des Vordermannes zwar zu unterscheiden seien, dann aber die Strafbarkeit vom Eintritt des Versuchserfolgs abhänge.[547] Von dem zugrundegelegten Konzept hängt ersichtlich auch ab, ob die Einflussnahme des mittelbaren Täters als Vorbereitungshandlung außerhalb des tatbestandsmäßigen Geschehens steht oder ob das tatbestandsmäßige Verhalten mit der Einflussnahme auf den Vordermann beginnt und sich dann bis zum Tätigwerden des Tatmittlers erstreckt. 189

Weiterhin hat die Gesamtlösung aufgrund des Umstands, dass die versuchsbegründende Handlung nicht von der Person vorgenommen wird, die als Täter für die versuchte Tat haftet, die Schwierigkeit zu klären, auf **wessen Vorstellungsinhalt** es überhaupt ankommt. Dabei erscheint es schon mit Blick auf den Wortlaut von § 22 („nach seiner Vorstellung", also der des Täters) nicht überzeugend, auf den Tatmittler abzustellen,[548] der beim vorsatzlosen Werkzeug 190

545 Sog. Einzellösung, vertreten z. B. von *Baumann* JuS **1963** 92 f; *Bockelmann* JZ **1954** 473; *Bockelmann/Volk* 183, 219; *Engländer* JuS **2003** 335; *Herzberg* MDR **1973** 94 f (aufgegeben in FS Roxin [2001] 758); *Hoffmann* JA **2016** 194, 197 f (der allerdings nicht von einer Konstellation mittelbarer Täterschaft ausgeht, da der Vordermann lediglich blinder Kausalfaktor in dem vom Hintermann gesteuerten Geschehen sei); *Puppe* AT § 20 Rdn. 31 ff; *dies.* JuS **1989** 363 f; *dies.* GA **2013** 514, 530 ff; *dies.* FS Dahs173, 174, 177 ff (Lehre von der persönlichen Versuchshandlung); i. E. auch *Schilling* Verbrechensversuch S. 100 ff, 112 f (nach ihm kommt es auf eine Nähe zur letzten Einwirkungshandlung an).

546 Sog. Gesamtlösung, vertreten z. B. von *Baumann/Weber/Mitsch/Eisele* § 22 Rdn. 78; *Eschenbach* Jura **1992** 645; *Gössel* JR **1976** 250; **1998** 293 ff; *Kadel* GA **1983** 307 f; *Köhler* 541 f; *Krack* ZStW **110** (1998) 628ff; *Krey/Esser* AT Rdn. 1239; *Kühl* AT § 20 Rdn. 91; *ders.* JuS **1983** 182; *Küper* JZ **1983** 369 f; *Küpper* GA **1986** 447; *ders.* GA **1998** 521; *Lackner/Kühl/Kühl* Rdn. 9; *Maurach/Gössel/Zipf* AT/2 § 48 Rdn. 137 f; *Rath* JuS **1999** 143; *Stratenwerth /Kuhlen* § 12 Rdn. 105; *Vogler* LK[10] Rdn. 109; *Wendeburg* S. 126 ff; nahest. *Bloy* JR **1992** 497.

547 *Herzberg* FS Roxin (2001) 749, 761 ff, 770 ff. Das „läuft" nach *Roxin* AT II § 29 Rdn. 250 „auf die Gesamtlösung hinaus".

548 In diesem Sinne *Küper* JZ **1983** 361, 370; *Kühl* AT § 20 Rdn. 91 mit Fn. 141; *Rath* JuS **1999** 143 mit Fn. 36; in „anstiftungsähnlichen" Fällen auch *Streng* GedS Zipf S. 325, 335 f. Dagegen *Hillenkamp* LK[12] Rdn. 159; *Roxin* AT II § 29 Rdn. 249; *Wendeburg* S. 140.

schon keine Vorstellung von einer „Tat" hat.[549] Kommt es aber auf die Vorstellung des mittelbaren Täters an,[550] so fallen Vorstellung und Ausführungshandlung nicht nur zeitlich auseinander,[551] sondern es wird meist so liegen, dass der mittelbare Täter überhaupt keine präzise Vorstellung davon hat, wann und wie das Werkzeug konkret tätig wird.[552] Der Anfang der Ausführung ist dann in gesetzwidriger Weise von der Tätervorstellung entkoppelt.[553]

191 Zwischen diesen Ansätzen stehen **vermittelnde Lösungen**. So wirft *Hillenkamp* (dazu und zum Folgenden LK[12] Rdn. 156) der Einzellösung wie auch der Gesamtlösung Einseitigkeit und eine unberechtigte Inanspruchnahme der Grundsätze der mittelbaren Täterschaft vor. Vielmehr sei einerseits mit Blick darauf, dass erst die dem Hintermann zurechenbare Handlung des Werkzeugs den Tatbestand erfülle, dessen Handlung bei der Bestimmung des Versuchsbeginns zu berücksichtigen. Werde allein auf die Einwirkung abgestellt, so werde „die Versuchsstrafbarkeit ohne die vom Gesetz vorgeschriebene Berücksichtigung des weiteren Tatablaufs vorverlegt". Andererseits sei „nicht zu leugnen, dass die vom Tatmittler nach der Vorstellung des Täters sogleich und unmittelbar vorzunehmende Handlung bereits die Verwirklichung des Tatbestandes bedeuten und dass es dann so sein kann, dass zumindest der Abschluss der Einwirkung sich als letzter ... Zwischenschritt erweist" (*Hillenkamp* LK[12] Rdn. 156). Es entspreche deshalb „allein dem Wesen der mittelbaren Täterschaft", entsprechend der Gesamtlösung das Verhalten des Werkzeugs in die Bewertung einzubeziehen. Zugleich dürfe aber das Werkzeughandeln „nicht anders als bei einer unmittelbaren Alleintäterschaft nur als einer der vom Täter noch für notwendig erachteten Teilschritte gewürdigt werden" (*Hillenkamp* LK[12] Rdn. 156; ähnlich *Küper* JZ **1983** 369; *Krack* ZStW **110** [1998] 634; *Wessels/Beulke/Satzger* Rdn. 975).[554] Der Ansatz läuft darauf hinaus, die allgemeine **Ansatzformel** des § 22 unter Beachtung der Besonderheiten der mittelbaren Täterschaft auf diese zu übertragen (*Hillenkamp* LK[12] Rdn. 157)[555] – dem ist im Grundsatz zuzustimmen. Damit wird auch hier die Diskussion um das „richtige" Verständnis der Ansatzformel und insbesondere die Frage relevant, auf welches Verhalten sich die Prüfung des unmittelbaren Ansetzens beziehen muss. Dabei stellt es ein Zugeständnis an die Gesamtlösung dar, wenn bei der Bestimmung des unmittelbaren Ansetzens auch die Zwischenschritte zu berücksichtigen seien, die das Werkzeug noch zur Tatbestandsverwirklichung zurücklegen muss. Das folgt für *Hillenkamp* (LK[12] Rdn. 157 f) aus der von ihm vertretenen modifizierten Zwischenaktstheorie (gegen diese Rdn. 90), derzufolge neben dem Fehlen wesentlicher Zwischenschritte auch die Gefahr der Tatbestandsverwirklichung nahegerückt sein müsse. Dabei sei Grundlage dieser Prüfung nicht das **Vorstellungsbild** des Werkzeugs, sondern das des **mittelbaren Täters** (*Hillenkamp* LK[12] Rdn. 159).[556]

192 Auch die nicht ganz einheitliche **Rechtsprechung** tendiert zu **vermittelnden Lösungen**, wobei sie dabei im **Ausgangspunkt bei der Einzellösung** ansetzt, diese aber durch Aspekte der (auf Grundlage der Tätervorstellung zu beurteilenden) Rechtsgutsgefährdung oder der Nähe der Tatbestandsverwirklichung einschränkt (vgl. schon Rdn. 142 f).[557] So hat schon das **Reichs-**

---

**549** *Hillenkamp* LK[12] Rdn. 159; *Roxin* AT II § 29 Rdn. 249; dort auch gegen die für Fälle des gutgläubigen Werkzeugs von *Küper* vorgeschlagene Lösung, hier ausnahmsweise die Vorstellung des mittelbaren Täters einzubeziehen. Gegen *Roxin Wendeburg* S. 142 f.

**550** So *Fischer* Rdn. 25; *Haft* S. 231; *Hillenkamp* FS Roxin (2001) 708; *ders.* LK[12] Rdn. 159; *Krack* ZStW **110** (1998) 611, 636 f; *Maurach/Gössel/Zipf* AT/2 § 48 Rdn. 138; *Otto* JA **1980** 646; *Papageorgiou-Gonatas* S. 310; *Sch/Schröder/Eser/Bosch* Rdn. 54a; *Wessels/Beulke/Satzger* Rdn. 974.

**551** *Wendeburg* S. 141, die diesen Umstand für unschädlich hält, weil bei der Vorstellung ein § 16 Abs. 1 S. 1 vergleichbares Konnexitätserfodernis nicht besteht.

**552** So auch *Küper* JZ **1983** 361, 370.

**553** *Roxin* AT II § 29 Rdn. 248.

**554** Ausführliche Kritik der Gesamt- und der Einzellösung bei *Roxin* AT II § 29 Rdn. 247 ff, 257 ff.

**555** Ebenso *Hoffmann-Holland* MK Rdn. 137; *Otto* AT § 21 Rdn. 127 f; *Sch/Schröder/Eser/Bosch* Rdn. 54a; *Zaczyk* NK Rdn. 30.

**556** *Wendeburg* S. 140 ff.

**557** *Wendeburg* S. 122 f spricht von einer „Rechtsgutsgefährdungstheorie".

**gericht** als Kriterium für den Versuchsbeginn bei mittelbarer Täterschaft den Aspekt hervorgehoben, ob die Aufforderung an ein potentielles Werkzeug, eine bestimmte Handlung vorzunehmen, „so sicher wirkt, dass die Aufforderung schon als Beginn der Ausführung der Handlung selbst angesehen werden kann" (RGSt **45** 282, 285). Allerdings hat das Reichsgericht an die Gefahren für das Rechtsgut geringe Anforderungen gestellt und den Beginn einer mittelbar täterschaftlichen „verbotenen Ausfuhr" von Schmuggelware schon angenommen, obwohl die Hintermänner im einen Fall erst auf dem Wege waren, das Gut an die Mittelsmänner zu übergeben (RGSt **53** 11), und im anderen nur die Verpackung der Ware in Auftrag gegeben hatten (RGSt **53** 45). Dass beidemal „ein Anfang mit der Bewegung gemacht worden" sei, die das Gut „unmittelbar über die Grenze schaffen sollte", ändert nichts daran, dass das Verbringen über die Grenze noch weit entfernt war. Als Vorläufer der Rechtsprechung des BGH lassen sich Entscheidungen verstehen, in denen Versuch angenommen wurde, wenn der Täter in der Vorstellung handelt, dass ein gutgläubiger Dritter das vergiftete Getränk „alsbald" dem Opfer bringen sollte (RGSt **59** 1) bzw. die mit Giftpilzen vermengten Speisepilze „in kurzer Zeit zubereiten und verabreichen sollte" (RG JW **1936** 513). Entsprechendes gilt hinsichtlich einer versuchten schweren Brandstiftung, wenn der Täter sich in dem Bewusstsein in ein Krankenhaus begibt, dass während seiner Abwesenheit zu Hause „irgend jemand" nichtsahnend den Strom einschalten und dadurch das Haus in Brand geraten könne (RGSt **66** 141).[558]

Der **Bundesgerichtshof** geht ebenfalls davon aus, dass die Fälle der mittelbaren Täter- 193
schaft „nach den allgemeinen Regeln über die Abgrenzung des Versuchs von der Vorbereitung zu lösen" seien (BGHSt **4** 270, 273; **40** 257, 268). In seiner ersten bedeutsamen Entscheidung zu diesem Thema hat der BGH den Aspekt der Rechtsgutsgefährdung für maßgeblich gehalten und eine Prüfung der Frage verlangt, „ob die Einzelhandlungen in ihrer Gesamtheit schon einen derartigen unmittelbaren Angriff auf das geschützte Rechtsgut enthalten, dass es bereits gefährdet ist und der Schaden sich unmittelbar anschließen kann" (BGHSt **4** 270, 273). Danach könne die „Beeinflussung des gutgläubigen Tatmittlers eine bloße Vorbereitungshandlung sein, wenn erst beim Hinzutreten weiterer Umstände oder nach längerer Zeit eine Wirkung gewollt war; sie kann Anfang der Ausführung sein, wenn das Rechtsgut bereits unmittelbar gefährdet ist" (BGHSt **4** 270, 273).[559] Freilich stellt sich damit die Frage, wann eine solche **unmittelbare Gefährdung** anzunehmen ist. Fälle, in denen die Einflussnahme des Hintermanns auf das Werkzeug unmittelbar zur Ausführungshandlung führt, sind selten.[560] Zu nennen ist etwa der Fall, dass der Hintermann den Tatmittler zur Vornahme einer sofort zu vollziehenden Verletzungshandlung nötigen will.[561] Der BGH hatte eine derart weitgehende Einschränkung auf allein solche Fälle nicht vor Augen. Da der BGH gerade nicht das unmittelbare Ansetzen des Vordermannes für ausschlaggebend hält, muss damit notwendig eine **Lockerung der Anforderungen** an das Gefährdungserfordernis gemessen an den für den unmittelbar Handelnden geltenden Maßstäben verbunden sein.[562] Die erforderliche Gefährdung wird bereits dann bejaht, wenn das Werkzeughandeln relativ zuverlässig in engem zeitlichen Zusammenhang oder zumindest in einem absehbaren Zeitraum zu erwarten ist (BGHSt **4** 270, 273 f; BGH NZWiSt **2014** 432, 436; OLG München wistra **2006** 436, 437). Dabei neigt die Rechtsprechung mitunter zu einer großzügigen Annahme der erforderlichen Rechtsgutsgefährdung. So hat das OLG München (NJW **2006** 3364) einen versuchten Prozessbetrug in mittelbarer Täterschaft bereits durch Einschaltung eines

**558** Dagegen einschränkend *Hillenkamp* LK[12] Rdn. 161: „Ist das ungewiss und nicht alsbald zu erwarten, liegt die Gefahr der Tatbestandsverwirklichung noch nicht vor.".

**559** Vgl. auch BGH wistra **1994** 268; BGH NZWiSt **2014** 432, 436.

**560** Beispielhaft der Jagd-Fall, *Wendeburg* S. 155 f: Der Hintermann ruft bei einem Jäger einen Irrtum darüber hervor, dass der im Unterholz befindliche Mensch ein Wildschwein sei, woraufhin der Jäger sofort einen Schuss abgibt.

**561** BGH NStZ **1986** 547: Der Täter will den Fahrer eines Kfz mit vorgehaltener Waffe dazu bewegen loszufahren, während unmittelbar vor dem Fahrzeug ein Mensch auf dem Boden liegt.

**562** Zutreffend dazu *Roxin* AT II § 29 Rdn. 261 f.

Sachverständigen zur Begutachtung eines zuvor manipulierten Kfz bejaht, wenn der Sachverständige nach Tätervorstellung den Mangel bestätigen würde und sich der Täter noch auf das dem Gericht zur Kenntnis zu bringende Gutachten berufen muss (dazu ablehnend Rdn. 125).[563]

194 Auf dieser Linie einer Verbindung von Einzellösung und Gefährdungserfordernis bewegt sich der BGH auch im bekannten **„Salzsäure-Fall"** (BGHSt **30** 363).[564] Auch nach dieser Entscheidung setzt der mittelbare Täter nicht schon deshalb zur Tat an, weil er „die erforderliche Einwirkung auf den Tatmittler abgeschlossen hat" und „ihn aus seinem Einwirkungsbereich ... entlässt" (BGHSt **30** 363, 365). Vielmehr soll dies nur dann genügen, wenn der Tatmittler „nach dem Tatplan ... im unmittelbaren Anschluss die Tat ausführen soll und das geschützte Rechtsgut damit bereits in diesem Zeitpunkt gefährdet ist" (BGHSt **30** 363, 365). In faktischer Auflockerungen dieser Anforderungen („im unmittelbaren Anschluss") lässt es der BGH dann bei deren Anwendung auf den konkreten Fall genügen, dass der über die Gefährlichkeit des dem Opfer zu verabreichenden Stoffs nicht orientierte Tatmittler „alsbald" zur Tat schreiten soll (BGHSt **30** 363, 366).[565] Vor diesem Hintergrund wird verschiedentlich angenommen, dass der BGH hier in der Sache der modifizierten Einzellösung (s. Rdn. 197) folge, da die unmittelbare Gefährdung ohne eine echte Einschränkung mit dem Zeitpunkt der Entlassung des Geschehens aus dem Herrschaftsbereich des Täters gleichgesetzt werde.[566]

195 In späteren Entscheidungen hat der BGH explizit eine solche **Regelannahme** der für den Versuch erforderlichen **Gefährdung** in Fällen angenommen, in denen „der **Hintermann seine Einwirkung auf den Tatmittler abgeschlossen**" hat (BGHSt **40** 257, 269; ähnlich BGHSt **43** 177, 179 f; BGH StV **2001** 272, 273). Der BGH postuliert von diesem Grundsatz dann allerdings **Ausnahmen**, in denen sich der Versuch erst mit dem Beginn der Ausführungshandlung des Tatmittlers einstellt, wenn dieser „erst nach einer gewissen Zeitspanne oder zu einem bestimmten späteren Zeitpunkt tätig werden soll" (BGHSt **40** 257, 269; BGH StV **2001** 272, 273) oder „wenn ungewiss bleibt, ob und wann die Einwirkung einmal Wirkung entfaltet" (BGHSt **43** 177, 180; beide Einschränkungen zusammenfassend BGH NZWiSt **2014** 432, 436; BGH NJW **2020** 559, 560) (vgl. schon Rdn. 142). Andere Entscheidungen betonen zwar ebenfalls den zeitlichen Zusammenhang, stellen dann aber in der Sache nicht auf die zu erwartende Dauer bis zum unmittelbar rechtsgutsbeeinträchtigenden Verhalten des Tatmittlers, sondern darauf ab, ob der Tatmittler bis dahin noch wesentliche Zwischenschritte unternehmen muss (BGH wistra **1994** 268; BGH NZWiSt **2014** 432, 436).[567]

196 Da der BGH im Ansatz von der Einzellösung ausgeht, kann für den Versuchsbeginn nur die **Vorstellung des mittelbaren Täters**, nicht etwa die des Werkzeugs, ausschlaggebend sein. Das kann gerade in den Ausnahmefällen (Rdn. 195) zu Schwierigkeiten führen, in denen das Werkzeug nach der Vorstellung des mittelbaren Täters erst mit einigem zeitlichen Abstand tätig werden soll oder hinsichtlich des Tätigwerden des Werkzeugs überhaupt Ungewissheit besteht. **Bleibt das** dann für den Versuchsbeginn des mittelbaren Täters erforderliche **unmittelbare Ansetzen des Werkzeugs aus**, so stellt sich die Frage, ob der Versuch zu dem Zeitpunkt beginnt, für den sich der Täter das unmittelbare Ansetzen vorgestellt hat (so BGHSt **40** 257, 269) oder ob es damit an der vorausgesetzten objektiven Manifestation des Ansetzens fehlt, so dass der mittelbare Täter nicht in das Versuchsstadium eintritt (BGHSt **43** 177, 181 f; *Hillenkamp* LK[12]

---

**563** Zu Recht ablehnend *Hillenkamp* LK[12] Rdn. 162; *Kraatz* Jura **2007** 531, 535.

**564** Mit Anm. *Geilen* JK StGB § 22/7; *Hassemer* JuS **1982** 703; *Seier* JA **1982** 369; s. dazu auch *Küper* JZ **1983** 361; *Kühl* JuS **1983** 180; *Wessels/Beulke/Satzger* Rdn. 975.

**565** Weshalb die konkrete Gefährdung sowohl bezogen auf die konkrete Situation als auch als Kriterium überhaupt vielfach kritisch gesehen wird; z. B. *Hillenkamp* LK[12] Rdn. 163.

**566** In diesem Sinne *Roxin* AT II § 29 Rdn. 242; dagegen *Hillenkamp* LK[12] Rdn. 163.

**567** In beiden Entscheidungen, die die Instrumentalisierung eines gutgläubigen Steuerberaters betreffen, hat sich der BGH nicht von der Frage leiten lassen, für welchen Zeitpunkt der Hintermann mit der Weiterleitung der falschen Informationen an das Finanzamt gerechnet hat, sondern für ausschlaggebend gehalten, welcher Arbeitsaufwand der Weiterleitung vorausgehen musste.

Rdn. 160). Für die letztgenannte Auffassung lässt sich geltend machen, dass die Vorstellung von der Tat zwar die Grundlage dafür bildet, das objektive Geschehen mit Blick auf das Erfordernis der Unmittelbarkeit zu bewerten, die erforderliche Objektivierung der Vorstellung aber nicht ersetzen kann: Das Gesetz verlange ein Ansetzen zur Tatbestandsverwirklichung nicht „in der Vorstellung, sondern nach der Vorstellung des Täters" (*Krack* ZStW **110** [1998] 638).[568] Dem lässt sich wenig entgegensetzen, wenn man mit dem BGH in den genannten Fällen den Versuchsbeginn in Abhängigkeit vom Verhalten des Tatmittlers bestimmt. Konsequent formuliert der BGH (NJW **2020** 559, 560): „In diesen Fällen der Verzögerung oder Ungewissheit der Tatausführung durch den Tatmittler beginnt der Versuch erst, wenn der Tatmittler seinerseits unmittelbar zur Erfüllung des Tatbestands ansetzt". Entsprechendes gilt für die Gesamtbetrachtungslehre, die dem Verhalten des Werkzeugs noch größere Bedeutung zumisst als der BGH.[569] Freilich zeigt sich gerade daran die Problematik eines Konzepts, in dem der Versuchsbeginn vom Vorstellungsinhalt und dem Verhalten des Täters entkoppelt wird (s. schon Rdn. 190).[570]

Wie der BGH setzt auch die **Literatur überwiegend** bei der **Einzellösung** an. Dabei bedarf 197
diese noch näherer **Präzisierung**: Denn auf den ersten Blick liegt es für eine Auffassung, die den Versuchsbeginn in Abhängigkeit von dem Verhalten des mittelbaren Täters bestimmen will, nahe, die Ansatzformel in der Weise anzuwenden, dass der mittelbare Täter mit dem Einwirken auf den Tatmittler unmittelbar zur Tatbestandsverwirklichung ansetzt (**strenge Einzellösung**[571] oder Einwirkungstheorie[572]).[573] Damit würde der Versuchsbeginn allerdings von der Gefahrschaffung weitgehend entkoppelt und – auch in Abhängigkeit von der vorgestellten Dauer der Einwirkung auf den Vordermann – weit vorverlagert.[574] Überwiegend wird deshalb die **modifizierte Einzellösung** vertreten, die nicht den Beginn der Einwirkung auf den Vordermann für ausschlaggebend hält, sondern deren Abschluss und das Aus-der-Hand-Geben des weiteren Geschehens.[575] Die Lösung entspricht also der h. L. zu den strukturell gleich gelagerten Fallgestaltungen des beendeten Versuchs, in denen eine Opfermitwirkung noch aussteht (s. Rdn. 146). Anders als die Rechtsprechung, die ebenfalls auf den Zeitpunkt abstellt, in dem die Einwirkung auf den Tatmittler „abgeschlossen"[576] oder aus der Hand gegeben ist,[577] verlangt die modifizierte Einzellösung aber nicht zusätzlich eine besondere Nähe zur Tatausführung durch den Vordermann, sondern sieht die erforderliche Gefahrschaffung gerade darin, dass der Hintermann das Geschehen aus der Hand gibt. Dabei ist auch insoweit nicht vorausgesetzt, „dass sich der (mittelbare) Täter damit jeglicher Einflussmöglichkeit auf den Vordermann begeben haben müsste"; gemeint sei lediglich, „dass der Täter nach seiner Überzeugung nunmehr dem Geschehen seinen Lauf lassen kann, weil er soweit auf das ‚Werkzeug' eingewirkt hat, dass dieses die Tat ohne weitere Einflussnahme bis hin zur Vollendung ausführen werde" (BGHSt **40** 257, 269).

Gegen die modifizierte Einzellösung werden verschiedene **Bedenken** erhoben (s. zum Fol- 198
genden *Hillenkamp* LK[12] Rdn. 157). Insbesondere wird geltend gemacht, dass das Aus-der-Hand-

568 *Hillenkamp* LK[12] Rdn. 160; *ders.* FS Roxin (2001) 709; *Streng* ZStW **109** (1998) 862, 888; diese Konsequenz sehen **krit.** *Herzberg* FS Roxin (2001) 749, 752; *ders.* FS Rudolphi 75, 81 f, 89; *Puppe* FS Dahs 173, 183.

569 Dazu eingehend *Wendeburg* S. 156 ff.

570 Dazu schon *Murmann* Versuchsunrecht S. 21 ff.

571 Bezeichnung von *Schilling* S. 32.

572 Bezeichnung bei *Hillenkamp/Cornelius* AT, 15. Problem; *Kühl* AT § 20 Rdn. 92.

573 *Baumann* JuS **1963** 92 f; *Baumann/Weber/Mitsch*[11] § 29 Rdn. 155; *Bockelmann* JZ **1954** 473; *Herzberg* MDR **1973** 94 f (aufgegeben *ders.* JuS **1985** 6); *Jakobs* 21/105; *Puppe* GA **2013** 514, 531 f; *Schilling* S. 100 f, 112 f.

574 S. z. B. *Kühl* AT § 20 Rdn. 92; *Rönnau* JuS **2014** 109, 111 f.

575 *Engländer* JuS **2003** 335; *Gropp* § 10 Rdn. 136 f; *Guhra* Verhalten S. 143; *Heinrich* AT Rdn. 751; *Hoffmann-Holland* MK Rdn. 137; *Jescheck* ZStW **99** (1987) 130 f; *Jäger* SK Rdn. 59; *Jescheck/Weigend* § 62 IV 1; *Kindhäuser* AT § 39 Rdn. 56; *Roxin* AT II § 29 Rdn. 230, 244 f; *ders.* FS Maurach 227 ff; *ders.* JuS 1979 11; *ders.* JZ 1998 211; *Merkel* ZStW **107** (1995) 559 f; *Rengier* AT § 36 Rdn. 10 ff; *Rönnau* JuS **2014** 111 f; *Schmidhäuser* AT 11/32; *Streng* ZStW **109** (1997) 862, 886 f; zwischenzeitlich auch *Herzberg* JuS **1985** 6 f.

576 BGHSt **30** 363, 365; BGHSt **43** 177, 179 f; OLG München wistra 2006, 436, 437.

577 OLG München wistra 2006, 436, 437; auch BGHSt 30, 363, 365: „aus seinem Einwirkungsbereich .... entlässt".

Geben des Geschehens weder eine Rechtsgutsgefährdung noch die Gefahr der Tatbestandsverwirklichung ersetzen könne. Es sei nicht einzusehen, dass ein Verhalten, dass vom Täter selbst vorgenommen bloße Vorbereitung wäre (etwa der Gang zum Tatort), einen Versuch des mittelbaren Täters begründen könne, wenn er sich dazu eines Werkzeugs bedient (*Kadel* GA **1983** 299, 307). Auch wird behauptet, dass der von der modifizierten Einzellösung vorausgesetzte Herrschaftsverlust der Zurechnung des Verhaltens des Tatmittlers die Grundlage entziehe (vgl. *Kadel* GA **1983** 299, 307; *Krack* ZStW **110** [1998] 611, 629).[578] Diese Bedenken **greifen nicht durch**: Zum einen ist im Folgenden zu zeigen, dass es beim Aus-der Hand-Geben des Geschehens nicht um die Gefahr der Tatbestandsverwirklichung geht, sondern um diese selbst. In diesem Kontext lässt sich dann auch leicht zeigen, dass es ein Missverständnis darstellt, eine Tatherrschaft deshalb in Frage zu stellen, weil der Täter das Werkzeug aus der Hand gibt. Die Beherrschung eines Geschehens wird durch überlegenes Wissen oder einen überlegenen Willen begründet und der Irrtum bzw. das Willensdefizit beim Vordermann entfaltet gerade dann seine gefährlichste Wirkung, wenn sich der Hintermann der Möglichkeit begibt, die Situation aufzulösen. Die Rede vom Herrschaftsverlust mag missverständlich sein; mit dem Verlust von Tatherrschaft hat sie aber nichts zu tun.

**199** Grundsätzlich **überzeugend** ist die **modifizierte Einzellösung.** Dabei dürfte es eher klarstellenden Charakter haben, dass das Kriterium des Herrschaftsverlusts in Wahrheit nicht das unmittelbare Ansetzen betrifft, sondern das **tatbestandsmäßige Verhalten.** Das ist sachgerecht und nach § 22 geboten, weil in einem ersten Schritt stets die Ausführungshandlung zu bestimmen ist, auf die sich das unmittelbare Ansetzen dann bezieht. Letztlich betrifft der Streit zwischen Einzellösung und Gesamtlösung auch die Frage, was als tatbestandsmäßiges Verhalten bei der mittelbaren Täterschaft anzusehen ist.

**200** Die Annahme, die Ausführungshandlung liege im Entlassen des manipulierten Vordermannes aus dem Einflussbereich des mittelbaren Täters, bedarf mit Blick auf die damit vorgenommene **Vorverlagerung** gegenüber dem bei äußerlicher Betrachtung tatbestandserfüllenden Verhalten des Vordermannes der **Legitimation**. Zum einen könnte man sich auf den Standpunkt stellen, die Tatbestandsmäßigkeit des Verhaltens des mittelbaren Täters folge bereits aus allgemeinen Zurechnungserwägungen; § 25 Abs. 1 2. Alt. hätte damit lediglich deklaratorischen Charakter.[579] Zumindest bei den reinen Erfolgsdelikten erscheint es durchaus plausibel, das Verhalten des mittelbaren Täters dem Tatbestand zu subsumieren und etwa zu sagen, dass derjenige, der einen Irrenden zur Tatbegehung einsetzt, das Opfer tötet. Stärkere Bedenken mit Blick auf Art. 103 Abs. 2 GG ließen sich hinsichtlich der verhaltensgebundenen Delikte geltend machen, wobei es aber auch insoweit durchaus noch im Rahmen des möglichen Wortsinns liegen dürfte anzunehmen, dass etwa das Einsetzen eines Ahnungslosen zur Herbeiführung einer Gewahrsamsverschiebung eine Wegnahme durch den Hintermann darstellt.[580] Letztlich kommt es auf diese Bedenken aus Art. 103 Abs. 2 GG mit Blick auf die gesetzliche Regelung in § 25 Abs. 1 2. Alt. nicht an: Diese Vorschrift erweitert nämlich die Tatbestände des Besonderen Teils (sofern sie Anwendung findet, also z. B. nicht bei den eigenhändigen Delikten) auf die Fälle der Begehung durch Einsatz eines menschlichen Werkzeuges. §§ 212, § 25 Abs. 1 2. Alt. sind dann so zu lesen, dass es heißt: „Wer einen Menschen durch einen anderen tötet ...".[581] Bei materieller Betrachtung liegt die Ausführungshandlung demnach in der Schaffung der Gefahr, dass der durch Wissens- oder Willensherrschaft gesteuerte Vordermann den Rechtsgutsangriff vornimmt,

**578** Dieser Einwand kann allerdings schwerlich überzeugen. Denn die Herrschaft kraft überlegenen Wissens oder Wollens wirkt im Verhalten des Tatmittlers fort, auch wenn er sich aktuell nicht mehr in dessen Einflussbereich befindet; vgl. *Engländer* JuS **2003** 335 f; *Roxin* AT II § 29 Rdn. 245.

**579** Dazu *Wendeburg* S. 129 ff (die ein solches Verständnis „nur unter Inkaufnahme einer verfassungsrechtlich bedenklichen Aufweichung der gesetzlichen Tatbestände" für möglich hält, a. a. O. S 133).

**580** In diesem Sinne die Rechtsprechung vor Einführung von § 25 Abs. 1 Alt. 2 durch das 2. StrRG von 1969 (Inkrafttreten 1975); *Joecks* MK § 25 Rdn. 53 unter Hinweis auf den dürftigen Regelungshalt der Vorschrift.

**581** Vgl. *Krack* ZStW **110** (1998) 611, 635 f; *Wendeburg* S. 134 ff (die diese Sichtweise ablehnt).

welcher die äußeren Merkmale des Tatbestandes erfüllt. Die rechtliche Missbilligung des Verhaltens scheitert hier nicht an der Eigenverantwortlichkeit des Vordermannes, weil dessen Entscheidung entweder defizitär oder sonst von einer Art ist, die eine Zurechnung zum Hintermann erlaubt.[582] Seinen spezifischen deliktischen Sinn erhält das Verhalten des Vordermannes erst durch die Zurechnung zum Hintermann. **Nicht legitimierbar** wäre dagegen die Annahme, die Ausführungshandlung liege bereits im **Beginn der Einwirkung** auf das Werkzeug. Das folgt daraus, dass bis zum Abschluss der Einwirkung und dem Entlassen des Werkzeugs aus dem Herrschaftsbereich die Gefahr unter der Kontrolle einer verantwortlichen Person bleibt. Eine rechtliche Missbilligung, die allein darauf gründet, dass der Täter durch sein Verhalten die Gefahr eines dem gleichen Tatbestand unterfallenden deliktischen Verhaltens schafft, wäre mit Blick auf seine strafrechtliche Verantwortlichkeit für das spätere Verhalten nicht begründbar. Eine solche Erweiterung des Ausführungsstadiums würde nicht nur die Grenzen zum Versuch verwischen, sondern letztlich sogar die Grenzen aushebeln, die § 22 gegenüber dem Vorbereitungsstadium zieht.

Der **Vorsatz** des mittelbaren Täters muss sich auf das Entlassen des Werkzeugs aus seinem **201** Einflussbereich und auf die damit begründete Gefahr der Verwirklichung des Tatbestandes durch das Verhalten des manipulierten Werkzeugs beziehen. Auf der Grundlage dieser Vorstellung hat er mit dem Aus-der-Hand-Geben des Geschehens auch stets die Ausführungshandlung vorgenommen und befindet sich damit im Stadium des beendeten Versuchs.[583]

Die modifizierte Einzellösung ist dogmatisch **nicht stimmig mit der Einschränkung zu** **202** **verbinden**, dass die den äußeren Tatbestand erfüllende Handlung des Tatmittlers **„alsbald"** erfolgen soll[584] (bzw. tatsächlich erfolgt, Rdn. 196) oder dass die **Wahrscheinlichkeit hoch** ist, dass der Tatmittler handelt (Rdn. 195). Die Höhe des Risikos ist im Rahmen der Frage nach dessen rechtlicher Missbilligung zu thematisieren und hat schlicht nichts mit der versuchsspezifischen Frage zu tun, wann der Täter zur Schaffung dieses Risikos unmittelbar ansetzt (s. schon Rdn. 143).[585] Soweit es die Forderung nach einem alsbaldigen Tätigwerden des Tatmittlers anbelangt, ist damit ein der Gesamtlösung entlehntes Kriterium angesprochen, dessen Anerkennung in der Sache auf eine partielle Preisgabe der Einzellösung hinausläuft.[586] Im Rahmen der modifizierten Einzellösung wird sich ein späterer Versuchsbeginn konsistent nur mit der Erwägung begründen lassen, dass der Hintermann mitunter das Geschehen **noch nicht gänzlich aus der Hand gegeben** hat, wenn er etwa davon ausgeht, mit dem Tatmittler vor der geplanten Tatbegehung immer wieder in Kontakt zu treten. Das ist vor allem in Konstellationen der Willensherrschaft plausibel, wo es naheliegt, dass bei fortbestehendem Kontakt die Bedrohung des Vordermannes nur fortbestehen soll, wenn der Hintermann ihre Aufrechterhaltung signalisiert. Die Einwirkung ist demnach erst mit der letzten vor dem Handeln des Tatmittlers geplanten Begegnung abgeschlossen. Entsprechend lässt sich auch für Konstellationen der Irrtumsherrschaft argumentieren: Solange Hintermann und Vordermann nach der ersten, den Irrtum hervorrufenden Einwirkung noch zusammentreffen, kann der Täter seinem Schweigen den Erklärungswert einer konkludenten Bestätigung der Irreführung beilegen. Damit lässt sich auch hier sagen, dass die Einwirkung nach Tätervorstellung erst abgeschlossen ist, wenn kein weiterer Kontakt zwischen Hintermann und Vordermann mehr erwartet wird. Ist andererseits aus Sicht des Täters

---

**582** Im Fall des Täters hinter dem Täter spielen teilweise ebenfalls Verantwortungsdefizite eine Rolle (z. B. vermeidbarer Verbotsirrtum; näher *Murmann* GA **1998** 78 ff), teils (bei der Organisationsherrschaft) Sonderpflichten des Hintermannes; dazu näher *Murmann* GA **1996** 269 ff.

**583** Kritisch *Herzberg* (FS Roxin [2001] 749, 758) mit dem Beispiel, dass der Täter nach dem Einwirken auf das Werkzeug noch länger mit diesem beisammen ist und ihm bei der Verabschiedung die Einwirkung gar nicht mehr präsent ist. Hier wird man das Aus-der-Hand-Geben schon dann annehmen müssen, wenn das Thema aus Sicht des Hintermannes abgeschlossen ist und er damit den Dingen ihren Lauf lässt.

**584** **AA** z. B. *Hoffmann-Holland* MK Rdn. 137.

**585** *Murmann* Versuchsunrecht S. 21 ff.

**586** Vgl. auch die Bewertung der BGH-Rechtsprechung bei *Zaczyk* NK Rdn. 32.

die Einwirkung ohne Vorbehalt abgeschlossen, so werden spätere Gelegenheiten nichts daran ändern können, dass er auf der Grundlage seiner Vorstellung das Geschehen aus der Hand gegeben hat.[587]

203 In das vorstehende Konzept ordnen sich auch **Irrtumsfälle** ein, in denen der Hintermann lediglich annimmt, den Vordermann zu beherrschen, wenn also etwa der Vordermann die Täuschung des Hintermannes durchschaut. Hier liegt objektiv keine Tatherrschaft vor, so dass (falls der Vordermann die Tat gleichwohl begeht) keine Vollendungsstrafbarkeit wegen eines mittelbar täterschaftlich verwirklichten Tatbestandes in Betracht kommt. Die für die Versuchsbegründung maßgebliche Vorstellung wird aber durch das objektive Fehlen von Tatherrschaft nicht in Frage gestellt.[588] Auch hinsichtlich des auf der Grundlage der Tätervorstellung zu bestimmenden Versuchsbeginns begründet der Irrtum über die Tatherrschaft keine Besonderheiten. Hat der Hintermann auf der Grundlage seiner Vorstellung das Werkzeug aus der Hand gegeben, so ist er aufgrund der Vornahme seiner (vorgestellten) Ausführungshandlung in das Versuchsstadium eingetreten. Das können Vertreter der Gesamtlösung freilich anders sehen: Ist das Verhalten des Vordermannes für den Versuchsbeginn ausschlaggebend, so fehlt es bei bloß vorgestellter Tatherrschaft an einer Zurechnungsgrundlage und der Hintermann kann durch das Verhalten des vermeintlichen Vordermannes nicht in das Versuchsstadium eintreten[589] – es sei denn, man würde es für den Versuchsbeginn bereits ausreichen lassen, dass der Täter sich die zurechnungsbegründenden Umstände vorstellt (dazu Rdn. 216 f).[590]

204 **ff) Actio und omissio libera in causa, actio illicita in causa.** Bei der vorsätzlichen **actio libera in causa**[591] stellt sich die Frage, ob der Versuch schon mit der Herbeiführung der Schuldunfähigkeit oder erst mit dem Ansetzen zur Ausführung der mit Strafe bedrohten Handlung in diesem Zustand gegeben ist. Beide Ansichten werden vertreten. Dabei verbindet sich die Auffassung, die den Versuchsbeginn in die actio praecedens vorverlegt, in aller Regel mit dem Bemühen, die actio libera in causa mit einem schon die Defektverursachung als tatbestandliche Handlung ausweisenden Tatbestandsmodell[592] zu rechtfertigen. Damit entgeht diese Auffassung den vom Bundesgerichtshof (BGHSt **42** 235) mittlerweile geteilten verfassungsrechtlichen Bedenken gegen das Ausnahmemodell.[593] Anhänger des Ausnahmemodells sehen dagegen nicht schon in der Herbeiführung des Defekts, sondern erst im unmittelbaren Ansetzen zu der die Tathandlung hiernach überhaupt erst ausmachenden actio subsequens § 22 erfüllt.[594] Der Diskussion um den Versuchsbeginn ist also die Frage nach der sachgerechten Behandlung der Konstellationen der actio libera in causa vorgelagert. Dabei wird für das Ausnahmemodell vor allem geltend gemacht, dass es zur Begründung der Strafbarkeit an die Vornahme der im Tatbestand umschriebenen Handlung anknüpft.[595] Zugleich wird dem Tatbestandsmodell die Legitimation dafür bestritten, die Strafbarkeit mit der Vornahme von Handlungen zu begründen, die

---

**587** In diesem Sinne dürfte das Beispiel von *Herzberg* FS Roxin (2001) 749, 758, zu lösen sein.

**588** Ganz h. M., z. B. *Beulke* FS Kühl 115, 125 f, 128 ff; *Frister* AT 28/29; *SSW/Murmann* § 25 Rdn. 29. Dazu eingehend und kritisch *Bloy* ZStW **117** (2005) S. 24 ff; *Küper* FS Roxin (2011) 895, 897 ff.

**589** *Krack* GS Eckert 467, 472 f. Referierend *Beulke* FS Kühl 115, 128 ff.

**590** Dagegen zu Recht *Beulke* FS Kühl 115, 129.

**591** S. zur Definition *Jescheck/Weigend* § 40 VI 1; *Roxin* AT I § 20 Rdn. 56.

**592** S. zum hier nicht im einzelnen nachzuzeichnenden Streitstand die Nachweise bei *Hillenkamp/Cornelius* AT 13. Problem; *Kühl* AT § 11 Rdn. 6 ff; zum Versuchsbeginn *Kindhäuser* LPK Rdn. 42 ff.

**593** Für den Versuchsbeginn auf die actio praecedens stellen z. B. ab *Hirsch* FS Nishihara 98; *Horn* GA 1969 299 f; *Jäger* SK Rdn. 42; *Jakobs* 17/68; *Maurach* JuS **1961** 274; *Murmann* Grundkurs § 26 Rdn. 23; *Puppe* JuS **1980** 348 f; *Roxin* FS Maurach 213, 230; *ders.* FS Lackner 314; *ders.* AT I § 20 Rdn. 61; *Wolter* FS Leferenz556 f.

**594** Für den Versuchsbeginn auf die actio subsequens stellen z. B. ab *Baumann/Weber/Mitsch/Eisele* § 22 Rdn. 67; *Hettinger* alic S. 462; *Kühl* AT § 11 Rdn. 24a; *Lackner/Kühl/Kühl* § 20 Rdn. 27; *Rath* JuS **1999** 143 f; *Sch/Schröder/Eser/Bosch* Rdn. 56; *Vogler* LK[10] Rdn. 107 f.

**595** Vertreter des Ausnahmodells sind etwa *Jescheck/Weigend* § 40 VI 1; *Otto* AT § 13 Rdn. 24 ff.

noch eine deutliche Distanz zur erstrebten Rechtsgutsverletzung aufweisen.[596] Die mit dem Tatbestandsmodell verbundene Vorverlagerung der Strafbarkeit wird gerade beim Versuch teilweise für problematisch gehalten,[597] zumal es auch zu einer unangemessenen Einschränkung der Rücktrittsmöglichkeiten komme.[598]

**Ausgangspunkt** einer sachgerechten Lösung muss die Einsicht sein, dass sich auch in Fällen der actio libera in causa der Versuchsbeginn aus der gesetzlichen Regelung ergibt und dass deshalb die zur Ansatzformel entwickelten **allgemeinen Aussagen** auch hier ihre Geltung nicht einbüßen (übereinstimmend *Fischer* Rdn. 30; *Jescheck/Weigend* § 40 VI 2; *Wessels/Beulke/Satzger* Rdn. 673). Auch insoweit ist also zunächst zu klären, welches Verhalten die tatbestandliche **Ausführungshandlung** darstellt. Dabei sind die verfassungsrechtlichen Einwände gegen das Ausnahmemodell durchschlagend: Das Erfordernis der Tatzeit-Schuld-Koinzidenz ist in § 20 StGB unmissverständlich normiert (Art. 103 Abs. 2 GG)[599] und eine Trennung von Schuld und Tathandlung wäre unter dem Aspekt des Schuldgrundsatzes zumindest problematisch.[600] Umgekehrt können die **Einwände gegen das Tatbestandsmodell nicht überzeugen**. Freilich hängt seine Tragweite davon ab, ob das Sichbetrinken als Ausführungshandlung des jeweiligen Tatbestandes dessen Anforderungen erfüllen kann. Daran fehlt es bei verhaltensgebundenen Delikten, wenn etwa vorausgesetzt ist, dass der Täter ein Fahrzeug führt (BGHSt **42** 235, 239 f). Dagegen bestehen bei reinen Erfolgsdelikten für die Bestimmung des tatbestandsmäßigen Verhaltens kein anderer Maßstab als der, dass der Täter (auf der Grundlage seiner Vorstellung) eine rechtlich missbilligte Gefahr schafft, die als Grundlage für eine objektive Zurechnung des eingetretenen bzw. vorgestellten Erfolges in Betracht kommt. Der Täter, der sich in einen Zustand der Unverantwortlichkeit versetzt und sich damit nach den Maßstäben des Rechts zur unberechenbaren Gefahrenquelle macht, schafft schon mit der Herbeiführung dieses Zustands eine rechtlich missbilligte Gefahr in Richtung der Rechtsgüter, die er absehbar in diesem Zustand angreifen wird.[601] Das sind bei der vorsätzlichen actio libera in causa gerade die Güter, deren Verletzung sich der Täter im zurechnungsfähigen Zustand vorgenommen hat. Die Vorverlegung der Anknüpfung strafrechtlicher Verantwortlichkeit ist danach durchaus legitimierbar und in der Sache berechtigt.[602] 205

Ist demnach die **Herbeiführung des Defektzustandes** das **tatbestandsmäßige Verhalten**, so ist – wie stets – mit der (vorgestellten) Vornahme dieser Ausführungshandlung das **Stadium des (beendeten) Versuchs** erreicht.[603] Die Bemühungen, im Rahmen des Tatbestandsmodells zu einer Einschränkung der Versuchsstrafbarkeit zu gelangen, können nicht überzeugen. Das gilt insbesondere für die Auffassung, wonach in der Herbeiführung des Defekt- 206

**596** *Hettinger* alic S. 452 ff.; *ders.* GA **1989** 14 ff; *Maurach/Gössel/Zipf* AT/2 § 40 Rdn. 153.

**597** *Sch/Schröder/Eser/Bosch* Rdn. 56; *Herzberg* FS Roxin (2001) 749, 770; *Jescheck/Weigend* § 40 VI 2; *Kühl* AT § 11 Rdn. 13; *Rath* JuS **1995** 412.

**598** So *Neumann* Zurechnung und „Vorverschulden" (1985) S. 39.

**599** Siehe etwa BGHSt **42** 235, 241 f; *LG Münster* NStZ-RR **1996** 266); *Herzberg* FS Spendel 229 ff; *Hettinger* alic S. 444 ff; *ders.* GA **1989** 17 f; *ders.* FS Geerds 632 ff; *Hirsch* JR **1997** 391 f; *ders.* NStZ **1997** 230; *ders.* FS Nishihara S. 89 f; *Krause* JURA **1980** 172; *Neumann* FS Arthur Kaufmann 590; *Paeffgen* ZStW **97** (1985) 521 f; *Sch/Schröder/Perron/Weißer* § 20 Rdn. 35a; *Puppe* JuS **1980** 347; *Rönnau* JuS **2010** 301; *Roxin* FS Lackner 309 f; *Salger/Mutzbauer* NStZ **1993** 565; *Schmidhäuser* Die actio libera in causa (1992) S. 15 f.

**600** *Puppe* JuS **1980** 347. Dagegen seitens der Vertreter des Ausnahmemodells *Hruschka* JuS **1968** 558 (abweichend später *Hruschka* JZ **1996** 68); *Jerouschek* FS Hirsch 255 ff.

**601** Zusammenfassend *Murmann* Grundkurs § 26 Rdn. 22 f. Ablehnend *Hettinger* alic S. 452 ff; *ders.* GA **1989** 14 ff: Die Vorverlagerung sei unzulässig, denn die Vorhersehbarkeit des Erfolgs sei „nicht geeignet, die Handlung, die den Erfolg selbst herbeiführt, im Zurechnungsprozess zum bloßen Kausalfaktor zu machen" (*Hettinger* GA **1989** 16). Kritisch dazu *Herzberg* FS Spendel 225 ff.

**602** Das zeigt auch die weithin anerkannte Fahrlässigkeitsstrafbarkeit nach dem Vorverlegungsmodell, da der objektive Handlungswert des Fahrlässigkeitsunrechts nicht von dem der Vorsatztat unterscheidet. Siehe aber auch *Mitsch* JuS **2001** 111 f., der gleichsam umgekehrt die Bedenken gegen die Ausdehnung der Versuchsstrafbarkeit beim Vorsatzdelikt gegen eine Fahrlässigkeitsstrafbarkeit (die von der gleichen Vorverlagerung abhängt) ins Feld führt.

**603** Vgl. auch *Guhra* Verhalten S. 165; *Maurach* JuS **1961** 379.

zustandes zunächst nur eine straflose Vorbereitungshandlung zu erblicken sei, die nur für den Fall, daß der Täter auch die Defekttat verwirklicht – also aus ex post-Perspektive – zur Tatbegehung erstarke.[604] Der Unrechtscharkter kann einem Verhalten nicht nachträglich beigelegt werden.[605] Dagegen ist die Parallele zum Versuchsbeginn bei mittelbarer Täterschaft nicht zu übersehen.[606] Das Bedenken, damit sei der Versuchsbeginn unangemessen vorverlagert, greift nicht durch. Das folgt aus den gleichen Gründen, aus denen sich der deliktsbezogene Handlungsunwert der Herbeiführung des Defektzustandes ergibt. Der Täter hat mit der Herbeiführung des Defektzustandes die Kontrolle über das weitere Geschehen verloren. Dieser Kontrollverlust ist sogar noch ausgeprägter als bei mittelbarer Täterschaft, da der mittelbare Täter als vernünftige Person gewissermaßen noch im Hintergrund steht und im Regelfall in der Lage ist, die Wissens- bzw. Willensherrschaft zu beenden und so das Tätigwerden des Tatmittlers zu stoppen (vgl. auch Rdn. 202). Eine Sichtweise, die den Versuchsbeginn auch vom Verhalten des Täters im Defektzustand abhängig machen möchte,[607] trägt dem bereits vollständig verwirklichten Handlungsunwert nicht hinreichend Rechnung und macht den Versuchsbeginn von einem Ereignis abhängig, das nach rechtlichen Maßstäben bloßer Zufall ist.[608] Aus dem frühen Versuchsbeginn resultiert auch **keine unangemessene Einschränkung der Rücktrittsmöglichkeiten** Es trifft nämlich nicht zu, dass der Täter deshalb, weil er sich mit der Herbeiführung des Defektzustandes im Stadium des beendeten Versuchs befindet, durch bloßes Nichtstun keine Strafbefreiung mehr erlangen kann.[609] Vielmehr kann auch der schuldunfähige Täter durch bloßes Nichtweiterhandeln noch strafbefreiend zurücktreten, weil auch so der Erfolgseintritt – entsprechend dem gesetzlichen Erfordernis – „verhindert" werden kann.[610] Freilich kann es an der Freiwilligkeit des Rücktritts fehlen, wenn der Täter „vom Schlaf übermannt" wird. Dann nimmt er nicht aus autonomen Motiven von der Erfolgsherbeiführung Abstand. Die Versuchsstrafbarkeit ist in solchen Fällen aber auch nicht unangemessen, weil sich die mit dem Verlust der Schuldfähigkeit begründete Gefahr dann lediglich zufällig nicht realisiert hat.

207 Für die vorsätzliche **omissio libera in causa**[611] gelten dieselben Grundsätze.[612] Auch dort, wo sich der Täter außerstande setzt, die gebotene Handlung rechtzeitig vorzunehmen, ist das Versuchsstadium stets erreicht, wenn der Täter die Fähigkeit verliert, verantwortlich zu handeln. Denn mit dem Aus-der-Hand-Geben des Geschehens liegt das tatbestandsmäßige Verhalten vor, so dass der Täter seinen deliktischen Entschluss in umfassender Weise manifestiert hat. Dagegen kann nicht das Fehlen einer Gefährdung geltend gemacht werden,[613] denn der

---

**604** So *Spendel* LK § 323a Rdn. 29 ff, insb. Rn. 33; *Herzberg* FS Spendel 207; *ders.* FS Roxin (2001) 749, 769 f.

**605** Zur Kritik etwa etwa *Salger/Mutzbauer* NStZ **1993** 564; *Sch/Schröder/Perron/Weißer* § 20 Rdn. 35.

**606** Die Parallelisierung fordern ausdrücklich z. B. *Hirsch* FS Nishihara 98 f; *Jakobs* 17/64 ff; *Roxin* AT I § 20 Rdn. 61 f; *Wessels/Beulke/Satzger* Rdn. 673. Dagegen wird freilich das Bedenken erhoben, der Täter behalte bei der actio libera in causa „auch nach Eintritt der Schuldunfähigkeit die Handlungsherrschaft", übertrage sie also nicht auf einen Dritten (*Eser/Burkhardt* Strafrecht I 17 A 8; *Hettinger* alic S. 344 f; 407 ff; *Jescheck/Weigend* § 40 VI 1 Fn. 66).

**607** *Hillenkamp* LK[12] Rdn. 166 f; s. auch *Baier* GA **1999** 281; *Sch/Schröder/Eser/Bosch* Rdn. 56; *Herzberg* FS Roxin (2001) 749, 769. Noch stärker einschränkend *Hettinger* FS Geerds 628.

**608** Auch ist zu beachten, dass die versuchseinschränkende Relevanz des Handelns im Defektzustand eine täterbelastende Kehrseite hat: Kommt es zur Vollendung, so muss sich die Unrechtsbegründung konsequenterweise auch auf das Verhalten im Defektzustand stützen. Die Annahme einer „Einheit" von Defektbegründungshandlung und dem Verhalten im Defektzustand verstößt damit gegen den Schuldgrundsatz.

**609** *Neumann* Zurechnung und Vorverschulden (1985) S. 39.

**610** Vgl. *Roxin* AT I § 20 Rdn. 64.

**611** Vgl. zum Begriff *Sch/Schröder/Bosch* Vorb. § 13 ff Rdn. 144; *Murmann* Grundkurs § 29 Rdn. 22.

**612** *Fischer* Rdn. 30; *Hillenkamp* LK[12] Rdn. 168 (freilich mit anderen Konsequenzen). Zum Teil wird auch bei der omissio libera in causa für einen gegenüber der actio libera in causa früheren Versuchsbeginn plädiert; so *Sch/Schröder/Eser/Bosch* Rdn. 57.

**613** So aber *Hillenkamp* LK[12] Rdn. 168; *Kühl* AT § 18 Rdn. 150a; auch *Ambos* HK-GS Rdn. 39, der allerdings meint, „dass mit der Entlassung des Geschehensablaufs aus dem Herrschaftsbereich des Täters eine unmittelbare Gefährdung in der Regel zu bejahen sein wird".

diesbezügliche Handlungsunwert liegt gerade in der Preisgabe der Handlungsfähigkeit, zu deren Erhalt der Garant im Interesse der zu schützenden Rechtsgüter verpflichtet ist.[614] Deshalb ist im Falle des Streckenwärters, der sich im Bewusstsein betrinkt, später die gebotene Rettungshandlung nicht mehr vornehmen (die zu schützende Person also nicht mehr von den Gleisen ziehen) zu können, das Versuchsstadium mit dem Steuerungsverlust erreicht (*Sch/Schröder/Eser/Bosch* Rdn. 57; *Welp* S. 138; **aA** *Maurach* JuS **1961** 377; *Maurach/Gössel/Zipf* AT/2 § 40 Rdn. 158).

Sofern die Rechtsfigur einer vorsätzlichen **actio illicita in causa** überhaupt Anerkennung erfährt,[615] stellt sich auch hier die Frage, ob der Versuch bereits mit dem Vorverhalten oder erst dann vorliegt, wenn sich die Rechtsgutsverletzung durch das spätere, in der konkreten Situation gerechtfertigte Handeln zu realisieren droht. Das Problem stellt sich z. B. dann, wenn der Täter bei seinem vorwerfbaren Vorverhalten bereits billigend in Kauf nimmt, dass der so zu einem rechtswidrigen Angriff Veranlasste trotz der den Täter treffenden Gebotenheitseinschränkungen nach § 32 gerechtfertigt verletzt oder gar getötet werden darf. Das erlaubte, von einem Rechtfertigungsgrund gedeckte Verhalten kann hier schwerlich zugleich als versuchsbegründende Handlung missbilligt werden.[616] Richtigerweise ist auch hier von (beendetem) Versuch auszugehen, wenn der Täter sein (auf der Grundlage seiner Vorstellung) zu missbilligendes Verhalten vornimmt. Dabei dürfte es nicht den entscheidenden Punkt treffen, dass „der Täter jetzt praktisch gezwungen ist, den Konflikt in seinem Sinn zu lösen" (so *Sch/Schröder/Sternberg-Lieben* Vorb. § 32 ff Rdn. 23). Wichtiger dürfte sein, dass das Recht diese Art der Konfliktlösung mit Eingreifen eines Rechtfertigungsgrundes erlaubt, also rechtlich der Weg zur Verletzung freigegeben ist. Die (nicht unproblematische)[617] Eigenheit der actio illicita in causa liegt gerade darin, dass ein Verhalten mit Blick auf die Herbeiführung eines in der konkreten Situation dann erlaubten Verhaltens rechtlich missbilligt ist. Das Problem wird dadurch deutlich entschärft, dass gerade in Konstellationen, in denen der Täter bereits bei seinem Vorverhalten seine spätere Verletzungshandlung unter rechtfertigenden Umständen einkalkuliert, ihm die Rechtfertigung häufig versagt wird (etwa im Fall der Absichtsprovokation).[618] Auch bei vorsätzlicher Einkalkulierung des später gerechtfertigten Verhaltens kann aber eine Rechtfertigung in Betracht kommen. *Sch/Schröder/Sternberg-Lieben* Vorb. § 32 ff Rdn. 23 bildet den Fall, dass der Täter einen fremden Hund in der Absicht provoziert, ihn im Fall des Angriffs gerechtfertigt (§ 228 BGB) zu verletzen (§ 303). Hier ist bei Anerkennung der Figur der actio illicita in causa das tatbestandsmäßige Verhalten bereits im Reizen des Hundes zu sehen (so auch *Sch/Schröder/Sternberg-Lieben* Vorb. § 32 ff Rdn. 23), das seine Missbilligung daraus bezieht, dass die gezielte Herbeiführung einer Konfliktlage auch dann fremde Rechtsgutsinteressen beeinträchtigt, wenn der Gesetzgeber die entstandene Notsituation im Sinne des Provokateurs aufgelöst hat.[619] Erkennt man hier an, dass der Verhaltensunwert bereits mit dem Vorverhalten in vollem Umfang realisiert ist, so ist mit der Vornahme der tatbestandsmäßigen Handlung stets auch ein (beendeter) Versuch anzunehmen. Der Sachbeschädigungsversuch beginnt demnach schon mit dem Reizen des Hundes, wenn der Punkt erreicht ist, dass keine wesentlichen Zwischenschritte mehr erforderlich sind, um den Hund so weit zu treiben, dass er angreift. 208

---

**614** *Sch/Schröder/Eser/Bosch* Rdn. 57.

**615** **Abl.** hierzu *Küper* Notstand S. 59 ff; *Otto* FS Frisch 589, 605; *Roxin* JZ **2001** 667 f; differenzierend *Sch/Schröder/Sternberg-Lieben* Vorb. § 32 ff Rdn. 23; zusammenfassend *Murmann* Grundkurs § 25 Rdn. 106 f.

**616** Für Versuchsbeginn in Abhängigkeit von der Nähe zur Tatbestandsverwirklichung aber *Hillenkamp* LK[12] Rdn. 169. Enger zum Versuchsbeginn auch *Kindhäuser* Gefährdung S. 116; *Küper* Notstand S. 61 ff.

**617** Vgl. zusammenfassend *Murmann* Grundkurs § 25 Rdn. 107.

**618** *Sch/Schröder/Sternberg-Lieben* Vorb. § 32 ff Rdn. 23 verneint hier aufgrund des Dazwischentretens des Provozierten die Erfolgszurechnung, was für den Versuchsfall bedeutet, dass das provozierende Verhalten bereits mit Blick auf die Eigenverantwortlichkeit des Opfers nicht rechtlich missbilligt ist und es damit bereits an einem auf ein tatbestandsmäßiges Verhalten bezogenen Tatentschluss fehlt.

**619** In diesem Sinne *Duttge* NStZ **2006** 270; *Frister* Rdn. 14/6; *Mitsch* JuS **2001** 751.

209 **gg) Mittäterschaft.** Wirken Mittäter in der Weise Hand in Hand, dass sie auch die Ausführungshandlung gemeinsam vornehmen (etwa die Diebesbeute zusammen ergreifen und davontragen), so bedarf es für die Festlegung des Eintritts in das Versuchsstadium keines Rückgriffs auf die Grundsätze der Mittäterschaft. Liegt es aber so, dass nach dem gemeinsam vorgefassten Plan „die Beteiligten in zeitlichem Abstand verschiedenartige Tatbeiträge leisten und dadurch das gewünschte Ergebnis ... herbeiführen" sollen (BGH NStZ **1981** 99), streiten Gesamt- und Einzellösung (Begriffe nach *Schilling* Verbrechensversuch S. 1) um den richtigen Weg. Ihn zu finden werden von beiden Lagern Argumente aus der Versuchsdogmatik, vorrangig aber hier nicht im einzelnen auslotbare Argumente aus der Dogmatik zur Mittäterschaft und ihrer Zurechnungsstrukturen bemüht.

210 In der Literatur herrschend[620] ist die **Gesamtlösung.** Sie hatte schon das Reichsgericht (RGSt **58** 279)[621] zugrunde gelegt, als es für den Versuch eines sich auf einen Beitrag im Vorbereitungsstadium beschränkenden Mittäters nur verlangte, „dass irgendeiner der Mittäter eine Handlung vorgenommen hat, die ... einen Anfang der Ausführung" enthält und dass „alle Beteiligten diese Handlung auch für sich gelten lassen wollten". Genauer finden sich diese Grundsätze in der **Rechtsprechung** (s. zuvor schon deutlich *Schönke/Schröder* [7. Aufl. 1954] § 47 Bem. VIII) erst in einer Entscheidung des Bundesgerichtshofs aus dem Jahre 1980, in der es heißt, dass die Grenzüberschreitung zum Versuch „nicht für jeden Beteiligten je nach seinem eigenen Tatbeitrag gesondert, sondern für alle Beteiligten einheitlich zu beantworten" und dass sie dann zu bejahen sei, wenn eine der „zum Geamtplan gehörenden Einzelhandlungen" den Versuchsbeginn erreicht. „Vor diesem Zeitpunkt" beginne „bei keinem der Beteiligten der Versuch" (BGH NJW **1981** 99). Hiernach treten – wie es der BGH später formuliert – „alle Mittäter in das Versuchsstadium ein, sobald einer von ihnen zur Tatbegehung unmittelbar ansetzt" (BGHSt **39** 237), und zwar unabhängig davon, ob einzelne ihren Tatbeitrag schon im Vorbereitungsstadium erbracht haben (BGHSt **36** 249, 250).[622] Legt man diese Auffassung zugrunde, reicht die Einrichtung einer Brandstiftungsanlage durch einen der Mittäter nicht aus, wenn der Brand erst später durch einen anderen Mittäter ausgelöst werden soll und hierzu ein Ansetzen noch fehlt (RGSt **66** 141, 143). Dabei ist es für den (nur) in der Vorbereitungsphase tätigen Mittäter ohne Belang, wenn er mehr als die Einrichtung der Anlage gar nicht bewerkstelligen soll und daher sein Anteil schon hinter ihm liegt.[623] Andererseits tritt ein Mittäter schon in den Versuch mit ein, wenn seine Aufgabe erst darin besteht, zu einem späteren Zeitpunkt die Tat zu befördern (z. B. den von den übrigen Beteiligten schon gelegten Brand durch Einschalten der Belüftungsanlage nachträglich zu beschleunigen), es zu mehr als einer versuchten Brandlegung durch die anderen aber nicht kommt. Wer vereinbarungsgemäß erst eintreffen soll, wenn die von „Spezialisten" aus dem Tresor „befreiten" Goldbarren zum Abtransport bereit liegen, begibt sich mit jenen in den Versuch, auch wenn die Kunst der Schweißer versagt.[624]

211 Beide Ergebnisse werden von einer **Einzellösung** nicht gebilligt, der zufolge für jeden Mittäter der Versuchsbeginn gesondert zu prüfen und ohne Rücksicht auf das Stadium der „Gesamttat" stets auf den Zeitpunkt festzulegen ist, in dem dieser Mittäter selbst in das Versuchssta-

---

**620** Vertreten u. a. von *Angerer* S. 29 f; *Baumann/Weber/Mitsch/Eisele* § 22 Rdn. 79; *Buser* Zurechnungsfragen S. 83; *Heinrich* AT Rdn. 740; *Ingelfinger* JZ **1995** 712 ff; *Jakobs* 21/61; *Kindhäuser* AT § 40 Rdn. 15; *Krey/Esser* AT Rdn. 1241; *Kühl* AT § 20 Rdn. 123 ff; *SSW/Kudlich/Schuhr* Rdn. 52; *Küper* Versuchsbeginn S. 69; *Lackner/Kühl* Rdn. 9; *Mylonopoulos* GA **2011** 462, 464 ff (modifiziert um das Erfordernis der Tatortanwesenheit); *Otto* AT § 21 Rdn. 125; *Prüßner* S. 169 ff, 189; *Rönnau* JuS **2014** 109, 110; *R. Schmidt* Rdn. 686; *Sch/Schröder/Eser/Bosch* Rdn. 55; *Vogler* LK[10] Rdn. 88 ff; *Wendeburg* S. 28 ff.; *Wessels/Beulke/Satzger* Rdn. 962; *Zaczyk* NK Rdn. 67; wohl auch *Fischer* Rdn. 21, 21a; im Grundsatz auch *Frister* Rdn. 29/11 f.

**621** Vgl. auch – weniger deutlich – RGSt **77** 172.

**622** So auch BGHR StGB § 22 Ansetzen 3; BGHSt **40** 299, 301; BGH NStZ **1999** 609; BGH StV **2001** 273; der Sache nach auch schon BGHSt **11** 268.

**623** So lag es in RGSt **66** 141; s. auch BGHR § 22 StGB Ansetzen 3 und BGH NStZ **1981** 99.

**624** Vgl. das Beispiel von *Roxin* FS Odersky 491; i. E. ebenso *Guhra* Verhalten S. 154.

dium eintritt.[625] Bezieht man diese Feststellung auf den vom jeweils Beteiligten abzuliefernden Beitrag und lässt mit der in der Rechtsprechung und überwiegenden Lehre vertretenen Auffassung (s. dazu BGH NStZ **1999** 609; *Wessels/Beulke/Satzger* Rdn. 823 m. w. N.) für Mittäterschaft eine Mitwirkung im Vorbereitungsstadium ausreichen, führt dies zu der von *Schilling* (S. 112 f zu BGHSt **11** 268) gezogenen Konsequenz, dass u. U. schon die in einer Mordverabredung liegende „psychische Einwirkung" auf die übrigen Mittäter einen (beendeten) Mordversuch darstellt. Ganz allgemein kann hiernach schon das Ansetzen zur täterschaftsbegründenden Vorbereitungshandlung die Versuchsstrafbarkeit auslösen. Das ist einerseits konsequent,[626] führt aber andererseits zu dem problematischen Ergebnis, dass ein Verhalten, das beim Einzeltäter lediglich Vorbereitung wäre, den Mittäter in das Versuchsstadium bringt (*Jäger* SK Rdn. 35). Umgekehrt ist das Ansetzen des Mittäters zu dessen eigenen Beitrag abzuwarten, auch wenn die „Gesamttat" das Versuchsstadium schon früher erreicht. Im Anschluss an *Rudolphi* (FS Bockelmann 383 ff) billigt eine an Gefolgschaft gewinnende **Variante der Einzellösung** nur die zweite, nicht aber die erste Aussage.[627] Keine Anerkennung findet danach die Annahme eines Versuchsbeginns durch einen bloßen Beitrag im Vorbereitungsstadium. Ausschlaggebend für diese Einschränkung ist einerseits die Überlegung, dass man „nicht gut einen Versuch bejahen kann, solange alle Beteiligten sich noch in der Vorbereitung befinden" (*Roxin* FS Odersky S. 497). Andererseits müsse jeder Mittäter die Grenze zum Versuch selbst durch das Ansetzen zu einem Tatbeitrag überschreiten, der ihn im Ausführungsstadium an der Herrschaft beteilige. Beiträge im Vorbereitungsstadium bleiben danach außer Betracht, was sich nach teilweise vertretener Auffassung freilich auch schon daraus ergibt, dass solche Beiträge ohnedies keine Mittäterschaft begründen können.[628] Diese Variante der Einzellösung trifft sich mit der Gesamtlösung darin, dass „der Versuch keines Mittäters vor dem Zeitpunkt beginnen kann, in dem die Gesamthandlung die Grenze zum Versuch überschreitet" (*Jäger* SK Rdn. 35). Wohl aber ist es nach ihr möglich, dass der zuerst handelnde Mittäter das Versuchsstadium bereits erreicht, ohne die anderen mitzunehmen. Das bedeutet im Beispiel des Einbruchsdiebstahls (Rdn. 210) für die „Spezialisten" Versuch, während der Transporteur im Vorbereitungsstadium verbleibt.[629]

**Vorzuziehen** ist die **Gesamtlösung**. Versuch bedeutet ein unmittelbares Ansetzen zur Tat- **212**
bestandsverwirklichung. Zu diesem gesetzlichen Ausgangspunkt verliert eine Einzellösung jedenfalls dann jeden Bezug, wenn sie einen im Vorbereitungsstadium erbrachten und für eine mittäterschaftliche Mitwirkung für ausreichend erachteten Beitrag unabhängig davon für den Versuchsbeginn in Anspruch nimmt, wieweit er das von den Mittätern geplante Geschehen in die Nähe der Tatbestandsverwirklichung rückt. Der Versuchsbeginn wird hierdurch nicht nur

---

**625** So der Vorschlag *Schillings* Verbrechensversuch S. 114 ff; eine Einzellösung findet sich auch schon bei *Frank* § 47 Bem. V; auch RGSt **9** 3 und BGH bei Holtz MDR **1977** 807 f (Lichthupen-Fall; vgl. dazu die Analyse von *Küper* Versuchsbeginn S. 26 ff) weisen Ansätze hierzu auf; zu den Einzellösungen s. auch *Ingelfinger* JZ **1995** 711 f; nur für Pflicht- und eigenhändige Delikte zustimmend, im Übrigen differenzierend die „Untätigkeitslösung" von *Gorka* S. 76 ff, 150 ff.

**626** Vgl. dazu *Mitsch* ZIS **2013** 369, 376.

**627** Zustimmung findet diese Lehre z. B. bei *Bloy* Beteiligungsformen S. 265 ff; *Jäger* SK Rdn. 35; *Roxin* AT II § 29 Rdn. 297 ff; Rdn. 199; *ders.* FS Odersky S. 491 ff; 497; *Valdágua* ZStW **98** (1986) 839 ff; *Roxin* stützt seine Zustimmung wesentlich auf die von ihm für Mittäterschaft verlangte (gewichtige) Mitwirkung im Ausführungsstadium. Die daraus bezogenen Argumente treffen daher die Gesamtlösung nicht, wenn man mit der subjektiven Teilnahme- oder einer normativierenden Tatherrschaftslehre auch Handlungen im Vorbereitungsstadium als mittäterschaftsbegründend nicht von vornherein ausschließt; dazu etwa *SSW/Murmann* § 25 Rdn. 43.

**628** In diesem Sinne *Bloy* Die Beteiligungsform als Zurechnungstypus S. 196 ff; *Hardtung/Putzke* AT Rn. 1456; *Herzberg* JZ **1991** 860; *Roxin* TuT S. 294 ff; *Rudolphi* FS Bockelmann 372 ff; *Zieschang* ZStW **107** (1995) 361 ff. Dagegen m. w. N. *Murmann* Grundkurs § 27 Rdn. 69.

**629** Was nur zur Straflosigkeit wegen Versuchs führt; (psychische) Beihilfe zum Versuch bzw. § 30 Abs. 2 bleiben gegebenenfalls unberührt, vgl. *Roxin* FS Odersky 491; *ders.* AT II § 29 Rdn. 297; vermittelnd *Kratzsch* JA **1983** 587, der im Falle einer – wenn auch nur passiven – Anwesenheit des Transporteurs auch für diesen Versuch annehmen will.

häufig zu Lasten des Geltungsbereichs des § 30 Abs. 2 überdehnt (*Sch/Schröder/Eser/Bosch* Rdn. 55; *Stratenwerth/Kuhlen* § 12 Rdn. 107 f), sondern auch von seiner gesetzlichen Grundlage gelöst. Diesem Vorhalt kann auch die modifizierte Einzellösung nicht entgehen. Sie bringt nicht nur den Versuchsbeginn in eine sachlich nicht begründete Abhängigkeit von dem für das Versuchsunrecht der mittäterschaftlich begangenen Tat oft gänzlich belanglosen Zufall, ob der jeweilige Tatbeitrag vor oder nach dem Versuchsbeginn der übrigen Mittäter zu erbringen ist (gegen das Zufallsargument *Roxin* AT II § 29 Rdn. 307). Vielmehr gerät sie auch in einen unauflösbaren Widerspruch zum Text des § 22, wenn sie noch von einem unmittelbaren Ansetzen des erst später eintretenden Mittäters zu einer Tatbestandsverwirklichung spricht, in deren Mitte sich die übrigen schon befinden. Zu einem Diebstahl, der durch das Aufschweißen des Tresors schon begonnen hat, lässt sich danach nicht mehr „ansetzen" (*Mylonopoulos* GA **2011** 462, 473). Sprachlich möglich ist das nur, wenn man die Mittäter voneinander isoliert und das Vorantreiben der Tat durch die anderen als ein dem später hinzutretenden fremdes Geschehen betrachtet. Das aber ist mit der Zurechnungsstruktur des § 25 Abs. 2 nicht vereinbar (*Ingelfinger* JZ **1995** 713),[630] die eine Zurechnung des im Rahmen des gemeinsamen Tatentschlusses bewirkten Stadiums nicht nur erlaubt, sondern zum Nachteil aller gebietet. Diesen „Kosten" der Mittäterschaft kann sich keiner der Mittäter entziehen, „sobald einer von ihnen zur Tatbegehung unmittelbar ansetzt" (BGHSt **39** 237). Gegen die von der Einzellösung propagierte isolierte Betrachtung der Beteiligten lässt sich auch einwenden, dass selbst die Annahme des Versuchsbeginns des ersten Akteurs problematisch wird. Denn dessen Entschluss ist nicht auf die Realisierung der Tat in ihrer Gesamtheit gerichtet, sondern auf Ergänzung seines Beitrags durch die später von den anderen Mittätern zu erbringenden Beiträge (*Mylonopoulos* GA **2011** 462, 466 f).

**213** Mit der Gesamtlösung ist nicht etwa gemeint, dass der Versuch eines Mittäters den anderen *als solcher* zuzurechnen ist. Vielmehr geht es um die Frage, ob sich die untersuchte, auf der Grundlage des gemeinsamen Tatplans (BGH NStZ **1981** 90) zurechenbare Handlung schon als **Beginn der gemeinsamen Tat** erweist (*Ingelfinger* JZ **1995** 705; *Küper* Versuchsbeginn S. 17 ff). Der Einwand, die Zurechnung der versuchsbegründenden Handlung setze das zu beweisende, nämlich eine bereits zumindest bis in das Versuchsstadium gediehende Mittäterschaft voraus (*Jäger* SK Rdn. 35), trifft nicht zu. Denn Grundlage der Zurechnung ist der gemeinsame Tatentschluss. Wer diesen Tatentschluss mitträgt kann sich nicht dagegen verwahren, dass der planmäßige Versuchsbeginn des anderen Beteiligten ihn belastet. Dafür bedarf es nicht schon des von ihm zu leistenden Beitrags als Zurechnungsgrundlage (**aA** *Mitsch* ZIS **2013** 369, 376 f). Damit ist zugleich der zentrale Punkt dafür angesprochen, dass es **legitimierbar** ist und der **ratio des Versuchs** entspricht, wenn ein Versuchsbeginn für einen Mittäter auch dort in Betracht kommt, wo er selbst zu seinem Beitrag noch nicht unmittelbar angesetzt hat. Denn wenn ein Mittäter es mitträgt, dass ein anderer Beteiligter die versuchsbegründende Handlung vornimmt, so wird damit zugleich seine eigene Entscheidung gegen das tatbestandlich geschützte Rechtsgut durch das Verhalten des unmittelbar zur Tat ansetzenden Mittäters manifestiert. Ebenso wie sich der Einzeltäter ab einem gewissen Verwirklichungsstadium nicht mehr auf seine Freiheit zum Unterlassen der Ausführungshandlung berufen kann (Rdn. 103 ff), so muss auch der Mittäter, dessen Tatbeitrag noch aussteht, akzeptieren, dass das unmittelbare Ansetzen des anderen Mittäters als strafbarkeitsbegründende Selbstfestlegung interpretiert wird, wenn sich der unmittelbar Ansetzende im Rahmen des gemeinsamen Tatentschlusses bewegt.

**214** Daraus ergibt sich eine zusätzliche Einsicht in das **Verhältnis von Tatentschluss und Ausführungshandlung:** Soll der Beitrag des unmittelbar ansetzenden Mittäters als Entscheidung gegen das Rechtsgut auch desjenigen, der noch nicht selbst durch sein Verhalten in das Ausführungsstadium eingetreten ist, verstanden werden, so genügt es nicht, auf den gemeinsamen,

---

**630** Zum Versuch, diese Argumente auszuräumen, vgl. *Roxin* FS Odersky 494 f; *Jäger* SK Rdn. 35; zur Vertiefung der hier nicht weiter auszulotenden Frage der Zurechenbarkeit der von den Übrigen erbrachten Beiträge s. *Ingelfinger* JZ **1995** 707 ff; *Küper* JZ **1979** 785 ff; ferner *Kühl* AT § 20 Rdn. 123 ff.

im Vorbereitungsstadium gefassten Tatplan zu verweisen.[631] Denn ein solcher Tatplan hat die „Feuerprobe der kritischen Situation" noch nicht bestanden. Verbindlichkeit für die Beteiligten erhält er erst im Zeitpunkt des planmäßigen unmittelbaren Ansetzens eines Beteiligten. Erst im Ausführungsstadium wird er für alle Beteiligten zu dem tatmächtigen Entschluss, der eine Grundlage für die Zurechnung bietet. Der im Vorfeld an der Tatplanung Beteiligte, der seinen Tatentschluss vor Erreichen des Versuchsstadiums durch das unmittelbare Ansetzen eines anderen Beteiligten aufgibt, kann danach – entgegen der Rechtsprechung (BGHSt **28** 346, 347; BGH NStZ **1999** 449, 450) – nur noch Gehilfe sein (*Graul* GS Meurer 89, 98 f; *Kühl* AT § 20 Rdn. 105; *SSW/Murmann* § 25 Rdn. 41; eingehend – verbunden mit einem Plädoyer für die Einzellösung – *Roxin* FS Frisch 613 ff; **aA** *Matt/Renzikowski/Haas* § 25 Rdn. 74).[632]

Der **Versuch beginnt**, wenn zwischen dem am weitesten gediehenen Beitrag und der Vornahme der Ausführungshandlung keine weiteren wesentlichen Zwischenschritte mehr liegen. Daher bedeutet die Einrichtung der Brandstiftungsanlage bei der Mittäterschaft (RGSt **66** 143) nur, aber auch schon dann den Versuchsbeginn, wenn nach dem der Tat zugrundeliegenden Gesamtplan der andere Beteiligte unmittelbar danach die Anlage betätigen, dagegen nicht, wenn das erst vier oder fünf Tage später geschehen soll (BGH NStZ **1981** 99). Auch kann von einem Eintritt in das Versuchsstadium der §§ 306, 308 noch nicht die Rede sein, wenn zwei der drei beteiligten Mittäter „die bereits weit vorangetriebenen", aber noch nicht abgeschlossenen „Vorbereitungen" auf Veranlassung des dritten einstellen.[633] Betätigt der Fahrer A eines Geldtransporters die Lichthupe, um die Mittäter aufzufordern, ihr Versteck zu verlassen, so lässt sich nur mit der Einzellösung der Beginn des Raubversuchs damit begründen, „jedenfalls der A" habe die Überzeugung besessen, es gehe jetzt los (so BGH bei Holtz MDR **1977** 807; s. dazu *Küper* Versuchsbeginn S. 26 ff). Richtigerweise ist darauf abzustellen, ob das Verlassen des Verstecks als letzter Zwischenschritt schon das gemeinsam geplante Raubgeschehen eröffnet. Ist das nicht so, weil sich die Mittäter erst noch mit ihrem Pkw querstellen, aussteigen und den Geldtransporter „entern" müssen, ehe sie zur Bedrohung übergehen können, lassen sich diese noch ausstehenden Schritte bis zur Vornahme der Ausführungshandlung nicht vernachlässigen (s. dazu Rdn. 130). Deshalb tritt auch A nicht „vor dem Zeitpunkt" in den Raubversuch ein, in dem dieser für die übrigen Mittäter beginnt. 215

Dabei muss es für die Zurechnung einer versuchsbegründenden Handlung zu deren **Vornahme objektiv gekommen** sein. „Die bloße Meinung", es werde so sein, „genügt nicht" (BGH NJW **1952** 430).[634] Die Vorstellung kann also die versuchsbegründende Handlung nicht ersetzen (*Hillenkamp* FS Roxin [2001] 708 f). **Umstritten** ist dagegen die Behandlung von Fällen, in denen der äußerlich versuchsbegründende Beitrag zwar tatsächlich erbracht wird, ihm aber aufgrund der inneren Einstellung des Handelnden nicht der Charakter eines Tatbeitrags zukommt. Richtigerweise ist die Vorstellung des Täters, der von einem tatplankonformen Ansetzen ausgeht, nicht geeignet, in solchen Fällen der sog. **„Schein-Mittäterschaft"** die nicht mehr oder von vornherein nicht vorhandene Grundlage der Zurechnung zu ersetzen (*Ingelfinger* JZ **1995** 704 ff).[635] Das haben der 3. und der 2. Senat des Bundesgerichtshofs richtig bedacht. So fehlte 216

**631** Zutreffend *Mitsch* ZIS **2013** 369, 373 ff.

**632** Das heißt natürlich nicht, dass der Mittäter gerade im Augenblick des versuchsbegründenden Beitrags des anderen Mittäters über den Versuchsbeginn reflektieren muss (in diesem Sinne versteht *Mitsch* ZIS **2013** 369, 375 das Erfordernis). Das wäre vielfach gerade in solchen Konstellationen, in denen ein Mittäter seinen Beitrag bereits im Vorbereitungsstadium erbracht hat, nicht realistisch; ihm ist der genaue Zeitpunkt der Tatausführung möglicherweise nicht einmal bekannt. Kommt es nicht zu einer nachvollziehbaren Distanzierung vom gemeinsamen Tatplan vor Eintritt in das Ausführungsstadium, ist aber – ähnlich wie in den Fällen des sachgedanklichen Mitbewusstseins – ohne weiteres davon auszugehen, dass der im Rahmen des Tatplans liegende Eintritt in das Ausführungsstadium auch von dem Tatentschluss des Mittäters getragen ist, der seinen Beitrag bereits erbracht hat.

**633** Das halten *Rotsch/Sahan* JA **2005** 172 zu Recht **krit.** BGH NStZ **2004** 614 vor.

**634** *SSW/Kudlich/Schuhr* Rdn. 53.

**635** *Beulke* FS Kühl 115, 129; *Kühl* AT § 20 Rdn. 123; *Murmann* Grundkurs § 28 Rdn. 95; *Rengier* AT § 36 Rdn. 24 ff; *Rönnau* JuS **2014** 109, 111. **AA** *Heinrich* AT Rdn. 744 f; *Putzke* JuS **2009** 1083, 1083 f.

es in dem der Entscheidung des 3. Senats (BGHR StGB § 22 Ansetzen 3) zugrundeliegenden Sachverhalt an einem mittäterschaftlich begangenen Versuch eines Versicherungsbetrugs (§ 265 a. F.), weil der die Tat vor Ort vermeindlich vorantreibende „Mittäter" das Benzin, mit dem der Brand gelegt werden sollte, nur „zum Schein" verschüttete, es aber nicht entzündete und diesen „Brandlegungsversuch" nur vortäuschte, um die von den übrigen Tatgenossen versprochene Belohnung nicht zu verlieren. Hier fehlte es – wie der BGH zutreffend sieht – an einem den abwesenden Mittätern zurechenbaren „Tatbeitrag, der die Grenze vom Vorbereitungs- zum Versuchsstadium" überschritt. Der die Zurechnung versperrende Grund, tritt in BGHSt **39** 236 deutlich zutage. Nach dem Leitsatz dieser Entscheidung gilt „der Grundsatz, dass alle Mittäter in das Versuchsstadium eintreten, sobald einer von ihnen zur Verwirklichung des Tatbestandes unmittelbar ansetzt", nämlich nur, „wenn dieser Beteiligte dabei (noch) mit dem Willen handelt, die Tat zur Ausführung zu bringen". Fehlt es daran deshalb, weil der fragliche Beitrag nur noch erbracht wird, um der verständigten Polizei den Zugriff zu ermöglichen, ist der gemeinsame Tatentschluss als Zurechnungsgrundlage (*Ingelfinger* JZ **1995** 707 ff) aufgekündigt. Das nur scheinbare Ansetzen, das für den „Schein-Mittäter" selbst kein Versuch mehr ist, kann folglich auch den übrigen Beteiligten „nicht als Beginn der Tatausführung zugerechnet werden".[636] Für eine Zurechnung der objektiven Versuchshandlung auf der Grundlage von § 25 Abs. 2 genügt nicht schon die Vorstellung dessen, dem zugerechnet werden soll. Vielmehr setzt eine mittäterschaftliche Zurechnung immer auch voraus, dass der zuzurechnende Beitrag den anderen Beteiligten im Rahmen des deliktischen Vorhabens zugutekommen *soll*. Ein Verhalten dessen, der „nicht mitmacht", kann kein „Beitrag" sein.

217 Mit der vorstehend referierten Rechtsprechung ist **BGHSt 40 299 nicht vereinbar.**[637] Zwar ist es richtig, wenn der 4. Senat hier die Vorstellung dessen zugrunde legt, um dessen – in vermeintlicher Mittäterschaft[638] begangenen – Versuch es ging; und es trifft auch zu, dass bei dem angesichts des tatsächlich eingetretenen Versicherungsfalls gegebenen **untauglichen Versuch** des Betrugs „die nach dem Täterplan maßgebliche Handlung" – nämlich die Meldung des Schadensfalles bei der Versicherungsgesellschaft – „die zur unmittelbaren Tatbestandserfüllung führen soll und die nach natürlicher Auffassung auch zur Tatbestandserfüllung führen könnte, wenn sie geeignet wäre ..., so zu betrachten (ist), als wäre sie tauglich". Gerade das ist die eine der beiden Funktionen der Vorstellung (s. Rdn. 117).[639] Wenn die Entscheidung aber gleichwohl zu Recht in die Kritik geraten ist, so liegt das daran, dass es sich bei der „maßgebenden Handlung" nicht nur um eine untaugliche, sondern dass es sich bei dem sie Ausführenden nicht einmal um einen Beteiligten handelte und der BGH der Meinung ist, dass auch dies dem untauglichen Versuch nicht im Wege stehe. Dafür ist mit dürren Worten angedeutet, dass auch die angesichts des Nichtbestehens eines gemeinsamen Tatentschlusses fehlende subjektive Zurechnungsgrundlage durch eine entsprechende Vorstellung des „Mittäters" zu ersetzen sei.[640] Der

---

**636** Ebenso *Bloy* ZStW **117** (2005) 28 ff; *Frister* Rdn. 29/14; *Gorka* Versuchsbeginn S. 170; *Joecks/Jäger* § 25 Rdn. 100 f; *Kindhäuser* AT § 40 Rdn. 18; *Krack* ZStW **110** (1998) 623 f; *Kühl* AT § 20 Rdn. 123; *Murmann* Grundkurs § 28 Rdn. 95; *Otto* AT § 21 Rdn. 126; *Roxin* AT II § 29 Rdn. 312; *Sch/Schröder/Eser/Bosch* Rdn. 55a; *Streng* ZStW **109** (1997) 862, 889 ff.

**637** Weshalb in der Literatur mit guten Gründen angezweifelt wurde, ob die von BGHSt **40** 299, 302 ff unter Hinweis auf Unterschiede in tatsächlicher Hinsicht abgelehnte Vorlage an den Großen Senat für Strafsachen zu Recht erfolgte; vgl. *Erb* NStZ **1995** 424, 425; *Globke/Hettinger* FS Kühl 213, 215, 224; *Joecks* wistra **1995** 58, 59.

**638** Freilich ist auch die Annahme von Mittäterschaft hinsichtlich des lediglich an der Vorbereitung des späteren Betrugs Beteiligten nicht zweifelsfrei; vgl. *Krack* ZStW **117** (2005) 555, 558; *Küpper/Mosbacher* JuS **1995** 448, 490; *Mitsch* ZIS **2013** 369, 370.

**639** Insofern zustimmend auch *Mitsch* ZIS **2013** 369, 372 f.

**640** Vgl. dazu – etwas ausführlicher – die Anfrageentscheidung BGH NStZ **1994** 534 und i. E. **abl.** *Graul* JR **1995** 427 ff; der Entscheidung, die sich auf den diesen Weg ebnenden Aufsatz von *Hauf* NStZ **1994** 263 beruft, treten gerade auch hierin z. B. *Heckler* GA **1997** 72, 78 ff, *Hoffmann-Holland* MK Rdn. 142 und *Roßmüller/Rohrer* MDR **1996** 988 ff bei; **zust.** auch *Baumann/Weber/Mitsch/Eisele* § 22 Rdn. 80; *Fischer* Rdn. 23a; *Heinrich* AT Rdn. 744 f; *Jung* JuS **1995** 360; *Weber* FS Lenckner 435, 443; abl. *Bloy* ZStW **117** (2005) 79 f; *Ingelfinger* JZ **1995** 707 ff; *SSW/Kudlich/*

Tatplan ist in diesem Konzept nicht die Grundlage der Zurechnung, sondern wird als Merkmal des gesetzlichen Tatbestands gedeutet, das im Rahmen des Versuchs durch die bloße Vorstellung ersetzt werden kann.[641] Darin liegt nun aber nicht nur ein uneingestandener Bruch mit der bis dahin gültigen Rechtsprechung zur „Schein-Mittäterschaft" (s. Rdn. 216), sondern auch eine Überdehnung der Leistungskraft der Vorstellung.[642] Sie kann nicht bewirken, dass über eine nur eingebildete Zurechnungsgrundlage auch wirklich zugerechnet wird. Darüber helfen auch Erwägungen zum untauglichen Versuch nicht hinweg. Auch dieser setzt voraus, dass ein eigener[643] oder **ein dem Versuchstäter zurechenbarer** versuchsbegründender Tatbeitrag vorhanden ist, mag dieser auch nur nach der Vorstellung des Täters ein tauglicher sein.[644] Deshalb hilft es auch nichts, dass „der vermeintliche Mittäter jedenfalls die ihm nach dem Tatplan zugedachte Handlung tatsächlich erbringt" – wie es der 4. Senat in BGH NStZ **2004** 110, 111 jetzt verdeutlichend fordert – wenn mit der Aufkündigung des gemeinsamen Tatentschlusses die Zurechnungsgrundlage für diese Handlung entfallen ist.[645]

## 5. Rechtswidrigkeit und Schuld

**a) Rechtswidrigkeit.** Für die Rechtswidrigkeit ergeben sich beim Versuch keine Besonderheiten,[646] wenn das Verhalten auch für den Fall des Erfolgseintritts gerechtfertigt wäre:[647] Darf der Täter in Notwehr den Angreifer erschießen, so greift § 32 auch ein, wenn die Kugel ihr Ziel verfehlt. Darüber besteht im Ergebnis Einigkeit. Gegen die Begründung wendet *Hoffmann-Holland* (MK Rdn. 151) ein, dass die objektiven Voraussetzungen von § 32 nicht erfüllt seien, da diese Vorschrift eine „Verteidigung" voraussetze, die beim Fehlgehen des Schusses nicht gelungen sei. Entsprechendes gelte auch für die anderen Rechtfertigungsgründe. Dieser Einwand geht fehl. Denn § 32 betrifft – ebenso wie die anderen Rechtfertigungsgründe – die Frage, ob ein grundsätzlich rechtlich missbilligtes Verhalten ausnahmsweise erlaubt ist. Die Beantwortung dieser Frage kann nicht davon abhängen, ob der mit diesem Verhalten intendierte Erfolg eintritt. 218

---

*Schuhr* Rdn. 54; *Kühl* AT § 20 Rdn. 123a; *Murmann* Grundkurs § 28 Rdn. 95; *Wessels/Beulke/Satzger* Rdn. 967 f. *Krack* ZStW **117** (2005) 555, 565 ff will in solchen Fällen eine Unterlassungstäterschaft der „Möchtegernmittäter" annehmen; gegen die Annahme einer Garantenstellung des Vorsatztäters aber BGH NStZ-RR **1996** 131; zum hier nicht zu entscheidenden Streit vgl. *Roxin* AT II § 32 Rdn. 191 ff m. w. N.

**641** Treffend herausgearbeitet bei *Globke/Hettinger* FS Kühl 213, 215 ff.

**642** Diesen Begriff haben die Urteile zur Schein-Mittäterschaft, von denen BGHSt **40** 299 abweicht, allerdings erstaunlicherweise nicht einmal erwähnt, vgl. BGHR StGB § 22 Ansetzen 3 und BGHSt **39** 236.

**643** Wie nach Auffassung des Bundesgerichtshofs in BGHSt **30** 363 366 in einem Fall des „Schein-Werkzeugs" bei mittelbarer Täterschaft. Dort hatte der mittelbare Täter nach Auffassung des Senats mit seiner Beeinflussung des nur zum Schein bereiten Vordermannes selbst unmittelbar angesetzt, daher war eine Zurechnung entbehrlich. Darüber, daß es ein untaugliches Ansetzen war, hilft die „Vorstellung" dann in der Tat hinweg; ein paralleles Beispiel zur Schein-Mittäterschaft gibt *Graul* JR **1995** 428; vgl. auch *Joerden* JZ **1995** 736.

**644** So mit im einzelnen unterschiedlicher Begründung die i. E. berechtigte Kritik von *Ahrens* JA **1996** 669; *Dencker* Kausalität S. 241 f; *Erb* NStZ **1995** 424; *Gorka* Versuchsbeginn S. 183; *Graul* JR **1995** 427; *Ingelfinger* JZ **1995** 704; *Joerden* JZ **1995** 736; *Krack* ZStW **110** (1998) 611, 623 f; *Kühne* NJW **1995** 934; *Küpper/Mosbacher* JuS **1995** 492; *Rath* JuS **1999** 144; *Streng* ZStW **109** (1997) 862, 891 ff; *ders.* GedS Zipf 327 ff; *Zopfs* Jura **1996** 19; s. auch *Lackner/Kühl/Kühl* Rdn. 9; *Kindhäuser* LPK Rdn. 41; *Krey/Esser* AT Rdn. 1242; *Sch/Schröder/Eser/Bosch* Rdn. 55a; *Zaczyk* NK Rdn. 68. *Roxin* FS Odersky 490 hat zwar der Entscheidung BGHSt **40** 299 im Ergebnis widersprochen, weil die Entscheidung der Gesamtlösung folgt, ihr aber Folgerichtigkeit bescheinigt, weil der untaugliche Versuch nun einmal strafbar sei, s. dagegen *Hillenkamp* FS Roxin (2001) 708 ff. Differenzierend *Buser* Zurechnungsfragen S. 91 ff.

**645** Auch BGH NStZ **2004** 110 insoweit **abl.** Daher *Geppert* JK 8/04, StGB § 25 II/15; *Krack* NStZ **2004** 697; *ders.* ZStW **117** (2005) 555, 561 ff; *Kühl* AT § 20 Rdn. 123a.

**646** Gegen die mit dem geltenden Recht unvereinbare und ohne Gefolgschaft gebliebene Konzeption von *Nowakowski*, nach der der Versuch „nicht rechtswidrig sein muß" (*Nowakowski* Das österreichische Strafrecht in seinen Grundzügen [1955] S. 29, 42, 89) vgl. *Baumann* § 32 II 3; *Vogler* LK[10] Rdn. 130.

**647** *Triffterer* Österreichisches Strafrecht AT 2. Aufl. (1994) S. 377 *Zaczyk* NK Rdn. 56.

Vielmehr muss sich bezogen auf den Handlungszeitpunkt angeben lassen, ob die Handlung – bei § 32 etwa als Verteidigungshandlung – erlaubt ist. Es wäre widersinnig, eine Rechtfertigung vom Eintritt des tatbestandsmäßigen Erfolgs abhängig zu machen; § 32 *verlangt* nicht den Erfolg, sondern *erlaubt sogar* die Erfolgsherbeiführung. Gegenstand der Rechtfertigung ist also das rechtlich misssbilligte (tatbestandsmäßige) Verhalten und auch das unmittelbare Ansetzen dazu.

219 **Einwenden** lässt sich freilich, dass es für eine Rechtfertigung im Rahmen der versuchten Tat eines objektiven Verhaltens- und Erfolgswerts gar nicht bedürfe. Diesen Gedanken hat *Grupp* (S. 177 ff) grundlegend ausgearbeitet.[648] Ausgehend von der – hier im Grundsatz geteilten – Auffassung, dass „das Unrecht der versuchten Tat durch die nach außen manifestierte Vorstellung des Täters, einen Verbotstatbestand zu erfüllen", begründet wird, vollziehe sich auch die **Unrechtsaufhebung subjektiv, also orientiert an der Vorstellung des Täters** (S. 177). „Eine vollständige Aufhebung des Unrechts der versuchten Tat liegt demzufolge vor, wenn (1.) der Täter mit Rechtfertigungsvorsatz handelt, (2.) die Vorstellung des Täters bei tatsächlichem Vorliegen einen anerkannten Rechtfertigungsgrund erfüllen würde und sich (3.) die Tätervorstellung nach außen manifestiert" (S. 177). Diese Analyse trifft zu und man mag eine rein subjektiv fundierte Prüfung der Rechtswidrigkeit aus systematischen Gründen bevorzugen. Zu anderen Ergebnissen gelangt man auf diesem Weg für die Fälle des tauglichen Versuchs allerdings nicht:[649] Stellt sich der Täter zutreffend ein rechtlich missbilligtes Versuchsverhalten vor, so ist die geforderte Manifestation eines auf der Grundlage der Tätervorstellung rechtfertigenden Verhaltens nichts anderes als die objektiv gerechtfertigte Handlung. Vor diesem Hintergrund gibt es dann aber keinen Anlass, von einer Anwendung der gesetzlich geregelten und sonst anerkannten Rechtfertigungsgründe Abstand zu nehmen, sofern deren Voraussetzungen erfüllt sind. In der Sache ist dies auch deshalb berechtigt, weil dem Täter bei Vorliegen der Voraussetzungen bescheinigt werden sollte, dass sein Verhalten objektiv in Einklang mit der Rechtsordnung steht.[650]

220 Mit der Einsicht, dass die Rechtfertigungsgründe beim (tauglichen) Versuch nicht anders als bei der Vollendung dazu herangezogen werden, ein grundsätzlich rechtlich missbilligtes Verhalten ausnahmsweise zu erlauben, so dass es objektiv im Einklang mit dem Recht steht, verliert auch der Ansatz an Überzeugungskraft, die **Rechtswidrigkeit beim Versuch als Merkmal des Tatbestandes** zu begreifen (in diesem Sinne *Hoffmann-Holland* MK Rdn. 154 f vor dem Hintergrund der Annahme, dass es beim Versuch nur darauf ankomme, ob sich der Täter die Voraussetzungen des Tatbestandes und des Nichtvorliegens von Rechtfertigungsgründen *vorgestellt* hat). Dabei ist selbstverständlich nicht zu bestreiten, dass eine Verschmelzung der Prüfungsstufen konstruktiv möglich wäre. Es sprechen aber die gleichen **Sachgründe dagegen**, die auch bezogen auf die vollendete Tat gegen die Lehre von den negativen Tatbestandsmerkmalen erhoben werden.[651]

221 Rechtfertigungsgründe können freilich nur dort eingreifen, wo ein **Rechtfertigungsbedarf** objektiv überhaupt **besteht**, also bei solchen Verhaltensweisen, die grundsätzlich als Gefahrschaffungen für bestimmte Rechtsgüter rechtlich missbilligt sind. Dagegen besteht bei objektiv erlaubten, ungefährlichen Verhaltensweisen kein Bedarf, die Erlaubtheit des Verhaltens durch Eingreifen eines Rechtfertigungsgrundes zu begründen. Hier liegt objektiv keine Rechtfertigungslage vor: Hält der Täter einen Baum für einen Menschen, der gerade zum lebensgefährlichen Angriff auf den Täter ansetzt, so ist der Schuss auf den Baum bereits keine Schaffung einer rechtlich missbilligten Lebensgefahr. Das Verhalten ist (unter dem Aspekt der Abgabe eines lebensgefährlichen Schusses auf einen Baum) bereits unabhängig von der Frage des Eingreifens eines Rechtfertigungsgrundes erlaubt. Eine objektive Rechtfertigung scheidet hier nicht erst des-

648 S. auch schon *Lampe* JuS **1967** 563, 568 m. Fn. 6.
649 Vgl. *Grupp* S. 20.
650 **AA** *Grupp* S. 205 ff.
651 Zusammenfassend *Murmann* Grundkurs § 25 Rdn. 15.

halb aus, weil kein Angriff vorliegt, sondern schon deshalb, weil es an einem objektiv rechtfertigungsbedürftigen Verhalten fehlt. Die Prüfung hat damit insgesamt auf der **Grundlage der Tätervorstellung** zu erfolgen.[652] Wo schon der Verhaltensnormverstoß nur auf der Grundlage der Tätervorstellung vorliegt, können auch die Gründe für dessen Erlaubtheit nur an der Tätervorstellung gemessen werden. Die irrtümliche Annahme des Vorliegens der Voraussetzungen eines Rechtfertigungsgrundes (Erlaubnistatbestandsirrtum) beseitigt danach das Vorsatzunrecht. Der das Versuchsunrecht tragende Vorwurf, der Täter habe durch sein Verhalten seine Entscheidung gegen das Rechtsgut manifestiert, wird durch die Vorstellung des Vorliegens rechtfertigender Umstände gewissermaßen neutralisiert.

Diesen Gedanken wird man generell für die Behandlung des **Erlaubnistatbestandsirrtums** 222
anerkennen müssen. Denn wenn das Versuchsunrecht auch beim tauglichen Versuch durch die Einstellung des Täters (und nicht etwa durch die objektive Gefährlichkeit) konstituiert wird, so fehlt es an einer dem Täter vorwerfbaren Haltung, wenn er sich eine sein Verhalten rechtfertigende Situation vorstellt. Damit entfällt auch insoweit der versuchsspezifische Unrechtsvorwurf.[653]

Beim **Fehlen des subjektiven Rechtfertigungselements** ist es im Regelfall sachgerecht, 223
auch im Falle des Erfolgseintritts wegen des Vorliegens der objektiven Voraussetzungen eines Rechtfertigungsgrunds von fehlendem Erfolgsunwert auszugehen und deshalb nach Versuchsgrundsätzen zu bestrafen (näher Rdn. 255 ff).

**b) Schuld.** Hinsichtlich der Schuld gelten die allgemeinen Regeln: Die Schuld muss **bei Vornahme der Ausführungshandlung** vorliegen. 224
Ist der Täter bereits im Vorbereitungsstadium schuldunfähig, so bleibt er straflos (BGHSt **23** 356, 358 mit krit. Anm. *Geilen* JuS **1972** 73). Hat er die tatbestandsmäßige Ausführungshandlung dagegen vollständig vorgenommen, so spielt es keine Rolle, wenn er vor Eintritt des tatbestandsmäßigen Erfolges in Schuldunfähigkeit verfällt. Das ist selbstverständlich, wenn man (wie hier Rdn. 149 ff, 199 ff, 204 ff vertreten) die für das Vorliegen eines (beendeten) Versuchs maßgebliche tatbestandsmäßige Handlung darin erblickt, dass der Täter das Geschehen aus der Hand gibt, sei es, dass er den Erfolgseintritt von selbstverletzendem Opferverhalten, vom Tätigwerden eines Tatmittlers oder von eigenen weiteren Aktivitäten im schuldunfähigen Zustand abhängig macht.[654] Die Begründung bereitet aber erhebliche Schwierigkeiten, wenn der Eintritt in das Versuchsstadium von solchen weiteren, die Nähe zum Erfolgseintritt herstellenden Aktivitäten abhängig gemacht wird. Denn dann sinken die im schuldfähigen Zustand vorgenommenen Handlungen zu bloßen Vorbereitungshandlungen herab. Die Annahme einer Versuchsstrafbarkeit ist damit schwerlich haltbar.[655]

Probleme bereiten Konstellationen, in denen der Täter nach Versuchsbeginn im Stadium 225
der Tatausführung schuldunfähig wird (**sukzessive Schuldunfähigkeit**). Freilich kann der Versuchsbeginn hier nicht zweifelhaft sein. Eine andere (die objektive Zurechnung bzw. die Abweichung vom vorgestellten Kausalverlauf betreffende) Frage ist es, ob eine nach dem Eintritt in das Versuchsstadium auftretende „Affektamnesie" oder ein „Blutrausch" die objektive oder sub-

**652** Insoweit zutreffend *Grupp* S. 159 ff, 203 ff; *Hoffmann-Holland* MK Rdn. 147, 150; auch *Börgers/Grunewald* ZJS **2008** 521, 522 f; *Frister* AT 23/16; *Kühl* JuS **1980** 120, 125; *Lampe* JuS **1967** 564 m. Fn. 6; *Röttger* Unrechtsbegründung und Unrechtsausschluss (1993) S. 44, 276; *Streng* ZStW **109** (1997) 862, 883 ff; ders. FS Otto S. 469, 481 ff.

**653** So auch *Sch/Schröder/Eser/Bosch* Rdn. 59; *Herzberg* FS Stree/Wessels 203, 221 f; *Streng* ZStW **109** (1997) 862, 882 ff; **aA** *Zaczyk* NK Rdn. 56.

**654** Dieser Aspekt wir mitunter als Argument für einen Versuchsbeginn vor Defekteintritt geltend gemacht; vgl. *Horn* GA **1969** 293; *Puppe* JuS **1980** 347; *Roxin* AT I § 20 Rdn. 61, 65; *ders.* FS Lackner 313; *Rudolphi* SK § 20 Rdn. 28b, c; vgl. auch *Hettinger* alic S. 462; *Küper* Notstand S. 62.

**655** **AA** *Hillenkamp* LK[12] Rdn. 177.

jektive Zurechnung des schließlich in schuldunfähigem Zustand herbeigeführten Erfolges ausschließen.[656]

### 6. Strafausschließungs- und Strafaufhebungsgründe

226 Schließlich kann sich auch beim Versuch die Straflosigkeit aus dem Eingreifen persönlicher **Strafausschließungs-** oder **Strafaufhebungsgründe** ergeben. Das gilt naturgemäß für § 24. Aber auch nicht dem Versuch vorbehaltene Vorschriften gelten hier nicht anders als beim vollendeten Delikt. Wer es vergeblich versucht, einen Angehörigen der Bestrafung zu entziehen, ist nach § 258 Abs. 6 straflos. Das gilt auch dann, wenn der Täter von der Existenz des Strafausschließungs- oder Strafaufhebungsgrundes keine Kenntnis hat.[657]

## IV. Untauglicher Versuch und Wahndelikt

### 1. Untauglicher Versuch

227 **a) Begriff.** Ein untauglicher Versuch liegt nach einer **gebräuchlichen Definition** vor, wenn das Verhalten des Täters unter den gegebenen Umständen aus tatsächlichen oder rechtlichen[658] Gründen nicht zur Vollendung führen kann, der Täter sich das aber vorstellt (*Wessels/Beulke/Satzger* Rdn. 979; *Hillenkamp* LK[12] Rdn. 179). Dabei sei es für das an sich jedem Versuch eigene Scheitern (*Sch/Schröder/Eser/Bosch* Rdn. 60; RGSt **1** 439, 442) beim untauglichen Versuchs kennzeichnend, dass die Unmöglichkeit der vollständigen Erfüllung des Tatbestandes objektiv schon im Zeitpunkt des Versuchsbeginns feststeht,[659] eine Tatvollendung also „unter keinen Umständen" möglich (*Lackner/Kühl/Kühl* Rdn. 12; *Sch/Sch/Eser/Bosch* Rdn. 60), vielmehr von vornherein – und d. h. nach den einem objektiven Beobachter im Zeitpunkt des Versuchsbeginns zur Verfügung stehenden Erkenntnismitteln – „ausgeschlossen ist".[660] Eine **Schwäche dieser Grenzziehung** liegt zunächst darin, dass mit ihr eine trennscharfe Abgrenzung von tauglichen und untauglichen Versuchen nicht gelingen kann.[661] Denn es ist vielfach keinesfalls eindeutig, ob die Untauglichkeit einer Handlung von vornherein feststeht. Hängt das Gelingen allein von naturhaften Faktoren ab, so ist jeder Versuch objektiv untauglich. Es ist dann die Frage, von welchen Erkenntnismöglichkeiten auszugehen ist, ob etwa der objektive Beobachter erkennt, dass die Patrone im Magazin verklemmt ist und ob daraus für ihn zwingend folgt, dass eine Schussabgabe nicht möglich ist. Der tiefere Grund der Unzulänglichkeit der herkömmlichen Abgrenzung liegt aber darin, dass sie unvermittelt auf naturhafte Zusammenhänge verweist, anstatt die dogmatischen Kategorien in ihrer normativen Relevanz fruchtbar zu machen. Das Recht interessiert sich nicht für die Kausalgesetze um ihrer selbst willen, sondern zur Beantwortung der Frage, ob ein bestimmtes Verhalten *zur Verwirklichung eines Tatbestandes geeignet* ist. Es würde die Einsichten der objektiven Zurechnungslehre ignorieren, wenn man hierfür

---

**656** Vgl. BGHSt **7** 325, 329 f; BGHSt **23** 133, 135 mit zust. Anm. *Oehler* JZ **1970** 378 ff; *Ambos* HK-GS Rdn. 9; *Hillenkamp* LK[12] Rdn. 177; *Puppe* NK § 16 Rdn. 91 und *Rogall* SK § 20 Rdn. 67; *Roxin* AT I § 12 Rdn. 152 ff.

**657** *Wessels/Beulke/Satzger* Rdn. 996.

**658** Zum Sonderfall der abstrakt-generellen Unerweislichkeit von Tatbestandsmerkmalen (hinsichtlich der Totipotenz von embryonalen Zellen als Voraussetzung einer Strafbarkeit nach dem ESchG) *Böhm/Jung* medstra **2016** 266 ff.

**659** *Baumann/Weber/Mitsch/Eisele* § 22 Rdn. 36 ff; *Ellbogen* FS v. Heintschel-Heinegg 125; *Heinrich* Jura **1998** 393 f; *Zaczyk* NK Rdn. 34.

**660** *v. Hippel* II S. 431 der so den „ungefährlichen" Versuch kennzeichnet; vgl. dazu *Stratenwerth/Kuhlen* § 11 Rdn. 56 f; ebenso im polnischen Strafrecht, vgl. *Zoll* FS Eser 655, 661.

**661** Zutreffend *Mitsch* ZIS **2016** 352, 356 f; vgl. auch *Maiwald* Über taugliche, untaugliche und grob unverständige Versuche S. 159, 164 ff.

allein auf naturhafte Zusammenhänge verweisen wollte. Unabhängig davon, ob ein Verhalten (ggfls. in Verbindung mit weiteren Voraussetzungen, etwa dem zurechenbaren Eintritt eines Erfolges) bereits zur Vollendung führt oder nicht, muss bereits zum Zeitpunkt seiner Vornahme feststehen, ob es einen tatbestandsmäßigen Verhaltensnormverstoß darstellt.[662] Die Qualifizierung als tatbestandsmäßige Ausführungshandlung muss schon mit Blick auf die Bestimmungs- und Bewertungsfunktion der Verhaltensnorm unabhängig von der Frage sein, ob es beim Versuch bleibt oder Vollendung eintritt. Ein tauglicher Versuch liegt also vor, wenn der Täter entweder eine (objektiv) tatbestandsmäßige Ausführungshandlung vornimmt oder zu einer solchen unmittelbar ansetzt. Umgekehrt liegt danach ein untauglicher Versuch dann vor, wenn der Täter sich **lediglich Vorstellungen macht**, bei deren Richtigkeit das (intendierte) Verhalten **rechtlich missbilligt *wäre*.** Zur Vollendung kann es hier also deshalb nicht kommen, weil das (intendierte) Verhalten mit Blick auf den zu prüfenden Tatbestand (objektiv) nicht rechtlich missbilligt ist. Damit ist die **normativ angemessene Bestimmung** erreicht, die freilich – ebenso wie die herkömmliche Definition – der Frage Bedeutung zumisst, ob ein Erfolgseintritt überhaupt möglich ist. Im Regelfall führt die vorgeschlagene Abgrenzung also nicht zu abweichenden Ergebnissen. Untauglich ist ein Versuch insbesondere dann, wenn das Täterverhalten evident zur Erfolgsherbeiführung nicht geeignet ist. Der normative Maßstab hilft aber in den Grenzfällen, etwa dem oben genannten Beispiel der klemmenden Patrone weiter. Hier bleibt es mit Blick auf das Risiko, dass sich doch ein Schuss löst, rechtlich missbilligt, die Waffe anzulegen und abzudrücken, auch wenn ein Waffensachverständiger ex ante angenommen hätte, der Erfolgseintritt sei nicht möglich. Das zeigt eine Kontrollüberlegung: löst sich entgegen dem Urteil eines Waffenkundigen ein Schuss, so wäre der Erfolg objektiv zurechenbar, weil auch dann, wenn nach gegenwärtiger Expertenmeinung eine diesbezügliche Gefahr nicht besteht, schon die grundlose Eingehung des Irrtumsrisikos rechtlich missbilligt ist. Die Sachangemessenheit des normativen Maßstabs zeigt sich noch deutlicher daran, dass die objektive Möglichkeit des Erfolgseintritts in Wahrheit nicht in allen Fällen zum tauglichen Versuch führt. Ist nämlich das Risiko, das der Täter geschaffen hat bzw. zu dessen Schaffung er unmittelbar angesetzt hat, objektiv nicht rechtlich missbilligt, so liegt ein untauglicher Versuch vor. Es zeichnet den untauglichen Versuch also nicht notwendig aus, dass ein Erfolgseintritt „unter keinen Umständen" möglich ist, sondern ein untauglicher Versuch kann auch vorliegen, wenn z. B. das vom Täter geschaffene Risiko unter der tatbestandlich vorausgesetzten Erheblichkeitsschwelle bleibt. Erkennt der Täter die Untauglichkeit seines Tuns, fehlt ihm der nötige Vollendungswille (Rdn. 48; RGSt **17** 377, 378),[663] ein (auch untauglicher) Versuch liegt dann nicht vor. Eine auf Grundlage der Tätervorstellung anzunehmende rechtlich missbilligte Gefahrschaffung kann darauf beruhen, dass der Täter fälschlich das gewählte Mittel für erfolgstauglich hält (**Versuch mit untauglichen Mitteln**) oder dass er irrig von der Geeignetheit des Objekts ausgeht (**Versuch am untauglichen Objekt**). Auch kann er gleichzeitig beiden Fehlvorstellungen erliegen (**Versuch am untauglichen Objekt mit untauglichen Mitteln**) oder Tatsachen annehmen, die sonstige Tatumstände ausfüllen (**Versuch unter untauglichen Tatmodalitäten**). Scheitern kann der Versuch schließlich deshalb, weil sich der Täter irrtümlich zum Kreis der Normadressaten zählt. Dann liegt der Sonderfall der **Untauglichkeit des Subjekts** (s. dazu Rdn. 305 ff) vor, für den sich (wie zu den Tatmodalitäten) in § 23 Abs. 3 kein Anhalt findet.

Anknüpfend an das normative, an der objektiven Zurechnungslehre orientierte Verständnis 228
von Untauglichkeit lassen sich **zwei Arten von Untauglichkeit** unterscheiden, die zum Teil

662 Vgl. auch *Frisch* GA **2019** 305, 312. Auch *Kim* S. 82 ff, grenzt anhand des Kriteriums der Risikoschaffung ab und sieht das spezifische Problem des untauglichen Versuchs auf die von ihm sogenannten „Fälle des auf Irrtum bezogenen Versuchs" begrenzt.

663 Das Reichsgericht spricht hier auch für den Täter aus, was für den dort zu beurteilenden Teilnehmer gelte. S. auch RGSt **15** 315; **60** 23: sämtlich Fälle der Lieferung untauglicher Abtreibungsmittel. Der in RGSt **17** 377 und im Text angesprochene Fall ergibt sich z. B. dann, wenn ein Arzt dem Abbruchsbegehren bewusst mit einer unschädlichen Spritze „nachgibt", etwa, um der Abbruchswilligen noch eine Bedenkfrist aufzuzwingen.

auch unterschiedlich beurteilt werden (nämlich hinsichtlich des abergläubischen Versuchs, Rdn. 246). Zum einen kann es so liegen, dass sich der Täter irrtümlich Umstände oder Zusammenhänge vorstellt, bei deren Vorliegen eine Verhaltensnorm verletzt wäre, also eine rechtlich missbilligte Gefahr im Sinne eines Straftatbestandes vorliegen würde. Es existiert hier also tatsächlich eine Verhaltensnorm, die das Verhalten unter den vorgestellten Umständen verbietet. So liegt es z. B., wenn der Täter die Pistole irrtümlich für geladen hält: der Schuss aus einer solchen (geladenen) Waffe wäre objektiv eine rechtlich missbilligte Gefahrschaffung in Richtung auf Leib und Leben des angezielten Opfers. Der Täter kann sich aber auch Vorstellungen machen, denen keine Verhaltensnorm korrespondiert. Das ist der Fall, wenn die vorgestellte Gefahrenlage objektiv gar nicht bestehen kann oder jedenfalls kein Missbilligungsurteil im Rahmen eines strafrechtlichen Tatbestandes tragen würde. So liegt es etwa, wenn der Täter sich vorstellt, das Opfer mit Kamillentee töten zu können. Der Täter stellt sich hier Umstände oder Zusammenhänge vor, die nicht nur die Ausfüllung eines objektiv bestehenden Missbilligungsurteils betreffen, sondern schon dessen Begründung. Ein Missbilligungsurteil über das Verhalten wäre nur dann berechtigt, wenn nicht nur die Umstände und Zusammenhänge, sondern auch die aus ihnen abgeleitete Gefahrenlage der Beurteilung zu Grunde zu legen wäre.[664] Zugespitzt: Es ist zwar verboten, auf andere Menschen zu schießen, aber nicht, ihnen Kamillentee zu verabreichen. Zusammenfassend kann Untauglichkeit also aus dem Fehlen verhaltensnormausfüllender Umstände wie auch aus dem Fehlen einer Verhaltensnorm resultieren. Das versuchsbegründende Unrecht setzt im ersten Fall die Vorstellung der verhaltensnormausfüllenden Umstände oder Zusammenhänge, im zweiten Fall auch solcher Umstände oder Zusammenhänge voraus, bei deren Vorliegen ein Missbilligungsurteil zu begründen wäre (im Beispiel also etwa die Giftigkeit von Kamillentee). Daraus folgt dann auch die Einsicht, dass sich der Vorsatz bei einem im Versuchsstadium stecken gebliebenen Delikt auf Inhalte beziehen kann, die bei einem vollendeten Delikt nicht als Vorsatzinhalt in Betracht kämen.[665] Die Rüge, dies stehe in Widerspruch zu den Einsichten der objektiven Zurechnungslehre,[666] trifft im Kontext des (untauglichen) Versuchs nicht, weil die Manifestation des rechtsfeindlichen Willens nicht davon abhängt, ob der Täter zutreffend über naturhafte Zusammenhänge orientiert ist.

**229** Aus dem Vorstehenden folgt weiter, dass die Untauglichkeit des Versuchs sich entweder bereits aus dem **Inhalt des Tatentschlusses ergeben** kann, oder sich **erst in dessen Objektivierung erweist**: Stellt sich der Täter eine Tatbegehung vor, deren Untauglichkeit eine vernünftige Person sofort erkennen würde (Mord mit Kamillentee), so erweist sich die Untauglichkeit bereits am Vorsatzinhalt. Ist das nicht der Fall (Erschießen eines Menschen), kann sich die Untauglichkeit im Vollzug erweisen, wenn die Waffe ungeladen oder das Opfer bereits tot ist. In keinem Fall aber hat der untaugliche Versuch etwas mit der Unmittelbarkeit des Ansetzens, also mit der Nähe zur Vornahme der vorgestellten Ausführungshandlung zu tun. Am Maßstab des § 22 kann die Untauglichkeit weder im subjektiven noch im objektiven Tatbestand in den Blick geraten. Eine Differenzierung in taugliche und untaugliche Versuche ist **in der gesetzlichen Regelung** (des § 22, anders freilich § 23 Abs. 3) **nicht angelegt**.

---

**664** Selbstverständlich meint niemand, dass es sich bei grob unverständigen Versuchshandlungen „um die Beschreibung vollendeter objektiv-tatbestandsmäßiger Taten handele"; so aber *Mitsch* ZIS **2016** 352, 359 ff, der (entgegen der h. M., der er diese unhaltbare Vorstellung unterstellt) der Auffassung ist, dass nur die Vorstellung vom Einsatz grundsätzlich tauglicher Tatmittel den Versuchstatbestand erfüllen könne. Die Erfassung solcher Fälle des grob unverständigen Versuchs hat dementsprechend (entgegen *Mitsch* ZIS **2016** 352, 361) auch nichts mit der Weite von § 212 StGB zu tun. Umgekehrt führt es nicht zum Ausschluss eines Versuchs, wenn ein Tatbestand spezifizierte Handlungsmerkmale voraussetzt, die der Täter seinem Verhalten grob unverständig zuschreibt, weil er etwa Zucker für einen gesundheitsgefährdenden Stoff hält; **aA** *Mitsch* ZIS **2016** 352, 361 f.

**665** Vgl. *Mitsch* ZIS **2016** 352, 359 ff (zum grob unverständigen Versuch).

**666** *Mitsch* ZIS **2016** 352, 361.

**b) Umkehrschluss.** Im Gegensatz zum Tatbestandsirrtum des § 16, bei dem der Täter objektiv vorliegende Umstände nicht kennt bzw. unzutreffend bewertet (fehlende „Parallelwertung in der Laiensphäre"; Rdn. 232), stellt sich der Täter beim untauglichen Versuch nicht vorhandene Umstände als gegeben vor, an deren Fehlen die Vollendung des in den Vorsatz aufgenommenen Tatbestandes zwangsläufig scheitert. Im Fall des § 16 bleibt sein Wissen hinter der Wirklichkeit zurück, im Fall des untauglichen Versuchs geht seine Vorstellung über die Wirklichkeit hinaus.[667] Aus dieser **Umkehrung der Irrtumskonstellation** kann man zwar nicht – wie es die Rechtsprechung bisweilen tut – den Schluss ziehen, dass alles, was den Täter im Bereich des § 16 (§ 59 a. F.) entlaste, ihn beim Versuch zwangsläufig belasten müsse (so RGSt **42** 92, 94; **66** 124, 126; **72** 109, 112; s. auch BGHSt **13** 235, 239 f; **14** 345, 350; **16** 155).[668] Eine solche, die Strafbarkeit des untauglichen Versuchs inhaltlich begründende Kraft kommt diesem Umkehrverhältnis nicht zu.[669] Denn weder ist der (auf Irrtum beruhende) Vorsatz allein eine hinreichende Bedingung der Strafbarkeit des Versuchs,[670] noch kann eine „logische" Umkehr die teleologische Frage der Strafbarkeit des untauglichen Versuchs entscheiden.[671] Das zeigt sich deutlich beim untauglichen Subjekt (Rdn. 314 ff). Aus solchen Gründen sollte man den Umkehrschluss aber **nicht vollends verwerfen**, denn seine eigentliche Bedeutung liegt immer noch darin, dass er eine gewisse Hilfe dabei bietet, die Fälle des untauglichen Versuchs, denen ein „umgekehrter Tatbestandsirrtum" zugrunde liegt, von den Fällen des Wahndelikts **abzugrenzen**, die auf einem „umgekehrten Verbotsirrtum" beruhen.[672] Freilich versagt der Schluss, wenn bereits die Einordnung eines Irrtums als Tatbestands- oder Verbotsirrtum zweifelhaft ist.[673] Zwar lassen sich gegen eine zwingende oder auch vollständige Reziprozität Einwände erheben.[674] Der heuristische Wert des Umkehrschlusses liegt aber doch in einer ersten Wegweisung,[675] die dahin geht, dass die irrige Vorstellung von der Tauglichkeit der Tatumstände in aller Regel in den Versuch, die irrtümliche Bildung des Unrechtsbewusstseins dagegen in das Wahndelikt führt.[676] Letzterem kann freilich ohnedies nur im Sinne einer **„Gegenprobe"** Bedeutung zukommen. Denn begrün- 230

**667** Deshalb lässt sich vom untauglichen Versuch als Fall des umgekehrten Tatbestandsirrtums sprechen, nicht aber von jedem Versuch (**abw.** *Kindhäuser* AT § 30 Rdn. 2; *ders.* LPK Rdn. 3).

**668** Zur Rechtsprechung des RG – auch zur nicht immer konsequenten Anwendung des Umkehrschlusses – *Schuster* S. 46 ff, der seinerseits (S. 125 ff) den Umkehrschluss befürwortet.

**669** Zur – zum Teil allerdings deutlich fundamentaleren – Kritik am Umkehrprinzip siehe schon *Baumann* NJW **1962** 16; *Engisch* FS Heinitz S. 185; *Frisch* FS Eisenberg (2019) S. 617, 621 ff; *Kindhäuser* FS Streng 325, 340 ff; *Paeffgen/Zabel* NK vor §§ 32 ff Rdn. 259 ff; *Roxin* AT II § 29 Rdn. 404 ff; *Sachs* JZ **1964** 245; *Schlüchter* Irrtum S. 145 ff; *Schmitz* Jura **2003** 595 f; *Spendel* ZStW **69** (1957) 449 ff; *ders.* NJW **1965** 1885; ferner *Heidingsfelder* Subsumtionsirrtum S. 92 ff; *Roxin* JZ **1996** 984 ff; grundsätzlich zum Umkehrprinzip als Erkenntnismittel *Puppe* FS Lackner S. 199, 243 ff; *dies.* FS Herzberg S. 275, 283 ff, die freilich (ZStW **128** [2016] 301, 305) ebenfalls die Annahme zurückweist, dass aus dem Umkehrschluss folge, dass ein umgekehrter Tatbestandsirrtum die Strafbarkeit wegen Versuchs begründe.

**670** *Heidingsfelder* Subsumtionsirrtum S. 94; *Schünemann* GA **1986** 314.

**671** *Frisch* FS Eisenberg (2019) 617, 622 f; *ders.* GA **2019** 305, 312; *Roxin* AT II § 29 Rdn. 404 ff; *ders.* JZ **1996** 985; *Timpe* ZStW **125** (2014) 776 ff; *Zaczyk* NK Rdn. 35.

**672** Freilich stellt die richtige Anwendung des Umkehrprinzips ein zusätzliches Problem dar, so dass bei Anwendung des Umkehrschlusses mitunter gegensätzliche Ergebnisse erzielt werden; vgl. z. B. *Reiß* wistra **1986** 195.

**673** *Frisch* FS Eisenberg (2019) 617, 622; *Schmitz* Jura **2003** 295 f. Vgl. dazu hinsichtlich des Irrtums über das rechtliche Bestehen eines Steueranspruchs *Maiwald* Unrechtskenntnis und Vorsatz im Steuerstrafrecht (1984) S. 4 ff.

**674** Vgl. zur Kritik an dieser zweiten Funktion des Umkehrschlusses z. B. *Baumann* NJW **1962** 17 f; *Roxin* AT II § 29 Rdn. 406 ff; *Weber* MDR **1961** 427; zusammenfassend *Heidingsfelder* Subsumtionsirrtum S. 100 ff.

**675** Z. B. *Paeffgen/Zabel* NK vor §§ 32 ff Rdn. 259 ff. Dezidiert ablehnend gegen ein Verständnis, wonach der Umkehrschluss etwa als „Faustformel" oder „erste Wegweisung" verstanden wird, *Puppe* ZStW **128** (2016) 301 f. Kritisch, dann aber doch eine Faustformel annehmend, *SSW/Kudlich/Schuhr* Rdn. 30.

**676** Vom Umkehrschluß als Abgrenzungskriterium gehen z. B. trotz der Kritik nach wie vor aus *Fischer* Rdn. 43, 49; *Jäger* SK Rdn. 51; *Jescheck/Weigend* § 50 II 1; *Kindhäuser* AT § 30 Rdn. 30; *ders.* LPK vor § 22 Rdn. 10 f; *Kühl* AT § 15 Rdn. 96 ff; *Puppe* AT § 20 Rdn. 5 ff; *Sch/Schröder/Eser/Bosch* Rdn. 78; *Vogler* LK[10] Rdn. 134, 143; einschränkend *Jakobs* 25/52 ff; als „Merkregel" lässt *Schmitz* Jura **2003** 596 den Umkehrschluss gelten.

dungsbedürftig ist immer nur die Strafbarkeit, also der untaugliche Versuch. Die Feststellung, dass ein Verhalten als Wahndelikt nicht strafbar ist, bedarf keines Umkehrschlusses, sondern folgt aus dem Gesetzlichkeitsgrundsatz, also schlicht aus der fehlenden Rechtsgrundlage für eine Begründung der Strafbarkeit (vgl. Rdn. 258, 296). Zudem ist der Umkehrschluss vom Verbotsirrtum auch deshalb ungenau, weil die h. M.[677] den Verbotsirrtum nicht als Strafbarkeitsirrtum, sondern als Unrechtsirrtum interpretiert.[678]

231 Von dieser zweiten – heuristischen – Funktion des Umkehrschlusses macht auch die **Rechtsprechung** Gebrauch. Ist etwa die Rechtswidrigkeit des erstrebten Vermögensvorteils ein objektives Tatbestandsmerkmal des Betrugs, ist es folglich richtig, einen Tatbestandsirrtum (gemäß oder analog § 16, s. *Roxin* AT I § 12 Rdn. 140 ff) anzunehmen, wenn der Täter den Vorteil „fälschlicherweise für rechtmäßig hält". Hält er ihn „aber fälschlicherweise für rechtswidrig, so befindet er sich (hiernach) in einem umgekehrten Tatbestandsirrtum. Er stellt sich einen nichtvorhandenen Umstand – nämlich die Rechtswidrigkeit des Vermögensvorteils –, an dessen Fehlen die Vollendung des vorgestellten Tatbestands zwangsläufig scheitern muss, als gegeben vor. Diese Fallkonstellation erfüllt die Voraussetzung des strafbaren untauglichen Versuchs (BGHSt **42** 268, 272 f). Das gilt jedenfalls dann, wenn die irrige Annahme des Nichtbestehens des „geltend gemachten Anspruchs" die Fehlvorstellung der Rechtswidrigkeit hervorruft. Der Täter glaubt dann nämlich, „einen von ihm nach Inhalt und Tragweite richtig beurteilten Straftatbestand zu verwirklichen".[679]

232 Das Beispiel zeigt, dass es grundsätzlich keinen Unterschied macht, ob die Tatumstände, die der Täter irrig als gegeben ansieht, **normativer** oder **deskriptiver** Natur sind.[680] Beim Irrtum über normative Tatbestandsmerkmale ergeben sich allerdings häufig schwierige Fragen der Abgrenzung des untauglichen Versuchs vom Wahndelikt (*Lackner/Kühl/Kühl* Rdn. 15). Auch das hat mit dem Umkehrverhältnis zu tun; denn die Schwierigkeiten, die sich bei der Scheidung eines auf fehlender Bedeutungskenntnis beruhenden Tatbestandsirrtums von einem nur auf falscher Subsumtion fußenden Verbotsirrtum einfinden, kehren sich bei der hier erörterten Abgrenzungsfrage gleichsam mit um. So genügt es bei normativen Tatbestandsumständen für vorsätzliches Handeln nicht, dass der Täter nur die konstituierenden Tatsachen kennt. Vielmehr muss er nach Laienart (Parallelwertung in der Laiensphäre) auch den Bedeutungsgehalt erfassen.[681] Für den umgekehrten Fall folgt daraus, dass ein untauglicher Versuch nur vorliegen kann, wenn der Täter mit der irrigen Annahme der das Merkmal begründenden Tatsachen auch den entsprechenden Bedeutungsgehalt verbindet (umgekehrter Tatbestandsirrtum über normative Tatumstände). Gesellt sich dagegen zu zutreffender Sachverhalts- und Bedeutungskenntnis die irrige Vorstellung, der Sachverhalt falle nicht unter die Reichweite der Norm, hat dieser bloße Subsumtionsirrtum (Verbotsirrtum) sein Gegenstück in der falschen Vorstellung, der Sachverhalt werde erfasst. Dieser umgekehrte Subsumtionsirrtum führt ins Wahndelikt (s. hierzu Rdn. 262).

---

**677** Zum Streitstand *Murmann* Grundkurs § 26 Rdn. 47 f.

**678** Zutreffend *Roxin* JZ **1996** 984; *ders.* AT II § 29 Rdn. 401.

**679** In BGHSt **42** 268, 273 (mit Anm. *Arzt* JR **1997** 469) heißt es: „Das Bestehen des geltend gemachten Anspruchs und damit die Rechtswidrigkeit des erstrebten Vermögensvorteils ist ein tatsächlicher Umstand. Eine Fehlvorstellung hierüber ist daher ein Irrtum, der ein objektives Tatbestandsmerkmal betrifft, nicht aber das Verbotensein der Tat. Der Täter glaubt, einen von ihm nach Inhalt und Tragweite richtig beurteilten Straftatbestand zu verwirklichen. Es liegt daher kein umgekehrter Verbotsirrtum vor, der zur Straflosigkeit des Versuchs führen würde". Zust. z. B. *Kudlich* NStZ **1997** 434; *Kühl* AT § 15 Rdn. 98; *Wessels/Hillenkamp/Schuhr* Rdn. 582, 586; ablehnend *Streng* GA **2009** 536; zum methodischen Vorgehen der Entscheidung s. *Puppe* AT § 20 Rdn. 8 f.

**680** Einmal abgesehen davon, dass die Abgrenzung dieser Begriffe ohnedies Schwierigkeiten bereitet und auch ein deskriptiver Begriff im Normkontext normativ überformt wird.

**681** Vgl. im Sinne einer „Widerspiegelung der gesetzgeberischen Grundentscheidung im Verständnishorizont des Täters" *Papathanasiou* S. 202 ff; *dies.* FS Roxin (2011) 467 ff.

**c) Strafbarkeit und Strafbarkeitsgrenzen.** Mit der Strafbarkeit des untauglichen Versuchs kommt es nicht nur zu der den Versuch kennzeichnenden Ausdehnung der Strafbarkeit auf ein der Vollendung vorgelagertes Stadium, sondern zur Einbeziehung solcher Verhaltensweisen, deren **Strafbarkeit mangels Vollendungsfähigkeit ausschließlich in Form der versuchten Tat** in Betracht kommt. Diese Erweiterung des strafbaren Unrechts in inhaltlicher Hinsicht auf der Grundlage der Tätervorstellung entspricht der Entscheidung des Gesetzgebers und ist mit einem objektiven Verständnis von Versuchsunrecht nicht vereinbar (vor § 22 Rdn. 61 ff). Nicht zu überzeugen vermögen letztlich philosophisch begründete Strafbarkeitseinschränkungen, die in offenem Widerspruch zum Gesetz stehen (Rdn. 242 ff). Während die h. M. den abergläubischen Versuch – zu Unrecht – den Versuchsregeln nicht subsumieren will (Rdn. 245 ff) ist der untaugliche Versuch beim Unterlassungsdelikt weitgehend anerkannt (Rdn. 248, vor § 22 Rdn. 109). 233

**aa) Die gesetzgeberische Entscheidung: Strafbarkeit des untauglichen Versuchs.** An der Strafbarkeit des untauglichen Versuchs bestehen nach der heutigen Gesetzeslage keine Zweifel.[682] Sie ergibt sich zum einen aus der Tatsache, dass der Gesetzgeber sich im Anschluss an § 26 Abs. 1 E 1962 dafür entschieden hat, den Versuchsbeginn davon abhängig zu machen, dass der Täter „nach seiner **Vorstellung** von der Tat zur Verwirklichung des Tatbestandes unmittelbar ansetzt". Damit schließt das Gesetz an eine mit § 23 Abs. 1 des Amtlichen Entwurfs eines Allgemeinen Deutschen Strafgesetzbuchs aus dem Jahre 1925 in aller Deutlichkeit anhebende und alle weiteren Entwürfe durchziehende Tradition an,[683] die in Übereinstimmung mit der von Beginn an ungebrochenen Rechtsprechung des Reichsgerichts (RGSt **1** 439, 443; 451, 454; **77** 1) und des Bundesgerichtshofes (BGH NJW **1952** 514; BGHSt **4** 254; **11** 268, 271; **30** 363, 366; **40** 299, 302) steht. Damit sollte die „nötige Klarheit darüber" geschaffen werden, „dass auch der untaugliche Versuch ... strafbar sein soll" (Begr. S. 23). Das dagegen vom Preußischen Obertribunal noch angeführte Hindernis, dass was nicht vollendbar sei, auch „keinen Anfang nehmen könne" (s. dazu *Hillenkamp* FS Roxin [2001] 691 m. w. N.), wurde mit dem Abheben auf die Tätervorstellung als maßgebliche Beurteilungsgrundlage (s. dazu schon Rdn. 117) beseitigt. Sichtbar wird diese Grundentscheidung auch in der Regelung des § 23 Abs. 3. Denn wenn hier eine Strafabsehens- oder Minderungsmöglichkeit für den Fall vorgesehen ist, dass der Täter aus grobem Unverstand die Nichtvollendbarkeit der Tat wegen Untauglichkeit des Objekts oder des Tatmittels verkennt, so ist daraus zu schließen, dass der Gesetzgeber den untauglichen Versuch (jedenfalls in diesen beiden Konstellationen) von der Regelung der §§ 22, 23 Abs. 1 erfasst und im Grundsatz für gleich strafbar und strafwürdig erachtet, wie den tauglichen Versuch.[684] Daraus folgt dann auch, dass der Gesetzgeber im Grundsatz keinen Unterschied macht zwischen Fehlvorstellungen, die lediglich die Ausfüllung einer Verhaltensnorm und solchen, die deren Existenz betreffen (Rdn. 228; dazu, dass dies richtigerweise auch für den abergläubischen Versuch gilt, vgl. Rdn. 247).[685] Das erscheint auch in der Sache berechtigt. Denn Fehlvorstellungen über naturhafte Gegebenheiten berühren zwar die Fähigkeit der Geschehenssteuerung, aber 234

**682** AA *Mitsch* ZIS **2016** 352, 353 ff. Die dort benannten Friktionen im Rahmen von § 314a Abs. 4 StGB ändern an der gesetzgeberischen Entscheidung nichts. Kritisch auch *Zaczyk* NK Rdn. 37.

**683** Schon der Vorentwurf zu einem Deutschen Strafgesetzbuch (1909) gab in der von § 43 a. F. noch bewusst der Wissenschaft überlassenen Frage (s. dazu *Frank* § 43 Bem. III 2; Vorentwurf Begr. S. 284 und Denkschrift zu dem Entwurf 1919, in: Entwürfe zu einem Deutschen Strafgesetzbuch [1920] 3. Teil S. 39) der Strafbarkeit des untauglichen Versuchs der diese Frage bejahenden subjektiven Theorie den Vorzug, nahm aber das Wort „Vorstellung" noch nicht in den Text mit auf (s. dazu Begr. S. 285 ff). Erstmalig erscheint der Begriff zur Klarstellung der Strafbarkeit auch des untauglichen Versuchs in § 23 des Entwurfs Radbruch aus dem Jahre 1922, vgl. im einzelnen hierzu *Hillenkamp* FS Roxin (2001) 690 ff.

**684** Ebenso *Baumann/Weber/Mitsch/Eisele* § 22 Rdn. 39, 43 f; *Fischer* Rdn. 40; *Heinrich* Jura **1998** 393; *Krey/Esser* AT Rdn. 1247; *Kühl* AT § 15 Rdn. 86; *Wessels/Beulke/Satzger* Rdn. 979 f.

**685** AA *Mitsch* ZIS **2016** 352, 358 f.

nicht den Steuerungswillen. Über das Verhältnis zu den Rechtsgütern der anderen Mitglieder der Gesellschaft geben solche Wissensdefizite keinen Aufschluss. Deshalb führt auch der Hinweis auf die objektive Ungefährlichkeit des Verhaltens nicht weiter. Denn das Ausführungsdefizit reflektiert lediglich die Fehlvorstellung über naturgesetzliche Zusammenhänge oder äußere Gegebenheiten, berührt aber nicht die Stellungnahme zu den Rechten anderer und zum Recht.

**235** Keinen unmittelbaren Aufschluss gibt die gesetzliche Regelung des § 23 Abs. 3 über die Frage der Strafbarkeit des **untauglichen Subjekts**. Aus § 23 Abs. 3, der seinen Regelungsbereich auf den Versuch mit untauglichen Mitteln und am untauglichen Objekt beschränkt, ist nicht zwingend zu folgern, dass der Gesetzgeber von der in dieser Vorschrift vorausgesetzten Strafbarkeit des untauglichen Versuchs den vom untauglichen Subjekt vorgenommenen ausschließen wollte.[686] Für einen solchen durch die Nichterwähnung nahegelegten Umkehrschluss gibt die Gesetzesentstehung nichts her (*Sch/Schröder/Eser/Bosch* Rdn. 75). Zwar hat der Sonderausschuss für die Strafrechtsreform seiner „Überzeugung" Ausdruck verliehen, dass die Rechtsprechung auch ohne die in § 25 Abs. 3 Nr. 1 AE vorgesehene Anordnung der Straflosigkeit dieser Versuchsart von ihrer Bestrafung Abstand nehmen werde. Er hat aber die Nichtaufnahme des Versuchs des untauglichen Subjekts in § 23 Abs. 3 nicht mit einem diese Erwartung fördernden beredten Schweigen, sondern damit begründet, dass eine Straffreistellung „auch ungeeignete Fälle" erfassen könne (BT-Drucks. V/4095 S. 11). Damit bleibt es Rechtsprechung und Literatur überlassen, über die Grenzen der Strafbarkeit dieses Versuchs zu entscheiden (s. Rdn. 305 ff).

**236** Die **Strafbarkeitsgrenzen** sind in Übereinstimmung mit dem Text des Gesetzes und der ihm zugrundeliegenden Grundsatzentscheidung unter Berücksichtigung der legitimierenden Grundlagen der Versuchsstrafbarkeit zu ziehen. Hiernach setzt **als erstes** der untaugliche wie der taugliche Versuch ein **unmittelbares Ansetzen** voraus. Der Tatentschluss muss sich folglich auch beim untauglichen Versuch in einer Handlung (oder Unterlassung) verwirklichen, die auf der Grundlage der Tätervorstellung vom Ablauf und der Tauglichkeit des Geschehens keine wesentlichen Zwischenschritte bis zur eigentlichen Tathandlung mehr erfordert (Zwischenaktslehre, s. Rdn. 80 ff). Die Verwirklichung des Versuchsunrechts ergibt sich auch beim untauglichen Versuch daher nicht nur aus dem Täterwillen, sondern geht über „den moralischen Gesinnungsunwert" hinaus (**aA** *Köhler* S. 457); denn strafbar ist hier wie sonst die Betätigung des rechtsfeindlichen Willens des Täters nur, wenn sie geeignet ist, das vom Täter zunächst mitkonstituierte Rechtsverhältnis in einer dem Gesetz genügenden Weise in Frage zu stellen. Dafür reicht allerdings weder ein behauptbarer **rechtserschütternder Eindruck** aus (*Bloy* ZStW **113** [2001] 79 f), weil dann das öffentliche Gebet des Landesbischofs um den Tod des Landesherrn in der Tat der Bestrafung bedürfte (*Jakobs* 25/22), noch muss zu einem dem § 22 genügenden Verhalten ein rechtserschütternder Eindruck hinzutreten, um die Versuchsstrafbarkeit auszulösen (**aA** *Roxin* AT II § 29 Rdn. 12). Wer seine vermeintlich gegen Verlust versicherte Brille dem Müll übergibt oder auf einen Baum in der Meinung schießt, es sei sein Nachbar, wird daher auch dann nach §§ 265/212, 22 bestraft, wenn Einigkeit darüber herzustellen wäre, dass dieses Verhalten „ein Mindestmaß an Eignung zur Erschütterung des Vertrauens in die Unverbrüchlichkeit der Rechtsordnung" (verlangt von *Jescheck/Weigend* § 50 I Vb) nicht aufwiese. Der rechtserschütternde Eindruck ist folglich weder ein Versuchsunrecht konstituierendes, noch ein es limitierendes Element (*Hirsch* FS Roxin [2001] S. 714 f).

**237** Etwas Anderes folgt auch nicht aus der **zweiten Begrenzung** der Strafbarkeit des untauglichen Versuchs, die sich aus **§ 23 Abs. 3** ergibt. Hiernach kann das Gericht zwar von Strafe absehen oder die Strafe nach seinem Ermessen mildern, wenn der Täter aus **grobem Unverstand** verkannt hat, dass der Versuch aus den dort angegebenen Gründen „nicht zur Vollendung führen konnte". Im Gegensatz zu § 25 Abs. 3 Nr. 2 AE, der den grob unverständigen Versuch für generell straflos erklärte, hat der Gesetzgeber mit seiner Regelung aber auch diesen Versuch, bei dem nach dem diesem Text beigelegten Sinn „weder eine konkrete noch eine abstrakte Gefährdung" besteht (BT-Drucks. V/4095 S. 12), in Übereinstimmung mit dem grundsätzlichen Be-

**686** Dagegen unter Hinweis auf Art. 103 Abs. 2 GG *Köhler* AT S. 462.

kenntnis zur subjektiven Versuchslehre zunächst einmal für prinzipiell strafbar erklärt. Dabei ist für den Gesetzgeber maßgeblich, dass es „in diesem Bereich durchaus Fälle" gibt, „in denen ein Strafbedürfnis besteht" (BT-Drucks. V/4095 S. 12), das vom gleichlautenden E 1962 (Begr. S. 145) selbst bei einem völlig untauglichen, ja sogar törichten und daher für die Rechtsordnung keinerlei Gefahr bildenden Versuch darin gesehen wurde, dass auch „in ihm ein erheblicher verbrecherischer Wille zutage treten" und die Befürchtung rechtfertigen könne, „dass er sich nach dem Fehlschlag auf andere, taugliche Weise durchzusetzen sucht" (kritisch zur letztgenannten Überlegung vor § 22 Rdn. 73).[687] Ein solches, insbesondere in § 23 Abs. 3 zum Ausdruck gebrachtes Beharren auf der Strafbarkeit auch des grob unverständigen Versuchs ist mit der These der **Eindruckstheorie** nur schwerlich vereinbar, die Versuchsstrafbarkeit gründe auf der Eignung des Verhaltens, den Rechtsfrieden nachhaltig zu erschüttern.[688] Eher kann diese Lehre für sich in Anspruch nehmen, wenigstens die in § 23 Abs. 3 eröffnete Möglichkeit des Absehens oder der Minderung der Strafe in solchen Fällen zu erklären.[689] Auch hierfür muss man aber die Eindruckstheorie nicht bemühen. Denn dass man den Richter nicht zwingt, Fälle zu ahnden, die „kein besonnener Mensch ernst nimmt" (E 1962 Begr. S. 145), lässt sich auch mit einer subjektiven Versuchslehre vereinbaren. Auch sie ist nicht gehalten, einer „völlig abwegigen Vorstellung von gemeinhin bekannten Ursachenzusammenhängen" (E 1962 Begr. S. 145; BGHSt **41** 94, 95) mit Strafe entgegenzutreten. Die subjektive Versuchstheorie betrifft das Unrecht der versuchten Tat und lässt Raum für Fragen der Strafbedürftigkeit, also für Strafzweckerwägungen.

Die gesetzliche Regelung bewegt sich auch in dem **von der Verfassung gezogenen Rahmen**. Zwar mag man gegen die kriminalpolitische Notwendigkeit der Strafbarkeit auch solcher Versuche Einwände erheben, die – wie der Schuss auf die Leiche – selbst bei „indefinit häufiger Tatfortsetzung oder Wiederholung" die Tat niemals zu vollenden vermöchten. Die Verfassungswidrigkeit ihrer Bestrafung (so *Bottke* FS BGH 50 IV S. 135, 146, 150 ff, 158 f)[690] lässt sich aber mit dieser Charakterisierung nur schwerlich behaupten. Denn auch die in einer solchen, für das Rechtsgut nicht (mehr) gefährlichen und deshalb gefahrlos wiederhol- oder imitierbaren Ausführungshandlung dokumentierte Rechtsuntreue reicht über eine nicht der Bestrafung zugängliche, weil nur Gesinnung verbleibende interne Haltung deutlich hinaus. Auch unterscheidet sie sich nicht maßgeblich von solchen „Versuchstaten, die das Risiko einer zurechenbaren Straftatvollendung ... losgelöst von nur Getanem (abstrakt) durch noch im Rahmen der Versuchstat Tubares tatidentitätswahrend hätten erlangen können" (so aber *Bottke* FS BGH 50 IV S. 160). Denn eine solche rein „theoretische" Rechtsgutsgefährdung ist keine zusätzliche Legitimation der Bestrafung und holt im Übrigen nur die unlösbare Abgrenzung zwischen absolut und relativ untauglichem Versuch (vor § 22 Rdn. 27) durch die Hintertür der Verfassung in die Versuchsdogmatik zurück. 238

**bb) Objektivierende Einschränkungsbemühungen.** Mit dieser Regelung ist allen objektiven Versuchstheorien (vgl. dazu vor § 22 u. Rdn. 97 ff) eine Absage erteilt und ein **Bekenntnis zur subjektiven Versuchslehre** verbunden (*Kühl* AT § 15 Rdn. 90). Dieses Bekenntnis ist im von der Verfassung gezogenen Rahmen (Rdn. 238) zu akzeptieren, auch wenn man eine „objektivisti- 239

---

687 Zu Recht **krit.** zu dieser hypothetischen Erwägung aus dem Blickwinkel eines Tatstrafrechts AE Begr. S. 61 und *Stratenwerth/Kuhlen* § 11 Rdn. 61; zur Herkunft dieser Erwägung s. *Zaczyk* Unrecht S. 8.

688 *Jescheck/Weigend* § 50 I 5b, bb bezweifeln unter Hinweis auf § 15 Abs. 3 öStGB, der Straffreiheit obligatorisch vorsieht, daher auch das Strafbedürfnis; ebenso *Ellbogen* FS v. Heintschel-Heinegg 125, 132 f.

689 Vgl. *Jakobs* 25/20 und *Kühl* AT § 15 Rdn. 93, die der Eindruckstheorie für den Ausschluss der Versuchsstrafbarkeit eine gewisse Aussagekraft konzedieren.

690 Zustimmend *Mitsch* ZIS 2016, 352 f. **Krit.** zu *Bottke Hoffmann-Holland* MK Rdn. f; *ders.* GA **2001** 262 ff; *T. Maier* Objektivierung S. 178 ff; *Roxin* AT II § 29 Rdn. 56; *ders.* FS Jung 829, 831 ff; s. hierzu *Bottke* FS Hruschka 395 ff. Für Verfassungswidrigkeit der Bestrafung des grob unverständigen Versuchs *Ellbogen* FS v. Heintschel-Heinegg 125, 132 f.

sche“ Konzeption empfiehlt, sie aber nicht für „aktuell“ erklärt, „weil sie mit dem Wortlaut des geltenden Rechts nicht vereinbart werden kann“ (*Weigend* Entwicklung S. 126). Dagegen entfernt sich die duale Theorie (s. dazu vor § 22 Rdn. 91 f) und je nach Interpretation auch die Eindruckstheorie (s. dazu vor § 22 Rdn. 83 ff) von den gesetzlichen Vorgaben.

**240** Keine Überzeugungskraft entfaltet der schon de lege lata Geltung beanspruchende Vorschlag *Hirschs* (FS Roxin [2001] 711 ff; *ders.* FS Lüderssen 255 ff; vgl. hierzu und zu weiteren Vertretern dieser Ansicht vor § 22 Rdn. 98 f),[691] die Unterscheidung zwischen untauglichem und tauglichem Versuch zugunsten einer solchen zwischen gefährlichem (echten) und ungefährlichem (unechten) Versuch aufzugeben und in der Gruppe der bislang als untauglich bezeichneten Versuche die ungefährlichen schon gar nicht als „Deliktsversuch“ zu etikettieren, sondern sie aus dem Versuchstatbestand auszunehmen. Dieser Vorschlag findet in der gesetzlichen Regelung keinerlei Stütze. Im Gegenteil entzieht er – was *Hirsch* selbst konzediert (S. 727) – § 23 Abs. 3 jeden selbständigen Sinn. Denn da von (strafbaren) gefährlichen Versuchen nur dort die Rede sein soll, wo nach dem ex-ante-Urteil eines verständigen Dritten der infrage stehenden Handlung Gefährlichkeit (in Bezug auf die Tatbestandsverwirklichung) anhaftet, kommen grob unverständige Unternehmungen für eine Strafbarkeit schon von vornherein nicht mehr in Betracht. Im übrigen ist unklar, wie gefährliche von ungefährlichen Handlungen bei vorausgesetzter Untauglichkeit beider verlässlich zu scheiden wären (s. zu solchen Bemühungen in Österreich *Fuchs* FS Burgstaller 41, 43 ff). Warum aus der geforderten ex-ante-Sicht ein in Tötungsabsicht in das vom Opfer unerwartet verlassene Bett abgegebener Schuss gefährlich und strafbar, der Schuss auf ein außer Reichweite befindliches Opfer dagegen ungefährlich und straflos sein soll (S. 719), ist mit für alle (Grenz-)Fälle verbürgender Sicherheit nicht zu begründen (**krit.** auch *Hoffmann-Holland* MK Rdn. 53 ff; *Herzberg* GA **2001** 260 ff).

**241** Eine Begrenzung der Strafbarkeit lässt sich auch nicht darauf gründen, dass man das Unrecht in Fällen **„kommunikativ irrelevanter Weltgestaltung“** pauschal in Abrede stellen (im Beispiel des Einsatzes von Löwenzahn als Gift, weil neben ihm ein totes Tier liegt, s. *Jakobs* 25/23; *ders.* GedS Kaufmann S. 279 ff).[692] Dies würde die Grenzen zum grob unverständigen Versuch verwischen (s. aber auch *Baumann/Weber/Mitsch/Eisele* § 22 Rdn. 47 f; *Kühl* AT § 15 Rdn. 95).[693] Das gilt auch für den Vorschlag, Fälle sogenannter „Wahnkausalität“ als „nomologisch untauglichen Versuch“ von der Strafbarkeit auszunehmen (so aber *Struensee* ZStW **102** [1990] 21, 33 ff; ebenso *Baumann/Weber/Mitsch/Eisele* § 22 Rdn. 48; dagegen *Hoffmann-Holland* MK § 23 Rdn. 44 ff).

**242** **cc) Einschränkungsbemühungen der Anerkennungslehre.** Auch auf der Grundlage einer Herleitung des Versuchsunrechts aus dem **Bruch eines Anerkennungsverhältnisses** wurden verschiedentlich mehr oder weniger weitreichende Einschränkungen der Strafbarkeit des untauglichen Versuchs entwickelt. Hintergrund dessen ist das „dem Begriff des Rechts“ entsprechende Erfordernis „einer objektiv-konkreten Freiheitsverletzung“, welches in einem ersten Schritt voraussetze, dass „nach Subjekt und Objekt die besonderen Bedingungen des existierenden Rechtsverhältnisses zwischen den in Betracht kommenden personalen Freiheitssphären objektiv vorliegen“, womit weder der Versuch des untauglichen Subjekts noch der Versuch am untauglichen Objekt Strafunrecht begründen könnten (*Köhler* S. 457). Hinsichtlich des Versuchs

---

**691** *Jung* ZStW **117** (2005) 937 ff äußert aus rechtsvergleichender Sicht Sympathie für die diesem Vorschlag zugrundeliegende Tendenz. An den Rechtsvergleich anknüpfend *Maiwald* Über taugliche, untaugliche und grob unverständige Versuche S. 159 ff.

**692** Daran anschließend *Timpe* ZStW **125** (2014) 766 ff.

**693** Sowohl von den Vorstellungen des Gesetzgebers als auch vom Gesetzestext liegt es weit entfernt, den grob unverständigen Versuch auf solche Konstellationen zu beschränken, in denen sich der Singehalt des Geschehens je nach sozialer Rolle unterschiedlich bestimmt, also etwa ein für einen Arzt offenkundig harmloses Verhalten für den Laien gefährlich wirken mag und deshalb soziale Relevanz entfalte; *Timpe* ZStW **125** (2014) 774 ff.

mit untauglichen Mitteln könne Versuchsunrecht nur vorliegen, wenn die „objektive(n) Realisierungsbedingungen nicht mit Erfahrungsgewissheit ausgeschlossen oder ganz unwahrscheinlich" seien, es müsse vielmehr „nach einer objektiven Prognose ex ante ... die Möglichkeit der Verletzung naheliegen" (*Köhler* S. 458). Fehle es daran, so werde die „konkrete Freiheit ... real nicht in Frage gestellt", was sich auch daran zeige, dass weder eine Notwendigkeit des Selbstschutzes noch eines präventiven Eingreifens des Staates bestehe (*Köhler* S. 458). Freilich müsse „die Widersprüchlichkeit eines anders gerichteten Gesetzeswillens ... konstatiert werden", soweit es den Versuch am untauglichen Objekt und den Versuch mit untauglichen Mitteln anbelangt (*Köhler* S. 462). *Rath* möchte auf der Grundlage ganz ähnlicher Prämissen für die Straflosigkeit der Fälle eintreten, „in denen das Opfer die Untauglichkeit sofort erkennt oder der Gutsträger nicht mehr existiert" (JuS **1998** 1112). Dass dann kein „Anlass für schützende Aktionen" (*Köhler* S. 458) besteht, ist der maßgebliche Grund dafür, eine strafbarkeitsbegründende Verletzung des Anerkennungsverhältnisses abzulehnen (*Rath* JuS **1998** 1112). Nach *Zaczyk* (Unrecht S. 241 ff) begründe zwar der Versuch mit untauglichen Mitteln noch einen die Strafbarkeit legitimierenden Bruch des Anerkennungsverhältnisses.[694] Hingegen fehle es bei der Untauglichkeit des Objekts an einem für eben dieses Verhältnis konstitutiven wirklichen Gegenübers; das Unrecht setze voraus, „dass die jeweils angegriffene Konkretion der Freiheit auch wirklich verletzt werden kann".[695] Folglich seien der „Schuss auf einen Toten", die „Abtreibung einer Nichtschwangeren", die Vornahme von sexuellen Handlungen an einem irrtümlich für jünger als 14 Jahre gehaltenen Kind (§ 176) oder das unmittelbare Ansetzen zur Vergewaltigung eines für eine Frau gehaltenen Mannes (dessen Vergewaltigung nach dessen a. F. nicht von § 177 erfasst war) von der Strafbarkeit auszunehmen.[696] Scheitere die Tat dagegen aufgrund eines Umstands, „der aus der Selbständigkeit des Opfers als Rechtsperson resultiert", so sei Versuchsunrecht verwirklicht.[697] So liege es beim Schuss in das Bett, dass das ausersehene Opfer gerade verlassen hat oder beim Schuss auf einen Baumstamm in der Meinung, es sei der X, dem der Täter auflauert. Ebenso wie *Köhler* (S. 462) und *Rath* (JuS **1999** 34) erblickt auch *Zaczyk* im Fall des untauglichen Subjekts ein Wahndelikt (Unrecht S. 270; zu weiteren Straflosigkeit bewirkenden Konsequenzen s. *Zaczyk* NK Rdn. 37 mit Rdn. 47–49).

Den Vetretern der Lehre vom Anerkennungsverhältnis ist zunächst in dem Bemühen zuzustimmen, eine Begründung des Versuchsunrechts zu leisten, die die Verletzungsbedeutung des betätigten rechtsfeindlichen Willens (und damit den Hintergrund der subjektiven Theorie) zu erklären vermag (Vor § 22 Rdn. 102 ff).[698] **Problematisch**[699] sind dagegen die **Konsequenzen**, die aus einem solchen Ansatz für den untauglichen Versuch gezogen werden. Hier signalisieren bereits die Unterschiede in den vertretenen Positionen, dass ein strikter Ableitungszusammenhang zur vorausgesetzten Verletzung eines Anerkennungsverhältnisses schwerlich hergestellt werden kann (*Hillenkamp* LK[12] Rdn. 185). So kann es auch nicht überraschen, wenn innerhalb der vertretenen Konzeptionen Unschärfen und angreifbare Grenzziehungen bleiben. Bereits die Frage nach der Unrechtsqualität des Versuchs mit **untauglichen Mitteln** wird unterschiedlich beantwortet. Dabei besteht noch Einigkeit dahingehend, dass objektiv ex ante gefährliche Versuche das Rechtsverhältnis tatsächlich verletzen. Aber schon die Annahme, dass die konkrete Freiheit erst dann real in Frage gestellt werde, wenn die Verletzungsmöglichkeit nicht ganz unwahrscheinlich ist (*Köhler* S. 458), ist angreifbar.[700] Denn die dafür angeführte Überlegung, in den verbleibenden Fällen bestehe kein Abwehrbedarf, ist bereits bei geringen Gefahren nicht 243

**694** *Zaczyk* Unrecht S. 250 f.
**695** *Zaczyk* Unrecht S. 235, 252 ff.
**696** *Zaczyk* Unrecht S. 255 f; *ders.* FS Maiwald 885, 892.
**697** *Zaczyk* Unrecht S. 256.
**698** Zu kurz greift insoweit die Kritik von *Roxin* FS Jung 829, 831; relativierend S. 832.
**699** Zur Kritik etwa *Grupp* S. 99 ff; *Hoffmann-Holland* MK Rdn. 52, 60 f; *Herzberg* GA **2001** 258 ff; *Kühl* AT § 15 Rdn. 95a.
**700** Kritisch auch *Dold* S. 105 ff.

plausibel, da das Opfer (jenseits sozialadäquater Minimalrisiken) keine Gefährdung hinnehmen muss.[701] Den entscheidenden Einwand hat aber *Zaczyk* formuliert, indem er darauf hingewiesen hat, dass es für den Bruch des Anerkennungsverhältnisses nicht darauf ankommen kann, wie gut oder schlecht der Täter über die kausalen Zusammenhänge orientiert ist.[702] Die Nichtanerkennung der Freiheit des Opfers wird selbst im grob unverständigen Versuch noch manifest.

244 Auch hinsichtlich der Konstellationen des **untauglichen Objekts** sind die getroffenen Differenzierungen angreifbar. Dabei verdient die Annahme der Strafbarkeit des Schusses auf einen Baumstamm (oder auf den toten Y) in der Vorstellung, es handle sich um den (noch lebenden) X,[703] durchaus Zustimmung. Die Frage ist aber, ob sich das Ergebnis tatsächlich ändern kann, wenn der Täter sich hinsichtlich der Identität der Person keine Vorstellungen macht oder der vorgestellte X in Wahrheit bereits zuvor verstorben war.[704] Denn der Tötungstatbestand verlangt für die Vollendung die Tötung (irgendeines) Menschen und für den Versuch den diesbezüglichen Vorsatz und dessen Manifestation. Die Auffassung, das Versuchsunrecht entfalle, wenn das Vorstellungsbild des Täters auf die Tötung eines in Wahrheit nicht mehr lebenden Menschen gerichtet ist, ist mit der Lehre von der Unbeachtlichkeit des error in persona nicht in Einklang zu bringen: Schießt der Täter auf Y in der Vorstellung, es handle sich um den bereits verstorbenen X, so würde die Annahme, der Täter könne ein Rechtsverhältnis zu X nicht (mehr) verletzen, der sonst anerkannten Unbeachtlichkeit des Irrtums die Grundlage entziehen. Denn wenn Versuchsunrecht bei einem Angriff auf einen in Wahrheit nicht existenten Rechtsgutsträger nicht begründbar ist, dann kann sich daran nicht deshalb etwas ändern, weil der Täter irrtumsbedingt einen existenten Rechtsgutsträger angreift. Bezogen auf das nicht mehr bestehende und damit auch nicht mehr verletzbare Rechtsverhältnis zu Y kann es keinen Unterschied machen, ob der Täter stattdessen auf X, auf die Leiche des Y oder auf einen Baumstamm schießt. In jedem Fall würde es an dem für die Unrechtsbegründung vorausgesetzten Vorsatz zur Verletzung eines tatsächlich bestehenden Rechtsverhältnisses fehlen. Die tatsächliche Verletzung des Anerkennungsverhältnisses zu X wäre in einem solchen Konzept lediglich versehentlich erfolgt, würde also nur einen Fahrlässigkeitsvorwurf begründen. **Richtigerweise** kann der Umstand, dass sich der Täter die Existenz des konkreten Rechtsgutsobjekts nur vorstellt, der **Begründung des Versuchsunrechts nicht entgegenstehen.** Die letztlich zufällige Verkennung des Umstandes, dass etwa der Rechtsgutsträger bereits verstorben ist, bedeutet nicht, dass sich das Täterverhalten in einer für die konkreten Rechtsverhältnisse irrelevanten Auflehnung gegen das abstrakte Recht erschöpft, also gewissermaßen nicht mehr ist als ein verbaler Angriff auf das Recht. Die Manifestation der Unrechtsmaxime wird bei einer solchen Verkennung der Sachlage im Grundsatz nicht weniger deutlich als bei einem tauglichen Versuch.[705] Die konkrete Nichtanerkennung fremder Rechtsgüter wendet sich letztlich gegen jeden Rechtsgutsträger (und wird von den anderen Mitgliedern der Rechtsgemeinschaft auch zu Recht in diesem Sinne verstanden).[706]

245 **dd) Der abergläubische Versuch.** Dass zu solcher Nachsicht ein Zwang bestehe, wird für den abergläubischen Versuch (s. zu diesem § 23 Rdn. 59) allgemein und im Ergebnis zu Recht

---

**701** Auch stellen sich ergänzende Fragen wie etwa die, ob die Strafbarkeit auch dann entfällt, wenn der mit untauglichen Mitteln Angegriffene aufgrund von Sonderwissen die Untauglichkeit durchschaut (und sich folglich nicht zu Verteidigungsbemühen veranlasst sieht), während der Angriff aus objektiver ex ante Sicht gefährlich erscheint.

**702** *Zaczyk* Unrecht S. 251.

**703** *Zaczyk* Unrecht S. 256.

**704** Kritisch auch *Roxin* FS Jung 829, 832 f.

**705** Und umgekehrt: Es gehört zur für das Rechtsgut konstitutiven Anerkennung, ein lediglich irrtümlich für tauglich gehaltenes Tatobjekt nicht anzugreifen.

**706** Vgl. auch *Rey-Sanfiz* S. 170 f, 231; *Timpe* ZStW **125** (2014) 762 f, 776.

behauptet. Dabei herrscht über den Weg zu dieser Strafbarkeitsbegrenzung allerdings Streit.[707] Nach **h. L.** wird der abergläubische bzw. irreale Versuch von der Versuchsregelung insgesamt und also auch von § 23 Abs. 3 nicht erfasst (§ 23 Rdn. 59; *Lackner/Kühl/Kühl* Rdn. 14). Dabei taugt allerdings auch hier die **Eindruckstheorie nicht**, diese Ausgrenzung der Strafbarkeit zu begründen.[708] Denn darauf, dass das abergläubische Unterfangen „bei den Mitgliedern der Rechtsgemeinschaft eher Mitleid oder Belustigung als Angst oder Unsicherheit" hervorruft (*Ebert* S. 125),[709] ist weder Verlass,[710] noch sind Angst, Unsicherheit oder Erschütterung für das Versuchsunrecht konstitutiv oder begrenzend (*Zaczyk* Unrecht S. 22 f). Häufig wird angenommen, in Fällen des abergläubischen Wahnes **fehle es schon am Tatentschluss**, weil „Handlungen, die allein von unwirklichen Hoffnungen und Wünschen getragen sind", „kein rechtserhebliches Wollen enthalten" und daher schon den Anforderungen des Vorsatzes nicht genügen (E 1962 Begr. S. 145).[711] Bloßes Wünschen sei kein hinreichender Deliktsverwirklichungswille (*T. Maier* Objektivierung S. 47 f). Da sich der Täter hier selbst keine Macht zuschreibe, das Geschehen steuernd zu gestalten, sondern lediglich hoffe, mit seinem Appell an transzendentale Mächte deren Wirken auszulösen, stelle er sich keine ihm zurechenbare Erfolgsverursachung vor; es fehle am „Tatherrschaftsvorsatz".[712] Infolgedessen könne seine „Beschwörung" auch **nicht** als ein **unmittelbares Ansetzen** zur Tatbestandsverwirklichung begriffen werden (*Blei* AT § 67 I 2; *Maurach/Gössel/Zipf* AT/2 § 40 Rdn. 204). So wenig die Norm von überweltlichen Kräften eingesetzt werde, so wenig könne ihre Geltung durch das Herbeirufen solcher Kräfte infrage gestellt werden. Das Wirken richte sich folglich nicht gegen eine „wirklich vorhandene Norm" (*Jakobs* 25/22; *Zaczyk* Unrecht S. 252).[713] „Wir bestrafen die Zauberei nicht mehr und daraus folgt, dass wir auch die versuchte Zauberei nicht strafen dürfen. Dämonen anzurufen, die Unterwelt zu beschwören oder den Zorn des Himmels auf einen anderen herabzuflehen, steht jedermann frei" (*Bockelmann* Untersuchungen S. 160 f; *Hillenkamp* FS Schreiber 149; *Kudlich* JZ **2004** 76). In die gleiche Richtung zielt der Verweis auf das Fehlen einer rechtlich missbilligten Gefahrschaffung nach den Maßstäben der objektiven Zurechnungslehre (*Herzberg* GA **2001** 258, 269; *Roxin* FS Jung 829, 837).

Lehnt man den Tatentschluss ab, so lässt sich die Straflosigkeit des abergläubischen Versuchs jedenfalls insoweit in die **subjektive Versuchslehre einfügen**, wie es an der für einen **246**

707 Ausführliche Darstellung des Streitstandes bei *Oberhofer* S. 154 ff.

708 **AA** *Roxin* AT II § 29 Rdn. 373 (anders nun *Roxin* FS Jung 829, 837; *ders.* GA **2017** 656, 667 f); *Jescheck/Weigend* S. 532; *Kühl* AT § 15 Rdn. 93; *Niepoth* Der untaugliche Versuch S. 105 f.; *Satzger* Jura **2013** 1024 f (der aber meint, dass dieser für richtig gehaltene Ansatz nicht mit § 23 Abs. 3 in Einklang stehe); *Schünemann* GA **1986** 316; *Seier/Gaude* JuS **1999** 457.

709 Auf dem Boden der Eindruckstheorie ähnlich argumentierend *Jäger* SK Rdn. 57; *Jescheck/Weigend* § 50 I 6; *Meyer* ZStW **87** (1975) 618 f; *Roxin* Einführung S. 19; *ders.* FS Nishihara 161; *Sch/Schröder/Eser/Bosch* Rdn. 65; *Schünemann* GA **1986** 316; *Streng* ZStW **109** (1997) 862, 868; *Vogler* LK[10] Rdn. 136 f. Der Eindruckstheorie bescheinigt *Kühl* AT § 15 Rdn. 93 hier – freilich zu Unrecht – „Aussagekraft".

710 Vgl. den Hinweis bei *Jescheck/Weigend* § 50 Fn. 12 auf die Beunruhigung der ländlichen Bevölkerung bei versuchten Tötungen durch Zaubermittel in Afrika (und die Übertragung solcher Konstellationen auf Migranten in Deutschland; *Hilgendorf* JZ **2009** 139, 143) oder das Beispiel von *Jakobs* 25/22 vom öffentlichen Gebet des Landesbischofs um den Tod des Landesherrn; *Walter* S. 378 f, verweist auf den Zusammenhang von Religion und dem Glauben an das Übernatürliche; ferner *Hoffmann-Holland* MK Rdn. 11, 87; *Kudlich* JZ **2004** 75; vgl. auch schon *H. Mayer* AT S. 288: „In Wahrheit liegt bei erkennbar bösem Willen die Möglichkeit eines solchen Eindrucks immer vor", der sich mit diesem Satz gegen die von *v. Bar* vertretene Eindruckstheorie wendet.

711 In diesem Sinne *Hillenkamp* LK[12] Rdn. 190; *Baumann/Weber/Mitsch/Eisele* § 22 Rdn. 47; *Frister* 23/22; *Jakobs* 25/22; *Hoffmann-Holland* MK Rdn. 88 f; *Jescheck/Weigend* § 50 I 6 (für den Regelfall); *Kindhäuser* LPK Rdn. 6; *Kretschmer* JR **2004** 445; *Rath* JuS **1998** 1113; *Seier/Gaude* JuS **1999** 459; nur terminologisch abweichend *Herzberg* GA **2001** 267 ff; *Hirsch* GedS Vogler S. 43 f schließt die Strafbarkeit mangels konkreter objektiver Gefährlichkeit aus (s. dazu vor § 22 Rdn. 91). Beispiele für abergläubischen Versuch bei *Hillenkamp* FS Schreiber S. 148; zur Psychokinese *ders.* JuS **2003** 157, 164.

712 *Seier/Gaude* JuS **1999** 460.

713 *Timpe* ZStW **125** (2014) 770 ff.

rechtsfeindlichen Willen erforderlichen Intensität fehlt (bloßes **„Wünschen"**). Ist sich der Täter tatsächlich bewusst, dass er lediglich bösen Wünschen durch das Anflehen übersinnlicher Mächte Nachdruck verleiht, ist er sich also darüber im Klaren, keinen Kausalverlauf in Gang zu setzen, so fehlt es in der Tat an einem Vorsatz.[714] Denn dieser setzt voraus, dass sich der Täter seiner Tatmacht bewusst ist oder sich diese zumindest vorstellt. Aber es lässt sich schwerlich behaupten, dass Aberglaube zwangsläufig mit der Vorstellung mangelnder Tatmacht einhergehen muss. Es sind vielmehr auch Fälle denkbar, in denen der Täter „felsenfest" an das Wirken übersinnlicher Kräfte und an die Möglichkeit, diese zu lenken, glaubt.[715] In solchen Fällen bleibt das (eingebildete) Wissen und der Wille in seiner Intensität nicht hinter den Anforderungen an den Vorsatz zurück. Insbesondere Absicht, also der zielgerichtete Wille der Erfolgsherbeiführung trotz etwaiger Zweifel an der Zuverlässigkeit des gewählten Mittels, liegt nahe. Wenn hier gleichwohl Einklang mit der subjektiven Versuchslehre behauptet wird, so kann das nicht mit der Willensintensität, sondern mit dem **Willensinhalt** beim abergläubischen Versuch begründet werden. Denn die subjektive Versuchslehre knüpfe nicht an einen „rechtlich indifferenten" und nur „für die Sphäre des Sittlichen, der Moral" erheblichen, sondern nur an den rechtsfeindlichen Willen an (RGSt **33**, 321, 323).[716] Hier wird also auf die Überlegungen Bezug genommen, denen zufolge der Täter beim abergläubischen Versuch keine „wirklich vorhandene Norm" verletze und die „Zauberei" nicht verboten sei (Rdn. 245). Das läuft auf die Behauptung hinaus, der Täter begehe ein Wahndelikt. **Überzeugend** ist diese Begründung **nicht**: Denn es geht weder um die Strafbarkeit der Zauberei noch überhaupt um eine Strafbarkeit aufgrund eines Verstoßes gegen nicht vorhandenen Normen, sondern um die Strafbarkeit etwa aus dem Tötungstatbestand wegen einer Handlung, die nach der Vorstellung des Täters durchaus Tötungssinn hat. Dass die vorgestellte Verhaltensnorm nicht existiert, ist keine Besonderheit, entspricht vielmehr auch sonst vielen Fällen des untauglichen Versuchs (Rdn. 228). Stellt sich der Täter vor, mit Hilfe transzendentaler Mittel einen Erfolg bewirken zu können, so fehlt es weder an einem Tatentschluss noch an dessen Objektivierung, wenn er diese Mittel (auf der Grundlage seiner Vorstellung) einsetzt bzw. unmittelbar hierzu ansetzt. Es macht keinen kategorialen Unterschied, ob der Täter glaubt, sein Opfer mit Kamillentee töten zu können oder mit einem Voodoo-Zauber (ebenso *Satzger* Jura **2013** 1017, 1022).

247 **Richtigerweise** ist davon auszugehen, dass der abergläubische Versuch einen **Unterfall des grob unverständigen Versuch** darstellt und damit unter § 23 Abs. 3 fällt.[717] Seine Behandlung ist also eine Frage der **Strafbedürftigkeit**, wobei die angemessene Reaktion auf eine solche ins Absurde gesteigerte Form des unverständigen Versuchs das Absehen von Strafe ist.[718] Teilweise wird freilich schon bezweifelt, ob der Wortlaut des § 23 Abs. 3 den irrealen Versuch mit einschließt (*Hillenkamp* LK[12] Rdn. 189). Denn wenn man mit RGSt **33** 321, 323 abergläubisch

---

**714** Ähnlich *Jescheck/Weigend* S. 532.

**715** Vgl. *Roxin* AT II § 29 Rdn. 373; *ders.* FS Nishihara 165; *Satzger* Jura **2013** 1017, 1022.

**716** Weshalb schon das Reichsgericht der Auffassung war, daß „die subjektive Versuchstheorie keine andere Auffassung" fordert. Dagegen *Struensee* ZStW **102** (1990) 21 („Inkonsequenz"); *Satzger* JURA **2013** 1022.

**717** *Fischer* § 23 Rdn. 10; *Hilgendorf* JZ **2009** 139, 143; *Murmann* Grundkurs § 28 Rdn. 56; *Otto* AT § 18 Rdn. 63; *Putzke* JuS **2009** 894, 898; *Stratenwerth/Kuhlen* § 11 Rdn. 59 ff; *SSW/Kudlich/Schuhr* Rdn. 25; *Valerius* JA **2010** 116; *Wege* Rücktritt und Normgeltung (2011) S. 69 mit Fn. 300; *Wessels/Beulke/Satzger* Rdn. 988 f. Wofür man sich auf E 1962 Begr. S. 145 berufen kann, wo es heißt: „Ein Versuch kann völlig untauglich, ja sogar töricht oder abergläubisch sein ... gleichwohl aber kann in ihm ein erheblicher verbrecherischer Wille zutage treten"; über die Bestrafung soll dann nach dem Angebot des § 27 Abs. 3 E 1962 (jetzt § 23 Abs. 3) das Ermessen des Richters entscheiden; s. auch schon Begr. S. 144. Ferner *Walter* S. 379, der freilich für die generelle Straflosigkeit des grob unverständigen Versuchs de lege ferenda plädiert, ähnlich *Oberhofer* S. 225 ff.

**718** So *Heinrich* AT Rdn. 680; *ders.* Jura **1998** 398; *Otto* AT § 18 Rdn. 60 ff; *Stratenwerth/Kuhlen* § 11 Rdn. 62; *Ellbogen* FS v. Heintschel-Heinegg 125, 127 ff. Sympathie hierfür äußert *Bloy* ZStW **113** (2001) 108 f. Dagegen betont *Hilgendorf* JZ **2009** 139, 143, unter Hinweis auf die zunehmende kulturelle Pluralisierung unserer Gesellschaft und der damit eröffneten Möglichkeit einer Erschütterung des Rechtsbewusstseins durch abergläubische Versuche die Maßgeblichkeit des Einzelfalls, hält also prinzipiell eine Bestrafung im Rahmen von § 23 Abs. 3 für möglich.

beschworenen Kräften die Eigenschaft eines „Mittels" zur Herbeiführung irgendwelcher Veränderungen in der Welt des Tatsächlichen kategorisch abspricht, handelt es sich schon nicht mehr um die in § 23 Abs. 3 vorausgesetzte Verkennung, sondern um die bloße Einbildung eines „Mittels". Dieser Einwand überzeugt aber nicht, da beim Versuch nie mehr gefordert ist als eine vorgestellte Wirksamkeit (s. schon Rdn. 246).[719] Gegen eine Subsumtion unter § 23 Abs. 3 wird auch angeführt, dass es nicht plausibel sei, dem im Ganzen um eine Einschränkung der Versuchsstrafbarkeit bemühten (s. Rdn. 3 ff; *Roxin* JuS **1973** 331) Gesetzgeber zu unterstellen, mit § 23 Abs. 3 eine seit langem allgemein für straflos gehaltene Erscheinung zum im Grundsatz strafbaren Versuch erheben zu wollen (*Hillenkamp* LK[12] Rdn. 189).[720] Abgesehen davon, dass die Stellungnahmen des Gesetzgebers zum abergläubischen Versuch nicht ganz eindeutig ausgefallen sind,[721] erscheint die Annahme auch nicht sehr naheliegend, dass dem Gesetzgeber angesichts der im Ergebnis unstreitigen Straflosigkeit an der dogmatischen Herleitung des Ergebnisses so viel lag. Die Subsumtion des abergläubischen Versuchs unter § 23 Abs. 3 führt nicht dazu, dass die Abgrenzung zum grob unverständigen Versuch obsolet wird, wenn man die obligatorische Straflosigkeit auf den abergläubischen Versuch beschränkt (s. *Hillenkamp* FS Schreiber 148; *Roxin* AT II § 29 Rdn. 375). Die – nur in Ausnahmefällen problematische[722] – Abgrenzung verliert aber an Gewicht, wenn beide Fallgruppen der gleichen Norm unterfallen.[723]

**ee) Der untaugliche Unterlassungsversuch.** Schließlich lässt das geltende Recht auch eine 248
generelle Herausnahme des **untauglichen Unterlassungsversuchs** aus der Strafbarkeit nicht zu.[724] Soweit Bedenken dahingehend erhoben werden, dass angesichts des Fehlens jeder Gefahr für das Rechtsgut und der schlichten Untätigkeit sich die Bestrafung auf eine „Tat" richte, „deren Schauplatz, da von ihr nichts nach außen dringt, allein die Psyche des Menschen wäre" (*Rudolphi* SK[7] vor § 13 Rdn. 55), deshalb „die Gedankensünde zum Anlass staatlichen Strafens" genommen (*Schmidhäuser* StudB 13/27) und folglich nur ein reiner Gesinnungsunwert bestraft werde, verkürzen sie das Geschehen um das sozialrelevante Ausbleiben des auf der Grundlage der Tätervorstellung erwartbaren Verhaltens (s. vor § 22 Rdn. 109). Auf der Grundlage der dem Gesetz zugrundeliegenden subjektiven Versuchslehre ist maßgeblich die Manifestation des rechtsfeindlichen Willens. Es wäre eine **naturalistische Verkürzung**, eine solche Manifestation für ausgeschlossen zu halten, weil das Unterlassen am Maßstab einer (rechtlich im Rahmen des Versuchs irrelevanten!) objektiven Betrachtung ohne soziale Relevanz ist. Wie auch sonst ist maßgeblich der Sinngehalt, der dem Unterlassen auf der Grundlage der Tätervorstellung zukommt. Auch beim positiven Tun werden Verhaltensweisen nach (fast) allgemeiner Meinung als Versuchsunrecht erfasst, die bei äußerer Betrachtung sozial unauffällig sind, etwa das Anreichen von Kamillentee (von dem der Täter annimmt, dieser sei giftig). Es ist zwar richtig, schließt aber Versuchsunrecht nicht aus,[725] dass die Verhaltenspflicht durch die vorgestellte Situation erweitert wird; eine objektive Gefährdung des Rechtsguts ist nicht erforderlich. Der Täter trifft aber durch seine Untätigkeit eine manifeste Entscheidung gegen das rechtliche Anerkennungs-

---

**719** Zutreffend *Roxin* AT II § 29 Rdn. 372.

**720** In BT-Drucks. V/4095 S. 12 hat der Gesetzgeber der weiteren Formulierung des § 25 Abs. 3 Nr. 2 AE bewusst eine engere gegenübergestellt und den abergläubischen Versuch nicht mehr erwähnt; die Begründung des E 1962 ist uneinheitlich: S. 145 wird einerseits die Möglicheit eines abergläubischen Versuchs angesprochen und andererseits soll der einem abergläubischen Wahn verhaftete Täter schon von der vorgeschlagenen Regelung ganz ausgenommen; wieder anders Begr. S. 144.

**721** *Roxin* AT II § 29 Rdn. 372. Siehe auch die vorhergehende Fn.

**722** Vgl. *Satzger* Jura **2013** 1017, 1020.

**723** *Satzger* Jura **2013** 1017, 1023.

**724** *Stein* SK vor § 13 Rdn. 64.

**725** **AA** *Zaczyk* NK Rdn. 60. Diese Haltung ist konsequent, wenn im Fall des Versuchs am untauglichen Objekts das Vorliegen von Versuchsunrecht unter Hinweis auf das Fehlen eines verletzbaren Rechtsverhältnisses abgelehnt wird; dazu Rdn. 242.

verhältnis, das ihn mit dem (auf der Grundlage seiner Vorstellungen anzunehmenden) Opfer und den anderen Mitgliedern der Rechtsgemeinschaft verbindet. Beobachtet der Vater ein ertrinkendes Kind, das er irrtümlich für sein eigenes hält, und fasst den Vorsatz, es seinem Schicksal zu überlassen, so bringt er seine Nichtanerkennung des Lebensrechts seines Kindes auf der Grundlage seiner Vorstellung zum Ausdruck. Insgesamt unterscheidet sich der untaugliche Unterlassungsversuch nicht kategorial von anderen Formen des untauglichen Versuchs. Geringere Strafwürdigkeit ist durch die nach § 13 mögliche Strafmilderung auszugleichen (vgl. *Malitz* Untauglicher Versuch S. 48 ff).[726]

249 Naturgemäß muss auch auf diesem Feld zwischen untauglichem Versuch und Wahndelikt unterschieden werden (s. Rdn. 265). Was danach aber dem Bereich des untauglichen Versuchs zufällt, ist nach den Maßgaben der §§ 22, 23 auch strafbar (BGHSt **40** 257, 270, 272; für Differenzierungen offen noch BGHSt **38** 356, 358 f).[727] Soweit dagegen die Geeignetheit strafrechtlicher Reaktion auf an sich für strafwürdig erachtetes Unrecht mit dem Hinweis darauf verneint wird, dass die Durchsetzung des Strafanspruchs im Regelfall an der Beweisunzugänglichkeit des sich im inneren Forum abspielenden Geschehens kranke, wird eine solche Begründung für einen „sachlichen Strafausschließungsgrund“ (*Niepoth* JA **1994** 339 ff; *ders.* Untauglicher Versuch S. 243 ff, 287 ff, 374 ff) schon durch die Praxis widerlegt. Zudem ist Beweisnot zwar beim Zuschnitt materiellen Rechts durch den Gesetzgeber zu bedenken (*Hillenkamp* FS Wassermann 861), nicht aber geeignet, die Entwicklung eines übergesetzlichen Strafausschließungsgrundes zu tragen.[728]

250 **d) Arten des untauglichen Versuchs.** So wie sich der Tatbestandsirrtum auf alle objektiven Tatbestandsmerkmale beziehen kann, kann sich auch der dem untauglichen Versuch zugrundeliegende **umgekehrte Tatbestandsirrtum** auf **alle Tatumstände** des objektiven Tatbestandes erstrecken (s. schon Rdn. 227 f und zum Unterlassen auch Rdn. 248 f). Die übliche, an § 23 Abs. 3 angelehnte Zweiteilung in einen Versuch am untauglichen Objekt (s. Rdn. 252) und einen solchen mit untauglichen Mitteln (s. Rdn. 253) ist deshalb nicht nur um den Versuch des untauglichen Subjekts (s. dazu Rdn. 305 ff), sondern auch um Fälle zu ergänzen, in denen der Täter irrtümlich vom Vorhandensein sonstiger Tatmodalitäten (s. Rdn. 251) ausgeht.[729] Abgesehen vom – problematischen – Versuch des untauglichen Subjekts folgt aus der Gleichwertigkeit der objektiven Tatbestandsmerkmale, dass sich Unterschiede in der Sachbehandlung aus der Zuordnung zu den unterschiedlichen Arten des untauglichen Versuchs nicht ableiten lassen, zumal die Abgrenzung im Einzelfall Schwierigkeiten bereiten kann.[730]

251 So zählt zum Versuch unter **untauglichen Tatmodalitäten**[731] z. B. der Fall, dass der betrunkene Täter beim Rangieren auf einem nicht zur öffentlichen Verkehrsfläche gehörenden Hofraum (BayObLG VRS **73** 57) oder Stellplatz (BayObLG NJW **1983** 129) aufgrund einer fehlerhaften

---

**726** *Malitz* Untauglicher Versuch S. 222 ff selbst will beim untauglichen Unterlassungsversuch nach einem von ihr entwickelten und anders verstandenen „Gefährlichkeitsgedanken“ differenzieren. Der hier eingenommene Standpunkt entspricht der h. M.; vgl. nur *Krack* ZStW **117** (2005) 574 f; *Kühl* AT § 18 Rdn. 151; *Roxin* AT II § 29 Rdn. 377; *Gaede* NK § 13 Rdn. 24; *Sch/Schröder/Eser/Bosch* Rdn. 91; ferner die Nachweise bei *Malitz* Untauglicher Versuch S. 37 ff.

**727** Soweit eine Übertragung der für den untauglichen Begehungsversuch vorgeschlagenen Begrenzungen auf den untauglichen Unterlassungsversuch vorschlagen wird (vgl. z. B. *Rath* JuS **1999** 36 für den Fall einer für das Opfer offenkundiger Untauglichkeit) greift die bereits ausgeführte Kritik (vgl. Rdn. 184 f). Zur vorausgesetzten, aber nicht ausdrücklich begründeten Strafbarkeit in älteren, mit RGSt **61** 360 beginnenden Entscheidungen, vgl. die Zusammenstellung bei *Malitz* Untauglicher Versuch S. 29 ff; ferner BGH StV **1998** 369.

**728** Zu *Niepoth* ablehnend auch *Zaczyk* NK Rdn. 60.

**729** Vgl. dazu auch *Seier/Gaude* JuS **1999** 457; die beiden zuletzt genannten Arten nimmt das polnische Strafrecht von der Strafbarkeit aus (*Zoll* FS Eser 655, 658 f).

**730** *Schuster* S. 116.

**731** Vgl. auch *Schuster* S. 92 ff.

Einschätzung der Nutzung dieses Bereichs der irrigen Meinung ist, bereits auf die (öffentliche) Straße geraten zu sein (§ 315c Abs. 1 Nr. 1a, Abs. 2). Auch liegt ein untauglicher Mordversuch vor, wenn der Täter unzutreffend davon ausgeht, sein Opfer sei arg- und wehrlos (s. BGH NStZ **1994** 583; BGH NStZ **2006** 501, 502). Die irrige Vorstellung betrifft hier die **Tatsituation** oder die **Gefährlichkeit** der **Ausführungsweise**. Sieht man den Mord mit der Rechtsprechung als selbständigen Tatbestand, betreffen beide Irrtümer strafbegründende Tatumstände, die neben „Mittel" und „Gegenstand" stehen. In gleicher Weise kann sich der umgekehrte Tatbestandsirrtum auch auf **qualifizierende Merkmale** beziehen (*Sch/Schröder/Eser/Bosch* Rdn. 73; *Vogler* LK[10] Rdn. 142), was dann nach der Auffassung der Literatur auch für den Irrtum über Mordmerkmale gilt.[732] Hält der Täter die beim Raub mitgeführte Schusswaffe irrtümlich für schussbereit, so liegt ein untauglicher Versuch eines schweren Raubes in Tateinheit mit vollendetem Raub vor (BGH *Dallinger* MDR **1972** 16). Um den untauglichen Versuch eines Wohnungseinbruchsdiebstahls aus einer dauerhaft genutzten Privatwohnung nach § 244 Abs. 1 Nr. 3, Abs. 4 handelt es sich, wenn der Täter Werkzeug aus einer schon verschlossenen, aber noch im Bau befindlichen „Wohnung"[733] stiehlt, die er bereits für bewohnt erachtet. Akzeptiert man den Eintritt der Regelbeispielswirkung auch beim bloßen „Versuch" von deren Verwirklichung (dagegen vor § 22 Rdn. 147), so lässt sich auch im Bereich der **Regelbeispiele** ein untauglicher Versuch in einem besonders schweren Fall u. U. auf die irrige Annahme der tatsächlichen Voraussetzungen des Regelbeispiels stützen (vgl. BayObLG NStZ **1997** 442). Die irrige Annahme **privilegierender** Tatumstände ist in § 16 Abs. 2 geregelt (vgl. auch RGSt **31** 285). Der umgekehrte Fall, dass der Täter privilegierende Umstände nicht kennt, die in Wirklichkeit gegeben sind, muss folgerichtig zum untauglichen Versuch des Grunddelikts in Tateinheit mit dem vollendeten privilegierten Tatbestand führen (näher *Sch/Schröder/Sternberg-Lieben/Schuster* § 16 Rdn. 28). Das gilt freilich nur, soweit es sich um ein das Unrecht kennzeichnendes Merkmal handelt. Geht es um ein Merkmal der Schuld, entfällt mit der Unkenntnis dessen schuldmindernde Wirkung. Hier ist aus dem vollendeten Grunddelikt zu bestrafen.[734]

Ein Versuch am **untauglichen Objekt** liegt vor, wenn der „Gegenstand" überhaupt fehlt – **252**
mangels Schwangerschaft gibt es keine Leibesfrucht – oder nicht mehr verletzbar ist – die Frucht ist im Zeitpunkt der Einwirkung bereits tot.[735] Beispiele aus der Rechtsprechung, in denen Versuch am untauglichen Objekt bejaht worden ist, bilden die folgenden (zum Teil auf alten Gesetzesfassungen beruhenden) Fälle: Der Täter schießt auf eine Leiche in der Meinung, einen Lebenden zu treffen (RGSt **1** 451; OLG Kiel SchlHAnz **1948** 146), er nimmt in Kauf, eine Frau, von der er nicht weiß, dass sie bereits Aids-krank ist, mit dem HI-Virus zu infizieren (AG Hamburg NJW **1989** 2071),[736] er verschafft der vermeintlich Schwangeren ein Abtreibungsmittel (RGSt **68** 13; vgl. auch RGSt **1** 203; **47** 66; AG Meschede ZfL **2008** 89 m. Anm. *Wiebe*) oder begleitet sie zum „abbrechenden" Arzt (AG Albstadt MedR **1988** 261: Beihilfe zum untauglichen Versuch); der Täter hält den „unzuchtsbereiten" Jugendlichen für widerstrebend (RGSt **70** 199 zu § 175 Ziff. 3 a. F.) oder ein 14-jähriges Mädchen für jünger (RGSt **39** 316 zu § 176 Ziff. 3, 43 a. F.). Er erachtet eine ihm gehörende (versuchter Diebstahl oder versuchte Sachbeschädigung, s. *Kühl* AT § 15 Rdn. 89) oder eine aufgegebene Sache für fremd (Königsberg-Rechtsprechung

---

**732** Zusammenfassend *Murmann* Grundkurs § 21 Rdn. 8.

**733** Zur fehlenden Wohnungseigenschaft s. *Sch/Schröder/Sternberg-Lieben/Schittenhelm* § 123 Rdn. 4; „subsumiert" der Täter dagegen eine Flurtoilette unter den Wohnungsbegriff, begeht er – vorausgesetzt, man scheidet diese aus der Wohnung im Sinne des § 244 Abs. 1 Nr. 3 aus (s. *Wessels/Hillenkamp/Schuhr* Rdn. 290) – ein Wahndelikt.

**734** *Sch/Schröder/Sternberg-Lieben/Schuster* § 16 Rdn. 28; *Schroeder* LK[11] § 16 Rdn. 69 f; da für § 216 die Motivation durch das Verlangen vorausgesetzt ist, ist derjenige, der das Verlangen nicht kennt, trotz dessen auch unrechtsmindernden Charakters aus § 212 zu bestrafen.

**735** Freilich ein Fall, in dem es bezogen auf den Tatzeitpunkt ebenfalls an einem Tatobjekt im Sinne des Gesetzes fehlt.

**736** Ist eine erneute Virusübertragung freilich eine weitere Gesundheitsverschlechterung, liegt keine Untauglichkeit vor.

OLG **1939** 227) oder trifft eine ungenehmigte, aber genehmigungspflichtige Verfügung über eine Geldforderung, von deren Bestehen er irrig ausgeht (RGSt **73** 5). Zum untauglichen Versuch mangels tauglichen Objekts gehört ferner das Sich-Verschaffen und In-Verkehr-bringen eines Zinnstückes, das der Täter irrig für nachgemachtes Geld hält (RGSt **16** 111, 112) oder die Übernahme der „Beute" eines „Raubes", den der „Mittäter" nur vorgespiegelt hat (BGH MDR **1952** 16). Auch liegt ein untauglicher Hehlereiversuch vor, wenn die gegen fremdes Vermögen gerichtete Tat nur in der Vorstellung des Täters existiert (BGH NStZ **1992** 84; wistra **1999** 180), der Täter eine nicht zur Beute gehörige Sache für durch eine taugliche Vortat erlangt hält (RGSt **64** 130, 131; OLG Freiburg HESt **1** 10 f; OLG Oldenburg NJW **1953** 1404; BGH NStZ **1983** 264) oder die Sache durch eine Tat nur in der Vorstellung des Täters schon erlangt ist (BGH bei Holtz MDR **1995** 881). Mangels objektiv gegebenen Strafanspruchs ist auch die „Begünstigung" (346 a. F.) eines anderen, der nur nach der Vorstellung des Täters eine Straftat begangen hat, u. U. ein untauglicher Versuch (s. BGHSt **15** 210 213 mit abl. Anm. *Weber* MDR **1961** 426; *Jäger* SK Rdn. 46, 54; *Sch/Schröder/Hecker* § 258 Rdn. 33 und weitere Beispiele in RGSt **70** 200; **73** 1, 5; s. zur Abgrenzung zum Wahndelikt bei § 258 unten Rdn. 266 ff). Zur Gruppe des Versuchs am untauglichen Objekt lassen sich schließlich die Fälle zählen, in denen der Täter glaubt, sich rechtswidrig zu bereichern, während er in Wahrheit einen Rechtsanspruch auf die Leistung hat (RGSt **11** 72, 77; **17** 233, 238; **38** 423, 426; **42** 92; **49** 16, 20; BGHR StGB § 263 Abs. 1 Irrtum 7; BGHSt **42** 268, 272 f; BGH StV **2003** 671 zum Betrug; RG Rechtsprechung **7** 248 zur Erpressung). Vom Mangel eines tauglichen Objekts – nicht eines sonstigen Tatumstandes (s. Rdn. 251) – kann in solchen Sachverhaltsgestaltungen deshalb gesprochen werden, weil das Vermögen, gegen das sich der Betrug richtet, objektiv schon mit dem Anspruch belastet war, also nicht mehr geschädigt werden konnte.[737]

**253** Ein Versuch mit **untauglichen Mitteln** liegt zunächst vor, wenn das vom Täter eingesetzte Mittel den angestrebten Erfolg nicht zu bewirken vermag. So liegt es z. B., wenn der Täter ein untaugliches Abtreibungsmittel verwendet (RGSt **1** 439; **17** 158; **68** 13; BGH 1 StR 523/54 v. 19.2.1954) oder in der Meinung beschafft, es sei tauglich (RGSt **68** 13), wenn er eine Vergiftung mit einer unzulänglichen Dosis unternimmt (RGSt **24** 382 zu § 229 a. F.; BGHSt **11** 324; **41** 94 zu §§ 212, 211), eine nur irrtümlich für falsch gehaltene Tatsache beschwört (RG DJ **1936** 1731),[738] eine vermeintlich lügnerische, tatsächlich aber wahre Behauptung zu Betrugszwecken aufstellt (Rechtspr. **8** 98;[739] RGSt **50**, 35) oder eine zur Vermögensschädigung ungeeignete Handlung vornimmt (RGSt **10** 11, 21; **11** 72, 77; **25** 5, 7; **28** 386 f; **38** 423 425; **41** 373, 377; **42** 92, 94; **49** 16; **51** 204, 211; **65** 273, 276; s. aber auch zum Wahndelikt in solchen Fällen RGSt **47** 151, 154). Bei mittelbarer Täterschaft lässt sich der Tatmittler als untaugliches Mittel bezeichnen, wenn er von vornherein nur zum Schein bereit war, auf das Ansinnen des Hintermanns einzugehen (BGHSt **30** 363, 366; zum Versuchsbeginn s. Rdn. 203). In einem etwas **weiteren Sinne** kann man von einem Versuch mit untauglichen Mitteln auch dort sprechen, wo die **Tathandlung** selbst als zur Tatbestandsverwirklichung eingesetzes **Mittel** versagt (krit. zur Einteilung *Seier/Gaude* JuS **1999** 457). Hierzu wird häufig der Fall gezählt, in dem eine Wegnahme scheitert, weil der Gewahrsamsinhaber dem Täter, um ihn nach dem „Diebstahl" zu überführen, eine Diebesfalle stellt und mit der Wegnahme der präparierten Gegenstände daher einverstanden ist (s. BayObLG NJW **1979** 729; OLG Celle JR **1987** 253; OLG Düsseldorf NJW **1988** 83). Allerdings lässt sich hier auch mit Blick darauf, dass der Grund des Scheiterns in der Sphäre des mit der Wegnahme einverstandenen Opfers liegt, ein Versuch am untauglichen Objekt annehmen.[740] Entsprechend unterschiedlich lässt es sich einordnen, wenn sich das Einverständnis auf die Zueignung be-

**737** Vgl. zur Verneinung bereits des Schädigungsvorsatzes in Fällen der irrigen Annahme eines Anspruchs auf die erstrebte Leistung *Sch/Schröder/Perron* § 263 Rdn. 175; *Wessels/Hillenkamp/Schuhr* Rdn. 581 f, 586.

**738** Freilich nur bei Zugrundelegung der objektiven Theorie, vgl. *Sch/Schröder/Bosch/Schittenhelm* Vor §§ 153 ff Rdn. 4.

**739** Für eine Einordnung als Fall des Versuchs am untaugliche Objekt *Zaczyk* Unrecht S. 253 mit Fn. 56.

**740** So *Zaczyk* Unrecht S. 253.

zieht, so dass der Unterschlagungsversuch untauglich ist (*Hillenkamp* JR **1987** 256). Setzt man bei Hehlerei und Geldwäsche die objektive Eignung der Handlung voraus, die Verletzung des geschützten Rechtsguts zu bewirken, ist die dem Vortäter bei dessen Versuch geleistete Hilfe, die Sache an einen von beiden nicht erkannten verdeckten Ermittler zu veräußern, ein untauglicher Versuch der Absatzhilfe (BGHSt **43** 110; s. auch BGH wistra **2000** 260) und die Weitergabe des erpressten Geldes an den verdeckten Ermittler ein untauglicher Versuch der Geldwäsche (BGH StV **1999** 94; zu beiden Fällen s. *Wessels/Hillenkamp/Schuhr* Rdn. 867, 898 m. w. N.).[741] Zu den Fällen einer untauglichen Handlung lassen sich ferner die Tatabläufe zählen, in denen das vom Täter in Aussicht genommene Tatobjekt nicht am Tatort ist oder diesem erwartungswidrig fernbleibt (*Jescheck/Weigend* § 50 I 1; *Vogler* LK[10] Rdn. 138).[742] Vorausgesetzt ist dabei allerdings, dass auch ohne das Erscheinen des Opfers die Tat die Schwelle von der Vorbereitung zum Versuch überschritten hat (s. dazu Rdn. 117, 130: Erwartungs-, Auflauerungsfälle) und es nach den in diesem Zeitpunkt zur Verfügung stehenden Erkenntniskräften bereits ausgeschlossen ist, dass das Opfer noch kommt. Ist das noch ungewiss, so bleibt die Tatvollendung noch möglich und es liegt kein untauglicher Versuch vor (s. Rdn. 227). In einem solchen Fall bleibt es beim tauglichen Versuch, auch wenn das Opfer letztlich nicht erscheint. Geht es um Unterlassen, liegt eine untaugliche Tathandlung vor, wenn der Täter sich nur einbildet, er könne das bedrohte Gut noch retten, das in Wahrheit verloren ist (s. Rdn. 265).

**e) Sonderfälle, insb. fehlendes subjektive Rechtfertigungselement.** Strafbar kann auch der untaugliche Versuch bei selbständig unter Strafe gestellten (§ 30) oder zu selbständigen Tatbeständen (§ 234a Abs. 3)[743] erhobenen **Vorbereitungshandlungen** sein. Auch hier kommt es dann allein darauf an, dass der Täter annimmt, dass die jeweiligen Tatbestandsmerkmale, insbesondere der Erfolg, verwirklicht werden können. Ein untauglicher Anstiftungsversuch nach § 30 liegt beispielsweise vor, wenn der ins Auge gefasste Täter die Tat von vornherein nicht begehen will[744] oder wenn die Tat nicht durchführbar ist.[745] Da Grundlage für die Beurteilung der versuchten Anstiftung die Vorstellung des Täters des § 30 Abs. 1 ist und zudem in § 30 Abs. 1 S. 3 auf § 23 Abs. 3 verwiesen wird, ist nach geltendem Recht von der Strafbarkeit des untauglichen Anstiftungsversuchs auszugehen (was in einem Spannungsverhältnis zu der geläufigen Auffassung steht, dass sich § 30 Abs. 1 aus der Gefährlichkeit der Tathandlung legitimiere; s. *SSW/Murmann* § 30 Rdn. 1, 16; **aA** *Zaczyk* NK § 30 Rdn. 30). Auch auf untaugliche Verschleppungsvorbereitungen eines Alleintäters (bei mehreren Beteiligten geht § 30 vor, s. BGHSt 254

**741** Anders dürfte es im Fall einer von der Polizei überwachten Übergabe des Erpressungsgeldes an den im unmittelbaren Anschluss hieran festgenommenen Erpresser liegen. Zwar kommt es hier nicht zur tatbestandlich vorausgesetzten schädigenden Vermögensgefährdung, weshalb die Tat im Versuchsstadium stecken bleibt (BGH StV **1998** 661). Aber dies führt nicht rückwirkend zur Untauglichkeit der Erpressungshandlung, bei der die späteren vermögensschützenden Maßnahmen ja noch nicht angelegt waren; für untauglichen Erpressungsversuch *Hillenkamp* LK[12] Rdn. 197.

**742** Wohl für eine Zuordnung zum untauglichen Objekt *Zaczyk* Unrecht S. 255 f.

**743** Bei dem hierfür von *Sch/Schröder/Eser/Bosch* Rdn. 77 und *Vogler* LK[10] Rdn. 14 als Beispiel genannten § 149 trifft das allerdings nicht zu, weil hier z. B. die Platten etc. objektiv geeignet und das heißt gebrauchsfähig sein müssen und es nicht genügt, daß der Täter sie nur für gebrauchsfähig hält, vgl. *Sch/Schröder/Sternberg-Lieben* § 149 Rdn. 8; *Puppe/Schumann* NK § 149 Rdn. 14 (strafloser Versuch).

**744** BGHSt **50** 142: Bestimmungsversuch gegenüber nicht offen ermittelnden Polizeibeamten.

**745** Kein Fall der Untauglichkeit ist dagegen der hierfür meist als Beispiel genannte Fall, in dem der ins Auge gefasste Haupttäter bereits tatentschlossen sei. Damit wird verkannt, dass der Tatentschluss erst im Ausführungsstadium vorliegt und der potentielle Haupttäter im Vorfeld der Tat allenfalls einen Plan gefasst haben kann. Nimmt er von diesem nach erfolgter Anstiftungshandlung zunächst Abstand, entschließt sich dann aber doch aufgrund der Tataufforderung zu deren Begehung, so zeigt sich deutlich, dass der Anstiftungsversuch in solchen Fällen nicht von vornherein untauglich ist; s. *SSW/Murmann* § 30 Rdn. 16.

6 85), die nach diesen Grundsätzen unter § 234a Abs. 3 fallen, wird man § 23 Abs. 3 (entsprechend) anwenden müssen (*Sch/Schröder/Eisele* § 234a Rdn. 15).

255 Von dem (umgekehrten) Irrtum über die Rechtswidrigkeit als Tatumstand, der „direkt" zum untauglichen Versuch führt (s. Rdn. 252), sind die Fälle der auf Irrtum beruhenden **Unkenntnis einer objektiv gegebenen Rechtfertigungslage** zu unterscheiden. Wenn der Täter nicht weiß, dass seine tatbestandsmäßige Handlung objektiv gerechtfertigt ist, stellt sich die Frage, ob er straflos bleiben oder ob Bestrafung wegen (untauglichen) Versuchs oder sogar wegen Vollendung eintreten soll. Die Meinungen darüber sind geteilt (s. zum Streitstand *Hillenkamp/Cornelius* AT 4. Problem). Das beruht auf unterschiedlichen Auffassungen über die Bedeutung der subjektiven Rechtfertigungselemente. Während vereinzelt eine objektive Unrechtslehre vertreten und daher dem Fehlen der subjektiven Rechtfertigungsseite keinerlei Einfluss zugemessen wird,[746] besteht innerhalb der herrschenden Gegenposition Streit, welche Konsequenz aus dem Fehlen der verlangten Kenntnis der Rechtfertigungslage zu ziehen ist. Überwiegend wird für die Annahme eines (untauglichen) Versuchs oder doch für eine analoge Anwendung seiner Regelung geworben.[747] Es wird aber auch vertreten, dass wegen vollendeter Tat zu bestrafen sei.[748] Die **Rechtsprechung** hat sich mit solchen Fallgestaltungen nur selten beschäftigt (s. schon Rdn. 24). Während die Judikatur beim Schwangerschaftsabbruch früher dazu neigte, mangels pflichtgemäßer Prüfung der Voraussetzungen des übergesetzlichen Notstands unabhängig von dessen (weiterem) Vorliegen wegen vollendeter Tat zu verurteilen (s. noch BGHSt **2** 111, 115), ist nach BGHSt **38** 144, 155 „nur Bestrafung wegen Versuchs gerechtfertigt", wenn der Arzt zwar „die Indikationslage nicht oder nur unsorgfältig prüft", sich aber feststellen lässt, dass sich bei sorgfältiger Prüfung „objektiv eine Indikation ergeben hätte". Dass dann das Ergebnis „vor dem Gesetz bestehen" kann (BGHSt **38** 156), ist auch für das KG (GA **1975** 213, 15) im Fall einer objektiv gegebenen, vom Täter aber nicht erkannten Notwehrlage Grund, eine vollendete Tat zu verneinen. Die jüngere Rechtsprechung ist uneinheitlich. Während sich BGH NStZ **2016** 333 (dazu *Eisele* JuS **2016** 366 ff) auf den Standpunkt gestellt hat, dass bei fehlendem subjektiven Rechtfertigungselement aus dem vollendeten Delikt zu bestrafen sei, hat BGH NJW **2017** 1186, 1188 (dazu *Mitsch* NJW **2017** 1188 f) ohne nähere Begründung bei dem Täter unbekannten Vorliegen der objektiven Einwilligungsvoraussetzungen für eine Versuchsstrafbarkeit votiert.[749]

256 Eine **angemessene Behandlung der Konstellation** hat Folgendes **zu bedenken**: die Lösung der namentlich von *Spendel* vertretenen objektiven Unrechtslehre vernachlässigt die personale Seite des Unrechts und ist mit dem Gesetz nicht vereinbar (*Roxin* AT I § 14 Rdn. 96). Für die Vollendungslösung spricht auf den ersten Blick die übliche Regel, dass eine Rechtsfolge nur dann eingreift, wenn alle Voraussetzungen der diese auslösenden Norm erfüllt sind. Eine solche Betrachtung bleibt allerdings noch formal und lässt den Sinn und Zweck des nicht erfüllten Merkmals im Rahmen der Norm außer Betracht. Eine materielle Betrachtung muss dagegen die Frage aufwerfen, welche Funktion dem Merkmal im Rahmen der Norm zukommt und ob der Norm auch bei Fehlen der Voraussetzung immer noch ein begrenzter Aussagegehalt aufgrund des Vorliegens der übrigen Merkmale zukommen kann. Das Erfordernis eines subjektiven Rechtfertigungselements dient dazu sicherzustellen, dass das Verhalten des Täters auch hinsichtlich

---

**746** So insbesondere auf dem Boden einer objektiven Versuchslehre *Spendel* LK[11] § 32 Rdn. 138; ihm folgend *Rohrer* JA **1986** 363 ff (vgl. dazu **krit.** *Herzberg* JA **1986** 541 ff); auch *Gropp* FS Kühl 247 ff; diese Lehre bejaht Rechtfertigung und gelangt daher zur Straflosigkeit; i. E. übereinstimmend *Rath* Rechtfertigungselement S. 631 ff.

**747** *Ambos* HK-GS Rdn. 9; *Baumann/Weber/Mitsch/Eisele* § 15 Rdn. 48; *Freund/Rostalski* § 3 Rdn. 19 f; *Frisch* FS Lackner 113, 138; *Geppert* Jura **1995** 105; *Graul* JuS **1994** L 74 f; *Hardtung/Putzke* AT Rdn. 700; *Herzberg* JA **1986** 192 f; *Hoven* GA **2016** 17 f; *Hoffmann-Holland* MK Rdn. 147; *Matt/Renzikowski/Engländer* §§ 32 ff Rdn. 8; *Jakobs* 11/22 f; *Jescheck/Weigend* § 31 IV 2; *Lackner/Kühl/Kühl* Rdn. 16; *Maurach/Zipf* AT/1 § 25 Rdn. 34; *Murmann* Grundkurs § 25 Rdn. 10 (differenzierend); *Plaschke* Jura **2001** 238; *Roxin* AT I § 14 Rdn. 104; *Sch/Schröder/Eser/Bosch* Rdn. 81; *Wessels/Beulke/Satzger* Rdn. 417; **krit.** *Otto* AT § 18 Rdn. 46 ff.

**748** *Alwart* GA **1983** 454 f; *Gallas* FS Bockelmann 177; *Gössel* FS Triffterer 99; *Heinrich* Jura **1997** 374; *Köhler* S. 323 f; *Schmidhäuser* AT 6/24 f; *Zaczyk* NK Rdn. 57; *Zieschang* AT Rdn. 232.

**749** Ebenso OLG Celle 2 WS 17-21/13 v. 25.1.2013; dazu *Jahn* JuS **2013** 1042 ff.

der subjektiven Einstellung im Einklang mit dem Recht steht, also neben dem objektiven Handlungswert auch ein subjektiver Handlungswert die Rechtfertigung trägt. Vor diesem Hintergrund verdient die **Versuchslösung** den **Vorzug**. Auch bei Nichtvorliegen des subjektiven Rechtfertigungselements handelt der Täter im Rahmen der objektiv gegebenen Rechtfertigungslage. Da sein äußeres Verhalten von der Rechtsordnung nicht missbilligt wird, muss der Eintritt des Erfolgsunrechts verneint werden (*Lenckner* Notstand S. 195 ff). Dafür spricht auch ein Vergleich mit entsprechenden Irrtümern auf Tatbestandsebene, wenn also der Täter sich lediglich vorstellt, ein Tatbestandsmerkmal zu erfüllen und folglich wegen untauglichen Versuchs strafbar ist. Die Unterscheidung von Umständen, die bereits den Tatbestand ausschließen und solchen, die rechtfertigend wirken, hat zwar gute Gründe in der Typisierungsfunktion des Tatbestandes und dem damit in Zusammenhang stehenden Modell von Regelfall und Ausnahme, welches das Verhältnis von Tatbestandsmäßigkeit und Rechtswidrigkeit auszeichnet. Die Verortung eines Merkmals auf Tatbestands- oder Rechtfertigungsebene stellt aber kein sinnvolles Unterscheidungskriterium für eine Grenzziehung zwischen Versuch und Vollendung dar. Das zeigt sich deutlich bei fehlender Kenntnis von einer Zustimmung des Opfers, die als tatbestandsausschließendes Einverständnis oder als (je nach vertretener Position)[750] tatbestandsausschließender oder rechtfertigender Einwilligung vorkommen kann, ohne dass sich daraus eine Differenzierung hinsichtlich der Frage ergeben kann, ob dem Täter ein Erfolgsunwert anzulasten ist (s. Rdn. 25). Der objektive Einklang mit der Rechtsordnung verhilft in diesen Fällen dem Interesse zum Erfolg, das im konkreten Kollisionsfall schutzwürdiger ist. Das schließt eine Bestrafung wegen vollendeter Tat aus. Andererseits verwirklicht der Täter ein subjektives Handlungsunrecht, da sein Wille aufgrund seiner Unkenntnis der rechtfertigenden Situation auf die Herbeiführung eines Unrechtserfolges gerichtet ist. Da dieser Unrechtserfolg nicht eintreten kann, ähnelt die Fallgestaltung der des untauglichen Versuchs, dessen Unrecht nicht in der objektiven Bedrohung des Rechtsguts, sondern in der den Voraussetzungen des § 22 entsprechenden manifesten Verletzung des Rechtsverhältnisses liegt (KG GA **1975** 215). Folglich sprechen die besseren Gründe dafür, die Unkenntnis der Rechtfertigungslage **wie** einen **untauglichen Versuch** zu behandeln (ebenso *Hoyer* SK vor § 32 Rdn. 80, 69; *Jäger* SK Rdn. 50; *Sch/Schröder/Lenckner/Sternberg-Lieben* Vor §§ 32 ff Rdn. 15).[751]

Freilich ist in Abhängigkeit vom jeweiligen Rechtfertigungsgrund und den Voraussetzungen der Rechtfertigung im konkreten Fall zu prüfen, ob der **Intention** des Täters auch **für die objektive Erlaubtheit der Rechtfertigungshandlung Bedeutung** zukommt. Das wird teilweise recht pauschal mit der Überlegung behauptet, dass die rechtliche Bewertung eines Verhaltens nicht losgelöst von der inneren Einstellung des Handelnden erfolgen könne, so dass der Erfolgsunwert nur entfalle, wenn das zugrunde liegende Verhalten von einer rechtstreuen Haltung getragen ist.[752] Das führt freilich dazu, dass der Unterschied zwischen Erfolgen, die objektiv in Einklang mit dem Recht stehen und solchen, die diesem widersprechen, eingeebnet wird. Die innere Einstellung kann zwar einen Angriff auf das Recht begründen (das kennzeichnet gerade den Versuch), aber sie kann nicht begründen, dass dieser Angriff auch im Sinne einer vollendeten Rechtsgutsverletzung gelingt. Eine **Einschränkung** der Versuchslösung wird man allerdings bei **„unvollkommen zweiaktigen Rechtfertigungsgründen"** und bei solchen Rechtfertigungslagen annehmen müssen, bei denen sich das subjektive Rechtfertigungselement nicht lediglich auf die Tat selbst beziehen, sondern der Täter einen **über diese hinausgehenden Zweck verfolgen** muss (*Lampe* GA **1978** 7; *Sch/Schröder/Sternberg-Lieben* Vorbem. §§ 32 ff Rdn. 16 auch zum Folgenden). So liegt es insb. beim Festnahmerecht nach **§ 127 Abs. 1 StPO**: Die Rechtmä- 257

**750** Dazu *Murmann* Grundkurs § 25 Rdn. 121 ff.

**751** Für direkte Anwendung der Versuchsregeln z. B. *Frisch* FS Lackner 113, 138 f; *Roxin* AT I § 14 Rdn. 104 m. w. N. zum Streitstand. Für *Rath* Rechtfertigungselement S. 274 ff handelt es sich (neben der grundsätzlichen Ablehnung der Strafbarkeit des untauglichen Versuchs, a. a. O. S. 635) um verbotene Analogie; dem steht aber die Begünstigung gegenüber der Vollendungslösung entgegen.

**752** *Zaczyk* NK Rdn. 57.

ßigkeit der Festnahme hängt nicht nur davon ab, dass der Täter über die objektiven Voraussetzungen dieses Rechts orientiert ist, sondern darüber hinaus davon, dass der Täter den Festgenommenen der Strafverfolgung zuführen (ihn also nicht nur wegsperren oder bestrafen) will. Fehlt hier das subjektive Rechtfertigungselement, so genügt das objektive Vorliegen der Festnahmevoraussetzungen nicht zur Beseitigung des Erfolgsunwerts. Der Erfolgsunwert der Freiheitsberaubung entfällt nur dann, wenn sie der Realisierung von Strafverfolgungsbelangen dient.[753] Ähnlich kann es in bestimmten Fällen des **Notstandes** liegen, wenn die Notstandshandlung nicht schon unmittelbar die Gefahr abwendet, sondern deren Abwendung vorbereitet und deshalb nur gerechtfertigt sein kann, wenn der Täter bei dem Eingriff in fremde Rechtsgüter das Ziel verfolgt, damit den Schutz eines überwiegenden Interesses zu ermöglichen. Handelt er nicht aus diesem Motiv, so fehlt dem Eingriff der rechtlich relevante Sinn und es bleibt bei der Vollendungsstrafbarkeit.

## 2. Wahndelikt

258 **a) Begriff.** Das Wahndelikt (früher auch: Putativdelikt)[754] zeichnet sich dadurch aus, dass der Täter in Verkennung der Rechtslage sein Verhalten für strafbar hält.[755] Im Gegensatz zum untauglichen Versuch, bei dem der Täter irrig von Umständen ausgeht, die zur Verwirklichung des Tatbestandes geeignet wären (umgekehrter Tatbestandsirrtum, s. Rdn. 230), **bezieht** sich der **Irrtum** beim Wahnverbrechen auf das strafbewehrte **Verbotensein** der Tat (**umgekehrter Verbotsirrtum**). Die äußeren Umstände werden zutreffend erfasst, die Vorstellung, ihre Verwirklichung sei strafbar, ist falsch. Dabei ist die Umkehrung nicht ganz präzise, weil nach h. M. Bezugspunkt des Verbotsirrtums nicht die Strafbarkeit, sondern die Verletzung der Rechtsordnung ist,[756] während sich das Wahndelikt gerade durch die unzutreffende Annahme der Strafbarkeit auszeichnet.[757] Die Bedenken gegen den Umkehrschluss sind begründet, soweit sie sich gegen seine Verwendung als zusätzliches Argument für die Strafbarkeit des untauglichen Versuchs richten, für die das Umkehrprinzip nichts aussagt (s. Rdn. 230). Für die Unterscheidung von untauglichem Versuch und Wahndelikt ist es dagegen hilfreich festzustellen, welcher Irrtum sich umkehrt; insoweit ist das Umkehrprinzip für die Abgrenzung von heuristischem Wert.[758] Rechtlich relevant und nach der Gesetzeslage strafbarkeitsbegründend ist allein der (untaugliche) Versuch, dessen Voraussetzungen beim Wahndelikt gerade nicht erfüllt sind. Eine positive Definition des Wahndelikts bewegt sich gewissermaßen jenseits des Rechts, verweist nämlich auf die rechtlich irrelevante Vorstellung, ein Verhalten sei strafbar. Kurz: das **Wahndelikt ist kein Rechtsbegriff** und damit kein Begriff, unter den sinnvollerweise subsumiert werden kann Es kann deshalb auch nicht darum gehen, positiv zu begründen, ob ein Wahndelikt vorliegt, sondern sinnvoll lässt sich nur die Frage stellen, ob ein rechtlich relevanter Tatentschluss als Grundlage für einen (untauglichen) Versuch anzunehmen ist (s. Rdn. 296).[759]

---

**753** Vgl. hierzu und zu weiteren Beispielen *Loos* FS Oehler 227 ff; *Roxin* AT I § 14 Rdn. 103; *Sch/Schröder/Sternberg-Lieben* vor § 32 Rdn. 16 m. w. N. Auch beim – vom Gesetzgeber nicht mehr anerkannten (s. *Hillenkamp* JuS **2001** 164 f) – elterlichen Züchtigungsrecht ließ sich bei fehlender Kenntnis des Züchtigungsanlasses schwerlich von einem kompensierenden Erfolgswert reden.

**754** *Schmitz* Jura **2003** 593.

**755** Z. B. *SSW/Kudlich/Schuhr* Rdn. 28.

**756** Dazu *Murmann* Grundkurs § 26 Rdn. 47 f.

**757** *Roxin* JZ **1996** 984; *ders.* AT II § 29 Rdn. 401.

**758** Vgl. Rdn. 180 m. w. N. zur unterschiedlichen Bewertung des Umkehrschlusses. Dass das „Umkehrprinzip als Abgrenzungskriterium unentbehrlich" sei (so *Vogler* LK[10] Rdn. 143), ist angesichts der durch die Kritik zu Tage geförderten Schwächen des Umkehrschlusses vielleicht etwas überspannt, vgl. auch *Endrulat* Der umgekehrte Rechtsirrtum S. 346 ff.

**759** Vgl. *Kindhäuser* FS Streng 325; *Streng* GA **2009** 529 ff.

**b) Straflosigkeit.** Die **Straflosigkeit** des Wahndelikts folgt aus dem **Fehlen einer Strafandrohung** für das Verhalten des Täters. Seine irrige Vorstellung hierzu ist nicht geeignet, den Bereich des Strafbaren über die gesetzlich bestimmten Grenzen hinaus auszudehnen. Eine solche Funktion kommt der Vorstellung nicht zu.[760] Der gegenteilige Standpunkt würde den Grundsatz nullum crimen sine lege (Art. 103 Abs. 3 GG) verletzen.[761] Zudem fehlt es beim Wahndelikt an einem das (wirkliche) Recht in Frage stellenden Willen (*Sch/Schröder/Eser/Bosch* Rdn. 78). Auch die Straflosigkeit des Wahndelikts ist infolgedessen mit der **subjektiven Versuchslehre vereinbar.** 259

**c) Arten des Wahndelikts.** Wann ein untauglicher Versuch, wann ein Wahndelikt vorliegt, ist nicht immer zweifelsfrei. Zu den kaum oder gar nicht bestrittenen Arten des Wahndelikts zählen allerdings einerseits die Fallkonstellationen, in denen sich die irrige Annahme des Täters unmittelbar auf das Bestehen, die Reichweite oder – was freilich in der Aufzählung überall fehlt – die Gültigkeit eines Straftatbestandes bezieht (**umgekehrter direkter Verbotsirrtum**,[762] s. Rdn. 261 f), andererseits die Sachverhaltsgestaltungen, in denen der Täter die Existenz, Reichweite oder Gültigkeit einer Rechtfertigungsnorm verkennt (**umgekehrter indirekter Verbotsirrtum**, s. Rdn. 263).[763] Schwierigkeiten bereitet die Bestimmung der Grenzen des untauglichen Versuchs – und damit die Bestimmung des für das Wahndelikt verbleibenden Bereichs – dagegen zum einen dann, wenn die fälschliche Annahme der Strafbarkeit auf der Verkennung einer im **Vorfeld** des Tatbestandes liegenden Norm (**Vorfeldirrtum**, s. Rdn. 266 ff) oder zum anderen darauf beruht, dass der Irrende sich die vom Tatbestand geforderte Täterqualität irrtümlich zuschreibt (**Subjektsirrtum**, s. Rdn. 305 ff). 260

Die irrige Annahme des Täters, strafbar zu sein, kann zunächst im Falle des umgekehrten direkten Verbotsirrtums darauf beruhen, dass er vom Bestehen einer nicht existierenden (**umgekehrter Bestandsirrtum**) oder der Gültigkeit einer nicht zu beachtenden Strafnorm ausgeht (**umgekehrter Gültigkeitsirrtum**). Beispiele für ersteres sind, dass der Täter niemals strafbar gewesene Verhaltensweisen wie die lesbische Liebe, den Striptease (vgl. § 220a E 1962) oder die bloße Gebrauchsentwendung eines Buches, Schmuckstücks oder Ruderbootes oder nicht mehr mit Strafe bedrohte Handlungen, wie den Ehebruch, die homosexuelle Betätigung oder die Unzucht mit Tieren für strafbar hält (weitere Beispiele bei *Jakobs* 25/37; *Roxin* AT II § 29 Rdn. 381). Ein Beispiel für letzteres ist, dass der Täter davon ausgeht, dass ihn ein elementar menschenrechtswidriges Verbot bindet. Die Vorstellung, sich unter der „Geltung" einer Norm, die – wie das nationalsozialistische Blutschutzgesetz – die eheliche oder uneheliche Verbindung mit einem Menschen einer bestimmten anderen ethnisch-religiösen Gruppe bei Strafe verbietet, strafbar zu machen, führt daher materiell ins Wahndelikt. Insoweit hat auch der Irrtum über die Gültigkeit einer Verbotsnorm hier seine „Umkehrung". 261

Weitgehend anerkannt und heute unbestritten sind weiter die Fälle, in denen der Täter über die rechtliche Bedeutung des Tatbestandsmerkmals insoweit irrt, als er ihm eine **Reichweite** beimisst, die es in Wahrheit nicht hat. Solche **Grenzirrtümer** sind Folgen unzutreffender Subsumtion. Soweit sie ihre Ursache nicht in einem Vorfeldirrtum (s. dazu Rdn. 266 ff), sondern in einem das Tatbestandsmerkmal selbst überdehnenden und daher unzutreffenden Verständnis 262

**760** Vgl. zu den Inhalten der Vorstellung Rdn. 87 ff; *Hillenkamp* FS Roxin (2001) 689 ff.

**761** Auf das nullum-crimen-Prinzip weisen z. B. *Herzberg* JuS **1980** 469, *Rath* JuS **1999** 33, *Roxin* JZ **1996** 981 *ders.* AT II § 29 Rdn. 378 und *Sch/Schröder/Eser/Bosch* Rdn. 79 besonders hin; vgl. auch *Endrulat* Der umgekehrte Rechtsirrtum S. 475 ff. Die Straflosigkeit ist unbestritten, vgl. nur *Baumann/Weber/Mitsch/Eisele* § 22 Rdn. 49 (kein Vorsatz); *Fischer* Rdn. 49; *Foth* JR **1965** 366; *Jäger* SK Rdn. 51; *Jakobs* 25/37; *Kühl* AT § 15 Rdn. 86, 96; *Maurach/Gössel/Zipf* AT/2 § 40 Rdn. 208 ff; *Wessels/Beulke/Satzger* Rdn. 991; aus der Rechtsprechung vgl. RGSt **42**, 92, 93; **64** 229, 238 f; **66** 124, 126; BGHSt **8** 263, 268; **42** 268, 273; BGH JR **1994** 510; BayObLG NJW **1986** 1504, 1505.

**762** Es findet sich auch die noch weiter differenzierenden Bezeichnungen als „umgekehrter Verbotsnormirrtum" und „umgekehrter Subsumtionsirrtum"; *Wessels/Beulke/Satzger* Rdn. 992 f; vgl. auch *Valerius* JA **2010** 113 f.

**763** Auch: umgekehrter Erlaubnisirrtum; *Valerius* JA **2010** 114.

des unmittelbaren Norminhalts haben, begründet dieser **umgekehrte Subsumtionsirrtum** unstreitig ein Wahndelikt.[764] So liegt es z. B., wenn der Täter irrig annimmt, eine Falschbeurkundung im Amt sei auch bei der Beurkundung einer wahren Tatsache gegeben, sofern nur der Amtsträger bei der Beurkundung gegen eine Dienstpflicht verstoße (BGH JZ **1987** 522)[765] oder eine Urkunde sei schon bei unrichtigem Inhalt (schriftliche Lüge) im Sinne des § 267 verfälscht (*Fischer* Rdn. 51). Hält der Täter trotz Kenntnis, dass kein Aussteller vorhanden ist und eine Beweisbestimmung fehlt, Bezugsabschnitte für Urkunden, begründet die Vorstellung, sich durch deren Herstellung und Vertrieb nach § 267 strafbar zu machen, ein Wahndelikt (BGHSt **13** 235).[766] Gleiches gilt, wenn der Täter irrig davon ausgeht, ihn treffe nach einem Verkehrsunfall, bei dem nur er selbst zu Schaden gekommen ist, eine Wartepflicht, durch deren Verletzung er sich nach § 142 strafbar mache (BGHSt **8** 263, 268).[767] Wer glaubt, sich eines Betruges schuldig zu machen, wenn er einen – wie er weiß – tatsächlich bestehenden Anspruch durch Fälschung von Beweismitteln vor Gericht durchsetzt, begeht – da unter diesen Umständen der erstrebte Vorteil rechtmäßig ist – weder Betrug (BGHSt **42** 268, 271), noch Betrugsversuch, sondern (insoweit) nur ein strafloses Putativdelikt. Dabei kommt es nicht darauf an, ob sich die Überdehnung anhand des Wortlauts der Strafnorm feststellen lässt oder der vom Täter für strafbar gehaltene Fall nach dem Wortlaut sogar erfasst zu sein scheint, aber aufgrund einer teleologischen oder verfassungsrechtlich begründeten Restriktion ausscheidet, wenn etwa der Täter glaubt, sich einer Beleidigung schuldig zu machen, wenn er sich im engsten Familienkreis abfällig über Dritte äußert.[768] Mit Recht weist *Roxin* JZ **1996** 982 darauf hin, dass von einem Wahndelikt nicht nur bei solch überdehnendem Missverstehen von normativen, sondern auch von deskriptiven Merkmalen die Rede sein kann. Wer glaubt, durch Abschalten der Herz-Lungen-Maschine einen hirntoten „Menschen" zu töten, bleibt nach §§ 212, 22 straffrei (*Roxin* AT II § 29 Rdn. 384), Auch begeht keinen Totschlagsversuch, wer eine Leibesfrucht für einen Menschen im Sinne des § 212 hält (*Fischer* Rdn. 51; zur Abgrenzung beider Tatobjekte s. *Küper* GA **2001** 515). Ebenso bleibt derjenige nach §§ 226 Abs. 3, 22 straffrei, der eine Niere absichtlich in der Meinung zerstört, es handle sich bei ihr um ein Glied im Sinne dieser Vorschrift.[769]

**263** Die irrige Annahme, strafbar zu sein, kann auch darauf beruhen, dass der Täter einen rechtlich anerkannten Erlaubnissatz nicht kennt, seine Grenzen verkennt („Grenzirrtum")[770] oder dass er ihn wegen Verstoßes gegen das Grundgesetz oder elementare Grundsätze des Völkerrechts als ungültig ansieht (**umgekehrter indirekter Verbotsirrtum**). Auch dann liegt ein Wahndelikt vor (*Roxin* AT II § 29 Rdn. 382). So machen sich weder eine Frau noch der abbrechende Arzt strafbar, wenn sie in Unkenntnis des Rechtfertigungsgrundes der medizinischen Indikation (§ 218a Abs. 2) eine Schwangerschaft unter den dafür vorausgesetzten und von ihnen zutreffend erkannten Bedingungen in der Meinung abbrechen, sie hätten hierzu kein Recht. Gleiches gilt, wenn ihnen der Rechtfertigungsgrund zwar bekannt ist, sie aber der Auffassung sind, dass z. B. der gegebene und von der medizinischen Indikation erfasste Fall einer embryopathisch indizierten Spätabtreibung unmöglich von einem vor der Verfassung bestandskräftigen Rechtfertigungsgrund legitimiert werden könne. Einem vergleichbaren umgekehrten Gültig-

**764** H.L., vgl. *Herzberg* JuS **1980** 469 f; *Jäger* SK Rdn. 53; *Jakobs* 25/39; *Rath* JuS **1999** 33; *Roxin* JZ **1996** 982; *ders.* AT II Rdn. 383 f; *Sch/Schröder/Eser/Bosch* Rdn. 83. *Hoffmann-Holland* MK Rdn. 90 f spricht hier von „Definitionsirrtum".

**765** Mit zum Vorfeldirrtum abgrenzender Anmerkung von *Schumann* JZ **1987** 523, 525 f.

**766** Zust. z. B. *Maurach* NJW **1962** 719; *Herzberg* JuS **1980** 471; *Jäger* SK Rdn. 54; *Roxin* JZ **1996** 982; **aA** noch BGHSt 7 53; *Foth* JR **1965** 370; *Traub* JuS **1967** 115.

**767** **Krit.** dazu *Engisch* FS Heinitz 191, 201 f; zust. *Herzberg* JuS **1980** 470; *Jakobs* 25/39; *Kühl* AT § 15 Rdn. 99; *Roxin* JZ **1996** 982; *Wessels/Beulke/Satzger* Rdn. 993; *Zaczyk* Unrecht S. 265; die Alternative – untauglicher Versuch – ist heute allerdings auch nicht mehr strafbar.

**768** *Herzberg* JuS **1980** 469 f; BVerfGE 90 255.

**769** Jeweils vorausgesetzt, das Gegenteil ist richtig, vgl. zum Hirntod als maßgeblichem Todeskriterium nur *Sch/Schröder/Eser/Sternberg-Lieben* Vor § 211 ff Rdn. 16 ff; zur Niere als Glied verneinend BGHSt **28** 100.

**770** *Rath* JuS **1999** 33.

keitsirrtum unterliegt der Polizeibeamte, der von dem ihm landesrechtlich gestatteten „finalen Todesschuss" (s. dazu *Sch/Schröder/Sternberg-Lieben* Vor §§ 32 ff Rdn. 85) in der Meinung Gebrauch macht, hierzu aufgrund der elementaren Menschen- und Völkerrechtswidrigkeit absichtlicher Tötung kein „Recht" zu haben. Wer alle Voraussetzungen eines Rechtfertigungsgrundes erfüllt, kann die vom Gesetz vorgesehene rechtfertigende Wirkung nicht dadurch zunichtemachen, dass er in einer vom Recht abweichenden Wertung sein Handeln als nicht mehr gerechtfertigt empfindet. Der Täter, der glaubt, sich bestimmter, in Wahrheit zulässiger Formen der Notwehr nicht bedienen zu dürfen, handelt nicht deshalb ohne Verteidigungswillen (*Blei* JA **1973** 601 ff; *Maurach* NJW **1962** 772) und bleibt straflos. Schießt er z. B. auf den mit der Beute davoneilenden Dieb in dem irrigen Glauben, man dürfe zur Verteidigung seines Eigentums fremdes Leben auch dann nicht gefährden, wenn anders die Habe nicht mehr zu retten wäre, so macht seine (nach h. M.: falsche) Überzeugung die durch Notwehr gerechtfertigte Tat nicht zu einem Versuch eines Tötungsdelikts.[771] Ebenso liegt es, wenn ein Täter die vorläufige Festnahme nach § 127 StPO nur bei Verbrechen für erlaubt hält (s. auch *Roxin* JZ **1996** 982). Auch in solchen Fällen liegt ein strafloses Wahndelikt vor. Nicht verwechselt werden dürfen diese Konstellationen mit dem anders gelagerten Fall, in dem dem Täter der Rechtfertigungsgrund mitsamt seinen Grenzen wohl bekannt ist, er aber die objektiv gegebene rechtfertigende Lage nicht erkennt. Hier tritt Strafbarkeit nach den Regeln des untauglichen Versuchs ein (s. Rdn. 255 ff).

### 3. Sonderfälle

**a) Irrtum über Entschuldigungs- oder Strafausschließungsgründe.** Die vorstehend entwickelten Einsichten gelten auch für den, der sich in entsprechender Weise über Entschuldigungs- oder persönliche Strafausschließungsgründe irrt. Hier wird der Begriff des Wahndelikts freilich auf Konstellationen ausgedehnt, in denen der Täter über die Verwirklichung strafwürdigen Unrechts orientiert ist und lediglich seine individuelle Strafbarkeit aufgrund unzutreffender Vorstellungen über die strafrechtlichen Regelungen annimmt. Ist die Tötung des „Haustyrannen" nach § 35 entschuldigt (s. dazu *Hillenkamp* FS Miyazawa 141, 157 f), belastet die irrige Auffassung der tötenden Ehefrau, sie habe sich gleichwohl (auch strafrechtlich) schuldig gemacht, die Täterin nicht (*Roxin* JZ **1996** 982; *ders.* AT II § 29 Rdn. 382). Wer ein Verhalten für strafbar hält, weil er z. B. von dem aus kriminalpolitischen Erwägungen eingerichteten persönlichen Strafausschließungsgrund des § 173 Abs. 3 nichts weiß, begeht gleichfalls nur ein Wahndelikt (s. *Rath* JuS **1999** 33; *Wessels/Beulke/Satzger* Rdn. 995: **umgekehrter Strafbarkeitsirrtum**). Nicht anders ist zu behandeln, wer in der notstandsähnlichen Konfliktsituation des § 258 Abs. 6 seinen Verlobten vor Strafe bewahrt und dabei der Meinung ist, das könne wegen fehlender Verwandtschaft nicht straffrei ausgehen. 264

**b) Irrtum über die Verbrechensqualität (§ 30).** Entsprechend ist auch in den Fällen des § 30 abzugrenzen; die allgemeinen Irrtumsregeln gelten hier auch hinsichtlich der Verbrechensqualität der angesonnenen Tat. So begründet die irrige Annahme von Umständen, die die Tat zum Verbrechen machen würden (umgekehrter Tatbestandsirrtum), die Strafbarkeit nach § 30 (vgl. RG DR **1943** 138 zu § 218 Abs. 4, 49a a. F.; *SSW/Murmann* § 30 Rdn. 5), während im umgekehrten Fall der notwendige Vorsatz fehlt. Wer bei einer versuchten Anstiftung zur Falschaussage irrig von der Möglichkeit einer Vereidigung ausgeht, macht sich daher eines untauglichen Anstiftungsversuchs zum Meineid schuldig, so wie im umgekehrten Fall – der Täter rechnet nicht mit der Möglichkeit der Vereidigung – der Vorsatz ausgeschlossen ist (Tatbestandsirrtum, s. *Schünemann/Greco* LK § 30 Rdn. 33). Dagegen begeht ein Wahndelikt, wer einen anderen zu 265

771 Ebenso *Kühl* AT § 15 Rdn. 101; *Rath* JuS **1999** 33; *Roxin* JZ **1996** 982; *v. Weber* JZ **1951** 263; *Wessels/Beulke/Satzger* Rdn. 994.

einer Tat anzustiften versucht, deren sachliche Merkmale er zutreffend erkennt, die er aber – wie z. B. einen Einbruchsdiebstahl nach §§ 242, 243 Abs. 1 S. 1 Nr. 1 – nur irrig für ein Verbrechen hält (umgekehrter Subsumtionsirrtum; *Sch/Schröder/Eser/Bosch* Rdn. 90). Dem korrespondiert die den Täter nicht entlastende Einschätzung (unbeachtlicher Subsumtionsirrtum), bei dem zutreffend vorgestellten Delikt (wie z. B. einem Raub) handle es sich um kein Verbrechen (s. *Schünemann/Greco* LK § 30 Rdn. 33; *Vogler* LK[10] Rdn. 149).

265 **c) Unechte Unterlassungsdelikte.** Beim unechten Unterlassungsdelikt ist entsprechend den in Rdn. 250 ff, 258 ff angestellten Überlegungen zu entscheiden. Ein strafbarer (Rdn. 248) untauglicher Versuch liegt vor, wenn die vom Täter unterlassene, als tauglich vorgestellte Rettungshandlung die Tatbestandserfüllung in Wahrheit nicht hindern kann. Das kann an der **Untauglichkeit des Objekts** (s. Rdn. 252) liegen, wenn dieses entgegen der Vorstellung des Täters nicht (mehr) existiert oder nicht in Gefahr schwebt. So liegt es z. B., wenn der Bademeister keinen Rettungsversuch gegenüber einem schon ertrunkenen, aber noch für lebend gehaltenen Badegast unternimmt oder ein Trupp von Schlägern das nur nach ihrer Vorstellung, in Wahrheit aber nicht mit dem Tode bedrohte Opfer auf den Bahngleisen liegen lässt (vgl. BGHSt **38** 356). Ebenfalls als Versuch am untauglichen Objekt wird man den Fall einordnen müssen, in dem das Opfer bereits unrettbar verloren ist, also eine Rettungspflicht aufgrund der Unmöglichkeit objektiv nicht besteht. Hier liegt es letztlich nicht anders als im Fall fehlender Gefahr (so in BGH JR **1994** 510 mit Anm. *Loos*, BGH NStZ **1997** 485 und BGH NStZ-RR **2006** 10; wie hier *Wessels/Beulke/Satzger* Rdn. 1227, für eine Einordnung als Fall der untauglichen Handlung *Hillenkamp* LK[12] Rdn. 209).[772] Trifft den Täter hingegen eine Erfolgsabwendungspflicht, so kommt auch eine **Untauglichkeit des Unterlassungsverhaltens** (Rdn. 253) in Betracht: Da das Unterlassen sich stets auf die Nichtvornahme einer bestimmten Handlung beziehen muss, kann sich die Untauglichkeit der Untätigkeit daraus ergeben, dass die vom Täter vorgestellte Rettungshandlung in Wahrheit zur Erfolgsabwendung nicht geeignet ist. So liegt es etwa, wenn der Täter meint, das Opfer zuverlässig mit eigenen Erste-Hilfe-Maßnahmen retten zu können und diese unterlässt, während in Wahrheit ein Notarzteinsatz erforderlich ist. Ein Versuch unter **untauglichen Tatmodalitäten** (Rdn. 251) liegt vor, wenn der Täter sich eine reale Erfolgsabwendungschance zu Recht ausrechnet, zu Unrecht aber davon ausgeht, dass deren Wahrnehmung für ihn ungefährlich und daher zumutbar sei (s. *Loos* JR **1994** 512). Ein **Wahndelikt** ist dagegen z. B. gegeben, wenn der Täter sich für verpflichtet hält, auch einen hirntoten „Menschen" (umgekehrter Subsumtionsirrtum) weiter durch Apparate-Medizin „am Leben" zu erhalten oder einen als aussichtslos erkannten oder für ihn wegen (erkannter) Lebensgefahr unzumutbaren Rettungsversuch zu unternehmen (BGH JR **1994** 510, 511; *Kühl* AT § 15 Rdn. 100a). Entsprechendes gilt für den „Unterlassungstäter, der – irrigerweise – eine Garantenpflicht annimmt, obwohl der – ihm bekannte – Sachverhalt diese Pflicht nicht ergibt"; dieser Fall muss „als strafloses Wahnverbrechen beurteilt werden" (BGHSt **16** 155 160). Als Begründung für dieses Ergebnis wird auf den Umkehrschluss verwiesen (*Hillenkamp* LK[12] Rdn. 209): da die Unkenntnis der Garantenpflicht bei Kenntnis der die Pflicht begründenden Umstände ein Verbotsirrtum ist, handelt es sich bei der irrigen Annahme dieser Pflicht um seine Umkehrung.[773] Auch geht es hier nicht um den umstrittenen Fall eines Irrtums im Vorfeld (s. *Herzberg* JuS **1980** 474). Der Sachgrund für die Einordnung als Wahndelikt ist die Einsicht, dass der Täter eine Pflicht nicht dadurch verletzen kann, dass er sie entgegen den Wertungen der Rechtsordnung erfindet. Nimmt der Täter dagegen die tatsächlichen Voraussetzungen einer Garantenstellung an, so ist die Frage des untauglichen Subjekts angesprochen (dazu Rdn. 305 ff).

---

772 Mit den Versuch zutreffend als untauglich kennzeichnender Anmerkung von *Brand/Fett* NStZ **1998** 507 und *Hannich/Kudlich* StV **1998** 370.

773 Das Ergebnis Wahndelikt ist hier unbestritten, s. nur *Jäger* SK Rdn. 55; *Kühl* AT § 15 Rdn. 100a; *Sch/Schröder/Eser/Bosch* Rdn. 91; **krit.** zu seiner Gewinnung durch den Umkehrschluss aber z. B. *Roxin* JZ **1996** 985.

## 4. Problemfälle

266 **a) Vorfeldirrtum.** Die Grenzziehung zwischen untauglichem Versuch und Wahndelikt ist unproblematisch, wenn es um selbstbelastende Fehlvorstellungen über Tatsachen geht (untauglicher Versuch) oder der Täter den Bereich des Strafbaren überdehnt (Wahndelikt).[774] **Umstritten** und von einer einheitlichen Lösung noch weit entfernt[775] sind Konstellationen, die gewissermaßen zwischen diesen klaren Fällen liegen,[776] bei denen nämlich der Irrtum des Täters durch eine auf das Recht bezogene Fehlvorstellung oder -bewertung im **Vorfeld des Tatbestandes** (*Blei* JA **1973** 604) zustande kommt. Während sich in den bisher aufgeführten und entschiedenen Fallgestaltungen der Irrtum unmittelbar auf den Bestand, die Gültigkeit oder die Reichweite des Straftatbestandes (bzw. eines Rechtfertigungsgrundes, eines Entschuldigungs- oder Strafausschließungsgrundes) selbst bezog, liegt es hier so, dass der Täter Normen verkennt, die den Inhalt von Tatbestandsmerkmalen bestimmen, ohne im Tatbestand selbst angesiedelt zu sein. Die irrige Vorstellung betrifft also nur mittelbar den Tatbestand. So liegt es zum **Beispiel** bei dem Begriff „fremd" in §§ 242, 246, 249, 303, wenn die irrige Annahme dieses Merkmals auf einer Verkennung der einschlägigen zivilrechtlichen Vorschriften über das Eigentum und seinen Übergang beruht (vgl. OLG Stuttgart NJW **1962** 65 zu § 246) oder bei dem Merkmal „rechtswidrig" in den §§ 242, 246, 249, 253, 263, wenn der Täter einen Sachverhalt irrig so bewertet, dass der objektiv bestehende und die Rechtswidrigkeit ausschließende Anspruch nicht bestünde (vgl. RGSt **42** 94 zu § 263). Im **„Verweisungsbereich"** (*Herzberg* JuS **1980** 473) angesiedelt sind ferner Irrtümer über die Zuständigkeit (vgl. BGHSt **3** 248; 12, 56) oder den Vernehmungsgegenstand (vgl. BGHSt **25** 246) im Rahmen der Aussagedelikte (§§ 153 ff), weil sich der Inhalt dieser Begriffe nicht nach dem Tatbestand selbst, sondern nach den einschlägigen Prozessnormen richtet. Weiter zählt hierzu die irrige Vorstellung, der durch eine Strafvereitelung Begünstigte habe eine Straftat, und nicht eine Ordnungswidrigkeit begangen (vgl. BGHSt **15** 210 zu § 346 a. F.) oder die vom Täter ererbte Summe falle unter die Steuerpflicht (*Burkhardt* wistra **1982** 180) oder der Täter nimmt in Verkennung der Reichweite eines Embargos einen Embargoverstoß an (*Schmitz* Jura **2003** 599 zu § 34 Abs. 4 AWG a. F.).[777] Diese Fehlvorstellungen beziehen sich – wie die Beispiele zeigen – nicht notwendig auf „außerstrafrechtliche" Normen,[778] so dass die überkommene Unterscheidung zwischen strafrechtlichen und außerstrafrechtlichen Irrtümern schon deshalb nicht hilft. Vielmehr besteht das sie verbindende Kennzeichen allein darin, dass die Quelle des selbstbelastenden Irrtums nicht innerhalb, sondern außerhalb des in Frage stehenden Tatbestandes, im „Vorfeld" oder „Verweisungsbereich" liegt. Das vertretene Meinungsspektrum ist weit gefächert:

267 **aa) Lehre von der versuchsbegründenden Wirkung des Vorfeldirrtums.** Am einen Ende des Spektrums steht die Ansicht, dass der Rechtsirrtum im „Vorfeld des Tatbestandes" **stets** einen **untauglichen Versuch** begründe, wenn der Täter infolge des Irrtums „das für sich gesehen richtig verstandene Tatbestandsmerkmal zu verwirklichen glaube" (*Blei* JA **1973** 604).[779]

---

**774** Z. B. *Sch/Schröder/Eser/Bosch* Rdn. 83.

**775** S. *Heidingsfelder* Subsumtionsirrtum S. 120 ff, 128 ff; zur Rechtsprechung *Frisch* FS Eisenberg (2019) S. 618 f. Vgl. auch *Schuster* S. 88 ff (der einen Schwerpunkt auf Judikaten und Literatur zur Abgrenzung von Tatbestands- und Verbotsirrtum setzt). Immerhin kann man aber mit *Frisch* (FS Eisenberg [2019] S. 617, 619 f) eine gewisse Konsolidierung des Meinungsstandes dahingehend feststellen, dass gewisse Überdehnungen des dem untauglichen Versuch zugewiesenen Bereichs mittlerweile zurückgenommen wurden.

**776** *Sch/Schröder/Eser/Bosch* Rdn. 84.

**777** S. zu diesen und weiteren Beispielen *Herzberg* JuS **1980** 472 ff; *Heuchemer* JA **2000** 946; *Roxin* JZ **1996** 982 f.

**778** S. *Herzberg* JuS **1980** 473; *Puppe* FS Herzberg S. 275, 276.

**779** Ihm zust. *Herdegen* FS BGH S. 195, 205 f; vgl. auch die Darstellung bei *Heidingsfelder* Subsumtionsirrtum S. 128 ff.

*Herzberg* (JuS **1980** 472 ff) folgt dem im Grundsatz, wenn er vom belastenden Irrtum des Täters im Verweisungsbereich annimmt, er begründe „Vorsatz und einen untauglichen Versuch" und dem das ins Wahndelikt führende Rechtsverständnis entgegenstellt, mit dem der Täter in „Widerspruch zu der mit der Setzung des Merkmals getroffenen Grundentscheidung" und infolge dessen mit dem Tatbestand selbst gerät. Danach begeht z. B. einen (untauglichen) Unterschlagungsversuch, wer seine verkaufte, aber noch nicht übergebene Sache einem besser zahlenden Kunden in der Meinung überlässt, er verletze damit das (in Wahrheit noch gar nicht vorhandene) Eigentum des Erstkäufers: dieser Täter habe zwar ein falsches Bild vom Verweisungsbereich, aber ein richtiges von der Unterschlagung, weil es nach ihr auf die Verletzung des (hier nur vorgestellten) Eigentums ankomme.[780] Entsprechend entscheidet *Herzberg* die Fälle, in denen der Täter unzutreffend davon ausgeht, dass die den Eid abnehmende Stelle die hierfür erforderliche Zuständigkeit aufweist.[781] Wer dagegen glaube, auch seine zu Recht noch als eigene angesehene Sache könne unterschlagen werden, wenn er sie trotz geschehenen bloßen Verkaufs anderweitig nutze, begehe ein Wahndelikt, da er die „Grundentscheidung" des § 246 überdehne.[782] Letzteres tue etwa auch, wer ein als Ordnungswidrigkeit zutreffend erkanntes Geschehen für eine rechtswidrige Tat im Sinne des § 258 halte. Ob es sich um ein Merkmal handelt, das in ein Vorfeld verweist, soll man nach dieser Lehre daran erkennen, dass Änderungen im Verweisungsbereich zwar die Reichweite des jeweiligen Tatbestandes beeinflussen können, „Fassung und Interpretation dieser Vorschrift" selbst aber nicht (*Herzberg* JuS **1980** 472).[783]

268 Die **Schwäche der Lehre**, wonach jeder Vorfeldirrtum zum untauglichen Versuch führe, liegt in der Vorstellung, der Gesetzgeber habe den Verweisungsbereich „freigegeben",[784] so dass diesbezügliche Fehlvorstellungen den Vorsatz bezogen auf die Verwirklichung des Straftatbestandes unberührt lassen. Das trifft jedenfalls in dieser Allgemeinheit nicht zu. Wenn der Gesetzgeber etwa dem Interesse an der Wahrheitsermittlung durch eine herausgehobene Strafbarkeit des Meineides besonderes Gewicht beimisst und durch Regelungen zur Zuständigkeit und des von der Eidesleistung umfassten Vernehmungsgegenstandes zugleich den Rahmen bestimmt, in dem dieses erhöhte Schutzinteresse besteht, so kann der Täter den so umgrenzten Bereich strafbaren Verhaltens nicht durch seine bloße Vorstellung erweitern.[785] Wenn der Täter also etwa zu Unrecht annimmt, er habe vor einer zur Abnahme von Eiden zuständigen Stelle geschworen, so überdehnt er den Bereich strafbewehrten Fehlverhaltens gerade entgegen der gesetzgeberischen Entscheidung und begeht ein Wahndelikt. Anders formuliert: die gesetzgeberische Entscheidung hinsichtlich der Reichweite der Strafbarkeit erhält ihre Konturen erst aus einer Zusammenschau des zu schützenden Rechtsguts und des auf dieses bezogene Schutzinteresse, die Gegenstand eines Straftatbestandes sind. Bezogen auf den Vorsatz bedeutet das: Die Entscheidung des Täters richtet sich nicht gegen den Straftatbestand als solchen, sondern gegen das durch diesen geschützte Rechtsgut in dem nach der Primärordnung intendierten Umfang. Gegenüber diesem durchschlagenden Einwand weniger bedeutsam ist eine Kritik, die darauf abzielt, dass nach der Lehre von der versuchsbegründenden Wirkung des Vorfeldirrtums selbst die absurdesten Fehlvorstellungen über rechtliche Regelungen im Verweisungsbereich eine Versuchsstrafbarkeit – gegebenenfalls unter Anwendung von § 23 Abs. 3 – begründen könnten.[786]

---

**780** Zustimmend etwa *Fischer* Rdn. 54; *Jescheck/Weigend* § 50 II 2 c.

**781** *Herzberg* JuS **1980** 475 f; ebenso *Jescheck/Weigend* § 50 II 2 c.

**782** Sympathie für diese Lösung äußert *Küper* NStZ **1993** 316; *Roxin* AT II § 29 Rdn. 396 bezeichnet sie als sehr beachtenswert; nahest. aber auch **krit.** *Nierwertberg* Jura **1985** 238, 241 f. *Herzberg* GedS Schlüchter 189, 206 hält nunmehr auch im Verweisungsbereich Wahnvorstellungen für denkbar und will seine vormalige Unterscheidung durch die „zwischen Definitionsirrtum", der ins Wahndelikt führt, und dem „Irrtum unterhalb der Definition", der untauglichen Versuch begründet, ersetzen.

**783** Kritisch zur Abgrenzbarkeit von Verweisungsbegriff und Grundentscheidung etwa *Schlüchter* Irrtum S. 152.

**784** *Herzberg* JuS **1980** 472.

**785** Zutreffend *Paeffgen/Zabel* NK vor §§ 32 ff Rdn. 264.

**786** *Paeffgen/Zabel* NK vor §§ 32 ff Rdn. 263; *Roxin* JZ **1996** 981, 984 ff.

Gegen diese Kritik lässt sich nämlich einwenden, dass der Gesetzgeber mit § 23 Abs. 3 gerade eine Entscheidung zugunsten der Strafbarkeit unvernünftiger Vorstellungen getroffen habe.

**bb) Die Lehre, wonach alle Vorfeldirrtümer zum Wahndelikt führen.** Die **Gegenposition**, nach der „ein umgekehrter Rechtsirrtum – gleich welcher Provenienz“ – niemals versuchsbegründend wirkt, sondern **stets** ins straflose **Wahndelikt** führt, ist namentlich von *Burkhardt* (JZ **1981** 681; *ders.* wistra **1982** 178; *ders.* GA **2013** 346) entwickelt worden.[787] Nach ihm ist „jeder umgekehrte Bedeutungsirrtum, der auf der Verkennung von Rechtsnormen beruht, mit einer Überdehnung des strafrechtlichen Schutzbereichs verbunden“. Hiernach ergibt es zwar Sinn, zwischen der irrigen Annahme „natürlicher Tatsachen“ und „Fehlvorstellungen über den Komplex konstitutiver Regeln“ zu unterscheiden, nicht aber unter letzteren danach, ob sie die Normativität von Vorfeld- oder Tatbestandsbegriffen ausfüllen. In beiden Fällen betreffe der Irrtum „die Extension der normativen Tatbestandsmerkmale und damit auch den Anwendungsbereich des jeweiligen Straftatbestandes“ (*Burkhardt* JZ **1981** 686). Am Beispiel des Eigentumsbegriffs meint *Burkhardt* (GA **2013** 350 ff) folglich, dieser umschreibe nicht lediglich das Eigentum i. S. v. § 903 BGB, sondern umfasse auch die vom geltenden Recht anerkannten Erwerbs- und Verlustgründe. Auch auf diese müsse sich der Vorsatz folglich beziehen, wobei eine korrekte Vorstellung (oder überhaupt eine Vorstellung) hinsichtlich des rechtlichen Grundes einer Eigentumsänderung nicht erforderlich sei; vorsatzausschließend wirke es aber, wenn der Täter von einem gesetzlich nicht anerkannten Rechtsgrund ausgeht.[788] Eine aufgrund unzutreffender Annahmen über die Rechtsordnung nur eingebildete „Fremdheit“, „Zuständigkeit“ oder „Steuerpflichtigkeit“ führe daher stets zum Wahndelikt. Dem stimmt *Schroth* (Vorsatz S. 80 ff) mit dem Bemerken zu, dass hier jedenfalls eine „Bedeutungs-“ oder „Rechtswidrigkeitsvorstellung“ allein ohne zurechnungsrelevantes Sachverhaltswissen den Vorsatz eines untauglichen Versuches nicht ausmachen könne. *Kuhlen* (Irrtum S. 73 ff, 558 ff; hierzu – kritisch – *Heidingsfelder* Subsumtionsirrtum S. 133 ff) trifft sich im Ergebnis mit der Auffassung *Burkhardts* und verweist Irrtümer im Vorfeldbereich deshalb in den Sektor des straflosen Wahndelikts, weil die von ihm für den untauglichen Versuch vorausgesetzte Gefährdung der Rechtsordnung nur eintrete, wenn „die objektiven Gegebenheiten (Annahmen des Urteilenden) hypothetisch derart verändert (werden) können, dass der vom Handelnden angenommene Verstoß gegen das Recht objektiv gegeben wäre“ und diese „hypothetische Veränderung möglich (ist), ohne dass auch das Recht selbst bzw. rechtliche Annahmen geändert werden“. Von beidem könne – wie an den Entscheidungen KG wistra **1982** 196 und BayObLG JR **1981** 296 illustriert wird – beim „außerstrafrechtlich untauglichen Versuch“, der nur eine hypothetische, nicht aber eine wirkliche Rechtsordnung „verletze“, nicht die Rede sein. Damit gerät *Kuhlen* in eine Friktion, wenn er in beiden Fällen zwar den Vorsatz bejahen will, aber gleichwohl meint, dass der Täter nur eine hypothetische Rechtsordnung gefährde.[789] Auch *Jakobs* (25/42) und *Timpe* (ZStW **125** [2014] 777 ff) kommen bei Fehlvorstellungen über das Recht im Vorfeld des Tatbestandes zum Wahndelikt: Der Täter greife nur eine vorgestellte Ordnung an, desavouiere also keine Norm der gegebenen Ordnung, wenn er 269

787 Die Lehre knüpft an die Arbeit von *Kriegsmann* Wahnverbrechen und untauglicher Versuch 1904 S. 52 ff an; daran anschließend *Abrahams/Schwarz* Jura **1997** 355, 358; *Dopslaff* GA **1987** 1, 26; *Sch/Schröder/Eser/Bosch* Rdn. 89; *Frisch* Irrtum S. 282 ff; *Hillenkamp* LK[12] Rdn. 225 ff; *Hotz* JuS **2016** 221 223 ff; *Kindhäuser* LPK vor § 22–24 Rdn. 15; *Paeffgen/Zabel* NK vor §§ 32 ff Rdn. 269 ff; *Streng* GA **2009** 529 ff; *Toepel* ZIS **2017** 608 ff (soweit es gesetzlich abschließend definierte Merkmale wie die „Fremdheit“ betrifft; offen gelassen z. B. für den Urkundenbegriff); *Zaczyk* NK Rdn. 45, 47 ff (der zu entsprechenden Ergebnissen auf der Basis einer „handlungsbezogenen materiellen Begründung“ gelangt). **Krit.** *Heidingsfelder* Subsumtionsirrtum S. 120 ff; *Hoffmann-Holland* MK Rdn. 69 ff; *Roxin* JZ **1996** 984; *Schmitz* Jura **2003** 597, *Zaczyk* Unrecht S. 260 ff (mit Differenzierungen in NK Rdn. 48 f); vgl. auch *Dencker* NStZ **1982** 458 ff und *Tischler* Verbotsirrtum S. 342 ff.

788 *Burkhardt* GA **2013** 354 f.

789 *Heidingsfelder* Subsumtionsirrtum S. 137.

„meint, der Entstehungsgrund der Pflichten sei weiter, als die gegebene Ordnung es vorsieht (Wahndelikt)" (*Jakobs* AT 25/42). Verkennt der Täter etwa die Regeln zum Eigentumsübergang, so sei eine Beschädigung oder „Unterschlagung" der nach Tätervorstellung fremden Sache ohne kommunikative Relevanz. Der mit dem Verhalten verbundene Sinnausdruck liege also nicht in der Entscheidungsmacht des Täters, sondern hänge von der Rechtsordnung ab. Entsprechend liege kein untauglicher Versuch einer Steuerhinterziehung vor, wenn der Täter fehlerhaft annimmt, ein bestimmter Vorgang löse eine Steuerschuld aus. Schließlich liege ein Wahndelikt vor, wenn sich der Täter vor einer hierfür nicht vorgesehenen Stelle für eides- oder wahrheitspflichtig hält oder den Umfang seiner Wahrheitspflicht überdehnt (*Jakobs* 25/49 mit Fn. 77). Und *Kindhäuser* (LPK Vor §§ 22–24 Rdn. 15; eingehend *ders.* FS Streng 325 ff) schreibt, „dass ein Verhalten, das aufgrund der geltenden Rechtslage nie zu einem vollendeten Delikt führen kann, schwerlich wegen Versuchs strafbar sein kann"; ein Versuch setze „zumindest die faktisch oder normativ denkbare Möglichkeit seiner Vollendung voraus" (zu *Kindhäuser* näher Rdn. 282).[790] Ebenso hält *Streng* (GA **2009** 534) die „Vollendbarkeit" der Tat für ein geeignetes Prüfkriterium zur Feststellung des Vorliegens eines Tatentschlusses: Ist der Täter über die Tatsachenbasis, aus der sich die fehlende Fremdheit einer Sache ergibt, orientiert, so ändere die unzutreffende rechtliche Bewertung der Eigentumslage nichts daran, dass der Täter auf der Grundlage der vorgestellten Tatsachenbasis die Tat nicht vollenden könne.

**270** Die pauschale Annahme eines Wahndelikts kann sich **nicht überzeugend** auf die These *Burkhardts* stützen, wonach die für den Täter belastende Fehlvorstellung im Vorfeld des Tatbestandes stets das fragliche Merkmal und damit den gesetzlichen **Tatbestand überdehne**, so dass etwa die Annahme der Fremdheit einer Sache, die auf einem Irrtum über die Regelungen zum Eigentumsübergang beruht, das Merkmal „fremd" und damit den Tatbestand der Eigentumsdelikte überdehne. Hinter dieser These steht die Vorstellung, dass die rechtlichen Regeln im Vorfeld des Tatbestandes dessen Umfang bestimmen, so dass etwa das Merkmal „fremd" bei den Eigentumsdelikten ein Blankett darstelle, das auf die zivilrechtlichen Regeln der Eigentumsordnung umfassend (also unter Einschluss der Vorschriften zum Eigentumsübergang) Bezug nehme.[791] Tatsächlich aber betrifft das Merkmal „fremd" sowohl begrifflich als auch nach Sinn und Zweck nicht Fragen des rechtlichen Erwerbs oder Verlusts des Eigentums, sondern die zum Tatzeitpunkt (Wegnahme, Beschädigung etc.) bestehende Eigentumslage in ihrem durch § 903 BGB geschützten Zuweisungsgehalt.[792] Das zeigt sich auch deutlich am gängigen Verständnis der Zueignung als der Anmaßung einer eigentümerähnlichen Position.[793] Dem Täter des § 242 StGB geht es gerade darum, sich faktisch die Stellung zu verschaffen, die der in § 903 BGB geregelten Rechtsposition entspricht. Entsprechend irrelevant ist es für den Tatvorsatz, ob sich der Täter irgendwelche (richtigen oder falschen) Vorstellungen über die rechtlichen Vorgaben

---

**790** Ebenso *Kindhäuser/Zimmermann* AT § 30 Rdn. 28 f; *Paeffgen/Zabel* NK vor §§ 32 ff Rdn. 272.

**791** *Burkhardt* GA **2013** 353. S. zur **Kritik** auch *Frisch* FS Eisenberg (2019) S. 629 ff (der dann S. 632 aber mit anderer Begründung ebenfalls ein Wahndelikt annimmt); *Kindhäuser* FS Streng S. 330 ff; *Schuster* S. 126. Dabei unterscheidet *Burkhardt* die Behandlung der Fremdheit als Blankett von der Substituierbarkeitsthese, also von der Annahme, dass die Voraussetzungen der Eigentumsordnung auch im Straftatbestand selbst hätten ausformuliert werden können. Diese Substituierbarkeitsthese hat *Burkhardt* GA **2013** 357 f. selbst relativiert bzw. (gerade für den Begriff der Fremdheit) aufgegeben.

**792** Ablehnend auch *Kindhäuser* FS Streng 325, 332, 337. *Burkhardt* (GA **2013** 350 ff) versucht das Verständnis von *Radbruch* in Anspruch zu nehmen, wonach „Eigentum als Begriff vom Inhalt eines Rechtssatzes" anzusehen und deshalb alle rechtlichen Vorgaben für den Erwerb oder Verlust von Eigentum beinhalte. Ähnlich meint auch *Toepel* ZIS **2017** 609, der Begriff „Fremdheit" lasse aufgrund seiner zivilrechtlichen Festlegung eine Trennung zwischen den Entstehungsbedingungen und dem Rechtsverhältnis selbst nicht zu. Aber es geht ja nicht darum, den strafrechtlichen Eigentumsbegriff abweichend vom zivilrechtlichen zu definieren, sondern darum, dass strafrechtlich nur das Rechtsverhältnis, nicht aber dessen Entstehungsbedingungen maßgeblich sind.

**793** *Zaczyk* Unrecht S. 262.

zum Eigentumsübergang gemacht hat.[794] Der Täter muss hierüber überhaupt nicht reflektieren.[795] Wenn solche Überlegungen aber irrelevant sind, dann können sie nicht dadurch Relevanz erlangen, dass der Täter sie tatsächlich anstellt. Ebensowenig kann es eine Rolle spielen, wenn der Täter nach seiner Vorstellung ein Eigentumsobjekt einer Person beschädigt und dabei aufgrund rechtlicher Fehlvorstellung verkennt, dass das Eigentumsobjekt auf eine andere Person übertragen wurde, die damit geschädigt ist.[796]

Stärker ist die Überlegung, dass dem vorgestellten Sachverhalt deshalb die rechtliche Relevanz fehle, weil die vom Täter vorgestellte Verletzungsbedeutung nicht der rechtlichen Realität entspreche und eine Verletzung deshalb schlechthin nicht möglich sei. Wenn aber *Streng* (GA **2009** 536 ff) darauf verweist, dass Basis des Vorsatzes die vorgestellte Tatsachenbasis (auch als Grundlage einer Parallelwertung der Laiensphäre) sei und deshalb der Tatentschluss nicht unvermittelt auf die Wertung gestützt werden dürfe,[797] so bleibt die Frage, ob damit der objektive Gegenstand des Vorsatzes zutreffend bestimmt ist. Denn impliziert wird damit, dass „Fremdheit" nicht nur die dingliche Zuordnung einer Sache zu einer Person meint, sondern sämtliche Eigentumsübertragungsvorgänge einzubeziehen sind (dagegen schon Rdn. 270). Der Täter erfüllt auf der Grundlage seiner Vorstellung mit der Beschädigung oder Wegnahme einer für fremd gehaltenen Sache nicht nur eine eingebildete Norm, sondern er wendet sich gegen ein tatsächlich straftatbestandlich geschütztes Rechtsgut.[798] Zu entsprechenden Bedenken gegen die Auffassung *Kindhäusers* Rdn. 282. 271

**cc) Vermittelnde Positionen.** Überwiegend wird angenommen, dass beide Extrempositionen durch die „Pauschalität" ihrer Folgerungen die **nötige Differenzierung** nicht zu leisten vermöchten und daher einerseits im Gewande der sog. „Vorfeldlehre" (Rdn. 267 f) den Strafbarkeitsbereich auch auf nicht strafwürdige Fälle wie den Meineid vor dem unzuständigen Polizeibeamten oder die Steuerhinterziehung bei nicht bestehender Steuerpflicht ausdehnten,[799] andererseits mit der Lehre von der „Extensionsrelevanz" aller Irrtümer (Rdn. 269 ff) der Straffreiheit ein zu weites Feld überließen, auf dem sich auch Vorfeldirrtümer fänden, die in Wahrheit vorsatzbegründende Wirkung entfalteten.[800] Zudem wird der Unterscheidung zwischen dem Rechtsirrtum über die Reichweite der Norm und demjenigen im Vorfeld die Wiederbelebung der überholten reichsgerichtlichen Differenzierung zwischen strafrechtlichem und außerstrafrechtlichem Irrtum,[801] der These *Burkhardts* der Rückgriff auf die noch ältere, aber nicht fruchtbare Unterscheidung von error iuris und error facti vorgehalten.[802] 272

Vor dem Hintergrund der skizzierten Kritik wurden **mannigfache**, teils auf den Strafgrund und die Unrechtsbegründung des Versuchs stärker zurückbezogene, teils mehr „formal" und 273

794 Zutreffend *Puppe* FS Herzberg 275, 277; *Schmitz* Jura **2003** 597. Dieser Befund wird dadurch bestätigt, dass auch *Burkhardt* Fehlvorstellungen über den konkreten rechtlichen Grund für die Änderung der Eigentumslage keine Relevanz zumisst (GA **2013** 355 f).

795 Es vermag auch nicht zu überzeugen, wenn *Burkhardt* (GA **2013** 355 f) behauptet, im Falle des Fehlens von Vorstellungen über Erwerbs- und Verlustgründe liege jedenfalls „das Wissen um das Vorliegen irgendeines dieser Erwerbstatbestände" vor. Aber: Ein solches „Wissen" bleibt Fiktion; das einzige „Wissen" (sei es eingebildet, sei es zutreffend) ist in solchen Konstellationen das hinsichtlich der tatbestandlich vorausgesetzten Fremdheit. Vgl. auch die Kritik bei *Puppe* ZStW **128** (2016) 301, 308.

796 Zutreffend *Puppe* ZStW **128** (2016) 301, 307: error in persona.

797 Ebenso *Toepel* ZIS **2017** 608.

798 **AA** *Toepel* ZIS **2017** 610.

799 Vgl. z. B. die Kritik von *Heidingsfelder* Subsumtionsirrtum S. 132 f; *Rath* JuS **1999** 34; *Roxin* JZ **1996** 983 f; *ders.* AT II § 29 Rdn. 396.

800 Vgl. z. B. *Heidingsfelder* Subsumtionsirrtum S. 125 f; *Jäger* SK Rdn. 54; *Rath* JuS **1999** 34; *Roxin* JZ **1996** 984; *ders.* AT II § 29 Rdn. 400.

801 Dagegen *Puppe* FS Herzberg 275 ff.

802 *Heidingsfelder* Subsumtionsirrtum S. 123 ff; *Schünemann* GA **1986** 314.

begrifflich differenzierende **Lösungen** entwickelt, die allerdings teilweise einer genaueren Ausführung noch harren und einer breiteren Anerkennung bislang nicht teilhaftig geworden sind. Dabei bewegen sich die Ansätze unterschiedlich nahe an den skizzierten Extrempositionen.

**274** In deutlicher **Nähe zu der Position**, die dem **Vorfeldirrtum versuchsbegründende Wirkung** zuspricht, steht *Puppe* (FS Herzberg 275 ff; *dies.* ZStW **128** [2016] 301 ff). Für sie ist Inhalt des Vorsatzes der deskriptive Sinn des Tatbestandes, der auch Rechtsverhältnisse im Sinne institutioneller Tatsachen umfasse.[803] Rechtsverhältnisse bezeichnende „Merkmale wie fremde Sache, Pfandrecht oder Jagdrecht" hätten „ihren Sinn in sich selbst".[804] Fehlvorstellungen über Vorschriften zum Eigentumserwerb, zu den Sachen, auf die sich das Jagdrecht bezieht oder zum Bestehen von Ansprüchen, auf die sich die Absicht rechtswidriger Bereicherung bezieht, stünden also weder dem Vorsatz noch der Versuchsstrafbarkeit entgegen. Das gelte auch für das Merkmal „steuererheblich", das einen Steueranspruch – und damit ein Rechtsverhältnis – mitbegründe.[805] Und schließlich irre auch der Täter, der im Rahmen von §§ 258, 258a eine Ordnungswidrigkeit für eine Straftat hält, nicht über den Inhalt der verletzten Norm.[806] Zu unterscheiden seien solche Merkmale von Blankettmerkmalen, deren Sinn ohne die Tatbestände der blankettausfüllenden Normen unvollständig bleibe, so dass die außertatbestandlichen Normen Bestandteil des Straftatbestandes seien.[807] So seien die Merkmale „vor Gericht oder einer anderen zur Abnahme von Eiden zuständige Stelle" Blankettmerkmale, „die keinen anderen Sinn haben, als auf außerstrafrechtliche Normen zu verweisen, die die mit Strafe bewehrten Wahrheitspflichten des Zeugen bzw. des Ausstellers einer Versicherung an Eides statt inhaltlich festlegen".[808] Überdehnt der Täter diese Pflichten, so führe diese Fehlvorstellung ins Wahndelikt.

**275** Auf der gleichen Linie liegen die Überlegungen von *Schuster* (S. 121 ff), der einen untauglichen Versuch annehmen will, wenn sich der Täter auf Vorfeldnormen basierende Rechtsfolgen vorstellt, die das Vorliegen eines „rechtsnormativen" Tatbestandsmerkmals begründen würden. Insbesondere weist *Schuster* (S. 125 f) die Überlegung zurück, die Vorsatzrelevanz im Bereich der Abgrenzung von untauglichem Versuch und Wahndelikt sei anders zu bestimmen als bei der Abgrenzung von Tatbestandsirrtum und Verbotsirrtum. In der Konsequenz führt das etwa dazu, „dass in der Situation der schlichten Einbildung eines Steueranspruchs die Vorstellung ausreicht, durch Täuschung über steuerlich erhebliche Tatsachen eine Steuerverkürzung zu bewirken oder ungerechtfertigte Steuervorteile zu erlangen" (*Schuster* S. 192 f). Auch Fehlvorstellungen über die Entstehungsgründe von Eigentum oder zivilrechtlichen Ansprüchen stünden der Begründung von Vorsatz (und Versuch) nicht entgegen; ausschlaggebend sei die Vorstellung, das ein bestimmtes Rechtsverhältnis bestehe bzw. nicht bestehe (*Schuster* S. 169 ff). Auch die unzutreffende Einordnung einer Ordnungwidrigkeit als Straftat im Rahmen von § 258 sei für den Vorsatz (und damit für den Versuch) ohne Belang (*Schuster* S. 171 f).

**276** Schließlich ist in diesem Kontext noch *Schmitz* (Jura **2003** 598 ff) zu nennen: „Da es für den Vorsatz beim vollendeten Delikt ausreichend ist, dass der Täter die der Intension des Tatbestandes entsprechenden Tatumstände erkannt hat, kann es für den subjektiven Tatbestand des Versuchs nicht darauf ankommen, dass sich der Täter auch noch die normativen Voraussetzungen der vom Tatbestand erfassten Umstände (der Extension) zutreffend vorstellt".[809] So mache sich ein Polizeibeamter wegen versuchter Strafvereitelung im Amt (§ 258a) strafbar, obwohl er verkennt, dass sich die Vereitelungshandlung in Wahrheit auf eine bloße Ordnungswidrigkeit bezieht. Denn er verstoße unabhängig von der unzutreffenden Subsumtion (die die Extension im

---

**803** *Puppe* FS Herzberg 275, 277 ff.
**804** *Puppe* FS Herzberg 275 291, 292 ff; *dies.* ZStW **128** (2016) 301, 309 ff.
**805** *Puppe* FS Herzberg 275, 293 f; *dies.* ZStW **128** (2016) 301, 313.
**806** *Puppe* ZStW **128** (2016) 301, 314.
**807** *Puppe* FS Herzberg 275 291, 292 ff; *dies.* ZStW **128** (2016) 301, 309 ff.
**808** *Puppe* FS Herzberg 275, 293; *dies.* ZStW **128** (2016) 301, 310 ff.
**809** Ebenso *Puppe* FS Herzberg S. 275, 278 ff.

Sinne der Summe der unter das Tatbestandsmerkmal fallenden Gegenstände betreffe[810]), auf die es auch im Vollendungsfall nicht ankomme, auf der Grundlage seiner Vorstellung gegen das zutreffend erkannte strafbewehrte Verbot, die Strafverfolgung eines anderen nicht zu vereiteln (die Intention des Tatbestandes). Während es also bei normativen Tatbestandsmerkmalen nur darauf ankomme, dass der Täter diese richtig erfasst hat, verlange der Vorsatz bei Blankettgesetzen, dass der Täter auch die die Ausfüllungsnorm erfüllenden Umstände und deren rechtliche Bewertung kennt.[811] Das folge daraus, dass sich bei Blankettgesetzen die Verhaltensnorm erst aus der Zusammenschau von Blanketttatbestand und Ausfüllungsnorm ergibt. So liege ein Wahndelikt vor, wenn der Täter die Reichweite eines Embargos verkennt und deshalb glaubt, sich nach § 34 Abs. 4 AWG a. F. strafbar zu machen.[812]

Abweichend von den vorstehenden Ansätzen, die den untauglichen Versuch beim Vorfel- 277
dirrtum in weitem Umfang anerkennen, sind in der neueren Literatur solche Ansätze vorherrschend, die näher an der Position *Burkhardts* eine **Einschränkung des Bereichs des untauglichen Versuchs** (umgekehrt: eine Ausdehnung des Bereichs des Wahndelikts) befürworten. Eine materielle, am Unrechtsbegriff ansetzende Begründung hierfür bietet *Zaczyk* (Unrecht S. 257 ff), für den auf der Grundlage der **Anerkennungslehre** entscheidend ist, dass die irrtümliche Tätervorstellung auch in der Sicht des potentiellen Opfers eine Basis haben müsse; das Unrecht dürfe also nicht „der Innensicht des Täters ausschließlich ausgeliefert sein" (S. 263). So sei ein Irrtum über normative Voraussetzungen unrechtsrelevant, „wenn der Sachverhalt, der die Annahme auslöst, so beschaffen ist, dass er a) interpersonale Relevanz hat, d. h. auch aus der Perspektive des Anderen als eine (nunmehr) ihn betreffende Sachlage verstanden werden kann, und dass er b) aus der Perspektive des präsumtiven Opfers betrachtet ein auf das jeweils in Frage stehende Rechtsgut bezogenes Vertrauen auf das rechtschaffene Verhalten des Täters begründen kann", was insbesondere bedeute, „dass es für den Irrtum des Täters Anhaltspunkte in der wirklichen Tatsituation geben muss, die das Geschehen als versuchte Verletzung begreiflich machen" (S. 264). Damit verweist diese Lehre tatbestandsbezogen auf die interpersonalen Beziehungen im jeweiligen Einzelfall, die von *Zaczyk* differenzierend entfaltet werden (S. 264 ff.). Das führt in den Fällen irrtümlich angenommener Fremdheit zur Annahme eines untauglichen Diebstahls- oder Unterschlagungsversuchs in Abhängigkeit von äußeren Zufälligkeiten[813] und den Vorstellungen der anderen am Rechtsgeschäft Beteiligten.[814] Die Kritik an der Zufälligkeiten ausgelieferten Einzelfallbetrachtung[815] hat *Zaczyk* (NK Rdn. 49) mittlerweile selbst zum Anlass genommen, sich im Ergebnis der Wahndeliktslösung von *Burkhardt* anzuschließen: Es sollte „um der Klarheit der Entscheidung willen ... grundlegend gefordert werden, dass ein konkretes Rechtsverhältnis zur angegriffenen Person wirklich besteht". Damit müsse z. B. die Sache objektiv fremd und der erstrebte Vermögensvorteil objektiv rechtswidrig sein. Die so gezogenen – und in dieser Reichweite offenbar aus der Sicht von *Zaczyk* selbst nicht konsistent aus seinem Ansatz folgenden – Konsequenzen wurden bereits im Zusammenhang mit dem Versuch am untauglichen Objekt kritisch gesehen (Rdn. 244). Der Hinweis auf die Klarheit der Abgrenzung kann diese Überdehnung schwerlich rechtfertigen.

Ebenfalls ausgehend von der Lehre vom Anerkennungsverhältnis will *Rath* (JuS **1999** 34) 278
ein Wahndelikt dann annehmen, wenn der „Täter" zu einer unrichtigen Bewertung deshalb kommt, weil er „fälschlich annimmt, sein Verhalten verletze in Übereinstimmung mit einem gesetzlichen Unrechtstatbestand (tatbestandsäquivalent) das Rechtsverhältnis in einem für ein

**810** *Schmitz* Jura **2003** 596 mit Fn. 57.

**811** *Schmitz* Jura **2003** 599; *SSW/Kudlich/Schuhr* Rdn. 33 f.

**812** *Schmitz* Jura **2003** 599.

**813** Z. B. danach, ob noch ein zweiter Mantel an einer Garderobe hängt oder nur der des Täters; *Zaczyk* Unrecht S. 264 f.

**814** Etwa abhängig davon, ob der Sicherungsnehmer auf die Wirksamkeit der Sicherungsübereignung vertraut hat oder einem Versicherer die Rechtslage bekannt war; *Zaczyk* Unrecht S. 265.

**815** *Herzberg* GA **2001** 271 Fn. 29; *Hillenkamp* LK[12] Rdn. 214.

gemeinschaftliches Zusammenleben besonders gravierenden, unerträglichen Maß". Vor diesem Hintergrund gelangt er etwa zum Wahndelikt, wenn der „Täter" einen „Meineid" vor einer nicht zur Abnahme von Eiden berechtigten Stelle leistet, da dieser Stelle vom Gesetz gerade nicht die herausgehobene Bedeutung für die Wahrheitsermittlung beigemessen werde und dementsprechend der Täter eine tatbestandsäquivalente Verletzung nur irrtümlich annehme. Dagegen führe die auf rechtlichen Fehlvorstellungen resultierende Annahme, das Eigentum an einem Gegenstand verloren zu haben (und sodann ein fremdes Eigentumsrecht zu verletzen), zum untauglichen Versuch.[816] Denn der Täter sei grundsätzlich über das „Selbstverwirklichungspotential" des Eigentums, dessen Verletzung er sich vorstellt, orientiert.

279 Auch *Schünemann* (GA **1986** 293, 316 f) setzt – freilich von einem gänzlich abweichenden Unrechtsverständnis ausgehend – unmittelbar bei der Frage der Unrechtsverwirklichtung an. Er hält auf dem Boden der Eindruckstheorie das „Sekuritätsgefühl der Allgemeinheit" nur bei **situativ und einzelfallbezogener Unrechtsverkennung**, nicht dagegen dann für hinreichend erschüttert, wenn die kriminelle Energie des Täters „nicht nur im konkreten Einzelfall ... zum Scheitern verurteilt war, sondern wenn auch ihre Wiederholung unter anderen situativen Umständen als von vornherein ungefährlich qualifiziert werden kann" und damit die „Handlungsdisposition des Täters ... generell (auch bei künftigen Konfrontationen) kein Bedrohungsgefühl auszulösen vermag". Diese Theorie ist zum einen den generell gegen die Eindruckstheorie erhobenen Einwänden (Rdn. vor § 22 Rdn. 83 ff) ausgesetzt. Es fügt sich in diese Theorie ein, verstärkt aber die gegen sie zu erhebenden Bedenken, dass die Strafbarkeit von der Tat gelöst wird und sich an der (vermeintlichen) künftigen Gefährlichkeit des Täters orientiert, sich mithin von den Grundsätzen eines Tatstrafrechts entfernt.[817]

280 *Hoyer* (Strafrechtsdogmatik S. 317) will – nach eingehender kritischer Auseinandersetzung mit der Lehre *Burkhardts* (S. 313ff, 322ff) – ein Verhalten nur dann zum strafbaren untauglichen Versuch erklären, „wenn es den **Interessen eines geschützten Guts zuwiderläuft** – insoweit nämlich, als es für das Gut von Nachteil wäre, wenn die Tatsachenvorstellungen des Täters (nicht) zuträfen." Für ein strafloses Wahndelikt hält *Hoyer* es deshalb z. B., wenn der Täter von ihm eingeführte Importware oder ein von ihm erworbenes, aber aus gestohlenen Materialien errichtetes Haus für „fremd" und deshalb Veräußerung oder Beschädigung für strafbar halte. „Wäre das betreffende Tatverhalten" nämlich „dennoch" (und das heißt, obwohl es keine Güterbeeinträchtigung zum Inhalt haben kann) „strafbar, würde dem Täter damit ein vom Rechtsgüterschutz her nicht angezeigtes Übel zugefügt: Das von der Tat in Frage gestellte Interesse wird von der Rechtsordnung gar nicht ... als Gut anerkannt und deswegen auch nicht mit rechtlichem Schutz umgeben".

281 Stärker vorsatzdogmatisch geprägt will *Schlüchter* (Irrtum S. 154 ff, 156; *dies.* JuS **1985** 527 ff) einen untauglichen Versuch annehmen, wenn der Täter dem Sachverhalt eine rechtsgutsbezogene Bedeutung zumisst und „die **teleologisch-reduzierte Sachverhaltssicht** des Täters sich auf ein Tatbild" gründet, „das sich noch in den Rahmen des Tatbestandes einfügt".[818] Hinter dem Kriterium der „teleologisch-reduzierten Sicht" steht die Überlegung, dass es für das Laienbewusstsein ausreichen müsse, wenn der Täter einen Sachverhalt in seiner Verletzungsbedeutung erfasse.[819] Ein Wahndelikt liege dagegen vor, wenn der Täter von einem Tatbild ausgeht, das aus der Extension des Tatbestandes völlig herausfalle. Das führt etwa in den Fällen unberechtigter Eidesabnahme zu differenzierten Ergebnissen: Während die Vorstellung eines Täters, der glaubt, sich eines Meineides vor Polizei oder Staatsanwaltschaft strafbar zu machen, deutlich aus dem gesetzlichen Tatbild herausfalle (Wahndelikt),[820] entferne sich die Tätervorstellung hiervon nicht so weit, wenn die Aussage vor einer grundsätzlich zur Eidesabnahme zuständigen

**816** Ähnlich *Reiß* wistra **1986** 193 ff.

**817** Zutreffend *Heidingsfelder* Subsumtionsirrtum S. 143. Vgl. auch *Streng* GA **2009** 533 mit dem zutreffenden Hinweis, dass kriminalpolitische Erwägungen allenfalls die Strafbarkeit einschränken, aber nicht begründen können.

**818** *Schlüchter* Irrtum S. 155.

**819** *Schlüchter* Irrtum S. 100 f; dazu kritisch *Zaczyk* Unrecht S. 267.

**820** *Schlüchter* Irrtum S. 156.

Stelle erfolgt, die lediglich im konkreten Fall nicht zur Eidesabnahme zuständig ist. Hier könne sich „leicht durch Hinzutreten eines weiteren Sachverhaltseinzelmoments ... die konkrete Unzuständigkeit in Zuständigkeit wandeln".[821] Freilich ist nicht zu übersehen, dass der Gesetzgeber die erhöhte Dignität des Meineids, die der Täter in Anspruch nehmen zu können glaubt (oder schlicht: seine Bereitschaft, die höhere Strafe auf sich zu nehmen),[822] für keinen der genannten Fälle vorgesehen hat. Insgesamt führt diese Position mit dem Abstellen auf Umfang und Gewicht der Abweichung vom gesetzlichen Tatbild (ob etwa nur „Sachverhaltssplitter" oder ein Umstand, den man „als bloßen Sachverhaltsmosaikstein zu werten" hat, die gesetzlich vorgesehene und die vorgestellte Rechtsgutsverletzung unterscheiden)[823] ersichtlich in erhebliche Abgrenzungsprobleme.[824] Ähnliche Abgrenzungsschwierigkeiten begründet auch die später (zur früheren Auffassung Rdn. 267) vertretene Position *Herzbergs* (GedS Schlüchter 189, 206), der nunmehr zwischen dem **„Definitionsirrtum"**, der ins Wahndelikt führe, und dem „Irrtum unterhalb der Definition", der einen untauglichen Versuch begründet, unterscheiden will.[825] Danach soll der Irrtum über die generelle Zuständigkeit eines Richters im Rahmen von §§ 153, 154 ins Wahndelikt führen, die bloße Verkennung einer verfahrensrechtlichen Unzuständigkeit soll dagegen einen untauglichen Versuch begründen können.

Stärker **normentheoretisch geprägt** sind Ansätze, die danach unterscheiden wollen, welchem Normbereich die Begriffe, auf die sich der Irrtum bezieht, zuordnen lassen und welche Konsequenzen daraus zu ziehen sind. Dabei hat der Vorschlag von *Haft* (JuS **1980** 588, 590; *ders.* JA **1981** 281, 284 f), bei „gegenstandsbezogenen" Irrtümern untauglichen Versuch, bei „begriffsbezogenen" Irrtümern dagegen ein Wahndelikt anzunehmen, keinen Anklang gefunden, weil sich insbesondere dann, wenn man „geistige Werte, Normen oder Rechtsverhältnisse" zu den Gegenständen zählt, die Unterscheidbarkeit aufhebt und z. B. bei der Zuständigkeit im Sinne der Aussagedelikte keine sichere Lösung mehr ergibt.[826] Zu größerer Klarheit gelangt *Kindhäuser* (GA **1990** 407, 412 f [der sich selbst in der Nähe der von *Haft* vorgeschlagenen Differenzierung sieht]; *ders.* FS Streng 325, 334 ff) mit der Unterscheidung in Umstände, die zum gesetzlichen Tatbestand „gehören" und solchen, die den Tatbestand „verwirklichen". Ein Irrtum hinsichtlich der erstgenannten Umstände sei ein „sprachbezogener Sinnirrtum", ein Irrtum bezogen auf die letzteren sei dagegen „ein empirischer Irrtum über die Voraussetzungen der Wahrheit des tatbestandlichen Normsatzes", wobei sich die Wahrheitsfrage in Abhängigkeit vom richtigen Sinnverständnis entscheide. Die Zurechnung zum Vorsatz hänge davon ab, ob der Täter zur Vermeidung der Tatbestandsverwirklichung in der Lage gewesen wäre, wenn ihm die Kenntnis der Verbotsnorm ein Vermeidemotiv geboten hätte. Kennt der Täter die den Tatbestand verwirklichenden Umstände – oder stellt er sich diese Umstände vor – so müsste ihm dies Anlass bieten, zur Vermeidung der Tatbestandsverwirklichung das Verhalten zu unterlassen (*Kindhäuser* GA **1990** 407, 415 f). Daraus folge dann auch die Abgrenzung zum Wahndelikt (*Kindhäuser* GA **1990** 407, 419 f): Hätte der Täter auf der Grundlage seiner Vorstellung nicht das Motiv bilden müssen, sein Verhalten zu unterlassen, so liege bei vom Täter angenommener Strafbarkeit ein Sinnirtum bezogen auf die tatbestandlich vorausgesetzen Merkmale, mithin ein Wahndelikt vor. Das führt prima facie bei einem Irrtum über die Eigentumsverhältnisse aufgrund von Unkenntnis hinsichtlich der rechtlichen Vorgaben zum Eigentumsübergang zur Annahme eines untauglichen Versuchs dessen, der irrtümlich annimmt, eine in fremdem Eigentum stehende 282

821 *Schlüchter* Irrtum S. 157.
822 In diesem Sinne *Puppe* FS Herzberg 275, 293; *dies.* ZStW **128** (2016) 301, 311.
823 *Schlüchter* Irrtum S. 160, 162.
824 Was sich auch daran zeigt, dass *Timpe* ZStW **125** (2014) 778 f von ganz ähnlichen Überlegungen her zu entgegengesetzten Ergebnissen gelangt.
825 Kritisch zu den damit verbundenen Unsicherheiten *Sch/Schröder/Eser/Bosch* Rdn. 86/87; mit Hinweis auf konkrete Einordnungsprobleme *Weidemann* FS Herzberg 299, 301; *Puppe* FS Herzberg 275, 292.
826 Vgl. zu dieser Kritik z. B. *Heidingsfelder* Subsumtionsirrtum S. 118 ff; *Sch/Schröder/Eser/Bosch* Rdn. 88; *Vogler* LK[10] Rdn. 146.

Sache zu beschädigen. Denn würde die angenommene Fremdheit zutreffen, so hätte der Täter das Vermeidemotiv gehabt. Diese Konsequenz will *Kindhäuser* (FS Streng 325, 329 ff) aber nicht ziehen: rechtlich Unmögliches könne „kein tatsächliches Rechtsverhältnis sein und damit auch nicht die Anwendungsbedingungen der Norm erfüllen" (s. schon Rdn. 269). Konstruktiv lässt sich dieses Ergebnis damit begründen, dass der Täter das Vermeidemotiv nicht hätte bilden müssen, wenn er auch über die Vorschriften zum Eigentumsübergang orientiert gewesen wäre (*Kindhäuser* FS Streng 325, 331). Das wirft freilich die Frage auf, ob die Entstehungsbedingungen von Eigentum den Sinn der Eigentumsdelikte mit konstituieren und damit zu Recht bei der Frage der Vorsatzbegründung berücksichtigt werden.

**283** Auch *Frisch* (GA **2019** 305, 308 ff; *ders.* FS Eisenberg [2019] 624 ff) setzt am Norminhalt und der Frage an, ob die Straftatbestände durch die Vorfeldnormen erweitert werden. So liege es insbesondere bei unbestimmten Begriffen, die durch Normen außerhalb des betreffenden Straftatbestandes konkretisiert werden, wie z. B. bei der Zuständigkeit zur Eidesabnahme, dem Vorliegen einer Straftat bei der Strafvereitelung, dem Wild, das einem Jagdrecht unterliegt oder den Vorschriften, die Steueransprüche begründen (*Frisch* GA **2019** 305, 313 ff; *ders.* FS Eisenberg [2019] 625). Bei solchen „Sammelbegriffen" (*Roxin* AT II § 29 Rdn. 409 ff) sei es nicht nur eine Frage der Zweckmäßigkeit, sondern auch mit Blick auf den verfassungsrechtlichen Bestimmtheitsgrundsatz geboten, die Vorfeldnormen als Konkretisierungen des Tatbestandes auch als Vorsatzgegenstand zu begreifen, so dass den Tatbestand überdehnende Fehlvorstellungen ins Wahndelikt führen. Ergänzend zu diesen normentheoretischen Erwägungen sieht *Frisch* (GA **2019** 305, 316 ff) in den genannten Fällen auch die Legitimationsbedingungen für eine Versuchsstrafbarkeit nicht erfüllt, da die Gefahr, dass es zu einer Rechtsgutsbeeinträchtigung kommt, auch bei Zugrundelegung der Tätervorstellung nicht bestehe. Abweichend von *Kindhäuser* und *Streng* (Rdn. 269) beurteilt *Frisch* (GA **2019** 305, 319 ff; *ders.* FS Eisenberg [2019] 617, 627 ff) dagegen Vorfeldnormen, die keinen definitorischen, sondern eher feststellenden Charakter aufwiesen. So liege es etwa hinsichtlich der Eigentümerstellung im Rahmen der Fremdheit oder des Bestehens eines Anspruchs im Rahmen der Frage, ob ein erstrebter Vermögensvorteil rechtswidrig ist. So führe die aufgrund der Fehlinterpretation einer solchen Vorfeldnorm unzutreffende Annahme der Verwirklichung eines Straftatbestandes dazu, dass „*strukturell* ein untauglicher Versuch vorliegt" *Frisch* (GA **2019** 305, 321; *ders.* FS Eisenberg [2019] 617, 629 ff). Außerhalb der so entschiedenen Abgrenzungsfrage liegt es dann, dass *Frisch* (GA **2019** 305, 321 ff; *ders.* FS Eisenberg [2019] 617, 632 ff) den Strafeinsatz gegen diese Art von untauglichen Versuchen für nicht legitimierbar hält (dazu Rdn. 303).

**284** *Heidingsfelder* (Subsumtionsirrtum S. 152 ff) unterscheidet bei der Behandlung des den Normbereich überdehnenden Irrtums danach, ob es sich um merkmalsumschreibende (z. B. §§ 90, 903 BGB), merkmalsausfüllende (z. B. § 2 BJagdG) oder merkmalsbegrenzende (z. B. die gesetzlichen Aneignungsrechte als Begrenzung des Merkmals „rechtswidrig") Vorfeldnormen handelt. Selbstbelastende Irrtümer über solche normbereichsbestimmenden Vorfeldnormen überdehnen (im Einklang mit *Burkhardt*) den Tatbestand und führen deshalb (entgegen *Herzberg*, ablehnend dazu S. 158) zum Wahndelikt, Hiervon abweichend (und gegen *Burkhardt*, S. 160 f) will *Heidingsfelder* den Irrtum über normbereichsneutrale Vorfeldnormen (z. B. den Vermögensschaden außerhalb des Betrugstatbestandes bestimmende Vorschriften) behandeln: Diese Vorfeldnormen hätten keinen Einfluss auf die Extension der Straftatbestände; sie schüfen vielmehr nur „Sachverhaltsbedingungen ..., an die sich eine tatbestandsmäßige Täterhandlung anschließen kann". So liege es etwa bei den Vorfeldnormen, die die Begründung wirtschaftlich werthaltiger Ansprüche betreffen (z. B. bei den Bestimmungen einer Gebührenordnung), die im Verhältnis zum Begriff des Vermögensschadens in § 263 neutral seien. Irrtümer auf dieser neutralen Ebene (etwa über die Erfüllung eines Gebührentatbestandes) könnten deshalb den Vorsatz (bezogen auf den Eintritt eines Vermögensschadens) nicht ausschließen. Gleiches gelte bei einem Irrtum über die zivilrechtlichen Eigentumsübertragungsvorschriften im Hinblick auf das Tatbestandsmerkmal „fremd".[827]

**827** **Krit.** hierzu *Bachmann* Vorsatz S. 118 ff; *Schmitz* Jura **2003** 597.

Ebenso für eine zwischen den Extrempositionen „hindurchsteuernde", zwischen unterschiedlichen Arten von Vorfeldirrtümern differenzierende Lösung tritt auch *Roxin* ein.[828] Er spricht bei den in das Vorfeld verweisenden Begriffen einerseits von „Sammelbegriffen", deren Eigenart darin bestehe, dass sie ein „Kürzel" für eine Vielzahl von tatbestandsausfüllenden Merkmalen seien, „die sich aus gesetzestechnischen Gründen in der Strafbestimmung nicht alle aufführen lassen, der Sache nach aber in sie hinein gehören". Als Beispiele hierfür werden die verschiedenen Steueransprüche (§ 370 AO), Straftatbestände (§ 258) oder zuständigen Gerichte und Behörden (§ 154) zusammenfassend kennzeichnenden Begriffe der „Verkürzung von Steuern", der „rechtswidrigen Tat" oder der „zuständigen Stelle" benannt.[829] Da hier die „gesammelten Einzelgegebenheiten in den Bereich der Strafrechtsnorm" gehörten, soll ein belastender Rechtsirrtum auf diesem Feld zum Wahndelikt führen, insoweit der Position *Burkhardts* also zu folgen sein (*Roxin* AT II § 29 Rdn. 410). Andererseits finden sich nach *Roxin* Begriffe, die auf u. U. umfangreiche Normenkomplexe verweisen, die nicht zum Tatbestand des jeweiligen Delikts zu zählen seien, wie etwa die Normen zur Entstehung und Veräußerung von Eigentum, auf die das Merkmal „fremd" verweise, oder die Entstehungsbedingungen eines Anspruchs, dessen durch Täuschung herbeigeführter Verlust zu einem „Vermögensschaden" führen solle. Wer hier die „juristischen Entstehungsbedingungen des Eigentums oder Anspruches" verkenne, soll im Bereich des untauglichen Versuchs verbleiben, wenn er „nur die unmittelbaren Gegenstände der Verweisung (Eigentum, Schädigung durch Verkürzung finanzieller Ansprüche) im Sinne einer laienhaften Parallelwertung richtig definiert" habe. Hier wird danach dem Lösungsweg *Herzbergs* der Vorzug gegeben (s. *Roxin* JZ **1996** 986 f; *ders.* AT II § 29 Rdn. 411 ff). In den Ergebnissen und teilweise auch in den Begründungen besteht Einklang mit der Position *Frischs* (Rdn. 283). 285

**dd) Die Rechtsprechung.** Die Rechtsprechung steht zu diesem mit den Auffassungen *Burkhardts* und *Herzbergs* deutlich kontrastierenden und zwischen diesen Positionen kaum noch überschaubar differenzierenden Meinungsstreit in einem eigentümlichen Gegensatz. Zwar hat sich das Kammergericht im Jahre 1981 (KG NStZ **1982** 73) unter ausdrücklicher Übernahme von Terminologie und Sacheinsicht *Blei's* und *Herzbergs* für einen den untauglichen Versuch nicht hindernden bloßen „Rechtsirrtum im Vorfeld der Verbotsnorm" entschieden, als sich der Täter über eine steuerliche Erklärungspflicht irrte, die angesichts eines gesetzgeberischen Versehens tatsächlich nicht bestand. Im Übrigen hat aber die Rechtsprechung von der in ihren Wurzeln schon in die Tage des Reichsgerichts zurückführenden Kontroverse soweit ersichtlich weder vor noch nach diesem Urteil auch nur Notiz genommen. Sie hat vielmehr den Täter belastende Irrtümer „im Vorfeld des Tatbestandes" ohne diese oder eine vergleichbare Kennzeichnung[830] nicht anders behandelt als alle anderen belastenden Irrtümer im unmittelbaren Geltungsbereich der Norm. Da es im Verweisungsbereich ausschließlich um **normative** Rechtsbegriffe geht, bedeutet das genauer, dass die Unterscheidung zwischen untauglichem Versuch und Wahndelikt unterschiedslos den Regeln folgt, die die Rechtsprechung für diese Abgrenzung bei der irrigen Annahme oder Überdehnung normativer Tatbestandsmerkmale aufgestellt hat. Sie verfährt daher bei einem Irrtum über aus der Strafnorm selbst zu gewinnende Begriffsinhalte wie z. B. dem der Urkunde (§ 267), der passiven Feststellungspflicht (§ 142 a. F.) oder der jeweiligen Garantenpflicht bei unechten Unterlassungsdelikten (§ 13) im Grundsatz nicht anders als dort, wo es um die irrige Annahme etwa der Fremdheit der Sache (§§ 242, 246), der Rechtswidrigkeit der beabsichtigten Zueignung oder Bereicherung (§§ 242, 253, 263), der Zuständigkeit zur Abnahme 286

828 *Roxin* AT II § 29 Rdn. 409 ff. Kritisch dazu etwa *Paeffgen/Zabel* NK vor §§ 32 ff Rdn. 268 (die sich zugleich Rdn. 267 darum bemühen, der Auffassung *Roxins* ein plausibles Leitprinzip zu unterlegen); *Schmitz* Jura **2003** 598.
829 Insoweit *Roxin* zustimmend *Frisch* GA **2019** 305, 313 ff.
830 In BGHSt **15** 210, 212 wird zwar zwischen der „für die Beurteilung des Verhaltens des Angeklagten maßgebenden Strafnorm" (= 346 a. F.) und dem Irrtum „über die Voraussetzungen" über die Vortat unterschieden; dabei werden dann aber die im dargestellten Meinungsstreit vorgetragenen Differenzierungen nicht beachtet.

von Eiden oder den Gegenstand der Vernehmung (§§ 153 ff), einer strafbaren Vortat (§§ 258, 259) oder der Steuerpflicht (§ 370 AO) und damit um Fehlvorstellungen geht, die sich im Verweisungsbereich bilden.

287 Die **erste Gruppe von Entscheidungen** betrifft Konstellationen, in denen sich der Täter **irrig** einen das **normative Tatbestandsmerkmal ausfüllenden Sachverhalt vorstellt** und wenigstens in seiner „Parallelwertung in der Laiensphäre“[831] die Übereinstimmung dieses angenommenen Sachverhalts mit dem Merkmal nachvollzieht. Die Rechtsprechung geht hier in zahlreichen Entscheidungen vom sogenannten **Umkehrschluss** (s. dazu schon Rdn. 230 ff) aus, wonach der „umgekehrte Tatbestandsirrtum“ den für den untauglichen Versuch nötigen Vorsatz begründet. Das gilt zunächst im **unmittelbaren Tatbestandsbereich** z. B. für den Begriff der *Urkunde*. Fehlt hier dem in Frage stehenden Objekt die Beweisbestimmung und geht aus ihm auch der Aussteller nicht hervor, ist eine Urkundenfälschung objektiv ausgeschlossen. Nimmt der Täter beides irrig an und misst er daher dem Objekt Urkundseigenschaft zu, begeht er einen untauglichen Versuch (BGHSt **13** 235, 239), wenn er aufgrund der tatsächlich angenommenen Umstände wenigstens im Sinne einer Parallelwertung in der Laiensphäre die Tatbestandserfüllung für möglich gehalten hat (OLG Düsseldorf NJW **2001** 167 mit Anm. *Erb* NStZ **2001** 317; *Heuchemer* JA-R **2001** 145; *Puppe* NStZ **2001** 482; *dies.* AT § 20 Rdn. 10 ff). Hält ein *Garant* den objektiv sinnlosen und wegen eigener Lebensgefahr unzumutbaren Rettungsversuch in Verkennung der tatsächlichen Umstände für aussichtsreich und ungefährlich, legt er seiner Vorstellung von der Zumutbarkeit einen Sachverhalt zugrunde, der diesen Begriff ausfüllt. Folglich begeht er einen untauglichen Tötungsversuch (BGH JR **1994** 510 mit Anm. *Loos*). Das gilt auch bei nur irriger Annahme der tatsächlichen Grundlagen der (hypothetischen) Kausalität (BGH NStZ **1997** 485 mit Anm. *Brand/Fett* NStZ **1998** 507 und *Hannich/Kudlich* StV **1998** 370) wie für das fälschliche Ausgehen von einem Sachverhalt, der eine Garantenstellung begründen würde (vgl. BGHSt **16** 155, 160). Wie schon betont, finden sich solche Aussagen aber ununterschieden auch dort, wo der belastende Irrtum sog. **Verweisungsbegriffe** betrifft. So bestätigte schon das Reichsgericht (RGSt **42** 92)[832] die Verurteilung wegen *untauglichen Betrugsversuchs* in einem Fall, in dem die Täter von der Schädigung (s. zum Vermögensschaden als Verweisungsbegriff *Roxin* JZ **1996** 983) ihrer Versicherung und der Rechtswidrigkeit der von ihnen angestrebten Bereicherung in Form der Versicherungssumme deshalb irrig ausgingen, weil ihnen der nach ihrer Meinung noch nicht erwachsene Versicherungsanspruch in Wahrheit bereits zustand. Die Täter waren offenbar aufgrund mangelnder Kenntnis des Vertragsinhalts davon ausgegangen, dass der Versicherungsschutz erst mit Aushändigung des Versicherungsscheins entstehe und gaben deshalb gegenüber der Versicherung ein späteres Schadensdatum an. Da das schon mit dem geltend gemachten Anspruch belastete Vermögen nicht mehr geschädigt und der entsprechende Vorteil objektiv nicht rechtswidrig angestrebt werden konnte, schied Vollendung aus. Die Begründung für die Annahme eines untauglichen Versuchs lautet dann wie folgt: „Das sog. Wahndelikt setzt einen Irrtum über die Grenzen des positiven Strafrechts, oder einen sonstigen Irrtum, voraus, der wenigstens mittelbar zur Verkennung dieser Grenzen führt. Hiervon verschieden sind die Fälle, wo der Täter eine bestehende, von ihm richtig gewürdigte Norm auf sein Tun bezieht, weil er irrtümlich ein in der Norm liegendes Tatbestandsmerkmal für tatsächlich vorliegend erachtet. So wird für die Beurteilung der Schuldfrage der Unterschied zwischen tatsächlichem und strafrechtlichem Irrtum im doppelten Sinne wirksam. Wie der tatsächliche Irrtum nach § 59 StGB die Schuld ausschließt, so findet er auch umgekehrt zuungunsten des Täters Beachtung, wenn er zur Annahme eines in Wirklichkeit nicht vorhandenen Tatbestandserfordernisses führt. Und wie der Irrtum über Bestehen und Tragweite eines Strafgesetzes zur Schuldausschließung nicht geeignet ist, so kann er auch gegen den Täter nicht als schuldbegründend in Betracht kommen, der gegen eine in Wirklichkeit ihm nicht entgegenstehende Strafvorschrift zu handeln

831 Vgl. im Sinne einer „Widerspiegelung der gesetzgeberischen Grundentscheidung im Verständnishorizont des Täters“ *Papathanasiou* S. 202 ff; *dies.* FS Roxin (2011) 467 ff.

832 Dem RG zust. *Herzberg* JuS **1980** 474; *Küper* NStZ **1993** 316 mit Fn. 26; krit. *Zaczyk* Unrecht S. 265.

glaubt ... Im vorliegenden Fall fiel das Tun der Angeklagten, wie es ihrer Vorstellung entsprach, unter die Strafandrohung des § 263 StGB. Ihr Irrtum betraf nicht Sinn und Tragweite dieser Vorschrift, sondern den ihnen nach Maßgabe des Versicherungsvertrages zustehenden Anspruch. Ihr Vorsatz umfasst alle Merkmale des unvollendet gebliebenen Vergehens; ihre Tat musste daher als strafbarer Versuch beurteilt werden."

Trotz der am Umkehrschluss in der Folgezeit geäußerten Kritik (s. Rdn. 230 ff) und der zu dem vom Reichsgericht hier behandelten Fall eines „Vorfeldirrtums" entstandenen Meinungsvielfalt (s. Rdn. 266 ff) lesen sich die zu einer im Kern identischen Sachverhaltsgestaltung 1996 in BGHSt **42** 268, 272 (mit Anm. *Arzt* JR **1997** 469 und *Kudlich* NStZ **1997** 432) zu findenden Ausführungen kaum anders als die soeben wiedergegebenen Gründe der 1908 ergangenen Entscheidung des Reichsgerichts. Der Täter hielt es für möglich, dass er aufgrund falscher Diagnose und Behandlung einem Arzthaftungsanspruch ausgesetzt sein könnte. Tatsächlich war ihm ein solcher Fehler nicht unterlaufen, so dass die vom Täter vorgenommenen Manipulationen an der Krankenakte keinen rechtswidrigen Vermögensvorteil begründen konnten.[833] „Ist der erstrebte Vermögensvorteil" – so der BGH – „wie hier tatsächlich rechtmäßig, hält der Täter ihn aber fälschlicherweise für rechtswidrig, so befindet er sich in einem sogenannten umgekehrten Tatbestandsirrtum. Er stellt sich einen nicht vorhandenen Umstand – nämlich die Rechtswidrigkeit des Vermögensvorteils –, an dessen Fehlen die Vollendung des vorgestellten Tatbestandes zwangsläufig scheitern muss, als gegeben vor. Diese Fallkonstellation erfüllt die Voraussetzung des strafbaren untauglichen Versuchs ... Das Bestehen des geltend gemachten Anspruchs und damit die Rechtswidrigkeit des erstrebten Vermögensvorteils ist ein tatsächlicher Umstand. Eine Fehlvorstellung hierüber ist daher ein Irrtum, der ein objektives Tatbestandsmerkmal betrifft, nicht aber das Verbotensein der Tat. Der Täter glaubt, einen von ihm nach Inhalt und Tragweite richtig beurteilten Straftatbestand zu verwirklichen. Es liegt kein umgekehrter Verbotsirrtum vor, der zur Straflosigkeit des Versuchs führen würde".[834] Freilich weisen die Entscheidungen RGSt **42** 92 und BGHSt **42** 268 insofern über den Bereich der Fehlvorstellungen über Tatsachen hinaus, als die tragenden Entscheidungsgründe nicht deutlich zwischen Fehlvorstellungen über der rechtlichen Bewertung zugrundeliegende Tatsachen einerseits und der fehlerhaften rechtlichen Bewertung selbst andererseits unterscheiden. So nimmt *Küper* in seiner Stellungnahme zu RGSt **42** 92 offenbar einen Fall irrtümlicher rechtlicher Bewertung an,[835] und BGHSt **42** 268 deutet selbst die Möglichkeit an, dass der Täter „fürchtete ..., aus juristischen Gründen haftbar zu sein, selbst wenn ein medizinischer Fehler nicht vorgelegen haben sollte" (BGHSt **42** 268, 269). 288

Eindeutig einen Irrtum über den der rechtlichen Bewertung unterliegenden Sachverhalt betrifft die Entscheidung BGHSt **1** 13, in der die Auffassung vertreten wird, „dass die Abgabe einer falschen Versicherung an Eides Statt vor einer **unzuständigen Behörde** ein versuchtes Vergehen nach § 156 StGB nur dann ist, wenn der Täter sich irrigerweise Tatsachen vorstellt, die die Zuständigkeit der Behörde ergeben", was jedenfalls dann nicht der Fall sei, „wenn die fragliche Stelle schon der allgemeinen Zuständigkeit zur Abnahme von eidesstattlichen Erklärungen ermangelt und der Angeklagte sich keine dem entgegenstehenden Tatsachen vorgestellt hat". Vielmehr müsse es etwa so liegen, „dass in einem amtsgerichtlichen Arrestverfahren statt des Richters ein Referendar die Verhandlung führt und nun eine falsche Versicherung an Eides Statt von einer Prozesspartei entgegennimmt, die ihn für den Richter hält". Dabei muss freilich, wie BGHSt **3** 248, 254 f gegenüber dieser insoweit anderslautenden Entscheidung (BGHSt **1** 17) be- 289

**833** BGHSt **42** 268, 271 f.

**834** Vgl. zu § 263 auch schon BayObLG NJW **1955** 1567: Die Täter „haben sich hiernach einen Sachverhalt vorgestellt, der, wenn er vorgelegen hätte, die Merkmale des Betruges erfüllen würde. Ihr Wille war also auf einen wirklich unter Strafe gestellten und nicht – wie beim Wahndelikt – auf einen nur vermeintlich verbotenen Erfolg gerichtet". Gegenstand der Fehlvorstellung waren hier der Vermögensschaden und der ihm korrespondierende rechtswidrige Vorteil, betroffenes „Vorfeld" die Gebührenordnung der Notare.

**835** *Küper* NStZ **1993** 316 mit Fn. 26.

tont, „die dem Gesetz entsprechende Wertung, d.h. eine Parallelwertung in der Laiensphäre des Täters" hinzutreten. Beides war offenbar in RGSt **65** 206 gegeben, eine Entscheidung, in der folglich versuchter Meineid bejaht worden ist (ähnlich RGSt **60** 25). Fehlt es an der **Vortat** der Hehlerei, kommt nach RGSt **64** 130 „ein Versuch am untauglichen Objekt in Frage ..., wenn der Täter irrtümlich Tatsachen als vorhanden angenommen hat, die bei ihrem Vorliegen ergeben würden, dass die Sachen im Sinne des § 259 mittels einer strafbaren Handlung erlangt sind ... Wesentlich ist, dass der Wille des Täters auf einen wirklichen, nicht bloß vermeintlich verbotenen, unter Strafe gestellten Erfolg gerichtet war, dass also das Verbot nicht bloß im Wahne des Täters bestand" (ebenso KG JR **1966** 307; BGH NStZ **1992** 84). Auf dem Gebiet des **Nebenstrafrechts** entschied RGSt **55** 138, 142 nicht anders: Hat der Täter „geglaubt, dass der Rum von seinen Verkäufern über die Grenze geschmuggelt worden sei, und hat er aufgrund dieses Irrtums die Ware in Empfang genommen, so lagen die Voraussetzungen einer versuchten gesetzwidrigen **Einfuhr** des Rums und somit, da das Unternehmen der verbotswidrigen Einfuhr gleichermaßen die vollendete wie die versuchte Straftat umfasst, die einer Konterbande nach § 134 VZG vor. Denn in diesem Falle wollte der Angeklagte einen Tatbestand verwirklichen, der unter der Voraussetzung der Richtigkeit seiner Vorstellung dem gesetzlichen Tatbestand einer Straftat, nämlich der Konterbande, entsprach. F irrte also nicht über ein Strafgesetz, sondern über Tatumstände, und demzufolge stellte seine Tat nicht ein strafloses Wahnverbrechen, sondern einen strafbaren Versuch der verbotswidrigen Einfuhr von Rum, eine Konterbande, dar". Stellen sich die Täter einer **Steuerverkürzung** einen Steueranspruch seinen tatsächlichen Voraussetzungen nach irrig vor, begehen sie nach denselben Maßstäben einen untauglichen Versuch, weil „sie nach ihrer Vorstellung einen Tatbestand verwirklichen, der unter der Voraussetzung ihrer Richtigkeit den gesetzlichen Tatbestand des beabsichtigten Vergehens vollkommen umfasste ... Ihr Irrtum hätte sich also nicht auf die Grenzen des Herrschaftsgebietes des Strafgesetzes, nicht auf einen bloß vermeintlich verbotenen, sondern lediglich auf einen vom Gesetz wirklich unter Strafe gestellten Erfolg und einen noch innerhalb seines Bereichs liegenden Tatumstand bezogen" (RGSt **56** 316, 318; bei „falschen Vorstellungen über die tatsächlichen Verhältnisse" ebenso RGSt **64** 229, 238).

**290** Dieser einheitlichen Beurteilung des auf einem Tatsachenirrtum beruhenden, den normativen Begriff aber richtig bewertenden umgekehrten Tatbestandsirrtums als untauglicher Versuch steht eine **zweite Gruppe von Entscheidungen** gegenüber, in der der **richtig erfasste Sachverhalt** vom Täter **unzutreffend** unter den Tatbestand **subsumiert** und diese subjektive Überdehnung als **Wahndelikt** eingeordnet wird. Hier ist von einem **umgekehrten Subsumtionsirrtum** zu sprechen (s. *Herzberg* JuS **1980** 470). Während beim den Vorsatz in aller Regel unberührt lassenden und nur als Verbotsirrtum möglicherweise relevanten bloßen Subsumtionsirrtum der Täter von einem zu engen Verständnis des Tatbestandes ausgeht und daher sein Verhalten irrigerweise nicht für strafbar hält, führt die den Tatbestand überdehnende Vorstellung nach den hier ins Auge gefassten Entscheidungen zu einem Angriff gegen eine Norm, die so nicht besteht. Daher soll es nicht nur an der Vollendung, sondern auch am für den (untauglichen) Versuch vorausgesetzen deliktischen Vorsatz fehlen. Auch hier wird zwischen tatbestandsimmanenten und Verweisungsbegriffen von der Rechtsprechung nicht unterschieden. Im Bereich der den **Norminhalt selbst** und unmittelbar ausgestaltenden **Merkmale** findet sich hierzu als Beispiel, dass der Täter zutreffend erkennt, dass es bestimmten „Bezugsabschnitten" an der Beweiseignung und der Ausstellererkennbarkeit mangelt, dass er aber glaubt, diesen Objekten komme gleichwohl Urkundsqualität zu. Diese irrige rechtliche Bewertung führt nach BGHSt **13** 235, 239 ff ins Wahndelikt.[836] Entsprechend hat RGSt **66** 124 ausgeführt: „Ist der Täter in Kenntnis aller Tatumstände der Ansicht, diese ergäben, dass ein von ihm mit einem bestimmten Inhalt fälschlich angefertigtes Papier eine Urkunde im Sinne des § 267 StGB sei, so kann dieser Glaube allein das Papier nicht zur Urkunde und damit zum Gegenstand der Urkundenfälschung machen."

836 **Krit.** dazu *Foth* JR **1965** 370; *Traub* JuS **1967** 116; gegen sie *Herzberg* JuS **1980** 471; die anderslautende (untauglicher Versuch) nicht tragende Bemerkung in BGHSt **7** 53 hat der 1. Senat auf Anfrage relativiert.

Eine durch einen „umgekehrten Subsumtionsirrtum" hervorgerufene „wahnhafte Vorstellung" hat ferner der, der einen Prozessbetrug darin sieht, dass er seine unzutreffende Rechtsauffassung mit der (falschen) Behauptung untermauert, es gebe gerichtliche Entscheidungen, die diese Auffassung stützen (OLG Koblenz NJW **2001** 1364). So liegt es nach BGHSt **16** 155, 160 auch bei dem „**Unterlassungstäter**, der – irrigerweise – eine Garantenpflicht annimmt, obwohl der – ihm bekannte – Sachverhalt diese Pflicht nicht ergibt. Erkannte er nämlich „alle tatsächlichen Gegebenheiten zutreffend, zog er aus der Sachlage aber den irrigen Schluss auf ein rechtliches Gebot, läge lediglich ein sog. Wahnverbrechen vor, welches straflos ist" (BGH JR **1994** 510, 511; *Puppe* AT § 20 Rdn. 14 ff). Schließlich begeht auch der Alleinverursacher eines Unfalls keine strafbare Unfallflucht. „Wenn er dies dennoch zu tun glaubt, indem er sich aus der Stadt entfernte und verbarg, so beging er dadurch nicht etwa einen untauglichen Versuch im Sinne des § 142 Abs. 2 StGB. Vielmehr hielt er den in tatsächlicher Hinsicht zutreffend beurteilten Sachverhalt irrigerweise für strafbar". Das ist nach BGHSt **8** 263, 268 ein Wahndelikt.

Diese Linie wird auch bei **Verweisungsbegriffen** in zahlreichen Entscheidungen eingehal- 291
ten. Hiernach führt es ins Wahndelikt, wenn der Täter eine Tageskarte für ein öffentliches Beförderungsmittel erworben, aber zu Hause vergessen hat und nun der Meinung ist, der Verstoß gegen die Beförderungsbedingungen bedeute eine nach **§ 265a** strafbare Schädigung der Verkehrsbetriebe (BayObLG NJW **1986** 1504). Wer sich nicht irrig Tatsachen vorstellt, die die **Zuständigkeit** zur Abnahme einer Versicherung an Eides Statt ergeben, sondern eine bestimmte und richtig eingeordnete Institution nur irrig für zuständig hält, begeht keinen untauglichen Versuch (BGHSt **1** 13, 17). Nach einer Entscheidung des BayObLG (NJW **1981** 772) liegt ein Wahndelikt und kein untauglicher **Strafvereitelungsversuch** vor, wenn der „Täter" weiß, dass der Vortäter lediglich aus Unachtsamkeit auf einen anderen Pkw aufgefahren ist, daraus aber unzutreffend schließt, der Vortäter habe mit einer Geldstrafe (statt nur mit einer Geldbuße) zu rechnen und nun – um diese Geldstrafe abzuwenden – vor der Polizei falsche Angaben macht (s. auch *Hoffmann-Holland* MK Rdn. 93 f). Beurkundet ein Notar von den Kaufsvertragsparteien abgegebene, inhaltlich aber – wie er weiß – unwahre Erklärungen, handelt es sich nicht um eine falsche Beurkundung im Amt nach **§ 348 StGB**, weil nur die Abgabe der Erklärungen, nicht aber ihre inhaltliche Richtigkeit von der Beweiskraft erfasst ist. Ist der Notar der irrigen Auffassung, dass „die Nichtbeurkundung des wahren Willens der Vertragsparteien" eine Falschbeurkundung wäre, „läge kein untauglicher Versuch, sondern nur ein Wahndelikt vor; denn der Angeklagte hätte damit lediglich ein – zwar standeswidriges, aber nicht als Falschbeurkundung strafbares – Verhalten irrig für verboten gehalten, also irrig angenommen, er verletze ein Strafgesetz, das es in Wahrheit nicht gibt" (BGH JZ **1987** 522, 283 mit Anm. *Schumann*). RGSt **66** 124, 127 verneint die versuchte Fälschung einer **öffentlichen Urkunde**, weil die Angeklagten „nicht über Tatsachen" irrten, „die die Urkunde zu einer öffentlichen gemacht hätten", sondern lediglich aus den ihnen bekannten richtigen Tatsachen, die das Merkmal der „Öffentlichkeit" nicht ausfüllten, „den rechtsirrtümlichen Schluss" zogen, „es liege eine öffentliche Urkunde vor". Auch im **Steuerstrafrecht**[837] spiegelt sich diese Auffassung. Hier hatte schon das Reichsgericht (RGSt **64** 229, 238) den untauglichen Versuch der Steuerhinterziehung nur annehmen wollen, wenn „die Täter in ihrem steuerunehrlichen Vorgehen durch falsche Vorstellungen über tatsächliche Verhältnisse" von einem Steueranspruch ausgingen. Wer dagegen in Kenntnis der Tatsachen „ausschließlich über die Grenzen des Herrschaftsgebiets dieses Gesetzes geirrt und seine Tat zufolge eines Irrtums über die Anwendbarkeit einer steuerrechtlichen Strafvorschrift für verboten gehalten" hat, dem wurde ein Wahnvergehen bescheinigt. RGSt **65** 165, 172 hat das so begründet, dass „angesichts der Unübersichtlichkeit der Pflichten, die in den Steuergesetzen um der Besteuerung Willen auferlegt sind, angesichts des weiten Raumes, der sich für einen Irrtum über das Bestehen und die Anwendbarkeit steuerrechtlicher Vorschriften eröffnet ..., es unerträgliche Folgen nach sich ziehen" würde, „wenn zugelassen würde, dass jeder nach § 360 RAbgO verantwortlich zu machen sei, in dem Rechtsunkenntnis die Vorstellung hervorruft, dass

837 Eingehend hierzu *Reiß* wistra **1986** 193 ff; *Maiwald* Unrechtskenntnis und Vorsatz im Steuerstrafrecht (1984).

ein Verhalten, das mangels des Bestehens des vermeintlichen Steueranspruchs steuerrechtlich belanglos ist, die Verkürzung eines Steueranspruchs zur Folge haben würde" (s. dazu *Roxin* JZ **1996** 985). OLG Düsseldorf NStZ **1989** 370 stimmt dieser reichsgerichtlichen Differenzierung im Ergebnis zu.[838]

292 **Fasst** man die **Rechtsprechung** bis hierhin **zusammen**, so hat sie sich von den Sätzen des Reichsgerichts (RGSt **64** 124, 127) nicht entfernt, nach denen ein Wahndelikt vorliegt, „falls der Täter aufgrund eines richtig vorgestellten Sachverhalts den falschen Schluss zieht, seine Tat sei ein bestimmtes Verbrechen" und dass ein untauglicher Versuch gegeben ist, „wenn jemand unter falscher Annahme von zum Tatbestand des Verbrechens gehörigen Tatsachen eine Tat begeht, die jenes Verbrechen darstellen würde, falls seine irrige Vorstellung richtig wäre". Zu ergänzen ist für das Wahndelikt, dass die falsche Schlussfolgerung das Entscheidende ist, nicht die Prämisse eines richtig vorgestellten Sachverhalts; denn auch die den Tatbestand überdehnende Schlussfolgerung zu einem nur irrig vorgestellten Sachverhalt muss ins Wahndelikt führen. Und zum untauglichen Versuch ist hinzuzufügen, dass bei wertenden (normativen) Tatbestandsmerkmalen „die dem Gesetz entsprechende Wertung, mag man sie im Anschluss an *Mezger* mit BGHSt **3**, 248 (255) als ‚Parallelwertung in der Laiensphäre des Täters' bezeichnen oder mit *Welzel* (JZ **1953**, 120) verlangen, der Täter müsse ‚den Bedeutungssinn des Tatumstandes im sozialen Leben erfasst' haben" (BGHSt **4** 347, 352; krit. hierzu *Puppe* NK § 16 Rdn. 45 ff),[839] zwar genügt, aber als Mindestvoraussetzung des Vorsatzes zur irrigen Tatsachenvorstellung hinzutreten muss.

293 In diese für normative Merkmale zwischen dem internen Normbereich und dem Verweisungsbereich nicht differenzierende und wesentlich auf dem Umkehrschluss beruhende klare Trennung gerät nun durch eine **dritte Gruppe von Entscheidungen** deshalb eine gewisse **Unsicherheit,** weil in der **Konstellation der auf falscher Wertung des richtig vorgestellten Sachverhalts** im Sinne einer die Strafbarkeit überdehnenden Schlussfolgerung (= umgekehrter Subsumtionsirrtum) nicht (nur), wie in den bisher aufgeführten Entscheidungen, ein Wahndelikt, sondern auch ein **untauglicher Versuch** für **möglich** gehalten wird. Das geschieht **im inneren Normbereich** z. B. dann, wenn man mit dem OLG Düsseldorf NStZ **2001** 482 (mit insoweit zu Recht **abl.** Anmerkung *Puppe* und *Erb* NStZ **2001** 317; *Heuchemer* JA-R **2001** 145; vgl. auch *Dedy* Jura **2002** 139) eine aus Fotokopien erstellte Collage nicht für eine *Urkunde* im Sinne des § 267 erachtet, einen untauglichen Versuch der Urkundenfälschung aber bejaht, wenn der Täter „geglaubt oder für möglich gehalten und billigend in Kauf genommen hätte, dass es sich bei dem ‚Produkt' seiner Manipulation", über dessen tatsächliches Zustandekommen der Täter keine falschen Vorstellungen besaß, „um eine Urkunde im Rechtssinne handelte".

294 Häufiger begegnet diese Auffassung **im Bereich der Verweisungsbegriffe.**[840] So hat schon RGSt **72** 80, 81 bei einer polizeilichen Vernehmung den untauglichen Versuch des Meineides bzw. den Versuch der Anstiftung hierzu (§ 159) für möglich gehalten, wenn sich der, der die Verleitung unternimmt, nur irrig vorstellt, dass die Stelle, die er bei der Beeinflussung des anderen im Auge hat, „eine zur Abnahme von Eiden ... zuständige Behörde sei", genüge es doch, „dass die **Zuständigkeit** nicht wirklich, sondern nur in der Vorstellung des Täters gegeben" sei. In solchen Fällen liege „kein sog. Wahnverbrechen vor". Ebenso entscheidet – in ausdrücklicher Abkehr von BGHSt **1** 13 (s. dazu Rdn. 289) – BGHSt **3** 248, 254 ff. Dabei wird hier nicht vom umgekehrten Subsumtionsirrtum, sondern von einer **Umkehrung der Parallelwertung in der Laiensphäre** gesprochen und sie – jenseits von Tatsachenvorstellungen, die BGHSt **1** 13 für die Annahme eines untauglichen Versuchs forderte – allein für maßgeblich erklärt. Wer wie BGHSt **1** 13 verfahre, berücksichtige nämlich „nicht genügend das Wesen solcher Tatbestandsmerkma-

**838** Siehe dagegen *Schuster* S. 191 ff.

**839** Von einer „Widerspiegelung der gesetzgeberischen Grundentscheidung im Verständnishorizont des Täters" spricht *Papathanasiou* S. 202 ff; *dies.* FS Roxin (2011) 467 ff.

**840** Weshalb *Herzberg* JuS **1980** 472 ff eine weitgehende Übereinstimmung der Rechtsprechung mit seiner hier ebenfalls zum untauglichen Versuch führenden Lehre sieht.

le, die wie das hier in Rede stehende nicht tatsächlicher, beschreibender Art, sondern rechtlicher und daher wertender Art sind". Zum Vorsatz gehöre bei ihnen „die dem Gesetz entsprechende Wertung, das heißt eine Parallelwertung in der Laiensphäre des Täters (*Mezger* Strafrecht 3. Aufl. S. 328; *ders.* JZ **1951**, 179). Fehlt sie, so kann der Täter ... nicht wegen vorsätzlicher Tat bestraft werden; ist sie umgekehrt gegeben, ohne dass jedoch das Gesetz den Sachverhalt ebenso wertet, so steht einer Bestrafung wegen Versuchs nichts entgegen, wenn auch die sonstigen Voraussetzungen gegeben sind".[841] Dem folgen BGHSt **5** 111, **10** 272 und **12** 56 (zust. *Herzberg* JuS **1980** 475 f; **abl.** *Burkhardt* JZ **1981** 684; *Roxin* JZ **1996** 984, 986). Ähnlich hat der BGH in einem Offenbarungseidsverfahren entschieden, in dem der Täter objektiv den Tatbestand nicht erfüllte, weil „die Angabe der erdichteten Forderung" nicht zum **Vernehmungsgegenstand** gehörte und daher vom Eid nicht erfasst wurde. Der Täter war aber dieser Meinung. „Der Angeklagte hat damit" – so BGHSt **2** 74, 76 – „nicht etwa nur aus dem von ihm angenommen Sachverhalt den falschen Schluss gezogen, die Tat sei ein bestimmtes Verbrechen. Wäre dies der Fall, so läge nur ein – strafloses – Wahnverbrechen vor. Vielmehr hat er aufgrund falscher Vorstellungen über die Bedeutung des § 807 ZPO zu Unrecht angenommen, sein Eid erstrecke sich auf das unwahre Mehr seiner Angaben". Dann liege ein untauglicher Versuch vor (zust. *Herzberg* JuS **1980** 477; ebenso BGHSt **3** 221). Dem hat BGHSt **14** 345, 350 allerdings wie folgt widersprochen: „Glaubt der Täter irrigerweise, dass eine von ihm gemachte Angabe nicht unter den Eid falle, während dies rechtlich der Fall ist, so irrt er sich über den Umfang der Norm, befindet sich also im Verbotsirrtum. Er irrt nicht über ein Tatbestandsmerkmal, sondern darüber, dass sein Verhalten unter das gesetzliche Verbot fällt. Die irrige Annahme des Täters, eine von ihm beschworene Falschaussage falle unter die Wahrheitspflicht, ist daher als Wahnverbrechen anzusehen". Dies zeigt deutlich, dass selbst im Bereich ein und desselben normativen Merkmals bezüglich eines strukturell identischen täterbelastenden Irrtums in der Praxis unterschiedliche Schlussfolgerungen gezogen werden. Trotz nur überdehnender Subsumtion eines richtig erfassten Sachverhalts **für Versuch** entscheidet sich dagegen wiederum LG Mannheim NJW **1995** 3398, 3399 (mit **krit.** Anm. von *Abrahams/Schwarz* Jura **1997** 355, *Behm* NStZ **1996** 317 und *Scheffler* JuS **1996** 1070), wenn es einen untauglichen **Betrugsversuch** in einem Fall bejaht, in dem der Täter deshalb irrig annimmt, „durch seine Täuschung jemanden widerrechtlich zu schädigen", weil ihm „als juristischem Laien naturgemäß verborgen" bleibe, „dass sein Verhalten ex turpis causa" – er wollte Telefonsexpartnerinnen um ihren vom LG Mannheim auf dem Boden des juristisch-ökonomischen Vermögensbegriffs verneinten „Anspruch" bringen[842] – „von vornherein nicht zur Vollendung gelangen konnte" (ähnlich schon RGSt **38** 423). Einen untauglichen **Erpressungsversuch** hat der BGH (NStZ **2008** 214) für den Fall angenommen, dass der Täter in Verkennung der Rechtslage annimmt, keinen Anspruch auf die geforderten Zahlungen zu haben, auch wenn dies „aus juristischer Sicht unverständlich erscheinen mag". Für einen untauglichen Versuch einer **persönlichen Begünstigung im Amt** nach § 346 a. F. votiert BGHSt **15** 210 (zust. *Herzberg* JuS **1980** 473; **abl.** *Burkhardt* JZ **1981** 686; *Roxin* JZ **1996** 987; nun auch *Herzberg* GedS Schlüchter S. 206) in einem Fall, in dem ein Polizeibeamter irrig davon ausgeht, die Tat seines Schwiegervaters, deren zeitweilige Nichtverfolgung er durch Verschwindenlassen einer Anzeige erreicht, sei ein „mit einer Kriminalstrafe" bedrohtes Vergehen, während sie in Wahrheit nur eine Ordnungswidrigkeit war. Die Begründung verweist darauf, dass sich der Irrtum nicht auf den in Frage stehenden Tatbestand beziehe, sondern auf die Voraussetzungen der Anwendbarkeit des angenommenen Vergehenstatbestandes (§ 3 des Lebensmittelgesetzes) auf das Vorverhalten seines Schwiegervaters. Hierzu bemüht der BGH dann den Umkehrschluss: Wenn der Beamte der irrigen Meinung sei, der Begünstigte habe keine Straftat begangen, so sei das unabhängig davon, ob dieser Irrtum auf der Vorstellung beruhe, der Begünstigte sei nicht der Täter, oder auf der, die Tat sei nicht strafbar, ein vorsatzausschlie-

**841** Gegen diesen Gedankengang *Puppe* NStZ **2001** 482, 484 f.

**842** Die Frage der Sittenwidrigkeit wäre heute freilich anders zu beurteilen, so dass der Anspruch nach erbrachter Telefonsexleistung tatsächlich besteht und vollendeter Betrug vorläge; *Sch/Schröder/Perron* § 263 Rdn. 93a.

ßender Tatbestandsirrtum und nicht etwa ein Irrtum über die Bedeutung oder Tragweite der Begünstigungsnorm. „Im umgekehrten Fall" mache sich dann aber „der Strafverfolgungsbeamte, der, wie der Angeklagte, in Begünstigungsabsicht von der Verfolgung desjenigen absieht, den er irrig – gleichviel ob aus unzutreffenden tatsächlichen oder falschen rechtlichen Erwägungen – für den Täter einer Straftat hält, des untauglichen Versuchs nach § 346 schuldig". Es handele sich dann „nicht nur um ein strafloses Wahnverbrechen" (für letzteres dagegen in einem ähnlich gelagerten Fall BayObLG NJW **1981** 772). Aus dem **Nebenstrafrecht** reihen sich hier schließlich zwei Entscheidungen ein, in denen bei irriger Annahme einer **Steuerpflicht** ein untauglicher Versuch bejaht worden ist. RG HRR **1938** Nr. 131 verfährt so in einem Fall, in dem der Täter im irrigen Glauben war, auch gestohlenes Gut sei einkommensteuerpflichtig. Die schon zitierte Entscheidung KG NStZ **1982** 73 (s. Rdn. 286) beruft sich zur Begründung des gleichen Ergebnisses darauf, dass ein solcher Täter „nicht anders zu behandeln sei" als der, „der aufgrund eines Rechtsirrtums bei der im Vorfeld des Straftatbestandes angestellten Bewertung bei § 246 StGB fälschlicherweise das Merkmal ‚fremd' oder bei § 263 StGB die Rechtswidrigkeit des Vermögensvorteils" annehme. In all diesen Fällen glaube der Täter nämlich, „einen von ihm in seiner Tragweite richtig beurteilten Straftatbestand zu verwirklichen". Es fehle folglich – so das KG im Anschluss an *Herzberg* – „die für den umgekehrten Subsumtionsirrtum (= Wahndelikt) kennzeichnende Diskrepanz zwischen dem tätersubjektiven und dem amtlich-maßgeblichen Verständnis der Verbotsnorm".

295 Zu nennen sind schließlich die Fälle, in denen der Täter aufgrund rechtlicher **Fehlvorstellungen über die Regelungen zum Eigentumsübergang** zur irrtümlichen Beurteilung der Fremdheit einer Sache gelangt. So hat das OLG Stuttgart (NJW **1962** 65) einen **Betrugsversuch** dessen bejaht, der einen ihm gehörigen Pkw in der irrigen Meinung einem Käufer übereignet, er sei wegen einer vorangegangenen, nach Auffassung des Gerichts mangels Vereinbarung eines Besitzmittlungsverhältnisses aber tatsächlich fehlgeschlagenen Sicherungsübereignung des Pkw hierzu rechtlich nicht in der Lage. Das OLG bestätigt zudem die Verurteilung auch wegen **versuchter Unterschlagung** (zust. insoweit *Herzberg* JuS **1980** 472; *Rath* JuS **1999** 34; *Roxin* JZ **1996** 987; **abl.** *Burkhardt* JZ **1981** 685; *Jakobs* AT 25/42). Zwar wird erwogen, dass die das normative Tatbestandsmerkmal „fremd" betreffende rechtliche Fehlbeurteilung ein „umgekehrter Subsumtionsirrtum" sein könnte, der den Vorsatz nicht zu begründen vermöchte und daher ins Wahndelikt führte. Das wird aber mit der Erwägung verworfen, dass hier nicht das Tatbestandsmerkmal „seinem Umfang oder seiner rechtlichen Tragweite, das heißt seinem Begriff nach verkannt" worden sei, da der Angeklagte „nicht über die Begriffe des Eigentums oder über das Institut der Sicherungsübereignung" irrte, sondern dass sich sein Irrtum nur darauf bezog, „ob im konkreten Fall die Absprachen der Parteien den erstrebten ... bürgerlich-rechtlichen Erfolg des Eigentumsübergangs gehabt hatten." „Die Strafnorm" sei „zutreffend erkannt, der Angeklagte wollte gegen sie verstoßen; er irrte sich nur über die rechtlichen Begleitumstände".

296 **ee) Stellungnahme.** Ausgehend von der rechtlichen Irrelevanz des Wahndelikts ist die Suche nach „Abgrenzungskriterien" zum untauglichen Versuch bereits im Ansatz ein schiefer Zugang zu dem Problem.[843] Vielmehr ist bei der Frage anzusetzen, ob (auch in den Fällen der sogenannten Vorfeldirrtümer) eine **Strafbarkeit nach Versuchsgrundsätzen begründet** ist (s. schon Rdn. 258). Zu prüfen ist also, inwieweit die gesetzlichen Anforderungen eine Versuchsstrafbarkeit legitimerweise tragen.[844] Das hängt nach allgemeinen Grundsätzen davon ab, ob der Vorsatz des Täters die für die Begründung von Versuchsunrecht erforderliche Entscheidung gegen das tatbestandlich geschützte Rechtsgut verkörpert. Es geht so gesehen nicht um ein Irrtumsproblem (vgl. schon Rdn. 43 f), sondern schlicht um die Frage, ob der Täter (im Sinne des Versuchstatbestan-

**843** Vgl. *Kindhäuser* FS Streng 325; *Streng* GA **2009** 529, 540.
**844** Vgl. auch *Frisch* FS Eisenberg (2019) 622 f; *ders.* GA **2019** 305, 312.

des) vorsätzlich handelt.[845] „Charakteristisch für den Vorsatztäter ist, dass er das in den Straftatbeständen der Vorsatzdelikte verbotene Verhalten in eben der Dimension erfasst hat, die für das Gesetz den Grund seines Verbots ausmacht: Wer diese spezifische Dimension erfasst hat und ... gleichwohl (im Sinne des verbotenen Verhaltens) handelt, entscheidet sich durch dieses Verhalten abweichend von der gutsspezifischen Verhaltensordnung des jeweiligen Tatbestands und in diesem Sinne gegen das Gut" (*Frisch* Irrtum S. 276). Danach ist zum einen der Inhalt der Verhaltensnorm zu bestimmen, deren Verletzung den Tatbestand erfüllt, und zum anderen ist zu klären, ob das Vorstellungsbild des Täters diese Verhaltensnormverletzung subjektiv reflektiert. Ob der Unrechtsvorwurf begründet ist, beurteilt sich (selbstverständlich) nach objektiven Maßstäben; der Täter hat keine Definitionsmacht darüber, welche Rechtsgüter vor welchen Angriffen geschützt werden. Insoweit ergibt sich aber gerade für den untauglichen Versuch ein gewisser Klarstellungsbedarf. Denn beim untauglichen Versuch können auch solche Entscheidungen gegen das Rechtsgut strafbarkeitsbegründend wirken, bei denen der Täter einem grundsätzlich erlaubten Verhalten eine in Wahrheit nicht gegebene Gefährlichkeit zuschreibt. Nicht immer ist der Vorsatz des Täters also darauf gerichtet, eine zum Schutz eines bestimmten Rechtsguts tatsächlich bestehende Verhaltensnorm zu verletzen.[846] Es ist vielmehr auch möglich, dass er sich für den Verstoß gegen eine objektiv nicht existente Verhaltensnorm entscheidet (wenn er sich etwa vorstellt, das Opfer mit Kamillentee töten zu können). Das bedeutet freilich nicht, dass der Täter gewissermaßen neue Verhaltensnormen „erfindet". Es wird hier lediglich der Einsicht Rechnung getragen, dass sich die das Versuchsunrecht kennzeichnende rechtsfeindliche Gesinnung nur auf der Basis der Tätervorstellung beurteilen lässt, womit auch (Fehl-) Vorstellungen in Bezug auf die tatsächlichen Möglichkeiten der Rechtsgutsverletzung zu berücksichtigen sind. Nicht beeinflussen kann der Täter aber die Maßstäbe, nach denen sein Verhalten auf der Grundlage seiner Vorstellung zu bewerten ist. In diesem Sinne bleibt das Missbilligungsurteil stets ein objektives: Die Vorstellung des Täters ist zwar die Grundlage der Bewertung des Verhaltens; die Bewertung erfolgt aber nach objektiven Maßstäben. Das vorgestellte Verhalten muss also (auch) im Fall des untauglichen Versuchs **nach den Maßstäben der Rechtsordnung rechtlich missbilligt** sein. So liegt es im Fall der „Vergiftung" mit Kamillentee: Zwar gibt es keine Verhaltensnorm, die das konkrete Verhalten untersagt, aber es gibt eine stärker generalisiernde Verhaltensnorm, die es verbietet, einem anderen Menschen Gift zu verabreichen.[847] Der Täter entscheidet sich also durchaus gegen eine tatsächlich existierende Verhaltensnorm, auch wenn das konkrete Verhalten aufgrund einer Verkennung von Naturgesetzlichkeiten objektiv nicht rechtlich missbilligt ist. Es wäre aber nach den Maßstäben des Rechts zu missbilligen, wenn die Vorstellung des Täters zuträfe. Gerade darin liegt der Unterschied zum Wahndelikt, bei dem der Täter seine eigene Wertung an die Stelle derjenigen von Gesetzgeber und Rechtsprechung setzt.

Das Problem (die „Abgrenzungsfrage") resultiert nun daraus, dass auch der Vorsatz (insbe- **297**
sondere bezogen auf normative Tatbestandsmerkmale) eine Bewertung der (vorgestellten) Tatsachen durch den Täter verlangen kann. Dabei beschränkt sich aber die für die Vorsatzbegründung erforderliche Wertung auf den subjektiven Nachvollzug des Bedeutungsgehalts der Voraussetzungen des Tatbestandes. Die Begründung des Versuchsunrechts (und die Lösung der Abgrenzungsfrage) ergibt sich also aus der (auf der Grundlage der Tätervorstellung vorzunehmenden) Bestimmung der **Anforderungen, die an das tatbestandserfüllende Unrecht zu stellen** sind. Dabei wird man der Rechtsprechung im Grundsatz darin folgen müssen, dass zwischen unmittelbar dem **Normbereich** zugehörigen Tatbestandsmerkmalen, und solchen, deren

---

**845** Vgl. *Frisch* Irrtum S. 278 f, 281 f.

**846** Insoweit zumindest missverständlich *Frisch* GA **2019** 305, 312; klärend S. 316 f (wobei die Konstellation der evidenten Untauglichkeit hier auch nicht deutlich adressiert wird).

**847** Noch stärker generalisierend *Toepel* FS Kindhäuser 549 f, der etwa § 212 die Verhaltensnorm unterlegen will, dass jedes Mitglied der Rechtsgemeinschaft Handlungen unterlassen soll, die den Tod eines Menschen verursachen". Ein solches Verständnis lässt freilich jedenfalls im Grenzbereich gerade offen, welche Verhaltensweisen mit Blick auf das Tötungsverbot konkret untersagt sind.

Gehalt nicht ohne das Aufsuchen des im Vorfeld des Tatbestandes angesiedelten **Verweisungsbereichs** zu ermitteln ist, **nicht unterschieden** und die jeweils denkbare Zuordnung auch in der Sache nicht zu einem differenzierende Schlussfolgerungen gebietenden Anknüpfungspunkt erhoben wird. Denn es kann nicht gelingen, der trotz mancher Zuordnungsschwierigkeiten im einzelnen im Prinzip wohl durchführbaren Unterscheidung beider Begriffskategorien die ihr für die Problemlösung zugewiesene inhaltliche Differenzierungskraft zu entnehmen.[848] Das zeigt sich zum einen an der prinzipiellen **Substituierbarkeit**, also daran, dass es im Grundsatz möglich ist, die als Verweisungsbegriffe gekennzeichneten Tatbestandsmerkmale so „zu ersetzen, dass ohne Veränderung des strafrechtlichen Schutzbereichs das ‚außertatbestandliche' Recht zu einem ‚innertatbestandlichen'" oder umgekehrt wird (*Burkhardt* JZ **1981** 687).[849] Es wäre ersichtlich sachwidrig, die Bedeutung einer Fehlbewertung von einer nur gesetzestechnischen Entscheidung abhängig zu machen (ebenso *Roxin* JZ **1996** 984; *Sch/Schröder/Eser/Bosch* Rdn. 89).[850] Denn wenn man bei Rechtsirrtümern im Vorfeld des Tatbestandes einen untauglichen Versuch, bei einer Fehlbewertung der Reichweite des Tatbestandes aber ein Wahndelikt anzunehmen hätte, so würde bei einem in der Sache gleichbleibenden Irrtum aus dem einen das andere, wenn sich der Gesetzgeber z. B. entschlösse, die dem Jagdrecht unterliegenden Sachen in § 292, die rechtswidrigen Taten in § 258, die zur Eidesabnahme zuständigen Stellen in § 153 aufzuzählen oder, was unter „fremd" zu verstehen ist, in §§ 242, 246 selbst zu regeln.[851] Und umgekehrt würde der Wahn, man könne sich nach einem Alleinunfall unerlaubt vom Unfallort entfernen, zur vorsatzbegründenden Fehlvorstellung, wenn das, was ein Unfall im Straßenverkehr und was ein Unfallbeteiligter ist, nicht in § 142 selbst, sondern in § 34 StVO mit für § 142 verbindlicher Wirkung geregelt würde. Zum anderen ist auch die inhaltliche Folgerung nicht schlüssig, dass zu einer (wahnhaften) Überdehnung der Reichweite der Norm nur der Rechtsirrtum über innertatbestandliche Begriffe, nicht aber der Irrtum im Verweisungsbereich tauge. Vielmehr kann auch der Vorfeldirrtum die subjektive Verkennung der Reichweite der Norm vermitteln. Die Abschichtung von untauglichem Versuch und Wahndelikt kann daher nicht durch eine Differenzierung nach Norm- und Verweisungsbereich, sondern nur für alle normativen Begriffe gemeinsam gelingen. Daher ist der Rechtsprechung und der ihr insoweit folgenden Lehre in ihrer freilich weitgehend unartikulierten Ablehnung dieser Unterscheidung zuzustimmen. Das wird sich sogleich anhand der Darstellung der **unterschiedlichen Fallgruppen** näher zeigen:

298 Unproblematisch zutreffend ist die Bejahung des Vorsatzes durch die Rechtsprechung, wenn sich der Täter **tatsächliche Umstände** vorstellt und wertend nachvollzieht, bei deren Vorliegen der Tatbestand erfüllt wäre (Rdn. 287 ff). Hier bewegt sich der Täter ganz im Rahmen der gesetzlichen Wertung. Es macht hier auch – ebenfalls im Einklang mit der Rechtsprechung – keinen Unterschied, ob die Fehlvorstellung solche Umstände betrifft, die unmittelbar für die Subsumtion unter ein Tatbestandsmerkmal relevant sind (etwa die Ausstellererkennbarkeit bei einer Urkunde) oder solche Umstände, die für das Vorliegen einer Norm im Verweisungsbereich relevant sind (etwa die Umstände, aus denen sich ein Anspruch ergibt, der dann im Rahmen des Schadensbegriffs und der Rechtswidrigkeit der beabsichtigten Bereicherung bei § 263 rele-

**848** Die Differenzierung als Anknüpfungspunkt für unterschiedliche Lösungen abl. daher auch *Herzberg* GedS Schlüchter 206; *Hoffmann-Holland* MK Rdn. 92 ff; bei *Fischer* Rdn. 51 ff; *Sch/Schröder/Eser/Bosch* Rdn. 84 und *Vogler* LK[10] Rdn. 14 f wird die Differenzierung zwar thematisiert, aber auch nicht zum Anknüpfungspunkt einer unterschiedlichen Lösung gemacht.

**849** Auch *Frisch* FS Eisenberg (2019) 625 f; *Zaczyk* Unrecht S. 262 m. Fn. 94. Dieses Argument hat *Burkhardt* GA **2013** 357 f. mittlerweile abgeschwächt und meint, er sei damit „zu weit gegangen". Die mangelnde Überzeugungskraft betrifft allerdings wohl in erster Linie die zivilrechtlichen Regeln zum Eigentumsübergang, die richtigerweise (entgegen *Burkhardt*), nicht Gegenstand des Vorsatzes sind.

**850** Vgl. auch *Bülte* NStZ **2013** 65 ff.

**851** Auch hinge die Beurteilung einer Fehlbewertung zum Merkmal „fremd" davon ab, ob man den Begriff zivilrechtsakzessorisch oder – z. B. mit *Otto* BT § 40 Rdn. 10 f – rein strafrechtlich bestimmt, vgl. *Burkhardt* JZ **1981** 687.

vant ist). Danach liegt ein untauglicher Meineidsversuch vor, wenn sich der Täter tatsächliche Umstände vorstellt, bei deren Vorliegen er vor einer für die Eidesabnahme zuständigen Stelle einen falschen Eid abgelegt hätte, wenn er also etwa einen Rechtsreferendar für einen Richter hält. Auch hier wendet sich der Täter gegen die rechtliche Wertentscheidung, wonach die Beeidigung von Falschaussagen vor einem Richter in herausgehobener Weise kriminalisiert ist.

Hinsichtlich der Fehlvorstellungen über das Recht liegt die Rechsprechung – ebenfalls inso- **299**
fern unproblematisch und weithin unumstritten[852] – mit der Ablehnung des Vorsatzes in Fällen richtig, in denen der Täter **strafrechtliche Begriffe zu seinen Lasten überdehnt**, etwa die Urkundeneigenschaft auch bei fehlender Ausstellererkennbarkeit annimmt oder sich als Garant verpflichtet glaubt, obwohl sein Vorverhalten eine solche Pflichtenstellung in Wahrheit nicht begründet (Rdn. 290). Der **umstrittene Bereich** ist aber erreicht, wenn der überdehnte Begriff in einer **Vorfeldnorm** angesiedelt ist. Auch insoweit kann es richtigerweise **keinen Unterschied** machen, ob der überdehnte Begriff im Tatbestand unmittelbar angesiedelt ist, oder in dessen Vorfeld (*Hillenkamp* LK[12] Rdn. 226): Konturiert der Straftatbestand durch eine Bezugnahme auf Vorfeldnormen Gegenstand oder Reichweite des strafrechtlichen Schutzes, so fasst der Täter im Falle einer selbstbelastenden Überdehnung dieses Bereichs keinen Vorsatz zur Erfüllung des gesetzlichen Tatbestandes, sondern begeht ein Wahndelikt (Rdn. 291). So liegt es etwa, wenn der Täter gegenüber den Finanzbehörden Einnahmen verschweigt in der unzutreffenden Annahme, diese seien steuerlich von Bedeutung. Der Täter verletzt hier einen lediglich vorgestellten Steueranspruch, greift also nur ein (in diesem Umfang nicht bestehendes) vorgestelltes Rechtsgut an.[853] Gerade in diesem komplexen, durch (häufig nicht evidenzgeprägte) Entscheidungen des Gesetzgebers konturierten Bereich der Steuerpflichten zeigt sich auch, dass erst die Ausfüllung der tatbestandlichen Pflicht zur Anzeige „steuerlich erheblicher Tatsachen" durch die Vorgaben des Steuerrechts überhaupt ein den Anforderungen an die Gesetzesbestimmtheit (Art. 103 Abs. 2 GG) genügender Straftatbestand begründet wird.[854] Ebenso liegt kein Versuch zur Begehung eines Meineides vor, wenn der Täter eine Stelle irrtümlich für zur Eidesabnahme zuständig hält oder glaubt, eine bestimmte (falsche) Aussage sei noch von der Vereidigung erfasst. Auch hier zieht der Gesetzgeber (etwa durch § 161a Abs. 1 Satz 3 StPO) die Grenzen, innerhalb derer der Schutz der Wahrheit durch die Eidesleistung strafrechtlich gesichert werden soll, begrenzt also den nach §§ 153, 154 strafbaren Bereich. Der Täter kann diesen Bereich zwar in seiner Phantasie überschreiten, aber er kann ein (so) nicht existierendes Rechtsgut nicht angreifen.[855]

Die Abhängigkeit der Einordnung als untauglicher Versuch (oder Wahndelikt) von der Inter- **300**
pretation des tatbestandlich geschützten Rechtsguts tritt besonders deutlich beim Tatbestand der **Strafvereitelung** (§ 258) in den Fällen hervor, in denen der über die tatsächlichen Umstände orientierte Täter die Vortat für eine Straftat hält, obwohl in Wahrheit nur eine Ordnungswidrigkeit vorliegt.[856] Hier stellt sich nämlich die Frage, ob der Schutz der Strafrechtspflege gerade mit Blick auf deren Aufgabe, besonders gravierendes Fehlverhalten zu verfolgen, gewährt wird, es also darum geht, „solche Verhaltensweisen zu unterbinden, die eine dem materiellen Strafrecht gemäße alsbaldige Bestrafung eines Täters vereiteln".[857] Bei einer solchen Interpretation steht das Gewicht des Fehlverhaltens im Vordergrund. Wenn der Gesetzgeber entschieden hat, dass die Strafvereitelung nur bezogen auf solches Fehlverhalten in Betracht kommt, das aus seiner Sicht eine Bewertung als Straftat verdient, so kann das staatliche Verfolgungsinteresse

---

**852** Vgl. *Frisch* FS Eisenberg (2019) 620.

**853** *Frisch* Irrtum S. 283 m. Fn. 192; *ders.* GA **2019** 305, 315, 317; *Reiß* wistra **1986** 198 f; *Weidemann* FS Herzberg 299, 304 f, 306. **AA** *Schuster* S. 191 ff.

**854** Zutreffend *Frisch* GA **2019** 305, 315.

**855** Zutreffend *Frisch* GA **2019** 305, 313 f, 317; *Rath* JuS **1999** 34; *Reiß* wistra **1986** 198.

**856** Zuspitzend bezogen auf Fälle, in denen der vermeintliche Täter objektiv nicht einmal eine Ordnungswidrigkeit begangen hat, das krasse Beispiel von *Jakobs* AT 25/40: Der Täter hält Gotteslästerung für eine Straftat und will den vermeintlichen Täter vor einer Bestrafung bewahren.

**857** *Sch/Schröder/Hecker* § 258 Rdn. 1.

auch nur durch einen auf Taten von solchem Gewicht bezogenen Strafvereitelungsentschluss angegriffen werden. Der Vorsatz setzt also voraus, dass der Täter von einem Sachverhalt ausgeht, der auf der Grundlage einer zutreffenden Erfassung seines Sinngehalts als Straftat einzuordnen wäre.[858] Der Umstand, dass der fehlende Nachvollzug der für das tatbestandliche Unrecht vorausgesetzten Wertung den Vorsatz ausschließt, erlaubt keinen Schluss dahingehend, dass die Wertung ohne entsprechende Tatsachenbasis den Vorsatz begründen kann.[859] Zu einem anderen Ergebnis könnte man kommen, wenn man – nicht überzeugend – der Auffassung wäre, dass § 258 dazu dient, „das ordnungsgemäße Funktionieren der Strafrechtspflege schlechthin zu sichern".[860] Dann würde es für eine Entscheidung gegen das Rechtsgut ausreichen, wenn der Täter davon ausgeht, durch eine Vereitelungshandlung die Effizienz der Strafverfolgungsbehörden zu beeinträchtigen. Das wäre bereits dann der Fall, wenn er vom Vorliegen einer Straftat ausgeht. Eine solche formale Betrachtungsweise, wie sie letztlich BGHSt **15** 210 zugrunde liegt, kann aber bei einer angemessenen Bestimmung des geschützten Rechtsguts nicht überzeugen.

301 Zu **widersprechen** ist demnach den Entscheidungen (Rdn. 293f), in denen die Rechtsprechung bei gleichgelagerter Sachlage wie in den vorstehenden beiden Rdn. einen **untauglichen Versuch** angenommen hat. Das gilt zunächst für den Fall eines überdehnten Verständnisses eines Tatbestandsmerkmals. So fehlt es am Vorsatz bezogen auf eine Urkundenfälschung (und liegt nur ein Wahndelikt vor), wenn sich der Täter die Urkundeneigenschaft einer aus Fotokopien erstellten Collage entgegen richtiger rechtlicher Wertung nur einbildet (zutreffend *Erb* NStZ **2001** 317 und *Puppe* NStZ **2001** 482 gegen OLG Düsseldorf NStZ **2001** 482, Rdn. 293). Er hat verstanden, dass Urkunden geschützt sind, nicht aber, was Urkunden sind und überdehnt daher fraglos die Reichweite der Urkundenfälschung. Gleiches gilt aber auch dann, wenn der Täter Vorfeldnormen zu seinen Ungunsten überdehnt. So genügt zur Annahme eines untauglichen Betrugsversuchs nicht die laienhafte Vorstellung, Telefonsexpartnerinnen könnten um ihren Anspruch auf Entgelt gebracht werden, wenn es die (im Zeitpunkt der Entscheidung anzunehmende)[861] juristisch exakte Wertung ist, dass der angenommene Anspruch gar nicht besteht (unzutreffend daher LG Mannheim NJW **1995** 33 98; wie hier *Abrahams/Schwarz* Jura **1997** 355; *Behm* NStZ **1996** 317; *Scheffler* JuS **1996** 1070). Das Rechtsgut wird in Abhängigkeit vom tatsächlichen Bestehen von Ansprüchen konturiert, so dass Fehlvorstellungen des Täters zu den anspruchsbegründenden rechtlichen Vorgaben – anders als die rechtlichen Vorgaben zum Eigentumsübergang (Rdn. 302) – zu einer subjektiven Überdehnung des vom Recht vorgesehenen Schutzbereichs führen.[862] Die Annahme eines untauglichen Versuchs lässt sich in diesen wie vergleichbaren, von Vertretern der Vorfeldtheorie teils im Verweisungsbereich, teils im Normbereich angesiedelten Fällen der vermeintlichen Zuständigkeit zur Eidesabnahme unzuständiger Stellen auch nicht darauf stützen, dass die **umgekehrte Parallelwertung in der Laiensphäre** Versuch begründe (so aber BGHSt **3** 248, 254 ff). Damit werden Anwendungsbereich und Leistungsfähigkeit der Parallelwertung in der Laiensphäre verkannt (vgl. auch *Burkhardt* JZ **1981** 684; *Jakobs* 25/52 ff; *Herzberg* JuS **1980** 471; *Puppe* AT § 20 Rdn. 20 ff; *dies.* NStZ **2001** 482, 484 f): Seine Relevanz hat dieses Kriterium vor dem Hintergrund der Einsicht, dass sich der Vorsatz, insbesondere bei normativen Tatbestandsmerkmalen, nicht bereits in der Kenntnis der nackten Tatsachen erschöpfen kann, sondern der Täter auch den sozialen Sinngehalt seines Verhaltens, auf den es für dessen Bewertung als tatbestandsmäßiges Verhalten ankommt,[863] erfasst haben muss. Die Parallelwertung bedarf also stets einer Tatsachenbasis. Der Hinweis auf eine den

**858** *Frisch* Irrtum S. 283 m. Fn. 192; *ders.* GA **2019** 305, 314.

**859** Vgl. zum entsprechenden Problem bei Irrtümern über steuerliche Pflichten *Reiß* wistra **1986** 195 f.

**860** Ablehnend *Sch/Schröder/Hecker* § 258 Rdn. 1.

**861** Dazu, dass dies überholt ist, etwa *Sch/Schröder/Perron* § 263 Rdn. 93a.

**862** *Frisch* FS Eisenberg (2019) 637.

**863** *Papathanasiou* S. 202 ff; *dies.* FS Roxin (2011) 467 ff spricht von einer „Widerspiegelung der gesetzgeberischen Grundentscheidung im Verständnishorizont des Täters".

Täter belastenden Parallelwertung wäre demnach nur dann passend, wenn der Täter von einer falschen Tatsachenbasis ausgehend konsequent zu einer ein normatives Tatbestandsmerkmal ausfüllenden Bewertung gelangt wäre. Während in solchen Konstellationen der Vorsatz zu bejahen wäre, kann die Parallelwertung in der Laiensphäre nicht dazu herangezogen werden, aus tatsachengelösten, gewissermaßen freischwebenden Phantasien einen Vorsatz zu konstruieren. Der darin zum Ausdruck kommende böse Wille wendet sich gegen eine nicht existierende Rechtsordnung, ist aber keine Entscheidung gegen das geltende Recht. Etwas Anderes lässt sich auch nicht mit Hilfe des **Umkehrschlusses** begründen (zu dessen Inanspruchnahme durch die Rspr. Rdn. 294).[864]

**Zustimmung** verdient die Annahme eines **untauglichen Versuchs** durch die Rechtsprechung hingegen bezogen auf solche Fälle, in denen der Täter aufgrund **unzutreffender Vorstellungen über die rechtlichen Regelungen zum Eigentumsübergang** einer selbstbelastenden Fehlvorstellung über die Eigentumsverhältnisse erliegt (Rdn. 295).[865] Gemeint ist damit etwa der Fall, dass der Täter glaubt, sein Eigentum bereits aufgrund eines Verpflichtungsgeschäfts verloren zu haben und deshalb bei Übereignung an einen Dritten eine Unterschlagung zu begehen. Der Grund dafür, dass hier der Vorsatz bezogen auf die Fremdheit zu bejahen ist, liegt in der begrifflichen und sachlichen Reichweite des tatbestandlichen Erfordernisses der Fremdheit selbst. Dieses bezeichnet eine bestimmte Eigentumslage, deren Verletzung bei Vorliegen der übrigen Tatbestandsvoraussetzungen strafbar ist. Darauf, wie diese Eigentumslage zum Entstehen gekommen ist, kommt es objektiv nicht an, womit diese Frage auch als Gegenstand des Vorsatzes ausscheidet.[866] Vor dem Hintergrund der gesetzgeberischen Entscheidung, bestimmte Angriffe auf das Eigentum unter Strafe zu stellen, hat sich der Täter, der eine solche Beeinträchtigung annimmt, für die Verwirklichung des gesetzlich vertypten Unrechts entschieden (s. schon Rdn. 270). Das zeigt sich auch daran, dass die Ablehnung einer vollendeten Tat fern läge, wenn der Täter tatsächlich ein in fremdem Eigentum stehendes Tatobjekt objektiv deliktisch angreift und dabei auch von dessen Fremdheit ausgeht, sich aber falsche Vorstellungen darüber macht, weshalb das Opfer (und nicht der Täter selbst) Eigentümer der Sache ist.[867] Müsste der Vorsatz bezogen auf die Fremdheit auch die Vorschriften zur Eigentumsübertragung umfassen, so wäre hier der Vorsatz konsequenterweise abzulehnen.[868] 302

Gegen die Annahme eines strafbaren untauglichen Versuchs in diesen Fällen kann man auch **nicht**, wie *Frisch* (FS Eisenberg [2019] 632 f) dies neuerdings tut, geltend machen, es liege zwar (übereinstimmend mit den vorstehenden Ausführungen) „strukturell" ein untauglicher Versuch vor,[869] **fehle jedoch am Versuchsunrecht**, da der Täter objektiv als Eigentümer zu der fraglichen Handlung befugt sei. Der Fall entspreche der (unstreitig wahndeliktischen) Konstellation, dass der den Tatbestand erfüllende, objektiv gerechtfertigt handelnde Täter den Rechtfertigungsgrund zu eng versteht und sich deshalb nicht gerechtfertigt glaubt. Nun ist es freilich keine Besonderheit, dass der Täter sich in Fällen des untauglichen Versuchs objektiv erlaubt verhält, wenn nämlich eine rechtlich missbilligte Gefahrschaffung lediglich auf der Grundlage seiner Vorstellung vorliegt. Dass vorliegend die fehlerhafte Vorstellung die Eigentumslage betrifft (und nicht naturgesetzliche Zusammenhänge), kann insoweit keinen Unterschied machen. Denn die materielle Bedeutung der Eigentumslage, also das gegen Außenstehende abgesicherte 303

**864** Hinsichtlich der Fälle der unzutreffenden Annahme, eine Stelle sei zur Eidesabnahme berechtigt, soll nach *Puppe* ZStW **128** (2016) 301, 311 f auch der Umkehrschluss zur Straflosigkeit führen. Entsprechend zu öffentlichen Urkunden *Puppe* ZStW **128** (2016) 301, 312. Anders bei Irrtümern über die Steuerpflicht, *Puppe* ZStW **128** (2016) 301, 313.

**865** *Neumann* FS Puppe (2011) 171, 182 ff; *Rath* JuS **1999** 34; *Reiß* wistra **1986** 199; *Roxin* JZ **1996** 986; *Schuster* S. 126; *Weidemann* FS Herzberg 299, 305 f; **aA** *Hillenkamp* LK[12] Rdn. 227 f.

**866** Zutreffend *Puppe* FS Herzberg 275, 277; *Rath* JuS **1999** 34.

**867** Gegen Vollendung aber *Jakobs* AT 8/59 mit Fn. 136.

**868** Zutreffend *Puppe* FS Herzberg 275, 284 f.

**869** Ebenso *Frisch* GA **2019** 305, 321.

Recht des Eigentümers zu beliebigem Umgang mit der Sache, hat der Täter durchaus zutreffend erfasst. Es liegt also zwar ein Irrtum über die Eigentumslage, aber nicht über den Rechtsbegriff des Eigentums vor. Zutreffend erfasst hat der Täter damit auch die Kehrseite des an Außenstehende gerichteten Verbots, nämlich das Recht zum beliebigen Umgang mit der Sache durch den Eigentümer selbst. Hierin liegt der wesentliche Unterschied zu dem Fall der zu engen Interpretation eines Rechtfertigungsgrundes: Der hinsichtlich der Eigentumslage irrende Täter verkennt nicht etwa die Reichweite seiner aus dem Eigentumsrecht resultierenden Befugnis zum Umgang mit den Eigentumsobjekten. Eine echte Parallele läge vor, wenn der Täter Eigentümer ist (oder dies zumindest annimmt) und meint, es sei ihm auch als Eigentümer verboten, die Sache zu zerstören. An anderer Stelle setzt *Frisch* (GA **2019** 305, 321 ff) dann auch nicht mehr am Versuchsunrecht an, sondern verneint die **Legitimation der Bestrafung** „strukturell untauglicher Versuche". Legitimierbar sei diese nämlich nur, wenn „der handelnde Normadressat von einer tatsächlichen Basis ausgeht, bei der es denkbar bzw. möglich erscheint, dass das, was er sich vorstellt ... der Wirklichkeit entsprechen könnte". Kenne der Normadressat hingegen die sein Eigentum begründenden Tatsachen, könne weder objektiv noch auf der Grundlage des Täterwissens eine Verletzung fremden Eigentums vorliegen. „Dementsprechend erscheint es in Bezug auf diese Klasse von Sachverhalten einer Abweichung des Normadressaten (`Täters') von der tatbestandlichen Bestimmungsnorm auch nicht geboten, ja mangels Erforderlichkeit der Normbestätigung zum Schutz des Eigentums oder des Vermögens vor unrechtmäßigen Verschiebungen noch nicht einmal legitimierbar, die Einhaltung der Bestimmungsnorm durch Strafe zu erzwingen" (S. 322). Für die Stabilisierung einer nur eingebildeten Normordnung durch Strafe fehle dem Staat die Legitimation. **Zweifelhaft** ist allerdings schon die vorgenomme Differenzierung je nach dem, ob die vom Täter vorgestellte Eigentumslage aufgrund seines nur bruchstückhaften Wissens grundsätzlich möglich erscheint oder aber mit Blick auf seine umfassende Tatsachenkenntnis ausgeschlossen ist. Denn damit knüpft die Frage der Strafbarkeit letztlich an Kenntnisse des Täters an, die tatbestandlich irrelevant sind. Vor allem aber erscheint es auch nicht überzeugend, dass die Stabilisierung einer anerkanntermaßen auf der Grundlage der Tätervorstellung verletzten Bestimmungsnorm nicht legitimierbar sein soll. Denn die Pflicht zur Einhaltung dieser Norm hängt nicht davon ab, welche Kenntnisse der Täter hinsichtlich solcher Umstände hat, die im Vorfeld der Tat für die Entstehung einer Eigentümerposition maßgeblich sind, sondern davon, ob der Täter für den Tatzeitpunkt davon ausgeht, dass er in fremdes Eigentum eingreift (s. o.). Die Ablehnung einer Strafbarkeit konterkariert letztlich die gesetzgeberische Entscheidung zugunsten einer Strafbarkeit des untauglichen Versuchs.

304 Insgesamt verbleibt damit im Bereich der durch Fehlvorstellungen über das Recht begründeten unzutreffenden Annahme der Erfüllung der Merkmale eines Tatbestandes nur ein schmaler Bereich für die Annahme eines untauglichen Versuchs. Diese einschränkende Sichtweise ist mit der **subjektiven Versuchstheorie** vereinbar. Auch sie will nur die Missachtung des durch den jeweiligen **Tatbestand** geschützten Rechtsguts in dessen Grenzen mit der Bestrafung des untauglichen Versuchs erfassen. Deshalb muss auch beim untauglichen Versuch „die Tat, wie der Täter sie sich vornimmt, den Tatbestand eines Delikts bilden" (BayObLG NJW **1981** 772) und darf nicht unter eine Norm fallen, die es in dieser Ausdehnung nicht gibt. Das ist auch kriminalpolitisch vernünftig, weil die Rechtsordnung nicht durch eine hypothetische, nur im Kopfe des Täters konstruierte Rechtsverletzung in einer ein Strafbedürfnis weckenden Weise in Frage gestellt werden kann.

305 **b) Untauglichkeit des Subjekts.** Nimmt der Täter eine vom Tatbestand vorausgesetzte besondere Täterqualität irrig an, besteht **Streit** darüber, ob eine Strafbarkeit wegen (untauglichen) Versuchs des Delikts, dessen Voraussetzungen sich der Täter vorstellt, in Betracht kommt. Es geht also darum, ob und inwieweit es den Versuch eines untauglichen Subjekts (als strafbaren Versuch) überhaupt gibt. Dabei besteht eine gewisse Unsicherheit bereits über die dogmatische Verortung dieser Frage. Zum Teil wird angenommen, es gehe darum, ob der untaugliche Täter

objektiv zur Tatbestandsverwirklichung ansetzen kann.[870] Richtigerweise betrifft der Streit bereits die Frage, ob überhaupt ein relevanter Tatentschluss vorliegt.

Aus dem diskutierten Bereich **ausgeklammert** bleiben nach ganz überwiegender Auffassung[871] solche Fälle, in denen die **Untauglichkeit des Subjekts auf einem Mangel oder einer Untauglichkeit des Objekts beruht**. So liegt es etwa dann, wenn die Nichtschwangere sich für schwanger hält und in diesem Glauben einen (heute nicht mehr strafbaren, § 218 Abs. 4 Satz 2) Abtreibungsversuch unternimmt (RGSt **8** 198). Denn der Unrechtsvorwurf knüpft nicht an eine besondere Pflichtenstellung der Mutter gegenüber dem Fötus.[872] Ebenso soll es liegen, wenn der sich zu Unrecht für den Vater haltende Ehemann mit der aus dem Verkehr mit einem Dritten stammenden Tochter seiner Ehefrau vermeintlich Beischlaf zwischen Verwandten (§ 173 Abs. 1, dessen Versuch nach heutigem Recht ebenfalls nicht mehr strafbar ist) begeht (RGSt **47** 189). Hierzu hat das Reichsgericht darauf hingewiesen, dass es sich in diesen Fällen nicht um die Verletzung einer (in diesen Tatbeständen gar nicht vorausgesetzten) Sonderpflicht, sondern um die Untauglichkeit des Subjekts *nur als Folge* der Untauglichkeit des Objekts handelt und dass deshalb die für letzteres geltenden Regeln auch hier Gültigkeit besitzen. Hiernach ist – wenn der Täter aus tatsächlichen Gründen von einem tauglichen Objekt ausgeht – untauglicher Versuch zu bejahen. 306

**Unumstritten** sind weiter die Fälle, in denen der Täter aufgrund **rechtlicher Fehlvorstellung** eine in Wahrheit nicht bestehende, tatbestandlich vorausgesetzte Sonderpflichtigkeit annimmt oder deren Reichweite überdehnt (**umgekehrter Subsumtionsirrtum**).[873] So wie bei sonstigen normativen Tatumständen gilt auch hier, dass normativ beschriebene Tätereigenschaften in wenigstens laienhafter Parallelwertung erfasst sein müssen (s. zutreffend BGHSt **1** 13, 17 zur Beamteneigenschaft).[874] Wer etwa glaubt, gegenüber fremden Kindern als Garant sonderpflichtig zu sein oder meint, er müsse seine Arbeitnehmer auch von nicht betriebsbezogenen Straftaten abhalten, begeht keinen untauglichen Versuch, sondern ein Wahndelikt (vgl. BGHSt **16** 155; BGH JR **1994** 510; *Joecks/Jäger* § 13 Rdn. 109; *Kühl* AT § 15 Rdn. 100a). Ein Wahndelikt verübt auch, wer in Kenntnis seiner Beschuldigtenstellung glaubt, die unzulässige Vereidigung auf eine unwahre Aussage führe zum Meineid (BGHSt **10** 8, 10)[875] oder wer sich als Zivilangestellter bei der Bundeswehr (vgl. BGH NZWehrR **1967** 173) oder auch nach Ablauf seiner Wehrdienstzeit (vgl. OLG Celle MDR **1962** 327; **aA** RKGE **2** 104) für einen Soldaten hält, der Fahnenflucht begehen könne (*Renzikowski* S. 319 f). Auch das Lehrbuchbeispiel der Behördenreinigungskraft, die sich für eine Amtsträger hält, gehört hier her.[876] Richtigerweise wird man eine zum Wahndelikt führende Überdehnung der Norm auch bei einem Irrtum im Verweisungsbereich annehmen müssen, wenn jemand in der irrigen Annahme, bereits aufgrund einer testamentarischen „Einsetzung" Vormund geworden zu sein, seinen „Pflegebefohlenen" dazu bestimmt, sexuelle Handlungen an einem Dritten vorzunehmen (**aA** – untauglicher Versuch nach § 180 Abs. 3, 4 – *Sch/Schröder/Eser/Bosch* Rdn. 76). 307

**Umstritten** ist dagegen die Möglichkeit eines (strafbaren) Versuchs des untauglichen Subjekts, wenn der Irrtum nicht auf einer strafbarkeitsausdehnenden Verkennung der tatbestandli- 308

**870** *Glandien* S. 153 ff.

**871** Vgl. nur *Ambos* HK-GS § 23 Rdn. 11; *Jäger* SK Rdn. 47; *Jescheck/Weigend* § 50 III 3; *Maurach/Gössel/Zipf* AT/2 § 40 Rdn. 238; *Schuster* S. 130 f; *Vogler* LK[10] Rdn. 153; *Welzel* Strafrecht S. 195; **krit.** aber *Zaczyk* Unrecht S. 269; *ders.* NK Rdn. 39 (der Versuchsunrecht wegen Untauglichkeit des Objekts verneint; dazu Rdn. 242). *Roxin* AT II § 29 Rdn. 352f zählt hierzu auch den Fall, dass ein Vater ein Kind, das er für das eigene hält, ertrinken lässt, vgl. dazu Rdn. 319.

**872** *Welzel* Strafrecht S. 195.

**873** *Sch/Schröder/Eser/Bosch* Rdn. 76; *Kudlich* JA **2008** 601, 603; *Mitsch* Jura **2014** 587 f; *Stratenwerth/Kuhlen* § 11 Rdn. 64.

**874** Auch SchlHOLG SchlHA **1949** 297 f.

**875** *Roxin* AT II § 29 Rn. 351; vgl. dazu näher *Bruns* GA **1979** 178.

**876** *Kühl* AT § 15 Rdn. 104; *Murmann* Grundkurs § 28 Rdn. 53; *Roxin* AT II § 29 Rn. 351; *Schuster* S. 132 f; *Baumann/Weber/Mitsch/Eisele* § 22 Rdn. 41 (mit anderem Beispiel).

chen Anforderungen an eine Täterschaft beruht, sondern der „Täter" sich aufgrund von **Fehlvorstellungen in tatsächlicher Hinsicht die Subjektqualität selbst zuschreibt.**[877] Beispielhaft hierfür lässt sich die irrtümlich angenommene Beamtenstellung dessen nennen, der von der Nichtigkeit seiner Ernennung zum Beamten keine Kenntnis hat.[878] Das **Gesetz** behandelt den Fall des untauglichen Subjekts nicht explizit; § 23 Abs. 3 nennt nur den Versuch mit untauglichen Mitteln und am untauglichen Objekt. Hintergrund dieser Nichterwähnung war die Erwartung des **Gesetzgebers,** die künftige Rechtsprechung werde in diesen Fällen auch ohne gesetzliche Regelung Straflosigkeit annehmen (BT-Drucks. V/4095 S. 11; E 1962 Begr. S. 143 f). Wortlaut und Entstehungsgeschichte lassen sich demnach gegen eine Strafbarkeit des untauglichen Subjekts anführen. Zwingend ist eine solche Annahme aber nicht.[879] Denn der Gesetzgeber hat zugleich die strittige Frage bewusst offen gelassen und – anders als der Alternativ-Entwurf in § 25 Abs. 3 Nr. 1 – keine Regelung getroffen, die die Straflosigkeit festlegt. Die nur geäußerte und mit denkbaren Einwänden auch gar nicht abgeglichene Erwartung entfaltet keine Verbindlichkeit.[880] Die **Rechtsprechung** lässt noch keine klare Linie erkennen: Das Reichsgericht hat in einer frühen Entscheidung eine Versuchsstrafbarkeit bei irrig angenommener Beamteneigenschaft abgelehnt,[881] sich aber in einer anderen Entscheidung von dieser Position distanziert[882] und schließlich (im Rahmen der nationalsozialistischen „Blutschutzgesetze") die Möglichkeit des Versuchs des untauglichen Subjekts (bei irrtümlicher Annahme, Jude zu sein) dezidiert bejaht.[883] Abgelehnt wurde eine versuchte Fahnenflucht in der auf unzutreffenden Tatsachenvorstellungen beruhenden Annahme, Soldat zu sein.[884] Dagegen wurde Versuch angenommen bei irriger Annahme, es sei zu einem Unfall gekommen und der Täter sei Unfallbeteiligter (§ 142 Abs. 1)[885] und bei irriger Annahme drohender Zahlungsunfähigkeit (§ 283 Abs. 1, 3).[886]

309 Auch wenn Gesetzgebungsgeschichte und Gesetzestext als Argumente gegen eine Strafbarkeit des untauglichen Subjekts angeführt werden können, ist letztlich die **Sachfrage** entscheidend, ob eine Strafbarkeit des untauglichen Subjekts nach der **Gesamtkonzeption der Versuchsregeln** angemessen und vor allem **legitimierbar** ist. Dabei ist positivrechtlicher Ausgangspunkt die grundsätzliche Strafbarkeit des untauglichen Versuchs und die nach dem Gesetzeswortlaut klare Einbeziehung des untauglichen Mittels und Objekts. Die Antwort auf die Frage, ob auch das untaugliche Subjekt als weiterer Unterfall anzuerkennen ist, hängt danach davon ab, ob die allgemeinen Grundsätze des untauglichen Versuchs diesen Fall erfassen und der Strafgrund des Versuchs auch insoweit trägt.

310 Die heute wohl **h. M.** geht von der **Gleichwertigkeit aller Tatbestandsmerkmale** aus, sieht also keinen Grund für eine Sonderbehandlung tatbestandlich vorausgesetzer Subjektseigenschaften gegenüber den anderen tatbestandlichen Voraussetzungen, deren unzutreffende

---

**877** Zur Charakterisierung der Fälle auch *Roxin* AT II § 29 Rn. 354.

**878** *Baumann/Weber/Mitsch/Eisele* § 22 Rdn. 40; *Schuster* S. 133 (vorausgesetzt, die Nichtigkeit führt tatsächlich zum Wegfall der Amtsträgereigenschaft; vgl. *Fischer* § 11 Rdn. 14, 17 ff).

**879** *Schlüchter* Irrtum S. 164 f; *Schuster* S. 131 (unter Hinweis darauf, dass man den Wortlaut auch im Sinne einer gegenüber § 23 Abs. 3 strengeren Behandlung des untauglichen Subjekts verstehen könnte); *Stratenwerth/Kuhlen* § 11 Rdn. 63. **AA** unter Hinweis auf Art. 103 Abs. 2 GG *Köhler* S. 462; *Zaczyk* NK Rdn. 39.

**880** Ebenso *Jäger* SK Rdn. 47; *Lackner/Kühl/Kühl* Rdn. 13; *Roxin* AT II § 29 Rdn. 350; *Sch/Schröder/Eser/Bosch* Rdn. 75; **aA** *Zaczyk* NK Rdn. 39.

**881** RGSt **8** 198, 200; **29** 419, 421.

**882** Vgl. RG GA **32** (1884) 243, 244.

**883** RG JW **1938** 798; RGSt **72** 110.

**884** BGH NZWehrR **1967** 173; OLG Celle MDR **1962** 327, wobei dieser Entscheidung nicht deutlich zu entnehmen ist, ob auch der Täter über den Ablauf des Wehrdienstverhältnisses nicht orientiert war; der zuständigen Dienststelle war es jedenfalls entgangen.

**885** BayObLGSt **1952** 31, 32; vgl. auch OLG Stuttgart NJW **1978** 900 (zum Tatbestandsirrtum, wenn der Täter annimmt, der Unfall sei restlos aufgeklärt).

**886** BGH Urt. v. 23.8.1978–3 StR 11/78; dazu kritisch *Tiedemann* NJW **1979** 254.

Annahme eine Versuchsstrafbarkeit begründen kann.[887] „Da die Strafbarkeit des untauglichen Versuchs nun einmal gesetzlich anerkannt ist, besteht keine Berechtigung, denjenigen, der auf eine Leiche im Glauben schießt, es sei ein lebendiger Mensch, als Adressaten des Tötungsverbots, denjenigen, der als vermeintlicher Beschützergarant die Abwendung des Todes unterlässt, aber nicht als solchen zu betrachten. Beide sind keine Adressaten der Norm, keine tauglichen (Tötungs-)Versuche zu begehen, wohl aber des über die §§ 22ff gleichgestellten Verbots, das Rechtsgut in untauglicher Weise in Frage zu stellen" (*Hillenkamp* LK[12] Rdn. 233). Für die Verletzung dieses Verbots mache es keinen Unterschied, woraus sich die Untauglichkeit ergibt. „Wer sich in einem solchen Irrtum befindet und in dieser Vorstellung die Tathandlung ausführt, erschüttert das Normvertrauen auch nicht weniger als der, der mit seinem Schuss auf die Leiche das Tötungsverbot für die Rechtsgemeinschaft sichtbar ignoriert" (*Hillenkamp* LK[12] Rdn. 233). Weiter wird geltend gemacht, dass eine von den sonstigen Fällen des untauglichen Versuchs abweichende Sonderbehandlung des untauglichen Subjekts die Unsicherheiten hinsichtlich der der Beantwortung der Frage, wann es sich um ein Sonderdelikt handelt, in die Versuchsdogmatik hineintrage (*Hillenkamp* LK[12] Rdn. 232). Schließlich lässt sich der Umkehrschluss für dieses Ergebnis anführen: Handelt der Täter in Unkenntnis der seine Subjektqualität begründenden Umstände, so fehlt der Vorsatz, stellt er sich umgekehrt solche Umstände irrig vor, so wäre danach ein untauglicher Versuch begründet.[888]

Dagegen wendet sich die **Ansicht**, wonach eine **Zuwiderhandlung gegen eingebildete Pflichten kein Unrecht** begründen könne.[889] Das den Täter bezeichnende Tatbestandsmerkmal grenze den Kreis der Normadressaten ein, und diesen Kreis könne ein „Ausführender" durch seinen Irrtum nicht erweitern. „Für das Recht" sei „man der, der man ist" (*Zaczyk* NK Rdn. 39).[890] Der Nicht-Beamte könne die Normen für Beamte, der Nicht-Erzieher die Normen zum sexuellen Schutz der Anvertrauten weder erschüttern (*Jakobs* 25/43) noch die darin enthaltenen Pflichten durch bloßen Irrtum auf sich ziehen. Auch für eine subjektive Versuchstheorie könne Unrecht nur die Verletzung der Verhaltensnorm sein, deren Adressat der Täter wirklich ist und nicht nur zu sein vermeine (*Stratenwerth/Kuhlen* § 11 Rdn. 66). Der insoweit Irrende verwirkliche schließlich auch deshalb kein strafwürdiges Unrecht, weil er ein in ihn von der Rechtsgemeinschaft nicht gesetztes Vertrauen auch nicht enttäuschen könne (*Otto* AT § 18 Rdn. 75). 311

Auch unter den Vertretern dieser Position herrscht allerdings eine gewisse **Unsicherheit** hinsichtlich der Frage, welche Delikte als **Sonderdelikte** mit der Konsequenz aufzufassen sind, dass die aufgrund einer Fehlvorstellung in tatsächlicher Hinsicht eingebildete Tätereigenschaft 312

**887** Für die Möglichkeit des untauglichen Versuchs des Subjekts etwa *Baumann/Weber/Mitsch/Eisele* § 22 Rdn. 40; *Blei* AT § 67 Ia; *Bruns* Der untaugliche Täter S. 18ff; *ders.* GA **1979** 183ff; *Fischer* Rdn. 55; *Heinrich* AT Rdn. 672; *ders.* Jura **1998** 393; *Hoffmann-Holland* MK Rdn. 65ff; *Jäger* SK Rdn. 47ff; *Jescheck/Weigend* § 50 III 2c; *Kühl* AT § 15 Rdn. 102ff; *Lackner/Kühl/Kühl* Rdn. 13; *Maurach/Gössel/Zipf* AT/2 § 40 Rdn. 241ff; *Mitsch* Jura **2014** 588 f; *Renzikowski* S. 319 f; *Sch/Schröder/Eser/Bosch* Rdn. 76; *Schlüchter* Irrtum S. 164ff; *Schuster* S. 129ff; *Seier/Gaude* JuS **1999** 457; *Wessels/Beulke/Satzger* Rdn. 979; *Walter* Der Kern des Strafrechts (2006) S. 374ff.

**888** Zu Recht ablehnend zu dieser Argumentation *Roxin* AT II § 29 Rdn. 406.

**889** So im Grundsatz z.B. *Frister* Rdn. 23/23; *Hardwig* GA **1957** 175; *Hirsch* FS Roxin (2001) 728; *Jakobs* 25/43ff; *Armin Kaufmann* FS Klug 277ff, 283ff; *Kindhäuser/Zimmerman* AT § 30 Rdn. 33; *Krey/Esser* AT Rdn. 1250; *Langer* Sonderverbrechen S. 498; *Murmann* Grundkurs § 28 Rdn. 53; *Schmidhäuser* Lb 15/59; *Schmitz* Jura **2003** 601; *Schünemann* GA **1986** 317ff; *Stratenwerth* FS Bruns 59ff; *Stratenwerth/Kuhlen* § 11 Rdn. 66; *Timpe* ZStW **125** (2014) 784ff; *Welzel* § 24 V 2; *Wolter* Zurechnung S. 305ff; *Zaczyk* Unrecht S. 268ff; *Zielinski* AK § 15, 16 Rdn. 35; differenzierend *Stöger* Versuch S. 68ff, 79ff: (gefährlicher) Versuch nur bei der Fähigkeit des Ausführenden, bei veränderter Sachlage das Delikt als tauglicher Täter zu begehen (**krit.** dazu *Zaczyk* Unrecht S. 269 Fn. 119). *Otto* AT § 18 Rdn. 75 f verneint die Strafwürdigkeit, spricht aber „konstruktiv" von untauglichem Versuch; *Bloy* ZStW **117** (2005) 33f will einen Versuch hier ebenso wie bei nur vermeintlicher mittelbarer Täterschaft (24ff) oder vermeintlicher Mittäterschaft (28ff) ausschließen. Ablehnend *Ellbogen* FS v. Heintschel-Heinegg 125, 126; *Hillenkamp* LK[12] Rdn. 232.

**890** Ähnlich auf dem Boden der Gefährlichkeitstheorie (vgl. vor § 22 Rdn. 91) *Hirsch* GedS Vogler S. 46 mit Differenzierung bei irriger Annahme einer Garantenstellung.

eine Versuchsstrafbarkeit nicht begründen kann.[891] Das Problem der Abgrenzung der in diesem Sinne „echten Sonderdelikte" zu den Jedermannsdelikten resultiert daraus, dass die tatbestandlichen Anforderungen bei nahezu allen Tatbeständen zugleich eine Einschränkung des Täterkreises bedingen, so dass als Täter etwa nur der Nicht-Rechtsgutsinhaber oder Nichtberechtigte in Betracht kommen, es also z. B. zum Tatbestand der Eigentumsdelikte gehört, dass der Täter ein Nicht-Eigentümer ist.[892] Diese Fälle sind letztlich solche des untauglichen Objekts und im vorliegenden Kontext evident nicht gemeint (s. schon Rdn. 306). Dagegen hat *Stratenwerth* ursprünglich (einschränkend hierzu jetzt *Stratenwerth/Kuhlen* § 11 Rdn. 67) Fälle in die versuchsuntauglichen Sachverhalte mit einbezogen, in denen eine Sonderpflicht nicht durch besondere Tätereigenschaften, sondern auf andere Weise, etwa, wie bei der Garantenpflicht aus Ingerenz, durch ein bestimmtes **Vorverhalten** begründet wird.[893] Mittlerweile dürfte die Meinung überwiegen, dass solche situativ begründeten Sonderpflichten, die unabhängig von einem bestimmten **Status** des Täters bestehen, nicht den Sonderdeliktscharakter begründen, ein Versuch des untauglichen Subjekts insoweit also möglich ist.[894] Umgekehrt besteht unter den Vertretern dieser Auffassung Einigkeit dahingehend, dass jedenfalls die irrtümliche Vorstellung vom Vorliegen eines Statusverhältnisses, das nur durch Rechtsakt begründet werden kann (etwa als Beamter oder Arzt), einen Versuch nicht zu begründen vermag. Ein solcher Status, „den der Täter nicht aus eigener Kraft zu erlangen vermag" könne „ihm deshalb wegen bloßer anmaßender Vorstellung auch nicht zugerechnet werden".[895] Vielfach wird der Kreis der Sonderpflichtigen aber unabhängig von einem solchen formalen Rechtsakt weiter gezogen.

313 So will *Jakobs* (25/45 f) zwischen Pflichten unterscheiden, die sich in der Nichtverletzung des tatbestandlich geschützen Rechtsguts (bei den allgemeinen Begehungsdelikten) bzw. in „isolierten Pflichten zur Erhaltung eines Guts" (bei einigen Unterlassungsdelikten, insb. bei den Garantenpflichten kraft Organisationszuständigkeit) erschöpfen und Statuspflichten, bei denen „die strafrechtlich sanktionierte Pflicht ein Teil eines institutionell abgesicherten Bündels von Beziehungen ist (Beamter, Soldat ...) oder aber den Pflichtigen in eine Institution hineinzieht (der Zeuge bei den Aussagedelikten als durch interne Anordnung verpflichteter Mitwirkender bei der Rechtspflege ...)".[896] Damit verliert die Grenzziehung freilich an Schärfe, so dass etwa *Roxin* (AT II § 29 Rdn. 358) vom gleichen Ausgangspunkt aus die Aussage- und Eidespflichten als Jedermannspflichten beurteilen kann, „die in bestimmten Prozesssituationen nur aktualisiert werden". Einigkeit besteht darüber, dass der Sonderpflichtige, der sich nicht über seinen Pflichtenstatus, sondern über das konkrete Objekt irrt, einen untauglichen Versuch begehen kann. So liegt es etwa bei dem Vater, der das fremde Kind, das zu ertrinken droht, für sein eigenes hält.[897]

314 **Richtigerweise** ist von der Einsicht auszugehen, dass nur derjenige die **Macht** hat, das **Rechtsverhältnis anzugreifen**, der mit seinem rechtstreuen Verhalten auch einen **Beitrag zur Konstitution rechtlicher Verhältnisse** leisten kann (vor § 22 Rdn. 68). Bei der Behandlung des untauglichen Objekts wurde bereits festgestellt, dass für die Rechtsverletzung nicht ausschlaggebend ist, ob sich der Angriff tatsächlich gegen das vorgestellte Opfer richtet oder dieses überhaupt existiert (etwa beim Schuss auf einen Baum in der Annahme, dieser sei ein Mensch).

---

**891** Eine Unklarheit, die *Hillenkamp* LK[12] Rdn. 232 als Einwand gegen diese Position vorbringt.

**892** *Jakobs* 25/44; *Walter* Der Kern des Strafrechts (2006) S. 374 ff. Zutreffend gegen Schlussfolgerungen aus diesem Befund für die Strafbarkeit des untauglichen Subjekts *Timpe* ZStW **125** (2014) 755, 785 f.

**893** So auch *Zaczyk* NK Rdn. 39.

**894** *Frister* 23/23; *Jakobs* 25/43 ff.; *Jäger* SK Rdn. 49 (der diese Auffassung allerdings unzutreffend *Hillenkamp* zuschreibt); *Roxin* AT II § 29 Rdn. 356 ff; *Schünemann* GA 1986 318; *Timpe* ZStW **125** (2014) 785 ff; *Valerius* JA **2010** 115; *Vogler* LK[10] Rdn. 158 ff.

**895** In diesem Sinne insbesondere *Vogler* LK[10] Rdn. 158 ff; daran anschließend *Jäger* SK Rdn. 49; *Schünemann* GA **1986** 318. Kritisch zu *Vogler* *Hillenkamp* LK[12] Rdn. 234.

**896** Daran anschließend *Timpe* ZStW **125** (2014) 785 ff.

**897** *Jakobs* 25/47; *Roxin* AT II § 29 Rdn. 360. *Hillenkamp* LK[12] Rdn. 232 verkennt diese Lösung des Falles bei *Jakobs* und erhebt deshalb zu Unrecht den Vorwurf sachwidriger Differenzierung.

Erforderlich ist aber, dass sich der Täter gegen die Rechtlichkeit von Verhältnissen wendet, in die er positiv eingebunden ist. Das Problem der Fälle des untauglichen Subjekts liegt nun darin, dass derjenige, der den tatbestandlich vorausgesetzten Status nicht selbst innehat, lediglich einen gelockerten Bezug zu den daraus folgenden Sonderpflichten aufweist, insofern nämlich, als er Teil der Rechtsgemeinschaft ist, zu deren Konzept der Freiheitssicherung solche statusgebundenen Pflichten gehören. Beispielhaft: Auch der Nichtbeamte ist in das rechtlich geordnete Gemeinwesen eingebunden, zu dessen Funktionieren es des Tätigwerdens von Amtsträgern bedarf. Auch ihn träfen die den Amtsträgern obliegenden Sonderpflichten, wenn er eine solche Funktion übernehmen würde. Ist er aber nicht sonderpflichtig, so trägt er auch dann nichts zur Konstitution des geschützten Rechtsguts bei, wenn er die fälschlich angenommene Sonderpflicht befolgt. Wer sich einbildet, Beamter zu sein und das ihm angebotene „Bestechungsgeld" ablehnt, kann hierdurch keinen Beitrag zur Redlichkeit der Amtsausübung leisten. Verletzt er umgekehrt die aufgrund des eingebildeten Status vorgestellte Pflicht, so mag er damit seine Geringschätzung gegenüber der aus diesem Status fließenden Sonderpflicht zum Ausdruck bringen. Aber diese Entscheidung eines Außenstehenden bleibt gleichsam abstrakt und kann die **Rechtspflicht so wenig wirkmächtig in Frage** stellen, wie umgekehrt die Befolgung der eingebildeten Pflicht zur Fundierung des rechtlichen Zustands beizutragen vermag.[898] Hier liegt ein deutlicher Unterschied zum Versuch am untauglichen Objekt: Auch wenn das vorgestellte Rechtsgutsobjekt gar nicht existiert (etwa beim Schuss auf einen vermeintlichen Menschen), entscheidet sich der Täter doch für die Verletzung eines Rechtsguts, an dessen Konstitution er (durch Anerkennung des fremden Lebensrechts) beteiligt ist.

**Zu kurz** greift deshalb auch der Hinweis auf die **Gleichwertigkeit aller Tatbestandsmerkmale**. Richtig ist nur, dass eine Strafbarkeit aus einem Tatbestand die Erfüllung all seiner Merkmale voraussetzt. Aber schon die Vorschrift des § 28 zeigt deutlich und mit Relevanz für die hier erörterten Fälle, dass gerade Sonderpflichtverletzungen mit der Person des Pflichtigen untrennbar verbunden sind und demnach Besonderheiten gegenüber den übrigen Tatbestandsvoraussetzungen aufweisen. Es genügt hier gerade nicht zu wissen, dass ein Sonderpflichtiger die Pflichten verletzt, sondern der Unrechtsgehalt ist nur dem zugänglich, der selbst Träger der Pflicht ist. Es wäre danach besonders begründungsbedürftig und lässt sich nicht kurzerhand unter Hinweis auf ein „Gleichwertigkeitsdogma" behaupten, dass alle Tatbestandsmerkmale im Rahmen der Begründung des den Versuch kennzeichnenden Entscheidungsunrechts gleichermaßen durch die bloße Vorstellung ihres Vorliegens substituierbar sind. Dass im Gegenteil eine Sonderbehandlung des „untauglichen Subjekts" angemessen ist, wurde vorstehend (Rdn. 314) gezeigt. 315

Dieses Ergebnis bedarf **keiner zusätzlichen Stütze** in den verschiedentlich zu seinen Gunsten geltend gemachten **spezial- und generalpräventiven Erwägungen**. In diesem Sinne hat *Vogler* die Strafbedürftigkeit und Strafwürdigkeit eines nur „eingebildeten" Beamten verneint, während er den rechtserschütternden Eindruck in den anderen Fällen durch die bloße Aufdeckung der fehlenden Tätereigenschaft nicht beseitigt sieht.[899] Solche sozialpsychologischen Spekulationen, die primär Intuition und Empfinden adressieren, sind zum einen naturgemäß angreifbar. So liegt es auch hinsichtlich der Erwägung, der „eingebildete" Garant könne im Wiederholungsfalle „bei einer bloßen Veränderung der Randbedingungen" gefährlich werden, der „eingebildete" Beamte aber nicht.[900] Vor allem aber sind solche Erwägungen den Einwänden ausgesetzt, die gegen eine an die präventiven Straftheorien anknüpfende Lehre vom Versuchsunrecht generell zu erheben sind (Vor § 22 Rdn. 83 ff). Günstigstenfalls kann das (fehlende) 316

898 Der Hinweis, es fehle die für eine Strafbarkeit vorauszusetzende „logische Möglichkeit der Vollendung des entsprechenden Delikts" (*Kindhäuser/Zimmerman* AT § 30 Rdn. 33) trifft zwar zu, bezeichnet aber nicht den materiellen Kern des Problems.

899 *Vogler* LK[10] Rdn. 157 ff. Namentlich aus diesem Grund zust. *Schünemann* GA **1986** 317 f.

900 *Schünemann* GA **1986** 318; zust. zitiert bei *Roxin* AT II § 29 Rdn. 357; vgl. dazu schon Rdn. 192.

Aufkommen eines rechtserschütternden Eindrucks die zugrundeliegende Frage nach dem Bestehen (oder Fehlen) von Versuchsunrecht zutreffend wiederspiegeln.

**317** Hinsichtlich der Frage, welche Pflichten als **Sonderpflichten** anzuerkennen sind, ist zu **differenzieren.** Dabei muss ausschlaggebend sein, ob es sich um solche Pflichten handelt, bei denen auch ein objektiv nicht Sonderpflichtiger auf der Grundlage der gegenteiligen Annahme durch seine Entscheidung, die vorgestellten Pflichten zu verletzen, das konkrete Recht geistig angreifen kann. Das wiederum hängt davon ab, ob es sich um Pflichten handelt, die nur Personen in einem bestimmten verfestigten Status trifft, oder um solche, die **situativ bedingt** jeden treffen können. Ein typisches Beispiel für letzteres sind Garantenpflichten aus Ingerenz. Eine solche Garantenpflicht akutalisiert sich zwar nur in bestimmten Situationen, aber als potentielle Pflichtenlage, in die der einzelne jederzeit geraten kann, ist sie gewissermaßen permanent präsent. Genauso wie die Pflicht, die aktive Tötung anderer Menschen zu unterlassen, nur in solchen Situationen zur konkreten Verhaltensanweisung wird, in denen ein potentielles Opfer überhaupt in Reichweite ist, konkretisiert sich die Pflicht zum rettenden Eingreifen nur dann, wenn der Täter pflichtwidrig eine Gefahrenlage für das potentielle Opfer geschaffen hat. Die tatsächlich unzutreffende Annahme des Bestehens einer Rechtspflicht zum Tätigwerden könnte ohne weiteres zutreffen, weshalb die Untätigkeit des irrtümlich eine Sonderpflicht Annehmenden hier durchaus als Entscheidung gegen das Rechtsgut aufzufassen ist.[901] Entsprechendes gilt für Garantenpflichten aus Übernahme oder Verkehrssicherungspflichten.[902] Gleichermaßen wird man als potentiell jedermann treffende Pflichten solche ansehen müssen, die als Folge der ubiquitären Teilnahme am allgemeinen Sozial- und Wirtschaftsleben auftreten. So liegt es bei der Stellung als Steuerschuldner: Der tatsächliche Irrtum über eine Steuerpflicht (weil der Täter etwa annimmt, bestimmte Einnahmen seien ihm in dem für seine Erklärung maßgeblichen Zeitraum zugeflossen) führt also (anders als der diesbezügliche Rechtsirrtum, Rdn. 299) zum untauglichen Versuch.[903] Auch die irrig angenommene drohende Zahlungsunfähigkeit, die den Täter tatsächlich zum „krisenbefangenen Schuldner" machen würde, führt bei einem im übrigen den tatbestandlichen Anforderungen entsprechendem Verhalten zu einem untauglichen Versuch nach § 283 Abs. 1, 3 (*Schuster* S. 130 f; **aA** *Tiedemann* LK[12] § 283 Rdn. 199; *ders.* GedS Schröder S. 289, 295). Ebenso wäre die Unfallflucht (wäre der Versuch noch strafbewehrt) als untauglicher Versuch strafbar, wenn sich der Fahrer irrtümlich für unfallbeteiligt hielte (BayObLG **1952** 31; OLG Stuttgart NJW **1978** 900; vgl. auch BGH MDR **1957** 266; wohingegen ein Wahndelikt begeht, wer eine Unfallbeteiligung aus einem Alleinunfall herleitet, BGHSt **8** 263, 268).

**318** Am anderen Ende des Spektrums sind solche Sonderpflichten angesiedelt, die aus einem Status folgen, der dem Einzelnen durch **Rechtsakt** zuerkannt wird, wie dies etwa bei der Beamtenstellung oder sonstigen Amtsträgern der Fall ist. Die theoretisch bei Vorliegen bestimmter (beamtenrechtlicher) Voraussetzungen für jedermann bestehende Möglichkeit, zum Beamten ernannt zu werden, führt nicht dazu, dass den Einzelnen gewissermaßen die Pflichten eines „potentiellen Beamten" permanent treffen und lediglich ihrer Aktualisierung harren. Der nicht Sonderpflichtige kann das vom Amtsträger zu schützende Rechtsgut nicht in Frage stellen (s. schon Rdn. 314).

**319** Dazuwischen liegen pflichtenbegründende Stellungen, die zwar nicht auf einem Rechtsakt beruhen, aber doch in einem Maße **verfestigt** sind, dass der Einzelne nicht situativ in die pflichtenbegründende Lage kommen kann. So ist es bei den Pflichten von Eltern. Auch insoweit ist die Pflicht „Teil eines intitutionell abgesicherten Bündels von Beziehungen" (*Jakobs* 25/46). Auch hier kann der Außenstehende weder durch Wohlverhalten auf der Grundlage einer eingebildeten Pflichtenstellung noch durch deren vorgestellte Verletzung das geschützte Rechtsgut

---

**901** Insoweit übereinstimmend *Hillenkamp* LK[12] Rdn. 237; *Timpe* ZStW **125** (2014) 755, 786 f; anders *Niepoth* Versuch S. 191ff, 298f; *ders.* JA **1994** 337. Vgl. hierzu auch *Hirsch* GedS Vogler 46 f unter Verweis auf *Malitz* S. 207 ff.

**902** Ebenso *Jakobs* 25/45; *Timpe* ZStW **125** (2014) 755, 787.

**903** *Jakobs* 25/46.

angreifen. Wer also irrtümlich annimmt, Vater eines Kindes zu sein, kann auch dann nicht die Rechtsgüter des vermeintlichen Kindes durch Untätigkeit angreifen, wenn von einem Vater eine Rettungshandlung zu verlangen wäre. Dieser Fall ist zu unterscheiden von der Konstellation, in der der Täter, der tatsächlich Vater eines Kindes ist, das gefährdete Kind für sein eigenes hält. Hier trifft der Täter als Sonderpflichtiger eine Entscheidung gegen das Rechtsgut, zu dessen Schutz er wirklich auf Posten gestellt ist.[904] Im Bereich der institutionalisierten Pflichten bleiben freilich Zweifelsfälle, wie etwa die Einordnung des Zeugenpflichtigen im gerichtlichen Verfahren. Während *Jakobs* (25/47) meint, dass die Pflicht „den Pflichtigen in eine Institution hineinzieht", nimmt *Roxin* (AT II § 29 Rdn. 358) eine Jedermannspflicht an, „die in bestimmten Prozesssituationen nur aktualisiert" werde. Nun ist es zwar richtig, dass die Zeugenstellung jedermann gewissermaßen zufällig treffen kann. Dennoch werden diese Stellung und die aus ihr fließenden Pflichten in einem staatlichen Verfahren formal begründet, so dass man nicht annehmen kann, dass ein Außenstehender, der lediglich eingebildeten Pflichten zuwiderhandelt, damit die Rechtspflege durch sein Entscheidungsverhalten angreifen kann.

**c) Doppelirrtum.** Umstritten ist schließlich die Lösung der Fälle des doppelten Irrtums. Dabei 320
ist von den hierzu erörterten Sachverhalten[905] im Zusammenhang mit der Frage nach untauglichem Versuch oder Wahndelikt namentlich die Irrtumskonstellation von Interesse, in der der Täter über das Vorhandensein eines Merkmals des Tatbestands irrt, gleichwohl aber von der Verwirklichung von tatbestandlichem Unrecht ausgeht, weil er den irrig vorgestellten Sachverhalt unzutreffend unter eben diesen Tatbestand subsumiert. *Baumann* § 27 II 3 hat hierzu das Schulbeispiel gebildet, in dem ein Wilderer ein Mauswiesel (= jagdbares Tier nach § 2 Abs. 1 Nr. 1 BJagdG) für eine Maus hält und das Tier in der irrigen Meinung erlegt, auch Mäuse seien jagdbare Tiere und damit Wild im Sinne des § 292 (**Mauswieselfall**). In der – soweit ersichtlich – einzigen praktischen Entscheidung, in der diese Irrtumsstruktur teilweise (wenn auch undeutlich) für vorliegend erachtet wird (etwa von *Hillenkamp* LK[12] Rdn. 238), hat das BayObLG NJW **1963** 310 eine vollendete Unterschlagung angenommen, obwohl der Täter bei der Veräußerung einer zuvor erworbenen, aber noch nicht bezahlten Maschine den im Lieferschein enthaltenen Vermerk über den Eigentumsvorbehalt nicht gelesen hatte. Die auf der Grundlage dieser Vorstellung – Übergabe ohne Eigentumsvorbehalt – fehlende Fremdheit der Sache nahm der Täter gleichwohl an, weil er der Meinung war, noch nicht bezahlte Ware verbleibe stets (also auch ohne Eigentumsvorbehalt) im Eigentum des Verkäufers (**Unterschlagungsfall**). Zur Begründung des zur objektiv vollendeten Unterschlagung passenden Vorsatzes beruft sich das Gericht darauf, dass die Vorstellung, ein Dritter sei Eigentümer, für den inneren Tatbestand auch dann ausreiche, wenn sie nur im Ergebnis zutreffe und dass es unter solchen Umständen ohne Bedeutung sei, wenn der Täter von einem Sachverhalt ausgegangen ist, der bei zutreffender Würdigung dazu führen würde, dass er selbst Eigentümer wäre.[906] Zu beiden Fallkonstellationen wird neben dieser **Vollendungslösung**[907] die Auffassung vertreten, es liege ein **untauglicher Versuch** vor[908] oder aber – so die wohl h. M. – ein **Wahndelikt.**[909]

---

**904** Im Ergebnis ebenso *Roxin* AT II § 29 Rdn. 353 (weil das fremde Kind ein „untaugliches Objekt" sei); *Schuster* S. 131 – beide ohne Berücksichtigung der Frage, ob der Täter überhaupt Vater ist.

**905** Vgl. *Haft* JuS **1980** 430; *Plaschke* Jura **2001** 235; *Sch/Schröder/Eser/Bosch* Rdn. 92 (unter der Bezeichnung „Irrtumskombination").

**906** Der Vollendungslösung folgen z. B. *Bringewat* MDR **1970** 652; *Haft* JuS **1980** 435; *Hirsch* Negative Tatbestandsmerkmale S. 229, 232; *Jescheck/Weigend* § 50 III 2; *Kuhlen* Irrtum S. 494 ff, 530; *Puppe* GA **1990** 156.

**907** *Bringewat* MDR **1970** 653; *Gropp* ZIS **2016** 605; *Kuhlen* Irrtum S. 494 ff, 520.

**908** *Foth* JR **1965** 366, 371.

**909** *Baumann* § 27 II 3 mit § 33 I 4; *Bindokat* NJW **1963** 745; *Brocker* JuS **1994** L 17 f; *Haft* JuS **1980** 589 ff; *Hillenkamp* LK[12] Rdn. 239; *Jakobs* 8/59; *Kindhäuser* GA **1990** 422; *Plaschke* Jura **2001** 235 f; *Rath* Jura **1998** 543; *Sch/Schröder/Eser/Bosch* Rdn. 92. *Vogler* LK[10] Rdn. 152 hat die Entscheidung offengelassen.

321 **Richtigerweise** müssen die beiden beispielhaft genannten **Konstellationen unterschieden** werden. Im **Mauswieselfall** liegen zwei Fehlvorstellungen vor, nämlich zum einen bezogen darauf, dass es sich bei dem Tier um eine Maus handelt und zum anderen bezogen darauf, dass eine Maus dem Jagdrecht unterliegt. Beurteilt man die Konsequenzen aus diesen Fehlvorstellungen zunächst isoliert,[910] so wirkt die erstgenannte Fehlvorstellung, dass es sich bei dem gejagten Tier um eine Maus handelt, grundsätzlich entlastend. Zwar zählt § 292 nicht die jagdbaren Tierarten auf, aber der Begriff des „Wildes" in dieser Vorschrift wird durch das BJagdG konkretisiert, womit auch das geschützte Rechtsgut durch die außerstrafrechtliche Norm seine Konturen erhält.[911] Eine isolierte Betrachtung dieses Irrtums führt danach zum Tatbestandsirrtum. Auch die Fehlvorstellung, die Tötung einer Maus unterfalle dem Jagdrecht, kann den Täter für sich genommen nicht belasten, vielmehr führt die unzutreffende Überdehnung des strafbaren Bereichs zum Wahndelikt (Rdn. 297). Treffen beide Irrtümer zusammen, so soll nach einer verschiedentlich vertretenen M.M. eine vollendete Tat vorliegen. Damit ist vorausgesetzt, dass sich aus einer Zusammenschau der Fehlvorstellungen ein Vorsatz konstruieren lässt, der die objektiv tatbestandsmäßige Jagd des Mauswiesels umfasst. Ein relevanter Irrtum liege nicht vor. Entscheidend sei nämlich allein, dass der Täter in seinen Vorsatz die Vorstellung von „Wild" als einem herrenlosen Tier, an dem ein Jagdberechtigter ein Aneignungsrecht hat, erfasst hat.[912] Ob er das Tier als „Maus" bezeichnet, spiele keine Rolle; er nehme jedenfalls eine zutreffende Parallelwertung in der Laiensphäre vor.[913] Diese **Vollendungslösung** vermag **nicht zu überzeugen.**[914] Bereits die Konstruktion einer vollendeten Tat aus zwei für sich genommen entlastenden Irrtümern leuchtet nicht ein.[915] Der Vorsatz zur Tötung einer Maus wird nicht deshalb zum Tatbestandsvorsatz, weil der Täter meint, die Maus unterfalle dem Jagdrecht. Es trifft nicht zu, dass der Täter ein jagbares Tier (Mauswiesel) lediglich falsch „bezeichnet" (*Gropp* ZIS **2016** 605). „Maus" ist nicht ein falscher Name für ein Mauswiesel, sondern bezeichnet ein anderes Tier. Die Einordnung des Tieres seiner Art nach ist nicht etwa tatbestandlich belanglos,[916] sondern das Rechtsgut wird anhand der dem Jagdrecht unterfallenden Arten konkretisiert. Das lässt sich mit der Substituierbarkeitsthese (Rdn. 297) verdeutlichen: Würde § 292 die jagdbaren Tiere aufzählen, so wäre klar, dass die unzutreffende Annahme, das Tier sei eine (dem Katalog nicht unterfallende) Maus, den Vorsatz nicht begründen könnte. Daran ändert sich nichts dadurch, dass die Tierarten nicht im Straftatbestand, sondern im Verweisungsbereich gelistet sind. Dessen materielle Zuordnung zum Bereich des Tatbestandes ist schon deshalb berechtigt, weil so die Bestimmtheit des Tatbestandes maßgeblich erhöht oder sogar erst die erforderliche Bestimmtheit erreicht wird.[917]

322 Auch das Kriterium einer Parallelwertung in der Laiensphäre vermag keinen Beitrag zur Vorsatzbegründung zu leisten. Dieses Kriterium verlangt, dass der Täter nicht nur die Tatsachen zutreffend erkennt, sondern auch ihren normativen Sinn erfasst. Auf der Grundlage unzutreffender Tatsachenannahmen kann aber eine davon gelöste Bewertung keinen Vorsatz begründen. Die Wertung des Täters bleibt vielmehr unzutreffend, wenn er annimmt, er jage eine dem Jagdrecht unterfallende Maus. **Richtig** ist damit die Annahme eines **Wahndelikts:** Der Täter, der glaubt, eine dem Jagdrecht unterfallende Maus zu töten, stellt sich eine Tat vor, die keinem Tatbestand unterfällt. Dass er – gewissermaßen zufällig – objektiv tatbestandsmäßig handelt, ist gerade nicht von seinem Vorsatz umfasst und kann nichts daran ändern, dass er auf der Grundlage seiner Vorstellung einen nicht existenten (überdehnten) Tatbestand erfüllt. Das lässt

---

**910** Vgl. *Brocker* JuS **1994** L 17 f; *Kuhlen* FS Paeffgen 248; *Rath* Jura **1998** 542.
**911** *Frisch* GA **2019** 305, 314 f.
**912** *Gropp* ZIS **2016** 605; *Puppe* FS Herzberg 280 f; *dies.* NK § 16 Rdn. 39 f.
**913** *Gropp* ZIS **2016** 605.
**914** *Hillenkamp* LK[12] Rdn. 239.
**915** Zutreffend *Hillenkamp* LK[12] Rdn. 239 gegen *Jescheck/Weigend* § 50 II 2.
**916** So aber *Puppe* FS Herzberg 275, 280 f.
**917** *Frisch* FS Eisenberg (2019) 626; *ders.* GA **2019** 305, 314 f.

sich mit der von *Kindhäuser* (GA **1990** 407, 420 ff) vorgeschlagenen „Testfrage" veranschaulichen, wonach es darauf ankommt, ob der Täter nach seiner Einschätzung der Sachlage das Motiv, das Tier nicht zu töten, hätte bilden müssen, wenn er den Inhalt des Verbots richtig erfasst hätte (dann untauglicher Versuch). Diese Antwort fällt hier verneinend aus (deshalb Wahndelikt), weil der Täter, wenn er die Maus als solche erkannt hätte, nach den Regeln des Jagdrechts nicht verpflichtet gewesen wäre, das Vermeidemotiv zu bilden.

Im **Unterschlagungsfall** (Rdn. 320) hängt die sachgerechte Lösung von der Beantwortung der Frage ab, welche rechtliche Relevanz den Fehlvorstellungen zum Eigentumsübergang zukommt. Steht man auf dem Standpunkt, die irrtümliche Annahme fremden Eigentums führe zum Wahndelikt, so gelten die gleichen Grundsätze wie im Mauswieselfall. Es könnte auch hier nicht ausreichen, dass gewissermaßen „unterm Strich" und „im Ergebnis" ein Unrechtsbewusstsein vorhanden sei, das dem objektiv verwirklichten Tatbestand entspreche. Mit einer solchen „Gesamtbetrachtung" (*Bringewat* MDR **1970** 653) würde verkannt, dass „dieses Ergebnis auf dieselbe Grundlage zurückgeht, die auch sonst zur Annahme eines Wahndelikts zwingt" (*Baumann* § 33 I 4; zustimmend *Hillenkamp* LK[12] Rdn. 239). Die Beurteilung muss sich aber ändern, wenn das Erfordernis der Fremdheit nicht die Vorschriften zur Eigentumsübertragung und die tatsächlichen Übertragungsvorgänge umfasst, sondern lediglich eine bestimmte Eigentumslage im Tatzeitpunkt. Das entspricht dem – zustimmungswürdigen (Rdn. 302) – Standpunkt des BayObLG, das deshalb zu Recht die **Vollendungslösung** vertritt. Der Vorsatz setzt danach lediglich voraus, dass der Täter annimmt, die zugeeignete Sache stehe in fremdem Eigentum. Dass der Täter zu dieser Annahme auf der Grundlage unzutreffender Vorstellungen zur Eigentumsübertragung gelangt ist, spielt danach keine Rolle. Demnach liegt bezogen auf die Tatbestandsverwirklichung gar keine Irrtumskonstellation vor; der Täter geht vielmehr zutreffend von der Fremdheit aus.[918] 322

918 Insofern trifft dann die Argumentation von *Puppe* NK § 16 Rdn. 40 zu.

## § 23 Strafbarkeit des Versuchs

**(1) Der Versuch eines Verbrechens ist stets strafbar, der Versuch eines Vergehens nur dann, wenn das Gesetz es ausdrücklich bestimmt.**
**(2) Der Versuch kann milder bestraft werden als die vollendete Tat (§ 49 Abs. 1).**
**(3) Hat der Täter aus grobem Unverstand verkannt, dass der Versuch nach der Art des Gegenstandes, an dem, oder des Mittels, mit dem die Tat begangen werden sollte, überhaupt nicht zur Vollendung führen konnte, so kann das Gericht von Strafe absehen oder die Strafe nach seinem Ermessen mildern (§ 49 Abs. 2).**

**§ 43 a. F.:**

(2) Der Versuch des Vergehens wird jedoch nur in den Fällen bestraft, in welchen das Gesetz dies ausdrücklich bestimmt.

**§ 44 a. F.:**

(1) Das versuchte Verbrechen oder Vergehen kann milder bestraft werden als das vollendete.

(2) Ist das vollendete Verbrechen mit lebenslanger Freiheitsstrafe bedroht, so kann auf Freiheitsstrafe nicht unter 3 Jahren erkannt werden.

(3) In den übrigen Fällen kann die Strafe bis auf ein Viertel des Mindestbetrages der auf das vollendete Verbrechen oder Vergehen angedrohten Freiheits- und Geldstrafe ermäßigt werden.

**§ 27 E 1962:**

(1) Der Versuch eines Verbrechens ist stets, der Versuch eines Vergehens nur dann strafbar, wenn ihn das Gesetz ausdrücklich mit Strafe bedroht.

(2) Die Strafe für den Versuch richtet sich nach der Strafdrohung für die vollendete Tat. Jedoch kann die Strafe nach § 64 Abs. 1 gemildert werden.

(3) Hat der Täter aus grobem Unverstand verkannt, dass der Versuch nach der Art des Gegenstandes oder des Mittels, an oder mit dem die Tat begangen werden sollte, überhaupt nicht zur Vollendung führen konnte, so kann das Gericht die Strafe nach seinem Ermessen mildern (§ 64 Abs. 2) oder von Strafe absehen.

**§ 25 AE:**

(1) Der Versuch des Verbrechens ist strafbar, der des Vergehens nur, wenn das Gesetz es bestimmt.

(2) Die Strafe wird nach § 61 Abs. 1 gemildert.

(3) Der Versuch bleibt straflos,

1. wenn er in der irrigen Annahme einer besonderen Pflichtenstellung begründet ist,
2. wenn er auf grobem Unverstand beruht und deshalb von vornherein ungefährlich ist.

## Schrifttum*

*Albrecht* Der untaugliche Versuch (1973); *Alwart* Strafwürdiges Versuchen (1982); *Baier* Die Stärkung der Interessen des Verbrechensopfers am Beispiel der Zurückdrängung der Figur der Gesetzeskonkurrenz, GA **2005** 81; *Bergmann* Die Milderungen der Strafe nach § 49 Abs. 2 StGB (1988); *ders./Frisch* Zur Methode der Entscheidung über den Strafrahmen, JZ **1990** 944; *Binding* Der objektive Verbrechenstatbestand in seiner rechtlichen Bedeutung, GS **76** (1910) 1; *ders.* Vier Forderungen an das künftige Reichsstrafgesetzbuch und eine fünfte an die Motive seines Entwurfs, GS **77** (1911) 1; *Bloy* Unrechtsgehalt und Strafbarkeit des grob unverständigen Versuchs, ZStW **113** (2001) 76; *Bockelmann* Strafrechtliche Untersuchungen: Zur Reform des Strafrechts (1957), 150; *ders.* Niederschriften, **2** 173; *Börker* Die Milderung der Strafe für den Versuch, JZ **1956** 477; *Bruns* Zum Verbot der Doppelverwertung von Tatbestandsmerkmalen oder strafrahmenbildenden Umständen (Strafbemessungsgründen) Festschrift H. Mayer (1966) 353; *ders.* Strafzumessungsrecht 2. Aufl. (1974); *ders.* Leitfaden des Strafzumessungsrechts (1980); *ders.* Zur Tragweite des Verbots der Doppelverwertung von Strafmilderungsgründen, JR **1980** 226; *Bruns/Güntge* Das Recht der Strafzumessung 3. Aufl. (2019); *Burkhardt* Der Rücktritt als Rechtsfolgebestimmung (1975); *Corves* Prot. SA V; *Dallinger*

* Die Kommentierung basiert auf der von *Hillenkamp* bearbeiteten 12. Aufl. von **2007**. Übernommene Passagen sind nicht besonders kenntlich gemacht. Der Autor der aktuellen Auflage, der allein die Verantwortung für deren Inhalt trägt, weiß sich dem Verfasser der Vorauflage zu Dank verpflichtet!


https://doi.org/10.1515/9783110300451-006

Gerichtsverfassung und Strafverfahren, JZ **1951** 620; *Detter* Zum Strafzumessungs- und Maßregelrecht, NStZ **1989** 465; **1990** 173; **1993** 176; 473; **1995** 486; **1998** 182; *Dicke* Zur Problematik des untauglichen Versuchs, JuS **1968** 157; *Disse* Die Privilegierung der Sachbeschädigung (§ 303 StGB) gegenüber Diebstahl (§ 242 StGB) und Unterschlagung (§ 246 StGB) (1982); *Dohna, Graf zu* Der Mangel am Tatbestand, Festgabe Güterbock (1910) 54; *Dreher* Was bedeutet Milderung der Strafe für den Versuch? JZ **1956** 682; *ders.* Doppelverwertung von Strafbemessungsumständen, JZ **1957** 155; *ders.* Gedanken zur Strafzumessung, JZ **1968** 209; *Eckstein* Regelbeispiel und Versuch JA **2001** 548; *Eisenberg* Urteilsanmerkung, JR **2005** 81; *Ellbogen* Untauglicher Versuch – grob unverständiger Versuch – abergläubischer Versuch, Festschrift Heintschel-Heinegg (2015) 125; *Frisch* Die Strafrahmenmilderung beim Versuch, Festschrift Spendel (1992) 381; *Germann* Über den Grund der Strafbarkeit des Versuchs (1914); *Gössel* Zur Strafbarkeit des Versuchs nach dem 2. StrRG, GA **1971** 225; *Goydke* Die Strafrahmenbestimmung in minder schweren Fällen und beim Vorliegen gesetzlicher Milderungsgründe, Festschrift Odersky (1996) 371; *Günther* Die Genese eines Straftatbestandes, JuS **1978** 8; *Ha* Die strafrechtliche Behandlung des untauglichen Versuchs (1991); *Häberlin* Entwurf eines Strafgesetzbuches für den Norddeutschen Bund (1869); *Heckler* Die Ermittlung der beim Rücktritt vom Versuch erforderlichen Rücktrittsleistung anhand der objektiven Vollendungsgefahr (2002); *Heinrich* Die Abgrenzung von untauglichem, grob unverständigem und abergläubischem Versuch, Jura **1998** 393; *Herzberg* Das Wahndelikt in der Rechtsprechung des BGH, JuS **1980** 469; *ders.* AIDS: Herausforderung und Prüfstein des Strafrechts, JZ **1989** 470; *ders.* Strafverzicht bei bedingt vorsätzlichem Versuch? NStZ **1990** 311; *ders.* Grundprobleme des Rücktritts vom Versuch und Überlegungen de lege ferenda, NJW **1991** 1633; *ders.* Zur Strafbarkeit des untauglichen Versuchs, GA **2001** 257; *Hettinger* Das Doppelverwertungsverbot bei strafrahmenbildenden Umständen (§§ 46 **Abs.** 3, 50 StGB) (1982); *Hillenkamp* Vorsatztat und Opferverhalten (1981); *ders.* Möglichkeiten der Erweiterung des Instituts der tätigen Reue, in: Schöch, Wiedergutmachung und Strafrecht (1987) 81; *ders.* Schwerer Raub durch Fesselung und Knebelung? JuS **1990** 458; *ders.* Unverstand und Aberglaube, Festschrift Schreiber (2003) 135; *Hirsch* Untauglicher Versuch und Tatstrafrecht, Festschrift Roxin (2001) 711; *Horn* Gesamtwürdigung – Sinn und Unsinn eines Rechtsbegriffs, Gedächtnisschrift Armin Kaufmann (1989) 573; *Horstkotte* Zusammentreffen von Milderungsgründen (§ 50 StGB) Festschrift Dreher (1977) 265; *Hoyer* Strafrechtsdogmatik nach Armin Kaufmann (1997); *Jahr* Die Bedeutung des Erfolgs für das Problem der Strafmilderung beim Versuch (1981); *Jakobs* Tätervorstellung und objektive Zurechnung, Gedächtnisschrift Armin Kaufmann (1989) 271; *Kaufmann* Zum Stande der Lehre vom personalen Unrecht, Festschrift Welzel (1974) 393; *ders.* Die Dogmatik im Alternativ-Entwurf, ZStW **80** (1968) 34; *Kayser* Schärfster Kampf dem Gewaltverbrecher! DR **1940** 345; *Letzgus* Vorstufen der Beteiligung (1972); *T. Maier* Die Objektivierung des Versuchsunrechts (2005); *Maiwald* Die Bedeutung des Erfolgsunwerts im Unrecht – Der Einfluß der Verletztenposition auf eine dogmatische Kategorie, in: Schöch, Wiedergutmachung und Strafrecht (1987) 64; *Malitz* Der untaugliche Versuch beim unechten Unterlassungsdelikt (1998); *Meinecke* Die Gesetzgebungssystematik der Versuchsstrafbarkeit von Verbrechen und Vergehen im StGB (2001); *Meyer* Kritik an der Neuregelung der Versuchsstrafbarkeit, ZStW **87** (1975) 598; *Mezger* Niederschriften, **2** 184; *Miller/Rackow* Transnationale Täterschaft und Teilnahme – Beteiligungsdogmatik und Strafanwendungsrecht, ZStW **117** (2005) 379; *Mitsch* § 23 Abs. 3 StGB: grob unverständiges Strafrecht, ZIS **2016** 352; *Mösl* Tendenzen der Strafzumessung in der Rechtsprechung des Bundesgerichtshofs, DRiZ **1979** 165; *ders.* Zum Strafzumessungsrecht NStZ **1981** 131; *Nagler* Die Neuordnung der Strafbarkeit von Versuch und Beihilfe, GS **115** (1941) 24; *Niepoth* Der untaugliche Versuch beim unechten Unterlassungsdelikt (1994); *Oberhofer* Aberglaube und Unverstand in der Lehre von Versuch und Rücktritt (2016); *Papageorgiou-Gonatas* Wo liegt die Grenze zwischen Vorbereitungshandlungen und Versuch? (1988); *Radtke* An der Grenze des strafbaren untauglichen Versuchs, JuS **1996** 878; *Rath* Grundfälle zum Unrecht des Versuchs, JuS **1998** 1106; *Renzikowski* Wahnkausalität und Wahndelikt – zur Strafbarkeit des untauglichen Versuchs, in: M. Kaufmann (Hrsg.) Wahn und Wirklichkeit – Multiple Realitäten (2003) 309; *Roeder* Die Erscheinungsformen des Verbrechens im Spiegel der subjektiven und objektiven Straftheorie (1953); *Roxin* Unterlassung, Vorsatz und Fahrlässigkeit, Versuch und Teilnahme im neuen Strafgesetzbuch, JuS **1973** 329; *ders.* u. a. Einführung in das neue Recht 2. Aufl. (1975); *ders.* Über den Strafgrund des Versuchs, Festschrift Nishihara (1998) 157; *ders.* Zur Strafbarkeit des untauglichen Versuchs, Festschrift Jung (2007) S. 829; *ders.* Der Strafgrund beim untauglichen und beim tauglichen Versuch, GA **2017** 656; *Sancinetti* Subjektive Unrechtsbegründung und Rücktritt vom Versuch (1995); *Satzger* Der irreale Versuch – über die Schwierigkeiten der Strafrechtsdogmatik, dem abergläubischen Versuch Herr zu werden, Jura **2013** 1017; *Schneider* Der abergläubische Versuch, GA **1955** 265; *Schroeder* Das neue Bild des Strafgesetzbuchs, NJW **1999** 3612; *Schumann* Urteilsanmerkung, NStZ **1990** 32; *Seier/Gaude* Untaugliche, grob unverständige und abergläubische Versuche, JuS **1999** 456; *Sobota* Zur Strafrahmenwahl beim Zusammentreffen von besonders schwerem Fall und besonderem gesetzlichen Milderungsgrund, HRRS **2015** 339; *von Stackelberg* Niederschriften, **2** 193; *Stratenwerth* Die fakultative Strafmilderung beim Versuch, Festgabe zum Schweiz. Juristentag (1963) 247; *Struensee* Verursachungsvorsatz und Wahnkausalität, ZStW **102** (1990) 21; *Timpe* Strafmilderungen des Allgemeinen Teils des StGB und das Doppelverwertungsverbot (1983); *Wagner* Die selbständige Bedeutung des Schuldspruchs im Strafrecht, insbesondere beim Absehen von Strafe gem. § 16 StGB, GA **1972** 33; *v. Weber* Das Absehen von Strafe, MDR **1956** 705; *Weigend* Die Entwicklung der deutschen Versuchslehre, in: Hirsch/Weigend, Strafrecht und Kriminalpolitik in Japan und Deutschland (1989) 112; *Werle* Völkerstrafrecht (2003); *Wimmer* Parapsychologen als Sachverständige, NJW **1976** 1131; *Wolter* Objektive und personale Zurechnung von Verhalten, Gefahr und Verletzung in einem funktionalen Straftatsystem (1981); *Wolters* Das Unternehmensdelikt (2001); *ders.* Die Milderung des Strafrahmens wegen versuchter Tat beim echten Unterlassungsdelikt, Festschrift Rudolphi (2004) 347; *Zielinski* Handlungs- und Erfolgsunwert im Unrechtsbegriff (1973); *Zipf* Die Strafmaßrevision (1969); vgl. auch das Schrifttum vor § 22.

## Übersicht



## Alphabetisches Stichwortverzeichnis s. § 22

## I. Strafbarkeit des Versuchs, § 23 Abs. 1

### 1. Regelungsgehalt

1 Nach § 23 Abs. 1 ist der Versuch eines Verbrechens stets strafbar, der Versuch eines Vergehens nur dann, wenn das Gesetz es ausdrücklich bestimmt. Die darin zum Ausdruck kommende **Differenzierung** zwischen einer ausnahmslosen Strafbarkeit des Verbrechensversuchs und der grundsätzlichen Straflosigkeit des Vergehensversuchs geht auf den französischen code pénal von 1810 zurück und ist schon im Reichsstrafgesetzbuch von 1871 enthalten (s. zur **Entstehungsgeschichte** vor § 22 Rdn. 46 ff). § 23 Abs. 1 betrifft den täterschaftlichen Versuch. Für die versuchte Beteiligung gilt § 30, aus dem folgt, dass die versuchte Beihilfe auch zum Verbrechen straflos bleibt (s. dazu **krit.** *Hoffmann-Holland* MK Rdn. 4 f). Für Ordnungswidrigkeiten gilt § 13 Abs. 2 OWiG, der eine Ahndung nur vorsieht, wenn das Gesetz es ausdrücklich bestimmt.[1]

---

1 § 23 gilt gemäß § 2 VStGB auch für die dort aufgeführten Verbrechen. Für die der Gerichtsbarkeit des Internationalen Strafgerichtshofs unterliegenden Verbrechen ordnet Art. 25 Abs. 3 (f) IStGH-Statut die Strafbarkeit des Versuchs an, s. *Werle/Jeßberger*, Völkerstrafrecht Rdn. 732. Eine Milderungsmöglichkeit ist dort nicht ausdrücklich vorgesehen, im Rahmen der Bestimmungen zur Strafbemessung aber möglich, vgl. *Werle/Jeßberger* Völkerstrafrecht Rdn. 736.

Für die **Unterscheidung** zwischen Verbrechen und Vergehen, die bei Anwendung von Jugendstrafrecht trotz dann nach § 18 Abs. 1 JGG modifizierter Strafrahmen nicht anders als sonst zu treffen ist (§ 4 JGG; *Baumann/Weber/Mitsch/Eisele* § 22 Rdn. 11), ist die **abstrakte Betrachtungsweise** (§ 12 Abs. 3; *Hilgendorf* LK § 12 Rdn. 17 ff) maßgeblich. Daher bleibt es z. B. bei der Strafbarkeit eines Raubversuchs, auch wenn es sich um einen minder schweren Fall handelt, für den das Mindestmaß der Strafe auf 6 Monate herabgesetzt ist (§ 249 Abs. 2). Andererseits ergibt sich die Strafbarkeit des Versuchs einer politischen Verdächtigung nach § 241a auch dann (nur) aus der ausdrücklichen Anordnung der Versuchsstrafbarkeit (§ 241a Abs. 3), wenn es um einen nach Abs. 4 mit Freiheitsstrafe von einem Jahr bis zu zehn Jahren bedrohten besonders schweren Fall geht.[2] Da der Versuch der Vergehen nach §§ 98, 102 nicht strafbewehrt ist, bleibt es hierbei auch in einem mit der Mindeststrafe von einem Jahr bedrohten besonders schweren Fall. Der **Vorstellung** des Täters über die rechtliche Einordnung der Tat kommt keinerlei Bedeutung zu; es ist unerheblich, ob der Täter weiß, dass seine Tat ein Vergehen oder ein Verbrechen ist (*Hoffmann-Holland* MK Rdn. 6). Geht der Täter allerdings irrig von einem Sachverhalt aus, der die Tat zu einem Vergehen machen würde, dessen Versuch nicht strafbar ist – also z. B. von einem Widerstand gegenüber einem „Vollstreckungsbeamten“, der in Wahrheit eine Privatperson ist – kann er nicht wegen Versuchs des tatsächlich gegebenen und im Versuch mit Strafe bedrohten Vergehens der Nötigung belangt werden.[3] Deshalb bleibt (nach § 240 Abs. 3) straflos, wer gegenüber einem Angestellten der Wach- und Schließgesellschaft in der irrigen Meinung Widerstand zu leisten versucht, es handle sich um einen Amtsträger.[4] 2

Handelt es sich um ein **Verbrechen** (§ 12 Abs. 1), ergibt sich die Versuchsstrafbarkeit unmittelbar aus § 23 Abs. 1, so dass es keiner weiteren Anordnung der Strafbarkeit im jeweiligen Verbrechenstatbestand bedarf (*Sch/Schröder/Eser/Bosch* Rdn. 1). Zu beachten ist allerdings, dass sich aus der Struktur des Delikts als unselbständige Ausdehnung eines Straftatbestandes (vor § 22 Rdn. 7) eine Versuchsstrafbarkeit trotz des Verbrechenscharakters der Tat (z. B. nach § 83) verbieten kann (vor § 22 Rdn. 131). Gleiches gilt für echte Unternehmensdelikte, die Verbrechen sind (vor § 22 Rdn. 135). Bei **Vergehen** (§ 12 Abs. 2) tritt eine Versuchsstrafbarkeit nur ein, wo sie ausdrücklich angeordnet ist. Das geschieht in zahlreichen Vergehenstatbeständen wie z. B. in §§ 223, 263, 303 generell, bisweilen aber auch nur für bestimmte Tatvarianten (z. B. in § 315c Abs. 2) oder unter Ausschluss bestimmter Personen (so in § 218 Abs. 4 Satz 2). 3

## 2. Bewertung der Regelung

Die gesetzliche Regelung der Versuchsstrafbarkeit ist aus unterschiedlichen Gründen der **Kritik** ausgesetzt (s. *Meinecke* Gesetzgebungssystematik S. 11 ff, 16 ff m. w. N.). So kann man ihr rechtsgrundsätzlich vorhalten, dass eine subjektive Strafgrundlehre zum Versuch, wie sie dem geltenden Recht zugrunde liegt (vor § 22 Rdn. 61 ff), eigentlich alle Verbrechens- und Vergehensversuche unterschiedslos für strafbar erklären müsste. Aber auch ein so entschiedener Anhänger der objektiven Theorie wie *Binding* hielt es anders als das im Vorentwurf zu einem Deutschen Strafgesetzbuch von 1909 am alten Zustand festhaltende Recht für das „allein Richtige ..., die Strafbarkeit aller Vergehensversuche anzuerkennen“, weil es an jedem Grund fehle, „den Versuch der Vergehen irgend anders zu behandeln als den der Verbrechen“. Die Ausscheidung beispielhaft aufgeführter Vergehensversuche aus der Strafbarkeit sah *Binding* daher als „größte Willkür und Ungerechtigkeit“ (*Binding* GS **77** [1911] 1, 12 f). Auch monierte er die „Ge- 4

2 Ebenso liegt es bei § 253 Abs. 1, 3, 4; der Versuch einer Untreue blieb nach § 266 in der bis zum 31.3.1998 geltenden Fassung auch dann straflos, wenn es sich um einen nach § 266 Abs. 2 mit Freiheitsstrafe von einem Jahr bis zu zehn Jahren bedrohten besonders schweren Fall handelte, RG JW **1937** 169; s. auch RGSt **69** 49, 51 zu § 263 Abs. 4 a. F.

3 RGSt **46** 265, 267 f zu § 248a a. F.; BGHSt **30** 235, 236 zu § 239 a. F.; *Sch/Schröder/Eser/Bosch* Rdn. 2; *Fischer* Rdn. 2.

4 *Zaczyk* NK Rdn. 2.

wichtsfälschung" (S. 13), wenn das geringere Unrecht der Beihilfe demgegenüber unterschiedslos bestraft werden solle (*Binding* GS **76** [1910] 1, 112). Vor ihm hatte schon *Häberlin* (Bemerkungen S. 28) die „aus dem preußischen Strafgesetzbuche übernommene Bestimmung" als „entschieden unlogisch" kritisiert, „weil zwischen Verbrechen und Vergehen ein generischer Unterschied nicht" bestehe. Neuere Kritik richtet sich einerseits gegen ein Anwachsen der Versuchsstrafbarkeit bei Vergehen, das die Ausnahme zur Regel zu machen drohe (s. dazu unter Hinweis auf die gesunkene Anzahl der Verbrechenstatbestände relativierend *Schroeder* NJW **1999** 3612, 3613). Andererseits wird zu bedenken gegeben, dass sich Verbrechensversuche finden könnten, die nach den den Gesetzgeber bindenden Maßstäben der Strafwürdigkeit und der Strafbedürftigkeit keine Strafe verdienten. Um den Gesetzgeber zu einer Überprüfung in dieser Richtung zu veranlassen, wird der beachtliche Vorschlag gemacht, die gesetzliche Möglichkeit zu eröffnen, einzelne Verbrechensversuche für straflos zu erklären (*Meinecke* Gesetzgebungssystematik S. 174 ff).

5 Die **Forderung** nach einer unterschieds- und ausnahmslosen Strafbarkeit **aller** Verbrechens- und Vergehensversuche ist **überzogen.** Zwar können benachbarte Rechtsordnungen wie die der Schweiz und Österreichs, in deren Rechtstradition diese Entscheidung verankert ist (s. vor § 22 Rdn. 45, 151), auf eine konsequente Umsetzung einer (rein) subjektiven Strafgrundlehre verweisen. Es bedeutet aber keineswegs einen Bruch mit dieser Versuchstheorie, wenn der Gesetzgeber auch auf dem Felde des Versuchs das Strafrecht nur exemplikativ und fragmentarisch und als ultima ratio einsetzt (s. vor § 22 Rdn. 80 und *Bockelmann* Untersuchungen S. 157),[5] zumal die Nichtstrafbarkeit des Versuchs dessen Unrecht und seine Rechtswidrigkeit nicht in Frage stellt (*Stratenwerth/Kuhlen* § 11 Rdn. 11).

6 Dabei ist die in der Unterscheidung zwischen Verbrechen und Vergehen angelegte Anknüpfung an die **Schwere der Tat** ein fraglos legitimes Ausgangskriterium für die vom Gesetzgeber vorgenommene grundsätzliche Differenzierung (*Jescheck/Weigend* § 49 V 1; *Meinecke* Gesetzgebungssystematik S. 158 ff; *Stratenwerth/Kuhlen* § 11 Rdn. 47). Sie führt freilich nur dann zu sachgerechten Lösungen, wenn der Gesetzgeber einerseits bei der Einstufung einer Tat als Verbrechen die dadurch mitbedingte Versuchsstrafbarkeit bedenkt und dabei nicht nur die für die Strafwürdigkeit bedeutsame Schwere der Tat, sondern auch die Überlegungen in Rechnung stellt, die für die Strafbedürftigkeit maßgeblich sind.[6] Andererseits darf die Auswahl der im Versuch strafbaren Vergehen naturgemäß nicht als „größte Willkür und Ungerechtigkeit" (*Binding* GS **77** [1911] 1, 12 f) erscheinen. Vielmehr muss sie sich als Ergebnis einer an den inhaltlichen Kriterien der Strafwürdigkeit und Strafbedürftigkeit (*Günther* JuS **1978** 8; *Meinecke* Gesetzgebungssystematik S. 133 f) ausgerichteten Entscheidung darstellen, die zudem darauf Bedacht nimmt, Wertungswidersprüche[7] zu vermeiden. Dass der jeweilige Gesetzgeber seit 1871 bei seinen zahlreichen Neubewertungen stets ein diesen Voraussetzungen genügendes Konzept vor Augen hatte und es beachtete, mag angesichts mancher zweifelhaften Entscheidungen fraglich sein.[8] Wie die Arbeit von *Meinecke* aber zeigt (Gesetzgebungssystematik S. 115ff), lassen sich die gesetzgeberischen Gründe für (S. 25ff) und gegen (S. 65ff) die Anordnung der Versuchsstrafbarkeit durchaus zu einer den bezeichneten Voraussetzungen genügenden Konzeption vereinen, die sich die Gesetzgebung auch künftig und unabhängig davon zu eigen machen sollte, ob sie

5 Selbst der dem Willensstrafrecht verhaftete E 1936 bestand daher nicht auf der Strafbarkeit aller Vergehensversuche, vgl. vor § 22 Rdn. 45.

6 *Meinecke* Gesetzgebungssystematik, S. 161 ff mit Hinweis auf die entsprechenden Überlegungen zu § B 4 AE-BT Sexualdelikte (Begr. S. 23).

7 Wie sie sich z. B. in der Versuchsstrafbarkeit des § 303 und der fehlenden Versuchsstrafbarkeit in § 223 zeigten, s. dazu RegE zum 6. StrRG BTDrucks. 13/8587 S. 36; *Disse* Privilegierung, S. 372; *Meinecke* Gesetzgebungssystematik, S. 44 ff.

8 Vgl. zu Fehlentscheidungen *Meinecke* Gesetzgebungssystematik, S. 108 ff; zur grundsätzlich aber positiven Bewertung der Frage nach einem gesetzgeberischen Konzept, S. 135 f, 171 f.

sich für eine Beibehaltung des § 23 Abs. 1 oder dazu entscheidet, die Ahndung des Versuchs generell daran zu knüpfen, dass der Gesetzgeber „dies ausdrücklich bestimmt".[9]

## II. Versuchsbestrafung, § 23 Abs. 2

### 1. Begründung und Geltung der Regelung

§ 23 Abs. 2 sieht für den Versuch eine – gegebenenfalls nach den Maßgaben des § 49 Abs. 1 vorzunehmende – **fakultative Strafmilderung** vor. Die Regelung steht damit zwischen den beiden denkbaren Extremen: einer Gleichbehandlung von Vollendung und Versuch, wie sie sich im französischen code pénal von 1810 fand und einer obligatorischen Strafmilderung, wie sie das Reichsstrafgesetzbuch von 1871, die Entwürfe von 1909, 1913, 1919 und 1927/30 und auch der AE AT in § 25 Abs. 2 vorsahen (s. zur Entstehungsgeschichte vor § 22 Rdn. 46 ff). 7

Die Option unterschiedlicher Bestrafung von Versuch und Vollendung ist mit der **subjektiven Versuchstheorie**, wie sie dem geltenden Recht zugrunde liegt (vor § 22 Rdn. 61 ff), vereinbar. Freilich scheint eine subjektive Theorie auf den ersten Blick eine unterschiedslose Bestrafung von Vollendung und Versuch nahezulegen, wenn man auf dem Standpunkt steht, dass sich die gegen das Recht gerichtete Entscheidung des Täters in beiden Stufen der Deliktsverwirklichung nicht unterscheidet (s. *Bockelmann* Niederschriften **2** 173). Aber diese Annahme trifft schon hinsichtlich des Verhaltensunwerts für den unbeendeten Versuch (zum Begriff im vorliegenden Kontext § 22 Rdn. 113) nicht zu. Insofern bleiben objektiver wie auch subjektiver Verhaltensunwert hinter dem bei der Vollendung vorausgesetzten Verhaltensunwert zurück, da die Tat zum einen objektiv noch nicht bis zur Ausführungshandlung gediehen ist und zum anderen subjektiv noch nicht der tatmächtige Ausführungsvorsatz, sondern lediglich die Absicht, zu diesem überzugehen, vorliegt (§ 22 Rdn. 30 ff). Zudem kann auch vom Boden einer subjektiven Versuchslehre dem ausbleibenden Vollendungs- bzw. Erfolgsunwert und den dafür maßgeblichen, z. B. in der Untauglichkeit der Handlung liegenden Gründen gegebenenfalls strafmildernd Rechnung getragen werden.[10] Nur wenn man die Strafmilderung allein, weil es am Erfolgsunwert fehlt, zur gesetzlichen Pflicht erhöbe, geriete man in Gefahr, nicht nur Delikte, deren Vollendung einen Erfolg nicht voraussetzt, zu vernachlässigen (s. hierzu *Frisch* FS Spendel 395 ff), sondern auch, sich mit einer subjektiven Begründung der Versuchsstrafbarkeit in Widerspruch zu setzen (*Corves* Prot. SA V S. 1653). Die vom Gesetzgeber gewählte fakultative Strafmilderung ist daher mit ihren straftheoretischen Vorgaben vereinbar.[11] 8

Auch liefert die subjektive Versuchstheorie aus sich heraus die genannten Gründe, die Möglichkeit einer Strafmilderung zu eröffnen (*Jäger* SK Rdn. 2). Die **Eindruckstheorie** ist deshalb auch hier weder vonnöten, noch besser geeignet, den Anlass für eine fakultative Strafmilderung anzugeben (s. schon vor § 22 Rdn. 85). Zwar mag es das Rechtssicherheitsgefühl mehr oder weniger beunruhigende Versuche geben. Aber als psychischer Befund bleibt der rechtserschütternde Eindruck empirisch ungesichert und als normatives Kriterium bleibt er vage. Vor allem aber 9

9 Vgl. dazu die Vorschläge in der europäischen Diskussion in Rdn. 154 ff vor § 22; ferner § 21 Abs. 1 DDR-StGB (dazu vor § 22 Rdn. 148 f) und § 13 Abs. 2 OWiG.

10 Vgl. auch *Frisch* FS Spendel 399. Für eine Gleichbehandlung von Vollendung und Versuch dagegen *Roeder* Erscheinungsformen S. 14, 17.

11 Der Bericht SA BTDrucks. V/4095 S. 11 sieht die Lösung als „logische Konsequenz ... der subjektiven Versuchstheorie"; ebenso E 1962 Begr. S. 143. Als widersprüchlich wird deshalb die Entscheidung des ebenfalls auf dem Boden der subjektiven Versuchslehre stehenden AE AT von *Corves* Prot. SA V S. 1653 bezeichnet. S. für die Schweiz *Stratenwerth* FG Schweiz. Juristentag 255 mit dem einschränkenden Hinweis, dass die fakultative Strafmilderung keine notwenig aus der subjektiven Lehre folgende Konsequenz ist (S. 257). Für obligatorische Strafmilderung beim unbeendeten Versuch *Kaufmann* ZStW **80** (1968) 51 f; *Zielinski* Unrechtsbegriff, S. 213 ff; zur Konsequenz einer objektiven Versuchslehre – obligatorisch für Strafmilderung – vgl. *Bockelmann* Untersuchungen, S. 154 sowie *Mezger* und *von Stackelberg* Niederschriften **2** S. 184, 193.

setzt die Eindruckstheorie unmittebar an den Befindlichkeiten der anderen Gesellschaftsmitglieder an, deren Bedürfnis nach einer Bestrafung des Täters nicht bereits die Strafe (und deren Abstufungen) legitimieren kann. Hier wie auch sonst kann der rechtserschütternde Eindruck das Unrecht nur reflektieren, aber nicht begründen.[12]

10 Da die Ablösung der obligatorischen durch die fakultative Strafmilderung in der Zeit des **Nationalsozialismus** unter Hinweis auf die Erfordernisse des „Willensstrafrechts" geschehen ist (s. vor § 22 Rdn. 47), wurde die **Weitergeltung** der sie bewirkenden Vorschrift nach 1945 in Zweifel gezogen, von der Rechtsprechung (BGHSt **1** 115, 117; OGHSt. **3** 76, 78) aber zu Recht bejaht. Denn wenn auch die Umwandlung der zwingenden in eine nur mögliche Strafmilderung durch nationalsozialistisches Gedankengut befördert wurde, so geschah sie doch auch in Anlehnung an entsprechende Regelungen in Österreich und der Schweiz (*Nagler* GS **115** [1941] 27 ff),[13] konnte sich auf den Entwurf *Radbruchs* aus dem Jahre 1922 beziehen und sich zudem auf den jenseits ihrer „Verballhornung" (*Bockelmann* Untersuchungen S. 157) ja rechtsstaatlich zweifelsfreien Kern der subjektiven Versuchslehre stützen.

11 Dass eine Strafmaßregelung, die „wie die Versuchsmilderung nach § 23 Abs. 2, 3, den unbestimmten Beurteilungsspielraum des Gerichts" eröffnet, allein deshalb wegen Verstoßes gegen das **Bestimmtheitsgebot** verfassungswidrig sei, wird zwar behauptet (*Köhler* AT S. 90),[14] trifft aber angesichts der Willkür ausschließenden Einbindung der an das pflichtgemäße Ermessen gebundenen Entscheidung in die gesetzlichen Strafzumessungsvorschriften und die Überprüfungsmöglichkeiten im Rechtsmittelverfahren auch dann nicht zu (s. BVerfGE **50** 5, 14 f zu § 21), wenn sich die Strafzumessung auch insoweit einer exakten Richtigkeitskontrolle entzieht (BGH NStZ **2004** 620; NStZ-RR **2018** 102, 103; *Fischer* Rdn. 5). Allerdings gilt das nur, wenn es gelingt, den für die zu treffenden Entscheidungen mit § 23 Abs. 2 gesetzten Rahmen in einer der ratio der Norm gerecht werdenden Konkretisierung mit hinreichend genauen Kriterien und der Angabe ihres Stellenwerts auszufüllen (*Frisch* FS Spendel 387 ff; *Zaczyk* NK Rdn. 3).

## 2. Regelungsgehalt

12 **a) Grundaussagen.** Nach § 23 Abs. 2 kann der Versuch milder bestraft werden als die vollendete Tat. Hierzu macht die Bezugnahme auf § 49 Abs. 1 deutlich, dass mit Strafmilderung weder die Unterschreitung der unteren Grenze des Regelstrafrahmens,[15] noch eine Strafmilderung innerhalb des Regelstrafrahmens, sondern dass allein der mögliche **Übergang** auf den **milderen Strafrahmen** nach § 49 Abs. 1 gemeint ist (*Sch/Schröder/Eser/Bosch* Rdn. 4).

13 § 23 Abs. 2 erlaubt es (entgegen *Zipf* Strafmaßrevision S. 28 f, 33 ff) danach nicht, innerhalb der Obergrenze des Normalstrafrahmens und der Untergrenze des nach § 49 Abs. 1 gemilderten Rahmens sogleich die angemessene Strafe nach allgemeinen Strafzumessungsgrundsätzen zu ermitteln (*Frisch* FS Spendel 382 ff). Vielmehr gebietet die Vorschrift in Versuchsfällen eine **zweiaktige** Strafzumessungsentscheidung.[16] Zunächst stellt sich die Frage, ob von dem Regelstrafrahmen auf den milderen Strafrahmen überzugehen ist (**Strafrahmenwahl**: s. dazu Rdn. 24 ff). Alsdann erfolgt unter Beachtung der in § 46 festgelegten Grundsätze der Strafzumessung die konkrete **Straffestsetzung** (s. dazu Rdn. 45 ff) innerhalb des gewählten Strafrahmens. Da der Versuch auch einen Faktor

---

12 Ein Vorhalt, der dann auch die Vereinigungslehre trifft (s. dazu schon vor § 22 Rdn. 89 ff); dass die subjektive Theorie die fakultative Strafmilderung nicht begründen könne, behaupten z. B. *Dicke* JuS **1968** 158; *Niepoth* Versuch, S. 56; *Papageorgiou-Gonatas* S. 214; für die Eindruckstheorie daher auch hier z. B. *Jescheck/Weigend* § 49 V 2; *Vogler* LK[10] § 23 Entstehungsgeschichte; für die Vereinigungslehre vgl. *Heckler* Ermittlung, S. 70 f; *Roxin* FS Nishihara 157 ff.

13 Zur Entstehungsgeschichte der Schweizer Regelung vgl. *Stratenwerth* FG Schweiz. Juristentag 248 ff.

14 Auch *Zaczyk* NK Rdn. 3 („ernstliche Bedenken").

15 BGHSt **1** 115, 117; BGH JR **1956** 225; gegen die abweichende Auffassung von *Börker* JZ **1956** 477 mit zutreffenden Gründen *Dreher* JZ **1956** 682.

16 *Ambos* HK-GS Rdn. 3; *Hoffmann-Holland* MK Rdn. 18; *Jäger* SK Rdn. 2.

innerhalb der Strafzumessung darstellen kann, eröffnen sich **vier Entscheidungsmöglichkeiten** (*Bruns/Güntge* Strafzumessung S. 12/46): 1. die Beibehaltung des Vollendungsstrafrahmens a) ohne oder b) mit Strafmilderung und 2. die Wahl des Versuchsstrafrahmens wiederum a) ohne (weitere) oder b) mit (zusätzlicher) Strafmilderung. Theoretisch kann danach für den Versuch ebenso die für die Vollendung angedrohte Höchststrafe wie die nach § 49 Abs. 1 zu ermittelnde Mindeststrafe verhängt werden. Gerade hinsichtlich der Anwendung dieser „extreme(n) Möglichkeiten" sind rechtliche Anforderungen zu formulieren (*Bruns/Güntge* Strafzumessung S. 12/46).

Eine **Besonderheit** gilt für Strafvorschriften, die **zwei Regelstrafrahmen** enthalten, wie beispielsweise lebenslange Freiheitsstrafe wahlweise neben einer zeitigen (so z. B. in §§ 178, 251, 306c, 307 Abs. 3 Nr. 1). Hier muss der Tatrichter – **bevor** er diese Strafen gegebenenfalls wegen Versuchs nach §§ 23 Abs. 2, 49 Abs. 1 mildert – zunächst unter Berücksichtigung aller Umstände des Tatgeschehens und der Persönlichkeit des Täters entscheiden, welcher Regelstrafrahmen angemessen ist, ob also – käme eine Strafmilderung nicht in Betracht – lebenslange oder zeitige Freiheitsstrafe verhängt werden müsste. Erst danach ist in einem dann zweiten bzw. dritten Schritt über Strafrahmenwahl und konkrete Straffestsetzung zu entscheiden (BGH StV **1998** 546).[17] Nicht zulässig ist es daher, dem einen Strafrahmen die Mindeststrafe und dem anderen die Höchststrafe zu entnehmen (BGH bei Holtz MDR **1979** 279). 14

**b) Geltungsumfang.** Wie die Bezugnahme auf § 49 bestätigt, **gilt** die Milderung nach Abs. 2 nur für die **Hauptstrafe, nicht** dagegen für **Nebenstrafen, Nebenfolgen** und **Maßnahmen der Besserung und Sicherung**. Trotz Milderung der Hauptstrafe können sie daher wie bei vollendeter Tat verhängt werden, es sei denn, dass durch die Milderung der Hauptstrafe die für die Nebenstrafe oder die Nebenfolge erforderliche Strafhöhe (z. B. in § 45 Abs. 1) nicht erreicht wird (*Maurach/Gössel/Zipf* AT/2 § 40 Rdn. 255; *Zaczyk* NK Rdn. 14). Allerdings ist es nicht ausgeschlossen, bei der Bemessung einer Nebenstrafe wie z. B. dem Fahrverbot (§ 44) versuchsbedingte Milderungsgründe entsprechend zu berücksichtigen (*Sch/Schröder/Eser/Bosch* Rdn. 11). 15

Die Strafmilderung nach § 23 Abs. 2 setzt voraus, dass eine versuchte Straftat im Sinne des § 22 vorliegt. Deshalb ist sie bei den **Unternehmensdelikten ausgeschlossen** (s. schon vor § 22 Rdn. 134). Auch wenn das Unternehmen (phänomenologisch) nur bis zur Stufe des Versuchs gediehen ist, darf die Strafe nicht nach dieser Vorschrift gemildert werden, da es sich auch in diesem Fall um eine vollendete Tat handelt.[18] Ausgeschlossen ist es dagegen nicht, die Tatsache, dass es nur zum Versuch gekommen ist, im Rahmen der Strafzumessung nach § 46 strafmildernd zu berücksichtigen.[19] Keine Anwendung findet § 23 Abs. 2 auch dann, wenn der Gesetzgeber materielle (Vorbereitungs- oder) Versuchshandlungen – wie z. B. in § 264 (*Fischer* § 264 Rdn. 4) oder beim Herstellen einer Urkunde nach § 267 Abs. 1 – zu selbständigen Delikten im Besonderen Teil ausgestaltet hat. Erwägenswert ist eine entsprechende Anwendung des § 23 Abs. 2 auf nach deutschem Strafrecht abzuurteilende Fälle der Inlandsteilnahme an Auslandstaten, die nach dem Recht des Tatorts nicht mit Strafe bedroht sind.[20] 16

**c) Fakultative oder obligatorische Strafmilderung.** Das Gesetz stellt für die Bestrafung des Versuchs nach seinem Text zwei Strafrahmen zur Wahl: den für das vollendete Delikt vorgesehenen **Regelstrafrahmen** und den – gegebenenfalls nach der Vorentscheidung für einen von zwei alternativen Regelstrafrahmen (s. Rdn. 14) – nach § 49 Abs. 1 geänderten **Sonderstrafrahmen**. 17

---

17 Unter Berufung auf BGH bei Holtz MDR **1979** 279; ebenso bei einer durch § 21 veranlassten Entscheidung BGH NStZ **1994** 485.

18 *Jescheck/Weigend* § 49 VIII 2; *Sch/Schröder/Hecker* § 11 Rdn. 48; *Radtke* MK § 11 Rdn. 138.

19 *Sch/Schröder/Hecker* § 11 Rdn. 48; *Radtke* MK § 11 Rdn. 138; *Vogler* LK[10] Rdn. 26.

20 Vgl. zur versuchsähnlichen Struktur solcher Konstellationen *Miller/Rackow* ZStW **117** (2005) 379, 395 ff, zur analogen Anwendung des § 23 Abs. 2 S. 403 ff.

Deshalb muss sich der Richter zunächst darüber schlüssig werden, ob der gemilderte Strafrahmen angewendet werden soll oder nicht.[21] Ohne diese Vorentscheidung ist es unmöglich, den konkreten Fall in die relative Schwereskala der Strafdrohung einzuordnen und so die „richtige Strafe“ zu finden (*Bruns/Güntge* Strafzumessung 12/49).

**18** Allerdings wird in der **Literatur** mitunter auf der Grundlage grundsätzlicher Überlegungen zum Verständnis des Unrechts als Einheit von objektiven und subjektiven Elementen[22] eine gegenüber der Vollendung wesentliche Minderung des Unrechts der versuchten Tat angenommen, die eine **obligatorische Strafrahmenmilderung** erzwinge.[23] Diese Forderung ist bereits mit Blick darauf zu pauschal und zu weitreichend, dass die Vollendung bei unterschiedlichen Deliktstypen von sehr unterschiedlicher Bedeutung für den Unrechtsgehalt einer Tat sein kann.[24] Mit Blick auf das positive Recht wäre ein zwingender Übergang auf den milderen Sonderstrafrahmen bei jedem Versuch offensichtlich mit dem Gesetz nicht vereinbar (Rdn. 19).[25] Vor diesem Hintergrund wird dann vielfach angenommen, es sei jedenfalls **regelmäßig** eine Strafrahmenmilderung vorzunehmen,[26] womit die Frage des Maßstabs der vorzunehmenden Abwägung angesprochen ist (dazu Rdn. 32 ff). Gegenüber diesen pauschalen Forderungen haben sich andere Teile der Literatur mit dem Ziel, die gerichtliche Ermessensausübung zu strukturieren und rechtssichere Leitlinien zu entwickeln, um die Bildung von Fallgruppen bemüht, die nicht nur in der Abwägung eine Rolle spielen, sondern auch das Abwägungsergebnis präjudizieren. Man könnte also von einer **fallgruppenbezogen** obligatorischen Strafmilderung sprechen (vgl. dazu *Sch/Schröder/Eser/Bosch* Rdn. 6; *Jahr* Strafmilderung S. 108). In diesem Sinne haben *Zielinski* (Handlungsunwert S. 216 f) und *Armin Kaufmann* (FS Welzel 403) einen zwingenden Übergang zum Sonderstrafrahmen für den noch unbeendeten Versuch angenommen. Und *Frisch* (FS Spendel 381, 398 ff, 404 f, 405 ff; krit. hierzu *Sancinetti* S. 145 ff) hält den Übergang zum milderen Strafrahmen für obligatorisch, wenn es sich entweder um den Versuch eines Erfolgsdelikts[27] oder wenn es sich um den untauglichen oder den „Versuch vor der eigentlichen Tatbestandshandlung“ bei allen übrigen Delikten handelt. *Hoffmann-Holland* (MK Rdn. 32 ff) schließlich will eine Ausnahme von der grundsätzlich gebotenen Anwendung von § 23 Abs. 2 dann machen, wenn „der Täter durch seine Versuchshandlung einen Folgenunwert verschuldet, der dem hypothetischen der Vollendung vollständig oder annähernd gleichkommt“ (Rdn. 33). Als Beispiel nennt er einen Mordversuch mit einer tödlichen aberratio ictus (Rdn. 34). Eine breiter vertretene Auffassung behauptet andererseits zwar bei jedem Versuch einen Milderungszwang, sieht diesem aber genüge getan, wenn der Versuch **innerhalb des Regelstrafrahmens** milder bestraft wird. „Obligatorisch ist“ hiernach „im Vergleich zum vollendeten Delikt zwar die Strafmilderung als solche, nicht aber der Übergang auf den milderen Sonderstrafrahmen“.[28]

**19** Weder mit der Gesetzesgeschichte (Rdn. 7; vor § 22 Rdn. 46 ff) noch mit dem Gesetzestext vereinbar wäre eine auf die Strafrahmenwahl bezogene **Umdeutung** der Kann- in eine aus-

**21** BGHSt **1** 115, 117; **16** 351; **17** 266; BGH NStZ-RR **2016** 136; *Bruns* Leitfaden, S. 144; *Lackner/Kühl/Kühl* Rdn. 2; *Jäger* SK Rdn. 3; *Sch/Schröder/Eser/Bosch* Rdn. 5; *Fischer* Rdn. 3; *Zaczyk* NK Rdn. 5 (Zwei-Stufen-Modell).

**22** Entsprechend ließe sich mit Blick auf Unterschiede im Strafbedürfnis argumentieren, wenn man die Unrechtsrelevanz des Erfolgseintritts leugnen wollte; vgl. *Sch/Schröder/Eser/Bosch* Rdn. 6.

**23** *Köhler* AT S. 485. Vgl. auch *Zaczyk* NK Rdn. 4 („einzig konsequente Regelung“). Dagegen etwa *Ambos* HK-GS Rdn. 2.

**24** Eingehend *Frisch* FS Spendel 395 ff.

**25** *Bruns* Leitfaden S. 143 f; *Hillenkamp* LK[12] Rdn. 18.

**26** *Köhler* AT S. 485. Vgl. auch *Hoffmann-Holland* MK Rdn. 32; *Zaczyk* NK Rdn. 4, 8.

**27** Wobei die Zuordnung nur im Regelfall mit der technischen Einordnung als Erfolgsdelikt zusammenfällt; entscheidend sei das Erfordernis eines besonderen Erfolgsunwerts neben dem Handlungsunwert; *Frisch* FS Spendel 398.

**28** *Vogler* LK[10] Rdn. 9 unter Berufung auf *Stratenwerth*[3] Rdn. 684 (der Standpunkt ist beibehalten bei *Stratenwerth/Kuhlen* § 11 Rdn. 50); *ders.* FG Schweiz. Juristentag 262 f; ebenso *Ambos* HK-GS Rdn. 4; *Jakobs* 25/80; *Jescheck/Weigend* § 49 V 2; *Sch/Schröder/Eser/Bosch* Rdn. 6; *Fischer* Rdn. 3; OLG Köln StV **1997** 244; s. auch *Timpe* Strafmilderungen, S. 99 ff mit Beschränkung auf Erfolgsdelikte; zur Schweiz vgl. auch *Niggli/Maeder* BK[3] Art. 22 Rdn. 28.

nahmslose **Mussvorschrift**. Die obligatorische Strafrahmenmilderung ist vom Gesetzgeber bewusst durch die nur fakultative ersetzt und 1975 frei von Anlehnungen an das nationalsozialistische Willensstrafrecht nicht wieder eingeführt worden. Eine zwingende Vorgabe kann dem Gesetz **auch nicht** für **bestimmte Versuchstypen** entnommen werden (ebenso *Hoffmann-Holland* MK Rdn. 27 ff). Der Gesetzestext selbst gibt hierfür nichts her; im Gegenteil wäre vom Gesetzgeber zu erwarten, dass er es nicht bei einer bloßen Kann-Regelung belässt, soweit verallgemeinerungsfähige Aussagen für bestimmte Delikts- oder Fallgruppen möglich wären. Der Gesetzeswortlaut legt vielmehr sogar ein Regel-Ausnahme-Verhältnis zugunsten des Vollendungsstrafrahmens nahe (*Bruns/Güntge* Strafzumessung 12/60). Aber auch in der Sache fehlt diesen Vorschlägen eine tragfähige Grundlage. Das gilt zunächst für eine obligatorische Strafrahmenmilderung beim unbeendeten Versuch.[29] Zwar bleibt der **unbeendete Versuch** subjektiv wie objektiv hinter dem beendeten Versuch zurück. Aber es sind durchaus Konstellationen denkbar, in denen der Täter mit hoher krimineller Energie die Vornahme der Ausführungshandlung erstrebt und lediglich durch äußere Umstände im letzten Augenblick an deren Realisierung gehindert wird (während sich umgekehrt der beendete Versuch in der halbherzigen Vornahme einer suboptimalen Ausführungshandlung auf der schwachen subjektiven Basis eines dolus eventualis erschöpfen kann; vgl. BGH StV **1991** 105). Selbst wenn man generell beim unbeendeten Versuch ein geringeres Unrecht annimmt, ist damit noch nicht ausgemacht, dass das Unrechtsgefälle so stark ist, dass es nach einer Strafrahmenverschiebung verlangt. Auch ist der beendete Versuch außerhalb der Gruppe der Erfolgsdelikte eher die Ausnahme, so dass hier die Strafrahmenmilderung zum Regelfall würde, was gerade bei Delikten, bei denen ein spezifisches Vollendungsunrecht den deliktischen Unrechtsgehalt nicht maßgeblich prägt, nicht sachgerecht wäre.[30] Für den **untauglichen Versuch** ergibt sich die nur fakultative Strafmilderung dagegen unmittelbar aus der gesetzgeberischen Entscheidung für eine subjektive Theorie des Versuchs. Sie behandelt den untauglichen Versuch gerade nicht als dessen „defizitäre Art" (so aber die Vereinigungslehre, s. dazu vor § 22 Rdn. 89 f), sondern geht von der grundsätzlichen Gleichheit des Unrechts beider Versuchsarten aus (*Bloy* ZStW **113** [2001] 78).

Schließlich lässt sich auch für die (von *Frisch* FS Spendel 398, 400 in einem engeren Sinne verstandenen) **Erfolgsdelikte** der gesetzlichen Regelung **keine zwingende** Strafmilderung entnehmen. Zwar lenkt dieser Ansatz zurecht den Blick darauf, dass die fehlende Vollendung bei unterschiedlichen Deliktstypen zu einem sich unterscheidenden und bei Erfolgsdelikten möglicherweise auch beachtlicheren Rechtfertigungsdefizit für die Anwendung des Vollendungsstrafrahmens führen kann. Es ist aber zu bestreiten, dass sich hieraus eine ausnahmslose Strafrahmenmilderung entwickeln ließe. Freilich hat der Gesetzgeber an vielen Stellen zu erkennen gegeben, dass er dem Erfolg erhebliche Bedeutung für die Strafbarkeit zubilligt, wenn etwa sein Eintritt (wie insbesondere beim Fahrlässigkeitsdelikt) über diese entscheidet oder (etwa bei § 315c im Verhältnis zu § 316 sowie bei den erfolgsqualifizierten Delikten) der Erfolgseintritt jedenfalls die Strafhöhe maßgeblich beeinflusst. Die dahinterstehenden Überlegungen sind freilich komplex, teilweise (insbesondere, soweit sie die Fahrlässigkeitsdelikte betreffen) nicht ohne weiteres auf den Versuch übertragbar und außerdem infolge der Abstraktheit der gesetzlichen Regelung so pauschal, dass sie nicht die Notwendigkeit einer Strafmilderung beim Versuch zu präjudizieren vermögen.[31] Dementsprechend war es einerseits die erklärte Absicht des Gesetzgebers, mit § 23 Abs. 2 als „logische Konsequenz" der subjektiven Versuchstheorie „für die Strafbemessung keinen Unterschied" daraus herzuleiten, „ob der Erfolg eingetreten oder aus 20

---

29 In der Terminologie von *Frisch* FS Spendel 403, 405 ff, der den Begriff des unbeendeten Versuchs für eine Verwendung im Rahmen von § 24 reserviert, Fälle, „bei denen es noch nicht einmal zur Vornahme der eigentlichen Tatbestandshandlung gekommen ist".

30 **Kritisch** daher auch *Frisch* FS Spendel 407; *Timpe* Strafmilderungen, S. 105.

31 So dürfte sich z. B. der Strafrahmensprung bei § 315c im Verhältnis zu § 316 nicht nur aus dem zusätzlichen Erfolgsunwert, sondern auch aus dem diesem korrespondierenden zusätzlichen Unwert des konkret gefährlichen Verhaltens erklären.

Gründen, die außerhalb des Willensbereichs des Täters liegen, ausgeblieben ist".[32] Die nur fakultative Strafmilderung sollte also auch und gerade für Erfolgsdelikte gelten. Und andererseits trifft auch nicht zu, dass sich das fehlende Erfolgsunrecht bei Erfolgsdelikten gegenüber dem fehlenden Vollendungsunrecht bei abstrakten Gefährdungs-, Tätigkeits- oder gar kupierten Erfolgsdelikten (*Frisch* FS Spendel 403) stets so unterschiede, dass (nur) dem ersteren schon für sich genommen ein die Strafrahmenmilderung erzwingendes Gewicht zukäme. Fängt ein Gebäude kein Feuer (§ 306a Abs. 1 Nr. 1), wird ein Meineid nicht geleistet (§ 154) oder gelingt die Wegnahme nicht (§ 242),[33] ist nicht zu sehen, warum hier das Rechtfertigungsdefizit für die Anwendung des Vollendungsstrafrahmens *prinzipiell* geringer sein soll, als dort, wo ein auf zahlreiche Menschen gerichtetes Sprengstoffattentat misslingt (§ 211; s. Bericht SA BT/Drucks. V/4095 S. 11), ein Eigentümer geistesgegenwärtig seine Sache vor Schaden bewahrt (§ 303) oder der Versicherungsnehmer bei dem Versuch scheitert, sein hoch versichertes Haus anzuzünden (§ 265) oder die Versicherung vom Versicherungsfall zu überzeugen (§ 263). Dass der Gesetzgeber für Strafbegründungen oder -schärfungen vielfach einen Erfolg voraussetzt, heißt nicht, dass er dem Vollendungsunrecht in anderen Deliktskategorien geringeres Gewicht beimisst. Die Versuchsregelung stellt daher zu Recht nicht darauf ab, warum es an einer Vollendung fehlt. Vielmehr ist vom Gesetzgeber bei der Anordnung der Versuchsstrafbarkeit in allen Deliktsarten bedacht, dass der Regelstrafrahmen nach § 23 Abs. 2 auch trotz Ausbleibens der Vollendung angemessen sein kann. Für eine obligatorische Strafrahmenmilderung ist daher weder im Ganzen noch für einzelne Deliktsgruppen oder Versuchsarten Raum (*Baumann/Weber/Mitsch/Eisele* § 22 Rdn. 81).

**21** Auch die Aussage, obligatorisch sei – wenn nicht der Übergang auf den milderen Sonderstrafrahmen, so doch jedenfalls – die **strafmildernde Berücksichtigung** des Versuchs im Vergleich zum vollendeten Delikt (s. Rdn. 18), verdient keine Zustimmung (BGH StraFo **2016** 422; *Sancinetti* S. 191). Sie ist zunächst in Fällen **absoluter Strafdrohung** nicht einzulösen (BGHR StGB § 23 Abs. 2 Nr. 6; LG Frankfurt NJW **1980** 1402).[34] Hier müsste daher zuvor der Sonderstrafrahmen für anwendbar erklärt werden. Diese Möglichkeit ist bei der Androhung ausschließlich lebenslanger Freiheitsstrafe zwar mit Blick auf diese Besonderheit der absoluten Strafdrohung besonders sorgfältig zu erwägen, auch dann aber nicht obligatorisch zu ergreifen; auch bei nur versuchter Tat ist die Verhängung lebenslanger Freiheitsstrafe möglich und begegnet keinen durchgreifenden verfassungsrechtlichen Bedenken (BGHR StGB § 23 Abs. 2 Nr. 8, 12; BVerfGE **50** 5, 9, 11).

**22** Es trifft zudem **nicht** zu, dass **allein** wegen des **„fehlenden Erfolgsunwertes** ... der Unrechtsgehalt des Versuchs gegenüber der unter gleichen Umständen als vollendet gedachten Tat umso viel geringer" wiegen **muss**, „dass es eine Verletzung der maßgeblichen Leitgesichtspunkte des § 46 Abs. 2 StGB (hier: verschuldete Auswirkungen der Tat) darstellt, zwischen Vollendung und bloßem Versuch selbst bei der Strafzumessung im engeren Sinne nicht zu differenzieren" (so aber OLG Köln StV **1997** 244).[35] Hiermit wird nicht nur unter dem verengenden Blick auf Erfolgsdelikte eine daraus nicht herleitbare allgemeine Regel für alle Versuchsfälle aufgestellt.[36]

---

**32** Bericht SA BTDrucks. V/4095 S. 11 mit dem Beispiel eines geplanten Sprengstoffattentats, „durch das mit Sicherheit zahlreiche Menschen getötet worden wären", das aber „durch Zufall so rechtzeitig entdeckt wird, dass der Erfolgseintritt noch verhindert werden kann".

**33** Zur Einordnung dieser Tatbestände unter die Nichterfolgsdelikte vgl. *Frisch* FS Spendel 397 f.

**34** Das sehen auch Vertreter der Forderung nach obligatorischer Strafmilderung, z. B. *Sch/Schröder/Eser/Bosch* Rdn. 9; *Jakobs* 25/80 mit Fn. 126; *Zaczyk* NK Rdn. 4, 12.

**35** *Bruns/Güntge* Strafzumessung 12/45 sehen in der von § 23 Abs. 2 implizierten Möglichkeit, dass der fehlende Erfolgsunwert durch den Handlungsunwert in vollem Umfang kompensiert werden kann, den „neuralgischen Punkt" der Vorschrift. Letztlich sei an den Gesetzgeber zu appellieren, „durch eine Änderung des § 23 Abs. 2 StGB dem Umstand Rechnung zu tragen, dass der Versuch nicht das gleiche Quantum an Unrecht aufweist wie die vollendete Tat" (12/61).

**36** Berechtigte Kritik an der einseitigen Ausrichtung der Argumentation an den Erfolgsdelikten bei *Frisch* FS Spendel 399, 401.

Vielmehr ist auch verkannt, dass trotz fehlenden Tatbestandserfolgs einerseits z. B. in Fällen der aberratio ictus (BGHR StGB § 23 Abs. 2 Nr. 7; *Hoffmann-Holland* MK Rdn. 34; vgl. noch Rdn. 42) oder des qualifizierten Versuchs (BGHR StGB § 23 Abs. 2 Nr. 8; BGHSt **41** 10, 14; *Baier* GA **2005** 89 f) schwerwiegende Schadensfolgen eingetreten sein können, die nicht nur und erst bei der fahrlässig oder vorsätzlich vollendeten Tat, sondern – als Folgen der Versuchstat – auch und schon bei der Entscheidung nach § 23 Abs. 2 zu berücksichtigen und hier unter Umständen zur Begründung eines jede Milderung ausschließenden Erschwerungsgrundes heranzuziehen sind.[37] Auch kann z. B. ein nur versuchsbedingtes, weil aus Wut über den Misserfolg veranlasstes schwerwiegendes Nachtatverhalten das ausgebliebene Unrecht der Vollendung kompensieren (*Jakobs* 25/80). Andererseits sind Versuchsfälle denkbar, deren Unrechtsdifferenz zum hypothetischen Vollendungsfall „praktisch nicht ausweisbar" ist. *Jakobs* (25/80) nennt hierfür den „massiven Angriffsversuch auf ein unbedeutendes Objekt" als Beispiel. Ähnlich liegt es aber auch bei Tötungsdelikten, wenn die Täter von ihrem bereits lebensgefährlich verletzten Opfer nur deshalb ablassen, weil sie es für tot halten (LG Frankfurt NJW **1980** 1402) oder mit Verdeckungsabsicht auf es in der irrigen Meinung einstechen, es sei trotz der zuvor zugefügten Gewalt noch am Leben (BGHR StGB § 23 Abs. 2 Nr. 11).

Angesichts solcher Versuchskonstellationen ist es schließlich auch **kein Verstoß** gegen die Gesetze der **Logik,**[38] wenn die nur fakultative und daher eben auch verweigerbare Strafmilderung damit erklärt wird, dass das Ausbleiben der Vollendung durch andere, im Wege einer „Gesamtbewertung aller Tatumstände und der Täterpersönlichkeit" zu ermittelnde strafschärfende Momente wieder ausgeglichen werden kann (BGHSt **16** 351).[39] Denn wie die Beispiele zeigen, können einerseits – wie bei der aberratio ictus oder beim qualifizierten Versuch – Folgen eintreten[40] oder wegen des Fehlschlags Verhaltensweisen ausgelöst werden, die bei einer gedachten Vollendung unter sonst gleichen Umständen ausgeblieben wären. Und andererseits kann der Handlungsunwert eines massiven Angriffsverhaltens das Ausbleiben des ohnehin wenig bedeutenden, vermeintlich schon eingetretenen oder für den Täter unerkannt nicht mehr bewirkbaren Vollendungsunwerts so marginalisieren, dass zu einer Strafmilderung kein Anlass besteht. Für die dem Gesetz zugrundeliegende **subjektive Versuchstheorie** (vor § 22 Rdn. 61) verstehen sich diese Annahmen von selbst. Sie sind zugleich mit den in Fällen der Strafmilderung anwendbaren Regeln des § 46 vereinbar. Und sie erklären ein dem der vollendeten Tat in nichts nachstehendes Strafbedürfnis, auch wo es an dem dieses sonst (mit-)begründenden spezifischen Erfolgsunwert des mit dem Versuch anvisierten Tatbestands fehlt. Freilich ist nicht zu verkennen – und findet in den Beispielen eine Bestätigung –, dass jedenfalls **in aller Regel** der **fehlende Erfolgsunwert eine Strafmilderung nahelegt.** 23

## 3. Strafrahmenwahl

**a) Streitstand.** Da es keinen Zwang gibt, den milderen Strafrahmen zu wählen (Rdn. 19 ff), stellt sich die Frage, aufgrund welcher Umstände die im pflichtgemäßen Ermessen des Richters stehende Entscheidung zwischen Regel- und Sonderstrafrahmen zu fällen ist. Hierüber besteht **Streit.** 24

37 Ebenso *Hoffmann-Holland* MK Rdn. 34 ff.

38 Eine Behauptung, die sich besonders deutlich z. B. bei *Frisch* FS Spendel 402, *Jakobs* 25/80; *Timpe* Strafmilderung, S. 99 und *Stratenwerth* FG Schweiz. Juristentag 262 f findet; s. auch *Stratenwerth/Kuhlen* § 11 Rdn. 49.

39 Eine andere Frage ist es, welche Art von „Momenten" hier berechtigter Weise berücksichtigt werden darf; das ist bei der Strafrahmenwahl anders (Rdn. 30 ff), als bei der Straffestsetzung (Rdn. 45).

40 Nämlich die Verletzung eines Dritten oder z. B. das Verfallen des Versuchsopfers in Siechtum, Lähmung usw. im Sinne des § 226; auch die Gefährlichkeit der Handlung verdient aus der Opferperspektive Berücksichtigung, s. *Baier* GA **2005** 89 f; krit. zur Berücksichtigung der fahrlässig herbeigeführten Folge bei der aberratio ictus schon beim Versuch *Sch/Schröder/Eser/Bosch* Rdn. 7.

25 Die **(ältere) Rechtsprechung** geht seit BGHSt **16** 351 im Grundsatz davon aus, dass der Tatrichter aufgrund einer **Gesamtbetrachtung** aller Tatumstände und der Täterpersönlichkeit darüber entscheiden dürfe, ob die Strafe gemildert werden soll oder nicht.[41] Da das Gesetz keine Einschränkung des richterlichen Ermessens vorsehe, komme eine Reduzierung der zu bedenkenden Gründe namentlich auf solche, die nur in der versuchten Tat selbst hervorgetreten und „für die Schwere des versuchten Rechtsbruchs gegenüber dem Unwertcharakter der geplanten vollendeten Tat kennzeichnend sind" (S. 353), nicht in Betracht. Das gilt nach BGHSt **17** 266, 267 nicht nur, weil eine solche Aufteilung versuchs- und nicht versuchsbezogener Gründe vom Gesetz nicht geboten und nicht sachgerecht, sondern auch, weil sie nach brauchbaren Maßstäben nicht möglich sei. Zudem lasse sich die Frage, „ob eine versuchte Straftat nach Unrechts- und Schuldgehalt gerechter Weise milder bestraft werden kann als die vollendet gedachte Tat ... ohne Berücksichtigung der für den verbrecherischen Willen, den oder die Tatbeweggründe, die Tatausführung und den Grad der Gefährdung des angegriffenen Rechtsguts maßgebenden Gesamtumstände in aller Regel ... nicht zuverlässig beurteilen" (BGHSt **17** 266). Hiernach können z. B. die Kürze der Zeit zwischen der letzten Strafverbüßung und der Versuchstat (BGHSt **16** 352), Vorstrafen (BGHR StGB § 23 Abs. 2 Nr. 11, 12; s. dazu auch BGH JZ **1988** 367), „abnorme Persönlichkeitszüge" (BGHR StGB § 23 Abs. 2 Nr. 4), Persönlichkeitsmängel und Beziehungsgeflechte (BGHR StGB § 23 Abs. 2 Nr. 6), die Tatsache, dass die Tat erst wenige Wochen nach Vollendung des 21. Lebensjahres begangen wurde (BGH StV **1981** 514) oder „Geständnis, Unreife, bisherige Straflosigkeit und schwierige Lage zur Zeit der Tat" (BGH StV **1984** 246; OLG Rostock StV **2006** 528, 529) die Entscheidung beeinflussen. Die Berücksichtigung lediglich eines isolierten Aspekts genügt den Anforderungen an eine Gesamtbetrachtung nicht.[42] Diesem Konzept einer Gesamtbetrachtung stimmt in der Literatur eine nur noch kleine Zahl von Autoren zu.[43]

26 Die Gesamtbetrachtungslehre wird in dieser Ausprägung **mit Recht kritisiert** (zusammenfassend *Frisch* FS Spendel 386 ff). Dabei ist mit Blick auf die aus dem Bestimmtheitsgebot erwachsenden verfassungsrechtlichen Bedenken gegen die Regelung des § 23 Abs. 2 (Rdn. 11) schon der Vorhalt von Gewicht, dass die unter Berücksichtigung sämtlicher Strafzumessungsgesichtspunkte erfolgende Strafrahmenwahl den Anforderungen an die Rechtssicherheit und Rechtsgleichheit nicht hinreichend gerecht wird.[44] „Eine Bindung, die zur Disposition des zu Bindenden steht, ist ... blanker Unsinn" (*Frisch* FS Spendel 388). Für ihre Ablehnung spricht aber vor allem, dass die Gesamtbetrachtungslehre der ratio des § 23 Abs. 2 nicht gerecht wird (*Lackner/Kühl/Heger* § 49 Rdn. 4). Die Möglichkeit der Strafrahmenmilderung besteht allein deshalb, weil der Gesetzgeber der Tatsache des Versuchs als solchem und seinem denkbaren Zurückbleiben im Unrechts- und Schuldgehalt hinter der vollendeten Tat Rechnung tragen will (*Jäger* SK Rdn. 3; *Sch/Schröder/Eser/Bosch* Rdn. 7). Damit verträgt es sich aber nicht, der Entscheidung über den Strafrahmen Umstände zugrunde zu legen, die in keinerlei Beziehung zum Versuch stehen und bei einer gedachten Vollendung ebenso zu berücksichtigen wären. Vor diesem Hintergrund besteht auch nicht die Gefahr, dass die Berücksichtigung ausschließlich der versuchsbezogenen Gesichtspunkte zu einer Entscheidung über den Strafrahmen führt, die das Maß der Schuldangemessenheit verfehlt.[45] Es wäre auch nicht einzusehen, dass Umständen, denen im Vollendungsfall im Regelstrafrahmen Rechnung zu tragen ist, im Versuchsfall die

---

**41** In diesem Sinne BGH StV **1984** 246; zudem (aber schon mit dem Hinweis, dass den wesentlich versuchsbezogenen Umständen besonderes Gewicht zukomme) BGHSt **36** 1, 18; BGH StV **1986** 378, 379; NStZ **1993** 134; NStZ **2004** 620; NStZ-RR **2010** 305; **2018** 102, 103; BGH Beschl. v. 10.9.2013–2 StR 353/13 (NStZ-RR **2014** 9 [red. Leitsatz]).

**42** BGH NStZ-RR **2010** 305, 306 (wo die Strafrahmenverschiebung allein unter Hinweis auf belastendes Nachtatverhalten abgelehnt wurde).

**43** Z. B. *Bruns* Strafzumessungsrecht, S. 172; *ders.* Leitfaden S. 146 (zurückhaltender *Bruns/Güntge* Strafzumessung 12/54); *Goydke* FS Odersky 371, 378; *SSW/Kudlich/Schuhr* Rdn. 9; *Maurach/Gössel/Zipf* AT/2 § 40 Rdn. 252; *Stratenwerth* FG Schweiz. Juristentag 261; s. hierzu ferner BGHSt **26** 311; BGH bei Holtz MDR **1981** 979; BGH GA **1984** 375.

**44** **Krit.** daher auch *Bergmann/Frisch* JZ **1990** 994; *Horn* GedS Armin Kaufmann 573.

**45** So aber *SSW/Kudlich/Schuhr* Rdn. 9.

Kraft zu einer Strafrahmenverschiebung zukommen soll (*Frisch* FS Spendel 390). Deshalb lässt sich die Wahl des milderen Strafrahmens ebenso wenig mit einem Geständnis, bisheriger Straflosigkeit oder jugendlichem Alter des Versuchstäters begründen wie umgekehrt seine Ablehnung mit dem Hinweis auf Vorstrafen oder den kurzen Zwischenraum zwischen letzter Strafverbüßung und Versuch.

Folgerichtig wird von der **h. L.** verlangt, die Wahl zwischen den beiden Strafrahmen ausschließlich von **versuchsbezogenen Gründen** abhängig zu machen, also davon, ob die versuchte Tat in ihrem Unrechts- und Schuldgehalt soweit oder erheblich hinter der geplanten vollendeten Tat zurückbleibt, dass eine Strafrahmenverschiebung angezeigt ist.[46] Unter diesem Blickwinkel wird beispielsweise empfohlen, bei einem unbeendeten Versuch regelmäßig Anlass zur Milderung zu sehen, sie aber auch beim beendeten nicht schematisch auszuschließen. So könne die Milderung etwa auch bei einem beendeten Versuch dann geboten sein, wenn es sich um ein untaugliches Unternehmen gehandelt habe, das nahe an den Versuch des Abs. 3 heranreicht. Auch Randfälle zum Rücktritt werden genannt. Maßgebend soll sein, „wieweit der Versuch von der Vollendung entfernt war (BGH GA **1966** 146) und ob das Ausbleiben des Erfolges auf eine geringere kriminelle Intensität zurückgeht" (*Vogler* LK[10] Rdn. 10, 16).[47] Dem Einwand des BGH (BGHSt **16** 351, 353), diese Auffassung bewirke, dass der Richter bei zahlreichen Versuchshandlungen, denen es an kennzeichnenden Zügen für die Beurteilung ihrer Schwere fehle, keinen zuverlässigen Maßstab für die Ausübung seines Ermessens finde, wird mit der Überlegung begegnet, dass naturgemäß fehlende Züge weder be- noch entlastend berücksichtigt, aber eben auch nicht durch versuchsneutrale Umstände ersetzt werden könnten (*Vogler* LK[10] Rdn. 11). 27

Auch die **neuere Rechtsprechung** nähert sich dieser Einsicht, wenn sie zwar darauf beharrt, „aufgrund einer Gesamtschau der Tatumstände im weitesten Sinne und der Persönlichkeit des Täters zu entscheiden", dann aber dem Tatrichter auferlegt, **„besonderes Gewicht den wesentlichen versuchsbezogenen Umständen"** beizumessen, nämlich der Nähe der Tatvollendung, der Gefährlichkeit des Versuchs und der aufgewandten kriminellen Energie, „weil sie die wichtigsten Kriterien für die Einstufung von Handlungs- und Erfolgsunwert einer nur versuchten Tat liefern" (BGH JZ **1988** 367).[48] Beanstandet wird daher etwa, wenn die Milderung mit Blick auf Vorstrafen und eine beachtliche Menge Falschgeld versagt, nicht aber berücksichtigt worden ist, dass infolge der Mitwirkung eines verdeckt handelnden Ermittlers die Tatvollendung ausgeschlossen und daher der Versuch von vornherein ungefährlich war.[49] Umgekehrt wurde eine Strafrahmenverschiebung zugunsten des Täters aufgrund seiner Bedrohung durch einen Dritten und der Spontaneität seines Tatentschlusses moniert, weil diese Umstände „nicht bedeutungslos, aber nicht versuchsbezogen" seien, „gewichtige versuchsbezogene Umstände" wie die Rettung nur aufgrund einer Notoperation und schwere bleibende Folgen aber gegen die Milderung sprächen (BGH bei *Holtz* MDR **1995** 878). 28

---

**46** *Ambos* HK-GS Rdn. 3; *Baumann/Weber/Mitsch/Eisele* § 22 Rdn. 81; *Bergmann* Milderungen, S. 25 ff; *SSW/Eschelbach* § 49 Rdn. 8; *Freund* § 8 Rdn. 6; *Frisch* FS Spendel 390 ff; *Jakobs* 25/78; *Jescheck/Weigend* § 49 V 2; *Lackner/Kühl/Heger* § 49 Rdn. 4; *Jäger* SK Rdn. 3; *Sancinetti* Unrechtsbegründung, S. 138; *Sch/Schröder/Eser/Bosch* Rdn. 7; *Timpe* Strafmilderungen, S. 107 ff; *Vogler* LK[10] Rdn. 10; *Zaczyk* NK Rdn. 8; für Nichterfolgsdelikte auch *Frisch* FS Spendel 402 ff; vgl. auch schon OLG Hamm NJW **1958** 561; *Dreher* JZ **1956** 683; *ders.* JZ **1957** 156.

**47** Vgl. nur *Jakobs* 25/79; *Sch/Schröder/Eser/Bosch* Rdn. 7; ferner die Gruppierungen bei *Frisch* FS Spendel 402 ff; *Timpe* Strafmilderungen S. 109 ff; *Wolter* Zurechnung, S. 175 f, 304 ff, 309 ff.

**48** Ebenso BGH NStZ **2004** 620; NStZ-RR **2010** 305, 306; **2011** 111, 112; wistra **2011** 18 f; NStZ-RR **2017** 134, 135; **2018** 102, 103.

**49** BGH JZ **1988** 367 beruft sich auf BGH StV **1985** 411, BGH StV **1986** 378, 379 und BGHR StGB § 23 Abs. 2 Nr. 1; ebenso BGHSt **36** 1, 18; BGH MDR bei Holtz **1991** 703; BGH NStZ **1993** 134; BGH NStZ **1995** 285; BGH NStZ-RR **2003** 72 (unter Berufung auf BGHR StGB § 23 II Strafrahmenverschiebung Nr. 12, 13) OLG Rostock StV **2006** 528; noch enger zur entsprechenden Problematik bei §§ 13 Abs. 2, 49 BGH NStZ **1998** 245 („wertende Gesamtwürdigung der wesentlichen unterlassungsbezogenen Gesichtspunkte"); vgl. auch die Nachweise bei *Detter* NStZ **1989** 467; **1990** 176; **1993** 177, 474.

29 Mit diesen Vorgaben hat die Rechtsprechung ihren eigenen Einwand, es fehle für eine Aufteilung zwischen versuchsbezogenen und nicht-versuchsbezogenen Umständen an brauchbaren und überzeugenden Maßstäben (BGHSt **17** 267), der Sache nach selbst aufgegeben.[50] Trotz dieser **Näherungen der Rechtsprechung an die h. L.**[51] ist aber nicht zu übersehen, dass die Vorrangigkeit der versuchsbezogenen Kriterien die prinzipiellen Bedenken gegen die Gesamtbetrachtung nicht entkräftet, die **Prinzipienlosigkeit** vielmehr **noch verstärkt** und zur Klarheit der Strafrahmenentscheidung nichts beizutragen vermag. Solange die Rechtsprechung an der Gesamtbetrachtung aller tat- und täterbezogenen Umstände festhält, müssen die Instanzgerichte auch die nicht-versuchsbezogenen Aspekte berücksichtigen.[52] Auch wenn versuchsbezogenen Aspekte gestärkt wurden, bleibt die Möglichkeit, dass diese letztlich nicht den Ausschlag geben, wobei das Verhältnis der Kriterien zueinander kaum rational zu fassen ist.

30 **b) Stellungnahme.** Der h. L. ist im Grundsatz zuzustimmen. Die nach beiden Ansätzen erforderliche **Gesamtwürdigung** ist also auf die **versuchsbezogenen Umstände** zu **beschränken** (anstatt die versuchsbezogenen nur besonders zu gewichten). Hierzu muss es bei der Ausscheidung der in Rdn. 25 illustrierten allgemeinen Strafzumessungstatsachen und dem Ausgangspunkt der engeren Lehre bleiben, da sonst eindeutig mit dem Versuch nicht zusammenhängende Umstände mit zudem schwer kalkulierbarem Gewicht in die Entscheidungsbasis einflössen. Allein diese engere Auffassung ist mit der ratio des § 23 Abs. 2 vereinbar und vermeidet den Fehler der Gesamtbetrachtungslehre, das Ergebnis der Entscheidung von „Bedingungen außerhalb des gesetzlichen Zweckzusammenhangs abhängig" zu machen (*Lackner/Kühl/Heger* § 49 Rdn. 4). Auch wenn der „Gesamtschau" danach eine Absage zu erteilen ist, erscheint die Einbeziehung nicht-versuchsbezogener Aspekte dann angemessen, wenn die **Voraussetzungen mehrerer Vorschriften**, die eine **fakultative Strafmilderung nach § 49 Abs. 1 vorsehen** (neben § 23 Abs. 2 z. B. §§ 13, 17 S. 2, 21), **zusammentreffen**, aber im konkreten Fall die Strafrahmenverschiebung jeweils für sich nicht tragen können.[53] Hier würde eine isolierte Berücksichtigung der je bereichsbezogenen Milderungsaspekte u. U. zu einer dem Unrechts- und Schuldvorwurf nicht angemessenen Versagung der Strafrahmenverschiebung führen.

31 **Mit der Rechtsprechung** ist aber die sie möglicherweise unausgesprochen zur Beibehaltung ihrer immer noch vorangestellten Gesamtschauformel veranlassende **Besorgnis** zu teilen, dass mit der Versuchsbezogenheit Umstände ausscheiden könnten, die der Sache nach in die zu berücksichtigende Tatsachenbasis hineingehören. Andererseits besteht die Gefahr, Umständen im hier relevanten Zusammenhang ein erhebliches Gewicht einzuräumen, nur weil sie in dem Sinne versuchsbezogen sind, dass sie bestimmten Begrifflichkeiten der Versuchslehre entsprechen.[54] Es gilt daher, den **Begriff der Versuchsbezogenheit** der **ratio** des § 23 Abs. 2 entsprechend auszufüllen.[55] Zu berücksichtigen sind also Kriterien, die im Vollendungsstrafrahmen „eingepreist" sind, so dass ihr Vorliegen für die Anwendung des Regelstrafrahmens, ihr Fehlen aufgrund des Verbleibs im Versuchsstadium dagegen dafür spricht, den Sonderstrafrahmen zu-

---

**50** Eine Unterscheidung, die § 50 im Übrigen auch verlangt, vgl. *Lackner/Kühl/Heger* § 49 Rdn. 4; vgl. auch *Hettinger* Doppelverwertungsverbot, S. 237.

**51** *Fischer* Rdn. 4 spricht dem Streit daher – ohne ihn zu entscheiden – nur „geringes praktisches Gewicht" zu (ebenso *SSW/Kudlich/Schuhr* Rdn. 9); die Gesamtschauklausel macht aber bei Nichtberücksichtigung nicht versuchsbezogener Umstände jede tatrichterliche Entscheidung revisionsanfällig s. dazu den Text.

**52** Vgl. etwa BGH Beschl. v. 10.9.2013–2 StR 353/13 (NStZ-RR **2014** 9 [red. Leitsatz]); BGH NStZ-RR **2014** 136.

**53** *Jakobs* 25/78.

**54** Vgl. *Frisch* FS Spendel 403.

**55** Vgl. hierzu beispielhaft *Timpe* Strafmilderungen S. 107 ff, der sich freilich sehr eng an bestimmten Versuchskategorien und sehr einseitig an Erfolgsdelikten orientiert, s. dazu *Bruns* Strafzumessung, S. 173; im methodischen Ansatz wie hier *Frisch* FS Spendel 391 ff; Beispiele bei *Lackner/Kühl/Kühl* Rdn. 2.

grunde zu legen.[56] Dabei darf auch hier nicht vernachlässigt werden, dass die Gesamtregelung des Versuchs auf der subjektiven Versuchslehre beruht (vor § 22 Rdn. 61 ff).

Versuchsbezogen ist naturgemäß das **Ausbleiben der Vollendung**, bei Erfolgsdelikten des (dem Täter zurechenbaren) Erfolgs (s. § 22 Rdn. 10 ff). Von dieser für den Versuchsbegriff notwendigen Tatsache ist – auch für die Strafrahmenwahl – nach dem Grundsatz **in dubio pro reo** auch dann auszugehen, wenn unüberwindbare Zweifel daran bestehen, dass es zur (zurechenbaren) Vollendung gekommen ist (BGH GA **1965** 204). Es versteht sich nach den Grundlagen und Grundaussagen der Regelung des § 23 Abs. 2 aber von selbst, dass der Nichtvollendung weder allgemein noch bei den Erfolgsdelikten (s. Rdn. 18 ff) die Kraft zukommen kann, die Strafrahmenverschiebung schon für sich genommen zu bewirken.[57] Das würde der Vollendung ein der subjektiven Versuchslehre unangemessenes Gewicht zubilligen und die fakultative entgegen der gesetzlichen Regelung in eine obligatorische Strafrahmenmilderung zurückverwandeln.[58] Aus diesen Gründen sollte man der ausgebliebenen Vollendung auch **nicht** eine die Strafrahmenmilderung wenigstens **regelmäßig** auslösende Wirkung[59] zusprechen.[60] Wäre der Gesetzgeber von einem solchen Regel-Ausnahme-Verhältnis ausgegangen, so hätte er diesem in der Formulierung des Gesetzes leicht Ausdruck verleihen können und – mit Blick auf das Rechtsstaatsprinzip und den Gleichbehandlungsgrundsatz – auch müssen. Der Wortlaut („kann“) weist umgekehrt in Richtung einer nur ausnahmsweisen Strafrahmenverschiebung (Rdn. 19). Die diesen Aussagen zugrundeliegende Erkenntnis schließt es aber nicht aus, die je **deliktsspezifische Bedeutung der Vollendung** für das Unrecht der Tat (oder zumindest für die Strafbedürftigkeit) in die Bewertung in prominenter Weise mit einzubeziehen (*Frisch* FS Spendel 393 ff). So liegt es etwa nahe, dass der Erfolg bei den Tötungsdelikten den Vollendungsstrafrahmen stärker bestimmt als die Fertigstellung der Urkunde bei einem Urkundsdelikt, bei dem die Rechtsgutsbeeinträchtigung erst eintritt, wenn die tatbestandlich lediglich als überschießende Innentendenz vorausgesetzte Täuschung des Rechtsverkehrs bewirkt wird (*Frisch* FS Spendel 397 f). Freilich zeigt sich hieran, dass man den Begriff der Versuchsbezogenheit nicht zu eng fassen und damit ein eher dem Deliktstypus, als dem Versuch zuzurechnendes Kriterium aussondern darf. Vielmehr muss man sich um der Sachangemessenheit willen dazu verstehen, das deliktstypische Vollendungsdefizit des Versuchs als (auch) versuchsbezogen zu qualifizieren.[61] Insgesamt lässt sich damit festhalten, dass bereits das Ausbleiben des Erfolges als solches ein für eine Strafmilderung im Verhältnis zur Vollendung sprechender Gesichtspunkt ist, wobei dessen Gewicht auch davon abhängt, welche Bedeutung für das Unrecht und die Strafbedürftigkeit der Vollendung nach dem jeweiligen Deliktstyp zukommt. Ob damit das für eine Strafrahmenverschiebung erforderliche Gewicht erreicht ist, hängt neben dem Deliktstyp davon ab, aufgrund welcher Umstände die Vollendung ausgeblieben ist. 32

Während das Ausbleiben der Vollendung, das gerade den elementaren Unterschied von Versuch und Vollendung bezeichnet, keine Abstufungen kennt, kann das Verhältnis der Versuchshandlung zum (ausgebliebenen) Erfolg sowohl in objektiver als auch in subjektiver Hinsicht strafzumessungsrelevante Differenzen zum vollendeten Delikt aufweisen. Es geht hier also um die **objektiven und subjektiven Gründe, aus denen es nicht zur Deliktsvollendung gekommen** ist oder die das Ausbleiben des Erfolges zumindest begünstigt haben. Diese Aspekte sind ersichtlich versuchsbezogen und werden dementsprechend von Rechtsprechung und Literatur auch berücksichtigt, wobei erhebliche begriffliche Unklarheiten und Unterschiede bestehen und eine differenzierte Betrachtung zudem dadurch erschwert wird, dass objektive und 33

---

**56** Vgl. *Frisch* FS Spendel 409.
**57** Vgl. z. B. BGH NStZ-RR **2016** 136.
**58** *Jakobs* 25/29; *Sch/Schröder/Eser/Bosch* Rdn. 7.
**59** In diesem Sinne etwa *Köhler* AT S. 485; *Hoffmann-Holland* MK Rdn. 32; *Zaczyk* NK Rdn. 4, 8.
**60** *SSW/Kudlich/Schuhr* Rdn. 8.
**61** Ebenso *Frisch* FS Spendel 395 Fn. 49, der den Begriff „versuchsbezogen“ als nicht durchgehend sachangemessen kritisiert; s. dazu auch *Sancinetti* Unrechtsbegründung, S. 140.

subjektive Gesichtspunkte häufig eng miteinander verbunden sind und in der Argumentation auch nicht klar voneinander geschieden werden:

34 Ein objektiv relevanter Gesichtspunkt ist die **Gefährlichkeit** des Täterverhaltens.[62] Die Tatvollendung setzt (bei Erfolgsdelikten) die Schaffung einer rechtlich missbilligten Gefahr voraus, die sich im Erfolg realisiert hat. Bei der Vollendung stellt demnach die Größe der Gefahr (vorbehaltlich sonstiger Strafmilderungsvorschriften) lediglich einen Strafzumessungsfaktor im Rahmen des Regelstrafrahmens dar; der Täter trägt das Risiko, aus dem Vollendungsstrafrahmen bestraft zu werden, also auch bei Schaffung einer geringen (aber eben schon rechtlich missbilligten) Gefahr. Demnach kann die geringe Gefährlichkeit des Täterverhaltens auch bei Ausbleiben des Erfolges nicht schon per se nach einer Strafrahmenmilderung verlangen. Andererseits ist klar, dass eine geringe Gefährlichkeit des Täterverhaltens die Wahrscheinlichkeit des Ausbleibens des Erfolgs erhöht. Es lässt sich also ein Zusammenhang zwischen dem Grad der geschaffenen Gefahr und dem Ausbleiben des Erfolgs in dem Sinne herstellen, dass das Ausbleiben des Erfolges entweder nahe lag (geringe Gefahr) oder eher fern lag (hohe Gefahr). Der Umstand, dass das Täterverhalten also für den Verbleib im Versuchsstadium eine mehr oder weniger große Rolle gespielt hat, kann als versuchsbezogener Umstand für bzw. gegen eine Strafrahmenmilderung geltend gemacht werden. Ein Unterfall des Gefahrkriteriums, in dem es an einer Gefährlichkeit gänzlich fehlt, ist die Konstellation des untauglichen Versuchs (näher Rdn. 40). Die geringere Gefährlichkeit als Argument für die Strafrahmenmilderung hat der BGH etwa dort anerkannt, wo der Täter dem Opfer durch sein Vorgehen Abwehrchancen eröffnet hat.[63] Umgekehrt hat der BGH als Argument gegen eine Strafrahmenmilderung die besondere Gefährlichkeit eines aus kürzester Entfernung abgegebenen Schusses auf das ahnungslose Tatopfer akzeptiert.[64]

35 Die besondere Gefährlichkeit kann sich auch darin zeigen, dass das Ausbleiben der Vollendung lediglich dem **glücklichen Zufall** zu verdanken ist.[65] Allerdings hat der BGH den Hinweis auf die bloße Zufallsbedingtheit der Nichtvollendung bei solchen Tatbeständen und Begehungsweisen nicht als Argument gegen eine Strafrahmenmilderung akzeptiert, bei denen der Täter notwendig das **Risiko aus der Hand geben** muss.[66] Das hierfür angeführte Argument, dass andernfalls in solchen Konstellationen eine Strafrahmenmilderung praktisch nicht möglich wäre, dürfte allerdings nicht den entscheidenden Punkt treffen. Ausschlaggebend dürfte vielmehr die Einsicht sein, dass die mangelnde Beherrschbarkeit einer Gefahr nicht ohne weiteres die Größe der Gefährlichkeit indiziert. Das zeigt gerade der vom BGH entschiedene Fall des ungeschützten Geschlechtsverkehrs eines HIV-Infizierten.[67] Dem BGH ist hier im Ergebnis deshalb zuzustimmen, weil der Täter zwar den Erfolgseintritt dem Zufall überantwortet, sein Verhalten aber nur eine relativ geringe Wahrscheinlichkeit dafür begründet hat, dass der Erfolg tatsächlich eintritt. Das Aus-der-Hand-geben des Risikos spricht also jedenfalls nicht per se für die Anwendung des Regelstrafrahmens. Gegen eine Strafrahmenmilderung spricht es aber, wenn der Erfolg ausbleibt, obwohl der **Handlung eine erhebliche Gefährlichkeit anhaftet** oder der Täter bereits eine **gravierende Gefahrenlage geschaffen** hat. Letztere Konstellation liegt etwa vor, wenn das vom Täter bereits lebensgefährlich verletzte Opfer gerade noch gerettet werden kann.[68] In der erstgenannten Konstellation scheitert der gefährlich agierende Täter an äußeren Hindernissen, wenn etwa der Erfolg nur ausgeblieben ist, weil es „dem Sohn des Tatopfers noch rechtzeitig gelungen sei, den Arm des Angeklagten wegzuschlagen".[69] Andererseits

62 BGHSt **36** 1 18 f; BGH StV **1986** 378, 379; NStZ **1993** 134.
63 BGH StV **1986** 378.
64 BGH NStZ **1993** 134.
65 BGH NJW **1980** 1402, 1403; BGH StV **1991** 105.
66 BGHSt **36** 1 18 f; BGH StV **1984** 246.
67 BGHSt **36** 1 18 f.
68 BGH StV **1986** 378, 379.
69 BGH NStZ **1993** 134.

hat der BGH die Versagung des Sonderstrafrahmens mit dem Argument, der Erfolg sei allein aufgrund der Gegenwehr des Missbrauchsopfers ausgeblieben, für unzulässig gehalten.[70] Die beiden letztgenannten Entscheidungen stehen ersichtlich in einem Spannungsverhältnis. Die – schwierig zu ziehende – Grenzlinie zwischen dem lediglich zufallsbedingten Ausbleiben eines Erfolges, das eine täterbelastende Gefährlichkeit indiziert, und solchen äußeren Gründen für das Scheitern der Erfolgsherbeiführung, die den Täter nicht belasten können, will der BGH dort ziehen, wo dem Täter vorgehalten wird, dass das Ausbleiben des Erfolges **nicht sein Verdienst** sei. Dahinter steht die berechtigte Überlegung, dass bei verdienstlichem Ausbleiben des Erfolges ein Rücktritt in Betracht käme.[71] Folglich darf die Versagung ebenso wenig darauf gestützt werden, dass der Täter den Versuch nicht freiwillig aufgegeben oder einen Rücktritt nicht vollzogen habe.[72] Dem Täter könne die Strafrahmenmilderung demnach nicht mit der Erwägung versagt werden, er habe die Tat bis zuletzt ausführen wollen und sei nur durch das Eingreifen von Polizeibeamten davon abgehalten worden. „Hätte der Angeklagte von sich aus von der weiteren Tatausführung Abstand genommen, so hätte der persönliche Strafaufhebungsgrund des Rücktritts vom Versuch (§ 24) vorgelegen" (BGH NStZ **1983** 364). Ist der fehlende Rücktritt Voraussetzung der Versuchsstrafbarkeit, so kann dieser Umstand nicht zusätzlich dazu herangezogen werden, dem Täter die Strafrahmenmilderung zu verwehren (§ 46 Abs. 3). Insofern rügt der BGH zu Recht, dass das Instanzgericht im vorstehenden Fall des sich wehrenden Missbrauchsopfers dem Täter den Sonderstrafrahmen mit der Begründung vorenthalten hat, das Ausbleiben des Erfolgs sei nicht „sein Verdienst" gewesen. Gehört die Überwindung des Widerstands des Opfers zum üblichen Tatbild, so kann das Täterverhalten allenfalls dann eine besonders gesteigerte Gefährlichkeit begründen (und deshalb gegen eine Strafrahmenmilderung sprechen), wenn der Täter trotz seines ganz besonders hartnäckigen Vorgehens scheitert.[73] Belastend wirkt dann die besondere Intensität des Bemühens, zur Vollendung zu kommen, nicht die mangelnde Verdienstlichkeit des Scheiterns.

Ein anderer, in der Rechtsprechung immer wieder genannter, mit dem Kriterium der Gefähr- 36
lichkeit verwandter Gesichtspunkt ist die **Nähe zur Tatvollendung**, die eine differenzierte Betrachtung je nach dem Stadium der Tatverwirklichung ermöglicht.[74] Dieses Kriterium ist außerordentlich unscharf und vermag unterschiedlichste Konstellationen zu erfassen. Es lässt sich synonym zum Kriterium der Gefährlichkeit verstehen,[75] wenn etwa der Täter aus nächster Nähe einen Schuss auf das Opfer abgegeben hat. Um Überschneidungen mit dem Kriterium der Gefährlichkeit zu vermeiden erscheint es für eine Systematisierung allerdings sachgerechter, in dem Beispiel die Nähe zur Tatvollendung unabhängig vom Grad der Gefahr darin zu sehen, dass der Täter eine Tathandlung vorgenommen hat, die unmittelbar zum Erfolg führen kann.[76] An dieser Stelle zeigt sich dann ein Berührungspunkt zu der Unterscheidung in unbeendeten und beendeten Versuch (Rdn. 39) mit Blick darauf, dass die Nähe zur Tatvollendung nach Vornahme der Ausführungshandlung größer ist als davor. Allerdings hat der BGH (StV **1991** 105) ausgeführt, das „zwischen Beendigung des Versuchs und Nähe der Tatvollendung kein unmittelbarer Zusammenhang" bestehe. „Auch der beendete Versuch kann – wie der unbeendigte – nahezu bis zum Erfolg geführt, kann ihn aber auch bei weitem verfehlt oder nur zu einer gerin-

---

**70** BGH NStZ **2011** 337; zustimmend *Fischer* Rdn. 4a.

**71** Vgl. BGH bei Dallinger MDR **1970** 380; **1972** 569; **1973** 191; BGH StV **1985** 411; OLG Hamm NJW **1958** 1694; OLG Hamm v. 17.6.2008–3 Ss 246/08; vgl. aber auch die Deutung in BGH bei Dallinger MDR **1974** 721; *Bruns* Strafzumessung, S. 174.

**72** BGH NStZ **1983** 364; BGH bei Detter NStZ **1990** 176; **1993** 177; **1995** 487; BGH NStZ-RR **2012** 169; BGH **2015** 517. Auch OLG Stuttgart NStZ **2012** 633 (m. abl. Anm. *Schall*).

**73** Mit Blick auf die Hartnäckigkeit im vorliegenden Fall sehen *Sch/Schröder/Eser/Bosch* Rdn. 7 ein Argument für die Anwendung des Regelstrafrahmens in der aufgewendeten kriminellen Energie.

**74** BGH NJW **1980** 1402, 1403; BGH NStZ-RR **2011** 111, 112; BGH Beschl. v. 10.9.2013–2 StR 353/13 (NStZ-RR **2014** 9 [red. Leitsatz]); BGH NStZ-RR **2014** 136; BGH NStZ-RR **2016** 136.

**75** So wohl BGH StV **1991** 105.

**76** BGH NJW **1980** 1402, 1403.

gen Gefährdung des Rechtsguts geführt haben". Mit dieser Begründung werden die Kriterien der Gefährlichkeit und des Verwirklichungsstadiums im Begriff der „Nähe der Tatvollendung" vermengt. Die Rechtsprechung hat die Nähe zur Tatvollendung als – freilich für sich genommen für die Versagung der Strafrahmenmilderung noch nicht ausreichendes – relevantes Kriterium angesehen, wenn die Tat nach Vornahme der Ausführungshandlung soweit gediehen war, dass lediglich noch die unmittelbar bevorstehende Mitwirkungshandlung des Opfers zum Erfolg führen sollte.[77] Das gilt erst recht dort, wo der Täter annahm, die Tathandlung habe den Erfolg bereits herbeigeführt.[78]

37 Als versuchsbezogen zu bewerten und deshalb bei der Strafrahmenentscheidung besonders zu berücksichtigen ist nach der Rechtsprechung auch die **kriminelle Energie**, mit der der Täter die Herbeiführung des Erfolgs erstrebt.[79] Gegen dieses Kriterium wendet *Frisch* (FS Spendel 409 f) ein, dass ihm nur dann Bedeutung zukommen könne, wenn „die Vollendungsstrafe ihren tragenden Grund (zumindest mit) darin fände, dass im Falle der Vollendung stets ein bestimmtes Mindestmaß an krimineller Energie ... vorhanden ist." Nur wenn dies der Fall sei, könne die kriminelle Energie des Versuchstäters entweder für den Vollendungsstrafrahmen sprechen oder aber, im Falle ihres Zurückbleibens hinter der eines Vollendungstäters, für den milderen Strafrahmen. Durchgreifend ist diese Kritik an der Berücksichtigung des Kriteriums der kriminellen Energie nicht: Zum einen erscheint die Annahme, dass die vorsätzliche Verwirklichung eines Tatbestandes stets auch ein gewisses Maß an krimineller Energie voraussetzt, dieses also in den Regelstrafrahmen „eingepreist" ist, deutlich näherliegend als *Frisch* annimmt. Und es liegt weiter nicht fern, dass das Ausbleiben des Erfolges gerade auch darauf zurückzuführen sein kann, dass der Täter nicht das für seine Herbeiführung erforderliche kriminelle Bemühen entfaltet. Die Intensität der kriminellen Energie als der inneren Bereitschaft, einen deliktischen Erfolg herbeizuführen, ist keinesfalls erfolgsneutral, sondern ein Faktor, der die Chancen für den Erfolgseintritt erhöhen oder auch senken kann. Das unstreitig für die Bestrafung des Versuchs relevante Ausbleiben des Erfolges wird so mit einer inneren Einstellung des Täters in Verbindung gebracht. Damit ist es durchaus sachgerecht zu sagen, dass es gegen eine Strafmilderung spricht, wenn der Täter trotz Aufbringung der erforderlichen kriminellen Energie die Tat nicht vollenden konnte, während es ihm umgekehrt zu Gute kommt, wenn seine Hartnäckigkeit hierfür nicht ausreichte. Im letztgenannten Sinne hat der BGH (NStZ-RR **2014** 136) die Begründung, mit der das Tatgericht den vertypten Milderungsgrund des Versuchs abgelehnt hatte, deshalb gerügt, weil das Tatgericht nicht bedacht hatte, dass der Täter „allein auf Grund der Bekundungen der potentiellen Opfer, diese hätten kein Geld, von der weiteren Ausführung der Taten Abstand nahm". Die erforderliche Versuchsbezogenheit der kriminellen Energie besteht freilich nur, wenn sie **Relevanz für die Vollendungschancen** aufweist. Mit versuchsbezogener krimineller Energie hat es dagegen nichts zu tun, wenn der Täter schon früher als gefährlich in Erscheinung getreten ist (so aber BGHSt **16** 351 353) oder nach einem versuchten Prozessbetrug als Nebenintervenient im Zivilverfahren „hartnäckig" die Abweisung der Klage erstrebt.[80] Ebenso fehlt dieser Bezug, wenn es in BGH StV **1986** 378, 379 heißt, dass beim Maß der kriminellen Energie zu berücksichtigen sei, dass sich der Täter schließlich ohne weitere Gegenwehr von der Polizei überwältigen ließ, obwohl er noch genügend Munition hatte.

38 Häufig stehen die Kriterien der **Gefährlichkeit** und der kriminellen Energie in einem **Zusammenhang** dergestalt, dass das Maß der kriminellen Energie der Gefährlichkeit der Tatausführung korrespondiert. Dabei ist die Aussagekraft des gewählten Mittels insbesondere dann hoch, wenn dem Täter (wie er weiß) zur Erreichung seines deliktischen Ziels unterschiedlich

---

**77** BGH Beschl. v. 10.9.2013–2 StR 353/13 (NStZ-RR **2014** 9 [red. Leitsatz]): Der Täter des versuchten Betruges war bereits an der Haustür erschienen und bereit, das von den getäuschten Opfern abgehobene Geld in Empfang zu nehmen; BGH NStZ-RR **2014** 136: Die räuberische Erpressung scheiterte lediglich an der Leistung des Opfers.

**78** BGH NJW **1980** 1402, 1403.

**79** BGH NStZ-RR **2014** 239.

**80** BGHR StGB § 23 Abs. 2 Nr. 3.

gefährliche Tatmittel zur Verfügung stehen. Die Ungefährlichkeit des Versuchs und die „relative Erfolgsferne" (BGH bei *Holtz* MDR **1991** 703) sprechen danach für ein geringeres Maß an krimineller Energie. Insbesondere kann es für eine Strafrahmenmilderung geltend gemacht werden, wenn der Täter bewusst eine wenig gefährliche Begehungsweise gewählt oder sich darum bemüht hat, die als möglich erkannte Tatvollendung durch **risikominderndes** Verhalten zu vermeiden. Liegt trotz solcher Bemühungen dolus eventualis vor, sind die durch den Täter geminderte Bedrohung des Rechtsguts und die darin zum Ausdruck kommende geringere kriminelle Energie als versuchsbezogene Umstände zu werten, auch wenn sie sich im Falle der Vollendung gleichfalls strafmildernd auswirkten.[81] Umgekehrt kann sich die hohe kriminelle Energie des Täters generell aus der Nähe zur Tatvollendung ergeben[82] oder in der Wahl einer besonders gefährlichen Begehungsweise zum Ausdruck kommen, wenn etwa „aus kürzester Entfernung" ein „Schuss auf das ahnungslose Tatopfer" abgegeben wird (BGH NStZ **1993** 134). Das gilt zumal dann, wenn bei einem versuchten Tötungsdelikt der Tod aufgrund „außerordentlich glücklicher Umstände" nicht eintritt oder nur durch eine sofortige Notoperation abwendbar war.[83] Die **Vorsatzform** als solche ist nicht versuchsbezogen. Freilich wird der absichtlich handelnde Täter häufig die Vollendung nachhaltiger, also mit höherer krimineller Energie und unter Einsatz gefährlicherer Mittel verfolgen als ein mit dolus eventualis handelnder Täter.

Versuchsbezogen ist zweifelsfrei auch die Tatsache, dass es sich um einen **unbeendeten** **39**
oder **beendeten** Versuch handelt.[84] Wie schon hervorgehoben (Rdn. 19), darf man diese Stadien des Versuchs aber nicht mit einer pauschalierenden Bewertung versehen. Zwar wird der unbeendete Versuch (i. S. d. vor der eigentlichen Tathandlung stehengebliebenen Versuchs [§ 22 Rdn. 113]; zu ihm *Frisch* FS Spendel 405 ff; BGH GA **1966** 146) mit einer gewissen Regelhaftigkeit auf eine geringere kriminelle Energie zurückweisen. Es bedarf noch der Realisierung des (freien) Willens, zur Ausführungshandlung tatsächlich überzugehen (s. § 22 Rdn. 37).[85] Der unbeendete Versuch wird damit jedenfalls eher für eine Strafrahmenmilderung in Betracht kommen, als der beendete Versuch.[86] Die Strafrahmenverschiebung ist aber namentlich bei den Nichterfolgsdelikten nicht zwingend, wenn etwa der Tatplan vom Täter so intensiv verfolgt wird, dass die gescheiterte Vornahme der Ausführungshandlung gegenüber dem bereits realisierten Handlungsunwert nicht so stark ins Gewicht fällt. Beim beendeten Versuch liegt die Anwendung des Vollendungsstrafrahmens näher.[87] Es ist aber auch hier nicht per se angemessen, die Strafrahmenverschiebung zu verweigern.[88] Das gilt vor allem dann, wenn es sich beim beendeten Versuch um ein **untaugliches** Unterfangen handelt, das an den **Fall des Abs. 3** nahe **heranrückt** (*Sch/Schröder/Eser/Bosch* Rdn. 7a). Diese Aussage wird man auf den unbeendeten Versuch erstrecken können.

Die **Untauglichkeit** ist unter der Herrschaft der subjektiven Versuchslehre nicht ohne weite- **40**
res Anlass, eine Strafrahmenmilderung vorzunehmen.[89] Jedoch kann die Wahl eines untaugli-

---

**81** Zutreffend daher BGHSt **36** 1, 18 f; LG Nürnberg-Fürth StV **1989** 483 (beides Fälle des Geschlechtsverkehrs eines HIV-Trägers).

**82** BGH NJW **1980** 1402, 1403.

**83** BGH StV **1991** 105; BGHR StGB § 23 Abs. 2 Nr. 8; 9.

**84** Im vorliegenden Kontext geht es hier nicht um die Termini, wie sie im Kontext des Rücktritts Verwendung finden (dazu schon § 22 Rdn. 113, 137), sondern der unbeendete Versuch meint hier das Stadium vor Vornahme der Ausführungshandlung; vgl. *Frisch* FS Spendel 403 einerseits und S. 405 ff andererseits. Dazwischen liegt freilich eine Phase, in der der Täter mit der Vornahme der Ausführungshandlung befasst ist.

**85** Zutreffend *Frisch* FS Spendel 406.

**86** BGH GA **1966** 146; BGH bei Dallinger MDR **1973** 900; BGH bei *Holtz* MDR **1991** 703; vgl. auch BGH NJW **1962** 355, 356; vgl. auch *Sch/Schröder/Eser/Bosch* Rdn. 7a; *Sancinetti* Unrechtsbegründung, S. 152 ff; *Wolter* Zurechnung, S. 309 ff, 312 ff.

**87** BGH NJW **1980** 1402, 1403.

**88** So aber *Armin Kaufmann* FS Welzel 403; *Zielinski* Handlungsunwert, S. 216 f; zu Recht **aA** BGH StV **1991** 105; *Frisch* FS Spendel 407 ff; zu Recht verweigert in LG Frankfurt NJW **1980** 1402.

**89** **AA** *Frisch* FS Spendel 404 ff; naheliegend nach KG JR **1966** 307.

chen Mittels für ein geringeres Maß an krimineller Energie sprechen, so dass sich die Art der Ausführung umso günstiger auf das (Strafzumessungs-)Unrecht auswirken kann, je weniger gefährdetet das Rechtsgut aufgrund der gänzlichen Untauglichkeit der Tathandlung geblieben ist (BGHSt **42** 268, 273 f).[90] Hat die Untauglichkeit andere Gründe, ist die Milderungsmöglichkeit von deren Eigenart abhängig. Ist das Opfer z. B. aufgrund vorangegangener, noch ohne Tötungsvorsatz verübter Gewalt Sekunden vor der in Verdeckungsabsicht dann vorgenommenen und unter dem Blickwinkel des gewählten Mittels höchst tauglichen „Tötung" schon tot (BGHR StGB § 23 Abs. 2 Nr. 11), besteht trotz Untauglichkeit des Objekts kein Anlass, den Sonderstrafrahmen zu wählen. Das gilt im Grundsatz auch dort, wo der Täter nicht weiß, dass er den inkriminierten Gegenstand in die Hände verdeckter Ermittler verschiebt.[91]

41 Der Gedanke, dass die Annäherung der Sachlage an eine für den Täter günstigere rechtliche Bewertung dafür spricht, ihm zumindest die Strafrahmenmilderung des § 23 Abs. 2 zuzubilligen,[92] trägt auch eine Strafrahmenmilderung, die sich auf dem **Rücktritt** sich **annähernde**, ihn aber letztlich nicht erfolgreich bewirkende **Bemühungen** des Täters stützt.[93] Je näher die Verhaltensweise dem Rücktritt rückt, umso gewisser ist eine Strafrahmenmilderung begründbar. Umgekehrt kann ein versuchsbezogenes, weil durch Enttäuschung oder Wut über den Fehlschlag ausgelöstes opferbelastendes **Nachtatverhalten** die Anwendung des Sonderstrafrahmens verbieten.[94]

42 Als versuchsbezogen können schließlich **Versuchsauswirkungen** auch dann in die Wahlentscheidung einbezogen werden, wenn sie zugleich als Erfolg einer vollendeten Tat deren Strafbarkeit mitbegründen. Ein Verstoß gegen das Doppelverwertungsverbot ist hierin nicht zu sehen. Die Folgen werden bei der Strafrahmenwahl nur als Indiz für die Gefährlichkeit des Versuchs und die sich in ihm offenbarende kriminelle Intensität, nicht aber als Erfolgsunwert der vollendeten Tat berücksichtigt. Deshalb ist es nicht zu beanstanden, wenn im Falle einer aberratio ictus mit Blick auf den fahrlässig herbeigeführten Erfolg[95] oder bei einem qualifizierten Tötungsversuch angesichts eingetretener, § 226 erfüllender Folgen[96] eine Strafrahmenverschiebung unterbleibt.

43 **c) Richterliche Begründung.** Liegt ein Versuch vor oder ist das nach dem Grundsatz in dubio pro reo nicht auszuschließen (BGH GA **1965** 204), hat der Richter nach seinem **pflichtgemäßen Ermessen** (BGH GA **1984** 375; BGH NJW **1989** 3230) zu entscheiden, ob er den milderen Sonderstrafrahmen zugrunde legen will oder nicht. Aus den Urteilsgründen muss hervorgehen, dass ihm die **Möglichkeit der Strafmilderung bewusst** war (OLG Zweibrücken StV **1992** 469, 470) und dass er sie erwogen hat (KG JR **1966** 307). Es stellt einen sachlich-rechtlichen Fehler dar, wenn die Möglichkeit der Anwendung des gemilderten Sonderstrafrahmens nicht erörtert und die einschlägigen Vorschriften (§§ 23 Abs. 2, 49 Abs. 1) nicht erwähnt worden sind (BGH StV **1982** 114). Das gilt namentlich dann, wenn nach dem Sachverhalt die Anwendung des gemilderten Strafrahmens nicht ohne weiteres ausscheidet (BGH v. 24.3.1982–2 StR 86/82). Auch muss das Urteil verdeutlichen, von **welchem Strafrahmen** das Gericht ausgegangen ist.

---

**90** „Randfälle zum unverständigen Versuch", vgl. *Jakobs* 25/29; *Timpe* Strafmilderungen, S. 109 ff.

**91** So in BGH bei Holtz MDR **1995** 878; in solchen Fällen (vgl. BGH StV **1981** 549 zu § 29 Abs. 1 Nr. 1 BtMG; BGH StV **1999** 94 zu § 261; BGHSt **43** 110 zu § 259; vgl. auch BGH StV **1998** 661 zu § 253) ist schon die Annahme eines bloßen Versuchs (s. § 22 Rdn. 253) begründungsbedürftig.

**92** Vgl. zum Gesetz der Grenzwertbestimmung *Hillenkamp* Vorsatztat, S. 235 ff m. w. N.

**93** BGH bei Holtz MDR **1986** 271; *Jakobs* 25/79; *Timpe* Strafmilderungen, S. 127 ff; dass eine Nähe zu § 24 für eine Strafrahmenmilderung ungeeignet sein soll, ist nur im Sinne einer obligatorischen Folge richtig, **krit.** aber *Frisch* FS Spendel 411 Fn. 110.

**94** *Jakobs* 25/80.

**95** BGH NStZ **1990** 30.

**96** BGHR StGB § 23 Abs. 2 Nr. 8; BGHSt **41** 10, 14; s. zum sog. „qualifizierten Versuch" s. § 24 Rdn. 573 f; beim Tötungsdelikt *Baier* GA **2005** 80, 89 f.

Hierfür reicht das bloße Versagen mildernder Umstände nicht (BGH bei Dallinger MDR **1951** 403). Die formelhafte Wendung, die Strafe sei wegen Versuchs gemildert worden, genügt nicht (BGH StV **1982** 114). Sie gibt nicht zu erkennen, von welchem Strafrahmen ausgegangen (BGH wistra **1990** 113) und was der Milderung zugrunde gelegt worden ist. Enthält der Tatbestand zwei Regelstrafrahmen, ist vor einer Milderung nach §§ 23 Abs. 2, 49 Abs. 1 zu entscheiden, von welchem Regelstrafrahmen auszugehen ist (BGH StV **1998** 546; Rdn. 14). Liegt ein Fall der Mittäterschaft vor, darf die Frage der Strafrahmenverschiebung nicht unter Vernachlässigung der individuellen Unterschiede für alle Mittäter gemeinschaftlich abgehandelt werden (BGHSt **35** 347, 355 f).

Die Begründung für oder gegen eine Strafrahmenmilderung muss erkennbar machen, dass die hierfür **maßgeblichen Gesichtspunkte** (s. Rdn. 30 ff) **Beachtung** gefunden haben und in die **Abwägung** einbezogen wurden. Während die Literatur hier demnach die Berücksichtigung allein der versuchsbezogenen Aspekte verlangt, ist nach der Rechtsprechung eine Gesamtschau aller tat- und täterbezogenen Faktoren vorzunehmen (BGH NJW **1989** 3230; NStZ **2004** 620; NStZ-RR **2018** 102, 103; s. Rdn. 25, 28). Dabei ist auch dem besonderen Gewicht der versuchsbezogenen Umstände Rechnung zu tragen; es genügt nicht, wenn sich das Tatgericht ohne Akzentverlagerung auf die gleichen Erwägungen beschränkt, mit denen bereits das Vorliegen eines minder schweren Falls abgelehnt wurde (BGH NStZ-RR **2017** 134, 135). Floskelhafte Begründungen genügen nicht (BGH NStZ-RR **2003** 72). Berücksichtigt der Richter bei der Verweigerung des Sonderstrafrahmens nur, dass der Angeklagte vorsätzlich handelte und vom Versuch nicht strafbefreiend zurückgetreten ist, ist diese Begründung fehlerhaft. Da beide Gesichtspunkte die Strafbarkeit erst begründen, können sie einer Strafrahmenmilderung nicht entgegenstehen (BGHR StGB § 23 Abs. 2 Nr. 13). Unzureichend ist auch der bloße Hinweis auf ein belastendes Nachtatverhalten (BGH NStZ-RR **2010** 305, 306) oder die Versagung der Strafrahmenverschiebung unter Hinweis allein auf die Nähe zur Tatvollendung (BGH Beschl. v. 10.9.2013–2 StR 353/13, NStZ-RR **2014** 9 [red. Leitsatz]; zurückhaltender BGH NStZ-RR **2016** 136 [„mag … rechtlich noch vertretbar sein"]) oder das bloß zufällige Ausbleiben der Vollendung (BGHSt **39** 1, 18). Eine besonders sorgfältige Abwägung aller (versuchsbezogenen, s. Rdn. 30 ff) Umstände wird aus verfassungsrechtlichen Gründen namentlich dann verlangt, wenn angesichts der absoluten Strafdrohung mit **lebenslanger Freiheitsstrafe** nur die versuchsbedingte Strafrahmenmilderung eine zeitige Freiheitsstrafe zuließe (BGH NStZ **2004** 620; BGHR StGB § 23 Abs. 2, Nr. 8; 12; *Fischer* Rdn. 3). Das **Revisionsgericht** hat die Entscheidung des Tatgerichts „bis zur **Grenze des Vertretbaren** hinzunehmen" (BGH NStZ **2004** 620; NStZ-RR **2018** 102, 103; zu einer Konstellation der Unvertretbarkeit BGH StraFo **2010** 429). 44

## 4. Straffestsetzung

**a) Ausgangspunkt.** Ist die Strafrahmenwahl – gegebenenfalls unter Beachtung der in Rdn. 14 beschriebenen Vorentscheidung – getroffen, ist in einem **zweiten Schritt** (s. Rdn. 13) die konkret zu verhängende Strafe innerhalb des gewählten Strafrahmens festzusetzen. Das geschieht nach den in § 46 aufgeführten Grundsätzen der Strafzumessung,[97] also durch eine Gesamtwürdigung von Täter und Tat. Erst jetzt ist es zulässig, die nach der Gesamtbetrachtungslehre (Rdn. 25) schon bei der Rahmenwahl berücksichtigten allgemeinstrafzumessungsrelevanten Umstände einzubeziehen, wozu z. B. auch gehört, dass der Täter „nur mit bedingtem und nicht mit direktem Vorsatz gehandelt hat" (BGHSt **42** 268, 274; weitere Beispiele in Rdn. 25). Allerdings sind für beide denkbaren Fälle die **nachfolgend** aufgeführten **Besonderheiten** zu beachten. 45

97 *Jäger* SK Rdn. 4; *Zaczyk* NK Rdn. 11.

46 **b) Regelstrafrahmen.** Entscheidet sich der Richter für den Regelstrafrahmen, wird verbreitet vertreten, der Richter **müsse** (dann) die Tatsache, dass das Geschehen im Versuchsstadium stecken geblieben ist, (wenigstens hier) strafmildernd berücksichtigen (OLG Köln StV **1997** 244; vgl. schon Rdn. 21 f). Soweit diese Forderung so gemeint ist, „dass die Strafe beim Versuch geringer sein muss als bei der unter sonst gleichen Umständen vollendeten Tat" (*Sch/Schröder/Eser/Bosch* Rdn. 6; s. auch *Jakobs* 79/80), steht dem schon entgegen, dass eine so zu gestaltende Straffestsetzung nur möglich ist, wenn „sich bereits zuverlässig erkennen lässt, welche Schwere die vollendete Tat nach Hergang und Folgen gehabt haben würde" (BGHSt **1** 115, 116; RGSt **59** 154, 155).[98] Ist das – wie oft – nicht so, ist eine solche „Rechnungsoperation" tatsächlich unmöglich und eine nur spekulative unzulässig (RGSt **35** 282, 283; BayObLG NJW **1951** 284). Ist dagegen gemeint, dass jedenfalls die **Regelhöchststrafe** nicht verhängt werden darf,[99] so ist dem zu widersprechen (s. schon Rdnr. 21 ff). Denn erstens ist das ausgerechnet bei der schwersten Strafdrohung, nämlich der absolut bestimmten lebenslangen Freiheitsstrafe, ohnehin nicht möglich (Rdn. 21). Und zweitens entspricht die Aussage, die Höchststrafe könne nicht zugleich für den Versuch angemessen sein, da sie der Gesetzgeber „nur für den denkbar schwersten Fall der vollendeten Tat vorgesehen" habe, weder der gesetzgeberischen Entscheidung in § 23 Abs. 2 noch der ihr zugrunde liegenden subjektiven Theorie (s. Rdn. 22 f). Nach beiden ist es gerade nicht ausgeschlossen, den Versuch genauso schwer zu bewerten wie die Vollendung. Daher ist es zulässig, auf eine Strafmilderung ganz zu verzichten, sei es, weil die fehlende Vollendung nicht maßgeblich ins Gewicht fällt (LG Frankfurt NJW **1980** 1402, 1403), sei es, dass das durch ihr Fehlen geminderte Unrecht namentlich durch erschwerende Umstände kompensiert wird, die bei einer Vollendung ausgeblieben wären (BGHR StGB § 23 Abs. 2 Nr. 7, 8).

47 Die Tatsache der Nichtvollendung ist danach (auch) im Regelstrafrahmen **nicht obligatorisch** strafmildernd zu berücksichtigen (Rdn. 21 ff).[100] Auch auf dem Boden einer subjektiven Versuchslehre hat sie aber naturgemäß ein oft strafmilderndes Gewicht (Rdn. 32). Reicht es nicht aus, um die Wahl des milderen Sonderstrafrahmens zu rechtfertigen, schlägt es innerhalb des Regelstrafrahmens strafmildernd zu Buche. Neben der Nichtvollendung können bei der Straffestsetzung innerhalb des Regelstrafrahmens strafmildernd vor allem die (weiteren) **versuchsbezogenen** Umstände einbezogen werden, die allgemein geeignet sind, die Strafrahmenverschiebung zu tragen (s. dazu Rdn. 33 ff), im zu entscheidenden Fall aber nicht hinreichen, sie schon zu rechtfertigen. Die für die Strafrahmenwahl geltende Beschränkung auf solche versuchsbezogenen Umstände (Rdn. 30 ff) gilt freilich im hier erörterten Zusammenhang angesichts der Anwendbarkeit der allgemeinen Grundsätze der Strafzumessung (Rdn. 45) nicht (*Zaczyk* NK Rdn. 12).

48 Versagt das Gericht dem Angeklagten die Strafrahmenverschiebung unter Hinweis auf die **Nähe zur Tatvollendung**, so kann es diesen Gesichtspunkt im Rahmen der konkreten Strafzumessungsentscheidung **nicht nochmals** zum Nachteil des Angeklagten berücksichtigen, da die Erfolgsnähe einen bestimmenden Faktor für den damit eröffneten Regelstrafrahmen darstellt. Eine nochmalige Verwertung verstieße gegen **§ 46 Abs. 3** (BGH NStZ **2010** 512; NStZ-RR **2016** 136; BGH StraFo **2016** 422).

49 **c) Sonderstrafrahmen.** Entscheidet sich der Richter für eine Strafrahmenverschiebung, ist innerhalb des nach den Maßgaben des § 49 und den im Falle des Hinzutretens anderer besonderer Milderungsgründe wie verminderter Schuldfähigkeit (§ 21)[101] oder Provokation (§ 213) geltenden

98 Namentlich im Falle des beendeten und vollendungsnahen Versuchs wird das für möglich gehalten, vgl. auch BGHSt **1** 190, 194; vgl. ferner RG JW **1937** 2374.

99 So z. B. *Sch/Schröder/Eser/Bosch* Rdn. 9; *Vogler* LK[10] Rdn. 22.

100 BGH StraFo **2016** 422.

101 Zur Versagung der Strafrahmenverschiebung nach §§ 21, 49 Abs. 1 im Falle eines in selbst verantworteter Trunkenheit begangenen Tötungsversuchs s. BGH NStZ **2005** 151.

Regeln (*Lackner/Kühl/Heger* § 50 Rdn. 5; *Vogler* LK[10] Rdn. 14 ff) gemilderten Strafrahmens[102] unter Berücksichtigung aller strafzumessungsrelevanten Umstände (§ 46) auf diejenige Strafe zu erkennen, die dem Unrechts- und Schuldgehalt der versuchten Tat entspricht (BGHSt **1** 115, 117). Das schließt es nicht aus, dass die zu verhängende Strafe über dem Mindestmaß des Regelstrafrahmens liegt (BGH JZ **1956** 500).[103] Allerdings muss die Urteilsbegründung dann ergeben, dass sich der Richter der Möglichkeit bewusst war, die Mindeststrafe für das vollendete Delikt aufgrund der Rahmenverschiebung zu unterschreiten (*Vogler* LK[10] Rdn. 23).

Ob und inwieweit **Umstände**, die bereits zur Wahl des milderen Strafrahmens geführt haben, innerhalb dieses Rahmens **nochmals strafmildernd** verwertet werden dürfen, ist nicht vollständig geklärt. So scheint BGHSt **17** 266, 267 mit der Feststellung, dass „sowohl bei der Wahl des Strafrahmens wie bei der Straffestsetzung von dem Gesamtbild der Tat und des Täters auszugehen" und es für beide Entscheidungen daher abträglich sei, „wenn dabei irgendwelche für das Tat- und Täterbild wesentlichen Umstände lediglich deshalb beiseite" träten, „weil es beim Tatversuch geblieben ist", insoweit keinerlei Einschränkungen zu machen. Demgegenüber heißt es in BGHSt **16** 351, 354, dass es „unzulässig wäre, den Umstand, dass die Tat im Versuch stecken geblieben ist, nochmals" – und das heißt nach einer Berücksichtigung dieser Tatsache bei der Wahl des Sonderstrafrahmens in der konkreten Straffestsetzung – „strafmildernd zu bewerten". Diese von BGHSt **16** 351, 354 noch eher beiläufig getroffene und mit BGHSt **17** 266 nicht ohne weiteres vereinbare Aussage kann allerdings mittlerweile wohl als gesichert gelten. Sie ist von BGHSt **26** 311 genauer gefasst worden, wo es heißt, „dass der eine Milderung des Strafrahmens bewirkende Umstand (z. B. verminderte Schuldfähigkeit, Versuch, Beihilfe) **als solcher** allein nicht nochmals strafmildernd berücksichtigt werden" dürfe. 50

Dieser Fassung der Aussage ist **zuzustimmen.** Sie trifft zu, weil ein benannter strafrahmenmildernder Umstand wie der Versuch in § 23 Abs. 2 eine einem Tatbestandsmerkmal vergleichbare Aufgabe erfüllt und daher unter das in § 46 Abs. 3 aufgestellte **Verbot der Doppelverwertung** von Tatbestandsmerkmalen fällt (*Hettinger* Doppelverwertungsverbot S. 185, 191; *Lackner/Kühl/Heger* § 49 Rdn. 10). Zudem „kann der Umstand allein, dass ein Versuch vorliegt, keine Bedeutung für die Findung der angemessenen Strafe" innerhalb des Sonderstrafrahmens entfalten, weil „diese Besonderheit ... für jeden Punkt der Skala des gemilderten Strafrahmens" zutrifft und deshalb nicht geeignet ist, „als Differenzierungsmerkmal für die Bestimmung der angemessenen Strafe innerhalb dieses Rahmens zu dienen" (BGH NJW **1989** 3230; *Hettinger* Doppelverwertungsverbot S. 183). Es ist deshalb rechtsfehlerhaft, die Tatsache, dass die Tat nur versucht worden ist, als gesetzliche Grundlage der Strafrahmenmilderung nach deren Wahl bei der konkreten Strafzumessung zugunsten des Täters zu werten.[104] Zulässig ist letzteres nur, wenn es beim Regelstrafrahmen bleibt (Rdn. 47; *Jescheck/Weigend* § 49 V 2). 51

Die damit getroffene Aussage soll es nach sich ziehen, dass das **Doppelverwertungsverbot** dann auch für „alle weiteren versuchsbezogenen Merkmale, die schon bei der Strafrahmenwahl berücksichtigt worden sind", gilt, wenn man – wie es hier geschieht (Rdn. 30 ff) – die für die Strafrahmenwahl heranzuziehenden Umstände auf diese Merkmale beschränkt.[105] Diese **Folgerung** ist aber **weder zwingend, noch** in der Sache **geboten**. Anders als die in § 23 Abs. 2 für die Strafrahmenmilderung gesetzlich benannte Tatsache des Versuchs unterfallen die nur versuchsbezogenen weiteren Umstände als vom Gesetzgeber für eine Milderung gerade nicht vorbezeichneten Gründe nicht dem Geltungsbereich des § 46 Abs. 3 (*Hettinger* Doppelverwertungsver- 52

102 Gelangt der Tatrichter über §§ 23, 49 statt zu einer sonst verwirkten lebenslangen Freiheitsstrafe zu einem Strafrahmen von drei bis fünfzehn Jahren, hält BGH JR **2005** 81 mit **krit.** Anm. *Eisenberg* die weitere Prüfung einer Strafrahmenverschiebung nach § 106 JGG für „entbehrlich".

103 BGH JR **1956** 225; *Bruns* Leitfaden, S. 144; *Maurach/Gössel/Zipf* AT 2 § 40 Rdn. 251; *Jäger* SK Rdn. 4; *Sch/Schröder/Eser/Bosch* Rdn. 10; *Zaczyk* NK Rdn. 13; **aA** *Börker* JZ **1956** 477; gegen ihn *Dreher* JZ **1956** 682.

104 Ebenso iE *Jäger* SK Rdn. 4; *Fischer* Rdn. 5; *Zaczyk* NK Rdn. 13; s. auch BGH NStZ **1987** 504; BGH bei *Detter* NStZ **1998** 182.

105 *Sch/Schröder/Eser/Bosch* Rdn. 10; *Vogler* LK[10] Rdn. 24.

bot S. 190 ff, 197 f). Der Rückgriff auf die durch sie gekennzeichneten besonderen Eigenarten des jeweiligen Versuchs ist deshalb zulässig. Er ist zudem in der Sache unverzichtbar, weil sich der für die Strafzumessung entscheidende Unrechts- und Schuldgehalt eines Versuchs gerade und vorrangig aus den versuchsbezogenen Umständen ergibt (*Jäger* SK Rdn. 4). Es gilt daher, dass versuchsbezogene Umstände, die zu einer Strafrahmenmilderung geführt haben, auch bei der Strafzumessung im engeren Sinne berücksichtigt werden dürfen und müssen. Sie sind nicht etwa deshalb ungenutzt zu lassen, weil sie zuvor zur Milderung des Strafrahmens verwandt worden sind.[106] Es ist deshalb nicht zu beanstanden, wenn z. B. nicht nur der Grad der Untauglichkeit des Versuchs, sondern die Untauglichkeit selbst als strafmildernd auch dann herangezogen werden, wenn sie schon Anlass gegeben haben, den Strafrahmen zu mildern (OLG Hamm VRS **35** 269). Gleiches gilt für die Tatsache, dass die Tat „in einem frühen Stadium des Versuchs stecken geblieben ist" (BGH GA **1966** 146).

53 Dieser Auffassung **entspricht es**, wenn die **Rechtsprechung** darauf besteht, mit Ausnahme der Tatsache des Versuchs als solcher die für die Strafrahmenwahl „schon verwerteten Gesichtspunkte bei der Bemessung der Strafe innerhalb des gewählten Strafrahmens nochmals zu berücksichtigen ..., weil die Bestimmung der ... schuldangemessenen Strafe nur aufgrund einer Ganzheitsbetrachtung des Tatgeschehens und der dieses auslösenden Persönlichkeit des Täters getroffen werden kann" (BGHSt **16** 351, 354).[107] Was die Strafrahmenwahl insoweit schon beeinflusst hat, ist für die Strafzumessung weder gesperrt, noch verbraucht. Diese Aussage erstreckt sich nach der schon bei der Strafrahmenwahl eine Gesamtbetrachtung zulassenden Rechtsprechung (s. Rdn. 25) auf alle strafzumessungserheblichen Tatsachen. Nach der hier bevorzugten engeren Ansicht (Rdn. 30 ff) kommt dagegen eine Doppelverwertung ohnehin nur für versuchsbezogene Umstände in Betracht. Der Streit um den Umfang der bei der Strafrahmenwahl berücksichtigungsfähigen Umstände wirkt sich folglich nur bei der Strafrahmenwahl selbst aus. Bei der Straffestsetzung innerhalb des Sonderstrafrahmens steht dagegen nach beiden Auffassungen einer nochmaligen Verwertung versuchsbezogener Umstände richtigerweise (s. Rdn. 51 f) nichts im Wege. Auch sind nach beiden Auffassungen alle übrigen Strafzumessungstatsachen (je nach Ausgangspunkt nochmals oder erstmals) in die konkrete Straffestsetzung einzubeziehen.

## III. Grob unverständiger Versuch, § 23 Abs. 3

### 1. Entstehungsgeschichte, Kritik und Bedeutung

54 § 23 Abs. 3 ermöglicht bei einem Versuch, dessen Untauglichkeit vom Täter „aus grobem Unverstand" verkannt wird, eine über die allgemeine Milderungsmöglichkeit des Absatzes 2 hinausgehende Strafmilderung nach § 49 Abs. 2 oder ein völliges Absehen von Strafe. Die Vorschrift (s. zur **Entstehungsgeschichte** auch schon vor § 22 Rdn. 49 f und eingehend *Oberhofer* S. 23 ff) ist Art. 23 Abs. 2 a. F. des schweizerischen Strafgesetzbuchs nachgebildet, in dem das Wort „grob" allerdings noch fehlte.[108] Ihr Anliegen ist es, den Richter davor zu bewahren, Versuchstaten (erheblich) bestrafen zu müssen, die „kein besonnener Mensch ernst nimmt" (E 1962 Begr. S. 145). Während die schweizerische Regelung in dieses Anliegen den abergläubischen Versuch

**106** Diese nach der Rechtsprechung für alle in einer Gesamtschau schon bei der Strafrahmenwahl bedachten Umstände geltende Aussage (BGHSt **16** 351 353 f) wird von BGH NJW **1989** 3230 ausdrücklich auf die „versuchsbezogenen Umstände" erstreckt; wohl nur in der Formulierung enger OLG Düsseldorf JMBlNW **1990** 167.

**107** So für eine Milderung nach § 31 BtMG, 49 auch BGH StV **1998** 601; für eine Milderung nach §§ 21, 49 BGH NStZ **1992** 538 mit der Bemerkung, dass bereits verwendeten Gründen bei der Straffestsetzung dann „geringeres Gewicht zukommen" mag.

**108** § 22 Abs. 2 der aktuellen Fassung des schweizerischen StGB sieht für den Fall, dass der Täter „aus grobem Unverstand" die Untauglichkeit von Mittel oder Objekt verkennt, Straflosigkeit vor.

mit einbezieht (BGE **70** [1944] IV 49; *Meyer* ZStW **87** [1975] 617 f), ist es im deutschen Schrifttum umstritten, ob es insoweit einer gesetzlichen Handhabe überhaupt bedarf (s. Rdn. 59).[109]

Der Vorschlag des **AE**, Fälle des grob unverständigen und deshalb von vornherein ungefähr- 55
lichen Versuchs ausnahmslos straflos zu lassen (§ 25 Abs. 3 Nr. 2 AE AT), wurde mit der Begründung verworfen, dass es auch in diesem Bereich Fälle geben könne, in denen ein – wenngleich geringeres – Strafbedürfnis bestehe (BT-Drucks. V/4095 S. 12; zust. *Hoffmann-Holland* MK Rdn. 59; kritisch *Mitsch* ZIS **2016** 352, 354 f). Das hierfür geltend gemachte Beispiel eines Mordversuchs mit einem zu gering dosierten Beruhigungsmittel ist allerdings als Beleg für solche Sachverhaltsgestaltungen nur dann geeignet, wenn es sich hierbei um einen Fall groben Unverstands handelt (bestritten von *Roxin* JuS **1973** 332; s. dazu Rdn. 78). Aus ähnlichen Gründen hat der Gesetzgeber auch darauf verzichtet, den Versuch des untauglichen Täters, den der AE straffrei lässt (§ 25 Abs. 3 Nr. 1 AE AT), in die Unverstandsklausel mit einzubeziehen. Er hielt es für denkbar, dass davon auch „ungeeignete Fälle" erfasst und die nicht strafwürdigen auch ohne gesetzliche Regelung von der Rechtsprechung für straflos erklärt werden könnten (BT-Drucks. V/4095 S. 11; s. dazu § 22 Rdn. 235).

Die erstmals 1975 in das Gesetz eingefügte Vorschrift ist aus unterschiedlichen Gründen von 56
vornherein in die **Kritik** geraten.[110] Einerseits wurden in der Tat unabweisbare Auslegungs- und Abgrenzungsschwierigkeiten vorausgesagt, die mit der Notwendigkeit, „überhaupt nicht zur Vollendung" geeignete von sonst untauglichen einerseits und untaugliche von irrealen Versuchen andererseits zu scheiden, schon im Kern angelegt waren. Zudem wurde die nur fakultative Strafmilderung als „gesetzgeberischer Fehlgriff" bezeichnet (*Blei* AT S. 233). Beides ist de lege lata hinzunehmen.[111] Gewichtiger ist der bis heute aufrecht erhaltene Vorhalt, die Regelung vertrage sich mit der der gesetzgeberischen Gesamtregelung des Versuchs zugrunde liegenden subjektiven Versuchslehre (vor § 22 Rdn. 61 ff) nicht oder lasse sich jedenfalls aus ihr nicht erklären.[112] Eindrucks- oder Vereinigungstheorie (s. vor § 22 Rdn. 82 ff) seien daher auch mit Blick auf § 23 Abs. 3 der subjektiven Theorie überlegen. Dass diese Kritik **nicht stichhaltig** ist wurde bereits ausführlich belegt (s. vor § 22 Rdn. 49 f, 85, § 22 Rdn. 245). Auch der Auslegung des § 23 Abs. 3 ist daher die gesetzgeberische Grundentscheidung für eine subjektive Versuchslehre zugrunde zu legen.

Sachgerecht erscheint es, § 23 Abs. 3 hinsichtlich der (möglichen) Unrechtsminderung ge- 57
wissermaßen als **Verlängerung von § 23 Abs. 2** zu verstehen. Die versuchsbezogenen Gründe für eine Strafrahmenmilderung werden danach im Falle des Versuchs aus grobem Unverstand verstärkt. Das gilt offensichtlich für die Gefährlichkeit der Handlung und in vielen Fällen auch für die kriminelle Energie, für deren Grad die Gefährlichkeit einen wesentlichen Anhaltspunkt bietet. Hinzu kommt, dass die realitätsfernen Vorstellungen des aus grobem Unverstand handelnden Täters von den Mitgliedern der Rechtsgemeinschaft oftmals nicht oder zumindest weniger ernst genommen werden. Während insbesondere eine geringe kriminelle Energie die **Strafwürdigkeit** reduzieren kann, können Aspekte wie die fehlende objektive Gefährlichkeit und das Fehlen eines rechtserschütternden Eindrucks vom Standpunkt einer subjektiven Versuchstheorie aus zwar nicht das Unrecht mindern, wohl aber das **Strafbedürfnis.**[113] Dagegen lässt die

**109** E 1962 Begr. S. 144, 145 ist insoweit unklar; gleichfalls AE AT Begr. S. 61; im Bericht SA BTDrucks. V/4095 S. 12 ist der abergläubische Versuch nicht mehr erwähnt. Zur Schweiz vgl. auch *Niggli/Maeder*[3] BK Art. 22 Rdn. 32 ff.

**110** Vgl. nur *Gössel* GA **1971** 227; *Meyer* ZStW **87** (1975) 614 ff; *Roxin* JuS **1973** 330 ff. Vgl. auch jüngst die Kritik von *Mitsch* ZIS **2016** 352 ff, der die Abschaffung von § 23 Abs. 3 fordert, freilich nicht, um die Strafmilderungsmöglichkeit zu beseitigen (was wohl die nach h. M. zu ziehende Konsequenz aus der Streichung wäre), sondern um diese Fälle aus der Strafbarkeit zu nehmen.

**111** *Ellbogen* FS v. Heintschel-Heinegg 125, 132 f hält eine Bestrafung des grob unverständigen Versuchs bei Zugrundelegung der Eindruckstheorie für stets unverhältnismäßig und damit verfassungswidrig.

**112** Vgl. *Ha* Behandlung, S. 71; *Heckler* Ermittlung S. 69 f; *Hoffmann-Holland* MK Rdn. 42; *Maiwald* Bedeutung, S. 64, 72; *Malitz* Versuch, S. 159; *Niepoth* Versuch, S. 55; *Roxin* FS Nishihara 165; *ders.* GA 2017 656, 660, 662 f; *Weigend* Entwicklung, S. 125 f.

**113** Vgl. auch *Oberhofer* S. 59 ff.

Unverständigkeit eines Versuchs weder einen aussagekräftigen Schluss auf die **künftige Gefährlichkeit** eines Täters zu noch entfaltet diese Frage Relevanz für den Unrechtsvorwurf (vor § 22 Rdn. 73).[114]

58 Da sich aus § 23 Abs. 3 auf die grundsätzliche Strafbarkeit des untauglichen Versuchs zurückschließen lässt (§ 22 Rdn. 234, 237),[115] bildet diese Vorschrift einen verlässlichen Anhalt für den **gesetzgeberischen Willen**, den **subjektiven Standpunkt** zur Grundlage der Versuchsregelung zu machen (vor § 22 Rdn. 63). Ihre **Bedeutung** wird daher mit Recht vornehmlich in der „systematischen Tragweite im Streit der Versuchstheorien" gesehen (*Stratenwerth/Kuhlen* § 11 Rdn. 51). Demgegenüber wird der Anwendungsbereich als schmal und die praktische Bedeutsamkeit als eher gering eingeschätzt.[116] Gemessen an der kleinen Zahl von Entscheidungen,[117] denen die Problematik (RGSt **33** 321: abergläubischer Versuch) und später dann ihre positivrechtliche Regelung in § 23 Abs. 3 (BGHSt **41** 94: Giftmordversuch; s. auch BGE **70** [1944] IV 49: Abtreibungsversuch) zugrunde liegt oder in denen auf sie wenigstens ein Gedanke verwendet wird (BGHSt **42** 268, 273: Betrugsversuch; BayObLG wistra **1993** 304: Computerbetrugsversuch), trifft diese Einschätzung sicher zu. Freilich ist nicht ausgeschlossen, dass menschlicher Unverstand auf Täter- wie auf Opferseite[118] häufiger vorkommt, als die Anzahl der Entscheidungen vermuten lassen. Es liegt nahe, dass sich bei grob unverständigen Verhaltensweisen häufig die deliktische Intention dem Außenstehenden nicht ohne weiteres erschließt und selbst wenn dies doch der Fall sein sollte, die Anzeigebereitschaft aufgrund der evidenten Ungefährlichkeit gering sein dürfte.

## 2. Regelungsgehalt

59 **a) Strafbarer Versuch.** Da nach § 23 Abs. 3 Strafe gemildert oder von Strafe abgesehen werden kann, setzt diese Vorschrift voraus, dass sich der Täter durch seinen Versuch zunächst einmal grundsätzlich strafbar gemacht hat. Das ist beim sog. **irrealen** oder **abergläubischen Versuch** umstritten (s. dazu schon § 22 Rdn. 245 ff), wobei dieser Streit weniger die Frage betrifft, ob der abergläubisch Versuchende im Ergebnis bestraft werden soll (das wird nahezu allgemein verneint),[119] als vielmehr die Frage, ob der abergläubische Versuch von vornherein aus dem Anwendungsbereich der §§ 22 ff herausfällt oder aber nach § 23 Abs. 3 von Strafe abzusehen ist. **Gegen** eine **Einbeziehung in den Anwendungsbereich von § 23 Abs. 3** wird geltend gemacht (s. zum Folgenden *Hillenkamp* LK[12] Rdn. 50 f), der abergläubisch Versuchende verkenne nicht – grob unverständig – Gesetze des Seins (*Sch/Schröder/Eser/Bosch* Rdn. 13a), sondern vertraue auf übersinnliche, nicht mehr der Welt des realen Seins angehörende und damit menschlicher Einwirkung und Beherrschung entzogene Kräfte (RGSt **33** 321; KG JW **1930** 3433). Die bloße

---

**114** Gegen die Berücksichtigung des Gefährdungsaspekts im Sinne einer Zukunftsprognose auch *Roxin* AT II § 29 Rdn. 369; *ders.* FS Jung 829, 839.

**115** Kritisch *Mitsch* ZIS **2016** 352, 354.

**116** *Hoffmann-Holland* MK Rdn. 48; *Oberhofer* S. 45 f; *Roxin* JuS **1973** 331.

**117** Vgl. auch die Hinweise bei *Bloy* ZStW **113** (2001) 76 Fn. 1.

**118** S. die Hinweise bei *Hillenkamp* FS Schreiber 135 ff und *Zaczyk* NK Rdn. 17 auf BGH wistra **1987** 255 (Betrug durch Ausnutzung des Aberglaubens des Opfers), LG Mannheim NJW **1993** 1488 (Betrug aufgrund eines Angebots zur Teufelsaustreibung gegenüber dem abergläubischen Opfer) und BGHSt **35** 347 (Katzenkönig-Fall: Ausnutzung von Wahnideen des Tatmittlers; § 23 Abs. 3 ist hier – S. 355 f – nicht erwogen). Das grob unverständige Opfer der ersten beiden zitierten Entscheidungen wird – zu Recht (*Hillenkamp* Vorsatztat, S. 83 ff, 161 ff, 180 ff; zur Strafzumessung in solchen Fällen, S. 295 ff) – geschützt, vgl. dazu auch BGHSt **34** 199 (Haarverdicker-Fall) und BGHSt **32** 38 (Sirius-Fall).

**119** Z. B. *Ambos* HK-GS Rdn. 9; *Frister* 23/22; *Hoyer* Strafrechtsdogmatik, S. 195; *Jescheck/Weigend* § 50 I 6; *Joecks/Jäger* Rdn. 7 f; *Kühl* AT § 15 Rdn. 93; *Lackner/Kühl/Kühl* Rdn. 5; *Radtke* JuS **1996** 881; *Rath* JuS **1998** 1113; *Jäger* SK Rdn. 6; *Sancinetti* Unrechtsbegründung, S. 228; *Seier/Gaude* JuS **1999** 458 f; *Struensee* ZStW **102** (1990) 36 ff; *Vogler* LK[10] Rdn. 30; *Wessels/Beulke/Satzger* Rdn. 984 ff; *Zaczyk* NK Rdn. 17.

Vorstellung, dritte Mächte wie Geister oder Hexen für die Tatbegehung zu instrumentalisieren oder selbst die Macht zu besitzen, durch Totbeten, Verhexen, Verfluchen oder durch parapsychologische Kräfte wie die Psychokinese (s. dazu *Hillenkamp* FS Schreiber 135 ff; *Wimmer* NJW **1976** 1133) den gewünschten Erfolg selbst bewirken zu können, blieben bloße „Gedankenverbrechen", die auch im Falle ihrer Objektivierung (etwa durch lautes Beten[120] oder „Krontalerstecken"[121]) keine strafrechtliche Relevanz erlangen könnten. Denn die Straflosigkeit folge nicht aus dem Satz cogitationis poenam nemo patitur, sondern daraus, dass bloßes Wünschen nicht als hinreichender Deliktsverwirklichungswille, die den Wunsch äußernde „Betätigung" nicht als tatmächtiges Ansetzen zu einer Tatbestandsverwirklichung (oder zur Anstiftung; s. *Bloy* ZStW **113** [2001] 90) und das Geschehen insgesamt nicht als Auflehnung gegen eine wirklich vorhandene Norm zu begreifen seien. Daher könne auch eine subjektive Versuchslehre das abergläubische Unternehmen nicht als Versuch deklarieren. Dem ist zu **widersprechen** (s. schon § 22 Rdn. 246 f).[122] Die rechtsfeindliche Einstellung hängt nicht davon ab, ob der Täter über Naturgesetze irrt oder meint, diese zur Verwirklichung seiner Pläne gar nicht erst in Anspruch nehmen zu müssen. So oder so betrifft die Fehlvorstellung die instrumentale Umsetzung eines Vorhabens das, wäre die Tätervorstellung richtig, deliktischer Natur wäre. Dass eine Verhaltensnorm, die etwa das „Totbeten" verbietet, nicht existiert, ist keine Besonderheit des abergläubischen Versuchs, sondern gilt ebenso für den grob unverständigen Versuch einer Vergiftung mit Kamillentee. Auch sind durchaus Grenzfälle denkbar, in denen die Abgrenzung von abergläubischem und grob unverständigen Versuch Probleme bereitet, insbesondere wenn wissenschaftliche Einsichten zu einer Änderung der Beurteilungsmaßstäbe führen (*Satzger* Jura **2013** 1017, 1020 f). Soweit in der Literatur (etwa von *Roxin* FS Nishihara 165) angenommen wird, die subjektive Theorie könne das Unrecht des abergläubischen Versuchs nicht in Abrede stellen, wird mitunter unter Verweis auf die **Eindruckstheorie** behauptet, der abergläubische Versuch könne keinen rechtserschütternden Eindruck hervorrufen,[123] was freilich den allgemein gegen die Eindruckstheorie erhobenen Bedenken ausgesetzt ist und aufgrund der Abhängigkeit von sozialpsychologischen Befindlichkeiten keine zuverlässige Grenzziehung verbürgt (§ 22 Rdn. 245).[124]

Zu Recht nimmt dagegen eine verbreitet vertretene Meinung an, dass der **abergläubische** 60
**Versuch** der Regelung des **§ 23 Abs. 3 unterfällt.**[125] Akzeptiert man, dass der rechtsfeindliche, sich selbst als tatmächtig begreifende Wille auch im irrealen Bemühen seinen Ausdruck finden kann, so lässt sich diese Konstellation ohne weiteres auch **begrifflich** dem grob unverständigen Versuch subsumieren (§ 22 Rdn. 247). Hinsichtlich der daraus abzuleitenden Rechtsfolge wird angenommen, die angemessene Reaktion in Fällen des abergläubischen Versuchs sei das **Absehen von Strafe,**[126] Dafür lässt sich zumindest in vielen Fällen anführen, dass der abergläubische Versuch im Verhältnis zu den sonstigen Fällen groben Unverstands eine weitere Unrechtsminderung begründet. Der abergläubische Versuch ist so gesehen ein Fall besonders groben

---

**120** *Baumann/Weber/Mitsch/Eisele* § 22 Rdn. 47; dagegen *Zaczyk* NK[1] Rdn. 17.
**121** *Germann* S. 60 ff.
**122** So auch *Roxin* GA **2017** 656, 666.
**123** *Roxin* AT II § 29 Rdn. 373.
**124** Vgl. *Herzberg* GA **2001** 267 ff.
**125** *Heinrich* Jura **1998** 398; *Armin Kaufmann* FS Welzel 393, 403; *Murmann* Grundkurs § 28 Rdn. 56; *Otto* AT § 18 Rdn. 60 ff; *Stratenwerth/Kuhlen* § 11 Rdn. 62; *Fischer* Rdn. 9; *Wessels/Beulke/Satzger* Rdn. 988; wohl auch *Schumann* NStZ **1990** 34. Vgl. auch *Oberhofer* S. 225 ff, die meint, dass eine Ungleichbehandlung von grob unverständigem und abergläubischen Versuch gegen Art. 3 Abs. 1 GG verstoße. Richtigerweise sei mit Blick auf das ultima ratio-Prinzip in beiden Konstellationen Straflosigkeit angemessen. Die als unbefriedigend empfundene Gesetzeslage veranlasst Oberhofer zu einem Gesetzgebungsvorschlag: Abergläubische Versuche seien als Unterfall „groben Unverstands" § 23 Abs. 3 zuzuordnen und die Vorschrift sei (zur Eröffnung der Möglichkeit, etwaiges strafwürdiges Teilnehmerverhalten zu erfassen) als persönlicher Strafausschließungsgrund auszugestalten (S. 249).
**126** So *Heinrich* AT Rdn. 680; *ders.* Jura **1998** 398; *Otto* AT § 18 Rdn. 60 ff; *Stratenwerth/Kuhlen* § 11 Rdn. 62; *Ellbogen* FS v. Heintschel-Heinegg 125, 127 ff; *Wessels/Beulke/Satzger* Rdn. 988. Sympathie hierfür äußert *Bloy* ZStW **113** (2001) 108 f.

Unverstands. Vor allem aber spricht das fehlende Strafbedürfnis für ein Absehen von Strafe. Dagegen lässt sich eine vom E 1962 (Begr. S. 145) behauptete Strafbedürftigkeit des irrealen Versuchs nicht mit der Befürchtung begründen, der Täter könne sich nach dem Fehlschlag auf andere und dann taugliche Mittel besinnen (*Roxin* JuS **1973** 331 f; vor § 22 Rdn. 68). Darin läge ein Verstoß gegen das Tatschuldprinzip.

61 **b) Untauglicher Versuch.** Der Anwendungsbereich von § 23 Abs. 3 wird umso kleiner, je enger man den Kreis des untauglichen Versuchs zieht (*Zaczyk* NK Rdn. 16). Es wurde bereits eingehend gezeigt, dass es (außer hinsichtlich bestimmter Konstellationen des untauglichen Subjekts) keinen Anlass gibt, bestimmte Fallgruppen der Untauglichkeit gänzlich auszuscheiden (§ 22 Rdn. 234 ff). So lassen sich weder Fälle „kommunikativ-irrelevanter Weltgestaltung" (*Jakobs* 25/23)[127] noch Konstellationen der „Wahnkausalität" aus dem strafbaren untauglichen Versuch ausscheiden (so aber *Struensee* ZStW **102** [1990] 21, 30 ff, 36 ff), ohne § 23 Abs. 3 seinen ihm vom Gesetzgeber zugeordneten Kernbereich zu nehmen.[128] Diese Vorschläge zielen vor dem Hintergrund der Annahme, der irreale Versuch unterfalle nicht § 23 Abs. 3, darauf ab, dessen Anwendungsbereich dadurch zu beschneiden, dass die genannten Konstellationen dem Bereich des irrealen Versuchs zugeordnet werden. Demgegenüber ist die Einschränkung des Anwendungsbereichs von § 23 Abs. 3 die lediglich mittelbare Folge solcher Ansätze, die den strafbaren untauglichen Versuch aus straftheoretischen oder verfassungsrechtlichen Gründen einengen wollen oder den untauglichenVersuch des Unterlassens aus vorwiegend dogmatischen Erwägungen ausnehmen möchten (s. § 22 Rdn. 239 ff, 248). Soweit die dazu gelieferten Begründungen nicht tragen, sind alle untauglichen Versuche grundsätzlich strafbar und erfüllen damit die erste Bedingung für die Anwendung des § 23 Abs. 3.

62 **c) Besonderheiten des untauglichen Versuchs.** Auch wenn **jeder untaugliche Versuch** die notwendige **Mindestbedingung** für die Eröffnung des § 23 Abs. 3 erfüllt (Rdn. 59 ff), bleibt doch zu fragen, ob er auch stets eine **hinreichende** Bedingung dafür ist, bei Hinzutreten groben Unverstands die Folgen des § 23 Abs. 3 auszulösen. **Zweifel** hieran lassen sich in zweierlei Hinsicht aufwerfen.

63 Sofern (entgegen der hier vertretenen Auffassung, s. im Einzelnen § 22 Rdn. 305 ff) die Strafbarkeit des Versuchs des untauglichen Subjekts bejaht wurde, kann dieser Zweifel zum einen die Frage betreffen, ob das grob unverständige Verkennen der für einen Tatbestand vorausgesetzten **Subjekteigenschaft** von der Regelung ausgenommen bleiben soll. Dabei sind aus dem problematischen Bereich von vornherein die Fälle auszunehmen, die spiegelbildlich solche des untauglichen Objekts sind, etwa beim Abtreibungsversuch der Nicht-Schwangeren (§ 22 Rdn. 306).[129] Für die verbleibenden Fälle stellt sich die Frage, ob die Annahme, die Nichterwähnung des Subjekts in § 23 Abs. 3 stehe der grundsätzlichen Strafbarkeit des untauglichen Subjekts nicht entgegen, auch die (zumindest sinngemäße) Anwendung dieser Vorschrift auf die grob unverständige Annahme der Subjekteigenschaft impliziert oder ob Wortlaut und Sinn von § 23 Abs. 3 einer solchen Ausdehnung entgegenstehen. Im letztgenannten Sinne könnte die vom Gesetzgeber gegebene Begründung für die Nichtaufnahme des Subjekts, eine gegenteilige Regelung treffe möglicherweise „auch ungeeignete Fälle", so zu verstehen sein, dass die Konstellationen des untauglichen Subjekts, die die Rechtsprechung erwartungswidrig (s. BT-Drucks. V/

**127** Teilweise übereinstimmend *Sancinetti* Unrechtsbegründung, S. 208 ff; vgl. auch *Jakobs* GedS Armin Kaufmann 271, 279 ff.

**128 Krit.** zu *Struensee* auch *Heinrich* Jura **1998** 395; *Hoffmann-Holland* MK Rdn. 46 f; *T. Maier* Objektivierung, S. 86 ff; *Oberhofer* S. 80 ff; *Sancinetti* Unrechtsbegründung, S. 203 ff; vgl. aber auch *Renzikowski* S. 318 f.

**129** Vgl. *Hoffmann-Holland* MK Rdn. 57; *Oberhofer* S. 70.

4095 S. 11) für strafbar erklären werde, dann auch für eine Strafmilderung oder -freistellung nach § 23 Abs. 3 ungeeignet wären.

Eine solche Schlussfolgerung ist zwar gedanklich nicht ausgeschlossen, widerspräche aber 64
dem mit der Vorschrift vom Gesetzgeber verfolgten Zweck. Denn da im Bereich der Untauglichkeit des Subjekts vor allem Fälle vermutet wurden, in denen die Rechtsprechung auch ohne ausdrückliche Regelung zur Straflosigkeit gelangen würde, liegt es besonders nahe, im Falle einer entgegen dieser Erwartung angenommenen Strafbarkeit nicht auch noch den Weg zu einer Strafmilderung oder -freistellung nach § 23 Abs. 3 zu versperren. Zumindest eine im Verhältnis zu den anderen Fällen des untauglichen Versuchs besondere Nähe zum Wahndelikt müssen auch die Befürworter einer Strafbarkeit des Versuchs des untauglichen Subjekts anerkennen (vgl. *Hillenkamp* LK[12] Rdn. 55). Die eine Milderung oder das Absehen von Strafe tragenden Erwägungen treffen also auf den Versuch des untauglichen Subjekts zumindest in gleichem Maß zu, weshalb **§ 23 Abs. 3 Anwendung findet.**[130] **Methodisch** lässt sich dieses Ergebnis durch eine entsprechende Anwendung des § 23 Abs. 3 auf diese Versuchsart bewirken[131] oder aber dadurch, dass man von einem gemessen an der Regelungsabsicht des Gesetzgebers unvollständigen Gesetz ausgeht und im Wege einer gesetzesimmanenten Rechtsfortbildung das Wort „namentlich“ vor „nach“ einfügt.[132] Die angestellten Überlegungen sind auf die in § 23 Abs. 3 ebenfalls nicht (ausdrücklich) geregelten **untauglichen Tatmodalitäten** entsprechend anzuwenden.[133]

Die zweite Frage betrifft die **objektiven Anforderungen an die Untauglichkeit** des Ver- 65
suchs nach § 23 Abs. 3, ob nämlich die Unverstandsklausel nur auf den schon objektiv „besonders untauglichen“ Versuch (*Bockelmann* Untersuchungen S. 160) bezogen ist. Eine solche Deutung ist deshalb auf den ersten Blick naheliegend, weil es sich nach der Auffassung des Sonderausschusses hier nur um Fälle handeln sollte, „in denen weder eine konkrete noch eine abstrakte Gefährdung bestand“ (BT-Drucks. V/4095 S. 12), um Versuche also, die „nicht nur unter den obwaltenden Umständen des Einzelfalles“, sondern „völlig“ untauglich (E 1962 Begr. S. 143 f) und in diesem Sinne durch eine **„qualifizierte Untauglichkeit“** (BGE **70** [1944] IV 50) gekennzeichnet sind.[134]

Weitgehende **Einigkeit** besteht zunächst darin, dass eine hiernach offenbar gewollte erste 66
Begrenzung auf der Grundlage eines objektiven Kriteriums **nicht** auf die Unterscheidung zwischen **absolut** und **relativ** untauglichem Versuch zurückweisen darf.[135] Da sich diese Unterscheidung trotz zahlreicher Bemühungen als undurchführbar erwiesen hat,[136] führte eine gesetzliche Rückkoppelung an diesen Streit in der Sache nicht weiter. Vorgeschlagen wird stattdessen, auf der Grundlage der namentlich von *R. v. Hippel* (II S. 425ff) ausgearbeiteten **neueren objektiven** Versuchstheorie (s. vor § 22 Rdn. 97 ff) darauf abzustellen, „ob ein einsichtiger Mensch anstelle des grob unverständig Handelnden aufgrund nachträglicher Prognose im Augenblick der Handlung erkennen konnte, dass das geplante Verbrechen mit den konkret gewählten Mitteln bzw. am konkret gewählten Objekt nicht durchführbar war“ (*Maurach/Gössel/Zipf* AT[7] 2 § 40 Rdn. 191).[137] Nur wo es so liege, sei § 23 Abs. 3 eröffnet.

Hieran ist sicher richtig, dass dort, wo der gedachte Beobachter zum gegenteiligen Schluss 67
käme, der Versuch also ex ante konkret gefährlich erscheint, von einem grob unverständigen

---

130 *Fischer* Rdn. 6; *Oberhofer* S. 74.

131 Für Analogie *Gössel* GA **1971** 236; *Heinrich* Jura **1998** 395 f; *Hoffmann-Holland* MK Rdn. 57; *Lackner/Kühl/Kühl* Rdn. 7; *Jäger* SK Rdn. 11; *Sch/Schröder/Eser/Bosch* Rdn. 16.

132 Vgl. dazu *Hillenkamp* JuS **1990** 458; *ders.* LK[12] Rdn. 55.

133 *Oberhofer* S. 75.

134 So auch *Ellbogen* FS v. Heintschel-Heinegg 125, 127 (der freilich auf der Grundlage dieser Unterscheidung zu angreifbaren Ergebnissen kommt).

135 *Oberhofer* S. 77.

136 Vgl. *Gössel* GA **1971** 228 ff; *Roxin* JuS **1973** 330; *Stratenwerth/Kuhlen* § 11 Rdn. 53; *Vogler* LK[10] Rdn. 33; zu den Versuchen zusammenfassend *Zaczyk* Unrecht, S. 43 ff.

137 Diese Fälle des „ungefährlichen“ Versuchs will *Hirsch* FS Roxin (2001) 716 ff schon de lege lata für ganz straflos erklären mit der Konsequenz, dass § 23 Abs. 3 leerliefe (S. 727); vgl. dazu schon vor § 22 Rdn. 99.

Verkennen der Tauglichkeit des Unternehmens nicht zu sprechen sein wird. Es ist aber **nicht legitim**, die Prüfung dieser letzteren Frage gar nicht erst zuzulassen, nur weil dem ex ante urteilenden Beobachter die Erkenntnis der objektiv fehlenden (konkreten oder abstrakten) Gefährlichkeit aufgrund der ihm für die Prognose zugestandenen Erkenntnismittel (s. dazu *v. Hippel* II S. 426 f) verschlossen bleibt.[138] Zum anderen lässt sich auch mit dieser Formel unter den allein in Betracht kommenden untauglichen Versuchen nicht objektiv nach „nur" und „überhaupt" nicht vollendungsfähigen unterscheiden, ohne in der Sache doch wieder auf die vermeintliche (prognostische) Abgrenzbarkeit relativer, nur unter den obwaltenden Umständen bestehender von absoluter Untauglichkeit zurückzugreifen. Überzeugende Ergebnisse sind hiermit nicht zu erzielen (*Oberhofer* S. 77 ff; *Timpe* Strafmilderungen S. 109 ff).[139]

68 Die **besseren Gründe** sprechen nach allem dafür, die Suche nach den „besonders untauglichen", den „untauglichsten" und in solchem Sinn „überhaupt" nicht vollendungsfähigen unter den schon per definitionem diese in Wirklichkeit nicht abstufbaren Eigenschaften gleichermaßen aufweisenden untauglichen Versuchen aufzugeben und die **Reichweite** des § 23 Abs. 3 auf **jeden strafbaren untauglichen Versuch** zu erstrecken.[140] Dessen Vorliegen ist also ebenso notwendige wie hinreichende Bedingung dafür, in die Prüfung des groben Unverstands einzutreten. Dabei wird dieses hiernach allein ausschlaggebende Merkmal zwar bei Versuchen naheliegen, die „nach dem durchschnittlichen Erfahrungswissen der Bürger (also nicht nach dem Fachwissen einzelner) offensichtlich untauglich" (*Lackner/Kühl/Kühl* Rdn. 6) und daher von einem besonnenen Menschen nicht ernst zu nehmen (*Jescheck/Weigend* § 50 I 5b, aa) sind. Das liegt aber entgegen den dies verlangenden Stimmen nicht daran, dass mit einer solchen Kennzeichnung aus der Menge untauglicher Versuche „überhaupt" nicht vollendungsfähige aussortiert wären. Vielmehr beruht die Plausibilität dieser Voraussetzungen darauf, dass sie bereits die Umschreibung des groben Unverstands vorwegnehmen. Eine schon den Kreis der strafbaren untauglichen Versuche einengende Kraft besitzen folglich auch diese Umstände nicht.

69 **d) Grober Unverstand.** Der Täter muss die Untauglichkeit seines Versuchs grob unverständig verkannt haben. Umstritten ist, ob es sich hierbei um ein zur objektiven Untauglichkeit (Rdn. 61 ff) hinzutretendes subjektives oder um ein weiteres objektives Merkmal handelt.[141] Dieser Streit ist so aufzulösen, dass zwischen dem (subjektiven) Gegenstand der Bewertung und dieser selbst zu unterscheiden ist.[142] Danach muss das Verkennen zu einer **realen subjektiven Fehlvorstellung** über die Möglichkeit der Vollendung geführt haben, die auf **Unverstand beruht**. Tut sie es, ist in objektiv-normativer Wertung zu fragen, ob die Fehlvorstellung nach Inhalt und Zustandekommen **grob** unverständig ist.

70 Als **Ausgangspunkt** für eine Umschreibung dessen, was grober Unverstand ist, dient verbreitet die Begründung des E 1962, die lautet: „Unter grobem Unverstand ist eine völlig abwegige Vorstellung von gemeinhin bekannten Ursachenzusammenhängen zu verstehen, die nicht auf Schwachsinn zu beruhen braucht"[143] und die zwar alle „Vorsatzmerkmale" erfüllt, anderer-

**138** Was hiernach an Wissen unterstellt werden kann, ist zudem zweifelhaft, s. *Sch/Schröder/Eser/Bosch* Rdn. 15; *Stratenwerth/Kuhlen* § 11 Rdn. 56.

**139** Vgl. *Hirsch* FS Roxin (2001) 719: Gefährlich soll der Schuss ins leere Bett oder das Anbringen eines Sprengsatzes am Auto des bereits Verstorbenen, ungefährlich eine für Tötung zu geringe Dosis Schlaftabletten oder die Benutzung eines Schrotgewehrs für den Schuss auf ein Opfer, das eindeutig außerhalb der Reichweite der Waffe steht, sein; vgl. auch *v. Hippel* II S. 429.

**140** *Bloy* ZStW **113** (2001) 98 f; *Heinrich* Jura **1998** 395; *Jakobs* 25/82; *Oberhofer* S. 82 ff; *Zaczyk* NK Rdn. 18.

**141** BGHSt **41** 94, 95 bezeichnet den groben Unverstand als „subjektives Merkmal"; ebenso *Heinrich* Jura **1998**, 396; *Jescheck/Weigend* § 50 I 5b, bb; *Radtke* JuS **1996** 882; für objektives Merkmal dagegen *Bloy* ZStW **113** (2001) 100 unter Berufung auf *Wolter* Zurechnung, S. 165, 178; ähnlich wie hier *Zaczyk* NK Rdn. 20.

**142** Zustimmend *Oberhofer* S. 84.

**143** Unter Beschränkung hierauf mit anschließender Illustration an Beispielen z. B. *Gropp* § 9 Rdn. 29 ff; *Kühl* AT § 15 Rdn. 92; *Lackner/Kühl/Kühl* Rdn. 8; *Fischer* Rdn. 7.

seits aber in solchem Maße auf einer Verkennung „der allereinfachsten Naturgesetze" beruht, dass ihre Umsetzung in die Tat „kein besonnener Mensch ernst" nimmt (E 1962 Begr. S. 145). Hinzugefügt wird oft, dass „der Irrtum nicht nur für fachkundige Personen, sondern für jeden Menschen mit durchschnittlichem Erfahrungswissen offenkundig, ja geradezu handgreiflich" (BGHSt **41** 94, 95 m. w. N.) und dass in diesem Sinne der Versuch „offensichtlich untauglich" (s. Rdn. 68) sein muss (*Lackner/Kühl/Kühl* Rdn. 6; *Sch/Schröder/Eser/Bosch* Rdn. 17; *Wessels/Beulke/Satzger* Rdn. 982). Dieser Ausgangspunkt umschreibt typische Konstellationen, ist aber zum Teil **zu eng gefasst** und bedarf noch der **Präzisierung.**

**Zu eng** ist die vorstehende (Rdn. 70) Umschreibung insofern, als sich die dortigen Formulierungen im Wesentlichen auf die Untauglichkeit des Mittels und des durch dieses angestoßenen Kausalverlaufs beziehen (vgl. auch BGHSt **41** 94, 95). Dagegen ist daran zu erinnern, dass sich schon nach dem Gesetzestext selbst der grobe Unverstand auch auf die „Art des Gegenstands, an dem" die Tat begangen werden sollte, beziehen kann.[144] Zudem kommen als Gegenstand von Fehlvorstellungen auch sonstige Tatmodalitäten (§ 22 Rdn. 251) und – sofern die Strafbarkeit des Versuchs des untauglichen Subjekts (zu Unrecht) bejaht wird – auch die Subjektqualität in Betracht (§ 22 Rdn. 305 ff). Als Bezugspunkt der Verkennung **scheidet** dagegen eine grob unverständige **Motivation aus** (BT-Drucks. V/4095 S. 12), selbst wenn sie sich – worum es hier alleine geht – mit einer „normalen" Untauglichkeit des Versuchs verbindet.[145] Daher ist § 23 Abs. 3 z. B. nicht anwendbar, wenn ein Mensch seinen an Krebs erkrankten Lebenspartner mit einer zu gering dosierten Giftmenge nur deshalb ums Leben zu bringen versucht, weil er Krebs für ansteckend hält. So wenig dies eine Vollendung in milderem Licht erscheinen ließe, so wenig tut es das beim Versuch. 71

Als Gegenstand der Bewertung kommt danach jede Verkennung der objektiven Untauglichkeit des Versuchs in den Blick (Rdn. 68). Die Fehlvorstellung muss sich freilich zudem auf **Unverstand** zurückführen lassen. Damit ist, zunächst noch unabhängig vom Gewicht der Fehlvorstellung, ein Mangel an Verstand und Einsicht im Rahmen praktischen Handelns gemeint. **Unstreitig** erfasst ist der **nomologische** Irrtum (s. dazu *Bloy* ZStW **113** [2001] 103 ff),[146] also unzutreffende Vorstellungen über allgemeine Zusammenhänge und Gegebenheiten, die zum **Erfahrungswissen** gehören. **Umstritten** ist dagegen, ob auch sogenannte **ontologische Irrtümer**, also Sachverhaltsirrtümer unter § 23 Abs. 3 fallen. Die Untauglichkeit des Versuchs rührt hier daher, dass der Täter sein zutreffendes Erfahrungswissen auf einen unzutreffend erfassten Sachverhalt anwendet. Für die Einbeziehung solcher Irrtümer wird geltend gemacht, § 23 Abs. 3 betreffe „grob unverständiges praktisches Handeln überhaupt".[147] Daran ist richtig, dass auch Sachverhaltsirrtümer für einen Außenstehenden unverständlich sein können, wenn etwa leicht erkennbar war, dass der Täter nicht auf einen Menschen, sondern auf einen Baum schießt. Aber schon begrifflich fällt es schwer, hier von „Unverstand" zu reden. Das ist klar, wenn der Irrtum etwa auf einer Sehschwäche des Täters beruht; eine Schwäche der Sinne ist kein Unverstand. Aber auch dann, wenn der Täter nur nicht genau hingeschaut oder nicht gründlich nachgedacht hat, liegt zwar eine situative Nachlässigkeit, aber kein Unverstand vor. Auch mit Blick auf die ratio der Vorschrift ist nicht ersichtlich, weshalb eine besonders leichtfertige Verkennung der Gegebenheiten Möglichkeiten der Strafmilderung eröffnen soll (*Bloy* ZStW **113** [2001] 105). Die Eindruckstheorie mag darauf verweisen, dass grobe Nachlässigkeiten vielleicht belächelt werden (s. dazu *Radtke* JuS **1996** 882). Aber das ist zum einen durchaus zweifelhaft und zeigt ledig- 72

**144** *Zaczyk* NK Rdn. 20.

**145** *Ambos* HK-GS Rdn. 5; *Jakobs* 25/84; *Oberhofer* S. 116 ff; *Roxin* AT II § 29 Rdn. 368; *Sch/Schröder/Eser/Bosch* Rdn. 17; gleiches gilt für eine abergläubische Motivation wie die, der Partner sei vom Teufel besessen, s. *Heinrich* Jura **1998** 396.

**146** Vgl. auch *Roxin* JuS **1973** 330 f; *ders.* AT II § 29 Rdn. 365; verkannt ist das von *T. Maier* Objektivierung, S. 75 ff, 80; die Unterscheidung zwischen nomologischem und ontologischem Irrtum geht zurück auf *zu Dohna* FS Güterbock 54, 58 ff.

**147** *Zaczyk* NK Rdn. 20. Eingehend *Oberhofer* S. 86 ff.

lich einmal mehr die Schwäche des sozialpsychologischen Ansatzes der Eindruckstheorie. Schließlich spricht auch die Schwierigkeit einer Grenzziehung zwischen Schwächen der Sinne und deren nachlässigem Gebrauch gegen die Einbeziehung ontologischer Irrtümer. Insgesamt unterfallen damit – im Einklang mit der h. M. – **ontologische Irrtümer nicht dem Anwendungsbereich** von § 23 Abs. 3.[148]

73 Deshalb ist im viel erörterten Fall, in dem ein Täter sich **vergreift** und deshalb statt der für eine Giftbeibringung (§ 224 Abs. 1 Nr. 1) vorgesehenen Salzsäure dem Opfer destilliertes Wasser aus der neben der Salzsäure stehenden Flasche ins Gesicht schüttet, auch dann nicht von einer auf Unverstand beruhenden Fehlvorstellung auszugehen, wenn der Fehlgriff offenkundig und für jedermann vermeidbar war. Die Fehlvorstellung beruht auf einem Wahrnehmungs-, nicht auf einem Denkfehler.[149] Erkennt der Täter dagegen unmittelbar vor der Tat seinen Fehlgriff und hält nun auch destilliertes Wasser für verätzendes Gift, löst den Wahrnehmungs- ein Denkfehler ab, der § 23 Abs. 3 eröffnet. Nicht anders ist in dem gleichfalls viel diskutierten Fall zu differenzieren, in dem der Täter eine für jedermann erkennbar harmlose Spielzeugpistole ergreift und mit ihr in Tötungsabsicht auf sein Opfer schießt. Hat er sich in seinem Waffenschrank nur vergriffen und daher die Vorstellung, mit einer echten Pistole zu schießen, macht die fehlende Nachvollziehbarkeit seines Wahrnehmungsfehlers diesen nicht zum Unverstand.[150] Erkennt er dagegen die Spielzeugpistole kurz vor dem Schuss als leichtgewichtige Attrappe, schreibt ihr aber gleichwohl tödliche Wirkung zu, sind Denkgesetze verletzt. Nur im zweiten Fall ist Raum für § 23 Abs. 3.

74 Hinsichtlich der unterschiedlichen **Gegenstände der Fehlvorstellung** gilt Folgendes: Unverstand ist anzunehmen bei Fehlvorstellungen über die naturgesetzliche Tauglichkeit des **Mittels**. So liegt es etwa, wenn ein untaugliches Abtreibungsmittel für einen Schwangerschaftsabbruch (RGSt **1** 439; **17** 158; **68** 13) oder eine unzulängliche Dosis Gift (zur quantitativen Fehleinschätzung Rdn. 78) für eine Tötung (BGHSt **41** 94) eingesetzt werden. Scheitert dagegen ein Hehlerei- oder Geldwäscheversuch daran, dass der inkriminierte Gegenstand an einen verdeckten Ermittler verschoben wird,[151] beruht die Fehlvorstellung nicht auf Unverstand, sondern auf schlichtem Nichtwissen und scheidet daher aus § 23 Abs. 3 aus. Gleiches gilt für Fehlvorstellungen zum **Objekt**. Unverständig ist hier etwa die Vorstellung, von einem Kuss schwanger zu sein und damit die Existenz eines Fötus als taugliches Objekt einer Abtreibung anzunehmen (RGSt **8** 198).[152] Verwechselt dagegen der Täter den zu tötenden Nachbarn mit einem Baumstamm oder einer Vogelscheuche, mag zwar die zugrunde liegende sinnliche Täuschung für einen außenstehenden Beobachter unverständlich sein. Die Tauglichkeitsvorstellung des Täters über das Objekt selbst beruht dann aber nicht auf Unverstand, sondern auf einem schlichten Wahrnehmungsfehler (s. Rdn. 72 f). Hinsichtlich der Untauglichkeit des **Subjekts** werfen solche Konstellationen keine besonderen Probleme auf, in denen diese lediglich die Untauglichkeit des Objekts widerspiegelt, wie im Fall des oben genannten Falles eines Abtreibungsversuchs einer Nichtschwangeren. Soweit man im Übrigen die Strafbarkeit des Versuchs des untauglichen Sub-

**148** Etwa *Alwart* Versuchen, S. 223 f; *Ha* Behandlung, S. 53; *Hillenkamp* LK[12] Rdn. 63; *Heinrich* Jura **1998** 396; *Niepoth* Versuch, S. 90; *Roxin* JuS **1973** 331; *Sch/Schröder/Eser/Bosch* Rdn. 17; *Vogler* LK[10] Rdn. 35. **A. A.** z. B. *Rath* JuS **1998** 1113; *Zaczyk* NK Rdn. 20. *Hoffmann-Holland* MK Rdn. 50 f, 52 will nur bei „aus Hast, Flüchtigkeit oder Aufgeregtheit" und damit jedermann unterlaufenden Irrtümern Unverstand ausschließen, sonstige ontologische Fehlvorstellungen aber einbeziehen. Für *Albrecht* Versuch, S. 48 f, *Jakobs* 25/36, *Sancinetti* Unrechtsbegründung, S. 203 und *Timpe* Strafmilderungen, S. 118 ff ist die Unterscheidung nicht durchführbar; vgl. auch *Radtke* JuS **1996** 882.

**149** Ebenso *Bloy* ZStW **113** (2001) 104 f; *Jescheck/Weigend* § 50 I 5b, bb; *Niepoth* Versuch, S. 91; *Timpe* Strafmilderungen, S. 122.

**150** *Sch/Schröder/Eser/Bosch* Rdn. 17. **AA** wohl *Bloy* ZStW **113** (2001) 104 (auf nomologischen Irrtum zurückführbarer ontologischer Irrtum); ebenso *Rath* JuS **1998** 1113; *Zaczyk* NK Rdn. 20.

**151** Vgl. zur Einordnung dieser Fälle in den Versuch mit untauglichen Mitteln § 22 Rdn. 197.

**152** Vgl. zur Behandlung dieses Irrtums, der zugleich als Irrtum über das Subjekt (und nicht als Motivirrtum, **aA** *Heinrich* Jura **1998** 396) aufgefasst werden kann, § 22 Rdn. 306. Das Beispiel wird für grob unverständigen Versuch benutzt von *Roxin* JuS **1973** 331; vgl. auch E 1962 Begr. S. 145.

jekts (zu Unrecht, s. § 22 Rdn. 314 ff) grundsätzlich bejaht, bleibt auch insoweit die Anwendung von § 23 Abs. 3 möglich, etwa wenn der Täter meint, er sei trotz seiner Entlassung aus dem Beamtenverhältnis weiterhin Amtsträger (Rdn. 63 f). Ersichtlich liegt hier eine Fehlvorstellung **rechtlicher Natur** vor, was der Anwendung von § 23 Abs. 3 aber nicht entgegensteht.[153] Das setzt BGHSt **42** 268, 273 f voraus, wenn dort die Unverstandsklausel auch für die subjektive Sicht des Täters von der Rechtswidrigkeit der erstrebten Bereicherung (§ 263) erwogen wird; und auch das Appellationsgericht Basel (BJM **1959** 129) hat diese Einsicht zugrunde gelegt, wenn es die Vorstellung des Gemeinschuldners für grob unverständig erklärt, er könne durch eine (nach schweizerischem Recht gegenüber Dritten unwirksame) Sicherungsübereignung eine Gläubigerbegünstigung begehen.[154] Soweit bei solchen (Vorfeld-)Irrtümern überhaupt ein strafbarer untauglicher Versuch und nicht ein Wahndelikt vorliegt, ist der Anwendungsbereich des § 23 Abs. 3 eröffnet.[155] Schließlich kann auch bei **untauglichen Tatmodalitäten** (§ 22 Rdn. 251) zwischen Unverstand und auf falscher Wahrnehmung beruhender Unkenntnis unterschieden werden. Wer eine erkanntermaßen völlig eingerostete Pistole für eine gebrauchsfähige Waffe im Sinne des § 244 Abs. 1 Nr. 1a oder einen privaten Feldweg – weil asphaltiert – für eine öffentliche Verkehrsfläche (§ 316) hält, hat eine auf Unverstand zurückzuführende Fehlvorstellung. Wer sich dagegen in seinem Waffenschrank vergreift und deshalb beim Diebstahl statt der gewollten funktionsfähigen eine nicht mehr gebrauchsbereite Waffe bei sich führt, kennt nur die Untauglichkeit des qualifizierenden Umstandes nicht, verkennt sie aber nicht aus Unverstand.

Die Möglichkeit des Gerichts, nach § 23 Abs. 3 von Strafe abzusehen oder die Strafe nach seinem Ermessen zu mildern, setzt als letztes voraus, dass die auf Unverstand beruhende Fehlvorstellung über die Tauglichkeit des Versuchs objektiv als **grob** unverständig zu bewerten ist (Rdn. 69).[156] Dafür ist nach weitgehend übereinstimmender Meinung erforderlich, dass „der Irrtum nicht nur für fachkundige Personen, sondern für jeden Menschen mit durchschnittlichem Erfahrungswissen offenkundig, ja geradezu handgreiflich" und die „Verkennung der Ursachenzusammenhänge" daher „für jedermann ersichtlich" abwegig ist (BGHSt **41** 94, 95 f).[157] Fehlvorstellungen, die „nur Experten beheben können", sollen danach „nie grob unverständig" (*Jakobs* 25/83) sein können. Vielmehr ist vorausgesetzt, dass die Untauglichkeit des Versuchs auch ohne Fachwissen **offensichtlich** zutage tritt.[158] 75

Diese Maßgaben erscheinen auf den ersten Blick plausibel, werden aber weder dem Begriff noch seiner Funktion in § 23 Abs. 3 hinreichend gerecht. Für eine **grob unverständige** Fehlvorstellung ist zunächst allein maßgeblich, dass sie sich so weit von den gültigen Denk- und Naturgesetzlichkeiten entfernt, dass sie als **objektiv abwegig** und **unsinnig** einzuordnen ist, weil ihr keinerlei Wirklichkeitsnähe mehr innewohnt. Für die damit entscheidende Distanz zwischen Vorstellung und Wirklichkeit ist es aber ersichtlich gleichgültig, ob sie schon nach dem durchschnittlichen Erfahrungswissen des Normalbürgers oder erst nach vom Sachverständigen vermittelten Maßstäben bestimmbar ist. Daher ist weder die Offenkundigkeit noch die Erkennbarkeit für den Laien, sondern allein das Ausmaß der Diskrepanz eine inhaltliche Voraussetzung des **groben** Unverstands.[159] 76

**153** *Oberhofer* S. 112 ff; *Zaczyk* NK Rdn. 20. Vgl. schon *Burkhardt* Rücktritt, S. 102; *Herzberg* JuS **1980** 469, 476; ferner *Bloy* ZStW **113** (2001) 105 f.

**154** Vgl. dazu *Bloy* ZStW **113** (2001) 105 f; i. E. **ablehnend** *Albrecht* Versuch, S. 58.

**155** Vgl. zum Wahndelikt § 22 Rdn. 201 ff, zum Vorfeldirrtum § 22 Rdn. 210 ff.

**156** Die h. M. sieht beide hier getrennten Schritte als ineinanderfließende „Einheit" an, vgl. z. B. BGHSt **41** 94, 95; *Bloy* ZStW **113** (2001) 100; *Sch/Schröder/Eser/Bosch* Rdn. 15.

**157** Zust. z. B. *Lackner/Kühl/Kühl* Rdn. 6; *Sch/Schröder/Eser/Bosch* Rdn. 17; *Fischer* Rdn. 7; in der Sache auch *Jäger* SK Rdn. 8.

**158** *Bloy* ZStW **113** (2001) 101; *Lackner/Kühl/Kühl* Rdn. 6.

**159** Dem entspricht die Forderung *Roxins* AT II § 29 Rdn. 366, auf das Urteil des „Verständigen", also „kompetenter Leute" abzustellen.

77 Wer das Gegenteil verlangt, verbindet dies offenbar mit der Annahme, dass nur den offensichtlich untauglichen Versuch „kein besonnener Mensch ernst" nimmt (E 1962 Begr. S. 145), dass nur ein solcher mehr „Heiterkeit als Besorgnis" (*Roxin* FS Nishihara 157, 161) erregt und deshalb „die Rechtsgemeinschaft nicht mehr berührt" (*Bloy* ZStW **113** [2001] 101). Diese der dem Gesetz nicht zugrundeliegenden Eindruckstheorie[160] entlehnten Voraussetzungen sind aber hier wie sonst für (fehlendes) Versuchsunrecht nicht konstitutiv, müssten folgerichtig zur Einbeziehung offenkundiger Sinnestäuschungen führen[161] und sind schon deshalb für eine Deutung des groben Unverstands nicht geeignet. Vor allem aber wird mit solchen Anforderungen der Sache nach aus der Menge grob unverständiger Versuche bereits der Teil herausgeschält und für das Ganze ausgegeben, der ein Absehen von Strafe oder eine Strafmilderung nach sich zieht. Da diese Folgen dem Richter aber nicht obligatorisch, sondern nur fakultativ zu Gebote stehen, wird mit einer solchen vorzeitigen Verengung die **Funktion des Begriffs verfehlt**. Dieser genügt nur eine Auslegung, die unter den grob unverständigen Versuchen solche versammelt, die keine Nachsicht verdienen wie solche, bei denen von Strafe abzusehen ist. Diese Spannweite weist eine Definition auf, die jede objektiv abwegige Fehlvorstellung genügen lässt, nicht aber jene, die die h. L. dem groben Unverstand gibt.

78 **Grob unverständig** ist hiernach **z. B.** die Vorstellung, das übermäßige Trinken von Kamillentee führe zum Abgang der Leibesfrucht. Für „Senfbäder und Spülungen mit Seifenwasser" ist nicht anders zu entscheiden, wenn sie zwar „in weiten Kreisen des Volkes im Rufe der Tauglichkeit stehen" (BGE **70** IV 49, 50), aber nach **wissenschaftlichem Urteil** völlig untauglich sind. Denn Unverstand wird „durch weite Verbreitung nicht zum Verstand" (*Jakobs* 25/83; einschränkend *Roxin* AT II § 29 Rdn. 366). Streitet die einschlägige Fachdisziplin über die Geeignetheit des Mittels,[162] ist seine Anwendung nicht grob unverständig. Grob unverständig ist dagegen die Vorstellung, mit zwei kurzen Sprühstößen aus einer mit Insektengift gefüllten und im freien Handel erhältlichen Spraydose auf das Vesperbrot des Mannes diesen umbringen zu können, wenn selbst der gesamte Inhalt des Gefäßes hierzu bei weitem nicht ausgereicht hätte. Dass Irrtümer über die „erforderliche Dosis" oder „die Stärke des verwendeten Gifts" groben Unverstand ausnahmslos ausschließen, nur weil das Gift in „richtiger" Dosierung tödliche Wirkung entfalten kann (so BGHSt **41** 94, 96), trifft nicht zu.[163] Auch eine **quantitative Fehleinschätzung** kann sich – wie auch der Schuss mit einem Luftgewehr auf ein hoch fliegendes Segelflugzeug illustriert – soweit von der Wirklichkeit entfernen, dass sie als abwegig erscheint.[164] An dieser Einschätzung ändert sich nichts, wenn das Tatgericht meint, zur „Feststellung der benutzten Giftmenge und der zur Tötung geeigneten Dosis" einen Sachverständigen heranziehen zu müssen (**aA** BGHSt **41** 94, 96; zu Recht krit. *Radtke* JuS **1996** 883). Daher bleibt auch das in Tötungsabsicht vorgenommene Mischen eines falschen Pfifferlings oder einer Totentrompete unabhängig davon ein grob unverständiger Versuch, dass sich die Ungiftigkeit des falschen Pfifferlings vermutlich jedem mit normalem Erfahrungswissen ausgestatteten Bürger, die der Totentrompete dagegen nur noch dem Pilzsachverständigen erschließt. Wer meint, Name oder Aussehen dieser Pilze deuteten auf tödlichen Ausgang, ist für beide Pilzarten von der Wirklichkeit gleich weit entfernt.

---

**160** Vgl. dazu *Heckler* Ermittlung, S. 69 f, der der Eindruckstheorie daher Erklärungskraft für die Regelung des § 23 Abs. 3 zumisst; zur Kritik an dieser Theorie s. vor § 22 Rdn. 83 ff.

**161** Auch dann ist der Versuch offensichtlich untauglich und möglicherweise – wie der Schuß auf den für den Nachbarn gehaltenen Baumstamm – „erheiternd", aber zu Recht von 23 Abs. 3 nicht erfaßt, vgl. *Bloy* ZStW **113** (2001) 100 und im Text Rdn. 64 f.

**162** Nach BGE **70** IV 49, 50 „gibt es sogar Mediziner, welche sie für geeignet halten".

**163** Kritisch zu dem Urteil auch *Hoffmann-Holland* MK Rdn. 50; *Zaczyk* NK Rdn. 20; zustimmend *Jäger* SK Rdn. 8; *Oberhofer* S. 107 ff.

**164** Wie hier *Bloy* ZStW **113** (2001) 103; *Zaczyk* NK Rdn. 20; eingehend *Oberhofer* S. 101 ff; wie BGHSt **41** 94 dagegen schon *Roxin* JuS **1973** 322; *ders.* AT II § 21 Rdn. 370; dem BGH zustimmend auch *Heinrich* Jura **1998** 396; *Kühl* AT § 15 Rdn. 92; *Lackner/Kühl/Kühl* Rdn. 8; *Sch/Schröder/Eser/Bosch* Rdn. 17; *Fischer* Rdn. 7; vgl. auch *Seier/Gaude* JuS **1999** 459.

**e) Rechtsfolge.** Anders als in Vorschriften zur tätigen Reue (wie z. B. in §§ 306e Abs. 1, 320 Abs. 2) eröffnet § 23 Abs. 3 den Gerichten als erstes nicht die Möglichkeit, die Strafe nach seinem Ermessen zu mildern (§ 49 Abs. 2), sondern die, von **Strafe abzusehen**. Diese Umkehr der sonst üblichen Reihenfolge soll zum Ausdruck bringen, „dass der Richter in erster Linie das Absehen von Strafe in Erwägung zu ziehen hat" (BT-Drucks. V/4095 S. 12; *Lackner/Kühl/Kühl* Rdn. 4). Gebrauch machen sollte er von dieser Möglichkeit namentlich dann, wenn die Verkennung der Sachlage bzw. Kausalgesetzlichkeiten so gravierend ist, dass die mangelnde kriminelle Energie eine beträchtliche Unrechtsminderung begründet und das Strafbedürfnis vernachlässigt werden kann. Das spricht im Regelfall für ein Absehen von Strafe bei Vorliegen der Voraussetzungen von § 23 Abs. 3 (so auch *Roxin* FS Jung 829, 840). Beim **abergläubischen Versuch** verlangt insbesondere das fehlende Strafbedürfnis nach einem Absehen von Strafe (Rdn. 60). 79

Für **bloße Strafmilderung** kommen dagegen die Fälle in Betracht, in denen die Verkennung zwar zu einer objektiv abwegigen, aber nicht offenkundig und handgreiflich falschen Vorstellung geführt hat, deren extreme Wirklichkeitsferne erst durch Sachverstand zutage gefördert wird. Hier ließe sich etwa der Fall des Abtreibungsversuchs mit Senfbädern und Seifenwasser einordnen (Rdn. 78).[165] Auch wird man die nur quantitativen Fehleinschätzungen hier einordnen können, wenn sie – was grober Unverstand voraussetzt – zwar objektiv als völlig abwegig einzustufen sind,[166] der Täter sich aber immerhin eines Mittels bedient, das in erheblich größerer Menge oder einer zum Opfer deutlich geringeren Distanz die erstrebte Folge auslösen könnte.[167] Dass in für ein Absehen von Strafe ungeeigneten Fällen die Strafe **obligatorisch** zu mildern sei,[168] ist dem Gesetz **nicht** zu entnehmen und kann aus der ihm zugrunde liegenden subjektiven Versuchslehre (s. vor § 22 Rdn. 61 ff) auch nicht hergeleitet werden. Ablehnbar ist in entsprechender Anwendung der zu § 23 Abs. 2 entwickelten Grundsätze (Rdn. 30 ff) die Strafmilderung allerdings auch hier nur mit **Versagungsgründen**, die einen **Bezug** zum grob unverständigen Versuch aufweisen, also z. B. deshalb, weil der Täter – um ganz sicher zu gehen – statt der für ausreichend gehaltenen einen Totentrompete gleich ein Dutzend unter das Pilzgericht mischt. Entscheidet sich das Gericht nach seinem Ermessen für eine Strafmilderung, ist § 49 Abs. 2 anzuwenden (s. dazu *Theune* LK$^{12}$ § 49 Rdn. 19 ff). 80

Will das **Gericht** trotz Bejahung des groben Unverstands von den Möglichkeiten des § 23 Abs. 3 keinen Gebrauch machen, hat es das im Urteil zu begründen. Sieht es von Strafe ab, ist der Täter schuldig zu sprechen und mit den Verfahrenskosten zu belasten (§ 465 Abs. 1 Satz 2 StPO; BGHSt **4** 172, 176; **10** 320, 321). Der Verzicht auf Strafe ist durch ausdrückliche Erklärung in der Urteilsformel auszusprechen. Einer Zustimmung der **Staatsanwaltschaft** bedarf es nicht. Sie kann jedoch mit Zustimmung des Gerichts von einer Anklageerhebung absehen (§ 153b Abs. 1 StPO). Ist die Klage erhoben, besteht nach § 153b Abs. 2 StPO die Möglichkeit, das Verfahren mit Zustimmung der Staatsanwaltschaft und des Angeschuldigten einzustellen.[169] Die **Revision** kann auf die Ablehnung des Absehens von Strafe beschränkt werden, wenn sie von der Schuldfrage losgelöst und daher einer selbständigen Prüfung unterzogen werden kann (BGHSt **10** 320, 321). 81

**f) Analoge Anwendung.** Eine entsprechende Anwendung der Unverstandsklausel kommt bezogen auf Fälle der Untauglichkeit des **Subjekts** oder **anderer Tatmodalitäten** (als die des 82

---

**165** *Roxin* FS Jung 829, 841.

**166** Wovon man z. B. beim Schuss mit dem Luftgewehr auf ein Flugzeug, nicht aber mehr mit einer Schusswaffe, die eine Reichweite von 1000m hat, auf eine 1200m entfernte Person sprechen kann, vgl. BTDrucks. V/4095 S. 12.

**167** Vgl. *Roxin* FS Jung 829, 840 f.

**168** So z. B. *Roxin* AT II § 29 Rdn. 370 (der hier – Rdn. 369 – allerdings auf die von ihm selbst mittlerweile verworfene Eindruckstheorie zurückgreift); *Jäger* SK Rdn. 12 (im Falle des Zurückgehens auf § 23 Abs. 2); *Hoffmann-Holland* MK Rdn. 62 f aus; eingehend in diesem Sinn *Oberhofer* S. 124 ff.

**169** Vgl. auch *Dallinger* JZ **1951** 623; *Wagner* GA **1972** 33; *v. Weber* MDR **1956** 705.

Objekts oder des Mittels) in Betracht, wenn man nicht (mit *Hillenkamp* LK[12] Rdn. 55, 74) dafür plädiert, „das Wort ‚namentlich' vor ‚nach der Art ...' einzufügen und damit die grob unverständige Vorstellung über das Objekt oder das Mittel nur zu herausgehobenen Beispielen unter allen von § 23 Abs. 3 gleichermaßen erfassten Formen der Untauglichkeit des Versuchs zu machen. Dann ist § 23 Abs. 3 unmittelbar anzuwenden."

83 Der Vorschlag, die Vorschrift auf **Delikte mit vorverlagerter Vollendung** (s. zu ihnen vor § 22 Rdn. 7 ff) zu erstrecken (*Jakobs* 25/85), ist **de lege lata nicht** annehmbar (ebenso *Zaczyk* NK Rdn. 22). Die Analogie setzt voraus, dass sich die entsprechende Anwendung der Vorschrift in den gesetzlichen Regelungsplan einfügt. Das wird man hier aber nicht annehmen können, da der Gesetzgeber selbst dort, wo er durch die Eröffnung eines Rücktritts von vollendeter Tat durch die Einrichtung einer Vorschrift über tätige Reue – wie z. B. in §§ 264, 264a und 265b – den materiellen Versuchscharakter des Tatbestands berücksichtigt, auf eine weitergehende Annäherung an die Regelung des Versuchs verzichtet. Für die von *Jakobs* (25/85) als Beispiel genannte Herstellung einer unechten Urkunde nach § 267 fehlt es sogar an dem gesetzgeberischen Entgegenkommen, tätiger Reue eine strafmildernde oder -befreiende Wirkung zukommen zu lassen. Wie zum Institut der tätigen Reue selbst (s. dazu *Hillenkamp* Möglichkeiten S. 81) kommt daher eine Erstreckung der Regelung des unverständigen Versuchs auf solche Tatbestände nur de lege ferenda in Betracht.

84 **Abzulehnen** ist schließlich auch die von *Herzberg* NStZ **1990** 311, 317 f[170] vorgeschlagene entsprechende Anwendung des § 23 Abs. 3 auf den nur mit **dolus eventualis** begangenen (tauglichen) Versuch. Dieser Vorschlag findet mit Recht keinen Beifall, weil für eine Sonderbehandlung des dolus eventualis im Bereich des Versuchs angesichts seiner vor dem Gesetz bestehenden Gleichwertigkeit mit den anderen Vorsatzformen dort, wo er für den Tatbestand ausreicht, kein Anlass besteht (s. schon § 22 Rdn. 41) und sich zudem zwischen dieser vermeintlichen „Schwachform" des Vorsatzes (*Herzberg* NJW **1991** 1635) und dem groben Unverstand auch keine für eine Analogie hinreichende Ähnlichkeit behaupten lässt. Daher kommt auch insoweit keine entsprechende Anwendung in Betracht.

---

**170** Vgl. auch *Herzberg* JZ **1989** 470, 477 f; NJW **1991** 1633, 1635; **abl.** wie hier *Lackner/Kühl/Kühl* Rdn. 5; *Roxin* AT II § 29 Rdn. 79; *Sch/Schröder/Eser/Bosch* Rdn. 12; SSW/*Kudlich/Schuhr* Rdn. 14; *Zaczyk* NK Rdn. 22.

## § 24 Rücktritt

**(1) Wegen Versuchs wird nicht bestraft, wer freiwillig die weitere Ausführung der Tat aufgibt oder deren Vollendung verhindert. Wird die Tat ohne Zutun des Zurücktretenden nicht vollendet, so wird er straflos, wenn er sich freiwillig und ernsthaft bemüht, die Vollendung zu verhindern.**

**(2) Sind an der Tat mehrere beteiligt, so wird wegen Versuchs nicht bestraft, wer freiwillig die Vollendung verhindert. Jedoch genügt zu seiner Straflosigkeit sein freiwilliges und ernsthaftes Bemühen, die Vollendung der Tat zu verhindern, wenn sie ohne sein Zutun nicht vollendet oder unabhängig von seinem früheren Tatbeitrag begangen wird.**

**§ 46 a. F.:**

Der Versuch als solcher bleibt straflos, wenn der Täter

1. die Ausführung der beabsichtigten Handlung aufgegeben hat, ohne dass er an dieser Ausführung durch Umstände gehindert worden ist, welche von seinem Willen unabhängig waren oder
2. zu einer Zeit, zu welcher die Handlung noch nicht entdeckt war, den Eintritt des zur Vollendung des Verbrechens oder Vergehens gehörigen Erfolges durch eigene Tätigkeit abgewendet hat.

**§ 28 E 1962:**

(1) Wegen Versuchs wird nicht bestraft, wer freiwillig die weitere Ausführung der Tat aufgibt oder die Vollendung der Tat verhindert.

(2) Sind an der Tat mehrere beteiligt, so wird wegen Versuchs nicht bestraft, wer freiwillig die Vollendung der Tat verhindert.

(3) Wird die Tat ohne Zutun des Zurücktretenden nicht vollendet oder wird sie unabhängig von seinem früheren Verhalten begangen, so genügt zu seiner Straflosigkeit sein freiwilliges und ernsthaftes Bemühen, die Vollendung der Tat zu verhindern.

**§ 26 AE:**

(1) Wegen Versuchs wird nicht bestraft, wer freiwillig die weitere Ausführung der Tat aufgibt oder deren Vollendung verhindert.

(2) Sind an der Tat mehrere beteiligt, so wird wegen Versuchs nicht bestraft, wer freiwillig seinen Tatbeitrag rückgängig macht oder die Vollendung verhindert.

(3) Bleibt die Tat aus anderen Gründen unvollendet oder der geleistete Tatbeitrag wirkungslos, so ist straflos, wer sich freiwillig und ernsthaft bemüht, zurückzutreten.

### Schrifttum*

*Ahmed* Rücktritt vom versuchten unechten Unterlassungsdelikt (2007); *Amelung* Über die Einwilligungsfähigkeit (Teil II), ZStW **104** (1992) 821; *ders.* Zur Theorie der Freiwilligkeit eines strafbefreienden Rücktritts vom Versuch, ZStW **120** (2008) 205; *Anders* Zur Möglichkeit des Rücktritts vom erfolgsqualifizierten Versuch, GA **2000** 64; *Angerer* Rücktritt im Vorbereitungsstadium (2004); *Arzt* Zur Erfolgsabwendung beim Rücktritt vom Versuch, GA **1964** 1; *Bach* Rücktritt vom Versuch und Erfolgseintritt, Diss. Göttingen 1977; *Bacher* Versuch und Rücktritt vom Versuch beim erfolgsqualifizierten Delikt – zugleich ein Beitrag zum Begriff der Tat (1999); *Backmann* Strafbarkeit des vor Tatbeginn zurücktretenden Tatbeteiligten wegen vollendeter Tat? BGHSt 28, 346, JuS **1981** 336; *Barthel* Bestrafung wegen Vollrauschs trotz Rücktritts von der versuchten Rauschtat? (2001); *Bauer* Außertatbestandsmäßige Handlungsziele beim strafbefreienden Rücktritt – Zugleich Anmerkung zu BGH, Urteil vom 24.6.1993–4 StR 33/93 = MDR 1993, 995, MDR **1994** 132; *ders.* Die Bedeutung der Entscheidung des großen Strafsenats des BGH vom 19.5.1993 für die weitere Entwicklung der Lehre vom strafbefreienden Rücktritt, NJW **1993** 2590; *ders.* Der strafbefreiende Rücktritt vom unbeendeten Versuch – ein Problem der subjektiven „Geschäftsgrundlage" (Tatgrundlage) – Vom fehlgeschlagenen zum sinnlosen Versuch, wistra **1992** 201; *Baumann* Noch einmal: Kenntnis des Verletzten und

* Die Kommentierung basiert auf der von *Lilie* und *Albrecht* bearbeiteten 12. Aufl. von **2007**. Übernommene Passagen sind nicht besonders kenntlich gemacht. Der Autor der aktuellen Auflage, der allein die Verantwortung für deren Inhalt trägt, weiß sich der Verfasserin und dem Verfasser der Vorauflage zu Dank verpflichtet!



https://doi.org/10.1515/9783110300451-007

tätige Reue, BGHSt 24, 48, JuS **1971** 631; *Beckemper* Rücktritt vom Versuch trotz Zweckerreichung, JA **2003** 203; *Berger* Der fehlgeschlagene Versuch – eine entbehrliche Rechtsfigur? (2001); *Bergmann* Einzelakt- oder Gesamtbetrachtung beim Rücktritt vom Versuch? ZStW **100** (1988) 329; *ders.* Die Milderung der Strafe nach § 49 Abs. 2 StGB – Zugleich ein Beitrag zu § 157 Abs. 1 und § 113 Abs. 4 StGB sowie zum Rücktritt vom formell vollendeten Delikt (1988); *Berz* Formelle Tatbestandsverwirklichung und materieller Rechtsgüterschutz (1986); *Beulke* Strafbefreiung durch Rücktritt vom versuchten Prozessbetrug trotz vorangeschalteten versuchten Computerbetrugs? Festschrift Rengier (2018) S. 147; *Bitzilekis* Zur Autonomie der Rücktrittsentscheidung, Festschrift Hassemer (2010) 661; *Blaue* Der Teilrücktritt vom qualifizierten Delikt: Nichts Halbes und nichts Ganzes? ZJS **2015** 580; *Blei* Versuch und Rücktritt vom Versuch nach neuem Recht, JA **1975** 95, 167, 233, 319; *Blöcker* Die tätige Reue (2000); *Bloy* Die Rolle der Strafausschließungs- und Strafaufhebungsgründe in der Dogmatik und im Gutachten, JuS **1993** L 33; *ders.* Zurechnungsstrukturen des Rücktritts vom beendeten Versuch und Mitwirkung Dritter an der Verhinderung der Tatvollendung, BGHSt 31, 46 und BGH, NJW 1985, 813, JuS **1987** 528; *ders.* Die dogmatische Bedeutung der Strafausschließungs- und Strafaufhebungsgründe (1976); *Bockelmann* Wann ist der Rücktritt vom Versuch freiwillig? NJW **1955** 1417; *Borchert/Hellmann* Die Abgrenzung der Versuchsstadien des § 24 Abs. 1 Satz 1 StGB anhand der objektiven Erfolgstauglichkeit, GA **1982** 429; *Bosch* Gesamtbetrachtungslehre und Rücktrittshorizont, Jura **2014** 395; *Boß* Der halbherzige Rücktritt: Zum Rücktritt des Alleintäters vom beendeten Versuch (2002); *Bott* Die sogenannten Denkzettelkonstellationen: Der Rücktritt vom Versuch trotz des Erreichens eines außertatbestandlichen Ziels, Jura **2008** 753; *Bottke* Untauglicher Versuch und freiwilliger Rücktritt, Festschrift 50 Jahre BGH IV (2000) S. 135; *ders.* Mißlungener oder fehlgeschlagener Vergewaltigungsversuch bei irrig angenommenem Einverständnis? Zugleich Besprechung von BGH, Urteil vom 24.6.1993–4 StR 33/93, JZ **1994** 71; *ders.* Zur Freiwilligkeit und Endgültigkeit des Rücktritts vom versuchten Betrug, JR **1980** 441; *ders.* Rücktritt vom Versuch der Beteiligung nach 31 StGB (1980); *ders.* Strafrechtswissenschaftliche Methodik und Systematik bei der Lehre vom strafbefreienden und strafmildernden Täterverhalten (1979); *Brand/Wostry* Kein Rücktritt vom beendeten „fehlgeschlagenen" Versuch? GA **2008** 611; *Bürger* Der fehlgeschlagene Versuch: rechtliche Einordnung und Anwendung des Zweifelssatzes bei fehlenden Feststellungen zum Vorstellungsbild des Täters, ZJS **2015** 23; *ders.* Der Rücktritt vom „teilweise fehlgeschlagenen Versuch" – Eine Betrachtung unter Berücksichtigung der aktuellen Rechtsprechung des BGH, NStZ **2016** 578; *Burkhardt* Der „Rücktritt" als Rechtsfolgebestimmung (1975); *Ceffinato* Von sinnlosen Denkzetteln, JR **2016** 620; *Chang* Rücktritt vom vollendeten Delikt bei der Beteiligung Mehrerer: zugleich ein rechtsvergleichender Beitrag zum deutschen und koreanischen Recht (1993); *Graf zu Dohna* Die Freiwilligkeit des Rücktritts vom Versuch im Lichte der Judikatur des Reichsgerichts, ZStW **59** (1940) 541; *Dold* Eine Revision der Lehre vom Rücktritt vom Versuch (2017); *Dorn-Haag* Klausurrelevante Fragen des Rücktritts mehrerer Beteiligter gemäß § 24 Abs. 2 StGB, JA **2016** 674; *Eisele* Abstandnahme von der Tat vor Versuchsbeginn bei mehreren Beteiligten, ZStW **112** (2000) 745; *Engländer* Der Rücktritt vom versuchten Unterlassungsdelikt durch bloßes Untätigbleiben, JZ **2012** 130; *ders.*, Die hinreichende Verhinderung der Tatvollendung, JuS **2003** 641; *Exner* Versuch und Rücktritt vom Versuch eines Unterlassungsdelikts, Jura **2010** 276; *Fad* Die Abstandnahme des Beteiligten von der Tat im Vorbereitungsstadium (2005); *Fahl* Der „fehlgeschlagene Versuch" – ein „Fehlschlag"? GA **2014** 453; *Fahrenhorst* Fehlschlag des Versuchs bei weiterer Handlungsmöglichkeit, Jura **1987** 291; *Fedders* Tatvorsatz und tätige Reue bei Vorfelddelikten – Der vorausgeplante Rücktritt (2002); *Feltes* Der (vorläufig) fehlgeschlagene Versuch – Zur Abgrenzung von fehlgeschlagenem, beendetem und unbeendetem Versuch, GA **1992** 395; *Freund* Zum Rücktritt vom Versuch bei einem mehraktigen Unterlassungsdelikt, NStZ **2004** 326; *Gebhardt* Möglichkeiten und Grenzen eines (straflosen) Abstandnehmens von der Tat bei mehreren Tatbeteiligten (2005); *Geilen* Sukzessive Zurechnungsunfähigkeit, Unterbringung und Rücktritt, BGHSt 23, 356, JuS **1972** 73; *ders.* Zur Abgrenzung zwischen beendetem und unbeendetem Versuch, JZ **1972** 335; *Gerhold* Schwere Körperverletzung bei Rücktritt von einer versuchten Tötung auf Verlangen, JuS **2010** 113; *Gössel* Der fehlgeschlagene Versuch: Ein Fehlschlag, GA **2012** 65; *ders.* Über den fehlgeschlagenen Versuch, ZStW **87** (1975) 3; *Göttlicher/Heise/Gerjets/Westermann* Rücktritt vom Versuch bei bedingtem Vorsatz – handlungspsychologische Überlegungen zu einem strafrechtlichen Problem, MschKrim **1996** 128; *Gores* Der Rücktritt des Tatbeteiligten (1982); *Grasnick* volens – nolens. Methodologische Anmerkungen zur Freiwilligkeit des Rücktritts vom unbeendeten Versuch, JZ **1989** 821; *Graul* Zur Haftung des (potentiellen) Mittäters für die Vollendung bei Lossagung von der Tat im Vorbereitungsstadium, Gedächtnisschrift Meurer (2002) 89; *Greeve* Zielerreichung im Eventualvorsatz und in anderen Versuchsformen: über Porosität und Bestimmtheit der Rücktrittsvoraussetzungen (§ 24 Abs. 1 Satz 1 StGB) (2000); *Gropp* Vom Rücktrittshorizont zum Versuchshorizont – Überlegungen zur Abgrenzung zwischen Vorbereitung und Versuch (2002) 175; *Grünwald* Zum Rücktritt des Tatbeteiligten im künftigen Recht, Festschrift Welzel (1974) 701; *Günther* Partieller Rücktritt vom Versuch und Deliktswechsel, Gedächtnisschrift Armin Kaufmann (1989) 541; *Guhra/Sommerfeld* Rücktritt vom vollendeten Delikt, JA **2003** 775; *Gutmann* Die Freiwilligkeit beim Rücktritt vom Versuch und bei der tätigen Reue (1963); *Haas* Zum Rechtsgrund von Versuch und Rücktritt, ZStW **123** (2011) 226; *Haft* Der Rücktritt des Beteiligten bei Vollendung der Straftat, JA **1979** 306; *Hardtung* Versuch und Rücktritt bei den Teilvorsatzdelikten des § 11 Abs. 2 StGB: Über Erfolgsqualifikationen und andere sogenannte Vorsatz-Fahrlässigkeits-Kombinationen (2001); *Hassemer* Begriff der Rücktrittshandlungen, JuS **1983** 69; *ders.* Die Freiwilligkeit beim Rücktritt vom Versuch, in *Lüderssen/Sack* (Hrsg.) Vom Nutzen und Nachteil der Sozialwissenschaft für das Strafrecht, Teilbd. 1 (1980) 229; *Hauf* Die aktuelle Rücktrittsproblematik: Straffreiheit bei Verzicht auf „neuen Anlauf" nach zuvor erfolglos gebliebenen Teilakten, wistra **1995** 260; *ders.* Die neuere höchstrichterliche Rechtsprechung zu Versuch und Rücktritt, JA **1995** 776; *ders.* Rücktritt vom Versuch – Diskussion ohne Ende: ein Beitrag zur strafrechtlichen Problematik des Rücktritts bei außertatbestandlicher Zielerreichung (1993); *ders.* Der Große Senat des BGH zum Rücktritt vom unbeendeten Versuch bei außertatbestandlicher Zielerreichung, MDR **1993** 929; *Heckler* Die Ermittlung der beim Rücktritt vom Versuch erforderlichen Rücktrittsleistung anhand der objektiven Vollendungsgefahr – Zugleich ein Beitrag zum Strafgrund des Versuchs (2002); *ders.* Beendeter Versuch bei fehlender Vorstellung des Täters über die Folgen seines Tuns, NJW **1996** 2490; *Heger* Die neuere Rechtsprechung zum strafbefreienden Rücktritt vom Versuch (§ 24 StGB), StV **2010** 320; *Heinitz* Streitfragen der Versuchslehre, JR **1956** 248; *v. Heintschel-Heinegg* Versuch und Rücktritt – Eine kritische Bestandsaufnahme, ZStW **109** (1997) 29; *Herrmann* Der Rücktritt im Strafrecht (2013); *Herzberg* Zum Merkmal „durch den Raub" in § 251 StGB und zum Rücktritt vom tödlichen Raubversuch, JZ **2007** 615; *ders.* Der Rücktritt vom Versuch als sorgfältiges Bemühen, Festschrift Kohlmann (2003) 37; Grundprobleme des Rücktritts vom Versuch und Überlegungen de lege ferenda, NJW **1991** 1633; *ders.* Theorien zum Rücktritt und teleologische Gesetzesdeutung – Erwiderung auf Rudolphi, NStZ 1989, 508 ff, NStZ **1990** 172; *ders.* Aufgeben durch bloßes Aufhören? Der BGH im Dilemma einer Theorie, BGH, NStZ 1989, 525; 1990, 20; 1990, 77, JuS **1990** 273; *ders.* Strafverzicht bei bedingt vorsätzlichem Versuch? Zugleich ein Beitrag zur Entlastung des § 24 StGB, NStZ **1990** 311; *ders.* Rücktritt vom Versuch trotz bleibender Vollendungsgefahr? JZ **1989** 114; *ders.* Zum Grundgedanken des § 24 StGB, NStZ **1989** 49; *ders.* Problemfälle des Rücktritts durch Verhindern der Tatvollendung, NJW **1989** 862; *ders.* Zur subjektiven Seite des Rücktritts durch Verhindern der Tatvollendung, JR **1989** 449; *ders.* Die Not der Gesamtbetrachtungslehre beim Rücktritt vom Versuch, NJW **1989** 197; *ders.* Gesamtbetrachtung und Einzelakttheorie beim Rücktritt vom Versuch – Entwurf einer Synthese, NJW **1988** 1559; *ders.* Grund und Grenzen der Strafbefreiung beim Rücktritt vom Versuch, Festschrift Lackner (1987) 325; *ders.* Beendeter oder unbeendeter Versuch – Kritisches zur neuen Unterscheidung des BGH, NJW **1986** 2466; *ders.* Der Rücktritt mit Deliktsvorbehalt, Gedächtnisschrift Hilde Kaufmann (1986) 709; *ders.* Der Rücktritt durch Aufgeben der weiteren Tatausführung, Festschrift Blau (1985) 97; *ders.* Der Versuch beim unechten Unterlassungsdelikt, MDR **1973** 89; *v. Hippel* Untersuchungen über den Rücktritt vom Versuch (1966); *Hoven* Der Rücktritt vom Versuch in der Fallbearbeitung, JuS **2013** 305, 403; *Hruschka* Zur Frage des Wirkungsbereichs eines freiwilligen Rücktritts vom unbeendeten Versuch, JZ **1969** 495; *Jäger* Strafzumessung bei vollendeter Tat bei Rücktritt vom qualifizierten Versuch, StV **2003** 220; *ders.* Das Freiwilligkeitsmerkmal beim Rücktritt vom Versuch, ZStW **112** (2000) 783; *ders.* Der Rücktritt vom erfolgsqualifizierten Versuch – Entwurf einer Struktursynthese aus Rücktritt als Gefährdungsumkehr und Erfolgsqualifikation als Gefährdungserfolg, NStZ **1998** 161; *ders.* Der Rücktritt vom Versuch als zurechenbare Gefährdungsumkehr (1996); *Jakobs* Zum strafbefreienden Rücktritt vom Versuch eines unechten Unterlassungsdelikts, JZ **2003** 743; *ders.* Rücktritt als Tatänderung versus allgemeines Nachtatverhalten, ZStW **104** (1992) 82; *ders.* Die Bedeutung des Versuchsstadiums für die Voraussetzungen eines strafbefreienden Rücktritts – BGH NJW 1980, 195, JuS **1980** 714; *Janke* Die Täterfreundlichkeit des Bundesgerichtshofs beim Rücktritt von versuchten Tötungsdelikten (2007); *Jescheck* Versuch und Rücktritt bei Beteiligung mehrerer Personen an der Straftat, ZStW **99** (1987) 111; *Kampermann* Grundkonstellationen beim Rücktritt vom Versuch: zur Abgrenzung von fehlgeschlagenem, unbeendetem und beendetem Versuch in § 24 Abs. 1 StGB (1992); *Kienapfel* Probleme des unvermittelt abgebrochenen Versuchs – Ein Beitrag zur Abgrenzung des unbeendeten und des beendeten Versuchs, Festschrift Pallin (1989) 205; *Klöterkes* Rücktritt und Irrtum (1995); *Knörzer* Fehlvorstellungen des Täters und deren „Korrektur" beim Rücktritt vom Versuch nach § 24 Abs. 1 StGB (2008); *Koch-Schlegtendal* Die Verhinderung der Vollendung beim strafbefreienden Rücktritt (2012); *Kölbel/Selter* § 24 II StGB – Der Rücktritt bei mehreren Tatbeteiligten, JA **2012** 1; *Kolster* Die Qualität der Rücktrittsbemühungen des Täters beim beendeten Versuch (1993); *Kostuch* Versuch und Rücktritt beim erfolgsqualifizierten Delikt (2004); *Kottke* Verhältnis der Selbstanzeige bei Steuerhinterziehung zum Rücktritt vom Versuch, DStZ **1998** 151; *Krauß* Der strafbefreiende Rücktritt vom Versuch, JuS **1981** 883; *Kroß* Die versuchte Kettenanstiftung und der Rücktritt der an ihr Beteiligten, Jura **2003** 277; *Kudlich* Grundfälle zum Rücktritt vom Versuch, JuS **1999** 240, 349, 449; *Kühl* Das erfolgsqualifizierte Delikt (Teil II): Versuch des erfolgsqualifizierten Delikts und Rücktritt, Jura **2003** 19; *ders.* Grundfälle zu Vorbereitung, Versuch, Vollendung und Beendigung, JuS **1981** 193; *Küper* Der Rücktritt vom „erfolgsqualifizierten Versuch – dargestellt am versuchten Raub mit Todesfolge, GA **2019** 661; *ders.* Der Rücktritt vom Versuch des unechten Unterlassungsdelikts, ZStW **112** (2000) 1; *ders.* Vollendung, Versuch und Rücktritt im „Interferenzbereich" zwischen Schwangerschaftsabbruch und allgemeinem Tötungsdelikt – ein imaginäres Lehrgespräch, ZIS **2010** 197; *ders.* Der Rücktritt vom „erfolgsqualifizierten Versuch", JZ **1997** 229; *ders.* Versuchs- und

Rücktrittsprobleme bei mehreren Tatbeteiligten, JZ **1979** 775; *Küpper* Rücktritt vom Versuch eines Unterlassungsdelikts, BGH, NStZ 1997, 485, JuS **2000** 225; *Ladiges* Der strafbefreiende Rücktritt bei der Tatbeteiligung mehrerer, JuS **2016** 15; *Lampe* Rücktritt vom Versuch „mangels Interesse"? BGHSt 35, 184, JuS **1989** 610; *Lang-Hinrichsen* Bemerkungen zum Begriff der „Tat" im Strafrecht unter besonderer Berücksichtigung der Strafzumessung, des Rücktritts und der tätigen Reue beim Versuch und der Teilnahme (Normativer Tatbegriff), Festschrift Engisch (1969) 353; *Lenckner* Probleme beim Rücktritt des Beteiligten, Festschrift Gallas (1973) 281; *Lettl* Der Rücktritt des Alleintäters, JuS **1998** L 81; *I.-M. Lew* Freiwilligkeit beim Rücktritt vom Versuch und ihre theoretische Bedeutung – zugleich ein rechtsvergleichender Beitrag zum deutschen und koreanischen Recht (1991); *Linke* Der Rücktritt vom Versuch bei mehreren Beteiligten gemäß § 24 Abs. 2 StGB (2010); *Lönnies* Rücktritt und tätige Reue beim unechten Unterlassungsdelikt, NJW **1962** 1950; *Loos* Dogmenhistorische Bemerkungen zum Rücktritt vom Versuch, Festschrift Jakobs (2007) 347; *ders.* Beteiligung und Rücktritt – Zur Abgrenzung zwischen Absatz 1 und Absatz 2 des § 24 StGB, Jura **1996**, 518; *Loos/Westendorf* Rechtzeitige Anzeige und Rücktritt bei § 138 Abs. 1 StGB – BGH, Urt. v. 19.3.1996–1 StR 497/95 = BGHSt 42, 86 –, Jura **1998** 403; *Lüderssen* Strafbefreiender Rücktritt vom fahrlässigen Delikt? Festschrift Samson (2010) 93; *Maiwald* Psychologie und Norm beim Rücktritt vom Versuch, Gedächtnisschrift Zipf (1999) 255; *ders.* Das Erfordernis des ernsthaften Bemühens beim fehlgeschlagenen oder beendeten Versuch (§ 24 Abs. 1 Satz 2 StGB), Festschrift Wolff (1998) 337; *H.-W. Mayer* Nochmals: Gesamtbetrachtung und Einzelakttheorie beim Rücktritt vom Versuch, NJW **1988** 2589; *ders.* Privilegierungswürdigkeit passiven Rücktrittsverhaltens bei modaler Tatfortsetzungsmöglichkeit (1986); *ders.* Zur Frage des Rücktritts vom unbeendeten Versuch, BGH, MDR 1983, 328 – ein Schritt in die richtige Richtung, MDR **1984** 187; *Miebach/Heim* Neuere Rechtsprechung des BGH zum Rücktritt vom Versuch, NStZ-RR **2009** 129; *Mitsch* Fehlgeschlagener Versuch und Rücktritt beim unechten Unterlassungsdelikt, Festschrift Kindhäuser (2019) 293; *ders.* Der Rücktritt vom Versuch des qualifizierten Delikts, JA **2014** 268; *ders.* Zum Anwendungsbereich des § 31 StGB, Festschrift Herzberg (2008) 443; *ders.* Der Rücktritt des Angestifteten oder unterstützten Täters, Festschrift Baumann (1992) 89; *Müller* Die geschichtliche Entwicklung des Rücktritts vom Versuch bis zum Inkrafttreten des neuen StGB – AT 1975 (1995); *Muñoz Conde* Der mißlungene Rücktritt: Eine Wiederkehr der Erfolgshaftung? GA **1973** 33; *ders.* Theoretische Begründung und systematische Stellung der Straflosigkeit beim Rücktritt vom Versuch, ZStW **84** (1972) 756; *Murmann* Rücktritt vom Versuch des Unterlassungsdelikts durch Verzicht auf aktive Erfolgsherbeiführung? GA **2012** 711; *ders.*, Versuchsunrecht und Rücktritt (1999); *ders.* Rücktritt vom Versuch bei Gleichgültigkeit des Täters? BGHSt **40** 304, JuS **1996** 590; *Müssig* Rücktritt bei Versuchsbeginn? JR **2001** 228; *Mylonopoulos* Die „Vernunft des rechtstreuen Bürgers" als Freiwilligkeitskriterium beim Rücktritt vom unbeendeten Versuch, Festschrift Imme Roxin (2012) 165; *Neubacher* Der halbherzige Rücktritt in der Rechtsprechung des BGH, NStZ **2003** 576; *Nolden* Der Rücktritt vom Versuch nach § 24 I 1 StGB als Wertungsfrage zwischen ultima ratio und Regelvorschrift (1996); *Noltensmeier/Henn* Der Rücktritt vom Versuch nach § 24 I 2 StGB, JA **2010** 269; *Oberhofer* Aberglaube und Unverstand in der Lehre von Versuch und Rücktritt (2016); *Ostermeier* Die Begrenzung der Aufgabevariante des § 24 Abs. 1 S. 1 StGB auf den unbeendeten Versuch, StraFo **2008** 102; *Otto* Rücktritt und Rücktrittshorizont, Jura **2001** 341; *ders.* Fehlgeschlagener Versuch und Rücktritt, Jura **1992** 423; *ders.* Rücktritt und tätige Reue (Rücktritt nach § 310 StGB) bei der Brandstiftung, Jura **1986** 52; *ders.* Versuch und Rücktritt bei mehreren Tatbeteiligten, JA **1980** 641, 707; *ders.* Kausaldiagnose und Erfolgszurechnung im Strafrecht, Festschrift Maurach (1972) 91; *ders.* Fehlgeschlagener Versuch und Rücktritt, GA **1967** 144; *Paeffgen* Rücktrittshorizont vs. Fehlgeschlagener Versuch, Festschrift Puppe (2011) 791; *Pahlke* Rücktritt nach Zielerreichung, GA **1995** 72; *ders.* Rücktritt bei dolus eventualis (1993); *Puppe* Die Rechtsprechung des BGH zum Rücktrittshorizont, ZIS **2011** 524; *dies.* Zur Unterscheidung von unbeendetem und beendetem Versuch beim Rücktritt – Zugleich eine Besprechung der Entscheidung des BGH vom 22.8.1985–4 StR 326/85 – NStZ 1986, 25, NStZ **1986** 14; *ders.* Der halbherzige Rücktritt – Zugleich eine Besprechung zu BGHSt 31, 46, NStZ **1984** 488; *Ranft* Zur Abgrenzung von unbeendetem und fehlgeschlagenem Versuch bei erneuter Ausführungshandlung, BGH, Urteil vom 10.4.1986–4 StR 89/86 = NJW 1986, 2325, Jura **1987** 527; *Rau* Ernsthaftes Bemühen beim Rücktritt nach § 24 Abs. 1 S. 1 StGB? (2002); *Römer* Fragen des „Ernsthaften Bemühens" bei Rücktritt und tätiger Reue (1987); *ders.* Vollendungsverhinderung durch „ernsthaftes Bemühen" – Überlegungen zur Harmonisierung der Rücktrittsvorschriften, MDR **1989** 945; *Rohnfelder* Probleme der Diskongruenz von Kausalverlauf und Vorsatz (2012); *Rolletschke* § 371 AO vs. § 24 StGB: Gibt es im Steuerstrafrecht noch einen Rücktritt vom Versuch?, ZWH **2013** 186; *Rotsch* Rücktritt durch Einverständnis, GA **2002** 165; *Rotsch/Sahan* Strafbefreiender Rücktritt vom Versuch, JZ **2005** 205; *Roxin* Einzelakttheorie und Gesamtbetrachtungslehre, Festschrift Paeffgen (2015) 255; *ders.* Der im Vorbereitungsstadium ausscheidende Mittäter, Festschrift Frisch (2013) 613; *ders.* Der fehlgeschlagene Versuch – eine kapazitätsvergeudende Rechtsfigur? NStZ **2009** 319; *ders.* Die Verhinderung der Vollendung als Rücktritt vom beendeten Versuch, Festschrift Hirsch (1999) 327; *ders.* Der Rücktritt bei Beteiligung mehrerer, Festschrift Lenckner (1998) 267; *ders.* Der fehlgeschlagene Versuch, JuS **1981** 1; *ders.* Unterlassung, Vorsatz und Fahrlässigkeit, Versuch und Teilnahme im neuen Strafgesetzbuch, JuS **1973** 329; *ders.* Der Anfang des beendeten Versuchs, Festschrift Maurach (1972) 213; *ders.* Über den Rücktritt vom unbeendeten Versuch, Festschrift Heinitz (1972) 251; *Rudolphi* Rücktritt vom beendeten Versuch durch erfolgreiches, wenngleich nicht optimales Rettungsbemühen – Zugleich eine Besprechung der Entscheidung des BGH vom 1.2.1989–2 StR 703/88, NStZ **1989** 508; *Ruppert* Die konturlose Korrektur des Rücktrittshorizontes – in dubio pro reo als Weg in die Straffreiheit? JR **2018** 113; *Sancinetti* Subjektive Unrechtsbegründung und Rücktritt vom Versuch. Zugleich eine Untersuchung der Unrechtslehre von Günther Jakobs (1995); *Schäfer* Die Privilegierung des „freiwillig-positiven" Verhaltens des Delinquenten nach formell vollendeter Straftat: zugleich ein Beitrag zum Grundgedanken des Rücktritts vom Versuch und zu den Straftheorien (1992); *Schall* Zum Rücktritt vom Versuch bei bedingtem Tötungsvorsatz und wiederholbarer Ausführungshandlung trotz Zielerreichung, BGH, NStZ 1990, 30, JuS **1990** 623; *Scheinfeld* Der Tatbegriff des § 24 StGB (2006); *ders.* Rücktritt vom Tötungsversuch – Besprechung der BGH-Urteile 2 StR 149/04 (LG Köln) vom 29.9.2004 und 4 StR 326/04 (LG Bochum) vom 25.11.2004 NStZ **2006** 375; *ders.* Gibt es einen antizipierten Rücktritt vom strafbaren Versuch, JuS **2006** 397; *ders.* Der strafbefreiende Rücktritt vom Versuch in der Fallbearbeitung, JuS **2002** 250; *v. Scheurl* Rücktritt vom Versuch und Tatbeteiligung mehrerer (1972); *Schliebitz* Die Erfolgszurechnung beim „misslungenen" Rücktritt (2002); *Schlüchter* Normkonkretisierung am Beispiel des Rücktrittshorizonts, Festschrift Baumann (1992) 71; *Schmoller* Ratenweiser Giftmord mit vorzeitigem Todeseintritt, Festschrift Yamanaka (2017) 197; *Schroeder* Die normative Auslegung JZ **2011** 187; *ders.* Rücktrittsunfähig und fehlerträchtig: der fehlgeschlagene Versuch, NStZ **2009** 9; *ders.* Die Verhinderung des Rücktritts vom Versuch, Festschrift Küper (2007) 539; *ders.* Rücktritt vom Versuch – OLG Karlsruhe, NJW 1978, 331, JuS **1978** 824; *Ch. Schröder* Handbuch Kapitalmarktstrafrecht, 3. Aufl. (2015); *ders.* Rücktritt vom ewig währenden Versuch? JA **1999** 560; *Schröder* Die Freiwilligkeit des Rücktritts vom Versuch, MDR **1956** 321; *ders.* Grundprobleme des Rücktritts vom Versuch, JuS **1962** 81; *ders.* Die Koordinierung der Rücktrittsvorschriften, Festschrift H. Mayer (1966) 377; *ders.* Der Rücktritt des Teilnehmers vom Versuch, MDR **1949** 714; *Schroth* Rücktrittsnorm und außertatbestandliche Zweckerreichung, GA **1997** 151; *Schumann* Der Rücktritt gem. § 24 StGB auf der „Tatbestandsebene" des Versuchs, ZStW **130** (2018) 1; *dies.* Zum Standort des Rücktritts vom Versuch im Verbrechensaufbau (2006); *Schwedhelm/Wulf* Wirksame Strafbefreiende Erklärung für steuerliche Sachverhalte aus dem Jahr 2002, DStR **2005** 1167; *Seelmann* Strafbefreiender Rücktritt vom Versuch eines unechten Unterlassungsdeliktes – Keine Erforderlichkeit der sichersten oder optimalsten Erfolgsverhinderung, JR **2004** 162; *Seier* Rücktritt vom Versuch bei bedingtem Tötungsvorsatz, BGH, StV 1988, 201, JuS **1989** 102; *Sonnen* Fehlgeschlagener Versuch und Rücktrittsvoraussetzungen, JA **1980** 158; *Spatscheck/Bertrand* Rücktritt vom Versuch der Steuerhinterziehung durch Unterlassen als Alternative zur strafbefreienden Selbstanzeige, DStR **2015** 2420; *Steinberg* Tauglicher Versuch und konkrete Gefährdung, GA **2008** 561; *Streng* Rücktritt vom erfolgsqualifizierten Versuch? – Die aufzugebende „Tat" i. S. v. § 24 I StGB und das Analogieverbot, Festschrift Küper (2007) 629; *ders.* Teilrücktritt und Tatbegriff, JZ **2007** 1089; *ders.* Handlungsziel, Vollendungsneigung und „Rücktrittshorizont" – Anmerkung zum Vorlagebeschluß des 1. Strafsenats des BGH vom 27.10. 1992–1 StR 273/92, NStZ 1993, 280, NStZ **1993** 257; *ders.* Rücktritt und dolus eventualis – freiwillige Aufgabe der Tat trotz entfallenden Tatinteresses? JZ **1990** 212; *ders.* Tatbegriff und Teilrücktritt – Zugleich eine Besprechung zum Urteil des BGH vom 23.8.1983–5 StR 408/83, JZ **1984** 652; *Timpe* Unbeendeter Versuch und Rücktrittshorizont, AL **2014** 236; *Traub* Die Subjektivierung des § 46 StGB in der neuesten Rechtsprechung des Bundesgerichtshofs, NJW **1956** 1183; *Ulsenheimer* Grundfragen des Rücktritts vom Versuch in Theorie und Praxis (1976); *ders.* Zur Problematik des Rücktritts vom Versuch erfolgsqualifizierter Delikte, Festschrift Bockelmann (1979) 405; *Vogler* Versuch und Rücktritt bei der Beteiligung mehrerer an der Straftat, ZStW **98** (1986) 331; *M. Walter* Bestimmung der Freiwilligkeit beim Rücktritt vom Versuch, GA **1981** 403; *ders.* Der Rücktritt vom Versuch als Ausdruck des Bewährungsgedankens im zurechnenden Strafrecht (1980); *ders.* Zur Strafbarkeit des zurücktretenden Tatbeteiligten, wenn die Haupttat vollendet wird, JR **1976** 100; *Walther* Vollendungsprobleme beim Tötungsdelikt – Mittäterschaft, Mordqualifikation, Rücktritt – nach Vornahme einer unumkehrbar tödlichen Handlung? NStZ **2005** 657; *Wege* Rücktritt und Normgeltung (2011); *Weidemann* Der „Rücktrittshorizont" beim Versuchsabbruch, GA **1986** 409; *ders.* Zur Bedeutung der Vorsatzart bei der Frage der Versuchsbeendigung, NJW **1984** 2805; *Weinhold* Rettungsverhalten und Rettungsvorsatz beim Rücktritt vom Versuch (1990); *Wörner* Der so genannte fehlgeschlagene Versuch zwischen Tatplan und Rücktrittshorizont – zugleich eine Besprechung von BGH, 2 StR 576/08, Urteil vom 20.5.2009, NStZ **2010** 66; *dies.* Der fehlgeschlagene Versuch zwischen Tatplan und Rücktrittshorizont (2009); *Wolter* Zur Struktur der erfolgsqualifizierten Delikte, JuS **1981** 168; *ders.* Der Irrtum über den Kausalverlauf als Problem objektiver Erfolgszurechnung, ZStW **89** (1977) 649; *Wolters* Der Rücktritt beim „erfolgsqualifizierten Delikt", GA **2007** 65; *Yamanaka* Betrachtungen über den Strafbefreiungsgrund des Rücktritts vom Versuch, Festschrift Roxin (2001) 773; *ders.* Betrachtungen zum Rücktritt des Versuchs anhand der Diskussion in Japan, ZStW **98** (1986) 761; *Zieschang* Anforderungen an die Vollendungsverhinderung beim beendeten Versuch gemäß § 24 I 1, 2 Alt StGB, GA **2003** 353; *Zwiehoff* Das Rücktrittsverhalten beim beendeten Versuch, StV **2003** 631.

Vgl. auch das Schrifttum Vor § 22.

## Entstehungsgeschichte

§ 24 hat durch das 2. StrRG zum 1.1.1975 § 46 a. F. abgelöst und versucht, dessen Regelungsinhalt zu präzisieren. Mit der Vorschrift sollten bis dahin bestehende Unklarheiten und Streitfragen einer Lösung zugeführt werden. Inhaltlich lehnt sich § 24 in weiten Teilen an § 28 E 1962 an.[1]

Ähnlich wie bei den Versuchsvorschriften ist die Entwicklung der Rücktrittsregelungen durch die unterschiedlichen Auffassungen zum Strafgrund des Versuchs (dazu eingehend vor § 22 Rdn. 56 ff) gekennzeichnet.[2]

Wie § 46 a. F. (zu dessen Wortlaut und seinen Auslegungsdifferenzen *Müller* S. 74 ff; *Vogler* LK[10] Entstehungsgeschichte) unterscheidet Absatz 1 bei den Voraussetzungen eines *Rücktritts des Einzeltäters* zwischen unbeendetem und beendetem Versuch.[3] Entgegen der ziffernmäßigen Aufteilung in der alten Fassung sind beide Fallgruppen nunmehr in einem Satz zusammengefasst; in beiden Fällen wird für die Straflosigkeit die Freiwilligkeit des Rücktritts vorausgesetzt. Beim unbeendeten Versuch genügt gem. § 24 Abs. 1 Satz 1 Alt. 1 das bloße „Aufgeben der Tat"; vom Täter wird lediglich verlangt, dass er von der weiteren Tatausführung Abstand nimmt. Demgegenüber erfordert der beendete Versuch nach § 24 Abs. 1 Satz 1 Alt. 2 die „Verhinderung der Vollendung" durch den Täter. Anders als bei § 46 Nr. 2 a. F. hängt die strafbefreiende Wirkung beim beendeten Versuch nicht mehr davon ab, dass die Tat im Zeitpunkt des Rücktritts noch nicht entdeckt war.[4] Zudem ist der Zusatz „durch eigene Tätigkeit" gestrichen worden.

Absatz 2 regelt erstmals ausdrücklich den Rücktritt vom versuchten Delikt bei *mehreren Tatbeteiligten*. § 46 a. F. war auf den Alleintäter zugeschnitten, so dass Rechtsprechung und Lehre für den Rücktritt vom Versuch bei der Tatbeteiligung mehrerer entsprechende Grundsätze zu entwickeln hatten,[5] die nunmehr teilweise in § 24 umgesetzt sind. Im Gegensatz zu § 24 Abs. 1 kommt es im Rahmen des Rücktritts vom Versuch bei mehreren Tatbeteiligten weder auf den Verwirklichungsgrad der Haupttat noch maßgebend auf den Erfüllungsgrad des Beteiligtenbeitrags an. § 24 Abs. 2 verlangt, dass der zurücktretende Beteiligte die Vollendung der Tat freiwillig verhindert bzw. sich zumindest freiwillig und ernsthaft bemüht, die Vollendung zu verhindern, wenn die Tat ohne sein Zutun nicht vollendet oder unabhängig von seinem früheren Tatbeitrag begangen wird. Damit reicht auch im Fall eines unbeendeten Versuchs bloßes Nichtweiterhandeln zur Straflosigkeit in der Regel nicht aus. Diese Verschärfung wird in der amtlichen Begründung mit der Erwägung gerechtfertigt, „dass eine Tat, an der mehrere Täter beteiligt sind, in aller Regel gefährlicher ist als die einer Einzelperson und dass mit der Rückgängigmachung des einzelnen Tatbeitrages diese erhöhte Gefährlichkeit nicht aufgehoben wird. Da der Mittäter dazu beigetragen hat, dass die anderen Täter mit ihrer Tätigkeit begonnen haben, ist von ihm im Grundsatz zu fordern, dass er die Vollendung der Tat verhindert".[6]

Mit der Formulierung „wegen Versuchs" hat der Gesetzgeber klargestellt, dass in den Fällen, in denen gleichzeitig noch ein anderes Delikt vollendet wird, nur das versuchte, nicht jedoch das vollendete Delikt straflos bleibt.[7]

---

**1** Begr. S. 145; Niederschriften 2 171, 173, 177, 184, 190, 193, 198 ff, 226; 9 303; vgl. auch § 26 AE und seine Begründung sowie den schriftlichen Bericht des Sonderausschusses zum 2. StrRG (BT-Drucks. V/4095 S. 12; Prot. V. 1757, 1769). Siehe zur Dogmengeschichte auch *Loos* FS Jakobs 347 ff.

**2** Vgl. *Heckler* S. 32 ff, 39 ff, 107 f; *Hillenkamp* LK[12] vor § 22 Rdn. 55 ff und § 22 Rdn. 54 ff; *Murmann* Versuchsunrecht S. 1 f, 36 ff; *Vogler* LK[10] Entstehungsgeschichte; zur Entwicklung des Rücktritts vom Inkrafttreten des § 46 a. F. bis zum Inkrafttreten des 2. StrRG ausführlich *Müller* S. 74 ff; auch für die Zeit davor *Lang-Hinrichsen* FS Engisch 353, 366 ff, Fn. 34 ff; einen Überblick gibt *Zwiehoff* StV **2003** 631, 633; ebenso *Zieschang*, GA **2003** 353.

**3** Dazu BGHSt **40** 304; **40** 75; BGH NStZ **1999** 449, 450; BGH NStZ **1999** 299, 300; BGH StV **1996** 23; BGH StV **1994** 181; BGH StV **1993** 190; BGHR § 24 Abs. 1 Satz 1 Versuch, unbeendeter 31; OLG Karlsruhe NJW **1978** 331; *Sch/Schröder/Eser/Bosch* Rdn. 6; *Küper* ZStW **112** (2000) 1, 2; *Küper* JZ **1983** 264 (insbesondere Fn. 1); *Lackner/Kühl/Kühl* Rdn. 3; *Fischer* Rdn. 3; **kritisch** zu den Begriffen u. a. *v. Heintschel-Heinegg* ZStW **109** (1997) 29, 34 f; *Herzberg* NJW **1991** 1633; *Herzberg* NJW **1988** 1559, 1562; *Jäger* S. 27 f; *Jakobs* ZStW **104** (1992) 82, 100; *Krauß* JuS **1981** 883, 885; *v. Scheurl* S. 43 f; *Ulsenheimer* S. 131, 148 ff, 217 f; ausführlich dazu unten Rdn. 131 ff.

**4** Zu den mit der alten Fassung verbundenen Fragen *Vogler* LK[10] Entstehungsgeschichte.

**5** Vgl. nur *Busch* LK[9] § 46 a. F. Rdn. 44; *Müller* S. 79; *Sch/Schröder*[17] § 46 a. F. Rdn. 41 ff; *Vogler* LK[10] Entstehungsgeschichte.

**6** BT-Drucks. V/4095 S. 12; ähnlich auch *Maurach/Gössel/Zipf* AT 2 § 50 Rdn. 85; kritisch dazu aber *Sch/Schröder/Eser/Bosch* Rdn. 74, 101 f; *Grünwald* FS Welzel 701, 704 ff; *Lenckner* FS Gallas 281, 295 ff, 305 f; *Meyer* ZStW **87** (1975) 598, 619 ff; *Walter* S. 134 ff; ebenfalls kritisch, aber die Neufassung respektierend u. a. *Krey/Esser* AT Rdn. 1325; *Lackner/Kühl/Kühl* Rdn. 26; *Roxin* JuS **1973** 329, 332 f; *Roxin* FS Lenckner 267, 278 f; *Zaczyk* NK Rdn. 94; zum Ganzen ausführlich unten Rdn. 414 ff.

**7** Vgl. dazu E 1962 Begr. S. 146 und unten Rdn. 565 f.

## Übersicht

## Alphabetisches Stichwortverzeichnis

Zahlen = Randnummern

## I. Allgemeines

1 § 24 setzt voraus, dass der Versuch überhaupt **strafbar** ist. Ein strafbefreiender Rücktritt ist ausgeschlossen, soweit der Gesetzgeber den Versuch eines Delikts nicht unter Strafe gestellt hat (§ 23 Abs. 1),[8] es aus rechtlichen Gründen nicht zum Versuch kommen kann oder die Strafbarkeit des an sich tatbestandsmäßigen Handelns an anderen Voraussetzungen scheitert. Auch eine *objektive Strafbarkeitsbedingung*, etwa beim Bankrott (§ 283) und der Schuldnerbegünstigung (§ 283d) die Zahlungseinstellung, die Eröffnung des Insolvenzverfahrens oder die Ablehnung des Eröffnungsantrags mangels Masse (§ 283 Abs. 6 bzw. § 283d Abs. 4), ist Voraussetzung, um die Versuchsstrafbarkeit zu begründen. Fehlt es an ihr, so liegt kein strafbarer Versuch vor und ein Rücktritt kommt nicht in Betracht. Der Versuch muss zudem *als solcher* strafbar sein. Da § 24 den Rücktritt vom Versuch regelt, kann er nur angewendet werden, wenn die Tat nicht **vollendet** ist (zu den Auswirkungen eines Rücktritts vom versuchten Delikt auf gleichzeitig vollendete Delikte unten Rdn. 573 ff).

2 **Absatz 1** regelt die Rücktrittsvoraussetzungen beim **Alleintäter** und stellt abhängig vom Stadium des Versuchs unterschiedliche Anforderungen auf. Während der Täter beim Rücktritt vom *unbeendeten* Versuch schon dadurch Straffreiheit erlangt, dass er „freiwillig die weitere Ausführung der Tat aufgibt" (insoweit ausführlich unten Rdn. 212 ff), muss er beim *beendeten* Versuch „freiwillig deren Vollendung verhindern" (dazu unten Rdn. 301 ff). Absatz 1 Satz 2 eröffnet Straffreiheit auch für die Fälle, in denen der Täter zwar die Vollendung einer Tat verhindern will, seine Bemühungen aber keinen Erfolg haben, die Tat jedoch aus anderen Gründen nicht zur Vollendung kommt. Seine Straffreiheit setzt voraus, dass er sich ernsthaft und freiwillig um die Verhinderung der Vollendung bemüht (ausführlich unten Rdn. 369 ff).

3 **Absatz 2** umschreibt die Voraussetzungen, unter denen der Rücktritt bei **Tatbeteiligung mehrerer** zur Straflosigkeit führt (zum Anwendungsbereich vgl. Rdn. 426 ff). Der Beteiligte wird dann wegen Versuchs nicht bestraft, wenn er freiwillig die Vollendung der Tat verhindert. Wird die Tat ohne sein Zutun nicht vollendet oder unabhängig von seinem früheren Tatbeitrag begangen, genügt zur Straflosigkeit sein freiwilliges und ernsthaftes Bemühen, die Vollendung der Tat zu verhindern (dazu unten Rdn. 452 ff, 491 ff, 509 ff).

4 Mit strafbefreiender Wirkung kann nur **jeder für sich** selbst zurücktreten, der Rücktritt des Täters kommt also nicht ohne weiteres auch dem Mittäter, Nebentäter, Anstifter oder Gehilfen zugute.[9]

---

**8** Dadurch, dass der Gesetzgeber auch den Versuch vieler Vergehen immer häufiger unter Strafe stellt (§ 23 Abs. 1 2. HS) – so z. B. durch das 6. StrRG zum 1.4.1998 den Versuch der einfachen Körperverletzung (§ 223 Abs. 2) und der Freiheitsberaubung (§ 239 Abs. 2) (dazu BT-Drucks. 13/8587 S. 18, 36, 41, 43) sowie 2008 den Versuch des sexuellen Missbrauchs von Jugendlichen (§ 182 Abs. 4) –, wird die Zahl der Vergehen, bei denen der Versuch nicht strafbar ist (z. B. §§ 123, 124, 133, 136, 145, 153, 181a), weiter eingeschränkt. Mit Blick auf die gesunkene Zahl der Verbrechenstatbestände relativierend *Schroeder* NJW **1999** 3612, 3613.

**9** BGHSt **4** 172, 179; **42** 158, 162; BGHR § 24 Abs. 1 Satz 1 Rücktritt 4; BGH NStZ **1989** 317, 318; BGH bei Holtz MDR **1986** 974; KG Berlin 3 AR 66/96–5 Ws 223/97 v. 23.4.1997; *Gropp* AT § 9 Rdn. 180; *Jakobs* AT 26/24; *Jäger* SK Rdn. 100; *Fischer* Rdn. 37, 44; *Zaczyk* NK Rdn. 97; rechtsvergleichend *Jescheck* ZStW **99** (1987) 111.

## 1. Grund der Straflosigkeit

5 Hinsichtlich des Rechtsgrundes der Straflosigkeit des Rücktritts vom Versuch werden seit Jahrzehnten unterschiedliche Auffassungen vertreten.[10] Auch die Neufassung der Rücktrittsvorschrift zum 1.1.1975 hat insoweit zu keiner Verständigung geführt.[11] Da der Wortlaut von § 24 Spielraum für unterschiedliche Interpretationen lässt, verlangt eine angemessene Bestimmung des Anwendungsbereichs der Vorschrift häufig nach einem Rückgriff auf den Grund der Strafbefreiung im Rahmen einer **teleologischen Interpretation** (vgl. *Jescheck/Weigend* § 51 I 1; *Kudlich* JuS **1999** 240).[12] Da eine **Festlegung des Gesetzgebers** auf ein bestimmtes Erklärungsmodell **nicht erkennbar** ist, bleibt es die Aufgabe von Rechtsprechung und Wissenschaft, eine konsistente Begründung zu entwickeln.[13] Dabei folgt es als Konsequenz aus den Auslegungsspielräumen, die der Wortlaut und das Schweigen des Gesetzgebers eröffnen, dass es die Begründung für „den" Rücktritt nicht gibt, sondern die Bestimmung der ratio immer schon auf ein bestimmtes Verständnis von § 24 zugeschnitten ist. Eine weitere grundsätzliche Schwierigkeit bei der Suche nach einem Grund für die Straflosigkeit des Zurücktretenden liegt darin, dass man **bezweifeln** kann, ob eine vollständige **Straflosigkeit** überhaupt oder zumindest für alle Fälle eine **angemessene Reaktion** auf den Rücktritt darstellt.[14] Hält man die Regelung, wonach keine weiteren Schattierungen zwischen voller Versuchsstrafbarkeit und Straflosigkeit vorgesehen sind, für nicht sachgerecht, so lässt sich eine überzeugende Begründung für das geltende Recht naturgemäß nicht finden. Von diesem Standpunkt aus kann es dann nur darum gehen, der gesetzlichen Regelung eine näherungsweise plausible Begründung zu unterlegen. Beispielhaft: Es ist geradezu fernliegend, dass (wie die herrschende Strafzwecklehre meint, Rdn. 32 f) mit dem Rücktritt in jedem Fall das Strafbedürfnis entfallen sei (womit die strafbefreiende Wirkung des Rücktritts als zwingend anzusehen wäre);[15] aber der Gesetzgeber hat natürlich die Möglichkeit, das Strafbedürfnis in Rücktrittskonstellation pauschal für so gering zu erachten, dass der Verzicht auf Strafe vertretbar erscheint. Den Vorzug verdient freilich eine Theorie, die die gesetzliche Regelung überzeugend erklärt. Die verschiedenen Auffassungen unterscheiden sich durch **unterschiedliche Bestimmungen des Verhältnisses des Rücktritts zur versuchten Straftat.** Teilweise wird angenommen, dass der Rücktritt bereits das Unrecht der versuchten Tat oder deren Verschulden betrifft. Anders als diese Ansätze, die Versuch und Rücktritt als Wertungseinheit begreifen, soll der Rücktritt nach h. M. die Strafbedürftigkeit betreffen. Aus diesem Raster fällt die kriminalpolitische Theorie heraus, die die Funktion des Rücktrittsprivilegs in einer prä-

---

**10** Zum Überblick vgl. *Berz* S. 6 ff; *Blöcker* S. 34 ff; *Boß* S. 15 ff; *Greeve* S. 182 ff; *Heckler* S. 109 ff; *Jäger* S. 3 ff; *Kudlich* JuS **1999** 240 f; *Kühl* AT § 16 Rdn. 4 ff; *Maurach/Gössel/Zipf* AT 2 § 41 Rdn. 11 ff; *Murmann* Versuchsunrecht S. 27 ff; *Rau* S. 22 ff; *Jäger* SK Rdn. 1 ff; *Ulsenheimer* S. 33 ff, 64 ff; *Weinhold* S. 12 ff; *Zaczyk* NK Rdn. 2 ff.

**11** In diesem Sinne auch *Bloy* S. 149; *Sch/Schröder/Eser/Bosch* Rdn. 2; *Murmann* Versuchsunrecht S. 1, 27; *Vogler* LK[10] Rdn. 6; anschaulich *Jäger* S. 3, der meint, dass § 24 „Gefahr (läuft,) zu einem Paradigma strafrechtlicher Meinungsvielfalt und Willkür zu werden"; ähnlich auch *Schünemann* GA **1986** 293, 321, der in § 24 „einen eigenen Problemkosmos" sieht; **aA** wohl *Otto* AT § 19 Rdn. 2 ff, der meint, dass „im wesentlichen ... Einigkeit über den Grundgedanken des § 24" bestehe, „Unterschiede ... allerdings durch die jeweilige Betonung einzelner Akzente begründet" seien.

**12** Kritisch *Hoffmann-Holland* MK Rdn. 17: es sei „aussichtslos und irrweghaft", mit Hilfe der ratio legis Problemfälle lösen zu wollen.

**13** *Haas* ZStW **123** (2011) 226, 233.

**14** Zur Uneinheitlichkeit der Regelungen in historischer und rechtsvergleichender Hinsicht *Herrmann* S. 204 ff bzw. 228 ff. Kritisch zur obligatorischen Strafaufhebung etwa *Bergmann* ZStW **100** (1988) 329, 353 ff; *Burkhardt* S. 195 ff; *Freund* GA **2005** 321, 331 f; *ders./Rostalski* AT § 9 Rdn. 18; *Herrmann* S. 221 ff; *Lackner/Kühl/Kühl* Rdn. 6; *Ulsenheimer* S. 346 f; *Wege* S. 92 ff (mit Reformvorschlag S. 142 ff). Dieses Bedenken gewinnt insbesondere dann Gewicht, wenn man den Anwendungsbereich von § 24 sehr weit zieht. Dagegen für die Auffassung, wonach der Rücktritt zwingend zur Straffreiheit führt, *Jäger* S. 128; *Zaczyk* NK Rdn. 5. Zur dogmengeschichtlichen Einbettung der Frage *Loos* FS Jakobs 347 ff.

**15** Klug dazu *Loos* FS Jakobs 347 f.

ventiven Steuerungsleistung erblickt, die dann auch dem Opferschutz zugute komme. Insgesamt hat sich ein außerordentlich **unübersichtlicher Streitstand** herausgebildet:

**a) Die kriminalpolitische Theorie.** Die auf *Feuerbach* (Kritik des Kleinschrodischen Entwurfs [1804] S. 102 ff) zurückgehende und nach Inkrafttreten des Reichsstrafgesetzbuchs im Jahre 1871 u. a. von *v. Liszt* (Das deutsche Reichsstrafrecht [1881] S. 143; *v. Liszt/Schmidt* AT S. 315) wesentlich geprägte sog. kriminalpolitische Theorie sieht im strafbefreienden Rücktritt eine „goldene Brücke". Diese erleichtere dem Täter die Umkehr zum rechtmäßigen Verhalten; die ins Werk gesetzte Gefährdung werde beseitigt, wenn der Täter die „goldene Brücke" beschreite.[16] Und umgekehrt: Fehle eine Regelung, die dem Täter Strafbefreiung im Falle eines Rücktritts zubilligt, so werde er geradezu zur Vollendung der Straftat getrieben, weil ihm der Weg zurück in die Straflosigkeit verlegt werde.[17] Der Rücktritt ist in diesem Konzept ein Instrument der **Spezialprävention.** 6

Gegen diese Theorie ist nichts einzuwenden, soweit sie lediglich einen gewünschten **Nebeneffekt** beschreibend erfasst. Eine **Begründung** für die Straflosigkeit vermag sie aber schon deshalb **nicht** zu bieten, weil die „goldene Brücke" nicht an die – durch den Rücktritt aufzuhebende – Begründung der Versuchsstrafbarkeit anknüpft, sondern an die schlichte Existenz der Rücktrittsregelung.[18] Auch insoweit ist ihre Tragweite aber begrenzt. Zwar hat die strafbefreiende Wirkung des Rücktritts möglicherweise einen Einfluss auf die Entscheidung des Täters;[19] jedoch wird dies in aller Regel **nicht der entscheidende „Anreiz"** dafür sein, die ins Werk gesetzte Tat wieder rückgängig zu machen.[20] Schon die psychologische Annahme der kriminalpolitischen Theorie widerspricht der Realität. Die Verheißung der Straflosigkeit spielt beim Rücktritt allenfalls eine untergeordnete Rolle.[21] Wenn der Täter bei der Tatbegehung das Strafbarkeitsrisiko überhaupt reflektiert, so wird er regelmäßig darauf vertrauen, dass seine Tat unentdeckt – und er deshalb straflos – bleibt.[22] Zudem müsste der Täter angesichts der komplizierten Vorschrift handfeste 7

---

16 Ständige Rechtsprechung des RG seit RGSt **6** 341, 342; vgl. auch RGSt **73** 53, 60; **72** 349, 350; **63** 158, 159; ebenso *Puppe* NStZ **1984** 488, 490, die jedoch in späteren Beiträgen die Straflosigkeit wegen Rücktritts auf die „Honorierung einer Umkehrleistung" zurückführt – so *Puppe* NStZ **1986** 14, 18 und NStZ **1990** 433, 434 – und somit nun der sog. Verdienstlichkeitstheorie (zu dieser unten Rdn. 10 f) zuzuordnen ist; zumindest teilweise auch *SSW/Kudlich/Schuhr* Rdn. 14; *Stratenwerth/Kuhlen* AT § 11 Rdn. 70; zur kriminalpolitischen Theorie ausführlich *Greeve* S. 185 ff; *Heckler* S. 110 ff; *Kudlich* JuS **1999** 240 f; *Maurach/Gössel/Zipf* AT 2 § 41 Rdn. 28; *Ulsenheimer* S. 42 f, 64 ff; zu älteren Nachweisen vgl. auch *Vogler* LK[10] Rdn. 8 (Fn. 2).

17 *Feuerbach* Kritik des Kleinschrodischen Entwurfs (1804) S. 102 f; *Amelung* ZStW **120** (2008) 205, 210; *Jescheck/Weigend* § 51 I 2; *Puppe* NStZ **1984** 490; in diesem Sinne auch *Kampermann* S. 202; vgl. ebenfalls *Heckler* S. 112 f. Kritisch *Hoffmann-Holland* MK Rdn. 25. Eher fernliegend erscheint der Gedanke, dass die beruhigende Gewissheit der Rücktrittsmöglichkeit zum Eintritt in das Versuchsstadium verleite; dazu *Treplin* ZStW **76** (1964) 441, 467; *Herrmann* S. 194; *Wege* S. 23.

18 *Herrmann* S. 194; *Zaczyk* NK Rdn. 2.

19 Vgl. *Grünwald* FS Welzel 701, 709.

20 Vgl. BGHSt **14** 75, 80; **9** 48, 52; *Baumann/Weber/Mitsch/Eisele* § 23 Rdn. 10; *Bockelmann* NJW **1955** 1417, 1419; *Boß* S. 19; *Bottke* Strafrechtswissenschaftliche Methodik S. 213 f; *Sch/Schröder/Eser/Bosch* Rdn. 2; *Giffhorn* Über Bedeutung und Begriff der „Freiwilligkeit" beim Rücktritt vom Versuch und bei der tätigen Reue (1948) S. 17; *Haft* JA **1979** 306, 312; *Haft* AT S. 234; *Heinitz* JR **1956** 248, 249; *Jäger* S. 5; *ders.* SK Rdn. 2, *Jakobs* ZStW **104** (1992) 82, 84 f; *Jescheck/Weigend* § 51 I 2; *Lang-Hinrichsen* FS Engisch 353, 368; *Lenckner* FS Gallas 281, 306; *Otto* GA **1967** 144, 150; *Jäger* SK Rdn. 2; *Streng* NStZ **1993** 582, 583; *Ulsenheimer* S. 64 ff, 274; *Walter* S. 8, 12 ff; *Wege* S. 22 f; *Wessels/Beulke/Satzger* Rdn. 1004; so auch *Jakobs* AT 26/5, dem zuzustimmen ist, wenn er ausdrücklich auf die Besonderheiten der Selbstanzeige bei einer Steuerhinterziehung (§ 371 AO) hinweist; **kritisch** auch *Herzberg* FS Lackner 325, 344.

21 Vgl. dazu die Übersicht über veröffentlichte Entscheidungen des Reichsgerichts bei *Bockelmann* NJW **1955** 1417, 1420; *Ulsenheimer* S. 274; **kritisch** insoweit *Greeve* S. 186 ff.

22 *Wege* S. 23.

**Rechtskenntnisse** besitzen und sich stets die Verheißung der Straflosigkeit vergegenwärtigen.[23] Der Einwand der Lebensferne trifft gleichermaßen die Variante, dass sich der Täter bei Fehlen einer Strafbefreiung zur Fortführung der Tat geradezu gedrängt sehe, weil die Strafe ohnedies verwirkt sei.[24] Auch dies setzt entsprechende Reflexionen im Ausführungsstadium und die erforderlichen Rechtskenntnisse voraus (bei deren Vorliegen der Täter sich auch ohne eine strafbefreiende Wirkung des Rücktritts immerhin noch sagen könnte, dass er bei einem Versuch zumindest auf eine mildere Strafe hoffen kann). Vor diesem Hintergrund lässt sich auch nicht behaupten, die goldene Brücke sei eben nur für bestimmte Fälle eine geeignete Erklärung der Straflosigkeit. Vielmehr ist die kriminalpolitische Theorie als allgemeine Erklärung von § 24 damit vollkommen untauglich. Es spricht viel dafür, dass auch der Gesetzgeber den Grund für die Strafbefreiung nicht in der kriminalpolitischen Theorie erblickt hat.[25]

8 Teilweise wird vertreten, dass Opferschutz und Wiedergutmachung durch den Täter-Opfer-Ausgleich (§§ 46a StGB, 153a Abs. 1 Nr. 5 StPO, 10 Abs. 1 Nr. 7 JGG) und die tätige Reue (z. B. §§ 83a, 149 Abs. 2 und 3, § 152a Abs. 5, §§ 306e, 314a, 320, 330b StGB, aber auch § 153e StPO) in weiten Kreisen bekannt seien, ihnen eine **Appellfunktion** zukomme und § 24 „als positive Anrechnung für schadensabwendende und wiedergutmachende Verhaltensweisen ... sozialmoralisch verankert“ sei.[26] Auch dies ist ein Versuch, die Theorie der goldenen Brücke zu stützen. Eine solide Verankerung im allgemeinen Bewusstsein ist aber schon deshalb zweifelhaft, weil die genannten Vorschriften überwiegend jüngeren Datums sind. Zudem dürfte die psychische Befindlichkeit des Täters im (dem Rücktritt zugänglichen) Stadium der Tatausführung schwerlich mit der vergleichbar sein, in der sich der Täter befindet, wenn er über ein – im Regelfall zudem nur strafmilderndes – sonstiges Nachtatverhalten entscheidet (ähnlich *Lilie/Albrecht* LK[12] Rdn. 9). Dass der Laie geradezu selbstverständlich von der strafbefreienden Wirkung eines Rücktritts ausgehen soll,[27] zumal, nachdem er das Opfer bereits in akute Gefahr gebracht hat, ist jedenfalls in dieser Allgemeinheit nicht plausibel. Das zeigt sich auch daran, dass die obligatorische Strafbefreiung beim Rücktritt im internationalen Vergleich nicht die Regel darstellt (vgl. vor § 22 Rdn. 150 ff).

9 Darüber hinaus bedingt der Rückgriff auf die „goldene Brücke“ Unsicherheiten hinsichtlich des Anwendungsbereichs von § 24 und führt zu einer gewissen **Uferlosigkeit**, weil nicht begründbar ist, weshalb der staatlich angebotene Handel – Straffreiheit gegen den Verzicht auf die Verwirklichung von Straftaten – auf den Versuch begrenzt werden kann.[28] Insoweit ist *Sancinetti* (S. 124, Fn. 33) darin zuzustimmen, dass allein „die Möglichkeit eines Weges zum Rückzug kein *ausreichendes* Fundament für die Zuerkennung von Straflosigkeit ist“. Schließlich kann die Lehre vom Rücktritt als „goldene Brücke“ die Strafbefreiung beim untauglichen Versuch nicht erklären.[29]

10 **b) Opferschutz.** In engem Zusammenhang mit der kriminalpolitischen Theorie steht der Gedanke des Opferschutzes. Beschreitet der Täter die „goldene Brücke“, so kommt dies auch dem Opfer zugute.[30]

---

23 So auch *Baumann/Weber/Mitsch/Eisele* § 23 Rdn. 10; *Bockelmann* NJW **1955** 1417, 1420; *Bockelmann* in: Niederschriften **2** 178; *Bottke* Strafrechtswissenschaftliche Methodik S. 213, Fn. 56; *Sch/Schröder/Eser/Bosch* Rdn. 2; *Jescheck/Weigend* § 51 I 2; *Jäger* SK Rdn. 2; *Stratenwerth/Kuhlen* AT § 11 Rdn. 70; *Ulsenheimer* S. 69; *Wessels/Beulke/Satzger* Rdn. 1004.

24 *Amelung* ZStW **120** (2008) 205, 210 meint dagegen, der Einwand der Lebensferne greife hier nicht.

25 Näher *Haas* ZStW **123** (2011) 226, 232.

26 So ausdrücklich *Greeve* S. 186 f; auch *Herrmann* S. 194; *Hoffmann-Holland* MK Rdn. 23 f; *H.-W. Mayer* S. 28, 71 f.

27 *Hoffmann-Holland* MK Rdn. 23 f.

28 *Jakobs* ZStW **104** (1992) 82, 83 ff; *Dold* S. 15; *Haas* ZStW **123** (2011) 226, 232; *Wege* S. 24; vgl. auch *Puppe* NStZ **2015** 332 f.

29 v. *Heintschel-Heinegg* ZStW **109** (1997) 29, 40; *Jakobs* ZStW **104** (1992) 82, 84; *Sancinetti* S. 123 f, insbesondere Fn. 33.

30 Freilich findet sich hier – wie schon bezogen auf die kriminalpolitische Theorie – auch der gegenläufige Gedanke, wonach eine großzügige Rücktrittsregelung den Täter zum (besonders gefährlichen) Versuch erst ermutigt; vgl.

**aa) Opferschutz als Rücktrittsprinzip.** Vor allem *Weinhold* (S. 30 ff) sieht im Opferschutz das eigentliche Rücktrittsprinzip. Da das Täterverhalten als Bewertungs- und Legitimationsgrundlage des Rücktritts eine „Sackgasse" sei (*Weinhold* S. 30 ff), müsse das Opferargument herangezogen werden. Aus der Perspektive des Opfers sei der staatliche Strafanspruch zurückzustellen, soweit er dem Interesse des Opfers entgegenstehe (*Weinhold* S. 31).[31] Durch den Bezug auf die Interessen des Opfers lasse sich klären, warum durch einen Rücktritt die bereits verwirkte Versuchsstrafe rückwirkend entfalle, so dass auf konstruktive Kriterien der Rücktrittsvoraussetzungen zugegriffen werden könne (*Weinhold* S. 32). Das Rücktrittsinstitut als Opferschutzrecht werde allerdings vom Schuldprinzip begrenzt (*Weinhold* S. 40). 11

Mit ihrem Ansatz gelingt es *Weinhold* **nicht, das Rücktrittsprivileg zu begründen**. Sie definiert den Begriff je nach der Zweckrichtung des einzelnen Delikts unterschiedlich. Das hat zur Folge, dass die individuellen Opferaspekte zu einer Vielfalt führen, die dem Rücktritt alle Konturen nimmt und in ihrer Unbestimmtheit dem Anliegen des Rücktritts zuwiderläuft. Dadurch, dass ein genereller Maßstab fehlt, können für den Rücktrittswilligen keine sicher vorhersehbaren Maßstäbe aufgestellt werden. Zudem zeigt die gesetzliche Regelung, dass dem Opferschutz auch Grenzen gesetzt sind, er also nicht das maßstabbildende Prinzip ist.[32] Wie schon bei Behandlung der „goldenen Brücke" gezeigt (Rdn. 6 ff), bleibt die Wirkung des Rücktrittsprivilegs hinsichtlich der opferschützenden Wirkung empirisch zweifelhaft.[33] Das Spannungsverhältnis mit dem Schuldprinzip lässt sich so nicht überzeugend auflösen. Grundsätzlicher noch ist einzuwenden, dass der Schutz des Opfers weder die Strafe legitimieren noch ihrer Legitimation entgegenstehen kann. Die Strafe wird auf ihre mit der Androhung verbundene präventive Wirkung verkürzt. 12

**bb) Opferschutz als Teilaspekt des Rücktrittsprivilegs.** Der BGH[34] sieht wie ein Teil der Lehre[35] im **Opferschutz** nur einen **Aspekt der Begründung der strafbefreienden Wirkung** des Rücktritts.[36] Anders als bei *Weinhold* stehen nicht die Anforderungen an das Rücktrittsverhalten an sich, also die Frage, was aus Sicht des Opfers zu dessen Schutz erforderlich ist, im Vordergrund.[37] Der BGH hält es vielmehr für sinnvoll, die Rücktrittsmöglichkeit offen 13

---

*Wege* S. 30. Der Einwand, dass das Rücktrittsprivileg praktisch kaum steuernde Wirkung haben wird, greift auch hier und gewinnt zusätzlich an Kraft, weil die Annahme einer motivierenden Wirkung der Rücktrittsmöglichkeit selbst bei Kenntnis der Norm psychologisch nicht sehr naheliegend ist.

**31** Zutreffend gegen eine Verabsolutierung des Opferschutzgedankens *Dold* S. 16.

**32** *Hoffmann-Holland* MK Rdn. 27; *Wege* S. 30. Diese Grenze sieht auch *Weinhold* S. 39 f.

**33** *Sch/Schröder/Eser/Bosch* Rdn. 2b.

**34** BGHSt (GS) **39** 221, 232; den Gedanken des Opferschutzes hat der 1. Senat des BGH bereits in BGH NStZ **1989** 317 hervorgehoben; beiläufig auch der 3. Senat in BGH NStZ **1986** 265, 266. Indem der Große Senat (BGHSt [GS] **39** 221, 232) darauf hinweist, dass „die Möglichkeit ..., Straflosigkeit durch bloßes Ablassen von seinem Opfer zu erlangen, ... insbesondere unter dem Gesichtspunkt des Opferschutzes sinnvoll sein" kann, bezieht er den Gesichtspunkt des Rechtsgutsschutzes ausdrücklich nur auf die Fälle des unbeendeten Versuchs. Es finden sich aber auch Entscheidungen, in denen der Opferschutzgedanke nicht angesprochen wird, obwohl er für einen Rücktritt hätte angeführt werden können; BGHSt **40** 304, 306; dazu *Scheinfeld* S. 67; *Wege* S. 31 f.

**35** *vHH/Cornelius* Rdn. 20; *Greeve* S. 189 f; *Herrmann* S. 195; *Kampermann* S. 201 ff; *Kudlich* JuS **1999** 240, 241; *SSW/Kudlich/Schuhr* Rdn. 14; *Sch/Schröder/Eser/Bosch* Rdn. 2b; *Fahrenhorst* Jura **1987** 291, 293; *Hassemer* JuS **1990** 420; *Hassemer* JuS **1989** 936, 937; *Kienapfel* JR **1984** 72; *Maurach/Gössel/Zipf* AT 2 § 41 Rdn. 38; *H.-W. Mayer* NJW **1988** 2589, 2590; *Puppe* NStZ **1986** 14, 16; ebenso *Roxin* JR **1986** 424, 425, der sich jedoch später (JZ **1993** 896, 897) **kritisch** zum Opferschutzgedanken äußert.

**36** Dies scheint in der Literatur teilweise anders bewertet zu werden, wenn ausgeführt wird, der BGH spreche sich nunmehr für den Opferschutz als entscheidendes Kriterium aus – in diesem Sinne wohl *v. Heintschel-Heinegg* ZStW **109** (1997) 29, 41; *Fischer* Rdn. 2; in Ansätzen auch *Roxin* JZ **1993** 896, 897; *Sch/Schröder/Eser/Bosch* Rdn. 2b; *Stratenwerth/Kuhlen* AT § 11 Rdn. 70.

**37** So aber ausdrücklich *Weinhold* S. 31, auch wenn sie an anderer Stelle (S. 40) darauf abstellt, dass der Rücktritt „dem Opfer nicht durch Strafdrohung die Chance der Rettung entziehen will".

zu halten, um das durch den Beginn der Tatausführung gefährdete Rechtsgut schützen zu können.[38]

14 **Gegen diese Begründung** sind die gegen die kriminalpolitische Theorie erhobenen Bedenken zu wiederholen. Auch wenn Opferschutz einerseits und Anreiz für Nichtbestrafung aus Tätersicht andererseits unterschiedliche Aspekte darstellen,[39] so hängt die Überzeugungskraft des Opferschutzgedankens doch davon ab, inwieweit sich der Täter durch die Aussicht auf Straffreiheit zur Umkehr motivieren lässt. Es wird deshalb zu Recht eingewandt, dass eine solche Opferschutzpolitik unrealistisch ist und dem Gesetz nicht unterstellt werden kann (*Puppe* NStZ **2015** 332 f; *Roxin* JZ **1993** 896, 897). In aller Regel hat der Täter gar keine Kenntnis von der Rücktrittsmöglichkeit.[40] Freilich verlieren diese Bedenken deutlich an Schärfe, wenn der Opferschutzgedanke nicht die Last einer Legitimation der Straffreiheit beim Rücktritt tragen soll, sondern lediglich als positiver Nebeneffekt verstanden wird, der von Fall zu Fall zum Tragen kommt und die Sachgerechtigkeit der Strafbefreiung eher bestätigt als begründet. Allerdings scheint der BGH dem Opferschutzgedanken auch eine (ergänzende) tragende Bedeutung zuzubilligen. Das hat freilich zur Folge, dass das Rücktrittsprivileg nicht auf einem einheitlichen Prinzip beruht, sondern auf einem Gemenge von Aspekten, die in einem ungeklärten Verhältnis zueinander stehen (zu solchen gemischen Ansätzen noch Rdn. 43 f). Besonders unplausibel ist das Opferschutzargument in Fällen der **Zielerreichung**. Die Vorstellung, dass das Rücktrittsprivileg den Täter davon abhält, den Angriff „zur Sicherung seines Handlungsziels" fortzusetzen (obwohl dieses aus Tätersicht bereits erreicht ist!),[41] ist jedenfalls für den Regelfall außerordentlich fernliegend.[42] Schließlich ist zu bedenken, dass eine Ausweitung des Rücktrittsprivilegs unter Hinweis auf den Gedanken des Opferschutzes bei unterstellter Kenntnis des Täters von der Reichweite seiner Rücktrittsmöglichkeiten zwar dem konkreten Opfer zugute kommen mag, sich aber insgesamt für den Schutz potentieller Opfer als eher ungünstig erweisen könnte.[43]

15 **c) Beschreibende Ansätze ohne Erklärungswert.** Demgegenüber sieht die sog. **Prämien-, Gnaden- bzw. Verdienstlichkeitstheorie**[44] von psychologischen Präsumtionen und Fiktionen ab.[45] Die strafbefreiende Wirkung des Rücktritts sei vielmehr damit zu begründen, dass das freiwillige Handeln des Zurücktretenden honoriert werde. Der freiwillige Rücktritt wiege das schuldhafte Verhalten des Täters wieder auf, so dass es angebracht sei, „ihn mit Strafe zu verschonen, das heißt: Gnade zu gewähren" (*Bockelmann* NJW **1955** 1417, 1420). Das verdienstvolle und zu honorierende Verhalten des Täters liege bei einem unbeendeten Versuch in der freiwilligen Aufgabe der Ausführung der strafbaren Handlung und bei einem beendeten Versuch in der freiwilligen Verhinderung des Erfolgseintritts.[46] In der Rechtsprechung des Bundesgerichtshofs

---

**38** BGHSt (GS) **39** 221, 232; *Kampermann* S. 201 ff.

**39** *Kampermann* S. 202, insbesondere Fn. 938, der ausdrücklich darauf hinweist, dass Opferschutzgedanke und kriminalpolitische Theorie nicht inhaltsgleich sind; siehe auch *Heckler* S. 112 f.

**40** *v. Heintschel-Heinegg* ZStW **109** (1997) 29, 41 f; *Roxin* JZ **1993** 896, 897; kritisch auch *Greeve* S. 221; *Jakobs* ZStW **104** (1992) 82, 84 f; *Puppe* JZ **1993** 361, 362.

**41** BGHSt (GS) **39** 221, 232; vgl. auch *Streng* JZ **1990** 212, 216.

**42** *Murmann* Versuchsunrecht S. 52 mit Fn. 165; *Roxin* JZ **1993** 896, 897.

**43** Vgl. *Puppe* JR **2000** 72.

**44** Zu den historischen Grundlagen *Ulsenheimer* S. 27, 43 f; *Vogler* LK[10] Rdn. 18.

**45** **AA** *Greeve* S. 191 und *Ulsenheimer* S. 75, wenn sie ausführen, dass diese Theorie der Lehre von der „goldenen Brücke" sehr nahe stehe, da das Inaussichtstellen einer Prämie gleichzeitig einen Anreiz schaffe.

**46** So u. a. *Bockelmann* NJW **1955** 1417, 1420; *Bockelmann* Strafrechtliche Untersuchungen (1957) S. 182 f; *Bockelmann/Volk* § 27 V 3; *Heinitz* JR **1956** 248, 249; *Jescheck/Weigend* § 51 I 3; *Otto* GA **1967** 144, 150; *Puppe* JZ **1993** 361, 363; *Puppe* NStZ **1990** 433, 434; *Puppe* NStZ **1986** 14, 18; *Schröder* JuS **1962** 81; *Schröder* MDR **1956** 321, 322; wohl auch *Wessels/Beulke/Satzger* Rdn. 1005; teilweise auch *Arzt* GA **1964** 1, 9, der zwischen beendetem und unbeendetem Versuch differenziert; *Kühl* AT § 16 Rdn. 7 bezeichnet die Verdienstlichkeitslehre als eine (von mehreren) „plausiblen Erklärungen".

klingt dieser Charakter des Rücktritts vom versuchten Delikt ebenfalls in der Entscheidung des Großen Senats zum Rücktritt bei Erreichen des außertatbestandlichen Handlungsziels an. Er verweist darauf, dass bei § 24 Abs. 1 Satz 1 Alt. 1 „das Gesetz ... den Verzicht auf mögliches Weiterhandeln mit Straffreiheit (honoriert) und ... sich dabei seinem Wortsinn nach in der Forderung, ein bestimmtes äußerliches Verhalten zu erbringen“, erschöpft.[47]

Zwar gelingt es der Prämien-, Gnaden- bzw. Verdienstlichkeitstheorie zu erklären, warum beim fehlgeschlagenen Versuch § 24 von vornherein nicht zur Anwendung kommen kann und warum die Straffreiheit des § 24 ein freiwilliges Handeln voraussetzt (*Kudlich* JuS **1999** 240, 241). Jenseits der Ausgrenzung dieser Fälle, in denen jedenfalls kein prämierungswürdiges Verhalten vorliegt, bietet sie aber nicht mehr als eine Beschreibung der Rücktrittsregelung des Gesetzes, den eigentlichen **Legitimationsgrund** des Rücktrittsprivilegs **nennt sie nicht.**[48] Sie bleibt die Antwort darauf schuldig, *warum* dem Versuchstäter eine Prämie, Gnade oder ein Verdienst zukommt, das zur vollständigen Befreiung von der Strafe berechtigt. Zweck des Strafrechts kann nicht die „`Prämierung‘ von Übeltätern“ sein,[49] so daß sich die Frage anschließen muss, „was denn daran verdienstlich sei, daß jemand seine Schuld erfülle“.[50] Auch der Aspekt der Gnade kann nur zum Ausdruck bringen, dass die rechtswidrige und schuldhafte Versuchstat durch den Rücktritt nicht in Frage gestellt wird.[51] Hinzu kommt, dass der Rücktritt als Rechtsinstitut nicht als „Gnade“ zugunsten des Täters verstanden werden kann.[52] Schließlich ist der Ansatz auch nicht rücktrittsspezifisch, sondern lässt sich ebenso für die tätige Reue anführen.[53] *Roxin* (AT II § 30 Rdn. 23) kritisiert zudem, dass die Vertreter dieser Theorie „mehr oder weniger deutlich auf Elemente der Strafzwecktheorie“ (zu dieser Rdn. 32 f) zurückgreifen und die Prämien- oder Gnadentheorie somit keine selbstständige Bedeutung beanspruchen könne.[54] 16

Ausgehend von dem außerstrafrechtlichen – insbesondere zivil- und verwaltungsrechtlichen – Ansatz einer „Erledigung durch Erfüllung“ und unter Bezugnahme auf den Erledigungsgrundsatz im Straf- und Strafprozessrecht sieht *Herzberg*[55] den Rechtsgrund der strafbefreienden Wirkung des Rücktritts in der „Befolgung des allgemeinen Rechtsgrundsatzes, dass sich Zwangsandrohung (hier: die Strafdrohung) erledigt, wenn der Täter seine Pflicht zur Beendigung und Wiedergutmachung des Unrechtsverhaltens, das die Drohung ausgelöst hat, durch eine ihm zuzurechnende Leistung erfüllt“ (*Herzberg* FS Lackner 25, 349). Die von ihm als 17

**47** So BGHSt (GS) **39** 221, 231; ähnlich auch BGH NStZ **1993** 279; BGH NStZ **1986** 264, 265; BGHSt **35** 90, 93.

**48** *Baumann/Weber/Mitsch/Eisele* § 23 Rdn. 10; *Boß* S. 22; *Bottke* Strafrechtswissenschaftliche Methodik S. 213; *Sch/Schröder/Eser/Bosch* Rdn. 2a; *Heckler* S. 114; *Dold* S. 22; *Haft* AT S. 234; *v. Heintschel-Heinegg* ZStW **109** (1997) 29, 40; *Herzberg* FS Lackner S. 325, 343 f; *v. Hippel* S. 67; *Jäger* SK Rdn. 3; *Jakobs* AT 26/8; *Knörzer* S. 82; *Lampe* JuS **1989** 611; *Maurach/Gössel/Zipf* AT 2 § 41 Rdn. 30; *Muñoz Conde* ZStW **84** (1972) 756, 759; *Roxin* AT II § 30 Rdn. 23; *ders.* FS Heinitz S. 271; *ders.* Kriminalpolitik und Strafrechtswissenschaft (1973) S. 36 ff; *Schünemann* GA **1986** 321; *Stratenwerth/Kuhlen* AT § 11 Rdn. 70; *Ulsenheimer* S. 74 ff; *Walter* S. 9; *Wege* S. 25 f; *Weinhold* S. 16 f. **Dagegen** wiederum *Hoffmann-Holland* MK Rdn. 30.

**49** *Schmidhäuser* AT 15/73.

**50** Ausdrücklich *Herzberg* FS Lackner 325, 343; so auch *Bloy* S. 157; *Gutmann* S. 70, Fn. 287; *Herrmann* S. 196 f; *Ulsenheimer* S. 77; *Walter* S. 9; die gleiche Frage stellt sich, wenn auf die Aspekte Prämie oder Gnade abgestellt wird.

**51** Vgl. – kritisch – *Jäger* SK Rdn. 3.

**52** *Herrmann* S. 196 f; *Herzberg* FS Lackner 325, 344.

**53** *Dold* S. 18, 22; *Haas* ZStW **123** (2011) 226, 233.

**54** So versuchen *Jescheck/Weigend* § 51 I 3 die Legitimationsfrage (auch) unter Hinweis darauf zu beantworten, dass der Zurücktretende deshalb Nachsicht verdiene, weil er den rechtserschütternden Eindruck seiner Tat teilweise wieder aufhebe – womit in der Sache die Strafzwecktheorie favorisiert wird.

**55** *Herzberg* FS Lackner S. 325, 345 ff; auch *Herzberg* NStZ **1989** 49, 50 f in ausdrücklicher Erwiderung auf in der Literatur geäußerte Kritik; vgl. dazu ebenso *Herzberg* NJW **1991** 1633, 1634 f und NStZ **1990** 172. Übernommen von *Hoffmann-Holland* MK Rdn. 15.

**Schulderfüllungstheorie**[56] bezeichnete Lehre geht davon aus, dass der Zurücktretende sich „insofern von Schuld frei (mache), als er die durch den Versuch begründete Wiedergutmachungsschuld abträgt" (*Herzberg* FS Lackner 325, 350 und NStZ **1989** 49, 50). Voraussetzung, damit die Strafandrohung entfallen könne, sei, dass der Zurücktretende die Schuld freiwillig erfülle.

18 Soweit *Herzberg* „den positiven Sinn der Strafbefreiung" in der Schulderfüllung sieht, weist er zwar durchaus zutreffend darauf hin, dass den Täter eine rechtliche Pflicht zum Rücktritt[57] trifft und er demnach mit der Rücktrittshandlung eine Schuld erfüllt. Eine ganz andere Frage ist aber die, **weshalb** aus der **Erfüllung dieser Schuld eine Strafbefreiung folgen** soll.[58] Denn der Täter hat durch die Versuchstat bereits eine Schuld auf sich geladen. Die Verpflichtung zum Rücktritt beruht zwar auf der Versuchstat, ist aber nicht mit dieser identisch. Warum die Erfüllung der Verpflichtung zum Rücktritt einen bereits zuvor begründeten Schuldvorwurf beseitigen soll, bleibt dunkel.[59] Wenn *Herzberg* (NStZ **1989** 49, 51) darauf erwidert, dass „irre, wer in der Regelung (des Rücktritts – § 24) noch einen höheren oder tieferen Sinn suche",[60] so beruft er sich auf eine Evidenz, die die Begründung nicht zu ersetzen vermag, zumal die Behauptung, die Strafaufhebung aufgrund von Schulderfüllung sei für den Laien geradezu selbstverständlich,[61] in tatsächlicher Hinsicht mehr als zweifelhaft ist (s. schon Rdn. 7 f). Praktisch hält *Herzberg* die Abstinenz gegenüber der Suche nach hinter dem Gesetz stehenden Legitimationsgründen auch nicht durch, wenn er meint, dass „§ 24 aus dem Widerstreit zweier Prinzipien hervorgegangen" sei, nämlich dem Präventionsgedanken des Strafrechts und dem allgemeinrechtlichen Erledigungsgrundsatz. So verweist er letztlich doch auch auf Strafzweckerwägungen.[62] Schließlich verkürzt die Vorstellung, ein zivilistisch begründeter Schuldausgleich könne eine bereits begründete Kriminalstrafe obsolet machen, den Charakter von Strafunrecht und Strafe.[63] Ferner ist *Roxin* darin zuzustimmen, „dass auch beim Vorliegen von Freiwilligkeit der Erledigungsgedanke auf manche Erscheinungsformen des Rücktritts nicht recht passt".[64] So bereitet es beim untauglichen Versuch Schwierigkeiten anzugeben, durch welche Leistung der Täter seine Schuld erfüllen sollte.

19 *Bauer* (wistra **1992** 201) stellt ebenfalls einen Bezug zu zivilrechtlichen Gesichtspunkten her, indem er den Rücktritt als **strafrechtliches Rücktrittsschuldverhältnis**[65] beschreibt. § 24 normiere die Voraussetzungen für die Erfüllung einer aus dem Versuch folgenden Rücktrittsschuld. U.a. durch den Wegfall der Geschäfts- bzw. Tatgrundlage, die auch die Begriffe „Zweckverfehlung" und „Zweckerreichung" umfasse (*Bauer* wistra **1992** 201, 203 ff), könne das strafrechtliche Rücktrittsschuldverhältnis entfallen. Auch hier handelt es sich damit nur um einen

---

**56** Den Begriff scheint *Herzberg* (in MK[1] Rdn. 18) nunmehr aufzugeben und meint, es sei „aussichtslos und irrweghaft, über die ratio legis Problemfälle lösen zu wollen". Zur Schulderfüllungstheorie u. a. *Bergmann* ZStW **100** (1988) 329, 336 ff; *Boß* S. 31 ff; *Greeve* S. 202 ff; *Heckler* S. 115 ff; *Jäger* S. 6; *Murmann* Versuchsunrecht S. 29, Fn. 96; *Jäger* SK Rdn. 4; *Rudolphi* NStZ **1989** 508, 511; *Yamanaka* FS Roxin (2001) 773, 775 f.

**57** Zum Begriff der zu erfüllenden Schuld hat *Herzberg* (FS Lackner 325, 350) klargestellt, dass er unter Schuld „statt der strafrechtlichen Vorwerfbarkeit die Pflicht des Schuldners, die sich gegen ihn richtende Forderung zu erfüllen", versteht.

**58** *Bauer* wistra **1992** 201, 203; *Jäger* SK Rdn. 4; *Knörzer* S. 82 f; *Maurach/Gössel/Zipf* AT 2 § 41 Rdn. 27; *Murmann* Versuchsunrecht S. 29, Fn. 96; *Rudolphi* NStZ **1989** 508, 511.

**59** *Haas* ZStW **123** (2011) 226, 238 (der meint, hinter der Schulderfüllungstheorie stehe unausgesprochen der Kompensationsgedanke); *Greeve* S. 204; *Rudolphi* NStZ **1989** 508, 511; *Wege* S. 27 ff; auch *Jäger* S. 8.

**60** *Herzberg* MK[1] Rdn. 13; auch *Hoffmann-Holland* MK Rdn. 12.

**61** Vgl. auch *Hoffmann-Holland* MK Rdn. 15, 23 f.

**62** *Herzberg* FS Lackner 325, 351. Zur Kritik *Bergmann* ZStW **100** (1988) 329, 337; *Greeve* S. 203; *Jäger* S. 8.

**63** *Murmann* Versuchsunrecht S. 29, Fn. 96; vgl. auch *Roxin* AT II § 30 Rdn. 26; *Wege* S. 28; *Zaczyk* NK Rdn. 5.

**64** *Roxin* AT II § 30 Rdn. 28.

**65** Dazu *Greeve* S. 204 f.

Beschreibungsversuch, mit dem es nicht gelingt, den Grund dafür zu liefern, dass der Täter straffrei gestellt werden soll.[66]

**d) Ansätze, nach denen der Rücktritt Einfluss auf die Bewertung der Versuchstat hat.** 20
Den Zusammenhang zwischen Versuch und Rücktritt betonen auf unterschiedliche Weise die Rechtstheorien und die unterschiedlichen Spielarten der Einheitstheorien. Gemeinsam ist diesen Ansätzen, dass der Rücktritt zum Wegfall des Versuchsunrechts oder zumindest des Schuldvorwurfs führen soll.

**aa) Rechtstheorien.** Die im 19. Jahrhundert zur Begründung des Rücktrittsprivilegs überwiegend vertretenen sog. Rechtstheorien sahen mit unterschiedlicher Schwerpunktsetzung im Rücktritt ein zwingendes rechtliches Hindernis für die Bestrafung des Versuchs.[67] Dahinter stand ein „vollendungsbezogener Versuchsbegriff", der die Phase eines möglichen Rücktritts einbezog mit der Folge, dass im Falle eines Rücktritts ein für den strafbaren Versuch konstitutives Element fehlte.[68] Sie werden heute meist als überholt angesehen, weil ihnen vorgeworfen wird, dass sie eine „Annullierung des bösen Willens"[69] annehmen, so dass das Unrecht des Versuchs rückwirkend entfalle.[70] Diesen Auffassungen kommt jedenfalls das Verdienst zu, die Interdependenz von Versuch und Rücktritt herausgearbeitet zu haben (vgl. *Bottke* Strafrechtswissenschaftliche Methodik S. 567). **Angreifbar** ist aber die Annahme, dass der Versuch letztlich keinen eigenständigen Unrechtsgehalt aufweise.[71] Auch die aus dem Wegfall der Rechtswidrigkeit folgenden Konsequenzen erscheinen unangemessen. Denn bei einem Rücktritt des Haupttäters müssten Anstifter und Gehilfen mangels rechtswidriger Tat straflos bleiben.[72] Der Gesetzgeber des RStGB hat dagegen mit der selbständigen Rücktrittsregelung gerade die Klarstellung erstrebt, dass die Teilnehmerstrafbarkeit vom Rücktritt des Haupttäters unabhängig bleibt.[73] 21

**bb) Die Einheitstheorie und ihre Varianten.** In unterschiedlichen Spielarten wird die sogenannte **Einheitstheorie** vertreten, derzufolge der Rücktritt nicht erst die Strafbedürftigkeit, sondern bereits die Strafwürdigkeit entfallen lasse, weil bei einer Zusammenschau von Versuch und Rücktritt bereits kein strafbarer Vorgang vorliege.[74] Das Versuchsverhalten des zurücktretenden 22

---

**66** Kritisch zum Rücktritt als strafrechtliches Rücktrittsschuldverhältnis auch *Greeve* S. 205.

**67** U.a. *Berner* Lehrbuch des deutschen Strafrechts (1888) S. 146 ff; *Binding* Grundriß des deutschen Strafrechts AT (1906) S. 198 f; *Herzog* Rücktritt vom Versuch und thätige Reue (1889) S. 147 ff, 168 ff, 176 ff; *Luden* Handbuch des teutschen gemeinen particularen Strafrechts I (1847) § 69 S. 420; *Zachariae* Lehre vom Versuche der Verbrechen 2. Teil (1839) S. 239 ff; dazu auch *Georgiadis* Rücktritt vom Versuch und tätige Reue in vergleichender Darstellung des griechischen, deutschen und französischen Rechts (1939) S. 24 ff; zustimmend *v. Hippel* S. 65 ff; überblicksweise m. w. N. und gleichzeitig auch **kritisch** *Gutmann* S. 43 ff.; vertiefend *Haas* ZStW **123** (2011) 226, 241 ff; *Loos* FS Jakobs 347, 350 ff; *Schumann* S. 21 ff.

**68** Herausgearbeitet von *Schumann* S. 24, 41.

**69** *Zachariae* Lehre vom Versuche der Verbrechen 2. Teil (1839) S. 240.

**70** *Lilie/Albrecht* LK[12] Rdn. 28; *Greeve* S. 183; *Jäger* S. 3 f; *Jescheck/Weigend* § 51 I 1; *Walter* S. 5; *Wege* S. 18 f; im Ergebnis ebenfalls *v. Scheurl* S. 20. Kritisch zu diesem Einwand *Schumann* S. 21 f.

**71** *Jescheck/Weigend* § 51 I 1; *Maurach/Gössel/Zipf* AT 2 § 41 Rdn. 15; die Rechtstheorien ablehnend auch *Knörzer* S. 244; *v. Scheurl* S. 20.

**72** *Jäger* SK Rdn. 1; *Maurach/Gössel/Zipf* AT 2 § 41 Rdn. 16; *Roxin* AT II § 30 Rdn. 12.

**73** *Schumann* S. 38 f, 139.

**74** *Dold* S. 109 ff.; *Köhler* AT S. 468 f; *Lang-Hinrichsen* FS Engisch 353, 370 ff; *Schumann* S. 137 ff; *Streng* ZStW **101** (1989) 273, 323 f; *Zaczyk* NK Rdn. 5; beschränkt auf den Gesichtspunkt des Strafbedürfnisses *Jäger* SK Rdn. 6 und ZStW **85** (1973) 104, 120; dazu u. a. *Boß* S. 28 ff; *Jäger* S. 4 f; *Muñoz Conde* GA **1973** 33 f; *Roxin* Kriminalpolitik und Strafrechtswissenschaft (1973) S. 36 ff.

Täters sei lediglich ein Fragment für die Wertung; der Versuch müsse „als Bestandteil der anvisierten Vollendung begriffen" werden.[75] Zur vollen Werterfassung müsse ergänzend die nachfolgende Verhaltensweise hinzugenommen werden. Die vollständige Bewertungsgrundlage sei der dynamische Vorgang der freiwilligen Transformation eines zunächst gegen ein Rechtsgut gerichteten und betätigten Willens in einen rechtstreuen Willen, der auf die Verhinderung der Rechtsgutsverletzung gerichtet sei. Versuchshandeln und Rücktritt stellten sich trotz der psychologischen Trennung beider Vorgänge unter Wertungsgesichtspunkten (normativ) als eine Einheit und damit als eine Tat dar.[76] Sie seien „ein einheitliches Wertgefüge neuen Ranges" (*Lang-Hinrichsen* FS Engisch S. 353, 371). Nicht anders will die sog. **Kompensationslehre** die strafbefreiende Wirkung des Rücktritts daraus ableiten, dass die strafbegründenden Faktoren des Versuchs kompensiert würden (*Kolster* S. 47). „Der Rücktritt bewirkt, dass bei nachträglicher Gesamtschau des Täterverhaltens insgesamt ein Versuchsstrafgrund nicht vorliegt" (*Kolster* S. 41). Der Handelnde neutralisiere aus nachträglicher Sicht sowohl seine „rechtsfeindliche Willenstendenz" als subjektive Seite des Strafgrundes des Versuchs als auch in objektiver Hinsicht den „Angriff auf die von abstrakten Rechtsgütern bestimmte Normgeltung unter Beachtung eines Erfolgsunrechts" (*Kolster* S. 41). *Amelung* (ZStW **120** [2008] 205, 242f) spricht von einer „nachträglichen Berücksichtigung eines Unrechtsausschlusses": Das Erfolgsunrecht enfalle wegen der Beseitigung der Gefahr und das Handlungsunrecht werde durch die Geltungsbestätigung im Hinblick auf die durch den Versuch verletzte Verhaltensnorm kompensiert. *Zaczyk* (NK Rdn. 5) macht für die Einheitstheorie geltend, dass der Täter Versuch und Rücktritt zu einer Einheit verbinde und „durch eine eigene Leistung wieder in die Legalität zurück(kehrt)". *Dold* (S. 110 ff) sieht die Einheitlichkeit dort begründet, wo die im Rücktrittszeitpunkt vorhandenen Überzeugungen des Täters ihn nicht von der Bildung des Tatentschlusses abgehalten hätten. Damit setze er sich nämlich im Rücktrittszeitpunkt in Widerspruch zu seinen den Versuch tragenden Überzeugungen.

23 Zutreffend an der Einheitstheorie ist, dass der Rücktritt nicht ohne Bezug zum Versuch betrachtet werden kann;[77] **Problematisch** ist dagegen die Annahme, dass der Rücktritt auf der gleichen Wertungsstufe wie der Versuch angesiedelt sei und das bereits strafbare Versuchsgeschehen rückwirkend einer Neubewertung unterzogen und damit gleichsam neutralisiert werde (so aber *Kolster* S. 47).[78] Dagegen spricht, dass die rechtliche Bewertung des strafbaren Versuchs auch im rücktrittsfähigen Zeitraum nicht bloß vorläufigen Charakter hat; vielmehr hat der Versuchstäter bereits eine gültige Entscheidung gegen das verletzte Rechtsgut getroffen.[79] Deshalb ergeben sich auch keine Legitimationsprobleme für eine Versuchsstrafbarkeit, wenn der Täter ohne eigene Verantwortung die Möglichkeit zum Rücktritt verliert. Eine abweichende Sicht gerät auch in Konflikt mit der in § 16 angelegten Vorsatzdogmatik. Denn der Vorsatz muss bei Vornahme der Ausführungshandlung bzw. (soweit es das Stadium des unmittelbaren Ansetzens anbelangt) bei Vornah-

**75** *Schumann* S. 142.

**76** *Lang-Hinrichsen* FS Engisch 353, 370 ff; insoweit wohl zustimmend *Ulsenheimer* S. 89 f; dazu u. a. *v. Hippel* Rücktritt S. 58 ff; *Jäger* S. 4 f; *Roxin* Kriminalpolitik und Strafrechtswissenschaft (1973) S. 35 ff; *Jäger* SK Rdn. 6; *Rudolphi* ZStW **85** (1973) 104, 120.

**77** *Murmann* Versuchsunrecht S. 1, 27 ff. **AA** ausdrücklich *Burkhardt* S. 121, der, um eine präventive Deutung der Rücktrittsregelung zu ermöglichen, für eine strikte Trennung von Versuch und Rücktritt eintritt und auch darauf abstellt, dass Versuch und Rücktritt in separaten Vorschriften geregelt sind.

**78** **Kritisch** zu Kompensationsüberlegungen auch *Bloy* S. 170; *Lang-Hinrichsen* FS Engisch 353, 372 m. w. N.

**79** S. schon *v. Liszt* Lehrbuch des deutschen Strafrechts, 9. Aufl. (1899) S. 211; auch *Herrmann* S. 200 f; *Hoffmann-Holland* MK Rdn. 3; *Maurach/Gössel/Zipf* AT 2 § 41 Rdn. 17; *Roxin* AT II § 30 Rdn. 26; *Wege* S. 58, 78. Deshalb kann es auch nicht zutreffen, wenn *Schumann* S. 145 meint, das Schuldurteil des Versuchs sei „unter die ‚aufschiebende' Bedingung des ausbleibenden Rücktritts zu stellen". Das müsste dazu führen, dass ein Versuch erst nach Abschluss des Rücktrittsstadiums unter Strafe gestellt werden könnte. Zugleich ist aber die Berechtigung ihres Einwands (*Schumann* S. 145, 151 ff) festzuhalten, dass die sonst von Vertretern der Einheitstheorie angenommene Wirkung des Rücktritts als „Schuldaufhebungs-" oder „Schuldtilgungsgrund" dafür spricht, Versuch und Rücktritt nicht als Einheit zu begreifen.

me der Versuchshandlung vorliegen. Nur in diesem Zeitpunkt muss auch der Wille zur Tatvollendung bestehen.[80] Der Versuch ist so gesehen keine defizitäre Unrechtsform. Das zeigt sich auch an vertatbestandlichten Vorfeldstrafbarkeiten, bei denen sich auch nicht sagen lässt, dass die „Einheit der Person" eine „Aufhebung des ersten Entschlusses" (*Zaczyk* NK Rdn. 5) begründet, wenn sich der Täter letztlich doch gegen die Rechtsgutsverletzung entscheidet. *Scheinfeld* hat zudem die Überlegung in die Diskussion gebracht, dass unter „Tat" im Sinne von Art. 103 Abs. 2 GG nur die Versuchstat verstanden werden könne.[81] Insgesamt sprechen danach die besseren Gründe dafür, dass der Täter sich im Rücktritt von seiner früheren Entscheidung zwar distanzieren, gewissermaßen eine Gegenerklärung abgeben kann, aber damit hebt er die im Versuch zum Ausdruck gebrachte Entscheidung gegen das Rechtsgut nicht auf.

Weiter ist auf der Grundlage der Einheitstheorie zweifelhaft, ob der Rücktritt das **Unrecht**[82] **oder die Schuld ausschließt.**[83] So votiert etwa *Zaczyk* (NK Rdn. 5) für einen Schuldaufhebungsgrund und begründet dies mit der Korrespondenz von Tatschuld und Rücktritt: Während erstere der „Entschluss zur Unrechtsmaxime" sei, vollziehe sich im Rücktritt die „Rückkehr zur Rechtsmaxime" und damit die „Aufhebung des ersten Entschlusses". Akzeptiert man, dass die Umkehrleistung den zunächst gefassten Entschluss aufhebt, so bleibt immer noch zweifelhaft, ob sich diese Wirkung auf die Schuldebene begrenzen lässt. Versteht man nämlich den Vorsatz als Entscheidung gegen das rechtlich geschützte Gut, so wäre wohl konsequenterweise anzunehmen, dass der Zurücktretende bereits diese Entscheidung zurücknimmt. Die „Aufhebung des ersten Entschlusses" müsste danach auch den Vorsatz aufheben, so dass bereits das Vorsatzunrecht fehlen würde.[84] Nichts anderes würde sich im Übrigen vom Boden der Eindruckstheorie ergeben, die das Versuchsunrecht im Hervorrufen eines rechtserschütternden Eindrucks erblickt. Verbindet man diese mit der Einheitslehre, so muss man konsequenterweise eine Beseitigung des rechtserschütternden Eindrucks und damit des Unrechts annehmen.[85] Führt der Rücktritt nach der Einheitslehre zum Unrechtsausschluss, so folgen daraus die – auch vom Gesetzgeber nicht gewünschten – Konsequenzen bei der Teilnahme (Rdn. 21).[86] 24

Die von *Jakobs* begründete **Tatänderungstheorie,**[87] die sich als Spielart der Einheitstheorie verstehen lässt,[88] sieht den Rücktritt als Subinstitution des Versuchs,[89] weil er – in Abgrenzung zu sonstigem Nachtatverhalten – dadurch gekennzeichnet sei, dass er „ein zwar eindeutiges, aber unabgeschlossenes Verhalten in nunmehr widersprüchlicher Weise fortführt und abschließt".[90] Der Normbruch sei damit nur von kurzer Dauer gewesen und seine Beendigung das zurechenbare Verdienst des Täters.[91] Der Rücktritt erlaube deshalb Nachsicht, auch wenn ein Restunrecht bleibe.[92] Eine Tatänderung sei aber nur möglich, so lange der in der (versuchten) Tat liegende Normwiderspruch noch nicht der Vergangenheit angehört. Letzteres sei der Fall, wenn der Täter die Möglichkeit der Einflussnahme auf das tatbestandsmäßige Geschehen ver- 25

80 Ob am Versuchsende ein Vollendungsvorsatz vorliegt ist danach ohne jede Relevanz; **aA** *Schumann* S. 143.
81 *Scheinfeld* S. 26 ff; ihm folgend *Wege* S. 78 f.
82 So etwa *Dold* S. 113 ff; *Köhler* AT S. 469, S. 471 f.
83 So *Schumann* S. 139 ff; *dies.* ZStW **130** (2018) 1, 6 ff.; *Streng* ZStW **101** (1989) 273 322 ff; *Zaczyk* NK Rdn. 5.
84 Zutreffend *Gössel* GA **2007** 608, 609 f (gegen *Schumann*).
85 **AA** *Schumann* S. 137 ff.; *Streng* ZStW **101** (1989) 273 323 f.
86 *Dold* S. 115 will diese Konsequenz vermeiden, indem er dem Rücktritt als Unrechtshinderungsgrund einen weit verstandenen Unrechtsbegriff zugrunde legt, der mit dem für die Teilnahme maßgeblichen Begriff der rechtswidrigen Tat nicht identisch sei.
87 *Jakobs* ZStW **104** (1992) 82 f, 85 ff; *Jakobs* AT 26/2 ff; darauf aufbauend und ausdrücklich zustimmend *Haas* ZStW **123** (2011) 226, 245 ff, insb. 247; *v. Heintschel-Heinegg* ZStW **109** (1997) 29, 43 ff; dazu u. a. *Jäger* S. 62; *Yamanaka* FS Roxin (2001) 73, 776 f.
88 *Haas* ZStW **123** (2011) 226, 241.
89 *Jakobs* ZStW **104** (1992) 82.
90 *Jakobs* AT 26/2; *Jakobs* ZStW **104** (1992) 82.
91 *Jakobs* AT 26/2.
92 *Jakobs* AT 26/2.

liert. Dieser Einflussverlust trete ein, wenn sich der Täter beim beendeten Versuch keine Reversionsmöglichkeit vorbehält oder er diesen Einfluss objektiv verliert.[93] Die Tatänderungstheorie führt damit zur Einzelakttheorie (Rdn. 83).[94]

26 Die Tatänderungstheorie muss danach schon auf den **Widerspruch** derjenigen stoßen, die nicht der Einzelakttheorie folgen; die gegen die Einzelakttheorie erhobenen Einwände (Rdn. 89) greifen auch hier (dazu auch Rdn. 28). Vor allem überzeugt die Tatänderungstheorie deshalb nicht,[95] weil Bezugspunkt einer geänderten Einstellung zur Tat nicht (wie die Tatänderungstheorie meint) die versuchte, sondern die vollendete „Tat" ist. Dieses Verständnis legt nicht nur der Wortlaut von § 24 Abs. 1 nahe, wenn dort davon die Rede ist, dass der Täter die Vollendung der Tat verhindern muss. Es entspricht auch der ratio und der Dogmatik des Versuchs. Denn der Vorsatz des Täters muss sich auf die Tatvollendung beziehen und dementsprechend ist die Unrechtsmaxime erst dann vollständig verwirklicht, wenn auch der Erfolg eingetreten ist. Der Täter erklärt mit dem Eintritt in das Versuchsstadium nämlich nicht nur, der Versuch soll sein, sondern auch, die Vollendung soll sein.[96] Es ist dementsprechend unschädlich, dass der Täter durch den Rücktritt nicht die im Versuch zum Ausdruck gebrachte Einstellung zur Norm ungeschehen machen kann.[97] Das bedeutet aber nicht, dass der Rücktritt von anderem Nachtatverhalten nicht unterscheidbar wäre. Denn seine Besonderheit liegt gerade darin, dass der Täter sich noch vor Tatvollendung von seiner deliktischen Entscheidung distanziert, worin eine deutlich mächtigere Gegenerklärung zur im Versuch zum Ausdruck gebrachten Unrechtsmaxime liegt als bei einem Nachtatverhalten, das sich an die vollendete Tat anschließt.[98] Eine eher inzidente Kritik stellt es dar, wenn *Haas* (ZStW **123** [2011] 226, 241) bemängelt, dass *Jakobs* in widersprüchlicher Weise den Versuch einerseits als noch nicht abgeschlossene und damit durch den Rücktritt noch änderbare Tat verstehe, andererseits aber den Versuch als solchen bereits als strafbare – und damit abgeschlossene und nicht mehr änderbare – Tat ansehe.

27 Den bei *Jakobs* diagnostizierten Widerspruch will *Haas* (ZStW **123** [2011] 226, 245 ff) überwinden, indem er „den **Versuch als Zurechnungsfigur** versteht, die dem Täter die Berufung darauf, dass die Tat nicht vollendet wurde, abschneidet". Der Täter werde dann „kraft Rechtsfiktion so behandelt, als habe er den Tatbestand erfüllt" (S. 245). Dabei legitimiere es die außerordentliche Zurechnung, dass der Täter nicht von dem zufälligen Ausbeiben der Tatvollendung profitieren solle (S. 245).[99] Ist die Nichtvollendung der Tat dagegen kein Zufall, weil der Täter entweder noch nicht alles Erforderliche zu ihrer Vollendung getan hat und nun freiwillig davon Abstand nimmt oder weil er bei Vornahme der Ausführungshandlung davon ausgeht, dass ihm danach noch die Möglichkeit der Erfolgsabwendung offensteht und er diese Möglichkeit freiwillig ergreift, so werde durch den Rücktritt die Tat „vernichtet" (S. 246 f.). Damit führt dieser Ansatz zwingend zur Straflosigkeit, weil überhaupt keine Versuchstat (mehr) vorliegt (S. 247).

---

93 *Jakobs* ZStW **104** (1992) 86.

94 *Jakobs* ZStW **104** (1992) 89.

95 Dazu schon *Murmann* Versuchsunrecht S. 31 f, 40 ff. Kritisch zur Tatänderungslehre u. a. auch *Jäger* S. 62; *Yamanaka* FS Roxin (2001) 773, 776 f.

96 *Murmann* Versuchsunrecht S. 40.

97 Was ja auch *Jakobs* nicht bestreitet, wenn er meint, der Normbruch sei aufgrund des Rücktritts nur von kurzer Dauer; dazu kritisch *Haas* ZStW **123** (2011) 226, 241.

98 *Murmann* Versuchsunrecht S. 32. Dazu kritisch *Haas* ZStW **123** (2011) 226, 237, mit dem Hinweis, dass z. B. auch der Dieb, der seine Beute zurückgibt, dem Recht gegenüber seinen deliktischen Interessen Vorrang einräume. Das mag für eine psychologisierende, spezialpräventive Interpretation des Rücktritts zutreffen (wie sie mir *Haas* ZStW **123** [2011] 226, 236 unterstellt). Es geht aber nicht darum, ob sonstiges Nachtatverhalten bei psychologisierender Betrachtung von Reue getragen sein mag. Darauf kann es schon deshalb nicht ankommen, weil solche psychischen Befunde auch für § 24 nicht zu fordern sind. Entscheidend ist, dass es dem Gesetzgeber im Rahmen plausibler Überlegungen freisteht, der Abstandnahme vor der Tatvollendung besondere Aussagekraft zuzumessen. In diesem Sinne hat der Gesetzgeber dem Aufgeben oder Verhindern der Tatvollendung in § 24 besondere Bedeutung zugemessen.

99 Eingehend zur historischen Relevanz des Zufallsgesichtspunktes *Haas* ZStW **123** (2011) 226, 247 ff.

Die Auffassung von *Haas* ist verschiedenen **Einwänden** ausgesetzt.[100] Dabei hält *Haas* die schon gegen die Rechtstheorien angeführte Konsequenz, dass der Wegfall des Versuchsunrechts einer Teilnahmestrafbarkeit die Grundlage entzieht, entgegen der Intention des historischen Gesetzgebers[101] für eine hinzunehmende Folge aus dem Akzessorietätsprinzip.[102] Nicht überzeugen kann vor allem, dass es in seinem Konzept zu einer Aufhebung der Unrechtsdifferenz zwischen Versuch und Vollendung kommt. *Haas* gerät in einen unaufgelösten Widerspruch, wenn er einerseits meint, der Erfolgseintritt sei kein unrechtserhöhender Faktor, andererseits aber anerkennt, dass der Erfolg „integraler Bestandteil der Tat und damit auch des Unrechts" sei.[103] Verliert der Erfolg seine Bedeutung für den Unwertgehalt eines Verhaltens, so ist nicht mehr einsichtig, weshalb der Täter nicht auch beim Fahrlässigkeitsdelikt strafbar ist, wenn der Erfolg lediglich zufällig ausbleibt. Schließlich führt der Ansatz zur Einzelakttheorie einschließlich deren Konsequenz, dass ein Rücktritt auch dann ausgeschlossen ist, wenn der Täter die aus seiner Sicht lediglich zufällig eröffnete Möglichkeit der Vollendungsverhinderung ergreift.[104] Mit einer unbefangenen Lektüre des Gesetzes ist das Ergebnis schwerlich vereinbar.[105] 28

Nach *Heckler* (S. 121 ff, 124) ist Grund der Rücktrittsvorschrift die „freiwillig vollzogene ‚wertende' (objektiv und/oder subjektiv gefährdungsbeseitigende) *Umkehrleistung* des Täters, durch die der Strafgrund des Versuchs entkräftet wird". Ausgehend vom „Axiom der Spiegelbildlichkeit von Versuch und Rücktritt" sieht er das Rücktrittshandeln als „‚*actus contrarius*' des versuchsbegründenden Verhaltens", wobei der Wegfall der Strafzwecke nur eine Konsequenz des Rücktritts (*Heckler* S. 121) und § 24 der Schuld zuzuordnen sei (*Heckler* S. 130 ff). Die strafbefreiende Wirkung des Rücktritts sei aus dem Grund der Versuchsbestrafung abzuleiten, den er nach der sog. Vereinigungstheorie (*Heckler* S. 107, 125; zur Vereinigungstheorie vgl. ausführlich vor § 22 Rdn. 89 f) bestimmt. *Heckler* differenziert zwischen den Gründen der Straflosigkeit beim tauglichen und untauglichen Versuch und greift insoweit, wie *Jäger* (Rdn. 37 f) auf den Begriff der Gefährdungsumkehr zurück (*Heckler* S. 123). Die Anforderungen an die Rücktrittsleistungen seien nicht von der subjektiven, sondern von der objektiven Sachlage (*Heckler* S. 145 ff) und damit von der objektiven Vollendungsgefahr (*Heckler* S. 170 ff) abhängig. 29

**Kritisch** sind gegen diesen Ansatz die bereits gegen die Vereinigungstheorie geltend gemachten Bedenken (vor § 22 Rdn. 90) zu erheben, als deren Verlängerung er sich versteht. Entsprechend diesem Ausgangspunkt gelangt *Heckler* dann auch nicht zu einer geschlossenen ratio der Strafbefreiung beim Rücktritt. Mit der Übernahme des Kriteriums der Gefährdungsumkehr sind auch die gegen dieses erhobenen Einwände (Rdn. 38) einschlägig. Das führt zu dem von *Hoffmann-Holland* erhobenen Einwand, dass die Lehre *Hecklers* nur scheinbar von der Strafzwecklehre abweiche, da auch für diese klar sei, dass der Wegfall der Strafzwecke eine Konsequenz des Rücktrittsverhaltens sei.[106] Damit ist auch die Verortung des Rücktritts in der Schuld in Frage gestellt (zu dieser kritisch Rdn. 24).[107] 30

**e) Strafzweckorientierte Theorien.** Mit Blick auf die dargestellten Probleme wird häufig versucht, den Privilegierungscharakter des Rücktritts unter Rückgriff auf die Strafzwecke zu begründen. Was das genau bedeutet, hängt freilich vom zugrunde gelegten Zweck der Strafe ab. 31

---

**100** Siehe schon *Murmann* GA **2012** 711, 719 f. „In der Tendenz" zustimmend dagegen *Schumann* ZStW **130** (2018) 1, 18.
**101** *Schumann* S. 38 f, 139; *dies.* ZStW **130** (2018) 1, 18 f.
**102** *Haas* ZStW **123** (2011) 226, 256.
**103** *Haas* ZStW **123** (2011) 226, 258.
**104** *Haas* ZStW **123** (2011) 226, 246 f.
**105** *Haas* ZStW **123** (2011) 226, 257 hält einen Verstoß gegen Art. 103 Abs. 2 GG für „nicht zwingend".
**106** *Hoffmann-Holland* MK Rdn. 33.
**107** Weshalb *Schumann* S. 154 f eine inkonsequente Haltung zu der Frage, ob Versuch und Rücktritt als Einheit oder getrennt zu beurteilen sind, rügt.

In der Diskussion stehen präventive Strafzwecke im Vordergrund, wobei sich stärker spezial- und stärker generalpräventiv orientierte Ansätze unterscheiden lassen; teilweise werden aber auch beide präventiven Strafzwecke gleichberechtigt nebeneinander genannt. Daneben stehen unvermittelt am Rechtsgüterschutz ansetzende Bemühungen (Lehre von der Gefährdungsumkehr; Rdn. 37 f) und solche, die den Schutz des rechtsgüterschützenden Normengefüges in den Mittelpunkt stellen (Rücktritt als Anerkennung der Normgeltung; Rdn. 39 f).

32 **aa) Die Indiz- bzw. Strafzwecktheorie.** Nach der sog. Indiz- bzw. Strafzwecktheorie ist „bei einem freiwilligen Rücktritt eine Bestrafung des Täters zur Erreichung der dem Strafrecht obliegenden Aufgaben nicht notwendig"; mithin **entfällt das Strafbedürfnis.**[108] Sehe der Täter vom Versuch freiwillig ab, so zeige sich daran, dass sein verbrecherischer Wille nicht so stark war, wie dies zur Durchführung der Tat erforderlich gewesen wäre. Seine Gefährlichkeit und der rechtserschütternde Eindruck, die zunächst im strafbaren Versuch zum Ausdruck gekommen seien und diesen auch als strafwürdig haben erscheinen lassen, erwiesen sich nachträglich als wesentlich geringer, ein Strafbedürfnis bestünde nicht mehr.[109]

33 Durch den Rücktritt sei die Bestrafung des Versuchs sowohl aus **spezial-** als auch aus **generalpräventiven Gesichtspunkten** nicht mehr notwendig. Einerseits stelle der Täter unter Beweis, dass er auch ohne Strafe zur Legalität zurückkehre, andererseits sei der durch das versuchte Delikt zunächst erschütterte Eindruck der Rechtsgemeinschaft und ihr Vertrauen in die Rechtsordnung und die Geltung des Rechts durch einen freiwilligen Rücktritt so gestärkt und wiederhergestellt, dass auf eine Bestrafung des Täters verzichtet werden könne.[110] Hinsichtlich der schwierigen empirischen Beweisbarkeit des Wegfalls spezial- und generalpräventiver Bestrafungsbedürfnisse komme es entscheidend auf die gesetzliche Regelung an: Diese basiere nicht auf tatsächlichen Befunden für den Einzelfall, sondern auf generalisierten **legislatorischen Annahmen** (*Roxin* AT II § 30 Rdn. 9). Nur wenn der Täter durch die Versuchshandlung schon einen anderen Straftatbestand vollendet habe, so dass in Bezug auf diese Taten ein strafbefreiender Rücktritt ausgeschlossen sei, stimme eine Bestrafung wegen des vollendeten Delikts mit den Strafzwecken und dem Gedanken der Gerechtigkeit überein (BGHSt **9** 48, 52).

34 **bb) Die „interessenausgleichende Befriedungsfunktion" des Rücktritts.** Auch *H.-W. Mayer* (S. 80) geht davon aus, der Gesetzgeber habe mit § 24 zum Ausdruck gebracht, dass aus Gründen der Spezial- bzw. Generalprävention der entstandene staatliche Strafanspruch negiert werde, wenn der Zurücktretende durch freiwilliges Handeln den Angriff auf den Rechtsfrieden

108 BGHSt **9** 48, 52; **14** 75, 80; *Baumann/Weber/Mitsch/Eisele* § 23 Rdn. 11; *Herrmann* S. 197 ff; *Jäger* SK Rdn. 5; *Krauß* JuS **1981** 883, 888; *Lackner/Kühl/Kühl* Rdn. 2; *Roxin* AT II § 30 Rdn. 7, 29 (der den Rücktritt als einen „Fall ausgeschlossener strafrechtlicher Verantwortlichkeit" bezeichnet); *Rudolphi* NStZ **1989** 508; *ders.* NStZ **1983** 361, 362; die Strafzwecke als nur einen Aspekt der strafbefreienden Wirkung des Rücktritts vom Versuch sehend u. a. *Yamanaka* FS Roxin (2001) 773, 782 ff, 788 f; siehe insgesamt auch *Lagodny* Strafrecht vor den Schranken der Grundrechte (1996) S. 360 ff.

109 So vor allem BGHSt **9** 48, 52; den Gedanken des fehlenden Strafbedürfnisses dadurch, dass der rechtserschütternde Eindruck des Versuchs durch den Rücktritt aufgehoben wird, heben auch hervor *Bergmann* ZStW **100** (1988) 329, 335; *Schall* JuS **1990** 623, 630; *Streng* JZ **1990** 212, 214; *Streng* JZ **1984** 652, 654, Fn. 23.

110 *Bloy* S. 158 ff; *Bloy* JR **1989** 70, 72; *Bottke* Rücktritt vom Versuch der Beteiligung S. 18; *Bottke* Strafrechtswissenschaftliche Methodik S. 350, 568; *Sch/Schröder/Eser/Bosch* Rdn. 2b; *Freund/Rostalski* AT § 9 Rdn. 16 ff; *Greeve* S. 194 ff; *Gutmann* S. 64 ff; *Herrmann* S. 197; *Kühl* AT § 16 Rdn. 5 f; *Muñoz-Conde* ZStW **84** (1972) 756, 761; *Ranft* Jura **1987** 527, 532; *Ranft* MDR **1972** 737, 743; *Roxin* AT II § 30 Rdn. 7; *Roxin* FS Heinitz 251, 269 f; *ders.* Kriminalpolitik und Strafrechtswissenschaft (1973) S. 36 ff; *Jäger* SK Rdn. 5; *ders.* ZStW **85** (1973) 104, 119 f; *Traub* NJW **1956** 1183, 1185; auch *Haft* AT S. 240 und JA **1979** 306, 312, der meint, der Gesetzgeber habe sich für die Strafzwecktheorie entschieden; im Ergebnis ebenfalls *Maurach/Gössel/Zipf* AT 2 § 41 Rdn. 36; wohl gleichermaßen *Jerouschek* ZStW **102** (1990) 793, 812 f, wenn auch in anderem Zusammenhang.

zurückgenommen habe. Dem Rücktritt komme damit – so weitergehend *H.-W. Mayer* (S. 79 ff und NJW **1988** 2589, 2590) – eine „interessenausgleichende Befriedungsfunktion“[111] zu. Notwendig sei ein Ausgleich der Interessen im Rahmen der Täter-Opfer-Beziehung. Dort, wo die Interessen des Opfers durch das Rücktrittsverhalten des Täters restituiert und der Rechtsfriede wiederhergestellt werde, sei ein strafbefreiender Rücktritt zuzulassen (*H.-W. Mayer* S. 79 ff und NJW **1988** 2589, 2590).

**cc) Das „Bewährungsmodell“.** Mit dem Bewährungsmodell[112] will *M. Walter* (S. 23 f, 37 ff, 43 ff) neben spezialpräventiven Strafzwecküberlegungen insbesondere darauf abstellen, dass der Zurücktretende sein Verhalten der versuchten Tat entgegensetze. Zur Begründung der strafbefreienden Wirkung des Rücktrittsprivilegs stellt er auf subjektivierende Kriterien ab, die am Begriff der „Normfolgebereitschaft“ ausgerichtet sind, wodurch sich zeige, dass der Rücktritt ein „Bewährungsinstitut im Bereich des zurechnenden Strafrechts“ sei (*M. Walter* S. 55 f). Aus der Struktur seines Bewährungsmodells folgert er, dass die privilegierende Wirkung des Rücktritts nicht auf den Versuch begrenzt sei, sondern sich damit auch die Möglichkeit eröffne, Fälle der Tatvollendung einzubeziehen (*M. Walter* S. 52 f, 149 f). 35

**dd) Die generalpräventiv orientierte Strafzwecktheorie.** Eine „generalpräventiv eingekleidete Strafzwecktheorie (i. S. positiver Generalprävention)“[113] liegt vor allem für die Vertreter der **Eindruckstheorie** nahe: Wird der Strafgrund des Versuchs darin erblickt, dass der Täter durch den Deliktsversuch einen rechtserschütternden Eindruck hervorruft, so erscheint es konsequent, den Strafverzicht damit zu erklären, dass der Täter mit dem Rücktritt diesen rechtserschütternden Eindruck wieder beseitige.[114] Wird lediglich auf die Eignung zur Hervorrufung eines rechtserschütternden Eindrucks bzw. dessen Beseitigung abgestellt, so entlastet diese Sichtweise von einem empirischen Nachweis des Präventionseffekts im Einzelfall. Die Theorie muss aber dennoch auf die Plausibilität eines bestehenden **sozialpsychologischen Zusammenhangs** beharren, will sie sich nicht auf eine reine Fiktion berufen.[115] Für die stärkere Betonung des Aspekts der Generalprävention im Verhältnis zur Spezialprävention lassen sich Zweifel daran geltend machen, ob der Rücktritt vom Versuch generell die Notwendigkeit einer spezialpräventiven Einwirkung auf den Täter entfallen lässt. 36

**ee) Der Rücktritt als „zurechenbare Gefährdungsumkehr“.** Den strafzweckorientierten Theorien zuzuordnen ist auch die Lehre von *Jäger* (S. 62 ff, 128 ff; ZStW **112** [2000] 783, 800 ff; 37

---

111 Zur Lehre *H.-W. Mayers* ausführlich *Greeve* S. 206 ff.

112 Zu diesem Modell ausführlich *Küper* GA **1982** 228; siehe auch *Sch/Schröder/Eser* Rdn. 2b; *Maurach/Gössel/Zipf* AT 2 § 41 Rdn. 35.

113 Ausdrücklich *Bergmann* ZStW **100** (1988) 329, 334 ff.

114 *Bergmann* ZStW **100** (1988) 329, 335; *Bergmann* Die Milderung der Strafe nach § 49 Abs. 2 StGB (1988) S. 150 ff; in diesem Sinne auch *Gores* S. 155 f; *Grünwald* FS Welzel 701, 711; *v. Scheurl* S. 26 ff; *Ranft* Jura **1987** 532; *Rudolphi* NStZ **1989** 511; *Schünemann* GA **1986** 293, 324; ebenso *Streng* JZ **1984** 652, 654, Fn. 23, der auch in späteren Arbeiten teilweise auf die fehlende Strafbedürftigkeit aus generalpräventiver Sicht abstellt (*Streng* NStZ **1993** 582, 583 und JZ **1990** 212, 214), dabei jedoch die notwendige einheitliche Gesamtbetrachtung von Versuch und Rücktritt im Sinne der Einheitstheorie ebenso hervorhebt (*Streng* ZStW **101** [1989] 273, 323 f); *Kampermann* S. 198 ff sieht ebenso wie *Sch/Schröder/Eser/Bosch* Rdn. 2b den generalpräventiven Aspekt zumindest als ein mitentscheidendes Kriterium der Bestimmung des Rechtsgrundes der strafbefreienden Wirkung des Rücktritts an; ähnlich auch *Freund/Rostalski* AT § 9 Rdn. 17 vom Boden einer restitutiven bzw. retributiven Straftheorie.

115 *Meyer* ZStW **87** (1975) 598, 604; *Radtke* JuS **1996** 878, 880.

SK Rdn. 10) vom Rücktritt als „zurechenbare Gefährdungsumkehr".[116] Der Rücktritt sei ein „Rechtsinstitut sui generis", nämlich ein **„Strafbefreiungstatbestand"**, „durch dessen Verwirklichung der Täter sich selbst von der eigentlich verwirkten Strafe befreit" (*Jäger* SK Rdn. 10). Mit dem Kriterium der Gefährdungsumkehr werde die von der Strafzwecklehre offen gelassene Frage, weshalb es an der Strafwürdigkeit fehlt, dahingehend beantwortet, dass sich der Täter (nicht für die Zukunft, sondern) „in der Gegenwart bewährt" habe (*Jäger* S. 126). Die Anforderungen an diese Gefährdungsumkehr sollen davon abhängen, „ob die Gefährdung tatsächlich oder nur in der Vorstellung des Täters existiert" (*Jäger* S. 63). Durch einen Rücktritt werde die durch den Versuch verursachte Gefährdung beseitigt, so dass es das Verdienst des Täters sei, „dem ... Versuch seine Wirkung genommen zu haben" (*Jäger* S. 63). Daraus folge, dass sich die notwendige Rücktrittshandlung an der jeweiligen Gefährdung orientieren müsse. Durch § 24 Abs. 1 Satz 2 honoriere der Gesetzgeber die dem Täter zurechenbare „versuchte Gefährdungsumkehr" (*Jäger* S. 63 f). Da für ein strafbefreiendes Verhalten grundsätzlich nichts Anderes gelten könne als für ein strafbegründendes Verhalten und der Rücktritt alle Zurechnungskomponenten der allgemeinen Verbrechenslehre umfasse, müsse der „Gefährdungsumkehr-Erfolg" dem Zurücktretenden sowohl objektiv als auch subjektiv zurechenbar sein, wobei die subjektive Zurechenbarkeit über die Freiwilligkeit des Rücktritts zum Ausdruck komme (*Jäger* S. 64, 93 ff, 126, 129 f).

**38** Zustimmung verdient die Einsicht, dass Versuch und Rücktritt im Zusammenhang gesehen werden müssen. Da das Versuchsunrecht aber subjektiv in einem geistigen Angriff auf fremde Rechtsgüter fundiert ist, folgt schon daraus, dass ein objektives Erfordernis der Gefährdungsumkehr **nicht den Kern des Rücktritts** ausmachen kann.[117] Die von *Jäger* (S. 62 ff) in Anspruch genommene „Wesensbestimmung des Rücktritts" muss dann auch sogleich in vollendete und versuchte Gefährdungsumkehr zerfasern (*Jäger* S. 65 ff), wenn auch Konstellationen wie der untaugliche Versuch umfasst sein sollen, bei denen mangels objektiver Gefährdung auch keine diesbezügliche Umkehrleistung in Betracht kommt. Auch soweit es als Beschreibung zutrifft, dass der Täter mit dem Rücktritt die geschaffene Gefahr beseitigt (oder dies zumindest versucht), ist damit zwar ein tatsächlicher Vorgang beschrieben, aber noch keine Antwort daruf gegeben, weshalb daraus die Straffreiheit des Täters folgen soll.[118] *Haas* (ZStW **123** [2011] 226, 237) macht zudem geltend, dass der Gedanke der Gefährdungsumkehr auch beim vollendeten Delikt eingreifen könnte, wenn der Täter die Rechtsgutsbeeinträchtigung rückgängig macht oder wenn er – so wird man ergänzen dürfen – in Fällen, in denen bereits Handlungen im Vorfeld der Rechtsgutsverletzung den Tatbestand verwirklichen, die Gefährdung beseitigt.

**39** **ff) Rücktritt als Anerkennung der Normgeltung.** Den strafzweckorientierten Lehren ist schließlich auch die in Anschluss an *Freund* (AT² § 9 Rdn. 9, 16 ff) entwickelte Auffassung von *Wege* zuzuschlagen. Da der Rücktritt die Bestrafung aufhebe, müsse er das leisten, was sonst die Strafe leistet.[119] Verfassungsrechtlich legitimer Zweck der Strafe sei der **Rechtsgüter-**

---

116 Gegen diesen Ansatz erhebt *Maurach/Gössel/Zipf* AT 2 § 41 Rdn. 21 mit durchaus guten Gründen den Vorwurf, es handle sich um eine Spielart der Rechtstheorien. Diese Einordnung passt aber nicht dazu, dass *Jäger* SK Rdn. 8 f den Rücktritt als persönlichen Strafaufhebungsgrund begreift und die Schwächen einer Einordnung als Schuldausschließungsgrund hervorhebt.

117 Dementsprechend überzeugen auch die konkreten Falllösungen nicht, bei denen *Jäger* S. 67 f die Anforderungen an den Rücktritt nicht an der Tätervorstellung, sondern an der objektiven Gefährlichkeit ausrichtet. Auch *Küper* ZStW **112** (2000) 1, 2, Fn. 6 nennt *Jägers* Modell zwar einen „bemerkenswerten Vorschlag", sieht es aber als problematisch an, dass bei dem Versuchstäter, der „subjektiv von einer für den Erfolgseintritt noch nicht ausreichenden Lage aus(geht) (unbeendeter Versuch) ... das bloße ‚Aufgeben' der weiteren Tatausführung nicht genügen, sondern aktive Erfolgsverhinderungen notwendig sein (sollen), damit ein strafbefreiender Rücktritt vorliegt".

118 *Lilie/Albrecht* LK¹² Rdn. 36; *Roxin* AT II § 30 Rdn. 24; *Yamanaka* FS Roxin (2001) 773, 778 f.

119 *Wege* S. 76.

**schutz.**[120] Dieser werde durch ein **Zusammenspiel von Verhaltens- und Sanktionsnormen** gewährleistet:[121] Da die Strafnormen nicht den Bürger (sondern den Rechtsanwender) adressieren, dienten primär die Verhaltensnormen dem Schutz der Rechtsgüter. Wird eine Verhaltensnorm übertreten, so könne der erst anschließende Einsatz der Sanktionsnorm die Rechtsgutsverletzung nicht beseitigen. Ihr Zweck liege vielmehr darin, „die Geltungskraft der übertretenen Verhaltensgebote abzusichern".[122] Der Schutz dieser – empirisch verstandenen[123] – Geltungskraft sei dann auch das Rechtsgut der Sanktionsnormen.[124] Sowohl der Strafgrund als auch die zu stabilisierenden Verhaltensnormen seien bei Versuch und Vollendung identisch.[125] Vor diesem Hintergrund müsse der Rücktritt die Strafe entbehrlich machen, indem er die Anerkennung der Normgeltung zum Ausdruck bringe.[126] Dabei sei zu fordern, dass die Demonstration der Normgeltung „mit derselben Glaubwürdigkeit erfolgt, wie sie die verfassungsrechtlich gebundene staatliche Strafe genießt", womit der Täter gegen ein „strukturelles Glaubwürdigkeitsproblem" ankämpfen müsse, nachdem er zuvor noch die Normgeltung nicht für sich akzeptiert hatte.[127] **Glaubwürdig** sei die **Entkräftung des begangenen Vertrauensbruchs** nur im Falle der Erfolgsvereitelung unter den weiteren Voraussetzungen fortbestehender Erfolgserreichungsmöglichkeit, Zurechenbarkeit der Erfolgsvereitelung, Unbedingtheit des Rücktritts sowie ununterbrochener Nachtatherrschaft, womit gemeint ist, dass der Täter den Erfolgseintritt zu keinem Zeitpunkt dem Zufall überlassen dürfe.[128] Gemessen an dem so gewonnen kritischen Maßstab sei die in § 24 Abs. 1 S. 2 angeordnete Straflosigkeit mangels Erfolgsabwendung nicht überzeugend[129] und auch das Erfordernis der Unbedingtheit sei in § 24 nicht in einer dem Zweck der Normstabilisierung genügenden Weise angelegt.[130]

Zustimmung verdient die Überlegung, dass der Rücktritt die Leistung der Strafe übernehmen 40
muss.[131] Damit tritt die Frage nach dem Zweck der Strafe in den Fokus. Sie mit systemtheoretischen Erwägungen beanntworten zu wollen, führt allerdings zu einem angreifbaren Funktionalismus.[132] Auch wenn das Konzept des Zusammenspiels von Verhaltens- und Sanktionsnormen grundsätzlich zutreffend ist,[133] führt es doch bei *Wege* in **interne Unstimmigkeiten** und wird **nicht differenziert** genug ausgeführt. Das gilt zunächst für die Erfassung der verletzten Verhaltensnormen. Insofern wäre zu unterscheiden zwischen den Verhaltensnormen, die die Vornahme der Ausführungshandlung zum Gegenstand haben und denen, die im Falle des unmittelbaren An-

---

**120** *Wege* S. 44 ff. Dabei scheide eine absolute Strafbegründung (Vergeltungstheorie) aus, da allein der zweckrationale Einsatz von Strafe legitierbar sei, *Wege* S. 43 f. Darin liegt eine Verkürzung des Anliegens der absoluten Theorien; dazu *Murmann* Kritik des funktionalen Strafrechts, in *Koriath/Krack/Radtke/Jehle* Grundfragen des Strafrechts, Rechtsphilosophie und die Reform der Juristenausbildung (2010) S. 189 ff.

**121** *Wege* S. 46 ff.

**122** *Wege* S. 47, 55.

**123** Diese Annahme versucht *Wege* S. 49 ff. unter Bezug auf die Systemtheorie im Sinne *Luhmanns* abzusichern.

**124** *Wege* S. 48 f. Damit sieht sich *Wege* in der Nähe zur Eindruckstheorie, sofern diese nicht die tatsächliche Beseitigung eines rechtserschütternden Eindrucks voraussetzt, sondern lediglich die Eignung hierzu (vgl. Rdn. 36); *Wege* S. 71.

**125** *Wege* S. 58 ff, 71, 75.

**126** *Wege* S. 83 ff.

**127** *Wege* S. 785.

**128** *Wege* S. 85 ff.

**129** *Wege* S. 99.

**130** *Wege* S. 106 ff.

**131** Die Kritik von *Maurach/Gössel/Zipf* AT 2 § 41 Rdn. 25, der daraus, dass der Rücktritt das Versuchsunrecht nicht beseitigt, den Schluss ziehen will, dass er auch den Norgeltungsschaden nicht aus der Welt schaffen könne, erscheint dagegen nicht schlüssig.

**132** Vgl. schon *Murmann* Die Nebentäterschaft im Strafrecht (1993) S. 115 ff; eingehend *ders* Kritik des funktionalen Strafrechts, in *Koriath/Krack/Radtke/Jehle* Grundfragen des Strafrechts, Rechtsphilosophie und die Reform der Juristenausbildung (2010) S. 189 ff.

**133** Überblick bei *Murmann* Grundkurs § 8 Rdn. 5 ff. Zum vertieften Verständnis *Zaczyk* GA **2014** 73 ff.

setzens verletzt sind,[134] bei denen also die Rechtsgutsgefährdung von der Entscheidung des Täters, zur Ausführungshandlung überzugehen, abhängt (s. § 22 Rdn. 103 ff, 109). Diese Differenzierung zeigt nicht nur, dass die pauschale Gleichsetzung der verletzten Verhaltensnormen bei Versuch und Vollendung nicht zutrifft. Vor allem hätte es nahe gelegen, der Frage nachzugehen, ob insoweit nicht der Angriff auf den Geltungsanspruch der Norm differenzierter zu sehen ist. Denn wenn zur Normverletzung beim unmittelbaren Ansetzen noch der Wille gehört, zur Vornahme der Ausführungshandlung voranzuschreiten, so erklärt das Gesetz die Option zur Entschlussaufgabe im Rahmen der Strafbegründung für unerheblich. Diese Schwäche bei der Legitimation der Versuchsstrafbarkeit muss sich dann aber bei der Manifestation der Normgeltung als Stärke erweisen. Denn der Täter kann durch bloßes Abstandnehmen von dem (zunächst) intendierten Verhalten die der Versuchsstrafbarkeit zugrundeliegende Unterstellung zurückweisen, dass er sein Vorhaben in die Tat umsetzen wird. Ein weiterer Einwand betrifft den untauglichen Versuch, denn hier verletzt der Täter überhaupt keine zu stabilisierende Verhaltensnorm (es gibt z. B. keine Norm, die das Verabreichen von Zucker [in der Annahme, es sei Gift] untersagt). Das scheint *Wege* anders zu sehen: Der Täter „verstößt gegen eine ihm auferlegte Verhaltensnorm, indem er nach außen deutlich macht, die Verhaltensnorm in der Situation für sich nicht anzuerkennen".[135] Gemeint ist damit wohl die Verhaltensnorm, die die taugliche Handlung verbietet, die also z. B. verbietet, dem Opfer Gift zu geben. Aber die Verletzung dieser Verhaltensnorm hat der Täter gerade nicht objektiv, sondern allenfalls durch seine das Verhalten begleitende Einstellung manifestiert. Wenn das so ist, dann erschließt sich nicht, weshalb in den Fällen des objektiv untauglichen Versuchs, in denen eine Erfolgsverhinderung ausgeschlossen ist (§ 24 Abs. 1 S. 2), das die Einstellungsänderung manifestierende ernstliche Bemühen nicht als glaubwürdige Umkehrleistung zu akzeptieren sein soll.[136]

41 **gg) Kritik.** Die – neben den vorstehend vorgetragenen ansatzbezogenen Einwänden – generell gegen die vor allem auf Strafbedürftigkeits- und Strafzwecküberlegungen beruhenden Lehren geltend gemachte Kritik ist vielfältig.[137] So wird vorgetragen (*Stratenwerth/Kuhlen* AT § 11 Rdn. 70), dass durch Berufung auf den Wegfall der spezial- und generalpräventiv geprägten Strafzwecke „nicht mehr als die Trivialität ausgesprochen (wird), dass die Sanktion dort, wo das Gesetz auf sie verzichtet, offenbar nicht zwingend geboten ist".[138] Die Frage nach dem Warum der strafbefreienden Wirkung des Rücktritts und den genauen Anforderungen an ihr Vorliegen könnten die Vertreter der Strafzwecktheorie nicht beantworten.[139] Sie blieben „ein rational überprüfbares Kriterium dafür, wie die Rücktrittshandlung beschaffen sein muß, schuldig" (*Weinhold* S. 30). Hinter all dem steht die Einsicht, dass der Verweis auf spezial- und generalpräventiv gefärbte Strafzweckerwägungen erst dann eine eigenständige materielle Bedeutung entfalten kann, wenn damit auf einen **empirischen Befund** Bezug genommen wird. Ein solcher Befund lässt sich aber zumindest für viele Rücktrittskonstellationen gerade nicht feststellen. An dieser Einsicht setzen dann auch die meisten Kritiker an. So wird der Strafzwecktheorie entgegengehalten, dass der Wille des Täters im Zeitpunkt des Versuchs durchaus stark genug

---

134 *Zaczyk* GA **2013** 546, 548 interpretiert *Wege* dahingehend, dass „die Verhaltensnorm ... schon durch den Versuch eines Verstoßes gegen sie verletzt sein (soll)". Plausibler erscheint es aber, von unterschiedlichen verletzten Verhaltensnormen je nach Ausführungsstadium auszugehen. Die im Text angesprochene Wertungsfrage bleibt hiervon aber unberührt.

135 *Wege* S. 69 mit Fn. 300.

136 Dazu auch kritisch *Zaczyk* GA **2013** 546, 548.

137 Ausführlich *Haas* ZStW **123** (2011) 226, 235 ff; *Heckler* S. 119 f; *Herzberg* NStZ **1989** 49, 50; *Herzberg* FS Lackner 325, 328 ff, 335 ff; *Herzberg* NStZ **1990** 172; *Herzberg* NJW **1991** 1633, 1634 f; *Jäger* S. 6 f; *Jescheck/Weigend* § 51 I 4; *Kolster* S. 22 ff; *Ranft* Jura **1987** 527, 532; *Schröder* JuS **1962** 81; *Ulsenheimer* S. 78 ff; zur Strafzweck- bzw. Indizlehre auch *Boß* S. 24 ff; *Walter* S. 20 ff.

138 Ähnlich *Kolster* S. 22 f; *Ulsenheimer* S. 78 f.

139 *Jakobs* ZStW **104** (1992) 82, 88; *Kolster* S. 23; *Stratenwerth/Kuhlen* AT § 11 Rdn. 70; auch *Jäger* S. 126.

zur Vollendung gewesen sein kann, der Rücktritt oft durch zufällige äußere Umstände herbeigeführt werde und von sehr unterschiedlichen Motivationen getragen sein könne.[140] Deshalb entspreche die Behauptung, der Entschluss habe bei der Tat von vornherein eine geringe Intensität gehabt, in den meisten Fällen ebenso wenig der Wirklichkeit wie die Annahme, die in Aussicht gestellte Straflosigkeit werde für den Täter ein Anreiz sein, von der Vollendung Abstand zu nehmen.[141] Dies zusammenfassend lässt sich sagen, dass die Behauptung, weder general- noch spezialpräventive Gründe erforderten bei einem Rücktritt die Bestrafung des Täters, „eine viel zu weit greifende Mutmaßung" ist.[142] Gegen diese Kritik stellt es keinen durchgreifenden Einwand dar, dass ausschlaggebend nicht die Erwartung künftiger Normtreue sei, sondern allein die Normbefolgung in der konkreten Situation. So entfalle die Strafnotwendigkeit, wenn der Täter im Einzelfall die „Normerwartungen trotz Versuchsbegehung doch noch erfüllt hat" (*Greeve* S. 196) bzw. das Verhalten „geeignet erscheint, den Rechtsfrieden in der konkreten Situation wiederherzustellen" (*Greeve* S. 198; zustimmend *Lilie/Albrecht* LK[12] Rdn. 21).[143] Mit solchen Überlegungen ist in Wahrheit der spezial- bzw. generalpräventive Ausgangspunkt in seiner Zukunftsbezogenheit verlassen. So berechtigt es in einem Tatstrafrecht auch ist, den Rücktritt allein auf die konkrete Versuchstat zu beziehen (also etwa auszublenden, dass der Täter eine Tatbegehung lediglich deshalb nicht weiter verfolgt hat, weil ihm eine andere lohnender erschien), so wenig passt diese Einsicht zur Orientierung an präventiven Belangen.[144] Aus dem gleichen Grund stellt es auch keinen Ausweg dar, den tatsächlichen Gegebenheiten eine generalisierende gesetzliche Wertentscheidung entgegenzuhalten.[145] Denn wenn man die Strafbefreiung beim Rücktritt mit der Fiktion des Fehlens spezialpräventiver und generalpräventiver Bestrafungsbedürfnisse begründen wollte, so bliebe auch nur die Fiktion einer Begründung.[146] Zudem macht *Jakobs* (ZStW **104** [1992] 82, 88) darauf aufmerksam, dass die Strafzwecktheorie keine spezifische Erklärung für den Rücktritt bietet, sondern ebenso auf anderes Nachtatverhalten passt.[147] *Herzberg* (NStZ **1989** 49, 53) meint, dass die Strafzwecklehre schon von einem falschen Ansatz ausgehe. Dadurch dass sich die Vertreter auf eine „*Negation*, d. h. auf die Behauptung, dass ein Festhalten an der Straf*belastung* keinen Sinn mehr habe", berufen, würden sie verkennen, dass die strafbefreiende Wirkung des Rücktritts einen positiven Aspekt habe.

Die vorstehende Kritik ist hinsichtlich der mangelnden empirischen Fundierung der spezial- **42**
und generalpräventiven Effekte des Rücktritts berechtigt. Sie lässt sich vertiefen, wenn man die **Schwächen der zugrundeliegenden Strafzwecklehren** einbezieht. Dabei ist zum einen darauf hinzuweisen, dass die spezial- wie auch die generalpräventiven Theorien schon hinsichtlich ihres Anspruchs, die Strafbegründung zu legitimieren, dem Einwand mangelnder empirischer Fundierung ausgesetzt sind. Gewichtiger noch ist der Einwand, dass weder die General- noch die Spezialprävention eine tragfähige Legitimation der Strafe erlauben. Soweit es die General-

**140** Vgl. *Haas* ZStW **123** (2011) 226, 235 f; *Hoffmann-Holland* MK Rdn. 35 f; *Jäger* S. 6; *Jescheck/Weigend* § 51 I 4; *v. Scheurl* S. 24; *Schröder* JuS **1962** 81; *Ulsenheimer* S. 78 ff; *Wege* S. 35 ff; siehe auch *Alwart* Strafwürdiges Versuchen (1982) S. 208 ff.

**141** *Jescheck/Weigend* § 51 I 4; **krit.** dazu wiederum *Roxin* FS Heinitz 251, 271: Die Bedenken von *Jescheck* beträfen nicht die Strafzwecktheorie, sondern die fehlerhafte Freiwilligkeitsinterpretation der überwiegenden Meinung.

**142** *Herzberg* NStZ **1989** 49, 50; *Herzberg* NStZ **1990** 172; *Herzberg* NJW **1991** 1633, 1634 f; *Maurach/Gössel/Zipf* AT 2 § 41 Rdn. 32; ähnlich auch *Weinhold* S. 18 ff; insbesondere hinsichtlich des Wegfalls des spezialpräventiven Strafzwecks *H.-W. Mayer* S. 35.

**143** Auch *Herrmann* S. 198, die die Berücksichtigung von Wiederholungsrisiken als „Bestrafung für eine bestimmte Denkweise", also als Gesinnungsstrafrecht auffasst. Darin liegt aber nicht mehr und nicht weniger als ein genereller Einwand gegen die Berücksichtigung der Spezialprävention.

**144** *Hoffmann-Holland* MK Rdn. 37 f; auch *Dold* S. 21 (bezogen auf den Aspekt der Spezialprävention); vgl. auch *Maurach/Gössel/Zipf* AT 2 § 41 Rdn. 34.

**145** Dazu *Scheinfeld* S. 70; *Wege* S. 38 f.

**146** Vgl. auch *Wege* S. 39.

**147** Zustimmend *Maurach/Gössel/Zipf* AT 2 § 41 Rdn. 32; begrenzt auf die spezialpräventive Variante ebenso *Dold* S. 19 ff.

prävention anbelangt, greifen die Einwände durch, die bereits gegen die Eindruckstheorie als Ausprägung der Generalprävention für den Bereich des Versuchs geltend gemacht wurden (Vor §§ 22 ff Rdn. 83 ff). Entsprechend diesen Einwänden wird dann auch die Rücktrittsleistung vom Täter gelöst und auf deren sozialpsychologischen Reflex bei den anderen Gesellschaftsmitgliedern reduziert (*Murmann* Versuchsunrecht S. 27 ff; zustimmend *Lilie/Albrecht* LK[12] Rdn. 22). Auch eine Strafbegründung aus spezialpräventiven Erwägungen ist nicht tragfähig.[148] Zwar sind spezialpräventive Effekte, die mit der Strafe verbunden sein können, durchaus erwünscht. Aber Erziehungsbedürfnisse allein können eine Strafe weder begründen noch kann allein das Fehlen von Einwirkungsbedarf den Verzicht auf Strafe rechtfertigen. Ein solcher Gedanke ließe sich zudem nicht auf den Rücktritt begrenzen, sondern würde auch greifen, wenn aus sonstigen Gründen keinerlei spezialpräventiver Einwirkungsbedarf besteht.[149]

43 **f) Gemischte Konzepte.** Schließlich wird teilweise angenommen, die strafbefreiende Wirkung des Rücktritts lasse sich nur durch eine **Verbindung verschiedener Gedanken** begründen.[150] Eine solche Verbindung kann freilich unterschiedliche Akzente setzen. So betonen etwa *Lilie/Albrecht* (LK[12] Rdn. 42 ff), die Berücksichtigung der Umkehrleistung liege im Interesse der Rechtsgemeinschaft. Der Unrechts- und Schuldgehalt des versuchten Delikts sei zwar nicht entfallen, aber deutlich reduziert. Neben dem Zweck des vergeltenden Schuldausgleichs seien spezial- und generalpräventive Bedürfnisse und damit auch die Strafbedürftigkeit erheblich eingeschränkt. Der Opferschutzgedanke mache die unterschiedliche Behandlung von Rücktritt und tätiger Reue plausibel.

44 **Überzeugen** kann ein solches Konglomerat unterschiedlicher Gesichtspunkte schon deshalb **nicht**, weil das Verhältnis der Aspekte zueinander unklar bleibt und eine Lösung für Kollisionsfälle nicht ersichtlich ist. Akzeptiert man etwa die Berücksichtigung spezialpräventiver Gesichtspunkte als die Strafbefreiung legitimierenden Gesichtspunkt (und nicht lediglich als erwünschten Nebeneffekt), so ist es (entgegen *Lilie/Albrecht* LK[12] Rdn. 45) nicht selbstverständlich, dass die Freiwilligkeit nicht vom Vorliegen ethischer Motive abhängig sein soll. Zudem bleiben die bereits ausgeführten (Rdn. 42; vor §§ 22 ff Rdn. 83 ff) Bedenken, die gegen präventive Strafzwecke zu erheben sind, sofern diese mit strafbegründendem, nicht lediglich flankierendem Anspruch auftreten.

45 **g) Rücktritt als Wiederherstellung des Rechts.** Auszugehen ist von der meist geteilten Einsicht, dass der **Strafgrund des Versuchs** in einem **Begründungszusammenhang zur Strafbefreiung beim Rücktritt** stehen muss.[151] Da mit dem Versuch die Strafe bereits verwirkt ist, ist der **Strafzwecktheorie** insoweit **zuzustimmen**, als der Rücktritt auf der Ebene der Strafbedürfigkeit angesiedelt sein muss. Soll der Rücktritt die Strafe überflüssig machen und ersetzen, so muss er eine Wirkung entfalten, die der der Strafe (weitgehend) äquivalent ist. Damit ist die

---

**148** Zusammenfassend *Murmann* Grundkurs § 8 Rdn. 32 f. Demensprechend verfehlt es *meinen* Standpunkt, wenn *Haas* ZStW **123** (2011) 226, 234 ihn der Spezialprävention zuschlägt.

**149** Vgl. *Haas* ZStW **123** (2011) 226, 237.

**150** In diesem Sinne ausdrücklich *Boß* S. 33 ff; *Sch/Schröder/Eser/Bosch* Rdn. 2b ff; *Greeve* S. 226 f; *Linke* S. 56; *Maurach/Gössel/Zipf* AT 2 § 41 Rdn. 11, 43 f; *Stratenwerth/Kuhlen* AT § 11 Rdn. 71; *Vogler* LK[10] Rdn. 20; auch *Ulsenheimer* S. 94 ff, 103 ff, der teilweise der sog. Schuldtheorie zugeordnet wird (z. B. *Jescheck/Weigend* § 51 I 6) und in erster Linie zwar darauf abstellt, dass der Rücktritt ein Entschuldigungsgrund sei, in der Begründung dazu aber die Verbindung von Strafzweck-, Gnaden-, Prämien-, Verdienstlichkeits- und kriminalpolitischen Überlegungen hervorhebt (ausdrücklich *Ulsenheimer* S. 105 f); vgl. auch *Ranft* Jura **1987** 527, 532. Im Einzelnen bestehen jedoch erhebliche Meinungsverschiedenheiten dahingehend, welche Kriterien wie und in welchem Umfang zusammen zum Tragen kommen (zusammenfassend *Ulsenheimer* S. 46 ff).

**151** Z. B. *Bottke* JZ **1994** 71, 73; *Maurach/Gössel/Zipf* AT 2 § 41 Rdn. 11; *Murmann* Versuchsunrecht S. 27 ff; *Dold* S. 23. Abweichend *Jäger* S. 87.

Frage nach dem Zweck der Strafe aufgeworfen. Eine denkbare Antwort ist der Verweis auf die präventiven Straftheorien. Sollen die spezial- und generalpräventiven Interessen durch den Rücktritt befriedigt werden, so muss der Rücktritt eine Aussage über den Entfall des Einwirkungsbedarfs auf den Täter bzw. den Wegfall der Bestrafungsbedürfnisse der Gesellschaft erlauben. Es wurde bereits ausgeführt, dass beides nicht überzeugt (Rdn. 31 ff): Die Annahme, der spezialpräventive Einwirkungsbedarf sei aufgrund des Rücktritts wieder entfallen, ist zum einen realitätsfern und zum anderen ist die spezialpräventive Einwirkung nicht der tragende Zweck der Strafe. Die generalpräventiven Wirkungen eines Rücktritts sind empirisch ungesichert und – wichtiger – lediglich sozialpsychologische Reflexe der maßgeblichen Bedeutung des Rücktritts für das Rechtsverhältnis.

Der **Zweck der Strafe** – wie auch des Rücktritts – muss also von empirischen Befindlichkeiten des Täters und der Gesellschaft unabhängig eine spezifisch rechtliche Begründung finden. Damit ist eine **absolute Theorie** der Strafe angesprochen, die, entgegen einem geläufigen Missverständnis, nicht etwa von jedem Zweck losgelöst ist, sondern ihren Zweck im Recht selbst finden muss.[152] Ist die Straftat Verletzung des rechtlichen Verhältnisses des Täters zum Opfer bzw. der Allgemeinheit, so muss die Strafe das verletzte Recht wieder herstellen. Dieser Gedanke der Wiederherstellung des verletzten Rechts ist in jüngerer Zeit verschiedentlich betont worden.[153] Er bildet den Hintergrund der Vergeltungstheorie oder – ohne Unterschied in der Sache – des Schuldausgleichsgedankens, wie er auch in § 46 Abs. 1 S. 1 angesprochen ist. Dabei bezieht sich die Wiederherstellung des Rechts nicht auf eine Strafnorm (die unmittelbar den Richter adressiert und die der Täter erfüllt [nicht verletzt] hat), sondern auf die den Sanktionsnormen vorgelagerten Verhaltensnormen. Die Strafe ist wiederherstellende Reaktion darauf, dass der Täter durch die Straftat das Rechtsverhältnis verletzt hat. Dabei greift es zu kurz, den Normgeltungsschaden als empirischen Befund zu verstehen und dementsprechend auch von der Strafe (und dann auch vom Rücktritt) eine faktisch bewusstseinsbildende Leistung zu erwarten (vgl. zu einem solchen Konzept Rdn. 39 f). Es ist vielmehr für die Legitimation von Strafe ebenso wie für die strafbefreiende Wirkung des Rücktritts ohne Belang, ob die Tat das Rechtsbewusstsein der Allgemeinheit tatsächlich erschüttert hat bzw. ob diese rechtserschütternde Wirkung durch den Rücktritt beseitigt wird. Ein solcher, an empirischen Zusammenhängen orientierter Ausgangspunkt führt zu den generalpräventiven Theorien und zur gegen diese zu erhebende Kritik. Maßgeblich sind demnach nicht die empirischen Auswirkungen des Rechtsbruchs, sondern die Auswirkungen auf das Recht als solches, d. h. als einer geistigen Ordnung. Das Recht ist durch eine Straftat völlig unabhängig davon, ob tatsächlich eine rechtserschütternde Wirkung eintritt, in seiner die sozialen Verhältnisse gestaltenden Wirkung beeinträchtigt (beispielsweise auch dann, wenn sich die Tat ganz im Verborgenen abspielt). 46

**Richtigerweise** ist deshalb von der Einsicht auszugehen, dass der Täter als Rechtsperson das Recht als solches in seiner die sozialen Verhältnisse gestaltenden Kraft angreift (vor §§ 22 ff Rdn. 68). Der Täter bezieht mit seiner Tat Stellung zum rechtlich verbürgten Anerkennungsanspruch des Opfers; indem er sich über diesen hinwegsetzt, negiert er den Geltungsanspruch des Rechts und gestaltet das Rechtsverhältnis in seinem Sinne.[154] Unabhängig davon, ob sich die Rechtsgemeinschaft von dieser Stellungnahme faktisch beeindrucken lässt, kann das Recht als 47

152 Eingehend *Murmann* Kritik des funktionalen Strafrechts, in *Koriath/Krack/Radtke/Jehle* Grundfragen des Strafrechts, Rechtsphilosophie und die Reform der Juristenausbildung (2010) S. 189 ff; ebenso *A. Schmidt* Strafe und Versöhnung (2012) S. 147; *Wohlers* GA **2019** 425, 430.

153 Vgl. dazu und zum zugrundeliegenden Konzept *Kahlo* FS Hassemer 83, 417 ff; *ders.* FS Neumann 607 ff; *Klesczewski* Die Rolle der Strafe in Hegels Theorie der bürgerlichen Gesellschaft (1991); *Köhler* AT S. 37 ff; *ders.* Der Begriff der Strafe (1986) S. 50 ff; *A. Schmidt* Strafe und Versöhnung (2012) S. 145 ff; *E.A. Wolff* Die Abgrenzung des Kriminalunrechts von anderen Unrechtsformen, in: Hassemer (Hrsg.), Strafrechtspolitik (1987) S. 162 ff; *ders.* ZStW **97** (1985) 786 ff; *Zaczyk* FS Neumann 451 ff.

154 Vgl. auch *Dold* S. 35 f (der die Verhaltensnormverletzung als „ablehnende Stellungnahme zu seiner Mitwirkungspflicht an einer gerechten Verteilung von Grundgütern" auffasst).

allgemeine Ordnung die abweichende Stellungnahme nicht ignorieren. Die **Wiederherstellung des Rechts** auf den begangenen Rechtsbruch hin ist demnach eine **im Recht selbst angelegte Notwendigkeit**. Diese Wiederherstellungsleistung wird grundsätzlich durch die Strafe als Widerspruch der staatlich verfassten Rechtsgemeinschaft gegen die vom Täter behauptete Unrechtsmaxime geleistet. Wenn der Rücktritt einen Verzicht auf Strafe erlauben soll, muss dieser Rücktritt die Wiederherstellungsleistung erbringen. Das setzt – wie auch die Strafe – einen **Widerspruch gegen die im Versuch zum Ausdruck gebrachte Missachtung des rechtlichen Anerkennungsanspruchs** voraus. Ein solcher Widerspruch kann nur in einer freiwilligen Entscheidung des Täters für eine Rückkehr zum Recht liegen. Dieser Widerspruch muss die Kraft haben, das Recht soweit wiederherzustellen, dass Strafe verzichtbar erscheint.[155] Dafür, dass dem Rücktritt dieser **Sinngehalt** zukommt, lassen sich vor allem zwei Argumente benennen: Zum einen entfaltet der Widerspruch gegen die Normverletzung deshalb besondere Bedeutung, weil er eine **Stellungnahme des Täters selbst** ist. Indem der Täter freiwillig den Geltungsanspruch der in seiner Versuchstat zum Ausdruck gebrachten Unrechtsmaxime zurücknimmt, erlangt der Widerspruch besondere Überzeugungskraft. Freilich kann der Täter auch durch sonstiges Nachtatverhalten – etwa durch tätige Reue oder Wiedergutmachungsleistungen – seine Abkehr von der Unrechtsmaxime zum Ausdruck bringen. Es bedarf also noch eines Argumentes dafür, dass gerade die durch einen Rücktritt manifestierte Stellungnahme die weitreichenden Konsequenzen des § 24 trägt. Dieses Argument liegt darin, dass der Rücktritt deshalb ein **besonderes Nachtatverhalten** darstellt, weil der Täter sein Bekenntnis zum Recht im Rahmen einer **noch unvollendeten Tat** ablegt: „Die Objektivierung der rechtlichen Maxime durch Erfolgsvermeidung bzw. durch Nichtvornahme der tatbestandsmäßigen Handlung entfaltet ungleich größere Überzeugungskraft als etwa Wiedergutmachungsbemühungen nach Erreichung des deliktischen Ziels, denn der Täter demonstriert im Rücktritt, dass für ihn die Orientierung am Recht in seinem konkreten Verhältnis zum Opfer gegenüber der Deliktsverwirklichung vorrangig ist".[156] Dabei kann es für ein naturgemäß generalisierendes gesetzliches Konzept keine Rolle spielen, dass im Einzelfall auch der vollendeten Tat nachfolgende Leistungen das Bekenntnis zum Recht nachdrücklich zum Ausdruck zu bringen vermögen.[157] Den Zeitpunkt, sich bereits gegen die Tatvollendung zu entscheiden, hat der Täter dann aber jedenfalls verpasst.

**48** Das Konzept des Rücktritts als Wiederherstellung des Rechts leistet eine vertiefte Begründung der wohl weitgehend **konsentierten Einsicht**, dass sich der Täter mit dem Rücktrittsverhalten in einen **Widerspruch** zu seinem Versuchsverhalten setzen muss, betont dabei aber, dass es nicht genügt, wenn dieser Widerspruch aus kriminalpolitischen Erwägungen erwünscht ist, und es auch nicht ausreicht, wenn die *anderen* Mitglieder der Rechtsgemeinschaft das Täterverhalten wohlwollend interpretieren. Erforderlich ist vielmehr, dass sowohl das Versuchsverhalten als auch der Rücktritt als (Fehl-) Leistungen des Täters eine die rechtlichen Verhältnisse gestaltende Wirkung aufweisen. In den vorstehenden Überlegungen ist bereits die Einsicht angelegt, dass der Täter seinen **Widerspruch gegen die Unrechtsmaxime** je nach dem Stadium des Versuchs **in unterschiedlicher Weise zum Ausdruck bringen** kann. Ein wesentlicher Gesichtspunkt hierfür ist, ob der Täter die tatbestandsmäßige Handlung bereits vorgenommen hat oder sich noch im Stadium des unmittelbaren Ansetzens zur Vornahme der Ausführungshandlung befindet. Vor Vornahme der Ausführungshandlung hat der Täter stets noch die Freiheit zur Abstandnahme von der geplanten Tat. Die Versuchsstrafbarkeit legitimiert sich hier nur mit Blick auf eine empirische Erwartung, dass der Täter bereits ein Stadium erreicht hat, in dem er zur Vornahme der geplanten Tat voranschreiten wird (§ 22 Rdn. 36 f). Gegenüber diesem, auf einer relativ schwachen Legitima-

---

**155** Dazu *Murmann* Versuchsunrecht S. 28 ff; *ders.* JuS **1996** 590, 592.

**156** *Murmann* Versuchsunrecht S. 32.

**157** Deshalb greift die von *Haas* ZStW **123** (2011) 226, 237 vorgetragene Kritik nicht, wonach auch der „Dieb, der aus Reue dem Opfer nach der Tat die Beute zurückgibt ... dem Recht gegenüber seinen deliktischen Interessen ebenso Vorrang ein[räumt], wie ein Täter, der aus demselben Motiv von einem Versuch zurücktritt". Kritisch zum hier vorgestellten Konzept auch *Wege* S. 17.

tionsbasis beruhenden Unrechtsvorwurf entfaltet die – normativ, aber nicht empirisch zu erwartende – Distanzierung von dem Tatvorhaben besondere Überzeugungskraft. Hat der Täter die Ausführungshandlung dagegen bereits vorgenommen, so hängt die Möglichkeit zum Rücktritt davon ab, inwieweit der Täter auch hier noch innerhalb der gleichen Tat der manifestierten Unrechtsmaxime wirksam widersprechen kann. Hier stellt sich dann die Frage, inwieweit auch weitere mögliche Ausführungshandlungen noch zur rücktrittsfähigen „Tat" gehören und durch welches Verhalten der Täter seine Rückkehr zum Recht manifestieren kann. Fest steht jedenfalls, dass der Täter der Unrechtsmaxime mit Vornahme der Ausführungshandlung in besonders deutlicher Weise Ausdruck verliehen hat. Dies kann angesichts des zu betonenden Zusammenhangs zwischen dem verwirklichten Versuchsunrecht und den Anforderungen an einen die Strafaufhebung legitimierenden Rücktritt nicht unberücksichtigt bleiben (näher Rdn. 339 ff).

## 2. Standort im Verbrechensaufbau

Ausgehend von den Meinungsunterschieden über den Grund der strafbefreienden Wirkung des **49**
Rücktritts vom versuchten Delikt ist auch hinsichtlich seines Standorts im Verbrechensaufbau zu differenzieren:[158]

**a) Der Rücktritt als unrechtsausschließendes Merkmal.** Sieht man, wie *v. Hippel* (S. 58 ff) **50**
und *v. Scheurl* (S. 27), den Rücktritt als negatives Tatbestandsmerkmal, entfällt bei einem freiwilligen Rücktritt vom versuchten Delikt bereits das **tatbestandsmäßige Unrecht.**[159] Zu einem ähnlichen Ergebnis kommt *Kolster* (S. 12 ff, 56 ff), der von der Einheit von Versuch und Rücktritt ausgeht und den Rücktritt als **persönlichen Tatbestandsausschließungsgrund** qualifiziert. Auch nach *Haas* (ZStW **123** [2011] 226, 256), der den Rücktritt als **Zurechnungshinderungsgrund** begreift, wäre der Rücktritt auf Tatbestandsebene zu verorten. *Bloy* (S. 173)[160] dagegen verneint die **Rechtswidrigkeit** der Tat, da der Rücktritt eine qualitative Unrechtsmodifizierung bewirke, und kommt so im Ergebnis auch zu einem Ausschluss des strafrechtlich relevanten Unrechts (krit. dazu *Jäger* SK Rdn. 1, 7). Von einem **„Unrechtshinderungsgrund"** geht *Dold* (S. 113 ff) aus, wobei der Unrechtsbegriff weit, nämlich alle strafbegründenden Umstände umfassend, zu verstehen sei.

**b) Der Rücktritt als auf der Schuldebene anzusiedelndes Merkmal.** Wird betont, dass **51**
durch den Rücktritt das Verschulden aufgehoben bzw. getilgt wird, ist der Rücktritt konsequenterweise **Schuldaufhebungs- bzw. Schuldtilgungsgrund.**[161] Wird dem Rücktritt Einfluss auf die Strafwürdigkeit beigemessen (Rdn. 22 ff) oder die Schulderfüllungstheorie (Rdn. 17 f) vertreten, so sieht man teilweise den Rücktritt als **Schuldausschließungsgrund**[162] oder als **Entschuldigungsgrund**[163] an. Zur Begründung wird insoweit darauf verwiesen, dass Unrecht und Schuld

**158** Vgl. dazu *Greeve* S. 183 f; *Jäger* S. 9 f; *Jescheck/Weigend* § 51 VI 1; *Kolster* S. 48 ff; *Krey/Esser* AT Rdn. 1263 f; *Lang-Hinrichsen* FS Engisch 53, 366; *Roxin* FS Heinitz 251, 273; *Sch/Schröder/Eser/Bosch* Rdn. 4 f.

**159** **Krit.** dazu *Bottke* Strafrechtswissenschaftliche Methodik S. 577; *Greeve* S. 183; *Lang-Hinrichsen* JR **1968** 278, 279; *Rudolphi* ZStW **85** (1973) 104, 118 f; *Stree* GA **1974** 63.

**160** Vgl. auch *Bloy* JuS **1993** L 33, 36.

**161** So *Streng* ZStW **101** (1989) 273, 324 f; schon *Sch/Schröder*[17] § 46 Rdn. 2, 38.

**162** *Haft* JA **1979** 306, 312; *Herzberg* FS Lackner 325, 350; *Roxin* FS Heinitz 259, 273; *Roxin* AT I § 23 Rdn. 16 ff, wobei *Roxin* hier den Rücktritt als Verantwortungsaufhebungsgrund bezeichnet (sich dabei aber im Wesentlichen in Einklang mit der Position von *Rudolphi* und *Ulsenheimer* sieht, AT II § 30 Rdn. 30).

**163** *Ambos* HK-GS Rdn. 2; *Kaspar* AT § 8 Rdn. 71; *Rudolphi* SK[8] Rdn. 6; im Ergebnis auch *Heckler* S. 130 ff, der den Rücktritt als Entschuldigungs- und Verantwortungsausschlussgrund qualifiziert.

des Täters hinsichtlich des versuchten Delikts durch den Rücktritt zumindest so erheblich eingeschränkt seien, dass keine „strafrechtlich relevante Schuld" mehr bestehe.[164] Auch *Ulsenheimer* (S. 94 ff, 130) sieht den Rücktritt als Entschuldigungsgrund, da dieser dessen typische Strukturmerkmale aufweise. Insbesondere der fehlende Erfolgsunwert, der verminderte Handlungsunwert und der die Schuld durch die Aufgabe der rechtsfeindlichen Einstellung ebenfalls reduzierende Gesinnungswandel bedingten eine „doppelte Reduktion der Schuld". Zur Konzeption von *Zaczyk* (NK Rdn. 5), der einen Schuldaufhebungsgrund annimmt, schon oben Rdn. 24.

52 Da jedoch auch diejenigen, die den Rücktritt als Entschuldigungsgrund einordnen wollen, ausdrücklich davon ausgehen, dass die Schuld des Versuchstäters durch den Rücktritt nicht aufgehoben, sondern allenfalls gemindert ist (*Jescheck/Weigend* § 51 I 6) und im Gegensatz zum entschuldigenden Notstand gem. § 35 „ein schuldmindernder Motivationsdruck" fehlt (*Gropp* AT$^3$ § 9 Rdn. 86), **überzeugt diese Einordnung nicht** (*Jäger* SK Rdn. 8). Es bestehen auch erhebliche Zweifel in Bezug auf die Vereinbarkeit mit dem Schuldprinzip.[165]

53 **c) Der Rücktritt als persönlicher Strafaufhebungsgrund.** Folgt man der hier vertretenen Ansicht, dass der **Versuch eine Straftat** (und nicht nur eine versuchte Straftat) ist,[166] so ist der Rücktritt ein persönlicher Strafaufhebungsgrund.[167] Trotz des freiwilligen Rücktritts hat der Täter/Teilnehmer Unrecht und Schuld eines versuchten Delikts bzw. der Beteiligung daran erfüllt. Die durch den Versuch begründete Strafbarkeit wird durch einen Rücktritt unter den Voraussetzungen des § 24 wieder aufgehoben. Dagegen spricht auch nicht, dass der Rücktritt nicht im Abschnitt über die „Rechtsfolgen der Tat" geregelt ist.[168] Der Sachzusammenhang mit dem Versuch spricht mit mindestens gleichem Gewicht für eine Einordnung bei der „Tat".[169] Der Rücktritt kommt nur dem freiwillig Zurücktretenden zugute, so dass er ein besonderes persönliches Merkmal i. S. von § 28 Abs. 2 ist.[170] Entgegen *Jäger* (S. 126 ff; SK Rdn. 10), der im Rücktritt ein

---

**164** *Haft* JA **1979** 306, 312; *Roxin* FS Heinitz 251, 273; *ders.* Kriminalpolitik und Strafrechtswissenschaft (1973) S. 35 ff; *Jäger* SK Rdn. 8; *Rudolphi* ZStW **85** (1973) 104, 118 f, 121; ähnlich auch *Bottke* Strafrechtswissenschaftliche Methodik S. 603 ff, der den Rücktritt als strafzumessungsnahen Verantwortungsausschluss ansieht; *Burkhardt* S. 121 ff fasst den Rücktritt aus strafzweckfunktionaler Sicht als Rechtsfolgebestimmung auf.

**165** *Krey/Esser* AT Rdn. 1264; auch *Kolster* S. 52 f. Ein Bedenken, dass freilich an Gewicht verliert, wenn man die Schuld von präventiven Bestrafungsbedürfnissen abhängig sieht; vgl. *Kaspar* AT § 8 Rdn. 71. Zur Kritik an solchen Konzepten etwa *Stübinger* KJ **1993** 33 ff; weitere Nachw. bei *Murmann* Grundkurs § 16 Rdn. 3.

**166** Vgl. *Schumann* ZStW **130** (2018) 1, 2; *Haas* ZStW **123** (2011) 226, 230.

**167** So auch die wohl überwiegende Ansicht: BGHSt **7** 296, 299; **61** 188 (dazu *Schumann* ZStW **130** [2018] 1, 6 ff [die sich kritisch dagegen wendet, dass der BGH die Einordnung als Strafaufhebungsgrund nicht hinterfragt]); BGH StV **1995** 462, 463; BGH StV **1982** 1; RGSt **72** 350; *Baumann/Weber/Mitsch/Eisele* § 23 Rdn. 7; *Sch/Schröder/Eser/Bosch* Rdn. 4; *Fischer* Rdn. 2, 44; *Freund/Rostalski* AT § 9 Rdn. 8; *Gropp* AT § 9 Rdn. 178, 194; *Matt/Renzikowski/Heger* Rdn. 3; *Hoven* JuS **2013** 305; *Kindhäuser/Zimmermann* AT § 32 Rdn. 2; *Kühl* AT § 16 Rdn. 8; *Lackner/Kühl/Kühl* Rdn. 1; *Maurach/Gössel/Zipf* AT 2 § 41 Rdn. 49; *H.-W. Mayer* S. 83; *Rau* S. 26 f; *Murmann* Grundkurs § 28 Rdn. 107; *Rengier* AT § 37 Rdn. 1; *Stratenwerth/Kuhlen* AT § 11 Rdn. 72; *Vogler* LK$^{10}$ Rdn. 22; *Wessels/Beulke/Satzger* Rdn. 1002; **krit.** dazu u. a. *Jäger* S. 10, 126 ff; *ders.* SK Rdn. 9; *Kolster* S. 49 ff; *Schumann* ZStW **130** (2018) 1, 8; *Ulsenheimer* S. 119 ff; vgl. auch *Muñoz-Conde* ZStW **84** (1972) 756 ff, der den Rücktritt als Strafbarkeitsausschließungsgrund begreift; krit. dazu *Bottke* Strafrechtswissenschaftliche Methodik S. 608 ff; auch *Walter* (S. 40 f) ordnet den Rücktritt in eine „außerhalb von Unrecht und Schuld liegende Ebene" ein; *Boß* S. 33 ff, 38 ff bejaht einen „multifunktionalen Ansatz" des Rücktrittsgrundes und schließt daraus, dass der Rücktritt „sowohl als Strafaufhebungsgrund als auch als Schuldtilgungsgrund usw. aufgefaßt werden kann" (S. 45). **Ablehnend** *Wege* S. 80 f, die offenbar einen mit der Kategorie verbundenen Erkenntniswert vermisst, der über die Einsicht, dass der Rücktritt außerhalb von Unrecht und Schuld die Strafbedürftigkeit betrifft, hinausgeht; insoweit übereinstimmende Kritik bei *Freund/Rostalski* AT § 9 Rdn. 8.

**168** So aber *Schumann* ZStW **130** (2018) 1, 15.

**169** Hinzukommt, dass die zitierte Argumentation impliziert, dass auch § 23 am falschen Ort normiert ist.

**170** So auch *Hoyer* SK § 28 Rdn. 43; *Krey/Esser* AT Rdn. 1263; *Fischer* § 28 Rdn. 11, vor § 32 Rdn. 17.

Rechtsinstitut sui generis und einen sog. „Strafbefreiungstatbestand“ sieht, ist die Einordnung als persönlicher Strafaufhebungsgrund nicht mit „Irritationen“ verbunden.

## II. Der Rücktritt des Alleintäters (§ 24 Absatz 1)

Aus der Differenzierung zwischen Abs. 1 und Abs. 2 folgt, dass der erste Absatz eine Rücktrittsregelung für die **unmittelbare Alleintäterschaft** und auch die Nebentäterschaft darstellt. 54

### 1. Abgrenzung zu § 24 Absatz 2

Auch wenn der Alleintäter **angestiftet** worden ist oder sich zur Tatausführung **eines Gehilfen bedient,** richtet sich der Rücktritt vom versuchten Delikt nach § 24 Abs. 1.[171] Auf den ersten Blick könnte man zwar davon ausgehen, dass insoweit § 24 Abs. 2 zur Anwendung kommen müsste, da neben dem Haupttäter auch der Anstifter bzw. Gehilfe an der Tat beteiligt sind.[172] Jedoch hält der Alleintäter das Geschehen in den Händen, nur sein Verhalten begründet seine Strafbarkeit. Der Anstifter wird in aller Regel nicht einmal am Tatort sein; auch der Gehilfe hat keinen direkten Einfluss darauf, ob, wie und unter welchen Voraussetzungen der Täter vom versuchten Delikt zurücktritt.[173] Für einen Rückgriff auf § 24 Abs. 2 besteht damit keine Notwendigkeit. Etwas Anderes ergibt sich auch nicht aus der Definition des Begriffs des Beteiligten. Nach § 28 Abs. 2 fallen darunter ohne Ausnahme sowohl Täter als auch Teilnehmer. Wenn der Gesetzgeber diese Begriffsbestimmung aber auch uneingeschränkt auf § 24 Abs. 2 hätte anwenden wollen, hätte er die Begriffserklärung gesetzessystematisch in § 24 Abs. 2, der ebenso wie § 28 Abs. 2 durch das 2. StrRG vom 1.1.1975 neu gefasst wurde, einordnen müssen. Vor allem aber ist es sachgerecht, den Begriff des Beteiligten im Kontext der Norm an deren ratio orientiert zu interpretieren. 55

Keine Einigkeit besteht hinsichtlich der Frage, ob bei einem in **mittelbarer Täterschaft** begangenen versuchten Delikt für den mittelbaren Täter und den Tatmittler (dazu ausführlich unten Rdn. 521 ff) § 24 Abs. 1 oder Abs. 2 zur Anwendung kommt. Auch für gewisse Fälle der **Mittäterschaft** (dazu unten Rdn. 428) ist umstritten, ob Abs. 1 oder Abs. 2 zur Anwendung kommt. 56

### 2. Die Beschränkung von § 24 Abs. 1 auf versuchte Delikte gem. §§ 22, 23

Aufgrund der systematischen Stellung von § 24 und seines Wortlauts („wegen Versuchs wird nicht bestraft ...“) besteht Einigkeit, dass ein strafbefreiender Rücktritt gem. § 24 grundsätzlich nur bei versuchten Delikten gem. §§ 22, 23 in Verbindung mit der jeweiligen Norm des Besonderen Teils in Betracht kommen kann.[174] Das bedeutet, dass § 24 Abs. 1 nicht zur Anwendung 57

---

171 So ebenfalls *Baumann/Weber/Misch/Eisele* § 23 Rdn. 50; *Sch/Schröder/Eser/Bosch* Rdn. 73; *Krey/Esser* AT Rdn. 1328; *Jäger* SK Rdn. 100; *Ladiges* JuS **2016** 15 f; *Loos* Jura **1996** 518; *Mitsch* FS Baumann 89, 97; *Roxin* FS Lenckner 267, 269; *Fischer* Rdn. 37; *Wessels/Beulke/Satzger* Rdn. 1075; eingehend *Linke* S. 96 ff.

172 So u. a. *Haft* AT S. 248 ff; *Hoffmann-Holland* MK Rdn. 161; *Herzberg* NJW **1991** 1633, 1638; *Kudlich* JuS **1999** 449; *Kühl* AT § 20 Rdn. 263; *Lackner/Kühl/Kühl* Rdn. 25; *Schulz* JA **1999** 203, 207; *Weber* Jura **1983** 544, 547; *Zaczyk* NK Rdn. 96.

173 Vgl. nur *Baumann/Weber/Misch/Eisele* § 23 Rdn. 50; *Roxin* FS Lenckner 267, 269.

174 *Eisele* ZStW **112** (2000) 745, 747; *Sch/Schröder/Eser/Bosch* Rdn. 1; *Jescheck/Weigend* § 51 I 1; *Knörzer* S. 265 ff; *Kudlich* JuS **1999** 240; *Kühl* AT § 16 Rdn. 1; *Maurach/Gössel/Zipf* AT 2 § 41 Rdn. 2; *Otto* AT § 19 Rdn. 1; *Jäger* SK Rdn. 1; *Stratenwerth/Kuhlen* AT § 11 Rdn. 73; *Zaczyk* NK Rdn. 1.

kommt, solange sich die Tat noch nicht im Stadium des strafbaren Versuchs befindet.[175] Auch ist die Anwendung von § 24 bei vollendeten Delikten ausgeschlossen. Ein rücktrittsfähiger Versuch liegt aber dann vor, wenn der eingetretene Erfolg dem Täter **nicht** objektiv **zurechenbar** ist bzw. der wirkliche Tatverlauf vom vorgestellten erheblich abweicht.[176] Diskussionsbedarf besteht aber dort, wo der Täter glaubt, eine Rücktrittsleistung zu erbringen (dazu a) oder dies von anderer Seite vereitelt wird (dazu b).

58 **a) Irrtümer des Täters über die Wirkung seines Verhaltens.** Hinsichtlich des Anwendungsbereichs von § 24 Abs. 1 wird diskutiert, wie sich Irrtümer des Täters über die Wirksamkeit seines auf Tatbestandsvollendung gerichteten Verhaltens oder der auf Erfolgsverhinderung gerichteten Handlungen auswirken.[177] Für diese Fälle hat sich die Bezeichnung als **„misslungener Rücktritt"** eingebürgert.[178]

59 **aa) Anwendungsausschluss bei unzureichenden Rettungshandlungen des Täters und objektiv zurechenbarem Erfolgseintritt.** Weitgehende Einigkeit besteht insoweit, als eine Anwendung von § 24 nach Wortlaut und ratio ausgeschlossen ist, wenn der Täter nach Vornahme der Ausführungshandlung in Kenntnis der Gefahr der Tatbestandserfüllung die Wirksamkeit seiner auf Erfolgsverhinderung gerichteten Handlung falsch einschätzt und das **Delikt trotz der Rettungsbemühungen dem Täter objektiv zurechenbar vollendet** wird.[179] Da die Fehlvorstellung auch einer subjektiven Zurechnung des Erfolges nicht entgegensteht,[180] ist der Täter in diesen Fällen wegen des vorsätzlichen Vollendungsdelikts zu bestrafen. Die vergeblichen Verhinderungsbemühungen des Täters können allenfalls im Rahmen der Strafzumessung berücksichtigt werden.

60 Somit macht sich eine Frau des vollendeten Totschlags strafbar, wenn sie ihr Pflegekind durch Vorenthalten von Nahrung quält, dabei den Tod billigend in Kauf nimmt, und der schließlich doch noch von ihr hinzugezogene Arzt den Tod nicht mehr verhindern kann. Das Delikt ist trotz der Rettungsbemühungen vollendet; eine Anwendung von § 24 scheidet aus (BGH NJW **2000** 1730, 1732). Gleiches gilt, wenn der Täter, der sein Opfer mit Messerstichen vorsätzlich

---

**175** Siehe nur BGHSt **28** 346, 347; *Baumann/Weber/Mitsch/Eisele* § 23 Rdn. 1; *Eisele* ZStW **112** (2000) 745, 747; *Jakobs* AT 26/10; *Jäger* SK Rdn. 103; *Fischer* Rdn. 3.

**176** *Jescheck/Weigend* § 51 III 3; *Kühl* AT § 16 Rdn. 80, 82; *Jäger* SK Rdn. 53; *Stratenwerth/Kuhlen* AT § 11 Rdn. 99; *Walter* S. 245 ff; zu Beispielen vgl. *Krey/Esser* AT Rdn. 1265 f; *Otto* AT § 19 Rdn. 53 ff.

**177** Dazu *Sch/Schröder/Eser/Bosch* Rdn. 22 ff; *Gropp* AT § 9 Rdn. 130 ff; *Herzberg* FS Oehler 163, 173; *Jäger* S. 67, 89 ff; *Jakobs* AT 26/13; *Jescheck/Weigend* § 51 III 3; *Krey/Esser* AT Rdn. 1265 ff; *Kühl* AT § 16 Rdn. 79 ff; *Otto* AT § 19 Rdn. 53 f; *Jäger* SK Rdn. 52; *Stratenwerth/Kuhlen* AT § 11 Rdn. 82; *Wolter* ZStW **89** (1977) 649, 695 ff; *Wolter* FS Leferenz (1983) 545, 560 ff; *Zaczyk* NK Rdn. 77 f; zu Fällen aus dem Bereich der Lehrbuchkriminalität siehe *Backmann* JuS **1981** 336, 339; *Sch/Schröder/Eser/Bosch* Rdn. 22; vgl. auch *Krey/Esser* AT Rdn. 1266.

**178** Zur Kritik an der Begrifflichkeit *Knörzer* S. 187 f. Eingehend zur Thematik *Rohnfelder*.

**179** BGHSt **22** 331; BGH NJW **2000** 1730, 1732; *Eisele* ZStW **112** (2000) 745, 747; *Sch/Schröder/Eser/Bosch* Rdn. 25, 61; *Jescheck/Weigend* § 51 IV 1; *Krey/Esser* AT Rdn. 1268, 1270; *Fischer* Rdn. 3; *Jäger* SK Rdn. 52; *Kühl* AT § 16 Rdn. 81; *Rohnfelder* S. 87; *Wessels/Beulke/Satzger* Rdn. 1062; *Wolter* FS Leferenz (1983) 545, 547 f; *Zaczyk* NK Rdn. 77; **abweichend** *Bach* S. 11 ff (dagegen *Knörzer* S. 198 f; *Rohnfelder* S. 31); *Walther* NStZ **2005** 657, 664 f; **einschränkend** *Herzberg* JZ **1989** 114, 116 f, 119 ff, der meint, dass im Hinblick auf einen strafbefreienden Rücktritt eine Strafbarkeit wegen Versuchs bei vollwertigen Rettungsbemühungen, auch wenn das Delikt vollendet wird, ausscheide, dann aber eine Strafbarkeit wegen Vollendung vorliegen könnte; ihm ähnlich *Schliebitz* S. 37 f. Für eine **analoge Anwendung** von § 24 Abs. 1 *Dold* S. 228 ff. Für eine modifizierte analoge Anwendung von § 35 Abs. 2 *Klöterkes* S. 51 ff, 142 ff; dazu – ablehnend – *Knörzer* S. 277 ff.

**180** In diesem Sinne *Bottke* Strafrechtswissenschaftliche Methodik S. 551, 557 ff; *Muñoz Conde* GA **1973** 33, 36 f, 40; ferner *Schliebitz* S. 104 ff. Zu diesen Auffassungen – ablehnend – *Knörzer* S. 270 ff.

lebensgefährlich verletzt hat, den Notarzt verständigt und fälschlich davon ausgeht, dieser könne das Opfer doch noch retten, das Opfer aber während einer Notoperation stirbt.[181]

**bb) Anwendung bei nur vermeintlich ausreichender Tataufgabe?** Umstritten ist aber, welche Konsequenzen daraus erwachsen, dass der hinsichtlich der Deliktsverwirklichung vorsätzlich handelnde Täter im Laufe der Tatausführung die Qualität seiner bisherigen Handlungen falsch einschätzt,[182] weil er meint, dass es **ausreiche, die weitere Ausführung abzubrechen,** damit der Tatbestand nicht verwirklicht werde, der Erfolg aber trotz der Tataufgabe eintritt und dem Täter objektiv zurechenbar[183] ist.[184] 61

**(1) Annahme von Versuchsstrafbarkeit.** Teilweise wird davon ausgegangen, dass in diesen Fällen eine **Strafbarkeit wegen vorsätzlicher Vollendung ausscheide** und allenfalls eine Versuchsstrafbarkeit in Betracht kommen könnte. Der Erfolgseintritt könne dem Täter nicht als vorsätzliche Tat zugerechnet werden, da ihm die konkrete Erfolgseignung seines Handelns unbekannt gewesen sei.[185] Sei die Aufgabe der weiteren Tatausführung freiwillig erfolgt, so sei der Täter vom versuchten Delikt gem. § 24 Abs. 1 Satz 1 (analog)[186] strafbefreiend **zurückgetreten.**[187] Eine Fahrlässigkeitsstrafbarkeit bleibe bei Vorliegen der Voraussetzungen möglich. 62

Ähnlich argumentiert *Wolter*. Auch er meint, dass in diesen Fällen nur eine Strafbarkeit wegen eines versuchten Delikts in Betracht komme, da der volle Handlungsunwert fehle. Jedoch **verneint** er jedwede **Anwendung von § 24** und schließt so einen strafbefreienden Rücktritt aus, wenn objektiv betrachtet der Erfolg dem Täter zuzurechnen ist.[188] 63

**(2) Differenzierung danach, ob im Zeitpunkt des Aufhörens der tatbestandsmäßige Erfolg bereits eingetreten ist.** Nach einer anderen Auffassung ist in diesen Fällen danach zu differenzieren, ob im Zeitpunkt der Tataufgabe der tatbestandsmäßige Erfolg bereits eingetreten ist oder nicht.[189] Sei in diesem Moment der **Tatbestand noch nicht voll erfüllt, scheide** eine Bestrafung wegen **vorsätzlicher Vollendung aus.** Die vorsätzliche Tat sei im Versuchsstadium stecken geblieben, da der Vollendungsvorsatz des Täters noch vor der Vollendung weggefallen und das dennoch eintretende Erfolgsunrecht vom Handlungsunrecht des Versuchs völlig 64

---

**181** *Krey/Esser* AT Rdn. 1267; weitere Beispiele bei *Klimsch* Die dogmatische Behandlung des Irrtums über Entschuldigungsgründe unter Berücksichtigung der Strafausschließungs- und Strafaufhebungsgründe (1993) S. 107 f; *Krauß* JuS **1981** 883, 886; *Kühl* AT § 16 Rdn. 81; *Wessels/Beulke/Satzger* Rdn. 1062. Zu den Fragen von tatbestandsmäßigem Verhalten und objektiver Zurechnung bei ärztlichem Fehlverhalten eingehend *Frisch* Tatbestandsmäßiges Verhalten S. 424 ff.

**182** Zu der Konstellation, dass der Täter den Erfolg bereits durch eine Vorbereitungshandlung verursacht, BGH NStZ **2002** 309: Der Täter handelt nicht vorsätzlich, sondern allenfalls fahrlässig bezogen auf den eingetretenen Erfolg.

**183** Zum Zurechnungserfordernis *Rohnfelder* S. 34 ff.

**184** Ausführlich zu dieser Problematik *Knörzer* S. 186 ff; *Rau* S. 161 ff; *Rohnfelder* S. 26 ff; *Schliebitz* S. 25 ff.

**185** *Freund/Rostalski* § 7 Rdn. 153 f; *Frisch* Tatbestandsmäßiges Verhalten S. 602 ff, 623; *Dold* S. 230 f; *Jakobs* 26/13; *Kindhäuser* AT § 27 Rdn. 49; *Rohnfelder* S. 67; *v. Schliebitz* Erfolgszurechnung S. 66 ff; *Struensee* GedS Armin Kaufmann S. 523, 533 f, 538; *Wolter* FS Leferenz 567 f; *ders.* GA **2006** 406 ff.

**186** So *Dold* S. 231.

**187** Vgl. *Jakobs* AT 26/13; *Herzberg* FS Oehler 163, 173; *Schroeder* LK[11] § 16 Rdn. 34.

**188** *Wolter* ZStW **89** (1977) 647, 695 und FS Leferenz 545, 560 ff, 567. Ablehnend dazu *Rohnfelder* S. 61 ff.

**189** *Bottke* Strafrechtswissenschaftliche Methodik S. 556; *Sch/Schröder/Eser*[28] Rdn. 23 ff, 64; *Gropp* AT § 9 Rdn. 133 (zur Interpretation der Auffassungen von *Eser* und *Gropp* vgl. *Rohnfelder* S. 63 ff); im Ergebnis ebenso *Backmann* JuS **1981** 336, 340; *Schröder* JuS **1962** 81, 85. Ablehnend *Knörzer* S. 230 f.

unabhängig sei.[190] Vom insoweit versuchten Delikt könne der Täter bei freiwilliger Aufgabe der weiteren Ausführung der Tat gem. § 24 Abs. 1 Satz 1 Alt. 1 strafbefreiend zurücktreten.

65 Sei dagegen bei der Tataufgabe durch den Täter der tatbestandsmäßige **Erfolg** in einer dem Täter objektiv zurechenbaren Weise **bereits eingetreten**, so liege, falls sich die Situation nicht als wesentliche Abweichung vom vorgestellten Kausalverlauf darstelle, **vorsätzliche Vollendung** auch dann vor, wenn der Täter sich insoweit irrt und davon nichts wusste.[191] Dann komme auch ein Rücktritt gem. § 24 nicht in Betracht.

66 **(3) Analogie zu den Irrtumsregeln.** Zu Recht keine Gefolgschaft hat die Auffassung von *Klöterkes* S. 51 ff gefunden, wonach Fehlvorstellungen über die Tauglichkeit einer Rücktrittshandlung analog den Irrtumsregeln zu behandeln seien. Da der Rücktritt einen Entschuldigungsgrund darstelle,[192] sei eine modifizierte Anwendung der Irrtumsregel des § 35 Abs. 2 angemessen.[193] Dem kann schon nur folgen, wer (entgegen der hier vertretenen Auffassung, Rdn. 49 ff) der Einordnung des Rücktritts als Entschuldigungsgrund zustimmt. Zudem ist keine Regelungslücke ersichtlich; Irrtumsregeln sind § 24 schon deshalb nicht angemessen, weil das Rücktrittsverhalten auf der Grundlage der Tätervorstellung zu bestimmen ist.[194]

67 **(4) Annahme vorsätzlicher Vollendung.** Wohl überwiegend wird in solchen Fällen vorsätzliche Vollendung angenommen.[195] Ausreichend hierfür sei, dass der Täter „im Zeitpunkt des unmittelbaren Ansetzens zur Tatbestandsverwirklichung hinsichtlich der Vollendung vorsätzlich handelt, der Erfolgseintritt ihm objektiv zurechenbar ist und keine wesentliche Abweichung vom vorgestellten Kausalverlauf darstellt" (*Lilie/Albrecht* LK[12] Rdn. 79). Damit **basiere der eingetretene Erfolg auf dem vom Täter verwirklichten Handlungsunrecht.**[196] Mit einer das Versuchsstadium sowohl subjektiv als auch objektiv überschreitenden Handlung „liefert der Täter sich selbst und insbesondere das Opfer auch Zufälligkeiten aus, die nie vollständig beherrschbar sind" (*Zaczyk* NK Rdn. 78).

68 **(5) Die nach Versuchsstadien differenzierende Lösung. Richtigerweise** ist schlicht die Frage zu stellen, ob die **Tatvollendung vom Vorsatz getragen** ist – dann liegt eine vollendete Tat vor und für einen Rücktritt ist kein Raum mehr.[197] Als vom Vorsatz getragen ist der objektiv zurechenbare Erfolgseintritt dann anzusehen, wenn der Tatvorsatz bei Vornahme der Ausführungshandlung vorlag (§ 16 Abs. 1). Davon ausgehend ist danach zu **differenzieren,**[198] ob der

**190** *Gropp* AT § 9 Rdn. 133; ähnlich *Sch/Schröder/Eser*[28] Rdn. 24.

**191** *Sch/Schröder/Eser*[28] Rdn. 23; ferner *Muñoz-Conde* GA **1973** 33, 34. **AA** – Rücktritt auch vom vollendeten Delikt, solange der Täter vom Erfolgseintritt keine Kenntnis hat – *Dold* S. 230 f, der zugleich die fehlende Vereinbarkeit mit der gesetzlichen Regelung feststellt.

**192** *Klöterkes* S. 113 ff.

**193** *Klöterkes* S. 142 ff.

**194** Zutreffend *Knörzer* S. 247; *Rohnfelder* S. 69 f.

**195** *Lilie/Albrecht* LK[12] Rdn. 79; *Sch/Schröder/Eser/Bosch* Rdn. 25a; *Jescheck/Weigend* § 51 III 3; *Knörzer* S. 234 ff; *Krauß* JuS **1981** 883, 886; *Krey/Esser* AT 2 Rdn. 1267; *Kühl* AT § 16 Rdn. 80; *Lenckner* FS Gallas 281, 290 f; *Maurach/Gössel/Zipf* AT 2 § 41 Rdn. 5; *Otto* AT § 19 Rdn. 54; *Otto* Jura **2001** 341, 343 f; *Jäger* SK Rdn. 53; *Stratenwerth/Kuhlen* AT § 11 Rdn. 99; *Zaczyk* NK Rdn. 78; speziell in Bezug auf unechte Unterlassungsdelikte *Küper* ZStW **112** (2000) 1, 42.

**196** *Lilie/Albrecht* LK[12] Rdn. 79; **aA** *Gropp* AT § 9 Rdn. 133 ff.

**197** Insofern zutreffend *Otto* AT § 19 Rdn. 54: § 24 „regelt nicht den Rücktritt in der Versuchssituation, sondern den Rücktritt vom Versuch".

**198** Diese Differenzierung sieht auch *Knörzer* S. 236 ff, ohne allerdings im Ergebnis Konsequenzen daraus zu ziehen.

Täter die vom Vorsatz getragene tatbestandsmäßige Ausführungshandlung bereits vorgenommen hat oder er sich noch im Bereich der „tatbestandsnahen Vorbereitungshandlung" (zum Begriff § 22 Rdn. 37) befand, also zur Vornahme der Ausführungshandlung lediglich unmittelbar angesetzt hat. Hat der Täter die **Ausführungshandlung vorgenommen** und irrt sich anschließend über deren Tauglichkeit (er nimmt irrtümlich an, die Handlung werde den Erfolg nicht herbeiführen und bleibt deshalb untätig), so gilt nichts Anderes als bei gescheiterten Rettungsbemühungen (Rdn. 59 f): Der tatsächlich eingetretene Erfolg ist dem Täter objektiv zurechenbar. Die Tathandlung ist vom Vorsatz getragen. Dass der Erfolgseintritt nach Vornahme der Ausführungshandlung nicht mehr vom Täter gewollt sein mag, spielt für den Vollendungsvorsatz gem. § 16 Abs. 1 Satz 1 keine Rolle.[199] Anders liegt es, wenn der Täter die Ausführungshandlung noch nicht vorgenommen hat, er sich also im **Stadium des unmittelbaren Ansetzens** durch Vornahme einer „tatbestandsnahen Vorbereitungshandlung" befindet. Beispielhaft: Der Täter will das Opfer mit Hilfe einer mit Luft gefüllten Spritze töten (s. zu diesem Fall schon § 22 Rdn. 39). Um den geleisteten Widerstand zu überwinden, schlägt er auf das Opfer ein. Schließlich entschließt er sich, von seinem Vorhaben Abstand zu nehmen, wobei er verkennt, dass das Opfer bereits durch die Schläge tödlich verletzt ist.[200] Auch in dieser Konstellation ist der eingetretene Erfolg objektiv zurechenbar: Der Umstand, dass der Täter selbst die erfolgsursächliche Handlung nicht als Ausführungshandlung angesehen hat, steht deren Qualifizierung als rechtlich missbilligte Gefahrschaffung, die sich dann auch im eingetretenen Erfolg realisiert hat, nicht entgegen.[201] Problematisch ist aber der Vorsatz: Nur auf den ersten Blick scheint es hier so, dass der für den Versuchsbeginn vorausgesetzte Tatentschluss auch den abweichenden Kausalverlauf abdeckt (in diesem Sinne die Auffassung Rdn. 67).[202] Damit würde aber verkannt, dass ein abweichender Kausalverlauf nur dann zum Vorsatz zugerechnet werden kann, wenn das zugrundeliegende Verhalten nach Tätervorstellung überhaupt zur Erfolgsherbeiführung geeignet war. Die **Abweichungslehre** kann zwar die Irrelevanz von Fehlvorstellungen begründen, aber **nicht über einen noch fehlenden Vorsatz hinweghelfen**. Das der Ausführungshandlung vorgelagerte unmittelbare Ansetzen hat die Qualität einer zur Erfolgsherbeiführung geeigneten Handlung nach Tätervorstellung gerade noch nicht. Es ist hier an die Einsicht zu erinnern, dass der Tatentschluss nach § 22 nicht mit dem Vorsatz im Sinne von § 16 identisch ist (§ 22 Rdn. 29 ff).[203] Der Täter ist zwar entschlossen, zur Vornahme der Ausführungshandlung überzugehen. Die Möglichkeit, diesen Schritt nicht zu gehen, gehört aber notwendig zu seiner Freiheit. Es ist zwar richtig (worauf etwa *Zaczyk* NK Rdn. 78 hinweist), dass der Täter mit Vollendungswillen handelt. Aber er hat nicht die Vorstellung, diesen Willen bereits durch das unmittelbare Ansetzen zu realisieren. Vielmehr handelt er in der Vorstellung, zur Verwirklichung dieses Willens noch zur Ausführungshandlung übergehen zu müssen. Dementsprechend trägt auch die Einsicht, dass der Täter sich selbst und das Opfer unbeherrschbaren Zufälligkeiten ausgeliefert (*Zaczyk* NK Rdn. 78) zwar einen Fahrlässigkeitsvorwurf, aber gerade nicht den Vorwurf, das Geschehen vorsätzlich in diesem Sinne gestaltet zu haben. Soweit der Täter das dem unmittelbaren Ansetzen anhaftende Risiko des Erfolgseintritts verkennt, bleibt also noch Raum, der im unmittelbaren Ansetzen manifestierten Unrechtsmaxime zu widersprechen. Insoweit verdient die Auffassung oben (1) (Rdn. 62) Zustimmung.[204]

---

**199** Insoweit zutreffend *Lilie/Albrecht* LK[12] Rdn. 79.

**200** Abwandlung von BGH NStZ **2002** 475. Vgl. zu derartigen Fällen *Schmoller* FS Yamanaka 199 ff.

**201** Eingehend, auch zu vereinzelten abweichenden Auffassungen, *Knörzer* S. 204 ff.

**202** So die h. M. und auch noch *Murmann* Grundkurs § 24 Rdn. 69a. Ebenso *Frister* 24/39, der in diesem Fall über eine analoge Anwendung von § 24 Abs. 1 Alt. 1 zur Straffreiheit kommen will.

**203** **AA** *Knörzer* S. 237 f.

**204** Erkennt der Täter dagegen, dass der Erfolg aufgrund der „tatbestandsnahen Vorbereitungshandlung" eingetreten ist oder er keine Möglichkeit mehr hat, den Erfolgseintritt zu verhindern, so ist ein Rücktritt nicht mehr möglich, weil es an einer Manifestationsmöglichkeit (aufgeben oder verhindern) fehlt; vgl. *Jakobs* AT 26/13.

69 **b) Eingreifen des Opfers oder von Dritten in Rettungsanstrengungen.** Teilweise wird eine (analoge) Anwendung von § 24 Abs. 1 Satz 2 in Betracht gezogen, wenn die Rettungsbemühungen des Täters nur deshalb scheitern und der tatbestandliche Erfolg eintritt, weil das Opfer eigenverantwortlich in diese Anstrengungen eingreift und ihr Durchgreifen verhindert, wenn es sich etwa weigert, zur Abwendung des Erfolgs ärztliche Hilfe in Anspruch zu nehmen.[205] Entsprechend wird teilweise bezogen auf das Eingreifen von Dritten argumentiert.[206] Zur Begründung wird darauf verwiesen, dass der Täter zwar das Risiko des Zufalls bis zur höheren Gewalt tragen solle, nicht aber für eine planmäßige Verhinderung durch den Verletzten einstehen müsse, weil das zu Unbilligkeiten führen würde.[207] Das Opfer zeige durch sein Eingreifen in den Geschehensablauf, dass es den Erfolgseintritt billige, mit der Folge, dass dieser dem Zurücktretenden nicht mehr zugerechnet werden könne. Zu einer Straflosigkeit genüge deshalb das freiwillige und ernsthafte Bemühen um Tatverhinderung.

70 **Richtigerweise** ist damit keine spezifische Frage des Rücktritts, sondern ein **Problem der objektiven Zurechnung** angesprochen.[208] Begründet das Dazwischentreten des Opfers oder eines Dritten einen Ausschluss der Zurechnung des Erfolges zum Täterverhalten, so liegt ein Versuch vor, von dem der Täter durch sein ernsthaftes Bemühen zurücktreten kann. § 24 Abs. 1 S. 2 findet hier **direkte Anwendung**, weil ein nicht zurechenbarer Erfolg bei rechtlicher Betrachtung als „ohne Zutun des Zurücktretenden" eingetreten anzusehen ist.[209] Ist der Erfolg dem Täter trotz des Opfer- oder Dritthandelns objektiv zurechenbar, so liegt eine vollendete und damit nicht rücktrittsfähige Tat vor, woran auch das sabotierte Rücktrittsbemühen nichts ändern kann. Dieses Ergebnis entspricht dem Gesetzeswortlaut[210] und ist auch nicht unbillig, weil bereits die objektive Zurechnungslehre den Zweck hat, eine angemessene Verantwortungsverteilung herzustellen, und deren Ergebnis nicht durch eine analoge Anwendung von Rücktrittsvorschriften konterkariert werden sollte.[211]

### 3. Kein strafbefreiender Rücktritt bei einem fehlgeschlagenen Versuch

71 Von vornherein ausgeschlossen ist ein strafbefreiender Rücktritt bei einem **fehlgeschlagenen Versuch**. Von diesem umfasst sind – zunächst noch in groben Zügen[212] – die Fallgestaltungen, in denen der Täter im Verlauf der Tatbegehung zu der Annahme gelangt, dass er den tatbestandsmäßigen Erfolg mit den ihm zur Verfügung stehenden Mitteln zu diesem Zeitpunkt nicht mehr erreichen kann, er also meint, das strafrechtlich relevante Ziel seines Handelns verfehlt zu haben.[213] Eine nach seinen Vorstellungen fehlgeschlagene Tat kann er i. S. von § 24 Abs. 1 Satz 1 Alt. 1 weder aufgeben, noch kann er deren Vollendung i. S. von § 24 Abs. 1 Satz 1 Alt. 2

---

**205** *Arzt* GA **1964** 1, 6 ff; *Jescheck/Weigend* § 51 IV 1; *Köhler* AT S. 476; *SSW/Kudlich/Schuhr* Rdn. 7; *Kühl* AT § 16 Rdn. 82; *Lenckner* FS Gallas 281, 292; *Otto* AT § 19 Rdn. 78; *Zaczyk* NK Rdn. 55; auch *Rau* S. 162 ff, 200 ff. Zusammenfassend *Knörzer* S. 259 ff.

**206** So etwa *Otto* AT § 19 Rdn. 78; differenzierend dagegen *Zaczyk* NK Rdn. 55.

**207** *Schröder* JuS **1962** 81, 82; *Vogler* LK[10] Rdn. 117 f.

**208** So dezidiert *SSW/Kudlich/Schuhr* Rdn. 7; *Knörzer* S. 266 ff; *Kühl* AT § 16 Rdn. 82; *Murmann* Grundkurs § 28 Rdn. 148; *Otto* AT § 19 Rdn. 78; *Rohnfelder* S. 36 ff, 75 ff; vgl. auch *Lilie/Albrecht* LK[12] Rdn. 83.

**209** Zutreffend *Knörzer* S. 269; *SSW/Kudlich/Schuhr* Rdn. 7; für eine Analogie *Zaczyk* NK Rdn. 53; wohl auch *Kühl* AT § 16 Rdn. 82 („so ist der Täter so zu behandeln, als ob ..."). Denkbar wäre auch eine Anwendung von § 24 Abs. 1 S. 1 Alt. 2 mit dem Argument, dass der Täter durch sein Bemühen verhindert hat, dass ihm der Erfolg zugerechnet werden kann; *Murmann* Grundkurs § 28 Rdn. 148 mit Fn. 389.

**210** *Maurach/Gössel/Zipf* AT 2 § 41 Rdn. 6.

**211** Ergänzend zu der Frage der strafrechtlichen Haftung des eingreifenden Dritten *F.C. Schroeder* FS Küper 539 ff.

**212** Zu den Schwierigkeiten einer einheitlichen Begriffsbestimmung *Maurach/Gössel/Zipf* AT 2 § 41 Rdn. 53 ff.

**213** Analyse der Fallgruppen bei *Wörner* S. 66 ff.

verhindern oder sich insoweit gem. § 24 Abs. 1 Satz 2 ernsthaft bemühen.[214] Erweist sich die Aussichtslosigkeit des Bestrebens um Tatvollendung erst nachdem der Täter seinen **Tatentschluss bereits aufgegeben** hatte, liegt kein fehlgeschlagener Versuch, sondern (sofern die weiteren Voraussetzungen erfüllt sind) bereits ein strafbefreiender Rücktritt vor (BGH NStZ-RR **2014** 137).

**a) Die Rechtsprechung zum fehlgeschlagenen Versuch.** Der **Bundesgerichtshof** erkennt inzwischen in ständiger Rechtsprechung die Figur des fehlgeschlagenen Versuchs an und behandelt sie als eigenständige Fallgruppe, in der von vornherein ein strafbefreiender Rücktritt ausgeschlossen ist.[215] Zwar hat der BGH (St **33** 295, 297) zunächst offen gelassen, wie die Fälle des fehlgeschlagenen Versuchs vom beendeten und unbeendeten Versuch abzugrenzen sind. In der gleichen Entscheidung hat er jedoch festgestellt, dass ein fehlgeschlagener Versuch dann nicht in Betracht kommt, wenn der Täter „die Tat, wie er weiß, mit den bereits eingesetzten oder zur Hand liegenden Mitteln noch vollenden kann" (BGHSt **33** 295, 297). Erst in BGHSt **34** 53, 56 kommt es zu einer näheren Beschreibung dieser Figur, wenn es heißt, dass ein Versuch jedenfalls dann fehlgeschlagen ist, „wenn es dem Täter, was er weiß, tatsächlich unmöglich ist, im unmittelbaren Fortgang des Geschehens den Erfolg noch herbeizuführen". Damit legt der BGH die Sicht des Täters bei der Bestimmung, ob ein Versuch fehlgeschlagen ist, zugrunde (auch BGH NStZ-RR **1997** 260 f) und schließt sich, auch wenn er es nicht ausdrücklich ausführt, der Gesamtbetrachtungslehre an und wendet sich gegen die als rücktrittsfeindlich bezeichnete Einzelakttheorie (vgl. *Rengier* JZ **1986** 964; zur Gesamtbetrachtungslehre unten Rdn. 90 ff; zur Einzelakttheorie unten Rdn. 83 ff). 72

Betont wird diesse Weichenstellung durch die Entscheidung des **Großen Senats** in BGHSt (GS) **39** 221, 228. Der Große Senat bestätigt nicht nur den Ausschluss eines strafbefreienden Rücktritts, wenn der Versuch fehlgeschlagen ist. Vielmehr vertritt er ausdrücklich die Position, dass ein Versuch nicht fehlgeschlagen ist, „wenn der Täter nach anfänglichem Misslingen des vorgestellten Tatablaufs sogleich zu der Annahme gelangt, er könne ohne zeitliche Zäsur mit den bereits eingesetzten oder anderen bereitstehenden Mitteln die Tat noch verhindern". Uneinheitlich ist die Rechtsprechung bei der Bestimmung der in die Gesamtbetrachtung des Täters einzubeziehenden Fortsetzungsmöglichkeiten. Während teilweise noch auf die in der Konkur- 73

---

**214** Für die Figur des fehlgeschlagenen Versuchs u. a. *Freund/Rostalski* AT § 9 Rdn. 22; *Haft* AT S. 241; *Herzberg* FS Blau 97; *Jescheck/Weigend* § 51 II 6; *Kampermann* S. 206 ff; *Kindhäuser/Hilgendorf* LPK-StGB Rdn. 10 f; *Krey/Esser* AT Rdn. 1272; *Kühl* AT § 16 Rdn. 11; *Lackner/Kühl/Kühl* Rdn. 10; *Murmann* Grundkurs § 28 Rdn. 109; *Otto* AT § 19 Rdn. 10; *ders.* Jura **1992** 423 f; *Roxin* AT II § 30 Rdn. 77 ff; *ders.* JuS **1981** 1 ff; *ders.* NStZ **2009** 319 ff; *Jäger* SK Rdn. 11 ff; *Sch/Schröder/Eser/Bosch* Rdn. 7 ff; *Fischer* Rdn. 6; *Vogler* LK[10] Rdn. 23 ff; *Wessels/Beulke/Satzger* Rdn. 1010; aus der Rechtsprechung siehe nur BGHSt **41** 368, 369; (GS) **39** 221, 228; **34** 53, 56; BGH 4 StR 170/02 v. 23.7.2002; BGH 4 StR 417/01 v. 31.1.2002; BGH NStZ-RR **2001** 171.

**215** BGHSt **41** 368, 369; (GS) **39** 221, 228; **35** 90, 94; **34** 53, 56; **20** 279, 280 (noch als obiter dictum); BGH NStZ **2019** 198 (dazu *Eisele* JuS **2018** 818 ff); BGH NStZ **2016** 322; BGH NStZ **2016** 207, 208; BGH NStZ **2015** 26 (dazu *Hecker* JuS **2015** 367 ff; *Puppe* NStZ **2015** 332 f); BGH NStZ **2014** 396 (dazu *Bürger* NStZ **2016** 578, 579 f; *Kudlich* JA **2014** 547 ff); BGH NStZ **2013** 156, 157 f; BGH v. 23.7.2013–3 StR 205/13; BGH NStZ-RR **2012** 239 (dazu *Jäger* JuS **2012** 790 ff), 240; BGH NStZ **2010** 690, 691;BGH NStZ **2008** 393; BGH NStZ **2007** 399; BGH NStZ **2005** 263, 264; BGH NStZ-RR **2003** 199; BGH NStZ-RR **2003** 40 f; BGH StV **2003** 217; BGH 4 StR 170/02 v. 23.7.2002; BGH NStZ-RR **2001** 171; BGH NStZ **2000** 531; BGH NStZ-RR **2000** 41 mit **krit.** Anm. *Otto* JK **2000** § 24/30; BGH NStZ **1999** 395, 396 mit Anm. *Baier* JA **2000** 12, 15, *Dey* JR **2000** 295 und *Jäger* NStZ **2000** 415; BGH StV **1997** 128 mit **krit.** Anm. *Otto* JK **1997** § 24/24; BGH NStZ-RR **1997** 260, 261; BGH NStZ-RR **1997** 259, 260; BGH NStZ-RR **1996** 195; BGH NStZ **1996** 97; BGH StV **1994** 181; BGH bei Holtz MDR **1993** 1038; BGH NStZ **1992** 536, 537; BGH StV **1989** 246, 247; BGH NStZ **1989** 18, 19; in Bezug auf die versuchte Anstiftung zu einer schweren räuberischen Erpressung BGH NStZ-RR **1998** 260; entgegen BGH StraFo **2003** 386 liegt eher ein fehlgeschlagener Versuch vor, wenn das Tatopfer fliehen kann und der Täter durch Unmutsäußerungen gleichwohl kundtut, dass er nach wie vor Tötungsabsicht hat. *Maurach/Gössel/Zipf* AT 2 § 41 Rdn. 55 sieht in einigen Entscheidungen Ansätze für eine Distanzierung von der Rechtsfigur.

renzlehre vertretene Kategorie der natürlichen Handlungseinheit zurückgegriffen wird,[216] wird in anderen Entscheidungen darauf abgestellt, ob der betreffende Lebensvorgang einheitlich ist[217] (zu dieser Frage unten Rdn. 94 ff). Einigkeit besteht dabei aber dahingehend, dass ein Versuch fehlgeschlagen ist, wenn zur Tatvollendung neue Vorbereitungshandlungen notwendig werden.

74 Auch wenn der BGH den fehlgeschlagenen Versuch oft nur negativ von rücktrittstauglichen Versuchen abgrenzt,[218] lassen sich nach der Rechtsprechung **zwei Fallgruppen des fehlgeschlagenen Versuchs** unterscheiden: die tatsächliche Unmöglichkeit der Tatvollendung aus Sicht des Täters (dazu Rdn. 117 ff)[219] und der Fehlschlag bei nach Tätermeinung völlig sinnlos gewordenem Tatplan (dazu Rdn. 130 ff).[220] Dagegen hat BGHSt **39** 244, 246 einen fehlgeschlagenen Versuch ausdrücklich verneint, wenn der Täter meint, die Tatvollendung sei unter rechtlichen Gesichtspunkten unmöglich (dazu Rdn. 127 ff). In BGH NStZ-RR **2000** 41 hat der BGH die Annahme eines Fehlschlags erwogen, wenn der Täter sich subjektiv im Stadium des beendeten Versuchs befindet, objektiv aber keine Gefahr droht und auch weitere Ausführungshandlungen nicht mehr möglich sind; richtigerweise ist hier aber mit Blick auf die Maßgeblichkeit der Tätervorstellung § 24 Abs. 1 Satz 2 (zumindest analog) einschlägig (dazu Rdn. 377).

75 **b) Die Berechtigung der Rechtsfigur.** Der Anerkennung des fehlgeschlagenen Versuchs wird von einem Teil der Literatur **entgegengehalten**, dass dieser Kategorie jede **Legitimation fehle.**[221] Sie lasse sich aus dem **Wortlaut** des § 24 nicht entnehmen.[222] Wegen der kasuistischen Ausgestaltung der Figur werde die **Rechtssicherheit** unnötigerweise gefährdet, da die als fehlgeschlagener Versuch behandelten Fälle spätestens auf der Ebene der Freiwilligkeit vom Rücktritt ausgeschlossen werden.[223] Möglicherweise werde unter Anwendung der Figur des fehlgeschlagenen Versuchs die Strafbarkeit auch in Fällen bejaht, in denen nach § 24 Straffreiheit eintreten solle, was auf den Vorwurf verfassungswidrigen (Art. 103 Abs. 2 GG) **Ge-**

---

**216** So u. a. BGH NStZ **2001** 315.

**217** BGHSt **41** 368, 369; **40** 75, 76 f; (GS) **39** 221, 228; **34** 53, 57 f; BGH NStZ-RR **2003** 199; BGH NStZ-RR **2003** 40 f; BGH NStZ-RR **1997** 259; BGH NStZ-RR **1996** 195; BGH NStZ **1994** 493; BGH NStZ **1989** 18, 19; BGH NStZ **1986** 264.

**218** BGHSt **34** 53, 56; **35** 90, 94; (GS) **39** 221, 228; BGH NStZ-RR **2003** 40 f; BGH NStZ **1986** 264, 265; BGH StV **1989** 246 f; BGH NStZ **1989** 18 f; BGH bei Holtz MDR **1993** 1038; BGH StV **1994** 181; BGH 4 StR 170/02 v. 23.7.2002; BGH 4 StR 417/01 v. 31.1. 2002.

**219** BGHSt **20** 279, 281; **34** 53, 56 f; BGH NStZ **1989** 18 f; BGH NJW **1990** 263 f; BGH NStZ **1993** 39, 40; BGH NStZ-RR **1996** 195; BGH NStZ-RR **1997** 260, 261; BGH NStZ **2000** 531 f; BGH NStZ-RR **2001** 171.

**220** BGH NJW **1990** 263 f.

**221** So u. a. *Borchert/Hellmann* GA **1982** 429, 448; *Feltes* GA **1992** 395 ff, 425 ff; *Geppert* JK **1994** § 177/2b; *Gössel* ZStW **87** (1975) 3 ff, 43; *ders.* GA **2012** 65 ff; *Heckler* S. 151 ff; *v. Heintschel-Heinegg* ZStW **109** (1997) 29, 33; *Herzberg* FS Blau 97, 99 ff; *Jäger* ZStW **112** (2000) 783, 800 f; *Maurach/Gössel/Zipf* AT 2 § 41 Rdn. 52 ff; *Mitsch* FS Kindhäuser 293 f; *Ranft* Jura **1987** 527, 528; *Scheinfeld* JuS **2002** 250, 251 f; *Schlüchter* FS Baumann 71, 82; *Sonnen* Jura **1980** 158 ff; *Wörner* NStZ **2010** 66, 71; auch *Haft* NStZ **1994** 536, der seine Ansicht jedoch geändert hat (vgl. *Haft* AT S. 241); **kritisch** zur Verwendung des Begriffs *Mitsch* (*Baumann/Weber/Mitsch/Eisele* § 23 Rdn. 18, Fn. 32), der meint, dass der Begriff zur Subsumtion nicht tauge und es „keinen nicht-rücktrittsfähigen Versuch, sondern nur (zur Erfüllung des § 24) unfähiges Rücktrittsverhalten" gebe; ähnlich *Walter* S. 102, 103 f; vgl. auch *Stratenwerth/Kuhlen* AT § 11 Rdn. 77, der meint, dass der fehlgeschlagene Versuch „als eigenständige Rechtsfigur" überflüssig sei; ausführlich *Bottke* Strafrechtswissenschaftliche Methodik S. 352 ff; *Maurach/Gössel/Zipf* AT 2 § 41 Rdn. 53 ff, die aber meinen, dass der Begriff als Sammelkategorie für die Fälle, in denen die Voraussetzungen des § 24 nicht gegeben sind, verwendet werden könne. Eingehend – und den fehlgeschlagenen Versuch schließlich ablehnend – zum Ganzen *Wörner* S. 41 ff, 295.

**222** Generell kritisch zur Verwendung gesetzesfremder Begriffe *Putzke* ZJS **2013** 620 ff.

**223** *Otto* JK **1997** § 24/24, der gleichzeitig auf die „Misere dieser Begriffsbildung" hinweist; dagegen erkennt er die Figur des fehlgeschlagenen Versuchs teilweise auch an, wobei er richtigerweise darauf hinweist, dass es sich „keinesfalls ... um eine selbständige Versuchsform *neben* § 24" handelt – *Otto* AT § 19 Rdn. 10; *ders.* Jura **1992** 423 f.

**wohnheitsrechts** hinausläuft.[224] Schließlich sei die Rechtsfigur überflüssig und vergeude Kapazitäten.[225]

Die **Kritik** an der Berechtigung dieser Rechtsfigur ist **unberechtigt**: Auch wenn der fehlge- 76
schlagene Versuch nicht ausdrücklich im Gesetz erwähnt wird und in der Rechtsprechung gelegentlich Fälle des fehlgeschlagenen Versuchs erst auf späterer Ebene der Rücktrittsprüfung ausgeschlossen wurden,[226] lässt sich die Rechtsfigur aus dem Sach- und Gesetzeszusammenhang herleiten.[227] Sie ist letztlich Ausdruck dafür, dass der Täter die Voraussetzungen des § 24 von vornherein nicht erfüllen kann.[228] Wenn nach der Vorstellung des Täters der Erfolg im Rahmen der konkreten Tat nicht mehr eintreten bzw. nicht mehr herbeigeführt werden kann, so ist es dem Täter weder möglich, seine Tat aufzugeben noch den Erfolgseintritt zu verhindern. Eine Aufgabe der weiteren Tatausführung oder ein Verhindern der Vollendung kommt nur da in Betracht, wo ein weiteres, den tatbestandsmäßigen Unrechtserfolg verursachendes Handeln dem Täter überhaupt noch möglich erscheint bzw. dieser Erfolg nach seiner Ansicht als Folge der bisher vorgenommenen Täterhandlungen überhaupt einzutreten droht, er also noch Einfluss nehmen kann.[229] Ein Vorhaben, das aus Tätersicht nicht mehr zu verwirklichen ist, kann nicht aufgegeben werden.[230] Sowohl ein unbeendeter als auch ein beendeter Versuch kommen nicht in Betracht,[231] so dass es auf die Freiwilligkeit des Verhaltens nicht mehr ankommt (was freilich Grenzziehungsfragen aufwirft; Rdn. 233).[232] Dabei ist gar nicht zu bestreiten, dass ein Täter, der sich zur Tatvollendung aufgrund äußerer Hindernisse außerstande sieht, nicht mehr freiwillig

---

**224** *Gössel* GA **2012** 65, 66 ff; *Maurach/Gössel/Zipf* AT 2 § 41 Rdn. 60; *Wörner* S. 42 f; *Yamanaka* ZStW **98** (1986) 761, 781 f.

**225** Eingehend *Fahl* GA **2014** 453, 455 ff; *Berger* S. 169; *Schroeder* NStZ **2009** 9 ff (dagegen *Roxin* NStZ **2009** 319 ff).

**226** So vor allem die frühere Rechtsprechung: BGHSt **4** 56, 59 (vgl. dazu *Dold* S. 166 f); **4** 180, 181; **10** 129, 131; **13** 156, 157; **14** 75, 79 f; **22** 330, 331 ff; **23** 356, 359; BGH bei Holtz MDR **1979** 279; RGSt **45** 6, 7; **70** 1, 3; OLG Karlsruhe NJW **1978** 331; in BGHSt **33** 295, 297 hat der BGH die Erforderlichkeit der Kategorie des fehlgeschlagenen Versuchs noch ausdrücklich offen gelassen, nunmehr ist sie zwar ausdrücklich anerkannt, vgl. nur BGHSt **34** 53, 56; **35** 90, 94; (GS) **39** 221, 227, aber es werden immer noch Entscheidungen getroffen, die entgegen der Meinung des Gerichts wohl eher der Ebene des fehlgeschlagenen Versuchs als dem Rücktritt vom beendeten Versuch oder dem Merkmal der Freiwilligkeit zuzuordnen sind, vgl. nur BGH NStZ-RR **1998** 203; BGH NStZ-RR **1997** 261; BGH wistra **1993** 227, 228.

**227** Ablehnend dazu *Maurach/Gössel/Zipf* AT 2 § 41 Rdn. 66 ff; *Wörner* S. 289 ff.

**228** *Bürger* ZJS **2015** 23 27 f, 29; *Hoffmann-Holland* MK Rdn. 52; *SSW/Kudlich/Schuhr* Rdn. 17; *Roxin* NStZ **2009** 319 f. In diesem Sinn auch *Krey/Esser* AT Rdn. 1274, die meinen, dass der „‚fehlgeschlagene Versuch' nichts anderes als ein spezieller Terminus technicus für bestimmte Sonderfälle des Ausschlusses der Rücktrittsmöglichkeit sei"; irreführend aber BGHSt **34** 53, wo es heißt, „daß es außerhalb des Anwendungsbereichs des § 24 eine eigenständige Fallgruppe des fehlgeschlagenen Versuchs für Tatbestandsverwirklichungen gibt, in denen dem Täter die Möglichkeit strafbefreienden Rücktritts versagt ist" – **kritisch** insoweit auch *Ranft* Jura **1987** 527, 528 f.

**229** BGHSt **9** 48, 52; **34** 53, 56; **35** 90, 94; BGH NStZ **1986** 264; *Bock* AT S. 463; *Gutmann* S. 84; *Hruschka* JZ **1969** 495, 497; *Jäger* S. 29 ff; *Kampermann* S. 34; *Krauß* JuS **1981** 883, 884; *Krey/Esser* AT Rdn. 1274; *Roxin* JuS **1981** 1 ff; *ders.* FS Heinitz 253 ff; *Jäger* SK Rdn. 14; *Sch/Schröder/Eser/Bosch* Rdn. 7; *Ulsenheimer* S. 318 ff; **aA** *Otto* JK **1989** § 24/14, der meint, dass „unabhängig von einem eventuellen Fehlschlag des Versuchs – zunächst zu bestimmen (ist), ob ein unbeendeter oder ein beendeter Versuch vorliegt".

**230** Dagegen *Fahl* GA **2014** 453, 455 mit dem Argument, dass man „rein sprachlich betrachtet" auch etwa aufgeben könne, zu dessen Durchführung man gar nicht in der Lage wäre. So mag man alltagssprachlich sein Scheitern verbrämen. Es ist aber nicht anzunehmen, dass der Gesetzgeber einen derart euphemistischen Begriff für eine Kapitulation vor den Realitäten wählen wollte.

**231** U.a. *Freund/Rostalski* AT § 9 Rdn. 22; *Jescheck/Weigend* § 51 II 6; *Kampermann* S. 34; *Kühl* AT § 16 Rdn. 10 f; *Otto* GA **1967** 144, 151.

**232** Zu den Abgrenzungsproblemen zwischen Fehlschlag und Freiwilligkeit; vgl etwa *Wörner* S. 71 ff; BGHSt **35** 90, 94: „Wie diese Fallgruppe [der fehlgeschlagene Versuch] im einzelnen abgegrenzt werden kann, ist im Hinblick auf die fließenden Übergänge vom fehlgeschlagenen Versuch zum unfreiwilligen Rücktritt noch nicht abschließend geklärt".

zurücktreten kann.[233] Aber dem vorgelagert ist die Frage, ob der Täter überhaupt in der Lage ist, auf der Grundlage seiner Vorstellung ein Verhalten an den Tag zu legen, das als objektive Manifestation seiner Abkehr von der Unrechtsmaxime interpretiert werden kann. Deshalb ist es notwendig, den fehlgeschlagenen Versuch vom unbeendeten und beendeten Versuch abzugrenzen und darunter fallende Sachverhalte sofort aus weiteren Rücktrittsüberlegungen herauszunehmen. Gegen die Rechtsfigur des fehlgeschlagenen Versuchs sprechen auch nicht die **Schwierigkeiten**, eine allgemein akzeptierte **Begriffsbestimmung** zu bieten.[234] Dabei trifft es freilich zu, dass z. B. keine Einigkeit darüber besteht, ob und in welchem Umfang nach Vornahme einer erfolglosen Handlung forbestehende Möglichkeiten der Erfolgsherbeiführung einem Fehlschlag entgegenstehen. Aber solche Schwierigkeiten desavouieren nicht den Begriff des Fehlschlags, sondern betreffen Sachprobleme, in denen sich der Ableitungszusammenhang aus den Erfordernissen des Aufgebens bzw. Verhinderns widerspiegelt.

77 **c) Abgrenzung zum untauglichen Versuch.** Vor dem Hintergrund, dass der Fehlschlag eines Versuchs aus der Sicht des Handelnden und damit subjektiv zu bestimmen ist, ist der fehlgeschlagene Versuch vom untauglichen Versuch (dazu § 22 Rdn. 227 ff) abzugrenzen.[235] Ein **untauglicher Versuch** ist zwar **gleichzeitig ein fehlgeschlagener Versuch**, wenn der Täter die objektive Unmöglichkeit der Tatvollendung (untauglicher Versuch) **selbst erkennt**, er also davon ausgeht, dass er sein Ziel nicht mehr erreichen kann.

78 Solange der Täter im Rahmen eines objektiv untauglichen Versuchs aber **nicht weiß**, dass er das Delikt – aus welchen Gründen auch immer – nicht mehr begehen kann, ist der Versuch für ihn nicht fehlgeschlagen und daher wie bei jedem anderen strafbaren Versuch ein Rücktritt möglich.[236] Durch die Regelung in § 24 Abs. 1 Satz 2 hat der Gesetzgeber dies ausdrücklich klargestellt. Wenn der Täter irrigerweise davon ausgeht, durch seine Schüsse habe er dem Opfer lebensgefährliche Verletzungen zugefügt, ist aus seiner Sicht der Versuch auch dann nicht fehlgeschlagen, wenn er objektiv mit den zur Verfügung stehenden Mitteln den Todeserfolg ohne zeitliche und sachliche Zäsur nicht mehr verwirklichen kann, da sich das Opfer in Deckung gebracht hat (BGH NStZ-RR **2000** 41 mit krit. Anm. *Otto* JK **2000** § 24/30). Aus Sicht des Täters ist dann der Erfolgseintritt nicht ausgeschlossen, so dass insoweit die Möglichkeit der Erfolgsverhinderung zu bestehen scheint; in einem solchen Fall könnte dann § 24 Abs. 1 Satz 2 zur Anwendung kommen (zu den Voraussetzungen des Rücktritts gem. § 24 Abs. 1 Satz 2 im Einzelnen vgl. Rdn. 369 ff).

79 Ein fehlgeschlagener und kein untauglicher Versuch liegt jedoch vor, wenn die Tat objektiv zwar noch vollendbar ist, der Täter aber **irrig annimmt**, das tatbestandliche Ziel seiner konkreten Tat nicht mehr erreichen zu können. Ein Täter, der sein Opfer nicht trifft und nicht weiß, dass sich noch eine zweite Patrone im Magazin seines Revolvers befindet, verfehlt mit der ver-

**233** *Schröder* MDR **1956** 321; *Fahl* GA **2014** 453, 455 ff; *Schroeder* NStZ **2009** 9 ff. Diese Überschneidung wird etwa deutlich bei *Sch/Schröder/Eser/Bosch* Rdn. 48: „... unfreiwillig (wenn nicht bereits fehlgeschlagen) ...". *Roxin* NStZ **2009** 319, 320 f dagegen sieht einen Vorzug der Figur des fehlgeschlagenen Versuchs gerade darin, dass sie einen Rücktritt sachgerecht auch in gewissen Fällen (z. B. BGHSt **4** 56) ausschließt, in denen Freiwilligkeit nicht zu verneinen sei; dagegen *Fahl* GA **2014** 453, 457 ff.

**234** Zu diesen in grundsätzlich kritischer Absicht *Maurach/Gössel/Zipf* AT 2 § 41 Rdn. 53 ff, 58 ff.

**235** In diesem Sinne auch *Sch/Schröder/Eser/Bosch* Rdn. 8; *Roxin* JuS **1981** 1 f. Eingehend zu Abgrenzung *Steinberg* GA **2008** 516 ff, demzufolge der untaugliche Versuch das Rechtsgut niemals in konkrete Gefahr bringe, wohingegen der fehlgeschlagene Versuch grundsätzlich durch konkrete Gefährlichkeit gekennzeichnet sei (S. 527). Vor dem Hintergrund der Maßgeblichkeit der Tätervorstellung ist die Relevanz dieser objektiven Unterscheidung nicht ersichtlich.

**236** BGH NStZ-RR **2005** 70 f; *Kindhäuser/Hilgendorf* LPK-StGB Rdn. 12; *Kühl* AT § 16 Rdn. 11; *Jäger* SK Rdn. 99; vgl. auch das Beispiel von *Jakobs* AT 26/12: Betrügerischer Verkäufer, dem nicht bewusst ist, dass sein Opfer ihn durchschaut hat, betreibt das angebahnte Geschäft nicht weiter; auch BGHSt **11** 324: Rücktritt vom beendeten Versuch mit zu geringer Giftdosis.

meintlich einzigen Kugel sein Ziel. Da eine Weiterführung des Versuchs nach der Vorstellung des Täters nicht mehr möglich ist, ist der versuchte Totschlag (auch auf der Grundlage der Gesamtbetrachtungslehre) fehlgeschlagen und ein strafbefreiender Rücktritt von vornherein ausgeschlossen.[237]

**d) Der „vorläufig fehlgeschlagene Versuch".** Wenn der fehlgeschlagene Versuch dadurch gekennzeichnet ist, dass der Täter meint, er könne den tatbestandsmäßigen Erfolg nicht mehr erreichen,[238] so ist dies insofern noch vergröbernd, als es der Klärung bedarf, unter welchen Voraussetzungen eine solche Vorstellung des Täters vorliegt. Diese Frage stellt sich insbesondere bei (potentiell) **mehraktigen Geschehen**, etwa wenn – in Abwandlung des Beispiels Rdn. 79 – der Täter nach dem fehlgehenden Schuss weiß, dass er noch eine weitere Patrone im Magazin hat. Damit ist der Streit um die Behandlung des „vorläufig fehlgeschlagenen Versuchs"[239] angesprochen. Dreh- und Angelpunkt dieses Streits ist das Verständnis des Begriffs der **„Tat"** in § 24. Stellt eine Versuchshandlung bereits eine „Tat" im Sinne von § 24 dar, so liegt bei deren (aus Tätersicht zu beurteilendem) Fehlgehen bereits ein fehlgeschlagener Versuch vor. Umfasst die „Tat" hingegen auf Grundlage der Tätervorstellung mehrere Ausführungshandlungen, so liegt ein Fehlschlag noch nicht vor, solange der Täter davon ausgeht, dass ihm noch eine der zur gleichen Tat gehörenden Ausführungshandlungen zur Erfolgsherbeiführung zur Verfügung steht. 80

**aa) Die Tatplantheorie.** In diesem Kontext ist die ältere Tatplantheorie zu nennen,[240] die von der Rechtsprechung allerdings nicht zur Begründung eines fehlgeschlagenen Versuchs, sondern für die Abgrenzung von beendetem und unbeendetem Versuch herangezogen wurde (Rdn. 134). In der Sache hat sie aber einen fehlgeschlagenen Versuch dort begründet, wo ein beendeter Versuch angenommen wurde, von dem ein Rücktritt mangels Verhinderungsmöglichkeit nicht in Betracht kam. Ausgangspunkt der Tatplantheorie ist der vom Täter beim **Beginn des Versuchs** gefasste **Tatplan.** Zur gleichen Tat sollen danach nur solche Ausführungshandlungen gehören, die der Täter zu diesem Zeitpunkt bereits in seinen Plan aufgenommen hat. Stellt sich der Täter also vor, bei Fehlgehen des ersten Schusses weiterzuschießen, bis das Magazin leer ist, so gehört zur Tat die Abgabe aller verfügbaren Schüsse; ein unbeendeter (und kein fehlgeschlagener) Versuch liegt also auch dann vor, wenn sämtliche Schüsse fehlgehen, der Täter aber davon ausgeht, noch eine letzte Patrone im Magazin zu haben. Stellt sich der Täter dagegen vor, das Opfer durch Abgabe nur eines Schusses zu töten, so ist der Versuch nach Fehlgehen des ersten Schusses beendet. Da in dieser Konstellation ein Bedarf nach Verhinderung des Taterfolges nicht besteht, ist ein Rücktritt nicht möglich (was in der Sache einem fehlgeschlagenen Versuch entspricht). **Fehlt** ein **konkreter Tatplan** oder hat sich der Täter vorgenommen, alle sich bietenden Mittel zur Herbeiführung des Erfolges zu ergreifen, so verweist der Tatplan auf die im Tatverlauf gebildete Vorstellung. In diesem Fall ist auf den Rücktrittshorizont abzustellen, also danach zu fragen, ob er nach der letzten Ausführungshandlung noch Möglichkeiten der Erfolgsherbeiführung sieht. 81

Die Rechtsprechung hat die Tatplantheorie aufgegeben und die Gründe für ihre **Ablehnung** überzeugen: Im Zentrum steht der Vorwurf, die Tatplantheorie privilegiere den besonders umsichtig planenden und rücksichtslosen Täter, der entweder zahlreiche Möglichkeiten in seine 82

---

**237** Vgl. nur BGHSt **4** 180, 181; dazu *Jakobs* AT 26/11; *Kindhäuser/Hilgendorf* LPK-StGB Rdn. 12; *Köhler* AT S. 473; *Roxin* AT II § 30 Rdn. 77; *ders.* Jus **1981** 1, 2; *Wessels/Beulke/Satzger* Rdn. 1011.

**238** Vgl. nur *Roxin* JuS **1981** 1, 2; *ders.* FS Heinitz 251, 254; *Ulsenheimer* S. 320.

**239** *Kühl* AT § 16 Rdn. 17.

**240** BGHSt **10** 129, 131; **14** 75, 79; **22** 176, 177; **22** 330, 331; BGH NStZ **1981** 342; BGH NStZ **1984** 116; siehe auch *Hillenkamp/Cornelius* AT S. 154 f. m. w. N.

Überlegungen einbezieht oder von Anfang an entschlossen ist, jede sich bietende Chance zur Erfolgsherbeiführung zu ergreifen.[241] Dieser Einwand ist nicht gänzlich unberechtigt, trifft aber noch nicht den entscheidenden Punkt. Denn es ist grundsätzlich durchaus einleuchtend, dass derjenige viel aufgeben kann, der sich besonders viel vorgenommen hat.[242] Vor dem Hintergrund der ratio der Rücktrittsvorschrift ist vielmehr die Frage entscheidend, ob gerade der Umfang der *anfänglichen* Tatplanung Aufschluss darüber gibt, welche Aussagekraft dem Verzicht auf die Vornahme weiterer – eingeplanter oder zunächst nicht geplanter – Ausführungshandlungen zukommt.[243] Tatsächlich mag der Umfang der Planungen über vielfältige Umstände Aufschluss geben, etwa über die intellektuellen Fähigkeiten des Täters, über das Vertrauen in seine Fähigkeiten zur Tatdurchführung oder über die Effizienz der eingesetzten Mittel. All diese Gesichtspunkte erlauben aber keine generalisierende Aussage über die Aussagekraft einer Abstandnahme von weiteren Ausführungshandlungen im Vergleich zu einem Täter, der diese Handlungen erst nach der letzten Ausführungshandlung ins Kalkül zieht. Beispielhaft: Ein Täter, der sich für einen guten Schützen hält, mag nur die Abgabe eines Schusses einplanen; der schlechte Schütze wird eher daran denken, notfalls das ganze Magazin leerzuschießen. Wenn der Erstgenannte überraschend daneben schießt, entfaltet der Verzicht auf die offenkundig mögliche Abgabe weiterer Schüsse nicht weniger Aussagekraft im Hinblick auf die Abstandnahme von der Tat, als wenn der schlechte Schütze letztlich doch nicht das Magazin leerschießt. Ein weiteres Beispiel: Fehlt dem Täter bei seinen Planungen der Weitblick für die Einbeziehung weiterer möglicher Ausführungshandlungen, so ist die Versagung eines Rücktritts für den Fall, dass er diese Möglichkeiten erst nach einer gescheiterten Ausführungshandlung erkennt, ein Urteil über seine intellektuellen Fähigkeiten, nicht über seine Einstellung zum Recht.

83 **bb) Die Einzelakttheorie.** Ein besonders restriktives – und damit rücktrittsfeindliches – Verständnis des Tatbegriffs liegt der von einem Teil der Lehre vertretenen sog. Einzelakttheorie zugrunde. Diese geht davon aus, dass jede **einzelne Handlung**, die nach Tätervorstellung (zumindest: möglicherweise) zur **Herbeiführung des Erfolgs ohne verbleibende Verhinderungsmöglichkeit geeignet** ist (sog. „absolut verselbständigte Handlung"),[244] eine Tat und damit ein eigenständiger Versuch sei.[245] Dieser sei fehlgeschlagen, wenn der Täter annimmt oder zutreffend erkennt, dass die vorgenommen Handlung den Erfolg nicht herbeigeführt hat und auch nicht mehr herbeiführen wird. Dementsprechend spiele es in solchen Fällen bezogen auf diese Tat keine Rolle, wenn der Täter nunmehr auf die Vornahme weiterer, aus seiner Sicht zur Erfolgsherbeiführung taugliche Handlungen verzichtet. Damit entscheide sich der Täter lediglich gegen die Vornahme eines weiteren Versuchs der Tatbegehung. Ohne Bedeutung bleibe, ob der Täter für den Fall seines Scheiterns von Anfang an etwaige Wiederholungsmöglichkeiten in seine Überlegungen einbezogen hat. Davon zu unterscheiden sei der nach der Tätervorstellung „erst durch die Kumulierung wirksam werdende Summationsakt", der von dem anderen Teilakt

---

**241** Siehe *Geilen* JZ **1972** 336; *Jäger* S. 45; *Maurach/Gössel/Zipf* AT 2 § 41 Rdn. 89; *H.-W. Mayer* MDR **1984** 187; *Otto* Jura **1992** 424; *Puppe* NStZ **1986** 15 f, 18; *Roxin* JuS **1981** 7; dagegen *Herzberg* FS Blau 113.

**242** Vgl. *Maurach/Gössel/Zipf* AT 2 § 41 Rdn. 93 (zur Gesamtbetrachtungslehre).

**243** *Murmann* Versuchsunrecht S. 38 f.

**244** *Sch/Schröder/Eser/Bosch* Rdn. 21.

**245** *Burkhardt* S. 17 ff; *Dold* S. 121 ff; *Sch/Schröder/Eser/Bosch* Rdn. 10, 20 f (Modifizierungen betonend); *Freund/Rostalski* AT § 9 Rdn. 28 ff; *Frister* 24/17 (der die Gesamtbetrachtungslehre dann aber im Rahmen von § 24 Abs. 1 S. 1 Alt. 2 anwenden will und im Unterlassen einer den Erfolg verursachenden Handlung ein „Verhindern" erblicken möchte [24/47 ff]; damit werden die Argumente für die Einzelakttheorie letztlich unterlaufen); *Geilen* JZ **1972** 335, 337 ff, 342 f; *Gutmann* S. 92 ff; *v. Heintschel-Heinegg* ZStW **109** (1997) 29, 48 ff; *Jakobs* AT 26/15 ff; *ders.* JuS **1980** 714; *ders.* ZStW **104** (1992) 82, 89 ff; *Paeffgen* FS Puppe 791 ff; *Timpe* AL **2014** 236, 239 f; *Ulsenheimer* S. 150 ff, 217 ff, 230 ff; *Wege* S. 134 ff; im Ergebnis auch *Haas* ZStW **123** (2011) 245 ff; beschränkt auf die Situation de lege lata *Bergmann* ZStW **100** (1988) 329, 351.

nicht zu trennen sei, da er nach der Vorstellung des Täters eben nicht selbständig den Erfolg herbeiführen könne (*Geilen* JZ **1972** 335, 339).

Die Einzelakttheorie führt zu prima facie unbefriedigenden und schwer mit dem Gesetz vereinbaren Ergebnissen, wenn sich nach Vornahme einer „absolut verselbständigten Handlung" der drohende Erfolgseintritt für den Täter **überraschend doch noch als verhinderbar erweist** und er entsprechende Handlungen mit Erfolg vornimmt. So macht *Roxin* (AT II § 30 Rdn. 204) geltend, dass die Rücktrittsmöglichkeit bei einem beendeten Versuch durch Erfolgsverhinderung oder bloßes Bemühen beweise, „daß ein von sich aus zum Erfolg führender Schuss, Stich oder Schlag bei anschließender Umkehrleistung für den Gesetzgeber kein ausreichendes Strafbedürfnis begründet"; diese eindeutige Wertung des Gesetzgebers würde durch die Einzelakttheorie unterlaufen. Eine **„strenge" Einzelakttheorie** lässt hier den Rücktritt (durch ein „Verhindern" nach Abs. 1 Satz 1 Alt. 2) trotz dieser Bedenken nicht zu, weil der Täter mit Vornahme der Ausführungshandlung seiner Entscheidung gegen das Recht abschließend Ausdruck verliehen habe.[246] Die vertiefte **Begründung** dafür hat insbesondere *Jakobs* (ZStW **103** [1992] 85 f, 89, 93) gegeben: Habe sich der Täter keine Reversionsmöglichkeit vorbehalten, so erkläre er nicht nur, dass die Norm für ihn nicht gelte, sondern auch, dass er die Unmöglichkeit, diesen Sinnausdruck noch zu variieren, akzeptiere. Das von ihm geschaffene Risiko (einschließlich der mangelnden Beherrschbarkeit) gehöre damit der Vergangenheit an und sei einer Änderung nicht mehr zugänglich.[247] Mit dem Wortlaut lässt sich ein solches Konzept nur vereinbaren, wenn man akzeptiert, dass die nicht mehr für revozierbar gehaltene Handlung bereits die „Tat" im Sinne von § 24 Abs. 1 ist. Ist die Möglichkeit der Erfolgsverhinderung nicht Bestandteil der „Tat", so kann eine Verhinderungshandlung nicht die Voraussetzungen von § 24 Abs. 1 Satz 1 Alt. 2 erfüllen.[248] Eine solche Interpretation ist möglich, entspricht aber nicht einer unbefangenen Lektüre des Gesetzes.[249] 84

Deshalb plädiert eine **modifizierte Einzelakttheorie** dafür, einen Rücktritt durch Verhindern auch dann zuzulassen, wenn sich nach Vornahme der Ausführungshandlung entgegen der anfänglichen Erwartung des Täters zeigt, dass er den Erfolgseintritt noch verhindern kann. Maßgeblich für die Bestimmung der zur Tat gehörenden Handlungen sei danach der **„Ausführungshorizont"**, als „der dem Täter erkennbare Versuchsverlauf bis zum Abschluss der letzten (dem Rücktritt vorausgehenden) Ausführungshandlung", wobei auch „Änderungen im Handlungsverlauf einzubeziehen" seien (*Sch/Schröder/Eser/Bosch* Rdn. 21). Nach Vornahme der Ausführungshandlung erkannte Verhinderungsmöglichkeiten seien danach Bestandteil einer rücktrittsfähigen Tat und der Täter könne durch ein Verhindern zurücktreten.[250] 85

Als weitere Modifizierung lässt sich auch der von *Herzberg* (NJW **1988** 1559 ff; NJW **1989** 197 ff) vorgetragene Versuch einer **Synthese von Einzelakttheorie und Gesamtbetrachtung** verstehen:[251] Ausgehend von der Einzelakttheorie meint *Herzberg*, dass ein Rücktritt von einer für sich genommen zur Erfolgsherbeiführung geeigneten Handlung grundsätzlich nicht möglich sei, wobei dies im Einklang mit der modifizierten Einzelakttheorie anders liege, wenn der Täter 86

246 So im Ergebnis auch *Dold* S. 124 f, der seine Position gleichwohl der modifizierten Einzelakttheorie zuordnet.

247 So im Ergebnis auch *Freund/Rostalski* AT § 9 Rdn. 28 ff; *v. Heintschel-Heinegg* ZStW **109** (1997) 49; *Wege* S. 133 ff.

248 So *Freund/Rostalski* AT § 9 Rdn. 30.

249 Dazu – verbunden mit einem Appell an den Gesetzgeber zugunsten einer Reform im Sinne einer strengen Einzelaktskonzeption – *Freund/Rostalski* AT § 9 Rdn. 30. Im Sinne eines Reformbedarfs auch *Bergmann* ZStW **100** (1988) 329, 351 ff; *Freund* GA **2005** 321, 331 f.

250 *Bergmann* ZStW **100** (1988) 336, 345; *Sch/Schröder/Eser/Bosch* Rdn. 21; *Herzberg* FS Blau 118; *ders.* NJW **1988** 1559, 1563.

251 Siehe zudem zu der von *Herzberg* im Laufe der Zeit teilweise modifizierte Konzeption, *Herzberg* FS Blau 97, 117 ff; *ders.* JuS **1990** 273, 276; *ders.* NStZ **1990** 311; *ders.* NJW **1991** 1633, 1635 f, 1642; zur Lehre *Herzbergs* vgl. *Bergmann* ZStW **100** (1988) 329, 345 ff; *H.-W. Mayer* NJW **1988** 2589 f; *Otto* Jura **1992** 423, 426 ff; *Rengier* JZ **1986** 964, 965 f; *Roxin* JR **1986** 424, 425; *Weinhold* S. 55 ff.

bei drohendem Erfolgseintritt diesen aktiv verhindert.[252] Der Rücktritt könne „immer nur unerfüllte Vorhaben in ihrer deliktischen Bedeutung vernichten".[253] In Anlehnung an die Gesamtbetrachtungslehre bleibe vor diesem Hintergrund aber Raum für einen Rücktritt insoweit, wie das Tatvorhaben über die gesetzlichen Minimalanforderungen hinausgeht. Bei einem solchen sogenannten „qualifizierten Versuch" könne der Täter seine noch nicht realisierten Vorhaben aufgeben.[254] So sei ihm etwa zugute zu halten, wenn er nach zwei mit bedingtem Verletzungsvorsatz geworfenen Steinen, die ihr Ziel verfehlt haben, von seinem Vorhaben, zehn Steine zu werfen, Abstand nimmt. Ein Rücktritt hinsichtlich des Körperverletzungsversuchs sei zwar nicht möglich, weil das Vorhaben mit Blick auf die beiden geworfenen Steine insoweit bereits abgeschlossen vorliege, aber dem Täter könne nur ein zweiaktiger Versuch angelastet werden, was freilich lediglich die Strafzumessung betreffe.[255] Handle der Täter in der sonst gleichen Fallkonstellation mit Verletzungsabsicht, so bewirke der Verzicht auf die weiteren Steinwürfe, dass der Täter „zu behandeln ist, als habe er die Absicht, auch noch die rechtlichen acht Steine zu werfen, von Anfang an nicht gehabt".[256] Das führe, wenn eine der schweren Folgen des § 226 intendiert ist, zum Ausschluss einer Strafbarkeit aus dessen Abs. 2.[257]

87 **Gegen die modifizierte Einzelakttheorie** – auch in der von *Herzberg* begründeten Variante[258] – spricht, dass sie mit den Prämissen der Einzelakttheorie nur schwer vereinbar erscheint. Denn es ist nicht einzusehen, dass es für die mit der Versuchshandlung manifestierte Stellungnahme zum Recht einen Unterschied macht, ob die für nicht beherrschbar gehaltene Tathandlung sich ex post als ungefährlich erweist oder aber trotz ihrer Gefährlichkeit eine Rettungschance bleibt. Dieser grundsätzliche Einwand gegen die Konsistenz der Begründung spiegelt sich dann auch in dem geläufigen Einwand, dass die modifizierte Einzelakttheorie den Täter privilegiere, dessen Tathandlung so gefährlich ist, dass der Erfolg tatsächlich einzutreten droht.[259] So ist es für den Täter mit Blick auf einen Rücktritt vom Totschlag günstiger, wenn er das Opfer lebensgefährlich verletzt, als wenn die Kugel ihr Ziel gänzlich verfehlt. Der Hinweis, dass der Täter im genannten Beispiel immerhin wegen Körperverletzung haftet,[260] führt nicht weiter, weil er nicht das Unrecht eines Angriffs auf das Leben zum Gegenstand hat. Vom Standpunkt der Strafzwecklehre lässt sich immerhin darauf verweisen, dass im Falle des beendeten Versuchs vom Täter ein stärkerer Beleg für seine Rückkehr zum Recht zu erbringen ist als beim unbeendeten Versuch. Aber eine relative Bestimmung des Tatbegriffs in Abhängigkeit davon, ob ein beendeter oder ein unbeendeter Versuch vorliegt, lässt sich mit Blick auf den Gesetzeswortlaut, wonach ersichtlich von einem einheitlichen Verständnis von „Tat" auszugehen ist, nicht begründen.

88 **Für die Einzelakttheorie** kann geltend gemacht werden, dass der Täter mit Vornahme einer Ausführungshandlung ohne (zuverlässige) Reversionsmöglichkeit eine abschließende Stellungnahme zum Anerkennungsanspruch des Opfers gegeben hat, ohne sich die Möglichkeit einer Korrektur dieser Stellungnahme offen zu halten. Bleibt die Ausführungshandlung tatsächlich hinter der vom Täter getroffenen Entscheidung zurück (weil sie den Erfolg nicht herbeizuführen droht oder sich eine Reversionsmöglichkeit eröffnet), so könne dies an der bereits abgeschlossenen Positionierung des Täters nichts mehr ändern. Das bereits geschaffene Risiko

---

**252** *Herzberg* NJW **1988** 1559, 1563 f; *ders.* NJW **1989** 197, 198.
**253** *Herzberg* NJW **1989** 197, 198.
**254** *Herzberg* NJW **1988** 1559, 1563.
**255** *Herzberg* NJW **1989** 197, 198.
**256** *Herzberg* NJW **1989** 197, 198; *ders.* NJW **1988** 1559, 156.
**257** *Herzberg* NJW **1989** 197, 198.
**258** Kritische Auseinandersetzung mit *Herzberg* bei *Mayer* NJW **1988** 2589 ff; *Rengier* JZ **1988** 931 ff; dagegen wiederum *Herzberg* NJW **1989** 197 ff. Gegen den Vorwurf der Gesetzesferne *Herzberg* NJW **1988** 1559, 1566.
**259** Vgl. *Lilie/Albrecht* LK[12] Rdn. 97; *Kühl* AT § 16 Rdn. 19; *Roxin* JR **1986** 424, 425; *ders.* JuS **1980** 1, 7; *ders.* FS Paeffgen S. 255, 260 f. Dagegen *Paeffgen* FS Puppe 791, 795 ff.
**260** *Sch/Schröder/Eser/Bosch* Rdn. 21.

könne nicht beseitigt werden und Tatänderungsgegenstand sein.[261] Andernfalls werde die Möglichkeit zum Rücktritt dem Zufall überlassen und hänge davon ab, wie viele Möglichkeiten der Erfolgsherbeiführung der Täter in seine Vorstellungen einbezogen hat.[262] Die Einzelakttheorie biete mit der „Ausführung des erfolgstauglichen und nicht mehr revozierbaren Einzelakts ... ein angesichts des Normzwecks hinreichend gewichtiges Kriterium, um den Kreis der von der Rechtsfolge des § 24 StGB erfassten Fälle einzugrenzen".[263] Schließlich bestehe „kein Grund, auch den Wiederholungs- und sonstigen Alternativplan zu privilegieren" (*Geilen* JZ **1972** 335, 339). Diese Überlegungen lassen sich auch in eine strafzweckorientierte ratio von § 24 überführen mit dem Argument, dass nach Vornahme einer nicht revozierbaren Ausführungshandlung weder der rechtserschütternde Eindruck noch der spezialpräventive Einwirkungsbedarf in Frage gestellt werden können, wenn sich die Handlung erwartungswidrig als weniger effizient erweist.

Gegen die **Einzelakttheorie** werden zahlreiche **Einwände** erhoben.[264] Dabei bleibt das Bedenken, diese Theorie schränke die Rücktrittsmöglichkeiten zu weit ein, noch intuitiv und setzt das zu Beweisende voraus. Ähnliches gilt für den geläufigen Hinweis, die Einzelakttheorie zerreiße einheitliche Lebensvorgänge.[265] Die Frage ist vielmehr, ob die Vornahme einer Ausführungshandlung, die der Täter für nicht (zuverlässig) revozierbar hält, eine für den Tatbegriff relevante Zäsur im Geschehensverlauf markiert. Genau das ist zu bestreiten. Die Schwäche der Einzelakttheorie liegt darin, dass sie den Begriff der „Tat" in § 24 auf die versuchte Tat verengt. Nur vor diesem Hintergrund ist es richtig, dass der Versuch mit Vornahme einer aus Tätersicht geeigneten Ausführungshandlung der Vergangenheit angehört. Änderbar ist von diesem Standpunkt aus allein der unbeendete Versuch, wenn der Täter also noch zur Vornahme der Ausführungshandlung übergehen muss.[266] Der Tatbegriff des § 24 meint aber die vollendete Tat.[267] Nur bezogen auf eine vollendete Tat lässt sich sinnvoll von einem „verhindern" sprechen.[268] Die mit Vornahme der Ausführungshandlung zum Ausdruck gebrachte Stellungnahme des Täters zu den Rechtsgütern des Opfers ist deshalb noch unvollständig, wenn nur das (möglicherweise) nicht revozierbare Risiko zu Lasten des Opfers in den Blick genommen wird. „Die in der vorsätzlichen Schaffung einer rechtlich missbilligten Gefahr liegende Erklärung des Täters, die Norm gelte nicht für ihn, bedarf zwar keiner Ergänzung mehr durch den Täter, sie ist aber mit der 89

---

**261** Vgl. nur *v. Heintschel-Heinegg* ZStW **109** (1997) 29, 49 ff; *Jakobs* ZStW **104** (1992) 82, 88.

**262** So u. a. *Geilen* JZ **1972** 335, 342; *Jakobs* AT 26/16; *Schönke/Schröder/Eser/Bosch* Rdn. 21. Gegen das Zufallsargument *Lilie/Albrecht* LK[12] Rdn. 102.

**263** Ausdrücklich *Bergmann* ZStW **100** (1988) 329, 351 ff, der die anderen Fälle durch eine „extensive Ausschöpfung des nach § 49 Abs. 1 StGB gemilderten Strafrahmens nach unten einer adäquaten Behandlung" zuführen will, diesen Weg aber auf die Situation de lege lata begrenzt und de lege ferenda die Umstrukturierung des § 24 in eine Strafmilderungsnorm anstrebt (S. 353 ff).

**264** **Kritisch** etwa *Lilie/Albrecht* LK[12] Rdn. 96 ff; *vHH/Cornelius* Rdn. 20; *Roxin* AT II § 30 Rdn. 202 ff; *ders.* FS Paeffgen 55 ff; *Herzberg* NJW **1986** 2466, 2468; *ders.* NJW **1988** 1559, 1561 f; *ders.* NJW **1989** 197, 198 f; *ders.* NStZ **1990** 311, 317; *Kienapfel* JR **1984** 72 f; *Kudlich* JuS **1999** 240, 243; *Kühl* AT § 16 Rdn. 20; *Murmann* Versuchsunrecht S. 39 ff; *Puppe* NStZ **1986** 14 ff; *Ranft* Jura **1987** 429, 530 f; *Rengier* JZ **1986** 964, 965 f; *Wessels/Beulke/Satzger* Rdn. 1017.

**265** Z. B. *Bock* AT S. 466; *Lilie/Albrecht* LK[12] Rdn. 97. Gegen diesen Einwand eingehend *Dold* S. 126 ff.

**266** Konsequent *Sancinetti* S. IX, 74 f, 86, demzufolge der beendete Versuch die Tat – und folglich ein Rücktritt vom unbeendeten Versuch nicht möglich – sei.

**267** Vgl. BGHSt **39** 221, 230.

**268** **AA** *v. Heintschel-Heinegg* ZStW **109** (1997) 42, der meint, „schon die gesetzliche Diktion" mache deutlich, dass der Tatbegriff des § 24 Abs. 1 S. 1 im Sinne der „versuchten Tat" zu verstehen sei. Diese Auffassung könnte sich allenfalls auf die Alternative des „Aufgebens" beziehen, weil der Versuch ohne Vornahme einer aus Tätersicht geeigneten Ausführungshandlung noch unvollständig ist (in diesem Sinne auch *Dold* S. 125 unter Hinweis auf die Rede von der „*weiteren* Ausführung" der Tat). Das stellt aber die hier vertretene Argumentation nicht in Frage, weil die Aufgabe des Versuchs als Minus in der Abstandnahme von der Tatvollendung enthalten ist. Die begrifflichen Anstrengungen von *Dold* S. 125 f, die zeigen sollen, dass es „sprachlich möglich" sei, das versuchte Delikt als vollendet anzusehen, „wenn der Versuch maximal fortgeschritten ist, der Täter also den Versuchsabschluss erreicht hat", zeigen bereits, wie weit sich ein solches Verständnis – zu ungunsten des Täters(!) – vom herkömmlichen Sprachgebrauch entfernt.

Vornahme der tatbestandsmäßigen Handlung noch nicht vollständig objektiviert. Der Täter erklärt mit Vornahme der tatbestandsmäßigen Handlung nämlich nicht nur, der Versuch soll sein, sondern auch, die Vollendung soll sein" (*Murmann* Versuchsunrecht S. 40). Bezogen auf die Vollendung ist die Erklärung aber weder im Stadium des unbeendeten noch des beendeten Versuchs objektiviert. Erkennt man mit der überwiegenden und zutreffenden Meinung an, dass der Erfolg einen zusätzlichen Unwert verkörpert,[269] so kann der Täter solange seine Stellungnahme zur Rechtsgutsverletzung ändern, wie der Erfolg aus seiner Sicht noch nicht eingetreten ist und ein zurechenbarer Erfolgseintritt noch möglich ist. Das kann – in Einklang mit der Einordnung des Rücktritts als Strafaufhebungsgrund (Rdn. 53) und entgegen der Einheitstheorie (Rdn. 22) – die mit dem Versuch zum Ausdruck gebrachte Stellungnahme nicht aufheben. In der Versuchshandlung ist eine vorbehaltslose Entscheidung gegen das Rechtsgut zum Ausdruck gebracht, die „in der Welt ist". Aber es bleibt doch ein Raum zum qualifizierten Widerspruch, weil die dem Versuch zugrundeliegende Erklärung weiter reicht als die zur Begründung des Versuchsunrechts erforderliche objektive Tatseite. Dieser Raum für eine Gegenerklärung bleibt auch für den Täter, der bei Vornahme der Ausführungshandlung keinerlei Zweifel daran hatte, dass diese Handlung zuverlässig und ohne Reversionsmöglichkeit den Taterfolg herbeiführt. Denn die Möglichkeit des Scheiterns gehört zum Wesen der menschlichen Handlung und eröffnet im Falle des Eintretens die Chance für eine Neubewertung. Das Ergreifen dieser Chance hat beim Versuch eine gänzlich andere Bedeutung als bei sonstigem Nachtatverhalten, weil der Täter sich nur hier von einer für die Unrechtsbegründung konstitutiven Zielsetzung distanzieren kann.[270] Schließlich lässt sich gegen die Einzelakttheorie geltend machen, dass die Differenzierung zwischen relativer und absoluter Verselbständigung des Versuchs von der gesetzlichen Rücktrittsvorschrift abweicht, da die strafbefreiende Wirkung des Rücktritts ausdrücklich an die freiwillige Verhinderung der Tatvollendung anknüpft, die sich je nach der Vorstellung des Täters vom Stadium des Versuchs als Aufgabe oder als tätige Verhinderung darstellen kann.[271]

90 **cc) Die Gesamtbetrachtungslehre.** Die kritischen Überlegungen zur Einzelakttheorie deuten bereits auf die **grundsätzliche Berechtigung** der von der Rechtsprechung[272] und dem überwiegenden Teil der Literatur[273] vertretenen Gesamtbetrachtungslehre hin. Nach dieser bestimmt sich die Einheitlichkeit der „Tat" nach einer Gesamtbetrachtung, die aus Tätersicht nach Vornahme der letzten Ausführungshandlung (**Rücktrittshorizont**) vorzunehmen ist. Eine rücktrittsfähige Tat liegt vor, solange der Täter nach der letzten (aus seiner Sicht fehlgeschlagenen) Ausführungshandlung von der Möglichkeit ausgeht, durch Vornahme einer weiteren Ausfüh-

---

**269** In diesem Sinne etwa *Roxin* AT I § 10 Rdn. 96 ff. **AA** *Armin Kaufmann* FS Welzel 410 ff; *Zielinski* Handlungs- und Erfolgsunwert im Unrechtsbegriff (1973) S. 128 ff. Eingehend zum Ganzen *Stratenwerth* FS Schaffstein 177 ff.

**270** Das hindert den Gesetzgeber freilich nicht, in konstruktiv ähnlichen Fällen, etwa bei Delikten mit überschießender Innentendenz, die Rücktrittsmöglichkeit aufgrund vorgezogener Vollendung zu versagen.

**271** So *Otto* Jura **2001** 341, 343 und Jura **1992** 423, 428; kritisch auch *Herzberg* FS Blau 97, 118 f; *Jäger* S. 49; *Roxin* AT II § 30 Rdn. 204; *Vogler* LK[10] Rdn. 59.

**272** Siehe etwa BGHSt **40** 75, 76 f; **39** 244, 246 ff; (GS) **39** 221, 227 ff; **35** 90, 91 ff; **34** 53, 55 ff; **31** 170, 176; BGH NStZ **2020** 82; BGH NStZ **2017** 149, 151; BGH NStZ **2015** 26 (dazu *Hecker* JuS **2015** 367 ff; *Puppe* NStZ **2015** 332 f); BGH StraFo **2015** 521, 522; BGH NStZ **2014** 149, 151; BGH NStZ **2012** 263; BGH NStZ **2009** 628; BGH NStZ **2007** 399; BGH NStZ-RR **1997** 259, 260, wobei die Gesamtbetrachtung teilweise erst bei der Abgrenzung des unbeendeten vom beendeten Versuch erfolgt.

**273** U.a. – mit Unterschieden in Einzelfragen – *Ambos* HK-GS Rdn. 7; *Baumann/Weber/Mitsch/Eisele* § 23 Rdn. 46; *Bürger* ZJS **2015** 23, 25; *vHH/Cornelius* Rdn. 20; *Matt/Renzikowski/Heger* Rdn. 15; *Jescheck/Weigend* § 51 II 3, 6; *Kienapfel* FS Pallin 205, 212 ff; *ders.* JR **1984** 72; *Krauß* JuS **1981** 883, 884 f; *SSW/Kudlich/Schuhr* Rdn. 19; *Kühl* AT § 16 Rdn. 27 f; *Murmann* Grundkurs § 28 Rdn. 120 ff; *Otto* Jura **2001** 341, 343; *ders.* Jura **1992** 423, 425, 427 ff; *Rengier* AT § 37 Rdn. 46 f; *Roxin* AT II § 30 Rdn. 187 ff („modifizierte Gesamtbetrachtungslehre"); *ders.* FS Paeffgen 255 ff; *ders.* FS Heinitz 251, 269; *Jäger* SK Rdn. 34; *Stratenwerth/Kuhlen* AT § 11 Rdn. 77; *Vogler* LK[10] Rdn. 23 ff; *Walter* S. 119 ff; *Wessels/Beulke/Satzger* Rdn. 1019; in den Grundsätzen auch *Ranft* Jura **1987** 527, 528 f.

rungshandlung den Tatbestand doch noch verwirklichen zu können, soweit diese weitere Ausführungshandlung mit der bereits vorgenommenen eine Einheit bildet (zu der erforderlichen Einheitlichkeit näher Rdn. 94 ff).[274] Das soll beispielsweise dann der Fall sein, wenn der Täter zunächst mit Tötungsvorsatz auf das Opfer schießt, unmittelbar nach Fehlgehen der Schüsse erfolglos versucht, es zu erstechen und unmittelbar daran anschließend beginnt, es zu würgen. Die Vornahme weiterer, mit den ersten Teilakten zusammenhängender bzw. darauf aufbauender Handlungen soll damit nicht auf einem neuen Tatentschluss beruhen, sondern als Ausdruck der Festigung des bereits bestehenden Tatentschlusses zu verstehen sein (BGH NStZ **1989** 18, 19). Verursachen die Teilakte den vom Täter zumindest billigend in Kauf genommenen tatbestandlichen Erfolg nicht, ist der Versuch fehlgeschlagen, wenn der Täter keine weiteren Möglichkeiten sieht, den Erfolg noch im Rahmen eines einheitlichen Lebensvorgangs herbeizuführen. Der **Rücktrittshorizont** kann innerhalb der gleichen Tat noch **korrigiert** werden. Nimmt der Täter zunächst an, der Versuch sei fehlgeschlagen und kommt sogleich zu der Annahme, er könne die Tat noch ohne zeitliche Zäsur vollenden, so kommt ein unbeendeter Versuch in Betracht (BGH NStZ-RR **2017** 71; dazu näher Rdn. 174 ff).

**Für die Gesamtbetrachtungslehre** wird zunächst der **Gesetzeswortlaut** geltend gemacht. 91
Tatsächlich liegt die Gesamtbetrachtungslehre dem Wortlaut nach näher als die Einzelakttheorie.[275] Nach unbefangenem Verständnis erscheint etwa eine Abfolge gleichartiger Tathandlungen, z. B. die Abgabe mehrerer Schüsse, auch dann als eine „Tat", wenn der Täter bei Abgabe des ersten Schusses bereits einen tödlichen Treffer für möglich gehalten hat. Würde das Opfer durch einen Schuss tödlich getroffen, so stünde außer Zweifel, dass trotz der erfolglosen Abgabe der vorherigen Schüsse lediglich eine einzige vollendete – sukzessive – Tatbestandsverwirklichung in Rede steht.[276] Das Wortlautargument spricht auch dann, wenn der Erfolg aufgrund einer nicht für revozierbar gehaltenen Ausführungshandlung einzutreten droht, für einen beendeten Versuch anstatt eines Fehlschlags, wenn dem Täter wider Erwarten noch Erfolgsabwendungsmöglichkeiten offenstehen (s. schon Rdn. 84, 89). Weiter wird geltend gemacht, der Gesamtbetrachtungslehre komme gegenüber der Einzelakttheorie der Vorzug zu, das **einheitliche Tatgeschehen nicht auseinander zu reißen.**[277] Insoweit ist freilich gerade die Frage, ob das Geschehen wirklich noch als einheitlich zu beurteilen ist, wenn der Täter bereits eine nach seiner Vorstellung irreversibel taugliche Tathandlung vorgenommen hat (dazu Rdn. 89). Dieses Argument setzt also das zu Begründende voraus. Weiterhin wird aus der Rücktrittsfreundlichkeit dieser Lehre geschlossen, dass sie dem **Opferschutz** gerecht werde.[278] Dabei ist auf die begrenze Überzeugungskraft des Opferschutzarguments bereits hingewiesen worden (Rdn. 7, 10 ff).[279] Diese Bedenken verschärfen sich eher noch, wenn es um Konstellationen des vorläufig fehlgeschlagenen Versuchs geht. Denn es erscheint für den Regelfall eher fernliegend anzunehmen, dass ein Täter nach Vornahme einer für tauglich gehaltenen Handlung, die das Opfer möglicherweise auch objektiv in Gefahr gebracht oder sogar (mit Blick auf ein weiteres Rechtsgut) verletzt hat, der Auffassung ist, von der angestrebten Deliktsverwirklichung durch bloßes Aufhören strafbefreiend zurücktreten zu können. Und wenn sich der Täter dazu entschließt, auf die Vornahme weiterer Ausführungshandlungen zu verzichten, wird er in aller Regel dabei nicht

---

**274** BGHSt **34** 53, 55 ff; **31** 170, 176; BGH NStZ-RR **1996** 195; BGH NJW **1994** 1670, 1671; BGH StV **1987** 529; BGH NStZ **1986** 264, 265; BGHR § 24 Abs. 1 Satz 1 Rücktritt 4; auch BGHSt **40** 75, 76 f, wobei der BGH die Gesamtbetrachtungslehre hier erst zur Abgrenzung von unbeendetem und beendetem Versuch herangezogen hat; auch *Roxin* JR **1986** 424; *Vogler* LK[10] Rdn. 23 ff.

**275** Z. B. *Krey/Esser* AT Rdn. 1277.

**276** Gegen diese Argumentation und für ein unterschiedliches Verständnis des Tatbegriffs bei versuchter und vollendeter Tat *Timpe* AL **2014** 236, 242; *Wege* S. 129.

**277** Z. B. von *Lilie/Albrecht* LK[12] Rdn. 107; *Krey/Esser* AT Rdn. 1277.

**278** *Lilie/Albrecht* LK[12] Rdn. 107; *Fischer* Rdn. 13; *Krey/Esser* AT Rdn. 1277; *Roxin* FS Paeffgen 255, 259 f.

**279** Vgl. dazu auch *Dold* S. 129; *Paeffgen* FS Puppe 791, 800 ff; *Puppe* NStZ **2015** 332 f; *Puppe* ZIS **2011** 524, 527 f; *Timpe* AL **2014** 236, 242.

durch die Strafbefreiung motiviert sein. Schließlich ist gerade hinsichtlich solcher Konstellationen, in denen der Täter durch Vornahme einer aus seiner Sicht irreversiblen Ausführungshandlung gravierendes Unrecht verwirklicht hat, ein einseitiger Blick auf die Opferinteressen verkürzt. Denn selbst wenn das Opfer trotz der geringen empirischen Evidenz eines Zusammenhangs zwischen Strafbefreiung und Verzicht auf weitere Ausführungshandlungen ein Interesse an jeglicher Verbesserung seiner Situation haben wird, folgt daraus nicht ohne weiteres, dass sich dieses Interesse gegen das durch den Versuch begründete Strafbedürfnis durchsetzt.[280] Die **gegen die Gesamtbetrachtungslehre** erhobenen **Einwände** können insoweit nicht durchgreifen, wie sie von Vertretern der Einzelakttheorie erhoben werden und grundsätzlich die Sachgerechtigkeit einer Orientierung am Rücktrittshorizont betreffen (Rdn. 83 ff). Nicht durchzugreifen vermag insbesondere der Einwand, die Gesamtbetrachtungslehre privilegiere den gefährlicheren und skrupellosen Täter, da er sich beliebig viele Fehlschläge leisten könne.[281] Tatsächlich ist nach dem gesetzlichen Konzept zu akzeptieren, dass nur derjenige etwas aufzugeben vermag, der noch Möglichkeiten der Erfolgsherbeiführung sieht.[282]

92 Für die Vertreter der Strafzwecktheorie liegt es nahe, auf **fehlende spezial- und/oder generalpräventive Bestrafungsbedürfnisse** zu verweisen, wenn der Täter auf die Vornahme ihm noch möglicher weiterer Ausführungshandlungen verzichtet.[283] Auch insoweit wurde bereits auf die **begrenzte Überzeugungskraft** solcher Ansätze verwiesen (Rdn. 31 ff). Deren empirische Plausibilität ist gerade beim vorläufig fehlgeschlagenen Versuch häufig gering. So dürfte ein spezialpräventiver Einwirkungsbedarf kaum zu verneinen sein, wenn der Täter auf die Abgabe weiterer Schüsse verzichtet, nachdem sein mit Tötungsvorsatz abgegebener Schuss sein Ziel knapp verfehlt hat. Auch der durch den ersten Schuss hervorgerufene rechtserschütternde Eindruck wird offenbar nicht dadurch wieder beseitigt, dass der Täter nicht sein ganzes Magazin verschießt. Die geringe empirische Evidenz dieser Ansätze hat dann auch zur Folge, dass sie **keine überzeugende Begrenzung** dafür bieten können, welche potentiellen Ausführungshandlungen noch zur „Tat" im Sinne von § 24 gehören. Denn die Grenzziehung müsste in Abhängigkeit vom Wegfall spezial- bzw. generalpräventiver Bestrafungsbedürfnisse erfolgen. Fallen solche Bedürfnisse selbst im Beispiel des Verzichts auf die Abgabe weiterer Schüsse nicht weg, fehlen sie also selbst im Evidenzfall der Einheitlichkeit der Tat auf der Grundlage der Gesamtbetrachtungslehre, so sind sie zur Maßstabsbildung vollkommen ungeeignet.

93 Richtig bleibt aber freilich die Einsicht der Strafzwecktheorie, dass der Tatbegriff des § 24 angesichts des nicht gänzlich eindeutigen Wortlauts seine **sachgerechten Konturen mit Blick auf die ratio des Rücktrittsprivilegs** erhalten muss. Vom hier vorgetragenen Standpunkt (Rdn. 45 ff) aus muss danach entscheidend sein, ob die Nichtvornahme einer als möglich erkannten weiteren Ausführungshandlung eine gegenüber sonstigem Nachtatverhalten qualifizierte Aussagekraft bezogen auf die im Versuch zum Ausdruck gebrachte Unrechtsmaxime entfaltet. Im Grundsatz ist die Nichtvornahme einer tatbestandsmäßigen Handlung eine Selbstverständlichkeit, mit der der Täter lediglich die zu erwartende Anerkennung fremder Rechtsgüter bestätigt. Dementsprechend hat solches rechtstreues Verhalten regelmäßig keine darüber hinausreichende Bedeutung (was Rdn. 17 f gegen die Schulderfüllungstheorie geltend gemacht wurde). Das kann aber anders sein, wenn sich ein Täter rechtstreu verhält, nachdem er zuvor noch zum Ausdruck gebracht hat, dass die Norm nicht für ihn gilt. Nach einem solchen vorläufigen Fehlschlag besteht eine gewisse erfahrungsgegründete Erwartung, dass der Täter die zunächst getroffene Entscheidung gegen das Rechtsgut weiter verfolgt. Von dem Täter, der diese empirische Erwartung „enttäuscht", kann gesagt werden, dass er sich mit diesem **erwartungs-**

280 Zutreffend *Dold* S. 15 f.

281 So u. a. *Baumann/Weber* AT$^9$ § 33 II; *Geilen* JZ **1972** 332, 338; *Jakobs* AT 26/14; **kritisch** zur Gesamtbetrachtungslehre außerdem *Ranft* Jura **1987** 527, 529 ff. **Kritisch** gegenüber diesem Argument u. a. auch *Herzberg* FS Blau 97, 116 f; *Otto* Jura **1992** 423, 428 f; *Roxin* JR **1986** 424, 425.

282 *Kühl* AT § 16 Rdn. 34; *Maurach/Gössel/Zipf* AT 2 § 41 Rdn. 93.

283 So etwa *Lilie/Albrecht* LK$^{12}$ Rdn. 107; *Mitsch* Jura **1991** 373, 375.

**widrigen**, gewissermaßen inkonsequenten **Verhalten von der mit dem Versuch manifestierten Unrechtsmaxime distanziert** und damit einen maßgeblichen Beitrag zur Wiederherstellung des verletzten Rechts leistet. Der spezifische Erklärungswert, der den Rücktritt auszeichnet, reicht danach genau so weit, wie eine Erwartung dahingehend besteht, dass der Täter eine von ihm als aussichtsreich angesehene weitere Ausführungshandlung vornimmt. Damit ist die Frage aufgeworfen, inwieweit hinsichtlich vom Täter als aussichtsreich eingeschätzter Ausführungshandlungen eine Erwartung dahingehend besteht, dass er diese Handlungen tatsächlich vornimmt; dazu näher Rdn. 100 ff.

**e) Die Bestimmung der Einheitlichkeit des Geschehens.** Unabhängig davon, welche Argumente zur Fundierung der Gesamtbetrachtungslehre herangezogen werden, stellt sich für deren Vertreter die Frage nach den **Kriterien**, anhand derer sich bestimmen lässt, ob vom Täter als aussichtsreich eingeschätzte weitere Ausführungshandlungen mit den vorausgegangenen gescheiterten Bemühungen ein **einheitliches Geschehen** dergestalt bilden, dass sie zur gleichen „Tat" im Sinne von § 24 Abs. 1 gehören. 94

**aa) Natürliche Handlungseinheit versus einheitlicher Lebensvorgang. Umstritten** ist, ob sich die Einheitlichkeit der Tat an Kategorien der **Konkurrenzlehre** oder am Maßstab der **Einheitlichkeit des Lebensvorgangs** bemisst. Ein Teil der Rechtsprechung[284] und Stimmen in der Literatur[285] wollen auf die in der Konkurrenzlehre vertretene Kategorie der **natürlichen Handlungseinheit**[286] zurückgreifen. Ein einheitliches Geschehen soll danach vorliegen, wenn die Teilakte in einem engen zeitlichen und räumlichen Zusammenhang stünden, der Unrechtsgehalt nur quantitativ gesteigert werde und das Täterhandeln von einem fortbestehenden Vorsatz bzw. einer einheitlichen Motivationslage getragen sei. Dezidiert abweichend davon hat der BGH (StV **2017** 673, 674 f; dazu *Jäger* JA **2017** 387 ff) bei kurzzeitiger Aufgabe des Tatentschlusses zwar aufgrund des räumlich-zeitlichen Zusammenhangs eine natürliche Handlungseinheit zwischen zwei Messerattacken auf das Opfer bejaht, aber gleichwohl zwei Taten im Sinne von § 24 angenommen. Akzeptiert man mit dem BGH, dass die vorübergehende Aufgabe zwar nicht der Annahme natürlicher Handlungseinheit,[287] wohl aber der Einheitlichkeit der Tat im Sinne von § 24 entgegensteht, so kann die konkurrenzrechtliche Beurteilung nicht über die Einheitlichkeit der Tat im Sinne von § 24 entscheiden. Erst recht vermag die Annahme natürlicher Handlungseinheit mehrere Versuchstaten nicht zu einer insgesamt rücktrittsfähigen Einheit zu verschmelzen, wenn mehrere Rechtsgutsträger angegriffen werden: Gibt der Täter tötungsvorsätzlich in schneller Folge Schüsse auf unterschiedliche Personen ab, so kann auch die Annahme einer natürlichen Handlungseinheit (dazu kritisch *Murmann* Grundkurs § 31 Rdn. 29) nichts daran ändern, dass hinsichtlich jedes versuchten Tötungsdelikts eigenständig zu prüfen ist, ob ein fehl- 95

---

**284** So BGH NStZ **2005** 263, 264; BGH NStZ **2001** 315; vgl. insoweit ebenfalls BGHSt **41** 368, 369 und im Anschluss daran BGH NStZ **1998** 189, wo der BGH seine Ansicht zur Frage, „wie weit ein möglicher Rücktritt des Täters sich auf vorangegangene Einzelakte erstreckt", ausdrücklich „auf die Beurteilung der Konkurrenzen" anwenden will – kritisch dazu *Puppe* JR **1996** 513, 514.

**285** *Dreher* JR **1969** 105, 107; *Hruschka* JZ **1969** 495, 498; *Kindhäuser/Hilgendorf* LPK-StGB Rdn. 19; *Lackner/Kühl/Kühl* Rdn. 6; *Roxin* AT II § 30 Rdn. 199; *ders.* JuS **1981** 1, 6; *ders.* JR **1986** 424, 425; *Jäger* SK Rdn. 34; in diese Richtung letztlich wohl auch *Schlüchter* FS Baumann 71, 83, wobei sie den Anwendungsbereich von § 24 auf den materiellrechtlichen Tatbegriff i. S. von § 52 sowohl ausdehnen als auch begrenzen will und nicht nur „eine Handlung im natürlichen Sinn", sondern auch die „rechtliche Handlungseinheit" erfassen will, wovon u. a. Fälle der natürlichen Handlungseinheit umfasst seien.

**286** Zur natürlichen Handlungseinheit in der Konkurrenzlehre BGHSt **41** 368, 369; *Jescheck/Weigend* § 66 II 3; *Kühl* AT § 16 Rdn. 28; *Lackner/Küh/Kühll* Vor § 52 Rdn. 4 ff; *Rissing-van Saan* LK Vor §§ 52 ff Rdn. 10 ff; *Jäger* SK Vor § 52 Rdn. 41 ff; *Stratenwerth/Kuhlen* AT § 17 Rdn. 9 ff; *Sch/Schröder/Sternberg-Lieben/Bosch* Vorbem. §§ 52 ff Rdn. 22 ff.

**287** Zweifelnd *Jäger* JA **2017** 387, 390.

geschlagener, ein unbeendeter oder ein beendeter Versuch vorliegt (BGH NStZ **2012** 562; dazu *Hecker* JuS **2013** 362 ff).

96 In anderen Entscheidungen stellt der BGH[288] und ihm folgend ein Teil der Lehre[289] dagegen darauf ab, ob der **betreffende Lebensvorgang** durch eine **Einheitlichkeit** bestimmt wird. Diese sei bei mangelnder zeitlicher Zäsur, einem unmittelbaren Geschehensfortgang sowie einer Entschlusseinheit, die insbesondere durch einen fortbestehenden Tatvorsatz gekennzeichnet sei, gegeben. Wenn dagegen „aufgrund der Entwicklung des Geschehensablaufs ein erneutes Ansetzen zur Vollendung der Tat nur so erfolgen könnte, dass kein einheitlicher Lebenssachverhalt, der sich auch für einen Dritten nicht als zusammengehöriges Tun darstellen würde, mehr vorläge", handle es sich um „eine auf neuem Tatentschluss beruhende Versuchstat".[290]

97 Unabhängig davon, dass die Ansichten zumeist nicht zu unterschiedlichen Ergebnissen kommen (vgl. aber auch die Abweichungsfälle Rdn. 95)[291] und auch ähnliche Kriterien zur Bestimmung im Einzelfall genannt werden, scheint auf den ersten Blick die Kategorie der natürlichen Handlungseinheit als etablierter Begriff der **Konkurrenzlehre** mehr Rechtssicherheit zu verbürgen. Andererseits ist gerade die natürliche Handlungseinheit auch im Rahmen der Konkurrenzlehre notorisch umstritten; unbestritten ist nur ihre begriffliche Unschärfe.[292]

98 Vor allem ergeben sich bereits **methodische Bedenken**, den in der Konkurrenzlehre entwickelten Begriff der natürlichen Handlungseinheit als Kriterium auf die anders gelagerte Frage der Versuchsbeendigung zu übertragen.[293] Die Konkurrenzregeln wollen eine Antwort auf die Frage der Strafbemessung im Falle des Zusammentreffens mehrerer Gesetzesverletzungen durch eine Person geben (*Rissing-van Saan* LK Vor §§ 52 ff Rdn. 1). Auch wenn teilweise darauf hingewiesen wird, dass der „normative Bezugspunkt gerade derselbe" sei (*Busch* JuS **1993** 304, 307), bleibt damit unzureichend beachtet, dass die natürliche Handlungseinheit an eine andere Ebene anknüpft und die Besonderheiten des Rücktritts, der nur auf ein versuchtes Delikt bezogen ist, nicht ausreichend berücksichtigen kann. Während die Konkurrenzlehre von dem Gedanken ausgeht, dass der Täter, der im Rahmen eines einheitlichen Geschehens mehrere Tatbestände oder den gleichen Tatbestand mehrmals erfüllt hat, hinsichtlich der Bestrafung eine günstigere Beurteilung verdient als derjenige Täter, der sich nach einem abgeschlossenen Tatgeschehen zu einer erneuten Deliktsbegehung entschließt, geht es im Kontext des Rücktritts um die Beantwortung der Frage, ob die Nichtvornahme einer weiteren Ausführungshandlung als Distanzierung von der bereits vorgenommenen Handlung interpretiert werden kann. Darüber hinaus ist nicht zu vergessen, dass sich die natürliche Handlungseinheit im Sinne der Konkurrenzlehre nicht nur auf die Erfüllung desselben Tatbestandes durch mehrere Handlungsakte, sondern auch unterschiedlicher Straftatbestände durch eine Handlung bzw. ihre Teile beziehen kann, so dass Anwendungsbereich und Auslegung auf der Ebene der Konkurrenzen von vornherein viel

---

288 BGHSt **41** 368, 369 mit Anm. *Beulke/Satzger* NStZ **1996** 432; **40** 75, 76 f; (GS) **39** 221, 228, 232; **34** 53, 57 f mit zust. Anm. *Rengier* JZ **1986** 964; BGH NStZ **2016** 332; BGH NStZ **2016** 207, 208; BGH NStZ **2015** 571, 572 (dazu *Kudlich* NJW **2015** 2901; *Jäger* JA **2015** 874 ff); BGH NStZ **2009** 688, 689; BGH 1 StR 462/02 v. 27.11.2002; BGH NStZ-RR **2003** 40 f; BGH NStZ-RR **1997** 259; BGH NStZ-RR **1996** 195; BGH NStZ **1994** 493; BGH NStZ **1989** 18, 19; BGH StV **1987** 529; BGH NStZ **1986** 264; BGH NJW **1985** 2428; siehe auch oben Rdn. 85.

289 *Ambos* HK-GS Rdn. 6; *Fahrenhorst* NStZ **1987** 278; *Jescheck/Weigend* § 51 II 4; *Kadel* JR **1987** 117, 118; *Fischer* Rdn. 17.

290 BGHSt (GS) **39** 221, 232; unter Berufung darauf BGH NStZ **1994** 493 mit Anm. *Otto* JK **1995** § 24/22.

291 Vgl. auch *Jescheck/Weigend* § 51 II 4, die meinen, die zeitlichen und sachlichen Voraussetzungen bei der natürlichen Handlungseinheit seien enger.

292 *SSW/Eschelbach* § 52 Rdn. 57; *Murmann* Grundkurs § 31 Rdn. 17; eingehend *Rissing-van Saan* LK Vor §§ 52 ff Rdn. 10 ff.

293 *Dold* S. 130; *Küper* JZ **1979** 775, 779 f; *Murmann* Versuchsunrecht S. 45; *Paeffgen* FS Puppe 791, 804; *Roxin* FS Paeffgen 255, 256; vgl. auch *Fahrenhorst* Jura **1987** 291, 294; *Grünwald* FS Welzel 701, 714, der im Zusammenhang mit der Frage nach der Tatidentität darauf hinweist, dass die Tatbegriffe in der Versuchs- und Konkurrenzlehre keineswegs gleichzusetzen seien, „da sie Rechtssätzen angehören, die ganz unterschiedliche Problemlagen betreffen".

weiter sind als beim Rücktritt vom versuchten Delikt. Ob nach den Vorschriften des Allgemeinen Teils ein versuchtes Delikt als fehlgeschlagen, unbeendet oder beendet anzusehen ist, kann deshalb nicht durch einen Rückgriff auf die Konkurrenzregeln entschieden werden.[294]

Die mit der Figur der natürlichen Handlungseinheit verbundenen Probleme stellen sich beim Kriterium der **Einheitlichkeit des Lebensvorgangs** nicht mit gleicher Schärfe. Denn dieses Kriterium kann unbelastet von konkurrenzrechtlichen Erwägungen ganz an den spezifischen Bedürfnissen des § 24 mit Blick auf dessen ratio konturiert werden. Die Rechtsprechung bejaht die Einheitlichkeit des Lebensvorgangs etwa dann, wenn die „Einzelakte untereinander sowie mit der letzten Tathandlung Teiles eines durch die subjektive Zielrichtung des Täters verbundenen, örtlich und zeitlich einheitlichen Geschehens" bilden (BGH NStZ **2007** 399). Zentrale Kriterien sind danach der **zeitliche und räumliche Zusammenhang**, die **Einheitlichkeit der Willensrichtung** und das **Fehlen einer tatbestandlich relevanten Zäsur.**[295] 99

**bb) Nähere Bestimmung der Einheitlichkeit des Lebensvorgangs.** Insgesamt verdient das Kriterium der **Einheitlichkeit des Lebensvorgangs** demnach **grundsätzlich Zustimmung**. Allerdings bleibt dieses Kriterium noch vage und unbestimmt und bedarf deshalb **näherer Bestimmung**. Zudem geht der BGH unter teilweiser Zustimmung in der Literatur recht weit in der Anerkennung der Einheitlichkeit der Tat. Ein einheitlicher Lebensvorgang liege etwa vor, wenn es dem Täter möglich erscheint, das geflohene Opfer unverzüglich einzuholen (BGH NStZ **1986** 264, 265; BGH StV **2001**, 461; BGH NStZ-RR **1997** 260, 261). Nicht erforderlich ist, dass der Täter das gleiche oder auch nur ein gleichartiges Mittel zum Einsatz bringen könnte (BGH NStZ **2009** 688, 689; BGH NStZ **2007** 399, 400; s. noch Rdn. 102). Wenig klärend ist die Formulierung des BGH, Einheitlichkeit liege vor, wenn der Täter die Tat mit „den zur Hand liegenden einsatzbereiten Mitteln noch vollenden" kann.[296] Die Schwäche dieser Bemühungen liegt darin, dass Kriterien wie der „zeitliche und räumliche Zusammenhang" lediglich eine naturalistische Beziehung herstellen und so der Bezug der „Einheitlichkeit" des Lebensvorgangs zur **ratio des Rücktritts** noch nicht hergestellt ist (*Murmann* Versuchsunrecht S. 45).[297] **Präzisierend** wirkt hier die Besinnung auf die Einsicht, dass die Nichtvornahme einer für möglich gehaltenen weiteren Ausführungshandlung nur dann als Stellungnahme bezogen auf die bereits im Versuch manifestierte Unrechtsmaxime bewertet werden kann, wenn eine **erfahrungsgegründete Erwartung** besteht, dass der Täter sein Tatvorhaben weiterverfolgt (vgl. schon Rdn. 93). Diese Erwartung kann sich freilich nicht nur auf eine Analyse der psychischen Befindlichkeiten des Täters im Einzelfall stützen. Eine solche empirische Betrachtungsweise hat schon im Rahmen der spezial- bzw. generalpräventiv orientierten Ansätze in eine Sackgasse geführt (Rdn. 31 ff). Eine generalisierende, für jeden Einzelfall zutreffende Aussage ließe sich auf diese Weise schlechterdings nicht treffen. Es bedarf also eines **normativen Maßstabs**, der rechtliche Verbindlichkeit beanspruchen kann. Einen solchen Maßstab bietet allein **§ 22.**[298] Denn diese Vorschrift regelt, unter welchen Voraussetzungen der Erwartung, der Täter werde zur Vornahme der Ausführungshandlung übergehen, rechtliche Relevanz zukommt (§ 22 Rdn. 103 ff). Grundlage dieser Erwartung kann – nicht anders als bei § 22 – nur der vom Täter gefasste **Tatentschluss** sein, der damit auch die Einheitlichkeit der Tat fundiert. Insofern bleibt ein berechtigter und auf der Grundlage der subjektiven Versuchslehre notwendiger Gehalt der Tatplanlehre. Denn wenn der Tatent- 100

**294** **Kritisch** u.a. auch *Bauer* wistra **1992** 201, 206; *Bottke* Strafrechtswissenschaftliche Methodik S. 423 ff, 426; *Fahrenhorst* Jura **1987** 291, 294; *Jakobs* JuS **1980** 714, 716; *Jescheck/Weigend* § 51 II 4; *Küper* JZ **1983** 264, 266 unter Hinweis auf *Geilen* JZ **1972** 335, 342; *Ranft* Jura **1987** 527, 529 f; *Ulsenheimer* S. 221 ff; *Walter* S. 132 f.

**295** Vgl. BGH NStZ **1986** 264, 265 („in unmittelbar weiterer Verfolgung seines Zieles ohne tatbestandlich relevante Zäsur"); *Roxin* JR **1986** 426.

**296** BGHSt **33** 295, 297; BGH NStZ **1986** 264, 265.

**297** Dazu kritisch auch *Dold* S. 130; *Freund/Rostalski* AT § 9 Rdn. 44.

**298** Ähnlich *Bürger* ZJS **2015** 23, 29; *ders.* NStZ **2016** 578 f.

schluss das Unrecht fundiert und konturiert, so muss ihm zugleich eine begrenzende Wirkung zukommen. Zu Recht betont auch die Rechtsprechung die Einheitlichkeit der Willensrichtung (Rdn. 99). Der Fehler der die Bedeutung des Tatentschlusses ebenfalls betonenden Tatplantheorie liegt darin, dass sie den Plan mit dem Versuchsbeginn fixiert sieht und der Dynamik des Tatentschlusses (§ 22 Rdn. 34) nicht hinreichend Rechnung trägt. Die die „Tat“ im Sinne von § 24 umspannende Einheit des Entschlusses wird im Kern durch die Verfolgung des deliktischen Ziels konstituiert. Daraus folgt zumindest für den Regelfall, dass es der Einheitlichkeit der Tat entgegensteht, wenn die ins Auge gefasste weitere Ausführungshandlung einem anderen Tatbestand unterfallen würde. Diese Tatbestandsbindung überzeugt allerdings nicht, wenn eine Abweichung im phänomologischen Erscheinungsbild der Tat zwar zur Überschreitung tatbestandlicher Grenzen, aber nicht zu einer Zäsur in einem als einheitlich zu bewertenden Geschehen führt. So hat der BGH (zu Recht) einen Fehlschlag in einer Konstellation verneint, in der der zur räuberischen Erpressung entschlossene Täter aufgrund der Flucht des Opfers die Möglichkeit hatte, die Beute durch Wegnahme, also durch Raub, zu erlangen (BGH NStZ-RR **2003** 40).[299]

101 Abweichend von der Tatplanlehre kann es für die Frage, ob sich der Täter noch im Rahmen seines Tatvorhabens bewegt, nicht darauf ankommen, ob er die sich eröffnende Möglichkeit von Anfang an bedacht hat. Erforderlich ist aber, dass die Vornahme der weiteren Ausführungshandlung vor dem Hintergrund des Tatvorhabens als **konsequent** erscheint. Freilich kann der Täter seinen Tatentschluss unter beliebige Vorbehalte stellten, auch unter solche, die zum betreffenden Tatbestand keinerlei Bezug haben. Beispielhaft sei der Fall genannt, dass es dem Täter gerade darauf ankommt, das Opfer zu erstechen (weil er etwa ein Messer mit fremden Fingerabdrücken verwenden will, um die Strafverfolgungsbehörden in die Irre zu führen), so dass die verbleibende Möglichkeit, das Opfer zu erwürgen, außerhalb des ursprünglichen Tatvorhabens stehen würde (s. Rdn. 109). Die Berücksichtigung der anfänglichen Tätervorstellung entspricht auch der ratio des Rücktritts. Denn nur wenn eine Fortführung des Tatvorhabens in der Konsequenz des gefassten Tatentschlusses liegt, kann der Abstandnahme ein Erklärungswert bezogen auf die im Versuch manifestierte Unrechtsmaxime zukommen. Freilich kann von diesem subjektiven Ausgangspunkt nicht die Wertungsfrage beantwortet werden, ob die aus Tätersicht möglichen weitere Ausführungshandlungen mit dem bereits realisierten Versuchsunrecht eine Einheit bilden würden. Wie auch sonst bei § 22 bildet die Tätervorstellung die Grundlage einer Beurteilung, die nach objektiven Maßstäben vorzunehmen ist. Danach liegt eine **einheitliche Tat** dann vor, wenn sich der Täter **nach Vornahme der letzten fehlgeschlagenen Ausführungshandlung** bei **unveränderter Motivationslage** sogleich wieder im **Stadium des unmittelbaren Ansetzens** befinden würde, wenn er seinen Tatentschluss auf die Vornahme einer weiteren Ausführungshandlung richten würde.[300] Dagegen würde eine vom Täter ins Auge gefasste weitere Ausführungshandlung mit der bereits vorgenommenen keine einheitliche Tat bilden, wenn es zu ihrer Realisierung noch weiterer wesentlicher Zwischenschritte bedürfte, so dass sich der Täter noch nicht im Stadium des unmittelbaren Ansetzens befände. In diesem Fall müsste der Täter einen neuen Tatentschluss fassen und erneut zur Tat ansetzen und es läge bezogen auf die bereits vorgenommene Ausführungshandlung ein fehlgeschlagener Versuch vor.[301]

---

**299** Vgl. auchl BGH NStZ **2008** 215: Das Opfer eines Erpressungsversuchs wälzte sich in einem vorgetäuschten Zuckerschock auf dem Boden. Der BGH vermisst Erörterungen der Tatsacheninstanz dazu, ob die Täter es nun für möglich und erfolgversprechend gehalten haben, das Opfer nach stehlenswerten Gegenständen zu durchsuchen. Hier lässt sich freilich mit Blick auf die deutliche Abweichung im Tatgeschehen bezweifeln, ob die Einheitlichkeit des Lebensvorgangs noch gewahrt wäre.

**300** Ähnlich *Herzberg* Hilde Kaufmann Gedächtnisschrift 709, 723 ff; *Roxin* AT II § 30 Rdn 426, die freilich ausblenden, dass der Täter, der eine für tauglich gehaltene Ausführungshandlung vorgenommen hat, sich häufig kurzzeitig am Ziel angekommen glauben wird, sich also nicht notwendig ununterbrochen im Versuchsstadium sehen wird.

**301** So auch BGH NStZ **2016** 332; BGH NStZ-RR **2014** 240; BGH NStZ-RR **2012** 239, 240; BGH NStZ **2005** 263, 264; kritisch *Scheinfeld* NStZ **2006** 375, 379 f.

Ähnlich argumentiert vom Boden der Eindruckstheorie aus *Ranft* (Jura **1987** 530 ff; *ders.* JZ **1989** 1129). Kernstück von dessen Überlegungen ist ebenfalls die Bestimmung des unmittelbaren Ansetzens, wobei es zu kurz greift (dem Ansatz von *Ranft* aber wohl auch nicht ganz gerecht wird),[302] wenn es für die Einheitlichkeit der Tat ausschlaggebend sein soll, ob das verwendete und das verfügbare **Tatmittel gleichartig** sind.[303] Richtig ist an diesem Ansatz aber, dass die bloße Wiederholung oder Fortsetzung einer bestimmten Begehungsweise, wie etwa die Abgabe weiterer Schüsse, in aller Regel kein neues Ansetzen erfordert, während z. B. ein an einen Schusswaffeneinsatz anschließendes Erwürgen des Opfers voraussetzt, dass der Täter dem Opfer nahe genug kommt und es körperlich in seine Gewalt bringt. *Kühl* (AT § 16 Rdn. 36) ist aber zuzustimmen, dass etwa der Übergang vom Messereinsatz zum Würgen nicht notwendig wegen des Wechsels des Mittels eine Zäsur begründet. Vielmehr kann hier eine Kampflage vorliegen, in der das Würgen als unmittelbar zur Verfügung stehendes Mittel nicht erst vorbereitender Zwischenschritte bedarf. Umgekehrt sind Konstellationen einer Zäsur bei Verwendung des gleichen Tatmittels denkbar, wenn der Täter z. B. das bereits verwendete Messer erst wiedererlangen muss.[304] **102**

Freilich ließen sich gegen die hier vorgeschlagene Übertragung der für § 22 entwickelten Maßstäbe **Bedenken** geltend machen (dazu schon *Murmann* FS Merkel 727, 743): Zum einen könnte man anführen, dass die Situation bei Versuchsbeginn nicht der Lage des Täters entspreche, der bereits eine Ausführungshandlung vorgenommen hat. Denn im letztgenannten Fall habe der Täter seine Entschlusskraft bereits unter Beweis gestellt, so dass eine Weiterverfolgung des deliktischen Ziels auch dann besonders naheliege, wenn es hierzu noch wesentlicher Zwischenschritte bedarf.[305] Zudem ließe sich auch darauf verweisen, dass diesen unterschiedlichen Situationen auch Unterschiede in normativer Hinsicht korrespondieren. Während nämlich die Begründung des Versuchsbeginns auf der Grundlage einer empirischen Erwartung besonderer Legitimation bedarf, weil sie dem Täter den Einwand abschneidet, dass er sich doch noch rechtmäßig motiviert hätte, wirkt die Erwartung einer Fortsetzung des deliktischen Vorhabens im Kontext von § 24 StGB entlastend, weil auf ihrer Grundlage der Rahmen der rücktrittsfähigen Tat weiter gezogen werden kann. Obwohl beide Argumente zutreffen, erscheint eine Differenzierung zwischen Versuchsbeginn und dem Stadium vor Vornahme einer weiteren Ausführungshandlung nicht sachgerecht. Denn erstens findet sie keinen Anhaltspunkt im Gesetz, das lediglich im Falle des „unmittelbaren Bevorstehens" des tatbestandsmäßigen Verhaltens der empirischen Erwartung Relevanz zumisst. Zweitens erscheint es auch in der Sache nicht angemessen, der tatsächlichen Erwartung in so weitem Umfang gerade zugunsten des besonders entschlusskräftigen Täters normative Relevanz zuzubilligen. Drittens und vor allem ist es eine Fehlintuition anzunehmen, es sei für den Täter günstig, ihm jede weitere rechtswidrige Handlung zuzutrauen, weil eine solche Erwartungshaltung seine Rücktrittsmöglichkeiten verbessert. Der Anerkennung des Täters als Rechtsperson wäre damit kein guter Dienst erwiesen. Insgesamt erscheint es damit sachgerecht, die Annahme, der Täter werde sein deliktisches Vorhaben weiter verfolgen, nur in dem engen Rahmen anzuerkennen, den § 22 StGB mit dem „unmittelbaren Ansetzen" zieht. **103**

---

302 Vgl. *Ranft* Jura **1987** 534: „in der Regel"; weiter relativierend *Ranft* JZ **1989** 1129.

303 Zur Kritik *Feltes* GA **1992** 405; *Kühl* AT § 16 Rdn. 36; *Rengier* JZ **1988** 932 f.

304 Vgl. BGH NStZ-RR **2014** 171, 172, wo allerdings bei einer Wiedererlangung des Messers und Fortsetzung des Angriffs ohne zeitliche Zäsur ein unbeendeter Versuch für möglich gehalten wird.

305 In diesem Sinne *Scheinfeld* S. 84; *Dold* S. 132 f, wobei sich letzerer zu Unrecht darauf beruft, dass die hier vertretene Auffassung zu kontraintuitiven Ergebnissen führe. Tatsächlich ist es aber in dem von *Dold* genannten Beispiel auch im Ergebnis richtig, dass der Polizist, der den zur rechtswidrigen Gewaltausübung erhobenen Schlagstock wegen der Beobachtung durch einen anderen Beamten zunächst sinken lässt, die Tat unfreiwillig aufgegeben hat, auch wenn er unmittelbar nach Ende der Beobachtung den Schlagstock erneut erhebt, ihn diesmal aber aus Gewissensgründen sinken lässt.

104 **f) Prozessuale Probleme der Gesamtbetrachtungslehre.** In strafprozessualer Hinsicht bereitet der Umgang mit der Gesamtbetrachtungslehre den Gerichten erhebliche Probleme. Die neuere Rechtsprechung des BGH ist mit ihrer weiten Ausdehnung des Tatbegriffs als außerordentlich **rücktrittsfreundlich** einzuschätzen.[306] Diesem Gesichtspunkt kommt auch eine **prozessuale Dimension** zu. So rügen *Eser/Bosch* (*Sch/Schröder* Rdn. 9), dass der BGH „mit z. T. wilden Spekulationen über scheinbar andere unberücksichtigt gebliebene Handlungsmöglichkeiten in die tatrichterliche Würdigung" eingreife.[307] Tatsächlich sind der **Phantasie** hinsichtlich denkbarer Vorstellungen, die sich der Täter gemacht haben könnte, um den Taterfolg doch noch zu erreichen, **kaum Grenzen gesetzt**. Beispielhaft hat der BGH (StraFo **2015** 521, 522) auch ohne das Vorliegen konkreter Anhaltspunkte gerügt, dass sich das Tatgericht nicht mit der Frage auseinandersetzt hat, ob ein Erpresser möglicherweise noch andere Tatmittel bedacht haben könnte, nachdem er mit seiner Drohung gescheitert war. Lässt sich für das Gericht nicht ausschließen, dass der Täter tatsächlich solche Möglichkeiten der Erfolgsherbeiführung erkannt hat, ist in dubio pro reo davon auszugehen, dass kein Fehlschlag vorliegt.[308] Freilich sind lediglich theoretische Möglichkeiten der Erfolgsherbeiführung, die sich fast immer denken lassen, schon nach allgemeinen Beweiswürdigungsgrundsätzen unbeachtlich. Oftmals werden aber, etwa durch entsprechenden Vortrag des Beschuldigten, auch nicht ohne weiteres von der Hand zu weisende Vorstellungen hinsichtlich einer Möglichkeit der Erfolgsherbeiführung in den Blick kommen. Der BGH verlangt mitunter auch ohne konkrete Anhaltspunkte für entsprechende Vorstellungen des Angeklagten Ausführungen zu der Frage, ob der Täter hinsichtlich von im Urteil erwähnten potentiellen Tatmitteln vielleicht deren Verwendung erwogen haben könnte (BGH v. 7.5.2015–4 StR 82/14: Brotmesser; BGH NStZ-RR **1996** 195: zweites Magazin in der Wohnung). Eine gewisse Einschränkung hinsichtlich der im Rahmen der Beweiswürdigung zu berücksichtigenden denkbaren Tätervorstellungen könnte sich mit Blick auf eine dem ursprünglichen **Tatplan** zukommenden **Indizwirkung** bezogen auf das Vorstellungsbild nach Abschluss der letzen Ausführungshandlung zukommen (BGH NStZ **2016** 332; BGH NStZ-RR **2012** 239, 240). Der Tatplan könne „insoweit eine Rolle spielen, als eine vom Täter nach dem Scheitern seiner bisherigen Bemühungen erkannte Notwendigkeit, Tathandlungen und -ablauf grundlegend zu ändern oder ein ganz anderes als das bisher verwendete Tatmittel einzusetzen, die Annahme eines Fehlschlags nahe legt" (BGH NStZ **2008** 393). Dieser Gesichtspunkt ist – trotz der materiellrechtlichen Einkleidung in der zitierten Entscheidung – nicht aus dem Kriterium der Einheitlichkeit des Lebensvorgangs abzuleiten, sondern kann nur im Rahmen der Beweiswürdigung berücksichtigt werden. Es genügt aber als Begründung nicht, wenn das Tatgericht lediglich aufgrund der Erfolglosigkeit der nach dem Tatplan vorgesehenen Mittel einen Fehlschlag annimmt (BGH StraFo **2015** 521, 522; BGH NStZ **2007** 91).

105 Insbesondere *Jäger* (S. 122 ff, 126; JA **2015** 874, 875) und *Roxin* (AT II § 30 Rdn. 187 ff.) plädieren für eine von ihnen sogenannte **„modifizierte Gesamtbetrachtungslehre"**, die in der Sache keine materiellrechtliche Abwandlung der Gesamtbetrachtungslehre darstellt, sondern prozessuale Voraussetzungen für die Feststellung formuliert, dass der Täter weitere Tatmittel in seine Vorstellungen tatsächlich einbezogen hat. Erforderlich sei, dass „sich Anhaltspunkte dafür ergeben, dass der Täter auf ein ihm geeignet erscheinendes Fortsetzungsmittel verzichtet hat" (*Roxin* AT II § 30 Rdn. 197). Das ist leicht festzustellen, wenn der Täter bereits mit der Anwendung dieses Mittels begonnen hat, also etwa schon angefangen hat, das Opfer zu würgen oder er

---

**306** Eingehende Analyse der Rechtsprechung bei *Janke* S. 71 ff, die auf S. 102 zusammenfassend festhält, dass der BGH „bei der Auslegung jedes einzelnen Tatbestandsmerkmals des § 24 Abs. 1 S. 1 den jeweils rücktrittsfreundlicheren Weg wählt". Einen Überblick geben auch *Heger* StV **2010** 320 ff; *Miebach/Heim* NStZ-RR **2009** 129 ff; vgl. auch *Miebach/Feilcke* NStZ **2007** 496, 498 f.

**307** Vgl. auch *Paeffgen* FS Puppe 791, 793, der von einer „Sogwirkung" als Ausfluss des In dubio-Satzes spricht.

**308** Vgl. dazu auch *Bürger* NStZ **2016** 578, 580. In dubio pro reo sind auch die tatsächlichen Umstände zu unterstellen, auf deren Grundlage sich weitere Möglichkeiten der Erfolgsherbeiführung ergeben, z. B. der Umstand, dass eine Waffe geladen war, BGH NStZ **2014** 634, 635.

zumindest zum Einsatz des Mittels unmittelbar angesetzt hat (*Roxin* AT II § 30 Rdn. 195). Entsprechendes gilt, wenn er lediglich den Einsatz eines bislang erfolglosen, aber prinzipiell aussichtsreichen Mittels wiederholen, also etwa weitere Schüsse abgeben müsste (*Roxin* AT II § 30 Rdn. 195).[309] Anders liegt es bei fernliegenden Mitteln oder bei solchen, deren Einsatz dem Täter „nicht lag". So stelle es für einen Täter, der sich zum Vergiften des Opfers in der Lage sieht und damit scheitert, nicht ohne weiteres eine Option dar, nun zum Erwürgen überzugehen, denn das sei „nicht jedes Tötungstäters Sache" (*Roxin* AT II § 30 Rdn. 196). Das ist natürlich richtig, begründet aber keine Modifikation der Gesamtbetrachtungslehre, die ja ebenfalls verlangt, dass der Täter ein Tatmittel tatsächlich in Erwägung ziehen muss. Auch die geforderten „Anhaltspunkte" stellen keine Modifikation dar, sofern damit nicht mehr gesagt ist, als dass auch tätergünstige Tatsachen nicht „ins Blaue hinein" unterstellt werden dürfen, sondern es eben immer auch tatsächliche Anhaltspunkte für deren Vorliegen geben muss. Zu einer Modifikation (nicht auf der Ebene des materiellen Rechts, sondern im Rahmen der Beweiswürdigung) kommt man erst dann, wenn ein „numerus clausus der Anhaltspunkte" gemeint sein sollte, also eine Beschränkung auf den Kreis relevanter Anhaltspunkte auf die genannten. Eine solche Einschränkung der tatrichterlichen Beweiswürdigung lässt sich allerdings schwerlich begründen. Gerade die Fälle, in denen der Täter tatsächlich zum Mittel des Würgens übergegangen ist (BGHSt **10** 129; **34** 53; BGH NStZ **1986** 265) zeigen, dass das zunächst gewählte Tatmittel keinen Schluss darauf zulässt, dass der Täter nicht auch ein brachialeres Mittel in seine Erwägungen einbezieht. Insgesamt ist die Forderung von Anhaltspunkten danach entweder eine Selbstverständlichkeit oder nicht weiterführend. Richtigerweise kann einer ausufernden Gesamtbetrachtungslehre nur durch eine restriktive Interpretation des Tatbegriffs entgegengewirkt werden, wie sie hier vorgeschlagen wurde, so dass von vornherein der Kreis (glaubhaft) erwogener Ausführungsmöglichkeiten eng gezogen ist.

**g) Fallgruppen des fehlgeschlagenen Versuchs.** Unter Zugrundelegung der Gesamtbetrachtungslehre lassen sich im Rahmen des fehlgeschlagenen Versuchs folgende Fallgruppen unterscheiden: 106

**aa) Unmöglichkeit der Tatbestandserfüllung aus Sicht des Täters.** Ein fehlgeschlagener Versuch kommt in Betracht, wenn die Tatbestandserfüllung nach der Vorstellung des Täters **physisch unmöglich** ist, wenn die zur Verfügung stehenden Tatmittel versagen, der Täter (Tatsubjekt) unfähig ist, die Tat auszuführen oder das Tatobjekt der Vollendung entgegensteht. 107

**(1) Versagen des Tatmittels.** Das Tatmittel versagt, wenn der nach Meinung des Täters einzig mögliche Schuss das Opfer verfehlt, er trotz Abgabe aller aus seiner Sicht möglichen Schüsse das Opfer nicht trifft, das allein einsetzbare Messer abbricht,[310] das Gewehr nicht losgeht, die Bombe nicht explodiert oder das dem Opfer verabreichte Rattengift unwirksam ist (BGH GA **1971** 51; *Roxin* JuS **1981** 1, 2). Auch wenn der mit bedingtem Tötungsvorsatz geführte Schlag fehl geht, etwa der Täter dem Opfer keine lebensgefährliche Verletzung beibringt und der Täter meint, nun keine Möglichkeiten mehr zu haben, das Opfer zu töten, liegt ein fehlgeschlagener Versuch vor.[311] Ebenso ist ein Versuch fehlgeschlagen, wenn die Tat mit dem allein geplanten Tatmittel (unter generellem Ausschluss anderer Mittel) nach Meinung des Täters nicht (mehr) durchführbar ist, wenn etwa der Täter mit dem bestimmt dosierten Maß an Gewalt nicht zum Ziel kommt 108

309 Vgl. auch BGH NStZ-RR **1996** 195, wo der Täter zur Abgabe weiterer Schüsse ein zweites Magazin aus der Wohnung hätte holen müssen.
310 *Jäger* SK Rdn. 16, Rdn. 12 m. w. N.; *Fischer* Rdn. 12.
311 *Jäger* SK Rdn. 16; **aA** *Walter* S. 107.

und meint, dieses auch bei einem Weiterhandeln nicht erreichen zu können (BGH NJW **1990** 263, 264).[312]

109 Auch wenn dem Täter aus seiner Sicht andere Mittel zur Verwirklichung des Erfolgs zur Verfügung stehen, ist der Versuch fehlgeschlagen, wenn er sich auf die Verwendung eines bestimmten Mittels festgelegt hat und dieses fehlschlägt. Dies ist eine Konsequenz der durch den Tatentschluss ausgeübten **Definitonsmacht des Täters hinsichtlich des Inhalts der „Tat"** (Rdn. 101). Wenn es dem Täter gerade darauf ankommt, sein Opfer durch ein schwer nachweisbares Gift, also auf heimlichem Wege zu töten, dieser Anschlag aber misslingt und er deshalb auch nicht zum zufällig bereitliegenden Messer greift und zusticht, ist das versuchte Tötungsdelikt durch den Gifteinsatz fehlgeschlagen. Die Möglichkeit, das Opfer zu erstechen, wäre auf der Grundlage seiner Vorstellung nicht gleichwertig und gleichgeeignet.[313] Die Tätervorstellung von der Tat kann einem Fehlschlag umgekehrt auch entgegenstehen: Geht es dem Täter gerade darum, Polizeibeamte zum tödlichen Schusswaffengebrauch gegen ihn zu provozieren, so ist ein bedingt tötungsvorsätzlicher Angriff gegen einen Polizeibeamten nicht schon deshalb fehlgeschlagen, weil die Waffe des Polizeibeamten auf ihn gerichtet ist (BGH NStZ **2013** 705, 706).

110 Ein Versuch ist auch fehlgeschlagen, wenn der Täter aus seiner Sicht völlig **neue Vorbereitungshandlungen** einleiten müsste, um den geplanten tatbestandlichen Erfolg zu erreichen (*Fischer* Rdn. 12). Das ist etwa der Fall, wenn das Würgen des Opfers nicht erfolgreich gewesen ist und der Täter dann eine Waffe aus einem entfernten Zimmer holt. Dieses weitere Handeln ist von einem neuen Tatentschluss getragen, so dass es sich nicht mehr um einen einheitlichen Lebensvorgang handelt. Auch wenn das vom Täter auf der Straße angeschossene Opfer in eine Wohnung flüchten kann, bilden andere mögliche, auf die Tötung des Opfers gerichtete Handlungen des Täters mit dem ersten Schuss keinen einheitlichen Lebensvorgang. Der versuchte Totschlag durch den ersten Schuss ist fehlgeschlagen, weil der Täter zunächst in die Wohnung eindringen und zu einer neuen Tat unmittelbar ansetzen müsste (BGH 1 StR 462/02 v. 27.11.2002, NStZ-RR **2003** 199 [red. Leitsatz]). Auch eine **zeitliche Zäsur** kann bei grundsätzlich gleichem Tatmittel einen Fehlschlag begründen: Zwischen versuchten räuberischen Erpressungen besteht nach BGHSt **40** 75, 77 f (mit Anm. *Haft* NStZ **1994** 536; *Hauf* wistra **1995** 260) kein einheitlicher Lebensvorgang, wenn bezogen auf alle Einzelfälle zwar die ursprüngliche Drohung aufrechterhalten und durch weitere Drohbriefe und Anrufe den Umständen angepasst und aktualisiert wird, die einzelnen Betätigungen aber mehrere Tage auseinander gelegen und an unterschiedlichen Orten stattgefunden haben. In BGH NStZ-RR **2009** 16, 17 hat das Gericht aber in einem vergleichbaren Sachverhalt dem zeitlichen Abstand geringere Bedeutung zugemessen und „bei wertender Betrachtung" einen einheitlichen Lebensvorgang bejaht.[314]

111 Versagt das (erste) Tatmittel, ist ein Versuch nicht fehlgeschlagen, wenn der Täter aus seiner Sicht beim Versuchsabbruch in unmittelbarem Fortgang des Geschehens, also ohne zeitliche und sachliche Zäsur, den tatbestandlichen Erfolg mit dem ihm **weiterhin zur Verfügung stehenden oder einem artgleichen Tatmittel** erreichen könnte. Ein versuchter Totschlag ist deshalb nicht fehlgeschlagen, wenn der Täter – unabhängig davon, ob er nach seinem Tatplan nur einmal schießen wollte – mit der, wie er weiß, vollständig geladenen Waffe nur einen Schuss auf das Opfer abgibt (BGHSt **33** 295, 297 f).[315] Gleiches gilt hinsichtlich einer versuchten gefährli-

---

**312** *Kühl* AT § 16 Rdn. 14; *Roxin* JuS **1981** 1, 5; *Jäger* SK Rdn. 16; *Ulsenheimer S.* 322; **aA** noch BGH MDR **1973** 554: unfreiwilliger Rücktritt.

**313** Auch *Rengier* JZ **1988** 931, 933; *Jäger* SK Rdn. 34 ff.; im Ergebnis ebenso *Kühl* AT § 16 Rdn. 37, der jedoch generell auf das Erfordernis des „gleichermaßen geeigneten Tatmittels" abstellen und einen fehlgeschlagenen Versuch annehmen will, wenn es sich bei den Fortsetzungsmöglichkeiten um riskantere Tatmittel handelt. Da sowohl die Begriffsbestimmung des „gleichermaßen geeigneten Tatmittels" als auch des „riskanteren Tatmittels" schwierig erscheint und insoweit nicht deutlich wird, dass die Tätervorstellung entscheidend ist, führt dieses Merkmal eher zu Rechtsunsicherheit.

**314** Ebenso BGH StraFo **2007** 422.

**315** Dazu Anm. *Hassemer* JuS **1986** 237; *Puppe* NStZ **1986** 14; *Roxin* JR **1986** 424 und *Weidemann* GA **1986** 409.

chen Körperverletzung, wenn der Täter nach dem ersten fehlgehenden Steinwurf noch weitere Steine zur Verfügung hat, mit denen er nach seiner Vorstellung das Ziel noch treffen könnte (BGH StV **2015** 423). **Problematisch** ist die Annahme einer Einheitlichkeit des Lebensvorgangs dagegen, wenn der Täter das Magazin seiner Waffe leergeschossen, das Opfer so verletzt hat, dass es nur eingeschränkt fluchtfähig ist, und der Täter nun erkennt, dass er in seine hinter einer Zwischentür liegende Wohnung zurückkehren, ein dort befindliches zweites Magazin holen und damit erneut auf das Opfer schießen kann (BGH NStZ-RR **1996** 195). Hier hat der Täter im Zeitpunkt der Abgabe des letzten Schusses noch nicht unmittelbar zur Abgabe weiterer Schüsse angesetzt. Nicht überzeugen kann auch die vom BGH (NStZ **2009** 628, 629) erwogene Annahme eines unbeendeten Versuchs in einem Fall, in dem das vom Täter durch einen ersten Schuss verletzte Opfer im Zick Zack auf die Straße und von dort aus in den Wald lief und drei weitere Schüsse auf den Flüchtenden ihr Ziel verfehlten. Hier habe das Tatgericht bedenken müssen, dass sich in der Pistole noch zwei Patronen befanden, so dass der Täter „das Tatopfer hätte verfolgen können, um in eine günstigere Schussposition zu gelangen". Damit hätte sich der Täter aber erst wieder in eine aussichtsreiche Position begeben müssen, um erneut zur Tatausführung anzusetzen. Ebensowenig kann die zum gleichen Fall angestellte Überlegung überzeugen, dass eine einheitliche Tat vorliegen könne, wenn der Täter am Tatort in Erwartung einer Rückkehr des Opfers zur Straße gewartet hätte, um es mit den verbliebenen Kugeln zu töten. Auch wenn der Täter mit einer „alsbaldigen" Rückkehr rechnete, liegt hier doch eine zeitliche und – nachdem sich das Opfer der vom Täter ausgehenden Gefahren bei einer Rückkehr bewusst sein musste – auch eine situative Zäsur vor.

Ein einheitlicher Lebensvorgang ist nach der Rechtsprechung nicht deshalb ausgeschlossen, weil der Täter die Verwirklichung des Tatbestandes zwar nicht mit dem ursprünglich vorgesehenen Tatmittel, jedoch **auf andere Art und Weise** erreichen könnte (s. schon Rdn. 102).[316] Zu Recht hat der BGH (NStZ **2001** 315) einen einheitlichen Geschehensablauf in einem Fall bejaht, in dem die Täterin von einem einheitlichen Tötungsvorsatz getragen dem schlafenden Opfer zunächst einen Topf kochenden Wassers über Brust und Gesicht geschüttet hatte, ihm dann mit einem Küchenmesser in den Hals stach und, als das Opfer trotz erheblicher Verletzungen zum Telefon ging, ihm einen Stich in den Rücken versetzte. Zustimmen wird man der Annahme eines einheitlichen Lebensvorgangs auch können, wenn der Täter dem Opfer zunächst eine mit einer tödlich wirkenden Menge Gift vermischte Tasse Kaffee zum Trinken gegeben hat, die das Opfer wegen des grässlichen Geschmacks nicht austrinkt, das unter Medikamenteneinfluss stehende Opfer danach sofort in einen tiefen Schlaf fällt und der Täter nun die Gelegenheit hätte, das Opfer zu ersticken oder zu erdrosseln (BGH StV **1987** 529). Der BGH geht in der Annahme eines einheitlichen Lebensvorgangs bei einem Wechsel des Tatmittels sehr weit. **Zweifelhaft** bleibt die Verneinung eines fehlgeschlagenen Versuchs etwa, wenn der Täter versucht, das Opfer durch Überfahren zu töten, das Opfer sich aber durch einen Sprung zur Seite retten kann und der Täter nun die Möglichkeit sieht, aus seinem Auto auszusteigen, sich auf das Opfer zu stürzen und es zu erwürgen (BGHSt **34** 53).[317] Richtigerweise befindet sich der Täter in dem Moment des gescheiterten Überfahrens noch nicht im Stadium des unmittelbaren Ansetzens 112

316 Vgl. nur BGHSt **34** 53, 56; (GS) **39** 221, 228; BGH NStZ **2020** 82; BGH NStZ **2016** 332; BGH NStZ **2015** 26 (dazu *Hecker* JuS **2015** 367 ff; *Puppe* NStZ **2015** 332 f); BGH NStZ-RR **2014** 201 f; BGH NStZ-RR **2013** 273, 274 (dazu *Putzke* ZJS **2013** 620 ff); BGH NStZ-RR **2012** 239, 240 (dazu *Jäger* JuS **2012** 790 ff); BGH NStZ-RR **2002** 168, 169; BGH 4 StR 525/00 v. 19.12.2000; BGH StV **2001** 461; BGH NStZ-RR **1996** 161; BGH StV **1996** 372, 373; BGH bei Holtz MDR **1993** 1038; BGH StV **1989** 246, 247; BGH NStZ **1989** 18, 19; BGH StV **1987** 529; zu § 31 BGH NStZ **2002** 311; siehe auch *Fischer* Rdn. 12.

317 Zustimmend u. a. *Rengier* JZ **1986** 964 ff; zu dieser Entscheidung ausführlich auch *Fahrenhorst* NStZ **1987** 278; *Hassemer* JuS **1987** 151; *Kadel* JR **1987** 117. Vgl. zu einer ähnlichen Konstellation auch BGH NStZ **2015** 571, 572 (dazu *Kudlich* NJW **2015** 2901), wo der BGH sogar ohne diesbezügliche konkrete Anhaltspunkte tatrichterliche Feststellungen dazu vermisst, ob sich der Täter Gedanken dazu gemacht hat, mit welchen Mitteln er die Tat nach dem gescheiterten Versuch des Überfahrens noch zu Ende bringen kann, vgl. *Jäger* JA **2015** 874, 875).

zum Würgen des unverletzt gebliebenen Opfers.[318] Ebensowenig überzeugt die Ablehnung eines Fehlschlags, wenn dem Opfer – nachdem der Täter es mit einem Eimer Benzin übergossen und erfolglos versucht hatte, es anzuzünden – die Flucht gelingt und der Täter nun die Möglichkeit sieht, das Opfer zu verfolgen und zu erwürgen (BGH NStZ **1986** 264 f). Hier bedarf es eines erneuten unmittelbaren Ansetzens, das nicht bereits mit Aufnahme der Verfolgung, sondern erst anzunehmen wäre, wenn der Täter sein Opfer erreicht hat.[319]

113 Fehlgeschlagen ist ein Versuch auch dann nicht, wenn der Täter seine Handlungen nur kurz und vorübergehend ohne Aufgabe des Tatentschlusses **unterbricht**. Hat der Täter unmittelbar dazu angesetzt, seine Tochter zu töten, indem er ihren Kopf bereits mehrmals gegen eine Hauswand geschlagen hat und unterbricht er diese Handlungen, weil er sich von Zeugen gestört fühlt und diese, ohne seinen Tötungsvorsatz aufzugeben, vertreiben will, ist die Herbeiführung des Totschlagserfolgs aus seiner Sicht nicht ausgeschlossen, so dass der versuchte Totschlag nicht fehlgeschlagen ist (BGHR § 24 Abs. 1 Satz 1 Versuch, unbeendeter 8).[320] Auch wenn der Täter beim tötungsvorsätzlichen Schütteln des Kleinkindes dieses ermüdet sinken lässt, bleibt die Einheitlichkeit der Tat gewahrt, wenn er sein Verhalten nach einer kurzen Pause fortsetzen könnte (BGH NStZ **2009** 264).

114 Der BGH betont – und die Fälle Rdn. 112 machen das anschaulich –, dass es bei den in die Wertung einzubeziehenden Mitteln nicht darauf ankommt, ob es sich objektiv um **gleichartige oder artverschiedene** handelt.[321] Daran ist richtig, dass ein Erfordernis „artgleicher Fortsetzungsmöglichkeiten" mit einer Überschätzung der „Bedeutung des Tatmittels für die Tatausführung" verbunden[322] und zugleich „zu formal" und „zu eng" wäre (Rdn. 102).[323] Zugleich ist aber festzuhalten, dass der Übergang zu einem anderen Tatmittel deutlich häufiger als vom BGH angenommen eine Zäsur im Tatgeschehen begründet, weil es noch wesentlicher Zwischenschritte bedarf, bis der Täter dieses Mittel tatsächlich einsetzen kann (Rdn. 112). Zudem kann ein Tatmittel zwar artgleich, aber dennoch **weniger geeignet** als das bereits eingesetzte sein. Der BGH hat in einer solchen Konstellation einen unbeendeten Versuch für möglich gehalten, wenn dem Täter nach Verlust des zunächst eingesetzten schweren Ganzmetallmessers noch ein zur Tatausführung objektiv weniger geeignetes leichteres und kleineres Brotzeitmesser zur Verfügung stand, sofern der Täter es nach seiner Vorstellung für möglich ansah, „seinen Angriff mit dem Brotzeitmesser erfolgversprechend fortzusetzen" (BGH v. 7.5.2015–4 StR 82/14; zustimmend *Bürger* NStZ **2016** 578, 580).

115 **(2) Unfähigkeit des Täters, die Tat (weiter) auszuführen.** Wenn der Täter aus seiner Sicht völlig unfähig ist, die Tat (weiter) auszuführen, ist ein fehlgeschlagener Versuch gegeben, falls er im Verlauf der Ausführung davon ausgeht, gegenüber dem Opfer unterlegen oder in seiner

---

**318** Zu Recht kritisch *Ranft* Jura **1987** 527, 532 ff, der meint, dass die beiden Ausführungshandlungen von einer deutlichen Zäsur getragen waren und in der zweiten Handlung „ein neues selbständiges und arteigenes Risiko begründet" sei. Das könnte nach hier vetretener Auffassung anders liegen, wenn das Opfer aufgrund der Ersthandlung verletzt dem Täter ausgeliefert gewesen wäre, so dass der Übergang zum Würgen ohne physische Hindernisse möglich gewesen wäre.

**319** *Heckler* S. 203; *Murmann* Versuchsunrecht S. 49; *Ranft* Jura **1987** 532.

**320** Vgl. auch BGH NStZ-RR **1998** 103, 104 in Bezug auf § 177 a. F. (Vergewaltigung): Der Senat hat eine fehlgeschlagene versuchte Vergewaltigung verneint, wenn der Täter mehrere Opfer hat, von dem einem ablässt, um sich dem anderen zuzuwenden und dabei bemerkt „sie komme später auch noch mal dran".

**321** BGHSt **35** 90, 94; **34** 53, 56 f; BGH StV **1989** 246, 247 mit Anm. *Otto* JK **1989** § 24/14; BGH StV **1987** 529; BGH NStZ **1986** 264; so auch *Lilie/Albrecht* LK[12] Rdn. 123; *Feltes* GA **1992** 395, 405; *Kühl* AT § 16 Rdn. 36; *Rengier* JZ **1988** 931, 932; *Rengier* JZ **1986** 964, 966.

**322** Ausdrücklich *Kühl* AT § 16 Rdn. 36; ähnlich *Freund/Rostalski* AT § 9 Rdn. 37; *Lackner/Kühl/Kühl* Rdn. 12.

**323** So *Lackner/Kühl/Kühl* Rdn. 12 im Anschluss an *Rengier* JZ **1988** 931, 932 f; **kritisch** zum Erfordernis der „artgleichen Fortsetzungsmöglichkeit" auch *Feltes* GA **1992** 395, 405; *Kühl* AT § 16 Rdn. 36; *Murmann* Versuchsunrecht S. 47, auch Fn. 153.

Handlungsfähigkeit eingeschränkt zu sein und meint, infolgedessen die Tat ohne zeitliche und sachliche Zäsur nicht mehr zum Ende bringen zu können.[324] Das ist im Lager derer, die die Figur des fehlgeschlagenen Versuchs anerkennen, jedenfalls insofern unbestritten, wie sich der Täter **physisch** nicht in der Lage sieht, die Tat auszuführen. Ist das Opfer (zumindest nach Vorstellung des Täters) uneinholbar geflohen (BGH NStZ **1993** 39, 40; BGH NStZ **2009** 630, 631), wird der Täter von Dritten an der Tatausführung gehindert (BGH NStZ **2013** 156, 158; BGH NStZ-RR **2008** 335, 336),[325] ist die Kasse mit den dem Täter zur Verfügung stehenden Mitteln nicht zu öffnen (BGH NStZ **2014** 634) oder die betrügerische Täuschung bereits von dritter Seite aufgeklärt (BGH NStZ **2015** 220, 221 f), so ist aus Tätersicht kein Raum für ein Aufgeben der Tatausführung. Ein Fehlschlag liegt auch vor, wenn der Täter zunächst durch gewaltsames Einschreiten eines Dritten an der Fortführung seines Tötungsvorhabens gehindert wird, und er erst nach einer zeitlichen und räumlichen Zäsur das Opfer erneut traktiert.[326] Dagegen liegt **kein** Fehlschlag vor, wenn das Opfer einer versuchten räuberischen Erpressung sich zwar vom Tatort entfernen kann, es dem Täter trotzdem in Ausnutzung der vorangegangenen Nötigung weiter möglich ist, das (in der nunmehr unbewachten Kasse befindliche) Geld zu erlangen (BGH NStZ-RR **2003** 40 f). Hervorzuheben ist für diese Konstellation, dass die Annahme eines unbeendeten Versuchs hier daraus folgt, dass die als räuberische Erpressung nicht mehr realisierbare Tat nunmehr als Raub zu Ende gebracht werden kann (s. Rdn. 100).

**Zweifelhaft** ist die Einordnung der Fälle, in denen das Unvermögen des Täters seelische 116
Ursachen hat, er sich also **psychisch** nicht in der Lage sieht, den Willen zur Durchführung der Tat zu bilden.[327] So sah sich der Täter in BGH NStZ **1994** 428, 429 „durch das überraschende Erscheinen der eigenen Söhne aus seelischen Gründen nicht mehr imstande, in der Nähe der Kinder, die auf das furchtbare Geschehen aufmerksam geworden waren, weiter auf seine Frau einzustechen". Die durch das Erscheinen der Kinder hervorgerufene „psychische Erschütterung" machte den Täter „unfähig", die Tat zu vollbringen. In eine ähnliche Richtung weisen die Ausführungen in BGH v. 28.5.2015–3 StR 89/15 (dazu *Jäger* JA **2016** 232 ff), wo der Täter nach einem völlig aus der Kontrolle geratenen Versuch einer besonders schweren räuberischen Erpressung so in Panik geraten war, dass er „nicht in der Lage" war, „noch einen klaren Gedanken zu fassen" und „nur noch weglaufen" wollte (ähnlich BGH NStZ **2003** 34).

In der Literatur wird teilweise für eine **Gleichbehandlung von physichen und psychischen Hemmnissen** plädiert. Es könne keinen Unterschied begründen, ob die Unmöglichkeit 117
der Tatausführung auf körperlichen oder seelischen täterbezogenen Mängeln beruht: „Ein fehlgeschlagener Versuch wegen subjektiver Täterunfähigkeit setzt in beiden Fällen voraus, dass der Täter davon ausgeht, aufgrund seiner Beeinträchtigung ohne Zäsur absolut nicht mehr in der Lage zu sein, den tatbestandlichen Erfolg herbeizuführen" (*Lilie/Albrecht* LK$^{12}$ Rdn. 126).[328] In die gleiche Richtung weisen Entscheidungen des BGH, in denen ein fehlgeschlagener Versuch für den Fall erwogen wird, dass der Täter subjektiv „wegen aufkommender innerer Hemmungen" die Vollendung nicht mehr für möglich hält (BGH NStZ-RR **2012** 239, 240).[329] Die überwie-

---

**324** Siehe insoweit, wobei die Rechtsprechung teilweise erst die Freiwilligkeit entfallen lässt, BGH NStZ-RR **1998** 203; BGH NStZ-RR **1997** 260, 261; BGH bei Holtz MDR **1979** 279; BGH GA **1977** 75; BGH bei Dallinger MDR **1971** 361, 363; BGH bei Dallinger MDR **1958** 12; dazu auch *Lackner/Kühl/Kühl* Rdn. 11; *Fischer* Rdn. 8.

**325** Vgl. auch BGH NStZ-RR **2017** 335 zu dem Erfordernis von Ausführungen im Urteil dazu, dass der Täter nach Hinderung an der Tatausführung keine Möglichkeit sah, doch noch innerhalb der gleichen Tat zur Vollendung zu gelangen.

**326** BGH NStZ **2005** 263, 264; insoweit zustimmend *Scheinfeld* NStZ **2006** 375, 380.

**327** Zusammenfassend *Wörner* S. 71 ff.

**328** Auch *Jäger* JA **2016** 232, 233 f; diesem zustimmend *Sch/Schröder/Eser/Bosch* Rdn. 9.

**329** Vgl. auch schon BGH NStZ **2007** 91, wo die Vermengung mit Kriterien der Freiwilligkeit noch deutlicher wird, dazu Rdn. 233.

gende Rechtsprechung[330] und ein anderer Teil der Literatur[331] wollen psychische Hemmnisse dagegen bei der (fehlenden) **Freiwilligkeit** verorten.

118 **Überzeugend** erscheint eine Verortung bei der **Freiwilligkeit.** Denn das psychische Unvermögen zur Tatausführung ist trotz seiner Alternativlosigkeit Ausdruck der Person oder möglicherweise sogar gerade wegen seiner Alternativlosigkeit in besonderer Weise Ausdruck einer tief in der Person verankerten Grundhaltung. Deshalb kann sich in psychischen Unvermögen durchaus eine Abkehr von der Unrechtsmaxime manifestieren, so dass es normativ unangemessen wäre, solches Verhalten von vornherein von der Rücktrittsfähigkeit auszunehmen (s. im Kontext der Freiwilligkeit Rdn. 280 ff). Wenn der Täter sich in einer Situation befindet, in der er eine bestimmte Entscheidung als „für sich bindend und unbedingt verpflichtend innerlich erfährt" (BVerfGE **12** 45, 55 zum Gewissensbegriff), so dass er später im Prozess erklären wird „Ich konnte es einfach nicht tun!", ist damit selbst dann, wenn die „innere Stimme" gleichsam lähmend auf die Entschlusskraft des Täters wirkt,[332] doch ein der Person als eigenes zuzurechnendes Verhalten gegeben.

119 **(3) Das der Vollendung entgegenstehende Tatobjekt.** Ein Versuch ist ebenfalls fehlgeschlagen, wenn das Tatobjekt aus Sicht des Täters einer Vollendung entgegensteht. Das ist der Fall, wenn der Taschendieb beim Griff in die fremde Tasche entgegen seinen Erwartungen nichts vorfindet,[333] die Geldkassette, auf deren Inhalt es dem Täter allein ankommt, leer ist (BGH NStZ **2000** 531 f), das Erpressungsopfer nicht über werthaltige Gegenstände verfügt (BGH NStZ **2008** 215), der Betrüger erkennt, dass das Opfer kein Geld bei sich hat bzw. irrig glaubt, das Opfer habe seine Lügen durchschaut oder das Tatopfer nicht am Tatort erscheint (wenn in diesem Fall das Vorbereitungsstadium überhaupt schon überschritten ist, vgl. § 22 Rdn. 130; hinsichtlich des Opfers einer Körperverletzung BGH NStZ **2000** 422 f). Fehlgeschlagen ist der Versuch des Handeltreibens mit Betäubungsmitteln nach § 29 Abs. 1 Satz 1 Nr. 1 BtMG, wenn der Täter vergeblich versucht, den Dealer zur Lieferung von Kokain zu überreden.[334]

120 Auch wenn sich das konkrete Tatopfer nach Ansicht des Täters im Laufe der Ausführung als **ungeeignet** erweist, Objekt des tatbestandlichen Erfolgs zu sein, und der Täter deshalb von der Durchführung seines Vorhabens absieht, ist sein versuchtes Delikt fehlgeschlagen. Dies kann bei einer versuchten *sexuellen Nötigung* der Fall sein, wenn dem Täter eine Frau wegen ihrer Menstruation als ungeeignet erscheint, um die geplanten sexuellen Handlungen gegen ihren Willen durchzuführen und er deshalb von ihr ablässt (BGHSt **20** 279).[335]

---

**330** BGH NStZ **2011** 454, 455; BGH NStZ **1994** 428, 429; BGH v. 28.5.2015–3 StR 89/15. Dagegen wurde in BGH NStZ **2003** 34 mit Blick auf den „unerwarteten Widerstand des Tatopfers" ein Fehlschlag angenommen und nicht auf die „Panik" des Täters abgestellt, obwohl nach dem tödlichen Schuss auf das Opfer zwar die räuberische Erpressung gescheitert, aber die Durchführung eines Raubes möglich war, kritisch zur unterschiedlichen Behandlung der Fälle *Jäger* JA **2016** 232, 233.

**331** *Kudlich* JuS **1999** 349, 352; *Zaczyk* NK Rdn. 71, 73 (je nach Art des Motivs Freiwilligkeit bejahend). Auch *Jäger* S. 17 f, 104; *Krey/Esser* AT Rdn. 1274; *Roxin* Höchstrichterliche Rechtsprechung (1998) S. 194 f, bejahen für den BGH NStZ **1994** 428, 429 zugrundeliegenden Sachverhalt einen freiwilligen Rücktritt, dazu auch unten Rdn. 272 f.

**332** Hier liegt freilich eine zusätzliche prozessuale Schwierigkeit bei der Klärung der Frage, ob der innere Widerstand tatsächlich zur Handlungsunfähigkeit führt; vgl. BGH StraFo **2003** 286; *Dold* S. 196.

**333** *Sch/Schröder/Eser/Bosch* Rdn. 9; *Lackner/Kühl/Kühl* Rdn. 11; *Jäger* SK Rdn. 21 f; **kritisch** *Feltes* GA **1992** 395, 409.

**334** BGH NJW **2005**, 1589 ff. Vgl. zum Handeltreiben mit Betäubungsmitteln und dem Versuchsstadium für dieses Delikt auch BGHSt **50** 252 ff.

**335** Vgl. auch BGH NStE Nr. 13; *Schünemann* GA **1986** 293, 324; nicht zu verwechseln sind diese Sachverhalte aber mit den Fällen, in denen der Täter erkennt, dass er trotz der Menstruation des Opfers die sexuelle Nötigung noch ausführen könnte, wegen der Menstruationsblutungen von der Tat aber Abstand nimmt – dann stellt sich die Frage, inwieweit die Tataufgabe freiwillig ist – dazu BGHSt **7** 296, 299 mit krit. Anm. *Roxin* Höchstrichterliche Rechtsprechung zum Allgemeinen Teil des Strafrechts (1998) S. 192 f (zu Nr. 60) und ZStW **77** (1965) 60, 96.

Beteuert das Opfer des *Raubversuchs*, kein Geld zu besitzen, kommt es darauf an, ob sich der Täter von der Fortsetzung seiner Drohung bzw. der Gewaltanwendung Erfolg verspricht. Ist das nicht der Fall, liegt ein fehlgeschlagener Versuch vor (BGHSt **4** 180, 181). Die versuchte *Steuerhinterziehung* (§§ 370 AO, 22, 23 Abs. 1) ist nicht bereits mit Erlass des für den Täter ungünstigen Finanzamtsteuerbescheides, sondern erst mit dessen Bestandskraft fehlgeschlagen (BGHSt **38** 37, 39 f im Anschluss an BGHSt **36** 105). **121**

**bb) Fehlschlag bei nach Tätermeinung völlig sinnlos gewordenem Tatplan.** Die zweite Fallgruppe des fehlgeschlagenen Versuchs ist dadurch gekennzeichnet, dass der Täter zwar einen Erfolg noch herbeiführen könnte, er aber meint, das von ihm **primär verfolgte strafrechtlich relevante Tatziel nicht mehr erreichen zu können.**[336] Damit ist nochmals die schon betonte (Rdn. 101) Einsicht angesprochen, dass der Tatentschluss den Kreis potentieller Ausführungshandlungen, die zur gleichen Tat gehören (würden) begrenzt, wobei die Dispositionsmacht des Täters auch die Möglichkeit umfasst, für die Tatbestandserfüllung irrelevante Aspekte als essentiell zu definieren. **122**

Diese Fallgruppe weist sehr **enge Bezüge zum unfreiwilligen Rücktritt** auf, weil die Unfreiwilligkeit des Rücktritts auch darauf beruhen kann, dass der Täter sich einer wesentlich geänderten Sachlage gegenübersieht (vgl. dazu unten Rdn. 234 ff, 274 ff). Ein Fehlschlag muss deshalb den Fällen vorbehalten bleiben, in denen sich nicht nur die Begleitumstände ändern, sondern die veränderte Sachlage wegen Zweckverfehlung die Tat – obwohl der tatbestandsmäßige Erfolg an sich noch erreichbar ist – für den Täter **absolut sinnlos** macht.[337] Leitend muss der Gedanke sein, dass schon kein Raum für eine Entscheidung zugunsten eines Aufgebens bleibt, auf die sich ein Freiwilligkeitsurteil beziehen könnte. **123**

Das wird dann der Fall sein, wenn das Tatobjekt hinter den für den Tatentschluss entscheidenden **Erwartungen des Täters** in einem solchen Maße **zurückbleibt**, dass die Tat praktisch ins Leere geht. Wenn der Täter einen hohen Geldbetrag erbeuten will, aber nur 10 EUR vorfindet und diese wegen des geringen Wertes liegen lässt,[338] ist ebenso ein fehlgeschlagener Versuch anzunehmen, wie in Fällen, in denen der Täter etwas Bestimmtes stehlen will, nur anderes findet und dies nicht mitnimmt.[339] Dagegen liegt kein Fehlschlag vor, wenn der Täter **nichts Bestimmtes** stehlen wollte, nur wenig findet und deshalb nichts nimmt (RGSt **70** 1). Hier kann er die Tat nach seiner Vorstellung sowohl zur Vollendung bringen als auch aufgeben. **124**

Demgegenüber kann, wenn der Täter das **Tatobjekt verwechselt**, die von ihm geplante Tat für ihn absolut sinnlos werden (vgl. *Fischer* Rdn. 8; *Roxin* JR 1986 426). Will ein Neffe seinen Erbonkel töten und stellt er erst im letzten Augenblick fest, dass die Person, die er töten will, nicht dieser Onkel ist, so liegt ein Fehlschlag vor.[340] Überwiegend wird insoweit nicht danach unterschieden, ob der Täter (wie im vorstehenden Beispiel) die vorgestellte Ausführungshand- **125**

---

**336** Vgl. dazu *Bauer* wistra **1992** 204 ff; *Sch/Schröder/Eser/Bosch* Rdn. 11; *Hruschka* JZ **1969** 495, 497; *Kühl* AT § 16 Rdn. 15; *Lackner/Kühl/Kühl* Rdn. 12; *Otto* AT § 19 Rdn. 24; *ders.* Jura **1992** 429; *Roxin* JR **1986** 424, 426; *ders.* JuS **1981** 1, 2; *Jäger* SK Rdn. 21 f; *Schall* JuS **1990** 623, 627; *Seier* JuS **1989** 102, 105; *Fischer* Rdn. 8; *Ulsenheimer* S. 320; auch OLG Karlsruhe NJW **1978** 331 f mit Anm. *Küper* NJW **1978** 956.

**337** Dazu auch *Sch/Schröder/Eser/Bosch* Rdn. 11; *Roxin* JuS **1981** 5; *Jäger* SK Rdn. 21.

**338** *Kühl* AT § 16 Rdn. 15; *Roxin* JuS **1981** 1, 3 f; *Jäger* SK Rdn. 21; *Fischer* Rdn. 8; *Ulsenheimer* S. 320 ff. Kritisch *Dold* S. 167 unter Hinweis auf den wirtschaftlichen Wert auch des geringeren Geldbetrages. Damit wird aber ausgeblendet, dass der Täter den Sinn seiner Tat auch nach seinen eigenen Zielvorstellungen definieren kann.

**339** *Lackner/Kühl/Kühl* Rdn. 11. Beispiele aus dem Insiderhandel bei *Chr. Schröder* Kapitalmarktstrafrecht Rdn. 329.

**340** So auch *Sch/Schröder/Eser/Bosch* Rdn. 11; *Fischer* Rdn. 8; *Kühl* AT § 16 Rdn. 15; *Rengier* AT § 37 Rdn. 23; *Roxin* AT II § 30 Rdn. 94; *Zaczyk* NK Rdn. 26. *Vogler* LK[10] Rdn. 29 dagegen ordnet die Fälle der Identitätsverwechslung dem Fehlschlag bei erkannter Unerreichbarkeit des tatbestandlichen Handlungsziels (Rdn. 112) zu, was am Ergebnis aber nichts ändert; vgl. auch *Frister* 24/21; *Jäger* SK Rdn. 22; *Sch/Schröder/Eser/Bosch* Rdn. 48 und *Freund/Rostalski* AT § 9 Rdn. 26, die (auch) eine Ablehnung der Freiwilligkeit des Rücktritts erwägen bzw. befürworten. **AA** *Dold* S. 170 ff; *Feltes* GA **1992** 395, 413.

lung noch nicht vorgenommen hat oder es aufgrund der Vornahme der Ausführungshandlung bereits zu einer Gefährdung des Opfers gekommen ist. Für den letztgenannten Fall wird zum Teil ein Fehlschlag abgelehnt, wenn der Täter seine Verwechslung erst nach Vornahme der Tathandlung bemerkt, und ein Verhindern bejaht, wenn er sich nunmehr erfolgreich um die Rettung seines lebensgefährlich verletzten Opfers bemüht.[341] Für die Annahme eines beendeten Versuchs spricht hier, dass der Täter ungeachtet seines error in persona für den Fall der Vollendung haften würde und so gesehen durch die Rettungshandlung von *seiner* Tat zurücktritt. Während der Täter am Weiterhandeln vor Vornahme der Ausführungshandlung mit Bemerken seines Irrtums jedes Interesse verliert, ist die Vornahme einer Verhinderungshandlung nach Gefahrschaffung nicht mit gleicher Selbstverständlichkeit zu erwarten. Mit der Verhinderungshandlung ergreift er die Gelegenheit, seine Abkehr von der Unrechtsmaxime zu objektivieren; dass er sich möglicherweise vorbehält, bei nächster Gelegenheit das ausersehene Opfer doch noch zu töten, spielt bezogen auf die begangene Tat keine Rolle. Lässt sich ein Verhindern danach schwerlich bestreiten, so kann dagegen nicht die Figur eines fehlgeschlagenen Versuchs ins Feld geführt werden, die legitimerweise nur Konstellationen umschreibt, in denen die Vornahme einer Rücktrittshandlung ausgeschlossen ist (Rdn. 75 f). Schließlich kann für dieses Ergebnis auch auf die Pflichtenlage des Täters als Ingerenzgarant verwiesen werden: Nach Vornahme der gefährlichen Handlung ist er zur Beseitigung der geschaffenen Gefahr verpflichtet, wartet er in risikosteigernder Weise ab, so tritt er durch die anschließende Verhinderungshandlung vom Unterlassungsversuch zurück. Es wäre widersprüchlich, wenn sich die strafbefreiende Wirkung des Verhinderns zwar auf das Unterlassen, nicht aber auf das die Handlungspflicht des Garanten begründende Vorverhalten beziehen würde.

**126** Ist das Opfer, das der Täter berauben will, zwar nach dem unmittelbaren Ansetzen zur Tatbestandsverwirklichung, aber vor der Gewaltanwendung bewusstlos geworden und verzichtet der Täter deshalb auf die Anwendung von Gewalt zur Wegnahme, ist der versuchte Raub fehlgeschlagen, da diese Handlungen aus seiner Sicht völlig überflüssig geworden sind und er sie auch nicht aufgeben kann (BGH NJW **1990** 263 f mit Anm. *Schall* JuS **1990** 623). Vollendet er die Wegnahme, stehen versuchter Raub und vollendeter Diebstahl in Idealkonkurrenz. Der Fall lässt sich auch der rechtlichen Unmöglichkeit (Rdn. 127 ff) zuschlagen, weil der tatbestandlich geforderte funktionale Einsatz von Gewalt zur Ermöglichung der Wegnahme gegenüber dem bewusstlosen Opfer nicht mehr möglich war.

**127** **cc) Rechtliche Unmöglichkeit der Tatvollendung aus Sicht des Täters.** Neben diesen beiden Fallgruppen ist der Versuch eines Delikts **entgegen der Rechtsprechung** des BGH (BGHSt **39** 244, 246 f) auch **fehlgeschlagen**, wenn der Täter im Verlauf der Ausführung fest davon ausgeht, der tatbestandliche Erfolg könne aus rechtlichen Gründen, z. B. weil das Opfer sich damit wirklich oder scheinbar einverstanden erklärt hat (tatbestandsausschließendes Einverständnis), nicht mehr herbeigeführt werden.[342]

**128** Genau wie in den Situationen, in denen der Täter, nachdem er die Schwelle zum unmittelbaren Ansetzen zur Tatbestandsverwirklichung überschritten hat, davon ausgeht, dass er den Erfolg mit den für ihn greifbaren Mitteln ohne zeitliche und räumliche Zäsur nicht mehr herbeiführen kann oder aber wenn er ein Weiterhandeln für absolut sinnlos erachtet, kann er aus seiner Sicht den tatbestandlichen Erfolg eines Delikts nicht mehr herbeiführen, wenn er im Verlauf der Ausführung den Erfolgseintritt aus rechtlichen Gründen für unmöglich hält. Entweder

---

**341** Eingehend *Brand/Wostry* GA **2008** 611, 615 ff; ebenso *Rengier* AT 37/24.

**342** *Heinrich* Rdn. 777; *Laufhütte* LK[11] § 177 Rdn. 16; *Bottke* JZ **1994** 71, 75; *ders.* Strafrechtswissenschaftliche Methodik S. 355 f; *Sch/Schröder/Eser/Bosch* Rdn. 9; *Herzberg* FS Blau 97, 99; *Kühl* AT § 16 Rdn. 14; *Roxin* NStZ **2009** 319, 320; *Ulsenheimer* S. 328; *Vitt* JR **1994** 199; mit Einschränkungen *Krey/Esser* AT Rdn. 1280; **aA** BGHSt **39** 244, 246 f; *Amelung* ZStW **120** (2008) 205, 223 f; *Fahl* GA **2014** 453, 460; *Kudlich* JuS **1999** 240, 244 f. Differenzierend *Hoffmann-Holland* MK Rdn. 70.

ist aus seiner Sicht bereits der **objektive Tatbestand** des vollendeten Delikts **nicht mehr erfüllbar** oder er hält sein Verhalten für **nicht mehr rechtswidrig**. In beiden Varianten ist es dem Täter damit nach seiner Vorstellung nicht mehr möglich, die Tat von sich aus aufzugeben oder den Erfolgseintritt durch eigenes Handeln zu verhindern. Damit aber ist auch ein solcher Versuch fehlgeschlagen, so dass von vornherein ein strafbefreiender Rücktritt ausscheidet.

Demgegenüber weist der 4. Strafsenat des Bundesgerichtshofs (BGHSt **39** 244, 246 f)[343] darauf hin, dass in Fällen, in denen der Täter von einer rechtlichen Unmöglichkeit der Tatbestandsverwirklichung ausgehe, er immer noch sein Handlungsziel weiterverfolgen könne, da ihm weiterhin eine Wahlmöglichkeit offen stehe. „Bereits vom Wortsinn her" erscheine „es befremdlich, ein solches Tatgeschehen als ‚fehlgeschlagenen Versuch' zu bezeichnen". In diesen Überlegungen liegt eine **naturalistische Verkürzung** des Versuchsunrechts und des auf dieses bezogenen Rücktritts. Der Tatentschluss als Entscheidung gegen das Rechtsgut erschöpft sich nicht in der Herbeiführung eines äußeren Zustandes oder Vorgangs (etwa, wie in BGHSt **39** 244, eines Geschlechtsverkehrs), sondern er verletzt eine Dimension der Freiheit, etwa das Recht auf sexuelle Selbstbestimmung. Daran fehlt es beim Einverständnis. Im Grundsatz nichts Anderes gilt im Falle der Einwilligung des Opfers. Weiß der Täter um deren Vorliegen oder stellt er sich ihre tatsächlichen Voraussetzungen vor, so fehlt es am Vorsatzunrecht.[344] Der Täter kann vor diesem Hintergrund zwar den äußeren Tatablauf, aber nicht mehr das Unrecht der Tat realisieren. In diesem, für das Strafrecht maßgeblichen Sinne kann er die Tat nicht vollenden und der Versuch ist demnach fehlgeschlagen.[345] Das entspricht auch der ratio des Rücktritts: Der Täter kann seine Abkehr von der im Versuch objektivierten Unrechtsmaxime nicht mehr demonstrieren, wenn auch eine Fortführung des Verhaltens nach der Tätervorstellung aufgrund der Zustimmung des Opfers rechtmäßig wäre. Auch der Verweis des BGH auf die „kriminalpolitische Zielsetzung"[346] des § 24 bedingt kein anderes Ergebnis: Wenn der Täter trotz der (vorgetäuschten) Zustimmung aus Scham und Reue auf den Geschlechtsverkehr verzichtet, liegt darin keine Manifestation seiner Rückkehr in die Legalität, weil eine solche Manifestation stets voraussetzt, dass der gefasste Tatentschluss überhaupt noch realisiert werden kann. Ebenfalls nicht überzeugen kann der Aspekt des Opferschutzes.[347] Denn wenn der Täter davon ausgeht, dass das Opfer zum einvernehmlichen Geschlechtsverkehr bereit ist, erwartet das Recht aus seiner Sicht von ihm keinen Verzicht. 129

Die Entscheidung BGHSt **39** 244 verweist aber bei genauerer Betrachtung auf einen **Differenzierungsbedarf.**[348] Erforderlich ist nämlich zunächst einmal die Klärung der Frage, ob das Opfer tatsächlich mit der vom Täter begonnen Tat (scheinbar) einverstanden ist, ob also wirklich ein **Fall rechtlicher Unmöglichkeit vorliegt.** Tatsächlich zielte die (vorgetäuschte) Zustimmung nämlich für den Täter erkennbar nicht auf die Bewilligung eines mit Gewalt durchgeführten Geschlechtsverkehrs ab. Dem Opfer ging es vielmehr gerade darum, sich vor einer gewaltsamen Durchführung des Geschlechtsverkehrs zu schützen. Das bedeutet nicht nur, dass dem Täter faktisch die Option offenstand, bei der Tat Gewalt auszuüben. Vielmehr bleibt auch die Möglichkeit erhalten, den Geschlechtsverkehr zu erzwingen und damit die Tat als Vergewaltigung weiterzuführen, weil mit der Ausübung von Gewalt zugleich die Zustimmung entfällt. Umfasst der Tatentschluss also die Anwendung von Gewalt auch unabhängig von deren Relevanz als Nötigungsmittel (etwa weil der Täter seine Befriedigung gerade in einem mit Gewaltausübung verbundenen Geschlechtsverkehr finden will), so bleibt die Tat deshalb durchführbar, 130

343 Ähnlich *Kudlich* JuS **1999** 240, 244 f; *Streng* NStZ **1993** 582; im Ergebnis ebenso *Bauer* MDR **1994** 131, 132.

344 Zur diesbezüglichen Diskussion im Rahmen des Erlaubnistatbestandsirrtums vgl. *Murmann* Grundkurs § 25 Rdn. 11 ff.

345 *Bottke* JZ **1994** 71, 75; *Krey/Esser* AT Rdn. 1281.

346 BGHSt **39** 244, 246 f; *Kudlich* JuS **1999** 240, 244; *Streng* NStZ **1993** 582; insbesondere im Hinblick auf den Gedanken des Opferschutzes insoweit auch *Krey/Esser* AT Rdn. 1281.

347 Anders *Krey/Esser* AT Rdn. 1281.

348 Ebenso *Dold* S. 164 f.

weil die Zustimmung des Opfers hier überhaupt kein rechtliches Hindernis begründet, eine Zustimmung vielmehr bezogen auf einen gewaltsamen Vollzug nicht einmal scheinbar vorliegt. Insofern ist der Hinweis von *Streng* (NStZ **1993** 582) zutreffend, „dass in Fällen des (vorgespiegelten) Einverständnisses des Opfers in einen Geschlechtsverkehr dennoch dessen zwangsweise Durchführung in keiner Weise ausgeschlossen ist". Man mag kritisieren, dass damit der mit besonders großer krimineller Energie handelnde Täter privilegiert wird. Diese Kritik würde aber fehlgehen: Es liegt in der Logik des Rücktritts, dass derjenige, der sich viel vornimmt, auch viel aufgeben kann. **Anders** liegt es aber im praktisch deutlich wahrscheinlicheren Fall, dass der Täter zur Ausübung von Gewalt nur im Rahmen des zur Erzwingung des Geschlechtsverkehrs Erforderlichen entschlossen ist. Dann entzieht die Zustimmung des Opfers dem Täter die Möglichkeit, die Tat auf der Grundlage seines Entschlusses fortzuführen. Der Vorsatz, gegen den Willen des Opfers zu handeln, lässt sich nicht mehr in die Tat umsetzen.[349] Die Gewaltausübung verliert aufgrund der Zustimmung den ihr vom Täter beigelegten und für die Verwirklichung des Tatbestandes vorausgesetzten Sinn. Das ändert zwar nichts daran, dass der Täter zu einer Durchführung der Tat unter Ausübung von Gewalt – und dann auch ohne Zustimmung des Opfers – in der Lage ist. Aber dazu bedürfte es eines Entschlusses dahingehend, Gewalt auch unabhängig von der Zustimmung des Opfers einzusetzen, ihr also einen Selbstzweck zu geben und erst dadurch ihre Notwendigkeit zum Einsatz als Nötigungsmittel zu begründen. Kommt es dem Täter nicht auf die Gewaltausübung an und könnte der Täter auf der Grundlage seiner Vorstellung den Geschlechtsverkehr mit Zustimmung des Opfers ausüben, so steht ihm die Erreichung seines Zieles offen. Es handelt sich so gesehen um einen Fall der Erreichbarkeit eines außertatbestandlichen Handlungsziels, denn der von einer Zustimmung getragene Geschlechtsverkehr unterfällt nicht dem Tatbestand.[350] Würde der Täter jetzt den Entschluss fassen, trotz Zielerreichung Gewalt auszuüben, so läge darin eine Zäsur im Geschehen.[351] Zur **Realisierung des zunächst gefassten Tatentschlusses**, auf dessen Grundlage der Täter zur Tat unmittelbar angesetzt hat, war der Täter aufgrund der Zustimmung des Opfers **nicht mehr in der Lage. Erst recht** liegt ein Fehlschlag dann vor, wenn der Täter praktisch gar nicht in der Lage wäre, sich über den zustimmenden Willen hinwegzusetzen und diesem damit die Grundlage zu entziehen. So wird es regelmäßig liegen, wenn der Täter nach Eintritt in das Versuchsstadium des § 242 von einem Einverständnis des Berechtigten ausgeht. Hier ist ein Handeln gegen den Willen praktisch kaum noch vorstellbar, so dass das Einverständnis dem Täter die Möglichkeit entzieht, die Tat noch zu vollenden.[352]

### 4. Unbeendeter und beendeter Versuch

131 Welche Anforderungen an das Verhalten des Täters nach einem Versuch zu stellen sind, damit ihm die strafbefreiende Wirkung des § 24 Abs. 1 zukommt, hängt davon ab, ob es sich um einen unbeendeten oder einen beendeten Versuch handelt.[353] Die Einzelheiten sind umstrit-

---

**349** *Heinrich* Rdn. 777.

**350** *Bauer* MDR **1993** 995 f.

**351** Das hat BGHSt (GS) **39** 221 freilich anders gesehen. BGHSt **39** 244 demonstriert dagegen deutlich, dass außertatbestandlichen Zielen des Täters Relevanz zukommt; vgl. *Bauer* MDR **1993** 995 f.

**352** *Hoffmann-Holland* MK Rdn. 70.

**353** BGHSt **40** 304; **40** 75; BGH NStZ **2015** 261 mit Anm. *Becker*; BGH StV **2005** 386 f; BGH NStZ **2005** 151 f; BGH StraFo **2003** 206 f; BGH 4 StR 170/02 v. 23.7.2002; BGH 3 StR 472/99 v. 17.11.1999; BGH NStZ **1999** 299; BGH NStZ **1994** 76 f; BGH StV **1994** 181 f; BGH StV **1993** 190; BGHR § 24 Abs. 1 Satz 1 Versuch, unbeendeter 29; *Gropp* AT § 9 Rdn. 109; *Jescheck/Weigend* § 51 II 1; *Krey/Esser* AT Rdn. 1282; *Kudlich* JuS **1999** 349 f; *Kühl* AT § 16 Rdn. 23; *Otto* AT § 19 Rdn. 8 f; *Stratenwerth/Kuhlen* AT § 11 Rdn. 74; *Fischer* Rdn. 14 ff; *Vogler* LK[10] Rdn. 32 ff; *Wessels/Beulke/Satzger* Rdn. 1032.

ten.[354] Auch wenn § 24 Abs. 1 Satz 1 – anders als § 46 a. F. – keine ziffernmäßige Aufteilung enthält, hat der Gesetzgeber durch den Wortlaut des § 24 Abs. 1 Satz 1 deutlich gemacht, dass er zwischen diesen Versuchsarten differenziert.[355] Dabei findet sich die Unterscheidung freilich **nicht explizit im Gesetz**. Sie ist aber **unvermeidbar**, weil Bezugspunkt der Rücktrittsleistung die (vollendete) „Tat" im Sinne von § 24 Abs. 1 ist und die unterschiedlichen gesetzlichen Verhaltensanforderungen – auch zur Orientierung des Täters – voraussetzen, dass sich Situationen der Tatverwirklichung definieren lassen, in denen vom Täter zur Erlangung des Rücktrittsprivilegs entweder ein Aufgeben oder ein Verhindern gefordert ist.[356] Dabei kann sich die Definition der Rücktrittslage freilich nicht von den gesetzlichen Voraussetzungen emanzipieren.[357] Vielmehr muss für die Einordnung als unbeendeter bzw. beendeter Versuch ausschlaggebend sein, ob der jeweiligen Situation das geforderte Aufgeben bzw. Verhindern nach **Wortlaut und Zweck der Vorschrift adäquat** ist.[358] Das ist dann der Fall, wenn das Rücktrittsverhalten die geforderte Abstandnahme vom Versuchsverhalten zum Ausdruck bringt, also nach der Strafzwecktheorie die Erforderlichkeit der Strafverhängung entfallen lässt bzw. nach hier vertretener Auffassung als ablehnende Stellungnahme zur im Versuch manifestierten Unrechtsmaxime verstanden werden kann. Ein bloßes (freiwilliges) Aufgeben genügt nur dann, wenn der Täter meint (und auch davon ausgehen darf, Rdn. 155 ff), noch nicht alles getan zu haben, was zur Erfolgsherbeiführung erforderlich ist (*unbeendeter* Versuch). Hat der Täter aus seiner Sicht bereits soviel bewirkt, dass es nur noch am Erfolgseintritt fehlt (*beendeter* Versuch), muss er die Tatvollendung verhindern. In diesen Fällen kann aus seiner Blickrichtung die Vollendung nur durch aktive Gegenmaßnahmen abgewendet werden.

Richtigerweise kann sich die **Frage der Abgrenzung** von unbeendetem und beendetem Versuch erst stellen, wenn der Täter auf der Grundlage seiner Vorstellung die **Ausführungshandlung bereits vorgenommen** hat. Hat der Täter auf der Grundlage seiner Vorstellung die Ausführungshandlung noch **nicht** vorgenommen, so liegt stets ein **unbeendeter Versuch** vor. Hier ist klar, dass er durch bloßen Verzicht auf die Vornahme der den Tatbestand erfüllenden Handlung zurücktreten kann. Zur Annahme eines beendeten Versuchs kann hier nur kommen, wer die Möglichkeit der Zurechnung eines Erfolges zum Vorsatz auf der Grundlage einer Handlung akzeptiert, die nach Vorstellung des Täters der Vornahme der Ausführungshandlung unmittelbar vorgelagert sein sollte (dazu Rdn. 68 und § 22 Rdn. 39). Hier könnte ein beendeter 132

---

**354** Vgl. überblicksweise insbesondere *Jescheck/Weigend* § 51 II; *Krey/Esser* AT Rdn. 1282 ff; *Kühl* AT § 16 Rdn. 23 ff; *Lackner/Kühl/Kühl* Rdn. 3 ff; *Roxin* AT II § 30 Rdn. 163 ff; *Kindhäuser/Zimmermann* AT § 32 Rdn. 8 ff; *Maurach/Gössel/Zipf* AT 2 § 41 Rdn. 75 ff; *Murmann* Grundkurs § 28 Rdn. 135 ff; *Otto* AT § 19 Rdn. 8 ff; *Jäger* SK Rdn. 39 ff; *Sch/Schröder/Eser/Bosch* Rdn. 13 ff; *Stratenwerth/Kuhlen* AT § 11 Rdn. 74 ff; *Fischer* Rdn. 14 ff; *Wessels/Beulke/Satzger* Rdn. 1032 ff.

**355 Krit.** dazu *Bottke* Strafrechtswissenschaftliche Methodik S. 407; *Heckler* S. 149 ff; *v. Heintschel-Heinegg* ZStW **109** (1997) 34, 50; *Herzberg* NJW **1991** 1633 f; *ders.* NJW **1986** 2466, 2471; *Lampe* JuS **1989** 610, 615; *Maurach/Gössel/Zipf* AT 2 § 41 Rdn. 52; *Ostermeier* StraFo **2008** 102, 104 ff; *Scheinfeld* JuS **2002** 250, 251 ff; *ders.* NStZ **2006** 375, 377; *Ulsenheimer* S. 217; auch *Krauß* JuS **1981** 883, 885, der auf die Differenzierung verzichten und den Zurücktretenden selbst die erforderliche Rücktrittsleistung bestimmen lassen will; **krit.** dazu mit Recht *Borchert/Hellmann* GA **1982** 429, 440 Fn. 50; vgl. auch *Küper* NJW **1978** 956; *Jäger* S. 65 ff differenziert basierend auf der Betrachtung des Rücktritts als Gefährdungsumkehr nicht zwischen den Versuchsstadien, sondern zwischen Gefährdungsstadien und meint, dass „die Begriffe ‚unbeendeter Versuch' und ‚beendeter Versuch' ... den Blick auf das Wesen der Rücktrittsvorschrift (versperren)" (S. 87) – dazu oben Rdn. 47 f; **kritisch** letztlich auch *Mitsch* (*Baumann/Weber/Mitsch/Eisele* § 23 Rdn. 12), der die Verwendung der Begriffe zwar für „hilfreich" hält, „um eine Ordnung in die Vielfalt rücktrittsrelevanter Fallgestaltungen zu bringen", sie aber bei der Subsumtion „eher störend und irreführend" findet. Die Unterscheidung klingt aber auch in den Gesetzesmaterialien an, s. E 62 S. 145 und die weiteren Nachweise bei *Knörzer* S. 48 Fn. 9.

**356** Zutreffend *Maurach/Gössel/Zipf* AT 2 § 41 Rdn. 76, 78. Eingehend *Knörzer* S. 47 ff.

**357** *Knörzer* S. 48 f; *Maurach/Gössel/Zipf* AT 2 § 41 Rdn. 108.

**358** Siehe *Lackner/Kühl/Kühl* Rdn. 3: die Unterscheidung diene „der zweckentsprechenden Abgrenzung der gesetzlichen Rücktrittsmöglichkeiten"; in diesem Sinne auch *Sch/Schröder/Eser/Bosch* Rdn. 13; *Jescheck/Weigend* § 51 II 1; *Kampermann* S. 65; *Krey/Esser* AT Rdn. 1283 f; *Otto* Jura **1992** 423; *Pahlke* S. 111.

Versuch in Betracht kommen, wenn der Täter die Gefährlichkeit seines Verhaltens anschließend erkennt und den Erfolg für noch abwendbar hält. Da aber richtigerweise eine vom Vorsatz getragene tatbestandsmäßige Handlung in dieser Konstellation nicht vorliegt, bleibt es beim unbeendeten Versuch. Davon abzuschichten ist freilich die Einsicht, dass eine Pflicht zur Erfolgsverhinderung nun daraus resultiert, dass der die Gefährlichkeit seines Verhaltens erkennende Täter als Ingerenzgarant haftet.

133 **a) Maßgeblicher Beurteilungszeitpunkt für die Abgrenzung.** Das Abgrenzungsproblem stellt sich danach nur in solchen Konstellationen, in denen der Täter (auf der Grundlage seiner Vorstellung) die **Ausführungshandlung bereits vorgenommen** hat. Nur für diesen Fall kann sich eine Notwendigkeit zum Ergreifen von Maßnahmen zur Erfolgsverhinderung ergeben, wenn nämlich eine (vorgestellte) Gefahrenlage aufgrund der Ausführungshandlung begründet wird bzw. wurde. Ob von einer solchen Gefahr des Erfolgseintritts auszugehen ist, richtet sich in einem ersten Schritt danach, aus welcher **zeitlichen Perspektive** das **Bestehen einer Gefahrenlage zu beurteilen** ist. Die diesbezügliche Diskussion ist bereits im Kontext des fehlgeschlagenen Versuchs dargestellt worden (Rdn. 80 ff):

134 **aa) Tatplantheorie.** Die Vertreter der Tatplantheorie (Rdn. 81) halten den Planungshorizont, also die Vorstellung des Täters bei Versuchsbeginn für maßgeblich. Danach ist der Versuch so lange unbeendet, wie der Täter seine zur Erfolgsherbeiführung eingeplanten Handlungen noch nicht vorgenommen hat und der Erfolgseintritt noch nicht droht. Beendet ist der Versuch, wenn der Täter seine eingeplanten Handlungen vorgenommen hat, wobei es keine Rolle spielt, ob danach der Erfolgseintritt droht oder nicht. Ein beendeter Versuch liegt also sowohl dann vor, wenn der Täter die Vollendung der Tat noch verhindern kann als auch dann, wenn die eingeplanten Bemühungen endgültig gescheitert sind. Der letztgenannte Fall des beendeten Versuchs ohne Verhinderungsmöglichkeit entspricht in der Sache dem fehlgeschlagenen Versuch (Rdn. 81). Fehlt ein Plan oder ist der Täter lediglich allgemein dazu entschlossen, alle sich bietenden Möglichkeiten zu ergreifen, so ist auch auf der Grundlage der Tatplantheorie der Rücktrittshorizont maßgeblich. Zur Kritik Rdn. 82.

135 **bb) Einzelaktlehre.** Auch für die Einzelaktlehre (dazu schon Rdn. 83 ff) ist die Vorstellung des Täters bei Versuchsbeginn maßgeblich. Der Unterschied zur Tatplantheorie betrifft den Vorstellungsinhalt, der bei der Einzelakttheorie auf eine einzelne Ausführungshandlung begrenzt ist. Danach liegt ein unbeendeter Versuch so lange vor, wie der Täter noch keine Handlung vorgenommen hat, die nach seiner Vorstellung bei Tatbeginn zur Erfolgsherbeiführung geeignet ist. Ein beendeter Versuch liegt vor, wenn der Täter eine Handlung vorgenommen hat, die er für zur Erfolgsherbeiführung geeignet hält, und bereits bei Vornahme der Handlung davon ausgegangen ist, dass ihm auch nach Handlungsvornahme noch Abwendungsmöglichkeiten verbleiben. Geht er dagegen vom Fehlen einer Reversionsmöglichkeit aus, so ist der Versuch fehlgeschlagen, und zwar auch dann, wenn sich zeigt, dass die vorgenommene Handlung den Erfolg wider Erwarten nicht herbeiführen wird, aber dem Täter noch Möglichkeiten zur Erfolgsherbeiführung offenstehen.[359] Keine Einigkeit besteht unter den Vertretern der Einzelaktthorie lediglich hinsichtlich der Behandlung solcher Fälle, in denen die anfänglich vom Täter für nicht revozierbar gehaltene Ausführungshandlung überraschend doch noch Abwendungsmöglichkeiten bietet (s. schon Rdn. 84 f). Wird auch hier lediglich die anfängliche Einschätzung und die mit ihr verbundene endgültige und nicht mehr (zuverlässig) rückgängig zu machende Entscheidung gegen das Rechtsgut für maßgeblich gehalten, so liegt ein Fehlschlag vor. Berücksichti-

359 *Sch/Schröder/Eser/Bosch* Rdn. 21.

gungsfähig ist die geänderte Sachlage nur, wenn auch die Tätersicht nach Vornahme der Ausführungshandlung in die Beurteilung einbezogen wird. Das entspricht dem Standpunkt der **modifizierten Einzelaktlehre**, wie sie von *Sch/Schröder/Eser/Bosch* Rdn. 21 vertreten wird: Es sei der „dem Täter erkennbare Versuchsverlauf bis zum Abschluss der letzten (dem Rücktritt vorausgehenden) Ausführungshandlung ... mitzuberücksichtigen", wobei auch „Änderungen im Handlungsverlauf einzubeziehen" seien. Auf der Grundlage dieses sogenannten „Ausführungshorizontes" sei dann auch ein Verhindern der Tatvollendung nach Vornahme einer anfänglich für nicht revozierbar gehaltenen Ausführungshandlung als Rücktrittsleistung anzuerkennen, mithin in solchen Konstellationen von einem beendeten Versuch auszugehen. Siehe zur Kritik an diesem Ansatz schon Rdn. 87.

**cc) Die Rechtsprechung (Gesamtbetrachtungslehre).** Bis zur Entscheidung BGHSt **31** 170, 175 ff stellte der BGH für die Beurteilung des Tatgeschehens auf den **Planhorizont**, also die Vorstellungen des Täters bei Tatbeginn, ab (Rdn. 134).[360] Diese Rechtsprechung sah sich einer starken **Kritik** ausgesetzt (s. schon Rdn. 82), da sie sich auf unterschiedliche Vorstellungsgrundlagen bezog und den umsichtig planenden und gefährlicher vorgehenden Täter, der von vornherein alle Möglichkeiten des Tatablaufs einkalkuliert, ungerechtfertigt gegenüber dem sich auf ein Tatmittel festlegenden Täter privilegiere.[361] Weiter wurde hervorgehoben, dass letztlich Zufälligkeiten oder gar eine geschickte Einlassung des Täters über Strafe bzw. Straffreiheit entscheiden würden.[362] **136**

Nunmehr sieht der BGH die Vorstellungen des Täters nach Abschluss der letzten Ausführungshandlung über die Erfolgstauglichkeit der bisherigen Handlungen, den sog. **Rücktrittshorizont**, als Abgrenzungskriterium zwischen unbeendetem und beendetem Versuch an.[363] In **137**

---

**360** Siehe insoweit vor allem BGHSt **10** 129 (Flachmannfall: Der Angeklagte wollte seine Verlobte durch einen Schlag mit einer Flasche töten, was misslang; dann würgte er das Opfer bis zur Bewusstlosigkeit, ließ aber ab, weil er anderen Sinnes geworden war und seine Verlobte nicht mehr töten wollte; mit der Begründung, dass der Täter lediglich das Ziel seines Handelns ins Auge gefasst habe, nahm der BGH einen unbeendeten Tötungsversuch an); **14** 75, 79; **22** 176, 177 (Rohrzangenfall: Der Angeklagte wollte seine Stieftochter töten, versetzte ihr mit einer Rohrzange, die er vorher mit einem Handtuch umwickelt hatte, einen Schlag auf den Kopf und ließ dann, obwohl er sah, dass das Opfer nur benommen war, von weiteren Schlägen ab. Der BGH bejahte einen unbeendeten Versuch mit der Begründung, dass sich der Täter, der mit bedingtem Tötungsvorsatz auf einen anderen so einschlägt, in aller Regel keine Gedanken darüber mache, ob er eine bestimmte Anzahl von Schlägen bräuchte, und der Angeklagte nach Abschluss seiner Handlung erkannt habe, dass er den tatbestandlichen Erfolg noch nicht verursacht habe); **22** 330, 331 ff; BGH NJW **1980** 195; BGH NStZ **1981** 342; BGH JZ **1982** 571, 572; BGH GA **1966** 208 (Wachsoldatenfall: Unbeendeter Tötungsversuch, da der Täter von vornherein eine Folge von Schüssen aus seinem Schnellfeuergewehr eingeplant hatte und solange weiterschießen wollte, bis der Erfolg eingetreten war, hiervon jedoch Abstand genommen hatte, obwohl er den Erfolg noch hätte erreichen können); BGH bei Dallinger MDR **1966** 22; BGH bei Dallinger MDR **1956** 394, 395; BGH GA **1956** 89; auch *Welzel* Strafrecht § 25 I 1; ausführlich dazu u. a. *Herzberg* FS Blau 97, 108 ff, 116 f.

**361** Vgl. *Borchert/Hellmann* GA **1982** 429, 431 ff; *Geilen* JZ **1972** 335, 337 f; *Jescheck/Weigend* § 51 II 3; *Maurach/Gössel/Zipf* AT 2 § 41 Rdn. 89 ff; *Roxin* JuS **1981** 1, 7; *Jäger* SK Rdn. 23.

**362** Siehe insoweit nur *Borchert/Hellmann* GA **1982** 429, 435, die darauf hinweisen, dass die Unterscheidung des BGH „dem Einlassungsgeschick von Täter und Verteidiger Tür und Tor öffne"; in diesem Sinne auch *Kienapfel* JR **1984** 72, 73.

**363** BGHSt **31** 170, 175 ff; **33** 295, 297; **35** 90, 91 ff; (GS) **39** 221, 227; **40** 304, 305 f; BGH NJW **1984** 1693; BGH NStZ **1984** 116; BGH NStZ **1984** 453; BGH NJW **1985** 2428; BGH NStZ **1986** 312; BGH NStZ **1989** 317 mit Anm. *Otto* JK **1989** § 24/15; BGH NJW **1990** 263, 264; BGH StV **1992** 62; BGH NJW **1992** 989, 990; BGH NStZ **1993** 39, 40; BGH StV **1993** 189 f; BGH NStZ **1993** 279; BGH NStZ **1993** 398, 399; BGH NStZ **1994** 76; BGH StV **1994** 181; BGHR § 24 Abs. 1 Satz 1 Versuch, unbeendeter 4, 9, 31; BGH StV **1996** 372, 373; BGH StV **1996** 23; BGH NStZ-RR **1996** 195, 196; BGH NStZ-RR **1996** 165; BGH NStZ-RR **1996** 161; BGH StV **1997** 128; BGH NStZ-RR **1997** 260; BGH NStZ-RR **1997** 33; BGH NStZ **1997** 593; BGH NStZ-RR **1998** 9; BGH NStZ **1999** 299 f; BGH NStZ **1999** 300 f; BGH NStZ **1999** 630 ff; BGH 3 StR 3/00 v. 11.2.2000; BGH 4 StR 525/00 v. 19.12.2000; BGH 4 StR 417/01 v. 31.1.2002; BGH NStZ **2002** 427, 428; BGH 4 StR 170/

BGHSt **31** 170, 175 ff[364] wurde ein beendeter Versuch angenommen, wenn „der Täter nach der letzten Ausführungshandlung den Eintritt des tatbestandsmäßigen Erfolges ... für möglich hält". Der 4. Senat hat bereits in BGHSt **33** 295, 297 ff[365] ausdrücklich darauf verwiesen, dass ein beendeter Versuch nicht schon dann vorliegt, „wenn der Täter die von vornherein geplante Handlung ausführt, sondern erst dann, wenn er nach der letzten Ausführungshandlung die tatsächlichen Umstände, die den Erfolgseintritt nahelegen, erkennt oder wenn er den Erfolgseintritt in Verkennung der tatsächlichen Ungeeignetheit der Handlung für möglich hält" (BGHSt **33** 295, 299). In Ergänzung dieser Entscheidungen hat der gleiche Senat in BGHSt **35** 90, 93 f[366] die Lehre vom Rücktrittshorizont zu einem generellen Prinzip erhoben und betont, dass es auch bei Vorliegen eines fest umrissenen Tatplans für die Abgrenzung zwischen unbeendetem und beendetem Versuch darauf ankommt, „ob der Angeklagte nach der letzten Ausführungshandlung den Eintritt des tatbestandlichen Erfolges für möglich gehalten hat oder nicht" (BGHSt **35** 90, 94).

**138** Die Bedeutung des Rücktrittshorizonts ist auch in der Entscheidung des **Großen Senats** (BGHSt [GS] **39** 221, 227) betont und hervorgehoben worden. Danach ist ein Versuch unbeendet, wenn der Täter „nach der letzten Ausführungshandlung nach seinem Kenntnisstand (noch) nicht mit dem Eintritt des tatbestandsmäßigen Erfolgs (rechnet) ..., wenn die Vollendung aus Sicht des Täters noch möglich ist". Beendet ist ein Versuch dagegen, „wenn der Täter nach seinem Kenntnisstand nach der letzten Ausführungshandlung ... den Erfolgseintritt für möglich hält". Auch wenn sich der Täter nach Abschluss der letzten Ausführungshandlung keine Gedanken darüber macht, ob sein Verhalten ausreicht, um den Erfolg herbeizuführen, soll der Versuch beendet sein (BGHSt **40** 304, 306; BGH 4 StR 372/00 v. 10.10.2000; BGH 3 StR 226/00 v. 6.9.2000 – dazu unten Rdn. 170 ff).

**139** Geht der Täter nach Vornahme einer aus seiner Sicht unzureichenden Ausführungshandlung davon aus, den Erfolg durch **Vornahme einer weiteren Ausführungshandlung** erreichen zu können, so verlangt nach der Rechtsprechung das Vorliegen eines unbeendeten Versuchs, dass der vorausgegangene Akt (oder die vorausgegangenen Akte) mit den neuen nicht mehr durchgeführten ein **einheitliches Geschehen** bilden. Dabei besteht – wie bereits zum fehlgeschlagenen Versuch (vgl. Rdn. 95 ff) ausgeführt – noch keine Einigkeit, ob zur Bestimmung das Kriterium der natürlichen Handlungseinheit[367] oder des einheitlichen Lebensvorgangs[368] heranzuziehen ist.

**140** Der BGH will den für die Abgrenzung von unbeendetem und beendetem Versuch entscheidenden Rücktrittshorizont in bestimmten Situationen über das Ende der letzten Ausführungshandlung hinaus verschieben und eine **Korrektur des Rücktrittshorizonts** zulassen. Hat der Täter nach der letzten Ausführungshandlung den Eintritt des angestrebten Erfolgs zunächst für möglich gehalten, erkennt er seinen Irrtum aber unmittelbar darauf, „so erlangt die an der

---

02 v. 23.7.2002; BGH NStZ **2005** 150 f; BGH NStZ **2005** 151 f; BGH NStZ **2005** 331 f; BGH NStZ-RR **2006** 6; BGH NStZ-RR **2006** 101, 102; BGH NStZ **2007** 634 f; BGH NStZ **2010** 146; BGH NStZ **2012** 688; BGH NStZ-RR **2013** 273, 274 (dazu *Putzke* ZJS **2013** 620 ff); BGH NStZ **2014** 507, 509; BGH NStZ **2014** 569 mit. Anm. *Nestler*; BGH NStZ-RR **2015** 106, 107 (dazu *Hecker* JuS **2015** 657 ff; *Jäger* JA **2015** 549 ff); BGH NStZ **2015** 261 mit Anm. *Becker*; BGH NStZ **2015** 261 f mit Anm. *Becker*; BGH NStZ **2017** 459 mit Anm. *Jäger* und Anm. *Ruppert* StV **2018** 708 ff; BGH NStZ-RR **2017** 198; BGH StV **2017** 672 mit **krit.** Anm. *Jäger*; BGH NStZ-RR **2018** 169; BGH NStZ **2019** 204, 205; BGHR § 24 Abs. 1 Satz 1 Versuch, unbeendeter 14.

**364** Dazu *Kienapfel* JR **1984** 72; *Küper* JZ **1983** 264; *H.-W. Mayer* MDR **1984** 187; *Rudolphi* NStZ **1983** 361; *Sonnen* JA **1983** 335.

**365** Dazu *Hassemer* JuS **1986** 237; *Otto* JK **1986** § 24/10; *Puppe* NStZ **1986** 14; *Roxin* JR **1986** 424; *Weidemann* GA **1986** 409.

**366** Dazu *Herzberg* NJW **1988** 1559; *Rengier* JZ **1988** 931; *Sonnen* JA **1988** 297.

**367** BGH NStZ **2001** 315.

**368** BGHSt **41** 368, 369; **40** 75, 76 f; (GS) **39** 221, 228, 232; **34** 53, 57 f; BGH NStZ-RR **1997** 259; BGH NStZ-RR **1996** 195; BGH NStZ **1996** 96, 97; BGH NStZ **1994** 493; BGH NJW **1990** 263, 264; BGH StV **1987** 529; BGH NStZ **1986** 264, 265; BGH NJW **1985** 2428.

wahrgenommenen Wirklichkeit korrigierte Vorstellung für den ‚Rücktrittshorizont' Bedeutung", so dass sich die Voraussetzungen an einen strafbefreienden Rücktritt nach denen eines unbeendeten Versuchs richten sollen.[369] Meint der Täter dagegen nach der letzten Ausführungshandlung zunächst, dass seine Teilakte noch nicht ausgereicht haben, den tatbestandlichen Erfolg herbeizuführen, kommt er jedoch kurz darauf zu der Feststellung, dass er sich insoweit geirrt hat und seine bisherigen Handlungsakte mithin doch genügen, den Erfolg zu verursachen, soll das versuchte Delikt beendet sein (zur gesamten Problematik unten Rdn. 174 ff).[370]

Seit der Entscheidung des Großen Senats in BGHSt (GS) **39** 221, 228 ff geht die Rechtspre- 141
chung davon aus, dass ein unbeendeter Versuch und damit ein strafbefreiender Rücktritt durch freiwillige Tataufgabe nicht ausgeschlossen ist, wenn der Täter sein **außertatbestandliches Handlungsziel erreicht** hat. Voraussetzung soll auch insoweit sein, dass der Täter nach dem Abschluss der letzten Ausführungshandlung meint, er habe noch nicht alles getan, damit der tatbestandliche Erfolg eintritt. Die aus Sicht des Täters mögliche Fortführung der Handlungen muss im Verhältnis zu den bisherigen Teilakten ein einheitliches Geschehen bilden. Die Weiterführung darf auf keinem neuen Tatentschluss beruhen.[371] Näher dazu Rdn. 195 ff.

**b) Die Grundlage der Abgrenzung: objektives Gefahrurteil oder Tätervorstellung?** Ein 142
„Verhindern" kann freilich nur dann einen Erfolgseintritt abwenden, wenn eine Gefahr tatsächlich droht und ein „Aufgeben" führt nur dann zuverlässig zum Ausbleiben des Erfolgs, wenn objektiv keine Gefahr von dessen Eintreten besteht. Andererseits ist Grundlage der Versuchsstrafbarkeit nicht die objektive, sondern die vom Täter vorgestellte Gefährlichkeit seines Verhaltens. Aus diesem **Zwiespalt** resultiert der **Streit** um die Frage, ob die Abgrenzung von unbeendetem und beendetem Versuch (zumindest: auch) in Abhängigkeit von der objektiven Gefahrenlage vorzunehmen ist oder ob maßgeblich hierfür die Tätervorstellung ist.

**aa) Objektive und objektiv-subjektive Abgrenzung.** Mit **unterschiedlichen Nuancierun-** 143
**gen** wird verschiedentlich versucht, die Beurteilung, ob ein Versuch unbeendet oder aber beendet ist, aus objektiver Sicht oder unter Verbindung objektiver und subjektiver Elemente zu bestimmen.[372] So nimmt eine sich selbst als rein objektiv verstehende Lehre die Abgrenzung unabhängig von der Tätervorstellung danach vor, ob die Handlung(en) den tatbestandsmäßigen Erfolg noch nicht herbeiführen kann (können) oder ob ohne Eingreifen vom Täter unabhängiger Umstände oder glücklicher Fügungen die Vollendung eintreten kann.[373] *Roxin* (AT II § 30 Rdn. 172) plädiert für eine objektive Abgrenzung in Fällen, in denen sich der Täter gar keine

---

369 BGHSt **36** 224, 225; (GS) **39** 221, 230 f; BGHR § 24 Abs. 1 Satz 1 Versuch, unbeendeter 24; BGH NStZ **1993** 398, 399; BGH StV **1995** 462, 463; BGH StV **1996** 23; BGH NStZ-RR **1997** 33; BGH NStZ **1997** 593; BGH NStZ-RR **1998** 134 f; BGH NStZ **1999** 299, 300; BGH NStZ **1999** 449, 450; BGH NStZ-RR **2002** 73, 74; BGH 3 StR 231/01 v. 15.8.2001; BGH NStZ **2012** 688 (Zäsur, wenn der Täter erst im Verlauf seiner Flucht zu der Auffassung kommt, das Opfer sei nicht tödlich verletzt).

370 BGH NStZ **1998** 614, 615 dazu *Jäger* NStZ **1999** 608; *Otto* JK **1999** StGB § 24/26; BGH NStZ **2010** 146; dazu *Bosch* Jura **2014** 395, 401 f; BGH 4 StR 397/17 v. 15.3.2018; dazu *Hecker* JuS **2018** 914 ff.

371 BGH NStZ **1989** 317, BGH NJW **1990** 263 f dann; BGH NJW **1993** 943 (1. Strafsenat); BGHSt (GS) **39** 221, 230 ff; im Anschluss daran BGH NStZ-RR **1996** 195 f; BGH StV **1996** 86; BGH NStZ **1997** 593; BGH StV **1997** 128; BGH NStZ-RR **1998** 134, 135; BGH JR **2005** 382 ff mit Anm. *Puppe*.

372 Siehe insoweit *Borchert/Hellmann* GA **1982** 429 ff; *Feltes* GA **1992** 418 ff; *Hauf* JR **1996** 29 f; *ders.* AT S. 148 f; *Heckler* S. 161 ff; *Jäger* S. 86 ff, 89 ff; *Kienapfel* JR **1984** 72, 73 f; *Maurach/Gössel/Zipf* AT 2 § 41 Rdn. 79; *Otto* Jura **2001** 341, 346; *Roxin* FS Maurach 213, 224; *ders.* AT § 30 Rdn. 172; *ders.* JuS **1979** 1, 9 f; *Ulsenheimer* S. 219 ff, 224 f; dazu auch *Bottke* Strafrechtswissenschaftliche Methodik S. 421; *Geilen* JZ **1972** 335, 337 und JK **1982** § 24/6; zur zeitlichen Entwicklung *Jäger* S. 86 ff; *Knörzer* S. 54 ff.

373 *Borchert/Hellmann* GA **1982** 429, 438; wohl auch *Heckler* S. 170 ff, der auf das Kriterium der objektiven Vollendungsgefahr zurückgreift; eine ähnliche Konzeption vertrat bereits *Henkel* JW **1937** 2375, 2376. Mit dem „Kunstgriff"

Vorstellungen gemacht hat. Maßgeblich sei dann, „wie der Täter hätte handeln müssen, wenn er sich die Frage nach den Folgen seines Tuns gestellt hätte". *Jäger* (S. 65 ff, 85 f, 89 ff; SK Rdn. 48 ff; s. schon Rdn. 37 f) will ebenfalls die Abgrenzung der Rücktrittsstadien objektivieren.[374] Seines Erachtens kann § 24 Abs. 1 Satz 1 Alt. 2 nur die Fälle erfassen, „in denen tatsächlich eine Gefahr für das Rechtsgut durch den Täter geschaffen wurde". Der Täter könne den Erfolg gar nicht verhindern, wenn objektiv keine Gefährdung bestehe. Wenn demgegenüber aufgrund des Täterverhaltens der tatbestandliche Erfolg tatsächlich eintreten könne, würde eine Aufgabe nach § 24 Abs. 1 Satz 1 Alt. 1 bzw. das Bemühen um Erfolgsverhinderung gem. § 24 Abs. 1 Satz 2 durch einfaches Aufhören nicht mehr ausreichen, um Strafbefreiung zu erlangen.[375] Die Auffassung *Jägers* lässt sich insofern als objektiv-subjektive Auffassung interpretieren, als bei fehlender objektiver Gefährdung die Tätervorstellung ausschlaggebend sein soll („versuchte Gefährdungsumkehr").[376]

144 *Gössel* betont dezidiert, dass die Abgrenzung von unbeendetem und beendetem Versuch nach einem **„objektiv-subjektiven Kriterium"** erfolgen müsse.[377] Dies soll daraus folgen, dass § 22 auch den Versuchsbeginn von der Verknüpfung objektiver und subjektiver Elemente abhängig mache. Diese „Wesensbestimmung des Versuchs" müsse sich auch in den Versuchsstadien widerspiegeln; maßgeblich sei das „subjektive Vorstellungsbild des Täters vom objektiven Stand seines verbrecherischen Tuns".[378] Wenn damit – wie im Rahmen des unmittelbaren Ansetzens – gemeint sein sollte, dass auf der Grundlage der Tätervorstellung nach objektiven Maßstäben beurteilt werden soll, ob Verhinderungsbemühungen zu verlangen sind, so ist damit letztlich keine Abweichung gegenüber der subjektiven Theorie angesprochen. Denn selbstverständlich will auch diese nicht die normative Entscheidung über das zu fordernde Rücktrittsverhalten dem Täter überlassen, sondern meint lediglich, dass das Versuchsstadium nach objektiven Maßstäben auf der Grundlage der Tätervorstellung zu beurteilen ist. An anderer Stelle wendet sich *Gössel* aber gegen die Annahme eines unbeendeten Versuchs auf der Grundlage der Tätervorstellung, wenn objektiv die Gefahr des Erfolgseintritts besteht.[379] Danach wäre in solchen Konstellationen die objektive Sachlage unabhängig von der Tätervorstellung maßgeblich. Diese Positionierung wiederum passt schlecht zu dem objektiv-subjektiven Ausgangspunkt, den *Gössel* anschließend dahingehend bekräftigt, dass ein Verhindern gefordert sei, wenn es objektiv zur Tatvollendung keiner Ausführungshandlungen mehr bedarf und subjektiv eine entsprechende Vorstellung des Täters vorliege.[380] Insgesamt bleibt damit undeutlich, wie die Verbindung objektiver und subjektiver Kriterien genau beschaffen sein soll.[381]

145 Eine Objektivierung der Unterscheidung von unbeendetem und beendetem Versuch findet sich auch in der **Rechtsprechung** des BGH zum **Apotheker-Fall** (BGHSt **43** 177). Zwar betrifft diese Entscheidung das unmittelbare Ansetzen und der BGH legt seinen Überlegungen folglich

---

(*Jäger* S. 88) des Erfordernisses eines Rücktrittsentschlusses schränken *Borchert/Hellmann* GA **1982** 429, 441 ihre objektive Lehre selbst ein. **Kritisch** auch *Jäger* S. 87 f; *Jakobs* AT 26/14, Fn. 24; *Küper* JZ **1983** 264, 266; *Sch/Schröder/Eser/Bosch* Rdn. 13; *Maurach/Gössel/Zipf* AT 2 § 41 Rdn. 80; *Vogler* LK[10] Rdn. 44.

**374** In Ablehnung der Differenzierung zwischen unbeendetem und beendetem Versuch will er zwischen versuchter und vollendeter Gefährdungsumkehr unterscheiden (dazu oben Rdn. 35 f); ihm insbesondere hinsichtlich der Fälle des korrigierten Rücktrittshorizonts zustimmend *Otto* Jura **2001** 341, 345 f.

**375** Vgl. auch *Feltes* GA **1992** 393, 417 ff, der unter Zugrundelegung einer „gemischt subjektiv-objektiven Bewertung mit Differenzierung nach objektivem Erfolg" einen unbeendeten von einem beendeten Versuch unterscheiden will – **kritisch** dazu *Jäger* SK Rdn. 47; auch *Jäger* S. 88 f.

**376** Jäger S. 65 ff; zur Einordnung als objektiv-subjektive Auffassung *Knörzer* S. 62 f.

**377** *Maurach/Gössel/Zipf* AT 2 § 41 Rdn. 78; ähnlich *Feltes* GA **1992** 395, 421 f; *Kienapfel* JR **1984** 72, 73 f. Überblick über gemischt objektiv-subjektive Ansätze bei *Knörzer* S. 61 ff.

**378** *Maurach/Gössel/Zipf* AT 2 § 41 Rdn. 78, 82.

**379** *Maurach/Gössel/Zipf* AT 2 § 41 Rdn. 111.

**380** *Maurach/Gössel/Zipf* AT 2 § 41 Rdn. 112.

**381** Ähnlich unklar *Sch/Schröder/Eser/Bosch* Rdn. 13, die ebenfalls von einer „Verbindung von subjektiven und objektiven Kriterien" sprechen.

die Tätervorstellung zugrunde. Für die Fallkonstellation, dass der Täter ein Erscheinen des Opfers im Wirkungskreis der gestellten Giftfalle „für lediglich möglich, aber noch ungewiss oder gar für wenig wahrscheinlich" hält (wie dies etwa beim Wegwerfen einer mit Gift gefüllten Schnapsflasche im Wald der Fall sei), kommt der BGH aber zu einer Objektivierung des unmittelbaren Ansetzens, die, vom BGH offenbar unbemerkt, auch auf den Rücktritt durchschlägt. Der BGH meint nämlich, dass in den genannten Fällen „eine unmittelbare Rechtsgutsgefährdung nach dem Tatplan erst dann ein(tritt), wenn das Opfer tatsächlich erscheint, dabei Anstalten trifft, die erwartete selbstschädigende Handlung vorzunehmen und sich deshalb die Gefahr für das Opfer verdichtet" (BGHSt **43** 177, 182 f). Der Versuchsbeginn hängt damit von dem objektiven Umstand ab, dass sich das Opfer der Gefahrenquelle nähert, etwa ein Spaziergänger die Schnapsflasche mit dem Gift im Wald findet. Zu diesem Zeitpunkt liegt dann eine von weiterem Zutun des Täters unabhängige Gefährdung des Opfers vor, so dass ein Rücktritt ersichtlich ein Verhindern des Erfolgseintritts verlangt. Der beendete Versuch fällt demnach mit dem unmittelbaren Ansetzen zusammen und richtet sich nach dem Eintritt der objektiven Rechtsgutsgefährdung. Auch aus dieser Perspektive zeigt sich nochmals, dass die Überlegungen des BGH nicht zu überzeugen vermögen (eingehend § 22 Rdn. 142 f).

In anderen Entscheidungen finden sich zum Teil im Sinne einer objektivierenden Abgrenzung **misszuverstehende Äußerungen**, zum Teil wurde der BGH auch **überinterpretiert**. So findet sich in BGHSt 40 304 zwar die Formulierung, „Er (der Täter) hat die Gefahr geschaffen und muss sie beseitigen.[382] Im Zentrum der Begründung steht aber die Auffassung, der Täter rechne mit dem Erfolgseintritt auch dann, wenn er sich aus Gleichgültigkeit überhaupt keine Gedanken macht. Das ist zwar unlogisch,[383] steht aber auf dem Boden einer subjektiven Abgrenzung.[384] In anderen Entscheidungen betont der BGH die objektive Gefährdung des Opfers und die Kenntnis der die Gefahr des Erfolgseintritts begründenden Umstände.[385] Daraus kann aber nicht der Schluss gezogen werden, der BGH habe damit zum Ausdruck bringen wollen, es komme nicht auf das Erkennen der Gefahr als solcher an.[386] Die Erwägungen betreffen vielmehr den auch sonst geläufigen Umgang des BGH mit § 261 StPO bei der Feststellung subjektiver Tatsachen, also die Frage, unter welchen Umständen der Schluss von äußeren Umständen auf die innere Willensrichtung zumindest naheliegt.[387] 146

**Überzeugen** können die dargestellten Bemühungen um eine objektive Abgrenzung von unbeendetem und beendetem Versuch **nicht**.[388] Das liegt zum einen daran, dass diese Auffassungen den Zusammenhang zwischen dem subjektiv basierten Versuchsunrecht und dem Rücktritt zerreißen.[389] Der Einwand, „dass die Rücktrittsvorschrift mit dem Postulat der Gefährdungsumkehr eine ganz andere Zielsetzung als § 22 verfolgt",[390] geht von der – nicht überzeugenden (Rdn. 37 f) – Prämisse aus, dass der Rücktritt als Gefährdungsumkehr zutreffend umschrieben ist. Diese – im Falle des ungefährlichen, insbesondere untauglichen Versuchs ohnedies nicht passende[391] – Annahme, verkürzt den Rücktritt auf die äußere Seite der Gefährlichkeit und vernachlässigt den Angriff auf das Rechtsverhältnis, der von dem Willen des Täters getragen wird und von dem er sich durch sein Rücktrittsverhalten distanzieren muss. Eine rein objektive Un- 147

382 So *Jäger* S. 89.
383 *Stuckenberg* JA **1999** 752 mit Fn. 14; *Murmann* JuS **1996** 590, 592.
384 **AA** *Jäger* S. 89.
385 BGHSt **33** 295, 299 f; BGH NStZ **1999** 299; BGH NStZ **1999** 300.
386 Zutreffend *Roxin* AT II § 30 Rdn. 173; dagegen *Jäger* S. 89: der subjektiven Sicht des Täters komme „nur noch eine Alibifunktion" zu. Nicht überzeugend auch die Interpretation von BGHSt **33** 295 durch *Jäger* SK Rdn. 50.
387 Vgl. zur entsprechenden Frage der Feststellung des Vorsatzes etwa BGH NStZ **2016** 670, 671; BGH NJW **2016** 1970, 1971; BGH NStZ **2015** 216; BGHSt **57** 183, 186, 188; BGH NStZ-RR **2007** 86, 87; BGH NStZ **1986** 549, 550.
388 **Kritisch** etwa auch *Hoffmann-Holland* MK Rdn. 77; *Scheinfeld* NStZ **2006** 375, 376 f; eingehend *Knörzer* S. 67 ff.
389 So z. B. *Bottke* Strafrechswissenschaftliche Methodik S. 427; *Zaczyk* NK Rdn. 45.
390 So *Jäger* S. 87; *ders.* SK Rdn. 48.
391 Zutreffend *Zaczyk* NK Rdn. 45.

terscheidung führt also dazu, dass das Verhalten des Täters nicht mehr als Stellungnahme zur übertretenen Norm interpretiert werden kann.[392]

148 **bb) Subjektive Abgrenzung.** Überwiegend wird eine subjektive Theorie in dem Sinne für richtig gehalten, dass die Abgrenzung von unbeendetem und beendetem Versuch anhand der **Vorstellungen des Täters vom Verwirklichungsgrad der Tat** vorzunehmen sei.[393] Dies gelte auch, wenn der Täter nur mit bedingtem Vorsatz gehandelt hat.[394]

149 **(1) Unbeendeter Versuch.** Damit ist ein versuchtes Delikt nach h. M. solange unbeendet, wie der Täter (im Zeitpunkt der letzten Ausführungshandlung – dazu oben Rdn. 133 ff) **glaubt**, noch **nicht alles** zur Verwirklichung des Tatbestandes Erforderliche getan zu haben, er also von der Vorstellung geleitet wird, sein bisheriges Tun werde den Erfolg noch nicht herbeiführen.[395] Fehleinschätzungen – also das Verkennen einer objektiv bestehenden Gefahrenlage – sollen der Annahme eines unbeendeten Versuchs nicht entgegenstehen (näher Rdn. 152 ff). Dazu kritisch Rdn. 155 ff.

150 **(2) Beendeter Versuch.** Beendet ist der Versuch dagegen, wenn nach der **Vorstellung** des Täters **alle Schritte getan** sind, die ihm zur Vollendung notwendig erscheinen.[396] Der Versuch ist deshalb auch dann beendet, wenn dem Täter noch weitere Handlungen möglich sind, die den Erfolgseintritt beschleunigen oder dessen Wahrscheinlichkeit erhöhen würden (BGHSt **22** 330, 332; BGH NJW **1980** 195). So ist etwa ein versuchter Verdeckungsmord beendet, wenn der Täter zunächst das von ihm vergewaltigte Opfer zur Verdeckung seiner Tat durch Messerstiche töten will, es dabei für ihn erkennbar lebensgefährlich verletzt, jedoch nicht sofort den Tod herbeiführen kann und den Tatort verlässt, nachdem er zuvor erfolglos versucht hat, sein Opfer mit einem Kissen zu ersticken und mit einer Strumpfhose zu erdrosseln. Da der Täter schon nach den Messerstichen davon ausgegangen ist, dass das Opfer lebensgefährlich verletzt ist, hat er den Erfolgseintritt für möglich gehalten. Daran haben auch die weiteren Handlungen nichts geändert, weil sie nur dazu gedient haben, den Todeseintritt zu beschleunigen (BGH NStZ **1986** 312). Da die Tätervorstellung maßgeblich ist, liegt ein beendeter Versuch auch dann vor, wenn die vorgenommene Handlung objektiv nicht zur Herbeiführung des Erfolgs geeignet ist,

---

**392** Im Ergebnis ebenso unter Heranziehung der unterschiedlichen Begründungsansätze für die Strafbefreiung beim Rücktritt *Knörzer* S. 79 ff.

**393** RGSt **43** 137, 138; **57** 278, 279; BGHSt **35** 90, 92; **33** 295, 297; **31** 170, 171; **31** 46, 49; **22** 330, 331 f; **22** 176, 177; **14** 75, 79; **10** 129, 131; **4** 180, 181; BGH NStZ-RR **2017** 303; BGH NStZ-RR **2015** 170; BGH NStZ **2015** 509; BGH NStZ **2015** 261 mit Anm. *Becker*; BGH NStZ **2014** 507, 509; BGH NStZ **2011** 35; BGH NStZ **2010** 690, 691; BGH NStZ **1999** 299 f; BGH NStZ **1993** 398, 399; BGH NStZ **1984** 116; BGH StV **1982** 70; BGH GA **1956** 89; *Ambos* HK-GS Rdn. 11; *vHH/Cornelius* Rdn. 22; *Dold* S. 219; *Hoffmann-Holland* MK Rdn. 78; *Geilen* JZ **1972** 335 ff; *Jakobs* AT 26/14; *Jescheck/Weigend* § 51 II 2; *SSW/Kudlich/Schuhr* Rdn. 32; *Kühl* AT § 16 Rdn. 24; *Küper* NJW **1978** 956; *Jäger* SK Rdn. 40; *Sch/Schröder/Eser/Bosch* Rdn. 13; *Welzel* Strafrecht § 25 I 1; *Wessels/Beulke/Satzger* Rdn. 1034; *Wolter* ZStW **89** (1977) 649, 690. Eingehend *Knörzer* S. 163 ff.

**394** BGHSt **22** 330, 332; BGH NJW **1993** 943, 944; BGH 3 StR 296/80 v. 23.7.1980; vgl. dazu *Hruschka* JZ **1969** 495; *Jakobs* AT 26/18; *Welzel* Strafrecht § 25 I 1.

**395** Siehe nur beispielhaft BGH StraFo **2018** 31 f (dazu *Hecker* JuS **2018** 391 ff); BGH bei Holtz MDR **1995** 878, 879; *Jakobs* AT 26/14; *Jescheck/Weigend* § 51 II 1; *Kühl* AT § 16 Rdn. 24 f; *Jäger* SK Rdn. 40; *Sch/Schröder/Eser/Bosch* Rdn. 14; *Wessels/Beulke/Satzger* Rdn. 1035.

**396** BGHSt **23** 356, 359; **14** 75, 79; **10** 129, 131; **4** 180, 181; BGH NStZ-RR **2019** 368; BGH NStZ-RR **2018** 137; BGH NStZ-RR **2015** 105, 106; BGH NStZ **2008** 329; BGH StV **1982** 70; BGH GA **1956** 89; *Sch/Schröder/Eser/Bosch* Rdn. 14; *Wessels/Beulke/Satzger* Rdn. 1036.

der Täter davon aber ausgeht.[397] Nachdem BGHSt **40** 304 erstmals bezogen auf einen Täter, der sich keine Vorstellungen hinsichtlich der Gefahr des Erfolgseintritts gemacht hatte, einen beendeten Versuch angenommen hat, findet sich in der Rechtsprechung häufig eine erweiterte Definition des beendeten Versuch, die neben der Konstellation, dass der Erfolgseintritt nach Tätervorstellung droht, auch den Fall erfasst, dass er sich **keine Vorstellungen** macht (näher Rdn. 170 ff).[398]

**(3) Vorstellungsinhalt.** Hinsichtlich des Vorstellungsinhalts ist im Rahmen der subjektiven Theorie **umstritten**, wie hoch die **Wahrscheinlichkeit der Tatbestandsverwirklichung** auf der Grundlage der Tätervorstellung sein muss, damit ein beendeter Versuch vorliegt. Dabei besteht noch insoweit Einigkeit, als das Vorliegen eines beendeten Versuchs jedenfalls **nicht** voraussetzt, dass sich der Täter des **Erfolgseintritts gewiss ist.**[399] Erforderlich ist auch **nicht**, dass der Täter „den Erfolgseintritt nach Feststellung der Verletzung noch **wollte und billigte**"[400] – das wäre nicht einmal für eine Vollendungsstrafbarkeit zu verlangen. Teilweise wird für die Annahme eines beendeten Versuchs verlangt, der Erfolgseintritt müsse aus Tätersicht **„sehr nahe"** liegen (*Vogler* LK[10] Rdn. 70)[401] oder es ist die Rede davon, der Täter müsse „die **naheliegende Möglichkeit**" des Erfolgseintritts **erkannt** haben.[402] Überwiegend wird für die Annahme eines beendeten Versuchs für ausreichend gehalten, dass der Täter sein bisheriges Handeln zur Herbeiführung des Erfolgs für geeignet und es deshalb für **möglich** hält, dass der Erfolg bereits infolge seines bisherigen Tuns eintreten werde.[403] Der Große Senat des BGH hat diese Position als inzwischen gefestigte Rechtsprechung angesehen.[404] Nicht ausreichend zur Begründung eines beendeten Versuchs sei eine aus Tätersicht lediglich „entfernte Möglichkeit", dass das bereits Getane zur Tatvollendung ausreicht.[405] Als Kehrseite wird angenommen, dass ein Versuch nur dann unbeendet ist, wenn der Täter **fest darauf vertraut**, dass seine bisherigen Handlungsakte noch nicht ausreichen, um den tatbestandlichen Erfolg herbeizuführen (hinsichtlich eines versuchten Totschlags OLG Düsseldorf NStZ-RR **1996** 240 f). Dem ist im Grundsatz zuzustimmen. Denn schon wenn der Täter den Erfolgseintritt nur für möglich hält, setzt eine Distanzierung von der Unrechtsmaxime voraus, dass er Handlungen vornimmt, die darauf abzielen, die Realisierung der aus seiner Sicht verbliebenen Möglichkeit des Erfolgseintritts zu 151

---

**397** BGH NStZ **1993** 39, 40; *Sch/Schröder/Eser/Bosch* Rdn. 14; *Fischer* Rdn. 15; **aA** *Borchert/Hellmann* GA **1982** 429, 436 ff, 441 f, die bei objektiv nicht gegebener Erfolgsgefahr noch einen unbeendeten Versuch annehmen, dem Täter aber eine gesteigerte Rücktrittspflicht auferlegen, indem sie einen Rücktrittsentschluss verneinen, wenn der Täter lediglich mit dem Handeln aufhöre, ohne „der von ihm initiierten Versuchshandlung ihre Wirksamkeit zu nehmen". Diese Konstruktion eines „unbeendeten" Versuchs mit gleichwohl gesteigerter „Rücktrittspflicht" ist nicht nur unnötig kompliziert, sondern auch dogmatisch nicht haltbar – so zutreffend *Küper* JZ **1983** 264, 266, Fn. 12. Bei einem Verstoß gegen das Insiderhandelsverbot liegt bereits mit der Erteilung der Order ein beendeter Versuch vor, *Chr. Schröder* Handbuch Kapitalmarktstrafrecht Rdn. 327.

**398** Z. B. BGH NStZ-RR **2018** 137; BGH NStZ-RR **2018** 137, 138; BGH NStZ **2011** 209; NStZ-RR **2006** 6; NStZ-RR **2006** 101, 102.

**399** Vgl. nur BGH NStZ **1999** 300, 301; ausführlich *Vogler* LK[10] Rdn. 68; auch *Küper* JZ **1983** 264, 266 ff.

**400** Ausdrücklich BGHSt **33** 295, 300; auch BGHSt **31** 170, 177; (GS) **39** 221, 231; BGH NStZ **2005** 263, 264; BGH NStZ **1999** 300, 301; BGH JR **2005** 382, 383; *Kühl* AT § 16 Rdn. 31; *Vogler* LK[10] Rdn. 70; *Zaczyk* NK Rdn. 41.

**401** Die Formulierung findet sich auch bei *Lilie/Albrecht* LK[12] Rdn. 167, die dann aber einen unbeendeten Versuch nur annehmen, wenn der Täter „fest" auf das Ausbeiben des Erfolgs vertraut.

**402** BGHSt **33** 295, 300; BGH NStZ **2005** 263, 264; BGH NStZ **1992** 434; BGH JR **2005** 382, 383. Vgl. auch *Küper* JZ **1983** 264, 268.

**403** BGHSt **22** 330, 332; **14** 75, 80; BGH NStZ **2014** 507, 509; BGH NStZ **2011** 209; BGH GA **1966** 208; BGH bei Dallinger MDR **1966** 22; BGH bei Dallinger MDR **1956** 394; BGH GA **1956** 89; BGH 1 StR 119/89 v. 1.4.1989; *Lilie/Albrecht* LK[12] Rdn. 156; *Sch/Schröder/Eser/Bosch* Rdn. 14; *Jescheck/Weigend* S. 541; *Jäger* SK Rdn. 40; *Knörzer* S. 106.

**404** BGHSt (GS) **39** 221, 227.

**405** BGH NStZ **1984** 116.

verhindern. Wenn er untätig bleibt, überlässt er das Rechtsgut dem Zufall, trifft also gerade nicht die erforderliche Entscheidung für eine Distanzierung von der Versuchstat. Allerdings lassen sich die Anforderungen auch noch **nach normativen Maßstäben präzisieren**: Entscheidend muss bei genauerer Betrachtung sein, ob die nach der Tätervorstellung bestehende Möglichkeit des Erfolgseintritts das **erlaubterweise zu Lasten des Opfers zu schaffende Risiko überschreitet**. Ein beendeter Versuch liegt danach dann vor, wenn der Täter davon ausgeht, durch seine Ausführungshandlung eine rechtlich missbilligte Gefahr – eine „deliktsspezifische Gefahr“[406] – geschaffen zu haben, woran es fehlen kann, wenn auf der Grundlage der Tätervorstellung lediglich eine hinzunehmende Alltagsgefahr aus der Versuchshandlung resultiert hat.

152 Obwohl es als mittlerweile gefestigter Grundsatz in Rechtsprechung und h. L. angesehen werden kann, dass ein beendeter Versuch anzunehmen ist, wenn der Täter in seinen Rücktrittshorizont die Möglichkeit des Erfolgseintritts aufgenommen hat, bestehen bei der konkreten Anwendung dieses Ausgangspunkts in der **Rechtsprechung** gewisse **Unklarheiten**. Diese beruhen zum Teil darauf, dass mitunter nicht deutlich genug zwischen den maßgeblichen materiellrechtlichen Maßstäben und deren prozessualer Feststellung unterschieden wird.[407] In **materieller Hinsicht** hat sich der BGH verschiedentlich auf den Standpunkt gestellt, dass es für die Annahme eines beendeten Versuchs darauf ankomme, dass der Täter die **tatsächlichen Umstände erkennt**, die nach der Lebenserfahrung die Möglichkeit des Erfolgseintritts nahe legen.[408] Wörtlich genommen liegt darin ein Verzicht auf das Erfordernis, dass der Täter auch die Gefahr als solche erkannt haben muss. Hält man dagegen das Erkennen der Gefahr für erforderlich, so wäre es jedenfalls nicht berechtigt, die Gefahrkenntnis zu fingieren, sofern der Täter über die gefahrbegründenden Umstände orientiert ist. In diesem Sinne könnte man den BGH verstehen, wenn es heißt, den Erfolgseintritt halte für möglich, „wer die tatsächlichen Umstände erkennt, die diesen Erfolgseintritt nach der Lebenserfahrung nahelegen“.[409] Andererseits finden sich auch Entscheidungen, in denen der BGH betont, dass es nicht ausreicht, wenn der Täter mit dem Erfolgseintritt „rechnen musste“[410] oder „rechnen konnte“.[411] Nur letzteres dürfte den Standpunkt des BGH zutreffend wiedergeben (dezidiert BGH NStZ **2017** 459 mit Anm. *Jäger*; s. Rdn. 154).[412] Die Kenntnis der gefahrbegründenden Umstände kann dann lediglich im Rahmen der **Beweiswürdigung** ein Argument dafür sein, dass sich der Täter auch der Gefahr bewusst war (Rdn. 154).

153 Verlangt man, dass der Täter die Möglichkeit des Erfolgseintritts aufgrund der geschaffenen Gefahrenlage **tatsächlich subjektiv realisiert** hat,[413] so führt dies freilich dazu, dass der Täter selbst nach Schaffung größter Gefahren straffrei ausgehen kann, wenn er unbegründet optimistisch auf das Ausbleiben des Erfolges vertraut und das Opfer tatsächlich gerettet wird. Zutreffend schreibt *Zaczyk* (NK Rdn. 45): „Obwohl der Täter die Gefahr geschaffen hat, arbeitet der Zufall allein zu seinen Gunsten, wenn er nur sein bisheriges Verhalten falsch einschätzt“. Dabei verschärft es die Gefahr unangemessener Ergebnisse, dass verbleibende Zweifel hinsichtlich der Tätervorstellung **in dubio pro reo** zu lösen sind, also davon auszugehen ist, dass der Täter die

---

**406** *Lilie/Albrecht* LK[12] Rdn. 167 unter Bezugnahme auf BGH NStZ **2005** 151 f; *Vogler* LK[10] Rdn. 68 ff; *Küper* JZ **1983** 264, 266 ff.

**407** Gut dazu *Knörzer* S. 125 ff; ferner *Scheinfeld* NStZ **2006** 375, 377 f.

**408** BGHSt **31** 170, 177; **33** 295, 299; **35** 90, 93; (GS) **39** 221, 231; BGH NStZ **2005** 263, 264; BGH NStZ **1993** 39, 40; BGH NStZ **1994** 76 f; BGH NStZ **1999** 300, 301 (dazu *Stuckenberg* JA **1999** 751)); NStZ **2004** 324 NStZ **2004** 324, 325; *Küper* JZ **1983** 264, 268; dazu auch *Nolden* S. 178 ff; *Weinhold* S. 80 ff; **kritisch** *Murmann* Versuchsunrecht S. 43 f; *Weidemann* GA **1986** 409, 410 ff; auch *Roxin* JZ **1993** 896, 897; unter Berufung auf diesen *Lackner/Kühl/Kühl* Rdn. 4.

**409** BGHSt (GS) **39** 221, 231. Auch BGHSt **33** 295, 300: „Ist der Erfolgseintritt ... nach der letzten Ausführungshandlung möglich, so ist der Versuch beendet, wenn der Täter die hierfür maßgebenden tatsächlichen Umstände erkannt hat“.

**410** BGH NStZ **1992** 434; BGH 3 StR 337/11 v. 1.12.2011; BGH NStZ-RR **2009** 129 f.

**411** BGH StV **1988** 201; dazu ausführlich *Seier* JuS **1989** 102.

**412** Siehe auch *Puppe* ZIS **2011** 524, 525.

**413** *Fischer* Rdn. 15b.

Möglichkeit des Erfolgseintritts verkannt hat (BGH NStZ-RR **2018** 137 [LS]), sofern sich für eine solche Fehleinschätzung Anhaltspunkte finden lassen (BGH NStZ **2009** 630, 631; dazu *Wörner* NStZ **2010** 66 ff; OLG Celle Nds.Rpfl. **2016** 131).

Der BGH versucht eine unangemessene Ausdehnung des unbeendeten Versuchs mit Hilfe der Instrumentarien des Prozessrechts zu vermeiden, indem er betont, dass an die Feststellung der einen unbeendeten Versuch begründenden Annahme des Täters, der Erfolgseintritt drohe nicht, **„strenge Anforderungen"** zu stellen seien.[414] Diese Anforderungen betreffen die **richterliche Beweiswürdigung** (§ 261 StPO).[415] Hier dürfte auch die für sich genommen das materielle Recht betreffende Formulierung zu verorten sein, wonach den Erfolgseintritt für möglich halte, „wer die tatsächlichen Umstände erkennt, die diesen Erfolgseintritt nach der Lebenserfahrung nahelegen" (Rdn. 152).[416] Denn wenige Zeilen nach dieser Äußerung schreibt der BGH, die bisherige Rechtsprechung zusammenfassend: „bei gefährlichen Gewalthandlungen und schweren Verletzungen, deren Wirkungen der Täter wahrgenommen hat, liege es auf der Hand, dass er die lebensgefährdende Wirkung und die Möglichkeit des Erfolgseintritts erkennt".[417] Es ist also von der Wahnehmung der Situation auf die Kenntnis von deren (möglicher) Weiterentwicklung bis zum Eintritt des tatbestandsmäßigen Erfolgs zu schließen, sofern dieser Zusammenhang hinreichend evident ist. Bedeutung kommt der für den Einzelfall zu bestimmenden allgemeinen **Lebenserfahrung** zu, die sich auf die vom Täter fassbaren Umstände beziehen muss, jedoch an Hand konkreter Tatsachen widerlegbar ist.[418] Da die Feststellung, ob der Täter den Erfolgseintritt nach Abschluss seiner letzten Ausführungshandlung[419] für möglich hält, aus dessen Sicht zu treffen ist, sind die vom Täter wahrnehmbaren Tatsachen in den Blick zu nehmen. Vielfach wird das Tatgericht demnach eine **doppelte Schlussfolgerung** ziehen müssen, weil es im ersten Schritt aus der tatsächlichen Situation nach Vornahme der Tathandlung auf die diesbezügliche Kenntnis des Täters und von dieser auf die Kenntnis der Gefahr schließen muss. Jedenfalls bei sich aufdrängender Gefährlichkeit kann danach ein Tatgericht nur ausnahmsweise und nur mit guten Gründen zu der Annahme kommen, der Täter habe die Situation verkannt und sich deshalb im Stadium des unbeendeten Versuchs befunden. Insbesondere setzt dies die Feststellung von Umständen voraus, die nahe legen, dass der Täter nach Abschluss seiner Handlungen den Erfolgseintritt nicht mehr für möglich gehalten hat (BGH NStZ-RR **2011** 87, 88). Dafür ist etwa auf die vom Täter wahrgenommenen Verletzungen des Opfers und auf sein Verhalten nach der Tat abzustellen (s. noch Rdn. 161 ff).[420] Der Tatrichter muss allgemeinen Beweiswürdigungsgrundsätzen entsprechend alle objektiven Umstände im Rahmen einer Gesamtwürdigung berücksichtigen und im Urteil erschöpfend erörtern.[421] Bei danach verbleibenden 154

---

**414** BGHSt (GS) **39** 221, 231 unter Bezugnahme auf BGHSt **35** 90, BGHR § 24 Abs. 1 Satz 1 Versuch, unbeendeter 6, 16, 17; BGH 1 StR 119/89 v. 1.4.1989 und BGH 3 StR 187/92 v. 24.6.1992; BGH NStZ **2006** 97 f; BGH NStZ **1999** 299; BGH StV **1996** 23.

**415** Eingehend *Knörzer* S. 131 ff, 152, 167 ff.

**416** BGHSt (GS) **39** 221, 231. Ebenso die Interpretation von *Knörzer* S. 150 ff; *Roxin* AT II § 30 Rdn. 173.

**417** BGHSt (GS) **39** 221, 231; **33** 295, 300; **31** 170, 177; BGH 4 StR 525/00 v. 19.12.2000; BGH NStZ **1999** 299; NStZ **1997** 593; NStZ **1996** 97 f; BGH NStZ **1994** 76, 77; BGH NStZ **1986** 312; BGHR § 24 Abs. 1 Satz 1 Versuch, unbeendeter 2, 5; siehe auch OLG Oldenburg NStZ-RR **1996** 240 f.

**418** Z. B. BGH NStZ **2002** 427, 428; BGH NStZ **1992** 434; BGH 3 StR 177/01 v. 6.6.2001; siehe auch *Knörzer* S. 136 ff.

**419** Bei mehraktigen einheitlichen Geschehensabläufen ist besonders darauf zu achten, dass die Tätervorstellungen nach der letzten Ausführungshandlung für die Bewertung, ob der Versuch beendet ist, zugrundegelegt werden; vgl. anschaulich BGH NStZ-RR **2009** 42; BGH NStZ **1997** 593.

**420** BGHSt **35** 90, 91; **33** 295, 299 f; **31** 170, 176; BGH StV **2020** 114, 115 f; BGH NStZ-RR **2009** 42; BGH NStZ-RR **2006**, 6; BGH 3 StR 535/00 v. 21.3.2001; BGH 4 StR 525/00 v. 19.12. 2000; BGH NStZ **1999** 299; BGH StV **1996** 23; BGH StV **1988** 201; BGHR § 24 Abs. 1 Satz 1 Versuch, unbeendeter 4, 9, 13, 15; BGH 4 StR 8/03 v. 11.2.2003. Eingehend *Knörzer* S. 168 ff.

**421** BGH NStZ-RR **2015** 106, 107 (dazu *Hecker* JuS **2015** 657 ff; *Jäger* JA **2015** 549 ff); BGH NStZ-RR **2009** 42; BGH NStZ-RR **2006** 370 f; NStZ **1999** 299, 300; NStZ **1984** 116; BGH 2 StR 317/00 v. 24.11.2000; BGH 4 StR 211/00 v.

Unsicherheiten ist der in dubio pro reo-Grundsatz anzuwenden.[422] Im Ergebnis bleibt dann trotz der postulierten „strengen Anforderungen“ ein breiter Raum, in dem der BGH trotz Zufügung schwerster Verletzungen einen unbeendeten Versuch für möglich hält (Rdn. 164).[423]

155 **cc) Stellungnahme: ratioorientierte Einschränkungen der subjektiven Abgrenzung.** Eine sachgerechte Abgrenzung hat von der Einsicht auszugehen, dass unbeendeter und beendeter Versuch als Umschreibungen der Situationen zu verstehen sind, in denen entweder (noch) ein bloßes Aufgeben oder (schon) ein Verhindern für einen erfolgreichen Rücktritt zu fordern ist (Rdn. 131). Dementsprechend ist nach **Sinn und Zweck von § 24** danach zu fragen, welches Verhalten als **Distanzierung** von der mit dem Versuch realisierten Normverletzung zu interpretieren ist. Dieser Erklärungswert muss dem Täter zugeschrieben werden können; Theorien, die auf die objektive Gefährlichkeit abstellen, verlieren den Bezug zum konkreten Täter und können danach nicht überzeugen (Rdn. 143 ff). Vor diesem Hintergrund verdient die Abgrenzung auf der Grundlage der Tätervorstellung jedenfalls insoweit Zustimmung, wie sie am **Täter in seiner Individualität** ansetzt. Da die Tat als unabgeschlossenes Geschehen eine Stellungnahme des Täters zur Unrechtsmaxime grundsätzlich bis zur Vollendung erlaubt ist es auch sachgerecht, mit der Rechtsprechung und der ihr folgenden Wissenschaft[424] von einer Gesamtbetrachtung auszugehen und unbeendeten und beendeten Versuch auf der Grundlage der **Lehre vom Rücktrittshorizont** zu unterscheiden (Rdn. 136 ff). Eine zusätzliche **Frage** ist aber, ob damit stets die **Einschätzung des Täters** hinsichtlich der Gefahrenlage den Ausschlag geben muss. Zutreffend ist diese Sichtweise für die Behandlung solcher Fälle, in denen der Täter – zu Recht oder zu Unrecht – nach Vornahme der letzten Ausführungshandlung der Auffassung ist, der Erfolg werde ohne weiteres Zutun eintreten. In diesem Fall liegt ein **beendeter Versuch** vor und der Täter muss, wenn er von einer Gefahrenlage ausgeht, deren Nichtbeseitigung als rechtlich missbilligt zu bewerten wäre (Rdn. 151), Verhinderungsbemühungen entfalten. Bloße Untätigkeit kann angesichts des aus seiner Sicht drohenden Erfolgseintritts nicht als Stellungnahme gegen die im Versuch objektivierte Unrechtsmaxime interpretiert werden und zwar – wie § 24 Abs. 1 S. 2 bestätigt – auch dann nicht, wenn objektiv bloße Untätigkeit ausreicht, weil der Erfolgseintritt in Wahrheit gar nicht droht.

156 Die von der subjektiven Theorie postulierte Maßgeblichkeit der Tätervorstellung stößt aber naturgemäß dort an **Grenzen**, wo sich der Täter überhaupt **keine Vorstellungen** darüber macht, ob der Erfolgseintritt droht oder nicht. Der Theorie fehlt dann gleichsam der Gegenstand, auf den sie ihren Maßstab anwenden kann (dazu noch Rdn. 170 ff). Eine psychologisierende Betrachtung führt hier ersichtlich nicht weiter. Auszugehen ist von der Frage, welches Verhalten als Stellungnahme gegen die zunächst im Versuch objektivierte Unrechtsmaxime verstanden werden kann (Rdn. 155). Da der Täter überhaupt nicht über den Stand der Rechtsgutsgefährdung orientiert ist, kann er sein Verhalten nicht an die Situation anpassen. Folglich kann Untätigkeit auch nicht als Aufgeben interpretiert werden. Vielmehr ist daran zu erinnern, dass der

---

27.6.2000; BGHR § 24 Abs. 1 Satz 1 Versuch, unbeendeter 13. Vgl. auch – nicht überzeugend – BGH NStZ **2019** 399, wo die Rüge des BGH, das Instanzgericht habe sich wesentlich an den Tätervorstellungen im Moment der Tatbegehung orientiert und sich nicht hinreichend mit den nachfolgenden Vorstellungen auseinandergesetzt, sogar erhoben wird, obwohl der Täter unmittelbar nach dem planmäßig mit Tötungsvorsatz geführten Stich in den Hals des Opfers geflohen war.

**422** BGH NStZ-RR **2018** 137; **2006** 370; StV **2003** 615; BGH 4 StR 227/01 v. 9.8.2001; *Fischer* Rdn. 15c. Freilich müssen verbleibende Unsicherheiten eine Tatsachenbasis aufweisen: „Der Zweifelssatz bedeutet nicht, dass von der dem Angeklagten jeweils (denkbar) günstigsten Fallgestaltung auch dann auszugehen ist, wenn hierfür keine Anhaltspunkte bestehen“ (BGH NStZ **2009** 630, 631).

**423** Zutreffend kritisch *Puppe* NStZ **2015** 332, 333.

**424** *Busch* JuS **1993** 304, 306 f; *Geilen* JZ **1972** 335, 339; *Gropp* FS Gössel 175, 184 ff; *Krauß* JuS **1981** 883, 884 f; *Kudlich* JuS **1999** 349, 350 f; *Rengier* AT § 37 Rdn. 36; *Roxin* AT II § 30 Rdn. 187 ff; *ders.* FS Heinitz 251, 267 ff; *Jäger* SK Rdn. 34; *Fischer* Rdn. 15 ff; *Wessels/Beulke/Satzger* Rdn. 1043.

Täter, der eine aus seiner Sicht gefährliche Ausführungshandlung vornimmt, eine Verantwortung für die weitere Entwicklung des Geschehens mit Blick auf eine möglicherweise bestehende Gefahr trägt. Der vorsätzliche Rechtsgutsangriff begründet eine **Ingerenzgarantenstellung** zugunsten des Rechtsguts, dem möglicherweise eine Beeinträchtigung droht. Eine unklare Gefahrenlage befreit den Täter nicht von seiner Verantwortung, sondern begründet eine **Pflicht zur Aufklärung.**[425] Schätzt er die Situation sorgfaltswidrig als ungefährlich ein, bleibt ein Handlungsunwert, der im Falle des Erfolgseintritts zu einer Fahrlässigkeitshaftung führen kann. Hinsichtlich der an den Rücktritt zu stellenden Anforderungen kann nichts Anderes gelten: Ein Täter, der nach einer als gefährlich eingestuften Ausführungshandlung deren mögliche Konsequenzen nicht reflektiert, bezieht nicht Position gegen die von ihm manifestierte Unrechtsmaxime. Er ignoriert mit seinem Verhalten die aufgrund seines Vorverhaltens begründete Pflicht. Seine Untätigkeit lässt sich nicht als Aufgeben interpretieren.[426] Tatsächlich ist hier eine Einordnung als unbeendeter oder beendeter Versuch nicht möglich, weil die Pflichtverletzung des Täters gerade darin besteht, sich nicht über die Gefahrenlage als Grundlage dieser Einordnung zu orientieren.[427] Vor dem Hintergrund einer fehlenden Stellungnahme zu der mit dem Versuchsunrecht verletzten Norm ist es auch nicht begründbar, die Strafbefreiung zu gewähren, wenn der Täter hätte erkennen können, dass objektiv keine Gefahrenlage besteht (so aber *Roxin* AT II § 30 Rdn. 172). Das dafür vorgebrachte Argument, der Täter solle nicht schlechter gestellt werden als derjenige, der leichtfertig auf das Ausbleiben des Erfolgs vertraut,[428] basiert auf einer nicht überzeugenden Prämisse (dazu sogleich).

Aus dem Vorstehenden ergeben sich weitere **Einschränkungen** der auf die tatsächliche Tä- 157
tervorstellung abstellenden **subjektiven Theorie** für solche **Konstellationen**, in denen der Täter **ohne tragfähige Grundlage von einem unbeendeten Versuch ausgeht**, während in Wirklichkeit eine nach den objektiven Umständen erkennbare **Gefahr für das Rechtsgut besteht.** Auch insoweit ist freilich – entgegen einer objektiven Theorie – nicht ohne weiteres die objektive Gefahrenlage zugrunde zu legen. Ausschlaggebend muss auch hier vielmehr die aufgrund des pflichtwidrigen Vorverhaltens (d.h.: der Vornahme der Ausführungshandlung) begründete Pflichtenlage des Täters zugunsten des angegriffenen Rechtsguts sein.[429] Denn nachdem der Täter auf der Grundlage seiner Vorstellungen eine Ausführungshandlung vorgenommen hat, darf er sich nicht ohne **sorgfältige Reflexion und Prüfung** auf den Standpunkt zurückziehen, eine Gefahr des Erfolgseintritts bestehe nicht.[430] Gibt die Sachlage nach Vornahme der Ausführungshandlung Anlass dazu, an der Ungefährlichkeit der Situation zu zweifeln, ist vom Täter zu verlangen, diesem Zweifel nachzugehen bzw. bei verbleibender Unsicherheit Rettungshandlungen vorzunehmen.[431] Das folgt aus dem Gedanken der Ingerenz ebenso wie aus der ratio des Rücktritts: Eine Distanzierung von der Unrechtsmaxime setzt voraus, dass der Täter mit der gebotenen Sorgfalt die Frage prüft, ob das Opfer einer Gefahr ausgesetzt ist. Dabei hängt die Stellungnahme zur Unrechtsmaxime freilich nicht nur von einem objektiven Sorgfaltsmaßstab ab. Da der Rücktritt eine individuelle Stellungnahme zu der verletzten Norm voraussetzt, sind die **individuellen Kenntnisse und Fähigkeiten des Täters** maßgeblich. In diesem Sinne lässt sich auch weiterhin

**425** *Jakobs* AT 29/85 f; *Ostermeier* StraFo **2008** 102, 103; *Puppe* JR **2000** 72; 74; *dies.* ZIS **2011** 524, 526; *Weinhold* S. 129. Kritisch zum Ingerenzgedanken *Knörzer* S. 102 ff, 161 f, die sich gegen die Annahme eines Wertungswiderspruchs hinsichtlich der fahrlässigen Pflichtverletzung des Ingerenzgaranten wendet.

**426** *Zaczyk* NK Rdn. 44.

**427** *Murmann* JuS **1996** 590, 593.

**428** *Roxin* AT II § 30 Rdn. 172.

**429** Die Normativierung dient also nicht etwa der Umgehung von Beweisschwierigkeiten; zutreffend *Knörzer* S. 130 f.

**430** *Murmann* JuS **1996** 590, 593; *Puppe* JR **2000** 72, 74; *dies.* ZIS **2011** 524, 526, 529; *dies.* NStZ **2015** 332, 333; *Weinhold* S. 129.

**431** Entgegen BGH NStZ **2011** 337, 338 kann sich ein Täter, der sein Opfer die Kellertreppe hinabgestoßen hat, nicht mit Erfolg darauf berufen, dass „ein Treppensturz nicht unweigerlich zu lebensbedrohlichen Verletzungen führen muss“.

von einer subjektiven Theorie sprechen.[432] Kann dem Täter persönlich ein Vorwurf daraus gemacht werden, ohne angemessene Befassung mit der Sachlage von einem unbeendeten Versuch ausgegangen zu sein, so hat er sich nicht in einer den strafbefreienden Rücktritt legitimierenden Weise von seiner Unrechtsmaxime distanziert, sondern das Rechtsgut dem Zufall überantwortet.[433] Dagegen bemerkt *Roxin* (AT II § 30 Rdn. 174) zwar durchaus zutreffend, dass dem Täter die Motivation zu Verhinderungsbemühungen fehlt, wenn er meint, die Gefahr des Erfolgseintritts bestehe nicht. Aber diese psychologisierende Betrachtung verfehlt die ratio des Rücktritts und führt in Friktionen mit der Garantendogmatik. Es ist auch nicht treffend, wenn *Roxin* meint, dass bei fahrlässiger Verkennung der Gefahrenlage „kein hinreichender Grund" dafür bestehe, „seine folgenlose Fahrlässigkeit als versuchte Vorsatztat zu ahnden".[434] Denn angelastet wird dem Täter nicht das fahrlässige Unterlassen von Rücktrittsbemühungen, sondern der vorsätzliche Angriff auf das Rechtsgut, der durch das nachlässige Nachtatverhalten nicht in Frage gestellt wird.[435]

158 Man mag gegen diese Auffassung auf den **Wortlaut** verweisen und die Frage stellen, ob man ein „Aufgeben" in Abrede stellen kann, wenn ein Täter in der (sorgfaltswidrigen) Annahme, der Erfolgseintritt drohe nicht, untätig bleibt. Überzeugend wäre dieser Einwand nicht. Denn der Wortlaut erzwingt nicht die Anerkennung eines Aufgebens, wenn der Täter aufgrund seiner Nachlässigkeit eine objektiv bestehende Gefahr für das tatbestandlich geschützte Rechtsgut verkennt. Bleibt das Rechtsgut objektiv gefährdet, so ist es nach dem Gesetzeswortlaut ohne weiteres möglich, in der Untätigkeit eines Täters kein Aufgeben zu sehen, sondern ein Verhindern zu verlangen – nach der ratio von § 24 freilich nur, wenn dem Täter die Fehleinschätzung der Lage vorgeworfen werden kann. Diese Begründung impliziert eine **Wortlautgrenze für die Konstellation**, in der zwar aus der Perspektive des Täters eine **Gefahr bei sorgfältiger Situationsbeurteilung anzunehmen** wäre, **objektiv aber tatsächlich nicht besteht**, wenn also der Täter dem Opfer etwa eine stark blutende Halsverletzung zugefügt hat, die aber tatsächlich nicht lebensgefährlich ist (BGH NStZ **2017** 459). Auch hier spricht zwar die ratio von § 24 dafür, dem nach den ihm erkennbaren Umständen nachlässig auf das Ausbleiben des Erfolgs vertrauenden Täter den Rücktritt durch bloße Untätigkeit zu verwehren. Aber dieses Ergebnis ist – insoweit im Einklang mit der Rechtsprechung – hier wohl nur zu erzielen, wenn das Tatgericht aus den äußeren Umständen darauf schließt, dass der Täter tatsächlich von einer Lebensgefahr für sein Opfer ausgegangen ist.[436]

159 Vor dem Hintergrund der an den Täter zu stellenden Sorgfaltsanforderungen kann es z. B. **nicht überzeugen**, dass der BGH einen unbeendeten Versuch annehmen möchte, wenn der Täter darauf verzichtet, sich über die Entwicklung einer von ihm geschaffenen Gefahr zu orientieren. So lag es in einem **Fall**, in dem der Täter in einem Kellerraum eine von seiner Wohnung aus bedienbare elektrische Vorrichtung zur Auslösung eines Brandes installiert hatte. Der Täter hatte diese Vorrichtung so lange angeschaltet, dass es bereits zu einer erheblichen Temperaturentwicklung und zum Entstehen kleinerer Brände gekommen war. Gleichwohl will der BGH einen unbeendeten Versuch annehmen, wenn der Täter die Anlage in dem Vertrauen abschaltet, dass sich das brennbare Material noch nicht entzündet hat.[437] Geht man (wie der BGH offenbar zutreffend annimmt) von einem Versuchsbeginn deshalb aus, weil der Täter mit der über einen längeren Zeitraum aufrechtgehaltenen Inbetriebnahme der Vorrichtung in das Versuchsstadium eingetreten ist (also trotz der Möglichkeit, die Vorrichtung von seiner Wohnung aus zu bedienen, das Geschehen aus der Hand gegeben hat), so kann ihm eine Rücktrittsmöglichkeit nicht

---

**432** Insofern **aA** *Ostermeier* StraFo **2008** 102, 103.

**433** Das dürfte mit *Zaczyk* NK Rdn. 46 übereinstimmen, der die Frage für maßgeblich hält, „ob der Täter bei der Beurteilung des bisher Geschehenen sicher oder jedenfalls überzeugt davon sein kann, durch bloßes Nicht-Weiterhandeln die Vollendung zu verhindern".

**434** *Roxin* AT II § 30 Rdn. 174. Zustimmend *Knörzer* S. 162.

**435** Vgl. *Weinhold* S. 130.

**436** Insofern kritisch zum BGH *Jäger* NStZ **2017** 460.

**437** BGH NStZ **2015** 331, 332.

dadurch eröffnet werden, dass er gleichsam ins Blaue darauf vertraut, die Vorrichtung rechtzeitig abgeschaltet zu haben. Richtigerweise fehlt in einer solchen Konstellation für ein solches Vertrauen die Grundlage und der Täter ist es seinen potentiellen Opfern schuldig, sich zu vergewissern, dass noch keine Gefahr entstanden ist.

Die Rechtsprechung und die hier vertretene Auffassung scheinen auf den ersten Blick hinsichtlich der **praktischen Ergebnis nahe beieinanderzuliegen**, da der BGH „strenge Anforderungen" an die Beweiswürdigung des Tatgerichts postuliert, wenn es trotz objektiv bestehender Gefahrenlage einen unbeendeten Versuch annehmen will (dazu schon Rdn. 154).[438] In vielen Entscheidungen erweist sich der BGH allerdings als ausgesprochen großzügig bei der Annahme eines unbeendeten Versuchs (dazu Rdn. 164).[439] Gegenüber dieser prozessualen Lösung kommt die hier vertretene materiellrechtliche Lösung letztlich in weiterem Umfang zur Annahme eines beendeten Versuchs, weil eine Sorgfaltspflichtverletzung nicht nur in den Evidenzfällen in Betracht kommt, in denen ein Vertrauen auf den guten Ausgang praktisch ausgeschlossen ist. 160

**c) Kasuistik zur Abgrenzung.** Die vorliegende Judikatur verdeutlicht, dass die Probleme bei der Abgrenzung von unbeendetem und beendetem Versuch vor dem Hintergrund der Auffassung des **BGH** weniger die theoretisch recht klaren materiellen Abgrenzungskriterien betreffen, als vielmehr die **Beweiswürdigung**. Deutlich im Vordergrund bei der Beurteilung des Vorstellungsbildes des – insbesondere schweigenden oder ein Gefährdungswissen bestreitenden – Täters stehen die von ihm wahrgenommene **Gefährlichkeit** und die erkannten **Folgen** der Tathandlung (Rdn. 162 ff).[440] In zahlreichen Revisionsentscheidungen wird die Qualität der tatgerichtlichen **Urteilsfeststellungen** zu den vom Täter wahrgenommenen Umständen als Grundlage für die Beurteilung von dessen Vorstellungsbild gerügt.[441] Die Verlagerung der Abgrenzung auf das Feld der Beweiswürdigung führt zu erheblichen Unschärfen und zur Unberechenbarkeit der Rechtsprechung, die, allgemeinen Beweiswürdigungsgrundsätzen entsprechend, Bewertungen der Tatgerichte auch dann hinnimmt, „wenn andere Schlüsse nähergelegen hätten" (BGH StV **2020** 83, 85). 161

Der **BGH** hat die Annahme eines **beendeten Totschlagsversuchs gebilligt**, wenn der Täter mit einer Pistole aus kürzester Entfernung auf die rechte Schläfe des Opfers schießt, das Projektil die linke Hand des Opfers, die dieses vor die Schläfe gehalten hat, durchschlägt und dann, für den Täter erkennbar, in die Schädelhöhle eindringt und das Opfer lebensgefährlich verletzt.[442] In diesem Fall sind dem Täter alle Tatsachen bekannt, aus denen sich die Lebensgefährdung und somit die Möglichkeit des Eintritts des Todes ergibt, wenn er keine Gegenmaßnahmen ergreift. Ebenso ist der versuchte Mord aus Sicht des Täters beendet, wenn er aus einigen Metern Entfernung gezielt mit einer großkalibrigen Waffe einen Schuss auf das Opfer abgegeben hat, dieses erkennbar getroffen wird und sofort zusammenbricht (BGH NStZ **1993** 279 f). Bei einem tiefen Messerstich in Herznähe (BGHSt **14** 75)[443] oder in den Rücken (BGH NStZ **1994** 76), zwei wuchtigen Messerstichen in die linke Brustkorbseite (BGH NStZ **2012** 688, 689) mehreren lebensgefährlichen Messerstichen (BGHSt **22** 330; BGH NStZ **2005** 263, 264), wuchtigen Schlägen mit einem Bierkrug gegen den Kopf (BGH NJW **1980** 195), Misshandlungen bis zur Bewusstlosigkeit (BGH 1 StR 283/81 v. 23.6.1981) oder einem wuchtigen Schlag mit einem $1^1/_2$ kg schweren Nageleisen, der u. a. zum Schädelbruch führt (BGH 4 StR 530/80 v. 16.10.1980), geht der Einwand des 162

**438** BGHSt (GS) **39** 221, 231.
**439** Zutreffend skeptisch zu den angeblich strengen Anforderungen *Puppe* NStZ **2015** 332, 333.
**440** Eingehend *Knörzer* S. 174 ff.
**441** Beispielsweise BGH NStZ **2020** 340; BGH StV **2017** 675; BGH NStZ-RR **2009** 42.
**442** BGHSt **33** 295, 300 mit Anm. *Hassemer* JuS **1986** 237; *Puppe* NStZ **1986** 14; *Roxin* JR **1986** 424 und *Weidemann* GA **1986** 409.
**443** Ähnlich BGH NStZ **1986** 214, wo die Annahme eines beendeten Versuchs zumindest als naheliegend angesehen wird.

Täters, er habe mit der Möglichkeit des Erfolgseintritts nicht gerechnet, nach allgemeiner Lebenserfahrung ebenso ins Leere. Hat der Täter mit direktem Tötungsvorsatz zunächst auf sein Opfer eingestochen und würgt er es dann bis zur Bewusstlosigkeit, gilt Gleiches (BGHSt **31** 170). Beendet ist ein Versuch jedenfalls auch dann, wenn eine alkoholisierte Täterin das Opfer mit drei Messerstichen in unterschiedliche Körperregionen traktiert und die blutenden Verletzungen im Brustbereich ihres Opfers noch wahrnimmt (BGH NStZ-RR **2006**, 6). Ein (Tötungs-)Versuch ist schließlich auch dann beendet, wenn der Täter seinem Opfer mehrfach mit einem Messer in den Bauch sticht, dieses ihm dann flehentlich die entstandene Bauchverletzung zeigt und er sodann von einer weiteren Tatausführung absieht.[444] Bei einem wuchtigen Stich in den Bauch ist die Annahme eines unbeendeten Versuchs zumindest fernliegend.[445] Zu Recht nicht akzeptiert hat der BGH (NStZ **2012** 206, 207) die tatgerichtliche Annahme eines unbeendeten Versuchs nach einer potentiell lebensgefährlichen Stichverletzung in den Hals, wenn der Täter zudem die baldige Rettung des stark blutenden Opfers (durch eine Freiheitsberaubung) zu verhindern versucht.[446] In all diesen Fällen wäre für eine **materielle Betrachtung**, wie sie hier (Rdn. 155 ff) vertreten wird, klar, dass selbst ein tatsächlich vorhandenes Vertrauen in das Ausbleiben des Erfolges den Täter nicht davon entlasten könnte, sich hinsichtlich der Gefährlichkeit der zugefügten Verletzungen zu vergewissern bzw. bei verbleibender Ungewissheit Rettungsmaßnahmen zu ergreifen. **Unberechtigte Zweifel am Vorliegen eines beendeten Versuchs** hatte der BGH in einem Fall, in dem der Täter in betrügerischer Absicht Rechnungen versandt hatte, die die Opfer, welche die Täuschung allerdings durchschauten, nicht bezahlten (BGH NStZ **2018** 468). Der BGH meint, hier komme auch ein unbeendeter Versuch in Betracht, falls der Täter in der Vorstellung handelte, sein Ziel etwa durch den Versand von Mahnungen noch erreichen zu können. Damit wird verkannt, dass der Täter nach Rechnungsversendung nach seiner Vorstellung alles getan hatte, um die Opfer zur Zahlung zu veranlassen. Die – offenkundig erst nach Verstreichen des Zahlungsziels – mögliche Erkenntnis, dass die Tathandlung noch unzureichend war, kann daran schwerlich etwas ändern. In der Sache dehnt der BGH den Rücktrittshorizont weit über den Abschluss der letzten Ausführungshandlung bis unmittelbar vor den Vollendungszeitpunkt aus.[447] Richtigerweise bestand bereits vor dem Zeitpunkt der erwarteten Zahlung eine Verpflichtung des Täters zur Aufklärung der Täuschung; dieser Pflicht ist er nicht nachgekommen.

163 Erhebliche Bedeutung kommt nach der Rechtsprechung dem vom Täter wahrgenommenen **Opferverhalten** im Rücktrittszeitpunkt zu.[448] Zeigen sich an diesem Verhalten die **Folgen einer körperlichen Beeinträchtigung**, weil es etwa taumelt,[449] zu Boden sinkt[450] oder röchelnd am Boden liegt,[451] so spricht dies für einen beendeten Versuch. Das Tatgericht müsse demnach gegebenenfalls auch Feststellungen dazu treffen, ob sich das Opfer noch unauffällig gehend oder nur noch mühsam schleppend bewegen kann.[452] Nimmt der Täter eine offenkundig lebens-

**444** BGH JR **2005** 382 (383) mit Anm. *Puppe*, die darauf hinweist, dass „dem Bedürfnis, den Täter für den Verzicht auf weitere Erfolgsherbeiführungshandlungen zu honorieren", dadurch ausreichend genüge getan werde, dass dem Täter die Strafe wegen Vollendung erspart bliebe. Vgl. dazu auch *Roxin* AT II § 30 Rdn. 174.

**445** BGHR § 24 Abs. 1 Satz 1 Versuch, beendeter 1.

**446** Wobei der BGH – zu Recht – mit dem Hinweis auf das Bemühen um ein Verhindern der Rettung auch den Rettungsentschluss in Zweifel zieht.

**447** Nicht umsonst verweist *Schwerdtfeger* NStZ **2018** 583 darauf, dass die Entscheidung „eine interessante Perspektive" für die Verteidigung eröffne.

**448** Eingehend *Knörzer* S. 178 ff; die Rechtsprechung zusammenfassend BGH NStZ **2014** 569, 570 mit. Anm. *Nestler*.

**449** BGH NJW **1980** 195.

**450** BGH NStZ **1998** 614, 615. Anders, wenn das Opfer nur kurz zusammensackt und anschließend zu einer körperlichen Auseinandersetzung in der Lage ist; BGH 3 StR 535 v. 21.3.2001 oder zumindest wieder auf die Beine kommt, BGH 4 StR 227/01 v. 9.8.2001.

**451** BGH 3 StR 337/11 v. 1.12.2011. Dagegen hat der BGH (StV **2020** 83, 85) – kaum nachvollziehbar – „laute Atemgeräusche" des am Boden liegenden Opfers als Indikator für einen unbeendeten Versuch akzeptiert.

**452** BGH 4 StR 474/95 v. 29.8.1995.

gefährliche Gewalthandlung vor, so schließt auch ein **zunächst unauffälliges Opferverhalten** das Vorliegen eines beendeten Versuchs nicht aus. Mit Blick darauf, dass es „bei **Messerstichen** ... häufig (vor)kommt ..., dass das Opfer den Stich zunächst nur als Schlag wahrnimmt und die Folgen erst Minuten später eintreten", ist ein beendeter Versuch also nicht generell ausgeschlossen, wenn das Opfer nach einem Messerstich nicht sofort zu Boden stürzt und auch sonst keine besonderen Reaktionen zeigt. Die Kenntnis des Täters von Einstichort und -tiefe sind vielmehr in die Beurteilung des Rücktrittshorizonts einzubeziehen.[453] Auch wenn der Täter dem Opfer die 11,7cm lange Klinge eines Messers bis zum Heft in den zentralen Bereich des Rückens sticht, er bei der Handlung selbst die mögliche tödliche Wirkung erkennt und das Opfer nach der Tat mit dem Messer im Rücken scheinbar ohne Schmerzempfinden den Tatort verlässt, kann der versuchte Totschlag beendet sein. Bei der Bestimmung der Tätervorstellung sind sowohl das scheinbar unbeteiligte Verlassen des Tatorts durch das Opfer als auch die aufgrund des Stiches sehr nahe liegende Möglichkeit lebensgefährlicher Verletzungen zu berücksichtigen.[454]

Andererseits hat der BGH einen **unbeendeten Totschlagsversuch nicht** für **ausgeschlossen** gehalten, wenn der Täter das Opfer mit einem Armbrustschuss verletzt, ihm dann mehrere Messerstiche in Brust, Bauch und Rücken zugefügt und sodann auf ihm mögliche weitere Ausführungshandlungen verzichtet hat. Maßgeblich sei hier, ob sich das lebensgefährlich verletzte Opfer nach diesen Handlungen erheben und auf sein Haus zugehen kann, so dass der Täter glaubt, das Opfer habe keine tödlich wirkenden Verletzungen erlitten.[455] Ebenso hat der BGH in einem Fall argumentiert, in dem der Täter sein Opfer in das Gesicht geschossen hatte, es aber gleichwohl die Verfolgung des Täters über eine längere Strecke aufnahm,[456] und in einem Fall, in dem das Opfer nach einem massiven Messerstich in den Rücken, der etwa 5 cm vor dem Herzen endete, noch in der Lage war, den Täter zu überwältigen ohne selbst die Verletzung wahrzunehmen.[457] Auch drei Stiche in den Oberbauch oder zwei tiefe Stiche in den Leib, von denen einer unmittelbar lebensgefährlich war, begründen nach der Rechtsprechung nicht ohne weiteres einen beendeten Versuch, wenn das Opfer zunächst keinerlei oder nur kurzzeitig Verletzungsfolgen zeigte.[458] Ebenso hat der BGH einen Stich mit einem Messer mit 17 cm Klingenlänge in den Rückenbereich bewertet, wenn das Opfer sich anschließend zu Fuß zu einer etwa 700 Meter entfernten Gaststätte begibt[459] oder einen Stich mit einem Fleischermesser mit 23 cm Klingenlänge in den Bauch, wenn das Opfer „zu körperlichen Reaktionen fähig ist, die geeignet sind, Zweifel daran aufkommen zu lassen, das Opfer sei bereits tödlich verletzt, etwa wenn das Opfer noch in der Lage ist, sich vom Tatort wegzubewegen".[460] Auch wenn der Täter dem Opfer viermal mit einem Messer mit voller Wucht in den Oberkörper gestochen hat, könne ohne nähere Feststellungen zu den vom Täter wahrgenommenen Wirkungen der Stiche nicht von einem beendeten Versuch ausgegangen werden.[461] Gegen einen beendeten Totschlagsversuch könne ebenfalls sprechen, dass sich das Opfer nach einem Stilettstich in den Bauch für 164

**453** BGHR § 24 Abs. 1 Satz 1 Versuch, beendeter 8; zu dieser Frage auch BGHR § 24 Abs. 1 Satz 1 Versuch, unbeendeter 31; BGH 3 StR 472/99 v. 17.11.1999; BGH StV **2020** 114, 115 f.

**454** BGH NStZ **1999** 299 mit Anm. *Eisele* JA **1999** 922; hinsichtlich zweier tiefer Stiche in den Rücken BGH NStZ **1999** 300, 301; siehe in diesem Zusammenhang aber auch BGH NStZ **1998** 593 und BGH NStZ **1999** 449 mit **krit.** Anm. *Puppe* JR **2000** 72, 73 f; dazu auch skeptisch *Lilie/Albrecht* LK[12] Rdn. 184 (Fehlschlag).

**455** BGH StV **1996** 23; vgl. ebenfalls BGH NStZ-RR **2015** 106, 107 (dazu *Hecker* JuS **2015** 657 ff; *Jäger* JA **2015** 549 ff); BGH StraFo **2015** 291; BGH NStZ **2002** 427, 428; BGH 3 StR 177/01 v. 6.6.2001; BGH StV **1988** 201 mit Anm. *Seier* JuS **1989** 102; BGH StraFo **2003** 206 f; BGHR § 24 Abs. 1 Satz 1 Versuch, beendeter 6; BGHR § 24 Abs. 1 Satz 1 Versuch, unbeendeter 15.

**456** BGH 3 StR 231/00 v. 15.8.2001.

**457** BGH 2 StR 42/00 v. 15.3.2000.

**458** BGH NStZ-RR **2002** 73, 74; BGH 3 StR 535 v. 21.3.2001. Auch BGH NStZ **2005** 331 f (ein Messerstich in die Mitte der Brust).

**459** BGH NStZ **2014** 569 mit. Anm. *Nestler*. Dazu *Sch/Schröder/Eser/Bosch* Rdn. 17c: „kaum nachvollziehbar".

**460** BGH StV **2020** 114, 115.

**461** BGH 4 StR 369/02 v. 24.10.2002.

den Täter erkennbar, wenn auch mit fremder Hilfe, vom Tatort entfernt und der Täter beiden nachruft „sie sollten doch kommen, er werde sie beide ‚kaputtmachen'" (BGH NStZ **1992** 434). Auch bei der Zufügung schwerster Brandverletzungen hat der BGH (NStZ **2010** 690, 691 f) einen unbeendeten Versuch u. a. deshalb angenommen, weil „der Geschädigte nach dem Löschen der Flammen aufstand, sich selbst anzog und zum Fahrzeug ging und mit den Tätern in die Stadt zurückfuhr". Vertiefte Kenntnisse hinsichtlich der für Brandverletzungen typischen zeitlichen Verzögerung bis zu einer dramatischen Verschlechterung des Zustandes seien nicht zu erwarten. Schließlich hat es der BGH sogar für möglich gehalten, aus dem bloßen Umstand, dass das Opfer „nicht alsbald an den mit Tötungsvorsatz beigebrachten Verletzungen verstarb, sondern noch zu Hilferufen in der Lage war" und sich der Zustand des Opfers auch über „eine geraume Zeitspanne, in der der Angeklagte die Lebenszeichen vernehmen konnte, nicht wesentlich verschlechterte", auf einen unbeendeten Versuch zu schließen.[462] Und auch wenn der Täter noch „laute Atemgeräusche" vernimmt, nachdem er mit bedingtem Tötungsvorsatz mit seinen mit Stahlkappen verstärkten Arbeitsschuhen von oben stampfend auf den Hinterkopf des Opfers getreten war, soll dies die Annahme tragen, das Opfer sei nicht tödlich verletzt (BGH StV **2020** 83, 85). Diese Rechtsprechung kann im Wesentlichen **nicht überzeugen**: Nimmt der Täter wahr, dass er dem Opfer etwa eine tiefe Stichverletzung oder schwere Brandverletzungen zugefügt hat, so liegt eine Lebensgefahr so nahe, dass sich der Täter nicht berechtigt darauf berufen kann, das Opfer habe sich unmittelbar nach der Tat noch in guter Verfassung präsentiert. Den Täter treffen hier vielmehr Sorgfaltspflichten zur Beseitigung der von ihm geschaffenen Gefahrenlage (Rdn. 155 ff). Sind die verbleibenden Gefahren für den konkreten Täter erkennbar, so kann eine auf vage Anhaltspunkte gestützte ignorante Haltung nicht als Distanzierung von der Unrechtsmaxime, also nicht als ein Aufgeben der Tat interpretiert werden. Davon zu unterscheiden ist die Überlegung, dass ein scheinbar unbeeinträchtigtes Verhalten des Opfers dann gegen die Annahme einer Möglichkeitskenntnis bezogen auf den drohenden Erfolgseintritt sprechen kann, wenn der Täter (etwa aufgrund seiner Distanz zum Opfer) die **genaue Art der Verletzung nicht wahrnehmen** konnte.[463] Hier stellt sich freilich vom hier vertretenen Standpunkt die nach den Umständen des Einzelfalls zu beantwortende Frage, inwieweit vom Täter zu verlangen ist, dass er sich über das Ausmaß der Verletzungen Gewissheit verschafft.

**165** Ein **unbeendeter Versuch** liegt jedenfalls dann **nahe**, wenn die zugefügten Verletzungen nach allgemeiner Lebenserfahrung **nicht zur Herbeiführung des deliktischen Erfolgs geeignet** sind. Daran ändern auch dramatische Reaktionen des Opfers nichts. So gibt es keinen allgemein gültigen Erfahrungssatz, „wonach Schmerzensschreie eines durch einen Schuss in den Fuß getroffenen Opfers die Annahme nahelegen, die geschädigte Person habe möglicherweise tödliche Verletzungen erlitten". Deshalb kann in einem solchen Fall aus der **Flucht** eines Versuchstäters auch nicht gefolgert werden, er meine bereits alles zur Tatbestandsverwirklichung Notwendige getan zu haben (BGH StV **2003** 213 f). Für einen unbeendeten Versuch lassen sich nach der Rechtsprechung auch naheliegende Fehleinschätzungen bezogen auf die zugefügte Verletzung anführen, etwa weil keine blutende Wunde sichtbar war oder das Opfer eines Messerangriffs eine dicke Jacke anhatte.[464]

**166** Das **Täterverhalten nach der Tat** kann Aufschluss über seine Vorstellungen geben.[465] Das betrifft etwa solche Verhaltensweisen, die **sinnlos** wären, wenn aus Tätersicht ein **Weiterhan-**

**462** BGH NStZ **2017** 459, 460 m. zutreffend kritischer Anm. *Jäger* und Anm. *Ruppert* StV **2018** 708 ff.

**463** BGHR § 24 Abs. 1 Satz 1 Versuch, unbeendeter 9 (Abgabe eines Schusses auf 25 Meter Entfernung mit anschließendem Sich-Entfernen des Opfers in ein mehrere hundert Meter entferntes Lokal); vgl. auch BGHR § 24 Abs. 1 Satz 1 Versuch, unbeendeter 13.

**464** BGH 4 StR 369/02 v. 24.10.2002; BGH 4 StR 227/01 v. 9.8.2001; BGH NStZ **1999** 299, 300.

**465** Eingehend *Knörzer* S. 169 ff.

**deln nicht mehr erforderlich** wäre.[466] Insbesondere kommen **Äußerungen gegenüber dem Opfer oder Dritten** in Betracht,[467] aus denen sich etwa ergibt, dass der Täter die zugefügte Verletzung nicht für schwerwiegend hält.[468] Äußert der Täter nach Vornahme der Ausführungshandlung (Todes)Drohungen in Richtung des Opfers, so spricht dies gegen die Annahme, dass er die bereits zugefügten Verletzungen für tödlich gehalten hat.[469] Verstärkt wird diese Argumentation, wenn der Täter zudem die **Verfolgung des Opfers** aufnimmt.[470] Für die Annahme eines unbeendeten Versuchs kann es auch sprechen, wenn der Täter davon ausgeht, dass das Opfer noch zur Flucht in der Lage ist, und es deshalb **einsperrt.**[471] Auch **Äußerungen gegenüber Vertretern der Strafverfolgungsbehörden** können Indizwirkung hinsichtlich des vom Täter angenommenen Versuchsstadiums entfalten. So kann es den Schluss zulassen, dass der Täter den Eintritt des Erfolges zumindest für möglich gehalten hat, wenn er etwa gegenüber der unmittelbar nach der Tat verständigten Polizei äußert, er habe das Opfer „abgestochen" und sich in der Hauptverhandlung dahingehend einlässt, er habe die Polizei verständigt, „um die Rettung der Geschädigten einzuleiten".[472] Verneint ein Polizeibeamter die Frage des Täters, ob das Opfer verstorben ist, und kommentiert der Täter dies bedauernd, so stellt dies ebenfalls ein Indiz dafür dar, dass der Täter den Erfolgseintritt zumindest für möglich gehalten hat. Andererseits spricht es für die Annahme eines unbeendeten Versuchs, wenn der Täter dem festnehmenden Polizeibeamten gegenüber äußert, er habe gedacht, das Opfer werde alsbald wieder aufstehen und ihn fragt, ob er nun wegen des „Verprügelns" des Opfers „Probleme bekomme".[473] Auch hat der BGH erwogen, es als Anzeichen gegen die Annahme, der Täter habe den Todeseintritt für möglich gehalten, zu bewerten, dass er gegenüber den eintreffenden Polizeibeamten lediglich von „Verletzungen" seines Opfers gesprochen hat.[474] Generell ist bei Äußerungen, die der Tat nachfolgen, die Möglichkeit zu berücksichtigen, dass sie aufgrund **zwischenzeitlich gewonnener Erkenntnisse** nicht die Einstellung zum Rücktrittszeitpunkt wiedergeben (BGH NStZ **2011** 337, 338: Täter äußert die Befürchtung, das Opfer könne versterben, nachdem er erfahren hatte, dass es ins Krankenhaus verbracht worden war).

**Uneinheitlich** ist die Rechtsprechung zu der Frage, welche Bedeutung dem bei der Tataus- **167**
führung vorliegenden **Vollendungsvorsatz** für die Würdigung der Frage zukommt, ob die bei der Tatausführung vorausgesetzte Annahme der Möglichkeit des Erfolgseintritts auch noch zum Zeitpunkt des Rücktritts vorliegt. Ein solcher Rückschluss ist jedenfalls nicht ohne weiteres möglich: Sieht das Tatgericht aufgrund des Gewichts der zugefügten Verletzungen zu Recht die Einlassung des Angeklagten, er habe nicht mit Tötungsvorsatz gehandelt, als widerlegt an, so lässt sich daraus nicht ohne weiteres der Schluss ziehen, dass der Täter auch nach der letzten Ausführungshandlung den Todeseintritt für möglich gehalten hat, „da angesichts des zeitlich

**466** BGH NStZ **2011** 337, 338 (der Täter zerrte sein Opfer noch in einen Nebenraum im Keller, was „nicht nötig" gewesen wäre, wenn er von lebensgefährlichen Verletzungen ausgegangen wäre; dann hätte es zur Vereitelung einer baldigen Tatentdeckung ausgereicht, das Opfer am Fuß der Kellertür liegen zu lassen und die Kellertür zu verschließen); BGH NStZ-RR **2009** 42, 43 (weitere Schläge auf das am Boden liegende Opfer, die „nicht mehr erforderlich gewesen wären", wenn der Täter geglaubt hätte, alles für den Todeseintritt Erforderliche getan zu haben).

**467** Dazu *Knörzer* S. 172.

**468** BGH NStZ **2010** 690, 692 (Forderung an das Opfer eines versuchten Tötungsdelikts nach künftigen wöchentlichen Schutzgeldzahlungen sowie die Äußerung, das Opfer habe den Mitangeklagten zu verdanken, dass er es nicht habe verbrennen lassen); BGH NJW **1984** 1693 (Äußerung gegenüber dem Opfer, es „werde schon nicht gleich verbluten oder verrecken, zu was brauche sie einen Arzt"); BGHR § 24 Abs. 1 Satz 1 Versuch, unbeendeter 14 („nur ein Ritzerle"); BGHR § 24 Abs. 1 Satz 1 Versuch, beendeter 6 (an das Opfer gerichtete Frage des Täters, ob es ihm Geld leihen könne).

**469** BGH NStZ **1997** 593; BGH NStZ **1992** 434.

**470** BGHR § 24 Abs. 1 Satz 1 Versuch, unbeendeter 6.

**471** BGH 2 StR 171/93 v. 21.4.1993.

**472** BGH NStZ **1999** 300 f.

**473** BGH 2 StR 317/00 v. 24.11.2000.

**474** BGH 4 StR 211/00 v. 27.6.2000.

gestreckten Handlungsablaufs Änderungen des Vorstellungsbilds des Angeklagten nicht ausgeschlossen sind".[475] Deutlich über diese ohne Zweifel zutreffende Einsicht geht es hinaus, wenn ein Zusammenhang zwischen Tatvorsatz und Inhalt des Rücktrittshorizont überhaupt in Abrede gestellt wird: „Dass der Angeklagte mit (bedingtem) Tötunsvorsatz gehandelt hat, ist Voraussetzung für die Strafbarkeit wegen des versuchten Tötungsdeliktes; für die Frage der Vorstellungen des Täters über die Möglichkeit des Erfolgseintritts nach der letzten Ausführungshandlung besagt dies aber nichts".[476] Demgegenüber hat der 1. Strafsenat ausgeführt: „Hält der Täter ... bei der Tathandlung eine dadurch bewirkte Tötung für möglich (Element des bedingten Vorsatzes), so müssen schon Umstände festgestellt werden, welche die Wertung des Gerichts rechtfertigen, der Täter habe bei Beendigung der Tathandlung einen tödlichen Erfolg nicht (mehr) für möglich gehalten".[477] Dem ist zuzustimmen. Denn zumindest dann, wenn der Täter planmäßig eine von der Vorstellung der Möglichkeit der Erfolgsherbeiführung getragene Handlung vornimmt,[478] liegt es fern, dass diese Möglichkeitskenntnis unmittelbar nach Vornahme der Handlung verloren geht, sofern nichts darauf hinweist, dass die tatsächlichen Auswirkungen der Handlung hinter den vorgestellten zurückbleiben.

168 Ähnliche Überlegungen lassen sich auch dafür anführen, dass der **anfängliche Tatplan** von Bedeutung für die Vorstellung des Täters im Rücktrittszeitpunkt ist: „Sieht ein Täter ... von weiteren Ausführungshandlungen ab, die er ursprünglich für erforderlich gehalten hatte, dann kann das ein Indiz dafür sein, dass er nach seiner Vorstellung noch nicht das zur Herbeiführung des Erfolges Erforderliche getan hatte."[479]

169 Schließlich kann die Einsicht in die Möglichkeit des Erfolgseintritts auch durch den **Zustand des Täters,** insbesondere infolge von **Alkoholisierung**, eingeschränkt sein.[480]

170 **d) Sonderfall: Fehlende Vorstellungen.** Macht sich der Täter nach Abschluss der letzten Ausführungshandlung **keine Gedanken** darüber, ob sein Verhalten ausreicht, um den Erfolg herbeizuführen, so soll der Versuch ebenfalls beendet sein (s. schon Rdn. 156).[481] Eine solche „gedankliche Indifferenz" muss das Tatgericht im Urteil **positiv feststellen;** sie ist zu unterscheiden von dem (Raum für die Anwendung des in dubio pro reo-Grundsatzes gebenden) Fall, dass das Gericht keine Feststellungen hinsichtlich der Tätervorstellungen treffen kann (BGH NStZ-RR **2014** 202 f; BGH NStZ **2013** 703, 704). So sei **z. B.** ein versuchter Totschlag beendet, wenn der Täter mit bedingtem Tötungsvorsatz mit einem Springmesser zweimal auf das Opfer einsticht, dieses erkennbar im Oberbauch trifft, nicht weitersticht, obwohl ihm dies möglich wäre, ohne sich zu diesem Zeitpunkt Gedanken über die (tatsächlich lebensgefährliche) Wirkung der Stiche zu machen (BGHSt **40** 304, 306). Dabei dürfte das Ergebnis – keine Strafbefreiung für einen Täter, der sich aus Gleichgültigkeit keine Gedanken über das Schicksal seines Opfers macht – weitgehend Einigkeit bestehen.[482] Dafür lässt sich geltend machen, dass der Gleichgültige nicht gegenüber dem „Bedächtigen, der sich Gedanken über die Folgen seines

---

**475** BGH 2 StR 317/00 v. 24.11.2000; ähnlich BGH NStZ-RR **2006** 370, 371.

**476** BGH 4 StR 211/00 v. 27.6.2000. Ebenso *Knörzer* S. 171.

**477** BGH NStZ **1999** 299; NStZ **2005** 151, 152; ähnlich BGH NStZ **2013** 703, 704 f; wohl auch BGH NStZ **2012** 688, 689; BGH NStZ **2011** 90. Ebenso *Roxin* AT II § 30 Rdn. 45; *Scheinfeld* NStZ **2006** 375, 377 f.

**478** Die Frage der Planmäßigkeit wird zu Recht von *Scheinfeld* NStZ **2006** 375, 377 f betont.

**479** BGHSt **31** 170, 176; kritisch *Knörzer* S. 171 f.

**480** BGHR § 24 Abs. 1 Satz 1 Versuch, unbeendeter 15; dazu auch *Knörzer* S. 173 f.

**481** BGHSt **40** 304 mit teilweise **krit.** Anm. *Hauf* JR **1996** 29 f; *Heckler* NJW **1996** 2490; *Murmann* JuS **1996** 590; *Otto* JK **1995** § 24/23; *Puppe* NStZ **1995** 403 und *Schmidt* JuS **1995** 650; BGH NStZ-RR **2018** 137; BGH NStZ-RR **2018** 137, 138; BGH 4 StR 372/00 v. 10.10.2000; BGH 3 StR 226/00 v. 6.9. 2000; zustimmend *Sch/Schröder/Eser/Bosch* Rdn. 17a; ebenso BGH NStZ **2011** 90; BGH bei Holtz MDR **1995** 878, 879.

**482** Anders aber *Kienapfel* FS Pallin 205, 219.

Tuns macht", bevorteilt werden darf (BGHSt **40** 304, 306). Und auch unter dem Aspekt des Opferschutzes ist die Privilegierung des Gleichgültigen nicht begründbar.[483]

**Nicht überzeugend** ist aber die Begründung für das vom BGH erzielte Ergebnis. Der BGH verdreht nämlich den Sachverhalt, indem er behauptet, dass der Täter, der sich keine Vorstellungen über die Folgen seines Tuns macht, sowohl mit der Möglichkeit rechne, dass der Erfolg eintritt, als auch damit, dass er ausbleibt.[484] Das ist aber etwas anderes als das Fehlen jeglicher Vorstellung. „Mit etwas ‚rechnen' erfordert Reflexion der möglichen Alternativen" (*Heckler* S. 212 f und NJW **1996** 2490, 2491).[485] Tatsächlich fehlt hier auf dem Boden einer subjektiven Theorie eine Tätervorstellung, die den Rücktrittshorizont mit einem Inhalt füllen könnte, der seine Einordnung als unbeendeter oder beendeter Versuch erlaubt. Eine angemessene Begründung dafür, dass ein Rücktritt hier ausgeschlossen ist, erlaubt erst eine Berücksichtigung der Pflichtenlage des Täters nach Vornahme der Versuchshandlung (dazu schon Rdn. 156): Der Täter hat die Pflicht, sich hinsichtlich der Verletzungsfolgen seines pflichtwidrigen Vorverhaltens zu orientieren.[486] Erfüllt er diese Pflicht nicht, so fehlt die Grundlage für eine Bestimmung der Situation als unbeendeter oder beendeter Versuch; es fehlt bereits an einem rücktrittsfähigen Sachverhalt.[487] Das lässt sich anschaulich machen, wenn man sich in Erinnerung ruft, dass die Begriffe „unbeendeter" und „beendeter" Versuch lediglich im Gesetz nicht enthaltene Hilfsbegriffe zur Bestimmung der Situation sind, in der entweder ein „Aufgeben" oder ein „Verhindern" als Rücktrittsverhalten gefordert ist (Rdn. 131). Der aus Gleichgültigkeit Untätige gibt aber nichts auf, weil er nicht darüber orientiert ist, ob bloße Untätigkeit zum Ausbleiben des Erfolges führt. Erst recht fehlt es an einem „Verhindern". Mitunter wird allerdings auch (erst) die Freiwilligkeit abgelehnt (so *Brüning* ZJS **2011** 93, 96). 171

Noch nicht abschließend geklärt ist die Frage, ob der BGH seine in BGHSt **40** 304 aufgestellten Grundsätze auf Konstellationen **begrenzen** will, in denen der Täter **„besonders gefährliche Gewalthandlungen"** vorgenommen hat, „die zu **schweren Verletzungen des Opfers** geführt haben" (BGH StV **2005** 386, 387).[488] Sachliche Gründe für eine solche Einschränkung sind nicht ersichtlich und der BGH hat in der zitierten Entscheidung (StV **2005** 386, 387) vor allem gerügt, dass sich das LG nicht sorgfältiger mit der Frage auseinandergesetzt hat, ob der Täter mit der nach dem Tatplan für eine Tatvollendung erforderlichen Opfermitwirkung tatsächlich gerechnet hat, der Täter also in Wahrheit doch davon ausgegangen sein könnte, dass der Erfolgseintritt nicht möglich ist.[489] 172

Ebenfalls noch nicht abschließend geklärt ist die Frage, wie der Fall zu beurteilen ist, dass der Täter zu einer **Vorstellungsbildung nicht in der Lage** ist, etwa weil er aufgrund eines alkoholbedingten „Impulskontrollverlust mit einem aggressiven Durchbruch" handelt.[490] Es 173

**483** *Puppe* NStZ **1995** 403, 404.

**484** BGHSt **40** 304, 306. Die Beschreibung des BGH ist freilich für den Fall treffend, in dem der Täter seine Gleichgültigkeit gegenüber dem Erfolgseintritt psychisch realisiert. Die damit erkannte Möglichkeit des Erfolgseintritts führt zum beendeten Versuch, BGH NStZ-RR **2019** 368.

**485** *Dold* S. 223; *Knörzer* S. 117; *Murmann* JuS **1996** 590, 593; *Puppe* NStZ **1995** 403, 404; *Roxin* AT II § 30 Rdn. 171. Dem BGH zustimmend *Krey/Esser* AT Rdn. 1287.

**486** Dagegen wendet *Dold* S. 223 ein, dass „sich derart umfangreiche Pflichten nicht rechtfertigen lassen, weil sie keinen Beitrag zur Konstitution einer gerechten Verteilung von Grundgütern erbringen"; es handle sich vielmehr um bloße Obliegenheiten (S. 225), so dass dem Täter zu verwehren sei, „sich darauf zu berufen, dass er von einem unbeendeten Versuch ausgegangen ist, obwohl er bei hinreichender Nachschau zu der Überzeugung gelangt wäre, dass der Versuch bereits beendet ist". Das ist eine zumindest diskutable Konstruktion.

**487** Ebenso *Knörzer* S. 122.

**488** Vgl. auch BGH NStZ-RR **2006** 6; NStZ-RR **2006** 101, 102 („namentlich nach besonders gefährlichen Gewalthandlungen, die zu schweren Verletzungen geführt haben").

**489** So auch *Knörzer* S. 112 f. In der Konsequenz dieser Annahme läge freilich, dass mangels Vorsatzes bezogen auf eine Drohung, die das Opfer zu einem sein Vermögen schädigenden Verhalten veranlassen soll, bereits der Beginn des Versuchs einer räuberischen Erpressung zweifelhaft ist.

**490** BGH NStZ **2004** 324, 325.

lässt sich der BGH-Entscheidung nicht zweifelsfrei entnehmen, ob die fehlende Möglichkeit der Vorstellungsbildung einen unbeendeten Versuch begründen soll.[491] Überzeugend wäre das nicht. Denn die Erfüllung der Anforderungen von § 24 Abs. 1 S. 1 ist auch dann nicht möglich, wenn der Täter den fehlenden Vorstellungsinhalt nicht zu verantworten hat.[492]

174 **e) Die Korrektur des Rücktrittshorizonts.** Eine Gesamtbetrachtungslehre, bei der auf der Grundlage des Rücktrittshorizonts darüber zu entscheiden ist, in welchem Versuchsstadium sich der Täter befindet, führt zwangsläufig zu der Frage, innerhalb welchen **Zeitraums** der Täter zu einer Einschätzung hinsichtlich der Gefährlichkeit seines bisherigen Verhaltens gekommen sein muss und inwiefern eine einmal getroffene Einschätzung für die rechtliche Beurteilung maßgeblich ist oder noch Korrekturen möglich sind.[493] Die Definition eines solchen Zeitraums ist schon deshalb erforderlich, weil der mit dem Ende der letzten Ausführungshandlung umschriebene Zeitpunkt nicht auf einen ganz konkreten Moment, gleichsam auf eine Sekunde, festgelegt werden kann. Häufig wird die Situation unübersichtlich sein, die Auswirkungen der Ausführungshandlung zeigen sich nicht immer schon im Moment von deren Vornahme und der Täter wird – zumal in der emotionalen Ausnahmesituation, in der er sich gerade bei Gewaltdelikten häufig befinden wird – eine gewisse Zeit zur Orientierung benötigen.[494]

175 Der Ausdehnung des Stadiums des **unbeendeten Versuchs** nach Vornahme einer ex ante für erfolgstauglich gehaltenen Ausführungshandlung sind aber gleichwohl enge Grenzen zu setzen. Denn Grundlage für die Annahme eines unbeendeten Versuchs kann nur der Zeitraum sein, innerhalb dessen sich ein Entschluss zur Weiterverfolgung des deliktischen Ziels auf Handlungen bezieht, die mit der bereits vorgenommenen Ausführungshandlung eine Tat bilden würden (näher Rdn. 100 ff).[495] Bei einer Überschreitung dieses Zeitraums kommt die Annahme eines unbeendeten Versuchs nicht mehr in Betracht, weil dann bereits ein Fehlschlag vorliegt. Gibt der Täter nicht schon in dem Zeitraum auf, in dem er noch die Option hätte, durch eine weitere Ausführungshandlung die Tat zu vollenden, kann er nicht mehr die „Tat" aufgeben. Das Stadium des **beendeten Versuchs** ist solchen zeitlichen Einschränkungen grundsätzlich nicht unterworfen (s. aber noch Rdn. 185 ff). Es dauert so lange an, wie der Erfolg aus Tätersicht einzutreten droht und findet sein Ende erst dann, wenn dies der Fall ist oder die Gefahrenlage endet. Der Täter kann mit seiner Verhinderungshandlung (bzw. seinen Verhinderungsbemühungen) zuwarten, trägt dann aber das Risiko des Erfolgseintritts oder kann seine Rücktrittsmöglichkeit verlieren, weil er zu der Vorstellung gelangt, dass sich das Opfer selbst gerettet hat oder von dritter Seite gerettet wurde. Auch wenn er etwa in dieser Phase verhaftet wird, kann er sich nicht auf eine noch offene Verhinderungsoption berufen; ausschlaggebend ist, dass er das die Rechtsfolge des § 24 auslösende Verhalten tatsächlich innerhalb der Phase des beendeten Versuchs an den Tag gelegt hat.

---

**491** In diesem Sinne *Knörzer* S. 111 f.

**492** Zutreffend *Knörzer* S. 123.

**493** Dazu u. a. BGHSt **36** 224, 226; BGHR § 24 Abs. 1 Satz 1 Versuch, unbeendeter 24; BGH NStZ-RR **1998** 134 f; *Gropp* FS Gössel 175, 185 f; *Kühl* AT § 16 Rdn. 32; *Otto* Jura **2001** 341, 344 f; **anders** noch BGH NStE Nr. 19. Eingehend zur Entwicklung der Rechtsprechung *Knörzer* S. 317 ff; Überblick über die Literatur bei *Knörzer* S. 335 ff. **Kritisch** *Ostermeier* StraFo **2008** 102, 103 f.

**494** Vgl. auch *Knörzer* S. 282 ff.

**495** Siehe insoweit nur BGHSt **41** 368, 369 mit Anm. *Beulke/Satzger* NStZ **1996** 432, 433; BGHSt **40** 75, 77 f mit Anm. *Haft* NStZ **1994** 536 und *Hauf* wistra **1995** 260; BGHSt **39** 244, 246 ff; (GS) **39** 221, 228; **34** 53, 57 f mit zust. Anm. *Rengier* JZ **1986** 964 f; BGHSt **31** 170, 176; BGH NStZ **2002** 427, 428; BGH 4 StR 417/01 v. 31.1.2002; BGH NStZ-RR **1997** 259, 260; BGH NStZ **1996** 96, 97; BGH NStZ **1994** 493; BGH NJW **1990** 263, 264; BGH NStZ **1986** 264; auch *Fahrenhorst* NStZ **1987** 278; *Jescheck/Weigend* § 51 II 4; *Vogler* LK[10] Rdn. 60 ff.

**aa) Korrektur vom beendeten zum unbeendeten Versuch.** Wenn der Täter unmittelbar nach der letzten Ausführungshandlung zunächst davon ausgeht, seine bisherigen Handlungen reichten aus, den tatbestandlichen Erfolg zu verursachen, er jedoch in engem zeitlichen und räumlichen Zusammenhang (näher Rdn. 177) zu dem Ergebnis kommt, dass er doch nicht alles Erforderliche getan habe, so richten sich nach der **Rechtsprechung** die an einen strafbefreienden Rücktritt zu stellenden Anforderungen nach den für den unbeendeten Versuch geltenden Grundsätzen.[496] 176

Der BGH betont, dass eine Korrektur des Rücktrittshorizonts nur „in engen Grenzen" möglich sei.[497] Möglich sei eine solche Korrektur nur innerhalb einer **einheitlichen Tat**, also innerhalb einer „Tat" im Sinne von § 24 Abs. 1 (dazu Rdn. 94 ff). Diese Einheitlichkeit bejaht der BGH, wenn der Täter seine Vorstellung „unmittelbar"[498] im Anschluss an die Annahme eines beendeten Versuchs korrigiert habe oder „nach alsbaldiger Erkenntnis seines Irrtums" von weiteren Ausführungshandlungen Abstand nimmt,[499] so dass die fehlerhafte Vorstellung „nur wenige Augenblicke" bestanden habe; gefordert wird also ein enger (mitunter auch „engster")[500] **zeitlicher Zusammenhang.**[501] Ein Zeitablauf von einer Minute zerreist diesen Zusammenhang jedenfalls nicht (BGH 3 StR 337/11 v. 1.12.2011), wohingegen der BGH eine Zäsur nach Ablauf von zehn (BGHR StGB § 24 Abs. 1 Satz 1 Versuch, unbeendeter 15) bzw. 15 Minuten (BGH NStZ **2010** 146) angenommen hat. Zur Begründung für diese zeitliche Erstreckung des Rücktrittshorizonts weist der BGH (St **36** 224, 225 f) auch darauf hin, dass die erfolgreiche Vornahme der noch ausstehenden Ausführungshandlung die Vollendung der mit dem Versuch begonnen Tat zur Folge hätte. In der neueren Rechtsprechung wird verschiedentlich auch ein „engster" **räumlicher Zusammenhang** als Kriterium für die Einheitlichkeit der Tat angeführt.[502] Denn wenn sich Täter und Opfer nach Vornahme der ersten Ausführungshandlung räumlich voneinander entfernt haben, so kann es aus Sicht des Täters zur Vollendung der Tat erforderlich sein, einen neuen Geschehensablauf in Gang zu setzen (BGH NStZ **2012** 688, 689). Freilich steht dieses Kriterium in einem gewissen Spannungsverhältnis zu der Annahme, dass eine Flucht des Opfers die Annahme des Täters plausibel machen könne, er habe dem Opfer keine tödlichen Verletzungen zugefügt, weshalb ein unbeendeter Versuch in Betracht komme (vgl. Rdn. 164).[503] 177

Die Zeitspanne für eine Korrektur des Rücktrittshorizonts vom beendeten zum unbeendeten Versuch ist **abgelaufen**, wenn der Täter davon ausgeht, den Erfolg nicht mehr durch weitere Handlungen herbeiführen zu können, etwa weil ein Dritter das Opfer vor weiteren Angriffen schützt.[504] Liegt aber auf der Grundlage des korrigierten Rücktrittshorizonts ein unbeendeter 178

---

**496** BGHSt **36** 224, 225 f; (GS) **39** 221, 230 f; BGHR § 24 Abs. 1 Satz 1 Versuch, unbeendeter 24; BGH NStZ **1993** 398, 399; BGH StV **1995** 462, 463; BGH StV **1996** 23; BGH NStZ-RR **1997** 33; BGH NStZ **1997** 593; BGH NStZ-RR **1998** 134 f; BGH NStZ **1999** 299, 300 mit zust. Anm. *Eisele* JA **1999** 922, 924; BGH NStZ **1999** 449, 450 mit **krit.** Anm. *Otto* JK **2000** § 24/29 und *Puppe* JR **2000** 72; BGH NStZ-RR **2002** 73, 74; BGH 3 StR 231/01 v. 15.8. 2001; BGH NStZ **2005** 150; BGH NStZ **2007** 399, 400; BGH NStZ-RR **2008** 335, 336; BGH NStZ **2013** 463; BGH NStZ **2014** 569 f mit Anm. *Nestler*; BGH NStZ-RR **2015** 106, 107 (dazu *Hecker* JuS **2015** 657 ff; *Jäger* JA **2015** 549 ff); BGH NStZ **2017** 459 mit. Anm. *Jäger*; BGH NStZ-RR **2018** 10 (LS); BGH StV **2020** 80, 81; BGH StV **2020** 114, 115 f; vgl. auch *Kühl* AT § 16 Rdn. 32; *Otto* Jura **1992** 423, 429; *Wessels/Beulke/Satzger* Rdn. 1043.

**497** BGH NStZ-RR **2015** 106, 107 (dazu *Hecker* JuS **2015** 657 ff; *Jäger* JA **2015** 549 ff); BGH NStZ **2014** 569 mit. Anm. *Nestler*; BGHSt **34** 224, 226; BGH NJW **1993** 2061, 2062; BGH 3 StR 337/11 v. 1.12.2011. Kritisch dazu, dass die Rechtsprechung den Rückgriff auf die Korrektur des Rücktrittshorizonts „inflationär" nutze, *Ruppert* JR **2018** 88, 90 f.

**498** BGHSt **36** 224, genaue S.????; BGH NStZ **2017** 459 mit Anm. *Jäger*; BGH NStZ-RR **2002** 73, 74; BGH NStZ **1999** 448, 449; BGH NStZ-RR **1997** 33; BGH NStZ **1993** 398, 399.

**499** BGH NStZ-RR **2015** 106, 107 (dazu *Hecker* JuS **2015** 657 ff; *Jäger* JA **2015** 549 ff) unter Bezugnahme auf *Fischer* Rdn. 15d; BGH NStZ-RR **2014** 240; BGH 3 StR 33/11 v. 1.12.2011.

**500** Z. B. BGH NStZ **2010** 146.

**501** BGHSt **36** 224, 226.

**502** BGH NStZ **2012** 688, 689; BGH NStZ **2010** 146.

**503** Dazu *Ruppert* JR **2018** 88, 90, 93 der dieses Kriterium für wenig hilfreich erachtet.

**504** BGH NStZ-RR **2018** 137, 138.

Versuch vor und verzichtet der Täter auf ihm mögliche Ausführungshandlungen, so spielt es keine Rolle, wenn er zu einem **späteren Zeitpunkt** doch wieder zu der Annahme kommt, dass die Versuchshandlung zur Herbeiführung des Erfolges geeignet war.[505] Lässt also der Täter das anfänglich nach seiner Vorstellung lebensgefährlich verletzte Opfer ungehindert fliehen, nachdem er aufgrund des Opferverhaltens zu der Überzeugung gelangt ist, ihm doch keine lebensgefährlichen Verletzungen zugefügt zu haben, so kann es an dem nach der Rechtsprechung (abweichend dazu Rdn. 155 ff) bereits erfolgten Rücktritt nichts mehr ändern, wenn der Täter eine Stunde später in Erwägung zieht, das verschwundene Opfer möglicherweise doch lebensgefährlich verletzt zu haben.[506] In Betracht kommt dann freilich ein Unterlassungsdelikt, das dann aber eine neue Tat darstellt.

179 Eine **Ausdehnung des Rücktrittsstadiums** über den engen Rahmen der Einheitlichkeit hinaus liegt in Fällen nahe, in denen der Täter durchweg den Rücktrittsanforderungen an die nach seiner jeweiligen Vorstellung gegebene Versuchsform Rechnung trägt. Hat der Täter, als er noch davon ausging, dass seine Handlungen ausreichen würden, den Erfolg herbeizuführen, sogleich Verhinderungsmaßnahmen eingeleitet und bricht er diese ab, als er feststellt, dass seine Tatbeiträge doch nicht erfolgsverursachend sind, ist ein strafbefreiender Rücktritt vom versuchten Delikt möglich (so *Lilie/Albrecht* LK[12] Rdn. 183).[507] Die Verhinderungsbemühungen bilden hier gewissermaßen die Brücke, die die Einheit herstellt zwischen der ersten Ausführungshandlung und möglichen weiteren Ausführungshandlungen, die dem Täter aus seiner Sicht noch zu Gebote stehen. Das entspricht auch der ratio von § 24: Der Täter distanziert sich vor und nach der Korrektur des Rücktrittshorizonts auf der Grundlage seiner Vorstellungen in jeweils bestmöglicher Weise von der Unrechtsmaxime und diese Distanzierung unterscheidet sich von sonstigem Nachtatverhalten durch die fortbestehende Beziehung zum deliktischen Erfolg.

180 Es liegt in der Logik der vom BGH vertretenen subjektiven Theorie, dass eine „Korrektur" **nicht** etwa voraussetzt, dass der Täter einen Irrtum erkennt und zu einer **zutreffenden Einschätzung der Sachlage** kommt.[508] Richtet sich die Abgrenzung von unbeendetem und beendetem Versuch nach der Tätervorstellung, so kann auch umgekehrt eine „Korrektur" einer zunächst zutreffenden zu einer unzutreffenden Einschätzung erfolgen. Es kann also etwa aufgrund einer unzutreffenden Vorstellung ein unbeendeter Versuch anzunehmen sein, nachdem der Täter zunächst zutreffend von einer Gefahrenlage ausgegangen ist.[509]

181 Auch hinsichtlich der Korrektur sind die materiellrechtliche und die prozessuale Seite zu unterscheiden (dazu schon Rdn. 151 ff). Materiellrechtlich ist nach Auffassung des BGH die innerhalb einer einheitlichen Tat korrigierte Vorstellung des Täters die Grundlage der Abgrenzung von unbeendetem und beendetem Versuch. In prozessualer Hinsicht stellt sich auch hier die Frage nach den an die richterliche **Beweiswürdigung** zu stellenden Anforderungen zur Feststellung der Tätervorstellung und deren **Darstellung im Urteil**. Die hierfür maßgeblichen Aspekte sind grundsätzlich die gleichen, die auch für die Feststellung der nicht korrigierten Vorstellung des Täters bedeutsam sind (Rdn. 161 ff). Die anfängliche Tätervorstellung und die Gründe, auf die sie sich stützt, spielen auch bei einer Korrektur des Rücktrittshorizonts eine Rolle, denn je evidenter die Eignung oder fehlende Eignung einer bereits vorgenommenen Ausführungshandlung zur Erfolgsherbeiführung ist, desto ferner liegt eine Änderung der Tätervorstellung. Im Vordergrund stehen freilich vom Täter wahrgenommene **Änderungen gegenüber der anfänglichen Beurteilungsgrundlage**.

182 Besondere Bedeutung soll dabei dem **Opferverhalten** zukommen (s. schon Rdn. 163 f). Insbesondere könne es gegen eine anfänglich für lebensgefährlich gehaltene Verletzung sprechen,

---

**505** **AA** *Otto* AT § 19 Rdn. 65.
**506** BGH NStZ **1999** 449 f. Dazu auch *Knörzer* S. 330 ff.
**507** Ebenso *Knörzer* S. 339, 366 ff.
**508** *Knörzer* S. 336, 351; *Puppe* JR **2000** 72, 73.
**509** BGH NStZ-RR **2002** 73, 74.

wenn das Opfer wieder aufsteht und sich fortbewegt[510] oder es aus seiner Bewusstlosigkeit erwacht und den Täter von einem anderen Opfer wegzerrt.[511] Ein versuchtes Delikt sei unbeendet, wenn der Täter, der auf das Opfer mit Tötungsvorsatz eingestochen hat, diesem gegenüber äußert: „Jetzt bist du erledigt.", dann aber seine Einschätzung ändert, weil das sich abwendende und davongehende Opfer erwidert: „Ich lebe noch, ich rufe die Polizei."[512] Gleiches soll gelten, wenn der Täter dem Opfer tötungsvorsätzlich mit einem Messer mit 15 cm Klingenlänge 11 Stich- bzw. Schnittverletzungen, davon jeweils zwei im Rückenbereich und in der Schulterregion, zugefügt hat, und das Opfer anschließend die Treppe hinunter läuft. Der BGH steht hier offenbar auf dem Standpunkt, dass der Täter, der durch das im vierten Obergeschoss gelegene Fenster beobachtend feststellt, dass das Opfer das Haus nicht verlässt, auch ohne zusätzliche Wahrnehmungen zum Befinden des Opfers entgegen seiner anfänglichen Auffassung zu der Annahme kommen könne, dieses sei nicht lebensgefährlich verletzt.[513] Ein zum unbeendeten versuchten Totschlag korrigierter Rücktrittshorizont soll auch in Betracht zu ziehen sein, wenn der Täter nach Abgabe zweier Feuerstöße aus einer Maschinenpistole auf einen fahrenden Kleinbus sieht, dass der Kleinbus in seiner gesamten Länge durchsiebt ist, und der Täter deshalb zunächst davon ausgeht, außer dem Fahrer mindestens zwei Insassen tödlich getroffen zu haben, er unmittelbar darauf jedoch erkennt, dass der Fahrer und eine Frau unverletzt aussteigen und er, obwohl weitere Schüsse möglich wären, nicht weiterhandelt und den Tatort verlässt (BGH StV **1995** 462). Der BGH zeigt sich hinsichtlich der Anerkennung von Indizien, die für eine Korrektur des Rücktrittshorizonts hin zu einem unbeendeten Versuch sprechen, außerordentlich großzügig bis hin zu der Annahme, dass ein unbeendeter Versuch deshalb in Erwägung zu ziehen sei, weil sich der Zustand des Opfers über eine geraume Zeitspanne nicht wesentlich verschlechterte und es zu Hilferufen in der Lage war (BGH NStZ **2017** 459 m. zutreffend ablehnender Anm. *Jäger*).[514]

Lässt sich eine Änderung des Rücktrittshorizontes hin zum unbeendeten Versuch nicht aus- 183
schließen, so ist von ihr **in dubio pro reo** auszugehen.[515] Das setzt aber voraus, dass eine entsprechende innere Einstellung überhaupt in Betracht zu ziehen ist; es ist „nicht zulässig, zu Gunsten des Angeklagten Tatvarianten zu unterstellen, für die es keinerlei konkrete Anhaltspunkte gibt" (BGH NStZ **2009** 264, 266 mit Anm. *Kudlich* StV **2009** 513 ff). Je großzügiger der BGH in der Anerkennung von Indizien ist, die dafür sprechen, dass der Täter auf das Ausbleiben des Erfolges vertraut hat (Rdn. 182), desto größer wird auch der Anwendungsbereich des Zweifelssatzes.[516]

Folgt man der hier vertretenen **materiellen Betrachtungsweise** und stellt für die Annahme 184
eines unbeendeten Versuchs darauf ab, ob der Täter vor dem Hintergrund der zuvor von ihm vorgenommenen Ausführungshandlungen unter Zugrundelegung seiner individuellen Kenntnisse und Fähigkeiten nicht nur darauf vertraut hat, sondern auch darauf vertrauen *durfte*, dass keine abzuwendende Gefahr für das Rechtsgut droht (dazu Rdn. 155 ff), so verliert der Blick auf die konkrete Tätervorstellung an Bedeutung. Die bloße Änderung der Einschätzung eines Täters, der zunächst zu Recht von einem beendeten Versuch ausgegangen war und nun aufgrund gewisser Anzeichen auf ein Ausbleiben des Erfolgs vertraut, hat keine Relevanz, wenn die Anzei-

---

**510** Vgl. etwa BGH NStZ-RR **2015** 106, 107 (dazu *Hecker* JuS **2015** 657 ff; *Jäger* JA **2015** 549 ff); BGH NStZ **1999** 449, 450. Eingehend *Knörzer* S. 313 ff.

**511** BGH StV **2020** 80, 81.

**512** BGHSt **36** 224, 225 f mit **krit.** Anm. *Herzberg* JuS **1990** 273 und *Ranft* JZ **1989** 1128; die Entscheidung **ablehnend** auch *Heckler* S. 211. Siehe auch BGH NStZ **2005** 331 f.

**513** BGH NStZ-RR **2015** 106 f; dazu zutreffend **kritisch** *Jäger* JA **2015** 549, 550 f; zustimmend *Hecker* JuS **2015** 657 ff.

**514** Zutreffend kritisch zur Großzügigkeit der Rechtsprechung *Puppe* ZIS **2011** 524, 525 f.

**515** BGH NStZ **2014** 143 mit Anm. *Nestler*; BGH NStZ **2009** 264, 266 mit Anm. *Kudlich* StV **2009** 513 ff.

**516** Zutreffend *Ruppert* JR **2018** 88, 91; kritisch auch *Bosch* Jura **2014** 395, 401.

chen nicht von solchem Gewicht sind, dass sich der Täter ohne Sorgfaltsverstoß auf die Ungefährlichkeit seines vorausgegangenen Verhaltens verlassen durfte.[517] Näher unten Rdn. 192 ff

185 **bb) Korrektur vom unbeendeten zum beendeten Versuch.** Meint der Täter nach der letzten Ausführungshandlung zunächst, dass das versuchte Delikt unbeendet sei, seine Teilakte also (noch) nicht ausgereicht haben, den tatbestandlichen Erfolg herbeizuführen, kommt er jedoch kurz darauf (näher Rdn. 186) zu der Feststellung, dass er sich insoweit geirrt habe, seine bisherigen Handlungsakte mithin doch genügen würden, den Erfolg zu verursachen, ist das versuchte Delikt beendet.[518] Der BGH spricht hier auch von einer **„umgekehrten Korrektur** des Rücktrittshorizontes".[519] Ein strafbefreiender Rücktritt setzt in diesen Fällen voraus, dass der Täter den Erfolgseintritt freiwillig verhindert bzw. sich freiwillig und ernsthaft um die Verhinderung bemüht. Ein beendeter Versuch ist folglich nach der Rechtsprechung etwa dann gegeben, wenn der Täter mit Tötungsvorsatz dem Opfer in die linke Brusthälfte gestochen hat, sich vom Opfer abwendet, dabei davon ausgeht, dass es nicht lebensgefährlich verletzt ist, jedoch kurz darauf zurückblickt und sieht, wie das Opfer zusammenbricht und erkennt, dass doch Lebensgefahr besteht.[520]

186 Die umgekehrte Korrektur des Rücktrittshorizonts führt also zu einer **Verschärfung der Anforderungen** an einen strafbefreienden Rücktritt im Verhältnis zur Ausgangsvorstellung des Täters. Voraussetzung dafür ist, dass die Korrektur innerhalb der gleichen Tat erfolgt, also solange der Lebensvorgang nicht zum Abschluss gekommen ist, innerhalb dessen nach anfänglicher Tätervorstellung auch der bloße Verzicht auf weitere Ausführungshandlungen einen strafbefreinden Rücktritt ermöglicht hätte. Eine **Änderung der Pflichtenlage** ist nur **solange möglich, wie der Täter seine Pflicht nicht bereits erfüllt** hat. Lässt der Täter auf der Grundlage von Vorstellungen, die einen unbeendeten Versuch begründen, alle zur gleichen Tat gehörigen Handlungsmöglichkeiten verstreichen, so hat er die Tat bereits aufgegeben.[521] Nach dem erfolgten Rücktritt spielt es im Rahmen der Versuchstat keine Rolle mehr, wenn der Täter nun die Möglichkeit des Erfolgseintritts erkennt.[522] Ein Verhindern des Erfolgs fällt nicht unter § 24 Abs. 1 S. 1 Alt. 2. Die Untätigkeit des Täters kann vielmehr eine (neue) Straftat durch Unterlassen (mit der zugehörigen Rücktrittsmöglichkeit) begründen.[523] **Keine** Konstellation der Korrektur vom unbeendeten zum beendeten Versuch liegt vor, wenn der **Täter zunächst von einem Fehlschlag ausgeht**, er etwa annimmt, seine einzige Patrone erfolglos auf das Opfer abgefeuert zu haben und auch keine anderen Möglichkeiten der Erfolgsherbeiführung sieht, sodann aber erkennt, dass er das Opfer lebensgefährlich verletzt hat. Unabhängig von der Länge des Zeitraums, in dem der Täter von einem Fehlschlag ausgeht, kommt es hier zu einem Wechsel zum beendeten Versuch mit der Möglichkeit, durch ein Verhindern des Erfolgseintritts Strafbefreiung zu erlangen. Der anfängliche Fehlschlag sperrt diese Möglichkeit nicht. Denn das Fehlschlagskriterium soll lediglich Situationen fehlender Verhinderungmöglichkeit charakterisieren. Es kann nicht dazu herangezogen werden in Fällen, in denen der Täter den drohenden Erfolg seines Verhaltens noch verhindern kann, diese Rücktrittsmöglichkeit zu versperren (Rdn. 76).

---

517 Zutreffend *Puppe* NStZ **2015** 332, 333; *dies.* ZIS **2011** 524, 526.

518 BGH NStZ **1998** 614, 615 mit Anm. *Jäger* NStZ **1999** 608; *Otto*, JK 1999, StGB § 24/26; BGH StraFo **2008** 212; BGH NStZ **2010** 146; dazu *Bosch* Jura **2014** 395, 401 f; BGH 4 StR 397/17 v. 15.3.2018–4 StR 397/17; dazu *Hecker*, JuS 2018, 914 ff.

519 BGH 4 StR 397/17 v. 15.3.2018; BGH 3 StR 337/11 v. 1.12.2011; BGH NStZ **2010** 146.

520 BGH NStZ **1998** 614, 615 mit Anm. *Jäger* NStZ **1999** 608; *Otto*, JK 1999, StGB § 24/26.

521 Das Aufgeben erschöpft sich selbstverständlich nicht im bloßen Rücktrittsentschluss trotz fortbestehender Handlungsmöglichkeit (womit im Zeitpunkt der Korrektur des Rücktrittshorizonts bereits ein Aufgeben vorliegen würde und ein Verhindern nicht mehr gefordert werden kann). Erforderlich ist vielmehr, dass der Täter seine Entscheidung innerhalb der begonnenen Tat manifestiert, indem er die Möglichkeit tatsächlich verstreichen lässt; *Knörzer* S. 369 ff.

522 *Heger* StV **2010** 320, 323.

523 BGH NStZ **2010** 146.

Auch die umgekehrte Korrektur des Rücktrittshorizonts vom unbeendeten zum beendeten Versuch setzt also voraus, dass sie noch **innerhalb der gleichen Tat** erfolgt. Während die Einbeziehung weiterer möglicher Ausführungshandlungen beim unbeendeten Versuch dem Täter als Erweiterung seiner Rücktrittsmöglichkeiten zugute kommt, wirkt sie hier belastend, weil damit zugleich der zeitliche Rahmen erweitert wird, in dem ein Wechsel zum beendeten Versuch in Betracht kommt. Der BGH geht von einer einheitlichen Tat aus, „wenn die Korrektur der Vorstellung des Täters bei fortbestehender Handlungsmöglichkeit sogleich nach der letzten Tathandlung in **engstem räumlichen und zeitlichen Zusammenhang** mit dieser erfolgt".[524] Trotz gelegentlicher verbaler Unterschiede – „enger" oder „engster" Zusammenhang – dürften die Anforderungen keine anderen sein als sie für die Abgrenzung zum Fehlschlag und bei der Korrektur des Rücktrittshorizonts vom beendeten zum unbeendeten Versuch gelten (Rdn. 94 ff, 177 ff). So soll „ein gewisser zeitlicher Abstand" der Einheitlichkeit nicht zwingend entgegenstehen, wenn ein Kampfgeschehen „ohne wesentliche Zwischenakte" verläuft und von einem einheitlichen (auch außertatbestandlichen)[525] Handlungsziel getragen ist.[526] Einem Wechsel hin zu einem beendeten Versuch kann es nicht entgegenstehen, wenn der Täter nach einer mit Tötungsvorsatz ausgeführten Tathandlung zunächst annimmt, das Opfer sei nicht lebensgefährlich verletzt, unmittelbar anschließend das Opfer ohne Aufrechterhaltung des Tötungsvorsatzes körperlich misshandelt und sodann den Tatort in der Vorstellung verlässt, das Opfer könne an der Ersthandlung versterben (zutreffend *Jäger* JA **2017** 550,551 f; unklar BGH v. 23.11.2016–4 StR 471/16; diesem zustimmend *Hecker* JuS **2017** 696 f). Der zwischenzeitliche Vorsatzwechsel ändert nichts an dem nach Tätervorstellung beendeten Tötungsversuch, sofern nicht bereits aufgrund des Umstands, dass der Täter sein Tötungsvorhaben nicht aktiv weiter verfolgt hat, zwischenzeitlich ein Rücktritt vom unbeendeten Versuch vorlag. Möglich soll auch ein **mehrmaliger Wechsel der Tätervorstellung** – vom beendeten zum unbeendeten wieder zurück zum beendeten Versuch – sein, wenn es sich um ein „ohne wesentliche Zwischenakte ablaufendes dynamisches Geschehen" handelt, das im konkreten Fall maximal eine Minute angedauert hat (BGH 3 StR 337/11 v. 1.12.2011; dazu *Hecker* JuS **2012** 947 ff). 187

Für die Feststellung der Tätervorstellung gelten die gleichen Grundsätze zu **Beweiswürdigung** und **Urteilsbegründung** wie bei der Korrektur vom beendeten zum unbeendeten Versuch (Rdn. 151 ff, 161 ff). Lässt sich die Tätervorstellung nicht aufklären, so führt die Anwendung des **Zweifelssatzes** hier freilich gerade umgekehrt dazu, eine Korrektur abzulehnen (und auf dieser Grundlage eine Rücktrittshandlung des untätig gebliebenen Täters zu bejahen). 188

Folgt man auch insoweit der **materiellen Betrachtungsweise** (Rdn. 155 ff), so spielt die Korrektur von unbeendeten zum beendeten Versuch freilich eine geringere Rolle als nach der Rechtsprechung, weil in vielen Fällen richtigerweise aufgrund der vom Täter wahrgenommenen Tatsachenlage von Anfang an von einem beendeten Versuch auszugehen ist, wenn der Erfolg objektiv drohte und der Täter auf sein Ausbleiben nicht vertrauen durfte. Der vom Täter vollzogene Wechsel in der Einschätzung der Situation ändert dann nichts an dem normativ vom Täter zur Entkräftung der von ihm manifestierten Unrechtsmaxime zu fordernden Rücktrittsverhalten. Näher unten Rdn. 192 ff 189

**cc) Neu entstehender Rücktrittshorizont.** Schließlich kann ein Rücktrittshorizont auch erst **nach der Vornahme der Ausführungshandlung entstehen,** nämlich dann, wenn der Täter zunächst vom Eintritt des Erfolges ausgeht und er diese Fehlvorstellung sodann korrigiert[527] oder wenn er sich anfangs überhaupt keine Vorstellungen macht. Auch insoweit kommt die 190

524 BGH 4 StR 397/17 v. 15.3.2018 (Hervorhebung nur hier); BGH NStZ **2010** 146. Ähnlich *Frister* 24/15.

525 Etwa die beabsichtigte Wegnahme von Drogen im Rahmen eines versuchten Tötungsdelikts; BGH 4 StR 397/17 v. 15.3.2018.

526 BGH 4 StR 397/17 v. 15.3.2018.

527 BGH NStZ **2011** 688, 689.

Annahme eines unbeendeten Versuchs nur in Betracht, wenn sich die Korrektur noch im Rahmen des gleichen Lebensvorgangs vollzieht.

191 **dd) Begründung der Korrekturmöglichkeit. Gegen die Möglichkeit der Korrektur** des Rücktrittshorizonts wird angeführt, dass es für die mit dem korrigierten Rücktrittshorizont verbundene „Verwandlung" des beendeten in einen unbeendeten Versuch bzw. umgekehrt keinen sachlichen Grund gebe. Es fehle an einer sukzessiven Tatbestandsverwirklichung, „wenn der Täter nach Abschluss der letzten Ausführungshandlung glaubt, alles für den Erfolgseintritt Erforderliche getan zu haben, weil ein Weiterhandeln dann einen neuen Entschluss voraussetzen würde" (*Ranft* JZ **1989** 1128, 1129).[528] Diese Kritik verfehlt den Grundgedanken der Gesamtbetrachtungslehre. Dieser liegt die Annahme zugrunde, dass innerhalb eines einheitlichen Lebensvorgangs dem Verzicht auf die Vornahme weiterer Ausführungshandlungen ein Erklärungswert zukommt, weil bei empirischer Betrachtung die Vornahme solcher Handlungen zu erwarten wäre (Rdn. 100 ff). Dieser Erklärungswert besteht auch im Falle einer Korrektur des Rücktrittshorizonts. Das ist besonders deutlich im Falle der „umgekehrten Korrektur", wenn also der Täter zunächst von einem unbeendeten Versuch und dann von einem beendeten Versuch ausgeht.[529] Der Täter verliert hier aufgrund der Annahme des drohenden Erfolgseintritts die Möglichkeit, durch den bloßen Verzicht auf eine nach seiner anfänglichen Vorstellung noch mögliche Ausführungshandlung zurückzutreten. Darin liegt aber kein Grund, ihm die Rücktrittsmöglichkeit gänzlich abzuschneiden. Vielmehr ist von ihm zu verlangen, den von ihm nun für möglich gehaltenen Erfolgseintritt zu verhindern. Erbringt er diese Leistung, so wäre es weder nach dem Wortlaut von § 24 Abs. 1 S. 1 Alt. 2 noch nach dessen ratio begründbar, ihm den Rücktritt zu versagen. Die Korrektur des Rücktrittshorizonts bildet keine Zäsur im Tatgeschehen, sondern modifiziert lediglich die an den Täter zu stellenden Anforderungen für eine Distanzierung von der Unrechtsmaxime.[530] Vor diesem Hintergrund ist dann auch nicht einzusehen, weshalb der umgekehrte Fall, also eine Korrektur von einem beendeten zu einem unbeendeten Versuch, anders zu behandeln sein soll. Das gilt zum einen für den Fall, in dem der Täter in der Situation des beendeten Versuchs adäquat mit Verhinderungshandlungen zumindest begonnen hat (Rdn. 179). Es gilt aber auch, wenn der Täter nach anfänglicher Annahme eines drohenden Erfolgseintritts zu der Auffassung gelangt, dass es zur Tatbestandsverwirklichung weiterer Ausführungshandlungen bedarf, die mit der bereits vorgenommenen einen einheitlichen Lebensvorgang bilden. Der Täter befindet sich hier immer noch in einem unabgeschlossenen Versuchsgeschehen, so dass der Verzicht auf eine solche Ausführungshandlung seine Distanzierung von der Unrechtsmaxime manifestiert.[531]

192 **ee) Normative Einschränkungen.** Dem BGH ist demnach hinsichtlich der **grundsätzlichen Möglichkeit** der Korrektur des Rücktrittshorizonts **zuzustimmen.** Der Umfang, in dem der BGH Korrekturen des Rücktrittshorizonts anerkennt, ist konsequent vor dem Hintergrund einer sub-

528 Ebenso *Herzberg* FS Blau 97, 119 f; *ders.* NJW **1986** 2466, 2470 f.

529 Den *Ranft* allerdings auch nicht unmittelbar anspricht; zutreffend *Knörzer* S. 343.

530 Weshalb es auch keine Rolle spielt, ob der Täter auf der Grundlage der anfänglichen Vorstellung des Vorliegens eines unbeendeten Versuchs bereits einen Rücktrittsentschluss zur Untätigkeit gefasst hatte; *Knörzer* S. 361 ff.

531 Weitergehend meinen *Knörzer* S. 355 ff und *Otto* AT § 19 Rdn. 62, 65, dass mit Blick auf den dem Täter beim beendeten Versuch zur Verfügung stehenden Spielraum für die Verhinderung des Taterfolges auch der Inhalt des Rücktrittshorizonts auf der Grundlage des Zeitpunkts zu beurteilen sei, in dem der Täter seinen Irrtum erkennt. Es kann aber nicht überzeugen, dem im Angesicht einer angenommenen Gefahrenlage untätigen Täter erweiterte Rücktrittsmöglichkeiten zuzubilligen. Diese Untätigkeit schafft keine Sinneinheit zwischen der vorgenommenen Ausführungshandlung und weiteren Ausführungshandlungen, die der Täter ins Kalkül zieht, wenn er nach geraumer Zeit erkennt, dass der Erfolg ohne weiteres Zutun nicht eintreten wird.

jektiven Theorie, die die Abgrenzung von unbeendetem und beendetem Versuch auf der Grundlage der tatsächlichen Tätervorstellung vornimmt (Rdn. 148 ff). Steht man dagegen auf dem Standpunkt, dass den Täter aufgrund seines gefährlichen Vorverhaltens eine Sorgfaltspflicht in Richtung auf die Beurteilung der Sachlage trifft (Rdn. 155 ff), so kommt nicht jeder Änderung der Tätervorstellung Relevanz zu. Denn die Einordnung als Fall des unbeendeten bzw. beendeten Versuchs hängt dann auch davon ab, welche Vorstellung der Täter bei der konkreten Sachlage nach seinen individuellen Fähigkeiten *hätte bilden müssen.*[532]

Hinsichtlich eines **Wechsels vom beendeten zum unbeendeten Versuch** gilt also (s. 193
schon Rdn. 184): Ist der Täter zunächst in Erfüllung seiner Sorgfaltspflicht zu der Auffassung gelangt, der Erfolg werde ohne weiteres Zutun eintreten, so liegt ein beendeter Versuch vor. Eine sorgfaltswidrige Änderung dieser Einschätzung vermag am Vorliegen eines beendeten Versuchs nichts zu ändern. Hat also der Täter nach der Art der zugefügten Messerstiche allen Grund und auch die Urteilskraft, diese auch dann noch für lebensgefährlich zu halten, wenn das Opfer unmittelbar nach Zufügung der Verletzung noch keine körperlichen Beeinträchtigungen zeigt,[533] so ist seine gegenläufige Vorstellung rechtlich ohne Belang. Er kann sich nicht mit einem bloßen Aufgeben begnügen, wenn das Rechtsgut tatsächlich in Gefahr ist. Für einen Wechsel des Rücktrittshorizonts bleiben danach vor allem solche Fälle, in denen der Täter entweder anfänglich einen beendeten Versuch angenommen hat, obwohl der Erfolgseintritt nach den gesamten Umständen nicht ernsthaft in Betracht kam, oder aber eine Änderung der Umstände zu einer begründeten Korrektur der anfänglichen Einschätzung geführt hat.

Auch soweit ein **Wechsel vom unbeendeten zum beendeten Versuch** in Rede steht (s. 194
schon Rdn. 189), kann entgegen der Rechtsprechung nicht jede Vorstellungsänderung eine Korrektur des Rücktrittshorizonts begründen. Wird das Versuchsstadium nämlich normativ danach bestimmt, zu welcher Einschätzung der konkrete Täter bei Erfüllung seiner Pflichten aufgrund des gefährlichen Vorverhaltens hätte kommen müssen, so begründet allein die Vorstellung des Täters von der Ungefährlichkeit seines Verhaltens noch keinen unbeendeten Versuch. Ist die Einschätzung des Täters auf der Grundlage der tatsächlichen Umstände objektiv und subjektiv sorgfaltswidrig, so liegt bereits ein beendeter Versuch vor, sofern tatsächlich eine Gefahr besteht. Wenn der Täter schließlich auch selbst zu der Einsicht gelangt, dass ein beendeter Versuch vorliegt, so führt dies also nicht zu einer Änderung des Versuchsstadiums. So liegt es etwa in dem oben (Rdn. 185) zitierten Fall eines dem Opfer zugefügten Messerstichs in die linke Brusthälfte: Hier kann der Täter schon nach der Art der zugefügten Verletzung nicht auf den guten Ausgang vertrauen. Ist das Opfer hier tatsächlich lebensgefährlich verletzt, so kann er sich von Anfang an nicht mit einem bloßen Aufgeben begnügen. Für einen relevanten Wechsel des Rücktrittshorizonts kommen danach von vornherein nur Fälle in Betracht, in denen die anfängliche Einschätzung, wonach ein Erfolgseintritt nicht drohe, nicht sorgfaltswidrig gewonnen wurde, also (nach hier vertretener Auffassung) tatsächlich ein unbeendeter Versuch vorlag. Die Korrektur zum beendeten Versuch kommt dann zum einen in Betracht, wenn sich die Beurteilungsgrundlage ändert. Auch insoweit folgt aus der Berücksichtigung der an den Täter zu stellenden Anforderungen, dass es für einen Wechsel zum beendeten Versuch keine Rolle spielt, ob der Täter tatsächlich zu der Vorstellung gelangt ist, dass der Erfolgseintritt droht. Entscheidend ist vielmehr, dass aufgrund der objektiv geänderten Sachlage vom Täter nach dessen Kenntnissen und Fähigkeiten zu verlangen war, die Gefährlichkeit zu erkennen. Des Weiteren ist ein Wechsel zum beendeten Versuch auch ohne Änderung der Beurteilungsgrundlage deshalb möglich, weil sich der Täter (unbegründet) die Möglichkeit des Erfolgseintritts ausmalt. Denn in dieser Konstellation ist die Umkehrleistung in Form des Verhinderns auf der Grundlage der Tätervorstellung zu verlangen (Rdn. 157).

---

**532** Ebenso *Puppe* NStZ **2015** 332, 333.

**533** In BGH NStZ **2005** 331 f handelte es sich auch objektiv um lebensgefährliche Verletzungen. In BGHSt **36** 224 lag diese Annahme zumindest nach den äußeren Umständen nicht fern.

195 **f) (Vorgestelltes) Erreichen des außertatbestandlichen Handlungsziels.** Trotz der Entscheidung des Großen Senats aus dem Jahre 1993[534] ist noch **nicht abschließend geklärt**, ob ein unbeendeter Versuch und damit ein strafbefreiender Rücktritt durch (einfache) Tataufgabe auch noch möglich ist, wenn der Täter durch seine bisherigen Handlungen zwar den zumindest billigend in Kauf genommenen tatbestandlichen Erfolg noch nicht verursacht hat, er aber nach seiner Vorstellung in unmittelbarem zeitlichen und räumlichen Zusammenhang zu dessen Herbeiführung in der Lage wäre, davon aber absieht, da er sein außertatbestandliches Handlungsziel erreicht zu haben glaubt.[535] In der Praxis handelt es sich um Fälle, in denen der Täter bedingt tötungsvorsätzlich dem Opfer einen Denkzettel erteilen will oder es kampfunfähig machen will, um andere Delikte zu verwirklichen. Deshalb wird mitunter angenommen, diese Fälle seien notwendig Konstellationen eines „Rücktritts bei dolus eventualis".[536] Diese Einschränkung ist aber, wie insbesondere *Puppe* (NStZ **1990** 433; JZ **1993** 361) gezeigt hat, in der Sache nicht berechtigt. Das zeigt sich in Fällen, in denen der Täter sein außertatbestandliches Ziel nur in Verbindung mit dem Eintritt des deliktischen Erfolgs erreichen zu können glaubt, dann aber nach Vornahme der Ausführungshandlung feststellt, dass er sein Ziel bereits ohne Herbeiführung des tatbestandsmäßigen Erfolgs erreicht hat. Glaubt der Täter etwa, er müsse den Angreifer verletzen, um ihn abzuwehren, flieht der Angreifer aber schon beim ersten fehlgehenden Schuss, so hat der Täter sein außertatbestandliches Ziel trotz des nicht realisierten direkten Körperverletzungsvorsatzes erreicht.[537]

196 Die **gleiche Problemlage** wie bei vorgestelltem Erreichen des außertatbestandlichen Handlungsziels tritt auch dort auf, wo sich dieses Handlungsziel als nicht mehr erreichbar erweist (insofern also ein „Fehlschlag" vorliegt), und damit auch die Weiterführung des deliktischen Verhaltens ihren **Sinn verliert**. Der BGH will diese Fälle ebenso behandeln wie die Konstallation der außertatbestandlichen Zielerreichung. So lag es etwa in dem Fall, dass die Täterin einen Mitnahmesuizid gemeinsam mit ihrem Kind plante und nach Scheitern des eigenen Suizdversuchs auch keinerlei Interesse mehr daran hat, ihr Kind zu töten (BGH NStZ **2008** 275, 276; dazu noch Rdn. 199).

197 **aa) Die neuere Rechtsprechung: Irrelevanz des Erreichens des außertatbestandlichen Handlungsziels.** Mit der Entscheidung des **Großen Senats** vom 19.5.1993 verfolgt der **BGH** (St [GS] **39** 221) unter Zustimmung eines Teils der Literatur[538] eine **rücktrittsfreundliche Linie**, nachdem die vorherige Rechtsprechung uneinheitlich war.[539] Im Anschluss an den Vorlagebeschluss des 1. Strafsenats[540] hat der Große Senat ausgehend von der Lehre vom Rücktrittshori-

---

**534** BGHSt (GS) **39** 221, 230 ff mit. Anm. *Bauer* NJW **1993** 2590; *ders.* MDR **1994** 132, *Hauf* MDR **1993** 929; *Junge* JuS **1994** 82; *Nix* NJ **1993** 567; *Otto* JK **1994** § 24/20; *Pahlke* GA **1995** 72; *Roxin* JZ **1993** 896 und *Schroth* GA **1997** 151.

**535** Die häufig zu findende Formulierung, dass der Täter sein außertatbestandliches Handlungsziel „erreicht hat" (so auch *Lilie/Albrecht* LK[12] Rdn. 185) ist vor dem Hintergrund der auf die Tätervorstellung abstellende subjektive Theorie nicht zutreffend; *Mitsch* FS Kindhäuser 293, 305.

**536** Z. B. *Kühl* AT § 16 Rdn. 38. Insgesamt zu der Problematik ausführlich *Bauer* NJW **1993** 2590; *Hauf* S. 14 ff; *Kudlich* JuS **1999** 349, 353 ff; *Murmann* Versuchsunrecht S. 49 ff; *Pahlke* S. 37 ff; *Schroth* GA **1997** 151; *Streng* JZ **1990** 312.

**537** Siehe auch BGH NStZ **2014** 450 mit Anm. *Engländer*; dazu auch *Bürger* ZJS **2015** 23, 30; *Jäger* JA **2015** 149 ff.

**538** *Beckemper* JA **2003** 203, 206 f; *Bott* Jura **2008** 753 ff; *Brüning* ZJS **2011** 93, 95; *Matt/Renzikowski/Heger* Rdn. 42; *Hoven* JuS **2013** 403, 404; *Kindhäuser/Zimmermann* AT § 32 Rdn. 18; *Krey/Esser* AT Rdn. 1293; *SSW/Kudlich/Schuhr* Rdn. 69; *Lilie/Albrecht* LK[12] Rdn. 190 ff; *Rengier* AT § 37 Rdn. 62; *Wessels/Beulke/Satzger* Rdn. 1048. Im Ergebnis auch *Amelung* ZStW **120** (2008) 205, 239 ff.

**539** Für eine Versagung der Rücktrittsmöglichkeit BGH NStZ **1990** 77; ferner BGH NStZ **1990** 30, 31 für die Fälle „optimaler Zielerreichung".

**540** BGH JZ **1993** 359.

zont[541] unabhängig davon, ob der Täter bei dem Versuch mit direktem oder bedingtem Vorsatz handelt, die Auffassung vertreten, dass ein unbeendeter Versuch und damit ein **strafbefreiender Rücktritt durch freiwillige Tataufgabe** auch dann **nicht ausgeschlossen** ist, wenn der Täter sein außertatbestandliches Handlungsziel (nach seiner Vorstellung) erreicht hat.[542] Begründet wird diese Auffassung vor allem mit der Erwägung, dass sich das in § 24 Abs. 1 S. 1 geforderte „Aufgeben" allein auf die Tat im materiellrechtlichen Sinn, also auf die gesetzlichen Tatbestandsmerkmale beziehe. „Auf weitergehende, außertatbestandsmäßige Beweggründe, Absichten oder Ziele stellen weder der die Strafbarkeit des Versuchs begründende § 22 noch der spiegelbildlich dazu Strafbefreiung durch Rücktritt ermöglichende § 24 ab."[543] Damit setze das Vorliegen eines unbeendeten Versuchs auch in diesen Fällen voraus, dass der Täter mit dem Abschluss der letzten Ausführungshandlung davon ausgehe, noch nicht alles getan zu haben, damit der tatbestandliche Erfolg eintrete, die Fortführung der Handlungen im Verhältnis zu den bisherigen Teilakten einen einheitlichen Lebensvorgang bilden und die Weiterführung keinen neuen Tatentschluss seitens des Täters verlangen würde (zur Einheitlichkeit des Lebensvorgangs oben Rdn. 136 ff).[544] Wenn der Täter dann die Tat freiwillig aufgibt, sei ein strafbefreiender Rücktritt trotz eingetretenem außertatbestandlichem Handlungsziel möglich.[545] Das Gesetz verlange weder einen „besonders honorierbaren Verzicht" noch einen „Rechtstreuebeweis". Eine ausdrückliche „innere Umkehr" widerspreche dem Wortsinn der Vorschrift. Die Einräumung der Rücktrittsmöglichkeit durch bloßen Verzicht auf die weitere Tatausführung diene letztlich auch dem **Opferschutz** (BGH [GS] **39** 221, 230 f).[546]

Die Entscheidung des Großen Senats hat sich in der folgenden **Kasuistik** niedergeschlagen: 198
Eine versuchte gefährliche Körperverletzung sei auch dann unbeendet, wenn der Täter, nachdem er nicht in eine Diskothek gelassen wurde, kurz hintereinander mit bedingtem Körperverletzungsvorsatz vier Schüsse abgibt, um die Kontrolleure **einzuschüchtern**, nach dem vierten Schuss zwar erkennt, dass er niemanden verletzt hat, er aber der Ansicht ist, „seinem Tatplan gemäß den Mitarbeitern ... einen Denkzettel verpasst zu haben", weshalb er nicht weiter schießt und den Tatort verlässt (BGH StV **1997** 128 mit Anm. *Otto* JK **1997** § 24/24). Gleiches gilt, wenn der Täter sich durch einen bedingt tötungsvorsätzlich geführten Messerstich für eine erlittene Kränkung **rächen will** und nach Erreichen dieses Ziels auf weitere Stiche verzichtet, obwohl er nicht von einer tödlichen Verletzung des Opfers ausgeht (BGH NStZ **2009** 25). Unbeendet könne ein versuchter Totschlag sein, wenn der mit bedingtem Tötungsvorsatz handelnde Täter zwar sein Handlungsziel, nämlich „sich den **Weg frei zu schießen**", erreicht, er den Tod des Opfers nach seiner Vorstellung bisher noch nicht verursacht hat, dies aber durch eine unmittelbare Fortführung der Schüsse erreichen könnte (BGH NStZ-RR **1998** 134 f). Entsprechendes gelte, wenn der Täter sein Ziel – **Erbeuten von Bargeld** – nach einem mit bedingten Tötungsvorsatz

---

**541** Vgl. BGHSt **31** 170; **33** 295; **35** 90; BGH NStZ **1986** 264; BGH NStZ **1986** 312; BGH NStZ **1990** 30; BGHR § 24 Abs. 1 Satz 1 Versuch, beendeter 2, 3, 5, 6 und Versuch, unbeendeter 4, 6, 16, 17.

**542** In diesem Sinne auch der Vorlagebeschluss BGH JZ **1993** 359 f. Aus der späteren Rechtsprechung BGH StV **2020** 83 ff; BGH NStZ-RR **2019** 271; BGH NStZ **2018** 137 (LS); BGH StV **2018** 408, 409; BGH NStZ **2016** 720; BGH NStZ **2015** 571, 572 (ohne Hinweis auf das Problem der außertatbestandlichen Zielerreichung, zutreffend *Jäger* JA **2015** 874, 875); BGH NStZ **2014** 105; BGH NStZ **2014** 202; BGH NStZ-RR **2014** 105; BGH NStZ **2014** 450 mit Anm. *Engländer*, *Jäger* JA **2015** 149 ff; BGH NStZ-RR **2013** 105; BGHR StGB § 24 Abs. 1 Satz 1 Versuch, unbeendeter 20; BGH NStZ **2011** 629; BGH NStZ-RR **1996** 195 f.

**543** BGHSt **39** 221, 230.

**544** BGHSt (GS) **39** 221, 232; unter Berufung darauf BGH NStZ **1994** 493 mit Anm. *Otto* JK **1995** § 24/22.

**545** BGH NStZ **1989** 317 f; BGH NJW **1990** 263 f; BGH NJW **1993** 943 (1. Strafsenat) mit teils sehr **krit.** Anm. *Bauer* StV **1993** 356; *Nix* NJ **1993** 567; *Puppe* JZ **1993** 361; *Streng* NStZ **1993** 257; BGHSt (GS) **39** 221, 230 ff mit zust. Anm. *Hauf* MDR **1993** 929; im Anschluss daran BGH NStZ-RR **1996** 195 f; BGH StV **1996** 86; BGH NStZ **1997** 593; BGH StV **1997** 128 mit Anm. *Otto* JK **1997** § 24/24; BGH NStZ-RR **1998** 134, 135; auch *Hauf* JuS **1995** 524, 526; *Kindhäuser/Zimmermann* AT § 32 Rdn. 18; *Lettl* JuS **1998** L 81, L 83; *Meurer* NJW **2000** 2936, 2939 f; *Pahlke* GA **1995** 72, 76; *ders.* S. 132; *Schroth* GA **1997** 151, 160.

**546** Zustimmend etwa *Bott* Jura **2008** 753, 755.

gegen das Raubopfer geführten Messerstich erreicht hat und deshalb von weiteren Tötungshandlungen absieht (BGH NStZ **1997** 593; dazu *Puppe* ZIS **2011** 524, 527). Ebenso hat der BGH (NStZ **2014** 450 mit Anm. *Engländer*, *Jäger* JA **2015** 149 ff) einen Fall entschieden, in dem der Täter bezogen auf das außertatbestandliche Ziel mit **direktem Vorsatz** gehandelt hat: Der Täter wollte sein Ziel, das Opfer zu berauben, durch eine mittels eines Elektroschockgeräts begangene Körperverletzung erreichen. Nachdem dieses sich als funktionsuntüchtig erwies, verzichtete er auf die ihm mögliche Realisierung der Körperverletzung durch Einsatz des mitgeführten Pfeffersprays, da das bereits hinreichend eingeschüchterte Opfer die Wegnahme duldete. Schließlich bleibe ein unbeendeter Versuch auch möglich, wenn der Täter auf die Erzwingung des Geschlechtsverkehrs verzichtet, weil er aufgrund eines vorzeiten Samenergusses sein Ziel, **geschlechtliche Befriedigung** zu erlangen, bereits erreicht habe (BGH NStZ **2009** 86). Einen **Fehlschlag** hat der BGH aber auch auf der Grundlage der Entscheidung des Großen Senats in einer Konstellation angenommen, in der sich die außertatbestandliche Zielerreichung in einer Weise im äußeren Geschehensablauf niedergeschlagen hat, die dessen Einheitlichkeit aus der Sicht eines Dritten entgegengestanden habe: Der Täter hatte auf das ihn verfolgende Opfer bedingt tötungsvorsätzlich einen Schuss abgegeben, als es ihn fast erreicht hatte. Das verletzte Opfer hatte sich daraufhin abgewandt und in ein Lokal begeben. Ein Weiterhandeln in dieser Situation wäre nach Auffassung des BGH von einem neuen Tatentschluss getragen gewesen (BGH NStZ **1994** 493) – das verdient Zustimmung, und zwar gerade deshalb, weil das Abstellen auf den äußeren Ablauf kaum verschleiern kann, dass ausschlaggebend für die Beurteilung die Zielerreichung war (vgl. Rdn. 200 ff).

**199** Die Maßgeblichkeit der **Vorstellung des Täters** von den ihm zur Verfügung stehenden weiteren Möglichkeiten der Erfolgsherbeiführung macht in den Fällen des (vorgestellten) Erreichens des außertatbestandlichen Handlungsziels erhebliche **Schwierigkeiten**, die von der Rechtsprechung allerdings **ignoriert** werden. Denn wenn der Täter sein außertatbestandliches Ziel erreicht hat, gibt es für ihn **nicht den geringsten Anlass, über weitere Möglichkeiten der Tatvollendung zu reflektieren**. Am ehesten wird eine diesbezügliche Vorstellung noch in Fällen in Betracht kommen, in denen der Täter mit der **Verwendung des bereits eingesetzten Tatmittels fortfahren** könnte oder sich sonst eine Möglichkeit der Tatvollendung **geradezu aufdrängt**. Ansonsten wird sich die zur Ausfüllung des Rücktrittshorizonts geforderte Vorstellung vom Bestehen weiterer Möglichkeiten der Tatvollendung kaum einmal überzeugend feststellen lassen. Das lässt sich verdeutlichen an BGH NStZ **2015** 571, 572 (dazu *Kudlich* NJW **2015** 2901; *Jäger* JA **2015** 874 ff): Der Täter hatte sein Opfer bedingt tötungsvorsätzlich mit dem Auto angefahren, um entwendete Drogen zurückzuerhalten. Anschließend verfolgte er sein Opfer zu Fuß und nahm ihm mit Gewalt die Drogen ab. Der BGH vermisst nun Feststellungen zu den Vorstellungen des Täters im Zeitpunkt nach Erreichen des Opfers. Warum sich aber der wieder im Besitz der Drogen befindliche Täter darüber Gedanken gemacht haben sollte, ob er das Opfer nun noch erwürgen könnte oder ob ein am Boden liegender Stein zur Tötung des Opfers geeignet sein könnte, ist unerfindlich. Wenn der BGH Feststellungen hierzu im Urteil erwartet, dann kommt dies einer Aufforderung an den Beschuldigten gleich, entsprechende Vorstellungen vorzutragen (zutreffend *Jäger* JA **2015** 874, 875). Anhaltspunkte für das Vorliegen solcher Vorstellungen bestanden im konkreten Fall offenbar nicht, weshalb auch revisionsrechtlich die Rüge nicht nachvollziehbar ist (vgl. BGH NStZ **2009** 264, 266). Ähnlich lag es im Fall der Sinnlosigkeit der Tatfortführung, nachdem sich das außertatbestandliche Handlungsziel als nicht mehr erreichbar erwiesen hat (BGH NStZ **2008** 275, 276; vgl. Rdn. 196): Die Mutter wollte unter Mitnahme ihres Sohnes einen Suizid begehen, indem sie ihrem Sohn ein Schlafmittel verabreichte und sodann das Haus anzündete in der Hoffnung, dass beide an einer Rauchvergiftung versterben würden. Sie erkannte das Scheitern ihres Planes, als die Feuerwehr eintraf. Der BGH rügt, dass das Tatgericht den Fehlschlag auf das gemeinsame Sterben bezogen, sich aber nicht mit der Frage befasst habe, „ob die Angeklagte auch nach der Entdeckung des Brandes objektiv noch die Möglichkeit hatte und subjektiv in der Lage gewesen wäre, ihren Sohn zu töten". Auch hier ist evident, dass die Täterin nach dem fehlgeschlagenen Suizidversuch keinerlei Interesse daran hatte, ihren Sohn zu töten. Überlegungen zu denkbaren Tatmitteln (die objektiv gegenüber einem Schlafenden selbstverständlich zur Verfügung standen) sind rein spekulativ und es gibt keinerlei Anhaltspunkte dafür, dass die Täterin solche Überlegungen ohne jeden Anlass angestellt haben könnte. Es ist wohl kein Zufall, dass der BGH Ausführungen zur *objektiv* bestehenden Möglichkeit der Erfolgsherbeiführung verlangt. Auf diese kommt es aber nach ständiger Rechtsprechung für den Rücktrittshorizont gerade nicht an, und es ist auch nicht möglich, aus dem Bestehen objektiver Möglichkeiten darauf zu schließen, dass der Täter diese Möglichkeiten als solche realisiert hat.

**bb) Die h. L.: Rücktrittsausschluss bei (vorgestelltem) Erreichen des außertatbestandlichen Handlungsziels.** Die wohl überwiegende Literatur[547] und auch ein Teil der älteren Rechtsprechung[548] steht der neueren Auffassung des BGH **zu Recht ablehnend** gegenüber. Die Ablehnung einer Rücktrittsmöglichkeit wird allerdings unterschiedlich begründet und auch dogmatisch unterschiedlich verortet. Der **BGH** (NJW **1991** 1189) hat erwogen, „dass es Fälle des unbeendeten, nicht fehlgeschlagenen Versuchs gibt, in denen ein Rücktritt – unabhängig von der Frage, ob Freiwilligkeit gegeben ist – ausgeschlossen ist“. Als materielle Begründung hierfür hat der BGH in NStZ **1990** 77, 78 angeführt, es fehle im Fall einer „optimalen Zielerreichung“ an einem „honorierbaren Verzicht“. Die Begrenzung auf eine „optimale Zielerreichung“ ist aber vereinzelt geblieben und auch in der Sache nicht begründet.[549] Gegen das Kriterium der Honorierbarkeit wird eingewandt, diese werde bereits durch die gesetzgeberische Entscheidung in § 24 vorgegeben.[550] Schließlich hat der BGH geltend gemacht, in Fällen der Zielerreichung beruhe eine Fortsetzung des tatbestandsmäßigen Handelns „auf einem neuen, anders motivierten Tatentschluss“ und stelle „sich damit als eine Tat“ dar, „die mit dem vorangegangenen Handeln auch nicht im Sinne natürlicher Handlungseinheit verbunden ist. In dem Verzicht auf Begehung einer solchen neuen Tat läge nicht der Rücktritt von der davor begangenen (abgeschlossenen) versuchten Straftat“.[551] Die zuletzt genannte Begründung beruft sich also auf eine Zäsurwirkung, die die Einheitlichkeit der „Tat“ im Sinne von § 24 Abs. 1 aufhebe. Damit steht diese Begründung freilich in einem Spannungsverhältnis zur Ablehnung eines Fehlschlags in der gleichen Entscheidung. Denn wenn man die aus Tätersicht im Rücktrittshorizont zur Herbeiführung des Erfolgs untaugliche Ersthandlung bereits als die „Tat“ ansieht, die durch weitere Ausführungshandlungen nicht mehr zum Erfolg geführt werden kann, so entspricht diese Situation der Definition des fehlgeschlagenen Versuchs (Rdn. 71 ff). 200

---

**547** So, wenn auch mit unterschiedlichen Begründungen, etwa *Ambos* HK-GS Rdn. 10; *Bauer* NJW **1993** 2590, 2592; *Baumann/Weber/Mitsch/Eisele* § 23 Rdn. 35; *Bürger* ZJS **2015** 23, 30; *Jäger* SK Rdn. 23; *ders.* JA **2015** 149, 151 (Unfreiwilligkeit); *Mitsch* FS Kindhäuser 293, 305 ff; *Bottke* JZ **1994** 71, 73; *Dold* S. 176; *Heckler* S. 215 ff; *Herzberg* NJW **1988** 1559 f; *Kühl* AT § 16 Rdn. 41, 50; *Lackner/Kühl/Kühl* Rdn. 12; *Murmann* Versuchsunrecht S. 49 ff; *Puppe* JZ **1993** 361 ff; *dies.* NStZ **1990** 433 ff; *dies.* NStZ **1986** 14; *Otto* JURA **1992** 423, 430; *ders.* JK **1990** § 24/18; *ders.* AT § 19 Rdn. 25 ff; *Ranft* JURA **1987** 527, 533 f; *Roxin* AT II § 30 Rdn. 58 ff; *ders.* JZ **1993** 896 ff; *ders.* JR **1986** 424, 426; *Rudolphi* JZ **1991** 525, 527; *Schall* JuS **1990** 623, 630; *Scheinfeld* S. 125 ff; *ders.* JuS **2002** 253 f; *Seier* JuS **1989** 102; *Zaczyk* NK Rdn. 53; vgl. ferner *Walter* S. 107, demzufolge keine – nach seiner Auffassung für strafbefreienden Rücktritt erforderliche – „Bewährungssituation“ bestehe. Im Ergebnis auch *Streng* JZ **1990** 212, 215; *ders.* NStZ **1993** 257, der die Problematik aber auf der Ebene der Freiwilligkeit lösen will; eine Lösung auf Ebene der Freiwilligkeit favorisieren auch *Greeve* S. 237, 244 f und *Jäger* ZStW **112** (2000) 783, 808 f sowie *Köhler* AT S. 481, der Freiwilligkeit annimmt.

**548** BGH NStZ **1990** 77 mit Anm. *Herzberg* JuS **1990** 273 und *Puppe* NStZ **1990** 433; BGH NJW **1991** 1189; ferner BGH NStZ **1990** 30, 31 für die Fälle „optimaler Zielerreichung“.

**549** BGH NJW **1991** 1189; *Rudolphi* JZ **1991** 525, 527; *Schall* JuS **1990** 623, 626 f. Das liegt freilich anders, wenn das Ziel so definiert ist, dass der Täter selbst mit dem Erreichten noch nicht gänzlich zufrieden sein kann. In dieser Konstellation besteht der Handlungsgrund fort und es erscheint nicht sinnvoll, hier überhaupt von „Zielerreichung“ zu sprechen; zutreffend dazu *Scheinfeld* S. 126 f.

**550** BGH NJW **1991** 1189.

**551** BGH NJW **1991** 1189.

201 In der **Literatur** dominiert die Begründung, dass der Täter, der sein Ziel erreicht hat, **nichts mehr aufzugeben** habe.[552] Dafür wird verschiedentlich geltend gemacht, der **Vorsatz** des Täters sei aufgrund der Zielerreichung **verbraucht.**[553] Diese Begründung führt aber in Friktionen mit der Gesamtbetrachtungslehre.[554] Denn mit ihr wird verkannt, dass der Vorsatz in seiner steuernden Funktion nur bezogen auf konkrete Ausführungshandlungen begriffen werden kann (§ 22 Rdn. 29 ff). Nimmt der Täter eine solche für tauglich gehaltene Handlung vor, so ist der Vorsatz damit stets „verbraucht" und der Täter, der erkennt, dass sein Verhalten den Erfolg erwartungswidrig nicht herbeiführen wird, bedarf zu dessen Herbeiführung eines neuen Vorsatzes.[555] Die Gesamtbetrachtungslehre kann also nicht voraussetzen, dass der Vorsatz des Täters auch nach Vornahme der Ausführungshandlung noch fortbesteht. Vielmehr muss es für die Begründung der Einheitlichkeit des Lebensvorgangs ausreichen, dass der Handlungsgrund des Täters fortbesteht und deshalb zu erwarten ist, dass er erneut einen Vorsatz zur Vornahme einer weiteren Ausführungshandlung fasst.

202 **cc) Das (vorgestellte) Erreichen des außertatbestandlichen Handlungsziels als Fall des fehlgeschlagenen Versuchs.** Gerade mit Blick auf den vorstehend (Rdn. 201) festgestellten Wegfall eines Handlungsgrunds **widerspräche es der ratio des § 24 Abs. 1 Satz 1 Alt. 1**, dem Täter, der sein außertatbestandliches Handlungsziel erreicht hat, die Strafbefreiung zu gewähren.[556] Denn nur bei fortbestehendem Handlungsgrund besteht eine begründete Erwartung dahingehend, dass der Täter in der Verfolgung seines deliktischen Vorhabens voranschreitet. Die Distanzierung von der Unrechtsmaxime setzt voraus, dass der Täter erwartungswidrig auf die Vornahme einer Ausführungshandlung *verzichtet* (Rdn. 100 ff). Ein Täter, der sein Ziel erreicht hat, bringt mit der Nichtvornahme weiterer Ausführungshandlungen lediglich seine Zufriedenheit mit dem Erreichten zum Ausdruck. Es ist unerfindlich, wie darin ein honorierungswürdiges Verhalten gesehen werden kann.

203 Hinsichtlich der **dogmatischen Verortung** des Rücktrittsausschlusses legt die Annahme, der Täter habe nichts mehr aufzugeben, es nahe, eine Rücktrittshandlung im Sinne von § 24 Abs. 1 S. 1 zu verneinen.[557] Dafür – und gegen einen fehlgeschlagenen Versuch – wird auch angeführt, dass die Tat durch eine weitere Ausführungshandlung noch vollendet werden könne.[558] Die Ablehnung eines fehlgeschlagenen Versuchs krankt jedoch an einem verkürzten Begriff der „Tat". Deren Vollendung ist dem Täter nicht schon deshalb möglich, weil er (etwa im „Denkzettel-Fall" durch einen weiteren Messerstich) die instrumentalen Möglichkeiten zur Verfügung hat (oder zu haben glaubt), den deliktischen Erfolg herbeizuführen. Vielmehr stellt sich die Frage, ob die Herbeiführung eines solchen Erfolges tatsächlich die begonnene Tat zu Ende führen würde, die weitere Ausführung also noch zu der gleichen „Tat" gehört. Das ist nicht der Fall, da das Erreichen des außertatbestandlichen Handlungsziels eine **Zäsur** im Geschehen darstellt. Die Vornahme einer weiteren Ausführungshandlung auf der Grundlage eines erwartungswidrig gebildeten neuen Tatentschlusses würde einen neuen Versuch darstellen, also nicht mehr zur gleichen Tat gehören. Die Zusammenfassung mehrerer Ausführungshandlungen zu

---

**552** *Baumann/Weber/Mitsch/Eisele* § 23 Rdn. 35 (vgl. ergänzend *Mitsch* FS Kindhäuser 293, 305 [mit selbstkritischer Beurteilung der Bearbeitung im Lehrbuch in Fn. 44]); *Kühl* AT § 16 Rdn. 40; *Otto* Jura **1992** 423, 430; *Puppe* JZ **1993** 361; *dies.* ZIS **2011** 524, 529; *Roxin* JZ **1993** 896; *Rudolphi* JZ **1991** 525, 527.

**553** Z. B. *Roxin* JZ **1993** 896.

**554** *Murmann* Versuchsunrecht S. 50 f.

**555** Zutreffend *Lesch* GA **1995** 493, 494.

**556** *Murmann* Versuchsunrecht S. 50 ff.

**557** Z. B. *Schall* JuS **1990** 623, 630.

**558** *Dold* S. 176; *Krey/Esser* AT Rdn. 1290; *Kühl* AT § 16 Rdn. 40; *Rudolphi* JZ **1991** 525, 526 (aber S. 527: der Ausschluss des Rücktritts habe hier „die gleiche Wurzel" wie in den Fällen des fehlgeschlagenen Versuchs); auch BGH NStZ **1991** 127, 128.

einer „Tat" im Sinne von § 24 Abs. 1 hat nach teleologischen Kriterien zu erfolgen:[559] Die Einheitlichkeit des Lebensvorgangs kann als Kritierum deshalb und insoweit Relevanz beanspruchen, wie aus dieser Einheitlichkeit folgt, dass dem Verzicht auf eine weitere Ausführungshandlung ein Erklärungswert bezogen auf die Unrechtsmaxime zukommt. Dementsprechend wird die Einheitlichkeit auch durch das Erreichen des außertatbestandlichen Handlungsziels aufgehoben. Gehört die Vornahme weiterer Ausführungshandlungen nach Zielerreichung nicht mehr zur gleichen Tat, so hat das zur Folge, dass aus Tätersicht diese Tat nicht mehr zur Vollendung kommen kann: Die vorgenommene Ausführungshandlung hat sich im Rücktrittshorizont als nicht zur Erfolgsherbeiführung geeignet erwiesen und weitere Ausführungshandlungen stehen im Rahmen der gleichen Tat nicht mehr zur Verfügung. Folglich liegt **richtigerweise** ein **fehlgeschlagener Versuch** infolge Sinnlosigkeit vor.[560]

Dieser Standpunkt begründet zugleich die Zurückweisung der in der Literatur vertretenen **204**
Auffassung, es fehle beim Täter, der sein Ziel erreicht hat, an der **Freiwilligkeit**.[561] Diese Begründung liegt insbesondere für die Skeptiker der Rechtsfigur des „fehlgeschlagenen Versuchs" nahe. Erkennt man diese Rechtsfigur dagegen an (Rdn. 75 f), so ist die Freiwilligkeitsfrage sekundär.

Es überzeugt nicht, wenn gegen die Versagung des Rücktritts und zugunsten der Annahme **205**
eines unbeendeten Versuchs auf den **kriminalpolitischen Hintergrund** von § 24 verwiesen wird.[562] Das gilt selbst dann, wenn man diesen mit der h. M. in der Strafzwecktheorie erblickt. Denn es ist nicht nachvollziehbar, weshalb der spezial- und generalpräventive Einwirkungsbedarf mit Blick auf die Nichtvornahme weiterer Ausführungshandlungen entfallen sein soll, nachdem der Täter mit seiner Ausführungshandlung aufgrund der Zielerreichung hochzufrieden ist. Dagegen lässt sich nicht einwenden, „dass Strafgrund eines versuchten Delikts nicht diese außertatbestandlichen Motive sind" (*Lilie/Albrecht* LK[12] Rdn. 192). Strafgrund ist und bleibt selbstverständlich die bereits vorgenommene Versuchshandlung. Lediglich bei der Beantwortung der Frage, ob aufgrund der Nichtvornahme weiterer Ausführungshandlungen der Bedarf nach einer Bestrafung entfallen ist, verdient die Zielerreichung Berücksichtigung. Vor diesem Hintergrund schreibt *Schall* (JuS **1990** 623, 630) im Rahmen der Logik präventiver Straftheorien zutreffend: „Wo niemand ein Weiterhandeln des Täters erwarten würde, kann das bloße Untätigbleiben den rechtserschütternden Eindruck nicht mehr aus der Welt schaffen. Ein solcher Täter demonstriert keinen Rücktrittsentschluss, aus dem die Respektierung der zunächst verletzten Normgeltung erkennbar wäre. Die Rücktrittsleistung des Aufgebens der weiteren Tatausführung ist daher hier nicht erbracht".

Gegen diesen Standpunkt vermag der Hinweis des BGH auf die **Irrelevanz außertatbe- 206**
**standlicher Umstände nicht zu überzeugen.**[563] Ausgehend von der Gesamtbetrachtungslehre ist es nämlich schlechterdings unvermeidlich, außertatbestandliche Kriterien zur Begründung der Einheitlichkeit der Tat heranzuziehen. Der BGH geht selbstverständlich in diesem Sinne vor, wenn er auf die Einheitlichkeit des Lebensvorgangs oder den engen zeitlichen und räumlichen Zusammenhang der Ausführungshandlungen abstellt. Strikt am Gesetzeswortlaut orientiert würde zur „Tat" nur die im jeweiligen Tatbestand geforderte Ausführungshandlung gehören, weshalb *Puppe* (JZ **1993** 361) zutreffend darauf hinweist, dass der Verzicht auf außertatbestand-

---

**559** *Murmann* Versuchsunrecht S. 52 f.

**560** Für Fehlschlag auch *Ranft* Jura **1987** 527, 533 f. Vielfach wird immerhin auf eine strukturelle Ähnlichkeit zwischen Zielerreichungsfällen und Fehlschlag insolge Sinnlosigkeit der weiteren Tatausführung hingewiesen; *Ceffinato* JR **2016** 620, 622; *Roxin* JR **1986** 423, 426; *ders.* JZ **1993** 868, 897; *Schall* JuS **1990** 623, 627. **Kritisch** zur Einordnung als Fehlschlag *Bott* Jura **2008** 753, 755 f; *Mitsch* FS Kindhäuser 293, 307 (Lösung praeter legem); *Krey/Esser* AT Rdn. 1290.

**561** Vgl. *Greeve* S. 237, 244 f; *Jäger* ZStW **112** (2000) 783, 808 f; *Streng* JZ **1990** 212, 215; *ders.* NStZ **1993** 257. *Köhler* AT S. 481, bejaht die Freiwilligkeit.

**562** So *Lilie/Albrecht* LK[12] Rdn. 192.

**563** Eingehend zum Folgenden *Murmann* Versuchsunrecht S. 54 ff.

liche Kriterien am ehesten von der Einzelakttheorie erreicht wird. Es geht also in Wahrheit nicht darum, dass außertatbestandliche Gesichtspunkte nicht berücksichtigt werden dürfen. Vielmehr hat der BGH entschieden, dass zwar die außertatbestandlichen Aspekte des zeitlichen und räumlichen Zusammenhangs zwischen zwei Ausführungshandlungen, nicht aber das vom Täter verfolgte Ziel bei der Beurteilung der Einheitlichkeit des Lebensvorgangs Berücksichtigung finden sollen. Die Annahme, dass gerade die Willensrichtung des Täters keine Rolle spielen soll, ist mit Blick auf die ratio des Rücktritts sachwidrig (Rdn. 45 ff) und vor dem Hintergrund der subjektiven Prägung des Versuchsunrechts auch nicht verständlich.

**207** Es ist auch **nicht** richtig, wenn behauptet wird, die Berücksichtigung des Handlungsgrundes laufe auf eine **„Wiederbelebung der totgeglaubten Tatplantheorie"** hinaus.[564] Die sachlich begründete und begrenzte Relevanz des Tatvorhabens in den Zielerreichungsfällen ist deutlich von einer Tatplantheorie zu unterscheiden, die der Frage, welche Handlungen von Anfang an eingeplant waren, eine normativ nicht begründete Relevanz zuweist (Rdn. 81 f).

**208** Schließlich greift auch **nicht** der Einwand, die Versagung der Rücktrittsmöglichkeit **privilegiere mit direktem Vorsatz handelnde Täter** zu Lasten solcher, die nur einen dolus eventualis aufweisen (so etwa *Lilie/Albrecht* LK[12] Rdn. 193). Das überzeugt schon deshalb nicht, weil dolus eventualis-Konstellationen bei den Zielerreichungsfällen zwar praktisch die größere Rolle spielen, die Vorsatzform aber kein normatives Charakteristikum dieser Fallgruppe darstellt (Rdn. 195). Vor allem aber geht der Verweis auf „Vergleichstäter", die nicht besser behandelt werden dürften, grundsätzlich fehl. Maßgeblich muss nämlich sein, ob die ratio des Rücktrittsprivilegs auf den konkreten Fall passt. Lässt sich ein Rücktritt nicht legitimieren, so ändert sich daran nichts, wenn ein Täter, der größere kriminelle Energie aufgewendet hat, das Rücktrittsprivileg in Anspruch nehmen kann.[565] Solche Ergebnisse liegen durchaus in der Logik des Rücktritts: Wer im Rahmen der Gesamtbetrachtungslehre mit Phantasie und krimineller Energie weitere Optionen für eine Erfolgsherbeiführung ersinnt, schafft sich Möglichkeiten der Aufgabe, die demjenigen verschlossen sind, dem diese Eigenschaften fehlen.

**209** Auch der – ohnehin nur sehr begrenzt tragfähige (Rdn. 14) – Hinweis auf den Gedanken des **Opferschutzes** geht bei der Annahme eines unbeendeten Versuchs in den Fällen der Zielerreichung **ins Leere**. Diesem Argument fehlt hier nicht nur deshalb die Überzeugungskraft, weil der Täter regelmäßig über die Rücktrittsregeln nicht orientiert ist und sich im Moment der Tatausführung hierüber auch keine Gedanken macht. In Fällen der Zielerreichung fehlt zudem die psychische Basis dafür, dass sich der Täter in seinem Handeln an den Verheißungen des Rücktrittsprivilegs orientiert: Mit Erreichung des außertatbestandlichen Handlungsziels entfällt für den Täter jeder Anlass, weitere Ausführungshandlungen vorzunehmen. Es bedarf hier also nicht der Eröffnung der Möglichkeit, Straffreiheit zu erlangen, um den Täter von der Vornahme einer weiteren Ausführungshandlung abzuhalten.[566] *Streng* (JZ **1990** 212, 216) hat dagegen darauf hingewiesen, dass sich in Fällen bedingt tötungsvorsätzlicher absichtlicher Körperverletzung leicht eine „Eigendynamik" entwickle, „welche über das ursprünglich gesteckte Ziel einer nur begrenzten Schädigung des Opfers" hinausführe. Vor allem bei Affekttötungen sei „vielfach eine ‚Tarnung der eigenen Absicht vor sich selbst' zu beobachten". Auch wenn dies im Einzelfall zutreffen mag, berechtigt dies nicht dazu, generelle Schlüsse für die Behandlung der Zielerreichungsfälle zu ziehen. So ist es offenbar außerordentlich fernliegend anzunehmen, dass der Täter, der mit bedingtem Tötungsvorsatz einen Polizisten anfahren will, um seine Flucht zu ermöglichen, bei Gelingen des Plans umkehrt und den verletzten Beamten tötet. Die Dogmatik kann sich nicht an Einzelfällen orientieren, in denen der unbedingte Tötungsvorsatz gleichsam für den Täter noch unerkannt in diesem schlummert. Selbst wenn hier die Eröffnung des Rück-

---

**564** So aber *Pahlke* GA **1995** 72, 76.

**565** *Lackner/Kühl/Kühl* Rdn. 12; vgl. auch *Otto* Jura **1992** 423, 430; *Puppe* NStZ **1986** 14, 15; *dies.* JZ **1993** 361, 363; *Schall* JuS **1990** 623, 630; *Scheinfeld* S. 129.

**566** Aus der Sicht eines handlungspsychologischen Ansatzes *Göttlicher/Heise/Gerjets/Westermann* MschrKrim **1996** 128, 137 ff.

trittsprivilegs im Einzelfall einen – immer noch fernliegenden – positiven Effekt für den Opferschutz entfalten könnte,[567] wäre es sachwidrig, sich an dieser blassen Aussicht zu orientieren. Denn der Schutz des Opfers hat auch seinen Preis, wenn auf die Wiederherstellung des Rechts verzichtet wird. Dieser Preis ist jedenfalls dort, wo der opferschützende Effekt allenfalls gering ist, unangemessen hoch.

Ein wenig gesehenes **Folgeproblem** der Versagung des Rücktritts bei Zielerreichung tritt freilich in Konstellationen auf, in denen das **außertatbestandliche Handlungsziel** aus Tätersicht bereits **vor Vornahme der ersten Ausführungshandlung erreicht** wurde. So liegt es etwa, wenn der Täter sich der Festnahme durch einen Polizeibeamten dadurch entziehen will, dass er ihn durch Abgabe eines Schusses verletzt, dann aber feststellt, dass der Beamte bereits bei Anlegen der Waffe die Flucht ergreift. Ist damit die Festnahme aus Tätersicht vereitelt, so entfällt für den Täter jeder Grund dafür, dem Beamten noch eine Körperverletzung zuzufügen. Auch hier ließe sich argumentieren, dass die Nichtvornahme der beabsichtigten Ausführungshandlung nicht als „Aufgeben" zu honorieren sei, da für den Täter keinerlei Anlass mehr bestand, den Polizeibeamten zu verletzen. Überzeugend wäre das nicht. Hier greifen nun nämlich tatsächlich die Bedenken des BGH gegen die Berücksichtigung außertatbestandlicher Handlungsziele. Denn hier geht es nicht um die Frage, ob mehrere Ausführungshandlungen durch (notwendigerweise) außertatbestandliche Umstände zu einer Einheit zusammengefasst werden können (Rdn. 206), sondern darum, ob der Eintritt in das Versuchsstadium und die dabei beabsichtigte Ausführungshandlung trotz Zielerreichung eine Einheit darstellen. Insoweit ist unrechtskonstitutiv allein der vom Täter gefasste Tatentschluss bezogen auf die geplante Ausführungshandlung. Folglich ist auch die Nichtvornahme dieser Ausführungshandlung als Aufgeben i. S. v. § 24 Abs. 1 S. 1 Alt. 2 anzuerkennen.[568] 210

Schließlich hat *Mitsch* (FS Kindhäuser S. 293, 308) zu Recht darauf hingewiesen, dass in der bisherigen Diskussion eine Thematisierung der Frage fehlt, wie mit Fällen der Zielerreichung beim **beendeten Versuch** umzugehen ist. Beispielhaft wäre die Konstellation, dass der Täter im Denkzettelfall annimmt, sein Opfer lebensgefährlich verletzt zu haben. Geht man davon aus, dass die Zielerreichung zum Fehlschlag führt, wenn aus Tätersicht der Eintritt des tatbestandlichen Erfolgs nicht droht, so fällt die Antwort auf diese Frage leicht: Schafft die Ausführungshandlung die Gefahr des Erfolgseintritts, so liegt kein Fehlschlag vor und der Täter kann durch Verhinderung des Erfolgseintritts zurücktreten; es liegt also ein ganz „normaler" Fall des beendeten Versuchs vor. 211

## 5. Rücktritt vom unbeendeten Versuch (Absatz 1 Satz 1 Alt. 1)

Vom unbeendeten Versuch tritt der Täter gem. § 24 Abs. 1 Satz 1 Alt. 1 strafbefreiend zurück, wenn er die weitere Ausführung der Tat bewusst aufgibt und das Nichtweiterhandeln freiwillig erfolgt. 212

**a) Aufgabe der weiteren Tatausführung.** Zur Aufgabe der weiteren Tatausführung genügt beim **Begehungsdelikt**, dass der Täter von der (weiteren) zielgerichteten Tatbestandserfüllung 213

567 Vehement gegen die Leistungsfähigkeit der Theorie der goldenen Brücke *Streng* NStZ **1993** 582, 583.

568 So im Ergebnis auch *Scheinfeld* S. 10 f für einen Fall, in dem der Täter vor Vornahme einer Ausführungshandlung von der Tatausführung Abstand nimmt, weil er bereits vor dem geöffneten Tresor stehend erfährt, dass er den dringend benötigten Geldbetrag von dritter Seite erhält. Allerdings erscheint die Bezeichnung als Zielerreichungsfall hier nicht treffend, da das außertatbestandliche Ereignis völlig unabhängig von der deliktischen Handlung des Täters eintritt.

**bewusst absieht.**[569] Es genügt also in **objektiver Hinsicht** ein Untätigsein, nämlich ein **Unterlassen der weiteren Ausführungsakte**, auch etwa dergestalt, dass der Täter das Opfer fliehen lässt.[570]

214 Diese – geringen – Anforderungen **reflektieren die Situation des unbeendeten Versuchs**, die ihrerseits bereits mit Blick darauf konturiert wurde, dass das bloße Nichtweiterhandeln auf der Grundlage der Tätervorstellung die Tatbestandsverwirklichung ausschließt. Denn zur Erfolgsherbeiführung bedürfte es aus Tätersicht noch der Vornahme einer Ausführungshandlung, weil der Täter entweder eine solche noch gar nicht vorgenommen hat oder – auf der Grundlage der Gesamtbetrachtungslehre – sich nach deren Scheitern in die Lage versetzt sieht, den Erfolg durch Vornahme einer weiteren Ausführungshandlung herbeiführen zu können. Die für einen Rücktritt zu fordernde **Abkehr von der Unrechtsmaxime** (Rdn. 45 ff) kann der Täter in dieser Situation nicht anders zum Ausdruck bringen als dadurch, dass er – entgegen der auf der Grundlage seines Vorverhaltens begründeten Erwartung – auf die Vornahme einer (weiteren) Ausführungshandlung verzichtet. Das Aufgeben erschöpft sich in dem Gesamtvorgang also nicht in bloßer Untätigkeit, sondern zeichnet sich dadurch aus, dass es als **Verzicht** auf die erwartbare Fortführung seines Verhaltens einen **Erklärungswert** bezogen auf das vorangegangene Versuchsverhalten aufweist.

215 Ein Aufgeben bezogen auf die Verwirklichung eines Delikts kann auch darin zu erblicken sein, dass der Täter sein gegen das Opfer gerichtetes **Verhalten** nicht gänzlich abbricht, sondern lediglich in einer Weise **modifiziert**, dass es nach seiner Vorstellung keine rechtlich missbilligte Gefahr mehr in Richtung auf die Verwirklichung dieses Delikts schafft. So hat der BGH (bei Dallinger MDR **1968** 894) einen freiwilligen Rücktritt vom unbeendeten Totschlagsversuch durch Tataufgabe auch in Betracht gezogen, wenn der Täter, der sein Opfer mit einem Messerstich töten will, während der Ausführung des Stiches seinen Entschluss aufgibt und die Wucht des Stiches so mindert, dass das Messer die Rippe, auf die es aufgetroffen ist, nicht mehr durchtrennt, was bei stärkerer Gewalteinwirkung wahrscheinlich gewesen wäre.[571]

216 Beim **Unterlassungsdelikt** ist pflichtgebotenes Handeln erforderlich, sei es zur Gebotserfüllung (echtes Unterlassungsdelikt) oder zur Gefahrenabwehr (unechtes Unterlassungsdelikt); ausführlich dazu Rdn. 560 ff.

217 **aa) Entschluss zur Tataufgabe.** In **subjektiver Hinsicht** muss der Täter einen Entschluss zur Tataufgabe gefasst haben.[572] Dieses Erfordernis ist positivrechtlich im Begriff des „Aufgebens" angelegt und im weiteren Erfordernis der Freiwilligkeit vorausgesetzt, da die Freiwilligkeit eines Entschlusses bedarf, auf den sie sich bezieht.[573] Die sachliche Berechtigung der Voraussetzung eines „Entschlusses" folgt daraus, dass ein objektives Nichtweiterhandeln nur vor dem Hintergrund eines Entschlusses zur Abstandnahme von der Weiterverfolgung des deliktischen Ziels einen Erklärungswert entfalten kann. Daran fehlt es, wenn der Aufgabewille nur vorgetäuscht ist (RGSt **68** 381)[574] oder der Täter die Vollendung versehentlich oder unbewusst selbst verhindert, z. B. das Gift verschüttet oder unabsichtlich ein Gegengift gibt (RGSt **63** 158, 159; **68** 381).

---

**569** BGHSt **36** 224, 226; **7** 296, 299; BGH NStZ **1999** 449, 450; BGH NStZ-RR **1998** 134, 135; BGH NJW **1984** 1693 mit Anm. *Ulsenheimer* JZ **1984** 852 f; BGH NJW **1980** 602; *Baumann/Weber/Mitsch/Eisele* § 23 Rdn. 21, 35; *Hoffmann-Holland* MK Rdn. 88 f; *Kühl* AT § 16 Rdn. 42 ff; *Lackner/Kühl/Kühl* Rdn. 8; *Roxin* AT II § 30 Rdn. 152; *Sch/Schröder/Eser/Bosch* Rdn. 37; *Fischer* Rdn. 26; *Vogler* LK[10] Rdn. 72.

**570** BGH NJW **1984** 1693; *Fischer* Rdn. 26; *Sch/Schröder/Eser/Bosch* Rdn. 37; *Murmann* Versuchsunrecht S. 36.

**571** Dazu auch *Zaczyk* NK Rdn. 49.

**572** BGH NStZ **2012** 206, 207 (die Beweiswürdigung betreffend zu einer Konstellation, in der auf Verhinderung der Rettung des Opfers gerichtete Bemühungen des Täters [durch Freiheitsberaubung des Opfers] gegen das Vorliegen eines Entschlusses zur Aufgabe sprachen).

**573** *Murmann* Grundkurs § 28 Rdn. 150; *Weinhold* S. 139 f.

**574** Allerdings für eine Konstellation, in der ein Rücktritt bereits deshalb ausgeschlossen war, weil der Täter den Versuch für fehlgeschlagen gehalten hat.

Rücktritt durch Tataufgabe scheidet auch aus, wenn der Täter die Ausführung abbricht, weil er meint, sein tatbestandliches Ziel bereits erreicht zu haben.[575] Dagegen ist für den Rücktritt durch Tataufgabe nicht erforderlich, dass der Täter den bei einem unbeendeten Versuch herbeigeführten, nicht tatbestandsmäßigen, geringfügigen Schaden beseitigt.

**bb) Endgültige Aufgabe.** Notwendig ist darüber hinaus, dass der Täter die **konkrete unbeendete versuchte Tat endgültig aufgibt.**[576] Dabei besteht noch darüber Einigkeit, dass eine **endgültige Aufgabe des Tatentschlusses** nicht darin liegt, dass der Täter – insbesondere aus taktischen Gründen – bei der Tatausführung **kurz innehält**, um dann bei zeitlich naher Fortführung an die bisherigen Teilakte anzuknüpfen.[577] Hier fehlt es nicht erst an der Endgültigkeit, sondern überhaupt an der Aufgabe des Tatentschlusses. Der Deliktsbegehungswille muss „unter die Grenze der Tatentschlossenheit" zurückfallen.[578] Unterbricht der Täter einen versuchten Diebstahl im besonders schweren Fall bei einem Einbruch in ein Geschäftshaus durch Aufbrechen der Eingangstür, weil Passanten vorbeigehen oder noch nicht alle Mitarbeiter das Gebäude verlassen haben, um die Aufbruch- und Wegnahmehandlungen ungestört ausführen zu können, hat er die Tat allein durch die Unterbrechung nicht aufgegeben.[579] Ein Entschluss zur endgültigen Tataufgabe liegt ebenfalls nicht vor, wenn der Täter lediglich die **Ausführungsweise des Straftatbestandes ändert**, z. B. von einer Tatmodalität Abstand nimmt, um ohne zeitliche Trennung zu einer seines Erachtens wirksameren überzugehen,[580] oder neue Mittel zur Fortsetzung der Tat herbeischafft. 218

**cc) Die „Tat" als Bezugspunkt der Aufgabe. Keine Einigkeit** besteht jedoch hinsichtlich des **notwendigen Umfangs der Abstandnahme** und des **zugrunde zu legenden Tatbegriffs** i. S. von § 24 Abs. 1 Satz 1 Alt. 1. Der Streit wird in erster Linie in den Fällen relevant, in denen der Täter die konkrete Ausführungshandlung abbricht, sich aber weitere Handlungen vorbehält oder einen anderen Straftatbestand zu vollenden versucht.[581] **Unproblematisch** ist aber der Fall, dass das fortgesetzte Erstreben des Taterfolgs als solches nicht strafbar ist, sofern der Täter darauf **verzichtet, den Erfolg in strafbarer Weise anzustreben**. So liegt es, wenn der Täter beim Versuch der räuberischen Erpressung dem Opfer zwar weiterhin mit Bereicherungsabsicht einen Vermögensnachteil zufügen will, aber dieses Ziel nicht mehr mit den tatbestandlichen Nötigungsmitteln verfolgen will (BGH StV **2014** 285; BGH NStZ **2013** 521). 219

Zur Konturierung des Tatbegriffs und des darauf bezogenen Aufgebens eröffnen sich **zwei gedankliche Extrempositionen**: Zum einen könnte man unter „Tat" das ganz konkrete Vorhaben des Täters verstehen, so dass es ausreichen würde, wenn der Täter von der konkret intendierten Ausführungshandlung Abstand nehmen würde. Zum anderen könnte man vom Täter eine vollständige Rückkehr in die Legalität verlangen, so dass jedes deliktische Vorhaben, des- 220

**575** *Baumann/Weber/Mitsch/Eisele* § 23 Rdn. 35; *Jäger* SK Rdn. 54; *Ulsenheimer* S. 318. Vgl. auch BGH NStZ-RR **1999** 327.

**576** RGSt **72** 349, 350 f; BGHSt **7** 296, 297; **21** 319, 321; **39** 244, 247 f; BGH NStZ **2010** 384; *Welzel* Strafrecht S. 198; zum Ganzen *Bottke* Strafrechtswissenschaftliche Methodik S. 373 ff.

**577** BGH NStZ **2009** 501, 502; NStZ **2010** 384; in diesem Sinne auch BGHSt **7** 296, 297; *Kühl* AT § 16 Rdn. 42; *Stratenwerth/Kuhlen* AT § 11 Rdn. 82.

**578** *Roxin* AT II § 30 Rdn. 159.

**579** *Kühl* AT § 16 Rdn. 42; *Otto* AT § 19 Rdn. 21.

**580** Vgl. BGHSt **34** 53, 58; **33** 142; BGH NJW **1957** 190, 191; *Sch/Schröder/Eser/Bosch* Rdn. 40; *Jäger* SK Rdn. 55 f.

**581** Siehe insoweit *Bottke* Strafrechtswissenschaftliche Methodik S. 373 ff; *Sch/Schröder/Eser/Bosch* Rdn. 38 ff; *Kühl* AT § 16 Rdn. 42 ff; vgl. auch *Stratenwerth/Kuhlen* AT § 11 Rdn. 81, nach dem es sich weitgehend um eine Scheinkontroverse handele; anders in diesem Zusammenhang *Küper* JZ **1979** 775, 779, der meint, dass es ein allgemeines Rücktrittsproblem sei.

sen Ausführung sich der Täter vorbehält, als Festhalten an der Tatbegehung einem „Aufgeben" entgegenstehen würde. Beide Positionen können nicht überzeugen: Die Orientierung an der konkret geplanten Ausführungshandlung würde auch dann zur Anerkennung einer Rücktrittsleistung führen, wenn der Täter im Kern an seinem deliktischen Vorhaben festhalten und es lediglich modifizieren würde (s. schon Rdn. 218). Die Forderung einer vollständigen Rückkehr in die Legalität würde dagegen in ein Gesinnungsstrafrecht führen, bei dem der Bezug zum konkreten Tatvorwurf verloren ginge. Die Diskussion bewegt sich zwischen diesen beiden Polen:

221 **(1) Endgültige Abstandnahme vom Tatziel.** Besonders restriktiv wird das Aufgeben durch ein weites Tatverständnis interpretiert, wenn verlangt wird, der Täter müsse „endgültig davon Abstand" nehmen, „sein Tatziel zu erreichen" (*Jäger* SK Rdn. 55).[582] Zwar betont auch *Jäger*, Gegenstand der Tataufgabe müsse „allein die von dem Täter geplante und bereits begonnene konkrete Tat" sein, so dass der Plan, später eine nach Angriffsziel oder Begehungsweise wesentlich abweichende Tat zu begehen, einem Aufgeben nicht entgegenstehe. Nicht ausreichend sei es aber, wenn der Täter die begonnene Ausführungshandlung nur verschiebt, weil er etwa „glaubt, dass er sein Tatziel an einem anderen Ort oder zu einer anderen Zeit leichter oder mit geringerem Risiko erreichen kann".[583] In diesem Fall habe er „seine Entscheidung für die Verwirklichung der von ihm geplanten konkreten Tat gerade noch nicht revidiert und sich nunmehr gegen diese entschieden".[584] Damit sei auch nach der ratio von § 24 kein Rücktritt anzunehmen, da der Täter nicht seine Ungefährlichkeit erwiesen habe und die Strafe aus spezial- und generalpräventiven Gründen erforderlich bleibe.[585] Es bestehe kein Grund, einen Schuldigen zu schonen, der einen verfrühten oder in der Ausführung gefährdeten Anschlag abbreche, um ihn später unter günstigeren Umständen erfolgreich durchzuführen.[586] Ähnlich lassen sich Entscheidungen interpretieren, wonach der Täter die Durchführung seines kriminellen Entschlusses **„im ganzen und endgültig aufgegeben"** haben müsse.[587] So hat das RG (St **72** 349, 350 f) ein endgültiges Aufgeben in einem Fall verneint, in dem der Täter das Opfer zunächst mit Gift töten wollte und es eine Woche später ertränkte. Dagegen hat der BGH trotz der Verwendung dieser Formel auf das Erfordernis einer Einheitlichkeit des Lebensvorgangs hingewiesen.[588]

222 **Überzeugend** ist die Orientierung an der „Zielerreichung" **nicht**:[589] Gegen eine solche Ausweitung des Tatbegriffs, auf den sich das Aufgeben beziehen muss, spricht schon der **Begriff der „Tat"**, der in einer solchen Interpretation alle zeitlichen und räumlichen Begrenzungen verliert. Weiterhin büßt bei dieser Interpretation auch der **Tatentschluss** seine Konturen ein: Erschöpft sich ein fortbestehender Tatentschluss darin, dass sich der Täter eine Realisierung seines deliktischen Vorhabens etwa für den nächsten Tag vornimmt, so fehlt einem solchen

**582** Vgl. auch *Sch/Schröder/Eser/Bosch* Rdn. 40: Gefordert sei ein „Abstandnehmen von dem versuchten und einem etwaigen äquivalenten Angriff auf das gleiche Tatobjekt". Ein „bloßer Fortsetzungsvorsatz" des Inhalts, dass „der Täter sich vorbehält, die Tat irgendwann bei geeigneter Gelegenheit erneut zu versuchen", stehe einem Rücktritt dagegen nicht entgegen.

**583** *Jäger* SK Rdn. 56; ähnlich auch die frühere Rechtsprechung u. a. BGHSt **7** 296, 297; **21** 319, 321; BGH GA **1968** 279; BGH JZ **1979** 764.

**584** *Jäger* SK Rdn. 56.

**585** *Jäger* SK Rdn. 56.

**586** BGHSt **21** 319, 321; BGH NJW **1957** 190; BGHSt **7** 296, 297; *Jäger* SK Rdn. 55.

**587** BGHSt **35** 184, 187; BGH NStZ **2010** 384. In diesem Sinne interpretieren *Roxin* AT II § 30 Rdn. 161; *Wessels/Beulke/Satzger* Rdn. 1050 den BGH.

**588** BGH **33** 142, 144 f.

**589** *Jescheck/Weigend* § 51 III 1, Fn. 29; *Krey/Esser* AT Rdn. 1297; *Kühl* AT § 16 Rdn. 43 f; *Küper* JZ **1979** 775, 779; *Maurach/Gössel/Zipf* AT 2 § 41 Rdn. 55; *Rosenau/Klöhn* Jura **2000** 427, 431; *Roxin* AT II § 30 Rdn. 161; *Wessels/Beulke/Satzger* Rdn. 1050.

„Entschluss" noch jede Steuerungsmacht.[590] Da sich ersichtlich schwerlich davon sprechen lässt, dass sich der Täter über den gesamten Zeitraum vom ersten Versuchsbeginn bis zur Verwirklichung des künftigen Vorhabens permanent im Stadium des Versuchs befindet, bedarf es eines neuen unmittelbaren Ansetzens. Damit werden auch die Grenzen einer legitimierbaren Versuchsstrafbarkeit überschritten: Die strafbarkeitsbegründende Unterstellung, der Täter werde zur Realisierung seines Plans fortschreiten, ist gegenüber der verantwortlichen Person nur dort zulässig, wo sich eine empirisch begründete Vermutung auf die unmittelbare Nähe zur Tatausführung stützen kann. Allein der Umstand, dass der Täter das Versuchsstadium einmal erreicht hat, bietet keine zureichende Grundlage für die Annahme, der Täter werde dann auch die verschobene Tatausführung realisieren. Damit gleitet diese Position in eine Bestrafung der bloßen Gesinnung ab,[591] was nicht zuletzt auf den Verweis auf die präventiven Straftheorien zurückzuführen ist, denen eine Anbindung an die Tatschuld nicht immanent ist. Ergänzend zu diesen Bedenken wird in der Literatur auch geltend gemacht, dass sich die Aufrechterhaltung des Entschlusses nicht beweisen lasse[592] und der Ausschluss des Rücktritts den Opferschutz vernachlässige.[593] Einem Rücktritt durch Aufgabe der weiteren Tatausführung steht demnach **nicht entgegen**, dass der Täter es sich **vorbehält**, das konkrete versuchte Delikt irgendwann bei geeigneter Gelegenheit doch noch durchzuführen. Das gilt selbst dann, wenn Angriffsobjekt und Verwirklichungsmodalität nach der Tätervorstellung gleich bleiben sollen. Auch in diesem Fall muss der Entschluss erst wieder neu gefasst werden, wenn sich die Gelegenheit ergibt, so dass es sich bei der zweiten Handlung um eine neue und damit andere Tat handeln würde.[594]

**(2) Abstandnahme von der konkreten Ausführungshandlung.** Eine weite Interpretation 223 des Aufgebens wird von den Autoren vertreten, die auf das Abstandnehmen von der „konkreten Tatausführungshandlung" abstellen und einen Abbruch des „gegenwärtig begonnenen Versuchs" ausreichen lassen.[595] Dabei darf diese Auffassung nicht im Sinne der oben (Rdn. 220) genannten Extremposition missverstanden werden.[596] Denn die „konkrete Tatausführungshandlung" soll auch solche Handlungen umfassen, die mit dem zunächst begangenen Versuch in so engem zeitlichen und räumlichen Zusammenhang stünden, dass beide sich als Einheit darstellen würden.[597] Dieser Auffassung lässt sich demnach eine terminologische Unklarheit entgegenhalten und es besteht Klärungsbedarf, wie die Einheitlichkeit der Tat zu bestimmen ist.[598]

**Richtigerweise** ist von dem bereits Rdn. 100 ff entwickelten Begriff der **„Tat" im Sinne** 224 **von § 24 Abs. 1** auszugehen.[599] Denn das leitende Kriterium für die Beantwortung der Frage, welche Handlungen als eine „Tat" anzusehen sind, ist die Möglichkeit, durch den bloßen Verzicht auf die Vornahme einer Ausführungshandlung eine Distanzierung zur bereits manifestierten Unrechtsmaxime zum Ausdruck zu bringen. Die Kriterien des zeitlichen und räumlichen Zusammenhangs wie auch das Erfordernis eines einheitlichen Lebensvorgangs umschreiben als Konkretisierung des „unmittelbaren Ansetzens" eine Situation, in der die Annahme berechtigt und legitimierbar erscheint, dass der Täter vor dem Hintergrund des von ihm gefassten Tatent-

590 Zutreffend *Zaczyk* NK Rdn. 50: „kein Handlungsvorsatz, sondern bloßes unbestimmtes Vorhaben".
591 *Lilie/Albrecht* LK[12] Rdn. 211.
592 *Lilie/Albrecht* LK[12] Rdn. 211; *Roxin* AT II § 30 Rdn. 161; *Sch/Schröder/Eser/Bosch* Rdn. 40.
593 *Wessels/Beulke/Satzger* Rdn. 1050.
594 Vgl. BGHSt **64** 80, 88; *Jescheck/Weigend* § 51 III 1, Fn. 29; *Kühl* AT § 16 Rdn. 45; *Küper* JZ **1979** 775, 779 f.
595 *Blei* I § 69 III 1; *Bloy* JuS **1986** 986, 987; *Heinitz* JR **1956** 248, 252; *Köhler* AT S. 474; *Lenckner* FS Gallas 281, 302.
596 In diesem Sinne wird die Auffassung aber verschiedentlich zum Gegenstand der Kritik, z. B. *Wessels/Beulke/Satzger* Rdn. 1051.
597 So u. a. *Blei* I § 69 III 1; *Bloy* JuS **1986** 986, 987; *Lenckner* FS Gallas 281, 303 f m. w. N.
598 *Lilie/Albrecht* LK[12] Rdn. 213.
599 Zutreffend *Zaczyk* NK Rdn. 50; auch *Roxin* AT II § 30 Rdn 429.

schlusses zur Vornahme einer (ggfls.: weiteren), auch gegenüber dem ursprünglichen Vorhaben modifizierten Ausführungshandlung voranschreiten wird. Diese tatsächliche Erwartung ist die Grundlage dafür, dass der Nichtvornahme einer nach Tätervorstellung möglichen Ausführungshandlung ein Erklärungswert zukommt. Behält sich der Täter die Vornahme einer solchen erwartbaren Ausführungshandlung vor, so fehlt demnach die zu fordernde Distanzierungsleistung. In diesem Ansatz liegt zugleich die Grenze der Relevanz deliktischer Pläne: Allein der Umstand, dass der Täter sich die Tatbegehung für einen späteren Zeitpunkt vornimmt, macht die ins Auge gefasste Ausführungshandlung nicht zum Bestandteil der bereits begonnenen Tat. Der Täter plant dann eine künftige Tat und befindet sich insoweit im Vorbereitungsstadium, was der Aufgabe der bereits begonnenen nicht entgegensteht.[600] Im Kern ist also der Auffassung zuzustimmen, die üblicherweise durch den Verzicht auf die „konkrete Ausführungshandlung" charakterisiert wird, wobei terminologisch und sachlich klarzustellen ist, dass die Abstandnahme von allen Handlungen zu fordern ist, die aufgrund der zeitlichen und räumlichen Nähe zur geplanten Ausführungshandlung und mit Blick auf die einheitliche Motivationslage des Täters (dazu Rdn. 202 ff) zur gleichen „Tat" gehören. So ist der zeitliche Zusammenhang zu verneinen, wenn der nächtliche Einbrecher vom Aufschweißen des Tresors schließlich Abstand nimmt, um abzuwarten, bis am nächsten Morgen der Inhaber kommt, um ihm sodann den Tresorschlüssel mit Waffengewalt abzunehmen.[601] Eine solche Vorgehensweise ist nach dem zunächst realisierten Tatverhalten nicht zu erwarten und hängt auch davon ab, dass der Täter dazu übergeht, den Schlüsselinhaber unter seine Kontrolle zu bringen. Da hier nicht nur eine zeitliche Zäsur vorliegt, sondern die Planänderung zugleich zur Verwirklichung eines anderen Tatbestandes führen würde, stellt sich auch die Frage nach der Bedeutung der materiellen Identität (dazu sogleich).

225 **(3) Zur Relevanz der materiell-rechtlichen Tatidentität.** Neben dem Erfordernis einer zeitlich-räumlichen Nähe zur intendierten Ausführungshandlung stellt sich im Hinblick auf die Einheitlichkeit der Tat die Frage, inwieweit diese auch von der **materiellrechtlichen Identität** von ursprünglich geplanter und vorbehaltener Ausführungshandlung abhängt.

226 Unbestritten ist ein Rücktritt nicht ausgeschlossen, wenn sich der Täter bei Abstandnahme von einer Tat die Begehung eines in seinem **Unrechtsgehalt deutlich abweichenden anderen Tatbestandes** vornimmt oder an der Verwirklichung eines anderen Tatbestandes dem ursprünglichen Plan entsprechend festhält. So bleibt z. B. ein Rücktritt vom Mordversuch durch Tataufgabe möglich, wenn der Täter zum geplanten Raubmord unmittelbar angesetzt hat, den Raub auch vollendet, von der Ermordung des Opfers aber Abstand nimmt.[602] Gleiches gilt, wenn der Täter zwar schon eine schwere Körperverletzung vollendet, von der Vollendung des Totschlags aber absieht (BGH NJW **2001** 980 mit Anm. *Martin* JuS **2001** 513).

227 Dagegen hat der Täter die weitere Ausführung der Tat (noch) nicht aufgegeben, wenn er die konkrete tatbestandliche Ausführungshandlung zwar abbricht, sich jedoch die Erfüllung des gleichen Tatbestandes (bzw. seiner Qualifikation) durch Vornahme **gleichwertiger**, gegen **dasselbe Opfer** gerichteter Ausführungsakte vorbehält, die mit der bisherigen Tatausführung in einem engen räumlichen und zeitlichen Zusammenhang stehen würden. Wenn er auf seinem bisherigen Verhalten aufbaut, Angriffsart und -richtung nicht ändert, die Ausführungsqualität nicht reduziert und den tatbestandlichen Erfolg unmittelbar herbeiführen will, ist das versuchte Delikt nicht abgeschlossen und damit die weitere Tatausführung i. S. von § 24 Abs. 1 Satz 1 Alt. 1

**600** In diesem Sinne auch *Herzberg* GedS H. Kaufmann 709, 723 ff; *Roxin* AT II § 30 Rdn 426; *Zaczyk* NK Rdn. 50. *Dold* S. 132 sieht in dieser Position eine „wesentliche Präzisierung".

**601** **AA** *Streng* NStZ **1985** 359.

**602** Dieses Beispiel findet sich, nachdem es der BGH in BGHSt **33** 142, 144 f genannt hat, in vielen Lehrbüchern, Aufsätzen und Kommentaren; vgl. nur *Günther* Gedächtnisschrift Armin Kaufmann S. 541, 553; *Krey/Esser* AT Rdn. 1298; *Kühl* AT § 16 Rdn. 47; *Jäger* SK Rdn. 57;.

auch nicht aufgegeben.[603] Greift der Täter zu einem zufällig bereitliegenden Messer, nachdem er das Opfer zuvor erfolglos gewürgt hat, hat er die weitere Ausführung des versuchten Totschlags nicht aufgegeben.[604] Auch wenn die unmittelbar vorbehaltene Handlung einen Tatbestand erfüllen würde, der als **Qualifikation** oder sonst wegen **Spezialität** den bisherigen Tatbestand **verdrängen** würde, kommt eine Tataufgabe nicht in Betracht.[605]

**Umstritten** ist aber die Frage, ob ein Rücktritt in Betracht kommt, wenn der Täter sein Tatvorhaben in einer Weise modifiziert, dass er einen **eigenständigen anderen Tatbestand** verwirklichen würde, der aber (jedenfalls bei der ins Auge gefassten Begehungsweise) in seinem **Unrechtsgehalt** dem nach dem ursprünglichen Tatvorhaben erfüllten Tatbestand **nahe steht** (Beispiele in Rdn. 230). 228

Die **Rechtsprechung** ist der Auffassung, dass für den Rücktritt auf die **materiellrechtliche Qualität des Tatbestandes** abzustellen sei.[606] Ein Aufgeben liege demnach auch dann vor, wenn der Täter zur Verwirklichung eines verwandten Straftatbestandes übergeht. Selbst wenn in diesen Fällen ein enger zeitlicher und sachlicher Zusammenhang zwischen verwirklichten und vorbehaltenen Handlungsakten gegeben ist, handle es sich nicht um eine Tat i. S. von § 24 Abs. 1 Satz 1 Alt. 1. Diese setze nicht nur einen engen zeitlichen, sachlichen und räumlichen Zusammenhang zwischen verwirklichter und vorbehaltener Ausführungshandlung, sondern auch ihre „Tatbestandsidentität" voraus. **Für diese Auffassung** lässt sich mit Blick auf den Wortlaut von § 24 geltend machen, dass der strafbefreiende Rücktritt in der Form der Tataufgabe ausschließlich auf das jeweils konkret versuchte Delikt bezogen sei. „Erfüllt die vorbehaltene Handlungsweise einen anderen, wenn auch in der Angriffsart ähnlichen, selbstständigen Tatbestand als die bisher verwirklichten Handlungsweisen, ändern sich auch die den Vorsatz begründenden Vorstellungen des Täters, weil diese immer nur deliktsbezogen sind."[607] Auch die Kriterien der Strafzwecke, des Opferschutzes und des Schuldausgleichs seien nur auf den jeweiligen Versuch beschränkt, so dass den Versuchs- und den Rücktrittsvorschriften der gleiche Tatbegriff zugrunde liegen müsse.[608] Nicht zu bestreiten ist, dass für eine Orientierung an den Straftatbeständen die Möglichkeit einer klaren Grenzziehung (Bestimmtheitsgrundsatz) spricht. Denn die Feststellung einer Einheit der Tat über Tatbestandsgrenzen hinweg führt in Abgrenzungsschwierigkeiten bei der Beantwortung der Frage, ob die materiellen Unrechtsgehalte von zunächst intendierter und sodann vorbehaltener Tat soweit übereinstimmen, dass ein Aufgeben trotz des Wechsels nicht vorliegt.[609] Es ist aber auch festzuhalten, dass der BGH in anderem Kontext, nämlich bei der Abgrenzung des fehlgeschlagenen vom unbeendeten Versuch, das Postulat der Tatbestandsidentität **stillschweigend aufgegeben** und für die Annahme eines unbeendeten Versuchs plädiert hat, wenn der Täter ein als räuberischen Erpressungsversuch begonnenes Delikt als Raub zu Ende bringen könnte (BGH NStZ-RR **2003** 40 f; siehe schon Rdn. 111; wobei hier freilich auch die umstrittene Frage der Bestimmung des Verhältnisses von § 249 zu §§ 253, 255 in den Blick tritt). 229

---

**603** In diesem Sinne auch BGHSt **33** 142, 144 ff; **35** 184, 187; (GS) **39** 221, 230; *Kühl* AT § 16 Rdn. 42; *Lackner/Kühl/Kühl* Rdn. 9; *Sch/Schröder/Eser/Bosch* Rdn. 40; *Stratenwerth/Kuhlen* AT § 11 Rdn. 82; *Fischer* Rdn. 26a.

**604** In Bezug auf das Verhältnis von §§ 178 a. F., 22, 23 zu § 177 a. F. u. a. BGH NStZ **1997** 385, wobei die Entscheidung, u. a. entgegen der Anmerkung der Schriftleitung der NStZ und *Sch/Schröder/Eser/Bosch* Rdn. 40, wohl nicht im Widerspruch zu BGHSt **33** 142, 144 ff steht, da im Gegensatz dazu der Täter den Vergewaltigungsentschluss von vornherein gefasst hatte und das § 177 a. F. verwirklichende Handeln (außerehelicher Beischlaf) nicht auf der versuchten sexuellen Nötigung (Versuch des Oralverkehrs) aufgebaut hat.

**605** Hinsichtlich §§ 177, 178 a. F. BGHSt **33** 142, 144 ff; vgl. auch *Zaczyk* NK Rdn. 51.

**606** BGHSt **33** 142, 144 ff; **35** 184, 187; (GS) **39** 221, 230; **40** 75, 77; *Lilie/Albrecht* LK[12] Rdn. 218; *Dold* S. 163; *Günther* GedS Armin Kaufmann S. 541, 543, 549; *Roxin* AT II § 30 Rdn. 427; **kritisch** insoweit *Streng* NStZ **1985** 359 f.

**607** *Lilie/Albrecht* LK[12] Rdn. 218.

**608** *Lilie/Albrecht* LK[12] Rdn. 218; BGHSt **33** 142, 144 ff; **aA** *Kühl* AT § 16 Rdn. 46; *Streng* NStZ **1985** 359 f.

**609** Vgl. zu diesem Gesichtspunkt auch *Streng* NStZ **1985** 359, 360 (der ihn aber wegen der Erzielung materiell unangemessener Ergebnisse letztlich nicht für durchschlagend hält).

230 Ein Teil der **Literatur** bewertet die Position der Rechtsprechung als zu formal[610] und plädiert für eine **materielle Betrachtung**. Danach sei ein Rücktritt auch ausgeschlossen, wenn der Täter daran festhält, im unmittelbaren zeitlich-räumlichen Zusammenhang eine ihrem Unrechtscharakter nach vergleichbare, aber einem anderen Tatbestand unterfallende Handlung vorzunehmen.[611] Dafür lässt sich geltend machen, dass sich „ein ‚Tatbestandswechsel' ... oft aus mehr oder weniger zufälligen Differenzierungen der Tatbestände ergibt".[612] So liege es etwa, wenn das Opfer des zum Raub entschlossenen Täters unter dem Eindruck der Drohung über sein Vermögen verfügt, anstatt nur die Wegnahme zu dulden, also beim Übergang vom Raub zu einer räuberischen Erpressung.[613] Auch dann, wenn zwischen dem Tatbestand, den der Täter durch sein versuchsbegründendes Verhalten verwirklicht hat, und der sodann ins Auge gefassten Tatbestandsverwirklichung ein normatives Stufenverhältnis besteht, also der zunächst erfüllte Tatbestand als **subsidiär** anzusehen ist, wird ein Rücktritt nach diesem Ansatz zu verneinen sein. So liegt es etwa, wenn der Täter von der zunächst intendierten Tat nach §§ 223 ff zu einer Tat nach §§ 211 ff übergehen will.[614] Als weiteres Beispiel wird der Übergang vom versuchten Trickdiebstahl zum Betrug genannt.[615] *Zaczyk* (NK Rdn. 51) hat als Kriterium für die Begründung der Einheit der Tat die „rechtsethische und psychologische Vergleichbarkeit" vorgeschlagen, wie sie der BGH für die Möglichkeit einer Wahlfeststellung für ausschlaggebend hält.[616]

231 Die **materielle Betrachtungsweise** verdient **Zustimmung**. Zwar kommt dem Wortlautargument gegen diese Auffassung durchaus Gewicht zu.[617] Aber zwingend ist es nicht.[618] Denn die Wortlautgrenze wird durch eine materielle, am Tatunrecht orientierte Definition nicht überschritten. Für eine solche Interpretation spricht eine teleologische, am Sinn und Zweck von § 24 orientierte Auslegung. Denn wenn sich der Täter durch sein Rücktrittsverhalten von seiner im Versuch zum Ausdruck gebrachten Unrechtsmaxime distanzieren muss, so können die Anforderungen an diese Leistung nicht von Tatbestandsgrenzen abhängig gemacht werden, die (u. a.) nach phänomenologischen Kriterien typisieren, welche für den Unrechtsgehalt weitgehend neutral sind. Vor diesem Hintergrund ist es durchaus berechtigt, den Tatbegriff in § 24 abweichend von dem der §§ 22, 23 zu bestimmen. Zur Problematik des **Teilrücktritts** bei Delikten, die im Verhältnis von Grunddelikt und Qualifikation zueinander stehen, vgl. unten Rdn. 580 ff.

232 **b) Freiwilligkeit der Tataufgabe.** Allen Varianten eines strafbefreienden Rücktritts vom versuchten Delikt ist gemeinsam, dass der Täter **freiwillig** zurücktreten muss.[619]

233 **aa) Verhältnis zum fehlgeschlagenen Versuch.** Die Frage der Freiwilligkeit stellt sich im Rahmen des § 24 Abs. 1 Satz 1 Alt. 1 nur, wenn der **Täter die Tatausführung** auch **aufgegeben** hat. Mithin ist die Freiwilligkeit **nicht** mehr zu erörtern, wenn das versuchte Delikt **fehlgeschlagen** ist. Ist die Tat nach der Vorstellung des Täters tatsächlich oder rechtlich unmöglich geworden oder hat sie für ihn absolut keinen Sinn mehr, ist kein taugliches Rücktrittsverhalten, sondern ein

---

**610** *Kühl* AT § 16 Rdn. 46; *Sch/Schröder/Eser/Bosch* Rdn. 40.
**611** U.a. *Kühl* AT § 16 Rdn. 46 f; *Lackner/Kühl/Kühl* Rdn. 9; *Streng* NStZ **1985** 359 f; *Zaczyk* NK Rdn. 51.
**612** So *Kühl* AT § 16 Rdn. 46; *Lackner/Kühl/Kühl* Rdn. 9.
**613** *Lackner/Kühl/Kühl* Rdn. 9.
**614** *Zaczyk* NK Rdn. 51.
**615** *Kühl* AT § 16 Rdn. 46; *Zaczyk* NK Rdn. 51.
**616** Zur Möglichkeit einer Wahlfeststellung zwischen § 242 und 263 bei Taten im Grenzbereich des Trickdiebstahls OLG Karlsruhe NJW **1976** 902, 903.
**617** Vgl. *Scheinfeld* S. 35 f.
**618** *Kühl* AT Rdn. 46; *Streng* NStZ **1985** 359.
**619** Vgl. insoweit überblicksweise *Jäger* ZStW **112** (2000) 783 ff; *Kühl* AT § 16 Rdn. 52 ff; *Maurach/Gössel/Zipf* AT 2 § 41 Rdn. 179 ff; *Weinhold* S. 139 ff. Zur Rechtsprechung des RG *Dohna* ZStW **59** (1940) 541 ff.

fehlgeschlagener Versuch gegeben (dazu ausführlich oben Rdn. 71 ff).[620] Insoweit stellt sich die Frage der Freiwilligkeit nicht. Für die Kritiker eines Kriteriums des Fehlschlags werden freilich viele der von der h. M. dort angesiedelten Konstellationen der Freiwilligkeit zugeschlagen. Daraus folgt weiter, dass normativ begründete Ausdehnungen des Fehlschlags auf insbesondere die Fälle der „Sinnlosigkeit" das Terrain des Merkmals der Freiwilligkeit begrenzen. Entsprechendes gilt für die hier als Fall des Fehlschlags eingeordnete Konstellation der außertatbestandlichen Zielerreichung (Rdn. 195 ff).[621] Der Übergang zwischen Fehlschlag und Freiwilligkeit kann fließend sein: So mag vom Opfer geleisteter Widerstand aus Tätersicht dazu führen, dass er den deliktischen Erfolg nicht mehr erreichen kann (Fehlschlag) oder sein Erreichen nur erheblich erschwert wird (u. U. fehlende Freiwilligkeit).[622] Die **Rechtsprechung** hat mitunter Entscheidungen getroffen, in denen dem Fehlschlag zuzuordnende Gesichtspunkte und Aspekte, die regelmäßig bei der Freiwilligkeit verortet sind, in **unklarer Weise vermengt** sind. Das lässt sich beispielhaft an BGH NStZ **2007** 91 verdeutlichen. Dort heißt es nach einem Hinweis auf die Bedeutung des Rücktrittshorizonts: „Entscheidend ist danach nicht, ob der Angekl. seinen ursprünglichen Tatplan nicht verwirklichen konnte, sondern ob ihm infolge einer Veränderung der Handlungssituation oder aufkommender innerer Hemmungen das Erreichen seines Zieles nicht mehr möglich erschien. War der Angekl. aber noch Herr seiner Entschlüsse, hielt er die Ausführung der Tat – wenn auch mit anderen Mitteln – noch für möglich, dann ist der Verzicht auf ein Weiterhandeln als freiwilliger Rücktritt vom unbeendeten Versuch zu bewerten, wobei es nicht darauf ankommt, ob der Angekl. aus sittlich billigenswerten Motiven oder aus anderen Gründen von weiteren Angriffen absah". Hier vermengen sich Argumente zur Freiwilligkeit („Herr seiner Entschlüsse" [Rdn. 237]; Unfähigkeit zur Tatausführung aufgrund „innerer Hemmungen" [Rdn. 280]; Irrelevanz der sittlichen Motivationslage [Rdn. 237]) mit Aspekten des Fehlschlags (fehlende Möglichkeit der Zielerreichung [Rdn. 72]). Der BGH ordnet seine Erwägungen dann aber anschließend explizit dem fehlgeschlagenen Versuch zu, was der gleiche Senat in BGH NStZ-RR **2012** 239, 240 bestätigt.

**bb) Interpretation des Freiwilligkeitserfordernisses.** Nach welchen **Kriterien** das Merkmal der Freiwilligkeit zu beurteilen ist, wird uneinheitlich beantwortet. Die Meinungsvielfalt zur Freiwilligkeit des Rücktrittsverhaltens erklärt sich nicht zuletzt daraus, dass zur inhaltlichen Bestimmung des Begriffs „freiwillig" schon vom Grundsatz her auf zwei voneinander zu trennende Betrachtungsweisen zurückgegriffen wird, auf eine psychologisierende und auf eine normative:[623] 234

**(1) Die Einteilung in psychologisierende und normative Betrachtungsweise.** Die geläufige Einteilung in psychologisierende und normative Betrachtungsweise bedarf einiger **Klarstellungen:** Das Erfordernis der Freiwilligkeit in § 24 ist ein **Rechtsbegriff** und folglich – selbstverständlich – normativ.[624] Wenn also eine psychologisierende Betrachtung angebracht ist, so kann sich dies nur aus normativen Gründen, nämlich schlicht aus der **Auslegung** des Gesetzes ergeben. Hier ist vom Wortlaut auszugehen und – in dem so gesteckten Rahmen – insbesondere auf Sinn und Zweck der Vorschrift abzustellen. Die Diskussion dreht sich dann auch folgerichtig 235

**620** Siehe nur BGHSt **41** 368, 369; (GS) **39** 221, 228; **35** 90, 94; **34** 53, 56; BGH NStZ **1999** 395, 396; *Baumann/Weber/Mitsch/Eisele* § 23 Rdn. 25; *Jescheck/Weigend* § 51 III 2; *Hoffmann-Holland* MK Rdn. 116 ff; *Köhler* AT S. 479; *Maurach/Gössel/Zipf* AT 2 § 41 Rdn. 181; *Otto* AT § 19 Rdn. 37; *ders.* JK **1979** § 24/1; *Fischer* Rdn. 21; *Zaczyk* NK Rdn. 69.

**621** Für eine Verortung des Problems in der Freiwilligkeit *Jäger* SK Rdn. 84; *Streng* JZ **1990** 214 ff; ders. NStZ **1993** 257, 259 f.

**622** Vgl. *Zaczyk* NK Rdn. 69.

**623** Vgl. *Bockelmann* Strafrechtliche Untersuchungen (1957) S. 183; überblicksweise zu den unterschiedlichen Ansätzen und den Vereinigungsversuchen *Jäger* ZStW **112** (2000) 783 ff; *Joecks/Jäger* Rdn. 24 ff; *Maurach/Gössel/Zipf* AT 2 § 41 Rdn. 108 ff; *Sch/Schröder/Eser/Bosch* Rdn. 42 f.

**624** *Zaczyk* NK Rdn. 68. Zu den unterschiedlichen Verständnissen von „normativ" s. *Schroeder* JZ **2011** 187 ff.

um die Frage, ob der Begriff der „Freiwilligkeit" eine psychologisierende Betrachtungsweise erzwingt oder ob und inwieweit er Raum für ratioorientierte Überlegungen bietet. Die weiteren Feinheiten der Diskussion ergeben sich daraus, dass auch mit der Festlegung auf eine psychologisierende oder auf eine ratioorientierte Begriffsbildung noch nicht ausgemacht ist, wann in einem psychologischen Sinn von einer freien Entscheidung gesprochen werden kann bzw. an welchen Kriterien sich ein teleologisches Freiwilligkeitsverständnis zu orientieren hätte. Weit besser als der Gegensatz „psychologisierend" und „normativ" trifft demnach die Gegenüberstellung von **psychologisierender und teleologischer Betrachtungsweise** die Diskussion – das ist in der Sache gemeint, wenn im Folgenden (auch) der herkömmliche Sprachgebrauch Verwendung findet. Es stellt sich dann freilich noch die Frage, ob nicht auch eine psychologisierende Betrachtung das telos von § 24 treffen kann.

236 Die letztgenannte Position vertritt *Maiwald* (Gedächtnisschrift Zipf S. 255, 258 ff), wenn er meint, dass die von der Rechtsprechung vertretene Auffassung, die diese selbst als psychologisierend bezeichne, **in Wahrheit eine „normative Theorie"** sei. Dies folge schon daraus, dass „der Verzicht auf ein sittlich billigenswertes Motiv für den Rücktritt nur aus dem Zweck der Strafbefreiung gem. § 24 StGB folgen" könne, mit anderen Worten, dass die Rechtsprechung den „freien Entschluss zum Rücktritt ohne ethisch billigenswertes Motiv" als „Zweck der Strafbefreiung gem. § 24 StGB" ansehe. Gleichzeitig seien „die Eigenschaften der fiktiven Vergleichsperson ebenfalls nichts anderes als personifizierte Erwartungen" (*Maiwald* Gedächtnisschrift Zipf S. 255, 270). Gegen diese Position spricht noch nicht ohne weiteres, dass die Rechtsprechung sich selbst zur Begründung ihrer psychologisierenden Betrachtungsweise nicht auf die ratio legis der strafbefreienden Wirkung des Rücktritts bezieht.[625] Schwerer wiegt der Einwand, dass der BGH (St **35** 184, 187) meint, dass seine Auffassung „nicht immer zu befriedigenden Ergebnissen führt", sich aber durch den Wortlaut des Gesetzes zur Anwendung einer psychologisierenden Betrachtung verpflichtet sieht.[626] Das zeigt zumindest, dass aus der Sicht des BGH eine strikt psychologisierende Betrachtungsweise das telos von § 24 verfehlen kann. Damit ist freilich noch nicht gesagt, dass die Berücksichtigung der Vorgänge in der Täterpsyche in einer teleologischen Betrachtungsweise keinen Raum hat. Es liegt vielmehr auf der Hand, dass der Entscheidungsprozess des Täters als Substrat der Bewertung normativ relevante Merkmale aufweist, wenn der Täter etwa „aus sich heraus" ohne äußere Zwänge und bei unveränderter Sachlage sich entschließt, von der Tat Abstand zu nehmen. In diesem Sinne dürfte *Maiwald* insoweit zuzustimmen sein, als die Rechtsprechung zumindest für zahlreiche „Normalfälle" der Freiwilligkeit durchaus auch das telos des Begriffs trifft.

237 **(2) Der psychologisierende Ansatz der Rechtsprechung.** Die Rechtsprechung stellt unter Berufung auf den **Gesetzeswortlaut** (BGHSt **35** 184, 187)[627] in erster Linie auf psychologisierende Überlegungen ab und bestimmt die Freiwilligkeit des Rücktrittsverhaltens danach, ob der Täter „**Herr seiner Entschlüsse** blieb und die Ausführung seines Verbrechensplans noch für möglich hielt".[628] Unter Außerachtlassung der ethischen Qualität[629] sei zu klären, ob das Rücktrittsmotiv einen solchen Einfluss auf den Täter gehabt habe, dass dieser nicht mehr „frei" wählen konnte. Unfreiwillig ist danach ein Rücktritt bei einer den freien Willen ausschließenden Kraft des psychi-

625 So aber *Lilie/Albrecht* LK[12] Rdn. 235.
626 *Lilie/Albrecht* LK[12] Rdn. 235.
627 Zustimmend *Kühl* AT § 16 Rdn. 54.
628 Ausdrücklich u. a. BGHSt **7** 296, 299; **20** 279, 280; **35** 184, 186; siehe auch BGH NJW **1992** 989, 990; BGH NStZ **1993** 279; BGH NStZ **1998** 510; BGH NStZ **1999** 395, 396; BGH NStZ **2005** 150, 151; BGH NStZ **2007** 91; BGH NStZ **2009** 688, 689; BGH NStZ-RR **2009** 366, 367; BGH StraFo **2013** 343; BGH NStZ-RR **2014** 9, 10; BGH NStZ-RR **2014** 241; BGH NStZ-RR **2014** 171, 172; BGH StV **2015** 687, 688; BGH NStZ **2015** 26, 27 (dazu *Hecker* JuS **2015** 367 ff; *Puppe* NStZ **2015** 332 f); BGH StraFo **2018** 31 f (dazu *Hecker* JuS **2018** 391 ff); BGH NStZ-RR **2018** 169, 170; BGH NStZ **2019** 594, 595; BGH NStZ **2020** 81 f; OLG Zweibrücken JR **1991** 214 zu § 177 a. F. mit Anm. *Otto* JR **1991** 215.
629 BGH StraFo **2013** 343.

schen Drucks, freiwillig dagegen der Rücktritt, wenn der Täter „weder durch eine äußere Zwangslage daran gehindert, noch durch einen seelischen Druck unfähig wurde, die Tat zu vollbringen".[630]

Bereits *Frank* (§ 46 II) hatte mit der sog. **Frank'schen Formel** psychologische Gesichtspunkte bei der Bestimmung der Freiwilligkeit einzubeziehen versucht. Sagt sich der Täter: „Ich will den Erfolg nicht mehr, obwohl ich ihn erreichen kann.", sei der Rücktritt freiwillig. Unfreiwillig sei er dagegen, wenn der Täter meint: „Ich will den Erfolg, aber ich kann ihn nicht mehr erreichen." Diese auf den ersten Blick griffige Formel führt freilich zu einer **Verwischung der Grenze zum fehlgeschlagenen Versuch**. Denn mit der letztgenannten Formulierung wird die Unfreiwilligkeit durch die aus Tätersicht nicht mehr mögliche Erfolgsherbeiführung definiert. Das entspricht der Charakterisierung des fehlgeschlagenn Versuch, also dem Fall fehlender Aufgabemöglichkeit. Der sog. Frank'schen Formel muss also entgegengehalten werden, dass sie eher für die Abgrenzung von rücktrittstauglichem und rücktrittsuntauglichem Verhalten herangezogen werden kann, für die Freiwilligkeit des an sich rücktrittstauglichen Verhaltens jedoch keine anwendbaren Kriterien liefert.[631] 238

Gegen die rein psychologisierende Betrachtung werden eine Reihe von **Einwendungen** erhoben.[632] So wird gegen die Berufung des BGH auf den Gesetzeswortlaut geltend gemacht, der Begriff des „freien Willens" sei kein psychologischer, vielmehr habe er seine Grundlage in einer sittlichen Konzeption.[633] Richtig ist jedenfalls, dass Freiheit im Sinne der Fähigkeit zur Orientierung am rechtlich Richtigen einem in der Philosophie geläufigen Verständnis entspricht.[634] Die Relevanz dieses Befundes ist allerdings mit Blick auf seine Entfernung vom üblichen Sprachgebrauch, an dem sich die Normadressaten orientieren, zweifelhaft.[635] Gegen den BGH wird weiter der schon gegen die Frank'sche Formel erhobene Einwand (Rdn. 238) ins Feld geführt, wonach die Orientierung am Kriterium der Wahlfreiheit dazu führe, dass bei Unfreiwilligkeit in Wahrheit bereits ein fehlgeschlagener Versuch vorliege.[636] In den praktischen Ergebnissen verliert der Einwand insofern an Gewicht, als sich der BGH nicht strikt an dem Kriterium orientiert, 239

**630** BGHSt **7** 296, 299; **21** 216; **35** 184, 186; BGH StV **2015** 687, 688; BGH NStZ **2011** 454, 455; in diesem Sinne neben der Rechtsprechung *Matt/Renzikowski/Heger* Rdn. 23 ff; *Heinitz* JR **1956** 248, 249 f; *Küpper* Grenzen der normativierenden Strafrechtsdogmatik (1990) S. 179 ff; *SSW/Kudlich/Schuhr* Rdn. 64; wohl auch *Krey/Esser* AT Rdn. 1302 ff; *Lackner* NStZ **1988** 405; *Ulsenheimer* S. 283 ff; im Ergebnis ebenfalls *Jescheck/Weigend* § 51 III 2 und *Schröder* JuS **1962** 81, 83; *ders.* MDR **1956** 321, 323, die unter ausschließlicher Begrenzung auf psychologische Elemente die Freiwilligkeit des Rücktrittsverhaltens bejahen, wenn es durch autonome Motive des Täters veranlasst ist, während der Rücktritt unfreiwillig sein soll, wenn sein Verhalten von heteronomen Motiven getragen ist – speziell zu dieserUnterscheidung **kritisch** *Schmidhäuser* AT 15/84, der darauf verweist, dass das Begriffspaar „durch den viel strengeren Wortsinn der philosophischen Ethik vorbelastet" ist; *Schmidhäuser* AT 15/84 und StuB 11/86 stellt aber gleichfalls auf ein rein psychologisches Merkmal, nämlich auf das „Tatinteresse des Täters", ab und hält ein Rücktrittshandeln für freiwillig, wenn die Tatausführung „bei Abwägung aller Momente für ihn *nicht wertlos* geworden" ist, unfreiwillig sei es dagegen, wenn sie „für ihn *wertlos* geworden ist".

**631** *Bitzilekis* FS Hassemer 661 f; *Jescheck/Weigend* § 51 III 2, Fn. 32; *Joecks/Jäger* Rdn. 25; *Kindhäuser/Hilgendorf* LPK-StGB Rdn. 38; *Kühl* AT § 16 Rdn. 49; *Fischer* Rdn. 21; siehe auch *Roxin* JuS **1981** 1, 2; *ders.* FS Heinitz 251, 254, der von einem „Formulierungsversuch am untauglichen Objekt" spricht; dazu ebenfalls *Jäger* S. 21.

**632** **Kritisch** zu rein psychologisierenden Betrachtungen vor allem *Bloy* JR **1989** 70, 71; *Bockelmann* Strafrechtliche Untersuchungen (1957) S. 176 ff; *Herzberg* FS Lackner 325, 360 f; *Jäger* S. 21 ff; *Maurach/Gössel/Zipf* AT 2 § 41 Rdn. 181; *Schünemann* GA **1986** 293, 324 f; *Ulsenheimer* S. 328 ff; *Walter* S. 64 ff; ausdrücklich auch *Jakobs* JZ **1988** 519 f; *ders.* 26/35 ff, der meint, der „Täter müsse sich überwindbaren, aber unrechts- und schuldsteigernden Hindernissen in den Weg gestellt haben"; *Roxin* FS Heinitz 251, 252 hält die psychologisierende Betrachtung für undurchführbar; vgl. auch *ders.* AT II § 30 Rdn. 365 ff; ähnlich *Maiwald* Gedächtnisschrift Zipf S. 255, 265 ff, der meint, dass es „psychologisch gesehen ... kein Kriterium zur Lösung der Frage, wann ein Motiv zwingend oder nicht zwingend ist, wann ein Rücktritt freiwillig oder nicht freiwillig ist", gebe.

**633** Vgl. *Sch/Schröder/Eser/Bosch* Rdn. 43; gleichfalls *Grasnick* JZ **1989** 821 ff; *Schünemann* GA **1986** 293, 321 ff.

**634** *Jakobs* AT 26/34 mit Fn. 62.

**635** *Roxin* AT II § 30 Rdn 408.

**636** *Hoffmann-Holland* MK Rdn. 116; *Roxin* AT II § 30 Rdn 368.

ob der Täter auch anders hätte entscheiden können, sondern Unfreiwilligkeit etwa auch dann annimmt, wenn dem Täter bei (grundsätzlich möglicher) Durchführung der Tat aufgrund einer veränderten Sachlage das Bestrafungsrisiko zu hoch erscheint oder „unvertretbar ansteigen" würde.[637] Die Rechtsprechung hat sich hierfür verschiedentlich auf eine Beurteilung anhand der „Auffassung des Lebens" berufen,[638] kommt also ersichtlich ohne normativierende Überlegungen nicht aus.[639] Es finden sich allerdings auch Entscheidungen, die die Definition der Freiwilligkeit (Rdn. 237) gewissermaßen wörtlich nehmen und es für deren Annahme ausreichen lassen, das der Täter nicht aufgrund einer „äußeren Zwangslage" oder durch „seelischen Druck" zur Ausführung der Tat „unfähig geworden" ist. Damit kann Freiwilligkeit schon dann angenommen werden, wenn der Täter instrumental zur Tatausführung noch in der Lage ist, auch wenn die weitere Tatausführung erhebliche strafrechtliche Verfolgungsrisiken birgt.[640] Der zentrale Einwand gegen eine rein psychologisierende Betrachtungsweise liegt dann auch darin, dass sie bei konsequenter Durchführung zu Ergebnissen führen kann, die der ratio des Rücktrittsprivilegs widersprechen.[641] Ein Bedenken, das der BGH (St **35** 184, 187) durchaus teilt. Dabei führt die von ihm geltend gemachte Bindung an den Wortlaut aber nicht dazu, dass die Rechtsprechung durchweg zu Resultaten gelangt, die sich zweifelsfrei aus diesem Ausgangspunkt ableiten ließen,[642] was zum Vorwurf der „Beliebigkeit"[643] und unzureichenden Bestimmtheit seines Ansatzes[644] geführt hat.

240 **(3) Normativierende Ansätze.** Nicht zuletzt mit Blick auf die mit der psychologisierenden Betrachtungsweise verbundenen Probleme will ein Teil der Literatur die Freiwilligkeit des Rücktrittsverhaltens auf normativer (genauer: auf teleologischer, Rdn. 235) Grundlage bestimmen. Die Freiwilligkeit des Rücktritts sei ein Wertungsproblem. Entscheidend sei die Beurteilung der inneren Einstellung des Zurücktretenden.[645] An diesem Ausgangpunkt wird deutlich, dass auch der normative Freiwilligkeitsbegriff selbstverständlich eine **empirische Basis** benötigt.[646] Zu deren **Bewertung** werden **unterschiedliche Kriterien** herangezogen.

241 **(a) Das Kriterium der sittlichen Qualität.** *Bockelmann* und ihm folgend *Volk*[647] wollen über die Freiwilligkeit des Rücktrittsverhaltens die „sittliche Qualität des Antriebs", entscheiden

**637** BGHSt **9** 48; BGH StraFo **2018** 31 f (dazu *Hecker* JuS **2018** 391 ff).

**638** Schon RGSt **47** 78; OLG Hamburg NJW **1953** 956.

**639** *Dold* S. 180; *Jakobs* AT 26/34.

**640** Vgl. BGH StV **2015** 687, 688.

**641** In diesem Sinne *Freund/Rostalski* AT § 9 Rdn. 61 ff; *Roxin* FS Heinitz 251, 256 f; *ders.* AT II § 30 Rdn. 366 f; *Sch/Schröder/Eser/Bosch* Rdn. 43; *Ulsenheimer* S. 297 ff; *Walter* S. 61 f.

**642** *Hoffmann-Holland* MK Rdn. 116; *Jäger* ZStW **112** (2000) 783, 785 ff; *Walter* S. 60 f.

**643** *Jäger* ZStW **112** (2000) 783, 792; *Lilie/Albrecht* LK[12] Rdn. 224; *Roxin* AT II § 30 Rdn. 372 ff.

**644** *Amelung* ZStW **120** (2008) 205, 208.

**645** Auf normative Kriterien greifen u. a. zurück *Bockelmann* DR **1942** 432; *ders.* Strafrechtliche Untersuchungen (1957) S. 164; *ders.* NJW **1955** 1417, 1421; *ders./Volk* § 27 V 4; *Bottke* FS BGH IV S. 135, 173 ff; *ders.* JR **1980** 441; *ders.* Strafrechtswissenschaftliche Methodik S. 496 ff; *Gutmann* S. 148 ff; *Köhler* AT S. 479 ff; *Roxin* AT II § 30 Rdn. 379 ff; *ders.* Kriminalpolitik und Strafrechtswissenschaft (1973) S. 37; *ders.* ZStW **77** (1965) 60, 96 f; *ders.* FS Heinitz 251, 256; *v. Scheurl* S. 59 ff; *Ulsenheimer* S. 314 f.

**646** *Amelung* ZStW **120** (2008) 205, 207 f; *Bitzilekis* FS Hassemer 661, 663; *Jakobs* AT 26/30; *Roxin* AT II § 30 Rdn 411; *Zaczyk* NK Rdn. 68. Eine „rein normative, psychologische Elemente ausschließende Deutung der Freiwilligkeit", die etwa von *Hoffmann-Holland* MK Rdn. 116 kritisiert wird, findet demnach wohl keine Anhänger.

**647** *Bockelmann* DR **1942** 432; *ders.* Strafrechtliche Untersuchungen (1957) S. 164; *ders.* NJW **1955** 1417, 1421; *ders./Volk* § 27 V 4.

lassen.[648] Damit wird freilich **mehr verlangt, als das Recht vom Einzelnen verlangen kann.**[649] „Es geht um Legalität, nicht um Moralität" (*Zaczyk* NK Rdn. 68). Für das Recht ist nicht maßgebend, dass das Motiv des Zurücktretenden sittliche Anerkennung verdient (*Roxin* AT II § 30 Rdn. 381).

**(b) Orientierung am Strafzweck.** Die Zurückweisung eines Erfordernisses der Sittlichkeit liegt auch in der Konsequenz der von der h. M. vertretenen Strafzwecklehre zur ratio der Strafbefreiung beim Rücktritt. Denn unabhängig vom vertretenen Zweck der Strafe zielt diese jedenfalls auf die **Wiederherstellung des Rechtszustandes** bzw. auf **künftige Rechtstreue** des Täters und der anderen Mitglieder der Rechtsgemeinschaft ab. Für die Vertreter der normativen Theorie, die einen an den Zwecken der Strafe orientierten Ansatz vertreten, setzt Freiwilligkeit danach voraus, dass der Täter durch seine „Rückkehr in die Legalität" die **Verhängung von Strafe entbehrlich** macht.[650] Für die Beurteilung der Frage, ob der Täter eine solcherart honorierungswürdige Leistung erbringt, spielt es für die Vertreter der normativen Theorie – letztlich nicht anders als für die Anhänger eines psychologisierenden Freiwilligkeitsbegriffs – eine zentrale Rolle, ob der Täter deshalb von der Tat Abstand nimmt, weil er gegenüber seinen Vorstellungen bei Versuchsbeginn **abweichende Bedingungen** vorfindet **oder** ob der Täter sich bei **unveränderter Sachlage** für eine Aufgabe entscheidet. Dahinter steht der Gedanke, dass die bloße Anpassung an eine veränderte Ausgangslage die deliktische Entscheidung oftmals weniger in Frage stellen wird, als wenn sich der Täter bei unveränderter Sachlage gegen eine Fortführung der Tat entscheidet. Im Einzelnen weisen die Konzepte aber **Unterschiede** auf, die sich aus der Orientierung an unterschiedlichen Straftheorien, aus der Betonung unterschiedlicher Aspekte, die für die Beseitigung des Strafbedürfnisses von Relevanz sein sollen, und daraus ergeben, dass hinsichtlich der Ausfüllung der verbleibenden Wertungsspielräume Uneinigkeit besteht: 242

**(c) Die Lehre von der Verbrechervernunft.** Ausgehend von der Strafzwecklehre differenziert die von *Roxin* begründete sog. „Lehre von der Verbrechervernunft" danach, ob der Rücktritt Ausdruck eines – worauf auch immer beruhenden – Willens zur Rückkehr in die Legalität (dann freiwillig) oder eines nach den **Normen des Verbrecherhandwerks lediglich zweckdienlichen Verhaltens** (dann unfreiwillig) ist.[651] Wenn aus dem Blickwinkel „eines hartgesottenen, Risiko und Chance des konkreten Tatplanes kalt abwägenden Delinquenten" ein Aufgeben der weiteren Tatausführung oder eine Verhinderung des Erfolgseintritts „unvernünftig", also nicht nachvollziehbar sei, müsse der Rücktritt freiwillig sein. Trete der Täter dagegen unter Zugrundelegung der Moral eines Verbrechers „vernünftigerweise" zurück, sei sein Verhalten also angebracht gewesen, soll der Rücktritt unfreiwillig sein (*Roxin* FS Heinitz S. 251, 256). *Roxin* verweist 243

---

648 Vgl. auch *Gutmann* S. 148 ff; **kritisch** insoweit u. a. BGHSt **7** 296, 299; **35** 184, 186; BGH NStZ **2005** 150, 151; NJW **1980** 602. Zur Anfälligkeit einer Bezugnahme auf (angebliche) sittliche Vorstellungen für jegliche Form des Zeitgeistes *Schroeder* JZ **2011** 187, 189.

649 Auch der Gesetzgeber hat keine moralischen Motive vorausgesetzt, s. E 1962 Begr. S. 145.

650 Z. B. *Roxin* AT II § 30 Rdn. 355, 379.

651 *Roxin* Kriminalpolitik und Strafrechtswissenschaft (1973) S. 37; *ders.* ZStW **77** (1965) 60, 96 f; *ders.* FS Heinitz 251, 256; *v. Scheurl* S. 59 ff; ebenfalls *vHH/Cornelius* Rdn. 40; *Jakobs* ZStW **104** (1992) 82, 103 f; *ders.* AT 26/36, der das Rücktrittsverhalten als freiwillig qualifiziert, „wenn für den Rücktritt kein äußerlich erkennbarer Anlaß gegeben ist"; auch *Rudolphi* SK[8] Rdn. 25, der sich auf die „leges artis des Verbrecherhandwerks" bezieht; vgl. auch *Stratenwerth/Kuhlen* AT § 11 Rdn. 88, die einen Rücktritt für unfreiwillig halten, „wenn die Nachteile oder Gefahren, die mit der Fortsetzung der Tat verbunden wären, in der Sicht des Täters, gemessen an den erstrebten Vorteilen, *unverhältnismäßig* schwer ins Gewicht fielen, so dass es offenbar unvernünftig wäre, sie in Kauf zu nehmen"; **kritisch** zur Lehre von der Verbrechervernunft BGHSt **35** 184, 187; *Ulsenheimer* S. 306 ff; auch *Schmidhäuser* AT 15/83 ff, nach dem eine in höchstem Maße individualisierende Betrachtung erforderlich sei, die ein objektivierender Maßstab nur verzerren könne; ebenfalls *M. Walter* S. 63 f; differenzierend *Krey/Esser* AT Rdn. 1306; überblicksweise *Jäger* S. 23 f.

aber ausdrücklich darauf, dass für diese Intention des Täters „kein sittlich hochwertiges Rücktrittsmotiv" notwendig sei; die normative Konzeption fordere keine ethische Qualität des Rücktrittsgrundes, sondern maßgeblich sei ein „mit der Motivation zur konkreten Tat unverträgliches Verhalten", das sich in einer grundlegenden Einstellungsänderung zu dem Delikt niederschlage (*Roxin* AT II § 30 Rdn. 380 f).[652]

244 Diese Auffassung, die nicht als überall gleichermaßen passender „Universalschlüssel" zu verstehen sei und die Hinzuziehung weiterer normativer Erwägungen nicht überflüssig mache,[653] sieht sich zum einen vor **praktische Schwierigkeiten** gestellt, weil der Maßstab einer „Verbrechervernunft" im Einzelfall kaum konkretisierbar erscheint.[654] Dagegen wendet *Roxin* (AT II § 30 Rdn. 385) ein, es gehe nicht um empirische Feststellungen, sondern um ein normatives Prinzip. Dieser Gegeneinwand passt freilich schlecht zu der Orientierung an den empirisch begründeten Präventionstheorien. Denn mit der Lehre von der Verbrechervernunft soll doch eine Begründung dafür gegeben werden, dass das präventive Strafbedürfnis *wirklich* entfallen ist. Zentral aber ist der **Einwand**, dass nach der Lehre von der Verbrechervernunft auch Motive, die die Entscheidungsfreiheit bezogen auf die Aufgabe der konkret versuchten Tat unberührt lassen, der Freiwilligkeit entgegenstehen können. So will *Roxin* (AT II § 30 Rdn. 384) entgegen BGHSt **35** 184 Unfreiwilligkeit annehmen, wenn der Täter lediglich deshalb von einem Opfer ablässt, weil ihm die Tötung eines anderen wichtiger ist. Mit der Annahme, der Täter handle hier „tatzielkonform und situationsadäquat" wird der durch die Tat gesteckte Rahmen verlassen und es werden rechtsfeindliche Gesinnungen für die Ablehnung der Freiwilligkeit herangezogen, die nichts mit der Tat, bezogen auf die ein Rücktritt geprüft wird, zu tun haben. Das wird deutlich, wenn man den Fall dahingehend modifiziert, dass der Täter bei seinen Attacken auf das erste Opfer plötzlich bemerkt, dass er das Flugzeug zu verpassen droht, dass ihn an den Ort bringen soll, an dem er die Tötung des zweiten Opfers plant. Die Ablehnung von Freiwilligkeit unter Hinweis auf eine „Verbrechervernunft" hat *Roxin* auch den Vorwurf einer Verletzung des Bestimmtheitsgrundsatzes eingetragen.[655]

245 **(d) Das Kriterium der rechtstreuen Gesinnung.** In eine ähnliche Richtung gehen die Überlegungen derjenigen, die darauf abstellen, dass der Rücktritt Ausdruck einer rechtstreuen Gesinnung sein müsse. Er sei nur freiwillig, wenn der Täter „in die Bahnen des Rechts" (*Ulsenheimer* S. 314 f) zurückkehre.[656] Dieses Erfordernis wird man für einen normativen Ansatz als Selbstverständlichkeit ansehen müssen. Ohne weitere Konkretisierung bleibt es aber blass und bietet **keinen zusätzlichen Erkenntniswert.**[657]

246 **(e) Die Orientierung an der Eindruckstheorie.** Eine generalpräventiv geprägte Variante der normativen Theorie vertritt *Schünemann* (GA **1986** 293, 323): Der Wortlaut von § 24 gebe dreierlei vor, nämlich zum ersten, dass bei der Bestimmung der Freiwilligkeit des Rücktritts der Wille des Täters ausschlaggebend sein müsse, der Täter zweitens noch eine Entscheidungsmöglichkeit besessen haben müsse und die Freiwilligkeit drittens „nicht positiv durch psychischen Zwang definiert werden" dürfe. In dem so gesteckten Rahmen müsse sich die Auslegung des Begriffs der Freiwilligkeit an der ratio des Rücktrittsprivilegs orientieren, was nach der Auffassung *Schünemanns* auf die Eindruckstheorie hinausläuft. Die Anerkennung von Freiwilligkeit hänge dem-

**652** Ebenso *Rudolphi* SK[8] Rdn. 25.
**653** *Roxin* AT II § 30 Rdn. 385.
**654** Z. B. *Bitzilekis* FS Hassemer 661, 669 f; *Jäger* S. 24, 102.
**655** *Amelung* ZStW **120** (2008) 205, 208 f.
**656** *Ulsenheimer* S. 314 f; ähnlich auch *Borchert/Hellmann* Jura **1982** 658, 663, die von der „Rückkehr zur Legalität" sprechen.
**657** *Jäger* S. 25.

nach davon ab, ob der Täter aufgrund von Motiven handelt, die geeignet erscheinen, das **„erschütterte Sekuritätsgefühl der Allgemeinheit" wieder herzustellen.**[658] Unfreiwillig sei ein Aufgeben insbesondere dann, wenn der Täter lediglich auf „unerwartete situative Veränderungen" reagiere. Denn damit habe das Opfer die Abstandnahme des Täters letztlich dem Zufall zu verdanken. Die Verunsicherung der Rechtsgemeinschaft bestehe fort, da der Täter seine Unrechtsmaxime nicht grundsätzlich in Frage stelle.[659] Anders liege es, wenn die situativen Rahmenbedingungen unverändert fortbestünden und der Täter „gegenüber seinem Tatplan aus sich selbst heraus ein über die Tatantriebe dominierendes Gegenmotiv bildet".[660] Die **sozialpsychologische Wirkung** der subjektiven Leistung sei folglich anhand des Tatplans zu beurteilen. Daraus resultiert im Einzelfall ein gegenüber der h. M. deutlich **engeres Verständnis** von Freiwilligkeit: Freiwilligkeit liege vor, wenn der Täter sich von dem Opfer zur Umkehr bewegen lässt. Sollte die Tötung aber hinterrücks erfolgen und hält der Täter seinen Entschluss im Angesicht des Opfers nicht durch, so passe er sich lediglich der veränderten Situation an „und bleibt seiner objektivierten Handlungsmaxime nach gefährlich".[661] Gerade die letztgenannte Konstellation verdeutlicht – neben der Bezugnahme auf die Eindruckstheorie (dazu Rdn. 36 ff) – die **Schwäche** der Position *Schünemanns*. Denn die psychische Befindlichkeit des Täters, der sich im Angesicht des Opfers erweichen lässt, hängt nicht davon ab, ob er es – möglicherweise eher zufällig – zunächst von hinten angegreifen wollte. Der Grund der Abstandnahme – Mitleid – bleibt honorierungswürdig und der Täter hat sich jedenfalls für die konkrete Tat von der tatbestandsspezifischen Unrechtsmaxime distanziert. Dass er – möglicherweise – bei anderer Gelegenheit anders entscheidet, kann der Freiwilligkeit bezogen auf die konkrete Situation nicht entgegenstehen.

Dass der Ausgangspunkt bei der Eindruckstheorie auch zu **anderen Resultaten** führen kann, zeigt die Position von *Krauß*: Freiwillig sei das Rücktrittsverhalten, wenn der Täter durch dieses „den mit der Versuchshandlung hervorgerufenen Eindruck persönlicher Gefährlichkeit nachträglich widerlegt" (*Krauß* JuS **1981** 883, 886 ff, 888).[662] Unproblematisch als freiwillig einzustufen sei danach der Rücktritt aus situationsunabhängigen Motiven. Unfreiwilligkeit komme also nur beim Rücktritt aus **situationsbedingten Motiven** in Betracht, wobei hier zu **differenzieren** sei. Diese Differenzierung bereite in bestimmten Fallgruppen Schwierigkeiten, nämlich beim Rücktritt „wegen nicht bedachter äußerer Hindernisse", beim Rücktritt „aus nicht bedachter psychischer Schwäche" und beim Rücktritt „aus verbrecherischer Vernunft".[663] Eine Abweichung zur Position von *Schünemann* liegt darin, dass der Rücktritt aus psychischer Schwäche stets freiwillig erfolge, weil der Täter nachträglich seine Ungefährlichkeit erweise. Die Abweichung erklärt sich daraus, dass *Krauß* das Gefährlichkeitsurteil bezogen auf die konkrete Tatsituation und nicht bezogen auf den ursprünglichen Tatplan fällt. Aus dem gleichen Grund ist *Krauß* auch beim Rücktritt „aus verbrecherischer Vernunft" großzügiger und will nach dem Gewicht der situtaionsbedingten Motive und der Stärke des verbleibenden rechtserschütternden Eindrucks differenzieren.[664] Damit wird die Freiwilligkeit – der grundlegenden **Schwäche** der Eindruckstheorie entsprechend (vor § 22 Rdn. 83 ff) – von den Befindlichkeiten der anderen Mit- 247

**658** *Schünemann* GA **1986** 293, 324.
**659** *Schünemann* GA **1986** 293, 324 f.
**660** *Schünemann* GA **1986** 293, 325.
**661** *Schünemann* GA **1986** 293, 326.
**662** Vgl. auch *Jerouschek* ZStW **102** (1990) 793, 813 ff, 816, der den Begriff der Freiwilligkeit negativ in dem Sinne bestimmen will, „dass das Rücktrittsverhalten keinen Schluß auf den Fortbestand der betätigten rechtsfeindlichen Gesinnung zuläßt, um eine delegitimierende Erschütterung des Rechtsgefühls zu bannen oder gar ihr zuvorzukommen".
**663** *Krauß* JuS **1981** 883, 887.
**664** *Krauß* JuS **1981** 883, 888.

glieder der Rechtsgemeinschaft abhängig gemacht, woraus dann auch eine mangelnde Bestimmtheit des Maßstabs resultiert.[665]

248 **(f) Das Kriterium der inhaltlichen Autonomie.** *Streng* (NStZ **1993** 582, 583) meint (bezogen auf den von ihm besprochenen Fall), der Streit um eine normative oder psychologisierende Interpretation könne dahingestellt bleiben. Denn es entspreche (entgegen BGHSt **35** 184, 187) „durchaus noch dem möglichen Wortsinn im Sinne einer (psychologisierenden) **Alltagssprache**, dann von fehlender Freiwilligkeit zu sprechen, wenn Entscheidungen durch äußere Ereignisse zwar vorgegeben, nicht aber eigentlich erzwungen sind". In diesen Fällen sei die Tataufgabe zwar „formal autonom", aber nicht, was entscheidend sei, „inhaltlich autonom". Auch wenn der Wortlaut des Gesetzes „Raum für eine Berücksichtigung der Hintergründe des Aufgebens der Tat" lasse, bleibt freilich die Frage, weshalb auf die inhaltliche Autonomie des Rücktrittsverhaltens abzustellen ist. Auch wenn *Streng* meint, dass es auf eine **strafzweckorientierte Bewertung** der Motive nicht ankomme, meint er doch, dass die „Heranziehung von Strafzweckerwägungen die Notwendigkeit eines Abstellens gerade auf die inhaltliche Autonomie der Entscheidung untermauern" könne. Unter generalpräventiven Gesichtspunkten sei eine „ernshafte Anerkennung der zunächst durch den Versuch in Frage gestellten Norm notwendig", woran es fehle, wenn der Täter mit einer „bloß opportunistischen Anpassung" an die veränderte Situation reagiere.

249 Eine **Kritik** wird zunächst festzustellen haben, dass ohne die strafzweckorientierten Überlegungen, mit denen *Streng* sein Ergebnis lediglich „untermauern" will, schlechterdings nicht einzusehen ist, weshalb die „inhaltliche Autonomie" den Ausschlag geben soll. Denn der Umstand, dass der Gesetzeswortlaut eine solche Deutung zulässt, heißt noch lange nicht, dass sie auch die maßgebliche ist; vom Wortlaut ist jedenfalls auch das formale Verständnis gedeckt. Die Position von *Streng* wird deshalb verschiedentlich im Lager der normativen Theorien verortet und in der Nähe der Auffassung von *Schünemann* gesehen.[666] Das zeigt sich auch daran, dass die Anerkennung einer Entscheidung als „inhaltlich autonom" grundsätzlich auch deshalb in Zweifel gezogen werden kann, weil der Täter mit der Maßgabe von der Tat Abstand nimmt, zu einem späteren Zeitpunkt an sein deliktisches Verhalten anzuknüpfen (konkret: der Täter entlässt das Opfer einer versuchten Vergewaltigung aus seinem Einflussbereich, da es ihm für einen späteren Zeitpunkt einvernehmlichen Geschlechtsverkehr zugesagt hat). Hier hält *Streng* die Annahme von Freiwilligkeit immerhin für diskutabel, da der Täter ohne „Erfolgsgarantie" und „aus freien Stücken" auf eine Gewaltanwendung verzichte.[667] Richtigerweise könnte selbst der Vorbehalt, gegen das Opfer später doch noch Gewalt anzuwenden, wenn es sich weigern sollte, seine Zusage einzulösen, der Freiwilligkeit bezogen auf die konkrete Versuchstat nicht entgegenstehen. Die von *Streng* selbst genannten Argumente und die zumindest erwogene Annahme von Freiwilligkeit rücken freilich ins Ungewisse durch die strikt generalpräventive Orientierung an sozialpsychologischen Befindlichkeiten, die ihre Schwäche gerade darin zeigt, dass *Streng* das „Rechtsgefühl der Bevölkerung" für seine Position ins Feld führt.[668] Ferner wird gegen *Streng* geltend gemacht, dass „er alle Probleme der Strafzwecklehre in die Freiwilligkeit des Rücktritts hinein(trägt)".[669]

250 **(g) Die Orientierung an der Spezialprävention.** Im Schwerpunkt spezialpräventiv und unter Bezugnahme auf sein **„Bewährungsmodell"** (dazu oben Rdn. 35) sieht *M. Walter* (S. 67 ff und GA **1981** 403, 406 ff) die Freiwilligkeit des Rücktrittsverhaltens als „hinreichende Normbefol-

665 Probleme der praktischen Handhabbarkeit sehen auch *Lilie/Albrecht* LK[12] Rdn. 241.
666 *Fischer* Rdn. 20; dagegen *Lilie/Albrecht* LK[12] Rdn. 237.
667 *Streng* NStZ **1993** 582, 583.
668 *Streng* NStZ **1993** 582, 583.
669 *Lilie/Albrecht* LK[12] Rdn. 241.

gungsbereitschaft" in der Situation der Bewährung. Freiwillig trete der Täter nur zurück, wenn er die Konflikte der konkreten Versuchstat „normkonform" löse, also „wenn das normbefolgende Verhalten aus den betreffenden Verhaltensmaximen mit einer gewissen Sicherheit" folge. Dies sei nicht der Fall, wenn ein „Wegelagerer" sein erstes Opfer nicht weiter angreife, „weil nunmehr ein reicherer und lohnenderer Spaziergänger des Weges kommt" (*Walter* S. 92 und GA **1981** 403, 408 ff). Dagegen müsse eine psychische Schockwirkung der Freiwilligkeit nicht generell entgegenstehen (*Walter* S. 97 ff). Die **Schwäche** dieser Position liegt in ihrer im Schwerpunkt spezialpräventiven Ausrichtung,[670] in deren Logik es liegt, dass der Tatbezug gelockert wird, wenn die Freiwilligkeit mit Blick auf die Intention, eine andere Straftat zu begehen, verneint wird.

**(h) Die Inanspruchnahme zivilrechtlicher Normen sowie §§ 35, 240 für die Zurechnung der Rücktrittsleistung.** Verschiedentlich wird auch versucht, die normative Betrachtungsweise von der Strafzwecklehre zu lösen. Dieser Weg ist für solche Autoren vorgezeichnet, die die ratio des Rücktritts nicht in Strafzwecküberlegungen erblicken, sondern insoweit andere Konzepte vertreten: In dezidierter **Abkehr von strafzweckorientierten Überlegungen** stellt *Herzberg* (FS Lackner S. 325, 352 ff; MK¹ § 24 Rdn. 122 ff) die Frage, unter welchen Voraussetzungen dem Täter eine **Rücktrittsleistung zugerechnet** werden kann. Diese Zurechnungsfrage beantworte sich nicht mit Hilfe der vom BGH herangezogenen psychologisierenden Kriterien, sondern beurteile sich nach **rechtlichen Regeln.**[671] Unter Bezugnahme und Anwendung der von ihm begründeten Schulderfüllungstheorie (dazu oben Rdn. 17 f) stellt er auf die „qualifizierte Zurechenbarkeit der Erfüllungsleistung" ab. Nur mit Hilfe dieses Zurechnungskriteriums könne dem Grund der strafbefreienden Wirkung des Rücktritts auch beim Merkmal der Freiwilligkeit Rechnung getragen werden. Zudem gelinge es, die Probleme der psychologisierenden und der klassisch normativen Betrachtungsweise zu lösen und insbesondere zu klären, dass sowohl ungeachtet „deliktischer Motive" bzw. bei „stärkerem Gewissensdruck" ein Rücktrittsverhalten freiwillig als auch ein Verhalten trotz „edler Rücktrittsmotive" unfreiwillig sein könne. 251

Nachdem *Herzberg* zunächst versucht hat, der Freiwilligkeit unter Bezugnahme auf die zivilrechtlichen Rechtsfiguren des Vertragsbruchs und des Wegfalls der Geschäftsgrundlage **Konturen** zu verleihen (*Herzberg* FS Lackner S. 325, 359; dazu die Kritik von *Roxin* AT II § 30 Rdn. 437 ff.), hat er später Normen des Strafrechts herangezogen:[672] Eine rechtliche Regelung der Unfreiheit finde sich in **§ 35,** weshalb es sich anbiete, „diese Vorschrift zum Maßstab zu nehmen und den Rücktritt unter genau den Umständen als unfreiwillig zu bewerten, die bei einer rechtswidrigen Tat einen entschuldigenden Notstand begründen würden" (*Herzberg* MK¹ Rdn. 125). Wenn also der Täter nur deshalb zurücktrete, weil ihm persönlich, einem Angehörigen oder einer nahe stehenden Person (§ 35 Abs. 1 Satz 1) Übel im Sinne einer Einbuße an Rechtswerten drohe, müsse die Freiwilligkeit aufgrund eines unfrei machenden Nötigungsdruckes verneint werden. Eine Freiwilligkeit könne unter Zugrundelegung von § 35 aber angenommen werden, wenn das Begehren eines Vorteils den Motivationsdruck erzeuge; ein Rücktritt sei dann auch bei „schlechten, ja deliktischen Zielen als freiwillig zu bewerten" (*Herzberg* MK¹ § 24 Rdn. 128). *Herzberg* sieht hier insbesondere die Fälle als rücktrittstauglich an, in denen der Täter von einem ärmeren Opfer nur deshalb ablässt, um sich dem vorbeikommenden vermögenderen Opfer zu widmen. „Wie stark auch immer die motivierende Kraft [einer] Verlockung [ist], das Strafrecht weigert sich, eine schuldrelevante Unfreiheit anzuerkennen." (*Herzberg* MK¹ Rdn. 128) Die engen Grenzen von § 35 werden allerdings faktisch unterlaufen, wenn *Herzberg* (MK¹ Rdn. 130 ff.) auch den Maßstab des **§ 240** zur Bestimmung der Freiwilligkeit heranziehen will, also Unfreiwilligkeit auch dort annimmt, wo der Täter mit seinem Rücktrittsverhalten ein „empfindliches Übel" abwenden will. 252

---

**670** Dazu kritisch auch *Dold* S. 184; *Jäger* S. 25 f.; *Roxin* AT II § 30 Rdn. 386.
**671** *Herzberg* MK¹ Rdn. 122.
**672** Ähnlich *Hardtung/Putzke* AT Rdn. 1248.

253 Die Bezugnahme auf § 35 kann nur sehr **begrenzt überzeugen**. Zwar wird stets dann, wenn der Täter sich in einer § 35 vergleichbaren Drucksituation befindet, die Freiwilligkeit ausgeschlossen sein. Das heißt aber noch nicht, dass jenseits der Grenzen des § 35 – also insbesondere, wenn es nicht um die in § 35 genannten Rechtsgüter oder um Gefahren für den Täter oder Sympathiepersonen geht – stets von Freiwilligkeit auszugehen ist.[673] Die begrenzte Aussagekraft der gesetzlichen Regelung für die Bestimmung von Verantwortlichkeit in Drucksituationen zeigt sich bereits im Bereich der Entschuldigung, wenn dort über den von § 35 gezogenen Rahmen hinaus ein übergesetzlicher entschuldigender Notstand anerkannt wird. Freilich kommt nach dem Konzept von *Herzberg* jenseits der Grenzen von § 35 die Wertung aus § 240 zum Tragen, womit § 35 unterlaufen und letztlich für das Gesamtkonzept bedeutungslos gemacht wird. Zentral ist der Einwand, dass die Vorschriften der §§ 35, 240, die in **völlig anderen Sinnbezügen** stehen als § 24, für letzteren keine tragfähigen Begründungen liefern.[674] Die mangelnde Tragfähigkeit der herangezogenen Vorschriften zeigt sich auch daran, dass *Herzberg* Modifizierungen seines Maßstabs vornehmen muss und damit letztlich den gewählten Ausgangspunkt verlässt und sich auf andere Kriterien stützt.[675]

254 **(i) Die Orientierung an der Täterlehre.** *Jäger* (S. 98 ff; ZStW **112** [2000] 783, 794 ff; SK Rdn. 70 ff) schließlich sucht eine **„normativ-faktische Lösung auf der Grundlage des täterschaftlichen Autonomiegedankens"**. Ausgehend von der Überlegung, „dass § 24 StGB mit dem Freiwilligkeitsmerkmal ein subjektives (qualifiziertes) Zurechnungselement" enthalte, sei ein Rücktritt vom versuchten Delikt nur freiwillig und damit strafbefreiend, wenn der Zurücktretende den Umkehrwillen frei gebildet habe. Vergleichbar mit der mittelbaren Täterschaft seien „autonomieausschließende Umstände" denkbar, wegen derer der Täter „zur Unterlassung der Vollendung oder zur Verhinderung der Vollendung bestimmt" werde (*Jäger* ZStW **112** [2000] 783, 794). Vor diesem Hintergrund sei die Freiwilligkeit des Rücktrittsverhaltens „kraft Nötigung (§ 35 StGB)", „kraft Schuldunfähigkeit des Täters im Rücktrittszeitpunkt", „kraft Irrtums" und „kraft Wegfalls des Handlungssinns" ausgeschlossen (im Einzelnen *Jäger* S. 99 ff; *ders.* ZStW **112** [2000] 783, 795 ff; *ders.* SK Rdn. 70 ff).

255 *Jäger* weist selbst auf die Konflikte hin, die beim Rückgriff auf die Täterschaftsgrundsätze entstehen. Wenn die „Besonderheiten des Rücktritts zu berücksichtigen" seien (*Jäger* ZStW **112** [2000] 783, 795), verliert die Parallele zur mittelbaren Täterschaft ihre Aussagekraft, so dass letztlich **andere Kriterien maßgeblich** sein müssen.[676] Zudem ist mit der Bezugnahme auf die mittelbare Täterschaft der teleologische Zusammenhang mit § 24 gekappt.[677] Warum es einen Vorzug der Definition der Freiwilligkeit darstellen soll, dass diese „ihre Grundlage in der Täterlehre" finde,[678] ist nicht ersichtlich, zumal, wenn dann anschließend sogleich klargestellt wird, dass mit diesem Lösungsansatz „nicht einer blinden Anwendung der Täterlehre das Wort geredet werden soll".[679]

256 **(j) Das Kriterium des rechtsrelevanten Zwangs.** *Amelung* (ZStW **120** [2008] 205 ff) sieht sich in seinem Bemühen, Kriterien zur Bestimmung des Begriffs der „Freiwilligkeit" außerhalb des

**673** Zutreffend *Bitzilekis* FS Hassemer 661, 668; *Dold* S. 182.

**674** Vgl. auch *Amelung* ZStW **120** (2008) 205, 210 f.

**675** *Herzberg* MK[1] Rdn. 132.

**676** Zutreffend *Sch/Schröder/Eser/Bosch* Rdn. 43.

**677** Vgl. *Dold* S. 183; *Zaczyk* NK Rdn. 67: Beim Rücktritt geht es um eine Entscheidung zum Recht, nicht zum Unrecht.

**678** *Jäger* ZStW **112** (2000) 783, 803.

**679** Zutreffend kritisch auch *Roxin* AT II § 30 Rdn. 445 f; ferner *Bitzilekis* FS Hassemer 661, 667.

Strafrechts zu finden, in methodischer Hinsicht in der Nachfolge von *Herzberg*.[680] Dabei erscheine § 24 als Niederschlag des **allgemeinen** – nicht spezifisch strafrechtlichen[681] – **Rechtsgedankens**, wonach „derjenige, der ein Rechtsgut in konkrete Gefahr bringt, aufgefordert ist, das Gefahren verursachende Verhalten abzubrechen und bereits geschaffene Gefahrenquellen zu beseitigen".[682] Mit dem Rücktrittsverhalten erfülle der Täter eine **Pflicht, gefährliches Verhalten zu unterlassen** (unbeendeter Versuch) bzw. eine **geschaffene Gefahr zu beseitigen** (beendeter Versuch). Die Pflichterfüllung werde belohnt, um „den Versuchstäter so weit wie möglich zur Verschonung des von ihm angegriffenen Rechtsgutes anzuhalten oder zumindest nicht von ihr abzuhalten".[683] Das Erfordernis der Freiwilligkeit markiere die spezifisch strafrechtliche Grenze zwischen erheblicher und unerheblicher Gefährdungsumkehr.[684] Es umschreibe eine „Bewusstseinslage" des Täters, die eine **Bestrafung überflüssig mache** – womit auch *Amelung* die Frage nach den Strafzwecken aufwirft und schließlich im Sinne der positiven Generalprävention beantwortet.[685] Die rechtliche Freiheit charakterisiert *Amelung* durch die **Unabhängigkeit von rechtsrelevantem Zwang**, wobei „situationsgeprägte" von „konstitutionsgeprägten" sowie „absolute" (und damit bereits das Vorliegen eines Rücktrittsverhaltens ausschließende)[686] von „relativen" Zwängen zu unterscheiden seien.[687] Soweit es situationsgeprägten Zwang anbelangt, sei notwendige Bedingung des Vorliegens von Freiheit die „Unabhängigkeit der Rücktrittsentscheidung von der Bedrohung eines rechtlich erheblichen Gutes".[688] Die Freiheit ausschließender Zwang bedürfe im Grundsatz einer gesetzlichen Grundlage, wobei die bloße Zwangsandrohung Freiheit nicht ausschließe, Rechtsdurchsetzungszwang (durch staatliche Organe oder auch Private, etwa im Rahmen von § 32) hingegen rücktrittsrelevant sei.[689] Im Einzelfall könne allerdings auch einer gesetzlichen Grundlage entbehrender Zwang die Freiwilligkeit ausschließen, da die motivationale Wirkung von Zwang auch bei dem vorliege, der sich gesetzwidrigem Zwang konfrontiert sieht.[690] Dem Rechtsdurchsetzungszwang vergleichbar sei solcher Zwang aber nur, wenn er ein eigennütziges Verhalten des Täters nahe lege, also im Falle der Bedrohung von Individualrechtsgütern.[691] Bei vergleichbarer Zwangswirkung kämen auch Naturgewalten für einen Ausschluss der Freiwilligkeit in Betracht.[692] Hinsichtlich der konstitutionsgeprägten Zwänge (etwa Wahnvorstellungen eines Alkoholikers, unbeherrschbarer Ekel, Schock, nicht beherrschbare Angstreaktion) weise die ratio von § 24 in unterschiedliche Richtungen: Einerseits spreche die Bestätigung der Normgeltung dafür, dass das Rücktrittsverhalten nicht durch unbeherrschbare Eigenschaften des Zurücktretenden erzwungen sein dürfe. Andererseits seien im Interesse des Rechtsgüterschutzes auch unbeherrschbare Rücktrittshandlungen erwünscht. Aus diesem Widerstreit der Funktionen ergebe sich das Erfordernis einer Abwägung, in der dem Gedanken der Geltungsbestätigung ein Prä zukomme.[693] Letzteres wird deutlich, wenn (ohne erkennbare Abwägung) Rücktrittshandlungen als unfreiwillig anzusehen seien, wenn sie „nicht geeignet sind, das Vertrauen in die Befolgung der mit dem Versuch verletzten Norm wieder zu stabilisieren".[694] Zusammenfassend definiert *Amelung* (ZStW **120** [2008]

**680** *Amelung* ZStW **120** (2008) 205, 206, 212 f.
**681** In Abgrenzung zu *Jägers* Prinzip der „Gefährdungsumkehr"; *Amelung* ZStW **120** (2008) 205, 216.
**682** *Amelung* ZStW **120** (2008) 205, 216.
**683** *Amelung* ZStW **120** (2008) 205, 217.
**684** *Amelung* ZStW **120** (2008) 205, 218.
**685** *Amelung* ZStW **120** (2008) 205, 218 f.
**686** *Amelung* ZStW **120** (2008) 205, 226.
**687** *Amelung* ZStW **120** (2008) 205, 220 ff.
**688** *Amelung* ZStW **120** (2008) 205, 227.
**689** *Amelung* ZStW **120** (2008) 205, 228 ff.
**690** *Amelung* ZStW **120** (2008) 205, 232.
**691** *Amelung* ZStW **120** (2008) 205, 232 f.
**692** *Amelung* ZStW **120** (2008) 205, 233 f.
**693** *Amelung* ZStW **120** (2008) 205, 236.
**694** *Amelung* ZStW **120** (2008) 205, 236.

205, 237): „Freiwillig tritt zurück, wer einen Versuch unabhängig von Rechtsdurchsetzungszwang und vergleichbaren Zwängen sowie ohne bestimmende Wirkung einer unbeherrschbaren Reaktion körperlicher oder seelischer Art abbricht".

257 Eine wesentliche Stärke seines Ansatzes sieht *Amelung* darin, dass es **nicht** auf die **Feststellung der Motive** zur Umkehr ankomme, sondern gemäß dem Gesetz ausschließlich auf die Freiwilligkeit im Sinne einer Freiheit von relevantem Zwang.[695] Aber das ist – auch von einem generalpräventiven Ansatz aus – **problematisch**, wenn innerer Zwang aus rechtskonformen Motiven, etwa aus Mitleid, resultiert. Ein noch grundlegenderes Bedenken betrifft den Umstand, dass *Amelung* das Rücktrittsprivileg auf zwei Säulen stützt, nämlich auf die Geltungsbestätigung der Norm und den Opferschutzgedanken. Das führt nicht nur zu den von *Amelung* selbst angedeuteten Unklarheiten im Konfliktfall. Vor allem erfasst ein solches Verständnis nicht das spezifisch Rechtliche des Rücktritts wie auch schon des Versuchs, der konsequent als Gefährdung verstanden werden muss, was ersichtlich zumindest dem untauglichen Versuch nicht gerecht wird.

258 **(4) Freiwilligkeit als subjektive Voraussetzung der Distanzierung von der Unrechtsmaxime.** Eine sachgerechte Definition des Begriffs der Freiwilligkeit hat von der – auch im Lager der Vertreter eines normativen Freiwilligkeitsbegriffs anerkannten – Einsicht auszugehen, dass Freiwilligkeit **nicht allein** durch **normative Zuschreibung** begründet werden kann, sondern eines Substrats in der Täterpsyche bedarf (s. schon Rdn. 240).[696] Wie dieses Substrat, also der **Entscheidungsvorgang beschaffen** sein muss, damit er das Prädikat „freiwillig" verdient, ist freilich eine **Wertungsfrage**, die im Rahmen des durch den Wortlaut gezogenen Rahmens zu beantworten ist.

259 Verlangt das Gesetz Freiwilligkeit der Entscheidung als psychischen Befund, so kann vorab festgehalten werden, dass der Begriff der Freiwilligkeit **nicht** von einer **Entscheidung der Freiheitsfrage** – Determinismus oder Indeterminismus – abhängig ist. Die Fähigkeit, freiwillige Entscheidungen zu treffen, ist vielmehr grundsätzlich als personale Fähigkeit vorausgesetzt. Beeinträchtigungen dieser Fähigkeit sind danach situativer Art und nicht grundsätzlicher Natur.

260 Der **psychische Befund** der Freiwilligkeit impliziert, dass die Person **selbst** die Entscheidung trifft. Das setzt im Grundsatz voraus, dass die Person **zwischen Alternativen wählen** kann (vgl. aber noch Rdn. 280 ff). Eine freiwillige Entscheidung ist danach jedenfalls dort ausgeschlossen, wo eine Wahlfreiheit nicht besteht, weil von außen kommender unwiderstehlicher Zwang ein Verhalten fordert, das nicht vom Willen des Täters getragen wird. In Fällen der **vis absoluta** fehlt es danach nicht erst an der Freiwilligkeit, sondern schon an einer Entscheidung. Das führt zum fehlgeschlagenen Versuch. Die geläufige Formulierung der Rechtsprechung, wonach der Täter noch „Herr seiner Entschlüsse" sein und die Tatausführung zumindest noch „für möglich" halten müsse,[697] greift ersichtlich zu weit und taugt infolge der Einbeziehung des fehlgeschlagenen Versuchs nicht als spezifische Definition der Freiwilligkeit (Rdn. 239). Die Einsicht, dass freiwillig nur eine Entscheidung sein kann, die die Person *selbst* getroffen hat, kann freilich nur ein erster Schritt zur Definition des Begriffs der Freiwilligkeit sein. Denn die Wahl zwischen Alternativen hat die Person auch dort, wo diese Wahlfreiheit eher formaler Art ist, weil massiver Druck die Person praktisch auf eine Alternative festlegt („Geld oder Leben!"). Ist der Handelnde lediglich willensbeugendem Druck (**vis compulsiva**) ausgesetzt, so ändert dies nichts daran, dass er *selbst* die Entscheidung trifft. Denn in diesem Fall könnte er sich auch dafür entscheiden, dem Druck standzuhalten, wenn er bereit wäre, die Konsequenzen zu tragen.

---

**695** *Amelung* ZStW **120** (2008) 205, 237 f.

**696** Zu Recht gegen eine „rein" normative Betrachtungsweise *Lilie/Albrecht* LK[12] Rdn. 231, wobei eine im strikten Sinne „rein" normative Betrachtung wohl von niemandem vertreten wird.

**697** BGHSt **7** 299; BGH NStZ-RR **2014** 241.

Freilich verändert sich die Qualität der Entscheidung. Denn auch wenn der Handelnde selbst die Alternative gewählt hat, sind die Gründe dafür – jedenfalls: auch – fremdgesetzt.

Das verweist darauf, dass sich die Frage der Freiwilligkeit daran entscheidet, ob der Täter sich die **Gründe** oder **Motive**, die die Entscheidung tragen, aufgrund einer freien Entscheidung zu eigen gemacht hat. Es lassen sich selbstgesetzte (**autonome**) von fremdgesetzten (**heteronomen**) Motiven unterscheiden. Diese Unterscheidung hängt unter dem Aspekt der Freiwilligkeit nicht (nur) davon ab, ob Gründe von außen an den Täter herangetragen werden oder ob er ein Motiv ohne (unmittelbaren) äußeren Einfluß zur Geltung bringt. Denn der Täter kann sich Gründe, die **von außen** an ihn herangetragen werden, auch **zu eigen machen**. Dieser Sachverhalt ist von der Anstiftung her geläufig, die sich gerade dadurch auszeichnet, dass der Haupttäter die Gründe, die für eine Tatbegehung sprechen, als verantwortliche Person für sich selbst übernimmt und als gültig anerkennt.[698] In der Rechtsprechung ist dieser Sachverhalt im Rahmen der Beurteilung der Freiwilligkeit anerkannt, wenn der BGH immer wieder betont, dass die Freiwilligkeit nicht deshalb ausgeschlossen ist, weil sich der Täter an Gründen orientiert, die von außen an ihn herangetragen werden (Rdn. 276). So liegt es etwa, wenn sich der Täter von moralischen Appellen Dritter oder des Opfers beeindrucken lässt. 261

In der Literatur wird der Unterscheidung in autonome und heteronome Gründe häufig eine Schlüsselrolle zugewiesen.[699] Es würde aber zu kurz greifen, in dem Begriffspaar „autonom" und „heteronom" eine Lösung der Freiwilligkeitsfrage sehen zu wollen.[700] Denn es liegt auf der Hand – und ist im Rahmen der Einwilligungslehre eine geläufige Einsicht –, dass **jede Entscheidung in gewissem Umfang fremden, vom Handelnden nicht beherrschten Einflüssen unterliegt.**[701] Heteronom gesetzte Motive können also die Freiwilligkeit nicht schlechterdings ausschließen. Vielmehr sind Entscheidungen, die unter dem Druck einer Situation, etwa zur Vermeidung unangenehmer Konsequenzen, zustandekommen oder in denen sich von einer anderen Person ausgeübter Druck manifestiert, durchaus ubiquitär und geben im sozialen Umgang längst nicht immer Anlass, die Freiwilligkeit einer Entscheidung in Abrede zu stellen. Deutlich zeigt sich die Möglichkeit, Entscheidungsfreiheit auch dann anzunehmen, wenn der Entscheidende äußerem Druck ausgesetzt ist, im Rahmen von § 240, wenn nach der Rechtsprechung erwartet werden kann, dass das Opfer gewissem Drohungen in „besonnener Selbstbehauptung" standhält[702] und wenn eine (strafrechtlich) unerlaubte Beeinträchtigung der Entscheidungsfreiheit zudem nur vorliegt, wenn der Einsatz des Nötigungsmittels zu dem verfolgten Zweck als verwerflich anzusehen ist (§ 240 Abs. 2). 262

Verweist der psychische Befund praktisch stets auf eine **Gemengelage von autonomen und heteronomen Motiven** und schließt das Vorliegen heteronom gesetzter Motive Entscheidungsfreiheit nicht schlechterdings aus, so lässt sich eine Grenze zwischen freiwilligen und unfreiwilligen Entscheidungen nur aufgrund einer **wertenden Betrachtung** ziehen. Es stellt sich damit die Frage nach den **Maßstäben**, anhand derer diese Wertungsfrage zu beantworten ist. Auf den ersten Blick könnte es naheliegen, die Motive für ausschlaggebend zu halten, denen in der Entscheidung des Täters das größte Gewicht zukommt. Eine solche Abwägung zwischen autonomen und heteronomen Motiven wäre schon praktisch kaum durchführbar. Vor allem aber könnte sie in der Sache nicht überzeugen, da sie sich nicht an der Funktion des Freiwilligkeitserfordernisses in § 24 orientiert. Eine **teleologische Interpretation** der Freiwilligkeit muss vielmehr an dem mit dem Aufgeben verbundenen Erklärungsgehalt des Rücktritts ansetzen, also 263

---

**698** *Stübinger* ZIS **2011** 602, 611.

**699** Etwa *Sch/Schröder/Eser/Bosch* Rdn. 43; *Krey/Esser* AT Rdn. 1302; *Kühl* AT § 16 Rdn. 55; *Wessels/Beulke/Satzger* Rdn. 1068.

**700** Insofern zutreffend kritisch *Amelung* ZStW **120** (2008) 205, 209: Begriffe ohne Erkenntniswert; vgl. auch *Stratenwerth/Kuhlen* AT § 11 Rdn. 88.

**701** BGHSt **19** 201, 206; *Eidenmüller* JZ **2011** 816 ff; eingehend *Murmann* Die Selbstverantwortung des Opfers im Strafrecht (2005) S. 434 ff.

**702** Vgl. BGHSt **32** 165, 174.

an der erforderlichen Distanzierung von der Unrechtsmaxime (Rdn. 45ff, 214). Diese Distanzierung hat mit dem Aufgeben eine äußere und mit der darauf bezogenen freiwilligen Entschlussfassung eine innere Seite. Erst diese subjektive Seite verleiht dem Aufgeben die Qualität als eine **Erklärung des Täters** ist, mit der er sich von der **Unrechtsmaxime distanziert**. Danach umschreibt das Erfordernis der Freiwilligkeit eine personale Leistung im Sinne einer inneren Abkehr von der Unrechtsmaxime; *Zaczyk* (NK Rdn. 68) spricht von einer „Selbstbegründung im Rechthandeln".[703] Ist man sich des skizzierten Hintergrunds bewusst, so lässt sich in einem normativen Sinn von autonomen und heteronomen Entscheidungen sprechen.[704] Nicht synonym und insofern irreführend erscheinen demgegenüber Begriffe wie „ohne Zwang", „ohne Aufforderung", „ohne Druck", „von allein", „ungezwungen" usw.[705]

264 Im Vorstehenden ist bereits zum Ausdruck gebracht, dass der Erklärungswert – die Distanzierung von der Unrechtsmaxime – dem Täter **zurechenbar** sein muss.[706] Denn erforderlich ist, entsprechend dem Charakter des Rücktritts als eines *persönlichen* Strafaufhebungsgrundes, stets eine Erklärung des Zurücktretenden *selbst*. Im Gegensatz zu im Schrifttum verschiedentlich anzutreffenden Bemühungen von sehr begrenzter Tragweite ist aber die Übertragung von Zurechnungsgrundsätzen aus anderen Bereichen des Strafrechts oder gar der Zivilrechtsordnung (s. Rdn. 252ff) nicht zielführend. Dabei ist es selbstverständlich zutreffend, dass bei extremen Zwangslagen, die in ihrem Gewicht § 35 entsprechen, von Freiwilligkeit keine Rede mehr sein kann. Nicht möglich ist aber mit Blick auf die hohen Anforderungen, die an die Pflicht zur Vermeidung strafrechtswidrigen Verhaltens an den Einzelnen zu stellen sind, eine umgekehrte Schlussfolgerung des Inhalts, dass bei Zwangslagen, die keine Exkulpation nach § 35 tragen, von Freiwilligkeit i. S. v. § 24 auszugehen wäre. Auch die Lage eines nach § 240 genötigten Opfers lässt sich nicht ohne weiteres auf die psychische Befindlichkeit eines unfreiwillig handelnden Täters übertragen. Denn die wertende Entscheidung der Frage, vor welchem nötigenden Druck strafrechtlicher Schutz zu gewähren ist, betrifft eine gänzlich andere Frage als die, welcher Zwang dazu führt, dass ein Rücktrittsverhalten nicht als dem Täter zurechenbare Distanzierung von der Unrechtsmaxime verstanden werden kann. Folgerichtig bleibt der nach § 240 Genötigte auch nicht notwendig ohne strafrechtliche Verantwortung. Es ist also nicht pauschal möglich, von vorfindlichen Zurechnungsgrundsätzen auf die Freiwilligkeit zu schließen.

265 Nach dem telos von § 24 zu fordern ist allein eine innere (freiwillige Entschlussfassung) und äußere (Aufgeben) Distanzierung von der Unrechtsmaxime, wie sie in der konkreten Versuchstat subjektiv (Tatentschluss) und objektiv (Anfang der Ausführung) manifestiert wurde. Die Freiwilligkeit ist also **tatbezogen** zu verstehen. In einem Tatstrafrecht ist vom Täter für einen Rücktritt weder eine allgemein rechtstreue Einstellung zu verlangen, noch kann es eine Rolle spielen, welche Straftaten er anstelle der aufgegebenen begehen möchte. *Jakobs* (AT 26/35) weist zutreffend darauf hin, dass es „bei der Freiwilligkeit beim Rücktritt um die Zuständigkeit für das Scheiternlassen des Versuchs der konkreten Tat" geht, „nicht aber um die Beurteilung dessen, was der Täter anstelle des Versuchs plant".[707] Dem BGH (St **35** 184) ist also dahingehend zuzustimmen, dass es der Freiwilligkeit nicht entgegensteht, wenn der Täter nur deshalb von der weiteren Durchführung eines Tötungsversuchs Abstand nimmt, weil es ihm wichtiger ist, eine andere Person zu töten.[708] Das ist aber nicht nur eine gleichsam bedauerliche Konsequenz aus dem Wortlaut

---

**703** Vgl. auch *Köhler* AT S. 479ff, der auf den „äußerlich freien Entschluss zur Legalitätsmaxime" abstellt und so ebenfalls eine Auslegung „nach dem Grund der Rücktrittsregelung" für notwendig erachtet.

**704** Vgl. *Lilie/Albrecht* LK[12] Rdn. 243; *Busch* JuS **1993** 304, 307; *Gropp* AT § 9 Rdn. 157; *Kühl* AT § 16 Rdn. 55ff; *Lackner/Kühl/Kühl* Rdn. 18; *Maurach/Gössel/Zipf* AT 2 § 41 Rdn. 183; *Sch/Schröder/Eser/Bosch* Rdn. 43ff, 56ff; *Fischer* Rdn. 21, 24 f; *Wessels/Beulke/Satzger* Rdn. 1068ff.

**705** **AA** *Lilie/Albrecht* LK[12] Rdn. 243.

**706** *Bitzilekis* FS Hassemer 661, 667; *Herzberg* MK[1] Rdn. 122; *Jakobs* AT 26/30.

**707** Dazu kritisch *Bitzilekis* FS Hassemer 661, 673f.

**708** Auch BGH StraFo **2013** 343; BGH NStZ **2005** 150, 151; *Küper* GA **1982** 228, 232.

von § 24 Abs. 1 S. 1,[709] sondern für die Beurteilung eines auf die konkrete Tat bezogenen Rücktritts angemessen. Eine andere Einschätzung legt freilich die Orientierung an einer präventiv orientierten Strafzwecklehre nahe, da das allgemeine Gefährlichkeitsurteil gegen den Täter durch einen solchen Tatwechsel schwerlich in Zweifel gezogen werden kann. Folgt man dem BGH hinsichtlich seiner Argumentation aus dem Wortlaut, so zeigt sich daran, dass eine teleologische Ausrichtigung der Interpretation von § 24 am Präventionsdenken nicht nur in der Sache nicht überzeugt (Rdn. 246 ff), sondern auch dem Gesetzeswortlaut widerspricht.

Aus der Einsicht, dass das Erfordernis der Freiwilligkeit seinen Sinngehalt daraus bezieht, 266
dass es die **subjektive Seite der Distanzierung von der Unrechtsmaxime** bildet, lässt sich eine wesentliche Konkretisierung der Anforderungen an die Freiwilligkeit ableiten. Denn die Distanzierung erschöpft sich nicht lediglich darin, dass der Täter von einem ursprünglich gefassten Tatplan Abstand nimmt und sich damit rechtstreu verhält. Vielmehr erhält eine solche Abstandnahme ihren spezifischen Erklärungsgehalt bezogen auf die im Versuch manifestierte Unrechtsmaxime erst dadurch, dass sie erwartungswidrig erfolgt, weil der Täter ein Stadium erreicht hat, in dem eine weitere Verfolgung seines Tatvorhabens empirisch zu erwarten wäre (vgl. § 22 Rdn. 36 ff, 113 ff).[710] Das Erfordernis der **Erwartungswidrigkeit** muss nicht nur in objektiver, sondern auch in subjektiver Hinsicht erfüllt sein, damit die Abstandnahme von der weiteren Tatausführung einen Erklärungsgehalt bezogen auf die bereits manifestierte Unrechtsmaxime entfalten kann. Daraus folgt, dass **Freiwilligkeit** nur zu bejahen ist, wenn der Täter sich für die Abstandnahme von der weiteren Tatausführung entscheidet, obwohl nach dem Stand der Ausführung vor dem Hintergrund des zunächst gefassten Tatentschlusses eine **Weiterführung der Tat zu erwarten** gewesen wäre. Eine Abstandnahme signalisiert in diesem Fall eine Abkehr von der Unrechtsmaxime, da bei einem Festhalten an der Maxime eine Fortführung der Tat zu erwarten wäre. Das dürfte sich im Ergebnis mit der von *Dold* (S. 187) entwickelten Fragestellung treffen, ob der Täter „seinen Tatentschluss aufgibt, obwohl er diesen auch dann gebildet hätte, wenn er damals schon seine gegenwärtigen Überzeugungen gehabt hätte". Umgekehrt ist **Unfreiwilligkeit** anzunehmen, wenn sich der Täter aufgrund einer aus seiner Sicht veränderten Sachlage für die Abstandnahme entschieden hat und auf dieser Grundlage eine Abstandnahme von der weiteren Tatausführung auch objektiv zu erwarten war. In diesem Fall liegt die **Abstandnahme in der Konsequenz des gefassten Tatentschlusses**, so dass sie nicht geeignet ist, einen Erklärungswert im Sinne einer Distanzierung von der Unrechtsmaxime zu entfalten.[711] Auch insoweit gilt, dass nur **tatbezogene** Umstände in die Beurteilung der Erwartbarkeit einer Abstandnahme einzubeziehen sind. Zu berücksichtigen sind also etwa geänderte Risiken bei der Tatausführung, nicht aber sonstige Umstände im Leben des Täters, die ihn von der Fortführung der Tat abhalten. Letzteres ist etwa der Fall, wenn der Täter von der Tatausführung Abstand nimmt, um sein brennendes Haus zu löschen.[712] Solche nicht tatbezogenen Umstände ändern nichts an der erwartungswidrigen Abstandnahme bezogen auf die Tatausführung, so dass der Rücktritt freiwillig bleibt.

Ist die Abstandnahme auf der Grundlage von aus Tätersicht geänderten Gegebenheiten zu 267
erwarten, so kann die Annahme von Unfreiwilligkeit allerdings im Einzelfall **wertungsmäßig unangemessen** sein, wenn der Täter sein Tatvorhaben gerade so gestaltet hat, dass von Anfang an vorhandene **rechtsgutsfreundliche Impulse unterdrückt** werden sollten. Misslingt diese

---

**709** Ein solches Bedauern klingt in BGHSt **35** 184, 187 an.

**710** Es ist deshalb in der Sache berechtigt, dass die Erwartungswidrigkeit in zahlreichen Ansätzen in unterschiedlichen Einkleidungen auftaucht, etwa in dem Ansatz von *Schünemann* (Rdn. 246), von *Streng* (Rdn. 248 f) oder auch im Konzept der Verbrechervernunft (Rdn. 243). Abweichend von diesen Ansätzen öffnet sich das hier vertretene Konzept in seiner strikten Anbindung an die in der konkreten Tat objektivierte Unrechtsmaxime aber nicht allgemeinen Erwägungen zur Rechtstreue.

**711** In im Ergebnis ähnlichem Sinn versteht *Hoffmann-Holland* MK Rdn. 119 das Begriffspaar „autonom" und „heteronom".

**712** **AA** *Lilie/Albrecht* LK[12] Rdn. 261; *Sch/Schröder/Eser/Bosch* Rdn. 49; *Zaczyk* NK Rdn. 70.

Gestaltung und kommen die eine Tatbegehung hemmenden Motive zum Tragen, so kann es nicht zur Annahme von Unfreiwilligkeit führen, dass die Abstandnahme aufgrund der geänderten Sachlage zu erwarten war. Es kann den Täter also nicht belasten, dass er bereits bei der Tatbegehung Maßnahmen ergriffen hat, die darauf abzielten, das eigene Gewissen zu überlisten. Beispielhaft ist hierfür das von *Schünemann* angeführte Beispiel zu nennen, dass der Täter beabsichtigt, seine Kinder im Schlaf zu töten, weil er sich im Falle von deren Aufwachen dazu nicht in der Lage sehen würde (Rdn. 246).[713] Erwachen die Kinder und sieht er sich sodann – erwartungsgemäß – zu einer Tatausführung nicht in der Lage, so liegt – entgegen *Schünemann* – in der Abstandnahme gleichwohl bezogen auf die konkrete Tat eine Abkehr von der Unrechtsmaxime.[714] Das wird gerade in dem genannten Beispiel besonders anschaulich, weil der Täter sich sogar in einer Situation, in der sich das Unrecht aufgrund der veränderten Umstände verringert hätte (keine durch eine Tötung im Schlaf begründete Heimtücke), gegen eine Fortführung der Tat entscheidet. Mit dieser Bewertung wird auch eine nicht plausible abweichende Behandlung im Verhältnis zu dem Fall vermieden, dass der von seinen eigenen Skrupeln überraschte Täter erwartungswidrig – und damit freiwillig – von der Tatfortführung Abstand nimmt.

**268** Der Qualität des **Motivs** für die Abstandnahme kommt demnach **nur zugunsten** des Täters und **nur dann Bedeutung** zu, wenn die ursprüngliche Tatplanung auf die Unterdrückung rechtsgutsfreundlicher Motive abzielte und diese sich dann aufgrund einer Änderung der Tatumstände – erwartbar – Geltung verschaffen. **Im Übrigen** ist die strafbefreiende Wirkung des Rücktritts **nicht** an eine **Bewertung des Rücktrittsmotivs** geknüpft. Das Motiv braucht weder ethisch wertvoll zu sein, noch sind Gewissensbedenken erforderlich;[715] auf Reue kommt es nicht an.[716] Entgegen den rein normativen Theorien kann man keinen sittlich oder auch nur rechtlich hochwertigen Beweggrund für die Bestimmung der Freiwilligkeit fordern.[717] Ein „positives Bekenntnis zur Rechtsordnung" ist nicht Voraussetzung (*Jerouschek* ZStW **102** [1990] 793, 816, Fn. 67).

**269** Ersichtlich weiterer **Konkretisierung bedarf** das Kriterium der **Erwartbarkeit**, also die Beantwortung der Frage, unter welchen Voraussetzungen anzunehmen ist, dass der Täter an der Tatausführung festhält (so dass eine Abstandnahme freiwillig wäre) bzw. aufgrund geänderter Umstände damit zu rechnen ist, dass er von der Tat (dann: unfreiwillig) Abstand nimmt. **Grundlage** für die Beantwortung dieser Frage ist die **Tätervorstellung**, denn erforderlich ist eine persönliche Stellungnahme des Täters zum verletzten Recht, die er nur auf der Basis seiner Vorstellungen abgeben kann.[718] Weder auf die Richtigkeit der Vorstellungen des Täters hinsichtlich der seine Motivbildung zugrundeliegenden Umstände[719] noch auf die objektive Durchführbarkeit des Tatplans kommt es an.[720] Mit Blick darauf ist auch ein freiwilliger Rücktritt vom untauglichen Versuch nicht ausgeschlossen, solange der Täter meint, den Erfolg noch herbeiführen zu

**713** LG Arnsberg NJW **1979** 1420.

**714** Für Unfreiwilligkeit *Sch/Schröder/Eser/Bosch* Rdn. 47.

**715** BGHSt **9** 48, 49 f; **7** 296, 299; BGH StV **1993** 189 f; BGH NJW **1980** 602 jeweils m. w. N.; *Baumann/Weber/Mitsch/Eisele* § 23 Rdn. 26; *Fischer* Rdn. 19c.

**716** Schon RGSt **61** 115, 117; *Sch/Schröder/Eser/Bosch* Rdn. 56.

**717** In diesem Sinne auch BGHSt (GS) **39** 221, 230; **35** 184, 186; **7** 296, 299; BGH NStZ **2007** 91; BGH NStZ **2005** 150 f; BGH StV **2003** 615; BGH NStZ **2003**, 265 f; BGH NStZ **1997** 385; BGH NStZ **1993** 398, 399; BGH StV **1993** 189 f; BGH NStE Nr. 18; BGH NJW **1980** 602; OLG Düsseldorf NJW **1999** 2911; LG Rostock NStZ **1997** 391, 392; *Baumann/Weber/Mitsch/Eisele* § 23 Rdn. 26; *Lackner* NStZ **1988** 405; *Fischer* Rdn. 20; *Zaczyk* NK Rdn. 68.

**718** Siehe nur BGHSt **35** 184, 186; BGH NStZ **1999** 395, 396; BGH bei Holtz MDR **1995** 878, 879; BGH bei Holtz MDR **1995** 442; BGH bei Holtz MDR **1994** 127; BGH StV **1993** 189; BGH NJW **1992** 989, 990; BGH StV **1988** 527; BGH StV **1986** 149; LG Köln StV **1997** 27; *Baumann/Weber/Mitsch/Eisele* § 23 Rdn. 26; *Sch/Schröder/Eser/Bosch* Rdn. 44, 54; *Fischer* Rdn. 18; *Zaczyk* NK Rdn. 74.

**719** Ausführlich zur Relevanz irriger Tätervorstellungen hinsichtlich der freiwilligkeitsbegründenden Umstände *Sch/Schröder/Eser/Bosch* Rdn. 54; *Jescheck/Weigend* § 51 IV 2.

**720** BGHSt **4** 56, 58 f mit Anm. *Oehler* JZ **1953** 561, 562; BGHSt **13** 156, 157; **35** 184, 186; BGH StV **1986** 149 mit Anm. *Otto* JK **1986** § 24/12; BGH NStZ **1992** 536, 537; BGH bei Holtz MDR **1994** 127; BGH StV **1996** 86; BGH StV **1995** 462; BGH NStZ **1999** 395.

können und in seiner Rücktrittsentscheidung „frei" zu sein.[721] Dementsprechend ist das Rücktrittsverhalten unfreiwillig, wenn der Täter unzutreffend eine gravierende Änderung der Sachlage zu seinen Ungunsten annimmt und insoweit einem Irrtum erliegt (*Zaczyk* NK Rdn. 72).

Die **Bewertung** der Tätervorstellung hat dann aber nach **objektiven Maßstäben** zu erfol- **270**
gen. So kann es beispielsweise nicht entscheidend sein, ob ein besonders ängstlicher Täter bereits bei einem geringfügigen Anstieg des mit der Tatbegehung verbundenen Risikos von der weiteren Ausführung der Tat Abstand nehmen würde. Eine solche individualistische Betrachtung (wie sie in einem spezialpräventiv ausgerichteten an den Präventionsbedürfnissen des konkreten Täters orientierten Konzept nahe läge) wäre einem *Rechtsbegriff* der Freiwilligkeit nicht angemessen. Gegen eine generalisierende Betrachtung lässt sich nicht einwenden, dass auch der besonders ängstliche Täter, der bereits wegen eines geringfügigen Risikoanstiegs die Tat aufgibt, hierfür lediglich taktische Gründe hat, die keine Abkehr von der Unrechtsmaxime signalisieren. Unter dem Aspekt der Entscheidungsfreiheit ist aber der vorsichtige Täter nicht stärker in seinen Möglichkeiten eingeschränkt als der risikofreudigere Täter, auch wenn er eher zur Aufgabe tendieren wird. Auch normativ wäre es nicht plausibel, dem ängstlichen Täter den Rücktritt zu verwehren, wo er für den risikofreudigeren noch offen stünde. Die Frage nach der Erwartbarkeit einer Entscheidung für die Fortführung der Tat verlangt demnach nach einem objektiven Werturteil.

Dieses **Werturteil** hat der Gesetzgeber bereits getroffen, soweit die **Gegebenheiten bei der** **271**
**Tatausführung** aus Tätersicht gegenüber dem gefassten Tatentschluss **unverändert bleiben**. Denn die Begründung des Versuchsunrechts fußt gerade auf der Annahme, dass der unmittelbar zur Tat ansetzende Täter auf der Grundlage seines Tatentschlusses auch zur Vornahme der Ausführungshandlung übergeht (§ 22 Rdn. 37). Nimmt der Täter in dieser Situation von einer Fortführung der Tat Abstand, so ist dies stets eine gemessen an der im Versuch zum Ausdruck gebrachten Unrechtsmaxime erwartungswidrige Entscheidung, mithin freiwillig (*Jakobs* AT 26/36; *Krauß* JuS **1981** 883, 886). Die Entscheidung des Täters für die Tataufgabe bringt stets eine Distanzierung von der Unrechtsmaxime zum Ausdruck. Dabei kommt es nicht darauf an, dass Grund für die Umkehr die Einsicht in die Fehlerhaftigkeit des eigenen Tuns ist (s. Rdn. 268). So bleibt der Rücktritt z. B. auch dann freiwillig, wenn der Täter ohne Änderung der Risikoeinschätzung dieses nunmehr als zu hoch bewertet. Offen, d. h. nicht vom Gesetzgeber vorentschieden ist die Wertungsfrage dagegen dann, wenn der Täter seine Entscheidung aufgrund einer (vorgestellten) **Veränderung der äußeren Umstände** trifft, wobei es keinen Unterschied macht, ob der Täter eine nachträgliche Änderung der Sachlage annimmt oder aber Umstände annimmt, die zwar schon bei Versuchsbeginn vorlagen, ihm aber zunächst entgangen waren. Einen Hinweis auf die Bewertung solcher Veränderungen lässt sich dem Gesetz immerhin für Fälle entnehmen, in denen die geänderte Sachlage zu einer **schärferen Strafbewehrung** der Tatausführung führen würde, etwa wenn der zum einfachen Diebstahl entschlossene Täter ein Schloss aufbrechen oder mit Gewalt gegen das Opfer vorgehen müsste. Das unmittelbare Ansetzen indiziert insoweit nicht die Bereitschaft zur Tatausführung. In diesem Fall ist eine Abstandnahme mit Blick auf das erhöhte Strafbarkeitsrisiko vielmehr als unfreiwillig anzusehen (*Jakobs* AT 26/39). Im Übrigen sind an diesem Punkt die Bemühungen in der Literatur zu verorten, mit Maßstäben wie etwa der „Verbrechervernunft" eine Konkretisierung zu leisten. Diese Bemühungen erweisen sich damit im Grundsatz als berechtigt. Tatsächlich ist ohne Überlegungen dazu, unter welchen (vom Täter vorgestellten) Umständen **„vernünftigerweise"** eine Abstandnahme von der Tat erfolgt, nicht auszukommen. Damit ist auch der „Schmerz der Grenze" unvermeidbar, wenn etwa die Frage zu beantworten ist, welche Erhöhung des Tatausführungsrisikos noch hinnehmbar erscheint oder den „vernünftigen" Täter zur Abstandnahme veranlasst. Diese Konkretisierung kann nur anhand des **Einzelfalls** erfolgen (Rdn. 274 ff).

---

**721** BGHSt **11** 324; BGH NJW **1969** 1073; *Jescheck/Weigend* § 51 IV 2; *Sch/Schröder/Eser/Bosch* Rdn. 54; *Zaczyk* NK Rdn. 72, 74.

272 Aus den vorstehenden Überlegungen wird bereits sichtbar, dass der **Wortlaut** einer teleologischen Interpretation des Begriffs der „Freiwilligkeit" jedenfalls nicht per se entgegensteht.[722] Das sieht letztlich auch der BGH nicht anders, wenn etwa eine Erhöhung des Risikos der Tatausführung den Täter zur Aufgabe veranlasst, ohne dass ihm damit deren Fortführung physisch unmöglich wäre. Es ist auch alltagssprachlich gut möglich, von Unfreiwilligkeit zu sprechen, wenn sich die Rahmenbedingungen der Tat in einer Weise verändern, dass die Argumente, die aus Tätersicht für deren Begehung sprechen, an Gewicht verlieren bzw. Gegenargumente an Gewicht gewinnen.[723] Freilich stößt eine normative Interpretation dort an die Grenzen des Wortlauts, wo nach allgemeinem Sprachgebrauch freie Entscheidungen als unfrei gedeutet werden.[724] Die Wortlautgrenze ist überschritten, wo Freiwilligkeit deshalb abgelehnt wird, weil dem Täter ein anderes deliktisches Projekt wichtiger erscheint (Rdn. 244).[725] Soweit **zugunsten des Täters** aus teleologischen Gründen Freiwilligkeit auch dort angenommen werden soll, wo er tatsächlich psychisch keine Wahl hatte, trägt der Verweis auf Art. 103 Abs. 2 GG dagegen nicht, weil eine Überschreitung der Wortlautgrenze zugunsten des Täters zulässig[726] und – wenn es Sinn und Zweck von § 24 entspricht – aus Gründen der materiellen Gerechtigkeit auch geboten wäre.

273 **Zusammenfassend** lässt sich also sagen: **Freiwillig** ist ein Rücktritt, wenn der Täter eine nach den Umständen erwartungswidrige Entscheidung für eine Abstandnahme von der Tat trifft. Dahinter steht die Einsicht, dass eine solche Entscheidung auf **Gründen** beruht, die in **Widerspruch zu der im Versuch manifestierten Unrechtsmaxime** stehen. Freiwillig ist zudem eine Entscheidung zur Abstandnahme, die nur deshalb aufgrund geänderter Umstände erwartungsgemäß getroffen wird, weil der Täter die Tat zunächst so durchführen wollte, dass seine rechtstreuen Motive nicht zur Geltung kommen (Rdn. 267 f). Eine Definition der **Unfreiwilligkeit** ist gesetzlich nicht gefordert und ist insofern ohne Erkenntniswert, als sie sich nur negativ im Nichtvorliegen von Freiwilligkeit erschöpfen kann. Es hat sich dennoch eingebürgert, sich um eine Definition der Unfreiwilligkeit gleichsam als **Kontrollbegriff** zu bemühen. Unfreiwillig ist demnach (im Regelfall, zur Ausnahme s. o.) eine Entscheidung zugunsten einer Abstandnahme, wenn eine solche Entscheidung aufgrund der aus Tätersicht geänderten Tatumstände zu erwarten war. Hintergrund ist die Einsicht, dass der Täter sich in diesem Fall lediglich an die geänderten Verhältnisse anpasst und die Abstandnahme von der weiteren Tatausführung nicht als Distanzierung von der dem Versuch zugrundeliegenden Unrechtsmaxime interpretiert werden kann. **Begrifflich** ist nichts dagegen einzuwenden – und bietet sich aus Gründen der sprachlichen Vereinfachung durchaus an – von **autonom und heteronom motivierten Entscheidungen** zu sprechen, sofern man sich des sachlichen Bedeutungsgehalts dieser Begriffe bewusst ist. Es lässt sich dann auch sagen, dass ein Rücktrittsverhalten auf autonomen Motiven beruht, wenn der Täter auf der Grundlage seiner Vorstellung an sich keine (hinreichende) Veranlassung hätte, die Tat nicht zu vollenden, er mithin nicht aufgrund der Umstände „lediglich der Not gehorcht" (*Zaczyk* NK Rdn. 68) und er in diesem Sinne „Herr seiner Entschlüsse" ist.[727] Heteronom ist dagegen eine Entscheidung, die in der Konsequenz der aus Tätersicht veränderten Umstände im Verhältnis zu dem zuvor gefassten Tatentschlusses liegt.[728]

---

**722** Vgl. auch *Bloy* JR **1989** 70, 71.

**723** *Roxin* AT II § 30 Rdn 410; *Streng* NStZ **1993** 582, 583.

**724** *Hoffmann-Holland* MK Rdn. 115.

**725** So auch *Lackner/Küh/Kühll* Rdn. 18; *Otto* AT § 19 Rdn. 41; *Fischer* Rdn. 20; vgl. ebenfalls *Jäger* S. 23 ff.

**726** *Freund/Rostalski* AT § 9 Rdn. 58 ff; *Roxin* AT II § 30 Rdn 411.

**727** BGHSt **7** 296; BGH StV **1994** 181; BGH NStZ **1993** 279; BGH NStZ **1992** 536, 537; BGH NJW **1992** 989, 990; BGH StV **1982** 259; *Baumann/Weber/Mitsch/Eisele* § 23 Rdn. 26; *Lackner/Kühl/Kühl* Rdn. 16 f; *Maurach/Gössel/Zipf* AT 2 § 41 Rdn. 188 mit 184; *Otto* AT § 19 Rdn. 40; *Sch/Schröder/Eser/Bosch* Rdn. 44; *Fischer* Rdn. 19, 23.

**728** BGHSt **35** 184, 186; **21** 216; **7** 296, 299; BGH NStZ **1993** 279; BGH NStZ **1992** 536, 537; siehe dazu *Krey/Esser* AT Rdn. 1303; *Kühl* AT § 16 Rdn. 56 ff; *Maurach/Gössel/Zipf* AT 2 § 41 Rdn. 198 ff, *Sch/Schröder/Eser/Bosch* Rdn. 44, 47 (wo der Gesichtspunkt eines „Wegfalls der Geschäftsgrundlage" betont wird); *Wessels/Beulke/Satzger* Rdn. 1070.

**cc) Einzelheiten und Kasuistik.** Dies bedeutet für die Freiwilligkeit der Aufgabe der weiteren Tatausführung im Einzelnen: 274

**(1) Freiwilligkeit bei unveränderter Tatausführungsmöglichkeit.** Freiwillig ist das Rücktrittsverhalten – bei § 24 Abs. 1 Satz 1 Alt. 1 die Aufgabe der weiteren Tatausführung –, wenn nicht geänderte Umstände, sondern **Reue, Gewissensgründe** (OLG Düsseldorf NJW **1999** 2911), **Schamgefühl** (BGHSt **9** 48, 53; OLG Düsseldorf StV **1983** 65), **Mitleid** mit dem Opfer (BGH MDR **1952** 530, 531), das **Nachlassen der aggressiven Gefühle** (vgl. BGH NStZ **2007** 399, 400) oder **Mutlosigkeit** (BGH NStZ **1992** 536, 537) den Täter motiviert haben. Auch allgemeine **Furcht vor Strafe** schließt, wenn sie nicht durch aus Tätersicht nachträglich erhöhte Strafbarkeitsrisiken bedingt ist, die Freiwilligkeit des Rücktritts nicht aus.[729] Gleiches gilt, wenn der Täter die weitere Ausführung der Tat aufgibt, weil er sich über sein Tun **erschreckt** und ihm die Folgen zu Bewusstsein kommen (zum Fall zwingender psychischer Hemmnisse Rdn. 280 ff).[730] So ist der Rücktritt freiwillig, wenn der Täter von einem Tötungsversuch zurücktritt, weil ihm nach mehreren Beilschlägen auf den Kopf des Opfers beim Anblick des bewusstlosen, blutüberströmten Mädchens die Folgen seiner Tat zu Bewusstsein gekommen sind.[731] Auch wenn der Täter einen Tötungsversuch nicht zur Vollendung bringt, weil der Anblick der verletzten Frau „zu viel" für ihn ist und er nicht mehr will, „dass die Frau im Keller verblutet", handelt er freiwillig (BGHSt **21** 216, 217). Gibt der Täter die weitere Ausführung einer versuchten Vergewaltigung nach **Gegenwehr des Opfers** ohne Not auf, obwohl es ihm ohne weiteres möglich gewesen wäre, den Beischlaferfolg mit zusätzlicher Gewalt zu erreichen, ist das Rücktrittsverhalten freiwillig (OLG Zweibrücken JR **1991** 214 zu § 177 a. F. mit im Ergebnis zust. Anm. *Otto* JR **1991** 215). 275

**(2) Anstoß zur Willensbildung.** Der Anstoß zur Willensbildung kann nicht nur von innen (Gewissensregung, Scham, Reue, Erregung, bessere Einsicht, fehlender Mut), sondern auch **von außen** (Hinweise, Störung, Entdeckung, Erkanntwerden – dazu ausführlich unten Rdn. 289 ff) kommen.[732] Auch ein äußerer Anstoß wirkt auf die Willensbildung zurück. Ob sich das Rücktrittsverhalten in diesen Fällen als freiwillig oder unfreiwillig darstellt, hängt von der Stärke des Impulses und der daraus entstehenden Motivation ab.[733] Richtigerweise kommt es also darauf an, ab eine Abstandnahme angesichts der aus Tätersicht veränderten Sachlage vor dem Hintergrund des gefassten Tatentschlusses „vernünftig" und damit erwartbar erscheint. 276

Damit ist die Freiwilligkeit des Rücktrittshandelns nicht generell dadurch ausgeschlossen, dass **Dritte** auf den Täter **Einfluss ausüben.** Freiwillig ist der Rücktritt jedenfalls dann, wenn der Dritte lediglich durch die **Vermittlung von Gründen** auf den Täter einwirkt. So liegt es, wenn der (ggfls. auch affektiv erregte)[734] Täter erst **überredet** werden muss, etwa von Dritten durch beruhigendes Reden zum Umdenken angestoßen wird,[735] durch eindringliche **Vorhalte** 277

---

**729** BGH NStZ **1992** 536, 537; BGH MDR **1951** 369, 370; OLG Düsseldorf NJW **1999** 2911; OLG Hamburg NJW **1953** 956; *Krey/Esser* AT Rdn. 1302; *Lackner/Kühl/Kühl* Rdn. 17; *Zaczyk* NK Rdn. 70; **aA** *Roxin* AT II § 30 Rdn. 395 ff.

**730** BGHR § 24 Abs. 1 Satz 1 Freiwilligkeit 13; BGH bei Holtz MDR **1986** 271; BGH bei Holtz MDR **1982** 969; BGH GA **1977** 75; BGH bei Dallinger MDR **1952** 530, 531; speziell zum Erschrecken über laute Schreie des Opfers BGH bei Holtz MDR **1979** 279 und BGH 2 StR 187/96 v. 22.5.1996 bei *Fischer* Rdn. 22.

**731** BGH bei Dallinger MDR **1952** 530, 531; vgl. auch BGH GA **1977** 75, 76 f.

**732** BGH NStZ **2020** 81, 82; BGH StraFo **2018** 31 f (dazu *Hecker* JuS **2018** 391 ff); BGH StV **2015** 687, 688.

**733** Vgl. BGHSt **7** 296, 299; BGH StV **1992** 224, 225; NStZ **1992** 536, 537; dazu auch *Stratenwerth/Kuhlen* AT § 11 Rdn. 87 ff.

**734** BGH StV **2012** 15.

**735** BGHSt **7** 296, 299; **21** 319, 321; BGH bei Dallinger MDR **1969** 532; BGH StV **1982** 259, 260; BGH NStZ **1988** 69, 70; BGH NStE Nr. 7; BGH StV **2014** 336; *Sch/Schröder/Eser/Bosch* Rdn. 56 f; *Maurach/Gössel/Zipf* AT 2 § 41 Rdn. 200; *Roxin* AT II § 30 Rdn. 380 ff.

**eines Mittäters**[736] oder auch **Appelle des Opfers.**[737] Ebenso ist der Rücktritt freiwillig, wenn ein Beteiligter eingreift und lediglich bewirkt, dass der Täter zur Besinnung kommt und wegen des Anstoßes des Beteiligten von seinem Opfer ablässt. In all diesen Konstellationen folgt die Freiwilligkeit schon daraus, dass die äußere, unmittelbar für die Tatausführung relevante Sachlage unverändert bleibt (Rdn. 271, 275). Es steht gänzlich im Belieben des Täters, ob er sich die von außen an ihn herangetragenen Motive zu eigen macht. Ein Ausschluss der Freiwilligkeit kommt aber in Betracht, wenn die Einflussnahme die **tatsächlichen Umstände der Tatbegehung** betrifft, wenn etwa der Dritte dem Täter mit Anzeige droht. Dann gelten die allgemeinen Grundsätze, so dass ausschlaggebend ist, ob eine Abstandnahme von der Tat als vernünftige Konsequenz aus der geänderten Sachlage erscheint.

278 **(3) Kein Ausschluss der Freiwilligkeit aufgrund der sittlichen Qualität des Motivs.** Die sittliche Qualität der Motive kann der **Freiwilligkeit nicht entgegenstehen.** Ein Rücktritt vom versuchten Delikt ist also auch dann freiwillig, wenn der Täter über den bisherigen Verlauf einer sexuellen Nötigung **verärgert** ist und deshalb von der weiteren Tatausführung absieht (BGH bei Holtz MDR **1989** 857 zu § 177 a. F.). Ebenso irrelevant sind grundsätzlich rechtlich relevante **Motive**, die **nicht die konkrete Tatausführung** betreffen. Führt der Täter einen versuchten Betrug nicht fort, weil er die durch den Versuch geschaffene Sachlage nun auf andere Weise nutzen will, um sich einen finanziellen Vorteil zu verschaffen, so vermag diese verwerfliche Motivation nichts daran zu ändern, dass der Täter von dem Versuch freiwillig zurückgetreten ist.[738] Ebenfalls einen freiwilligen Rücktritt hat der BGH (zu §§ 177, 178 a. F.) angenommen, wenn der zunächst zu einer sexuellen Nötigung ansetzende Täter sodann zu einer Vergewaltigung übergeht. Für die Beurteilung der Rücktrittsfrage sei es „unerheblich, dass der Angeklagte seine geschlechtliche Befriedigung dann durch den erzwungenen Geschlechtsverkehr zu erlangen suchte".[739] Da der Täter hier aber im Kern an der Realisierung des Unrechts, auf das sich sein Tatentschluss bezog, festgehalten hat, dürfte es hier bereits an der Entscheidung für eine Aufgabe der Tat fehlen (Rdn. 215 ff). Der Umstand, dass die Qualität des Rücktrittsmotivs nicht gegen die Freiwilligkeit der Entscheidung ins Feld geführt werden kann, schließt es umgekehrt nicht aus, bei eingeschränkter (Rdn. 267 f, 295) oder gar fehlender Wahlfreiheit (Rdn. 280 ff) aus teleologischen Erwägungen die **Qualität des Rücktrittsmotivs** bzw. die dem Täterverhalten zugrundeliegenden Einstellung als Argument für eine **Bejahung von Freiwilligkeit** zu akzeptieren (Rdn. 268).

279 Daraus, dass die sittliche Qualität des Motivs der Freiwilligkeit nicht entgegensteht, folgt auch, dass Freiwilligkeit bei einem **Wechsel des Tatobjekts** anzunehmen ist, der seinen Grund in den **Prioritäten des Täters** hat. So liegt es etwa, wenn sich der Täter von seinem ersten Opfer in der Annahme, es seien noch weitere Ausführungshandlungen erforderlich, abwendet, weil ihm die Tötung eines anderen Opfers, das sonst zu entkommen droht, wichtiger erscheint (s. schon Rdn. 244).[740] Der BGH (St **35** 184, 186) hat darauf hingewiesen, dass die Hinwendung zum zweiten Opfer „das Ergebnis einer nüchternen Abwägung" ist (BGHSt **35** 184, 186), also im Rahmen seines psychologisierenden Freiwilligkeitsbegriffs das Fehlen jeglichen Zwangs festgestellt. Dem ist auch im Rahmen einer sachgerechten und mit dem Gesetzeswortlaut vereinbaren Normativierung des Freiwilligkeitsbegriffs zuzustimmen. Wird dagegen geltend gemacht, der

---

736 BGHSt **21** 319, 321: Der Beteiligte weist den Täter darauf hin, dass es verhängnisvoll wäre, ausgerechnet in der Bewährungszeit wieder straffällig zu werden.

737 BGHSt **7** 296, 299; BGH NStZ **2013** 639, 640 mit zust. Anm. *Engländer*; *Krey/Esser* AT Rdn. 1302.

738 BGH NJW **1980** 602; **aA** *Bottke* JR **1980** 441, 442; *ders.* JA **1981** 61, 63; *Sch/Schröder/Eser/Bosch* Rdn. 56; *M. Walter* GA **1981** 403, 408 ff.

739 BGH NStZ **1997** 385; **aA** *Sch/Schröder/Eser/Bosch* Rdn. 56; die Entscheidung als „sehr weitgehend" ansehend *Kudlich* JuS **1999** 349, 353, Fn. 38.

740 BGHSt **35** 184, 186; so auch *Lackner* NStZ **1988** 404, 405; *Fischer* Rdn. 19c.

Täter sehe sich „gezwungen“, die Handlung gegen das erste Opfer abzubrechen und sich dem zweiten zuzuwenden, so dass seine Rücktrittsentscheidung „nur scheinbar“ auf einem freien Willen beruhe,[741] überzeugt dies schon deshalb nicht, weil Gründe gegen die Freiwilligkeit angeführt werden, die mit der konkreten Versuchstat nichts zu tun haben. Hinzukommt, dass von Unfreiwilligkeit keine Rede sein kann, wenn sich der Täter – autonom – für eine Festlegung seiner Prioritäten entscheidet. Richtig ist nur, dass er mit der Festlegung seiner Prioritäten sich auch auf deren Konsequenzen festlegt, aber eine solche Selbstfestlegung genügt nicht einmal zur Begründung eines „inneren Zwangs“, weil dem Täter natürlich die Freiheit zur Änderung seiner Prioritäten und auch zur Inkonsequenz verbleibt. Ebenfalls nicht überzeugen kann es, wenn *Roxin* (FS Heinitz 250, 262) Freiwilligkeit ablehnt, wenn die Täter vom ärmeren Opfer ablassen, um das vermögendere zu berauben: „Wir mussten wohl oder übel den kleineren Fisch davonschwimmen lassen, um den größeren zu erwischen“. Bei einer solchen Tatmotivation sei die zwangsläufige Anpassung an die veränderte Situation unfreiwillig.[742] Auch mit dieser Argumentation werden tatunabhängige und zudem selbst gesetzte Motive gegen die tatbezogene Freiwilligkeit geltend gemacht. Letztlich steht hinter Ansätzen, die hier die Freiwilligkeit ablehnen, die Vorstellung, Freiwilligkeit verlange nach einer die konkrete Versuchstat übersteigende Rückkehr zum Recht.

**(4) Zur Bedeutung inneren Zwangs.** **Umstritten** ist die Frage, ob innerer Zwang die Freiwilligkeit ausschließt. Die **Rechtsprechung verneint Freiwilligkeit**, wenn der Täter wegen übermächtiger Angst, eines Schocks, einer psychischen Lähmung oder anderer seelischer Erschütterungen nicht mehr „Herr seiner Entschlüsse“ ist, ihn also „seelischer Druck und/oder emotionaler Zwang“ gehindert haben, die Ausführungshandlung zum Abschluss zu bringen.[743] So hat der BGH (NStZ **1994** 428 f) die Voraussetzungen eines strafbefreienden Rücktritts an der Unfreiwilligkeit des Handelns scheitern lassen, weil die Söhne des Täters wach wurden, im elterlichen Schlafzimmer erschienen und er von weiteren auf die Tötung seiner Frau abzielenden Handlungen absah, „da er seine Tat vor den Augen seiner Kinder nicht weiter fortsetzen wollte und emotional und psychisch auch nicht konnte“. Die **Literatur** unterlegt diese psychologisierend an der fehlenden Wahlfreiheit des Täters ansetzenden Überlegungen zum Teil mit normativen Begründungen, indem darauf hingewiesen wird, „dass eine lobenswerte Umkehr zur Rechtstreue ein bewusstes und nicht zwangsweise bedingtes Verhalten voraussetzt“.[744] 280

Die **Gegenauffassung**, die von einer **freiwilligen Tataufgabe** ausgeht, beruft sich auf den Gedanken des Opferschutzes, „der prämierungswürdigen Rückkehr zur Rechtstreue“[745] und einer fehlenden Nötigung. Zudem wird darauf verwiesen, dass es widersprüchlich sei, einerseits einen freiwilligen Rücktritt zu bejahen, wenn der Täter dazu von Dritten überredet werden müsse, andererseits aber ein bloßes Erscheinen Unbeteiligter nicht ausreichen lassen zu wollen (*Jäger* S. 104, Fn. 465 und ZStW **112** [2000] 783, 792 ff). Im Ergebnis verdient diese Auffassung **Zustimmung**. Dabei ist freilich von der Einsicht auszugehen, dass es bereits Probleme bereitet, überhaupt eine „Entscheidung“ zugunsten eines „Aufgebens“ der Tatausführung zu bejahen, 281

---

**741** *Lilie/Albrecht* LK[12] Rdn. 260. Ähnlich auch *Bloy* JR **1989** 69, 72; *Sch/Schröder/Eser/Bosch* Rdn. 56; *Jakobs* JZ **1988** 518, 520; *Kühl* AT § 16 Rdn. 61; *Lackner/Kühl/Kühl* Rdn. 17; *Stratenwerth/Kuhlen* AT § 11 Rdn. 90.

**742** Ebenso im Ergebnis *Bitzilekis* FS Hassemer 661, 672 f.

**743** BGHSt **42** 158, 161; **35** 184, 186; **21** 216, 217; **9** 48, 53; **7** 296, 298 ff; BGH NStZ-RR **2014** 171, 172; BGH NStZ-RR **1998** 203; BGH 2 StR 682/97 v. 1.4.1998 bei *Fischer* Rdn. 23; BGH bei Holtz MDR **1995** 879; BGH NStZ **1994** 428 f; BGH StV **1994** 181; BGH StV **1992** 224, 225; BGH NStZ **1992** 536, 537; BGH GA **1977** 75, 76; BGH bei Dallinger MDR **1958** 12; OLG Düsseldorf NJW **1999** 2911; siehe ebenfalls *Lilie/Albrecht* LK[12] Rdn. 262 ff; *Sch/Schröder/Eser* /Bosch Rdn. 46.

**744** *Lilie/Albrecht* LK[12] Rdn. 264.

**745** So *Krey/Esser* AT Rdn. 1304; *Roxin* AT II § 30 Rdn. 364; *ders.* Höchstrichterliche Rechtsprechung (1998) S. 194 f (zu Nr. 63).

da der Täter sich nicht in der Situation sieht, zwischen Alternativen zu wählen.[746] Vor diesem Hintergrund weist ein psychologisierendes Verständnis von „Freiwilligkeit" allemal in Richtung auf deren Ablehnung. Normativ erscheint dieses Ergebnis aber nicht angemessen (s. schon entsprechend zur Ablehnung eines Fehlschlags Rdn. 115 ff). Denn wenn der Täter sich psychisch an der Tatausführung gehindert sieht, so bedeutet das letztlich nichts Anderes, als dass sich das Gewissen mit besonderer Macht Geltung verschafft. Gerade die besondere Stärke der psychischen Hemmnisse, deren Befolgung der Täter als zwingend erlebt, ist tiefer Ausdruck der Personalität des Täters. Die Rückkehr zum Recht hat nicht deshalb weniger Aussagekraft, weil sie in der Person des Täters besonders tief und für ihn selbst unhintergehbar verankert ist.[747] Gegen diese Auffassung lässt sich zwar der **Wortlaut** von § 24 Abs. 1 anführen. Wenn aber die Annahme von Freiwilligkeit der ratio des Rücktritts entspricht, so ist eine teleologische Ausdehnung des Begriffs angemessen. Der Bestimmtheitsgrundsatz steht dem nicht entgegen, da sich ein solches Normverständnis zugunsten des Täters auswirkt und unter dem Aspekt der materiellen Gerechtigkeit geboten ist.[748]

282 Für die Anerkennung der Freiwilligkeit in diesen Fällen spricht auch, dass die **forensische Feststellung** inneren Zwangs nicht nur erhebliche Schwierigkeiten macht,[749] sondern es häufig nur noch eine Frage der Formulierung sein wird, ob das „ich konnte nicht mehr" des Täters einen für ihn schlechterdings nicht überwindbaren Zwang bedeutet oder auf diese Weise lediglich die Einsicht zum Ausdruck gebracht wird, dass er sich an dem orientiert hat, was er in diesem Moment für sich selbst als moralisch verpflichtend verstanden hat. Denn auch die – unstreitig freiwillige – Gewissensentscheidung bedeutet ja nicht, dass der Täter sich ohne weiteres über die Anforderungen des Gewissens hinwegsetzen kann. Das Gewissen wird vielmehr vom BVerfG (E **12** 45, 55) gerade dahingehend definiert, dass es die Person „als für sich bindend und unbedingt verpflichtend innerlich erfährt".

283 **(5) Zur Bedeutung der Schuldfähigkeit.** Ein freiwilliger Rücktritt ist **nicht** allein deshalb **ausgeschlossen**, weil der Zurücktretende während dieses Verhaltens gem. § 20 **schuldunfähig** ist. Die freiwillige Aufgabe der weiteren Tatausführung kann auch **mit natürlichem Vorsatz** geschehen.[750]

284 Eine in der Literatur vertretene **Gegenauffassung** hält dagegen die Schuldfähigkeit für eine Voraussetzung der Freiwilligkeit. Fehlende Verantwortlichkeit schließe die Freiwilligkeit aus.[751] *Zaczyk* (NK Rdn. 76) verweist darauf, dass bei fehlender Schuldfähigkeit keine „freiwillige personale Entscheidung des Täters und damit keine Schuldaufhebung" vorliege. Die aus dieser Position folgende Ablehnung einer Rücktrittsmöglichkeit wird aber offenbar auch von den Vertretern dieser Auffassung für unbefriedigend gehalten und deshalb auf unterschiedliche Art eingeschränkt oder abgemildert. Dabei akzeptiert *Jakobs* (AT 17/68) nur eine praktisch wohl eher marginale Einschränkung dergestalt, dass Freiwilligkeit ausnahmsweise möglich sei, „wenn der Grund des Rücktritts beim Verlust der Zurechnungsfähigkeit vorbehalten worden war". *Zaczyk* (NK Rdn. 76) dagegen

---

**746** Für Fehlschlag deshalb *Lilie/Albrecht* LK[12] Rdn. 125.

**747** Ähnlich *Bitzilekis* FS Hassemer 661, 664 f *Freund/Rostalski* AT § 9 Rdn. 59, 62 f; *Roxin* AT II § 30 Rdn. 371; *Zaczyk* NK Rdn. 71. Kritisch *Dold* S. 195 ff.

**748** *Roxin* AT II § 30 Rdn. 412.

**749** Vgl. BGHSt **7** 296, 299; BGH StV **1986** 149 mit Anm. *Otto* JK **1986** § 24/12; BGH bei *Holtz* MDR **1982** 969; OLG Düsseldorf NJW **1999** 2911; BGH 4 StR 227/01 v. 9.8. 2001.

**750** BGH NStZ **2004** 324; BGHSt **23** 356, 359 f; BGH NStZ-RR **1999** 8; BGH NStZ **1994** 131; BGHR § 323a Rücktritt 1; BGH bei Dallinger MDR **1971** 362 mit zust. Anm. *Ranft* MDR **1972** 737, 742 f; ebenfalls *Geilen* JuS **1972** 73, 74; *Hettinger* actio libera in causa (1988) S. 417 ff; *Jerouschek* JuS **1997** 385, 388; *Kühl* AT § 16 Rdn. 62a; *Lackner/Kühl/Kühl* Rdn. 17; *Linke* S. 203 f; *Maurach/Gössel/Zipf* AT 2 § 41 Rdn. 198; *Roxin* FS Lackner 307, 318 f; *Sch/Schröder/Eser/Bosch* Rdn. 46; *Streng* ZStW **101** (1989) 273, 315; *Fischer* Rdn. 4; **kritisch** *Hoffmann-Holland* MK Rdn. 108 f; *Jäger* S. 105 ff; *Jakobs* AT 17/68; *Zaczyk* NK Rdn. 76.

**751** *Jakobs* AT 17/68; zustimmend *Jäger* SK Rdn. 75; *ders.* S. 106.

setzt breiter, aber erst auf Rechtsfolgenseite an, indem er § 23 Abs. 3 sinngemäß anwenden will. *Jäger* (SK Rdn. 75) schließlich macht den in dubio pro reo-Grundsatz stark und meint: „Ein Rücktritt im Zustand der Trunkenheit indiziert grundsätzlich die Zurechnungsfähigkeit im Sinne einer normativen Ansprechbarkeit, gerade weil der Täter von selbst in die Legalität zurückkehrt".

**Überzeugen** können die gegen einen Rücktritt des Schuldunfähigen gerichteten Ansätze **nicht.** Dabei greift es allerdings zu kurz, anknüpfend an die Argumentation von *Zaczyk*, der die Möglichkeit einer Schuldaufhebung in Abrede stellt, darauf hinzuweisen, dass der Rücktritt nicht die Schuld, sondern die Strafe aufhebt (so aber *Lilie/Albrecht* LK[12] Rdn. 255). Denn der von *Zaczyk* erhobene Einwand, dass es bei Schuldunfähigkeit an einer personalen Entscheidung des Täters fehle, lässt sich natürlich auch für ein fortbestehendes Bestrafungsbedürfnis geltend machen. Zentral ist dagegen die Einsicht, dass der Rücktritt gar nicht davon abhängig gemacht werden *darf*, dass der Täter sich gerade deshalb rechtstreu verhält, weil er sich der rechtlichen Anforderungen besinnt. Ein solches Bekenntnis zum Recht wird auch vom schuldfähigen Täter, der etwa nur aus taktischen Gründen die Tatbegehung um einige Tage verschieben will, nicht verlangt (s. Rdn. 221 ff). Es muss ausreichen, dass der Täter sich dafür entscheidet, von der Tat Abstand zu nehmen, also seine Entscheidung zur konkreten Tatbegehung zurücknimmt. Auch der schuldunfähige Täter kann eine solche Entscheidung in dem Bewusstsein der Möglichkeit, die Tat fortführen zu können, treffen. Entscheidet sich etwa der Volltrunkene aus Mitleid mit seinem Opfer dafür, von der Tat Abstand zu nehmen, so widerspricht er der im Versuch manifestierten Unrechtsmaxime, auch wenn ihm die Fähigkeit zu rechtstreuer Motivation nicht mehr zugetraut wird. Die Begründung, mit der *Jäger* letztlich zum gleichen Ergebnis kommt, kann demgegenüber nicht überzeugen. Die Annahme, der Rücktritt indiziere die Zurechnungsfähigkeit, unterstellt eine im Regelfall leitende Kraft der Norm, die an der psychischen Befindlichkeit des Täters und dessen Gründen für eine Abstandnahme meist vorbeigehen dürfte. Auch die Annahme, dass „die Entwicklung einer Mitleidsmotivation dafür spricht, dass der Täter im Angesicht der gesamten Tatumstände doch noch eine hinreichende normative Ansprechbarkeit besaß" (*Jäger* SK Rdn. 75), stellt einen Zusammenhang zwischen emotionalen Regungen und den rechtlichen Vorgaben her, der so nicht bestehen dürfte. In den praktischen Ergebnissen genügt auch im Konzept von *Jäger* am Ende die nach den Umständen nicht erwartbare Entscheidung des Schuldunfähigen für die Aufgabe. 285

Damit ist auch im Rahmen des § 323a (Vollrausch) ein freiwilliger Rücktritt von der **Rauschtat** nach der zutreffenden h. M. nicht von vornherein ausgeschlossen, wenn diese im Versuch stecken geblieben ist.[752] Eine (analoge) Anwendung von § 24 ist in Betracht zu ziehen, wenn der Täter sich vorsätzlich in einen möglicherweise seine Schuldfähigkeit ausschließenden Rauschzustand versetzt hat, in diesem einen versuchten Totschlag begeht, den er nicht vollendet und anderen zuruft, sie sollten die Polizei verständigen (BGHR § 323a Abs. 1 Rücktritt 1). Auch wenn der Täter im Rauschzustand gem. § 323a vom Balkon seiner Wohnung mit einer halbautomatischen Selbstladewaffe mit bedingtem Tötungsvorsatz auf Menschen schießt und diese Handlungen, obwohl ihm dies aus seiner Sicht möglich gewesen wäre, nicht fortsetzt, gibt er die weitere Ausführung der versuchten Rauschtat (versuchter Totschlag) freiwillig auf, so dass insoweit eine Strafbarkeit gem. § 323a ausscheidet (BGH NStZ-RR **1999** 8). 286

Ein Rücktritt von § 323a kommt auch dann in Betracht, wenn er **erst nach Ausnüchterung** erfolgt. Insoweit ist freilich nicht die Freiwilligkeit problematisch, sondern bereits die Annahme 287

---

752 BGH NStZ-RR **2001** 15; BGH NStZ-RR **1999** 8; BGH StV **1994** 304, 305; BGHR § 323a Abs. 1 Rücktritt 1; BGH NStZ **1994** 131 mit krit. Anm. *Kusch* NStZ **1994** 131 f; BGH bei Dallinger MDR **1971** 362; *Wolters* SK § 323a Rdn. 21; *Paeffgen* NK § 323a Rdn. 80; *Sch/Schröder/Hecker* § 323a Rdn. 19; differenzierend *Spendel* LK[11] § 323a Rdn. 219 ff; eingehend *Linke* S. 207 ff; **aA** *Barthel* S. 136 ff, 257 ff, 265 ff, 274 ff, 312 ff, 345 ff, der eine, auch analoge, Anwendung von § 24 auf § 323a, wenn die Rauschtat im Versuch stecken geblieben ist, mit der Begründung ablehnt, dass die dem Täter vorgeworfene Handlung in der Rauschherbeiführung und eben nicht in der versuchten Rauschtat liege und Gründe für eine analoge Anwendung nicht ersichtlich seien; das Nachtatverhalten soll allenfalls im Bereich der Strafzumessung von Bedeutung sein. Das überzeugt aber deshalb nicht, weil die Rauschtat trotz ihres Charakters als objektiver Bedingung der Strafbarkeit für eine Vollendungsstrafbarkeit vorausgesetzt ist; dazu zutreffend *Linke* S. 209 f.

eines rücktrittsfähigen Versuchs, nachdem mit dem Versuch der Rauschtat die objektive Bedingung der Strafbarkeit erfüllt und der Vollrausch als abstraktes Gefährdungsdelikt vollendet wurde. Eine analoge Anwendung von § 24 erscheint hier gleichwohl angemessen und konsequent. Wenn etwa der Täter nach Wiedererlangung der Schuldfähigkeit das von ihm im Rausch lebensgefährlich verletzte Opfer rettet, ist die Distanzierung von der Tat noch eindrücklicher, als wenn er diese Leistung im schuldunfähigen Zustand erbracht hätte.[753] Beim unbeendeten Versuch ist das dem Täter für einen Rücktritt zur Verfügung stehende Zeitfenster freilich kleiner.

288 **(6) Erreichen des außertatbestandlichen Handlungsziels.** Ist man entgegen der hier sowie in der älteren Rechtsprechung und von Teilen der Literatur vertretenen Auffassung der Meinung, dass in Fällen des vom Täter vorgestellen Erreichens des außertatbestandlichen Handlungsziels weder ein Fehlschlag vorliegt noch sonst objektiv bereits ein Aufgeben ausgeschlossen ist (eingehend Rdn. 202 ff), so stellt sich für diese Fälle die Frage, ob der Rücktritt freiwillig erfolgt ist. In der Konsequenz der aktuellen **Rechtsprechung** und der **dieser folgenden Literatur** liegt es anzunehmen, dass das Erreichen des außertatbestandlichen Handlungsziels der **Freiwilligkeit nicht entgegensteht.** Denn wenn man erst einmal akzeptiert hat, dass eine weitere Ausführungshandlung nach Erreichen des außertatbestandlichen Handlungsziels zur gleichen „Tat“ i. S. v. § 24 Abs. 1 gehören würde und der Täter mit dem Verzicht auf die Vornahme dieser Ausführungshandlung die weitere Tatausführung „aufgibt“, so lässt sich schwerlich bestreiten, dass der Täter die Freiheit hat, diese Ausführungshandlung vorzunehmen. Dass dies für ihn vollkommen sinnlos ist, ändert an dieser Freiheit nichts.[754] Wenn in der Literatur verschiedentlich Freiwilligkeit mit der Begründung abgelehnt wird, dass die Situation des Täters vergleichbar sei mit den Fällen des **absolut sinnlos gewordenen Tatplans,**[755] so ist zwar die Parallele richtig gesehen,[756] aber nicht die zutreffende Konsequenz gezogen. Denn der Hinweis auf die Sinnlosigkeit spricht schon dagegen, die bereits vorgenommene und weitere (sinnlose) Ausführungshandlungen als eine „Tat“ zu interpretieren. Der Begriff der „Tat“ bietet den normativen Spielraum für eine an der ratio des Rücktritts orientierte Beantwortung der Frage, inwieweit unterschiedliche Ausführungshandlungen zu einer solchen Tat zusammenzufassen sind. Eine ohne Bezug zu den Möglichkeiten der Tatbegehung erfolgende Ablehnung der Freiwilligkeit ist dagegen mit dem Wortsinn nicht mehr vereinbar.

289 **(7) Fehlende Freiwilligkeit bei veränderter Tatausführungsmöglichkeit. Unfreiwillig** ist ein Rücktritt, wenn der Täter aufgrund einer aus seiner Sicht ungünstigen **nachträglichen Änderung der Sachlage**[757] oder weil er erst nach Versuchsbeginn ungünstige **Umstände erkennt oder zu erkennen glaubt** oder auf der Grundlage einer **geänderten Bewertung der Umstände**[758] sich zur Aufgabe entschließt und diese Entscheidung nach objektiven Maßstäben als sachgerecht und erwartbar im Rahmen des deliktischen Vorhabens erscheint. In diesem Fall einer „vernünftigen“ Entscheidung drängen die äußeren Umstände den Täter zur Abstandnahme; die fortbestehende Freiheit, am Tatplan festzuhalten, verliert ihren praktischen Wert.[759]

---

**753** Eingehend *Linke* S. 211 ff.

**754** Insofern zutreffend *Lilie/Albrecht* LK[12] Rdn. 258 f.

**755** U.a. *Jäger* ZStW **112** (2000) 783, 803 ff, 808 f; *ders.* JA **2015** 149, 151; *Streng* NStZ **1993** 257, 259.

**756** **AA** *Lilie/Albrecht* LK[12] Rdn. 259.

**757** Vgl. BGH NStZ **2020** 340 zu einer Konstellation, in der eine Änderung der Sachlage zweifelhaft war.

**758** Gemeint ist der Fall, dass der Täter aus den ihm bekannten Umständen nun auf ein höheres Risiko schließt, nicht der Fall, dass dem Täter das zutreffend eingeschätzte Risiko nun zu hoch erscheint, s. Rdn. 290.

**759** Dazu BGH bei Holtz MDR **1994** 127; BGH bei Holtz MDR **1993** 1038; BGH NStZ **1993** 279; BGH NStZ **1993** 76, 77; BGH NStZ **1992** 536, 537; BGH GA **1966** 208, 209; BGH bei Dallinger MDR **1966** 892; OLG Düsseldorf NJW **1999** 2911.

Da **Grundlage** für die Beurteilung der Rücktrittsentscheidung die **Tätervorstellung** ist, ist erforderlich, dass der Täter ein tatsächlich bestehendes Hindernis für die Tatausführung als solches erkannt und in seine Entscheidung einbezogen hat (BGH StV **2015** 688). Es genügt zur Unfreiwilligkeit aber auch die irrige Annahme eines der Tatdurchführung entgegenstehenden Umstandes. Ein eingebildetes Hindernis hat denselben Motivationswert wie ein erkanntes, wirklich bestehendes Hindernis.[760] Nicht anders ist es zu beurteilen, wenn sich aus Tätersicht zwar nicht konkrete Umstände geändert haben, er aber zu einer geänderten Bewertung der Umstände kommt, etwa das Entdeckungsrisiko bei nochmaligem Nachdenken höher einschätzt. Der Entscheidungsdruck des Täters ist nämlich unabhängig davon, ob z. B. aus Tätersicht neue Tatsachen dafür sprechen, dass das Opfer die Polizei eingeschaltet hat oder der Täter diese Gefahr nun bei unveränderter Sachlage höher einschätzt.[761] Gleichzeitig reicht allein eine objektiv für den Täter ungünstige Veränderung der Sachlage nicht aus. Vielmehr muss der Täter diese auch wahrgenommen haben und sein Rücktritt darauf beruhen (dazu sogleich).[762] 290

Die nach Tätervorstellung veränderte Sachlage bzw. deren veränderte Beurteilung kann der Freiwilligkeit freilich nur dann entgegenstehen, wenn sie **für die Entscheidung zum Rücktritt von Relevanz** war. Spielen neben der aus Tätersicht veränderten Entscheidungslage auch situationsunabhängige Motive (etwa Mitleid) bei der Entscheidung eine Rolle, so kommt es darauf an, welche Motive auf die Rücktrittsentscheidung **bestimmenden Einfluss** ausgeübt haben.[763] 291

Der Täter kann sich aus **unterschiedlichen Gründen** vor eine geänderte Sachlage gestellt sehen bzw. seine Bewertung der Sachlage verändern. Die Tat kann für ihn an Attraktivität einbüßen (Rdn. 293) oder erschwert werden (Rdn. 294 f). Mit einer Erschwerung wird häufig auch eine Erhöhung des Tatbegehungsrisikos einhergehen, wobei neben dem Risiko des Scheiterns insbesondere an solche Risiken zu denken ist, die an die rechtliche Verbotenheit und Strafbarkeit des Verhaltens anknüpfen (Rdn. 296 ff). Von Relevanz sind insofern insbesondere die Risiken von Entdeckung, Strafverfolgung und schließlich der Bestrafung. So liegt es, „wenn unvorhergesehene äußere Umstände dazu geführt haben, dass bei weiterem Handeln das Risiko, angezeigt oder bestraft zu werden, unvertretbar ansteigen würde" (BGH NStZ **2020** 81, 82 unter Hinweis darauf, dass mit der Entdeckung nicht notwendig eine beträchtliche Risikosteigerung verbunden sein muss, wenn der Täter bis zum Eintreffen feststellungsbereiter Personen noch weitere Ausführungshandlungen vornehmen kann). 292

Eine Änderung der Entscheidungsgrundlage kommt zunächst dann in Betracht, wenn die Tatausführung für den Täter **deutlich an Attraktivität verloren** hat, ohne dass ein Fall vollständiger Sinnlosigkeit (Fehlschlag, Rdn. 122 ff) vorliegt. So liegt es etwa, wenn der Täter vom Abschluss eines betrügerischen Vertrages absieht, weil er bestimmte, für ihn wichtige Rechte nicht zugestanden bekommt (vgl. BGH GA **1956** 355, 356, wo sich der Vertrag allerdings infolgedessen aus Tätersicht als „undurchführbar" erwies, was für einen Fehlschlag spricht). Ebenso, wenn das Hehlereiobjekt bei einem Unfall beschädigt wird, wenn die Tat wirtschaftlich immer noch einen – wenn auch deutlich geringeren – Sinn behalten würde (OLG Koblenz VRS **64** 22, 24). 293

Unfreiwillig kann die Entscheidung für einen Rücktritt sein, wenn der Täter eine **Erschwerung** der Tatausführung annimmt. So kann es liegen, wenn der Täter aufgrund der Entfernung und ungünstigen Lichtverhältnissen nicht sicher sein kann, ob er mit seiner letzten Patrone sein möglicherweise ebenfalls bewaffnetes Opfer trifft, so dass er die Tat nicht ohne erhebliche Eigengefährdung vollenden könnte.[764] Die Erschwerung kann auch dadurch eintreten, dass der 294

---

**760** Siehe bereits oben Rdn. 248; auch BGH NStZ **1984** 116; BGH bei Holtz MDR **1993** 1038; BGH NStZ **1996** 352, 353; außerdem *Lackner/Kühl/Kühl* Rdn. 17; *Sch/Schröder/Eser/Bosch* Rdn. 54; *Fischer* Rdn. 18.

**761** BGH NStZ **1993** 279.

**762** BGH StV **1994** 181 f; BGH NStZ **1993** 279; BGH NStZ **1993** 76 f; BGH NStZ **1992** 536, 537; vgl. *Sch/Schröder/Eser/Bosch* Rdn. 49.

**763** BGH NStZ **2007** 399, 400.

**764** BGH NStZ-RR **2006** 168, 169.

Täter die weitere Ausführung der Tat unter eine diese erleichternde **Bedingung** gestellt hat, die dann aber (nach seiner Vorstellung) nicht eintritt (der Wachhund frisst die vergiftete Wurst nicht) (*Sch/Schröder/Eser/Bosch* Rdn. 48). Zwar rechnet der Täter in einem solchen Fall nicht mit einem absoluten Hindernis (dann fehlgeschlagener Versuch – dazu oben Rdn. 71 ff, 107 ff), wohl aber mit einer ihn und seine Zwecke störenden Behinderung durch Umstände, die von seinem Willen unabhängig sind. Auch hier kommt der Anstoß von außen, er löst Erwägungen über die Zweckmäßigkeit der Weiterführung aus. Im Einzelfall entscheidet die Stärke des Anstoßes und der daraus entstehenden Bedenken. Fallen sie derart ausschlaggebend ins Gewicht, dass sich der Täter wohl oder übel zum Verzicht entschließt, so tritt er nicht freiwillig zurück. Resultiert eine Erschwerung aus dem Erscheinen dritter Personen, so wird häufig zugleich das Risiko von Tatentdeckung und Strafverfolgung motivierend wirken.

**295** Zweifelhaft ist, ob eine die Freiwilligkeit ausschließende Erschwerung auch dann vorliegt, wenn geänderte Umstände die **psychischen Hemmnisse** des Täters bei der Tatbegehung **verstärken.** So wird verschiedentlich die Verneinung von Freiwilligkeit für den Fall befürwortet, dass der Täter, der seine Kinder „still und schmerzlos" (durch Einleiten von Abgasen in das Fahrzeuginnere) töten will, von der Tat Abstand nimmt, nachdem eines der Kinder erwacht ist.[765] Überzeugend ist das nicht (s. schon Rdn. 267). Die instrumentale Erschwerung der Tatdurchführung ist zwar nicht zu bestreiten und kann, wenn sie den Ausschlag gibt, durchaus einer freiwilligen Aufgabe entgegenstehen. Ob aber psychische Hemmnisse der Freiwilligkeit entgegenstehen, lässt sich sachgerecht nicht einfach danach beantworten, wie stark sie den Täter beeinflussen. Das zeigt sich schon daran, dass stärkere Skrupel den Täter belasten würden. Die Frage verlangt vielmehr nach einer normativ angemessenen Antwort auf die Frage, ob bei fortbestehender instrumentaler Möglichkeit der Tatausführung psychische Hemmnisse der Freiwilligkeit entgegenstehen. Eine normative Betrachtung hat davon auszugehen, dass sich in solchen Fällen ein beim Täter grundsätzlich vorhandener Respekt vor dem angegriffenen Rechtsgut durchsetzt. Dass er die Tat zunächst in einer Weise gestalten wollte, durch die dieser Respekt gleichsam überlistet werden sollte, ändert nichts daran, dass er eine personale Entscheidung zugunsten des Rechtsguts getroffen hat. Dass ihm seine Hemmnisse nicht erst in der Tatsituation bewusst werden (wenn er etwa zunächst entschlossen gewesen wäre, seine Kinder in wachem Zustand zu töten), sondern er sie in seiner Tatplanung berücksichtigt, kann bei wertender Betrachtung nichts daran ändern, dass er eine freie Entscheidung zugunsten des angegriffenen Rechtsguts getroffen hat. Das Ergebnis liegt in der Konsequenz der hier vertretenen Auffassung, dass selbst psychische Hemmnisse, die dem Täter die Tatausführung **unmöglich** machen, die Freiwilligkeit nicht ausschließen, s. Rdn. 280 ff.

**296** Hinsichtlich der Erhöhung von Risiken, die mit der strafrechtlichen Relevanz des Verhaltens in Zusammenhang stehen, ist zunächst das Risiko aufgrund einer **Veränderung der Strafbarkeit** zu nennen. Müsste der Täter zur Realisierung der geplanten Tat diese so modifizieren, dass er einen Qualifikationstatbestand (z. B. § 224 anstelle von § 223) oder einen schwerer strafbewehrten spezielleren Tatbestand (z. B. § 249 statt § 242) verwirklichen müsste, so ist seine Abstandnahme von der geplanten Tat unfreiwillig (s. schon Rdn. 271). So liegt es etwa, wenn der Täter nicht mit der Standhaftigkeit des Opfers einer versuchten schweren räuberischen Erpressung gerechnet hat und er nach der Androhung des Waffeneinsatzes diese wahr machen müsste, um dem Opfer einen Nachteil zuzufügen und die Tat zu vollenden (vgl. BGH StV **1994** 181 f). Die Tat ist in diesem Fall zwar noch realisierbar, aber nicht mehr mit dem vorgestellten Unrechtsgehalt und dem damit verbundenen Strafbarkeitsrisiko. Da der im unmittelbaren Ansetzen manifestierte Tatentschluss nur die Erwartung einer Realisierung der weniger gewichtigen

765 LG Arnsberg NJW **1979** 1420; *Lilie/Albrecht* LK[12] Rdn. 267; *Sch/Schröder/Eser/Bosch* Rdn. 47; **krit.** *Otto* JK **1979** § 24/1; *Sonnen* JA **1980** 158, 160 (die Abstandnahme entspricht nicht den „Normen des Verbrecherhandwerks"; vielmehr zeigt sich in ihr eine geringere Gefährlichkeit, weshalb eine Bestrafung in spezial- und generalpräventiver Hinsicht nicht erforderlich erscheint).

Tat begründet (s. § 22 Rdn. 37, 103), nimmt der Täter erwartungsgemäß – und damit unfreiwillig – Abstand.[766]

Auch wenn der Täter seinen Entschluss zur Aufgabe der Tat wegen des aus seiner Sicht erheblich gesteigerten Risikos der **Entdeckung** und **strafrechtlichen Verfolgung** getroffen hat, fehlt es an der Freiwilligkeit.[767] **Entdeckung** bedeutet insoweit, dass ein anderer die Tat in ihren wesentlichen kriminellen Eigenschaften wahrnimmt und diese Erkenntnis ausreicht, darauf ein strafrechtliches Verfahren zu gründen.[768] Unbeschadet der tatsächlichen Möglichkeit der Weiterführung der Tat ist die Freiwilligkeit des Rücktrittsverhaltens grundsätzlich ausgeschlossen, wenn die Tataufgabe auf solchen Befürchtungen des Täters beruht. Abzustellen ist darauf, welche Nachteile der Täter durch die Entdeckung befürchtet und wie sich dies auf seine Motivationslage auswirkt.[769] Unfreiwillig ist der Rücktritt demnach, wenn die Vollendung des Diebstahls aus Tätersicht nur unter Erzeugung erheblichen Lärms (Zerstörung einer Glasscheibe) möglich wäre[770] oder er meint, von einem Detektiv beobachtet zu werden.[771] Ebenso, wenn bei einem versuchten Raub auf offener Straße plötzlich die Straßenbeleuchtung angeht (vgl. dazu BGH bei Dallinger MDR **1954** 334) oder unbeteiligte Dritte am Tatort des Überfalls erscheinen[772] und damit drohen, die Polizei zu verständigen.[773] Einen freiwilligen Rückritt hat der BGH in einem Fall verneint, in dem der Täter beim Eintreffen der Polizeibeamten und nach „deren nachdrücklichem Klopfen am Fenster ... erkannt hatte, dass er den von ihm bezweckten Erfolg nicht mehr erreichen konnte" (BGHSt **50** 11, 16) – wobei diese Sachlage eher das Vorliegen eines Fehlschlags impliziert. Gibt der Täter die weitere Ausführung der Tat deshalb auf, weil er annimmt, das Erpressungsopfer habe die Polizei eingeschaltet und der Ort der Geldübergabe werde observiert, so handelt er unfreiwillig.[774] Unfreiwillig ist der Rücktritt, wenn der von Beginn an maskierte Täter die Ausführung einer schweren räuberischen Erpressung aufgibt, weil bei Betreten der Bank die Kassenbox entgegen seiner Vorstellung nicht besetzt ist und er deshalb fürchtet, dass sich die Tatzeit damit unbestimmt verlängert und sich so das Risiko, gefasst zu werden, unverhältnismäßig erhöht (BGH NStZ **1993** 76, 77). Auch wenn der Täter die Ausfüh- 297

766 Kritisch *Dold* S. 198.

767 BGH NStZ **1993** 279; BGH NStZ **1993** 76, 77; BGH NStZ **1992** 536; *Krey/Esser* AT Rdn. 1303; *Sch/Schröder/Eser/Bosch* Rdn. 49.

768 Der Begriff der Entdeckung ist lange Zeit diskutiert worden – vgl. schon RGSt **71** 242, 243; auch BGH NJW **1969** 1073, 1074: Ein Giftmordversuch ist entdeckt, wenn der Ehemann von einem kleinen Kind erfährt, dass die Mutter ihm etwas eingegeben hat, und er daraus den richtigen Schluss zieht; siehe auch BGH bei Holtz MDR **1994** 127; BGH NStZ **1992** 587; BGH StV **1992** 224 f; BGH StV **1982** 219 f; BGH GA **1971** 51, 52; zusammenfassend *Sch/Schröder/Eser/Bosch* Rdn. 50; *Zaczyk* NK Rdn. 70. – Wenn in den Definitionen zum Teil auch der Fall erfasst wird, dass der die Tat Wahrnehmende „den Erfolg verhindern kann", so verwischt dies zum einen die Abgrenzung zum Fehlschlag und betrifft zum anderen eine Fallgruppe der Entdeckung, bei der die Wahrnehmung nicht mit Blick auf den spezifisch strafrechtlich relevanten Gehalt im Fokus steht. Dieser Konstellation ist hier der Taterschwerung zugeschlagen (Rdn. 294).

769 BGHSt **35** 90, 93; BGH NStZ **1999** 300, 301; BGH StV **1993** 189; BGH NStZ **1992** 536, 537; BGH NStZ **1992** 587; BGH StV **1992** 224, 225; BGH StV **1992** 62; BGH bei *Holtz* MDR **1992** 15, 16; BGH NStZ **1984** 116; BGH StV **1983** 413; BGH StV **1982** 219; BGH StV **1982** 219 f; BGH bei *Dallinger* MDR **1975** 724; vgl. auch *Sch/Schröder/Eser/Bosch* Rdn. 50 ff; *Wessels/Beulke/Satzger* Rdn. 1071; *Zaczyk* NK Rdn. 70.

770 OLG Hamburg NJW **1953** 956; vgl. auch *Zaczyk* NK Rdn. 69; weitere Beispiele bei *Jakobs* AT 26/46.

771 LG Köln StV **1997** 27 für den Fall, dass der Täter glaubt, er werde vom Kaufhausdetektiv beim Diebstahlsversuch beobachtet, und deshalb die Sachen, die er noch nicht eingesteckt hatte, ins Regal zurücklegt; das Gericht hatte im konkreten Fall den Rücktritt unter Berufung auf den Grundsatz in dubio pro reo als freiwillig angesehen, da nicht festgestellt werden konnte, dass der Täter die Beobachtung wahrgenommen hat.

772 BGH GA **1980** 24, 25 für den versuchten Raub in einem Postamt; *Sch/Schröder/Eser/Bosch* Rdn. 49.

773 Vgl. BGH StV **1992** 224, 225, wo nach den tatrichterlichen Feststellungen Freiwilligkeit dennoch nicht ausgeschlossen werden konnte.

774 BGH NStZ **1993** 279. Das gilt auch dann, wenn dem Täter das von Anfang an bestehende hohe Risiko erst nach Beginn des Versuchs bewusst wird. Ist sich der Täter hinsichtlich der Observation sicher, so dürfte eher ein Fehlschlag vorliegen.

rung der Tat aufgibt, weil er die gestellte Falle bemerkt, ist der Rücktritt (zumindest) unfreiwillig (RGSt **37** 402, 403 f). Unfreiwillig handelt der Täter auch dann, wenn er zwar die Tat ausführen könnte, er aber die Verlegung des Fluchtwegs befürchtet.[775] Unfreiwilligkeit kann schließlich auch darauf beruhen, dass die Staatsanwaltschaft bereits wegen des Versuchs einer Straftat ermittelt (zu diesem Problem beim versuchten Prozessbetrug *Beulke* FS Rengier 147, 150 f).

**298** Das **Entdeckungsrisiko** kann auch **vom Opfer ausgehen**. Die Freiwilligkeit des Rücktrittsverhaltens ist ausgeschlossen, wenn der Täter sich vom Opfer erkannt glaubt, insoweit Nachteile erwartet und deshalb das Delikt nicht zur Vollendung bringt.[776] So liegt es, wenn der Täter von der Frau, die er sexuell zu nötigen versucht, erkannt und namentlich angesprochen wird und er von der Tatvollendung absieht, weil er die Gewissheit hat, bei weiterem Handeln angezeigt und bestraft zu werden.[777] Unfreiwillig ist der Rücktritt auch, wenn der Täter sein Delikt nicht zur Vollendung bringt, da das Opfer durch laute Schreie andere auf sich aufmerksam machen könnte und so sofort Hilfe herbeieilen würde.[778] Tritt der Täter dagegen zu einem Zeitpunkt zurück, in dem er glaubt, das Opfer habe ihn noch nicht erkannt bzw. könne ihn bei der Durchführung der Tat auch nicht auf andere Weise gefährden, steht die tatsächliche Entdeckung der Freiwilligkeit der Tataufgabe nicht entgegen (*Sch/Schröder/Eser/Bosch* Rdn. 52/53). Verlangt das entsprechende Delikt, dass das Opfer bestimmte Teile der Tat kennt und erfährt, z. B. bei allen durch Drohung begangenen Taten, kann die Kenntnis des Opfers insoweit nicht die Unfreiwilligkeit des Rücktrittsverhaltens begründen (*Sch/Schröder/Eser/Bosch* Rdn. 52/53).

**299** Freilich spricht das Risiko einer Tatentdeckung und strafrechtlichen Verfolgung **nur dann gegen die Annahme von Freiwilligkeit**, wenn sich die **Einschätzung des Täters gegenüber dem Versuchsbeginn geändert** hat und diese Änderung der Sachlage **für den Täter von Relevanz** ist. An letzterem fehlt es, wenn das Rücktrittsverhalten nicht auf der vom Täter erkannten Entdeckung der Tat beruht, etwa weil mit der Entdeckung der Tat aus Sicht des Täters keine ernsthaften Nachteile verbunden sind.[779] Wird die Tat beispielsweise von Dritten entdeckt, von denen der Täter aufgrund persönlicher Beziehungen meint, keine ernsthaften Nachteile befürchten zu müssen, oder weil er glaubt, nicht erkannt worden zu sein, so ist die Freiwilligkeit der Aufgabe der weiteren Ausführung der Tat nicht ausgeschlossen. Das gilt auch bei der wahrgenommenen Beobachtung durch einen anderen Dieb, durch Tatbeteiligte oder nahe Verwandte, wobei auch insoweit die Vorstellungen des Täters im Einzelfall zugrunde zu legen sind.[780] Meint der aufgebende Täter, die Schreie des Opfers höre ohnehin kein Dritter, kann das Rücktrittsverhalten trotz des Schrecks über laute Schreie autonom motiviert sein (BGH bei *Holtz* MDR **1979** 279). Schaltet der Täter zur Rettung des Opfers einen Dritten ein, ist die damit möglicherweise verbundene Entdeckung der Tat nicht das Rücktrittsmotiv, so dass auch insoweit die Freiwilligkeit des Rücktrittsverhaltens nicht ausgeschlossen ist (BGHSt **11** 324, 325). An einer relevanten Änderung der Sachlage fehlt es, wenn der Tatausführung ein hohes Entdeckungsrisiko aus Tätersicht immanent ist oder es dem Täter gleichgültig ist, ob er strafrechtlich verfolgt wird (BGH NStZ-RR **2014** 171, 172). Hier ist die Irrelevanz bereits vom Beginn des Versuchs an in der Motivationslage des Täters angelegt, so dass auch um Fall einer Konkretisierung dieses Risikos eine

---

**775** So schon RG DJ **1938** 596; *Maurach/Gössel/Zipf* AT 2 § 41 Rdn. 201.

**776** BGHSt **24** 48, 49; BGH bei Holtz MDR **1992** 15, 16; BGH StV **1982** 219; BGH JR **1952** 414.

**777** Zur versuchten Notzucht BGHSt **9** 48, 50 f; dazu u. a. *Heinitz* JR **1956** 248 f, *Roxin* Höchstrichterliche Rechtsprechung zum Allgemeinen Teil des Strafrechts (1998) S. 193 f (Zu Nr. 61) und *Schröder* MDR **1956** 321.

**778** BGH 5 StR 377/93 v. 16.11.1993, wobei das Gericht der Behauptung des Angeklagten, seine Wohnung sei schalldicht, keinen Glauben schenkte; genau differenzierend BGH bei Holtz MDR **1979** 279; dazu auch *Zaczyk* NK Rdn. 71.

**779** BGHSt **21** 216, 217; BGH bei Dallinger MDR **1975** 724; BGH bei Dallinger MDR **1972** 751; BGH NJW **1969** 1073, 1074; *Jäger* SK Rdn. 98; *Sch/Schröder/Eser/Bosch* Rdn. 51; *Zaczyk* NK Rdn. 70.

**780** Vgl. BGHSt **24** 48, 49; BGH NJW **1969** 1073, 1074; BGH GA **1971** 51, 52; BGH NStE Nr. 7; OLG Hamm NJW **1963** 1561; auch BGH bei Dallinger MDR **1972** 751, wobei der Senat die Entscheidung ausdrücklich offen gelassen hat; auch *Sch/Schröder/Eser/Bosch* Rdn. 51; *Ulsenheimer* S. 335 f; *Zaczyk* NK Rdn. 70.

motivierende Wirkung nicht zu erwarten ist.[781] So liegt es, wenn „sich die Tat von Beginn an in der Öffentlichkeit zutrug, es dem Angeklagten somit nicht auf Heimlichkeit ankam"; hier stehe die Entdeckung der Tat der Freiwilligkeit eines Rücktritts nicht zwangsläufig entgegen.[782] Im gleichen Sinn hat der BGH Freiwilligkeit trotz des unerwarteten Auftauchens eines unbeteiligten Dritten und dessen Ankündigung, die Polizei zu verständigen, nicht für ausgeschlossen gehalten, da der Täter sein Opfer auf offener Straße angegriffen hatte und er bis zum Eintreffen der Polizei noch genug Zeit zur Ausführung der Tat gehabt hätte.[783] Auch wenn der Täter nach der Intervention des Dritten noch eine weitere Tathandlung vornimmt (nämlich dem Opfer noch einen Messerstich versetzt) könne das für die Annahme von Freiwilligkeit sprechen.[784]

**(8) Prozessuale Feststellung.** In forensischer Hinsicht bereitet die **Feststellung der Freiwilligkeit Schwierigkeiten**, da sie auf der Basis eines psychischen Sachverhalts zu erfolgen hat. 300 Wie sonst auch bei inneren Sachverhalten sind im Rahmen einer Gesamtwürdigung unter Hinzuziehung allgemeiner Erfahrungssätze die konkreten Umstände des Einzelfalls (etwa die Persönlichkeit des Täters, sein psychischer Zustand zum Tatzeitpunkt, eine etwaige Alkoholisierung, sein Nachtatverhalten) zu berücksichtigen. Es ist also von äußeren Umständen auf die innere Einstellung zu schließen.[785] **Zweifel** an der Freiwilligkeit des Rücktritts wirken sich grundsätzlich zugunsten des Täters aus.[786] Das bedeutet aber entsprechend den allgemein für § 261 StPO geltenden Grundsätzen nicht, dass die theoretisch bestehende Möglichkeit der Freiwilligkeit des Rücktrittsverhaltens dazu führt, dass Freiwilligkeit zu unterstellen ist. Vielmehr müssen tatsächliche **Anhaltspunkte** für ein freiwilliges Rücktrittsverhalten vorliegen (BGH NStZ **1999** 300, 301). Lässt sich nicht aufklären, aus welchen Gründen der Täter zurückgetreten ist, würde aber jedes der denkbaren Motive zur Unfreiwilligkeit führen, ist der Rücktritt unfreiwillig erfolgt (BGH bei *Dallinger* MDR **1966** 892). Wenn hingegen sowohl freiwillige als auch unfreiwillige Motive dem Rücktrittsverhalten zugrunde liegen (Motivbündel), so ist auf das leitende Motiv abzustellen, sofern sich dieses feststellen lässt.[787] Bleiben Zweifel, so ist davon auszugehen, dass das Rücktrittsverhalten autonom motiviert ist (BGH 4 StR 227/01 v. 9.8.2001; BGH 4 StR 567/00 v. 13.3.2001). Dabei führt es leicht in die Irre, wenn der BGH den Zweifelssatz bereits anwenden möchte, wenn nicht festgestellt werden kann, dass der weiteren Tatausführung ein aus Tätersicht „zwingendes Hindernis" entgegenstand.[788] Das resultiert aus der – zumindest sprachlich – nicht überzeugenden Definition von Freiwilligkeit durch den BGH (Rdn. 237 ff). In der Sache akzeptiert die Rechtsprechung einen Ausschluss der Freiwilligkeit durchaus auch in Fällen, in denen eine geänderte Sachlage den Täter nicht zur Tatausführung „unfähig" macht (Rdn. 292 ff). Der Zweifelssatz bleibt danach z. B. dann anwendbar, wenn es begründete Zweifel daran gibt, ob die Entdeckung der Tat für die Rücktrittsentscheidung des Täters den Ausschlag gegeben hat.[789]

---

**781** BGH NStZ **1992** 536.

**782** BGH NStZ **2007** 399, 400; BGH NStZ **2011** 454, 455; auch BGH StV **1992** 224, 225.

**783** BGH StV **1992** 224, 225; kritisch *Zaczyk* NK Rdn. 70.

**784** So – fernliegend und unter Zugrundelegung der Annahme, dass Freiwilligkeit nur bei innerem oder äußeren Zwang ausgeschlossen sei – BGH StV **2015** 687, 688.

**785** BGH StV **1993** 189.

**786** BGHSt **35** 184, 186; BGH bei Dallinger MDR **1969** 532; BGH NJW **1980** 602; BGH bei Holtz MDR **1982** 969; BGH StV **1984** 329; BGH StV **1986** 149; BGH StV **1988** 200, 201; BGH NJW **1992** 989, 990; BGH StV **1992** 224, 225; BGH StV **1993** 189, 190; BGH StV **1995** 509; BGH NStZ **1999** 300, 301; BGH 4 StR 88/03 v. 11.3. 2003, StV **2003** 615 ff; OLG Düsseldorf NJW **1999** 2911; LG Köln StV **1997** 27; *Lackner/Kühl/Kühl* Rdn. 16; *Zaczyk* NK Rdn. 75.

**787** BGH NStZ **2007** 399, 400; *Zaczyk* NK Rdn. 75.

**788** BGH StV **2003** 615.

**789** BGH StV **2003** 615. Vgl. auch BGH NStZ **2008** 215.

## 6. Rücktritt vom beendeten Versuch (Absatz 1 Satz 1 Alt. 2: „Verhindern")

301 Anders als beim unbeendeten Versuch reicht beim beendeten Versuch die bloße, wenn auch freiwillige Aufgabe der weiteren Tatausführung nicht zum strafbefreienden Rücktritt aus (zur Abgrenzung vgl. oben Rdn. 131 ff). Da der Täter nach der (letzten) Ausführungshandlung davon ausgeht oder zumindest davon ausgehen muss, dass seine Handlungen geeignet und ausreichend sind, den tatbestandlichen Erfolg herbeizuführen (ausführlich oben Rdn. 155 ff), muss er gem. § 24 Abs. 1 Satz 1 Alt. 2 den Erfolgseintritt durch **aktives Verhalten freiwillig verhindern**. Das setzt eine auf Erfolgsabwendung gerichtete Tätigkeit voraus, die den Eintritt des Erfolgs tatsächlich verhindert und auf freiwilliger Motivation beruht.

302 **a) Hintergrund des Erfordernisses.** Das Erfordernis eines Verhinderns resultiert in der Situation des beendeten Versuchs auf den ersten Blick ohne weiteres daraus, dass ohne ein solches Verhalten der tatbestandliche Erfolg u. U. zurechenbar eintreten würde. Da das Verhindern insoweit aber nur erklärt, warum der Täter nicht sogar wegen Vollendung haftet, kann sich die **spezifische Funktion des Erfordernisses im Kontext des Rücktritts** vom Versuch noch nicht darin erschöpfen, dass der Täter dadurch die Vollendungsstrafe vermeidet. Es ist vielmehr die Frage zu beantworten, warum das Verhindern auch die Aufhebung der Versuchsstrafe begründen kann. Diese Begründung muss – entsprechend der allgemein der Strafaufhebung durch den Rücktritt zugrundeliegenden ratio (Rdn. 45 ff) – darin liegen, dass der Täter durch den freiwillig gefassten und realisierten Entschluss zur Verhinderung des Erfolgs der mit der Versuchshandlung manifestierten **Unrechtsmaxime wirkmächtig widerspricht**. Die zentrale Frage liegt darin, welche Anforderungen – im Rahmen des Wortsinns des Begriffs „Verhindern" – an eine Verhinderungshandlung zu stellen sind, so dass diese als strafersetzende Distanzierung von der Unrechtsmaxime akzeptiert werden kann. Die Beantwortung dieser Frage muss sich jedenfalls konsistent in die Versuchsdogmatik und in die Dogmatik der unechten Unterlassungsdelikte einfügen:

303 Aus dem Erfordernis einer Distanzierung von der im Versuch manifestierten Unrechtsmaxime folgt für das Verhältnis des Verhinderns zum Versuchsunrecht, dass der Täter die **Versuchstat durch das Verhindern zugleich abbricht**. Eine Fortführung des deliktischen Versuchsgeschehens würde in einem nicht auflösbaren Widerspruch zu einer überzeugenden Distanzierung von der Unrechtsmaxime stehen.

304 Weiterhin verlangen die **Wertungsparallelen zum unechten Unterlassungsdelikt** Beachtung. Denn der Täter, der sich im Stadium des beendeten Versuchs befindet, ist aufgrund der Vornahme der Ausführungshandlung aus Ingerenz garantenpflichtig in Bezug auf die Überwachung und Beherrschung der von ihm geschaffenen Gefahr. Es besteht kein Anlass, diese Wertung deshalb in Zweifel zu ziehen, weil das garantenpflichtbegründende aktive Verhalten bereits als Versuch einer Strafbarkeit unterliegt, der Täter also die gefährliche Situation vorsätzlich geschaffen hat.[790] Zwar begründet eine sich anschließende Untätigkeit keine erneute Strafbarkeit. Aber dies folgt nicht daraus, dass es an einer strafwürdigen Pflichtverletzung fehlt, sondern daraus, dass der Unrechts- und Schuldgehalt des Unterlassens in der Konsequenz der Versuchshandlung liegt und das verschuldete Unrecht mit der Versuchsstrafbarkeit abgegolten, das Unterlassen mithin verdrängt wird. Es wäre auch nicht einzusehen, weshalb eine strafrechtlich relevante Motivationslage (etwa niedrige Beweggründe) oder eine Teilnahme an dem anschließenden Unterlassen ohne Relevanz bleiben sollten.

---

**790** *Freund* NStZ **2004** 123, 124; *SSW/Kudlich* § 13 Rdn. 23; *Kühl* AT § 18 Rdn. 105a; *Murmann* Grundkurs § 29 Rdn. 67; *Wessels/Beulke/Satzger* Rdn. 1197; **AA** aber etwa BGH NStZ-RR **1996** 131; *Angerer* S. 73; *Hillenkamp* FS Otto 287 ff; *Koch-Schlegtendal* S. 126 f.

**b) Verhinderungserfolg und Kausalität.** Ein „Verhindern" setzt zum einen voraus, dass es tatsächlich nicht zur Tatvollendung gekommen ist („Verhinderungserfolg") und zum anderen, dass der Täter dafür (zumindest) kausal geworden ist: 305

**aa) Verhinderungserfolg.** Ein strafbefreiender Rücktritt nach § 24 Abs. 1 S. 1 Alt. 2 setzt voraus, dass der Täter die Vollendung der Tat verhindert. Ausgehend von einer Situation, in der aufgrund des Versuchsverhaltens objektiv die Tatvollendung droht, bedarf es nicht nur des Ausbleibens der Vollendung, sondern des Eintritts eines Verhinderungserfolgs. Tritt der Verhinderungserfolg nicht ein, so kommt es entweder zum zurechenbaren Erfolgseintritt und damit zur Vollendungsstrafbarkeit oder es eröffnet sich die Rücktrittsmöglichkeit nach § 24 Abs. 1 S. 2, wenn der Erfolg aus anderen Gründen in nicht dem Täter zurechenbarer Weise eintritt: 306

Ein strafbefreiender **Rücktritt scheidet aus**, wenn der **tatbestandliche Erfolg** des Delikts in einer dem Täter objektiv und subjektiv zurechenbaren Weise **eintritt**. Dies gilt auch, wenn der Täter sich um Erfolgsabwendung bemüht, diese aber nicht erreicht, weil sein Vorgehen hierzu ungeeignet oder unzureichend war. Tritt der Erfolg ungeachtet seiner Anstrengungen ein, so bleibt er aufgrund des ihn treffenden **Erfolgsabwendungsrisikos** wegen Vollendung strafbar („misslungener Rücktritt", Rdn. 58 ff).[791] 307

An dem Eintritt des tatbestandsmäßigen Erfolgs ändert es auch nichts, wenn der Täter den Erfolgseintritt durch eine vorübergehende Unterbrechung des bereits in Gang gesetzten Kausalverlaufs nur **zeitlich hinauszögert.**[792] Stellt er den Zündungszeitpunkt bei einer Zeitbombe neu ein, um die Gefährdung Dritter durch die Explosion zu vermeiden, ändert das nichts an einer Strafbarkeit wegen vollendeter Herbeiführung einer Sprengstoffexplosion gem. § 308 StGB. Etwas Anderes kann nur gelten, wenn sich das wieder in Gang gesetzte Tatgeschehen als *andere* Tat darstellt. 308

Ob das Ausbleiben der Vollendung als Verhinderungserfolg zu bewerten ist, hängt davon ab, ob die an ein Verhinderungsverhalten zu stellenden Anforderungen erfüllt sind und sich diese Eigenschaften des Verhaltens in dem Ausbleiben der Vollendung **realisiert** haben. Nicht anders als bei einem Unrechtserfolg kann der Verhinderungserfolg immer nur die **Qualität des menschlichen Verhaltens verkörpern**, durch das er herbeigeführt wurde. 309

**bb) Kausalität.** Droht der Eintritt eines Verletzungserfolgs aufgrund eines naturkausalen Geschehensverlaufs, so muss der Täter in diesen Verlauf eingreifen (zum Erfordernis eines aktiven Eingreifens Rdn. 306 ff). **Mindestanforderung** an das Rücktrittsverhalten ist danach, dass es für den Verhinderungserfolg kausal werden muss, wobei Mitursächlichkeit genügt.[793] Das bedeutet im Einzelnen: 310

**Ohne Belang** für das Vorliegen von Kausalität ist es, ob sich für den Fall, dass der Täter seine Rettungshandlung unterlassen hätte, ein **anderes Rettungsgeschehen realisiert** hätte, das Opfer etwa möglicherweise zu einem späteren Zeitpunkt ohne das Zutun des Zurücktretenden hätte gefunden und ärztlich versorgt werden können (Irrelevanz hypothetischer Kausalverläufe).[794] 311

---

**791** Vgl. nur BGHSt **31** 46, 49; BGH bei Holtz MDR **1978** 985; BGH NJW **1973** 632, 633; *Roxin* AT II § 30 Rdn. 212 f; *Köhler* AT S. 475 f; *Otto* AT § 19 Rdn. 77 f; *Sch/Schröder/Eser/Bosch* Rdn. 61; *Zaczyk* NK Rdn. 55.

**792** *Jäger* SK Rdn. 95; *Sch/Schröder/Eser/Bosch* Rdn. 61; *Zaczyk* NK Rdn. 55.

**793** BGHSt **31** 46, 49 f; **33** 295, 301; **31** 46, 49 f; BGH NStZ-RR **2019** 171, 172; BGH NStZ **1999** 128 mit Anm. *Otto* JK **1999** § 24/28; BGH NStZ-RR **1997** 193 f; BGH bei Holtz MDR **1992** 15, 16; BGH NJW **1990** 3219; BGH NJW **1986** 1001 f; BGH NJW **1985** 813 f; BGH StV **1981** 514 f; BGH bei Holtz MDR **1978** 279; BGH NJW **1973** 632; hinsichtlich § 24 Abs. 2 Satz 1 BGHSt **44** 204, 207; *Lilie/Albrecht* LK[12] Rdn. 303, 309.

**794** BGH 4 StR 665/79 v. 31.1.1980; BGH bei Holtz MDR **1980** 453; BGH 1 StR 813/81 v. 19.1.1981; BGH 4 StR 206/82 v. 24.5. 1982; BGH StV **1981** 514, 515.

312 Tritt der tatbestandliche Erfolg aus vom Verhalten des Täters **unabhängigen Gründen** nicht ein, weil der Versuch – vom Täter nicht erkannt – objektiv untauglich ist oder weil Dritte den Rettungsanstrengungen des Täters zuvorkommen und so der Erfolgseintritt verhindert wird, ist ein Rücktritt vom versuchten Delikt allenfalls unter den Voraussetzungen des § 24 Abs. 1 Satz 2 möglich (dazu ausführlich unten Rdn. 369 ff). So scheidet ein Rücktritt gem. § 24 Abs. 1 Satz 1 Alt. 2 von einer versuchten schweren Brandstiftung mangels kausaler Verhinderungshandlung des Täters aus, wenn er zwar einen Feuermelder betätigt, bereits vorher aber ein Dritter schon die Feuerwehr informiert hat (BGH NStZ-RR **1997** 193). Gleiches gilt, wenn der Täter nach einem beendeten Tötungsversuch zwei Unbeteiligte bittet, nach dem Opfer zu sehen, wenn diese die Schüsse gehört hatten und schon auf dem Weg zum Tatort waren.[795]

313 Da **Mitursächlichkeit ausreichend** ist, ist es unschädlich, wenn die Nichtvollendung daneben auf anderen, vom Willen des Täters unabhängigen Umständen beruht.[796] Bremst nicht nur der auf der falschen Straßenseite fahrende Täter, sondern auch der Fahrer des entgegenkommenden Fahrzeugs ab und versucht, dem Täterfahrzeug auszuweichen, so dass der Zusammenstoß deutlich geringer ist und aufgrund der Gesamtumstände der vom Täter ursprünglich gewollte Tötungserfolg verhindert werden kann, ist das auf Erfolgsabwendung gerichtete Täterverhalten dafür zumindest mitursächlich (BGH StV **1981** 514, 515). Mitursächlich wird der Täter auch, wenn er dem Verletzten das Telefonbuch reicht, mit dessen Hilfe das Opfer den Notarzt ruft (BGH NJW **1986** 1001 f). Dabei kann es mit Blick auf das Verbot der Berücksichtigung hypothetischer Reserveursachen im Rahmen der Kausalitätsprüfung (Rdn. 311) keine Rolle spielen, ob das Opfer auch ohne diese Hilfe das Telefon hätte erlangen können.

314 **c) Auf Erfolgsabwendung gerichtete Tätigkeit.** Der Täter muss eine **aktive**, auf Erfolgsverhinderung gerichtete Tätigkeit vornehmen.[797] Diese Einsicht ergibt sich allerdings nicht zwingend aus dem **Begriff des „Verhinderns"** in § 24 Abs. 1 S. 1 Alt. 2,[798] so dass dessen Wortsinn auch nicht der Möglichkeit entgegensteht, ein Verhindern durch Untätigkeit beim Beteiligtenrücktritt nach § 25 Abs. 2 anzuerkennen (Rdn. 468 f). Berücksichtigt man aber den Kontext, in dem der Begriff jeweils steht, so zeigt sich ein gewichtiger Unterschied: während § 24 Abs. 1 S. 1 die Alternativen des Aufgebens und Verhinderns nennt, die eine Unterscheidung in Untätigkeit und Aktivität implizieren, muss in § 24 Abs. 2 das Verhindern jegliche Form des Rücktrittsverhaltens umfassen. Insgesamt spricht danach schon der Wortlaut für das Erfordernis einer tätigen Erfolgsabwendung. Die **sachliche Begründung** für das Aktivitätserfordernis ergibt sich daraus, dass der Täter im Stadium des beendeten Versuchs unter Zugrundelegung seiner Vorstellung nur durch ein Tätigwerden den seines Erachtens zum Erfolg führenden Ursachenverlauf unterbrechen kann. Die **bloße Änderung der inneren Einstellung** kann in dieser Situation die **Distanzierung von der Unrechtsmaxime nicht manifestieren**. Wenn also der Täter die Rettung des Opfers gar nicht mehr verhindern könnte, sie aber nunmehr innerlich billigt, bleibt diese geänderte Einstellung ohne jede Relevanz. Dem Täter ist eine tatbezogene Manifestation seiner Umkehr hier nicht mehr möglich. Das ist wohl unstreitig.

315 Ein Verhindern liegt aber auch dann nicht vor, wenn der Täter (nachdem eine Änderung des Rücktrittshorizonts nicht mehr möglich ist; Rdn. 174 ff) den **rettenden Verlauf zustimmend zur Kenntnis nimmt** und **nicht eingreift**, obwohl er nach seiner Vorstellung dazu in

---

795 BGHSt **33** 295, 301 mit Anm. *Puppe* NStZ **1986** 14 und *Roxin* JR **1986** 424.

796 BGH NStZ **1999** 128; BGH NJW **1985** 813, 814; BGH StV **1981** 514, 515; *Sch/Schröder/Eser/Bosch* Rdn. 66.

797 BGHSt **33** 295, 301; **31** 46 mit Anm. *Bloy* JuS **1987** 528; BGH NStZ **1993** 39, 40; BGH NJW **1989** 2068; BGH NStZ **1986** 312; BGH NJW **1985** 813; BGH NStZ **1984** 116; BGH NStE Nr. 7; siehe ebenfalls *Hoffmann-Holland* MK Rdn. 125; *Kühl* AT § 16 Rdn. 64; *Sch/Schröder/Eser/Bosch* Rdn. 59; *Rengier* AT § 37 Rdn. 111, 113; *Zaczyk* NK Rdn. 56; zu der Frage, inwieweit eine „strafbefreiende Erklärung" im Steuerstrafrecht einen Rücktritt darstellt, vgl. *Schwedhelm/Wulf* DStR **2005** 1167 ff.

798 Insoweit zutreffend *Frister* 24/48. **AA** *Hoffmann-Holland* MK Rdn. 126.

der Lage wäre, die Rettung zu vereiteln.[799] Der Täter wird hier lediglich Zeuge seines eigenen Scheiterns.[800] Wenn also der Täter nicht eingreift, falls das Opfer den Notarzt telefonisch herbeiholt, er es also insoweit gewähren lässt, ist sein Verhalten nicht aktiv auf eine Erfolgsverhinderung gerichtet und insoweit untauglich, so dass ein strafbefreiender Rücktritt vom beendeten versuchten Delikt ausscheidet.[801] Nichts anderes gilt, wenn der Täter bewusst in die Erfolgsabwendung durch einen Dritten nicht eingreift. Auch darin liegt kein „Verhindern", auch wenn er dessen Handeln billigt.[802] Gleiches gilt schließlich in dem Lehrbuchbeispiel, in dem ein Hund den Automatismus einer vom Täter eingestellten Zeitbombe so manipuliert, dass sie nicht mehr funktioniert, der Täter dies sieht und aus Reue nicht eingreift (**aA** *Maiwald* FS Wolff 337, 349 ff). *Maiwald* (a. a. O. 350 f) hält diesem Ergebnis entgegen, dass auch in Fällen eines Unterlassens die Erfolgsverhinderung objektiv zurechenbar sein könne und so kein Unterschied zu aktiven Rettungshandlungen bestehe. Dem Bombenleger sei das Ausbleiben des Taterfolges zuzurechnen, weil er den Hund „geflissentlich gewähren" lasse. Das überzeugt aber deshalb nicht, weil für eine solche Zurechnung jede Grundlage fehlt. Das Verscheuchen des Tieres hätte eine erneute Pflichtverletzung zu Lasten des bedrohten Rechtsguts dargestellt und es gibt keinen Grund, ihm die Nichthinderung eines rettenden Kausalverlaufs als eigene Leistung zugute zu halten. Das Verhalten des Hundes hat mit dem Täter schlechterdings nichts zu tun. *Herzberg*, der *Maiwalds* Ausführungen zustimmt, hält eine Unterscheidung zwischen aktivem Verhindern und passivem Aufgeben sogar für nicht geboten: Das Verhindern sei „ein die Vollendung vermeidendes Aufgeben"; unterschiedliche Anforderungen seien mithin nicht zu stellen (*Herzberg* MK[1] § 24 Rdn. 151 f).

Nach *Frister* (24/47 ff) soll dem Unterlassen im Rahmen von § 24 Abs. 1 S. 1 Alt. 2 deshalb in erheblichem Umfang Bedeutung zukommen, weil in den Fällen des „vorläufig fehlgeschlagenen Versuchs", in denen nach der Gesamtbetrachtungslehre die gescheiterte Ausführungshandlung und eine aus Tätersicht mögliche weitere Ausführungshandlung eine „Tat" im Sinne von § 24 Abs. 1 bilden würden, das **Unterlassen der noch möglichen Ausführungshandlung** ein **„Verhindern"** des Erfolgs darstelle. Seine Begründung soll dies darin finden, dass dem Täter auf diese Weise ein „Anreiz" gegeben werde, „die Erfolgsherbeiführung nicht erneut zu versuchen".[803] Das „Unterlassen der weiteren Ausführung" stelle „eine nachträgliche Distanzierung von der bereits begangenen Tat" dar.[804] Diese Ausführungen stehen in einem **nicht auflösbaren Spannungsverhältnis** zu der Kritik, die *Frister* (24/17) an der Gesamtbetrachtungslehre im Rahmen von § 24 Abs. 1 S. 1 Alt. 1 übt. Danach entscheide sich der Täter in den genannten Fällen durch die erste Ausführungshandlung „unwiderruflich" für die Herbeiführung des deliktischen Erfolges. Dieses Unrecht könne durch „den bloßen Verzicht" auf weitere Ausführungshandlungen nicht „aus der Welt geschaft werden". Vor diesem Hintergrund ist nicht nachvollziehbar, warum sich daran etwas ändern soll, wenn der Untätigkeit nun das Etikett eines „Verhinderns" angeheftet wird. Tatsächlich betont *Frister* (24/50), dass die Gewährung von Straffreiheit für die Ersthandlung auch nach seinem Ansatz unverdient sei. Der Unterschied gegenüber der h. M. soll offenbar darin liegen, dass „diese Art von Ungerechtigkeit" von dem Gesetz in § 24 Abs. 1 S. 1 Alt. 2 „bewusst in Kauf" genommen werde: „Der Sinn dieser Regelung besteht ... gerade 316

**799** BGHSt **33** 295, 301; **31** 46, 49; BGH NStZ **1990** 3219; NStZ **1984** 116; OLG Hamm NJW **1977** 640, 641; *Roxin* JR **1986** 424, 426 f; *Sch/Schröder/Eser/Bosch* Rdn. 59a; **aA** OLG Karlsruhe NJW **1978** 331 mit zutreffend **abl.** Anm. *Küper* NJW **1978** 956 und *Schroeder* JuS **1978** 824, 825 (das OLG hatte zu Unrecht einen beendeten Versuch angenommen; richtigerweise kam ein Rücktritt durch Untätigkeit deshalb in Betracht, weil ein unbeendeter Versuch vorlag); **aA** ebenfalls *Dold* S. 199 f; *Maiwald* FS Wolff 337, 349 ff; *Baumann/Weber/Mitsch/Eisele* § 23 Rdn. 38.

**800** Treffend *Zaczyk* NK Rdn. 56.

**801** BGH NJW **1990** 3219; beachte aber in Abgrenzung dazu BGH StV **1994** 304 – zu dieser Entscheidung auch unten Rdn. 294.

**802** So im Ergebnis auch *Maiwald* FS Wolff 337, 351, der zur Begründung aber nur darauf verweist, dass das Verhalten der Helfer dem Täter nicht zurechenbar sei; **aA** zumindest insoweit *Vogler* LK[10] Rdn. 112a.

**803** *Frister* 24/17.

**804** *Frister* 24/49.

darin, auf eine im Einzelfall gerechte Bestrafung zu verzichten, um generell einen Anreiz geben zu können, die Vollendung der Tat zu verhindern". Damit wird offenbar die zuvor angebotene materielle Begründung („nachträgliche Distanzierung von der bereits begangenen Tat") wieder geopfert.

317 Ein Verhindern durch Unterlassen lässt sich auch nicht überzeugend in der Weise begründen, dass der Täter bereits im Vorfeld des Versuchs Vorkehrungen trifft oder solche Vorkehrungen mit der Vornahme der Versuchshandlung verknüpft, aufgrund derer in der Situation des beendeten Versuchs der Erfolgseintritt in zurechenbarer Weise verhindert wird, ohne dass der Täter in diesem Stadium noch aktiv auf eine Rettung hinwirken müsste. Der BGH (St **44** 204) hat einen solchen **antizipierten Rücktritt** allerdings (in einer Konstellation der mittelbaren Täterschaft aufgrund Organisationsherrschaft) anerkannt, wenn der Hintermann nicht nur die Tatbegehung, sondern auch die Rettung beherrscht. Konkret: Der Verteidigungsminister der DDR erließ Jahresbefehle, die die Grenzsicherung durch Splitterminen vorsahen und zugleich anordneten, verletzte Flüchtlinge zu bergen und ärztlich zu versorgen. Der BGH hat die Auffassung vertreten, dem Verteidigungsminister sei das systemgerecht geleistete Verhalten der Grenzsoldaten als eigenes Rücktrittsverhalten zuzurechnen.[805] **Überzeugend** ist das **nicht**:[806] Denn sowenig risikoreduzierende Vorkehrungen bei der Tatbegehung (z. B.: Umwickeln des Schlagstocks mit Stoff, um das erkannte und ernstgenommene Risiko eines tödlichen Schlags zu reduzieren) etwas an der Versuchsstrafbarkeit ändern, kann es die Strafbarkeit aufheben, dass solche Vorkehrungen ihre Wirkung erst nach Gefahrschaffung entfalten. Zum Zeitpunkt der Vornahme der Versuchshandlung kann der Täter seine Rechtstreue nicht durch risikoreduzierende Vorkehrungen unter Beweis stellen, sondern nur durch Unterlassen der unerlaubten Risikoschaffung insgesamt. Im Stadium des beendeten Versuch entfaltet sein Verhalten überhaupt keinen zusätzlichen Erklärungswert. Auch der von *Rengier* (AT § 37 Rdn. 139) ins Feld geführte Gedanke des Opferschutzes geht fehl: Gerade unter diesem Aspekt wäre es konsequent zu verlangen, dass der Täter sein gefährliches Verhalten überhaupt unterlässt. Eine Strafbefreiung zugunsten des Täters, der Vorkehrungen für den Fall der Gefahrschaffung trifft, ist geradezu eine Einladung zur Vornahme gefährlicher Handlungen.[807]

318 Auch die oben gezogene **Parallele zum Unterlassen** (Rdn. 304) zeigt, dass richtigerweise vom Täter zu verlangen ist, zur Abwehr der geschaffenen Gefahr aktiv rettend einzugreifen. Auch insoweit kann die billigende Kenntnisnahme des Scheiterns nichts daran ändern, dass der Täter seine Garantenpflicht in dem Moment verletzt hat, in dem seine Untätigkeit in das Versuchsstadium geführt hat. Die in der Untätigkeit liegende Pflichtverletzung kann nicht durch weitere Untätigkeit in Frage gestellt werden (dazu noch Rdn. 547 ff).[808]

319 Das Erfordernis eigener aktiver Tätigkeit bedeutet aber nicht notwendig unmittelbar persönliches Eingreifen. Vielmehr ist jede Gegenwirkung umfasst, die auf den Willen des Täters zurückgeht. Deshalb kann auch die **Handlung eines Dritten** genügen,[809] sofern sie (im Stadium des beendeten Versuchs, vgl. Rdn. 317) willentlich vom Täter veranlasst ist. In bestimmten Fällen kann alleiniges Eingreifen des Täters von vornherein nicht ausreichen, um den Erfolg zu

**805** BGHSt **44** 204, 206 ff; zustimmend *Sch/Schröder/Eser/Bosch* Rdn. 106; *Lilie/Albrecht* LK[12] Rdn. 455 f; *SSW/Kudlich/Schuhr* Rdn. 46, 62; *Rengier* AT § 37 Rdn. 138 f; *Maurach/Gössel/Zipf/Renzikowski* AT 2 § 48 Rdn. 142; *Singelnstein* JA **2011** 756, 761; im Kern auch *Rotsch* NStZ **1999** 239 f.

**806** Eingehend *Linke* S. 170 ff; *Müssig* JR **2001** 230 f; *Scheinfeld* JuS **2006** 397 ff; *Wege* S. 64 ff.; ebenso *Kühl* AT § 16 Rdn. 64; *Murmann* Grundkurs § 28 Rdn. 146; *Schroeder* JR **1999** 297; *Zaczyk* NK Rdn. 56.

**807** Vgl. *Linke* S. 176.

**808** Auch *Maiwald* FS Wolff 337, 350 zieht die Parallele zum Unterlassen, kommt dann aber zum gegenteiligen Ergebnis, weil er meint, dem Täter sei die Rettung von dritter Seite zuzurechnen.

**809** BGHSt **33** 295, 301 f; BGH 2 StR 251/02 v. 20.12.2002; BGH NStZ-RR **1997** 193; BGH StV **1997** 244; BGH StV **1994** 304; BGH NJW **1986** 1001, 1002; BGH NJW **1973** 632; vgl. schon RGSt **15** 44, 46: Verhinderung der schädigenden Vermögensverfügung des Betrogenen durch einen Bevollmächtigten; BGH 2 StR 251/02 v. 20.12. 2002, StV **2003** 214.

verhindern. So muss sich der Täter bei Verletzungen des Opfers im Regelfall geschulter Hilfe bedienen (Sanitäter, Arzt[810] oder Feuerwehr[811]).

**d) Zusätzliche Anforderungen an das Verhinderungsverhalten.** Es ist **streitig**, ob und wenn ja welche weiteren (über das Erfordernis des aktiven Tätigwerdens [Rdn. 314 ff] und die Kausalität [Rdn. 310 ff] hinausgehenden) Anforderungen an das auf Erfolgsverhinderung gerichtete Verhalten des Täters zu stellen sind:[812] 320

**aa) Die „erfolgsbezogene Betrachtungsweise".** Wie bereits ausgeführt (Rdn. 310 ff), besteht jedenfalls Einigkeit, dass der Täter eine für das Ausbleiben des Erfolges **kausale** Handlung vornehmen muss, wobei Mitursächlichkeit genügt.[813] Da sich die Frage nach der Kausalität erst ex post beantworten lässt, folgen aus diesem Erfordernis **keinerlei konkrete Anforderungen an die Qualität der Verhinderungshandlung.** Jeder noch so fernliegende Verlauf kann letztlich für das Ausbleiben des Erfolges kausal werden. Für die Vertreter einer solchen „erfolgsbezogenen Betrachtungsweise"[814] ergeben sich Einschränkungen der in Betracht kommenden Handlungen dann allenfalls praktisch daraus, dass ein objektiv ex ante zu einer Erfolgsverhinderung vollkommen untauglich erscheinendes Verhalten kaum einmal Gegenstand einer Rücktrittsentscheidung des Täters sein wird. 321

Im Vertrauen auf die zuletzt genannte Einschränkung wird dann auch teilweise jedes erfolgskausale Verhalten als objektiv ausreichendes Verhinderungsverhalten angesehen (teilweise als **„Chanceneröffnungstheorie"** bezeichnet[815]).[816] Auch die **Rechtsprechung** lässt jede (Mit-) Ursächlichkeit für ein Verhindern ausreichen.[817] Es liegt in der Logik dieses Ansatzes, dass auch gänzlich **fernliegende und untergeordnete Kausalbeiträge** ausreichen. So lag es etwa in dem Fall **BGH 2 StR 113/18 v. 12.9.2018** (StV **2020** 82 f).[818] Der Angeklagte hatte seine Lebensgefährtin bedingt tötungsvorsätzlich mit zahlreichen Messerstichen verletzt. In der Annahme, sie werde möglicherweise an den beigebrachten Verletzungen versterben, verließ er die Wohnung und fuhr zu seinen Eltern. Von Reue gepackt erzählte er seinen Eltern und seiner Schwester, dass er seiner Lebensgefährtin „etwas angetan" habe und forderte sie auf, schnell dorthin zu fahren und nach ihr zu sehen. Er selbst „lief eine gewisse Zeit umher". Noch vor Eintreffen des Vaters und der Schwester des Angeklagten war ein von dritter Seite herbeigerufener Notarzt eingetroffen und leistete erste Hilfe. Bevor die Geschädigte in das Krankenhaus verbracht wurde, forderte der Notarzt den Vater des Angeklagten auf, eine Blutprobe zur Analyse ins Krankenhaus zu 322

810 BGH NJW **1973** 632; siehe auch BGH StV **2001** 162, 163.

811 BGH NStZ-RR **1997** 193 mit Anm. *Otto* JK **1998** § 24/25.

812 Eingehend zum Streitstand *Koch-Schlegtendal* S. 79 ff.

813 BGHSt **33** 295, 301; **31** 46, 49 f; BGH NStZ **1999** 128 mit Anm. *Otto* JK **1999** § 24/28; BGH NStZ-RR **1997** 193 f; BGH bei Holtz MDR **1992** 15, 16; BGH NJW **1990** 3219; BGH NJW **1986** 1001 f; BGH NJW **1985** 813 f; BGH StV **1981** 514 f; BGH bei *Holtz* MDR **1978** 279; BGH NJW **1973** 632; hinsichtlich § 24 Abs. 2 Satz 1 BGHSt **44** 204, 207; *Lilie/Albrecht* LK[12] Rdn. 303.

814 Bezeichnung von *Bloy* JuS **1987** 528, 530. Vertreten etwa von BGHSt **33** 295, 301; BGH NStZ-RR **1997** 193; StV **1994** 304; NJW **1985** 813, 814; StV **1982** 467; *Puppe* NStZ **1984** 490.

815 Der Begriff ist freilich irreführend und findet auch keine ganz einheitliche Verwendung (so versteht *Jäger* SK Rdn. 90, 92 das Erfordernis der objektiven Zurechnung lediglich als Präzisierung der Chanceneröffnungstheorie). Irreführend ist der Begriff deshalb, weil eine ex post feststellbare Kausalität nichts darüber aussagt, ob das Täterverhalten auch ex ante bereits als Chanceneröffnung verstanden werden konnte. Der Begriff einer „erfolgsbezogenen Betrachtungsweise" trifft das Gemeinte besser.

816 *Lilie/Albrecht* LK[12] Rdn. 307 ff; *Zwiehoff* StV **2003** 631 ff.

817 Z.B. BGHSt **64** 80, 86; BGH StV **2020** 82, 83; BGH NStZ-RR **2019** 171, 172; BGH NJW **2018** 2908, 2909; BGH NStZ-RR **2010** 276, 277; BGH NStZ **1999** 128; BGH NJW **1986** 1001, 1002. Eingehend dazu *Koch-Schlegtendal* S. 79 ff.

818 Dazu zu Recht ablehnend *Hecker* JuS **2019** 266 ff; *Jäger* JA **2019** 70 ff; *Rengier* AT § 37 Rdn. 123.

fahren, um geeignete Blutkonserven vorzubereiten, was dieser auch tat. Der BGH hat gerügt, dass das Instanzgericht nicht erwogen hat, dass die (auch) auf das Verhalten des Angeklagten zurückführbare Tätigkeit seines Vaters möglicherweise mitursächlich für die Rettung des Opfers geworden war.

323 Es finden sich allerdings auch Entscheidungen, in denen von einer **strikten Orientierung am Kriterium der Kausalität abgewichen** wird: So hat der BGH (NJW **1990** 3219) die Kausalität unter Hinweis darauf in Zweifel gezogen, dass die Sanitäter, die vom Täter im Hauseingang erwartet und in die Wohnung der Verletzten geführt wurden, „den Weg in die Wohnung der Verletzten auch ohne Hilfe des Angeklagten ohne wesentliche Verzögerung gefunden hätten".[819] Wenn der BGH dieses Verhalten nicht als Rücktrittsleistung akzeptieren will, so kann das zwar wertungsmäßig überzeugen, lässt sich aber schwerlich damit begründen, dass der Täter in dem Rettungsgeschehen keine kausale Rolle gespielt hat.

324 Eine wirksame Einschränkung in Fällen zufälliger Verhinderungskausalität wird auch nicht durch den vom BGH geforderten **Verhinderungsvorsatz** (dazu näher Rdn. 359 ff) gewährleistet.[820] Das gilt jedenfalls auf der Grundlage eines herkömmlichen Vorsatzverständnisses. Denn danach kann der Täter auch bei Vornahme von objektiv ineffizienten Handlungen mit der Vorstellung handeln, einen wirksamen Beitrag zur Rettung zu leisten. Im Fall Rdn. 314 (BGH StV **2020** 82 f) wäre freilich – vom Standpunkt des BGH wohl konsequent – zu erwägen gewesen, ob der tatsächliche Verlauf noch von dem Verhinderungsvorsatz des Täters gedeckt war. Denn wie sonst beim Vorsatz läge es nahe zu fragen, ob der tatsächliche Verlauf noch im Rahmen des Vorhersehbaren lag und keine andere Bewertung der Tat rechtfertigt.[821] Mit Blick auf die zu Beginn kaum vorhersehbare Rolle, die der Vater des Täters in dem Rettungsgeschehen spielen würde, und die marginale Bedeutung des vom Täter initiierten Beitrags zur Rettung, käme die Möglichkeit in Betracht, zwar nicht den Verhinderungsvorsatz, wohl aber dessen Realisierung in dem tatsächlichen Verlauf abzulehnen (Rdn. 363). Der Verhinderungsvorsatz fehlt jedenfalls dann, wenn der Täter in Verfolgung anderer Ziele die Tatbestandsvollendung lediglich **versehentlich** verhindert hat (BGH NStZ-RR **2019** 171 172). Dagegen soll der Verhinderungsvorsatz nicht voraussetzen, dass es dem Täter gerade darum ging, die Tatvollendung zu verhindern und die Opfer zu retten; der Verhinderungsvorsatz soll demnach **keinen Rettungswillen** voraussetzen.[822]

325 Allerdings finden sich auch Entscheidungen, in denen die Rechtsprechung **erhöhte Anforderungen an das Verhindern im Verhinderungsvorsatz verankert** und für ein Verhindern verlangt, dass der Täter ein **aus seiner Sicht** verlässliches Rettungsmittel wählt und dem Zufall nicht unnötig Raum geben darf (dazu noch Rdn. 335 ff).[823] **Gegen** eine solche Verlagerung der an den Rücktritt zu stellenden Anforderungen in den Bereich des Subjektiven sprechen **systematische** Erwägungen.[824] Denn § 24 Abs. 1 S. 1 Alt. 2 betrifft eine Konstellation objektiver Gefährlichkeit und der Gesetzgeber verlangt – zu Recht – eine objektive Leistung zur Gefahrenabwendung. Die Qualität eines Rücktrittsverhalten ist danach anhand objektiver Maßstäbe zu bestimmen. Das zeigt sich gerade auch dann, wenn der Täter zu Unrecht von einer objektiven Verbesserung der Rettungschancen ausgeht. Ein solcher Täter bleibt hinter den an ihn zu stellenden Anforderungen zurück, auch wenn er das nicht erkennt (näher Rdn. 339 ff).

326 Für eine auf das Erfordernis der Kausalität begrenzte Interpretation des Verhinderns wird der **Wortsinn** von § 24 Abs. 1 geltend gemacht (*Lilie/Albrecht* LK[12] Rdn. 308): Aus der Wendung

---

**819** Ähnlich auch BGH NStZ-RR **2010** 276, 277.

**820** Tendenziell im Sinne einer Äquivalenz der einschränkenden Ansätze aber *Hoffmann-Holland* MK Rdn. 129, 134 ff.

**821** BGHSt **7** 325, 329; **14** 193 f; **23** 133, 135.

**822** BGH NStZ-RR **2019** 171 172; zutreffend kritisch *Jäger* JA **2019** 629, 630 f; *Mengler* JZ **2019** 949 ff.

**823** In diesem Sinne interpretiert BGH NJW **2002** 3720 die Entscheidung BGHSt **31** 46, 49. Vgl. auch *Zaczyk* NK Rdn. 61.

**824** Zum Folgenden zutreffend *Hoffmann-Holland* MK Rdn. 135.

in § 24 Abs. 1 Satz 2, wonach auch bestimmte Verhaltensweisen Straffreiheit begründen, wenn „die Tat ohne Zutun des Zurücktretenden nicht vollendet" wird, werde ersichtlich, dass § 24 Abs. 1 Satz 1 Alt. 2 die Fälle umfasst, in denen die Tat „mit Zutun" des Täters nicht vollendet wird. „Mit Zutun" bedeute aber weder mehr noch weniger, als dass das Verhalten des Täters die Erfolgsabwendung nach sich gezogen hat.

**bb) Das Erfordernis objektiver Zurechenbarkeit.** In der **Literatur** wird es dagegen überwiegend zunehmend kritisch gesehen, dass jedes „irgendwie" für das Ausbleiben des Erfolges mitursächliche Verhalten für ein Verhindern im Sinne von § 24 Abs. 1 Satz 1 Alt 2 ausreichen soll. Erforderlich sei vielmehr, dass die Verhinderung des Erfolgs sich auch als **Werk des Zurücktretenden** darstelle, ihm also **objektiv zurechenbar** sei.[825] So soll vermieden werden, dass rein zufällige Erfolgsverhinderungen dem Täter strafbefreiend zugute kommen können. Dem Täter nicht zurechenbar soll der Nichteintritt des Erfolgs sein, wenn er nur nebensächliche Handlungen vornimmt (z. B. das Telefonbuch reicht).[826] Auch im Fall der durch den Vater des Täters in die Klinik gebrachten Blutprobe (Rdn. 322) wird man nach den Maßstäben der objektiven Zurechnungslehre zwar nicht in Abrede stellen können, dass der Täter durch die Aufforderung an seine Angehörigen eine relevante Rettungschance eröffnet hat. Diese hat sich dann aber mit Blick auf die davon unabhängige Tätigkeit des Notarztes nicht im Rettungserfolg realisiert. Realisiert hat sich lediglich ein marginaler Nebeneffekt des Täterverhaltens, mit dem auch schwerlich zu rechnen war.[827] Die objektive Zurechnung ist auch ausgeschlossen, wenn der Täter eines beendeten Totschlagsversuchs versucht, den Tod durch lautes Beten zu verhindern und er dadurch unbewusst einen Dritten auf die Tat aufmerksam macht, der seinerseits die wirklich notwendigen Maßnahmen einleitet; die Anrufung höherer Mächte eröffnet keine relevante Rettungschance.[828] 327

Freilich kann es **im Einzelfall umstritten** sein, ob das Ausbleiben des Erfolges dem Täter objektiv zuzurechnen ist. So liegt es etwa in dem Fall BGH NJW **1989** 2068, in dem der Täter, nachdem er dem Opfer lebensgefährlich wirkendes Gift beigebracht hat, zwar den Notarzt holt, diesen aber nicht darüber informiert, dass eine Vergiftung vorliegt. Während *Jäger* (S. 97), *Rudolphi* (NStZ **1989** 508, 514) und *Zaczyk* (NK Rdn. 57) in diesem Fall die Vollendungsverhinderung durch den Notarzt dem Täter objektiv zurechnen und einen strafbefreienden Rücktritt gem. § 24 Abs. 1 Satz 1 Alt. 2 bejahen wollen,[829] lehnen *Otto* (JK **1990** § 24/17) und *Krey/Esser* (AT Rdn. 1314) dies ab. Auch der Fall BGHSt **31** 46 wird unterschiedlich beurteilt: Überwiegend wird angenommen, der Täter habe dadurch, dass er das verletzte Opfer in der Nähe einer Klinik 328

**825** So u. a. *Ambos* HK-GS Rdn. 15; *Bloy* JuS **1987** 528, 530 ff, 535; *vHH/Cornelius* Rdn. 59; *Hoffmann-Holland* MK Rdn. 128 f; *Jäger* S. 93 ff; *ders.* NStZ **2020** 224, 225; *Koch-Schlegtendal* S. 138 ff; *Otto* AT § 19 Rdn. 46; *Jäger* SK Rdn. 93, 94; *Rengier* AT § 37 Rdn. 123, 132 ff; *Rudolphi* NStZ **1989** 508, 511; *Stratenwerth/Kuhlen* AT § 11 Rdn. 92; *Wessels/Beulke/Satzger* Rdn. 1056, 1059; *Sch/Schröder/Eser/Bosch* Rdn. 66 sprechen von „zurechenbarer Kausalität"; insoweit auch *Boß* S. 143 ff, 196 f, der darauf hinweist, dass das tatbestandliche Kriterium der objektiven Zurechnung nicht „exakt" auf § 24 Abs. 1 Satz 1 Alt. 2 übertragen werden könne, es wegen der Besonderheiten des Rücktritts vielmehr darauf ankomme, „ob der Täter eine objektiv ex-ante geeignete Rücktrittshandlung vornimmt, die den Eintritt des Rücktrittserfolges als vorhersehbar erscheinen läßt" und nur in Ausnahmefällen es zusätzlich von Bedeutung sei, ob die Erfolgsverhinderung das „Werk des Täters" sei (S. 196 f); vergleichbar *Rau* S. 116 ff, 151 ff, 227. Ähnlich auch *Neubacher* NStZ **2003** 576, 580; *Zieschang* GA **2003** 353, 358 ff, die einen Rücktritt bei lediglich zufälliger Erfolgsverhinderung ablehnen.

**826** *Zaczyk* NK Rdn. 57.

**827** Vgl. *Hecker* JuS **2019** 266 ff; *Jäger*, JA **2019** 70 ff; *Rengier* AT § 37 Rdn. 123.

**828** **AA** *Lilie/Albrecht* LK[12] Rdn. 315, die einen auf den konkreten Verhinderungsverlauf bezogenen Erfolg ablehnen; zutreffend dagegen *Baumann/Weber/Mitsch/Eisele* § 23 Rdn. 39.

**829** Ebenso *Koch-Schlegtendal* S. 144.

absetzt, dessen Rettungschancen in relevanter Weise erhöht.[830] Dagegen wird geltend gemacht, dass der Täter damit lediglich Hilfe zur Rettung durch einen anderen geleistet habe.[831]

329 Von **Teilen der Literatur** wird eine Eingrenzung des Erfordernisses des „Verhinderns" mit Hilfe der Lehre von der objektiven Zurechnung **abgelehnt:**[832] Der Rückgriff auf das Kriterium der objektiven Zurechnung führe lediglich zu einer Verlagerung von der subjektiven auf die objektive Ebene der Rücktrittsvoraussetzungen, für die weder ein praktischer noch ein dogmatischer Grund spreche.[833] Das Kriterium der objektiven Zurechnung werde „von seinem Gehalt her ins Gegenteil verkehrt", seine Verwendung mit dem Ziel, zufällige Erfolgsabwendungen auszuschließen, widerspreche dem Begriff „objektive Zurechnung" und sei mit der Rechtsnatur des § 24 als eines persönlichen Strafaufhebungsgrundes nicht vereinbar.[834] Angemessene Einschränkungen ließen sich auch durch das Erfordernis der Kausalität des Verhinderungsverhaltens und die subjektiven Anforderungen an das Rücktrittsverhalten des Täters erzielen.

330 **Überzeugend** sind diese **Bedenken** gegen das Zurechnungserfordernis **nicht.** Denn mit dem Verhindern ist – wie schon die Anerkennung des Kausalitätserfordernisses zeigt – durchaus ein objektiver Anspruch an das Verhinderungsverhalten verbunden. Den Fall einer lediglich in der Vorstellungswelt des Täters möglichen Verhinderung normiert § 24 Abs. 1 S. 2. Auch die Bedenken gegen eine Übertragung der Einsichten der objektiven Zurechnungslehre auf den Rücktritt gehen fehl. Dabei ist freilich zunächst dem auch sonst mit dieser Lehre einhergehenden Missverständnis entgegenzutreten, dass die objektive Zurechnung lediglich darauf abzielt, den Zusammenhang zwischen Verhalten und Erfolg gegenüber der Kausalität einschränkend zu interpretieren.[835] Vielmehr bemüht sich die Lehre von der objektiven Zurechnung in einem ersten Schritt darum, die Verhaltensanforderungen zu bestimmen, bei deren Realisierung im Erfolg sich sagen lässt, dieser sei ein Werk des Täters. Mit Blick auf diese Struktur der objektiven Zurechnungslehre spricht – entgegen der vorstehend skizzierten Kritik (Rdn. 329) – nichts dagegen, deren Regeln auch auf erwünschtes Verhalten und die hierdurch hervorgebrachten Erfolge zu erstrecken.

331 Es entspricht schließlich auch der **ratio** von § 24 Abs. 1 S. 1 Alt. 2, über das bloße Kausalitätserfordernis hinaus (zumindest) zu verlangen, dass der Täter eine rechtlich relevante Rettungschance eröffnet und diese sich auch im Ausbleiben des Erfolgs realisiert. Denn eine Verhinderungshandlung, die letztlich zufällig zum Ausbleiben des Erfolgs führt, entfaltet keinen Erklärungswert im Sinne eines Widerspruchs gegen die im Versuch manifestierte Unrechtsmaxime. Ein Erklärungswert kann nur einem Verhalten, nicht dagegen dem eingetretenen Erfolg innewohnen. Das folgt zwingend schon daraus, dass der Erfolgseintritt erst ex post festgestellt werden kann. Festzuhalten bleibt, dass jedenfalls das **Erfordernis einer objektiven Zurechnung berechtigt** ist. Damit ist freilich **noch nicht gesagt**, dass dieses Erfordernis bereits zu einer **angemessenen Einschränkung** des strafaufhebenden Rücktrittsverhaltens führt. So wird geltend gemacht, dass mitunter bei halbherzigen Verhaltensweisen auch dann, wenn der Täter die Rettungschancen nennenswert verbessert hat, kein die Strafbefreiung des § 24 Abs. 1 Satz 1 Alt. 2 tragendes Rücktrittshandeln vorliegt (Rdn. 332 ff).[836]

---

**830** *Bloy* JuS **1987** 528, 535; *Kühl* AT § 16 Rdn. 76; *Rudolphi* NStZ **1989** 508, 514.

**831** *Jäger* S. 97 (aufgegeben *Jäger* SK Rdn. 92); *Krey/Esser* AT Rdn. 1312, 1314; *Roxin* AT II § 30 Rdn. 252; ferner *Koch-Schlegtendal* S. 142 f.

**832** *Lilie/Albrecht* LK[12] Rdn. 307 f.

**833** *Lilie/Albrecht* LK[12] Rdn. 307.

**834** *Lilie/Albrecht* LK[12] Rdn. 307.

**835** *Frisch* Tatbestandsmäßiges Verhalten und Zurechnung des Erfolgs (1988), insb. S. 9 ff, 69 ff.

**836** *Lilie/Albrecht* LK[12] Rdn. 293; *Baumann/Weber/Mitsch/Eisele* § 23 Rdn. 39; *Herzberg* NJW **1991** 1633, 1637; *Jakobs* AT 26/21; *Zaczyk* NK Rdn. 61. Beispielhaft BGH NStZ **1999** 128 mit Anm. *Otto* JK **1999** § 24/28.

**cc) Die „Bestleistungstheorie".** Eine in der **Literatur verbreitete Minderheitsmeinung** und in einzelnen Entscheidungen auch der BGH[837] halten die bloße Eröffnung einer Rettungschance durch den Täter nicht für ausreichend; zu verlangen sei vom Täter vielmehr ein Verhindern unter Einsatz **optimaler Rettungsbemühungen** („Bestleistungstheorie").[838] Diese Lehre ist letztlich eine Spielart der Auffassung, die die objektive Zurechenbarkeit des Verhinderungserfolgs voraussetzt. Denn die objektive Zurechnungslehre kann nicht aus sich heraus die Frage beantworten, wann der Täter eine „relevante Rettungschance"[839] eröffnet. Dies ist vielmehr eine Frage, die mit Blick auf Wortlaut und ratio von § 24 Abs. 1 S. 1 Alt. 2 zu beantworten ist.[840] Der Unterschied liegt darin, dass die Bestleistungstheorie hinsichtlich der Frage, welches Verhalten vom Täter zu fordern ist, mehr verlangt als eine bloße Verbesserung der Rettungschancen. Die Zurechnung des Verhinderungserfolgs setzt nach der Bestleistungstheorie vielmehr voraus, dass der Täter die optimalen Rettungshandlungen vorgenommen hat, weil andernfalls der Rettung stets ein Zufallsmoment anhaftet, das dem Täter nicht zugute gehalten werden kann. Für die höheren Anforderungen wird zum einen geltend gemacht, dass es nicht plausibel sei, die Rücktrittsanforderungen für den Täter, der eine gefährliche Handlung vorgenommen hat, niedriger anzusetzen als bei dem Täter, der objektiv keine Gefahr geschaffen hat, und von dem nach § 24 Abs. 1 S. 2 ein ernsthaftes Bemühen zu verlangen ist.[841] Weiterhin wird auf einen Wertungswiderspruch zu den Pflichten des Ingerenzgaranten verwiesen, der zu einer vollständigen Beseitigung der von ihm geschaffenen Gefahren verpflichtet sei. Schließlich verlange eine vollständige Distanzierung von der Unrechtsmaxime, dass der Täter keine vermeidbaren Risiken bestehen lässt. Mitunter wird die Bestleistungstheorie auch mit der **Einschränkung** vertreten, dass dem Täter keine Rettungsbemühungen abzuverlangen seien, die ihn einem gesteigerten Risiko (auch der Entdeckung oder Ergreifung) aussetzen würden.[842] Näher zur **Begründung** und zur **Kritik** der Bestleistungstheorie unten Rdn. 339 ff. 332

**dd) Die Differenzierung zwischen eigenhändiger und fremdhändiger Erfolgsverhinderung.** Zwischen dem Erfordernis einer zurechenbaren Erfolgsverhinderung aufgrund einer Verbesserung der Rettungschancen und der Bestleistungstheorie steht eine insbesondere von *Roxin* (AT II § 30 Rdn. 243 ff; *ders.* FS Hirsch S. 327, 335 ff) vertretene Auffassung, wonach zwischen **eigenhändiger und fremdhändiger Erfolgsverhinderung zu differenzieren** sei:[843] Bei eigenhändiger Erfolgsverhinderung genüge eine Verbesserung der Rettungschancen, da das Rettungsengagement auch bei einem Verzicht auf optimale Verhinderungshandlungen „so augenfällig und erfolgreich" sei, „dass es nicht schwerfällt, seinen Willen zur Rückkehr in die Legalität darin in ausreichendem Maße manifestiert zu sehen" (*Roxin* AT II § 30 Rdn. 243). Die 333

---

**837** BGHSt **31** 46, 49 (wobei der entscheidende 1. Senat sich selbst nicht auf die Bestleistungstheorie festgelegt haben will; die Entscheidung sei insoweit unzutreffend interpretiert worden; BGH NJW **2002** 3720; dazu kritisch *Herzberg* FS Kohlmann 37, 41; vgl. auch *Hoffmann-Holland* MK Rdn. 134; *Zaczyk* NK Rdn. 61) BGH bei Dallinger MDR **1972** 751.

**838** So u. a. *Ahmed* S. 134 ff; *Heghmanns* ZJS **2020** 164, 167 (mit der Maßgabe, dass vom Täter keine für ihn [auch mit Blick auf Entdeckungsrisiken] riskanten Handlungen verlangt werden können); *Herzberg* NJW **1991** 1633, 1636 f; *ders.* NStZ **1990** 172 f; *ders.* NJW **1989** 862, 867; *Jakobs* AT 26/21; *ders.* ZStW **104** (1992) 82 ff, 90; *Baumann/Weber/Mitsch/Eisele* § 23 Rdn. 40; *Murmann* Versuchsunrecht S. 61 ff; *Römer* MDR **1989** 945; *Schiemann* NJW **2019** 3662; *Walter* S. 136, 139; *Weinhold* S. 84 ff, 97 ff, 113; im Ergebnis wohl ebenfalls *Bottke* FG BGH IV S. 135, 167, Fn. 53; *Heckler* S. 189 f.

**839** *Rudolphi* NStZ **1989** 508, 511.

**840** *Murmann* Versuchsunrecht S. 63.

**841** *Herzberg* NJW **1989** 862, 863 ff; *Roxin* AT II § 30 Rdn. 249.

**842** *Heghmanns* ZJS **2020** 164, 167.

**843** Ausführlich dazu *Boß* S. 74 ff. Ähnlich *Kühl* AT § 16 Rdn. 74 ff; *Lackner/Kühl/Kühl* Rdn. 19b; *Kindhäuser/Zimmermann* AT § 32 Rdn. 28. Diese Differenzierung ablehnend BGHSt **48** 147, 151 f; *Jäger* SK Rdn. 91.

Bestleistungstheorie scheitere insoweit am Wortlaut des Gesetzes.[844] Das sei anders bei fremdhändiger Erfolgsverhinderung. Denn beim Tätigwerden mehrerer müsse „nicht jeder Mitverursacher schon als Verhinderer angesehen werden".[845] Danach genüge es im Regelfall nicht, wenn der Täter lediglich die Rettung durch einen anderen ermögliche, etwa das schwer verletzte Opfer in der Nähe des Krankenhauses absetzt und so die Rettung durch Passanten ermöglicht.[846] Eine Ermöglichung von Rettungsmaßnahmen durch das Opfer könne ausreichen, „sofern diese eine selbständige Verhinderungsleistung darstellen".[847] Ausreichend seien auch Handlungen, durch die der Täter das Geschehen vergleichbar einem mittelbaren Täter oder einem Mittäter (mit-) beherrsche.[848] In Konstellationen, die einer Anstiftung entsprechen, sei danach zu differenzieren, ob der Täter professionelle Retter einschalte – was als Verhindern ausreiche – oder sich auf die Aufforderung nicht-professioneller Helfer beschränke, was nur bei sichernder Erfolgskontrolle ausreichen könne.[849] Leistet der Täter einen quasi-gehilfenschaftlichen Beitrag zur Rettung, so sei danach zu differenzieren, ob der Beitrag „ohne weiteres ersetzbar ist" – was für ein Verhindern nicht ausreiche – oder ob er (etwa weil das Opfer das zur Herbeirufung von Hilfe erforderliche Telefonbuch aus eigener Kraft nicht erreicht hätte, BGH NJW **1986** 1001) unersetzlich ist – was für eine Verhinderung ausreiche.[850] Gegen die differenzierende Lösung werden die gleichen **Einwände** wie gegen die Bestleistungstheorie erhoben, soweit bei Beteiligung mehrer am Rettungsgeschehen optimale Verhinderungsleistungen verlangt werden.[851] Weiter wird geltend gemacht, dass zwischen eigenhändiger und fremdhändiger Rettung keine Unterschiede bestehen, die eine differenzierte Behandlung legitimieren; vielmehr gingen eigen- und fremdhändige Rettungshandlungen häufig ineinander über und könnten dann schwer voneinander abgrenzbar sein.[852]

**334** Auf den ersten Blick naheliegend erscheint schließlich der Gedanke, die Frage nach der Zurechnung des Verhinderungserfolgs unter **Rückgriff auf die Kategorien von Täterschaft und Teilnahme** zu beantworten: Ein „Verhindern" wäre danach nur dann zu bejahen, wenn der Täter das zum Ausbleiben des Erfolgs führende Geschehen beherrscht, er also (quasi) als (unmittelbarer, mittelbarer oder Mit-) Täter des Verhinderns anzusehen ist.[853] Aber eine solche Übertragung von Grundsätzen aus der Beteiligungslehre geht fehl, weil sie der **ratio von § 24 nicht gerecht** wird.[854] Das zeigt sich dort deutlich, wo der Täter auch in seinem optimalen Rettungsverhalten die Verhinderung des Taterfolgs nicht beherrschen kann. So liegt es, wenn sich der Beitrag des Täters auf die Benachrichtigung derer beschränkt, die eine besondere Expertise für die Vornahme von Rettungshandlungen aufweisen. Die Benachrichtigung von Notarzt oder Feuerwehr wird häufig das optimale Rettungshandeln darstellen, obwohl sich der Täter damit auf eine „Anstiftung" beschränkt und man nicht behaupten kann, der Täter beherrsche durch den Anruf das weitere Geschehen als Quasimittäter.[855]

---

**844** *Roxin* AT II § 30 Rdn. 244.
**845** *Roxin* AT II § 30 Rdn. 246. Dagegen *Jäger* SK Rdn. 91.
**846** *Roxin* AT II § 30 Rdn. 252 f.
**847** *Roxin* AT II § 30 Rdn. 254.
**848** *Roxin* AT II § 30 Rdn. 255.
**849** *Roxin* AT II § 30 Rdn. 256 ff.
**850** *Roxin* AT II § 30 Rdn. 260 ff; *ders.* FS Hirsch 327, 342.
**851** Etwa *Jäger* SK Rdn. 91; *ders.* NStZ **2020** 224, 225.
**852** *Lilie/Albrecht* LK[12] Rdn. 294. Kritisch auch *Fischer* Rdn. 34.
**853** *Jäger* S. 93 ff.
**854** Zutreffend *Roxin* AT II § 30 Rdn. 261.
**855** So allerdings *Jäger* S. 97; zutreffend dagegen *Roxin* AT II § 30 Rdn. 257: klarer Fall der Anstiftung; *Rudolphi* NStZ **1989** 508, 513; nunmehr lässt auch *Jäger* SK Rdn. 94 eine Anstiftung als Verhindern genügen, womit die Unterteilung in Täterschaft und Teilnahme aufgebrochen ist. *Lackner/Kühl/Kühl* Rdn. 19b spricht von einer Beherrschung des Geschehens durch den Anstifter; ähnlich *SSW/Kudlich/Schuhr* Rdn. 45.

**ee) Die Subjektivierung der Anforderungen.** Während die vorstehenden Ansätze objektive Anforderungen an das Verhinderungsverhalten formulieren, wird von anderer Seite versucht, die Anforderungen auf der **Basis der Einschätzung des Täters** zu konturieren (siehe schon Rdn. 324 f).[856] Zur Begründung wird mitunter auf den Charakter des Rücktritts als eines persönlichen Strafaufhebungsgrunds verwiesen.[857] Ein Verhalten könne nur dann auf Erfolgsabwendung gerichtet sein, wenn es aus Tätersicht „geeignet ist, den tatbestandlichen Erfolg zu verhindern. Das ist es, wenn der Täter auf das **seines Erachtens** erforderliche und insoweit **verlässliche Rettungsmittel** zurückgreift."[858] Überlasse „er es dagegen dem Zufall, ob der Erfolg eintritt, obwohl er meint, ihm stünden weitergehende, sicherere und verlässlicher wirkende Mittel zur Verfügung, ist sein Handeln nicht auf Erfolgsverhinderung gerichtet".[859] Daran ändere es nichts, wenn ihm die Erfolgsverhinderung objektiv zurechenbar ist und damit objektiv ein Verhindern vorliege.[860] Ohne Relevanz sei es aber auch, wenn dem Täter besser geeignete Maßnahmen zur Verfügung standen, und zwar selbst dann, „wenn er ihre Möglichkeit erkannt hat".[861] „Erforderliche und damit verlässliche Handlungen sind nicht mit best- und größtmöglichen Anstrengungen zu verwechseln".[862] 335

Auch die **Rechtsprechung** hat verschiedentlich in diesem Sinne entschieden oder lässt sich zumindest in diesem Sinne interpretieren.[863] Das gilt nicht zuletzt für die Entscheidung BGHSt **31** 46, 49, die häufig – und mit guten Gründen – für die Bestleistungstheorie in Anspruch genommen worden ist.[864] Der erkennende Senat will diese Entscheidung nunmehr in dem Sinne interpretiert wissen, dass vom Täter zu verlangen sei, dass er die **„aus seiner Sicht" ausreichenden** Bemühungen zur Erfolgsabwendung entfaltet.[865] 336

In der Sache bemüht sich diese Auffassung um eine **Normativierung des Verhinderungsvorsatzes.** Sie sieht diesen Vorsatz nämlich nur dann als gegeben, wenn der Täter eine nach seiner Einschätzung „erforderliche und damit verlässliche" Maßnahme zur Erfolgsabwendung ergreift. Das Konzept ist insofern mit gewissen **Unklarheiten** belastet, als die Abgrenzung zu den „best- und größtmöglichen Anstrengungen" dunkel bleibt. Wenn damit der Ausschluss übersteigerter Anforderungen gemeint ist (sicherheitshalber mehrere Notärzte verständigen, falls sich einer verfährt), ist dem natürlich zuzustimmen. Freilich sind solche Übertreibungen auch mit dem Erfordernis optimaler Bemühungen nicht gemeint.[866] Versteht man den Ansatz dahingehend, dass der Täter alle von ihm erkannten sinnvollen Maßnahmen für eine zuverlässige Rettung ergreifen muss, so hängt das Vorliegen des Verhinderungsvorsatzes davon ab, dass der Täter die von ihm erkannte Bestleistung erbringt. 337

---

**856** Vgl. *Lilie/Albrecht* LK[12] Rdn. 295; *Fischer* Rdn. 35; *Zaczyk* NK Rdn. 61; im Ergebnis wohl auch *Kolster* S. 111 ff, 115 ff.

**857** *Lilie/Albrecht* LK[12] Rdn. 295.

**858** *Lilie/Albrecht* LK[12] Rdn. 295. Im Ergebnis ebenso *Fischer* Rdn. 35; *Sch/Schröder/Eser/Bosch* Rdn. 59c; *Zaczyk* NK Rdn. 61.

**859** *Lilie/Albrecht* LK[12] Rdn. 295; siehe auch BGHSt **31** 46, 49; **14** 75, 80; BGH NStZ-RR **1997** 193, 194; BGH bei Holtz MDR **1978** 985.

**860** *Lilie/Albrecht* LK[12] Rdn. 295.

**861** *Lilie/Albrecht* LK[12] Rdn. 296.

**862** *Lilie/Albrecht* LK[12] Rdn. 296.

**863** BGHSt **48** 147, 152 (Rettungsmöglichkeit, die der Täter „für geeignet hält") (dazu *Jakobs* JZ **2003** 741 ff; *Puppe* NStZ **2003** 308 ff; *Seelmann* JR **2004** 308 ff; *Trüg* JA **2003** 836 ff); BGH NJW **2002** 3719; NStZ-RR **1997** 193, 194 (Täter muss tun, was „nach seiner Überzeugung" zur Erfolgsabwendung erforderlich ist); BGH bei Holtz MDR **1978** 985.

**864** Vgl. etwa *Murmann* Versuchsunrecht S. 61; *Neubacher* NStZ **2003** 576, 578 f.

**865** BGH NJW **2002** 3720; dazu kritisch *Herzberg* FS Kohlmann 37, 41, der meint, dass der Senat den Widerspruch der Entscheidungen „verleugnet". Für die neuere Erläuterung des BGH lässt sich immerhin geltend machen, dass vor den meist zitierten objektivierenden Formulierungen ausgeführt wird, dass der Wille zur Abstandnahme in Handlungen manifestiert werden müsse, die auf Vereitelung der Tatvollendung abzielen und „objektiv oder wenigstens aus seiner Sicht dazu ausreichen" (BGHSt **31** 46, 49).

**866** Zutreffend *Herzberg* FS Kohlmann 37, 45.

338 Der zentrale **Einwand** gegen diesen Ansatz liegt aber in der Subjektivierung der Anforderungen (s. schon Rdn. 325). Diese Subjektivierung steht in einem Kontrast zu dem Erfordernis eines „Verhinderns", dessen objektiver Charakter vor dem Hintergrund einer nicht nur vorgestellten, sondern tatsächlich bestehenden Gefahrenlage konsequent ist. Soweit es das Kausalitätserfordernis anbelangt, ist auch unstreitig, dass damit eine objektive Anforderung an das Täterverhalten formuliert ist. Die Orientierung an der Tätervorstellung ignoriert, dass den Täter nach Vornahme der Versuchshandlung nicht nur im Rahmen seiner Vorstellungen und Einschätzungen eine Pflicht zur Erfolgsabwendung trifft. Vielmehr trifft ihn eine objektiv zu bestimmende Rechtspflicht, die von ihm geschaffene Gefahrenlage zu beseitigen. Im Verhindern geht es nicht nur darum, dass der Täter seine geänderte Einstellung manifestiert, sondern er muss dies durch eine Handlung tun, die der tatsächlich bestehenden Gefahrenlage Rechnung trägt.

339 **ff) Stellungnahme. Zu folgen** ist der **Bestleistungstheorie.** Deren Inhalt bedarf zunächst einer Klarstellung gegenüber einem Missverständnis, das in der Bezeichnung dieser Theorie angelegt ist: „Bestleistung" meint nicht, dass der Täter auch letzte Unwägbarkeiten ausschließt (er etwa mehrere Notärzte verständigen muss für den Fall, dass einer den Weg nicht findet, s. Rdn. 337).[867] Der Begriff ist vielmehr **normativ** dahingehend zu verstehen, dass er mit der **Sorgfalt vorgehen muss, die er mit Blick auf sein Vorverhalten und der durch dieses geschaffenen Gefahr unter Berücksichtigung von deren Art und Größe schuldet.**[868] Zu berücksichtigen ist dabei auch, welche Leistungen hinsichtlich Erkennen und Auswahl des Verhinderungsverhaltens in der Rücktrittssituation, die oftmals eine Entscheidung unter erheblichem Zeitdruck verlangt, **realistisch erwartet** werden können. So würde es etwa die Anforderungen überspannen, wenn man dem Täter vorhalten würde, dass der anstelle des Notarztes die Polizei verständigt hat, die dann ihrerseits erst den Notarzt benachrichtigen musste.[869] Mit Blick auf die vorsätzlich geschaffene Gefahrenlage und die daraus resultierende Verantwortung des Täters auch für verbleibende Restrisiken bleibt aber doch zu verlangen, dass der Täter im Rahmen seiner Möglichkeiten alle ernstzunehmenden Risiken für das Opfer ausschließt.

340 Zur **Begründung** dieses Ansatzes ist zunächst auf die **ratio des Rücktritts** zu verweisen. Der Täter muss sich durch sein Verhalten überzeugend von der Unrechtsmaxime distanzieren. Eine solche Distanzierung kann von vornherein nicht durch **halbherzige Rücktrittsbemühungen** gelingen. Das gilt nicht nur in dem Umfang, in dem der Täter selbst erkennt, dass sein Verhalten hinter den ihm möglichen Rettungshandlungen zurückbleibt. Der mit seinem Rücktrittsverhalten verbundene Erklärungswert bleibt vielmehr auch dort defizitär, wo der Täter **sorgfaltswidrig ihm zu Gebote stehende Rettungshandlungen nicht erkennt.** Denn auch in dem Zurückbleiben hinter diesen Anforderungen manifestiert das Rücktrittsverhalten nicht den objektiven Erklärungssinn einer Distanzierung von der Unrechtsmaxime. Ob der Täter diese Distanzierungsleistung auch subjektiv nicht erbringt, hängt freilich davon ab, ob er in der Lage war, den Sorgfaltsverstoß zu erkennen; ist das nicht der Fall und nimmt der Täter die nach seinen Vorstellungen erforderliche Verhinderungshandlung vor, so kommt die Anwendung von § 24 Abs. 1 S. 2 in Betracht.

341 Diese Sichtweise wird auch der **ratio der Versuchsstrafbarkeit** gerecht. Denn wenn der Täter lediglich halbherzige Rücktrittsbemühungen vornimmt, hat er das **Versuchsstadium** in Wahrheit gar **nicht verlassen.** Die vorsätzlich geschaffene Gefahr wirkt trotz der unzulänglichen Rücktrittsbemühungen in dem Umfang fort, in dem sie der Täter nicht beseitigt hat. Dass der Täter den Erfolgseintritt nun nicht mehr wünscht, spielt keine Rolle. Das ist zunächst für den Fall selbstverständlich, in dem der Täter das verbleibende Risiko als solches erkennt und

867 *Ahmed* S. 134; *Herzberg* FS Kohlmann 37, 45. Vgl. auch *Roxin* AT II § 30 Rdn. 253; *Fischer* Rdn. 33.

868 *Ahmed* S. 134; *Herzberg* FS Kohlmann 37, 45 spricht deshalb auch von einer „Sorgfaltserfüllungstheorie". Dagegen will *Dold* S. 208 „Vorsatzgefahren" und „Fahrlässigkeitsgefahren" unterscheiden.

869 Vgl. *Roxin* AT II § 30 Rdn. 253.

die Möglichkeit seiner Realisierung ernst nimmt. Aber auch wenn er auf das Ausbleiben der Tatvollendung vertraut, berührt dies nicht den Tatentschluss, dessen Vorliegen allein zum Zeitpunkt der Vornahme der Ausführungshandlung erforderlich ist. Der Täter befindet sich also nach Vornahme der Verhinderungshandlung mit Blick auf die fortbestehende Gefahr für das Rechtsgut immer noch im Stadium des beendeten Versuchs. Das gilt auch dann, wenn er objektiv sorgfaltswidrig die fortbestehende Gefahr der Erfolgsrealisierung verkennt (vgl. dazu Rdn. 155 ff). Das lässt sich verdeutlichen anhand der Einsicht, dass der Täter zweifelsohne wegen Versuchs strafbar wäre, wenn er von vornherein mit der Vornahme seiner Ausführungshandlung nur ein Risiko von der Größe geschaffen hätte, wie es nach seiner suboptimalen Verhinderungshandlung verbleibt. Beispielhaft: Schlägt der Täter sein Opfer bedingt tötungsvorsätzlich in der Nähe eines Krankenhauseinganges zusammen und lässt es dort liegen, wäre ein Rücktritt ersichtlich auch dann nicht diskutabel, wenn er diesen Ort gerade wegen seiner günstigen Lage für eine Rettung des Opfers ausgewählt hätte.

Mit der halbherzigen Rücktrittshandlung **manifestiert der Täter** danach **keine vollständige Abkehr von der Unrechtsmaxime**. Dagegen lässt sich auch nicht eine strafzweckorientierte Interpretation der Rücktrittslehre mit der Behauptung ins Feld führen, mit der zurechenbaren Verhinderung des Erfolgs entfalle unter präventiven Gesichtspunkten das Strafbedürfnis.[870] Abgesehen von den grundsätzlichen Bedenken gegen eine präventive Deutung des Rücktrittsprivilegs (Rdn. 36), lässt sich gegen die Behauptung eines fehlenden Strafbedürfnisses geltend machen, dass der rechtserschütternde Eindruck schwerlich dadurch beseitigt werden kann, dass halbherzige Rettungsbemühungen mit etwas Glück zum Ausbleiben des Erfolgs geführt haben. Die Unterstellung, die Bevölkerung folge in ihrer Bewertung des Vorgangs einem „Ende gut, alles gut"-Prinzip, ist nicht nur nicht belegt, sondern auch ausgesprochen fernliegend. 342

Auch die **Vermeidung von Wertungswidersprüchen zu den unechten Unterlassungsdelikten** verlangt danach, die Bestleistungstheorie zugrunde zu legen (s. schon Rdn. 304). Den Täter trifft aufgrund der Vornahme der Ausführungshandlung, d. h. aufgrund der Schaffung einer rechtlich missbilligten Gefahr, eine Garantenpflicht aus Ingerenz zur Gefahrenbeseitigung. Dieser Pflicht genügt er nicht durch halbherzige Beseitigungshandlungen, sondern nur durch solche ihm zu Gebote stehende Handlungen, mit denen er die Gefahr möglichst zuverlässig in den Griff bekommt.[871] Zu diesen Anforderungen stünde es in Widerspruch, wenn er durch Handlungen vom Versuch zurücktreten könnte, mit denen er hinter seinen Pflichten als Garant zurückbleiben würde. Dagegen lässt sich nicht einwenden, dass dem Zurücktretenden für eine Unterlassungshaftung der Vorsatz fehle.[872] Dieser Einwand greift zum einen dann nicht, wenn der Täter selbst erkennt, dass er hinter den ihm möglichen Rettungshandlungen zurückbleibt und sich mit verbleibenden Risiken abfindet. Vor allem aber ändert er nichts an der widersprüchlichen Bestimmung der den Täter treffenden Pflichten. 343

Einen **Wertungswiderspruch** würde es auch darstellen, wenn der **Rücktritt vom untauglichen und damit ungefährlichen Versuch** an **höhere Voraussetzungen** in Bezug auf das Täterverhalten geknüpft wäre (§ 24 Abs. 1 S. 2: „ernsthaftes Bemühen") als beim tauglichen, gefährlichen Versuch.[873] Dieser Wertungswiderspruch wird verschiedentlich mit der Überlegung in Abrede gestellt, dass die niedrigeren Verhaltensanforderungen dadurch kompensiert würden, 344

**870** In diesem Sinne u. a. *Kühl* AT § 16 Rdn. 70; *Rudolphi* NStZ **1989** 508, 512.

**871** *Roxin* AT II § 30 Rdn. 248; **AA** wohl *SSW/Kudlich/Schuhr* Rdn. 46, wobei die Behauptung, beim unechten Unterlassen werde „strafrechtlich nicht mehr verlangt als irgendein Abwenden der Gefahr", sich sinnvollerweise nur auf die Vollendungsstrafbarkeit beziehen kann. *Dold* S. 215 f wendet gegen das Unterlassungsargument ein, dass die Pflicht des Unterlassenden auf die Abwendung der „Vorsatzgefahr" begrenzt sei.

**872** So aber *Fischer* Rdn. 35.

**873** *Herzberg* FS Kohlmann 37, 46 (dazu *Fischer* Rdn. 35a). BGHSt **48** 147, 152 „sieht" die ungleiche Behandlung der Fälle, meint sich aber durch den Wortlaut von § 24 Abs. 1 S. 1 Alt. 2 daran gehindert, höhere Anforderungen an das Verhindern zu stellen.

dass der die Vollendung verhindernde Täter hierdurch einen Erfolgswert schaffe.[874] Aber diesem Erfolgswert korrespondiert auch ein im gefährlichen Versuch verkörperter höherer objektiver Handlungsunwert. Relativ zum verwirklichten Versuchsunrecht dürfte es danach keinen Anlass geben, die Rücktrittsanforderungen beim gefährlichen Versuch niedriger anzusetzen.

345 **Gegen die Bestleistungstheorie** werden eine Reihe **Einwände** erhoben.[875] Zunächst wird gegen sie der **Wortlaut** von § 24 Abs. 1 geltend gemacht: Mit dem Erfordernis einer Verhinderung der Tatvollendung habe sich der Gesetzgeber für eine erfolgsorientierte Betrachtung entschieden, bei der es nach dem Grundsatz „Ende gut, alles gut!" ausreiche, wenn dem Täter die Nichtvollendung zugerechnet werden kann.[876] Das Wortlautargument wird durch einen **Vergleich mit § 24 Abs. 1 S. 2** gestützt, der mit der Forderung nach einem ernstlichen Bemühen größere Anstrengungen verlange als das „Verhindern"; dieser Unterschied dürfe nicht eingeebnet werden. **Überzeugend** sind diese **Bedenken nicht**:[877] Denn was unter „Verhindern" zu verstehen ist, bedarf einer Interpretation, die, wie sonst bei erfolgsbezogenen Verhaltensumschreibungen auch, durchaus die Begründung von Anforderungen erlaubt, die über die Kausalität hinausgehen. Diese Einsicht liegt auch der objektiven Zurechnungslehre zugrunde, die (wie Rdn. 327 ff bereits gezeigt) hinsichtlich der konkreten Verhaltensanforderungen selbst keine Vorgaben trifft. Es ist auch sprachlich durchaus möglich zu sagen, dass bei halbherzigen Rettungsbemühungen das Ausbleiben des Erfolges nicht das Verdienst des Täters, sondern des Zufalls war.[878] *Heghmanns* (ZJS **2020** 164, 167) verweist auf den Duden, der als Bedeutung von „verhindern" angibt: „durch entsprechende Maßnahmen o. Ä. bewirken, dass etwas nicht geschehen kann, von jemandem nicht getan, ausgeführt usw. werden kann".[879] Gemeint ist danach mehr als nur das Eröffnen einer Chance, dass etwas nicht eintritt, nämlich der Ausschluss des zu verhindernden Ereignisses. Schließlich lassen sich auch aus den Anforderungen, die § 24 Abs. 1 S. 2 für einen Rücktritt vom untauglichen oder objektiv fehlgeschlagenen Versuch formuliert, keine Rückschlüsse ziehen. Denn die unmittelbar verhaltensbezogene Formulierung in § 24 Abs. 1 S. 2 ist dem Umstand geschuldet, dass der Gesetzgeber hier eine Situation erfassen musste, in der ein Erfolgseintritt nicht droht. Wenn der Gesetzgeber für den Fall des drohenden Erfolgs nach § 24 Abs. 1 S. 1 Alt. 2 eine erfolgsbezogene Formulierung gewählt hat, schließt das nicht aus, dass auch der den Erfolg verhindernden Handlung eine bestimmte Qualität zukommen muss.

346 Der grundlegendste Einwand gegen die Bestleistungstheorie liegt in der Behauptung, dass sie „das Gebiet des Rechts verlässt und sich **aus der Moral speist**";[880] die Forderung nach bestmöglichen Rettungshandlungen habe „keine rechtlichen, sondern allenfalls ethische

---

874 *Jäger* S. 96.

875 Ablehnend etwa BGHSt **48** 147, 150; **44** 204, 207; **33** 295, 301; BGH NJW **2018** 2908, 2909; BGH StV **2020** 82, 83; BGH NStZ-RR **2010** 276, 277; BGH NJW **2002** 3719; BGH NJW **2002** 3720; BGH NStZ **1999** 299; BGH NStZ **1999** 128; BGH NStZ-RR **1997** 233; BGH StV **1994** 304; BGH NJW **1986** 1001 f; BGH NJW **1985** 813, 814; BGH 4 StR 58/81 v. 26.3.1981; BGH StV **1981** 514; BGH 5 StR 315/78 v. 7.6.1978; *Bloy* JuS **1987** 528, 530 ff; *Boß* S. 143 ff, 196 f; *Fischer* Rdn. 35 f; *Hoffmann-Holland* MK Rdn. 133; *Jäger* SK Rdn. 92 f; *Koch-Schlegtendal* S. 137 f; *Köhler* AT S. 475 f; *Krey/Esser* AT Rdn. 1314; *SSW/Kudlich/Schuhr* Rdn. 46; *Kühl* AT § 16 Rdn. 70; *Maurach/Gössel/Zipf* AT 2 § 41 Rdn. 172, 174; *Puppe* NStZ **1984** 488, 489 f; *Rau* S. 116 ff, 151 ff, 227; *Rengier* AT § 37 Rdn. 132; *Rudolphi* NStZ **1989** 508, 511 f; *Sch/Schröder/Eser/Bosch* Rdn. 59c; *Wessels/Beulke/Satzger* Rdn. 1058; *Zaczyk* NK Rdn. 61; die Anforderungen unter Berücksichtigung der historischen Entwicklung der Rücktrittsvorschrift einzugrenzen, versucht *Zieschang* GA **2003** 353 ff.

876 Eisele JuS **2019** 1026, 1027; *Fischer* Rdn. 35; *Hoffmann-Holland* MK Rdn. 133; *Koch-Schlegtendal* S. 127 f; *Kühl* AT § 16 Rdn. 70; *Puppe* NStZ **1984** 488, 489.

877 Überzeugend auch zum Folgenden *Herzberg* NJW **1989** 862, 865 f; *ders.* FS Kohlmann 37, 47 ff.

878 *Murmann* Versuchsunrecht S. 66. Eine Argumentation, die *Roxin* (AT II § 30 Rdn. 246; dagegen *Jäger* SK Rdn. 91) nur dort akzeptieren will, wo das Verhindern als Leistung einer anderen Person (und nicht bloß des Zufalls) verstanden werden kann.

879 https://www.duden.de/rechtschreibung/verhindern (abgerufen 29.6.2020).

880 *Köhler* AT S. 475 f; *Zaczyk* NK Rdn. 61; *Kolster* S. 111 ff, 115; *Kühl* AT § 16 Rdn. 68; *Puppe* NStZ **1984** 488, 489 f.

Grundlagen".[881] **Zutreffend** ist dieser Vorwurf **nicht**. Das zeigt schon ein Blick auf das Bestehen einer materiellen Ingerenzgarantenpflicht bezogen auf den Täter, der sein Opfer einer Gefahr ausgesetzt hat. Dass diese Pflicht dahin geht, das geschaffene Risiko vollständig zu beseitigen und der Täter hinsichtlich der Auswahl der geeigneten Mittel im Interesse des gefährdeten Rechtsguts sorgfältig vorgehen muss, ist offenkundig rechtlich begründet und nicht bloß ein Gebot der Moral. Der Vorwurf, die Bestleistungstheorie stelle Anforderungen an den Täter, die lediglich moralisch begründet seien, speist sich letztlich aus einer ex post-Betrachtung, die darauf verweist, dass sich die vom Täter gewählte Handlung tatsächlich zur Eindämmung der Gefahr als ausreichend erwiesen hat. Der für einen Rücktritt erforderliche Handlungswert muss sich aber bereits für den Zeitpunkt der Vornahme der Handlung bestimmen lassen. Das Recht muss im Vorhinein angeben können, welches Verhalten es von dem Täter erwartet.

Schließlich wird gegen das Erfordernis, die Bestleistung zu erbringen, geltend gemacht, 347
dass der Täter u. U. nur **lange genug zuwarten muss, damit ein ursprünglich schlechtes Mittel zum besten wird** (der Täter lässt den Zeitpunkt verstreichen, in dem ein Notarzt hätte herbeigerufen werden können und bindet dem Verletzten in letzter Sekunde das Bein ab).[882] Dazu ist zunächst einmal festzuhalten, dass der untätig bleibende Täter seine Rechtspflichten gegenüber dem Opfer bereits ab dem Zeitpunkt verletzt, in dem eine ernstzunehmende Verschlechterung der Opferlage droht. Es ist also pflichtwidrig, den Notarzt nicht herbeizurufen, auch wenn das Opfer letztlich noch durch das Abbinden des Beins gerettet werden kann. Eine ganz andere Frage ist aber, wie sich der Täter von der pflichtwidrigen Schaffung der Gefahr – einschließlich der sich anschließenden garantenpflichtwidrigen Unterlassung – distanzieren kann. Es ist eine schlichte Selbstverständlichkeit, dass die hierfür erforderliche Rücktrittsleistung bezogen auf den Zeitpunkt zu bestimmen ist, in dem der Täter tatsächlich seinen Entschluss zum Rücktritt umsetzt. Der Rücktritt ist nicht wegen einer Verschlechterung der Rettungschancen ausgeschlossen. Solange der Täter keine Entscheidung zugunsten eines Rücktritts getroffen hat und demzufolge kein Rücktrittsverhalten an den Tag legt, macht es keinerlei Sinn, nach dem Inhalt einer möglichen Rücktrittsleistung zu fragen. Richtig ist lediglich, dass sich die Anforderungen an den Rücktritt je nach dem Zeitpunkt, in dem der Täter seine Rücktrittshandlung vornimmt, ändern können. Daraus lässt sich aber kein Argument dafür ableiten, dass die Distanzierung von der Unrechtsmaxime deshalb halbherzig ausfallen darf, weil der Täter sich zu einem späteren Zeitpunkt auch mit einer weniger effizienten Handlung distanzieren könnte. Entscheidend kann nur die Distanzierung von der Unrechtsmaxime bezogen auf den Rücktrittszeitpunkt sein.

Eher überraschend ist der Einwand gegen die Bestleistungstheorie, sie trage den Belangen 348
des **Opferschutzes** nicht hinreichend Rechnung.[883] Die Bedenken gegen die praktische Tragweite des mit der „Theorie der goldenen Brücke" verwandten Opferschutzarguments (Rdn. 10 ff) werden hier noch verstärkt, weil dem Täter offenbar Reflexionen darüber zugetraut werden müssen, welches Rücktrittsverhalten konkret von ihm gefordert ist. Traut man ihm diese Reflexionen zu, so spricht dieses Argument für die Bestleistungstheorie. Denn dann kommt es dem Opfer zugute, wenn der Täter weiß, dass er zur Erlangung des Rücktrittsprivilegs keine halbherzigen Handlungen vornehmen darf und bei der Auswahl der Mittel zur Sorgfalt verpflichtet ist. Die Annahme, der Täter werde sich angesichts solcher Anforderungen gänzlich von einem Rücktritt abhalten lassen und auf das Rücktrittsprivileg verzichten,[884] erscheint demgegenüber eher fernliegend.

**881** *Lilie/Albrecht* LK[12] Rdn. 292.
**882** *Fischer* Rdn. 35a; *Puppe* NStZ **1984** 488, 490; *Jäger* S. 95 f.
**883** Z. B. *Fischer* Rdn. 35a; *Hoffmann-Holland* MK Rdn. 133; *Rengier* AT § 37 Rdn. 132.
**884** Z. B. *Kühl* AT § 16 Rdn. 70.

349 **Keine Anforderungen** sind an das Verhindern **in zeitlicher Hinsicht** zu stellen (s. schon Rdn. 347).[885] Das Gesetz sieht mit dem Erfordernis des „Verhinderns" diesbezüglich keine Einschränkung vor. Die Möglichkeit eines strafbefreienden Rücktritts findet ihre Begrenzung folglich nur darin, dass dem Täter noch eine Verhinderungsmöglichkeit verbleiben muss.[886] Das ist sachgerecht, weil der Täter jederzeit die Entscheidung treffen kann, sich von der im Versuch manifestierten Unrechtsmaxime durch Verhinderung des Erfolgseintritts zu distanzieren. Daraus folgt dann selbstverständlich auch, dass sich diese Entscheidung je nach dem Entwicklungsstand der vom Täter geschaffenen Gefahr in unterschiedlichen Leistungen manifestieren kann. Wenn der Täter **zunächst rettungsunwillig** gewesen ist, sich schon vom Tatort entfernt hat, er dann aber seine **Meinung ändert** und dies durch auf Erfolgsverhinderung gerichtete Handlungen zum Ausdruck bringt, ist ein Rücktritt gem. § 24 Abs. 1 Satz 1 Alt. 2 nicht ausgeschlossen.[887]

350 **gg) Kasuistik.** Vor dem Hintergrund der dargestellen Anforderungen an das „Verhindern" verdient die Rechtsprechung nicht in allen Fällen Zustimmung. Als Verhinderungshandlung **reicht es** – entgegen BGH (NStZ **1999** 128 mit Anm. *Otto* JK 1999 § 24/28) – **nicht aus**, wenn sich der Täter nach einem Tötungsversuch damit begnügt, **einem Dritten aufzugeben**, das seines Erachtens lebensgefährlich verletzte Opfer ins Krankenhaus zu bringen und ihm dann mitzuteilen, was mit dem Opfer los sei. Auch wenn es sich bei dem Dritten im konkreten Fall um die Freundin des Opfers handelte (von der zumindest nahe lag, dass sie seinem „Verlangen" nachkommt), war es angesichts der offenkundig schweren Kopfverletzungen des Opfers nach drei massiven Schlägen mit einem Baseballschläger nicht ausreichend, die Rettung trotz des offenkundigen Risikos der Überforderung (tatsächlich verfuhr sich die Freundin zunächst auf dem Weg ins Krankenhaus) in fremde Hände zu legen. Hier müsste der Täter zumindest verlässlich sicherzustellen, dass das Opfer ärztlicher Hilfe zugeführt wird (s. Rdn. 250).[888]

351 Ebensowenig reicht es aus, wenn der Täter dadurch hinter seinen Möglichkeiten zurückbleibt, dass er dem Opfer lediglich eine **unsichere Chance** eröffnet, sich entweder **selbst zu retten** oder **Hilfe von dritter Seite** zu erhalten. Setzt der Täter sein lebensgefährlich verletztes Opfer ca. 100m vor einem Krankenhaus ab, lässt er es allein in Richtung Krankenhaus gehen und entfernt er sich, ohne sich zuverlässig zu versichern, dass das seines Erachtens schwer verletzte Opfer in ärztliche Obhut gelangt, bleibt seine Leistung ebenfalls deutlich hinter den Anstrengungen zurück, die bei der gebotenen Sorgfalt im Umgang mit dem Leben des Opfers zu verlangen sind; die Rettung bleibt letztlich dem Zufall überlassen.[889] Daran ändert auch der Umstand nichts, dass der Täter noch einmal umkehrt, um sich zu vergewissern, ob sein Opfer das Krankenhaus erreicht hat. In diesem Vergewissern liegt kein Zuendeführen (Ausschöpfen) der Verhinderungsmöglichkeit, sondern allenfalls der nachträglich gebildete Wille dazu (BGHSt **31** 46, 50).

352 Die **Benachrichtigung von Behörden** oder für Rettungsmaßnahmen **besonders befähigter und dazu bestellter Personen** wird häufig als optimales Bemühen anzuerkennen sein. Mitunter werden aber auch hier noch ernstzunehmende Risiken des Scheiterns bestehen, die zumindest nach einer **flankierenden Tätigkeit** des Täters verlangen. Wenn etwa ein Arzt ver-

---

**885** Verkannt von *Schiemann* NJW **2019** 3662, soweit sie einen Rücktritt für ausgeschlossen hält, weil der Täter frühere Rettungsmöglichkeiten verstreichen ließ und damit eine Gefährdungslage zunächst aufrechterhalten wurde.

**886** BGHSt **36** 224, 225; BGH NStZ **1999** 449, 450; BGH NStZ-RR **1999** 327; BGH bei Holtz MDR **1992** 15 f; BGH StV **1983** 413; BGH NStZ **1981** 388; BGH 3 StR 237/77 v. 13.7.1977; *Lilie/Albrecht* LK$^{12}$ Rdn. 284a; *Zaczyk* NK § 24 Rdn. 42, 62; **aA** aber *Ranft* JZ **1989** 1128.

**887** BGH NStZ **1999** 128; BGH StV **1983** 413; BGH NStZ **1981** 388.

**888** *Lilie/Albrecht* LK$^{12}$ Rdn. 299 (mit dem Argument, das Verhalten sei „nicht auf Erfolgsverhinderung gerichtet"); **aA** offenbar *Jäger* SK Rdn. 92.

**889** BGHSt **31** 46, 50; zustimmend *Lilie/Albrecht* LK$^{12}$ Rdn. 301; *Geilen* JK **1983** § 24/7; *Hassemer* JuS **1983** 69; *Krey/Esser* AT Rdn. 1318; *Puppe* NStZ **1984** 488, 489; **aA** *Bloy* JuS **1987** 528, 530 ff, 535; *Jäger* SK Rdn. 93.

ständigt wurde wird man verlangen müssen, dass der Täter den Rettungserfolg in dem Sinne **überwacht**, dass er sich vergewissert, dass der Arzt auch bei dem Opfer eintrifft.[890] Dagegen überzeugt es nicht, die Beseitigung vergifteter Babynahrung den Behörden zu überlassen, die erst noch die betroffenen Märkte ausfindig machen müssen (s. Rdn. 353).[891]

Einem Verhindern steht es weiter entgegen, wenn den zur Rettung hinzugezogenen Personen **Informationen vorenthalten** werden, die für eine zuverlässige Rettung benötigt werden. So liegt es, wenn die Täterin zwar den Notarzt herbeiruft, diesen aber nicht darüber informiert, dass ihrem Ehemann ein lebensgefährlich wirkendes Gift (E-605) beigebracht wurde.[892] Gleiches gilt, wenn der Täter einer bedingt tötungsvorsätzlich vorgenommenen Brandstiftung zwar als Mitglied der Freiwilligen Feuerwehr seinen Dienst in der Funkzentrale versieht, aber die Einsatzkräfte nicht über die für eine erfolgreiche Brandbekämpfung bedeutsame Brandursache und den Brandherd informiert[893] oder er nicht mitteilt, dass es sich bei dem Brandobjekt um ein Mehrfamilienhaus handelt und stattdessen nur Hilfe für sich selbst fordert.[894] Es ist (entgegen BGHSt **64** 80, 86 ff; *Jäger* NStZ **2020** 224, 225) für einen Rücktritt vom Tötungsdelikt auch nicht ausreichend, wenn der Täter, nachdem er Babynahrung mit einer tödlich wirkenden Giftmenge versetzt und in den Regalen von fünf Märkten verschiedener Einzelhandelskonzerne platziert hatte, die Behörden darüber zu informieren, welche Konzerne von dem Giftanschlag betroffen sind, in welcher Stadt sich die Filialen befinden und die Anzahl der Gläser sowie deren Marke und Geschmacksrichtung zu nennen, dabei aber die konkret betroffenen Filialen zu verschweigen.[895] 353

Das Bemühen, die vorangegangene Tat zu **verschleiern**, steht einer auf Erfolgsverhinderung gerichteten Handlung und damit einem strafbefreienden Rücktritt gem. § 24 Abs. 1 Satz 1 Alt. 2 nicht generell entgegen.[896] Allerdings fehlt es am Verhinderungsvorsatz, wenn die Tatvollendung lediglich aus Versehen verhindert wird (Rdn. 359 ff).[897] Zu Unrecht lässt es der BGH ausreichen, wenn der Täter die Eröffnung einer Rettungschance als Begleiteffekt seiner Verschleierungshandlungen erfasst, und damit auf einen Rettungswillen verzichtet.[898] Richtigerweise – und entgegen der Rechtsprechung (BGH NStZ-RR **2019** 171 172) – dürfen Verschleierungen nicht zu Lasten der Rettungschancen gehen. 354

Ein auf Verhinderung des Erfolgseintritts gerichtetes Verhalten des Täters ist auch nicht deshalb ausgeschlossen, weil der Täter zunächst hilfs- und rettungsbereite Personen von einem Eingreifen abhält, um selbst seines Erachtens **unverdächtigere Rettungsversuche** durchzuführen, nach deren Fehlschlag aber doch auf das Angebot der Dritten zurückkommt und ihnen „erlaubt", Hilfe zu holen (BGH StV **1994** 304). Wenn diese sich an die Anweisungen des Täters halten, geht die Rettung des Opfers auf ihn zurück und kann dann – auch wenn die anfänglich eigenen Bemühungen noch defizitär waren – den Sorgfaltsanforderungen genügen.[899] 355

---

**890** BGH NJW **1986** 1001, 1002.

**891** Zutreffend *Schiemann* NJW **2019** 3662; **aA** BGHSt **64** 80, 86 ff; *Jäger* NStZ **2020** 224, 225.

**892** Letztlich ebenfalls BGH NJW **1989** 2068 mit **krit.** Anm. *Herzberg* JR **1989** 449 und *Rudolphi* NStZ **1989** 508, 509; dem Ergebnis zustimmend *Lilie/Albrecht* LK[12] Rdn. 300; *Kolster* S. 117 f; *Krey/Esser* AT Rdn. 1318; letztlich wohl auch *Kühl* AT § 16 Rdn. 77; **aA** *Hoffmann-Holland* MK Rdn. 125; *Jäger* S. 95; *Sch/Schröder/Eser/Bosch* Rdn. 59; *Zaczyk* NK Rdn. 57.

**893** BGH NJW **2018** 2908, 2909 (wobei nach Auffassung des BGH dieses Defizit lediglich einem Rücktritt nach § 24 Abs. 2 S. 2 entgegensteht und ein Verhindern im konkreten Fall daran scheiterte, dass der Beitrag in der Funkzentrale für die Rettung der Hausbewohner schon nicht kausal war).

**894** **AA** BGH NStZ-RR **2019** 171 172.

**895** Zutreffend *Heghmanns* ZJS **2020** 164, 167; *Schiemann* NJW **2019** 3662.

**896** BGH NStZ-RR **2019** 171 172; BGH NJW **1990** 3219; BGH NJW **1989** 2068; BGH NJW **1986** 1001, 1002; *Fischer* Rdn. 31.

**897** BGH NStZ-RR **2019** 171 172.

**898** BGH NStZ-RR **2019** 171 172; zutreffend kritisch *Jäger* JA **2019** 629, 630.

**899** BGH StV **1994** 304; siehe auch BGH NStZ **1999** 128; BGH NStZ **1986** 214; BGH StV **1981** 396; BGH NStZ **1981** 388.

356 Auch **äußerlich betrachtet geringfügige Maßnahmen** kommen als Verhindern in Betracht, wenn sie in der konkreten Situation eine Rettung zuverlässig ermöglichen bzw. in ihrer Effizienz nicht hinter den anderen verbleibenden Rettungsmöglichkeiten zurückbleiben. So liegt es etwa, wenn der Täter dem Opfer ein Telefonbuch reicht, damit es selbst einen Notarzt anrufen kann. Ist dem Opfer ein solcher Anruf zuverlässig möglich, genügt der Täter seinen Pflichten, wenn er sich vergewissert, dass das Rettungspersonal tatsächlich beim Opfer eintrifft (BGH NJW **1986** 1001 f).[900] Hier zu verlangen, dass der Täter den rettenden Anruf selbst tätigt, würde auf die Forderung nach einer Symbolik hinauslaufen, die sich mit der Pflicht zur effizienten Erfolgsverhinderung nicht begründen lässt. Hätte das verletzte Opfer das Telefonbuch auch selbst erreichen können, fehlt es zwar nicht an der Kausalität,[901] aber mangels relevanter Erhöhung der Rettungschancen an der Zurechenbarkeit des Verhinderungserfolgs. Sind die Rettungskräfte bereits aus anderen Gründen benachrichtigt, so kann es ausreichen, wenn der Täter sie an der Tür empfängt, sie über die Sachlage in Kenntnis setzt und ihnen den Weg zum Opfer weist.[902]

357 Auch wenn man grundsätzlich optimale, d. h. sorgfaltsgemäße Rettungshandlungen vom Täter zu verlangt, ist zu betonen, dass gerade auch mit Blick auf die situative Belastung des Täters durch die bestehende Gefahrenlage die **Sorgfaltsanforderungen nicht überspannt** werden dürfen (Rdn. 339). Vor diesem Hintergrund ist es als Verhinderungshandlung anzuerkennen, wenn der Täter einen **zuverlässigen**, wenn auch **nicht ganz direkten Weg zur Rettung** des Opfers wählt, indem er etwa anstelle der Verständigung des Notarztes zunächst die Polizei über die lebensgefährliche Verletzung des Opfers informiert und diese dann den Kontakt zu einem Arzt aufnimmt.[903]

358 Noch höhere Anforderungen an die **Überwachung** der Rettungsmaßnahmen sind zu stellen, wenn der Täter einen risikobehafteten Weg zur Rettung des Opfers wählt. Hier muss er dessen Funktionieren überwachen und so sicherstellen, dass es im konkreten Fall zuverlässig zur Erfolgsverhinderung kommt. Hat der Täter ein Haus in Brand gesetzt hat und anschließend in der Sorge, es könnten sich dort noch Menschen aufhalten, eine Bewohnerin telefonisch aufgefordert, schnell nach Hause zu kommen, so ist zu verlangen, dass er überwacht, ob sie dem nachkommt und wie sich die Situation weiter am Tatort entwickelt.[904] Allerdings wird ein solches Verhalten dann nicht ausreichen, wenn (auf der Grundlage der Tätervorstellung oder für den Täter erkennbar) zu befürchten ist, dass sich der Brand so schnell entwickelt, dass auch die relativ geringe zeitliche Verzögerung bereits zu einer Verschlechterung der Rettungschancen für etwaige Hausbewohner führt.

359 **e) Verhinderungsvorsatz.** Nicht anders als beim Aufgeben muss der Täter auch beim Verhindern eine **Entscheidung** zugunsten des Rücktritts treffen. Er muss **bewusst und gewollt** den in Gang gesetzten Ursachenverlauf unterbrechen, so dass sein Verhalten Ausdruck des Willens ist, das Delikt nicht zur Vollendung zu bringen (zu Einschränkungen dieses bislang anerkannten Erfordernisses unten Rdn. 365).[905]

360 Hinsichtlich der weiteren inhaltlichen Anforderungen an diesen Verhinderungsvorsatz liegt es nahe, von dem Grundsatz auszugehen, dass der Vorsatz den objektiven Anforderungen an das Verhindern korrespondiert. Daraus folgt als Mindestanforderung, dass der Täter seine Ret-

---

**900** *Lilie/Albrecht* LK[12] Rdn. 317.

**901** BGH NJW **1986** 1001, 1002 behandelt diese Frage als Kausalitätsproblem.

**902** BGH NStZ-RR **2010** 276, 277.

**903** BGH StV **2001** 162, 163; auch *Lilie/Albrecht* LK[12] Rdn. 297; *Zaczyk* NK Rdn. 61.

**904** BGH NJW **1985** 813, 814; *Lilie/Albrecht* LK[12] Rdn. 298; *Bloy* JuS **1987** 528, 530 ff, 535.

**905** Vgl. BGHSt **31** 46, 49; **48** 147, 152; BGH NStZ **2006** 503, 505; BGH NStZ **2004** 614; BGH NStZ **1999** 300, 301; BGH NJW **1990** 3219; BGH NJW **1989** 2068; BGH bei Holtz MDR **1978** 279; ebenfalls *Krey/Esser* AT Rdn. 1308; *Kühl* AT § 16 Rdn. 65; *Maurach/Gössel/Zipf* AT 2 § 41 Rdn. 178; *Jäger* SK Rdn. 86; *Sch/Schröder/Eser/Bosch* Rdn. 59b; *Weinhold* S. 162 ff; *Zaczyk* NK Rdn. 62.

tungshandlung für **geeignet und ausreichend** halten muss, die Deliktsvollendung zu verhindern.[906] Soweit die **Rechtsprechung** objektiv Kausalität für den Eintritt des Verhinderungserfolgs für ausreichend hält, kann sie zur Vermeidung einer unangemessen weiten Ausdehnung des Rücktrittsprivilegs freilich nicht ohne ein **Korrektiv im subjektiven Bereich** auskommen. Ähnlich dem vom Tatbestandsvorsatz her geläufigen traditionellen Verständnis, bei dem wesentliche Abweichungen vom Kausalverlauf nicht als Zurechnungs-, sondern als Vorsatzproblem behandelt werden, werden deshalb an den Verhinderungsvorsatz in der Rechtsprechung mitunter Anforderungen gestellt, die über die objektiv an das Verhindern zu stellenden Anforderungen hinausgehen.[907] In diesem Sinne soll vom Täter zu verlangen sein, dass er unter den von ihm erkannten möglichen Rettungshandlungen die bestmögliche auswählt (Rdn. 324 f, 335 ff).

Verlangt man dagegen objektiv die Auswahl der optimalen – oder genauer: sorgfaltsgemä- 361
ßen – Rettungsmaßnahme, so muss der Verhinderungsvorsatz darauf gerichtet sein, die in diesem Sinne **objektiv erforderliche** Rettungsmaßnahme zu ergreifen. **Fehlvorstellungen** über die genaue Wirkweise der Maßnahme, ob etwa der Notarzt vor Ort tätig wird oder das Opfer ins Krankenhaus gebracht werden muss, sind für den Vorsatz ohne Belang, solange der konkrete Verlauf noch vom Zweck der eingeleiteten Maßnahme gedeckt ist.

**Irrt sich der Täter** über die zu fordernde Verhinderungshandlung dahingehend, dass er ent- 362
gegen seinen persönlichen Fähigkeiten hinter der erforderlichen Verhinderungshandlung zurückbleibt, so sind bereits die objektiven Anforderungen an ein Verhindern nicht erfüllt (es kommt dann aber § 24 Abs. 1 S. 2 in Betracht). Stellt er sich umgekehrt, etwa aufgrund einer Überschätzung der Gefährlichkeit oder einer Unterschätzung der Effizienz der von ihm ergriffenen Maßnahme, irrtümlich vor, lediglich eine suboptimale Verhinderungshandlung vorzunehmen (gegen eine Überspannung der an den Täter zu stellenden Anforderungen oben Rdn. 357), so liegt zwar objektiv ein Verhindern vor. Es fehlt dann aber der erforderliche Verhinderungsvorsatz.

**Realisiert sich im rettenden Verlauf nicht die spezifische Qualität der Verhinderungs- 363
handlung**, sondern letztlich der Zufall, so fehlt es nicht erst an einem darauf bezogenen Verhinderungsvorsatz,[908] sondern schon an der objektiven Zurechenbarkeit des Verhinderungserfolgs. Liegt also die konkrete Art und Weise, wie es zum Eintritt des Verhinderungserfolgs kommt, außerhalb des Schutzzwecks der Norm, welche die Vornahme der Rettungshandlung gebietet, so steht dies nicht dem Verhinderungsvorsatz, aber der objektiven Zurechenbarkeit des tatsächlichen Verlaufs entgegen (womit auch in dieser Konstellation § 24 Abs. 1 S. 2 in Betracht kommt). So liegt es etwa, wenn die Benachrichtigung einer rettungsbereiten Person letztlich nur noch den Effekt hat, dass diese eine untergeordnete Handlung zur Unterstützung des bereits vor Ort befindlichen Notarztes erbringt, die auch jede beliebige andere Person an ihrer Stelle hätte leisten können (Rdn. 322, 324).

Der Wille, die Vollendung des Delikts abzubrechen, **muss nicht das einzige Handlungs- 364
motiv** sein.[909] Bremst der Täter, der sich und sein Opfer durch einen Zusammenstoß töten will, das Fahrzeug im letzten Moment noch so ab, dass der Zusammenstoß mit einer wesentlich reduzierten Geschwindigkeit erfolgt, steht die motivatorische Wirksamkeit des beim Täter erwachten „Selbsterhaltungswillens" dem Verhinderungsvorsatz nicht entgegen.[910] Ein Rücktritt gem. § 24 Abs. 1 Satz 1 Alt. 2 ist nicht dadurch ausgeschlossen, dass der Täter nach der willentlichen Verhinderung des Erfolgseintritts versucht, seine Tat geheim zu halten bzw. zu verschleiern.[911]

---

**906** BGHSt **31** 46, 50; BGH StV **1992** 62, 63; BGH NJW **1990** 3219; *Kühl* AT § 16 Rdn. 66; speziell zu § 24 Abs. 1 Satz 2 BGH NStZ-RR **2000** 42, 43.

**907** Vgl. *Hoffmann-Holland* MK Rdn. 136.

**908** So aber *Lilie/Albrecht* LK[12] Rdn. 314.

**909** BGH bei Holtz MDR **1992** 15, 16; BGH NJW **1990** 3219; BGH NStZ **1989** 525; BGH NJW **1986** 1001, 1002 mit Anm. *Roxin* JR **1986** 424, 427; BGH StV **1981** 514, 515 mit Anm. *Geilen* JK **1982** § 24/6.

**910** BGH StV **1981** 514, 515; vgl. dazu *Geilen* JK 1982 § 24/6.

**911** BGH NJW **1990** 3219; BGH NJW **1989** 2068; BGH NJW **1986** 1001, 1002; *Sch/Schröder/Eser/Bosch* Rdn. 72; *Fischer* Rdn. 31; *Zaczyk* NK Rdn. 62.

365 Dagegen kann es **nicht** ausreichen, wenn die Vollendungsverhinderung allenfalls einen **erwünschten Nebeneffekt** darstellt. So liegt es, wenn der Täter als Mitglied der Freiwilligen Feuerwehr bedingt tötungsvorsätzlich ein Wohnhaus in Brand steckt, um sich durch seine Teilnahme an dem anschließenden Einsatz die ausgelobte Einsatzvergütung zu verdienen.[912] Das hat der BGH (NStZ-RR **2019** 171, 172) neuerdings anders gesehen, wenn der Täter ausschließlich Rettungsmaßnahmen ergreift, um seine Tatbeteiligung zu verschleiern und einen Versicherungsbetrug zu ermöglichen. Ein solcher **Verzicht auf einen Rettungswillen** ist mit der **ratio des Rücktritts nicht vereinbar**.[913] Die Entscheidung führt auch in Friktionen mit der Versuchslehre, weil danach nicht ausgeschlossen ist, dass der Täter weiterhin die Tatvollendung billigend in Kauf nimmt, wenn er es für möglich hält, dass seine Verschleierungshandlungen auch im Falle einer Tatvollendung erfolgreich sein können.[914] So bestand in der zitierten Entscheidung durchaus die Möglichkeit, dass sich der Brandstifter auch für den Fall, dass sein Notruf nicht zur Rettung der anderen Hausbewohner führt, erfolgreich als Opfer eines Überfalls präsentiert.

366 Vereitelt der Täter nur **versehentlich oder unwissentlich** die Vollendung des Delikts, scheidet ein Rücktritt vom beendeten Versuch mangels auf Erfolgsverhinderung gerichteten Tätigwerdens aus.[915] Eine Handlung, die zwar vom Täter veranlasst, aber nicht von seinem **Willen** getragen ist, genügt insoweit nicht. Das gilt natürlich auch, wenn der Täter sein Opfer bereits für tot hält und durch einen Anruf bei der Polizei, die ihn zur Rettungsstelle weiterverbindet, aus Versehen die Rettung des Opfers mitbewirkt (BGH NStZ-RR **1999** 327).

367 **f) Freiwilligkeit der Vollendungsverhinderung.** Auch beim beendeten Versuch führt nur der freiwillige Rücktritt zur Straffreiheit. Insoweit sind **dieselben Maßstäbe anzulegen wie beim unbeendeten Versuch** (ausführlich oben Rdn. 232 ff, 274 ff). Es kommt nicht darauf an, ob die Motive, aus denen der Täter den Erfolgseintritt verhindert, ethisch billigenswert sind. Entscheidend ist vielmehr, ob das Rücktrittsverhalten auf einer autonomen, nicht durch veränderte Umstände „diktierten" Entscheidung des Zurücktretenden beruht. Freilich steht die Freiwilligkeit beim Rücktritt vom beendeten Versuch deutlich seltener in Frage als beim Rücktritt vom unbeendeten Versuch. Denn heteronome Motive stehen häufiger der Weiterverfolgung eines Ziels entgegen, als dass sie das Ergreifen von Gegenmaßnahmen verlangen.

368 Ein Umstand, der die Unfreiwilligkeit des Rücktrittsverhaltens nahe legen kann, ist auch beim beendeten Versuch die **Annahme des Täters, die Tat sei entdeckt** (ausführlich differenzierend oben Rdn. 289 ff). Die Vorstellung des Täters, entdeckt zu sein, steht der Freiwilligkeit auch beim beendeten versuchten Delikt aber nur dann entgegen, wenn der Täter vor Beginn des Rücktritts zu dieser Erkenntnis gelangt ist. Verhindert er die Tatvollendung dadurch, dass er einen Dritten ersucht, den Erfolg abzuwenden, veranlasst er z. B. einen Arzt, das Opfer zu retten, so ist durch diese Entdeckung die Freiwilligkeit des Rücktritts nicht ausgeschlossen. Die spätere Entdeckung durch Dritte ändert an der Freiwilligkeit nichts mehr (vgl. BGH StV **1982** 219). Davon ist der Fall zu unterscheiden, in dem ein anderer den Dritten zu Hilfe geholt hat und erst dessen Erscheinen den Täter aktiviert. Dann ist Unfreiwilligkeit anzunehmen (BGH bei Dallinger MDR **1969** 532).

---

912 BGH NJW **2018** 2908 (wobei der BGH in seiner Entscheidung nur Ausführungen zur fehlenden Erfüllung der objektiven Rücktrittsvoraussetzungen macht).

913 Zutreffend *Jäger* JA **2019** 629, 630 f; *Mengler* JZ **2019** 949 ff.

914 Auch in der Rechtsprechung des BGH ist anerkannt, dass ein Rücktritt die vollständige Aufgabe des Tatvorsatzes voraussetzt; BGHSt **64** 80, 87 f (wobei die Verneinung des fortbestehenden Tötungsvorsatzes im konkreten Fall durchaus zweifelhaft ist; kritisch auch *Heghmanns* ZJS **2020** 164, 167 f; *Schiemann* NJW **2019** 3662).

915 BGH NStZ-RR **2019** 171 172; BGH NStZ-RR **1999** 327; vgl. *Gores* S. 162; *Kühl* AT § 16 Rdn. 65; *Maurach/Gössel/Zipf* AT 2 § 41 Rdn. 168; *Roxin* AT II § 30 Rdn. 213; *Jäger* SK Rdn. 87; *Sch/Schröder/Eser/Bosch* Rdn. 59b.

## 7. Rücktritt vom beendeten Versuch durch freiwilliges und ernsthaftes Bemühen (Absatz 1 Satz 2)

Nach § 24 Abs. 1 Satz 2 erlangt der Täter durch freiwilliges und ernsthaftes Bemühen um Verhinderung der Vollendung Straffreiheit, wenn die Tat ohne sein Zutun nicht vollendet wird. Im Unterschied zu § 24 Abs. 1 Satz 1 Alt. 2 muss das Rücktrittsverhalten den Nichteintritt des Erfolgs **nicht verursacht** haben; notwendig, aber auch ausreichend ist insoweit ernsthaftes und freiwilliges Bemühen um Erfolgsverhinderung. Über den Grundsatz **in dubio pro reo** kann in Zweifelsfällen, insbesondere wenn an das Verhindern nach § 24 Abs. 1 Satz 1 Alt. 2 geringere Anforderungen gestellt werden (Rdn. 321ff), dieser Vorschrift der Vorrang vor § 24 Abs. 1 Satz 2 zukommen.[916] 369

Die für einen Rücktritt vorausgesetzte **Manifestation einer Abkehr** von der im Versuch manifestierten Unrechtsmaxime (Rdn. 45ff) setzt nicht notwendig voraus, dass der Täter den Erfolgseintritt tatsächlich verhindert.[917] Das folgt daraus, dass das Versuchsunrecht seine Begründung nicht in der objektiven Gefährlichkeit des Täterhandelns findet, sondern darin, dass sich der Täter für eine Verletzung fremder Rechtsgüter entscheidet und dieser Entscheidung durch sein Versuchsverhalten Ausdruck verleiht. Diese Manifestation ist weder davon abhängig, ob die Versuchshandlung überhaupt zur Herbeiführung des deliktischen Erfolgs geeignet ist, noch davon, ob sie sich trotz grundsätzlicher Eignung im konkreten Fall als gefährlich erweist. Tritt der Erfolg nicht (zurechenbar) ein (kommt es also nicht zur Vollendung), so bleibt auch dann Raum für eine Distanzierung von der Unrechtsmaxime, wenn der Täter auf andere Weise als durch ein Verhindern des Erfolgs seine Abkehr von der Unrechtsmaxime **überzeugend** erklärt. Dabei gilt auch hier – wie zum „Verhindern" dargelegt (Rdn. 339ff) – dass der Täter eine gemessen an der (vorgestellten) Rücktrittslage sorgfaltsgemäße Leistung erbringen muss. Ist ein Verhindern objektiv nicht möglich, so kann sich ein Täter nur durch ein Verhalten von der im Versuch manifestierten Unrechtsmaxime distanzieren, das auf der **Grundlage seiner Vorstellung** vom Bestehen der Gefahr der Deliktsvollendung eine Verhinderungshandlung darstellt. Subjektiv macht es keinen Unterschied, ob der Täter sich eine durch sein Versuchsverhalten begründete Gefahrenlage nur vorstellt oder ob diese tatsächlich besteht. Es spielt demnach auch hinsichtlich der Einstellung zur Unrechtsmaxime keine Rolle, ob der Täter sich gegen diese Maxime vor dem Hintergrund einer tatsächlich bestehenden oder einer nur vorgestellten Gefahrenlage entscheidet. Die Eröffnung einer Rücktrittsmöglichkeit in den Fällen des ernsthaften Bemühens ist ein Gebot der Gerechtigkeit.[918] 370

Entsprechend den unterschiedlichen Ansätzen zur ratio des Rücktritts divergieren freilich auch die Begründungsansätze für § 24 Abs. 1 S. 2 und weichen zum Teil von der vorstehenden Begründung ab. Letzlich kommen aber auch **strafzweckorientierte Ansätze**, die primär präventive Gesichtspunkte betonen oder diese mit Gedanken des Schuldausgleichs und des Opferschutzes kombinieren, zum gleichen Ergebnis.[919] Freilich ist nicht einsichtig, welche Rolle der Opferschutz spielen soll, nachdem hier Fälle in Rede stehen, in denen eine Gefahr für das Opfer überhaupt nicht (mehr) besteht. 371

**a) Nichtvollendung des Delikts ohne Zutun des Zurücktretenden.** § 24 Abs. 1 Satz 2 setzt zunächst voraus, dass die Tat ohne Zutun des Zurücktretenden nicht vollendet wird, 372

---

**916** *Grünwald* FS Welzel 701, 715, Fn. 38; *Schlehofer* NJW **1989** 2017, 2024; *Sch/Schröder/Eser/Bosch* Rdn. 70; *Zaczyk* NK Rdn. 82.

**917** **AA** *Wege* S. 139.

**918** Siehe insoweit zur an sich bestehenden Regelungslücke von § 46 a. F. und der von der Rechtsprechung vorgenommenen Auslegung BGHSt **11** 324, 328; BGH MDR **1969** 494; auch *Schröder* FS H. Mayer 377, 385; *Sch/Schröder/Eser/Bosch* Rdn. 69.

**919** So etwa *Lilie/Albrecht* LK[12] Rdn. 322.

mit anderen Worten, der Erfolg unabhängig von den Aktivitäten des Täters nicht eintritt. Dies bedingt sowohl eine negative als auch eine positive Abgrenzung des **Anwendungsbereichs.**

373 **aa) Unanwendbarkeit.** Keine Anwendung findet § 24 Abs. 1 Satz 2 in folgenden Fällen:

**(1) Zurechenbarer Erfolgseintritt.** Ausgeschlossen ist die Anwendung der Vorschrift – wie in den anderen Konstellationen des § 24 auch – wenn der Erfolg in einer dem Täter zurechenbaren Weise eingetreten ist. Die Tat ist nicht im Versuchsstadium stecken geblieben, wenn der tatbestandliche Erfolg in einer dem Täter objektiv und subjektiv zurechenbaren Weise eingetreten ist, selbst wenn er im Nachhinein versucht, den Erfolgseintritt abzuwehren. Irrtümer des Täters über den Stand seiner Ausführungshandlungen oder auch die Tauglichkeit seiner Rücktrittsbemühungen finden insoweit keine Berücksichtigung. Es gelten die Grundsätze zum „misslungenen Rücktritt"; Rdn. 58 ff.

374 **(2) Unbeendeter Versuch.** Ebenfalls nicht zur Anwendung kommt § 24 Abs. 1 Satz 2 in der Konstellation des unbeendeten Versuchs. Geht der Täter (nach der letzten Tatausführungshandlung) davon aus, er könne und müsse (weiter) handeln, um den tatbestandlichen Erfolg zu verwirklichen, ist sein Versuch grundsätzlich unbeendet (zur Abgrenzung von unbeendetem und beendetem Versuch ausführlich oben Rdn. 131 ff). Die Rücktrittsvoraussetzungen beim Alleintäter richten sich dann nach § 24 Abs. 1 Satz 1 Alt. 1. Das gilt auch, wenn er sich hinsichtlich der Gefahrschaffung durch eine bereits vorgenommene Ausführungshandlung ohne individuellen Sorgfaltsverstoß **irrt** und deshalb meint, der Erfolg werde durch bloßes Aufgeben nicht eintreten, während er in Wahrheit deshalb nicht eintritt, weil er durch Dritte verhindert werden kann. Die unzutreffende Vorstellung kann den Täter also von dem Erfordernis aktiver Bemühungen befreien, allerdings richtigerweise nur, wenn sie nicht auf einen dem Täter vorzuwerfenden Sorgfaltsverstoß zurückgeht. Dagegen kann die Untätigkeit des Täters infolge der nachlässigen Verkennung einer von ihm geschaffenen Gefahrenlage nicht die erforderliche Abkehr von der Unrechtsmaxime zum Ausdruck bringen (Rdn. 155 ff). Hier bleibt der Täter also verpflichtet, den objektiv drohenden Erfolg zu verhindern bzw. – wenn sein Ausbleiben von anderer Seite bewirkt wird – sich ernsthaft um dessen Verhinderung zu bemühen. Dieser Verpflichtung steht es nicht entgegen, dass der die Situation verkennende Täter das Erfordernis aktiver Verhinderungsbemühungen psychisch nicht realisiert. Praktisch spielt diese Konstellation deshalb keine Rolle.

375 **bb) Anwendbarkeit von § 24 Abs. 1 Satz 2.** Mit Blick auf das Erfordernis, dass der Erfolg ohne Zutun des Zurücktretenden nicht eintritt, ist § 24 Abs. 1 Satz 2 dagegen auf die folgenden **Fallgruppen** anwendbar:

376 **(1) Objektive Untauglichkeit des nach Tätervorstellung beendeten Versuchs.** Von § 24 Abs. 2 S. 2 erfasst ist der untaugliche, nach Tätervorstellung beendete Versuch. Kann objektiv betrachtet der tatbestandliche Erfolg des Delikts mangels Tauglichkeit des Tatmittels, des Tatsubjekts oder des Tatobjekts von Anfang an nicht eintreten und wird hierdurch die Strafbarkeit des Versuchs nicht in Frage gestellt (untauglicher Versuch; § 22 Rdn. 227 ff), glaubt der Täter aber, seine bisherigen Handlungsakte reichten aus, um den Erfolg herbeizuführen (beendeter Versuch), sind alle Anstrengungen, die er anschließend vornimmt, um den Erfolg doch zu verhindern, von vornherein aussichtslos. Der Erfolg tritt somit unabhängig vom Zutun des Täters

nicht ein.[920] **Abzugrenzen** davon sind aber die Fälle, in denen der Erfolg aus Sicht des Täters bereits **eingetreten ist**, dieser in Wirklichkeit aber nicht eintreten kann, z. B. wenn der Täter eine Sache wegnimmt, die – von ihm nicht erkannt – in seinem Eigentum steht. Ist die Wegnahme durch Gewahrsamsbruch und -begründung aus seiner Sicht vollendet, kann er aus seinem Blick den Erfolg nicht (mehr) verhindern oder sich darum bemühen, da er meint, die Tat bereits vollendet zu haben (*Ch. Schröder* JA **1999** 560, 561 f). Sein Bemühen stellt lediglich ein strafzumessungsrelevantes Nachtatverhalten dar.[921]

**(2) Objektiv fehlgeschlagener Versuch.** Weiterhin erfasst ist der objektiv fehlgeschlagene Versuch, also der vom Täter **nicht erkannte** Fehlschlag.[922] Der Täter sieht sich hier im Stadium des beendeten Versuchs und muss folglich, um seine Distanzierung von der Unrechtsmaxime zu demonstrieren, Verhinderungsbemühungen entfalten, die freilich für das Ausbleiben der Vollendung ohne Relevanz sind. So liegt es etwa, wenn der Täter es für möglich hält, sein Opfer tödlich verletzt zu haben, während dieses sich in Wahrheit in Sicherheit gebracht hat (BGH NStZ-RR **2000** 41). 377

Einen Unterfall des objektiven Fehlschlags stellt es dar, wenn der Erfolgseintritt – vom Täter des beendeten Versuchs unerkannt – **durch Dritte verhindert** wird.[923] So liegt es, wenn Dritte, unabhängig ob zufällig oder bewusst, den Rettungsaktionen des Täters, von diesem nicht erkannt, zuvorkommen. Beruht die Rettung des Opfers darauf, dass Dritte vor dem Täter den Notarzt geholt oder völlig unabhängig vom Täter Maßnahmen der ersten Hilfe eingeleitet haben, wird der Erfolg ohne Zutun des Täters verhindert, so dass eine Anwendung von § 24 Abs. 1 Satz 1 Alt. 2 zwar ausgeschlossen, der Anwendungsbereich von § 24 Abs. 1 Satz 2 aber eröffnet ist.[924] 378

**(3) Erfolgseintritt in dem Täter nicht zurechenbarer Weise.** Die in § 24 Abs. 1 Satz 2 vorausgesetzte Situation liegt auch vor, wenn der **Täter von einem beendeten Versuch ausgeht**, der Erfolg aber tatsächlich in einer Weise eingetreten ist, die ihm **nicht objektiv zurechenbar** ist oder für dessen Eintritt er schon nicht ursächlich geworden ist.[925] Wenn dem behandelnden Arzt, nachdem der Täter das Opfer mit Tötungsvorsatz angeschossen hat, grob fahrlässig ein schwerer Behandlungsfehler unterläuft, der unmittelbar den Tod des Opfers verursacht, befindet sich der Täter, der das Opfer für lebensgefährlich verletzt hält und von den fatalen Rettungsbemühungen des Arztes keine Kenntnis hat, subjektiv im Stadium des beendeten Versuchs. Da er die Tatvollendung aufgrund des Erfolgseintritts nicht mehr verhindern kann, zugleich aber der tatbestandsmäßige (d. h.: objektiv zurechenbare) Erfolg ohne Zutun des Täters ausgeblieben ist, bleibt ihm die Möglichkeit zu einem Rücktritt durch sein ernsthaftes Bemühen. Gleiches gilt 379

---

**920** BGH StV **1982** 219; *Sch/Schröder/Eser/Bosch* Rdn. 70; *Kühl* AT § 16 Rdn. 83; *Krey/Esser* AT Rdn. 1316; *Maurach/Gössel/Zipf* AT 2 § 41 Rdn. 172; *Otto* AT § 19 Rdn. 50; *Stratenwerth/Kuhlen* AT § 11 Rdn. 94; vgl. für die Zeit ohne ausdrückliche gesetzliche Regelung BGHSt **11** 324; BGH NJW **1969** 1073; BGH bei Dallinger MDR **1969** 532.

**921** *Lilie/Albrecht* LK[12] Rdn. 326.

**922** *Fischer* Rdn. 36; *Hoffmann-Holland* MK Rdn. 139; *Kühl* AT § 16 Rdn. 83.

**923** KG Berlin v. 25.6.2012 – (1) 161 Ss 68/12 (7/12). Dieser Fall wird teilweise vom objektiven Fehlschlag abgesetzt (z. B. *Kühl* AT § 16 Rdn. 84; *Sch/Schröder/Eser/Bosch* Rdn. 70), lässt sich aber auch als Unterfall verstehen.

**924** BGHSt **33** 295, 301 f; BGHSt **31** 46, 48 f; BGH StV **1997** 244; BGH StV **1992** 62; BGH NStZ **1986** 312; BGH NJW **1973** 632; *Krey/Esser* AT Rdn. 1316; *Kühl* AT § 16 Rdn. 84; *Otto* AT § 19 Rdn. 50; *Sch/Schröder/Eser/Bosch* Rdn. 70; *Fischer* Rdn. 36.

**925** In diesem Sinne auch *Baumann/Weber/Mitsch/Eisele* § 23 Rdn. 48; *Krey/Esser* AT Rdn. 1317; *Kühl* AT § 16 Rdn. 84; *Roxin* AT II § 30 Rdn. 284; *Jäger* SK Rdn. 95; *Sch/Schröder/Eser/Bosch* Rdn. 70; *Zaczyk* NK Rdn. 82; hinsichtlich eines versuchten Tötungsdelikts durch Unterlassen nicht gesehen von BGH NStZ **1997** 485 mit insoweit **krit.** Anm. *Brand/Fett* NStZ **1998** 507 f und *Kudlich/Hannich* StV **1998** 370, 371 – ausführlich dazu unten Rdn. 564.

für die Fälle, in denen der Erfolgseintritt dem Täter nicht objektiv zurechenbar ist, weil das Opfer Rettungsbemühungen ablehnt oder vereitelt (Rdn. 69 f).[926]

380 **b) Ernsthaftes und freiwilliges Bemühen um Vollendungsverhinderung.** Ist der Erfolg ohne Zutun des Täters nicht eingetreten, setzt ein strafbefreiender Rücktritt vom versuchten Delikt gem. § 24 Abs. 1 Satz 2 weiterhin voraus, dass sich der Täter ernsthaft und freiwillig um die Vollendungsverhinderung bemüht. Über die Frage, was unter einem ernsthaften Bemühen zu verstehen ist, besteht **keine Einigkeit:**

381 **aa) Wortlaut.** Dabei trägt der Wortlaut von § 24 Abs. 1 S. 2 dem Umstand Rechnung, dass der Täter eine auf die Herbeiführung eines Verhinderungserfolgs gerichtete **Tätigkeit** entfalten muss (Rdn. 386 ff). Deren Realisierung in einem Verhinderungserfolg ist in Abgrenzung zu § 24 Abs. 1 S. 1 Alt. 1 gerade nicht vorausgesetzt. Die **finale Ausrichtung** des Verhaltens in Richtung auf die Verhinderung der Tatbegehung ist schon dem **Begriff des „Bemühens“** eigen. Damit ist jedenfalls die Entfaltung einer Tätigkeit gefordert, die nach Tätervorstellung darauf gerichtet ist, den Eintritt des Taterfolges zu verhindern. Hinsichtlich der erforderlichen Intensität des Bemühens gibt der Begriff aber keinen Aufschluss. Der Begriff des **„ernsthaften“** Bemühens wird in der Literatur regelmäßig als Anforderung an die subjektive Seite des Rücktrittsverhaltens verstanden. Ernsthaft sei „das Bemühen nur, wenn es tatsächlich auf Erfolgsabwendung gerichtet, mithin nicht zum Schein oder halbherzig erfolgt“ (*Lilie/Albrecht* LK[12] Rdn. 358). Freilich wird man sinnvoll auch kaum von einem „Bemühen“ sprechen können, das nicht „tatsächlich“ auf die Erfolgsverhinderung gerichtet oder nur zum Schein erfolgt ist.[927] So gesehen kommt dem Erfordernis der „Ernsthaftigkeit“ lediglich hinsichtlich des Ausschlusses nur „halbherzigen“ Bemühens eine eigenständige Bedeutung zu. Ob damit allein die innere Seite des Rücktrittsverhaltens angesprochen ist, erscheint jedenfalls nicht selbstverständlich. Gerade mit Blick auf die geringe Aussagekraft des „Bemühens“ in Hinblick auf den Umfang der zu fordernden Anstrengungen liegt es vielmehr nahe, das Erfordernis der Ernsthaftigkeit dahingehend zu interpretieren, dass nicht jede Form eines möglicherweise nur oberflächlichen Bemühens ausreichen kann.

382 Mit Blick auf die unklare Grenzziehung zwischen dem Erfordernis des „Bemühens“ und der darauf bezogenen „Ernsthaftigkeit“ finden sich häufig Definitionen, die zwischen dem Bemühen und der Ernsthaftigkeit gar nicht differenzieren, sondern beide Begriffe **zu einer Einheit zusammenfassen** und auf diese Weise sowohl die objektiven als auch die subjektiven Anforderungen konturieren.[928] Insgesamt lässt sich aus dem **Wortlaut** immerhin **entnehmen**, dass der Täter eine auf Verhinderung der Tatvollendung gerichtete Tätigkeit vornehmen muss, und bei mehreren aus seiner Sicht bestehenden Rettungsmöglichkeiten eine ergreifen muss, die zumindest aus seiner Sicht eine realistische Chance bietet. Damit ist freilich nur ein **Mindesterfordernis** formuliert, das auch vor dem Hintergrund der ratio des Rücktrittsprivilegs als solches begründet ist. Die Ableitung strengerer Anforderungen mit Blick auf die ratio von § 24 ist damit im Rahmen des Wortsinns nicht ausgeschlossen (Rdn. 388 ff).

---

**926** *Roxin* AT II § 30 Rdn. 284.

**927** Die Überschneidungen der Begriffsinhalte zeigen sich auch deutlich z. B. bei *Sch/Schröder/Eser/Bosch* Rdn. 71 f: Das Bemühen wird schon mit der Vorstellung und den Anforderungen in inhaltlicher Hinsicht verbunden. Bei der Ernsthaftigkeit soll erforderlich sein, dass der Täter „alles tut, was in seinen Kräften steht und nach seiner Überzeugung zur Erfolgsabwendung erforderlich ist“. *Zaczyk* NK Rdn. 92 definiert die Ernsthaftigkeit als „(unbedingten) Entschluss“, der auf die Verhinderung der Vollendung gerichtet sein müsse, obwohl der Entschluss ersichtlich auch dem Bemühen eigen ist.

**928** Vgl. etwa *Lilie/Albrecht* LK[12] Rdn. 340.

**bb) Rücktrittslage.** Um Verhinderung der Tatvollendung muss sich der Täter **ernsthaft bemühen**, wenn er davon ausgeht, dass die **Vollendung droht** und er **selbst den Erfolgseintritt verhindern** kann.[929] 383

Damit **scheidet** ein strafbefreiender Rücktritt gem. **§ 24 Abs. 1 Satz 2 aus**, wenn der Täter **erkannt hat** bzw. davon ausgeht, dass der Versuch **untauglich** oder **fehlgeschlagen** ist.[930] 384

Andererseits ist ein Rücktritt gem. § 24 Abs. 1 Satz 2 nur so lange möglich, wie der Täter meint, den Erfolgseintritt **selbst verhindern** zu können. Erkennt oder glaubt er, der tatbestandliche Erfolg werde durch von ihm unabhängige Ursachen, z. B. durch Rettungsanstrengungen Dritter, verhindert, kann er sich i. S. von § 24 Abs. 1 Satz 2 nicht mehr um Erfolgsverhinderung bemühen. Verändern sich im Laufe des auf Rettung gerichteten Verhaltens seine Erkenntnisse, ist im Einzelfall festzustellen, zu welchem Zeitpunkt der Täter von welchen Tatsachen ausgegangen ist.[931] So ist ein ernsthaftes Bemühen um Erfolgsverhinderung nicht dadurch ausgeschlossen, dass der Täter erfährt, dass nach seinem beendeten versuchten Totschlag Dritte bereits den Notarzt verständigt haben, er aber wegen der starken Blutungen des Opfers meint, der Arzt könnte zur Rettung zu spät kommen und deshalb selbst die seines Erachtens notwendigen blutstillenden Maßnahmen einleitet (BGH StV **1983** 413). 385

**cc) Erfordernis aktiven Tätigwerdens.** Das Bemühen setzt weiterhin ein auf Erfolgsverhinderung gerichtetes Tätigwerden voraus (Rdn. 381). Das bedeutet zunächst, dass die bloße Absicht, sich bemühen zu wollen, nicht genügen kann; sie muss auch in die Tat umgesetzt werden.[932] 386

Droht aus Tätersicht der Erfolgseintritt durch den vom ihm angestoßenen Geschehensverlauf, kann er seine Distanzierung von der Unrechtsmaxime nicht durch bloße Untätigkeit demonstrieren; ein **Unterlassen** genügt demnach **nicht**.[933] Erforderlich ist vielmehr, „dass der Täter eine nach außen hin erkennbare Handlungsreihe in Gang gesetzt hat, die eine Vollendung des Delikts verhindern soll".[934] Demgegenüber wird geltend gemacht, dass ein Unterlassen „die optimale Form der Erfolgsverhinderung" darstellen könne und von § 24 Abs. 1 Satz 2 umfasst sein müsse.[935] Das überzeugt aber nicht (s. schon Rdn. 314 ff). Denn wenn es der Täter unterlässt, in einen laufenden Rettungsprozess einzugreifen, so wird er dadurch nicht selbst zum Retter. Die (pflichtgemäße) Untätigkeit stellt keinen Grund dar, ihm den rettenden Verlauf zuzurechnen. Das Täterverhalten ist lediglich ein „bloßes Sich-Fügen in den Lauf der Dinge" (*Zaczyk* NK Rdn. 86). Das gilt unabhängig davon, ob der Täter einen wirklich rettenden Verlauf nicht hindert oder sich lediglich vorstellt, dass er einem rettenden Geschehen seinen Lauf lässt. 387

**dd) Sonstige Anforderungen.** Hinsichtlich der Anforderungen an das auf Erfolgsverhinderung gerichtete ernsthafte Bemühen bestehen **Meinungsunterschiede**. Hier werden Parallelen 388

---

**929** BGH bei Holtz MDR **1979** 988; *Brand/Fett* NStZ **1998** 507, 508; *Roxin* AT II § 30 Rdn. 267; *Maurach/Gössel/Zipf* AT 2 § 41 Rdn. 175; *Sch/Schröder/Eser/Bosch* Rdn. 70; *Stratenwerth/Kuhlen* AT § 11 Rdn. 94.

**930** BGH NJW **1969** 1073, 1074; *Kindhäuser/Hilgendorf* LPK-StGB Rdn. 57; *Zaczyk* NK Rdn. 82; wohl hinsichtlich des fehlgeschlagenen Versuchs **aA** *Maiwald* FS Wolff 337, 338, 340, auch Fn. 4, der jedoch nicht erläutert, welche Sachverhalte er unter die Kategorie des fehlgeschlagenen Versuchs subsumiert.

**931** Vgl. *Kühl* AT § 16 Rdn. 87.

**932** Vgl. BGHSt **31** 46, 50; BGH NJW **1973** 632 f; *Maiwald* FS Wolff 337, 347; *Jäger* SK Rdn. 99; *Sch/Schröder/Eser/Bosch* Rdn. 71; zum passiven Verhalten als ernsthaftes Bemühen im Rahmen des § 49a a. F. BGH GA **1974** 243.

**933** So auch KG Berlin v. 25.6.2012 – (1) 161 Ss 68/12 (7/12); *Maurach/Gössel/Zipf* AT 2 § 41 Rdn. 178, 173 f; *Sch/Schröder/Eser/Bosch* Rdn. 71; *SSW/Kudlich/Schuhr* Rdn. 47; *Zaczyk* NK Rdn. 86; mittelbar ebenfalls BGH NStZ **1984** 116.

**934** KG Berlin v. 25.6.2012 – (1) 161 Ss 68/12 (7/12).

**935** So *Maiwald* FS Wolff 337, 352 f; ihm beipflichtend *Roxin* AT II § 30 Rdn. 273, der allerdings darauf hinweist, dass es sich bei dem Bemühen durch Unterlassen „i. d. R. um Fälle des § 31 II, nicht des § 24 I 2" handelt; *Lackner/Kühl/Kühl* Rdn. 20; *Kühl* AT § 16 Rdn. 86.

zu der bei § 24 Abs. 1 Satz 1 Alt. 2 geführten Auseinandersetzung um die den Erfolg verhindernde Handlung deutlich (vgl. ausführlich oben Rdn. 314 ff).

389 **Mindesterfordernisse** sind jedenfalls, dass der Täter eine **Tätigkeit** entfaltet (Rdn. 386 f), die nach seiner Vorstellung **geeignet** ist, die Tatvollendung zu verhindern. Damit ist zugleich vorausgesetzt, dass der Täter davon ausgeht, sein Verhalten könne zur Herbeiführung des Verhinderungserfolgs **kausal** werden. Verschiedentlich wurde angenommen, ein ernsthaftes Bemühen i. S. von § 24 Abs. 1 Satz 2 liege bereits bei Erfüllung dieser Erfordernisse vor.[936] Eine **Beschränkung** der Anforderungen an das ernsthafte Bemühen auf diese Mindesterfordernisse kann freilich **nicht überzeugen**. Schon die Formulierung „ernsthaft" spricht dafür, halbherzige Rücktrittsbemühungen im Rahmen von § 24 Abs. 1 S. 2 nicht für ausreichend zu halten.[937] Vor allem aber können halbherzige Rücktrittsbemühungen nicht die Distanzierung von der Unrechtsmaxime zum Ausdruck bringen, die nach der ratio von § 24 die Strafaufhebung legitimiert.

390 Sind also jedenfalls **weitere Anforderungen** an das ernsthafte Bemühen zu stellen, so herrscht aber noch **Streit** vor allem über die Frage, welche **Intensität** die Rettungsbemühungen aufweisen müssen. Diese Frage kann sich ersichtlich nur stellen, wenn **mehrere Möglichkeiten der Erfolgsverhindung** bestehen, die **unterschiedlich zuverlässig** wirken. Unbestritten können auch objektiv relativ wenig zuverlässige Maßnahmen als ernsthaftes Bemühen anzusehen sein, wenn andere Maßnahmen nicht mehr zur Verfügung stehen. Es kann demnach ausreichen, wenn der Täter in der konkreten Situation nur noch die Zeit hat, dem Opfer eine Warnung vor einem Brand zuzurufen (BGH NStZ **2012** 28, 29). Ebenso kommt das „bloße Einlassen" des Notarztes grundsätzlich als ernsthaftes Bemühen in Betracht, wenn es sich „objektiv und aus Sicht des Angeklagten als die bestmögliche Maßnahme zur Rettung des Tatopfers" darstellt (BGH NStZ-RR **2010** 276, 277).

391 Dabei beschränkt die **h. M.** die Pflicht auf das Ergreifen solcher **Rettungsmöglichkeiten**, die der Täter als solche **erkannt** bzw. sich **vorgestellt** hat; eine Prüfungspflicht wird überwiegend abgelehnt (näher Rdn. 397 ff).[938]

392 **(1) Die Rechtsprechung.** Die Rechtsprechung[939] bleibt hinsichtlich der zu stellenden Anforderungen an die Auswahl unter mehreren Rettungsmöglichkeiten **uneinheitlich** und mitunter auch **unklar**. In zahlreichen Entscheidungen hat der BGH ein ernsthaftes Bemühen nur dann bejaht, wenn der Täter das aus seiner Sicht geeignetste und beste Rettungsmittel eingesetzt hat, er mithin die seines Erachtens bestehenden Erfolgsabwendungsmöglichkeiten „ausschöpft".[940] Damit wird ein optimales Rettungsbemühen verlangt. Diese Anforderungen werden zum Teil – oftmals in unklarer Weise – relativiert. So liegt es, wenn in der gleichen Entscheidung sowohl

---

**936** So *Grünwald* FS Welzel 701, 715, Fn. 38, auch wenn er sich in weiten Teilen auf § 24 Abs. 2 bezieht; ähnlich auch *Lenckner* FS Gallas 281, 297 f.

**937** *Lilie/Albrecht* LK[12] Rdn. 338; *Maurach/Gössel/Zipf* AT 2 § 41 Rdn. 175 f.

**938** So etwa BGH NStZ-RR **2000** 42 f; BGH bei Holtz MDR **1978** 985; BGH bei Holtz MDR **1978** 279; BayObLG NStZ-RR **1997** 6, 7; *Ambos* HK-GS Rdn. 20; *Lilie/Albrecht* LK[12] Rdn. 340 ff; *Gores* S. 189 ff; *Lackner/Kühl/Kühl* Rdn. 20; *Jäger* SK Rdn. 99; *Sch/Schröder/Eser/Bosch* Rdn. 71; *Fischer* Rdn. 36; *Roxin* AT II § 30 Rdn. 281 f; *Zaczyk* NK Rdn. 85. **AA** *Arzt* GA **1964** 1, 2 ff; *Bottke* Strafrechtswissenschaftliche Methodik S. 533 ff; *Jakobs* AT 26/22; *Vogler* LK[10] Rdn. 140 f.; auch *Otto* JK **1986** § 24/11, der auf eine „individuell-objektive Beurteilung" zurückgreifen will.

**939** Überblick bei *Koch-Schlegtendal* S. 154 ff.

**940** BGHSt **33** 295, 302; BGH NStZ-RR **2018** 137; BGH NStZ **2012** 28, 29; BGH NStZ-RR **2010** 276, 277; BGH NStZ **2008** 239; BGH NStZ **2008** 508, 509; BGH NStZ-RR **2000** 41, 42; BGH NStZ-RR **1997** 193 f; BGH bei Holtz MDR **1992** 15, 16; BGH StV **1992** 62, 63; BGHR § 24 Abs. 1 Satz 2 Bemühen 1; BGH StV **1982** 467; BGH bei Holtz MDR **1978** 279; BayObLG NStZ-RR **1997** 6, 7; siehe auch BGH NJW **2002** 3719 und BGH 2 StR 251/02 v. 20.12.2002, wo der 2. Strafsenat ausdrücklich darauf hinweist, dass „die Anforderungen an ein ‚ernsthaftes Bemühen' i. S. von § 24 I 2 StGB" bei § 24 Abs. 1 Satz 1 Alt. 2 nicht gelten sollen; anders insoweit ausdrücklich BGHSt **31** 46, 49, wo der 1. Strafsenat noch ausführt, dass sich „an den Anforderungen, die an das auf Erfolgsvereitelung gerichtete Tun des Täters im Zeitpunkt seiner Entfaltung zu stellen sind" bei § 24 Abs. 1 Satz 2 im Vergleich zu § 24 Abs. 1 Satz 1 Alt. 2 nichts ändere.

„notwendige" als auch „bestmögliche" Rettungsmaßnahmen verlangt werden[941] oder gefordert wird, dass der Täter alles tun muss, „was in seinen Kräften steht und was – zumindest nach seiner Überzeugung – zur Erfolgsabwendung erforderlich ist".[942] Es bleibt unklar, in welchem Verhältnis die einerseits geforderte „bestmögliche" bzw. unter Ausschöpfung aller Kräfte zu leistende Rettungsmaßnahme zu den andererseits genannten Kriterien der „Notwendigkeit" bzw. „Erforderlichkeit" steht. Tendenziell dürften mit letzteren Begriffen niedrigere Anforderungen zum Ausdruck gebracht sein.[943] In anderen Entscheidungen hat der BGH explizit niedrigere Anforderungen gestellt, nämlich die bloße Eignung für ausreichend gehalten und darauf hingewisen, dass die Möglichkeit, objektiv besser geeignete Rettungsmöglichkeiten zu ergreifen, ein ernsthaftes Bemühen nicht ausschließe.[944] Dabei trägt es auch nicht zur Klärung bei, wenn der BGH (NStZ **2012** 28, 29) im Anschluss an die Formulierung, dass der Täter alles tun müsse, was in seinen Kräften steht, anfügt, dass „nicht bereits ein irgendwie geartetes Bemühen" ausreiche. Es führt auch nicht weiter, wenn es sodann heißt, dass sich das Bemühen „in der Vorstellung des Täters als ein Abbrechen des in Gang gesetzten Kausalverlaufs" darstellen müsse – das sind ersichtlich Selbstverständlichkeiten, die deutlich hinter der geforderten „Bestleistung" zurückbleiben. Eindrücklich zeigen sich die Unklarheiten auch in der Entscheidung BGH NStZ-RR **2010** 276, 277, wo neben der Forderung, dass der Täter „alles tut, was in seinen Kräften steht und nach seiner Überzeugung zur Erfolgsabwendung erforderlich ist",[945] verlangt wird, „dass er die aus seiner Sicht ausreichenden Verhinderungsmöglichkeiten ausschöpft".[946] Die Forderung, „ausreichende Verhinderungsmöglichkeiten" auszuschöpfen, steht in einem unklaren Verhältnis zu der Forderung, alles zu tun, was in den Kräften des Täters steht. Noch undurchsichtiger werden die Überlegungen des BGH durch eine **Differenzierung** nach der Art des durch den Versuch **bedrohten Rechtsguts**: Stehe ein Menschenleben auf dem Spiel, so seien „hohe Anforderungen zu stellen. Der Täter muss sich um die bestmögliche Maßnahme bemühen" (BGH NStZ-RR **2018** 137, 138; BGH NStZ-RR **2010** 276, 277). Diese Ausführungen implizieren eine nicht nachvollziehbare Unterscheidung zwischen dem Erfordernis, alles in den Kräften stehende zu tun und einer Steigerung dieser Anforderungen, wenn ein Menschenleben auf dem Spiel steht.[947] Auf der anderen Seite hat der BGH (NStZ-RR **2000** 42, 43) es aber im Rahmen eines versuchten Tötungsdelikts ausreichen lassen, dass der Täter sein Bemühen für „geeignet" gehalten hat.

**(2) Das Erfordernis optimaler Rettungsbemühungen.** Auch in der **Literatur** ist die Auffassung verbreitet, dass der Täter optimale Rettungsbemühungen erbringen müsse.[948] Dafür wird insbesondere der **Wortlaut** von § 24 Abs. 1 S. 2 geltend gemacht, der höhere Anforderungen an 393

941 BGH NStZ-RR **2000** 41, 42.

942 BGH NStZ-RR **1997** 193, 194; ähnlich BGHSt **33** 295, 302; BGH NStZ **2012** 28, 29; BGH StV **1983** 513; BGH bei Holtz MDR **1978** 279; BGH bei Holtz MDR **1992** 15, 16: der Täter habe alles tun müssen, „was in seinen Kräften stand, er musste die aus seiner Sicht ausreichenden Verhinderungsmöglichkeiten ausschöpfen".

943 In diesem Sinn auch *Lilie/Albrecht* LK[12] Rdn. 340.

944 BGH NStZ-RR **2000** 42, 43.

945 Ebenso BGH NStZ **2012** 28, 29.

946 Ähnlich KG Berlin v. 25.6.2012 – (1) 161 Ss 68/12 (7/12), das von dem Erfordernis der Erbringung einer konkreten Rücktrittsleistung spricht, „die – jedenfalls aus seiner subjektiven Sicht – geeignet ist, die Vollendung der Tat mit hinreichender Sicherheit abzuwenden".

947 Das hat dann wohl bei *Wessels/Beulke/Satzger* Rdn. 1061 zu der Blüte geführt, dass das Ergreifen der „optimalsten" Rücktrittsmöglichkeiten zu fordern sei, wenn ein Menschenleben auf dem Spiel steht.

948 *Baumann/Weber/Mitsch/Eisele* § 23 Rdn. 49; *Herzberg* NJW **1989** 862, 864, 866; *Jäger* SK Rdn. 99; *Koch-Schlegtendal* S. 153 f; *Krey/Esser* AT Rdn. 1318; *Kudlich* JuS **1999** 349, 351; *Kühl* AT § 16 Rdn. 85; *Lackner/Kühl/Kühl* Rdn. 20; *Otto* AT § 19 Rdn. 51; *Roxin* AT II § 30 Rdn. 275; *Wege* S. 139; wohl auch *Römer* S. 58, 65 und MDR **1989** 945, 947; ungenau *Fischer* Rdn. 36. *Wessels/Beulke/Satzger* Rdn. 1061, verlangen das Ergreifen der „optimalsten" Rücktrittsmöglichkeiten, wenn ein Menschenleben auf dem Spiel steht.

die Handlung richte als der erfolgsbezogen formulierte § 24 Abs. 1 S. 1 Alt. 2 (vgl. dazu Rdn. 345). Weiterhin wird angenommen, dass gesteigerte Anforderungen an das Bemühen auch deshalb berechtigt seien, weil das Rücktrittsverhalten nach § 24 Abs. 1 S. 2, anders als das Verhindern nach § 24 Abs. 1 S. 1 Alt. 2, **keinen Erfolgswert** im Sinne eines Verhinderungserfolgs schaffe. Ein Verweis auf die **ratio** von § 24 liegt dann nahe, wenn der Verzicht auf optimale Rettungshandlungen in § 24 Abs. 1 S. 1 Alt. 2 als dem Wortlaut geschuldete, in der Sache aber nicht berechtigte Einschränkung interpretiert wird.

**394** Gegen das Erfordernis optimaler Rettungsbemühungen wird freilich auch **Kritik** erhoben: So wird gegen den Hinweis auf den Wortlaut geltend gemacht, dass man sich auch ernsthaft um etwas bemühen könne, „wenn man erkennt, dass es noch Erfolg versprechendere Verhaltensweisen gibt, man aber davon ausgeht, dass die gewählte Methode ausreichend ist, um das Ziel zu erreichen."[949] Auch sei weder unter general- noch unter spezialpräventiven Aspekte oder mit Blick auf einen vergeltenden Schuldausgleich und Belange des Opferschutzes zu fordern, dass der Täter zu dem ihm am sichersten erscheinenden Rettungsmittel greifen muss.[950] Diese **Einwände greifen nicht durch**: Richtig ist zwar, dass der Wortlaut eine Interpretation zulässt, wonach auch suboptimale Bemühungen ernsthaft sein können. Aber vom Wortlaut gefordert ist diese großzügige Auslegung nicht. Ist begrifflich auch möglich, optimale Bemühungen zu fordern, so tritt die ratio von § 24 Abs. 1 S. 2 in den Vordergrund. Insoweit ist es eine letztlich nicht fundierte und in der Sache zweifelhafte Behauptung, dass mit Blick auf die Strafzwecke auch suboptimale Bemühungen als Rücktrittsleistung ausreichen könnten. Denn solches Bemühen impliziert stets, dass der Täter ein Restrisiko zu Lasten des Rechtsguts belässt. Ob eine solches Bemühen tatsächlich keinen Raum für Resozialisierungsbedarf lässt und geeignet ist, den rechtserschütternden Eindruck zur Gänze zu beseitigen, bleibt zumindest zweifelhaft. Diese Unsicherheit ist freilich ein generelles Kennzeichen der präventiven Theorien und zeigt einmal mehr, dass die Annahme oder Verneinung präventiver Bedürfnisse eine Tendenz zur Beliebigkeit aufweist. Dunkel bleibt auch, weshalb Opferschutzgesichtspunkte dafür geltend gemacht werden, dass suboptimale Bemühungen ausreichen sollen. Denn § 24 Abs. 1 S. 2 betrifft eine Situation, in der ohnedies keine Gefahr (mehr) für das Opfer besteht.

**395** **(3) Das Erfordernis hinreichender Rettungsbemühungen.** Schließlich findet sich in der **Literatur eine Auffassung**, die im Einklang mit einem Teil der Rechtsprechung, das **Erfordernis optimalen Bemühens relativiert** (vgl. Rdn. 392) und ein ernsthaftes Bemühen dann annehmen will, wenn der Täter solche Maßnahmen ergreift, die ihm „geeignet, aber auch erforderlich erscheinen, damit der tatbestandliche Erfolg nicht eintritt".[951] Der Täter müsse unter mehreren Möglichkeiten die ergreifen, „die seines Erachtens notwendig ist, den Erfolg mit hinreichender Sicherheit und Wahrscheinlichkeit zu verhindern".[952] Mit dem Erfordernis einer **„hinreichenden Sicherheit"** der Erfolgsverhinderung aus Tätersicht wird ersichtlich eine normative Begrenzung eingeführt. So soll es die Annahme eines ernsthaften Bemühens nicht ausschließen, wenn der Täter „nicht auf ihm objektiv noch offen stehende bessere Maßnahmen zurückgegriffen hat,

---

**949** *Lilie/Albrecht* LK[12] Rdn. 339; *Zaczyk* NK Rdn. 61, 84; vgl. auch *Fischer* Rdn. 36.

**950** *Lilie/Albrecht* LK[12] Rdn. 339.

**951** *Lilie/Albrecht* LK[12] Rdn. 340, die sich insoweit in Einklang sehen mit BGHSt **31** 46, 49 f; **33** 295, 302 mit insoweit zustimmender Anm. *Roxin* JR **1986** 424, 427 und *Otto* JK **1986** § 24/10; BGH NJW **1986** 1001, 1002; BGH bei Holtz MDR **1980** 453; *Ambos* HK-GS Rdn. 20 f; *Hoffmann-Holland* MK Rdn. 145 f; *Maurach/Gössel/Zipf* AT 2 § 41 Rdn. 175 f; *Sch/Schröder/Eser/Bosch* Rdn. 71; *Wessels/Beulke/Satzger* Rdn. 1061 (mit der Forderung des Ergreifens optimaler Rettungsbemühungen, wenn ein Menschenleben auf dem Spiel steht); *Zaczyk* NK Rdn. 85. Dem zustimmend *Hoffmann-Holland* MK Rdn. 145 f.

**952** *Lilie/Albrecht* LK[12] Rdn. 341; BGHSt **31** 46, 49 f; BGH NJW **1986** 1001, 1002; *Maurach/Gössel/Zipf* AT 2 § 41 Rdn. 175; *Sch/Schröder/Eser/Bosch* Rdn. 71; *Zaczyk* NK Rdn. 85. Vgl. auch *SSW/Kudlich/Schuhr* Rdn. 48, die dem Täter die Wahl der „zweitbesten", aber deutlich weniger aufwendigen oder weniger gefährlichen Rettungshandlung offenhalten wollen.

selbst wenn er sie erkannt hat".[953] Dagegen soll es nicht ausreichen, wenn es der Täter bewusst dem Zufall überlässt, ob der Erfolg verhindert wird oder nicht: „Greift er zu unsicheren Maßnahmen, obwohl er sieht bzw. davon ausgeht, dass ihm geeignetere Mittel zur Verfügung stehen, oder macht er sich insoweit keine Gedanken, bemüht er sich nicht ernsthaft um Erfolgsverhinderung."[954]

Die **Kritik** dieser Auffassung muss zunächst deren offenkundige **Unklarheit** feststellen: 396
Verzichtet der Täter auf das Ergreifen einer besser geeigneten Maßnahme, so kann dies letztlich niemals etwas anderes heißen, als dass er dem Zufall in vermeidbarer Weise Raum gibt. Der blasse und konturlose Begriff der „hinreichenden Sicherheit" der Erfolgsverhinderung kann die Last der Grenzziehung zwischen erlaubtem Restrisiko und unerlaubtem Zufall ersichtlich nicht tragen. Zutreffend gesehen ist von dieser Auffassung allerdings der grundsätzliche Bedarf nach einer Normativierung (näher Rdn. 397 ff).

**(4) Optimale Rettungsbemühungen als individuelle Pflichterfüllung. Richtigerweise** ist 397
zunächst die **weithin konsentierte Auffassung zu hinterfragen**, dass sich die Anforderungen an das ernsthafte Bemühen ohne weiteres daran orientieren sollen, welche Rettungsmöglichkeiten sich der Täter **tatsächlich vorgestellt** und wie er deren Erfolgsaussichten beurteilt hat. Dabei ist zunächst darauf hinzuweisen, dass die h. M. die verbal betonte Bedeutung der Tätervorstellung häufig praktisch letztlich nicht durchhält, sondern objektive Anforderungen formuliert, ohne dabei auf die Tätervorstellung Rücksicht zu nehmen. So liegt es etwa, wenn pauschal ein ernsthaftes Bemühen abgelehnt wird, wenn ein Täter die Rettung des Opfers Dritten überlässt und sich anschließend nicht davon überzeugt, dass die Dritten die notwendigen Rettungsmaßnahmen tatsächlich ergreifen.[955] Die Frage, ob der Täter unzulängliche Rettungshandlungen der Dritten auch nur in Erwägung gezogen hat, wird hier regelmäßig gar nicht gestellt. Es wird also – letztlich zutreffend – eine Pflicht zur Kontrolle des Rettungsverlaufs postuliert.

Ausschlaggebend für die Beurteilung der Qualität eines Rücktrittsverhaltens muss – wie 398
stets (Rdn. 45 ff) – sein, dass der Täter sich überzeugend von der **Unrechtsmaxime distanziert**, die er in seinem Versuchsverhalten manifestiert hat. Das Rücktrittsverhalten muss also geeignet sein, die Distanzierung in interpersonal akzeptabler Weise zum Ausdruck zu bringen.[956] Ob dies der Fall ist, hängt nicht ohne weiteres und allein davon ab, welche Vorstellungen sich der Täter hinsichtlich der Möglichkeiten der Abwendung der vorgestellten Gefahr macht, sondern auch davon, welche Vorstellungen er sich machen muss, also welche **rechtlichen Pflichten** ihn auf der Grundlage seiner Vorstellungen treffen. Denn der Täter, der nach seiner Vorstellung eine zur Herbeiführung des Erfolges taugliche Handlung vorgenommen hat, steht in der Pflicht, sich unter Aufbietung der ihm abzuverlangenden und möglichen Sorgfalt darum zu bemühen, dass sich das zumindest aus seiner Sicht fortbestehende Risiko nicht realisiert. Seine Pflicht ist nicht darauf begrenzt, ihm zufällig in den Sinn kommende Maßnahmen zu ergreifen, sondern er ist im Interesse des Schutzes der (nach seiner Vorstellung) bedrohten Rechtsgüter dazu verpflichtet, seine intellektuellen Kräfte zu aktivieren.

Auch insoweit ist auf die **Parallele zu den unechten Unterlassungsdelikten** zu verweisen 399
(Rdn. 343):[957] Ein Täter, der mit dem Entschluss zur Verletzung einer Garantenpflicht in das

953 *Lilie/Albrecht* LK[12] Rdn. 347.

954 *Lilie/Albrecht* LK[12] Rdn. 341; BGHSt **33** 295, 301 f; **31** 46, 49; BGH NStZ-RR **1997** 193, 194; im Ergebnis auch *Gores* S. 209 f; *Römer* S. 60; *Jäger* SK Rdn. 99.

955 *Jäger* SK Rdn. 99.

956 Zu Objektivierungen kann auch eine generalpräventiv an der Beseitigung des rechtserschütternden Eindrucks orientierte Interpretation von § 24 Abs. 1 S. 2 gelangen; in diesem Sinne etwa *Bottke* Strafrechtswissenschaftliche Methodik S. 534 ff. Es reflektiert die mangelnde Klarheit des Begründungsansatzes, wenn *Roxin* AT II § 30 Rdn. 281 vom gleichen Ausgangspunkt die Maßgeblichkeit der Tätervorstellung annimmt.

957 Vgl. auch *Baumann/Weber/Mitsch/Eisele* § 23 Rdn. 49.

Versuchsstadium eines Unterlassungsdelikts eingetreten ist, hat das (nach seiner Vorstellung) geschaffene Risiko ihm Rahmen seiner Möglichkeiten zu beseitigen. Als Ingerenzgarant hat er grundsätzlich die rechtlich missbilligt geschaffene Gefahrenlage soweit zu beseitigen, dass allenfalls noch erlaubte Restrisiken verbleiben. Welche Anforderungen insoweit an ihn zu stellen sind, hängt selbstverständlich nicht davon ab, welche Rettungsmöglichkeiten ihm zufällig gerade einfallen. Vielmehr obliegt es ihm, im Rahmen seiner individuellen Möglichkeiten sorgfältig zu prüfen, welche Rettungsmaßnahmen zuverlässig alle Risiken beseitigen, die in seinen Verantwortungsbereich fallen. Kommt er dieser Obliegenheit nicht nach, so bleibt sein Verhalten bezogen auf die verbleibenden Risiken, die er sorgfaltsgemäß zu beseitigen hätte, pflichtwidrig. Wie beim Unterlassen kommt ihm aber die allgemeine Grenze der Unzumutbarkeit zugute, so dass ihm kein Verhalten abverlangt werden kann, dass ihn in eine Notstandslage im Sinne von § 35 bringen würde.[958]

**400** Vor dem Hintergrund dieser Pflichtenlage wäre es nach der **ratio von § 24** nicht schlüssig, die rechtspflichtverletzende Aufrechterhaltung einer Gefahrenlage zugleich als überzeugende Manifestation einer Distanzierung von der Unrechtsmaxime im Rahmen von § 24 Abs. 1 S. 2 zu interpretieren. Denn der Täter, der durch sein suboptimales Bemühen zugleich seine nachlässige Einstellung gegenüber den durch sein Versuchsverhalten (nach seiner Vorstellung) bedrohten Rechtsgütern zum Ausdruck bringt, leistet gerade nicht die zu fordernde überzeugende Abkehr von der Unrechtsmaxime.[959]

**401** Maßgeblich für die zu fordernden Rücktrittsbemühungen ist danach nicht nur die Tätervorstellung, sondern auch, welche Maßnahmen der Täter bei Erfüllung seiner Prüfungsobliegenheit ergreifen muss. Dabei ist freilich einem Bedarf nach **Differenzierung** Rechnung zu tragen, der sich daraus ergibt, dass die Formulierung objektivierbarer Pflichten bei einer nur vorgestellten Gefahrenlage nicht immer gelingen kann. Möglich wird sie regelmäßig sein, wenn der Täter zunächst tatsächlich eine Gefahr geschaffen hat, von deren nachträglicher Beseitigung er keine Kenntnis erlangt hat (objektiv fehlgeschlagener Versuch). Auch bein untauglichen Versuch kann ein objektiver Sorgfaltsmaßstab an die Rücktrittshandlung anzulegen sein, wenn bei Zugrundelegung der Tätervorstellung tatsächlich eine Gefahr bestünde.[960] Will beispielsweise der Täter das Opfer mit E 605 vergiften und verabreicht versehentlich einen ungefährlichen Stoff, so müssen sich die Anforderungen an ein ernsthaftes Bemühen daran orientieren, was der Täter bei Aufbietung der ihm möglichen Sorgfalt bei einer E 605-Vergiftung leisten müsste. Resultiert die Ungefährlichkeit dagegen aus einer Verkennung von Naturgesetzen, hält also der Täter z. B. einen völlig ungiftigen Stoff für lebensgefährlich, so fehlt jeder objektive Maßstab, an dem die Sorgfaltsanforderungen entwickelt werden könnten. Hier können die Anforderungen an ein ernsthaftes Bemühen also nur auf der Grundlage der Tätervorstellung bestimmt werden. Weiterhin muss die Tätervorstellung dort maßgeblich sein, wo der Täter *selbst* die bei sorgfältiger Prüfung zu fordernden Rücktrittsbemühungen für unzureichend hält und davon ausgeht, dass größere Anstrengung zur Erfolgsverhinderung erforderlich sind. Hier bringt der Täter seine Abkehr von der Unrechtsmaxime nur dann überzeugend zum Ausdruck, wenn er die auf der Grundlage seiner Vorstellungen erforderliche Rettungshandlung vornimmt.

**402** Hinsichtlich der **materiellen Anforderungen** an ein ernsthaftes Rettungsbemühen ist ebenfalls an die Pflichtenlage zu erinnern, die denjenigen trifft, der zumindest nach seiner Vorstellung eine Gefahrenlage für ein Rechtsgut pflichtwidrig geschaffen hat. Die Pflicht ist darauf gerichtet, die geschaffene Gefahrenlage soweit wie möglich zu beseitigen. Es gibt keinen Anlaß,

---

**958** Vgl. *SSW/Kudlich/Schuhr* Rdn. 48; *Roxin* FS Lenckner 267, 281.

**959** Es geht also – entgegen *Lilie/Albrecht* LK[12] Rdn. 351 ff – nicht um eine Gegenüberstellung von vorgestellter und tatsächlicher Eignung. Eine tatsächliche Eignung könnte im Rahmen eines untauglichen oder objektiv fehlgeschlagenen Versuchs nicht verlangt werden. Es lassen sich aber vielfach (zum Differenzierungsbedarf Rdn. 341) Sorgfaltsanforderungen an ein Rücktrittsverhalten bei einer – nach Vorstellung des Täters – gegebenen Sachlage formulieren.

**960** **AA** *Maiwald* FS Wolff 337, 345 f.

hinter diesen Anforderungen im Rahmen von § 24 Abs. 1 S. 2 zurückzubleiben. Denn eine vollständige Distanzierung von der Unrechtsmaxime bringt der Täter nur dann zum Ausdruck, wenn er seine Pflichten im verletzten Rechtsverhältnis vollständig erfüllt, also die Maßnahmen ergreift, die sowohl gemäß den an ihn zu richtenden Sorgfaltsanforderungen (*Herzberg* MK[1] Rdn. 174) als auch nach seiner Vorstellung die Gefahr zuverlässig beseitigen. Auszugehen ist danach im Grundsatz von dem Erfordernis **optimalen Rettungsbemühens.** Dabei bedarf es allerdings einer Präzisierung: Das ernsthafte Bemühen muss stets nur soweit auf die Beseitigung der Gefahr gerichtet sein, wie den Täter eine Verantwortung hierzu trifft. Erlaubte Restrisiken muss er nicht beseitigen. Weiterhin sollten – wie beim Verhindern nach § 24 Abs. 1 S. 1 Alt. 2 auch (Rdn. 357) – die Anforderungen an das ernsthafte Bemühen mit Blick auf den situativen Druck, in dem sich der Täter befindet, nicht übersteigert werden.

**(5) Grob unverständige und abergläubische Rettungsbemühungen.** Die hier vertretene Auffassung, wonach der Täter die ihm individuell möglichen, gemessen an seiner objektiven Pflichtenlage und an seinen Vorstellungen optimalen Rettungsbemühungen entfalten muss, erlaubt auch eine angemessene Behandlung der Fälle, in denen der Täter evident unzureichende oder gar abergläubische Bemühungen entfaltet. Soweit es den Einsatz von Mitteln betrifft, die der Täter **grob unverständig als tauglich** einstuft, liegt es in der Logik der h. M., ein ernsthaftes Bemühen anzuerkennen, sofern der Täter das Mittel für (hinreichend) geeignet zur Erfolgsverhinderung hält.[961] Das muss selbst dann gelten, wenn der Täter grob nachlässig verkennt, dass weitaus effizientere Maßnahmen zur Erfolgsverhinderung in Betracht kommen. Es ist aber nicht einzusehen, weshalb ein solches Verhalten, mit dem der Täter offensichtlich seine Pflichten gegenüber dem aus seiner Sicht angegriffenen Rechtsverhältnis weiterhin verletzt, als überzeugende Distanzierung von der Unrechtsmaxime zu interpretieren sein soll. Dabei bedeutet ein Ausschluss der Rücktrittswirkung bei grob unverständigen Bemühungen entgegen *Maiwald* (FS Wolff 337, 344) nicht, dass der Täter „gleichsam wegen seiner Dummheit bestraft würde". Denn der objektive Maßstab muss für den Täter stets auch individuell erfüllbar sein (vgl. Rdn. 340). Wenn sich das Recht also mit grob unverständigen Rücktrittsbemühungen nicht zufrieden gibt, so wird mit den an den Täter zu stellenden Anforderungen nur sichergestellt, dass der Täter als in rechtliche Pflichten eingebundene Person ernst genommen, also gerade nicht als dumm behandelt wird. Ist er dagegen tatsächlich nicht in der Lage, die Qualität des gewählten Rettungsmittels zutreffend einzuschätzen, so hat er das in seiner Macht stehende unternommen, um seine Abkehr von der Unrechtsmaxime zu demonstrieren. In diesem Fall ist demnach ein ernsthaftes Rettungsbemühen anzuerkennen. 403

Schwer tut sich die h. M. mit der Behandlung **abergläubischen Rücktrittsverhaltens.** Hier wird ganz überwiegend angenommen, dass ein solches nicht als ernsthaftes Bemühen anzuerkennen sei.[962] Zur Begründung wird teilweise darauf verwiesen, dass jedes Bemühen die Chance der Erfolgsabwendung erhöhen müsse – was offensichtlich nicht mit der Prämisse kompatibel ist, dass es auf die Eignung nach der Tätervorstellung ankomme.[963] Andere verweisen darauf, dass der Einsatz irrealer Methoden rechtlich ohne Bedeutung sei, weil sie „von niemandem ernst genommen werden" (*Roxin* AT II § 30 Rdn. 283). Auch damit wird ein Perspektivwechsel von der Tätervorstellung auf die Vorstellung der anderen Mitglieder der Rechtsgemeinschaft vorgenommen. Zudem wird häufig damit argumentiert, dass die Irrelevanz irrealer Rettungsbemü- 404

**961** So *Maiwald* FS Wolff 337, 346; *Roxin* AT II § 30 Rdn. 283; *Zaczyk* NK Rdn. 87. **AA** *Koch-Schlegtendal* S. 164 ff; *Oberhofer* S. 285.

**962** *Sch/Schröder/Eser/Bosch* Rdn. 71; *Hoffmann-Holland* MK Rdn. 149; *Jäger* SK Rdn. 99; *Koch-Schlegtendal* S. 162 f; *Kühl* AT § 16 Rdn. 86; *SSW/Kudlich/Schuhr* Rdn. 48; *Maiwald* FS Wolff 337, 346; *Oberhofer* S. 285; *Roxin* AT II § 30 Rdn. 283; *Zaczyk* NK Rdn. 87. **AA** *Lenckner* FS Gallas 281, 298 Fn. 43.

**963** Anschaulich *Sch/Schröder/Eser/Bosch* Rdn. 71.

hungen gewissermaßen die Kehrseite der Straflosigkeit des abergläubischen Versuchs sei.[964] Diese Argumentation greift freilich allenfalls dann, wenn der abergläubische Versuch schon kein Unrecht darstellt,[965] nicht aber dann, wenn er – zutreffend – lediglich die Strafbedürftigkeit betrifft (dazu § 22 Rdn. 247). Insgesamt gelingt es der h. M. von ihrem subjektivierenden Ansatz aus nicht, die Irrelevanz abergläubischer Rücktrittsbemühungen überzeugend zu begründen. Akzeptiert man dagegen die Maßgeblichkeit objektiver Sorgfaltsanforderungen und deren individuelle Erfüllbarkeit für das ernsthafte Bemühen, so ist klar, dass der Täter hier praktisch immer in der Lage wäre, etwa zur Verfügung stehende reale Mittel zur Erfolgsabwendung als solche zu erkennen. Umgekehrt muss aber auch gelten: Ist der Täter nach seinen persönlichen Kenntnissen und Fähigkeiten schlechterdings nicht in der Lage, die Ineffizienz seiner abergläubischen Bemühungen zu erkennen, so ist es sachgerecht, hierin ein ernsthaftes Bemühen zu erblicken. Denn der Täter hat das in seiner Macht stehende getan und damit seine Distanzierung von der Unrechtsmaxime in der ihm bestmöglichen Weise demonstriert. Würde man dies nicht anerkennen wollen, so würde der Täter hier tatsächlich „wegen seiner Dummheit bestraft“.[966]

405 **ee) Beginn des ernsthaften Bemühens.** **Umstritten** ist, wie weit ein auf Verhinderung der Vollendung gerichtetes Verhalten **gediehen sein muss**, damit ein ernsthaftes Bemühen vorliegt.[967] Dabei folgt schon aus dem Erfordernis, dass der Täter eine Tätigkeit entfalten muss (Rdn. 386 f), dass es jedenfalls nicht genügt, wenn er für sich den Entschluss gefasst hat, rettend tätig zu werden[968] oder dies erklärt hat.[969]

406 *Hoffmann-Holland* (MK Rdn. 152) befürwortet das Vorliegen eines ernsthaften Bemühens bereits dann, wenn der Täter **„sorgfaltsgemäß begonnen“** hat, den Verhinderungsentschluss umzusetzen, indem er sich etwa auf den Weg zurück zur Unfallstelle macht oder sich in Richtung der Apotheke begibt, um das lebensrettende Medikament zu besorgen. *Roxin* (AT II § 30 Rdn. 272) kommt letztlich zum gleichen Ergebnis mit der Begründung, dass es für ein Bemühen ausreichen müsse, wenn der Täter Handlungen vornimmt, die aus seiner Sicht „die **Chance der Erfolgsabwendung erhöhen**“. Eine solche Vorverlagerung des ernsthaften Bemühens **überzeugt** aber schon deshalb **nicht**, weil der Täter hier zwar ein Vorhaben begonnen hat, dessen weitere Ausführung aber noch ganz in seinem Belieben liegt.[970] Daran ändert sich – entgegen *Linke* S. 239 ff – nichts deshalb, weil der Täter gegenüber Dritten seine Intention zu erkennen gegeben hat. Ob daraus, dass sich der Täter auf den Weg zum Unfallort bzw. zur Apotheke begibt, bei (unterstellter) Gefahrenlage eine Verbesserung der Rettungschancen für das Opfer folgt, hängt davon ab, ob der Täter seinen Entschluss letztlich auch durchhalten wird. Für ein etwaiges Opfer liegt hier nur eine blasse Hoffnung. Die Praxis verweist auch darauf, dass sich der Täter auf den gefassten Entschluss, helfen zu wollen, „herausreden“ könne.[971]

407 Häufig wird in Analogie zum Versuchsbeginn verlangt, der Täter müsse zu seinem ernsthaften Bemühen zumindest **„unmittelbar angesetzt“** haben.[972] Dann genügt es jedenfalls nicht,

---

**964** *Maiwald* FS Wolff 337, 346.

**965** Auch insoweit kritisch *Lenckner* FS Gallas 281, 298 Fn. 43.

**966** *Maiwald* FS Wolff 337, 344 im Kontext des grob unverständigen Rücktrittsverhaltens.

**967** Eingehend *Hoffmann-Holland* MK Rdn. 150 ff.

**968** Vgl. BGH NJW **1973** 632, 633; *Sch/Schröder/Eser/Bosch* Rdn. 71.

**969** *Roxin* AT II § 30 Rdn. 268.

**970** Deshalb kommt *Zaczyk* NK Rdn. 89, der ebenfalls die Eröffnung einer Rettungschance für das ausschlaggebende Kriterium hält, auch zu völlig anderen Ergebnissen.

**971** BGH NJW **1973** 632, 633. Gegen dieses Argument verweist *Roxin* AT II § 30 Rdn. 270 zutreffend darauf, dass es materielles Recht und Prozessrecht vermengt.

**972** *Jäger* SK Rdn. 99; *Jakobs* AT 26/22; *Kühl* AT § 16 Rdn. 87; ähnlich *Sch/Schröder/Eser/Bosch* Rdn. 71.

wenn der Täter sich auf den Weg zur Telefonzelle begibt.[973] Ein unmittelbares Ansetzen liege aber vor, wenn der Täter die Nummer des Notarztes wählt.[974] Gegen diese Übertragung der Grundsätze zur Abgrenzung von Vorbereitung und Versuch wird **kritisch** geltend gemacht, dass dies zum einen nicht dem Wortlaut Rechnung trage und zum anderen die Regeln zum Versuchsbeginn einem gänzlich anderen Zweck dienen, nämlich der Strafbegründung, nicht der Strafaufhebung.[975] Tatsächlich erscheint auch die Orientierung an dem Kriterium des unmittelbaren Ansetzens nicht ganz treffend.[976] Denn der Täter muss sich um das Verhindern der Tatvollendung bemühen, nicht nur zu einem solchen Bemühen unmittelbar ansetzen.

**Überzeugend** erscheint es deshalb, vom Täter ein Verhalten zu verlangen, mit dem er nicht 408
nur seinem Willen zu künftiger Rettungstätigkeit Ausdruck verleiht, sondern bereits Aktivitäten entfaltet, mit denen er auf der Grundlage seiner Vorstellung bereits eine **Rettungschance eröffnet** hat.[977] Nur wenn der Täter aus seiner Sicht das rettende Geschehen bereits in Gang gesetzt hat, ist aus einem unverbindlichen Vorhaben ein wirkmächtiger Entschluss geworden. Er muss also entweder die Rettungshandlung bereits vorgenommen oder – bei mehraktigen Rettungsgeschehen – zumindest mit dem ersten Akt begonnen haben.[978] Erst damit hat er sich – entsprechend der ratio des § 24 (Rdn. 45 ff) – überzeugend von der im Versuch manifestierten Unrechtsmaxime distanziert. Wenn demgegenüber für diese enge Interpretation des ernsthaften Bemühens mitunter auf die Eindruckstheorie verwiesen[979] und gefordert wird, das der Täter „die Handlungsreihe, die den Erfolg abwenden soll, bereits in einer Weise in Gang gesetzt hat, die sein Vorhaben **nach außen** hin **eindeutig** erkennen lässt",[980] kann dies schon deshalb nicht den entscheidenden Punkt treffen, weil sich gerade beim untauglichen Versuch mitunter weder der Sinn des Versuchsgeschehens noch korrespondierender Rücktrittsbemühungen einer äußeren Betrachtung erschließt. Zudem greift der grundsätzliche Einwand, dass – wie stets bei der Eindruckstheorie – keinesfalls ausgemacht ist, welches Bemühen zur Beseitigung eines rechtserschütternden Eindrucks geeignet ist.

Zur Straflosigkeit genügen deshalb weder allein der **Gang zur Telefonzelle**[981] noch das 409
erfolglose **Wählen der Telefonnummer**,[982] wenn der Täter nach einem beendeten versuchten Totschlag den Rettungsdienst alarmieren will. Notwendig ist vielmehr, dass der Täter **Kontakt** mit der Leitstelle **aufgenommen** hat. Ist das Telefon der Telefonzelle, aus der er nach einem beendeten versuchten Totschlag den Notarzt herbeirufen will, einschließlich des automatischen Notrufs defekt, muss er andere, ihm möglich erscheinende auf Erfolgsverhinderung gerichtete Maßnahmen ergreifen, z. B. Anwohner informieren oder aber Autos anhalten und die Insassen um die Benutzung eines Telefons bitten.[983]

---

**973** BGH NJW **1973** 632, 633; *Kühl* AT § 16 Rdn. 87; auch *Sch/Schröder/Eser/Bosch* Rdn. 71 (genüge nicht „ohne weiteres").

**974** *Kühl* AT § 16 Rdn. 87; *Sch/Schröder/Eser/Bosch* Rdn. 71. Dazu kritisch *Roxin* AT II § 30 Rdn. 271, da der Anruf beim Arzt lediglich versuchte Anstiftung sei. Das verkennt allerdings, dass der Täter mit der Benachrichtigung des Notarztes seine Pflichten im Rahmen von § 24 Abs. 1 S. 2 erfüllt hat. Bezugspunkt des unmittelbaren Ansetzens ist also die Benachrichtigung, nicht das nachfolgende Tätigwerden des Notarztes.

**975** *Lilie/Albrecht* LK[12] Rdn. 355; *Hoffmann-Holland* MK Rdn. 151 f.

**976** *Zaczyk* NK Rdn. 89.

**977** BGHSt **31** 46, 48 ff; BGH NStZ **1999** 300, 301; BGH StV **1999** 211, 212; BGH StV **1992** 62, 63; BGH NJW **1990** 3219; BGH bei Holtz MDR **1978** 985; BGH NJW **1973** 632, 633; *Lilie/Albrecht* LK[12] Rdn. 355; *Gores* S. 199 f; *Zaczyk* NK Rdn. 89.

**978** Dabei wird nicht verkannt, dass bei diesen Anforderungen der Täter häufig bereits vor Beginn eines etwaigen ernsthaften Bemühens das Scheitern seines Versuchs erkennt und damit ein Rücktritt ausgeschlossen ist, worauf Roxin AT II § 30 Rdn. 271 zutreffend hinweist. Eine unangemessene Vorverlagerung des strafbefreienden Rücktritts legitimiert sich daraus nicht.

**979** *Lilie/Albrecht* LK[12] Rdn. 354.

**980** *Lilie/Albrecht* LK[12] Rdn. 354; BGH NJW **1973** 632, 633; KG Berlin v. 25.6.2012 – (1) 161 Ss 68/12 (7/12).

**981** So auch BGH NJW **1973** 632 f; *Kühl* AT § 16 Rdn. 87; *Zaczyk* NK Rdn. 89.

**982** *Zaczyk* NK Rdn. 89; **aA** *Kühl* AT § 16 Rdn. 87; *Sch/Schröder/Eser/Bosch* Rdn. 71.

**983** Vgl. BGH bei Holtz MDR **1978** 985; **kritisch** insoweit *Maiwald* FS Wolff 337, 354 f.

410 Auch wenn die Täterin eines beendeten versuchten Betrugs, die einen Scheck durch Täuschung erworben und ihn an das zuständige Postgiroamt weitergeleitet hat, durch einen Anruf versuchen will, die Bearbeitung des Schecks und damit den Schadenseintritt zu verhindern, bemüht sie sich nicht ernsthaft um Erfolgsverhinderung, wenn **niemand an das Telefon geht**. Das gilt nicht nur dann, wenn sie zu einem Zeitpunkt anruft, zu dem damit zu rechnen ist, niemanden zu erreichen (so wohl BayObLG NStZ-RR **1997** 6, 7), sondern auch, wenn ein Telefonversuch erfolglos bleibt. Denn hier sind weitere Anstrengungen zu unternehmen. Informiert sie aber später ihren Vorgesetzten über ihr Verhalten, kann darin ein ernsthaftes Bemühen um Erfolgsverhinderung liegen, wenn sie davon ausgeht und ausgehen darf, dass dieser Maßnahmen einleiten wird, die den (vorgestellten) Schadenseintritt zuverlässig verhindern.

411 Dabei steht es einem ernsthaften Bemühen **nicht entgegen**, wenn der Täter bereits zu einem **früheren Zeitpunkt hätte tätig werden können** (und ihm dann noch aussichtsreichere Rettungsmöglichkeiten zur Verfügung gestanden hätten; vgl. Rdn. 349).[984] Fährt der Täter, nachdem er in seiner Asylantenwohnanlage Feuer gelegt hat, mit dem Fahrrad zur Stadtverwaltung, um dort einen Mitarbeiter über seine Tat zu informieren und zu bitten, Feuerwehr und Polizei zu benachrichtigen, so liegt zwar noch kein ernsthaftes Bemühen darin, dass er sich auf den Weg gemacht hat. Bezogen auf den Zeitpunkt der Ankunft in der Stadtverwaltung wird man es aber als ernsthaftes Bemühen ansehen können, wenn er dem dortigen Bediensteten von seiner Brandlegung Kenntnis gibt (BGH NStZ-RR **2000** 42, 43).

412 **ff) Rücktrittsentschluss und Ernsthaftigkeit.** Auch der Rücktritt nach § 24 Abs. 1 S. 2 setzt voraus, dass der Täter einen **Rücktrittsentschluss** gefasst hat. Ein solcher liegt nur vor, wenn das Bemühen tatsächlich auf Erfolgsabwendung gerichtet ist. Daran fehlt es insbesondere, wenn das Bemühen nur zum Schein erfolgt, der Täter etwa in Wahrheit davon ausgeht, dass Rettungsbemühungen ohnedies sinnlos sind (BGH NStZ **2008** 329 f).[985] In solchen Konstellationen fällt es freilich schon schwer, von einem „Bemühen" zu sprechen (Rdn. 381). Es steht einem Rücktrittsentschluss aber nicht entgegen, wenn sich der Täter „auch von anderen Motiven als dem der Erfolgsverhinderung hat leiten lassen" (BGH NStZ-RR **2000** 42, 43); die Erfolgsverhinderung muss also nicht das einzige Motiv des Handelnden sein.[986] Auch wenn der Täter versucht, gleichzeitig seine Tat geheim zu halten, kann er sich ernsthaft um Erfolgsverhinderung bemühen.[987]

413 Die Auswahl der Kriterien, die darüber entscheiden sollen, ob der Rücktrittsentschluss von **Ernsthaftigkeit** getragen ist, ist mit den Unklarheiten belastet, die hier bereits im Rahmen des „Bemühens" erörtert wurden (Rdn. 388 ff). Wird die Qualität des Rücktrittsverhaltens allein am Maßstab der Tätervorstellung bestimmt, so ist die Frage, ob der Täter die – je nach vertretener Auffassung – „optimale", „ausreichende" oder „geeignete" Maßnahme erbracht hat, danach zu beantworten, ob der Täter selbst den Maßnahmen die geforderte Qualität zuschreibt.[988] Die objektive Bemühenshandlung ist dann gleichsam nur noch ein Spiegel der subjektiven Ernsthaftigkeit, d. h. sie erfüllt die Anforderungen, wenn der Täter ein auf der Grundlage seiner Beurteilung ernsthaftes Bemühen tatsächlich zeigt und erfüllt sie nicht, wenn der Täter dahinter zurückbleibt.[989] Vom **hier vertretenen Standpunkt** ist umgekehrt vorzugehen: An das Bemühen

---

**984** BGH NStZ-RR **2000** 42, 43; *Lilie/Albrecht* LK[12] Rdn. 348.

**985** *Hoffmann-Holland* MK Rdn. 147.

**986** BGH NStZ-RR **2000** 42, 43; BGH bei Holtz MDR **1992** 15, 16; BGH NStZ **1989** 525.

**987** BGH bei Holtz MDR **1992** 15, 16; BGH NJW **1986** 1001, 1002 mit Anm. *Roxin* JR **1986** 424, 427; *Hoffmann-Holland* MK Rdn. 147.

**988** Vgl. etwa die Ausführungen bei *Sch/Schröder/Eser/Bosch* Rdn. 71 f, in denen objektive und subjektive Anforderungen verschwimmen.

**989** Beispiel für ein solches Zurückbleiben hinter der selbst für erforderlich gehaltenen Rettungshandlung BGHSt **31** 46, 49 f.

sind objektive Anforderungen zu stellen. Der Täter muss – unter Berücksichtigung seiner individuellen Fähigkeiten – die auf der Grundlage der vorgestellten Gefahrenlage sorgfaltsgemäße – d. h.: optimale – Rettungshandlung vornehmen. Bleibt er dahinter zurück, so fehlt es bereits am objektiven Bemühen (freilich *auch* an der Ernsthaftigkeit). Ernsthaftigkeit liegt dagegen vor, wenn der Täter auch subjektiv davon ausgeht, die optimale Rettungshandlung vorzunehmen. Für einen Rücktrittsausschluss (*erst*) aufgrund fehlender subjektiver Ernsthaftigkeit bleiben danach nur Fälle, in denen der Täter zwar objektiv die erforderliche Bemühenshandlung erbracht hat, dabei aber subjektiv angenommen hat, diese sei suboptimal (siehe schon Rdn. 401).

**gg) Freiwilligkeit.** Wie auch bei den anderen Formen des Rücktrittsverhaltens nach § 24 Abs. 1 muss der Täter beim ernsthaften Bemühen um Erfolgsverhinderung **freiwillig** handeln. Insoweit ist auf die obigen Ausführungen (Rdn. 232 ff, 367 f) zu verweisen. Der Freiwilligkeit des ernsthaften Bemühens um Erfolgsabwendung steht nicht entgegen, dass die Tat objektiv bereits entdeckt ist,[990] wenn der Täter davon keine Kenntnis oder die Entdeckung ihn in seiner Entscheidung nicht beeinträchtigt hat. Kehrt der Täter an den Tatort zurück und stellt überrascht fest, dass sein Opfer noch lebt und er zur Tatverschleierung nur die Möglichkeit sieht, die Hausbewohner herbeizurufen, ist sein Bemühen um Erfolgsverhinderung auch dann fremdbestimmt, wenn er dadurch Rettungsmöglichkeiten eröffnet (BGH bei Holtz MDR **1992** 15, 16). 414

**hh) Kasuistik.** Unstreitig reicht es **nicht** aus, wenn der Täter auch auf der **Grundlage seiner eigenen Vorstellungen** deutlich hinter den Anforderungen an ein effizientes Rettungsbemühen **zurückbleibt.** So genügt es nicht, wenn der Täter eines beendeten versuchten Totschlags die Wunde nur mit Kleidung abdeckt, obwohl er erkennt, dass eine professionelle Wundversorgung im Krankenhaus notwendig ist (BGH bei Holtz MDR **1978** 279). Geht der Täter selbst von der Unzulänglichkeit seiner Bemühungen aus, so manifestiert er seine Distanzierung zur Unrechtsmaxime selbst dann nicht, wenn er damit den objektiv auf der Grundlage seiner Vorstellungen zu stellenden Anforderungen genügt (Rdn. 401). 415

Nichts Anderes gilt, wenn der Täter bei seinen Rettungsbemühungen feststellt, dass das **bisherige Vorgehen unzureichend** ist. Er hat dann aber, solange aus seiner Sicht die Vollendung noch droht, weiter die Möglichkeit, die zu fordernden Anstrengungen im Sinne eines ernsthaften Bemühens zu erbringen.[991] 416

Hat der Täter das von ihm zu fordernde ernsthafte Bemühen geleistet, so steht einem strafbefreienden Rücktritt gem. § 24 Abs. 1 Satz 2 nicht entgegen, wenn er **danach erfährt**, dass der Erfolg bereits von dritter Seite abgewendet wurde bzw. gar nicht eintreten konnte.[992] 417

Die h. M., die ein ernsthaftes Bemühen annehmen will, wenn der Täter selbst von dessen Eignung zur Erfolgsabwendung ausgegangen ist, akzeptiert es als Rücktrittsverhalten nach § 24 Abs. 1 S. 2, wenn das dem Opfer verabreichte Gegengift lediglich nach **Vorstellung des Täters** den Tod abzuwenden vermag (*Zaczyk* NK Rdn. 87).[993] Dem kann nach den vorstehenden Überlegungen (Rdn. 397 ff) in dieser Allgemeinheit **nicht gefolgt werden**: Die Distanzierung von der Unrechtsmaxime vollzieht sich nicht schon darin, dass sich der Täter nachlässig irgendwelche Vorstellungen hinsichtlich der Wirksamkeit eines Gegengifts macht, sondern es ist vom Täter zu verlangen, dass er sich im Rahmen seiner individuellen und situativen Möglichkeiten hin- 418

**990** BGH NStZ **1999** 300, 301; BGH StV **1993** 189; BayObLG NStZ-RR **1997** 6, 7.
**991** BGHSt **33** 295, 302; BGH bei Holtz MDR **1978** 985; *Gores* S. 206; *Maurach/Gössel/Zipf* AT 2 § 41 Rdn. 175; *Jäger* SK Rdn. 99; *Zaczyk* NK Rdn. 88.
**992** *Jäger* SK Rdn. 99; *Sch/Schröder/Eser/Bosch* Rdn. 71; *Zaczyk* NK Rdn. 89.
**993** *Lilie/Albrecht* LK[12] Rdn. 353; *Baumann/Weber/Mitsch/Eisele* § 23 Rdn. 39, 47; *Lackner/Kühl/Kühl* Rdn. 20; *Kühl* AT § 16 Rdn. 86; *Maiwald* FS Wolff 337, 346 f; *Roxin* AT II § 30 Rdn. 283; *Jäger* SK Rdn. 99; *Sch/Schröder/Eser/Bosch* Rdn. 71; *Zaczyk* NK Rdn. 87.

sichtlich dessen Potenz vergewissert. Das läuft nicht darauf hinaus, ein ernsthaftes Bemühen nur dann anzuerkennen, wenn das verabreichte Gegengift das Opfer tatsächlich gerettet hätte.[994] Denn die Stellungnahme des Täters zur Unrechtsmaxime muss von den Erwartungen ausgehen, die berechtigter- und zumutbarerweise an ihn gestellt werden können. Ein objektiv taugliches Gegengift muss er also nur dann verabreichen, wenn er individuell in der Lage ist, dessen Eignung zu beurteilen.

**419** Ein ernsthaftes Bemühen kann in der **Hinzuziehung von Dritten** liegen;[995] vielfach wird die Hinzuziehung Dritter geradezu geboten sein. Freilich ist insoweit danach zu **differenzieren**, ob der Täter professionelle Retter hinzuzieht, die im Rahmen ihres Aufgabenbereichs tätig werden, oder Private.[996] Soweit sich der Täter an **professionelle Retter** wendet, kann er sich in aller Regel darauf verlassen, dass diese die erforderlichen Maßnahmen einleiten und der Täter selbst durch die Einschaltung dieser Personen den optimalen Beitrag geleistet hat. Informiert er also etwa nach einem beendeten versuchten Totschlag den Notarzt oder die Polizei, ist darin in aller Regel ein ernsthaftes Bemühen um Erfolgsverhinderung zu sehen (BGHR § 24 Abs. 1 Satz 2 Bemühen 2; zum Erfordernis etwaiger flankierender Maßnahmen Rdn. 420). Für ausreichend wird man es auch halten können, wenn der Täter eine (auch von ihm für fachkundig gehaltene) Heilerziehungspflegerin auffordert, dem Opfer zu helfen und einen Notarzt zu rufen, unabhängig davon, dass er die Rettungsbemühungen der Pflegerin tatkräftig unterstützt (BGHR § 24 Abs. 1 Satz 2 Bemühen 3). Der Täter muss die Qualität der Tätigkeit professioneller Einsatzkräfte nicht überwachen, denn es liegt außerhalb seines Verantwortungsbereichs und regelmäßig auch außerhalb seiner Fähigkeiten zu kontrollieren, ob der Notarzt im erforderlichen Ausmaß seinen beruflichen Aufgaben nachkommt. Entsprechend kann auch beim Einsatz von Feuerwehrleuten nicht verlangt werden, dass der Täter kontrolliert, ob die Rettungskräfte auch die „richtigen" Maßnahmen ergreifen.[997]

**420** Auch bei der Hinzuziehung professionelle Helfer ist allerdings sicherzustellen, dass die betreffenden Personen den **Ort**, an dem sie tätig werden müssen, auch **tatsächlich erreichen** (vgl. BGH NJW **1986** 1001, 1002). So muss der Täter sicherstellen, dass der Arzt den Verletzten auch wirklich vorfindet. Das kann es bei einer schwer zu findenden Adresse oder einem größeren Mehrfamilienhaus erforderlich machen, dass der Täter das Eintreffen des Arztes abwarten oder er ihm die Tür öffnen muss, wenn der Verletzte dazu nicht mehr in der Lage ist. Betätigt er nach einer Inbrandsetzung nur den **Feuermelder**, ohne sicher zu sein und ohne sicher sein zu können, ob dadurch auch wirklich direkt die Feuerwehr alarmiert wird, darf er es nicht dem Zufall überlassen, ob die Feuerwehr rechtzeitig zum Tatort kommen kann (BGH NStZ-RR **1997** 193, 194). Weiter muss der Täter dafür sorgen, dass die Helfer die **Informationen erhalten**, die sie für eine optimale Ausübung ihrer Tätigkeit benötigen. Dazu gehört nicht die Nennung seines Namens.[998] Ob der Täter nach einer Brandstiftung in einer Kirche angeben muss, an welcher Stelle der Kirche sich der Brandherd befindet, hängt davon ab, ob diese Information nach sachgerechter und dem Täter nachvollziehbarer Beurteilung von mehr als nur unerheblicher Relevanz für die Brandbekämpfung ist.[999] Dabei kommt insbesondere der Größe des Gebäudes Bedeutung zu, da bei einem großen und unübersichtlichen Gebäude die Entdeckung des Brandherdes eine gewisse Zeit in Anspruch nehmen kann.[1000] Aber

---

**994** Mit diesem Standpunkt kontrastieren *Lilie/Albrecht* LK[12] Rdn. 353 die von ihnen bevorzugte Maßgeblichkeit der Tätervorstellung.

**995** BGHSt **33** 295, 302; BGH NStZ-RR **2010** 276, 277.

**996** Vgl. *Zaczyk* NK Rdn. 91.

**997** **AA** aber wohl BGH NStZ-RR **1997** 193, 194 unter Berufung auf BGH NStZ **1986** 27 und BGH 4 StR 642/96 v. 20.2.1997.

**998** **AA** wohl BGH NStZ **1986** 27.

**999** BGH NStZ **1986** 27 hält die Information für erforderlich, wobei sich die Entscheidung in erster Linie auf die tätige Reue i.S. von § 310 a.F. bezieht und auf § 24 Abs. 1 Satz 2 nur am Rande Bezug genommen wird; dagegen *Lilie/Albrecht* LK[12] Rdn. 344.

**1000** *Lilie/Albrecht* LK[12] Rdn. 344.

auch die anzunehmende Größe des Brandherdes spielt eine Rolle, da die Gefahr besteht, dass ein kleinerer Brandherd der Aufmerksamkeit entgehen kann.[1001] Ebenso muss der Täter, nachdem er das Opfer seines Erachtens lebensgefährlich mit Tötungsvorsatz verletzt hat, dem Notarzt die Informationen zukommen lassen, die für eine Rettung notwendig erscheinen (*Zaczyk* NK Rdn. 91). Welche Informationen im Einzelfall zu fordern sind, hängt davon ab, inwieweit die Rettungskräfte für ein erfolgreiches Tätigwerden auf diese Informationen angewiesen sind. Soweit zeitliche Verzögerungen durch fehlende Auskünfte die Erfolgsaussichten der Rettungsmaßnahmen verschlechtern, kann ein ernsthaftes Bemühen auch erfordern, dass der Täter bei Stich- und Stoßverletzungen Auskunft über die beigebrachten Verletzungen und das verwendete Tatwerkzeug gibt.[1002] Auch wenn der Arzt zur Einhaltung der erforderlichen Sorgfalt verpflichtet ist, sich selbst ein fachkundiges Bild über die Verletzung zu machen, kann ihm dies doch leichter fallen und auch zügiger vonstattengehen, wenn er zuvor bereits Informationen über die beigebrachten Verletzungen erhält. Das liegt auf der Hand, wenn die Ursache der Lebensgefährdung für den hinzugezogenen Notarzt nur schwer erkennbar ist, etwa bei Vergiftungen.[1003]

Bei zur Rettung hinzugezogenen **nicht berufsbedingt Beteiligten**, einschließlich des Op- 421
fers, kann nicht mit gleicher Selbstverständlichkeit davon ausgegangen werden, dass solche Personen zur Vornahme optimaler Rettungshandlungen gewillt und in der Lage sind. Vor allem aber geht die Verantwortung auf solche Personen nicht über; es bleibt also grundsätzlich Sache des Täters, die Rettung sicherzustellen. Demnach hat sich der Täter genau zu **vergewissern**, ob die privaten Helfer die erforderlichen Maßnahmen auch ergreifen.[1004] Ausreichend ist deshalb nicht, dass er Dritte auffordert, nach einem von ihm begangenen beendeten versuchten Totschlag Polizei und Feuerwehr zu alarmieren, er aber nicht sicherstellt, dass diese seiner Bitte auch tatsächlich nachkommen.[1005]

## IV. Rücktritt vom Versuch bei Tatbeteiligung mehrerer (§ 24 Absatz 2)

### 1. Sinn und Bedeutung dieser Regelung

Ist ein versuchtes Delikt strafbar, haftet ein daran Beteiligter nach den allgemeinen Täter- 422
schafts- bzw. Teilnahmegrundsätzen. Gem. § 24 Abs. 2 erlangt er aber Straffreiheit, wenn er selbst freiwillig die Vollendung der Tat verhindert (§ 24 Abs. 2 Satz 1 – dazu unten Rdn. 452 ff) oder sich freiwillig und ernsthaft um die Verhinderung der Vollendung bemüht, falls die Tat ohne sein Zutun nicht vollendet wird (§ 24 Abs. 2 Satz 2 Alt. 1 – dazu unten Rdn. 491 ff) oder unabhängig von seinem früheren Tatbeitrag begangen wird (§ 24 Abs. 2 Satz 2 Alt. 2 – dazu unten Rdn. 509 ff).[1006]

§ 24 Abs. 2 regelt damit die Voraussetzungen des bis 1975 nicht speziell normierten Rück- 423
tritts vom versuchten Delikt, wenn an diesem mehrere beteiligt sind.[1007] Das Gesetz legt in § 24 Abs. 2 den Beteiligten im Hinblick auf ihre als Täterschaft oder Teilnahme strafbare Mitwirkung

**1001** So lag es im Fall BGH NStZ **1986** 27.
**1002** BGHR § 24 Abs. 1 Satz 2 Bemühen 1; dazu kritisch *Lilie/Albrecht* LK[12] Rdn. 349.
**1003** *Lilie/Albrecht* LK[12] Rdn. 349.
**1004** BGHSt **33** 295, 302; BGH NStZ-RR **2010** 276, 277; NStZ-RR **2000** 41 f; BGH bei Holtz MDR **1992** 15, 16; BGHR § 24 Abs. 1 Satz 2 Bemühen 3; BGH NJW **1986** 1001, 1002; *Kühl* AT § 16 Rdn. 85; *Maurach/Gössel/Zipf* AT 2 § 41 Rdn. 176; *Zaczyk* NK Rdn. 91.
**1005** BGH NStZ-RR **2000** 41, 42; BGHSt **33** 295, 302; BGH bei Holtz MDR **1992** 15, 16; genau differenzierend BGHR § 24 Abs. 1 Satz 2 Bemühen 3; vgl. auch BGH StV **1997** 244.
**1006** Zur historischen Entwicklung *Linke* S. 1 ff; zur Rechtsvergleichung (Österreich, Schweiz, Frankreich, Belgien, Großbritannien, USA) *Linke* S. 27 ff.
**1007** Rechtsvergleichend *Jescheck* ZStW **99** (1987) 141 ff; zur Auslegung bis 1975 vgl. *Vogler* LK[10] Rdn. 153 unter Bezugnahme auf *Busch* LK[9] § 46 Rdn. 43 ff; vgl. auch RGSt **38** 223, 225; **47** 358, 361; **54** 177, 178; **55** 105, 106; **59** 412, 413; **62** 405, 406; **70** 293, 295; BGH NJW **1951** 410.

ein **über die Anforderungen von § 24 Abs. 1 hinausgehendes Erfolgsabwendungsrisiko** auf und orientiert sich bei den Voraussetzungen für die strafbefreiende Wirkung von § 24 Abs. 2 in erster Linie am Verwirklichungsgrad der Haupttat und nur unwesentlich am Erfüllungsgrad des persönlichen Anteils des Beteiligten an der Tat. Für den strafbefreienden Rücktritt des Tatbeteiligten reicht die Neutralisierung des eigenen Tatbeitrags nicht immer aus. Erforderlich ist vielmehr, dass der Zurücktretende die Vollendung der Haupttat verhindert oder, wenn der tatbestandliche Erfolg ohne sein Zutun nicht eintritt bzw. die Tat unabhängig vom eigenen Tatbeitrag vollendet wird, sich freiwillig und ernsthaft um die Verhinderung der Tatvollendung bemüht.

**424** Zur **Begründung** der gesteigerten Anforderungen wird auf die **erhöhte Gefährlichkeit bei der Tatbeteiligung mehrerer** hingewiesen. Deshalb dürfe auch derjenige nicht einfach untätig bleiben, der seine Tatbeteiligung einstellt, während die anderen Tatbeteiligten weiter handeln.[1008] Nur vor dem Hintergrund, „dass aus einem Geflecht von Tatbeiträgen mehrerer eine größere Tatkraft resultiert als beim Handeln eines einzelnen" (*Zaczyk* NK Rdn. 94), begründet sich aber nicht ohne weiteres die mit § 24 Abs. 2 verbundene Haftungsverschärfung.[1009] Diese trifft nämlich in besonderer Weise denjenigen, der lediglich einen untergeordneten Beitrag geleistet hat.[1010] Gerade für einen unbedeutenden Gehilfen in untergeordneter Rolle, dessen Tatbeitrag ersetzbar ist, kann es besonders schwierig werden, die Vollendung der Haupttat wirksam zu verhindern. In diesen Fällen liegt in der Norm des § 24 Abs. 2 eine besondere **Härte.**[1011]

**425** Diese Konstellation zeigt schon die Schwierigkeiten, die von § 24 Abs. 2 ausgehen, und rechtfertigt in Teilbereichen die umfangreiche **Kritik** an der gesetzgeberischen Konzeption der Vorschrift, die teilweise soweit geht, dass verfassungsrechtliche Bedenken erhoben werden. Die Vorschrift ist hinsichtlich des Anwendungsbereichs unklar, inhaltlich schwer durchdringbar und gilt allgemein als wenig gelungene Regelung, die sowohl die Praxis als auch die Wissenschaft vor viele Einzelfragen stellt.[1012] Trotz der geäußerten Kritik ist die **gesetzgeberische Entscheidung zu respektieren.**[1013] Es bleibt dem Gesetzgeber überantwortet, die Frage zu entscheiden, unter welchen Voraussetzungen der Beteiligte der Unrechtsmaxime, deren Geltung er mit seinem versuchsrelevanten Verhalten manifestiert hat, in überzeugender Weise widerspricht. Dabei ist zu berücksichtigen, dass jede Form der Beteiligung in der Regel ein Element wechselseitiger psychischer Einflussnahme enthält und die Unrechtsmaxime – auch wenn der äußere Beitrag zurückgenommen wird – dadurch eine fortwirkende Bestätigung erhalten hat. Auch wenn es übersteigert wäre, damit stets eine auch nach Rückgängigmachung des eigenen Tatbeitrags verbleibende psychische Bestärkung zu bejahen (mit der Folge, dass allenfalls ein „Teilrücktritt" in Betracht käme),[1014] spricht diese Einflussnahme doch dafür, mehr als nur die Neutralisierung des eigenen Tatbeitrags zu verlangen. Wichtiger noch als diese eher psychologisierende Überlegung ist eine normative: Der Beteiligte hat mit seinem Beitrag nicht nur eine auf diesen begrenzte Unrechtsmaxime zum Ausdruck gebracht, sondern er hat **zur Tatbegehung**

---

**1008** Vgl. E 1962 Begr. S. 146; BT-Drucks. V/4095 S. 12; siehe auch *Fischer* Rdn. 40; *Gores* S. 232; *Gropp* AT § 9 Rdn. 180; *Maurach/Gössel/Zipf* AT 2 § 50 Rdn. 57.

**1009** Gegenüber § 24 Abs. 2 insoweit **kritisch** *Grünwald* FS Welzel 701, 706 ff; *Jescheck/Weigend* § 51 VI 3, Fn. 60; *Köhler* AT S. 542 ff; *Krey/Esser* AT Rdn. 1325; *Lenckner* FS Gallas 281, 295 ff, 305 f; *Meyer* ZStW **87** (1975) 598, 619; *Roxin* FS Lenckner 267, 278 f; *ders.* JuS **1973** 329, 332; *ders.* AT II § 30 Rdn. 331 ff; *Sch/Schröder/Eser/Bosch* Rdn. 73 f; *Stratenwerth/Kuhlen* AT § 12 Rdn. 168; *Walter* S. 133 ff; *ders.* JR **1976** 100 ff. *Herzberg* NJW **1991** 1633, 1639 f hält die Vorschrift für völlig überflüssig; differenzierend *Haft* JA **1979** 306, 311.

**1010** Vgl. *Zaczyk* NK Rdn. 102.

**1011** Vgl. *Walter* S. 134; auch *Lenckner* FS Gallas 281, 294.

**1012** Insoweit **kritisch** u. a. *Grünwald* FS Welzel 701 ff; *Herzberg* NJW **1991** 1633, 1639; *Hoffmann-Holland* MK Rdn. 154 f; *Krey/Esser* AT Rdn. 1321, 1325; *Mitsch* FS Baumann 89, 90 ff; *Sch/Schröder/Eser/Bosch* Rdn. 74; *Walter* S. 133. *Lenckner* FS Gallas 281, 293 und *Roxin* FS Lenckner 267, 278 f, auch Fn. 27 sprechen sich bei bestimmten Fällen, in denen es dem Beteiligten nicht gelingt, den tatbestandichen Erfolg zu verhindern, für eine Strafmilderungs- bzw. Strafabsehungsregelung aus.

**1013** *Lackner/Kühl/Kühl* Rdn. 26; *Roxin* AT II § 30 Rdn. 335; *Zaczyk* NK Rdn. 94.

**1014** Vgl. *Sch/Schröder/Eser/Bosch* Rdn. 99; *Hoffmann-Holland* MK Rdn. 183.

**insgesamt Stellung bezogen**, also auch zu den Beiträgen der anderen Beteiligten. Er hat seine Befürwortung der Tat zum Ausdruck gebracht, so dass es nicht fern liegt, auch eine auf die Tat in ihrer Gesamtheit bezogene Manifestation des Dementi zu verlangen.[1015]

## 2. Der von § 24 Abs. 2 erfasste Personenkreis

Unabhängig davon, ob der Rücktritt vom Versuch auf der Schuldebene verortet oder wie hier **426** als persönlicher Strafaufhebungsgrund (vgl. ausführlich Rdn. 49 ff) verstanden wird, folgt bereits aus dem Wortlaut des § 24 Abs. 2, dass der Rücktritt **nur** dem Tatbeteiligten zugutekommt, der in **eigener Person** zurücktritt.[1016] So haften Anstifter oder Gehilfen, wenn sie nicht selbst entsprechend § 24 Abs. 2 zurücktreten, wegen ihrer Beteiligung an der versuchten Straftat unabhängig von der Straflosigkeit des Täters weiter.

**a) Der angestiftete oder unterstützte Alleintäter.** Der Rücktritt des **Alleintäters,** auch des **427** Nebentäters, richtet sich nach § 24 Abs. 1.[1017] Wie ausgeführt (Rdn. 55), richtet sich auch der Rücktritt vom versuchten Delikt eines Alleintäters, der **angestiftet worden** ist oder sich zur Tatausführung eines **Gehilfen bedient**, nach § 24 Abs. 1, unabhängig von der Tatsache, dass an der Tat mehrere beteiligt sind. Der Wortlaut lässt freilich auch Spielraum für die Auffassung, wonach in solchen Fällen § 24 Abs. 2 anzuwenden sei.[1018] In den praktischen Ergebnissen dürfte das deshalb keinen Unterschied machen, weil die Befürworter einer Anwendung von § 24 Abs. 1 zu Recht darauf verweisen können, dass die generell erhöhten Anforderungen an das Verhindern nach Abs. 2 für den angestifteten oder unterstützten Alleintäter keine gegenüber den Voraussetzungen des Abs. 1 gesteigerten konkreten Anforderungen begründen können. Auch wenn mehrere Beteiligte die „Verwirklichungskraft" steigern (*Zaczyk* NK Rdn. 96), ist für die Abgrenzung von § 24 Abs. 1 und 2 nach Beteiligungsformen letztlich nicht maßgeblich, wer an dieser Kraft Anteil hat, sondern wer sie unabhängig von den anderen Beteiligten bändigen kann, weil die Ausführung ganz in seiner Hand liegt. Das ist der Alleintäter unabhängig davon, ob er die Tat auf Aufforderung eines Anstifters begeht oder für seine Tatausführung auf Unterstützung zurückgreifen kann. Es ist deshalb auch nicht nötig, dass man „in das ‚Verhindern' des Abs. 2 die Rücktrittsvoraussetzungen des Abs. 1" hineinliest (so der vermittelnde Vorschlag von *Zaczyk* NK Rdn. 96).

**b) Mittäter.** Dagegen richten sich bei Mittätern die Voraussetzungen des Rücktritts vom ver- **428** suchten Delikt ohne Einschränkung nach **§ 24 Abs. 2.**[1019] Teilweise wird für die Fälle, dass einer der Mittäter die Vollendung allein beherrscht (so *Loos* Jura **1996** 518, 519),[1020] der Versuch unbeendet ist (*Krey/Esser* AT Rdn. 1330) oder dem Rücktritt ein gemeinsamer Entschluss zugrunde liegt (so *Sch/Schröder/Eser/Bosch* Rdn. 73; *Baumann/Weber/Mitsch/Eisele* § 23 Rdn. 54)[1021] § 24 Abs. 1 angewendet. Eine solche Abgrenzung ist jedoch schon im Einzelfall schwierig. Zudem umfasst die Strafbarkeit wegen mittäterschaftlich begangenen Handelns

---

**1015** Ähnliche Argumentation auf der Basis der Eindruckstheorie bei *Sch/Schröder/Eser/Bosch* Rdn. 102.

**1016** Vgl. auch BGHSt **4** 172, 179; RGSt **56** 209, 211; *Fischer* Rdn. 37, 44; *Gropp* AT § 9 Rdn. 180; *Jäger* SK Rdn. 100; *Sch/Schröder/Eser/Bosch* Rdn. 73; *Zaczyk* NK Rdn. 97.

**1017** BGH NStZ **2010** 690, 691.

**1018** So *Haft* AT S. 248 ff; *Herzberg* NJW **1991** 1633, 1638; *Hoffmann-Holland* MK Rdn. 161; *Kudlich* JuS **1999** 449; *Kühl* AT § 20 Rdn. 263; *Lackner/Kühl/Kühl* Rdn. 25; *Weber* Jura **1983** 544, 547; *Zaczyk* NK Rdn. 96.

**1019** BGH VRS **101** (2001) 113, 114; *Maurach/Gössel/Zipf* AT 2 § 41 Rdn. 1; *Zaczyk* NK Rdn. 96.

**1020** *Dorn-Haag* JA **2016** 674, 676. Kritisch *Linke* S. 87 f.

**1021** Dagegen *Linke* S. 89 f.

eine gegenseitige Zurechnung der vom gemeinsamen Tatplan erfassten einzelnen Tatbeiträge. Dem ist auch beim Rücktritt vom versuchten Delikt Rechnung zu tragen, was nur über § 24 Abs. 2 geschehen kann. Selbst wenn man das Rücktrittsverhalten unter Umständen gegenseitig zurechnen will (vgl. *Sch/Schröder/Eser/Bosch* Rdn. 73), wird diese Möglichkeit von § 24 Abs. 1 im Gegensatz zu § 24 Abs. 2 nicht eröffnet. Schließlich ist mit Blick darauf, dass die Neutralisierung des eigenen Tatbeitrags zur Strafbefreiung vom versuchten Delikt weder ausreichend noch notwendig sein muss, die Differenzierung zwischen unbeendetem und beendetem versuchten Delikt zumeist unerheblich.

429 **c) Mittelbare Täterschaft.** Zu notwendigen Differenzierungen und den Besonderheiten bei in mittelbarer Täterschaft begangenen versuchten Delikten ausführlich unten Rdn. 521 ff.

430 **d) Teilnehmer.** Auch der Rücktritt von am versuchten Delikt beteiligten Teilnehmern (Anstifter und Gehilfen) richtet sich generell nach **§ 24 Abs. 2.**[1022]

### 3. Rücktritt gem. § 24 Abs. 2 nur bei Beteiligung am versuchten Delikt

431 § 24 Abs. 2 ist vom Anwendungsbereich von vornherein begrenzt auf die tatbestandsmäßige, rechtswidrige und schuldhafte Beteiligung an einem versuchten Delikt.

432 **a) In das Versuchsstadium getretene Haupttat.** Das bedingt zunächst, dass die Haupttat aufgrund der Handlung des Beteiligten in das gem. §§ 22, 23 strafbare Versuchsstadium getreten sein muss. Da die Vorbereitung grundsätzlich straflos ist bzw. der Gesetzgeber nur für Einzelfälle ausdrückliche Regelungen erlassen hat, entsteht erst mit dem Übergang in das Versuchsstadium für den Beteiligten eine Situation, in der er sich durch einen Rücktritt Straffreiheit von einem an sich strafbaren (bzw. strafbar gewordenen) Verhalten verdienen muss.[1023]

433 **aa) Ausschluss, wenn es nicht zum strafbaren Versuch kommt.** Damit ist eine Anwendbarkeit von § 24 Abs. 2 für die Fälle ausgeschlossen, in denen es überhaupt nicht zu einem strafbaren Versuch der Tat kommt. So stellt sich die Frage nach § 24 Abs. 2 nicht, wenn die Ehefrau ihren Mann nicht wie verabredet an den Ort, an dem dieser getötet werden soll, bringt (BGH GA **1974** 243), oder wenn der Kläger einen noch nicht benannten Zeugen um eine Falschaussage ersucht, im Prozessverlauf aber auf seine Benennung verzichtet (BGHSt **4** 200, 201).

434 **bb) Ausschluss, wenn sich der Tatbeitrag nicht im versuchten Delikt niederschlägt.** Auch wenn der vor Versuchsbeginn erbrachte Beitrag des Beteiligten sich im Versuch der Tat

---

**1022** *Krey/Esser* AT Rdn. 1327; *Linke* S. 95 f; *Maurach/Gössel/Zipf* AT 2 § 41 Rdn. 1; *Zaczyk* NK Rdn. 96; **aA** *Sch/Schröder/Eser/Bosch* Rdn. 73; *Baumann/Weber/Mitsch/Eisele* § 23 Rdn. 59, die auch insoweit den Anwendungsbereich von § 24 Abs. 1 eröffnet sehen, wenn dem Rücktritt aller Tatbeteiligten ein gemeinsamer Entschluss zugrunde liegt.

**1023** Vgl. nur *Angerer* S. 31 ff; *Fischer* Rdn. 38; *Ladiges* JuS **2016** 15, 16; *Lenckner* FS Gallas 281, 290; so ebenfalls *Freund/Rostalski* AT § 9 Rdn. 72; *Jakobs* AT 26/25; *Kölbel/Selter* JA **2012** 1, 2 f; *Krey/Esser* AT Rdn. 1328; *Kühl* AT § 20 Rdn. 263; *Lackner/Kühl/Kühl* Rdn. 28; *Roxin* FS Lenckner 267, 278; *Sch/Schröder/Eser/Bosch* Rdn. 79 f; *Vogler* ZStW **98** (1986) 331, 343.

nicht niederschlägt, wenn also der Beteiligte keinen fortwirkenden oder noch wirksam werdenden Tatbeitrag erbracht oder den Tatbeitrag bis zu diesem Zeitpunkt neutralisiert hat, so dass er sich nicht mehr auswirkt, ist der Anwendungsbereich von § 24 Abs. 2 nicht eröffnet (siehe noch Rdn. 443 ff).[1024]

Wenn der Haupttäter die Tat nicht aufgrund der an ihn gerichteten Tataufforderung begeht, **435** sondern einen davon unabhängigen Tatentschluss fasst (zur Konstellation des sog. „omnimodo facturus" vertiefend *SSW/Murmann* § 26 Rdn. 6), so beruht das versuchte Delikt nicht auf der Handlung des „Anstifters". Die Beteiligungshandlung ist gescheitert, so dass eine strafbare Beteiligung an der Haupttat von vornherein ausscheidet. Eine Strafbarkeit wegen versuchter Beteiligung kommt nur unter den Voraussetzungen des § 30 in Betracht, so dass sich ein möglicher Rücktritt von der versuchten Beteiligung ausschließlich nach § 31 richtet.[1025]

Wenn der Beteiligte den Haupttäter noch im Vorbereitungsstadium von der Tat abbringen **436** kann, kommt ein Rückgriff auf § 24 Abs. 2 mangels strafbarer Beteiligung nicht in Betracht. Wenn der Täter im Nachhinein das Delikt aufgrund eines unabhängig gefassten Entschlusses doch ausführt, ist insoweit eine neue Tat gegeben, die nicht auf dem „ehemaligen" Tatbeitrag beruht.[1026] Lässt sich der „Gehilfe" vor dem unmittelbaren Ansetzen zur Tatbestandsverwirklichung das in Kenntnis des geplanten Einbruchsdiebstahls gegebene Werkzeug vom Haupttäter zurückgeben, schlägt sich seine Handlung in dem nachfolgenden Diebstahl nicht nieder. Allerdings ist hier zu bedenken, dass ein Fortwirken anderer Beiträge, etwa eine psychische Bestärkung oder technische Rathilfe, in Betracht kommt.[1027]

Nicht unter die Rücktrittsregeln fallen auch die Sachverhalte, in denen der Beteiligte sei- **437** nen zunächst geleisteten Beitrag noch im **Vorbereitungsstadium** derart unschädlich macht, dass sein Beitrag zwar für den **untauglichen Versuch**, aber nicht mehr für die Vollendung wirksam werden kann. Das ist der Fall, wenn der Beteiligte das dem Haupttäter zur Tötung des Opfers gelieferte Gift noch vor dem unmittelbaren Ansetzen zur Tatbestandsverwirklichung gegen ein Vitaminpräparat austauscht oder aus der übergebenen Waffe alle Patronen entfernt.[1028] Hier kann sich der Haupttäter aufgrund der Handlung des „Gehilfen" zwar noch wegen eines untauglichen Totschlagsversuchs strafbar machen. Eine Vollendung der Haupttat ist aber noch vor dem unmittelbaren Ansetzen sowohl subjektiv aus Sicht des Beteiligten als auch objektiv ausgeschlossen, so dass insoweit keine Beihilfehandlung mehr gegeben ist, die sich im tatbestandlichen Erfolg niederschlagen kann. Eine strafbare Beteiligung scheidet mithin schon tatbestandsmäßig aus.[1029] Insoweit bedarf es keines direkten bzw. analogen Rück-

---

**1024** So auch *Eisele* ZStW **112** (2000) 745, 767; *Geppert* Jura **1999** 266, 274; *Lenckner* FS Gallas 281, 282; *Sch/Schröder/Eser/Bosch* Rdn. 79; *Vogler* ZStW **98** (1986) 331, 344; *Zaczyk* NK Rdn. 122.

**1025** Vgl. *Freund/Rostalski* AT § 9 Rdn. 78; *Jäger* SK Rdn. 102; *Roxin* FS Lenckner 267, 270 f; *Sch/Schröder/Eser/Bosch* Rdn. 79; *Zaczyk* NK Rdn. 122; zur Abgrenzung der Beteiligung am Versuch von der versuchten Beteiligung § 22 Rdn. 140 ff; zum Rücktritt vom fehlgeschlagenen Versuch der Anstiftung vgl. BGH NJW **2005** 2867 f.

**1026** BGH bei Dallinger MDR **1966** 22; *Lackner/Kühl/Kühl* Rdn. 27; *Lenckner* FS Gallas 281, 282 f; Sch/*Schröder/Eser/Bosch* Rdn. 80/81; *Jäger* SK Rdn. 105; *Murmann* Grundkurs § 28 Rdn. 159; *Zaczyk* NK Rdn. 122; **aA** *Otto* JA **1980** 707, 711, der § 24 Abs. 2 für anwendbar hält; **aA** auch *Eisele* ZStW **112** (2000) 745, 777 f, *Gores* S. 29 ff, 113 ff und *v. Scheurl* S. 84 ff, die in bestimmten Situationen ein die Strafbarkeit wegen vollendeter Beteiligung begründendes Fortwirken des anfänglichen Tatbeitrags nicht ausschließen.

**1027** *Jäger* SK Rdn. 105. Hier ist dann freilich die Frage, ob Sekundäreffekte wie die psychische Bestärkung durch einen (zunächst) geleisteten Tatbeitrag auch im Falle ihres Fortwirkens eine Teilnehmerstrafbarkeit tragen oder nicht vielmehr die für eine Strafbarkeit erforderliche Erheblichkeitsschwelle (ultima ratio-Prinzip) nicht erreichen; vgl. *Murmann* Grundkurs § 27 Rdn. 131.

**1028** Dazu *Roxin* FS Lenckner 267, 270 ff; siehe ebenfalls *Eisele* ZStW **112** (2000) 745, 772; *Kühl* AT § 20 Rdn. 265; *Lackner/Kühl/Kühl* Rdn. 28; *Lenckner* FS Gallas 281, 284 f; *Sch/Schröder/Eser/Bosch* Rdn. 83; im Ergebnis auch *Zaczyk* NK Rdn. 123.

**1029** *SSW/Murmann* § 26 Rdn. 14, § 27 Rdn. 12.

griffs auf § 24 Abs. 2.[1030] Auch die Frage, ob das neutralisierende Verhalten des Beteiligten auf einer freiwilligen Entscheidung beruht, spielt somit keinerlei Rolle.[1031]

438 **cc) „Rücktritt im Vorbereitungsstadium".** **Umstritten** ist, ob die Anwendung von § 24 Abs. 2 **voraussetzt**, dass der **Beteiligte sein Rücktrittsverhalten erst vornimmt, wenn die Haupttat in das Versuchsstadium eingetreten** ist.[1032] Zum Teil wird angenommen, der Anwendungsbereich sei auch dann unmittelbar eröffnet, wenn der Beteiligte, nachdem er seinen Tatbeitrag erbracht hat, bereits im Vorbereitungsstadium Anstrengungen ergreift, die Vollendung der kommenden Haupttat zu verhindern, wenn die Haupttat danach ihm zurechenbar und nach seiner Vorstellung grundsätzlich vollendungsfähig ins Versuchsstadium tritt (sog. „Rücktritt im Vorbereitungsstadium") (zu den Fällen, dass die Haupttat nach den Rettungsanstrengungen des Täters nur noch im Stadium des untauglichen Versuchs stecken bleiben kann vgl. Rdn. 437).[1033] So liegt es etwa, wenn der Gehilfe beim Betrug vor Versuchsbeginn einen das Opfer warnenden Brief verfasst, der das Opfer erst erreicht, als der Haupttäter bereits mit den Täuschungshandlungen begonnen hat.[1034] Entsprechende Fälle können bei der Mittäterschaft nur in Betracht kommen, wenn eine Mittäterschaft bereits durch Tatbeiträge im Vorbereitungsstadium begründet werden kann und der lediglich in diesem Stadium Tätige nach der Gesamtlösung durch das planmäßige Verhalten des anderen Mittäters in das Versuchsstadium eintreten kann.[1035] Allerdings gilt auch dies nur unter der Prämisse, dass eine Mittäterschaft (und nicht nur Beihilfe) möglich ist, wenn bei Versuchsbeginn kein gemeinschaftlicher Tatentschluss vorliegt (dagegen § 22 Rdn. 214).

439 **Gegen eine unmittelbare Anwendung von § 24 Abs. 2** wird hier teilweise geltend gemacht, dass diese „stets eine zeitlich vorausgehende Beteiligung am strafbaren Versuch voraussetzt" (*Zaczyk* NK Rdn. 104).[1036] Dieses Erfordernis ergibt sich allerdings nicht aus dem Wortlaut, der lediglich ein Rücktrittsverhalten und den Eintritt des Beteiligten in das Versuchsstadium verlangt, nicht aber, dass das Rücktrittsverhalten erst im Versuchsstadium erfolgt.[1037] Auch nach der ratio des Rücktritts erscheint es möglich, die Abkehr von der Unrechtsmaxime in einer Handlung zu erblicken, die nach der Beteiligungshandlung vorgenommen wird und ihre Wirkung im Versuchsstadium entfaltet. Damit ist **zumindest** eine **analoge Anwendung** von § 24 Abs. 2 angebracht.

---

**1030** So im Ergebnis auch *Sch/Schröder/Eser/Bosch* Rdn. 83 und *Zaczyk* NK Rdn. 123, die jedoch auf den fehlenden Vollendungswillen abstellen – dazu Rdn. 436 ff; **aA** *Gores* S. 159 f, der § 24 Abs. 2 direkt anwenden will; **aA** wohl auch *Eisele* ZStW **112** (2000) 745, der zwar auf S. 772 noch ausführt, dass „wenn der Täter meint, dass die Tat nicht zur Rechtsgutsgefährdung und damit zur Vollendung gelangen kann, ... kein Unrecht vor(liegt), das auf eine Rechtsgutsverletzung abzielt", auf S. 773 f dann aber § 24 Abs. 2 Satz 1 und Satz 2 Alt. 1 analog „auf die Rücknahme des Tatbeitrages im Vorbereitungsstadium" anwenden will; für eine analoge Anwendung von § 24 Abs. 2 Satz 1 und § 24 Abs. 2 Satz 2 Alt. 1 analog auch *Jäger* SK Rdn. 106.

**1031** *Sch/Schröder/Eser/Bosch* Rdn. 83; *Lenckner* FS Gallas 281, 284; *Jäger* SK Rdn. 104; *Vogler* LK[10] Rdn. 161.

**1032** Eingehend *Angerer* S. 125 ff; *Fad* S. 77 ff.

**1033** *Lilie/Albrecht* LK[12] Rdn. 377 f; *Mitsch* FS Herzberg 443, 445 f. Im Ergebnis auch *Gores* S. 23 ff, 83 ff, 159 f, 179 ff. **Ablehnend** *Linke* S. 72 f.

**1034** Beispiel von *Zaczyk* NK Rdn. 104.

**1035** *Linke* S. 66.

**1036** Für eine analoge Anwendung auch *Jäger* SK Rdn. 106; *Linke* S. 74 f, 81 (im Anschluss an *Angerer* S. 245, 252); weiter *Eisele* ZStW **112** (2000) 745, 773 f, der bei Rettungsanstrengungen im Vorbereitungsstadium eine analoge Anwendung von § 24 Abs. 2 nur in Betracht zieht, wenn aufgrund der Abstandnahme des Beteiligten die Haupttat im Versuchsstadium stecken bleibt, aber bei Fällen, in denen die Haupttat aus anderen, von den Vollendungsverhinderungsbemühungen unabhängigen Gründen nur ins Versuchsstadium und nicht zur Vollendung gelangt, eine Straffreiheit ablehnt; kritisch *Linke* S. 74. Auch BGHSt **28** 346, 348 lehnt eine direkte Anwendung von § 24 Abs. 2 ab, wenn das Rettungsbemühen vor Versuchsbeginn liegt, nimmt aber gleichzeitig mangels Fallzusammenhangs nicht zu der Frage Stellung, ob § 24 Abs. 2 analog Anwendung finden könnte. Vgl. auch *Lenckner* FS Gallas 281, 286.

**1037** *Mitsch* FS Herzberg 443, 446.

**b) Vorsatz hinsichtlich der Tatvollendung.** Notwendig ist gleichfalls, dass der Beteiligte bei Vornahme seines Beitrags hinsichtlich der Vollendung der Tat vorsätzlich handelt. Nur unter dieser Voraussetzung kann eine Beteiligung auch am versuchten Delikt strafbar sein, so dass sich nur dann die Frage des strafbefreienden Rücktritts von der Beteiligung am Versuch gem. § 24 Abs. 2 stellt.[1038] 440

Hinsichtlich der Deliktsvollendung nicht vorsätzlich handelt der Beteiligte, der dem Haupttäter bewusst ein **untaugliches Tatmittel** reicht und deshalb davon ausgeht, dass das Delikt im Versuch stecken bleiben muss und nicht vollendet werden kann (*Zaczyk* NK Rdn. 123).[1039] Insoweit ist diese Situation mit der des *agent provocateur* vergleichbar.[1040] Freilich fehlt es hier richtigerweise bereits an der Verwirklichung des objektiven Tatbestandes, weil der Beteiligte kein rechtlich missbilligtes Risiko der Tatverwirklichung schafft (vgl. Rdn. 437). Auf den fehlenden Vollendungsvorsatz kommt es demnach nur an, wenn der Beteiligte seinen objektiv tauglichen Beitrag nur irrig für zur Tatausführung ungeeignet hält. 441

Wenn der Tatbeteiligte im Vorbereitungsstadium zwar bereits einen Tatbeitrag erbringt, dabei aber davon ausgeht, dass es zur Vollendung der Tat **weiterer Beiträge von seiner Seite bedarf**, so fehlt (noch) der Vorsatz, so dass er nicht beteiligt ist, falls die anderen die Tat auch so begehen (*Lilie/Albrecht* LK[12] Rdn. 381: wesentliche Abweichung vom Kausalverlauf). Rechnet er jedoch damit, dass sein Tatbeitrag ergänzt und dadurch möglicherweise für die Haupttat mitursächlich wird, kann von dieser tatbestandsmäßigen Beteiligung nur nach den Regeln des Abs. 2 zurückgetreten werden, falls es tatsächlich zum Versuch kommt (*Sch/Schröder/Eser/Bosch* Rdn. 82).[1041] 442

**c) Kein Fortwirken des Tatbeitrags bis zur Vollendung.** Schließlich setzt die Anwendbarkeit von § 24 Abs. 2 voraus, dass der vorsätzlich auf Vollendung gerichtete Beitrag des Beteiligten, unabhängig davon, ob er Täter oder Teilnehmer ist, nicht bis zur tatbestandlichen Vollendung der Haupttat fortwirkt. Denn die Rücktrittsfrage stellt sich nicht, wenn der Betroffene der Beteiligung an einer vollendeten Tat strafbar ist.[1042] Das kann – falls die weiteren Voraussetzungen der jeweiligen Beteiligungsform erfüllt sind – auch gelten, wenn er den Beitrag bereits im Vorbereitungsstadium geleistet hat und dieser bis zur Vollendung fortwirkt.[1043] Der Beteiligte 443

**1038** *Kühl* AT § 20 Rdn. 201; *Otto* AT § 22 Rdn. 42; *Vogler* ZStW **98** (1986) 221, 343 f; *Zaczyk* NK Rdn. 123; für die Beihilfe zu einem Delikt vgl. BGH bei Holtz MDR **1990** 293.

**1039** *Zaczyk* NK Rdn. 123; vgl. auch BGHSt **39** 236, 237 f.

**1040** Kritisch zu diesem Vergleich *Linke* S. 70; *Angerer* S. 179 ff.

**1041** Vgl. auch BGHSt **28** 346, 348.

**1042** BGHSt **11** 268, 272; **28** 346, 348; **37** 289, 293 mit Anm. *Hauf* NStZ **1994** 263; BGH NJW **1956** 30, 31; BGH NJW **1951** 410; so auch *Jakobs* AT 26/29; *Krey/Esser* AT Rdn. 1323 ff; *Lackner/Kühl/Kühl* Rdn. 25, 28; *Lenckner* FS Gallas 281, 290 f; *Jäger* SK Rdn. 105; *Roxin* FS Lenckner 267, 272 ff; *ders.* JR **1991** 206, 207; *Sch/Schröder/Eser/Bosch* Rdn. 76; differenzierend *Küper* JZ **1979** 775, 781 f, Fn. 68; ausführlich mit genauer Trennung zwischen Täter, Anstifter und Gehilfen *Zaczyk* NK Rdn. 118 ff; vgl. ebenfalls *Eisele* ZStW **112** (2000) 745, 748 ff, 767 ff; **aA** *Bachmann* JuS **1981** 336, 342, der die Beteiligung am vollendeten Delikt erheblich eingrenzen will.

**1043** Zu den in Rechtsprechung und Lehre umstrittenen Fragen, inwieweit jemand Mittäter sein kann, wenn er selbst nur im Vorbereitungsstadium tätig wird und den anderen die Akte im eigentlichen Ausführungsstadium überlässt, bzw. wie sich die Situation ändert, wenn er noch in der Vorbereitungsphase seinen Tatentschluss fallen lässt, vgl. BGHSt **11** 268, 272; **14** 123, 128; **16** 12, 14; **28** 346, 348; **37** 289, 292; *Beulke* JR **1980** 423, 424; *Erb* JuS **1992** 197 ff; *Herzberg* Täterschaft und Teilnahme (1977) S. 65 ff; *ders.* ZStW **99** (1987) 49 ff; *ders.* JZ **1991** 856 ff; *Hoyer* SK § 25 Rdn. 112 f; *Jakobs* AT 21/17; *Kühl* AT § 20 Rdn. 110 ff; *Lesch* GA **1994** 112, 124 f; *Maurach/Gössel/Zipf* AT 2 § 49 Rdn. 40 ff; *SSW/Murmann* § 25 Rdn. 43; *Puppe* NStZ **1991** 571 ff; *Roßmüller/Rohrer* MDR **1996** 986 f; *Roxin* AT II § 30 Rdn. 309 ff; *ders.* Täterschaft und Tatherrschaft (2019) S. 326 ff, 867 ff; *ders.* LK[11] § 25 Rdn. 179 ff; *ders.* FS Odersky 489 ff; *Jäger* SK Rdn. 105; *Rudolphi* FS Bockelmann 369 ff; *Schünemann* LK[12] Rdn. 180 f; *Sch/Schröder/ Heine/Weißer* vor §§ 25 ff Rdn. 80 ff; *Stratenwerth/Kuhlen* AT § 12 Rdn. 87 ff; *Streng* ZStW **109** (1997) 862, 889 ff; *Zieschang* ZStW **107** (1995) 361 ff.

trägt unter Berücksichtigung der allgemeinen Täterschafts- und Teilnahmevoraussetzungen das Risiko, dass seine Verhinderungsanstrengungen fehlgehen.[1044]

444 **aa) Ausschluss bei strafbarer Beteiligung am vollendeten Delikt.** Gibt der Beteiligte **nach seinem Tatbeitrag seinen Vollendungswillen auf**, befreit ihn dies allein nicht von einer möglichen tatbestandsmäßigen Beteiligung an der nachfolgenden Haupttat, auch wenn es zeitlich vor dem unmittelbaren Ansetzen des Haupttäters bzw. Mittäters zur Tatbestandsverwirklichung liegt (wobei sich dann noch die Frage nach der Beteiligungsform stellt, Rdn. 447).[1045] Erforderlich ist vielmehr, dass der Beteiligte seinen **Beitrag vollständig neutralisiert**, so dass die Fortführung der auf Vollendung gerichteten Tat durch den Haupttäter bzw. Mittäter unabhängig vom vormaligen Beteiligtenbeitrag geschieht.[1046]

445 Wenn dagegen der Beteiligte zwar noch im Vorbereitungsstadium den Vollendungswillen aufgibt, es ihm aber (auch irrtümlich) **nicht gelingt, seinen Beitrag zu neutralisieren** und der Haupttäter auf seinem Beitrag aufbaut, bleibt es bei der vorsätzlichen Beteiligung an der nachfolgenden Straftat.[1047] Das gilt freilich nur, sofern der Beteiligtenvorsatz die dann verwirklichte Tat deckt, also die verbleibenden Beteiligten keine andere Tat begehen. Aus diesen Grundsätzen kann – entgegen *Lilie/Albrecht* LK[12] Rdn. 383 – aber nicht der Schluss gezogen werden, dass eine vorsätzliche Beihilfehandlung zum Totschlag auch gegeben ist, wenn der Gehilfe dem Haupttäter zunächst ein tödlich wirkendes Gift überreicht, dieses aber noch vor dem unmittelbaren Ansetzen zur Tatbestandsverwirklichung gegen ein anderes, seines Erachtens harmloses, in Wirklichkeit aber gleichfalls tödlich wirkendes Mittel austauscht und der Haupttäter das Gift dann zur Tötung des Opfers verwendet. Denn hier hat der Beteiligte seine vorsätzliche Beihilfehandlung restlos rückgängig gemacht und sodann einen fahrlässigen Beitrag zur Tötung geleistet.[1048] Anders liegt es, wenn der Beteiligte die Patronen der dem Haupttäter übergebenen Waffe heimlich gegen Platzpatronen austauscht, jedoch eine Patrone übersieht und der Täter mit der Waffe und dieser Patrone sein Opfer erschießt. Hier wirkt der ursprüngliche Beitrag fort und es liegt Beteiligung an der Vollendung vor.[1049]

446 Somit stellt sich die Frage des Rücktritts nicht, wenn es dem Anstifter nicht gelingt zu verhindern, dass der Haupttäter die Tat aufgrund der an ihn gerichteten Aufforderung begeht (RGSt **20** 259, 260 f). Dasselbe gilt für den Gehilfen, der dem Haupttäter für einen Betrug gefälschte Unterlagen gegeben hat und diese noch im Vorbereitungsstadium erfolglos herausverlangt (RGSt **47** 358, 359). Auch wenn ein bei planmäßigem Tatverlauf als Mittäter zu qualifizierender Beteiligter die anderen Beteiligten ohne Erfolg auffordert, den Tatplan eines Raubes aufzugeben und die Tat unter Bezugnahme auf seinen erbrachten Tatbeitrag vollendet wird, ist für § 24 Abs. 2 kein Raum (BGH NJW **1951** 410). Zur Art der Beteiligung Rdn. 447.

447 **bb) Einfluss der Abstandnahme auf die Beteiligungsform.** Dabei kann die Abstandnahme freilich die Art der Beteiligung beeinflussen. Das gilt zunächst für die Vertreter der Auffassung, die eine Mittäterschaft nur aufgrund von im Ausführungsstadium geleisteten Tatbeiträgen für möglich halten. Danach scheidet eine Mittäterschaft aus (und es bleibt nur Beihilfe), wenn sich lediglich im Vorbereitungsstadium geleistete Beiträge in der Tatausführung nieder-

---

**1044** So auch *Eisele* ZStW **112** (2000) 745, 768, 775; *Lenckner* FS Gallas 281, 290; *Roxin* FS Lenckner 67, 276; *Jäger* SK Rdn. 105.

**1045** In diesem Sinne auch *Eisele* ZStW **112** (2000) 745, 773; *Gores* S. 27; *Haft* JA **1979** 306, 310; *Linke* S. 68 f.

**1046** *Otto* JA **1980** 707, 708; *Zaczyk* NK Rdn. 123; einschränkend *Sch/Schröder/Eser/Bosch* Rdn. 83 f.

**1047** So auch *Eisele* ZStW **112** (2000) 745, 773; *Jäger* SK Rdn. 105; *Zaczyk* NK Rdn. 123. Ablehnend *Angerer* S. 133 ff.

**1048** *Lenckner* FS Gallas S. 281, 284 f, 288 f; *Roxin* AT II § 30 Rdn. 313; *ders.* FS Lenckner S. 267, 272 und *Vogler* LK[10] Rdn. 161.

**1049** *Lilie/Albrecht* LK[12] Rdn. 383; *Sch/Schröder/Eser/Bosch* Rdn. 84; *Zaczyk* NK Rdn. 123.

schlagen.[1050] Aber auch wenn man – zutreffend[1051] – eine Mittäterschaft aufgrund von im Vorbereitungsstadium geleisteten Beiträgen für begründbar hält, bleibt **nur** noch Raum für eine **Teilnahme** an der von den anderen Beteiligten begangenen Tat, wenn der Mittäter bereits im Vorbereitungsstadium seine Zustimmung zu der Tatbegehung zurückzieht. Dabei hält die Rechtsprechung eine solche Abstandnahme nur insoweit für relevant für die Beteiligungsform, als damit zugleich verabredete Tatbeiträge unterbleiben, die aufgrund ihres Gewichts für eine Qualifizierung als Mittäter essentiell gewesen wären.[1052] Richtigerweise wird aber unabhängig von dem Gewicht des im Vorbereitungsstadium erbrachten Beitrags mit der Rücknahme der Beteiligungsbereitschaft dem für eine Mittäterschaft vorausgesetzten gemeinschaftlichen Tatentschluss die Grundlage entzogen, und zwar nach zutreffender Auffassung unabhängig davon, ob die Aufkündigung des gemeinsamen Tatentschlusses im Vorbereitungsstadium den Mittätern gegenüber erklärt wurde.[1053] Mitunter fehlen damit auch für eine täterschaftliche Beteiligung erforderliche deliktsspezifische Absichten (etwa die Zueignungsabsicht bei § 242) die bei der Tatbegehung (und nicht nur im Vorbereitungsstadium) vorliegen müssen.[1054]

**cc) Scheinbares Eingehen auf einen Umstimmungsversuch.** **Umstritten** ist die Behand- **448**
lung des Falls, dass sich ein Beteiligter im **Vorbereitungsstadium** bemüht, den Täter oder Mittäter **von der Tat abzubringen**, der andere aber **nur scheinbar** auf den Umstimmungsversuch eingeht, in Wahrheit am Tatplan festhält und bei der zum Erfolg führenden Realisierung aus dem vom „Rücktrittswilligen" geleisteten Tatbeitrag Nutzen zieht. Teilweise wird hier eine Haftung wegen vorsätzlicher Beteiligung an der Vollendung abgelehnt und allenfalls eine **Fahrlässigkeitshaftung** hinsichtlich der Vollendung und/oder eine Haftung in Bezug auf den **Versuch** in Betracht gezogen, wobei dann auch Raum für eine (analoge) Anwendung von § 24 Abs. 2 Satz 2 Alt. 1 sein müsse. Wenn nämlich der vom Haupttäter bewusst getäuschte, nur im Vorbereitungsstadium tätig gewordene Beteiligte davon überzeugt sein durfte, dass die Tat infolge seiner Bemühungen nicht geschehen werde, könne ihm das Risiko dafür, dass sein Beitrag für die Verwirklichung der Haupttat mitursächlich werde, nicht aufgebürdet werden.[1055]

**1050** *Jäger* SK Rdn. 105; *Roxin* FS Frisch S. 613, 625 ff.
**1051** *SSW/Murmann* § 25 Rdn. 43.
**1052** BGHSt **28** 346, 348; BGH NStZ **1987** 364. Ebenso *Roxin* AT II § 30 Rdn. 314 ff, 327; *Zaczyk* NK Rdn. 119. In der Sache abweichend BGHSt 37 289; dazu *Roxin* FS Frisch S. 613, 617 f.
**1053** Vgl. mit Differenzierungen im Einzelnen *Fad* S. 127 ff, 144 ff; *Graul* GedS Meurer S. 98 f; *Matt/Renzikowski/Haas* § 25 Rdn. 75; *Kühl* AT § 20 Rdn. 105; *Murmann* Grundkurs § 27 Rdn. 62; *SSW/Murmann* § 25 Rdn. 41; *Puppe* NStZ **1991** 571, 572. **Dagegen** *Angerer* S. 144 f; *Linke* S. 68 ff; *Kölbel/Selter* JA **2012** 1, 3. Guter Überblick über das Meinungsspektrum bei *Roxin* FS Frisch S. 613, 618 ff.
**1054** BGH NStZ **1994** 29.
**1055** In diesem Sinne u. a. *Vogler* ZStW **98** (1986) 331, 345 f; *ders.* LK[10] Rdn. 163; ähnlich *Backmann* JuS **1981** 336, 339, der unter dem Gesichtspunkt der „Gefahrherrschaft" darauf abstellt, ob der Tatbeitrag bei vorausschauender Betrachtungsweise schon die abschließende Gefahr der Begehung der Haupttat enthält; vgl. auch *Otto* JA **1980** 707, 711 und FS Maurach S. 91, 100, der den Zurechnungszusammenhang verneinen will, da dem Tatbeteiligten durch die Täuschung die „Herrschaft über das Geschehen" genommen worden sei (dagegen zutreffend *Roxin* AT II § 30 Rdn. 323, 327 f); siehe ebenfalls *Lenckner* FS Gallas S. 281, 289 f, der auch bei den Täuschungssituationen einen Ausschluss der Strafbarkeit wegen Beteiligung am vollendeten Delikt auf die Fälle beschränken will, „in denen der Beteiligte davon ausgeht, die Tat bzw. die Fortwirkung seines Tatbeitrags durch seine nachträgliche Gegenaktivität tatsächlich unmöglich gemacht zu haben". Für gänzliche Straffreiheit *Angerer* S. 133, 196 ff (sofern der Beteiligte nach seinen Umstimmungsbemühungen davon überzeugt ist, dass die Tat nicht begangen wird). Ablehnend zur Annahme einer Fahrlässigkeitsstrafbarkeit *Linke* S. 78 f.

449 Überwiegend wird dagegen zu Recht für eine **Haftung als Beteiligter des vollendeten Vorsatzdelikts** plädiert und damit angenommen, dass ein Rücktrittt ausgeschlossen ist.[1056] Die Fehlvorstellung über die Abstandnahme des anderen Beteiligten steht einer Beteiligung nicht entgegen. Wenn die Beteiligungshandlung die Haupttat bedingt bzw. fördert, insoweit also Anknüpfungspunkt ist, und der Beteiligte im Zeitpunkt seines Tatbeitrags vorsätzlich sowohl hinsichtlich seines Beitrags als auch in Bezug auf die konkrete Haupttat gehandelt hat, ist die auf die Täuschung folgende Fortführung der Tat kein Exzess des Haupttäters. Der Beteiligte haftet nach den allgemeinen Regeln der Akzessorietät trotz der Täuschung für die vollendete Haupttat, so dass ein strafbefreiender Rücktritt gem. § 24 Abs. 2 ausscheidet.[1057] Auch unter akzessorischen Gesichtspunkten trägt der Teilnehmer unabhängig von falschen Vorspiegelungen des Haupttäters nach seinem Tatbeitrag das **Risiko**, dass seine Verhinderungsanstrengungen fehlgehen. Mit der auch hinsichtlich der Haupttat vorsätzlichen Beteiligtenhandlung hat er sich bewusst in die „Abhängigkeit von dessen (des Haupttäters) gutem Willen", ob die Haupttat vollendet wird oder nicht, begeben.[1058] An diesem Ergebnis kann auch das teilweise vorgebrachte Argument nichts ändern, wonach nur bei Ablehnung der vorsätzlichen Vollendungsbeteiligung die unerfreuliche prozessuale Konsequenz ausgeräumt werden könne, dass die Einlassung des Täters über die Strafbarkeit oder Straflosigkeit des Teilnehmers entscheidet.[1059] Insoweit ist *Eisele* (ZStW **112** [2000] 745, 775) zuzustimmen, wenn er darauf verweist, dass gegenseitige Anschuldigungen immer zum Tragen kommen können, wenn mehrere an einer Straftat beteiligt sind. Es handelt sich um ein prinzipielles Beweisproblem. Freilich ist zu berücksichtigen, dass der Beteiligte, dessen Beitrag nach dem ursprünglichen Tatplan eine Mittäterschaft begründet hätte, lediglich noch als **Gehilfe** haften kann. Das folgt schon daraus, dass die Tatausführung nicht mehr von einem gemeinschaftlichen Tatentschluss getragen ist (Rdn. 447). Überwiegend wird freilich auch hier die Rückstufung zur Beihilfe nicht bereits aufgrund des Fehlens eines gemeinschaftlichen Tatentschlusses angenommen, sondern davon abhängig gemacht, ob mit der Abstandnahme eine weniger intensive Art der Tatbeteiligung einhergeht oder es an einer für die Tatbestandserfüllung erforderlichen Absicht fehlt.[1060]

## 4. Ausschluss des Rücktritts bei einem fehlgeschlagenen Versuch

450 Wie auch bei einem Alleintäter ist ein strafbefreiender Rücktritt des Tatbeteiligten gem. § 24 Abs. 2 ausgeschlossen, wenn das versuchte Delikt aus seiner Sicht fehlgeschlagen ist. Kommt der Tatbeteiligte zur Einsicht, dass der tatbestandliche Erfolg mit den ihm bzw. den anderen Beteiligten zur Verfügung stehenden Mitteln in engem zeitlichen und sachlichen Zusammenhang nicht mehr herbeigeführt werden kann, kann er aus seiner Sicht weder die Vollendung des Delikts i. S. von § 24 Abs. 2 Satz 1 verhindern noch sich ernsthaft i. S. von § 24 Abs. 2 Satz 2 darum bemühen. Schon von vornherein ist deshalb bei einem fehlgeschlagenen Versuch die

---

**1056** BGHSt **28** 346, 348; *Lilie/Albrecht* LK[12] Rdn. 388 ff; *Eisele* ZStW **112** (2000) 745, 775 f; *Roxin* AT II § 30 Rdn. 314 ff; *Haft* JA **1979** 306, 310; *Roxin* FS Lenckner 267, 276; *Jäger* SK Rdn. 105; *Linke* S. 79 f; *Sch/Schröder/Eser/Bosch* Rdn. 76, 80/81; *Zaczyk* NK Rdn. 116; einschränkend *Lenckner* FS Gallas 284, 289 f.

**1057** So auch *Eisele* ZStW **112** (2000) 745, 775 f; im Ergebnis ebenfalls *Roxin* FS Gallas 267, 276, der zur Begründung auch auf die Regelung § 31 Abs. 1 verweist, insoweit aber nicht hinreichend zu berücksichtigen scheint, dass § 31 Abs. 1 nur in Verbindung mit der Ausnahmeregelung des § 30 zu sehen ist und so keine allgemeine Argumentationsbasis bilden kann, ausführlich dazu *Eisele* ZStW **112** (2000) 745, 776.

**1058** Ausdrücklich *Eisele* ZStW **112** (2000) 745, 776 unter Berufung auf *Lenckner* FS Gallas 281, 290, wobei Letzterer aber für die Fälle der Täuschung bestimmte Ausnahmen zulassen will (vgl. S. 288); *Roxin* FS Lenckner S. 267, 276.

**1059** So aber *v. Scheurl* S. 85; *Vogler* LK[10] Rdn. 163.

**1060** Vgl. insoweit BGHSt **28** 346, 348; *Gores* S. 127 f; *Linke* S. 80; *Roxin* FS Lenckner 267, 274; *ders.* JR **1991** 206, 207; *Sch/Schröder/Eser/Bosch* Rdn. 77; insoweit zumindest in Teilbereichen auch *Vogler* LK[10] Rdn. 162.

Anwendung von § 24 Abs. 2 ausgeschlossen.[1061] Da der Rücktritt ein persönlicher Strafaufhebungsgrund ist, ist allein die persönliche Sicht jedes einzelnen Beteiligten entscheidend. Hinsichtlich der Einzelheiten zum fehlgeschlagenen Versuch ist auf die zu § 24 Abs. 1 gemachten Ausführungen (Rdn. 71 ff) zu verweisen.

## 5. Zur Differenzierung zwischen unbeendetem und beendetem Versuch

Im Allgemeinen wird angenommen, dass im Gegensatz zur Prüfung der Voraussetzungen von § 24 Abs. 1 im Rahmen von § 24 Abs. 2 die Frage, ob der Versuch unbeendet oder beendet ist, nicht zu problematisieren sei (vgl. hinsichtlich der insoweit bei § 24 Abs. 1 notwendigen Trennung und den Einzelheiten der Abgrenzung ausführlich Rdn. 131 ff).[1062] Denn unabhängig davon, ob aus der Sicht des Beteiligten das versuchte Delikt unbeendet oder beendet ist, kann er Straffreiheit stets nur durch freiwillige Erfolgsverhinderung erlangen bzw., wenn der Erfolg unabhängig von seinen Rettungsanstrengungen ausbleibt oder sein Tatbeitrag sich im Eintritt des Erfolgs nicht niederschlägt, durch sein ernsthaftes Bemühen um Verhinderung.[1063] Sobald der Versuch der Haupttat nach den allgemeinen Täterschafts- bzw. Teilnahmeregeln dem Tatbeteiligten objektiv und subjektiv zuzurechnen ist, trägt er das Risiko, die Vollendung der Haupttat zu verhindern, so dass es für einen strafbefreienden Rücktritt nicht ausreicht, dass er allein seinen Tatbeitrag rückgängig macht. Ist also stets ein Verhindern bzw. ein darauf gerichtetes Bemühen zu fordern, so ist damit noch nicht ausgeschlossen, dass das Versuchsstadium **für die Art des Verhinderungsbemühens eine Rolle spielt.**[1064] Stehen nämlich noch Beiträge der Beteiligten zur Tatvollendung aus, so ergeben sich andere Rücktrittsmöglichkeiten als in dem Fall, dass die Tatvollendung ohne weitere Aktivitäten der Beteiligten droht. Dazu näher unten Rdn. 460 ff. 451

## 6. Rücktritt durch freiwillige Verhinderung der Tatvollendung (Absatz 2 Satz 1)

Gem. § 24 Abs. 2 Satz 1 tritt der an einem versuchten Delikt Beteiligte (vgl. zum Anwendungsbereich Rdn. 426 ff) strafbefreiend zurück, wenn er **freiwillig** die **Vollendung der Tat verhindert**. Wegen der tendenziell erhöhten Gefährlichkeit, die sich aus der Beteiligung mehrerer an der Versuchstat ergibt, stellt der Gesetzgeber an das Rücktrittsprivileg des § 24 Abs. 2 strengere Voraussetzungen als in § 24 Abs. 1 (Rdn. 423 ff).[1065] Allein das Rückgängigmachen des eigenen Tatbeitrags genügt für den Rücktritt eines Beteiligten nicht. Vielmehr erlangt der Tatbeteiligte Straffreiheit nach § 24 Abs. 2 Satz 1 nur dann, wenn er mit dem Aufgeben der weiteren Beteiligung oder Rücknahme des bisherigen Tatbeitrags die Vollendung der Tat tatsächlich verhindert. Damit setzt die Vorschrift objektiv voraus, dass die Haupttat nicht vollendet wird und diese Nichtvollendung auf dem Rücktrittsverhalten des Tatbeteiligten beruht. Subjektiv ist neben dem Entschluss zum Rücktritt insoweit auch Freiwilligkeit erforderlich. 452

**1061** BGH NStZ-RR **2015** 8, 9; BGH 4 StR 268/11 v. 26.7.2011 (dazu *Kudlich* JA **2011** 869 ff); *Baumann/Weber/Mitsch/Eisele* § 23 Rdn. 13; *Kudlich* JuS **1999** 449, 450; *Ladiges* JuS **2016** 15, 17; *Zaczyk* NK Rdn. 109; ausdrücklich offen gelassen in BGH NStZ **1989** 317; unklar auch *Sch/Schröder/Eser/Bosch*, die einerseits der Kategorie des fehlgeschlagenen Versuchs im Rahmen von § 24 Abs. 2 nur eine „untergeordnete Bedeutung" zumessen (Rdn. 86), andererseits aber beim Fehlschlag des Versuchs einen Rücktritt für ausgeschlossen halten (Rdn. 72, 104); vgl. auch *Linke* S. 217 ff.

**1062** *Lilie/Albrecht* LK[12] Rdn. 392; *Linke* S. 149.

**1063** Vgl. *Jäger* SK Rdn. 107; *Maurach/Gössel/Zipf/Renzikowski* AT 2 § 50 Rdn. 57; *Sch/Schröder/Eser/Bosch* Rdn. 86; *Zaczyk* NK Rdn. 98.

**1064** Vgl. BGH NStZ-RR **2015** 8, 9.

**1065** Zur kriminalpolitischen Problematik *Jescheck/Weigend* § 51 IV 3; *Kühl* AT § 16 Rdn. 91 sowie § 20 Rdn. 263; *Kudlich* JuS **1999** 449; *Lackner/Kühl/Kühl* Rdn. 26; *Lenckner* FS Gallas 281, 295 ff, 305 f; *Meyer* ZStW **87** (1975) 598, 619 ff; *Roxin* FS Lenckner 267, 278 f; *Wessels/Beulke/Satzger* Rdn. 1073; ausführlich auch oben Rdn. 237 f.

453 **a) Verhinderung der Vollendung der Tat.** Ein strafbefreiender Rücktritt gem. § 24 Abs. 2 Satz 1 setzt zunächst voraus, dass das Verhalten des Tatbeteiligten auf die Verhinderung des tatbestandlichen Erfolges **gerichtet ist** und diesen auch **tatsächlich verhindert.**[1066]

454 **aa) Verhinderung des Eintritts des tatbestandlichen Erfolgs.** Das auf Vollendungsverhinderung gerichtete Verhalten des Beteiligten muss den Eintritt des tatbestandlichen Erfolgs tatsächlich verhindern. Ausreichend ist deshalb nicht, dass der Beteiligte sich zwar um die Erfolgsverhinderung bemüht, seine Anstrengungen aber keinen Erfolg haben. Überwiegend wird angenommen, es sei gleichgültig, auf welche Weise die Vollendung verhindert wird. Entscheidend sei allein, dass die Tat durch das Verhalten des Beteiligten nicht zur Vollendung kommt; Mitkausalität sei insoweit ausreichend.[1067] Die Frage, inwieweit Maßnahmen zur Erfolgsverhinderung **rechtlichen Grenzen** unterliegen bzw. umgekehrt von Rechtfertigungsgründen gedeckt sind, behandelt eingehend *Gebhardt* S. 24 ff.

455 **(1) Die Problematik des Kausalitätserfordernisses.** Die Anforderungen an das Verhindern werden häufig eher kasuistisch behandelt. Erforderlich ist aber zunächst die Entwicklung der **grundsätzlichen Anforderungen.** Dabei ist zunächst darauf hinzuweisen, dass der geläufige Hinweis auf eine **(Mit-) Kausalität** für den Eintritt des Verhinderungserfolgs **zumindest missverständlich** ist. Nicht erforderlich ist jedenfalls ein naturgesetzlicher Zusammenhang zwischen Rücktrittsverhalten und Verhinderungserfolg. Das zeigt sich mit besonderer Deutlichkeit daran, dass ein Verhindern auch durch ein **Unterlassen** erfolgen kann, wenn der Tatbeteiligte einen für die Tatvollendung unverzichtbaren Beitrag nicht erbringt (Rdn. 468 f). Auch sofern man einen Rücktritt dergestalt anerkennt, dass der Beteiligte lediglich mit dem die Tat verhindernden Beitrag des anderen einverstanden ist (Rdn. 470), fehlt ein naturhafter Kausalzusammenhang.[1068] Ist also einerseits die Forderung nach einer naturalistischen (Mit-) Ursächlichkeit überzogen, so kann andererseits bloße **Kausalität** für das Ausbleiben der Vollendung **nicht** schon ohne weiteres für die Annahme eines Verhinderns **ausreichen.** Das sehen Rechtsprechung[1069] und h. L.[1070] freilich anders, wobei die Diskussion in ihrer Intensität deutlich hinter den Bemühungen zurückbleibt, die im Rahmen von Abs. 1 entfaltet werden (dazu Rdn. 320 ff).

456 **(2) Zurechenbarkeit der ausgebliebenen Tatvollendung.** Auch hinsichtlich des Verhinderns nach § 24 Abs. 2 Satz 1 muss richtigerweise zunächst die aus der **objektiven Zurechnungslehre** geläufige Einsicht übertragen werden, dass der Beteiligte durch sein Verhalten für das Opfer zumindest eine **relevante Rettungschance** eröffnen muss. So wenig ein unglücklicher Zufall den Täter als Unrecht belasten kann, so wenig kann ihm der glückliche Zufall als Rücktrittsleistung zugute kommen. Das folgt auch aus der ratio von § 24: Eine Distanzierung von der mit dem Eintritt in das Versuchsstadium manifestierten Unrechtsmaxime verlangt zumindest danach, dass der Beteiligte eine realistische Rettungschance eröffnet. Dass es insofern keinen Anlass dafür gibt, hinter den nach § 24 Abs. 1 S. 1 Alt. 2 zu stellenden Anforderungen zurückzubleiben, lässt sich mit besonderer Deutlichkeit an den schon im dortigen Zusammenhang ange-

---

**1066** BGH NStZ **2004** 614.

**1067** BGH NStZ **2004** 614, 615 (mit kritischer Anm. *Rotsch/Sahan* JZ **2005** 205 ff); *Jäger* SK Rdn. 108; *Sch/Schröder/Eser/Bosch* Rdn. 88; *Vogler* ZStW **98** (1986) 331, 348; *Zaczyk* NK Rdn. 98.

**1068** *Rotsch/Sahan* JZ **2005** 205, 207.

**1069** BGH NStZ-RR **2012** 167, 168; BGH NStZ **2004** 614, 615.

**1070** *Sch/Schröder/Eser/Bosch* Rdn. 88; *Hoffmann-Holland* MK Rdn. 165; *SSW/Kudlich/Schuhr* Rdn. 58; *Zaczyk* NK Rdn. 98. Auch *Linke* S. 153, die eine Einschränkung im subjektiven Bereich darin sieht, dass der Beteiligte nur dann „zur" Erfolgsabwendung tätig wird, wenn er eine aus seiner Sicht verlässliche Rettungsmaßnahme ergreift.

sprochenen Fällen illustrieren, wenn man diese dahingehend ergänzt, dass die gefährliche Lage durch mehrere Beteiligte geschaffen wurde. Verneint man etwa in dem Fall, dass der Täter seine durch Schläge lebensgefährlich verletzte Frau in der Nähe einer Klinik absetzt, eine die Zurechnung des Rettungserfolgs legitimierende Chanceneröffnung (Rdn. 351), so kann sich an diesem Ergebnis nicht deshalb etwas ändern, weil das Opfer zuvor von mehreren Beteiligten zusammengeschlagen worden war.

Mit dem Mindesterfordernis einer **Zurechnung des Verhinderungserfolgs** lassen sich auch Fälle in den Griff bekommen, in denen ein Beteiligter selbst **keinen naturkausalen Beitrag** zur Vollendungsverhinderung leistet, er aber durch die Nichterbringung seines tatplangemäßen Beitrags das deliktische Vorhaben zum Scheitern bringt. Dem Beteiligten obliegt aufgrund seiner Mitwirkung bis hinein in das Versuchsstadium eine Pflicht zur Tatverhinderung, die er durch ein hierfür geeignetes Verhalten, gegebenenfalls eben auch durch ein Unterlassen, erfüllen kann. 457

*Linke* (S. 149) will eine Strafbefreiung in den Fällen bloß zufälligen Ausbleibens der Vollendung auf anderem Wege erreichen: Sie wendet sich gegen ein objektives Zurechnungserfordernis, sondern hält Mitursächlichkeit für ausreichend, auch wenn der Verhinderungserfolg von einem objektiven ex ante-Standpunkt aus betrachtet als zufällig erscheint. Eine **Einschränkung** des Rücktrittsprivilegs erfolge aber anhand **subjektiver Kritierien**: Der Täter handle nur „zur" Erfolgsabwendung, wenn sein Verhalten nach seinen Vorstellungen den Erfolgseintritt verlässlich verhindert. Auf diese Weise wird die subjektive Seite gleichsam zur überschießenden Innentendenz ohne Bezug zur objektiven Seite des Verhinderungsverhaltens. Die objektiven Anforderungen an eine Manifestation der Umkehrleistung werden damit verkürzt. Das zeigt sich deutlich an der Möglichkeit, auch krass sorgfaltswidrige Vorstellungen hinsichtlich der Eignung von Rettungsbemühungen zu honorieren, obwohl der Beteiligte hierdurch geradezu seine mangelnde Distanzierung von der Unrechtsmaxime zum Ausdruck bringt. 458

**(3) Das Erfordernis einer optimalen Verhinderungsleistung.** Von der **ganz h. M. abgelehnt** wird das Erfordernis der Erbringung einer **optimalen Verhinderungsleistung.**[1071] Vielmehr spiele es keine Rolle, ob der Beteiligte zur Beseitigung des Gefahrenpotentials weitere Maßnahmen hätte treffen können.[1072] So genüge es für einen Rücktritt, wenn der Beteiligte seine Mittäter dazu veranlasst, von der Aktivierung einer Brandvorrichtung abzusehen, obwohl bereits ein gefährliches Luft-Gas-Gemisch entstanden war, dessen zufällige Entzündung weiter drohte. Komme es infolge der geleisteten Aktivitäten nicht zu einem Brand, so spiele es keine Rolle, dass der Beteiligte die fortbestehende Gefahr durch Lüften der Örtlichkeit oder Benachrichtigung der Feuerwehr weiter hätte eindämmen können (BGH NStZ **2004** 614, 615). *Zaczyk* (NK Rdn. 98) begründet die gegenüber dem Einzeltäter geringeren objektiven Anforderungen „mit der vom Gesetz postulierten höheren Gesamtverantwortung für die Tat". 459

**(4) Nach Versuchsstadien differenzierende Betrachtung. Richtig** dürfte eine **differenzierende Betrachtung** sein, bei der das **Stadium, in dem sich der Versuch befindet**, eine Rolle spielt: Dahinter steht der Gedanke, dass es für die Verantwortung des rücktrittswilligen Beteiligten von Bedeutung ist, ob er und die anderen Beteiligten die Vollendung noch durch bloße Abstandnahme von der Vornahme der Ausführungshandlung verhindern können oder ob nach Vornahme der Ausführungshandlung bereits eine Gefahr der Erfolgsrealisierung ohne weiteres Zutun besteht. Im letztgenannten Fall des **beendeten Versuchs** besteht kein Anlass, den für die Gefahrenlage mitverantwortlichen Beteiligten anders zu behandeln als einen Einzeltäter. Den Beteiligten trifft eine Pflicht zur Beseitigung der Gefahr und der Umfang der Pflicht trifft 460

**1071** Dafür aber *Herzberg* NJW **1991** 1633, 1636 f; *ders.* NJW **1989** 862, 867; *Hardtung* JuS **1990** 302, 306 f; *Jakobs* ZStW **104** (1992) 82, 90; *Murmann* Versuchsunrecht S. 61 ff.
**1072** BGH NStZ **2004** 614, 615; *Zaczyk* NK Rdn. 98.

jeden der Beteiligten, die aufgrund ihres Vorverhaltens als Garanten für die Erfolgsverhinderung haften, in gleichem Maße. Steht man also – richtigerweise (Rdn. 339 ff) – auf dem Standpunkt, dass der Einzeltäter **optimale Rettungsbemühungen** entfalten muss, so gilt das auch im Rahmen von § 24 Abs. 2 S. 1 für die Beteiligten, deren Verhalten in der bestehenden Gefahrenlage fortwirkt. Präzisierend gilt freilich auch hier, dass der Beteiligte verpflichtet ist, das von ihm mitgeschaffene rechtlich missbilligte Risiko zu beseitigen; zur Beseitigung erlaubter Restrisiken ist er nicht verpflichtet. Eine **Einschränkung** vom Erfordernis optimaler Rettungsbemühungen ist freilich auch für den am beendeten Versuch Beteiligten zu machen: Die vorstehende Begründung für die hohen Rücktrittsanforderungen gründet auf der Annahme, dass der rücktrittswillige Beteiligte aufgrund seines Vorverhaltens als Garant für die von ihm mitgeschaffene Gefahrenlage haftet. Anders liegt es aber in Konstellationen, in denen der bereits in das Versuchsstadium eingetretene rücktrittswillige Beteiligte seinen Tatbeitrag entweder nicht erbracht oder wieder neutralisiert hat, so dass er keinen Anteil (mehr) an der Vollendungsgefahr hat. Die Verhinderungspflicht nach § 24 Abs. 2 S. 1 geht hier über die Pflicht zur Beseitigung einer Gefahrenlage, an der der Beteiligte selbst noch Anteil hat, hinaus. Insoweit lassen sich die hohen Rücktrittsanforderungen also nicht aus der besonderen Verantwortung für die Gefahrenlage begründen; es gelten dann die gleichen Anforderungen wie beim unbeendeten Versuch (dazu Rdn. 462).

**461** Im Rdn. 459 genannten **Fall** bereitet die **Einordnung Schwierigkeiten**: Nach dem Plan der Beteiligten war die Brandvorrichtung noch nicht aktiviert, so dass noch weitere Handlungen erforderlich waren. Andererseits war bereits ein Stadium erreicht, in dem auch ohne eine Aktivierung bereits die – tatplanwidrige – Gefahr einer Explosion bestand. Stellt man allein auf die Vorstellung des Beteiligten ab und fehlte diesem die Kenntnis des bereits bestehenden Risikos, so wäre eine auf die Gefahren des Luft-Gas-Gemischs bezogene Verhinderungsleistung nicht zu fordern. Das ist hier letztlich deshalb richtig, weil eine Entzündung des Gemischs nicht vom Vorsatz umfasst war, also selbst bei Realisierung des Risikos lediglich eine Fahrlässigkeitshaftung begründbar gewesen wäre (vgl. Rdn. 68). Es liegt also eine Konstellation des unbeendeten Versuchs vor, so dass der Auffassung des BGH im Ergebnis zuzustimmen ist.

**462** Anders als beim beendeten Versuch liegt es, wenn die Beteiligten tatplangemäß oder nach einem vorläufigen Scheitern noch weitere Ausführungshandlungen zur Vollendung der Tat vornehmen müssen, also die Situation eines **unbeendeten Versuchs** vorliegt. Die Gefahr geht hier allein von einem Weiterhandeln der anderen Beteiligten aus, da noch keine Gefahr geschaffen wurde, die sich selbsttätig realisieren kann. Hier tritt als Verhinderungsverhalten in erster Linie die Möglichkeit einer Einflussnahme auf den oder die anderen Beteiligten in den Blick, deren Beiträge noch zur Tatvollendung führen können. Eine solche Einflussnahme kann schon aus normativen Gründen, nämlich mit Blick auf die Verpflichtung und die Fähigkeit der anderen Beteiligten, von der Tat Abstand zu nehmen, nicht als aussichtslos eingestuft werden. In aller Regel ist von einem Beteiligten zu erwarten und zu verlangen, dass er sich nicht nur selbst von der Tatbegehung lossagt, sondern auch auf die anderen Beteiligten in diesem Sinne einwirkt. Darin liegt gewissermaßen eine Umkehrung des zwischen den Beteiligten begründeten Konsenses hinsichtlich der Tatbegehung. Gleichwohl wird diese Vorgehensweise in aller Regel nicht als optimales Rettungsbemühen anzusehen sein. Denn der rücktrittswillige Beteiligte bleibt in seinem Bemühen von der Gutwilligkeit der anderen abhängig, die sein Ansinnen offen zurückweisen oder ignorieren können. So wird eine an das Opfer gerichtete Warnung oder die Verständigung der Polizei die Vollendung der Tat oftmals zuverlässiger verhindern als eine Einwirkung auf die anderen Beteiligten. Es würde aber die Anforderungen überspannen und dem Rücktritt nach § 24 Abs. 2 S. 1 in seinem praktischen Anwendungsbereich ganz wesentlich einschränken, wenn selbst die erfolgreiche Aufforderung an die anderen Beteiligten, von der weiteren Tatausführung Abstand zu nehmen, nicht als „Verhindern" zu akzeptieren wäre. Sind also aus der Perspektive des rücktrittswilligen Beteiligten noch weitere Ausführungshandlungen zur Tatvollendung vorzunehmen, so steht es einem Verhindern nicht entgegen, wenn der Beteiligte nicht die optimale Verhinderungsleistung erbracht hat. Erforderlich bleibt freilich eine Verhinderungsleistung von solchem Gewicht, dass sie als Distanzierung von der Unrechtsmaxime akzeptiert werden kann. Erweist sich die Einwirkung auf den Beteiligten als ungeeignet, wie dies etwa bei offener Zurückweisung des Ansinnens des Rücktrittswilligen der Fall ist, so sind weitergehende Verhinderungshandlungen zu verlangen.

Diese Interpretation ist auch mit dem **Wortlaut** von § 24 Abs. 2 **vereinbar.** Das gilt zunächst insoweit, als in bestimmten Konstellationen eine optimale Verhinderungsleistung zu fordern ist (vgl. entsprechend zu Abs. 1 Rdn. 345). Zum anderen ist es aber auch im Kontext von Abs. 2 sachgerecht, dass die Anforderungen an das Verhindern nach dessen S. 1 insgesamt nicht so hoch sind wie in Abs. 1 S. 1 Alt. 2. Das zeigt sich an dem Verhältnis von Abs. 2 S. 1 zu Abs. 2 S. 2 Alt. 2: Beide Vorschriften erfassen (auch) den Fall, dass der Beitrag des Beteiligten von diesem neutralisiert wird oder sonst nach Eintritt in das Versuchsstadium seine Relevanz verliert. Wäre auch in Abs. 2 S. 1 stets ein „ernsthaftes Bemühen" zu verlangen, so hätte diese Regelung insoweit keinen eigenen Anwendungsbereich. Denn der Rücktritt wäre aufgrund der Neutralisierung oder Irrelevanz des Tatbeitrags und des ernsthaften Bemühens unabhängig davon erfolgreich, ob Vollendung eintritt oder nicht. § 24 Abs. 2 trifft also für die Konstellation der Neutralisierung oder Irrelevanz des eigenen Tatbeitrags eine differenzierende Regelung, wonach an das Rücktrittsverhalten höhere Anforderungen zu stellen sind, wenn es zur Vollendung kommt. Der Täter, der nur die nach Abs. 2 S. 1 geforderten Anstrengungen vornimmt, trägt damit ein Vollendungsrisiko, von dem er sich befreien kann, wenn er sich ernsthaft bemüht. 463

**bb) Fallkonstellationen.** Aus dem Vorstehenden ergeben sich je nach Stadium der Tatausführung, Rollenverteilung der Beteiligten und den tatsächlich bestehenden Verhinderungsmöglichkeiten **differenzierte Anforderungen:** 464

**(1) Beseitigung bzw. Neutralisierung des bereits geleisteten Tatbeitrags.** So ist die Beseitigung bzw. Neutralisierung des bereits geleisteten Tatbeitrags ausreichend, wenn dadurch zugleich die Vollendung der Tat **unmöglich gemacht** wird.[1073] Lässt sich der Teilnehmer das zur Öffnung des Tresors erforderliche Einbruchswerkzeug nach Tatbeginn zurückgeben und führen die anderen Beteiligten deshalb die Tat nicht weiter aus, hat der Gehilfe die Tatvollendung verhindert.[1074] Auch wenn der Gehilfe die gefälschte Urkunde, mit der der versuchte Betrug begangen wurde, wieder in seinen Besitz bringt und deshalb das Opfer nicht über sein Vermögen verfügt, hat der Gehilfe den Eintritt des tatbestandlichen Erfolgs verhindert (RGSt **47** 358, 361 f; *Zaczyk* NK Rdn. 99). Ein Anstifter kann die Kausalität seines eigenen Tatbeitrags grundsätzlich nur durch Verhinderung der Tatvollendung beseitigen.[1075] Das ist insbesondere der Fall, wenn er verhindert, dass der Haupttäter aufgrund der Aufforderung die Tat begeht, indem er ihn vor Tatvollendung umstimmt und damit seine Anstiftungshandlung neutralisiert.[1076] **Nicht ausreichend,** um die Straffreiheit nach § 24 Abs. 2 Satz 1 zu erlangen, ist der bloße **Versuch** eines Tatbeteiligten, die **Mitbeteiligten umzustimmen**. Gleiches gilt für das reine Abstandnehmen bzw. **„innerliche Lossagen"** von der weiteren Mitwirkung an der Tat, 465

**1073** So schon RGSt **47** 358, 361; **59** 412, 413; BGH NJW **1956** 30, 31; siehe auch *Grünwald* FS Welzel 701, 707; *Lenckner* FS Gallas 281, 297; *Köhler* AT S. 543; *Sch/Schröder/Eser/Bosch* Rdn. 89; *Zaczyk* NK Rdn. 98.

**1074** RGSt **55** 105; *Sch/Schröder/Eser/Bosch* Rdn. 88; *Fischer* Rdn. 43; *Lenckner* FS Gallas 281, 296; vgl. auch *Maurach/Gössel/Zipf/Renzikowski* AT 2 § 50 Rdn. 71.

**1075** In diesem Sinne auch *Fischer* Rdn. 43; *Kühl* AT § 20 Rdn. 265; *Zaczyk* NK Rdn. 103; **krit.** *Haft* JA **1979** 306, 312.

**1076** Vgl. insoweit schon RGSt **47** 358, 361; **56** 209, 210; **70** 293, 295; *Maurach/Gössel/Zipf/Renzikowski* AT 2 § 50 Rdn. 71; *Jescheck/Weigend* § 51 VI 3; *Sch/Schröder/Eser/Bosch* Rdn. 88; siehe auch BGH 2 StR 680/77 v. 19.4.1978: Durch Zuruf werden die anderen von der Tat abgehalten; zustimmend *Fischer* Rdn. 43.

wenn die übrigen Beteiligten die konkrete Tat trotzdem ohne ihn ausführen.[1077] Freilich kann die veränderte innere Tatseite bzw. der geringere Anteil an dem deliktischen Geschehen Einfluss auf die Beteiligungsform haben, so dass etwa nur noch eine Beihilfe anstelle der ursprünglich vereinbarten Mittäterschaft in Betracht kommt (Rdn. 447). Auch kann, wenn der eigene Tatbeitrag nicht fortwirkt, eine Anwendung von § 24 Abs. 2 Satz 2 Alt. 2 in Betracht kommen (dazu Rdn. 509 ff).

466 **(2) Aktive Verhinderungshandlungen.** Wenn die Neutralisierung des eigenen Tatbeitrags nicht ausreicht, muss der Tatbeteiligte, dem die in das Versuchsstadium getretene Haupttat zuzurechnen ist, auf andere Weise, zumeist durch **aktive Gegentätigkeit**, die Vollendung des Delikts verhindern. So unterbindet der Beteiligte eines Betrugsversuchs die Vollendung der Tat, wenn er die getäuschte Person noch vor Schadenseintritt über den wahren Sachverhalt aufklärt.[1078] In Betracht kommt aber auch, dass der Beteiligte den anderen mit dem Herbeirufen der Polizei droht und diese deshalb die Durchführung der Tat aufgeben oder er dem Opfer die Flucht ermöglicht (*Roxin* FS Lenckner 267, 280). Ähnlich ist die Situation, wenn der Gehilfe eines Meineidsversuchs noch rechtzeitig die Aussage berichtigt und der Täter den Meineid nicht vollendet (BGHSt **4** 173, 179).

467 **(3) Hinzuziehung Dritter.** Der Zurücktretende kann sich zum Zweck der Erfolgsverhinderung der **Hilfe Dritter** bedienen.[1079] So hat er den tatbestandlichen Erfolg auch verhindert, wenn er rechtzeitig vor Eintritt des Taterfolgs die Polizei zum Tatort ruft[1080] oder aber das Opfer medizinischer Versorgung zuführt und der Tod des Opfers verhindert werden kann.[1081] Die einfache Aufforderung an Dritte zu helfen, reicht nicht, wenn der Beteiligte nicht hinreichend dafür Sorge trägt, dass die Hilfe das Opfer wirklich erreicht.[1082] Diese gesteigerten Anforderungen resultieren nicht nur aus der regelmäßig geringeren Zuverlässigkeit des privaten Dritten, sondern vor allem daraus, dass die Aufforderung an ihn keine Pflichten begründet und deshalb das Vertrauen darauf, dass er Hilfe leistet, normativ nicht hinreichend fundiert ist.

468 **(4) Unterlassen als Verhinderungsverhalten.** Anders als bei § 24 Abs. 1 Satz 1 Alt. 2 (dazu Rdn. 314 ff) kann das Verhinderungsverhalten bei § 24 Abs. 2 Satz 1 auch in einem **Unterlassen** bestehen.[1083] Das setzt voraus, dass die **Nichtfortführung des eigenen Tatbeitrags** den Nichteintritt des tatbestandlichen Erfolgs bewirkt und der Beteiligte dies erkennt. Wie bereits ausgeführt (Rdn. 451), unterscheidet § 24 Abs. 2 nicht zwischen Aufgeben und Verhindern und diffe-

---

**1077** *Backmann* JuS **1981** 336, 339; *Eisele* ZStW **112** (2000) 745, 752 ff; *Otto* JA **1980** 707, 709; *Fischer* Rdn. 40; *Zaczyk* NK Rdn. 101.

**1078** Vgl. *Maurach/Gössel/Zipf/Renzikowski* AT 2 § 50 Rdn. 71; *Sch/Schröder/Eser/Bosch* Rdn. 88; *Zaczyk* NK Rdn. 99.

**1079** *Linke* S. 154.

**1080** Vgl. *Freund/Rostalski* AT § 9 Rdn. 66; *Müssig* JR **2001** 228, 229; *Roxin* FS Lenckner 267, 280; *Sch/Schröder/Eser/Bosch* Rdn. 88.

**1081** BGHSt **41** 10, 12.

**1082** *Roxin* FS Lenckner 267, 280; *ders.* AT II § 30 Rdn. 337.

**1083** BGHSt **4** 200, 201; BGH 4 StR 268/11 v. 26.7.2011 (dazu *Kudlich* JA **2011** 869 ff); BGH StraFo **2003** 207; BGH NJW **1992** 989, 990; BGH NStZ **1989** 317, 318; *Hoffmann-Holland* MK Rdn. 166; *Kudlich* JuS **1999** 449, 450; *Kühl* AT § 20 Rdn. 264; *Lackner/Kühl/Kühl* Rdn. 19, 25; *Linke* S. 156 ff; *Maurach/Gössel/Zipf/Renzikowski* AT 2 § 50 Rdn. 72; *Otto* AT § 19 Rdn. 68; *ders.* Jura **1992** 423, 431; *ders.* JA **1990** 707, 709; *Rengier* JZ **1988** 931, 932; *Roxin* FS Lenckner 267, 280; *Jäger* SK Rdn. 108; *Sch/Schröder/Eser/Bosch* Rdn. 89; *Wessels/Beulke/Satzger* Rdn. 1077; *Zaczyk* NK Rdn. 98, 101; **aA** *Lenckner* FS Gallas 281, 295 f; *v. Scheurl* S. 77 f, 121 ff, die aber § 24 Abs. 2 Satz 1 analog anwenden wollen; dagegen wiederum *Linke* S. 156 f.

renziert insoweit nicht zwischen unbeendetem und beendetem Versuch. Die Formulierung „die Vollendung verhindert" ist in § 24 Abs. 2 Satz 1 deshalb weit auszulegen. Anderenfalls könnte ein Tatbeteiligter, der durch die bloße Untätigkeit die Vollendung der Tat verhindern kann, durch dieses Aufhören allein nicht strafbefreiend zurücktreten.[1084] Freilich sind die Fälle, in denen ein bloßes Nichtstun als Verhindern interpretiert werden kann, ausschließlich solche, die strukturell dem **unbeendeten Versuch** zuzuschlagen sind.[1085] Droht der Erfolg (aus Beteiligtensicht bzw. aus Sicht eines sorgfältig die Lage beurteilenden Beteiligten) ohne weiteres Zutun einzutreten, so kann bloße Untätigkeit nicht ausreichen.[1086]

**Beispielhaft:** Stellt der Teilnehmer die Lieferung weiterer Giftmengen, die sich der Täter nicht ohne weiteres auf einem anderen Wege beschaffen kann, nach Versuchsbeginn ein, so ist er von der Beihilfe am versuchten Totschlag nach § 24 Abs. 2 Satz 1 zurückgetreten, wenn es deshalb nicht zur Vollendung der Tat kommt.[1087] Auch wenn ein Mittäter entgegen dem gemeinschaftlichen Plan, obwohl es ihm möglich gewesen wäre, nicht auf das Opfer schießt und er erkennt, dass die anderen Beteiligten die Tötung verletzungsbedingt nicht vollenden können, hat er den tatbestandlichen Erfolg i. S. von § 24 Abs. 2 Satz 1 verhindert.[1088] Gleichfalls verhindert der Mittäter die Vollendung einer schweren räuberischen Erpressung, wenn er entgegen dem gemeinsamen Tatplan nicht das abgesprochene Zeichen (Kopfnicken) zum Hervorholen der Waffen als Drohungsmittel gibt, sondern in Aufgabe seines Tatentschlusses und zur Verhinderung des Erfolgseintritts sich umdreht und in Richtung der Eingangstür zurückgeht, woraufhin auch die anderen Beteiligten die Tat nicht weiter ausführen.[1089] Allerdings wird hierfür zu verlangen sein, dass sich der Täter zugleich hinsichtlich der Wirkung seines Verhaltens vergewissert, um gegebenenfalls zu einer Intensivierung seiner Bemühungen in der Lage zu sein. Andererseits tritt **Straffreiheit nicht deshalb ein,** weil ein **Gehilfe** lediglich seinen Wachposten verlässt (BGH GA **1966** 209), nach Tatbeginn flieht (BGH 3 StR 374/84 v. 12.12.1984) oder sich einfach passiv verhält (BGH wistra **1986** 26). Auch wenn der Zurücktretende irrtümlicherweise sein Unterlassen für erfolgsverhindernd hält scheidet ein strafbefreiender Rücktritt gem. § 24 Abs. 2 Satz 1 aus.[1090] 469

**(5) Einvernehmlicher und einverständlicher Rücktritt.** Für einen strafbefreienden Rücktritt gem. § 24 Abs. 2 Satz 1 kann es mit der neueren Rechtsprechung auch genügen, dass die Tatbeteiligten **einvernehmlich nicht mehr weiterhandeln,**[1091] wobei eine stillschweigend getroffe- 470

**1084** *Maurach/Gössel/Zipf/Renzikowski* AT 2 § 50 Rdn. 72; *Otto* JA **1980** 707, 709; *Stratenwerth/Kuhlen* AT § 12 Rdn. 111.

**1085** BGH NStZ-RR **2015** 8, 9.

**1086** Was nicht zwingend bedeutet, dass der Rücktrittswillige selbst die Rettungsaktivität entfalten muss, wenn dies ein anderer Beteiligter (in Einvernehmen mit ihm) leistet; dazu Rdn. 470. Dagegen kann es nicht überzeugen, den Rücktritt darauf zu gründen, dass der Beteiligte lediglich die Rettungsbemühungen des anderen nicht hindert und hierin eine Kausalität des Unterlassens zu gründen; so aber *Rotsch* GA **2002** 165, 174 (ablehnend dazu schon Rdn. 314 ff).

**1087** Vgl. dazu *Otto* JA **1980** 707, 709; *v. Scheurl* S. 123 ff; *Sch/Schröder/Eser/Bosch* Rdn. 89 *Wessels/Beulke/Satzger* Rdn. 1077; früher bereits *Schröder* MDR **1949** 714, 715. Freilich stellt sich für das Beispiel die Frage, wann bei einer sukzessiven Vergiftung der Eintritt in das Versuchsstadium erfolgt; dazu § 22 Rdn. 44.

**1088** BGH NJW **1992** 989, 990; vgl. auch BGH 4 StR 268/11 v. 26.7.2011 (dazu *Kudlich* JA **2011** 869 ff); BGH NStZ **1989** 317; BGH bei Holtz MDR **1977** 807 f mit Anm. *Küper* JZ **1979** 775 – Unterlassen des Blockierens einer Straße zur Begehung von § 316a.

**1089** So auch *Zaczyk* NK Rdn. 101; **aA** dagegen BGH NStZ **1983** 364; *Vogler* LK[10] Rdn. 170.

**1090** Vgl. auch *Otto* JA **1980** 707, 709; *Vogler* ZStW **98** (1986) 331, 349.

**1091** BGHSt **42** 158, 162 mit Anm. *Geppert* JK **1997** § 251/5; *Jäger* NStZ **1998** 161; *Küper* JZ **1997** 229 und *Sonnen* JA **1997** 184; BGH v. 29.8.2017–4 StR 116/17 (dazu *Eisele* JuS **2018** 81 ff); BGH v. 23.2.2016–3 StR 5/16 (dazu *Eisele* JuS **2016** 656 f); BGH NStZ-RR **2015** 8, 9; BGH StV **2014** 472, 473; BGH StV **2014** 285; BGH NStZ **2013** 521; BGH NStZ-RR **2012** 167, 168; BGH NStZ **2011** 337, 338; BGH NStZ **2007** 91, 92; BGH StraFo **1999** 277, 278; BGH NStZ **1989** 317, 318;

ne Übereinkunft ausreicht.[1092] Das erscheint vor allem für die Mittäterschaft konsequent, weil hier gewissermaßen der gemeinsame Rücktrittsentschluss die Distanzierung von dem gemeinsamen Tatentschluss darstellt.[1093] Aber auch sonst stellt die in wechselseitigem Einvernehmen vereinbarte Abstandnahme von der Tatausführung die perfekte Distanzierung von der Unrechtsmaxime dar. Gleiches soll gelten, wenn ein Tatbeteiligter mit dem die Tatvollendung hindernden **aktiven Rücktritt eines anderen einverstanden ist („einverständlicher Rücktritt")**.[1094] Letzteres erscheint insofern nicht selbstverständlich, wie sich der Beteiligte auf eine zustimmende Kenntnisnahme beschränkt.[1095] Die nach Abs. 2 S. 1 für die Konstellation eines beendeten Versuchs grundsätzlich zu fordernde aktive Verhinderungsleistung wird durch die bloße Zustimmung nicht erbracht. Die zustimmende Kenntnisnahme eines rettenden Verlaufs legitimiert es auch nicht, diesen dem Untätigen zuzurechnen. Es lässt sich auch schwerlich behaupten, die Untätigkeit werde für das Ausbleiben der Vollendung kausal, nur weil der Beteiligte die Möglichkeit hatte, durch ein Eingreifen in das Rettungsgeschehen die Vollendung der Tat doch noch zu erreichen.[1096] Denn der Untätige wird hier lediglich Zeuge des Scheiterns des Tatplans, wenn er wahrnimmt, dass der andere Beteiligte damit beginnt, die Tatvollendung zu verhindern. Er verzichtet mit seiner Untätigkeit also nicht auf ein tatplangemäßes Verhalten, sondern er verzichtet lediglich darauf, den Entschluss zu fassen, die Vollendung auf anderem Wege, gewissermaßen gegen den anderen Beteiligten, weiter zu verfolgen. Damit fehlt aber jeder Grund dafür, den Untätigen als Verursacher der ausbleibenden Vollendung anzusehen. Das wohl stärkste Argument dafür, dem Untätigen den Rücktritt aufgrund von dessen Einverstandensein mit dem Rücktritt des anderen Beteiligten zuzubilligen, ist der Umstand, dass der rücktrittswilligte Beteiligte sonst keine Möglichkeit hat, seinen Rücktrittswillen zu manifestieren und es unangemessen wäre, deshalb die Rücktrittsmöglichkeit auszuschließen.[1097] Darin liegt freilich bei mehreren Beteiligten keine Besonderheit; hier ist es geradezu typisch, dass ein Beteiligter etwa einen Fehlschlag herbeiführen und damit den anderen die Rücktrittsmöglichkeit nach § 24 Abs. 1 Satz 1 abschneiden kann.[1098] *Zaczyk* (NK Rdn. 102) verlangt über das bloße Einverstandensein eine Rücktrittsleistung etwa dergestalt, dass der Gehilfe an der Herstellung des Einvernehmens beteiligt sein müsse oder den Haupttäter in seinem Rücktrittsentschluss bestärkt. Praktisch kann die als Mindestanforderung zu fordernde **Zustimmung** nach allgemeinen Beweiswürdigungsgrundsätzen nicht in dubio pro reo unterstellt werden, wenn hierfür keine tatsächlichen **Anhaltspunkte** vorliegen. Es ist dann eine Frage des Einzelfalls, ob das Nichteingreifen und die begleitenden Umstände entsprechende Anhaltspunkte bieten. Ist eine Zustimmung als psychischer Sachverhalt nicht feststellbar, so fehlt es bereits an einem Rücktrittsentschluss und darüber hinaus an einem Rücktrittsverhalten.[1099] Findet die Untätigkeit eines Beteiligten ihren

---

*Kühl* AT § 20 Rdn. 264; *Lackner/Kühl/Kühl* Rdn. 25; Jäger SK Rdn. 108; *Fischer* Rdn. 40a. Für eine Einordnung dieses Falls in § 24 Abs. 1 *Baumann/Weber/Mitsch/Eisele* § 27 Rdn. 54, 59; *Sch/Schröder/Eser/Bosch* Rdn. 73; ablehnend *Linke* S. 89 f.

**1092** BGH StV **2014** 472, 473.

**1093** *Ladiges* JuS **2016** 15, 18; *Rotsch* GA **2002** 165, 171.

**1094** BGHSt **44** 204, 208 mit Anm. *Kudlich* JA **1999** 624; *Müssig* JR **2001** 228; *Otto* JK **1999** § 24/27; *Rotsch* NStZ **1999** 239 und *Schroeder* JR **1999** 297; ferner BGH NStZ-RR **2012** 167, 168; BGH NStZ **1989** 317, 318; RGSt **20** 259, 261; **47** 358, 361; *Fischer* Rdn. 40a; *Kühl* AT § 20 Rdn. 264; *Otto* JA **1980** 706, 710; *ders.* AT § 19 Rdn. 76; *Vogler* ZStW **98** (1986) 348; *Wessels/Beulke/Satzger* Rdn. 1078. Zutreffend dazu, dass diese Konstellation vom einvernehmlichen Rücktritt zu unterscheiden ist, *Linke* S. 161 f.

**1095** Eingehend kritisch *Rotsch* GA **2002** 165 ff; auch *Ladiges* JuS **2016** 15, 19; *Linke* S. 161 ff; vgl. auch *Otto* AT § 19 Rdn. 76: „entgegen dem Wortlaut".

**1096** So *Rotsch* GA **2002** 165, 174.

**1097** Vgl. zu diesem Argument BGHSt **44** 204, 208; BGH NStZ-RR **2012** 167, 168 (jeweils bezogen auf den Gehilfen).

**1098** Zutreffend *Ladiges* JuS **2016** 15, 18.

**1099** Deshalb zu weitgehend BGH 1 StR 172/76, wo der Rücktritt auch des 2. Mittäters mit Blick darauf, dass er dem Rücktrittsverhalten des ersten wohl zugestimmt hätte, bejaht wurde; zutreffend kritisch *Rotsch* GA **2002** 165, 172; *Linke* S. 164 f, 168 f; *Zaczyk* NK Rdn. 101.

Grund darin, dass er meint, der tatbestandliche Erfolg könne ohne zeitliche und sachliche Zäsur nicht mehr herbeigeführt werden, so scheidet ein Rücktritt gem. § 24 Abs. 2 Satz 1 von vornherein aus. Aus seiner Sicht ist der Versuch dann fehlgeschlagen und insoweit nicht rücktrittstauglich.

**cc) Rücktrittsmöglichkeit bei Vollendung einer anderen Tat.** Der Beteiligte hat den Eintritt des tatbestandlichen Erfolgs i. S. von § 24 Abs. 2 Satz 1 auch dann verhindert, wenn die anderen Tatbeteiligten zwar weiter strafrechtlich aktiv sind und ein Delikt vollenden, es sich bei diesem aber um eine „andere, neue Tat" handelt. Umgekehrt kommt ein strafbefreiender Rücktritt gemäß § 24 Abs. 2 Satz 1 nicht in Betracht, wenn die von den anderen Beteiligten fortgeführte und vollendete Tat mit der ursprünglichen Tat, an deren Versuch er beteiligt ist, identisch ist.[1100] Es besteht **Uneinigkeit** darüber, wie der ursprünglich beabsichtigte oder nach seiner Erbringung wieder zurückgenommene Tatbeitrag des Beteiligten mit der vollendeten Tat verknüpft sein muss, damit **Tatidentität** vorliegt bzw. wie diese zu bestimmen ist.[1101] 471

**(1) Keine generelle Vergleichbarkeit mit den für § 24 Abs. 1 entwickelten Grundsätzen.** Dabei ist von der Einsicht auszugehen, dass die für Abs. 1 entwickelten Grundsätze zur Bestimmung der Einheitlichkeit der Tat nicht ohne weiteres auf Abs. 2 übertragen werden können.[1102] Während es bei Abs. 1 um die Frage geht, welche (weiteren) Ausführungshandlungen nach Versuchsbeginn noch **zur gleichen Tat** gehören (Rdn. 94 ff, 218 ff), stellt sich bei Abs. 2 die Frage, **um wessen Tat** es sich handelt. Der Tatbegriff in Abs. 1 betrifft also den Umfang einer dem Täter zuzuordnenden Tat, während der Tatbegriff bei Abs. 2 die Frage betrifft, ob eine Tat überhaupt dem Täter zuzuordnen ist. 472

**(2) Wortlaut.** Unmittelbar aus dem Wortlaut des Gesetzes ergibt sich für das Verständnis des Tatbegriffs in Abs. 2 nur die Einsicht, dass alleine aufgrund des Umstands, dass der Beteiligte seine **eigene Mitwirkung zurückgezogen** und bereits **geleistete Tatbeiträge neutralisiert** hat, die von den anderen Beteiligten verwirklichte Tat **keine andere** ist. Das zeigt sehr deutlich § 24 Abs. 2 S. 2 in der Variante, dass die Tat unabhängig von dem früheren Tatbeitrag des Beteiligten begangen wird.[1103] 473

**(3) ratio.** Für die weitere Konturierung gibt der Wortlaut keine Anhaltspunkte. Es ist deshalb auf die ratio zurückzugreifen, die hinter dem Erfordernis des Verhinderns im Kontext des Rücktrittsprivilegs steht. Die Problematik des Tatbegriffs resultiert nämlich gerade daraus, dass dem rücktrittswilligen Beteiligten aufgegeben ist, über den Verzicht auf die Vornahme seines Beitrags bzw. dessen Neutralisierung hinaus zu verhindern, dass die anderen Beteiligten die Tat begehen. Die Konturierung des Tatbegriffs muss deshalb die Beantwortung der Frage berücksichtigen, weshalb das Rücktrittsprivileg bei Abs. 2 S. 1 ein Verhindern der Tat voraussetzt. Im Kern liegt die Begründung darin, dass die Beteiligten an einem von mehreren getragenen Unrechtsgeschehen nicht nur bezogen auf ihre je eigenen Beiträge die Unrechtsmaxime objektivieren, sondern auch erklären, die Tat in ihrer Gesamtheit, also einschließlich der Beiträge der anderen, 474

**1100** *Köhler* AT S. 542; *Lenckner* FS Gallas 281, 303; *Maurach/Gössel/Zipf/Renzikowski* AT 2 § 50 Rdn. 61 ff; *Sch/Schröder/Eser/Bosch* Rdn. 91; *Zaczyk* NK Rdn. 105.

**1101** Eingehende Darstellung des Streitstands bei *Linke* S. 119 ff; ferner *Hoffmann-Holland* MK Rdn. 172 ff.

**1102** Dahin gehen aber die Überlegungen z. B. von *Küper* JZ **1979** 775, 779; *Vogler* LK[10] Rdn. 175; wie hier **kritisch** *Lilie/Albrecht* LK[12] Rdn. 406; *Linke* S. 137 f; *Zaczyk* NK Rdn. 105.

**1103** Vgl. etwa *Roxin* AT II § 30 Rdn. 347; *Zaczyk* NK Rdn. 105.

zu befürworten (vgl. Rdn. 422 ff). Dementsprechend verlangt auch eine überzeugende Distanzierung von der Unrechtsmaxime die **Verhinderung der Tat in dem Umfang, in dem das vorangegangene Verhalten als deren Befürwortung zu verstehen ist.**

475 Den rücktrittswilligen Beteiligten trifft demnach zwar keine Mitverantwortung für die von den anderen Beteiligten begangene Tat in dem Sinne, dass ihm diese Tat aufgrund eines von ihm erbrachten Tatbeitrags oder auch nur aufgrund einer psychischen Einflussnahme als eigene oder fremde zuzurechnen wäre. Vorauszusetzen für eine Versuchsstrafbarkeit ist aber, dass die **im Versuch manifestierte Zustimmung** zu der Tat in der von den **anderen Beteiligten begangenen Tat fortwirkt.** Ein Verhindern kann nur insoweit als Distanzierung gefordert werden, wie die von den anderen Beteiligten begangene Tat noch als Ausdruck der vom Beteiligten manifestierten Unrechtsmaxime interpretiert werden kann. Ob dies der Fall ist, hängt davon ab, wie das **Spannungsverhältnis** zwischen dem **deliktischen Erklärungsgehalt der Beteiligung** einerseits und der **selbstverantwortlichen Entscheidung der anderen Beteiligten** zur Tatbegehung andererseits aufzulösen ist; ein Exzess der anderen Beteiligten kann den Rücktrittswilligen jedenfalls nicht belasten.

476 **(4) Die Bedeutung der Beteiligungsform.** Grundlage für die Beantwortung der Frage, ob sich die von den anderen Beteiligten begangene Tat noch im Rahmen der vom Rücktrittswilligen manifestierten Unrechtsmaxime bewegt, muss die **Vorstellung des Rücktrittswilligen** von der Tat und **deren Objektivierung** sein. Dabei könnte auch die **Art der Beteiligung** eine Rolle spielen,[1104] wobei sich zur Bedeutung der Beteiligungsform durchaus gegenläufige Stellungnahmen finden. So meint *Otto* (JA **1980** 707, 710), dass sich der Beitrag eines Gehilfen nur auf eine bestimmte Tatmodalität beschränken könne – etwa auf einen Einbruchsdiebstahl mit Hilfe eines vom Gehilfen verschafften Nachschlüssels –, so dass eine abweichende Tatmodalität eine andere Tat begründen könne. Diese Überlegungen können sich allerdings nicht auf den rechtlichen Charakter der Beihilfe berufen. Denn die Beihilfe zeichnet sich gerade dadurch aus, dass sie in einem eher lockeren Verhältnis zur konkreten Haupttat steht. Dementsprechend reicht es nach der Rechtsprechung aus, wenn der Gehilfe die „Dimension des Unrechts der ins Auge gefassten Tat" erfasst haben muss, während ihm Einzelheiten über Ort, Zeit und Modalitäten der Tatausführung nicht bekannt sein müssen.[1105] Vor diesem Hintergrund könnte man auf den ersten Blick annehmen, dass gerade die Beihilfe in ihrem Aussagegehalt von Modifikationen der Haupttat weniger betroffen ist (vgl. *Vogler* LK[10] Rdn. 174 ff). Denn je enger eine Beteiligung mit einem konkreten Tatvorhaben verknüpft ist, desto spezifischer ist die manifestierte Maxime auf das Tatvorhaben bezogen. So geben Mittäter, mittelbare Täter (sofern sie unter § 24 Abs. 2 fallen) und Anstifter deutlich stärker die Konturen einer Tat vor als der Gehilfe, der sich einem fremden Tatplan unterordnet. Daraus die Folgerung zu ziehen, dass der Rücktritt des Gehilfen an strengere Anforderungen geknüpft ist als bei den anderen Beteiligten, könnte aber **wertungsmäßig nicht überzeugen.** Es wäre z. B. nicht einzusehen, dass der Anstifter lediglich eine von seinen Vorgaben abweichende Tat verhindern müsste, während der Rücktritt des Gehilfen nur erfolgreich wäre, wenn er auch die Begehung der modifizierten Tat verhindert. Der Hintergrund dafür, dass die nach der Art der Beteiligung differenzierenden Grundsätze zum Exzess des Beteiligten nicht auf die Frage der Tatidentität im Rahmen des Rücktritts übertragen werden können, liegt darin, dass sich die **Verhinderungshandlung** stets schon auf eine **durch den Versuchsbeginn konkretisierte (Haupt-) Tat bezieht.** Verschieben die Haupttäter die Tat auf den nächsten Tag, weil der Gehilfe nach Versuchsbeginn den von ihm zur Verfügung gestellten Nachschlüssel wieder zurückverlangt, so hat er damit die konkrete Tat verhindert (wohingegen er ohne eine solche Intervention als Gehilfe unabhängig davon haften würde, ob die Tat entgegen seiner Vorstellung erst einen Tag später begangen wird). Dagegen dürfte es (entgegen *Otto*, s. o.) für ein Verhindern

**1104** Vgl. auch *Lilie/Albrecht* LK[12] Rdn. 406, 409.
**1105** BGHSt **42** 135, 139; BGH NStZ **1990** 501; BGH NJW **1997** 265, 266.

nicht ausreichen, dass die Haupttäter in der konkreten Situation zwar notgedrungen auf den Nachschlüssel verzichten, aber stattdessen die Tür aufbrechen. Denn eine solche Interpretation der zu verhindernden Tat würde letztlich in gesetzwidriger Weise darauf hinauslaufen, dass für ein Verhindern des Gehilfen die Neutralisierung seines eigenen Tatbeitrags ausreicht.[1106] Freilich bleibt es in dieser Konstellation auch dann, wenn die Haupttäter die Tat vollenden, bei einer Beihilfe zur versuchten Tat, weil sich der ursprüngliche Beitrag nicht risikoerhöhend im Haupttaterfolg realisiert hat.[1107]

**(5) Rückgriff auf das Kriterium der natürlichen Handlungseinheit.** Zur Beantwortung der Frage, ob die vollendete Tat mit der Tat des Zurücktretenden identisch ist oder aber eine neue darstellt, wird teilweise auf die Kriterien der natürlichen Handlungseinheit bzw. -mehrheit zurückgegriffen.[1108] **Tatidentität** liegt danach vor, wenn die mit Beteiligung des Rücktrittswilligen geplante und die tatsächlich begangene Tat eine **natürliche Handlungseinheit** begründen würde Ein sicherer Maßstab ist damit aber nicht gewonnen. Der Begriff der natürlichen Handlungseinheit selbst ist schon für sich umstritten und wird unterschiedlich weit oder eng ausgelegt.[1109] Zudem ist die Handlungseinheit ein Kriterium der Konkurrenzlehre, das die Besonderheiten bei der Beteiligung mehrerer nicht ausreichend berücksichtigen kann. Vor diesem Hintergrund kann der Rückgriff auf die Konkurrenzlehre **nicht überzeugen**, obwohl das auch für die natürliche Handlungseinheit bedeutsame Kriterium des zeitlichen und räumlichen Zusammenhang eines ist, das auch bei der Tatidentität eine Rolle spielt.[1110] 477

**(6) Einheitlichkeit bei hypothetischer Zurechenbarkeit.** *Eser/Bosch* sehen das Problem der unterschiedlichen Interpretation der natürlichen Handlungseinheit und wollen es dergestalt lösen, dass bei einem weiten Verständnis der natürlichen Handlungseinheit **hypothetisch** zu fragen sei, ob dem Rücktrittswilligen die von den anderen begangene Tat auch bei Erbringung seines Beitrags **zurechenbar** wäre. Ist diese Frage zu verneinen, so bleibe ein Rücktritt möglich. Dahinter steht die Überlegung, dass die Verhinderungspflicht des Teilnehmers auf jene Tat beschränkt sei, „die er im Vollendungsfalle durch seinen ursprünglichen Tatbeitrag zurechenbar ‚als Teilnehmer' mitverursacht haben würde" (*Sch/Schröder/Eser/Bosch* Rdn. 92). Dagegen lässt sich zum einen einwenden, dass die Verhinderungspflicht auch bestehen kann, wenn sich der Tatbeitrag nicht in der Vollendung realisiert hat (§ 24 Abs. 2 S. 2 Alt. 2).[1111] Weiter ist zu bedenken, dass die Orientierung an den für die Beteiligung geltenden Zurechnungsgrundsätzen (einschließlich des Zurechnungsausschlusses im Fall des Exzesses eines Beteiligten) zu Differenzierungen hinsichtlich der Beteiligungsformen führen kann, die mit der ratio von § 24 nicht in Einklang stehen (dazu Rdn. 476). Und schließlich ist mit dem Verweis auf diese Zurechnungsgrundsätze noch nicht die (auch im Rahmen der Beteiligung umstrittene) Frage beantwortet, welche Sachgesichtspunkte für die Identität der Tat den Ausschlag geben. 478

---

**1106** *Zaczyk* NK Rdn. 105.

**1107** *SSW/Murmann* § 27 Rdn. 3.

**1108** *Lenckner* FS Gallas 281, 303 f; *Sch/Schröder/Eser/Bosch* Rdn. 91 f; *Küper* JZ **1979** 775, 779 f; zurückhaltender *Grünwald* FS Welzel 701, 714, der zwar von „Berührungspunkten" spricht, aber eine Gleichsetzung ablehnt.

**1109** Ebenfalls **kritisch** *Maurach/Gössel/Zipf/Renzikowski* AT 2 § 50 Rdn. 64; *Roxin* AT II § 30 Rdn. 347, 350 ff („Eine Tat ist nur dann dieselbe, wenn sie aus dem Versuchsstadium an Ort und Stelle zu Ende geführt wird."); *ders.* FS Lenckner 267, 285; *Haft* JA **1979** 306, 310; *Hoffmann-Holland* MK Rdn. 173; *Linke* S. 120; *Vogler* LK[10] Rdn. 173; zur unterschiedlichen Auslegung der natürlichen Handlungseinheit in der Konkurrenzlehre beispielhaft *Kindhäuser* JuS **1985** 100, 105; *Kühl* JA **1978** 475, 478; *Puppe* NK § 52 Rdn. 12 ff; *Rissing-van Saan* LK Vor §§ 52 ff Rdn. 10 ff, 21 f; *Jäger* SK Vor § 52 Rdn. 52 ff; *Fischer* Vor § 52 Rdn. 2; zur Problematik, im Rahmen von § 24 auf das Kriterium der natürlichen Handlungseinheit zurückzugreifen, vgl. auch oben Rdn. 95 ff.

**1110** *Roxin* AT II § 30 Rdn. 352.

**1111** Vgl. *Lilie/Albrecht* LK[12] Rdn. 407; *Linke* S. 124.

479 **(7) Das Kriterium der Einheitlichkeit des Lebensvorgangs. Überwiegend** wird es für die Begründung von Tatidentität für ausschlaggebend gehalten, ob die versuchte Tat, an der der Rücktrittswillige beteiligt ist, mit der von den übrigen Beteiligten zur Vollendung gebrachten Tat einen einheitlichen Lebensvorgang bildet.[1112] Dabei stellt sich freilich die Frage, **welche Gesichtspunkte** für die Begründung dieser Einheitlichkeit Beachtung verdienen und wie sich die unterschiedlichen Aspekte zueinander verhalten. Während *Roxin* (AT II § 30 Rdn. 348, 350) allein den engen raum-zeitlichen Zusammenhang und die Identität des Tatbestandes, auf den sich der Versuch bezieht und der schließlich verwirklicht wird, für maßgeblich hält, werden überwiegend auch Veränderungen der Tatmodalitäten und ein Austausch des Tatopfers bzw. des Tatobjekts für relevant gehalten.[1113] Hinsichtlich der weiteren Konkretisierung ist klar, dass eine geringfügige Verschiebung der Tatverwirklichung innerhalb des gleichen Versuchsstadiums – also ohne, dass es eines neuen Ansetzens bedürfte – den raum-zeitlichen Zusammenhang nicht zerreißen kann. So liegt es, wenn sich die Beteiligten nach dem Ausscheiden des Rücktrittswilligen nur kurz über die geänderte Lage verständigen müssen.[1114] Hinsichtlich der Tatmodalitäten soll es auf das Gewicht von deren Änderung ankommen. Dabei ist umstritten, ob Änderungen im Tatverlauf, die den Anwendungsbereich eines anderen Tatbestandes begründen, stets die Identität der Tat in Frage stellen.[1115] Soweit es den Austausch des Tatopfers bzw. des Tatobjekts anbelangt, wird häufig für ausschlaggebend gehalten, ob es sich um ein höchstpersönliches Rechtsgut handelt.[1116]

480 Die Orientierung an der Einheitlichkeit des Lebensvorgangs verdient **im Grundsatz Zustimmung**. Denn die auch vom Beteiligten durch seinen Eintritt in das Versuchsstadium mitgetragene Unrechtsmaxime findet ihre Bestätigung gerade in einer Tat, die in tatsächlicher Hinsicht und bei wertender Betrachtung als konsequente Fortführung des gemeinsamen Projekts interpretiert werden kann. Eine infolge der Nichterbringung des eigenen Tatbeitrags bzw. dessen Neutralisierung eintretende Zäsur in der Motivationslage der anderen Beteiligten oder hinsichtlich der Art der Ausführung oder bezogen auf das Opfer bzw. das Tatobjekt, kann dagegen den Charakter der Tat in einer Weise verändern, dass ihre Verhinderung mit Blick auf die verantwortliche Entscheidung der anderen Beteiligten nicht mehr im Verantwortungsbereich des Zurücktretenden liegt. Dabei erfordert die Beantwortung der Frage, ob die von den anderen Beteiligten begangene Tat aufgrund der Einheitlichkeit des Lebensvorgangs noch als Objektivierung der auch vom rücktrittswilligen Beteiligten zunächst mitgetragenen Unrechtsmaxime anzusehen ist, ersichtlich eine **wertende Betrachtung im Einzelfall.**[1117]

481 Eine konsequente Orientierung am Kriterium der Einheitlichkeit des Lebensvorgangs als Maßstab für die Beantwortung der Frage, ob die Tat noch als Ausdruck der vom Beteiligten (zunächst) mitgetragenen Unrechtsmaxime anzusehen ist, kann sich **nicht** an **formalen Tatbestandsgrenzen** orientieren. Denn der Abgrenzung anhand von phänomenologischen Unterschieden hinsichtlich der Tatmodalitäten kann bei wertender Betrachtung durchaus untergeordnete Bedeutung zukommen, wie die Abgrenzung von § 249 zu §§ 253, 255 zeigt (vgl. Rdn. 225 ff).

---

**1112** *Hoffmann-Holland* MK Rdn. 173; *Lilie/Albrecht* LK[12] Rdn. 409; *Linke* S. 139; *Zaczyk* NK Rdn. 106.

**1113** *Hoffmann-Holland* MK Rdn. 173; *Lilie/Albrecht* LK[12] Rdn. 409; *Linke* S. 139 f; *Zaczyk* NK Rdn. 106; ähnlich *Otto* JA **1980** 707, 710, der eine *wertende* Betrachtungsweise, „bei der die zeitlich-räumliche Kontinuität des deliktischen Vorgehens, aber auch die Identität des Angriffsobjekts und die Vergleichbarkeit der Angriffsweise wertend zu beurteilen" seien, zugrunde legt; in diesem Sinne ebenfalls *Vogler* LK[10] Rdn. 173 ff und ZStW **98** (1986) 331, 349, der jedoch auch die „allgemeinen Teilnahmegrundsätze für die Beantwortung der Identitätsfrage" als maßgeblich erachtet (*Vogler* LK[10] Rdn. 174); siehe ebenfalls *Grünwald* FS Welzel 701, 713, der bei einem Tatobjektswechsel generell eine andere Tat bejaht.

**1114** *Roxin* AT II § 30 Rdn. 350; ausführlich *Roxin* FS Lenckner 267, 284 ff; in diesem Sinne gleichfalls *Gores* S. 235 ff.

**1115** Bejahend *Hoffmann-Holland* MK Rdn. 174; *Roxin* AT II § 30 Rdn. 348 *Lilie/Albrecht* LK[12] Rdn. 415; **verneinend** *Linke* S. 139; *Zaczyk* NK Rdn. 51.

**1116** *Zaczyk* NK Rdn. 105.

**1117** Die Erforderlichkeit einer Betrachtung des Einzelfalls betont etwa *Linke* S. 139.

Ein Wechsel hinsicht des Tatbestandes ist demnach – wie die anderen Umstände auch – in die wertende Beurteilung der Frage nach der Einheitlichkeit des Lebensvorgangs einzubeziehen, präjudiziert aber nicht deren Beantwortung.[1118]

**(8) Fallkonstellationen.** Aus den dargestellten Grundsätzen lassen sich Lösungen für unterschiedliche Fallkonstellationen entwickeln. Danach liegt jedenfalls **Tatidentität vor**, wenn der Beteiligte die anderen, nachdem er seinen Beitrag erbracht hat, auffordert, die begonnene Tat doch nicht zu vollenden, sie aber nicht auf ihn hören und die Tat wie geplant zum Abschluss bringen.[1119] Auch wenn den Schmierestehenden nach dem Übergang ins Versuchsstadium Reue überkommt und er sich vom Tatort entfernt, die anderen Beteiligten den Diebstahl aber ohne sachliche und zeitliche Trennung zum Ende bringen, liegt Tatidentität vor.[1120] Ein strafbefreiender Rücktritt soll nach Auffassung des BGH (NJW **1956** 30, 31) auch dann entfallen, wenn der Teilnehmer die Tat für den Augenblick verschiebt, zugleich aber bewusst eine Tätigkeit vornimmt, die es den anderen Beteiligten ermöglicht, die Tat später zu vollenden.[1121] Richtigerweise stellen die neuerlich vorgenommenen Unterstützungshandlungen hier aber lediglich Hilfeleistungen für die später – aufgrund eines neuen Tatentschlusses und nach einem neuen Ansetzen – vorgenommene Tat dar. 482

Es handelt sich auch dann um eine identische Tat, wenn einer der Mittäter eines geplanten Totschlages – obwohl sein Messer für die Ausführung eine entscheidende Rolle spielen sollte – sich von der Tat distanziert und der zweite Mittäter die Tat sodann mit seinem eigenen Messer zum Erfolg führt.[1122] Die **Abweichung** hinsichtlich der **Tatmodalitäten** wird man hier für unwesentlich halten müssen, weil die mit der anfänglichen Beteiligung zum Ausdruck gebrachte Unrechtsmaxime – Tötung des Opfers mit einem Messer – im Verhalten des anderen Beteiligten bekräftigt wurde.[1123] 483

Die Unrechtsmaxime findet trotz Änderungen der Tatmodalitäten auch in solchen Taten Ausdruck, die dem gemeinsamen **Angriffsziel** entsprechen und bei denen die konkrete **Angriffsart** mit der geplanten **vergleichbar** ist. Wird bei einem Diebstahl im besonders schweren Fall die Tür statt mit dem zunächst gelieferten, dann aber vom Gehilfen zurückverlangten Nachschlüssel von den anderen Beteiligten gewaltsam aufgebrochen und geöffnet oder steigen sie nun durch ein offenes Fenster ins Gebäude ein, ist eine Tat gegeben und der Gehilfe konnte allein durch das Zurückverlangen des Schlüssels nicht nach § 24 Abs. 2 Satz 1 zurücktreten (vgl. schon Rdn. 476).[1124] In diesen Fällen fassen die anderen Beteiligten gerade keinen neuen Tatentschluss, vielmehr reagieren sie auf die durch das Ausscheiden eines Beteiligten veränderte Situation. 484

Auch ein **Wechsel des Tatobjekts** muss der Tatidentität nicht generell entgegenstehen. Zwar wird das Angriffsziel zumeist vom Tatobjekt bestimmt. Wenn die Beteiligten ihren Tatentschluss aber nicht auf ein bestimmtes Objekt konkretisiert, sondern nur hinsichtlich des Rechtsguts bestimmt haben, handelt es sich auch noch um die gleiche Tat, wenn nach dem Ausscheiden eines Beteiligten die anderen ohne große Verzögerung ihr Handeln nicht bei der zunächst 485

**1118** In diesem Sinne auch *Linke* S. 139; *Zaczyk* NK Rdn. 51; **aA** *Hoffmann-Holland* MK Rdn. 174; *Roxin* AT II § 30 Rdn. 348 *Lilie/Albrecht* LK[12] Rdn. 415.

**1119** Vgl. auch zu einer Konstellation, in der die Anrufe zur Feststellung der Anwesenheit des Tatopfers trotz eines nachträglichen Umstimmungsversuchs dem Mittäter die Tatbegehung erleichtert haben, OLG Schleswig SchlHA **1951** 48.

**1120** BGH bei Dallinger MDR **1966** 22; *Maurach/Gössel/Zipf/Renzikowski* AT 2 § 50 Rdn. 66; *Zaczyk* NK Rdn. 107.

**1121** Ebenso *Jäger* SK Rdn. 108; *Lilie/Albrecht* LK[12] Rdn. 410; *Sch/Schröder/Eser/Bosch* Rdn. 93.

**1122** BGH NStZ **1999** 449, 450; **zweifelnd** insoweit *Zaczyk* NK Rdn. 107.

**1123** Zweifelnd *Zaczyk* NK Rdn. 107.

**1124** *Maurach/Gössel/Zipf/Renzikowski* AT 2 § 50 Rdn. 66; *Otto* JA **1980** 707, 710; *Roxin* FS Lenckner 267, 283 f; *Zaczyk* NK Rdn. 107; vgl. aber auch *Krey/Esser* AT Rdn. 1332.

ins Auge gefassten Person, sondern bei einer anderen fortsetzen.[1125] So liegt es etwa, wenn sich die Tat generell gegen fremdes Eigentum richten soll; dagegen wird bei einem Angriff auf ein höchstpersönliches Rechtsgut die Identität der Tat regelmäßig durch die Person des Opfers definiert.[1126]

486 Tatidentität entfällt gleichfalls nicht, wenn der Gehilfe am Tatort die für einen Raub hingegebene **Waffe wieder zurücknimmt**, der Haupttäter aber trotz seines Eingreifens noch den Diebstahl vollendet (*Sch/Schröder/Eser/Bosch* Rdn. 93). Zwar hat der Teilnehmer in diesem Fall einen für einen Raub deliktsspezifischen Beitrag rückgängig gemacht und den Raub auch verhindert, wenn der Haupttäter wegen der fehlenden Waffe von dessen Begehung Abstand nimmt. Da der Diebstahl im Raub enthalten ist, liegt insoweit aber Tatidentität vor, so dass der Gehilfe nach § 24 Abs. 2 Satz 1 nur zurücktreten kann, wenn er auch den Diebstahl verhindert.[1127] Hat sich der Beitrag des Gehilfen nicht in relevanter Weise in der Diebstahlstat niedergeschlagen, so kommt bezogen auf den verbleibenden versuchten Diebstahl freilich noch ein Rücktritt nach § 24 Abs. 2 Satz 2 Alt. 2 in Betracht (dazu unten Rdn. 509 ff).

487 Dagegen handelt es sich um eine **neue, andere Tat**, wenn die weitere Tatausführung im Vergleich zum Tatplan einen **Exzess** darstellt.[1128] Wenn die anderen Beteiligten einen Totschlag statt einer Körperverletzung begehen, steht die Verwirklichung dieses Delikte einem Rücktritt des Beteiligten von der versuchten Tat, an der er beteiligt war, nicht entgegen. Gleiches gilt, wenn die anderen Beteiligten einen Raub statt des geplanten Diebstahls oder der geplanten Körperverletzung begehen. Im letztgenannten Fall kann der Beteiligte durch Verhinderung der Körperverletzung strafbefreiend zurücktreten.[1129] Problematischer sind die Konstellationen, in denen die geplante Tat in der begangenen im Sinne eines **Stufenverhältnisses** notwendig enthalten ist (Diebstahl im Raub, Körperverletzung in der Tötung). Lässt man zur Erlangung von Straffreiheit hier nicht bereits die Nichterbringung oder Neutralisierung des eigenen Tatbeitrags genügen, so könnte der Beteiligte nur nach § 24 Abs. 2 Satz 2 Alt. 2 zurücktreten. Denn eine Verhinderung des weniger gewichtigen Delikts könnte hier nur dadurch erfolgen, dass der Täter auch die Exzesstat verhindert (woran es in dieser Fallkonstellation gerade fehlt). Da eine Verpflichtung zur Verhinderung der Exzesstat (bzw. zu einem darauf gerichteten Bemühen) zumindest jenseits von Konstellationen, in denen das Beteiligungsverhalten auch in Richtung auf den Exzess als rechtlich missbilligte Gefahrschaffung anzusehen ist, nicht besteht, erscheint es überzeugender, in der Vollendung der Exzesstat keinen Ausschluss des Rücktritts durch bloße Nichterbringung oder Neutralisierung des eigenen Tatbeitrags hinsichtlich des weniger gewichtigen Delikts zu sehen.[1130]

488 Ist es dem Tatbeteiligten zunächst gelungen, den Täter nach Eintritt in das Versuchsstadium **von der weiteren Tatausführung abzubringen**, entscheidet dieser sich aber nach einiger Zeit doch zur Tatbegehung, beruht sein weiteres Handeln auf einem neuen Tatentschluss, so dass es sich nicht auf die Strafbarkeit und eine Rücktrittsmöglichkeit des Beteiligten am ersten versuchten Delikt auswirkt.[1131] Auch die Verschiebung der Tat auf unbestimmte Zeit und der abstrakte Vorbehalt, die Tat bei geeigneter Gelegenheit weiterzuführen, können keine Identitäts-

---

**1125** Ausführlich und anschaulich *Roxin* FS Lenckner 267, 286; auch *Lenckner* FS Gallas 281, 304; *Sch/Schröder/Eser/Bosch* Rdn. 93; *Zaczyk* NK Rdn. 106; **aA** aber *Grünwald* FS Welzel 701, 713.

**1126** Vgl. *Zaczyk* NK Rdn. 106.

**1127** *Maurach/Gössel/Zipf/Renzikowski* AT 2 § 50 Rdn. 66.

**1128** Zu möglichen Beispielen vgl. *Jescheck/Weigend* § 51 VI 3; *Grünwald* FS Welzel 701, 713; *Otto* JA **1980** 707, 710; *Jäger* SK Rdn. 108; *v. Scheurl* S. 120; *Sch/Schröder/Eser/Bosch* Rdn. 92; *Vogler* ZStW **98** (1986) 331, 349; *Zaczyk* NK Rdn. 107.

**1129** So auch *Maurach/Gössel/Zipf/Renzikowski* AT 2 § 50 Rdn. 67.

**1130** So die wohl überwiegende Auffassung, etwa *Lilie/Albrecht* LK[12] Rdn. 416; *Roxin* AT II § 30 Rdn. 348; **aA** *Maurach/Gössel/Zipf/Renzikowski* AT 2 § 50 Rdn. 67.

**1131** *Zaczyk* NK Rdn. 107.

grundlage darstellen, selbst wenn Tatobjekt und Modalität der Ausführung unverändert bleiben.[1132]

**b) Rücktrittsentschluss und Freiwilligkeit.** Das **Verhalten** des Beteiligten muss **auf die Verhinderung des tatbestandlichen Erfolgs gerichtet** sein; erforderlich ist also – wie bei allen Formen des Rücktritts – ein **Rücktrittsentschluss.**[1133] Ausreichend ist nicht, dass er nur aus Versehen die Vollendung der Tat verhindert. Wie auch bei § 24 Abs. 1 muss die Vollendungsverhinderung jedoch nicht das einzige Motiv des Rücktrittsverhaltens des Beteiligten sein (vgl. insoweit ausführlich Rdn. 364 ff). Der Tatrichter hat dabei auch den Zweifelssatz zu berücksichtigen (BGH NStZ **2004** 614, 615). 489

Der Beteiligte am versuchten Delikt muss die Vollendung der Tat **freiwillig** verhindern (ausführlich dazu oben Rdn. 234 ff, 367 f, 414). 490

### 7. Rücktritt durch ernsthaftes und freiwilliges Bemühen um Verhinderung der Tatvollendung (Absatz 2 Satz 2 Alt. 1)

Wird die Tat **ohne Zutun des daran Beteiligten nicht vollendet,** setzt ein strafbefreiender Rücktritt gem. § 24 Abs. 2 Satz 2 Alt. 1 voraus, dass der Beteiligte sich freiwillig und ernsthaft um die Verhinderung der Tatvollendung bemüht. 491

**a) Nichtvollendung des Delikts ohne Zutun des Beteiligten.** Wie § 24 Abs. 2 Satz 1 setzt eine Anwendung von § 24 Abs. 2 Satz 2 Alt. 1 voraus, dass das Delikt im Versuchsstadium verblieben und der tatbestandliche Erfolg dieser Tat nicht eingetreten ist (zur Identität zwischen versuchter und vollendeter Tat ausführlich oben Rdn. 471 ff). Im Gegensatz zu Satz 1 werden hier aber die Fälle erfasst, in denen die Tat aus vom Verhalten des Beteiligten unabhängigen Gründen nicht zur Vollendung kommt, wobei die **Ursache unbeachtlich ist.**[1134] 492

Die **Gründe für ein Ausbleiben der Vollendung** sind vielfältiger als bei § 24 Abs. 1 Satz 2, da die Involvierung mehrerer Beteiligter zu einer höheren „Fehleranfälligkeit" führt.[1135] Wie beim Rücktritt des Einzelversuchstäters gem. § 24 Abs. 1 Satz 2 erfasst die Vorschrift des § 24 Abs. 2 Satz 2 Alt. 1 insbesondere die Sachverhalte der vom Beteiligten nicht erkannten **Untauglichkeit** wie auch des objektiven **Fehlschlags** (ausführlich oben Rdn. 375 ff).[1136] Dabei ist es, solange der Beteiligte es nicht bemerkt, gleichgültig, ob der Versuch von vornherein zum Scheitern verurteilt war oder ob der Taterfolg durch das Einwirken anderer Kräfte ausbleibt. Dies ist etwa der Fall, wenn das Betrugsopfer die Absichten der Handelnden schnell durchschaut hat und die Warnungen eines Beteiligten sich deshalb in dem ausbleibenden Schadenseintritt nicht niederschlagen.[1137] 493

---

**1132** Vgl. auch BGH NStZ **1992** 537 f hinsichtlich § 31 für den Fall, dass A und B sich verabredet hatten, das Opfer zur Herausgabe von Geld zu zwingen und auf Initiative des A den Plan aufgaben, als das Opfer nicht kommt, B sich aber vorbehält, die Handlung nachzuholen und schon einen Tag später dies mit anderen tun will und diese, als das Opfer wieder nicht kommt, in das Haus einsteigen und Geld entwenden; siehe ebenfalls BGH bei Dallinger MDR **1966** 22, 23; BGH NJW **1956** 30, 31; *Krey/Esser* AT Rdn. 1332; *Roxin* FS Lenckner 267, 284; *Sch/Schröder/Eser/Bosch* Rdn. 93; *Zaczyk* NK Rdn. 107.

**1133** *Linke* S. 154 f.

**1134** Vgl. *Chang* S. 29; *Linke* S. 219; *Maurach/Gössel/Zipf/Renzikowski* AT 2 § 50 IV Rdn. 73; *Sch/Schröder/Eser/Bosch* Rdn. 95.

**1135** *Zaczyk* NK Rdn. 109.

**1136** *SSW/Kudlich/Schuhr* Rdn. 60.

**1137** Vgl. *Gropp* AT § 9 Rdn. 190; *Köhler* AT S. 544; *Maurach/Gössel/Zipf/Renzikowski* AT 2 § 50 Rdn. 73; *Roxin* AT II § 30 Rdn. 338; *Sch/Schröder/Eser/Bosch* Rdn. 94; *Fischer* Rdn. 36, 42; *Zaczyk* NK Rdn. 109.

494 Mit Blick darauf, dass § 24 Abs. 2 den Rücktritt vom Versuch durch mehrere Beteiligte regelt, kann sich die Untauglichkeit zudem aus dem **Verhalten der anderen Beteiligten** ergeben (das vom Gehilfen gelieferte Gewehr wird aus Versehen vom Täter nicht geladen, vgl. *Zaczyk* NK Rdn. 109). Der Erfolg ist ohne Zutun des Beteiligten auch dann nicht eingetreten, wenn andere Beteiligte die Vollendung verhindern.[1138] Während der Beteiligte, der durch seinen freiwilligen Rücktritt die Tatvollendung verhindert, nach § 24 Abs. 2 Satz 1 straflos bleibt, erlangen Beteiligte, deren Rücktrittsbemühungen für die Vermeidung des Taterfolgs nicht mehr ursächlich werden können, allenfalls über § 24 Abs. 2 Satz 2 Alt. 1 Straffreiheit.

495 **b) Ernsthaftes und freiwilliges Bemühen um Erfolgsverhinderung.** Ist die Tat ohne Zutun des Beteiligten nicht zur Vollendung gekommen, kann also der Beteiligte den Erfolg objektiv nicht verhindern, so setzt der strafbefreiende Rücktritt von der Beteiligung am versuchten Delikt stattdessen voraus, dass sich der Beteiligte ernsthaft und freiwillig um die Erfolgsverhinderung bemüht.

496 **aa) Anforderungen an das ernsthafte Bemühen um Erfolgsverhinderung.** Hinsichtlich der an das ernsthafte Bemühen zu stellenden Anforderungen ist zunächst auf die entsprechende **Diskussion zu § 24 Abs. 1 Satz 2** zu verweisen (Rdn. 388 ff). Überwiegend wird angenommen, dass die dortigen Grundsätze auf Abs. 2 S. 2 zu übertragen seien.[1139] Dementsprechend wird meist angenommen, ein ernsthaftes Bemühen um Erfolgsverhinderung setze voraus, dass der Beteiligte zu Maßnahmen greift, die ihm geeignet erscheinen, mit hinreichender Sicherheit den tatbestandlichen Erfolg zu verhindern.[1140] Die h. M. stellt damit als Beurteilungsgrundlage allein auf die Vorstellung des Beteiligten ab. Gegen die damit implizierte Annahme, dass auch suboptimale Rettungsbemühungen ausreichen können und dem Beteiligten keine Sorgfaltspflicht zur Prüfung zuverlässigerer Rettungsmaßnahmen obliegt, wurde oben (Rdn. 397 ff) geltend gemacht, dass den Täter auf der Grundlage seiner Vorstellung eine Garantenpflicht dahingehend trifft, die aus seiner Sicht optimale Rettungshandlung zu ergreifen und hinsichtlich der Auswahl dieser Rettungshandlung die gebotene Sorgfalt an den Tag zu legen.

497 Grundlage dieser hohen Anforderungen ist mithin die – auf der Grundlage der Vorstellung des Beteiligten – bestehende Pflicht dahingehend, die mit der Ausführungshandlung geschaffene Gefahrenlage für das Opfer zu beseitigen. Diese Überlegung greift aber bei § 24 Abs. 2 Satz 2 (nicht anders als bei § 24 Abs. 2 Satz 1; Rdn. 460 ff) **nicht ohne Einschränkungen**. Das liegt daran, dass sich die nach § 24 Abs. 2 zu stellenden Anforderungen nicht darin erschöpfen, die durch das eigene Vorverhalten geschaffene Gefahrenlage zu beseitigen, sondern darüber hinaus auch verlangt wird, dass der Täter die von den anderen Beteiligten ausgehenden Vollendungsrisiken beseitigt. Daraus resultiert die Notwendigkeit, die Anforderungen an das ernsthafte Bemühen in § 24 Abs. 2 Satz 2 **differenziert** zu bestimmen: Soweit sich das Bemühen darauf bezieht, die nach Tätervorstellung von ihm (mit-)geschaffenen Vollendungsgefahren zu beseitigen, ist der Beteiligte auf der Grundlage seiner Vorstellung als Garant zur Abwehr dieser Gefahren verpflichtet und muss im Interesse des von ihm angegriffenen Rechtsguts optimale Rettungsbemühungen entfalten. Anders liegt es, wenn der rücktrittswillige Beteiligte seine Tatbeiträge nicht erbracht oder bereits neutralisiert hat, so dass die Deliktsvollendung nicht mehr aufgrund seiner Tatbeiträge droht. Die Pflicht zu einem ernsthaften Bemühen um Vollendungsverhinderung lässt sich hier nicht aus einer Verantwortung des Rücktrittswilligen für die nach seiner Vorstel-

**1138** *Sch/Schröder/Eser* Rdn. 94; *Zaczyk* NK Rdn. 109.
**1139** Etwa *Hoffmann-Holland* MK Rdn. 179 f; *Lilie/Albrecht* LK[12] Rdn. 424.
**1140** *Hoffmann-Holland* MK Rdn. 179; *Lilie/Albrecht* LK[12] Rdn. 424; *Linke* S. 226 f; *Maurach/Gössel/Zipf/Renzikowski* AT 2 § 50 Rdn. 74; *Roxin* FS Lenckner 267, 280 f; *Fischer* Rdn. 42b; *Sch/Schröder/Eser/Bosch* Rdn. 101 ff; *Zaczyk* NK Rdn. 110.

lung fortbestehende Vollendungsgefahr erklären, die nur noch von den anderen Beteiligten ausgeht. Mit Blick darauf ist es insoweit angemessen, geringere Anforderungen an das ernsthafte Bemühen zu stellen.[1141] Hier muss es genügen, wenn der Beteiligte Bemühungen entfaltet, die auf der Grundlage seiner Vorstellung und unter Beachtung der gebotenen Sorgfalt mit hinreichender Sicherheit den tatbestandlichen Erfolg verhindern.

Damit sind Verhaltensweisen, die auf eine **Neutralisierung des eigenen Tatbeitrags** abzielen, nur dann ein ernsthaftes Bemühen i. S. von § 24 Abs. 2 Satz 2 Alt. 1, wenn der Beteiligte dabei davon ausgeht und auch davon ausgehen darf, den Eintritt des tatbestandlichen Erfolgs zuverlässig zu verhindern.[1142] Der Beteiligte, der davon ausgeht, dass von seinen Beiträgen noch die Gefahr ausgeht, dass sie zur Vollendung der Tat beitragen, kann sich insoweit nicht mit suboptimalen Anstrengungen begnügen, bei denen ein von ihm nicht beherrschbares Vollendungsrisiko fortbesteht. Werden unbeteiligte Dritte eingeschaltet, die etwa die anderen Beteiligten von der Tatausführung abbringen sollen, so muss der Rücktrittswillige deren Aktivitäten überwachen, während er sich auf ein Tätigwerden der Polizeibehörden grundsätzlich verlassen darf (vgl. Rdn. 465 ff). **498**

Auf eine **objektive Eignung** kann es nicht ankommen.[1143] Häufig wird es freilich so liegen, dass (auf der Grundlage der Tätervorstellung) objektiv ungeeignete Maßnahmen die Folge einer unsorgfältigen Auswahl des eingesetzten Mittels sind. Auch damit verletzt der Täter seine Verpflichtung zu einem ernsthaften Bemühen (Rdn. 397 ff, 460 ff).[1144] Das gilt entsprechend für **evident ungeeignete** oder **abergläubische Bemühungen**. Auch hier wird der Täter in aller Regel durch die von ihm zu fordernden Anstrengungen in der Lage sein, die Ineffizienz seiner Bemühungen zu erkennen. Dabei ist es entgegen der h. M.[1145] aber nicht berechtigt, abergläubischen Bemühungen von vornherein jede Relevanz zu versagen, sofern ein Beteiligter zu besserer Einsicht nicht in der Lage ist (Rdn. 403 f).[1146] **499**

Obliegen dem Täter mit Blick auf den Schutz der durch sein Verhalten gefährdeten Rechtsgüter Sorgfaltsanforderungen hinsichtlich der Mittelauswahl, so kann die Wahl einer suboptimalen Rettungsmöglichkeit nicht deshalb als ernsthaftes Bemühen anerkannt werden, weil das gewählte Mittel dem Täter **große persönliche Anstrengungen** abverlangt.[1147] Das gilt in besonderer Weise, wenn der Täter sogar sehenden Auges das weniger geeignete Mittel ergreift.[1148] Das Recht muss rationale Anforderungen stellen und kann sinnentleerten Aktionismus nicht als rechtlich geforderte Leistung anerkennen. Hierfür ist auf der Ebene der Strafzumessung Raum. **500**

Auch wenn die Tatumstände zumeist aktive Gegenmaßnahmen nahe legen, ist es nicht ausgeschlossen, dass ein **Unterlassen** der weiteren Tatbeiträge ebenfalls ein ernsthaftes Bemühen um Erfolgsverhinderung darstellt.[1149] Ist durch das Unterlassen bereits sichergestellt, dass sich das beteiligungsbegründende Verhalten nicht in der Vollendung niederschlagen kann (andernfalls gelten die an eine Neutralisierung des Verhaltens zu stellenden Anforderungen, Rdn. 498), so ist nur noch erforderlich, dass der Beteiligte seine Untätigkeit **für ausreichend hält und** **501**

---

**1141** Ebenso *Jakobs* AT 26/27.

**1142** *Grünwald* FS Welzel 701, 715; *Lenckner* FS Gallas 281, 297; *Otto* JA **1980** 707, 709; *Jäger* SK Rdn. 110; *Sch/Schröder/Eser/Bosch* Rdn. 103; *Zaczyk* NK Rdn. 110.

**1143** *Lilie/Albrecht* LK[12] Rdn. 426; *Gores* S. 189 ff; *Lenckner* FS Gallas 281, 297 ff; *Maurach/Gössel/Zipf/Renzikowski* AT 2 § 50 Rdn. 74; *Otto* JA **1980** 707, 709; *Sch/Schröder/Eser/Bosch* Rdn. 103; *Vogler* LK[10] Rdn. 183; *Zaczyk* NK Rdn. 110.

**1144** Das gilt natürlich erst recht, wenn der Beteiligte selbst am Erfolg seiner bisherigen Bemühungen zweifelt; eingehend dazu *Linke* S. 248 ff.

**1145** *Jakobs* AT 26/22; *Kudlich* JuS **1999** 449, 450; *Linke* S. 227 f; *Sch/Schröder/Eser/Bosch* Rdn. 103.

**1146** *Ellbogen* FS v. Heintschel-Heinegg 125, 131 f; *Lilie/Albrecht* LK[12] Rdn. 426; *Lenckner* FS Gallas 281, 298, Fn. 43, der meint, der auf Verhinderung der Vollendung gerichtete gute Wille könne auch dann honoriert werden, wenn er absolut töricht ist.

**1147** Eingehend hierzu *Linke* S. 228 ff.

**1148** Auch für diesen Fall für eine Anerkennung als ernsthaftes Bemühen *Linke* S. 229.

**1149** Eingehend *Linke* S. 252 ff.

**vernünftigerweise halten darf**, damit die Tat nicht zur Vollendung kommt. Insoweit steht es einem ernsthaften Bemühen also nicht entgegen, wenn der Beteiligte nicht auf ihm erkennbare oder gar erkannte wirksamere Maßnahmen zurückgegriffen hat (s. Rdn. 497).[1150] Ein nur inneres Abstandnehmen von der Tat reicht nicht aus.[1151]

502 **bb) Nachträgliche Erkenntnis des Beteiligten, dass seine bisherigen Anstrengungen nicht ausreichen. Unterschiedlich** wird die Frage beantwortet, ob und inwieweit der Beteiligte **zu weiterführenden Maßnahmen greifen** muss, wenn er entgegen seinem ursprünglichen Eindruck erkennt, dass seine bisherigen Anstrengungen für eine Erfolgsverhinderung nicht ausreichen.[1152]

503 **(1) Kein Ausschluss der Ernsthaftigkeit der Verhinderungsbemühungen.** Teilweise wird dabei darauf abgestellt, dass es – anders als bei § 24 Abs. 1 Satz 2 – ausreichen müsse, wenn der Beteiligte eine Maßnahme, die seines Erachtens geeignet ist, die Vollendung der Tat zu verhindern, ergreife. Scheitere diese, brauche er, unabhängig davon, ob er das Scheitern erkannt habe, nichts weiter zu tun.[1153] Seine **Untätigkeit** stehe also einem **ernsthaften Verhinderungsbemühen nicht entgegen**. So müsse der Versuch, die Komplizen umzustimmen oder auf andere Art und Weise von der Vollendung abzuhalten, im Fall des Scheiterns nicht wiederholt werden.

504 Hinter dieser Auslegung steht vor allem das Bestreben, die Anforderungen an die Rücktrittsvoraussetzungen so zu mindern, dass die als ungerechtfertigt empfundene **gesetzliche Erschwerung des Rücktritts des Tatbeteiligten abgeschwächt** wird (*Grünwald* FS Welzel S. 701, 717). Teilweise wird insoweit darauf verwiesen, dass dem ernsthaften Bemühen bei § 24 Abs. 2 in den Fällen, in denen der Beteiligte seinen Beitrag rückgängig gemacht habe, nur die Funktion zukomme, eine Entsolidarisierung zu demonstrieren, und es mithin schwächer als in Absatz 1 bestimmt werden könne (*Jakobs* AT 26/27). Gleichzeitig dürfe dem Beteiligten durch § 24 Abs. 2 nicht eine im Vergleich zum Einzeltäter weitergehende Haftung auferlegt werden.[1154]

505 Zuzustimmen ist der Einsicht, dass hinsichtlich der **Pflichtenlage des Beteiligten** danach zu **differenzieren** ist, ob er (auf der Grundlage seiner Vorstellungen) eine Gefahrenlage beseitigen muss, an der er einen fortwirkenden Anteil hat, oder ob er zur Erlangung von Straffreiheit einer nur noch von den anderen Beteiligten drohenden Vollendungsgefahr entgegenwirken muss. Denn nur soweit der Beteiligte eine von ihm mitgeschaffene Gefahr beseitigen muss, lassen sich die Anforderungen an ein ernsthaftes Bemühen unter Hinweis auf seine Garantenpflicht zu deren Beseitigung begründen (Rdn. 497). Insoweit besteht trotz gleichen Wortlauts ein sachlicher Unterschied, der sich auch in den Anforderungen an das ernsthafte Bemühen um Erfolgsverhinderung in § 24 Abs. 1 S. 2 und § 24 Abs. 2 S. 2 niederschlagen muss.[1155]

506 **(2) Notwendigkeit weiterer Anstrengungen.** Aus der Sachgerechtigkeit einer differenzierten Bestimmung des ernsthaften Bemühens folgt aber noch nicht die Beantwortung der Sachfrage,

**1150** *Grünwald* FS Welzel 701, 715 f; *Lilie/Albrecht* LK[12] Rdn. 427; *Linke* S. 231 ff; *Otto* JA **1980** 707, 709; *Roxin* AT II § 30 Rdn. 341; *Jäger* SK Rdn. 110; *Sch/Schröder/Eser/Bosch* Rdn. 103; **aA** *Gropp* AT § 9 Rdn. 190; hinsichtlich § 49a Abs. 4 a. F. BayObLG JR **1961** 269, 270, die optimale Rettungsanstrengungen verlangen.

**1151** *Köhler* AT S. 542; *Sch/Sch/Eser/Bosch* Rdn. 101.

**1152** Dazu eingehend *Linke* S. 243 ff.

**1153** *Grünwald* FS Welzel 701, 718; *Jakobs* AT 26/27; *Lenckner* FS Gallas 281, 299; *Otto* JA **1980** 707, 709; *Jäger* SK Rdn. 110; *Zaczyk* NK Rdn. 110.

**1154** *Zaczyk* NK Rdn. 110; *Jäger* SK Rdn. 110.

**1155** **AA** *Lilie/Albrecht* LK[12] Rdn. 431 f.

ob ein ernsthaftes Bemühen im Sinne von § 24 Abs. 2 S. 2 vorliegt, wenn der Beteiligte die **Erfolgslosigkeit seiner bisherigen Verhinderungsbemühungen erkennt und gleichwohl untätig bleibt.** Auch insoweit kommt es darauf an, ob der Beteiligte, der erkennt, dass seine bisherigen, auf Erfolgsverhinderung gerichteten Maßnahmen fehlgeschlagen sind, damit seine Distanzierung von der Unrechtsmaxime überzeugend manifestiert hat. An einer solchen Distanzierung fehlt es in diesem Fall. Vielmehr findet sich der Beteiligte hier mit der Tatvollendung durch die anderen ab, wenn er nicht zu weiteren, ihm mehr Erfolg versprechenden Methoden greift. Er bemüht sich damit **nur halbherzig** und nicht, wie es das Gesetz ausdrücklich fordert, ernsthaft um eine Erfolgsverhinderung. **Zuzustimmen** ist deshalb im Ergebnis der h. M., die insoweit eine **Pflicht zum Weiterhandeln** annimmt.[1156]

Deshalb **reicht es nicht** aus, dass der rücktrittswillige Gehilfe, nachdem Aufforderungen an die anderen Beteiligten, die Tat nicht zu vollenden, für ihn erkennbar fehlgeschlagen sind, einfach den Tatort verlässt. Ernsthaft um Erfolgsverhinderung bemüht er sich in diesem Fall nur dann, wenn er zu anderen, ihm möglich erscheinenden Maßnahmen greift, etwa mit einer Strafanzeige droht oder aber die Polizei informiert (*Roxin* FS Lenckner S. 267, 281). 507

**cc) Freiwilligkeit.** Zur Freiwilligkeit des Bemühens, die Vollendung der Tat zu verhindern, ist auf die Ausführungen zu § 24 Abs. 1 (vgl. dazu oben Rdn. 234 ff, 367 f, 414) zu verweisen. 508

## 8. Rücktritt bei tatbeitragsunabhängiger Tatvollendung (Absatz 2 Satz 2 Alt. 2)

§ 24 Abs. 2 Satz 2 Alt. 2 eröffnet im Unterschied zu den anderen beiden Fallgruppen des § 24 Abs. 2 für den rücktrittswilligen Beteiligten eine Rücktrittsmöglichkeit trotz Vollendung der Tat.[1157] Nur unter der Voraussetzung, dass die **Tat unabhängig von seinem Tatbeitrag begangen** worden ist, ist ein Rücktritt von der Beteiligung am versuchten Delikt zu bejahen, wenn er sich **ernsthaft und freiwillig um die Erfolgsverhinderung bemüht.** 509

Der Grundsatz, dass ein strafbefreiender Rücktritt nur für Versuchstaten in Betracht kommt, wird durch die Regelung des § 24 Abs. 2 Satz 2 Alt. 2 nicht durchbrochen. Schlägt sich der mit Vollendungsvorsatz getätigte Tatbeitrag des Beteiligten nicht in der Vollendung, sondern nur im Versuch des Delikts nieder, kann die nachfolgende Vollendung der Tat (zur Tatidentität oben Rdn. 471 ff) unter Zugrundelegung der allgemeinen Täterschafts- und Teilnahmegrundsätze dem Beteiligten nicht zugerechnet werden. Er kann also nicht als Täter oder Teilnehmer der vollendeten Tat, sondern **(nur) als Täter oder Teilnehmer der versuchten Tat** zur Verantwortung gezogen werden.[1158] 510

**a) Begehung der Tat unabhängig vom früheren Tatbeitrag des Rücktrittswilligen.** Ein Rücktritt gem. § 24 Abs. 2 Satz 2 Alt. 2 kommt nur in Betracht, wenn die **Tat unabhängig vom Tatbeitrag des Beteiligten vollendet** wird. Damit ist die Anwendbarkeit trotz des offenen Wortlauts **auf Täter und Gehilfen beschränkt.**[1159] Nur wenn sie an der Tatausführung beteiligt sind, ist es denkbar, dass ihr auf Vollendung gerichteter Tatbeitrag nur im Versuch wirkt, sich aber, obwohl es sich um eine Gesamttat handelt, in der Vollendung des Delikts nicht nieder- 511

---

**1156** *Chang* S. 30; *Lilie/Albrecht* LK[12] Rdn. 431 f; *Linke* S. 247; *Roxin* AT II § 30 Rdn. 341; *ders.* FS Lenckner 267, 281; *Sch/Schröder/Eser/Bosch* Rdn. 103; *Zaczyk* NK Rdn. 110.

**1157** Zur Klarstellung wird teilweise vorgeschlagen, in § 24 Abs. 2 Satz 2 Alt. 2 „begangen" durch „vollendet" zu ersetzen – so *Grünwald* FS Welzel 701, 705 f; *Römer* S. 119; *Zaczyk* NK Rdn. 112.

**1158** *Kudlich* JuS **1999** 449, 450; *Linke* S. 257; *Roxin* FS Lenckner 267, 280 f; *Jäger* SK Rdn. 109; *Sch/Schröder/Eser/Bosch* Rdn. 98 f; *Zaczyk* NK Rdn. 112 f.

**1159** So auch *Linke* S. 258 ff; *Roxin* FS Lenckner 267, 280 f; *Zaczyk* NK Rdn. 112.

schlägt. Beruht das Handeln des Haupttäters dagegen auf dem Bestimmen durch einen **Anstifter**, kann das Delikt nicht unabhängig vom Beitrag des Anstifters begangen werden, ohne dass es sich um eine neue, andere Tat handeln würde. Entweder wirkt sein Bestimmungsverhalten bis zur Vollendung der Tat fort oder aber die Haupttat bleibt – unabhängig aus welchen Gründen – im Versuchsstadium stecken. In beiden Fällen ist eine Anwendung von § 24 Abs. 2 Satz 2 Alt. 2 ausgeschlossen. Bleibt die Haupttat im Versuchsstadium stecken, kann der Rücktritt des Anstifters entweder auf § 24 Abs. 2 Satz 1 oder, wenn der Erfolg unabhängig von den Anstrengungen des Anstifters ausbleibt, auf § 24 Abs. 2 Satz 2 Alt. 1 beruhen.

512 **Unabhängig** vom Tatbeitrag des Beteiligten ist die Tat begangen, wenn sein ins Versuchsstadium wirkender Beitrag seine **Bedeutung für die Weiterführung der Tat verloren** hat.[1160] Das ist etwa der Fall, wenn der vom Gehilfen zum Einbruchsdiebstahl zur Verfügung gestellte Dietrich sich wegen zusätzlicher Sicherungen als ungeeignet erweist, es den Tätern aber auf anderem Wege gelingt, in das Geschäftshaus einzudringen und den Diebstahl zu vollenden. Hier könnte also der Gehilfe durch ein freiwilliges und ernsthaftes Bemühen nach § 24 Abs. 2 Satz 2 Alt. 2 Straffreiheit erlangen.

513 Aber auch wenn der Beteiligte seinen Tatbeitrag **vollständig neutralisiert** oder nach Versuchsbeginn **nicht erbringt**, die anderen Beteiligten aber ohne räumliche und zeitliche Trennung mit dem gleichen Angriffsziel und vergleichbarer Angriffsart, also im einheitlichen Geschehensablauf, die Tat zur Vollendung bringen (zur Tatidentität ausführlich oben Rdn. 471 ff), kann die Tat ohne Zutun des Beteiligten vollendet sein. Greift ein Mittäter nach Versuchsbeginn[1161] nicht wie geplant in das Geschehen ein und bringt er gegenüber den anderen Beteiligten klar zum Ausdruck, dass er sich nicht weiter beteiligen wolle und nicht mehr hinter den Handlungen stehe, baut die Fortführung nicht auf seinem Handeln auf. Gleiches gilt, wenn der Gehilfe, nachdem der Haupttäter unmittelbar zur Tatbestandsverwirklichung angesetzt hat, die Tatwaffe auf Aufforderung zurückerhält, der Haupttäter das Delikt aber trotzdem mit einem anderen Mittel zum Abschluss bringt.[1162] Auch wenn der Hintermann nach Versuchsbeginn den von ihm verursachten Irrtum des Tatmittlers aufklärt, dieser aber trotzdem die Tat zu Ende führt, ist die Vollendung unabhängig vom früheren Handeln des Hintermanns eingetreten (*Zaczyk* NK Rdn. 113). Eine zusätzliche Frage ist hier freilich, ob dem Hintermann überhaupt noch eine Beteiligung an der vom vormaligen Vordermann begangene Tat angelastet werden kann oder ob er nicht durch dessen Aufklärung seine eigene Tat verhindert hat und der Vordermann nun eine neue Tat begeht (dazu Rdn. 533).

514 Erforderlich ist eine **vollständige Neutralisierung**. Nur wenn es dem Beteiligten gelingt, seinen Tatbeitrag für die Vollendung vollständig unwirksam zu machen, ist die Tat unabhängig von seinem früheren Tatbeitrag begangen. Es ist nicht ausreichend, wenn einer der Mittäter nach Versuchsbeginn lediglich den Tatort verlässt.

515 Auch wenn eine **Neutralisierung trotz größter Anstrengungen fehlschlägt**, ist ein strafbefreiender Rücktritt gem. § 24 Abs. 2 wegen der dem Beteiligten objektiv und subjektiv zurechenbaren Vollendung der Tat bzw. wegen seiner Haftung als Teilnehmer an der vollendeten Tat nicht möglich.[1163] Wenn es dem Mittäter nicht gelingt, die anderen von der Fortführung der

**1160** *Roxin* FS Lenckner 267, 281; *Jäger* SK Rdn. 109; *Sch/Schröder/Eser/Bosch* Rdn. 97 f; *Zaczyk* NK Rdn. 113; eingehend *Linke* S. 277 ff.

**1161** Nach der überwiegend vertretenen sog. Gesamtlösung beginnt der Versuch jedes Mittäters, wenn einer von ihnen unmittelbar zur Tatbestandsverwirklichung ansetzt, vgl. u. a. BGHSt **40** 299, 301; **39** 236, 237 f; **36** 249, 250; BGH wistra **1999** 386, 387; BGH NStZ **1981** 99; *Sch/Schröder/Eser/Bosch* § 22 Rdn. 55; *Jescheck/Weigend* § 63 IV 1; *Krack* ZStW **110** (1998) 611; *Maurach/Gössel/Zipf/Renzikowski* AT 2 § 49 Rdn. 99 f; *Stoffers* MDR **1989** 208, 211 ff; *Stratenwerth/Kuhlen* AT § 12 Rdn. 107. Ausführlich § 22 Rdn. 209 ff.

**1162** Vgl. RGSt **55** 105: Zurücknahme des verschafften Nachschlüssels; siehe auch *Otto* JA **1980** 707, 709; *Roxin* FS Lenckner 267, 280 f; *Jäger* SK Rdn. 109; *Sch/Schröder/Eser/Bosch* Rdn. 97 f; *Zaczyk* NK Rdn. 113.

**1163** BGHSt **28** 346, 348; *Baumann/Weber/Mitsch/Eisele* § 23 Rdn. 61; *Fischer* Rdn. 42a; *Freund/Rostalski* AT § 9 Rdn. 77; *Jakobs* AT 26/28; *Kudlich* JuS **1999** 449, 450; *Lackner/Kühl/Kühl* Rdn. 27; *Vogler* ZStW **98** (1986) 331, 351; **aA** für vereitelte Rettungsbemühungen *Römer* S. 122 ff.

Tat abzuhalten, so dass auch seine bisher erbrachten Tatbeiträge in der Vollendung fortwirken, oder wenn der Gehilfe trotz Bemühungen die Tatwaffe nicht zurückerhält, können die fehlgeschlagenen Verhinderungsanstrengungen allenfalls auf der Strafzumessungsebene Berücksichtigung finden oder – wenn der Beteiligte nach dem Tatplan Mittäter war – zu einer Änderung der Beteiligungsform hin zur Beihilfe führen (vgl. Rdn. 447). Die Tat wurde dann jedenfalls nicht unabhängig vom Tatbeitrag des Rücktrittswilligen vollendet.

Probleme könnten dadurch entstehen, dass der bis ins Versuchsstadium wirkende Beitrag, 516
obwohl der Beteiligte ihn sowohl tatsächlich vollständig rückgängig als auch gegenüber den anderen Beteiligten seine Absage von der Tat deutlich gemacht hat, noch **psychisch bis zur Vollendung fortwirkt.**[1164] Ein solches Fortwirken würde selten ganz auszuschließen sein, wenn man jedwede Förderung der Haupttat als Beihilfe ansehen würde. Dann ließe sich ein Fortwirken des Tatbeitrags schon damit begründen, dass durch die Beteiligung am Versuch der Wille der anderen Tatbeteiligten zur Vollendung der Tat bestärkt worden sei.[1165] Mit dieser Auslegung würde nur sehr selten eine Beihilfe zum versuchten Delikt in Betracht zu ziehen sein, wenn der Täter das Delikt zur Vollendung gebracht hat; die Rücktrittsmöglichkeit nach § 24 Absatz 2 Satz 2 Alt. 2 würde damit praktisch leer laufen.[1166]

Der geleistete Tatbeitrag muss gerade im Hinblick auf die Vollendung fortwirken, so dass 517
auch in diesem Zusammenhang die Annahme psychischer Beihilfe **nicht zu überspannen** ist.[1167] Wenn der Beteiligte seinen Tatbeitrag für die anderen Täter oder Teilnehmer erkennbar in der Absicht, sich von der Tatausführung loszusagen, vollständig rückgängig macht, hebt er gleichzeitig die ursprünglich bestehende psychische Unterstützungswirkung seines Tatbeitrags jedenfalls soweit auf, dass sie in ihrem Gewicht unterhalb der ultima ratio-Schwelle für eine Strafbarkeit wegen des vollendeten Delikts bleiben.[1168] Wenn die anderen Beteiligten von seinen Neutralisierungs- und Verhinderungsanstrengungen nichts erfahren, kann der frühere Beitrag psychisch tatunterstützend bis zur Vollendung fortwirken.[1169] Dabei wird auch dem Gewicht und der Bedeutung des ursprünglichen Tatbeitrags eine gewisse Bedeutung zukommen.[1170] Stets ist bei der Bewertung im Blick zu behalten, dass es gegen die Annahme einer Hilfeleistung spricht, wenn die psychische Bestärkung lediglich Nebeneffekt einer physischen Unterstützungshandlung oder einer psychischen Hilfeleistung in Gestalt der Rathilfe ist.[1171]

**b) Ernsthaftes und freiwilliges Bemühen um Erfolgsverhinderung.** Auch wenn die Tat 518
unabhängig vom früheren Tatbeitrag des Beteiligten begangen wird, kann er nur dann strafbe-

**1164** Dazu *Eisele* ZStW **112** (2000) 745, 771; *Gores* S. 106 ff, 113 ff; *Römer* S. 122 ff; *Roxin* AT II § 30 Rdn. 340; *Jäger* SK Rdn. 109; *v. Scheurl* S. 108 ff; *Sch/Schröder/Eser/Bosch* Rdn. 99; *Zaczyk* NK Rdn. 113.

**1165** So *Baumann* JuS **1963** 51, 57; **dagegen** u. a. *v. Scheurl* S. 99, 111.

**1166** Vgl. auch die Beispiele bei *Roxin* FS Lenckner S. 267, 281; *Sch/Schröder/Eser/Bosch* Rdn. 99.

**1167** Allgemein zu den mit psychischer Beihilfe verbundenen Fragen BGH NStZ **1999** 609, 610; BGH StV **1995** 363; *Geppert* Jura **1999** 266; *Joerden* JuS **1999** 1063, 1064; *Murmann* JuS **1999** 548; *Niedermair* ZStW **107** (1995) 507; *Roxin* FS Miyazawa 501; *Stoffers* Jura **1993** 11.

**1168** *SSW/Kudlich/Schuhr* Rdn. 61; *Roxin* AT II § 30 Rdn. 340; *ders.* FS Lenckner 267, 281; auch *Zaczyk* NK Rdn. 113, der freilich mit der Annahme, die psychisch stützende Wirkung der anfänglichen Mitwirkung werde durch den Rücktrittsakt stets aufgehoben, eine normativ diskutable, aber nicht notwendig an den Realitäten orientierte Annahme zugrunde legt. Gründet der Rücktritt etwa erkennbar ausschließlich darauf, dass dem Täter die konkrete Art der Tatausführung zu riskant erscheint, so lässt sich daraus schwerlich eine Rücknahme der psychischen Unterstützung zugunsten der anderen Tatbeteiligten sehen, die das Risiko einzugehen bereit sind.

**1169** Vgl. insoweit nur den BGHSt **37** 289 zugrundeliegenden Fall (dazu Anm. *Erb* JuS **1992** 197, *Hauf* NStZ **1994** 263, *Puppe* NStZ **1991** 571, *Roxin* JR **1991** 206 und *Stein* StV **1993** 411), wo sich ein Beteiligter vom Täter unbemerkt vom Tatort entfernt hatte.

**1170** *Lackner/Kühl/Kühl* Rdn. 27; *v. Scheurl* S. 111; *Sch/Schröder/Eser/Bosch* Rdn. 99; **aA** *Lilie/Albrecht* LK[12] Rdn. 444; *Zaczyk* NK Rdn. 113.

**1171** *Murmann* Grundkurs § 27 Rdn. 131.

freiend von der Beteiligung am versuchten Delikt zurücktreten, wenn er sich **ernsthaft und freiwillig um die Verhinderung der Tatvollendung bemüht.**[1172] Fehlt das erforderliche Bemühen des Beteiligten um Verhinderung der Tatvollendung, so bleibt er wegen Beteiligung am Versuch auch dann strafbar, wenn die Tat unabhängig von seinem früheren Tatbeitrag begangen worden ist.[1173]

519 **aa) Ernsthaftigkeit.** Hinsichtlich des ernsthaften Bemühens ist auf die Ausführungen im Rahmen von § 24 Abs. 2 Satz 2 Alt. 1 (Rdn. 496 ff) zu verweisen. Da § 24 Abs. 2 S. 2 Alt. 2 nur solche Konstellationen erfasst, in denen die Vollendungsgefahr nicht auf dem Verhalten des rücktrittswilligen Beteiligten beruht, sind nicht die strengen Grundsätze anzuwenden, wie sie für einen Ingerenzgaranten gelten. Demnach genügt es für ein ernsthaftes Bemühen um Erfolgsverhinderung i. S. von § 24 Abs. 2 Satz 2 Alt. 2, dass der Beteiligte zu Maßnahmen greift, die ihm **geeignet und notwendig** erscheinen, den Eintritt der Vollendung mit hinreichender Sicherheit zu verhindern. Das ist auch dann der Fall, wenn der Beteiligte seinen Tatbeitrag in der Vorstellung neutralisiert, damit gleichzeitig den Eintritt des tatbestandlichen Erfolgs zu verhindern.[1174] Eine darüber hinausgehende restriktive Auslegung von § 24 Abs. 2 Satz 2 Alt. 2 ist insoweit nicht notwendig (**aA** *Zaczyk* NK Rdn. 114). Wenn der Beteiligte jedoch erkennt oder es für wahrscheinlich hält, dass das Rückgängigmachen des eigenen Tatbeitrags nicht ausreicht, um den tatbestandlichen Erfolg zu verhindern, muss er andere bzw. weitere Anstrengungen ergreifen.[1175] Das gilt auch, wenn er bei der Neutralisierung zunächst davon ausgegangen ist, dieses Verhalten reiche zur Erfolgsverhinderung aus, dann aber feststellen muss, dass sich die anderen Beteiligten dadurch nicht von der Tatfortführung haben abbringen lassen (vgl. insoweit auch oben Rdn. 502 ff).[1176]

520 **bb) Freiwilligkeit.** Zum Erfordernis der Freiwilligkeit vgl. oben Rdn. 234 ff, 367 f, 414.

### V. Rücktritt bei der versuchten Tatbegehung in mittelbarer Täterschaft

521 Wird ein versuchtes Delikt in mittelbarer Täterschaft (§ 25 Abs. 1 Alt. 2) begangen, ist zu **differenzieren:**

#### 1. Rücktritt des Tatmittlers

522 Hinsichtlich des Tatmittlers stellt sich die Frage, ob und inwieweit er vom versuchten Delikt strafbefreiend zurücktreten kann, nur, wenn man die mittelbare Täterschaft auch in den eng zu begrenzenden Fällen des **„Täters hinter dem Täter"** für möglich hält.[1177] Denn nur dann kann im Rahmen der mittelbaren Täterschaft auch bei ihm ein an sich strafbarer und damit rücktritts-

**1172** **Kritisch** zum Merkmal und seiner Bedeutung *Köhler* AT S. 544; *Walter* JR **1976** 100 ff.

**1173** *Haft* JA **1979** 306, 309; *Lackner/Kühl/Kühl* Rdn. 27; *v. Scheurl* S. 144; *Hoffmann-Holland* MK Rdn. 184; **aA** *Walter* JR **1976** 100 ff, der zu Unrecht Straflosigkeit annimmt.

**1174** Im Ergebnis ebenso *Gores* S. 215; *Jakobs* AT 26/28; *Lenckner* FS Gallas 281, 297; *Römer* S. 137 ff; *Roxin* FS Lenckner 267, 281; *Jäger* SK Rdn. 110; *Sch/Schröder/Eser/Bosch* Rdn. 103; *Fischer* Rdn. 41; *Zaczyk* NK Rdn. 114.

**1175** *Freund/Rostalski* AT § 9 Rdn. 76; *Roxin* FS Lenckner 267, 281; *Sch/Schröder/Eser/Bosch* Rdn. 103; dagegen wohl *Jäger* SK Rdn. 110.

**1176** **AA** u. a. *Jäger* SK Rdn. 110; *Zaczyk* NK Rdn. 114.

**1177** Dafür u. a. BGHSt **44** 204, 206 f; **42** 65, 68 f; **40** 307, 316 ff; **40** 218, 234 ff; **35** 347, 351 ff; BGH NJW **2000** 443, 448; BGH 5 StR 42/97 v. 30.4.1997; *Ambos* GA **1998** 226, 233 ff; *Kühl* AT § 20 Rdn. 72 ff; *SSW/Murmann* § 25 Rdn. 20 ff;

fähiger Versuch gegeben sein. In diesen Fällen richten sich die Voraussetzungen des strafbefreienden Rücktritts vom versuchten Delikt nach § 24 Abs. 1. Der Tatmittler handelt unmittelbar und hält insoweit das Geschehen in den Händen.[1178] Für eine Anwendung des engeren § 24 Abs. 2 gibt es keinen Grund.[1179]

## 2. Rücktritt des Hintermanns

Dagegen bestehen beim Hintermann erhebliche **Meinungsverschiedenheiten:** 523

**a) Anwendbarkeit von § 24 Abs. 1 bzw. § 24 Abs. 2.** Zum Teil wird angenommen, auf den 524
Rücktritt des mittelbaren Täters finde **§ 24 Abs. 1** Anwendung.[1180] Zur Begründung wird geltend gemacht wird, dass „die Unterschiede zum Rücktritt des unmittelbaren Täters nicht auf rechtlichem, sondern auf tatsächlichem Gebiet" liegen (*Baumann/Weber/Mitsch/Eisele* § 23 Rdn. 51)[1181] und „der mittelbare Täter die Tat durch die Mittelsperson ausführt, deren Handlungen ihm als eigene zugerechnet werden" (*Vogler* LK[10] Rdn. 146), so dass deshalb zwischen unbeendetem und beendetem Versuch unterschieden werden könne.

*Roxin* (AT II § 30 Rdn. 308; FS Lenckner 267, 270) vertritt eine **differenzierte Lösung.** Da- 525
nach sei § 24 Abs. 2 nur in Fällen des Täters hinter dem Täter anzuwenden, da nur in diesem Fall mehrere strafbar Beteiligte vorhanden seien; ansonsten komme § 24 Abs. 1 zur Anwendung.[1182]

**Überzeugend** ist es, generell **§ 24 Abs. 2** auf den mittelbaren Täter anzuwenden.[1183] Gegen 526
die Anwendung von § 24 Abs. 1 spricht, dass diese Vorschrift auf die Fälle zu beschränken ist, in denen die unmittelbare Durchführung der Tat in den Händen eines Täters liegt, auch wenn er zu der Tat angestiftet wurde, Unterstützung erhalten hat oder aber gleichzeitig Tatmittler ist. Nur dann entscheidet er unabhängig von anderen Personen über die Tatausführung. Diese Voraussetzungen erfüllt der mittelbare Täter jedoch nicht. Er führt die Tat eben nicht unabhängig und selbst aus, sondern nutzt insoweit den Tatmittler und gibt die unmittelbare Tatausführung auch nach der eigenen Vorstellung zumindest teilweise, dann aber in den wesentlichen Handlungsabschnitten, aus der Hand. Am Verhalten des Tatmittlers müssen sich also auch die an den Hintermann zu stellenden Rücktrittsanforderungen orientieren. Auf die Behandlung von Mehrpersonenverhältnissen ist § 24 Abs. 2 besser zugeschnitten. Dagegen greift nicht das (hinter der differenzierenden Auffassung stehende) Bedenken, dass der Tatmittler grundsätzlich nicht unter den Beteiligtenbegriff des § 28 Abs. 2 fällt und so neben dem mittelbaren Täter kein weiterer Beteiligter vorhanden ist.[1184] Die Beteiligtenbegriffe von § 24 Abs. 2 und § 28 Abs. 2 sind nicht identisch. Dies folgt systematisch bereits daraus, dass die in § 28 Abs. 2 verankerte Definition

---

*Roxin* AT II § 30 Rdn. 45 ff; *ders.* Täterschaft und Tatherrschaft S. 269 ff, 839; *ders.* FS Grünwald 549, 555; *ders.* LK[11] § 25 Rdn. 128 ff; *Schaffstein* NStZ **1989** 153; *Sch/Schröder/Heine/Weißer* § 25 Rdn. 25 f, 38; *Schroeder* Der Täter hinter dem Täter (1965) S. 107 ff, 221 f; die mittelbare Täterschaft kraft Organisationsherrschaft beschränkend auf „im Rahmen einer totalitären Herrschafts- und Organisationsstruktur" begangene Straftaten, was z. B. bei wirtschaftlichen Unternehmen abgelehnt wird, *Schulz* JuS **1997** 111 und *Küpper* GA **1998** 519, 523 ff; **aA** u. a. *Jakobs* AT 21/103; *Jescheck/Weigend* § 62 II 8; *Krey/Esser* AT Rdn. 936, 939 f, die die Rechtsfigur des „Täters hinter dem Täter" ablehnen.

**1178** BGHSt **35** 347, 349; **44** 204, 206; *Ambos* HK-GS Rdn. 23; *vHH/Cornelius* Rdn. 81; *Jescheck* ZStW **99** (1987) 111, 142; *Sch/Schröder/Eser/Bosch* Rdn. 106; *Maurach/Gössel/Zipf/Renzikowski* AT 2 § 48 Rdn. 139.

**1179** **AA** *SSW/Kudlich/Schuhr* Rdn. 55.

**1180** *Baumann/Weber/Mitsch/Eisele* § 23 Rdn. 51; *Vogler* LK[10] Rdn. 145 f, 158; *ders.* ZStW **98** (1986) 331, 346.

**1181** Dagegen *Maurach/Gössel/Zipf/Renzikowski* AT 2 § 48 Rdn. 140: „zweifelhaftes Argument".

**1182** Ebenso *Lackner/Kühl/Kühl* Rdn. 25.

**1183** In diesem Sinne auch BGHSt **44** 204, 206 f; *Ambos* HK-GS Rdn. 23; *Jescheck* ZStW **99** (1987) 111, 142; *Jescheck/Weigend* § 51 VI 3; *Kudlich* JA **1999** 624, 626; SSW/*Kudlich/Schuhr* Rdn. 52, 55; *v. Scheurl* S. 67; *Sch/Schröder/Eser/Bosch* Rdn. 73, 106; *Stratenwerth/Kuhlen* AT § 12 Rdn. 110; *Fischer* Rdn. 39; *Zaczyk* NK Rdn. 96.

**1184** **AA** *Maurach/Gössel/Zipf/Renzikowski* AT 2 § 48 Rdn. 140.

sich nicht in dem numerisch vorangehenden § 24 Abs. 2 befindet (vgl. auch oben Rdn. 55). In praktischer Hinsicht ist der Streit in aller Regel bedeutungslos. Denn mit dem Aus-der-Hand-Geben des Werkzeugs muss der mittelbare Täter in jedem Fall den Erfolgseintritt verhindern bzw. sich darum bemühen, so dass es letztlich keinen Unterschied macht, ob die Konstellation unter Abs. 1 oder Abs. 2 fällt.[1185]

527 **b) Rücktrittsanforderungen im Einzelnen.** Da auch § 24 Abs. 2 voraussetzt, dass ein an sich **strafbarer Versuch gegeben** ist, hängt seine Anwendung freilich davon ab, **wann** der **Versuch bei der mittelbaren Täterschaft beginnt** (dazu § 22 Rdn. 186 ff). Folgt man der Gesamtlösung, so kommt § 24 Abs. 2 nicht zur Anwendung, wenn das Werkzeug für den Hintermann erkennbar versagt, ehe es zur geplanten Tatbestandsverwirklichung angesetzt hat. Bestimmt sich der Eintritt in das Versuchsstadium dagegen anhand der zustimmungswürdigen Einzellösung nach dem Verhalten des Hintermannes, so hängt die Anwendung von § 24 Abs. 2 davon ab, ob der mittelbare Täter die versuchsbegründende Handlung vorgenommen hat. Das ist spätestens dann der Fall, wenn er das Werkzeug aus seinem Herrschaftsbereich in der Erwartung entlassen hat, dass es alsbald zur Tat schreitet. Das vom Täter erkannte Versagen des Werkzeugs begründet auf dieser Grundlage einen Fehlschlag, wenn sich der Hintermann nicht in der Lage sieht, die Tat noch zum Abschluss zu bringen.

528 Hat das **volldeliktisch handelnde Werkzeug** („Täter hinter dem Täter") nach Eintritt in das Versuchsstadium ohne Absprache mit dem mittelbaren Täter die Tatausführung **aufgegeben oder den Erfolgseintritt verhindert**, so kann dieses Verhalten nur dem Tatmittler zugute kommen.[1186] Weil der Rücktritt ein persönlicher Strafaufhebungsgrund ist, tritt der mittelbare Täter nur dann wirksam zurück, wenn *er selbst* die Voraussetzungen des § 24 Abs. 2 erfüllt (vgl. noch Rdn. 532). Entsprechend kann es dem mittelbaren Täter nicht zugute kommen, wenn das **nicht volldeliktisch handelnde Werkzeug** unabhängig von Einflüssen des Hintermanns die Tathandlung nicht vornimmt oder den Erfolgseintritt verhindert.

529 Ein Rücktritt des mittelbaren Täters durch **Unterlassen** kommt nur ausnahmsweise in Betracht: Ausgehend von der Einsicht, dass das Aus-der-Hand-Geben des Geschehens durch den Hintermann die Ausführungshandlung des mittelbaren Täters darstellt, liegt der Eintritt in das Versuchsstadium dann vor, wenn der mittelbare Täter unmittelbar dazu ansetzt, das Werkzeug aus seinem Herrschaftsbereich zu entlassen (§ 22 Rdn. 199 ff). Insoweit bleibt ein enger Rahmen, in dem der mittelbare Täter auch durch einen Abbruch der Einwirkung von der Tat zurücktreten kann. Ein solcher Fall liegt auch vor, wenn der Täter ein begonnenes, aus seiner Sicht noch nicht ausreichendes Nötigungsverhalten wieder abbricht.[1187]

530 Ist der Tatmittler aus dem Herrschaftsbereich entlassen, so liegt eine Konstellation des beendeten Versuchs vor und der Täter muss **aktiv in das Geschehen eingreifen**, um den Erfolg zu verhindern. Hierfür kommt zum einen – nicht anders als beim Alleintäter – ein Eingreifen nach Vornahme der Ausführungshandlung durch den Tatmittler in Betracht, um deren Erfolg zu vereiteln, indem der mittelbare Täter also z. B. das verletzte Opfer ins Krankenhaus bringt. Hier kann sich der mittelbare Täter auch gemäß den allgemeinen Grundsätzen der Hilfe Dritter bedienen.

531 Ausgehend von der Einzellösung bietet sich insbesondere der Zeitraum zwischen dem Entlassen des Werkzeugs aus dem Herrschaftsbereich und der Vornahme der Ausführungshandlung durch das Werkzeug für Rücktrittshandlungen an, die bereits darauf abzielen, die **Tat-**

---

**1185** *Baumann/Weber/Mitsch/Eisele* § 23 Rdn. 51; *Gores* S. 19; *Kudlich* JuS **1999** 449; *Maurach/Gössel/Zipf/Renzikowski* AT 2 § 48 Rdn. 141; *Roxin* AT II § 30 Rdn. 308 mit Fn. 333; *ders.* FS Lenckner 267, 270 Fn. 6; *Vogler* LK[10] Rdn. 145; *ders.* ZStW **98** (1986) 331, 346.

**1186** *Sch/Schröder/Eser/Bosch* Rdn. 106.

**1187** Vgl. BGH NStZ **1986** 547, wo der Täter seine Nötigung allerdings bereits für ausreichend gehalten hat, das Werkzeug zur Vornahme der Ausführungshandlung zu veranlassen. Vgl. auch *Zaczyk* NK Rdn. 100.

**handlung des Werkzeugs zu verhindern**. Solche Maßnahmen können auch vom Willen des Werkzeugs unabhängig vorgenommen werden, indem der Hintermann etwa das Opfer warnt.

Problematisch kann die Anerkennung als Rücktrittshandlung vor allem in Fällen sein, in 532
denen das Werkzeug von der Tatausführung Abstand nimmt oder den Erfolgseintritt verhindert und sich damit die Frage stellt, unter welchen Voraussetzungen ein solches **Rücktrittsverhalten des Werkzeugs** dem Hintermann **zugerechnet** werden kann. Das ist dann der Fall, wenn das Werkzeug in **„bewusster Willensvertretung"** des mittelbaren Täters gehandelt hat,[1188] also insbesondere dann, wenn es sich den Anweisungen des Hintermannes beugt. Eine solche Unterordnung liegt vor allem dann vor, wenn sich das Herrschaftsverhältnis nicht nur auf die Tatbegehung, sondern auch auf den Rücktritt erstreckt.[1189] Erhält also etwa der Grenzsoldat nach weisungsgemäßer Abgabe lebensgefährlicher Schüsse auf einen Flüchtigen die Anweisung, zu dessen Gunsten Rettungshandlungen zu ergreifen, so kommen diese dem Hintermann zugute (BGHSt **44** 204, 206 f, wobei es eine andere Frage ist, ob es genügt, wenn diese Anweisung bereits mit dem **Schießbefehl** im vorhinein erteilt wird; dazu Rdn. 317).[1190]

Der Täter kann die Vollendung der versuchten Tat auch dadurch verhindern, dass er das 533
**Herrschaftsverhältnis aufhebt**, insbesondere indem er seine Irrtumsherrschaft dadurch beendet, dass er das Werkzeug über dessen Irrtum aufklärt, ihm also z. B. mitteilt, dass die zur Betäubung des Opfers übergebene Flasche in Wahrheit eine tödliche Säure enthält (s. Rdn. 513). Nimmt das Werkzeug daraufhin von der Tat Abstand, so ist dies dem Hintermann als Rücktritt zuzurechnen. Begeht der Vordermann die Tat gleichwohl, verwirklicht er also im Beispiel vorsätzlich ein vollendetes Tötungsdelikt, so ist dem Hintermann die Ausführungshandlung mangels Tatherrschaft nicht nach § 25 Abs. 1 Alt. 2 zurechenbar.[1191] Zweifelhaft ist aber, ob dem in das Versuchsstadium eingetretenen mittelbaren Täter für einen Rücktritt über das Aufheben seiner Tatherrschaft hinaus abzuverlangen ist, dass er die Vollendung der Tat durch den Tatmittler verhindert. Das wäre aber nur dann der Fall, wenn die vom unmittelbaren Täter verwirklichte Tat noch die gleiche wäre, an der der Hintermann beteiligt war (zum Tatbegriff Rdn. 472ff). Auch wenn das äußere Tatbild nach dem Wegfall des Irrtums unverändert ist, ändert sich durch den Vorsatz sowohl der Charakter der unmittelbaren Tatausführung als auch die rechtliche Stellung des Hintermannes grundlegend. Die Vorsatztat stellt einen Exzess dar. Demzufolge hat der mittelbare Täter durch Aufdeckung des Irrtums die Tat, an der er beteiligt war, verhindert. Es bleibt freilich die Frage, ob ein ernsthaftes Bemühen um Vollendungsverhinderung im Sinne von **§ 24 Abs. 2 S. 2 Alt. 2** zu fordern ist.[1192] Denn in dem Vorsatz, die Tat als mittelbarer Täter zu begehen, ist nach h. M. als Minus der Anstiftervorsatz enthalten, der beim Wegfall der Irrtumsherrschaft zum Tragen kommt (vgl. *SSW/Murmann* § 25 Rdn. 29). Mit dem Aus-der-Hand-Geben des Werkzeugs liegt damit zugleich der Handlungsunwert einer Anstiftung, der sich dann in der vorsätzlichen rechtswidrigen Haupttat des so motivierten Haupttäters realisiert. Klärt der Hintermann selbst den Irrtum des unmittelbar Handelnden auf, so wirkt aber die Tataufforderung, welche die Anstiftung kennzeichnet (*SSW/Murmann* § 26 Rdn. 4) nicht mehr fort. Begeht der Vordermann die Tat gleichwohl aus eigenem Entschluss, so wird man auch insoweit davon ausgehen müssen, dass es sich um eine andere Tat handelt (vgl. Rdn. 511).[1193]

---

**1188** BGHSt **44** 204, 206 f unter Berufung auf BGH NStZ **1989** 317, 318, wobei dort aber die Anforderungen an einen Rücktritt vom in Mittäterschaft begangenen versuchten Delikt im Vordergrund stehen; vgl. schon RGSt **39** 37, 41; **56** 209, 211; *Jescheck* ZStW **99** (1987) 111, 142; *Jescheck/Weigend* § 51 VI 3; *Kudlich* JA **1999** 624, 626; *Sch/Schröder/Eser/Bosch* Rdn. 106; *Fischer* Rdn. 39; *Lilie/Albrecht* LK[12] Rdn. 455.

**1189** *Sch/Schröder/Eser/Bosch* Rdn. 106.

**1190** Zur Entscheidung des BGH *Kudlich* JA **1999** 624 ff, *Rotsch* NStZ **1999** 239 f; *Schroeder* JR **1999** 297, wobei der BGH in dem zu entscheidenden Fall nur am Rande sieht, dass die Rettenden keine Tatmittler im Sinne der mittelbaren Täterschaft waren; BGHR § 17 Vermeidbarkeit 7.

**1191** *Kölbel/Selter* JA **2012** 1, 4.

**1192** Zum Folgenden *Linke* S. 260 f; ferner *Zaczyk* NK Rdn. 113.

**1193** Insoweit wohl anders *Linke* S. 261.

534 Gerade mit Blick auf die überlegene Stellung des mittelbaren Täters reicht es **nicht** aus, wenn der mittelbare Täter die Abstandnahme oder die Verhinderungsbemühungen des Werkzeugs **zustimmend zur Kenntnis nimmt**; erforderlich ist vielmehr, dass diese auf ihn zurückzuführen sind.[1194] Das Scheitern eines Versuchs ist nicht deshalb anerkennenswerte Rücktrittsleistung, weil es von innerem Wohlwollen des mittelbaren Täters begleitet wird.

535 Problematisch erscheint die Anerkennung eines Rücktritts für den Fall, dass der **Tatmittler wegen Änderung der Sachlage innehält** und nach Weisungen rückfragt, wenn der mittelbare Täter die Fortsetzung der Tatausführung aufgibt und den Tatmittler dazu anhält.[1195] Hier dürfte ein Fehlschlag näher liegen, weil für die Einheitlichkeit der Tat nach der Einzellösung auf das Verhalten des Hintermannes abzustellen ist und zwischen dem anfänglichen Aus-der-Hand-Geben des Geschehens und möglichen Erteilung ergänzender Anweisungen eine deutliche Zäsur liegt.

536 Hinsichtlich des zu fordernden Verhinderungsverhaltens gelten die allgemeinen Grundsätze (Rdn. 460 ff). Es ist also – entgegen der überwiegend vertretenen Auffassung[1196] – grundsätzlich **optimales Rettungsbemühen** zu fordern.[1197] Der mittelbare Täter schafft durch den Einsatz eines Werkzeugs zu Lasten des Opfers eine unerlaubte Gefahr und es ist nicht ersichtlich, weshalb eine suboptimale Erfüllung der Pflicht zur Beseitigung dieser Gefahr im Rahmen eines Rücktritts als überzeugende Abkehr von der Unrechtsmaxime interpretiert werden kann. Entzieht der mittelbare Täter allerdings seiner Garantenpflicht dadurch die Grundlage, dass er vor Tätigwerden des Werkzeugs das Herrschaftsverhältnis beendet (etwa durch Aufklärung des Irrtums oder durch Beseitigung der Nötigung, s. Rdn. 533), so hat er damit seinen Pflichten genügt.

## VI. Rücktritt vom Versuch des erfolgsqualifizierten Delikts

537 Wie beim Versuch des erfolgsqualifizierten Delikts sind auch beim Rücktritt von diesem **zwei unterschiedliche Fallkonstellationen**, nämlich die des Rücktritts vom „Versuch der Erfolgsqualifikation" und die des Rücktritts vom „erfolgsqualifizierten Versuch" zu unterscheiden.[1198]

### 1. Rücktritt vom Versuch der Erfolgsqualifikation

538 Ein Rücktritt vom Versuch der Erfolgsqualifikation ist – erachtet man diesen Versuch für möglich (vor § 22 Rdn. 125 ff; gegen die „Vollendungslösung vor § 22 Rdn. 117)[1199] – nach nahezu unbestrittener Auffassung zuzulassen, wenn der Täter vor Eintritt der schweren Folge das

1194 Zutreffend *Zaczyk* NK Rdn. 100; *v. Scheurl* S. 133 ff; *Sch/Schröder/Eser/Bosch* Rdn. 106; *Vogler* LK[10] Rdn. 146; *ders.* ZStW **98** (1986) 331, 346. **Anders** RGSt **39** 37, 41 f.

1195 Vgl. *v. Scheurl* S. 135; *Sch/Schröder/Eser/Bosch* Rdn. 106; *Lilie/Albrecht* LK[12] Rdn. 457; *Schröder* MDR **1949** 714, 717; *Vogler* ZStW **98** (1986) 331, 346. Bei einem bösgläubigen Tatmittler soll es darauf ankommen, ob dieser sich in Bezug auf den Rücktritt den Weisungen des mittelbaren Täters unterordnet.

1196 Z. B. *Lilie/Albrecht* LK[12] Rdn. 456; *Zaczyk* NK Rdn. 100.

1197 Vgl. auch *Schroeder* JR **1999** 297, der hinsichtlich der Entscheidung BGHSt **44** 204, 206 f einen strafbefreienden Rücktritt des Befehlenden (mittelbarer Versuchstäter) mit der Begründung ablehnt, dass die Befehlenden die nach allgemeinen Gesichtspunkten bestehende Rettungspflicht eingeschränkt hätten (in das Grenzgebiet durften insbesondere nur militäreigene Ärzte, was zu erheblichen Verzögerungen der Rettungsmaßnahmen führte, was von der Militärführung billigend in Kauf genommen wurde); dazu auch *Rotsch* NStZ **1999** 239, 240.

1198 Die Terminologie geht wohl zurück auf *Geilen* Jura **1979** 613 f; zu den unterschiedlichen Arten des Versuchs des erfolgsqualifizierten Delikts ausführlich *Hillenkamp* LK vor § 22 Rdn. 107 ff; *Kühl* Jura **2003** 19 ff; *Paeffgen* NK § 18 Rdn. 109 ff; siehe auch *Bacher* S. 7 f.

1199 Zu dieser Problematik ausführlich *Kühl* Jura **2003** 19 ff; *Kühl* FS Gössel 191, 194 ff; vgl. auch BGH NStZ **2001** 534; BGH NStZ **2000** 371; *Bacher* S. 293 ff; *Hardtung* S. 20 ff, 192 f, 209 ff.

**Grunddelikt** im Versuchsstadium aufgibt oder dessen Erfolgseintritt verhindert.[1200] Der Rücktritt ist aber gleichfalls nicht ausgeschlossen, wenn das Grunddelikt vollendet ist, der Täter aber sein anfängliches vorsätzliches Streben, die **schwere Folge** herbeizuführen, freiwillig aufgibt bzw. den Eintritt der schweren Folge verhindert.[1201]

## 2. Rücktritt vom erfolgsqualifizierten Versuch

**Problematisch** und erheblich streitbefangener ist dagegen der Rücktritt in der Situation des erfolgsqualifizierten Versuchs,[1202] in der die Durchführung des Grunddelikts zwar nicht über das Versuchsstadium hinausgelangt ist, dieser „Versuch" jedoch bereits in einer dem Täter **zurechenbaren Weise zum Eintritt der schweren Folge** geführt hat.[1203] 539

Mit der Rechtsprechung des BGH[1204] und der überwiegenden Lehre[1205] ist die **Möglichkeit eines Rücktritts vom erfolgsqualifizierten Versuch zu bejahen**, wenn dem Täter hinsichtlich der Erfolgsqualifikation einfache Fahrlässigkeit bzw. (soweit im konkreten Tatbestand vorausgesetzt, z. B. § 251) Leichtfertigkeit vorzuwerfen ist. Mit der Straflosigkeit des versuchten Grunddelikts wegen eines wirksamen Rücktritts entfällt auch die Strafbarkeit des erfolgsqualifizierten Versuchs.[1206] Dies ergibt schon der Wortlaut des § 24.[1207] Er knüpft nur an die Ausführung der Tat, nicht jedoch an deren Folgen an. Wenn der Täter von dem (nur) versuchten Grunddelikt strafbefreiend zurücktritt, entfällt **der erforderliche Anknüpfungspunkt für eine Erfolgsqualifikation.** Diese setzt zumindest einen strafbaren Versuch des Grunddelikts voraus.[1208] Zwar ist der Gegenansicht[1209] darin zuzustimmen, dass der Tatbegriff des § 24 bei 540

---

**1200** BGHSt **64** 80, 88; *Sch/Schröder/Sternberg-Lieben/Schuster* § 18 Rdn. 13; *Sch/Schröder/Eser/Bosch* Rdn. 26; *Kühl* AT § 17a Rdn. 54; *Schroeder* LK[11] § 18 Rdn. 42; *Vogler* LK[10] Rdn. 143; differenzierend *Bacher* S. 299 f.

**1201** *Sinn* SK § 251 Rdn. 21; *Hardtung* S. 247 f, 263; *Kindhäuser* NK § 251 Rdn. 10; *Kühl* Jura **2003** 19, 22; *ders.* AT § 17a Rdn. 55; *Paeffgen* NK § 18 Rdn. 128; *Sch/Schröder/Sternberg-Lieben/Schuster* § 18 Rdn. 13; *Schroeder* LK[11] § 18 Rdn. 42; *Sowada* Jura **1995** 644, 653.

**1202** Zum Streit, inwieweit ein erfolgsqualifizierter Versuch möglich ist, ausführlich *Bacher* S. 265 ff; *Hardtung* S. 31 ff, 216 ff, 255 ff; vor § 22 Rdn. 116 ff; *Kühl* Jura **2003** 19, 20 ff; *ders.* FS Gössel 191, 199 ff; *Küper* GA **2019** 661 ff; *Mitsch* JA **2014** 268 ff; *Paeffgen* NK § 18 Rdn. 114 ff; *Sch/Schröder/Sternberg-Lieben/Schuster* § 18 Rdn. 9, 13; *Sowada* Jura **1995** 644, 652.

**1203** Eingehend *Kostuch* S. 13 ff; dort (S. 113 ff) auch zu den Tatbeständen, bei denen sich die Rücktrittsfrage stellen kann. Ferner etwa *Martin* JuS **1997** 178.

**1204** Erstmalig vom BGH entschieden in BGHSt **42** 158; siehe auch BGH NStZ **2003** 34; vgl. bereits RGSt **75** 52, 54, wo jedenfalls die Möglichkeit eines solchen Rücktritts nicht ausgeschlossen wird; **kritisch** dazu *Roxin* AT II § 30 Rdn. 289 ff.

**1205** *Anders* GA **2000** 64, 76; *vHH/Cornelius* Rdn. 84; *Matt/Renzikowski/Heger* Rdn. 66; *Hoffmann-Holland* MK § 24 Rdn. 100; *Jakobs* AT 26/49; *Kostuch* S. 96 ff; *Kudlich* JuS **1999** 349, 355; *SSW/Kudlich/Schuhr* Rdn. 73; *Kühl* Jura **2003** 19, 22 f; *ders.* AT § 17a Rdn. 56 ff; *Lackner/Kühl/Kühl* Rdn. 22; *Küper* JZ **1997** 229; *ders.* GA **2019** 661 ff; *Paeffgen* NK § 18 Rdn. 130 f; *Rengier* Erfolgsqualifizierte Delikte und verwandte Erscheinungsformen (1986) S. 244 f; *Stein* SK § 18 Rdn. 52; *Sch/Schröder/Sternberg-Lieben/Schuster* § 18 Rdn. 13; *Sch/Schröder/Eser/Bosch* Rdn. 26; *Schroeder* LK[11] § 18 Rdn. 42; *Sowada* Jura **1995** 644, 653; *Fischer* § 18 Rdn. 10; im Ergebnis ebenso *Hardtung* S. 278; **aA** *Ambos* HK-GS Rdn. 9; *Bacher* S. 204 ff, 301; *Herdegen* LK[11] § 251 Rdn. 16; *Roxin* AT II § 30 Rdn. 289 ff; *Streng* FS Küper S. 629; *Ulsenheimer* FS Bockelmann 413 ff; *Wolter* JuS **1981** 168, 178; *Wolters* GA **2007** 65; *Zaczyk* NK Rdn. 81, die einen Rücktritt de lege lata ausschließen, da sich im Hinblick auf die schwere Folge bereits die spezifische Gefahr des versuchten Grundtatbestandes realisiert habe, das Delikt also materiell vollendet sei; **aA** auch *Jäger* NStZ **1998** 161, 162 ff, der unter Rückgriff auf die Gefährdungsumkehr meint, der Rücktritt vom Grunddelikt beseitige nicht den Versuch als solchen, sondern lediglich seine schädlichen Wirkungen.

**1206** BGHSt **42** 158, 160 f mit Anm. *Küper* JZ **1997** 229, *Martin* JuS **1997** 178 und *Sonnen* JA **1997** 184.

**1207** BGHSt **42** 158, 160; **aA** *Jäger* NStZ **1998** 161, 163; insoweit **kritisch** auch *Kostuch* S. 96 ff; *Küper* JZ **1997** 229, 331 f.

**1208** *Paeffgen* NK § 18 Rdn. 130 f; *Stein* SK § 18 Rdn. 52; *Wessels/Beulke/Satzger* Rdn. 1087.

**1209** *Jäger* NStZ **1998** 161, 163; *Linke* S. 352 ff; *Roxin* AT II § 30 Rdn. 288 ff; *Zaczyk* NK Rdn. 81.

erfolgsqualifizierten Delikten nicht mit dem Grunddelikt gleichzusetzen ist. Jedoch ist das Grunddelikt gerade ein notwendiger Teil eines erfolgsqualifizierten Delikts und damit auch des erfolgsqualifizierten Versuchs. Auch der notwendige tatbestandsspezifische Zusammenhang zwischen Grunddelikt und qualifizierender Folge, bei dem in Konstellationen eines erfolgsqualifizierten Versuchs vorausgesetzt ist, dass er an die Handlung des Grunddelikts anknüpfen kann,[1210] führt nicht dazu, dass „Grundtatbestand und Qualifikation so zu einer Einheit verschmelzen, dass sie wie ein Unternehmensdelikt zu behandeln wären" (BGHSt **42** 158, 161). Wenn der Täter das Opfer mit Raubvorsatz würgt, und dieses dann zwar wider Erwarten, jedoch vom Täter leichtfertig verursacht, tot zu Boden sinkt, liegt ein Raubversuch mit Todesfolge gem. §§ 249, 251, 22, 23 Abs. 1 vor. Nimmt der Täter dann Abstand von der Tat, ohne die Wegnahme vollendet zu haben, kommt ein wirksamer Rücktritt vom versuchten Raub mit Todesfolge in Betracht. Sind diese Voraussetzungen gegeben, bleibt allein die Strafbarkeit wegen der vollendeten Delikte, insbesondere gem. § 227 oder § 222 (dazu *Sch/Schröder/Eser/Bosch* Rdn. 26).

**541** Dem BGH ist darin zuzustimmen, wenn er nunmehr für den Fall auch eine Rücktrittsmöglichkeit nicht von vornherein ausschließt, in dem das Grunddelikt zwar im Versuch stecken bleibt, der Täter hinsichtlich der eingetretenen Erfolgsqualifikation aber **vorsätzlich** gehandelt hat.[1211] Wird auch bei vorsätzlichem Handeln hinsichtlich der Erfolgsqualifikation eine Strafbarkeit wegen des erfolgsqualifizierten Versuchs grundsätzlich für möglich gehalten, muss aus den dargestellten Gründen auch ein Rücktritt in Betracht kommen können. Notwendig ist aber, dass die Rücktrittsvoraussetzungen des § 24 Abs. 1 erfüllt sind, insbesondere der Versuch des Grunddelikts nicht fehlgeschlagen ist. Deshalb scheidet ein Rücktritt von der versuchten räuberischen Erpressung mit Todesfolge aus, wenn „das Vorhaben des Angekl., sich mittels einer Straftat Geld zu verschaffen, wegen des unerwarteten Widerstands des Tatopfers gescheitert war" (BGH NStZ **2003** 34).

## VII. Rücktritt vom Versuch der Unterlassungsdelikte

**542** § 24 ist seinem Wortlaut nach zwar primär am Bild des Begehungstäters orientiert, erlaubt aber bei sinngerechter Auslegung auch die begriffliche Erfassung des Rücktritts vom Versuch des Unterlassungsdelikts.[1212] Dabei liegt der praktische **Schwerpunkt** auf den **unechten Unterlassungsdelikten**, weil der Versuch bei echten Unterlassungsdelikten in aller Regel nicht strafbar ist.[1213] Dabei sind im Wesentlichen die für das **Begehungsdelikt geltenden Grundsätze** auf das Unterlassungsdelikt **zu übertragen**.

---

**1210** Vgl. nur BGHSt **31** 96, 99; **14** 110; **7** 37; BGH NStZ **2001** 478; BGH NStZ **1997** 341; BGH NJW **1992** 1708 mit insoweit zust. Anm. *Graul* JR **1992** 344, 345; BGH MDR **1971** 363; *Laubenthal* JZ **1987** 1067; *Otto* Jura **1986** 671; *Wolter* GA **1984** 444, 449; anders die Vertreter der sog. „Letalitätstheorie", die an den Erfolg des Grunddelikts anknüpfen – u. a. *Bussmann* GA **1999** 21, 30; *Freund* ZStW **109** (1997) 455, 473; *Hirsch* JR **1983** 78, 79 ff; *Hirsch* LK[11] § 226 Rdn. 6, § 227 Rdn. 5 ff; *Lackner/Kühl/Kühl* § 226 Rdn. 2; *Mitsch* Jura **1993** 18, 21; *Sch/Schröder/Sternberg-Lieben* § 227 Rdn. 5.

**1211** BGH NStZ **2003** 34, wobei beim konkreten Sachverhalt Zweifel bestehen könnten, ob wirklich ein erfolgsqualifizierter Versuch gem. §§ 251, 253, 255, 22, 23 vorliegt; BGHSt **42** 158, 159 hat die Frage nach der Rücktrittsmöglichkeit bei vorsätzlicher Herbeiführung der Erfolgsqualifikation noch ausdrücklich offen gelassen.

**1212** *Wessels/Beulke/Satzger* Rdn. 1224.

**1213** Strafbar ist der Versuch eines echten Unterlassungsdelikts etwa bei § 283 Abs. 1 Nr. 7b; dagegen ist u. a. der Versuch der unterlassenen Hilfeleistung (§ 323c), der Nichtanzeige eines Verbrechens (§ 138), des Sich-Nicht-Entfernens beim Hausfriedensbruch (§ 123 Abs. 1 Alt. 2) oder der Pflichtverletzung bei Verlust, Überschuldung oder Zahlungsunfähigkeit (§ 84 Abs. 1 GmbHG, § 401 Abs. 1 AktG) nicht strafbar.

## 1. Fehlgeschlagener und vorläufig fehlgeschlagener Versuch

Wie beim Begehungsdelikt kommt ein Rücktritt dann nicht mehr in Betracht, wenn der Versuch **fehlgeschlagen** ist.[1214] Das ist vor allem der Fall, wenn der Täter davon ausgeht, dass der Erfolg durch die Verletzung seiner Garantenpflicht nicht (mehr) eintreten kann, etwa weil sich das Opfer selbst retten kann oder die Gefahr von dritter Seite beseitigt wird. 543

Fraglich ist, wie die Konstellation eines **vorläufig fehlgeschlagenen Versuchs** zu beurteilen ist, wenn also der Täter seine Rettungspflicht ohne Eintritt der tatbestandlichen Folge verletzt und dabei die Möglichkeit sieht, durch eine weitere Pflichtverletzung (oder aber durch eine Fortsetzung der Pflichtverletzung) den Eintritt des Erfolgs herbeizuführen. Hier stellt sich die Frage, ob ein Rücktritt bezogen auf das Gesamtgeschehen durch Erfüllung der zeitlich späteren Pflicht (oder durch eine zeitlich spätere Pflichterfüllung) noch möglich ist oder ob die anfängliche Pflichtverletzung, die (auf der Grundlage der Tätervorstellung) den Erfolg nicht herbeigeführt hat, bereits einen fehlgeschlagenen Versuch darstellt, so dass der Täter lediglich von einem zweiten Versuch des Unterlassungsdelikts, also von der späteren Pflichtverletzung, durch Abwenden des Erfolgs zurücktreten kann. 544

Eine solche Konstellation, die auch unter der (freilich schon auf ein bestimmtes Ergebnis hin orientierten) Bezeichnung als **„mehraktiges Unterlassungsdelikt"** diskutiert wird,[1215] lag der Entscheidung des BGH (NJW **2003** 1057) zu folgendem Fall zugrunde:[1216] Eine Mutter hatte tatenlos zugesehen, wie ihr Lebensgefährte sowohl am Nachmittag, als auch später am Abend des betreffenden Tages ihren Säugling mit Tötungsvorsatz qualvoll misshandelte. Bereits bei den Misshandlungen am Nachmittag rechnete sie damit, dass das Kind ohne ärztliche Versorgung versterben könnte. Erst am darauf folgenden Tag alarmierte sie gegen Abend den Notarzt, der mittels intensivmedizinischer Versorgung das Leben des Säuglings retten konnte. Die Diskussion zur Reichweite des **Tatbegriffs**, also zu der Frage, inwiefern die Einzelakte – hier also das Unterlassen zu unterschiedlichen Zeitpunkten – insgesamt eine Tat darstellen, so dass der Täter durch das Verhindern des Erfolgseintritts auch hinsichtlich der ausgelassenen Rettungsmöglichkeiten Straffreiheit erlangt, wirft im Grundsatz die gleichen Probleme auf wie beim positiven Tun: Ausgehend von der **Tatplantheorie** wäre im BGH-Fall bereits beim Unterlassen von Rettungshandlungen im Zusammenhang mit der ersten Misshandlung von einem Fehlschlag auszugehen, wenn die Mutter zu Beginn der Verletzung ihrer Garantenpflicht zumindest für möglich gehalten hat, dass das Unterlassen der sofort gebotenen Rettungsbemühungen zum Tod des Kindes führt. Die **Einzelakttheorie** kommt in ihrer konsequentesten Form zum gleichen Ergebnis, wenn die Mutter bereits ihr anfängliches Unterlassen für geeignet gehalten hat, den Erfolg ohne Reversionsmöglichkeit herbeizuführen. Sofern die Vertreter der Einzelakttheorie mit Rücksicht auf den Wortlaut des Gesetzes einen (aus ihrer Sicht an sich unverdienten) Rücktritt auch bei sich erst im Nachhinein eröffnender Rettungsmöglichkeit akzeptieren, bleibt der Mutter nach dieser **modifizierten** Einzelakttheorie eine Rücktrittsmöglichkeit, weil sie letztlich verhindert hat, dass sich die ihrer Untätigkeit anhaftende Gefährlichkeit in der Vollendung realisiert.[1217] 545

Der BGH hat die für das Begehungsdelikt entwickelte **Gesamtbetrachtungslehre** auf das Unterlassen übertragen.[1218] Dabei geht es allerdings beim Unterlassen, anders als bei der Diskussion zum Begehungsdelikt, nicht um die Abgrenzung zwischen fehlgeschlagenem und unbeendetem Versuch, sondern um die Frage, ob ein fehlgeschlagener Versuch (bezogen auf die anfängliche Untätigkeit) oder ein beendeter Versuch (bezogen auf die Untätigkeit insgesamt) 546

---

**1214** *Exner* Jura **2010** 276, 279; *Mitsch* FS Kindhäuser 293, 300 ff; *Wessels/Beulke/Satzger* Rdn. 1225.
**1215** Etwa *Lilie/Albrecht* LK[12] Rdn. 475.
**1216** Dazu auch *Beier* JA **2003** 629.
**1217** In diesem Sinne eingehend *Freund* NStZ **2004** 326, 327 f in seiner Besprechung von BGH NJW **2003** 1057.
**1218** BGH NJW **2003** 1057. Zustimmend *Kudlich* JR **2003** 380 ff.

vorliegt.[1219] Denn beim Unterlassen ist klar, dass der Täter den Erfolgseintritt aktiv verhindern muss (dazu noch Rdn. 551 ff); klärungsbedürftig ist nur, bezogen auf welche der vorangegangenen Pflichtverletzungen das Verhindern als Rücktritt anzuerkennen ist. Zu Recht bestimmt der BGH den Tatbegriff beim Unterlassungstäter nach den Grundsätzen für den beendeten Versuch beim Begehungsdelikt. Da dem Verhindern Anforderungen in zeitlicher Hinsicht nicht immanent sind, gehört zur Tat das gesamte Geschehen vom Beginn der (nach Vorstellung des Täters bestehenden) Gefahrenlage bis hin zu deren Beendigung bzw. Realisierung.[1220] Bei mehraktigen Vorgängen liegt eine Zäsur – und damit ein fehlgeschlagener Versuch bezogen auf den abgeschlossenen Akt – nur vor, wenn die Gefährdungslage zwischenzeitlich entfallen ist, nicht aber bei einer Verschärfung einer bestehenden Gefahrenlage. Dementsprechend hat der BGH einen strafbefreienden Rücktritt der Mutter bejaht, da die Gefährdungslage aus Sicht der Täterin über den gesamten Zeitraum bedrohlich für den Säugling gewesen sei und somit kein fehlgeschlagener Versuch vorliege.

**547** Unter dem Aspekt des vorläufig fehlgeschlagenen Versuchs wird auch die Konstellation diskutiert, in der der Täter erkennt, dass sein garantenpflichtwidriges Unterlassen nicht zur Tatvollendung führen wird, er nun aber noch **Möglichkeiten sieht**, den Erfolg durch **aktives Eingreifen in den Geschehensverlauf herbeizuführen**. Z. B.: Der Vater unterlässt es tötungsvorsätzlich, seine ertrinkende Tochter zu retten. Als sie wider Erwarten das Ufer erreicht, verzichtet er darauf, sie ins Wasser zurückzustoßen. Auch hier stellt sich die Frage, ob das anfängliche Unterlassen und das aktive Ertränken eine einheitliche Tat i. S. v. § 24 Abs. 1 darstellen mit der Folge, dass der Verzicht auf die aktive Erfolgsherbeiführung eine Rücktrittsleistung darstellen würde. Im Unterschied zum mehraktigen Unterlassen (Rdn. 545 f) geht es hier also um die Abgrenzung von fehlgeschlagenem und unbeendetem Versuch (vgl. noch Rdn. 549). Für diese Konstellation wird teilweise auf der Grundlage der Gesamtbetrachtungslehre angenommen, dass aufgrund der einheitlichen Zielrichtung des Täterverhaltens und des engen zeitlichen und räumlichen Zusammenhangs der einzelnen Akte eine rücktrittsfähige Tat vorliege.[1221] Der Übergang von dem anfänglichen Unterlassen zu einem positiven Tun wird dann lediglich als Änderung des Tatmittels gewertet, was nach überwiegender Auffassung der Einheitlichkeit der Tat nicht entgegensteht.[1222]

**548** In diesem Sinne hat auch der **BGH** (NStZ **2010** 690) in folgendem Fall einen rücktrittsfähigen Versuch angenommen: Die aufgrund ihres vorangegangenen pflichtwidrigen Verhaltens zur Rettung des Opfers verpflichteten Garanten (sie hatten an der Schaffung der hilflosen Lage des Opfers mitgewirkt) waren zunächst tötungsvorsätzlich nicht eingeschritten, als der aktiv handelnde Täter sein Opfer mit Benzin übergoss und anzündete, wobei sie mangels gemeinsamen Tatplans nicht als Mittäter, sondern als Nebentäter anzusehen waren. Nachdem der Brand gelöscht war,[1223] verzichteten die Garanten darauf, nun zur aktiven Tötung des Opfers überzugehen.

**549** Der BGH hat in der vorstehenden Konstellation das Unterlassen und die noch mögliche aktive Tötung des Opfers als eine **Tat** i. S. v. § 24 Abs. 1 angesehen. Es liege die Konstellation eines **unbeendeten Versuchs** vor mit der Folge, dass ein Rücktritt durch den Verzicht auf die

**1219** *Freund* NStZ **2004** 326, 327. Zur Diskussion um die Abgrenzung von unbeendetem und beendetem Versuch beim Unterlassungsdelikt noch Rdn. 543 ff. Im vorliegenden Zusammenhang spielt diese Diskussion keine Rolle.

**1220** BGH NJW **2003** 1057 f.

**1221** *Engländer* JZ **2012** 130 ff; *Hoffmann-Holland* MK Rdn. 83; *Mitsch* FS Kindhäuser 293, 298 ff; *Stein* SK Vor § 13 Rdn. 74; *Wessels/Beulke/Satzger* Rdn. 1226.

**1222** Z. B. BGH NStZ **2007** 399; *SSW/Kudlich/Schuhr* Rdn. 19; *Rengier* AT § 37 Rn 46. **AA** aber *Ranft* Jura **1987** 530 ff.; *ders.* JZ **1989** 1129, der die Einheitlichkeit der Tat wesentlich von der Artgleichheit von eingesetztem und zur Verfügung stehendem weiteren Mittel abhängig machen will.

**1223** Tatsächlich waren die Garanten am Löschen der „letzten Flammen" beteiligt, so dass sie auch aktiv eingegriffen und den Erfolgseintritt (mit-) verhindert haben, BGH NStZ **2010** 690, 691. Der BGH hat aber primär auf das Vorliegen einer Situation des beendeten Versuchs und darauf abgestellt, dass die Garanten weitere Angriffe auf das Leben des Opfers unterlassen haben; so auch *Hoffmann-Holland* MK Rdn. 83 mit Fn. 171.

Vornahme der aus Tätersicht noch möglichen aktiven Tötungshandlung möglich sei. Damit positioniert sich der BGH in der Diskussion um die Frage, ob auch beim Unterlassen zwischen unbeendetem und beendetem Versuch zu unterscheiden sei (abweichend von der in der Literatur geführten Diskussion, dazu unten Rdn. 551 ff), dahingehend, dass die Unterscheidung danach zu treffen sei, ob der Unterlassungstäter durch positives Tun den Erfolgseintritt verhindern muss (beendeter Versuch) oder auch ein Rücktritt durch bloßes Unterlassen möglich ist (unbeendeter Versuch).[1224] Diese Auffassung hat in der **Literatur verschiedentlich Zustimmung** gefunden.[1225] Es wird angenommen, dass die Annahme eines unbeendeten Versuchs in der Konsequenz der Gesamtbetrachtungslehre liege. Zudem wird ein **„Schlechterstellungsverbot"** geltend gemacht:[1226] Würde man dem Unterlassungstäter den Rücktritt verwehren, so wäre er schlechter gestellt als ein Begehungstäter, der bei einem vorläufig fehlgeschlagenen Versuch noch zurücktreten kann, indem er auf die Vornahme weiterer Ausführungshandlungen verzichtet, die nach seiner Vorstellung ohne zeitliche und sachliche Zäsur den Erfolg noch herbeiführen könnten (wenn also der Vater im Beispiel Rdn. 547 die anfängliche Gefahrenlage bereits durch aktives Ins-Wasser-Werfen der Tochter geschaffen hätte).

**Überzeugend** ist die Annahme eines unbeendeten Versuchs **nicht.**[1227] Der Hinweis auf ein **550**
Verbot der Schlechterstellung des Unterlassens gegenüber dem positiven Tun lässt sich – entgegen *Engländer* (JZ **2012** 130, 132 f) – nicht aus § 13 ableiten. Denn die in § 13 normierte Gleichstellungsfunktion betrifft die Erfolgszurechnung, besagt aber nicht, dass der Verhaltensunwert beim Unterlassen dem des positiven Tuns entsprechen muss.[1228] Das zeigt sich schon an der fakultativen Strafmilderungsmöglichkeit des § 13 Abs. 2.[1229] Wenn aber der Übergang von einem anfänglichen Unterlassen zu einem positiven Tun eine Steigerung des Unrechtsgehalts zur Folge hat oder zumindest haben kann, so spricht das bei wertender Betrachtung gegen die Annahme einer einheitlichen Tat. Dieser Einwand gewinnt noch an Gewicht, wenn mit dem Übergang zum positiven Tun auch eine Änderung des Tatbestandes einhergeht. Billigt man § 13 nicht lediglich deklaratorische, sondern strafbegründende Bedeutung zu, so ändert sich nicht nur die Verwirklichungsmodalität, sondern auch der erfüllte Tatbestand.[1230] Gerade für die Rechtsprechung, die die Einheitlichkeit der Tat auch davon abhängig macht, dass es nicht zu einem Tatbestandswechsel kommt (Rdn. 229),[1231] liegt hier ein offenbar noch nicht zur Kenntnis genommenes Problem. Insgesamt geht also der Vergleich mit einem Begehungstäter, der lediglich die Art der Tatausführung ändert, fehl. Richtig ist vielmehr die Annahme einer **Zäsur** im Geschehensverlauf, wenn der Täter einen neuen Vorsatz dahingehend fassen muss, von einem garantenpflichtwidrigen Unterlassen zu einer Verletzung durch positives Tun überzugehen. Um es an einem krassen Beispiel zu verdeutlichen: Hält die Mutter aufgrund eines angekündigten Besuchs des Jugendamtes ihr schon weit gediehenes Vorhaben, ihr Kind verhungern zu lassen, für vereitelt, so kann sie nicht deshalb zurücktreten, weil sie darauf verzichtet, das Kind zu erwürgen. Erkennt der Täter, dass der Unterlassungsversuch fehlschlägt, muss er zu einer Begehungstat erst neu ansetzen;[1232] es liegt demnach in solchen Konstellationen kein unbeendeter, sondern ein fehlgeschlagener Versuch vor.

---

**1224** Dazu auch *Hoffmann-Holland* MK Rdn. 83.

**1225** *Engländer* JZ **2012** 130 ff; *Hoffmann-Holland* MK Rdn. 83; *Wessels/Beulke/Satzger* Rdn. 1227.

**1226** *Engländer* JZ **2012** 130, 132 f; *Hoffmann-Holland* MK Rdn. 83; *Mitsch* FS Kindhäuser 293, 298 ff.

**1227** Eingehend *Murmann* GA **2012** 711 ff; zustimmend *Zaczyk* NK Rdn. 47 m. Fn. 137; vgl. auch *Ambos* HK-GS Rdn. 18. Im Ergebnis auch *Sch/Schröder/Eser/Bosch* Rdn. 30 vom Boden der Einzelakttheorie.

**1228** *Tag* HK-GS § 13 StGB Rdn. 35.

**1229** *Murmann* GA **2012** 711 ff.

**1230** Für die Annahme, dass § 13 für die Strafbarkeit unechten Unterlassens konstitutiv ist, lässt sich insbesondere die Strafmilderungsmöglichkeit des § 13 Abs. 2 anführen; näher *Murmann* GA **2012** 711, 714. Ablehnend dazu *Mitsch* FS Kindhäuser 293, 298.

**1231** Vgl. BGHSt **34** 144; **35** 187; kritisch *Kühl* AT § 16 Rdn. 46.

**1232** Eingehend und vertiefend *Murmann* GA **2012** 711 ff.

## 2. Die Differenzierung zwischen unbeendetem und beendetem Versuch bei Unterlassungsdelikten

551 **Umstritten**[1233] ist, ob die beim Begehungsdelikt mit Blick auf die Art der erforderlichen Rücktrittshandlung vorzunehmende Abgrenzung zwischen unbeendetem und beendetem Versuch (dazu Rdn. 131 ff) auf das Unterlassungsdelikt zu übertragen ist. Die Notwendigkeit der Unterscheidung ist deshalb zweifelhaft, weil das beim Begehungsdelikt mögliche Aufgeben durch bloßes Nichtstun beim Unterlassungsdelikt nicht ausreichen kann, vielmehr vom Unterlassungstäter ein positives Tun zu fordern ist (vgl. allerdings Rdn. 547 ff). Umstritten ist aber, ob diese Aktivität stets nur ein Verhindern sein kann oder ob es sich bei wertender Betrachtung auch um ein Aufgeben handeln kann.

552 **a) Argumente für die Unterscheidung.** In der **Literatur** wird **teilweise** eine Unterscheidung zwischen unbeendetem und beendetem Versuch beim Unterlassungsdelikt für **notwendig** gehalten.[1234] Grundlage für die Abgrenzung sei – im Einklang mit der h. M. beim Begehungsdelikt (Rdn. 136 ff) – die Tätervorstellung nach Vornahme des letzten Ausführungsverhaltens (Rücktrittshorizont).[1235] „Dabei dürfen die vornehmlich auf versuchte Begehungsdelikte zugeschnittenen Regeln des § 24 jedoch nicht schematisch, sondern entsprechend den Besonderheiten des Unterlassens allenfalls sinngemäß übertragen werden."[1236] Da bloße Untätigkeit mit Blick auf das sich selbständig weiterentwickelnde Geschehen anders als beim versuchten Begehungsdelikt als Rücktrittsverhalten nicht ausreichen könne, müsse die Unterscheidung „danach getroffen werden, ob nach der Tätervorstellung die Vornahme der ursprünglich gebotenen und vom Täter unterlassenen Handlung zur Erfolgsabwendung noch ausreicht oder aber zusätzliche Hilfsmaßnahmen dafür erforderlich sind".[1237] Aus dem Umstand, dass stets ein positives Tun zu fordern sei, folge nicht das Fehlen von Abstufungen: Meine der Täter, dass bereits die Vornahme der „an sich gebotenen", aber bislang unterlassenen Handlung zur Erfolgsabwendung ausreiche, so könne er die Tat noch aufgeben. Nimmt der Täter dagegen an, die Vornahme der „an sich gebotenen" Handlung reiche zur Erfolgsabwendung nicht mehr aus, so könne er die Tatbestandsverwirklichung nicht mehr aufgeben. Er müsse dann zur Erfolgsabwendung zu anderen (weitergehenden) Maßnahmen greifen. In diesem Fall liege ein beendeter Versuch vor und der Täter müsse den Erfolgseintritt verhindern.[1238]

**1233** Kritisch zu diesem Streit *SSW/Kudlich/Schuhr* Rdn. 42.

**1234** *Backmann* JuS **1981** 336, 341; *Sch/Schröder/Eser/Bosch* Rdn. 27 ff; *Gropp* AT § 9 Rdn. 145; *Grünwald* JZ **1959** 46, 48 f; *Matt/Renzikowski/Heger* Rdn. 60; *Jescheck* LK[11] § 13 Rdn. 48; *Jescheck/Weigend* § 60 II 3; *Kühl* AT § 18 Rdn. 153; *Lackner/Kühl/Kühl* Rdn. 22a; *Lilie/Albrecht* LK[12] Rdn. 467 ff; *Lönnies* NJW **1962** 1950, 1951; *Maihofer* GA **1958** 289, 298; *Maurach/Gössel/Zipf* AT 2 § 40 Rdn. 136; *Otto* AT § 19 Rdn. 86; *Schröder* JuS **1962** 81, 86; *Stein* SK Vor § 13 Rdn. 70; *ders.* GA **2010** 129, 135 ff; *Vogler* LK[10] Rdn. 40, 142; *Wessels/Beulke/Satzger* Rdn. 1226 f; im Ergebnis auch *Jakobs* AT 29/116, der die Auffassung teilt, dass der Täter allein beim Rücktritt vom beendeten Versuch das Risiko eines „Fehlschlags" zu tragen habe, wobei er jedoch klarstellt, dass es nur um das Risiko wegen „Verzögerung der Rettung" gehe, nicht aber um einen Fehlschlag aus Gründen, die auch bei rechtzeitiger Rettung vorgelegen hätten: Benötige das Opfer beispielsweise ein Medikament und verzögere der Täter dessen Beschaffung, so trage der Täter zwar das Verzögerungsrisiko, jedoch nicht das Risiko, ob das Medikament auch wirke; ähnlich auch *Wolter* Objektive und personale Zurechnung von Verhalten, Gefahr und Verletzung in einem funktionalen Strafrechtssystem (1981) S. 100 ff, 258 ff, der meint, dass bei einem unbeendeten Unterlassungsversuch der Täter nicht das volle Risiko des fehlgeschlagenen Rücktritts, sondern nur allein ein anteiliges Vollendungsrisiko zu tragen habe, so dass er bei trotz Rücktrittsbemühungen eingetretenem Erfolg nicht wegen eines vorsätzlichen Vollendungsdelikts bestraft werden könne.

**1235** *Lilie/Albrecht* LK[12] Rdn. 467.

**1236** *Lilie/Albrecht* LK[12] Rdn. 467; *Sch/Schröder/Eser/Bosch* Rdn. 27; *Wessels/Beulke/Satzger* Rdn. 1224.

**1237** *Lilie/Albrecht* LK[12] Rdn. 467.

**1238** *Lilie/Albrecht* LK[12] Rdn. 468.

Zur **Illustration** wird regelmäßig das Beispiel einer Mutter herangezogen, die ihr Kind verhungern lassen will. Geht die Mutter davon aus, das Leben des Kindes durch Wiederaufnahme der Ernährung noch retten zu können, so liege ein unbeendeter Versuch vor. Gibt sie dem Kind wieder zu Essen, so gibt sie die Tat auf. Nimmt sie dagegen an, das Kind sei bereits so unterernährt, dass es zu seiner Rettung ärztlicher Hilfe bedarf, so liege eine Konstellation des beendeten Versuchs vor. Die Vollendung könne dann nur noch durch das Herbeirufen eines Arztes verhindert werden.[1239] 553

**Relevant** soll die Differenzierung vor allem mit Blick auf die Belastung mit dem **Erfolgsabwendungsrisiko** sein:[1240] Der Täter habe das Erfolgsabwendungsrisiko nur beim beendeten Versuch zu tragen. Trete der Erfolg dagegen beim unbeendeten Versuch trotz Nachholung der ursprünglich gebotenen Handlung ein, so könne er dem Täter nicht als vorsätzlich herbeigeführt angelastet werden. Im Fall der Mutter, die ihr Kind nicht füttert, bedeute dies, dass ihr der auf die unzureichende Ernährung zurückzuführende Tod des Kindes nicht als vorsätzlich herbeigeführt angelastet werden könne, wenn sie ihr Kind in der irrtümlichen Annahme, dies sei zur Lebensrettung ausreichend, schließlich gefüttert hat. Es komme dann nur noch eine Strafbarkeit aus § 222 in Betracht, wenn die Mutter die Situation fahrlässig falsch eingeschätzt hat.[1241] Diese Differenzierung sei wegen des aus Sicht des Täters unterschiedlichen Gefährdungsgrades gerecht.[1242] 554

**b) Argumente gegen die Unterscheidung.** Insbesondere unter Hinweis darauf, dass die an einen Rücktritt vom Unterlassungsversuch zu stellenden Anforderungen grundsätzlich dem beendeten Versuch des Begehungsdelikts gleichstehen, wird von der **Rechtsprechung** (vgl. zu dieser allerdings ergänzend Rdn. 549) und einem **Teil der Lehre** die Unterscheidung zwischen unbeendetem und beendetem Versuch für **überflüssig** angesehen.[1243] Selbst wenn man auch bei einem Unterlassungsversuch einen unbeendeten Versuch anerkennen würde, hätte dies auf die notwendige Rücktrittsleistung keine Auswirkung, denn der Zurücktretende müsse immer tätig werden. Schließlich entfällt die Notwendigkeit einer Differenzierung zwischen unbeendetem und beendetem Versuch für die Vertreter der Auffassung, denen zufolge der Versuch eines Unterlassungsdelikts erst dann beginnen könne, wenn der Täter die letzte Handlungsmöglichkeit versäumt hat.[1244] Auf der Basis dieser – nicht überzeugenden (§ 22 Rdn. 170) – Auffassung kommt nur noch ein Verhindern des Erfolgseintritts in Betracht. 555

Die **Ablehnung der Differenzierungslehre** verdient *insofern* (s. aber noch Rdn. 559) **Zustimmung,** als die von dieser Lehre **vorgenommene Unterscheidung** anhand der Frage, ob dem Täter eine Erfolgsabwendung durch Vornahme der anfänglich gebotenen Handlung möglich ist oder es darüber hinausgehender Anstrengungen bedarf, **verfehlt ist**[1245] Das zeigen insbesondere die mit dieser Lehre verbundenen Konsequenzen für die Beantwortung der Frage, ob 556

**1239** *Lilie/Albrecht* LK[12] Rdn. 470, 473; *Sch/Schröder/Eser/Bosch* Rdn. 27; *Wessels/Beulke/Satzger* Rdn. 1226 f.

**1240** *Sch/Schröder/Eser/Bosch* Rdn. 27 (die dann aber Rdn. 28 diese Konsequenz gar nicht ziehen); *Jescheck/Weigend* § 60 II 3; *Kühl* AT § 18 Rdn. 153; *Wessels/Beulke/Satzger* Rdn. 1226.

**1241** *Jescheck/Weigend* § 60 II 3; dazu auch *Roxin* AT II § 30 Rdn. 137. Verschiedentlich wird diese Konsequenz aber auch von den Vertretern der Differenzierungslösung abgelehnt; so *Sch/Schröder/Eser/Bosch* Rdn. 28.

**1242** *Kühl* AT § 18 Rdn. 153, der aber (zu Recht) bezweifelt, dass es eine dogmatisch konsistente Begründung für dieses Ergebnis gibt.

**1243** BGH JR **2003** 379 mit Anm. *Kudlich*; BGH NJW **2000** 1730, 1732; BGH NStZ **1997** 485; allein den konkreten Problemkreis betreffend zustimmende Anm. *Kudlich/Hannich* StV **1998** 370 sowie *Brand/Fett* NStZ **1998** 507, 508; siehe auch *Borchert/Hellmann* GA **1982** 429, 444 f; *Freund/Rostalski* AT § 8 Rdn. 65; *Herzberg* MDR **1973** 89, 93; *Köhler* AT S. 482; *Küper* ZStW **112** (2000) 1, 42; *Murmann* Grundkurs § 29 Rdn. 119 f; *Roxin* AT II § 30 Rdn. 139; *ders.* JuS **1979** 1, 12; *ders.* FS Maurach 213, 232, Fn. 54; *Fischer* Rdn. 14d.

**1244** So u. a. *Armin Kaufmann* Die Dogmatik der Unterlassungsdelikte (1959) S. 210 ff; *Niepoth* Der untaugliche Versuch beim unechten Unterlassungsdelikt (1994) S. 172 ff; *Gaede* NK § 13 Rdn. 23; *Welzel* Strafrecht § 28 IV.

**1245** Zutreffend *Stein* SK Vor § 13 Rdn. 73; *Zaczyk* NK Rdn. 47.

der Täter das Erfolgsabwendungsrisiko tragen muss. Verfehlt ist schon die Annahme, dass die Unterscheidung nach der Art der zu fordernden Erfolgsabwendungshandlung überhaupt Aufschluss über die Risikotragungspflicht gibt. Die Frage, ob der Täter mit Blick auf den Erfolgseintritt wegen Vollendung haftet, hängt vielmehr schlicht davon ab, ob der Täter den objektiven und subjektiven Tatbestand des jeweiligen Delikts erfüllt hat.[1246] Hier zeigt sich, dass der Erfolg immer dann objektiv zurechenbar ist, wenn sich die rechtlich missbilligte Gefahr im Erfolgseintritt realisiert hat. Hierfür spielt es keine Rolle, ob die Gefahr aus Tätersicht durch Nichtvornahme der anfänglich gebotenen Handlung (z. B. Füttern des Kindes) oder darüber hinausgehende Handlungen (z. B. Herbeirufen eines Arztes) abgewendet werden kann. Entscheidend ist vielmehr allein, ob die Garantenpflicht darauf gerichtet ist, eine bereits bestehende Gefahrenlage für das Rechtsgut abzuwenden.

557 **Verbindet man diese Einsicht mit der h. M. zum Versuchsbeginn beim Unterlassen**, so zeigt sich, dass der Täter im Versuchsstadium stets das Erfolgsabwendungsrisiko tragen muss. Wenn nämlich überwiegend angenommen wird, dass der Versuchsbeginn beim Unterlassen dann vorliegt, wenn der Garant vorsätzlich untätig bleibt, obwohl für das geschützte Rechtsgut eine konkrete Gefährdung eintritt (dazu § 22 Rdn. 171; *Hoffmann-Holland* MK Rdn. 116; *Zaczyk* NK Rdn. 64), so ist ein aufgrund der geschaffenen Gefahr eintretender Erfolg **stets objektiv zurechenbar und vom Vorsatz getragen.** So liegt es auch im Fall der Mutter, die aufhört, ihr Kind zu ernähren: Das Versuchsstadium von § 212 ist vom Standpunkt der h. M. aus dann erreicht, wenn durch das Auslassen der Mahlzeiten eine Situation eingetreten ist, in der für das Kind auf der Grundlage der Tätervorstellung eine Lebensgefahr besteht. Hat die Mutter dieses Stadium erreicht, so ändern risikoreduzierende Handlungen (sei es das Füttern des Kinders oder das Herbeirufen eines Arztes) nichts an der objektiven Zurechenbarkeit des Todes, wenn sich das geschaffene Ausgangsrisiko realisiert. Ebenso spielt der Wegfall des Tötungsvorsatzes nach Schaffung der Gefahrenlage keine Rolle. Die **Irrelevanz der Art der Rücktrittshandlung** zeigt sich besonders deutlich dort, wo diese überhaupt keinen Bezug zum Grad der Gefahr aufweist. So läge nach der Differenzierungslehre ein unbeendeter Versuch auch dann vor, wenn das Kind zu ertrinken droht und die Mutter sich erst kurz bevor das Kind bewusstlos wird dazu entschließt, es aus dem Wasser zu ziehen.[1247] Trotz kontinuierlicher Verschlechterung der Lage des Opfers bleibt die zu fordernde Rettungshandlung, nämlich das Kind aus dem Wasser zu ziehen, immer gleich, sofern nicht bereits ein Stadium erreicht wird, in dem Wiederbelebungsmaßnahmen erforderlich sind.

558 Der von der Differenzierungslehre in Anspruch genommene **Vergleich mit dem Begehungsdelikt** ist **schief**: Dort liegt ein unbeendeter Versuch nämlich dann vor, wenn der Täter die Ausführungshandlung noch nicht vorgenommen hat (oder sich diese jedenfalls aus seiner Sicht als nicht erfolgreich erwiesen hat) und dementsprechend der Erfolgseintritt noch nicht droht. Sieht man den Versuch des Unterlassungsdelikts dagegen dadurch charakterisiert, dass der Täter untätig bleibt, obwohl eine Gefahr für das geschützte Rechtsgut besteht, so befindet sich der Täter gerade nicht mehr im Stadium des unbeendeten Versuchs. Die Untätigkeit ist vielmehr das Ausführungsverhalten des Unterlassungstäters, mit dem das Rechtsgut pflichtwidrig nicht aus der Gefahr gebracht wird. Die Frage, durch welches Verhalten der Täter die Gefahr abwenden kann, betrifft lediglich die instrumentale Seite der Erfolgsabwendungspflicht. Das Füttern des Kindes zur Abwendung einer diesem drohenden Lebensgefahr ist gerade nicht mehr die „ursprünglich gebotene Handlung"; ursprünglich geboten war es, dafür zu sorgen, dass das Kind erst gar nicht in eine lebensbedrohliche Situation gerät.[1248] Die Gefahrenbeseitigungshandlung ist damit immer schon ein „Verhindern".

---

**1246** Zutreffend *Stein* SK Vor § 13 Rdn. 70.

**1247** So *Sch/Schröder/Eser/Bosch* Rdn. 28, allerdings verbunden mit der – zutreffenden – Annahme, dass die Mutter wegen Vollendung haftet, wenn der Erfolg aufgrund einer Verkennung der Situation eintritt.

**1248** Zutreffend *Zaczyk* NK Rdn. 47.

**c) Der berechtigte Gehalt der Differenzierungslehre.** Die vorstehenden Ausführungen verdeutlichen bereits den berechtigten Gehalt der Differenzierungslehre: Wie beim Begehungsdelikt lässt sich nämlich auch hinsichtlich des Unterlassungsdelikts von einem unbeendeten Versuch sprechen, wenn der Täter erst unmittelbar zur Vornahme der Ausführungshandlung ansetzt, beim Unterlassen also **unmittelbar dazu ansetzt, seine Garantenpflicht zu verletzen.** Insofern ist auf eine – eher theoretisch als praktisch bedeutsame – Präzisierung der Bestimmung des Versuchsbeginns bei Unterlassen hinzuweisen (dazu schon § 22 Rdn. 169, 172ff): Wie beim positiven Tun auch, verlangt § 22 zunächst die Festlegung des tatbestandsmäßigen Verhaltens, auf das sich sodann das unmittelbare Ansetzen bezieht. Wenn die h. M. den Versuchsbeginn beim Unterlassen mit dem Bestehen einer vom Täter pflichtwidrig nicht abgewendeten Gefahrenlage gleichsetzt, so ist das insofern unpräzise als damit in Wahrheit bereits das tatbestandsmäßige Verhalten des Unterlassungstäters charakterisiert ist. Das unmittelbare Ansetzen ist dagegen die – kurze und gerade beim Unterlassungsdelikt schwer präzise bestimmbare – Phase vor Verletzung der Garantenpflicht durch Nichtbeseitigung der Gefahrenlage.[1249] In dieser Phase lässt sich dann davon sprechen, dass der Täter, der schon das Entstehen einer Gefahr verhindert (indem die Mutter etwa ihr hungriges Kind wieder füttert, unmittelbar bevor es auf der Grundlage ihrer Vorstellung überhaupt in Lebensgefahr gerät) die Tat aufgibt. Die Einordnung als Fall des unbeendeten Versuchs beantwortet freilich nicht die Frage, ob der Täter das Risiko des Erfolgseintritts trägt. Schätzt der Täter die Situation falsch ein (die Mutter füttert ihr Kind in der unzutreffenden Annahme, es bestehe noch keine Gefahr für sein Leben), so wird regelmäßig bereits ein objektiv garantenpflichtwidriges Verhalten vorliegen, das sich dann auch im aufgrund der vorherigen Untätigkeit eintretenden Erfolg realisiert (wenn also etwa das Kind bereits so geschwächt ist, dass es verstirbt). Die Nichtbeseitigung dieser Gefahr ist aber trotz des Eintritts in das Versuchsstadium nicht vom Vorsatz getragen (näher dazu beim Begehungsdelikt § 22 Rdn. 39). Insoweit ist dann lediglich Raum für eine Fahrlässigkeitshaftung, wenn der Täter in der Lage gewesen wäre, zu einer zutreffenden Einschätzung der Gefahrenlage zu gelangen. 559

## 3. Anforderungen an das Rücktrittsverhalten

Besteht eine Garantenpflicht zur Abwehr einer Gefahr für das Rechtsgut, so stellt sich die Frage, 560
welche Maßnahmen der Täter zur Verhinderung des Erfolgseintritts zu ergreifen hat. Dabei gilt – wie beim Verhindern generell –, dass dem Täter nicht vorgehalten werden kann, erst **zeitlich verzögert** tätig geworden zu sein und es durch seine Untätigkeit womöglich auch zu einer Verschärfung der Gefahrenlage gekommen ist. Die Manifestation einer Abkehr von der Unrechtsmaxime kann vielmehr so lange erfolgen, wie der Versuch weder fehlgeschlagen noch der Erfolg eingetreten ist. Es ist unbedeutend, „wann er sich zur Rettung des Opfers entschloss, was er in der Zwischenzeit tat oder unterließ und welche Vorstellungen oder Beweggründe insbesondere dafür maßgeblich waren, dass er zunächst keine Rettungsmaßnahmen ergriff".[1250]

Zweifelhaft sind die **Anforderungen**, die an die **Qualität des Verhinderungsverhaltens** 561
zu stellen sind. Die Vertreter der **h. M.**, die auch **suboptimale Verhinderungsbemühungen** für ausreichend halten, wenn sie schließlich den Verhinderungserfolg (zurechenbar) herbeigeführt haben, wollen diese Anforderungen auf das Unterlassen übertragen.[1251] Die Friktionen dieser Auffassung sind allerdings beim Unterlassen noch augenfälliger als beim positiven Tun.[1252]

---

**1249** Ebenso *Stein* SK Vor § 13 Rdn. 71.

**1250** BGH JR **2003** 379 unter Bezugnahme auf BGH NStZ **1981** 388; BGH StV **1983** 413; BGHR § 24 Abs. 1 S. 1 Freiwilligkeit 14.

**1251** *Lilie/Albrecht* LK[12] Rdn. 474; *Matt/Renzikowski/Heger* Rdn. 62.

**1252** Vgl. zu Wertungswidersprüchen auch *Jakobs* AT 29/116 und *Stein* SK Vor § 13 Rdn. 75, wobei die h. M. die dort problematisierte Unterlassungsstrafbarkeit nach unzulänglichen Rettungsbemühungen – freilich inkonsequent – in Abrede stellen würde.

Denn die Verhaltenspflicht des Garanten zielt auf die vollständige Ausräumung aller relevanter Gefahren, die in seinem Verantwortungsbereich liegen. Bleibt er dahinter zurück und billigt man ihm gleichwohl einen strafbefreienden Rücktritt zu, wenn der Erfolg dank seiner defizitären Bemühungen ausbleibt, so führt das zu dem ungereimten Ergebnis, dass ein Garant, der von vornherein lediglich mit geringeren Gefahren konfrontiert ist, wegen des Versuchs strafbar bleibt. **Beispielhaft:** Benötigt das Unfallopfer für eine zuverlässige Rettung zwei Bluttransfusionen und verabreicht der Arzt mit bedingtem Tötungsvorsatz nur eine, so bleibt er nach h. M. straffrei, wenn der Patient mit Hilfe der einen Transfusion überlebt. Benötigt der Patient dagegen von vornherein nur eine Transfusion, die ihm der Arzt töungsvorsätzlich verwehrt, so bleibt der Arzt wegen eines versuchten Tötungsdelikts durch Unterlassen strafbar, wenn der Patient schließlich auch ohne eine Transfusion überlebt.

**562** Wie beim Begehungsdelikt auch (Rdn. 339 ff) ist demnach beim Unterlassen ein **optimales Verhinderungsverhalten** in dem Sinne zu fordern, dass der Täter nur strafbefreiend zurücktritt, wenn er seine Pflichten als Garant zugunsten des gefährdeten Rechtsguts in vollem Umfang erfüllt.[1253]

## 4. Der Rücktritt vom untauglichen und vom objektiv fehlgeschlagenen versuchten Unterlassungsdelikt

**563** Solange der Unterlassungstäter nicht vom Fehlschlag seines Verhaltens ausgeht, kommt ein **Rücktritt** auch **vom untauglichen** und vom **objektiv fehlgeschlagenen Unterlassungsversuch** in Betracht. Insoweit findet wie bei den versuchten Begehungsdelikten § 24 Abs. 1 Satz 2 Anwendung (vgl. oben Rdn. 369 ff).

**564** Der **BGH** (NStZ **1997** 485) hat allerdings für die Konstellation, in der eine Erfolgsabwendung nur nach Vorstellung des Täters möglich war, die Auffassung vertreten, ein **Rücktritt vom untauglichen Unterlassungsversuch** sei **nicht möglich.**[1254] Zur Begründung verweist der BGH darauf, dass der Täter eines versuchten Unterlassungsdelikts, das dem beendeten Versuch gleichzustellen sei, den Erfolg abwenden müsse. Dies aber sei dem Täter, der den Erfolgseintritt nicht mehr verhindern kann, unmöglich. Diese Begründung **überzeugt nicht.**[1255] Zutreffend ist mit den Überlegungen des BGH nur die Anwendung von § 24 Abs. 1 S. 1 abgelehnt. Hinsichtlich der Anwendung von § 24 Abs. 1 S. 2 verkennt der BGH, dass die dort vorausgesetzte fehlende Vollendung nicht die Frage betrifft, ob der äußere Erfolg, bei § 212 der Todeserfolg, ausgeblieben ist. Vielmehr geht es um die Vollendung der „Tat“, die nur dann anzunehmen ist, wenn dem Täter der Taterfolg zuzurechnen ist.

**565** Folglich kommt die Anwendung von § 24 Abs. 1 S. 2 auch in Betracht, wenn der Versuch deshalb untauglich ist, weil der nach dem Tatbestand vorausgesetzte **Erfolg bereits eingetreten** oder jedenfalls **vom Garanten nicht verhindert** werden kann, etwa das Opfer – für den Täter nicht erkennbar – bereits tödlich verletzt ist und sein Unterlassen den Todeseintritt nicht beschleunigt, mithin für den tatbestandlichen Erfolg nicht ursächlich ist.[1256] Der Anwendungsbereich von § 24 Abs. 1 Satz 2 ist also – entgegen BGH NStZ **2012** 29 – etwa auch dann eröffnet, wenn das unzureichend ernährte Kind letztlich nicht aufgrund der unterlassenen Versorgung

---

**1253** Eingehend *Ahmed* S. 134 ff.

**1254** Ähnlich BGH NStZ **2016** 664, 665 mit zutreffend klarstellender Anm. von *Kudlich*; vgl. auch *Jäger* JA **2016** 950 ff.

**1255** Ablehnend auch *Brand/Fett* NStZ **1998** 507, 508; *Kudlich/Hannich* StV **1998** 370 f; *Lilie/Albrecht* LK[12] Rdn. 476 ff; *Schliebitz* S. 187; *Sch/Schröder/Eser/Bosch* Rdn. 70; *Stuckenberg* JA **1999** 273, 274.

**1256** *Brand/Fett* NStZ **1998** 507; *Sch/Schröder/Eser/Bosch* Rdn. 68 ff; *Frisch/Murmann* JuS **1999** 1196, 1199; *Gropp* AT § 9 Rdn. 152 ff; *Kudlich/Hannich* StV **1998** 370; *Kudlich* JuS **1999** 349, 352; *Kühl* AT § 18 Rdn. 154; *Küper* ZStW **112** (2000) 1, 9; *Küpper* JuS **2000** 225, 229; *Stuckenberg* JA **1999** 273, 274; *Wessels/Beulke/Satzger* Rdn. 1228; **aA** BGH NStZ **1997** 485.

mit Nahrung, sondern unabhängig davon am „plötzlichen Kindstod" verstirbt. Der Hinweis des BGH (NStZ **2012** 29, 30), den Täter eines tauglichen Unterlassungsdelikts treffe das volle Erfolgsabwendungsrisiko, trifft nur zu, soweit sich in dem Erfolg das Unterlassungsrisiko realisiert hat. Ist dem Täter der Erfolg dagegen nicht zurechenbar, so liegt die von § 24 Abs. 1 S. 2 vorausgesetzte Konstellation vor, dass „die Tat ohne Zutun des Zurücktretenden nicht vollendet" wird.[1257]

Mit Blick darauf ist auch bei einem untauglichen beendeten Unterlassungsversuch unter Zugrundelegung von § 24 Abs. 1 Satz 2 ein Rücktritt durch ernsthaftes und freiwilliges Bemühen um die Verhinderung des Erfolgseintritts **solange möglich, wie der Täter die Untauglichkeit des Versuchs nicht erkennt**. Mit § 24 Abs. 1 Satz 2 sollten sowohl beim Begehungs- als auch beim Unterlassungsdelikt solche Fälle erfasst werden, in denen eine kausale Verhinderung des Erfolgseintritts nicht verlangt werden kann, weil bereits ein Dritter den Erfolgseintritt verhindert hat oder aber die Tat entgegen der Vorstellung des Täters nicht geeignet gewesen ist, einen Erfolg herbeizuführen.[1258] Das aber ist eben auch der Fall, wenn der Taterfolg in einer dem Täter nicht zurechenbaren Weise eingetreten ist. Der Wortlaut von § 24 Abs. 1 Satz 2, der verlangt, dass die Tat ohne Zutun des Zurücktretenden nicht vollendet wird, steht diesem Ergebnis nicht entgegen. Der Begriff der Tat meint in diesem Zusammenhang das strafrechtlich relevante Verhalten des Täters. Wenn dieses objektiv nicht geeignet ist, den tatbestandlichen Erfolg herbeizuführen, weil dieser bereits eingetreten war, hat die Tat, die der Täter selbst für geeignet gehalten hat, ohne sein Zutun keine Vollendung gefunden. Wenn er sich ernsthaft und freiwillig um die Verhinderung des Erfolgs bemüht hat, kann der Täter gem. § 24 Abs. 1 Satz 2 strafbefreiend zurückgetreten sein. 566

## VIII. Rechtsfolgen und Wirkungen eines Rücktritts vom versuchten Delikt gem. § 24

### 1. Keine Bestrafung wegen des versuchten Delikts

Hauptwirkung eines wirksamen strafbefreienden Rücktritts gem. § 24 ist, dass der zurückgetretene Täter bzw. Teilnehmer wegen des versuchten Delikts **nicht bestraft** wird. Sind mehrere an der Straftat beteiligt gewesen, kommt nur demjenigen § 24 zugute, der selbst die Voraussetzungen erfüllt hat, also zurückgetreten ist. Der Rücktritt muss sich insoweit auf die jeweilige Beteiligungsform am versuchten Delikt beziehen; der Rücktritt von der Beihilfe hindert also nicht die Bestrafung wegen einer zugleich verwirklichten Anstiftung (*Zaczyk* NK Rdn. 129). 567

Im Gegensatz zu einigen Regelungen der tätigen Reue im Besonderen Teil ist die Straffreiheit, wenn die Voraussetzungen des § 24 vorliegen, hinsichtlich des versuchten Delikts **zwingende Folge**; eine Wahl zwischen Absehen von Strafe oder Strafmilderung kommt nicht in Betracht.[1259] 568

Der vom versuchten Delikt gem. § 24 Zurückgetretene ist **freizusprechen**,[1260] die Verfahrenskosten sind der Staatskasse aufzuerlegen (§ 467 StPO), wenn das dem versuchten Delikt zugrunde liegende Verhalten nicht gleichzeitig eine Strafbarkeit wegen eines anderen vollendeten Delikts begründet. Ergibt sich schon im Ermittlungsverfahren, dass der Beschuldigte wirksam zurückgetreten ist und keine andere Strafbarkeit in Betracht kommt, muss das Verfahren nach § 170 Abs. 2 StPO eingestellt werden. 569

**1257** Zutreffend *Mandla* NStZ **2012** 30, 31 f.

**1258** *Brand/Fett* NStZ **1998** 507; *Kudlich/Hannich* StV **1998** 370, 371; *Küpper* JuS **2000** 225, 229; *Sch/Schröder/Eser/Bosch* Rdn. 70; ausführlich zu § 24 Abs. 1 Satz 2 Rdn. 361 ff.

**1259** Für offenere Regelungen auch beim Rücktritt vom versuchten Delikt u. a. *Bergmann* ZStW **100** (1988) 329, 353; *Burkhardt* S. 184 ff; *Sch/Schröder/Eser/Bosch* Rdn. 108; *Schünemann* GA **1986** 324, 326.

**1260** *Wege* S. 89 f, plädiert (de lege ferenda) für die Möglichkeit, einen Schuldspruch unter Strafverzicht auszusprechen.

570 Hat der Täter durch seine Handlung **mehrere versuchte Delikte** erfüllt, kann sich auch sein Rücktrittsverhalten auf mehrere Tatbestände beziehen (versuchte sexuelle Nötigung und versuchte Nötigung).[1261] Ist aber ein erstes versuchtes Delikt gescheitert bzw. fehlgeschlagen und wiederholt der Täter den Versuch aufgrund eines neuen Tatentschlusses zu einem späteren Zeitpunkt, bleibt die Strafbarkeit des ersten Versuchs unberührt, wenn er von letzterem strafbefreiend zurücktritt (*Sch/Schröder/Eser/Bosch* Rdn. 110).

## 2. Auswirkungen eines Rücktritts vom Versuch auf die Vorstufen der Beteiligung

571 Ist der Beteiligte vom versuchten Delikt strafbefreiend zurückgetreten, lebt eine Strafbarkeit wegen der Vorstufen der Beteiligung (§ 30 i. V. m. der entsprechenden Norm des Besonderen Teils), unabhängig vom Vorliegen der Voraussetzungen des § 31, **nicht wieder auf**. Die dort unter Strafe gestellten Verhaltensweisen bilden (anders als formell vollendete Delikte, die materiell betrachtet Vorbereitungs- oder Versuchshandlungen bzw. Vorstufen sind, dazu unten Rdn. 573 ff), ausschließlich die gefährliche Vorstufe der Verletzungsdelikte, für deren Versuch der Täter sich Straffreiheit verdient hat.[1262] Solange es sich um Entwicklungsstufen und Vorbereitungshandlungen zu ein und derselben Tat handelt, kommt § 30 gerade kein selbständiger Unwertgehalt gegenüber den Verletzungstatbeständen zu, so dass sie mit Fortschreiten des Geschehens endgültig gegenstandslos werden und die gesamte weitere Beurteilung sich nach Versuchsgrundsätzen richtet (vgl. *Vogler* FS Bockelmann S. 715, 728).

572 Daraus ergibt sich zwangsläufig, dass die Strafbarkeit nach § 30 beim Rücktritt vom Versuch dann **wieder auflebt**, wenn die versuchte Tat, von der der Beteiligte zurückgetreten ist, **weniger schwer** wiegt als die geplante.[1263] Insoweit kann aber ein Rücktritt gem. § 31 in Betracht kommen.

## 3. Auswirkungen eines Rücktritts vom versuchten Delikt auf gleichzeitig vollendete Delikte

573 **a) Gleichzeitige Vollendungsstrafbarkeit.** Der strafbefreiende Rücktritt vom versuchten Delikt bezieht sich nur auf dieses und **ändert grundsätzlich nichts an der gleichzeitigen Vollendungsstrafbarkeit wegen anderer Delikte**. Erfüllt die Täter- bzw. Teilnehmerhandlung zugleich auch die Merkmale eines anderen Delikts (einschließlich Rechtswidrigkeit und Schuld – dazu BGHSt **41** 12, 14),[1264] das in Tat- oder Gesetzeseinheit mit dem versuchten Delikt oder der Beteiligung daran stehen würde, ist der Täter wegen der vollendeten Tat bzw. der Teilnehmer wegen Beteiligung am vollendeten Delikt zu bestrafen.[1265] Er kann wegen eines Delikts auch nicht deshalb straffrei ausgehen, weil er ein schwereres beabsichtigt hat (*Sch/Schröder/Eser/*

**1261** Dazu *Zaczyk* NK Rdn. 129.

**1262** BGHSt **14** 378, 380; BGH NStZ **1999** 439, 440 f; BGH NStZ **1983** 364; *Jescheck/Weigend* § 51 VI 2, § 69 III 1; *Sch/Schröder/Eser/*Bosch Rdn. 110; *Maurach/Gössel/Zipf* AT 2 § 41 Rdn. 223; *SSW/Murmann* § 30 Rdn. 30; *Roxin* LK[11] § 30 Rdn. 81; *Jäger* SK Rdn. 113; *Sch/Schröder/ Heine/Weißer* § 30 Rdn. 40; *Fischer* Rdn. 45; *Walter* S. 53; *Wessels/Beulke/Satzger* Rdn. 1088; **aA** *Jakobs* AT 26/50.

**1263** *Lackner/Kühl/Kühl* § 31 Rdn. 7; *Maurach/Gössel/Zipf* AT 2 § 41 Rdn. 223; *Jäger* SK Rdn. 113; *SSW/Murmann* § 30 Rdn. 30; *Vogler* FS Bockelmann 715, 728 f; *Vogler* LK[10] Rdn. 200; **aA** *Jescheck/Weigend* § 65 IV 1; *Roxin* LK[11] § 30 Rdn. 82; *Sch/Schröder/ Heine/Weißer* § 30 Rdn. 40; offengelassen in BGHSt **14** 378, 381.

**1264** Häufig werden diese Fallgestaltungen unter dem wenig klaren und widersprüchlichen Stichwort „qualifizierter Versuch" zusammengefasst – siehe nur *Jescheck/Weigend* § 51 VI 2; *Otto* AT § 19 Rdn. 79; *Jäger* SK Rdn. 112; *Sch/Schröder/Eser/Bosch* Rdn. 109; *Stratenwerth/Kuhlen* AT § 11 Rdn. 96; *Zaczyk* NK Rdn. 125.

**1265** Vgl. nur BGHSt **41** 10, 14; **16** 122, 123; auch *Baumann/Weber/Mitsch/Eisele* § 23 Rdn. 61; *Jescheck/Weigend* § 51 VI 2; *Lackner/Kühl/Kühl* Rdn. 23; *Zaczyk* NK Rdn. 125.

*Bosch* Rdn. 109). Ein Teilfreispruch scheidet aus, der Täter wird wegen der vollendeten Delikte bestraft (BGH NStZ-RR **2000** 360; *Zaczyk* NK Rdn. 125).

**Beispiele:** Beim Rücktritt vom versuchten Einbruchsdiebstahl bleibt deshalb die Strafbarkeit wegen Hausfriedensbruchs oder Sachbeschädigung bestehen, soweit Strafantrag gestellt ist. Gleiches gilt beim Rücktritt von der versuchten sexuellen Nötigung hinsichtlich einer vollendeten Beleidigung oder auch Körperverletzung.[1266] Beim Rücktritt vom versuchten Meineid kann die Strafbarkeit nach § 153 bestehen bleiben, wobei insoweit aber an § 158 zu denken ist (BGHSt **8** 301, 314 f). Tritt der Täter strafbefreiend von einer versuchten räuberischen Erpressung oder einem versuchten Raub zurück, ändert dies nichts an der Strafbarkeit wegen Nötigung oder Bedrohung (OLG Karlsruhe NJW **1978** 331, 332). Der Rücktritt vom Totschlagsversuch schließt die Strafbarkeit wegen einer tateinheitlich begangenen vollendeten Körperverletzung nicht aus.[1267] Tritt ein Täter strafbefreiend von einem versuchten Betrug zurück, hat dies keine Auswirkungen auf die Strafbarkeit wegen vollendeter Urkundenfälschung (*Sch/Schröder/Eser/Bosch* Rdn. 109). 574

**b) Gleichzeitige Vollendungsstrafbarkeit bei Vorfeldtatbeständen.** Entgegen einer weit verbreiteten Ansicht wirkt sich ein strafbefreiender Rücktritt vom versuchten Delikt nicht auf die durch die gleiche Handlung erfüllte Strafbarkeit **vollendeter Delikte**, auch wenn sie **materiell betrachtet nur Vorbereitungs- und Versuchshandlungen bzw. Vorstufen** von Erfolgsdelikten darstellen, aus. Das gilt unabhängig davon, ob die das versuchte Delikt erfüllende Handlung zugleich als konkretes oder als abstraktes Gefährdungsdelikt unter Strafe steht.[1268] Vielmehr lebt diese Strafbarkeit, wenn der Täter vom versuchten Delikt gem. § 24 strafbefreiend zurückgetreten ist, wieder auf, es sei denn die Voraussetzungen spezieller Regelungen der tätigen Reue sind im Einzelfall erfüllt. 575

Die **Gegenmeinung** verweist vor allem in Bezug auf konkrete Gefährdungsdelikte auf die betroffenen Rechtsgüter. Wenn das vollendete Delikt lediglich eine konkrete Gefährdung des Rechtsguts beinhalte, dessen Verletzung Gegenstand desjenigen Tatbestandes ist, von dessen Vollendung der Täter zurückgetreten ist, müsse, da der Rücktritt den Täter von der Strafe für die im Versuch liegende Gefährdung befreie, dies auch für den Sondertatbestand der Gefährdung gelten.[1269] Hinsichtlich abstrakter Gefährdungsdelikte wird dagegen weitestgehend ein Durchgriff des strafbefreienden Rücktritts vom versuchten Delikt mit Blick auf den weiter gehenden Schutz durch abstrakte Gefährdungsdelikte abgelehnt, so dass die Vollendungsstrafbarkeit bestehen bleiben soll.[1270] 576

---

**1266** BGH NStZ-RR **2000** 360; BGH StV **1982** 14; zu den Folgen der Änderung der Vergewaltigung zu einem Regelbeispiel (§ 177 Abs. 2) vgl. Rdn. 91 und 342; hinsichtlich der alten Rechtslage siehe nur BGHSt **7** 300; **17** 1; OLG Düsseldorf StV **1983** 65.

**1267** BGHSt **44** 196; **41** 10, 14; **21** 265, 267; **16** 122, 123 f; BGH NJW **1999** 72; BGH NStZ **1997** 387; BGH NJW **1995** 1437; BGH StV **1981** 396, 397.

**1268** Wie hier BGHSt **39** 128; *Sch/Schröder/Eser*/Bosch Rdn. 110; *Jähnke* LK[11] § 221 Rdn. 42; *Kindhäuser* Gefährdung als Straftat (1989) S. 219; *SSW/Kudlich/Schuhr* Rdn. 79; *Tiedemann* FS Baumann 7, 17; **aA**, die bei konkreten Gefährdungsdelikten einen Durchgriff der strafbefreienden Wirkung des Rücktritts vom versuchten Delikt bejaht, *Geppert* JR **1994** 72, 74; *Gropengießer* StV **1994** 19, 20; *Jakobs* AT 26/50; *Jescheck/Weigend* § 51 VI 2; *Otto* Jura **1986** 52, 53; *Jäger* SK Rdn. 113; *Vogler* LK[10] Rdn. 198; *Walter* S. 149; noch **aA** *Zaczyk* NK Rdn. 127, der die strafbefreiende Wirkung des § 24 auch auf ein abstraktes Gefährdungsdelikt entfalten will, wenn dieses nur „durch die konkrete Versuchshandlung erfüllt wird, von der der Täter dann zurücktritt"; auch **aA** *Berz* S. 100 ff, 124 ff, der sich für eine Ausdehung der strafbefreienden Wirkung de lege ferenda ausspricht.

**1269** *Geppert* JR **1994** 72, 74; *Gropengießer* StV **1994** 19, 20; *Jakobs* AT 26/50; *Jescheck/Weigend* § 51 VI 2; *Otto* Jura **1986** 52, 53; *Jäger* SK Rdn. 113; *Vogler* LK[10] Rdn. 198; *Walter* S. 149.

**1270** In diesem Sinne *Jescheck/Weigend* § 51 VI 2; *Jäger* SK Rdn. 113; *Sch/Schröder/Eser/Bosch* Rdn. 110.

577 Dem ist nicht nur entgegenzuhalten, dass die Ergebnisse hinsichtlich abstrakter und konkreter Gefährdungsdelikte widersprüchlich und **inkonsequent** sind.[1271] Vielmehr steht diese Auslegung im **Widerspruch zu § 24**. Dessen Anwendung ist auf versuchte Delikte i. S. von §§ 22, 23 i. V. m. der entsprechenden Norm des Besonderen Teils begrenzt. Dadurch dass der Gesetzgeber bestimmte Gefährdungen vollendungsgleich ausdrücklich unter Strafe gestellt und insoweit teilweise spezielle Regelungen der tätigen Reue getroffen hat, hat er zum Ausdruck gebracht, dass für eine Anwendung von § 24 kein Raum ist und ein Rücktritt vom versuchten Erfolgsdelikt keine Auswirkungen auf die Strafbarkeit wegen Gefährdungsdelikten entfaltet, unabhängig davon, ob es sich um konkrete oder abstrakte handelt.[1272] Gleichzeitig ist zu berücksichtigen, dass der Gesetzgeber nur für bestimmte Handlungen Gefährdungsdelikte als strafrechtlich besonders relevant angesehen und sich insoweit nicht mit der (allgemeinen) Versuchsstrafbarkeit begnügt hat. Dass nach allgemeiner Meinung ein strafbefreiender Rücktritt vom versuchten Delikt die Strafbarkeit wegen versuchter Beteiligung gem. § 30 i. V. m. der jeweiligen Norm des Besonderen Teils nicht wieder aufleben lässt (dazu oben Rdn. 571), steht dem im Übrigen nicht entgegen (so aber *Zaczyk* NK Rdn. 128). Bei der versuchten Beteiligung gem. § 30 handelt es sich zwar um eine selbständig erfasste Vorstufe. Sie stellt aber nicht formell eine spezielle Vollendung dar. Zudem ergibt sich als Voraussetzung schon aus dem Wortlaut von § 30, dass das Verbrechen bzw. sein Versuch nicht begangen sein darf.

578 Daraus folgt **beispielsweise**, dass der Rücktritt vom Tötungsversuch die Strafbarkeit wegen eines Verstoßes gegen das WaffG unberührt lässt (BGH NStZ-RR **2014** 57; *Sch/Schröder/Eser/Bosch* Rdn. 110). Die Strafbarkeit wegen Vorbereitung der Fälschung von Geld und Wertzeichen (§ 149) lebt im Verhältnis zur versuchten Geldfälschung (§ 146) oder versuchten Wertzeichenfälschung (§ 148) wieder auf, wenn der Täter von diesen Delikten strafbefreiend zurücktritt. Nur wenn gleichzeitig die Voraussetzungen von § 149 Abs. 2 oder 3 erfüllt sind, scheidet eine Strafbarkeit gem. § 149 aus.[1273] Beim Rücktritt vom Mordversuch ist die Bestrafung nach § 224 Abs. 1 Nr. 5 in der Form der lebensgefährdenden Behandlung nicht ausgeschlossen.[1274] Gleiches gilt für eine Strafbarkeit des Täters gem. § 221, wenn er vom durch die Aussetzung begangenen Totschlagsversuch gem. § 24 strafbefreiend zurücktritt.[1275] Auch ein Rücktritt von der versuchten Brandstiftung (§§ 306, 22, 23 Abs. 1) schließt eine Strafbarkeit gem. § 306 f (Herbeiführen einer Brandgefahr) nicht aus.[1276] Eingehend zu den Auswirkungen des Rücktritts vom versuchten Prozessbetrug auf den versuchten Computerbetrug *Beulke* FS Rengier S. 147, 151 ff (der gegen ein Wiederaufleben des versuchten Computerbetrugs plädiert), wobei hier bereits zu bezweifeln ist, dass der Täter durch Falschangaben im automatisierten Mahnverfahren einen versuchten Computerbetrug begeht (s. § 22 Rdn. 125).

579 **c) Rücktritt vom versuchten Delikt mit privilegierender Wirkung.** Der Grundsatz, dass im Falle des Rücktritts vom versuchten Delikt die Strafbarkeit des tateinheitlich vollendeten Delikts bestehen bleibt, gilt auch, wenn der Täter von einem versuchten Delikt mit privilegierender

---

**1271** So auch *Jähnke* LK[11] § 221 Rdn. 42; *Kindhäuser* Gefährdung als Straftat (1989) S. 220 f; *Tiedemann* FS Baumann 7, 17; insoweit auch *Zaczyk* NK Rdn. 127, der aber den Rücktritt vom versuchten Delikt nicht nur auf gleichzeitig erfüllte konkrete, sondern auch auf abstrakte Gefährdungsdelikte anwenden will.

**1272** So auch BGHSt **39** 128, 130 f; *Jähnke* LK[11] § 221 Rdn. 42; *Kindhäuser* Gefährdung als Straftat (1989) S. 220 f; *Tiedemann* FS Baumann 7, 17; beschränkt auf abstrakte Gefährdungsdelikte u. a. *Fischer* § 149 Rdn. 12; *Lackner/Kühl/Heger* § 149 Rdn. 7.

**1273** *Lackner/Kühl/Heger* § 149 Rdn. 7; *Fischer* § 149 Rdn. 12; *Vogler* FS Bockelmann 715, 728.

**1274** *Sch/Schröder/Eser/*Bosch Rdn. 110. **AA** *Jescheck/Weigend* § 51 VI 2; *Kühl* AT § 16 Rdn. 89.

**1275** *Jähnke* LK[11] § 221 Rdn. 42; **aA** *Zaczyk* NK Rdn. 127.

**1276** BGHSt **39** 128 (zu §§ 308 a. F., 22, 23, 24 und § 310 a. F. im Verhältnis zu § 310a a. F.); *Lackner/Kühl/Heger* § 306e Rdn. 1; *Fischer* § 306 f Rdn. 8; siehe auch BGH NJW **1951** 726 (hinsichtlich § 310 a. F. in Bezug auf § 310a a. F.); **aA** LG Zweibrücken NStZ **1993** 85; *Geerds* S. 172; *Geppert* JR **1994** 72, 74; *Gropengießer* StV **1994** 19, 21; *Herzog* NK § 306 f Rdn. 6; *Jäger* SK Rdn. 113; *Jescheck/Weigend* § 51 VI 2; *Walter* S. 53 f, 149.

Wirkung zurückgetreten ist (z. B. versuchte Tötung auf Verlangen im Verhältnis zu den Körperverletzungsdelikten – einschließlich § 226, wenn die Handlung zu schweren Verletzungsfolgen [Erblindung, Lähmung] beim Opfer geführt hat).[1277] Auch der Gesichtspunkt der Sperrwirkung dieser Delikte ändert daran im Hinblick auf die ohne den Rücktritt bestehende Tateinheit der Delikte nichts.[1278] Wenn dagegen wohl überwiegend angenommen wird, der Rücktritt von § 216 begründe mit Blick auf den höheren Strafrahmen und die Verbrechensqualität von § 226 eine Sperrwirkung für eine Verurteilung aus diesem Delikt,[1279] so führt das dazu, dass der für richtig gehaltene Strafrahmen die angemessene materiellrechtliche Einordnung der Tat hindert.[1280] Richtigerweise ist demnach nicht bei der tatbestandlichen Einordnung, sondern am Strafrahmen anzusetzen: Um die privilegierende Wirkung eines Tatbestandes und ihren Sinn nicht zu unterlaufen, ist der Strafrahmen begrenzt auf die Höchststrafe des privilegierenden Tatbestandes, bei einem Rücktritt von der versuchten Tötung auf Verlangen z. B. im Verhältnis zu § 226 auf die Höchststrafe des § 216.[1281]

## 4. Teilrücktritt

Gibt der Täter nach Versuchsbeginn die **Verwirklichung eines qualifizierenden Tatbestandsmerkmals auf**, kann ein sog. Teilrücktritt unter den Voraussetzungen des § 24 in Betracht kommen. Solange das qualifizierende Tatbestandsmerkmal nicht voll erfüllt ist und so „noch nicht seine unrechtssteigernde Qualität vollständig entfaltet hat",[1282] kann der Täter strafbefreiend zurücktreten, so dass eine Strafbarkeit hinsichtlich des Versuchs der Qualifikation ausscheiden kann und es bei der Strafbarkeit wegen des Grunddelikts bleibt.[1283] Gegen die darin liegende **unterschiedliche Behandlung von Grunddelikt und Qualifikation** ist geltend gemacht worden, sie zerreiße die Einheit von Grundtatbestand und Qualifikation und sei mit dem Begriff der „Tat" in § 24 nicht vereinbar (*Otto* JZ **1985** 21, 27). Zur Erzielung des offenkundig angemessenen Ergebnisses, nämlich der Ermöglichung eines Teilrücktritts bezogen auf das noch nicht verwirklichte Qualifikationsmerkmal, hat die Literatur unterschiedliche Wege vorgeschlagen. Während *Streng* (JZ **1984** 652, 654; *ders.* JZ **2007** 1089, 1090, 1091) für die Annahme von zwei Taten im Sinne von § 24 plädiert, kommt *Roxin* (AT II § 30 Rdn. 300) letzlich zum gleichen Ergebnis durch eine tatbestandsbezogene Bestimmung des Tatbegriffs. *F.C. Schroeder* (JR **2007** 481) hält beides für „den Wortlaut des Gesetzes vergewaltigende Konstruktionen" und nimmt eine Analogie zu § 24 Abs. 1 an. Ist die Qualifikation im Versuch stecken geblieben und liegen die Voraussetzungen eines strafbefreienden Rücktritts insoweit nicht vor, weil die Qualifikationsaufgabe nicht freiwillig erfolgt, stehen versuchte Qualifikation und vollendetes Grunddelikt in Tateinheit. 580

Ein Teilrücktritt ist **in Betracht zu ziehen**, wenn der Täter an sich eine Körperverletzung mittels eines gefährlichen Werkzeugs ausführen will, mit dem Gegenstand bereits ausholt, sich 581

---

**1277** Eingehend *Gerhold* JuS **2010** 113 ff; *Küpper* GedS Meurer S. 123, 126.

**1278** Wie hier *Jakobs* AT 31/32; *Lilie* LK[11] Vor § 223 Rdn. 18; *Zaczyk* NK Rdn. 125. *Fischer* § 216 Rdn. 15; *Joecks/Jäger* § 226 Rdn. 40; *Krey/Hellmann/Heinrich* BT 1 Rdn. 243; *Schneider* MK § 216 Rdn. 71; *Vogler* LK[10] Rdn. 197. Teilweise wird lediglich bezogen auf eine Verurteilung aus § 226 eine Sperrwirkung angenommen, weil bei § 224 über die Annahme eines minder schweren Falls ein angemessener Strafrahmen eröffnet sei, *Neumann/Saliger* § 216 Rdn. 24 f; *Rengier* BT II § 6 Rdn. 11.

**1279** *Sch/Schröder/Eser/Sternberg-Lieben* § 212 Rdn. 25; *Vogler* LK[10] Rdn. 197; *Zieschang* AT Rdn. 534.

**1280** Zutreffend *Gerhold* JuS **2010** 113, 115.

**1281** *Gerhold* JuS **2010** 113, 116; *Jakobs* AT 31/32; *Zaczyk* NK Rdn. 125.

**1282** *Zaczyk* NK Rdn. 79; auch *Fischer* Rdn. 27.

**1283** In diesem Sinne auch *Baumann/Weber/Mitsch/Eisele* § 23 Rdn. 41 f; *Blaue* ZJS **2015** 580; *Geppert* Jura **1992** 496, 498 f; *Günther* GedS Armin Kaufmann S. 541, 550; *Jakobs* AT 26/13a, 48; *Jescheck/Weigend* § 51 III 1; *Kühl* AT § 16 Rdn. 48; *Küper* JZ **1997** 229, 233 f; *Lackner/Kühl/Kühl* Rdn. 13; *Maurach/Gössel/Zipf* AT 2 § 41 Rdn. 231; *Jäger* SK Rdn. 57, 58; *Sch/Schröder/Eser/Bosch* Rdn. 113; *Schroeder* JR **2007** 481 (für eine analoge Anwendung von § 24 Abs. 1); *Streng* JZ **1984** 652, 654; *Wessels/Beulke/Satzger* Rdn. 1053; *Zaczyk* NK Rdn. 79.

dann aber freiwillig entscheidet, nur mit den Fäusten zuzuschlagen, oder wenn er eigentlich auf das Opfer mit seinen beschuhten Füßen eintreten will, dann aber, weil er sie für weniger gefährlich hält, zu einfachen Faustschlägen greift. In beiden Fällen kann der Täter nur wegen der einfachen Körperverletzung (§ 223) zur Verantwortung gezogen werden, vom Versuch der Qualifikation gem. § 224 Abs. 1 Nr. 2 ist er insoweit strafbefreiend zurückgetreten.[1284]

**582** Jedoch überzeugt das für einen Teilrücktritt immer wieder genannte Beispiel **nicht**, dass der Täter eines Raubes bzw. Diebstahls nach Versuchsbeginn, aber noch vor Vollendung der Wegnahme, die mitgeführte Waffe aus Einsicht wegwirft und den **Raub bzw. Diebstahl ohne die Waffe zur Vollendung** bringt. Zwar ist insoweit die Qualifikation des § 250 Abs. 2 Nr. 1 (Verwenden einer Waffe bzw. eines anderen gefährlichen Werkzeugs) nicht erfüllt; insoweit liegt auch noch kein unmittelbares Ansetzen vor. Der Vollendung von § 250 Abs. 1 Nr. 1a) bzw. § 244 Abs. 1 Nr. 1a) steht das Wegwerfen der Waffe nach Eintritt in das Versuchsstadium von Raub bzw. Diebstahl, auch wenn es aus Einsicht erfolgt, jedoch nicht entgegen.[1285] Der Täter führt eine Waffe bzw. ein gefährliches Werkzeug i. S. von § 244 Abs. 1 Nr. 1a) oder § 250 Abs. 1 Nr. 1a) bei sich, wenn er Waffe oder Werkzeug während der Tat zu irgendeinem Zeitpunkt bei sich gehabt hat, mithin darauf hätte zugreifen können.[1286] Damit sind diese Qualifikationsmerkmale und der einhergehende erhöhte Unrechtsgehalt durch das Beisichführen nach Versuchsbeginn von Diebstahl oder Raub bereits gegeben. Die Frage eines Teilrücktritts stellt sich insoweit nicht.[1287] Auch im Hinblick auf Opferschutzgesichtspunkte ist es nicht begründet, einen Teilrücktritt so lange für möglich zu halten, wie es noch nicht zu einer konkreten Gefahr für das Opfer gekommen ist (so aber *Zaczyk* NK Rdn. 79). Der Gesetzgeber hat durch die Trennung von Beisichführen und Benutzen des Tatmittels zum Ausdruck gebracht, dass auch abstrakte Gefährdungen unrechts- und straferhöhend wirken und ein Rückgängigmachen, nachdem das Grunddelikt das Versuchsstadium überschritten hat, daran nichts ändert.[1288]

**583** **Kein** Fall des **Teilrücktritts** liegt vor, wenn dem Täter im Rahmen einer einheitlichen Tatbestandsverwirklichung die Verwirklichung einzelner Teilakte endgültig misslingt, er aber unmittelbar anschließend die Möglichkeit sieht, die Tat durch Vornahme weiterer Handlungen zu verwirklichen und hiervon Abstand nimmt. Als Beispiel für einen solchen **„teilweise fehlgeschlagenen Versuch"** nennt *Bürger* (NStZ **2016** 578) den Fall, dass der Täter zunächst Wertsachen aus einem Tresor wegnehmen will und, nachdem ihm das Öffnen des Tresors nicht gelingt, darauf verzichtet, die weiteren in der Wohnung befindlichen Wertsachen an sich zu nehmen. Hier tritt der Täter vom Diebstahl insgesamt zurück, da eine Aufspaltung in Tathandlungen des gleichen Tatbestands nicht in Betracht kommt.[1289]

## 5. Anwendbarkeit von § 24 bei „versuchten Regelbeispielen"

**584** Bejaht man (zu Unrecht, vor § 22 Rdn. 147) die Möglichkeit eines vollendeten bzw. versuchten Delikts in einem versuchten besonders schweren Fall oder den Versuch eines Regelbeispiels als

---

**1284** Vgl. auch *Zaczyk* NK Rdn. 79 hinsichtlich § 224 Abs. 1 Nr. 1; zu den Voraussetzungen von § 223 ausführlich *Lilie* LK[11] § 223 Rdn. 2 ff; zur Begriffsbestimmung gefährliches Werkzeug *Lilie* LK[11] § 224 Rdn. 20 ff.

**1285** So auch BGH NStZ **1984** 216; *Blaue* ZJS **2015** 580, 581, 584 f; *Mitsch* JA **2014** 268, 272; *Otto* JZ **1985** 21, 27; *ders.* BT § 46 Rdn. 32; **aA** aber u. a. *Sinn* SK § 250 Rdn. 23; *Herzberg* MK[1] § 24 Rdn. 110; *Hoyer* SK § 244 Rdn. 18; *Kühl* AT § 16 Rdn. 48; *Lackner/Kühl/Kühl* Rdn. 13; *Rengier* BT I § 4 Rdn. 79; *Roxin* AT II § 30 Rdn. 299 f; *Sch/Schröder/Eser/Bosch* Rdn. 113; *Streng* JZ **1984** 652, 656; *ders.* NStZ **1985** 359; *ders.* JZ **2007** 1089, 1090; *Wessels/Beulke/Satzger* Rdn. 1053; *Zaczyk* NK Rdn. 79; *ders.* NStZ **1984** 217 f; unklar *Fischer* § 244 Rdn. 29; ausführlich *Küper* JZ **1997** 229, 233 f.

**1286** Vgl. BGHSt **20** 194; BGH NStZ **1997** 137; BGH NStZ **1984** 216 f; BayObLG StV **1999** 383, 384; *Krüger* Jura **2002** 766, 771 f; *Ruß* LK[11] § 244 Rdn. 4; *Sch/Schröder/Bosch* § 244 Rdn. 6; *Fischer* § 244 Rdn. 29.

**1287** Vgl. auch BGHSt **51** 276, 279; dazu *Blaue* ZJS **2015** 580, 583 f; *Schroeder* JR **2007** 481; *Streng* JZ **2007** 1089 ff.

**1288** In diesem Sinne auch BGH NStZ **1984** 216; *Otto* JZ **1985** 21, 27.

**1289** *Bürger* NStZ **2016** 578, 583 f.

unbenannten Strafzumessungsgrund, kommt auch ein strafbefreiender Rücktritt vom versuchten Regelbeispiel in analoger Anwendung von § 24 in Betracht.[1290] Akzeptiert man § 177 Abs. 6 Nr. 1 als Strafzumessungsregel im Falle einer versuchten Vergewaltigung, ist es nur konsequent, einen strafbefreienden Rücktritt in analoger Anwendung von § 24 Abs. 1 anzunehmen, wenn der Täter freiwillig die Vergewaltigung nicht vollendet hat (*Zaczyk* NK Rdn. 126).

Wird hingegen wie hier (vor § 22 Rdn. 147) davon ausgegangen, dass eine benannte Strafzumessungsregel nur zur Anwendung kommen kann, wenn der Täter die Voraussetzungen tatsächlich mit Wissen und Wollen erfüllt (da Regelbeispiele eben keine Tatbestandsmerkmale sind und der Unrechtsgehalt benannter Strafzumessungsgründe davon abhängt, ob das Regelbeispiel erfüllt oder nur gewollt ist),[1291] stellt sich die Frage nach § 24 nicht, weil insoweit keine strafschärfende Wirkung vorliegt.[1292] **585**

## 6. Strafzumessung und Prognoseentscheidungen

Es darf dem Angeklagten **nicht strafschärfend** angelastet werden, dass er von der weiteren Ausführung der Tat **nicht zurückgetreten** ist. Es ist aber zweifelhaft, ob gegen das Doppelverwertungsverbot verstoßen wird, wenn strafschärfend berücksichtigt wird, dass der Täter seine gegenüber einer Versicherung gemachten betrügerischen falschen Angaben dann gegenüber einem von der Versicherung beauftragten Sachverständigen bestätigt (so OLG Stuttgart NStZ **2012** 633 mit krit. Anm. *R.-P. Schall*). **586**

Bleibt trotz des Rücktritts die Strafbarkeit wegen eines gleichzeitig verwirklichten vollendeten Delikts bestehen, ist es **nicht zulässig**, bei der **Strafzumessung**, einschließlich der Festlegung von Maßregeln der Besserung und Sicherung, auf das **straflos gewordene Delikt strafschärfend zurückzugreifen**, insbesondere den darauf gerichteten **Vorsatz** negativ anzurechnen oder ausschließlich auf den Versuch bezogene **Tathandlungen** strafschärfend zu berücksichtigen.[1293] Dahinter steht die Befürchtung, „dass die Privilegierung des strafbefreienden Rücktritts unterlaufen werden könnte, wenn das in dem Versuch liegende Unrecht auf dem Umweg der Erhöhung der Strafe für das vollendete Delikt, sozusagen durch die ‚Hintertür', dem Täter angelastet werden würde" (BGH StV **2003** 218, 219). So kann bei einer Nötigung dem Täter nicht strafschärfend angelastet werden, dass er gegenüber dem Opfer gewalttätig war, um ihm eine Sache wegzunehmen, wenn er vom versuchten Raub strafbefreiend zurückgetreten ist (*Zaczyk* NK Rdn. 131). Unzulässig ist es auch, dem Täter im Rahmen einer anderen Tat anzulasten, dass er einen Wiederholungsfall begangen hätte, wenn er nicht wirksam zurückgetreten wäre (vgl. *Sch/Schröder/Eser/Bosch* Rdn. 114). **587**

Nicht ausgeschlossen ist aber, dass **Umstände** und **Motive**, die sich **neben** den Auswirkungen auf das versuchte Delikt, von dem der Täter strafbefreiend zurückgetreten ist, **auch** auf den **Unrechts- und Schuldgehalt der vollendeten Tat beziehen**, in der Strafzumessung zum Tragen kommen.[1294] So ist die Strafzumessung nicht fehlerhaft, wenn das Gericht die Planmäßig- **588**

---

**1290** So hinsichtlich § 177 Abs. 2 Nr. 1 BGH StV **2000** 554 f; BGH 4 StR 321/01 v. 11.9.2001; vgl. auch *Zaczyk* NK Rdn. 126.

**1291** BGH NStZ-RR **1997** 293; *Graul* JuS **1999** 852, 854 ff; *Küper* JZ **1986** 518; *Mitsch* BT 2 S. 89; *Sch/Schröder/Bosch* § 243 Rn. 44; **aA** BGH StV **2000** 554 f hinsichtlich § 177 Abs. 2 Nr. 1; BGH NJW **1998** 2987; BGHSt **33** 370; BayObLG NStZ **1997** 442; *Fabry* NJW **1986** 15, 18.

**1292** Deshalb ist der Entscheidung BGH StV **2000** 554 f auch nur im Ergebnis, dass die versuchte Vergewaltigung bei den benannten Strafzumessungsregeln unberücksichtig zu bleiben hat, aber nicht in der Begründung zuzustimmen; ähnlich *Zaczyk* NK Rdn. 126.

**1293** BGHSt **42** 43, 44; BGH NStZ-RR **2019** 337 338; BGH StV **2014** 482; BGH NStZ **2013** 158; BGH NStZ-RR **2010** 202; BGH StV **2003** 218; BGH StV **2003** 616; BGH 5 StR 338/02 v. 20.8.2002; BGH StV **2000** 554 f; BGH NStZ **1996** 491; BGH StV **1996** 263; BGH NStZ **1989** 114; BGHR § 46 Abs. 2 Wertungsfehler 30; BGH 2 StR 273/97 v. 4.7.1997; BGH bei Holtz MDR **1980** 813; hinsichtlich der Unterbringung in einem psychiatrischen Krankenhaus BGH NStZ **2003** 101 und BGHSt **31** 132, 134; *Jäger* SK Rdn. 112; *Sch/Schröder/Eser/Bosch* Rdn. 114; *Fischer* Rdn. 46.

**1294** BGH NStZ-RR **2019** 337 338.

keit des Vorgehens bei einer vollendeten schweren Körperverletzung strafschärfend berücksichtigt, obwohl der Täter von dem tateinheitlich begangenen versuchten Mord strafbefreiend zurückgetreten ist (BGHSt **42** 43, 44; vgl. auch BGH NJW **2002** 3717, 3718). Entsprechend können die Umstände, die die Heimtücke begründen (Angriff auf das schlafende Opfer), trotz Rücktritts vom Mordversuch im Rahmen der Strafzumessung hinsichtlich der vollendeten Körperverletzung berücksichtigt werden (BGH StV **2003** 218, 219).

589 Umstritten ist die Frage, ob der auf das versuchte Delikt gerichtete Vorsatz im Falle eines Rücktritts auch dann bei der Strafzumessung unberücksichtigt bleiben muss, wenn sich dieser Vorsatz mit dem **Motiv** für die verbleibende, vollendete Tat **überschneidet**. BGH StV **2003** 218, 219 (mit krit. Anm. *Jäger* StV **2003** 220; offen gelassen in BGH StV **2014** 482, 483) hat für eine Berücksichtigung des Motivs plädiert, wenn dies für eine angemessene Bewertung der vollendeten Tat erforderlich ist.[1295] In dem der Entscheidung zugrunde liegenden Fall hatte der Täter zur Ermöglichung eines Raubes auf das Opfer mit bedingtem Tötungsvorsatz eingestochen, war dann aber von dem Versuch der Tötung und des Raubes strafbefreiend zurückgetreten. Der BGH war der Auffassung, dass der Unrechts- und Schuldgehalt der Körperverletzung (§ 224 Abs. 1) nur unter Berücksichtigung des Raubmotivs angemessen beurteilt werden kann; andernfalls liege eine (wie der BGH *Dallinger* MDR **1965** 839 zitiert) „gewissermaßen motivlose, im luftleeren Raum schwebende Straftat" vor. **Überzeugend** erscheint das **nicht**: Denn mit dem Rücktritt hat der Täter seine Abkehr von der Unrechtsmaxime, die ihm die Anwendung von Gewalt zur Erlangung fremden Eigentums erlaubt, manifestiert. Es ist zwar richtig, dass diese Unrechtsmaxime auch in der vollendeten Körperverletzung ihren Ausdruck gefunden hat. Aber es ist nicht einzusehen, dass das im Rücktritt liegende Dementi nicht auch das der Körperverletzung zugrundeliegende Motiv erfasst. Seine strafschärfende Berücksichtigung würde also die Wertung von § 24 unterlaufen.

590 Die Motivationslage hinsichtlich der Tat, von der der Täter zurückgetreten ist, kann im Rahmen des vollendeten Delikts **zugunsten des Täters** zu berücksichtigen sein: Ist der Täter von einem provozierten Totschlagsversuch zurückgetreten, so kann die aus § 213 ersichtliche Wertung etwa dergestalt zu berücksichtigen sein, dass ein minder schwerer Fall der vollendeten gefährlichen Körperverletzung (§ 224 Abs. 1 Halbs. 2) anzunehmen ist.[1296]

591 Hat sich der Täter um Erfolgsverhinderung bemüht, ist der tatbestandliche Erfolg aber trotz seiner Anstrengungen eingetreten, sind die **Rücktrittsvoraussetzungen** also **nur teilweise erfüllt**, scheidet ein strafbefreiender Rücktritt nach § 24 aus. Es besteht jedoch die Möglichkeit, bei der Strafzumessung das auf Erfolgsverhinderung gerichtete Bemühen **strafmildernd** zu berücksichtigen.[1297]

592 Im Rahmen der **Prognosebildung** nach § 56 können äußere und innere Umstände berücksichtigt werden, die sowohl das vom Rücktritt vom Versuch erfasste als auch das vollendete Delikt betreffen, sofern daraus Rückschlüsse auf die Wahrscheinlichkeit eines künftigen Legalverhaltens gezogen werden können (BGH NStZ-RR **2019** 337 338).

## IX. Strafverfahrensrechtliche Folgen und Besonderheiten

593 Der Frage, ob der Täter oder Teilnehmer vom versuchten Delikt oder von der Beteiligung daran strafbefreiend zurückgetreten ist, ist **von Amts wegen** nachzugehen. Wenn beim Alleintäter ein strafbefreiender Rücktritt vom versuchten Delikt nicht von vornherein ausgeschlossen ist, muss sich das Gericht im Urteil mit dem Inhalt des Rücktrittshorizonts und damit **auseinandersetzen**, ob der Versuch beendet oder unbeendet ist. Fehlen entsprechende Feststellungen über das

**1295** Zustimmend *Sch/Schröder/Eser/Bosch* Rdn. 114.

**1296** BGH 5 StR 255/05 v. 25.8.2005 (Rdn. 15).

**1297** BGH bei Holtz MDR **1986** 271 – zu § 30; *Sch/Schröder/Eser/Bosch* Rdn. 115; *Fischer* Rdn. 46; *Zaczyk* NK Rdn. 131.

Verwirklichungsstadium, ist das Urteil aufzuheben, da ein sachlich-rechtlicher Mangel vorliegt.[1298] In aller Regel kann diese Frage auch nicht offen gelassen werden (BGH 3 StR 472/99 v. 17.11.1999). Nur wenn der Täter durch sein Verhalten die Tatvollendung verhindert hat, sind diese Ausführungen nicht notwendig, da sein Handeln für die Anwendung beider Alternativen des § 24 Abs. 1 Satz 1 ausreicht.[1299] Auch wenn das Urteil sich nicht damit auseinandersetzt, ob der Täter freiwillig auf weitere Ausführungshandlungen verzichtet hat, ist es vom Revisionsgericht aufzuheben (BGH 2 StR 517/81 v. 2.10.1981 hinsichtlich der Sperre für die Neuerteilung einer Fahrerlaubnis). Zur **Beweiswürdigung** und zu den **Urteilsfeststellungen** im Hinblick auf das **Versuchsstadium** s. auch Rdn. 104, 154, 161 ff, 181, 188.

**Behauptet** der Angeklagte oder sein Verteidiger das **Vorliegen eines strafbefreienden** 594
**Rücktritts,** sind insoweit gem. § 267 Abs. 2 StPO Ausführungen im Urteil notwendig (BGH StV **1994** 7).

Ist der Täter von einem versuchten Delikt strafbefreiend zurückgetreten und handelt es sich 595
bei den verbliebenen vollendeten Delikten um Bagatellsachen oder um solche, bei denen das öffentliche Interesse durch Auflagen oder Weisungen befriedigt werden kann, ist auch eine Anwendung der **§ 153 bzw. § 153a StPO** nicht ausgeschlossen.[1300]

## X. Andere Rücktritts- und rücktrittsähnliche Regelungen

Ist ein **Delikt formell vollendet**, ist auch in den Fällen, in denen Vorbereitungs- oder Versuchs- 596
handlungen selbständig unter Strafe gestellt sind (z. B. §§ 149, 234a Abs. 3, 306f, 310, 316c Abs. 4), eine **Anwendung von § 24 ausgeschlossen** (vgl. auch Rdn. 567 ff; vor § 22 Rdn. 129 ff). Gleiches gilt für **Unternehmensdelikte** i. S. von § 11 Abs. 1 Nr. 6,[1301] bei denen aus der Sicht des Gesetzgebers dem Versuchsstadium schon eine so hohe Strafwürdigkeit zukommt, dass die Teilverwirklichung des rechtswidrigen Erfolgs der Vollendung gleichgestellt ist (z. B. §§ 81, 82, 131 Abs. 1 Nr. 3, 184 Abs. 1 Nr. 4, 8, 9, 307, 309, 316c Abs. 1 Nr. 2, 357).[1302]

Nur wenn der Gesetzgeber ausdrückliche Rücktrittsmöglichkeiten oder Regelungen der **täti-** 597
**gen Reue** vorgesehen hat, kann eine Strafbefreiung oder eine Strafmilderung in Betracht kommen. Insoweit ist u. a. auf die Regelungen in § 83a, § 84 Abs. 5, § 87 Abs. 3, § 98 Abs. 2, § 99 Abs. 3, § 129 Abs. 7, § 129a Abs. 7, § 142 Abs. 4, § 149 Abs. 2 und 3, § 152a Abs. 5, § 158 Abs. 1, § 239a Abs. 4, § 261 Abs. 9, § 264 Abs. 6, § 264a Abs. 3, § 265b Abs. 2, § 298 Abs. 3, § 306e, §§ 314a, 320 und § 330b StGB; aber auch in § 371 AO[1303] zu verweisen.[1304] Zum Verhältnis von § 24 zur Selbstanzeige nach **§ 371 AO** eingehend *Rolletschke* ZWH **2013** 186 ff.

**1298** BGH NStZ-RR **2013** 275; BGH 4 StR 369/02 v. 24.10.2002; BGH 4 StR 170/02 v. 23.7.2002; BGH 4 StR 140/02 v. 15.5.2002; BGH NStZ **2002** 28; BGH 3 StR 535/00 v. 21.3.2001; BGH 3 StR 177/01 v. 6.6.2001; BGH 2 StR 317/00 v. 24.11. 2000; BGH 3 StR 472/99 v. 17.11.1999; BGH 2 StR 517/81 v. 2.10.1981; BGH 3 StR 296/80 v. 23.6.1980; BGH 4 StR 530/ 80 v. 16.10.1980.

**1299** BGH NStZ-RR **1997** 233 f; BGH StV **1981** 396, 397; BGH 4 StR 665/79 v. 31.6.1980; BGH 4 StR 80/81 v. 19.3.1981.

**1300** *Sch/Schröder/Eser/Bosch* Rdn. 110; *Zaczyk* NK Rdn. 131.

**1301** Zu Unternehmensdelikten u. a. *Berz* FS Stree/Wessels 331; *Fedders* S. 57 f, 75 ff; *Jescheck* Die Vorverlagerung des Strafrechtsschutzes durch Gefährdungs- und Unternehmungsdelikte (1987); *Sowada* GA **1988** 194 ff; *Wolters* Das Unternehmensdelikt (2001).

**1302** Ausführlich vor § 22 Rdn. 133 ff; *Baumann/Weber/Mitsch/Eisele* § 23 Rdn. 2; *Burkhardt* JZ **1971** 352, 357; *Gribbohm* LK[11] § 11 Rdn. 90; *Jescheck/Weigend* § 26 II 7, § 49 VIII 2; *Lackner/Kühl/Heger* § 11 Rdn. 19; *Maurach/Gössel/Zipf* AT 2 § 41 Rdn. 234; *Mitsch* Jura **2012** 526, 528; *Stein/Deiters* SK § 11 Rdn. 83; *Sch/Schröder/Eser/Bosch* § 11 Rdn. 51; **aA** *Wolters* Das Unternehmensdelikt (2001) S. 177 ff, 254 f, 332 f, der auf die Gesetzgebungsgeschichte und darauf verweist, dass die Vorschriften der tätigen Reue nur Spezialvorschriften der allgemeinen Rücktrittsregelung sind.

**1303** Zum Verhältnis der Selbstanzeige gem. § 371 AO zu § 24 BGHSt **37** 340, 345 f; BayObLG wistra **2002** 231; *Koch/Scholtz-Scheurmann-Kettner* AO § 371 Rdn. 47; *Spatscheck/Bertrand* DStR **2015** 2420 ff; zur Selbstanzeige gem. § 371 AO u. a. OLG Celle wistra **2000** 277; *Riegel/Kruse* NStZ **1999** 325; *Rüping* wistra **2001** 121.

**1304** Ausführlich zu den Regelungen der tätigen Reue und ihrem Verhältnis zu § 24 *Blöcker* Die tätige Reue S. 109 f.

598 Weder einzelne Sonderregelungen des Besonderen Teils noch die Rücktrittsvorschrift des § 24 können **analog** auf andere Tatbestände angewendet werden.[1305] Wenn dagegen teilweise geltend gemacht wird, dass der Auswahl der Rücktrittsvorschriften offensichtlich kein anderes Prinzip als das des Zufalls zugrunde liege, bei den Unternehmensdelikten der Gesetzgeber nur die Strafmilderungsmöglichkeit nach § 23 Abs. 2 habe ausschließen wollen[1306] oder die Regelungen des Besonderen Teils nichts an der allgemeinen Geltung von § 24 ändern würden,[1307] wird nicht ausreichend berücksichtigt, dass die Regelungen der tätigen Reue im Besonderen Teil teilweise anders gestaltet sind als § 24 und sich auch voneinander zum Teil grundlegend unterscheiden. Zugleich liegt den Regelungen „kein inneres Prinzip zu Grunde" (*Zaczyk* NK Rdn. 132). Auch aus Gründen der Rechtssicherheit und des materialen Unwerts der Delikte ist eine analoge Anwendung nicht geboten. Gleichzeitig bedürfte es der Regelungen im Besonderen Teil nicht, wenn § 24 auch insoweit gelten sollte. Der Anwendungsbereich des § 24 ist jedoch ausdrücklich auf versuchte Delikte i. S. von §§ 22, 23 beschränkt.

599 Der von der Beteiligung am versuchten Delikt zu trennende **Versuch der Beteiligung** ist nur unter den Voraussetzungen von § 30 strafbar. Für den Rücktritt vom Versuch der Beteiligung gilt § 31 (hierzu BGH 1 StR 503/04 v. 14.6.2005, 2867 f; zur Wirkung des Rücktritts vom versuchten Delikt auf damit zusammenhängende Beteiligungsversuche vgl. oben Rdn. 571 f).

---

**1305** Ebenfalls *Blöcker* S. 151 ff; *Burkhardt* JZ **1971** 352, 357 f; *Gribbohm* LK[11] § 11 Rdn. 97; *Fincke* S. 55; *Stein/Deiters* SK § 11 Rdn. 84 und 88; *Zaczyk* NK Rdn. 132; **aA**, die eine analoge Anwendung der Vorschriften zur tätigen Reue im Besonderen Teil auf die Delikte, die zwar formell, aber nicht materiell vollendet sind, bejaht, u. a. *Fedders* S. 63 ff; *Jescheck/Weigend* § 49 VIII 2, § 51 V 2 und 3; *Köhler* AT S. 483 f; *Otto* AT § 19 Rdn. 81; *Sch/Schröder/Eser/Bosch* Rdn. 116, 119 und § 11 Rdn. 51, 55; *Schröder* FS Kern 457, 463; *Stratenwerth/Kuhlen* AT § 11 Rdn. 100; **aA** *Wolters* Das Unternehmensdelikt (2001) S. 254 f, 332 f, der zumindest bei Unternehmensdelikten auch § 24 zur Anwendung bringen will.

**1306** *Sch/Schröder/Eser/Bosch* Rdn. 116, 119; *Schröder* FS Kern 457, 462 f.

**1307** *Wolters* Das Unternehmensdelikt (2001) S. 202 ff, 254 f.

# DRITTER TITEL Täterschaft und Teilnahme

## Vorbemerkungen zu § 25

### Schrifttum (weit. Angaben vor Rdn. 17 und vor § 26)

*Abanto Vásquez* Verdirbt die Organisationsherrschaft die Tatherrschaftslehre? Festschrift Roxin II (2011) 819; *Ahrens* Vermeintliche Mittäterschaft und Versuchsstrafbarkeit, JA **1996** 664; *Ambos* Der Allgemeine Teil des Völkerstrafrechts ²(2004); *ders.* Täterschaft durch Willensherrschaft kraft organisatorischer Machtapparate, GA **1998** 226; *ders.* Zur „Organisation" bei der Organisationsherrschaft, Festschrift Roxin II (2011) 837; *Amelung* Zum Verantwortungsmaßstab bei der mittelbaren Täterschaft durch Beherrschung eines nicht verantwortlichen Selbstschädigers, Coimbra-Symposium (1995) 247; *ders.* (Hrsg.) Individuelle Verantwortung und Beteiligungsverhältnisse bei Straftätern in bürokratischen Organisationen des Staates, der Wirtschaft und der Gesellschaft (2000) (zit. Verantwortung); *S. Bacigalupo* Pflichtdelikte und Akzessorietät der Teilnahme, Festschrift Tiedemann (2008) 253; *Bähr* Restriktiver und extensiver Täterbegriff (1934); *Bauer* Vorbereitung und Mittäterschaft (bei Herrschaftsdelikten) (1996); *Baumann* Mittelbare Täterschaft oder Anstiftung bei Fehlvorstellungen über den Tatmittler? JZ **1958** 230; *ders.* Die Tatherrschaft in der Rechtsprechung des BGH, NJW **1962** 374; *ders.* Täterschaft und Teilnahme, JuS **1963** 51; *ders.* Die strafrechtliche Problematik der nationalsozialistischen Gewaltverbrechen, in *Henkys* (Hrsg.) Die nationalsozialistischen Gewaltverbrechen ²(1965) 267; *Bechtel* Schuldausschließungsgründe bei Täterschaft und Teilnahme (2019); *Beckemper* Steuerhinterziehung in mittelbarer Täterschaft durch Täuschung des Steuerpflichtigen, wistra **2002** 401; *Becker* Das gemeinschaftliche Begehen und die sogenannte additive Mittäterschaft (2009); *ders.* Herrschaft durch Nichtstun? Zur Beteiligung durch Unterlassen, HRRS **2013** 242; *Beling* Zur Lehre von der „Ausführung" strafbarer Handlungen, ZStW **28** (1908) 589; *Bemmann* Zum Fall Rose-Rosahl, MDR **1958** 817; *Berster* Die völkerstrafrechtliche Unterlassungsverantwortlichkeit (2008); *ders.* Das unechte Unterlassungsdelikt (2014); *Beulke* Die vermeintliche mittelbare Täterschaft, Festschrift Kühl (2014) 115; *Beulke/Witzigmann* Mittelbare Täterschaft – gesetzliche und dogmatische Grundlagen, Ad Legendum **2012** 251; *Binding* Die drei Subjekte strafrechtlicher Verantwortlichkeit: der Täter, der Verursacher („Urheber") und der Gehilfe, GS **71** (1908) 1, auch in *ders.* Strafrechtliche und strafprozessuale Abhandlungen, Bd. I (1915) 251; *Bindokat* Fahrlässige Mittäterschaft im Strafrecht, JZ **1979** 434; *Birkmeyer* Die Lehre von der Teilnahme und die Rechtsprechung des Deutschen Reichsgerichts (1890); *ders.* Teilnahme am Verbrechen, in VDA II. Band (1908) 1; *Bitzilekis* Einheitstäter versus Teilnahmesystem unter besonderer Berücksichtigung von Völkerrechtsverbrechen, Festschrift Fuchs (2014) 77; *Bloy* Die Beteiligungsform als Zurechnungstypus im Strafrecht (1985) (zit. Zurechnungstypus); *ders.* Grenzen der Täterschaft bei fremdhändiger Tatausführung, GA **1996** 424; *ders.* Die Bedeutung des Irrtums über die Täterrolle, ZStW **117** (2005) 3; *Bock* Römisch-rechtliche Ausgangspunkte der strafrechtlichen Beteiligungslehre (2006); *ders.* Beteiligungssytem und Einheitstätersystem, Jura **2005** 673; *Bockelmann* Strafrechtliche Untersuchungen (1957); *ders.* Zur Problematik der Beteiligung an vermeintlich vorsätzlich rechtswidrigen Taten, Festschrift Gallas (1973) 261; *Böhringer* Fahrlässige Mittäterschaft (2017); *Bolowich* Urheberschaft und reflexives Verständnis (1995); *Bosch* Organisationsverschulden im Unternehmen (2002) (zit. Organisationsverschulden); *Bottke* Suizid und Strafrecht (1982); *ders.* Probleme der Suizidbeteiligung, GA **1983** 22; *ders.* Täterschaft und Gestaltungsherrschaft (1992) (zit. TuG); *ders.* Die Struktur von Täterschaft bei aktiver Begehung und Unterlassung als Baustein eines gemeineuropäischen Strafrechtssystems, Coimbra-Symposium (1995) 235; *ders.* Straftäterschaftliche Beteiligung Übergeordneter an von Untergeordneten begangenen Straftaten im Rahmen Organisierter Kriminalität, Festschrift Gössel (2002) 235; *ders.* Täterschaft und Teilnahme im deutschen Wirtschaftskriminalrecht – de lege lata und de lege ferenda, JuS **2002** 320; *ders.* War Adolf Hitler Täter und Straftäter der Tötung von Eva Braun und Geli Raubal? Gedächtnisschrift Meurer (2002) 65; *ders.* Pflichtwidrigkeit: das Täterschaftskriterium unechter Unterlassungsdelikte? Festschrift Rudolphi (2004) 15; *ders.* Herrschaftsprinzip vs. Gestaltungsherrschaft? – zur Anwendung der §§ 13, 25 auf mittelbare Unterlassungstäter, in *Hefendehl* (2005) 191; *Brandts/Schlehofer* Die täuschungsbedingte Selbsttötung im Lichte der Einwilligungslehre, JZ **1987** 442; *Brammsen* Bemerkungen zur mittelbaren Unterlassungstäterschaft, NStZ **2000** 337; *Brammsen/Apel* Anstiftung oder Täterschaft? „Organisationsherrschaft" in Wirtschaftsunternehmen, ZJS **2008** 256; *Bülte* Vorgesetztenverantwortlichkeit im Strafrecht (2015); *Burgstaller* Individualverantwortung bei Alleinhandeln; Einzel- und/oder Mitverantwortung bei Zusammenwirken mit anderen, in: Eser/Huber/Cornils (1998) 14; *Buser* Zurechnungsfragen beim mittäterschaftlichen Versuch (1998) (zit. Zurechnungsfragen); *Charalambakis* Selbsttötung aufgrund Irrtums und mittelbare Täterschaft, GA **1986** 485; *Chen* Das Garantensonderdelikt (2006); *Corell* Strafrechtliche Verantwortlichkeit durch Mitwirkung an Kollegialentscheidungen auf der Leitungsebene von Wirtschaftsunternehmen bei vorsätzlichen Begehungsdelikten (2007); *Cramer* Gedanken zur Abgrenzung von Täterschaft und Teilnahme, Festschrift Bockelmann (1979) 389; *Dahm* Täterschaft und Teilnahme (1926); *ders.* Über das Verhältnis von Täterschaft und Teilnahme, NJW **1949** 809; *Danwitz* Ist die Mittäterschaft abhängig von einem



https://doi.org/10.1515/9783110300451-008

gemeinsamen Tatentschluß der Beteiligten? Diss. Bonn 1994; *Deichmann* Grenzfälle der Sonderstraftat (1994); *Dehne-Niemann* Zum fünfzigjährigen Jubiläum des „Verfolgerfalls" (BGHSt **11** 268) ZJS **2008** 351; *ders.* Tatbestandslosigkeit der Drittbesitzerhaltungsabsicht und Beteiligungsdogmatik, JuS **2008** 589; *Dencker* Kausalität und Gesamttat (1995) (zit. Kausalität); *ders.* Beteiligung ohne Täter, Festschrift Lüderssen (2002) 525; *Derksen* Heimliche Unterstützung fremder Tatbegehung als Mittäterschaft, GA **1993** 163; *Dias* Teoría del dominio del hecho y principio de legalidad en la Corte Penal Internacional, InDret 4/2018; *Díaz y García Conlledo* La autoría en Derecho penal (Bogotá, 2009); *ders.* Actuación en el marco de un aparato organizado de poder: ¿Autoría o participación?, Festschrift Mir Puig, Montevideo/Buenos Aires (2017) 509; *Dohna Graf zu* Das RG zur Teilnahmelehre, DStR **1940** 120; *Donna* Roxins Konzept der Täterschaft und die Theorie der Machtapparate, Festschrift Gössel (2002) 261; *Dreher* Mittelbare Unterlassungstäterschaft und Kausalität bei kollektivem Unterlassen – Anm. zu BGH, NJW **2003** 522, JuS **2004** 17; *Drenkhahn/Momsen/Diederichs* Organisationsdelikte und Beteiligungsstrafbarkeit, NJW **2020** 2582; *Dürr* Die Exzesszurechnung nach der neueren englischen Rechtsprechung, ZIS **2019** 252; *Ebrahim-Nesbat* Die Herausbildung der strafrechtlichen Teilnahmeformen im 19. Jahrhundert (2006); *Eidam* Der Organisationsgedanke im Strafrecht (2015); *Engelmann* Strafbare Beteiligung am Ehrenmord, HRRS **2013** 351; *Engelsing* Eigenhändige Delikte (1926); *Engert* Einheitstäter oder getrennte Behandlung von Täter und Teilnehmer? (2005); *Engisch* Bietet die Entwicklung der dogmatischen Strafrechtswissenschaft seit 1930 Veranlassung, in der Reform des Allgemeinen Teils des Strafrechts neue Wege zu gehen? ZStW **66** (1954) 339; *Engländer* Die Täterschaft beim Bandendiebstahl, GA **2000** 578; *ders.* Voraussetzungen der Täterschaft beim Bandendiebstahl/Bandenbegriff, JZ **2000** 630; *ders.* Selbsttötung in mittelbarer Täterschaft, Jura **2004** 234; *Erb* Zur Konstruktion eines untauglichen Versuchs der Mittäterschaft bei scheinbarem unmittelbaren Ansetzen eines vermeintlichen Mittäters zur Verwirklichung, NStZ **1995** 424; *Eser/Huber/Cornils* (Hrsg.) Einzelverantwortung und Mitverantwortung im Strafrecht (1998) (zit. Einzelverantwortung); *Exner* Fahrlässiges Zusammenwirken, Festgabe Frank, Band I (1930) 569; *Fad* Die Abstandnahme des Beteiligten von der Tat im Vorbereitungsstadium (2005); *Fahl* „Drittzueignung", Unterschlagung und Irrtum über die eigene Täterschaft, JuS **1998** 24; *Feijoo Sánchez* Derecho penal de la empresa e imputación objetiva, Madrid (2007); *Feilcke* Der Exzess eines Mittäters bei den erfolgsqualifizierten Straftaten (2002); *Fell* Abgrenzung von (Mit-)Täterschaft und Beihilfe, JuS **1994** 624; *Fincke* Der Täter neben dem Täter, GA **1975** 161; *A. Fischer* Straflose Mitwirkung am Suizid oder strafbare Fremdtötung? (2011); *Fletcher* Straftat ohne Straftäter, Festschrift Roxin II (2011) 793; *Fliegenheimer* Das Problem des „dolosen Werkzeugs" (1913); *Frisch* Besprechung von H. Schumann, Strafrechtliches Handlungsunrecht und das Prinzip der Selbstverantwortung der Anderen, JZ **1988** 655; *ders.* Zur Verantwortlichkeit von Unternehmern und Unternehmensorganen für Straftaten ihrer Mitarbeiter, Festschrift Rogall (2018) 121; *Frister* Zum Strafgrund von Mittäterschaft und Teilnahme, Festschrift Dencker (2012) 119; *Fuhr* Die Äußerung im Strafgesetzbuch (2001); *Fuhrmann* Das Begehen der Straftat gem. § 25 I StGB. Unter besonderer Berücksichtigung der sog. „eigenhändigen Delikte" (2004) (zit. Begehen); *Furtner* Zur Frage der Anrechnung erschwerender Umstände bei nachfolgender Mittäterschaft, JR **1960** 367; *Gaede* Der praktische Fall – Strafrecht: Täterschaft und Teilnahme beim Bandendiebstahl, JuS **2003** 774; *Gallas* Täterschaft und Teilnahme, Mat. 1. Bd., Gutachten der Strafrechtslehrer (1954) 121; *ders.* Die moderne Entwicklung der Begriffe Täterschaft und Teilnahme im Strafrecht, in Deutsche Beiträge zum VII. Internationalen Strafrechtskongreß in Athen vom 26.9.–2.10.1957, Sonderheft der ZStW (1957) 3; *ders.* Strafbares Unterlassen im Fall einer Selbsttötung, JZ **1960** 649 und 686; *Geerds* Täterschaft und Teilnahme, Jura **1990** 173; *Geilen* Suizid und Mitverantwortung, JZ **1974** 145; *Geisler* Korruptionsstrafrecht und Beteiligungslehre (2013); *Geppert* Zum Verhältnis von Täterschaft/Teilnahme an der Vortat und anschließender sachlicher Begünstigung (§ 257 StGB) Jura **1994**, 441; *ders.* Zum Verhältnis von Täterschaft/Teilnahme an der Vortat und sich anschließender Hehlerei (StGB § 259) Jura **1994** 100; *Gerhold/Kuhne* Über den bislang unbeachteten Einfluss des 2. Strafrechtsreformgesetzes auf die Eigenhändigkeitsdoktrin speziell im Rahmen der Straßenverkehrsdelikte, ZStW **124** (2012) 943; *Geppert* Die Mittäterschaft (§ 25 Abs. 2 StGB), Jura **2011** 30; *Gimbernat Ordeig* Gedanken zum Täterbegriff und zur Teilnahmelehre, ZStW **80** (1968) 915; *Globke/Hettinger* Zur vermeintlichen Mittäterschaft, Festschrift Kühl (2014) 213; *Gössel* Sukzessive Mittäterschaft und Täterschaftstheorien, Festschrift Jescheck, Bd. 1 (1985) 537; *ders.* Überlegungen zum sog. „Strafgrund der Teilnahme", Festschrift Spinellis (2001) 397; *Goetz* Grenzziehung zwischen Mittäterschaft und Beihilfe (1910); *Goetzler* Der Ideengehalt des extensiven (intellektuellen) Täterbegriffs und seine Auswirkungen, SJZ **1949** Sp. 837; *Grabow/Pohl* Die sukzessive Mittäterschaft und Beihilfe, Jura **2009** 656; *Graul* Zur Haftung eines (potentiellen) Mittäters für die Vollendung bei Lossagung von der Tat im Vorbereitungsstadium, Gedächtnisschrift Meurer (2002) 89; *dies.* Strafbarkeit bei untauglichem Versuch des vermeintlichen Mittäters, JR **1995** 427; *Greco* Organisationsherrschaft und Selbstverantwortungsprinzip, ZIS **2011** 9; *ders.* Kausalitäts- und Zurechnungsfragen bei unechten Unterlassungsdelikten, ZIS **2011** 674; *ders.* Fahrlässige Mittäterschaft? Eine Kritik, JRE **27** (2019) 361; *Gropp* Die Mitglieder des Nationalen Verteidigungsrates als „Mittelbare Mit-Täter hinter den Tätern"? BGHSt **40** 218, JuS **1996** 13; *ders.* Überlegungen zur fahrlässigen Mittäterschaft, GA **2009** 265; *Grunert* Grenzen normativer Tatherrschaft bei mittelbarer Täterschaft (2002); *Günther* Täterschaft und Teilnahme im südafrikanischen Recht (2003); *Gutiérrez Rodríguez* La responsabilidad penal del coautor, Valencia

(2001); *G. Haas* „Qui abortum procurat ---“, AfkKR **164** (1995) 439; *Haas* Kausalität und Rechtsverletzung, (2002); *ders.* Kritik der Tatherrschaftslehre, ZStW **119** (2007) 519; *ders.* Die Theorie der Tatherrschaft und ihre Grundlagen (2008); *ders.* Beteiligung durch Unterlassen, ZIS **2011** 392; *ders.* Erscheinungsformen und Problematik der teilweisen Mittäterschaft, JR **2014** 104; *ders.* Zur strafrechtlichen Verantwortlichkeit wegen fahrlässiger Tat bei Selbstgefährdungen und Selbstschädigungen des Opfers, FS Yamanaka (2017) 71; *Haeusermann* Der Verband als Straftäter und Strafprozeßsubjekt (2003); *Hamdorf* Beteiligungsmodelle im Strafrecht (2002); *Hardwig* Zur Abgrenzung von Mittäterschaft und Beihilfe, GA **1954** 353; *ders.* Über den Begriff der Täterschaft, JZ **1965** 667; *Häring* Die Mittäterschaft beim Fahrlässigkeitsdelikt, Basel u. a. (2005); *ders.* Mittäterschaft beim Fahrlässigkeitsdelikt im Strafrecht, sui-generis **2008** 1; *Hartung* Der „Badewannenfall“, JZ **1954** 430; *Hauck* Drittzueignung und Beteiligung (2006); *Hauf* Neuere Entscheidungen zur Mittäterschaft unter besonderer Berücksichtigung der Problematik der Aufgabe der Mitwirkung eines Beteiligten während der Tatausführung, NStZ **1994** 263; *Haupt* Beiträge zur Lehre von der Teilnahme, ZStW **15** (1895) 202; *Heckler* Versuchsbeginn bei vermeintlicher Mittäterschaft, GA **1997** 72; *Hefendehl* Tatherrschaft in Unternehmen vor kriminologischer Perspektive, GA **2004** 575; *ders.* (Hrsg.) Empirische und dogmatische Fundamente, kriminalpolitischer Impetus – Symposium für Bernd Schünemann (2005) (zit. Fundamente); *Heger* §§ 25 II, 27, 30 II. Abgrenzung von Mittäterschaft und Beihilfe bei Verbrechensverabredung, JA **2002** 628; *Hegler* Zum Wesen der mittelbaren Täterschaft, in Die Reichsgerichtspraxis im deutschen Rechtsleben, 5. Bd., Strafrecht und Strafprozeß (1929) 305; *ders.* Mittelbare Täterschaft bei nicht rechtswidrigem Handeln der Mittelsperson, Festgabe Richard Schmidt (1936) 51; *Heimberger* Bericht über die Behandlung der Teilnahme am Verbrechen, MittIKV **11** (1904) 534; *Heine* Täterschaft und Teilnahme in staatlichen Machtapparaten, JZ **2000** 920; *ders.* Kollektive Verantwortlichkeit, in: Eser/Huber/Cornils (1998) 95; *Heinitz* Teilnahme und unterlassene Hilfeleistung beim Selbstmord, JR **1954** 403; *Heinrich* Rechtsgutszugriff und Entscheidungsträgerschaft (2002); *ders.* Zur Frage der mittelbaren Täterschaft kraft Ausnutzung hierarchischer Organisationsstrukturen bei Wirtschaftsunternehmen, FS Krey (2010) 147; *T. Hermann* Mittelbare Täterschaft bei irrtumsbedingter Selbsttötung des Opfers? ZfL **2003** 110; *Herrlein/Werner* Täterschaft und Teilnahme bei der Anstiftung zur Selbstbefreiung § 120 I StGB, JA **1994** 561; *Herzberg* Mittelbare Täterschaft bei rechtmäßig oder unverboten handelndem Werkzeug (1967); *ders.* Eigenhändige Delikte, ZStW **82** (1970) 896; *ders.* Die Unterlassung im Strafrecht und das Garantenprinzip (1972); *ders.* Grundfälle zur Tatherrschaftslehre, JuS **1974** 237, 574; *ders.* Täterschaft und Teilnahme (1977) (zit. TuT); *ders.* Zur Strafbarkeit der Beteiligung am frei gewählten Selbstmord, dargestellt am Beispiel des Gefangenensuizids und der strafrechtlichen Verantwortung der Vollzugsbediensteten ZStW **91** (1979) 557; *ders.* Der Anfang des Versuchs bei mittelbarer Täterschaft, JuS **1985** 1; *ders.* Beteiligung an einer Selbsttötung oder tödlichen Selbstgefährdung als Tötungsdelikt, JA **1985** 131, 177, 265, 336; *ders.* Mittelbare Täterschaft und Anstiftung in formalen Organisationen, in *Amelung* Verantwortung S. 33; *ders.* Täterschaft, Mittäterschaft und Akzessorietät der Teilnahme, ZStW **99** (1987) 49; *ders.* Straffreies Töten bei Eigenverantwortlichkeit des Opfers? NStZ **1989** 559; *ders.* Das Fujimori-Urteil: Zur Beteiligung des Befehlsgebers an den Verbrechen seines Machtapparates, ZIS **2009** 576; *ders.* Strafbare Tötung oder straflose Mitwirkung am Suizid? ZIS **2016** 440; *Herzig* Die Tatherrschaftslehre in der Rspr. des IStGH, ZIS **2013** 189; *Hetzer* Vorsätzliche und fahrlässige Tötung bei ernstlichem Sterbebegehren des Opfers, NStZ **2004** 1; *Hillenkamp* Die Bedeutung von Vorsatzkonkretisierungen bei abweichendem Tatverlauf (1971); *ders.* Über den „Ausnahmevorbehalt“ zu § 25 I 1. Alt. StGB, Festschrift Schünemann (2014) 407; *Hoffmann-Holland* Die Beteiligung des Garanten am Rechtsgutsangriff, ZStW **118** (2006) 620; *Höpfner* Zur Lehre von der mittelbaren Täterschaft, ZStW **22** (1902) 205; *Hohmann/König* Zur Begründung der strafrechtlichen Verantwortung in den Fällen der aktiven Suizidteilnahme, NStZ **1989** 304; *Holthausen* Täterschaft und Teilnahme bei Verstößen gegen Genehmigungspflichten des KWKG und AWG, NStZ **1993** 568; *Hoyer* Straßenblockade als Gewalt in mittelbarer Täterschaft – BGH NJW **1995** 2643, JuS **1996** 200; *ders.* Kombination von Täterschaft und Teilnahme beim Hintermann, Festschrift Herzberg (2008) 379; *ders.* Wozu brauchen wir eine fahrlässige Mittäterschaft? Festschrift Puppe (2011) 515; *Hruschka* Regreßverbot, Anstiftungsbegriff und die Konsequenzen, ZStW **110** (1998) 581; *Huber* Die mittelbare Täterschaft beim gemeinen vorsätzlichen Begehungsdelikt, insb. deren Abgrenzung von der Anstiftung (1995); *Hünerfeld* Mittelbare Täterschaft und Anstiftung im Kriminalstrafrecht der Bundesrepublik Deutschland, ZStW **99** (1987) 228; *Ingelfinger* „Schein“-Mittäter und Versuchsbeginn, JZ **1995** 704; *Isfen* Der Exzess beim erfolgsqualifizierten Delikt, Jura **2014** 1087; *Jäger* Das Freiwilligkeitsmerkmal beim Rücktritt vom Versuch, ZStW **112** (2000) 783; *ders.* Vorsatztat versus Tatvorsatz – Eine an der Täterlehre orientierte Betrachtung mehraktiger Erfolgsverwirklichungen Festschrift Schroeder (2006) 241; *Jakobs* Strafrechtliche Haftung durch Mitwirkung an Abstimmungen, Festschrift Miyazawa (1995) 419; *ders.* Objektive Zurechnung bei mittelbarer Täterschaft durch ein vorsatzloses Werkzeug, GA **1997** 553; *ders.* Beteiligung, Festschrift Lampe (2003) 561; *ders.* Beteiligung durch Chancen- und Risikoaddition, Festschrift Herzberg (2008) 395; *ders.* Natürlicher Zusammenhang versus gesellschaftliche Bedeutung, Zur Kausalität der Teilnahme, Festschrift Rüping (2008) 17; *ders.* Zur Täterschaft des Angeklagten Alberto Fujimori Fujimori, ZIS **2009** 572; *ders.* Mittäterschaft als Beteiligung, Festschrift Puppe (2011), 547; *ders.* Theorie der Beteiligung (2014); *ders.* Akzessorietät, Festschrift Yamanaka (2017) 105; *Jescheck* Anstiftung, Gehilfenschaft und

Mittäterschaft im deutschen Strafrecht, SchwZStR **71** (1956) 225; *ders.* Strafrechtsreform in Deutschland Allgemeiner Teil, SchwZStR **91** (1975) 1; *Jeßberger/Geneuss* On the Application of a Theory of Indirect Perpetration in Al Bashir: German Doctrine at The Hague?, Journal of International Criminal Justice (= JICJ) **6** (2008), 853; *Joerden* „Schein"-Mittäter und Versuchsbeginn, JZ **1995** 735; *ders.* Zurechnungsprobleme bei Gruppen und Kollektiven in M. Kaufmann/Renzikowski (2004) 135; *Johannes* Mittelbare Täterschaft bei rechtmäßigem Handeln des Werkzeuges. Ein Scheinproblem (1963); *Johannsen* Die Entwicklung der Teilnahmelehre in der Rechtsprechung (2009); *Jung* Begründung, Abbruch und Modifikation der Zurechnung beim Verhalten mehrerer, in: Eser/Huber/Cornils (1998) 175; *Kadel* Versuchsbeginn bei mittelbarer Täterschaft – versuchte mittelbare Täterschaft, GA **1983** 299; *Kalthoener* Die Abgrenzung von Täterschaft und Teilnahme in der Rechtsprechung des Bundesgerichtshofs, NJW **1956** 1662; *Kamm* Fahrlässige Mittäterschaft (1999) (zit. Mittäterschaft); *M. Kaufmann/Renzikowski* (Hrsg.) Zurechnung als Operationalisierung von Verantwortung (2004); *Kelker* Online-Demonstrationen – ein Fall „additiver Mittäterschaft"? GA **2009** 86; *Kindhäuser* Betrug als vertypte mittelbare Täterschaft, Festschrift Bemmann (1997) 341; *ders.* Handlungs- und normtheoretische Grundfragen der Mittäterschaft, Festschrift Hollerbach (2001) 628; *ders.* Zur limitierten Akzessorietät der Teilnahme, Gedächtnisschrift Tröndle (2019) 295; *Klee* Zur Abgrenzung von Täterschaft und Teilnahme, ZAkDR **1940** 188; *Klesczewski* Die Grundformen beteiligungsdogmatischer Systembildung, Festschrift Puppe (2011) 613; *Klinger* Die Strafbarkeit der Beteiligung an einer durch Täuschung herbeigeführten Selbsttötung (1995); *Knauer* Die Kollegialentscheidung im Strafrecht (2001); *ders.* Strafbarkeit wegen Totschlags durch Unterlassen bei Nichtherbeiführung eines Beschlusses des SED-Politbüros, NJW **2003** 3101; *Koch* Grundfälle zur mittelbaren Täterschaft, JuS **2008** 399, 496; *Koch/Wirth* Grundfälle zur Anstiftung, JuS **2010** 203; *Kohlrausch* Täterschuld und Teilnehmerschuld, Festschrift Bumke (1939) 39; *Korn* Täterschaft und Teilnahme bei staatlich organisierten Verbrechen, NJW **1965** 1206; *Kraatz* Die fahrlässige Mittäterschaft. Ein Beitrag zur strafrechtlichen Zurechnungslehre auf der Grundlage eines finalen Handlungsbegriffs (2006) (zit. Mittäterschaft); *Krack* Teilnahme am Suizid und Tötung auf Verlangen, KJ **1995** 60; *ders.* Der Versuchsbeginn bei Mittäterschaft und mittelbarer Täterschaft, ZStW **110** (1998) 611; *ders.* Zum Vollendungszeitpunkt im Falle der sukzessiven Mittäterschaft, JR **2000**, 424; *ders.* Unmittelbares Ansetzen durch einen nur vermeintlichen Tatmittler? Gedächtnisschrift Eckert (2008) 467; *ders.* Tatherrschaft bei der Weiterleitung fremder Willenserklärungen, FS Achenbach (2011) 219; *Krämer* Individuelle und kollektive Zurechnung im Strafrecht (2015); *Kreß* Claus Roxins Lehre von der Organisationsherrschaft und das Völkerstrafrecht, GA **2006** 304; *Kretschmer* Mittelbare Täterschaft – Irrtümer über die tatherrschaftsbegründende Situation, Jura **2003** 535; *Kreuzberg* Täterschaft und Teilnahme als Handlungsunrechtstypen (2019); *Krey/Nuys* Der Täter hinter dem Täter – oder die Liebe der Strafrechtler zum Glasperlenspiel, Festschrift Amelung (2009) 203; *S. Krüger* Der Versuchsbeginn bei mittelbarer Täterschaft (1994); *Krüger* Beteiligung durch Unterlassen an fremden Straftaten, ZIS **2011** 1; *Kubiciel* Strafbarkeit des Veranlassers eines Selbsttötungsversuches bei Täuschung des Opfers über die Tragweite des eigenen Tuns: „Sirius"-Fall, JA **2007** 729; *Kudlich* Straßenblockade als Gewalt in mittelbarer Täterschaft, JuS **1996** 664; *ders.* Ein Schnäpschen in Ehren – die Giftfalle des Apothekers, BGH NJW **1997** 3453, JuS **1998** 596; *ders.* Normatives Tatherrschaftsgefälle beim Zusammentreffen von Selbst- und Drittzueignungsabsicht? Festschrift Schroeder (2006) 271; *ders.* „Täter hinter den Tätern" in deutschen Krankenhäusern? NStZ **2011** 241; *Kühl* Beteiligung an Selbsttötung und verlangte Fremdtötung, Jura **2010** 81; *ders.* Täterschaft und Teilnahme, JA **2014** 668; *Kühne* Strafbarkeit der versuchten Mittäterschaft? NJW **1995** 934; *Küper* Ein „neues Bild" der Lehre von Täterschaft und Teilnahme, ZStW **105** (1993) 443; *ders.* Versuchsbeginn und Mittäterschaft (1978); *ders.* Versuchs- und Rücktrittsprobleme bei mehreren Tatbeteiligten, JZ **1979** 775; *ders.* Zur Problematik der sukzessiven Mittäterschaft, JZ **1981** 568; *ders.* Der Versuchsbeginn bei mittelbarer Täterschaft, JZ **1983** 361; *ders.* „Autonomie", Irrtum und Zwang bei mittelbarer Täterschaft und Einwilligung, JZ **1986** 219; *ders.* Die dämonische Macht des Katzenkönigs, JZ **1989** 617; *ders.* Mittelbare Täterschaft, Verbotsirrtum des Tatmittlers und Verantwortungsprinzip, JZ **1989** 935; *ders.* Anmerkungen zum Irrtum über die Beteiligungsform, Festschrift Roxin II (2011) 895; *Küpper* Anspruch und wirkliche Bedeutung des Theorienstreits über die Abgrenzung von Täterschaft und Teilnahme, GA **1986** 437; *ders.* Zur Geltung deutschen Strafrechts für eine in Mittäterschaft begangene Tat, die im Ausland begangen, jedoch im Inland vorbereitet wurde, JR **1993** 292; *ders.* Der gemeinsame Tatentschluß als unverzichtbares Moment der Mittäterschaft, ZStW **105** (1993) 295; *ders.* Mittäterschaft schon bei Beteiligung nur im Vorbereitungsstadium der Tat? NStZ **1995** 331; *ders.* Zur Abgrenzung der Täterschaftsformen, GA **1998** 519; *ders./Mosbacher* Untauglicher Versuch bei Mittäterschaft, BGH NJW **1995** 142, JuS **1995** 488; *Kuhlen* Die Abgrenzung von Täterschaft und Teilnahme, insbesondere bei den sogenannten Betriebsbeauftragten, in *Amelung* Verantwortung S. 71; *ders.* Strafrechtliche Produkthaftung, Festgabe BGH, Bd. IV (2000) 647; *ders.* Personifizierte Unternehmensdelinquenz, wistra **2016** 465; *Kutzner* Die Rechtsfigur des Täters hinter dem Täter und der Typus der mittelbaren Täterschaft (2004) (zit. Rechtsfigur); *Lampe* Täterschaft bei fahrlässiger Straftat, ZStW **71** (1959) 579; *ders.* Über den Begriff und die Formen der Teilnahme am Verbrechen, ZStW **77** (1965) 262; *ders.* Systemunrecht und Unrechtssysteme, ZStW **106** (1994) 683; *ders.* Tätersysteme: Spuren und Strukturen, ZStW **119** (2007) 471; *R. Lange* Der moderne Täterbegriff und der deutsche Strafgesetzentwurf (1935); *ders.* Die notwendige Teilnahme (1940); *Langer* Das Sonderverbrechen

(1972); *ders.* Die Sonderstraftat (2007); *Langrock* Das eigenhändige Delikt (2001) (zit. Delikt); *Lesch* Das Problem der sukzessiven Beihilfe (1992) (zit. Beihilfe); *ders.* Die Begründung mittäterschaftlicher Haftung als Moment der objektiven Zurechnung, ZStW **105** (1993) 271; *ders.* Täterschaft und Gestaltungsherrschaft, GA **1994**, 112; *ders.* Gemeinsamer Tatentschluß als Voraussetzung der Mittäterschaft? JA **2000** 73; *Less* Gibt es strafbare mittelbare Teilnahme, wenn der Tatmittler rechtmäßig handelt? JZ **1951** 550; *Letzgus* Vorstufen der Beteiligung (1972); *Li* Beteiligung durch Unterlassen, in: in: Stam/Werkmeister (Hrsg.) Der Allgemeine Teil des Strafrechts in der aktuellen Rechtsprechung (2019) 77; *Ligocka* Zur Abgrenzung von Mittäterschaft und Beihilfe in der neuesten Rechtsprechung des 2. und 3. Strafsenats des BGH, in: Stam/Werkmeister (Hrsg.) Der Allgemeine Teil des Strafrechts in der aktuellen Rechtsprechung (2019) 31; *Lotz* Das „absichtslos/qualifikationslos-doloses" Werkzeug (2009); *Lubig* Die Auswirkung von Personenverwechslungen auf übrige Tatbeteiligte, Jura **2006** 655; *Lüderssen* Der Beitrag der Kriminologie zur Strafrechtsdogmatik – eine Konkretisierung im Blick auf die Probleme von Täterschaft und Teilnahme, in Lahti/Nuotio (Hrsg.) Strafrechtstheorie im Umbruch (Helsinki 1992) 465; *ders.* Die Zusammenarbeit von Medizinprodukte-Industrie, Krankenhäusern und Ärzten – Strafbare Kollusion oder sinnvolle Kooperation? (1998); *Lund* Mehraktige Delikte (1993); *Luzón Peña/Díaz y García Conlledo* Objektive positive Tatbestimmung und Tatbestandsverwirklichung als Täterschaftsmerkmale, Festschrift Roxin (2001) 575; *Magata* Die Entwicklung der Lehre von der notwendigen Teilnahme, Jura **1999** 246; *K. H. Maier* Die mittelbare Täterschaft bei Steuerdelikten, MDR **1986** 358; *Maiwald* Historische und dogmatische Aspekte der Einheitstäterlösung, Festschrift Bockelmann (1979) 343; *ders.* Besprechung von W. Küper, Versuchsbeginn und Mittäterschaft, ZStW **93** (1981) 891; *ders.* Täterschaft, Anstiftung und Beihilfe – Zur Entstehung der Teilnahmeformen in Deutschland, Festschrift Schroeder (2006) 283; *Marlie* Unrecht und Beteiligung. Zur Kritik des Tatherrschaftsbegriff (2009); *Mañalich* Die Struktur der mittelbaren Täterschaft, Festschrift Puppe (2011) 709; *Martin* Zur Frage der Zurechnung bei sukzessiver Mittäterschaft, NJW **1953** 288; *Maultzsch* Drittzueignung, Unterschlagung und Irrtum über die eigene Täterschaft, JuS **1999** 104; *Hellmuth Mayer* Täterschaft, Teilnahme, Urheberschaft, Festschrift Rittler (1957) 243; *J. Meier* Die Tätergemeinschaft als logisches Problem mit einem Lösungsvorschlag nach G. H. von Wright, Jahrbuch f. Recht und Ethik (JRE) 17 (2009) 385; *Meister* Zur Abgrenzung der Beteiligung am Selbstmord vom strafbaren Tötungsdelikt, GA **1953** 166; *Merkel* Zur Abgrenzung von Täterschaft und Beihilfe (1925); *Meurer* Besprechung von Schumann, Strafrechtliches Handlungsunrecht und das Prinzip der Selbstverantwortung der Anderen, NJW **1987** 2424; *M. K. Meyer* Der Ausschluß der Autonomie durch Irrtum (1984) (zit. Autonomie); *Mezger* Mittelbare Täterschaft und rechtswidriges Handeln, ZStW **52** (1932) 529; *v. d. Meden* Objektive Zurechnung und mittelbare Täterschaft, JuS **2015** 22, 112; *Miller/Rackow* Transnationale Täterschaft und Teilnahme – Beteiligungsdogmatik und Strafanwendungsrecht, ZStW **117** (2005) 379; *Miller* Die Beteiligung an Verbrechen nach italienischem Strafrecht (2007); *Millitello* Rechtfertigung, Entschuldigung oder sonstige Straffreistellung aufgrund von Drittverhalten, in: Eser/Huber/Cornils (1998) 249; *Mitsch* Nichts ging los im „Münzhändler-Fall", Festschrift Kühne (2013), 31; *Momsen/Washington* Conspiracy als Beteiligungsmodell, ZIS **2019** 182, 243; *Morozinis* Dogmatik der Organisationsdelikte (2010); *ders.* Der Täter hinter dem Gewissenstäter und das Prinzip der Tatherrschaftsstufen, Festschrift Schünemann (2014) 457; *Mosenheuer* Unterlassen und Beteiligung (2009); *Müller* Eigenhändige Verbrechen (1928); *Muñoz Conde* Die Verleitung zum Suizid durch Täuschung, ZStW **106** (1994) 547; *ders.* Willensherrschaft kraft organisatorischer Machtapparate im Rahmen „nichtrechtsgelöster" Organisationen? Festschrift Roxin (2001) 609; *ders.* Die mittelbare Täterschaft kraft organisatorischer Machtapparate als Instrument der Aufarbeitung der Vergangenheit, Festschrift Wolter (2013) 1415; *Murmann* Die Nebentäterschaft im Strafrecht (1993) (zit. Nebentäterschaft); *ders.* Zur mittelbaren Täterschaft bei Verbotsirrtum des Vordermannes, GA **1998** 78; *ders.* Die Selbstverantwortung des Opfers im Strafrecht (2005) (zit. Selbstverantwortung); *ders.* Grundwissen zur mittelbaren Täterschaft, JA **2008** 321; *ders.* Zu den Voraussetzungen der (sukzessiven) Beteiligung, ZJS **2008** 456; *ders.* Beteiligung durch Unterlassen, Festschrift Beulke (2015) 184; *Mylonopoulos* Versuchsbeginn und Mittäterschaft, GA **2011** 462; *Nack* Mittelbare Täterschaft durch Ausnutzung regelhafter Abläufe, GA **2006** 342; *Nestler* Die strafrechtliche Verantwortlichkeit eines Bürgermeisters für Gewässerverunreinigungen der Bürger, GA **1994** 514; *ders.* (Mit-)Täterschaft beim bewaffneten Betäubungsmittelhandel, StV **2002** 504; *Neudecker* Die strafrechtliche Verantwortlichkeit der Mitglieder von Kollegialorganen (1995) (zit. Verantwortlichkeit); *Neumann* Abgrenzung von Teilnahme am Selbstmord und Tötung in mittelbarer Täterschaft, JuS **1985** 677; *ders.* Besprechung von M. K. Meyer, Der Ausschluß der Autonomie durch Irrtum, GA **1985** 474; *ders.* Die Strafbarkeit der Suizidbeteiligung als Problem der Eigenverantwortlichkeit des „Opfers", JA **1987** 244; *Niese* Die finale Handlungslehre und ihre praktische Bedeutung, DRiZ **1952** 21; *Noltenius* Kriterien der Abgrenzung von Anstiftung und mittelbarer Täterschaft. Ein Beitrag auf der Grundlage einer personalen Handlungslehre (2003); *dies.* Betrug kraft Organisationsherrschaft und die Rechtsprechung des Bundesgerichtshofes, in: Steinberg/Valerius/Popp (Hrsg.) Das Wirtschaftsstrafrecht des StGB (2010) 9; *Nowakowski* Tatherrschaft und Täterwille, JZ **1956** 545; *Ohlin/van Sliedregt/Weigend* Assessing the Control Theory, Leiden Journal of International Law (= LJIL) **26** (2013) 725; *Orozco López* Beteiligung an organisatorischen Machtapparaten (2018); *ders.* Jakobs' Theorie der Beteiligung, in: Kindhäuser u. a. (Hrsg.) Strafrecht und Gesellschaft (2019), 585; *Otto* Täterschaft, Mittäterschaft und mittelbare Täterschaft, Jura **1987** 246; *ders.*

Eigenverantwortliche Selbstschädigung und -gefährdung sowie einverständliche Fremdschädigung und -gefährdung, Festschrift Tröndle (1989) 157; *ders.* Mittäterschaft beim Fahrlässigkeitsdelikt, Jura **1990** 47; *ders.* Täterschaft und Teilnahme im Fahrlässigkeitsbereich, Festschrift Spendel (1992) 271; *ders.* Mittelbare Täterschaft und Verbotsirrtum, Festschrift Roxin (2001) 483; *ders.* Täterschaft kraft organisatorischen Machtapparates, Jura **2001** 753; *ders.* Die strafrechtliche Verantwortung für die Verletzung von Sicherungspflichten im Unternehmen, Festschrift Schroeder (2006) 339; *ders.* Beihilfe durch Unterlassen, JuS **2017** 289; *Paehler* Die Abgrenzung von Beihilfe zum Selbstmord und Tötung auf Verlangen, MDR **1964** 647; *Palm* Selbsttötung in mittelbarer Täterschaft (2008); *Pariona Arana* Täterschaft und Pflichtverletzung (2010); *ders.* Täterschaft und Pflichtverletzung, Festschrift Roxin II (2011) 853; *ders.* Mittelbare Täterschaft bei Pflichtdelikten, Festschrift Schünemann (2014) 483; *Peñaranda Ramos* Autoría y participación en la empresa, in: Serrano-Piedecasas/Demetrio Crespo (Hrsg.), Cuestiones actueles de derecho penal económico (Madrid, 2008), 161; *Pelissero* Il contributo concorsuale tra tipicità del fatto ed esigenze di commisurazione della pena, Studi in Onore di Giorgio Marinucci, Bd. 2 (Mailand, 2006) 1625; *Pfeiffer* Notwendigkeit und Legitimation der fahrlässigen Mittäterschaft, Jura **2004** 519; *Pizarro Beleza* Die Täterschaftsstruktur bei Pflichtdelikten – Pflichtträgerschaft versus Tatherrschaft? Coimbra-Symposium (1995) 267; *Prüßner* Die von mehreren versuchte Tat (2004); *Puppe* Zur Abgrenzung von Täterschaft und Teilnahme beim Sichverschaffen von Falschgeld, NStZ **1998** 460; *dies.* Der gemeinsame Tatplan der Mittäter, Festschrift Spinellis, Bd. II (2001) 915; *dies.* Wider die fahrlässige Mittäterschaft, GA **2004** 129; *dies.* Der Versuch des mittelbaren Täters, Festschrift Dahs (2005) 173; *dies.* Der gemeinsame Tatplan der Mittäter, ZIS **2007** 234; *dies.* Das sog. gerechtfertigte Werkzeug, Festschrift Küper (2007) 443; *dies.* Jedem nach seiner Schuld. Die Akzessorietät und ihre Limitierung, ZStW **120** (2008) 504; *dies.* Die Architektur der Beteiligungsformen, GA **2013** 515; *Putzke* Pflichtdelikte und objektive Zurechnung, Festschrift Roxin II (2011) 425; *Radde* Von Mauerschützen und Schreibtischtätern – Die mittelbare Täterschaft kraft Organisationsherrschaft und ihre Anwendung auf Wirtschaftsunternehmen de lege lata, Jura **2018** 1210; *Radtke* Mittelbare Täterschaft kraft Organisationsherrschaft im nationalen und internationalen Strafrecht, GA **2006** 350; *Randt* Mittelbare Täterschaft durch Schaffung von Rechtfertigungslagen (1997); *Ranft* Garantiepflichtwidriges Unterlassen der Deliktshinderung ZStW **94** (1982) 815; *ders.* Bemerkungen zu Täterschaft und Teilnahme durch garantiepflichtwidriges Unterlassen, Festschrift Otto (2007) 403; *Ransiek* Unternehmensstrafrecht (1996); *ders.* Das unechte Unterlassungsdelikt (Teil III) JuS **2010** 678; *ders.* Aussteller einer Urkunde und Täter der Falschangabedelikte, Festschrift Puppe (2011) 1269; *Rehag* Prinzipien von Täterschaft und Teilnahme in europäischer Rechtstradition (2009); *Reichenbach* Uneigentliche Organisationsdelikte, Jura **2016** 139; *Rengier* Täterschaft und Teilnahme – Unverändert aktuelle Streitpunkte, JuS **2010** 281; *ders.* Kein Ende der Erfolgshaftung bei den erfolgsqualifizierten Delikten, FS Geppert (2011) 479; *ders.* Die Zurechnung von einzelnen objektiven Tatbeiträgen § 25 II StGB, Festschrift Puppe (2011) S. 849; *Renzikowski* Restriktiver Täterbegriff und fahrlässige Beteiligung (1997) (zit. Täterbegriff); *ders.* Die fahrlässige Mittäterschaft, Festschrift Otto (2007) 423; *ders.* Bspr. von Rotsch, Einheitstäterschaft statt Tatherrschaft, ZStW **122** (2010) 854; *ders.* Zurechnungsprobleme bei Scheinmittäterschaft und verwandten Konstellationen, JuS **2013** 481; *ders.* Zurück in die Steinzeit? Aporien der Tatherrschaftslehre, Festschrift Schünemann (2014) 495; *Riedo/Chvojka* Fahrlässigkeit Mittäterschaft und Unsorgfaltsgemeinschaft, ZStrR **120** (2002) 152; *Robles* Die zwei Stufen der Beteiligungslehre – am Beispiel der Beteiligung durch Unterlassen, GA **2012** 276; *Rodríguez Montañés* Einige Bemerkungen über das Kausalitätsproblem und die Täterschaft im Falle rechtswidriger Kollegialentscheidungen, Festschrift Roxin I (2001) 307; *Roeder* Exklusiver Täterbegriff und Mitwirkung am Sonderdelikt, ZStW **69** (1957) 223; *Rogall* Bewältigung von Systemkriminalität, Festgabe BGH, Bd. IV (2000) 338; *Röh* Die kausale Erklärung überbedingter Erfolge im Strafrecht (1995); *Rosenfeld* Mittäterschaft und Beihilfe bei subjektiv gefärbter Ausführungshandlung, Festgabe Frank, Band II (1930) 161; *Roso Cañadillas* Autoría y participación imprudente (Granada 2002); *Roßmüller/Rohrer* Versuch und Mittäterschaft, MDR **1996** 986; *Rotsch* Individuelle Haftung im Großunternehmen (1998); *ders.* Die Rechtsfigur des Täters hinter dem Täter bei der Begehung von Straftaten im Rahmen organisatorischer Machtapparate und ihre Übertragbarkeit auf wirtschaftliche Organisationsstrukturen, NStZ **1998** 491; *ders.* Unternehmen, Umwelt und Strafrecht – Ätiologie einer Misere (Teil 1) wistra **1999** 321, (Teil 2) wistra **1999** 368; *ders.* Tatherrschaft kraft Organisationsherrschaft? ZStW **112** (2000) 518; *ders.* Mittelbare Täterschaft kraft Organisationsherrschaft im Wirtschaftsunternehmen, JR **2004** 248; *ders.* Neues zur Organisationsherrschaft, NStZ **2005** 13; *ders.* Der ökonomische Täterbegriff. Zugleich ein Beitrag zu Differenzierung, Diversifizierung und Divisionalisierung der Strafrechtsdogmatik, ZIS **2007** 260; *ders.* „Einheitstäterschaft" statt Tatherrschaft (2009) (zit. Einheitstäterschaft); *ders.* Von Eichmann bis Fujimori – Zur Rezeption der Organisationsherrschaft nach dem Urteil des Obersten Strafgerichtshofs Perus, ZIS **2009** 549; *ders.* „Gemeinsames Versagen". Zur Legitimität und Legalität der fahrlässigen Mittäterschaft, Festschrift Puppe (2011) 887; *ders.* Zur Notwendigkeit einer Dogmatik der Beteiligung, Gedächtnisschrift für Heine (2016), 309; *ders.* Tatherrschaft bei Pflichtdelikten, GS Joecks (2018) 149; *Roxin* Täterschaft und Tatherrschaft ([1]1963; [10]2019) (zit. TuT); *ders.* Straftaten im Rahmen organisatorischer Machtapparate, GA **1963** 193; *ders.* Die Behandlung des Irrtums im Entwurf 1962, ZStW **76** (1964) 582; *ders.* Zur Dogmatik der Teilnahmelehre im Strafrecht, JZ **1966** 293; *ders.* Besprechung von Schroeder, Der Täter hinter dem

Täter, ZStW **78** (1966) 222; *ders.* Literaturbericht, Strafrecht AT, ZStW **85** (1973) 76; *ders.* Bemerkungen zum Täter hinter dem Täter, Festschrift Lange (1976) 173; *ders.* Gedanken zum „dolus generalis", Festschrift Würtenberger (1977) 109; *ders.* Die Mitwirkung beim Suizid – ein Tötungsdelikt? Festschrift Dreher (1977) 331; *ders.* Die Mittäterschaft im Strafrecht, JA **1979** 519; *ders.* Die Sterbehilfe im Spannungsfeld von Suizidteilnahme, erlaubtem Behandlungsabbruch und Tötung auf Verlangen, NStZ **1987** 345; *ders.* Die Abgrenzung von strafloser Suizidteilnahme, strafbarem Tötungsdelikt und gerechtfertigter Euthanasie. Zu Reinhard Merkels „Fragen an die Strafrechtsdogmatik", Festschrift GA (1993) 177; *ders.* Mittelbare Täterschaft bei Tatausführung durch vollverantwortliche Tatmittler, JZ **1995** 49; *ders.* Zur Mittäterschaft beim Versuch – Zugleich ein Beitrag zur Frage, ob Vorbereitungen Mittäterschaft begründen können, Festschrift Odersky (1996) 489; *ders.* Probleme der Täterschaft und Teilnahme bei der organisierten Kriminalität, Festschrift Grünwald (1999) 549; *ders.* Die Abgrenzung von Täterschaft und Teilnahme in der höchstrichterlichen Rechtsprechung, Festgabe BGH, Bd. IV (2000) 177; *ders.* Anmerkung zum Vortrag von Prof. Dr. Herzberg, in *Amelung* Verantwortung S. 55; *ders.* Mittelbare Täterschaft kraft Organisationsherrschaft, Sonderheft Schäfer der NStZ **2002** 52; *ders.* Organisationsherrschaft und Tatentschlossenheit, Festschrift Schroeder (2006) 387; *ders.* Organisationsherrschaft als eigenständige Form mittelbarer Täterschaft, ZStrR **125** (2007) 1; *ders.* Selbstmord durch Einschaltung eines vorsatzlosen Tatmittlers, Festschrift Otto (2007) 441; *ders.* Bemerkungen zum Fujimori-Urteil des Obersten Gerichtshofs in Peru, ZIS **2009** 565; *ders.* Organisationssteuerung als Erscheinungsform mittelbarer Täterschaft, Festschrift Krey (2010) 449; *ders.* Zur neuesten Diskussion über die Organisationsherrschaft, GA **2012** 395; *ders.* Der im Vorbereitungsstadium ausscheidende Mittäter, Festschrift Frisch (2013) 613; *ders.* Tötung auf Verlangen und Suizidteilnahme, GA **2013** 313; *ders.* Pflichtdelikte und Tatherrschaft, Festschrift Schünemann (2014) 509; *ders.* Täterschaft und Teilnahme bei strafbaren persönlichen Erklärungen, Festschrift Rengier (2018) 93; *I. Roxin* Täterschaft und Teilnahme in einem Wirtschaftsunternehmen. Täterschaft kraft Organisationsherrschaft? Festschrift Wolter (2013) 451; *dies.* Organisationsherrschaft, „uneigentliches" Organisationsdelikt und die Verfahrensökonomie bei Straftaten in Wirtschaftsunternehmen, Festschrift Fischer (2018) 267; *Rübensthal* Die Übertragung der Grundsätze zur Tatherrschaft kraft Organisationsherrschaft auf Unternehmen durch den BGH, HRRS **2003** 210; *Rückert* Tatplan, Vorsatz und Irrtum des Mittäters, HRRS **2019** 245; *Rudolphi* Zur Tatbestandsbezogenheit des Tatherrschaftsbegriffs bei der Mittäterschaft, Festschrift Bockelmann (1979) 369; *Rummler* Die Gewalttaten an der deutsch-deutschen Grenze vor Gericht (2000); *Safferling/Hartwig-Asteroth/Scheffler* § 4 VStGB und das Verhältnis zu Beteiligungsformen des allgemeinen Strafrechts, ZIS **2013** 447; *Sánchez Lázaro* Strafbarkeit nicht voll zurechenbarer Rechtsgutsverletzungen nach Versuchsgrundsätzen im Fahrlässigkeitsbereich, GA **2005** 700; *ders.* Täterschaft beim Fahrlässigkeitsdelikt (2007); *ders.* Was ist Täterschaft? GA **2008** 299; *Sánchez-Vera* Pflichtdelikt und Beteiligung (1999); *Satzger* Die Ausweitung der (Mit-)Täterschaft – Besorgnis erregende Entwicklungen (nur) im Völkerstrafrecht? FS Volk (2009) 649; *Sax* Der Bundesgerichtshof und die Täterlehre, JZ **1963** 329; *Schild* Tatherrschaftslehren (2009); *Schaal* Strafrechtliche Verantwortlichkeit bei Gremienentscheidungen in Unternehmen (2001); *Schaffstein* Der Täter hinter dem Täter bei vermeidbarem Verbotsirrtum und verminderter Schuldfähigkeit des Tatmittlers, NStZ **1989** 153; *Schauer* Abgrenzung von Täterschaft und Beihilfe, JuS **1994** 719; *Schild* Täterschaft als Tatherrschaft (1994) (zit. Täterschaft); *Schilling* Der Verbrechensversuch des Mittäters und des mittelbaren Täters (1975); *ders.* Abschied vom Teilnahmeargument bei der Mitwirkung zur Selbsttötung, JZ **1979** 159; *Schlage* Grenzziehung zwischen Mittäterschaft und Beihilfe beim unerlaubten Handeltreiben mit BtM, Ad Legendum **2012** 257; *Schlehofer* Täterschaftliche Fahrlässigkeit, Festschrift Herzberg (2008), 355; *Schlösser* Mittelbare individuelle Verantwortlichkeit im Völkerstrafrecht (2004); *ders.* Soziale Tatherrschaft: Ein Beitrag zur Frage des Täters in organisatorischen Machtapparaten (2004); *ders.* „Der Täter hinter dem Gehilfen" JR **2006** 102; *ders.* Organisationsherrschaft durch Tun und Unterlassen, GA **2007** 161; *Schmidhäuser* Selbstmord und Beteiligung am Selbstmord in strafrechtlicher Sicht, Festschrift Welzel (1974) 801; *ders.* „Tatherrschaft" als Deckname der ganzheitlichen Abgrenzung von Täterschaft und Teilnahme im Strafrecht, Festschrift Stree/Wessels (1993) 343; *Eb. Schmidt* Die mittelbare Täterschaft, Festgabe Frank, Band II (1930) 106; *R. Schmitt* Der Arzt und sein lebensmüder Patient, JZ **1984** 866; *Schmoller* Grundstrukturen der Beteiligung mehrerer an einer Straftat – die objektive Zurechnung fremden Verhaltens, ÖJZ **1983** 337, 379; *ders.* Erhaltenswertes der Einheitstäterschaft, GA **2006** 365; *Schmucker* Die „Dogmatik" einer strafrechtlichen Produktverantwortung (2001); *dies.* Strafrechtliche Verantwortlichkeit der Unternehmensleitung durch innerbetriebliche Anweisungen, StraFo **2010** 235; *Schnürer*, Das Gesamtgeschäft beim Handeltreiben mit Betäubungsmitteln. Analyse, Bewertung und Weiterentwicklung der deliktsspezifischen Rechtsprechung des Bundesgerichtshofs zu Täterschaft und Teilnahme (2015); *Schöberl* Einheitstäterschaft als europäisches Modell (2006); *Schöneborn* Kombiniertes Teilnahme- und Einheitstätersystem, ZStW **87** (1975) 902; *Schröder* Der Täterbegriff als „technisches" Problem, ZStW **57** (1938) 459; *Schroeder* Täterschaft und Teilnahme bei eigenhändiger Tatbestandsverwirklichung, ROW **1964** 97; *ders.* Der Täter hinter dem Täter. Ein Beitrag zur Lehre von der mittelbaren Täterschaft (1965); *ders.* Beihilfe zum Selbstmord und Tötung auf Verlangen, ZStW **106** (1994) 565; *ders.* Tatbereitschaft gegen Fungibilität, ZIS **2009** 569; *Schroth* Gemeinschaftliches Zusammenwirken in Form von Beihilfe oder Mittäterschaft? JZ **2003** 215; *Schubarth* Eigenhändiges Delikt und mittelbare Täterschaft,

SchwZStr **114** (1996) 325; *ders.* Binnenstrafrechtsdogmatik und ihre Grenzen, ZStW **110** (1998) 827; *K. Schumann* Der Täter und sein Opferwerkzeug, Festschrift Puppe (2011) 971; *ders.* Telefonische Sterbehilfe – Zu den Beteiligungsfragen im „Sterbehilfe-Urteil" des BGH, JR **2011** 142; *Schünemann* Grund und Grenzen der unechten Unterlassungsdelikte (1971) (zit. Unterlassungsdelikte); *ders.* Fahrlässige Tötung durch Abgabe von Rauschmitteln, NStZ **1982** 60; *ders.* Die deutschsprachige Strafrechtswissenschaft nach der Strafrechtsreform im Spiegel des Leipziger Kommentars und des Wiener Kommentars GA **1985** 341, **1986** 293; *ders.* Die Strafbarkeit von Amtsträgern im Gewässerstrafrecht, wistra **1986** 235; *ders.* Die strafrechtliche Verantwortung der Unternehmensleitung im Bereich von Umweltschutz und technischer Sicherheit, in: Breuer/Kloepfer/Marburger/Schröder (Hrsg.) Umweltschutz und technische Sicherheit im Unternehmen (1994) 137; *ders.* Zum gegenwärtigen Stand der Dogmatik der Unterlassungsdelikte in Deutschland, in: Gimbernat/Schünemann/Wolter (Hrsg.) Internationale Dogmatik der objektiven Zurechnung und der Unterlassungsdelikte (1995) 49; *ders.* Unternehmenskriminalität, Festgabe BGH, Bd. IV (2000) 621 (zit. Unternehmenskriminalität III); *ders.* Brennpunkte des Strafrechts in der entwickelten Industriegesellschaft – Reflexionen zu den Beiträgen des Symposiums, in: Hefendehl (Hrsg.) Empirische Erkenntnisse, dogmatische Fundamente und kriminalpolitischer Impetus. Symposium für Schünemann (2005) 349; *ders.* El dominio sobre el fundamento del resultado: Base lógico-objetiva común para todas las formas de autoría incluyendo el actuar en lugar de otro, in Libro Homenaje Rodríguez Mourullo (Navarra 2005) 981; *ders.* Lo permanente y lo transitorio del pensamiento de Welzel en la dogmática penal de principios del siglo XXI. Del descubrimiento de Welzel del dominio social del hecho al desarrollo del „dominio sobre el fundamento del resultado" como principio general de autoría. Libro Homenajé al Hans Welzel (Mexico D.F. 2005) 231 = in: Hirsch/Cerezo Mir/Donna (Hrsg.) Hans Welzel en el pensamiento penal de la modernidad (Buenos Aires 2005) 251 (zit. Dominio); *ders.* Die kriminalpolitischen und dogmatischen Grundfragen der Unternehmenskriminalität, Festschrift Rudolphi (2004) 295; *ders.* Die Rechtsfigur des „Täters hinter dem Täter" und das Prinzip der Tatherrschaftsstufen, Festschrift Schroeder (2006) 401; *ders.* Vom kriminalpolitischen Nutzen und Nachteil eigenhändiger Delikte – Ein Rehabilitierungsversuch, Festschrift Jung (2007) 881; *ders.* Schrumpfende Basis, wuchernder Überbau? Zum Schicksal der Tatherrschaftsdoktrin nach 50 Jahren, Festschrift Roxin II (2011) 799; *ders.* Herrschaft über die Hilflosigkeit des Rechtsguts oder Pflichtverletzung als Strafgrund der Sonderdelikte?, GA **2017** 678; *ders.* Der Begriff der Einheitstäterschaft im Strafrecht – Kritik eines dogmatischen Monstrums, GA **2020** 224; *ders.* Täterschaft als Herrschaft über den Grund des Erfolges (2020) (zit. Täterschaft); *Schulz* Die mittelbare Täterschaft kraft Organisationsherrschaft – eine notwendige Rechtsfortbildung? (BGH NJW **1994** 2703) JuS **1997** 109; *Schumann* Zum Einheitstätersystem des § 14 OWiG (1979); *ders.* Strafrechtliches Handlungsunrecht und das Prinzip der Selbstverantwortung der Anderen (1986) (zit. Selbstverantwortung); *Schwab* Täterschaft und Teilnahme bei Unterlassungen (1996); *Seelmann* Mittäterschaft im Strafrecht, JuS **1980** 571; *Seher* Grundfälle zur Mittäterschaft, JuS **2009** 304; *ders.* Vorsatz und Mittäterschaft, JuS **2009** 1; *Selter* Warum unterscheiden wir Täter und Teilnehmer?, ARSP **97** (2011) 251; *Shimada* Ein neuer Aspekt der Täterlehre, GA **2009** 469; *Sippel* Mittelbare Täterschaft bei deliktisch handelndem Werkzeug, NJW **1983** 2226; *ders.* Nochmals: Mittelbare Täterschaft bei deliktisch handelndem Werkzeug, NJW **1984** 1866; *ders.* Nochmals: Mittelbare Täterschaft bei deliktisch handelndem Werkzeug, JA **1984** 480; *Sinn* Straffreistellung aufgrund von Drittverhalten (2007); *Sofos* Mehrfachkausalität von Tun und Unterlassen (1999); *Son* Die mittelbare Täterschaft und das System der Tatbeteiligung im koreanischen StGB, ZStW **119** (2007) 750; *Sorgenfrei* Steuerhinterziehung in mittelbarer Täterschaft bei Publikumsgesellschaften, wistra **2006** 370; *Sowada* Täterschaft und Teilnahme beim Unterlassungsdelikt, Jura **1986** 399; *ders.* Zum Mittäterexzeß bei § 227 StGB, Festschrift Schroeder (2006) 621; *ders.* Die Tatherrschaft als Zurechnungsinstrument im Spannungsfeld von Selbst- und Fremdtötung, Festschrift Merkel (2020) 1109; *Spendel* Zur Kritik der subjektiven Versuchs- und Teilnahmetheorie, JuS **1969** 314; *ders.* „Der Täter hinter dem Täter" – eine notwendige Rechtsfigur? Festschrift Lange (1976) 147; *ders.* Zum Begriff der Täterschaft, Festschrift Lüderssen (2002) 605; *Spiegel* Nochmals: Mittelbare Täterschaft bei deliktisch handelndem Werkzeug, NJW **1984** 110, 1867; *Steckermeier* Der Tatentschluss von Mittätern (2015); *U. Stein* Die strafrechtliche Beteiligungsformenlehre (1988) (zit. Beteiligungsformenlehre); *ders.* Mittäterschaft durch Verstärkung der allgemeinen Tatbereitschaft eines anderen?, StV **1993** 411; *Stoffers* Mittäterschaft und Versuchsbeginn, MDR **1989** 208; *Teubner* Mittelbare Täterschaft bei deliktisch handelndem Werkzeug, JA **1984** 144; *Stratenwerth* Gibt es eigenhändige Delikte? SchwZStr **115** (1997) 86; *Stübinger* Zurechnungsprobleme beim Zusammenwirken mehrerer fahrlässiger Taten, ZIS **2011** 602; *Stuckenberg* Körperverletzung mit Todesfolge bei Exzess des Mittäters, Festschrift Jakobs (2007) 693; *Thiele* Zur mittelbaren Täterschaft bei Verbreitung von kreditschädigenden Äußerungen durch einen Dritten im Internet, MuR **2001** 163; *Tiedemann* Die Regelung von Täterschaft und Teilnahme im europäischen Strafrecht, Festschrift Nishihara (1998) 496; *Timpe* Mittelbare Täterschaft bei Selbstschädigung, StraFo **2013** 358; *Tjaben* Die Unterscheidung zwischen Urheberschaft und Beihilfe, GA **42** (1894) 218; *Trüg* Das „Eigentliche" am uneigentlichen Organisationsdelikt im Unternehmenskontext, Festschrift Fischer (2018) 279; *Urban* Mittelbare Täterschaft kraft Organisationsherrschaft (2004); *v. Uthmann* Objektive und subjektive Tatherrschaft, NJW **1961** 1908; *Utsumi* Fahrlässige Mittäterschaft, Jura **2001** 538; *dies.* Fahrlässige Mittäterschaft in Japan, ZStW **119** (2007) 768; *Valdagua* Versuchsbeginn des Mittäters bei den Herrschaftsdelikten, ZStW **98** (1986) 839; *Vassilaki* Ist eine alternative Tatsachenfeststellung bei fahrlässiger Beteiligung möglich? Festschrift Schreiber (2003) 499; *Velásquez Velásquez* Paramilitärische Führer und kriminelle Machtapparate, FS Schünemann (2014) 1119; *Vest* Genozid durch organisatorische Machtapparate (2002); *Voli* Täterschaft kraft Organisationsherrschaft: Der Fall der goldenen Morgenröte, GA **2019** 385; *Volk* Tendenzen zur Einheitstäterschaft – Die verborgene Macht des Einheitstäterbegriffs, Festschrift Roxin (2001) 563; *Walter* Zurechnung statt Schuld? Sukzessive Beteiligung bei Mord, Raub und Raub mit Todesfolge, NStZ **2008** 548; *Wagner* Amtsverbrechen (1975); *ders.* Selbstmord und Selbstmordverhinderung (1975); *Weber* Probleme der Versuchsstrafbarkeit bei mehreren Tatbeteiligten, Festschrift Lenckner (1998) 435; *Weddig* Mittelbare Täterschaft und Versuchsbeginn bei der Giftfalle (2008); *van Weezel* Beteiligung bei Fahrlässigkeit. Ein Beitrag zur Verhaltenszurechnung bei gemeinsamem Handeln (2006); *ders.* Intervención delictiva y garantismo penal, ZIS **2009** 432; *von Atens* Objektive Zurechnung und Tatherrschaft (2019); *Weidemann* Zollhinterziehung in mittelbarer Täterschaft? wistra **2003** 241; *Weigend* "Perpetration Through an Organization", Journal of International Criminal Justice 9 (2011), 91; *Weißer* Kausalitäts- und Täterschaftsprobleme bei der strafrechtlichen Würdigung pflichtwidriger Kollegialentscheidungen (1995); *dies.* Gibt es eine fahrlässige Mittäterschaft? JZ **1998** 230; *dies.* Täterschaft in Europa (2011); *dies.* Die mittelbare Täterschaft kraft Organisationsherrschaft, Ad Legendum **2012** 244; *dies.* Zur umweltstrafrechtlichen Verantwortlichkeit von Leitungspersonen in Unternehmen, in: Proeßl (Hrsg.), Verantwortlichkeit und Haftung für Umweltschäden (2013) 215; *Weltz* Zum Verhältnis von Anstiftung und Beihilfe (2010); *Welzel* Studien zum System des Strafrechts, ZStW **58** (1939) 491; *ders.* Zur Kritik der subjektiven Teilnahmelehre, SJZ **1947** Sp. 645; *Werle/Burghardt* Die mittelbare Mittäterschaft – Fortentwicklung deutscher Strafrechtsdogmatik im Völkerstrafrecht? Festschrift Maiwald (2010), 849; *Wieners* Veranlassung und Unterstützung zum Selbstmord (1958); *Wiegmann* Abgrenzung von (Mit-)Täterschaft und Beihilfe – BGHSt 38, 315, JuS **1993** 1003; *Wietfeld* Tatherrschaft im Rahmen der Steuerhinterziehung (2016); *Willnow* Die Rechtsprechung des 5. (Berliner) Strafsenats des Bundesgerichtshofs zur strafrechtlichen Bewältigung der mit der deutschen Vereinigung verbundenen Probleme, JR **1997** 221; *Witzigmann* Das absichtslos-dolose Werkzeug (2009); *Woelk* Täterschaft bei zweiaktigen Delikten (1994); *Wohlers* Der Erlaß rechtsfehlerhafter Genehmigungsbescheide als Grundlage mittelbarer Täterschaft, ZStW **108** (1996) 61; *ders.* Trunkenheitsfahrten als eigenhändige Delikte, SchwZStr **116** (1998) 95; *E. Wolf* Betrachtungen über die mittelbare Täterschaft (1927); *G. Wolf* Gestufte Täterschaft – Zur Lehre vom „Täter hinter dem Täter", Festschrift Schroeder (2006) 415; *Wolters* Versuchsbeginn bei Einsatz eines sich selbst schädigenden Tatmittlers, NJW **1998** 578; *Yamanaka* Abgrenzung von Beihilfe und Mittäterschaft bei Unterlassungsdelikten, Festschrift Schünemann (2014) 561; *Zaczyk* Die „Tatherrschaft kraft organisatorischer Machtapparate" und der BGH, GA **2006** 411; *Zieschang* Mittäterschaft bei bloßer Mitwirkung im Vorbereitungsstadium? ZStW **107** (1995) 361; *ders.* Gibt es den Täter hinter dem Täter, Festschrift Otto (2007) 505; *Zopfs* Vermeintliche Mittäterschaft und Versuchsbeginn, Jura **1996** 19.

## Übersicht

## Alphabetisches Stichwortverzeichnis

## I. Entstehungsgeschichte

1 **Geschichtlich** entstammen die Begriffe der Mittäterschaft, der mittelbaren Täterschaft, der Beihilfe und der Anstiftung in einer freilich noch recht unklaren, oft nur auf einzelne Tatbestände bezogenen und vom heutigen Verständnis abweichenden Form dem italienischen Strafrecht des ausgehenden Mittelalters, das seinerseits auf einer Verarbeitung des römischen Rechts nach Wiederentdeckung der Digesten beruhte.[1] Von dort sind diese Vorstellungen in das gemeine Strafrecht eingedrungen (Art. 148, 177 der Peinlichen Gerichtsordnung Kaiser Karls V. von 1532)[2] und durch die Wissenschaft (*Carpzow*, *Pufendorf*, *Böhmer*) allmählich verfeinert worden. Im 18.Jahrhundert unterschied man nur zwischen dem Urheber (*auctor delicti*) und dem Gehilfen (*socius delicti*). Erst um die Wende zum 19. Jahrhundert bürgerte sich die zusätzliche Unterscheidung zwischen dem **physischen** und dem **intellektuellen Urheber** ein,[3] die dann auf Vorschlag von *Mittermaier* und *Bauer* durch die Begriffe **Thäter** bzw. **Anstifter** bezeichnet worden ist und in die deutsche Partikulargesetzgebung Eingang gefunden hat, so zuerst im Entwurf für Hannover von 1825.[4] Die heutige Unterscheidung zwischen Täterschaft, Anstiftung und Beihilfe ist dann aus dem französischen Code pénal (Art. 59, 60) in das Preußische StGB von 1851 (§§ 34, 35) und von diesem in das Reichsstrafgesetzbuch von 1871 übernommen worden.[5]

2 Der seit dem 1. Januar 1975 geltende neue Allgemeine Teil des StGB hat die **Dreiteilung** der Mitwirkungsformen in Täterschaft, Anstiftung und Beihilfe, wie sie schon dem früheren Recht zugrunde lag, in den §§ 25–27 übernommen und die weitere Dreiteilung der Täterschaftsformen in unmittelbare Täterschaft, mittelbare Täterschaft und Mittäterschaft, wie sie Wissenschaft und Rechtsprechung unter der Geltung des alten StGB herausgebildet hatten,[6] in den Wortlaut des neuen § 25 aufgenommen. Im Bereiche der Teilnahme ist die Grundentscheidung für die limitierte Akzessorietät, die durch die Strafrechtsangleichungsverordnung vom 29.5.1943 in das alte StGB Eingang gefunden hatte, beibehalten worden (§§ 26, 27, 29). Das neue Gesetz brachte also im Verhältnis zum früheren Recht keine umstürzenden Änderungen, sondern nur eine Reihe von – zum Teil freilich wichtigen – Klarstellungen und Präzisierungen, auf die in der nachfolgenden Kommentierung im Einzelnen eingegangen wird (vgl. vor allem *Schünemann/Greco* LK § 25 Rdn. 72 ff zur Entscheidung für die Täterschaft bei eigenhändiger Tatbegehung und *Schünemann/Greco* LK vor § 26 Rdn. 21 ff zum Kriterium der Vorsätzlichkeit der Haupttat als Voraussetzung der Teilnahme).

3 Der **Text** der heutigen §§ 25–30 stimmt in der Sache völlig (und weitgehend auch im Wortlaut) mit den Vorschlägen überein, die die Sachbearbeiter des Bundesjustizministeriums schon

1 *Bloy* Zurechnungstypus S. 53 ff; *Bock* S. 21 ff; *Rehag* S. 11 ff.

2 Leicht zugänglich als Reclam-Heft Nr. 18064, hrsg. u. erl. v. *Schroeder*.

3 Nicht nur bei *Feuerbach* Lehrbuch des gemeinen in Deutschland gültigen Peinlichen Rechts [1](1801) 40 f, s. die weit. Nachw. b. *Hruschka* ZStW **110** (1998) 595 Fn. 33. Eingehend zum Urheberbegriff in der 1. Hälfte des 19. Jahrhunderts *Bolowich* S. 14 ff, der selbst auf S. 194 ff eine Neubelebung versucht; ferner bei *Ebrahim-Nesbat* S. 46 ff, 81 ff.

4 Nachw. b. *Hruschka* ZStW **110** (1998) 595 f.

5 Zur geschichtlichen Entwicklung, die im Rahmen dieses Kommentars nicht näher dargestellt werden kann, vgl. vor allem *Heimberger* Die Teilnahme am Verbrechen von Schwarzenberg bis Feuerbach (1896); *Engelmann* FS Binding Bd. 2, S. 387 ff; *Schaffstein* Die Allgemeinen Lehren vom Verbrechen in ihrer Entwicklung durch die Wissenschaft des Gemeinen Strafrechts (1930) 169 ff (erweiterter Neudruck 1973); *Dahm* Das Strafrecht Italiens im ausgehenden Mittelalter (1931); *Bloy* Zurechnungsform S. 46 ff; *Hruschka* ZStW **110** (1998) 595 ff; *Maiwald* FS Schroeder 283 ff. Einen skizzenhaften geschichtlichen Abriss gibt *H. Mayer* AT (1953) 301–303; vgl. ferner *Jescheck/Weigend* § 61 II 2a.

6 Eingehende Darstellung bei *Schild* NK[1] Vorbem. Rdn. 1–33 (die aktuelle 5. Aufl. ist wesentlich gekürzt worden) und *Rotsch* Einheitstäterschaft S. 11 ff.

für die erste Erörterung des Themas „Täterschaft und Teilnahme" in der Großen Strafrechtskommission unterbreitet hatten.[7] Diese erste Fassung hat sich gegen eine Vielzahl von abweichenden Vorschlägen durchgesetzt, die keine grundlegend anderen Lösungen, oft aber größere Ausführlichkeit im Detail anstrebten.[8] Die abweichenden Vorschläge stammten teils von den Mitgliedern der Großen Strafrechtskommission,[9] teils von Gelehrten, die zu den Gesetzgebungsplänen kritisch Stellung nahmen,[10] teils sind sie sogar in ausformulierte Gesetzentwürfe eingegangen.[11] Die wichtigsten Unterschiede gegenüber dem heutigen Gesetzestext bestanden darin, dass vielfach eine eingehendere Regelung der mittelbaren Täterschaft empfohlen wurde[12] oder dass man die Abhängigkeit der Teilnahme vom Vorsatz des Täters als zu weitgehend empfand.[13] Doch enthielt bereits der E 1962 in den §§ 29–31, 34 die heutige Regelung; der Sonderausschuss für die Strafrechtsreform, der das 2. Strafrechtsreformgesetz vorbereitete, hat diese Regelung beibehalten und lediglich die §§ 32 und 35 Abs. 3 des E 1962 gestrichen (dazu näher *Schünemann/Greco* LK § 25 Rdn. 164, 166 und die Kommentierung bei *Schünemann/Greco* LK § 30).[14] Sie kann sich in den Grundlagen auf einen breiten Konsens in Wissenschaft und Praxis stützen.[15]

Zum Recht des **Einigungsvertrages** über die Behandlung der **DDR-Alttaten** sowie zum **Täterbegriff der DDR** vgl. Voraufl. vor § 25 Rdn. 4, § 25 Rdn. 223 ff. 4

## II. Die Ablehnung des Einheitstäterbegriffs

### 1. Die Beratungen der Großen Strafrechtskommission

**Allgemeine Ablehnung** hat vor allem das große Gegenmodell gefunden, der Einheitstäterbegriff, der auf eine Unterscheidung von Täterschaft, Anstiftung und Beihilfe verzichtet und entweder alle für den Erfolg kausalen Beiträge in einer unterschiedslosen Täterschaft aufgehen lässt oder zwar verschiedene Mitwirkungsformen (die bei den meisten Lösungen nicht mit der heutigen Dreiteilung übereinstimmen) kennt, sie aber mindestens in den Rechtsfolgen gleichstellt (oder doch nur vereinzelte Ausnahmen von dieser Regel zulassen will).[16] Bei den Beratungen der Großen Strafrechtskommission sind nur *Krille*[17] und *v. Stackelberg*[18] für den Einheitstäter eingetreten; Sympathien für eine solche Regelung haben *Schwalm*[19] und *Eb.* 5

7 Ihr Wortlaut ist nebst Begründung abgedruckt in den Niederschriften, 2. Bd., Allg. Teil, 14.–25. Sitzung (1958) Umdruck 78, Anhang Nr. 16, S. 38–42.

8 Eingehende Darstellung bei *Schild* NK[1] Vorbem. Rdn. 34–45.

9 Abgedruckt: Niederschriften, Bd. 2, Anhang Nr. 14, 15, 17–20. S. 34–38, 42–51; Niederschriften, Bd. 12, Zweite Lesung des Entwurfs, Allg. Teil, Anhang A, Nr. 33–35; S. 490–495. Darunter befinden sich auch variierende Vorschläge der Sachbearbeiter des Bundesjustizministeriums.

10 *Sax* ZStW **69** (1957) 435/36; *Roxin* TuT S. 544.

11 So in den Regierungsentwurf 1958 und den Alternativentwurf zum Allgemeinen Teil.

12 Eine solche ist im Anschluss an Vorschläge von *Gallas* enthalten in § 28 Abs. 2 E 1958 (dazu *Roxin* TuT S. 540 f).

13 Für Streichung des Vorsatzerfordernisses §§ 28, 29 des Alternativentwurfes zum AT; Begründung S. 63 daselbst.

14 Die Beratungen der Großen Strafrechtskommission und des Sonderausschusses für die Strafrechtsreform zum Thema „Täterschaft und Teilnahme", die wichtiges Material sowohl zu den grundsätzlichen Fragen wie zu vielen Einzelproblemen enthalten, sind abgedruckt in: Niederschriften, Bd. 2, S. 67–101, 108, 109, Prot. über die Sitzungen des Sonderausschusses, V. Wahlp., 82. Sitzung vom 4.10.1967, S. 1647–1650; 91. Sitzung vom 14.12.1967, S. 1821, 1838. Gesetzesbegründung zum E 1962: BT-Drucks. **IV**/650 S. 146–156; zur Endfassung des Sonderausschusses: BT-Drucks. **V**/4095, S. 12 f.

15 Nähere (in manchen Punkten auch kritische) Stellungnahme zur neuen Gesetzesfassung: *Roxin* TuT S. 539–557.

16 Zur Dogmengeschichte des Einheitstäterbegriffs vgl. *Kienapfel* Der Einheitstäter im Strafrecht (1971) 9–20.

17 Niederschriften, Bd. 2, S. 98 f.

18 Niederschriften, Bd. 2, S. 100.

19 Niederschriften, Bd. 2, S. 90 f.

*Schmidt*[20] bekundet. Diese Empfehlungen gründeten sich vor allem auf die Schwierigkeit, die verschiedenen Beteiligungsformen voneinander abzugrenzen, und auf den Umstand, dass die Rechtsprechung in den praktischen Ergebnissen sich dem Einheitstäterbegriff vielfach annäherte,[21] indem sie die objektiven Unterscheidungen der Beteiligungsformen einebnete und den „Täterwillen" mit Hilfe einer strafzumessungsähnlichen „Ganzheitsbetrachtung" ermittelte. Bei der Abstimmung ist dann aber der den Einheitstäter befürwortende Vorschlag „mit so überwältigender Mehrheit abgelehnt worden, als hätte er nie ernsthaft zur Debatte gestanden".[22]

## 2. Das weitere Schicksal des Einheitstäterbegriffs

6 **a) im Ordnungswidrigkeitengesetz.** In der **Folgezeit** ist die Einheitstäterregelung rechtspolitisch vor allem dadurch wieder ins Gespräch gekommen, dass das **Ordnungswidrigkeitengesetz** sich ihr nach Meinung des Regierungsentwurfs angeschlossen hat, weil in § 14 OWiG ein „einheitlicher umfassender Täterbegriff" eingeführt werde, der den Hauptvorteil habe, „dass die Rechtsanwendung erheblich erleichtert wird,... (weil) die mit der Ahndung betrauten Stellen ... der oft recht schwierigen Aufgabe enthoben sind, die Rechtsfrage zu prüfen und zu entscheiden, ob die Tatbeteiligung als Täterschaft oder als bloße Teilnahme an der von einem anderen begangenen Tat einzuordnen ist".[23] Aber dabei wird verkannt, dass die Vereinfachung nur die Tenorierung der das Bußgeld verhängenden Entscheidung betrifft, während für die inhaltliche Frage der Reichweite des Beteiligungsverbots zuvor geklärt werden muss, ob die in den besonderen Bußgeldvorschriften beschriebene Tat, also eine direkte Erfüllung des Ordnungswidrigkeitstatbestandes, vorliegt oder ob die Voraussetzungen der im OWiG nicht ausdrücklich genannten, aber vorausgesetzten Beteiligungsformen der Anstiftung oder Beihilfe erfüllt sind. Die von § 14 OWiG geprägte Wendung der „Beteiligung mehrerer an einer Ordnungswidrigkeit" setzt ferner voraus, dass es eine Ordnungswidrigkeit (also eine bußgeldpflichtige Tat und dementsprechend auch einen Täter) bereits gibt und die Beteiligung anderer Personen hinzukommt. Weil das OWiG aber nicht sagt, was eine „Beteiligung" ist, muss man dafür faute de mieux auf die Regelungen über „Täterschaft und Teilnahme" in §§ 25 ff. StGB zurückgreifen, wovon auch der Gesetzgeber ausgegangen ist, der ausdrücklich davon spricht, dass für „den Begriff der Beteiligung ... nur die überkommenen Formen der Täterschaft und Teilnahme übrigbleiben, nämlich die unmittelbare und mittelbare Täterschaft, die Mittäterschaft, die Anstiftung und Gehilfenschaft" (BT-Drucks. V/1269 S. 47 re. u., 48 li. u.). Die einzige Funktion des § 14 OWiG außerhalb der impliziten Verweisung auf die §§ 25 ff StGB besteht deshalb in der Versagung der laut § 27 Abs. 2 S. 2 StGB obligatorischen Strafmilderung für die Beihilfe,[24] denn die im StGB klar geregelte Straflosigkeit der versuchten Teilnahme (mit Ausnahme des § 30 StGB) wird auch im Ordnungswidrigkeitenrecht durch eine in der Sache vernünftige, aber im Einheitstätersystem eigentlich deplatzierte Interpretation des § 23 OWiG erreicht (BeckOK-OWiG/*Coen* § 13 Rdn. 26).

---

**20** Niederschriften, Bd. 2, S. 122.

**21** Vgl. dazu näher *Roxin* TuT S. 108–118.

**22** *Kienapfel* Der Einheitstäter im Strafrecht (1971) 17 f.

**23** So die Begründung des Regierungsentwurfs des OWiG von 1969, BT-Drucks. V/1269, S. 47 re. o., re. u. und 48 li. u.

**24** Zur Kritik zuletzt *Schünemann* GA **2020** 224 ff. Der Einheitstäterbegriff ist deshalb in dogmatischer Hinsicht ein „Monstrum" (*Schünemann*), doch wiegen die gegen dessen verfehlte Nivellierung durchgreifenden rechtsstaatlichen Bedenken bei nichtstrafrechtlichen Sanktionen minderer Art, wie sie das OWiG vorsieht, naturgemäß weniger schwer. Zur ganz überwiegend krit. Diskussion: *Cramer* NJW **1969** 1929 ff; *Welp* VOR **1972** 229 ff; *Dreher* NJW **1970** 217 ff; *Lange* FS Maurach 235 ff; *Kienapfel* NJW **1970** 1826 ff; *Schumann* Zum Einheitstätersystem des § 14 OWiG (1979); *Bloy* Zurechnungstypus S. 149 ff; didaktisch *Bock* Jura **2005** 673.

**b) in Österreich und im heutigen Schrifttum.** Unter dem Einfluss von *Kienapfel*, der sich in zahlreichen Publikationen für die Einführung des Einheitstäters auch im Kriminalstrafrecht der Bundesrepublik eingesetzt hatte,[25] hat das am 1.1.1975 in Kraft getretene **österreichische** StGB an dem bereits vom alten StGB von 1852 (§ 5) bevorzugten Einheitstäterkonzept festgehalten (§§ 12 ff, 32 ff).[26] Auch im **neueren Schrifttum**, insbesondere unter Arbeiten, die der Tatherrschaftslehre kritisch gegenüberstehen[27] oder die eine rechtsvergleichend-rechtsvereinheitlichenden Ausrichtung aufweisen,[28] findet der Einheitstäterbegriff eine gewisse Renaissance. 7

### 3. Würdigung

**Rechtspolitisch** verdient die Entscheidung des Gesetzgebers für das Teilnahmesystem Beifall. Eine Einheitstäterlösung wäre mit den rechtsstaatlichen Grundlagen unseres Tatbestandsstrafrechts kaum vereinbar (1), sie führt zu einer unerwünschten Ausdehnung der Strafbarkeit (2), und sie bringt auch nicht den Vereinfachungsgewinn, den sich ihre Befürworter erhoffen (3).[29] 8

**a) Loslösung vom Tatbestand.** Die **Tatbestandsbeschreibungen** erfassen nicht jede (Mit-)Ursache einer Rechtsgüterverletzung, sondern sind bei den meisten Delikten auf bestimmte Angriffsarten beschränkt und erfassen auch sonst sowohl nach dem natürlichen Wortsinn als auch nach dem Zweck des Strafrechts (Rechtsgüterschutz) nur die Personen, die die maßgebliche Entscheidung über die Verletzung des Rechtsguts oder deren Ausbleiben treffen, indem sie das rechtsgüterverletzende Geschehen beherrschen und nicht etwa vollständig der Entscheidung einer anderen Person überlassen (wie die Anstifter und Gehilfen). Diese Bedenken werden nicht dadurch entkräftet, dass die Lehre von der objektiven Zurechnung ohnehin zu einer Einschränkung der strafrechtlichen Verantwortlichkeit führe;[30] denn die objektive Zurechnung bestimmt, zusammen mit der Kausalität, nur eine äußerste und noch sehr weite Grenze der Tatbestandsverwirklichung. 9

**b) Strafbarkeitsüberdehnung.** Eine **bedenkliche Strafbarkeitserweiterung** liegt vor allem darin, dass die versuchte Teilnahme, die heute bei der Anstiftung meist und bei der Beihilfe stets straflos ist, als versuchte Täterschaft strafbar würde. Die Strafbarkeit solcher vom Tatbestand weit entfernter Vorbereitungshandlungen ist schon in den Grenzen des geltenden § 30 rechtsstaatlich nicht unproblematisch;[31] sie würde durch den Einheitstäterbegriff im Bereiche der Teilnahme zu einer auch von der Kausalität gelösten generellen Bestrafung von Gesinnungsbekundungen erweitert werden. Das Einheitstätersystem entgeht diesen Folgen nur dadurch, 10

25 NJW **1970** 1826 ff; Der Einheitstäter im Strafrecht (1971); Erscheinungsformen der Einheitstäterschaft, in: Müller-Dietz (Hrsg.) Strafrechtsdogmatik und Kriminalpolitik (1971) 21 ff; JuS **1974** 1 ff; JurBl. **1974** 113 ff, 180 ff; vgl. auch *Seier* JA **1990** 342 ff, 382 ff, der eine Hinwendung des Strafrechts zum Einheitstäterprinzip zu erkennen glaubt. Zum ganzen auch *Detzer* Die Problematik der Einheitstäterlösung (1972); *Volk* FS Roxin 563.

26 Näher *Bloy* Zurechnungstypus S. 166 ff m. w. N. aus der österreichischen Literatur. Siehe auch *Kienapfel* JBl **1974** 113 ff; *Triffterer* Die österreichische Beteiligungslehre (1983).

27 *Rotsch* Einheitstäterschaft S. 190 ff, 421 ff; *Marlie* S. 16 f, 214, 220.

28 *Schöberl* S. 264 ff; *Miller* S. 260 ff; *Rehag* S. 476; wohl auch *Engert* S. 147 f; krit. aber *H. Stein* S. 337 ff.

29 Dazu näher *Schünemann* GA **2020** 224 ff; *Gallas* Beiträge zur Verbrechenslehre (1968) 113 ff, 162 ff.

30 So aber *Hamdorf* S. 322 ff, 403 f; *Schöberl* S. 226; *Schmoller* GA **2006** 367; *Marlie* S. 60; ähnl. *Miller* S. 268, 276 ff; *Rotsch* Einheitstäterschaft S. 468 f.

31 Vgl. *Schünemann/Greco* LK § 30 Rdn. 5 ff.

dass es irgendwie „entferntere" und „nähere" Tatbeiträge differenziert und somit, ohne es zu sagen, Täter und Teilnehmer doch voneinander unterscheidet.[32]

11 **c) Abgrenzbarkeit der Beteiligungsformen.** Schließlich kann der für den Einheitstäterbegriff seit Jahrzehnten geltend gemachte Hauptgrund, die vermeintliche Unmöglichkeit einer befriedigenden **Abgrenzung der Beteiligungsformen,**[33] heute nicht mehr gelten. Denn in der Wissenschaft ist auf der Basis der Tatherrschaftslehre während der letzten vierzig Jahre eine Einigkeit erreicht worden, wie sie seit dem Inkrafttreten des StGB von 1871 nie bestanden hatte (vgl. näher *Schünemann/Greco* LK § 25 Rdn. 9–13); die noch übrig gebliebenen Streitfragen sind nicht zahlreicher als auch sonst in der Allgemeinen Verbrechenslehre. Auch die Rspr. hat sich der Tatherrschaftslehre so weit angenähert, dass die durch die (von ihr früher allein praktizierte) subjektive Theorie geschaffenen Unsicherheitsbereiche sehr viel enger geworden sind (vgl. *Schünemann/Greco* LK § 25 Rdn. 21–42). Im Übrigen könnte auch der Einheitstäterbegriff die durch die Sache gegebenen Unterscheidungen nicht aus der Welt schaffen. Das zeigen gerade die Überlegungen von *Rotsch*, die er unter der plakativen Überschrift der „Einheitstäterschaft statt Tatherrschaft" zusammenfasst.[34] Dass die zunächst geleugnete Unterscheidung an späterer Stelle doch eingeführt werden muss, macht sich bei ihm dadurch bemerkbar, dass er zwischen mittelbarer und unmittelbarer Zuständigkeit unterscheidet, je nachdem, ob der Beteiligte das Rechtsgut mit oder ohne dem bzw. das Dazwischentreten eines weiteren Handelnden angriff (S. 422 ff., 435). Sodann tritt er – aus der Einheitstäterperspektive konsequent, aber mit dem geltenden Recht nicht vereinbar und insofern als veritable reductio ad absurdum – für eine Bestrafung aller Formen der versuchten Teilnahme ein (S. 476 ff.).

## III. Die Ablehnung des extensiven Täterbegriffs

12 Dem StGB von 1975 lässt sich auch eine Ablehnung des extensiven Täterbegriffs entnehmen. Der Streit um den extensiven oder den restriktiven Täterbegriff,[35] der um 1930 die deutsche Strafrechtswissenschaft beherrschte,[36] betrifft die Grundfrage nach dem **leitenden Prinzip der Täterschaft.** Der extensive Täterbegriff sieht es in der Verursachung der Rechtsgutsverletzung und leitet daraus die Annahme ab, „an sich" sei jeder Täter, der eine strafbare Tatbestandserfüllung bewirke; Anstiftung und Beihilfe stellten sich danach als Strafeinschränkungsgründe dar, als Ausgliederungen bestimmter Bewirkungsformen aus dem Täterbereich. Eine solche Auffassung findet sich noch in BGHSt **3** 5, wo es heißt: „Wer den Erfolg des gesetzlichen Straftatbestandes verursacht, ist Täter, soweit nicht besondere Vorschriften entgegenstehen." Der restriktive Täterbegriff geht demgegenüber von der Vornahme der Tatbestandshandlungen als dem Kriterium der Täterschaft aus; Anstiftung und Beihilfe sind dann Strafausdehnungsgründe und bedeuten eine Erstreckung der Strafbarkeit in einen von Tatbestand und Täterschaft nicht erfassten Raum.

32 Ähnl. *Klesczewski* FS Puppe 617 ff, mit dem zustimmungswürdigen Fazit: „Koordiniertes Unrechttun ist danach augenscheinlich von einer inneren Gesetzesmäßigkeit geprägt, deren sich ein Einheitstätersystem trotz entgegenstehender Intentionen und terminologischen Festlegungen nicht entziehen kann und die es unter der Hand in ein Teilnahmesystem verwandeln.".

33 Vgl. die von *Kienapfel* Erscheinungsformen S. 51 gesammelten Stimmen.

34 Hierzu auch *Renzikowski* ZStW **122** (2009), 854, 866 ff; *Schünemann* FS Roxin II S. 814 ff = Täterschaft S. 538 ff; *Roxin* TuT S. 789 ff. (Rdn. 260 ff); *Schild* NK Vor § 25 Rdn. 7.

35 Die Termini stammen von *Zimmerl* ZStW **49** (1929) 39 ff.

36 Vgl. *Zimmerl* ZStW **49** (1929) 39–54; *Eb. Schmidt* Festgabe Frank, Bd. II (1930) 106–133; *Mezger* AT [1](1931) 915 ff; *Bruns* Kritik der Lehre vom Tatbestand (1932); *Grünhut* JW **1932** 366 f; *Bähr* Restriktiver und extensiver Täterbegriff (1934); *Lony* Extensiver oder restriktiver Täterbegriff? (1934); *Lange* Der moderne Täterbegriff und der deutsche Strafgesetzentwurf (1935). Zu den Wurzeln des restriktiven Täterbegriffs im kantianischen Freiheitsbegriff *Hruschka* ZStW **110** (1998) 586 ff, 593.

**Positivrechtlich** ist gegen den extensiven Täterbegriff immer schon geltend gemacht worden, was auch unter dem neuen Recht noch gilt: dass er nämlich bei eigenhändigen Delikten und (Garanten-)Sonderdelikten scheitert. Der Teilnehmer an solchen Delikten ist strafbar, obwohl er wegen Fehlens der Eigenhändigkeit oder einer tatbestandsspezifischen Garantenstellung keinesfalls Täter des Tatbestandes sein könnte. Nach neuem Recht ergibt sich nunmehr auch aus § 25, dass Täter nur ist, wer die Tat (in bestimmten, dort genannten Formen) „begeht", nicht schon, wer den Erfolg bewirkt. Nach der Neuregelung der Teilnahme in §§ 26, 27 kommt hinzu, dass die Notwendigkeit einer Vorsätzlichkeit der Haupttat als Voraussetzung der Teilnahme dem extensiven Täterbegriff entgegensteht: Wer jemanden zu einer Tatbestandsverwirklichung veranlasst und dabei irrig an dessen Vorsatz glaubt, kann weder als Täter noch als Teilnehmer (sondern allenfalls wegen versuchter Teilnahme) bestraft werden (vgl. näher *Schünemann/Greco* LK § 25 Rdn. 163 f), obwohl er vorsätzlich eine tatbestandliche Rechtsgüterverletzung bewirkt hat. 13

**Das Grundgebrechen** des extensiven Täterbegriffs liegt aber bereits darin, dass er Täterschaft und Tatbestand auf die kausale Rechtsgüterverletzung reduziert.[37] Er setzt sich damit denselben Einwänden aus wie der Einheitstäterbegriff, zu dem er auch konsequenterweise hinführt; denn wenn jeder Beteiligte prinzipiell Täter ist, ist nicht recht einzusehen, warum es einer besonderen Regelung der Teilnahme überhaupt bedarf. Das Problem besteht auch nach einer Ergänzung der Tatbestandslehre um das Erfordernis einer zusätzlich zur Kausalität zu prüfenden objektiven Zurechnung fort, denn der Erfolg ist auch den Teilnehmern zurechenbar, ihnen fehlt aber dessen Beherrschung. Die Leugnung objektiver Unterschiede zwischen Täterschaft und Teilnahme nötigt zudem auf der Grundlage der gesetzlichen Differenzierung dazu, den Unterschied der Beteiligungsformen im Subjektiven, Gesinnungsmäßigen zu suchen. Der extensive Täterbegriff stützt also die subjektive Theorie, deren Unklarheiten und Widersprüche die Beteiligungslehre bis heute in so verhängnisvoller Weise belasten (vgl. näher *Schünemann/Greco* LK § 25 Rdn. 21 ff, 43 ff). 14

Prinzipiell zutreffend ist deshalb der **restriktive Täterbegriff,** insofern er davon ausgeht, dass die Tatbestandsbeschreibung gleichzeitig eine Beschreibung des Täters darstellt. Das ist beim Einzeltäter evident, kann aber auch dadurch nicht grundlegend anders werden, dass mehrere sich beteiligen. Man muss sich nur von der Auffassung der formal-objektiven Theorie lösen, die ursprünglich als Prototyp eines restriktiven Täterbegriffs galt und der zufolge nur die eigenhändige Tatbestandserfüllung die Täterschaft begründet.[38] Sie ist mit § 25 nicht mehr vereinbar, der neben der unmittelbaren Täterschaft auch nicht eigenhändige Formen der Tatbegehung kennt (mittelbare Täterschaft und Mittäterschaft). Vielmehr liegt der Täterschaft ein *materieller Begriff der Tatbestandserfüllung* zugrunde, wonach man die Tatbestandshandlung nicht nur eigenhändig, sondern auch durch den Einsatz menschlicher „Werkzeuge" oder in Arbeitsteilung mit anderen begehen kann (vgl. *Schünemann/Greco* LK § 25 Rdn. 47 f). Ein solches Hinausgehen über die Eigenhändigkeit ändert aber nichts an der Restriktivität dieses Täterbegriffs. Die bloße Bewirkung des Tatbestandserfolges reicht für ihn zur Begründung der Täterschaft nicht aus, so dass Anstiftung und Beihilfe Ausdehnungen der Strafbarkeit bleiben und dem Tatbestand nicht subsumiert werden können. In solcher Gestalt war der restriktive Täterbegriff in der Wissenschaft schon unter dem alten Recht durchaus herrschend,[39] er hat nun durch den neuen § 25 seine Bestätigung erfahren.[40] 15

Freilich kann der Gesetzgeber durch die Fassung der einzelnen Tatbestände ein Ergebnis erreichen, das dem extensiven Täterbegriff oder der Einheitstäterschaft gleichkommt.[41] Bei- 16

---

**37** Zur **Kritik** grundlegend *Gallas* in: Beiträge zur Verbrechenslehre (1968) 79–92; ferner *Jescheck/Weigend* § 61 III, IV; *Roxin* TuT S. 8–10, 28–30.

**38** Näher *Roxin* TuT S. 34–38.

**39** Vgl. nur *Blei* § 70 III; *Jescheck* § 61 III 3; *Maurach* AT § 47; *Sch/Schröder*[16] (1971) Vor § 47 Rdn. 9; *Welzel* § 15, Vorb. 3.

**40** Woraus sich nach Auffassung von *Jäger* FS Schroeder 241, 248 ff erhebliche Konsequenzen für die (restriktive) Zurechnung mehraktiger Erfolgsverwirklichungen ergeben.

**41** S.a. Sch/Schröder/*Heine/Weißer* Vor § 25 Rdn. 10; Maurach/Gössel/Zipf/*Renzikowski* § 47 Rdn. 22; *Schild* NK Rdn. 7, § 25 Rdn. 19, 21; sowie *Schünemann* GA **2020** 230.

spielsweise wird in **§ 129** (Bildung krimineller Vereinigungen) die bloße Unterstützung einer solchen Verbindung oder die Werbung für sie genauso bestraft wie die Mitgliedschaft, nämlich als Täterschaft. Ähnlich wird, wer eine versicherte Sache beiseiteschafft, um dem Versicherungsnehmer bei dessen Versicherungsbetrug zu helfen, nicht als Gehilfe eines Betruges, sondern als Täter nach **§ 265** (Versicherungsmissbrauch) bestraft. Über diese „Tendenzen zur Einheitstäterschaft" hinaus, die vor allem die aktuelle Gesetzgebung zur Bekämpfung der organisierten Kriminalität und im Bereich des Wirtschaftsstrafrechts kennzeichnen,[42] wird dadurch auch die Abgrenzung zwischen Vorbereitung, Versuch und Vollendung aufgehoben oder zumindest verdunkelt. Instruktiv ist hierfür die „unheilige Allianz" zwischen einer ursprünglich extrem extensiven Tatbestandsinterpretation, deren Billigung durch den Gesetzgeber und der dadurch bewirkten Verriegelung einer Rückkehr zu rechtsstaatlich klaren Konturen: Indem der BGH unter Fortsetzung der reichsgerichtlichen Rspr. im Betäubungsmittelstrafrecht unter **„Handeltreiben"** (§ 29 I Nr. 1 BtMG) jede eigennützige auf den Umsatz von Betäubungsmitteln gerichtete Tätigkeit auch ohne irgendeinen weiteren Erfolg verstand,[43] wurde auf der ersten Stufe der Unterschied zwischen Täterschaft und Beihilfe weitgehend eingeebnet,[44] ein eklatanter Wertungswiderspruch zur restriktiven Fassung der entsprechenden Tatbestandsmerkmale im Kriegswaffenstrafrecht[45] erzeugt und die Strafbarkeit enorm ausgedehnt (versuchte Täterschaft ist strafbar, versuchte Beihilfe nicht; eine klare Abgrenzung des Bereiches strafloser Vorbereitungshandlungen ist nicht mehr möglich).[46] Auf der zweiten Stufe hat der Gesetzgeber diese Tatbestandsinterpretation zum Modell für verschiedene Neukriminalisierungen genommen, etwa bezüglich des Handels mit Atomwaffen, biologischen und chemischen Waffen sowie Antipersonenminen und Streumunition in §§ 19–20a (jeweils Abs. 1 Nr. 1) KWKG, rezeptpflichtigen Arzneimitteln in § 95 I Nr. 4 AMG, Dopingmitteln in § 4 I Nr. 1 AntiDopG oder menschlichen Organen in § 18 Abs. 1 TPG. Und u. a. deswegen ist auf der dritten Stufe vom Großen Senat für Strafsachen die traditionelle, in einem richtungweisenden Anfrage- und sodann Vorlagebeschluss des 3. Strafsenats[47] überzeugend kritisierte Rspr. dennoch nicht revidiert, sondern be-

---

**42** Näher *Volk* FS Roxin 563 ff; ausführliche, teilw. aber aufgeblähte Liste „differenzierungsfeindlicher" Delikte bei *Rotsch* Einheitstäterschaft S. 209 ff; s. a. *Johannsen* S. 138 f.

**43** St. Rspr., s. RG DJZ **1932** 808; BGHSt **6** 246; **25** 290; **28** 308; **29** 239; **30** 359; BGH NJW **1986** 2896; BGH NStZ **2000** 207; BGH NStZ-RR **1996** 48; BGHR BtMG § 29 Abs. 1 Nr. 1 Handeltreiben **28, 29, 31, 41, 50** und zum Ursprung dieser Judikatur im Wirtschaftslenkungsstrafrecht des 1. Weltkrieges RGSt **51** 379; **53** 310, 316; **58** 159; ausf. *Schnürer* S. 23 ff; *Oğlakcıoğlu* MK § 29 BtMG Rdn. 248 ff.

**44** Während die Tathandlungsalternative des „Einführens" geradezu auf eine Differenzierung nach Täterschaft und Teilnahme angelegt ist (dazu *Roxin* StV **1986** 384 f), bietet die o. g. Definition des „Handeltreibens" dafür im Grunde keinen Anknüpfungspunkt, so dass die in der Rspr. des BGH gleichwohl zu findenden Entscheidungen zu den Fällen bloßer Beihilfe (Nachw. b. BGHSt [GrS] **50** 265) auf eine reine Kasuistik hinauslaufen.

**45** § 22a Abs. 1 KWKG bemüht sich von vornherein um eine vorbildliche Ausdifferenzierung der Verbotsmaterie und vermeidet deshalb den Pauschalbegriff des „Handeltreibens", sondern bestraft etwa speziell gemäß Nr. 7 denjenigen, der einen Vertrag über den Erwerb oder das Überlassen einer Kriegswaffe ohne Genehmigung vermittelt. Für diese Begehungsform ist wiederum anerkannt, dass eine vollendete Straftat erst dann vorliegt, wenn der Vertrag zustande gekommen ist (BGH NStZ **1983** 172; **1988** 507 f; BGHR KWKG § 22a I Vertragsabschluss 1 – Vollendung; OLG Düsseldorf NStZ **2007** 647, 648; *Pottmeyer* Kriegswaffenkontrollgesetz [2](1994) § 22a Rdnr. 139; *Lampe* in: Erbs/Kohlhaas, Strafrechtliche Nebengesetze, 206. ErgLfg 2016, KrWaffG § 22a Rn. 11), und auch die Schwelle zum strafbaren Versuch wird erst sehr spät überschritten, weil bloße Sondierungen nicht ausreichen, der Täter vielmehr bindende, alle wesentlichen für einen Vertragsabschluss notwendigen Angaben enthaltende Angebote von Lieferfirmen an Interessenten übermittelt haben muss (BGH NStZ **1988** 507 f; *Pottmeyer* § 22a Rdn. 140 m. w. N.).

**46** Die laut BGHSt (GrS) **50** 266 m. z. N. in der Rspr. des BGH „bislang nur erfolgte kasuistische Grenzziehung" knüpft im Kern an die völlig fehlende „Konkretisierung der in Aussicht genommenen Tat" an und lässt also in objektiver Hinsicht praktisch jeden Tatbeitrag als Vollendung (!) genügen. Nicht zu Unrecht spricht *Schnürer* S. 57, 207 von einem „entkernten Tatbestand".

**47** StV **2003** 501 m. zust. Anm. *Roxin* StV **2003** 619; *Gaede* StraFo **2003** 392; BGH StV **2005** 334 m. zust. Anm. *Gaede* HRRS **2005** 205.

stätigt worden.[48] Dass diese fortgesetzte **Ausfransung** der für die Konturen eines rechtsstaatlichen Strafrechts unverzichtbaren Kategorien des Allgemeinen Teils nicht nur, aber vor allem im Nebenstrafrecht stattfindet, macht die Sache nicht etwa besser, im Gegenteil.

Ein Ausweg aus dieser Sackgasse kann nur durch eine die verfassungsrechtlichen Pönalisie- 17
rungsbedingungen wahrhaft respektierende allgemeine Neuinterpretation der Straftatbestände, die eine **betriebliche Tätigkeit** beschreiben, gefunden werden. Um dies exemplarisch am Tatbestandsmerkmal des „Handeltreibens" gemäß § 29 I Nr. 1 BtMG zu erläutern: In materieller Hinsicht folgt aus der Beschränkung des Strafrechts auf die ultima ratio zum Rechtsgüterschutz,[49] der hieraus resultierenden Ersetzung des bloßen kollektiven Scheinrechtsgutes der Volksgesundheit[50] durch das (einem nicht-paternalistischen Strafrecht allein angemessene) Rechtsgut der staatlichen Bewirtschaftungshoheit für gefährliche Rauschmittel[51] und dem sich darin ausdrückenden Abstand des lediglich ein **„kollektives Zwischenrechtsgut"**[52] schützenden Straftatbestandes von den das strafrechtliche Einschreiten letztlich legitimierenden Interessen (nämlich dem Schutz Jugendlicher oder anderweitig nicht frei verantwortlich Handelnder vor Selbstzerstörung),[53] dass „der Kriminalitätsbereich des gewinnbringenden Umgangs mit Betäubungsmitteln durch Besonderheiten gekennzeichnet ist, die ihn von der allgemeinen Kriminalität strukturell weitgehend unterscheiden" (so die Worte von BGHSt – GrS – **50** 252, 261) – aber in genau umgekehrter Richtung, als der Große Senat vermeint, weil der Strafbarkeitsbereich dadurch eben im Vergleich zur „allgemeinen" Kriminalität in enormer und von Haus aus problematischer Weise vorverlagert worden ist, was auf der (vom Großen Senat unbeachtet gelassenen) Ebene der Legitimation eine peinliche Beachtung und nicht etwa eine Ausfransung der allgemeinen Täterschaftsstrukturen nach sich ziehen sollte. Wenn nun zu den vom Großen Senat allein beachteten empirischen Strukturen dieses „Kriminalitätsbereiches ... regelmäßig ... Tarnung und ein organisiertes hierarchisches System gehören, das das Risiko der Entdeckung des einzelnen Täters gezielt vom kompetenten Täter höherer Ebene auf die zunehmend schwächeren Täter der unteren Ebenen verlagert, (so) dass häufig nur Teilakte des Gesamtgeschehens festgestellt werden können, (weshalb) der Gesetzgeber durch die Pönalisierung des Handeltreibens mit Betäubungsmitteln einen Tatbestand ... geschaffen (habe), der nach der Rechtsprechung ... schon beim Vorliegen relativ geringer Voraussetzungen erfüllt (sei, so dass er) damit – auch angesichts der besonderen Beweisschwierigkeiten bei etwaigen höheren Tatbestandsanforderungen – die Vollendungsschwelle niedrig angesetzt" habe (BGHSt – GrS – **50** 252, 261 f), so bedeutet freilich nicht nur die unbekümmerte Verwendung des Begriffs des „Täters" in dieser Argumentation einen bloßen Zirkelschluss, sondern ersetzt auch die von Verfassungs wegen gebotene normative Betrachtung durch ein lediglich die Polizeiperspektive reproduzierendes kriminalistisches Argument, das überdies selbst auf dieser Ebene seine eigene Fadenscheinigkeit transportiert: Wenn das „organisierte hierarchische System

**48** Beschl. v. 26.10.2005, BGHSt (GrS) **50** 252; mit Bspr. *Krumdiek/Wesemann* StV **2006** 634 (krit.); *Weber* JR **2006** 139 (zust.); als verfassungsgemäß bestätigt in BVerfG NJW **2007** 1193.

**49** Vgl. nur m. w. N. *Schünemann* in: v. Hirsch/Seelmann/Wohlers (Hrsg.) Mediating Principles (2006) 18 ff; *Roxin/Greco* AT I § 2 Rn. 7 ff.

**50** Von einem solchen Rechtsgut sprechen aber BVerfGE **90**, 145, 174 f; BVerwG NJW **2001** 1365, 1366; BGHSt **31** 163, 168; **37** 179, 182; s. a. zum Ganzen *Oğlakcıoğlu* Der Allgemeine Teil des Betäubungsmittelstrafrechts (2013) S. 72 ff.

**51** Vgl. bereits *Bottke* in: Schünemann/Pfeiffer (Hrsg.) Die Rechtsprobleme von AIDS (1988) 171, 215; *Schünemann* in: Hefendehl/v. Hirsch/Wohlers (Hrsg.) Die Rechtsgutstheorie (2003) 133, 146 f. Zur **Kritik** des Scheinrechtsgutes der Volksgesundheit *Hefendehl* Kollektive Rechtsgüter im Strafrecht (2002) 140 ff; *Schünemann* in: Hefendehl/v. Hirsch/Wohlers (Fn. 51) 146; *Greco* FS Roxin II (2011) 199 (214); *Roxin/Greco* AT I § 2 Rdn. 10, 19c, 46, 75.

**52** Zu diesem Begriff bereits *Schünemann* JA **1975** 798; am Beispiel der Drogenverkehrshoheit *Schünemann* in: Hefendehl/v. Hirsch/Wohlers (Fn. 51) 146 f, 152 f.

**53** *Köhler* ZStW **104** (1992) 1, 62 f; *Frisch* FS Stree/Wessels 69, 94 f; *Nestler* in: *Kreuzer* (Hrsg.) Handbuch des Betäubungsmittelstrafrechts (1998) § 11 Rdn. 119–120; *Schünemann* in: Hefendehl/v. Hirsch/Wohlers (Fn. 51) S. 148 f. In der verfassungsrechtlichen Analyse von *Möller* Paternalismus und Persönlichkeitsrecht (2005) wird der Rauschmittelmissbrauch zwar nicht behandelt, eine vergleichbare Grenze aber für den ähnlichen Fall des Alkoholmissbrauchs begründet (S. 209 ff). Zur Paternalismusdiskussion m.v.N. *Roxin/Greco* AT I § 2 Rdn. 32 ff.

gezielt das Risiko der Entdeckung vom kompetenten Täter höherer Ebene auf die zunehmend schwächeren (Glieder) der unteren Ebenen verlagert", so sollte dieses eingestandenermaßen enorme Unwertgefälle auch im Tatbestand abgebildet werden und nicht etwa der perfide modus operandi der „kompetenten Täter höherer Ebenen" von Gesetzgebung und Rechtsprechung geradezu redupliziert werden. Die im Vorlagebeschluss des 3. Strafsenats in Anknüpfung an BVerfGE **50** 205 mit Recht reklamierte sachgerechte Abstimmung von Tatbestand und Rechtsfolge muss bei Tatbeständen, die ein kollektives Zwischenrechtsgut betreffen (wie § 29 BtMG die staatliche Bewirtschaftungshoheit) und damit quasi einen doppelten Vorfeldschutz zum Gegenstand haben, strikter gehandhabt werden als bei der erstmaligen Begründung eines Vorfeldschutzes durch abstrakte Gefährdungsdelikte (beispielsweise § 316), noch dazu wenn die doppelte Vorverlagerung auf ein arbeitsteiliges Geschehen bezogen ist, das von „kompetenten Tätern höherer Ebene" beherrscht wird: Hier überschreitet es sogar die alltagssprachliche Wortlautgrenze und verletzt damit das Analogieverbot des Art. 103 Abs. 2 GG,[54] wenn man den isolierten Beitrag eines „schwächeren (Gliedes) der unteren Ebene" als (scil. vollendete) Erfüllung des den Gesamtbetrieb beschreibenden Tatbestandsmerkmals qualifizieren wollte. Tatbestandsmerkmale, die eine betriebliche Tätigkeit im Vorfeld einer Rechtsgutsverletzung beschreiben, können deshalb nur von denjenigen Personen erfüllt werden, die diese (Gesamt-)Tätigkeit für sich allein oder in mittäterschaftlicher Zusammenwirkung mit anderen **beherrschen.** Die betreffenden Tatbestände sind deshalb als **Organisationsdelikte** zu qualifizieren, die im Unterschied zur großen Masse der Delikte nicht an bestimmte einzelne Handlungen des Täters anknüpfen (**Einzelaktsdelikte**), sondern an ein Ensemble von betrieblichen Abläufen, als deren „Täter" nur derjenige im Tatbestand bezeichnet wird, der allein oder mit anderen über diese Abläufe insgesamt die Entscheidungsmacht ausübt (vgl. bereits *Schünemann* LK § 14 Rdn. 20 ff sowie zu den Konsequenzen für die Mittäterschaft *Schünemann/Greco* LK § 25 Rdn. 210;[55] der hier geprägte Begriff des Organisationsdelikts darf **nicht** mit der vom BGH als zweifelhafte Zugabe zu seiner [ebenso zw.] Rspr. zur mittelbaren Täterschaft in Wirtschaftsunternehmen entwickelten Rechtsfigur des **uneigentlichen Organisationsdelikts** verwechselt werden, dazu *Schünemann/Greco* LK § 25 Rdn. 151 m. w. N.). *Neben* dieser (alle untergeordneten Mitwirkungsakte aus der täterschaftlichen Begehung eliminierenden) Interpretation als Organisationsdelikt bleibt theoretisch als Alternative die Interpretation als **Erfolgsdelikt** in Bezug auf einen das Zwischenrechtsgut verletzenden speziellen Erfolg, indem also etwa die Vollendung des „Handeltreibens" (wie es dem 3. Strafsenat in seinem Vorlagebeschluss vorgeschwebt hat) von dem Abschluss einer Einigung mit dem Lieferanten abhängig gemacht wird. Die Wahl zwischen diesen beiden Alternativen hängt von der konkreten Struktur des jeweiligen Tatbestandes ab. Entscheidend ist, dass in beiden Alternativen sowohl die Differentialdiagnostik der verschiedenen Beteiligungsformen als auch die Abgrenzbarkeit von Vorbereitung, Versuch und Vollendung erhalten bleibt, was eine konturenlose Interpretation nach dem Muster „jede von einer bestimmten Tendenz getragene Tätigkeit" wie nach dem Beschluss des Großen Senates vom 26.10.2005 gerade nicht zu leisten vermag. Als erster Schritt in diese Richtung ließen sich, wie von *Schnürer* S. 135 ff. aufgezeigt, einige in der neueren Rspr. vorhandene Ansätze aktivieren, die Täterschaft und Beihilfe zum Handeltreiben anhand des Kriteriums des sog. „Gesamtgeschäfts" abgrenzen, um vor allem Kuriertätigkeiten als bloße Beihilfe einzustufen: Täterschaftliche Begehung sei nur dort anzunehmen, wo der „konkrete Tatbeitrag für das Umsatzgeschäft insgesamt" und „nicht allein für den Teilbereich des Transports" von Bedeutung ist (BGHSt **51** 219 [222 f. Rdn. 10 ff.]; näher hierzu *Schünemann/Greco* § 25 Rdn. 37 ff). Dieses Kriterium ist freilich in

---

54 Zum Analogieverbot und zu dem von der jüngeren Verfassungsrspr. aus dem Bestimmtheitsgebot hergeleiteten „Verschleifungsverbot" BVerfGE **126** 170, 197 f; *Roxin/Greco* AT I § 5 Rdn. 26 ff, 79 f. Insbesondere das Analogieverbot erfreut sich nicht nur in der älteren (dazu m. w. N. *Schünemann* Nulla poena sine lege? [1978] 17 ff), sondern auch in der jüngsten Rechtsprechung des BVerfG einer gewissen Beliebtheit (dezidiert und sogar eher über das Ziel hinausschießend BVerfGE **92** 1; BVerfG NJW **2007** 1666; NStZ **2009** 83).

55 Zust. *Schild* NK § 25 Rdn. 19; weiterführend *Morozinis* S. 536 ff, auch bzgl. der hier vertretenen Deutung des § 29 Abs. 1 Nr. 1 BtMG (S. 557 ff).

der Beteiligungsdogmatik falsch verortet, wo es zudem zu der mit dem Gesetzeswortlaut (§ 25 Abs. 1 Var. 1) unvereinbaren Postulierung einer Beihilfe trotz unmittelbarer Selbstbegehung führt. Richtigerweise gehört es in die Konturierung der tatbestandsmäßigen Handlung des Handeltreibens selbst, das sich nicht in einem untergeordneten Einzelakt des Transports erschöpft, sondern zumindest eine Mitwirkung am Umsatzgeschäft erfordert.[56]

## IV. Rechtsvergleichung und Reform; Juristische Personen und Wirtschaftsunternehmen als Täter?

### Schrifttum

*Achenbach* Ausweitung des Zugriffs bei den ahnenden Sanktionen gegen die Unternehmensdelinquenz, wistra **2002** 441; *Aichele* Was kann die Rechtsphilosophie für die Jurisprudenz tun? in *Kühl* (Hrsg.), Zur Kompetenz der Rechtsphilosophie in Rechtsfragen (2011) 31; *Alwart* (Hrsg.) Verantwortung und Steuerung von Unternehmen in der Marktwirtschaft (1998); *Ambos* Der Allgemeine Teil des Völkerstrafrechts ²(2004) 518 ff; *ders.* Internationales Strafrecht ⁵(2018) 162 ff; *ders.* Wirtschaftsvölkerstrafrecht (2018); *ders.* Grundlagen der völkerstrafrechtlichen Verantwortlichkeit von Unternehmen, in: Ambos/Bock (Hrsg.) Aktuelle und grundsätzliche Fragen des Wirtschaftsstrafrechts (2019) 181; *Arzt* Strafbarkeit juristischer Personen: Andersen, vom Märchen zum Alptraum, SZW/RSDA **2002** 226; *S. Bacigalupo* Responsabilidad penal de personas jurídicas (1998); *Bedecarratz Scholz* Rechtsvergleichende Studien zur Strafbarkeit juristischer Personen (2016); *Benakis* Täterschaft und Teilnahme im deutschen und griechischen Strafrecht (1961); *Böse* Die Strafbarkeit von Verbänden und das Schuldprinzip, Festschrift Jakobs (2007) 15; *ders.* Strafbarkeit juristischer Personen, ZStW **126** (2014) 132; *Bottke* Standortvorteil Wirtschaftskriminalrecht: Müssen Unternehmen strafmündig werden?, wistra **1997** 241; *Brodowski u. a.* (Hrsg.), Regulating Corporate Criminal Liability (2014); *Bürger* Unternehmen als Täter, ZStW **130** (2018) 704; *Cerezo Mir* Täterschaft und Teilnahme im neuen spanischen Strafgesetzbuch von 1995, Festschrift Roxin (2001) 549; *Cigüela Sola* La culpabilidad colectiva en el Derecho penal (2015); *ders.* Schuld und Identität in kollektiven Organisationen, GA **2016** 625; *Cuerda Riezu* Struktur der Täterschaft bei Begehung und Unterlassung im spanischen Strafrecht, Coimbra-Symposium (1995) 259; *Dannecker* Zur Notwendigkeit der Einführung kriminalrechtlicher Sanktionen gegen Verbände, GA **2001** 101; *ders.* Die Ahndbarkeit von juristischen Personen im Wandel, Festschrift Böttcher (2007) 465; *Díaz y García Conlledo* La autoría en Derecho penal (1991) (zit. La autoría); *ders.* Strafrechtliche Verantwortlichkeit juristischer Personen? GA **2016** 238; *Dierlamm* Unternehmensstrafrecht – eine unendliche Geschichte, Festgabe Feigen (2014) 25; *Dietz* Täterschaft und Teilnahme im ausländischen Strafrecht (1957); *de Doelder/Tiedemann* (Hrsg.) Criminal Liability of Corporations (Den Haag/London/Boston 1996) (zit. Liability); *Dubber* Einführung in das US-amerikanische Strafrecht (2005) 90 ff; *ders.* Zur Geschichte und Theorie der Verbandsstrafbarkeit, KritV **2015** 377; *ders.* An Introduction to the Model Penal Code ²(2015); *Dust* Täterschaft von Verbänden (2019); *Ehrhardt* Unternehmensdelinquenz und Unternehmensstrafe (1994); *G. Eidam* Die Verbandsgeldbuße des § 30 Abs. 4 OWiG – eine Bestandsaufnahme, wistra **2003** 447; *Eidam* Der Organisationsgedanke im Strafrecht (2015); *Engelhart* Verbandsverantwortlichkeit – Dogmatik und Rechtsvergleichung, NZWiSt **2015** 201; *ders.* Unternehmensstrafbarkeit im europäischen und internationalen Recht, eucrim 3/**2012** 110; *Eser/Heine/Huber* (eds.) Criminal Responsibility of Legal and Collective Entities (1999) (zit. Responsibility); *Ferrante* Considerazioni sul titole VII dell'articolato del progetto preliminare di riforma del codice penale, in *Stile* (Hrsg.) La Riforma della Parte Generale del Codice Penale (Neapel 2003) 647 ff; *v. Freier* Kritik der Verbandsstrafe (1998); *ders.* Zurück hinter die Aufklärung: Zur Wiedereinführung von Verbandsstrafen, GA **2009** 98; *Friedrich* Strafbare Beteiligung – akzessorische oder originäre Täterschaft? Ein Beitrag zur Auslegung der §§ 12 bis 15 öStGB, Festschrift Triffterer (1996) 43; *Friedmann* In defense of corporate criminal liability, Harvard Journal of Law and Public Policy Vol. **23** (2000) 833; *Frister* Zur straftheoretischen Einordnung von Unternehmenssanktionen, Festschrift Wessing (2015) 3; *Gómez-Jara Díez* La culpabilidad penal de la empresa (2005); *ders.* (Hrsg.) Modelos de autorresponsabilidad penal empresarial (Navarra, 2006); *ders.* Grundlagen des konstruktivistischen Unternehmensschuldbegriffes, ZStW **119** (2007), 290; *Fromm* Auf dem Weg zur strafrechtlichen Verantwortlichkeit von Unternehmen/Unternehmensvereinigungen in Europa? ZIS **2007** 279; *Gómez Tomillo* Introducción a la responsabilidad penal de las personas jurídicas ²(2015); *González Sierra* La imputación penal de las personas jurídicas (2014); *Gracia Martín* La naturaleza jurídica civil e administrativa de la mal llamada responsabilidad "penal" de la persona jurídica, Libro Homenaje Schünemann (Lima), Bd. II, 2014, 41, 107; *ders.* Crítica de las modernas construciones de una mal llamada responsabilidad penal de la persona jurídica, RECPC **18-05** (2016); *ders.* Construccion arbitraria y quebranto de conceptos jurídicos

56 In diesem Sinne *Roxin* TuT S. 758 Rdn. 201; s. a. *Puppe* JR **2007** 299 (300).

fundamentales en el sociologismo y la política criminal libre de empirismo y de dogmática jurídica, RGDP **26** (2016) 1; *Greco* Steht das Schuldprinzip der Einführung einer Bestrafung juristischer Personen entgegen? GA **2015** 503; *Großmann* Liberales Strafrecht in der komplexen Gesellschaft (2016); *A. Günther* Täterschaft und Teilnahme im südafrikanischen Recht (2003); *K. Günther* Nulla poena sine culpa and corporate personhood, KritV **2015** 360; *Haas* Organisierte Unverantwortlichkeit – wie kann man Kollektive strafrechtlich zur Verantwortung ziehen? in: M. Kaufmann/Renzikowski (Hrsg.), Zurechnung und Verantwortung. ARSP-Beiheft **134** (2012) 125; *Haeusermann* Der Verband als Straftäter und Strafprozeßsubjekt (2003); *Hamdorf* Beteiligungsmodelle im Strafrecht (2002); *Hartan* Unternehmensstrafrecht in Deutschland und Frankreich (2006); *Heine* Von individueller zu kollektiver Verantwortlichkeit. Einige Grundfragen der aktuellen Kriminalpolitik, in: Arnold u. a. (Hrsg.) Beiträge zum 60. Geburtstag von Albin Eser (1995) 51; *ders.* Die strafrechtliche Verantwortlichkeit von Unternehmen (1995); *ders.* Europäische Entwicklungen bei der strafrechtlichen Verantwortlichkeit von Wirtschaftsunternehmen und deren Führungskräften, ZStrR **119** (2001) 22; *ders.* Kollektive Verantwortlichkeit als neue Aufgabe im Spiegel der aktuellen europäischen Entwicklung, Festschrift Lampe (2003) 577; *ders.* Das kommende Unternehmensstrafrecht (Art. 100$^{quater}$ f) ZStR **121** (2003) 24; *Herlitz* Parties to a Crime and the Notion of a Complicity Object. A Comparative Study of the Alternatives provided by the Model Penal Code, Swedish Law and Claus Roxin (Uppsala 1992); *Henssler/Hoven/Kubiciel/Weigend* (Hrsg.) Grundfragen eines modernen Verbandsstrafrechts (2017); *Hilf* Die Strafbarkeit juristischer Personen im schweizerischen, österreichischen und liechtensteinischen Recht, ZStW **126** (2014), 73; *H. J. Hirsch* Die Frage der Straffähigkeit von Personenverbänden (1993) (zit. Straffähigkeit); *ders.* Strafrechtliche Verantwortlichkeit von Unternehmen, ZStW **107** (1995) 286; *ders.* Aktuelle Probleme rechtsstaatlicher Strafgesetzgebung, in: Strafrechtliche Probleme, Bd. II, 2009, 37; *Hochmayer* Strafsanktionen gegen Unternehmen in Europa, Festschrift Yamanaka (2017) 91; *Hoven* Der nordrhein-westfälische Entwurf eines Verbandsstrafgesetzbuchs, ZIS **2014** 19; *Hoven/Weigend* Der Kölner Entwurf eines Verbandssanktionengesetzes, ZRP **2018** 30; *Hoyer* Die strafrechtliche Verantwortlichkeit innerhalb von Weisungsverhältnissen (1998); *D. C. Huber* Die mittelbare Täterschaft beim gemeinen vorsätzlichen Begehungsdelikt (1995); *Jäger* Die Unternehmensstrafe als Instrument zur Bekämpfung der Wirtschaftsdelinquenz, Festschrift Imme Roxin (2011) 43; *Jahn/Schmitt-Leonardy/Schoop* (Hrsg.) Das Unternehmensstrafrecht und seine Alternativen (2016); *dies.* Unternehmensverantwortung für Unternehmenskriminalität – „Frankfurter Thesen", wistra **2018** 27; *Jakobs* Strafbarkeit juristischer Personen? Festschrift Lüderssen (2002) 563; *Kaczmarek* Sukzessive Mittäterschaft im polnischen Strafrecht, Festschrift Rudolphi (2004) 123; *Anette Kaufmann* Möglichkeiten der sanktionsrechtlichen Erfassung von (Sonder-)Pflichtverletzungen im Unternehmen (2003); *Kelker* Die Strafbarkeit juristischer Personen unter europäischem Konvergenzdruck, Festschrift Krey (2010) 221; *Kempf/Lüderssen/Volk* (Hrsg.) Unternehmensstrafrecht (2012); *Kienapfel* Der Einheitstäter im Strafrecht (1971); *ders.* Erscheinungsformen der Einheitstäterschaft, in: Müller-Dietz (Hrsg.) Strafrechtsdogmatik und Kriminalpolitik (1971) 21 ff (zit. Erscheinungsformen); *Kirch-Heim* Sanktionen gegen Unternehmen (2007); *Kohlhoff* Kartellstrafrecht und Kollektivstrafe (2003); *ders.* Die Legitimation einer originären Verbandsstrafe (2019); *Kölbel* Corporate Crime, Unternehmenssanktion und kriminelle Verbandsattitüde, ZIS **2014** 552; *Krämer* Individuelle und kollektive Zurechnung im Strafrecht (2015); *Kubiciel* (Hrsg.) Neues Unternehmenssanktionenrecht ante portas (2020); *Kubiciel/Grabener* Grundlinien eines modernen Verbandssanktionenrechts, ZRP **2016** 137; *Kulhanek* Kategorisierung einer Verbandsstrafbarkeit nach verschiedenen Deliktstypen und -formen, ZStW **127** (2015) 303; *Lampe* Systemunrecht und Unrechtssysteme, ZStW **106** (1994) 683; *ders.* Unrechtsverantwortung innerhalb komplexer Systeme, in: Kunst- und Ausstellungshalle der Bundesrepublik Deutschland (Hrsg.), Das Böse. Jenseits von Absichten und Tätern oder: Ist der Teufel ins System ausgewandert? Schriftenreihe Forum Band **3** (1995) 152; *Landau* Die jüngere Rechtsprechung des Bundesverfassungsgerichts zu Strafrecht und Strafverfahrensrecht, NStZ **2015** 665 (auch in: Krings [Hrsg.] Ist unser Strafrecht zukunftsfähig? [2016] 9); *Laue* Die strafrechtliche Verantwortlichkeit von Verbänden, Jura **2010** 339; *Luzón Peña/Díaz y García Conlledo* Objektive und positive Tatbestimmung und Tatbestandsverwirklichung als Täterschaftsmerkmale, Festschrift Roxin (2001) 575; *Maihold* Strafe für fremde Schuld? (2005); *Mansdörfer* Stellvertretende Verantwortlichkeit und die Verantwortlichkeit juristischer Personen (Vicarious Liability and Corporate Liability), in: Mänsdörfer (Hrsg.), Die allgemeine Straftatlehre des common law (2005) 206; *Mark* The Yates Memorandum, University of California, Davis Law Review **51** (2018) 1588; *Martínez Cantón* Die Strafbarkeit juristischer Personen in Spanien bei Begehung von Übertretungen, erläutert an einem Fallbeispiel, Festschrift Wolter (2013) 1371; *Méhaignerie* (Hrsg.) Le nouveau code pénal. Enjeux et perspectives (1994); *Meireles* A responsabilidade penal das pessoas colectivas pp., Julgar **5**/2008 121; *Mir Puig* Una tercera vía en materia de responsabilidad penal de las personas jurídicas, Revista Electrónica de Ciencia Penal y Criminología **06-01** (2004); *Mittelsdorf* Unternehmensstrafrecht im Kontext (2007); *Mitsch* Täterschaft und Teilnahme bei der „Verbandsstraftat", NZWiSt **2014** 1; *Mulch* Strafe und andere staatliche Maßnahmen gegenüber juristischen Personen (2017); *Mongillo* La responsabilità penale tra individuo ed ente collettivo (2018); *Murmann* Unternehmensstrafrecht, in: *Ambos/Bock* (Hrsg.) Aktuelle und grundsätzliche Fragen des Wirtschaftsstrafrechts (2019) 57; *Mylonopoulos* Corporate Criminal Liability and Greek Law, Revue Hellénique de Droit International **2010** 471; *Nettesheim*

Verfassungsrecht und Unternehmenshaftung (2018); *Nieto Martín* La responsabilidad penal de las personas juridicas (Madrid, 2008); *Ontiveros* (Hrsg.) La responsabilidad penal de las personas jurídicas (2014); *Otto* Die Strafbarkeit von Unternehmen und Verbänden (1993); *Pastor Muñoz* ¿Organizaciones culpables? InDret **2/2006**; *Pérez Alonso* Täterschaft und Teilnahme im Spanischen Strafgesetzbuch von 1995 und in der neuesten Strafrechtsreform ZStW **117** (2005) 431; *Pradel* La responsabilité pénale des personnes morales en droit français, in: *Tiedemann* (2002) 37; *Pieth* Braucht Deutschland ein Unternehmensstrafrecht? KJ **2014** 276; *Pieth/Ivory* (Hrsg.) Corporate Criminal Liability (Dordrecht u. a., 2011); *Prittwitz* (‚Echtes') Unternehmensstrafrecht für Deutschland? Rationalität und Empathie: Kriminalwissenschaftliches Symposion für Klaus Lüderssen zum 80. Geburtstag (2014) 111; *Quante* Sanktionsmöglichkeiten gegen juristische Personen und Personenvereinigungen (2005); *Ransiek* Zur strafrechtlichen Verantwortung von Unternehmen, NZWiSt **2012** 45; *Renzikowski* Rechtsphilosophische Bemerkungen zur Strafbarkeit von Verbänden, GA **2019** 149; *Ringelmann* Kollektive Verantwortlichkeit, Gedächtnisschrift Heine (2016) 295; *Robles Planas* ¿Delitos de personas jurídicas? InDret **2/2006**; *ders.* El "hecho propio" de las personas jurídicas y el informe del Consejo General del Poder Judicial al Anteproyecto de Reforma del Código Penal de 2008, InDret **2/2009**; *ders.* Strafe und juristische Person, ZIS **2012** 347; *Rogall* Kriminalstrafe gegen juristische Personen? GA **2015** 260; *Rodríguez Mourullo* El fundamento de la responsabilidad penal de las personas jurídicas pp., Libro Homenaje Rodríguez Ramos (2013) 187; *Rotsch* Individuelle Haftung in Großunternehmen – Plädoyer für den Rückzug des Umweltstrafrechts (1998); *Saliger/Tsambibakis/Mückenberger/Huber* Münchner Entwurf eines Verbandssanktionengesetzes (2019); *Santi* Responsabilitá da reato degli enti e modelli di esonero (Neapel 2016); *R. Schmitt* Strafrechtliche Maßnahmen gegen Verbände (1958); *Schmitt-Leonardy* Unternehmenskriminalität ohne Strafrecht (2013); *Schmoller* Strafe ohne Schuld? Festschrift Otto (2007) 453; *H.-J. Schroth* Unternehmen als Normadressaten und Sanktionssubjekte (1993); *Schünemann* Unternehmenskriminalität und Strafrecht. Eine Untersuchung der Haftung der Wirtschaftsunternehmen und ihrer Führungskräfte nach geltendem und geplantem Straf- und Ordnungswidrigkeitenrecht (1979) (zit. Unternehmenskriminalität I); *ders.* Die Strafbarkeit von Amtsträgern im Gewässerstrafrecht, wistra **1986** 235; *ders.* Die Strafbarkeit der juristischen Person aus deutscher und europäischer Sicht, in: Schünemann/Suárez (1994) 265; *ders.* (Hrsg.) Unternehmenskriminalität. Deutsche Wiedervereinigung. Die Rechtseinheit, Arbeitskreis Strafrecht Band III (1996) (zit. Unternehmenskriminalität II); *ders.* Begründung und Entwurf eines Gesetzes zur Bekämpfung der Unternehmenskriminalität, in: *ders.* Unternehmenskriminalität II 153; *ders.* Plädoyer zur Einführung einer Unternehmenskuratel, in: *ders.* Unternehmenskriminalität II 129; *ders.* Criticising the Notion of a Genuine Criminal Law against Legal Entities, in: *Eser/Heine/Huber* Responsibility S. 225; *ders.* Placing the Enterprise Under Supervision („Guardianship") as a Model Sanction Against Legal and Collective Entities, in: *Eser/Heine/Huber* Responsibility S. 293; *ders.* Las prescripciones sobre la autoría en la ley boliviana sobre la base de las modificaciones al Código Penal del 10 de marzo de 1997 y los problemas fundamentales del Derecho penal de empresas económicas, in *Gómez Méndez* (ed.) Sentido y contenidos del Sistema Penal en la Globalización (2000) 285; *ders.* Zur Regelung der unechten Unterlassung in den Europa-Delikten, in: *Tiedemann* (2002) 103; *ders.* Delincuencia Empresarial (Buenos Aires 2004); *ders.* Strafrechtliche Sanktionen gegen Wirtschaftsunternehmen? Festschrift Tiedemann (2008) 429; *ders.* Zur Frage der Verfassungswidrigkeit und der Folgen eines Strafrechts für Unternehmen (2013); *ders.* Die aktuelle Forderung eines Verbandsstrafrechts – Ein kriminalpolitischer Zombie, ZIS **2014** 1; *ders.* Das Schuldprinzip und die Sanktionierung von juristischen Personen und Personenverbänden, GA **2015** 275; *ders.* Der Kampf ums Verbandsstrafrecht in dritter Neuauflage, der „Kölner Entwurf eines Verbandssanktionengesetzes" und die Verwandlung von Kuratoren in Monitore – much ado about something, StraFo **2018** 317; *Schulz* Der Verdacht im Strafrecht gegen Unternehmen, Festschrift Schiller (2014) 573; *Seelmann* Unternehmensstrafbarkeit: Ursachen, Paradoxien und Folgen, Festschrift N. Schmid (2001) 169; *Shizhou Wang* Strafbarkeit juristischer Personen im chinesischen Strafrecht, ZStW **107** (1995) 1019; *de Simone* Persone giuridiche e responsabilità da reato (2012); *Silva Sánchez* La responsabilidad penal de las personas juridicas en Derecho penal español, Mélanges en l'honneur Hurtado Pozo (2012) 461; Zum Stand der Diskussion über den Schuldbegriff sowie über die Verbandsstrafe in der spanischen Doktrin und Gesetzgebung, GA **2015** 267; *ders.* Fundamentos del derecho penal de la empresa [5](2016); *Spotowski* Erscheinungsformen der Straftat im deutschen und polnischen Recht (1979) 83 ff; *H. Stein* Die Regelungen von Täterschaft und Teilnahme im europäischen Strafrecht am Beispiel Deutschlands, Frankreichs, Spaniens, Österreichs und Englands (2002); *Stile* (Hrsg.) La Riforma della Parte Generale del Codice Penale (Neapel 2003) (zit. Riforma); *Stratenwerth* Voraussetzungen einer Unternehmenshaftung de lege ferenda, SchwZStR **126** (2008) 1; *Straub* Täterschaft und Teilnahme im englischen Strafrecht (1952); *Syrrothanassi* Die Regelung der Anstiftung in einem europäischen Modellstrafgesetzbuch (2008); *Tiedemann* Die „Bebußung" von Unternehmen nach dem 2. Gesetz zur Bekämpfung der Wirtschaftskriminalität NJW **1988** 1169; *ders.* Strafrecht in der Marktwirtschaft, Festschrift Stree/Wessels (1993) 527, 531; *ders.* Strafbarkeit juristischer Personen – Eine rechtsvergleichende Bestandsaufnahme mit Ausblicken für das deutsche Recht, in Freiburger Begegnung – Dialog mit Richtern des Bundesgerichtshofes (1996) 30; *ders.* (Hrsg.) Wirtschaftsstrafrecht in der Europäischen Union (2002); *ders.* Grunderfordernisse einer Regelung des Allgemeinen

Teils, in: Tiedemann (2002) 3; *ders.* Zur Kultur der Unternehmensstrafbarkeit, Mélanges en l'honneur Hurtado Pozo (2012) 495; *ders.* Wirtschaftsstrafrecht [5](2017); *Torrão* Societas delinquere potest (Lissabon, 2010); *Tricot* Unternehmensstrafbarkeit in Frankreich, ZStW **126** (2014), 55; *Trüg* Zu den Folgen der Einführung eines Unternehmensstrafrechts, wistra **2010** 241; *Villani* Alle radici del concetto di "colpa di organizzazione" pp. (2016); *Wagner* Sinn und Unsinn der Unternehmensstrafe, ZGR **2016** 112; *J. Walther* Schuld und Haftung juristischer Personen im deutsch-französischen Vergleich, GA **2015** 682; *Wehnert* Überlegungen zur Entwicklung der strafrechtlichen Risiken im Unternehmensmanagement, Festschrift Riess (2002) 811; *Weigend* Bemerkungen zur Vorgesetztenverantwortlichkeit im Völkerstrafrecht, ZStW **116** (2004) 999; *ders.* Societas delinquere non potest?, JICL **6** (2008) 927; *Wells* Corporations and Criminal Responsibility (2012); *Wohlers* Die Strafbarkeit des Unternehmens, SJZ **96** (2000) 381; *ders.* Der Gesetzesentwurf zur strafrechtlichen Verantwortlichkeit von Unternehmen und sonstigen Verbänden, ZGR **2016** 364; *Yamanaka* Einführung in das japanische Strafrecht (2018); *Zieschang* Die strafrechtliche Verantwortlichkeit juristischer Personen im französischen Recht – Modellcharakter für Deutschland? ZStW **115** (2003) 117; *ders.* Das Verbandsstrafgesetzbuch, GA **2014** 91; *Zöller* Zur Frage der Einführung eines Unternehmensstrafrechts in Deutschland (2017); *Zugaldía* La responsabilidad criminal de las personas jurídicas (2013); *Zúñiga Rodríguez* Responsabilidad penal de las empresas. Experiencias adquiridas y desafíos futuros Mélanges en l'honneur Hurtado Pozo (2012), 529; *Zwiehoff* Strafrechtliche Aspekte des Organisationsverschuldens, MedR **2004** 364. Vgl. ferner die Beiträge von *Reyes Alvarado, Nieto Martín, Paliero, de la Cuesta/Pérez Machio, Rodríguez Mourullo, De Doelder*, Festschrift Tiedemann (2008) 413 ff.; *Hoven/Wimmer/Schwarz/Schumann* NZWiSt **2014** 161, 201, 241; *Jahn/Pietsch, Krems, Schmitt-Leonardy, Mansdörfer, Fischer/Hoven, Willems* ZIS **2015** 1 ff.; *v. Hirsch, Dannecker/Dannecker, Kubiciel, Walther, Dietrich, Hilf, Schumann/Knierim* NZWiSt **2016** 161 ff.; und *Rogall, Engelhart, Dust, Rübensthal/Graf* AL **2017** 1 ff.; zudem die Schrifttumsangaben oben vor Rdn. 1 sowie bei *Schünemann* LK § 14 vor Rdn. 84.

## 1. Ausländisches Recht

18 Die meisten **ausländischen Rechte** unterscheiden verschiedene Beteiligungsformen, die freilich keineswegs immer dem deutschen Recht entsprechen. So führt nach dem **Common Law**, das für den Bereich des englischen Rechts durch den *Accessories and Abettors Act* von 1861 eine wenig übersichtliche Teilkodifikation erfuhr, nur die eigenhändige Täterschaft durch den sog. „principal in the first degree" zur Täterschaft i. e. S.,[57] während der „principal in the second degree" etwa dem Mittäter und der „accessory before the fact" dem Anstifter und Gehilfen entspricht.[58] Der **amerikanische** Model Penal Code hat diese Unterscheidungen vereinfacht und differenziert nur noch zwischen Haupttäter und Teilnehmer (accomplice), wobei als der deutschen mittelbaren Täterschaft entsprechende „rechtliche Verantwortlichkeit einer Person für das Verhalten einer anderen Person" die Veranlassung einer „unschuldigen oder unverantwortlichen Person" angeführt wird, während als „accomplice" sowohl der Anstifter als auch der Gehilfe wie auch schließlich der untätige Garant qualifiziert werden.[59] Das **französische** Recht grenzt Täterschaft und Teilnahme nach objektiven Gesichtspunkten ab, ordnet aber die gleiche Strafe an (Art. 121–6 Nouveau Code Pénal).[60] Auch das **spanische** Strafrecht unterscheidet Täter (autores) und Teilnehmer (cómplices), siehe Art. 27 des Código Penal von 1995.[61] Als Täter werden in Art. 28 diejenigen bezeichnet, die die Tat durch sich allein, gemeinsam oder vermittels eines anderen begehen, den sie als Instrument benutzen (Abs. 1), ferner aber auch diejenigen, die

---

57 Vgl. *Straub* S. 66; *Dietz* S. 89 f, 94; *H. Stein* S. 269 ff; *Rehag* S. 249 ff; *Weißer* Täterschaft S. 53 ff; *Dürr* ZIS **2009** 252 f.

58 Vgl. *Roxin* TuT S. 42; *H. Stein* S. 275 ff; *Dürr* ZIS **2009** 254 f.

59 § 2.06 MPC und dazu *Dubber* Einführung S. 88 ff; *ders.* Introduction S. 85 ff.

60 *H. Stein* S. 69 ff; *Jescheck/Weigend* § 61 VIII; *Weißer* Täterschaft S. 81 ff.

61 Zum früheren Recht und zu den sachlogischen Grundlagen *Gimbernat Ordeig* ZStW **80** (1968) 915 ff sowie *ders.* Autor y cómplice en Derecho penal (1966); *Díaz y García Conlledo* La autoría; zum ganzen *H. Stein* S. 144 ff; *Bolea Bardon* Autoría mediata en Derecho Penal (2000); *Robles Planas* La participación en el delito: fundamento y límites (2003); *Pérez Alonso* La coautoría y la complicidad (necesaria) en Derecho penal (1998); zu den neueren gesetzlichen Regelungen in Lateinamerika *Schünemann* Dominio sowie *Donna* Autoría y participación (1998).

einen anderen direkt dazu veranlassen, die Tat zu begehen (Abs. 2a), oder die bei der Ausführung mit einer Handlung mitwirken, ohne die die Tat nicht durchführbar gewesen wäre (Abs. 2b, sog. Hauptgehilfe) – so dass „als Täter nach Art. 28 Abs. 2 CP auch die Anstifter und die Gehilfen betrachtet und somit auch als Täter bestraft werden, obwohl sie keine sind."[62] Als (scil. einfache) Gehilfen werden in Art. 29 alle übrigen qualifiziert, die bei der Ausführung der Tat durch vorangegangene oder gleichzeitige Handlungen mitwirken. Das **japanische** Recht sieht, ähnlich wie der frühere deutsche Allgemeine Teil, lediglich für die Mittäterschaft, die Anstiftung und die Beihilfe Regelungen vor; die Figur der mittelbaren Täterschaft ist aber eine vertraute Größe.[63] Im **koreanischen** Strafgesetzbuch findet sich eine Regelung der Nebentäterschaft, aber keine Erwähnung der unmittelbaren Täterschaft.[64]

In anderen Ländern findet sich in verschiedenen Varianten der Einheitstäterbegriff, so im **italienischen** StGB von 1930,[65] das sich dem formalen Einheitstätersystem angeschlossen hat; ferner im **norwegischen** StGB von 1902 und im **dänischen** StGB von 1930, die *Kienapfel* dem funktionalen Einheitstätersystem zuordnet.[66]

Von den **deutschsprachigen Strafgesetzbüchern** entspricht die Regelung des **schweizerischen** StGB, das freilich die Täterschaft nicht definiert, sondern nur Anstiftung und Beihilfe ausdrücklich regelt (Art. 24, 25), im Wesentlichen derjenigen in der Bundesrepublik.[67] Dagegen beruht das **österreichische** StGB (vgl. schon Rdn. 5) auf dem funktionalen Einheitstätersystem.[68] 19

## 2. EU und Völkerstrafrecht

Das völkerrechtliche Übereinkommen zum Schutz der Finanzinteressen der **Europäischen** Gemeinschaft vom 26. Juli 1995[69] regelt die Beteiligung mehrerer am EG-Betrug (Art. 2 Abs. 1, 3) vermöge der Unterscheidung von Tätern, Anstiftern und Gehilfen. Das als privater Entwurf im Auftrag der EU erarbeitete „Corpus Juris der strafrechtlichen Regelungen zum Schutz der Finanzinteressen der EU" definiert in Art. 12 sogar die drei Beteiligungsformen (freilich ohne die mittelbare Täterschaft und auch bei der Anstiftung unter französischem Einfluss enger als im deutschen Recht).[70] In Weiterführung dieser Regelungen hat *Tiedemann*[71] für ein künftiges europäisches Modell-Strafgesetzbuch einen detaillierten Vorschlag entwickelt, der ebenfalls auf dem Dreiteilungssystem beruht. Die Differenzierung dürfte also auch das künftige deutsche und europäische Recht beherrschen. Auch im **Völkerstrafrecht** ist die Unterscheidung zwischen Täterschaft und Teilnahme anerkannt und wird weitgehend mit Hilfe der von *Roxin* ausgearbeiteten 20

---

**62** *Cerezo Mir* FS Roxin I 550 ff; zum Ganzen auch eingehend *Luzón Peña/Díaz y García Conlledo* FS Roxin I 597 ff; *Díaz y García* Libro Homenaje Cerezo Mir (2002) 645 ff; *Pérez Alonso* ZStW **117** (2005) 431 ff.

**63** Näher *Yamanaka* S. 269 ff.

**64** Informativ *Son* ZStW **119** (2007) 752 ff. (mit Übersetzung der gesetzlichen Vorschriften).

**65** Dazu *Heinitz* FS der Jur. Fakultät der FU Berlin zum 41. dt. Juristentag (1955) 93–118; *Kienapfel* Erscheinungsformen S. 30 ff; *Miller* S. 118 ff; *Weißer* Täterschaft S. 97 ff, 100 ff.

**66** Erscheinungsformen S. 36–40. Zum norwegischen und zum dänischen Modell ausf. *Schöberl* S. 67 ff, 103 ff. (auch zu sonstigen skandinavischen Ländern S. 131 ff). Zur Anstiftung im europäischen Rechtsvergleich *Syrrothanassi* S. 70 ff.

**67** Näher *Seelmann/Geth* Strafrecht AT [6](2016) 143 ff.

**68** Ausführl. dazu *Kienapfel* JurBl. **1974** 113–123, 180–192; *H. Stein* S. 204 ff; *Hamdorf* Beteiligungsmodelle; *Engert* S. 20 ff; *Schöberl* S. 50 ff; *Weißer* Täterschaft S. 125 ff; *Fuchs/Zerbes* Strafrecht Allgemeiner Teil I [10](2018) S. 330 ff.

**69** Abl. Nr. C 316/49 v. 27.11.1995 („PIF Convention").

**70** In: Delmas-Marty (Hrsg.) Corpus Juris der strafrechtlichen Regelungen zum Schutz der finanziellen Interessen der Europäischen Union (1998) 42 ff; dazu näher *Tiedemann* FS Nishihara 500 ff. Eher wie §§ 25–27 StGB Art. 11 der überarbeiteten Fassung von Florenz (2000).

**71** *Tiedemann* FS Nishihara 509 ff; nochmals weitergeführt durch *Tiedemann/Schünemann* in: Tiedemann (2002) 458 ff.

Tatherrschaftslehre durchgeführt.[72] Freilich ist international eine Tendenz zur Überspannung der **Vorgesetztenverantwortlichkeit** zu bemerken,[73] die sich durch die Ausstrahlungswirkung der *respondeat-superior-doctrine* des Common Law erklärt und auch in der neuesten Rspr. des BGH zur mittelbaren Täterschaft spürbar ist (s. näher *Schünemann/Greco* LK § 25 Rdn. 145, 150 ff).

### 3. Juristische Personen

21 **a) Internationale Entwicklung.** In der Frage, ob auch juristische Personen oder sonstige Kollektive Subjekt der strafrechtlichen Zurechnungsnormen und damit Täter einer Straftat sein können, bildet Deutschland heute, wie bereits der rechtsvergleichende Überblick zur Vertreterhaftung (*Schünemann* LK § 14 Rdn. 79) gezeigt hat, das Schlusslicht einer internationalen Entwicklung bzw. (je nach der Bewertung) den Fels in einer Brandung, die durch das „Abdriften" von immer mehr kontinentaleuropäischen Ländern, die ursprünglich auf den römischrechtlichen Grundsatz *societas delinquere non potest* eingeschworen waren, in Richtung auf die unbekümmerte Bestrafung von Körperschaften im angloamerikanischen Strafrecht[74] gekennzeichnet ist.[75] Mochte man dessen Siegeszug in den Rechtsordnungen **Skandinaviens** und der **Niederlande**[76] noch mit deren zunehmender Beeinflussung durch das angloamerikanische Rechtsdenken überhaupt erklären, so legte doch jedenfalls die Strafbarkeit der juristischen Personen nach dem **französischen** Code Pénal von 1992[77] sozusagen die Axt an die Wurzel der Regel „societas delinquere non potest" als eines Fundamentalprinzips des gesamten kontinentaleuropäischen Strafrechts. Auch die **Schweiz** hat 2003 in einer Änderung des Strafgesetzbuches die formelle Strafbarkeit juristischer Personen eingeführt.[78] **Österreich** kennt seit 2006 eine Verbandsverant-

---

72 Dazu umfassend *Ambos* Der Allgemeine Teil S. 546 ff; *Werle/Burghardt* FS Maiwald 850 ff. (in Auseinandersetzung mit Gegenstimmen, die die Vorschriften des IStGHSt im Sinne eines Einheitstätersystems deuten); *Werle/Jeßberger* Völkerstrafrecht [4](2016) Rdn. 534 ff.

73 Gem. Art. 28 des Rom-Statuts für den Internationalen Strafgerichtshof wird der Vorgesetzte für alle in seinen Befehlsbereich fallenden Straftaten seiner Untergebenen strafrechtlich verantwortlich gemacht, von denen er zumindest hätte wissen können und gegen deren Begehung er keine Maßnahmen getroffen hat, was auf eine Strafbarkeit des fahrlässigen Unterlassungsversuchs hinausläuft. Dazu eingehend *Ambos* Der Allgemeine Teil S. 666 ff; *ders.* Internationales Strafrecht, § 7 Rdn. 55 ff; *Weigend* ZStW **116** (2004) 999 ff; *Burghardt* Die Vorgesetztenverantwortlichkeit im völkerrechtlichen Straftatsystem (2008).

74 Zum angloamerikanischen Konzept des Körperschaftsverbrechens (corporate crime) eingehend *Ehrhardt* S. 96 ff; *Brickey* Corporate Criminal Liability, 3 vols. [2](USA 1992–94); *Coffee* u. *Ferguson* in: Eser/Heine/Huber Responsibility S. 9, 152; *Slapper/Tombs* Corporate Crime (1999) 22 ff; zum englischen Recht *Leigh* The Criminal Liability of Corporations in English Law (1969); *Wells* Corporations and Criminal Responsibility [2](2001); *dies.* ZStW **107** (1995) 676 ff; ferner *Healy Harding* u. *Wise* in: De Doelder/Tiedemann Liability S. 169, 369 u. 383; *Mansdörfer* S. 206; *Beale* ZStW **126** (2014) 27; *Bedecarratz Scholz* S. 293 ff. Zur Entwicklung in **China** *Wang* ZStW **107** (1995) 1019 ff.

75 Vgl. auch Sch/Schröder/*Heine/Weißer* Vor § 25 Rdn. 124 ff.

76 Dazu *De Doelder* in: De Doelder/Tiedemann, Liability S. 289 ff; *Riihijärvi* ibid. S. 203 ff; *De Doelder, Greve* und *Røstad* in Schünemann/Suárez S. 311 ff, 313 ff, 323 ff; *Waling* Das niederländische Umweltstrafrecht (1991) 104 ff; *Torringa* Strafbaarheid van Rechtspersonen (Arnhem 1984););  *Nielsen* in Eser/Heine/Huber (Hrsg.) Responsibility S. 189.

77 Dazu *Bouloc* in De Doelder/Tiedemann (Hrsg.) Liability S. 235 ff; *Delmas-Marty* in Schünemann/Suárez S. 305 ff; *Pradel* in Tiedemann (2002) 37 ff; *Schwinge* Strafrechtliche Sanktionen gegenüber Unternehmen im Bereich des Umweltstrafrechts (1996) 30 ff; *Zieschang* Das Sanktionensystem in der Reform des französischen Strafrechts im Vergleich mit dem deutschen Strafrecht (1992) 236 ff; *ders.* ZStW **115** (2003) 117 ff; *Hartan* S. 96 ff; *Tricot* ZStW **126** (2014) 55; *J. Walther* GA **2015** 682; *Bedecarratz Scholz* S. 252 ff.

78 Art. 102 und 102a des Schweizerischen Strafgesetzbuches in der Fassung v. 19. Dezember 2006. Danach werden einem Unternehmen die Straftaten zugerechnet, die in Ausübung geschäftlicher Verrichtungen im Rahmen des Unternehmenszwecks begangen werden, wenn diese wegen mangelhafter Organisation des Unternehmens keiner bestimmten natürlichen Person zugerechnet werden können, und bei Geldwäsche, Bestechungsdelikten und krimi-

wortlichkeit, die in einem eigenständigen Gesetz vorgesehen ist.[79] **Spanien** und **Portugal**, die sich bis vor kurzem mit einer Sanktionierung im Ordnungswidrigkeitenrecht begnügten, führten in den letzten Jahren eine Strafbarkeit juristischer Person in das Strafgesetzbuch ein.[80] Und die **EU** marschiert (im Rahmen ihrer bestrittenen, jedenfalls beschränkten Strafrechtskompetenzen)[81] in dieselbe Richtung.[82] Zwar hat in **Deutschland** die vom BMJ eingesetzte Kommission zur Reform des Sanktionenrechts der formellen Strafbarkeit juristischer Personen eine klare Ab-

---

nellen Vereinigungen wird das Unternehmen sogar unabhängig von der Strafbarkeit natürlicher Personen bestraft, wenn ihm – wie es wörtlich heißt – vorzuwerfen ist, dass es nicht alle erforderlichen und zumutbaren Vorkehrungen getroffen hat, um eine solche Straftat zu verhindern. Näher dazu *Wohlers* SJZ **2000** 381 ff; *Arzt* SZW/RSDA **2002** 226; *Heine* SchwZStr **121** (2003) 27 ff; *ders.* SZW/RSDA **2005** 17; *ders.* recht **2005** 1; *Hilf* ZStW **126** (2014) 74 ff.

**79** Sog. „Verbandsverantwortlichkeitsgesetz", das durch die Anknüpfung an das Handeln oder pflichtwidrige Unterlassen von „Entscheidungsträgern" sowie durch die Rechtsfolge der Geldbuße der deutschen Regelung im OWiG nahe kommt, am 1.1.2006 in Kraft getreten (VbVG, BGBl. Nr. 151/2005); hierzu *Hilf* ZStW **126** (2014) 76 ff, 83 ff.

**80** Für **Spanien** s. Art. 31bis spanStGB, in Kraft getreten 2010; aus dem Schrifttum vor und nach der Gesetzesreform *S. Bacigalupo* La responsabilidad penal de las personas juridicas (1998) 231 ff; *Silva Sánchez* in: Schünemann/Figueiredo Dias, Coimbra-Symposium, S. S. 307 ff; *Nieto Martín* La responsabilidad penal de las personas juridicas (2008); *Martínez Cantón* FS Wolter 1371; *González Sierra* S. 113 ff; *Robles Planas* ZIS **2012** 347; *Zugaldía* La responsabilidad criminal de las personas jurídicas (2013); *Silva Sánchez* GA **2015** 267; *Bedecarratz Scholz* 265 ff; *Díaz y García Conlledo* GA **2016** 238; *Goena Vives* ZIS **2016** 248; für **Portugal** s. Art. 11 II-11 portStGB, in Kraft getreten 2007; aus dem Schrifttum *Serra* ibid. S. 203; *Faria Costa* in: Schünemann/Figueiredo Dias, Coimbra-Symposium, S. 337 ff; *Meireles* Julgar 5/**2008** 121; *Torrão* Societas delinquere potest (2010); *de Figueiredo Dias* Direito Penal I [3](2019) S. 343 ff.

**81** Zwar wurde mit dem Lissabon-Vertrag eine Kompetenz der Union zum Erlass strafrechtlicher **Richtlinien** (Art. 288 III AEUV) ausdrücklich etabliert (Art. 83 AEUV; näher *Mansdörfer* HRRS **2010** 11; *Satzger* Internationales und europäisches Strafrecht § 9 Rdn. 31 ff). Bei **Verordnungen** (Art. 288 II AEUV) sieht es jedoch anders aus. Der in der Vorgängernorm des Art. 280 IV 2 EGV noch vorhandene Vorbehalt – „Die Anwendung des Strafrechts der Mitgliedstaaten und ihre Strafrechtspflege bleiben von diesen Maßnahmen unberührt." – ist aber aus der Nachfolgevorschrift des Art. 325 IV AEUV verschwunden; hieraus leitet die h. L. ab, dass das neue Unionsrecht in der genannten Vorschrift eine Veordnungskompetenz der EU zur Bekämpfung von Betrügereien und sonstigen gegen die finanziellen Interessen der Union gerichteten rechtswidrigen Handlungen vorsehe (etwa *Ambos* Internationales Strafrecht, § 9 Rdn. 22; *Hecker* Europäisches Strafrecht § 4 Rdn. 83; *Satzger* EnzEuR Bd. 9 § 2 Rdn. 13). Dem kann man keineswegs zustimmen. Die Streichung einer Vorbehaltsklausel ist nur ein Grund für eine Zuständigkeit, wenn diese als vorhanden anzusehen wäre, so dass erst ihr Fehlen rechtfertigungsbedürftig wäre. Woher sie sich aber ergeben sollte, ist nicht ersichtlich. Insb. folgt sie nicht aus Art. 325 IV AEUV: Dort ist allein die Rede von den „erforderlichen Maßnahmen zur Verhütung und Bekämpfung von Betrügereien, die sich gegen die finanziellen Interessen der Union richten" – „Bekämpfung" bedeutet nicht notwendigerweise den Erlass von Strafvorschriften (ebenso *Böse* ZIS **2010** 76, 88; *ders.* EnzEuR Bd. 9 § 4 Rn. 24, m. Nachw. zur Gegenauffassung). Eine eigenständige Verordnungskompetenz der EU im Strafrecht besteht somit nicht (i. Erg. wie hier *Böse* ZIS **2010** 87 f; *ders.* EnzEuR Bd. 9 § 4 Rn. 24; *Vogel* in: Ambos [Hrsg.] Europäisches Strafrecht post-Lissabon [2011] 29, 36; *Stüries* HRRS **2012** 273, 276 ff). Erst recht fehlt der EU eine Kompetenz zur Regelung eines europäischen Allgemeinen Teils (and. *Weißer* GA **2014** 445 ff; s. a. *Satzger* ZIS **2016** 771, 773 ff).

**82** Denn in zahlreichen Rechtsakten der Europäischen Union wird eine Sanktion gegen juristische Personen gefordert, siehe Art. 5 Rahmenbeschluss 2003/568/JI des Rates vom 22. Juli 2003 zur Bekämpfung der Bestechung im privaten Sektor (Abl. L 192 vom 31.7.2003); Art. 6 Rahmenbeschluss 2003/80/JI des Rates vom 27. Januar 2003 über den Schutz der Umwelt durch das Strafrecht (ABl. L Nr. 29 vom 5.2.2003, S. 55); Art. 5 Rahmenbeschluss 2003/568/JI des Rates vom 22. Juli 2003 zur Bekämpfung der Bestechung im privaten Sektor (Abl. L 192 vom 31.7.2003); Art. 6 Rahmenbeschluss 2004/757/JI des Rates vom 25. Oktober 2004 zur Festlegung von Mindestvorschriften über die Tatbestandsmerkmale strafbarer Handlungen und die Strafen im Bereich des illegalen Drogenhandels (ABl. L 335 vom 11.11.2004, S. 8); Art. 5 Rahmenbeschluss 2008/841/JI des Rates vom 24. Oktober 2008 zur Bekämpfung der organisierten Kriminalität (Abl. L 300 v. 11.11.2008, S. 42); Art. 6 Rahmenbeschluss 2008/913/JI des Rates vom 28. November 2008 zur strafrechtlichen Bekämpfung bestimmter Formen und Ausdrucksweisen von Rassismus und Fremdenfeindlichkeit (ABl. L 328 vom 6.12.2008, S. 55); Art. 6 Richtlinie 2008/99/EG des Europäischen Parlaments und des Rates vom 19. November 2008 über den strafrechtlichen Schutz der Umwelt (Abl. L 328 vom 6.12.2008, S. 8); Art. 5 Richtlinie 2011/36/EU des Europäischen Parlaments und des Rates vom 5. April 2011 zur Verhütung und Bekämpfung des Menschenhandels und zum Schutz seiner Opfer sowie zur Ersetzung des Rahmenbeschlusses 2002/629/JI des Rates (Abl. L 101 vom 17.12.2011, S. 1); Art. 12 Richtlinie 2011/92/EU des Europäischen Parlaments und des

sage erteilt,[83] aber das provoziert die Frage eines Etikettenschwindels, weil das Institut der Geldbuße gegen juristische Personen gem. § 30 OWiG seit langem existiert und in seinem Anwendungsbereich ständig ausgedehnt und gegenüber der Bestrafung natürlicher Personen verselbständigt worden ist.[84] Damit hat das deutsche Strafrecht den ersten Schritt zum Konzept des Körperschaftsverbrechens im weiteren Sinne aber längst getan, ebenso wie in einigen anderen Rechtsordnungen – insbesondere **Italien**[85] und **Griechenland**[86] – im sogenannten Verwaltungsstrafrecht, welches funktional dem deutschen Ordnungswidrigkeitenrecht entspricht, die Behandlung juristischer Personen als Normadressat und dementsprechend als möglicher Täter und Sanktionsadressat seit langem anerkannt ist.[87]

22 **b) Neuere Reformbemühungen in Deutschland.** Ein Gesetzesentwurf des Justizministeriums Nordrhein-Westfalen aus dem Jahre 2013 über die „Einführung einer strafrechtlichen Verantwortlichkeit für Unternehmen" hat die deutsche Reformdiskussion noch einmal befeuert, doch hat die daran geübte Kritik[88] dazu geführt, dass alle folgenden Entwürfe die Bezeichnung „Strafe" meiden und nur von „Sanktionen" sprechen, für die ihnen allerdings kaum mehr als eine vom Verband zu bezahlende *Geldbuße* einfällt – so etwa der von einer Forschungsgruppe

---

Rates vom 13. Dezember 2011 zur Bekämpfung des sexuellen Missbrauchs und der sexuellen Ausbeutung von Kindern sowie der Kinderpornografie sowie zur Ersetzung des Rahmenbeschlusses 2004/68/JI des Rates (Abl. L 335 vom 15.4.2011, S. 1); Art. 10 Richtlinie 2013/40/EU des Europäischen Parlaments und des Rates vom 12. August 2013 über Angriffe auf Informationssysteme und zur Ersetzung des Rahmenbeschlusses 2005/222/JI des Rates (Abl. L 218 vom 14.8.2013, S. 8); Art. 6 Richtlinie (EU) 2017/1371 des Europäischen Parlaments und des Rates vom 5. Juli 2017 über die strafrechtliche Bekämpfung von gegen die finanziellen Interessen der Union gerichtetem Betrug (Abl. L 198 v. 28.7.2017, S. 29); s. a. *Fromm* ZIS **2007** 279; *Kelker* FS Krey (2010) 221; *Engelhart* eucrim 3/**2012** 110; *Hochmayer* FS Yamanaka (2017) 91.

**83** Abschlußbericht der Kommission zur Reform des strafrechtlichen Sanktionensystems (März 2000) Teil 12, publiziert bei *Hettinger* (Hrsg.) Reform des Sanktionenrechts Band 3 (2002) 7 ff.

**84** Dazu *Brender* Die Neuregelung der Verbandstäterschaft im Ordnungswidrigkeitenrecht (1989); *Ehrhardt* S. 58 ff; zu Lücken und Verbesserungsvorschlägen *Schünemann* Unternehmenskriminalität I, S. 155 ff; *ders.* Unternehmenskriminalität II, S. 168 ff; *Tiedemann* NJW **1988** 1169 ff; zur weiteren Ausdehnung der Verbandsgeldbuße *Achenbach* wistra **2002** 441 ff.

**85** Hierzu *Paliero* in Schünemann/Suárez S. 245 ff; *ders.* in De Doelder/Tiedemann (Hrsg.) Liability S. 251, 265 ff; *Militello* in Schünemann/de Figueiredo Dias S. 321 ff; *ders.* in Eser/Heine/Huber (Hrsg.) Responsibility S. 181; *de Simone* (2012); *Santi* (2016), wo über die Rechtsnatur dieser im Decreto Legislativo 231/2001 vorgesehenen, als „verwaltungsrechtlich" bezeichneten Rechtsfolge kontrovers diskutiert wird. Obwohl in Italien das Schuldprinzip sogar in Art. 27 der Verfassung verankert ist, wird gleichwohl im Entwurf eines neuen Allgemeinen Teils, dem sog. *Progetto Grosso*, im 7. Titel des Codice penale die Verantwortlichkeit juristischer Personen vorgesehen, und zwar in dem Sinne, dass grundsätzlich eine strafrechtliche Verantwortlichkeit juristischer Personen begründet wird, die zur Verantwortlichkeit natürlicher Personen hinzukommt, von ihr völlig unabhängig ist und für alle vorsätzlichen Delikte gelten soll, die für Rechnung oder im Interesse der juristischen Person von solchen Personen begangen werden, die die Befugnis haben, für sie zu handeln, oder eine Garantenstellung innehatten. Als zentrale Sanktion soll eine Geldsanktion vorgesehen werden, daneben können Tätigkeitsverbote, Ausschluss von Verträgen mit der öffentlichen Verwaltung oder die Publizität der Verurteilung angeordnet werden (vgl. den Text bei *Stile* Riforma 753 f, und dazu *Ferrante* ebda. 647 ff).

**86** Instruktiv *Mylonopoulos* Revue Hellénique de Droit International **2010** 471 ff.

**87** Spanien und Portugal bewegten sich traditionell auf dieser Linie, bis sie vor Kurzem eine Wendung im Sinne einer Bestrafung juristischer Personen machten, vgl. Fn. 80.

**88** Entwurf eines Gesetzes zur Einführung der strafrechtlichen Verantwortung von Unternehmen und sonstigen Verbänden des Landes Nordrhein-Westfalen, abrufbar über die Internetseite des Landtags NRW; zur Kritik *Schünemann* (2013); *ders.* ZIS **2014** 1 (7 ff); *Beulke/Moosmayer* CCZ **2014** 146; *Dierlamm* FG Feigen (2014) 25 ff; *Hoven* ZIS **2014** 19 ff; *Löffelmann* JR **2014** 185 ff; *Wohlers* ZGR 2016, 364; *Zieschang* GA **2014** 91; s. auch die Aufsätze in ZIS **2015** 1 ff.

der Universität Köln vorgelegte *Kölner Entwurf eines Verbandssanktionengesetzes*[89] (dessen ergänzender Vorschlag eines sog. Monitors [§ 5 IV] mitnichten neu, sondern – unter richtiger Qualifikation als Maßregel unter dem Namen *Unternehmenskuratel* – bereits von *Schünemann* und dem „Arbeitskreis Strafrecht – Deutsche Wiedervereinigung" 1996 unterbreitet worden ist),[90] der gleichnamige „Münchner" Entwurf[91] und schließlich der Entwurf der Bundesregierung eines „Gesetzes zur Stärkung der Integrität in der Wirtschaft" vom 7.8.2020.[92]

## 4. Stellungnahme

**a) Unternehmenskriminalität.** Zwar müsste dem globalen Trend zur Sanktionierung von Kollektiven widerstanden werden, wenn es sich dabei um eine mit den Legitimationsgrundlagen des Strafrechts nicht zu vereinbarende modische Fehlentwicklung handeln würde. Aber das ist in kriminalpolitischer Hinsicht nicht der Fall, vielmehr beruht der genannte Trend auf der wachsenden Einsicht in die enorme gesellschaftliche Bedeutung der Unternehmenskriminalität (d. h. des aus einem Wirtschaftsunternehmen heraus begangenen sozialschädlichen Verhaltens). Die im kontinentaleuropäischen Strafrecht über Jahrhunderte herausgearbeiteten dogmatischen Kategorien sind dagegen an einem individualistischen Bild des Verbrechens und des Verbrechers entwickelt worden, sowohl was die Person des Täters als auch was die Erklärung der von ihm verursachten Rechtsgüterverletzung durch seinen bösen Willen oder zumindest durch seinen Leichtsinn anbetrifft. Dieses Verständnis des Verbrechens als der Entgleisung eines habituell oder aktuell asozialen Individuums ist mit der Etablierung des Wirtschaftsstrafrechts im Rahmen des individualstrafrechtlichen Paradigmas auch ohne weiteres auf die Wirtschaftskriminalität ausgedehnt worden – obwohl es hier für viele Fälle unzulänglich ist. Um dies an den Umweltdelikten zu zeigen, die zum größten Teil im Rahmen einer Unternehmenstätigkeit begangen werden und deshalb insoweit als ein Teilgebiet der Wirtschaftskriminalität angesehen werden müssen: Die immer weiter fortschreitende und in immer weiteren Bereichen irreparabel werdende Beeinträchtigung der überkommenen und in diesem Sinne natürlichen Umwelt ist nicht von Abenteurern oder Randgruppen in individuellen Verhaltensmustern, sondern von dem für die moderne Industriegesellschaft zentralen ökonomischen System selbst im Rahmen eines riesigen kollektiven Verhaltensmusters bewerkstelligt worden, und die Agenturen für diese Veränderung sind die Wirtschaftsunternehmen als die charakteristischen Subsysteme und Handlungsträger der Industriegesellschaft gewesen.[93] Auch allgemein ist der Grad der Professionalisierung und Kollektivierung der Erwerbstätigkeit permanent angewachsen, so dass sich die Berufstätigkeit in der modernen Industriegesellschaft im Vergleich zu früheren Epochen durch ein riesiges Ausmaß an betrieblicher Organisation und Arbeitsteilung auszeichnet, das auch heute immer noch weiter anwächst und neue Bereiche ergreift, auch den sog. tertiären Sektor der Dienstleistungen bis hin zu den akademischen Berufen des Arztes und des Anwalts, in denen die traditionellen individualistischen Produktionsverhältnisse am längsten überlebt hatten. In Verbindung mit der die (post)moderne Gesellschaft ebenfalls kennzeichnenden Deregulierung des Privatlebens und dessen weitgehender Verlagerung in eine für das Recht unin- 23

89 *Henssler/Hoven/Kubiciel/Weigend*, Kölner Entwurf eines Verbandssanktionengesetzes, 2017; hierzu *Henssler/Hoven/Kubiciel/ Weigend* (2017); *Hoven/Weigend* ZRP **2018** 30; Heft 10/2018 der NZWiSt (mit Beiträgen von *Korte*, *Wagner*, *Kölbel*, *Wohlers* und *Beckemper*); umfassende Kritik bei *Schünemann* StraFo **2018** 317.

90 S. *Schünemann* Unternehmenskriminalität II S. 129 ff; *ders.* StraFo **2018** 322 f.

91 *Saliger/Tsambibakis/Mückenberger/Huber* § 6 ff.

92 BR-Dr **440**/20. Seine weiterführenden Vorschläge liegen vor allem auf prozessualem Gebiet und sind deshalb hier nicht weiter zu erörtern.

93 Dass der überwältigend größte Teil der Umweltbeeinträchtigung von der an den Prinzipien der Lustmaximierung, der Konsummaximierung, der Profitmaximierung und deshalb auch der Produktionsmaximierung orientierten Industriegesellschaft für legal erklärt worden ist und damit für das Strafrecht vielfach nur Randphänomene übrig bleiben, ändert an den kollektiven Erklärungszusammenhängen des strafbaren Verhaltens nichts, sondern verstärkt sie sogar noch.

teressante Intimsphäre lässt sich deshalb die Feststellung treffen, dass für das gesellschaftsbezogene und deshalb strafrechtlich relevante menschliche Verhalten die kollektiven Erklärungsmuster der betrieblichen Organisation eine immer größere, vielfach schlechthin zentrale Bedeutung gewonnen haben. Die traditionellen Vorstellungen von dem an einem Sozialisationsdefekt leidenden Verbrecher, durch dessen Resozialisierung man dann auch das Verbrechen zum Verschwinden bringen könnte, erweisen sich nun aber gegenüber dem Verhalten eines beliebigen, in eine Betriebshierarchie eingegliederten Individuums als gänzlich inadäquat. Ausschlaggebend für das Verbrechen im Wirtschaftsunternehmen ist nicht mehr, wie es der traditionellen täterorientierten Kriminologie entspricht, der böse Wille des Einzelnen, sondern die **kriminelle Verbandsattitüde**, d. h. der in einem Menschenverband und damit auch in einem Wirtschaftsunternehmen durch eine Vielzahl von Lernprozessen etablierte Gruppengeist als Quelle eines gleichförmigen rechtsgüterschädlichen Verhaltens der Gruppenmitglieder.[94] Die generalpräventive Wirkung des Strafrechts wird deshalb gegenüber dem in eine kriminelle Verbandsattitüde eingebundenen Unternehmensangehörigen ebenso gelähmt wie seine spezialpräventive Wirkung gegenüber einem ohnehin schon voll angepassten, an keinem Sozialisationsdefizit leidenden Täter. Als eine weitere Hemmung der Präventionswirkung des Strafrechts und zugleich als ein entscheidendes Problem der strafrechtlichen Zurechnung kommt das – aus der arbeitsteiligen Struktur der modernen Volkswirtschaft resultierende – Auseinanderfallen von Ausführungstätigkeit, Informationsbesitz und Entscheidungsmacht hinzu. Das traditionelle Zurechnungsmodell des Strafrechts, welches an den für frühere Epochen spezifischen Formen der Abenteurer- und Elendskriminalität entwickelt worden ist, in denen die unmittelbare Ausführungshandlung, die Entscheidungsmacht und die dafür notwendige Informationsbasis grundsätzlich in einer Person vereinigt anzutreffen sind, kann den kollektiven Handlungs- und Entscheidungszusammenhängen, in denen diese drei Aspekte personal getrennt sind, nur schlecht gerecht werden. Indem die unmittelbare Ausführung in einem Wirtschaftsunternehmen regelmäßig auf der unteren oder untersten Ebene durch untergeordnete Unternehmensorgane stattfindet, die weder über eine eigene Entscheidungsmacht noch überhaupt über die notwendigen Informationen zur Beurteilung der Gefährlichkeit ihres eigenen Tuns verfügen, während die einzelnen Entscheidungen zumeist vom mittleren oder gehobenen Management getroffen werden, dem die oberste Führungsebene (auf der erst alle Informationen zusammenfließen, aber zugleich die Verarbeitungskapazität der wenigen Leitungspersonen völlig überfordern!) nicht einmal ausdrückliche Befehle zu erteilen braucht, führt die geschilderte, für den modernen Produktionsprozess typische Form der Unternehmensorganisation im Kontext einer individualisierenden strafrechtlichen Zurechnung im Extremfall geradezu zu einer **organisierten Unverantwortlichkeit aller.**[95] Eine nochmalige Steigerung der Schwierigkeiten, auf die ein dem Rechtsgüterschutz verpflichtetes Strafrecht im Bereich der Unternehmenskriminalität trifft, kann sich schließlich auf der **prozessualen** Ebene aus den Beweisschwierigkeiten ergeben, die in den Fällen einer kriminellen Verbandsattitüde bei Unternehmensstraftaten häufig bestehen. Zwar verfügt ein Unternehmen im Normalfall über ein geordnetes internes Informationssystem, das im Deliktsfall auch hervorragend von der Strafverfolgung zu Beweiszwecken genutzt werden kann, so dass es bei Unternehmensstraftaten keine typische Beweisnot, sondern häufig sogar exzellente Beweismöglichkeiten gibt. Wenn aber in dem Unternehmen ein deliktischer Plan verfolgt wird, so bietet dieses interne Informationssystem unbegrenzt viele Möglichkeiten zur Verschleierung und Verwirrung, so dass sich die Ermittlungen der Strafverfolgungsorgane in einem solchen „totlaufen".[96] Der in einem solchen Fall drohende *Präventionsnotstand* kann durch eine bloße *Optimierung der Zurech-*

94 Begriff von *Schünemann* Unternehmenskriminalität I S. 22; s. dazu auch *Kölbel* ZIS **2014** 552.
95 Dieses Gesamtbild ist erstmals in *Schünemanns* 1979 publizierten Studie „Unternehmenskriminalität und Strafrecht" entwickelt (s.i.e. *Schünemann* Unternehmenskriminalität I, S. 13 ff; zusammenfassend *ders.* wistra **1982** 41 ff; *ders.* in Schünemann/Suárez, S. 265 ff) und auch in den seitdem angestellten weiteren Untersuchungen im Kern nicht in Frage gestellt, sondern bestätigt und verfeinert worden, vgl. *Heine* (1995) 31 ff; *Rotsch* passim; *ders.* wistra **1999** 372 ff; zu den amerikanischen Untersuchungen vgl. nur *Clinard/Yaeger* Corporate Crime (New York 1980) 44.
96 Dazu mit Nachw. *Schünemann* Unternehmenskriminalität I, S. 30 ff.

*nungsfiguren des Individualstrafrechts*[97] nicht kompensiert werden, weil dadurch weder die kriminogene Wirkung einer kriminellen Verbandsattitüde noch die Mechanismen der Verantwortungsdiffusion aufgehoben würden, von der drohenden Missachtung der Schuldangemessenheit der Strafe ganz abgesehen, wenn man die durch eine Verstrickung in ein kollektives Handlungs- oder gar Unrechtssystem an sich bewirkte Schuldminderung[98] ignorieren oder gar konterkarieren wollte. Andererseits wäre eine Beschränkung auf die Verbandsstrafe, wie sie dem Wettbewerbsrecht der EU zugrunde liegt,[99] als Reaktion auf die Unternehmenskriminalität noch weniger ausreichend, was auch entgegen früherer Tendenzen in der US-amerikanischen Diskussion[100] seit dem *Enron*-Skandal durch das Sarbanes Oxley-Gesetz[101] anerkannt worden ist: Die moderne organisationssoziologische Erkenntnis, dass die individuelle Verantwortlichkeit vielfach nicht nur nicht beweisbar, sondern sogar nicht einmal feststellbar ist, weil das rechtsgutsverletzende Geschehen auf Störungen im kollektiven Informationsfluss und nicht auf vorwerfbare Fehlentscheidungen der einzelnen Entscheidungsträger zurückgeht, zeigt zwar die Effektivitätsgrenzen des Individualstrafrechts im Unternehmen auf, darf aber nicht zu der fehlerhaften Konsequenz führen, die Verantwortlichkeit der mit Entscheidungskompetenz ausgestatteten Individuen auch dort zu ignorieren, wo sie überzeugend begründet werden kann. Dies wurde jüngst sogar vom Deputy Attorney General aus dem U.S. Department of Justice betont, der in seinem 2015 erlassenen sog. **Yates Memorandum** daran erinnert, dass eine effektive Bekämpfung von Unternehmenszuwiderhandlungen nur über den Weg der Haftbarmachung von Individuen zu erreichen sei.[102] Erforderlich ist deshalb eine **Kombination** von Individualstrafrecht und Verbandssanktionen.

**b) Legitimationsfragen.** Die Befriedigung dieser Präventionsbedürfnisse setzt aber natürlich 24
in einem rechtsstaatlich verfassten Strafrecht eine verfassungsrechtlich tragfähige *Legitimation* der Unternehmenssanktionen und deren Einfügbarkeit in das strafrechtliche *Zurechnungssystem* voraus – Aufgaben, die bis heute bestenfalls im Ansatz gelöst sein dürften. Die einschlägige Diskussion fußt immer noch auf den im 19. Jahrhundert einerseits im Common Law, andererseits in der Kontroverse zwischen *F. C. von Savignys* Fiktionstheorie und *Otto von Gierkes* Theorie von der realen Verbandsperson[103] entwickelten Zurechnungskonzepten, ist allerdings durch die

---

**97** Eingehend *Schünemann* in: Breuer/Kloepfer/Marburger/Schröder S. 137 ff; *ders.* Festgabe BGH, Bd. 4, S. 621 ff.

**98** Dazu am Extrembeispiel der nationalsozialistischen Gewalttaten *Jäger* Verbrechen unter totalitärer Herrschaft (1967) 315 ff, 372 ff; *Utthoff* Rollenkonforme Verbrechen unter einem totalitären System (1975) 225 ff; *Hanack* Verh. d. 46. DJT Bd. C II (1967) 53 ff; *Schünemann* FS Bruns 223, 243 f; das Gegenargument *v. Freiers* (S. 170 f), dass die Zugehörigkeit zu einer Bande oder einer kriminellen Vereinigung regelmäßig strafschärfend oder sogar strafbegründend sei, wird der fragilen Situation des Arbeitnehmers in einem im Großen und Ganzen legalen Wirtschaftsunternehmen, das einen starken Loyalitätsdruck aufgebaut hat und diesen nur hin und wieder für rechtswidrige Aktionen benutzt, nicht gerecht.

**99** Denn die aufgrund von Art. 103 AEUV, insbesondere dessen Abs. 2 in lit. a („Die Einführung von Geldbußen und Zwangsgeldern") erlassenen Verordnungen sehen ausschließlich die Sanktionierung der Unternehmen und nicht von natürlichen Personen vor (zum Ganzen etwa *Reidlinger* in: Streinz EUV/AEUV ³[2018] AEUV Art. 103 Rdn. 19 ff).

**100** *Coffee* Am. Crim. L. Rev. **17** (1980) 419; *Fisse* S. Cal. L. Rev. **56** (1983) 1141; *Silets/Brenner* **13** Am. J. of Crim. L. **13** (1986) 329.

**101** Pub. L. No. 107–204, 116 Stat. 745 (2002), siehe dazu die Beiträge von *Green, Schünemann, Hefendehl, Beale/Safwat, Mohr, Brickey, Bucy* und *Henning* inBuffalo Crim. L. Rev. **8** (2004) 1 ff; *Brickey* Wash. Univ. L. Qu. **81** (2003) 357.

**102** Das Memorandum lässt sich über übliche Internetsuchmaschinen leicht auffinden; hierzu *Mark* University of California, Davis Law Review **51** (2018) 1588.

**103** Zur Theorie- und Dogmengeschichte siehe im einzelnen *Flume* Allgemeiner Teil des Bürgerlichen Rechts, Bd. I Teil II (1983) 1 ff, 15 ff.

Rezeption organisationssoziologischer und systemtheoretischer Ansätze außerordentlich verfeinert und façettiert worden. Sie lässt sich auf **vier Modelle** zurückführen, von denen letztlich nur eines tragfähig sein dürfte:

25 **aa) Schlichtes Zurechnungsmodell.** Als **schlichtes Zurechnungsmodell** kann man die auf die Alter-ego-Theorie des Common Law[104] zurückverweisende Idee der direkten Zurechnung der Organhandlung und des Organverschuldens an die juristische Person bezeichnen, durch die die doppelte Klippe der fehlenden eigenen Handlungsfähigkeit und eigenen Schuldfähigkeit von Körperschaften[105] umschifft werden soll.[106] Sie läuft in Wahrheit auf eine quaternio terminorum des Handlungsbegriffs wie des Schuldbegriffs hinaus und kann deshalb weder die Einfügung in das Strafrechtssystem leisten noch die Legitimationsfrage beantworten. Denn die Zurechnung einer fremden Handlung ist eben keine Handlung, und die Zurechnung fremder Schuld kann eine an sich fehlende (scil. vorstrafrechtliche) Schuldvoraussetzung auch nicht schaffen, so dass das schlichte Zurechnungsmodell ontologisch und axiologisch auf einem reinen Zirkelschluss beruht.[107]

26 **bb) Schuldanalogiemodell.** Vielversprechender ist deshalb das von *Tiedemann* entwickelte **Schuldanalogiemodell,** das auf der Annahme eines eigenen Verschuldens des Verbandes in Gestalt eines *Organisationsverschuldens* beruht.[108] Auch dieses Modell muss sich aber die Kritik gefallen lassen, dass sich der Verband ja letztlich nicht selbst, sondern nur durch das Handeln natürlicher Personen organisieren kann, so dass die Legitimation durch den Gedanken des Organisationsverschuldens in einen unendlichen Regress hineinführt.[109]

27 **cc) Systemtheoretisches Modell.** In Weiterführung und Präzisierung von *Otto v. Gierkes* intuitiver Theorie der realen Verbandsperson ist ein **systemtheoretisches Modell** entwickelt worden, welches *Luhmanns* Theorie der autopoietischen Systeme mit dem amerikanischen Konzept des „good corporate citizen" verbindet und dadurch eine funktionale Äquivalenz zwischen Individual- und Unternehmensschuld zu begründen versucht, letztere in „einem Verständnis der Unternehmensschuld als ein durch die Unternehmenskultur zum Ausdruck gebrachtes Manko an Rechtstreue".[110] Obwohl dieses Modell inzwischen eine vor allem der spanischen Strafrechts-

---

**104** Dazu näher *Leigh* S. 74 ff, 91 ff; *Ehrhardt* S. 116 f; zur noch extensiveren Zurechnung nach der Respondeat Superior Doctrine siehe *Dubber* Einführung S. 105.

**105** Diese beiden Argumente dominierten insbesondere auf dem 40. Deutschen Juristentag 1953 und in den nächsten Jahrzehnten die gesamte strafrechtswissenschaftliche Diskussion in Deutschland, vgl. nur *Heinitz* Verhandlungen des 40. DJT Band I (1953) 67, 85 ff; *Engisch* ibid. Band II E, S. 7, 23 ff; *R. Schmitt* S. 196 ff; *Pohl-Sichtermann* Geldbuße gegen Verbände (1974) 32 ff.

**106** So das Bundesverfassungsgericht im Bertelsmann-Lesering-Beschluss BVerfGE **20** 323 ff; *Ehrhardt* S. 186 ff; *H.-J. Schroth* S. 186 ff, 209, und neuerdings – gerade für einen Vertreter des orthodoxen Finalismus außerordentlich überraschend – *Hirsch* Straffähigkeit S. 10–15; *ders.* ZStW **107** (1995) 286, 288 ff.

**107** Zur Kritik vgl. näher *Schünemann* Unternehmenskriminalität I, S. 234 f; *ders.* Haftung (vor Rdn. 77 zu § 14) S. 455 f; *Otto* S. 15 ff; *Greco* GA **2015** 506 f.

**108** *Tiedemann* Strafbarkeit S. 170 ff; *ders.* NJW **1988** 1171 ff; *ders.* FS Stree/Wessels 531 ff; *ders.* Wirtschaftsstrafrecht AT⁵ (2017) Rdn. 449 f.

**109** Vgl. näher *Schünemann* Haftung S. 457–460; *Schünemann* in: Schünemann/Suárez S. 284 f; *Greco* GA **2015** 507 f.

**110** So die konzentrierte Formulierung von *Gómez-Jara* ZStW **119** (2007), 333. In Deutschland zunächst von *Jakobs* vertreten (AT § 6 Rdn. 43 ff), der aber inzwischen zu der extremen Gegenposition eines sachlogischen Ausschlusses

wissenschaft zu verdankende subtile Ausarbeitung erfahren hat,[111] ist es letztlich aus normtheoretischen und intrasystematischen Gründen nicht überzeugend.

In *normtheoretischer* Hinsicht: Das Strafrecht schützt die Rechtsgüter durch die Verbotsnorm, die nun aber ausschließlich menschliches Verhalten regelt, weil systemische Prozesse, ähnlich wie ein nach Naturkausalität ablaufendes Geschehen, als solche nicht Gegenstand einer Norm sein können. Die Verbotsnorm ist deshalb notwendig auf menschliches Handeln und dessen Vermeidbarkeit bezogen, während mit dem Ausdruck des Organisationsverschuldens ein bloßer Zustand der Organisation, nicht aber eine Normverletzung beschrieben wird. Das „Organisationsverschulden" verweist bestenfalls auf fehlerhafte Organisationsakte von Individuen und führt insoweit zu einem unendlichen Regress. Und vor allem würden die fehlerhaften Organisationsakte von Individuen jedenfalls nicht diejenige Norm verletzen, deren Verletzung der betreffende Straftatbestand erfasst, so dass bei einer Bestrafung der juristischen Person in Wahrheit der angeblich verletzten Strafrechtsnorm eine auf eine ganz andere Norm, nämlich die Organisationsnorm, bezogene Verletzungshandlung untergeschoben würde. 28

In *intrasystematischer* Hinsicht scheitert das Konzept an dem zentralen Problem des sog. corporate knowledge: Nach verbreiteter Ansicht in den USA soll auch dann ein Körperschaftsverbrechen vorliegen, wenn kein einziger Körperschaftsagent über das zur Vermeidung der Rechtsgutsverletzung erforderliche Wissen verfügte, das erst aus der Addition des fragmentierten Einzelwissens der Unternehmensangehörigen entsteht.[112] Der Organisationsmangel liegt hier in einem fehlenden Kommunikationsakt, den die Organisation, systemtheoretisch gesprochen, nur auf parasitäre Weise von den strukturell an sie gekoppelten Individuen, also aus ihrer Umwelt beziehen könnte. Man mag das als einen Fall fehlender Rechtstreue der Organisation bezeichnen, kann aber nichts daran ändern, dass ein solcher Organisationsmangel etwas qualitativ anderes ist als die nicht erst systemtheoretisch fingierte, sondern natürlich vorhandene Fähigkeit des Individuums zur Einhaltung der objektiv im Verkehr erforderlichen Sorgfalt. Und zu guter Letzt bleibt zwischen der Normtreue des Individuums und derjenigen einer Organisation immer noch ein qualitativer Unterschied in der normativen Tiefenstruktur übrig. Das von seinem Prinzip her auf die Profitmaximierung ausgerichtete Unternehmen gleicht dem von *Kant* apostrophierten Volk von Teufeln, für die das Problem der Staatserrichtung (also der Etablierung einer Rechtsordnung) auflösbar sei, wenn sie nur Verstand haben.[113] Denn die Kommunikation im Unternehmen als Subsystem des Wirtschaftssystems ist – als autopoietisch operativ geschlossenes System – nicht am Codeprogramm Recht/Unrecht, sondern als Sequenz von Relationen zwischen aufeinander folgenden Zahlungsakten über den Wert der knappen Güter organisiert, also am Geld orientiert.[114] Systemtheoretisch gesprochen, wird die Kommunikation im Unternehmen durch die Anforderungen des Rechts also nur – in den Worten *Luhmanns* – irritiert oder gestört bzw. – in den Worten *Teubners* – perturbiert. Anders formuliert, kann das Unternehmen die Anforderungen des Rechts immer nur in seine am Geldwert orientierten Kommunikationsakte autopoietisch umwandeln, also etwa zur Vermeidung von Geldbußen Rechtsverletzungen vermeiden, nicht aber den intrinsischen Wert des Rechts anerkennen. Dagegen kann im Bewusstsein der natürlichen Person die eigentlich verpflichtende Kraft des Rechts reproduziert werden, sei es aufgrund einer religiösen Rückbindung, sei es kraft des kategorischen Imperativs, der Goldenen Regel oder anderer vom Individuum als innerlich verpflichtend aner- 29

der Verbandsstrafbarkeit übergeschwenkt ist (FS Lüderssen 559 ff). Zu der auf dem Konzept der corporate culture aufgebauten Figur des good corporate citizen siehe *Bucy* Minn. L. Rev. **75** (1991) 1095; *Laufer* Vanderbilt L. Rev. **52** (1999) 1343; *Friedman* Harv. J. of L. and Publ. Pol. **23** (2000) 833. Zur systemtheoretischen Neukonzeption gegenüber v. Gierke s. *Teubner* Am. J. of Comp. L. **36** (1988) 130.

**111** Für Deutschland *Lampe* ZStW **106** (1994) 683 ff; für Spanien *S. Bacigalupo* Responsabilidad S. 101 ff, 351 ff; *Gómez-Jara* Culpabilidad 201 ff.

**112** Dazu *Coffee* in: Eser/Heine/Huber (Hrsg.) Responsibility S. 9, 25 ff.

**113** *Kant* Zum ewigen Frieden ²(1796) 61.

**114** *Hutter*/*Teubner* in: Fuchs/Göbel (Hrsg.) Der Mensch, das Medium, die Gesellschaft? (2001) 116.

kannter Grundsätze. Und aus diesem Grunde können Unternehmen in systemtheoretischer Perspektive nicht als selbständige Akteure an einer Debatte über den intrinsischen Wert von Rechtsnormen teilnehmen, folglich aber auch nicht deren Geltung in einer relevanten Weise bestreiten und damit auch nicht im Sinne des dies verlangenden systemtheoretischen Schuldbegriffs eigene Schuld auf sich laden.

30 **dd) Maßregelmodell.** Vorzugswürdig erscheint deshalb ein **Maßregelmodell** als Legitimationsbasis für komplexe, repressive und präventive Elemente vereinigende Verbandssanktionen mit den konkreten Legitimationsprinzipien des (im Falle einer kriminellen Verbandsattitüde und eines Beweisnotstandes ausgelösten) *Präventionsnotstandes* sowie (speziell im Hinblick auf die nicht selbst an der Unternehmensführung beteiligten Anteilseigner) des *Veranlassungsprinzips.*[115]

31 **c) Sanktionen.** Ausschlaggebend für den praktischen Erfolg dieses Modells wird sein, ob die Ausgestaltung sowohl legitimationsfähiger als auch wirksamer Unternehmenssanktionen gelingt anstelle der weder von viel Phantasie zeugenden noch gegenüber potenten Wirtschaftsunternehmen eine hinreichende Präventionswirkung versprechenden Verbandssanktion als Neuetikettierung der schon nach geltendem Recht existierenden Verbandsgeldbuße gemäß § 30 OWiG. Die umfangreichen Kataloge, die sich in einer Empfehlung des *Europarates*[116] sowie im *französischen* Strafgesetzbuch[117] finden, dürften auf der anderen Seite des Guten zuviel tun, weil der Richter danach ein praktisch unbegrenztes Ermessen von der bloß symbolischen Verwarnung des Verbandes bis hin zur „Todesstrafe" durch dessen Auflösung besitzen würde. Am aussichtsreichsten erscheint aus heutiger Sicht die Einrichtung einer **Unternehmenskuratel,** bei der das Unternehmen durch gerichtliche Entscheidung für eine begrenzte Zeit unter die Aufsicht eines (nur mit Informations-, nicht aber Entscheidungsbefugnissen ausgestatteten) Kurators gestellt wird, wenn ein Unternehmensangehöriger, der dem Leitungsbereich des Unternehmens angehört, für das Unternehmen eine nach dem Ausmaß der Pflichtverletzung oder des angerichteten Schadens erhebliche Straftat oder Ordnungswidrigkeit begeht und deshalb die Gefahr weiterer Zuwiderhandlungen besteht.[118] Denn eine solche Maßnahme schont die Anteilseigner, trifft aber das Management und dürfte deshalb einen weitaus stärkeren generalpräventiven Effekt als die genau umgekehrt wirkende Geldbuße haben. Die Verzahnung einer solchen oder ähnlichen Maßnahme mit Individualsanktionen gegen die Ausführungs- und/oder Aufsichtsorgane des Unternehmens in den Fällen der Garantenhaftung gemäß § 13 StGB und der Vertreterhaftung gemäß § 14 StGB mit dem Ziel einer effektiven und legitimierbaren Realisierung der individuellen *und* kollektiven Verantwortlichkeit für aus einem Unternehmen heraus begangene Rechtsgüterverletzungen dürfte das wichtigste kriminalpolitische Desiderat am Beginn des 21. Jahrhunderts darstellen.

---

**115** Eingehend *Schünemann* Unternehmenskriminalität I, S. 235 ff; *ders.* Haftung S. 461 ff; *ders.* ZIS **2014** 6 f; in die gleiche Richtung weisen auch die Überlegungen von *Stratenwerth* FS Schmitt 303 ff. Zusammenfassend *Tiedemann* Grunderfordernisse S. 17.

**116** Empfehlung Nr. R (88) 18 des Europarates – Ministerkomitees – vom 20.10.1988 betreffend die Verantwortlichkeit von Unternehmen mit eigener Rechtspersönlichkeit für Zuwiderhandlungen, die in der Ausübung ihrer Geschäftstätigkeit begangen worden sind (abgedruckt bei *Schünemann* Haftung S. 445–447).

**117** Art. 131–37 bis 131–49 Code pénal in der Fassung des Gesetzes vom 22.7.1992. Zur Entwicklungsgeschichte *Zieschang* S. 236 ff.

**118** Laut *Schünemann* Haftung S. 470 f das „Ei des Kolumbus". Eine nähere Ausarbeitung und Begründung findet sich bei *Schünemann* Unternehmenskriminalität II; *ders.* in: Eser/Heine/Huber (Hrsg.) Responsibility S. 293 ff. Zu ähnlichen Tendenzen in den USA s. *Ehrhardt* S. 129; *Gruner* Wash. Univ. L. Qu. **71** 261 ff.

**d) Verfahren.** Gänzlich ungelöst sind bisher die komplizierten Fragen eines eigenen **Sanktionsverfahrens** gegen Verbände, die in der fragmentarischen Norm des § 444 StPO zur Festsetzung von Geldbußen gegen juristische Personen nur zum kleinsten Teil berührt, im neueren Schrifttum aber intensiv diskutiert werden[119] und für die die oben in Rdn. 22 verzeichneten Entwürfe zahlreiche Lösungsvorschläge enthalten, die im Rahmen eines Strafrechtskommentars nicht weiter zu diskutieren sind. 32

119 *Schlüter* Die Strafbarkeit von Unternehmen in einer prozessualen Betrachtung pp. (2000); *Drope* Strafprozessuale Probleme bei der Einführung einer Verbandsstrafe (2002); *Lampe* in: Schünemann (Hrsg.) Alternativentwurf Europäische Strafverfolgung (2004) 101 ff; *Haeusermann* S. 175 ff; *Pieth* Strafverfahren gegen das Unternehmen, Festschrift Eser (2005) 599; *Queck* Die Geltung des nemotenetur-Grundsatzes zugunsten von Unternehmen (2005); *v. Freier* Selbstbelastungsfreiheit für Verbandspersonen? ZStW **122** (2010) 117; *Dannecker* Der nemo tenetur-Grundsatz – prozessuale Fundierung und Geltung für juristische Personen, ZStW **127** (2015) 370; *Fischer/Hoven* Unternehmen vor Gericht? ZIS **2015** 32; *Böhme* Verbandsgeldbußen in Strafverfahren (2017); *Zerbes* „Nemo tenetur seipsum accusare": Moderne Ansprüche an alte Ideen am Beispiel des Verbandsstrafrechts, ZStW **129** (2017) 1035; *Gräbener* Zweifelssatz und Verbandsstrafe (2019).

## § 25 Täterschaft

**(1) Als Täter wird bestraft, wer die Straftat selbst oder durch einen anderen begeht.**
**(2) Begehen mehrere die Straftat gemeinschaftlich, so wird jeder als Täter bestraft (Mittäter).**

### Schrifttum und Entstehungsgeschichte s. Vor § 25

### Übersicht





https://doi.org/10.1515/9783110300451-009

## I. Grundsätzliches zur Abgrenzung von Täterschaft und Teilnahme

### 1. Erscheinungsformen

1 Der Allgemeine Teil von 1975 nennt zum ersten Mal ausdrücklich die **drei Erscheinungsformen** der Täterschaft, die in der Rechtsprechung seit langem anerkannt waren: die unmittelbare Täterschaft („wer die Straftat selbst ... begeht"), die mittelbare Täterschaft („wer die Straftat ... durch einen anderen begeht") und die Mittäterschaft („begehen mehrere die Tat gemeinschaftlich"). Daraus erwächst die Aufgabe, diese drei Formen nicht nur gegeneinander, sondern vor allem auch gegen die Teilnahme, also die Anstiftung (§ 26) und die Beihilfe (§ 27), abzugrenzen. Im Einzelnen lässt sich diese Abgrenzung nicht ohne exakte Ausarbeitung der verschiedenen Täterschaftsformen durchführen (vgl. dazu eingehend unten II, III, IV). Doch bedarf es dazu, wenn die Unterscheidung von Täterschaft und Teilnahme nicht punktueller Beliebigkeit anheimfallen soll, eines obersten Leitprinzips, das sich im Detail nur entfaltet und konkretisiert. Um dieses Problem der Abschichtung im Grundsätzlichen geht es hier zunächst.

### 2. Standpunkt des Gesetzesgebers

2 Eine dezidierte Stellungnahme des Gesetzgebers zur Abgrenzung von Täterschaft und Teilnahme enthalten auch die neuen Vorschriften nicht. Es wurde oben (*Schünemann/Greco* LK Vor § 25 Rdn. 3) dargelegt, dass die heutige Fassung des § 25 auf den Vorschlägen beruht, die die Sachbearbeiter des BMJ schon zur ersten Lesung des Allgemeinen Teils in der Großen Strafrechtskommission (zur Sitzung vom 3. Februar 1955) vorgelegt hatten. *Schwalm*, der damals für das BMJ referierte, meinte, es sei in den Vorschlägen darauf verzichtet worden, „die Rechtsprechung für die Zukunft durch eine Neuorientierung des Täterbegriffs oder durch eine umfassendere Definition ... zu steuern".[1] Zur Begründung ihrer Vorschläge über die Teilnahme schrieben die Sachbearbeiter des BMJ damals: „Die vorgeschlagene Beteiligtenregelung ist auf dem Tatherrschaftsgedanken ... aufgebaut, verzichtet aber auf eine nähere Ausgestaltung dieses Gedankens im Gesetz, da der Gesetzgeber sich bei der Stellungnahme zu solchen Fragen Zurückhaltung auferlegen und die weitere Klärung der Rechtslehre und Rechtsprechung überlassen muss".[2] Die Väter des Gesetzes wollten also der Tatherrschaftslehre bei der Abgrenzung von Täterschaft und Teilnahme eine gewisse Präferenz einräumen, ohne sich andererseits auf eine bestimmte Theorie festzulegen. Diese Situation spiegelt sich auch in der Begründung zu § 29 E 1962,[3] dessen Wortlaut mit dem geltenden § 25 völlig übereinstimmt: „Der Entwurf gibt dem ... Gedanken der Tatherrschaft Raum. Er verzichtet jedoch darauf, ihn gesetzlich festzulegen, um einer weiteren Entwicklung in Rechtslehre und Rechtsprechung nicht vorzugreifen." Die Beratungen des Sonderausschusses haben in dieser Frage keine neuen Gesichtspunkte mehr ergeben.[4]

Bei dieser Sachlage wird man den Streit um die Abgrenzung von Täterschaft und Teilnahme auch im neuen Recht noch nicht als erledigt ansehen können. Die Entwicklung von Wissenschaft und Rechtsprechung in den letzten 100 Jahren bedarf daher nach wie vor einer Darstel-

---

1 Niederschr. Bd. 2 (1958) 92.
2 Niederschr. Bd. 2 (1958), Anhang, S. 38 ff (40).
3 BT-Drucks. IV/650 S. 147/148.
4 Vgl. die Prot. der 82. Sitzung vom 4.10.**1967**, S. 1647–1650, sowie der 91. Sitzung vom 14.12.**1967**, S. 1821 ff; ferner BTDrucks. V/4095 S. 12.

lung, bei der das Schwergewicht selbstverständlich auf der Zeit nach dem Zweiten Weltkrieg liegen muss.

### 3. Stellungnahmen der Wissenschaft

In der Wissenschaft haben seit Beginn des 19. Jahrhunderts subjektive und objektive Theorien um die Vorherrschaft gerungen, wobei der Begriff der Täterschaft damals wie heute in erster Linie an den **Begehungs-Gemeindelikten** entwickelt wurde; zu der notwendigen Erweiterung auf den sämtliche Deliktsformen berücksichtigenden Täterbegriff der **Herrschaft über den Grund des Erfolges** s. u. Rdn. 20, 52 ff. 3

**a) Subjektive Theorien** sind vor allem in den beiden Formen der Dolustheorie und der Interessentheorie aufgetreten. Beide machen die Unterscheidung zwischen Täterschaft und Teilnahme davon abhängig, ob ein an der Herbeiführung des Erfolges Beteiligter den Täterwillen ***(animus auctoris)*** oder den Teilnehmerwillen ***(animus socii)*** innehat. 4

Dabei ist nach der **Dolustheorie** das maßgebende Kriterium für die Bestimmung des animus socii die Willensunterordnung: Teilnehmer ist, wer seinen Willen den Entschlüssen eines anderen (des Täters) unterordnet, wer es dem anderen „anheimstellt", ob die Tat zur Ausführung kommen soll oder nicht. Täter dagegen ist, wer einen den seinen beherrschenden Willen nicht anerkennt. Der einflussreichste Vertreter der Dolustheorie im 19. Jahrhundert war der RG-Rat *v. Buri,* der diese Lehre auch in der Rechtsprechung des RG durchgesetzt hat. Bei ihm heißt es:[5] „Die Verschiedenheit des Urhebers[6] von dem Gehilfen kann nur in der Selbstständigkeit des urheberischen und der Unselbständigkeit des beihelfenden Willens gefunden werden. Der Gehilfe will den Erfolg nur für den Fall ihn der Urheber will, und für den Fall ihn der Urheber nicht will, will auch er ihn nicht. Die Entscheidung, ob der Erfolg eintreten solle oder nicht, muss er darum dem Urheber anheimstellen." Ganz ähnlich sah noch *Bockelmann,*[7] der bedeutendste Verfechter der Dolustheorie in der Nachkriegszeit, das Kriterium der Teilnahme „in einem ganz konkreten, psychischen Sachverhalt, nämlich in der Unterordnung des Vorsatzes, den der Gehilfe fasst, unter den Tatentschluss des Haupttäters". Die „maßgebliche Entscheidung über das Ob der Tat überlässt der Gehilfe dem Haupttäter. In solchem Sinne ‚unterwirft' er seinen eigenen Vorsatz dem fremden Entschluss. Dieses ‚Anheimstellen' macht ... den animus socii aus". 5

Demgegenüber macht die **Interessentheorie** den Grad des eigenen Interesses am Erfolge zum Merkmal der Abgrenzung von Täterschaft und Teilnahme. Teilnehmer ist, wer kein oder nur geringes Eigeninteresse an der Herbeiführung des Erfolges hat, Täter, wer in eigenem Interesse handelt. Die Interessentheorie, die als selbständige Lehre nur geringe Bedeutung erlangt hat – *Birkmeyer*[8] bezeichnete sie schon im Jahre 1907 als „wissenschaftlich überwunden" –, ist meist in Verbindung mit der Dolustheorie aufgetreten, indem das Eigeninteresse als Indiz für eine fehlende Willensunterordnung beurteilt wurde; in dieser Form hat sie vor allem in der Rechtsprechung bis in die jüngste Zeit hinein bedeutenden Einfluss ausgeübt (vgl. näher Rdn. 21 ff). 6

In der Wissenschaft hat die subjektive Theorie in ihren verschiedenen Ausprägungen nie die Oberhand gewonnen; so bedeutende Dogmatiker wie *Beling,*[9] *M. E. Mayer,*[10] *v. Liszt*[11] und 7

---

5 Die Kausalität und ihre strafrechtlichen Beziehungen (1885) 41.
6 Heute: des Täters.
7 Strafrechtliche Untersuchungen (1957) 76.
8 Teilnahme am Verbrechen, in: VDA Bd. II (1908) 28.
9 Vgl. nur GS **101** (1932) 10.
10 AT (1915, 1923) 402.
11 Lehrbuch des Deutschen Strafrechts, [21/22](1919) 211, Anm. 10.

*Frank*[12] haben sie immer scharf abgelehnt. Doch hatte ihre Durchsetzung in der Rechtsprechung ihr immerhin auch zahlreiche wissenschaftliche Anhänger zugeführt. Mit dem Vordringen der Tatherrschaftslehre (vgl. zu dieser unten Rdn. 9–12) hat die subjektive Theorie im Laufe der Nachkriegszeit jedoch immer mehr wissenschaftlichen Boden verloren. Seit der Geltung des neuen Gesetzes können unter den Lehrbuchverfassern und Kommentatoren nur noch *Baumann/Weber/Mitsch* – und dies auch nur bis zur 11. Aufl. des von ihnen verfassten AT-Lehrbuchs[13] – zu ihren Vertretern gezählt werden. Für sie sind (bzw. waren) das Interesse am Taterfolg und der Tatherrschaftswille gleichberechtigte Indizien für die Täterschaft.[14] Das Kriterium des „Tatherrschaftswillens“, das eine Konzession an die Tatherrschaftslehre darstellt und auch in der neueren Rechtsprechung eine Rolle spielt, wird man dabei als modernere Formulierung der Dolustheorie interpretieren müssen; danach ist demjenigen der „Tatherrschaftswille“ abzusprechen, der seinen Willen der Entschließung eines anderen unterordnet.

Zur Kritik an der subjektiven Theorie und zur eigenen Meinung vgl. Rdn. 43 ff.

8 **b) Objektive Theorien. Objektive Theorien** sind früher in zahlreichen verschiedenen Ausprägungen vertreten worden (vgl. mit zahlr. Nachw. *Roxin* TuT S. 34–50). Die größte Bedeutung hat die *formal-objektive Theorie* erlangt, die dem Amtlichen Entwurf 1925 zugrunde lag und um 1930 die in der Wissenschaft vorherrschende Lehre war: Ihr zufolge ist Täter nur der, der die in den Tatbeschreibungen des Besonderen Teils geschilderten Handlungen selbst ausführt; alle sonst Beteiligten sind Teilnehmer. Unter den übrigen Auffassungen sind zu nennen: die *„Notwendigkeitstheorie“*, derzufolge jeder Täter ist, der einen notwendigen Tatbeitrag leistet, ohne den die Tat also nicht hätte ausgeführt werden können; die *„Gleichzeitigkeitstheorie“*, die alle während der Ausführung Mitwirkenden als Täter ansieht; ferner die vor allem durch den Kommentator *Frank* vertretene Lehre von der „physisch und psychisch vermittelten Kausalität“,[15] nach der Teilnehmer ist, wessen kausaler Beitrag nur über die Psyche eines anderen zum Erfolge führt, während die unmittelbar physische Erfolgsverursachung die Täterschaft begründet.

Soweit diese Lehren beanspruchten, einen „Universalschlüssel“ für die Abgrenzung von Täterschaft und Teilnahme zu liefern, haben sie heute keine Anhänger mehr;[16] dass sie in jeweils verschiedenen Teilbereichen der Abgrenzungsproblematik nach wie vor verwertbare Ansätze liefern, wird noch zu zeigen sein.

9 **c) Tatherrschaftslehre.** In der Wissenschaft absolut herrschend ist heute die **Tatherrschaftslehre,** die sich als eine Synthese aus der Dolustheorie und den älteren objektiven Lehren darstellt (zu ihrer Entwicklung eingehend *Roxin* TuT S. 60 ff; zu ihren verschiedenen Spielarten *Schild* Tatherrschaftslehren S. 11 ff). Nach ihr ist Täter, wer die Tatausführung beherrscht, Teilnehmer, wer ohne Beherrschung des Geschehens zur Tat beiträgt.

10 Sie ist in heute noch gültiger Form zuerst in der 5. Auflage dieses Kommentars (1933) von *Lobe* formuliert worden. Bei ihm heißt es:[17] „Das Wesentliche für die Täterschaft ist...

12 *Frank* Vor § 47 II.

13 Vgl. jetzt Baumann/Weber/Mitsch/*Eisele* AT § 25 Rdn. 33 f, mit Stellungnahme zugunsten der Tatherrschaftslehre und weitgehender Marginalisierung des Tatinteresses: „Nur dort, wo die Tatherrschaft im Grenzbereich zwischen Täterschaft und Teilnahme angesiedelt ist, vermag auf Grundlage der subjektiven Theorie das Tatinteresse den Ausschlag zu geben.“.

14 *Baumann/Weber/Mitsch*[11] § 29 Rdn. 59 ff. Auch Baumanns Schüler *Weber* (Der strafrechtliche Schutz des Urheberrechts [1976] S. 296 ff, 327 ff) und *Arzt* (JA **1980** 556 ff; JZ **1981** 414) gehen von der subj. Theorie aus, ohne freilich die Teilnahmelehre zum Gegenstand besonderer Untersuchungen zu machen.

15 *Frank* Vor § 47 II.

16 Um eine Neubegründung auf der Basis eines auf die Gründe der Erfolgsherbeiführung abstellenden Kausalbegriffs bemüht sich *G. Wolf* FS Schroeder 415 ff.

17 In der Einleitung des Kommentars, S. 123.

nicht nur das Vorliegen eines *Willens des Inhaltes,* die Tat als eigene zu begehen, sondern die Verwirklichung dieses Willens muss weiter auch dadurch erfolgen, dass er *ausgeführt wird unter seiner Herrschaft,* dass der Wille auch die seiner Verwirklichung dienliche *Ausführung beherrscht und lenkt*... Wer Täter ist, bestimmt sich hiernach nach diesen *beiden subjektiv-objektiven* Merkmalen... Damit wird auch eine hinreichende Abgrenzung der Teilnahme von der Täterschaft ermöglicht. Bei der *Teilnahme fehlt die Beherrschung* der die Herbeiführung des Erfolges bezweckenden Ausführungshandlung, diese wird vielmehr durch den Willen eines *anderen* ausgelöst und beherrscht..." Zusammengefasst nennt *Lobe* als das Kriterium der Täterschaft den „animus domini in Verbindung mit dem entsprechenden wirklichen dominare bei der Ausführung".

*Lobes* Darlegungen blieben zunächst ohne Echo und Einfluss. Größere Bedeutung erlangte der Begriff der „Tatherrschaft" erst, als *Welzel* ihn in seinen „Studien zum System des Strafrechts" (1939)[18] – ohne Anknüpfung an *Lobe* und andere Vorläufer – als *„finale Tatherrschaft"* in die Konzeption seiner Verbrechenslehre einfügte. Außer durch *Welzel* ist die Tatherrschaftslehre in der frühen Nachkriegszeit vor allem durch *Maurach* und *Gallas* gefördert worden. Während *Lobe* und *Welzel* noch von der subjektiven Theorie beeinflusst waren, entwickelte *Maurach* die Täterschaft selbständig aus dem von ihm näher konkretisierten Herrschaftsbegriff. „Tatherrschaft ist das vom Vorsatz umfasste In-Händen-Halten des tatbestandsmäßigen Geschehensablaufes, die dem Handelnden bewusste Möglichkeit finaler tatbestandsgestaltender Steuerung. Tatherrschaft hat jeder Mitwirkende, der in der tatsächlichen und ihm bewussten Lage ist, die Tatbestandsverwirklichung je nach seinem Willen ablaufen lassen, hemmen oder abbrechen zu können. Im Gegensatz zur Täterschaft ist jede Form der *Teilnahme* dadurch gekennzeichnet, dass es bei ihr an der Tatherrschaft des Mitwirkenden *fehlt*".[19] 11

Demgegenüber kam *Gallas*[20] von der formal-objektiven Theorie her, indem er den täterschaftskonstituierenden Begriff der Tatbestandsverwirklichung auf die Fälle ausdehnte, in denen der Handelnde nach einem Programm verfährt, dessen Verwirklichung ihm den Erfolg „in die Hand gibt";[21] ihm diente also der Tatherrschaftsbegriff als „Maßstab für eine ‚auflockernde' Interpretation des tatbestandsmäßigen Verhaltens".[22] In *Roxins* Buch über „Täterschaft und Tatherrschaft" (1963, $^{10}$2019) ist sodann der Begriff der Tatherrschaft unter Einbeziehung aller früheren Ansätze in monographischer Form theoretisch abgeklärt und umfassend inhaltlich ausgearbeitet worden, weshalb man davon sprechen kann, dass die Theorie der Tatherrschaft durch *Roxins* Leistung 1963 von einer geistreichen Idee (die sich anfangs an der ein Jahrhundert währenden Rechtsprechungstradition in Gestalt der subjektiven Theorie die Zähne ausbiss) in eine allen anderen Theorien weit überlegene elaborierte Dogmatik der Beteiligung im Strafrecht überführt worden ist.[23] Was noch zu tun übrig bleibt, ist die Grenzen ihrer Anwendbarkeit zu bestimmen (dazu u. II–VI, Rdn. 72 ff). 12

**d) Rezeption der Tatherrschaftslehre im Schrifttum.** Inzwischen hat sich **fast das gesamte Schrifttum,** wenn auch in teilweise recht unterschiedlicher Ausprägung, der Tatherrschaftslehre angeschlossen. Als wichtigste Meinungsäußerungen sind (in alphabetischer Reihenfolge) zu nennen: *Blei* I §§ 71 II, 78 III 1; *Bloy* Zurechnungstypus; *Bockelmann/Volk* §§ 22 I 3, 23 II 1–4; *Bottke* TuG; *Bringewat* Rdn. 638; *Busch* LK$^{9}$ Vorbem. zu § 47 Rdn. 13; *Dreher* SA-Prot. 91. Sitzung, S. 1826; *Ebert* AT $^{3}$(2001) 189; Baumann/Weber/Mitsch/*Eisele* § 25 Rdn. 33 f; *Eser* II, Fall 37 13

18 In ZStW **58** (1939) 491–566 (539 ff).

19 So zuletzt AT $^{4}$(1971), § 47 III B 2b, S. 627.

20 *Gallas* (1954) 121 ff; *ders.* ZStW-Sonderheft Athen (1957) 3 ff.

21 Vgl. Mat. I S. 128; ZStW-Sonderheft Athen (1957) 11–13.

22 ZStW-Sonderheft Athen (1957) 14.

23 S.a. *Schild* Tatherrschaftslehren S. 24: Roxin „führte die Tatherrschaftslehre zu ihrem Begriff; zugleich an ihre Grenze, weshalb er ihr Vollender, zugleich aber auch deren Überwinder ist.".

Rdn. 14ff; *Gropp* AT § 10 Rdn. 79 ff; Sch/Schröder/*Heine/Weißer* Vor § 25 Rdn. 73; *B. Heinrich* AT Rdn. 1206; *Herzberg* TuT passim; *Ingelfinger* HK-GS Rdn. 7; *Jakobs* § 21 Rdn. 35 ff; *Jescheck/Weigend* § 61 V; *Joecks* MK Rdn. 33 f; *Kaspar* AT § 6 Rdn. 8; *Krey/Esser* § 25 Rdn. 844 ff; *Kühl* AT § 20 Rdn. 25 ff; Lackner/Kühl/*Kühl* Vor § 25 Rdn. 6; *Lange* (in *Kohlrausch/Lange)* Vor § 47 I 4, § 47 I; *Maurach/Gössel*/Zipf[7] § 47 Rdn. 84 ff; *Morozinis* Organisationsdelikte S. 66; *Murmann* Nebentäterschaft S. 154 ff; *ders.* JA **2008** 321; *SSW/Murmann* Vor § 25 Rdn. 7 f; *Otto* AT § 21 Rdn. 22 f; *Rengier* § 41 Rdn. 10; *Sax* JZ **1963** 329 ff; *Schroeder* Der Täter hinter dem Täter (1965); *Schünemann* GA **1986** 327 ff; *ders.* Täterschaft S. 483 ff; *Stratenwerth/Kuhlen* AT § 12 Rdn. 15 ff; *Wessels/Beulke/Satzger* Rdn. 809; *Welzel* § 15 I; *Zieschang* Rdn. 656; im Grundsatz, wenn auch ohne ganz eindeutige Stellungnahme *Fischer* Vor § 25 Rdn. 2; *Kindhäuser/Hilgendorf* LPK Vor § 25 Rdn. 32 ff; *Kindhäuser/Zimmermann* AT § 38 Rdn. 43 ff; nahestehend *Hoyer* SK Vor § 25 Rdn. 11 ff; in der Terminologie auch *Schild* Täterschaft (mit einer Abwandlung zur „Handlungsherrschaft“) sowie in *Schild* NK § 25 Rdn. 26 ff (mit abw. Grundverständnis, dazu *Roxin* TuT S. 669 f). Zu den älteren Vertretern der Tatherrschaftslehre vgl. *Roxin* TuT S. 60–89. International ist die Tatherrschaftslehre von großer Bedeutung, wenn auch nicht immer als herrschende Auffassung, und dies sowohl im europäischen Ausland (insb. in Spanien[24] und Portugal[25]) und Lateinamerika (etwa Argentinien,[26] Brasilien,[27] Kolumbien,[28] Mexiko[29] und Peru[30]) als auch in Asien (etwa Japan[31] und Korea[32]); auch in die Rspr. des IStGH hat sie Eingang gefunden.[33]

14 **e) Abweichende Konzeptionen.** Im Grundansatz abweichende Sondermeinungen[34] finden sich im neueren Schrifttum bei *Schmidhäuser* in Gestalt einer „Ganzheitstheorie“,[35] die jedoch in ihrer unsystematischen Aneinanderreihung zahlreicher heterogener Gesichtspunkte letztlich nur auf das Einzelfallermessen verweist;[36] sowie bei *Stein,* der nicht auf den Anteil an der Tatbestandsverwirklichung abstellt, sondern im Rahmen einer am Handlungsunwert orientierten Unrechtslehre zwischen unterschiedlich dringlichen Täter-, Anstifter- und Gehilfenverhaltensnormen differenziert[37] – doch sind diese, weil es keine Grade der Verbotenheit gibt, gleich dringlich, nur ist ihre Verletzung in teilweise unterschiedlichem Maße strafwürdig.[38] Andere, in

---

24 *Cerezo Mir* Derecho Penal, Parte general-Lecciones, Madrid ²(2000) S. 185 ff.

25 *Figueiredo Dias* FS Frisch (2013) 633 (637 f).

26 *Zaffaroni/Alagia/Slokar* Derecho Penal, Parte General, Buenos Aires ²(2002), 773 ff; *Balcarce,* in: Lascano (Hrsg.) Derecho Penal Parte General, Córdoba (2005) S. 521 (531 f, 533 ff).

27 Vgl. nur *Greco/Leite/Teixeira/Assis* Autoria como domínio do fato. Estudos introdutórios sobre o concurso de pessoas no Direito Penal brasileiro, Madrid/São Paulo u. a. (2014); s. a. *Greco/Leite* ZIS **2014** 285.

28 *Velásquez V.* Fundamentos de Derecho Penal. Parte General, ²(Bogotá 2018) 572 f, 578, 582 f.

29 *Ontiveros Alonso* Derecho Penal, Parte General, México D.F. (2017) 381 ff.

30 *Villavicencio* Derecho Penal, Parte General (Lima 2007) Rdn. 1020 ff, 1027 ff, 1033 ff, 1064 ff; s. a. Fn. 380 mit Nachw. zur Rezeption der Organisationsherrschaft als einer spezifischeren Ausprägung der Theorie im Fujimori-Urteil.

31 *Yamanaka* Einführung in das japanische Strafrecht (2018) S. 270 ff.

32 *Son* ZStW **119** (2007) 755 f.

33 Vgl. *Werle/Burghardt* FS Maiwald 849 ff; *Herzig* ZIS **2013** 189; *Ohlin/van Sliedregt/Weigend* LJIL **26** (2013) 725, alle m.w.Nachw.; s. zudem die Nachw. zur Rezeption der Organisationsherrschaft u. Fn. 381.

34 Ausführliche Darstellung und Kritik aller nachfolgend angeführten Auffassungen in *Roxin* TuT S. 768 ff. Rdn. 218 ff.

35 Lehrb. § 14 Rdn. 156; *ders.* StuB § 10 Rdn. 46; *ders.* FS Stree/Wessels 343; in diesem Sinne neulich *Geisler* S. 211 ff.

36 Zur Kritik näher *Roxin* LK[11] Rdn. 11; *ders.* AT II § 25 Rdn. 34; *ders.* ZStW **83** (1971) 394 ff; *ders.* TuT S. 773 ff Rdn. 773 ff; *Küpper* GA **1986** 443 f; *Bloy* Zurechnungstypus S. 370 ff; *Stein* Beteiligungsformenlehre S. 121 ff; Maurach/Gössel/Zipf/*Renzikowski* § 47 Rdn. 63.

37 Beteiligungsformenlehre S. 238 ff.

38 Zur Kritik näher *Roxin* LK[11] Rdn. 13; *ders.* TuT S. 775 ff Rdn. 230 ff; *ders.* AT II § 25 Rdn. 36; speziell zur Mittäterschaft *Roxin* LK[11] Rdn. 160 f; eingehend *Küper* ZStW **105** (1993) 445 ff; s. auch *Bottke* TuG S. 43; *Lesch* Beihilfe

den praktischen Ergebnissen freilich nur z. T. abweichende[39] Konzeptionen finden sich in Gestalt des auf der Philosophie *Immanuel Kants* fußenden Versuchs *Köhlers*, die Abgrenzung von Täterschaft und Teilnahme aus den „Besonderheiten des Verhaltenszusammenhangs zwischen freien Subjekten" herzuleiten;[40] des Ansatzes von *Freund/Rostalski*,[41] im Anschluss an die formal-objektive Theorie Täterschaft als das „je spezifische tatbestandsmäßige Verhalten" zu verstehen; schließlich in Gestalt der Begrenzung der mittelbaren Täterschaft durch die Prinzipien der „Autonomie" (*M.-K. Meyer* Autonomie; *Renzikowski* Täterbegriff) oder der Selbstverantwortung (*Schumann* Selbstverantwortung); wie auch der dies ablehnenden Bestimmung der Täterschaft als „Entscheidungsträgerschaft" durch *M. Heinrich*.[42]

Während diese Konzeptionen bei einzelnen Erscheinungsformen der Täterschaft interessante 15
Gegenpositionen aufbauen und dadurch zu einer weiteren Spezifizierung der Tatherrschaftslehre Anlass geben (näher unten Rdn. 62ff), erscheinen sie wegen der von ihnen propagierten Allgemeingültigkeit von nur sektoral fruchtbaren Kriterien als Basis einer umfassenden Tätertheorie ungeeignet: Das Bestreben *Köhlers*, welches inzwischen von *Noltenius* im Detail ausgeführt worden ist,[43] aus der Freiheitsphilosophie *Kants* und der von *Köhler* zu ihrem archimedischen Punkt verdichteten Figur des „Anerkennungsverhältnisses" eine Art transzendentalphilosophische strafrechtsdogmatische Beteiligungslehre abzuleiten,[44] setzt den Anker an der falschen Stelle, weil die grundlegenden Rechtsfiguren des Allgemeinen Teils aus dem Zweck des Strafrechts, Rechtsgüterschutz durch Androhungsgeneralprävention zu leisten, und damit nicht aus irgendwelchen abstrakten Anerkennungsverhältnissen zwischen Hintermann und Vordermann, sondern aus der Stärke der Schlüsselstellung des Beteiligten für die drohende Rechtsgutsverletzung gewonnen werden müssen, zu der sich *Immanuel Kant* nicht geäußert hat. Das von *M. K. Meyer*, *Schumann* und *Renzikowski* favorisierte, von *Heinrich* aber bestrittene Prinzip der Selbstverantwortung, demzufolge eine mögliche Zurechnung an den Vordermann diejenige zum Hintermann sperren soll, kann als lediglich differentialdiagnostische Regel von vornherein keine allgemeine Struktur der Täterschaft bezeichnen.[45] *Freunds/Rostalskis* Verweis auf die Regelungen des Besonderen Teils führt bei den die große Masse des Kernstrafrechts bildenden Erfolgsdelikten nicht weiter,[46] und *Heinrichs* Kriterium der „Entscheidungsträgerschaft" führt entweder (wie bei der mittelbaren Täterschaft) zu einem spezifischen Verständnis von Tatherrschaft[47] oder (wie bei der Mittäterschaft) zu einem Verzicht auf die in § 25 Abs. 2 ausdrücklich geforderte gemeinschaftliche Tatbegehung.[48]

Eine grundsätzliche Neuorientierung schlägt ferner *Haas* vor. Er lehnt bereits die conditio- 16
sine-qua-non-Formel und die darauf aufbauende objektive Zurechnungslehre ab und möchte

S. 224 ff; *Renzikowski* Täterbegriff S. 25; Maurach/Gössel/Zipf/*Renzikowski* § 47 Rdn. 106 f. („Neuformulierung der – von ihm abgelehnten – Tatherrschaftslehre").

**39** Zu dieser Einordnung *Roxin* AT II § 25 Rdn. 37.

**40** *Köhler* AT S. 488 u.ö.; nahestehend die von *Klesczewski* Rdn. 542 ff. vorgelegte „Angriffstheorie der Täterschaft".

**41** *Freund/Rostalski* AT § 10 Rdn. 52.

**42** *Heinrich* Entscheidungsträgerschaft S. 182, 195: „Entscheidungsträger und damit Täter ist, wer als Normadressat eine tatbestandsgerichtete Entscheidung trifft, als gerade deren unmittelbare Umsetzung das in Rede stehende tatbestandsberührende Geschehen anzusprechen ist"; zur Kritik *Roxin* TuT S. 784 Rdn. 250.

**43** Kriterien der Abgrenzung, passim; ebenso aus der Perspektive der Teilnahme *Klesczewski* Selbständigkeit und Akzessorietät der Beteiligung (Typoskript, 1997), passim; *ders.* FS Puppe 632 ff.: Täter ist nur, wer selbst das Opfer vorsätzlich angreift.

**44** Eingehende **Kritik** an *Köhler* bei *Roxin* AT II § 25 Rdn. 178 ff; *ders.* TuT S. 777 ff Rdn. 235 ff; s. a. *Kreuzberg* S. 324 ff, der sich der hier geübten Kritik weitgehend anschließt; krit. zur Figur des Anerkennungsverhältnisses *Roxin/Greco* AT I § 2 Rdn. 125n f.

**45** Eingehende **Kritik** bei *Roxin* AT II § 25 Rdn. 174 ff.

**46** Nähere **Kritik** bei *Roxin* AT II § 25 Rdn. 259 ff; *ders.* TuT S. 780 ff Rdn. 240 ff.

**47** Zutr. *Roxin* AT II § 25 Rdn. 183 ff.

**48** Zur **Kritik** *Roxin* AT II § 25 Rdn. 263 f; *ders.* TuT S. 784 Rdn. 50; Maurach/Gössel/Zipf/*Renzikowski* § 47 Rdn. 116 f.: in Wahrheit lediglich eine subjektiv akzentuierte Tatherrschaftslehre; „Nur die Bezeichnungen sind unterschiedlich".

zur sog. individualisierenden Kausallehre zurück: Verursacher – und deshalb **Alleintäter** – sei lediglich derjenige, dessen Verhalten einen **Unterlassungsanspruch eines Berechtigten verletze.**[49] Alle weiteren Täterschaftsformen entstehen für ihn kraft der als konstitutive Zurechnungsnormen zu begreifenden Vorschriften des § 25 Abs. 1 I Var. 2, II StGB. Die mittelbare Täterschaft beruhe, wie die Anstiftung, auf dem Gedanken des **Mandats**, also der Beauftragung bzw. der Stellvertretung;[50] die Mittäterschaft sei eine wechselseitige Stellvertretung bzw. eine wechselseitige mittelbare Täterschaft.[51] Diese durch eine allein am Individualtäter fixierte Perspektive forcierte Heranziehung zivilrechtlicher Zurechnungsfiguren verfehlt aber in doppelter Weise die strafrechtlichen Legitimationsmaßstäbe: zum einen den Gedanken des Rechtsgüterschutzes, da es nicht sinnvoll ist, den, der seinen Prokuristen vor etlichen Jahren eingestellt hat, für den Betrug, den dieser heute begeht, als (mittelbaren oder Mit-)Täter anzusehen, obwohl an der Wirksamkeit der Stellvertretung kein Zweifel besteht;[52] zum anderen das Schuldprinzip, da es eine Zurechnung fremden Verhaltens in einer Normenordnung, in der es um die Verhängung einer höchstpersönlichen Sanktion geht, nicht geben darf.[53] Weitere Kritik an diesen und ähnlichen neueren Mittäterschaftskonzeptionen u. Rdn. 182.

17 Keinen wirklichen Fortschritt verkörpert das von *Weißer* auf rechtsvergleichender Grundlage gewonnene „normative Tätermodell“, das Täterschaft als **Tatprägung** versteht.[54] In Wahrheit handelt es sich teils um normativistische Leerformeln, teils – insofern auf eine Steuerung der Tat abgestellt wird – um eine Variante der Tatherrschaftsidee.

18 **f) Rückkehr zum extensiven Täterbegriff.** Weitaus radikaler als diese Vorschläge ist die neueste Konzeption von *Jakobs*, der implizit eine theoretische Rückkehr zum Konzept des extensiven Täterbegriffs (letztlich sogar der Einheitstäterschaft) propagiert und die Unterscheidung zwischen Täterschaft und Teilnahme ganz offen als eine bloße Frage der **Strafzumessung** bezeichnet hat, der keine qualitativ fassbaren Unterschiede entsprechen würden.[55] Andeutungen hierzu haben sich schon in seinem Lehrbuch gefunden, wenn dort zwar sowohl die Einheitstäterschaft als auch der extensive Täterbegriff abgelehnt werden, aber das Ausführungsverhalten als das Unrecht eines jeden Beteiligten bezeichnet wird, auch desjenigen, der es nicht selbst vollzieht, so dass das sog. Vorfeldverhalten eines Beteiligten diejenige Gemeinsamkeit bilde, die

---

49 Zuerst *Haas* Kausalität S. 185 ff; zuletzt *ders.* FS Yamanaka (2017) 71 (83 ff). Ihm zu einem großen Teil folgend Maurach/Gössel/Zipf/*Renzikowski* § 47 Rdn. 68 ff, 118 ff.

50 *Haas* ZStW **119** (2007) 537 ff; *ders.* Theorie der Tatherrschaft S. 80 ff.

51 *Haas* ZStW **119** (2007), 534 f; *ders.* Theorie der Tatherrschaft S. 112 ff; *Haas* MR § 25 Rdn. 64; *ders.* JR **2014** 108; *ders.* StudZR **2015** 305.

52 Siehe bereits die **Kritik** von *Schünemann* FS Roxin II, 807 ff = Täterschaft S. 531 ff; vgl. zudem *Roxin* TuT S. 784 ff Rdn. 251 ff.

53 In diesem Sinne *Greco* JRE **27** (2019) 367 ff.

54 *Weißer* Täterschaft S. 490 ff; **krit.** *Roxin* TuT S. 791 ff Rdn. 264 ff.

55 FS Lampe 561 ff; *ders.* FS Herzberg 395 ff; *ders.* FS Rüping 17 ff; *ders.* System der strafrechtlichen Zurechnung (2012) S. 74 ff; *ders.* FS Puppe 551 ff; *ders.* FS Yamanaka 105 ff; monografisch *ders.* Beteiligung S. 11 ff; darin liegt gewissermaßen der Schlußstein der von *Jakobs* auch in der Täterlehre propagierten Normativierung, s. zu den früheren Stufen u. Rdn. 15, 68. Nahestehend *van Weezel* ZIS **2009** 440 ff; *Timpe* StraFo **2013** 358; und insb. *Robles* GA **2012** 276 ff, mit dem Vorschlag, zwischen der Begründung der Beteiligung und der Bezeichnung der Beteiligungsform zu unterscheiden. Die erste sei für alle Beteiligte identisch; sie sei durch die Lehre von der objektiven Zurechnungslehre (bzw. durch die Lehre vom tatbestandsmäßigen Verhalten i. S. *Frischs*) zu lösen. Für die zweite Frage sei maßgeblich: „wer hat in höherem Maß seine Pflicht zur Nichtbeteiligung verletzt?“ (GA **2012** 280 Fn. 22). Weiterführend *Orozco López* Beteiligung S. 145 ff, 293 ff, 298 ff; *ders.* in: Kindhäuser (Hrsg.) Strafrecht und Gesellschaft S. 592 ff, 602 ff, der mit dem Begriffspaar „Prägung der Tatgenossen“ und „Prägung des tatbestandsmäßigen Geschehens“

es erlaube, das tatbestandliche Ausführungsverhalten allen gemeinschaftlich zuzurechnen.[56] Immerhin hat *Jakobs* damals noch denjenigen als bloßen Teilnehmer bezeichnet, der nicht Täter sein könne, weil seine Organisationsleistung nur einen abgeschwächten Beitrag zum Delikt bringe, da ihm die Tatherrschaft fehle.[57] Dieses Bekenntnis zur Tatherrschaftstheorie hat er jedoch nunmehr in radikaler Durchführung seines normativistischen Ansatzes zurückgenommen, indem er dem Begriff der Tatherrschaft eine „amorphe Gestalt" attestiert hat, deretwegen er nur bei einer völlig offenen Verwendung zur Darstellung (und also nicht zur Herleitung!) der Problematik und ihrer Lösung benutzt werden könne.[58] An deren Stelle schlägt *Jakobs* jetzt den Begriff der „verbindenden Arbeitsteilung" vor (Beteiligung S. 2 f, 29 f. und öfter). Der Beteiligte sei für die ganze Tat *zuständig*, wenn er dem Ausführenden eine Leistung habe zukommen lassen, die ihn (den Beteiligten) mit der Ausführung verbindet, weil sie den *Sinn* habe, der Ausführung eine bestimmte Gestalt zu geben (FS Lampe 569 f; Beteiligung S. 29 ff). Die äußere Welt (und damit meint *Jakobs* auch die ontologische Basis der Tatbeherrschung) habe niemals als solche, sondern nur vermittelt über die normative Struktur der Gesellschaft irgendeine Bedeutung, weshalb die Differenzierung von Täterschaft und Teilnahme auf die kommunikativ-symbolische Ebene der Bedeutung zu verschieben sei (FS Lampe 575 Fn. 39). Dem Ausführenden fließe durch den Beitrag des anderen Beteiligten nicht nur eine Leistung zu, sondern eine Leistung mit deliktischer Tendenz, und deshalb erstrecke sich die Zuständigkeit des Beteiligten auch auf die vom Empfänger realisierte Tatbestandsverwirklichung. Um zu diesem Ergebnis zu kommen, müsse man jedoch auf die soziale Bedeutung der Leistung abstellen (FS Lampe 568), d. h. dass der Beteiligte seinen Beitrag entweder so zuschneiden müsse, dass er den Sinn der Ermöglichung der Ausführung erhält, oder der Beitrag müsse von vornherein diesen Sinn haben, also speziell deliktsbezogen sein (FS Lampe 565 f; ähnl. Beteiligung S. 33 f). Weil jeder Beteiligte dann für die ganze Tat zuständig sei (FS Lampe 569), sei die Differenzierung zwischen Täterschaft und Beihilfe nur noch eine solche nach Schweregraden bei der Strafzumessung, während es keine objektive Unterscheidung zwischen Mittäter und Gehilfen und insbesondere auch keine Beschränkung der Täterschaft auf das Ausführungsstadium geben würde (FS Lampe 571; Beteiligung S. 50 ff). Nicht einmal auf die Eigenhändigkeit dürfte es ankommen: „Eigenhändigkeit und Fremdhändigkeit sind in einer Zurechnungslehre an sich Naturalismen..." (Beteiligung S. 2; s. a. S. 48 f).

Die zentrale Stoßrichtung dieser neuen Argumentation von *Jakobs* ist präzise auf die Täter- 19
schaftskonzeption von *Roxin* gerichtet und auf dessen Versuche, mit Hilfe einer detaillierten Entfaltung der Tatherrschaftslehre objektive und qualitative Kriterien für die Abgrenzung von Täterschaft und Teilnahme zu finden. Es war ja gerade der zentrale Kritikpunkt *Roxins* an der subjektiven Theorie und ihrer Anwendung in einer hundertjährigen Rechtsprechung, dass dadurch die Unterscheidung von Täterschaft und Teilnahme vollständig auf die Ebene der Strafzumessung verlagert würde,[59] und genau diese Verlagerung wird nun von *Jakobs* als die zentrale Problemlösung präsentiert.[60] Und *Jakobs* liefert auch, ohne das freilich ausdrücklich auszusprechen, eine Explikation jener chimärenhaften Unterscheidung zwischen animus auctoris und animus socii, zwischen Täterwillen und Teilnehmerwillen also, dessen Beschreibung als psychologisch fassbares Phänomen vollständig gescheitert ist und von dem deshalb die Rechtsprechung zuletzt nur noch sagte, man müsse diesen Willen in wertender Betrachtung ermitteln. Diese Wertung ist nämlich laut *Jakobs* identisch mit der **Bedeutung** des Verhaltens, die wiederum über

---

arbeiten möchte und auf die von Jakobs herangezogene Obliegenheitsverletzung verzichtet. **Krit.** zu *Jakobs* auch *Schild* NK Vor § 25 Rdn. 4.

**56** AT § 21 Rdn. 5–8a.

**57** AT § 22 Rdn. 1.

**58** FS Lampe 562; s. a. *ders.* Beteiligung S. 46 f: Tatherrschaft als Naturalismus.

**59** TuT S. 30 f, 635 ff.

**60** S.a. *Jakobs* Beteiligung S. 45 („beteiligungsspezifische Strafbedürftigkeit"), 50 ff. (zur „Quantität der Beteiligung").

die normative Struktur der Gesellschaft vermittelt werde. Es geht *Jakobs* also auch hier um jene Ersetzung von Realität und Realitätsstrukturen durch Bedeutung und Zuschreibung, die seit gut 25 Jahren den Inbegriff seiner Straftheorie und auch seiner Rechtstheorie darstellt.[61] Es soll nicht das eigentliche kausale Gewicht eines Beitrages sein, was diesen als Täterschaft oder Beihilfe kennzeichnet, sondern die Bedeutung, der – wie *Jakobs* sagt – deliktsbezogene Sinn der Leistung, durch den jeder Beteiligte automatisch für die ganze Tat zuständig sei, weshalb objektiv alle deliktsbezogenen Leistungen gleichwertig seien und nur noch eine Unterscheidung auf der Ebene der Strafzumessung vorgenommen werden könne. Diese These ist inakzeptabel, aber zugleich sehr lehrreich, weil in ihr alle Angriffspunkte des radikalen Normativismus konzentriert sind. Zunächst einmal ist die Behauptung, dass der deliktsbezogene Sinn einer Handlung den Handelnden zum Beteiligten und für das gesamte Delikt zuständig mache, in logischer Hinsicht ein reiner Zirkelschluss, denn um die Deliktsbezogenheit einer Handlung beurteilen zu können, muss man ja wissen, worin das Delikt eigentlich besteht. Hiervon ganz abgesehen, verweist die Redeweise von der gesellschaftlichen Bedeutung entweder nur wieder auf das Strafrecht zurück, weil die Gesellschaft im Strafrecht zum Ausdruck bringt, was sie für strafbar hält; oder aber sie ist ebenso irrelevant wie unklar, weil es in der postmodernen Gesellschaf keine feststehenden Bedeutungszuschreibungen gibt, sondern unendlich viele, die von der jeweils bevorzugten Lebensform abhängen und die in ihrer Vielfalt für das Recht keine Bedeutung besitzen. Dass ausgerechnet sein Modell diese normative Struktur abbilde und er vom Gegenmodell des restriktiven Täterbegriffs behaupten kann: „Jedenfalls wird eine wirkliche (nicht nur ausgedachte) normative Struktur der Gesellschaft nicht einbezogen" (Beteiligung S. 22), ersetzt die Begründung durch eine bloße Behauptung. Indem *Jakobs* sodann wiederum jeden, der einen Beitrag leistet, für die ganze Tat für zuständig erklärt, erliegt er abermals einem bloßen Zirkelschluss[62] und fällt zugleich in den vom Gesetzgeber verworfenen[63] Einheitstäterbegriff zurück. Die Nonchalance, mit welcher *Jakobs* die Verantwortung für fremdes Fehlverhalten für unproblematisch erklärt, ist geradezu verblüffend: „Zurechnung des Verhaltens eines anderen ist im alltäglichen geschäftlichen Umgang eine Trivialität" (Beteiligung S. 16).[64] Im alltäglichen geschäftlichen Umgang geht es aber gerade nicht um die Frage, ob man sich strafbar gemacht hat.[65] Zuletzt sei noch an die Notkonstruktionen erinnert, mit welchen er die Nivellierung aller Beteiligungsformen im Sumpf des Quantitativen wieder rückgängig macht, um der Selbstverständlichkeit Rechnung zu tragen, dass die versuchte Teilnahme nicht bzw. nicht ohne weiteres (§ 30) strafbar ist:[66] Hier muss *Jakobs* die befremdliche These einführen, dass die Teilnahme vor Versuchsbeginn lediglich eine Obliegenheitsverletzung darstelle, als sei der Gehilfe bloß aus Rücksicht auf sich selbst gehalten, dem Täter etwa die Übergabe der Tatwaffe zu verweigern (Beteiligung S. 17 f, 45).[67] *Jakobs*' Kritik der Tatherrschaftslehre geht deshalb fehl.

20 **g) Herrschaft über den Grund des Erfolgs.** Da die Tatherrschaftstheorie allerdings nicht einmal in der ihr durch *Roxin* verliehenen imponierenden Architektur eine erschöpfende Be-

61 Zur allgemeinen **Kritik** vgl. *Schünemann* in: Roxin/Jakobs/Schünemann/Frisch/Köhler Sobre el estado de la teoria del delito (Madrid 2000) 91, 98 ff; *ders.* FS Roxin I, 13 ff; *Sacher* ZStW **118** (2006) 574 ff; *Roxin/Greco* AT I § 7 Rdn. 33q.

62 Ebenso Maurach/Gössel/Zipf/*Renzikowski* § 47 Rdn. 65.

63 S.o. Rdn. 5 vor § 25. Die Unverträglichkeit von *Jakobs*' Auffassung mit dem geltenden Recht betont auch *Abanto Vásquez* FS Roxin II, 832.

64 S. a. *Jakobs* FS Yamanaka 109, mit der Frage: „Warum sollten das Staatsrecht die Repräsentation, das Zivilrecht die Stellvertretung ... haben, das Strafrecht aber auf seinem naturalistischen Abstellen auf Eigenhändigkeit und Fremdhändigkeit beharren dürfen?". Die Antwort ist schlicht die, dass die Strafe den Täter am eigenen Körper trifft.

65 Ebenso *Haas* JR **2014** 108, der zutreffend eine Verletzung des Schuldprinzips rügt.

66 *Jakobs* Beteiligung S. 21 Fn. 23.

67 Ebenso *ders.* FS Yamanaka 111; *Timpe* JA **2012** 430 (434). Bedenken auch bei *Kreuzberg* S. 331; und *Haas* GA **2016** 669 (671).

schreibung aller Täterschaftsformen bereithält, bedarf sie selbst der Einfügung in ein **allgemeines strafrechtliches Tätersystem,** das die von der Tatherrschaft nicht bzw. nicht vollständig abgedeckten Deliktsformen miterfasst, also auch die *unechten Unterlassungsdelikte, Sonderdelikte* und *eigenhändigen Delikte.*[68] Wie unten Rdn. 39 im Einzelnen ausgeführt wird, ist der *Herrschaftsgedanke* auch hier tragfähig, wenngleich selbstverständlich nicht in einer mit dem Tatherrschaftsbegriff bei den Begehungs-Erfolgsdelikten identischen Weise. Die allgemeine Struktur der Täterschaft, die für alle Delikte gilt, kann danach als **„Herrschaft über den Grund des Erfolges"** beschrieben werden, als deren Verbesonderung sich die Kategorie der Tatherrschaft im engeren, auf die Begehungs-Gemeindelikte bezogenen Sinne begreifen lässt.[69]

## 4. Die Ansicht der Rechtsprechung

Anders als im Schrifttum hat in der **Rechtsprechung** viele Jahrzehnte die **subjektive Theorie** 21
vorgeherrscht.

**a) Die Rechtsprechung des Reichsgerichts.** Das Reichsgericht hatte schon in RGSt **2** 160 ff (163) aus den Motiven zitiert: „Während die Mitwirkung des Gehilfen sich dadurch kennzeichne, dass sie die That selbst als die eines Dritten behandle, zu welcher Hilfe geleistet werde, sei die Mitwirkung des Mitthäters aus der Absicht entsprungen, die That als seine eigene ... zur Vollendung zu bringen." Das Gericht zog daraus die bündige Folgerung: „Der Mitthäter beteiligt sich also an der That als an seiner eigenen, ... der Gehilfe als an der eines anderen."

RGSt **3** 181 ff (182 f) konkretisierte dies in grundlegender Weise dahin, „dass der Gehilfe nur einen von demjenigen des Thäters abhängigen Willen haben darf, er also seinen Willen demjenigen des Thäters dergestalt unterwirft, dass er es ihm anheimstellt, ob die That zur Vollendung kommen solle oder nicht. Im Gegensatz zu diesem abhängigen Willen des Gehilfen erkennt hingegen der Mitthäter einen den seinigen beherrschenden Willen nicht an." Auf dieser Grundlage baute dann die ganze folgende Rechtsprechung auf.[70]

Ihren **Extrempunkt** erreichte diese Rechtsprechung in der folgenreichen und viel diskutier- 22
ten Entscheidung RGSt **74** 84, dem sog. *„Badewannenfall"*: Die Schwester einer unehelichen Mutter hatte deren neugeborenes Kind im Einverständnis mit der Mutter eigenhändig in einer Badewanne ertränkt. Das RG hob die Verurteilung der Schwester als Täterin des Tötungsdelikts mit der Begründung auf, dass selbst die (scil. ohne Mitwirkung eines anderen erfolgende vollständige) Ausführung der tatbestandsmäßigen Handlung zur Annahme der Täterschaft nicht genüge: „Es wäre vielmehr weiter zu prüfen und festzustellen gewesen, ob sie die Tötungshandlung als eigene gewollt hat oder lediglich die Tat ihrer Schwester (scil. der Kindesmutter) hat unterstützen wollen. Ob jemand die Tat als eigene will, richtet sich vornehmlich, wenn auch nicht ausschließlich, nach dem Grade seines eigenen Interesses am Erfolg" (a. a. O. S. 85). Diese extreme Konsequenz der subjektiven Theorie hat schon damals im Schrifttum fast einmütige Ablehnung erfahren (*Mezger* DR **1940** 634; *Graf Dohna* DStR **1940** 120; *Klee* ZAkDR **1940** 188), dann zwar die nachfolgende Rechtsprechung des BGH stark beeinflusst (vgl. Rdn. 26), aber schließlich in dem Gesetzgebungsverfahren, aus dem der neue § 25 hervorgegangen ist, keine Gefolgschaft gefunden (vgl. unten II., Rdn. 72 ff).

---

**68** Für diese Bereiche hat *Roxin* bereits in seiner Monographie zur Tatherrschaft eigene Täterschaftsprinzipien reklamiert, s. *Roxin* TuT S. 352 ff, 882 ff Rdn. 472 ff; *ders.* AT II § 25 Rdn. 267 ff, § 32 Rdn. 7–16. Nunmehr bejaht er eine weitere selbständige Täterschaftsform, nämlich eine Täterschaft durch persönliche Erklärungen (s. u. Rdn. 71).

**69** Dazu umfassend *Schünemann* Täterschaft als Herrschaft über den Grund des Erfolges (2020).

**70** Zu nennen sind: RGSt **31** 80, 82; **39** 193, 196; **39** 298, 300; **40** 21, 25; **40** 390, 392; **41** 61, 64; 42 151, 156; **44** 69, 71; **52** 152, 153; **53** 11, 12; **53** 138; **55** 60; **55** 282, 283; **57** 274; **62** 390; **63** 101, 102; **66** 236, 240; **66** 298, 305; w. N.b. *Roxin* LK[11] § 25 Rdn. 14.

23 **b) Die Rechtsprechung des Bundesgerichtshofs.** Die Rechtsprechung des BGH hat sich mit der Abgrenzung von Täterschaft und Teilnahme sehr oft zu beschäftigen gehabt. Unter Beiseitelassung allzu beiläufiger Entscheidungsbemerkungen und der in den folgenden Randnummern zu berücksichtigenden Entscheidungen sind zu nennen: BGH NJW **1951** 120; NJW **1951** 323; BGHSt **2** 150 (156); **2** 169 (170); BGH bei Dallinger MDR **1953** 400 f; bei Herlan MDR **1954** 529 f; BGHSt **6** 226 (228); BGH JR **1955** 304 f; BGHSt **8** 70, 73; BGH LM Nr. **10** Vor § 47; BGHSt **8** 390 (391); **8** 393–399; **9** 119, 121; **9** 370, 380; BGH bei Dallinger MDR **1958** 139; BGHSt **11** 268, 272; **13** 162 (166 f); **14** 123 (128 f); BGH MDR **1960** 939/40; BGHSt **16** 12–15; BGH VRS **23** 207 (209); BGHSt **18** 87–96; **19** 135 (138 f); BGH NJW **1966** 1763; NJW **1968** 1339 f; bei Dallinger MDR **1973** 17; bei Dallinger MDR **1973** 729; bei Dallinger MDR **1974** 547; GA **1977** 306; BGHSt **27** 205 ff; **28** 346 (348 f); BGH NJW **1983** 462; NStZ **1982** 27; BGHSt **30** 363; BGH StV **1983** 501; BGHSt **32** 38; **32** 165; BGH GA **1984** 287 f; BGHSt **32** 367; BGH NStZ **1984** 548; NStZ **1985** 70; NStZ **1985** 71; NStZ **1985** 165; StV **1986** 59; GA **1986** 508 f; StV **1986** 475 f; NStZ **1987** 224 f; NStZ **1987** 364; BGHSt **35** 347; **36** 363; **37** 289; **39** 381; StV **1993** 474; NStZ **1993** 444; StV **1994** 22; **1994** 421; **1994** 422; NStZ **1994** 92; BGHSt **40** 218; **40** 257; NStZ **1995** 285; StV **1995** 197; **1995** 198; **1995** 624; **1997** 411; BGHSt **43** 219, 231; StraFo **1998** 166; NStZ **1998** 136 = StV **1998** 540; NStZ **1998** 568; BGHSt **45** 270; wistra **1999** 23; StV **2000** 196; NStZ **2000** 482; **2000** 278; wistra **2001** 57; **2001** 420; NStZ-RR **2001** 148; NStZ **2002** 145 f; NStZ **2002** 280 f; NStZ **2002** 482; StV **2002** 421 f; NStZ **2003** 85; BGHSt **48** 331 (341 f); NStZ **2003** 253 f; **2003** 662 f; wistra **2003** 100 (102); NStZ-RR **2004** 40 f; wistra **2004** 264; NStZ **2004** 457; **2004** 559; NStZ **2012** 379; NStZ-RR **2018** 271 f.

24 Eine eingehende Darstellung und Analyse eines Großteils der hier genannten Entscheidungen findet sich in *Roxin* TuT S. 90–106, 626 ff sowie bei *Johannsen* S. 52 ff; für einen Abriss der Entwicklung mit umfassenden Nachw. *Roxin* Festgabe BGH IV, S. 177 ff. [71]

25 **c) Zusammenfassung der Entwicklung.** Inhaltlich weisen die Entscheidungen **keine einheitliche Linie** auf. Wenn man zunächst eine zusammenfassende Würdigung der Entscheidungen versucht, die unter der Geltung des alten Rechts, also bis 1975, ergangen sind (eingehend *Roxin* LK[11] Rdn. 18–22), so lässt sich sagen, dass die Rechtsprechung bei der subjektiven Theorie geblieben ist, der Tatherrschaftslehre aber hin und wieder Zugeständnisse gemacht hat, mit erkennbaren Unterschieden zwischen den einzelnen Senaten. Bei einer Grobeinteilung dieser ersten Phase der Nachkriegsrechtsprechung lassen sich verschiedene Gruppen von Urteilen unterscheiden.

26 **aa)** Die **erste** verharrte bei der subjektiven Theorie in dem von der Rechtsprechung des RG entwickelten, unterschiedliche Nuancierungen zulassenden Rahmen (etwa BGHSt **2** 169, 170; **4** 20, 21; **4** 41, 42; **6** 226, 228; **11** 68; **16 14**; BGH NJW **1951** 323; BGH MDR **1958** 139; BGH MDR **1973** 17, 729). Die **zweite** Gruppe von Entscheidungen versuchte, die subjektive Theorie und die Tatherrschaftslehre miteinander zu verbinden, indem die Tatherrschaftslehre mit der Dolustheorie gleichgesetzt (BGHSt **9** 370, 380; **13** 162, 166/67; BGH NJW **1951** 120; BGH MDR **1954** 529/30) oder die an *Mezger* (in LK[8] § 47 Rdn. 2b) anschließende Erwägung angestellt wurde, dass über den Täterwillen nicht die Vorstellung des Handelnden, sondern der objektive Sinn seines Tuns entscheide, der wesentlich durch die Tatherrschaft bestimmt werde (BGHSt **2** 150, 156).

27 **bb)** Der Versuch einer eigenständigen **normativen Kombinationstheorie** (Bezeichnung von *Roxin*[72]) fand sich in verschiedenen Urteilen des *5. Strafsenats* in Gestalt des Ausgangspunktes, dass bei einer „wertenden Beurteilung" die Tatherrschaft das maßgebende Indiz für den Täterwillen sei (BGH JR **1955** 304/05; BGHSt **8** 391; **8** 393 (396); BGH MDR **1960** 939/40; BGH NJW **1966** 1763; ähnlich dann auch andere Senate, s. BGHSt **14** 129; **16** 12 (13); BGH MDR **1974** 547). Es handelte sich dabei um eine Fortentwicklung der „gemischt subjektiv-objektiven Teil-

71 S.a. *Ligocka* S. 33 ff.

72 Abl. *Johannsen* S. 94 und *Schild* Tatherrschaftslehren S. 90, die nicht zu Unrecht meinen, die Bezeichnung kaschiere, dass der Rspr. keinerlei konsistente Theorie zugrunde liegt.

nahmelehre" *Mezgers* (in LK[8] Vor § 47 Rdn. 4). Der 2. Senat hat sich in BGHSt **19** 135 („Gisela"-Entscheidung) sogar unter Bevorzugung der Tatherrschaftslehre nachdrücklich gegen die subjektive Theorie gewandt, wobei er sich zwar auf den zur Entscheidung stehenden Fall der Abgrenzung einer Tötung auf Verlangen (§ 216) von der straflosen Teilnahme am Selbstmord beschränkte, doch in seinen Argumenten über die besondere Situation hinauswies (die Ergebnisse einer subjektiven Abgrenzung seien „notwendigerweise willkürlich und unkontrollierbar", und es könne „allein darauf ankommen, wer das ... Geschehen tatsächlich beherrscht hat", BGHSt **19** 138/9).

**cc)** In der „Nagelprobe" der **äußersten Konsequenz der subjektiven Theorie**, wonach selbst bei alleiniger eigenhändiger und ungenötigter Verwirklichung des gesamten Tatbestandes eine bloße Beihilfe vorliegen kann, wenn der Handelnde die Tat nicht „als eigene" will, schloss sich der BGH nach einigem Schwanken (s. BGH NJW **1951** 120, 323; BGHSt **8** 73, 393) in der Staschynskij-Entscheidung BGHSt **18** 87 der Badewannen-Entscheidung RGSt **74** 84 an, indem er einen ausländischen Agenten, der im Auftrage seines Geheimdienstes zwei Exilpolitiker in der Bundesrepublik eigenhändig mit einer Giftpistole getötet hatte, nur als Gehilfen bestrafte (vgl. dazu die eingehende Kritik bei *Roxin* TuT S. 562 ff). Wenngleich das Urteil prinzipiell eine bloße Teilnahme des Ausführenden nur „unter bestimmten, engen Umständen" (Leitsatz) hatte zulassen wollen, wurde es zum leading case einer Rechtsprechung, die bei der Ahndung nationalsozialistischer Gewaltverbrechen die Ausführenden in weitgehendem Maße wegen mangelnden Täterwillens mit der gemilderten Gehilfenstrafe davonkommen ließ (vgl. dazu näher Rdn. 76; ebenso auch BGH GA **1963** 187; BGH MDR **1974** 547). 28

**d) Annäherung an die Tatherrschaftslehre.** Nach dem Inkrafttreten des **neuen Allgemeinen Teils,** der in § 25 erstmals die drei Formen der Täterschaft festlegt und mit objektiven Wendungen umschreibt sowie nach Wortlaut und Entstehungsgeschichte jedenfalls den radikalen Konsequenzen der subjektiven Theorie eine eindeutige Absage erteilt hat (vgl. Rdn. 73), hätte die Rechtsprechung allen Anlass gehabt, die subjektive Theorie insgesamt aufzugeben und zur Tatherrschaftslehre überzugehen. „Denn die vom Wortlaut des § 25 Abs. 1 1. Alt. direkt erzwungene und von der Rechtsprechung (Rdn. 30) im Ergebnis nicht mehr bestrittene Preisgabe der Maxime des Staschynskij-Urteils hat ja nicht etwa einen gesunden Körper von einer schädlichen Wucherung befreit, sondern einem von Grund auf kranken Gebilde den es allein noch zusammenhaltenden Lebensnerv zerschnitten und dadurch (falls man an der subjektiven Theorie im Übrigen noch festhalten wollte) den an dogmatischer Monstrosität nicht mehr zu überbietenden Torso einer Missgeburt zurückgelassen: Wenn der Täterwille – so chimärenhaft er auch immer gewesen ist – die Täterschaft nicht mehr begründen soll, dann bleibt von der ganzen subjektiven Theorie nur noch ein zusammenhangloser Mischmasch von ad-hoc-Kriterien übrig, der unter wissenschaftlichen Aspekten schlicht unbrauchbar ist" (*Schünemann* GA **1986** 293, 330). Diese Gelegenheit ist zwar leider nicht genutzt worden, aber es lässt sich doch eine wesentlich weitergehende Annäherung an die Tatherrschaftslehre feststellen (Rdn. 31–42): 29

**aa) Eigenhändige Ausführung.** In der Frage der **täterschaftsbegründenden Wirkung** eigenhändiger Tatbestandserfüllung hat es der BGH zwar in NStZ **1987** 224 f noch für möglich gehalten, dass jemand, der selbst den Tatbestand verwirklicht, (nur) „in extremen Ausnahmefällen" noch Gehilfe sein könne. Dass die eigenhändige Tatbestandserfüllung immer Täterschaft bedeute (so OLG Stuttgart NJW **1978** 715 [716]), hat der BGH so gut wie nie dezidiert behauptet; vielmehr gilt diese Regel nur unter dem Vorbehalt möglicher Ausnahmefälle (BGH NStZ **1987** 224 [225];[73] BGHSt **39** 1 [31 f.] – Mauerschützen; BGH NStZ-RR **1999** 186 [187]).[74] Dieser Ausnahmefall 30

73 Teilw. abw. Einschätzung dieser Entscheidung bei *Johannsen* S. 54 f.

74 Zu diesem Vorbehalt auch *Hillenkamp* FS Schünemann 407 ff, der ihn aber für berechtigt hält.

ist aber bisher nie eingetreten: In BGHSt **27** 205 f;[75] **28** 310 ist die Täterschaft, wenngleich ohne Erörterung der grundsätzlichen Aspekte dieser Frage, allein auf die eigenhändige Tatbestandsverwirklichung gestützt worden. Im Katzenkönig-Fall (BGHSt **35** 347) hat der BGH schließlich den Angeklagten, der eigenhändig einen versuchten Mord ausgeführt hatte, unbedenklich als Täter beurteilt, obwohl er erheblich vermindert zurechnungsfähig und in wahnhafter Weise den Suggestionen seiner Hintermänner erlegen war. Da hier ein „Extremfall" nicht einmal erwogen worden ist, wird man im Bereich eigenhändiger Tatausführung die subjektive Theorie als zugunsten der Tatherrschaftslehre aufgegeben ansehen können.[76] Ebensowenig hat man bei den Mauerschützen, die in einer langen, bis zu den obersten Regierungsetagen reichenden Befehlskette die unterste Stufe inne haben und sich in einem, wenn auch vermeidbaren, Verbotsirrtum befanden (BGHSt **39** 1 [35]), eine solche Ausnahme bejaht, obwohl sich die Situation von derjenigen Staschinskys in der Substanz nicht unterschied.[77] Zwar gibt es hin und wieder Entscheidungen, die den Vorbehalt gar nicht erwähnen (BGHR StGB § 178 Abs. 1 Mittäter 1; NStZ **1993** 138; NStZ **1999** 83), die letzte davon zur Steuerhinterziehung (BGH JZ **2019** 207 [Rdn. 21]): „Nach dem Gesetzeswortlaut des § 25 Abs. 1 StGB („wer die Straftat selbst ... begeht") ist derjenige, der einen Tatbestand eigenhändig verwirklicht, *stets* Täter und nicht Gehilfe" (kursiv von uns). Jedoch kommt im nächsten Satz wohl eine Relativierung vor: „In der Rechtsprechung des BGH ist anerkannt, dass wer den Tatbestand mit eigener Hand erfüllt, *grundsätzlich* selbst dann Täter ist, wenn er es unter dem Einfluss und in Gegenwart eines anderen nur in dessen Interesse tut" (kursiv von uns). Beim Handeltreiben mit Betäubungsmitteln (§ 29 I Nr. 1 BtMG) könnte der Eindruck entstehen, der unmittelbar Handelnde könne ein bloßer Gehilfe sein (so in der Kurierfällen, näher Rdn. 37 ff); richtigerweise kann das aber nur daran liegen, dass der Kurier den Tatbestand, der die Struktur eines Organisationsdelikts aufweist, durch eine einzige Handlung des Transports nicht verwirklichen kann. Plakativ: Der Kurier treibt ebenso wenig Handel wie der DHL-Bote, der für Amazon Pakete liefert.

31 **bb) Mittelbare Täterschaft.** Auch die mittelbare Täterschaft[78] wird inzwischen in erster Linie nach den Maßstäben der **Tatherrschaft** beurteilt, ohne dass die Formeln der subjektiven Theorie dabei noch eine besondere Rolle spielen, wobei sich dieser Umschwung schon lange vor der „Schießbefehl-Rspr." des BGH und der durch sie im Jahre 1994 eingeläuteten, sensationellen Ausdehnung der mittelbaren Täterschaft ereignete: s. BGH bei Holtz MDR **1981** 631 f; BGHSt **30** 363; **32** 38; **32** 178 f; **35** 347, 351 ff; BGH GA **1986** 508 f; BGH NStZ **1989** 370. Dabei hat der BGH zunächst den Terminus „Tatherrschaft" nicht erwähnt, wenn auch dessen Kriterien der Sache nach angewendet wurden. BGHSt **32** 42 spricht immerhin davon, dass der Angeklagte das Geschehen „maßgeblich steuerte". Im Sirius-Fall ist von einer „Tatherrschaft kraft überlegenen Wissens" die Rede (BGHSt **32** 38 [43]), und in BGHSt **32** 165, 178 f („Startbahn West") wird die Steuerung als „Tatherrschaft" charakterisiert und – freilich ohne nähere Begründung und in dieser Allgemeinheit deutlich überzogen – eine (mittelbare) Täterschaft des „ortsabwesenden Befehlsgebers, Organisators oder geistigen Anführers" angenommen. In BGH GA **1986** 508 wird die Täterschaft darauf gegründet, dass die Handelnde „die Herrschaft über den von ihr geplanten Geschehensablauf fest in der Hand behalten wollte und behalten hat". Im Katzenkönig-Fall (BGHSt **35** 347, 351, 353) schwenkt der BGH dann unter breiter Diskussion des wissenschaftlichen Meinungsstandes ganz auf die Tatherrschaftslehre ein (353: „vom Täterwillen getragene objekti-

75 Die allgemeine Bedeutung der Entscheidung einschränkend aber *Johannsen* S. 53 (nur § 177 a. F., obiter dictum).

76 Nahestehend Sch/Schröder/*Heine*/*Weißer* Vor § 25 Rdn. 65; dies räumt selbst *Hillenkamp* FS Schünemann 414 f. ein.

77 Treffend angemerkt von *Johannsen* S. 56, der diese Entscheidung als Stellungnahme im Sinne der Tatherrschaftslehre deutet; s. a. Sch/Schröder/*Heine*/*Weißer* Vor § 25 Rdn. 65; andere Deutung bei *Hillenkamp* FS Schünemann 413, 414.

78 Im Einzelnen *Johannsen* S. 62 ff.

ve Tatherrschaft")[79] und BGH NStZ **1989** 372 bezeichnet die mittelbare Täterschaft als „Tatherrschaft im Sinne eines steuernden Willens". In BGHSt **45** 270 (296) heißt es sodann, der Täter besitze „insbesondere die Tatherrschaft". Gerade bei der Abgrenzung von Selbst- und Fremdtötung, wo schon der subjektiv geprägte § 216 gegen eine willens- oder interessenbasierte Abgrenzung spricht, sowie von Selbst- und Fremdgefährdung ist das Herrschaftskriterium seit der Gisela-Entscheidung unangefochten (BGHSt **19** 135 [138 f.], s. o. Rdn. 27; sodann die gerade zitierte BGH GA **1986** 508 f; NJW **2003** 2326 [2327]; BGHSt **49** 34 [39]; **49** 166 [169]; NStZ **2011** 341 [Rdn. 8 ff.]; BGHSt 59 **150** [168 Rdn. 73]; BGH StV **2014** 601 [Rdn. 20 ff.]; **63** 161 [165 Rdn. 18]; **64** 121 [125 Rdn. 17]; **64** 135 [138 Rdn. 13]). Zwar sind Anklänge an der subjektiven Theorie nicht völlig verschwunden, wie etwa in BGH NStZ **1997** 544, der die Täterschaft aus „Tatinteresse und vom Täterwillen getragener Tatherrschaft" schlussfolgert; auch die Entscheidungen zur Figur der Organisationsherrschaft, von denen noch die Rede sein wird (Rdn. 151), sind von Derartigem nicht frei (BGHSt **45** 270 [303 f.]; **48** 77 [91]).[80] „Dass der BGH die mittelbare Täterschaft seitdem nicht länger nach der subjektiven Theorie bestimmt, sondern als Tatherrschaft versteht", ist deshalb von *Roxin* LK[11] Rdn. 25 mit Genugtuung registriert worden, droht aber einen **Bumerangeffekt** auszulösen, weil der BGH seit der Rechtsprechung zum „DDR-Schießbefehl" die Kategorie der Tatherrschaft zunehmend ausgedehnt und im Ergebnis die extensiven Positionen der früheren Rechtsprechung in vielerlei Hinsicht beibehalten hat (zur Darstellung und Kritik näher Rdn. 144 ff).

**cc) Mittäterschaft und normative Kombinationstheorie.** Für die Mittäterschaft und ihre Abgrenzung von der Beihilfe hat sich die Tatherrschaftsdoktrin am wenigsten durchgesetzt, vielmehr hat sich hier die von *Roxin* (LK[11] Rdn. 20) sog. **normative Kombinationstheorie** unter der Herrschaft des neuen Rechts zur dominierenden Abgrenzungsrichtlinie entwickelt. Ihre repräsentativen und vollständigen Umschreibungen lauten jetzt so (hier zitiert nach BGH StV **1981** 275 f), dass jeder Mittäter „seinen Tatbeitrag als Teil der Tätigkeit des anderen und umgekehrt die Tätigkeit des anderen als Ergänzung seines eigenen Tatanteils wollen" müsse. Ob jemand „dieses enge Verhältnis zur Tat haben" wolle, sei „nach den gesamten Umständen ... **in wertender Betrachtung** zu beurteilen". Wesentliche Anhaltspunkte für diese Wertung könnten gefunden werden „im Grad des eigenen **Interesses** am Erfolg der Tat, im **Umfang** der Tatbeteiligung und in der **Tatherrschaft** oder wenigstens im **Willen zur Tatherrschaft**, so dass Durchführung und Ausgang der Tat maßgeblich vom Willen des Angeklagten abhängen". Diese Wendungen kehren teils wörtlich, teils in verkürzter und variierter Form immer wieder, etwa in BGH GA **1977** 306; BGHSt **28** 346 (349); NJW **1979** 1259; NStZ **1981** 394; StV **1982** 17; NStZ **1982** 243; StV **1983** 501; GA **1984** 287; NStZ **1984** 413; NStZ **1985** 165; NStZ **1987** 224 f; NStZ **1987** 233; NStZ **1987** 364; NStZ **1988** 507; BGHSt **36** 363 (367); wistra **1989** 346; NStZ **1990** 80 (81); **1990** 130; BGHSt **37** 289 (291); NStZ **1991** 91; **1991** 280; wistra **1992** 181; StV **1992** 579; BGHSt **37** 289 (291); BGHSt **38** 32 (33); **38** 315 (319); BGH NStZ **1993** 137 (138); **1993** 444; BGHSt **39** 381 (386); **40** 299, 301; StV **1994** 22; **1994** 241; **1994** 422; NStZ **1994** 91 (92); **1995** 122; **1995** 285; StV **1995** 197; **1995** 198; **1995** 624; NJW **1997** 3385 (3387); NStZ-RR **1997** 283; StV **1997** 247; **1997** 411; BGHR § 25 Abs. 2 Tatinteresse 5; NStZ-RR **1998** 136; StV **1998** 540, 587; NJW **1999** 2449; **1999** 3131; NStZ **1999** 451 (452); **1999** 609; NStZ-RR **1999** 24; **1999** 278; StV **1999** 317; **1999** 429; NStZ **2000** 482 f; NStZ-RR **2000** 278 f; **2000** 312; wistra **2000** 270; NStZ-RR **2001** 148; wistra **2001** 217, 420; BGHSt **48** 52 (56); NJW **2002** 3131; NStZ **2002** 145; **2002** 200 (201); **2002** 280; **2002** 482; NStZ-RR **2002** 74; StV **2002** 421 (422); NStZ **2003** 90 (Rdn. 3); **2003** 253 (Rn. 3); NStZ-RR **2003** 265 (267); **2003** 309; **2003** 586; StV **2003** 618; wistra **2003** 100 (101); NJW **2004** 3051 (3053); NStZ **2004** 440; NStZ-RR **2004** 25; **2004** 40; StV **2004** 604; BeckRS **2004** 11981; **2004** 2208; NStZ **2005** 228; **2005** 229; NStZ-RR **2005** 71; StV **2005** 555; StV **2005** 666 (668); NStZ **2006** 94; NStZ- 32

79 Ebenso *Johannsen* S. 66.
80 Übereinstimmend *Johannsen* S. 69.

RR **2006** 88 (89); StV **2006** 666 (668); StraFo **2006** 29; NStZ **2007** 288 f; **2007** 531; NStZ-RR **2007** 345; NStZ **2008** 273 (275 Rn. 15); StV **2008** 575 (Rdn. 5); BGHSt **53** 145 (154 Rdn. 30); BGHSt **54** 69 (128 Rdn. 174); NStZ **2009** 25 (26); NStZ-RR **2009** 10; StV **2009** 130; StraFo **2009** 344; NStZ **2010** 445 (447 Rn. 12); NStZ-RR **2010** 139; NStZ-RR **2010** 236; BGHSt **56** 162 (164 Rdn. 6); NStZ-RR **2011** 111 (112); BGHSt **58** 218 (225 Rdn. 42); NStZ **2012** 379; NStZ **2012** 517; NStZ-RR **2012** 120; **2012** 121 (122 f); **2012** 241 (243); StV **2012** 287 (Rdn. 22); **2012** 410 (Rdn. 5); BeckRS **2012** 20347 (Rdn. 5); NStZ **2013** 104; **2013** 551; NStZ-RR **2013** 40 (41); StV **2013** 386 (Rdn. 6); StV **2013** 387; NStZ-RR **2014** 211 (212); BeckRS **2014** 9613 (Rdn. 5); StV **2015** 632 (Rdn. 5); StV **2015** 633 (Rdn. 3); wistra **2015** 188 (Rdn. 35); NJW **2016** 884 (Rdn. 28); NJW **2016** 2585 (Rdn. 139 = BGHSt **61** 48, insoweit aber nicht abgedruckt); JZ **2016** 103 (Rdn. 10); NStZ-RR **2016** 6 (7); **2016** 136 (137); **2016** 140; **2016** 209 (210); **2016** 316; **2016** 335; StV **2016** 648 (Rdn. 5); StraFo **2016** 81; NJW **2017** 2693 (2694 Rdn. 7); NStZ **2017** 296 (297); NStZ-RR **2017** 5 (6);[81] StV **2017** 286 (Rdn. 3); StV **2017** 308 (Rdn. 7); BeckRS **2017** 109266 (Rdn. 4); BeckRS **2017** 115063 (Rdn. 7); BeckRS **2017** 115067 (Rdn. 12); BeckRS **2017** 115083 (Rdn. 13); NStZ **2018** 144; NStZ **2018** 544 (545 f); NStZ **2018** 650; NStZ-RR **2018** 40; NStZ-RR **2018** 178; NStZ-RR **2018** 271 (272); StV **2018** 717 (Rdn. 5); BeckRS **2018** 13259 (Rdn. 13); NJW **2019** 1818 (Rdn. 157, insoweit in BGHSt **64** 10 nicht abgedruckt); NStZ **2019** 416 (Rdn. 4); NStZ **2019** 514 (515 Rdn. 26); NStZ-RR **2019** 72; NStZ-RR **2019** 73; NStZ-RR **2019** 203 (204); StV **2019** 104 (Rdn. 5); BeckRS **2019** 3847 (Rdn. 23); NStZ **2020** 22 (Rdn. 4 f); NStZ **2020** 600 (Rdn. 8); OLG Düsseldorf StraFo **2003** 145; KG StV **2014** 349.

**33** Damit ist immerhin die **subjektive Theorie** in ihrer ursprünglichen Bedeutung auch für die **Mittäterschaft** weitgehend **aufgegeben** worden. Der Täterwille wird nicht mehr als ein psychisches Faktum, sondern als eine an verschiedenen Gesichtspunkten orientierte wertende Zuschreibung verstanden. Dabei sind es mehr und mehr Elemente der Tatherrschaftslehre, die für diese Wertung herangezogen werden. Dass die Tatanteile der Mittäter sich wechselseitig ergänzen, entspricht dem Gedanken der Arbeitsteilung, der hier für die Bestimmung der funktionellen Tatherrschaft als wesentlich erachtet wird (vgl. Rdn. 175 ff). Auch dass „Durchführung und Ausgang der Tat maßgeblich vom Willen" des Mittäters abhängen müssen, ist eine Umschreibung der Tatherrschaft. Von den vier vorrangigen Wertungsgesichtspunkten schließlich sind drei (Umfang der Tatbeteiligung, Tatherrschaft, Wille zur Tatherrschaft) als im Wesentlichen gleichbedeutend der Tatherrschaft zuzuordnen.

**34** Trotzdem kennzeichnet die Rspr. zur **Mittäterschaft** weiterhin ein **unentschiedenes Schwanken** zwischen der subjektiv orientierten Interessentheorie und der Tatherrschaftslehre. Da der Umfang der Tatbeteiligung und der Tatherrschaftswille nur **Indizien** für die Tatherrschaft sein sollen, bleiben immer noch als (möglicherweise) ausschlaggebende Kriterien das Interesse und/oder die Tatherrschaft übrig. Wenn diese beiden Bewertungsgesichtspunkte auseinanderfallen (ein Beteiligter hat die Tatherrschaft, aber kein Eigeninteresse; oder er hat ein Eigeninteresse, aber nicht die Tatherrschaft), bleibt unklar, welchem von ihnen der Vorrang gebührt. Ob Mittäterschaft oder Beihilfe angenommen wird, ist dann eine Frage *tatrichterlichen Ermessens*. So soll die Bestimmung der Beteiligungsform durch die Tatgerichte weitgehend nur eingeschränkt revisionsgerichtlich überprüfbar sein; ihnen soll ein **Beurteilungsspielraum** zustehen[82] (BGH NJW **1997** 3385 [3387]; StV **1998** 540; NStZ-RR **1998** 136; NStZ-RR **1999** 24; NJW **1999** 2449; NStZ **2000** 482; NStZ-RR **2001** 148 [149]; wistra **2001** 420 [421]; BGHSt **48** 52 [56]; StV **2002** 421 [422]; NStZ **2003** 253 [Rdn. 4]; wistra **2003** 100 [101]; NJW **2004** 3051 [3053]; BeckRS **2004** 11981; NStZ **2007** 531; NStZ-RR **2007** 345; NStZ **2010** 342 [Rdn. 14]; NStZ-RR **2010** 236; NStZ-RR **2012** 241; NStZ-RR **2013** 40 [41]; StV **2013** 387 [388]; wistra **2013** 67 [Rdn. 37]; NStZ-RR **2016** 6 [7]; NStZ-RR **2016** 140; StV **2016** 648 [Rdn. 5]; StraFo **2016** 81 [82, mit distanzierter Formulierung]; NStZ-RR **2017** 5 [6]; NStZ **2018** 650 [651]; NStZ-RR **2018** 271 [272]; NStZ **2019** 514 [Rdn. 28]; NStZ **2020** 600 [Rdn. 8]; in der Sache auch BGH NStZ **1984** 413; **1985** 165; NStZ-RR

**81** M. Bspr. *Eisele* JuS **2017** 367; *Jäger* JA **2017** 150.

**82** Vgl. auch *Johannsen* S. 83: „flexibilisierte Revision"; nur diesen Aspekt der Judikatur kritisierend *Burghardt* JZ **2016** 106 (107).

**1998** 25 [26]; BGHSt **47** 384 [385]; BGH NStZ-RR **2007** 530). Vereinzelt heißt es, die Entscheidungen seien aus revisionsrechtlicher sogar „bis zur Grenze des Vertretbaren hinzunehmen" (BGHSt **47** 384 [385]), selbst dann, wenn ein anderes Ergebnis „womöglich näher gelegen wäre" (BGH NJW **2004** 3051 [3053]). So finden sich denn auch in der neueren Rspr. Entscheidungen, die mehr auf das Interesse, und solche, die mehr auf die Tatherrschaft abheben. Den Gesichtspunkt des **Eigeninteresses** rücken etwa in den Vordergrund: BGH NStZ **1981** 394; StV **1983** 501; StV **1983** 461; StV **1984** 413; NStZ **1985** 165; StV **1986** 384; NStZ **1990** 130; wistra **1992** 181; NStZ **1993** 137; BGHSt **39** 381 (386 f); StV **1997** 247; BGHR § 25 Abs. 2 Tatinteresse 5 sowie Mittäter 19; BGHR BtMG § 30a Abs. 2 Urteilsformel 1; **1998** 540; NStZ-RR **1998** 136; **1999** 317; NJW **1999** 2449; NStZ **2003** 253; NStZ-RR **2004** 40; BGHSt **51** 219 (223 f. Rn. 12); NStZ-RR **2007** 246 (247); NStZ **2008** 285; BGHSt **54** 69 (128 Rdn. 174); NStZ **2009** 321 (322); NStZ-RR **2009** 199; NStZ-RR **2009** 254; NStZ-RR **2012** 375; NStZ-RR **2014** 211 (212). Dagegen wird die **Tatherrschaft** als für die Mittäterschaft ausschlaggebend beurteilt in: BGHSt **28** 348 f; BGH NStZ **1982** 27; NStZ **1984** 413; StV **1985** 278; StV **1985** 106; StV **1986** 475 f; NStZ **1987** 224 f; NStZ **1987** 233; NStZ **1987** 364; NStZ **1988** 507; BGHSt **36** 363 (367 f); StV **1992** 579; BGHSt **38** 315; NStZ **1993** 138; NStZ **1994** 92; **1999** 234; wistra **2001** 420; NStZ-RR **2004** 40; BeckRS **2004** 2208; NStZ **2007** 288 (289); NStZ **2010** 445 (448 Rn. 14); NStZ-RR **2011** 111; NStZ **2012** 626; NStZ-RR **2016** 6 (7); NStZ-RR **2016** 335; StV **2016** 648 (Rdn. 7); StraFo **2016** 81 (82); NStZ-RR **2017** 246, 247; NStZ **2017** 296; NStZ **2018** 144 (145);[83] NStZ **2018** 650 (651);[84] NStZ-RR **2018** 271 (272);[85] BeckRS **2018** 13259 (Rdn. 14); BeckRS **2019** 3847 (Rdn. 24: „funktionale Tatherrschaft"); BeckRS **2020** 11959 (Rdn. 4); in der Sache auch BGHSt **59** 105 (111 f. Rdn. 29 f); NStZ **2014** 81. Einige unter diesen eher objektivierenden Entscheidungen erklären das Interesse für zweitrangig: dem Interesse komme deshalb „keine wesentliche Bedeutung" zu, „weil die Tatherrschaft nicht bei der Beschuldigten, sondern ausschließlich bei den unmittelbaren Tätern des Attentats lag" (BGH NStZ **2010** 445 [448 Rn. 14]; ähnl. BGH NStZ **1987** 364; s. a. BGH wistra **2001** 420 [421] u. NStZ **2008** 273 [275 Rn. 18]: wenn Tatherrschaft vorliegt, habe das fehlende Interesse „nur eine marginale indizielle Bedeutung"; BGH StraFo **2016** 81 [82]; NStZ **2018** 650 [651]). Andererseits gibt es Entscheidungen, die die Bedeutung der Tatherrschaft betont relativieren (BGH NStZ **2020** 22 [Rdn. 6][86]). Etliche Entscheidungen lassen diese Kriterien eher beiseite und bemühen sich um eine Art wertenden Vergleich zwischen den einzelnen Beiträgen: **Gleichrangige bzw. gleichberechtigte Beiträge** sprächen für Mittäterschaft (BGHSt **34** 124 [125]; BGH NStZ **1984** 413; NStZ **1991** 91; NStZ **1994** 91 [92]; StV **1999** 428 f; NStZ-RR **2000** 278 [279]; NStZ-RR **2007** 246 [247]; NStZ **2008** 285; NStZ-RR **2009** 254 [255]; NStZ-RR **2014** 211 [212]), während eine lediglich untergeordnete Tätigkeit auf Beihilfe hindeute (BGH NStZ **1984** 413; BGHSt **34** 124 [125]; BGH StV **1997** 411; NStZ **2002** 145; NStZ **2002** 482; NStZ **2005** 228; NStZ **2006** 94; NStZ **2010** 445 [447 Rdn. 12]; BeckRS **2018** 13259 [Rdn. 13, 18]). Das Rangverhältnis zwischen den Beiträgen wird aus allen möglichen Umständen geschlussfolgert, auch etwa aus der der gleichen oder ungleichen Aufteilung des Tatentgelts (BGH NStZ **1991** 91) oder der Tatbeute (BGH NStZ **2006** 94). Es gibt aber Entscheidungen, die eine solche Gleichrangigkeit gerade nicht für unerlässlich erklären (BGH StV **1998** 540 [541]; NStZ-RR **2000** 278 [279]).

Die **weitgehende Beliebigkeit** all dieser Formeln und des darauf „gestützten" Ergebnis- 35
ses wird allenthalben deutlich, exemplarisch etwa BGHR StGB § 25 Abs. 2 Tatinteresse 5, oder an dem Vergleich von BGH StV **1983** 501 und BGH StV **2002** 421, die den Fahrer von „Diebestouren" einmal als Gehilfen, einmal als Mittäter ansehen.[87] Man vergleiche auch drei Entscheidungen zum Beschaffen und Fahren eines Fluchtfahrzeugs: Das Verhalten wurde einmal „zu den wesentlichen Voraussetzungen für die erfolgreiche Durchführung eines geplanten

83 M. Bspr. *Jäger* ebda.
84 M. Bspr. *Schlösser* ebda.
85 M. Bspr. *Bosch* JK **2018** 1299.
86 M. Bspr. *Nestler* JK **2020** 97.
87 Auf diesen Widerspruch zwischen den zwei Entscheidungen weist auch *Johannsen* S. 101 f. hin („Willkür").

Banküberfalls" gerechnet und deshalb eher als mittäterschaftlicher Beitrag eingestuft (BGH NStZ-RR **2002** 74), in anderen Fällen als Beihilfe angesehen (BGH NStZ **2006** 94; NStZ-RR **2010** 139; s. a. BGH StV **2017** 441 [Rdn. 42]). Höchst bedenklich, aber konsequent ist es auch, wenn immer wieder behauptet wird, dass „eine psychische Bestärkung ein relevanter Tatbeitrag i. S. des § 25 Abs. 2 StGB" sein kann, wenn auch unter der Voraussetzung, dass ihr „erhebliches Gewicht" zukomme (BGH NStZ-RR **2019** 203 [204]; in der Sache genauso BGH NStZ **1984** 413; **2012** 379 [380]; NStZ-RR **2018** 40) – womit die dem klaren Wortlaut des § 25 Abs. 2 **widerstreitende** Figur einer lediglich **psychischen Mittäterschaft** für möglich erklärt wird.[88] Die nächste Stufe dieser verfassungsrechtlich (Wortlautgrenze!) und dogmatisch unhaltbaren Konstruktion hat nunmehr das OLG München (6 St 3/12 vom 11.7.2018) in seinem lange erwarteten (bei Fertigstellung der Druckfahnen zu diesem Kommentar noch nicht veröffentlichten und nicht rechtskräftigen) Urteil über die darin festgestellten Morde der nationalsozialistischen **Terrorzelle NSU** erklommen. Darin wurde deren Mitglied Zschäpe als Mittäterin der vielfachen Morde verurteilt, obwohl sie weder an den Tatorten mit den zwei anderen (inzwischen toten) Gruppenmitgliedern zugegen war, noch bei der Planung der konkreten Taten eine maßgebliche Rolle (als Bandenchefin, s. u. Rdn. 208) spielte. Ihre nach Auffassung des OLG München mittäterschaftsbegründenden Beiträge[89] scheinen so gut wie ausschließlich motivationsstärkend, also psychisch gewirkt zu haben: So hielt sich Zschäpe während der Ausführung der Morde weit entfernt in der Nähe der gemeinsamen Wohnung auf, um bei der „Legendierung" der Mitstreiter zu helfen; sie erklärte ihre Bereitschaft dazu, bei deren Tod ein Bekennerschreiben zu verfassen; und last but not least gehörte sie zur Organisation. Diese Beiträge sind aber entweder (psychische) Beihilfe (arg. § 257 Abs. 3 a. F.: die vorher zugesagte Begünstigung ist Beihilfe!) oder ein Vereinigungsdelikt (§§ 129 ff); die Hochstufung zur Mittäterschaft dürfte in erster Linie dem Anliegen geschuldet sein, der obligatorischen Strafmilderung des Gehilfen zu entgehen, und Zschäpe öffentlichkeitswirksam zu „lebenslänglich" verurteilen zu können. Es ist deshalb nicht unberechtigt, wenn *Schild* NK Rdn. 36 über die Strafjustizpraxis äußert, sie kenne „überhaupt keine Theorie", sondern lasse sich eher durch Strafwürdigkeitsgefühle leiten: „ist die Täterstrafe angemessen ..., so hat der Handelnde Täterwille (in diesem Rechtssinne); verdient er eine mildere Strafe, dann ist rechtlich auf Gehilfenwillen zu erkennen."[90] *Johannsen* vermutet sogar apokryphe Kriterien,[91] wie die Abgrenzung zur Hehlerei (die nach ihrem Wortlaut – „Sache, die *ein anderer* gestohlen..." – nur vom Gehilfen, nicht vom Mittäter verwirklicht werden kann),[92] Überlegungen der Verfahrensökonomie oder im Sinne einer angemessenen Opferentschädigung.[93] Ob diese Vermutungen zutreffen, lassen wir offen. Uns reicht die Feststellung der verblüffend-erdrückenden Menge an höchstrichterlichen Entscheidungen zur Abgrenzung von Mittäterschaft und Beihilfe, und dies trotz der (die dem Revisionsgericht obliegende Kontrolle einer klaren Rechtsfrage partiell verweigernden[94]) Betonung des Beurteilungsspielraums der tatrichterlichen Würdigung bzw. ihrer beschränkten Revisibilität: Allein die Tatsache, dass der BGH sich seit Jahr-

---

**88** Als Vorgänger kann man hier BGHSt **37** 289 (292 f) und **55** 191 (198) nennen (dazu krit. *SSW/Murmann* Rdn. 42 m. w. Nachw.), wobei es in der erstgenannten Entscheidung um die nicht eingehaltene vorherige Zusage funktionellen Zusammenwirkens und in der zweitgenannten um einen unvermeidbaren Erlaubnisirrtum begründenden Rechtsrat, also eigentlich um mittelbare Täterschaft gem. § 25 Abs. 1 2. Alt. StGB ging.

**89** Wir entnehmen dies dem uns vorliegenden schriftl. Urteil sowie dem zu Recht **krit.** Beitrag von *Drenkhahn/Momsen/Diederichs* NStZ **2020** 2585 (Rdn. 20 f). Die Autoren sehen in der Entscheidung entweder eine „psychische Mittäterschaft" oder eine „Mittäterschaft durch Mitgliedschaft" – beide Konstruktionen sind inakzeptabel.

**90** S. a. *Schild* Tatherrschaftslehren S. 88 ff.

**91** *Johannsen* S. 93.

**92** *Johannsen* S. 106 f, 109 f nennt BGH NStZ **2002** 200 und BGH 3 StR 473/04 (BeckRS **2005** 02739).

**93** *Johannsen* S. 124 f. am Beispiel der La Belle-Entscheidung, BGH NJW **2004** 3051.

**94** Vgl. mit beachtlicher Kritik *Puppe* FS Paeffgen (2015) 655 ff. (zur Mittäterschaft 662 f); aus revisionsrechtlicher Sicht grds. *Roxin/Schünemann* Strafverfahrensrecht [29](2017), § 55 Rdn. 29; *Schünemann* Strafprozessrecht und Strafprozessreform (2020) S. XV f, 198 ff.

zehnten mehrmals im Jahr zu dieser Frage äußern muss – nicht aber zur mittelbaren Täterschaft![95] –, belegt, dass seine Kriterien keine klare Richtschnur für die Rechtsanwendung durch die Instanzgerichte bieten. Er sollte als erster daran interessiert sein, diese unbefriedigende Situation zu überwinden, wofür sich die Tatherrschaftslehre wie auf dem Silbertablett serviert anbietet.[96] Stattdessen versucht der BGH neuerdings, seine Judikatur in einen modernen methodologischen Rahmen einzuordnen: „Nach den genannten Maßgaben handelt es sich bei der insoweit angesprochenen Tatherrschaft lediglich um eines der Kriterien, welche bei der wertenden Gesamtbetrachtung in den Blick zu nehmen sind. Deshalb scheidet indes nicht immer dann, wenn dieses schwach oder gar nicht ausgeprägt ist, Mittäterschaft aus; vielmehr können Defizite in diesem Bereich – wie es im Wesen einer Gesamtbetrachtung liegt – ausgeglichen werden, wenn andere der in die Prüfung einzustellenden Kriterien stärker ausgeprägt sind." (BGH NStZ **2020** 22 [Rdn. 6] in unausgesprochenem Anschluss an die *typologische Rechtsfindung,* die *Schünemann* Voraufl. Rdn. 38 für den Tatherrschaftsbegriff reklamiert hatte). Aber dieser Versuch muss misslingen, weil drei der vom BGH angeführten vier Züge des Typus ohnehin auf die Tatherrschaft hinauslaufen, während der vierte Zug aus der Rumpelkammer der Dolustheorie stammt und mit der gesetzgeberischen Entscheidung in § 25 eindeutig unvereinbar ist: Der neben der Tatherrschaft angeführte „Umfang der Tatbeteiligung" lässt sich von dieser überhaupt nicht trennen, während der angebliche dritte Zug des „Willens zur Tatherrschaft" neben derselben keine Bedeutung hat und ohne dieselbe in die Versuchsdogmatik gehört. So bleibt als angeblich weiterer Zug des Typus allein der „Grad des eigenen Interesses am Taterfolg" übrig, eine schon 1907 dogmatisch überwundene Abart der Dolustheorie (o. Rdn. 6), die nach der klaren Stellungnahme des Gesetzgebers gegen die subjektive Theorie[97] nicht etwa quasi als dogmatischer Schrumpfkopf weitergeführt werden darf; denn auf ein überragendes eigenes Interesse am Taterfolg heben die §§ 25 ff StGB nirgends ab, obwohl ein solches etwa für den Anstifter geradezu typisch ist.

**dd) Betäubungsmittelrechtliche Entscheidungen.** Eine besondere Gruppe bilden die abermals zahlreichen Entscheidungen, die sich mit der Abgrenzung von Täterschaft und Teilnahme bei der Einfuhr und beim Handeltreiben mit Betäubungsmitteln beschäftigen (§ 29 Abs. 1 Nr. 1 BtMG): BGH NJW **1979** 1259; StV **1981** 275 f; NStZ **1981** 394; StV **1982** 17; NStZ **1982** 243; StV **1983** 461; StV **1984** 286; NStZ **1984** 413; StV **1985** 14; **1985** 106; **1986** 384; BGHSt **34** 124; BGH NStZ **1987** 233; NStZ **1988** 507; NStE Nr. 5 zu § 25 StGB; NStZ **1990** 130; NStZ **1991** 91; BGHSt **38** 32; **38** 315; BGHR BtMG § 29 Abs 1 Nr 1 Handeltreiben 42, 59; StV **1992** 579; NStZ **1993** 137; **1993** 138; **1993** 444; StV **1993** 474; **1994** 22; **1994** 422; NStZ **1994** 92; StV **1995** 197; **1995** 198; **1995** 624; StV **1999** 427; **1999** 429 = NStZ **1999** 451; StV **1999** 435; NStZ-RR **1999** 24; NStZ **1999** 234; **2000** 482 f; NStZ-RR **2000** 278 f; **2000** 312; **2001** 148 f; NStZ **2003** 90 f; NStZ-RR **2003** 309; **2003** 586; **2004** 25 f, 440; StV **2004** 604; StV **2005** 555; NStZ **2005** 228; **2005** 229; NStZ RR **2005** 71; NStZ **2006** 454, 455, 456, 577, 578; StV **2006** 184; NStZ-RR **2006** 349, 350; StraFo **2006** 342; BGHSt **56** 162 Rdn. 6; NStZ **2007** 531; NStZ-RR **2009** 121; NStZ-RR **2011** 57; NStZ-RR **2012** 120; StV **2012** 410; BeckRS **2012** 20347; NStZ-RR **2013** 46; NStZ **2013** 549; NStZ-RR **2014** 211; NStZ-RR **2014** 346; NStZ-RR **2014** 375; BeckRS **2014** 9613; StV **2015** 632; BeckRS **2016** 20305; NStZ **2017** 296; NStZ- 36

---

95 Man könnte zwar meinen, dass die mittelbare Täterschaft seltener vorkommt; dies ist aber zu einem nicht unbeträchtlichen Teil erst eine Folge davon, dass über ihr Vorliegen klare Kriterien herrschen, die der Tatherrschaftslehre verpflichtet sind. Ansonsten könnte nahezu jeder Anstiftungsfall ein Abgrenzungsproblem bergen.

96 Dass *Fischer* FS Hamm (2008) 63 (78) die Tatherrschaft deshalb für „den Königsweg für die Rechtsprechung" erklärt, weil flexible Begründungsmodelle, die „über Strafbegründungen und Strafrahmen nach Maßgabe einzelfallsbezogener ‚Gesamtwürdigungen'" entscheiden, besonders „praxistauglich" seien, zeugt von einem verzerrten Bild der Rspr. und einem schlicht verkehrten Bild der Tatherrschaftslehre (krit. auch *Schünemann* GA **2011** 445 [451 f]).

97 S. die Begründung des in der Beteiligungslehre übernommenen E 1962, BT-Drucks. **IV**/650 S. 147 f.

RR **2017** 146; StV **2017** 286; StV **2018** 512; NStZ **2019** 416; NStZ-RR **2019** 117 – mit der deutlich erkennbaren Tendenz, untergeordnete Mitwirkungshandlungen nur als Beihilfe zu qualifizieren (*Winkler* NStZ **2006** 328) und die Täterschaft von einer eigennützigen Motivation abhängig zu machen (ausf. *Schnürer* S. 78 ff). Bereits aus der in st. Rspr. praktizierten Definition des Handeltreibens als jede eigennützige Bemühung, die darauf gerichtet ist, den Umsatz von Betäubungsmitteln zu ermöglichen oder zu fördern, wird geschlussfolgert, dass ohne diesen Beweggrund kein täterschaftliches Verhalten vorliegen könne (BGHSt **34** 124; BGH NStZ **2005** 228; NStZ **2012** 517; NStZ **2013** 550; NStZ-RR **2014** 375; NStZ-RR **2020** 112; zur Kritik dieser Definition vgl. *Schünemann/Greco* LK vor § 25 Rdn. 17); das hat mit der subjektiven Theorie also nichts zu tun. Zudem soll das Interesse an der Tat von wesentlicher Bedeutung sein (BGH NStZ **1981** 394; s. a. BGH BeckRS **2012** 20347 [Rdn. 6]; NStZ **2013** 549 [550]).

**37** Jedoch sei dies allein für Täterschaft nicht ausreichend (s. bereits BGH NStZ **1999** 451 [452]), was insbesondere in den Fällen von **Kuriertätigkeiten** zu beachten ist.[98] Bei dieser Fallgruppe wird seit BGHSt **51** 219 m. Bspr. *Puppe* JR **2007** 299; *Weber* JR **2007** 407 f. **in der Regel Beihilfe** angenommen (BGH NStZ **2006** 454; NStZ-RR **2006** 350; NStZ-RR **2007** 246 [247]; NStZ-RR **2007** 320; NJW **2008** 1460 [Rdn. 9]; NStZ **2008** 285; NStZ **2008** 465 Rn. 4 m. krit. Bspr. *Weber*; NStZ **2009** 392 (393); NStZ-RR **2009** 254 [255]; NStZ-RR **2010** 318; NStZ **2012** 518; NStZ-RR **2012** 120; NStZ-RR **2012** 375; StV **2012** 287 [Rdn. 22 f.]; BeckRS **2012** 23230 [Rdn. 2]; BeckRS **2014** 3661; BeckRS **2015** 17435 [Rdn. 8]; BeckRS **2015** 18050 [Rdn. 4]; BeckRS **2016** 11405 [Rdn. 4]; BeckRS **2016** 20305 [Rdn. 5]; BeckRS **2017** 112117 [Rdn. 3]; NStZ-RR **2019** 73) – in Abkehr von der früheren Rspr., die Kuriertätigkeiten nicht als von grundsätzlich untergeordneter Bedeutung ansah und deshalb häufig Täter- bzw. Mittäterschaft annahm (so BGH NStZ **1983** 124; StV **1985** 106; BGHSt **39** 216 [219]; NStZ **2000** 482; NStZ-RR **2000** 278 [279]; s. a. BGH NStZ-RR **2001** 148, in einem Fall aber, der nach heutigen Maßstäben ebenfalls als Mittäterschaft einzuordnen wäre; i. Erg. für Beihilfe freilich bereits BGH NStZ **1984** 413; StV **1998** 596; NStZ **1999** 451 [452]; NStZ-RR **1999** 186 [187]; NStZ **2006** 455; NStZ **2006** 577; s. a. BGH NStZ **1993** 444; NStZ-RR **2006** 88 [89]). Denn ob Täterschaft oder Teilnahme vorliegt, entscheide sich nach der Bedeutung des Beitrags für das **Umsatzgeschäft insgesamt**, das sich häufig nicht in der konkreten Transaktion erschöpfe (BGHSt **51** 219 [222 f. Rdn. 10]; NJW **2008** 1460 [Rdn. 8]; NStZ **2008** 40 [41]; NStZ **2008** 285; NStZ **2009** 392; NStZ-RR **2009** 254; NStZ-RR **2010** 318; NStZ **2012** 518; NStZ-RR **2012** 375; StV **2012** 287 [Rdn. 22]; NStZ **2013** 549 [550]; NStZ-RR **2014** 211 [212]; NStZ **2015** 225; BeckRS **2015** 17435 [Rdn. 8]; BeckRS **2015** 18050 [Rdn. 4]; BeckRS **2016** 11405 [Rdn. 4]; BeckRS **2016** 20305 [Rdn. 4]; BeckRS **2017** 112117 [Rdn. 3]; s. a. BGH NStZ-RR **2012** 121 [122 f.]). Mittäterschaft komme nicht bereits bei faktischen Handlungsspielräumen in Betracht, sondern erst bei erheblich über den bloßen Transport hinausgehenden Tätigkeiten oder bei eigenem Interesse am weiteren Schicksal des Gesamtgeschäfts (BGHSt **51** 219 [223 f. Rn. 12]; BGH NStZ-RR **2007** 246 [247]; NStZ **2008** 285; NStZ-RR **2009** 254; NStZ **2012** 518; NStZ-RR **2012** 375; StV **2012** 287 [Rdn. 23]; BeckRS **2014** 3661; NStZ **2013** 551; NStZ-RR **2014** 211 [212]; NStZ **2015** 225; BeckRS **2015** 17435 [Rdn. 8]; BeckRS **2015** 18050 [Rdn. 4]; BeckRS **2016** 11405 [Rdn. 4]; BeckRS **2016** 20305 [Rdn. 5 f.]; BeckRS **2017** 112117 [Rdn. 3]; s. a. BVerfG **2008** 39; BGH NStZ **2008** 40; NStZ-RR **2020** 228 [Rdn. 7]). Auch die Inkorporation des Betäubungsmittels soll für die Täterschaft von nachrangiger Bedeutung sein (BGHSt **51** 219 [223 Rdn. 11]; BGH NStZ-RR **2007** 246 [247]; s. a. NStZ **2010** 522).

**38** Vergleichbare Maßstäbe gelten für **sonstige untergeordnete Tätigkeiten**, die sämtlich im Grundsatz als Beihilfe zum Handeltreiben einzustufen sind, wie etwa das Anwerben eines Kuriers (BGH NStZ **2009** 392 [393]; NStZ **2015** 225), dessen Begleitung (BGH NStZ **2005** 228), die Hilfe bei Verpacken und Transport (BGH NStZ **2007** 288 [289]), die Beschaffung des Grundstoffs zur Herstellung des BtM (BGH StV **2005**, 666, 668), das Vermitteln des Geschäfts

---

**98** Zu diesen Entscheidungen im Einzelnen *Schnürer* S. 83 ff; s. a. *Weber* JR **2007** 400 (406 ff); *Hillenkamp* FS Schünemann 410 f; *Schlage* Ad Legendum **2012** 257; *Oğlakcıoğlu* Der Allgemeine Teil des Betäubungsmittelstrafrechts (2013) 527 ff. Zur Einordnung von Kurieren auch *Winkler* NStZ **2005** 315; *ders.* NStZ **2006** 328.

(BGH NStZ-RR **2011** 57; BeckRS **2012** 20347 [Rdn. 6]), das Beschaffen des vom Haupttäter zu veräußernden Stoffs mittels eines Diebstahls (BGH NStZ-RR **2015** 280), die Tätigkeit als „Läufer", der sich auf Transport und Übergabe des Betäubungsmittels und Entgegenahme von Geld beschränkt (BGH NStZ **2013** 549), für das Verstecken (BGH NStZ-RR **2000** 312; NStZ-RR **2003** 309), „Bunkern" (BGH StV **2005** 555), Lagern (BGH NStZ-RR **2007** 58), das vorübergehende Aufbewahren (BGH NStZ-RR **2020** 112) bzw. die Zustimmung zur Lagerung in der eigenen Wohnung (BGH NStZ **2014** 164) und das Portionieren (BGH NStZ-RR **2012** 90) des Betäubungsmittels.

Wie bereits gesagt (*Schünemann/Greco* Vor § 25 Rdn. 17), ist gegen diese Rspr. zu den Beteiligungsformen beim Handeltreiben mit Betäubungsmitteln im Ergebnis nichts zu erinnern. Insbesondere bedeutet sie nicht notwendigerweise eine Relativierung der Regel, dass eigenhändige Tatbestandsverwirklichung immer Täterschaft begründet (Rdn. 30, 72 ff).[99] Sie ist aber in ihrer (vom Großen Senat angeregten, BGHSt **50** 252 [266]) Verortung des Problems in der allgemeinen Beteiligungsdogmatik deplatziert, denn in Wahrheit kann sie nur das Ergebnis einer Auslegung des tatbestandsspezifischen Begriffs des Handeltreibens darstellen. Der Transport kann lediglich deshalb keine Beihilfe sein, weil und insoweit er für sich genommen schon kein Handeltreiben verkörpert. 39

Bei der Tathandlung **Einfuhr** von Betäubungsmitteln ergibt sich ein anderes Bild, bei dem sowohl subjektive Anklänge (Eigennutz) als auch jede Bezugnahme auf größere Zusammenhänge eines Gesamtgeschäfts fehlen. Vielmehr stellt die Rspr. entweder auf die eigenhändige Verwirklichung der Einfuhrhandlung selbst ab, vor allem mit Berufung auf den Wortlaut von § 25 Abs. 1 Var. 1 – wer die Straftat selbst begeht, d. h. den Tatbestand eigenhändig verwirklicht, sei immer Täter (BGHSt **38** 315 [316]; NStZ-RR **1999** 186 f) –, oder sie verzichtet, weil der Tatbestand auch dadurch verwirklicht werden könne, dass man das Betäubungsmittel über die Grenze von anderen transportieren lässt (BGHSt **56** 162 [164 f. Rdn. 6: hier über den Postweg]; BGH NStZ **1991** 91; BGH bei Holtz MDR **1991** 105 f; BGH NStZ **1993** 137; NStZ-RR **2012** 120; StV **2012** 410 [Rdn. 5]; NStZ-RR **2014** 211 [212]; StV **2015** 632 [Rdn. 5]; StV **2015** 633 [Rdn. 3]; NStZ-RR **2016** 209 [210]; **2016** 316; NStZ **2017** 296 [297]; StV **2017** 286 [Rdn. 3]; StV **2017** 295; NStZ **2019** 416 [Rdn. 4]), auf das Kriterium der Tatherrschaft (BGH NStZ **1993** 138; BGH NStZ **2017** 401 [403]) bzw. auf die Tatherrschaft oder den Willen hierzu (BGH NStZ-RR **2004** 25; StV **2012** 410 [Rdn. 5]; NStZ-RR **2014** 346; StV **2015** 633 [Rdn. 3]; NStZ-RR **2017** 146 f; StV **2017** 286 [Rdn. 4]; StV **2017** 295; BeckRS **2019** 10097 [Rdn. 6]; in der Sache auch BGH StV **2015** 632 [Rdn. 5 f.]; NStZ-RR **2016** 209 [210] und NStZ-RR **2016** 316: „Einfluss" über den Einfuhrvorgang; s. a. BGH NStZ **1987** 233; NStZ-RR **2008** 256). Das Vorliegen eines eigenen Interesses wird hier ausdrücklich für nicht erforderlich erklärt (BGHSt **38** 315 [LS]; BGH NStZ **1993** 138 [sehr dezidiert]; StV **2012** 410 [Rdn. 5]; StV **2015** 633 [Rdn. 3]; NStZ **2017** 296 [297]; NStZ-RR **2017** 146 f; StV **2017** 286 [Rdn. 3]; StV **2017** 295; NStZ **2019** 416 [Rdn. 4]). Der Beifahrer (BGH NStZ-RR **2009** 121) und derjenige, der die Benzinkosten mitbezahlt (BGH NStZ **2005** 229) sowie der bloße Vermittler (BGH NStZ **2013** 46 [Rdn. 6]) wurden als Gehilfen qualifiziert. 40

**ee) Steuerhinterziehung.** Gesonderter Erwähnung bedürfen auch die Urteile, die sich mit Täterschaft und Teilnahme im Bereich der Steuerhinterziehung[100] befassen: BGHSt **4** 36; **31** 347; BGH NStZ **1986** 463; NStZ **1987** 224; wistra **1987** 147; **1988** 261; NStZ **1989** 370; wistra **1990** 147; **1990** 150; **1991** 343; **1993** 302; NJW **2003** 2824; **2003** 2996; wistra **2005** 380; PStR **2005** 6; NJW **2006** 2430; NStZ **2006** 44; BGHSt **51** 356; NStZ-RR **2007** 345; wistra **2007** 112; NStZ **2009** 157; BGHSt **58** 218; wistra **2015** 188; NStZ **2016** 39; NStZ **2017** 356; JZ **2019** 206 m. Bspr. *Krell*; OLG 41

---

**99** So aber *Krack* JR **2008** 342 (343); *Weber* NStZ **2008** 467; *Shimada* GA **2009** 484; *Hillenkamp* FS Schünemann 410 f; wohl auch *Fischer* Rdn. 3; vgl. zudem *Weber* JR **2011** 454 (455), zu einer weiteren Fallkonstellation.

**100** Vgl. zu diesem Problemkomplex auch *Bilsdorfer* NJW **1989** 1590; *Gribbohm/Utech* NStZ **1990** 211; *Maier* MDR **1986** 358; monographisch *Wietfeld* Tatherrschaft; s. a. Sch/Schröder/*Heine*/*Weißer* Vor § 25 Rdn. 71.

Karlsruhe NJW **2008** 162; zudem die u. Rdn. 100, 188 zitierten Entscheidungen. Womöglich handelt es sich bei ihnen um einen dogmatisch wenig erforschten Sonderbereich, nämlich denjenigen der auf persönlichen Erklärungen beruhenden Delikte (näher u. Rdn. 71).

42 **ff) Fazit.** Die damit alles in allem sehr **erhebliche Annäherung** der Rechtsprechung an die **Tatherrschaftslehre** wird in der neueren Literatur vielfach betont.[101] Die dogmatischen Probleme haben sich damit aber nicht etwa erledigt. Zum einen hat sich die Rspr. mit der von ihr bei der Abgrenzung von Mittäterschaft und Beihilfe in letzter Instanz propagierten „wertenden Betrachtung", die ja mangels angebbarer Kriterien eine Art schwarzes Loch ist, im Grenzbereich ein freies Ermessen gesichert. Und zum anderen stellt sich dadurch die Frage, ob der BGH den Begriff der Tatherrschaft durch seine Umklammerung womöglich zu denaturieren und in ein ähnlich beliebiges Passepartout wie den animus auctoris zu verwandeln beginnt (s. näher Rdn. 145, 204).

### 5. Die eigene Ansicht: Tatherrschaft bei Gemeindelikten

43 **Richtigerweise** ist davon auszugehen, dass unter dem geltenden Recht Täterschaft und Teilnahme im Regelfall (d. h. für die **Begehungs-Gemeindelikte**) nach dem Maßstab der **Tatherrschaft** voneinander abzugrenzen sind.

**a) Gründe gegen die subjektive Theorie.** Die subjektive Theorie ist heute wissenschaftlich **überholt** und auch mit dem positiven Recht kaum noch zu vereinbaren. Sie beruht dogmengeschichtlich auf dem naturalistischen Positivismus des 19. Jahrhunderts, der auch die Geisteswissenschaften dem naturwissenschaftlichen Denken unterwerfen wollte und dementsprechend ein tragfähiges Strafrechtssystem nicht auf Wertungs- und Bedeutungsunterschiede, sondern allein auf das wertfreie Kausalgesetz gründen zu können glaubte. Wenn man danach zwischen Tätern und Teilnehmern objektiv keinen Unterschied entdecken kann, weil sie für den Erfolg gleichermaßen kausal sind,[102] so kann die Abgrenzung nur im Subjektiven gesucht werden. Sieht man ferner, wie es dem „klassischen" System entsprach, alle psychischen Faktoren als zur „Schuld" gehörig an, so musste die Abgrenzung von Täterschaft und Teilnahme mit einer gewissen Zwangsläufigkeit auf die „innere Einstellung" der Beteiligten gegründet werden und sich einem an der Schuldhöhe orientierten Strafzumessungsakt nähern, wie dies auch der in der Rspr. gehandhabten Praxis weitgehend entspricht.[103] Demgegenüber ist inzwischen längst geklärt, dass sich die objektive Bedeutung einer Straftat nicht auf die Kausalität und die Schuld nicht auf die psychische Beziehung des Täters zum Erfolg reduzieren lässt, dass vielmehr Unrecht und Schuld durch objektive wie subjektive Elemente gleichermaßen bestimmt werden und nicht schlechthin durch die abweichende Beschaffenheit ihres sachlichen Substrates voneinan-

---

**101** Baumann/Weber/Mitsch/*Eisele* § 25 Rdn. 25; *Fischer* Rdn. 4; *Geerds* Jura **1990** 175 f; *Jescheck/Weigend* § 61 V 4; *Joecks* MK Rdn. 33; *Johannsen* S. 73; *Küpper* GA **1986** 437 ff; *Murmann* JA **2008** 322 (für die mittelbare Täterschaft); *SSW/Murmann* vor § 25 Rdn. 10 ff; *Otto* AT § 21 II 4; *ders.* Jura **1987** 249. Skeptischer Maurach/Gössel/Zipf/*Renzikowski* § 47 Rdn. 58 m. Fn. 111.

**102** So zuletzt *Baumann/Weber/Mitsch*[11] § 29 Rdn. 59, die meinten, „daß ... wegen der Gleichwertigkeit aller Bedingungen allein eine subjektive Abgrenzung Erfolg verspricht"; die aktuelle, von *Eisele* verfasste Neubearbeitung lehnt die subjektive Theorie zugunsten der Tatherrschaftslehre ab, § 25 Rdn. 26, 33 ff.

**103** Vgl. zum Ganzen eingehend *Roxin* TuT S. 4–32, 110 f und passim; ferner vor allem *Sax* JZ **1963** 329 ff; zur Kritik an der subjektiven Spiegelung im „Willen zur Tatherrschaft" *Schünemann* GA **1986** 330 f.

der abgrenzbar, sondern als verschiedene Wertungsstufen zu unterscheiden sind.[104] So ragt die subjektive Theorie, nachdem ihre beiden Prämissen dahingefallen sind, als ein dogmatisches Relikt aus dem vorigen Jahrhundert ohne tragfähiges Fundament in die Gegenwart hinein.

Aber auch in ihren **Ergebnissen** ist die subjektive Theorie **inakzeptabel.** Es ist oft darauf hingewiesen worden und auch in der Rspr. heute anerkannt, dass es einen „Täterwillen" als eine psychisch greifbare Realität nicht gibt. Daraus erwächst die Möglichkeit, diese Leerformel vom gewünschten Ergebnis her nach wechselnden Kriterien mit einer gewissen Beliebigkeit auszufüllen und bei der Abgrenzung von Täterschaft und Teilnahme eine Art von richterlichem Ermessen walten zu lassen, die dem Bestimmtheitsgrundsatz und dem Gebot der Rechtssicherheit widerstreitet. Der besonders häufige Versuch, das Merkmal des Eigeninteresses zur Bestimmung des „Täterwillens" heranzuziehen, scheitert zudem von vornherein. Denn erstens ergibt schon der Wortlaut verschiedener besonders wichtiger Tatbestände (§§ 216, 242, 246, 253, 259, 263), dass das Handeln in fremdem Interesse nach Meinung des Gesetzgebers keineswegs gegen eine Täterschaft des Ausführenden spricht. Es ist auch zweitens das Eigeninteresse eine typische Voraussetzung jeglicher Deliktsbeteiligung; wenn aber derjenige, der an einer Tat nicht interessiert ist, normalerweise auch als Anstifter oder Gehilfe nicht an ihr mitwirken wird, kann dieses Merkmal nicht gleichzeitig zur Abgrenzung von Täterschaft und Teilnahme dienen. 44

Freilich führt das Merkmal der „Willensunterordnung", auf das die **Dolustheorie** abstellt, zu einleuchtenderen Ergebnissen. Doch verbirgt sich dahinter, sofern man die Unter- oder Überordnung nicht in eine innerlich bleibende „Einstellung" uminterpretiert, in Wahrheit eine objektive Unterscheidung nach dem Maße der Tatherrschaft. Wer den Ablauf der Ereignisse nicht beherrscht, wird die Ausführung notwendig dem Täter anheimstellen, seinen Willen also „unterordnen" müssen; wer dagegen über den Tatablauf maßgeblich entscheidet, kann seinen Willen nicht dem eines anderen unterordnen. Ein im Sinne der Dolustheorie gedeuteter Täterwille ist also, solange man es mit dem Kriterium der Unter- bzw. Gleich- oder Überordnung ernst nimmt, nur die subjektive Widerspiegelung eines objektiven Sachverhalts, wie dies *Lobe* (vgl. Rdn. 10) schon vor fast sechs Jahrzehnten hervorgehoben hat. Wenn der BGH heute den Täterwillen nicht mehr als inneres Faktum ansieht, sondern ihn auf Grund aller Umstände „wertend ermitteln" will (vgl. Rdn. 23, 27, 32)[105] und dabei in weitem Umfang auf die Tatherrschaft abstellt, ist dies eine verkappte objektive Abgrenzung, die den subjektiven Ausgangspunkt nur noch terminologisch festhält und eine endgültige Aufgabe der subjektiven Theorie vorbereiten könnte. Diese Entwicklung wird jedoch immer wieder durch die Beschwörung der Interessenformel durchkreuzt. In der Praxis wird der Tatrichter durch diese molluskenhafte Judikatur geradezu dazu eingeladen, das vom Gesetzgeber als äußerste Grenze der **Urteilsabsprachen**, die den Strafprozess weithin zum „Handel mit Gerechtigkeit" kompromittiert haben,[106] festgehaltene *Verbot einer Absprache über den Schuldspruch* (§ 257c Abs. 2 S. 3 StPO, zuvor bereits BGHSt – GrS – **50** 40, 50) durch eine beliebige Rochade zwischen Täterschaft oder Beihilfe zu unterlaufen und dahinter auch die unzulässige *Sanktionsschere* (GrS a. a. O.) zu verstecken. Die durch die „normative Kombinationstheorie" des BGH eröffneten Spielräume sind deshalb gerade auch in der heutigen Prozesswirklichkeit unvertretbar.[107] 45

---

**104** Vgl. näher *Roxins* „Bemerkungen zum Verhältnis von Rechtsidee und Rechtsstoff in der Systematik unseres Strafrechts" (GS Radbruch S. 260 ff) sowie *seine* Schrift „Kriminalpolitik und Strafrechtssystem" $^2$(1973); zur Abgrenzung von Unrecht und Schuld prinzipiell *Schünemann* GA **1986** 299 ff; *Schünemann* Coimbra Symposium S. 149 ff.

**105** Vgl. zuletzt BGH NStZ **2009** 321 (322) und NStZ **2012** 379 (380), beide mit der Wendung, es komme auf die „aufgrund einer wertenden Betrachtung festzustellende innere Haltung" an.

**106** Hierzu *Schünemann* Die Absprachen im Strafverfahren: Von ihrer Gesetz- und Verfassungswidrigkeit, von der ihren Versuchungen erliegenden Praxis und vom dogmatisch gescheiterten Versuch des 4. Strafsenats des BGH, sie im geltenden Strafprozeßrecht zu verankern FS Rieß 525; *ders.* Wetterzeichen vom Untergang der deutschen Rechtskultur – Die Urteilsabsprachen als Abgesang auf die Gesetzesbindung der Justiz und den Beruf unserer Zeit zur Gesetzgebung (2005); *ders./Hauer* Absprachen im Strafverfahren – Zentrale Probleme einer künftigen gesetzlichen Regelung, AnwBl. **2006** 439; *Greco* GA **2015** 1.

**107** **Zust.** Maurach/Gössel/Zipf/*Renzikowski* § 47 Rdn. 59.

46 Eine Abkehr von der im 19. Jahrhundert wurzelnden subjektiven Theorie ist schließlich durch den **Allgemeinen Teil von 1975** erzwungen. Er enthält zwar kein allgemeines Bekenntnis zu einer bestimmten Teilnahmelehre, aber doch eindeutige Anhaltspunkte für eine Abwendung von der subjektiven Theorie. Wenn § 25 Abs. 1 denjenigen, der die Tat „selbst... begeht“, ausdrücklich als Täter ansieht, wird damit der weitestgehenden Konsequenz der subjektiven Theorie, dass man trotz eigenhändiger Tatausführung bei fehlendem Täterwillen nur Gehilfe sei, der Boden entzogen (dazu eingehend Rdn. 72 f). Schließlich ist darauf hinzuweisen, dass der Gesetzgeber auch zur Kennzeichnung der Mittäterschaft in § 25 Abs. 2 ein eindeutig objektives Kriterium („Begehen mehrere die Tat gemeinschaftlich“) verwendet, das schwerlich so verstanden werden kann, als stünde dort: „Beteiligen sich mehrere mit Täterwillen an einer Tat ...“.

47 **b) Vorzüge der Tatherrschaftslehre.** Demgegenüber bietet die Tatherrschaftslehre bei den **Gemeindelikten** einen theoretisch wie praktisch gleichermaßen überzeugenden Lösungsansatz zur Abgrenzung von Täterschaft und Teilnahme. Sie trägt der wegen ihrer Evidenz unbestreitbaren Erkenntnis Rechnung, dass der Täter nichts anderes ist als das Subjekt der Deliktsbeschreibungen des Besonderen Teils, dass seine Feststellung mithin eine Frage des tatbestandlichen Unrechts und nicht etwa der Schuld, der „inneren Einstellung“ oder der „Gesinnung“ ist. Der richtige Ausgangspunkt ist also der der formal-objektiven Theorie (vgl. Rdn. 8), die nur übersieht, dass die Tatbestandserfüllung, wie nunmehr durch den Wortlaut des § 25 ausdrücklich klargestellt ist, nicht notwendig eigenhändig zu erfolgen braucht, sondern auch mit Hilfe vorsatzloser oder genötigter menschlicher „Werkzeuge“ oder in arbeitsteiligem Zusammenwirken mit anderen erfolgen kann. Diese einseitige Fixierung der formal-objektiven Theorie auf die „Eigenhändigkeit“ überwindet die Tatherrschaftslehre, indem sie es gestattet, denjenigen als Subjekt des Deliktstatbestandes und damit als Täter anzusehen, der den tatbestandlichen Erfolg unter eigener Herrschaft oder Mitherrschaft herbeiführt. Insofern stellt die Tatherrschaftstheorie also tatsächlich, wie besonders *Gallas* betont hat (vgl. Rdn. 12), eine „auflockernde“ Fortentwicklung der formal-objektiven Theorie dar und wird mit Recht auch als „materiell-objektive“ Lehre bezeichnet, weil ihr ein nicht an formalen Kriterien haftender, **materieller Begriff der Tatbestandserfüllung** zugrunde liegt. Das bedeutet, dass § 25 in seinen drei Ausprägungen deklaratorischer Natur ist;[108] es ließe sich ein StGB denken ohne eine Bestimmung über die Täterschaft, da die gesetzliche Grundlage hierfür die einzelnen Strafvorschriften des Besonderen Teils sind.

48 Man muss nur – und deshalb ist die Bezeichnung „materiell-objektiv“ nicht völlig unmissverständlich – im Auge behalten, dass dabei der **subjektive Tatbestand,** also der Vorsatz und die Kenntnis aller die eigene Herrschaft begründenden Faktoren, schon **mitgedacht** ist: Wer von der eigenen Tatbestandserfüllung oder von seiner dominierenden Rolle nichts weiß, kann auch keine Herrschaft über das Geschehen ausüben und kommt als Täter nicht in Betracht. Die Tatherrschaftslehre misst also objektiven wie subjektiven Faktoren für die Bestimmung der Täterschaft gleichrangige Bedeutung zu, so dass sich auch von der Dolustheorie her, aus der sie ja historisch (bei *Lobe* und *Welzel*) hervorgegangen ist (vgl. Rdn. 10 f), ein Zugang zu ihr eröffnet (vgl. auch Rdn. 45). So ermöglicht das Prinzip der Tatherrschaft eine Versöhnung von Objektivisten und Subjektivisten, die zu seiner fast einhelligen Durchsetzung in der Wissenschaft beigetragen haben mag.

49 Freilich ist die „Tatherrschaft“ kein Begriff, der durch die abschließende Angabe stets vorfindbarer deskriptiver Merkmale definiert wäre und unter den sich beliebige Erscheinungsfor-

---

**108** Nachdrücklich in diesem Sinne insb. *Schild* NK Vor § 25 Rdn. 2 („§ 25 ist von daher nur deklarativ.“), 16; nur für die mittelbare Täterschaft *Jakobs* Beteiligung S. 37 f; *Frister* AT § 25 Rdn. 8; **and.**, § 25 Abs. 1 Var. 2 und Abs. 2 als konstitutive Vorschriften bezeichnend: *Hoyer* SK vor § 25 Rdn. 9 ff, 15; *Kindhäuser* GS Tröndle 307 f; *Mañalich* FS Puppe 712; Maurach/Gössel/Zipf/*Renzikowski* § 47 Rdn. 18, 71, 118, § 48 Rdn. 2, § 49 Rdn. 3 ff.

men täterschaftlichen Handelns einfach in der Weise subsumieren ließen, dass sie im umgangssprachlichen Bedeutungskern dieses Begriffs lägen.[109] Ein solcher klassifikatorischer Täterbegriff ist angesichts der Mannigfaltigkeit der Lebensgestaltungen überhaupt unmöglich, und die Suche danach hat die Lehre von Täterschaft und Teilnahme lange auf der verfehlten Bahn schematisierender Abstraktion festgehalten. Andererseits ist die Tatherrschaft aber auch keine Generalklausel oder ein bloßes „Bild", bei dem sich die dogmatische Leistung auf die Zusammenstellung einzelfallbezogener Topoi zu beschränken hätte.

Vielmehr handelt es sich um einen **Beziehungsbegriff** mit einem durchaus ansehnlichen umgangssprachlichen Bedeutungskern (der Täter muss die Tat, also das im Tatbestand beschriebene Geschehen, beherrschen, es muss also von seiner Willensmacht abhängig sein) und einem der dogmatischen Präzisierung zuzuführenden umgangssprachlichen Bedeutungshof[110] (etwa: Während zwei Komplizen in die Bank einbrechen, steht ein Dritter nur Schmiere – besitzt er Tatherrschaft?). Diese Ausfüllung und damit die Konkretisierung des Begriffs der Tatherrschaft erfolgt nicht einseitig durch eine nur normativistische oder nur an sachlogische Strukturen anknüpfende „ontologisierende" Methode, sondern durch eine laufende Vernetzung teleologischer und sachlogischer Argumente:[111] Aus der Aufgabe des Strafrechts zum Rechtsgüterschutz durch Androhungsgeneralprävention ergibt sich, dass die Verbotsnorm an diejenigen adressiert werden muss, die die wesentlichen Entscheidungen über den Eintritt der Rechtsgutsverletzung zu treffen vermögen und dadurch deren Eintritt beherrschen (funktional-teleologische Herleitung). Und diese Entscheidung kann wiederum entweder durch eigenes Handeln oder durch einen unter der eigenen Herrschaft stehenden anderen oder in arbeitsteiligem Zusammenwirken mit einem anderen vorgenommen werden (sachlogische Herleitung). Indem die Tatherrschaft also in unterschiedlichen konkreten Gestalten in Erscheinung tritt, handelt es sich dabei um ein die *„Schlüsselfigur(en)"* des tatbestandsmäßigen Geschehens bezeichnendes Leitprinzip im Sinne eines Typus oder **Typusbegriffs** in dem erst in der neuesten Rechtstheorie präzisierten Sinn: nämlich um einen Begriff mit mehreren für sich selbst abstufbaren Merkmalen (Dimensionen), der also nicht im klassischen Sinne definiert, sondern nur durch fallgebundene Ähnlichkeitsregeln konkretisiert werden kann, bei denen die unterschiedlichen Dimensionen mit jeweils unterschiedlichen Ausprägungen vertreten sind und also etwa die schwache Ausprägung eines Merkmals durch die besonders starke Ausprägung eines anderen Merkmals in dem Sinne kompensiert werden kann, dass der konkrete Fall immer noch als eine Erscheinungsform des Typus anzusehen ist.[112] Das bedeutet, dass die Kategorie der Tatherrschaft im Durchgang durch den gesamten Rechtsstoff zu inhaltlich konkreten Bestimmungen ausgearbeitet werden muss, bei der unmittelbaren Täterschaft, der mittelbaren Täterschaft und der Mittäterschaft durch jeweils differierende Merkmale gekennzeichnet wird und allein bei der mittelbaren Täterschaft noch wieder in vielfältig verschiedenen Formen auftritt, die nicht auf gleiche Begriffselemente zurückführbar, sondern nur durch „anschmie-

**109** Zu dieser sprachtheoretisch präzisen Beschreibung des Subsumtionsschlusses näher *Schünemann* FS Arthur Kaufmann 299, 308 ff. (auch in *Schünemann* Rechtsfindung im Rechtsstaat und Rechtsdogmatik als ihr Fundament [2020] S. 285 ff).

**110** Zu der von der sprachanalytischen Philosophie bestätigten, fundamentalen Unterscheidung zwischen Bedeutungskern und Bedeutungshof eines sprachlichen Ausdrucks grundlegend bereits *Philipp Heck* AcP **112** (1914) 1, 46, 173; aufgegriffen von *H.L.A. Hart* Harv. L.R. **1958** 593, 607 ff; weit. Nachw. bei *Schünemann* FS Arthur Kaufmann 305 f.

**111** Dazu näher *Schünemann* FS Roxin I 1 ff.

**112** Vgl. dazu *Puppe* GS Armin Kaufmann 15, 25 ff; *Kuhlen* in: Herberger/Neumann/Rüßmann (Hrsg.) Generalisierung und Individualisierung im Rechtsdenken, ARSP-Beiheft Nr. 45, **1992** 101, 119 ff; *Schünemann* FS Arthur Kaufmann 299 ff, 305 ff; *ders.* LPK-Untreue (2017) Rdn. 32 ff. Wie hier *Morozinis* Organisationsdelikte S. 223 ff, 241 ff. m. zahlr. w. Nachw. auch aus dem Schrifttum zur Beteiligungslehre.

gendes Entlangwandern an der gegliederten und vielfach verschlungenen Struktur des Gegenstandes“[113] beschreibbar sind.

50 **c) Zur jüngeren Kritik an der Tatherrschaftslehre.** Diese methodologische Klarstellung zeigt zugleich, wie wenig die neuere Kritik an der Tatherrschaftslehre zu überzeugen vermag. Der verbreitete Einwand, die Tatherrschaft sei eine schillernde Zwittergestalt, mal naturalistisch-ontologisch, mal wertend-normativ,[114] verkennt, dass Töten und Wegnehmen, Täuschen und Handeltreiben keine eindimensionalen Begriffe sind, über deren Vorliegen sich entweder rein deskriptiv oder rein präskriptiv urteilen ließe, und dass die Tatherrschaft eben nur den Versuch verkörpert, den Kern dieser Tätigkeiten, also das, wofür sich ein Rechtsgüterschutz bezweckender Normgeber in erster Linie interessieren muss, mittels eines Typus zu erfassen.[115] Fehlgeleitet ist ferner der Vorwurf, der Tatherrschaft fehle ein klarer Bezugspunkt, weil sie nicht definiere, was sie unter „Tat“ verstehe:[116] denn es gibt keine von der „Herrschaft“ losgelöste „Tat“. Tatherrschaft ist nicht anders als die (materielle) Tatbestandsverwirklichung selbst. Es gibt kein zusätzlich zu prüfendes Tatbestandsmerkmal „Tatherrschaft“, sondern lediglich die eigenhändige Tatbestandsverwirklichung (= Handlungsherrschaft) oder die Verwirklichung des Tatbestands „durch einen anderen“ (= Willensherrschaft) bzw. „gemeinschaftlich“ (= funktionelle Tatherrschaft). Gleiches lässt sich zum ähnlichen Vorwurf der fehlenden Integration des Tatherrschaftsbegriffs in die Unrechtslehre[117] replizieren; es sei aber hinzugefügt, dass sich die hier angebotene Begründungskette über die Unrechtslehre bis hin zu der Bestimmung der Aufgabe des Strafrechts (als Rechtsgüterschutz) zurückverfolgen lässt. Angesichts des Umstands, dass die Tatherrschaft nur einen Typus darstellt, der sich in drei konkreteren Gestalten äußert, jede ihrerseits mit eigenen, präziseren Voraussetzungen, geht auch der Vorwurf der Vagheit bzw. Unbestimmtheit[118] fehl. Keine juristische Theorie kann darüber hinweg täuschen, dass Diskussionsspielräume und Grenzfälle weiterhin existieren werden.

51 Die kursorische Darstellung der konkurrierenden Theorien (o. Rdn. 14 ff) belegt zudem zweierlei. Zum einen existiert bisher **keine überlegene Alternative** zur Tatherrschaftslehre. Viele der angebotenen Theorien sind nicht einmal eine ernsthafte Alternative, sondern verbergen hinter der Schale der Kritik an der Tatherrschaftslehre und der originellen Terminologie kaum etwas anderes als Herrschaftsüberlegungen (besonders anschaulich bei *Heinrich*, ebenso bei *Köhler* und wohl auch bei *Stein*). Dort, wo das nicht der Fall ist, verschwimmt die Unterscheidung der Täterschaftsformen in unverbindlichen Strafwürdigkeitsintuitionen (wie bei der Rspr., bei *Schmidhäuser*, bei *Jakobs*), oder es gibt weitere Probleme, die weitaus schwerer wiegen als die Schwachstellen, die man an der Tatherrschaftslehre zu erkennen glaubt. Denn diese Lehre al-

---

**113** In diesem bildhaften Sinne ist die Figur des Typus schon in der älteren Philosophie intuitiv richtig erfasst, wenn auch in analytischer Hinsicht noch nicht genügend präzisiert worden, s. *Nicolai Hartmann* Die Philosophie des deutschen Idealismus ²(1960) 384 f; ferner *Arth. Kaufmann*, Analogie und „Natur der Sache“ – Zugleich ein Beitrag zur Lehre vom Typus ²(1982); *ders.* Rechtsphilosophie 2. Auf. (1997) 127–129; speziell zu den methodologischen Problemen des Täterbegriffs eingehend *Roxin* TuT S. 107–126, 527–539.

**114** *Haas* Tatherrschaft S. 26: „Die Tatherrschaftslehre oszilliert in durchaus inkohärenter und rational nicht nachvollziehbarer Weise zwischen Normativität und Faktizität.“; *Marlie* S. 16, 43 Fn. 193, 98; *Renzikowski* FS Schünemann 495 f; Maurach/Gössel/Zipf/*Renzikowski* § 47 Rdn. 102; allein den Vorwurf des Naturalismus erheben *Jakobs* Beteiligung S. 46 f; *Kindhäuser* FS Bemann 342 f; *ders.* GS Tröndle 303. Einen ähnlichen Einwand richtet man gegen das Herrschaftsverständnis, das der Figur der Organisationsherrschaft zugrunde liegt, Nachw. in Fn. 388.

**115** *Renzikowski* FS Schünemann 499 ff. (kürzer: Maurach/Gössel/Zipf/*Renzikowski* § 47 Rdn. 102 Fn. 212) übt auch an der methodischen Figur des Typus Kritik. Dem scheint eine unangemessen vereinfachte Vorstellung über die juristische Begriffsbildung zugrunde zu liegen.

**116** *Freund/Rostalski* AT § 10 Rdn. 48; *Haas* ZStW **119** (2007) 526 ff; *Marlie* S. 88 ff; *Renzikowski* FS Schünemann 502; Maurach/Gössel/Zipf/*Renzikowski* § 47 Rdn. 100.

**117** *Freund/Rostalski* AT § 10 Rdn. 46; *Haas* ZStW **119** (2007) 524; *Marlie* S. 48 ff, insb. 51; *Becker* HRRS **2013** 245.

**118** *Marlie* S. 98, 179; *Becker* HRRS **2013** 245; *Klesczewski* Rdn. 529; *Kindhäuser* GS Tröndle 303.

lein vermag es, die Täterschaft (des vorsätzlichen Gemein-Begehungsdelikts) in allen ihren Ausprägungen als eine **originäre Verantwortlichkeit eines Herrschaftsträgers** darzustellen, der über die Rechtsgutsverletzung in eigener Person durch sein eigenes Verhalten entscheidet, ohne dass ihm fremde Tatbestandsverwirklichungen zugerechnet werden müssen oder er sich fremden Entscheidungen unterordnet. Dies tun aber, wie bereits angemerkt, der Einheitstäterbegriff, sowohl in klassischer Gestalt (o. Vor § 25 Rdn. 8 ff) als auch in den Neuauflagen von *Rotsch* oder (vor § 25 Rdn. 11) *Jakobs* (o. Rdn. 18 ff), sowie die strengeren Versionen des restriktiven Täterbegriffs, die nur die unmittelbare Täterschaft als eigentliche Täterschaft bzw. Tatbestandsverwirklichung ansehen und für die mittelbare Täterschaft sowie die Mittäterschaft auf fragwürdige Zurechnungsüberlegungen abstellen müssen (o. Rdn. 16 und u. Rdn. 178 ff).[119] M.a.W.: Allein die Tatherrschaftslehre bietet eine überzeugende Erklärung dafür, weshalb Anstiftung und Beihilfe keine durch den Gesetzgeber kastrierte Täterschaft, und weshalb mittelbare Täterschaft und Mittäterschaft keine von ihm aufgeblasene Teilnahme sind.

## 6. Weitere Deliktsgruppen; Herrschaft über den Grund des Erfolgs

Allerdings ist die Tatherrschaft **kein Universalprinzip,** das ausnahmslos bei sämtlichen Tatbe- 52
ständen zur Bestimmung der Täterschaft herangezogen werden könnte. Den Ausgangspunkt für die Explikation des Täterbegriffs für alle Delikte gibt vielmehr nach wie vor die nur scheinbar triviale Erkenntnis *Roxins* ab, „dass der Täter nichts anderes ist als das Subjekt der Deliktsbeschreibungen des Besonderen Teils, dass seine Feststellung mithin eine Frage des tatbestandlichen Unrechts und nicht etwa der Schuld, der inneren Einstellung oder der Gesinnung ist".[120] Das in den einzelnen Tatbeständen vorliegende, große Arsenal an plastischen Beschreibungen der unmittelbaren (Allein-)Täterschaft enthält damit indirekt auch den Schlüssel für die übrigen Täterschaftsformen, weil es schon aus dem Gleichheitsgrundsatz folgt, dass die Beziehung der weiteren Täterschaftstypen zum Delikt mit derjenigen des unmittelbaren Täters vergleichbar sein muss, so dass die hierfür verwendeten Kriterien miteinander zusammenhängen müssen und nicht gänzlich heterogen sein dürfen. Den Ausgangspunkt bildet die unmittelbare Täterschaft bei dem „Standardtyp" der Erfolgs-Gemeindelikte (Beispiele §§ 212, 223). Der Gesetzgeber ist hier von der Erkenntnis ausgegangen, dass der Rechtsgüterschutz durch Generalprävention am effektivsten dadurch zu bewerkstelligen ist, dass ein rechtsgüterverletzendes Verhalten mit Strafe bedroht wird. Weil jeder Mensch sein eigenes Verhalten beherrscht, solange er nicht Steuerungsdefekte aufweist, ist es also die **Herrschaft über die eigene Körperbewegung** *als Grund des* (dadurch zurechenbar herbeigeführten) *Erfolges*, die die Täterstellung bei der simpelsten Deliktsstruktur begründet (wobei die Feinabstimmung hier durch die Lehre von der objektiven Zurechnung[121] erfolgt!). Diese Herrschaft über das eigene Verhalten ist also der in allen modernen Gesetzbüchern auf den Begriff der unmittelbaren Täterschaft gebrachte Ausgangspunkt, dem die **Herrschaft über andere** bei der mittelbaren Täterschaft und die **gemeinsame Herrschaft durch Arbeitsteilung** bei der Mittäterschaft als weitere Ausprägungen des Typus der

**119** Besonders klar wird dies bei *Haas* Tatherrschaft S. 80 ff, der die mittelbare Täterschaft sogar als „Zurechnungsfiktion" deutet. Die hieran geübte Kritik von Maurach/Gössel/Zipf/*Renzikowski* § 48 Rdn. 2 Fn. 1 „dass fiktive Zurechnung nur zu fiktiver Schuld und so kaum eine Basis für die höchst reale Bestrafung des mittelbaren Täters sein kann", trifft zu, bohrt aber nicht tief genug: Nicht erst fiktive, sondern jede Zurechnung führt zu fiktiver Schuld; die höchstpersönliche Strafe setzt höchstpersönliche Schuld voraus. Wenig überzeugend wirkt deshalb der Versuch, eine zulässige „Verhaltenszurechnung" von einer das Schuldprinzip missachtenden „Unrechtszurechnung" zu unterscheiden (so aber Maurach/Gössel/Zipf/*Renzikowski* § 48 Rdn. 3). Insofern ist es auch missverständlich, wenn Vertreter der Tatherrschaftslehre bei der Mittäterschaft und der mittelbaren Täterschaft von einer „Zurechnung fremden Ausführungsverhaltens als eigenes" sprechen (so statt vieler *Bloy* ZStW **117** [2005] 17 f; Sch/Schröder/*Heine*/*Weißer* Vor § 25 Rdn. 73).

**120** LK[11] § 25 Rdn. 34.

**121** Vgl. dazu nur *Roxin*/*Greco* Strafrecht AT I § 11 Rdn. 44 ff.

Tatherrschaft in § 25 beigesellt worden sind. Mit diesen drei Täterschaftsformen, die allesamt an den auf ein aktives Tun zugeschnittenen Gemeindelikten entwickelt worden sind, ist nun allerdings die Vielfalt der Tatbestandstypen des Besonderen Teils längst noch nicht erschöpft. Vielmehr muss zumindest für drei weitere Deliktskategorien noch die Struktur der Täterschaft bestimmt werden, nämlich für die **unechten Unterlassungsdelikte** (§ 13), für die durch eine bestimmte objektive Täterqualifikation gekennzeichneten **Sonderdelikte** (Beispiel § 266) und für die durch die höchstpersönliche Ausführung der Tathandlung gekennzeichneten **eigenhändigen Delikte** (Beispiel § 173). Weil § 25 den Begriff der Täterschaft gleichermaßen für alle Delikte verwendet,[122] muss man, um die Täterstrukturen für die drei vorgenannten Sonderformen zu ermitteln, aus den Tätertypen der Begehungs-Gemeindelikte (die durch die unterschiedlichen Formen der Tatherrschaft als differentia specifica gekennzeichnet sind) eine allgemeinere Struktur (als genus proximum) entwickeln, die dann wiederum bei den unechten Unterlassungs-, den Sonder- und den eigenhändigen Delikten in einer (dem hier maßgeblichen „Grund der Bestrafbarkeit" entsprechenden) Typologie zu konkretisieren ist. Diese allgemeine Struktur eines alle unterschiedlichen Deliktstypen überformenden, einheitlichen Grundprinzips der strafrechtlichen Täterschaft, die *Roxin* abstrakt als die „Zentralgestalt des handlungsmäßigen Geschehens" bezeichnet hat,[123] lässt sich, etwas konkreter, als **Herrschaft über den Grund des Erfolges** charakterisieren und ist von *Schünemann* erstmals für die Lösung des Gleichstellungsproblems bei den unechten Unterlassungsdelikten wie folgt begründet worden: „Der entscheidende Zurechnungsgrund ist ... die Beziehung zwischen dem personalen Steuerungszentrum und der den Erfolg verursachenden Körperbewegung. Diese *Beziehung* ist der *sachlogische Grund* für die Zurechnung des durch die Handlung verursachten Erfolges an den Täter ... Das ... entscheidende Wesen des Verhältnisses zwischen Person und Körperbewegung ... besteht in der absoluten Herrschaft der Person über den Körper. Die psychophysisch intakte Person beherrscht ihre Körperbewegung in einer jeden anderen Einfluss minimalisierenden und mediatisierenden Weise; die strafrechtlich relevanten (d. h. vermeidbaren) Körperbewegungen haben ... ihren für die Zurechnung ausschlaggebenden Grund in der Herrschaft des personalen Zentrums ...: Epileptische Zuckungen oder durch vis absoluta erzwungene Bewegungen sind zwar Körperbewegungen, die schädliche Erfolge verursachen können, sie werden aber ... der Person nicht zugerechnet, weil sie nicht Ausdruck der personalen Herrschaft über den Körper sind ... Wir können damit die Zurechnung eines Erfolges an eine Person qua Handlung als Verbesonderung des allgemeinen Prinzips begreifen, einen Erfolg derjenigen Person zuzurechnen, die die *Herrschaft über den Grund des Erfolges* ausübt".[124]

53 **a) Unechte Unterlassungsdelikte.** Bei den unechten Unterlassungsdelikten ist dieser Weg durch § 13 doppelt klar vorgezeichnet, weil es direkt nach dessen (in genialer Intuition geprägten) Wortlaut ebenfalls um das Einstehenmüssen für einen (deliktischen) **Erfolg** geht wegen eines Unterlassens, das der Tatbestandsverwirklichung durch ein Tun **entspricht**. Folglich ist aus dem Begehungs-Erfolgsdelikt durch Generalisierung und sodann Konkretisierung eine **materielle Theorie** des unechten Unterlassungsdelikts zu entwickeln, die die einzelnen Garantenstellungen in einem System der Gleichstellbarkeitsbedingungen von Tun und Unterlassen zusammenzufassen und dadurch auch die Gleichheit der täterschaftlichen Zurechnung bei den unechten Unterlassungsdelikten aufzuweisen vermag. Die traditionelle Aneinanderreihung disparater Garantenstellungen (etwa aus besonderen Rechtssätzen oder rechtlich fundierter enger natürlicher Verbundenheit, anderen Lebens- oder Gefahrengemeinschaften, freiwilliger Über-

---

**122** Diesen für die Entfaltung des Täterbegriffs zentralen Gesichtspunkt unterstreicht mit Recht *Bottke* in Hefendehl Fundamente S. 191, 196 f.

**123** TuT S. 25 ff; *ders.* Strafrecht AT II § 25 Rdn. 10.

**124** *Schünemann* Unterlassungsdelikte S. 235 f; zu den systematischen und methodologischen Implikationen ferner *ders.* GA **1974** 231 (234 f); *ders.* ZStW **96** (1984) 287 (293 ff); *ders.* Unternehmenskriminalität und Strafrecht (1979)

nahme von Schutz- und Beistandspflichten, Stellung als Amtsträger oder als Organ juristischer Personen, aus der Verkehrssicherungspflicht, aus der Pflicht zur Abwehr von Gefahren in einem bestimmten Herrschaftsbereich, aus der freiwilligen Übernahme von Überwachungs- und Sicherungspflichten für andere, aus der Pflicht zur Beaufsichtigung Dritter oder aus einem pflichtwidrigen gefährdenden Vorverhalten)[125] verfehlt als bloß voluntaristisches Kompendium bereits die Grundvoraussetzungen einer systematischen Theorie.[126] Daran kann auch die bloß äußerliche Einteilung der Garantenstellungen in Schutzpflichten für bestimmte Rechtsgüter oder Verantwortlichkeit für bestimmte Gefahrenquellen[127] noch nichts ändern, weil und solange daraus kein Prinzip für die *Begründung* von Garantenstellungen entwickelt wird.[128] Genau das kann aber geleistet werden, sobald man darin Ausprägungen des allgemeinen Typus der *Herrschaft über den Erfolgseintritt* erkennt, die bei den Begehungsdelikten in der besonderen Form der Herrschaft über die eigene (den Erfolg zurechenbar verursachende) Körperbewegung als *Tatherrschaft i. e. S.* gegeben ist und dementsprechend bei den unechten Unterlassungsdelikten, soll der Erfolg mit der gleichen Berechtigung dem Täter als sein Werk zugerechnet werden können, ebenfalls eine Erscheinungsform der Herrschaft über den Grund des Erfolges als allgemeiner Struktur der Täterschaft voraussetzt.

Diese Herrschaft kann wiederum, wie eine Analyse des phänomenologischen Materials (des „Rechtsstoffes") zeigt, in den beiden Formen der **Herrschaft über die Hilflosigkeit des Rechtsguts(objektes)** (mit den einzelnen Garantenstellungen der Lebensgemeinschaft, Gefahrengemeinschaft und Obhutsübernahme) und der **Herrschaft über eine wesentliche Erfolgsursache** (mit den einzelnen Garantenstellungen der Verkehrspflichten und der Herrschaft über gefährliche Personen oder Verrichtungen einschließlich der Geschäftsherrenhaftung) auftreten 54

---

S. 84 ff, 92 f. (hier ausgebaut für die Sonderdelikte); *ders.* wistra **1982** 41 (44); *ders.* GA **1985** 341 (375 f, 277 ff); *ders.* GA **1986** 293 (331 ff); *Schünemann* in: Gimbernat/Schünemann/Wolter (Hrsg.) Internationale Dogmatik der objektiven Zurechnung und der Unterlassungsdelikte (1995) S. 49 ff. (72 ff); *ders.* Libro Homenaje Welzel S. 251–272; *ders.* Libro Homenaje Rodríguez Mourullo S. 981–1005; *ders.* FS Amelung (2009) 303 ff (313 ff); *ders.* FS Roxin II (2011) 799 (808 f); *ders.* GA **2016** 301 (305); *ders.* GA **2017** 678 (683 f); *ders.* LK[13] § 14 Rdn. 18, 27; nunmehr um- und zusammenfassend *ders.* Täterschaft als Herrschaft über den Grund des Erfolges (2020).

**125** So etwa *Wessels/Beulke/Satzger* Rdn. 1176 ff; ähnlich *Jescheck/Weigend* § 59 IV 3 ff; *Lackner/Kühl/Heger* § 13 Rdn. 8–11; *Schönke/Schröder/Bosch* § 13 Rdn. 17 ff; *Arzt* JA **1980** 647–654; Baumann/Weber/Mitsch/*Eisele* § 21 Rdn. 58 ff; ungeachtet der Ableitung aus der sozialen „Erwartungserwartung" im Ergebnis auch *Otto* AT § 9 II, III. Auch die Rechtsprechung praktiziert bei den unechten Unterlassungsdelikten seit langem eine rein dezisionistische Aneinanderreihung einzelner Garantenstellungen, ohne sich auf ein limitierendes allgemeines Prinzip festlegen zu lassen, wie eine Durchsicht der bei *Weigend* LK § 13 Rdn. 20–60 nachgewiesenen Judikatur und in besonders drastischer Form die Entwicklung der Rechtsprechung zur Ingerenz-Garantenstellung bestätigt, die das vom BGH mühsam akzeptierte Einschränkungskriterium der Pflichtwidrigkeit der Vorhandlung (BGHSt **19** 154; **23** 327; **25** 218 im Anschluss an *Rudolphi* Die Gleichstellungsproblematik bei den Unterlassungsdelikten und der Gedanke der Ingerenz [1966] S. 157 ff; ebenso unter den Anhängern dieser Garantenstellung die inzwischen h. L., vgl. *Stein* SK § 13 Rdn. 60 ff m. w. N.) inzwischen der Sache nach preisgegeben hat, ohne das einzugestehen, geschweige denn für die nun wieder uferlos etablierte Ingerenzhaftung nach einem die Gleichstellung mit den Begehungsdelikten rechtfertigenden Prinzip zu suchen (BGHSt **37** 106, 117–119 und zur Unrichtigkeit der hierbei vom BGH aufgestellten Kontinuitätsbehauptung *Beulke/Bachmann* JuS **1992** 737, 739; *Kuhlen* NStZ **1990** 566, 568; Anm. *Puppe* JR **1992** 30; *Samson* StV **1991** 182, 184; *Rudolphi* SK[7] § 13 Rdn. 39b).

**126** Zu dem die gesamte Dogmengeschichte der unechten Unterlassungsdelikte durchziehenden Grundgebrechen der rein additiven Zusammenfügung disparater Garantenstellungen siehe *Schünemann* ZStW **96** (1984) 287, 289–293; *Schünemann*, in: Gimbernat/Schünemann/Wolter (Fn. 124) 65 ff.

**127** Etwa *Gaede* NK § 13 Rdn. 32 ff; *Wessels/Beulke/Satzger* Rdn. 1176; erstmals zu finden bei *Armin Kaufmann* Die Dogmatik der Unterlassungsdelikte (1959) 283; sodann aufgegriffen in der „Sammelgruppenlehre" *Henkels* MschrKrim. **1961** 178, 190 f.

**128** So aus dem Kreise der h. L. selbst *Arzt* JA **1980** 648; Baumann/Weber/Mitsch/*Eisele* § 21 Rdn. 57; *Stratenwerth/Kuhlen* AT § 13 Rdn. 15; **kritisch** deshalb *Schünemann* ZStW **96** (1984) 305; *Jakobs* § 29 Rdn. 27; *Gaede* NK § 13 Rdn. 32, 35; *Pawlik* ZStW **111** (1999) 335, 339; **and.** *Hruschka* S. 119 mit der Verheißung eines „erheblichen Erkenntnisfortschritts", den er aber auf S. 157–158 nicht einlöst.

und entsprechend ausdifferenziert werden, wodurch die heute weithin anerkannte Zweiteilung der Garantenstellungen mit einer den Entstehungsgrund hervorhebenden, sachlogischen Grundlage versehen wird.[129] Dass diese beiden Typen von Garantenstellungen, wenn man sie mit der Tatherrschaft des Begehungstäters vergleicht, als ein anderer Subtypus der Herrschaft über den Grund des Erfolges begriffen werden können, ist unbestreitbar. Die sich – wie bei jeder typologischen Betrachtungsweise – stellende weitere Frage, ob die Gleichstellung dieser verschiedenen Typen auch dem Willen des Gesetzgebers entspricht, lässt sich mit selten anzutreffender Eindeutigkeit nicht nur (1) auf Grund des oben zitierten Wortlauts des § 13 bejahen, sondern auch (2) kraft Analyse der seit je unbestrittenen, geradezu archetypischen Grundfälle der Mutter, die ihren Säugling verdursten lässt (existentiell begründete Herrschaft über die Hilflosigkeit), und des Hundehalters, der seinen bissigen Hund nicht zurückpfeift (Herrschaft über die Gefahrenquelle), sowie (3) aus der fundamentalen Aufgabe des Strafrechts ableiten, Rechtsgüterschutz durch Generalprävention zu bewirken: Die unter Strafandrohung gestellten Normen des Strafrechts müssen sich im Interesse dieses Zieles an diejenigen Personen richten, die über die Frage der Rechtsgutsverletzung die maßgebliche Entscheidung treffen, also an diejenigen, die das Geschehen beherrschen. Und unter diesem leitenden Aspekt stehen nun einmal diejenigen Personen, die die Herrschaft über eine Gefahrenquelle oder über die Hilflosigkeit des Rechtsguts ausüben, hinter denjenigen, die das Geschehen kraft ihrer durch die eigene Körperbewegung vermittelten Tatherrschaft steuern, nicht zurück.

55 Diese Täterschaftsform findet auch im **Nebenstrafrecht** ein reiches Anwendungsfeld, bei dessen Bearbeitung sich die Rechtsprechung vielfach in hervorragender Intuition des *Herrschaftsprinzips* bedient hat. Beispielsweise qualifiziert sie bei der Hinterziehung von Verbrauchssteuern etwa durch Tabakschmuggel denjenigen als erklärungspflichtigen *Verbringer* und damit als Täter einer Steuerhinterziehung durch Unterlassen (§ 370 Abs. 1 Nr. 2 AO), der „kraft seiner Weisungsbefugnis beherrschenden Einfluss auf das Transportfahrzeug hat, indem er die Entscheidung zur Durchführung des Transports trifft oder die Einzelheiten der Fahrt bestimmt".[130]

56 **b) Garantensonderdelikte.** Dieselben Strukturen lassen sich auch bei den Sonderdelikten finden, bei denen nur eine regelmäßig durch ihren sozialen Status im Tatbestand bezeichnete Person (der **intraneus**) als Täter qualifiziert ist.[131] Die wichtigste Untergruppe wird von den (echten) *Amtsdelikten* (vor allem §§ 331 f, 336 ff) gebildet, bei denen nur ein Amtsträger gem. § 11 Abs. 1 Nr. 2–4 Täter sein kann. Weitere Beispiele bieten die Verletzung von Privatgeheimnissen (§ 203), die Untreue (§ 266) und das Unerlaubte Betreiben von Anlagen (§ 327); eine eingehende Analyse findet sich bei *Chen* S. 172 ff. Die Brücke zur dogmatischen Entschlüsselung der Sonderdelikte ist in einer Analyse der in § 14 geregelten strafrechtlichen Vertreterhaftung zu finden:[132] Wenn danach dem Vertreter einer juristischen oder natürlichen Person die die Strafbarkeit begründenden besonderen Merkmale zugerechnet werden, so kann der Grund hierfür

**129** So erstmals *Schünemann* Unterlassungsdelikte S. 229 ff, 281 ff; in Auseinandersetzung mit daran geübter Kritik fortgeführt in GA **1974** 231 ff; ZStW **96** (1984) 287, 293–297 mit Fn. 26–32; Unternehmenskriminalität I S. 84 ff; GA **1985** 341, 375–380; in *Schünemann/Gimbernat/Wolter* (Fn. 124), 72 ff; *ders.* FS Amelung 313 ff; GA **2016** 301 ff; um- und zusammenfassend *ders.* Täterschaft S. 252 ff, 445 ff, 469 ff Weitgehend ähnlich *Sangenstedt* Garantenstellung und Garantenpflicht von Amtsträgern (1989) 367 ff; *Bottke* TuG S. 98 ff, 142 ff; *Berster* Das unechte Unterlassungsdelikt (2014); eingehend *Roxin* AT II § 32 Rdn. 17 ff.

**130** BGH NStZ **2019** 158 (159 Rdn. 14 m. w. N.); NJW **2007** 1294.

**131** Dazu allgemein *Joecks* MK Rdn. 43; *Roxin/Greco* AT I § 10 Rdn. 129 f; Sch/Schröder/*Eisele* Vorbem. §§ 13 ff Rdn. 131; *Stratenwerth/Kuhlen* AT § 8 Rdn. 4.

**132** Dieses Konzept ist erstmals entwickelt worden von *Schünemann* Unternehmenskriminalität I S. 92 ff, 138 ff; ferner *ders.* GA **1986** 331 ff; ausf. *Schünemann* GA **2017** 678=Täterschaft S. 543 ff; eine Zusammenfassung findet sich bei *Schünemann* LK § 14 Rdn. 15; *ders.* LPK-Untreue Rdn. 42, 69; zuletzt *Schünemann* GA **2020** 229. Umfassend *Chen* passim; in diesem Sinne auch *Morozinis* Organisationsdelikte, etwa S. 362, 466 ff.

ja nicht in der zivilrechtlichen Rechtsfigur der Stellvertretung liegen, eben weil zivilrechtliche Rechtsfolgen als solche nicht mit strafrechtlichen Rechtsfolgen identisch sind. Vielmehr kann der Vertreter nur dann mit Fug und Recht ebenfalls als Täter qualifiziert werden, wenn er unter den für die Integrität des Rechtsguts relevanten Aspekten in die Position des anderen hineingewachsen ist und jene Attribute auf sich gezogen hat, die bei der Vertypung des betreffenden Sonderdelikts durch den Gesetzgeber den Grund der Bestrafbarkeit abgegeben haben. Bei der Vertreterhaftung geht es infolgedessen für den Bereich der Sonderdelikte um ein entsprechendes Gleichstellungsproblem wie bei der Regelung der Garantenstellungen für den Bereich der unechten Unterlassungsdelikte (eingehend *Schünemann* LK § 14 Rdn. 13 f). Es handelt sich deshalb bei dem größten Teil der Sonderdelikte um **Garantensonderdelikte**, bei denen die Täterstellung in einer strafrechtlichen Garantenstellung im Sinne der Herrschaft über den Grund des Erfolges besteht. Hierbei trifft man zum einen auf die Herrschaft über die Hilflosigkeit des Rechtsgutes, etwa bei der Untreue des Vermögensverwalters, zum anderen aber auch auf die Herrschaft über eine Gefahrenquelle als wesentlicher Erfolgsursache, etwa in Gestalt der Unternehmensleitung oder des Betriebes gefährlicher Anlagen. Gerade auf diesem Gebiet gibt es zahlreiche Sonderdelikte, etwa wenn der Inhaber einer gefährlichen Anlage dadurch die Umwelt schädigt.[133] Hier ist nicht die öffentlichrechtliche Pflicht das entscheidende Täterschaftskriterium, die nämlich in Wahrheit nur eine Begleiterscheinung der Herrschaft auf dem Gebiet des öffentlichen Rechts darstellt, sondern die Innehabung der Herrschaft selbst, die entsprechend auf den Betriebsleiter übergehen kann und dann diesen zum tauglichen Täter macht. Dasselbe lässt sich am Straftatbestand der Untreue demonstrieren, wonach derjenige zu bestrafen ist, der ein fremdes Vermögen schädigt, zu dem er in einem Treueverhältnis steht. Weil die Täterqualifikation hier ausdrücklich nicht nur durch zivilrechtliche Rechtsverhältnisse, sondern auch durch ein „tatsächliches Treueverhältnis" begründet wird, ging es dem Gesetzgeber des § 266 ersichtlich nicht um eine zivilrechtsakzessorische Bestrafung der Verletzung zivilrechtlicher Pflichten. Vielmehr soll der Treubruchtatbestand ganz allgemein die schädigende Ausübung der durch einen Vertrauensakt eingeräumten Obhutsstellung im Sinne einer Herrschaft über fremdes Vermögen pönalisieren, so dass also die Herrschaft und nicht deren zivilrechtliche Form für die strafrechtliche Täterstellung das entscheidende Kriterium darstellt.[134] Ähnlich wie bei den Garantenstellungen der unechten Unterlassungsdelikte inzwischen die Ersetzung der Kategorie des Vertrages durch die tatsächliche Übernahme in der Sache nahezu unstreitig ist,[135] muss deshalb auch bei den Sonderdelikten das Täterkriterium nicht in der Verletzung einer formellen außerstrafrechtlichen Rechtspflicht, sondern in einer mit der Tatherrschaft bei Begehungsdelikten typologisch vergleichbaren Herrschaftsbeziehung über das Geschehen gesucht werden (die letztlich auch der außerstrafrechtlichen Pflicht als *Epiphänomen* zugrunde liegt). Auch bei den Amtsdelikten ist offensichtlich, dass der Amtsträger aufgrund der ihm zur Verfügung stehenden Staatsmacht eine qualifizierte Kontrolle über das Geschehen im Rahmen seiner Zuständigkeit ausübt und deshalb selbst einer strengeren strafrechtlichen Kontrolle unterliegt.[136] Am Beispiel des „Hundesitters", der anstelle des Hundehalters dessen bissigen Hund spazieren führt und nicht einschreitet, wenn sich dieser Hund auf einen Passanten stürzt, kann man sehr schön die

---

**133** Wenn die herrschende Meinung hierbei nicht nur den Inhaber einer chemischen Fabrik, als tauglichen Täter ansieht, sondern jeden, der beim Betrieb der Anlage in einem Teilbereich eigenverantwortlich tätig wird (*Möhrenschlager* LK[12] § 325 Rdn. 64), so stellt das wiederum einen Beleg für die Richtigkeit der im Text entwickelten Tätertheorie dar, weil die eigenverantwortliche Leitung eines Teilbereiches identisch ist mit Herrschaft über den betreffenden Grund des Erfolges.

**134** *Schünemann* LPK-Untreue § 266 Rdn. 33, 38; *ders.* Organuntreue (2004) 15 f.

**135** *Freund* MK § 13 Rdn. 173; *Kühl* AT § 18 Rdn. 68; *Roxin* AT II § 32 Rdn. 53; *Stein* SK § 13 Rdn. 86; Sch/Schröder/*Bosch* § 13 Rdn. 28; **a. M.** zuletzt *Baumann/Weber/Mitsch*[11] § 15 Rdn. 60 (andere Akzentsetzung jetzt Baumann/Weber/Mitsch/*Eisele* § 21 Rdn. 64 ff).

**136** Ein weiteres Beispiel bietet die Herrschaft des Beamten über ihm anvertraute Geheimnisse der Bürger gem. § 203 Abs. 2, dazu *Schünemann* LK[12] § 203 Rdn. 58 f.

enge Verwandtschaft von unechten Unterlassungsdelikten als Komplementär-Begehungsformen zu den Gemeindelikten einerseits und den Sonderdelikten mitsamt der ihnen zugeordneten „Vertreterhaftung" andererseits demonstrieren. Wenn der Hund den Passanten beißt, so begeht derjenige, der vom Hundehalter die Obhut über das Tier übernommen hat, den Hund aber nicht zurückhält, eine Körperverletzung durch Unterlassen. Das entsprechende Sonderdelikt dazu ist vielfach durch kommunale Satzungen in der Form geschaffen worden, dass Hundehalter, die einen bissigen Hund besitzen, mit einer Geldbuße belegt werden, wenn sie den Hund ohne Maulkorb spazieren führen. Das ist ein Sonderdelikt des Hundehalters, aber es liegt auf der Hand, dass das für den Rechtsgüterschutz Entscheidende nicht die öffentlich-rechtliche Rechtspflicht, sondern die Ausübung der tatsächlichen Herrschaft über den Hund beim Spazierengehen ist. Wer also im Auftrag des Hundehalters dessen bissigen Hund spazieren führt und ihm dabei keinen Maulkorb anlegt, besitzt aufgrund der Obhutsübernahme die Herrschaft über den Hund und sollte deshalb richtigerweise tauglicher Täter sein, was aber de lege lata rechtstechnisch nur durch die Regeln der Vertreterhaftung sichergestellt werden kann und deshalb an deren Lücken (dazu näher *Schünemann* LK § 14 Rdn. 5 ff) ebenfalls laboriert.

57 Die Theorie des Garantensonderdelikts bedeutet eine **Materialisierung** des von *Roxin* begründeten Verständnisses der Sonderdelikte als **Pflichtdelikte**, bei denen Täter nur sein könne, wer eine dem Tatbestand vorgelagerte *außerstrafrechtliche Sonderpflicht* verletzt, etwa bei Amtsdelikten die dem öffentlichen Recht entstammende tatbestandsspezifische Pflicht, bei Berufsdelikten wie § 203 Nr. 1 die vorstrafrechtliche ärztliche Schweigepflicht oder beim Treubruchtatbestand des § 266 die strafrechtsunabhängige Vermögensfürsorgepflicht. Die Eigenart der Pflichtdelikte sollte nach der 1963 in *Roxin* TuT S. 352–399 entwickelten Lehre darin bestehen, dass die Verletzung der vorstrafrechtlichen Sonderpflicht allein und völlig unabhängig von anderen Merkmalen (wie etwa der Tatherrschaft) die Täterschaft begründe, während das Fehlen der tatbestandspezifischen Pflichtverletzung auch bei bestehender Tatherrschaft immer nur zur Annahme einer Beihilfe führen könne, etwa bei § 203 Abs. 1 im Fall des Ausplauderns des Geheimnisses durch einen Nichtarzt (den **extraneus**). Umgekehrt begründe für den intraneus nicht die Tatherrschaft (oder gar der animus auctoris), sondern die Pflichtverletzung die Täterschaft; und wenn etwa ein Amtsträger zusammen mit einem Nichtbeamten eine Aussage erpresse, so könne trotz gemeinsamer Tatherrschaft nur der Beamte Täter des § 343 sein, während der extraneus Gehilfe sei. Liege die Tatherrschaft allein beim extraneus, so sei der ohne Tatherrschaft mitwirkende intraneus wegen mittelbarer Täterschaft durch Benutzung eines qualifikationslosen dolosen Werkzeugs verantwortlich (näher u. Rdn. 153 ff). Wenn also der Verwalter V eines in Deutschland lagernden Vermögens von Amerika aus einen an der Vermögensverwaltung unbeteiligten Komplizen K zur Beiseiteschaffung von Vermögensstücken veranlasse, so sei V ungeachtet seiner fehlenden Tatherrschaft Täter des § 266, während K trotz Tatherrschaft wegen mangelnder Pflichtverletzung nur Gehilfe sein könne. Und vor allem sollte bei den Pflichtdelikten – anders als bei den vom Prinzip der Tatherrschaft geprägten Herrschaftsdelikten – eine *Teilnahme an unvorsätzlicher Haupttat* möglich sein und dadurch die Strafbarkeitslücke geschlossen werden, die infolge der Unfähigkeit des extraneus zur (mittelbaren) Täterschaft droht.

58 Während das letztgenannte Anliegen durch die gegenteilige Entscheidung des Gesetzgebers in der Strafrechtsreform (*Schünemann/Greco* LK vor § 26 Rdn. 22) überholt ist, erweisen sich die übrigen Ergebnisse auch in der Doktrin der Garantensonderdelikte als zutreffend und können aus ihr stringent abgeleitet werden. Dies gilt insbesondere durch den Nachweis der Verwandtschaft zu den unechten Unterlassungsdelikten, weil dadurch sowohl die Begehung durch **Unterlassen** seitens des intraneus als auch die **analoge Anwendung des § 13 Abs. 2** über die fakultative Strafmilderung[137] ohne weiteres plausibel gemacht wird. *Roxin* hat seine ursprüngliche Beschränkung des Täterbegriffs bei den Sonderdelikten auf die Verletzung außerstrafrechtlicher Pflichten inzwischen auch weitgehend relativiert und sich auf die hier vertretene Konzepti-

137 Am Beispiel der Untreue *Schünemann* LPK-Untreue Rdn. 256; BGHSt **36** 227.

on zubewegt,[138] namentlich schon in der 2. Auflage von „Täterschaft und Tatherrschaft" die Fahrlässigkeitsdelikte aus der Kategorie der Pflichtdelikte eliminiert[139] und sich auch für die Unterlassungsdelikte im Prinzip der Herrschaftstheorie angeschlossen.[140] Umgekehrt findet sich bei *Jakobs*[141] eine Radikalisierung der Konzeption der Pflichtdelikte, was in seinem normativistischen Gesamtkonzept konsequent und von seinem Schüler *Sánchez-Vera* kongenial im Detail ausgeführt worden ist,[142] aber die Grundgebrechen seines „empiriefreien Normativismus"[143] teilt: In dem Rechtsgüterschutz bezweckenden Strafrecht kommt es nicht auf die Pflicht als solche an (die entweder außerstrafrechtlich und dann strafrechtsirrelevant oder mit der Strafrechtsnorm identisch und dann tautologisch ist), sondern auf die **pflichterzeugende soziale Struktur.**[144] Diese besteht bei den Garantensonderdelikten – nicht anders als bei ihrer Spezialgruppe, den unechten Unterlassungsdelikten – in der Herrschaft des **intraneus** über eine Gefahrenquelle für das tatbestandliche Rechtsgut oder über dessen Hilflosigkeit, während der quivis ex populo (der **extraneus**) diese Machtstellung nicht besitzt, weshalb das Rechtsgut gegen die allein von ihm ausgehenden Gefahren gar nicht oder durch völlig andere Straftatbestände geschützt wird.

Dass sich Gesetzgeber und Rechtsprechung dieses rechten Weges wohl bewusst waren, beweisen allein schon die drei wichtigsten Gruppen der Garantensonderdelikte, bei denen es nicht auf irgendwelche außerstrafrechtliche Pflichten, sondern auf die Funktion und damit Herrschaftsstellung in Bezug auf das Rechtsgut ankommt: derjenigen des **Amtsträgers** bei den Amtsdelikten, des **Geheimnisträgers** bei § 203 StGB und des **Treunehmers** bei § 266 StGB. Der strafrechtliche Beamtenbegriff ist seit langem von der ständigen, inzwischen vom Gesetzgeber im Amtsträgerbegriff des § 11 Abs. 1 Nr. 2 StGB bestätigten Rechtsprechung dahin ausgelegt worden, dass sogar eine formlose Bestellung zu vorübergehenden staatlichen Zwecken ausreicht und infolgedessen der auf diese Weise gewonnene Vertreter eines Amtsträgers unmittelbar selbst dem Amtsträgerbegriff unterfällt.[145] Erst recht hat der Gesetzgeber in § 203 StGB durch die Einbeziehung der keinen besonderen Berufspflichten unterliegenden Hilfspersonen sowie der „postmortalen Mitwisser" in Abs. 3 deutlich gemacht, dass die Täterschaft nicht von den beruflichen Pflichten des Schweigepflichtigem, sondern allein von der nach viktimodogmatischen Grundsätzen geregelten Übernahme einer Obhutsgarantenstellung über das durch den Anvertrauensakt hilflos gewordene Rechtsgut abhängt.[146] Und bei § 266 StGB hat der Gesetzgeber in der Variante des „Treueverhältnisses" lediglich die schon vom Reichsgericht gewonnene Erkenntnis übernommen, dass die Untreuekonstellation der Schädigung des Vermögens von innen heraus bei einer im Einverständnis mit dem Vermögensinhaber übernommenen Herrschaftsposition völlig unabhängig davon gegeben ist, ob die Übernahme auch zu einem zivilrechtlich gültigen Vertragsverhältnis geführt hat oder nicht.[147] Allein durch die Figur der Garantensonderdelikte wird deshalb für die Begehungs-Sonderdelikte diejenige Entwicklung 59

---

**138** *Roxin* LK[11] § 25 Rdn. 39; *ders.* AT II § 25 Rdn. 274; *ders.* FS Schünemann 509, 517 ff; ebenso *Pariona Arana* FS Roxin II 857 ff.

**139** Nämlich nicht mehr durch die Verletzung einer abstrakten außerstrafrechtlichen Sorgfaltspflicht, sondern durch die strafrechts-spezifische objektive Zurechnung bestimmt, s. *Roxin/Greco* AT I § 24 Rdn. 10 ff.

**140** *Roxin* AT II § 32.

**141** AT § 21 Rdn. 116 ff.

**142** Pflichtdelikt und Beteiligung, passim; dazu **krit.** *Chen* Das Garantensonderdelikt S. 79.

**143** Zur **Kritik** *Schünemann* FS Roxin I 1, 13 ff.

**144** Dazu eingehend *Schünemann* GA **2017** 678 ff = Täterschaft S. 543 ff.

**145** Vgl. zur Entwicklung des strafrechtlichen Beamtenbegriffs nach § 359 StGB a. F. RGSt **70** 235; **72** 290; **73** 30;**75** 396; RG DR **1940** 1520; *B. Heinrich* Der Amtsträgerbegriff im Strafrecht (2001) S. 91 ff; zur Übernahme in § 11 I Nr. 2c Sch/Schröder/*Eser*/*Hecker* § 11 Rdn. 19 f; *Hilgendorf* LK § 11 Rdn. 33; *Radtke* MK § 11 Rdn. 42; BGHSt **31** 267; **37** 194; **38** 201; **43** 96; **43** 374.

**146** Sch/Schröder/*Lenckner*/*Eisele* § 203 Rdn. 64; *Schünemann* LK § 203 Rdn. 78 m. w. N.

**147** Das Reichsgericht hatte schon vor 1933 die Formel aufgestellt, dass es auf die (scil. zivilrechtliche) Gültigkeit des Vertragsverhältnisses nicht ankomme und dass auch ein tatsächliches Treueverhältnis genüge, s. RG JW **1930**

nachvollzogen, die für die unechten Unterlassungsdelikte vermöge der Ersetzung der Garantenstellung aus Vertrag durch diejenige aus Übernahme seit langem anerkannt ist.

60 In der Wissenschaft wird die Lehre von den Pflichtdelikten teilweise anerkannt, aber selten gründlicher diskutiert.[148] Neben der Kategorie der Garantensonderdelikte, bei denen die Obhutsherrschaft über die Verwundbarkeit des Rechtsguts oder auch die Aufsichtsherrschaft über eine Gefahrenquelle das Unrecht begründet, dürfte es auch einige, vermutlich nicht allzu zahlreiche Sonderdelikte geben, zu denen diese dogmatische Konstruktion nicht passt, weil es um die Verletzung ausschließlich institutioneller Pflichten geht und deshalb als Rechtsgut nur die **Institution selbst** in Frage kommt. Freilich wird in den meisten Fällen, in denen jemand die Regeln der Institution nicht einhält, nicht das Strafrecht, sondern eine institutionelle Maßnahme die passende Reaktion darstellen bis hin zum Ausschluss der betreffenden Person aus der Institution: Wenn ein Ehegatte die eheliche Lebensgemeinschaft nicht herstellen will, so kann sich der andere Ehegatte scheiden lassen; ein Staatsbeamter, der durch seine Faulheit die Funktionsweise des Staatsapparates behindert, kann durch eine disziplinarische Maßnahme zunächst im Gehalt gekürzt werden, und wenn auch das nichts hilft, kann man ihn aus dem Staatsdienst entlassen. Die *Verletzung institutioneller Pflichten kann deshalb in der Regel kein strafrechtliches Unrecht* begründen. Ob dies ausnahmsweise der Fall ist und welche Voraussetzungen dafür erfüllt sein müssen, ist bis heute weitgehend ungeklärt.

61 Die Theorie der Pflichtdelikte hat hierzu bisher keine weiterführenden Beiträge geleistet, weil sie **zwei** entscheidende Gesichtspunkte unberücksichtigt gelassen hat.[149] Der erste ist die notwendige Unterscheidung zwischen **Innenpflichten** und **Außenpflichten** einer Institution, wie etwa am Beispiel der Korruption erläutert werden kann. Wenn ein Beamter Geld dafür annimmt, dass er eine gesetzeswidrige Amtshandlung begeht, so geht es um eine Verletzung der Außenpflichten der Institution, über die er als zuständiger Beamter die Herrschaft ausübt. Wenn er dagegen Geld für eine pflichtgemäße, dem Gesetz entsprechende Amtshandlung nimmt, so ist das Außenverhältnis intakt geblieben, und er hat lediglich eine innere Pflicht der Institution verletzt, sich mit seinem monatlichen Gehalt zufrieden zu geben und aus seiner Amtshandlung keine Vorteile zu ziehen. Die zahlreichen Beispiele von Beamten, die für ihre Tätigkeit eine ihnen selbst zustehende Gebühr nehmen dürfen (früher sog. *Sporteln*), machen deutlich, dass es hier um innere Pflichten geht, deren Verletzung normalerweise durch institutionelle Sanktionen ausreichend geahndet werden kann.

62 Der zweite Gesichtspunkt, den die allgemeine Theorie der Pflichtdelikte nicht genügend beachtet hat, liegt darin, dass die einzelne Verletzung einer institutionellen Pflicht ja noch nicht die Institution insgesamt beschädigt, sondern nur im Hinblick auf das dadurch gesetzte schlech-

---

1404; RG JW **1931** 1366 und dazu sowie zur Struktur des § 266 als Garantensonderdelikt *Schünemann* LPK-Untreue Rdn. 13 ff, 76.

**148** Vgl. allgemein zu den Pflichtdelikten *Roxin/Greco* AT I § 10 Rdn. 128 ff; *Roxin* AT II § 25 Rdn. 267 ff. Im Übrigen: *S. Bacigalupo* FS Tiedemann S. 255; *Blauth* „Handeln für einen anderen" nach geltendem und kommendem Recht (1968) 76 ff; *Blei* I § 71 II 1b; *Cramer* FS Bockelmann 395 f; *Ebert* AT S. 43, 191; *Frister* AT § 25 Rdn. 32; *Gropp* AT § 10 Rdn. 88; *Haft* AT 8. Teil § 2, 4c; Sch/Schröder/*Heine/Weißer* Vor § 25 Rdn. 82 f; *Herzberg* TuT § 3 III 5b („im Grundsatz Zustimmung"); *Jakobs* Beteiligung S. 63; *ders.* FS Yamanaka 114 ff; *Joecks* MK Rdn. 48 f; *Kühl* AT § 20 Rdn. 14; *SSW/Murmann* Vor § 25 Rdn. 14; *Pariona Arana* FS Roxin II 853 ff; *ders.* FS Schünemann 472 ff; *Schild* NK Rdn. 72; *Wessels/Beulke/Satzger* Rdn. 802. Teils zustimmend, teils ablehnend: *Stratenwerth/Kuhlen* AT § 12 Rdn. 40; *Bloy* Zurechnungstypus S. 229 ff; *Kreuzberg* S. 194 ff, 613 ff. **Ablehnend:** *Maurach/Gössel*/Zipf[7] § 47 Rdn. 90 f; *Langer* S. 223 ff; *Haas* ZIS **2011** 395; *Hoyer* SK Rdn. 21 ff; *Pizarro Beleza* Coimbra-Symposium S. 267, 279; *Renzikowski* Täterbegriff S. 27 f; Maurach/Gössel/Zipf/*Renzikowski* § 47 Rdn. 161 f; *Zieschang* FS Otto 517; i. S. der Materialisierung zu den Garantensonderdelikten bereits *Schünemann* GA **1986** 293, 332 ff; eingehend *Chen* S. 39 ff, 68 ff. Die Rspr. hat sich bisher nur mit der Frage auseinandergesetzt, ob der intraneus eo ipso Mittäter ist oder ob die Abgrenzung zur Beihilfe bei mehreren intranei den allgemeinen Regeln folgt, und diese unterschiedlich beantwortet, s. einerseits BGHSt **9** 203 (217 f), andererseits BGH NJW **2016** 2585 (Rdn. 140) – Nürburgring –, in BGHSt **61** 48 nicht abgedr., beide zu § 266.

**149** Dazu *Schünemann* GA **2017** 678 (685 f) = Täterschaft S. 553 ff.

te Beispiel eine **entfernte Gefahr** für den langsamen **Niedergang der Institution** begründet. Und zwar eine abstrakte Gefahr, die sich aber von dem Gefahrbegriff bei den Herrschaftsdelikten wesentlich unterscheidet: Das abstrakte Gefährdungsdelikt des Inverkehrbringens gesundheitsschädlicher Lebensmittel gem. § 58 Abs. 2 Nr. 1 LFGB (als Beispiel) bedeutet nur eine Vorverlagerung der Strafbarkeit durch Verzicht auf den Verletzungserfolg, der in vielen Fällen noch eintreten wird. Bei den institutionellen Rechtsgütern erschöpft sich die Handlung dagegen in der Normverletzung, ein substantieller Schaden droht nicht. Als Vergleich mit einem Erfolgsdelikt kann man etwa bei dem Delikt der Gewässerverschmutzung (§ 324 StGB) die Einbringung eines Tropfens Mayonnaise in den Rhein anführen. Die Bestrafung einer solchen Normverletzung, die für sich allein eine Bagatelle darstellt, wird mit der – überwiegend aber abgelehnten – Kategorie des **Kumulationsdelikts** zu rechtfertigen versucht, weil die Straflosigkeit dazu führen könnte, dass alle Menschen sich so verhielten und dann eben durch Millionen von Mayonnaisetropfen selbst der Rhein ernsthaft verschmutzt werden würde.[150] Mit diesem Argument kann man die Bestrafung der Verletzung institutioneller Normen aber maximal unter der Voraussetzung legitimieren, dass es sich um eine fundamentale Norm handelt, von deren weitestgehender Befolgung das Überleben der ganzen Institution abhängt. Ein interessantes Beispiel dafür ist die frühere Strafbarkeit des Ehebruchs (§ 172 StGB a. f). Sie musste schließlich 1969 (notabene mit jahrzehntelanger Verspätung) abgeschafft werden, weil man darin nicht länger eine Fundamentalnorm der Institution „Ehe" zu sehen bereit war.[151] Ernsthafter Überprüfung bedürften auch die Tatbestände der *Vorteilsannahme und -gewährung* (§§ 331, 333 StGB), deren Bestrafung nach deutschem Recht weit über das international übliche Maß hinausreicht[152] und nur in den Alternativen des (nötigungsähnlichen!) Forderns durch den Beamten oder des Angebots etc. für künftige Dienstausübung (abstrakte Gefahr pflichtwidriger Dienstausübung mit international üblichem Ausschluss bloßer „facilitation payments") wirklich strafwürdig ist. Aber dass diese Abgrenzung von Strafrecht und Disziplinarrecht in der gegenwärtigen Korruptionsbekämpfungseuphorie[153] Gehör finden könnte, ist kaum zu erwarten.

**c) Eigenhändige Delikte.** Eigenhändige Delikte sind Straftaten, die nur durch körperliche Vornahme der Tatbestandshandlungen selbst verwirklicht werden können. Eine uneigenhändige Mittäterschaft und – vor allem! – **mittelbare Täterschaft** sind hier also **ausgeschlossen**. Die Existenz eigenhändiger Delikte ist heute weitgehend anerkannt,[154] doch ist äußerst umstritten, welche Tatbestände ihnen im Einzelnen zuzuzählen sind und worin der tragende Grund der Eigenhändigkeit liegt. 63

Vielfach wird darauf abgestellt, ob nach dem Wortsinn der Gesetzesfassung das Verhalten eines Außenstehenden noch als tatbestandserfüllend angesehen werden kann (von *Frühauf sog.* **„Wortlauttheorie"**). Schon *Binding*[155] hatte die von ihm angenommene Eigenhändigkeit der früheren Notzuchtsbestimmung (§ 177 a. F.) auf diesen Gesichtspunkt gegründet: „Ich möchte doch 64

**150** Grdl. *Kuhlen* GA **1986** 389 (399 ff); *ders.* ZStW **105** (1993), 697 (716 ff), dagegen aber die h. L. s. *Schmitz* MK Vorbem § 324 Rdn. 30 m. w. N.

**151** *Schünemann* GA **2017** 686 = Täterschaft S. 555.

**152** *Schünemann* FS Otto 777 (779 ff).

**153** Dazu krit. *Schünemann* in: Hoven/Kubiciel (Hrsg.) Das Verbot der Auslandsbestechung (2016) 25 ff; *ders.* ZRP **2015** 68 ff.

**154** Gegen die Anerkennung eigenhändiger Delikte vom Standpunkt des extensiven Täterbegriffs aus früher *Eb. Schmidt* FG Frank, Bd. 2 S. 106, 119 (128/29); *Roeder* ZStW **69** (1957) 250; *Frühauf* Eigenhändige Delikte (1959); neuerdings *Schubarth* SchwZStr **114** (1996) 325 ff; *ders.* ZStW **110** (1998) 827 (839 ff); *Hoyer* SK Rdn. 20; *Puppe* ZStW **120** (2008) 514 ff; *dies.* NK § 28 Rdn. 75; *Gerhold/Kuhne* ZStW **124** (2012) 977 ff (mit dem Argument, § 25 Abs. 1 Var. 2 ermögliche eben eine Zurechnung; dies verkennt aber, dass diese Bestimmung gerade keine Zurechnungsnorm ist, sondern lediglich deklaratorische Natur aufweist). Dazu die Antikritik bei *Schünemann* FS Jung 881 (887 f).

**155** Strafrechtliche und strafprozessuale Abhandlungen, Bd. I (1915) 268, Anm. 17; auf der „Wortlauttheorie" fußt neuerdings auch wieder *Fuhrmann* Begehen S. 226.

wissen, ob jemand, der zur Notzucht angestiftet hat, sich je rühmen würde, er hätte die Geschändete genossen?" Auch der BGH hat sich zu der Meinung bekannt,[156] „dass die Eigenhändigkeit der Straftaten wesentlich von der Fassung der Tatbestände durch den Gesetzgeber abhängt"; so hatte er z. B. gemeint, das „Missbrauchen zum außerehelichen Beischlaf" in § 176 Abs. 1 Nr. 2 a. F. könne „nach dem Sinn, den die Sprache mit diesem Ausdruck verbindet, nur bedeuten: den Beischlaf selbst vollziehen",[157] so dass die Täterschaft eines bei der Nötigung Mitwirkenden ausgeschlossen war. Das KG[158] meint, „aus dem Wortlaut des Gesetzes und dem Sprachgebrauch" schließen zu dürfen, dass § 179 Abs. 2 ein eigenhändiges Delikt sei.

65 Diese grammatische Interpretation liefert aber noch **keine dogmatische Konzeption,** weil hinter den Zufälligkeiten des Sprachgebrauchs und der Syntax keine plausible kriminalpolitische ratio erkennbar ist (näher *Roxin* TuT S. 403 ff). So war z. B. schon beim früheren Notzuchtstatbestand nicht einzusehen, warum die Rechtsgüterverletzung, auf deren Verhinderung es dem Gesetzgeber ankam, nicht auch unabhängig von der Beischlafvollziehung durch tatbeherrschende Gewaltanwendung täterschaftlich realisierbar sein sollte. Sogar die Rspr. hatte in diesem Falle unter Abkehr von der Wortlauttheorie in den freilich unglücklichen Formulierungen der subjektiven Theorie immer anerkannt, dass man auch „fremden Beischlaf als eigenen wollen" könne. Der Gesetzgeber hat diesen Streitigkeiten inzwischen die Grundlage entzogen, seitdem er durch das 4. StrRG die Tatbestände der Vergewaltigung (§ 177 a. F.) und der sexuellen Nötigung (§ 178 a. F.) so umformuliert hat, dass ausdrücklich auch die Nötigung zum Beischlaf oder zur Vornahme bzw. Duldung sonstiger sexueller Handlungen mit einem Dritten dem Wortlaut des Gesetzes unmittelbar unterfällt (anerkannt in BGH NJW **1977** 1829). Dies ist allerdings nach der Streichung der Nötigungskomponente aus dem Grundtatbestand des § 177 Abs. 1 durch die Reform von 2016 (Gesetz v. 4.11.2016, BGBl. I S. 2460) nicht mehr so eindeutig; vielmehr scheinen einige Strafbarkeitslücken zu existieren in dem Fall, in dem ein Dritter als irrendes oder schuldunfähiges Werkzeug dazu bestimmt wird, entgegen dem Willen des Opfers sexuelle Handlungen vorzunehmen.[159] Doch sollten auch beim Fehlen solcher Klarstellungen die Zufälligkeiten des Wortlautes nicht ohne erkennbare gesetzgeberische ratio die theoretische Abgrenzung von Täterschaft und Teilnahme bestimmen. Freilich muss auch das stärkste kriminalpolitische Bedürfnis die durch Art. 103 Abs. 2 GG garantierte „Wortlautgrenze"[160] respektieren, was von *Schubarth,* der die Figur des eigenhändigen Delikts in Bausch und Bogen ablehnt,[161] übersehen wird.

66 Eine zweite, vornehmlich von *Beling*[162] und *Engelsing*[163] begründete Auffassung beruht auf dem Gedanken, dass die „schlichten Tätigkeitsdelikte" im Gegensatz zu den „Erfolgsdelikten" eigenhändige Straftaten seien. Danach sind also mittelbare Täterschaft und Mittäterschaft dort ausgeschlossen, wo die Erfüllung des Tatbestandes keinen Erfolg voraussetzt, sondern sich in bestimmten Körperbewegungen erschöpft **(„Körperbewegungstheorie").** Diese Lehre, die sich mit der Wortlauttheorie in den Ergebnissen überschneidet und auch heute in Rspr. und Schrifttum oft neben ihr verwendet wird, übersieht jedoch, dass auch Tätigkeiten im Prinzip nur dann mit Strafe bedroht werden, wenn sie entweder selbst einen sozial unerwünschten Zustand darstellen oder als abstrakte Gefährdungsdelikte mittelbar erfolgsbezogen sind. In beiden Fällen

---

**156** BGHSt **6** 226 (227).

**157** BGHSt **15** 132 (133).

**158** KG NJW **1977** 817 ff.

**159** Diese Strafbarkeitslücke erkennt auch *Renzikowski* MK § 177 Rdn. 169; s. a. zur Täterschaft bei der Vergewaltigung gem. § 177 Abs. 6 S. 2 Nr. 1 n. F. BGH NStZ **2019** 275.

**160** Präzise: die Grenze der maximalen Extension der Gesetzestermini in ihrer umgangssprachlichen Bedeutung, s. *Schünemann* Nulla poena sine lege? (1978) 19 ff.

**161** Nachw. o. Fn. 154, pointiert in ZStW **110** (1998) 842: „... das Wortlautargument muß zurücktreten." Zust. *Hoyer* SK Rdn. 20 (gegen ihn u. Rdn. 68).

**162** Vgl. seine „Lehre vom Verbrechen" (1906) 203 f, 225 f, 234 f.

**163** Eigenhändige Delikte (1926).

ist der tatbestandliche Unwert auch durch einen Außenstehenden zu verwirklichen, wenn dieser die Tatherrschaft innehat. Die verbreitete Auffassung, dass Hausfriedensbruch (§ 123), Amtsanmaßung (§ 132) oder abstrakt gefährliche Verkehrsdelikte nicht in mittelbarer Täterschaft begangen werden könnten,[164] kann deshalb mit dem bloßen Hinweis auf die Deliktsstruktur des Tätigkeitsdelikts nicht ausreichend begründet werden.

Im Unterschied zu diesen formalen Betrachtungen hat *Roxin* 1963 die Kategorie der eigenhändigen Delikte aus dem Kriterium heraus entwickelt, dass der im Straftatbestand erfasste **deliktische Unwert der Herrschaft eines Außenstehenden nicht zugänglich** ist, was bei drei unterschiedlichen Deliktsgruppen der Fall sei: 1. bei den *täterstrafrechtlichen Delikten* (heute vor allem § 181a), wo nicht die Beherrschung einer bestimmten Handlung, sondern eine aus vielen Einzelheiten sich aufbauende Persönlichkeitshaltung den Tatbestand erfülle; 2. bei den *verhaltensgebundenen Delikten ohne Rechtsgüterverletzung*, bei denen nicht unerwünschte Erfolge oder Zustände verhindert werden sollen, sondern ein sittlich verwerfliches Verhalten um seiner selbst willen pönalisiert werde (so bei § 173);[165] 3. bei den *höchstpersönlichen Pflichtdelikten* (z. B. § 153).[166] Das ist, soweit sich das Schrifttum mit den eigenhändigen Delikten überhaupt näher befasst,[167] im Grundansatz auf einige Zustimmung gestoßen, wobei die drei Gruppen freilich von Autor zu Autor anders definiert oder anders abgegrenzt werden;[168] beispielsweise unterscheidet *Herzberg*[169] zwischen „täterbezogenen Delikten" (u. a. §§ 173, 181a),[170] „Tatbeständen, bei denen die mögliche Vollendung durch Dritte die Rechtsverletzung nicht verkörpern kann" (§§ 185, 336), und Tatbeständen „verfahrensrechtsabhängiger Eigenhändigkeit" (§§ 153, 154, 156). *Roxins* erste beide Gruppen besitzen demgegenüber aber den unleugbaren Vorzug, dass sie die Sachgründe namhaft machen, deretwegen eine mittelbare Täterschaft des Hintermannes ausscheidet. So liegt es etwa bei § 173, wenn man davon ausgeht, dass der Zweck dieser Vorschrift nicht in der Verhinderung von Erbschäden oder Familienzerrüttung besteht (denn beides droht bei vielen Tatbestandserfüllungen von vornherein nicht), sondern dass die auf alten Tabuvorstellungen beruhende Annahme einer besonderen Abscheulichkeit dieser Handlung den Strafgrund bildet.[171] Dann kann in dem bekannten *Liszt*schen Kathederfall,[172] in dem eine Bordellwirtin zwei von ihrer Verwandtschaft nichts ahnende Geschwister zusammenbringt, die Initiatorin nicht als mittelbare Täterin des § 173 bestraft werden, weil es wegen der Unkenntnis der unmittelbar Handelnden an der tatbestandsspezifischen Verwerflichkeit fehlt. In einem 67

164 Für § 123 *Herzberg* ZStW **82** (1970) 927 ff (dazu **krit.** *Roxin* TuT S. 909 Rdn. 546); für den Einsteigediebstahl auch RGSt **24** 86, 88 (dazu *Roxin* TuT S. 409 f); für § 132 RGSt **55** 265, 266; **59** 79, 81; OGHSt. **1** 303 (dazu *Roxin* TuT S. 408 f).

165 Dagegen *Schall* JuS **1979** 107f, der vom Standpunkt eines anderen Rechtsgutsbegriffes aus – Rechtsgut sei jeder vom Gesetzgeber positiv bewertete Gegenstand oder Zustand – Delikte ohne Rechtsgüterverletzung für „nicht denkbar" erklärt. Aber das ist nur ein terminologischer Einwand. Vom Standpunkt *Schalls* aus könnte man von „Delikten ohne nachweisbaren Sozialschaden sprechen"; an der Sache würde das nichts ändern.

166 Grundlegend *Roxin* TuT S. 399–433, 907 ff Rdn. 544 ff; *ders.* LK[11] Rdn. 44 ff; *ders.* AT II § 25 Rdn. 297 ff.

167 Es werden meist ohne eigene Systematisierungsbemühungen nur die Fälle aufgezählt, die zu dieser Deliktsgruppe gerechnet werden. Vgl. nur etwa aus der neuesten Literatur: *Joecks* MK Rdn. 50; *Gropp* § 4 Rdn. 6; *Kindhäuser/Zimmermann* AT § 8 Rdn. 23; *Krey/Esser* AT § 25 Rdn. 866; *Kühl* AT § 20 Rdn. 16; *Otto* AT § 4 Rdn. 21; *Wessels/Beulke/Satzger* Rdn. 56 f.

168 *Roxins* Ausgangspunkt folgen *Haft* JA **1979** 651–656; *Samson* SK[6] Rdn. 26, 27; mit weiterführenden Erwägungen *Jakobs* § 21 Rdn. 19 ff; *Wohlers* SchwZStr **116** (1998) 103 ff; *Langrock* Delikt S. 66 ff mit der Unterscheidung einer weiteren, in Wahrheit aber nur terminologisch differierenden Kategorie der „Implikationsdelikte", ibid. S. 87 ff.

169 ZStW **82** (1970) 896–947 (nicht aufgegriffen in *Herzberg* TuT S. 10 ff); ihm folgen *Jescheck/Weigend* § 26 II 6. Zur **Kritik** *Wohlers* SchwZStr **116** (1998) 102 ff; *Roxin* TuT S. 907 ff Rdn. 545 ff; *Haft* JA **1979** 651 ff.

170 Auf dem Kriterium der täterbezogenen Delikte fußt auch im wesentlichen die Dissertation von *Auerbach* Die eigenhändigen Delikte (Tübingen 1978): „wenn die Tat nur dadurch begangen werden kann, daß der Täter seinen eigenen Körper als Mittel der Tat benutzt" (S. 143). Zu *Auerbach* vgl. die Rezension von *Maiwald* ZStW **93** (1981) 871 ff.

171 So überzeugend *Hörnle* Grob anstößiges Verhalten (2005) 452–457 m. w. N. der neuesten Diskussion.

172 Strafrechtsfälle [4](1919) Fall 130, 2.

auf dem Rechtsgüterschutz beruhenden Tatstrafrecht wie dem unseren[173] sind freilich echte eigenhändige Delikte der beiden geschilderten Fallgruppen Ausnahmen. Ihre Zahl hat dementsprechend in den letzten zehn Jahren bedeutend abgenommen, weil täterstrafrechtliche Delikte wie das Umherziehen als Landstreicher (§ 361 Nr. 3 a. F.) oder die Persönlichkeitsverwahrlosung (§ 361 Nr. 5 a. F.) ebenso aufgehoben worden sind wie die rein verhaltensgebundenen Delikte der einfachen Homosexualität (§ 175 a. F.) und der Sodomie (§ 175b a. F.).

**68** Die umstrittene Frage, ob die rechtsgutslosen Straftatbestände illegitim und deshalb samt und sonders vom Gesetzgeber aufzuheben[174] oder vielleicht wegen Verstoßes gegen den im Rechtsstaatsprinzip implizit enthaltenen Verfassungsrechtssatz, dass das Strafrecht auf die ultima ratio zum Rechtsgüterschutz beschränkt sei, sogar schon vom BVerfG für nichtig zu erklären seien,[175] betrifft nicht die Täterschaftsdogmatik als solche und ist hier deshalb nicht weiter zu verfolgen. Im Gegensatz zu ihrer fundamentalen theoretischen Relevanz ist ihre praktische Bedeutung angesichts der wenigen und überdies marginalen, aus diesem Bereich übrig gebliebenen Straftatbestände gering. Aber natürlich darf man keinesfalls in den umgekehrten Fehler verfallen, „alle Delikte, die scheinbar schlichte Unmoral pönalisieren, verfassungskonform als abstrakte Gefährdungsdelikte im Sinne irgendeines Rechtsguts" (!) zu verstehen, „entsprechend restriktiv" (wie?) auszulegen, dementsprechend in § 173 „ein abstrakt für den Rechtsfrieden gefährliches Verhalten" beschrieben zu sehen und deshalb „dann auch nichts gegen eine Tatbegehung in mittelbarer Täterschaft" einzuwenden haben (so *Hoyer* SK Rdn. 19 f). Denn das läuft auf den nicht nur die Wortlautgrenze des Artikel 103 Abs. 2 GG verletzenden, sondern widersinnigen Versuch hinaus, eine dubiose Strafvorschrift dadurch scheinbar (!) vor dem Verdikt der Verfassungswidrigkeit zu retten, dass man sogar deren immerhin noch vom Gesetzgeber gewollte Grenzen des Strafbarkeitsbereiches sprengt.

**69** Bei weitem am wichtigsten sind deshalb die die 3. Gruppe bildenden Straftatbestände, die von *Roxin* entsprechend seiner allgemeinen Theorie als *höchstpersönliche Pflichtdelikte* qualifiziert worden (TuT S. 392–395, 759–761; LK[11] Rdn. 45; Strafrecht AT II § 25 Rdn. 303 ff),[176] entsprechend der oben Rdn. 56 f begründeten Materialisierung aber als eine Untergruppe der **Garantensonderdelikte** einzuordnen sind. Bei ihnen wird die Täterstellung durch soziale Positionen gekennzeichnet, deren Inhaber wegen der nur von ihm zu leistenden pflichtgemäßen Handlung eine monopolartige Herrschaft über das davon abhängige Schicksal des Rechtsguts ausübt und ein entsprechendes individuelles Vertrauen genießt, was er beides nur höchstpersönlich missbrauchen und nicht einmal zur Ausführung auf andere übertragen kann. Wegen ihrer **Unsubstituierbarkeit** können diese Positionen selbst durch Instrumentalisierung des Handelnden von niemand anderem usurpiert werden, weshalb auch niemand anders in die spezifische Schlüssel-

---

**173** Zum Rechtsgüterschutzprinzip als Aufgabe des Strafrechts *Hassemer/Neumann* NK Vor § 1 Rdn. 108 ff; *Hefendehl* Kollektive Rechtsgüter im Strafrecht (2002) 5 ff; *ders.* GA **2007** 1 ff; *Jäger* SK vor § 1 Rdn. 3, 9 ff; *Kudlich* ZStW **127** (2015) 635; *Roxin/Greco* AT I § 2 Rdn. 1 ff; *Hefendehl/Roxin* Fundamente S. 135 ff; *ders.* FS Hassemer (2010) 573 ff; *Schünemann* in: Hefendehl/v. Hirsch/Wohlers (Hrsg.) Die Rechtsgutstheorie (2003) 133 ff.

**174** Dazu eingehend *Hörnle* (Fn. 171), zusammenfassend S. 477 ff mit der Forderung einer Aufhebung de lege ferenda.

**175** So die Forderung von *Schünemann* (Fn. 173) S. 144 f, unter **Kritik** der Rechtsprechung des BVerfG, insbesondere der Cannabis-Entscheidung BVerfGE **90** 145, die die verfassungsrechtlichen Grenzen des Strafrechts bis zur weitestgehenden Ineffektivität ausgeweitet hat und dem Gesetzgeber in Strafsachen paradoxerweise einen weitaus größeren Ermessensspielraum einräumt als etwa im Steuer- oder Familienrecht. Vgl. i.ü. zur **Kritik** der einschlägigen Rspr. *Höffner* Zivilrechtliche Haftung und strafrechtliche Verantwortung des GmbH-Geschäftsführers bei Insolvenzverschleppung – Zugleich ein Beitrag zum ultima ratio-Prinzip (2003) 80 ff, 99; *Woitkewitsch* Strafrechtlicher Schutz des Täters vor sich selbst (2003) 19 ff.

**176** Dass *Roxin* (TuT S. 392 ff) diese Delikte als *unechte eigenhändige Straftaten* bezeichnet hat, hing mit dem zum Zeitpunkt der 1. Aufl. von TuT (1963) aktuellen, erst 1975 vom Gesetzgeber im negativen Sinn entschiedenen Streit über die Möglichkeit einer Teilnahme an unvorsätzlicher Haupttat zusammen, die *Roxin* bei dieser Gruppe zulassen wollte (TuT S. 392–395, 428), und bedeutet deshalb eine im geltenden Recht funktionslose Unterscheidung (weshalb *Roxin* AT II § 25 Rdn. 303, 306 die Kategorisierung nunmehr letztlich offen lässt).

stellung für das Rechtsgut eintreten kann. Hauptbeispiele sind die *Aussagedelikte* der §§ 153, 154, 156: Sie können nur eigenhändig begangen werden, weil allein der Aussagende beim Gericht Vertrauen in seine persönliche Wahrhaftigkeit in Anspruch nehmen, weder diese Stellung noch seine Aussage auf andere übertragen, ja sogar nicht einmal Hilfspersonen für die eigene Glaubwürdigkeit hinzuziehen kann (wenn ein Zeuge etwa zur Ermittlung einer Bilanzzahl auf die Arbeit seines Buchhalters verweist, so muss dieser dazu vernommen werden und das gerichtliche Vertrauen auf seine eigene Wahrhaftigkeit in Anspruch nehmen). Dasselbe gilt für die Stellung des Richters und damit für den Tatbestand der *Rechtsbeugung* (§ 339),[177] weil allein dem entscheidenden Richter die autoritative Verwirklichung des Rechts anvertraut ist. Auch die *Verletzung der Unterhaltspflicht*, die *Verletzung der Fürsorge- oder Erziehungspflicht* und die *Doppelehe* (§ 170–172) sind durch unsubstituierbare und deshalb eigenhändige Handlungen (einschl. Unterlassungen) von Garanten gekennzeichnet. Ferner gehören hierher die *Fahnenflucht* (§ 16 WStG) wie die *Unfallflucht* (§ 142 StGB), bei denen die höchstpersönliche Anwesenheit des Soldaten bzw. Unfallbeteiligten gefordert wird, was eine Delegation ebenso ausschließt wie eine mittelbare Täterschaft. Hierbei ist die Unfallflucht besonders instruktiv, weil es sich dabei um ein aus verfassungsrechtlichen Gründen kupiertes Aussagedelikt i. w. S. handelt: Weil der Gesetzgeber wegen des im Rechtsstaatsprinzip enthaltenen Grundsatzes „nemo tenetur se ipsum prodere“[178] keine Selbstbezichtigungspflicht des Unfallbeteiligten einführen konnte, musste er sich auf die Statuierung einer (in Gestalt der sog. Vorstellungspflicht gem. § 142 Abs. 1 und der nachträglichen Meldepflicht gem. Abs. 2 bereits verfassungswidrig überdehnten)[179] Wartepflicht beschränken, die der Unfallbeteiligte nur in Person erfüllen und deshalb auch niemand anders als mittelbarer Täter verletzen kann. Dass es nicht unter § 142 subsumiert werden kann, wenn der unbeteiligte Beifahrer den Fahrzeugführer über die Existenz eines Verkehrsunfalles täuscht und dadurch zum Weiterfahren veranlasst (*Geppert* LK[12] § 142 Rdn. 182), ist deshalb nicht nur dogmatisch zwingend, sondern auch kriminalpolitisch vernünftig, weil Außenstehende keine „automatischen Beweismittel“ sind und aus diesem Grund das Unrecht des § 142 nicht verwirklichen können. Vergleichbare Überlegungen können die Einordnung des Waffenbesitzes gem. §§ 51, 52 WaffG als eigenhändiges Delikt tragen (in diesem Sinne BGH NStZ **2010** 456[180]): Die erhebliche Vorverlagerung, die mit der Inkriminierung des rechtsgutsfernen Besitzes einhergeht, findet eine kompensierende Schranke darin, dass dieses Verhalten nur von demjenigen zu verwirklichen ist, dessen Sachherrschaft die Waffe tatsächlich untersteht. Daran zeigt sich, dass es sich bei den eigenhändigen Delikten[181] entgegen einer verbreiteten Auffassung nicht um einen Fremdkörper im Strafrechtssystem, sondern um eine sachlogisch vernünftige Tatbestandstechnik handelt, um den Strafbarkeitsbereich ähnlich wie bei anderen Sonderdelikten auf „Kernverletzungshandlungen“ einzuschränken, was mit der Konzentration auf dasjenige Verhalten, gegenüber dem das Rechtsgut besonders sensibel ist, sogar prägnanter gelingt als mit der bei Sonderdelikten sonst üblichen Anknüpfung an Statusbezeichnungen, die dann erst mit Hilfe von § 14 nachträglich dem kriminalpolitisch angemessenen Strafbarkeitsbereich ange-

**177** Die frühere Auffassung von *Roxin* (TuT S. 428 ff; *ders.* LK[11] Rdn. 44; and. jetzt aber AT II § 25 Rdn. 304), hier gehe es um den verwerflichen „Verrat“ des Richters an seiner Aufgabe und deshalb um ein echtes eigenhändiges Delikt ohne Rechtsgutsbezug, wurzelte in dem in Rdn. 43 erwähnten Streit über die Möglichkeit einer Teilnahme an unvorsätzlicher Haupttat, die *Roxin* bei den Pflichtdelikten (o. Rdn. 43), nicht aber bei § 336 a. F. anerkennen wollte, und ist deshalb heute überholt.

**178** Zu diesem Grundsatz s. *Rogall*, Der Beschuldigte als Beweismittel gegen sich selbst (1977) 104 ff; *H. Schneider* Grund und Grenzen des strafrechtlichen Selbstbegünstigungsprinzips (1991) 27 ff; *Bosch* Aspekte des nemo-tenetur-Prinzips aus verfassungsrechtlicher und strafprozessualer Sicht (1998) passim; *Dietrich* § 142 StGB und das Verbot zwangsweiser Selbstbelastung (1998) 132 ff; *Torka* Nachtatverhalten und Nemo tenetur (2000) 43 ff, 119 ff; *Verrel* Die Selbstbelastungsfreiheit im Strafverfahren (2001), und *Kölbel* Selbstbelastungsfreiheiten (2006) passim.

**179** Dazu näher *Schünemann* DAR **1998** 424, 427 ff; *ders.* DAR **2003** 207, 212.

**180** Beim Besitz von BtM scheint die Rspr. an Eigenhändigkeit nicht zu denken, s. BGH NStZ-RR **2015** 280 (281).

**181** Scil. der 3. Gruppe, während die beiden ersten Gruppen auch nach der hier entwickelten Konzeption ein „Anachronismus“ und „dahinschwindende Relikte“ sind (*Roxin* AT II § 25 Rdn. 308).

passt werden müssen. Die mit scharfer Polemik gegen „deutsche Strafrechtler, (die) Gefangene ihrer überkommenen Denksysteme sind" (ZStW **110** [1998], 841), gewürzte Totalablehnung der eigenhändigen Delikte durch *Schubarth* geht deshalb an der dogmatischen wie an der kriminalpolitischen Situation gründlich vorbei.

70 In allgemeiner Form gilt für alle Delikte, die weit im Vorfeld einer Rechtsgutsverletzung bereits die **Beeinträchtigung der eigenen Leistungsfähigkeit** als solche pönalisieren, dass es sich hierbei nicht nur wegen der unübersteigbaren Wortlautgrenze (Beispiel § 323a: wer „sich" in einen Rausch versetzt, nicht: „wer einen anderen ..."), sondern auch nach der kriminalpolitischen Vernunft um eigenhändige Delikte handelt. Ausschlaggebend ist dabei weniger das normativistisch-formalistische Argument von *Jakobs*, dass „die Pflicht, die Zurechenbarkeit nicht zu vernichten, nur den jeweiligen Adressaten der Zurechnung (treffe) und somit eine Sonderpflicht" sei,[182] sondern der Gesichtspunkt, dass die Vorverlagerung der Strafbarkeit durch abstrakte Gefährdungsdelikte dieses Schlages nur bei einer (durch Höchstpersönlichkeit des Adressaten und diesem vermittelbare „Tabuschwelle") prägnanten Abgrenzung der Verbotsmaterie kriminalpolitisch vertretbar ist. Das Verbot des § 316 („Als fahrunsicherer Angetrunkener setzt man sich nicht ans Steuer!") ist deshalb trotz der darin steckenden hohen Selektivität der abstrakt gefährlichen Handlungen (Fahren in übermüdetem Zustand ist nicht weniger gefährlich, aber in § 316 anders als in § 315c nicht erfasst)[183] in seiner Gestalt der persönlichen und situativ klaren Botschaft an den Fahrzeugführer weitaus eher legitimierbar als bei seiner „Entwesung" zu einem rollenindifferenten Verursachungsverbot. Darin dürfte der berechtigte Kern von *Stratenwerths* Kritik an der Beschränkung des Strafrechts auf Rechtsgüterschutz[184] liegen: Es geht um die Legitimität des Vorfeldschutzes, und *dafür* kommt es auf rollenbezogene Typizität der Sozialschädlichkeit und Vermittelbarkeit des ganz konkreten Verbots an. Die umstrittenen Fälle der Trunkenheit im Verkehr und der Straßenverkehrsgefährdung gem. §§ 316, 315c sind deshalb nicht nur dem Wortlaut nach als eigenhändige Delikte ausgestaltet,[185] sondern auch in dieser Beschränkung sinnvoll und lassen auch keine kriminalpolitischen Unzuträglichkeiten auftreten: Die alkoholbedingte Fahruntüchtigkeit steht ja einer Teilnehmerhaftung des Hintermannes von vornherein nicht entgegen; und im Falle der Schuldunfähigkeit ist zwar keine mittelbare Täterschaft des Hintermannes am Delikt des § 323a möglich, wohl aber im Falle einer durch die Fahruntüchtigkeit verursachten Rechtsgüterverletzung in Bezug auf die Tötungs- oder Körperverletzungsdelikte.

71 **d) Persönliche Erklärungen.** Bei einer weiteren Gruppe von Delikten – man denke an die Beleidigung (§ 185 StGB), die öffentliche Billigung von Straftaten (§ 140 Abs. 1), die (aktive) Steuerhinterziehung (§ 370 Abs. 1 Nr. 1) oder an einige Begehungsformen des Betrugs (§ 263) – verkörpert das tatbestandsmäßige Verhalten weniger das Ingangsetzen eines für ein Rechtsgut gefährlichen, in erster Linie nach den Gesetzen der Physik sich entfaltenden Kausalverlaufs als die Abgabe einer persönlichen Erklärung.[186] Der Chef diktiert seinem Sekretär eine beleidigende E-Mail, die letzterer wegschickt; der Steuerberater oder Steueranwalt bereitet für seinen Man-

**182** Strafrecht 21/23; zust. *Roxin* LK[11] Rdn. 45; mehr im Sinne des obigen Textes dagegen *ders.* AT II § 25 Rdn. 305.
**183** Näher *König* LK[12] § 315c Rdn. 62 ff; HKD/*König* Straßenverkehrsrecht § 315c StGB Rdn. 6; BayObLGSt **2003** 100.
**184** SchwZStr **115** (1997) 86 ff, 91: In Wahrheit bestehe „die strafrechtlich geschützte Ordnung ... zu einem nicht geringen Teil in rollengebundenen Verhaltensnormen, bei denen es zwar immer um ein schützenswertes Interesse gehen sollte, die sich aber keineswegs immer auf konkrete Rechtsgüter beziehen müssen".
**185** BGHSt **16** 6, 8f; BGH NJW **1996** 208; StraFo **2007** 475; OLG Dresden NJW **2006** 1013 (1014); eingehend *König* LK[12] § 315c Rdn. 201 ff, § 316 Rdn. 231; *Wohlers* SchwZStr **116** (1998) 95, 106 ff; **aM** *Roxin* AT II § 25 Rdn. 295.
**186** Zum Ganzen *Fuhr* Die Äußerung im Strafgesetzbuch (2001) S. 104 ff.; *Krack* FS Achenbach 219 ff; *Ransiek* FS Puppe 1269 („Falschangabedelikte", etwa § 370 I Nr. 1 AO, § 264 I StGB, § 82 I Nr. GmbHG); *Wietfeld* Tatherrschaft S. 89 ff im Sinne einer „normativen Herleitung von Tatherrschaft" der Erklärenden im Rahmen von § 370 I Nr. 1; und insb. *Roxin* FS Rengier 93 ff. (der die drei zuerst genannten Delikte auch als Beispiele erwähnt, S. 93).

danten eine unrichtige Steuererklärung vor, lässt diese unterschreiben und schickt sie an das Finanzamt ab;[187] der Betreiber einer Internet-Abofalle lässt die betrügerische Seite von einem von ihm angeheuerten Informatiker nach seinen Anweisungen einrichten und verwalten. In solchen Fällen könnte es wenig angemessen erscheinen, den zuletzt Handelnden nach den Vorgaben der Tatherrschaftslehre per se als Täter anzusehen und den Hintermann erst über die Figuren der mittelbaren Täterschaft oder der Mittäterschaft, an deren Voraussetzungen es überdies häufig fehlen wird: Es mag sein, der Vordermann übersieht die Sache vollauf, so dass keine mittelbare Täterschaft begründbar ist (auch nicht über die Figur der Organisationsherrschaft, die bei kleinen, nur aus zwei Beteiligten bestehenden verbrecherischen Unternehmungen nach allen denkbaren Meinungen mangels „Organisation" nicht zum Tragen kommt); und die Mittäterschaft scheitert am Fehlen eines Beitrags im Ausführungsstadium (zu diesem Erfordernis u. Rdn. 203 ff). Die in den Kinderschuhen steckende Reflexion über diese Deliktsgruppe hat deshalb die Fragen zu klären, ob sie eine vierte beteiligungsdogmatische Kategorie[188] neben den Herrschaftsdelikten, Garantensonderdelikten und eigenhändigen Delikten oder eine bloße Untergruppe der letzteren bildet und die konkrete Reichweite dieser Gruppe sowie die bei ihr einschlägigen Kriterien für die Unterscheidung von Täterschaft und Teilnahme zu präzisieren.

## II. Die unmittelbare Täterschaft

Wer eine Straftat „selbst" begeht, ist nach § 25 Abs. 1 Täter. Es handelt sich hier um die *unmittelbare* Täterschaft, die Grundform tatbestandlichen Verhaltens. 72

### 1. Die gesetzgeberische Entscheidung

Nach dem Gesetzeswortlaut ist, wer einen Tatbestand **eigenhändig** verwirklicht, **immer Täter.** Es ist also nicht mehr möglich, wie es früher die Rechtsprechung des RG und teilweise auch die des BGH zugelassen hat, jemanden, der den Tatbestand in eigener Person erfüllt hat, wegen fehlenden Täterwillens ausnahmsweise nur als Gehilfen zu bestrafen (vgl. Rdn. 6, 28 f, 30). Eine solche Möglichkeit auszuschließen und damit den extremen Konsequenzen der subjektiven Theorie eine Absage zu erteilen, war auch die erklärte Absicht des Gesetzgebers. In der Begründung zu der mit dem geltenden Recht übereinstimmenden Vorschrift des § 29 E 1962 heißt es (S. 149), die Bestimmung mache „deutlich, dass, wer die Tat selbst begeht, also z. B. in eigener Person tötet..., selbst Täter ist und nicht etwa wegen fehlenden Täterwillens Teilnehmer sein kann, wie es in der Rspr. früher bisweilen angenommen worden ist". Dies entspricht auch der nunmehr weitaus herrschenden Meinung.[189] In der Rechtsprechung hat sich das OLG Stuttgart[190] dieser Auffassung ausdrücklich angeschlossen: „Wer alle objektiven und subjektiven Merkmale des Tatbestandes in eigener Person verwirklicht, ist nicht Gehilfe, sondern Täter."

**187** Für einen ähnlichen Fall BGH wistra **1991** 343.

**188** In diesem Sinne *Roxin* FS Rengier 96 ff.: „Die strafbare persönliche Erklärung als selbständige Erscheinungsform der Täterschaft"; *ders.* TuT S. 914 ff. Rdn. 557 ff.

**189** *Fischer* Rdn. 3; *Freund/Rostalski* AT § 10 Rdn. 41; *Gimbernat Ordeig* ZStW **80** (1968) 932; *Gropp* AT § 10 Rdn. 91; *Herzberg* GA **1971** 2; *ders.* JuS **1974** 238; *Jakobs* § 21 Rdn. 36; *Jescheck/Weigend* § 61 V 2; *Kindhäuser/Zimmermann* AT § 39 Rdn. 1; *Krey/Esser* AT § 26 Rdn. 871 f; *Köhler* AT S. 505; *Kühl* AT § 20 Rdn. 22 f; *Lackner/Kühl/Kühl* Rdn. 1; Maurach/Gössel/Zipf/*Renzikowski* § 47 Rdn. 51, 95; *Roxin* AT II § 25 Rdn. 38 ff; *ders.* TuT S. 546 f; *Sax* ZStW **69** (1957) 432; *ders.* JZ **1963** 329 ff; Sch/Schröder/*Heine/Weißer* Vorbem. §§ 25 ff Rdn. 74; *Stratenwerth/Kuhlen* AT § 12 Rdn. 14, 28; eingehend *Joecks* MK Rdn. 37 ff; *Hoyer* SK Rdn. 32 ff; *Wessels/Beulke/Satzger* Rdn. 810. **Anders** noch *Baumann/Weber/Mitsch*[11] § 29 Rdn. 71 f (wie hier nunmehr Baumann/Weber/Mitsch/*Eisele* § 25 Rdn. 40); *Heinrich* Rechtsgutszugriff S. 191; *Schlösser* JR **2006** 107 (zu ihm u. Rdn. 77); *Johannsen* S. 40 ff. (für Straftaten in Unrechtssystemen); *Hillenkamp* FS Schünemann 407 ff.

**190** OLG Stuttgart NJW **1978** 715 f.

Der BGH hat sich weitgehend angeschlossen, aber noch ein letztes Schlupfloch offen gehalten:[191] „Der BGH hat diese strenge Auffassung so bisher nicht vertreten. Der Senat braucht sich hier nicht damit auseinanderzusetzen, ob sie richtig ist oder ob sich die Bedeutung der neuen Vorschrift ... darauf beschränkt, dem Richter eine Bewertungsregel an die Hand zu geben, welche Abweichungen in extremen Ausnahmefällen nicht hindert." Richtigerweise können freilich auch „extreme Ausnahmefälle" keine andere Beurteilung rechtfertigen (vgl. Rdn. 73). Da solche Situationen aber unter den gegebenen Verhältnissen kaum vorstellbar sind, kann die Entscheidung als ein weitgehendes Einschwenken auf die Linie der h. M. angesehen werden. Dies wird bestätigt durch BGHSt **35** 347 (vgl. Rdn. 30), wo selbst der Verbotsirrtum und die verminderte Zurechnungsfähigkeit des unmittelbar Ausführenden dem BGH keinen Anlass gaben, an dessen Täterschaft zu zweifeln.

73 **Bedenken** gegen die Annahme, dass der **Gesetzgeber** den Streit um die Beurteilung des unmittelbar Handelnden im Sinne der Täterschaft entschieden habe, finden sich vor allem bei *Baumann/Weber/Mitsch, Lackner* und *Schmidhäuser.*[192] Freilich würden *Lackner* und (mit der Beschränkung auf „die richtigen Sachverhalte") *Schmidhäuser*, wie sie eigens betonen, im Ergebnis eine Abkehr von der bisherigen Rechtsprechung ebenfalls begrüßen; sie meinen nur, diese folge nicht zwingend aus dem Gesetz. Dabei stützt sich *Schmidhäuser* auf die These, dass § 25 „nur den Unterschied zur mittelbaren Täterschaft" betone, dass eine gesetzliche Regelung der Frage „nach der Natur der Sache" nicht möglich sei und dass die gegenteilige Annahme auf „einem neuen Gesetzespositivismus" beruhe. Doch lassen sich Recht und Macht des Gesetzgebers, für die Entscheidung einer seit Jahrzehnten umstrittenen Fallkonstellation dem Richter eine bindende Anweisung zu geben, schwerlich bestreiten. *Lackner* glaubt umgekehrt, gerade aus den **Gesetzesmaterialien** herauslesen zu können, dass in „Extremfällen" die Entscheidung über die Täterschaft des Ausführenden weiterhin der Rspr. vorbehalten worden sei; dies ergebe sich aus den Beratungen des Sonderausschusses.[193] Tatsächlich haben dort *Sturm* und *Dreher* eine solche Meinung vertreten.[194] Aber auch sie waren mit allen übrigen Beratungsteilnehmern darüber einig, dass „in Fällen wie dem Badewannenfall und dem Fall Staschynskij"[195] (vgl. Rdn. 22, 28) künftig eine Bestrafung des Ausführenden als Täter erfolgen müsse; als einziger vielleicht abweichend zu beurteilender Extremfall wurde von *Dreher*[196] die Situation der auf Befehl handelnden Exekutoren eines Erschießungskommandos genannt. Aber über diese Annahme, die später auch *Dreher* selbst wieder aufgegeben hat,[197] ist nie abgestimmt worden. Vielmehr entschied sich der Sonderausschuss bei der „Endabstimmung" – im Bewusstsein, damit von der bisherigen Rechtsprechung abzuweichen – einstimmig dafür, auf eine Definition des unmittelbaren Täters nicht zu verzichten, wie es eine der überlieferten Judikatur entsprechende Alternative vorsah, sondern sie mit dem heutigen Wortlaut in das Gesetz aufzunehmen. Es ist also mit Vorbedacht gegen die extrem subjektive Theorie Stellung genommen worden,

---

**191** BGH NStZ **1987** 224 f; ähnlich BGHSt **38** 315; BGH NStZ **1993** 138; BGH NStZ-RR **2000** 22; BGHR StGB § 25 I, Begehung, eigenhändige, 3; BGHR BtMG § 29 I Nr. 1, Einfuhr 34; näher dazu *Roxin* TuT S. 547, 600, 612 ff Rdn. 3 ff.

**192** *Baumann/Weber/Mitsch*[11] § 29 Rdn. 68 f; eine nähere Ausführung der Ansicht, dass das Gesetz die Frage offengelassen habe, liefert *Baumann* FS Jescheck 108 ff; *Lackner* bis zur 23. Aufl. 1999 in *Lackner/Kühl* Rdn. 1; *Schmidhäuser* AT § 14 Rdn. 168; an *Schmidhäuser* anschließend *Maurach/Gössel/Zipf*[7] § 47 Rdn. 64 (in der aktuellen Auflage gestrichen); *Geerds* Jura **1990** 176.

**193** Für die Möglichkeit einer bloßen Teilnahme in solchen Fällen auch *Jähnke* LK[11] § 212 Rdn. 6 (seit der 12. Auflage nicht mehr vorhanden).

**194** Vgl. Prot. V 82. Sitzung vom 4.10.**1967**, S. 1647–1650; 91. Sitzung vom 14.12.**1967**, S. 1821–1824.

**195** *Sturm* S. 1826.

**196** *Sturm* S. 1825.

**197** In seinem Kommentar, 37. Aufl., Vor § 25 Rdn. 2 heißt es nach Darstellung der extrem subjektiven Theorie: „Demgegenüber stellt § 25 I klar, daß derjenige, der selbst sämtliche Tatbestandsmerkmale verwirklicht, stets Täter ist." § 25 Rdn. 2: „Damit ist die subjektive Teilnahmetheorie des RG und des BGH mindestens insoweit abgelehnt.".

ohne dass sich aus der Abstimmung oder dem Gesetzeswortlaut der geringste Anhaltspunkt für einen Ausnahmevorbehalt entnehmen ließe.[198]

## 2. Dogmatische Grundlagen

Abgesehen vom Willen des „historischen Gesetzgebers“ wäre es aber auch sachlich verfehlt, 74
Ausnahmen vom Grundsatz der Täterschaft des unmittelbar tatbestandlich Handelnden zuzulassen. Das ergibt sich zunächst aus den dogmatischen Grundlagen der Täterlehre. Wenn Täterschaft Tatbestandserfüllung und demzufolge die unmittelbare Täterschaft ihr Prototyp ist (vgl. Rdn. 36), wie dies mit besonderer Evidenz die Alleintäterschaft zeigt, bei der fremdnütziges oder aus bedrängter Lage geborenes Handeln nie zur Beihilfe führen kann, dann kann auch bei der Beteiligung mehrerer keine Willensunterordnung und kein äußerer Druck diese Tatbestandserfüllung aufheben. Selbst der im Notstand nach § 35 Handelnde bleibt Täter (vgl. Rdn. 88), wenngleich ein entschuldigter Täter. Er beherrscht die Tatausführung kraft seiner Handlung. Wenn sein der Ausführung vorangehender Handlungsentschluss dabei unter der Herrschaft eines anderen zustande gekommen ist, so kann der Hintermann mittelbarer Täter sein; doch hebt dies nicht die Täterschaft (sondern allenfalls die Verantwortlichkeit) des Ausführenden auf. Die Tatherrschaft des unmittelbaren Täters lässt sich also als *„Handlungsherrschaft“* kennzeichnen;[199] sie beruht auf der Ausführung der Tatbestandshandlung und ist keiner „Ausnahme“ zugänglich.

Freilich ordnet § 25 Abs. 1 1. Alt. nur an, dass derjenige eo ipso (unmittelbarer) Täter ist, 75
der die Tathandlung selbst ausführt, während es von der Interpretation des Tatbestandes und damit bei den Erfolgsdelikten von der **objektiven Zurechnung** abhängt, ob derjenige, der phänotypisch als „Setzer der letzten Ursache vor Erfolgseintritt“ erscheint, hierdurch auch die **tatbestandsmäßige Handlung** ausführt. Dieser Gedanke, dass man den Gesetzesterminus *„begehen“* normativ interpretieren und nicht naturalistisch mit der eigenhändigen Handlung des Letztverursachers in eins setzen sollte,[200] ist von *Jakobs* durch die These der „rollenspezifischen Zurechnung“ radikalisiert und am Fall des Biologiestudenten exemplifiziert worden, der als Aushilfskellner arbeitet, einen für einen Kellner nicht erkennbaren Giftpilz im Salat bemerkt und das Gericht trotzdem wie bestellt serviert: Hier soll kein Tötungsdelikt, sondern nur eine unterlassene Hilfeleistung vorliegen, weil der Biologiestudent im Rahmen seiner Kellnerrolle keine tatbestandsmäßige Tötungshandlung vornehme.[201] Zwar kann diese Unterwerfung des Verletzungsverbots unter eine (rechtlich ohnehin nicht fixierte) Rollendefinition beim Vorsatzdelikt nicht überzeugen, weil (im Beispielsfall) die fehlende rechtliche Verpflichtung eines Kellners, die von ihm servierten Speisen auf Gefahrlosigkeit zu überprüfen, ja keinen Freibrief für die vorsätzliche aktive Weiterverbreitung eines von ihm erkannten Giftherdes ausstellt.[202] Doch bleiben einige wenige Konstellationen übrig, in denen dem Letztverursacher der Erfolg nicht zugerechnet werden kann, etwa wenn ein Arzt den Tod des vom Täter mit Tötungsabsicht schwer Verletzten nicht abzuwenden, aber hinauszuzögern vermag: Hier ist der Arzt nicht Werk-

**198** Vgl. zum Ganzen ausführlich *Roxin* TuT S. 546–552.

**199** Eingehend *Roxin* TuT S. 127 ff; der Begriff der „Handlungsherrschaft“ wird aufgenommen bei *Jakobs* § 21 Rdn. 35; *Krey/Esser* AT § 26 Rdn. 871; *Wessels/Beulke/Satzger* Rdn. 807; Sch/Schröder/*Heine/Weißer* Vor § 25 Rdn. 74, § 25 Rdn. 3; *Herzberg* TuT § 3 III 3; *Hoyer* SK Rdn. 13.

**200** *Heinrich* Rechtsgutszugriff S. 191 f; bereits als Problem des tatbestandsmäßigen Verhaltens qualifiziert bei *Frisch* Tatbestandsmäßiges Verhalten und Zurechnung des Erfolgs (1988) 59 mit Fußnote 239.

**201** So bereits *Jakobs* GS Armin Kaufmann 271 ff, 273, 286. Für die Abgrenzung von Täterschaft und Teilnahme ausgebaut bei *Jakobs* FS Lampe 561 ff.

**202** *Roxin/Greco* AT I § 11 Rdn. 57; *Sacher* Sonderwissen und Sonderfähigkeiten in der Lehre vom Straftatbestand (2006) 103 f; *Greco* ZStW **117** (2005) 519, 553 f, alle unter dem Aspekt der gebotenen Verwertung von Sonderwissen des Täters.

zeug eines mittelbaren Täters, vielmehr liegt (weil nur die Verletzungshandlung tatbestandsmäßig ist) unmittelbare Täterschaft Erstverursachers vor.[203]

### 3. Kriminalpolitische Erwägungen

76 Auch kriminalpolitisch besteht **kein Bedürfnis,** den unmittelbar Handelnden in „Extremfällen" nur wegen Beihilfe zu bestrafen. Denn bei befohlenen Erschießungen im Kriege – allein dieser Fall ist bisher namhaft gemacht worden – kommt neben dem Verbotsirrtum (§ 17) nach neuem Recht auch der Putativnotstand (§ 35 Abs. 2) mildernd in Betracht. Hat sich aber jemand weder bei seiner Tat geirrt noch sich genötigt gefühlt, so wird er zu Recht nicht anders als andere Täter beurteilt; seine größere oder geringere Schuld ist dann bei der Strafzumessung zu berücksichtigen.

77 Ein Problem ergibt sich freilich beim Tatbestand des **Mordes,** der eine jeder Milderung unzugängliche lebenslange Freiheitsstrafe androht. Die Urteilsgründe der Staschynskij-Entscheidung (Rdn. 24) liefern Anhaltspunkte dafür, dass der BGH eine Täterschaft des Doppelmörders vor allem auch deshalb meinte ablehnen zu sollen, weil ihm die sonst unvermeidliche lebenslängliche Strafe in Anbetracht der aus seiner Sicht vorliegenden Milderungsgründe als zu hart erschien.[204] Die Rechtsprechung der Instanzgerichte in den NS-Gewaltverbrecherprozessen, die sich an dieses Urteil anschließt und vielfach auf die Annahme einer bloßen Beihilfe des unmittelbar Ausführenden ausgewichen ist, geht auf dieselbe Motivation zurück. In der Tat ist es angesichts der Unsicherheit bei der Abgrenzung von Mord und Totschlag gesetzgeberisch verfehlt, den Strafrahmen des Mordes so starr von der ggf. bis zu sechs Monaten Freiheitsstrafe hinabreichenden Totschlagsstrafe abzuschichten. Auch ist ein „lebenslänglich" als absolute Strafandrohung kaum mit dem Schuldprinzip zu vereinbaren, weil die Berücksichtigung der für die Schuldhöhe maßgeblichen individuellen Umstände dadurch vielfach (besonders bei den tatbezogenen Mordmerkmalen) ausgeschlossen wird. Aber es widerspricht jedenfalls dem Gesetz, die nicht vorgesehene Strafmilderungsmöglichkeit beim Mord durch eine „Umfunktionierung" der Teilnahmelehre in den § 211 hineinzuprojizieren. Will man überharte Folgen der starren Strafandrohung nicht hinnehmen, so wäre bei einer flexibleren Interpretation des § 211 anzusetzen, indem man (entgegen BGHSt **3** 330; **9** 385; **11** 139) beim Vorliegen schuldverringernder Umstände durch eine „negative Typenkorrektur" die Anwendbarkeit dieser Vorschrift ausschlösse. Einen anderen Weg ist BGHSt **30** 105 (GrS) mit seiner „Rechtsfolgenlösung" gegangen, derzufolge bei außergewöhnlichen Umständen, „auf Grund welcher die Verhängung lebenslanger Freiheitsstrafe als unverhältnismäßig erscheint", eine Strafherabsetzung nach Maßgabe des § 49 Abs. 1 Nr. 1 vorgenommen werden kann. Auch wäre es methodisch denkbar, unter Berufung auf das verfassungsrechtlich abgesicherte Schuldprinzip für „Extremfälle", die dem Befehlsnotstand nahestehen, eine „übergesetzliche" Milderungsklausel zu entwickeln.[205] Dagegen ist es nicht – oder mindestens nach dem neuen § 25 Abs. 1 nicht mehr – zulässig, die Täterschaft aus Gründen der Schuldminderung in eine Beihilfe umzudeuten. Bei der strafrechtlichen Bewältigung des SED-Unrechts in der „Mauerschützen-Rechtsprechung" ist auch der BGH dieser Versuchung nicht mehr erlegen, sondern hat andere Wege zu einer in den meisten Fällen milden Strafzumessung gefunden.[206] Neuerdings wird zwar wieder diskutiert, eine „relativ unfreie

---

**203** *Roxin* TuT S. 802 f Rdn. 286, ibid. auch zur Zurückweisung der Auffassung von *Jakobs* AT § 20 Rdn. 98 Fn. 91a; *Hoyer* SK Rdn. 33 ff, wonach jede nicht zurechenbare Handlung des Vordermannes für den Hintermann nicht mittelbare, sondern unmittelbare Täterschaft begründe; **krit.** auch *Joecks* MK Rdn. 47.

**204** Vgl. *Roxin* TuT S. 563 ff.

**205** Vgl. dazu vor allem *Hanack* Zur Problematik der gerechten Bestrafung nationalsozialistischer Gewaltverbrechen (1967); *Schünemann* FS Bruns 223, 246 f.

**206** *Rummler* Die Gewalttaten an der deutsch-deutschen Grenze vor Gericht (2000) 245 ff, 432. Allg. *Roggemann* Systemunrecht und Strafrecht (1993) 80 ff; *Amelung* Die strafrechtliche Bewältigung des DDR-Unrechts durch die

Handlung" des Vordermannes bei mittelbarer Täterschaft durch Beherrschung eines organisatorischen Machtapparates (dazu u. Rdn. 122 ff) als bloße *Beihilfe* zu qualifizieren.[207] Aber diese erneute Auflösung der Beteiligungs- in Strafzumessungsnormen kann nicht überzeugen.

Die unmittelbare Täterschaft setzt **notwendig die Erfüllung aller Tatbestandsmerkmale** voraus.[208] Dort, wo das Gesetz mehrere Handlungen voraussetzt, ist dafür also die Ausführung von beiden erforderlich, etwa beim Raub (§ 249) sowohl die Gewaltanwendung als auch die Wegnahme.[209] Praktisch ist die Frage wenig bedeutsam, weil bei teilweiser Tatbestandserfüllung ohnehin in aller Regel eine Mittäterschaft (§ 25 Abs. 2) vorliegt, deren Bejahung nicht an die eigenhändige Verwirklichung des Tatbestandes gebunden ist. Andererseits wird man die Verwirklichung eines nur strafzumessungserheblichen Regelbeispiels nicht eo ipso als „Selbstbegehung" und damit als täterschaftsbegründend ansehen können. Wer z. B. einsteigt, um Schmiere zu stehen, ist nicht schon deswegen allein Täter eines Diebstahls in einem besonders schweren Fall (§§ 242, 243 I S. 2 Nr. 1), sondern er ist es nur dann, wenn seine Funktion im Rahmen des Gesamtplans die Voraussetzungen der Mittäterschaft (vgl. Rdn. 211 ff) erfüllt. Näher zu den Täterschaftsproblemen bei mehraktigen Delikten *Lund* Mehraktige Delikte S. 214 ff; *Woelk* Täterschaft S. 79 ff. 78

## III. Die mittelbare Täterschaft

### 1. Allgemeine Grundlagen

Von den klassischen Täterschaftsformen ist die mittelbare Täterschaft erst spät gesetzlich geregelt 79
worden, und sie hat auch heute noch nicht in allen Strafgesetzbüchern klare Konturen erhalten. So kennt etwa das französische Strafrecht bis heute keine allgemeine Figur der mittelbaren Täterschaft,[210] während das Bundesstrafgesetzbuch der USA zwischen unmittelbarer und mittelbarer Täterschaft nur undeutlich unterscheidet.[211] In Deutschland wurde sie von der Strafrechtsdogmatik und der Rechtsprechung zwar schon lange anerkannt,[212] findet sich aber erst seit 1975 im **Strafgesetzbuch,** indem § 25 Abs. 1, 2. Alt. die Möglichkeit anerkennt, eine Tat täterschaftlich „durch einen anderen" zu begehen (was der spanische Código Penal von 1995 in Art. 28 Abs. 1 übernommen hat).[213] Allerdings sind die Voraussetzungen, unter denen dies geschehen kann, im Gesetz nicht im Einzelnen festgelegt. In der Begründung des E 1962, auf den sich der Sonderausschuss[214] kommentarlos bezieht, heißt es: „Angesichts dieser Vielgestaltigkeit der Formen der mittelbaren Täterschaft ist der Entwurf davon abgekommen, sie in Einzelheiten zu umschreiben. Hiergegen spricht auch, dass in diesem Bereich verschiedene Fragen, namentlich die rechtliche Beurteilung des vollverantwortlichen Tatmittlers, noch der Klärung durch die Wissenschaft bedürfen und der Rechtsentwicklung insoweit nicht vorgegriffen werden sollte." [215]

---

deutsche Justiz (1996) 11 ff; *Rosenau* Tödliche Schüsse im staatlichen Auftrag ²(1998); *Schaefgen* Vergangenheitsbewältigung durch die Justiz (1996) 15 ff; *Roggemann* in: Drobnig (Hrsg.) Die Strafjustiz der DDR im Systemwechsel (1998) 111 ff; *Helten* ibid. S. 131, 143 f; Sch/Schröder/*Eser* Vorbem §§ 3–7 Rdn. 99 f. Ausführliche Dokumentation zu den Mauerschützen-Prozessen bei *Marxen*/*Werle*, Gewalttaten an der deutsch-deutschen Grenze, 2 Bände (2002).

**207** *Schlösser* JR **2006** 102 ff.

**208** So mit Recht die Begründung des E 1962, S. 149.

**209** *Hoyer* SK Rdn. 32; *Joecks* SK Rdn. 36; **and.** *Roxin* LK¹¹ Rdn. 52, aber nunmehr ebenso *ders.* TuT S. 674.

**210** *Ambos* Der Allgemeine Teil des Völkerstrafrechts 568 m. w. N.

**211** U.S.C. 18 § 2 (b), wo die „Verursachung" der „direkten Begehung" gleichgestellt wird.

**212** Vgl. zum Stand am Ende des 19. Jahrhunderts *v. Liszt* Deutsches Strafrecht ¹¹(1902) § 50 II; *Finger* Lehrbuch des Deutschen Strafrechts I (1904) § 67 II; *Meyer* Lehrbuch des Deutschen Strafrechts ⁵(1895) § 27, 4; zur Herausbildung in den Jahrzehnten davor instruktiv *Hruschka* ZStW **110** (1998) 581, 597 ff.

**213** Mit den Worten: „Son autores quienen realizan el hecho por medio de otro".

**214** BT-Drucks. **V**/4095 S. 12.

**215** BT-Drucks. **IV**/650 S. 149.

80 Während der Wortlaut des § 25 also die entscheidende Frage, wann man denn von der Begehung als Täter „durch einen anderen" sprechen kann bzw. wann es sich – umgekehrt – nur um die Beteiligung als Anstifter oder Gehilfe an der Tat eines anderen Täters handelt, vollständig offen lässt, hat der spanische Código Penal klargestellt, dass sich der mittelbare Täter des anderen als eines **Instruments** („como instrumento") bedienen muss. Und genau dieses Merkmal hat schon seit über einem Jahrhundert auch ohne Anhalt im Gesetz die Rechtsfigur der mittelbaren Täterschaft gekennzeichnet. Bereits in einer seiner ersten Entscheidungen hat das Reichsgericht im Jahre 1880 bestätigt, dass durch die Benutzung eines anderen als eines „Werkzeuges" Täterschaft und nicht etwa nur Teilnahme begründet werde.[216] Zwar bedarf dieser Begriff des „Werkzeuges" auch selbst der Interpretation. Und man könnte in der Umgangssprache bereits dann davon sprechen, dass ein Mensch mit seinem Handeln nur das Werkzeug eines anderen Menschen sei, wenn er sich den Plänen des anderen vollständig unterordnet, namentlich wenn ein Mensch einen außerordentlich starken psychischen Einfluss auf einen anderen ausübt, wobei die Abhängigkeit des anderen aus einer Liebesbeziehung, aus einer charismatischen Stellung des Anführers oder auch nur aus einer lebenslangen Gewohnheit resultieren kann; oder wenn der unmittelbar Handelnde, den wir den Vordermann nennen, die gesamten Pläne des Hintermannes gar nicht vollständig überblickt und damit unbewusst ein Werkzeug in dessen Gesamtplan wird. Aber in Rechtsprechung und Strafrechtswissenschaft ist der Begriff des „Werkzeuges" von Anfang an in einem engeren, strafrechtsspezifischen Sinn verwendet worden. So hat das Reichsgericht schon in der zitierten alten Entscheidung das Charakteristikum des menschlichen „Werkzeugs" darin gesehen, „dass das Strafgesetz wegen eines besonderen Grundes nicht auf den Vordermann, wohl aber auf den Hintermann" anwendbar ist, wobei dieser Grund „regelmäßig in der Verschiedenheit der subjektiven Lage der beiden Personen liege";[217] und es hat Schuldunfähigkeit, unwiderstehlichen Zwang und fehlenden Vorsatz als Beispiele angeführt. Dass es sich hierbei um einen geradezu evidenten Gesichtspunkt handelt, macht das – im Ansatz so grundverschiedene – angloamerikanische Strafrecht deutlich, das die mittelbare Täterschaft durch Benutzung eines „innocent agent" (= des unschuldigen Ausführenden) im Common Law schon seit Jahrhunderten kennt[218] und im amerikanischen Model Penal Code von 1962 ausformuliert hat.[219]

## 2. Das Verantwortungsprinzip

81 Die präziseste Abgrenzung der mittelbaren Täterschaft ließe sich erreichen, wenn man die „Werkzeugidee" an Hand der verschiedenen Kategorien der strafrechtlichen Verantwortlichkeit konkretisieren würde, was in der deutschen Strafrechtsdogmatik in Gestalt des sogenannten Verantwortungsprinzips (oder auch: **Autonomieprinzips**) auf den Begriff gebracht worden ist. In seiner kompromisslosen Fassung besagt dieses Prinzip, dass der Vordermann gerade und nur deshalb Instrument des Hintermannes ist, weil er selbst entweder nicht den objektiven oder nicht den subjektiven Tatbestand erfüllt oder nicht rechtswidrig oder nicht schuldhaft handelt und also in jedem Falle für die Tat strafrechtlich nicht verantwortlich ist, so dass die bei ihm fehlende Verantwortlichkeit auf den Hintermann überwälzt wird. Umgekehrt bedeutet das, dass der Hintermann dann, wenn der Vordermann strafrechtlich verantwortlich ist, nur als Teilnehmer haftet, so dass es nach diesem Prinzip also keine Rechtsfigur des „Täters hinter dem Täter"

---

**216** RGSt **1** 147 ff; der Begriff des „instrumentum" findet sich bereits bei *Pufendorf*, s. *Hruschka* ZStW **110** (1998) 598.

**217** RGSt **1**, 148; die Unterscheidung von Vorder- und Hintermann wurde im Text eingefügt, das Reichsgericht spricht vom „ersteren" und „letzteren".

**218** *Smith, Hogan, & Ormerod* Criminal Law [15](2018, bearb. v. *Ormerod/Laird*) 182 f unter Hinweis auf den Anoncase (1634), Kel 53. Für einen Vergleich zwischen dem deutschen und dem angloamerikanischen System *Dubber/Hörnle* Criminal Law. A Comparative Approach, Oxford (2014) 304 ff.

**219** Sec. 2.06 (2) (a) und dazu *Dubber* An Introduction to the Model Penal Code [2](Oxford 2015) 86 ff.

gibt.[220] Das überzeugt außer durch die präzise Abgrenzbarkeit der mittelbaren Täterschaft von der Teilnahme auch durch systematische Klarheit und erfreut sich deshalb gerade in der monographischen Literatur wachsender Beliebtheit, wird aber im Einzelnen höchst unterschiedlich ausgearbeitet und auch nur selten konsequent durchgehalten:

*M.-K. Meyer* gründet die mittelbare Täterschaft des Hintermannes auf die *Unfreiheit des unmittelbar Handelnden.*[221] Die Schwäche ihrer Konzeption liegt aber in der Unklarheit des von ihr verwendeten Autonomiebegriffs.[222] Denn sie zieht nicht die Konsequenz, den „Täter hinter dem Täter" (d. h. eine mittelbare Täterschaft bei vollverantwortlich handelndem unmittelbaren Täter) schlechthin abzulehnen, sondern entwickelt dafür differenzierende Lösungen. Dass die „Autonomie" des unmittelbar Handelnden in den Fällen des Täters hinter dem Täter ausgeschaltet sein soll, ist aber nicht überzeugend begründbar, so dass die Leistungsfähigkeit dieses Ansatzes hinter derjenigen der Tatherrschaftslehre zurückbleibt. *Schumann* knüpft an die Lehre von der objektiven Zurechnung und an die *haftungsbegrenzende Wirkung des Prinzips der Selbstverantwortung* an, wie sie sich besonders bei der Fahrlässigkeit zeigt, und überträgt das Prinzip dann auf die Abgrenzung von mittelbarer Täterschaft und Anstiftung: Im Fall der „Selbstverantwortung" des Vordermanns soll nur Anstiftung, bei fehlender Selbstverantwortung mittelbare Täterschaft vorliegen. Schon die Übertragbarkeit des Prinzips der Selbstverantwortung auf Täterschaft und Teilnahme ist aber äußerst problematisch, weil die Teilnahme ein Bereich ist, in dem die Selbstverantwortung des Täters die Strafbarkeit des Außenstehenden gerade nicht ausschließt.[223] Abgesehen davon führt das Prinzip der Selbstverantwortung zu einer prinzipiellen Ablehnung des „Täters hinter dem Täter", was einerseits (wie noch darzulegen ist) in der Sache keinen Beifall verdient, andererseits aber auch von *Schumann* nicht durchgehalten wird.[224] Konsequenter ist demgegenüber die auf das **Autonomieprinzip** gegründete, aber auch als eine Variante der Tatherrschaftslehre verstandene Täterlehre von *Renzikowski.*[225] Denn die Autonomie des Vordermannes kann als Grund für den Ausschluss der Tatherrschaft des Hintermannes verstanden werden, die diesen i. d. R. auf die Rolle des Anstifters oder Gehilfen zurückdrängt. Während sich aber bei manchen Konstellationen (vgl. u. Rdn. 124, 142 ff) trotz bestehender Autonomie des Ausfüh- 82

220 So jedenfalls im Ansatz *M. K. Meyer* Autonomie, passim; *Bloy* Beteiligungsform S. 347 ff; *Schumann* Selbstverantwortung S. 6, 69 ff (mit einer Ausnahme bei organisatorischen Machtapparaten, S. 75 f); *Renzikowski* Täterbegriff, S. 82 ff; *Jakobs* § 21 Rdn. 94; *Jescheck/Weigend* § 62 II, 5; *Krey* AT II Rdn. 100; *Hoyer* SK Rdn. 93 ff; *Hruschka* ZStW **110** (1998) 606 ff; *Noltenius* (2010) S. 20; *Rotsch* ZStW **112** (2000) 525 ff; *Bottke* TuG S. 108; *ders.* Straftaten Untergebener S. 34, 52 f; *ders.* in Hefendehl Fundamente S. 191 ff; *Mañalich* FS Puppe 717 f; *Puppe* GA **2013** 526 ff; w. N. b. *Hillenkamp/Cornelius* 32 Probleme aus dem Strafrecht AT [15](2017) 181 f. Krit. *Greco* ZIS **2011** 9; zurückhaltend *Beulke/Witzigmann* Ad Legendum **2012** 254 f. Fundamentale Fehldeutung des Prinzips bei OLG Stuttgart NStZ **2016** 155 m. krit. Bspr. *Mitsch* NZV **2016** 564 (567), das die mittelbare Täterschaft einer falschen Verdächtigung gem. § 164 Abs. 2 schlicht darauf begründet, dass der Hintermann sich an einer Selbstbezichtigung durch den Vordermann beteiligt, wofür dieser aber wegen der Tatbestandsfassung („wer einen anderen... verdächtigt...") nicht verantwortlich gemacht werden kann (krit. auch *SSW/Murmann* Rdn. 8); richtig jetzt OLG Stuttgart NJW **2017** 1971.

221 Autonomie S. 86, 132 f.

222 Dies wird in der Kritik mehrfach gerügt. Nach *Neumann* GA **1985** 476 f bleibt *Meyers* Autonomiebegriff „in irritierender Weise" unscharf; ihm hafte „ein Moment des Unverbindlichen, des Rhetorischen" an. In der Rezensionsabhandlung von *Küper* (JZ **1986** 219 ff, 229) heißt es: „Der Begriff der ‚Autonomie' wechselt im jeweiligen Zusammenhang so ‚chamäleonhaft' seine Bedeutung, daß sein Inhalt geradezu beliebig wird.".

223 Mit Recht sagt *Frisch* (in seiner Rezension, JZ **1988** 655): „Die Diskussion der Kriterien der mittelbaren Täterschaft... scheint mir eher etwas vom Ziel wegzuführen – denn für die Frage, inwieweit das Prinzip der Selbstverantwortung anderer der Statuierung von Verhaltensnormen Grenzen setzt..., kommt es doch nur auf die Verbietbarkeit, nicht darauf an, im Rahmen welcher Bestrafungsfigur die Verhaltensnormverletzung bestraft werden kann." **Kritisch** ferner *Stein* Beteiligungsformenlehre S. 162 ff; *Meurer* NJW **1987** 2424 f.

224 *Schumann* Selbstverantwortung S. 77 ff.

225 *Renzikowski* Täterbegriff S. 34, 74, spricht von einer „Reformulierung der Tatherrschaftslehre". Andere Akzente, unter starkem Einfluss der Überlegungen von *Haas* (Rdn. 16), nunmehr in Maurach/Gössel/Zipf/*Renzikowski* § 47 Rdn. 68 ff, 108 ff.

renden doch auch eine Tatherrschaft des Hintermannes begründen lässt und deshalb auf dem Boden der Tatherrschaftslehre auch dessen Täterschaft zu bejahen ist, muss ein konsequent durchgeführtes Autonomieprinzip, wie schon erwähnt, jeden „Täter hinter dem Täter" ablehnen. Dies ist zwar der Ausgangspunkt von *Renzikowski*,[226] aber er gibt ihn durch eine Schrumpfung seines Autonomiebegriffs wieder preis, wenn er bei einem vermeidbaren Verbotsirrtum oder verminderter Zurechnungsfähigkeit (§§ 17 S. 2, 21) des Ausführenden eine mittelbare Täterschaft des Hintermannes bejaht, weil derjenige, der „sein Verhalten nicht richtig anhand von Normen bewerten kann, nicht autonom" handele[227] bzw. weil bei verminderter Zurechnungsfähigkeit des Ausführenden eine „überlegene Stellung des Hintermannes" gegeben sei.[228] Denn die Rechtsordnung bewertet ja in beiden Fällen das Verhalten des Vordermannes als immer noch hinreichend autonom, indem sie einen bloßen Schuldminderungsgrund statuiert. Die Begründung der (mittelbaren) Täterschaft des Hintermannes mit seiner (relativ!) „überlegenen Stellung" kann deshalb nicht innerhalb des eine Ja-Nein-Entscheidung fordernden, quasi eindimensionalen Kriteriums der Autonomie, sondern nur in dem sogleich zu explizierenden Konzept der Tatherrschaftsstufen (u. Rdn. 85 ff) systematisch schlüssig abgeleitet werden.

**83** Eine philosophisch tiefgründig elaborierte Variante des Autonomieprinzip findet sich bei *Köhler*,[229] der sich, wie schon o. Rdn. 14 skizziert, auf die Freiheitsphilosophie *Immanuel Kants* und die daraus abgeleiteten „Besonderheiten des Verhaltenszusammenhangs zwischen freien Subjekten" stützt[230] und daraus radikale, die mittelbare Täterschaft zugunsten der bloßen Anstiftung enorm einschränkende Konsequenzen zieht: „Mittelbarer Täter ist, wer seine Unrechtstat durch einen anderen (Tat-,mittler') so verwirklicht, daß er ihm eine Faktenlage zu dessen an sich normgemäßem Handeln schafft oder vorstellt".[231] – was die mittelbare Täterschaft auf den Einsatz vorsatzloser und gerechtfertigter Tatmittler begrenzt. Es soll selbst dann nur Anstiftung vorliegen, wenn der Hintermann den Vordermann in einen Nötigungsnotstand nach § 35 versetzt,[232] denn dieser sei „in der tatbezogenen Regelanwendung ... an sich selbst bestimmt, mag er sich auch in einer relativen Autonomiedifferenz zum anderen befinden", wodurch er „nicht zum bloßen Mittel gesetzt" werde.[233] Ebenso bei unvermeidbarem Verbotsirrtum des Vordermannes – „Der Handelnde geht, wenn auch unverschuldet, selbst zur Unrechtsmaxime über"[234] – oder bei der Benutzung kleiner Kinder, weil sie sich „auf ein überhaupt normreflektierendes Subjekt" beziehe, d. h. auf „ein an sich freies Subjekt, das nur in bestimmter Hinsicht seiner Regelkonzeption zum Mittel fremder Unrechtsmaxime werden kann."[235] Es läuft aber ersichtlich auf einen Zirkelschluss hinaus, wenn man aus philosophischen Prämissen derartige Ergebnisse gewinnen will, und verstößt gegen das gesetzliche Regelungskonzept, das den Interpreten bindet und nicht im Dienste philosophischer Lehren beiseite geschoben werden darf. *Roxin* hat mit Recht darauf hingewiesen, dass die Materialien zur Aufnahme der Wendung „durch einen anderen" in die gesetzliche Regelung der Täterschaft eindeutig ergeben, dass gerade die Benutzung eines schuldlosen Werkzeugs zur mittelbaren Täterschaft führen sollte: „Wer sich in diebischer Absicht eine fremde Sache durch ein Kind zutragen lässt, ist ebensogut ein Dieb, wie wenn er die Sache mit eigener Hand weggenommen ... oder sie sich durch einen Hund hätte bringen lassen.", so dass mittelbare Täterschaft

---

**226** Ausführliche **Kritik** zu Renzikowski bei *Roxin* TuT S. 681 ff.
**227** *Renzikowski* Täterbegriff S. 81.
**228** *Renzikowski* Täterbegriff S. 87.
**229** *Köhler* AT S. 505 ff; ähnlich *Noltenius* Kriterien der Abgrenzung, passim; *dies.* 2010. Eingehende **Kritik** bei *Roxin* TuT S. 662 ff; *ders.* AT II § 25 Rdn. 178 ff.
**230** *Köhler* AT S. 488.
**231** *Köhler* AT S. 505.
**232** *Köhler* AT S. 506; ebenso *Noltenius* (2010), 21.
**233** *Köhler* AT S. 510.
**234** *Köhler* AT S. 509; hier auch das folgende Zitat.
**235** *Köhler* AT S. 506.

vorliege, „wenn der Täter durch eine schuldunfähige ... oder durch eine in einer entschuldigenden Notstandslage handelnde Person ... eine Straftat begeht".[236]

### 3. Das Modell der Tatherrschaftsstufen

**a) Grundstruktur.** Das Dilemma des Autonomiegedankens liegt darin, dass Autonomie nicht nur entweder fehlen oder vorhanden sein kann, sondern graduell vielfältig abgestuft vorkommt. Von welchem Grade an aber ein Autonomiedefizit beim Ausführenden zur mittelbaren Täterschaft eines Hintermannes führt, kann nicht mehr aus dem Autonomieprinzip abgeleitet, sondern nur nach der Tatherrschaft des Hintermannes beurteilt werden. Dessen „überlegene Stellung", die ihm die Tatherrschaft verschafft, kann sich sogar aus anderen Umständen als einem Autonomiedefizit beim Vordermann ergeben, wie die Organisationsherrschaft oder die Täuschung über die Identität des Opfers erweisen. Daran zeigt sich, dass das Autonomieprinzip bei aller Nähe zur Tatherrschaftslehre an einer falschen Blickrichtung krankt. Es kommt bei der mittelbaren Täterschaft nicht entscheidend auf die Verfassung des Mittelsmannes, sondern auf die Macht des Hintermannes über die Tatbestandsverwirklichung an. Indem man aus der Grundidee des Strafrechts, nämlich durch Generalprävention Rechtsgüterschutz zu bewirken,[237] auf die Möglichkeit des gleichzeitigen Auftretens verschiedener Täterschaftsformen schließt, sofern sich mehrere Personen nebeneinander in einer *Schlüsselposition für die Unversehrtheit des Rechtsgutes* befinden, liegt es nahe, die Verantwortlichkeit jedes einzelnen nach *seiner* Position zum Rechtsgut zu bestimmen und nicht notwendig davon abhängig zu machen, dass die Verantwortlichkeit eines anderen vollständig verneint wird. Wenn der Vordermann für das Geschehen strafrechtlich *noch* verantwortlich ist, seine Kontrolle über das Geschehen aber *reduziert* und deshalb auch seine Schuld vermindert ist, so muss ein Strafrecht, dem es um optimalen Rechtsgüterschutz geht, den dieses Defizit des Vordermannes beherrschenden Hintermann gleichfalls für verantwortlich erklären,[238] was wiederum durch die Annahme einer bloßen Anstiftung nicht angemessen ausgedrückt wird: Der Anstifter unterwirft sich vollständig der Entscheidung des anderen, beherrscht also das Geschehen nicht selbst, was aber genau derjenige Hintermann tut, der etwa einen Verbotsirrtum des Vordermannes auslöst, wobei es für seinen realen Anteil an der Rechtsgutsverletzung eigentlich völlig gleichgültig ist, ob der Vordermann den Verbotsirrtum hätte durchschauen können und deshalb ebenfalls für die Rechtsgutsverletzung verantwortlich gemacht wird, denn für die Herrschaft des Hintermannes kommt es allein darauf an, dass der Vordermann den Irrtum tatsächlich nicht durchschaut hat. An Stelle des Verantwortungsprinzips erscheint deshalb das Prinzip der **Tatherrschaftsstufen** als das der Rechtsgüterschutzaufgabe des Strafrechts besser entsprechende Modell.[239] 84

**b) Herrschaft über den Grund des Erfolgs als Typus.** Das Problem der Abgrenzung im Einzelnen ist als erstes ein methodologisches Problem. Die Lösung kann nach der Preisgabe des Verantwortungsprinzips nicht mehr durch einen klassifikatorischen Begriff gefunden werden, aber sie braucht sich dennoch nicht auf die Zusammenstellung einzelfallbezogener Topoi zu beschränken. Vielmehr handelt es sich bei der Täterschaft und dementsprechend auch bei den 85

236 AT II § 25 Rdn. 180 unter Zitat der Materialien zum E 1962, BTDrucks. IV 650, 149.

237 Zum Rechtsgüterschutzprinzip s. o. Fn. 173.

238 Insoweit zust. *Hoyer* SK § 25 Rdn. 65.

239 Die Theorie der Tatherrschaftsstufen findet sich für die Irrtumsherrschaft erstmals bei *Roxin* TuT S. 232 und passim; *ders.* LK[11] Rdn. 95. Zu diesem Prinzip als allgemeiner Basis der Tatherrschaftsdoktrin seit ihrer Entfaltung durch *Roxin* 1963 und zu seiner intuitiven Anwendung in der Rechtsprechung näher *Schünemann* Brennpunkte S. 362 ff; *ders.* FS Schroeder 404 ff; *ders.* FS Roxin II 810 ff. Zust. und teilw. weiterführend *Morozinis* Organisationsdelikte S. 216 ff; *ders.* FS Schünemann 457 ff.

Unterformen der Mittäterschaft und der mittelbaren Täterschaft jeweils um Erscheinungsformen des Typus der *Herrschaft über den Grund des Erfolges* (s. o. Rdn. 52 ff), so dass eine mittelbare Täterschaft in Gestalt eines „Täters hinter dem Täter" voraussetzt, dass sowohl das Handeln des Vordermannes als auch die vom Hintermann kontrollierten Bedingungen gleichermaßen als (doppelter) „Grund des Erfolges" qualifiziert werden können.

86 **c) Konkretisierung.** Die **großen Linien** der Typuskonkretisierung sind dabei durch die vorstehend auf der Grundlage des Gesetzes entwickelte Täterkonzeption und die jahrzehntelange Arbeit von Rechtsprechung und Wissenschaft vorgezeichnet. Die Tatherrschaft eines an der Ausführung der Tatbestandshandlung nicht beteiligten Hintermannes ist nur in dreierlei Weise denkbar. Der Hintermann kann durch eine Nötigung des Tatmittlers das Geschehen beherrschen (Rdn. 88 ff); er kann durch Erregung oder Ausnutzung eines Irrtums das Geschehen aus dem Hintergrund lenken (Rdn. 98 ff); oder er kann ggf. von den Schalthebeln eines Machtapparates aus auch ohne Nötigung und Täuschung die Ausführung von Taten nach Belieben dirigieren (Rdn. 142 ff). Die Benutzung von Unerwachsenen oder Geisteskranken zur Deliktsverwirklichung (Rdn. 134 ff) ist strukturell keine selbständige Erscheinungsform der mittelbaren Täterschaft, sondern steht den Nötigungs- und Irrtumsfällen nahe, indem der Hintermann entweder die mangelnde Widerstandskraft oder die fehlende Einsicht des Tatmittlers für seine Zwecke benutzt. Zu diesen Grundkonstellationen der mittelbaren Täterschaft bei Herrschaftsdelikten tritt bei Garantensonderdelikten die mittelbare Täterschaft durch Benutzung eines „qualifikationslosen dolosen Werkzeuges" hinzu (Rdn. 153 ff). Nach herrschender, aber umstr. Auffassung bildet schließlich bei Absichtsdelikten die Verwendung eines „absichtslosen dolosen Werkzeuges" (Rdn. 158 ff) einen weiteren, freilich seit dem 6. StrRG praktisch unbedeutend gewordenen Fall der mittelbaren Täterschaft. Die sachlogische Fundierung dieser Konstellationen einer „indirekten Deliktsbeherrschung" zeigt sich daran, dass auch Autoren, die der Tatherrschaftslehre ablehnend gegenüber stehen wie *Stein*[240] und *Schild*,[241] trotz ihres andersartigen Ausgangspunktes und der teilweise ungewohnten Differenzierungen im wesentlichen auf die Erscheinungsformen der mittelbaren Täterschaft hinauskommen, die die Tatherrschaftslehre entwickelt hat. Dies gilt auch für die *Hemmschwellentheorie* von *Heinrich*, der (unter Konkretisierung seines allgemeinen Kriteriums der „Entscheidungsträgerschaft") die mittelbare Täterschaft als „Entscheidungsübernahme" versteht, bei der „der Hintermann durch Herbeiführung oder Ausnutzung einer Absenkung der vom jeweiligen Normappell vor dem Vordermann errichteten Hemmschwelle das damit bei diesem bestehende Entscheidungsdefizit instrumentalisiert, so dass seine eigene tatbestandsgerichtete Entscheidung – da defizitfrei – höherrangig ist".[242] Denn die Instrumentalisierung von Entscheidungsdefiziten beim Vordermann, auf die *Heinrich* abstellt, ist ebenfalls eine Form der Ausübung von Tatherrschaft.[243]

**d) Verantwortungsprinzip.** Innerhalb des Gesamtkonzepts der *Tatherrschaftsstufen* kommt dem *Verantwortungsprinzip* auf der nächsten Ebene eine Doppelrolle zu, einmal zur Bezeichnung einer zwar nicht notwendigen, aber *hinreichenden Bedingung* für die mittelbare Täterschaft des Hintermannes und sodann als eine *prima-facie-Regel*, derzufolge die Konstellationen des „Täters hinter dem Täter" stets einer besonderen Begründung bedürfen.

**240** Beteiligungsformenlehre S. 283 ff; zur **Kritik** *Roxin* AT II § 25 Rdn. 173.

**241** *Schild* Täterschaft S. 24, 28 und passim; aber aufgegeben in *Schild* NK (Loseblattausgabe 14. Lfg. 2003) Vorbem. §§ 25 ff Rdn. 160 ff; zur **Kritik** *Roxin* AT II § 25 Rdn. 186; *Bloy* GA **1996** 239.

**242** *Heinrich* Entscheidungsträgerschaft S. 354; *ders.* FS Krey 160 ff.

**243** Näher *Roxin* AT II § 25 Rdn. 183 ff.

## 4. Tatherrschaft als Derivat der objektiven Zurechnung?

Während die bisher betrachteten Konzepte die Tatherrschaft aus der überlegenen faktischen Steuerung des Geschehens durch den Hintermann ableiten und normative Gesichtspunkte (nur) über die notwendige Intensität dieser Herrschaft entscheiden lassen, wollte *Jakobs* die Tatherrschaft als Synonym für eine rein normativ definierte „Zuständigkeit" verwenden und vollständig in der normativen Theorie der objektiven Zurechnung aufgehen lassen.[244] Auf die nicht akzeptablen Konsequenzen dieses Ansatzes wird anhand der dafür wichtigsten Fallgruppe der Irrtumsherrschaft näher eingegangen (unten Rdn. 102). In methodologischer Hinsicht ist gegen diese weitgehende Normativierung einzuwenden, dass (1) mit dem Verständnis der Tatherrschaft als faktisch überlegener Geschehenssteuerung durch den Hintermann kein wertblinder „naturalistischer Inhalt" (*Jakobs* GA **1997** 560 Fn. 22) transportiert, sondern an die für den Zweck des Rechtsgüterschutzes entscheidende sachlogische Struktur angeknüpft wird, wer die maßgebliche Entscheidung über den Eintritt der Rechtsgutsverletzung trifft; und dass (2) § 25 Abs. 1 2. Alternative durch die Statuierung der Verantwortlichkeit des vorsätzlich handelnden Hintermannes ja gerade die normative Frage nach der „Zuständigkeit" autoritativ beantwortet hat, weshalb es zu einem Zirkelschluss führt,[245] zur Bestimmung der mittelbaren Täterschaft wieder auf überpositive Regeln der objektiven Zurechnung zurückzuverweisen. 87

## 5. Die mittelbare Täterschaft kraft Nötigung („Nötigungsherrschaft")

**a) Nötigungsnotstand.** Ein unumstrittener Fall mittelbarer Täterschaft liegt vor, wenn der Hintermann den Ausführenden im Sinne des § 35 zur Verwirklichung eines Tatbestandes nötigt. Die Tatherrschaft des Hintermannes ergibt sich bei dieser Konstellation aus dem **„Verantwortungsprinzip"**:[246] Der Gesetzgeber entlastet den unmittelbar Handelnden um des vom Hintermann ausgeübten Druckes willen von der Verantwortung und gibt damit zu erkennen, dass er dem Hintermann das Geschehen als seine Tat zurechnen will. Strukturell ist das, da der Ausführende immerhin vorsätzlich den Tatbestand verwirklicht, ein Fall des „Täters hinter dem (entschuldigten) Täter".[247] Unmittelbar beherrscht der Nötigende allein den Genötigten. Nur weil der Genötigte seinerseits kraft seines Handelns den Geschehensablauf in der Hand hat, beherrscht der Hintermann mittelbar die Tat selbst. Die Willensherrschaft des mittelbaren Täters überlagert also die Handlungsherrschaft des Ausführenden. 88

Aus dem Verantwortungsprinzip folgt weiter, dass nicht mittelbare Täterschaft, sondern **nur Anstiftung** vorliegt, wenn der vom Hintermann ausgeübte Druck für eine Entschuldigung des Ausführenden nicht ausreicht. Das entspricht der jetzt überwiegenden Auffassung.[248] Dem- 89

**244** GA **1997** 553 ff, 560 ff; nahestehend *Kindhäuser* GS Tröndle 309, mit der These, mittelbare Täterschaft sei Zuständigkeit für ein Verantwortlichkeitsdefizit (davor bereits FS Bemmann 346 ff); inzwischen hat *Jakobs* eine noch radikalere Normativierung unter Ablehnung der gesamten Tatherrschaftsdoktrin vorgenommen, näher dazu o. Rdn. 17 f; **abl.** Sch/Schröder/*Heine/Weißer* Rdn. 17 mit weiteren Nachw.; unklar *Joecks* MK Rdn. 86. S.a. mit dem Versuch, mittelbare Täterschaft und objektive Zurechnung näher aneinander zu rücken, *von der Meden* JuS **2015** 22, 112; *von Atens* S. 183 ff.

**245** Zu dieser Kritik an der Zirkelschlüssigkeit normativistischen Denkens *Schünemann* FS Roxin I, S. 19 f.

**246** *Roxin* TuT S. 143–148; *ders.* AT II § 25 Rdn. 48. Dem folgt die h. L.: *Bloy* Zurechnungstypus S. 345 ff; *Bottke* TuG, 51 ff; *Herzberg* TuT § 3 III 2 (jetzt abweichend Jura **1990** 16); *Hoyer* SK Rdn. 42, 60; *Jakobs* § 21 Rdn. 91 ff; *Jescheck/Weigend* § 62 II 6; *Joecks* MK Rdn. 52; *Krey*, AT II Rdn. 104; *Küper* JZ **1989** 948; Lackner/Kühl/*Kühl* Rdn. 2; *Maiwald* ZStW **93** (1981) 891 ff; *Otto* AT § 21 Rdn. 72; *Stratenwerth/Kuhlen* AT § 12 Rdn. 49; im Erg. auch Sch/Schröder/*Heine/Weißer* Rdn. 15; *Kreuzberg* S. 341 ff. Vom Standpunkt seines Selbstverantwortungsprinzips aus auch *Schumann* Selbstverantwortung S. 76. Zurückhaltend *Heinrich* Entscheidungsträgerschaft S. 247.

**247** Zustimmend *Herzberg* TuT § 3 III 1. Abweichend *Schroeder* S. 190 ff (dazu *Roxin* ZStW **78** [1966] 222 ff, 230 ff).

**248** Für die Nötigungsfälle zust. auch *Küper* JZ **1989** 935 ff, 948; zum abw., inzwischen wieder aufgegebenen „Werkzeugprinzip" *Herzbergs* (Jura **1990** 16, 22 ff; in *Amelung* Verantwortung S. 33 ff, 55 ff, ist er zum Verantwortungsprin-

gegenüber will eine Mindermeinung[249] im „Grenzbereich der Entschuldigungsgründe" *(Schroeder)* oder sogar bei einer erfolgreichen „Weisung des Tatveranlassers"[250] ebenfalls eine mittelbare Täterschaft annehmen. Noch weiter gehen diejenigen, die eine die Intensität von § 240 erreichende Nötigung als täterschaftsbegründend ansehen.[251] Gegen alle diese Ansätze spricht jedoch, dass man nach der gesetzgeberischen Wertung dem Hintermann nicht die Willensherrschaft zusprechen kann, solange der Ausführende für seine Tat *voll verantwortlich* gemacht wird. Auch lässt sich keine praktikable Abgrenzung mehr finden, wenn man sich von der Orientierung am Gesetz (§ 35) löst; denn eine mehr oder weniger starke Abhängigkeit des unmittelbaren Täters vom Anstifter wird in den meisten Fällen vorliegen. Ein Willenseinfluss ist aber noch keine Willensherrschaft (zur andersartigen Konstellation des organisatorischen Machtapparats s. u. Rdn. 142 ff).

90 **b) Herbeiführung einer anderen Notlage i.S. des § 35.** Bei einer Notstandshandlung des Ausführenden liegt eine mittelbare Täterschaft nicht nur dann vor, wenn der Hintermann einen Nötigungsnotstand herbeiführt, d. h. eine von ihm geschaffene Zwangslage zur Nötigung benutzt. Es genügt auch die Herbeiführung einer anderen Notlage i. S. des § 35 StGB, wenn der Hintermann sie inszeniert, um den Bedrohten ohne weitere Nötigung zu einer durch die Rettungsnotwendigkeit entschuldigten Tatbestandsverwirklichung zu veranlassen. Wer also einen Schiffsuntergang oder einen Brand herbeiführt, ist, wenn dies von seinem Vorsatz umfasst wird, mittelbarer Täter auch der Tötungen, die einzelne Opfer begehen, um sich auf Kosten anderer in entschuldigter Weise zu retten.[252] Man wird eine mittelbare Täterschaft ferner auch dann bejahen müssen, wenn der Hintermann die Notlage nicht geschaffen hat, sondern lediglich *ausnutzt* („ich rette Dich nur, wenn Du den mit Dir verunglückten X tötest") oder wenn er dem unmittelbar Handelnden, sei es auch in dessen Interesse, die Tat überhaupt erst *ermöglicht*[253] (etwa durch Beschaffen einer Waffe, mit Hilfe deren er sich durch Tötung eines anderen retten kann); denn in beiden Fällen entscheidet der Hintermann maßgeblich über das Ob der Tat, die ohne ihn nicht begangen werden müsste oder könnte. Dagegen liegt nur eine Anstiftung bzw. Beihilfe vor, wenn ein Außenstehender dem in eine Notstandssituation Geratenen rät, sich zu Lasten eines anderen in einer nach § 35 entschuldigten Weise daraus zu befreien, oder wenn er ihn in seinem Entschluss bestärkt; denn da die objektive Entscheidungslage durch den Außenstehenden weder geschaffen noch verändert wird, hat er keine Herrschaft über den Entschluss des Ausführenden.[254] Es ist sogar zweifelhaft, ob es überhaupt strafbar ist, wenn man jemandem

---

zip zurückgekehrt) die Kritik von *Roxin* LK[11] Rdn. 63 f. Im Erg. auch *Kreuzberg* S. 358 ff, der aber § 255 als Maßstab heranzieht (der seinerseits § 35 gleichkommt). Der Umweg leuchtet wenig ein.

**249** *Maurach* AT § 48 I A 2; auch noch *Maurach/Gössel/*Zipf[7] § 48 Rdn. 86 (anderer Ansatz jetzt bei Maurach/Gössel/Zipf/*Renzikowski* § 48 Rdn. 45 ff); *Schroeder* S. 120 ff (kritische Auseinandersetzung damit bei *Roxin* ZStW **78** [1966] 222 ff, 230 ff). Eine „gewisse Annäherung" an Schroeder findet sich bei *Stein* Beteiligungsformenlehre S. 298; Schroeders Meinung ablehnend *Hünerfeld* ZStW **99** (1987) 243 f.

**250** *Bockelmann* AT[3] (1979) § 22, 3a; aufgegeben bei *Bockelmann/Volk* § 22, 3a.

**251** *Frister* AT 27/28 f; *SSW/Murmann* Rdn. 9; *Schild* NK Rdn. 82; wohl auch Sch/Schröder/*Heine/Weißer* Rdn. 40.

**252** Ebenso G*allas* Mat. Bd. I, 134; *Blei* I § 72 I 3b; *Welzel* § 15 II 2a a; *Jescheck/Weigend* § 62 II 6; *Roxin* AT II § 25 Rdn. 51. Abweichend *Schumann* Selbstverantwortung S. 81 ff.

**253** Im letzten Fall abweichend *Blei* I § 72 I 3b und wohl auch *Jescheck/Weigend* § 62 II 6; übereinstimmend dagegen *Herzberg* TuT § 3 III 2; *Roxin* AT II § 25 Rdn. 52. Für die Ausnutzung auch *Beulke/Witzigmann* Ad Legendum **2012** 256 f, die aber ein Verhalten verlangen, das bei voller Verantwortlichkeit des Vordermanns als Anstiftung einzustufen wäre, also den Handlungsentschluss hervorruft.

**254** Ebenso *Blei* I § 72 I 3b; *Herzberg* TuT § 3 III 2; *Jescheck/Weigend* § 62 II 6; *Roxin* AT II § 25 Rdn. 53; *Kreuzberg* S. 408.

rät, von Entschuldigungsgründen „Gebrauch zu machen";[255] jedenfalls aber handelt es sich um eine (strafbare oder straflose) Teilnahme, nicht um Täterschaft.[256] Zwar wäre es nach der *Theorie der Tatherrschaftsstufen* (Rdn. 84 ff) nicht begrifflich ausgeschlossen, bei einer unter der Schwelle der Exkulpation verbleibenden Einschränkung der Entscheidungsfreiheit des Vordermannes den Hintermann als Täter hinter dem Täter verantwortlich zu machen. Man müsste dann aber (in Ermangelung markanter Zwischenstufen) jegliche Nötigung hierfür ausreichen lassen, wofür neben einer Erfassung dieses spezifischen Unrechts durch die Anstiftung (§ 26) zur Haupttat in Idealkonkurrenz mit Nötigung (§ 240) kein kriminalpolitisches Bedürfnis besteht. Umgekehrt lässt sich dadurch, dass auch solche Fälle einer gravierenden Einflussnahme noch unter § 26 fallen, die anderenfalls zweifelhafte Gleichstellung im Strafrahmen zwischen Anstiftung und Täterschaft rechtfertigen (s. *Schünemann/Greco* LK § 26 Rdn 15).

**c) Nötigung zur Selbstschädigung und Selbsttötung.** Sonderprobleme stellt die **Nötigung zur Selbstschädigung und zur Selbsttötung.**[257] Denn die dem Opfer in solchen Fällen angesonnenen Verhaltensweisen sind nicht strafbar, so dass für die Abgrenzung von mittelbarer Täterschaft und bloßer Nötigung nicht unmittelbar auf das Verantwortungsprinzip des § 35 zurückgegriffen werden kann. Auch teleologisch entsprechen die Konstellationen einander nicht völlig, weil das hemmende Gegenmotiv, das in der Abneigung gegen das Unrechttun und der Furcht vor Bestrafung liegt, hier entfällt.[258] Gleichwohl wird man aus den in Rdn. 88 f genannten Gründen mit einer verbreiteten Auffassung[259] die Kriterien des § 35 in analoger Anwendung zugrunde legen, eine mittelbare Täterschaft also nur dann annehmen dürfen, wenn die Selbstschädigung erfolgt ist, um eine gegenwärtige, nicht anders abwendbare Gefahr für Leib, Leben oder Freiheit vom Opfer der Nötigung, einem seiner Angehörigen oder einer ihm nahestehenden Person abzuwenden.[260] Die neuere Rechtsprechung liegt auf der hier vertretenen Linie, ohne sich mit der Gegenmeinung (Rdn. 93 f) bisher näher auseinandergesetzt zu haben. So sieht BGH NJW **1983** 462 in der Herbeiführung eines Rauschzustandes bei einem hirngeschädigten und schuldunfähigen Internierten in unmittelbarem Anschluss an die in Rdn. 92 vertretene Auffassung eine Körperverletzung in mittelbarer Täterschaft. Im Sirius-Fall (BGHSt **32** 38, 41 m. Anm. *Roxin* NStZ **1984** 70) verweist der BGH für die Möglichkeit der Tötung in mittelbarer Täterschaft durch Veranlassung eines Selbstmordes unter dem Gesichtspunkt der Nötigung auf § 35. 91

---

**255** Dagegen vor allem *Maurach/Zipf* § 33 Rdn. 40; *Maurach/Gössel*/Zipf[7] § 53 Rdn. 96 und *Rudolphi* ZStW **78** (1966) 76 ff (mit jeweils unterschiedlicher Begründung); und jüngst für einige Fälle *Bechtel* Schulausschließungsgründe S. 297 ff. Vgl. dazu näher *Schünemann/Greco* LK § 29 Rdn. 4.

**256** Eingehend zu den in Rdn. 90 behandelten Fallgestaltungen *Roxin* TuT S. 148–153.

**257** Für eine Einordnung dieser Fälle (und auch der irrtumsbedingten Selbstschädigungen) als unmittelbare Täterschaft *Schumann* FS Puppe 975 ff.

**258** *Herzberg* TuT§ 3 III 7.

**259** Eingehend *Roxin* FS Dreher 331 ff; *ders.* TuT S. 158–163, 818 ff Rdn. 317 ff; *ders.* AT II § 25 Rdn. 54 ff. Sodann *Bottke* TuG S. 247 ff; *ders.* GA **1983** 30 ff; *Charalambakis* GA **1986** 489 ff, 498 ff; *Hirsch* JR **1979** 432; *Jakobs* § 21 Rdn. 56 ff, 97 ff; *Schmidhäuser* StuB § 10 Rdn. 91; *ders.* AT § 14 Rdn. 45; *Schneider* MK vor § 211 Rdn. 54 ff; unentschieden *Stratenwerth/Kuhlen* AT § 12 Rdn. 71 f.

**260** Aus der älteren Rechtsprechung ist vor allem der Fall Höfeld (mitgeteilt von *R. Lange* Der moderne Täterbegriff S. 32 f) zu nennen, wo Eltern ihre Tochter durch Drohungen und Schläge in einen Selbstmordversuch getrieben hatten; ferner OGHSt **2** 5–11 (7/8), wo KZ-Häftlinge mit den Mitteln des § 35 zu stundenlangem Aufenthalt in eiskaltem Wasser getrieben wurden. Anders liegt der in diesem Zusammenhang oft angeführte Fall RGSt **26** 242, wo ein Arbeitgeber einem Lehrling befohlen hatte, ein Stück ungereinigten Darmes zu essen. Da über eine Anwendung der in § 35 genannten Zwangsmittel nichts bekannt ist, lässt sich die mittelbare Täterschaft hier besser auf die Jugendlichkeit des Opfers stützen (Rdn. 134).

92 Auf diese Kriterien käme es freilich nicht an, wenn mit einer vereinzelt vertretenen Auffassung jede Mitwirkung am Suizid schlechthin für strafbar erklärt würde.[261] Diese Bemühungen haben jedoch, weil sie dem klar ersichtlichen Willen des Gesetzgebers zuwiderlaufen, in Wissenschaft und Praxis keine Resonanz gefunden und bedürfen deshalb hier keiner näheren Auseinandersetzung.[262] Vertreter eines „weichen Paternalismus" wollen die Straflosigkeit der Teilnahme auf nachvollziehbare Suizide beschränken,[263] doch ist auch das nur de lege ferenda von Bedeutung.[264] Die 2015 eingeführte Vorschrift über die geschäftsmäßige Förderung der Selbsttötung (§ 217) wurde indes für verfassungswidrig und nichtig erklärt (BVerfG NJW **2020** 905). Schließlich könnte eine weitergehende Bestrafung der Teilnahme am Selbstmord durch empirische Suizidforschungen[265] nahegelegt werden, denen zufolge dem Selbstmörder weit häufiger, als früher angenommen wurde, das Hemmungsvermögen und damit eine „freie" Willensentscheidung fehlt. Das ist freilich ein primär psychiatrisches und nur mittelbar ein juristisches Problem, doch sollte bei der gerichtlichen Beurteilung der Mitwirkung am Suizid darauf Bedacht genommen werden. Wenn etwa jemand einen anderen, der infolge einer endogenen Psychose selbstmordgefährdet ist, durch eine Aufforderung, „nun endlich Schluss zu machen", oder durch die Ermöglichung der Tat in den Tod treibt, so kann der Hintermann, wenn ihm die Krankheit des potentiellen Suizidenten bekannt ist, wegen Totschlags zur Verantwortung gezogen werden. Die weitere Entwicklung der Selbstmordforschung wird künftig in diesem Bereich noch klarere Abgrenzungen ermöglichen; die strafrechtsdogmatische Umsetzung ihrer Erkenntnisse zur Eigenverantwortlichkeit des Suizidenten ist ohne weiteres möglich. Die bei manchen Autoren verbreitete Annahme, dass es einen verantwortlichen Suizid fast gar nicht gebe, ist aber einstweilen mit Vorsicht zu beurteilen. So hat die Rechtsprechung auch in spektakulären Fällen (BGHSt **32** 38; GA **1986** 508) einen Ausschluss der Verantwortlichkeit bei der Selbstschädigung nicht feststellen können. Vor allem bei lange gehegten und eindeutig erklärten Todeswünschen alter und kranker Menschen lässt sich vielfach die Verantwortlichkeit der Entscheidung, aus dem Leben gehen zu wollen, kaum bestreiten.[266] Diese Linie wird in der jüngsten Rspr. bestätigt (BGHSt **64** 121 [126 f Rdn. 21]; **64** 135 [139 Rdn. 17]), die in BVerfG NJW **2020** 905 (Rdn. 204 ff) nicht davor zurückschreckte, den Suizid als Komponente des allgemeinen Persönlichkeitsrechts anzusehen und somit in den Status eines Grundrechts zu erheben.

93 Nach einer im Anschluss an *Geilen*[267] vor allem von *Herzberg*[268] näher begründeten Lehre, die viele Anhänger gewonnen hat,[269] soll jedoch statt auf die Grundsätze des § 35 auf die Voraus-

---

**261** *Schmidhäuser* FS Welzel 801 ff; *Bringewat* ZStW **87** (1975) 623 ff; *Schilling* JZ **1979** 159 ff; gegen eine generelle Straflosigkeit der Beteiligung am Suizid – nicht als Teilnahme, sondern als Täterschaft – nunmehr *Herzberg* ZIS **2016** 441 f.

**262** Gegen *Schmidhäuser* und *Bringewat* ausführlich *Roxin* FS Dreher 335 ff; gegen *Schilling* s. *Bottke* TuG S. 235 ff.

**263** *Merkel* in: Merkel/Hegselmann (Hrsg.) Zur Debatte über Euthanasie (1991) 71 ff; *Jakobs* Tötung auf Verlangen, Euthanasie und Strafrechtssystem (1998).

**264** Durchgreifende **Kritik** bei *Roxin* FS GA 177 ff.

**265** Vgl. nur den von *Ringel* herausgegebenen Sammelband „Selbstmordverhütung" (1969); aber auch *Wagner* Selbstmord und Selbstmordverhinderung (1975); *Bottke* Suizid und Strafrecht (1982). In der juristischen Literatur hat zuerst *Geilen* JZ **1974** 152 f auf die empirischen Forschungen zum Suizid hingewiesen. Eine ausführliche Darstellung gibt *Jähnke* LK[11] Vor § 211 Rdn. 27 ff (kürzer jetzt *Rosenau* LK[12] Vor § 211 Rdn. 104 ff); siehe ferner *Ringel/Sonneck* in: Pohlmeier (Hrsg.) Selbstmordverhütung [2](1994) 99 ff; *Pohlmeier* in: Pohlmeier/Schöch/Venzlaff (Hrsg.) Suizid zwischen Medizin und Recht (1996) 33 f, 47; *Hoff/Venzlaff* in: Venzlaff/Foerster (Hrsg.) Psychiatrische Begutachtung [6](2015) 709 ff; *Scheib* Kriminologie des Suizids (2000) 11 ff.

**266** Das zeigen etwa die Fälle BGHSt **32** 367; BGH NStZ **1987** 365; LG Ravensburg NStZ **1987** 229.

**267** JZ **1974** 151 f.

**268** JuS **1974** 378 f; JA **1985** 336; TuT § 3 III 7 und öfter.

**269** *Amelung* Coimbra-Symposium S. 247; Baumann/Weber/Mitsch/*Eisele* § 25 Rdn. 113; *Brandts* Jura **1986** 495; *Freund/Rostalski* AT § 10 Rdn. 98; *Henking* JR **2015** 174 (176); *Krey/Esser* AT § 27 Rdn. 913 ff; *Kühl* AT § 20 Rdn. 51; Lackner/Kühl/*Kühl* Vor § 211 Rdn. 13a; *Mañalich* FS Puppe 725; *Neumann* JuS **1985** 677 ff, 679 f; *Otto* AT § 21 Rdn. 103; *ders.* Jura **1987** 256 f; Maurach/Gössel/Zipf/*Renzikowski* § 48 Rdn. 102 f; *Wessels/Beulke/Satzger* Rdn. 277, 849.

setzungen einer wirksamen **Einwilligung** abgestellt, mittelbare Täterschaft also schon dann angenommen werden, wenn unter der Voraussetzung einer Fremdschädigung die Einwilligung des Opfers unwirksam wäre, was schon bei einer „gewichtigen" Drohung der Fall sein soll. Wenn also A den B durch Drohung mit einem Skandal oder mit wirtschaftlichen Nachteilen bewegt, ein dem B gehörendes belastendes Dokument zu vernichten, so wäre das außer einer Nötigung auch noch Sachbeschädigung und Urkundenunterdrückung in mittelbarer Täterschaft. Das dürfte aber zu weit gehen, weil in dem vom Täter aus gesehen parallelen Fall, dass das Dokument einem Dritten gehört, jedenfalls (auch nach Meinung *Herzbergs*) nur eine Anstiftung vorläge und weil vom Standpunkte des Opfers aus die Furcht vor der sicheren Selbstbeschädigung der Furcht vor einer nur vielleicht möglichen Bestrafung im Falle einer Drittschädigung an Hemmungswirkung typischerweise gleichsteht. Selbst wenn man aber diese Gleichstellung bestreitet, bleibt es doch dabei, dass der unmittelbar Handelnde bis zur Grenze des § 35 die Verantwortung für sein Tun selbst trägt, so dass der Außenstehende anders als in den Einwilligungsfällen nicht die Tatherrschaft hat und deshalb auch nicht mittelbarer Täter sein kann. Es ist ein Unterschied, ob man selbst Hand an sich legt oder sich einem anderen ausliefert; dieser Unterschied wird durch die Gegenmeinung in unsachgemäßer Weise eingeebnet. Abgesehen davon ist es auch aus Gründen der Rechtssicherheit wenig empfehlenswert, von den gesicherten Grundsätzen der strafrechtlichen Notstandslehre zu den gesetzlich ungeregelten und vagen Wirksamkeitsvoraussetzungen der Einwilligung überzugehen.

Entsprechendes gilt für den Fall der **Nötigung zur Selbsttötung,** wo die Gegenmeinung 94
auf die Voraussetzungen des § 216 abstellen, einen Mord oder Totschlag in mittelbarer Täterschaft also nur dann verneinen will, wenn ein Verlangen des Opfers – gesetzt, es wäre gestellt worden – „ausdrücklich und ernstlich" gewesen wäre. Das führt aber zu einer angesichts der Schwere der Strafdrohung nach §§ 211, 212 kaum erträglichen Abgrenzungsunsicherheit, weil die Vergleichsbasis gänzlich hypothetisch ist. Außerdem sind die Voraussetzungen des § 35 ja schon sehr früh erfüllt und decken alle relevanten Fälle ab, wie auch die historischen Fälle des Oberst *Redl* und des Generalfeldmarschalls *Rommel* belegen: Der Selbstmord war hier nur die Alternative zu einer statt dessen angedrohten schimpflichen Hinrichtung. In Wirklichkeit beruht deshalb die Häufigkeit strafbarer Veranlassung und Förderung von Selbsttötungen nicht darauf, dass Drohungen unterhalb der Schwelle des § 35 tatherrschaftsbegründend wirken, sondern vielmehr auf dem Umstand, dass Selbstmörder häufiger, als man früher annahm, ihrem Leben auf Grund seelischer Störungen ein Ende setzen, die unter dem Gesichtspunkt analoger Heranziehung des § 20 einen Veranlassenden zum mittelbaren Täter machen können (vgl. Rdn. 134 ff). Die Nötigungsherrschaft sollte also auch hier auf die Anwendung der in § 35 genannten Mittel beschränkt werden. Zu weit geht es daher, wenn der BGH[270] den Vorschlag einer Ehefrau gegenüber ihrem Mann, Selbstmord zu begehen, und die „zügige" Durchsetzung des Planes, die ihn nicht mehr „zum ruhigen Überdenken ihres Vorschlages" kommen ließ, schon für eine Tatherrschaft und damit eine mittelbare Täterschaft der Frau ausreichen lassen will. Auf einem anderen Blatt steht es, ob die hinzukommende Vortäuschung eines Doppelselbstmordes durch die Frau oder der deprimierte Zustand des Ehemannes eine mittelbare Täterschaft begründen konnten (dazu Rdn. 129 f).

**d) Nötigung durch rechtmäßig handelndes Werkzeug.** Nach h. M. soll auch eine **Nötigungsherrschaft mit Hilfe eines rechtmäßig handelnden Werkzeuges** möglich sein. Wenn A den B durch die Mittel des § 35 zwingt, den C anzugreifen, der nun in gerechtfertigter Notwehr (§ 32) den B verletzt oder tötet, so ist A im Hinblick auf die Schädigung des B mittelbarer Täter nach §§ 223 bzw. 211/212, weil der den C rechtfertigende Umstand dem (beide Tatmittler beherrschenden) A nicht zugute kommt. Allerdings liegt mittelbare Täterschaft nur vor, wenn B sich 95

270 GA **1986** 508 f. Dazu *Brandts/Schlehofer* JZ **1987** 442–448; *Charalambakis* GA **1986** 485–507; *Neumann* JA **1987** 244–256.

dem A gegenüber wirklich in einer Notstandslage befindet. Stiftet A den B lediglich zum Angriff auf C in der Hoffnung an, dass dieser bei der Abwehr den B verletzen werde, so ist das unter dem Gesichtspunkt einer Schädigung des B straflos; B muss dann die ihn treffenden Folgen seines frei verantwortlichen Handelns selbst tragen.[271] Aber daran wird deutlich, dass als Tatmittler nicht der gerechtfertigte Angegriffene, sondern nur der zur mittelbaren Selbstverletzung genötigte Angreifer als schuldloses Werkzeug in Betracht kommt. Freilich kann der Angreifer im Nötigungsnotstand ausnahmsweise auch gerechtfertigt handeln (Beispiel: Er wird unter Lebensgefahr zu einer Sachbeschädigung gezwungen),[272] und dann geht es um einen genuinen Fall der o. g. Kategorie.

96 **e) Rechtswidriger bindender Befehl. Den rechtswidrigen bindenden Befehl als Fall der mittelbaren Täterschaft** durch ein unfrei handelndes Werkzeug gibt es seit dem Wegfall der Übertretungen im Strafrecht nicht mehr.[273] Der Beamte muss eine Anordnung seines Vorgesetzten nur ausführen, „wenn das aufgetragene Verhalten die Würde des Menschen verletzt oder strafbar oder ordnungswidrig ist und die Strafbarkeit oder Ordnungswidrigkeit für die Beamtinnen und Beamten erkennbar ist" (§§ 63 II 4 BBG, 36 II 4 BeamtStG).[274] Für das Militär ordnet § 11 Abs. 2 S. 1 SoldG unter Aussparung der Ordnungswidrigkeiten an: „Ein Befehl darf nicht befolgt werden, wenn dadurch eine Straftat begangen würde." Entsprechende Regelungen finden sich auch sonst (etwa im UZwG und in den Beamtengesetzen der Länder). Rechtswidrige verbindliche Befehle gibt es infolgedessen nur noch, soweit sie auf zivilrechtswidriges Verhalten oder, bei Soldaten, außerdem auf die Begehung einer Ordnungswidrigkeit gerichtet sind. Insoweit liegt dann quasi eine mittelbare Täterschaft vor, bei der es nur an einer Straftat fehlt.

97 Führt der Untergebene einen rechtswidrigen Befehl in Kenntnis seiner Unverbindlichkeit aus, so ist er Täter, wenn auch seine Schuld ggf. gemäß § 5 Abs. 2 WStG gemildert ist; der Vorgesetzte ist Anstifter, haftet aber ggf. nach der verschärften Strafdrohung des § 33 WStG.[275] Die gegenteilige, aus der subjektiven Theorie abgeleitete Meinung, wonach der Untergebene Gehilfe und der Vorgesetzte mittelbarer Täter ist,[276] lässt sich mit der Regelung der unmittelbaren Täterschaft im neuen § 25 Abs. 1 (Rdn. 71 ff) nicht mehr vereinbaren. Handelt der Untergebene im Verbotsirrtum, so kann freilich aus diesem Grunde eine mittelbare Täterschaft vorliegen (vgl. Rdn. 109 f). Ferner bleibt natürlich die *Konnivenzhaftung* des Vorgesetzten bei Amtsdelikten gem. § 357 ebenso unberührt wie seine Verantwortlichkeit unter dem Gesichtspunkt des unechten Unterlassens gem. § 13, was dann insgesamt eine Qualifikation als *Mittäter* rechtfertigt (näher Rdn. 135).

---

**271** Vgl. aus dem Schrifttum (z. T. weitergehend) *Roxin* LK[11] Rdn. 69; *ders.* AT II § 25 Rdn. 59; Baumann/Weber/Mitsch/*Eisele* § 25 Rdn. 126; *Herzberg* Mittelbare Täterschaft bei rechtmäßig oder unverboten handelndem Werkzeug (1967) 29; *Jescheck/Weigend* § 62 II 3; *Joecks* MK Rdn. 68; *Köhler* AT S. 508 ff; *Welzel* § 15 II 4a. Einen neuen Begründungsversuch mittels der Figur der actio illicita in causa unternimmt *Puppe* FS Küper 443; *dies.* GA **2013** 528 f. Zur Auseinandersetzung mit der älteren Literatur, der konstruktiven Problematik des rechtmäßig handelnden Werkzeuges und weiteren, strittigen Varianten der Grundkonstellation vgl. *Roxin* TuT S. 163–168.

**272** Dazu eingehend m. w. N. *Zieschang* LK § 34 Rdn. 132; *Neumann* NK § 34 Rdn. 53 ff.

**273** And. *Hoyer* SK Rdn. 50.

**274** Die geschlechtssensible Formulierung des neuen Gesetzes geht nicht nur, wie immer, auf Kosten der Lesbarkeit, sondern auch der Genauigkeit: aus dem Wortlaut ist nicht mehr ersichtlich, ob die Erkennbarkeit beim handelnden Beamten oder bei einer Mehrzahl von Beamten gegeben sein muss.

**275** Vgl. *Jescheck/Weigend* § 62 II 5. Die Frage ist sehr str.; vgl. näher *Schroeder* S. 131 ff.

**276** *Busch* LK[9] § 47 Rdn. 40; BGHSt **8** 397 f wollten je nach den Umständen des Falles Täterschaft oder Gehilfenschaft des Ausführenden annehmen.

## 6. Mittelbare Täterschaft kraft Irrtums („Irrtumsherrschaft")

Die Möglichkeit mittelbarer Täterschaft durch Einsatz eines irrenden Tatmittlers tritt uns auf vier **verschiedenen Stufen** entgegen: 98

(1) Der Irrtum kann den Vorsatz und damit schon ein tatbestandsmäßiges Handeln auf Seiten des Werkzeuges ausschließen (Rdn. 100 ff).

(2) Er kann die Rechtswidrigkeit betreffen, sei es, dass er – wie oft bei der Täuschung von Amtspersonen – das Handeln des Tatmittlers als rechtmäßig erscheinen lässt, sei es, dass er sich als Irrtum über die sachlichen Voraussetzungen eines Rechtfertigungsgrundes oder als Verbotsirrtum darstellt (Rdn. 105 ff).

(3) Der Irrtum kann sich ferner auf die Voraussetzungen eines Entschuldigungsgrundes erstrecken (Rdn. 114 ff).

(4) Schließlich kann die Fehlvorstellung dem Ausführenden trotz vorsätzlich-unrechtmäßigen und schuldhaften Handelns die wahre Bedeutung seines Tuns verschleiern und so dem Hintermann eine sinngestaltende Überdetermination ermöglichen (Rdn. 117 ff).

(5) Als selbständige Fallgruppe tritt die durch Täuschung bewirkte Selbstschädigung oder Selbsttötung hinzu (Rdn. 126 ff).

Von der Nötigungsherrschaft **unterscheidet** sich die Irrtumsherrschaft grundlegend dadurch, dass bei ihr nicht die Handlungsherrschaft des Tatmittlers durch Zwang in den Dienst des Hintermannes gestellt wird; vielmehr wird dem mittelbaren Täter durch seine überlegene Sachverhaltskenntnis eine nötigungsfreie Lenkung des Geschehens aus dem Hinterhalt ermöglicht. Wegen dieser strukturellen Abweichung lässt sich das schon bei der Nötigungsherrschaft nur im Regelfall zur Abgrenzung von mittelbarer Täterschaft und Anstiftung heranzuziehende „Verantwortungsprinzip" (Rdn. 88 f) auf die Irrtumsherrschaft nicht übertragen, so dass hier bei mehreren Fallgestaltungen erst recht eine mittelbare Täterschaft mit Hilfe eines trotz seines Irrtums verantwortlichen Tatmittlers in Betracht kommt. Dieses Problem des „Täters hinter dem (verantwortlichen) Täter" hat sich im Anschluss an einige aufsehenerregende Entscheidungen (Sirius-Fall, BGHSt **32** 38; Katzenkönig-Fall, BGHSt **35** 347) zu einem Zentralthema der neueren Diskussion entwickelt. Es wird in den jeweiligen Zusammenhängen näher behandelt werden (Rdn. 110 ff; 117 ff; 122; 144). 99

**a) Der vorsatzausschließende Irrtum des Tatmittlers.** Der *Grundfall* wird durch das Schulbeispiel bezeichnet, in dem einer ahnungslosen Krankenschwester von dem arglistigen Arzt eine vergiftete Spritze übergeben wird, durch deren auftragsgemäße Injektion der Patient zu Tode kommt. Es handelt sich hier um eine schlechthin eindeutige, geradezu archetypische Konstellation mittelbarer Täterschaft: Der Tatmittler wird als „blinder" Kausalfaktor nach Art eines mechanischen „Werkzeuges" in den allein vom Hintermann zielbewusst („final") gesteuerten Geschehensablauf eingespannt. Nur der Hintermann verwirklicht kraft seiner Tatherrschaft objektiv und subjektiv den Tatbestand und wird so zum (mittelbaren) Täter.[277] Dies gilt für alle Gemeindelikte und damit auch für die *Steuerhinterziehung* gemäß § 370 Abs. 1 Nr. 1 AO (zutr. *Beckemper* wistra **2002** 401 ff gegen BFHE **148** 218, 222 [st. Rspr.]). Zu den Beteiligungsproblemen beim Unterlassungsdelikt des § 370 Abs. 1 Nr. 2 AO BGHSt **48** 52 (58); BGH wistra **2003** 266 m. **krit.** Rezension von *Weidemann* wistra **2003** 241; BGH BeckRS **2010** 10699; BGHSt **58** 218 (227 ff. Rdn. 52 ff);[278] BGH NZWiSt **2016** 23; NStZ **2018** 544; BGHSt **63** 282; NStZ-RR **2018** 16 (18); NStZ-RR **2019** 213. 100

Nicht so eindeutig ist die Annahme einer mittelbaren Täterschaft in der Konstellation, dass der Tatbeitrag des Hintermannes bei vorsätzlichem Handeln des unmittelbar Ausführenden **nur** 101

---

**277** Fälle aus der Rechtsprechung: RGSt **39** 298; 47 147, 148; **62** 369, 390; **70** 212; BGHSt **30** 363; BGH NStZ **2013** 103 m. Bspr. *Jäger* JA **2013** 71; NJW **2018** 1411 (1413); NStZ **2007** 592 (Rdn. 20); OLG München NJW **2006** 3364.

**278** Näher hierzu *Reichling/Lange* NStZ **2014** 311; *Madauß* NZWiSt **2016** 268.

**eine Beihilfe wäre.** Wenn der Ausführende auch in diesem Fall nur als blinder Kausalfaktor eingesetzt wird und der Hintermann als einziger den Ablauf final auf die Tötung eines Menschen zusteuert, ist es für die Frage nach der Tatherrschaft ohne Belang, ob bei einem Vorsatz des unmittelbar Handelnden in der Person des Hintermannes Anstiftung oder „nur" Beihilfe vorläge. Wenn also der Neffe unbemerkt Gift in die Kaffeetasse schüttet, die die Pflegerin später nichtsahnend der Erbtante reicht,[279] ist er mittelbarer Täter eines Mordes, obwohl er bei vorsätzlichem Handeln der Pflegerin nur Gehilfe wäre.[280] Zweifelhaft wird die Entscheidung, wenn der Irrtum vom Hintermann nicht verursacht, sondern nur ausgenutzt wird – wenn also etwa jemand einem anderen auf dessen Bitte ein geladenes Gewehr reicht, obwohl er erkennt, dass das von diesem vermeintlich entdeckte „Wild" in Wahrheit ein Spaziergänger ist, oder in dem von *Nowakowski*[281] gebildeten Fall, dass jemand der Mutter, die dem Kind ein Kopfschmerzpulver geben will, das dazu benötigte Glas Wasser reicht, obwohl er erkennt, dass die Mutter das Mittel verwechselt und ein tödliches Gift ergriffen hat.

102 Dass die **fehlende Hervorrufung des Handlungsentschlusses** beim vorsatzlos Ausführenden an der mittelbaren Täterschaft des sehenden Hintermannes nichts ändert, war früher sehr umstritten, entspricht aber der jetzt h. M.[282] Von seinem normativistischen Ausgangspunkt aus (oben Rdn. 75, 77) hat *Jakobs* eine differenzierende Lösung vorgeschlagen, die die mittelbare Täterschaft des Hintermannes von seiner **„Zuständigkeit" für das Verhalten oder den Irrtum** des Vordermannes abhängig macht und diese „Zuständigkeit" wiederum an ein „Recht auf Wahrheit" knüpft, welches freilich nicht dem Vordermann, sondern dem potentiellen Opfer zustehen soll (GA **1997** 553, 560 ff). Aber das führt zu einem Widerspruch, denn die Rechtswidrigkeit der Gefahrschaffung muss (wie *Jakobs* zutreffend erkennt) gegenüber dem Rechtsgutsträger begründet werden, während das „Recht auf Wahrheit" nur innerhalb eines Kommunikationszusammenhanges bestehen und damit allenfalls dem Vordermann zustehen könnte, auf den es aber im Verhältnis des Hintermannes zum Rechtsgutsträger nicht ankommt (so *Jakobs* selbst, GA **1997** 566). Zudem ist die Berufung auf eine Zuständigkeit, die ihrerseits durch das Vorliegen von Aufklärungspflichten zu bestimmen ist, ein obscurum per obscurius, das sich im Kreis bewegt (vgl. bereits Rdn. 87). Zurückzuweisen sind auch neuere Ansätze,[283] die es nicht bei einer Berufung auf eine inhaltsleere Zuständigkeit oder Verantwortlichkeit für den Irrtum belassen, sondern Anleihen bei der Betrugsdogmatik machen: Der Irrtum soll erst eine mittelbare Täterschaft begründen, wenn er auf eine ausdrückliche oder konkludente Täuschung zurückgeht oder wenn eine Garantenstellung bzw. eine Aufklärungspflicht besteht.[284] Obwohl sich gegen diese Thesen der Vorwurf der Zirkelhaftigkeit bzw. Inhaltsleere nicht mehr richten lässt, erscheint die Heranziehung der Betrugsdogmatik, bei deren Konturierung es immer auch darum geht, geschäftliche Risiken angemessen zu verteilen und Verhandlungsgeschick nicht zu pönalisieren, als ein unzulässiger Schluss vom Sonderfall aufs allgemeine Prinzip. Richtig ist deshalb folgende Lösung: Jeder Beitrag des Hintermannes führt zu dessen mittelbarer Täterschaft, sofern er bei einem vorsätzlich handelnden Vordermann strafbare Beihilfe wäre – woran es freilich in

**279** *Jescheck/Weigend* § 62 I 3.

**280** Sofern man mit der hier für richtig gehaltenen restriktiven Auffassung für die Mittäterschaft eine Tätigkeit im Ausführungsstadium verlangt, s. u. Rdn. 182 ff.

**281** JZ **1956** 549.

**282** Vgl. ausführlich *Roxin* TuT S. 173–178; *ders.* AT II § 25 Rdn. 64; *Busch* LK[9] § 47 Rdn. 32; *Freund/Rostalski* AT § 10 Rdn. 59; mit geringfügigen Einschränkungen *Gallas* Mat. Bd. I, S. 138; *ders.* ZStW-Sonderheft Athen (1957) 11; *Köhler* AT S. 508; *SSW/Murmann* Rdn. 12; *Stratenwerth/Kuhlen* AT § 12 Rdn. 36; gegen die zuletzt wieder von *Schumann* Selbstverantwortung S. 98 ff vertretene Ablehnung einer Täterschaft durchschlagend *Roxin* LK[11] Rdn. 76.

**283** *Hoyer* SK Rdn. 103 ff; Maurach/Gössel/Zipf/*Renzikowski* § 48 Rdn. 30 ff.

**284** *Hoyer* SK Rdn. 105 f; *ders.* FS Herzberg 389 f; Maurach/Gössel/Zipf/*Renzikowski* § 48 Rdn. 31. Genau umgekehrt möchte *Kindhäuser* FS Bemann 347 ff. den Betrug anhand der allgemeinen Dogmatik der mittelbaren Täterschaft neuinterpretieren.

den Fällen des sog. *neutralen Verhaltens* fehlt, das infolgedessen ebenso wenig unter § 25 subsumiert werden kann wie unter § 27[285] (näher *Schünemann/Greco* LK § 27 Rdn. 17 ff).

Die mittelbare Täterschaft ist ferner **unabhängig** davon, ob dem vorsätzlich handelnden **Tatmittler Fahrlässigkeit zur Last fällt** oder nicht.[286] Für die *unbewusste Fahrlässigkeit* ist das eindeutig; denn der Umstand, dass der Ausführende den Irrtum hätte vermeiden können, ändert nichts daran, dass er in concreto die Sachlage nicht erkannt hat und deshalb ein bloßes „Werkzeug" in der Hand des Hintermannes war. Schwieriger liegt es bei einer *bewussten Fahrlässigkeit* des unmittelbar Handelnden; denn hier erkennt der Mittler immerhin die Möglichkeit, dass der Erfolg eintreten könne, ist also nicht eigentlich „blind", sondern nur leichtsinnig in seinem Vertrauen auf einen glücklichen Ausgang.[287] Doch wird man auch dann, wenn die Differenz zwischen Vorder- und Hintermann nur im Voluntativen liegt, wenn also beide dasselbe „sehen" und nur der Ausführende die Gefährlichkeit seines Handelns, zu dem ihn der mit dem Erfolgseintritt Rechnende anstachelt, nicht „ernst nimmt", eine Tatherrschaft des aus dem Hintergrunde Dirigierenden noch bejahen können. Denn dem auf das Ausbleiben eines Erfolges leichtsinnig Vertrauenden fehlt es gegenüber den Einflüsterungen eines vorsätzlich handelnden spiritus rector an den für eine eigene Tatherrschaft nötigen Hemmungsmotiven.[288] 103

Mittelbare Täterschaft kraft ausgeschlossenen Vorsatzes beim unmittelbaren Täter liegt ferner auch dann vor, wenn der Ausführende zwar **einen Straftatbestand** oder deren mehrere **vorsätzlich erfüllt, hinsichtlich einer anderen,** nur vom Hintermann gesteuerten **Tatbestandsverwirklichung** aber **unvorsätzlich handelt.** So verhielt es sich in BGHSt **30** 363: Der Angeklagte hatte den Ausführenden zum Zwecke der Beraubung des Opfers ein angeblich nur körperverletzendes Mittel übergeben, das aber, wie der Angeklagte wusste, tödliche Wirkung hatte (ähnlich die Vergiftung von Gretchens Mutter in *Goethes* Faust I!). Hier wäre, wenn die Tat zur Ausführung gekommen wäre, ein Mord in mittelbarer Täterschaft anzunehmen gewesen, hinter dem die bloße Anstiftung zur Körperverletzung zurückgetreten wäre und mit dem die Anstiftung zum Raube in Idealkonkurrenz gestanden hätte. Das folgt aus der Tatbestandsbezogenheit des Täterbegriffs.[289] 104

## b) Der die Rechtswidrigkeit betreffende Irrtum des Tatmittlers

**aa) Der Tatmittler handelt als rechtmäßiges Werkzeug.** Mittelbare Täterschaft durch ein rechtmäßig handelndes Werkzeug ist gegeben, wenn ein vom Hintermann hervorgerufener oder 105

---

285 Genau in diese Gruppe fällt denn auch der bei *Jakobs* GA **1997** 564 angeführte Fall, dass ein Einzelhändler eine größere Menge Kochsalz verkauft, durch deren fehlerhafte Verwendung der Käufer später wertvolle Orchideen vergiftet.

286 Manche Autoren wollen, wenn dem Tatmittler nicht einmal Fahrlässigkeit zur Last fällt, sogar eine unmittelbare Täterschaft annehmen (Nachw. bei *Hoyer* SK Rdn. 70; *Joecks* MK Rdn. 82), was aber dem Willen des Gesetzgebers nicht entspricht und auch die kategoriale Einteilung der Täterschaftsformen von einer für die Verantwortlichkeit des Hintermannes gleichgültigen Differenzierung abhängig macht.

287 *Roxin* hat deshalb früher (TuT S. 180–193, 220–225 in ausführlicher Auseinandersetzung mit der gesamten Problematik) eine mittelbare Täterschaft mit Hilfe eines bewusst fahrlässig handelnden Werkzeugs nur für den Fall bejahen wollen, dass der Hintermann das Risiko des Erfolgseintritts besser übersieht als der Ausführende, während bei gleicher Kenntnis der Erfolgschance nur eine Teilnahme des Hintermannes angenommen wurde (die heute wegen des Vorsatzerfordernisses in §§ 26, 27 allerdings nicht mehr bestraft werden könnte).

288 *Roxin* AT II § 25 Rdn. 65; ebenso *Stratenwerth/Kuhlen* AT § 12 Rdn. 35; Sch/Schröder/*Heine/Weißer* Rdn. 16; **krit.** *Joecks* MK Rdn. 85; **diff.** *Hoyer* SK Rdn. 69.

289 *Stein* Beteiligungsformenlehre S. 291 bei und in Anm. 17. Auch sonst h. M., vgl. nur Sch/Schröder/*Heine/Weißer* Rdn. 15; *Hoyer* SK Rdn. 67; *Jescheck/Weigend* § 62 II 2; *Kadel* GA **1983** 302; *Roxin* AT II § 25 Rdn. 66. Verkannt von *Sippel* NJW **1983** 2226 ff; *ders.* NJW **1984** 1866; *ders.* JA **1984** 480 f; gegen ihn mit Recht *Spiegel* NJW **1984** 110; *ders.* NJW **1984** 1867; *Teubner* JA **1984** 144 f.

ausgenutzter Irrtum des unmittelbar Handelnden die Erlaubtheit seines Tuns unberührt lässt. So liegt es vielfach bei der Täuschung von Staatsorganen. Wenn also jemand durch bewusst unwahre Beschuldigungen eine auf Grund des manipulierten Verdachtes rechtmäßige Verhaftung bewirkt, ist er mittelbarer Täter einer Freiheitsberaubung, während Polizei, Staatsanwaltschaft und Richter gutgläubig-rechtmäßige Tatmittler sind (BGHSt **3** 4; **10** 306). Ein zu dieser Konstellation analoger Fall im Besonderen Teil ist der Prozessbetrug (RGSt **72** 150; vgl. näher die Erläuterungen zu § 263). Denkbar ist ferner eine Beleidigung in mittelbarer Täterschaft, wenn dem Tatmittler der Schutz des § 193 zur Seite steht, nicht aber dem Hintermann, dessen Auftrag er ausführt (RGSt **64** 23). Auch Kombinationen von Täuschung und Nötigung können in diesem Bereich vorkommen, doch können sich Täuschungs- und Rechtfertigungseffekt niemals auf zwei Werkzeuge „verteilen". Wenn A, um den B zu schädigen, diesem einen Angriff durch C vortäuscht, B daraufhin in Putativnotwehr auf C eindringt und dieser bei der erforderlichen Verteidigung den B verletzt, so ist A mittelbarer Täter einer Körperverletzung des B durch dessen Benutzung als getäuschtes Werkzeug, während der gerechtfertigt handelnde C von A nicht beherrscht wird und deshalb auch nicht als dessen Tatmittler fungiert (**and.** *Roxin* LK[11] Rdn. 80).

**106** Dagegen liegt bei **Erstattung einer objektiv wahren Anzeige** mangels einer durch Täuschung vermittelten Tatherrschaft des Hintermannes keine mittelbare Täterschaft des Anzeigenden vor, mag auch die Anzeige aus verwerflichen Beweggründen erfolgt sein. Wird der Angezeigte rechtens verurteilt, so ist die Anzeige in einem solchen Falle strafrechtlich irrelevant (insoweit zutr. BGHSt **3** 110, 115 f). Liegt ihr dagegen (etwa unter Berufung auf ein NS-Gesetz) ein nichtiges Terrorurteil zugrunde, so handeln die Richter selbst rechtswidrig, und es kommt normalerweise mangels Tatherrschaft des *Denunzianten* nur eine Anstiftung in Betracht, eine mittelbare Täterschaft dagegen nur im Fall einer wirklichen oder vermeintlichen Notstandslage der Richter. Der gegenteilige, ohne inhaltliche Begründung eingenommene Standpunkt von BGHSt **3** 110, 129, der in BGHSt **40** 218, 237 in einem obiter dictum mit der Idee der Tatherrschaft für vereinbar erklärt worden ist, verzichtet auf jede Werkzeugqualität des Vordermannes und ist deshalb mit der Tatherrschaftstheorie auch in der hier für richtig gehaltenen Form der Tatherrschaftsstufen (Rdn. 84 ff) nicht zu vereinbaren.

**107** Ein im Rahmen des Allgemeinen Teils vernachlässigtes, in den Spezialuntersuchungen zum Umweltstrafrecht aber um so häufiger erörtertes Thema bildet die Verantwortlichkeit eines **Amtsträgers**, der vorsätzlich einen rechtswidrigen Genehmigungsbescheid erlässt (oder an dessen Erlass mitwirkt), wenn der Begünstigte daraufhin den Tatbestand eines Umwelt-Gemeindelikts (etwa § 324 oder § 326) sei es gutgläubig, sei es bösgläubig erfüllt. Infolge dieser Vernachlässigung der allgemeinen Kategorien wurde die mittelbare Täterschaft im Schrifttum bald im Anschluss an *Horn* (NJW **1981** 1, 4) mit der bildhaften Redeweise von einem „Hochziehen der Rechtsschranke" begründet,[290] bald unter Hinweis auf eine fehlende Beherrschung des Begünstigten durch den Amtsträger verneint.[291] Der Bundesgerichtshof hat in der Variante, dass der Begünstigte von der materiell fehlerhaften, aber wirksamen Genehmigung gutgläubig Gebrauch macht, *mittelbare Täterschaft* bejaht, wobei er diese zur Begründung als „ein offenes Wertungsproblem, bei dem die Übergänge fließend sind" bezeichnete und „jedenfalls" dann bejahte, wenn der „Tatbeitrag (des Amtsträgers) im Rahmen des Gesamtgeschehens so gewichtig ist, dass es (?) – bei isolierter Betrachtung – täterschaftlichen Rang hat" – was im konkreten Fall wegen der starken Sachzwänge, unter denen der Begünstigte von der Genehmigung Gebrauch

**290** *Steindorf* LK[11] § 324 Rdn. 59; *Kuhlen* WiVerw **1992** 215, 294; *Rudolphi* FS Dünnebier 566; *ders.* ZfW **1984** 263, 264; *Winkelbauer* NStZ **1986** 150 f; *Möhrenschlager* NuR **1983** 209, 212; im Ergebnis ebenso unter Ableitung aus der Theorie der Organisationszuständigkeit von Jakobs *Hüwels* Fehlerhafter Gesetzesvollzug und strafrechtliche Zurechnung (1986) 58 f.

**291** *Immel* Strafrechtliche Verantwortlichkeit von Amtsträgern im Umweltbereich (1987) 144 ff; *ders.* ZRP **1989** 105, 107; *Paeffgen* FS Stree/Wessels 606; *Papier* NJW **1988** 1113, 114; *Rogall* Die Strafbarkeit von Amtsträgern im Umweltbereich (1991) 192 ff; weitere Nachweise bei *Wohlers* ZStW **108** (1996) 62 Fn. 7; Sch/Schröder/*Heine*/*Schittenhelm* Vor § 324 Rdn. 35.

machte, bejaht wurde (BGHSt **39** 381, 388 f). Dem hat sich die inzwischen völlig herrschende Meinung angeschlossen (*Steindorf* LK[11] § 324 Rdn. 59; *Ransiek* NK § 324 Rdn. 94), doch gibt es nach wie vor Gegenstimmen.[292] Tatsächlich hat der BGH, soweit es um die mittelbare Täterschaft geht, ein richtiges Ergebnis erzielt, aber das entbindet die Strafrechtswissenschaft nicht von der Aufgabe, das laut BGH „offene Wertungsproblem mit fließenden Übergängen"[293] anhand dogmatisch-systematisierter Maßstäbe zu lösen. Die erste Grundvoraussetzung der mittelbaren Täterschaft durch Benutzung des (gutgläubig aufgrund einer wirksamen Genehmigung und damit) rechtmäßig handelnden Werkzeuges ist die vorstehend Rdn. 106 akzentuierte, von BGHSt **39** 387 f ohne Thematisierung implizit bejahte *Irrtumsherrschaft* als notwendige, aber nicht hinreichende Bedingung für eine Beherrschung der Tat eines rechtmäßig handelnden Werkzeuges (wovon auch in der Konstellation des Amtsträgers nicht abgewichen werden kann, *Schünemann* wistra **1986** 235, 240 f). Als weitere, von *Horn* im Bild des Hochziehens der Schranke intuitiv richtig erfasste Voraussetzung muss der mittelbare Täter (was auch in den Denunziantenfällen ausnahmslos der Fall war) auch die *Bedingung der Rechtmäßigkeit (mit-) beherrschen*, was bei der Erteilung einer materiell fehlerhaften Genehmigung der Fall ist. Zur Frage, ob bei Bösgläubigkeit des Begünstigten *Mittäterschaft* gegeben ist, unten Rdn. 196.

**bb) Der Tatmittler irrt über die sachlichen Voraussetzungen eines Rechtfertigungsgrundes.** Mittelbare Täterschaft ist auch anzunehmen, wenn der Hintermann einen Irrtum des Ausführenden über die sachlichen Voraussetzungen eines Rechtfertigungsgrundes hervorruft oder ausnutzt, wenn also etwa jemand durch Vortäuschung indikationsbegründender Umstände einen an sich nicht indizierten Schwangerschaftsabbruch bewirkt, wenn jemand dem unmittelbar Handelnden die rechtfertigende Einwilligung des Rechtsgutsträgers vorspiegelt usw. Das versteht sich von selbst, wenn man mit der zutr. h. M. einen solchen Irrtum als vorsatzausschließend ansieht, denn dann handelt es sich um den Fall der Benutzung eines vorsatzlosen Werkzeuges (Rdn. 100 ff). Es muss aber auch dann gelten, wenn man meint, beim Ausführenden entfalle nicht der Vorsatz, sondern nur die Vorsatzschuld, oder wenn man gar, wie es die strenge Schuldtheorie vertritt, in solchen Fällen einen Verbotsirrtum annimmt. Denn unabhängig davon[294] ist der Hintermann jedenfalls der einzige, der die Sachlage überschaut und damit die Bewirkung eines deliktischen Erfolges in der Hand hat; das genügt, um ihm die Herrschaft über den Grund des Erfolges zu verschaffen und ihn damit zum mittelbaren Täter zu machen.[295] 108

**cc) Der Tatmittler handelt im Verbotsirrtum.** Hier stehen sich bei der Beurteilung des Hintermannes **zwei große Parteien** gegenüber. Die eine überträgt das Verantwortungsprinzip auf die Irrtumsfälle und beurteilt den Hintermann immer dann nur als Anstifter, wenn der unmittelbar Handelnde wegen der Vermeidbarkeit seines Verbotsirrtums als vorsätzlicher Täter – sei es auch bei gemilderter Schuld – zur Verantwortung gezogen wird. Eine mittelbare Täterschaft liegt danach nur dann vor, wenn der Ausführende wegen eines unvermeidbaren Verbotsirrtums schuldlos handelt.[296] Die andere, überwiegend vertretene Auffassung hält den Hintermann auch 109

---

292 Eindringlich *Wohlers* ZStW **108** (1996) 61 ff; differenzierend *Schirrmacher* JR **1995** 386; vgl. ferner zur Diskussion *Horn* JZ **1994** 636; *Rudolphi* NStZ **1994** 433; *Knopp* DöV **1994** 676; *Schünemann* wistra **1986** 235, 240 f.

293 Was als Umschreibung der typologischen Struktur des Täterbegriffs nicht falsch ist, aber doch dessen „Offenheit" zu sehr betont.

294 Zur Problematik des „Täters hinter dem vorsätzlichen Täter" vgl. Rdn. 109 ff.

295 Vgl. dazu m. w. N. *Roxin* TuT S. 205–208.

296 *Bloy* Zurechnungsstypus S. 347 ff, 351; *Herzberg* JuS **1974** 374; *Jakobs* § 21 Rdn. 96; *Jescheck/Weigend* § 62 II 5; *Köhler* AT S. 509; *Krey/Esser* AT § 27 Rdn. 903, 927; *Maiwald* ZStW **88** (1976) 736 f; *ders.* ZStW **93** (1981) 892 f; *Stratenwerth/Kuhlen* AT § 12 Rdn. 53 f. Im praktischen Ergebnis auch *Murmann*, der darauf abstellt, „inwieweit dem

bei einem vermeidbaren Verbotsirrtum des unmittelbar Handelnden für den mittelbaren Täter.[297] Die Begründungen wechseln, stützen sich aber der Sache nach darauf, dass der Hintermann den Vordermann durch die Überlegenheit, die ihm seine Unrechtskenntnis verleiht, zum arglosen Werkzeug seiner deliktischen Pläne machen könne. Vereinzelt wird bei vermeidbarem wie unvermeidbarem Verbotsirrtum nur eine Anstiftung des Hintermannes bejaht.[298] Oder es wird nicht auf die Vermeidbarkeit oder Unvermeidbarkeit des Irrtums, sondern auf dessen Ursprung abgestellt,[299] so dass ein Hintermann nur dann mittelbarer Täter sei, wenn er den Irrtum zum Zwecke der Deliktsverwirklichung hervorgerufen hat; in allen anderen Fällen soll Teilnahme an schuldloser Tat vorliegen.

**110** In der **Rechtsprechung** hat sich erstmals BGHSt **35** 347 näher mit der Frage beschäftigt.[300] R, ein vermindert schuldfähiger Polizeibeamter, hatte sich durch Frau H und P zu einem versuchten Mord an Frau N verleiten lassen. H und P hatten ihm vorgespiegelt, er müsse durch die Tötung der N ein Menschenopfer bringen, weil sonst ein (imaginärer) *„Katzenkönig"* Millionen von Menschen töten werde. Sie hatten ihm weisgemacht, dass das Tötungsverbot für sie nicht gelte, „da es ein göttlicher Auftrag sei und sie die Menschheit zu retten hätten" (S. 348). Der BGH nimmt an, der A habe sich infolge seiner wahnhaften Vorstellungen in einem Verbotsirrtum befunden,[301] der aber „bei gebührender Gewissensanspannung und der ihm zumutbaren Befragung einer Vertrauensperson" vermeidbar gewesen sei (S. 350). Gleichwohl hat der BGH H und P als mittelbare Täter angesehen. Die zentrale These des Urteils besteht darin, dass es dem Verantwortungsprinzip in Verbotsirrtumsfällen eine Absage erteilt. „§ 25 StGB erfordert jedenfalls nicht ein derart enges Verständnis des Begriffs der mittelbaren Täterschaft, wie es aus dem Verantwortungsprinzip hergeleitet wird. ... Auch dem in einem (scil. vermeidbaren) Irrtum handelnden Täter fehlt zur Tatzeit die Unrechtseinsicht. Dass er Kenntnisse hätte haben können, die er im konkreten Fall nicht hatte, braucht an der Tatherrschaft des die Erlaubtheit vorspiegelnden Hintermannes nichts zu ändern" (S. 353).[302] Der BGH zieht aus der Ablehnung des Verantwortungsprinzips aber nicht mit der h. M. den Schluss, dass der Verbotsirrtum des Ausführenden immer eine mittelbare Täterschaft begründe. Vielmehr will er „auf das Kriterium der

---

Hintermann zugunsten des Opfers eine Pflicht obliegt, die Hervorrufung oder Ausnutzung von Irrtümern über Rechtsfragen zu unterlassen" (GA **1998** 78, 83, 85; zur Kritik s. *Otto* FS Roxin I 487; *Roxin* AT II § 25 Rdn. 90; o. Rdn. 102 zum ähnlichen Standpunkt von *Jakobs* im Fall des vorsatzlosen Werkzeugs).

**297** Baumann/Weber/Mitsch/*Eisele* § 25 Rdn. 138 f; *Bottke* TuG 68 f; *Ebert* AT S. 197 (allerdings nicht für alle Fälle des Verbotsirrtums); *Freund/Rostalski* AT § 10 Rdn. 90; *B. Heinrich* Rdn. 1260; *M. Heinrich* Entscheidungsträgerschaft 219 ff; *Herzberg* TuT § 3 III 3a; *ders.* Jura **1990** 16 ff; *Hoyer* SK Rdn. 74; *Joecks* MK Rdn. 93 ff; *Kindhäuser* FS Bemmann 343 ff; *Küper* JZ **1989** 935 ff; *Lackner/Kühl/Kühl* Rdn. 4; *Otto* Jura **1987** 255; Maurach/Gössel/Zipf/*Renzikowski* § 48 Rdn. 39 f; *Roxin* AT II § 25 Rdn. 82; *Schmidhäuser* StuB § 10 Rdn. 88; *ders.* AT § 14 Rdn. 39; Sch/Schröder/*Heine/Weißer* Rdn. 43; *Schroeder* S. 76 ff, 126 ff; *Schumann* Selbstverantwortung S. 77 ff; *Zieschang* FS Otto 520.

**298** *Köhler* AT S. 509; *Welzel* § 15 II 2a a; *Bockelmann/Volk* § 22 II 2c halten an der Tat des schuldlos Irrenden eine Teilnahme immerhin für möglich.

**299** *Blei* I § 72 I 3c; ähnlich *Schaffstein* NStZ **1989** 157.

**300** Ausführliche Analysen des Urteils bei *Schaffstein* NStZ **1989** 153–158; *Küper* JZ **1989** 617–628, 935–949; *Herzberg* Jura **1990** 16–26; *Schumann* NStZ **1990** 32. Vgl. ferner *Roxin* TuT S. 676 ff Rdn. 54 ff; *ders.* AT II § 25 Rdn. 76 f; *Spendel* FS Lüderssen 605 nimmt im „Katzenkönig-Fall" eine Anstiftung an.

**301** Ob Wahnvorstellungen überhaupt einen Verbotsirrtum begründen können und, wenn ja, hier wirklich zu einem solchen geführt haben, ist im Schrifttum umstritten (dagegen *Herzberg* Jura **1990** 16; *Schumann* NStZ **1990** 32), liegt aber außerhalb des hier allein zu behandelnden Themas, ob bei vermeidbarem Verbotsirrtum des Ausführenden eine mittelbare Täterschaft vorliegt. Dasselbe gilt für die vom BGH (BGHSt **35** 350) apodiktisch verneinte Frage, ob die vermeintliche Rettung der Menschheit nicht einen Rechtfertigungsgrund gem. § 34 ergeben hätte (arg. § 14 Abs. 3 LuftSiG, aber auch dessen Nichtigerklärung in der recht wohlfeil auf Art. 1 GG rekurrierenden Entscheidung BVerfGE **115** 118).

**302** Der BGH schließt sich damit an *Roxins* Ausführungen in der FS Lange 179 an: „Der Bewußtseinszustand des Tatmittlers ist ceteris paribus bei vermeidbarem und unvermeidbarem Verbotsirrtum derselbe; infolgedessen ändert sich am Einfluß des Hintermannes (d. h. an seiner Herrschaftsausübung) nicht das geringste dadurch, daß der Ausführende Kenntnisse hätte haben können, die er actualiter nicht hatte.".

vom Täterwillen getragenen objektiven Tatherrschaft" abstellen, deren Vorliegen sich **„nicht nach starren Regeln"** richte, sondern „nach der konkreten Fallgestaltung im Einzelfall wertend ermittelt werden" müsse (S. 353/54). Für die Hauptgruppe der Fälle schließt sich der BGH dann aber doch der h.M. an, wenn er feststellt: „Mittelbarer Täter eines Tötungs- oder versuchten Tötungsdelikts ist jedenfalls derjenige, der mit Hilfe des von ihm bewusst hervorgerufenen Irrtums das Geschehen bewusst auslöst und steuert, so dass der Irrende bei wertender Betrachtung als ein – wenn auch (noch) schuldhaft handelndes – Werkzeug anzusehen ist." Daraus ergab sich auch in dem zu entscheidenden Fall die Bejahung der mittelbaren Täterschaft.

Das Urteil verdient zunächst **uneingeschränkte Zustimmung** in der Ablehnung des Ver- 111
antwortungsprinzips für die Konstellation des Verbotsirrtums.[303] Der ausschlaggebende Grund wird mit Recht darin gesehen, dass es für die Tatherrschaft des Hintermannes unter faktisch-psychologischen Gesichtspunkten keinen Unterschied ausmacht, ob der Verbotsirrtum des Ausführenden vermeidbar ist oder nicht; die reale Herrschaftsmacht des Hintermannes ist dieselbe. Die Auffassung, wonach die Vermeidbarkeit des Irrtums eine Tatherrschaft des Hintermannes ausschließen soll, bedeutet eine „Übernormativierung".[304]

Indem der BGH freilich bei einem Verbotsirrtum des unmittelbar Handelnden nicht stets 112
eine mittelbare Täterschaft annehmen, sondern „nach der konkreten Fallgestaltung im Einzelfall wertend" entscheiden will, behält er sich **normative Differenzierungen** vor, womit er eine zwiespältige Aufnahme gefunden hat.[305] Der von ihm angedeuteten Unterscheidung nach **„Art und Tragweite des Irrtums"** korrespondiert *Roxins* Vorschlag, in Fällen eines rechtsfeindlichen Verbotsirrtums nur eine Anstiftung anzunehmen,[306] der aber nur wenige Anhänger gefunden hat[307] – während der BGH mit seinem zweiten Differenzierungskriterium (**„Intensität der Einwirkung des Hintermannes")** den Tatbeitrag des Hintermannes möglicherweise als bloße Teilnahme beurteilen will, wenn dieser den Verbotsirrtum des Ausführenden nicht herbeiführt, sondern nur ausnutzt,[308] jedenfalls wenn der Irrende außerdem schon aus eigenem Antrieb zur Tat entschlossen ist.[309] Das sind beachtliche, aber womöglich überfeine, im theoretischen Bezugsrahmen der Tatherrschaftsstufen nicht zwingend notwendige Differenzierungen, die in der Katzenkönig-Entscheidung letztlich offen gelassen werden. Das ändert aber nichts daran, dass der BGH für die praktisch wichtigste und von den meisten Autoren allein berücksichtigte Konstellation, bei der der Hintermann durch Hervorrufung eines nicht rechtsfeindlichen Verbotsirrtums das Geschehen „gewollt auslöst und steuert", an der Bejahung der mittelbaren Täterschaft keinen Zweifel lässt. Im Regelfall sieht also auch die Rechtsprechung die Einspannung eines im Verbotsirrtum handelnden Tatmittlers zutreffend als einen Fall mittelbarer Täterschaft an.

Dagegen kommt **nur** eine Anstiftung in Betracht, wenn Hinter- und Vordermann unter dem 113
Einfluss desselben Irrtums handeln.[310] War der Irrtum des Ausführenden unvermeidbar, der des Tatveranlassenden dagegen vermeidbar, liegt sogar eine Anstiftung zu schuldloser Tat vor, da die bloße Möglichkeit der Verbotskenntnis den Hintermann so wenig zum Tatherrn macht, wie sie beim Ausführenden eine Herrschaft des Tatveranlassers ausschließt. „Wer sich ... über den

---

**303** Insofern übereinstimmend auch die Rezensionen von *Herzberg, Küper* und *Schaffstein* (wie Fn. 300). Zur schon früher diese Linie vertretenden Meinung *Roxins* s. *dens.* TuT S. 193–205, 828 ff Rdn. 336 ff; *ders.* FS Lange 173 ff; *ders.* AT II § 25 Rdn. 82.

**304** *Küper* JZ **1989** 948; weitere Argumente bei *Roxin* LK[11] Rdn. 87.

**305** Zustimmend *Schaffstein*, ablehnend *Küper* und *Herzberg*, alle wie Fn. 300.

**306** Zuerst in TuT[1] (1963) 193–205; danach LK[11] Rdn. 89 f; AT II § 25 Rdn. 84; zuletzt in TuT[10] (2019) S. 831 ff. Rdn. 342 ff.

**307** *Hünerfeld* ZStW **99** (1987) 244; *Otto* Jura **1987** 255; *ders.* AT § 21 IV 3c bb; eingehend *ders.* FS Roxin I 483 ff.

**308** So auch *Schaffstein* NStZ **1989** 157.

**309** So *Roxin* FS Lange 181; *ders.* AT II § 25 Rdn. 88; im Ergebnis ebenso *Schumann* Selbstverantwortung S. 100 f.

**310** Übereinstimmend Sch/Schröder/*Heine*/*Weißer* Rdn. 36.

gleichen Umstand irrt wie sein ‚Werkzeug', kann dieses nicht per Irrtum beherrschen (wollen)".[311]

114 **c) Der die Voraussetzungen eines Schuldausschließungsgrundes betreffende Irrtum des Tatmittlers.** Bedient jemand sich zur Durchführung einer Tat eines unmittelbar Handelnden, der über die sachlichen Voraussetzungen eines Schuldausschließungsgrundes – normalerweise des § 35 – irrt, so ist das ebenfalls ein Fall mittelbarer Täterschaft.[312] Solche Konstellationen werden kaum erörtert, kommen aber praktisch vor, z. B. wenn die Komplizen eines Delinquenten jemanden durch vorgetäuschte Morddrohungen zu Strafvereitelungshandlungen (§ 258) oder ähnlichen Delikten veranlassen. Ein Entschuldigungsirrtum in der Sonderform eines Irrtums über die sachlichen Voraussetzungen eines übergesetzlichen entschuldigenden Notstandes lag beim Ausführenden auch in BGHSt **35** 347 (dazu Rdn. 110 f) vor, wenn man die Annahme, durch die Tötung eines Menschen Millionen anderer retten zu können, bei Unterstellung ihrer Richtigkeit für einen Schuldausschluss genügen lässt. Der BGH hat die Frage gesehen (BGHSt **35** 350/51), ist auf sie aber merkwürdigerweise nicht näher eingegangen.[313] Wenn das Gericht dem Ausführenden eine Entschuldigung „allenfalls" unter der Voraussetzung zubilligen will, „dass eine gewissenhafte Prüfung des Vorliegens der Notstandssituation stattgefunden hat",[314] so hätte doch die Bestrafung des Ausführenden wegen vorsätzlicher Tat so wenig wie beim Verbotsirrtum eine mittelbare Täterschaft des Hintermannes hindern müssen.

115 Eine mittelbare Täterschaft ergibt sich in allen diesen Fällen daraus, dass dem Handelnden, wenn er sich auf Grund eines Sachverhaltsirrtums zur Tat genötigt fühlt und entschuldigt glaubt, der **rechtlich-soziale Bedeutungsgehalt** seines Tuns **verschlossen** ist, während der Hintermann kraft seines besseren Wissens den Irrenden in der Hand hat.[315] Ob der Irrtum des Ausführenden vermeidbar oder unvermeidbar war, ob er vom Hintermann hervorgerufen oder nur ausgenutzt wurde, ist nach den Regeln zu behandeln, die für den Verbotsirrtum herausgearbeitet wurden (Rdn. 109–113).

116 Auch bei dieser Konstellation handelt es sich um einen Fall des **Täters hinter dem vorsätzlichen** (entschuldigten oder in geminderter Schuld handelnden) **Täter,** wobei der auf der dritten Stufe der Irrtumsherrschaft agierende Hintermann den mit Tatbestands- und ggf. Verbotskenntnis ausgestatteten, sich aber entschuldigt wähnenden und deshalb nur auf der zweiten Herrschaftsstufe stehenden Tatmittler durch seine überlegene Situationskenntnis lenken kann. Eine Teilnahme ist deshalb – entsprechend den Verbotsirrtumsfällen (Rdn. 103) – dort möglich, wo Vorder- und Hintermann demselben Irrtum unterliegen und es also an einer höherstufigen Herrschaft fehlt. Wenn daher A und B gemeinsam fälschlich an eine dem B unmittelbar drohende Gefahr glauben und A dem B rät, sich durch eine tatbestandsmäßig-rechtswidrige Handlung daraus zu befreien, so ist das nur eine Anstiftung.

117 **d) Der den konkreten Handlungssinn betreffende Irrtum des Tatmittlers.**[316] Bei dieser vierten und schwierigsten Stufe der Irrtumsherrschaft handelt der Ausführende tatbestandsmäßig, rechtswidrig und schuldhaft und weiß dies auch. Gleichwohl verschleiert ihm sein Irrtum rechtlich relevante und für die Beurteilung der Tat ausschlaggebende Sachverhaltsumstände,

---

**311** *Merkel* ZStW **107** (1995) 554. Ebenso *Roxin* FS Grünwald 559 f; *ders.* AT II § 25 Rdn. 89; *Murmann* GA **1998** 87; *Otto* FS Roxin 486; *Vogel* MDR **1995** 339.

**312** Näher *Roxin* TuT S. 208–211; *ders.* AT II § 25 Rdn. 91 f.

**313** Darüber wundert sich mit Recht auch *Küper* JZ **1989** 936.

**314** Richtigerweise wäre § 35 Abs. 2 analog anzuwenden gewesen.

**315** Ebenso *Hoyer* Rdn. 74; Sch/Schröder/*Heine*/*Weißer* § 35 Rdn. 39.

**316** Der Begriff des „konkreten Handlungssinnes", der zuerst in *Roxin* TuT[1] (1963) 212 f geprägt worden ist, wird jetzt auch in der Rechtsprechung (BGHSt **32** 43) aufgenommen.

deren Kenntnis dem Hintermann die Beherrschung der Situation gestattet und es rechtfertigt, ihm die Tatbestandserfüllung auch als sein eigenes Werk zuzurechnen.[317] Dabei kommen drei verschiedene Konstellationen in Betracht:

**aa) Quantifizierbare Unrechts- und Schuldmaße.** Die erste liegt in der Täuschung über **quantifizierbare Unrechts- und Schuldmaße.** A veranlasst etwa den einfältigen B, ein dem C gehörendes, sehr wertvolles Kandinsky-Gemälde wegzuwerfen, indem er ihm vorspiegelt, es handle sich um ein wertloses Geschmiere.[318] Hier ist B Täter einer Sachbeschädigung, aber das von seinem Vorsatz umfasste Unrechts- und Schuldmaß ist gering. Der A dagegen weiß, dass das Bild viele tausend Euro wert ist, so dass der bei weitem größere Teil des angerichteten Schadens allein auf sein Konto zu rechnen ist. Es findet hier eine Teilung der Tatherrschaft statt: Der Herrschaft des B untersteht ein kleiner, der des A ein sehr viel umfangreicherer Teil des Gesamtschadens. Im Hinblick auf ihn ist A ein – erheblich schwerer zu bestrafender – mittelbarer Täter einer selbständigen Sachbeschädigung (was die zugleich vorliegende Anstiftung konsumiert), und zwar ein Täter hinter dem vorsätzlich-schuldhaften Täter. 118

Eine mittelbare Täterschaft dieser Art ist nicht nur bei allen Vermögensdelikten, sondern 119
auch bei der Verletzung **höchstpersönlicher Rechtsgüter** möglich, soweit der Schaden **quantifizierbar** ist. So kann etwa jemand einen anderen zu einer Körperverletzung auffordern und ihm dabei arglistig eine besondere Anfälligkeit des Opfers verschweigen, so dass dieses nicht, wie der unmittelbar Handelnde annimmt, einen leichten, sondern einen schweren Gesundheitsschaden davonträgt. Freilich kann nicht jedes Unrechts- oder schuldrelevante Mehrwissen des Hintermannes täterschaftsbegründend wirken. Denn eine geringfügige Vergrößerung der Schadenshöhe fällt neben der unmittelbaren Herrschaft des Ausführenden so wenig ins Gewicht, dass sie den „Tatcharakter" nicht verändert und deshalb nicht ausreichen kann, um dem Hintermann eine selbständige mittelbare Tatbestandserfüllung zur Last zu legen. Für die Annahme mittelbarer Täterschaft ist deshalb zu verlangen, dass die überschießende Unrechtskenntnis des Hintermannes einige **Erheblichkeit** besitzt.[319]

Ein **Teil des Schrifttums** tritt demgegenüber in allen Fällen für eine bloße Anstiftung ein, 120
will also diese Form der mittelbaren Täterschaft schlechthin nicht anerkennen.[320] Der weitergehende Vorsatz des Hintermannes soll nur bei der Strafzumessung berücksichtigt werden. Das wird aber den Phänomenen nicht gerecht. Denn die Verwirklichung tatbestandlichen Unrechts durch ein insoweit „blindes" Werkzeug ist ein klassischer Fall mittelbarer Täterschaft: Die „Selbstverantwortung" des Ausführenden für ein anderes und weit geringeres Unrecht kann eine mittelbare Täterschaft so wenig hindern, wie der Raubvorsatz des Ausführenden einem vom Hintermann inszenierten Mord in mittelbarer Täterschaft im Wege steht (BGHSt **30** 363; dazu Rdn. 104).

---

**317** Ausführliche Behandlung der Fallgruppen bei *Roxin* FS Lange 184–192; *ders.* LK[11] Rdn. 96–105; *ders.* AT II § 25 Rdn. 94 ff.

**318** Beispiel nach *Herzberg* TuT § 3 III 3c, der hier ebenfalls mittelbare Täterschaft annimmt; ebenso *Frister* AT § 27 Rdn. 13.

**319** *Roxin* hatte ursprünglich verlangt, dass der Herrschaftanteil des Hintermannes den des Vordermannes übersteigen müsse (FS Lange 186). Doch hat er der Kritik von *Bloy* Zurechnungstypus S. 353 ff darin Recht gegeben, dass eine solche Abgrenzung zu starr und vor allem bei höchstpersönlichen Rechtsgütern nicht praktikabel ist (LK[11] Rdn. 98 f; ebenso *Bloy* Zurechnungstypus S. 355; *Herzberg* TuT § 3 III 3c; *Joecks* MK Rdn. 106; *Kühl* AT § 20 Rdn. 75); Sch/Schröder/*Heine*/*Weißer* Rdn. 23.

**320** *Bottke* TuG 71; *Hünerfeld* ZStW **99** (1987) 242 f; *Jakobs* § 21 Rdn. 101; *Jescheck*/*Weigend* § 62 II 2; *Kreuzberg* S. 467 ff; *Krey*/*Esser* AT § 27 Rdn. 938; *Renzikowski* Täterbegriff 82; Maurach/Gössel/Zipf/*Renzikowski* § 48 Rdn. 23 (and. nur bei Dauerdelikten); *Schumann* Selbstverantwortung S. 72; *Stratenwerth*/*Kuhlen* AT § 12 Rdn. 61, 64.

121 **bb) Qualifikationsmerkmale.** Die zweite in diesen Zusammenhang gehörende Fallgruppe betrifft die mittelbare Täterschaft durch Herbeiführung oder Ausnutzung eines Irrtums über **gesetzliche Qualifikationsmerkmale.** Beispiele liefern BGHSt **1** 368 und **2** 223: Hier hatten die Angeklagten gegen bzw. nach Kriegsende aus niedrigen Beweggründen eine amerikanische Heeresstreife bzw. frühere KZ-Insassen durch falsche Anschuldigungen dazu gebracht, Unschuldige als vermeintliche NS-Gewalttäter zu erschießen. Die Soldaten waren unmittelbare Täter eines Totschlages, während der Angeklagte, den der BGH als Anstifter nach § 212 bestrafte, richtigerweise als mittelbarer Täter eines Mordes (§ 211) anzusehen gewesen wäre.[321] Auch im zweiten Fall hätte mittelbare Täterschaft angenommen werden müssen, wenn sich der Vorsatz des Angeklagten auf die Tötung erstreckt hätte (was im konkreten Fall nicht nachzuweisen war). Auch der BGH hat diese Fälle (unter Hinweis auf die Kommentierung von *Roxin* in der 10. Auflage) nunmehr als solche der mittelbaren Täterschaft anerkannt (BGHSt **30** 365); diese liege auch vor, „wenn der Tatmittler infolge des Irrtums glaubt, eine minderschwere Straftat zu begehen".

122 Bei Sachverhaltsgestaltungen dieser Art handelt der Hintermann wiederum als **„Täter hinter dem Täter"**, d. h. als „Mörder hinter dem Totschläger".[322] Die unmittelbar Handelnden wollten einen Mörder töten und dienten in der Hand des Hintermannes statt dessen als „Werkzeuge" zur Ermordung eines Unschuldigen. Es ist dies ein Parallelfall zum Problem der „Übersteigerung" bei der Teilnahme, wo die Rspr. eine Anstiftung zum qualifizierten Delikt zutreffend auch dann für möglich hält, wenn der Täter zur Begehung des Grunddeliktes bereits entschlossen war.[323] So, wie die Qualifikation bei voller Sachverhaltskenntnis des unmittelbar Handelnden eine selbständige Teilnahme trägt, führt sie bei einem entsprechenden Irrtum des Ausführenden zur mittelbaren Täterschaft. Veranlasst also A den zur Verprügelung (§ 223) eines anderen bereits entschlossenen B, dem Opfer eine schwere Körperverletzung i. S. des § 226 zuzufügen, so ist er Anstifter nach § 226; bewirkt er dagegen durch B eine Verletzung, bei der er diesen über den beabsichtigten schweren Erfolg täuscht, so liegt ein Verbrechen nach § 226 in mittelbarer Täterschaft vor, hinter der die Anstiftung zum Grunddelikt des § 223 zurücktritt.

123 Keine mittelbare Täterschaft, sondern eine bloße Anstiftung durch Erregung eines Motivirrtums liegt allerdings dort vor, wo das Mehrwissen des Hintermannes sich – abgesehen von den Rdn. 118–120 behandelten Fällen quantifizierbarer Unwertsteigerung – nicht in einer **gesetzlichen Qualifikation** niedergeschlagen hat.[324] Veranlasst A den B zu einer Verletzung des C durch die lügenhafte Behauptung, C habe mit der Frau des B die Ehe gebrochen, so ist A nur Anstifter einer Körperverletzung; denn B ist zwar durch die Täuschung zur Tat motiviert worden, aber er irrt weder über die Größe der angerichteten Rechtsgüterverletzung noch über einen Qualifikationstatbestand, so dass der größere Unwert seines Verhaltens rechtlich nicht objektivierbar ist und zur Begründung einer selbständigen Tatherrschaft nicht ausreicht.

124 **cc) Error in persona.** Die dritte Konstellation der mittelbaren Täterschaft durch Veranlassung oder Ausnutzung eines Irrtums über den konkreten Handlungssinn betrifft den **manipulierten error in persona.** Der Fall ist praktisch selten, aber Gegenstand lebhafter wissenschaftlicher Diskussionen. Es geht dabei um Fälle wie den, dass jemand zur Ermordung eines anderen entschlossen ist, dass aber ein arglistiger Hintermann ihm durch eine Identitätstäuschung ein an-

---

**321** *Stratenwerth/Kuhlen* AT § 12 Rdn. 62, die auch nur eine Anstiftung annehmen, konzedieren immerhin: „Hier hat der Irrtum sie (scil. die amerikanischen Soldaten) in gewissem Sinne tatsächlich zu Werkzeugen des Denunzianten gemacht". Gegen eine mittelbare Täterschaft auch Maurach/Gössel/Zipf/*Renzikowski* § 48 Rdn. 21; *Kreuzberg* S. 463 ff.

**322** Zust. *Hoyer* SK Rdn. 67.

**323** BGHSt **19** 339. Näher dazu *Schünemann/Greco* LK § 26 Rdn. 31 ff.

**324** Im Ergebnis anders noch *Roxin* TuT S. 212, 213; dagegen mit berechtigter Kritik *Stratenwerth/Kuhlen* AT § 12 Rdn. 61 f. Der Text folgt *Roxin* FS Lange 186–189.

deres Opfer unterschiebt; sei es, dass der Hintermann dem in einem Versteck lauernden Mordschützen einredet, die des Weges kommende Person sei das erwartete Opfer, während es sich in Wirklichkeit um einen anderen handelt; sei es, dass der Hintermann ohne Kontakt mit dem unmittelbaren Täter seinen Feind in eine Situation manövriert, in der ihn der Schütze für das erwartete Opfer halten muss und erschießt.

Die mittelbare Täterschaft des Hintermannes beruht hier nicht auf einer tatverändernden Steigerung von Unrecht oder Schuld durch den Hintermann, sondern darauf, dass die **Qualität des tatbestandlichen Unrechts** durch die Personenverwechslung eine andere wird. Der Ausführende hat die Herrschaft über die Tötung „eines" Menschen; der Tod des Opfers in seiner konkreten Individualität aber geht allein zu Lasten des Hintermannes. Das reicht aus, um ihm eine höherstufige Tatherrschaft zuzusprechen.[325] Denn wenn auch der error in persona den unmittelbar Handelnden nicht *ent*lastet, muss doch die Bewirkung der Tötung eines sonst ungefährdeten anderen Menschen den arglistigen Manipulator i. S. der §§ 212, 211 *be*lasten. So, wie es eine Anstiftung zur Tötung ist, wenn A den tatentschlossenen B überredet, statt der C lieber den X zu erschießen, muss es eine mittelbare Täterschaft sein, wenn er dem B ohne dessen Wissen den X anstelle des C unterschiebt.[326] Lehnt man in solchen Fällen eine mittelbare Täterschaft ab, so müsste der Hintermann völlig straflos ausgehen,[327] obwohl der Tod des konkreten Opfers allein sein Werk ist. Denn auch eine Teilnahme würde ausscheiden, weil im Hinblick auf die abstrakte Menschqualität des Opfers weder eine Tatveranlassung noch eine psychische Beihilfe bejaht werden kann. Diesem unerträglichen Ergebnis versuchen die Autoren, die eine mittelbare Täterschaft ablehnen, teilweise dadurch zu entgehen, dass sie den Hintermann als Nebentäter[328] eines Tötungsdeliktes betrachten. Das läuft im Ergebnis auf dasselbe hinaus, ist aber eine Behelfskonstruktion, weil die plangemäße Verwirklichung einer Tat durch einen anderen Menschen nach § 25 Abs. 1 („durch einen anderen") nur als mittelbare Täterschaft qualifiziert werden kann. Teilweise wird auch eine Anstiftung[329] oder eine Beihilfe[330] angenommen oder in unspezifischer Weise von „Teilnahme"[331] gesprochen. Das alles setzt voraus, dass für die Teilnahme jene konkrete Betrachtungsweise akzeptiert wird, die man bei der mittelbaren Täterschaft ablehnt. Das ist aber eine falsche Sicht: Denn „teilnehmen" kann der Hintermann gerade nur an der „abstrakten" Tatbestandserfüllung des Ausführenden, nicht an der auf eine bestimmte Person individualisierten Tat, die dem Ausführenden gar nicht bekannt ist. An der abstrakten Tatbestandserfüllung aber ist wegen der bereits bestehenden Tatentschlossenheit des Ausführenden jedenfalls eine Anstiftung nicht mehr möglich. 125

**e) Der zu einer Selbstschädigung oder Selbsttötung führende Irrtum.** Die bisher entwickelten Regeln der Irrtumsherrschaft passen bei der durch Täuschung bewirkten **Selbstbeeinträchtigung** eines anderen nicht unmittelbar, weil der „Tatmittler" weder objektiv noch subjektiv unrechtmäßig handelt. Doch lassen sie sich im Ansatz **analog** anwenden (vgl. Rdn. 91 f). Danach liegt selbstverständlich eine mittelbare Täterschaft vor, wenn dem unmittelbar Handelnden der Vorsatz der Selbstschädigung fehlt („Quasi-Tatbestandsirrtum"). Setzt also A dem B eine vergiftete Speise vor, so ist er je nach Lage der Dinge wegen Körperverletzung oder Tö- 126

325 So im Ergebnis auch Baumann/Weber/Mitsch/*Eisele* § 29 Rdn. 142; *Blei* I § 72, 1c; *Frister* AT § 27 Rdn. 14; *Heinrich* Entscheidungsträgerschaft 230 ff; *Köhler* AT S. 508; *Kühl* AT § 20 Rdn. 74; *Küpper* GA **1998** 528 f; *Meyer* Autonomie S. 99 ff; *Otto* AT § 21 Rdn. 91; *Roxin* AT II § 25 Rdn. 103; *Sax* ZStW **69** (1957) 434; Sch/Schröder/*Heine*/*Weißer* Rdn. 24; *Schmidhäuser* AT § 14 Rdn. 19; *ders.* StuB § 10 Rdn. 85; *Schroeder* S. 134 ff (dazu *Roxin* ZStW **78** [1966] 227 ff).
326 Näher dazu *Roxin* FS Lange 189–192.
327 *Roxin* TuT S. 212 ff (215 f).
328 So *Herzberg* JuS **1974** 576; *ders.* TuT § 4 I; *Welzel* § 15 V; *Zipf* ÖstJZ **1975** 619.
329 *Stratenwerth*/*Kuhlen* AT § 12 Rdn. 63; *Spendel* FS Lange 169f; *Bloy* Zurechnungstypus S. 358 ff.
330 *Schumann* Selbstverantwortung S. 76 f; *Joecks* MK Rdn. 115; *Kreuzberg* S. 455 ff, 462; *Schild* NK Rdn. 118.
331 *Jakobs* § 21 Rdn. 102; *Hoyer* SK Rdn. 78; *Stein* Beteiligungsformenlehre S. 295.

tung strafbar. Auch ist bei entsprechendem Vorsatz ein Totschlag in mittelbarer Täterschaft anzunehmen, wenn A den B unter den Bedingungen einer Diktatur dadurch zum Selbstmord treibt, dass er ihm eine bevorstehende „Abholung“ durch die Geheime Staatspolizei vorspiegelt („Quasi-Putativnotstand“). Denn das Opfer fühlt sich hier in einer dem § 35 entsprechenden Zwangssituation, so dass der Hintermann unter rechtlichen Aspekten als der eigentliche Herr des Geschehens erscheint. Auch die auf die Veranlassung einer Selbsttötung abzielende Vortäuschung einer Krankheit kann problemlos zur mittelbaren Täterschaft führen, wenn der Täuschende das Opfer in eine den Voraussetzungen des § 20 entsprechende seelische Paniksituation stürzt[332] und es dadurch zum Selbstmord veranlasst oder in dem von *Schmidhäuser*[333] gebildeten (analog § 35 zu beurteilenden) Fall, dass der Täter durch die Vorspiegelung, er habe das Opfer mit einem rasch wirkenden sehr schmerzhaften Mittel vergiftet, den Getäuschten veranlasst, sich umzubringen, um den erwarteten qualvollen Schmerzen zu entgehen.

127 Ebenso unklar wie umstritten ist dagegen die Behandlung derjenigen Konstellationen, bei denen der vom Hintermann beherrschte Irrtum **unterhalb** der Schwelle des Quasi-Tatbestandsirrtums oder des Quasi-Putativnotstandes liegt. Wenn etwa jemand einen anderen dadurch zum Selbstmord veranlasst, dass er dem Opfer vortäuscht, sein Kind sei soeben einem Verkehrsunfall erlegen, es leide an einer unheilbaren Krankheit, sei finanziell ruiniert oder von der abgöttisch geliebten Ehefrau betrogen worden, so liegt ein bloßer **Motivirrtum** des Vordermannes vor, der bei Drittschädigungen keine mittelbare Täterschaft des Hintermannes, sondern nur eine Anstiftung begründen könnte. Hier würde deshalb nach dem *Verantwortungsprinzip* (in sinngemäßer Anwendung) keine mittelbare Täterschaft des Hintermannes vorliegen,[334] sondern eine bloße Verleitung zum Selbstmord, die in vielen Strafgesetzbüchern einen selbständigen Straftatbestand darstellt,[335] nach deutschem Recht aber straflos ist. Dagegen gelangt die *„Einwilligungslösung“*[336] zu einer erheblichen Ausdehnung der mittelbaren Täterschaft auf diejenigen Fälle, in denen der Willensmangel des Opfers eine Einwilligung unwirksam machen würde. Sie ist allerdings mit der doppelten Hypothek belastet, dass die Auswirkung von Willensmängeln bei der Einwilligung selbst äußerst umstritten ist[337] und dass es bis heute an einer überzeugenden systematischen Begründung dafür fehlt, warum im Selbstmordfall ein Motivirrtum des Vordermannes für die mittelbare Täterschaft des Hintermannes ausreichen soll, der sonst unstreitig nur ein Mittel der Anstiftung ist. Nach der überwiegenden, von *Roxin* umfassend begründeten Auffassung liegt in den Fällen der Auslösung oder Ausnutzung eines Motivirrtums deshalb kein Totschlag in mittelbarer Täterschaft vor, weil dem Hintermann die Tatherrschaft fehle, jedes andere Abgrenzungskriterium willkürlich bleiben müsste und der Verzicht auf eine Bestrafung des Hintermannes wegen eines Tötungsdeliktes auch kriminalpolitisch nicht unangemessen sei, denn man könne erwarten, dass niemand etwa wegen einer Krankheit Selbstmord begehen wird, ohne sich bei kompetenten Fachleuten über die Art seines Leidens vergewissert zu ha-

---

332 Mit and. Begr. *Schild* NK Rdn. 86.

333 AT § 14 Rdn. 41.

334 Konsequent in diesem Sinn *Roxin* AT II § 25 Rdn. 56 f, 70 ff; *ders.* LK[11] Rdn. 106; *Bottke* TuG S. 77 ff; *Zieschang* FS Otto 520 f.

335 Etwa Art. 115 des schweizerischen und § 78 des österreichischen Strafgesetzbuches sowie – besonders streng – Art. 143 des spanischen Código Penal (zur noch strengeren Rechtslage vor 1995 *Muñoz Conde* ZStW **106** [1994] 547 ff).

336 Nachw. bei *Hoyer* SK Rdn. 84; eingehend, aber ohne Erörterung der speziellen Problematik *Heinrich* Entscheidungsträgerschaft S. 330 ff.

337 Zum letzten Stand der Auseinandersetzungen s. *Sternberg-Lieben* Die objektiven Schranken der Einwilligung im Strafrecht (1997); *Amelung* Irrtum und Täuschung als Grundlage von Willensmängeln des Verletzten (1998); *Rönnau* Willensmängel bei der Einwilligung im Strafrecht (2001); *Odenwald* Die Einwlligungsfähigkeit im Strafrecht unter besonderer Hervorhebung ärztlichen Handelns (2003); *Mitsch* Rechtfertigung und Opferverhalten (2004); *Murmann* Die Selbstverantwortung des Opfers im Strafrecht (2005) 433 ff (ohne endgültiges Ergebnis); *Roxin/Greco* AT § 13 Rdn. 97 ff.

ben.[338] Dennoch sprechen die besseren Gründe auf der Basis der allgemeinen Täterschaftsstruktur der *Herrschaft über den Grund des Erfolges* und der Theorie der *Tatherrschaftsstufen* für die Annahme einer **mittelbaren Täterschaft**. Während man bei der Verletzung von Rechtsgütern Dritter daran zweifeln kann, ob das (normalerweise vom gesetzlichen Verbot „blockierte") Tatmotiv des Vordermannes immer auch als „Grund des Erfolges" zu qualifizieren ist, ist beim *Suizid* eine besondere Konstellation gegeben: Weil das Individuum weder rechtlich gehindert ist, sich selbst zu verletzen oder gar zu töten, noch dabei ein anderes Hindernis als den eigenen Lebenswillen überwinden muss,[339] sind hier allein der Suizidentschluss und das dahin führende **Motiv** als **Grund des Erfolges** anzusehen, so dass ein Hintermann, der den Suizidentschluss durch eine Täuschung auslöst oder zumindest ausnutzt, hierüber die **Herrschaft** ausübt und deshalb mit Recht als mittelbarer Täter verantwortlich gemacht wird. Daran wird deutlich, warum das „Verantwortungsprinzip" in den Selbstschädigungsfällen fehl am Platze ist: Es antwortet auf die Frage, wann eine Normverletzung nicht dem Handelnden, sondern einem drahtziehenden Hintermann zugerechnet wird, und dafür besteht kein Anlass, solange die Täuschung den Normappell an den Vordermann unberührt lässt. Wenn es dagegen (wie bei der Selbstschädigung) überhaupt keinen Normappell gibt, kommt es auf die Beherrschung des tatauslösenden Motivs durch den Hintermann an – womit auch *Roxins* Bedenken wegen der Abgrenzungsschwierigkeiten (a. a. O. Fn. 259) zerstreut werden können.

Der BGH hat sich in den letzten Jahren mit Fällen täuschungsbedingter Selbstmordveranlassung zweimal zu befassen gehabt. In dem ob seiner Skurrilität berühmten **Sirius-Fall** (BGHSt **32** 38) hatte ein Versicherungsbetrüger einer jungen Frau eingeredet, sich mit einem eingeschalteten Fön in die Badewanne zu setzen. Sie werde dann aus ihrem jetzigen Leben scheiden und „in einem roten Raum am Genfer See" in einem neuen und veredelten Körper erwachen, um später mit ihrer Seele auf dem Stern Sirius weiterleben zu können. Der BGH hat (weil die Frau überlebte) einen versuchten Mord in mittelbarer Täterschaft angenommen,[340] was unter der *Prämisse, dass das Opfer keinen Selbstmord begehen wollte*, sondern glaubte, „es werde – obgleich es scheinbar als Leichnam in der Wanne liege – zunächst als Mensch seinen irdischen Lebensweg fortsetzen" (BGH a. a. O. S. 42), wegen eines Quasi-Tatbestandsirrtums des Opfers eindeutig ist.[341] Das gilt nach der hier vertretenen „Einwilligungslösung" auch für den vom BGH hypothetisch erörterten Fall, dass die Frau angenommen hätte, ihrem Erwachen am Genfer See müsse ihr Tod vorausgehen, denn: „Der Täuschung über den ‚konkreten Handlungssinn' wäre die Vorspiegelung immanent, dass der Tod nichts anderes als der Beginn neuen Lebens sei. Der darauf beruhende Irrtum hätte das Gewicht des Irrtums über den Nichteintritt des Todes" (BGH a. a. O. S. 43).[342] 128

Weitaus problematischer und umstrittener ist der zweite vom BGH entschiedene Fall des **vorgetäuschten Doppelselbstmordes** (GA **1986** 508 f). Eine Frau hatte sich ihres Ehemannes entledigt, indem sie ein tödliches Gift mischte und ihm einen gemeinsamen Selbstmord vorschlug, dann aber, nachdem der Ehemann das Gift getrunken hatte, (wie von vornherein ge- 129

---

**338** *Roxin* LK[11] Rdn. 106; *ders.* AT II § 25 Rdn. 70 f; ebenso (wenn auch durch die Billigung des in Rdn. 109 erörterten BGH-Urteils selbstwidersprüchlich) *Jescheck/Weigend* § 62 II 1; *Schroeder* S. 81 ff, 92; *Hoyer* SK Rdn. 85; *Joecks* MK Rdn. 132 f; **and.** ursprünglich *Roxin* selbst, TuT S. 225 ff.

**339** Auf diesen Unterschied hat als erster *Herzberg* für die Fälle der Nötigungsherrschaft abgehoben, s. o. Rdn. 92.

**340** Im Wesentlichen zustimmend die Anm. von *Roxin* NStZ **1984** 73 und *Schmidhäuser* JZ **1984** 195 sowie *Neumann* JuS **1985** 677 sowie die gesamte Standardliteratur, s. nur *Frister* AT § 27 Rdn. 19; *Hoyer* SK Rdn. 80; *Joecks* MK Rdn. 128 f; *Kühl* Jura **2010** 82; *Roxin* AT II § 25 Rdn. 70. Die Anm. von *Sippel* (NStZ **1984** 357) kommt zur mittelbaren Täterschaft durch die Annahme „partieller psychischer Störung des Werkzeugs", die aber den Feststellungen des Urteils widerspricht. Dagegen nimmt *Spendel* FS Lüderssen 607 eine unmittelbare Täterschaft an. Gänzlich abl. *Freund/Rostalski* AT § 10 Rdn. 60, 61; *Kubiciel* JA **2007** 731 ff; *Merkel* JZ **1999** 502, 504 f.

**341** **And.** nur *Freund/Rostalski*, *Merkel* und *Kubiciel* (Fn. 340).

**342** Zust. *Neumann* JuS **1985** 682; ebenso früher *Roxin* TuT S. 225–230; mit freilich abw. Begründung („Quasi-Subsumtionsirrtum") im Ergebnis auch *Roxin* NStZ **1984** 72 f; *ders.* LK[11] Rdn. 110 f; *ders.* AT II § 25 Rdn. 70; *ders.* TuT S. 585–588.

plant) seinem Beispiel nicht folgte. Während die Vorinstanz – nach verbreiteter[343] und auch hier vertretener Auffassung zu Recht – den für eine Bejahung der mittelbaren Täterschaft ausschlaggebenden Umstand in dieser Täuschung über das zentrale Motiv als Grund des Erfolges sah, lässt der BGH ausdrücklich die Frage „offen, ob eine derartige Irrtumserregung allein ausreicht, um die Täterschaft des arglistig Täuschenden zu begründen". Stattdessen stützt er eine mittelbare Täterschaft der Frau auf den von ihr ausgeübten Druck, der aber im konkreten Fall die für eine mittelbare Täterschaft erforderliche Stärke nicht erreichte (dazu Rdn. 94). Die in sich konsequente, aber aus den dargelegten Gründen nicht überzeugende Gegenmeinung lehnt deshalb ein Tötungsdelikt des vorgeblichen Selbstmordpartners überhaupt ab.[344]

### 7. Die Mitwirkung an freiverantwortlicher Selbsttötung und -gefährdung

130 Die für Selbsttötungen entwickelten Regeln gelten mutatis mutandis auch für sonstige **Selbstschädigungen** und für **Selbstgefährdungen.** In der Rechtsprechung ist das Problem bisher vor allem bei der Förderung fremden Drogenkonsums aktuell geworden. Nachdem der BGH ursprünglich ein Tötungsdelikt angenommen hatte, wenn jemand einem anderen Rauschgift geliefert hatte, durch dessen Konsum der Empfänger voraussehbarerweise selbst seinen Tod verursachte,[345] hat sich im Anschluss an die Kritik *Schünemanns*[346] seit 1984 eine Wende vollzogen. Die bahnbrechende Entscheidung BGHSt **32** 262[347] geht zu Recht davon aus, dass „eigenverantwortlich gewollte und verwirklichte Selbstgefährdungen" tatbestandslos sind. „Wer lediglich eine solche Selbstgefährdung veranlasst, ermöglicht oder fördert, macht sich nicht wegen eines Körperverletzungs- oder Tötungsdelikts strafbar" (Leitsatz).

131 Der BGH lässt die **Strafbarkeit erst dort beginnen,** „wo der sich Beteiligende kraft überlegenen Sachwissens das Risiko besser erfasst als der sich selbst Gefährdende" (S. 265).[348] Diese Einschränkung ist zutreffend und entspricht dem, was für die Drittschädigung durch Täuschung über quantifizierbare Unrechts- und Schuldmaße zu sagen war (Rdn. 108 ff).[349] Wie dort die Täuschung über die Unrechtshöhe, so führt hier die Täuschung über die Risikohöhe zur mittelbaren Täterschaft. In der Praxis ist es freilich bisher nur um die Fahrlässigkeitszurechnung gegangen,[350] so dass die Gesamtheit dieser Rechtsprechung im hier interessierenden Zusammenhang nicht zu kommentieren ist. Wenn aber bei dem Drogenlieferanten einmal ein Vorsatz nachweisbar ist (er will z. B. das Opfer aus dem Weg schaffen und bagatellisiert ihm gegenüber das Risiko, dessen wahres Ausmaß er sehr wohl kennt), so wäre eine mittelbare Täterschaft anzunehmen – so etwa in dem umstrittenen **AIDS-Fall:** Bei einem Geschlechtsverkehr zwischen einem HIV-positiven und einem noch nicht infizierten Partner hat BGHSt **36** 1 gegen den Protest zahlreicher Autoren[351] eine Bestrafung des infizierten Partners wegen gefährlicher Körperverletzung angenommen, sofern dieser seine eigene Infektion kannte, während der Partner damit

**343** Vgl. etwa *Brandts/Schlehofer* JZ **1987** 442, 446 f; *Frister* AT § 27 Rdn. 22; *Herzberg* TuT § 3 III 7a. E.; *Hoyer* SK Rdn. 84; *Jescheck/Weigend* § 62 II 1 (freilich im Widerspruch zur gleichzeitig vertretenen Maxime); *Meyer* Autonomie S. 227 ff; *Neumann* JA **1987** 244, 254; *Wessels/Hettinger/Engländer* § 1 Rdn. 57; früher auch *Roxin* TuT S. 225 ff.

**344** *Bottke* TuG S. 267; *Charalambakis* GA **1986** 485; *Murmann* Selbstverantwortung S. 485; *Roxin* TuT S. 671 ff Rdn. 50; *ders.* LK[11] Rdn. 113; *ders.* AT II § 25 Rdn. 71.

**345** So zuletzt noch BGH NStZ **1981** 350.

**346** *Schünemann* NStZ **1982** 60 f.

**347** Zust. Anm. *Roxin* NStZ **1984** 411; *Kienapfel* JZ **1984** 750. Einschränkend, aber nicht im hier maßgeblichen Punkt, sondern allein für die Qualifikationen nach dem BtMG BGHSt **37** 179 mit Gegeneinschränkung bei Abgabe zum Zweck des Suizids in BGHSt **46** 279, 287 ff.

**348** BGHSt **59** 150 (168 ff).

**349** Z. T. abw. *Roxin/Greco* AT I § 11 Rdn. 113a f.

**350** Vgl. weiter BGH NStZ **1984** 452; MDR **1984** 503; NStZ **1985** 25; NStZ **1986** 266.

**351** Etwa *Herzberg* JZ **1989** 470 ff; *Frisch* JuS **1990** 362 ff; *Mayer* JuS **1990** 784 ff.

lediglich rechnen musste, hierüber aber nicht aufgeklärt worden war.[352] Offensichtlich ist hier die Kenntnis vom höheren Risiko als eine höhere Form der Geschehensbeherrschung qualifiziert und deshalb letztlich ein Fall der mittelbaren Täterschaft durch Benutzung des Opfers als Werkzeug gegen sich selbst angenommen worden, auch wenn weder der BGH noch seine Kritiker die ganze Konstellation damals in die Rubrik der mittelbaren Täterschaft eingereiht haben.[353] Unter dem Aspekt der *Irrtumsherrschaft* zutreffend hat andererseits BayObLG NStZ **1990** 81 den ungeschützten Geschlechtsverkehr eines HIV-Positiven mit einer Partnerin für straflos erklärt, die das Risiko kannte und von ihm „mehrfach über seine Infizierung, auf die Gefahren eines ungeschützten Geschlechtsverkehrs, die möglicherweise tödlichen Folgen einer Infizierung und das Fehlen einer Heilungsmöglichkeit hingewiesen worden" war (zur Frage der mittelbaren Täterschaft durch Benutzung *Unerwachsener* in diesem Fall s. u. Rdn. 141).[354] Entsprechendes gilt für andere Fälle der Mitwirkung an fremder Selbstgefährdung. Mit Recht hat BGH NStZ **1986** 266 deshalb eine vorsätzliche Körperverletzung (mit Todesfolge) in mittelbarer Täterschaft bei einem Mann angenommen, der eine junge, im Alkoholgenuss unerfahrene Frau unter bewusster Verschleierung des Risikos mit einer tödlichen Menge von Obstschnaps traktiert hatte.

Der BGH (1. StS) hat dahingestellt, „was gilt, wenn den, der sich an der Selbstschädigung **132**
eines eigenverantwortlich Handelnden (vorsätzlich oder fahrlässig) aktiv beteiligt, Garantenpflichten für Leib oder Leben des Selbstschädigers treffen" (BGHSt **32** 264), während der 2. und der 3. StS kurz darauf die Straflosigkeit vorsätzlicher oder fahrlässiger Mitwirkung an verantwortlicher Selbstgefährdung dadurch unterlaufen haben, dass nach eingetretener Bewusstlosigkeit des Drogenkonsumenten dem Lieferanten eine Garantenstellung mit der Folge einer eventuellen Tötungstäterschaft durch Unterlassen zugeschrieben wurde.[355] Die Frage kann vor allem für Familienangehörige und Ärzte wichtig werden. Richtigerweise kommt selbst bei etwa vorhandenem Vorsatz des Drogenlieferanten auch hier eine mittelbare Täterschaft nur in Betracht, wenn der Empfänger für sein Handeln nicht mehr verantwortlich ist oder das Risiko in geringerem Maße übersieht.[356] Denn Garantenpflichten zielen auf den Schutz vor Fremdschädigungen, wollen aber nicht eigenverantwortlich handelnde Menschen vor sich selbst schützen; von einer gegenüber bestimmten Personen eingeschränkten Selbstverantwortlichkeit weiß das Gesetz nichts. Und über den freien Willen des Suizidenten als Grund des Erfolges übt auch kein anderer eine Herrschaft aus (*Schünemann* Täterschaft S. 394 f). Diesem Standpunkt hat sich nunmehr auch der BGH in Fällen der Sterbehilfe im Ergebnis angeschlossen (BGHSt **64** 121 und **64** 135 m. Bespr. *Windsberger* jM **2019** 477 ff; *Lorenz* HRRS **2019** 351; *Grünewald* JR **2020** 167; *Hecker* JuS **2020** 82), freilich mit zusätzlichen verfassungsrechtlichen Überlegungen, auf die es bei einer präzisen strafrechtsdogmatischen Analyse nicht ankam.

Mit der umgekehrten Konstellation, dass der Dritte vom **Suizidenten** als **vorsatzloses** **133**
**Werkzeug** benutzt wird, aber die Tötungshandlung selbst vornimmt, hatte sich die Rspr. in zwei aufsehenerregenden, kurz nacheinander gefällten Entscheidungen zu tun. In dem von BGH NStZ **2003** 537[357] entschiedenen Fall hatte ein Schwerstbehinderter seinen Suizidwunsch da-

---

352 BGHSt **36** 1 mit z. T. zust., z. T. krit. Rezension *Schünemann* JR **1989** 89 ff.

353 Zur Widerlegung dieser Kritik und zur Herausarbeitung der mittelbaren Täterschaft als Sitz des Problems siehe *Schünemann* JR **1989** 89 ff; *ders.* in Szwarc (Hrsg.) AIDS und Strafrecht (1996) S. 9, 12 f.

354 Ebenso in einem ähnl. Fall LG Berlin ZJJ **2010** 78; nur i. Erg. zust. *Roxin/Greco* AT I § 11 Rdn. 113c.

355 BGH NStZ **1984** 452; NStZ **1985** 319 (320) m. **abl.** Anm. *Roxin.*

356 Zum entsprechenden Problem bei der Zurechnung zum objektiven Tatbestand vgl. nur *Roxin/Greco* AT I § 11 Rdn. 86 ff, 92 ff. Anders BGH JR **1979** 429 m. Anm. *Hirsch,* der eine durchschlagende Kritik liefert. In der Literatur wird die Gegenmeinung vor allem von *Herzberg* (JA **1985** 131 ff, 179 ff; ZStW **91** [1979] 566 ff) verfochten. Dagegen *Roxin* FS Dreher, 348; *Wessels/Hettinger/Engländer* Rdn. 49 ff.

357 Hierzu (krit.) *Roxin* FS Otto 443 ff; *Roxin/Greco* AT I § 11 Rdn. 126 ff; *Kühl* Jura **2010** 82; sowie (dem BGH zust.) Baumann/Weber/Mitsch/*Eisele* AT § 10 Rdn. 116; *Hecker/Witteck* JuS **2005** 401; *Herzberg* NStZ **2004** 1; *ders.* Jura **2004** 670; *ders.* FS Puppe 503 ff (auch zur nächsten Entscheidung); *Eisele* JuS **2012** 581; *Jäger* FS Schünemann 424; *Palm* S. 152 ff, 173; *Sowada* FS Merkel 1109 ff.

durch verwirklicht, dass er einen arglosen Zivildienstleistenden veranlasst hatte, ihn in Plastiktüten einzuwickeln, weil er gern Plastik auf der Haut spüre. Der Veranlasser war daraufhin erstickt. Und in OLG Nürnberg JZ **2003** 745[358] hatte ein Ehemann in der Absicht, zu sterben, seine Frau veranlasst, ihm eine (laut seiner Vorspiegelung ungeladene) Pistole an die Stirn zu setzen und abzudrücken. BGH und OLG haben hier eine Fremdtötung in unmittelbarer Täterschaft angenommen und dem Tatrichter die Prüfung der Fahrlässigkeit aufgegeben. Dagegen spricht, dass die Herrschaft des die Sachlage allein durchschauenden Suizidenten den unwissenden Vordermann zur Randfigur eines sich fahrlässig an einer Selbsttötung Beteiligenden macht, auch wenn die Annahme der Rspr. einer (fahrlässigen) Nebentäterschaft des Vordermannes neben dem vorsätzlichen Suizid in mittelbarer Täterschaft konstruktiv durchaus haltbar ist.

## 8. Mittelbare Täterschaft durch Benutzung von Unerwachsenen, Schuldunfähigen oder vermindert Schuldfähigen

134 **a) Einsatz von Unerwachsenen und Schuldunfähigen.** Für die Mitwirkung bei Deliktsverwirklichungen von Kindern, Jugendlichen und Geisteskranken gilt: Bei den Taten strafunmündiger Kinder und Geisteskranker ist der *veranlassende* Hintermann in jedem Falle mittelbarer Täter; bei denen Jugendlicher stets, aber auch nur dann, wenn der Ausführende nach § 3 JGG strafrechtlich nicht verantwortlich ist. Die bloße *Unterstützung* begründet mittelbare Täterschaft, wenn die mangelnde Verantwortlichkeit des Handelnden auf fehlender Einsichtsfähigkeit beruht. Geht dem unmittelbar Handelnden nicht das Unrechtsverständnis ab, sondern die Fähigkeit, nach dieser Einsicht zu handeln, so liegt mittelbare Täterschaft des Unterstützenden nur dann vor, wenn er dem Ausführenden die Tat ermöglicht. Diese differenzierende, aber in den meisten Situationen zur Annahme mittelbarer Täterschaft führende und von *Roxin* bereits 1963 vorgeschlagene Lösung[359] beruht auf den in den Fällen der Nötigungs- und Irrtumsherrschaft (Rdn. 69 ff, 78 ff) gewonnenen Erkenntnissen; denn der Ausführende handelt in den Fällen mangelnder Hemmungsfähigkeit unfrei, so dass bei Beurteilung des Hintermannes die Grundsätze der Nötigungsherrschaft anwendbar sind, während bei Fehlen der Fähigkeit zur Unrechtseinsicht die Regeln der Irrtumsherrschaft gelten müssen.

135 Im **Schrifttum** wird teilweise – freilich ohne Eingehen auf die oben erwähnten Nuancierungen – in Übereinstimmung mit der hier prinzipiell vertretenen Ansicht bei fehlender Verantwortlichkeit des unmittelbar Handelnden eine mittelbare Täterschaft angenommen.[360] Vielfach jedoch wird im Anschluss an RGSt **61** 265 je nach Lage des Falles auch bei Veranlassung und Ermöglichung von Taten Verantwortungsunfähiger eine Teilnahme für möglich gehalten. In dem dieser Entscheidung zugrundeliegenden Fall hatte der Angeklagte seinen 13jährigen Enkel zu einer Brandstiftung veranlasst; das Gericht hatte nur eine Anstiftung angenommen, weil das Kind für die Bedeutung seines Tuns zwar „nicht volles, so doch hinreichendes Verständnis" gehabt habe. Dementsprechend stellen viele Autoren[361] darauf ab, ob das Kind oder

---

**358** M. abl. Anm. *Engländer;* abl. auch *Hecker/Witteck* JuS **2005** 400 f; *Roxin/Greco* AT I § 11 Rdn. 128 ff; ausf. *Roxin* FS Otto 443 ff. Dem OLG Nürnberg zust. *Herzberg* Jura **2004** 670 (gegen *Engländer*; sowie seine in der letzten Fn. zitierten Beiträge); *Küper* JuS **2004** 757 ff; *Jäger* FS Schünemann 425; *Murmann* AT § 23 Rn. 98 f; *Palm* (wie Fn. 357).

**359** Mit ausführlicher Begründung *Roxin* TuT S. 233–242.

**360** Vgl. etwa Baumann/Weber/Mitsch/*Eisele* § 29 Rdn. 129 f; *Blei* I § 72 I 3a; *Gallas* Mat. Bd. I S. 134; *ders.* ZStW-Sonderheft Athen (1957) 15; *Hoyer* SK Rdn. 51; *Otto* AT § 21 Rdn. 73; *Stratenwerth/Kuhlen* AT § 12 Rdn. 49; wohl auch *Maurach/Gössel*/Zipf[7] § 48 Rdn. 79 f.

**361** Besonders deutlich etwa *Welzel* § 15 II 2b; *Jescheck* § 62 II 4 (anders jetzt *Jescheck/Weigend* § 62 II 4); *Schmidhäuser* AT § 14 Rdn. 48; *ders.* StuB § 10 Rdn. 94; *Joecks* MK Rdn. 102 ff.

der Geisteskranke im Einzelfall ausnahmsweise „einen eigenen Willen entfalten" *(Welzel)* konnte oder „zu einem eigenen Entschluss fähig" *(Jescheck)* war. Weitergehend hält *Bockelmann*[362] bei der Benutzung von Kindern und Geisteskranken sogar im Regelfall nur Anstiftung für gegeben, und zwar selbst bei einem „defektgeschädigten, schuldunfähigen" Paralytiker. „Denn einen immerhin noch zu Arbeiten, die eine bescheidene Selbständigkeit erfordern, befähigten Kranken hat man nicht wie ein Werkzeug in der Hand; die Entschließung zu der ihm angesonnenen Tat bleibt seine Entscheidung." Etwas anderes soll nur dann gelten, wenn etwa ein Kind „wie Wachs" in der Hand des Hintermannes war. Derartige Differenzierungen verdienen jedoch keinen Beifall. Denn ob das Hemmungsvermögen und das Verständnis eines unmittelbar Handelnden „hinreichend" sind, um den Hintermann in die Rolle des bloßen Teilnehmers zu drängen, lässt sich nur nach rechtlichen Maßstäben beurteilen. Ist der Handelnde danach für sein Tun nicht verantwortlich, trifft die Verantwortung für seinen „Einsatz" notwendig den Hintermann, der unter dem Gesichtspunkt strafrechtlicher Haftung als der Herr des Geschehens erscheint. Jede andere Abgrenzung führt in Ermangelung rechtlicher Kriterien ins Willkürliche.

**b) Der Einsatz vermindert Schuldfähiger.** Ist die Schuldfähigkeit des Ausführenden nur 136
nach § 21 erheblich vermindert, so muss man **unterscheiden:**[363] Wenn der Ausführende die Unrechtseinsicht besitzt, jedoch sein *Hemmungsvermögen* (die „Fähigkeit..., nach dieser Einsicht zu handeln") *vermindert* ist, kann ein Außenstehender, sofern nicht sonstige Umstände ihm die Tatherrschaft vermitteln, nur Teilnehmer sein. Denn der Gesetzgeber geht davon aus, dass der Handelnde in einem solchen Fall seinen Willen seiner Einsicht gemäß bestimmen kann – sonst würde ja § 20 anwendbar sein –, und dies allein genügt, um dem Hintermann die Willensherrschaft zu verwehren. Der Umstand, dass dem Vordermann die verantwortliche Selbstbestimmung erschwert war, ist für das Maß der Schuld von Bedeutung, wie es etwa auch bei einem die Schwelle des § 35 nicht erreichenden Nötigungsdruck der Fall ist; er ändert aber nichts an der Herrschaftsstruktur des Vorganges.

Dagegen liegt eine mittelbare Täterschaft des Hintermannes dann vor, wenn die geringere 137
Schuld des unmittelbar Handelnden auf seiner *verminderten Fähigkeit* beruht, *„das Unrecht der Tat einzusehen"*. In solchen Fällen handelt der Ausführende stets im Verbotsirrtum; denn wenn er bei Tatbegehung sich des konkreten Unrechts bewusst und seine Einsichtsfähigkeit nur in abstracto gemindert war, greift § 21 nicht ein (BGHSt **21** 27). Da der Irrtum auch nicht nur die formelle Rechtswidrigkeit, sondern das „Unrecht" (also die materielle Wertwidrigkeit) des eigenen Handelns betreffen muss, ist nach den oben entwickelten Regeln der Irrtumsherrschaft (Rdn. 89 ff) stets eine mittelbare Täterschaft anzunehmen.[364]

Im **Schrifttum** wird das Problem der Abgrenzung von Anstiftung und mittelbarer Täter- 138
schaft bei verminderter Schuldfähigkeit des Ausführenden bisher nicht sehr gründlich behandelt. Meist wird ohne nähere Auseinandersetzung eine mittelbare Täterschaft entweder abgelehnt[365] oder unter genereller Lösung vom Verantwortungsprinzip für möglich gehalten.[366] *Schaffstein*[367] will die Frage der mittelbaren Täterschaft „durch Wertung aller Umstände des

**362** AT $^{3}$(1979) § 25 II a; jetzt noch *Bockelmann/Volk* § 25 II a.

**363** *Roxin* TuT S. 237 f; *ders.* AT II § 25 Rdn. 150.

**364** Ebenso Baumann/Weber/Mitsch/*Eisele* AT § 25 Rdn. 130; *Kühl* AT § 20 Rdn. 68; Sch/Schröder/*Heine/Weißer* Rdn. 46.

**365** *Herzberg* TuT § 3 III 1; *Jakobs* § 21 Rdn. 94; Maurach/Gössel/Zipf/*Renzikowski* § 48 Rdn. 58; *Schumann* Selbstverantwortung S. 76; *Stratenwerth/Kuhlen* AT § 12 Rdn. 52; wohl auch *Kühl* AT § 20 Rdn. 47; *Joecks* MK Rdn. 102 ff.

**366** *Maurach/Gössel*/Zipf$^{7}$ § 48 Rdn. 86; *Frister* AT § 27 Rdn. 35.

**367** NStZ **1989** 157 f.

konkreten Einzelfalles“ differenzierend entscheiden, was aber zu ungenau ist. Immerhin will er i. d. R. aber eine mittelbare Täterschaft dann annehmen, „wenn die verminderte Schuldfähigkeit des Tatmittlers durch den Hintermann absichtlich und missbräuchlich herbeigeführt worden ist, um jenen dadurch zur Tat zu veranlassen“.

**139** Demgegenüber ist an der von *Roxin* entwickelten Lösung auch auf der Grundlage der o. Rdn. 84 ff favorisierten Theorie der *Tatherrschaftsstufen* festzuhalten.[368] Einer allgemeinen Erstreckung der mittelbaren Täterschaft auf den Fall des vermindert schuldfähigen Tatmittlers stehen dieselben Argumente entgegen, die für die sektorale Geltung des *Verantwortungsprinzips* im Bereich der *Nötigungsherrschaft* angeführt worden sind (o. Rdn. 99). Auch könnte man, wenn man hier eine mittelbare Täterschaft annehmen wollte, bei Nötigungen unterhalb der in § 35 vorausgesetzten Stärke nicht anders verfahren, was die Abgrenzung ganz ins Unbestimmte rücken würde.

**140** Der BGH hat daher mit Recht die suggestive psychische Beeinflussung des Opfers im Sirius-Fall (BGHSt **32** 43), die verminderte Schuldfähigkeit des unmittelbaren Täters im Katzenkönig-Fall (BGHSt **35** 349) oder einen „lang anhaltenden deprimierten Zustand“ des Ehemannes im Doppelselbstmord-Fall (BGH GA **1986** 508) für sich allein noch nicht ausreichen lassen, um dem Hintermann die mittelbare Täterschaft zuzusprechen. Auch in den Drogenlieferungsfällen (Rdn. 130) geht die Rechtsprechung im allgemeinen zutreffend davon aus, dass eine durch die Drogenabhängigkeit etwa bewirkte Schuldminderung die Eigenverantwortlichkeit des Konsumenten noch nicht ausschließt.[369] Liegt allerdings, wie im Katzenkönig-Fall (BGHSt **35** 347), wegen der verminderten Fähigkeit des Ausführenden, das Unrecht der Tat einzusehen, ein **Verbotsirrtum** vor, so sind mit Notwendigkeit die dafür geltenden Regeln anzuwenden (Rdn. 109), die zur mittelbaren Täterschaft führen.

**141** **c) Speziell: Die Veranlassung oder Unterstützung der Selbstschädigung oder -tötung.** Die Veranlassung oder Unterstützung der Selbstschädigung (praktisch vor allem: der Selbsttötung) und Selbstgefährdung von *Unerwachsenen und Schuldunfähigen* wirft einige **Sonderprobleme** auf. Bei Kindern und bei schlechthin – d. h. im Hinblick auf jedes denkbare Delikt – schuldunfähigen Jugendlichen oder Geisteskranken ist der Hintermann stets als mittelbarer Täter anzusehen. Denn zwar lassen sich §§ 20 StGB, 3 JGG nicht unmittelbar anwenden, weil die Selbstschädigung kein „Unrecht“ ist; wem aber im Hinblick auf Recht oder Unrecht das Einsichts- oder Hemmungsvermögen gänzlich fehlt, dem wird man es auch im Hinblick auf den Wert der Erhaltung des eigenen Lebens nicht zusprechen können. Ferner wird man auch bei an sich schuldfähigen Jugendlichen, die auf Grund pubertärer oder situationsbedingter Konfliktsituationen einen Suizid begehen, nur selten die Fähigkeit bejahen können, die Bedeutung des Lebens richtig zu beurteilen und nach dieser Einsicht zu handeln; daher begründet die Veranlassung oder Ermöglichung eines Selbstmordes auch in solchen Fällen in der Regel mittelbare Täterschaft.[370] Dieser Aspekt ist in der o. Rdn. 111 angeführten AIDS-Entscheidung BayObLGSt **1989** 133 = NStZ **1990** 81, die die aus Teenagerliebe konsentierte Fremdgefährdung eines 16-jährigen Mädchens betraf, nicht genügend beachtet worden.[371]

---

**368** An der von *Schünemann* früher (NStZ **1982** 63) ventilierten Idee einer kompletten Ausdehnung der Rechtsfigur der mittelbaren Täterschaft auf die Fälle der Benutzung eines im Zustande verminderter Schuldfähigkeit gemäß § 21 handelnden Werkzeuges hält er seit der Voraufl. nicht mehr fest.

**369** Etwas undeutlich allerdings BGHSt **32** 265 f.

**370** Ebenso Sch/Schröder/*Heine*/*Weißer* § 25 Rdn. 13, die aber eine genaue Prüfung dieser Fähigkeiten im Einzelfall verlangt.

**371** **Krit.** deshalb *Schünemann* in Szwarc (Hrsg.) AIDS und Strafrecht (1996) 9, 13.

## 9. Mittelbare Täterschaft kraft organisatorischer Machtapparate („Organisationsherrschaft")

**a) Allgemeine Grundlagen.** Eine neben der Nötigungs- und der Irrtumsherrschaft selbständige Form mittelbarer Täterschaft ist die 1963 von *Roxin* entwickelte *Organisationsherrschaft.*[372] Sie ist dort gegeben, wo ein Hintermann einen vom Recht gelösten (also auf Gewalt gegründeten) Machtapparat zur Durchführung von Straftaten einsetzen kann, wie dies bei den staatlich organisierten Verbrechen eines verbrecherischen Regimes oder mafiaähnlichen Verbrechensstrukturen der Fall ist. Wer unter solchen Umständen an den Schalthebeln der Macht eine Anordnung gibt, besitzt unbeschadet der Täterschaft des Ausführenden (Rdn. 72 ff) eigene Tatherrschaft, weil die Struktur des Apparates den Vollzug des Befehls unabhängig von der Individualität des unnmittelbar Handelnden garantiert. Derjenige, der schließlich den Straftatbestand mit eigener Hand verwirklicht, ist nur ein auswechselbares Rädchen im Getriebe des Machtapparates, bei dessen Ausfall sogleich ein anderer an seine Stelle tritt, so dass der Anordnende die Person des Ausführenden meist nicht einmal kennt. Es sind also nicht Nötigung oder Täuschung (obgleich beide auch im Rahmen organisatorischer Machtapparate nicht selten eingesetzt werden), sondern es ist die **Fungibilität** des unmittelbaren Täters, die dem Hintermann als **„Schreibtischtäter"** die Tatherrschaft verleiht. Die Aufforderung zur Tat, die normalerweise nur eine Anstiftung begründen kann, weil der Aufgeforderte die freie Entscheidung über das Ob der Tat in der Hand behält, wirkt hier herrschaftsbegründend, weil die etwaige Weigerung eines zur Tat Bestimmten die Ausführung des Befehls durch einen beliebigen anderen nicht beeinträchtigt. So sind für die in den KZ's verübten Morde zwar die unmittelbar Ausführenden als Täter verantwortlich; Täter hinter diesen Tätern sind aber auch diejenigen, die mit eigener Befehlsgewalt die Anordnung dazu gegeben haben, so dass sich bis zum obersten Befehlshaber eine ganze Kette mittelbarer Täter bilden kann. Dabei ist es unerheblich, ob ein solcher Schreibtischtäter aus eigener Initiative oder im Auftrage höherer Stellen handelt. Entscheidend ist allein, dass er den ihm unterstellten Teil der Organisation lenken kann, ohne die Deliktsverwirklichung anderen anheimstellen zu müssen. Dagegen kann jede Tätigkeit, die den Apparat nicht selbständig weiterbewegt, nur teilnahmebegründend wirken. 142

Nach dieser Konzeption setzt die Organisationsherrschaft voraus, dass sich der vom Hintermann betätigte Machtapparat **als ganzer von den Normen des Rechts gelöst hat**. Denn solange sich Leitung und Ausführungsorgane prinzipiell an eine von ihnen unabhängige Rechtsordnung gebunden halten, kann die Anordnung strafbarer Handlungen nicht herrschaftsbegründend wirken, weil die Gesetze den höheren Rangwert haben und im Normalfall die Durchführung rechtswidriger Befehle und damit die Willensmacht des Hintermannes ausschließen. Wenn etwa in einem rechtsstaatlichen Gemeinwesen ein Behördenchef seine Untergebenen zu strafbaren Handlungen veranlasst oder wenn beim Militär ein Vorgesetzter rechtswidrige Befehle erteilt, dann ist das, solange nicht eine mittelbare Täterschaft aus anderen Gründen zu bejahen ist, rechtlich nur eine – ggf. aus §§ 357 StGB, 33 WStG zu bestrafende – Anstiftung (vgl. Rdn. 97). So bleiben für die Organisationsherrschaft nur die Fälle übrig, in denen entweder die Inhaber der Staatsgewalt selbst verbrecherische Organisationen aufbauen, wie es im „Dritten Reich" geschehen ist, oder in denen sich ein gegen die Rechtsordnung gerichteter „Staat im Staate" entwickelt, wie dies bei Gangstersyndikaten (z. B. in der Drogenszene) oder zahlenmäßig starken Terrororganisationen möglich ist. Auch Geheimorganisationen ausländischer Mächte kommen in Betracht, sofern ein gut ausgebautes Agentennetz die Durchführung von Aufträgen der Zentrale sicherstellt; man 143

372 Grundlegend *Roxin* TuT S. 242–252, 839 ff Rdn. 360 ff; *ders.* GA **1963** 193; *ders.* FS Lange 173, 192 f; *ders.* JZ **1995** 49; *ders.* FS Grünwald 549; *ders.* LK[11] Rdn. 128 ff; *ders.* Schäfer-Sonderheft S. 52 f; *ders.* AT II § 25 Rdn. 105 ff; *ders.* FS Schroeder 387 ff; *ders.* ZStrR **125** (2007) 1; *ders.* ZIS **2009** 565; *ders.* FS Krey 449 ff; *ders.* GA **2012** 395. Zur älteren Auseinandersetzung damit: *Baumann* JZ **1963** 110; *ders.* NJW **1963** 561; *Henkys/Baumann* Die nat.-soz. Gewaltverbrechen [2](1965) 305; *Hanack* Zur Problematik der gerechten Bestrafung nat.-soz. Gewaltverbrechen (1967); *Schroeder* ROW **1964** 97; *Korn* NJW **1965** 1206.

wird daher im Falle Staschynskij (Rdn. 28) die Auftraggeber als mittelbare Täter ansehen können.[373]

144 **b) Rechtsprechung.** In der deutschen Rechtsprechung ist die Figur der mittelbaren Täterschaft kraft organisatorischer Machtapparate bei der Ahndung der nationalsozialistischen Gewaltverbrechen neben der damals dominierenden extremen subjektiven Theorie (oben Rdn. 28) noch nicht einmal diskutiert worden. Sie hat zuerst im Ausland praktische Anwendung gefunden, nämlich im Prozess gegen die argentinische Generalsjunta.[374] Ihre Übernahme in das deutsche Recht hat sodann der 5. Senat in seiner Grundsatzentscheidung BGHSt **40** 218 aus dem Jahre 1994 vollzogen. Hierbei ging es um die strafrechtliche Verantwortlichkeit für die Tötung von Flüchtlingen zur Verhinderung des Grenzübertritts, die durch Grenzpolizisten in Ausübung des (von höchster Stelle der ehemaligen DDR erlassenen) „Schießbefehls" begangen wurden, der nach der Rspr. von BGH, BVerfG und EGMR ebenso wie das gesamte „Grenzregime" der DDR gegen höherrangiges Recht verstieß und deshalb Unrecht verkörperte.[375] Die für den Schießbefehl verantwortlichen Mitglieder des Politbüros und des Nationalen Verteidigungsrates der DDR sind vom BGH ungeachtet der vollen strafrechtlichen Verantwortlichkeit der Schützen selbst (s. BGHSt **39** 1 [31f]) als mittelbare Täter (also als Täter hinter den Schützen als unmittelbaren Tätern) qualifiziert worden, weil sie durch generelle Anweisungen die Schüsse der Grenzsoldaten an der Mauer und die Verminung der Mauer angeordnet hatten und mittels des von ihnen gesteuerten Machtapparates beherrschten. In der Grundsatzentscheidung BGHSt **40** 218, 236 sprach der 5. Strafsenat von „Fallgruppen, bei denen trotz eines uneingeschränkt verantwortlich handelnden Tatmittlers der Beitrag des Hintermannes nahezu automatisch zu der von diesem Hintermann erstrebten Tatbestandsverwirklichung führt. Solches kann vorliegen, wenn der Hintermann durch Organisationsstrukturen bestimmte Rahmenbedingungen ausnutzt, innerhalb derer sein Beitrag regelhafte Abläufe auslöst. Handelt in einem solchen Fall der Hintermann in Kenntnis dieser Umstände, ... besitzt (er) die Tatherrschaft (und) ist Täter in der Form mittelbarer Täterschaft". Hierbei legte sich der BGH freilich nicht auf *Roxins* (relativ restriktive) Theorie der (scil. rechtsgelösten) organisatorischen Machtapparate fest, sondern nannte daneben auch *Schroeders*[376] Kriterium der „unbedingten Bereitschaft des Handelnden, den Tatbestand zu erfüllen" (BGHSt **40** 236), und bejahte für diese Fälle den „umfassenden Willen zur Tatherrschaft" (BGHSt **40** 237). Weitere Entscheidungen zu in der DDR begangenen Tötungen an der innerdeutschen Grenze (BGHSt **42** 65, 69; **44** 204 [206]; **45** 270, 296 ff; BGH StV **1996** 479; BGHSt **48** 77 [91; hier sogar Annahme einer mittelbaren Täterschaft durch Unterlassen kraft Organisationsherrschaft]) oder zu weiteren Straftaten des DDR-Regimes, wie etwa Wahlfälschungen (BGHSt **40** 307 [316 f]), haben den Standpunkt der Grundsatzentscheidung bestätigt, indem sie sich auf diese beriefen, um die Möglichkeit einer mittelbaren Täterschaft kraft Organisationsherrschaft zu bejahen (wenn auch nicht immer ihre Anwendbarkeit im konkreten Fall, etwa wenn es wie in BGHSt **40** 307 [317] um ein Sonderdelikt geht). Auch die Stellung als Regimentskommandeur, dessen Tötungsbefehle von Untergebenen aufgenommen und befolgt werden (BGHS **42** 65, 69

373 **And.** insoweit *Herzberg* TuT § 3 III 8b; *Schmidhäuser* AT § 14 Rdn. 50; *ders.* StuB § 10 Rdn. 95; natürlich handelt es sich dabei letzten Endes um eine Tatfrage.

374 Dazu näher *Ambos* GA **1998** 238 f; *ders.* Der Allgemeine Teil S. 234 ff; *Muñoz Conde* FS Wolter 1417 ff, 1428 ff.

375 BGHSt **39** 1, 15 f; **39** 168, 183 f; **40** 48, 53; **40** 113, 116; **40** 241, 244; **41** 101, 105; BVerfGE **95** 96, 133; BVerfG NJW **2000** 1480; EGMR NJW **2001** 3035; **2001** 3041). Für die hier zu behandelnden Probleme der Täterschaft kommt es nicht darauf an, ob der vom BGH benutzte und vom BVerfG und EGMR gebilligte Kunstgriff, den Straftatbestand aus dem DDR-Recht zu entnehmen und dessen Rechtfertigungsgründe mit einer anfangs völkerrechtlichen, später zunehmend naturrechtlichen Begründung für unwirksam zu erklären, die sich aufdrängende Missachtung des Rückwirkungsverbots (Art. 103 Abs. 2 GG) überzeugend auszuräumen vermag oder nicht; **dagegen** eingehend *Schünemann* in Deutscher Bundestag (Hrsg.) Enquete-Komission „Überwindung der Folgen der SED-Diktatur im Prozeß der Deutschen Einheit", Band II/2 (1999) 1304 ff; *ders.* FS Grünwald 657 ff; *ders.* FS Kühl 457 ff.

376 Täter hinter dem Täter S. 152.

und dazu *Willnow* JR **1997** 226), reicht danach für die mittelbare Täterschaft aus, nicht aber die bloße sog. „Vergatterung" von Grenzsoldaten durch den Kompaniechef (BGHSt **47** 100, 103 f) oder gar einen Unterleutnant (BGH NStZ-RR **1996** 323).

Indem sich der 5. Strafsenat in BGHSt **40** 218 auf keine bestimmte Doktrin festgelegt hat, ließ er freilich der zukünftigen Abgrenzung der mittelbaren Täterschaft bei uneingeschränkt verantwortlichem Tatmittler einen weiten Spielraum. Während seine Bemerkung „Eine so verstandene mittelbare Täterschaft wird nicht nur beim Missbrauch staatlicher Machtbefugnisse, sondern auch in Fällen mafiaähnlich organisierten Verbrechens in Betracht kommen" in BGHSt **40** 237 vollständig innerhalb der vorgezeichneten Bahnen verblieb,[377] erklärte er darüber hinaus „ganz bewusst" (*Nack* GA **2006** 342, 344) als obiter dictum: „Auch das Problem der Verantwortlichkeit beim Betrieb wirtschaftlicher Unternehmen lässt sich so lösen." (BGHSt **40** 237). Während in der sog. Lederspray-Entscheidung (BGHSt **37** 106) die Verantwortlichkeit der Führungsorgane für den von ihnen in Kauf genommenen Vertrieb eines gesundheitsschädlichen Produkts zwar bejaht, aber in der dogmatischen Konstruktion in undeutlicher und schwerlich haltbarer Weise durch eine Ausdehnung des Handlungsbegriffs bewältigt worden war,[378] hat der 1. Strafsenat die im obiter dictum des 5. Strafsenats apostrophierte Figur der **mittelbaren Täterschaft kraft Organisationsherrschaft in Unternehmen** schon kurze Zeit später der Sache nach sogar auf nicht wirtschaftliche Zwecke verfolgende Organisationen wie etwa ein Krankenhaus angewandt: Ohne dieses Wort zu gebrauchen, bejahte der BGH die Organisationsherrschaft des behandelnden Arztes wegen „der untergeordneten, grundsätzlich weisungsgebundenen Rolle der eingeschalteten Hilfskräfte" (BGHSt **40** 257, 268). Seitdem häufen sich Entscheidungen, die den Geschäftsleiter eines Unternehmens mit der Begründung zum mittelbaren Täter erklären, dass derjenige, „der durch Organisationsstrukturen bestimmte Rahmenbedingungen ausnutzt, die regelhafte Abläufe auslösen, die ihrerseits zu der vom Hintermann erstrebten Tatbestandsverwirklichung führen", sich zum mittelbaren Täter mache (BGH NJW **1998** 769; ferner BGH wistra **2004** 341, 347; BGHSt **48** 331, 342; **49** 147, 163). Z. T. wird die Tatherrschaft und dadurch die mittelbare Täterschaft des Geschäftsführers ohne Weiteres bejaht (BGH NStZ **1997** 545) – selbst wenn er sich etwa bei der Begehung der von ihm angeordneten Brandstiftung im Urlaub befindet (BGH JR **1999** 205). In BGHSt **43** 219 (231f) hat der 2. Strafsenat die mittelbare Täterschaft für ein „offenes Wertungsproblem" mit „fließenden Übergängen" erklärt, wobei es für die Abgrenzung entscheidend sei, „ob der Hintermann nicht nur Tatinteresse, sondern auch von Täterwillen getragene Tatherrschaft" habe. Indem als „Täter kraft Tatherrschaft" jeder qualifiziert wird, der „durch Organisationsstrukturen bestimmte Rahmenbedingungen ausnutzt, die **regelhafte Abläufe** auslösen" (BGH NStZ **1998** 568; ähnlich BGH NStZ **2004** 457; **2004** 559; NStZ **2008** 89 [Rdn. 1]; StV **2000** 19; wistra **1999** 23; **2001** 57; **2004** 264; BGHSt **43** 219; **45** 270, 296; **48** 331, 342), ist der Tatherrschaftsbegriff in einer Weise ausgedehnt worden, die sich von den molluskenhaften Formeln in der Spätphase der subjektiven Theorie zwar in der Formulierung, aber nicht notwendig auch im Ergebnis unterscheidet.[379] 145

Die Analyse, Bewertung und Kritik dieser Rechtsprechung hat sich in den letzten Jahren zum meist diskutierten Thema der gesamten Beteiligungslehre, wenn nicht des gesamten Allgemeinen Teils entwickelt.

**c) Die wissenschaftliche Auseinandersetzung.** Die Rechtsfigur der mittelbaren Täterschaft kraft organisatorischer Machtapparate wird weltweit, vor allem in den Spanisch sprechenden 146

377 *Roxin* AT II § 25 Rdn. 129; krit., aber nicht überzeugend *Murmann* (u. Fn. 384); näher zum Problem der Organisationsgröße *Urban* Täterschaft S. 163 f.

378 Dazu eingehend *Schünemann* FG BGH IV, S. 623 ff.

379 Zust. *Schild* NK Rdn. 36.

Ländern intensiv diskutiert[380] und auch im Völkerstrafrecht mehr und mehr beachtet.[381] Nachdem sich in der **deutschen Literatur** die ganze Rechtsfigur bereits weitestgehend durchgesetzt hatte,[382] ist die Entscheidung des BGH anfangs auf breite Zustimmung gestoßen, meist im Kielwasser der von *Roxin* entwickelten Konzeption,[383] zum Teil aber auch mit anderer Akzentsetzung.[384] Später ist dann aber doch ist eine Grundsatzkritik laut geworden, die die ganze Rechtsfigur ablehnt und statt dessen Anstiftung oder Mittäterschaft propagiert;[385] ferner ist die vom BGH vorgenommene Ausdehnung der Rechtsfigur auf Straftaten im Rahmen von Wirtschaftsun-

---

**380** In der von *Lascano* hrsg. FS Roxin „Nuevas Formulaciones en las Ciencias Penales. Homenaje a Claus Roxin" (Córdoba/Argentinien 2001) finden sich allein drei Abhandlungen, die sich mit der Theorie von der Tatherrschaft mittels organisatorischer Machtapparate (dominio del hecho a través de los aparatos organizados de poder) auseinandersetzen (*Donna*, 295 ff; *Garcia Vitor*, 327 ff; *Lascano*, 349 ff). Weitere argentinische Literatur bei *Ambos* Der Allgemeine Teil S. 238, Fn. 82. Auch ein in Spanien von *Ferré Olivé*/*Anarte Borallo* herausgegebener Sammelband (Huelva, 1999), enthält drei einschlägige Aufsätze: *Ferré Olivé*, 85 ff; *Figueiredo Dias*, 99 ff; *Muñoz Conde*, 151 ff. Zahlr. weit. Nachw. bei *Ambos* Der Allgemeine Teil S. 590 ff; *ders.* Internationales Strafrecht [5](2018) § 7/25 ff; *Muñoz Conde* FS Wolter S. 1428 ff. Ein zeitgeschichtlicher Überblick über die „justitielle Bewältigung" des Schießbefehls findet sich bei *Rummler* Die Gewalttaten an der deutsch-deutschen Grenze vor Gericht (2000). Für die Anwendung der Figur durch peruanische Gerichte im Fujimori-Urteil vgl. ZIS **2009** Heft 9 (S. 549 ff) mit Stellungnahmen von *Rotsch, Ambos, Roxin, Schroeder, Jakobs, Herzberg, Caro Coria, García Cavero, Meini, Pariona* und *van der Wilt*; für Griechenland *Voli* GA **2019** 393 ff; für Kolumbien *Velásquez Velásquez* FS Schünemann 1119 ff.

**381** *Vest* ZStW **113** (2001) 492 f: „Es ist aus völkerstrafrechtlicher Sicht unbestreitbar der bleibende Verdienst von Roxin, mit dem Konzept der mittelbaren Täterschaft kraft organisatorischen Machtapparats ‚systemisch-kollektives Unrecht' erstmals anerkannt zu haben". Zum Stand der Rspr. und den komplizierten Fragen der Interpretation des Rom-Statuts, das in Art. 25 Abs. 3 (a) ausdrücklich die Begehung „through another person, regardless of whether that other person is criminally responsible", aber auch in Art. 28 die „Responsibility of commanders and other superiors" regelt, *Ambos* Internationales Strafrecht [5](2018) § 7/27 ff; *Kreß* und *Radtke* GA **2006** 304, 350 m. w. N.; *Jeßberger*/*Geneuss* JICJ **6** (2008) 853; *Werle*/*Burghardt* FS Maiwald 849 ff; *Weigend* JICJ **9** (2011) 91; *Herzig* ZIS **2013** 189; *Muñoz Conde* FS Wolter 1438 ff; *Ohlin*/*van Sliedregt*/*Weigend* LJIL **26** (2013) 725; *Dias* InDret **4**/2018. Speziell zum Verhältnis von Organisationsherrschaft und völkerstrafrechtlicher Vorgesetztenverantwortlichkeit *Safferling*/*Hartwig-Asteroth*/*Scheffler* ZIS **2013** 447.

**382** *Busch* LK[9] § 47 Rdn. 48; *Ebert* AT S. 198; *Eser* StrafR II, Fall 38, Rdn. 25; *Haft* AT S. 200; *Herzberg* TuT § 3 III 8b; *ders.* Jura **1990** 23 f (and. aber *ders.*, s. u. Fn. 385); *Hirsch* Rechtstaatliches Strafrecht S. 22 ff; *Hünerfeld* ZStW **99** (1987) 244; *Ingelfinger* Anstiftervorsatz S. 183 f; (nur) für „anticivile Unrechtsapparate" *Bottke* TuG S. 60 ff; *ders.* Coimbra-Symposium S. 243; *Joecks* MK Rdn. 150 ff (mit Einschränkungen); *Kühl* AT § 20 Rdn. 73 ff; *Küpper* GA **1998** 523 ff; Lackner/Kühl/*Kühl* Rdn. 2; *Lampe* ZStW **106** (1994) 743; *Maurach*/*Gössel*/Zipf[7] § 48 Rdn. 88 (and. die aktuelle Aufl., s. die nachfolgenden Fn.); *M.-K. Meyer* Autonomie S. 101 ff; *Morozinis* Organisationsdelikte S. 206 ff; *Roxin* AT II § 25 Rdn. 105 ff; *Schumann* Selbstverantwortung S. 75 f; Sch/Schröder/*Heine*/*Weißer* Rdn. 28; *Schild* Täterschaft S. 10, 16, 19, 24 ff; *Sinn* Straffreistellung S. 151 ff, 186 ff; *Stratenwerth*/*Kuhlen* AT § 12 Rdn. 65 ff; *Vest* ZStW **113** (2001) 492 ff; *Weißer* (2012) S. 222; *Wessels*/*Beulke*/*Satzger* Rdn. 853; *Schmidhäuser* StuB § 10 Rdn. 95.

**383** *Ambos* GA **1998** 226 f; *Bloy* GA **1996** 425 ff; *Gropp* JuS **1996** 13 ff; *Jung* JuS **1995** 173 f; *Knauer* Kollegialentscheidung S. 76; *Küpper* GA **1998** 524; *Roxin* JZ **1995** 49 ff; U. *Schulz* JuS **1997** 109.

**384** *Murmann* GA **1996** 269 ff mit einer nicht überzeugenden Anleihe bei der Idee der Pflichtdelikte; *Schroeder* JR **1995** 177 ff unter Hervorhebung der von ihm schon früher zum Anknüpfungspunkt genommenen und vom BGH ebenfalls verwerteten Tatbereitschaft des Vordermannes (dazu krit. *Roxin* AT II § 25 Rdn. 134; ausf. *Morozinis* Organisationsdelikte S. 140 ff; zeitweilig zust. *Roxin* FS Schroeder 397 ff; *ders.* ZStrR **125** [2007] 15 ff; danach eher zurückhaltend, das Erfordernis als Epiphänomen behandelnd, s. *ders.* FS Krey 462 ff; *ders.* GA **2012** 412); *Hoyer* Die strafrechtliche Verantwortlichkeit S. 18 f, 31 mit (zw.) quantitativer Differenzierung im „öffentl.-rechtl. organisierten Machtapparat"; *Schlösser* Tatherrschaft S. 230 ff u. passim mit der Konzeption einer „sozialen Tatherrschaft" auf der Basis eines „sozialbezogenen Freiheitsverständnisses"; für normale Nötigungsherrschaft *U. Schulz* JuS **1997** 109.

**385** *Bosch* Organisationsverschulden S. 226 ff; *Díaz y García* FS Mir Puig 519 ff; *Eidam* Organisationsgedanke S. 172, 316: *Herzberg* in: Amelung (Hrsg.) Verantwortung S. 33 ff; *Kutzner* Rechtsfigur S. 252 ff; *Rotsch* ZStW **112** (2000) 518, 526 ff; *Renzikowski* Täterbegriff S. 89; Maurach/Gössel/Zipf/*Renzikowski* § 48 Rdn. 68 ff; *Velásquez Velásquez* FS Schünemann 1131; *Zazcyk* GA **2006** 411; wegen Dammbruchgefahren, die mit der an sich berechtigten Auflockerung des Verantwortungsprinzips verbunden seien, i. Erg. *Puppe* GA **2013** 529 f; differenzierend *Hoyer* SK Rdn. 90–92;

ternehmen allgemein auf starke Kritik gestoßen.[386] Das neuere Schrifttum zeigt sich aber von den Einwänden gegen die Rechtsfigur insgesamt nicht sonderlich beeindruckt; vielmehr bestätigt es ihre Richtigkeit und grenzt sie auch weitgehend ebenso wie *Roxin* ab.[387]

**aa) Methodologischer Einwand.** Ein grundsätzlicher methodologischer Einwand lautet (mit unterschiedlicher Zuspitzung), dass die Rechtsfigur der Tatherrschaft durch Benutzung eines organisatorischen Machtapparates durch eine Vermengung bald naturalistischer, bald normativistischer Gesichtspunkte gekennzeichnet sei und dadurch kompromittiert werde[388] bzw., anders gewendet, dass sie in der ihr von *Roxin* gegebenen Gestalt zu stark naturalistisch sei und nur bei einer Umwandlung in eine normative Zuschreibung aufrecht erhalten werden könne.[389] Aber das Verständnis der Organisationsherrschaft als einer „normativen Zuschreibung" führt zu einem bloßen Zirkelschluss, an dessen Stelle das typologische Modell der Tatherrschaftsstufen (oben Rdn. 84 ff) der methodologischen Kritik standhält:[390] Für Taten, die tatsächlich im Rahmen des Verhaltensprogramms eines organisatorischen Machtapparates verübt werden, befinden sich die an den Schaltstellen dieses Apparates sitzenden Personen ebenso in einer Schlüsselposition (weil sie das Verhaltensprogramm des Apparates als einen wesentlichen „Grund des Erfolges" beherrschen) wie die Ausführungsorgane vermöge ihrer Handlungsherrschaft. Der von *Herzberg* und anderen erhobene Einwand, dass die Fungibilität des Vordermannes gerade deshalb, weil dieser sich im Einzelfall der vom Machtapparat verlangten Tat entziehen könne, keine aktuelle Herrschaft des Hintermannes über das konkrete Tatgeschehen begründe,[391] verlangt zu Unrecht für die Herrschaft die lückenlose Kontrolle aller Erfolgsbedingungen und leugnet, ebenfalls zu Unrecht, die im realen Fall (wenn das Verhalten des Vordermannes tatsächlich den Regeln des Apparates entspricht) bestehende *aktuelle* Herrschaft wegen der bloß *hypothetischen* Möglichkeit, dass sich der Vordermann diesen Regeln entziehen könnte – was er aber gerade deshalb nicht macht, weil er um seine Fungibilität weiß und also selbst die Herrschaft des Apparates anerkennt.[392] Es geht deshalb auch der weitere Einwand fehl, dass das Konzept der Organisationsherrschaft beim Einsatz nicht austauschbarer Spezialisten versage,[393] denn solange sich auch diese Spezialisten nach den ihnen vorgegebenen Regeln des Apparates verhalten, 147

einschränkend *Bottke* FS Gössel 235 ff; *ders.* in Hefendehl Fundamente S. 177, 192 ff; Antikritik bei *Roxin* FS Schroeder 387 ff; *I. Roxin* FS Wolter 460 f. Dagegen die mittelbare Täterschaft im Kern wie *Roxin*, im einzelnen freilich teils etwas restriktiver, teils etwas extensiver bestimmend *Rogall* und *Schünemann* FG BGH IV, S. 383 ff, 621 ff; *Hefendehl* GA **2004** 575 ff; *Schlösser* Tatherrschaft S. 357 ff; *Urban* Täterschaft S. 159 ff; *Schünemann* in Hefendehl Fundamente S. 191 ff, 349, 362 ff; zuletzt *Kreß, Nack, Radtke* GA **2006** 304, 342, 350; *Schünemann* FS Schroeder 399 ff; *Corell* Verantwortlichkeit S. 36 ff; *Morozinis* Organisationsdelikte S. 206 ff, 272 ff; *Bülte* Vorgesetztenverantwortlichkeit S. 120, 122, 126 f; tendenziell auch *Vest* S. 214 ff, der sich im Sinne einer „originär völkerstrafrechtlichen Verbandshaftung" äußert, bei der es aber doch um die Bestrafung von Individuen geht. Weit. zahlr. Nachw. bei *Ambos* Der Allgemeine Teil S. 590 ff; *Morozinis* Organisationsdelikte S. 74 ff. Mit neuer Begründung *Haas* Tatherrschaft S. 85 f.: mitt. Täterschaft wegen Erteilung eines Mandats (zutreffende Kritik bei Maurach/Gössel/Zipf/*Renzikowski* § 48 Rdn. 77 ff und bereits o. Rdn. 15).

**386** Näher u. Rdn. 150 f.

**387** Nachw. o. Fn. 385.

**388** Eindringlich *Amelung/Herzberg* Verantwortung S. 33, 35 ff; *ders.* ZIS **2009** 578 f; ebenso *Schlehofer* FS Herzberg 360 f; *Weigend* JICJ **9** (2011) 100; bereits *Murmann* GA **1996** 269, 272 ff.

**389** *Ambos* Internationales Strafrecht § 7/31 f; *Radtke* GA **2006** 350 ff.

**390** Ausf. *Schünemann* FS Roxin II 806 f = Täterschaft S. 529 f.

**391** *Amelung/Herzberg* Verantwortung S. 39; ebenso *Rotsch* ZStW **112** (2000) 518, 528 ff; *Renzikowski* Täterbegriff S. 89; *Ambos* Der Allgemeine Teil S. 598; *Hoyer* SK Rdn. 90; nahestehend *Schroeder* ZIS **2009** 570; *Marlie* S. 140.

**392** Eingehend *Roxin* AT II § 25 Rdn. 114–117.

**393** *Ambos* Der Allgemeine Teil S. 598; *Schroeder* JR **1995** 178; *ders.* ZIS **2009** 569 f; *Freund/Rostalski* AT § 10 Rdn. 93; *Joecks* MK § 25 Rdn. 152; Maurach/Gössel/Zipf/*Renzikowski* § 48 Rdn. 71; wenn *Roxin* AT II § 25 Rdn. 118 f; *ders.* FS Schroeder 395; *ders.* FS Krey 461 für diese Fälle nur eine Anstiftung annehmen will, liegt darin also eine unnötige Konzession an die Kritik.

kontrolliert derjenige, der die Regeln des Apparates beherrscht, weiterhin einen wesentlichen Grund des Erfolges.

148 **bb) Anstiftungslösung.** Aus dem Kreis der Kritiker haben vor allem *Herzberg* und *Rotsch* statt der mittelbaren Täterschaft die Annahme einer Anstiftung durch den Hintermann, die zuvor aus der Diskussion verschwunden war, wieder zur Geltung gebracht. „Hitler, Himmler und Honecker haben die Tötungsdelikte, die sie befahlen, nicht als Täter begangen, sondern als Anstifter veranlasst", sagt *Herzberg*.[394] Aber „wenn Hitler oder Stalin ihre Gegner umbringen ließen, dann war das ihr Werk (wenn auch nicht allein ihr Werk). Zu sagen, sie hätten es dem Entschluss ihrer Untergebenen überlassen, ob die angeordneten Taten ausgeführt würden, widerspricht vernünftigen Prinzipien sozialer, historischer und auch juristischer Täterzurechnung. Auch sonstige Unterschiede in den Beziehungsstrukturen belegen eine Herrschaft des Schreibtischtäters, die dem Anstifter gerade abgeht: Der Anstifter muss sich einen Täter erst suchen, der Schreibtischtäter braucht nur den Befehl zu geben; der Anstifter muss mit dem potentiellen Täter Kontakt aufnehmen, ihn für seinen Plan gewinnen und ggf. seinen Widerstand überwinden; dem Befehlenden in der Hierarchie eines Machtapparates bleibt das erspart."[395]

149 **cc) Mittäterschaftslösung.** Schließlich hat die immer schon von *Jescheck/Weigend*[396] vertretene Lösung, derzufolge „der Mann in der Zentrale, gerade weil er die Organisation beherrscht, Mittäter" ist, auch heute noch ihre Anhänger.[397] Weil aber alle drei Merkmale (Dimensionen), die zur typologischen Kennzeichnung von Mittäterschaft dienen, im Verhältnis zwischen Hinter- und Vordermann bei rechtsgelösten organisatorischen Machtapparaten ihre schwächste Ausprägung finden, kann das nicht überzeugen: Erstens ist von dem gemeinsamen Tatentschluss, der nach absolut h. M. Voraussetzung jeder „gemeinschaftlichen Begehung" i. S. d. § 25 Abs. 2 ist, nur noch ein „stillschweigend hergestelltes Einverständnis"[398] übrig geblieben. Zweitens ist die von § 25 Abs. 2 ausdrücklich geforderte gemeinschaftliche Tatausführung nicht in Gestalt einer Arbeitsteilung im Ausführungsstadium gegeben, denn der einzige Tatbeitrag des Hintermannes liegt darin, dass er die Tat im Vorbereitungsstadium plant und veranlasst und die organisatorischen Voraussetzungen für ihre Durchführung kontrolliert. Drittens ist bei einem rechtsgelösten Machtapparat die typische vertikale Struktur der mittelbaren Täterschaft (im Sinne eines Verlaufes von oben nach unten, vom Veranlasser zum Ausführenden) gegeben, während die Mittäterschaft horizontal strukturiert ist (im Sinne eines gleichzeitigen Nebeneinander der Mittäter).[399] Und als vierter Gesichtspunkt kommt ausschlaggebend hinzu, dass die Herrschaft des Hinter-

---

394 *Amelung/Herzberg* Verantwortung S. 48; ebenso *Rotsch* ZStW **112** (2000) 562; vgl. *dens.* auch schon in NStZ **1998** 491; ferner *Brammsen/Apel* ZJS **2008** 263 f; *Köhler* AT S. 510; *Krey/Nuys* FS Amelung 222 f; *Kreuzberg* S. 491 ff; *Puppe* GA **2013** 530; *Renzikowski* Täterbegriff S. 87 ff; Maurach/Gössel/Zipf/*Renzikowski* § 48 Rdn. 75; *Schild* NK Rdn. 123; *Weigend* JICJ **9** (2011), 105; *Zaczyk* GA **2006** 411.

395 *Roxin* AT II § 25 Rdn. 127; s. a. *ders.* FS Krey S. 455 ff.

396 *Jescheck/Weigend* § 62 II 8.

397 *Otto* Jura **1987** 255; *ders.* AT § 21 Rdn. 92; *Baumann/Weber/Mitsch*[11] § 29 Rdn. 68, Rdn. 146 (wohl and. jetzt Baumann/Weber/Mitsch/*Eisele* § 25 Rdn. 149 f); *Frister* AT § 27 Rdn. 40; *Jakobs* § 21 Rdn. 103 m. Anm. 190, 191; *ders.* NStZ **1995** 26 f; *ders.* ZIS **2009** 573 f; *Lampe*, ZStW **119** (2007) 505 ff. Nahestehend *Muñoz Conde* FS Wolter 1443 f. („mittelbare Mittäterschaft"). Gegen die „Aushilfslösung" der *Nebentäterschaft* von *Bockelmann/Volk* § 24 bereits *Roxin* LK[11] Rdn. 132.

398 *Baumann/Weber/Mitsch*[11] § 29 Rdn. 82 (in der aktuellen Aufl. gestrichen).

399 Zu diesen Argumenten eingehend *Roxin* AT II § 25 Rdn. 121–123; *ders.* FS Schroeder 390 ff; *ders.* ZStrR **125** (2007) 3 ff; *ders.* FS Krey 453; *ders.* GA **2012** 399 ff; ähnlich *Bloy* GA **1996** 440; zust. *Knauer* Kollegialentscheidung S. 73 f. Im Sinne einer vertikal gegliederten Mittäterschaft aber *Lampe*, ZStW **119** (2007) 505 ff. – ein Konstrukt, dass die bereits fragile Struktur der dritten Täterschaftsformen bis zur Unkenntlichkeit abschwächt. Gegen die hier entwickelte Argumentation *Shimada* GA **2009** 481.

mannes bei den rechtsgelösten Machtapparaten, um die es im gegenwärtigen Zusammenhang geht, auf einer latenten und impliziten *Gewaltandrohung* beruht, die dem Vordermann zwar vielleicht die Möglichkeit lässt, sich selbst aus dem deliktischen Geschehen herauszuhalten, ihm aber keine Möglichkeit verschafft, den deliktischen Plan des Hintermannes insgesamt zu blockieren. Hierin liegt der letzte Grund dafür, dass der Vordermann im Verhältnis zum Hintermann in einem strukturellen Unterordnungsverhältnis steht, dem man mit der Annahme einer Mittäterschaft nicht gerecht würde.[400]

**dd) Wirtschaftsunternehmen.** Die vom BGH vorgenommene Ausdehnung der Organisations- 150
herrschaft auf wirtschaftliche Unternehmungen mitsamt der daran geknüpften mittelbaren Täterschaft der Leitungsorgane (Rdn. 145) bildet den am heftigsten umstrittenen Komplex der neuen Rechtsprechung. Nach Auffassung von *Roxin* fehlt hier in der Regel die Austauschbarkeit der Ausführenden, wie sie bei Organisationen gegeben sei, die sich hinsichtlich der von ihnen verwirklichten Straftatbestände (z. B. des Tötungstatbestandes) vom Recht gelöst haben. Eine solche Rechtsgelöstheit[401] liege bei Staatsverbrechen, bei terroristischen Delikten und in den Fällen organisierter Kriminalität vor. Wenn aber z. B. in einem Betrieb, der im Rahmen der Rechtsordnung am Wirtschaftsverkehr teilnimmt, ein Abteilungsleiter einen Angestellten zu einer Urkundenfälschung auffordere, sei er im Begehungsfalle nur Anstifter der vom Angestellen täterschaftlich begangenen Tat, weil erwartet werden müsse, dass letzterer rechtswidrige Anweisungen nicht befolgen werde, wie dies z. B. die Beamtengesetze ausdrücklich vorschrieben (AT II § 25 Rdn. 130). Die dogmatische Situation wird dadurch zunehmend komplizierter, dass *Roxins* Kriterium der „Rechtsgelöstheit" in letzter Zeit häufiger kritisiert wird, aber zumeist nicht zwecks Ausdehnung, sondern zwecks Abschaffung der ganzen Rechtsfigur,[402] während der BGH die Organisationsherrschaft umgekehrt immer weiter ausgedehnt und „entkernt" hat: So ist in der Sterbehilfe-Entscheidung des 1. Strafsenats (BGHSt **40** 257)[403] die mittelbare Täterschaft des Sohnes und des behandelnden Arztes einer Patientin, die dem Personal des nicht von ihnen geleiteten Pflegeheimes (!) die Anweisung zur Einstellung der künstliche Ernährung gegeben hatten, allein damit begründet worden, dass „angesichts der von ihnen ... als Sohn und vertretungsberechtigter Pfleger bzw. als behandelnder Arzt in Anspruch genommenen Anordnungsbefugnis einerseits wie auch der untergeordneten, grundsätzlich weisungsgebundenen Rolle der eingeschalteten Hilfskräfte andererseits an dem subjektiven Kriterium des Täterwillens und der objektiven Voraussetzung der Tatherrschaft ... kein Zweifel bestehen" könne (BGHSt **40** 267 f) – womit wenige Wochen nach der Grundsatzentscheidung BGHSt **40** 218 die vorgebliche Tatherrschaft unabhängig von einer (Unternehmens-)Organisation und ihren Grenzen bestimmt wurde.[404] Auch der 2. Strafsenat hat die „vom Täterwillen getragene Tatherrschaft" in einem Fall bejaht, in dem bei den verschiedenen Tatbeiträgen die Grenzen des Unternehmens überschritten

**400** *Schünemann* FS Schroeder 412; ebenso *Joecks* MK Rdn. 151, 154; *I. Roxin* FS Wolter 454 f; *Wittig* WirtStR § 6 Rdn. 113.

**401** Ausführlich *Roxin* FS Grünwald 549, 556 ff; *ders.* FG BGH IV S. 192 ff; *ders.* Schäfer-Sonderheft S. 56 f; zust. *Joecks* MK § 25 Rdn. 154 f; *Figueiredo Dias* Huelva-Sammelband (Fn. 380); weit. Nachw. bei *Ambos* Der Allgemeine Teil S. 606 ff.

**402** *Rotsch* ZStW **112** (2000) 533 ff; *ders.* NStZ **2005** 13; *Amelung/Herzberg* Verantwortung S. 36 ff; *Peñaranda Ramos* S. 171 ff; für ein strenges Verantwortungsprinzip auch *Bottke* FS Gössel 251 ff; gegen das Kriterium der Rechtsgelöstheit, aber für mittelbare Täterschaft *Ambos* GA **1998** 243; *Schlösser* Tatherrschaft S. 152; krit., aber letztlich unentschieden *Hoyer* SK Rdn. 90–92.

**403 Krit.** dazu auch *Rönnau* JA **1996** 108; *Merkel* ZStW **107** (1995) 545, 555; *Rotsch* ZStW **112** (2000) 518, 547 ff; *Roxin* AT II § 25 Rdn. 131.

**404** Die in den vielfach kritisierten (*Roxin* TuT S. 618 f; *ders.* AT II § 25 Rdn. 132 f; *Rotsch* NStZ **2005** 13; *ders.* ZStW **112** [2000] 555 f) Entscheidungen BGH wistra **1998** 148 (GmbH-Geschäftsführer als mittelbare Täter auch ohne konkrete Einwirkung oder aktuelle Kenntnis bezüglich der einzelnen Betrugshandlungen ihrer generell weisungsgemäß handelnden Angestellten) und BGH JR **2004** 245 m. abl. Anm. *Rotsch* (Tierarztpraxis) immerhin gewahrt wurden.

wurden, nämlich ein Auftrag zu einem kriminellen Verhalten an einen anderen selbständigen Unternehmer erteilt wurde und der Auftraggeber dabei zugleich seine eigenen Garantenpflichten verletzte (konkret: den eigenen umweltschädlichen Abfall an einen anderen Unternehmer zur verbotenen Ablagerung weitergab).[405]

151 Der Versuch des BGH, das Problem der Verantwortlichkeit beim Betrieb wirtschaftlicher Unternehmen durch die Konstruktion einer mittelbaren Täterschaft kraft organisatorischer Machtapparate zu lösen, ist deshalb nach dem Urteil von *Rotsch* nur eine „vermeintliche Annäherung an die objektive Tatherrschaftslehre"; der BGH habe sich von „der dogmatischen Konstruktion *Roxins* ... mittlerweile vollständig entfernt ... zugunsten einer zum Teil wieder deutlich subjektivistischen Sicht" (ZStW **112** [2000], 561). *Roxin* selbst urteilt (nicht weniger schroff) über die vom BGH bis heute nicht aufgegebene Formel, dass der mittelbare Täter „den Erfolg als Ergebnis seines eigenen Handelns will" (BGHSt **40** 236): Dieser „Gesichtspunkt führt auf die subjektive Theorie zurück, ist mit der Tatherrschaftslehre nicht zu vereinbaren und ist auch unabhängig davon wegen seiner inhaltslosen Formelhaftigkeit unbrauchbar. Denn wenn man sagt, die in der Leitungsebene tätigen Personen hätten die strafbaren Taten ihrer Angestellten als Ergebnisse ihres eigenen Handelns gewollt, so ist das eine nichtssagende Redensart." (AT II § 25 Rdn. 135). Auch im Übrigen wird diese Judikatur in der Literatur weit überwiegend und mit Recht abgelehnt.[406] Neuerdings zeigt sich sogar ein kriminalpolitischer *Bumerangeffekt* der Rechtsprechung, die nämlich zu einer exorbitanten Ausdehnung des Strafklageverbrauchs führt (Bsp. OLG München v. 4.12.2006, OLG Ausl. 262/06 [92/06]; BGH NJW **2001** 2643) und durch die vom BGH entwickelte Rechtsfigur des **uneigentlichen Organisationsdelikts**[407] ausgerechnet den Leiter des Unternehmens durch die Konstruktion von *Idealkonkurrenz* für alle im Unternehmen begangenen Straftaten unangemessen privilegiert und inzwischen auch auf Mittäterschaft und Beihilfe ausgedehnt worden ist (BGH wistra **2016** 310; **2019** 361).

152 Andererseits lässt sich nicht leugnen, dass ein Bedürfnis besteht, die Leitungspersonen von Unternehmen als Täter für die von ihnen veranlassten betriebsbezogene Straftaten ihrer Angestellten verantwortlich zu machen (laut *Nack* GA **2006** 342, 343 die „praktisch bedeutsamste Fallgruppe" überhaupt), weil die im neueren Schrifttum zunehmend propagierte bloße Anstiftung dem Gewicht des in der organisatorischen Leitung steckenden Tatbeitrages nicht gerecht wird. Dies legt auch die heute weitgehend anerkannte **Geschäftsherrenhaftung** nahe, die ein unechtes Unterlassungsdelikt des Prinzipals bei einer von ihm nicht veranlassten, sondern lediglich nicht verhinderten Rechtsgutsverletzung durch die Betriebstätigkeit begrün-

---

**405** BGHSt **43** 219; zust. *Kühl* AT § 20 Rdn. 81a; zur **Kritik** *Achenbach* NJW **1998** 560; *Rotsch* ZStW **112** (2000) 555 f; *Roxin* AT II § 25 Rdn. 132; *Schünemann* FS Schroeder 410 f.

**406** *Ambos* GA **1998** 226, 239; *Bülte* Vorgesetztenverantwortlichkeit S. 122 ff; *Corell* Verantwortlichkeit S. 85 ff; *Frisch* FS Rogall 126 f, 145 f; Sch/Schröder/*Heine*/*Weißer* Vor § 25 Rdn. 106, § 25 Rdn. 30; *M. Heinrich* FS Krey 154 ff; *Hoyer* SK Rdn. 90–92; *Joecks* MK Rdn. 153 ff; *Johannsen* S. 141 ff; *Koch* JuS **2008** 498 f; *Mansdörfer* Zur Theorie des Wirtschaftsstrafrechts (2011) Rdn. 781 ff; *Mittelsdorf* ZIS **2011** 123 (125); *Morozinis* Organisationsdelikte S. 406 ff; *Murmann* GA **1996** 269; *Noltenius* (2010) S. 16 ff; *Radde* Jura **2018** 1223 f; *Rotsch* Individuelle Haftung S. 144 ff; *ders.* NStZ **1998** 491, 493 ff; *ders.* wistra **1999** 321, 327; *ders.* ZStW **112** (2000) 547 ff; *Roxin* JZ **1995** 49, 51; *ders.* AT II § 25 Rdn. 130; *ders.* TuT 853 ff Rdn. 413 ff; *I. Roxin* FS Fischer 273 f; *Rübensthal* HRRS **2003** 215 ff; *Schmucker* StraFo **2010** 239 f; *Schünemann* FG BGH IV S. 629 ff; *Timpe* StraFo **2016** 237 (238 f); *Weißer* Ad Legendum **2012** 250; *dies.* (2013) S. 224 ff; *Wittig* WirtStR § 6 Rdn. 113; *Zaczyk* GA **2006** 411 ff. Dem BGH folgend aber *Ransiek* Unternehmensstrafrecht S. 46 ff; *Fischer* Rdn. 13; *Heinrich* AT Rdn. 1255; Lackner/Kühl/*Kühl* Rdn. 2 (die letzten drei ohne jegliche Begründung); wohl auch *Geneuss* ZIS **2016** 259 (264 f); differenzierend *Kühl* AT § 20 Rdn. 73b–d; *Urban* Täterschaft S. 217 ff; *Hefendehl* GA **2004** 575 ff, 584 ff, der eine mittelbare Täterschaft auch in Wirtschaftsunternehmen, aber nur „im Grenzbereich von Irrtums- oder Nötigungsherrschaft" annehmen will.

**407** BGH NStZ **1996** 296 f; BGH NJW **1998** 767 (769); **2004** 375 (378); BGHSt **48** 331 (343); **49** 177 (184); BGH wistra **2008** 181; wistra **2016** 309 (310); wistra **2019** 361; krit. *Reichenbach* Jura **2016** 136 ff; *I. Roxin* FS Fischer S. 267 ff; *Trüg* FS Fischer 279 ff.

det.[408] *Schünemann* hat deshalb vorgeschlagen, die „doppelte Mitwirkung eines Garanten (zugleich als Unterlassungsbeteiligter und als aktiver Teilnehmer)" als **Mittäterschaft** zu bewerten (sog. **Organisations-Mittäterschaft**),[409] weil der Prinzipal einerseits durch seine Garantenherrschaft und andererseits durch seinen zusätzlichen aktiven Tatbeitrag insgesamt eine so starke Kontrolle über das Geschehen erlangt, dass die isoliert als Anstiftung und Unterlassungsbeteiligung zu qualifizierenden Beiträge in ihrer Summierung nur durch eine Bestrafung wegen Mittäterschaft angemessen erfasst werden können (während sein Übergewicht andererseits in einer nicht rechtsgelösten Organisation nicht so groß ist, dass es eine mittelbare Täterschaft begründet). Mit dem typologischen Verständnis der Tatherrschaft lässt sich das u. E. durchaus vereinbaren: Der Typus der *Mittäterschaft* beruht sowohl auf der durch die Arbeitsteilung vermittelten beiderseitigen, nicht vertikalen Geschehensbeherrschung als auch auf dem gemeinsamen Tatentschluss, wobei diese Merkmale unterschiedlich stark ausgeprägt sein und sich also wechselseitig kompensieren können. Infolge dessen lässt sich aber die Annahme von Mittäterschaft zwischen dem Prinzipal und dem Ausführungsorgan nicht allein mit der Begründung verneinen, dass es an einem gemeinsamen Tatentschluss zwischen dem Prinzipal und dem Ausführungsorgan fehle,[410] denn die schwache Ausprägung dieser Dimension in Gestalt eines bloßen „Einpassungsentschlusses" wird durch die enge organisatorische Verknüpfung der Tatbeiträge von Prinzipal und Ausführungsorgan kompensiert. Auch dass der eigene positive Tatbeitrag des Leitungsorgans, also etwa eine generelle Anweisung, die dann von einem Ausführungsorgan implementiert wird, nicht im Ausführungsstadium erbracht wird und damit normalerweise keine Tatherrschaft vermitteln kann (näher unten Rdn. 203 ff), kann durch die „*Wirksamkeitsverlängerung*", die vermöge der Organisationsstruktur stattfindet, kompensiert werden.[411]

## 10. Mittelbare Täterschaft durch Einsatz eines qualifikationslosen dolosen Werkzeuges

**a) Garantentheorie.** Ein Fall mittelbarer Täterschaft liegt auch vor, wenn bei **Sonderdelikten** ein qualifizierter Hintermann (Intraneus) einen Nichtqualifizierten (Extraneus) zur Durchführung der tatbestandsmäßigen Handlung veranlasst.[412] Ein Grundbuchbeamter, der in dem seiner Zuständigkeit unterliegenden Grundbuch eine Tatsache durch einen Nichtbeamten falsch beurkunden lässt, ist also mittelbarer Täter nach § 348, während der unmittelbar handelnde Extrane- 153

408 Dazu bereits eingehend *Schünemann* Unternehmenskriminalität I S. 95 ff; *ders.* in: Umweltschutz und technische Sicherheit im Unternehmen S. 137, 141 ff, 149 ff.

409 *Schünemann* FG BGH IV 628 ff; *ders.* FS Schroeder 399, 409 f; wohl auch BGH wistra **2018** 468 (471 Rdn. 31); ebenso *Muñoz Conde* FS Roxin 623 f; *ders.* Revista Penal **2002** 59; nahestehend *Reichenbach* **Jura** 2016 148 f; abl. *Frisch* FS Rogall 145; *Morozinis* Organisationsdelikte S. 523 ff; *Schild* NK Rdn. 142; *Wittig* WirtStR § 6 Rdn. 115.

410 So die Kritik bei *Ransiek* Unternehmensstrafrecht S. 50; *Rotsch* NStZ **1998** 491, 492; *Puppe* NStZ **1991** 571, 572. *Roxin* wird zwar von *Rotsch* (a. a. O.) ebenfalls für diese Auffassung zitiert, lässt tatsächlich aber in Einklang mit RGSt **58** 279 ausreichen, dass sich die einzelnen Mitwirkenden nicht kennen, sofern sich nur jeder bewusst ist, dass neben ihm noch ein anderer oder andere mitwirken und diese von dem gleichen Bewusstsein erfüllt sind (LK[11] Rdn. 173) – was in den Fällen der Unternehmenskriminalität im Verhältnis von Prinzipal und Ausführungsorgan in der Regel der Fall sein dürfte, zumindest dann, wenn beide aus der gleichen Verbandsattitüde heraus handeln (zu diesem Begriff *Schünemann* Unternehmenskriminalität I S. 22, 253).

411 Näher *Schünemann* in: Hefendehl (Hrsg.) Fundamente 367 ff. *Roxin* AT II § 25 Rdn. 137 sieht diesen Gedanken zwar „auf dem richtigen Wege", hält ihn aber unter Hinweis auf die von *Tiedemann* FS Nishihara 496 ff, vorgeschlagene eigene Täterschaftsform der „Verantwortlichkeit für fremdes Verhalten" (ähnlich Art. 13 des sog. Corpus Juris) nur de lege ferenda für vertretbar und beschränkt die Haftung des Prinzipals de lege lata auf das unechte Unterlassungsdelikt. Im Ergebnis aber wie hier *Tiedemann* Wirtschaftsstrafrecht Rdn. 433.

412 So bereits RGSt **28** 109 f zu einem Fall des § 348 Abs. 2 a. F. (ohne Begründung).

us mangels Täterqualifikation nur Gehilfe ist (sog. *qualifikationsloses doloses Werkzeug*).[413] Ebenso ist ein Vermögensverwalter Täter einer Untreue nach § 266, wenn er, ohne selbst mit Hand anzulegen, einen Extraneus, der seinerseits nur Gehilfe nach § 266 sein kann, zur Beiseiteschaffung von Stücken des ihm anvertrauten Vermögens veranlasst. Die mittelbare Täterschaft des qualifizierten Hintermannes ergibt sich nach der oben (Rdn. 56 ff) entwickelten Lehre von den **Garantensonderdelikten** aus dem Umstand, dass der Tatbestand des Sonderdelikts als Täter nur und alle Garanten erfasst. Die Täterschaft ist bei dieser Deliktsgruppe von vornherein nicht an die Tatherrschaft i. e. S., sondern an die **Garantenstellung** geknüpft, so dass (nur) der Garant den Tatbestand durch eigenes Handeln oder Unterlassen verwirklichen kann, was im Gesetzeswortlaut vielfach schon dadurch verdeutlicht wird, dass die Tatbestandsfassung ausdrücklich jede Art der Erfolgsherbeiführung oder -nichtabwendung umfasst. So macht sich der Körperverletzung im Amt nach § 340 schuldig, wer „in Beziehung auf seinen Dienst eine Körperverletzung begeht oder begehen lässt", womit auch die Nichthinderung oder Veranlassung eines Extraneus der Täterschaft des Hintermannes unterstellt wird. Entsprechend bezeichnet § 344 als Täter bei der „Verfolgung Unschuldiger" jeden Amtsträger, der einen Unschuldigen „strafrechtlich verfolgt oder auf eine solche Verfolgung hinwirkt". In anderen Fällen wiederum wird die Tatbestandshandlung selbst als Pflichtverletzung umschrieben; so etwa, wenn § 266 als Täter denjenigen nennt, der die ihm obliegende „Pflicht, fremde Vermögensinteressen wahrzunehmen, verletzt". Freilich kann der Dritte durch die Hinzuziehung selbst zum *intraneus* werden, nämlich nach den Regeln der sog. **Vertreterhaftung** des § 14, wodurch er dann seine Werkzeugqualität verliert und je nach Lage des Falles eine Mittäterschaft zwischen beiden intranei oder eine Alleintäterschaft des Substituten, verbunden mit einer Unterlassungstäterschaft des Geschäftsherrn vorliegt. Weil § 14 infolge seiner sachlich fehlerhaften „zivilistischen" Ausgestaltung bei der Erfassung der darin eigentlich thematisierten **Übernahme einer Garantenstellung** zahlreiche Lücken aufweist (dazu näher *Schünemann* LK § 14 Rdn. 13 ff), bleiben diverse Konstellationen übrig, in denen der Vordermann die Tatherrschaft hat, aber auch über § 14 nicht unter die Statusbezeichnung des Sonderdeliktstäters subsumiert werden kann und deshalb *extraneus* bleibt, während der Hintermann als Intraneus keine Tatherrschaft besitzt.

**154** *Roxin* hat aus diesem Grunde die Konzeption der *Pflichtdelikte* entwickelt, wonach die Verletzung der außerstrafrechtlichen Sonderpflicht durch den Intraneus allein und unabhängig von Tatherrschaft und Täterwille die Täterschaft begründet.[414] Das löst die unüberwindliche Schwierigkeit, die für **ältere Auffassungen** darin liegt, in den Fällen des qualifikationslosen dolosen Werkzeugs die Tatherrschaft des Hintermannes begründen zu müssen (vgl. Rdn. 156). *Roxins* Begründung haben sich deshalb inzwischen zahlreiche Autoren angeschlossen.[415] Man muss aber noch einen Schritt weitergehen und von der formalen Schale der Pflicht auf den *pflichterzeugenden materiellen Kern* zugreifen, nämlich auf das Obhutsverhältnis zum Rechtsgut(sobjekt), etwa bei § 266, oder das Aufsichtsverhältnis über die Gefahrenquelle, etwa bei §§ 325 oder 327; vgl. dazu näher o. Rdn. 56 ff.[416]

**155** Sehr nahe steht dieser Konzeption auch die Lehre von *Schmidhäuser*,[417] der eine **Unterlassungstäterschaft** des Sonderpflichtigen annimmt, weil dieser eine „Garantenstellung" inneha-

---

**413** Zu der Frage, ob ihm zusätzlich die Milderung nach § 28 Abs. 1 zugute kommt, s. *Schünemann/Greco* LK § 28 Rdn. 88. Umf. (und **krit.**) zur Figur *Lotz* S. 449 ff.

**414** *Roxin* TuT S. 352–399, 882 ff. Rdn. 472 ff. Weitere Nachw. bei Fn. 415.

**415** *Cramer* FS Bockelmann 395 f; *Herzberg* TuT § 3 III 5b; *Jakobs* § 21 Rdn. 104, 116 ff; Sch/Schröder/*Heine*/*Weißer* Rdn. 21; ähnlich *Wagner* (1975) 378 ff. Zur Anwendung von *Roxins* Pflichtdeliktskonzeption auch im Bereich der Abfallbeseitigungsdelikte vgl. *Hecker* Die abfallstraf- und bußgeldrechtliche Verantwortlichkeit für illegale Müllablagerungen Dritter (1991) 21 ff.

**416** Soweit es bei diesen Tatbeständen nicht um Gemeindelikte geht, s. Sch/Schröder/*Lenckner*/*Heine* § 325 Rdn. 29, § 327 Rdn. 23.

**417** *Schmidhäuser* AT § 14 Rdn. 51; *ders.* StuB § 10 Rdn. 97; ihm folgend *Samson* SK[6] Rdn. 35 (anders jetzt *Hoyer* SK Rdn. 21 f).

be, „kraft derer er zum Einschreiten verpflichtet ist, wenn ein anderer in seinem Amtsbereich störend tätig wird“. Daran ist richtig, dass auch schon das Untätigbleiben eine Garantenpflichtverletzung des Intraneus darstellt und eine Täterschaft durch Unterlassen begründet, für die nicht mehr auf § 13 Abs. 1 zurückgegriffen werden muss. „In den Fällen, in denen der Amtswalter einen Dritten zu einer Individualrechtsgutsverletzung veranlasst, schafft er aber die Gefahrenlage durch aktives Tun“, betont mit Recht *Wagner*,[418] und in diesen doch wohl häufigeren Fällen kommt man nicht umhin, die „Bewirkung durch das qualifikationslose Werkzeug“ als das eine mittelbare Begehungstäterschaft begründende Kriterium anzuerkennen. Ähnlich wie die Garantenstellung des Prinzipals bei einer hinzukommenden Anstiftung durch aktives Tun nicht mehr nur als Unterlassungs-, sondern als Begehungsmittäterschaft zu bewerten ist (o. Rdn. 152), ist der *intraneus* also nur bei völliger Untätigkeit Unterlassungstäter *mit analoger Anwendung von § 13 Abs. 2*,[419] hingegen bei jeder aktiven Beteiligung Begehungstäter.

**b) Gegenmeinung.** Demgegenüber bejaht die **traditionelle Ansicht** zwar ebenfalls die mittelbare Täterschaft des Intraneus, versucht dies aber mit Hilfe einer **Normativierung des Tatherrschaftsgedankens** zu begründen; denn eine Tatherrschaft im Sinne realer Beherrschung des Geschehensablaufes liegt bei der reinen Veranlassung oder beim bloßen Geschehenlassen zweifelsfrei nicht vor. Repräsentativ für diese Richtung ist die Begründung von *Jescheck/Weigend*:[420] „Tatherrschaft lässt sich hier nur *normativ* begründen ... muss man daher den *rechtlich* notwendigen Einfluss des Hintermannes als Tatherrschaft genügen lassen.“ Aber diese „Normativierung“ ist in Wahrheit eine Begriffsveränderung, weshalb *Stratenwerth/Kuhlen*[421] dies „eine Scheinlösung“ nennen, „die das Erfordernis der Sonderpflicht umdeutet in ein Moment der Herrschaft, daher den ursprünglichen Sinn des Kriteriums der Tatherrschaft missachtet und überdies noch die – sonst entscheidende – faktische Herrschaft des Extraneus übergeht“; oder in den Worten *Herzbergs*:[422] „Die Tatherrschaft herzuleiten aus der Macht des Intraneus, durch seine Tatveranlassung das Geschehen zur Straftat zu machen, ist also eine petitio principii: Es wird vorausgesetzt, was erst bewiesen werden müsste.“ Die traditionelle Ansicht geht deshalb logisch in der Tat fehlerhaft vor, hat aber in der Sache jedenfalls ansatzweise zutreffend erkannt, dass es um eine besondere Form der Herrschaft geht – nur eben nicht um Tatherrschaft i. e. S., sondern um die auch bei den unechten Unterlassungsdelikten vorzufindende Garantenherrschaft über die Hilflosigkeit des Rechtsguts oder über eine Gefahrenquelle als Grund des Erfolges. Dieser Gedanke blitzte bereits in *Welzels* grundlegenden „Studien zum System des Strafrechts“ aus dem Jahre 1939 auf, in denen *Welzel* als erster den zuvor nur unklar und beiläufig benutzten Ausdruck der Tatherrschaft mit der Handlungslehre in Verbindung gebracht und als zentrales Kriterium der Täterschaft etabliert hat,[423] wobei er zwei Formen der Tatherrschaft unterschied und einander gleichstellte, nämlich die *finale Tatherrschaft* als Resultat der finalen Handlung und die *soziale Tatherrschaft* bei den an eine „besondere Pflichtenstellung des Täters“ anknüpfenden Sonderdelikten.[424] Die hier entwickelte Theorie der Garantensonderdelikte bedeutet also die logisch korrekte Rekonstruktion eines in noch unklarer Weise die Dogmatik seit 156

---

**418** *Wagner* Amtsverbrechen S. 380; ebenso bereits *Roxin* ZStW **85** (1973) 102.

**419** *Schünemann* ZStW **96** (1984) 287, 303, 317; am Beispiel von § 266 *ders.* LPK-Untreue § 266 Rdn. 127, 256; BGHSt **36** 227 f; BGH StV **1998** 127; **a.M.** *Gaede* NK § 13 Rdn. 65.

**420** § 62 II 7, im Anschluss an *Gallas* Mat. Bd. I S. 135 f; *Welzel* § 15 II 3 („soziale Tatherrschaft“). Im neueren Schrifttum folgen dem Lackner/Kühl/*Kühl* Rdn. 4.

**421** AT § 12 Rdn. 40; vgl. zur Kritik auch *Roxin* ZStW **85** (1973) 102 f; *Wagner* Amtsverbrechen S. 380.

**422** TuT § 3 III 5a; ebenso *Jakobs* § 21 Rdn. 104: „ein Zirkel“. Gegen die Heranziehung des Tatherrschaftsgedankens auch *Schmidhäuser* AT § 14 Rdn. 50 Anm. 43; *ders.* StuB § 10 Rdn. 97.

**423** ZStW **58** (1939) 491, 539. Auch *Roxin* erkennt in TuT S. 64 an, dass erst von diesem Aufsatz *Welzels* aus „der Tatherrschaftsbegriff zum festen Bestand der strafrechtlichen Dogmatik zählt, und zwar im Wesentlichen mit dem Inhalt und in der Ausgestaltung, die Welzel ihm verliehen hat“.

**424** ZStW **58** (1939) 543 f.

langem durchziehenden Gedankens zur Erreichung des kriminalpolitisch weitestgehend anerkannten Zieles, das Zusammenwirken von Intraneus und Extraneus unter den Sonderdeliktstatbestand zu subsumieren.

157 Einige Autoren treten dagegen unter der Wortführung von *Stratenwerth/Kuhlen*[425] für die **Straflosigkeit des tatveranlassenden Intraneus** in den Fällen des qualifikationslosen dolosen Werkzeugs ein, indem sie beim Hintermann neben der Täterqualifikation kumulativ auch die Tatherrschaft verlangen. Die daraus folgende Konsequenz der Straflosigkeit ist aber nicht annehmbar. Denn danach brauchte jeder Qualifizierte sich zur Ausführung der Tatbestandhandlung nur eines Extraneus zu bedienen, um mit seinem Komplizen straflos davonzukommen – ein kriminalpolitisch unerträgliches und vom Gesetzgeber zweifellos nicht gewolltes Ergebnis! Die Figur der Garantensonderdelikte bietet daher die einzige widerspruchsfreie Lösung für das Problem des qualifikationslosen dolosen Werkzeugs.

### 11. Das Problem der mittelbaren Täterschaft durch Einsatz eines „absichtslosen dolosen Werkzeugs"

158 Eine letzte Fallgruppe mittelbarer Täterschaft sieht die h. M. in der Benutzung eines „absichtslosen dolosen Werkzeugs", wie sie früher namentlich beim Diebstahl in Betracht kam, wenn der mit Zueignungsabsicht handelnde Hintermann sich zur Wegnahme eines anderen bediente, der in Kenntnis des Sachverhalts den objektiven Tatbestand in eigener Verantwortung, aber ohne Zueignungsabsicht erfüllte. Die Rechtsprechung des RG hatte in einem solchen Falle die mittelbare Täterschaft mit der Figur des dolosen Gehilfenwerkzeugs (vgl. Rdn. 75 ff) begründet, „in dem Sinne, daß zufolge getroffener Abrede jemand, bei dem der Tätervorsatz und der gesamte innere Tatbestand gegeben sind, sämtliche äußere Tatbestandsmerkmale durch einen vollständig eingeweihten, aber nicht mit Tätervorsatz handelnden Gehilfen als sein Werkzeug verwirklichen läßt" (RGSt **39** 37, 39 in einem Fall des § 242). Folgt man jedoch der Tatherrschaftslehre, so kann eine mittelbare Täterschaft nicht in Betracht kommen;[426] denn die Veranlassung der Tat eines verantwortlich Handelnden begründet wegen ihres bloßen Anstiftungscharakters ebensowenig eine Herrschaft des Hintermannes wie die Zueignungsabsicht, die als inneres Faktum keine äußere Macht verleiht. Der Versuch verschiedener Autoren, dem Hintermann mangels jeglicher realer Tatherrschaft eine „normativpsychologische"[427] oder „soziale"[428] Tatherrschaft zuzusprechen, die seine Erfassung als mittelbarer Täter ermöglichen soll, verdeckt diesen Befund nur terminologisch und ist denselben Einwendungen ausgesetzt wie der Versuch, beim „qualifikationslosen dolosen Werkzeug" eine Tatherrschaft des Hintermannes zu begründen

**425** § 12 Rdn. 38–41. Auch *Bloy* Zurechnungstypus S. 241 kommt zu dem Ergebnis, „daß bei Einschaltung eines qualifikationslosen dolosen Werkzeugs Intraneus und Extraneus straflos ausgehen"; ebenso *Otto* Jura **1987** 256 und anscheinend auch *Hoyer* SK Rdn. 21, weil er auch bei den Pflichtdelikten auf die Tatherrschaft als Voraussetzung der Täterschaft nicht verzichten will (dagegen *Rotsch* GS Joecks 149, 153 ff). Eine *Stratenwerth/Kuhlen* nahestehende, aber nur teilweise zur Straflosigkeit kommende Lehre entwickelt *Gössel (Maurach/Gössel/*Zipf[7] § 48 Rdn. 57, 58).

**426** Eingehend *Roxin* TuT S. 338–347, 858 ff Rdn. 425 ff m. w. N. Ebenso *Bloy* Zurechnugstypus S. 241 f; *Bockelmann/Volk* § 22 II 2a cc; *Hauck* S. 237, 239 f; *Herzberg* TuT § 3 III 6; *Jakobs* § 21 Rdn. 104; *Krey* AT II § 28 Rdn. 144–145; *Maiwald* Der Zueignungsbegriff im System der Eigentumsdelikte (1970) 244; *Otto* AT § 21 Rdn. 97; *ders.* Jura **1987** 256; *Rudolphi* GA **1965** 42 f; *Schmidhäuser* AT § 14 Rdn. 52; *ders.* StuB § 10 Rdn. 98; *Schroeder* S. 88; *Spendel* FS Lange 156 f; *Stratenwerth/Kuhlen* AT § 12 Rdn. 37; *Tenckhoff* JuS **1980** 726. Zur Figur umf. und **krit.** *Lotz* S. 5 ff; *Witzigmann* S. 215 ff.

**427** So vor allem *Jescheck/Weigend* § 62 II 7 im Anschluss an *Gallas* Mat. Bd. 1, S. 135 f; ähnlich der Begriff des „normativen Tatherrschaftsgefälles" bei *Kudlich* FS Schroeder 275 ff. Sogar für Selbstbegehung *Schild* NK Rdn. 73; für eine Mittäterschaftslösung neuerdings *Rengier* FS Puppe 851 f.

**428** *Welzel* § 15 II 3.

(Rdn. 156).[429] Nicht einleuchtend ist auch der Versuch von *Cramer*,[430] die Tatherrschaft des Hintermannes zu begründen. Ihnen zufolge ist „die fehlende Absicht des Werkzeuges ... ein zwingendes Indiz für seine Unterordnung unter den Willen des Täters und somit für dessen Tatherrschaft". Jedoch müsste dann jedes fremdnützige Handeln des Ausführenden eine Tatherrschaft des Hintermannes begründen; das würde der Interessentheorie entsprechen, hat aber mit der Tatherrschaft gerade nichts zu tun. Unklar ist auch der Lösungsansatz von *Hauck*, der eine mittelbare Täterschaft jenseits der Willensherrschaft mit der „Macht des steuernden Willens" begründen möchte, nämlich in Fällen des Vorliegens einer „engen persönlichen Verbundenheit oder einer betrieblich-organisatorischen Herrschaftsbeziehung" zwischen Vorder- und Hintermann.[431] Dadurch wird lediglich daran erinnert, dass der Hintermann ggf. Garant und deshalb Unterlassungstäter sein kann.

**Richtigerweise** gab es nur zwei mögliche Lösungen für diese Fallkonstellation. Wenn man **159**
die eigenverantwortliche Weitergabe des weggenommenen Gegenstandes an den Hintermann als Ausdruck angemaßter Verfügungsmacht ansieht und für ein Sich-Zueignen i. S. des § 242 ausreichen ließ,[432] so war der Ausführende Täter und der Hintermann Anstifter; die Kriterien der Tatherrschaft sind dann bei der Abgrenzung von Täterschaft und Teilnahme voll gewahrt. Ließ man dagegen das uneigennützige Weitergeben einer eigenhändig weggenommenen Sache nicht als Zueignung gelten,[433] so schied eine Diebstahlsbestrafung überhaupt aus. Der Hintermann war dann Täter einer Unterschlagung und der Wegnehmende Gehilfe dieser Tat.[434]

Die Entscheidung zwischen beiden Alternativen hängt von der Auslegung des Zueignungs- **160**
begriffs ab und liegt außerhalb der Teilnahmelehre, so dass die Frage hier nicht vertieft werden kann. Das 6. StRG hat das Problem für die in der Praxis wichtigsten Tatbestände der §§ 242, 246, 249 in einer für die Gesetzgebung der neuesten Zeit typischen Weise durch eine **Steigerung der Punitivität**[435] „entschärft": Indem nunmehr die Drittzueignung der Selbstzueignung ausdrücklich gleichgestellt (und damit die kriminalpolitisch weise Privilegierung des altruistisch handelnden Täters nonchalant über Bord geworfen) wurde, wurden der Vordermann vom Gehilfen zum Täter, der Hintermann zum (ebenso zu bestrafenden) Anstifter und zusätzlich in Realkonkurrenz (!) dazu zum Hehler gem. § 259 hochgestuft.[436] Für eine mittelbare Täterschaft mit Hilfe eines absichtslosen (dolosen) Werkzeugs bleiben danach nur noch kriminalpolitisch marginale Konstellationen übrig – etwa, wenn der Ausführende bei der Drittzueignung nicht mit einer darauf gerichteten Absicht (sei es auch nur als Zwischenzweck), sondern nur mit dolus directus oder eventualis handelt.[437] Weil der Ausführende dann wegen fehlender Zueignungs „absicht" nicht Täter eines Diebstahls, der Hintermann mangels vorsätzlicher Haupttat nicht Anstifter sein kann, verbleibt es bei der alten Kontroverse zwischen Diebstahl in mittelbarer Täterschaft oder einer bloßen Unterschlagung.[438]

---

**429** Für die Annahme einer mittelbaren Täterschaft trotz grundsätzlicher Anerkennung der Tatherrschaftslehre ohne nähere Begründung: *Blei* I § 72 I 1c; *Bockelmann* AT ³(1979) § 22 II 2a cc; *Wessels/Beulke/Satzger* Rdn. 845.

**430** *Cramer* FS Bockelmann 398. Weitgehend wie hier jetzt Sch/Schröder/*Heine/Weißer* § 25 Rdn. 21.

**431** *Hauck* S. 240.

**432** So *Roxin* TuT S. 341 ff m. w. N.; *Otto* BT § 40 II 3bb; *Rudolphi* GA **1965** 42 f; *Schmidhäuser* AT § 14 Rdn. 52; *ders.* StuB § 10 Rdn. 98; *Spendel* FS Lange 156 f; *Tenckhoff* JuS **1980** 725 f.

**433** Vgl. *Maiwald* Der Zueignungsbegriff im System der Eigentumsdelikte (1970) 236 ff; *Krey/Esser* AT § 27 Rdn. 921.

**434** So u. a. *Maiwald* und *Krey/Esser*, wie Anm. 433.

**435** Dazu allgemein *Schünemann* in: Szwarc (Hrsg.) Das dritte deutsch-japanisch-polnische Strafrechtskolloquium der Stipendiaten der Alexander von Humboldt-Stiftung (Poznán 2006) 17 ff.

**436** Das 6. StRRG hat aber Tatbestand des räuberischen Diebstahls (§ 252) übersehen: dort bezieht sich die als „verlängerte Zueignungsabsicht" vorgesehene Besitzerhaltungsabsicht immer noch allein auf den eigenen Besitz; zu den daraus entspringenden Beteiligungproblemen *Dehne-Niemann* JuS **2008** 589.

**437** Zur Unterscheidung der Absicht von den sonstigen Vorsatzformen vgl. *Roxin/Greco* AT I § 12 Rdn. 7 ff.

**438** Vgl. *Dencker* in Dencker/Struensee/Nelles/Stein Einführung in das 6. StrRG (1998) 18; *Wessels/Hillenkamp/Schuhr* Rdn. 150 ff, 167 f. und zu dem Versuch, praktische Beispiele zu finden, *Kühl* AT § 20 Rdn. 56a; *Gropp* AT § 10 Rdn. 125 ff.

161 Praktisch gibt es ein absichtloses Werkzeug nur noch dann, wenn der Ausführende nicht weiß, dass er zu einem Diebstahl missbraucht wird, so dass dann der unproblematische Fall des **blinden Werkzeugs** vorliegt (dazu o. Rdn. 100 f). So liegt es z. B., wenn der Hintermann vorgibt, die Sache nur zu vorübergehendem Gebrauch haben zu wollen[439] oder auf ihre Übereignung einen liquiden Anspruch zu besitzen.[440]

162 Eine ähnliche Konstellation wie bei den Absichtsdelikten, die vom Gesetzgeber im 6. StRG auch nicht angetastet worden ist, besteht bei den **Verschaffungsdelikten**, bei denen für den Täter der „Wille zu eigenständiger Verfügung" verlangt wird. Dies hat der BGH unter Aufgabe früherer Rechtsprechung beispielweise für § 146 I Nr. 2 ausgesprochen (BGHSt **44** 62; ebenso die allgemeine Auffassung, siehe *Fischer* § 146 Rdn. 11). Für den wichtigsten Fall der **Hehlerei** ist dagegen schon seit der Strafrechtsreform die ältere Rechtsprechung, die eine Drittverschaffung ausreichen ließ, ausdrücklich im Gesetzeswortlaut verankert worden (*Walter* LK[12] § 259 Rdn. 76).

## 12. Der Irrtum über Tätervoraussetzungen bei mittelbarer Täterschaft

163 **a) Die Unkenntnis tatherrschaftsbegründender Umstände auf Seiten des Hintermannes. Die Grundkonstellation** ist die, dass der Hintermann objektiv den Tatablauf beherrscht, dies aber subjektiv nicht weiß, weil er irrigerweise annimmt, der unmittelbar Ausführende beherrsche das Geschehen. Beispielsweise erkennt der Hintermann nicht, dass der Ausführende sich in einem Tatbestandsirrtum befindet, so dass der vermeintlich Anstiftende in Wirklichkeit allein das Geschehen übersieht. Oder jemand veranlasst einen anderen zu einer Deliktsverwirklichung, ohne zu erkennen, dass der von ihm Aufgeforderte geisteskrank ist und als widerstandsloses Werkzeug tätig wird. Weitgehende Einigkeit besteht heute darüber, dass eine mittelbare Täterschaft des Außenstehenden in solchen Fällen nicht vorliegt.[441] Denn die Ausübung einer Herrschaft setzt voraus, dass man sich ihrer bewusst ist, so dass die Kenntnis der herrschaftsbegründenden Umstände ein Element der Tatherrschaft selbst ist (vgl. Rdn. 48). Außerdem wäre es höchst unbillig, jemanden, der nach seinem Vorstellungsinhalt nur als Gehilfe zu beurteilen wäre, nach dem Strafrahmen der Täterschaft zur Verantwortung zu ziehen, oder, wenn die Ausführung nicht zustande kommt, ggf. wegen versuchter Täterschaft[442] zu strafen, anstatt eine (meist straflose) versuchte Anstiftung anzunehmen. Wenn demnach eine mittelbare Täterschaft in allen Fällen abzulehnen ist,[443] so ist im Übrigen hinsichtlich der Bestrafung des Hintermannes zu **unterscheiden,** je nachdem ob der Außenstehende irrig an den Vorsatz des unmittelbar Handelnden glaubt oder ob er einen anderen tatherrschaftsbegründenden Umstand fälschlich annimmt.

164 **Die erste Fallgruppe** lässt sich etwa durch Sachverhalte wie diese verdeutlichen: A fordert den B auf, bei der Polizei eine Anzeige zu erstatten, und glaubt dabei fälschlich, der B kenne ihre Unrichtigkeit;[444] oder der nach seiner Vorstellung zum Morde anstiftende Jagdpächter A weiß nicht, dass der aufgeforderte B das Opfer für ein Stück Wild hält;[445] oder der ungetreue

---

**439** Vgl. *Jäger* JuS **2000** 652; *Mitsch* BT 2 Teil I 1.2.2.3.3.1.

**440** Zum ganzen näher *Roxin* AT II § 25 Rdn. 156 f.

**441** **Anders** früher *Kohlrausch/Lange* I B 2a Vor § 47; *H. Mayer* AT S. 329; *Maurach* AT [2](1958) 529; teilweise auch v. *Uthmann* NJW **1961** 1908 f. Der objektive Tatherrschaftsbegriff von *Luzon Peña/Díaz y García* FS Roxin I, 586 ff, strebt ausdrücklich keine anderen Ergebnisse an (S. 591).

**442** Zum Versuch bei mittelbarer Täterschaft vgl. Rdn. 170 ff.

**443** Für mittelbare Täterschaft bei „eigener Tatentschlossenheit" bzw. bei „Täterwillen" des Hintermannes jedoch *Welzel* § 16 VII 1b.

**444** *Baumann* JZ **1958** 233.

**445** *Bockelmann* Strafrechtliche Untersuchungen (1957) 49 Anm. 37, S. 96 Anm. 40; *Letzgus* Vorstufen S. 27; *Welzel* § 16 VII 1a.

Forstbedienstete verkauft im eigenen Namen Holz und lässt es vom Käufer abfahren, wobei er diesen zu Unrecht für bösgläubig hält.[446] Bei Sachverhalten solcher Art wäre eine Bestrafung wegen Anstiftung angemessen. Denn da der Hintermann den deliktischen Erfolg subjektiv vorsätzlich herbeigeführt hat und objektiv sein Einfluss auf das Geschehen noch größer war, als er angenommen hatte, sollte er wenigstens für die geringere Mitwirkung (also die Teilnahme) zur Verantwortung gezogen werden; wenn man die Teilnahme als eine „Mitwirkung ohne Tatherrschaft" versteht, ist das eine auch dogmatisch durchaus stimmige Lösung.[447] Nach geltendem Recht ist jedoch diese Möglichkeit dadurch verbaut, dass der Gesetzgeber – rechtspolitisch zweifelhaft – in den neuen §§ 26 und 27 eine Anstiftung oder Beihilfe nur zu *vorsätzlicher* Tat anerkannt hat. Dabei ist im Gesetzgebungsverfahren sehr wohl erkannt worden, dass durch die Einführung des Vorsatzerfordernisses bei der hier in Rede stehenden Fallgruppe eine Strafbarkeitslücke aufgerissen werden würde. Der E 1962 hatte zu ihrer Schließung eine selbständige Vorschrift (§ 32) vorgesehen: „(1) Wie ein Anstifter wird bestraft, wer vorsätzlich einen anderen zu dessen rechtswidrig begangener Tat in der irrigen Annahme bestimmt hat, der Täter werde bei der Begehung vorsätzlich handeln. (2) Entsprechendes gilt für die Beihilfe." Nachdem jedoch bei den Beratungen des Sonderausschusses diese Bestimmung wieder gestrichen worden ist, können solche Sachverhalte nur noch als **versuchte Teilnahme** behandelt werden, die allein in den seltenen Fällen der versuchten Anstiftung zum Verbrechen nach § 30 Abs. 1 mit (gemilderter) Strafe bedroht, im Übrigen aber straflos ist.[448] Das ist unbefriedigend, nach der bestehenden Gesetzeslage aber nicht zu ändern[449] und inzwischen auch im Schrifttum allgemein anerkannt (zu früher abw. Auffassungen *Roxin* 11. Aufl. Rdn. 144).

In der **zweiten Fallgruppe,** bei der der Ausführende vorsätzlich handelt, der Hintermann aber aus einem anderen Grunde entgegen seiner Annahme das Geschehen objektiv „beherrscht", ist dagegen unbedenklich eine Teilnahmebestrafung möglich.[450] Veranlasst also A den B zur Ausführung einer Tat, bei der B ohne Wissen des A in einem seine Schuld ausschließenden oder mindernden Verbotsirrtum handelt, so hat A eine Anstiftung begangen; denn der Umstand, dass eine mittelbare Täterschaft an der mangelnden Kenntnis vom Verbotsirrtum des B scheitert, ändert nichts am Vorliegen einer Anstiftung auf der ersten Tatherrschaftsstufe (vgl. Rdn. 113), die nach dem Prinzip der limitierten Akzessorietät für eine Teilnahmebestrafung ausreicht. Ebenso liegt es, wenn dem Veranlasser die Geisteskrankheit des Ausführenden verborgen bleibt; obwohl der Hintermann bei Kenntnis der Schuldunfähigkeit des Ausführenden als mittelbarer Täter zu bestrafen gewesen wäre, hätte doch immer (auf niedrigerer Tatherrschaftsstufe) eine Anstiftung zu tatbestandsmäßig-rechtswidriger Tat vorgelegen, die nur hinter der mittelbaren Täterschaft zurückgetreten wäre, bei deren Ausscheiden aber selbständig strafbar bleibt (vgl. auch Rdn. 116). Entsprechendes gilt, wenn der Hintermann nicht erkennt, dass der Ausführende sich in einem Irrtum über den konkreten Handlungssinn (Rdn. 117 ff) befindet. 165

**446** *Jescheck/Weigend* § 62 III 1.

**447** Näher dazu *Roxin* TuT S. 267 ff.

**448** Vgl. *Roxin* Kriminalpolitik und Strafrechtssystem ²(1973) 20 f Anm. 46; *ders.* TuT S. 555 ff; *ders.* AT II § 25 Rdn. 159; *Blei* I § 72 II 4; *Bloy* Zurechnungstypus S. 98; *Bockelmann* FS Gallas 261 ff; *Cramer* FS Bockelmann 399 f; *Fischer* Vor § 25 Rdn. 19; *Herzberg* TuT § 3 IV 2; *Hoyer* SK Rdn. 139 f; *Jakobs* § 22 Rdn. 18; *Jescheck/Weigend* § 61 VII 3; *Kindhäuser/Hilgendorf* LPK Vor § 25 Rdn. 67; *Köhler* AT S. 529 f; Lackner/Kühl/*Kühl* Vor § 25 Rdn. 9; *Letzgus* Vorstufen S. 29 ff; *Maiwald* ZStW **88** (1976) 731 f; *Otto* AT § 22 II 1b, bb; *Samson* Strafrecht I Fall 40 S. 221 f; *Stratenwerth/Kuhlen* AT § 12 Rdn. 142 f; *Tenckhoff* JuS **1976** 528; *Wessels/Beulke/Satzger* Rdn. 860. Ebenso schon BGHSt **9** 382. Auch KG NJW **1977** 817, 819 (m. Bespr. *Schall* JuS **1979** 104) vertritt diese Auffassung.

**449** Zum Ausscheiden einer Fahrlässigkeitsbestrafung vgl. *Roxin* TuT S. 269 f; **aA** *Hoyer* SK Rdn. 140 m. weit. Nachw.

**450** Näher *Roxin* TuT S. 265 ff; *ders.* AT II § 25 Rdn. 162; wie hier *Fischer* Rdn. 19. Auch in diesen Fällen nur für Anwendung des § 30 z. B. *Maurach/Gössel*/Zipf⁷ § 48 Rdn. 28 (wie hier nunmehr Maurach/Gössel/Zipf/*Renzikowski* § 48 Rdn. 110).

166 **b) Die irrige Annahme tatherrschaftsbegründender Umstände auf Seiten des Hintermannes.** Im **umgekehrten Fall,** dass ein Hintermann A sich irrtümlicherweise Umstände vorstellt, die ihn zum Tatherrn machen würden, während der Ausführende B in Wirklichkeit die Sachlage vollständig beherrscht und übersieht, muss eine mittelbare Täterschaft ebenfalls ausscheiden. Sie liegt zwar nach der subjektiven Theorie vor,[451] da der Hintermann, wenn er den Ausführenden für sein Werkzeug hält, den Erfolg mit „Täterwillen" verursacht; aber diese Theorie ist abzulehnen (vgl. Rdn. 43 f) und kann gerade bei dieser Konstellation dem Gesetz kaum unterlegt werden, da auch im umgekehrten Fall der bloße Teilnahmewillen nach Streichung des § 32 E 1962 (Rdn. 164) keine Teilnahme begründen kann. Auch wird man eine mittelbare Täterschaft nach der Tatherrschaftslehre nicht auf die Annahme stützen können, dass der Irrtum über die Werkzeugqualität des Ausführenden nur eine unbeachtliche Kausalabweichung sei;[452] denn der Irrtum über die Täterstellung betrifft nicht den Kausalverlauf und wäre, wenn er ihn beträfe, erheblich, weil nach den Grundlagen der Tatherrschaftslehre nur eine wirkliche und nicht eine bloß vorgestellte Tatherrschaft die Täterschaft begründen kann. Dagegen wird man (wie im umgekehrten Falle die versuchte Teilnahme, vgl. Rdn. 164) eine versuchte Täterschaft bejahen müssen;[453] denn wenn der Hintermann irrig Umstände annimmt, die ihn zum Täter machen würden, begeht er, da Täterschaft Tatbestandsverwirklichung ist, den untauglichen Versuch einer Tatbestandsverwirklichung, der auch über das Vorbereitungsstadium schon hinausgelangt ist (vgl. Rdn. 170 ff).[454]

167 Daneben ist in allen Fällen eine **vollendete Teilnahme** anzunehmen,[455] was praktisch deshalb sehr bedeutsam ist, weil der Versuch bei vielen Delikten nicht strafbar ist. Soweit der Hintermann die Annahme seiner Tatherrschaft nicht auf den vermeintlich fehlenden Vorsatz des Ausführenden, sondern auf andere Umstände gründet, ist das ganz unproblematisch, weil sein Vorsatz immerhin auf die Erregung eines Tatentschlusses geht, was für eine Teilnahmebestrafung ohne weiteres ausreicht. Wenn etwa A den von ihm zur Begehung der Tat veranlassten B irrig für geisteskrank hält, so hat er ihn jedenfalls im Sinne des § 26 „vorsätzlich ... zu dessen vorsätzlich begangener rechtswidriger Tat bestimmt". Diese Anstiftung auf der zweiten Tatherrschaftsstufe bleibt bei wirklich bestehender Geisteskrankheit des Ausführenden im Verhältnis zur höherstufigen Tatherrschaft des Hintermannes außer Betracht (vgl. Rdn. 165), erlangt bei bloß versuchter mittelbarer Täterschaft aber selbständige Bedeutung. Etwas schwieriger liegt der Fall nur dann, wenn der Hintermann den Vorsatz des „Tatmittlers" fälschlich für ausgeschlossen hält, wenn also etwa ein Arzt der vermeintlich arglosen Krankenschwester eine Giftampulle zusteckt, diese ihn aber durchschaut und die Einspritzung trotzdem vornimmt. Hier will der Hintermann keinen Tatentschluss erregen. Trotzdem ist die Anstiftung zu bejahen, weil eine Teilnahmebestrafung nach den neuen §§ 26, 27 zwar realiter einen Vorsatz des Täters, nicht aber notwendig die Kenntnis des Teilnehmers davon voraussetzt; denn die Teilnahme ist ein „sekundärer" Begriff, eine „Mitwirkung ohne Tatherrschaft"[456] und verlangt keinen besonderen „Teilnehmerwillen". Da ihr Strafgrund in der Verursachung des Erfolges und nicht in der Korrumpierung des Täters liegt, ist der Teilnahmevorsatz als ein Minus „im Tatherrschaftsbewusst-

---

**451** *Baumann/Weber/Mitsch*[11] § 29 Rdn. 149 ff.

**452** So wohl *Blei* I § 72 II 3; kritische Auseinandersetzung auch mit älteren Auffassungen dieser Art bei *Schroeder* S. 170.

**453** Ebenso *Gropp* AT § 10 Rdn. 161; *Herzberg* TuT § 3 IV; *Köhler* AT S. 513; *Kühl* AT § 20 Rdn. 84; *Küper* FS Roxin II 898 ff; *Maurach/Gössel/Zipf*[7] § 48 Rdn. 41; *Preisendanz* III 2c bb; *Roxin* AT II § 25 Rdn. 164; wohl auch *Schmidhäuser* AT § 14 Rdn. 54; *ders.* StuB § 10 Rdn. 103. **Diff.** *Hoyer* SK Rdn. 146 f; zur Gegenmeinung eingehend *Bloy* ZStW **117** (2005) 3, 25 f m. weit. Nachw.; abl. *Krack* GS Eckert 468 ff.

**454** **Anders** noch *Roxin* TuT S. 273.

**455** Eingehend *Roxin* TuT S. 270 ff. So auch die h. M.: *Beulke* FS Kühl 124 f, 134 f; *Bockelmann/Volk* § 22 II 3b; *Gallas* Mat. Bd. 1, S. 139, 147; *Jescheck/Weigend* § 62 III 1; *Kühl* AT § 20 Rdn. 87; *Roxin* AT II § 25 Rdn. 167; *Schmidhäuser* AT § 14 Rdn. 54; *ders.* 10/103; *Stratenwerth/Kuhlen* AT § 12 Rdn. 214 ff, 216; *Wessels/Beulke/Satzger* Rdn. 861. **Abl.** *Gropp* AT § 10 Rdn. 77; *Herzberg* TuT § 3 IV 2; *Hoyer* SK Rdn. 145; *Joecks* MK Rdn. 161 ff; *Kretschmer* Jura **2003** 537; *Küper* FS Roxin II 898 ff; eingehend *Bloy* ZStW **117** (2005) 3, 26 ff.

**456** *Roxin* TuT S. 268.

sein enthalten".[457] Auch gebietet die Gerechtigkeit eine Bestrafung als Teilnehmer, weil nicht einzusehen ist, dass ein vorsätzlicher Tatverursacher nur deshalb ggf. straflos sein soll, weil er sich sogar in einer Täterposition wähnte.[458]

## 13. Exzess und Objektsverwechslung beim Tatmittler

Für einen **vorsätzlichen Exzess** des Tatmittlers haftet der Hintermann nicht; denn es fehlt ihm insoweit nicht nur die Tatherrschaft,[459] sondern schon der Vorsatz. Wenn also der Geisteskranke anstelle der ihm angesonnenen Sachbeschädigung eine Körperverletzung begeht, ist der Veranlasser dafür nicht (oder allenfalls wegen Fahrlässigkeit) verantwortlich; er bleibt freilich wegen versuchter Sachbeschädigung strafbar, weil schon im „Losschicken" des Tatmittlers ein Ansetzen zur Tatbestandsverwirklichung (§ 22) liegt (Rdn. 170 ff). Entsprechendes gilt, wenn der Mittler im Rahmen desselben Tatbestandes vorsätzlich ein anderes Objekt schädigt, also etwa anstelle des A absichtlich den B verprügelt. Ist die vom Hintermann intendierte Tatbestandserfüllung in dem verwirklichten schwereren Tatbestand enthalten, so liegt allerdings eine vollendete mittelbare Täterschaft hinsichtlich des Grundtatbestandes vor. Begeht also der Tatmittler anstelle des vom Veranlasser geplanten Diebstahls einen Raub oder anstelle der einfachen eine schwere Körperverletzung, so ist der Hintermann nach § 242 bzw. § 223 als mittelbarer Täter strafbar. 168

Auch für eine den Tatbestand nicht verändernde **Objektsverwechslung** durch den Tatmittler haftet der Hintermann nicht. Wenn also das nach § 35 genötigte oder das geisteskranke „Werkzeug" entgegen seinem Auftrag infolge seines Irrtums nicht den A, sondern den B erschießt, ist der Hintermann nur wegen eines versuchten Tötungsdeliktes (ggf. außerdem wegen fahrlässiger Tötung des B) zu bestrafen; denn der error in persona des Tatmittlers stellt sich vom Hintermann aus gesehen als aberratio ictus dar und ist nach dessen Regeln, d. h. als eine wesentliche Kausalabweichung, zu behandeln (zur aberratio ictus vgl. näher bei § 16). 169

Demgegenüber will eine verbreitete Meinung[460] die Regeln der aberratio ictus nur bei unvorsätzlich handelndem Werkzeug anwenden, also etwa in dem Schulfall, dass der Arzt durch die gutgläubige Krankenschwester eine Giftspritzung vornehmen lässt, diese aber infolge eines Hörfehlers die Patienten verwechselt, während bei den übrigen Konstellationen der error in persona des unmittelbar Handelnden wie eine Personenverwechslung durch den Hintermann selbst behandelt werden, an dessen Strafbarkeit wegen vollendeter Tat also nichts ändern soll. Diese Differenzierung überzeugt jedoch nicht;[461] denn es ist nicht verständlich, warum ein Geisteskranker oder Genötigter quasi stellvertretend für den Hintermann irren sollte, während der vorsatzlos Handelnde in einer dem Hintermann nicht zurechenbaren Weise irrt. Ebensowenig überzeugt die an Boden gewinnende Auffassung, der error in persona sei nur dann für den Hintermann beachtlich, wenn die Individualisierung des Tatopfers nicht dem Vordermann überlassen wurde oder wenn dieser sich über die Weisungen des Hintermanns hinweggesetzt hat.[462] Der Hintermann schickt in allen Fällen gleichermaßen ein „Werkzeug" auf den Weg, das auf Grund eines Irrtums von der durch den Hintermann vorge-

---

**457** S.a. *Jescheck*/Weigend § 62 III 1 im Anschluss an *Gallas* Mat. Bd. 1, S. 139; krit. *Küper* FS Roxin II, 910 ff.

**458** *Roxin* AT II § 25 Rdn. 167; krit. aber *Bloy* ZStW **117** (2005) 27 f.

**459** So die im Ergebnis zutreffende Begründung bei *Jescheck/Weigend* § 62 III 3.

**460** *Welzel* § 13 I 3d; *Jakobs* § 21 Rdn. 106.

**461** Vgl. allgemein zur Abgrenzung von aberratio ictus und error in persona die ausführliche Darstellung in *Roxin/Greco* AT I § 12 Rdn. 144 ff u. 168 ff. Die Nachw. zur Verantwortlichkeit des Hintermannes sind bei *Schünemann/Greco* LK § 26 Rdn. 87 ff zusammengestellt. Wie hier *Jescheck/Weigend* § 62 III 2; *Schmidhäuser* AT § 14 Rdn. 54; *ders.* StuB § 10 Rdn. 104; *Roxin* AT II § 25 Rdn. 171; *Rudolphi* SK[7] § 16 Rdn. 30. Das Problem hat in der Praxis vor allem beim error in persona eines Mittäters (dazu Rdn. 197) und eines Angestifteten (dazu § 26 Rdn. 87 ff) Bedeutung gewonnen.

**462** In diesem Sinne *Jakobs* AT § 21 Rdn. 106; *Joecks* MK Rdn. 166; Maurach/Gössel/Zipf/*Renzikowski* § 48 Rdn. 116; Sch/Schröder/*Heine*/*Weißer* § 25 Rdn. 54 f.

zeichneten Bahn abweicht. Worauf die Werkzeugqualität des unmittelbar Handelnden beruht, ist für die Personenverwechslung und die in allen Fällen gleiche Struktur der aberratio ictus ohne Belang. Die Annahme einer aberratio ictus in diesen Fällen ist deshalb unabhängig von der äußerst umstrittenen Frage überzeugend, ob bei der Anstiftung eines voll verantwortlichen Täters dessen error in persona für den Anstifter beachtlich ist (vgl. *Schünemann/Greco* LK § 26 Rdn. 87 ff).

## 14. Der Beginn des Versuchs bei mittelbarer Täterschaft

170 Der Beginn des Versuchs bei mittelbarer Täterschaft ist **sehr umstritten.** Die Vielfalt der hierzu vertretenen Theorien ist ebenso enorm wie die Schwierigkeit, daraus in stringenter Weise überzeugende Lösungen für das von der Rechtsprechung entschiedene, überaus diffizile Fallmaterial abzuleiten. Eine weitere Komplizierung ergibt sich daraus, dass als Tatmittler sowohl ein *Dritter* als auch das *Opfer* selbst (als vorsatzloses Werkzeug zur Selbstverletzung) in Betracht kommen, ohne dass es bis heute geklärt, geschweige denn von vornherein klar wäre, ob die für den Versuchsbeginn ausschlaggebenden Kriterien für diese beiden Fallgruppen identisch sind oder worin sie sich gegebenenfalls unterscheiden. In der älteren Diskussion stand die Benutzung eines Dritten als des Tatmittlers im Vordergrund. Nach einer im Schrifttum vor allem früher verbreiteten Meinung (der sog. *Differenzierungslösung*)[463] soll bei unvorsätzlich handelndem Werkzeug ein Versuch schon mit der Einwirkung auf den Tatmittler beginnen, bei dolosem Werkzeug dagegen erst dann, wenn der Tatmittler seinerseits zur Ausführung ansetzt. Nach anderer Auffassung (der sog. *Einzellösung*)[464] soll stets schon die Einflussnahme auf den Tatmittler, einerlei, ob dieser vorsätzlich handelt oder nicht, Versuch begründen, während nach der Gegenansicht (der sog. *Gesamtlösung*)[465] gerade umgekehrt in allen Fällen erst mit dem Ansetzen des Mittlers zur Tatbestandshandlung ein Versuch des mittelbaren Täters gegeben sein soll.

171 Im neueren Schrifttum werden diese schematischen Lösungen jedoch kaum noch vertreten. Statt dessen wird entweder auch für die Fälle der mittelbaren Täterschaft die allgemeine Formel zur Abgrenzung von Versuch und Vorbereitung propagiert[466] (was bald als „allgemeine Theorie",[467] bald als „modifizierte Zwischenaktstheorie",[468] am besten aber als „*Theorie der tatbestandsnahen Gefährdung*" bezeichnet wird); oder es wird alternativ dazu (d.h. kumulativ) auf die „Entlassung des Geschehens aus dem Herrschaftsbereichs des mittelbaren Täters" abgehoben, was als „modifizierte Einzellösung"[469] bezeichnet wird, treffender aber die „*Freisetzungs-*

---

**463** *Busch* LK[9] § 43 Rdn. 33; *Kohlrausch/Lange* Vor § 43 II 3; *Welzel* § 24 III 5.

**464** *Baumann* JuS **1963** 92 f; *Baumann/Weber/Mitsch*[11] § 29 Rdn. 155; *Bockelmann* Strafrechtliche Untersuchungen (1957) 148; *Herzberg* MDR **1973** 94f; *Klesczewski* FS Puppe 634; *Puppe* FS Dahs 173, 180 ff; *dies.* GA **2013** 532; *Schilling* S. 104 (wenn „der mittelbare Täter die ... letzte Einwirkungshandlung vorgenommen hat").

**465** *Frank* § 43 II 2a; *Hegler* FG R. Schmidt 66 f; *Eb. Schmidt* FG Frank Bd. 2 S. 132; *Köhler* AT S. 541; *Krack* ZStW **110** (1998) 628 ff; *ders.* GS Eckert S. 469; *Kühl* JuS **1983** 182; *ders.* AT § 20 Rdn. 91; *ders.* JA **2014** 673; *Küper* JZ **1983** 369; *Kadel* GA **1983** 299; *Krüger* Der Versuchsbeginn bei mittelbarer Täterschaft (1994) 180; Lackner/Kühl/*Kühl* § 22 Rdn. 9; *Rath* JuS **1999** 143; Maurach/Gössel/Zipf/*Renzikowski* § 48 Rdn. 137.

**466** Sch/Schröder/*Eser/Bosch* § 22 Rdn. 54a; *Fischer* § 22 Rdn. 26 f; *Hillenkamp* LK[12] § 22 Rdn. 157 f; *Joecks* MK Rdn. 179 ff; *Otto* AT § 21 Rdn. 127; *Wessels/Beulke/Satzger* Rdn. 976; *Zaczyk* NK § 22 Rdn. 28, 30; wohl auch *Stratenwerth/Kuhlen* AT § 12 Rdn. 105 f; eine Variante hiervon entwickelt für die Giftfalle *Weddig* S. 104 ff. Mit einer neuen Konstruktion (Unterscheidung von Versuchshandlung und Versuchserfolg als unmittelbarer Gefahr der Tatbestandsverwirklichung, wobei deren Eintritt für eine Versuchsbestrafung notwendig sei) *Herzberg* FS Roxin I, 749 ff; *Herzberg* MK[1] § 22 Rdn. 143 ff; *Putzke* JuS **2009** 985 (990).

**467** So *Roxin* AT II § 29 Rdn. 232.

**468** So *Hillenkamp* LK[11] § 22 Rdn. 158 (in der 12. Aufl. findet sich die Bezeichnung nicht mehr wieder).

**469** So Sch/Schröder/*Eser* § 22 Rdn. 54; *Roxin* AT II § 29 Rdn. 230.

*theorie*" genannt werden sollte. Diese von *Roxin* 1972 begründete Theorie[470] ist extensiver als die Theorie der tatbestandsnahen Gefährdung, weil sie es für den Versuchsbeginn einerseits ausreichen lässt, dass der Täter das Tatmittel aus seinem Herrschaftsbereich entlässt, während sie andererseits in Übereinstimmung mit der „allgemeinen Lösung" auch dann den Versuchsbeginn bejaht, wenn das noch im Herrschaftsbereich des Täters verbleibende Tatmittel bereits eine tatbestandsnahe Gefährdung ausgelöst hat, und deshalb von *Roxin* selbst als „Alternativ-Formel" bezeichnet wird.[471]

Wenn man diese Lösungsansätze auf die besondere Konstellation der Benutzung des **Opfers** als Werkzeug projiziert, so wird die Differenz zwischen den meisten Theorien nivelliert, weil beim Zusammenfallen von Tatmittler und Opfer die Einzel- und die Gesamtlösung deckungsgleich werden. Hier rivalisieren deshalb nur noch die Theorie der tatbestandsnahen Gefährdung und die Freisetzungstheorie miteinander. 172

Zwischen diesen beiden Polen schwankt im Grunde genommen auch die **Rechtsprechung** schon seit den Zeiten des RG, wobei im Falle des externen Tatmittlers eine zur Freisetzungstheorie neigende und damit extensive Tendenz festzustellen ist, während bei dem Opfer als Tatmittler die Freisetzungstheorie zwar verbal als die Regel bezeichnet, in der von Widersprüchen nicht freien Kasuistik aber immer wieder zugunsten der Theorie der tatbestandsnahen Gefährdung verlassen wird. Zur Begründung ist zumeist auf die allgemeinen Formeln zur Abgrenzung von Versuch und Vorbereitung abgehoben worden, so dass man die Rechtsprechung insgesamt der „allgemeinen Lösung" zuordnen kann: Das RG hat auf die von ihm auch sonst favorisierte Formel abgestellt, ob der mittelbare Täter „nach der natürlichen Auffassung ... eine Tätigkeit entfaltet hat, die bei ungestörtem Fortgang, also in ihrem regelmäßigen Verlauf, *unmittelbar* zur Verwirklichung des Tatbestandes ... geführt hätte, und eben wegen dieser *Zusammengehörigkeit* mit der zur Erfüllung des vollendeten Verbrechens erforderlichen Ausführungshandlung als deren Bestandteil erscheinen würde" (RGSt **66** 141, 142; ebenso etwas knapper RGSt **59** 1 f). Und auch der BGH hat diese alte Formel fortgeführt und lediglich unter Einbau der Zwischenaktstheorie formuliert, ein „unmittelbares Ansetzen" liege „generell bereits dann vor, wenn der Täter Handlungen vornimmt, die nach dem Tatplan im ungestörten Fortgang unmittelbar zur Tatbestandserfüllung führen sollen. Das ist der Fall, wenn der Täter subjektiv die Schwelle zum ‚jetzt geht es los' überschreitet und objektiv zur tatbestandsmäßigen Angriffshandlung ansetzt, so dass sein Tun ohne Zwischenakte in die Tatbestandsverwirklichung übergeht" (BGHSt **40** 257, 268). Die auf dieser Basis erzielten Ergebnisse weisen überwiegend in Richtung der Theorie der tatbestandsnahen Gefährdung, hin und wieder aber auch klar in Richtung der Freisetzungstheorie, während die drei älteren Theorien in der Rspr. so gut wie keinen Niederschlag gefunden haben. Charakteristisch für die überwiegende Tendenz ist etwa die frühe Entscheidung BGHSt **4** 270ff, bei der es um die Vorlage gefälschter Unterlagen an den gutgläubigen Vergleichsverwalter zwecks betrügerischer Täuschung der Gläubiger ging und der BGH ausführt: „Danach kann die Beeinflussung des gutgläubigen Tatmittlers eine bloße Vorbereitungshandlung sein, wenn erst beim Hinzutreten weiterer Umstände oder nach längerer Zeit eine Wirkung gewollt war; sie kann Anfang der Ausführung sein, wenn das Rechtsgut unmittelbar gefährdet ist. Wenn der Angeklagte beispielsweise die gefälschte Aufstellung dem Vergleichsverwalter in die Unterlagen hineinlegte, die dieser für seinen unmittelbar bevorstehenden Vortrag bereitgelegt hatte, liegt schon der Anfang der Täuschungshandlung durch den Angeklagten vor; dagegen ist es eine Vorbereitungshandlung, wenn der Täter die falschen Unterlagen dem Vergleichsverwalter nur zugänglich machte, ohne absehen zu können, ob davon in absehbarer Zeit Gebrauch gemacht 173

470 *Roxin* FS Maurach 213 ff; *ders.* JuS **1979** 1, 11; *ders.* AT II § 29 Rdn. 244 f. Dieser Auffassung folgen *Herzberg* JuS **1985** 1; *Jakobs* § 21 Rdn. 105; *Jescheck/Weigend* § 62 IV 1; *Kraatz* Jura **2007** 535; *Rudolphi* SK[7] § 22 Rdn. 20a (wenn „der Täter die Tat aus der Hand gibt"). Ähnlich auch *Schmidhäuser* AT § 15 Rdn. 57; *ders.* StuB § 11 Rdn. 32; *Murmann* Versuchsunrecht und Rücktritt (1998) 18; *Streng* ZStW **109** (1997) 886 ff, aber mit einer Einschränkung für den Fall des Täters hinter dem Täter.

471 *Roxin* AT II § 29 Rdn. 195.

wird."[472] Auch die vieldiskutierte[473] Entscheidung BGHSt **30** 363 verbleibt in diesen Bahnen, denn die in Bezug auf den Tötungsplan gutgläubigen Tatmittler sollten das ihnen vom Hintermann übergebene tödliche Gift „alsbald" anwenden (a. a. O. S. 363, 364), weshalb der BGH den Versuchsbeginn darauf gestützt hat, dass der Vordermann die Tat „in unmittelbarem Anschluss" an den Abschluss der Einwirkung des Hintermannes ausführen sollte (a. a. O. S. 365). Auch die ebenso umstrittene[474] Entscheidung BGHSt **40** 257 zum Behandlungsabbruch verneint einen Versuchsbeginn nach Abschluss der Einwirkung durch den Hintermann, wenn der Tatmittler „nicht sofort, sondern erst nach einer gewissen Zeitspanne oder zu einem bestimmten späteren Zeitpunkt tätig werden soll" (a. a. O. S. 269). Auf diesen engen zeitlichen Zusammenhang als Voraussetzung für die vom BGH geforderte „unmittelbare Gefährdung" ist dann allerdings in den Fällen der Benutzung des arglosen *Opfers* als Werkzeug gegen sich selbst vermöge einer Spreng- oder Giftfalle verzichtet worden, sofern der Täter die Auslösung der Falle für *sicher* hielt,[475] während bei einer diesbezüglichen Ungewissheit des Täters der Versuchsbeginn davon abhängig sein soll, dass „sich das Opfer so in den *Wirkungskreis* des Tatmittels begibt, dass sein Verhalten bei ungestörtem Fortgang unmittelbar in die Tatbestandsverwirklichung münden kann".[476]

174 Diese Differenzierung ist jedoch doppelt angreifbar. Zum einen kann es, wie *Herzberg* zutreffend hervorgehoben hat,[477] nicht auf das reale Opferverhalten, sondern nur auf den Tatplan ankommen. Und zum anderen stehen dolus directus und dolus eventualis beim Versuch generell gleich, so dass konsequenterweise auch bei sicherer Überzeugung des Täters von der Wirksamkeit seiner Falle vor dem (von ihm für sicher erachteten) Auftauchen des Opfers kein Versuch bejaht werden dürfte, die Rechtsprechung mithin unheilbar widersprüchlich ist. Ferner kann die differenzierende Lösung der Rechtsprechung ebenso wie die Theorie der tatbestandsnahen Gefährdung für die von ihnen ja im Vergleich zur Gesamtlösung ebenfalls statuierte Vorverlagerung des Versuchsbeginns kein Legitimationsprinzip angeben – das allein von der Freisetzungstheorie geliefert wird: Ein Täter, der alles zur Erfolgsherbeiführung Erforderliche getan und den Kausalverlauf aus seinem Herrschaftsbereich entlassen hat, hat **a fortiori** im Sinne des § 22 „unmittelbar angesetzt", so dass es verfehlt ist, in einem solchen Fall zusätzlich die unmittelbare Gefährdung des Rechtsgutsobjekts zu verlangen, die nur in den Fällen einen Sinn macht, in denen der Täter den Kausalverlauf noch nicht freigesetzt hat. Die **richtige Lösung** hält deshalb allein die **Freisetzungstheorie** bereit.

## IV. Mittäterschaft

### 1. Allgemeine Grundlagen

175 **a) Gemeinschaftliche Begehung der Tat.** Mittäterschaft ist nach § 25 Abs. 2 gemeinschaftliche Begehung der Tat. Der Gesetzeswortlaut entspricht im Wesentlichen dem früheren § 47 mit dem ei-

---

**472** BGH a. a. O. S. 273; ähnlich *J. Meyer* ZStW **87** (1975) 608: „Wenn die ‚Ausführungshandlung' des Werkzeugs beginnt, oder ... wenn das Geschehen aus der Sicht des Hintermannes nunmehr völlig zwangsläufig abläuft." Vgl. ferner OLG München wistra **2006** 436 und NJW **2006** 3364 m. Bspr. *Bosch* JA **2007** 151 (der auf eine in dieser Entscheidung nicht erwähnte beachtliche abweichende Auffassung zum Versuchsbeginn beim Beweismittelbetrug hinweist) und *Kraatz* Jura **2007** 531 (534 f, abl.); *Sorgenfrei* wistra **2006** 370.

**473** Vgl. *Roxin* LK[11] Rdn. 152, der die Entscheidung für die Freisetzungstheorie in Anspruch nimmt, aber (wie o. im Text ausgeführt) zu Unrecht; ferner *Herzberg* JuS **1985** 1; *Kadel* GA **1983** 299; *Kühl* JuS **1983** 180; *Küper* JZ **1983** 361.

**474** Dazu wie zu der im Text dargestellten Judikatur insgesamt *Schöch* NStZ **1995** 153, 157; *Vogel* MDR **1995** 337.

**475** BGH NStZ **1998** 294, 295; **2001** 475, 476; BGH wistra **2000** 381; ebenso bereits RGSt **66** 141, 142; für den analogen Fall eines Nötigungsversuchs auch BGHSt **44** 34, 40 f.

**476** So in dem *Bärwurzfall* BGHSt **43** 177; dazu *Gössel* JR **1998** 293; *Kudlich* JuS **1998** 596; *Roxin* JZ **1998** 211; *Wolters* NJW **1998** 578; monografisch *Weddig*. Durchgreifende Kritik bei *Puppe* FS Dahs 176 f.

**477** *Herzberg* FS Roxin 762–763; *ders.* MK[1] § 22 Rdn. 146.

nen Unterschied, dass der Begriff des „Ausführens“ durch den des „Begehens“ ersetzt worden ist. Dieser Wechsel geht auf einen Vorschlag zurück, den die Sachbearbeiter des BMJ schon im Jahre 1955 mit den Worten begründet hatten:[478] „Der Ausdruck ‚begehen‘ ist dem Ausdruck ‚ausführen‘ vorgezogen worden, weil dieser auf die Eigenhändigkeit hindeutet.“ Eine sachliche Änderung ist damit freilich nicht verbunden. Denn auch der Begriff des „gemeinschaftlichen Ausführens“ ist nie in dem Sinne verstanden worden, dass jeder Mittäter die Tatbestandsmerkmale eigenhändig verwirklicht haben müsste. In einem solchen Falle wäre auch eine spezielle Vorschrift über die Mittäterschaft unnötig, weil dann jeder Mittäter ohnehin als unmittelbarer Einzeltäter bestraft werden könnte. Der Terminus des „Begehens“ hat also mehr den Sinn, für alle drei Erscheinungsformen der Täterschaft („selbst, durch einen anderen, gemeinschaftlich“) den Oberbegriff abzugeben. Der **Regelungsgehalt** des § 25 II besteht hierbei darin, dass sich die Mittäter ihre wechselseitigen Tatbeiträge je für sich „zurechnen“ lassen müssen, so als ob sie sie in eigener Person begangen hätten (zu den sachlichen Vorbehalten gegen die verbreitete Redeweise von gegenseitiger Zurechnung u. Rdn. 176 a. E.). Das gilt auch für den Umfang des Unrechts. Bei der Qualifikationsvoraussetzung der „nicht geringen Menge“ gemäß § 29a I Nr. 2 BtMG wird deshalb jedem Mittäter die gesamte Handelsmenge zugerechnet (BGH NStZ-RR **2003** 57). Äußerst umstritten ist, ob dies auch für die Kausalität gilt, ob also ein Beteiligter Mittäter sein kann, obwohl nicht sein eigener spezieller Tatbeitrag, sondern nur derjenige eines anderen Beteiligten für den Deliktserfolg ursächlich geworden ist (Problem der alternativen und additiven Mittäterschaft, dazu näher unten Rdn. 214). Diese sog. „wechselseitige Zurechnung“ gilt aber selbstverständlich nur für die Tathandlung, dagegen nicht für spezielle objektive oder subjektive Tätermerkmale, die jeder Täter in eigener Person verwirklichen muss. Siehe u. Rdn. 190 f und zur Abgrenzung im Einzelnen die Kommentierung zu § 28. In Wahrheit ist der verbreitete Ausdruck „gegenseitige Zurechnung“ irreführend, denn die Mittäterschaft ist und bleibt eine Verantwortung für das vom Täter Beherrschte, für sein eigenes Tun. Man kann aber die eigene Herrschaft dadurch erweitern, dass man mit anderen planmäßig-koordiniert zusammenhandelt, also durch „gemeinschaftliche Begehung“ i. S. v. § 25 Abs. 2.

**b) Gemeinsamer Tatplan und gemeinsame Ausführung.** Inhaltlich ruht die gemeinschaftliche Begehung auf zwei Säulen: dem gemeinsamen Tatplan und dessen gemeinsamer Durchführung. 176

**aa) Tatherrschaftslösung.** Eine Tat gemeinschaftlich begehen heißt für den Bereich der bei weitem im Vordergrund stehenden **Herrschaftsdelikte:** *gemeinsam* die *Tatherrschaft* ausüben (vgl. zur Tatherrschaft grundsätzlich Rdn. 9–12, 47 ff). Das Kriterium gemeinsamer Tatherrschaft ist regelmäßig das **arbeitsteilige Zusammenwirken im Ausführungsstadium** (zur abw. Ansicht der Rspr. vgl. Rdn. 203 ff; zum Sonderfall der Organisations-Mittäterschaft vgl. Rdn. 152, 195, 209). Jeder Mittäter muss bei der Tatbestandsverwirklichung eine Funktion ausüben, die für das Gelingen des Deliktsplanes wesentlich ist. Man kann deshalb im Gegensatz zur Handlungsherrschaft des unmittelbaren Täters (Rdn. 74) und zur Willensherrschaft des mittelbaren Täters (Rdn. 99 f) von der *funktionellen Tatherrschaft*[479] des Mittäters sprechen. Die Struktur der funktionellen Tatherrschaft lässt sich an Beispielen wie denen verdeutlichen, dass von zwei Bankräubern der eine die Angestellten mit der Pistole in Schach hält, während der andere die Kasse ausräumt, oder dass ein Angreifer das Opfer festhält, damit der andere es ungehindert

---

**478** Vorschläge und Bemerkungen der Sachbearbeiter des BMJ zum Thema „Täterschaft und Teilnahme“ in Niederschriften Bd. 2 (1958) 38 ff (40); ebenso das BMJ im Referat von *Schwalm* Niederschriften Bd. 2 S. 92; vgl. auch *Dreher* Prot. V. Wahlp. 91. Sitzung v. 14.12.**1967** S. 1825.

**479** Dazu eingehend *Roxin* TuT S. 275–305, 860 ff Rdn. 431 ff; ferner *ders.* JA **1979** 519–526; *ders.* AT II § 25 Rdn. 188 ff. Der Terminus wird aufgenommen bei *Eser* II Fall 37 Rdn. 24, Fall 39 Rdn. 6; *Geppert* Jura **2011** 30; *Greco* JRE **27** (2019) 371 f; *Gropp* AT § 10 Rdn. 168 ff; Sch/Schröder/*Heine*/*Weißer* Vor § 25 Rdn. 80; *Hoyer* SK Rdn. 13 f, 108;

verprügeln kann. Das Gelingen der Tat ist in solchen Fällen nur durch das Zusammenwirken beider möglich, so dass der Plan mit dem funktionsgerechten Beitrag des einzelnen steht oder fällt. Die Tatherrschaft des Mittäters beruht also darauf, dass er durch seinen Tatanteil **gleichzeitig die Gesamttat beherrscht**; der Ausfall des einzelnen bringt auch für die anderen den Plan zum Scheitern. Bei der Mittäterschaft findet also streng genommen keine gegenseitige Zurechnung statt; alle beherrschen alles, weshalb alle für alles zur Verantwortung gezogen werden können.[480] Der Ausdruck gegenseitige Zurechnung ist also eher metaphorisch und nicht buchstäblich zu verstehen. Die Mittäterschaft ist nicht erst eine strafrechtliche Schöpfung, sondern der Versuch, die soziale bzw. sachlogische Struktur der zwischenmenschlichen Kooperation strafrechtsdogmatisch zu verarbeiten. Zu der schwierigen Frage, ob man dabei auf den Tatplan ex ante oder auf eine Kausalbetrachtung ex post abzustellen hat, näher u. Rdn. 213.

177 **(1)** Demgegenüber wurde früher vom Standpunkt der **subjektiven Teilnahmetheorie** aus die Mittäterschaft vielfach als eine wechselseitige mittelbare Täterschaft erklärt (RGSt **58** 279; **63** 101; **66** 236, 240; **71** 23, 24).[481] Jeder Mittäter würde danach unabhängig von der Erheblichkeit des eigenen Beitrages die Tat durch den anderen begehen. Diese Auffassung ist jedoch schon deshalb abzulehnen, weil bei einer Mehrzahl voll verantwortlicher Mittäter keiner den anderen in der Hand hat, so dass auch keiner bloßes „Werkzeug" eines anderen ist (vgl. Rdn. 79 ff). Die Tatherrschaft des Mittäters gründet sich nicht auf die Beherrschung seines Komplizen, sondern darauf, dass er durch seinen eigenen Tatanteil das Geschehen mitträgt. Eine mittelbare Täterschaft ließe sich nur vom Standpunkt eines intern-subjektiven Täterbegriffs aus begründen, für den der Täterwille allein den Veranlasser zum mittelbaren Täter machen kann; diese Lehre ist jedoch unzutreffend (Rdn. 43 ff). Auch mit dem Wortlaut des neuen Gesetzes ist die Auffassung der Mittäterschaft als einer wechselseitigen mittelbaren Täterschaft schwerlich zu vereinbaren. Denn danach müsste § 25 Abs. 2 überflüssig sein, weil der Mittäter die Tat teils „selbst", teils „durch einen anderen" beginge und damit schon nach § 25 Abs. 1 als Täter strafbar wäre; auch muss der Gesetzgeber mit dem Begriff „gemeinschaftlich" in § 25 Abs. 2 etwas anderes gemeint haben als die mittelbare Täterschaft, die in § 25 Abs. 1 mit dem völlig abweichenden Begriff des „Begehens *durch* einen anderen" bezeichnet wird.

178 **(2)** Teilweise wird auch **bestritten,** dass die Mittäterschaft durch das Prinzip der **Tatherrschaft** überhaupt befriedigend erklärbar sei.[482] So meinte *Schröder,*[483] bei der Mittäterschaft habe jeder Beteiligte „die Tatherrschaft an sich nur für seinen Tatanteil", so dass es zur Begründung der Täterschaft des Rückgriffs auf den „Täterwillen" bedürfe. Diese Bedenken sind von seinem Schüler *Cramer*[484] wieder aufgenommen worden. Er folgert daraus, dass lediglich mit Hilfe von Tatherrschaftskriterien eine sichere Abgrenzung zwischen Täterschaft und Teilnahme nicht durchzuführen sei; vielmehr seien „subjektive Momente mit heranzuziehen".[485] Er verdeutlicht das an einem

*Jescheck/Weigend* § 63 III 1; *Kühl* AT § 20 Rdn. 99; *Köhler* AT S. 615; Lackner/Kühl/*Kühl* Rdn. 11; *Rudolphi* FS Bockelmann 369, 374; *Seelmann* JuS **1980** 574. Mit der noch zu nennenden Einschränkung auch *Herzberg* TuT § 5 I 1; *Jakobs* spricht „in Anlehnung an die Differenzierung von Roxin" von „Entscheidungsherrschaft" und „Gestaltungsherrschaft" (AT § 21 Rdn. 25 mit Anm. 86). Auch die Monographie von *Bloy* Zurechnungstypus S. 369 ff folgt ganz der von *Roxin* entwickelten Ansicht. Aus der Rspr. BGH BeckRS **2019** 3847 (Rdn. 24). **Abl.** *Freund/Rostalski* AT § 10 Rdn. 166.

**480** Sehr klar *Roxin* TuT S. 277, 287: „Der Mittäter wird ja nicht für das bestraft, was der andere getan hat, sondern um seiner eigenen Mitherrschaft willen."; besonders nachdrücklich auch *Valdágua* ZStW **98** (1986) 852 ff, 860; und *Schild* NK Rdn. 126: „Jeder der Mittäter ist selbst ‚Zentralgestalt'..."; ebenso *Greco* JRE **27** (2019) 371.

**481** Aus dem Schrifttum *Baumann/Weber/Mitsch*[11] § 29 Rdn. 77 (mit Einschränkungen); *Kohlrausch/Lange* Vor § 47 I 5c; *Lange* Der moderne Täterbegriff S. 55; *Sax* ZStW **69** (1957) 434 ff; Sch/Schröder/*Cramer* bis 19. Aufl. Rdn. 45.

**482** Zu der Verweisung auf den Besonderen Teil durch *Freund/Rostalski* § 10 Rdn 161 ff oder auf die Dringlichkeit der Verhaltensnormen durch *Stein* Beteiligungsformenlehre S. 319–331 durchschlagende Kritik bei *Roxin* LK[11] Rdn. 160 f; *ders.* AT II § 25 Rdn. 246ff, 259 ff.

**483** Noch in Sch/Schröder/*Cramer*[18] Vor §§ 25 ff Rdn. 66.

**484** FS Bockelmann 389 ff, 400 ff.

**485** Hier und im folgenden FS Bockelmann 403.

Beispiel: „Wer ... das Opfer festhält, damit ein anderer zustechen kann, muss nicht notwendigerweise Täter, sondern kann auch Gehilfe sein, sofern seinem Teilakt auf Grund seiner Einstellung lediglich untergeordnete Bedeutung gegenüber der Tätigkeit des anderen Beteiligten zuzumessen ist. Ist er jedoch in der Rolle des gleichberechtigten Partners zu sehen, so kommt Täterschaft in Betracht." Jedoch ist schon der Ansatz dieser Argumentation unrichtig: Wer das Opfer, das sonst davonlaufen würde, festhält, ist durch Beherrschung seines Tatanteils (den Akt des Festhaltens) gleichzeitig Mitbeherrscher des Gesamtgeschehens; denn ohne seine Mitwirkung wäre der Messerstich nicht möglich, würde die Ausführung also scheitern. Er ist folglich Mittäter, ohne dass es für eine „sichere Abgrenzung" subjektiver Kriterien bedürfte, die im Gegenteil nur die aus der Rechtsprechung bekannte Unsicherheit in die Abgrenzung hineintragen. Dagegen ist das Vorliegen einer funktionellen Tatherrschaft eindeutig.[486] Die notwendigen „subjektiven Elemente" sind deshalb keine Frage der Ausführung, sondern allein des gemeinsamen Tatplanes und insoweit freilich als Voraussetzung der Mittäterschaft unentbehrlich (näher u. Rdn. 195).

179 *Gimbernat*[487] und *Herzberg*[488] vertreten – unabhängig voneinander und mit Abweichungen im Einzelnen – die Auffassung, dass der Tatbeitrag des Mittäters, sofern dieser nicht die Tatbestandshandlung ausführe, nicht in demselben Sinne als tatbestandserfüllend angesehen werden könne wie der des unmittelbaren und des mittelbaren Täters; beide bezweifeln auch, dass der Begriff der Tatherrschaft auf ihn in allen Fällen anwendbar sei. Daran ist natürlich richtig, dass es sich anders als in den Fällen des § 25 Abs. 1 nicht um Allein-,[489] sondern um **Mitherrschaft** handelt und dass diese strukturell anders beschaffen ist als die Herrschaft des unmittelbaren und des mittelbaren Täters. Der Mittäter beherrscht auf eine dritte, spezifische Art und Weise, die nicht auf die zwei anderen zurückführbar ist, die ganze Tat. § 25 Abs. 2 ist nicht von konstitutiver, sondern von deklaratorischer Bedeutung. Erst die funktionelle Tatherrschaft macht den einzelnen über die bloße „Teilherrschaft" hinaus zum Mitherren der Gesamttat [490] und erfasst alle unter § 25 Abs. 2 zu subsumierenden Fälle. Hinter der Kritik steht die unausgesprochene Vorstellung, funktionelle Herrschaft müsse sich auf Handlungsherrschaft, Mittäterschaft auf Alleintäterschaft zurückführen lassen. Das ist aber eine unbegründete, quasi solipsistische petitio principii, die der Realität der zwischenmenschlichen Kooperation nicht gerecht wird.

180 Noch weiter in Richtung derartiger **Differenzierungstheorien** geht die Unterscheidung zwischen **positiver** und **negativer Tatherrschaft**, die in einer schwächeren, im Ergebnis folgenlosen Form von *Küper* sowie in einer starken, ergebnisrelevanten Form von *Diaz y García Conlledo* und *Luzón Peña* vertreten wird. *Küper*[491] „kombiniert den positiven Beitrag, der im eigenen Tun des Mittäters liegt, mit der negativen Tatherrschaft, die darin bestehen soll, dass der Mittäter den Gesamtplan zum Scheitern bringen kann. Wegen dieser positiven und negativen Bedeutung des eigenen Beitrages sei dem Mittäter auch der Beitrag des anderen zuzurechnen. Hier wird die „positive" und die „negative" Seite mittäterschaftlichen Handelns richtig gesehen, wenn auch zu sehr voneinander getrennt, weil die Möglichkeit des Scheiternlassens nur ein Aspekt der Wesentlichkeit des positiven Beitrages ist." (*Roxin* AT II § 25 Rdn. 257). Dass die Mitherrschaft wie eine Alleinherrschaft bestraft wird, ist eine nicht selbstverständliche, aber berechtigte Entscheidung des Gesetzgebers, weil die Herrschaft des Mittäters per Saldo diejenige des Alleintäters sogar übertrifft: durch das koordinierte Zusammenwirken mit anderen geht zwar Handlungsherrschaft verloren, was aber durch die funktionelle Tatherrschaft mehr als nur

486 Ausführliche Kritik an Cramer auch bei *Bloy* Zurechnungstypus S. 370 ff.
487 ZStW **80** (1968) 915ff (933 u. passim).
488 TuT § 5; *ders.* ZStW **99** (1987) 53 ff.
489 Abw. *Schilling* S. 74 (und passim), der die Mittäterschaft als „Spielart mehrfacher Einzeltäterschaft" ansieht, sich über deren Voraussetzungen aber nicht näher äußert.
490 In diesem Sinne auch *Welzel* ZStW **58** (1939) 549/50: „Ein jeder ist nicht bloß Täter eines Teils", und „Mittäterschaft ist nicht eine Sonderform der Alleintäterschaft"; vielmehr ist jeder „Mittäter am Ganzen". Zu den Spezialproblemen der additiven und alternativen Mittäterschaft u. Rdn. 214.
491 *Küper* Versuchsbeginn und Mittäterschaft S. 53 f, 60 f; *ders.* JZ **1979** 786.

ausgeglichen wird. Der Mittäterschaft liegt die Selbstverständlichkeit zugrunde, dass (nicht nur) kriminelle Zielsetzungen im koordinierten Zusammenwirken sich viel besser realisieren lassen als im Alleingang. Dieser Einwand greift auch gegenüber der Akzentuierung der genannten Unterscheidung bei *Diaz y García* und *Luzón Peña* durch, die die Mittäterschaft auf die positive Tatherrschaft beschränken wollen, wie sie etwa vorliege, wenn drei Täter dem Opfer drei Dolchstiche versetzen, die erst zusammen dessen Tod bewirken, während in obigem (Rdn. 178) Messerstecherfall das Festhalten des Opfers den Todeseintritt gar nicht bewirken könne, also die Tat – Tötung – nicht positiv bestimme (und darum der Festhaltende nicht „töte").[492] „Es wäre aber nach deutschem Recht nicht angemessen, dem Festhaltenden nur die mildere Gehilfenstrafe aufzuerlegen, obwohl er bei der Tatausführung einen gleichwertigen Tatbeitrag geleistet hat. Dieses Problem besteht im spanischen Recht nicht, weil dort der sog. Hauptgehilfe, der einen notwendigen Tatbeitrag leistet, mit derselben Strafe wie der Täter belegt werden kann (Art. 28 II b Código Penal)."[493] Die heutigen Kritiker der Tatherrschaft wenden wiederholt ein, der Mittäter beherrsche positiv nur den eigenen Beitrag; die negative Herrschaft, also die Fähigkeit, das Unternehmen scheitern zu lassen, habe so gut wie jeder Gehilfe auch.[494] Auch diese Differenzierungen sind nur aus der genannten „solipsistischen" Prämisse verständlich, die der Mittäterschaft nicht gerecht zu werden vermag.

181 **bb) Neuere Konzepte** die sich mit der funktionellen Tatherrschaft nicht anfreunden können, bemühen sich um alternative Begründungen für die Mittäterschaft.

**(1)** Eine Gruppe von Auffassungen sucht nach einer Antwort **im Subjektiven.** So sieht *Puppe*[495] als Konsequenz ihres speziellen Verständnisses der Anstiftung als einer „Unrechtsvereinbarung mit einem für den Täter verpflichtenden Charakter" in der Mittäterschaft eine **gegenseitige Anstiftung.** Aber damit wird für die Anstiftung zuviel verlangt,[496] hingegen für die Mittäterschaft zu wenig, die vom Gesetz nun einmal nicht als Sonderform der Anstiftung verstanden, sondern in erster Linie durch die darüber hinausgehende „gemeinschaftlichen Begehung" definiert wird. Vor allem: Dass die Mittäter einander gegenseitig anstiften, begründet keine wechselseitige Täterschaft, sondern *wechselseitige Teilnahme.*[497] Ähnlich wirkt das von *Heinrich* als Angelpunkt propagierte Kriterium des **Entscheidungsverbundes,**[498] als dessen „unmittelbare Umsetzung das Geschehen anzusprechen sei", weil die einzelnen Mittäter dadurch zu einer „imaginären Gesamtperson" zusammengeschlossen würden, für die es nicht darauf ankomme, „wer von den einzelnen Trägern des gemeinsamen Tatentschlusses welchen bzw. einen wie umfangreichen Teil der Ausführung, ja sogar, ob er selbst überhaupt einen derartigen Umsetzungsakt vornimmt". Aber weil das Gesetz unmissverständlich eine „gemeinschaftliche Begehung" verlangt, verstößt jede dieses Erfordernis eliminierende Konzeption gegen den

---

492 *Diaz y García* La Autoría S. 651 ff (675 ff); *Luzón Peña* und *Diaz y García* FS Roxin I, 575, 592–598; zust. *Rodriguez Montañés* FS Roxin 307, 322.

493 *Roxin* AT II § 25 Rdn. 256. Für eine Mittäterschaft des Hauptgehilfen in diesem Fall dagegen z. B. *Cerezo Mir* FS Roxin I 549 ff.

494 So *Seelmann* JuS 1980 574; *Kindhäuser* FS Hollerbach 632; *Haas* ZStW **119** (2007) 533 f; *ders.* Tatherrschaft S. 38; *ders.* JR **2014** 109; *ders.* StudZR **2015** 304; *ders.* MR Vor § 25 Rdn. 13; *Seher* JuS **2009** 5; *Mylonopoulos* GA **2011** 473 f; *Renzikowski* JuS **2013** 485; Maurach/Gössel/Zipf/*Renzikowski* § 49 Rdn. 15.

495 *Puppe* FS Spinellis 917 ff; *dies.* ZIS **2007** 235 f; *dies.* GA **2013** 522. Ähnl., aber stärker empirisch-psychologisierend, ist *Steckermeiers* Tatentschluss S. 66 ff, 69, 152 ff. Begründung einer „verlängerten Tatherrschaft" des Mittäters, die aus einer eine innere Bindung erzeugenden wechselseitigen Einflussnahme entstehe.

496 Vgl. *Roxin* AT II § 26 Rdn. 73, 88 f; *Schünemann/Greco* LK § 26 Rdn. 10 ff.

497 Ebenso *Haas* ZStW **119** (2007) 534 Fn. 53; *Seher* JuS **2009** 4; *Renzikowski* JuS **2013** 485. Von Puppe wird der Punkt auch nicht bestritten, GA **2013** 522: „Die Tatbeiträge ihrer Komplizen werden ihnen aus genau dem gleichen Grund und in genau dem gleichen Sinn zugerechnet wie dem Anstifter die Tat des Täters, also nicht ‚wie eigenes Handeln'." S.a. *Jakobs* FS Puppe 548: Puppe mache die Mittäterschaft zu einer „Art Täterschaft zweiter Klasse".

498 *Heinrich* Entscheidungsträgerschaft S. 285 ff.

nullum-crimen-Grundsatz und ist deshalb de lege lata nicht vertretbar.[499] Neuerdings verlangt *Kreuzberg*[500] die Herstellung einer „**Wir-Intentionalität**", worin aber nicht mehr als eine halbwegs anschauliche Metapher liegt.

182 **(2)** Andere wollen, womöglich unter dem Eindruck der verbreiteten Redeweise der Mittäterschaft als einer gegenseitigen Zurechnung, an das **Zivilrecht** anknüpfen. So schlägt *Kindhäuser*[501] vor, Mittäterschaft als gegenseitige Repräsentation zu rekonstruieren. Ähnliche Gedanken vertritt *Haas*,[502] der die Mittäterschaft als wechselseitiges Mandat deutet, was von *Renzikowski*[503] zur „Vertragstheorie der Mittäterschaft" ausgebaut wird (und um die Figur der persona moralis ergänzt wird, s. u. Rdn. 183]). So schreibt letzterer: „Jeder einzelne Mittäter repräsentiert das gemeinsame Handlungsprojekt".[504] Die angebrachte Kritik wurde schon im Rahmen der kursorischen Auseinandersetzung mit *Haas* entfaltet, worauf wir verweisen (o. Rdn. 16). Auf den Kern reduziert: Repräsentation ist nur in einer Normenordnung am Platze, in der kein Schuldprinzip, als Prinzip höchstpersönlicher Verantwortung, existiert.[505] Der Fehler liegt in der Fragestellung selbst, also in der Bemühung, § 25 II als konstitutive Zurechnungsnorm bzw. als Begründung einer Verantwortung für fremdes Verhalten zu deuten.

183 **(3)** Der dritte, sich zunehmender Beliebtheit erfreuende neuere Weg ist die Postulierung eines **kollektiven Subjekts**: Die Mittäter konstituieren demnach ein „Unrechtssystem",[506] eine kollektive Sinneinheit,[507] eine Kollektivperson,[508] ein „multipersonales Subjekt"[509] oder eine persona moralis,[510] dem bzw. der alles, was die konstituierenden Glieder tun, zugerechnet werden könne. Die Idee eines kollektiven Subjekts könnte aber allenfalls dann überzeugen, wenn es allein um die Bestrafung eben dieses Kollektivs ginge.[511] Die Begründung der Verantwortung jedes Mitglieds für das Ganze bleibt auch nach der Beschwörung einer über diesen Individuen stehenden anderen Person genauso unbeantwortet wie davor.[512]

184 **cc) Garantensonderdelikte.** Bei Garantensonderdelikten (Rdn. 56) gilt in Konsequenz ihres abweichenden Täterbegriffs auch für die Mittäterschaft etwas anderes. Weil bei ihnen die *Herrschaft über den Grund des Erfolges* bereits aus der im Tatbestand näher bezeichneten Garanten-

---

499 Zur **Kritik** näher *Roxin* AT II § 25 Rdn. 263 f.

500 *Kreuzberg* S. 498 f, 504 ff.

501 *Kindhäuser* FS Hollerbach 645; *ders.* GS Tröndle 307 f, 309; *ders./Zimmermann* AT § 40 Rn. 2.

502 Nachw. o. Fn. 51.

503 Maurach/Gössel/Zipf/*Renzikowski* § 49 Rn. 9 ff; *ders.* JuS **2013** 485 ff. In *Renzikowski* Täterbegriff S. 101 war noch nur von Zurechnung an mehrere Personen als ein Kollektiv die Rede. Hingegen besteht *Haas* Tatherrschaft S. 114, und *Haas* MR Rdn. 64 darauf, dass nach seinem Ansatz die Verantwortung des einzelnen Mittäters „kein Derivat kollektiver Verantwortung" sei.

504 Maurach/Gössel/Zipf/*Renzikowski* § 49 Rn. 11.

505 Übereinstimmend *Puppe* GA **2013** 522: „zivilrechtliche haftungsbegründende Institutionen können nicht ohne weiteres auf das Strafrecht übertragen werden, wo es um höchstpersönliche Verantwortung geht.".

506 *Lampe* ZStW **106** (1994), 688 ff.

507 *Lesch* Beihilfe S. 122 f; *ders.* ZStW **105** (1993), 274 ff; *ders.* JA **2000** 76 f; *Jakobs* FS Miyazawa 421: „Tat eines Kollektivs"; *ders.* FS Lampe 561 ff. (in späteren Arbeiten ist das Kollektivsubjekt wohl eher in den Hintergrund geraten, vgl. *ders.* FS Puppe 547 ff; *ders.* Beteiligung S. 44).

508 *Joerden* Strukturen des strafrechtlichen Verantwortlichkeitsbegriffs (1988) S. 79.

509 *Mylonopoulos* GA **2011** 464 f.

510 *Renzikowski* JuS **2013** 485; Maurach/Gössel/Zipf/*Renzikowski* § 49 Rdn. 9 ff.

511 Ähnl. Kritik bei *Dencker* Kausalität S. 123 f. (dessen eigenes „Haftungsprinzip Gesamttat", S. 142 ff, für vergleichbare Einwände anfällig ist; Versuch einer Replik bei *Frister* FS Dencker 119 ff. [123 ff.]); *Kindhäuser* FS Hollerbach 630 f. Maurach/Gössel/Zipf/*Renzikowski* § 49 Rn. 12; *ders.* JuS **2013** 485, meint, seine Lehre von der „persona moralis" könne diesen Einwand entkräften. Uns ist nicht ersichtlich, wie – ganz abgesehen davon, dass nicht einmal das Konzept eines Gesamtsubjekts in einem Strafrecht, das die Idee der höchstpersönlichen Verantwortung ernst nimmt, begründbar ist (näher *Greco* GA **2015** 508; *Schünemann* ZIS **2014** 1 ff).

512 Zutreffend *Böhringer* Mittäterschaft S. 224 f, 254 f. m. w. N.

stellung erwächst, ist deren Inhaber (der *intraneus*) bei jeglichem Tun oder (unechten) Unterlassen eo ipso als Täter verantwortlich, während der *extraneus* nur Teilnehmer sein kann, selbst wenn er die Tatherrschaft i. e. S. (mit)innehat. Veruntreuen also zwei im Sinne des § 266 Vermögensfürsorgepflichtige das ihnen anvertraute Geld, sind sie auch dann Mittäter, wenn nur der eine die faktische Handlung ausübt und die alleinige Tatherrschaft innehat, während der andere sich auf einen eher geringfügigen äußeren Beitrag beschränkt. Da allein schon die Verletzung der Garantenpflicht die Täterschaft durch Unterlassen begründet, kann deren Kumulation mit einem (sei es auch nach Tatherrschaftskriterien nur Beihilfe begründenden) aktiven Tatbeitrag nur als **Mittäterschaft** (ein gemeinsamer Tatplan vorausgesetzt) angemessen erfasst werden.[513] Umgekehrt kann der extraneus, der mit einem Postbeamten gemeinsam Postsendungen unterdrückt (§ 354), trotz Innehabung der Mitherrschaft immer nur Gehilfe sein. Entsprechend kann Mittäter nach § 332 auch ein Beamter nicht sein, wenn er nicht seine Pflicht in der Weise verletzt, dass er für sich Vorteile fordert, sich versprechen lässt oder annimmt (BGHSt **14** 123); Mittäter einer Unfallflucht kann nur sein, wer selbst als Unfallverursacher warte- und duldungspflichtig ist (BGHSt **15** 1) usw.

**185** Anders soll es aber nach der h. M. sein, wenn der **Tatbestand eine bestimmte Handlung** des intraneus **umschreibt.** Dann soll für die Mittäterschaft neben der Pflichtverletzung noch die Tatherrschaft erforderlich sein. „Stehen ... mehrere Beteiligte in der gleichen Pflicht, kommt es wiederum allein auf die Tatherrschaft an".[514] Das verdient aber keinen Beifall. Wenn bei gemeinsamer Dienstausübung ein Polizist einen anderen zu einer Körperverletzung im Amt auffordert, könnte er danach nur Anstifter zum Delikt des § 340 sein. Da der Tatbestand jedoch ausdrücklich als Täter auch den nennt, der eine Körperverletzung „begehen lässt" (worunter sogar das bloße Unterlassen fällt), ist die Gegenmeinung schon mit dem Gesetzeswortlaut nicht zu vereinbaren. Freilich wird das „Begehenlassen" nicht im Tatbestand aller Garantensonderdelikte besonders erwähnt; es fehlt z. B. – wohl nur aus stilistischen Gründen – im verwandten Tatbestand der Aussageerpressung (§ 343). Aber es wäre teleologisch widersprüchlich, etwa nur eine Anstiftung zu § 343 anzunehmen, wenn ein Polizist im Rahmen seiner Amtstätigkeit einen Kollegen auffordert, einen Dritten zum Zwecke einer Aussageerpressung körperlich zu misshandeln.

**186** Da die **Gemeinsamkeit des garantenpflichtwidrigen Tuns oder Unterlassens** die Mittäterschaft begründet, kann auch der Tatbeitrag des einen Mittäters in einem **Tun** und der des anderen in einem bloßen **Unterlassen** bestehen. Wenn also zwei Aufsichtsbeamte dem Gefangenen vereinbarungsgemäß dadurch die Flucht ermöglichen, dass der eine ihm den Schlüssel zur Öffnung der Zellentür überreicht (aktives Tun), während der andere entgegen seiner Pflicht die Außenpforte unverschlossen lässt (Unterlassen), so sind sie Mittäter einer qualifizierten Gefangenenbefreiung (§ 120 Abs. 2). Denn sie erfüllen denselben Tatbestand und verstoßen gegen eine aus ihrer Herrschaftsposition fließende, gemeinsame Aufsichtspflicht, deren Verletzung sie ohne Rücksicht auf die Art des äußeren Verhaltens zu Tätern macht. Ebenso ist auch eine Mittäterschaft durch einverständliches Unterlassen möglich (RGSt **66** 71, 74).

**187** Wegen der Gemeinsamkeit von Tatherrschaft und Garantenherrschaft im genus proximum der *Herrschaft über den Grund des Erfolges* ist Mittäterschaft **auch in der Form** möglich, dass der **Begehungstäter** eines Herrschaftsdelikts **und ein Unterlassender** als Garant Mittäter einer Straftat sein könnten (so BGH NJW **1966** 1763: die Gastwirtin, die Körperverletzungen in ihrer Wirtschaft duldet, als Mittäterin durch Unterlassen; BGHR StGB § 13 Abs. 1 Unterlassen 2, wobei hier jedoch die Annahme einer Garantenstellung zweifelhaft war, s. u. Rdn. 230; grds. **abw.** *Roxin* LK[11] Rdn. 165). Wenn also der Badewärter vereinbarungsgemäß ungerührt zusieht, wie jemand einen Nichtschwimmer ins tiefe Wasser stößt und das Opfer ertrinken lässt, so sind beide

**513** Die Rspr. ist schwankend, s. einerseits BGHSt **9** 203 (217 f), andererseits BGH NJW **2016** 2585 (Rdn. 140) – Nürburgring –, in BGHSt **61** 48 nicht abgedr., beide zu § 266. Der Befund ist damit ähnlich wie bei der Organisations-Mittäterschaft, s. o. Rdn. 152.

**514** *Jescheck/Weigend* § 62 I 1 unter Anm. 1.

Mittäter eines Tötungsdelikts. Angesichts der beiderseitigen Täterschaft handelt es sich jedoch mehr um ein konstruktives als um ein praktisches Problem.

Welche Delikte im Einzelnen zu den Garantensonderdelikten gehören, ist durch **Auslegung der Einzeltatbestände** näher zu bestimmen; die Frage gehört also in den Besonderen Teil. Hier sei nur darauf hingewiesen, dass die Rechtsprechung den Tatbestand der *Steuerhinterziehung durch Begehung* (§ 370 Abs. 1 Nr. 1 AO) nicht als Sonderdelikt auffasst, eine Mittäterschaft dessen, der selbst weder Steuerschuldner noch sonst Steuerpflichtiger in Bezug auf die hinterzogenen Steuern ist, also ohne weiteres für möglich hält (BGHSt **4** 36 [39 f]; **31** 323 [347]; **38** 37 [41]; **51** 356 [359 Rdn. 17]; BGH NJW **2003** 2924; NStZ-RR **2007** 345; BGHSt **58** 218[515] [225 Rdn. 42, 229 ff. Rdn. 56 ff.]; BGH NStZ **1986** 463; wistra **2007** 112 [113 f.]; wistra **2015** 188 [Rdn. 34]; NStZ **2017** 356 [Rdn. 35]). Der Wortlaut des Gesetzes lässt eine solche Deutung zu.[516] 188

**dd) Eigenhändige Delikte. Auch** bei eigenhändigen Delikten (Rdn. 63 ff) ist schon per definitionem keine uneigenhändige Mittäterschaft möglich. Wer also einen Verwandtenbeischlaf (§ 173) in noch so mitbeherrschender Form ins Werk setzt, kann gleichwohl nur Gehilfe sein, wenn er nicht selbst als Verwandter in tatbestandsmäßiger Form den Beischlaf vollzieht. Erst recht ist bei den wichtigsten Untergruppen der *unsubstituierbaren Herrschaftsposition* und der *Beeinträchtigung der eigenen Leistungsfähigkeit* (o. Rdn. 69 f) eine Mittäterschaft schon per definitionem ausgeschlossen. 189

**c) Mittäterschaft bei besonderen Tätermerkmalen.** Die Mittäterschaft setzt wie alle übrigen Erscheinungsformen der Täterschaft auch das Vorliegen anderer, namentlich **subjektiver Tätermerkmale** bei jedem einzelnen Mittäter voraus. Wenn daher ein Tatbestand strafbegründende Absichten, Gesinnungen, Tendenzen usw. fordert, deren Vorliegen an weitere Voraussetzungen als die Innehabung der Tatherrschaft gebunden ist, so müssen diese Merkmale bei jedem Mittäter vorliegen. Die Einzelheiten gehören in den Besonderen Teil. Doch sei darauf hingewiesen, dass solche Fälle seit dem 6. StrRG selten geworden sind, weil bei den Eigentumsdelikten nunmehr auch die Drittzueignungsabsicht ausreicht, so dass der Mitinhaber der Tatherrschaft bei Begehung eines Diebstahls ohne weiteres auch Mittäter ist, während die von BGHSt **2** 317 früher als Tätermerkmal qualifizierte Gewahrsamsinnehabung bei der Unterschlagung[517] vom Gesetz nicht mehr gefordert wird. Wenn ein besonderes subjektives Tätermerkmal implizit in der Beschreibung der Tathandlung enthalten ist wie beim *Sichverschaffen* in § 146 I Nr. 2 der Wille zu eigenständiger Verfügung (oben Rdn 142) oder eigennützige Beweggründe wie beim *Handeltreiben* gem. § 29 I Nr. 1 BtMG (BGH StraFo **2003** 145), so muss der Mittäter selbstverständlich auch diese Voraussetzung erfüllen (BGH wistra **2003** 229). Der Mittäter am Diebstahl bzw. Raub muss also in eigener Person die Zueignungsabsicht (auch der Drittzueignung) aufweisen (BGH NStZ **1994** 29 [30]; **2011** 699 [Rdn. 20]; StraFo **2011** 408; NStZ **2012** 508), der Mittäter an der räuberischen Erpressung mit Bereicherungsabsicht handeln (BGH NStZ **2019** 511 [513 Rdn. 66]), der Mittäter am Völkermord (§ 6 VStGB) mit der gehörigen Zerstörungsabsicht (BGH JZ **2016** 103 [105 Rdn. 13][518]), der Mittäter am Mord mit niedrigen Beweggründen muss diese selbst aufweisen (BGH NStZ-RR **2014** 203). Für den räuberischen Diebstahl (§ 252), bei dem die 1998 vorgenommene allgemeine Erweiterung der Absicht der Zueignungsdelikte auf Drittzueignungen vergessen wurde, könnte das zu misslichen Folgen führen, die jedoch hinge- 190

---

**515** M. Bspr. *Höll* wistra **2013** 455.

**516** Das Erg. aber mit beachtlichen Argumenten **abl.** *Höll* wistra **2013** 458.

**517** Dagegen schon nach altem Recht *Roxin* TuT S. 349 f, 386 f.

**518** M. Bspr. *Burghardt* ebda.

nommen werden müssen. Wenn ein Mitwirkender verabredungsgemäß qualifizierte Nötigungsmittel anwendet, nicht aber in der Absicht, den eigenen, sondern den fremden Besitz an der Diebesbeute zu erhalten,[519] kann von einer mittäterschaftlichen Verwirklichung von § 252 nicht die Rede sein.[520]

191 **d) Teilweise Mittäterschaft.** Da die Täterschaft tatbestandsbezogen ist, gibt es auch eine teilweise Mittäterschaft in der Form, dass hinsichtlich eines Tatbestandes Mittäterschaft besteht, hinsichtlich eines anderen aber nicht. Es können also A und B Mittäter eines Hausfriedensbruches sein, obwohl A bei den anschließend im Hause begangenen Delikten (etwa einem Einbruchsdiebstahl) nur Gehilfe ist. Das hat vor allem auch für das Zusammentreffen von Herrschafts- und Garantensonderdelikten Bedeutung: Wenn ein Amtsträger gemeinsam mit einem Privatmann während der Ausübung seines Dienstes eine Körperverletzung begeht, so sind beide Mittäter nach § 223, während unter dem Gesichtspunkte des § 340 nur der Beamte Täter und der Privatmann Gehilfe ist. Ferner ist eine Mittäterschaft in der Weise möglich, dass der eine nur den Grundtatbestand (etwa § 212) und der andere außerdem einen qualifizierten (z. B. § 211; RG DR **1944** 148 f; BGHSt **36** 231 [233 ff.]; BGH NStZ-RR **2014** 203) oder privilegierten Tatbestand (z. B. § 217 a. F.: RGSt **72** 373, 375) erfüllt. Wenn BGHSt **6** 329, 330 im Verhältnis von Mord und Totschlag keine Mittäterschaft zulassen will, so beruht das auf der irrigen Prämisse, dass die §§ 211, 212 selbständige, voneinander unabhängige Tatbestände seien. Beide Beteiligten wären richtigerweise als Mittäter, wenn auch aus verschiedenen Strafrahmen, zu bestrafen. BGHSt **36** 231[521] hat sich jetzt der Meinung angeschlossen, dass Mord und Totschlag in Mittäterschaft begangen werden können, die Frage, ob der Mord eine Qualifikation des Totschlages oder ein gegenüber diesem selbständiges Delikt sei, aber offen gelassen. Entgegen BGHSt **6** 330 meint BGHSt **36** 233 ff, dass auch zwischen selbständigen Tatbeständen Mittäterschaft bestehen könne. Das ist im Verhältnis der §§ 211, 212 zueinander dann zutreffend, wenn man zwischen diesen Tatbeständen kein Exklusivitätsverhältnis annimmt, sondern wie der BGH davon ausgeht, dass jeder Mord auch den Tatbestand des Totschlages erfüllt und diesen nur im Wege der Gesetzeskonkurrenz verdrängt; denn in diesem Fall kann der gemeinsam erfüllte Tatbestand die Mittäterschaft herstellen, während die Mordmerkmale nur demjenigen zuzurechnen sind, bei dem sie vorliegen. So ist auch der Raub gegenüber dem Diebstahl ein eigenständiges Delikt; trotzdem kann Mittäterschaft hinsichtlich des Diebstahls bestehen, wenn die Tatbestandsmerkmale des Raubes nur bei einem der Mittäter erfüllt sind (RGSt **12** 10). Entsprechend ist Mittäterschaft zwischen Raub und Nötigung (BGH GA **1968** 121) und auch zwischen Körperverletzung und Tötung (RGSt **44** 323) möglich. Erst recht wird im Rahmen desselben Tatbestandes eine Mittäterschaft nicht durch die unterschiedliche **Motivation** der Beteiligten ausgeschlossen; so liegt eine Mittäterschaft beim Betrug auch dann vor, wenn der eine Mittäter sich selbst, der zweite aber den anderen bereichern will (RGSt **59** 104, 107). Ebenso ist bei **zweiaktigen Tatbeständen** eine Mittäterschaft in der Weise möglich, dass z. B. ein Mittäter die Urkunde fälscht, der andere von ihr Gebrauch macht (RGSt **59** 79, 81). Zur Mittäterschaft von *Primär-* und *Sekundärinsider* am Delikt des § 38 i. V. m. § 14 Abs. 1 Nr. 1, Abs. 2 WpHG a. F. LG Stuttgart wistra **2003** 153, 158.

192 **e) Mittäterschaft mit einem schuldlos Handelnden.** Eine Mittäterschaft ist auch mit einem schuldlos Handelnden **möglich**, etwa bei Geisteskrankheit (z. T. abw. RGSt **63** 101, 104), jugend-

**519** So der Sachverhalt aus BGH StV **1991** 349, auf dessen Grundlage *Rengier* FS Puppe 849 ff. seine Überlegungen entwickelt.

**520** **And.** *Rengier* FS Puppe 851; wie hier *Dehne-Niemann* JuS **2008** 591.

**521** Anm. *Beulke* NStZ **1990** 278; *Timpe* JZ **1990** 98; *Küpper* JuS **1991** 639; ebenso BGH JZ **2006** 629 m. Anm. *Küper* JZ **2006** 608, 611 f.

lichem Alter (dazu RGSt **19** 192, 193 f) oder Verbotsirrtum eines Beteiligten.[522] Freilich liegt im Hinblick auf den Tatbeitrag des Entschuldigten eine mittelbare Täterschaft vor, soweit sie nach allgemeinen Regeln bei der Benutzung Entschuldigter begründet ist. Aber der eigene Tatbeitrag des nicht Entschuldigten kann im Zusammenhang mit dem Handeln des anderen seine Mittäterschaft begründen, da die fehlende Schuld des Partners nach § 29 insoweit eine Mittäterschaft nicht hindert. Wenn also jemand mit einem Geisteskranken zusammen einen Mord in der Weise begeht, dass er das Opfer festhält, während der Schuldunfähige es ersticht, so begründet der Stich eine mittelbare Täterschaft und das eigene Festhalten eine Mittäterschaft des verantwortlich Handelnden.

**f) Mittäterschaftliche Teilnahme.** Eine Mittäterschaft kann sich nicht nur auf die Verwirkli- 193
chung von Tatbeständen des Besonderen Teils beziehen, sondern auch hinsichtlich der gesetzlichen Teilnahmeformen vorliegen.[523] Eine in Mittäterschaft begangene Anstiftung (RGSt **13** 121, 123; **53** 189, 190; **71** 23, 24f) ist also ebenso wie eine durch arbeitsteiliges Zusammenwirken geleistete Beihilfehandlung möglich. Der einzelne wird dann als Mittäter nach den Regeln der Anstiftung oder Beihilfe bestraft, auch wenn seine eigene Handlung für sich genommen die Voraussetzungen der gesetzlichen Teilnahmeform nicht erfüllen würde (näher hierzu *Schünemann/Greco* LK § 26 Rdn. 100 f und § 27 Rdn. 80).

**g) Quasi-mittäterschaftliche Selbstverletzungshandlungen.** Ein Sonderproblem bildet 194
die im Allgemeinen Teil kaum erörterte Quasi-Mittäterschaft zwischen einem Sterbewilligen und seinem im Ausführungsstadium mitwirkenden „Komplizen", dessen Beihilfe zum Selbstmord straflos, dessen in Alleintäterschaft begangene Tötung auf Verlangen aber gem. § 216 strafbar wäre. Während eine Mindermeinung auch die Quasi-Mittäterschaft für eine Verantwortlichkeit gemäß § 216 ausreichen lassen will,[524] verneint die h. M. die wechselseitige Zurechenbarkeit der beiderseitigen Beiträge gerade wegen der Tatbestandslosigkeit der Handlungen des Sterbewilligen und subsumiert das Verhalten des Anderen nur dann unter § 216, wenn er das Geschehen in höherem Maße beherrscht als der Sterbewillige, wobei entscheidend auf die Tatherrschaft über den unmittelbar lebensbeendenden Akt abgestellt wird.[525] Freilich ist auch innerhalb dieser Auffassung umstritten, ob die alleinige Herrschaft über rettende *Gegenmaßnahmen* seitens des Sterbewilligen zum Ausschluss des § 216 führt,[526] und eine neuere, noch restriktivere Auffassung will die Abgrenzung nach psychologischen und deshalb forensisch schwer reproduzierbaren Kriterien vornehmen.[527] Letztlich geht es hier um ein Sonderproblem des § 216, zu dessen Lösung aus der Perspektive des Allgemeinen Teils lediglich die negative Aussage beigetragen werden kann, dass die in § 25 Abs. 2 angeordnete wechselseitige Zurechnung der Tatbeiträge die wechselseitige Strafbarkeit voraussetzt und deshalb keine Regeln für die Quasi-Mittäterschaft enthält.

---

**522** Abl. *Schild* NK Rdn. 128.

**523** Wie hier *Jescheck/Weigend* § 64 II 2a; Lackner/Kühl/*Kühl* § 26 Rdn. 8; *Stratenwerth/Kuhlen* AT § 12 Rdn. 223.

**524** *Schneider* MK § 216 Rdn. 48 f; früher *Herzberg* JA **1985** 137; *ders.* ZStW **91** (1979) 572 ff.

**525** *Roxin* TuT S. 568 ff; *ders.* NStZ **1987** 347 f; *ders.* FS GA, S. 177 f; *Neumann* JA **1987** 245, 249; *ders.* NK Vor § 211 Rdn. 48, 53 ff, § 216 Rdn. 5 f; ebenso Lackner/Kühl/*Kühl* § 216 Rdn. 3; *Ingelfinger* Grundlagen und Grenzbereiche des Tötungsverbots (2004) 230 f; alle mit weit. Nachw. Beachtliche Kritik bei *Schroeder* ZStW **106** (1994) 565 ff.

**526** Bejahend *Roxin* FS GA 185; ähnl. *Ziethen* ZIS **2007** 372; dagegen *Neumann* NK Vor § 211 Rdn. 56 ff; *Sowada* FS Merkel 1112 f.

**527** Nachweise bei *Neumann* NK Vor § 211 Rdn. 58.

## 2. Der gemeinsame Tatplan

### a) Einzelheiten

195 **aa) Anforderungen.** Das Kriterium des **gemeinsamen** Tatplanes oder **Tatentschlusses** als subjektive Voraussetzung der Mittäterschaft[528] ist nicht nur vom Standpunkt der subjektiven Teilnahmetheorie, sondern auch von dem der Tatherrschaftslehre aus als prinzipiell notwendig anzuerkennen. Denn das die funktionelle Tatherrschaft begründende arbeitsteilige Zusammenwirken erfordert einen übergreifenden Gesamtplan, aus dem sich die „Funktion" des einzelnen Beitrages erst ergibt. Auch die Rspr. hat an der Notwendigkeit eines Tatplans immer festgehalten.[529] Noch im Jahre 1997 hat der BGH[530] ausgesprochen: „Mittäterschaft ist nicht schon im Falle des einseitigen Einverständnisses gegeben; notwendig ist vielmehr, dass ... alle im bewussten und gewollten Zusammenwirken handeln..." Freilich genügt es, dass der einzelne Mittäter bei der Ausführung in Übereinstimmung mit dem oder den anderen im Sinne des Planes handelt und ihn dadurch zu einem gemeinsamen macht (BGH GA **1985** 233; OLG Köln JR **1980** 422 m. Anm. *Beulke*). Eine Mitwirkung bei der Entstehung des Planes ist nicht nötig.[531] Auch besteht Einigkeit darüber, dass die Mittäterschaft „nicht einer vorherigen Verabredung bedarf. Nicht einmal eine stillschweigende, der Verübung der strafbaren Handlung *vorausgehende* Einigung ist erforderlich; wohl aber ein, wenn auch erst während der Tat entstandenes Einverständnis" (RGSt **8** 42, 43; in diesem Sinne auch OGHSt **2** 355; BGH GA **1969** 214; BGH bei Dallinger MDR **1971** 545; BGH NStE Nr. 4). Eine stillschweigende, durch schlüssiges Handeln bekundete Willensübereinstimmung bei der Ausführung reicht danach aus (RGSt **49** 239, 241; **54** 271, 272; BGH NStZ **1985** 70; BGH bei Holtz MDR **1987** 281; BGHSt **37** 292; BGHR StGB § 249 Abs. 1 Gewalt 8; BGH NJW **1991** 1068; NStZ-RR **2009** 199; NStZ-RR **2011** 200; NStZ **2013** 462; BGHSt **60** 1 [8 f. Rdn. 28]; NStZ **2016** 611 [Rdn. 17]; NStZ-RR **2016** 136 [137]; NStZ **2020** 602 [Rdn. 11, 15]). Mit Recht verlangt *Puppe*,[532] auch die konkludente Tatverabredung müsse „ein Kommunikationsvorgang sein, nur dass sich die Beteiligten dabei nicht der Worte der Umgangssprache bedienen, sondern anderer Zeichen, um ihre Übereinstimmung herzustellen und zum Ausdruck zu bringen". Fehlhandlungen und grobe Unvorsichtigkeiten betrunkener Täter legen deshalb die Annahme nahe, dass sie nicht von einem gemeinsamen Tatentschluss getragen sind (BGH NStE Nr. 6). Nicht nötig ist hierbei, dass der eine Mittäter die von dem anderen ausgesandten und von ihm als solche erkannten und akzeptierten Signale wieder zurückmeldet, sofern nur der andere seinen Tatbeitrag in Erwartung der Akzeptanz leistet. Mittäterschaft ist deshalb selbst dann möglich, wenn die einzelnen Mitwirkenden sich nicht kennen, „sofern sich nur jeder bewusst ist, dass neben ihm noch ein anderer oder andere mitwirken und diese von dem gleichen Bewusstsein erfüllt sind" (RGSt **58** 279; vgl. auch BGH GA **1973** 185; NStZ **2010** 342 [Rdn. 14]; NStZ-RR **2016** 140). Das eröffnet die Möglichkeit der **Organisations-Mittäterschaft** zwischen **Prinzipal** und **Ausführungsorgan** (näher dazu o. Rdn. 152 sowie zur Frage der Ausführungshandlungen u. Rdn. 204).

196 **bb) Einpassungsentschluss.** Eine Mittäterschaft liegt also noch **nicht** darin, dass zwei an verschiedenen Orten vom Förster gestellte Wilderer kurz hintereinander auf diesen schießen, ohne dass der eine vom Schuss des anderen etwas weiß oder damit gerechnet hätte; die durch das Zusammentreffen der Angriffe bei Begehung eines gemeinschaftlichen Jagdvergehens be-

**528** And. *Frister* AT § 26 Rdn. 3: objektives Tatbestandsmerkmal.

**529** So etwa BGHSt **6** 248.

**530** BGHR StGB § 25 Abs. 2, Mittäter, Nr. 29.

**531** Für den Fall der Kollegialentscheidung vgl. *Knauer* Kollegialentscheidung S. 161 f.

**532** *Puppe* FS Spinellis 925 f mit zw. Kritik an der Annahme einer konkludenten Tatvereinbarung in BGHSt **37** 289 (292); zur Problematik dieser Entscheidung unter dem Aspekt der Arbeitsteilung s. u. Rdn. 204 ff.

gründete besondere Gefährlichkeit genügt nicht (RGSt **8** 42). Ebenso kommt Mittäterschaft nicht in Betracht, wenn jemand einem Dieb durch Zurückhaltung von Verfolgern die Flucht ermöglicht, dieser aber von der Unterstützung überhaupt nichts bemerkt (BGHSt **6** 248, 249); ein solches einseitiges Zusammenwirken kann stets nur Beihilfe begründen. Wenn bei einem Diebstahl der eine dem anderen vorspiegelt, mit Zustimmung des Eigentümers zu handeln, dieser aber die Täuschung durchschaut, sind beide Täter des § 242, aber nicht Mittäter (BGH bei Dallinger MDR **1957** 526). Ferner fehlt es an einer Mittäterschaft, wenn verschiedene Täter sich lediglich, „sei es auch auf Grund gemeinsam gewonnener Erkenntnisse oder gemeinsam angestellter Überlegungen, dazu entschließen, eine günstige Situation zur Begehung gleichartiger Straftaten auszunutzen", z. B. bestimmte, gleichartige Warenhausbetrügereien zu begehen (BGHSt **24** 286 [288]; ähnlich BGH StV **2005** 273); ein mittäterschaftlicher Plan setzt die Bezogenheit der einzelnen Tatanteile aufeinander voraus. Zu einem Fall des stillschweigenden Einverständnisses bei kollusivem Zusammenwirken zwischen einem Amtsträger und dem durch eine materiell rechtswidrige Genehmigung begünstigten Bürger BGHSt **39** 381 (386).

Dagegen hat *Jakobs* die Notwendigkeit eines gemeinsamen Tatentschlusses bezweifelt und empfohlen, statt dessen „einen **Einpassungsentschluss** genügen zu lassen, mit dem der nicht unmittelbar ausführende, aber gestaltend mitwirkende Beteiligte seinen Beitrag mit dem Tun des Ausführenden verbindet".[533] *Jakobs'* Schüler *Derksen*[534] hat die Mittäterschaft als Problem der objektiven Zurechnung qualifiziert und einen „gemeinsamen Tatentschluss" für nicht erforderlich erklärt, weil Mittäterschaft „Kumulation individueller Entwürfe zu einem Planungskontext" sei.[535] Die „Einbettung des einzelnen im ganzen" führe dazu, „dass jeder an der Tat Beteiligte die durch die Gesamttat verletzte Norm in ihrer Geltung komplett selber in Frage stellt". Ein Beitrag werde erst dann außerhalb täterschaftlicher Zurechnung geleistet, „wenn dieser nicht unmittelbar weltgestaltend wirkt, sondern seine tatmitgestaltende Auswirkung erst über ein Fremdverhalten hergestellt wird". Aber das überzeugt nicht. Zwar „kann jemand auf das Gelingen einer Tat entscheidenden Einfluss ggf. auch dann ausüben, wenn der andere nichts von seiner Mitwirkung bemerkt. Aber es bleibt dann doch immer bei einem ‚einseitigen Zusammenwirken', weil der die Tatbestandshandlung Ausführende von seinem Komplizen nichts weiß und daher nicht Mittäter, sondern Alleintäter ist. Das Gesetz geht aber in § 25 Abs. 2 von einer ‚gemeinschaftlichen' Begehung aus, die nur bei einer *beidseitig* bewussten Arbeitsteilung möglich ist."[536] 197

**b) Exzess.** Aus der Notwendigkeit eines gemeinsamen Tatplanes folgt, dass der Exzess eines Beteiligten den übrigen **nicht zugerechnet** werden kann (so auch BGHSt **36** 234). Lässt also bei einer gemeinschaftlichen Körperverletzung oder bei einem Raub einer der Beteiligten sich zu einem Tötungsdelikt hinreißen (RGSt **44** 321, 324; BGH NJW **1973** 377; NStZ **2020** 290; NStZ-RR **2020** 143 [144]), ist er insoweit Alleintäter. Eignet sich einer von mehreren Nötigern abredewidrig eine Sache zu, so wird nur er nach § 249 bestraft, während im Übrigen die mittäterschaftlich begangene Nötigung bestehen bleibt (BGH GA **1968** 121; vgl. ferner RGSt **57** 307, 308; **67** 367, 198

---

**533** *Jakobs* § 21 Rdn. 43; hiervon hat er sich in neueren Arbeiten zugunsten einer rein objektiven Mittäterschaftsbestimmung distanziert, vgl. FS Herzberg 397 Fn. 5 („noch zu zögerlich"). Auch der Jakobs-Schüler *Lesch* vertritt die Meinung (ZStW **105** [1993] 271 ff, 291), „daß Mittäterschaft keine Verabredung gemeinschaftlicher Begehung mit einem anderen voraussetzt, und zwar weder in ausdrücklicher noch in konkludenter Form". Ausführl. Kritik an *Lesch* bei *Küpper* ZStW **105** (1993) 295 ff; *ders.* GA **1998** 526; *Ingelfinger* JZ **1998** 708; *Renzikowski* Täterbegriff S. 102. Ferner *Hoyer* SK § 25 Rdn. 126,127 m. w. N.; *Knauer* Kollegialentscheidung S. 160; *Köhler* AT S. 516 Anm. 71; *Kühl* AT § 20 Rdn. 106.

**534** *Derksen* GA **1993** 163 ff.

**535** *Derksen* GA **1993** 173; das nächste Zitat S. 175.

**536** *Roxin* AT II § 25 Rdn. 251; ebenso *Seher* JuS **2009** 6.

369). Freilich muss der Mittäter die Handlungen seiner Komplizen nicht in jedem Detail vorher gekannt haben. Denn der gemeinschaftliche Vorsatz kann das Tun auch nur im allgemeinen umfassen und jedem einzelnen in der Art der Ausführung mehr oder weniger Freiheit einräumen (vgl. etwa RGSt **57** 307 [308]; **59** 245 [246 f]; **59** 389 [390]; **67** 367 [369]; BGH GA **1968** 18; NStZ **2005** 261; NStZ-RR **2005** 71; NStZ-RR **2006** 37; NStZ **2012** 508; BGHSt **60** 1 [8 f. Rdn. 28]; NJW **2016** 2516 [Rdn. 18]; NStZ **2016** 611 [Rdn. 19]). Der Tatentschluss kann auch während der Tatbegehung erweitert werden (BGH StraFo **2011** 66; NStZ **2013** 400; NStZ **2013** 462; wohl auch BGH NStZ **2003** 85 [Rn. 4]); insoweit kommen die Grundsätze der sukzessiven Mittäterschaft zum Tragen (s. zudem BGH NStZ **2008** 280 [281]; **2010** 81 [82]; **2016** 607 [608]; zu diesen u. Rdn. 221 ff). Mittäterschaft liegt also auch noch vor bei Abweichungen, „die im Rahmen der üblichen Spielbreite einschlägiger Taten liegen, mit denen man nach den Umständen des Falles gewöhnlich rechnen muss und die das Interesse des anderen Mittäters gleichwertig befriedigen, z. B. wenn statt des Geldes Sachen weggenommen werden, die unschwer in Geld umgesetzt werden können“ (BGH bei Dallinger MDR **1966** 197; ähnlich OLG Schleswig SchlHA **1951** 48). Die Begehung der Tat ohne den Beteiligten, der einen erheblichen Tatbeitrag zugesagt hatte, ist eine wesentliche Abweichung, die eine Mittäterschaft ausschließt (BGH NStZ **2009** 25 [26][537]). Wird über die ausdrückliche Abrede hinaus durch einen Mittäter ein qualifizierter oder ein anderer Tatbestand verwirklicht, so können die übrigen aus diesen Bestimmungen allerdings nur dann bestraft werden, wenn sie mit dieser Möglichkeit wenigstens gerechnet und sie in Kauf genommen oder sich aus Gleichgültigkeit auch ohne konkretisierende Vorstellungen von vornherein mit allem ausdrücklich oder stillschweigend einverstanden erklärt (vgl. BGH bei Dallinger MDR **1955** 143; BGH bei Holtz MDR **1986** 446) oder an der Vollendung weiter vorsätzlich mitgewirkt haben (BGH NStZ-RR **2002** 9). Etwas missverständlich ist die in der neueren Rspr. vermehrt auftretende Formulierung, Handlungen eines anderen Tatbeteiligten, mit denen nach den Umständen des Falles gerechnet werden muss, seien vom Willen des Mittäters umfasst, auch wenn er sie sich nicht besonders vorgestellt hat; dasselbe habe zu gelten, wenn der Mittäter dem gleichgültig gegenüberstehe (BGH NStZ **1998** 511 [513]; NStZ **2005** 261; BGHSt **53** 145 [155 Rdn. 30 f.]; BeckRS **2010** 22843; NStZ **2012** 563, in einem Fall, wo es um die Verwirklichung der Qualifikation der Verwendung eines gefährlichen Werkzeugs gem. § 224 I Nr. 2 durch einen anderen Mittäter ging; NStZ **2013** 400: die Mittäterschaft folge daraus, dass man sich nicht unmittelbar nach den Schmerzensschreien des Opfers von der Gewaltanwendung distanziert hätte; NStZ **2017** 272 m. krit. Bspr. *Eidam*; ähnl. BGH NJW **2014** 645 [Rdn. 2]; NStZ-RR **2020** 143 [144 f.]).[538] Von einem Wissen in Gestalt des für den Vorsatz als Mindesterfordernis verlangten sachgedanklichen Mitbewusstseins[539] wird man nicht abrücken können, wenn man nicht, mit *Jakobs*, die sog. Tatsachenblindheit zum Vorsatz hochstilisiert, was aber bereits mit dem Wortlaut von § 16 Abs. 1 S. 1 nicht vereinbar ist,[540] oder nicht nach angelsächsischem bzw. völkerstrafrechtlichem Vorbild sog. *joint enterprises* postuliert, die die Mittäterschaft an der konkreten Tat und die Zugehörigkeit zu einer Gruppe noch nicht voneinander differenziert haben und schon wegen Verletzung des Schuldprinzips in ein rechtsstaatliches Strafrecht nicht übernommen werden können.[541]

---

**537** Hierzu *Roxin* NStZ **2009** 7; *Rengier* JuS **2010** 285; *Geppert* Jura **2011** 38; *Kühl* AT § 20 Rdn. 114. Gegen die Mittäterschaft spricht zudem das Fehlen einer Mitwirkung im Ausführungsstadium (zu diesem Erfordernis Rdn. 180 ff).

**538** Krit. auch *Frister* AT § 26 Rdn. 10 Fn. 20.

**539** Vgl. *Roxin/Greco* AT I § 12 Rdn. 122 ff. m. entspr. Nachw.

**540** Zu dieser Diskussion m.w.Nachw. *Roxin/Greco* AT I § 12 Rdn. 96 ff.

**541** Instruktiv zur „Exzesszurechnung nach der neueren englischen Rechtsprechung“ *Dürr* ZIS **2019** 252. Die Lektüre des Aufsatzes sei insbesondere dem empfohlen, der im postmodern-avantgardistischen Geist deutsche Strafrechtsdogmatik für verstaubte Scholastik hält.

**c) Error in obiecto oder in persona.** Der error in objecto bzw. persona eines Mittäters soll nach BGHSt **11** 268 und der h. M.[542] auch für die übrigen Mittäter unbeachtlich sein. In dem vieldiskutierten BGH-Fall hatte von drei fliehenden Verbrechern einer, wie es abgesprochen war, einen Verfolger erschießen wollen, statt dessen aber infolge einer Verwechslung die Kugel auf seinen Genossen abgefeuert; der BGH bestrafte den getroffenen Komplizen als Mittäter eines (untauglichen) Mordversuches an sich selbst. Nach der an Boden gewinnenden Gegenmeinung sollen die Mittäter für die Personenverwechslung eines Beteiligten dagegen nicht einzustehen haben,[543] weil der gemeinsame Tatplan sich nur auf die Abwehr und eventuell Erschießung von Verfolgern erstrecke; werde statt dessen ein Mittäter erschossen, so sei das ein Exzess, für den die übrigen nicht verantwortlich gemacht werden könnten. Das ist bei der absichtlichen Erschießung eines Mittäters ganz unbestreitbar; an der Überschreitung des gemeinsamen Tatplans ändere sich aber dadurch nichts, dass sie irrtümlich erfolgt.[544] In einer neueren Entscheidung bestätigt der BGH seinen früheren Standpunkt der Unbeachtlichkeit dieses Irrtums und führt ihn zurück auf die Gesamtlösung zum Versuchsbeginn des Mittäters, BGH NStZ **2019** 511 (512 Rdn. 52 ff, 61 ff).[545] Das ist konsequent, womit zugleich klar wird, weshalb die These verfehlt ist: denn die Gesamtlösung ist in einem Strafrechtssystem, das jeden nach seinem eigenen Verhalten bestraft, fehl am Platze (zur Kritik u. Rdn. 227 f). 199

**d) Mitwirkung nach dem Ausscheiden des anderen.** An einem gemeinsamen Tatplan (und auch an einer gemeinsamen Ausführung) **fehlt es** dann, wenn ein Mittäter die Tat erst nach dem Ausscheiden des anderen und ohne dessen Willen begeht. BGHSt **9** 180: Der Mann entfernt sich, nachdem er gemeinsam mit der Frau das Kind getötet zu haben glaubt; später entdeckt die Frau, dass das Kind noch lebt, und tötet es durch eine neue, selbständige Handlung. Hier ist nur der Tötungsversuch in Mittäterschaft begangen, während die zur Vollendung führende Handlung allein der Frau zuzurechnen ist. Die gegenteilige Ansicht des BGH ist nicht nur mit der Tatherrschaftslehre, sondern auch mit der subjektiven Teilnahmetheorie nicht zu vereinbaren; denn auch an der vom BGH angenommenen und für genügend erachteten „geistigen Mitwirkung" fehlt es, wenn der angebliche Mittäter von der Handlung des anderen weder etwas weiß noch damit rechnet.[546] Nach *Dreher*[547] soll es darauf ankommen, ob der Mann, „wenn er erkannt hätte, dass die Tat noch nicht beendet war, deren Beendigung gewollt hätte". Aber auch solche hypothetischen Erwägungen können eine aktuell fehlende Mitwirkung nicht ersetzen. 200

**e) Erfolgsqualifizierte Delikte.** Bei erfolgsqualifizierten Delikten (z. B. §§ 226 Abs. 1, 227, 251) ist erforderlich und ausreichend, dass das Grunddelikt in Mittäterschaft begangen wird, sofern beiden Mittätern im Hinblick auf den schwereren Erfolg Fahrlässig- (§§ 18, 226) oder Leichtfertigkeit (z. B. § 251) zur Last fällt (*Schaal* Verantwortlichkeit S. 229 ff). Das ist in der Regel dann der Fall, wenn die Art der Verletzung oder Gewaltanwendung, die zu dem schwereren Erfolg geführt hat, im Rahmen des gemeinsamen Tatplanes lag (vgl. etwa RGSt **59** 389, 390; **67** 367, 369 f). 201

**542** *Baumann* JuS **1963** 126 f; *Blei* I § 78 I a. E.; *Fischer* Rdn. 35a; *Gropp* § 10 Rdn. 185 ff; Sch/Schröder/*Heine*/*Weißer* Rdn. 101; *Kühl* AT § 20 Rdn. 122; *Jescheck*/*Weigend* § 63 I 2; *Joecks* MK Rdn. 249; *Otto* AT § 21 Rdn. 30; *Puppe* ZIS **2007** 243 ff; *Schröder* JR **1958** 428; *Wessels*/*Beulke*/*Satzger* Rdn. 830. Zweifelnd *Welzel* § 15 IV 1; diff. *Jakobs* § 21 Rdn. 45; *Hoyer* SK Rdn. 143; Baumann/Weber/Mitsch/*Eisele* § 25 Rdn. 99; *Rückert* HRRS **2019** 252 f.

**543** *Roxin* TuT S. 100 f, 286 f, 311 f; *ders.* AT II § 25 Rdn. 195; *Dehne-Niemann* ZJS **2008** 354; *Eser* II Fall 39, S. 155–159; *Herzberg* TuT § 5II 1; *ders.* JuS **1974** 721; *Rudolphi* FS Bockelmann 426; *Seelmann* JuS **1980** 572; *Spendel* JuS **1969** 314 ff; im Ergebnis auch *Schmidhäuser* AT § 14 Rdn. 19 und StuB § 10 Rdn. 61, wo freilich jeweils schon Mittäterschaft abgelehnt wird (ebenso *Dehne-Niemann* ZJS **2008** 356 ff; zu dieser Frage *Roxin* TuT S. 311 f).

**544** Ausführliche Begründung bei *Roxin* TuT S. 100 f, 286 f, 311 f.

**545** M. Bspr. *Heuser* ZJS **2019** 529; *Rückert* HRRS **2019** 245.

**546** Näher *Roxin* TuT S. 288.

**547** MDR **1956** 499.

Dagegen scheidet eine Haftung der übrigen Mittäter z. B. nach § 251 dann aus, wenn einer von ihnen bei der Gewaltanwendung erheblich über das vereinbarte und gebilligte Maß hinausgeht oder sogar den Tod des Opfers abredewidrig vorsätzlich herbeiführt (BGH NJW **1973** 377; präzisierend und einschränkend *Sowada* FS Schroeder, 621 ff). Aus der früheren, durch die neuere Gesetzgebung z. T. überholten Rechtsprechung: RGSt **59** 389; **67** 367; BGH bei Dallinger MDR **1951** 274.

202 In den letzten Jahren hatte die Rspr. wiederholt über den **Mittäterexzess bei der Körperverletzung mit Todesfolge** zu entscheiden. Die Fälle weisen die gemeinsame Struktur auf, dass unter den Beteiligten nur eine Misshandlung verabredet war, über die sich einer von ihnen dadurch hinwegsetzt, dass er eine den Tod unmittelbar herbeiführende Handlung vornimmt.[548] Der BGH legt auch den weiteren Mittätern diese Folge gem. § 227 mit dem Argument zur Last, dass den in Gruppen begangenen Gewalthandlungen eine Eskalationsgefahr innewohne, die sich im Erfolg realisiert habe. Diese Auffassung ist weniger eine These zur Mittäterschaft als zur Struktur von § 227, vor allem zu dem diesem Delikt zugrundeliegenden Verhältnis von Grunddelikt und qualifizierendem Erfolg. Folgt man entgegen der Rspr. (s. nur BGHSt **14** 110) der (vorzugswürdigen) *Letalitätslehre*,[549] kann § 227 nur dort zur Anwendung kommen, wo der Todeserfolg eine Vertiefung des vorsätzlich herbeigeführten grunddeliktischen Körperverletzungserfolgs ist. In den beschriebenen Fällen fehlt es genau hieran: Hier verwirklicht sich im Todeserfolg nicht die vorsätzlich-mittäterschaftlich geschaffene Verletzungsgefahr, sondern eine andere Gefahr, an der man nur fahrlässig mitgewirkt hat. Es fragt sich deshalb, ob auf Grundlage der extensiven Handhabung von § 227 durch die jüngere BGH-Rspr. eine Konstellation der Idealkonkurrenz von vorsätzlicher Körperverletzung und fahrlässiger Tötung überhaupt noch vorstellbar wäre.

### 3. Die gemeinsame Tatausführung

203 **a) Die Mitwirkung im Vorbereitungsstadium.** Nach der **ständigen Rechtsprechung** schon des **RG** kann jede beliebige und noch so geringfügige Mitwirkung im Vorbereitungsstadium die Mittäterschaft begründen, sofern sie nur mit „Täterwillen" (d. h. praktisch meist: ohne Willensunterordnung oder mit eigenem Interesse) geleistet wird. Es genügen also bloße Ratschläge und Tipps (Beschreibung der Örtlichkeit, Anregungen für eine zweckmäßige Ausführung, RGSt **35** 13, 17; **53** 138; **67** 392), die Mitbeteiligung an der vorbereitenden Planung eines Mordes (RG DR **1944** 147), das Hinfahren des ausführenden Täters an den Tatort (RG HRR **1934** Nr. 147), die bloße Veranlassung zur Abtreibung oder die Verschaffung eines Mittels dazu (RGSt **74** 21, 23), wie überhaupt jede beliebige sich „äußerlich" nur als vorbereitende oder beihelfende Tätigkeit kennzeichnende Handlung (RGSt **14** 28, 29; **54** 152, 153; **63** 101, 102 f; **64** 272, 274 f; **66** 236, 240; **67** 392; **71** 24 f; RG JW **1938** 2193). Nicht ausreichend soll nur eine bloße Mitwirkung bei der Verabredung sein, sofern sie nicht zugleich auch den Täterwillen bei der Ausführung stärkt (RGSt **56** 329 f; **66** 240; **71** 23, 25; RG JW **1936** 1913).

204 Der BGH hat diese Rechtsprechung bruchlos fortgesetzt. Auch für ihn genügt zur Mittäterschaft „eine geistige Mitwirkung, auch eine Vorbereitungshandlung in der Weise, dass der Mittäter dem ausführenden Tatgenossen durch einen vor der Ausführung gegebenen Rat zur Seite

---

**548** BGH NStZ **2004** 684 (das Urteil abl. *Stuckenberg* FS Jakobs 706 ff; *Rengier* FS Geppert 493); BGH NStZ **2005** 93 m. zust. Bespr. *M. Heinrich* (der für diesen bizarren Sachverhalt die Bezeichnung „Schweinetrog-Fall" vorgeschlagen hat; das Urteil abl. *Stuckenberg* S. 706 ff; *Rengier* S. 493 f); BGH NStZ-RR **2009** 309 (310) (abl. *Rengier* S. 492); BGH NStZ **2013** 280 (der Exzesstäter führte zwei Stampftritte gegen den Kopf des auf dem Boden liegenden, bewusstlos geschlagenen Opfers und stellte zufrieden fest: „Das fühlt sich an wie Knete"); BGH NStZ-RR **2016** 136 (137); BGH NStZ **2018** 462 m. Bspr. *Kudlich* JA **2018** 472; zum Ganzen a. *Feilcke* insb. S. 91 ff; *Sowada* FS Schroeder 624 ff; *Isfen* Jura **2014** 1084; *Roxin/Greco* AT I § 10 Rdn. 113b, 117a.

**549** Dafür *Roxin/Greco* AT I § 10 Rdn. 115 m.w.Nachw.

steht oder in irgendeinem Zeitpunkt" dessen Willen zur Verwirklichung des Tatbestandes stärkt (BGHSt **11** 268, 271; ferner vor allem BGHSt **14** 128/29; **16** 12 (14 f); **28** 346 (347 f); **37** 289; **39** 381, 386: Beteiligung an der Verabredung; BGH NJW **1951** 410 Nr. 23; bei Dallinger MDR **1953** 271 f; GA **1973** 185; GA **1977** 306; GA **1984** 287; NStZ **1984** 413; NStZ **1985** 165; StV **1985** 106 m. Anm. *Roxin* StV **1985** 278; StV **1986** 384 m. Anm. *Roxin;* BGHR StGB § 25 Abs. 2 Tatinteresse 2; bei Holtz MDR **1987** 800; BGHSt **37** 289 (292); NStZ **1993** 444; BGHSt **39** 381 (386); **40** 299 (301); NJW **1995** 2933 (2934); NStZ **1995** 285; StV **1997** 247; StV **1997** 411; NJW **1999** 2449; NStZ **1999** 609; NStZ **1999** 449 (450); StV **1999** 317; StV **2001** 462; wistra **2004** 463; StV **2004** 21 f, wo immerhin anerkannt wird, dass die gemeinsame Zugehörigkeit zu einer *Bande* zur Begründung von Mittäterschaft nicht genügt;[550] BGHSt **48** 52 (56); NStZ **2002** 145; NStZ **2002** 200 (201); StV **2002** 421 (422) = NStZ-RR **2002** 74; NStZ **2003** 253 (Rdn. 3); wistra **2003** 100 (101); NStZ-RR **2004** 40; BGHSt **54** 69 (128 Rdn. 174); NStZ **2009** 25 (26); NStZ-RR **2010** 139; NStZ-RR **2009** 199 (200); BGHSt **58** 218 (226 f. Rdn. 46); NStZ-RR **2012** 209; NStZ **2013** 104; StV **2013** 387; wistra **2013** 67 (Rdn. 37); NJW **2016** 884 (Rdn. 27); NStZ-RR **2016** 6 (7); NStZ-RR **2016** 335; NStZ-RR **2016** 140; StV **2016** 648 (Rdn. 5); JZ **2016** 103 (Rdn. 10); NJW **2017** 2693 (2694 Rdn. 7); StV **2017** 308 (Rdn. 7); BeckRS **2017** 109266 (Rdn. 4); BeckRS **2017** 115063 (Rdn. 7); BeckRS **2017** 115067 (Rdn. 12); NStZ **2018** 650; NStZ-RR **2018** 40; NStZ-RR **2018** 271 (272); StV **2018** 717 (Rdn. 5); BeckRS **2018** 13259 (Rdn. 13); NJW **2019** 1818 (Rdn. 157, insoweit in BGHSt **64** 10 nicht abgedruckt); NStZ-RR **2019** 203; BeckRS **2019** 3847 (Rdn. 23 f); NStZ **2020** 22 (Rdn. 4). In vielen dieser Entscheidungen gehört der Satz, dass Mittäterschaft „nicht zwingend eine Mitwirkung am Kerngeschehen erfordere", zum regelmäßigen Bestandteil des o. Rdn. 32 nachgewiesenen Textbausteins, mit dem der BGH die allgemeinen Kriterien seiner Mittäterschaftsprüfung vorab rekapituliert. Besonders krass tritt diese Tendenz in BGHSt **37** 289[551] hervor, wonach bereits die konkludente Verabredung eines eventuellen Waffengebrauchs für eine Verurteilung wegen mittäterschaftlichen Mordes genügen soll, obwohl der Angeklagte im Ausführungsstadium nicht mitgemacht und nach dem ersten Schuss seines Komplizen die Arme zum Zeichen der Aufgabe gehoben hatte. BGH NStZ **1995** 122 „führt die heftig angegriffene Entscheidung BGHSt **37** 289 unkritisch fort"[552] und will schon „eine Absprache über die Durchführung mehrerer Taten" für eine Mittäterschaft ausreichen lassen. „Ob darin Mittäterschaft oder Beihilfe liegt, hat der Richter in wertender Betrachtung zu entscheiden" (Leitsatz). Aber auch im Schrifttum hat die Meinung, eine vorbereitende Mitwirkung reiche ggf. für die Mittäterschaft aus, noch heute viele Anhänger, und zwar nicht nur bei Vertretern der subjektiven Teilnahmetheorie, sondern teilweise auch bei Anhängern der Tatherrschaftslehre.[553] Auch in seiner Entscheidung zur Mittäterschaft von Amtsträgern bei Umweltdelikten hat der BGH sein generelles Bekenntnis zur subjektiven Abgrenzung mit einer speziellen Akzentuierung der „entscheidenden Bedeutung" des Beitrages im Vorbereitungsstadium (konkret: Erteilung einer rechtswidrigen Genehmigung zur umweltgefährdenden Abfallbeseitigung) kombiniert und als „wesentliche Anhaltspunkte" für die bei der Abgrenzung maßgebliche „wertende Betrachtung" den „Grad des eigenen Interesses am Erfolg (!), (den) Umfang der Tatbeteiligung, die Tatherrschaft oder (den) Willen zur Tatherr-

**550** Dies wird auch betont in BGH NStZ-RR **2003** 265 (267); StV **2005** 666 (668); NStZ-RR **2007** 307 (308); StV **2008** 575 (Rdn. 5); NStZ **2012** 517; NStZ **2012** 518; StV **2013** 386 (Rdn. 6); wistra **2013** 307 (Rdn. 8); BGHSt **61** 252 (258 Rdn. 18); StV **2017** 308 (Rdn. 7); NStZ **2018** 544 (545); NStZ-RR **2019** 379 (380); StV **2019** 104 (Rdn. 5); NJW **2020** 1080 (Rdn. 21); s. a. BGH NStZ **2019** 657, von der Strafzumessung kommend.

**551** Zu den Problemen dieser Entscheidung und der daran geübten Kritik u. Rdn. 213.

**552** **Abl.** Anm. *Küpper* NStZ **1995** 331.

**553** *Baumann* JuS **1963** 86 f; *Blei 1* § 78 III (mit starken Einschränkungen); *Bockelmann/Volk* § 23 II d aa; *Busch* LK⁹ § 47 Rdn. 21; *Engelmann* HRRS **2013** 355 (am Problem des Ehrenmords); *Fischer* Rdn. 32; *Joecks* MK Rdn. 198 ff; *Preisendanz* § 25 IV 5 (mit starken Einschränkungen); Sch/Schröder/*Heine/Weißer* Vor § 25 Rdn. 80; *Otto* AT § 21 Rdn. 61 (der einen bedeutenden Tatbeitrag fordert); *ders.* Jura **1987** 253; einschränkend *Hoyer* SK § 25 Rdn. 112 ff, 119, der die Vereinbarung eines wesentlichen Tatbeitrages im Ausführungsstadium, nicht aber auch dessen Leistung verlangt; *Jakobs* § 21 Rdn. 48, der „selbst ohne jede Teilhabe an der Entscheidungsherrschaft Mittäterschaft durch Gestaltung oder zumindest Mitgestaltung" für möglich erklärt; *Welzel* § 15 IV 2c; *Wessels/Beulke/Satzger* Rdn. 824.

schaft“ bezeichnet (BGHSt **39** 381, 386 m. **abl.** Anm. v. *Schirrmacher* JR **1995** 386). Einige neuere Entscheidungen deuten womöglich auf eine Tendenz hin, die Mittäterschaft näher an den Tatbestand zu binden (BGH NStZ **2014** 81; NStZ **2018** 144 [145] m. Bspr. *Jäger*; NStZ **2018** 650 [651] mit Bspr. *Schlösser*), nämlich dadurch, dass sie die Annahme von Mittäterschaft durch die Tatgerichte deshalb kassieren, weil die Beiträge sich zu weit im Vorfeld befanden. An der grundsätzlichen Berechtigung der Annahme von Mittäterschaft bei Beiträgen im Vorfeld wird aber nicht gezweifelt.

**205** Diese Auffassung ist jedoch in Übereinstimmung mit der im Schrifttum vordringenden Lehre (eine einzige Fallgruppe ausgenommen, s. Rdn. 152, 209), **abzulehnen.**[554] Denn da Täterschaft Tatbestandsverwirklichung ist (Rdn. 53), kann auch Mittäterschaft nur Mitherrschaft bei Verwirklichung der Tatbestandshandlung, d. h. bei der Ausführung selbst, sein. Wer nur bei der Vorbereitung mitwirkt, kann das Geschehen zwar beeinflussen, aber nicht beherrschen. Er bleibt, wenn der Ausführende frei und verantwortlich handelt, bei der Realisierung des Planes immer von der Initiative, den Entschlüssen und der Tatgestaltung des unmittelbar Ausführenden abhängig. Das gilt selbst für noch so wichtige Tatbeiträge. Auch wer den Schlüssel konstruiert hat, mit dem allein der Safe des zu Bestehlenden geöffnet werden kann, gibt, wenn er den Ausführenden auf den Weg schickt, mit dem Schlüssel zugleich die Tat selbst aus der Hand, die von nun an – also noch vor dem Eintritt ins Versuchsstadium und damit in ihrem gesamten deliktischen Ablauf – allein der Herrschaft des Ausführenden untersteht. Jede andere Auffassung ist nicht nur mit der Tatherrschaftslehre unvereinbar. Sie verwischt auch die Grenzen der Täter- und Teilnahmeformen insgesamt und zerstört damit letzten Endes die auf ihrer Trennung beruhende Konzeption des Gesetzgebers. So wird z. B. die auf die Abgrenzung von mittelbarer Täterschaft und Anstiftung zu wendende Mühe sinnlos, wenn Einflussnahmen eines Hintermannes, die zur Begründung einer mittelbaren Täterschaft nicht ausreichen (vgl. Rdn. 89, als „Stärkung des Tatentschlusses“ mit Hilfe des „Täterwillens“ in eine Mittäterschaft umgedeutet werden.

**206** Wenn demnach nur die arbeitsteilige Mitwirkung **im Ausführungsstadium** die Mittäterschaft begründen kann, so bedeutet das nicht, dass die Tatbeiträge notwendig gleichzeitig geleistet werden müssten. Zum Ausführungsstadium gehört vielmehr der gesamte Zeitabschnitt zwischen Versuchsbeginn und formeller Vollendung der Tat. Wer also das Opfer an den Tatort fährt, wo der Komplize es verabredungsgemäß niederschlägt, wer das Petroleum in der Scheune des Bauern ausschüttet, das der Genosse gleich darauf entzündet, der ist Mittäter, obwohl sein Beitrag unmittelbar vor der eigentlichen Tatbestandshandlung endete; denn für eine natürliche Betrachtung sind diese Handlungen Bestandteile eines einheitlichen Geschehenskomplexes und gehören zur Ausführung hinzu.

**207** Auch eine **Anwesenheit** des Mittäters **am Tatort** ist **nicht** notwendig erforderlich. Der Einsatzleiter etwa, der von einer Befehlszentrale aus telefonisch, per Funkspruch oder durch Mittelsmänner die einzelnen Ausführungshandlungen durch Weisungen dirigiert oder koordiniert, ist Mittäter ebenso wie derjenige, der im Rahmen eines Betrugsmanövers bei der erwarteten Rückfrage die Vorspiegelungen seines „Kollegen“ brieflich oder telefonisch in der von vornherein geplanten Weise bestätigt. Freilich wird man selbst bei Planern und Organisatoren nicht

---

**554** Eingehend *Roxin* TuT S. 292–305; *ders.* JA **1979** 522 f; *ders.* FG BGH IV 184 ff; *ders.* AT II § 25 Rdn. 198 ff. Aus dem weiteren Schrifttum: *Bloy* Zurechnungstypus S. 196 ff; *Bottke* TuG S. 88, 90; *Buttel/Rotsch* JuS **1995** 1101; *Erb* JuS **1992** 197; *Eschenbach* Jura **1992**, 644 f; *Gallas* Mat. Bd. 1, S. 137; *Gimbernat Ordeig* ZStW **80** (1968) 931 ff; *Gropp* § 10 Rdn. 85a; *Hardtung/Putzke* Rdn. 1456; *Herzberg* TuT § 5 II 2a; besonders eindringlich *ders.* JZ **1991** 859 ff; *Jescheck/Weigend* § 63 III 1 (mit der unter Rdn. 206 behandelten Einschränkung); *Klesczewski* Rdn. 626; *Köhler* AT S. 510 f; *Kühl* AT § 20 Rdn. 108; *H. Mayer* StuB (1967) 161; *Morozinis* Organisationsdelikte S. 266; *Puppe* FS Spinellis 931 ff; Maurach/Gössel/Zipf/*Renzikowski* § 49 Rdn. 45; *Puppe* GA **2013** 522; *Rudolphi* FS Bockelmann 372 ff; *Stein* Beteiligungsformenlehre S. 319 ff; *ders.* StV **1993** 414 (im Ergebnis); *Zieschang* ZStW **107** (1995) 360 ff. (377); *ders.* AT Rdn. 656. Im Ergebnis auch *Schmidhäuser* AT § 14 Rdn. 22; vorsichtiger *Heinrich* Rechtsgutszugriff S. 289 ff (291 f); *Renzikowski* Täterbegriff S. 102 ff (103); *Schmidhäuser* StuB § 10 Rdn. 64. Enger noch *Schild* NK Rdn. 139.

darauf verzichten dürfen, dass sie – sei es auch aus der Ferne – bei der Ausführung tätig geworden sein müssen. Das wird ungeachtet sonstiger Übereinstimmung von *Stratenwerth/Kuhlen*[555] bestritten, welche meinen, man werde „bei der Frage, ob der Tatbeitrag ‚im Ausführungsstadium' wesentlich war, nicht auf den Zeitpunkt abstellen können, in dem er geleistet wurde ..., sondern allein darauf, in welcher Weise er bei der Ausführung *weiterwirkte*. Planung und Organisation eines von mehreren ausgeführten Deliktes müssen auch dann Mittäterschaft begründen, wenn der Organisator nicht noch während der Ausführung in ... Verbindung mit den Akteuren steht: Der Plan zeichnet das Verhalten der Beteiligten im Ausführungsstadium vor, gestaltet die einzelnen Rollen und beteiligt den Organisator deshalb an der Tatherrschaft." Dem ist deshalb nicht zu folgen, weil die Beiträge aller Teilnehmer bei der Ausführung in mehr oder weniger bestimmender Weise „weiterwirken", so dass eine Abschichtung unter diesem Gesichtspunkt die Grenzen der Beteiligungsformen verwischen muss. Wenn man aber allein den weiterwirkenden Anteil an der Planung mittäterschaftsbegründend sein lassen will – die „Lieferung von Werkzeugen, Waffen etc." oder den „Hinweis auf Gelegenheiten zur Deliktsbegehung" wollen auch *Stratenwerth/Kuhlen* unter allen Umständen ausscheiden –, so ist eine solche Unterscheidung zwischen verschiedenen Formen des „Weiterwirkens" deshalb nicht überzeugend, weil sich diese Wirkung, wenn der Vorbereitende auf jegliche Mitwirkung im Ausführungsstadium verzichtet, *immer* nur insoweit entfalten kann, wie der Handelnde ihr nach freier Entscheidung Einfluss gewährt. Auch kann eine noch so detaillierte Planung nicht die „gemeinschaftliche Begehung" ersetzen, die § 25 Abs. 2 fordert, zumal da gerade Anstifter durch die Mitlieferung des Planes oft überhaupt erst den Tatentschluss hervorrufen können, ohne durch denselben Umstand gleich schon Mittäter zu werden.[556]

Nach diesen Gesichtspunkten ist auch der Fall des **Bandenchefs** zu entscheiden, der in **208**
der Literatur häufig als Paradebeispiel einer Mittäterschaft trotz fehlender äußerer Mitwirkung herangezogen wird (so auch BGHSt **33** 53, allerdings nur unter Berufung auf den „Täterwillen"). Er kann mittelbarer Täter sein, wenn die Voraussetzungen der Organisationsherrschaft (Rdn. 142) erfüllt sind oder wenn er seine „Untergebenen" im Sinne des § 35 (Rdn. 88) in der Hand hat. Er kann auch Mittäter sein, wenn er die Durchführung der Taten leitet oder absichert (Rdn. 207) oder wenn die Voraussetzungen der Organisations-Mittäterschaft erfüllt sind (Rdn. 152, 209). Über diese Konstellationen hinaus, die einen erheblichen Teil der einschlägigen Fälle abdecken, ist er aber nur Anstifter (was auch wegen der täterschaftsgleichen Strafandrohung dem Strafbedürfnis vollauf genügt). Der überschießende Unwert, der in der Eigenschaft als Rädelsführer oder Hintermann liegt, wird durch § 129 Abs. 5 erfasst, kann aber hinsichtlich der Einzeltat die Abgrenzung der Beteiligungsformen nicht beeinflussen.

Wie bei der Analyse der mittelbaren Täterschaft durch Benutzung eines organisatorischen **209**
Machtapparates dargelegt (o. Rdn. 152), addiert sich bei nicht rechtsgelösten Organisationen (namentlich Wirtschaftsunternehmen) die Garantenhaftung des Prinzipals mit dessen (sei es auch im Vorfeld geleisteten) aktiven Tatbeiträgen zur Begehungs-Mittäterschaft. Bei dieser **Organisations-Mittäterschaft** ersetzt also die andauernde Organisationsherrschaft die Tatherrschaft im Ausführungsstadium. Eine derartige strukturelle Mitbeherrschung im Ausführungsstadium fehlt aber selbst bei unerlässlichen Tatbeiträgen im Vorbereitungsstadium, wenn die endgültige Entscheidung, ob davon Gebrauch gemacht wird, mangels einer Einbindung des Vordermannes in eine vom Hintermann geleitete Organisation ohne jede Einschränkung dem un-

**555** *Stratenwerth/Kuhlen* AT § 12 Rdn. 93 f. Ihnen haben sich zahlreiche Autoren angeschlossen, so dass man laut *Roxin* (AT II § 25 Rdn. 205 Fn. 273) „fast schon von einer selbständigen Mittäterschaftskonzeption sprechen kann, die zwischen der ‚strengen', die Mittäterschaft auf das Ausführungsstadium beschränkenden, und der ‚weiten' Auffassung der Rechtsprechung steht, die jeden vorbereitenden Beitrag genügen lassen will. Vgl. *Jescheck/Weigend* § 63 III 1; *Kühl* AT § 20 Rdn. 107 ff, 111, 114; *Küpper* GA **1986** 444 f; *Küpper/Mosbacher* JuS **1995** 489 f; *Seelmann* JuS **1980** 571; *Stoffers* MDR **1989** 208. Für das Völkerstrafrecht folgt dieser Lehre *Ambos* Der Allgemeine Teil S. 565 ff. Nachdrücklich gegen diese Auffassung *Herzberg* JZ **1991** 860.".

**556** Ganz übereinstimmend *Herzberg* TuT § 5 II 2a; *ders.* JZ **1991** 856, 859 ff.

mittelbar Handelnden verbleibt – wie im Fall des Bürgers, der von einer vom Amtsträger durch Kollusion erwirkten und deshalb gem. § 330d Nr. 5 unwirksamen Genehmigung Gebrauch macht. Entgegen BGHSt **39** 381, 386 f ist der Amtsträger in diesem Fall deshalb nicht Mittäter, sondern nur Gehilfe. Dasselbe gilt für den vom OLG München falsch entschiedenen Fall der NSU-Morde (s. Rdn. 35).

**210** Von der Organisations-Mittäterschaft am Einzelaktsdelikt ist schließlich das **Organisationsdelikt** zu unterscheiden, bei dem es sich um eine Erscheinung des Besonderen Teils handelt und bei der der Gesetzgeber die Täterschaft in Form einer lex specialis zu § 25 nicht an bestimmte einzelne Handlungen, sondern an ein Ensemble von betrieblichen Abläufen knüpft (dazu bereits *Schünemann* LK § 14 Rdn. 20 ff; *ders./Greco* LK Vor § 25 Rdn. 17). Täter ist hier nur, wer die Gesamtorganisation leitet, während dessen Mitarbeiter auch dann nur Gehilfen sind, wenn sie einzelne unerlässliche Beiträge im Ausführungsstadium leisten. Ob ein Straftatbestand (wie in den meisten Fällen) ein Einzelaktsdelikt vertypt oder ausnahmsweise ein Organisationsdelikt, ist eine Frage der Auslegung, deren Ergebnis dann aber auch für die Täterschaftsfrage vorgreiflich ist, so dass es nicht angeht, die zur Begründung der Tatherrschaft am Einzelakt nicht ausreichende generelle Leitung der Organisation bei einem Einzelaktsdelikt als Mittäterschaft zu qualifizieren. Wenn beispielsweise die *Geheimdienstliche Agententätigkeit* gemäß § 99 nur einen Einzelakt voraussetzt (BGHSt **31** 317; ebenso die h. L., siehe *Lackner/Kühl/Kühl* § 99 Rdn. 3 mit weit. Nachw.), so kann entgegen KG NJ **1993** 471 der Hauptabteilungsleiter im Ministerium für Staatssicherheit der DDR durch seine administrative Leitung nicht zum Mittäter, sondern nur zum Teilnehmer der in der BRD agierenden Agenten erklärt werden.

**211** **b) Die Erheblichkeit des Tatbeitrages im Ausführungsstadium.** Auch wenn ein Tatbeitrag im Ausführungsstadium geleistet wird, begründet er doch nur dann die Mittäterschaft, wenn er „*wesentlich*" ist, d. h. wenn ihm eine im Rahmen arbeitsteiliger Ausführung relevante Funktion zukommt.[557] Es genügt also nicht die Hinreichung eines Erfrischungsgetränks an den schwer „arbeitenden" Einbrecher oder die Bereitstellung eines Löschblattes für den Urkundenfälscher, einerlei, ob diese Handlungen mit oder ohne „Täterwillen" erfolgen. Erst recht reicht ein „anfeuernder Zuruf" nicht aus, den der BGH auch ohne jede sonstige Beteiligung für eine Mittäterschaft nach § 178 genügen lassen will (MDR **1955** 244). Die Annahme, dass man auf Grund „geistiger Mitwirkung" die von einem anderen verübte sexuelle Nötigung „als ... eigene Tat gewollt" haben und dadurch zum Mittäter werden könne, löst die Tatbestandsbezogenheit des Täterbegriffs auf und ist im Grunde nicht einmal mit der subjektiven Teilnahmetheorie zu vereinbaren; denn wer nur am Rande des Geschehens ermunternde Reden führt, muss die Durchführung der Tat notgedrungen dem anderen anheim stellen und sich seinen Entschlüssen unterordnen. **„Psychische Mittäterschaft"** ist also **nicht möglich** (Rdn. 31). Die **Rechtsprechung** kann somit wegen ihrer Uneinheitlichkeit und des Umstandes, dass sie u. U. auch geringere vorbereitende Beiträge für die Mittäterschaft genügen lässt, nicht auf das Erheblichkeitskriterium festgelegt werden. Gleichwohl nähert sie sich ihm, wenn im Rahmen der von ihr bevorzugten „normativen Kombinationstheorie" (Rdn. 27, 32 f) der „Umfang der Tatbeteiligung" als ein „wesentlicher Anhaltspunkt" für die Annahme der Mittäterschaft beurteilt wird.

**212** Auf der anderen Seite ist jeder, der bei der Ausführung eine taterhebliche Funktion ausübt, Mittäter, **ohne** dass es dazu eines zusätzlichen **„Täterwillens"** bedürfte; denn wer die Durchführung einer Tat mitbeherrscht, kann sich den Folgen seines Tuns nicht durch innere Vorbehalte entziehen. Es ist also verfehlt, wenn der BGH früher denjenigen, der auf Grund eines gemeinsamen Planes mit Tötungsvorsatz das Opfer aus einem fahrenden Wagen wirft (VRS **23** 207 ff), der bei einer Vergewaltigung die Nötigung ausführt (bei Dallinger MDR **1973** 17) oder gar bei einem gemeinschaftlichen Mord den tödlichen Stich führt (bei Dallinger

557 Wie hier *Bloy* Zurechnungstypus S. 370; *Jakobs* § 21 Rdn. 51. In die gleiche Richtung weist BGHSt **34** 124. **Anders** *Stein* Beteiligungsformenlehre S. 321 und *Heinrich* Entscheidungsträgerschaft S. 289 f.

MDR **1974** 547), nur als Gehilfen bestraft hat, weil ein – als psychologisches Faktum ganz ungreifbarer – „Täterwille" gefehlt habe. Selbst der Umstand, dass jemand sich nur unter dem Druck seiner Komplizen an der Ausführung beteiligt, schließt zwar unter den Voraussetzungen des § 35 seine Verantwortlichkeit, nicht aber seine Mittäterschaft aus (so zutr. die bei Dallinger MDR **1966** 197 angeführten unveröffentl. BGH-Entscheidungen). Ob ein Tatbeitrag im Ausführungsstadium die für eine Mittäterschaft erforderliche Erheblichkeit erreicht, ist im Zweifel dann zu bejahen, wenn ein Tatbeitrag auf Grund eines vor der Ausführung besprochenen gemeinsamen Planes geleistet wird; denn ein Beitrag, der für die Durchführung als von vornherein irrelevant erscheint, wird kaum verabredet werden. Beim späteren Hinzutreten eines weiteren Beteiligten wird dagegen öfters nur eine begleitende Unterstützung geringfügiger Art und damit eine Beihilfe vorliegen.

**c) Maßgeblichkeit der ex-ante Perspektive.** Bis heute nicht abschließend geklärt ist die die Praxis in immer neuen Konstellationen beschäftigende, aber erst neuerdings vertieft erörterte Frage, ob die Erheblichkeit nach dem **Tatplan ex ante** oder durch eine **Kausalitätsprüfung ex post** zu beurteilen ist und welche Konsequenzen es hat, wenn der eine Partner im Ausführungsstadium *plangemäß nicht mehr (voll) zum Zuge kommt* (weil er nur zur Sicherheit auf Posten gestellt war) oder *seinen (vollen) Beitrag absprachewidrig*, aber ohne Mitteilung an den Partner *nicht* leistet. Nach der Rechtsprechung genügt die bloße Anwesenheit für die Annahme einer Mittäterschaft dann, wenn jemand nach dem Tatplan eine relevante Funktion erfüllen sollte und nur auf Grund des konkreten Tatablaufs mit weitergehenden Beiträgen nicht „zum Zuge kam" (RGSt **26** 345). Auch wenn jemand bei der Tat Schmiere gestanden hat, wäre es nach h. M. verfehlt, hinterher Beweise darüber aufzunehmen, ob die Tat im konkreten Fall auch ohne die Aufstellung des Wachtpostens gelungen wäre. Entscheidend soll vielmehr allein sein, ob von der Planung her der Aufpasser eine sachlich bedeutende Funktion ausübte, so dass es auf sein „Funktionieren" ggf. hätte ankommen können. Dies werde in der Regel zu bejahen sein, so dass der „Schmieresteher" Mittäter sei, es sei denn, seine Komplizen hätten ihn auf einen von der Planung her nicht erforderlichen, nebensächlichen Posten abgeschoben.[558] Andererseits ist die Entscheidung BGHSt **37** 289, wonach die bloße Tatortanwesenheit eines nach dem Tatplan ebenfalls zur Verhinderung einer Festnahme schussbereiten Komplizen, der aber (von seinem Partner unerkannt) nicht mehr mitmachen will, für eine Mittäterschaft ausreiche, auf allgemeine Ablehnung gestoßen.[559] 213

**d) Additive bzw. alternative Mittäterschaft.** In allen umstrittenen Fällen geht es darum, dass der im Ausführungsstadium (nur) noch geleistete Tatbeitrag des einen Komplizen für die Tatbestandserfüllung **keine conditio sine qua non** darstellt, aber entweder aus Sicherheitsgründen im Tatplan vorgesehen wurde oder einem sozialen oder (außerstraf)rechtlichen Reglement entspricht. Je nachdem, ob er nur für den Fall des Versagens des anderen Komplizen oder kumulativ auf das geschützte Rechtsgut einwirken soll, geht es um sog. alternative oder additive Mittäterschaft. Quer zu dieser steht die andere Unterscheidung, ob der Tatbeitrag tatplangemäß erbracht wird oder aus objektiven oder subjektiven Gründen hinter dem Tatplan zurückbleibt. 214

---

**558** *Roxin* LK[11] Rdn. 154, 191; *Hoyer* SK Rdn. 109; *Stein* Beteiligungsformenlehre S. 325; dagegen *Bloy* Zurechnungstypus S. 376 Anm. 357; *Kleszczewski* Rdn. 621.

**559** Näher *Roxin* TuT S. 680 ff Rdn. 58; *ders.* JR **1991** 206; *ders.* HRR AT 204 zu Fall 72; Fall 79. Ferner *Erb* JuS **1992** 197; *Hauf* NStZ **1994** 263 ff; *Herzberg* JZ **1991** 856; *Puppe* NStZ **1991** 571; *Stein* StV **1993** 411; laut *Roxin* LK[11] Rdn. 180 bedeute eine solche Entscheidung die Rückkehr zu extremen Formen der subjektiven Theorie, auch wenn sie sich fälschlich auf die Tatherrschaftslehre berufe.

215 **aa) Alternative Tatbeiträge.** Verlangt man für die Mittäterschaft, wie es der hier vertretenen Meinung entspricht, eine Mitwirkung im Ausführungsstadium, so stellt sich das von *Rudolphi*[560] entdeckte Problem, ob alternative Tatbeiträge eine Mittäterschaft begründen können. Er bildet den Fall, dass die Mörder A und B an verschiedenen Wegen auf das Opfer lauern, das auf einem der beiden Wege erscheinen kann (etwa auf zwei Seiten eines Flusses, „*Isarfall*"). Wenn nun A zum Schuss kommt, ist nach *Rudolphi* B nicht Mittäter des Tötungsdelikts, weil er bei der Ausführung durch A nicht mitgewirkt hat. Das führt ihn zu der Folgerung,[561] dass „die Mittäterschaft stets ein kumulatives Zusammenwirken bei der Verwirklichung des gesetzlichen Tatbestandes voraussetzt, ein bloß alternatives Zusammenwirken zur Erreichung eines bestimmten tatbestandlichen Unrechtserfolges dagegen zur Begründung einer Mittäterschaft noch nicht genügt".

216 Das ist aber eine **zu enge Auffassung.**[562] Wenn mehrere Mörder die verschiedenen Ausgänge des Hauses besetzen, in dem das Opfer sich aufhält, oder wenn sonst mehrere Täter sich so postieren, dass dem Opfer sämtliche Fluchtwege abgeschnitten werden, wirken sie alle bei der Ausführung mit.[563] Denn gerade dadurch, dass dem Opfer die andernfalls noch gegebenen Fluchtmöglichkeiten genommen werden, ergibt sich bei der Ausführung jene Arbeitsteilung, die das Wesen der funktionalen Tatherrschaft ausmacht. Anderes soll allerdings nach *Roxin* gelten, wenn die geplanten alternativen Tatbeiträge hintereinander gestaffelt sind („*Reserveschützefall*") oder örtlich auseinander liegen, etwa wenn in verschiedenen Städten für den Fall, dass der zu Ermordende dort auftaucht, potentielle Täter bereitstehen; dann begehe nur der den Mord, der das Opfer schließlich umbringt, denn hier fehle es an einem Beitrag der übrigen, die bei der konkreten Ausführung gar nicht in Aktion getreten sind.[564] Aber diese Gruppen sind kaum von einander abzugrenzen, wie der *Isarfall* zeigt; soll es von der Breite des Flusses abhängen?

217 **bb) Additive Tatbeiträge.** Die von ihm sog. additive Mittäterschaft hat als erster *Herzberg*[565] näher untersucht, indem er sich um den Nachweis bemühte, dass der Gedanke der Mitherrschaft zur Begründung der Mittäterschaft allgemein nicht geeignet sei.[566] Er meinte damit Fälle wie den,[567] dass bei einem Attentat zwanzig Verschwörer gleichzeitig auf das Opfer schießen, „um das Gelingen wahrscheinlicher zu machen", dass sich aber nach dem Gelingen nicht feststellen lässt, von wem die tödlichen Kugeln stammen (idem bei jeder Erschießung, siehe den „*Pelotonfall*" bei *Knauer* Kollegialentscheidung S. 139). Eine funktionelle Tatherrschaft liegt hier nach *Herzberg* nicht vor,[568] weil diese voraussetze, dass „die einzelnen Beiträge wie Räder einer Maschine ineinandergreifen", während hier der einzelne Beitrag unerheblich sei. „Wo zwanzig ... gemeinsam planen und wirken, da verkraftet das Unternehmen den Ausfall des einzelnen." Auch *Herzberg* will freilich nicht sämtliche Beteiligten nach dem Grundsatz in dubio pro reo

---

**560** FS Bockelmann 369 ff.

**561** FS Bockelmann 380; ähnlich *Stein* Beteiligungsformenlehre S. 328; i. Erg. auch *Schild* NK Rdn. 126; *Kreuzberg* S. 514 f.

**562** Vgl. schon *Roxin* JA **1979** 524 f; *ders.* TuT S. 878 f Rdn. 467; *ders.* AT § 25 Rdn. 232–233; zust. *Bloy* Zurechnungstypus S. 376 f; *Hoyer* SK Rdn. 110; *Joecks* MK Rdn. 230; *Kühl* AT § 20 Rdn. 109; *Renzikowski* Täterbegriff S. 287 Fn. 107; *Seelmann* JuS **1980** 574.

**563** Das gilt auch für den Sachverhalt der Entscheidung BGHSt **11** 268, wo drei fliehende Diebe sich verabredet hatten, Verfolger zu erschießen. Näher dazu *Roxin* JA **1979** 424 f.

**564** *Roxin* LK[11] Rdn. 188; *ders.* AT II § 25 Rdn. 233. Weitergehend *Maurach/Gössel/Zipf*[8] § 49 Rdn. 42, die von einer Teilhabe aller „an der kollektiven Tatherrschaft" ausgehen; im Ergebnis ebenso *Knauer* Kollegialentscheidung S. 138 f.

**565** TuT § 5 I 1.

**566** Ebenso *Seher* JuS **2009** 4.

**567** TuT § 5 I (Fall 42).

**568** TuT § 5 I 1.

vom Vorwurf der vollendeten Tötung freisprechen,[569] sondern ebenfalls eine Mittäterschaft bejahen,[570] die er nur nicht auf die gemeinsame Herrschaft der Beteiligten, sondern auf die „Gleichgewichtigkeit" der Tatbeiträge und die positivrechtliche Anordnung des § 25 Abs. 2 stützen will.

Richtig ist, dass das Zusammenwirken solcher „additiver" Beiträge anders gelagert ist als das Ineinandergreifen korrelativer Tatanteile, das den Regelfall der Mittäterschaft bildet. Gleichwohl leistet aber auch der additiv Mitwirkende ex ante gesehen einen wesentlichen Beitrag im Ausführungsstadium, weil beispielsweise jeder Schütze im *Pelotonfall* das Gelingen des Planes wahrscheinlicher macht. Der Erfolg kann ex ante von jedem einzelnen abhängen, und mehr ist für die gemeinsame Beherrschung des Geschehens traditionellerweise nicht verlangt worden.[571] Die Alternative wäre, niemanden als Täter der Erschießung anzuerkennen, was offensichtlich absurd wäre.[572] Freilich setzt das voraus, dass nicht der Beitrag jedes einzelnen Mittäters, sondern nur die mittäterschaftlichen **Beiträge in ihrer Gesamtheit** für den Erfolg **kausal** zu sein brauchen,[573] was insbesondere von *Puppe* entschieden bestritten wird.[574] *Puppe* selbst will die Kausalität im Pelotonfall als „Doppelkausalität" bzw. „Mehrfachkausalität" durch eine Reformulierung des Kausalbegriffs begründen, und zwar dergestalt, dass eine Einzelursache nur ein „notwendiger Bestandteil einer nach allgemeinen empirischen Gesetzen hinreichenden und wahren Bedingung" bzw., kürzer formuliert, ein „notwendiger Bestandteil einer nach Naturgesetzen hinreichenden Mindestbedingung" sei.[575] Auch dann, wenn man diese Formel für zutreffend hält,[576] löst sie aber den Pelotonfall entgegen *Puppe* nicht: Wenn jede abgefeuerte Patrone nachträglich identifizierbar wäre (man markiert sie mit einer bestimmten Farbe), wären die nicht im Körper des Opfers befindlichen Kugel keine Bestandteile einer *wahren* (sondern lediglich einer hypothetischen) Mindestbedingung. Gegen *Puppes* Lösung spricht ferner, dass ihr Kausalbegriff nach verbreiteter, aber umstrittener Auffassung in Wahrheit über die conditio sine qua non-Formel nicht hinausführt[577] und letztlich eine verkappte normative Zurechnung darstellt, so dass die mit ihr bezweckte Verlagerung des normativen Problems auf eine rein empirische Ebene nicht gelingt. Wenn man einen kausalen Beitrag des je einzelnen Mittäters verlangt, könnte man jedenfalls in den Fällen der *alternativen* Mittäterschaft nur auf die Kausalität des gemeinsam gefassten Tatplanes abstellen, die dann freilich ver- 218

**569** So freilich *Schmidhäuser* StuB § 10 Rdn. 62 und *Jakobs* § 21 Rdn. 55, die *Herzbergs* Bedenken teilen, aber anders als dieser eine Mittäterschaft überhaupt verneinen; *Schmidhäuser* verweist auf die Möglichkeit einer Beihilfe, *Jakobs* auf den Versuch des einzelnen. Gegen Mittäterschaft im Regelfall auch *Stein* Beteiligungsformenlehre S. 327 f. Abl. auch *Schild* NK Rdn. 126. Doch erscheint es geradezu paradox, dass z. B. das Einwerfen von Fensterscheiben durch eine nach gemeinsamem Plan handelnde geschlossene Gruppe von Leuten kein „gemeinschaftliches Begehen" sein soll. Eine neue Begründung entwickelt *Kelker* GA **2009** 94 f, anlässlich einer besonderen Fallkonstellation (sog. Online-Demonstrationen).

**570** TuT § 5 II 2b sowie § 5 I 2 Anm. 9.

**571** Gegen *Herzberg* deshalb *Bloy* Zurechnungstypus S. 372 ff; gegen *Herzbergs* Replik in ZStW **99** (1987) 55; *Roxin* LK[11] Fn. 273. Versuch einer Verfeinerung des Arguments bei *Greco* JRE **27** (2019) 373.

**572** *Greco* JRE **27** (2019) 373.

**573** Näher dazu *Knauer* Kollegialentscheidung S. 83 ff, 133 ff.

**574** FS Spinellis 927 ff: „Dieses Problem muß auf der Ebene der Kausalität gelöst werden, nicht auf der der Mittäterschaft" (a. a. O. S. 929). Ebenso bereits *dies.* JR **1992** 32; danach etwa *dies.* GA **2013** 524 f; zust. *Hoyer* GA **1996** 172 f; *Röh* Erklärung überbedingter Erfolge S. 46 ff; *Sofos* Mehrfachkausalität S. 156 ff. An der Kausalität jedes Einzelbeitrags für die Mittäterschaft hält auch *Becker* Gemeinschaftliches Begehen S. 167, 181 ff. fest, weshalb er zu einer Ablehnung der additiven Mittäterschaft kommen muss.

**575** Zuletzt (in Auseinandersetzung mit ihren Kritikern) *Puppe* NK Vor § 13 Rdn. 102 ff.; darin liegt eine (von *Puppe* freilich bestrittene) Anknüpfung an die Theorie der sog. Inus-Bedingung von *Mackie* (The Cement of the Universe [1974] S. 62 ff).

**576** Dafür *Roxin/Greco* AT I § 11 Rdn. 15a ff. m. zahl. Nachw.; *Greco* JRE **27** (2019), 381 f; dagegen *Schünemann* LK[12] Rdn. 195 m.w. Nachw. zur Kritik.

**577** *Dencker* Kausalität S. 110 ff; *Samson* FS Rudolphi 259 f; *Knauer* Kollegialentscheidung S. 120 ff; für Lösbarkeit im Rahmen der conditio-Formel *Schaal* Verantwortlichkeit S. 22 ff, 86 ff. Bei *Jakobs* FS Miyazawa 425 f wird die Kausalitätsfrage durch den schillernden Begriff der „Externalisierung" ersetzt. Gegen den im Text formulierten Einwand aber *Greco* ZIS **2011** 685.

neint werden müsste, wenn einer der Mittäter schon vorher zur Tat entschlossen war, der andere erst nachträglich mit dem Effekt einer Erweiterung des Tatplans hinzukam und das tatsächliche Geschehen so abläuft, dass bereits der ursprüngliche Entschluss des einen Mittäters und dessen Verwirklichung zur Herbeiführung des Erfolges ausreichen. Dies würde etwa im Isarfall zutreffen, wenn A bereits an einem Ufer auf der Lauer lag, als B zufällig hinzukam, dessen Angebot zu einer „Absicherung“ des anderen Ufers erfreut annimmt, dann aber selbst zum Schuss kommt, so dass man den gesamten Beitrag des B vollständig hinwegdenken kann, ohne dass der Erfolg entfiele. Dieselbe Konstellation gibt es auch bei der *additiven* Mittäterschaft, etwa wenn im Pelotonfall zunächst 10 Schützen zur Exekution angetreten sind, später noch einer hinzukommandiert wird und dann alle 11 schießen, wobei mindestens zwei je für sich tödliche Schüsse abgegeben werden, denn dann steht fest, dass die Erschießung auch ohne das Hinzutreten des 11. Schützen „erfolgreich“ abgelaufen wäre. Es wäre also jedenfalls möglich, nur denjenigen Beteiligten als Mittäter zu qualifizieren, dessen einzelne Beiträge zumindest vermöge der Generierung des Tatplanes für den Erfolg kausal geworden sind. Kriminalpolitisch überzeugender ist aber die Beurteilung der Wesentlichkeit des Tatbeitrages allein ex ante, weil der Zusammenschluss zu einer kollektiven Aktion im Rahmen des gemeinsamen Vorsatzes auch eine gemeinsame Verantwortung für das Ergebnis dieser Aktion begründet, deren positiv-rechtliche Anordnung in § 25 Abs. 2 zu finden ist.

219 **cc) Kollegialentscheidungen.** Für die Praxis bilden Kollegialentscheidungen die Feuerprobe der ganzen Konstellation. In der Lederspray-Entscheidung, die zu den meistdiskutierten Judikaten der letzten Jahrzehnte, wenn nicht überhaupt zählt,[578] hat der Bundesgerichtshof das Problem der Doppelkausalität bei additiver Mittäterschaft in der Variante zu entscheiden gehabt, dass für eine (zu einer Rechtsgutsverletzung führende) Mehrheitsentscheidung mehr Stimmen abgegeben wurden, als für die Entscheidungsfindung erforderlich waren, so dass sich jedes einzelne Mitglied des Gremiums scheinbar darauf berufen konnte, dass es ja auch ohne seine eigene positive Stimmabgabe ebenfalls zu der Mehrheitsentscheidung gekommen wäre. Der BGH hat dieses Problem in lakonischer Weise durch einen Verweis auf die Regeln der mittäterschaftlichen Zurechnung gelöst (BGHSt **37** 129), was außerordentlich umstritten,[579] nach den oben angestellten Überlegungen zur additiven Mittäterschaft im Ergebnis aber zutreffend ist.

220 **dd) Der im Vorbereitungsstadium ausscheidende Mittäter.** Allein die Beschränkung der Mittäterschaft auf Beiträge im Ausführungsstadium vermag dem in letzter Zeit viel diskutiertem Problem des im Vorbereitungsstadium ausscheidenden Mittäters gerecht zu werden.[580] Die Rspr. weist keine klare Linie auf; sie neigt dazu, Mittäterschaft weiterhin anzunehmen, wenn der mittäterschaftsbegründende Tatbeitrag im Vorbereitungsstadium bis zur Vollendung fortwirkt (BGHSt **28** 346 [348 f.]; **37** 289; NStZ **1994** 29 [30]; **1999** 449 [450]), obwohl es Entscheidungen

---

**578** BGHSt **37** 106. Dazu *Beulke/Bachmann* JuS **1992** 737; *Brammsen* Jura **1991** 533; *ders.* GA **1993** 97; *Corell* Verantwortlichkeit S. 116 ff; *Greco* ZIS **2011** 674, 681 ff; *Hassemer* Produktverantwortung im modernen Strafrecht (1994) 25 ff; *Hilgendorf* NStZ **1993** 10, 15 f; *ders.* NStZ **1994** 561; *ders.* Strafrechtliche Produzentenhaftung in der „Risikogesellschaft“ (1993) S. 107 ff; *Hirte* JZ **1992** 257; *Kuhlen* NStZ **1990** 566; *ders.* JZ **1994** 1142; *Maier* NJW **1992**, 3193; *Neudecker* Verantwortlichkeit S. 260 f; *Puppe* JR **1992** 30; *Ransiek* ZGR **1992** 203; *Samson* StV **1991** 182; *Schmidt-Salzer* PHI **1990** 234; *Schünemann* in: Gimbernat/Schünemann/Wolter (Hrsg.) Internationale Dogmatik S. 66 ff; *ders.* in: Umweltschutz pp. S. 163 ff; *ders.* FG BGH IV 636 ff; *Schaal* Verantwortlichkeit S. 22 ff; *Weißer* Täterschaftsprobleme S. 35 ff; *Knauer* Kollegialentscheidung.

**579** Im Ergebnis wie der BGH *Dencker* Kausalität S. 127 ff, 229 f; *ders.* in *Amelung* Verantwortung S. 67 ff; *Knauer* Kollegialentscheidung S. 180; wie *Puppe* versuchen dagegen *Neudecker* Verantwortlichkeit S. 224 f und *Weißer* Täterschaftsprobleme S. 116 ff eine Lösung durch den Kausalbegriff.

**580** Hierzu *Puppe* NStZ **1991** 571; *Hauf* NStZ **1994** 263; *Eisele* ZStW **112** (2000) 745; *Fad* Abstandnahme S. 131 ff; *Roxin* FS Frisch 613 ff.

gibt, die wegen der fehlenden Herrschaft oder Beeinflussung des Ob und Wie des tatbestandsmäßigen Geschehens eine Mittäterschaft ablehnen (BGH NStZ **1987** 364). In der Literatur werden die verschiedensten Vorschläge unterbreitet;[581] ihnen haftet immer ein Hauch des Zufälligen an, was erst überwunden wird, wenn die Mittäterschaft auf ihre allein richtige Reichweite, die Tatausführung, zurückgeführt wird. Wer davor ausscheidet, beteiligt sich nicht an der Tatausführung und kann deshalb **nicht Mittäter** sein.[582]

## 4. Die sukzessive Mittäterschaft

Die sukzessive Mittäterschaft, d. h. der mittäterschaftsbegründende Eintritt in eine schon begonnene Ausführungshandlung, ist unbestrittenermaßen möglich und bietet als solche keine rechtlichen Probleme (vgl. etwa RGSt **8** 43; BGHSt **2** 345; BGH GA **1969** 214; GA **1986** 229).[583] Wer also bei einer Widerstandshandlung hinzukommt und sich nun an weiteren Angriffen auf den Vollstreckungsbeamten beteiligt (§ 113) oder wer bei einem Diebstahl nach geschehener Entwendung eines Teils der Beute bei der Wegnahme der restlichen Stücke mitwirkt, ist Mittäter; Voraussetzung dafür ist natürlich, dass die nachträgliche Beteiligung im Einverständnis aller Mitwirkenden erfolgt (Rdn. 95 ff) und nicht etwa selbständig und auf eigene Rechnung geschieht. Eine sukzessive Mittäterschaft soll nach der Rechtsprechung während des gesamten Ausführungsstadiums möglich sein, also auch noch *zwischen formeller Vollendung und materieller Beendigung* der Tat.[584] Wer also nur den Abtransport der schon weggenommenen, aber noch nicht endgültig gesicherten Diebstahlsgegenstände besorgt, soll danach Mittäter sein können. Allerdings muss eine Förderung noch möglich sein. Ist dies nicht der Fall, „weil für die Herbeiführung des tatbestandsmäßigen Erfolges schon alles getan ist und weil das Tun des Eintretenden auf den weiteren Ablauf des Geschehens ohne Einfluss bleibt, kommt mittäterschaftliche Mitwirkung trotz Kenntnis, Billigung und Ausnutzung der durch einen anderen geschaffenen Lage nicht in Betracht" (BGH bei Dallinger MDR **1975** 366). In ähnlicher Weise hat BGH NStZ **1984** 548 eine Mittäterschaft bei § 226 a. F. (heute § 227) abgelehnt, weil der Angeklagte erst hinzugetreten war und dem Opfer (nicht tödliche) Schläge versetzt hatte, nachdem zwei andere dem Opfer die zum Tode führenden Verletzungen schon beigebracht hatten. Auch nach materieller Beendigung einer Tat (hier: eines Raubes) scheidet jede sukzessive Beteiligung aus (BGH NJW **1985** 814).[585] **Richtig** ist allein, auch zwischen formeller Vollendung und materieller Beendigung, also nach vollständiger Erfüllung des Tatbestandes, keine Mittäterschaft mehr zuzulassen.[586] Für den praktisch wichtigen Fall des Abtransports der Beute ergibt sich daraus freilich 221

**581** Darstellung und Würdigung bei *Roxin* FS Frisch 618 ff.

**582** Ebenso *Roxin* FS Frisch 625 ff.

**583** S.a. BGH NStZ **1984** 548; NStZ **1985** 70 (71); NStZ **2009** 631 (632); NStZ **2012** 207 (208, mit Betonung subjektiver Anforderungen, nämlich der Vorstellung des Hinzutretenden, die Herbeiführung des tatbestandsmäßigen Erfolges durch sein eigenes Handeln weiter zu fördern); StraFo **2010** 296; NJW **2016** 2518 (Rdn. 19 ff); NStZ **2016** 607 (608); NStZ **2016** 611 (Rdn. 19 ff); BeckRS **2017** 109266 (Rdn. 5).

**584** RGSt **71** 193, 194; OGHSt **3** 3; BGH NStZ-RR **1997** 319; BGH NStZ **1997** 272; **1998** 565; **2000** 594; BGH wistra **2001** 378; aber nicht mehr nach der materiellen Beendigung (BGH NStE Nr. 15 zu § 25; BGHSt **48** 52 [56]; NStZ **2008** 280 [281]; NStZ **2010** 146 [147]; NStZ-RR **2011** 111 [112]; NStZ **2016** 524 [525]; StV **2018** 717 [Rdn. 8]; BeckRS **2018** 37282 [Rdn. 7]) bzw. – wohl gleichbedeutend – nachdem für die Verwirklichung des Tatbestands alles getan bzw. das Geschehen schon vollständig abgeschlossen ist (BGH NStZ **2011** 699 [702]; NStZ-RR **2014** 73; NStZ-RR **2017** 221 [222]; NStZ **2019** 513 [Rdn. 6 f.]; NStZ **2019** 725 [Rdn. 14]). Allgemein zur (z. T. problematischen) Unterscheidung zwischen formeller Vollendung und materieller Beendigung zuletzt *Kühl* FS Roxin I 665 ff.

**585** Zu dem Fall ausführlich *Küper* JuS **1986** 862.

**586** Vgl. dazu die ausführl. Darlegungen zum entspr. Problem der Beihilfe bei *Schünemann/Greco* LK § 27 Rdn. 40 ff.

nur selten ein abweichendes Ergebnis, weil bei gewichtigeren Gegenständen auch die formelle Vollendung erst mit dem Abtransport eintritt.‘

222 Darüber hinaus rechnet die neuere Rechtsprechung einem nachträglich hinzukommenden Mittäter auch solche **Erschwerungsgründe** zu, die schon **vor seinem Eintritt verwirklicht** worden sind. In der Leitentscheidung BGHSt **2** 344 hatte ein zunächst allein handelnder Dieb eine Verkaufsbude aufgebrochen, einen Teil der Lebensmittel entwendet, in die Wohnung des bisher uneingeweihten Angeklagten gebracht und dann mit diesem gemeinsam den Rest der Beute aus dem Kiosk geholt. Der BGH bestrafte entgegen der Rechtsprechung des RG (RG Rechtsprechung **8** 80; RG JW **1923** 756; **1924** 1436; RGSt **59** 79, 82) den später Hinzukommenden als Mittäter aus dem erschwerten Tatbestand des § 243 Abs. 1 Nr. 2 a. F., obwohl der Erschwerungsgrund schon vor seinem Eintritt in den Tatplan abgeschlossen vorlag. „Wenn jemand in Kenntnis und Billigung des bisher Geschehenen als Mittäter eintritt, so bezieht sich sein Einverständnis auf einen verbrecherischen Gesamtplan, und das Einverständnis hat die Kraft, daß ihm auch das einheitliche Verbrechen als solches strafrechtlich zugerechnet wird“ (BGHSt **2** 344, 346). Etwas anderes soll nur dann gelten, wenn der zuerst allein Handelnde die Tat nach dem ersten Teilabschnitt als beendet angesehen und erst nachträglich auf Grund eines neuen Tatentschlusses den Komplizen für die Fortführung des Diebstahls herangezogen hatte. Der BGH stützt sich im Wesentlichen auf das Argument, dass nach ständiger Rechtsprechung dem Gehilfen unabhängig vom Zeitpunkt seiner Unterstützung alle vom Täter verwirklichten Erschwerungsgründe zuzurechnen seien (RGSt **52** 202) und dass es keinen einleuchtenden Grund für eine unterschiedliche Behandlung von Beihilfe und Mittäterschaft gebe.

223 Die **spätere Rechtsprechung** ist dem im wesentlichen gefolgt (BGH GA **1966** 210; BGH bei Holtz MDR **1982** 446). Allerdings wird **einschränkend** betont, dass hinsichtlich bereits abgeschlossener Vorgänge eine sukzessive Mittäterschaft nicht möglich sei. Wenn jemand bei Begehung eines Raubes erst nach Ausübung der Gewalt hinzukommt, soll er demnach zwar Mittäter nach § 249, nicht aber auch Mittäter der durch die Gewaltanwendung gleichzeitig verwirklichten und schon abgeschlossen vorliegenden Körperverletzung sein können (BGH bei Dallinger MDR **1969** 533; BGH NStZ **2016** 524). Auch ein Raub mit Todesfolge (BGH NStZ **2008** 280;[587] s. a. BGH NStZ **2016** 211 Rdn. 19 ff) oder ein schwerer Raub mit Verwendung einer Waffe (§ 250 Abs. 2, BGH NStZ-RR **2017** 221 [222]) kann von demjenigen verwirklicht werden, der nach der Gewaltanwendung hinzutritt. Wenn jemand eine Vergewaltigung beobachtet und anschließend mit der physisch und psychisch völlig erschöpften und kraftlosen Frau ebenfalls den Geschlechtsverkehr ausübt, den diese regungslos über sich ergehen lässt, begründet die gewaltlose Ausnutzung der schon vollendeten Vergewaltigung keine Mittäterschaft (BGH GA **1977** 144). Einen entsprechenden Fall behandelt BGH NStZ **1985** 70: „Ist der Eintritt des Angeklagten erst nach Vollendung der Vergewaltigung durch die anderen Mitangeklagten erfolgt, kommt eine mittäterschaftliche Mitwirkung trotz Kenntnis, Billigung und Ausnutzung der durch die anderen geschaffenen Lage nicht in Betracht.“ Auch vom Standpunkt der Rechtsprechung aus zu weit geht aber BGH JZ **1981** 596.[588] Hier hatten R und G gemeinsam H verprügelt und bewusstlos geschlagen. Während des Zuschlagens entschloss sich R entgegen einer andersartigen Abrede unter den beiden Tätern, dem H die Geldbörse aus der Tasche zu ziehen. Erst nachträglich bemerkte G die Wegnahme und ließ sich nach anfänglichem Widerstreben einen Beuteanteil aufdrängen. Der BGH bestrafte ihn als Mittäter nach § 250 Abs. 1 Nr. 3, obwohl der Raub (entgegen den Darlegungen des Urteils) abgeschlossen war und G nicht einmal Beihilfe zur Wegnahme geleistet hatte.

---

**587** Hierzu *Murmann* ZJS **2008** 461 ff.

**588** **Abl.** *Küper* JZ **1981** 568; *Kühl* JuS **1982** 189.

Das **Schrifttum** war der Rechtsprechung des BGH anfangs überwiegend gefolgt,[589] während mittlerweile das nahezu einhellige Schrifttum eine mittäterschaftliche Zurechnung vorher verwirklichter Erschwerungsgründe prinzipiell ablehnt.[590] Diese Ablehnung verdient Beifall.[591] Wenn Mittäterschaft Mitherrschaft ist, kann sie nur so weit reichen, wie bestimmte Qualifikationsmerkmale in funktionsbedingter Arbeitsteilung verwirklicht werden; was vor dem Eintritt in den Tatplan geschehen ist, entzieht sich jeder Mitbeherrschung. Aber selbst vom Standpunkt der subjektiven Theorie aus kann eine nachträgliche Kenntnisnahme nicht als ein „Täterwille" gedeutet werden, der jedenfalls beim Geschehen selbst vorliegen und das Handeln aller Beteiligten schon zu diesem Zeitpunkt mitbestimmen müsste. Auch kriminalpolitisch ist die Lösung des BGH unpraktikabel. Denn ob derjenige, der das Qualifikationsmerkmal verwirklicht, bei der späteren Hinzuziehung eines Komplizen auf Grund eines von vornherein gefassten Gesamtplanes oder eines neuen Tatentschlusses handelt, kann der nachträglich Dazukommende nur selten wissen und ist auch für die Beurteilung seiner Strafwürdigkeit gleichgültig. 224

Unter den die Rechtsprechung des BGH ablehnenden Autoren ist weiterhin strittig, ob der nach Verwirklichung eines Erschwerungsmerkmals Hinzukommende wenigstens wegen **Beihilfe zum erschwerten Tatbestand** bestraft werden kann[592] oder ob auch insoweit eine Anrechnung des Erschwerungsgrundes unterbleiben muss.[593] In diesem Punkt ist der Rechtsprechung zuzustimmen, die eine Anrechnung der Erschwerungsumstände zulässt. Denn die Beihilfe ist – anders als die Mittäterschaft – akzessorisch; der Gehilfe wird nicht für die eigene Mitverwirklichung des Tatbestandes, sondern dafür bestraft, dass er fremdes Handeln fördert. Dabei kann es auf den Zeitpunkt der Förderung nicht ankommen: Wer dem eingeschlossenen Einbrecher auf Grund eines plötzlichen Entschlusses eine Strickleiter durch das Fenster wirft, an der dieser sich mit der Beute herablassen kann, hat Beihilfe zum Einbruchsdiebstahl geleistet, auch wenn die Qualifikation im Zeitpunkt des Hinzutritts bereits verwirklicht war. So wäre auch in BGHSt **2** 344 neben der Mittäterschaft beim einfachen Diebstahl eine Beihilfe zu § 243 Abs. 1 Nr. 2 a. F. anzunehmen gewesen, weil der zuerst Handelnde die Beute nicht allein hatte abschleppen können, so dass der später Hinzutretende ihm insoweit auch im Hinblick auf den Einbruch geholfen hat. Vgl. auch *Schünemann/Greco* LK § 27 Rdn. 44. 225

Im Schrifttum wird teilweise die Meinung vertreten, dass die Problematik der Anrechnung von Erschwerungsgründen bei der sukzessiven Mittäterschaft ihre praktische Bedeutung heute weitgehend verloren habe, nachdem § 243 nur noch eine **Strafzumessungsregel** sei.[594] Dem ist jedoch entgegenzuhalten, dass die Rspr. z. B. auch im Verhältnis von Raub und Diebstahl eine Anrechnung bereits abgeschlossener Erschwerungsgründe vornimmt (BGH bei 226

---

**589** Vgl. noch die Nachweise bei *Roxin* LK[10] § 25 Rdn. 136 Anm. 195. Im älteren Schrifttum folgten der Rspr. im wesentlichen noch *Blei* I § 78 II; *Busch* LK[9] § 47 Rdn. 17; *Küpper* GA **1986** 437 ff, 447 f; *Niese* NJW **1952** 1176 ff; *Preisendanz* IV 7; *Welzel* § 15 IV 1. Heute finden sich zust. Äußerungen so gut wie nicht mehr (für Ausnahmen *Fischer* Rdn. 39 f. und *Frister* AT § 26 Rdn. 13).

**590** Baumann/Weber/Mitsch/*Eisele* § 25 Rdn. 82 f; *Bockelmann* AT [3](1979) § 23 III 1; *Bockelmann/Volk* § 23 III 1; *Ebert* AT S. 202 f (zweifelnd); *Eser* II Fall 40 Rdn. 16–19; *Freund*, AT § 10 Rdn. 160; *Geppert* Jura **2011** 35 f; *Gössel* FS Jescheck 537 ff; *Grabow/Pohl* Jura **2009** 659; *Heinrich* Rechtsgutszugriff 303 f; *Herzberg* TuT 4. Teil III 2; *Jakobs* § 21 Rdn. 60; *Jescheck/Weigend* § 63 II 2 Anm. 18; *Joecks* MK Rdn. 182; *Köhler* AT 520; *Küper* JZ **1981** 570 ff; *Kühl* AT § 20 Rdn. 129 (unklar Lackner/Kühl/*Kühl* § 25 Rdn. 12); *Otto* AT § 21 IV 2c bb cc (Rdn. 64–67); *Rengier* JuS **2010** 283; Maurach/Gössel/Zipf/*Renzikowski* § 49 Rdn. 53 ff; *Rudolphi* FS Bockelmann 377 f; *Samson* SK[6] Rdn. 48; *Seelmann* JuS **1980** 573; *Schilling* S. 105; *Schmidhäuser* AT § 14 Rdn. 21; *ders.* StuB § 10 Rdn. 65; Sch/Schröder/*Heine/Weißer* Rdn. 96; *Stratenwerth/Kuhlen* AT § 12 Rdn. 88; wohl auch *Gropp* AT § 10 Rdn. 210 ff. Noch enger *Hoyer* SK Rdn. 125: auch Zeitgleichheit reiche nicht aus.

**591** Eingehende Begründung in *Roxin* TuT S. 289–292; *ders.* AT II § 25 Rdn. 221 ff. Vgl. zum Vorsatzproblem bei sukzessiver Mittäterschaft auch *Roxin/Greco* AT I § 12 Rdn. 77.

**592** So *Roxin* TuT S. 290 f.

**593** *Eser* II Fall 40 Rdn. 20; *Herzberg* TuT 4. Teil III 2 a. E.

**594** *Schmidhäuser* AT § 14 Rdn. 21; *ders.* StuB § 10 Rdn. 65.

Dallinger MDR **1969** 553) und dass auch im Verhältnis der §§ 242, 243 zueinander die Frage für die Strafrahmenwahl bei der Strafzumessung noch ähnliche Bedeutung hat wie zuvor.[595]

### 5. Der Versuch bei der Mittäterschaft

227 Die h. M.[596] steht auf dem Boden der „*Gesamtlösung*".[597] Danach wird der Versuchsbeginn für alle Mittäter einheitlich auf den Zeitpunkt festgelegt, in dem einer von ihnen das Versuchsstadium erreicht; Mittäter des Versuchs ist also auch der, der selbst in diesem Augenblick noch bei den Vorbereitungen verharrt oder überhaupt noch nichts getan hat. Diese Auffassung wird von der vordringenden „*Einzellösung*"[598] bekämpft, der zufolge auch ein Mittäter erst dann wegen Versuchs bestraft werden kann, wenn er selbst das Versuchsstadium erreicht hat.

228 Die beiden Auffassungen führen auch bei ihren jeweiligen Vertretern zu **unterschiedlichen Ergebnissen,** je nachdem, welche Täterschaftskonzeption man im Übrigen zugrunde legt.[599] Wenn man von der Tatherrschaftslehre in der hier vertretenen Form ausgeht, wonach Mittäterschaft einen erheblichen Tatbeitrag im Ausführungsstadium voraussetzt, wird man der *Einzellösung* den Vorzug geben müssen. Denn auch der Mittäter eines Versuchs muss den Versuch mitbeherrschen; das aber ist nur möglich, wenn er im Versuchsstadium mitwirkt. Wer also die Beute vom Tatort abtransportieren soll und sich mit seinem Auto noch zu Hause aufhält, während der Komplize schon in die fremde Wohnung eindringt, leistet in diesem Augenblick nur psychische Beihilfe. Erst mit seinem Eintreffen am Tatort beginnt auch für ihn der Versuch, indem er nun zur Beutesicherung ansetzt und einen Beitrag erbringt, der für das Gelingen des Einbruchs wesentlich ist. Die Gesamtlösung lässt sich nur mit der Auffassung vereinbaren, die auch vorbereitende Handlungen für die Mittäterschaft ausreichen lässt.

---

**595** *Eser* II Fall 40 Rdn. 15.

**596** BGHSt **39** 237; *Roxin* LK[10] § 25 Rdn. 139 f; *ders.* JA **1979** 1 ff, 13. Eine monographische Ausarbeitung liefert *Küper* Versuchsbeginn und Mittäterschaft (1978) mit eingehenden Literaturnachweisen (S. 11 ff Anm. 5 ff); vgl. ferner *Ahrens* JA **1996** 664 ff; Baumann/Weber/Mitsch/*Eisele* § 22 Rdn. 79; *Buser* Zurechnungsfragen S. 150 f; *Dencker* Kausalität S. 191 ff; *Geppert* Jura **2011** 36; *Gropp* AT § 10 Rdn. 191; *Ingelfinger* JZ **1995** 704 ff, 713; *ders.* HK-StGB Rdn. 53; *Jakobs* § 21 Rdn. 61; *Jescheck/Weigend* § 63 IV 1; *Joecks* MK Rdn. 267; *Krack* ZStW **110** (1998) 611, 621; *Kühl* AT § 20 Rdn. 123; *ders.* JA **2014** 673; *Küper* JZ **1979** 775 ff; *Küpper/Mosbacher* JuS **1995** 488; Lackner/Kühl/*Kühl* § 22 Rdn. 9; *Mylonopoulos* GA **2011** 464 ff; Maurach/Gössel/Zipf/*Renzikowski* § 49 Rdn. 100; *Otto* AT § 21 Rdn. 125; Sch/Schröder/*Eser/Bosch* § 22 Rdn. 55; *Seher* JuS **2009** 309; *Stoffers* MDR **1989** 208; *Wessels/Beulke/Satzger* Rdn. 963 ff; *Zaczyk* NK § 22 Rdn. 67; wohl auch *Fischer* § 22 Rdn. 21. Zur Problematik bei **vermeintlicher Mittäterschaft** s. die Kontroverse BGHSt **39** 236; **40** 299; **40** 303; NStZ **2004** 110; *Geppert* Jura **2011** 36 f; *Graul* JR **1995** 427; *Herzberg* MK[1] § 22 Rdn. 148 ff; *Ingelfinger* JZ **1995** 704; *Küpper/Mosbacher* JuS **1995** 488; *Ahrens* JA **1996** 664; *Roßmüller/Rohrer* MDR **1996** 986; Sch/Schröder/*Eser/Bosch* § 22 Rdn. 55a; *Streng* ZStW **109** (1997) 890 ff; *Bloy* ZStW **117** (2005) 29 f; *Bosch* Jura **2011** 909 (915 f); *Klesczewski* FS Puppe 633; *Mylonopoulos* GA **2011** 471 ff; *Renzikowski* JuS **2013** 486 ff; *Mitsch* FS Kühne 31; *Globke/Hettinger* FS Kühl 213; Maurach/Gössel/Zipf/*Renzikowski* § 49 Rdn. 103.

**597** Der Begriff stammt von *Schilling* Verbrechensversuch 1 und passim.

**598** *Schilling* Verbrechensversuch, der auch den Begriff „Einzellösung" geprägt hat; zuerst von *Rudolphi* (FS Bockelmann 383 ff; ebenso *Rudolphi* SK[6] § 22 Rdn. 19a) fortentwickelt zur „tatherrschaftsorientierten Einzellösung" (Ausdruck von *Krack* ZStW **100** [1998] 613). Ihr folgen: *Bauer* Vorbereitung S. 189 ff; *Bloy* Zurechnungstypus S. 265 ff; *Kratzsch* JA **1983** 587; *Roxin* LK[11] Rdn. 199; *ders.* AT II § 29 Rdn. 297 ff mit eingehender Begründung; *ders.* FS Frisch S. 625 ff; *Puppe* GA **2013** 526; *Stein* Beteiligungsformenlehre S. 318; *Valdágua* ZStW **98** (1986) 839 ff; wohl auch *Mitsch* FS Kühne S. 45. Vgl. auch *Günther* GA **1983** 333.

**599** So ist etwa die von *Schilling* vertretene Variante der Einzellösung allgemeiner Ablehnung verfallen, weil er bereits die im Verabredungsstadium stattfindende Einwirkung eines Mittäters auf den anderen als Versuchsbeginn beurteilen will (*Schilling* Verbrechensversuch S. 112 ff; dazu krit. *Küper* Versuchsbeginn und Mittäterschaft [1978] S. 61 ff; *ders.* JZ **1979** 783). Zu einem von RGSt **9** 3; BGH bei Holtz MDR **1977** 807 f versuchten Mittelweg näher *Roxin* LK[11] Rdn. 200; *Küper* JZ **1979** 775 ff.

## V. Täterschaft und Teilnahme bei Unterlassungen und bei fahrlässiger Tat

### 1. Täterschaft und Teilnahme bei Unterlassungen

Die Frage, ob ein erfolgsabwendungspflichtiger Garant, der die deliktische Handlung eines anderen nicht verhindert, Täter oder Teilnehmer sei, wird von der Rechtsprechung nach denselben Kriterien beurteilt wie bei Begehungsdelikten. Das **RG** hat also im Sinne der subjektiven Theorie darauf abgestellt, ob der Unterlassende den Täter- oder Teilnehmerwillen hatte (vgl. Rdn. 21 ff), wobei im Verhältnis zu einem vorsätzlichen Begehungstäter meist eine Beihilfe des Unterlassenden angenommen wurde. Zu nennen sind: RGSt **53** 292; **58** 244, 247; **64** 273, 275; **66** 71, 75; **69** 349; **73** 53, 54. **229**

**a) Erste Annäherung.** Der **BGH** hat sich in einer Reihe von Entscheidungen mit der Frage befasst[600] und dabei die verschiedenen Ansätze seiner Rechtsprechung (vgl. Rdn. 20–42) in wechselnder Weise auf die Unterlassungen übertragen. BGHSt **2** 150 ff bestraft eine Frau, die den Selbstmord ihres Mannes nicht verhinderte, als Täterin eines Totschlages durch Unterlassen und zieht dabei den Gedanken der Tatherrschaft heran:[601] Regelmäßig habe „der Hilfspflichtige die volle oder doch einen großen Teil der Herrschaft über die Sachlage" und könne ihr „durch sein Eingreifen die entscheidende Wendung geben". Demgegenüber sei „ein innerer Vorbehalt unbeachtlich, den Tod nicht als die Folge eigener Verursachung zu wollen" (a. a. O. S. 156). In einer zweiten Entscheidung (BGH LM Nr. **10** Vor § 47)[602] hatte der Angeklagte als Vater tatenlos zugesehen, wie die Mutter das neugeborene Kind ertränkte. Hier will der BGH die Beteiligungsform „nach der inneren Haltung des Angeklagten zur Tat und zum Erfolg" beurteilen und dabei „Willensrichtung, Tatherrschaft und Interesse am Taterfolg unter Berücksichtigung des Umfangs der eigenen Tatbestandsverwirklichung" ins Auge fassen. BGHSt **13** 162 ff[603] behandelt wieder einen Fall der unterlassenen Selbstmordhinderung, kommt hier aber abweichend von BGHSt **2** 150 auf Grund rein subjektiver Abgrenzung zur Annahme einer (straflosen) Beihilfe. Die Umstände sprächen dafür, dass der Angeklagte „das zum Tode seiner Schwiegermutter führende, von ihr selbständig herbeigeführte Geschehen ... nicht beherrschen wollte, dass ihm also der ‚Täterwille' gefehlt" habe. Dieser Wille sei „auch bei Begehen einer verlangten Tötung durch Unterlassen erforderlich" (a. a. O. S. 166). BGH MDR **1960** 939 f[604] kehrt dann aber für die Nichthinderung eines Selbstmordes der Sache nach wieder zu einer objektiven Abgrenzung zurück, indem der Täterwille der Angeklagten daraus gefolgert wird, dass sie, als der Verlobte „sich in die Schlinge hatte fallen lassen und bewusstlos war, die volle und alleinige Tatherrschaft" innehatte. Die Entscheidung BGH NJW **1966** 1763 behandelt einen (richtigerweise nur unter § 323c zu subsumierenden) Fall, in dem eine Gastwirtin es geduldet hatte, dass Stammgäste einer jungen Frau Haare abgeschnitten hatten.[605] Dabei hebt das Urteil für die Abgrenzung zunächst auf die in BGH LM Nr. **10** Vor § 47 genannten objektiven Kriterien ab, stützt die Täterschaft der Angeklagten dann aber allein auf das subjektive Merkmal, dass sie „das Treiben der vier männlichen Täter" billigte. Im berühmten Fall Wittig (BGHSt **32** 367 ff), in dem ein Arzt seine Patientin nach einem Selbstmordversuch bewusstlos angetroffen und sie ihrem Wunsch entsprechend nicht ins Krankenhaus gebracht, sondern ihren Tod abgewartet hatte, ging der BGH nach irriger Bejahung einer Garantenstellung aus Übernahme[606] von der Tatherrschaft des Arztes aus (S. 374). **230**

---

**600** Nähere Analyse und kritische Erörterung bei *Roxin* TuT S. 489 ff, 572, 589 ff, 595 f, 900 ff. Rdn. 523 ff.
**601** Näher *Roxin* TuT S. 91 f.
**602** Näher *Roxin* TuT S. 95 f.
**603** Näher *Roxin* TuT S. 101 f.
**604** Näher *Roxin* TuT S. 103 f.
**605** Näher *Roxin* TuT S. 572 f.
**606** Denn die Übernahme der Behandlung von Krankheiten bedeutet mitnichten die Übernahme der Herrschaft über den freien Suizidwillen als Grund des Erfolges. Ebenso *Roxin* LK[11] Rdn. 208.

Eine Verurteilung nach § 216 durch Unterlassen wurde nur dadurch vermieden, dass der BGH für den hier vorliegenden Extremfall, in dem bei einer Rettung der Patientin irreversible Gesundheitsschäden zurückgeblieben wären, die Gewissensentscheidung des Arztes respektierte und eine Erfolgsabwendungspflicht verneinte.[607] Dagegen stellt die Entscheidung BGH StV **1986** 59[608] in einem Fall, in dem ein Garant einer Tötung tatenlos zugesehen hatte, wieder ganz auf die subjektive Theorie ab. Es komme darauf an, „ob das Nichteinschreiten vom Gehilfen- oder Tätervorsatz getragen war ... Abgrenzungskriterium ist weder die Rechtspflichtverletzung zur Erfolgsabwendung noch die Billigung der durch den anderen vollzogenen Tötung; denn beides ist auch für die Annahme einer Beihilfe durch Unterlassen erforderlich ... Vielmehr entscheidet die innere Haltung des Unterlassenden zu der Begehungstat des anderen und zu dem Taterfolg darüber, ob das pflichtwidrige Untätigbleiben als Beihilfe oder Täterschaft zu werten ist (BGH NJW **1966** 1763)". Im Ergebnis wurde eine Täterschaft durch Unterlassen angenommen. In BGH NStZ **2009** 321[609] geht es um einen Gefängnisinsassen, der das im selben Haftraum untergebrachte Opfer wiederholt misshandelt und gedemütigt hatte, und der es unterlies, gegen neue Misshandlungen durch einen anderen Zellengenossen einzuschreiten. Bezüglich dieser letzten Tat sei ihm nur die Rolle eines Gehilfen zuzuerkennen: Das Geschehen habe nicht er maßgeblich gesteuert; die Beteiligung an der von ihm mitgeschaffenen Atmosphäre der Gewalt mache ihn nur zur Randfigur dieser Geschehen, zumal ein besonderes Tatinteresse und eine Täterwille bei ihm fehlen würden. In BGHSt **54** 44 (51 f. Rdn. 31) sowie in BGH NStZ **2012** 379 (380) kehrt das Gericht hingegen zu einer nahezu rein subjektivierenden Bestimmung der Beteiligungsverhältnisse zurück. Manchmal heißt es eher pauschal, die Unterscheidung der Beteiligungsformen sei anhand derselben Maßstäbe vorzunehmen wie beim Begehungsdelikt (so zuletzt BGH BeckRS **2018** 13259 [Rdn. 18]).

**231** Gegenüber dieser schwankenden und uneinheitlichen Rechtsprechung steht eine im **Schrifttum** verbreitete Meinung auf dem Standpunkt, dass ein unterlassender Garant neben einem vorsätzlich handelnden Begehungstäter grundsätzlich nur **Gehilfe** sein könne, was teils mit Akzessorietätsüberlegungen begründet wird (*„strenge Gehilfentheorie"*),[610] teils mit der fehlenden Tatherrschaft, die „erst dann auf den Unterlassenden übergeht, wenn der Handelnde den Tatablauf nicht mehr beherrscht"[611] (*„eingeschränkte Gehilfentheorie"*). Im jüngeren Schrifttum sind immer wieder neue Anläufe vergenommen worden, deren Begründetheit alles Andere als einleuchten dürfte.[612]

**607** Eine nähere Auseinandersetzung mit der über die Täterfrage weit hinausreichenden Problematik des Urteils kann hier nicht gegeben werden. Die wichtigsten Beiträge liefern *R. Schmitt* JZ **1984** 866 ff; *Eser* MedR **1985** 6 ff; *Gropp* NStZ **1985** 97 ff; *Sowada* Jura **1985** 75 ff; *Herzberg* JA **1985** 131 ff, 177 ff, 265 ff, 336 ff; *Neumann* JA **1987** 244 ff.

**608** Anm. *Arzt* StV **1986** 337.

**609** M. Bspr. *Becker* HRRS **2009** 242.

**610** Ausführlich zugunsten dieser Lehre *Ranft* ZStW **94** (1982) 815 ff.

**611** So *Jescheck/Weigend* § 64 III 5; grundlegend *Gallas* JZ **1952** 372; *ders.* JZ **1960** 687 Anm. 67; *Bockelmann/Volk* § 26 I 2b; Lackner/Kühl/*Kühl* § 27 Rdn. 5; *SSW/Kudlich* § 13 Rdn. 47; weitgehend auch *Schmidhäuser* AT § 17 Rdn. 12 sowie StuB § 13 Rdn. 13; für die meisten Fälle auch *Schwab* Täterschaft S. 216 ff, *Mosenheuer* (2009) 191 ff, 202 und *Otto* JuS **2017** 294 f; **kritisch** dagegen *Roxin* TuT S. 901 ff Rdn. 528 ff; *ders.* AT II § 31 Rdn. 152 f; unentschieden *Sowada* Jura **1986** 403 ff.

**612** *Hoffmann-Holland* ZStW **118** (2006) 635 ff, anhand des Schlagworts der „direkten Steuerung des Rechtsgutsangriffs", dessen Verhältnis zur Tatherrschaft ungeklärt bleibt; *Ranft* FS Otto 408 ff; *Ransiek* JuS **2010** 680 f, der Täterschaft dann annimmt, wenn der Unterlassende faktisch den Begehenden daran hindern kann und hierzu rechtlich verpflichtet ist; *Krüger* ZIS **2011** 7 f, der die differenzierende Auffassung (u. Rdn. 235) schlicht umkehrt; *Becker* HRRS **2013** 246 ff, mit einem zeitlichen Kriterium: Unterlassungstäterschaft bei „tatbestandsunmittelbaren Unterlassungen", d. h. bei solchen, die im unmittelbaren Angesicht der Tatbestandsverwirklichung (und nicht in deren Vorfeld) erfolgen; wohl ähnl. *Yamanaka* FS Schünemann 573 f. *SSW/Murmann* Vor § 25 Rdn. 15; *ders.* FS Beulke 187 ff, 193 f differenziert danach, ob die Garantenpflicht auf die Verhinderung des tatbestandlichen Erfolges zielt (beim Beschützergaranten der Regelfall; Täterschaft) oder ob sie eine Reduzierung des Risikos, dass es zur aktiven Tatbegehung kommt, bezweckt (Teilnahme); ähnl. *Li* S. 93 ff.

Die Versuche, Täterschaft und Teilnahme bei Unterlassungen mit Hilfe des „Täterwillens" oder der „Tatherrschaft" zu trennen, sind jedoch **grundsätzlichen Bedenken** ausgesetzt. 232

Dabei sprechen gegen die **subjektive Theorie,** die schon bei Begehungsdelikten abzulehnen ist (Rdn. 43 ff), hier noch zusätzliche Argumente.[613] Denn da der Unterlassende per definitionem völlig untätig bleibt – selbst eine verbale Ermunterung wäre schon aktive Beihilfe –, gibt es für die Annahme eines Täter- oder Teilnehmerwillens keinerlei Anhaltspunkte im äußeren Geschehen. Man kann daher nur darauf abstellen, ob der Unterlassende dem Geschehen mehr (dann Täterschaft) oder weniger (dann Teilnahme) erfreut seinen Lauf ließ. Das führt aber zu einer Bestrafung nach der Gesinnung, die dem Unrechtscharakter der Beteiligungsformen nicht gerecht wird. Auch entziehen sich solche rein inneren Regungen nachträglicher gerichtlicher Feststellung, so dass sich die Abgrenzung in erhebliche Rechtsunsicherheit verliert. So führt z. B. BGH StV **1986** 59 ein „lachendes" Zusehen des untätig gebliebenen Angeklagten an, das sich auf die vorhergehende Körperverletzung bezog, lässt aber bei seiner Entscheidung für eine Täterschaft durch Unterlassen unberücksichtigt, dass der Angeklagte später dem aktiv Handelnden zugerufen hatte, „er solle aufhören".

Aber auch die **Tatherrschaft** i. e. S. ist bei Unterlassungstaten **kein** geeignetes Kriterium zur Abgrenzung von Täterschaft und Teilnahme.[614] Denn die Möglichkeit, den Erfolg abzuwenden, die in der Rechtsprechung zur Begründung der Tatherrschaft herangezogen worden ist (BGHSt **11** 272; **37** 293), ist eine Voraussetzung jeder Unterlassung (auch einer etwaigen Teilnahme durch Unterlassen), so dass danach Unterlassen und Tatherrschaft identisch sein müssten. In Wirklichkeit ist es gerade umgekehrt so, dass ein Unterlassender niemals die Tatherrschaft i. e. S. hat. Diese setzt eine Gestaltung des Geschehensablaufs voraus (vgl. näher Rdn. 52 ff), an der es bei völligem Nichtstun notwendig fehlt. Wenn also einige Autoren (Rdn. 231) dem Unterlassenden, sofern zwischen ihm und dem Erfolg ein vorsätzlicher Begehungstäter steht, die Tatherrschaft allemal absprechen, so ist das durchaus richtig. Sie übersehen aber, dass ein Unterlassender auch dann nicht zum Tatherrn wird, wenn ein Begehungstäter das Geschehen nicht oder nicht mehr in der Hand hat. Eine andere Auffassung lässt sich auch in diesen Fällen wiederum nur auf die Erfolgsabwendungsmöglichkeit stützen, die erstens keine Tatherrschaft ergibt und zweitens auch beim Dazwischenstehen eines Begehungstäters notwendige Haftungsvoraussetzung ist. 233

**b) Täterschaftstheorien.** Die Auffassung, dass Täterschaft und Teilnahme bei Unterlassungsdelikten nicht nach den Merkmalen des „Täterwillens" oder der „Tatherrschaft" abgegrenzt werden können, ist im **Schrifttum** heute wohl schon herrschend.[615] Sie ist von *Grünwald*[616] und *Armin Kaufmann,*[617] die beide eine Differenzierung zwischen Täterschaft und Teilnahme in diesem Bereich überhaupt ablehnen, begründet (*„strenge Täterschaftstheorie"*) und von *Roxin*[618] im Rahmen seiner Konzeption der Pflichtdelikte differenzierend ausgebaut worden (*„ein-* 234

---

**613** Für die Brauchbarkeit der subjektiven Theorie bei Unterlassungstaten jedoch *Arzt* JA **1980** 556 ff; *ders.* StV **1986** 337.

**614** *Bloy* Zurechnungstypus S. 214 f; *ders.* JA **1987** 490 ff; *Eser* II Fall 27 Rdn. 18; *Herzberg* TuT § 6 I 1a; *Rudolphi* SK[7] Vor § 13 Rdn. 40; *Wagner* Amtsverbrechen S. 256 ff; **and.**, aber irrig *Sering* Beihilfe durch Unterlassen (2000) 101 f; *Weigend* LK § 13 Rdn. 94; *Heinrich* AT Rdn. 1214; *Stein* SK § 13 Rdn. 54; *Hoyer* SK Rdn. 149; Sch/Schröder/*Heine*/*Weißer* Vor § 25 Rdn. 102; *Satzger* Jura **2015** 1055 (1063); *Zieschang* GA **2020** 57 (63), die gelegentlich von einer „potenziellen Tatherrschaft" sprechen; zu recht krit. *Becker* HRRS **2013** 246.

**615** Vgl. etwa Lackner/Kühl/*Kühl* § 27 Rdn. 5: Die Animus-Formel führe bei „der andersartigen Struktur des Unterlassens zu einer Verschärfung der mit der subjektiven Lehre verbundenen Unsicherheiten (h. M.)". Zur Unanwendbarkeit des Tatherrschaftskriteriums vgl. schon Rdn. 233. Einen zusammenfassenden Überblick über den gesamten Meinungsstand geben *Sowada* Jura **1986** 399 ff; *Schwab* Täterschaft S. 63 ff; *Pariona Arana* Täterschaft S. 184 ff.

**616** GA **1959** 110 ff.

**617** Die Dogmatik der Unterlassungsdelikte (1959) 291 ff; ihm folgend *Welzel* § 28 V 2.

**618** *Roxin* TuT S. 459 ff; *ders.* LK[11] Rdn. 206 f; *ders.* AT II § 31 Rdn. 140 ff.

*geschränkte Täterschaftstheorie*“). Ihr haben *Rudolphi,*[619] *Stratenwerth/Kuhlen*[620] und *Bloy*[621] zugestimmt, während sie von *Bottke* in einer tiefdringenden Analyse kritisiert worden ist.[622] Der die Erfolgsabwendung unterlassende Garant ist danach eo ipso **Unterlassungstäter** mit lediglich zwei Ausnahmen:[623] Eine **Teilnahme durch Unterlassen** kommt danach vornehmlich nur dann in Frage, wenn ein Tatbestand auch bei bestehender Erfolgsabwendungspflicht durch Unterlassen nicht verwirklicht werden kann; das gelte für *eigenhändige Delikte* sowie für *qualifizierte Herrschaftsdelikte* wie die Zueignungsdelikte, bei denen die Tatbestandserfüllung durch Begehen über die Tatherrschaft hinaus an Kriterien gebunden sei, die durch Unterlassen nicht zu verwirklichen sind (der Nachtwächter, der den Diebstahl der ihm anvertrauten Sachen nicht verhindert, könne sie sich durch seine Untätigkeit nicht zueignen und deshalb nur wegen Beihilfe durch Unterlassen bestraft werden). Eine **weitere,** weniger bedeutsame **Fallgruppe** der Teilnahme durch Unterlassen sei die, dass ein Garant eine von ihm zu verhindernde Beihilfehandlung geschehen lässt.[624]

235 **c) Garantentheorie.** Nach einer **weiteren Konzeption,** die ursprünglich von *Schröder*[625] stammt und ursprünglich auch von *Schünemann* sowie vor allem von *Herzberg*[626] aufgenommen worden ist, muss nach der Art der Garantenstellung unterschieden werden (*„formelle Garantentheorie“*): Beschützergaranten, die ein bestimmtes Rechtsgut „rundum“ zu verteidigen haben (so, wie etwa Eltern ihr Kind vor sämtlichen Gefahren schützen müssen), sollen stets Unterlassungstäter sein, während Überwachungsgaranten, die nur bestimmte Gefahrenquellen überwachen müssen (so, wie ein geladenes Gewehr oder Gift vor dem Zugriff eines Mörders zu schützen ist), lediglich wegen Beihilfe durch Unterlassen bestraft werden sollen, wenn sie die vorsätzliche Begehungstat eines anderen nicht verhindern. Der Grund hierfür ist ein schlichter: Der Besitzer der Waffe, der diese dem Täter übergibt, ist unbestritten Gehilfe; wenn er weniger tut, also den Täter lediglich nicht daran hindert, seine ungesichert aufbewahrte Waffen zu verwenden, kann er nicht zum Täter erhoben werden.[627] Die hieran geäußerte Kritik, dass der Unterlassende für die Abwendung des Erfolges in beiden Fällen gleichermaßen einzustehen habe, eine Abstufung nach täterschafts- und beihilfebegründenden Garantenstellungen im Gesetz also keine Stütze finde,[628] lässt sich dadurch entkräften, dass man nicht auf die formale Garantenstellung, son-

**619** Die Gleichstellungsproblematik und der Gedanke der Ingerenz (1966) 138–149; *Rudolphi* SK[7] Vor § 13 Rdn. 37–42 (and. jetzt *Stein* SK § 13 Rdn. 54 ff); ihm folgend *Blei* I § 86 IV 2b.
**620** AT § 14 Rdn. 13.
**621** JA **1987** 492; *ders.* Zurechnungstypus S. 214 ff.
**622** FS Rudolphi 15 ff; *Hefendehl/Bottke* Fundamente S. 191, 196 ff.
**623** Näher dazu *Roxin* TuT S. 479 ff; *ders.* LK[11] Rdn. 209 f; *ders.* AT II § 31 Rdn. 143–144; übereinstimmend *Rudolphi* Die Gleichstellungsproblematik (Fn. 619) 63; *Rudolphi* SK[7] Vor § 13 Rdn. 41; *Blei* I § 86 IV 2b; *Frisch* FS Rogall 141 f; *Frister* AT § 26 Rdn. 40; *Gaede* NK § 13 Rdn. 26; *Pariona Arana* Täterschaft S. 182 ff; tendenziell auch BGH NStE Nr. 8 zu § 13 StGB. Hiervon liegen auch die Überlegungen von *Haas* ZIS **2011** 396 f. i. S. einer von ihm sog. „Zurechnungstheorie“ der Beteiligung nicht so entfernt.
**624** *Rudolphi* SK[7] Vor § 13 Rdn. 42; *Blei* I § 86 IV 2b.
**625** Vgl. zuletzt *Sch/Schröder*[17] Vor § 47 Rdn. 102 ff, 105 ff; danach Sch/Schröder/*Cramer/Heine*[26] Vor § 25 Rdn. 102 ff, 104 ff (and. jetzt Sch/Schröder/*Heine/Weißer* Vor § 25 Rdn. 102); ebenso *Eser* II Fall 27 Rdn. 22 ff.
**626** Die Unterlassung im Strafrecht und das Garantenprinzip (1972) 257–273; *ders.* TuT § 6 I, II; ähnlich bereits *Schünemann* Unterlassungsdelikte S. 377 f; sowie auch *Jakobs* § 28 Rdn. 14 ff, § 29 Rdn. 101 ff mit seiner Differenzierung zwischen Organisations- und institutioneller Zuständigkeit (dazu **krit.** *Schünemann* in: Gimbernat/Schünemann/Wolter [Hrsg.] Internationale Dogmatik S. 56 ff); *Krey/Esser* § 38 Rdn. 1181 ff; *Sutschet* Die Erfolgszurechnung im Falle mittelbarer Rechtsgutsverletzung (2010) 138.
**627** Ebenso *Jakobs* FS Rüping 20; ähnl. Maurach/Gössel/Zipf/*Renzikowski* § 47 Rdn. 146.
**628** *Rudolphi* SK[7] Vor § 13 Rdn. 40; **kritisch** gegenüber dieser Unterscheidung auch *Arzt* JA **1980** 559; *Bloy* Zurechnungstypus S. 216 ff; *ders.* JA **1987** 491 f; *Ranft* ZStW **94** (1982) 858 ff; *Roxin* TuT S. 506 ff; *ders.* AT II § 31 Rdn. 160 ff; *Sowada* Jura **1986** 407; *Stratenwerth/Kuhlen* AT § 14 Rdn. 11.

dern auf deren „Schalterstellung" im Gesamtgeschehen abhebt („*materielle Garantentheorie*"): Weil bei den unechten Unterlassungsdelikten die Herrschaft des Garanten über den Grund des Erfolges dem aktiven Tun bei den Begehungsdelikten korrespondiert und es substituiert, besitzt der Garant im **Ausführungsstadium** eine ebenso große Verantwortung für das Geschehen wie der Begehungstäter und ist deshalb als **(Unterlassungs-)Täter** verantwortlich, während eine Unterlassung im **Vorbereitungsstadium** ebenso wie eine aktive Mitwirkung (o. Rdn. 205) nur Beihilfe begründen kann.[629] Bei Garantenstellungen aus Herrschaft über die Hilflosigkeit des Rechtsguts, z. B. der **Obhutsgarantenstellung** der Eltern oder des Babysitters über ein Kleinkind,[630] wird es in der Regel um eine Unterlassung im Ausführungsstadium gehen (z. B. wenn gegen eine Misshandlung durch den Lebensgefährten nicht eingeschritten wird), während eine **Aufsichtsgarantenstellung** aus Herrschaft über eine wesentliche Station des Kausalverlaufs[631] häufiger nur im Vorbereitungsstadium eine Rolle spielen wird, etwa wenn der zur sicheren Aufbewahrung eines Gifts verpflichtete Apotheker nicht verhindert, dass sich sein Freund zwecks späterer Vergiftung der Schwiegermutter selbst bedient. Freilich ist auch hier eine fortdauernde Garantenherrschaft im Ausführungsstadium nicht ausgeschlossen, etwa wenn der Halter des ihm sklavisch gehorsamen Pitbull-Terriers ungerührt zuschaut, wie dieser von seinem Freund auf dessen Schwiegermutter gehetzt wird.

Diese differenzierende Lösung ist nicht nur dogmatisch stimmig, sondern **auch kriminalpolitisch richtig.** Es wäre nicht überzeugend, bei einer Erfolgsverursachung durch bloße Naturgewalten für den Garanten stets Täterschaft anzunehmen (daran führt sowieso kein Weg vorbei), bei Existenz eines Begehungstäters aber stets nur Beihilfe, weil es in der konkreten Situation sehr viel leichter sein kann, eine Straftat (z. B. durch Drohung mit Anzeige) zu verhindern, als ein Kind aus dem Wasser oder den Flammen zu retten, in die es durch einen Unglücksfall geraten ist. Der Wille des Gesetzgebers steht nicht entgegen, denn auf die noch im E 1962 enthaltene Wendung, dass der Unterlassungsdelinquent „als Täter oder Teilnehmer" strafbar sei, ist nach der Begründung des Sonderausschusses[632] in § 13 verzichtet worden, „um nicht in den dogmatischen Streit um die Frage einzugreifen, ob bei den Unterlassungsdelikten überhaupt eine Unterscheidung zwischen Täterschaft und Teilnahme möglich ist"; das Gesetz lässt also sowohl für die generelle Täterschaft als auch für die generelle Gehilfenschaft des Erfolgsabwendungspflichtigen wie auch für die verschiedenen differenzierenden Lösungen Raum. Da der Gesetzgeber außerdem der Forderung[633] nach einer fakultativen Strafmilderung für den Unterlassungstäter in § 13 Abs. 2 entsprochen hat, ist auch das Argument entkräftet, dass man der im Verhältnis zum positiven Tun meist geringeren Strafwürdigkeit des Unterlassens durch eine reine Gehilfentheorie Rechnung tragen müsse. 236

**d) Mittäterschaft.** Eine **Unterlassungstäterschaft** ist nicht nur als Einzeltäterschaft, sondern auch **als Mittäterschaft** möglich:[634] Sie liegt vor, wenn mehrere Unterlassende vereinbarungsgemäß ein und dieselbe Erfolgsabwendungspflicht verletzen (RGSt **66** 74: Vater und Mutter lassen gemeinsam ihr Kind unversorgt, § 223b a. F.; mehrere Gefangenenwärter lassen nach gemeinsamem Plan Gefangene durch Untätigkeit entkommen, § 120 Abs. 2; oder zwei 237

629 Ähnlich, aber mit unbestimmteren Kriterien arbeitend *Otto* Jura **1987** 251; *ders.* AT § 21 Rdn. 50.
630 Dazu grundlegend *Schünemann* Unterlassungsdelikte S. 334 ff; *ders.* ZStW **96** (1984) 306.
631 Näher *Schünemann* Unterlassungsdelikte S. 282 ff.
632 BT-Drucks. V/4095, S. 8.
633 Dazu eingehend *Roxin* TuT S. 501 ff.
634 Näher *Roxin* TuT S. 469 f; *ders.* AT II § 31 Rdn. 171 ff; BGHSt **37** 106 ff, 129; dagegen *Armin Kaufmann* Die Dogmatik der Unterlassungsdelikte (1959) 189; *Welzel* § 28 V 1; *Mosenheuer* S. 135 ff, 200; *Kreuzberg* S. 651 ff, 656; für die Möglichkeit einer Mittäterschaft neben den Rdn. 162 ff angeführten Autoren z. B. *Gaede* NK § 13 Rdn. 27; Sch/Schröder/*Heine*/*Weißer* § 25 Rdn. 86; *Hoyer* SK Rdn. 150; *Joecks* MK Rdn. 272; Maurach/Gössel/Zipf/*Renzikowski* § 49 Rdn. 84 ff.

Vermögensverwalter unterlassen einvernehmlich Maßnahmen zur Wahrung der ihnen anvertrauten Werte, § 266). Freilich hat die Rechtsfigur eines in Mittäterschaft begangenen Unterlassens keine besondere praktische Bedeutung, weil ohnehin jeder der Beteiligten für sich Täter eines Unterlassungsdeliktes ist.[635] Dass mehrere Unterlassende in gewissermaßen umgekehrter Arbeitsteilung aufeinander angewiesen sind, ist allein in den seltenen Fällen gegeben, wenn die geforderte Handlung nur gemeinsam erbracht werden kann (Ehegatten unterlassen die Abgabe der gemeinsamen Steuererklärung;[636] ein Tresorraum, in dem jemand eingeschlossen ist, kann nur von zwei Inhabern verschiedener Schlüssel gemeinsam geöffnet werden[637]). Zur Mittäterschaft zwischen einem Begehungs- und einem Unterlassungstäter Rdn. 186 f.

238 **e) Mittelbare Täterschaft.** Die Möglichkeit einer **mittelbaren Täterschaft durch Unterlassen** wurde zwar von der überwiegenden Lehre abgelehnt,[638] von einer starken Mindermeinung aber für den Fall bejaht, dass ein Garant die Begehungstat eines „Werkzeugs" nicht verhindert, wenn also etwa ein Wärter gegen die Tat des ihm anvertrauten Geisteskranken nicht einschreitet[639] (während die h. L. auch in diesen Fällen eine unmittelbare Unterlassungstäterschaft annimmt). Nunmehr hat der BGH in der Politbüro-Entscheidung BGHSt **48** 77 sogar einen mittelbaren Täter durch Unterlassen kraft organisatorischen Machtapparates hinter einem volldeliktisch handelnden Täter ohne viel Federlesen bejaht.[640] Praktische Bedeutung hat die Frage zwar nicht (*Roxin* LK[11] Rdn. 216), aber mit *Bottke* ist dafür zu halten, „dass die gleichen Relevanzkriterien, die einen Tuenden vor einer Bestrafung als mittelbaren Täter schützen, auch einem Unterlassenden zur Seite stehen müssen",[641] was für die Heranziehung des § 25 Abs. 1 2. Alt. auch im Bereich des § 13 spricht. Wenn andererseits jemand mit täterschaftsbegründenden Mitteln einen Garanten zur Unterlassung zwingt (z. B. den Vater mit Gewalt an der Rettung seines Sohnes hindert), liegt bei ihm überhaupt kein Unterlassungsdelikt, sondern eine unmittelbare Begehungstäterschaft durch Verhinderung eines rettenden Kausalverlaufes vor.[642]

## 2. Täterschaft und Teilnahme bei fahrlässigen Taten

239 **a) Einheitstäterlehre.** Ob die verschiedenen Täterschaftsformen auch bei Fahrlässigkeitsdelikten zu unterscheiden sind, wurde zwar (in Gestalt der Mittäterschaft) für das Partikularrecht vom Obersten Gerichtshof Braunschweig bejaht[643] und ist auch unter dem preuß. StGB und zu den Zeiten des Reichsgerichts intensiv diskutiert, aber von der deutlich herrschenden Lehre

---

**635** Vgl. zum ganzen auch *Stratenwerth/Kuhlen* AT § 14 Rdn. 17 f.
**636** *Jescheck/Weigend* § 63 IV 2.
**637** *Stratenwerth/Kuhlen* AT § 14 Rdn. 18.
**638** Näher *Roxin* TuT S. 471 f; *ders.* LK[11] Rdn. 216; *ders.* AT II § 31 Rdn. 175; ebenso *Gaede* NK § 13 Rdn. 27; *Gropp* AT § 10 Rdn. 139 ff; *Grünwald* GA **1959** 122; *Jescheck/Weigend* § 62 IV 2; *Kreuzberg* S. 57, 647 ff, 651; *Kühl* AT § 20 Rdn. 267; *Mosenheuer* (2009) 115 ff, 200; *Otto* § 21 Rdn. 108; Sch/Schröder/*Heine/Weißer* Rdn. 56 ff; Maurach/Gössel/Zipf/*Renzikowski* § 48 Rdn. 118; *Stratenwerth/Kuhlen* AT § 14 Rdn. 14; *Welzel* § 27 V 1.
**639** *Baumann/Weber/Mitsch* § 29 Rdn. 118; *Beulke/Witzigmann* Ad Legendum **2012** 257; *Blei* I § 72 II 2; *Hoyer* SK Rdn. 150; *Maurach/Gössel/Zipf*[7] § 48 Rdn. 95 ff. Eine mittelbare Täterschaft in anderen Konstellationen bejahend *Jakobs* § 29 Rdn. 103; *Ranft* FS Otto 410 ff; *Robles* GA **2012** 290; s. ferner *Brammsen* NStZ **2000** 337 f.
**640** BGHSt **48** 77, 89 f; **abl.** *Knauer* NJW **2003** 3101, 3102; *Ranft* JZ **2003** 582; *ders.* FS Otto 417 ff; zust. *Sonja Dreher* JuS **2004** 17, 18; der dogmatischen Figur im Grundsatz zust., im Fall des organisatorischen Machtapparates aber abl. *Bottke* FS Gössel 235, 257 ff; *Bottke* in: Hefendehl (Hrsg.) Fundamente 203 ff; zweifelnd *Kühl* AT § 20 Rdn. 267a.
**641** In: Hefendehl (Hrsg.) Fundamente 205.
**642** Dazu eingehend *Gimbernat Ordeig* in: Hefendehl (Hrsg.) Fundamente 163 ff.
**643** Urteil v. 18.4.1855, Temme's Archiv **4** (1857) 12 ff und dazu *Kraatz* Mittäterschaft S. 37 ff.

und der ständigen Rechtsprechung klar **abgelehnt** worden.[644] Dies stützte sich darauf, dass ein gemeinsamer Tatplan, der einen Vorsatz voraussetzt, bei fahrlässigen Taten fehlt und dass man auch von einer arbeitsteiligen Ausführung der Tatbestandsverwirklichung nicht sprechen kann, wenn kein gemeinsamer Erfolg erstrebt wird.[645] Auch schien für die Konstruktion einer fahrlässigen Mittäterschaft kein zwingendes Bedürfnis zu bestehen, weil sich die einzelnen Tatbeiträge je für sich als selbständige fahrlässige Tatbestandsverwirklichung denken lassen und alle Fragen im Rahmen der objektiven Zurechnung für lösbar galten. Dasselbe wurde für das Verhältnis von Täterschaft und Teilnahme angenommen. Bis vor wenigen Jahren wurde deshalb bei den Fahrlässigkeitsdelikten ganz allgemein der **Einheitstäterbegriff** für zutreffend gehalten.[646] Angesichts zweier miteinander verwandter Entwicklungen wird dieser Konsens neuerdings in Frage gestellt.

**b) Restriktiver Täterbegriff.** Zum einem mehren sich die Stimmen, die auch im Fahrlässig- 240
keitsbereich zwischen Täterschaft und Teilnahme differenzieren bzw. für einen restriktiven Täterbegriff eintreten.[647] Diese Vorschläge erscheinen weder per se gerechtfertigt, noch mit dem geltenden Recht vereinbar. Sie sind per se problematisch, weil beim Vorsatzdelikt der tatmächtige Wille des Täters ihm eine Herrschaft verleiht, die den sonstigen Mitwirkenden, den Teilnehmern, schlicht fehlt. Deshalb lässt sich sagen, dass die Tatbestände sich zunächst nur gegen den Täter richten; das Verhältnis der Sonstigen wird über Strafausdehnungsgründe erfasst (vgl. *Schünemann/Greco* Vor § 25 Rdn. 12 ff). Bei Fahrlässigkeit hingegen gibt es nur Sorgfaltspflichtverletzungen bzw. unerlaubte Risikoschaffungen, die zueinander nicht in irgendein Rangverhältnis gestellt werden können;[648] der Gesetzgeber, der sich darauf beschränken würde, etwa den Letzthandelnden allein zum Täter zu erklären, würde die Reichweite seiner Straftatbestände nach einer aus der Perspektive des Rechtsgüterschutzes und des Schuldprinzips eher unbeachtlichen Kontingenz bestimmen. Das diese Differenzierung von Täter und Teilnehmer beim Fahrlässigkeitsdelikt auch nicht zum geltenden Recht passt, wird am Wortlaut von §§ 26, 27 ersichtlich, die nur eine vorsätzliche Teilnahme kennen. Vertreter des restriktiven Täterbegriffs müssen hier deshalb den Teilnehmer straflos lassen,[649] oder Zuflucht nehmen bei der Nebentäterschaft und – neuerdings besonders beliebt – bei der Mittäterschaft.

**c) Mittäterschaft.** Eine Entscheidung des schweizerischen Bundesgerichts[650] hat freilich wie- 241
der die Diskussion über die Konstruktion einer fahrlässigen Mittäterschaft angefacht. In dem

---

644 Aus dem älteren Schrifttum vgl. *Exner* FS Frank I (1930) S. 572; *Frank* StGB[18] Vor § 47 Anm. IV, § 47 Anm. III; *Kohlrausch/Lange* StGB[43] § 47 Anm. III; *Mezger* StrafR[3] S. 422; *v. Olshausen* StGB[6] § 47 Nr. 10; *Zimmerl* Zur Lehre vom Tatbestand (1928) 197 f.

645 So etwa *Arzt* recht **1988** 72; *Baumann/Weber/Mitsch* AT § 22 Rdn. 73 f, § 29 Rdn. 120; *Deutscher/Körner* wistra **1996** 333; *Donatsch* SchwJZ **1989** 112; *Günther* JuS **1988** 386 Fn. 3; *Jescheck/Weigend* § 63 I 3a; ähnlich weiterhin *Puppe* FS Spinellis 927; *dies.* GA **2004** S. 129 ff; Sch/Schröder/*Cramer/Heine*[26] Vor § 25 Rdn. 116.

646 Repräsentativ *Jescheck/Weigend* § 61 VI; *Roxin* LK[11] Rdn. 217 ff.

647 Etwa *Ast* ZStW **124** (2012) 612 (652 ff); Sch/Schröder/*Heine/Weißer* Vor § 25 Rdn. 6, 107; *Hoyer* SK Rdn. 152; *Renzikowski* Täterbegriff S. 261 ff; Maurach/Gössel/Zipf/*Renzikowski* § 47 Rdn. 132; *Sánchez Lázaro* Täterschaft S. 27 ff.

648 Ähnl. *Puppe* ZIS **2007** 237.

649 So etwa *Renzikowski* Täterbegriff S. 292; Maurach/Gössel/Zipf/*Renzikowski* § 47 Rdn. 134; Sch/Schröder/*Heine/Weißer* Vor § 25 Rdn. 13, 107; *Sánchez Lázaro* Täterschaft S. 84.

650 BGE **113** IV 54; die wesentlichen Gründe sind auch bei *Otto* Jura **1990** 47 abgedruckt. Inzwischen hat sich ein nahezu gleich strukturierter Fall ereignet (BGer 6B_360/2016 vom 1.6.2017), in dem zwei Personen (zusammen?) Feuerwerskraketen abfeuerten mit der Folge eines Brandes, ohne dass geklärt werden konnte, auf wen die den Brand verursachende Rakete zurückzuführen war, dazu *Häring* sui-generis **2018** 2 f. Diesmal lehnte das Gericht unzweideutig jede fahrlässige Mittäterschaft ab.

zur Entscheidung stehenden Fall hatten A und B aufgrund eines gemeinsamen Entschlusses ohne Tötungsvorsatz je einen Felsbrocken einen Abhang hinuntergerollt. C wurde getötet; es ließ sich aber nicht feststellen, durch welchen der beiden Steine. Nimmt man an, dass die Kausalität weder des einen noch des anderen Steines bewiesen ist, liegt es nahe, zur Vermeidung eines als unbillig empfundenen Freispruchs eine fahrlässige Mittäterschaft anzunehmen, da die Kausalität zwar nicht der Einzelhandlung, wohl aber des gemeinsamen Vorgehens feststeht. *Otto*[651] hat deshalb die fahrlässige Mittäterschaft als „gemeinschaftliche Pflichtverletzung" konstruiert: „Wer in Vollzug eines gemeinsamen Planes arbeitsteilig mit anderen pflichtwidrig Gefahren für Rechtsgüter Dritter begründet, ist für die Verletzung dieser Rechtsgüter (mit-)verantwortlich, wenn sich in der Verletzung der Rechtsgüter die spezifischen von ihm mitgesetzten Gefahren realisieren." Zwar könnte man statt dessen auch daran denken, „beide wegen **nebentäterschaftlich** begangener fahrlässiger Tötung verantwortlich zu machen, indem man davon ausgeht, dass jeder von ihnen entweder wegen des eigenhändigen Herabrollens des Steines oder durch seine Beteiligung an dem Entschluss, der das beiderseitige Verhalten erst ausgelöst hat", für die herbeigeführte Todeserfolg verantwortlich sei.[652] Die Schwierigkeiten einer solchen Konstruktion zeigen sich aber an den Kausalitätsproblemen bei *Gremienentscheidungen* wie im Lederspravfall, die mit großer Mehrheit getroffen werden und bei denen die Kausalität der einzelnen Stimmabgabe für durch den Beschluss fahrlässig herbeigeführte Folgen zweifelhaft ist.[653] Aber darauf kommt es bei der Rechtsfigur der fahrlässigen Mittäterschaft nicht an:[654] Hiernach muss, wie oben bei der additiven und alternativen Mittäterschaft (Rdn. 215 ff) dargelegt, die einzelne Stimmabgabe für den Erfolg nicht unbedingt eine conditio sine qua non bilden, sofern es auf sie bei einer Betrachtung ex ante zumindest hätte ankommen können.

**242** Die Rechtsfigur der fahrlässigen Mittäterschaft findet deshalb in der Literatur immer mehr Anhänger;[655] es lässt sich bereits von einer überwiegenden Meinung spre-

---

**651** Jura **1990** 49; ihm folgend *Brammsen* Jura **1991** 537. Ähnlich, aber enger auf der Basis der (später aufgegebenen) Einordnung der Fahrlässigkeits- als Pflichtdelikte bereits *Roxin* TuT $^{1/2}$(1963/1967) 532 ff sowie *Bindokat* JZ **1979** 436 f.

**652** *Roxin* AT II § 25 Rdn. 240. Das schweizerische BG stellt auf die „Kausalität zwischen der gemeinsam vorgenommenen Gesamthandlung und dem eingetretenen Erfolg" ab; ob das auf Mittäterschaft hindeuten soll, bleibt unklar. *Donatsch* SJZ **1989** 109 nimmt eine Einzeltäterschaft beider Beteiligten an. Eine ähnliche Konstellation behandelt BayObLG NJW **1990** 3032: Unvorsichtiger Umgang mit Kerzen, wobei nicht festzustellen ist, welcher von zwei Angeklagten die Kerzen aufgestellt und angezündet hatte. Das Gericht ist auf eine Unterlassungshaftung beider Angeklagter ausgewichen; dazu *Otto* JK **1991** StGB § 13/16.

**653** Dazu näher oben Rdn. 195 f.

**654** Grundlegend dazu *Knauer* Kollegialentscheidung S. 133 ff.

**655** Außer *Roxin* AT II § 25 Rdn. 242, bei dem sich das im Text nachfolgende Zitat findet, *Becker* Gemeinschaftliches Begehen S. 181 ff; *Bindokat* JZ **1979** 434 ff; *Bloy* GA 2000 392 ff. (395); *Brammsen* Jura **1991** 537 f; *Brammsen/Kaiser* Jura **1992** 38 f, 41; *Dencker* Kausalität, 177 ff; *Eschenbach* Jura **1992** 643 f; *Feijoo Sánchez* Derecho penal de la empresa S. 233 ff; *Frister* AT § 26 Rdn. 4 ff; *Haas* Tatherrschaft S. 141 ff; *ders.* MR vor § 25 Rn. 29; *ders.* StudZR **2015** 305 ff; *Häring* Mittäterschaft S. 202 ff; *ders.* sui-generis **2018** 7 ff; *Heinrich* Rdn. 999; Sch/Schröder/*Heine/Weißer* Vorbem §§ 25 Rdn. 114 ff; *Hilgendorf* NStZ **1994** 563; *Hoyer* SK Rdn. 152, 154; *ders.* FS Puppe 515 ff; *Kamm* Mittäterschaft S. 175 ff; *Knauer* Kollegialentscheidung S. 181 ff; *Kuhlen* in: Canaris u. a. (Hrsg.), Festschrift 50 Jahre BGH, Bd. IV (2000) S. 647 ff. (670); *Küpper* GA **1998** 526 f; *Joecks* MK Rdn. 293 ff; *Köhler* AT S. 540; *Lampe* ZStW **106** (1994), 683 ff. (692 f, 734 Fn. 160); *Lesch* GA **1994** 119 ff; *ders.* JA **2000** 78; *Otto* FS Maurach 104; *ders.* JuS **1974** 702 ff; *ders.* Jura **1990** 47 ff; *ders.* FS Spendel 271 ff, 281 ff; *ders.* AT § 21 Rdn. 114 f; *Ransiek* Unternehmensstrafrecht S. 73; *Renzikowski* Täterbegriff S. 261, 282 ff; *ders.* FS Otto S. 423 ff, 439; *Rodriguez Montanés* FS Roxin I 326; *Rotsch* FS Puppe 902 ff. (der sie nur für überflüssig hält); *Sánchez Lázaro* GA **2005** 709 ff; *Schaal* Verantwortlichkeit S. 213 ff; *Schmidhäuser* AT § 14 Rdn. 30 Anm. 24; *ders.* StuB AT § 10 Rdn. 68 f, Anm. 34; *Spendel* JuS **1974** 749 ff; *Steckermeier* S. 216 ff; *Utsumi* Jura **2001** 540; *dies.* ZStW **119** (2007) 787; *Weißer* Kollegialentscheidungen S. 146 ff; *dies.* JZ **1998** 230 ff; wohl auch *Beulke/Bachmann* JuS **1992**, 737; *Lampe* ZStW **106** (1994) 692 f; *Schumann* StV **1994** 110. Dagegen scharf **abl.** *Bottke* GA **2001** 463 ff; *Greco* JRE **27** (2019) 361; *Puppe* GA **2004** 129 ff; *dies.* FS Spinellis 915 ff; *dies.* AT[1] Bd. 2 § 39 Rdn. 24, § 44 Rdn. 4; *Kraatz* Mittäterschaft S. 249 ff u. passim; *Vassilaki* FS Schreiber 502 ff; differenzierend

chen.[656] Es gibt aber immer noch viel Kritik, die sich überwiegend gegen die Konstruierbarkeit einer fahrlässigen Mittäterschaft richtet (insb.: Fehlen eines Tatentschlusses[657]) oder ihre Vereinbarkeit mit dem Wortlaut von § 25 Abs. 2 bestreitet.[658] Darüber hinaus wird auch die grundsätzliche Legitimierbarkeit einer solchen Figur in Frage gestellt.[659] Auch der BGH scheint auf den ersten Blick in seinen Entscheidungen über die „Kudamm-Raser" diesen Standpunkt vertreten zu haben, nämlich mit den Worten „Bezugspunkt des Tatentschlusses bzw. des Tatplans ist gemäß § 25 Abs. 2 StGB jedoch stets die Straftat. Ein mittäterschaftlich begangenes Tötungsdelikt setzt daher voraus, dass der gemeinsame Tatentschluss auf die Tötung eines Menschen durch arbeitsteiliges Zusammenwirken gerichtet ist. Für die Annahme eines mittäterschaftlich begangenen Tötungsdelikts reicht es deshalb nicht aus, dass sich die Täter lediglich zu einem gemeinsamen Unternehmen entschließen, durch das ein Mensch zu Tode kommt." (BGHSt **63** 88 [97 Rdn. 27]; BGH NStZ **2020** 602 [Rdn. 11]). Jedoch betreffen diese Ausführungen nur den Vorwurf eines *vorsätzlichen* Tötungsdelikts. Die erstgenannten Gegenargumente (Fehlen eines auf die gemeinsame Tatbestandsverwirklichung gerichteten Entschlusses und einer darauf abzielenden arbeitsteiligen Ausführung) sind nicht stichhaltig, weil sie auf den Kriterien der vorsätzlichen Mittäterschaft beruhen, die in Fällen der Fahrlässigkeit natürlich nicht gegeben sein können.[660] Auch der Gesetzeswortlaut steht einer fahrlässigen Mittäterschaft nicht entgegen, denn § 25 Abs. 2 verlangt nur ein (scil. bewusst!) **gemeinschaftliches Begehen**, nicht notwendig auch dessen umfassende (d. h. den Erfolg einschließende) Vorsätzlichkeit. Auch die Legitimationsfrage lässt sich positiv beantworten, wenn man verlangt, dass sich eine durch mehrere **gemeinschaftlich geschaffene unerlaubte Gefahr** im Erfolg realisiert hat: Weil es die gemeinsame Gefährdung ist, durch die sich erst der Verzicht auf die Kausalität der Einzelhandlung legitimiert, muss man ein „gemeinsames Handlungsprojekt" verlangen und darf sich nicht mit dem objektiven Ineinandergreifen verschiedener fahrlässiger Tatbeiträge begnügen.[661] Hierdurch wird eine kriminalpolitisch vernünftige und gerechte Abgrenzung der strafrechtlichen Verantwortung erreicht: Wer (wie im Fall des schweizerischen BG) einen Plan zu einer gemeinsamen gefährlichen Aktion fasst, die den (nicht in den Vorsatz aufgenommenen) Erfolg verursacht, ist dafür auch unter Fahrlässigkeitsaspekten verantwortlich. Wäre B dagegen erst dazu gekommen, als A bereits einen Felsbrocken ausgewählt hatte, und hätte sich ohne Veränderung von A's Plan dazu entschlossen, mit einem anderen Felsbrocken dasselbe zu tun, so hätte keine gemeinschaftliche Ausführung und ergo auch keine Mittäterschaft vorgelegen, weshalb in dieser Variante ohne den Nachweis, welcher konkrete Felsbrocken den C tötete, beide freizusprechen gewesen wären. Mit anderen Worten muss diejenige Aktion, die auf einem gemeinsamen Plan beruht, schon für sich allein im Hinblick auf das dadurch gefährdete Rechtsgut objektiv

---

an Hand des von Jakobs übernommenen Kriteriums der „Zuständigkeit" *van Weezel* Beteiligung S. 286 ff, 363 ff; zögernd für eine Anerkennung der fahrlässigen Mittäterschaft lediglich bei Kollegialentscheidungen *Bosch* Organisationsverschulden S. 304 f. S.a. die in den folgenden Fn. Zitierten.

**656** Mit dieser Einschätzung *Haas* MR Rdn. 100; *Greco* JRE **27** (2019) 361.

**657** Etwa *Bottke* GA **2001** 474; *Gropp* GA **2009** 272 f; Sch/Schröder/*Heine*[28] Vor § 25 Rdn. 116; *Hilgendorf/Valerius* AT § 12 Rdn. 45; *Puppe*, ZIS 2007 241; *Vassilaki* FS Schreiber 503 f.

**658** So *Bottke* GA **2001** 474 f; *Gropp* GA **2009** 272 f; *ders.* AT § 10 Rdn. 215; *Kraatz* Fahrlässige Mittäterschaft S. 116 f, 366; Lackner/Kühl/*Kühl* Rdn. 13.

**659** So *Puppe* GA **2004** 129, 132; *Murmann* SSW Rdn. 35; *Kreuzberg* S. 716 f; *Greco* JRE **27** (2019) 374 ff; s. a. *Böhringer* S. 249.

**660** So auch *Greco* JRE **27** (2019) 364 ff.

**661** Vgl. *Greco* ZIS **2011** 688 (and. jetzt ders., wie die letzten Fn.); *Gutiérrez Rodríguez* Coautor S. 214 f; Sch/Schröder/*Heine/Weißer* Vor § 25 Rdn. 116; *Luzón/Díaz y Garcia* FS Roxin I 605; *Kamm* S. 196 ff; *Knauer* Kollegialentscheidung S. 192 ff; *Küpper* GA **1998** 527; *Ransiek* Unternehmensstrafrecht S. 70; *Renzikowski* Täterbegriff S. 288; *ders.* FS Otto 429 ff; Maurach/Gössel/Zipf/*Renzikowski* § 49 Rdn. 120; *Riedo/Chovjka* ZStR **120** (2002) 161; *Rodríguez Montañés* FS Roxin I 326; *Roso Cañadillas* Autoría S. 580 ff; *Weißer* Kollegialentscheidungen S. 147, 156; *dies.*, JZ **1998** 236 f. Ähnlich wollen *Kuhlen* (Fn. 655) und *Kaspar* AT § 9 Rdn. 70 die Mittäterschaft auf Fälle bewusster Fahrlässigkeit beschränken. *Schlehofer* FS Herzberg 368 verlangt eine Verabredung i. S. v. § 30 Abs. 2.

sorgfaltswidrig sein, während es nicht ausreicht, wenn man ein objektiv sorgfaltsgemäßes Zusammenwirken verabredet hat, in dessen Rahmen einer der Beteiligten unsorgfältig handelt.

243 **d) Mittelbare Täterschaft.** Auch eine mittelbare Täterschaft ist nach der *Theorie der Tatherrschaftsstufen* (Rdn. 84 ff) bei Fahrlässigkeitsdelikten **konstruierbar**, sei es bei fahrlässigen Garantensonderdelikten (Rdn. 56 ff) in der Weise, dass ein Garant den Tatbestand durch ein qualifikationsloses Werkzeug erfüllt, indem z. B. ein Amtsträger eine leichtfertige Vollstreckung gegen einen Unschuldigen (§ 345 Abs. 2) durch einen anderen vornehmen lässt, der nicht Täter dieses Tatbestandes sein kann und deshalb als „leichtfertiger Gehilfe" straflos bleiben muss; oder wenn der Erfolg für den Vordermann nicht vorhersehbar und vermeidbar ist, etwa wenn der Apotheker infolge von Unaufmerksamkeit der Mutter ein falsches Medikament gibt, mit dem diese anschließend unvermeidbar-arglos ihr Kind vergiftet. Wenn man eine Mittäterschaft bei Fahrlässigkeitsdelikten anerkennt, sollte man deshalb in diesen Fällen von mittelbarer Täterschaft sprechen,[662] ohne dass davon aber im Ergebnis etwas abhängen würde. Im Regelfall des fahrlässigen Erfolgsdeliktes liegen hingegen unzweifelhaft zwei fahrlässige Einzeltäterschaften vor, wenn der Erfolg durch zwei hintereinander gestaffelte, von zwei Personen fahrlässig gesetzte Bedingungen herbeigeführt wird (z. B. lässt der eine ein geladenes Gewehr achtlos herumliegen, während der zweite es durch eine hinzukommende Sorgfaltswidrigkeit zur Entladung bringt).[663] Da hier die fahrlässige Verursachung allein die Täterschaft begründet, ist für eine Unterscheidung zwischen mittelbarer und unmittelbarer Täterschaft kein Raum.

244 **e) Fahrlässige Teilnahme.** Eine fahrlässige Teilnahme ist dagegen **ausgeschlossen**, weil Anstiftung und Beihilfe gem. §§ 26, 27 nur vorsätzlich begangen werden können.[664] Aus diesem Fehlen einer entsprechenden Rechtsfigur im positivem Recht lässt sich jedoch nicht eo ipso die Straflosigkeit einer fahrlässigen Erfolgsverursachung ableiten, wenn zwischen der unvorsätzlichen Handlung und dem Erfolge die vorsätzliche Deliktsbegehung eines anderen steht. Wenn A in der Wirtsstube unvorsichtigerweise ein geladenes Gewehr hängen lässt, mit dem B später vorsätzlich den C erschießt, so lässt sich eine Straflosigkeit des A jedenfalls nicht mit dem Argument begründen, dass A bei vorsätzlichem Handeln Gehilfe des B gewesen wäre und deshalb bei bloßer Fahrlässigkeit „erst recht" nur (strafloser) Teilnehmer sein könne. Denn das beruht auf der irrigen Prämisse, dass Täterschaft und Teilnahme bei vorsätzlichen und fahrlässigen Taten nach denselben Gesichtspunkten abgegrenzt werden könnten. Wenn man bei vorsätzlichen Taten einen Rückgriff auf fahrlässige Erstursachen ausschließen will, so ist ein solches *„Regressverbot"*[665] eine Frage der Zurechnung zur fahrlässigen Täterschaft und kein Teilnahmeproblem, sondern ein Teilaspekt der **objektiven Zurechnung.** Das Thema ist also im vorliegenden Zusammenhang nicht näher zu behandeln. Das RG hat in mehreren grundlegenden Entscheidungen (RGSt **61** 318 ff; **64** 316 ff; **64** 370 ff) ein Regressverbot und damit die Konstruktion einer fahrlässigen Teilnahme in solchen Fällen ebenso wie eine anders begründete Einschränkung der Fahrlässigkeitshaftung abgelehnt; der BGH hat diese Rechtsprechung fortgesetzt

**662** And. die h. M.; für die Möglichkeit mittelbarer Fahrlässigkeitstäterschaft hingegen Sch/Schröder/*Heine*/*Weißer* Vorbem §§ 25 Rdn. 109; *Hoyer* SK Rdn. 153; Maurach/Gössel/Zipf/*Renzikowski* § 48 Rdn. 143 ff; *Sánchez Lázaro* Täterschaft S. 69 ff.

**663** Zust. Sch/Schröder/*Heine*/*Weißer* Vorbem §§ 25 Rdn. 109.

**664** Weitere Argumente bei *Schlehofer* FS Herzberg 370 ff.

**665** Ausführlich zu dieser Problematik *Roxin* FS Tröndle 177 ff; zur Dogmengeschichte *Diel* Das Regreßverbot als allgemeine Tatbestandsgrenze im Strafrecht (1997) 29 ff; zu den philosophischen Grundlagen *Hruschka* ZStW **110** (1998) 580 ff.

(BGHSt **4** 360 ff). Gegenwärtig wird es im Schrifttum von einer Mindermeinung vertreten, sein berechtigter Kern ist aber in der Lehre vom **Vertrauensgrundsatz** zu finden.[666]

Von einer ab ovo **straflosen** fahrlässigen Teilnahme kann man demnach nur in den **Ausnahmefällen** sprechen, in denen die Täterschaft bei fahrlässigen Delikten an besondere Voraussetzungen gebunden ist, die bei Außenstehenden fehlen, also bei **fahrlässigen Garantensonder-** und **eigenhändigen Delikten.** So kann ein fahrlässiges Aussagedelikt nach § 163 als Täter nur begehen, wer selbst falsch aussagt. Wer, ohne selbst aussagen zu müssen, den Täter in seiner falschen Vorstellung leichtsinnig bestärkt, ist als fahrlässiger Teilnehmer straflos. Im Einzelnen können hier bei der Auslegung des Tatbestandes als Sonder- oder Gemeindelikt schwierige Abgrenzungsfragen entstehen, deren Behandlung in den Besonderen Teil gehört. So hat etwa *Schröder*[667] gemeint, es könne „das Delikt des § 315c in der Weise begangen werden, dass der Täter dem betrunkenen A, dessen Trunkenheit er fahrlässig nicht erkennt, seinen PKW zu einer Fahrt zur Verfügung stellt". Doch handelt es sich bei § 315c richtigerweise um ein eigenhändiges Delikt des Kraftfahrzeugführers (dazu o. Rdn. 70).[668] 245

## VI. Nebentäterschaft; Kombination von Täterschaftsformen

Unter Nebentäterschaft versteht man den Fall, dass mehrere Personen gemeinsam einen deliktischen Erfolg herbeiführen, **ohne als Mittäter zu handeln** (RGSt **19** 141, 145; **55** 78, 79; **68** 256; BGHSt **4** 20; 7 112; BGH NJW **1966** 1823). Das kann vorsätzlich geschehen (BGH NJW **1966** 1823: Mutter und Tochter töten den Familienvater unabhängig voneinander durch jeweils selbständige Verletzungshandlungen) und kommt bei Vorsatzdelikten vor allem bei Teilnahmehandlungen vor, etwa indem jemand durch mehrere unabhängig voneinander auf ihn einwirkende Personen angestiftet wird (RGSt **14** 92, 95; **43** 293, 296; **55** 78, 80). Am häufigsten aber ist die Nebentäterschaft bei fahrlässigen Taten, wenn die selbständigen Sorgfaltswidrigkeiten mehrerer Personen in einem Erfolg zusammentreffen. 246

Es ist heute ganz überwiegend anerkannt, dass der Begriff der Nebentäterschaft **keine selbständige Bedeutung** hat, sondern nur ein nicht-mittäterschaftliches Zusammentreffen von Einzeltäterschaften kennzeichnet.[669] Die Probleme, die bei solchen Konstellationen auftreten, betreffen vor allem die Kausalität des einzelnen Beitrages und lassen sich mit dem Begriff der Nebentäterschaft nicht lösen; er hat deshalb „dogmatisch ... keinen eigenständigen Wert".[670] Auch die Rechtsfolgen, die der Nebentäterschaft früher für die Einziehung, für den Strafantrag, die Verbindung zusammenhängender Sachen und die Revisionserstreckung zugeschrieben wurden, bestehen in Wahrheit nicht, wie *Fincke*[671] zusammenfassend dargetan hat. Man könnte also auf diesen Begriff verzichten. 247

Dass die drei Täterschaftsformen miteinander **kombiniert** werden können, ist eine Selbstverständlichkeit, die an sich keine gesonderte Erwähnung verdiente. Handeln die Hintermänner gemeinschaftlich durch einen anderen – Vater und Mutter schicken das Kind ins Geschäft mit der Weisung, einen Diebstahl zu begehen – sind sie mittelbare Mittäter.[672] Auch die Umkehrung des Falls ist denkbar und simpel: Der Vater gibt die Weisung diesmal den zwei Kindern, die 248

---

**666** Siehe dazu im einzelnen *Roxin/Greco* AT I § 24 Rdn. 26 ff.

**667** Zuletzt *Sch/Schröder*[17] Rdn. 34 vor § 47; anders jetzt Sch/Schröder/*Hecker* § 315c Rdn. 43.

**668** Übereinstimmend Sch/Schröder/*Heine/Weißer* Vorbem §§ 25 Rdn. 109.

**669** And. *Murmann* Nebentäterschaft S. 183 ff auf „der Basis eines reichen, die Freiheit der Person im gegenseitig-praktischen aufnehmenden Handlungsverständnisses" (S. 279) der neokantianischen Wolff-Köhler-Schule, ohne deshalb aber abweichende Ergebnisse zu erzielen.

**670** *Jescheck/Weigend* § 63 II 3. Zu den Einzelfragen *Murmann* Nebentäterschaft S. 183 ff.

**671** GA **1975** 161–176; ablehnend auch *Spendel* FS Lange 171; *Otto* AT § 21 Rdn. 54.

**672** Auf Grundlage eines anderen Sachverhalts BGH NJW **2010** 1080 (Rdn. 25).

gemeinschaftlich handeln. Dass das Völkerstrafrecht mit diesen Kombinationen Probleme hat[673] oder sie als Fortentwicklung bezeichnet,[674] sagt wenig über sie aus, viel aber über den Entwicklungsstand der Dogmatik dieses Rechtsgebiets.

---

**673** Vgl. die Bedenken von *Ohlin/van Sliedregt/Weigend* LJIL **26** (2013) 735 ff, in Auseinandersetzung mit den kritischen Erwägungen von Richterin Van den Wyngaert zur Figur der „indirect co-perpetration" in ihrem Sondervotum zur Ngudjolo-Entscheidung.
**674** *Werle/Burghardt* FS Maiwald 849, die aber auf Vorgänger im deutschen Strafrecht hinweisen.

## Vorbemerkungen zu den §§ 26, 27

### Schrifttum zur Teilnahme

Vgl. auch die Schrifttumsangaben zu § 25.

*Abraham* Anstiftung als bloßes Anlassgeben oder manipulatives Erzeugen eines Handlungsgrundes, HRRS **2018** 164; *Altenhain* Die Strafbarkeit des Teilnehmers beim Exzeß (1994); *Ambos* Tötung von Zivilisten durch Angehörige serbischer Streitkräfte als Beihilfe zum Mord, NStZ **1998** 138; *ders.* Beihilfe durch Alltagshandlungen, JA **2000** 721; *ders.* Der Allgemeine Teil des Völkerstrafrechts, 2. Aufl. (2004); *Amelung* Die „Neutralisierung" geschäftsmäßiger Beiträge zu fremden Straftaten im Rahmen des Beihilfetatbestands, Festschrift Grünwald (1999) 9; *ders.* (Hrsg.) Individuelle Verantwortung und Beteiligungsverhältnisse bei Straftätern in bürokratischen Organisationen des Staates, der Wirtschaft und der Gesellschaft (2000); *ders.* Die Anstiftung als korrumpierende Aufforderung zu strafbedrohtem Verhalten, Festschrift Schroeder (2006) 147; *App* Beihilfe zur Steuerhinterziehung durch Sachgebietsleiter, StB **1993** 189; *Assmann* Das künftige deutsche Insiderrecht, AG **1994** 237; *Backes* Versicherung gegen Strafverfolgung oder Beihilfe zur Tat? Festschrift Brauneck (1999) 239; *Bärenz* Zur Strafbarkeit des Sanierungsberaters wegen Beihilfe zum Bankrott, EWiR **2004** 1245; *Baumann* Beihilfe bei eigener voller Tatbestandsverwirklichung, NJW **1963** 561; *Baun* Beihilfe zu NS-Gewaltverbrechen (2019); *Baunack* Grenzfragen der strafrechtlichen Beihilfe unter besonderer Berücksichtigung der sogenannten psychischen Beihilfe (1999); *Bartholme* Beihilfe zur Falschaussage durch Unterlassen, JA **1998** 204; *Baunack* Grenzfragen der strafrechtlichen Beihilfe (1999); *Beck/Nussbaum* Die Beihilfe- und Fahrlässigkeitsstrafbarkeit eines DarkNet-Plattformbetreibers, HRRS **2020** 112; *Beckemper* Strafbare Beihilfe durch alltägliche Geschäftsvorgänge, Jura **2001** 163; *Behm* Verletzung von Dienstgeheimnissen und Beihilfe durch Journalisten? AfP **2000** 421; *Bemmann* Die Umstimmung des Tatentschlossenen zu einer schwereren oder leichteren Begehungsweise, Festschrift Gallas (1973) 273; *ders.* Die Objektsverwechslung des Täters in ihrer Bedeutung für den Anstifter, Festschrift Stree/Wessels (1993) 397; *Beulke* Versuchte Anstiftung zum Mord und vollendete Anstiftung zum versuchten Mord, NStZ **1999** 26; *Bilsdorfer* Die steuerstraf- und bußgeldrechtliche Verantwortlichkeit des steuerlichen Beraters, NWB Fach 13, 1055–1066 (36/2004); *Bindokat* Fahrlässige Beihilfe, JZ **1986** 421; *Blank* Die Strafbarkeit und Verfolgbarkeit der vom agent provocateur gesteuerten Tat, Diss. Mainz 1987; *Bloy* Anstiftung durch Unterlassen, JA **1987** 490; *Böse* Das Einschleusen von Ausländern – Teilnahme am Bagatellunrecht oder in hohem Maße sozialschädliches Verhalten? ZStW **116** (2004) 680; *Bohnert* Beteiligung an notwendiger Beteiligung am Beispiel der Mietpreisüberhöhung (§ 5 WiStG), Gedächtnisschrift K. Meyer (1990) 519; *Boley* Teilnahme durch Rat, Diss. München 1998; *Bommer* Anstiftung und Selbstverantwortung, plädoyer **3** (2002) 36; *Borchers* Steuerhinterziehung nur bei notwendiger Teilnahme und Irrtum des Finanzbeamten? wistra **1987** 86; *Börner* Die sukzessive Anstiftung, Jura **2006** 415; *Brüning* Beihilfe zum „Geheimnisverrat" durch Journalisten, NStZ **2006** 253; *Büscher* Zur Konkretisierung des Gehilfenvorsatzes, JuS **1998** 384; *v. Buri* Zur Lehre von der Teilnahme an dem Verbrechen und der Begünstigung (1860); *ders.* Urheberschaft und Beihilfe, GA **17** (1869) 233; *Burghardt* Die Strafsache „Oskar Gröning" vor dem Bundesgerichtshof, ZIS **2019** 21; *Burkhard* Beihilfe zur Steuerhinterziehung durch Belegverkäufe über eBay, PStR **2004** 164; *Charalambakis* Zur Problematik der psychischen Beihilfe, Festschrift Roxin (2001) 625; *Cannawurf* Die Beteiligung im Ausländerstrafrecht (2007); *Christmann* Zur Strafbarkeit sog. Tatsachenarrangements wegen Anstiftung (1997); *Claß* Die Kausalität der Beihilfe, Festschrift Stock (1966) 115; *Coenders* Die objektive Natur der Beihilfe, ZStW **46** (1925) 1; *Corrêa Camargo* Normtheoretische Anmerkungen zum Strafgrund der Teilnahme, Festschrift Kindhäuser (2019) 49; *Cramer* Teilnahmeprobleme im Rahmen des § 330 StGB, GA **1961** 97; *S. Cramer* Zur Strafbarkeit von Journalisten wegen Beihilfe zum Geheimnisverrat, wistra **2006** 165; *Dann* Staatliche Tatprovokation im deutschen, englischen und schottischen Recht (2005); *Dannecker* Zur Strafbarkeit ausländischer Bankangestellter wegen Beihilfe zur Steuerhinterziehung deutscher Kapitalanleger, Festschrift Mangakis (1999) 267; *Dehne-Niemann* Nachlese zum Verfolgerfall BGHSt 11, 268, StudZR **2004** 225; *ders.* „Über den Einfluß des Irrthums im Objekte beim Morde und bei der Anstiftung zu diesem Verbrechen." – Zum 150-jährigen Jubiläum des Falls Rose-Rosahl, Jura **2009** 373; *von Danwitz* Staatliche Straftatbeteiligung (2005); *Deiters* Straflosigkeit des agent provocateur?, JuS **2006** 302; *Dencker* Zur Zulässigkeit staatlich gesteuerter Deliktsbeteiligung, Festschrift Dünnebier (1982) 447; *ders.* Beteiligung ohne Täter, Festschrift Lüderssen (2002) 525; *Diel* Das Regressverbot als allgemeine Tatbestandsgrenze im Strafrecht (1997); *Dreher* Die Kausalität der Beihilfe, MDR **1972** 553; *Drywa* Die materiellrechtlichen Probleme des V-Mann-Einsatzes (1987); *Dörfel* Beihilfe zur Untreue ohne Haupttat oder Strafbarkeitslücke, Jura **2004** 113; *Eisenberg* Übertölpelung durch Vertrauensperson und Verdeckten Ermittler ohne Anfangsverdacht, GA **2014** 404; *Engisch* Das Problem der psychischen Kausalität beim Betrug, Festschrift Weber (2004) 247; *Engländer* Die Täterschaft beim Bandendiebstahl, GA **2000** 578; *Eschelbach* Staatliche Selbstbelastungs-, Fremdbelastungs- und Tatprovokationen, GA **2015** 545; *Eser/Huber/Cornils* (Hrsg.) Einzelverantwortung und Mitverantwortung im Strafrecht (1998); *Esser* Die Bedeutung des Schuldteilnahmebegriffs im Strafrechtssystem, GA **1958** 321; *Fahl* Anforderungen an den objektiven und subjektiven Tatbestand der Beihilfe, wistra **1996** 232, JA **1997** 11; *ders.* Möglichkeiten und Grenzen der späten Ahndung von Teilnahmehandlungen in Auschwitz,



https://doi.org/10.1515/9783110300451-010

HRRS **2015** 210; *ders.* Die Strafbarkeit des Verkaufens von Waffen im Darknet wegen fahrlässiger Tötung, JuS **2018** 531; *Falcone* Die Renaissance der strengen – sog. extremen – Akzessorietät, ZIS **2020** 212; *Feldhausen* Die konzertierte Selbstanzeige in den Bankenfällen, PStR **1998** 24; *Fischer* Die strafrechtliche Problematik des polizeilichen Lockspitzels, Diss. Bonn 1982; *Figueiredo Dias* Täterschaftliche Anstiftung. Zur Vereinbarkeit des Konzepts mit der Lehre von der Tatherrschaft, Festschrift Frisch (2013) 633; *Flechsig/Gabel* Strafrechtliche Verantwortlichkeit im Netz durch Einrichten und Vorhalten von Hyperlinks, CR **1998** 351; *Forster* Der Wirtschaftsalltag als strafrechtsdogmatischer „Hort des Verbrechens", Festschrift Niklaus Schmid (2001) 127; *Franzheim* Die Teilnahme an unvorsätzlicher Haupttat (1961); *ders.* Der Einsatz von Agents provocateurs zur Ermittlung von Straftätern, NJW **1979** 2014; *Freudenthal* Die notwendige Teilnahme am Verbrechen (1901); *Frisch* Beihilfe durch neutrale Handlungen, Festschrift Lüderssen (2002) 539; *Furtner* Verhältnis von Beihilfe und Begünstigung, MDR **1965** 431; *ders.* Rechtliche Vollendung und tatsächliche Beendigung einer Straftat, JR **1966** 169; *Gaede* Die strafbare Beihilfe und ihre aktuellen Probleme, JA **2007** 757; *Galetzka/Krätschmer* Rassismus und Terrorismus im Netz, MMR **2016** 518; *Gardner* Complicity and causality, CrimL&Phil **2007** 127; *Geppert* Die Anstiftung (§ 26 StGB), Jura **1997** 299, 358; *ders.* Zum Konkurrenzverhältnis bei fehlgeschlagen versuchter und nachfolgend erfolgreicher Anstiftung zur Tötung, NStZ **1998** 190; *ders.* Die Beihilfe, Jura **1999** 266; *ders.* Grundfragen der Aussagedelikte (§§ 153ff StGB), Jura **2002** 173; *ders.* Die Akzessorietät der Teilnahme (§ 28 StGB) und die Mordmerkmale, Jura **2008** 34; *Gerson* Strafgrund, Wesen und Tathandlung der Anstiftung, § 26 StGB, ZIS **2016** 183, 295; *Geth/Leu* Gehilfenschaft durch berufsbedingtes Handeln bei vertragswidrigem Verhalten des Haupttäters, Festschrift Donatsch (2017) 29; *Gössel* Probleme notwendiger Teilnahme bei Betrug, Steuerhinterziehung und Subventionsbetrug, wistra **1985** 125; *ders.* Überlegungen zum sog. „Strafgrund" der Teilnahme, Festschrift Spinellis (2001) 379; *Grabow* Die sukzessive Anstiftung, Jura **2009** 408; *Greco* Menschenrechtskonformes Täterstrafrecht? Überlegungen anlässlich der jüngeren Rechtsprechung des Europäischen Gerichtshofs für Menschenrechte zur Lockspitzelproblematik, StraFo **2010** 52; *ders.* Strafbarkeit der berufsbedingten bzw. neutralen Beihilfe erst bei hoher Wahrscheinlichkeit der Haupttat? – Überlegungen aus Anlass von BGH 5 StR 468/12, wistra **2015** 1; *ders.* Strafbarkeit des Unterhaltens einer Handels- und Diskussionsplattform insbesondere im sog. Darknet, ZIS **2019** 435; *Gribbohm* Ist die Anstiftung zur persönlichen Begünstigung straflos, wenn der Anstifter selbst begünstigt wird? MDR **1961** 197; *ders.* Strafrechtsgestaltung und Teilnahme, JR **1998** 177; *Gropp* Deliktstypen mit Sonderbeteiligung (1992); *Grünwald* Die Beteiligung durch Unterlassen, GA **1959** 110; *Güntge* Die initiativ tätig werdende V-Person, Festschrift Ostendorf (2015) 387; *Haft/Eisele* Wie wirkt sich ein error in persona des Haupttäters auf den Gehilfen aus? Gedächtnisschrift Keller (2003) 81; *Hake* Beteiligtenstrafbarkeit und „besondere persönliche Merkmale" (1994); *Hardtung* „Aufstiftung" bei Unrechtsintensivierungen und Unrechtsverknüpfungen, Festschrift Herzberg (2008) 411; *Hardwig* Nochmals: Betrachtungen zur Teilnahme, JZ **1967** 86; *Hartmann* Sonderregeln für die Beihilfe durch „neutrales" Verhalten? ZStW **116** (2004) 585; *Harzer* Der provozierende Helfer und die Beihilfe am untauglichen Versuch, StV **1996** 336; *Harzer/Vogt* Mitarbeit von Banken an Steuerhinterziehungen – Ein Problem der Beihilfekausalität, StraFo **2000** 39; *Hassemer* Professionelle Adäquanz, wistra **1995** 41; *Haupt* Beiträge zur Lehre von der Teilnahme, ZStW **15** (1895) 202; *Hecker* Strafbare Beihilfe zur Anstiftung?, ZJS **2012** 485; *Heger* §§ 25 II, 27, 30 II – Abgrenzung von Mittäterschaft und Beihilfe bei Verbrechensverabredung, JA **2002** 628; *Heghmanns* Überlegungen zum Unrecht von Beihilfe und Anstiftung, GA **2000** 473; *ders.* Mehrfache Beihilfe, Festschrift Roxin II (2011) 867; *Heilborn* Der Agent provocateur (1901); *Heinze* Die Verleitung des Tatentschlossenen zu einer Änderung seiner anfangs geplanten Tat, Diss. Heidelberg 1974; *Hein* Neutrale Beihilfe im Zivilrecht, AcP **204** (2004) 761; *B. Heinrich* Die strafbare Beteiligung des Angeklagten an falschen Zeugenaussagen, JuS **1995** 1115; *ders.* Die Veranlassung fremder Straftaten über das Medium des Internet, Festschrift Heinz (2012) 728; *ders.* Zu den Anforderungen an eine strafbare Beihilfe zu Massentötungen durch KZ-Aufseher, Jura **2017** 1367; *Hergt* Die Lehre von der Teilnahme am Verbrechen (1909); *Hermann* Mittelbare Täterschaft bei irrtumsbedingter Selbsttötung des Opfers? ZfL **2003** 110; *Herrlein/Werner* Täterschaft und Teilnahme bei der Anstiftung zur Selbstbefreiung § 120 I StGB, JA **1994** 561; *Herzberg* Anstiftung und Beihilfe als Straftatbestände, GA **1971** 1; *ders.* Anstiftung zur unbestimmten Haupttat, BGHSt **34** 63, JuS **1987** 617; *ders.* Akzessorietät der Teilnahme und persönliche Merkmale, GA **1991** 145; *ders.* Mordauftrag und Mordversuch durch Schaffung einer Sprengfalle am falschen Auto, BGH, NStZ **1998** 294, JuS **1999** 224; *Herzog* Rechtsstaatliche Begrenzungen der Verbrechensbekämpfung, NStZ **1985** 155; *ders.* Infiltrativ-provokatorische Ermittlungsoperationen als Verfahrenshindernis, StV **2003** 410; *Hilgendorf* Was meint „zur Tat bestimmen" in § 26 StGB? Jura **1996** 9; *Hoepfner* Über die rechtliche Eigenart von Anstiftung und Beihilfe, ZStW **26** (1906) 579; *Hoffmann* Zur Teilnahmelehre, NJW **1952** 964; *Hoffmann-Holland* Die Beteiligung des Garanten am Rechtsgutsangriff, ZStW **118** (2006) 620; *Hruschka* Alternativfeststellung zwischen Anstiftung und sogenannter psychischer Beihilfe, JR **1983** 177; *ders.* Regreßverbot, Anstiftungsbegriff und die Konsequenzen, ZStW **110** (1998) 581; *Ingelfinger* Anstiftervorsatz und Tatbestimmtheit (1992); *Isenbeck* Beendigung der Tat bei Raub und Diebstahl, NJW **1965** 2326; *S. Jaeger* Anbieten von „Hacker-Tools" – Zur Strafbarkeit „neutraler Handlungen" als Beihilfe, RDV **1998** 252; *M. Jäger* Urteilsanmerkung (Strafbarkeit von Bankangestellten wegen Beihilfe zur Steuerhinterziehung), wistra **2000** 344; *Jahn* Beihilfe zur Steuerhinterziehung durch Mitarbeiter von Geldinstituten, EWiR **2000** 895;

*Jakobs* Regreßverbot beim Erfolgsdelikt, ZStW **89** (1977) 1; *ders.* Akzessorietät, GA **1996** 253; *ders.* Beteiligung, Festschrift Lampe (2003) 561; *ders.* Natürlicher Zusammenhang versus gesellschaftliche Bedeutung, Zur Kausalität der Teilnahme, Festschrift Rüping (2008) 17; *ders.* Akzessorietät, Festschrift Yamanaka (2017) 105; *Janß* Die Kettenteilnahme, Diss. Bonn 1988; *Joerden* Anstiftung als Aufforderung zu freiverantwortlichem deliktischem Verhalten, Festschrift Puppe (2011) 563; *Jung* Claus Roxin, Xavier Marias und der Strafgrund der Anstiftung, GA **2006** 301; *Kahlo* Bestimmt, wer „aufstiftet", zur Tat des schwereren Delikts? – Zugleich ein Beitrag zum Unrecht der Anstiftung, Festschrift Seebode (2008) 159; *Kamps/Spatscheck* Scheinrechnungen i. S. v. § 14 Abs. 3 UstG, PStR **1999** 77; *Karge* Agent provocateur, Diss. Frankfurt 1969; *Karitzky/Marxen* Zu den Voraussetzungen, unter denen Mitarbeiter von Banken und Sparkassen Beihilfe zur Steuerhinterziehung begehen, EWiR **2000** 353; *Kasiske* Die Anstiftung durch Aufforderung an einen unbestimmten Personenkreis und ihr Verhältnis zu § 111 StGB, GA **2016** 756; *Katzenstein* Der Agent provocateur vom Standpunkt des RStGBs, ZStW **21** (1901) 374; *Keller* Rechtliche Grenzen der Provokation von Straftaten (1989) (zit. Provokation); *Kielwein* Unterlassung und Teilnahme, GA **1955** 2326; *Kindhäuser* Zum Begriff der Beihilfe, Festschrift Otto (2007) 455; *ders.* Zur limitierten Akzessorietät der Teilnahme, Gedächtnisschrift Tröndle (2019) 295; *Kinzig* Bewegung in der Lockspitzelproblematik nach der Entscheidung des EGMR, StV **1999** 266; *Klinger* Die Strafbarkeit der Beteiligung an einer durch Täuschung herbeigeführten Selbsttötung (1995); *Koch/Wirth* Grundfälle zur Anstiftung, JuS **2010** 203; *König* Kann einem omnimodo facturus Beihilfe geleistet werden? NJW **2002** 1623; *Kohler* Anstiftung und Agent provocateur, GA **55** (1908) 1; *Koriath* Zum Strafgrund der Anstiftung. Eine Skizze, Festschrift Maiwald (2010) 417; *Krack* Teilnahme am Suizid und Tötung auf Verlangen, KJ **1995** 60; *ders.* Handeltreiben mit Betäubungsmitteln nach deren Sicherstellung – BGH, NJW **1994** 2162, JuS **1995** 585; *Kretschmer* Mittelbare Täterschaft – Irrtümer über die tatherrschaftsbegründende Situation, Jura **2003** 535; *v. Kries* Ein Beitrag zur Lehre von der Teilnahme, ZStW **7** (1887) 521; *Kroß* Die versuchte Kettenanstiftung und der Rücktritt der an ihr Beteiligten, Jura **2003** 250; *Krüger* Zum „Bestimmen" im Sinne von §§ 26, 30 StGB, JA **2008** 492; *Kudlich* Zum Problem der „neutralen Beihilfe", JZ **2000** 1178; *ders.* Die Teilnahme am erfolgsqualifizierten Delikt, JA **2000** 511; *ders.* Neutrale Beihilfe bei der Mitwirkung an der Sicherung der innerdeutschen Grenze, BGH, NJW **2001** 2409, JuS **2002** 751; *ders.* Die Unterstützung fremder Straftaten durch berufsbedingtes Verhalten (2004); *ders.* Die Abstiftung, JuS **2005** 592; *ders.* Tiroler Gastfreundschaft auch für deutsches Geld – Anstiftung zur Steuerhinterziehung durch berufstypisches Verhalten? Festschrift Tiedemann (2008) 221; *ders.* Berufsbedingtes Vorschubleisten? Festschrift Roxin II (2011) 881; *ders.* Zurechnung der Gehilfenhandlung? Festschrift Rengier (2018) 59; *ders.* Jenseits des Schraubendreher-Handels – neutrale Beihilfe in Fällen des „richtigen Lebens", Festschrift Kindhäuser (2019) 231; *Kühl* Die Beendigung des vorsätzlichen Begehungsdelikts (1974); *ders.* Die Beendigung des vollendeten Delikts, Festschrift Roxin (2001) 665; *Küper* Der „agent provocateur" im Strafrecht, GA **1974** 321; *Küpper* Besondere Erscheinungsformen der Anstiftung, JuS **1996** 23; *Kurz* Paradigmenwechsel bei der Strafverfolgung des Personals in den deutschen Vernichtungslagern? ZIS **2013** 122; *Kutz* Causeless complicity, CrimL& Phil **2007** 47; *Lampe* Teilnahme am Verbrechen, ZStW **77** (1965) 262; *Landowski/Stoffers* Verjährung der Beihilfe zur Steuerhinterziehung, StraFo **2005** 228; *Lange* Die notwendige Teilnahme (1940); *ders.* Die Schuld des Teilnehmers insbesondere bei Tötungs- und Wirtschaftsverbrechen, JR **1949** 165; *ders.* Zur Teilnahme an unvorsätzlicher Haupttat, JZ **1959** 560; *Leite* Beihilfe kraft Organisationszugehörigkeit? Überlegungen zum Problem der Mordbeihilfe in Konzentrationslagern, in: Stam/Werkmeister (Hrsg.) Der Allgemeine Teil des Strafrechts in der aktuellen Rechtsprechung (2019) 53; *Lesch* Das Problem der sukzessiven Beihilfe (1992); *ders.* Zur Beihilfe zur Steuerhinterziehung, JR **2001** 383; *ders.* Beihilfe durch „rollenadäquates" Verhalten? Festschrift Schiller (2014) 448; *Less* Der Unrechtscharakter der Anstiftung, ZStW **69** (1957) 43; *Lieberwirth* Die provozierte Tat – ein untauglicher Versuch? (1990); *Liemersdorf/Miebach* Beihilfe zum „Handeltreiben" nach § 11 Abs. 1 des Betäubungsmittelgesetzes, MDR **1979** 981; *Ling* Die Unterbrechung des Kausalzusammenhanges durch willentliches Dazwischentreten eines Dritten (1996); *Loewenstein* Error in obiecto und aberratio ictus, JuS **1966** 310; *Lohmar* Steuerstrafrechtliche Risiken typischer Bankgeschäfte (2002); *Loos* Urteilsanmerkung, JR **1997** 297; *Löwe-Krahl* Steuerstrafrechtliche Risiken typischer Bankgeschäfte (1989); *ders.* Die Verantwortung von Bankangestellten bei illegalen Kundengeschäften (1990); *ders.* Beteiligung von Bankangestellten an Steuerhinterziehungen ihrer Kunden – die Tatbestandsmäßigkeit berufstypischer Handlungen, wistra **1995** 201; *Lübig* Die Auswirkung von Personenverwechselungen auf übrige Tatbeteiligte, Jura **2006** 655; *Lüderssen* Zum Strafgrund der Teilnahme (1967); *ders.* Verbrechensprophylaxe durch Verbrechensprovokation? Festschrift Peters (1974) 349; *ders.* Die V-Leute-Problematik oder: Zynismus, Borniertheit oder „Sachzwang"? Jura **1985** 113; *ders.* Der Typus des Teilnehmertatbestandes, Festschrift Miyazawa (1995) 449; *ders.* Beihilfe, Strafvereitelung und objektive Zurechnung, Festschrift Grünwald (1999) 329; *Maaß* Die Behandlung des „agent provocateur" im Strafrecht, Jura **1981** 515; *Mache* Die Zulässigkeit des Einsatzes von agents provocateurs und die Verwertbarkeit der Ergebnisse im Strafprozeß (1984); *Magata* Die Entwicklung der Lehre von der notwendigen Teilnahme Jura **1999** 246; *Mantas/Spatscheck* Straftaten im Zusammenhang mit der Abgabe von Erklärungen, PStR **2000** 134; *Martin* Beihilfe zur Anstiftung, DRiZ **1955** 290; *Maunz* Steueramnestie bei Schmiergeldzahlungen durch Konzerne, Der Konzern **2004** 587; *Maurach* Beihilfe zum Meineid durch Unterlassung, DStR **1944** 1; *ders.* Zur neueren Judikatur über Meineidsbeihilfe durch Unterlassen,

SJZ **1949** 541; *Marx* Zur Frage der Beihilfe zur Steuerhinterziehung durch Bankenmitarbeiter, DStR **2001** 96; *Merkel* Anstiftung und Beihilfe, Festgabe Frank Bd. II (1930) 134; *D. Meyer* Das Erfordernis der Kollusion bei der Anstiftung, Diss. Hamburg 1973; *ders.* Zum Problem der „Kettenanstiftung", JuS **1973** 755; *ders.* Anstiftung durch Unterlassen? MDR **1975** 982; *F. Meyer/Wohlers* Tatprovokation quo vadis – zur Verbindlichkeit der Rechtsprechung des EGMR (auch) für das deutsche Strafprozessrecht, JZ **2015** 761; *M.K.Meyer* Tatbegriff und Teilnehmerdelikt, GA **1979** 252; *dies.* Beteiligung am Landfriedensbruch und Teilnahme zum Landfriedensbruch, GA **2000** 459; *Mintz* Die Lehre von der Beihilfe (1892); *Mitsch* Straflose Provokation strafbarer Taten (1986); *ders.* Grundfälle zu den Tötungsdelikten, JuS **1996** 309; *Montenbruck* Abweichung der Teilnehmervorstellung von der verwirklichten Tat, ZStW **84** (1972) 323; *Momsen* Zum Verhältnis zwischen Prozeßbetrug und Anstiftung zur uneidlichen Falschaussage, NStZ **1999** 306; *ders.* Neutrale Verhaltensweisen und Unterlassungen im Insiderstrafrecht, Festschrift Maiwald (2010) 563; *ders.* Das Lüneburger Auschwitzverfahren: Beihilfe zum hunderttausendfachen Mord oder (auch) strafbare Mitgliedschaft in der Terrororganisation „Waffen-SS"? JuS **2017** 546; *Moos* Objektive Zurechnung und sozialadäquates Verhalten bei wertneutraler Gehilfenschaft, Festschrift Trechsel (2002) 477; *H.D.Müller* Falsche Zeugenaussage und Beteiligungslehre (2000); *A. Müller* Die Hinterziehung als Voraussetzung für den Strafvorwurf, PStR **1998**, 67; *K. Müller* Beihilfe durch wirtschaftliches Handeln, Festschrift Schreiber (2003) 343; *Müller* Die Beihilfestrafbarkeit von Bankmitarbeitern im Steuerstrafrecht – ein Problem der subjektiven Zurechnung? (2003); *Murmann* Zum Tatbestand der Beihilfe, JuS **1999** 548; *Nagler* Die Teilnahme am Sonderverbrechen (1903); *Neidlinger* Zur Abgrenzung von Anstiftung und Beihilfe (1989); *Nepomuck* Anstiftung und Tatinteresse (2008); *Nestler* Schuld in Kollektiven II. Beteiligung am millionenfachen Mord – keine Schuld?, in: Fischer/Hoven (Hrsg.) Schuld (2017) 351; *Niedermair* Straflose Beihilfe durch neutrale Handlungen? ZStW **107** (1995) 507; *Nikolidakis* Grundfragen der Anstiftung (2004); *Noak* Teilfahrlässige Teilnahme an Vorsatz-Fahrlässigkeits-Kombinationen, JuS **2005** 312; *Nowak* Der Tatteilnehmer als sein eigenes Opfer – Zugleich Überlegungen zum Strafzweck der Anstiftung, JuS **2004** 197; *Nydegger* Zurechnungsfragen der Anstiftung im System strafbarer Beteiligung (2012); *Oehler* Die mit Strafe bedrohte tatvorsätzliche Handlung im Rahmen der Teilnahme, Festschrift der juristischen Fakultät der Freien Universität Berlin zum 41. DJT (1955) 255; *ders.* Das erfolgsqualifizierte Delikt und die Teilnahme an ihm, GA **1954** 33; *Osnabrügge* Die Beihilfe und ihr Erfolg (2002); *Ostendorf/Meyer-Seitz* Die strafrechtlichen Grenzen des polizeilichen Lockspitzel-Einsatzes, StV **1985** 73; *Otto* Straflose Teilnahme? Festschrift Lange (1976) 197; *ders.* Anstiftung und Beihilfe, JuS **1982** 557; *ders.* Beihilfe des Bankangestellten zur Steuerhinterziehung, Ztschr. f. d. ges. Kreditwesen **1994** 775; *ders.* „Vorgeleistete Strafvereitelung" durch berufstypische oder alltägliche Verhaltensweisen als Beihilfe, Festschrift Lenckner (1998) 193; *ders.* Das Strafbarkeitsrisiko berufstypischen, geschäftsmäßigen Verhaltens, JZ **2001** 436; *ders.* Beihilfe durch Unterlassen, JuS **2017** 289; *ders.* Beteiligung an einer kriminellen/terroristischen Vereinigung und Beihilfe zu den aus dieser Organisation heraus begangenen Straftaten, Festschrift Kindhäuser (2019) 709; *Pananis/Börner* Strafbarkeit des Vermittlers der ordentlichen Abwicklung einer GmbH wegen Teilnahme an einer Insolvenzverschleppung? GmbHR **2006** 513; *Pelz* Wann verjährt die Beihilfe zur Steuerhinterziehung, wistra **2001** 11; *Peñaranda* Die Wirkung des error in persona des Täters auf die Haftung des Anstifters, Festschrift Schünemann (2014) 483; *Perten* Die Beihilfe zum Verbrechen (1918); *Phleps* Psychische Beihilfe durch Stärkung des Tatentschlusses (1997); *dies.* Psychische Beihilfe durch Stärkung des Tatentschlusses, JR **1997** 49; *Philippowski* Steuerstrafrechtliche Probleme bei Bankgeschäften, in: Kohlmann (Hrsg.) Strafverfolgung und Strafverteidigung im Steuerstrafrecht (1983) 131; *Piazena* Das Verabreden, Auffordern und Anleiten zur Begehung von Straftaten unter Nutzung der Kommunikationsmöglichkeiten des Internets (2014); *Pilz* Beihilfe zur Steuerhinterziehung durch neutrale Handlungen von Bankmitarbeitern (2001); *Piotet* Systematik der Verbrechenselemente und Teilnahmelehre, ZStW **69** (1957) 14; *Plate* Zur Strafbarkeit des agent provocateur, ZStW **84** (1972) 294; *Prittwitz* Straflose Obstruktion der Rechtspflege durch den Angeklagten? StV **1995** 270; *Poppe* Die Akzessorietät der Teilnahme (2011); *Puppe* Der objektive Tatbestand der Anstiftung, GA **1984** 101; *dies.* Was ist Anstiftung? NStZ **2006** 424; *dies.* Die Architektur der Beteiligungsformen, GA **2013** 515; *Putzke* Gefahrgeneigte Tätigkeiten – oder: Zur Strafbarkeit berufstypischen Verhaltens, ZJS **2014** 635; *Ransiek* Pflichtwidrigkeit und Beihilfeunrecht, wistra **1997** 41; *ders.* Neutrale Beihilfe in formalen Organisationen, in *Amelung* Verantwortung S. 95; *Rackow* Neutrale Handlungen als Problem des Strafrechts (2007); *Rebmann* Der Einsatz verdeckt ermittelnder Polizeibeamter im Bereich der Strafverfolgung, NJW **1985** 1; *Reck* Der Berater und die Insolvenzverschleppung, ZInsO **2000** 121; *Redmann* Anstiftung und anstiftungsähnliche Handlung im StGB unter Berücksichtigung linguistischer Aspekte (2014); *Reinbacher* Die „Weiterverbreitung" von Hate Speech in sozialen Medien – Fragen der Beteiligung an einer gemäß § 185 StGB strafbaren Beleidigung, JZ **2000** 558; *Riklin* Anstiftung durch Fragen, GA **2006** 361; *Robles* Zwischen Beihilfe und unterlassener Hilfeleistung, GA **2008** 18; *Röhricht* Die rechtliche Natur der Anstiftung (1913); *Rogall* Die verschiedenen Formen des Veranlassens fremder Straftaten, GA **1979** 11; *Rogat* Die Zurechnung bei der Beihilfe (1997); *Rolletschke* Das Revisionsurteil im Wuppertaler Bankbeihilfeverfahren, DStZ **2000** 787; *Rotsch* Neutrale Beihilfe, Jura **2004** 14; *Roxin* Die Strafbarkeit von Vorstufen der Beteiligung, JA **1979** 169; *ders.* Rose-Rosahl redivivus, Festschrift Spendel (1992) 289; *ders.* Zum Strafgrund der Teilnahme, Festschrift Stree/Wessels (1993) 365; *ders.* Zur Bestimmtheit des Teilnehmervorsatzes,

Festschrift Salger (1995) 129; *ders.* Was ist Beihilfe? Festschrift Miyazawa (1995) 501; *ders.* Strafbarkeitsprobleme beim Masseninkasso für betrügerische Gewinnspieleintragungsdienste, StV **2015** 447; *Rudolphi* Die zeitlichen Grenzen der sukzessiven Beihilfe, Festschrift Jescheck Bd. 1 (1985) 559; *ders.* Die Lockspitzelfalle, Festschrift Kreuzer (2009) 675; *Salamon* Vollendete und versuchte Beihilfe, Diss. Göttingen 1968; *Satzger* Teilnehmerstrafbarkeit und „Doppelvorsatz", Jura **2008** 514; *Samson* Hypothetische Kausalverläufe im Strafrecht (1972); *ders.* Die Kausalität der Beihilfe, Festschrift Peters (1974) 121; *ders./Schillhorn* Beihilfe zur Steuerhinterziehung durch anonymisierten Kapitaltransfer? wistra **2001** 1; *Sax* Zur Problematik des „Teilnehmerdelikts", ZStW **90** (1978) 927; *Schaffstein* Die Risikoerhöhung als objektives Zurechnungsprinzip im Strafrecht, insbesondere bei der Beihilfe, Festschrift Honig (1970) 121; *Schall* Strafloses Alltagsverhalten und strafbares Beihilfeunrecht, Gedächtnisschrift Meurer (2002) 103; *Schauer* Abgrenzung von Täterschaft und Beihilfe, JuS **1994** 719; *Schauf* Versicherungsschutz und Strafrecht. Grenzfragen der Beihilfe am Beispiel der Straf-Rechtsschutz-Versicherung für Vorsatztaten (2004); *Scheffler* Beihilfe zur Falschaussage durch Unterlassen seitens des Angeklagten, GA **1993** 341; *ders.* Zur Konkretisierung des Gehilfenvorsatzes, JuS **1997** 598; *ders.* Strafvereitelung des Verteidigers, JR **2001** 294; *Scheinfeld* Das „Bestimmt-worden-Sein" in § 216 I StGB. Zugleich zum „Bestimmen" in § 26 StGB, GA **2007** 695; *Schild-Trappe* Harmlose Gehilfenschaft? (1995); *Schlehofer* Der error in persona des Haupttäters – Eine Anstiftung für den Teilnehmer? GA **1992** 307; *ders.* Täterschaftliche Fahrlässigkeit, Festschrift Herzberg (2008) 355; *B. Schmidt* Die Beteiligung an der Hinterziehung im Ausland erzielter Kapitalerträge (2002); *C. Schmidt* Grenzen des Lockspitzeleinsatzes (2016; zit. Lockspitzeleinsatz); *dies.* Kompensation der unzulässigen staatlichen Tatprovokation, ZIS **2017** 56; *Schneider* Neutrale Handlungen: Ein Oxymoron im Strafrecht? NStZ **2004** 312; *Schobloch* „Man wird ja wohl noch fragen dürfen ..." Neutrales Alltagshandeln bei der Anstiftung, SchwZStr **121** (2003) 77; *Schroeder* Die Veranlassung zur Veränderung der Tatzeit, GA **2006** 375; *ders.* Die Anstiftung als Erfolgsdelikt, GA **2016** 65; *Schünemann* Der polizeiliche Lockspitzel – Kontroverse ohne Ende? StV **1985** 424; *Schütze* Die notwendige Teilnahme am Verbrechen (1869); *Schulz* Die Bestrafung des Ratgebers (1980) (zit. Ratgeber); *ders.* Anstiftung oder Beihilfe, JuS **1986** 933; *Schumann* Die „rechtswidrige" Haupttat als Gegenstand des Teilnahmevorsatzes, Festschrift Stree/Wessels (1993) 383; *Schwarzburg* Tatbestandsmäßigkeit und Rechtswidrigkeit der polizeilichen Tatprovokation (1991); *Schwind* Grundfälle der „Kettenteilnahme" MDR **1969** 13; *Seebald* Teilnahme am erfolgsqualifizierten und am fahrlässigen Delikt, GA **1964** 161; *Seebode* Begeht Beihilfe durch Unterlassen, wer einen Entlastungszeugen im Strafverfahren benennt und zu dessen Falschaussage schweigt? NStZ **1993** 83; *Seelmann* Zur materiellrechtlichen Problematik des V-Mannes, ZStW **95** (1983) 797; *Sering* Beihilfe durch Unterlassen (2000); *Seher* Grundfälle zur Beihilfe, JuS **2009** 793; *Selter* Kettenanstiftung und Kettenbeihilfe (2008); *Sieg* Die staatlich provozierte Straftat, StV **1981** 636; *Silva-Sánchez* Zur Gestaltung des strafrechtlich missbilligten Risikos beim Zusammenwirken mehrerer Personen, in *Eser/Huber/Cornils* S. 205; *ders.* Zur Beteiligung von Notaren an Vermögens- und Wirtschaftsstraftaten, Festschrift Tiedemann (2008) 237; *Sippel* Zur Strafbarkeit der Kettenanstiftung (1989); *Sommer* Das tatbestandslose Tatverhalten des Agent Provocateur, JR **1986** 485; *ders.* Das fehlende Erfolgsunrecht. Ein Beitrag zur Strafbarkeitsbewertung des agent provocateur (1987); *Sowada* Die „notwendige Teilnahme" als funktionales Privilegierungsmodell im Strafrecht (1992); *ders.* Der begünstigte Gläubiger als strafbarer „notwendiger" Teilnehmer im Rahmen des § 283c StGB? GA **1995** 60; *ders.* Kettenregeln versus Lagertheorie. Die Teilnahmestrafbarkeit bei Tatbeständen mit spiegelbildlicher Deliktsstruktur (insb. im Korruptionsstrafrecht), Festschrift Tiedemann (2008) 273; *Steen* Die Rechtsfigur des omnimodo facturus (2011); *Stoffers* Streitige Fragen der psychischen Beihilfe im Strafrecht, Jura **1993** 11; *Stork* Anstiftung eines Tatentschlossenen zu einer vom ursprünglichen Tatplan abweichenden Tat, Diss. Münster 1969; *Stratenwerth* Der Agent provocateur, MDR **1953** 717; *ders.* Objektsirrtum und Tatbeteiligung, Festschrift Baumann (1992) 57; *Stree* Bestimmung eines Tatentschlossenen zur Tatänderung, Festschrift Heinitz (1972) 277; *Streng* Der Irrtum beim Versuch – ein Irrtum? ZStW **109** (1997) 862; *Stumpf* Zur Strafbarkeit des Verteidigers gemäß § 258 StGB, wistra **2001** 123; *Suhr* Zur Strafbarkeit von verdeckt operierenden Polizeibeamten, JA **1985** 629; *Tadaki* Tateinheit und Tatmehrheit bei Teilnahme, Festschrift Schreiber (2003) 187; *Tag* Beihilfe durch neutrales Verhalten JR **1997** 49; *Tenter* Beihilfe zur Falschaussage durch Unterlassen, wistra **1994** 247; *Theile* Tatkonkretisierung und Gehilfenvorsatz (1999); *Toepel* Aspekte der „Rose-Rosahl"-Problematik – Zurechnungsstrukturen und Irrtumsfolgen bei mehreren Beteiligten, JA **1997** 248, 344; *Timpe* Der Tatbestand der Beihilfe, JA **2012** 430; *ders.* Zum Begriff des Bestimmens bei der Anstiftung, GA **2013** 145; *Trechsel* Der Strafgrund der Teilnahme (1967); *Tröndle* Zur Frage der Teilnahme an unvorsätzlicher Haupttat, GA **1956** 122; *Tyskiewicz* Tatprovokation als Ermittlungsmaßnahme (2014); *Uppenbrink* Steuerberaterhaftung im Zuge der Insolvenzordnung, StB **2002** 312; *Vahrenbrink* Die vorgeleistete Begünstigung (§§ 257, 258 StGB): zugleich ein Beitrag zur Kausalität der Beihilfe (1997); *Vogler* Zur Frage der Ursächlichkeit der Beihilfe für die Haupttat, Festschrift Heinitz (1972) 295; *Voller* Der Staat als Urheber von Straftaten, Diss. Tübingen 1983; *Warneke* Die Bestimmtheit des Beteiligungsvorsatzes (2007); *Wegner* Teilnahme, in: Aschrott/Kohlrausch (Hrsg.) Reform des Strafrechts (1926) 102; *Weigend* Grenzen strafbarer Beihilfe, Festschrift Nishihara (1998) 197; *Weisert* Der Hilfeleistungsbegriff bei der Begünstigung (1999); *Weißer* Organisationsherrschaft und organisationsbezogene Beihilfe, GA **2019** 245; *Werner* Beihilfe durch Bankangestellte bei berufstypischen Handlungen? PStR **1999** 50; *Weltz* Zum Verhältnis von Anstiftung und Beihilfe (2010); *Werle/Burghardt* Zur Gehilfenstrafbarkeit bei Massentötungen in nationalsozialistischen Vernichtungslagern, Festschrift Beulke (2015) 339; *Wessing* Zur Strafbarkeit des Vorstands einer AG beim verdeckten Sponsoring, EWiR **2002** 305; *ders.* Strafbarkeitsgefährdungen für Berater, NJW **2003** 2265; *Weyand* Strafbarkeitsrisiko des Steuerberaters: Buchführungs- und Bilanzdelikte im Insolvenzverfahren, StuB **1999** 178; *Wiegmann* Abgrenzung von (Mit-)Täterschaft und Beihilfe, JuS **1993** 1003; *Woher* Notwendige Teilnahme und straflose Beteiligung, JuS **1982** 343; *Wohlers* Gehilfenschaft durch neutrale Handlungen, SchwZStr **117** (1999) 425; *ders.* Hilfeleistung und erlaubtes Risiko – Zur Einschränkung der Strafbarkeit gem. § 27 StGB, NStZ **2000** 169; *Wohlleben* Beihilfe durch äußerlich neutrale Handlungen (1996); *Wolff-Reske* Berufsbedingtes Verhalten als Problem mittelbarer Erfolgsverursachung (1995); *Wüstenberg* Die Strafbarkeit wegen des Versendens und Empfangens pornografischer E-Mails am Arbeitsplatz, TMR **2003** 4; *Wuttig* Fahrlässige Teilnahme am Verbrechen (1902); *Yamanaka* Objektive Zurechnung bei neutralen Beihilfehandlungen, in: Geschichte und Gegenwart der japanischen Strafrechtswissenschaft (2012) 205 (= Festschrift Jakobs [2007] 767); *Zaczyk* Die Kausalität der Beihilfe als „Kausalität aus Freiheit", Festschrift Kindhäuser (2019) 629; *Zieschang* Der Begriff „Hilfeleisten" in § 27 StGB, Festschrift Küper (2007) 733; *Zimmerl* Grundsätzliches zur Teilnahmelehre, ZStW **49** (1929) 39; *Zöller* Die notwendige Teilnahme, Diss. Bonn 1970.

## Entstehungsgeschichte

s. Vor § 25.

## Übersicht



## Alphabetisches Stichwortverzeichnis

## I. Der Strafgrund der Teilnahme

### 1. Die eigene Auffassung

Anstiftung und Beihilfe unterstehen dem Oberbegriff der **Teilnahme.** Teilnahme ist vorsätzliche 1
Rechtsgüterverletzung durch täterschaftslose Mitwirkung an einer mit Tatbestandsvorsatz begangenen, tatbestandsmäßigen, rechtswidrigen Tat. Der Teilnehmer ist also strafbar, weil er, ohne selbst tatbestandsmäßig zu handeln, das tatbestandlich geschützte Rechtsgut mittelbar, nämlich durch die Mitwirkung an der täterschaftlichen Handlung eines anderen, angreift.[1] Das bedeutet im Einzelnen:

**a) Verletzung eines dem Teilnehmer gegenüber geschützten Rechtsguts.** Eine Teilnah- 2
me im Sinne des Gesetzes kann nur vorliegen, wenn der Teilnehmer ein auch ihm gegenüber geschütztes Rechtsgut verletzt. Das überlebende Opfer einer versuchten Tötung auf Verlangen (§ 216 II) ist also nicht wegen Anstiftung strafbar, weil das angegriffene Leben wegen der Straflosigkeit der Selbsttötung gegenüber dem Verlangenden strafrechtlich nicht geschützt ist; ebenso wenig sind Unterstützungshandlungen des Auffordernden unter dem Gesichtspunkt der Beihilfe strafbar. Aus demselben Grunde liegt keine strafbare Anstiftung vor, wenn jemand einen anderen, um ihn zu prüfen oder zu überführen, zur Unterschlagung einer Sache bestimmt, die dem Veranlassenden selbst gehört: Niemand kann sein eigenes Eigentum in strafrechtlich relevanter Weise angreifen. Auch die Straflosigkeit des **agent provocateur** (näher unten § 26 Rdn. 60 ff, § 27 Rdn. 69), der die von ihm veranlasste oder unterstützte Tat nur bis zum Versuch gelangen lassen will, erklärt sich daraus, dass der Mitwirkende das tatbestandlich geschützte Rechtsgut nicht verletzen will; es ist zwar auch ihm gegenüber geschützt, aber die Handlung zielt nicht auf die Verwirklichung des Tatbestandes ab und ist deshalb keine strafbare Teilnahme. Dieses Erfordernis eines selbständigen Rechtsgutsangriffs „ist unter den Elementen der Teilnahme das umstrittenste; denn anders als die einzelnen Voraussetzungen der Akzessorietät findet es im Wortlaut keine ausdrückliche Erwähnung. Es erklärt sich aber aus den allgemeinen Grundsätzen der Zurechnung,[2] wonach ein Erfolg nur zugerechnet werden kann, wenn er auf der Schaffung einer unerlaubten Gefahr beruht. Da der Teilnehmer vorsätzlich handeln muss, stellt sich die vorsätzliche Schaffung eines unerlaubten Risikos durch ihn als jener selbständige Rechtsgutsangriff dar, der für eine strafbare Teilnahme erforderlich ist" (*Roxin* Strafrecht AT II § 26 Rdn. 9).

Beide Fallgruppen zeigen, dass es **unrichtig** ist, das Unrecht der Teilnahme **ausschließlich** 3
**aus dem Akzessorietätsprinzip** zu erklären und damit aus dem Unrecht der Haupttat abzulei-

1 Dazu näher *Roxin* FS Stree/Wessels 365 ff; *ders.* AT II § 26 Rdn. 11. Ähnliche Auffassungen in der Literatur vertreten *Bloy* Zurechnungstypus S. 252 ff (mit „gewissen Vorbehalten" gegen die Auffassung, „derzufolge die Teilnahme als akzessorischer Rechtsgutsangriff nicht ausschließlich aus dem Akzessorietätsprinzip erklärbar sein soll", S. 253); *ders.* JA **1987** 492; *Gropp* AT § 10 Rdn. 220 ff; Sch/Schröder/*Heine*/*Weißer* Vor § 25 Rdn. 16; *Hoyer* SK Vor § 26 Rdn. 17–21; *Jakobs* § 22 Rdn. 9; *Stein* Beteiligungsformenlehre S. 117 f; *Stratenwerth*/*Kuhlen* AT § 12 Rdn. 121 f. Zust. *Geppert* Jura **1997** 300; *ders.* Jura **2008** 35; *Hake* Beteiligtenstrafbarkeit S. 53 ff, 68 f, 75; *Ingelfinger* Anstiftervorsatz S. 117; *Kreuzberg* S. 525 ff., 532 ff; *Nikolidakis* S. 50 f; *Otto* FS Lange 201 ff; *ders.* JuS **1982** 558; *ders.* AT § 22 Rdn. 12; *Satzger* Jura **2017** 1169 (1170); wohl auch *SSW*/*Murmann* Vor § 25 Rdn. 17. Zur Kritik an dem diese Einschränkung nicht kennenden, traditionellen Verständnis des Akzessorietätsprinzips grundlegend *Lüderssen* Strafgrund S. 61 ff. Weitgehende Skepsis zum Sinn der Diskussion über den Strafgrund der Teilnahme bei *Koriath* FS Maiwald 418 f; *Schroeder* GA **2016** 69.

2 Vgl. *Roxin*/*Greco* AT I § 11 Rdn. 44 ff.

ten. Denn die Mitwirkung kann straflos sein, obwohl der Täter selbst strafbares Unrecht verwirklicht. Vielmehr ist das Unrecht der Teilnahme insofern unabhängig vom Täterunrecht, als der Teilnehmer auch selbst ein ihm gegenüber geschütztes Rechtsgut beeinträchtigen muss. Der Strafbarkeit einer Teilnahme am Sonderdelikt steht das nicht entgegen, weil das Rechtsgut dieser Tatbestände keineswegs zur Disposition des Extraneus steht, sondern auch von ihm, wenngleich nicht als Täter, verletzt werden kann.

4 **b) Bindung an das Unrecht der Haupttat.** Andererseits wird das Unrecht der Teilnahme aber auch **wesentlich** durch das **Unrecht der Haupttat** bestimmt. Dies zeigt sich zunächst daran, dass die Mitwirkung an einer vorsätzlichen Tat die zwar nicht immer hinreichende (Rdn. 2), aber doch stets notwendige Bedingung jeder Teilnahmebestrafung ist. Diese Abhängigkeit ist auch nicht bloß faktischer Natur, wie gelegentlich gesagt wird, sondern sie ist für die Ausgestaltung der Teilnahmebestrafung *rechtlich* maßgebend. So setzt die strafbare Teilnahme voraus, dass die Haupttat wenigstens versucht worden ist, eine Lösung, die sich mit der Annahme einer vollständigen Selbständigkeit des Teilnahmeunrechts nicht vereinbaren lässt. Ebenso zeigt der Umstand, dass der Strafrahmen der Anstiftung und Beihilfe sich am Strafrahmen der Haupttat orientiert, dass das Unrecht der Tätertat das Unrecht der Teilnahme nach oben und unten begrenzt; innerhalb des durch die Haupttat (und im Falle des § 27 zusätzlich durch § 49 Abs. 1) begrenzten Rahmens können sich dann wieder selbständige Unrechtselemente der Teilnahme (wie ihre Intensität und Gefährlichkeit) auswirken.

5 **Der teleologische Sinn** dieser Akzessorietätsbindung liegt in der rechtsstaatlichen Konturierung der Teilnahmehandlung. Da jedes beliebige, für den Erfolg kausale Verhalten Teilnahme sein kann, verhindert die Bindung an die Tatbestandshandlung, dass die Strafbarkeit mit Hilfe eines vom Tatbestand abgelösten Teilnahmebegriffes ausgedehnt wird. Der Rechtsfigur einer solchen „Urheberschaft" hat der Gesetzgeber eine Absage erteilen wollen. Ob er in diesem Bestreben nicht sogar zu weit gegangen ist, indem er in allen Fällen eine vorsätzliche Tätertat verlangt und dadurch kriminalpolitisch umstrittene Strafbarkeitslücken aufgerissen hat, steht auf einem anderen Blatt (vgl. Rdn. 22); de lege lata ist dieser Wille des Gesetzgebers jedenfalls zu respektieren. Andererseits verhindert eine derartige Ableitung wesentlicher Elemente des Teilnahmeunrechts aus dem Täterunrecht aber auch eine Einschränkung der Strafbarkeit, die dann eintritt, wenn man verlangt, dass bestimmte Unrechtselemente der Tätertat (etwa die Beamteneigenschaft) auch in der Person des Teilnehmers vorliegen müssen.

6 **c) Sekundäre Natur der Teilnahme.** Die Teilnahme ist schließlich ein „sekundärer" Begriff, indem sie eine täterschaftslose Mitwirkung ist, so dass ihr Umfang durch die Reichweite der Täterschaft, des primären Begriffs, wesentlich mitbestimmt wird.[3] Teilnehmer kann also nur sein, wer nicht Täter ist. Der umgekehrte primäre Teilnahmebegriff, der unter dem Motto: „Täter ist, wer nicht Teilnehmer ist",[4] zu einem sekundären Täterbegriff kommt, verkennt die konstituierende Bedeutung, die der Tatbestand für die Täterschaft und dadurch mittelbar für die Teilnahme hat. Auch wäre die Annahme, dass eine Mitwirkung, die nicht als Teilnahme strafbar sei, deshalb zur Täterschaft werde, bei konsequenter Durchführung mit dem Gesetz nicht vereinbar (etwa bei der Veranlassung eines unvorsätzlichen Sonderdeliktes). Aus dem sekundären Charakter des Teilnahmebegriffs darf aber nicht gefolgert werden, dass jede Mitwirkung, die nicht Täterschaft ist, ohne weiteres als Teilnahme bestraft werden könne. Vielmehr können sich aus dem Strafgrund der Teil-

3 So die ganz h. L. im Anschluß an *Lange* Teilnahme S. 5 f; *ders.* ZStW **63** (1951) 504; *Kohlrausch/Lange* vor § 47 Anm. I.

4 So zuletzt *Bockelmann* Strafrechtliche Untersuchungen (1957) 76 Fn. 106; vgl. aber *Bockelmanns* eigene Einschränkungen in Fn. 106 S. 77.

nahme (vgl. schon Rdn. 2, 3) oder der Inhaltsbestimmung von Anstiftung und Beihilfe Einschränkungen ergeben.

**d) Teilnahme als akzessorischer Rechtsgutsangriff.** Will man diese Konzeption auf eine knappe Formel bringen, so könnte man die Teilnahme als „akzessorischen Rechtsgutsangriff" (genauer: als akzessorischen Angriff auf das tatbestandlich geschützte Rechtsgut) bezeichnen. Der Begriff des „Rechtsgutsangriffs" umschreibt dabei den tragenden Grund der Teilnahmebestrafung und liefert eine inhaltliche Begründung für die selbständigen Elemente des Teilnehmerunrechts. Die Hinzufügung des Adjektivs „akzessorisch" macht andererseits deutlich, dass eine strafbare Teilnahme nur über einen tatbestandsmäßig handelnden Täter möglich ist, dass also das Teilnahmeunrecht zum guten Teil auch aus dem Unrecht der Haupttat abgeleitet wird, und dass schließlich die Teilnahme ein gegenüber der Täterschaft sekundärer Begriff ist, indem sie die primäre Täterschaft nur ergänzt. Dabei widerspricht es dem hier zugrunde gelegten Strafgrund der Teilnahme nicht, wenn man zum Zwecke der Abgrenzung von Anstiftung und Beihilfe einen eigenen Strafgrund der Anstiftung entwickelt und sie etwa als „Planherrschaft"[5] oder „Unrechtspakt"[6] versteht. Derartige Bestimmungen lassen sich dem Oberbegriff des akzessorischen Rechtsgutsangriffs als besondere Erscheinungsformen der Teilnahme unterordnen. Ihre nähere Erörterung kann erst im Rahmen der Anstiftung (vgl. unten § 26 Rdn. 5 ff) erfolgen. 7

**e) Endgültige Bestimmung durch § 28.** Unbeschadet des vorstehend in Rdn. 5 beschriebenen teleologischen Sinns der Akzessorietätsbindung darf man nicht in den Fehler verfallen, hinter dieser zunächst einmal rechtstechnischen Figur ein überpositives Gerechtigkeitsprinzip zu hypostasieren oder einen durch die Unterscheidung von Unrecht und Schuld implizit vorgegebenen festen Begriffsinhalt vorauszusetzen, dem sich dann die Auslegung der für die Konsequenzen des Akzessorietätsprinzips ausschlaggebenden Vorschrift des § 28 über die Behandlung der besonderen persönlichen Merkmale fügen müsste. Ein Beispiel dafür liefert die Kritik *Puppes* (NK §§ 28, 29 Rdn. 51) an der von *Schünemann* entwickelten „Einheitslösung" für die Interpretation des § 28 (dazu eingehend *Schünemann/Greco* LK § 28 Rdn. 13 ff), dass diese der Sache nach eine Absage an das Prinzip der Akzessorietät überhaupt bedeute. Denn abgesehen davon, dass dieses Argument nicht zutrifft, weil es ja gerade um die Abgrenzung der akzessorisch zu behandelnden von den nicht oder nur eingeschränkt akzessorisch zu behandelnden Tatbestandsmerkmalen geht, setzt *Puppe* damit einen bestimmten Inhalt des Akzessorietätsprinzips voraus, der aber erst durch die Interpretation des § 28 zu ermitteln ist. Die mit der Charakterisierung als „akzessorischer Rechtsgutsangriff" verbundenen **Rechtsfolgen** können deshalb erst nach Einbeziehung der Regelung des **§ 28 endgültig** überblickt werden. 8

## 2. Andere Auffassungen

**a) Die Schuld- bzw. Unrechtsteilnahmetheorie.** Die ältere **Schuldteilnahmetheorie** sah den Strafgrund der Teilnahme nicht in der durch den Teilnehmer herbeigeführten Rechtsgutsverletzung, sondern vielmehr darin, dass der Teilnehmer den Täter korrumpiere, indem er ihn in schuldhafte Handlungen verwickele. Diese Lehre ist heute schon durch das positive Recht erledigt, weil § 29 ausdrücklich eine Teilnahme auch bei fehlender Schuld des Täters zulässt. *Hellmuth Mayer,* der letzte Anhänger der Schuldteilnahmetheorie, vertrat denn auch eine „Theorie der Doppelnatur der Teilnahmevorschriften",[7] indem er deren Strafgrund teils in der Schuld- 9

---

5 *Schulz* Ratgeber S. 137 ff.
6 *Puppe* GA **1984** 113; weitere Nachw. § 26 Rdn. 7.
7 Zuletzt: *H. Mayer* Studienbuch § 39 II 4; zuvor: *ders.* AT S. 317; sowie: *ders.* FS Rittler 243 ff.

teilnahme, teils in einer davon unabhängigen Urheberschaft erblickte; damit wird aber die in Wahrheit vorhandene einheitliche Konzeption der Teilnahme zugunsten zweier diametral verschiedener Begründungen zerrissen, die alle beide mit dem Gesetz nicht zu vereinbaren sind, wie sich aus den Darlegungen Rdn. 2–6 ergibt.

**10** Eine dem Prinzip der limitierten Akzessorietät Rechnung tragende Umformung der alten Lehre ist die von *Trechsel*[8] begründete **Unrechtsteilnahmetheorie.**[9] Der Anstifter setze den Täter dadurch, dass er ihn zu seiner Tat veranlasse, der „sozialen Desintegration" aus.[10] Wer z. B. einen unerkennbar Schuldunfähigen zur Tat treibe, setze ihn doch wenigstens dem Nachteil einer Strafuntersuchung und der Verhängung etwaiger Maßregeln aus. Auch diese Theorie zerstört die Einheit des Teilnahmestrafgrundes; denn sie passt von vornherein nicht auf die Beihilfe, für die *Trechsel*[11] denn auch allein auf den „kausalen Beitrag zur Begehung der Haupttat" abstellt. Zudem wäre es auch bei der Anstiftung, wenn das durch sie verletzte Rechtsgut die „soziale Integration" des Täters wäre, unverständlich, warum ihr Strafrahmen sich nach dem der Haupttat richtet.[12] Ferner wäre die „soziale Integration" ein sehr verschwommenes Rechtsgut; bei einem sozial schon völlig desintegrierten Täter einerseits und bei einem unentdeckt bleibenden Delinquenten andererseits wird ihre Beeinträchtigung schwer aufweisbar sein,[13] während zugleich der Entschluss zur Tatbegehung unter dem Gesichtspunkt der Desintegration eine Selbstgefährdung des Täters, die Beteiligung daran folglich nach allgemeinen Rechtsgrundsätzen straflos ist.[14] Um eine Neubelebung dieser Ansätze bemüht sich *Gerson*, der die Anstiftung als „doppelt-pathologischen Diskurs" kennzeichnet: Strafgrund der Anstiftung sei die soziale Desintegration des Haupttäters durch die Verstrickung in eine gestörte Kommunikation mit der Gesellschaft mithilfe einer ebenso pathologischen Tathandlung.[15] M. a. W.: Dem Anstifter sei die „geistige Urheberschaft der Delinquenz, die den Haupttäter in die soziale Isolation treibt", anzulasten.[16] Da es aber auch hier bei der zweifelhaften Anbindung an einer vermeintlichen sozialen Desintegration des Haupttäters bleibt, überzeugt diese Argumentation ebenso wenig.

**11** **b) Die reine Verursachungstheorie.** Die reine Verursachungstheorie, die von *Schmidhäuser*[17] und *Lüderssen*[18] – mit teilweise abweichender Begründung und abweichenden Ergebnissen – vertreten wird, geht im theoretischen Ansatz von der gänzlichen Selbständigkeit des Teilnahmeunrechts aus; sie verabsolutiert also die in Rdn. 2, 3 dargelegte zutreffende Einsicht, dass die Teilnahme nicht in allen ihren Strafbarkeitsvoraussetzungen aus dem Unrecht der Haupttat ab-

8 *Trechsel* S. 54 ff; *ders.* Kommentar zum Schweizerischen Strafgesetzbuch, 2. Aufl. (1997) Art. 24 Rdn. 3.

9 Man spricht auch von „modifizierter Schuldteilnahmelehre" (*Keller* Provokation S. 163), um einer Verwechselung mit der Lehre *Stratenwerths* (*Stratenwerth/Kuhlen* AT § 12 Rdn. 121) vorzubeugen, der seine Auffassung ebenfalls „Unrechtsteilnahmetheorie" nennt, obwohl sie nicht mit der Konzeption von *Trechsel*, sondern im Wesentlichen mit der hier vertretenen Ansicht (Rdn. 1, 2) übereinstimmt.

10 *Trechsel* S. 55.

11 AaO S. 107 ff. Das ist auch sonst die allgemeine Ansicht. Abw. nur *Keller* Provokation S. 164: „Wie man die Entwicklung eines Menschen negativ beeinflussen kann, indem man ihm jeden Wunsch erfüllt, so kann man auch eine kriminelle Karriere fördern, indem man zu Straftaten Hilfe leistet.".

12 *Hoyer* SK vor § 26 Rdn. 9; *Jakobs* § 22 Rdn. 2; *Roxin* AT II § 26 Rdn. 19; *Stratenwerth/Kuhlen* AT § 12 Rdn. 120; *Stein* Beteiligungsformenlehre S. 107 ff legt dar, dass derartige Strafrahmen den verfassungsrechtlichen Anforderungen nicht genügen.

13 Vgl. *Roxin* LK[11] Rdn. 11 und zu den älteren Versuchen ähnlicher Art *Lüderssen* S. 54 ff.

14 *Roxin/Greco* AT I § 11 Rdn. 107 ff.

15 *Gerson* ZIS **2016** 183 ff.

16 *Gerson* ZIS **2016** 191.

17 AT § 14 Rdn. 57, StuB § 10 Rdn. 9 f.

18 *Lüderssen* Strafgrund S. 117 ff.

leitbar ist.[19] „Nicht so ist es“, heißt es bei *Schmidhäuser,* „daß nur der Haupttäter den Rechtsgutsanspruch verletzt und der Teilnehmer daran teilhat, sondern so, daß der Teilnehmer selbst den Rechtsgutsanspruch verletzt.“ Die Akzessorietät ist für ihn nur eine Art Strafbarkeitsvoraussetzung: „Wenn das Strafgesetz das Teilnehmerdelikt weitgehend von einer begangenen Haupttat abhängig macht, so hat das seinen Grund nur in der Strafwürdigkeit (nicht anders als der Erfolgseintritt beim Täterdelikt auch)“. Das heißt aber, dass die reine Verursachungstheorie ein rechtspolitisches Programm ist und die Struktur der Teilnahme im geltenden Recht nicht erfasst.

Auch *Lüderssen* geht von prinzipiell selbständigen Teilnahmetatbeständen[20] aus und wendet sich „gegen das akzessorische Denken im Bereich der Teilnahme“.[21] Er stellt vor allem darauf ab, ob das tatbestandliche Rechtsgut gegenüber dem Teilnehmer geschützt ist. Ist das der Fall, so kommt er zu einer Teilnahmebestrafung, auch wenn es an einer entsprechenden Haupttat fehlt. So will er z. B. die Teilnahme am Selbstmord mit der Begründung bestrafen, dass das Leben des Suizidenten gegenüber Außenstehenden geschützt sei, vom Anstifter also angegriffen werde, auch wenn der Selbstmörder in seiner Person keinen Tatbestand verwirkliche.[22] In entsprechender Weise soll nach §§ 211, 212 haften, wer einem anderen „den Rat gibt, einen um Rettung flehenden Verunglückten getrost liegen zu lassen“,[23] auch wenn der in dieser Weise Aufgeforderte nur nach § 323c bestraft wird. Da der Ratgeber durch „positives Tun“ ein ihm gegenüber geschütztes Leben angreife, hafte er wegen Teilnahme am Tötungsdelikt, auch wenn ein Tötungstatbestand täterschaftlich nicht begangen sei. Das ist gewiss eine theoretisch interessante Konzeption. Aber sie ist mit dem Wortlaut der §§ 26, 27, die nun einmal eine limitierte Akzessorietät anordnen, schlechterdings nicht zu vereinbaren;[24] und sie führt auch zu jener Strafbarkeitsausdehnung, die zu verhindern gerade der Zweck der Akzessorietätsbindung ist (vgl. Rdn. 5).[25] Wo *Lüderssen* andererseits, wie bei der Bejahung einer Strafbarkeit der Teilnahme an Sonderdelikten, den Vorstellungen des Gesetzgebers folgt,[26] kommt auch er entgegen seinem Ansatz um die Anerkennung einer partiellen Bindung des Teilnahmeunrechts an das Haupttatunrecht nicht herum. 12

Die reine Verursachungstheorie kann daher mit den Teilnahmeproblemen nur fertig werden, indem sie entweder das Gesetz oder ihren eigenen Ansatz **missachtet.** Sie scheitert an dem Umstand, dass wesentliche Elemente des Teilnahmeunrechts aus dem Haupttatunrecht abzuleiten sind.[27] Aber sie hat das Verdienst, die selbständigen Unrechtselemente der Teilnahme in aller Deutlichkeit herausgehoben zu haben. 13

---

**19** Durch die Anerkennung selbständiger Teilnahmetatbestände lassen sich einige weitere Autoren der reinen Verursachungstheorie zuordnen, obwohl sie der Akzessorietät größere Bedeutung einräumen und daher im Ergebnis der hier vertretenen Ansicht nicht fern stehen: *Herzberg* GA **1971** 1 ff; *M. K. Meyer* GA **1979** 264 f; *Sax* ZStW **90** (1978) 927 ff.

**20** *Lüderssen* Strafgrund S. 161 ff. Inzwischen hat sich *Lüderssen* in FS Miyazawa 449 ff, weitgehend der im Text vertretenen Auffassung angenähert, während *Dencker* FS Lüderssen 525 ff, den Gedanken einer „Beteiligung ohne Täter“ de lege ferenda wieder aufgenommen, aber durch seine abschließende, überaus komplizierte „Konstruktionsskizze“ (S. 535 ff) eigentlich ad absurdum geführt hat.

**21** AaO S. 192.

**22** AaO S. 168, 214 f.

**23** AaO S. 192.

**24** In FS Miyazawa 459 f verwahrt sich *Lüderssen* gegen den Vorwurf, ihm sei nicht bewusst gewesen, dass das Gesetz diese Fälle nicht erfasse; gerade deshalb habe er ja früher von „unechter Teilnahme“ gesprochen.

**25** Darüber, dass dies auch kriminalpolitisch nicht wünschbar ist, vgl. im Hinblick auf den Selbstmord *Roxin* FS Dreher 331 ff; nunmehr auch *Lüderssen* FS Miyazawa 460.

**26** *Lüderssen* S. 137.

**27** Eine ausführliche Kritik aller in diesem Zusammenhang vertretenen Positionen liefert *Bloy* Zurechnungstypus S. 176 ff.

14 **c) Die akzessorietätsorientierte Verursachungstheorie.** Die akzessorietätsorientierte Verursachungstheorie, die der **heute h. M.** entspricht, sieht den Strafgrund der Teilnahme wie die reine Verursachungstheorie nicht in der Korrumpierung oder der sozialen Desintegration des Täters, sondern in der Herbeiführung der tatbestandlichen Rechtsgüterverletzung. Sie stellt dabei aber im Gegensatz zur reinen Verursachungstheorie den Akzessorietätsgedanken ganz in den Vordergrund, indem sie das Teilnahmeunrecht aus dem Unrecht der Tätertat ableitet und die selbständigen Unrechtselemente der Teilnahme vernachlässigt. So heißt es bei *Jescheck*,[28] das Unrecht des Teilnehmers bestehe darin, „daß er an der Normverletzung des Täters mitwirkt. Das Unrecht der Teilnehmertat muß deshalb nach Grund und Maß vom Unrecht der Haupttat abhängig sein." *Maurach/Gössel*[29] sehen den „Strafgrund der Teilnahme in der Veranlassung oder Unterstützung fremden Unrechts", und Lackner/Kühl/*Kühl*[30] fassen die überwiegende Auffassung dahin zusammen, „daß Anstifter und Gehilfen die vom Täter begangene rechtswidrige Tat fördern bzw. mitverursachen".[31] Auch der BGH sieht im Anschluß an die ältere Rspr. (RGSt **5** 227, 228; 15 315, 316) das „Wesen der Anstiftung" in der „Verursachung eines rechtswidrigen Verhaltens" (BGHSt **4** 355, 358).

15 Diese Auffassung vermeidet die Aporien der reinen Verursachungstheorie und wird dem legislatorischen Zweck des Akzessorietätsprinzips vollauf gerecht. Sie kommt aber in **Begründungsschwierigkeiten**[32] in den Fällen strafloser notwendiger Teilnahme, bei der Aufforderung zur Strafvereitelung zugunsten des Auffordernden und in entsprechenden Konstellationen. Denn hier liegt allemal eine Mitwirkung an einer vorsätzlich-rechtswidrigen Tatbestandsverwirklichung vor. Die Rspr. nimmt denn auch vielfach in zu weitgehender Weise eine Strafbarkeit an (vgl. näher Rdn. 28), die sich nicht schon durch eine Ablehnung der Schuldteilnahmetheorie, sondern erst dann ausschließen lässt, wenn man den eigenen Rechtsgutsangriff des Mitwirkenden als ein akzessorietätsunabhängiges, selbständiges Element des Teilnahmeunrechts betrachtet. Selbst die Straflosigkeit des agent provocateur (vgl. näher unten § 26 Rdn. 60 ff, § 27 Rdn. 69) ergibt sich nicht schon daraus, dass man aus dem Verursachungsgedanken die Notwendigkeit eines auf die Erfolgsherbeiführung gerichteten Teilnehmervorsatzes ableitet; denn auch der Versuch des Täters ist ein Erfolg im Rechtssinne, der zur Bestrafung wegen Teilnahme am Versuch führen könnte. Nur die Scheinhaftigkeit des eigenen Rechtsgutsangriffs kann in solchen Fällen die Straflosigkeit dessen, der an einer vorsätzlich-rechtswidrigen Versuchshandlung mitwirkt, zureichend erklären. Die akzessorietätsorientierte Verursachungstheorie ist also zu einseitig auf das Unrecht der Haupttat fixiert und übersieht, dass sich die akzessorische Verursachung als selbständiger Rechtsgutsangriff des Teilnehmers darstellen muss.[33] Das beweist die so gut wie einhellig (und sogar viel zu weitgehend) anerkannte Straflosigkeit des agent provocateurs, denn die dafür gegebene Begründung, dass sich der Teilnehmervorsatz außer auf die Bestimmung zur Tat auch auf die tatbestandliche Rechtsgüterverletzung richten muss, rechtfertigt sich nicht aus sich selbst, sondern nur aus der Notwendigkeit eines Rechtsgutsangriffs. Erst deren Anerkennung verhindert die sonst vielfach anzutreffende Überdehnung der Teilnahmestrafbarkeit, u. a. bei der notwendigen Teilnahme (Rdn. 28), der Bejahung von Anstiftung auf Grund jeder vorsätzlichen Verursachung eines Tatentschlusses (§ 26 Rdn. 3 ff) und der Vernachlässigung des Problems der „neutralen" Handlungen im Rahmen der Beihilfe (§ 27 Rdn. 17 ff).

---

**28** *Jescheck/Weigend* § 64 I 2.

**29** *Maurach/Gössel*/Zipf[7] § 50 Rdn. 57.

**30** Lackner/Kühl/*Kühl* Vor § 25 Rdn. 8.

**31** Im Sinne der h. M. u. a. Baumann/Weber/Mitsch/*Eisele* § 26 Rdn. 2 f; *Freund/Rostalski* AT § 10 Rdn. 111; *Kindhäuser/Zimmermann* AT, § 38 Rdn. 16; *Kühl* AT § 20 Rdn. 132; vermittelnd *Joecks* MK Rdn. 16 f.

**32** Eingehend *Lüderssen* Strafgrund S. 61 ff.

**33** Ebenso *Geppert* Jura **1997** 300.

**d) Die Solidarisierung mit fremdem Unrecht.** Nach Auffassung von *Schumann*[34] soll die Teilnahmehandlung als solche „einen besonderen Aktunwert" enthalten, der sie als ein für die Rechtsgemeinschaft unerträgliches Beispiel erscheinen lasse und darin bestehe, „daß der Teilnehmer sich durch seinen vorsätzlichen Beitrag mit fremdem vorsätzlichen Unrecht solidarisiert, sich mit der fremden Tat gemein macht".[35] *Schumann* betont, dass die „Strafbarkeit der Extranenteilnahme am echten Sonderdelikt", die der reinen Verursachungstheorie so große Schwierigkeiten mache, für seine Lehre „kein Problem" sei. Die praktische Bedeutung dieser Lehre liege vor allem darin, dass sie es gestatte, die „Frage der Begrenzung der Teilnahmestrafbarkeit aus dem Strafgrund heraus zu beantworten". So scheidet er bei der Beihilfe gewisse „Alltagshandlungen" aus der Teilnahmestrafbarkeit aus, weil darin keine ausreichende Solidarisierung mit dem Täter liege, z. B. wenn „ein Angestellter einer Eisenwarenhandlung einem Kunden einen Schraubenzieher verkauft, obwohl er zufällig weiß, daß dieser ihn bei der Begehung eines Einbruchsdiebstahls verwenden wird". Jedoch kann der Solidarisierungsgedanke die Strafbarkeit der Teilnahme nicht tragen. Der Teilnehmer wird nicht deswegen bestraft, weil er sich mit dem Täter solidarisiert – die vergleichsweise harmlose Solidarisierung ist nur in engen Grenzen als psychische Beihilfe (vgl. *Schünemann/Greco* LK § 27 Rdn. 14 ff) oder nach § 140 strafbar –, sondern weil er in viel schwerer wiegender Weise zu einer strafbaren Tatbestandserfüllung Wesentliches beigetragen hat. Nicht ein so vages Rechtsgut wie die Störung des Rechtsfriedens durch Schaffung eines unerträglichen Beispiels wird vom Teilnehmer verletzt, sondern er verursacht eine ganz konkrete Tatbestandserfüllung. Die von *Schumann* mit Recht als Anstiftung und Beihilfe nicht anerkannten Fälle genügen schon nicht dem Kriterium eines „Angriffs" auf das tatbestandlich geschützte Rechtsgut, so dass bereits die hier befürwortete Theorie *Schumanns* berechtigtes Anliegen erfüllt. 16

**e) Teilnahme als Schikane.** Ein neuer Weg wird von *Haas*[36] gegangen, der vorschlägt, das Unrecht der Teilnahme als **Schikane** bzw. **Rechtsmissbrauch** (§ 226 BGB) zu deuten. Der Teilnehmer überschreite die immanenten Schranken seiner Rechtsausübungsfreiheit, wenn und soweit sein Verhalten nur so verstanden werden könne, als habe es den Zweck, den Täter zur Begehung der rechtswidrigen Tat zu veranlassen oder ihn bei Begehung der Tat zu unterstützen. Daraus folge ein Anspruch des Inhabers der tatbestandlich geschützten Rechtsposition darauf, dass ein derart rechtsmissbräuchliches Verhalten unterbleibe. Es erscheint jedoch zweifelhaft, aus einer Vorschrift, die sogar im Zivilrecht eine bloße Randexistenz hat,[37] die im Strafrecht zentrale Struktur der Teilnahme abgewinnen zu wollen. 17

**f) Zusammenfassung.** Die von *Roxin* entwickelte und auch hier vertretene Lehre von der Teilnahme als einem „akzessorischen Rechtsgutsangriff" lässt sich demnach zwischen der „reinen" und der „akzessorietätsorientierten" Verursachungstheorie einordnen. Sie vermeidet die Einseitigkeiten beider, indem sie das Unrecht der Teilnahme teils aus der Tätertat und teils aus dem eigenen Rechtsgutsangriff des Mitwirkenden ableitet. Sie verlangt also, dass jede strafbare Teilnahme akzessorisch sei, daneben aber immer auch einen selbständigen Rechtsgutsangriff enthalte. Sie ist demnach eine „gemischte Verursachungstheorie", die sich als Synthese der in Rdn. 11 ff, 14 f dargestellten divergierenden Verursachungstheorien darstellt. Zugleich ergibt sich, dass die wissenschaftliche Diskussion sich im Wesentlichen nicht mehr, wie es heute meist noch dargestellt wird, zwischen den Polen der Schuld- bzw. Unrechtsteilnahmetheorie einerseits und der Verursachungstheorie andererseits bewegt, sondern dass der 18

34 Selbstverantwortung S. 44 ff, 49 ff. Ähnlich für die Beihilfe *Heghmanns* GA **2000** 479 f.
35 Hier und im Folgenden: a. a. O. S. 51.
36 *Haas* Tatherrschaft S. 134 ff; *ders.* MR Vor § 25 Rdn. 24.
37 Vgl. nur *Grothe* MK § 226 Rdn. 1: „überflüssig".

Streit auf der gemeinsamen Grundlage der Verursachungstheorie vor allem darum geht, ob und inwieweit das erfolgsbezogene Teilnahmeunrecht selbständig oder aus der Tätertat abzuleiten ist.

## II. Die limitierte Akzessorietät

### 1. Formen der Akzessorietät im Allgemeinen

19 Jede Teilnahme ist **akzessorisch,** d. h. abhängig von einer täterschaftlich begangenen Tat. Das Maß dieser Abhängigkeit ist nicht vorgegeben, sondern steht zur Disposition des Gesetzgebers.[38] *M. E. Mayer*[39] hat die verschiedenen Grade der Akzessorietät beschrieben und benannt: Man spricht von **minimaler Akzessorietät,** wenn die Teilnahme nur eine tatbestandsmäßige Haupttat voraussetzt; von **limitierter Akzessorietät**, wenn eine tatbestandsmäßig-rechtswidrige Haupttat verlangt wird; von **extremer Akzessorietät,** wenn die strafbare Teilnahme an das Vorliegen einer unrechtmäßigen und schuldhaften Tätertat gebunden ist; und schließlich von **Hyperakzessorietät**, wenn sogar strafausschließende, straferhöhende und strafmildernde Umstände dem Teilnehmer zugerechnet werden. Das StGB, das ursprünglich extrem-akzessorisch orientiert war, ist mit der Strafrechtsangleichungsverordnung vom 29.5.1943 zum Prinzip der limitierten Akzessorietät übergegangen, das auch der neue Allgemeine Teil in den §§ 26, 27 übernommen hat.

### 2. Die limitierte Akzessorietät im Strafgesetzbuch

20 Danach setzen Anstiftung und Beihilfe eine **„vorsätzlich begangene rechtswidrige Tat"** voraus. Da eine „rechtswidrige Tat" nach § 11 Abs. 1 Nr. 5 „nur eine solche" ist, „die den Tatbestand eines Strafgesetzes verwirklicht", muss also eine tatbestandsmäßig-rechtswidrige Täterschaft vorliegen. Beim Täter muss nicht nur der objektive Tatbestand erfüllt sein, sondern es müssen auch alle subjektiven Unrechtselemente vorliegen. Die Tat muss außerdem nach dem Wortlaut des Gesetzes „vorsätzlich" sein (zur Vorsätzlichkeit näher Rdn. 22 ff). Soweit man den Vorsatz systematisch beim Tatbestand einordnet, steckt darin nur die Verdeutlichung, dass auch der subjektive Tatbestand erfüllt sein muss; hält man den Vorsatz für ein Schuldelement, so bedeutet das Vorsatzelement einen Schritt in Richtung auf die extreme Akzessorietät. Von den übrigen Schuldelementen ist aber die Teilnahme jedenfalls unabhängig, wie § 29 noch ausdrücklich klarstellt.[40] Außerdem ist auch die limitierte Akzessorietät bei „besonderen persönlichen Merkmalen" nach Maßgabe des § 28 aufgelockert (näher *Schünemann/Greco* LK Erl. zu § 28).

21 **Die praktische Bedeutung** der Entscheidung für die limitierte und gegen die extreme Akzessorietät ist freilich nicht sehr groß. Denn in aller Regel wird bei der Mitwirkung an einer entschuldigten Tat nicht Anstiftung oder Beihilfe, sondern mittelbare Täterschaft vorliegen (vgl. im Einzelnen *Schünemann/Greco* LK § 25 Rdn. 79 ff). Doch ist das nicht immer so. So kann bei der Mitwirkung an einer entschuldigten Notstandstat Teilnahme gegeben sein, wenn der Außen-

**38** And. mit beachtlichen Gründen *Hruschka* ZStW **110** (1998) 603 f, nach dessen (in der Entwicklung der strafrechtsdogmatischen Begriffe im 18. und 19. Jahrhundert und dem kantianischen Freiheitsbegriff verankerter) Auffassung das heutige System von (u. U. mittelbarer) Täterschaft und limitiert akzessorischer Teilnahme den Grundsatz der Widerspruchsfreiheit verletzt.

**39** *M. E. Mayer* S. 391; *ders.* Versuch und Teilnahme in *Aschrott/Liszt* Reform des Strafgesetzbuches (1910) Bd. I, S. 355; vgl. auch die an *Mayer* anschließende Darstellung in: *Bockelmann* Strafrechtliche Untersuchungen (1957) 31.

**40** Woran die neueren Stellungnahmen im Sinne der extremen Akzessorietät (etwa *Jakobs* System S. 77 f; *Falcone* ZIS **2020** 212) bereits de lege lata scheitern müssen.

stehende die Situation nicht geschaffen hat und nicht ausnutzt (*Schünemann/Greco* LK § 25 Rdn. 90) oder wenn er sie nicht kennt; es ist u. U. Teilnahme an einer im unverschuldeten Verbotsirrtum begangenen Tat (*Schünemann/Greco* LK § 25 Rdn. 113) oder an einer Handlung möglich, bei der beide Beteiligte irrig die Voraussetzungen eines entschuldigenden Notstandes annehmen und der unmittelbar Handelnde nach § 35 Abs. 2 S. 1 exkulpiert ist (*Schünemann/Greco* LK § 25 Rdn. 116); auch bei der Mitwirkung an der Tat eines Schuldunfähigen kommt im Einzelfall eine Teilnahme in Betracht (näher *Schünemann/Greco* LK § 25 Rdn. 134 ff), die vor allem auch dann anzunehmen ist, wenn dem Außenstehenden der Schuldausschluss beim unmittelbar Handelnden verborgen bleibt (*Schünemann/Greco* LK § 25 Rdn. 165). Seine relativ größte Bedeutung gewinnt der Grundsatz der limitierten Akzessorietät bei **Garantensonderdelikten** (*Schünemann/Greco* LK § 25 Rdn. 56 ff). Da hier die mittelbare Täterschaft eines Extraneus nicht möglich ist, kann ein Nichtqualifizierter auch dann nicht Täter sein, wenn er die Tatherrschaft innehat. Wer also als Nichtbeamter einen Amtsträger unter den Voraussetzungen des § 35 zu einem (exkulpierten) echten Amtsdelikt nötigt oder ihn dazu veranlasst, indem er ihn in einen unvermeidbaren Verbotsirrtum versetzt, kann als Anstifter bestraft werden.

### 3. Die Vorsätzlichkeit der Haupttat

Einige Auslegungsschwierigkeien bereitet das Kriterium der Vorsätzlichkeit. Strittig ist vor allem, ob ein Irrtum des unmittelbar Handelnden über die sachlichen Voraussetzungen eines Rechtfertigungsgrundes die „Vorsätzlichkeit" seiner Tat i. S. der §§ 26, 27 ausschließt. Das hat praktische Bedeutung wieder bei Sonderdelikten: Wenn jemand einen Arzt durch die Vorspiegelung, er sei von seiner Schweigepflicht entbunden, zur Offenbarung eines Geheimnisses veranlasst (eine ähnliche Konstellation lag BGHSt **4** 355 ff und OLG Köln MDR **1962** 591f zugrunde),[41] kann der Arzt nach sämtlichen Spielarten der heute kaum noch angefochtenen eingeschränkten Schuldtheorie (zuletzt *Schünemann/Greco* GA **2006** 777) nicht nach § 203 Abs. 1 Nr. 1 bestraft werden, weil sein Irrtum den Vorsatz bzw. zumindest die Vorsatzstrafe ausschließt und die Fahrlässigkeit nicht strafbar ist. Der Hintermann kann, weil er nicht unter der Schweigepflicht des Arztes steht, kein mittelbarer Täter sein. Er könnte aber wenigstens als Anstifter bestraft werden, falls man die „Vorsätzlichkeit" i. S. der §§ 26, 27 als Tatbestandsvorsatz i. e. S. deutet, so dass dem Täter nur bewusst gewesen zu sein braucht, dass er ein ärztliches Geheimnis offenbart.[42] Dagegen lehnt es eine verbreitete Meinung ab,[43] den Vorsatzbegriff in §§ 26, 27 von der Irrtumslehre abzukoppeln; sie muss daher mangels vorsätzlicher Haupttat zur Straflosigkeit des Hintermannes kommen. Das erscheint auch sachgerecht, weil die vollständige Instrumentalisierung des Intraneus durch den Extraneus in § 203 nur eine Abart der für den extraneus allgemein straflosen Ausspähung darstellt (*Welzel* S. 113; *Schünemann* GA **1985** 349f; *ders.* LK[12] § 203 Rdn. 159) und auch im Übrigen der Ausschluss einer mittelbaren Täterschaft des Extraneus bei Sonderdelikten sachgerecht ist und deshalb nicht durch eine partielle Uminterpretation des Vorsatzbegriffs korrigiert zu werden braucht. Man könnte hier nur dann zu einer Strafbarkeit des Extraneus kommen, wenn es eine Anstiftung zu unvorsätzlicher Haupttat gäbe, wie sie die älte- 22

---

**41** Die Beispiele passen allerdings nur, wenn man mit der h. A. die Entbindung von der Schweigepflicht als Rechtfertigungs- und nicht schon als Tatbestandsausschließungsgrund ansieht. Für einen Tatbestandsausschließungsgrund *Roxin* AT I § 13 Rdn. 12 ff; *ders.* TuT S. 555.

**42** In diesem Sinne *Roxin* TuT S. 552 ff; *ders.* LK[11] Rdn. 27; zust. *Frisch* Vorsatz und Risiko (1983) 252 f; *Jakobs* § 22 Rdn. 11, § 11 Rdn. 59; *Rudolphi* SK[7] § 16 Rdn. 13 (die Frage nunmehr offenlassend *Stein* SK § 16 Rdn. 13 aE); im Ergebnis mit teilweise unterschiedlicher Begründung ebenso *Dreher* FS Heinitz 222; *Jescheck/Weigend* § 41 IV 1d; Lackner/Kühl/*Kühl* Vor § 25 Rdn. 9.

**43** Eingehend *Schünemann* LK[12] § 203 Rdn. 159; ferner *Preisendanz* § 26 Anm. 2a; Sch/Schröder/*Heine/Weißer* Vor § 25 Rdn. 29; *Hoyer* SK Rdn. 37; *Joecks* MK Rdn. 22 ff; *Kuhlen* Die Unterscheidung von vorsatzausschließendem und nichtvorsatzausschließendem Irrtum (1987) S. 329 f; *Geppert* Jura **1997** 303.

re Rspr. (BGHSt **4** 355; **5** 47) entsprechend dem Regelungswillen des Gesetzgebers bei Einführung der limitierten Akzessorietät durch *VO v. 29.5.1943* (RGBl. **I** S. 339) anerkannt hatte. Der Gesetzgeber hat jedoch in der Strafrechtsreform die seit BGHSt **9** 370 die Rspr. beherrschende Gegenmeinung kodifiziert, wonach eine Verurteilung wegen Anstiftung oder Beihilfe stets ein vorsätzliches Handeln des Täters voraussetzt. Ob dies kriminalpolitisch angezeigt war, war im Schrifttum bis zuletzt und ist auch heute noch heftig umstritten;[44] doch ist der Rechtsanwender an die gesetzliche Entscheidung gebunden.[45]

23 **Straflos** ist angesichts des Vorsatzerfordernisses nach geltendem Recht auch der Fall, dass jemand einen anderen zu einer Straftat veranlasst und dabei irrig annimmt, dieser handele vorsätzlich. Vgl. darüber ausführlich *Schünemann/Greco* LK § 25 Rdn. 163 f.

#### 4. Die Rechtswidrigkeit der Haupttat

24 Die weitere Teilnahmevoraussetzung, wonach die Haupttat „rechtswidrig" sein muss, bringt die Selbstverständlichkeit zum Ausdruck, dass an einer gerechtfertigten Tatbestandshandlung keine strafbare Teilnahme möglich ist. Die Rechtfertigung schließt zwar eine strafbare Teilnahme, nicht aber eine **mittelbare Täterschaft** durch ein rechtmäßig handelndes Werkzeug aus; vgl. dazu *Schünemann/Greco* LK § 25 Rdn. 105 f. Andererseits zieht der Umstand, dass der Ausführende tatbestandsmäßig und rechtswidrig handelt, nicht in allen Fällen ohne weiteres die Strafbarkeit eines Mitwirkenden nach sich; vgl. Rdn. 2, 3.

### III. Die notwendige Teilnahme

#### 1. Begriff und Erscheinungsformen

25 Unter **„notwendiger Teilnahme"** versteht man die Erscheinung, dass manche Straftaten einen Tatbestand verwirklichen, der zu seiner Erfüllung notwendig die Beteiligung mehrerer fordert. Die Bezeichnung ist alt[46] und eingebürgert, aber nicht genau; so wirkt z. B. in den Fällen des sexuellen Missbrauchs (§§ 174–174b) das Opfer häufig in einer quasi mittäterschaftlichen Weise mit, die sowohl über eine „Teilnahme" wie über das Maß des zur Tatbestandserfüllung „Notwendigen" hinausgeht; wenn andererseits diese Tatbestände durch unsittliche Berührungen des Opfers verwirklicht werden, wird dessen passiv-duldende „Teilnahme" oft nicht einmal die Voraussetzungen der Beihilfe erfüllen.

26 Bei der strafrechtlichen Behandlung der notwendigen Teilnahme **unterscheidet** man (seit *Freudenthal*) zwischen Konvergenz- und Begegnungsdelikten. **Konvergenzdelikte** sind Tatbestände, die voraussetzen, dass mehrere in derselben Richtung auf die Rechtsgutsverletzung hinarbeiten; z. B. die Gefangenenmeuterei (§ 121), die von mehreren gemeinschaftlich begangene Körperverletzung (§ 224 I Nr. 4), der Landfriedensbruch (§ 125) usw. Ihre rechtliche Beurteilung ist unproblematisch: Sie sind nach dem Gesetz alle als Täter zu bestrafen.[47] Bei den **Begeg-**

---

**44** Gegen die gesetzliche Lösung und für eine Streichung des Vorsatzerfordernisses de lege ferenda ausführlich *Roxin* TuT S. 367 bis 379, 555; Sch/Schröder/*Cramer/Heine* Vor § 25 Rdn. 29 f (bis zur 28. Aufl.; ohne Stellungnahme jetzt *Heine/Weißer* Rdn. 28 f); *Schmidhäuser* StuB § 10 Rdn. 22 ff; *Schöneborn* ZStW **87** (1975) 902ff, 913ff; für die gesetzliche Regelung aber nachdrücklich *Stratenwerth/Kuhlen* AT § 12 Rdn. 141–142; gegen die Kritiker auch *Joecks* Rdn. 21. Differenzierend *Jakobs* § 22 Rdn. 15 bis 17. Der wissenschaftliche Meinungsstreit über die Frage hatte sich vor allem an der Entscheidung OLG Stuttgart JZ **1959** 579 entzündet, vgl. *Dahm* MDR **1959** 508; *Lange* JZ **1959** 560; *Rudolphi* GA **1970** 353.

**45** Anders *Schmidhäuser* StuB § 10 Rdn. 22 ff.

**46** Zur Herkunft des Begriffs vgl. *Freudenthal* S. 5 ff.

**47** Zur Systematik der Konvergenzdelikte vgl. *Küper* GA **1997** 301.

**nungsdelikten** dagegen wirken die verschiedenen Beteiligten zwar auch auf dasselbe Ziel hin, aber von verschiedenen Seiten her und mit unterschiedlichen Tätigkeitsakten; so verschafft bei der (heute nur noch als „Förderung sexueller Handlungen Minderjähriger" strafbaren) Kuppelei (§ 180 I Nr. 2) der Kuppler die Gelegenheit, während der Verkuppelte sie ausnützt; der Wucherer nimmt, der Bewucherte gibt die Vermögensvorteile (§ 291) usw. Da bei den Begegnungsdelikten der Gesetzgeber in der Regel nur die Strafbarkeit derer ausdrücklich angeordnet hat, die in einer der beiden Richtungen tätig werden (so des Kupplers und des Wucherers in den obigen Beispielen), kann zweifelhaft sein, ob und ggf. inwieweit der andere Teil strafbar ist, der durch seinen eigenen tatbestandsnotwendigen Tätigkeitsakt an der strafbaren Handlung des „Partners" mitwirkt. Das ist primär eine Frage der Auslegung der einzelnen Tatbestände,[48] auf die hier verwiesen werden muss.[49] Doch lassen sich auch einige allgemeine Grundsätze aufstellen.

## 2. Stellungnahme von Rechtsprechung und Schrifttum

Weitgehende Einigkeit bestand bis vor kurzem darüber, dass jede Teilnahme straflos ist, die das Maß des zur Tatbestandsverwirklichung **Notwendigen** („*Theorie der straflosen Mindestmitwirkung*") nicht überschreitet: Der Gefangene, der sich befreien lässt, ist also nicht wegen Beihilfe zu § 120, der Prozessbeteiligte, der sich den Parteiverrat des gegnerischen Anwalts zunutze macht, nicht wegen Teilnahme an § 356 strafbar, ebenso wie der begünstigte Gläubiger bei § 283c oder der Empfänger einer Geheimnispreisgabe bei § 353b (*Brüning* NStZ **2006** 253; *S. Cramer* wistra **2006** 165). Derjenige, der durch eine Strafdrohung **geschützt** werden soll, ist ferner auch dann straflos, wenn er das Maß der notwendigen Mitwirkung überschreitet („*Theorie des straflosen Schutzsubjekts*"); so sind die vor sexuellem Missbrauch geschützten Personen (§§ 174–174c) auch dann straflos, wenn sie die sexuellen Handlungen nicht nur dulden, sondern sich aktiv an ihnen beteiligen. Ferner kann nicht wegen Beihilfe zur Verabreichung von Betäubungsmitteln (§ 29 Abs. 1 Nr. 6b BtMG) bestraft werden, wer sich, ohne eine Gegenleistung zu gewähren, von einem Dritten diesem gehörendes Heroin injizieren lässt (KG JR **1991** 169). Denn der bloße Konsum von Rauschmitteln ist straflos. 27

Die Rspr. des RG, die diese beiden Einschränkungen der Strafbarkeit ebenfalls anerkannte, betrachtete jede darüber hinausgehende Mitwirkung als strafbar: Der Gefangene, der einen anderen zu seiner Befreiung anstiftet, wurde also ebenso nach §§ 26, 120 bestraft,[50] wie der flüchtige Delinquent, der von einem anderen Unterschlupf begehrt, stets nach §§ 26, 257 a. F. (heute: § 258) bestraft worden ist.[51] Der BGH hat diese Rechtsprechung fortgesetzt. Strafbar ist danach vor allem die Anstiftung zur Begünstigung durch den Begünstigten selbst (BGHSt **5** 76, 81 m. weit. Hinw. auf die Rspr. des RG; BGHSt **17** 236), die Anstiftung zur Gefangenenbefreiung durch den Gefangenen (BGHSt **4** 396, 400f; **17** 369, 374, wonach freilich die wechselseitige Hilfe zweier sich gemeinsam befreiender Gefangener entgegen den sonst angenommenen Prinzipien für straflos erklärt wird), die Anstiftung zur Kuppelei durch den Verkuppelten (für § 180 a. F. BGHSt **10** 386f; **15** 377, 28

48 Zust. *Jescheck/Weigend* § 64 V 2c; *Walter* JuS **1982** 344; *Magata* Jura **1999** 246 ff. Auch die monographischen Untersuchungen von *Gropp* und *Sowada* gehen induktiv vor. So weist *Gropp* Formen straffreier Deliktsbeteiligung Fallgruppen zu, die sich von strafbarer Teilnahme durch Verschiedenheiten in der Unrechtsbezogenheit, im Bereich der Schuld bzw. der Effizienz der Strafdrohung oder aus Konkurrenzerwägungen abgrenzen lassen (Deliktstypen S. 138).

49 Zum umstrittenen Problem einer notwendigen Teilnahme bei Betrug, Steuerhinterziehung und Subventionsbetrug in Zusammenhang mit der älteren (großen) Parteispendenaffäre vgl. *Gössel* wistra **1985** 125 ff; *ders.* wistra **1987** 89 ff; *Borchers* wistra **1987** 86 ff.

50 Dazu zu Recht kritisch *Gropp* Deliktstypen, 244.

51 RGSt. **2** 439; **5** 275, 276; **5** 435; **8** 294; **12** 122; **23** 242; **29** 304, 305; **34** 273, 275; **39** 134, 135; **51** 131, 132; **52** 3; **61** 31, 32; **61** 314, 316; **65** 416, 417; **70** 233, 234; **70** 344, 348; **71** 114, 116; **73** 137.

382) und des Zuhälters durch die Prostituierte (BGHSt **9** 72f; **19** 107f) sowie des Schuldners durch den Gläubiger bei der Gläubigerbegünstigung gem. § 283c (BGH NStZ **1993** 239).

29 Eine im Schrifttum weitverbreitete Meinung hält die notwendige Teilnahme über die in Rdn. 27 genannten Fälle hinaus entgegen der Rspr. auch dann für straflos, wenn die Handlung einer besonderen **Motivationslage** entspringt, um deretwillen der Gesetzgeber die täterschaftliche Alleinbegehung straflos gelassen hat. So wird die Anstiftung zur Strafvereitelung oder Gefangenenbefreiung durch den Nutznießer dieser Taten als straflos angesehen, weil jedermann sich straflos der Strafverfolgung oder dem Strafvollzug entziehen darf;[52] der Gesichtspunkt der „notstandsähnlichen Lage" wird also auf diesen Fall übertragen. Noch weitergehend wird bisweilen angenommen, dass eine Mitwirkung des notwendig Beteiligten auch dann straflos sei, „wenn sie die nach dem Tatbestand typische Beteiligungsform ist, wenn also in den betreffenden Tatbeständen die Initiative typischerweise von dem notwendig Beteiligten ausgeht",[53] wie es etwa bei der Anstiftung des Kupplers durch den Verkuppelten (§ 180 a. F.) der Fall ist.

### 3. Eigene Ansicht

30 Neuerdings wird der Grundsatz der *straflosen Mindestmitwirkung* jedoch in zunehmendem Maße **bestritten.** *Herzberg, Jakobs* und *Sowada*[54] wollen in den Fällen der §§ 283c, 356 auch die Nutznießer bestrafen, während *Gropp*[55] zwar in den genannten Fällen zur Straflosigkeit kommt, das aber aus der Struktur dieser Tatbestände und nicht aus einem allgemeinen Grundsatz folgert. In der Tat ist die These,[56] „daß der Gesetzgeber, wenn er bei Begegnungsdelikten beide Beteiligte für strafbar erklären will, dies immer ausdrücklich anordnet (etwa in § 173 oder §§ 331ff), so daß sich im Gegenschluß die Straflosigkeit wenigstens der tatbestandslosen Mindestbeteiligung ergibt", durchaus anfechtbar (eingehend *Roxin* AT II § 26 Rdn. 52). Trotzdem kann die Straflosigkeit der Mindestmitwirkung kriminalpolitisch überzeugend begründet werden, etwa indem man mit *Gropp*[57] die meisten Fälle der notwendigen Teilnahme als „Zentrifugal"- und „Zentripetaldelikte" deutet[58] und die Straflosigkeit des am Rande Mitwirkenden aus dem „Gefährlichkeitsgefälle" zwischen Täter und Sonderbeteiligtem erklärt. Auch *Sowada*[59] kommt zumeist zur Straflosigkeit der tatbestandsnotwendigen Mindestbeteiligung. Deshalb sollte jedenfalls die Mindestmitwirkung des notwendig Beteiligten nach wie vor nicht bestraft werden.

31 Richtig ist auch, dass jede **Tatbeteiligung des durch den Tatbestand Geschützten** straflos bleiben muss. Dabei handelt es sich freilich nur um einen Anwendungsfall des aus dem Strafgrund der Teilnahme zu gewinnenden Gedankens, dass der Teilnehmer ein ihm gegenüber

---

52 *Jescheck/Weigend* § 64 V 2b; *Kohlrausch/Lange* Vor § 47 Anm. IV; *Schmidhäuser* AT § 14 Rdn. 173; StuB § 10 Rdn. 170; *Stratenwerth/Kuhlen* AT § 12 Rdn. 210; *Welzel* 16 VI.

53 *Welzel* § 16 VI; *Kohlrausch/Lange* vor § 47 Anm. IV.

54 *Herzberg* TuT § 13 II 2 bei Fall 101; *Jakobs* § 24 Rdn. 12; *Sowada* Privilegierungsmodell S. 116 ff, 165 ff; *ders.* GA **1995** 60 ff; zust. *Magata* Jura **1999** 253.

55 *Gropp* Deliktstypen S. 230 f.

56 So noch *Roxin* LK[11] Rdn. 37 (aufgegeben von *dems.* AT II § 26 Rdn. 52); ebenso *Vormbaum* GA **1981** 131 ff; *Wolter* JuS **1982** 345.

57 *Gropp* Deliktstypen S. 206 ff (223).

58 Zentrifugaldelikte beschreiben laut *Gropp* „das potentiell multiple Aussenden gefährlicher Gegenstände. Charakteristische Tathandlungen sind z. B. das ‚Verbreiten', ‚Inverkehrbringen' oder das ‚Abgeben von Gegenständen'" (Deliktstypen S. 207). Zentripetaldelikte sind Begehensweisen, „bei denen der Täter als Mittelpunkt des Geschehens zur Begehung der Tat typischerweise Dritte anlockt" (a. a. O. S. 222); dazu zählt er auch die Tatbestände der §§ 283, 283c, 356 (a. a. O. S. 229 ff).

59 *Sowada* Privilegierungsmodell S. 161 ff.

geschütztes Rechtsgut angreifen muss (vgl. Rdn. 2, 7).[60] Wenn der Bewucherte den Täter zu seiner wucherischen Handlung anstiftet, fehlt es an einer strafbaren Teilnahme schon deshalb, weil das Vermögen des Geschädigten nicht gegen ihn selbst geschützt ist. Ebenso kann niemand seine eigene sexuelle Integrität in strafrechtlich relevanter Weise verletzen, so dass alle Mitwirkungshandlungen des Opfers nach §§ 174 ff straflos sind. Entsprechendes gilt nach der Neufassung durch das 4. StrRG für die notwendig Beteiligten nach §§ 180–181a; die frühere Rspr. über die Strafbarkeit einer Anstiftung zur Kuppelei oder Zuhälterei durch den notwendig Beteiligten (vgl. Rdn. 28) muss also als überholt angesehen werden. Straflosigkeit tritt auch dann ein, wenn das mitwirkende Opfer über das verletzte Rechtsgut nicht disponieren kann oder eine ausdrückliche Einwilligung in seine Verletzung unwirksam wäre: Straffrei ist daher nicht nur das Opfer einer versuchten Tötung auf Verlangen (§ 216), sondern auch derjenige, der zu einer sittenwidrigen und daher trotz der Einwilligung strafbaren Körperverletzung (§ 228) angestiftet hat.[61] Worin immer man in diesen Fällen die ratio für die Bestrafung des Täters erblicken mag: Jedenfalls sind Leben und Körper nicht gegen eine Beeinträchtigung durch das Opfer selbst geschützt, so dass auch deren mittelbare Beeinträchtigung keine Teilnahmestrafbarkeit begründen kann.[62]

Dieser Gedanke trägt auch die Straflosigkeit des notwendig Beteiligten in den Fällen, da **32** jemand zur Strafvereitelung oder Gefangenenbefreiung anstiftet, um sich selbst der **Strafe zu entziehen.** Denn da Strafverfolgung und Strafvollzug nicht dagegen geschützt sind, dass der Delinquent selbst sich ihnen entzieht, kann auch deren mittelbare Beeinträchtigung ihn nicht inkulpieren.[63] Wenn vielfach auf den „psychischen Druck", unter dem der Delinquent steht, als Grund der Straflosigkeit verwiesen wird,[64] so ist damit nur die ratio dafür genannt, warum der Gesetzgeber auf einen Strafrechtsschutz ihm gegenüber verzichtet. Der Umstand, dass der notwendig Beteiligte in diesen Fällen nicht mittelbar eigene Rechtsgüter verletzt und daher nicht der durch diese Tatbestände Geschützte ist, ändert also nichts daran, dass es am Strafgrund der Teilnahme fehlt.[65]

Man darf davon ausgehen, dass der **Gesetzgeber** sich nunmehr dieser Auffassung entgegen **33** der bisherigen Rechtsprechung prinzipiell angeschlossen hat. Denn wenn der durch das EGStGB mit Wirkung ab 1.1.1975 eingeführte § 257 Abs. 3 S. 2 ausdrücklich die Bestrafung des Vortäters anordnet, „der einen an der Vortat Unbeteiligten zur Begünstigung anstiftet", so lässt sich daraus im Umkehrschluss folgern, dass eine solche Bestrafung in Fällen der §§ 120, 258, die einer derartigen Klausel entbehren, nicht eintreten soll;[66] für § 258 lässt sich das auch dem neuen Absatz 5 entnehmen. § 257 Abs. 3 S. 2 bestätigt als Ausnahme für die sachliche Begünstigung (Vorteilssicherung) die Regel und wird als konzeptionswidrige „Anleihe bei der Schuldteilnahmelehre" *(Herzberg)* allgemein kritisiert;[67] die Vorschrift ist daher eng auszulegen, so dass bei

---

**60** So auch *Hoyer* SK Rdn. 74. Skeptisch gegenüber dieser Argumentation aus dem Strafgrund der Teilnahme *Wolter* JuS **1982** 347, weil das Institut der notwendigen Teilnahme „durchaus eigenen Regeln" folge. Andererseits räumt er ein, daß sich gerade vom Standpunkt der hier vertretenen und auch von ihm favorisierten „gemischten Verursachungstheorie" „fast durchweg eine Absicherung der Ergebnisse" aus dem Strafgrund der Teilnahme finden lasse.

**61** **And.** *Otto* FS Lange S. 213 für den Fall der Anstiftung des Opfers zu einer auf Grund des § 228 strafbaren Körperverletzung (dagegen nimmt *Otto* bei der Anstiftung durch das Opfer bei einer Tötung auf Verlangen Straflosigkeit an). Wie hier *Wolter* JuS **1982** 345 f (mit zutr. Argumentation gegen *Otto*); *Jakobs* § 24 Rdn. 9; *Herzberg* TuT § 13 II 1.

**62** Ähnlich auch *Gropp* Deliktstypen S. 139 ff, der von „selbstverletzender Sonderbeteiligung" spricht; *ders.* AT 10 Rdn. 163 ff; *Kühl* AT § 20, Rdn. 139; *Sowada* Privilegierungsmodell S. 62 ff; Sch/Schröder/*Heine*/*Weißer* Vor § 25 Rdn. 42.

**63** Gegen diese Argumentation *Sowada* Privilegierungsmodell S. 197 ff.

**64** Vgl. etwa *Stratenwerth*/*Kuhlen* AT § 12 Rdn. 210; *Gropp* AT § 10 Rdn. 175.

**65** So der Sache nach auch *Gropp* Deliktstypen S. 240; *ders* AT § 10 Rdn. 173 ff; *Hoyer* SK Rdn. 75.

**66** Vgl. *Samson* SK[6] Rdn. 49; *Stratenwerth*/*Kuhlen* AT § 12 Rdn. 210. In der Literatur wird heute die Straflosigkeit der Anstiftung durch den Gefangenen bzw. Straffälligen bei §§ 120, 258 allgemein anerkannt: *Jescheck*/*Weigend* § 64 V 2b; *Hoyer* SK Rdn. 73; *Schmidhäuser* AT § 14 Rdn. 173; *ders.* StuB § 10 Rdn. 170; ausführlich dazu *Gropp* Deliktstypen S. 238 ff; *Sowada* Privilegierungsmodell S. 195 ff (zu § 120).

**67** TuT § 13 II 2; Lackner/Kühl/*Kühl* § 257 Rdn. 8; *Otto* FS Lange 214; Sch/Schröder/*Hecker* § 257 Rdn. 27.

Mittäterschaft, mittelbarer Täterschaft und Beihilfe des notwendig Beteiligten der Grundsatz der Straflosigkeit wieder in seine Rechte eintreten kann.[68]

34 Für das Ausmaß einer über die *Mindestmitwirkung* und das *Schutzsubjekt* hinaus noch straflos zu lassenden Beteiligung lassen sich **allgemeine Grundsätze** für eine Straflosigkeit des notwendig Beteiligten **nicht angeben**. Insbesondere kann der Umstand, dass die Initiative typischerweise vom notwendig Beteiligten ausgeht (vgl. Rdn. 35), nicht die Straflosigkeit jeder Mitwirkung im Gefolge haben. Denn auch wenn der Anstoß zum Parteiverrat (§ 356) meistens von der Gegenseite ausgehen wird, ist kein Grund ersichtlich, warum die Anstiftung durch sie straflos bleiben sollte; Entsprechendes gilt für die Anstiftung zur Gläubigerbegünstigung durch den Gläubiger (§ 283c).[69] Denn hier bringt der notwendig Beteiligte das Geschehen erst in Gang und muss sich dafür verantwortlich machen lassen. Wer dagegen den Raubdruck eines urheberrechtlich geschützten Buches (§ 106 UrhG) oder ein pornographisches Werk im Versandhandel (§ 184 I Nr. 3) bestellt, dessen Anstiftung bleibt eine periphere Beteiligung unterhalb der Strafwürdigkeitsschwelle, weil die Gefährlichkeit des jeweiligen Täterverhaltens durch eine einzelne Bestellung nicht beeinflusst wird. Ebenso spricht vieles dafür, eine Anstiftung zur Höchstpreisüberschreitung durch den Käufer straflos zu lassen (für Strafbarkeit: RGSt **70** 347); aber das ist dann nicht Folge des allgemeinen Grundsatzes, sondern Ergebnis einer Auslegung des individuellen Tatbestandes. Die Grenzen der Straflosigkeit bei „notwendiger Beteiligung" sind insoweit dann eine Materie des Besonderen Teils.

### 4. Beteiligung an notwendiger Beteiligung

35 Bei der „Beteiligung an notwendiger Beteiligung"[70] wird man unterscheiden müssen. Wer dem straffrei bleibenden Opfer hilft, kann nicht bestraft werden; denn das Opfer handelt schon nicht tatbestandsmäßig. Straffrei bleibt also der erfolgreiche Rat an einen Lebensmüden, von einem Dritten die Tötung zu verlangen,[71] ebenso wie die Aufforderung, sich auf ein wucherisches Geschäft einzulassen. Dagegen ist die Teilnahme auf Seiten des Täters (die Beihilfe bei der Tötung auf Verlangen, die Anstiftung zu einem wucherischen Geschäft) nach den allgemeinen Regeln strafbar. Eine Ausnahme wird man hier nur machen müssen, wenn der Mitwirkende im Interesse des Opfers handelt.[72] Wer auf Bitten des Opfers einen Dritten zu einer Tat nach § 216 oder § 302a auffordert, sollte straflos bleiben. Denn der Sache nach handelt es sich um ein Tätigwerden auf der Seite des Opfers.

---

**68** *Hecker* § 257 Rdn. 27.

**69** Ebenso Sch/Schröder/*Heine*/*Weißer* Vor § 25 Rdn. 43.

**70** Erörterung am Beispiel der Mietpreisüberhöhung bei *Bohnert* GS K. Meyer 519– 532.

**71** Beispiel von *Jakobs* § 24 Rdn. 9, der wie hier entscheidet.

**72** Etwas anders *Bohnert* GS K. Meyer 531 f.

## § 26 Anstiftung

**Als Anstifter wird gleich einem Täter bestraft, wer vorsätzlich einen anderen zu dessen vorsätzlich begangener rechtswidriger Tat bestimmt hat.**

Fassung vor dem 1.1.1975:

**§ 48**

(1) Als Anstifter wird bestraft, wer einen anderen zu der von demselben begangenen mit Strafe bedrohten Handlung durch Geschenke oder Versprechen, durch Drohung, durch Mißbrauch des Ansehens oder der Gewalt, durch absichtliche Herbeiführung oder Beförderung eines Irrtums oder durch andere Mittel vorsätzlich bestimmt hat.

(2) Die Strafe des Anstifters ist nach demjenigen Gesetze festzusetzen, welches auf die Handlung Anwendung findet, zu welcher er wissentlich angestiftet hat.

Frühere Fassung des § 48 Abs. 1 vor der VO v. 29.5.1943 (RGBl. I 339/341): Als Anstifter wird bestraft, wer einen anderen zu der von demselben begangenen strafbaren Handlung durch Geschenke oder Versprechen, durch Drohung, durch Mißbrauch des Ansehens oder der Gewalt, durch absichtliche Herbeiführung oder Beförderung eines Irrtums oder durch andere Mittel vorsätzlich bestimmt hat.

### Schrifttum

s. Vor § 26; vor § 25.

### Entstehungsgeschichte

s. Vor § 25.

### Übersicht





https://doi.org/10.1515/9783110300451-011

## Alphabetisches Stichwortverzeichnis

## I. Begriff und Strafgrund der Anstiftung

Während der Strafgrund der Teilnahme die Merkmale umschreibt, durch die sich Anstiftung 1 und Beihilfe gemeinsam von allen Formen der Täterschaft unterscheiden, geht es beim Strafgrund der Anstiftung um die Kriterien, die sie von der straflos akzessorischen Verursachung und von der Beihilfe abheben und dadurch eine präzise Begriffsbestimmung der Anstiftung ermöglichen. Die Aufgabe ist erst in den letzten vier Jahrzehnten in ihrer Bedeutung erkannt und bis heute nicht in allgemein konsensfähiger Weise gelöst worden. Als psychisch vermittelte Verursachung lässt sich die Anstiftung jedenfalls nicht deuten; denn ein derartiger Zusammenhang liegt auch bei der psychischen Beihilfe vor. Auch das Setzen einer für die Deliktsausführung notwendigen Bedingung charakterisiert nicht allein den Anstifter; denn der Gehilfe, der durch seinen Beitrag (sei es durch einen Rat oder die Lieferung eines Tatmittels) das Delikt erst ermöglicht, ist in derselben Weise für die Deliktsentstehung wirksam. Bei den neueren Bemühungen um eine schärfere Konturierung der Anstiftung dominiert deshalb mit Recht die Tendenz, die Reichweite der Anstiftung einzuschränken. Denn da der Gesetzgeber die Anstiftung im Strafrahmen der Täterschaft völlig gleichgestellt hat, liegt die Annahme nahe, dass sie auch im Unwertgehalt der Täterschaft einigermaßen gleichkommen muss, so dass weniger schwerwiegende Formen der Tatveranlassung auszugrenzen sind.

### 1. Auffassungen in der Literatur

**a) Kollusive geistige Kommunikation.** So geht die heute **herrschende Meinung** davon aus, 2 dass die Anstiftung eine kollusive geistige Kommunikation zwischen Anstifter und Täter voraussetzt.[1] Keine Anstiftung ist danach vor allem die Schaffung einer Situation, die einen anderen zu einer Deliktsbegehung veranlasst. Es liegt also keine Anstiftung vor, wenn einem Postbeamten ein Fangbrief zugespielt wird, um ihn der Unterschlagung zu überführen; wenn der verfolgte Bankräuber einige Geldscheine fallen lässt, um seine Verfolger dazu zu bringen, sie an sich zu nehmen und zu behalten; wenn der von seinen Gläubigern bedrängte Kaufmann die Fenster seiner Villa absichtlich offenstehen lässt, um durch einen Einsteigediebstahl die Möglichkeit zur Erlangung von Versicherungsbeträgen zu erhalten; wenn der eifersüchtige Ehemann nach Hause gelockt wird, in der Hoffnung, er werde dort den in flagranti überraschten Liebhaber seiner Frau verprügeln; wenn ein Zeuge im Prozess in der Hoffnung benannt wird, er werde bei seiner Vernehmung eine Falschaussage erstatten (*Heinrich* JuS **1995** 1115, 1117). Erst recht liegt in der Einrichtung und dem Vorhalten von *Hyperlinks* zu einer kriminellen Website keine Anstiftung zu etwa durch die Benutzung des Links begangenen Straftaten (*Flechsig/Gabel* CR **1998** 351, 356).

**b) Bestimmen als Verursachen?** Die extensive **Gegenmeinung**[2] beruft sich darauf, dass 3 die Ablehnung einer Anstiftung unbefriedigend sei, weil sie gerade die raffiniertesten Metho-

---

1 *Roxin* AT II § 26 Rdn. 74 ff. Ebenso oder mit ähnlicher Formulierung *Bringewat* Rdn. 665; Baumann/Weber/Mitsch/*Eisele* AT § 26 Rdn. 26; *Fischer* Rdn. 3; *Geppert* Jura **1997** 304; Sch/Schröder/*Heine/Weißer* Rdn. 3 f; *Hoyer* SK Rdn. 10; *Jakobs* § 22 Rdn. 21 ff; *Jescheck/Weigend* § 64 II 1; *Krüger* JA **2008** 497 f; *D. Meyer* (1973) 7, 100 ff; *ders.* JuS **1970** 529 ff; *ders.* MDR **1975** 982; *Otto* JuS **1982** 560; *Rogall* GA **1979** 12; *Schild* NK Rdn. 6 f; *Schmidhäuser* AT 14/104; *Schumann* Selbstverantwortung S. 52 ff; *Stein* Beteiligungsformenlehre S. 271; *Stratenwerth/Kuhlen* AT § 12 Rdn. 143; *Welzel* § 16 II 1. Aus der Rspr. BGH NStZ **2009** 393; StV **2018** 519 (Rdn. 6). Präzisierend, aber etwas vordergründig *Joerden* FS Puppe S. 568 ff.: Der Anstifter verwende vorschreibende und nicht bloß beschreibende Sprache – soll das heißen, der Satz „ein wahrer Mann würde sich so etwas nicht gefallen lassen" könnte keine Anstiftung sein? Zur Anstiftung im Völkerstrafrecht *Ambos* Der Allgemeine Teil S. 644 ff; *ders.* Internationales Strafrecht [5](2018) § 7 Rdn. 44 ff.

2 BGH GA **1980** 184; *Blei* I § 79 II 2; *Bloy* Zurechnungstypus S. 329; *Heghmanns* GA **2000** 487; *Herzberg* TuT 4. Teil II 2b; Lackner/Kühl/*Kühl* Rdn. 2; *Samson* SK[6] Rdn. 5 (**anders** jetzt *Hoyer* SK Rdn. 10); *Widmaier* JuS **1970** 242 f;

den der Tatveranlassung straffrei lassen müsse und eine geistige Beeinflussung auch in diesen Fällen vorliege; deren Art und Weise könne keine entscheidende Rolle spielen. Mit der h. M. ist jedoch am kollusiven Zusammenwirken mit dem Täter als einer Voraussetzung der Anstiftung festzuhalten. Die Ausschaltung des bloßen Situationsarrangements lässt sich allerdings schon aus dem Strafgrund der Teilnahme, nicht erst aus einem besonderen Strafgrund der Anstiftung, herleiten. Denn wenn man die Teilnahme als akzessorischen Rechtsgutsangriff versteht (oben vor § 26 Rdn. 7, 18), so setzt dieser „Angriff eine zielgerichtete Tataufforderung voraus".[3] Situationen, die den dazu Geneigten zu einer Deliktsbegehung motivieren können, treten jedermann alle Tage entgegen, ohne absichtsvoll inszeniert zu sein. Schafft jemand eine Lage, die einen anderen in Versuchung bringen kann, so fügt er den aus dem Alltag ständig erwachsenden Tatanreizen nicht viel hinzu und wirkt auf den potentiellen Täter in sozialkonformer und weit weniger intensiver Art ein als durch eine konkrete Aufforderung.[4] Eine Anstiftung liegt darin noch nicht. Denn der Anstifter muss nicht nur einen Rechtsgutsangriff durch einen anderen ermöglichen, sondern das Rechtsgut auch selbst durch eine intellektuelle „Bearbeitung" oder wenigstens eine direkte Aufforderung des Täters mittelbar angreifen. Darin liegt ein Stück selbständigen Teilnehmerunrechts, dessen Vernachlässigung die Anstiftung auf einen keineswegs dem Unwert der Täterschaft nahekommenden entfernteren Kausalzusammenhang reduzieren würde. Die Herleitung der Straflosigkeit aus dem Strafgrund der Teilnahme stellt klar, dass die Schaffung tatermöglichender äußerer Umstände auch nicht einmal als Beihilfe strafbar ist. Eine ganz ähnliche Argumentation entwickelt *Frisch*[5] aus der allgemeinen Zurechnungslehre, indem er „das bloße Arrangement zugkräftiger Situationen"[6] nicht als Schaffung einer unerlaubten Gefahr anerkennt. Es fehle hier „der eindeutige Sinngehalt einer auf die Hervorrufung des deliktischen Entschlusses gerichteten Aktion". Dem ist zuzustimmen. Das Fehlen eines Rechtsgutsangriffs und die Ablehnung einer unerlaubten Gefahrschaffung bedeuten ungefähr dasselbe. Das ist auch kein Zufall. Denn die Zurechnung zur Teilnahme, für die deren „Strafgrund" das Kriterium liefert, muss den allgemeinen Grundsätzen der Zurechnungslehre entsprechen.

4 **c) Straflosigkeit bei fehlendem Aufforderungscharakter.** Wie *Schumann*[7] mit Recht betont, können sogar gedankliche Einflussnahmen straflos sein, wenn sie ihrem objektiven Sinn nach keinen Aufforderungscharakter haben. Wird „der Haupttäter durch Berichte über erfolgreiche Taten anderer oder durch die Darstellung von Möglichkeiten, sich durch ein Delikt zu bereichern", zu einer Straftat veranlasst, so ist das also noch keine Anstiftung, auch wenn der Hintermann die Möglichkeit erkannt hat, dass einer seiner Zuhörer einen Tatenschluss fassen könnte. Erst recht sind zutreffende Rechtsauskünfte keine Anstiftung, auch wenn sie den dermaßen Belehrten zu einer Deliktsbegehung motivieren mögen.

---

*Hilgendorf* Jura **1996** 9 ff; wohl auch *Joecks* MK Rdn. 18 ff; vermittelnd *Christmann* S. 114 ff mit der (zw.) Formel vom „objektiv tatbefürwortenden Grund" und ausgesprochen restriktiven Ergebnissen.

3 *Schumann* Selbstverantwortung S. 52 ff, der dasselbe Ergebnis aus seinem Prinzip der „Solidarisierung" als dem von ihm angenommenen Strafgrund der Teilnahme ableitet (vgl. oben *Schünemann/Greco* Vor § 26 Rdn. 16).

4 **And.** *Herzberg* (TuT 4. Teil II 2b): „Böswilliges Schaffen provozierender Umstände wird meist aussichtsreicher, raffinierter und damit für das Angriffsobjekt gefährlicher sein als bloßes Auffordern zur Tat." Auch *Hilgendorf* Jura **1996** 10 ff will die Überschreitung des „Alltagsrisikos" als solche zum Abgrenzungskriterium nehmen, womit dieses aber überfordert sein dürfte.

5 Tatbestandsmäßiges Verhalten und Zurechnung des Erfolges (1988) S. 333–345.

6 Hier und im folgenden Zitat a. a. O. S. 343 f.

7 Selbstverantwortung S. 52.

**d) Planherrschaft (Schulz).** In etwas anderer Weise kommt *Schulz* zu einem restriktiven Verständnis von Anstiftung, indem er deren Strafgrund als „Planherrschaft" versteht.[8] Was nach dieser Lehre die Anstiftung der Täterschaft zwar nicht gleichartig, aber doch (annähernd) „gleichwertig"[9] macht, ist ihre Dominanz bei der Planung. „Intellektuelle Anstiftung ist Herrschaft über die Planung, nicht aber über die Ausführung der Tat. Das unterscheidet sie ... von der Rathilfe, die als rein unterstützende Tätigkeit keine Herrschaft ausübt, dem Plan nicht seine Gestalt oder seinen Sinn gibt".[10] „Gehilfe ist, wer sich mit seinem Rat in die vom Täter gesetzte Vorgabe einfügt, Anstifter, wer die Vorgabe schafft oder motiviert".[11] 5

Das Planherrschaftskriterium ist nützlich (wenn auch nicht allein ausschlaggebend) für die Abgrenzung von Anstiftung und Beihilfe (vgl. Rdn. 24), taugt aber nicht als Strafgrund der Anstiftung schlechthin. Denn es erfasst, wie *Schulz* nicht verkennt, nur die sog. beratende Anstiftung. Anstiftung liegt aber auch vor bei einer Beauftragung, die dem Beauftragten nur das Ziel vorgibt und ihm im Übrigen die Ausarbeitung des Tatplans überlässt. Außerdem ist selbst im Verhältnis zum Gehilfen, dem von dieser Lehre jede Dominanz im Vorbereitungsstadium abgesprochen wird, zu berücksichtigen, dass auch dieser einen ausschlaggebenden Einfluss bei der Planung entfalten kann.[12] Wer das Wissen oder die Angriffsmittel zur Verfügung stellt, ohne die ein erfolgversprechender Tatplan nicht entwickelt werden könnte, hat die „Planherrschaft", ist aber deswegen noch nicht Anstifter. 6

## 2. Neuere Einschränkungsbemühungen

**a) Überblick.** Den wesentlich **restriktiveren Gegenpol** zur Anstiftungskonzeption der h. L. vertreten in untereinander sehr ähnlicher Weise *Puppe* und *Jakobs* sowie (noch enger) *Köhler*. Für *Puppe*[13] ist die Anstiftung ein **„Unrechtspakt"**. Der Anstifter müsse „eine Art Pakt mit dem Täter schließen, ihm ein Versprechen oder eine Verpflichtung zur Tat abnehmen, die diesen zwar nicht rechtlich, aber doch faktisch binden ... soll".[14] Ob das der Fall ist, lasse sich anhand einer „heuristischen Formel" klären: „Anstiftung (und nicht nur psychische Beihilfe) liegt dann vor, wenn der Täter die Tat ebenfalls aufgegeben hätte, sofern der Anstifter von der gemeinsamen Unrechtsabrede zurückgetreten wäre".[15] Es genüge also nicht schon eine unverbindliche „Anreizung zur Tat, die sich in der einmaligen Einwirkung erschöpft und alles weitere dem freien Belieben des Täters überläßt".[16] 7

In entsprechender Weise sagt *Jakobs*:[17] „Psychische Beeinflussung ist also nur dann Anstiftung, wenn der Täter – wie bei der älteren Theorie zur Täterschaft – seinen Entschluß in Abhän- 8

8 *Schulz* Ratgeber S. 137 ff; *ders.* JuS **1986** 933, 937 ff; ihm weitgehend folgend *Bloy* Zurechnungstypus S. 339 ff; *Ambos* Der Allgemeine Teil S. 656 ff.

9 Ratgeber S. 132.

10 Ratgeber S. 142.

11 Ratgeber S. 145.

12 Ähnlich *Jakobs* § 22 Rdn. 22 Fn. 33 für den Fall des „notwendigen Gehilfen". **Kritisch** ferner *Stein* Beteiligungsformenlehre S. 174 ff.

13 GA **1984** 113; *dies.* NStZ **2006** 424; *dies.* AT/2, 41/3 ff; *dies.* GA **2013** 517 ff; zust. zitiert, aber in konfuser Form mit sämtlichen Kategorien vermengt von KG Beschl. v. 1.3.1999 (Zs 2021/98–3 Ws 728/98); sehr ähnlich *Selter* S. 166 f. und *Abraham* HRRS **2018** 166 („manipulatives und wirksames Erzeugen eines Handlungsgrundes").

14 GA **1984** 112.

15 GA **1984** 114.

16 GA **1984** 112.

17 Hier und im Folgenden: *Jakobs* § 22 Rdn. 22; ihm folgend *Klesczewski* Rdn. 688, 692 f. Eine den normativistisch-kommunikativen Ausgangsprämissen von Jakobs verpflichtete Auffassung entwickelt *Timpe* GA **2013** 145 ff., für den „Bestimmen" die Verletzung der Obliegenheit bedeutet, sich nicht für den Tatentschluss des Ausführenden zuständig zu machen; die in diesem Kommentar wiederholt geltend gemachte Rüge, normativistische Begriffsbildung sei zirkelhaft bzw. inhaltsleer, kommt auch hier zum Tragen.

gigkeit vom Willen des Beeinflussenden faßt und durchhält"; der Anstifter müsse also quasi den **animus auctoris** haben! Wenn „der noch unentschlossene Täter" sich bei einem Fachmann Rat holt, der sich dahin äußert, der Täter solle die Tat wagen, sieht *Jakobs* selbst diese ausschlaggebende Einwirkung nur als psychische Beihilfe an. Deshalb soll sogar nur versuchte Anstiftung anzunehmen sein, wenn der Beeinflussende dem Ausführenden mitteilt, er sei an der Ausführung nicht mehr interessiert, dieser aber die Tat gleichwohl durchführt; daneben soll psychische Beihilfe vorliegen.

9 Noch weiter geht *Köhler*[18] mit seiner Forderung einer **willensbestimmenden Macht** über den Täter: „Die tatbestandliche Willensbestimmung besteht im einseitigen Einsatz äußerer Handlungsmacht, nicht bezüglich der Tatausführung, sondern durch maßgebendes Abhängigsetzen des unmittelbaren Täters in seiner konkreten Guts- und Wohlkonzeption vom Anstifter." Eine solche willensbestimmende Macht könne sich aus der Drohung mit Nachteilen, einem Lohnversprechen, dem Einsatz institutioneller Abhängigkeiten oder einer Täuschung ergeben.[19] Als Unterschied zur mittelbaren Täterschaft bleibt danach nur übrig, dass bei der Anstiftung der unmittelbar handelnde Täter in der Fassung seines Unrechtsentschlusses als solchem frei sei.[20] In eine vergleichbare restriktive Richtung, vor allem durch das Bemühen getragen, die tätergleiche Bestrafung des Anstifters zu rechtfertigen, gehen viele der jüngeren Vorschläge. So möchte *Amelung*[21] die Anstiftung als **korrumpierende Aufforderung** verstanden sehen, also als „eine situationsverändernde sprachliche Handlung in Gestalt eines gegennormativen bzw. sanktionsträchtigen Appells zur Begehung einer Straftat". Dieser Ansatz wird von dessen Schüler *Redmann*[22] unter Berücksichtigung sprachphilosophischer Überlegungen ausgebaut; dieser begreift die Anstiftung als sanktionsbewehrte Aufforderung, die den Adressaten dadurch korrumpiert, dass der Wert der Straffreiheit in dessen Wertesystem wegen einer vom Anstifter selbst angedrohten anderen Sanktion gemindert wird. Den Ratschlag versteht er allenfalls als Beihilfe.[23] Ähnlich deutet *Nepomuck*[24] die Anstiftung als sanktionsbewehrte Tataufforderung oder Tataufforderung unter Ausnutzung eines Autoritäts- oder Abhängigkeitsverhältnisses. *Hoyer* Rdn. 13 spricht von einer „**Motivherrschaft** über den Täter", worin ihm *Joecks* Rdn. 20 folgt;[25] wohl gleichbedeutend beschreibt *Schild* Rdn. 6 den Anstifter als „spiritus rector", „der dem Täter nicht nur den Tatentschluss vermittelt, sondern ihn dazu mit motivlichem Druck bringt, weil er selbst ein Interesse an der Herbeiführung des tatbestandsmäßigen Erfolges hat". Und für *Renzikowski*[26] ist die Anstiftung eine „verbindliche Tataufforderung".

10 **b) Kritik.** Diese Auffassungen lassen aber von der Anstiftung zu wenig übrig.[27] Sie laufen darauf hinaus, dass im Wesentlichen nur noch der Bandenchef oder derjenige Anstifter ist, der jemanden – in der Regel gegen Bezahlung – zur Ausführung der Tat dingt. Das sind „dominierende" Hintermänner, die von einer verbreiteten Lehre heute noch, wenngleich fälschlich, als Täter angesehen werden (vgl. *Schünemann/Greco* LK § 25 Rdn. 204 f). Eine solche Reduzierung

18 *Köhler* AT S. 521; zust. *Kahlo* FS Seebode S. 177.
19 *Köhler* AT S. 525 f.
20 *Köhler* AT S. 521.
21 FS Schroeder 177.
22 *Redmann* S. 106 ff., 138 f, 155 f, 339 f.
23 *Redmann* S. 124 ff.
24 *Nepomuck* S. 167 ff.
25 Nahestehend *Steen* S. 164 ff.
26 Maurach/Gössel/Zipf/*Renzikowski* § 51 Rdn. 18.
27 Kritik hat bisher überwiegend nur *Puppe* gefunden: bei *Jescheck/Weigend* § 64 III 2a Fn. 11 („zu weit in der Gegenrichtung"); *Maurach/Gössel/Zipf*[7] § 51 Rdn. 3 (and. jetzt Maurach/Gössel/Zipf/*Renzikowski* § 51 Rdn. 18); *Wessels/Beulke/Satzger* Rdn. 882 („zu restriktiv"); *Gropp* AT § 10 Rdn. 271 f; *Schulz* JuS **1986** 939 ff (auch gegen *Jakobs*); *Steen* S. 154 ff; *Stein* Beteiligungsformenlehre S. 171 ff; *Gerson* ZIS **2016** 296 f.

der Anstiftung ist zunächst mit dem Wortlaut des § 26 nicht zu vereinbaren; denn einen anderen zur Tat „bestimmen" ist etwas anderes, als ihn dazu zu verpflichten.

Sie sind aber auch unter kriminalpolitischen Gesichtspunkten zu eng. Denn wer den Täter, sei es auch ohne besonderes Eigeninteresse, zur Begehung einer verbrecherischen Tat motiviert, auf die dieser sonst nie gekommen wäre, verdient keine geringere Strafe als der, der sich einen tatgeneigten Täter durch Geld verpflichtet. Wer einen Ehemann überredet, seine Frau umzubringen, damit er mit seiner Geliebten ungestört zusammenleben könne, ist mit einer Verurteilung wegen psychischer Beihilfe schwerlich richtig bestraft. Ferner sind die Konsequenzen, die *Jakobs* – an sich folgerichtig – aus der späteren Nichtinteressiertheit des Anstifters zieht (nur § 30!), mit § 24 Abs. 2 nicht zu vereinbaren. 11

Aber auch praktisch sind diese Ansichten kaum durchführbar. Denn wegen der Nichtigkeit von Deliktsabreden kann höchstens eine „faktische" Abhängigkeit des Täters vom Anstifter in Betracht kommen. Für sie aber ist neben der Tatherrschaft des Täters kein ausreichender Raum. Denn Voraussetzung einer Anstiftung bleibt, dass die Tatherrschaft, also die Entscheidung über das Ob und Wie der Ausführung, allein beim Täter liegt. Dann kann er aber gerade nicht „faktisch" gebunden sein, wie es der Tatmittler bei manchen Konstellationen der mittelbaren Täterschaft ist. 12

*Puppe* und *Jakobs* greifen denn auch auf eine „Selbstbindung" des Täters zurück, der als „Angestifteter" nur angesehen wird, solange er sich vom Anstifter abhängig macht, d.h. für ihn und unter der Voraussetzung seines fortdauernden Interesses die Tat ausführen will. Diese Selbstbindung ist aber natürlich rechtlich und faktisch auch wieder freiwilliger Art. Dass die Strafbarkeit wegen Anstiftung von ihr abhängen soll, leuchtet um so weniger ein, als die intensivere und gefährlichere Form der Tatveranlassung diejenige ist, bei der der Anstifter den von ihm in Gang gesetzten Kausalverlauf nicht mehr in der Hand hat, den Täter also nicht mehr nach Belieben zurückrufen kann.[28] 13

Konsequenter ist deshalb die Position *Köhlers,* die aber in ihrer extremen Restriktion weder mit dem natürlichen Wortsinn noch mit dem Willen des Gesetzgebers zu vereinbaren ist. Die von ihr geleistete Herausarbeitung „täterschaftsnaher Konstellationen" kann erklären, warum der Gesetzgeber für die Anstiftung insgesamt denselben Strafrahmen wie für den Täter vorgesehen hat und dass deshalb für den Regelfall der Anstiftung eine Strafe an der unteren Grenze zu suchen ist. 14

**c) Fazit.** So bleibt als Strafgrund der Anstiftung die **kollusive Tatveranlassung in Form der Hervorrufung oder identitätsverändernden Modifizierung eines Tatentschlusses** festzuhalten. Der trotz mangelnder Tatherrschaft tätergleiche Strafrahmen der Anstiftung erklärt sich historisch durch die Überlegung, dass der Anstifter durch sein zielgerichtetes Andringen die Tat überhaupt erst auslöst.[29] Die geringere Tatnähe des Anstifters wird also dadurch kompensiert, dass er die „Initialzündung"[30] zur Tatbegehung gibt. Ob dieser Umstand unter kriminalpolitischen Gesichtspunkten ausreicht, um den Anstifter bei vollendeter Tat „gleich einem Täter" zu bestrafen, lässt sich bezweifeln. Denn leichtere Formen der Anstiftung stehen der Beihilfe näher als der Täterschaft; das ergibt sich schon aus den Schwierigkeiten der Abgrenzung von Anstiftung und Beihilfe (Rdn. 18–37). Deshalb wäre es angemessener gewesen, für die Anstiftung eine fakultative Strafmilderung vorzusehen, wie sie § 28 Abs. 2 AE vorgeschlagen hatte. Doch soll die gesetzliche Regelung nach allgemeiner Auffassung hinzunehmen (und nicht etwa unter dem Gesichtspunkt der Verhältnismäßigkeit oder des Gleichheitssatzes verfassungsrechtlich anfechtbar) sein, weil 15

**28** In diesem Sinne auch *Stein* Beteiligungsformenlehre S. 173.
**29** Das macht ihn aber nicht zum Täter (so aber *Figueiredo Dias* FS Frisch 636 ff., nicht allein für das portugiesische Strafrecht), denn Täterschaft ist (materielle) Tatbestandsverwirklichung (*Schünemann/Greco* LK Vor § 25 Rdn. 15).
**30** *Schulz* Ratgeber S. 145.

sich die vielfach geringere Strafwürdigkeit der Anstiftung bei der Strafzumessung hinreichend berücksichtigen lasse.[31]

## II. Die Bestimmung eines anderen

16 Die Anstiftung hat **zwei Erfolge** zur Voraussetzung: die Hervorrufung des Tatentschlusses in einem anderen (Rdn. 17 ff) durch eine Kommunikation mit Auforderungscharakter (Rdn. 3 ff) und die vorsätzliche Begehung der rechtswidrigen Tat entsprechend diesem Entschluss (Rdn. 38). Dabei braucht weder die Haupttat noch die Person des Anzustiftenden völlig bestimmt zu sein (Rdn. 46 ff).

### 1. Die Hervorrufung des Tätervorsatzes

17 **a) Kausalität; omnimodo facturus.** Durch die Anstiftung muss in dem anderen der Entschluss zu einer bestimmten rechtswidrigen Tat, d. h. der Tätervorsatz, hervorgerufen werden. Die Einwirkung des Anstifters muss **ursächlich** sein;[32] dabei genügt bloße Mitursächlichkeit.[33] Das ist nur dann der Fall, wenn dieser Entschluss bei dem anderen noch nicht vorhanden war. Er ist noch nicht vorhanden, wenn erst eine bloße Geneigtheit besteht, er ist aber hervorgerufen, wenn ein schon Geneigter, ja möglicherweise ein sich zur Begehung der Straftat sogar Anbietender nunmehr durch die Anstiftung zum festen Entschluss gebracht wird oder wenn der noch Schwankende einen solchen festen Entschluss fasst, RGSt **37** 171, 172; BGH bei Dallinger MDR **1972** 569; BGHSt **45** 374; BGH NStZ **2001** 42. Auch eine bloße allgemeine Entschlossenheit, bei jeder Gelegenheit bestimmte Straftaten zu verüben, steht der Möglichkeit einer Anstiftung zum konkreten Verbrechen nicht entgegen, RGSt **37** 171; BGH bei Dallinger MDR **1957** 395. Ein zu einer konkreten Tat bereits fest Entschlossener (**omnimodo facturus**) kann dagegen nicht mehr angestiftet werden, jedoch kommt psychische Beihilfe und ggf. versuchte Anstiftung (§ 30) in Frage, RGSt **13** 121; 36 402, 404; 72 373, 375 m. Anm. *Kohlrausch* ZAkDR **1939** 245; BGH 3 StR 295/52 v. 30.4.1953; BGH bei Dallinger MDR **1957** 395; NStZ **2017** 401 (402 f); StV **2018** 519 (Rdn. 7 ff.).

18 Das Bemühen, Anstiftung und – allenfalls – psychische Beihilfe durch die Rechtsfigur des omnimodo facturus gegeneinander abzugrenzen, setzt allerdings Klarheit über das **Merkmal der „Tatentschlossenheit"** voraus. Eine unumstößliche Sicherheit, die Tat begehen zu wollen, kann dafür nicht verlangt werden. Denn der Täter kann sich immer vorbehalten, den Plan vielleicht wieder aufzugeben oder evtl. sogar noch vom Versuch zurückzutreten; dass dies den Tatentschluss nicht hindert, zeigt die gesetzliche Rücktrittsregelung (§ 24).[34] Man wird die Grenze zwischen einer der Anstiftung zugänglichen „Tatgeneigtheit" und dem nur noch psychische Beihilfe zulassenden „Tatentschluss" dort ziehen müssen, **wo die zum Delikt hindrängenden Motive ein deutliches Übergewicht in der Psyche des Täters erlangt haben.**[35] Ist das der Fall, so liegt ein Tatentschluss vor, auch wenn letzte Bedenken und Zweifel bestehen bleiben

---

**31** So der Sonderausschuss für die Strafrechtsreform, BT-Drucks. **V**/4095 S. 13. Zur rechtspolitischen Problematik vgl. die Begründung zu §§ 28, 29 AE Anm. 3; ferner *Roxin* in: Roxin/Stree/Zipf/Jung S. 33; *Schroeder* S. 202 ff; *Gallas* ZStW **80** (1968) 32 f; *Armin Kaufmann* ZStW **80** (1968) 37.

**32** RGSt **13** 121, 122; BGHSt **9** 370, 379 f. Zu den allgemeinen Schwierigkeiten mit der psychischen Kausalität vgl. nur *Roxin/Greco* AT I § 11 Rdn. 15e, 31 ff.

**33** RG HRR **1939** Nr. 1314, 1315; BGH bei Dallinger MDR **1970** 730; BGHSt **45** 373, 374; BGH NStZ **2001** 41, 42; NStZ **2008** 42 (Rdn. 4); NStZ-RR **2008** 256; StV **2018** 519 (Rdn. 6); BGHSt **64** 152 (155 Rdn. 12).

**34** Insoweit zust. *Puppe* GA **1984** 117.

**35** Näher *Roxin* GS Schröder 145 ff, 154 ff; zust. *Satzger* Jura **2017** 1172; im Ergebnis ähnlich *Neidlinger* S. 192, die auf die „entscheidende Bedingung", sowie *Christmann* S. 90 ff, der auf die objektive Zurechnung abstellt. Zu extensiv dagegen *Stein*, der auf die „Beeinträchtigung der Motivationskraft der Verhaltenspflicht" abstellt (Beteiligungsformenlehre S. 270, zur Kritik *Roxin* LK[11] Rdn. 21).

(und möglicherweise die ganze Tat begleiten). Andernfalls wäre auch eine psychische Beihilfe durch Bestärken des Tatentschlusses von vornherein unmöglich, weil ein als felsenfest und unumstößlich gedachter Tatentschluss nicht weiter bestärkt werden kann.[36]

Man muss demnach zwischen Anstiftung und Beihilfe in Grenzfällen so unterscheiden: Anstiftung liegt bereits dann vor, wenn jemand zur Tat bestimmt wird, der zwar schon von sich aus die Möglichkeit des Delikts ins Auge gefasst, aber noch überwiegende Bedenken dagegen gehabt hatte. Anstiftung ist ebenfalls zu bejahen, wenn der spätere Täter sagt: „Ich fühle mich hin- und hergerissen und kann mich nicht entscheiden", und wenn nun jemand den deliktsbegünstigenden Tendenzen in der Psyche des Täters durch sein Zureden das Übergewicht verschafft. Wenn jemand dagegen seinem Freunde vorträgt: „Ich bin zu 90 % (oder: so gut wie) entschlossen, die Tat auszuführen, habe aber noch folgendes Problem", so ist der Freund, wenn er den Zweifel beseitigt, Gehilfe und nicht Anstifter. Auch wenn jemand zunächst „absolut" entschlossen war, hernach aber Bedenken bekommt und nun seiner Sache nicht mehr so ganz sicher ist, hat derjenige nur psychische Beihilfe geleistet, der dem Täter die Bedenken ausredet und ihn ermutigt. Anders ist es erst dann, wenn der zunächst (im dargelegten Sinne) entschlossene Täter später in seinem Entschluss nicht nur „wankend" wird (dann ist seine innere „Aufrichtung" noch Beihilfe), sondern wenn er, wie die Umgangssprache treffend formuliert, sogar „umfällt", derart dass die Bedenken wieder die Oberhand bekommen; dann ist die erneute Umstimmung im Sinne der Tatbegehung eine Anstiftung. 19

Konsequenterweise ersetzt *Puppe*[37] die Verursachung des Tatentschlusses als Kriterium zur Abgrenzung von Anstiftung und Beihilfe durch das von ihr propagierte Kriterium „der den Täter faktisch bindenden Unrechtsvereinbarung", so dass dann, wenn im Moment der Tatausführung „das Motiv den Tatentschluß mitträgt, die Vereinbarung mit dem Anstifter zu erfüllen", eo ipso Anstiftung vorliege, auch wenn der Täter sich schon vor der zusätzlichen Motivation zur Tat fest entschlossen hatte, also ein omnimodo facturus war.[38] Dagegen sprechen aber dieselben Gründe, die den „Unrechtspakt" als Strafgrund der Anstiftung ungeeignet machen (näher Rdn. 10 ff). 20

**b) Die Veranlassung eines Tatentschlossenen zur Tatänderung.** In welchen Fällen die Veranlassung eines bereits Tatentschlossenen zur Tatänderung als Hervorrufung eines neuen Tatentschlusses und damit als Anstiftung zu beurteilen ist, ist umstritten. Man muss hier drei Fallgruppen unterscheiden: 21

**aa) Die Umstiftung.** Wird der Täter veranlasst, statt der geplanten Tat eine nicht im Verhältnis der Qualifizierung oder Privilegierung zu ihr stehende andere Tat, also ein **„aliud"**, zu begehen (einen Raub statt eines Betruges, eine Körperverletzung an des Anstifters Feind B statt an A), so wird diese „Umstiftung" als Anstiftung zu einer neuen und anderen Tat bestraft. Das wenig geklärte Problem dieser Fallgruppe liegt freilich darin, wie man die anstiftungsbegründende Hervorrufung eines anderen und neuen Tatentschlusses von der nur beihilfebegründenden Veranlassung einer Tatplanänderung abgrenzt.[39] Der Begriff des omnimodo facturus führt hier nicht weiter. Denn ob die Tat infolge der Beeinflussung durch den Ratgeber nur modifiziert wird, der Täter also ein omnimodo facturus bleibt, oder ob sie eine andere wird, die der Täter vorher noch nicht begehen wollte, lässt sich nicht aus dem Kriterium der Tatentschlossenheit, 22

---

**36** Gegen die hier vertretene Konzeption *Puppe* GA **1984** 117 Fn. 56.

**37** GA **1984** 118; zuletzt *dies.* GA **2013** 520 f; ihr folgend *Scheinfeld* GA **2007** 702 f; sehr ähnl. *Steen* S. 123 ff, 153 f.; *Murmann* FS Merkel 727 (731).

**38** GA **1984** 119.

**39** Die bisher ausführlichsten Untersuchungen liefern *Schulz* Ratgeber; *ders.* (in übersichtlicher Zusammenfassung) JuS **1986** 933; ferner die Dissertationen von *Stork, Heinze* sowie *Ingelfinger* Anstiftervorsatz S. 187 ff.

sondern nur aus einem Begriff von Tatidentität ableiten, für den bisher einheitliche und allgemein anerkannte Maßstäbe fehlen. Man wird unterscheiden müssen.[40]

**23** Einigkeit dürfte darüber bestehen, dass ein Wechsel des **Täters** stets die Tat verändert.[41] Gewinnt A anstelle des ursprünglich aufgeforderten B nunmehr den C zur mittäterschaftlichen Mitwirkung an einer im Übrigen identisch bleibenden Tat, so ist diese Auswechselung eines Mittäters eine Anstiftung und keine bloße Beihilfe. Auch ein Wechsel des angegriffenen **Rechtsgutes** wird als Übergang zu einer neuen Tat angesehen werden müssen.[42] Will A den B betrügen und C überredet ihn, ihn zu bestehlen, weil dies einfacher sei, ist C also wegen Anstiftung zum Diebstahl strafbar. Will A ein seinem Feind X gehörendes Stück Wald in Brand setzen und B veranlasst ihn, statt dessen dem X ein entstellendes Zeichen auf die Stirn zu brennen, so liegt eine Anstiftung zur Körperverletzung vor.[43] Will A den B verprügeln und bestimmt C ihn dazu, lieber das Auto des B zu zerstören,[44] so ist das eine Anstiftung zur Sachbeschädigung.

**24** Bei einer bloßen Veränderung des **Tatobjektes** ist eine Differenzierung geboten. Wenn z. B. A Whisky stehlen will, um einen Gast damit zu bewirten, B ihn aber veranlasst, Wodka zu entwenden, weil der Gast diesen lieber trinke, so ist das (nur) eine Beihilfe, weil der Tatobjektswechsel sich in den Plan des A einfügt und diesen verbessert. Bestimmt der B den A dagegen, statt Whisky Wodka zu stehlen und diesen zur Aufbesserung seines Vermögens zu verkaufen, die Gäste aber mit dem ohnehin vorhandenen Bier zufrieden zu stellen, so liegt darin eine Anstiftung zum Diebstahl. Denn B hat einen neuen Plan entwickelt und damit zu einer neuen Tat angestiftet. Insofern gibt also das von *Schulz* entwickelte Planherrschaftskriterium (Rdn. 5 f) eine brauchbare Richtlinie.[45]

**25** Sie ist jedenfalls plausibler als die Unterscheidung zwischen höchstpersönlichen Rechtsgütern, bei denen ein Tatobjektswechsel immer, und anderen, bei denen er nie zur Anstiftung führen soll.[46] Denn wenn A den Politiker B erschießen will, infolge einer Verwechselung aber zur Tötung des C ansetzt, D ihn auf den Irrtum hinweist und A nun tatsächlich den ihm von D gezeigten B umbringt, so liegt dieser Personenwechsel, obwohl er ein höchstpersönliches Rechtsgut betrifft, im Rahmen des ursprünglichen Plans und erscheint deshalb nur als Beihilfe zum Mord. Wird dagegen A, der aus ideologischen Gründen den Politiker B umbringen will, von B veranlasst, lieber seinen (des A) Nebenbuhler C zu ermorden, so ist das allerdings eine Anstiftung; aber hier wird auch ein Plan durch einen anderen ersetzt.

**26** Dagegen wird man eine bloße Veränderung des **Tatmotivs**, die zu keinem Wechsel des Tatobjekts führt, wiederum nur als Beihilfe beurteilen können.[47] Wenn man also das Anfangsbeispiel dahin variiert, dass A, der mit dem zu stehlenden Whisky seine Gäste bewirten will, dazu bestimmt wird, den Whisky lieber zu verkaufen, bleibt die Tat (Diebstahl von Whisky) unverändert, so dass Anstiftung ausscheidet.[48] Das Unrecht der „Motiv-Umstimmung" wird freilich ggf. als Anstiftung zum Betrug der Käufer erfasst.

---

**40** Weitere Beispiele zu der akademisch hochdifferenzierten, die Praxis aber kaum beschäftigenden dogmatischen Diskussion bei *Roxin* LK[11] Rdn. 32; *ders.* AT II § 26 Rdn. 91 ff.

**41** *Jakobs* § 22 Rdn. 26.

**42** So im Wesentlichen *Hoyer* SK Rdn. 22; *Schulz* Ratgeber S. 164 ff; *ders.* JuS **1986** 939.

**43** *Schulz* Ratgeber S. 166.

**44** Ähnlich *Schulz* JuS **1986** 939.

**45** Vgl. zu den Beispielen *Schulz* Ratgeber S. 146 ff. Dagegen nimmt *Jakobs* § 22 Rdn. 26 an, dass der Wechsel des Tatobjekts die Tatidentität immer ändere. Da für ihn aber eine Anstiftung die Abhängigkeit des Täters vom Hintermann voraussetzt, scheitert eine Anstiftung in der Regel an diesem Erfordernis.

**46** Vgl. dazu m. w. N. *Schulz* Ratgeber S. 156 ff; *ders.* JuS **1986** 935.

**47** So auch *Schulz* Ratgeber S. 152 ff; *ders.* JuS **1986** 938; von ihm stammt auch das Beispiel; ebenso *Hoyer* SK Rdn. 23. **AA** *Jakobs* § 22 Rdn. 26, der einen Wechsel des Beweggrundes als Anstiftung qualifiziert.

**48** **Kritisch** zum ganzen (auch zur Lösung der angeführten Fälle) *Stein* Beteiligungsformenlehre S. 176. Wie hier im Anschluss an *Schulz* jedoch *Bloy* Zurechnungstypus S. 341 f.

Ein durch einen Hintermann veranlasster Wechsel von **Tatmodalitäten** (der Tatzeit,[49] des Tatortes oder des Tatmittels) wird in der Regel nur Beihilfe sein (BGH StV **1996** 2). Wer den Täter dazu bestimmt, den Einbruch an einem anderen Ort, zu einer anderen Zeit oder mit einem Dietrich statt eines Schraubenziehers zu begehen, verübt in der Regel nur Beihilfe; denn er schafft keinen neuen Tatplan, sondern verändert den vorhandenen (in der Regel zwecks leichterer Durchführung). Die Tatentschlossenheit muss von der bloßen **Tatneigung** unterschieden werden, bei der es meistens an der Festlegung einer der oben genannten Tatdimensionen durch den Haupttäter fehlt, die erst durch die Einwirkung des Anstifters erfolgt. In letzter Zeit hatte es die Rspr. wiederholt mit **Drogenbestellungen an Internetplattformen** zu tun, deren Betreiber im Ausland sitzen: die Bestellungen werden zu Recht als Anstiftungen zur „Einfuhr" von Betäubungsmitteln (§ 29 I Nr. 1 BtMG) eingestuft, denn zum „Einführen", d. h. zum Verbringen der verbotenen Ware gerade in das deutsche Hoheitsgebiet, waren die Seitenbetreiber noch nicht entschlossen (BGH NStZ-RR **2018** 80 mit Anm. *Oğlakcıoğlu* StV **2018** 510 [512]; LG Ravensburg NStZ-RR **2008** 256; abl., aber in einem anders gelagerten Sachverhalt, BGH NStZ **2017** 401 [402 f.] m. Anm. *Immel;* s. a. BGH BeckRS **2012** 2327 [Rdn. 6]). 27

**bb) Die Abstiftung.**[50] Wird der Täter veranlasst, statt eines qualifizierten Delikts gegenüber demselben Opfer eine leichtere Begehungsform (einfache statt gefährliche Körperverletzung, Diebstahl statt Diebstahl mit Waffen, Diebstahl statt Raub) zu verwirklichen, so scheidet eine Anstiftung zum leichteren Delikt aus. Denn der Vorsatz, das schwerere Delikt zu begehen, schließt den Vorsatz zur Verwirklichung der Merkmale des geringeren Delikts in sich ein, so dass insoweit kein Tatentschluss erregt werden kann. Entsprechendes gilt, wenn innerhalb desselben Tatbestandes die Einwirkung des Hintermanns zu einer Abschwächung der Tätertat führt; z. B. wenn der Hintermann den Täter überredet, es anstelle einer schweren Verprügelung des Opfers bei einer Ohrfeige bewenden zu lassen oder anstatt 1000 Euro nur 100 zu stehlen. In der Regel ist der Beeinflussende in solchen Fällen straflos, begeht also auch keine Beihilfe. Da er das Risiko für das geschützte Rechtsgut verringert, scheidet eine Zurechnung des von ihm veranlassten Erfolges schon auf der Tatbestandsebene aus.[51] Das ist auch richtig; denn wenn (abgesehen von den seltenen Fällen der Unterlassungsstrafbarkeit) derjenige straflos ist, der gegen ein Delikt nichts unternimmt, darf auch derjenige nicht bestraft werden, der es wenigstens teilweise verhindert oder abschwächt.[52] 28

Wenn freilich der Hintermann das Risiko nicht nur verringert, sondern dem Täter die leichtere Begehungsform, anstatt sie lediglich notgedrungen in Kauf zu nehmen, auch noch schmackhaft macht (etwa unter Hinweis auf die geringere Entdeckungsgefahr), liegt eine tatbestandsmäßige psychische Beihilfe zur leichteren Begehungsform vor. Denn es wird zwar das Schadensrisiko verringert, gleichzeitig aber das Begehungsrisiko verstärkt. Allerdings kann ein solches Verhalten durch § 34 gerechtfertigt sein, wenn dessen Voraussetzungen vorliegen (wenn also der abgewendete Schaden sehr viel schwerer wiegt als die Tatbestärkung auf „niedrigerer Ebene" und wenn andere Möglichkeiten, verhindernd oder mildernd auf den Täter einzuwirken, nicht bestanden).[53] 29

---

**49** Strenger *Schroeder* GA **2006** 375, der bei jeder (nicht geringfügigen) Vorverlagerung eine Anstiftung bejahen möchte; tendenziell auch *Hoyer* SK Rdn. 24.

**50** Auch dieses Problem ist wenig behandelt und geklärt; differenzierende Darlegungen bei Sch/Schröder/*Heine/Weißer* Rdn. 9; *Bemmann* FS Gallas 276, 279; *Schulz* Ratgeber, S. 176 ff; *Kudlich* JuS **2005** 595; *Koch* JuS **2010** 207 f.

**51** Vgl. zur Risikoverringerung *Roxin/Greco* AT I § 11 Rdn. 53 ff.

**52** Vgl. für den Parallelfall der Beihilfe OLG Stuttgart NJW **1979** 2573; *Geppert* Jura **1997** 299, 304; *Kühl* AT § 20 Rdn. 184.

**53** So zu Recht *Eser* II Nr. 43 Rdn. A 10.

30 Wenn die „Abstiftung“ dazu führt, dass ein **anderer Rechtsgutsträger** verletzt wird, kommt dagegen ein tatbestandlicher Zurechnungsausschluss kraft Risikoverringerung von vornherein nicht in Betracht. Denn es wird nicht ein Risiko abgeschwächt, sondern eine Rechtsgutsverletzung durch eine ganz andere ersetzt.[54] „Wenn der zur Tötung Entschlossene bedrängt wird, seine Aggressionen durch das Einschlagen einer Fensterscheibe abzureagieren“,[55] ist das also eine Anstiftung zur Sachbeschädigung, die freilich wiederum durch § 34 gerechtfertigt sein kann.

31 **cc) Die Übersteigerung oder Aufstiftung.** Am meisten Aufmerksamkeit hat im Anschluss an BGHSt **19** 339 die Fallgruppe der Übersteigerung (Aufstiftung)[56] gefunden, bei der ein Tatentschlossener von einem Hintermann zu einer schwereren Form der Tatbegehung veranlasst wird. Ein zum Raub Entschlossener ließ sich dazu bestimmen, einen Knüppel mitzunehmen, mit dem das Opfer bewusstlos geschlagen werden sollte (§ 250 Abs. 1 Nr. 1a). Der BGH nahm eine Anstiftung zum schweren Raub an. Weil der Täter zu dieser Art der Ausführung noch nicht bereit gewesen sei, der Angeklagte ihn vielmehr hierzu erst verleitet habe, liege nicht nur psychische Beihilfe, sondern Anstiftung vor (a. a. O. S. 340). Der Senat neigte sogar der Meinung zu, dass es nicht entscheidend darauf ankomme, ob der Täter zur Verwirklichung eines mit höherer Strafdrohung versehenen Tatbestandes veranlasst wird, „sondern auf den erheblich erhöhten Unrechtsgehalt, der auch in der gefährlicheren Ausführungsart liegen kann, ohne daß sich an der rechtlichen Beurteilung der Tat etwas ändert“ (a. a. O. S. 341). Danach würde also schon eine Anstiftung zur Körperverletzung vorliegen, wenn jemand den Täter veranlasst, das Opfer nicht, wie geplant, zu ohrfeigen, sondern es windelweich zu prügeln.

32 Dem steht eine in der Literatur verbreitete Lehre entgegen, die nach dem „analytischen Trennungsprinzip“[57] den Hintermann als Anstifter nur hinsichtlich derjenigen Tatbestandsteile beurteilt, zu deren Verwirklichung der Täter noch nicht entschlossen war.[58] Wird also ein zum Diebstahl Entschlossener zur Anwendung von Gewalt und damit zur Begehung eines Raubes veranlasst, so liegt nach dieser Auffassung nur eine Anstiftung zur Nötigung und im Übrigen Beihilfe zum Raub vor.[59] Wird der zum Diebstahl Entschlossene dazu bewogen, eine Waffe mitzunehmen, also von § 242 zu § 244 überzugehen, so ist das eine Anstiftung nur ggf. zu einem Verstoß gegen das Waffengesetz, hinsichtlich der Tatbegehung nach § 244 aber nur eine Beihilfe. Ist die Übersteigerung nicht als Anstiftung zu einem selbständigen Tatbestand fassbar, muss es danach also überhaupt bei der Beihilfe bewenden. Da im Ausgangsfall der Entscheidung BGHSt **19** 339 der Täter zum Niederschlagen des Opfers, wenn auch ohne Knüppel, ohnehin schon entschlossen war, hätte der Hintermann also nur wegen Beihilfe zu § 250 bestraft werden können; eine Anstiftung zur Körperverletzung käme nur in Betracht, wenn der Täter ursprüng-

---

**54** Vgl. *Roxin/Greco* AT I § 11 Rdn. 54.

**55** *Schulz* Ratgeber S. 177.

**56** Bezeichnung bei *Ebert* AT S. 211; s. a. *Geppert* Jura **1997** 304; *Küpper* JuS **1996** 24; gelegentlich spricht man (manchmal zugleich) von „Überstiftung“, *Kühl* AT § 20 Rdn. 181; *Rengier* AT § 45 Rdn. 35 ff.

**57** *Schulz* Ratgeber passim; *ders.* JuS **1986** 935.

**58** *Bemmann* FS Gallas 273; *Cramer* JZ **1965** 31 f; *Eser* II Nr. 43 Rdn. A 8; *Freund/Rostalski* AT § 10 Rdn. 121; *Gropp* AT § 10 Rdn. 267; *Hardtung* FS Herzberg 428 ff; *Hoyer* SK Rdn. 20; *Jescheck/Weigend* § 64 III 2c; *Joerden* FS Puppe S. 578 f; *Koch* JuS **2010** 207; *Kühl* § 20 Rdn. 183; Lackner/Kühl/*Kühl* Rdn. 2a; *Letzgus* Vorstufen der Beteiligung (1972) 33; *Puppe* ZStW **92** (1980) 887; Sch/Schröder/*Heine*/*Weißer* Rdn. 9; *Stratenwerth/Kuhlen* AT § 12 Rdn. 145; *Welzel* § 16 II 2.

**59** *Eser* II Nr. 43 Rdn. A 8 will sogar nur Beihilfe zum geplanten Tatteil (also im Beispiel zu § 242) annehmen; dazu *Schulz* JuS **1986** 936.

lich den Raub allein durch eine Drohung oder durch verletzungsfreie Gewaltanwendung hätte verwirklichen wollen.[60]

Daneben werden auch Zwischenlösungen vertreten. So will *Schulz*[61] bei der Übersteigerung vom Diebstahl zum Raub Anstiftung zu § 249 annehmen, weil der Hintermann die *normative Dominanz* habe; der Schutz der Willensbildungs- und Willensbetätigungsfreiheit trete nicht nur sekundär, sondern gleichrangig neben den Eigentumsschutz.[62] 33

Beifall verdient jedoch die Rspr.[63] Denn deren die Aufspaltbarkeit des Tatentschlusses leugnende „synthetische" Konzeption[64] trägt der Einsicht Rechnung, dass das durch die Übersteigerung bewirkte Geschehen einen größeren und anderen Unrechtsgehalt aufweist, als sich aus der Addition getrennter „Bestandteile" ergibt. Ein Raub ist, wie schon die Strafrahmen erkennen lassen, mehr als Diebstahl plus Nötigung oder Diebstahl plus Körperverletzung. Durch die Kombination alter und neuer Deliktselemente entsteht ein ganzheitliches anderes Unrecht, zu dem der übersteigernde Hintermann angestiftet hat; dessen Hervorbringung bliebe unerfasst, wenn man darin nur eine Anstiftung zur Nötigung oder Körperverletzung sähe. Wer einen zu einer gewöhnlichen Nötigung Entschlossenen zu einer Vergewaltigung antreibt, bewirkt mehr als eine Körperverletzung oder eine selbständig nicht mehr fassbare Intensivierung der Nötigung: Er verursacht ein Unrecht, dessen eigene Prägung bei einer Zerlegung in Teile ganz aus dem Blickfeld verschwände. 34

Nimmt man aber bei der Veranlassung zur Erfüllung eines qualifizierten Tatbestandes eine Anstiftung an, wird man sie auch innerhalb desselben Tatbestandes zulassen müssen, sofern die Unrechtsdimension sich nachhaltig verändert. Wer dem A, der den B verprügelt, „Immer feste druff" zuruft, ist nur einer psychischen Beihilfe schuldig, wenn B daraufhin noch einige Schläge mehr erhält; denn eine solche Veränderung liegt in der Spielbreite des ursprünglichen Täterplanes und verändert die Unrechtsdimension nicht. Wer aber den, der zu einer Ohrfeige entschlossen ist, dazu veranlasst, das Opfer krankenhausreif zu schlagen, ist Anstifter, auch wenn ein Erfolg nach § 224 nicht eintritt.[65] Wenn A dem B einen Euro wegnehmen will, um eine S-Bahn-Fahrt damit bezahlen zu können, der C ihn aber dazu antreibt, gleich 1000 Euro mitgehen zu lassen, ist das eine Anstiftung; denn B begeht nun ein anderes Delikt, auch wenn er denselben Tatbestand erfüllt. Wenn man damit erhebliche innertatbestandliche Übersteigerungen als Anstiftungsfälle anerkennt, erreicht man gleichzeitig eine Harmonisierung mit der mittelbaren Täterschaft, die bei Täuschungen über die Unrechtshöhe im Rahmen desselben Tatbestandes ebenfalls möglich ist. Eine gewisse Unsicherheit bei der Abgrenzung beihilfe- und anstiftungsbegründender Übersteigerung ist dabei hinzunehmen. 35

Die Gegenargumente der strikt analytischen Trennungstheorie sind demgegenüber nicht durchschlagend. Sicher ist etwas weniger strafwürdig, wer einen Dieb zum Raub anstiftet, als wer einen noch zu keinem Delikt Entschlossenen zum Raub verleitet; aber dem lässt sich bei der Strafzumessung Rechnung tragen. 36

**c) Die Hervorrufung weiterer subjektiver Tatbestandselemente.** Gehören zur Haupttat über den Vorsatz hinaus weitere subjektive Tatbestandselemente, d. h. vor allem bestimmte Ab- 37

**60** S.a. BGH NStZ-RR **2016** 336: Anstiftung und keine bloße Beihilfe zur Einfuhr von BtM, weil Bestellung von Rauschgift zu einer zusätzlichen Überschreitung der Grenzmenge um mehr als das Sechsfache geführt hat.

**61** Ratgeber S. 169 f; JuS **1986** 939; andere Differenzierung bei Maurach/Gössel/Zipf/*Renzikowski* § 51 Rdn. 41.

**62** Dazu sowie zu der Differenzierung *Grünwalds* nach delictum sui generis/Qualifikationstatbestand (JuS **1965** 313) näher *Roxin* LK[11] Rdn. 38, 41 f.

**63** Ihr folgen Baumann/Weber/Mitsch/*Eisele* § 26 Rdn. 37; *Fischer* Rdn. 5; *Hünerfeld* ZStW **99** (1987) 249; *Krey/Esser* AT § 31 Rdn. 1046; *Kreuzberg* S. 567; *Maurach/Gössel*/Zipf[7] § 51 Rdn. 11; *Otto* JuS **1982** 561; *Roxin* AT II § 26 Rdn. 104 f; *Stree* FS Heinitz 277 (grundlegend).

**64** Vgl. *Schulz* JuS **1986** 936.

**65** Zust. Sch/Schröder/*Heine*/*Weißer* Rdn. 11.

sichten (Zueignungs-, Bereicherungsabsicht), so muss der Anstifter auch diese hervorrufen (RGSt **71** 98, 99; *Hoyer* SK Rdn. 25; abw. *Busch* LK[9] § 48 Rdn. 5). Das folgt aus dem Erfordernis des Bestimmens zur rechtswidrigen Tat, zu welcher auch der volle subjektive Tatbestand gehört.

### 2. Die Hervorrufung einer vollendeten oder versuchten Tat

38 Der für den Begriff der vollendeten Anstiftung erforderliche **zweite Erfolg** neben der Hervorrufung des Tatentschlusses liegt darin, dass der Angestiftete diesen **Entschluss ausführt** und die vom Anstifter vorgestellte Tat begeht; dafür genügt ein Versuch, wenn dieser strafbar ist, § 23 Abs. 1 (RGSt **14** 19; **38** 248, 249f). Zwischen der wenigstens versuchten Ausführung der Haupttat und der Anstiftung muss ein ursächlicher Zusammenhang vorliegen. Dieser wird nicht notwendig dadurch aufgehoben, dass der Haupttäter den vom Anstifter hervorgerufenen Tatvorsatz vorübergehend aufgibt; die Anstiftung kann trotzdem fortwirken und das Wiederaufleben des früheren Vorsatzes herbeiführen (vgl. BGH NStZ **2000** 421). Wird also der Angestiftete zunächst wieder schwankend und tritt vom Versuch der Haupttat, sei es unfreiwillig, sei es freiwillig (!), vorerst zurück, so liegt gleichwohl Anstiftung vor, wenn er die Tat später doch noch ausführt und dies wenigstens auch auf dem Fortwirken der Anstiftung beruht (vgl. auch RGSt **70** 293, 295, wo der Kausalzusammenhang zwischen Anstiftung und Totschlag bejaht wurde, obwohl der Täter nach den ersten, noch nicht tödlichen Hieben bereits von dem vermeintlich erschlagenen Opfer abgelassen und es erst nach einiger Zeit endgültig getötet hatte, als er bemerkt hatte, dass dieses sich wieder aufzurichten versuchte). Kommt es nicht mindestens zum (strafbaren) Versuch der Ausführung des von dem Anstifter hervorgerufenen Entschlusses, so liegt in der Bestimmung eine bloße versuchte Anstiftung, die nur unter den Voraussetzungen des § 30 Abs. 1 ausnahmsweise strafbar sein kann. Über das Erfordernis der vorsätzlich begangenen Haupttat s. eingehend oben vor § 26 Rdn. 20–23.

### 3. Die Bestimmtheit der Tat als Voraussetzung der Anstiftung

39 **a) Konkretisierung der Tätertat.** Inwieweit die Tätertat konkretisiert sein muss, um Gegenstand einer Anstiftung sein zu können, ist umstritten und wenig geklärt. Eine grundlegende Auseinandersetzung mit dem Problem enthält erstmals BGHSt **34** 63. Im zugrunde liegenden Sachverhalt ging es darum, dass der spätere Täter ins Ausland flüchten wollte und dafür Geld benötigte. Der Angeklagte hatte ihm zunächst geraten, zur Erlangung des Geldes Sachen zu verkaufen. Als sich dies als undurchführbar erwies, hatte er geäußert: „Dann müsstest du eine Bank oder Tankstelle machen." Der spätere Täter antwortete darauf nicht, beging aber zwei Tage später einen Bankraub, der ihm ca. 40000 DM einbrachte. Der BGH lehnte eine Anstiftung durch den Angeklagten ab. Zwar seien der Deliktstatbestand (§§ 250, 255) und die in Frage kommenden Tatobjekte nach allgemeinen Artmerkmalen („Bank oder Tankstelle") festgelegt gewesen. Doch genüge das zur Individualisierung der Tat noch nicht. Das Tatbild sei „in Ermangelung individualisierender Merkmale (Objekt, Ort, Zeit und sonstige Umstände der Tatausführung) unbestimmt" (a. a. O. S. 66). Zwar brauche sich der Anstifter die Tat nicht in allen Einzelheiten vorzustellen; ihm müssten nur einzelne, nicht alle individualisierenden Umstände bekannt sein. „Welche zur Tatindividualisierung tauglichen Merkmale jeweils erforderlich sind, entzieht sich einer generell-abstrakten Bestimmung und kann nur nach den jeweiligen Umständen des Einzelfalles entschieden werden" (a. a. O. S. 67).[66]

66 Wobei BGH NStZ **1997** 281; **1996** 434, 435 dem Anstifter, dessen Vorstellung mehrere Möglichkeiten der Tatbegehung umfasst, die dann tatsächlich gewählte voll zurechnen; s. a. BGH BeckRS **2005** 12571.

Die Entscheidung hat überwiegend Beifall gefunden,[67] verlangt aber zu viel an Konkretisierung.[68] Wenn etwa der Führer einer Protestpartei Mitglieder mit einem Bankraub beauftragt, um auf diese Weise die für die Organisation nötigen Gelder zu beschaffen, muss das vernünftigerweise als Anstiftung strafbar sein, auch wenn die weiteren Einzelheiten den beauftragten Mitgliedern überlassen werden. Wenn der gewerbsmäßige Hehler den Dieb auffordert, ihm durch einen Einbruch in ein Teppichgeschäft ein Sortiment von Orientteppichen zu besorgen, ist das eine Anstiftung zum Einbruchsdiebstahl, auch wenn das Wann, Wo und Wie dem Dieb überlassen bleibt. Diese Auffassung ist von *Roxin* schon in der 10. Auflage (§ 26 Rdn. 9) so umschrieben worden, dass für eine hinreichende, anstiftungsermöglichende Bestimmtheit der Tat nicht mehr erforderlich sei als „die Fixierung eines bestimmten Tatbestandes und der wesentlichen Dimensionen des Unrechts".[69] Diese ist gegeben, wenn neben dem Tatbestand die „Tatobjekte nach allgemeinen Artmerkmalen" festgelegt sind, so dass im Sachverhalt der Entsch. BGHSt **34** 63 eine Anstiftung nicht an der mangelnden Bestimmtheit der Tat scheitern würde. 40

Der BGH hat diese Auffassung abgelehnt, weil sie „nicht mehr eine konkret-individualisierbare Tat", sondern die generell-abstrakte „Dimension des Unrechts" zum Bezugsgegenstand der Anstiftung mache. Damit werde die Verknüpfung von Anstiftung und Haupttat so weit gelockert, „daß die strafrechtliche Haftung des Anstifters auch in Fällen Platz greift, in denen seine Strafwürdigkeit zweifelhaft ist und seine Gleichstellung mit dem Täter keine Rechtfertigung mehr zu finden vermag" (BGHSt **34** 65 f). Das überzeugt aber nicht. Denn die Unrechtsdimension ist Bezugsgegenstand der Anstiftung nur im Rahmen eines bestimmten Tatbestandes und leistet mit ihm unter Strafwürdigkeitsgesichtspunkten eine durchaus hinreichende Individualisierung. So wird z. B. die Strafwürdigkeit einer Anstiftung zum Bankraub durch die Frage, ob die X- oder Y-Filiale überfallen werden oder ob das heute oder morgen geschehen soll, überhaupt nicht beeinflusst. 41

Auch die frühere Rspr. hat mit Recht derartig weitgehende Individualisierungsanforderungen nicht gestellt. Die Leitentscheidung RGSt **34** 327 (Anstiftung zu Abtreibungshandlungen an allen Frauen, die diese künftig wünschen sollten) lässt es „darauf ankommen, was dem Anstiftenden als das Wesentliche erschienen ist ... Von den einzelnen Umständen der Tat werden häufig Ort, Zeit und Art der Verübung als unwesentlich erscheinen ... Es ist aber nicht ausgeschlossen, daß auch die Person, gegen welche sich die Straftat richten soll, dem Anstifter unwesentlich ist, insbesondere wenn es ihm nur auf die Erlangung einer Sache bestimmter Art ankommt ...". RGSt **26** 361 hat eine Anstiftung zu fortgesetzter Tat (hier: Betrug) zugelassen, obwohl dem Anstifter weder Ort noch Zeit der einzelnen Betrügereien noch die Person des jeweils Geschädigten bekannt sein konnten. Das ist richtig, soweit wenigstens die Art der Betrügereien und das ungefähre Gesamtvolumen der Schädigung vorgezeichnet waren. BGHSt **15** 276 hat in der Aufforderung, von zehn- bis zwölfjährigen Mädchen unzüchtige Fotos anzufertigen, eine hinreichend bestimmte Anstiftung zu § 176 Abs. 1 Nr. 3 a. F. gesehen, obwohl der Anstifter von Zeit und Ort der Aufnahmen sowie den Personen der zu fotografierenden Mädchen keine Vorstellung hatte. 42

---

**67** Vgl. nur *Jakobs* § 22 Rdn. 27; *Samson* SK Rdn. 7; Sch/Schröder/*Heine*/*Weißer* Rdn. 18; *Jescheck*/*Weigend* § 64 II 2b; *Joecks* § 26 Rdn. 19 f; Lackner/Kühl/*Kühl* § 26 Rdn. 5; *Wessels*/*Beulke*/*Satzger* Rdn. 892. Ähnlich auch BGH NStZ **1997** 234; **1998** 347, 348; JR **1999** 448: Danach ist Maßstab für die Beurteilung der Bestimmtheit, ob durch die Einbeziehung des anderen schon eine erhöhte Gefährdung des Rechtsguts eintreten kann. Die Tat müsse vom Anstifter so bestimmt sein, dass der andere sie begehen könnte, wenn er wollte; BGH NStZ **2006** 10: Kennzeichnung der Tat „im Kern".

**68** Näher *Roxin* JZ **1986** 908 (Anm. zu BGHSt **34** 63); *ders.* FS Salger 131 f; *ders.* AT II § 26 Rdn. 133 ff; das Konkretisierungserfordernis überhaupt **ablehnend** *Herzberg* JuS **1987** 617 (dazu **krit.** *Roxin* LK[11] Rdn. 54) und *Warneke* passim.

**69** Zustimmend *Rogall* GA **1987** 14; nahestehend, aber mit einer weiteren objektiven Einschränkung, *Redmann* S. 163 ff, 342 f.

43 Die Entscheidung BGHSt **34** 63 verlässt aber nicht nur die Linie der älteren Rspr., sie birgt zudem das weitere Problem, dass unklar bleibt, welche über Tatbestand und Unrechtsdimension hinausgehenden individualisierenden Merkmale erforderlich sein sollen. Da insoweit alles den „Umständen des Einzelfalles" überlassen bleibt, wird die Entscheidung über die Strafbarkeit dem Richter überantwortet. Das erweckt Bedenken im Hinblick auf den Grundsatz der Gesetzesbestimmtheit.

44 Im Ergebnis wird man BGHSt **34** 63 allerdings darin zustimmen müssen, dass im entschiedenen Fall keine Anstiftung vorlag. Aber der Grund liegt nicht in der mangelnden Bestimmtheit der Tat, sondern darin, dass die neben legale Gelderwerbsmöglichkeiten gestellte hypothetische Erwägung „Dann müßtest du eine Bank oder Tankstelle machen" überhaupt noch keinen Rechtsgutsangriff, d. h. noch keine zielgerichtete Tataufforderung darstellte, wie sie für eine Anstiftung verlangt werden muss (Rdn. 2 ff).[70] *Hier* und nicht in der mangelnden Bestimmtheit der Tat lag der Grund für das Fehlen einer Anstiftung.[71]

45 **b) Fallgruppen fehlender Bestimmtheit.** Danach bleiben **zwei Fallgruppen**, in denen eine Anstiftung an mangelnder Bestimmtheit der Haupttat scheitert. Eine Anstiftung ist zunächst abzulehnen, wenn der **Tatbestand unklar bleibt**, zu dessen Verwirklichung aufgefordert wird. Antreibereien zu möglicherweise strafbaren Handlungen unbestimmter Art („Du musst eben mal ein Ding drehen", „Du musst es ihm mal zeigen") sind also strafrechtlich nicht zu fassen. Mit Recht hat das RG in einer frühen Entscheidung (RGSt **1** 110f) eine Anstiftung auch in einem Fall abgelehnt, in dem jemand gegenüber einer Hausgehilfin geäußert hatte, „sie sei dumm, daß sie die Gelegenheit nicht benutze und sich heimlich Geld mache". Denn hier blieb mangels anderer aus dem Gespräch zu entnehmender Anhaltspunkte offen, welcher Tatbestand überhaupt erfüllt sein sollte.

46 Darüber hinaus muss aber auch verlangt werden, dass Art und Ausmaß des zu verwirklichenden Unrechts (die **„Unrechtsdimension"**) einigermaßen, wenn auch ggf. nur „nach allgemeinen Artmerkmalen", umrissen sind.[72] Denn sonst fehlt die Grundlage für eine Strafzumessung gegenüber dem Anstifter. Die bloße Aufforderung, einen Diebstahl, einen Betrug oder eine Körperverletzung zu begehen, reicht also, auch wenn sie das entsprechende Delikt auslöst, für eine Anstiftungsbestrafung noch nicht aus. Denn § 242 reicht von der Entwendung geringfügiger Sachen bis zum Millionendiebstahl; § 263 umfasst die Zechprellerei wie den riesigen Kreditschwindel; und § 223 deckt den harmlosen Schlag aufs Gesäß ebenso wie schwere Misshandlungen. Entgegen *Ingelfinger*[73] kann der Richter auch nicht in analoger Anwendung des Grundsatzes „in dubio pro reo" von einer im unteren Bereich liegenden Vorstellung ausgehen und den Veranlasser so behandeln, als wollte er nur einen geringen Schaden verursachen. Denn eine Analogie zum Zweifelssatz ist nicht möglich, wo gar kein Zweifel am Geschehen besteht.[74] Unter Umständen legt freilich schon der Tatbestand selbst die Dimensionen des Unrechts so weitgehend fest, dass die Veranlassung zu seiner Verwirklichung für eine Anstiftung ausreicht. Wenn A den B dazu drängt, zum Beweise seines „Mutes" oder seiner „Männlichkeit" einen Menschen umzubringen oder eine Frau zu vergewaltigen, ist er bei Ausführung der Tat Anstifter. Denn die

---

**70** Ebenso *Krey/Esser* AT § 31 Rdn. 1053; Lackner/Kühl/*Kühl* Rdn. 5.

**71** Das entspricht im Ergebnis der These von *Herzberg* JuS **1987** 620 ff, der eine Anstiftung mit Hilfe der allgemeinen Zurechnungslehre ablehnt, weil hier kein rechtlich relevantes Risiko geschaffen worden sei. Dass das von *Roxin* entwickeltete Kriterium des Rechtsgutsangriffs die allgemeine Zurechnungslehre in sich aufnimmt, wurde schon oben (Rdn. 3) unter Hinweis auf *Frisch* betont.

**72** Vgl. *Roxin* JZ 1986, 908 f; *Freund/Rostalski* AT § 10 Rdn. 128; *Köhler* AT S. 527; ähnlich stellen auch Lackner/Kühl/*Kühl* Rdn. 5 auf „Angriffsziel oder Angriffsrichtung" ab. Wohl nicht anders dürfte auch der an sich zirkelverdächtige „Test der hypothetischen Anwesenheit des Anstifters am Tatort" (*Satzger* Jura **2008** 520) gemeint sein.

**73** Anstiftervorsatz S. 54.

**74** *Roxin* AT II § 26 Rdn. 137.

wesentlichen Dimensionen des Unrechts liegen im tatbestandlichen Erfolg selbst und sind nicht den Abstufungen zugänglich, die etwa bei §§ 242, 249, 263 möglich sind.[75]

Nach der differenzierenden Lösung *Ingelfingers*[76] muss der Anstifter in der Regel die „konkrete Angriffsrichtung", also z. B. das Tatobjekt oder den Rechtsgutsträger, vorgeben, doch könne ein Mangel an intellektueller Lenkung und damit an Tatbestimmtheit durch die **„voluntative Dominanz"** des Veranlassers in nötigungsähnlichen Fällen („im Grenzbereich zur mittelbaren Täterschaft") und bei der Auftragserteilung an berufsmäßige Straftäter kompensiert werden; hier soll es genügen, wenn der Veranlasser nur den zu erfüllenden Tatbestand bezeichnet. Eine derartige Orientierung an einem „dynamischen, einem relativierten" Bestimmtheitsbegriff ist aber nicht möglich. Denn was auf der Grundlage der Tätervorstellung eine „Tat" ist, kann nicht von den zu ihrer Herbeiführung angewandten Mitteln abhängen.[77] *Piazena*,[78] der die Rspr. gegen die hier vorgetragene Kritik in Schutz nimmt, verlangt zur Rechtfertigung der tätergleichen Anstifterbestrafung „eine der des Haupttäters annähernd identische Vorstellung von einer konkret-individualisierten Haupttat". Das ist aber mit Ausnahme der Fälle, in denen Anstiftungshandlung und Haupttat nahezu zeitgleich erfolgen, allein schon wegen der regelmäßigen Distanz des Anstifters zur konkreten Tatsituation unrealistisch. 47

**c) Person des Anzustiftenden.** Auch die Person des Anzustiftenden braucht nicht völlig bestimmt zu sein. Es genügt, wenn sich die Aufforderung an einen **individuell bestimmten Personenkreis** richtet, aus dem sich dann einer zur Tat entschließt.[79] Nur eine an einen ganz unbestimmten (unübersehbaren und in seiner Zusammensetzung unerkennbaren) Personenkreis gerichtete Aufforderung enthält keine genügend bestimmte Bezeichnung der Person des Angestifteten (OLG Hamm VRS **26** [1964] 105: keine Anstiftung durch ein Schild, das Kraftfahrer zur Benutzung eines gesperrten Privatweges auffordert). Die Auffassung von *Dreher*,[80] *Hoyer*,[81] *Kasiske*[82] und *Joecks*[83] – die letzten beiden am Beispiel einer Internetaufforderung zur Begehung von Terrortaten – dass auch die Bestimmung eines Täters aus einer großen und unbekannten Menschenmenge Anstiftung sein könne, verkennt, dass der Rechtsgutsangriff der Anstiftung eine gezielte Beeinflussungsmöglichkeit voraussetzt, an der es bei völliger Unklarheit über die etwaige Person eines Täters fehlt.[84] 48

Nach welchen **Kriterien** sich die Bestimmbarkeit des Adressaten im Einzelfall richtet, ist nicht unumstritten. *Schmidhäuser*[85] stellt darauf ab, ob der einzelne sich „als angesprochen erlebt"; aber das kann auch bei einer Fernsehansprache an ein Millionenpublikum der Fall sein und ist als Abgrenzungskriterium auch deshalb nicht geeignet, weil der Auffordernde darüber nichts wissen kann. Nach *Samson*[86] kommt es darauf an, „ob die Person, auf die der Aufforder- 49

75 *Roxin* AT II § 26 Rdn. 138.
76 Anstiftervorsatz S. 130 ff, 221, 234 f.
77 Eingehende Kritik bei *Roxin* AT II § 26 Rdn. 144 ff.
78 *Piazena* S. 270.
79 *Eser* II Nr. 44 Rdn. A 1, 2; *Jescheck/Weigend* § 64 III 2b; *Kindhäuser/Zimmernann* AT § 41 Rdn. 21; *Krey/Esser* AT § 31 Rdn. 1052; *Kühl* AT § 20 Rdn. 189; Lackner/Kühl/*Kühl* Rdn. 5; *Rogall* GA **1979** 11; *Samson* JZ **1969** 258; Sch/Schröder/*Heine/Weißer* Rdn. 19; *Schmidhäuser* AT § 14 Rdn. 103; *ders.* StuB § 10 Rdn. 112; *Welzel* § 16 114.
80 FS Gallas 322 f.
81 SK Rdn. 55.
82 GA **2016** 756.
83 MK Rdn. 59 ff.
84 *Samson* JZ **1969** 259; *Rogall* GA **1979** 13; s. a. *Ostendorf/Frahm/Doege* NStZ **2012** 539 (532), am Problem von Internetaufrufen zur Lynchjustiz.
85 AT § 14 Rdn. 103; ähnlich StuB § 10 Rdn. 112.
86 JZ **1969** 260.

de einzuwirken versucht, für ihn als bloßer Teil eines unbestimmten Personenkreises ohne individuelle Züge erscheint oder ob er sich vor dem Hintergrund der anderen als konkrete Gestalt abhebt". Aber damit wird zu viel an Bestimmtheit verlangt, indem eigentlich nur auf die Namenskenntnis verzichtet wird. Am hilfreichsten ist der Vorschlag von *Rogall*,[87] für den die **Steuerungsmöglichkeit durch den Anstifter** entscheidend ist. Danach liegt eine Anstiftung vor, wenn der Auffordernde „den oder die Haupttäter ... ohne größere Schwierigkeiten ermitteln und möglicherweise von der Tat abhalten könnte".

50 Keine Anstiftung ist danach gegeben bei Deliktsaufforderungen, die über Rundfunk und Fernsehen, aber auch in Büchern, Zeitschriften, Flugblättern usw. verbreitet werden. Ebenso fehlt es an einer Anstiftung, wenn zu Straftaten in einer Versammlung aufgefordert wird, zu der jedermann aus dem Publikum Zutritt hat.[88] Hier greift § 111 ein, der sich von § 26 vornehmlich durch die Unbestimmbarkeit des Adressaten unterscheidet.[89] Da § 111 in erster Linie den Gemeinschaftsfrieden (siehe auch § 111 Abs. 2) und nur nebenher die durch die Straftat verletzten Güter schützt, wird man hier auch genügen lassen können, dass die Straftat, zu der aufgefordert wird, nur dem Tatbestand nach bestimmt ist.[90] Aus denselben Gründen ist ein an die Allgemeinheit gerichtetes Angebot, sich anstiften zu lassen – ein Drogenhändler bietet Ware im Internet zum Verkauf an –, keine Anstiftung (iErg. BGH StV **2018** 509 Rdn. 20 f).[91]

## III. Die Mittel der Anstiftung

### 1. Keine gesetzliche Beschränkung

51 Es ist schon dargelegt worden, dass als Mittel der Anstiftung nur kollusive Verhaltensweisen mit Aufforderungscharakter in Betracht kommen (Rdn. 2 ff). In diesem Rahmen sind aber die Mittel der Anstiftung vom Gesetz nicht beschränkt. Es ist jedes Mittel geeignet, das den Tatentschluss beim Täter hervorrufen kann, auch etwa eine **konkludente Handlung**. § 48 a. F. zählte beispielhaft auf: Geschenke, Versprechen, Drohung, Missbrauch des Ansehens oder der Gewalt, absichtliche Herbeiführung oder Beförderung eines Irrtums. Ein schlichtes Verlangen, ein Überreden, ein Aufhetzen, ein Anwerben (gegen Entgelt) oder ein Bedrohen (unterhalb der Schwelle des § 35) sind die geläufigsten Formen. Allerdings ist in vielen früher im Gesetz genannten Fällen zunächst zu prüfen, ob nicht mittelbare Täterschaft vorliegt (vgl. dazu *Schünemann/Greco* LK § 25 Rdn. 89 f). Ein Beispiel für Anstiftung durch Irrtumserregung gibt OLG Hamburg HESt **2** 317: Vorspiegelung, Dritte hätten mit einer Anzeige gedroht. Auch die bloße Überredung oder Raterteilung kommt in Frage, RG Rspr. **3** 93; RGSt **53** 189. Der Rat muss aber einen neuen verbrecherischen Entschluss wecken, nicht nur der Ausführung eines bereits gefassten Entschlusses dienen, sonst ist er Beihilfe (zur Abgrenzung Rdn. 18 ff). Eine Anregung oder die Angabe rein theoretischer Möglichkeiten oder eine Belehrung genügen nur, wenn darin zumindest versteckt

**87** GA **1979** 14.

**88** RGSt **3** 145; **10** 296; **21** 192.

**89** Vgl. zu § 111 nur *Samson* JZ **1969** 258; *Fincke* Das Verhältnis des Allgemeinen zum Besonderen Teil des Strafrechts (1975) 76 ff; *Rogall* GA **1979** 15.

**90** Str.; widersprüchlich *Rogall* GA **1979** 17 f m. w. N., der einerseits „die Kennzeichnung des rechtlichen Wesens der zu begehenden Straftat" genügen lassen will, andererseits aber die Konkretisierungsanforderungen als „identisch" mit denen des § 26 bezeichnet. Die verfehlte Anbindung des § 111 an den Strafrahmen der Haupttat zwingt aber nicht zu identischen Konkretisierungsanforderungen. Denn § 111 ist wegen der Unbestimmtheit des Adressaten nun einmal auch sonst keine Anstiftung, und der verletzte Gemeinschaftsfriede macht ohnehin spezielle Strafzumessungserwägungen erforderlich. Entgegen *Herzberg* JuS **1987** 618 kann man deshalb aus § 111 auch keine Rückschlüsse auf die Konkretisierungsanforderungen in § 26 ziehen.

**91** S. a. *Heinrich* FS Heinz 736 ff.

-die Aufforderung liegt, in dieser Weise zu verfahren (vgl. schon Rdn. 2ff, 15, 44). So lag es in BGH MDR **1957** 395: Aufforderung des Ehemannes an die generell zur Abtreibung bereite Hebamme, „bald einmal zu seiner Frau zu kommen", als Anstiftung zur Abtreibung. Entsprechendes gilt für einen Wunsch oder eine bloße Bitte (RG HRR **1942** Nr. 741: Bitte an eine Reichsbahnhilfsschaffnerin um Überlassung einer gebrauchten Fahrkarte zu missbräuchlicher nochmaliger Verwendung als Anstiftung zur Amtsunterschlagung und Urkundenbeseitigung im Amt, §§ 348 Abs. 2, 350 Abs. 1 a.F). Liegt in der Äußerung eines Wunsches zugleich die Erregung eines Motivs für den Täter, dem Wunsche zur Erfüllung zu verhelfen, so kann schon darin eine Bestimmung zur Tat liegen (RGSt **36** 402, 405: Anstiftung zur Gefangenenbefreiung durch den Wunsch nach Verwendung einzelner auf einem landwirtschaftlichen Gut beschäftigter Gefangener ohne besondere Aufsicht). Auch eine Frage mit aufforderndem Charakter kann eine Anstiftung sein (BGH GA **1980** 183 f).[92] Das Versprechen von Hilfe für den Fall der Begehung und das Bieten von Gelegenheit ist für sich allein jedoch noch keine Anstiftung. Dagegen kann die Beseitigung von Hemmungen den endgültigen Tatentschluss herbeiführen (RG JW **1933** 2281). Jedoch gilt das für die Zerstreuung von Bedenken nicht schlechthin, sondern nur dann, wenn der Täter noch nicht überwiegend zur Tat entschlossen war (näher Rdn. 17–19).

Allerdings wird in Literatur und Rspr. durchweg zu wenig betont, dass indirekte und subtile Formen der Anstiftung selten sind, weil ihnen der Charakter einer zielgerichteten Aufforderung meistens fehlt (vgl. Rdn. 4). Versuchungen, die im Leben überall auftreten, dürfen nicht als tätergleiche Anstiftung bestraft werden. So ist das in der Literatur vielfach erwähnte **„scheinbare Abraten"**[93] zunächst einmal ein Abraten und damit das Gegenteil einer Anstiftung, auch wenn der Abratende hofft, der Angesprochene werde, wie so oft, das Gegenteil des Empfohlenen tun. Eine Anstiftung kann darin nur liegen, wenn der Adressat aus dem Tonfall oder anderen Indizien erkennen soll, dass trotz der anderslautenden Worte eine Deliktsbegehung gewollt ist. 52

Auch BGH GA **1980** 183 f lässt die gebotene Differenzierung vermissen. In diesem Fall hat der Angeklagte, „nachdem er selbst die Zeugin vergewaltigt hatte, den bis dahin zur Tat noch nicht entschlossenen P mit der Frage: ‚Willst Du auch noch?' dazu veranlasst, mit ihr ebenfalls gegen ihren Willen geschlechtlich zu verkehren". Eine Anstiftung liegt in dieser Frage nur dann, wenn sich aus dem Kontext der Situation ergibt, dass sie als Aufforderung verstanden werden musste, z.B. weil der Angeklagte den P sonst als „Feigling" verspottet hätte. Wenn die Frage aber, wie es durchaus möglich ist, nur informatorischen Charakter hatte, ist sie auch dann keine Anstiftung, wenn sie einen Tatentschluss auslöst. Der Hinweis des BGH, dass ein bedingter Anstiftungsvorsatz ausreiche,[94] ist in diesem Zusammenhang bedenklich. Denn zwar ist ein bedingter Anstiftungsvorsatz möglich, z. B. wenn derjenige, der zu einer Strafrat auffordert, damit beweisen will, dass der Angestiftete sich „nicht traut", immerhin aber auch die Tatbegehung für möglich hält und in Kauf nimmt. Wenn aber einer Äußerung objektiv keine Anstiftungsqualität zukommt, kann auch der „bedingte Vorsatz", einen Tatentschluss auszulösen, sie nicht zu einer Anstiftung machen (vgl. Rdn. 4). Auch bloße **Erwägungen** oder **Beschreibungen** reichen für eine Anstiftung nicht aus. Denn Schilderungen, wie man erfolgreich Straftaten ausführen kann, lassen sich in jedem Kriminalroman nachlesen. Ein eigener Rechtsgutsangriff liegt in der Darlegung von Möglichkeiten erst dann, wenn sie mit einem (mindestens konkludenten) Verlangen der Tatbegehung verknüpft wird. Bloße Erwägungen ohne konkludentes Tatverlangen lagen auch, wie bereits erwähnt, im Sachverhalt der Entscheidung BGHSt **34** 63 vor (o. Rdn. 40–44). 53

---

**92** Vgl. aber *Riklin* GA **2006** 361, der Zweifel äußert.

**93** *Schumann* Selbstverantwortung S. 53 f m. w. N., dem der Text insoweit folgt.

**94** Unter Hinweis auf BGHSt **2** 279, 281.

## 2. Anstiftung durch Unterlassen?

54 Ob eine Anstiftung durch Unterlassen möglich ist, ist außerordentlich umstritten.[95] Richtigerweise ist eine solche Möglichkeit für die meisten Fälle zu verneinen.[96] Denn ein kollusives Zusammenwirken im Sinne einer zielgerichteten Aufforderung kann durch bloßes Unterlassen nicht zustande kommen. Zwar kann (in seltenen Einzelfällen) das beredte Nichtstun eines Garanten zur Hervorrufung eines Tatentschlusses führen, etwa in dem Beispiel von *Jakobs*:[97] „Der Sohn erklärt, er werde im Interesse des Vaters den Hof abbrennen, aber dann dürfe der Vater sein Sparbuch nicht immer wegschließen; der Vater lässt das Buch dort, wo es sich gerade befindet, offen liegen." Aber hier enthält das Nichtstun eine konkludente Tataufforderung (vgl. Rdn. 51), die auch bei einem Nichtgaranten zur Anstiftungsbestrafung führen würde. Auch bei einem beredten Schweigen oder sonstigem Untätigbleiben ist aber immer noch zu bedenken, dass es meist nicht eine Aufforderung, sondern nur eine den Tatentschluss bestärkende Tolerierung der Tätertat bedeutet; es ist dann als Beihilfe, aber nicht als Anstiftung strafbar.

55 Wenn der agent provocateur nachträglich erkennt, dass der Aufgeforderte die Tat doch vollenden kann, und er es unterlässt, ihn daran zu hindern,[98] hat er mangels Beherrschung des Täters schon keine Garantenstellung (and. im Sinne einer Ingerenzgarantenstellung, aber im Ergebnis Anstiftung ebenfalls verneinend *Roxin* LK[11] Rdn. 62). Auch wer eine Briefkastenentleerung, die er einem verreisten Nachbarn versprochen hat, in der Erwartung unterlässt, dass der überquellende Briefkasten andere zu einem Einbruchsdiebstahl motivieren werde,[99] ist kein Anstifter durch Unterlassen; er schafft nur eine tatprovozierende Situation, die nicht einmal dann eine Anstiftung ist, wenn sie durch aktives Handeln arrangiert wird (Rdn. 2 f).

56 Doch gibt es immerhin *eine Konstellation*, bei der der Unterlassende nach den Regeln der Anstiftung bestraft werden muss: Wenn jemand eine Aufsichtsherrschaft über einen Anstifter ausübt, so dass sich seine Garantenpflicht darauf erstreckt, die Anstiftungshandlung des habituell oder partiell Unmündigen zu verhindern.[100] Wenn etwa ein Vater nicht verhindert, dass sein minderjähriger Sohn einen anderen zu einem Diebstahl anstiftet, muss er selbst nach §§ 26, 242 bestraft werden. Wenn dagegen (in Abwandlung eines von *Schmidhäuser* gebildeten Beispiels)[101] die Pflegerin P den Entschluss des Erben E, den von ihr gepflegten hilflosen Erbonkel O zu töten, nicht verhindert und dadurch dessen Tötung zulässt, liegt bei P eine täterschaftliche Tötung durch Unterlassen vor; denn sie hat aus Obhutsherrschaft die Pflicht, für den Nichteintritt des Todeserfolges einzustehen, und diese Pflicht verletzt sie schon dadurch, dass sie den Tötungsentschluss des B nicht verhindert und nicht gegen ihn einschreitet.

---

**95** Für eine solche Möglichkeit (in eingeschränkter Weise) mit ausführlicher Darstellung des Streitstandes *Bloy* JA **1987** 490; dafür ferner (mit unterschiedlichen Ergebnissen im einzelnen): *Busch* LK[9] § 48 Rdn. 14; *Herzberg* Die Unterlassung im Strafrecht und das Garantenprinzip (1972) 119 ff; *Jakobs* § 29 Rdn. 104; Lackner/Kühl/*Kühl* Rdn. 3; *Loewenheim* Anstiftung durch Unterlassen, Diss. Frankfurt/Main 1972 S. 33; *Luhberger* Strafbare Teilnahme durch Unterlassen, Diss. Heidelberg 1962 S. 105; Maurach/Gössel/Zipf/*Renzikowski* § 51 Rdn. 48; *Schmidhäuser* AT § 17 Rdn. 10; *Spendel* JuS **1974** 753; *Stein* Beteiligungsformenlehre S. 273; *ders.* SK vor § 13 Rdn. 61; z. T. auch *Gropp* AT § 10 Rdn. 287.

**96** So auch *Amelung* FS Schroeder 178; Baumann/Weber/Mitsch/*Eisele* § 26 Rdn. 28; *Busse* Täterschaft und Teilnahme bei Unterlassungsdelikten, Diss. Göttingen **1974** S. 139; *Grünwald* GA **1959** 122 f; Sch/Schröder/*Heine*/*Weißer* Rdn. 4; *Jescheck*/*Weigend* § 64 III 6; *Armin Kaufmann* Die Dogmatik der Unterlassungsdelikte (1959) 292; *H. Mayer* AT § 49 III 1c; *D. Meyer* (1973) 155 ff; *ders.* MDR **1975** 982 ff; *Nitze* Die Bedeutung der Entsprechungsklausel beim Begehen durch Unterlassen (1989) 157 ff; *Otto* AT § 22 Rdn. 39; *Roxin* TuT S. 484.

**97** *Jakobs* § 29 Rdn. 104.

**98** *Jakobs* § 29 Rdn. 104; *Stein* Beteiligungsformenlehre S. 276.

**99** Beispiel von *Bloy* JA **1987** 496, der eine Anstiftung durch Unterlassen annimmt.

**100** So treffend *Rudolphi* SK[7] Vor § 13 Rdn. 42 (weiter jetzt *Stein* SK vor § 13 Rdn. 61); vgl. zum ganzen die ausführliche Darstellung bei *Herzberg* Die Unterlassung im Strafrecht und das Garantenprinzip (1972) 119–127.

**101** *Schmidhäuser* AT § 17 Rdn. 10.

## IV. Der Vorsatz des Anstifters

### 1. Der sog. Doppelvorsatz des Anstifters und das Problem des agent provocateur

Nach § 26 wird als Anstifter nur bestraft, wer vorsätzlich einen anderen zu dessen vorsätzlich 57
begangener Tat bestimmt hat. Der Vorsatz des Anstifters hat nach herkömmlicher Auffassung zwei Bezugspunkte, so dass man von einem Doppelvorsatz spricht: Er muss erstens auf die „Bestimmung zur Tat", also die Erregung des Tatentschlusses beim Täter, gerichtet sein, und zweitens die Ausführung der Tat, also alle Merkmale des objektiven und subjektiven Tatbestandes, umfassen.[102]

**a) Dolus eventualis; Abgrenzung zur Fahrlässigkeit.** Über die Hervorrufung des Tatent- 58
schlusses ist das Wesentliche schon gesagt worden (Rdn. 2 ff, 15, 17 ff). An einer vorsätzlichen Bestimmung zur Tat fehlt es, wenn ein anderer nur leichtfertig zur Tatbegehung veranlasst wird (A teilt dem B die Rundgangszeiten des Nachtwächters X mit, ohne zu bedenken, dass B seit längerem plant, X bei einem vorgetäuschten Raubüberfall zu ermorden); u. U. kann aber der Veranlasser Täter eines Fahrlässigkeitsdeliktes sein. § 26 fordert jedoch nicht dolus directus; **dolus eventualis** genügt, und zwar bezüglich beider Objekte des Doppelvorsatzes.[103] Jedoch darf die Möglichkeit einer Anstiftung mit dolus eventualis nicht dazu verleiten, bloße Mitteilungen, Erwägungen und informatorische Fragen schon als Anstiftung zu beurteilen, wenn sie einen Tatentschluss auslösen (vgl. Rdn. 53). Das *voluntative Element* des bedingten Vorsatzes ist dabei in der Rspr. zu § 26 nur selten akzentuiert (instruktiv zu seinem Fehlen im Fall einer Mentalreservation *Roxin* NStZ **1998** 616 zu BGHSt **44** 91), für den Fall grenzwertigen **Verteidigerhandelns** (konkret: extrem dubioser Kauf einer Entlastungsaussage) aber zur Verneinung der §§ 26, 153 benutzt worden (BGHSt **46** 53, 61; vgl. aber zu der „Sperrwirkung" des § 258 bei erlaubtem [?] Verteidigerhandeln als eigentlicher, in der Kommentierung des § 26 nicht weiter interessierender sedes materiae *Fischer* § 258 Rdn. 16 ff m. w. N.). Für eine Anstiftung zur Einfuhr von Betäubungsmitteln reicht es aus, zu wissen, dass die bestellte Ware im Ausland liege (so wohl BGH NStZ-RR **2013** 281), was sich aber nicht schon bei jeder Bestellung in Grenzgebieten von selbst ergibt (BGH BeckRS **2012** 2327 [Rdn. 5 f.]).

**b) Bezugspunkte des Anstiftervorsatzes.** Der Vorsatz des Anstifters muss grundsätzlich die 59
**Umstände** umfassen, die die **Strafbarkeit der Haupttat begründen.** Gehört zur inneren Seite der Tat noch eine weitere psychische Verfassung des Täters, ein bestimmter Beweggrund oder eine besondere Absicht, so muss der Anstifter auch diese subjektiven Tatelemente kennen. Der Anstifter zu einer Erpressung muss also wissen, dass der Angestiftete vorsätzlich und in Bereicherungsabsicht handelt; er selbst braucht jedoch keine Bereicherungsabsicht zu haben, RGSt **56** 171. Kennt der „Anstifter" Umstände nicht, die das Unrecht der Tat begründen, oder nimmt er irrtümlich Umstände an, die für den Haupttäter einen Rechtfertigungsgrund ergeben würden (A stiftet den B zu einer vermeintlichen Notwehrhandlung an), so entfällt der Vorsatz und mit

**102** Zuletzt BGHSt **62** 96 (100 Rdn. 14); *Eser* II Nr. 43 Rdn. A 12; *Jescheck/Weigend* § 64 II 2b; Lackner/Kühl/*Kühl* Rdn. 4; Maurach/Gössel/Zipf/*Renzikowski* § 51 Rdn. 50; *Otto* AT § 22 Rdn. 41. Die Rede vom „Doppelvorsatz" hat „mnemotechnischen Wert" (*Baumann* AT[8] § 37 I 2b a), weil sie hervorhebt, dass der Anstiftervorsatz sich auf mehr als einen Tatumstand beziehen muß (s. ferner *Busch* LK[9] § 48 Rdn. 4; *Schmidhäuser* AT § 14 Rdn. 110 Fn. 9; *ders.* StuB § 10 Rdn. 124; *Wessels/Beulke/Satzger* Rdn. 889).

**103** RGSt **72** 26 (29); RG HRR **1937** Nr. 1681; BGHSt **2** 279 (281 f); BGH GA **1980** 183 f; BGH NStZ **1996** 434 f; BGHSt **44** 99 (101) m. Anm. *Roxin* NStZ **1998** 616; BGH StraFo **2005** 211; NStZ-RR **2013** 281; NStZ **2017** 401 (402); BGHSt **64** 152 (155 Rdn. 12).

ihm die Anstiftung.[104] Wenn der Anstifter bezüglich der **Qualifikationsmerkmale** des vom Täter begangenen Delikts nicht (wenigstens bedingten) Vorsatz hat, ist er nur wegen Anstiftung zum Grunddelikt verantwortlich (BGH NStZ **1996** 434 f; BGHSt **50** 1, 6 f am Beispiel des vom BGH nach wie vor and. bestimmten Verhältnisses der §§ 212, 211, s. dazu *Schünemann/Greco* LK § 28 Rdn. 74 ff).

60 **c) Fehlen des Willens zur Herbeiführung einer vollendeten Tat (der agent provocateur). aa)** Der Anstiftervorsatz fehlt auch, wenn der Anstifter **nicht die Vollendung der Tat will,** sondern sich vorstellt, dass der Täter den tatbestandsmäßigen Erfolg nicht erreichen wird.[105] Der klassische Fall ist der des sog. **agent provocateur,** des Lockspitzels, der einen Delinquenten, um ihn überführen zu können, zu einer Straftat veranlasst, ihn aber noch im Versuchsstadium von der Polizei ergreifen lassen will. Die zweite hierhin gehörige Konstellation ist die, dass ein Hintermann jemanden zu einem Versuch veranlasst, dessen Untauglichkeit er von vornherein kennt (A veranlasst B zu einem Totschlagsversuch mit einem Revolver, den er vorher heimlich entladen hat). Die Straflosigkeit des Veranlassenden folgt hier zwingend aus dem Strafgrund der Teilnahme (vgl. *Schünemann/Greco* LK Vor § 26 Rdn. 2, 18): Da der Hintermann das tatbestandlich geschützte Rechtsgut nicht verletzen will, fehlt es an dem Rechtsgutsangriff, der die Teilnahmestrafe legitimiert.[106] Man sieht daraus, dass die herkömmliche Verlagerung des Problems in den Anstiftervorsatz einseitig ist, weil schon objektiv ein Rechtsgutsangriff fehlt. Das Kriterium des Angriffs, in das freilich die subjektiven Tendenzen des Teilnehmers eingehen, charakterisiert (neben der Akzessorietät) das Teilnahmeunrecht in einer die strikte Trennung von „objektiv" und „subjektiv" überwindenden Weise.

61 **bb)** Freilich werden von anderen Ansätzen her immer wieder auch **abweichende Lösungen** vertreten. So lässt sich vom Standpunkt der Schuldteilnahmetheorie (vgl. oben vor § 26 Rdn. 9) eine Strafbarkeit daraus herleiten, dass der Veranlassende den Täter in strafrechtliche Schuld gestürzt hat.[107] Aber auch die akzessorietätsorientierte Verursachungstheorie der h. L. (vgl. oben vor § 26 Rdn. 14) kann die Straflosigkeit dieser Fälle aus dem Strafgrund der Teilnahme nicht konsequent erklären, weil der Veranlassende immerhin strafrechtliches Unrecht verursacht, das ihm zugerechnet werden müsste, wenn sich das Unrecht der Teilnahme wirklich allein auf das Unrecht der Haupttat gründete. So haben sich denn auch unter diesem Gesichts-

---

**104** Str., wie hier Sch/Schröder/*Heine/Weißer* § 26 Rdn. 20; **aA** *Jescheck/Weigend* § 64 III 2b, die nur die Schuld entfallen lassen, dazu **krit.** *Joecks* MK Rdn. 57. Nimmt auch der Täter die sachlichen Voraussetzungen eines Rechtfertigungsgrundes an, so mangelt es bereits an einer vorsätzlich begangenen Haupttat, vgl. oben Vor § 26 Rdn. 21; *Schünemann/Greco* GA **2006** 777 ff.

**105** H. M.: RGSt **15** 315; **16** 25 (26); **32** 353 (355); **37** 321 (323); **44** 172 (174); **56** 168 (170); **60** 21 (24); BGHZ **8** 86; BGH MDR **1954** 335; BGH GA **1975** 333; NStZ **2007** 531 (Rdn. 6); Baumann/Weber/Mitsch/*Eisele* § 26 Rdn. 43; *Blank* S. 65; *Blei* I § 79 I; *Bockelmann/Volk* § 25 III 1b aa; *Eser* II Nr. 43 Rdn. A 14; *Fischer* Rdn. 12; Sch/Schröder/*Heine/Weißer* Rdn. 20; *Herzberg* GA **1971** 11 f; *Jakobs* § 23 Rdn. 16; *Keller* Provokation S. 160 Fn. 1 m. w. N.; *Kindhäuser/Zimmermann* AT § 41 Rdn. 26; *Küper* GA **1974** 321 ff; Lackner/Kühl/*Kühl* Rdn. 4; *Otto* AT § 22 II 3a; *Preisendanz* Anm. 5d; Maurach/Gössel/Zipf/*Renzikowski* § 51 Rdn. 53; *Rudolphi* FS Maurach 66 f; *Hoyer* SK Vor § 26 Rdn. 24; *Sommer* S. 45 ff; *Stratenwerth/Kuhlen* AT § 12 Rdn. 150 f; *Welzel* § 16 II 3; *Wessels/Beulke/Satzger* Rdn. 893. Gegen eine Einbeziehung der objektiven Zurechnung (und somit erst Recht des Erfolgs) in den Vorsatzgegenstand aber *Greco* GA **2018** 539; für ihn kann sich die Straflosigkeit nur daraus ergeben, dass der Anstifter (womöglich aufgrund seiner Sonderkenntnisse) weiß, dass er ex ante keine Gefahr schafft, vgl. *Greco* ZStW **117** (2005) 519 (552 f); *ders.* StraFo **2010** 56 f.

**106** Anders *Keller* Provokation S. 165 ff, 195, der das Ergebnis aus „der rechtsstaatlichen Bindung der Teilnahme an Deliktstatbestände" herleitet. Ähnlich wie hier *Mitsch* S. 101.

**107** Für Strafbarkeit denn auch *H. Mayer* AT S. 336, 342; anders später *ders.* Studienbuch § 40 I 3. Freilich muss die Schuldteilnahmetheorie nicht zum Ergebnis der Strafbarkeit des agent provocateur kommen, soweit sie neben der Korrumpierung des Täters auch eine Erfolgsbewirkung verlangt. Vgl. *Plate* ZStW **84** (1972) 297 Fn. 9; *Küper* GA **1974** 343 ff.

punkt immer wieder Befürworter einer Strafbarkeit des agent provocateur gefunden.[108] Erst wenn man die Teilnahme als akzessorischen Rechtsgutsangriff versteht, erklärt sich die Straflosigkeit dieser Fälle ganz zwanglos.[109] *Plate* schließlich und sein Lehrer *Schmidhäuser* wollen auf der Grundlage der Schmidhäuserschen Straftatsystematik, die zwischen Gefährdungs- und Zielunrecht unterscheidet, für das Anstiftungsunrecht schon eine willentliche Gefährdung des Rechtsgutsobjektes durch den agent provocateur ausreichen lassen.[110] Da sie jedoch für die Schuld ebenfalls eine Vorsätzlichkeit hinsichtlich des Erfolges verlangen, besteht im Ergebnis kein Unterschied gegenüber der h. M. Vertraut der Anstifter auf die Möglichkeit, den Erfolg zu vermeiden, so kommt, wenn er dennoch eintritt, nur eine Bestrafung wegen fahrlässiger Tat in Betracht.

**cc)** Will der agent provocateur ein **vollendetes Delikt** herbeiführen, ist er grundsätzlich strafbar, auch wenn er dabei von dem Bestreben geleitet ist, den Täter zu überführen. Wenn A den Schläger B zu einer Körperverletzung anstiftet, um ihn nach vollbrachter Tat festnehmen zu lassen, ändert dieser Zweck an seiner Strafbarkeit wegen Anstiftung nichts. Sein Verhalten stellt sich eindeutig als Rechtsgutsangriff dar. Das (wenig entlastende) Motiv kann allenfalls bei der Strafzumessung berücksichtigt werden. Eine Rechtfertigung nach § 34 scheitert – vom Fehlen anderer Voraussetzungen abgesehen – schon daran, dass das Überführungsinteresse das Recht des Opfers auf körperliche Unversehrtheit keineswegs überwiegt. **62**

Auf ein äußerst umstrittenes Terrain gerät man aber, wo der agent provocateur zwar zu einer in konstruktiver Hinsicht vollendeten Tat anstiftet, gleichzeitig aber Vorkehrungen trifft, die einen **schädlichen Erfolg verhindern.** Die Frage hat große praktische Bedeutung beim Einsatz von V-Personen oder undercover agents in der **Drogenszene** gewonnen. Macht sich z. B. ein agent provocateur wegen Anstiftung zum Handeltreiben nach § 29 Abs. 1 Nr. 1 BtMG strafbar, wenn er den Täter veranlasst, ihm Betäubungsmittel zu verkaufen, die auf diese Weise aus dem Verkehr gezogen werden? Oder wenn er ihn zum Verkauf von Drogen an einen anderen animiert, aber für die alsbaldige Festnahme der Beteiligten und die Sicherstellung der Drogen sorgt? Außer bei abstrakten Gefährdungsdelikten treten Zweifel an der Strafbarkeit des schadensverhindernden Provokateurs aber auch bei allen anderen Tatbeständen auf, bei denen die Vollendung der Rechtsgüterverletzung vorausgeht (Vorbereitungsdelikte, Unternehmensdelikte, viele Absichtsdelikte) oder bei denen ein strafbefreiender Rücktritt vom vollendeten Delikt möglich ist. Eine konsensfähige Lösung der schwierigen Fragen hat bisher in Rspr. und Lehre nicht erzielt werden können.[111] **63**

Die Rspr. hält den Einsatz von tatprovozierenden Lockspitzeln bei der schweren (vor allem der organisierten) Kriminalität für unumgänglich und nicht missbilligenswert,[112] hat die rechtli- **64**

---

108 *Stratenwerth* MDR **1953** 717 ff (anders – im Sinne der hier vertretenen Auffassung – *Stratenwerth/Kuhlen* AT § 12 Rdn. 150); *Jescheck* (1. Aufl.) 457 (aufgegeben seit der 2. Aufl. § 64 III 2b). **Kritisch** *Plate* ZStW **84** (1972) 297 ff.

109 Ebenso *Kühl* AT § 20 Rdn. 201.

110 *Plate* ZStW **84** (1972) 294 ff; *Schmidhäuser* AT § 14 Rdn. 107 f; *ders.* StuB § 10 Rdn. 115 f. Kritisch dazu *Küper* GA **1974** 333 ff.

111 Die gründlichste Bearbeitung liefert die Habilitationsschrift von *Keller* Provokation, die auch in den genannten Zweifelsfällen die Strafbarkeit des zum vollendeten Delikt anstiftenden agent provocateur vertritt. Wichtig sind sodann zahlreiche Dissertationen, die alle nur erdenklichen Lösungen vertreten und dadurch die Verworrenheit des Streitstandes hervortreten lassen, aber auch viele konstruktive Ansätze entwickeln: *Fischer; Voller; Mache; Mitsch; Drywa; Blank; Sommer; Lieberwirth; Schwarzburg.* Aus der unübersehbaren Aufsatzliteratur: *Lüderssen* FS Peters 349; *Franzheim* NJW **1979** 2014; *Maaß* Jura **1981** 514; *Dencker* FS Dünnebier 447; *Seelmann* ZStW **95** (1983) 797; *Lüderssen* Jura **1985** 113; *Ostendorf/Meyer-Seitz* StV **1985** 73; *Schünemann* StV **1985** 424; *Suhr* JA **1985** 629; *Sommer* JR **1986** 485; *Geppert* Jura **1997** 362; *Deiters* JuS **2006** 302; s. ferner *Köhler* AT S. 531; Sch/Schröder/*Heine/Weißer* § 26 Rdn. 23 f; kurzer Überblick über den Streitstand bei *Kühl* AT § 20 Rdn. 203 ff; *Roxin* AT II § 26 Rdn. 154 ff. Weitere Nachw. zur jüngsten Diskussion Rdn. 72 ff, die sich aber schwerpunktmäßig mit der Strafbarkeit des Provozierten beschäftigt.

112 Vgl. etwa BGH GA **1975** 333 und BVerfG NStZ **1991** 445; ferner BVerfGE **57** 250; BVerfG StV **1985** 177 f; NJW **1987** 1874 f; BGHSt **32** 122.

chen Grenzen straflosen Anstifterverhaltens aber nie grundsätzlich abgeklärt. Man kann jedoch davon ausgehen, dass gerade im Bereich der Drogenkriminalität die Anstiftung zu vollendeten Taten häufig ist,[113] eine Verfolgung, Anklage oder Verurteilung des Anstifters aber kaum je vorkommt.[114] Hier liegt eine juristische „Grauzone",[115] die dringend weiterer Aufhellung bedarf.

65 In vielen Fällen ergibt sich eine Straflosigkeit des agent provocateur durch eine (im Verhältnis zur uferlos ausdehnenden Praxis gebotene) **einengende Tatbestandsauslegung**. Erwirbt ein V-Mann vom Dealer Rauschgift und nimmt ihn dann fest, so müsste das nach der Rspr. eine Anstiftung zur vollendeten Tat nach § 29 Abs. 1 Nr. 1 BtMG (Handeltreiben) sein; denn unter Handeltreiben wird „jede eigennützige, auf Umsatz von Betäubungsmitteln gerichtete Tätigkeit" verstanden, auch die nur gelegentliche, einmalige oder bloß vermittelnde.[116] Im Widerspruch dazu, aber mit Recht, hatte BGH StV **1981** 549 in der ersten den Rechtsgutsbezug ernst nehmenden Entscheidung zur Problematik (die freilich einen Beihilfefall betraf) dargelegt, „mißbilligter Erfolg im Sinne des Straftatbestands des Handeltreibens mit Betäubungsmitteln" sei „nur ein solcher Vorgang, der das Rauschgift auf dem Weg zum Konsumenten weiterbringt, nicht aber ein Umsatz, durch den es der Polizei in die Hände gespielt und damit aus dem Verkehr gezogen wird" (s. danach BGH NStZ **2008** 41). Es liegt also in solchen Fällen richtigerweise auch für den in Versuchung geführten Täter nur eine **versuchte Tat** nach § 29 Abs. 2 BtMG vor, so dass sich die Straflosigkeit des agent provocateur schon aus unumstrittenen Teilnahmegrundsätzen zwanglos ergibt.[117] Aus denselben Gründen ist nur ein versuchtes Handeltreiben und damit keine strafbare Anstiftung anzunehmen, wenn der agent provocateur einem Rauschgifthändler Drogen verkauft und ihn bei der Übergabe verhaftet.[118] Überhaupt wird man weitergehend sagen können, dass immer nur ein versuchtes Handeltreiben beim Täter gegeben ist, solange der Lockspitzel bei seiner Deliktsprovokation dafür sorgt, dass kein Rauschgift in Umlauf kommen und schließlich in die Hände der Konsumenten gelangen kann.[119]

66 Die Möglichkeit, durch eine einengende Tatbestandsauslegung zur Straflosigkeit des agent provocateur zu kommen, beschränkt sich nicht auf Fälle des Rauschgifthandels.[120] Wenn z. B. der Lockspitzel jemanden zur Besorgung von Falschgeld veranlasst, der Erwerb aber von der Polizei überwacht und das erlangte Geld sogleich eingezogen wird, liegt keine Anstiftung zu § 146 Abs. 1 Nr. 2 (Sichverschaffen von Falschgeld) vor; denn das Sichverschaffen setzt das Erlangen eigener Verfügungsgewalt voraus, an dem es hier fehlt.[121] Ebenso wenig ist ein Inverkehrbringen von Falschgeld (§ 146 Abs. 1 Nr. 3) zu bejahen, wenn die V-Person das Geld vom Fälscher erwirbt.[122] Denn dadurch wird es gerade aus dem Verkehr gezogen. Es ist also nur ein Versuch gegeben, zu dem straflos angestiftet werden kann. Auch wenn jemand einen anderen zu einem Subventionsbetrug motiviert, die Eingangsstelle aber über die Unrichtigkeit der Angaben vorab informiert, fehlt es an der „Vorteilhaftigkeit" der gemachten Angaben (§ 264 Abs. 1 Nr. 1), so dass beim Täter nur ein Versuch vorliegt, beim Veranlasser also der Vollendungsvorsatz fehlt.[123] Vergleichbare Beispiele lassen sich leicht vermehren.[124]

---

**113** Vgl. etwa *Seelmann* ZStW **95** (1983) 807 f. *Eisenberg/Kölbel* Kriminologie (7. Aufl. 2017) § 45 Rdn. 112 berichten von Forschungsergebnissen, wonach nur 4 % der registrierten Delikte ohne proaktives Handeln der Polizei bekannt werden.

**114** Vgl. *Ostendorf/Meyer-Seitz* StV **1985** 75 f.

**115** *Schünemann* StV **1985** 428 Fn. 38.

**116** St. Rspr., bestätigt in BGHSt (GrS) **50** 252, 258 ff.

**117** Zust. auch *Seelmann* ZStW **95** (1983) 807; *Schünemann* StV **1985** 429; *Jakobs* § 23 Rdn. 27.

**118** Vgl. *Lieberwirth* S. 122 ff.

**119** *Schwarzburg* S. 59; *Sommer* S. 274, 276.

**120** Ausführliche Tatbestandsinterpretationen liefert *Schwarzburg* S. 18 ff. Zum Diebstahl vgl. noch Rdn. 75.

**121** *Schwarzburg* S. 49.

**122** *Schwarzburg* S. 49 f.

**123** Näher *Schwarzburg* S. 53 ff.

**124** Vgl. *Schwarzburg* passim.

Auch wenn sich die Erfüllung der äußeren Tatbestandsmerkmale (wie „einführen", „veräußern", „erwerben") nicht im Wege einer restriktiven Auslegung verneinen lässt, wird man bei allen **abstrakten Gefährdungsdelikten** (von denen die BtM-Tatbestände nur die praktisch wichtigsten sind) eine Vollendung ablehnen müssen, wenn der Veranlasser dafür gesorgt hat, dass die abstrakte Gefahr sich nicht verwirklichen kann. Das folgt daraus, „daß ex ante absolut ungefährliche Verhaltensweisen im Wege einer teleologischen Reduktion generell aus dem Anwendungsbereich der abstrakten Gefährdungsdelikte auszuscheiden sind".[125] Stiftet also der agent provocateur den Dealer zum Erwerb von Rauschgift an, das er selber ihm abkauft, entfällt nicht nur eine Anstiftung zum vollendeten „Handeltreiben", sondern auch eine Anstiftung zum „Erwerb" von Betäubungsmitteln,[126] wenn keine Gefahr besteht, dass das Rauschgift in den Handel gelangt. Ähnlich hat OLG Oldenburg NJW **1999** 2751 für den Fall der unerlaubten Abgabe verschreibungspflichtiger Arzneimittel (§§ 48 I, 96 Nr. 11 AMG) entschieden. Dabei kann für Verneinung oder Bejahung der Gefahr auf die Grundsätze der Fahrlässigkeitslehre zurückgegriffen werden. Es kommt also darauf an, ob die V-Person die erforderliche Sorgfalt eingehalten hat; dass dabei (anders als etwa im Falle des § 306 Nr. 2) geringfügige Risiken in Kauf genommen werden können – etwa, dass der Erwerber das Rauschgift doch unter Umgehung polizeilicher Kontrollmaßnahmen anderweitig veräußert – folgt aus dem allgemeinen Grundsatz, dass bei sozial nützlichen (hier: im Dienste der Deliktsbekämpfung angeordneten) Handlungen etwas größere Risiken toleriert werden als z. B. bei einer Brandstiftung.[127] **67**

Andererseits ist der Lockspitzel wegen Anstiftung zur vollendeten Tat zu verurteilen, wenn er zu Rauschgiftgeschäften motiviert, die polizeilich nicht oder nicht genügend kontrolliert sind, so dass die Drogen in den Umlauf und schließlich an den Konsumenten gelangen können. Dass auch derartige „vertrauensbildende Maßnahmen" von Seiten des Lockspitzels am Ende der Überführung von Drogentätern und – per saldo – der „Volksgesundheit" dienen sollen, ändert an der Anstiftung nichts. Denn man darf den Bezugspunkt der Anstiftung nicht auf ein jenseits des Tatbestandes liegendes fernes „Endrechtsgut" (etwa: die Volksgesundheit) verlegen, sondern muss bei den Gefahren stehen bleiben, die der die *staatliche Drogenverkehrshoheit* als **„Zwischenrechtsgut"** schützende Tatbestand[128] verhindern soll:[129] der unkontrollierten oder nicht ausreichend kontrollierten Drogenverbreitung. Wer sie veranlasst, greift das tatbestandlich geschützte Rechtsgut an und ist prinzipiell strafbarer Anstifter (oder auch Täter, wenn der Lockspitzel z. B., um seine Zugehörigkeit zur „Szene" darzutun, selbst Rauschmittel verkauft, die in den Umlauf gelangen). **68**

Hier könnte allenfalls noch eine **Rechtfertigung** nach § 34 in Betracht kommen. Aber auch abgesehen von der äußerst umstrittenen (eher zu bejahenden) Frage, ob Beamte oder staatlich beauftragte Personen sich überhaupt auf diese Vorschrift berufen können, werden ihre Voraussetzungen kaum je vorliegen: Es fehlt an einer gegenwärtigen und anders nicht abwendbaren Gefahr; auch überwiegt das Interesse an Überführungserfolgen nicht die Gefahren (für die Kon- **69**

**125** *Schünemann* StV **1985** 429, wonach diese allgemeine dogmatische Konzeption „in den Lockspitzelfällen ein weitgespanntes und geradezu modellartiges Anwendungsfeld findet"; zust. *Roxin* LK[11] Rdn. 74; *ders.* AT II § 26 Rdn. 157; *Hoyer* SK Vor § 26 Rdn. 68; dagegen aber Maurach/Gössel/Zipf/*Renzikowski* § 51 Rdn. 55. Vgl. auch *Roxin/Greco* AT I § 11 Rdn. 128 ff.

**126** Abw. *Lieberwirth* S. 209.

**127** Vgl. *Roxin/Greco* AT I § 24 Rdn. 37.

**128** Vgl. zu diesem Rechtsgut bereits *Schünemann,* in: Pfeiffer/Bottke (Hrsg.) Die Rechtsprobleme von AIDS (1988) 171, 215 ff; zum Begriff des Zwischenrechtsguts bereits *Schünemann* JA **1975** 798; speziell zur Drogenverkehrshoheit *Schünemann* in: Hefendehl/v. Hirsch/Wohlers (Hrsg.) Die Rechtsgutstheorie (2003) 133, 152 f.

**129** Dann entgeht man der von *Jakobs* § 23 Rdn. 17 bemängelten „Willkürlichkeit, mit der die Abstraktionshöhe des Rechtsguts bestimmt werden kann".

sumenten wie für das allgemeine Rechtsbewusstsein), die aus der staatlichen Förderung von Rauschgiftgeschäften erwachsen.[130]

70 **dd)** Ähnlich wie die Strafbarkeit des agent provocateur ist in solchen Fällen auch die des **Provozierten** umstritten. Die Rechtsprechung hat sich (von der zitierten Ausnahme abgesehen) mit den im Schrifttum herausgearbeiteten Modellen zur Einschränkung der Strafbarkeit in den Provokationsfällen, namentlich auch mit der hier für richtig gehaltenen „Versuchslösung" bis heute nicht ernsthaft beschäftigt und die aus dem Prinzip des Rechtsgüterschutzes abgeleiteten, gravierenden rechtsstaatlichen Bedenken[131] gegen die extrem extensive Interpretation des „Handeltreibens" (o. Rdn. 65) und die dadurch bewirkte Vorverlagerung des Vollendungszeitpunktes so gut wie ignoriert. Mit einer Zurücknahme dieser Rechtsprechung ist auch auf absehbare Zeit nicht zu rechnen, nachdem der Große Strafsenat die vorsichtigen Restriktionen, die der 3. Strafsenat in seinem Anfragebeschluss vom 10.7.2003 (StV **2003** 501) und sodann in seinem Vorlagebeschluss befürwortet hatte, rundum zurückgewiesen hat (BGHSt **50** 252, 256 ff). Statt dessen hat sich der Große Strafsenat auf das Zitat der der Rechtsprechung seit je beipflichtenden, die rechtsstaatlichen Grundsatzfragen aber nirgends vertiefenden Praktikerkommentare zum BtMG gestützt (BGHSt **50** 256), auf den „Rahmenbeschluß 2004/757/JI des Rates der EU vom 25.10.2004 zur Festlegung von Mindestvorschriften über die Tatbestandsmerkmale strafbarer Handlungen und die Strafen im Bereich des illegalen Drogenhandels",[132] der aber vermöge der darin praktizierten Degradierung der gesetzgebenden Parlamente zu „Lakaien von Brüssel" wegen Verstoßes gegen den Grundsatz „nulla poena sine lege parlamentaria" wegen Art. 23 Abs. 1 Satz 2 i. V. m. 79 Abs. 3 GG keine Bindungswirkung erzeugen kann,[133] sowie schließlich auf die in der Tat von der gleichen Tendenz geprägte Strafgesetzgebung der letzten Jahre (BGHSt **50** 259ff), die sich jedoch die gleichen verfassungsrechtlichen Bedenken entgegenhalten lassen muss. Und das zentrale kriminalpolitische Argument des Großen Strafsenats, dass die „Besonderheiten" des BtM-Kriminalitätsbereiches „das Risiko der Entdeckung des einzelnen Täters gezielt vom kompetenten Täter höherer Ebene auf die zunehmend schwächeren Täter der unteren Ebenen verlagern, (so dass) häufig nur Teilakte des Gesamtgeschehens festgestellt werden können, (weshalb) der Gesetzgeber ... einen Tatbestand ... geschaffen hat, der nach der Rechtsprechung ... schon beim Vorliegen relativ geringer Voraussetzungen erfüllt ist" (BGHSt **50** 261), hätte angesichts des nur noch sehr lockeren Rechtsgutsbezuges der gesamten einschlägigen Strafvorschriften[134] unter rechtsstaatlichen Aspekten gerade nicht die traditionelle Rechtsprechung, sondern den Standpunkt des 3. Strafsenats untermauert. In diesem von der Rechtsprechung seit Jahrzehnten gezimmerten, durch und durch verqueren Bezugsrahmen kann es im Hinblick darauf, dass die von Staatsorganen oder im staatlichen Auftrag provozierten Taten geradezu zum Normalfall der Strafjustiz in Betäubungsmittelsachen avanciert sind, nicht Wunder nehmen, dass

---

**130** Für die Möglichkeit einer Notstandsrechtfertigung *Maurach/Gössel/Zipf*[7] § 51 Rdn. 40; *Roxin* AT II § 26 Rdn. 153; *Stratenwerth/Kuhlen* AT § 12 Rdn. 150 (ohne ganz eindeutige Stellungnahme); *Rebmann* NJW **1985** 1; *Keller* Provokation S. 277 ff (allerdings nur bei Privaten und auch dann nicht, wenn die Provokation die Ahndung vergangener Straftaten ermöglichen soll); *Corrêa Camargo* FS Kindhäuser 58. Dagegen mit unterschiedlicher Begründung *Jakobs* § 23 Rdn. 18; *Franzheim* NJW **1979** 2017; *Joecks* MK Rdn. 68, 73; *Sieg* StV **1981** 636; *Seelmann* ZStW **95** (1983) 807 ff; *Ostendorf/Meyer-Seitz* StV **1985** 79; *Lüderssen* Jura **1985** 119 f; *Herzog* NStZ **1985** 155; *Sommer* JR **1986** 486 f; Sch/Schröder/*Heine/Weißer* Rdn. 24.

**131** Vgl. außer den Nachweisen in BGHSt **50** 258 *Schünemann* in: Hefendehl/v. Hirsch/Wohlers (Fn. 128) 133, 145 ff; *ders.* in: v. Hirsch/Seelmann/Wohlers (Hrsg.) Mediating Principles (2006) 18, 26, 30.

**132** ABl. C 184 vom 2.8.2002, S. 3.

**133** S. *Schünemann* StV **2003** 531, 532; *ders.* ZRP **2003** 185, 188; *ders.* GA **2004** 193, 200 f; *ders.* ZStW **116** (2004) 376, 393; *ders.* StV **2005** 681, 683; *Lüderssen* GA **2003** 71 ff. Freilich in BVerfGE **113** 273 vom 18. Juli 2005 bei der der Nichtigerklärung des EuHbG nicht mehr thematisiert und von der Staatsrechtslehre weitestgehend ignoriert, vgl. *Gärditz/Gusy* GA **2006** 225.

**134** Denn weil der Drogenmissbrauch mündiger Personen in einem freiheitlichen Staat kein Gegenstand des Strafrechts sein kann, geht es in § 29 BtMG legitimerweise ausschließlich um die denkbare Gefährdung unmündiger oder unzurechnungsfähiger Personen, die durch die in Rdn. 68 genannte staatliche Drogenverkehrshoheit als Zwischen-

der BGH an eine Einschränkung der Strafbarkeit des Provozierten in diesem Normalfall nicht ernsthaft gedacht hat, wobei die Paradoxie, dass enorme Kapazitäten der staatlichen Strafjustiz für die Verfolgung von erst vom Staat selbst veranlassten Straftaten verbraucht werden,[135] jedem unbefangenen Betrachter als Menetekel des von *Jakobs* diagnostizierten und für mehr oder weniger unabwendbar erklärten, von der überwältigenden Mehrheit der deutschen Strafrechtswissenschaft aber für rechtsstaatlich unvertretbar gehaltenen **Feindstrafrechts**[136] erscheinen muss.

Dessen Züge macht gerade die vom BGH in ständiger Rechtsprechung praktizierte rein **verfahrensrechtliche Lösung** deutlich, die zwischen einem zulässigen und einem unzulässigen Lockspitzeleinsatz unterscheidet und den Einsatz als solchen durch das Ziel legitimiert, kriminelle Strukturen aufzudecken, ein latentes Kriminalitätspotential zu zerschlagen oder die Fortsetzung von Dauerstraftaten zu verhindern (BGHSt – GrS – **32** 115), zu dessen Erreichung es notwendig werden könne, die „Zielperson" (sic!) zu einer Straftat zu veranlassen, der sie überführt werden kann (BGHSt **45** 321). Wenn und weil es „sich bei der gezielten Provokation einer (polizeilich kontrollierten) Straftat um eine Maßnahme handelt, die nicht mehr der Gefahrenabwehr dient, (sondern) darauf gerichtet ist, potentielle Straftäter bei einer Straftat zu ergreifen und der Strafverfolgung zuzuführen, (so dass) das Ziel des V-Mann-Einsatzes also von vornherein repressiver Natur ist" (BGHSt **45** 337), so ist damit als Aufgabe des Strafrechts der Rechtsgüterschutz i. e. S. preisgegeben und eine Eliminierung potentiell gefährlicher Subjekte auf die Fahne geschrieben worden – und genau das ist das Signum des Feindstrafrechts! Indem zur Grundvoraussetzung einer zulässigen Tatprovokation erklärt worden ist, dass sie in einem den §§ 152 Abs. 2, 160 StPO vergleichbaren Grad (also bloßer schlichter Anfangsverdacht!) verdächtig ist, an einer bereits begangenen Straftat beteiligt gewesen zu sein oder zu einer zukünftigen Straftat bereit zu sein (BGHSt **45** 337), wird die Aufklärung einer früheren Straftat durch die Verursachung einer künftigen Straftat ersetzt (was selbst im Erfolgsfalle keinen seriösen Tatnachweis für die frühere Straftat ergibt!) und selbst diese die Proklamation eines Polizeistaates auf der Stirne tragende niedrige Eingriffsschwelle noch durch den „Anfangsverdacht einer Bereitschaft zu zukünftigen Straftaten" unterboten – wobei man sich immer vor Augen halten muss, dass dies nicht zur Eliminierung potentieller Raub- oder Lustmörder, sondern auch zur Bekämpfung des Umganges mit einer Droge wie Cannabis für zulässig erklärt worden ist, bei der das BVerfG im Vergleich mit Alkohol und Tabak keine größere Schädlichkeit festzustellen vermocht hat.[137] Selbst für den Fall einer **rechtsstaatswidrigen Verleitung** durch under-cover 71

---

rechtsgut einen weit vorverlagerten Schutz erfahren, der nun wiederum durch die extrem weite Tatbestandsfassung des § 29 BtMG nochmals enorm ausgedehnt wird und eine Fülle für das eigentliche Rechtsgut ungefährlicher Verhaltensweisen umfasst wie etwa den Besitz einer geringen Menge zum ausschließlichen Eigenverbrauch durch eine mündige Person.

135 Zur Belastung der Strafjustiz durch die BtM-Verfahren insgesamt s. *Kreuzer/Gebhardt* Handbuch des Betäubungsmittelstrafrechts (1998) § 9 Rdn. 90, zum enormen Anteil der Provokationsfälle daran s. o. Fn. 98.

136 *Jakobs* in: Eser/Hassemer/Burkhardt (Hrsg.) Die deutsche Strafrechtswissenschaft vor der Jahrtausendwende (2000) 47 ff, 53; *ders.* FS Spinellis, Bd. 1 (2001) 447; *ders.* HRRS **2004** 88; *ders.* Staatliche Strafe. Bedeutung und Zweck (2004) 40 f; *ders.* ZStW **117** (2005) 839; HRRS **2006** 289; *ders.* Rechtszwang und Personalität (2008); *Jakobs* in: Rosenau/Kim (Hrsg.) Straftheorie und Strafgerechtigkeit (2010) 167; dazu umfassende Kritik von *Prittwitz* ZStW **113** (2001) 795; *H. Schneider* ZStW **113** (2001) 504; *Schünemann* GA **2001** 211 f; *Ambos* Der Allgemeine Teil S. 62; *ders.* SchwZStr **124** (2006) 1; *Aponte* Krieg und Feindstrafrecht (2002) 189 ff und passim; *Düx* ZRP **2003** 189; *Albrecht* ZStW **117** (2005) 852; *Cancio Meliá* ZStW **117** (2005) 267; *Ambos* SchwZStr **124** (2006) 1; *Greco* GA **2006** 96; *Hörnle* GA **2006** 80; *Schünemann* FS Nehm (2006) 219; *Saliger* JZ **2006** 756; *Sinn* ZIS **2006** 107; *Gössel* und *Kindhäuser* FS Schroeder (2006) 33, 81; *Streng* und *L. Schulz* in *Uwer* (Hrsg.) „Bitte bewahren Sie Ruhe" – Leben im Feindrechtsstaat (2006) 227, 315; *Muñoz Conde* Über das „Feindstrafrecht" (2007); *Paeffgen* FS Amelung (2009) 81; *Vormbaum* (Hrsg.) Kritik des Feindstrafrechts (2009); *Greco* Feindstrafrecht (2010); *Asholt* ZIS **2011** 180; *Werkmeister* in: Fenwick/Wrbka (Hrsg.) Legal Certainty in a Contemporary Context (2016) 179; zuletzt *Roxin/Greco* AT I § 2 Rdn. 127 ff. m. zahlr. w. Nachw.

137 BVerfGE **90** 145, 177 f.

agents oder staatlich beauftragte V-Personen (z. B. bei der Ausübung besonderen Druckes auf den Täter, bei der Ausnutzung von Drogenabhängigkeit oder bei der Verführung bisher Unbescholtener) hatte der BGH zwar ursprünglich zur Annahme eines Verfahrenshindernisses tendiert; seit BGHSt **32** 345 wird aber nur noch ein „wesentlicher Strafmilderungsgrund" angenommen (*„Strafzumessungslösung"*).[138]

72 Diese Diskussion ist in den letzten Jahren nach einem **Urteil des EGMR von Oktober 2014** in rege Bewegung geraten. Nachdem der EGMR in mehreren Entscheidungen festgehalten hatte, dass eine Einwirkung, die jemanden zu einer Straftat „anstiftet" (incites) – womit das Gericht meint, eine Einwirkung, die zu einer Straftat bestimmt, die der Täter sonst nicht begangen hätte –, das Menschenrecht auf ein faires Verfahren (Art. 6 I EMRK) verletzt[139] und dass dies den „Gebrauch von" über diesen Weg gewonnenen „Beweismitteln" (use of evidence) ausschließe,[140] ohne dass die deutschen Gerichte einen Anlass sahen, an ihrer Behandlung des Problems etwas zu verändern, kam es zu einer Verurteilung Deutschlands in der Rechtssache **Furcht gegen Deutschland.**[141] In dieser Entscheidung wiederholte das Gericht seine Kriterien, vor allem seinen (seit der Rechtssache Bannikova[142]) sog. „substantive test of incitement", anhand dessen eine menschenrechtswidrige Provokation bestimmt wird: Diese liege dann vor, „wenn sich die beteiligten Polizeibeamten nicht auf eine weitgehend passive Strafermittlung beschränken, sondern die betroffene Person derart beeinflussen, dass diese zur Begehung einer Straftat verleitet wird, die sie andernfalls nicht begangen hätte" (Rdn. 48); Rechtsfolge davon sei die Unzulässigkeit des use of evidence (Rdn. 47).[143] Das wirklich Neue an der Entscheidung dürfte aber sein, dass der EMGR der Strafzumessungslösung des BGH eine Absage zu erteilen scheint: Der Gerichtshof ist „nicht davon überzeugt, dass selbst eine erhebliche Milderung der Strafe des Be-

---

**138** Wobei diese Lösung auch angesichts der eher für ein Verfahrenshindernis sprechenden Entscheidung des EGMR NStZ **1999** 47 ff aufrecht erhalten worden ist, siehe BGHSt **45** 321 ff.

**139** EGMR Teixeira de Castro v. Portugal, Urt. v. 9. Juni 1998, Beschw.Nr. 44/1997/828/1034 (= NStZ **1999** 47 = StV **1999** 127) Rdn. 38, 39 (hierzu *Zerbes* Spitzeln, Spähen, Spionieren. Sprengung strafprozessualer Grenzen durch geheime Zugriffe auf Kommunikation [2010] S. 218 ff.); Calabrò v. Italien u. Deutschland, Urt. v. 21. März 2002, Beschw.Nr. 59895/00; Eurofinacom v. Frankreich, Urt. v. 7. September 2004, Beschw.Nr. 58753/00; Edwards u. Lewis v. Großbritannien, Urt. v. 27. Oktober 2004, Beschw.Nr. 39647/98, 40461/98 (= StraFo **2003** 360) Rdn. 49; Khudobin v. Russland, Urt. v. 26. Oktober 2006, Beschw.Nr. 59696/00 Rdn. 128 ff; V. v. Finnland, Urt. v. 24. April 2007, Beschw. Nr. 40412/98, Rdn. 71; Stoimenov v. Mazedonien, Urt. v. 5. April 2007, Beschw. Nr. 17995/02 Rdn. 44; Ramanauskas v. Lituaen, Beschw. Nr. 74420/01 Rdn. 54 ff. (= HRRS **2008** Nr. 200; hierzu *Gaede/Buermayer* HRRS **2008** 279 ff; *Esser/Gaede/Tsambikakis* NStZ **2011** 140 [142 f.]; *Greco* StraFo **2010** 52); Milinienė v. Litauen, Urt. v. 26. April 2005, Beschw. Nr. 74355/01 Rdn. 36 ff; Malilinas v. Litauen, Urt. v. 1. Juli 2008, Beschw.Nr. 10071/04 Rdn. 34 ff; Gorgievski v. Mazedonien, Urt. v. 16. Juli 2009, Beschw.Nr. 18002/02 Rdn. 49; Bannikova/Russland, Urt. v. 4. November 2010, Beschw.Nr. 18757/06 Rdn. 37 ff. (hierzu *Esser/Gaede/Tsambikakis* NStZ **2012** 619 [619 f.]); Ali v. Rumänien, Urt. v. 9. November 2010, Beschw.Nr. 20307/02 Rdn. 98 ff; Prado Bugallo v. Spanien, Urt. v. 18. Oktober 2011, Beschw.Nr. 21218/09 (= NJW **2012** 3502), Rdn. 27 ff; Veselov u. a. v. Russland, Urt. v. 2. Oktober 2012, Beschw.Nr. 23200/10, 24009/07, 556/10, Rdn. 88 ff., 92; Lagutin u. a. v. Russland, Urt. v. 24. April 2014, Beschw. Nr. 6228/09, 19123/09, 19678/07, 52340/08 u. 7451/09, Rdn. 89 ff. Instruktiver Überblick bei *Esser*, in: 35 Strafverteidigertag (2011) S. 197 (198 ff.).

**140** EGMR Teixeira de Castro (Fn. 139) Rdn. 36; Calabrò (Fn. 139); Eurofinacom (Fn. 139); Khudobin (Fn. 139) Rdn. 133; V. (Fn. 139) Rdn. 69; Edwards u. Lewis (Fn. 139) Rdn. 49; Ramanauskas (Fn. 139) Rdn. 54, 60; Malilinas (Fn. 139) Rdn. 34; Prado Bugallo (Fn. 139) Rdn. 27; Gorgievski (Fn. 139) Rdn. 48; Bannikova (Fn. 139) Rdn. 34; Veselov (Fn. 139) Rdn. 89; Lagutin (Fn. 139) Rdn. 90.

**141** EGMR Furcht v. Deutschland, Urt. v. 23. Oktober 2014, Beschw.Nr. 54648/09, teilw. abgedruckt in NJW 2015, 3631 = NStZ **2015** 412 = StV **2015** 405; hierzu *Hauer* NJ **2015** 203; *Pauly* StV **2015** 411; *Güntge* FS Ostendorf 391 ff; *Lochmann* StraFo **2015** 492 (495); *Petzsche* JR **2015** 88; *Sinn/Maly* NStZ **2015** 379; *Schmitt-Leonardy* EuCLR **2017** 311 ff; *Sommer* StraFo **2014** 508; ausf. *Haak* Die Wirkung und Umsetzung von Urteilen des Europäischen Gerichtshofs für Menschenrechte (2018) S. 119 ff.

**142** Vgl. Fn. 139.

**143** Neben dem „substantive test" kennt das Gericht auch einen „procedural test of incitement", der insb. mit den Kontrollmöglichkeiten des Provozierten zu tun hat; es gibt Provokationen, die erst aus diesem Grund für menschen-

schwerdeführers als ein Verfahren mit vergleichbaren Konsequenzen wie der Ausschluss der angegriffenen Beweismittel angesehen werden kann" (Rdn. 69). Die nachfolgenden Entscheidungen des EGMR liegen auf derselben Linie, ohne dass sie sich aber zur deutschen Strafzumessungslösung äußern müssen.[144]

Die Reaktion der deutschen Rspr. war uneinheitlich. Als erster musste sich das **BVerfG** zu Wort melden: In einer wenige Wochen danach (Dezember 2014) ergangenen Kammerentscheidung beschloss es, dass der Strafzumessungslösung (auch unter Berücksichtigung von Art. 6 I 1 EMRK) keinerlei verfassungsrechtliche Bedenken entgegenstünden (NJW **2015** 1083[145]). Die Strafzumessungslösung sei „einfachrechtlich begründet" (Rdn. 45). Auf den herkömmlichen Bahnen blieb auch der **1. Strafsenat** des BGH, der Mai 2015 die Strafzumessungslösung als konventionskonform verteidigt hat (BGHSt **60** 238 [239 f. Rdn. 7 ff.]); ein Verfahrenshindernis komme lediglich in „extremen Ausnahmefällen" in Betracht (BGHSt **60** 238 [240 Rdn. 11 ff.]).[146] Mitte 2015 fällte der **2. Strafsenat** des BGH eine Entscheidung, die Großes erwarten ließ: „Die rechtsstaatswidrige Provokation einer Straftat durch Angehörige von Strafverfolgungsbehörden oder von ihnen gelenkte Dritte hat regelmäßig ein Verfahrenshindernis zur Folge" (BGHSt **60** 276, LS.[147]); insb. genüge die Strafzumessungslösung den Anforderungen der EMRK nicht (BGHSt **60** 276 [290 ff. Rdn. 38 ff.]). Bisher ist es unklar, ob diese Entscheidung als „Donnerschall"[148] bzw. als „eine der wichtigsten Entscheidungen zum Strafprozessrecht der letzten Zeit"[149] anzusehen ist oder lediglich als „Betriebsunfall in der jüngeren Rechtsprechung".[150] Denn die seitdem gefällten Entscheidungen vermeiden es geschickt, sich mit der konfliktträchtigen Rechtsfolgenfrage zu beschäftigen, entweder dadurch, dass sie bereits die Tatbestandsseite, also die menschenrechtswidrige Provokation, ablehnen,[151] oder über andere Wege.[152] Ihre Sympathie für die traditionelle Linie der Strafzumessungslösung verdecken sie aber nicht, indem sie das Verfahrenshindernis dezidiert in den Bereich des Außergewöhnlichen verweisen.[153] 73

In der **Literatur** wird die Strafzumessungslösung ganz überwiegend als nicht mehr konventionskonform kritisiert.[154] Das dürfte nicht unrichtig sein, bleibt aber aus mehreren Gründen, 74

rechtswidrig erklärt wurden, z. B. EGMR Nosko und Nefedov v. Russland, Urt. v. 30. Oktober 2014, Beschw.Nr. 5753/09, 11789/10, Rdn. 56 ff.

**144** EGMR Nosko und Nefedov (Fn. 143) Rdn. 49 ff; Taranek v. Lettland, Beschw.Nr. 3082/06 Rdn. 60 ff; Scholer v. Deutschland, Urt. v. 18. Dezember 2014, Beschw.Nr. 14212/10 Rdn. 78 ff; Ciprian Vlăduț u. Ioan Florin Pop v. Rumänien, Urt. v. 16. Juli 2015, Beschw.Nr. 43490/07, 44304/07 Rdn. 75 ff., 82; Morari v. Moldawien, Urt. v. 8. März 2016, Beschw. Nr. 65311/09 Rdn. 30 ff; Matanović v. Kroatien, Urt. v. 4. Juli 2017, Beschw. Nr. 2742/12 Rdn. 121 ff; Ramanauskas v. Litauen (II), Urt. v. 20. Februar 2018, Beschw.Nr. 55145/14 Rdn. 54 ff.

**145** Hierzu (nahezu ausschließlich **krit.**) *Eisenberg* StraFo **2015** 102; *Jahn/Kudlich* JR **2016** 54 (58 f); *Jäger* JA **2015** 473; *Meyer/Wohlers* JZ **2015** 768 f; *Satzger* JK **2015** 660; *Schmidt* Lockspitzeleinsatz S. 204 ff; *Schmitt-Leonardy* EuCLR **2017** 314 ff.

**146** Hierzu *Ohemichen* FD-StrafR **2015** 372428 (krit.).

**147** Hierzu *Eidam* StV **2016** 129; *Jäger* JA **2016** 308 (309); *Lochmann* StraFo **2015** 492 (498 ff); *Mitsch* NStZ **2016** 57; *Satzger* JK **2016** 574; sowie die in den folgenden Fn. Zitierten; s. a. LG Bonn BeckRS **2015** 12016 (Vorentscheidung) und (Entschädigungsprozess) OLG Köln BeckRS **2017** 119404 (Entschädigungsprozess).

**148** *Meyer-Lohkamp* StraFo **2017** 45 (46).

**149** *Mosbacher* JuS **2016** 127.

**150** *Conen* StV **2019** 359.

**151** BGH NStZ **2016** 232 m. Bspr. *Lilie-Hutz* FD-StrafR **2016** 376844; BGH NStZ **2018** 355 mit Bspr. *Esser* NStZ **2018** 358 und *Conen* StV **2019** 305; BGH BeckRS **2018** 17767.

**152** BGH BeckRS **2016** 13023 (Einstellung gem. § 154 II StPO).

**153** BGH NStZ **2018** 355 (358): „seltene Ausnahme"; BGH BeckRS **2018** 17767 Rdn. 25, 38: „extreme Ausnahmefälle".

**154** Aus dem nach EGMR Furcht (Fn. 141) publizierten Schrifttum: *Eschelbach* GA **2015** 561; *Ohemichen* FD-StrafR **2015** 372428; *Meyer/Wohlers* JZ **2015** 761; *Pauly* StV **2015** 411 (412); *Sinn/Maly* NStZ **2015** 382; *Eidam* StV **2016** 131; *Schmidt* Lockspitzeleinsatz S. 203 f; *Schmitt-Leonardy* EuCLR **2017** 316 ff; *Esser* Europäisches und Internationales

die an vorliegender Stelle nicht näher ausgeführt werden können, an der Oberfläche.[155] Nur andeutungsweise: Auch der Ansatz des EGMR, der die Zulässigkeit der Provokation danach bestimmt, ob es Anhaltspunkte dafür gab, „to suspect the applicant of being a drug dealer" (*EGMR* Ramanauskas [Fn. 139], Rdn. 56) bzw. für ein „prior involvement in drug trafficking" (EGMR Furcht [Fn. 141], Rdn. 51; Ciprian Vlăduț u. Ioan Florin Pop [Fn. 144] Rdn. 79[156]), ob man Konsument oder Dealer ist (EGMR Ciprian Vlăduț u. Ioan Florin Pop [Fn. 144] Rdn. 85), arbeitet mit Kategorien, die mit einem schuldorientierten Tatstrafrecht nichts zu tun haben, sondern nur in einem **gefahrenabwehrorientierten Täterstrafrecht** Sinn ergeben. Dies mag daran liegen, dass die unschätzbare rechtsstaatliche Errungenschaft der Trennung von Strafrecht und Gefahrenabwehrrecht kein europäisches Allgemeingut ist; man macht es sich deshalb zu einfach, wenn man deutsche Gerichte dafür kritisiert, sich nicht blind auf diesen bereits in seinen Grundprämissen fragwürdigen Weg begeben zu wollen – wohl aber dafür, just in diesem Punkt, also beim Stellen der Frage, ob der Provozierte ein „unbescholtener Bürger" sei (etwa BVerfG NJW **2015** 1083 Rdn. 43), nachgegeben zu haben. In einem Tatstrafprozessrecht kann man weder von dem Verdacht sprechen, dass jemand eine künftige Tat begehen wird, denn der Verdacht ist notwendig vergangenheitsbezogen, noch kann man einen Prozess gegen eine Tatneigung initiieren, die als solche die Innerlichkeitsgrenze nicht überschreitet.[157] Strafverfahren haben nichts damit zu tun, ob man Krimineller ist, sondern nur damit, ob man Kriminelles getan hat. Andererseits ist die angebliche Lösung des EGMR, einen Beweis nicht zu „verwenden" – gemeint ist in deutschen Kategorien wohl ein **Verwertungsverbot**, als Verbot, den Beweis zur Begründung des Schuldspruchs zu berücksichtigen[158] – wenig weiterführend.[159] Sie wird, entgegen einer verbreiteten Auffassung, nicht notwendig in ein Verfahrenshindernis münden;[160] solange man aus dem Verwertungsverbot nicht ein umfassendes Verwendungsverbot macht, wird es mit einigem Verfolgungsgeschick immer weitere Beweise geben.[161] Die einem Tatstrafrecht allein angemessene Lösung wird in der neueren BGH-Rspr. immerhin angedeutet (NStZ **2014** 277[162]

---

Strafrecht $^2$(2018), § 9 Rdn. 232 („evidenter" Widerspruch); *Conen* StV **2019** 360. Davor etwa: *Kinzig* StV **1999** 288 (291); *Endriß/Kinzig* NStZ **2000** 271 ff; *Ambos* NStZ 2002 628 (632); *Renzikowski* GS Keller (2003) 197 (203 ff.); *Gaede/Buermayer* HRRS **2008** 282 (285 f); *Esser/Gaede/Tsambikakis* NStZ **2011** 140 (142); *El Ghazi/Zerbes* HRRS **2014** 215 ff.

**155** Näher *Schünemann* StV **1985** 424; *Roxin/Schünemann* Strafverfahrensrecht $^{29}$(2017) § 37 Rdn. 7 ff; *Greco* StraFo **2010** 52 ff.

**156** Vgl. auch EGMR Calabró (Fn. 139): Provokation deshalb nicht menschenrechtswidrig, weil der Beschwerdeführer „showed that he was involved in an international drug-trafficking ring"; ähnl. Ali (Fn. 139) Rdn. 99; Scholer (Fn. 144) Rdn. 87.

**157** Ähnl. Kritik bei *Herzog* StV **2003** 412; *Zerbes* (Fn. 139) S. 227 f; *Heghmanns* in: Murmann (Hrsg.) Recht ohne Regeln (2011) 33 ff. (38); *Meyer-Lohkamp* StraFo **2017** 45 (46). Gegen die Provokation des Verdächtigen auch *v. Danwitz* S. 102 f.

**158** Nach der Erwähnung vom Ausdruck use of evidence, führt das Gericht in Eurofinacom (Fn. 139) aus: „More particularly, the Convention does not preclude reliance, at the investigation stage of criminal proceedings and when the nature of the offence warrants it, on sources such as anonymous informants. However, the subsequent use of such sources by the trial court to found a conviction poses a different problem." (ähnl. EGMR Scholer [Fn. 144] Rdn. 77; Nosko und Nefedov [Fn. 144] Rdn. 51). In diesem Sinne wird der EGMR hierzulande auch verstanden, *Kinzig* StV **1999** 288 (289, 292); *Wolter* in: Roxin/Widmaier (Hrsg.) FS 50 Jahre BGH (2000) 963 ff. (982); *Ambos* NStZ **2002** 628 ff. (632); *Eschelbach* StV **2000** 390 (395); *El-Ghazi/Zerbes* HRRS **2014** 216; *Pauly* StV **2015** 411 (412); *Eidam* StV **2016** 131; *Schmidt* Lockspitzeleinsatz S. 193; *dies.* ZIS **2017** 57; *Streng* MK § 46 Rdn. 91.

**159** *Schmitt-Leonardy* EuCLR **2017** 318; s. a. *Zerbes* (Fn. 139) S. 226 (nicht nur für Österreich relevant).

**160** So aber *Gaede/Buermeyer* HRRS **2008** 256; *Esser* (Fn. 140) S. 205 f; *Bosch* JK 7/14, MRK Art. 6 I/6; *Meyer/Wohlers* JZ **2015** 762, 769.

**161** Man siehe EGMR Shannon vs. Vereinigtes Königreich Entsch. v. 6. April 2004, Beschw.Nr. 67537/01, wo es weitere Beweise gab, weshalb es an einem Fairnessverstoß fehlte; ebenso verhielt es sich in dem Fall, der Gegenstand des Beschlusses des BVerfG NJW **2015** 1083 (Rdn. 50: fünf Geständnisse zusätzlich zur Provokation) war.

**162** Hierzu *Bosch* JK 7/14, MRK Art. 6 I/6; *Eisenberg* GA **2014** 404; *El-Ghazi/Zerbes* HRRS **2014** 209.

[Rdn. 48]): Sie liegt darin, nicht den Provozierten straflos zu lassen, sondern ihn zusammen mit dem **Provokateur** zu verfolgen und zu **bestrafen.**[163]

**ee)** Straflos ist auch die Anstiftung zu einem tatbestandlich verselbständigten **Vorbereitungsdelikt** (§§ 83, 149, 234a Abs. 3, 275, 311b, 316c Abs. 3), wenn der Anstifter es zur Vollendung des Tatbestandes, auf den sich das Vorbereitungsdelikt bezieht, nicht kommen lassen will.[164] Wer also zur Vorbereitung einer Geldfälschung (§ 149) anstiftet, ist straflos, wenn er es (z. B. durch rechtzeitige Einschaltung der Polizei) zu einer vollendeten Straftat nach §§ 146, 148 nicht kommen lassen will. Denn wenn die Provokation einer bloßen Versuchstat straflos ist, muss es die einer im Vorbereitungsstadium steckenbleibenden Handlung erst recht sein. Dafür sprechen auch die vielfachen Rücktrittsregelungen, die bei einer Vollendungsverhinderung Straflosigkeit vorsehen (z. B. § 149 Abs. 2). Wenn die nachträgliche Verhinderung straflos ist, muss es die von vornherein einprogrammierte erst recht sein. Ein Rückgriff auf ein hinter dem Tatbestand liegendes Rechtsgut liegt in all diesen Fällen insofern nicht vor, als die Vorbereitungsdelikte sich selbst auf den Vollendungstatbestand und sein Rechtsgut beziehen. Außerdem will der Täter schon die tatbestandsspezifische Gefährlichkeit der Vorbereitungshandlung nicht, wenn er dafür Sorge trägt, dass eine Vollendung des vorbereiteten Delikts ausbleibt. In entsprechender Weise ist bei Unternehmensdelikten[165] (vgl. § 11 Abs. 1 Nr. 6 – wie §§ 81; 82; 131 Abs. 1 Nr. 4; 184 Abs. 1 Nr. 4, 8, Abs. 3 Nr. 3; 310b; 311a; 316a; 316c Abs. 1 Nr. 2; 357) die Provokation straflos, wenn der Anstifter es nur zum Versuch kommen lassen will.[166] 75

**ff)** Besonderheiten gelten auch für **Absichtsdelikte,** soweit sich die Absicht auf das geschützte Rechtsgut bezieht und als subjektives Unrechtselement die Vollendung vorverlagert. So verhält es sich etwa bei den Absichtsmerkmalen in §§ 146, 164, 242, 257, 265, 267, 288; es handelt sich hier, „wo die Verwirklichung ausbleibt, der Sache nach um Versuche, die nur die Kunst des Gesetzgebers zu vollendeten Delikten geformt hat".[167] Daher ist es angemessen, den Veranlasser straflos zu lassen, wenn er es zur Verwirklichung der Absicht nicht kommen lassen will. Stiftet also jemand zur Herstellung einer unechten Urkunde an, verhindert er aber die Täuschung im Rechtsverkehr (indem er etwa den zu Täuschenden aufklärt), so liegt keine strafbare Anstiftung zu § 267 vor; es fehlt an einem Rechtsgutsangriff. Veranlasst jemand einen anderen zu einer falschen Verdächtigung (§ 164) und weiß er dabei, dass es zu einem behördlichen Verfahren gegen den zu Unrecht Bezichtigten nicht kommen kann, weil der wahre Täter schon gefasst und geständig ist,[168] so liegt keine strafbare Anstiftung vor; die boshafte Verleitung eines anderen zu strafbarem Tun wäre nur nach der Schuldteilnahmetheorie als Anstiftung fassbar. Motiviert der Provokateur jemanden zu einer Geldfälschung (§ 146 Abs. 1 Nr. 1) und sorgt er dafür, dass das Geld nicht in den Verkehr kommt, so ist er straflos.[169] Kommt die Tat bei Absichtsdelikten der bezeichneten Art entgegen dem Vorsatz des Provokateurs doch zur Vollendung, so liegt beim Veranlasser gleichwohl nur eine straflose fahrlässige Deliktsverwirklichung vor; insofern besteht ein Unterschied gegenüber den abstrakten Gefährdungsdelikten (Rdn. 67). 76

**163** Für eine Bestrafung des Provokateurs in einigen Fällen plädieren auch: *Lesch* JR **2000** 434 (437); *Roxin/Schünemann* (Fn. 155) § 37 Rdn. 8; *Greco* StraFo **2010** 56 ff; *Eidam* StV **2016** 131; s. a. *v. Danwitz* S. 243 ff., 325 ff; *Bosch* JK 7/14, MRK Art. 6 I/6.

**164** Näher, auch zur Begründung, *Mitsch* S. 202 ff.

**165** Vgl. zu den Unternehmensdelikten und zu den entsprechend zu behandelnden „unechten Unternehmensdelikten" (z. B. „dem Wilde nachstellen" in § 292) näher *Mitsch* S. 191 ff.

**166** Für Strafbarkeit *Keller* Provokation S. 237: „Daß die Unternehmensdelikte vollendete Delikte sind, hat ... Vorrang vor ihrer Versuchsähnlichkeit.".

**167** *Herzberg* ZStW **88** (1976) 95.

**168** Vgl. das ähnliche Beispiel bei *Herzberg* ZStW **88** (1976) 96.

**169** **AA** *Schwarzburg* S. 48; es ist aber ganz ungereimt, § 146 Abs. 1 Nr. 1 anders zu behandeln als dessen Nr. 2 und 3 (vgl. zu diesen Rdn. 66).

77 Die genannten Absichten sind also genauso wenig akzessorisch zu behandeln wie der Vorsatz.[170] So wie der Teilnehmer, um einen Rechtsgutsangriff zu begehen, denselben Vollendungsvorsatz haben muss wie der Täter, muss er auch (wie der Täter) wollen, dass eine Täuschung im Rechtsverkehr eintrete, dass ein behördliches Verfahren herbeigeführt werde, nachgemachtes Geld in Verkehr komme usw. Das wird teilweise lebhaft bestritten.[171] Aber zu Unrecht: Denn wenn der Anstifter **demselben Strafrahmen** unterstellt ist wie der Täter, wäre es sehr unbillig, bei ihm auf der subjektiven Tatseite viel weniger vorauszusetzen als beim Ausführenden. Das wäre eine unangemessene Ausweitung der Teilnehmerverantwortlichkeit. *Keller*[172] meint, wenn man den Teilnehmer in solchen Fällen straflos lasse, enthalte „die Haftung des Täters eine Tendenz zur Gesinnungshaftung. Wenn der Täter wegen eines vollendeten Absichtsdelikts bestraft wird und zugleich der Provokateur, der die Tat anstiftete, straffrei bleibt, so wird dementiert, daß der Täter aus Gründen des Rechtsgüterschutzes haftete, denn die Straffreiheit des Teilnehmers zeigt, daß der Rechtsgüterschutz das grundsätzliche Verbot der absichtsgeleiteten Handlung nicht fordert." Daran ist richtig, dass beim Täter nur eine versuchte Rechtsgutsverletzung vorliegt, wenn die Verwirklichung der Absicht verhindert wird. Aber die Ahndung eines täterschaftlichen Versuchs, der beim Teilnehmer nicht vorliegt, ist keine Gesinnungsstrafe, sondern entspricht den anerkannten Grundlagen unseres Strafrechts.

78 Die geschilderten Regeln gelten auch für den Tatbestand des **Diebstahls** (§ 242); denn der Rechtsgutsangriff setzt einen auf dauernde Enteignung des Eigentümers gerichteten Willen voraus. Veranlasst also der agent provocateur einen Diebstahl, bei dem der von der Polizei überwachte Täter unmittelbar nach der Wegnahme festgenommen wird, so ist der Anstifter straflos. Denn zwar braucht er die Sache nicht sich selbst zueignen zu wollen, aber er muss doch, um strafbarer Anstifter zu sein, einen auf dauernde Enteignung des Eigentümers gerichteten Vorsatz haben; sonst will er nicht, was den Dieb (auch als Anstifter) kennzeichnet. Allerdings ist das Ergebnis weniger eindeutig als in den vorgenannten Beispielen,[173] weil der Täter immerhin die geschützten Rechtsgüter Eigentum und Gewahrsam schon beeinträchtigt, wenn auch nur kurzfristig und nicht in der andauernden Form, auf deren Verhinderung der Tatbestand abzielt. Doch reicht das für eine Bestrafung des Lockspitzels nicht aus, weil sein eigener Vorsatz nur auf einen vorübergehenden und straflosen furtum usus gerichtet ist. Auch die etwaige Möglichkeit, dass der Täter entgegen allen Festnahmeplänen doch mit der Beute entkommen könnte, genügt für eine Strafbarkeit des Lockspitzels nicht. Denn die Fahrlässigkeit ist bei § 242 straflos (vgl. auch Rdn. 76); und außerdem besteht diese Gefahr beim Versuchstäter, der beim Ergreifen der Beute oder beim Abtransport schwerer Gegenstände festgenommen werden soll, ebenfalls. Das pragmatische Diktum *Cramers*:[174] „Bei der Anstiftung zum Diebstahl ... kann es nicht darauf ankommen, ob der Anstifter den Täter während der Ausführung zu verhaften trachtet oder ob er dies unmittelbar nach der Vollendung der Tat mit dem Ziel tun will, dem Dieb die gestohlene Sache sofort wieder abzunehmen", lässt sich also auch dogmatisch in hinreichender Weise begründen.

79 Im Übrigen sollte nicht übersehen werden, dass gerade bei der Diebstahlsprovokation in den meisten Fällen nur ein Versuch vorliegt, wenn der Täter unmittelbar nach der Ergreifung der Sache plangemäß festgenommen wird, so dass dann schon aus diesem Grunde der Veranlasser straflos ist. Denn vielfach wird der Eigentümer eingeweiht und mit dem Verhalten der Polizei einverstanden sein, so dass schon deshalb nur ein Versuch vorliegen kann. Außerdem wird man beim Diebstahl schwerer Sachen, die nicht in der Kleidung oder in einer Aktentasche verstaut

---

**170** Grundlegend *Herzberg* ZStW **88** (1976) 95 ff; *ders.* JuS **1983** 742 ff; *ders.* GA **1991** 151 ff. Zust. *Jakobs* § 23 Rdn. 17, 19, 20; im Wesentl. auch *Mitsch* S. 213 ff.

**171** Mit den gründlichsten Darlegungen von *Keller* Provokation S. 212–236.

**172** Provokation S. 236; treffend die Antikritik bei *Jakobs* § 23 Rdn. 20 Fn. 20.

**173** Für Strafbarkeit des agent provocateur ausführlich *Mitsch* S. 222 ff; wie hier aber z. B. *Jakobs* § 23 Rdn. 17.

**174** Sch/Schröder/*Cramer*/*Heine*[26] Rdn. 20; ebenso jetzt Sch/Schröder/*Heine*/*Weißer* Rdn. 23.

werden können, eine Gewahrsamsbegründung durch den Dieb erst mit dem Abtransport der Beute annehmen können; es liegt dann immer erst ein Versuch vor, wenn der Täter am Tatort mit der Beute festgenommen wird.

Anders liegt es bei Tatbeständen wie dem **Betrug** (§ 263), bei denen die Absicht nicht rechts- 80
gutsbezogen ist, sondern in einer davon unabhängigen Weise deliktstypisierend wirkt. Der Lockspitzel, der jemanden zum Betrug anstiftet und dabei davon ausgeht, dass das Opfer zwar einen Vermögensschaden erleiden werde, dass die Bereicherung des Täters aber verhindert werden könne, führt einen Rechtsgutsangriff aus, indem er das Vermögen des Opfers schädigt. Das muss für seine Strafbarkeit genügen;[175] die strafbare Täterhandlung ist auch dann ein sozialschädlicher Betrug, wenn eine Bereicherung des Täters verhindert wird.

Schließlich muss bei Delikten, die einen Rücktritt von der vollendeten Tat vorsehen, der 81
agent provocateur auch dann straflos bleiben, wenn er die Rücktrittswirkung von vornherein einplant.[176] Vielfach handelt es sich dabei um Vorbereitungs- und Unternehmensdelikte, bei denen eine erfolgsverhindernde Provokation ohnehin straflos ist (vgl. Rdn. 75). Aber der Grundsatz gilt darüber hinaus. So ist der **Brandstifter**, der immerhin schon Schaden verursacht hat, nach § 310 straflos, wenn er den Brand wieder löscht, „bevor derselbe entdeckt und ein weiterer als der durch die Inbrandsetzung bewirkte Schaden entstanden war". Dem entspricht es, den agent provocateur straflos zu lassen, wenn er von vornherein einplant, dass der Brand durch ihn, durch Dritte oder durch eine automatische Löschanlage in diesem Frühstadium gelöscht wird. Ein strafbarer Rechtsgutsangriff liegt dann nach der in § 310 zum Ausdruck gekommenen Wertung nicht vor. Misslingt die Löschung, so bleibt der agent provocateur dennoch straflos, weil er keinen Anstiftervorsatz besessen hatte (and. *Roxin* LK[11] Rdn. 84 unter Hinweis auf den in § 24 enthaltenen Rechtsgedanken).

## 2. Die Entsprechung von Anstifter- und Tätervorsatz

Die vom Angestifteten ausgeführte Tat kann dem Anstifter nur dann zum Vorsatz zugerechnet 82
werden, wenn sie dem Unrechtsgehalt und der Angriffsrichtung nach im Wesentlichen der Tat **entspricht,** zu der der Anstifter bestimmen wollte.[177]

**a) Abweichungen von Anstiftervorsatz und Haupttat.** Bei Abweichungen von Zeit, **Ort und** 83
**Modalität** der Ausführung ist innerhalb desselben Tatbestandes gleichwohl noch eine Anstiftung zu bejahen. Da schon bei der Anstiftung die Tat nicht bis in diese Einzelheiten hinein bestimmt zu sein braucht, können in diesem Rahmen auch Abweichungen von einer konkreteren Anstiftervorstellung unberücksichtigt bleiben. Stellt sich also der zum Meineid Anstiftende vor, dass der Täter eine falsche Darstellung beschwören werde, so ändert sich nichts an seiner Strafbarkeit nach §§ 26, 154, wenn der Täter wahrheitswidrig aussagt, er wisse nichts über das Beweisthema (BGH LM § 154 Nr. 37). Auch wenn der Täter statt der einen die andere Tatbestandsalternative verwirklicht (BGHSt **23** 39 m. Anm. *Dreher* JR **1970** 146; BGH StraFo **2005** 211) oder entgegen der Vorstellung des Anstifters nicht allein, sondern mit einem anderen zusammen handelt, berührt das die Strafbarkeit des Anstifters nicht. Im einzelnen kann auf das verwiesen werden, was oben (Rdn. 22–27) zur „Umstiftung" ausgeführt wurde: Wo die Tatänderung, wäre sie von einem Hintermann veranlasst worden, als Anstiftung zu einer neuen Tat (anstatt nur als psychische Beihilfe) zu beurteilen wäre, wird man, wenn der Täter selbst aus eigenem Ent-

---

175 Vgl. vor allem *Maaß* Jura **1981** 514; *Mitsch* S. 216 ff; für Straflosigkeit auch in diesem Fall aber *Jakobs* § 23 Rdn. 20.

176 *Jakobs* § 23 Rdn. 17.

177 Allgemeine Auffassung: RGSt **60** 1; **67** 343 f; **70** 293, 295. Vgl. aus dem Schrifttum nur Sch/Schröder/*Heine*/*Weißer* Rdn. 25; *Montenbruck* ZStW **84** (1972) 323 ff.

schluss seine Tat in dieser Weise ändert, den Anstifter dafür nicht mehr verantwortlich machen können.

84 Verwirklicht der Täter dagegen einen **anderen Tatbestand** (und wechselt er nicht nur zwischen gleichwertigen Tatbestandsalternativen),[178] so kann der Anstifter dafür nicht zur Verantwortung gezogen werden. Begeht der zum Diebstahl Angestiftete statt dessen eine Hehlerei, so liegt nur eine straflose versuchte Anstiftung zum Diebstahl vor, während eine Anstiftung zur Hehlerei wegen fehlenden Vorsatzes ausscheidet; der Vorschlag von *Montenbruck*,[179] einen „außergesetzlichen Grundtatbestand" zu konstruieren und den Anstifter im Beispielsfall wegen Teilnahme an „dem Überführen eines fremden Vermögensgegenstandes in das eigene Vermögen (durch Ansichbringen)" zu bestrafen, ist wegen der Tatbestandsbezogenheit des Vorsatzes de lege lata nicht zu verwirklichen. Auch bei *„tatbestandlichem Näheverhältnis"* wird man davon entgegen *Ingelfinger*[180] keine allgemeine Ausnahme machen können, sondern nur einen alternativen Vorsatz des Anstifters[181] besonders sorgfältig zu prüfen haben.[182]

85 Zur Feststellung, ob die Tat sich noch in dem durch die Anstiftung vorgezeichneten Rahmen hält, können die zur Übersteigerung (Rdn. 31 ff) und zur Bestimmtheit der Tat (Rdn. 39 ff) entwickelten Grundsätze mutatis mutandis mit Nutzen herangezogen werden. Besondere Probleme ergeben sich, wenn die Handlung des Angestifteten in den **wesentlichen Dimensionen des Unrechts** vom Vorsatz des Anstifters abweicht. Hier ist zu unterscheiden: Geht der Angestiftete in der Quantität über die vom Anstifter vorgestellte Tat hinaus, ohne den qualitativen Rahmen des Deliktstyps zu verlassen (der zu einer bloßen Ohrfeige Angestiftete prügelt sein Opfer krankenhausreif), so bleibt die Strafbarkeit wegen Anstiftung unberührt, und die abweichende Tatvorstellung ist nur bei der Strafzumessung zu berücksichtigen. Aus denselben Gründen liegt eine Anstiftung zum Grunddelikt sowohl dann vor, wenn der zum Grunddelikt Angestiftete die Voraussetzungen eines Regelbeispiels für einen besonders schweren Fall erfüllt (Einbruchsdiebstahl statt einfachen Diebstahls), als auch dann, wenn er einen qualifizierten Tatbestand verwirklicht (Diebstahl mit Waffen statt einfachen Diebstahls). Verändert sich dagegen durch das von der Vorstellung des Anstifters abweichende Verhalten des Angestifteten die Qualität des Unrechts, so kann dem Anstifter, soweit überhaupt die Kausalität der Anstiftung zu bejahen ist, diese andersartige Tat nicht mehr zum Vorsatz zugerechnet werden. Stiftet also A den B zu einer Zechprellerei im Grandhotel an, begeht der B jedoch statt dessen, dadurch auf die Idee gebracht, einen Betrug großen Ausmaßes gegenüber der Hoteldirektion, so liegt eine Anstiftung dazu nicht vor, weil ein derartiges Verhalten vom Vorsatz des A überhaupt nicht gedeckt wird.[183]

---

**178** Etwa: Der zum Angriff mit einer Waffe Aufgeforderte verzichtet auf die Waffe, wendet aber eine lebensgefährliche Behandlung an; dann liegt eine Anstiftung zu § 224 vor. Denn der Exzess bezieht sich nicht auf den Tatbestand, sondern auf Modalitäten der Ausführung (*Roxin* AT II § 26 Rdn. 113; *Ingelfinger* Anstiftervorsatz S. 102 f m. w. N).

**179** ZStW **84** (1972) 339, 344 ff u. passim. Entsprechendes gilt gegenüber *Baumann/Weber/Mitsch*[11] § 30 Rdn. 72, die unter Herbeiziehung der für die Wahlfeststellung geltenden Grundsätze bei einer Anstiftung zur Erpressung, wenn der Täter statt dessen einen Betrug begeht, eine Bestrafung wegen Anstiftung zum Betruge zulassen wollen (and. jetzt Baumann/Weber/Mitsch/*Eisele* § 26 Rdn. 65). Kritisch auch *Eser* II Nr. 43 Rdn. A 17a. Wie hier auch *Ingelfinger* Anstiftervorsatz S. 100 ff.

**180** Anstiftervorsatz S. 100 ff.

**181** *Roxin/Greco* AT I § 12 Rdn. 92 ff.

**182** *Roxin* AT II § 26 Rdn. 113.

**183** *Roxin* AT II § 26 Rdn. 114 f. Auf den konkreten Unrechtsgehalt stellen auch andere Autoren ab, die allerdings zusätzlich eine weitere Fixierung verlangen: Lackner/Kühl/*Kühl* Rdn. 5 („Vorstellung eines ... zeitlichen und örtlichen Rahmens"); *Joecks* MK Rdn. 58; *Stratenwerth/Kuhlen* AT § 12 Rdn. 147 („Begehungsweise in ihren Grundzügen"). *Schmidhäuser* AT 14/102, StuB 10/111, lässt sogar allein die Konkretisierung auf eine bestimmte Tatmöglichkeit entscheiden; demgegenüber muss jedoch die ausschlaggebende Bedeutung der rechtlichen Qualität des veranlassten Verhaltens betont werden.

**b) Der Exzess des Angestifteten.** Geht die Tat des Angestifteten über den Anstiftervorsatz hinaus (Exzess des Angestifteten), ist der Anstifter nur so weit strafbar, wie sein Vorsatz reicht.[184] Begeht also der zum Diebstahl Angestiftete, weil er die Beute nicht gewaltlos erlangen kann, einen Raub, so wird der Veranlasser gleichwohl nur wegen Anstiftung zum Diebstahl bestraft (RGSt **67** 343); ebenso ist der Veranlasser nur wegen einer Anstiftung zur Körperverletzung zur Verantwortung zu ziehen, wenn der zu Misshandlungen Aufgeforderte weitergehend das Opfer erschlägt (BGHSt **2** 223, 225). Tut umgekehrt der Angestiftete weniger, als er nach dem Willen und der Vorstellung des Anstifters tun sollte, so kann der Veranlasser nur wegen Anstiftung zu dem weniger schweren Delikt bestraft werden, ggf. in Tateinheit mit einer versuchten Anstiftung (§ 30) zur Verwirklichung des schwereren Tatbestandes. Wenn also der zum Meineid Angestiftete nur uneidlich bewusst falsch aussagt, ist der Anstifter nach §§ 26, 153 in Tateinheit mit versuchter Anstiftung zum Meineid nach §§ 30 Abs. 1, 154 strafbar (so grundlegend BGHSt **9** 131 ff unter Aufgabe teilweise entgegenstehender früherer Urteile). 86

**c) Error in persona oder objecto des Täters.** Sehr umstritten ist die Frage, ob und ggf. wie sich ein error in persona bzw. in objecto des Täters auf die Strafbarkeit des Anstifters auswirkt. Mehr als 130 Jahre lang hat der vom Preußischen Obertribunal[185] entschiedene Fall **Rose-Rosahl** die Diskussion bestimmt: Der Holzhändler Rosahl hatte seinen Arbeiter Rose angestiftet, seinen Gläubiger Schliebe zu erschießen. Rose legte sich auf die Lauer, verwechselte aber in der Dämmerung den des Weges daherkommenden Gymnasiasten Harnisch mit Schliebe und erschoss Harnisch in der Meinung, den Schliebe vor sich zu haben. Außer Streit steht, dass der error in persona des Rose für ihn unbeachtlich ist, so dass er wegen vollendeten Mordes zu bestrafen ist. Das Gericht hat dem Irrtum aber auch für die Anstiftung keine Bedeutung beigemessen und den Rosahl wegen Anstiftung zum vollendeten Mord bestraft.[186] Im Jahre 1990 ist die Konstellation ein zweites Mal höchstrichterlich entschieden worden,[187] wobei der BGH den Standpunkt des Preußischen Obertribunals mit der Einschränkung bestätigt hat, dass nur bei vorhersehbaren Verwechselungen eine Anstiftung durch den Hintermann vorliegen soll (sonst wohl nur versuchte Anstiftung): „Der Irrtum des Täters über die Person des Tatopfers ist für den Anstifter unbeachtlich, es sei denn, daß die Verwechselung des Opfers durch den Täter außerhalb der Grenzen des nach allgemeiner Lebenserfahrung Voraussehbaren liegt".[188] 87

Demgegenüber hält die heute überwiegende Lehre die beim Ausführenden unbeachtliche Verwechselung im Anschluss an eine schon von *Binding*[189] vertretene Auffassung beim Hintermann für beachtlich mit der Wirkung, dass dieser nur wegen versuchter Anstiftung (und ggf. 88

---

184 Was nach Auffassung von *Altenhain* Strafbarkeit S. 110 f bei innertatbestandlichen Abweichungen jedoch nicht aus der Vorsatzlehre folgen soll.

185 GA **1859** 322.

186 So auch heute noch im Schrifttum: *Altenhain* Exzeß S. 140; *Backmann* JuS **1971** 119; *Busch* LK⁹ § 48 Rdn. 22; *Ebert* AT S. 213; *Fischer* Rdn. 14a; *Kohlrausch/Lange* § 48 Anm. VII; *Kreuzberg* S. 576 ff; *Loewenheim* JuS **1966** 314; *Maurach/Gössel*/Zipf⁷ § 51 Rdn. 57; *Mitsch* Jura **1991** 373; *Müller-Dietz/Backmann* JuS **1971** 416; *Puppe* NStZ **1991** 124; *Schroth* Vorsatz und Irrtum (1998) 108 f; *Welzel* § 13 I 3d, § 16 II 5.

187 BGHSt **37** 214; dazu *Puppe* NStZ **1991** 124; *Roxin* JZ **1991** 680; *ders.* FS Spendel 289; *Geppert* Jura **1992** 163; *Küpper* JR **1992** 293; *Mitsch* Jura **1991** 373; *Müller* MDR **1991** 830; *Schlehofer* GA **1992** 307; *Sonnen* JA **1991** 103 ff; *Stratenwerth* FS Baumann 57; *Streng* JuS **1991** 910. Ebenso wie BGHSt **37** 214 auch BGH NStZ **1998** 294, 295 m. Bespr. *Herzberg* JuS **1999** 224, allerdings für einen Fall der Anstiftung zum Versuch.

188 Ähnlich *Jakobs* § 21 Rdn. 45, wonach die Tat des Ausführenden dem Hintermann zuzurechnen ist, wenn der Ausführende sich „nach bestem Vermögen an das verabredete Programm" hält, während ein Exzess vorliegen soll, wenn der Ausführende die Anweisungen des Hintermannes nicht ausreichend beachtet und „auf eigene Faust das Tatobjekt individualisiert". Zu welchem Ergebnis diese Differenzierung in dem von *Jakobs* noch nicht behandelten Fall der Entsch. BGHSt **37** 214 führen würde, ist unsicher.

189 Normen III, S. 213.

fahrlässiger Tat) bestraft werden kann;[190] einige Autoren nehmen auch eine Anstiftung zum Versuch an.[191] Die **h. L.** stützt sich vor allem auf das Argument, dass der error in persona des unmittelbar Handelnden für den veranlassenden Hintermann eine aberratio ictus darstellt: Dieser verwechsele niemanden, sondern der von ihm in Gang gesetzte Kausalverlauf verfehle die bezeichnete Person und treffe eine andere. Eine Kausalabweichung aber, die eine andere Person bzw. ein anderes Objekt trifft, wird von der vorherrschenden Lehre und in anderen Fällen auch von der Rspr. als aberratio ictus angesehen mit der Folge, dass eine Zurechnung des Erfolges zum Vorsatz (hier also: eine Anstiftung zur vollendeten Tat) ausscheidet. Ein zweites Argument, das ebenfalls schon auf *Binding*[192] zurückgeht, stützt sich auf den hypothetischen Fall, dass der Ausführende nach der Tötung des falschen Opfers seinen Irrtum bemerkt, sich erneut auf die Lauer legt und nunmehr den „Richtigen" erschießt („*Blutbadargument*"). In diesem Fall hat der Ausführende einen zweifachen Mord begangen, während der Hintermann nur wegen *einer* Anstiftung zum Mord bestraft werden kann, und zwar doch wohl wegen Anstiftung zum Mord am zweiten, vom Anstifter bezeichneten Opfer. Dann aber kann nicht auch noch eine Anstiftung zur Ermordung des ersten, verwechselten Opfers vorliegen.

**89** In der neueren **Rechtsprechung** setzt sich BGHSt **37** 214 mit beiden Argumenten auseinander und lehnt sie ab, aber zu Unrecht. Die Begründung räumt ein, dass beim Anstifter eine Kausalabweichung vorliegt, meint aber im Anschluss an *Puppe*,[193] die Regeln der aberratio ictus könnten keine Anwendung finden, weil sie „als Sonderfall der Kausalabweichung" für Geschehensabläufe entwickelt worden seien, „in denen der Täter das Angriffsobjekt vor sich sieht, an seiner Stelle aber ein anderes Objekt verletzt" (a. a. O. S. 219). Das leuchtet aber nicht ein.[194] Denn die Abweichung vom Kausalverlauf ist ein objektiver Befund, der schlechterdings nichts damit zu tun hat, ob der Verursacher ihn mit den Augen wahrnimmt (oder etwa die Augen schließt). Ist eine Kausalabweichung beachtlich, wenn sie zur Tötung eines Menschen führt, den der Verursacher nicht töten wollte, dann kann die wertende Entscheidung für die Beachtlichkeit nicht davon abhängen, ob der Verursacher das Fehlgehen seiner Handlung sieht. Auch kann es ja im Einzelfall durchaus so sein, dass der Anstifter Augenzeuge der Verwechselung durch den Täter wird. Die mangelnde Sichtbarkeit des Angriffsobjektes, auf die der BGH die Nichtanwendung der Regeln der aberratio ictus auf die Anstiftung stützt, gehört also nicht einmal zu den notwendigen Merkmalen der Anstiftung.

**90** Zum „Blutbadargument" meint der BGH (a. a. O. S. 219): „Wenn der Täter nach dem Erkennen seines Irrtums außerdem das vom Anstifter bezeichnete Opfer tötet, sind ihm in der Regel zwar die beiden Tötungen zuzurechnen, wenngleich er nur *einer* Anstiftung zu den beiden Tötungsakten schuldig zu sprechen ist. Beruht der Irrtum des Täters dagegen auf dem Anstifter nicht zurechenbaren, nämlich außerhalb der Lebenserfahrung liegenden Umständen, scheidet

---

**190** *Alwart* JuS **1979** 353 ff; *Bemmann* MDR **1958** 821; *ders.* FS Stree/Wessels 397; *Bockelmann/Volk* § 14 III 3b aa; *Dehne-Niemann* Jura **2009** 374 ff., 379; *Eser* II Nr. 43 Rdn. A 21; *Hillenkamp* Die Bedeutung von Vorsatzkonkretisierungen bei abweichendem Tatverlauf (1971) 63 ff; *Jescheck/Weigend* § 64 III 4; *Kienapfel* AT E 4 A III 4d; *Köhler* AT S. 528 f; *Krümpelmann* ZStW-Beiheft Budapest 1978 23 f; Lackner/Kühl/*Kühl* Rdn. 6; *Letzgus* Vorstufen der Beteiligung (1972) 54 ff; *Otto* AT § 22 II 3c; *ders.* JuS **1982** 557, 562; *Preisendanz* Anm. 5c; *Roxin* TuT S. 215; *ders.* JZ **1991** 680 f; *Sax* ZStW **90** (1978) 946; *Schlehofer* GA **1992** 307; *Rudolphi* SK[7] § 16 Rdn. 30; *Schmidhäuser* StuB § 10 Rdn. 126; *Schreiber* JuS **1985** 877; *Toepel* JA **1997** 248, 344.

**191** *Blei* I § 79 II 1; *Joecks* MK Rdn. 86; *Samson* SK Vor § 26 Rdn. 40, **anders** jetzt *Hoyer* SK Vor § 26 Rdn. 53; *Schmidhäuser* AT § 13 Rdn. 123, wie hier nunmehr in StuB § 10 Rdn. 126; *Schroeder* LK[10] § 16 Rdn. 14; *Stratenwerth/Kuhlen* AT § 8 Rdn. 98; *Streng* ZStW **109** (1997) 897.

**192** Normen III, S. 214 Fn. 9; gegen *Siegel* Verwechselungsfälle bei der Anstiftung, Diss. Göttingen (1895) S. 39, der den Hintermann ggf. sogar nach fortgesetzten Verwechselungen des Ausführenden für einen „ganzen Leichenhaufen" (S. 40) strafrechtlich verantwortlich machen will, was *Binding* mit Recht ein „geradezu ungeheuerliches Ergebnis" nennt (Normen III, S. 214 Fn. 9). Als Entdecker der Problemkonstellation nennt *Siegel* (S. 39 Fn. 1) den Göttinger Professor *Ziebarth*, der den Fall „in seinen criminalistischen Uebungen als Aufgabe gestellt" habe.

**193** GA **1984** 121; ähnlich *Mitsch* Jura **1991** 385.

**194** Vgl. die ausführliche Gegenargumentation bei *Roxin* FS Spendel 292 bis 296; *Schlehofer* GA **1992** 311.

insoweit eine strafrechtliche Haftung aus." Aber der erste Satz dieser Deduktion ist noch weniger überzeugend als das „Sichtbarkeitsargument". Denn dem Anstifter bei vorhersehbarer Objektsverwechselung durch den Ausführenden zwei vorsätzliche Tötungen zuzurechnen, ist ganz unmöglich, weil nur eine Tötung von seinem Vorsatz umfasst ist.[195] Das sieht auch *Puppe*,[196] die dem BGH im Ergebnis zustimmt. Sie will auch bei zwei Morden des Ausführenden nur eine Anstiftung annehmen, aber offenlassen, auf welchen der beiden Morde die Anstiftung sich bezieht. Doch das ist ebenfalls keine akzeptable Lösung. Denn solange es beim ersten Mord (aufgrund der Objektsverwechselung) bleibt, rechnet Puppe dem Anstifter diesen Erfolg als Anstiftung zur vollendeten Tat zu. Diese Zurechnung kann nicht nachträglich wieder ins Unbestimmte gerückt werden, wenn der Ausführende später auch noch das „richtige" Opfer umbringt.

*Weßlau*[197] entwickelt eine auf der Lehre von der objektiven Zurechnung basierende differenzierende Auffassung. Danach kommt es darauf an, ob „die Möglichkeit einer ... Verwechslung schon in dem insoweit konkretisierten Verhaltensvorschlag enthalten gewesen ist. Indem sich diese Möglichkeit realisiert hat, hat sich zugleich auch eine durch den Verhaltensvorschlag geschaffene Gefahr realisiert. Der Anstifter kann sich davon nicht mit dem Argument distanzieren, er habe diese Abweichung nicht gewollt ... Weicht der Täter aber bei der Tatausführung von den im Verhaltensvorschlag des Anstifters vorgegebenen Maximen der Konkretisierung ab und beruht die Verwechslung gerade auf dieser Abweichung, so realisiert sich nicht die durch den Verhaltensvorschlag geschaffene Gefahr." Mit der Gefahrverwirklichung ist jedoch erst die Zurechnung zum objektiven Tatbestand begründet, die zur Bestrafung wegen fahrlässiger Tat führt. Die Zurechnung zum Vorsatz erfordert die zusätzliche Wertung, dass sich im Erfolg auch der Plan des Anstifters verwirklicht.[198] Davon kann nicht die Rede sein, wenn die falsche Person getötet wird. Im Übrigen steht auch diese Auffassung vor einem unlösbaren Zurechnungsproblem, wenn der unmittelbar Handelnde nach Entdeckung seines Irrtums auf das „richtige" Opfer wartet und dieses auch noch erschießt. 91

Eine Anstiftung zur vollendeten Tat scheidet also in der Regel aus, wenn der unmittelbar Handelnde einer Verwechselung unterliegt. Lediglich dann liegt auch beim Anstifter ein für ihn wie den Täter gleichermaßen unbeachtlicher error in persona vor, wenn er dem Täter einen anderen beschreibt als denjenigen, den er eigentlich getötet haben will, was auch dann gilt, wenn die Beschreibung so ungenau ist, dass sie auf viele Personen passt, und **wenn sich der Täter an diese Beschreibung gehalten hat.**[199] Denn die Anstiftung bezieht sich dann auf den, der der Beschreibung entspricht; wenn der Anstifter sich jemand anderen darunter vorgestellt hat, bedeutet das auch für ihn einen error in persona. Im Ergebnis ist deshalb eine **differenzierende Lösung** am Platze.[200] 92

Die weiterhin strittige Frage,[201] ob beim Veranlassenden eine **versuchte Anstiftung** oder eine **Anstiftung zum Versuch** vorliegt, ist im Sinne der ersten Ansicht zu beantworten. Denn „die Ausführung der Tat am falschen Objekt enthält gerade nicht den Versuch, die Tat am richtigen Objekt auszuführen".[202] Zwar nennt *Puppe*[203] diesen Satz „evident falsch. Solange der Täter 93

---

**195** *Bemmann* FS Stree/Wessels 403, erfüllt diese Auffassung des BGH „mit Verwunderung und Entsetzen".

**196** NStZ **1991** 125; zu ihrer Argumentation eingehend *Roxin* FS Spendel 296 bis 300; ähnlich *Schroth* (Fn. 186) 109.

**197** ZStW **104** (1992) 105, 130/131; im Ergebnis in Übereinstimmung mit *Jakobs* § 22 Rdn. 29; 21/45.

**198** Vgl. *Roxin/Greco* AT I § 12 Rdn. 149.

**199** So mit kleinen Unterschieden im einzelnen Baumann/Weber/Mitsch/*Eisele* § 26 Rdn. 74; Sch/Schröder/*Heine/Weißer* Rdn. 26; *Hoyer* SK Vor § 26 Rdn. 53; *Jakobs* § 22 Rdn. 29, § 21 Rdn. 45; *Küpper* JR **1992** 296; *Peñaranda* FS Schünemann 493 f; Maurach/Gössel/Zipf/*Renzikowski* § 51 Rdn. 37; *Stratenwerth* FS Baumann 65/66; *Stratenwerth/Kuhlen* AT § 8 Rdn. 98; *Streng* JuS **1991** 914 f; *Wessels/Beulke/Satzger* Rdn. 899; *Weßlau* ZStW **104** (1992) 105, 131/132.

**200** Zur Frage, wie danach BGHSt **37** 214 zu entscheiden gewesen wäre, s. *Roxin* AT II § 26 Rdn. 129.

**201** Vgl. Fn. 190, 191.

**202** *Roxin* FS Spendel 300 ff; *Rudolphi* SK$^7$ § 16 Rdn. 30; der Satz findet sich sinngemäß auch bei *Jescheck/Weigend* § 64 II 4 Fn. 32 und bei *Roxin* LK$^{10}$ Rdn. 26. And. *Stratenwerth* FS Baumann 68.

**203** NStZ **1991** 124.

sich an die Verabredung mit dem Anstifter halten will und ‚den falschen' nur deshalb angreift, weil er ihn für ‚den richtigen' hält, so stellt sein Angriff gerade den Versuch dar, den im Sinne des Anstifters Richtigen zu treffen." Dann müsste aber ja der im error in persona handelnde Täter neben dem vollendeten auch noch einen versuchten Mord begehen; das aber ist nicht möglich, weil er nur *einen* Tötungsvorsatz hatte. Ist der error in persona unbeachtlich, kann die Fehlvorstellung auch keinen Versuch begründen; dann aber ist – schon aus Gründen der Akzessorietät – auch eine Anstiftung zum Versuch ausgeschlossen. Zur entsprechenden Problematik bei der Mittäterschaft *Schünemann/Greco* LK § 25 Rdn. 199.

94 **d) Vorsätzlicher Übergang des Täters zu einem anderen Objekt.** Erst recht ist in der Regel der Erfolg vom Anstiftervorsatz nicht mehr gedeckt, wenn der Täter **mit Vorbedacht** entgegen der Intention des Anstifters auf ein anderes Objekt übergeht. Wenn also A den B zur Erschießung des C auffordert und dieser statt dessen den D umbringt, so liegt nur eine versuchte Anstiftung (hinsichtlich des C) vor. Für Abweichungen der Täterhandlung hinsichtlich des Tatobjektes gilt also etwas anderes als für Abweichungen von Zeit, Ort und Modalität hinsichtlich desselben Tatbestandes (Rdn. 83). Eine unwesentliche, den Anstiftervorsatz unberührt lassende Abweichung kann hier nur insoweit vorliegen, wie eine aberratio ictus sich auch sonst als unbeachtliche Kausalabweichung darstellt. Das ist dann der Fall, wenn es dem Handelnden im Rahmen seines Tatplanes auf die Individualität des Tatobjektes nicht ankommt.[204] Wenn etwa A den Terroristen B anstiftet, das Polizeirevier 1 in die Luft zu sprengen, dieser dann aber aus strategischen Gründen das Polizeirevier 2 für seinen Bombenanschlag auswählt, so ist A gleichwohl wegen Anstiftung zu vollendeter Tat zu bestrafen; denn im Rahmen seines Planes ist diese Abweichung gleichgültig.

95 **e) Erfolgsqualifizierte Delikte.** Bei erfolgsqualifizierten Delikten (z. B. §§ 226, 227) haftet nach h. M. der Anstifter für den Erfolg auch dann, wenn sein Vorsatz sich nur auf die Begehung des vorsätzlichen Grunddeliktes richtet; Voraussetzung ist aber (vgl. § 18 und § 11 Abs. 2), dass der Anstifter selbst hinsichtlich des Erfolges fahrlässig handelt (so BGHSt **2** 223, 225; **19** 339, 341 m. Anm. *Cramer* JZ **1965** 32).[205] Ob der Täter selbst den Erfolg vorsätzlich, fahrlässig oder schuldlos verursacht, ist dabei gleichgültig. Wenn also der Anstifter zur Körperverletzung oder zum Raube fahrlässig bzw. leichtfertig nicht voraussieht, dass der Täter das Opfer umbringen werde, so haftet er nach §§ 26, 226 bzw. 251, obwohl der Täter aus §§ 212, 211 bestraft wird (so lag es in den vom BGH a. a. O. entschiedenen Fällen). Andererseits haftet der Anstifter nur für die Folgen derjenigen Handlungen des Angestifteten, die er in seine Vorstellungen einbezogen hatte. Die von dem Angestifteten dem Opfer mit Tötungsvorsatz zugefügten Körperverletzungen dürfen also – wenn eine Verurteilung nach § 251 oder § 226 in Betracht kommen soll – nicht von anderer Art und Beschaffenheit sein, als der Anstifter wollte und es sich vorstellte (BGHSt **2** 223, 226; JZ **1986** 764; dazu *Geppert* Jura-Kartei Nr. 1 zu § 251 StGB; BGH NStZ-RR **2016** 43 [45]). Wenn umgekehrt der Anstifter zur Körperverletzung anders als der Täter den Eintritt der schweren Folge (etwa nach § 226) voraussehen kann, wird seine Strafe aus §§ 26, 226 entnommen, obwohl der Täter selbst sich nur eines Vergehens nach § 223 schuldig macht. Dies gilt nach h. L. auch für die **eigentlichen Vorsatz-Fahrlässigkeits-Kombinationen** des § 11 Abs. 2, bei denen der reine

**204** Eingehend dazu *Roxin* FS Würtenberger 109 ff, 123.

**205** Ebenso Baumann/Weber/Mitsch/*Eisele* § 26 Rdn. 10; *Eser* II Nr. 43 Rdn. A 23; *Fischer* Rdn. 16; *Hardtung* MK § 18 Rdn. 63; *Hirsch* GA **1972** 76; *Kindhäuser/Zimmermann* AT, § 38 Rdn. 21; *Jakobs* § 22 Rdn. 29; *Jescheck/Weigend* § 64 III 4; *Kudlich* JA **2000** 511, 515 ff; *Paeffgen* NK § 18 Rdn. 132 (beschränkt auf Leichtfertigkeit); *Rengier* Erfolgsqualifizierte Delikte und verwandte Erscheinungsformen (1986) 249 ff; *Schmidhäuser* AT § 14 Rdn. 128; *ders.* StuB § 10 Rdn. 129 (Zusammentreffen vorsätzlicher und fahrlässiger Teilnahme); *Stein* SK § 18 Rdn. 45; Sch/Schröder/*Sternberg-Lieben/Schuster* § 18 Rdn. 6.

Vorsatzteil in der Regel für sich allein nicht strafbar ist. Es genügt danach auch für den Anstifter, dass er bezüglich des Fahrlässigkeitsteils (wenigstens) sorgfaltswidrig handelt, was teils aus § 11 Abs. 2 direkt, teils aus § 29, teils durch eine Analogie zu § 18 abgeleitet wird.[206]

*Konstruktiv* beruht diese überwiegend vertretene Lösung auf der Prämisse, dass die Tat des Anstifters sich als Anstiftung zum Grunddelikt in Verbindung mit fahrlässiger (Neben-)Täterschaft hinsichtlich der schweren Folge darstellt.[207] Akzeptiert man diesen Ausgangspunkt, besteht hinsichtlich des Anstiftervorsatzes keine Besonderheit. Freilich kann man zu ganz anderen Ergebnissen kommen, wenn man, wie es *Gössel*[208] vertritt, die vorsätzlichen Grunddelikte mit fahrlässiger Erfolgsherbeiführung als Fahrlässigkeitstaten mit typisiertem Sorgfaltspflichtverstoß auffasst; dann ist mangels vorsätzlicher Haupttat überhaupt keine Anstiftung, sondern nur fahrlässige Nebentäterschaft möglich. Aber diese Konzeption und andere abweichende Lösungen[209] beruhen nicht auf Meinungsverschiedenheiten über die Anstiftung, sondern auf unterschiedlichen Ansichten über die Struktur der erfolgsqualifizierten Delikte; insoweit muss auf die Erläuterungen zu § 18 verwiesen werden. Immerhin lässt der Wortlaut des § 18, der ausdrücklich von „Tätern" und „Teilnehmern" spricht, darauf schließen, dass der Gesetzgeber eine Teilnahme am erfolgsqualifizierten Delikt für generell möglich und strafbar hält; auch kriminalpolitisch ist nicht recht einzusehen, warum der Anstifter hinsichtlich der schweren Folge nicht entsprechend dem Täter behandelt werden sollte, da der Gesetzgeber auch sonst den Anstifter „gleich einem Täter" (§ 26) zur Verantwortung zieht. 96

## V. Anstiftung zu (Garanten-)Sonderdelikten

Eine Anstiftung ist auch zu Delikten möglich, bei denen der Anstiftende nicht Täter sein könnte: 97 Wer also bei einem (Garanten-)Sonderdelikt (vgl. *Schünemann/Greco* LK § 25 Rdn. 56) als Extraneus den Intraneus zu einer tatbestandserfüllenden Pflichtverletzung, z. B. zu einer Rechtsbeugung (§ 336), einem Parteiverrat (§ 356), einer Unfallflucht (§ 142) oder einer Untreue (§ 266) veranlasst, kann ohne weiteres als Anstifter bestraft werden (zu den vom Gesetzgeber vorgesehenen strafrahmenändernden Akzessorietätslockerungen vgl. die Kommentierung zu §§ 28, 29). Die Strafbarkeit der Anstiftung entspricht heute der absolut h. M. und der Rspr (RGSt **63** 313, 318; BGHSt **4** 355, 359). Die zuletzt noch von *Schmidhäuser* (vgl. oben vor § 26 Rdn. 11) vertretene Gegenmeinung misst der Selbständigkeit des Teilnahmeunrechts zu große Bedeutung bei, wenn sie verlangt, dass sämtliche Merkmale des Täterunrechts auch beim Teilnehmer vorliegen müssten (vgl. oben vor § 26 Rdn. 5, 14–18). Mindestens für die Tätermerkmale kann eine solche Annahme der Natur der Sache nach nicht gelten; da aber gerade die im Tatbestand beschriebene Herrschaftsstellung das **Täter**merkmal der Sonderdelikte ist (vgl. *Schünemann/Greco* LK § 25 Rdn. 56 f), kann ihr Fehlen keinen Einfluss auf die Bestrafung des Anstifters (oder des Gehilfen) haben.[210]

Strafbar ist nach einhelliger Rspr. und absolut h. L. auch die Anstiftung zum **Unterlassungsdelikt.** Bestritten wurde dies allein von *Armin Kaufmann*[211] und im Anschluss an ihn von *Welzel*.[212] *Kaufmann* hielt eine Anstiftung zum Unterlassungsdelikt für „undenkbar": „Denn da ein ‚Unterlassungsvorsatz' nicht existiert, kann auch das Wesensmerkmal der Anstiftung nicht 98

**206** *Radtke* MK § 11 Rdn. 162 m. Nachw. der h. L.; dagegen *Noak* JuS **2005** 312.

**207** So auch BGHSt **19** 341 f; aus dem Schrifttum vgl. nur *Vogel/Bülte* LK § 18 Rdn. 70; **abl.** Sch/Schröder/*Sternberg-Lieben/Schuster* § 18 Rdn. 7.

**208** FS Lange 219 ff; *Maurach/Gössel*/Zipf[7] § 51 Rdn. 51.

**209** Aus dem Schrifttum: *Hanack/Sasse* DRiZ **1954** 217; *Oehler* GA **1954** 33; *Seebald* GA **1964** 161; *Ziege* NJW **1954** 179.

**210** Vgl. dazu in **krit.** Auseinandersetzung mit *Schmidhäuser* auch *Roxin* ZStW **83** (1971) 399.

**211** Die Dogmatik der Unterlassungsdelikte (1959) 190 ff.

**212** *Welzel* § 27 V 1.

erfüllt werden, nämlich einen Tatentschluß zu wecken".[213] Dem ist jedoch nicht zu folgen.[214] Es gibt sehr wohl einen Unterlassungsvorsatz in Gestalt des Entschlusses, in einen Kausalverlauf nicht einzugreifen; die Erregung dieses Entschlusses durch einen anderen genügt für eine Strafbarkeit nach § 26.[215]

## VI. Einheit und Mehrheit der Anstiftung; Täterschaft und Teilnahme bei der Anstiftung

### 1. Handlungseinheit und -mehrheit bei der Anstiftung

99 **Mehrere Einwirkungshandlungen** des Anstifters, die auf die Erregung desselben Tatentschlusses abzielen, begründen nur *eine* Anstiftung. Da die „Tat" des Anstifters i. S. der §§ 52, 53 seine Anstiftungshandlung und nicht die Tatbestandserfüllung durch den Täter ist, liegt ebenso auch dann nur *eine* Anstiftung i. S. des § 52 vor, wenn jemand durch *eine* Aufforderung einen Täter zu mehreren Straftaten oder mehrere Täter zu mehreren Straftaten veranlasst. Die früher vielfach vertretene Gegenmeinung, die aus der akzessorischen Natur der Teilnahme folgerte, dass so viele in Realkonkurrenz stehende Anstiftungshandlungen wie Tätertaten anzunehmen seien (so auch RGSt **38** 26, 27; **51** 97, 101), ist heute allgemein aufgegeben.[216] Dagegen liegen mehrere selbständige Anstiftungen vor, wenn durch mehrere Handlungen ein Täter zu mehreren Straftaten veranlasst wird oder wenn dadurch verschiedene Täter zur Begehung von Straftaten motiviert werden.

### 2. Anstiftung in Mittäterschaft

100 Gemeinsame Anstiftung in Mittäterschaft (sog. Mitanstiftung) ist **möglich** (vgl. *Schünemann/Greco* LK § 25 Rdn. 193). Der Ausdruck „Täter" in § 25 bezieht sich nicht nur auf die Tatbestände des Besonderen Teils, sondern umfasst auch die Teilnahmeformen.[217] Erforderlich ist nur, dass die allgemeinen Voraussetzungen der Mittäterschaft erfüllt sind, d.h. dass mehrere Personen durch arbeitsteiliges Zusammenwirken – etwa im Rahmen eines gemeinsamen Gespräches – den Tatentschluss hervorrufen (zu den Voraussetzungen der Mittäterschaft vgl. allg. *Schünemann/Greco* LK § 25 Rdn. 175 ff). Nach der Rspr. (BGH MDR **1953** 400; NStZ **2000** 421, 422) soll der subjektiven Seite dabei besondere Bedeutung zukommen, so dass derjenige, der dem anderen anheim stellt, ob es zur Anstiftung kommen soll oder nicht, nur eine Beihilfe zu dessen Anstiftung leiste. Ein zwingender Grund, von den allgemeinen Regeln zur Bestimmung der Mittäterschaft abzuweichen, besteht aber nicht.

101 Die hier vertretene Auffassung entspricht der h. M.,[218] wird aber von *Gössel*[219] abgelehnt. Der Anstifter sei nicht Täter, und wer nicht Täter sein könne, könne „auch nicht mittelbarer Täter sein und ebenso wenig Mittäter"; wer „Mittäterschaft für denkbar" halte, müsse „Teilnah-

---

**213** AaO (Fn. 211) 191.

**214** Ausführliche **krit.** Auseinandersetzung mit *Kaufmann* bei *Roxin* TuT S. 510 bis 525; *Stree* GA **1963** 1 ff ist unabhängig davon zu denselben Ergebnissen gekommen. Den Kritikern *Kaufmanns* hat sich (mit der Ausnahme *Welzels*) das gesamte Schrifttum angeschlossen.

**215** Zu den zusätzlichen Schwächen von *Kaufmanns* eigener Lösung, Täterschaft anzunehmen, s. *Roxin* LK[11] Rdn. 102.

**216** RGSt **70** 26; 70 334; 70 344; BGHSt **37** 219; BGH StV **1983** 456; BGH NStZ **1995** 126; BGHR StGB § 52 Abs. 1 Handlung, dieselbe 33. Weit. Nachw. zur Diskussion bei *Tadaki* FS Schreiber 187 ff.

**217** Vgl. schon RGSt **13** 121, 123; **53** 189 f; **71** 23 ff; RG HRR **1941** Nr. 727; BGH bei Dallinger MDR **1953** 400; BGH NStZ **2000** 421.

**218** Wie hier außer der in Fn. 216 nachgewiesenen Rspr. auch *Jescheck/Weigend* § 64 III 2a; *Stratenwerth/Kuhlen* AT § 12 Rdn. 223.

**219** *Maurach/Gössel/Zipf*[7] § 50 Rdn. 130.

me als eine selbständige Straftat des Teilnehmers ansehen", was nicht angängig sei. Jedoch ist nicht einzusehen, warum die Anstiftung i. V. m. der durch sie herbeigeführten Ausführungshandlung keine „Straftat" i. S. des § 25 Abs. 2 sein soll.[220] Wenn der Gesetzgeber die Anstiftung der Täterschaft gleichgestellt hat, ist es konsequent, auch eine mittäterschaftliche Anstiftung (wie eine mittäterschaftliche Täterschaft) anzuerkennen. Im Übrigen ist die praktische Bedeutung der Streitfrage gering, weil bei Ablehnung einer Mittäterschaft die gemeinschaftlich Anstiftenden meist jeder für sich als Anstifter oder doch wenigstens als Gehilfe strafbar wären.[221]

### 3. Anstiftung in Nebentäterschaft

Auch die Nebentäterschaft ist bei der Anstiftung **häufig** (vgl. *Schünemann/Greco* LK § 25 Rdn. 246 f). Sie liegt vor, wenn jemand durch mehrere, unabhängig voneinander auf ihn einwirkende Personen zu einer strafbaren Handlung angestiftet wird. 102

### 4. Anstiftung in mittelbarer Täterschaft

Ebenso ist eine Anstiftung in mittelbarer Täterschaft **möglich**. Sie liegt z. B. vor, wenn jemand durch eine notstandsbegründende Drohung (§ 35) oder durch Täuschung einen anderen dazu bringt, seinerseits bei einem Dritten einen Tatentschluss hervorzurufen (zu den Voraussetzungen der mittelbaren Täterschaft vgl. *Schünemann/Greco* LK § 25 Rdn. 79 ff). Allerdings muss der mittelbare Anstifter seine objektiv bestehende Herrschaft auch kennen, um die Tatherrschaft zu haben; wenn der Hintermann irrtümlich „annimmt, der Mittelsmann überschaue den Sachverhalt" (so in BGHSt **8** 137, 139 m. Anm. *Gallas* JR **1956** 226), fehlt es an einer mittelbaren Täterschaft. Da eine Anstiftung zur Anstiftung den Vorsatz des Mittelsmannes voraussetzt, lag in dem vom BGH entschiedenen Fall wohl nur eine versuchte Anstiftung vor. Lehnt man, wie *Gössel* (dazu Rdn. 101), die Möglichkeit einer Anstiftung in mittelbarer Täterschaft ab, so muss man eine unmittelbare Anstiftung zur Haupttat annehmen, was im Ergebnis auf dasselbe hinausläuft.[222] 103

### 5. Die Kettenanstiftung

Anstiftung zur Anstiftung (Kettenanstiftung) liegt vor, wenn jemand einen anderen anstiftet, seinerseits einen Dritten zur Begehung einer Straftat anzustiften.[223] Sie wird als Anstiftung zur Haupttat bestraft.[224] Dabei ist nicht erforderlich, dass der entferntere Anstifter die Zahl der Bestimmenden, die zwischen dem von ihm zur Anstiftung Bestimmten und dem Haupttäter stehen, kennt; auch den Haupttäter braucht er nicht namentlich zu kennen (BGHSt **6** 359). Allerdings müssen die – von BGHSt **34** 63 freilich überhöhten, vgl. Rdn. 39 ff – Anforderungen an die Bestimmtheit der Tat für jedes Glied in der Kette der Anstifter besonders geprüft werden; hat jemand keine hinreichend klare Vorstellung von der Haupttat, um die es geht, kann er auch nicht als Anstifter zur Verantwortung gezogen werden. Auch der Aufforderungscharakter der Anstiftung (Rdn. 2 ff) muss bei jedem Zwischenanstifter vorliegen. 104

---

**220** *Schmitt* Jura **1982** 549, 553 hält dies für eine (im Ergebnis aber zulässige) Analogie.
**221** Vgl. *Maurach/Gössel*/Zipf[7] § 50 Rdn. 131.
**222** *Maurach/Gössel*/Zipf[7] § 50 Rdn. 131; wie hier *Jescheck/Weigend* § 64 II 2a; *Stratenwerth/Kuhlen* AT § 12 Rdn. 223.
**223** Näher zur Kettenanstiftung *Schwind* MDR **1969** 13; *D. Meyer* JuS **1973** 755; *Küpper* JuS **1996** 25; sodann vor allem die Diss. von *Janß, Sippel* und *Selter*. Abw. zur Kettenanstiftung *Maurach/Gössel*/Zipf[7] § 50 Rdn. 132 bis 137, wo „zumeist" (Rdn. 137) eine direkte Anstiftung zur Haupttat bejaht wird, was dann zum selben Ergebnis führt.
**224** BGHSt **6** 359; **7** 237; **8** 137; **14** 157; einschränkend *Selter* S. 172.

105 Aufgrund der Überlegung, dass die tätergleiche Bestrafung der Anstiftung eine tätergleiche Strafwürdigkeit voraussetze (vgl. Rdn. 2ff, 15), sind einige Arbeiten darum bemüht, die Strafbarkeit der Kettenanstiftung weiter einzuschränken. Nach *Janß* (S. 173) muss der Anstifter (sei es auch durch Boten) „unmittelbar in Kontakt zu dem Täter" treten. Dies impliziere, „daß der Täter weiß, von wem die Erklärung herrührt, mit wem er ‚paktiert'". In ähnlicher Weise beurteilt *Sippel* (S. 82) Anstiftung als „das gezielte Hervorrufen des Tatentschlusses bei einem anderen im Wege eines geistigen Kontaktes durch einen Anstifter, der sich als solcher dem Haupttäter zu erkennen gibt". Beide Autoren wollen also die anonym bleibenden Erst- oder Zwischenanstifter nicht als Anstifter gelten lassen, was auf eine weitgehende Ablehnung der Kettenanstiftung hinausläuft. Dagegen spricht aber erstens, dass der Gesetzgeber in § 30 Abs. 1 und 2 die Kettenanstiftung offensichtlich anerkennt („ein Verbrechen zu begehen oder zu ihm anzustiften"); und zweitens, dass der anonym bleibende Hintermann gerade im Bereiche der organisierten Kriminalität, wo die Kettenanstiftung ihre wesentliche Bedeutung hat, in der Regel der gefährlichste und strafwürdigste ist (vgl. die vom BGH als mittelbare Täterschaft qualifizierte Verantwortlichkeit der Mitglieder des Nationalen Verteidigungsrates der DDR für die Tötungen an der innerdeutschen Grenze, BGHSt **40** 218, 242ff und dazu *Schünemann/Greco* LK § 25 Rdn. 144, die das LG Berlin als Vorinstanz nur als Kettenanstiftung gewürdigt hatte, NJ **1994** 210, 213).

### 6. Beihilfe zur Anstiftung; Anstiftung zur Beihilfe

106 Beihilfe zur Anstiftung („Der Gehilfe bringt den Haupttäter dazu, dem Anstifter zuzuhören") und Anstiftung zur Beihilfe („Der Anstifter schenkt einem Waffenbesitzer Geld, damit dieser die Waffe dem Haupttäter leiht")[225] sind demgegenüber als **Beihilfe zur Haupttat** zu bestrafen;[226] denn in beiden Fällen wird kein Tatentschluss durch den Helfenden oder Anstiftenden erregt, sondern die Tat nur mittelbar gefördert (vgl. näher *Schünemann/Greco* LK § 27 Rdn. 83). Zur Abgrenzung der Beihilfe zur Anstiftung von der Mitanstiftung s. oben Rdn. 98.

## VII. Ort, Zeit und Verjährung der Anstiftung

107 Für den **Ort** der Begehung einer Anstiftung gilt § 9 Abs. 2. Die Anstiftung ist danach sowohl an dem Ort begangen, an dem die Tat begangen ist, als auch an jedem Ort, an dem der Anstifter gehandelt hat oder an dem nach seiner Vorstellung die Tat begangen werden sollte. Hat der Anstifter zu einer Auslandstat im Inland gehandelt, so gilt für die Anstiftung das deutsche Strafrecht, auch wenn die Tat nach dem Recht des Tatortes nicht mit Strafe bedroht ist. Vgl. näher die Kommentierung zu § 9 Abs. 2.

108 **Tatzeit** ist für die Anstiftung nach § 8 die Zeit der Anstiftertätigkeit. Für die Frage, welches Recht auf die Anstiftung anzuwenden ist oder ob der Anstifter z. B. einem Straffreiheitsgesetz unterfällt, kommt es also nicht auf den Zeitpunkt der Tatbegehung, sondern auf den der Anstiftungshandlung an. Vgl. näher die Kommentierung zu § 8. Dagegen fällt der **Verjährungsbeginn** gegen den Anstifter mit dem beim Angestifteten zusammen, weil von dessen Tat die Strafbarkeit der Anstiftung abhängig ist (vgl. § 78a S. 2). Etwas anderes gilt nur dann, wenn der Tatbeitrag einzelner schon vorher beendigt wurde, z. B. wenn sich die Beteiligung nur auf den Teilakt einer Fortsetzungstat bezog (vgl. BGHSt **20** 227; BGH bei Holtz MDR **1978** 803; StV **1990** 404; Lackner/Kühl/*Kühl* § 78a Rdn. 10). Die Verjährung einer ausländischen Straftat nach ausländischem

225 Beide Beispiele stammen von *Jakobs* § 22 Rdn. 30, der auch im Ergebnis übereinstimmt. Vgl. auch Lackner/Kühl/*Kühl* Rdn. 8 sowie den instruktiven Fall BGH NStZ **2000** 421.

226 BGH NStZ **1996** 562; OLG Bamberg NJW **2006** 2935 (2937) m. Bspr. *H.E. Müller* StV **2007** 529 (**krit.**) und *Hecker* ZJS **2012** 485 (490).

Recht führt nicht zur Verjährung einer im Inland begangenen Anstiftung, die sich nach inländischem Recht richtet (RGSt **9** 10).

## VIII. Die Strafe des Anstifters

Der Anstifter ist nach dem Wortlaut des § 26 „gleich einem Täter", d. h. nach dem **Strafrahmen der Tätertat,** zu bestrafen, wobei selbstverständlich seine Strafe im konkreten Fall niedriger oder auch höher als die des Täters sein kann. Bleibt die Haupttat im Versuch stecken, so kann die Strafe des Anstifters in derselben Weise wie die des Täters gemildert werden. Modifikationen der Anstifterstrafe enthält § 28. Zur kriminalpolitischen Beurteilung der tätergleichen Bestrafung des Anstifters vgl. Rdn. 15. Bei Zusammentreffen verschiedener Beteiligungsformen tritt die leichtere hinter der schwereren als subsidiär zurück, so dass also die Beihilfe gegenüber der Anstiftung (BGHSt **4** 244), aber auch die Anstiftung gegenüber allen Formen der Täterschaft subsidiär ist (RGSt **33** 401; **44** 208, 211; **62** 74 f; **63** 133 f; BGHSt **62** 96 [100 f. Rdn. 16]). In Sonderfällen will die Rspr. eine Idealkonkurrenz von Täterschaft und Beihilfe (RGSt **70** 138) oder Mittäterschaft und Anstiftung (RGSt **70** 293; OLG München NJW **1950** 879) zulassen. Selbstverständlich verletzt es das Doppelverwertungsverbot des § 46 Abs. 3, wenn dem Anstifter straferschwerend zur Last gelegt wird, dass er der „eigentliche Initiator der Taten" war (BGH StV **2002** 19). 109

## § 27 Beihilfe

**(1) Als Gehilfe wird bestraft, wer vorsätzlich einem anderen zu dessen vorsätzlich begangener rechtswidriger Tat Hilfe geleistet hat.**
**(2) Die Strafe für den Gehilfen richtet sich nach der Strafdrohung für den Täter. Sie ist nach § 49 Abs. 1 zu mildern.**

Fassung vor dem 1.1.1975:

**§ 49**

(1) Als Gehilfe wird bestraft, wer dem Täter zur Begehung einer als Verbrechen oder Vergehen mit Strafe bedrohten Handlung durch Rat oder Tat wissentlich Hilfe geleistet hat.

(2) Die Strafe des Gehilfen ist nach demjenigen Gesetze festzusetzen, welches auf die Handlung Anwendung findet, zu welcher er wissentlich Hilfe geleistet hat, kann jedoch nach den über die Bestrafung des Versuchs aufgestellten Grundsätzen ermäßigt werden.

Frühere Fassung des § 49 Abs. 1 vor der VO v. 20.5.1943 (RGBl. I 339/341):

Als Gehilfe wird bestraft, wer dem Täter zur Begehung des Verbrechens oder Vergehens durch Rat oder Tat wissentlich Hilfe geleistet hat.

Frühere Fassung des § 49 Abs. 2:

Die Strafe des Gehilfen ist nach demjenigen Gesetze festzusetzen, welches auf die Handlung Anwendung findet, zu welcher er wissentlich Hilfe geleistet hat, jedoch nach den über die Bestrafung des Versuchs aufgestellten Grundsätzen zu ermäßigen.

### Schrifttum

s. Vor § 26 und Vor § 25.

### Entstehungsgeschichte

s. Vor § 25.

### Übersicht





https://doi.org/10.1515/9783110300451-012

## Alphabetisches Stichwortverzeichnis

## I. Grundsätzliches zur Hilfeleistung

### 1. Der Streitstand

1 Das Gesetz bezeichnet als **Gehilfen** denjenigen, der vorsätzlich einem anderen zu dessen vorsätzlich begangener rechtswidriger Tat Hilfe leistet. Als Hilfeleistung kommt jeder Tatbeitrag in Betracht, der nicht als Täterschaft oder Anstiftung zu qualifizieren ist (zur Abgrenzung der Beihilfe von der Täterschaft vgl. *Schünemann/Greco* LK § 25 Rdn. 1 ff, 43 ff, zur Anstiftung *Schünemann/Greco* LK § 26 Rdn. 17 ff). Beim Begriff der Hilfeleistung ist die zentrale Frage, um die schon seit den Anfängen der reichsgerichtlichen Rechtsprechung und seit 1966 wieder mit vermehrter Heftigkeit gestritten wird, ob die Beihilfe zur vollendeten Tat eine **Kausalität** der Hilfeleistung für den Erfolg voraussetzt. In der Judikatur ist dies stets verneint worden. Die Leitentscheidung RGSt **58** 113ff sagt dazu (S. 114 f): „Daß der **Erfolg** der Haupttat durch die Gehilfentätigkeit ursächlich mitbewirkt, gefördert oder erleichtert wird, ist ... nicht erforderlich. Der Tatbestand der einmal geleisteten Beihilfe wird nicht dadurch beseitigt, daß die Gehilfentätigkeit für den mit ihr beabsichtigten und tatsächlich eingetretenen Erfolg einflußlos gewesen ist ... Die bloße Absicht des Gehilfen, durch seine Hilfeleistung die Haupttat zu unterstützen und zu fördern, reicht allerdings zur Annahme einer ... strafbaren Beihilfe nicht aus. Es muß hinzukommen, daß die den Verbrechenstatbestand verwirklichende **Handlung,** bevor sie zum Abschluß gekommen ist, zu irgendeinem Zeitpunkt durch das Tätigwerden des Gehilfen tatsächlich gefördert worden ist." Auf dieser Linie liegt – mit gewissen Schwankungen in der Begründung und in den Ergebnissen – auch die übrige Rechtsprechung.[1] Diese Auffassung hat vor allem im älteren Schrifttum gelegentlich Beifall,[2] überwiegend jedoch Ablehnung gefunden. Die

1 RG Rspr. **4** 464; **9** 149; RGSt **4** 95 f; **6** 169 f; **8** 267 f; **13** 265 ff; **27** 157 f; **28** 266 f; **51** 136, 141; **67** 191, 193; **71** 176, 178; **73** 53; **75** 112 f; BGHSt **8** 390; BGH VRS **8** 201; **23** 209; BGH bei Dallinger MDR **1967** 173; **1972** 16; StV **1981** 72; DAR **1981** 226; NJW **2003** 2996 (2999); NJW **2007** 384 Rdn. 39; NStZ **2007** 230 (232 Rdn. 12); NStZ **2008** 284; BGHSt **54** 140 (143 Rdn. 7); NStZ **2012** 264; NStZ **2012** 316; BGHSt **61** 252 (257 f. Rdn. 17); NStZ-RR **2015** 343 (344); NStZ **2016** 39 (Rdn. 15); NStZ-RR **2016** 136 (137); NStZ **2017** 337 (338); NStZ **2017** 465 (467); BGHSt **64** 10 (31 Rn. 95); NStZ **2019** 461 (Rdn. 7); NStZ-RR **2020** 184 (186); OGHSt **1** 321, 330; **2** 23, 44; BayObLGSt **1959** 132, 138; OLG Hamm HESt **2** 244; OLG Hamburg JR **1953** 27; OLG Freiburg JZ **1951** 85. Gute Zusammenstellungen der älteren Judikatur finden sich bei *Samson* Kausalverläufe S. 55 ff und *Dreher* MDR **1972** 553 ff.

2 *Binding* Strafrechtliche und strafprozessuale Abhandlungen I (1915) 311; v. *Hippel* II S. 462; *H. Mayer* AT S. 323; *Sauer* AT S. 223; *v. Weber* S. 72 und JZ **1951** 85; *Wegner* S. 237. Aus dem gegenwärtigen Schrifttum: *Blei* I § 80 II 2b; Baumann/Weber/Mitsch/*Eisele* § 26 Rdn. 104; *Frister* AT § 28 Rdn. 34 ff; *Haas* MR Rdn. 6; *Jakobs* FS Rüping 26 f; *Krey/Esser* AT § 32 Rdn. 1079; *Wessels/Beulke/Satzger* Rdn. 902; *Puppe* GA **2013** 532 ff; Maurach/Gössel/Zipf/*Renzikowski* § 52 Rdn. 17 f; wohl auch *Seher* JuS **2009** 795.

h. L. hält bei mannigfachen Differenzen im Einzelnen an der Forderung fest, dass der Tatbeitrag des Gehilfen für den Erfolg ursächlich gewesen sein müsse,[3] während andere Autoren die Beihilfe als Gefährdungsdelikt auffassen. Dabei wird teils im Sinne eines konkreten Gefährdungsdeliktes nur, aber auch stets verlangt, dass der Gehilfe durch seinen Beitrag den Erfolg der Tat wahrscheinlicher mache, das Risiko des Erfolgseintrittes erhöhe;[4] teils wird mit Hilfe einer konkret-abstrakten Betrachtungsweise darauf abgestellt, dass der Gehilfe einen Beitrag leisten müsse, der die Tathandlung konkret fördere und dabei zur Mitherbeiführung des Erfolges generell geeignet sei;[5] teils wird auch eine nur abstrakte Gefährdung des tatbestandlich geschützten Rechtsgutes als für eine vollendete Beihilfe ausreichend angesehen.[6]

## 2. Beihilfe als rechtlich missbilligte, kausale Risikosteigerung

**a) Die Notwendigkeit einer Kausalität der Beihilfe.** Grundsätzlich wird von der im Schrift- 2
tum herrschenden Meinung auszugehen sein. Danach muss die Beihilfe für den Erfolg in der Weise kausal sein, dass der Beitrag des Gehilfen die Tatbestandsverwirklichung ermöglicht, erleichtert, intensiviert oder absichert. An dem Erfordernis einer in diesem Sinne zu verstehenden Kausalität ist festzuhalten. Denn erstens ist die Kausalität schlechthin die notwendige, wenn auch nicht immer (und auch hier nicht, vgl. Rdn. 5 f) hinreichende Bedingung für die Zurechnung zur Begehungstat. Zweitens gestattet der Strafgrund der Teilnahme kein Absehen von der Ursächlichkeit des Gehilfenbeitrages: Versteht man die Teilnahme als „akzessorischen Rechtsgutsangriff" (*Schünemann/Greco* LK Vor § 26 Rdn. 7, 18), so kann man wie bei allen Varianten der Verursachungstheorie (*Schünemann/Greco* LK Vor § 26 Rdn. 11 ff) von einem gelungenen Angriff und damit von einer vollendeten Teilnahme nicht sprechen, wenn der Beitrag des Gehilfen sich bei der Tatbestandsverwirklichung nicht ausgewirkt hat. Drittens schließlich verwischt man die Grenzen zwischen der straflosen versuchten und der strafbaren vollendeten Beihilfe, wenn man Förderungs- und Gefährdungshandlungen, die auf das Tatbestandsgeschehen ohne Einfluss geblieben sind, als vollendete Beihilfe bestraft.[7]

**b) Die nähere Bestimmung der Kausalität.** Mit der Entscheidung für das Kausalitätserfor- 3
dernis beginnen aber die Probleme erst. Denn es ist überaus **umstritten,** was man bei der Beihilfe unter Kausalität verstehen und wie man sie feststellen soll. Einigkeit besteht heute darüber, dass eine Kausalität nicht nur dann besteht, wenn ohne den Gehilfenbeitrag der Erfolg entfallen wäre. Das kann im Einzelfall so sein (etwa wenn der Mord ohne die Beschaffung des Giftes nicht hätte ausgeführt werden können). Aber es genügt völlig eine Mitwirksamkeit des

3 So *Claß* FS Stock 115 ff; *Dreher* MDR **1972** 553 ff; *Samson* Kausalverläufe S. 55 ff; *ders.* FS Peters 121 ff. Aus der Kommentar- und Lehrbuchliteratur: *Bockelmann/Volk* § 25 III 2a; *Fischer* Rdn. 14a f; *Hoyer* SK Rdn. 3 ff; *Jescheck/Weigend* § 64 IV 2c; *Joecks* Rdn. 33; *Kühl* AT § 20 Rdn. 214 ff; Lackner/Kühl/*Kühl* Rdn. 2; *Maurach/Gössel/Zipf*[7] § 52 Rdn. 18 ff; *Mezger* S. 411; *Schmidhäuser* AT § 14 Rdn. 143, StuB § 10 Rdn. 146; Sch/Schröder/*Heine/Weißer* Rdn. 6; *Samson* SK[5] Rdn. 9 f; *Welzel* § 16 III 3. Auch der BGH in Zivilsachen (NJW **1988** 2794) stellt auf die Kausalität ab: „Eine Beihilfehandlung erbringt objektiv derjenige, dessen Handlung für die Haupttat ursächlich geworden ist und die Rechtsgutsverletzung ermöglicht hat" (a. a. O. S. 2797). Ob die Kausalität eine notwendige Bedingung der Beihilfe sein soll, bleibt allerdings offen. Diese h. L. präzisierend *Fad* Die Abstandnahme des Beteiligten von der Tat im Vorbereitungsstadium (2005) S. 199 ff: nur eine Kausalität zwischen Gehilfenhandlung und der Handlung des Haupttäters (nicht dessen Erfolg) sei zu verlangen.

4 *Salamon* passim; *Schaffstein* FS Honig 169 ff; wohl auch *Stratenwerth/Kuhlen* AT § 12 Rdn. 158.

5 *Vogler* FS Heinitz 295; ihm folgend *Preisendanz* Anm. 3d.

6 *Herzberg* GA **1971** 4 ff; auch *H. Mayer* Studienbuch § 39 V 1a spricht davon, die Hilfeleistung müsse „wenigstens abstrakt geeignet sein, die Tat zu fördern".

7 In allen Folgerungen für die Beihilfe ganz übereinstimmend *Rudolphi* StV **1982** 518; im Wesentlichen auch *Ranft* ZStW **97** (1985) 287.

Gehilfenbeitrages, eine die Begehung in irgendeiner Weise beeinflussende „Modifikationskausalität", wie sie etwa vorliegt, wenn jemand dem Einbrecher Handschuhe mitgibt, damit er die Fensterscheibe besser eindrücken kann. *Claß*[8] hat hier von einem „herabgemindert wirksamen Kausalanteil" gesprochen, den er „als bloße Zufluß- oder Verstärkerkausalität" bezeichnet und die er für eine Beihilfe genügen lassen will. Das ist im Ergebnis zutreffend, bezeichnet aber keine besondere Art von Kausalität, sondern nur eine konsequente Anwendung der für die Äquivalenzformel auch sonst geltenden Grundsätze. Wenn *Claß*[9] etwa den Fall bildet, dass jemand einem Tresorknacker, der am Safe herumbohrt, einen sofort öffnenden Schlüssel reicht, so ergibt sich die Kausalität dieses Gehilfenbeitrages ohne Weiteres daraus, dass der wirkliche Geschehensablauf durch die Verwendung des Schlüssels erleichtert bzw. verfrüht (beschleunigt) worden ist. Es kann hier wie überall nur auf das konkrete Bild der Tatausführung ankommen, genauer: auf deren Zeitpunkt und Intensität bzw. Quantität,[10] während die hypothetische Frage, ob die Tat auch beim Wegfall des Gehilfenbeitrages zur Vollendung gekommen wäre, außer Betracht bleiben muss.[11] Ebenso ist die Wichtigkeit oder Unwichtigkeit eines Tatbeitrages, die für die Bejahung einer Mittäterschaft entscheidende Bedeutung hat (*Schünemann/Greco* LK § 25 Rdn. 176, 211), auf die Kausalität einer Beihilfe ohne Einfluss; auch wer dem Tresorknacker während der Arbeit eine Flasche Bier zur Erfrischung reicht, ist in diesem Sinne kausal.[12]

4 Um eine Präzisierung des vorstehend wie in der bisherigen Diskussion überhaupt zumeist intuitiv verwendeten Kausalbegriffs hat sich *Osnabrügge*[13] im Anschluss an die Kausalitätstheorie seiner Lehrerin *Puppe*[14] verdient gemacht, wobei er damit auch die meisten Zurechnungsprobleme zu lösen versucht. Die Kausalität in dem Sinne, dass die Hilfeleistung ein notwendiger Bestandteil einer nach allgemeinen strikten Gesetzen hinreichenden Mindestbedingung für den tatbestandlichen Erfolg ist, sei danach für die Annahme einer physischen Beihilfe notwendig und hinreichend, während im Bereich der psychischen Einflussnahme keine Kausalgesetze existieren würden und es deshalb ausreiche, dass die Einflussnahme den Erfolg wahrscheinlicher gemacht habe.[15]

5 **c) Die Chancenerhöhung als hinzutretendes Zurechnungskriterium.** Allerdings kann **nicht,** wie *Mezger*[16] es wollte, **jegliche Modifikation des Tatbildes** für die Annahme einer Beihilfe genügen. Wenn *Mezger* die Hingabe eines Schlüssels, den der Täter zwar bei sich trägt, aber überhaupt nicht verwenden will, als für eine Beihilfe ausreichend ansieht (weil ein Täter mit Schlüssel etwas anderes sei als ein Täter ohne Schlüssel), so ist dem nicht zu folgen. Denn zwar können auch untaugliche Beiträge das Geschehen verändern. Wollte man aber deshalb eine vollendete statt nur eine versuchte Beihilfe annehmen, so würde dadurch „das Kausalitätsprinzip als Zurechnungserfordernis ad absurdum geführt",[17] weil der Zweck seiner Heranziehung (die Abschichtung von strafbarer vollendeter und strafloser versuchter Beihilfe) von vornherein vereitelt wäre. Auch erscheint es nicht sinnvoll, etwa jemanden wegen Beihilfe zu bestrafen, der dem zum Diebstahl aufbrechenden Täter lediglich eine Feder an den Hut gesteckt

**8** FS Stock 125 f.
**9** FS Stock 116.
**10** Als Merkmale, anhand derer die nach h. M. verschwommen gebliebene Figur des „Erfolgs in seiner konkreten Gestalt" zu bilden ist, vgl. *Roxin/Greco* AT I § 11 Rdn. 21.
**11** Vgl. dazu nur *Samson* FS Peters 124 unter Hinweis auf die grundlegende Schrift von *Engisch* Die Kausalität als Merkmal der strafrechtlichen Tatbestände (1931).
**12** **AA** offenbar *Herzberg* GA **1971** 6.
**13** Beihilfe S. 43 ff für die physische, 161 ff für die psychische Beihilfe.
**14** Aktuelle Fassung und Auseinandersetzung mit Kritikern bei *Puppe* NK Vor § 13 Rdn. 80 ff.
**15** Zusammenfassend *Osnabrügge* Beihilfe S. 261 f.
**16** *Mezger* S. 413.
**17** *Schaffstein* FS Honig 176.

oder der ein Tatmittel heimlich gegen ein anderes völlig gleichwertiges ausgetauscht hat.[18] Vielmehr ist unter den die Ausführung modifizierenden Bedingungen eine einschränkende Auswahl zu treffen, indem als Beihilfe nur solche Handlungen beurteilt werden, die den Erfolg ermöglichen, erleichtern, intensivieren oder sein Gelingen absichern, die also dem Täter bei Ausführung der Tat nützlich sind, seine Lage verbessern und ihm in diesem Sinne helfen.[19] Das steht völlig in Übereinstimmung mit den allgemeinen Grundsätzen der Zurechnungslehre, wonach nur solche Handlungen strafrechtlich zugerechnet werden dürfen, die das Risiko der Herbeiführung eines rechtlich missbilligten Erfolges bzw. die Gelingens-Chance eines Deliktes in irgendeiner Weise erhöht haben.[20] Diese Einsicht gilt für alle Begehungsdelikte schlechthin und muss deshalb im Besonderen auch für die nicht durch spezifische Täter- oder Tatbestandskriterien qualifizierte, auf keine bestimmte Begehungsweise festgelegte Beihilfe Gültigkeit haben.

Wenn demnach die Beihilfe als ein **akzessorischer Rechtsgutsangriff durch kausale Risikoerhöhung** verstanden werden kann, so scheidet als Beihilfe zunächst trotz seiner Kausalität jeder Beitrag aus, der die Erfolgschance vermindert hat, indem er die Tat zwar nicht verhinderte, aber doch erschwerte oder verzögerte, die Situation des Täters also per saldo verschlechterte. So hat denn auch das OLG Stuttgart (NJW **1979** 2573) entschieden, dass eine „Gefahrminderung" bzw. „Risikoverringerung" eine „objektive Zurechnung als Gehilfenbeitrag" ausschließt. Keine strafbare Beihilfe ist aber auch eine Geschehensbeeinflussung, die für den Erfolg weder nützlich noch schädlich, sondern gleichgültig war. In dem Schulbeispiel der dem Täter gereichten Flasche Bier (Rdn. 3) ist also zu unterscheiden. Strafbare Beihilfe liegt vor, wenn dem nach stundenlanger Arbeit mit der Bohrmaschine ermüdeten Bankeinbrecher das Getränk zur Erfrischung und Stärkung gereicht wird; denn dadurch wird die Deliktsausführung – sei es auch geringfügig – positiv beeinflusst. Ist dagegen eine Chancensteigerung schlechthin nicht ersichtlich – z. B. wird das Getränk dem Urkundenfälscher während seines rasch zu erbringenden Handlungsaktes zugetragen –, so ist auch eine Beihilfe abzulehnen; die deliktsfreundliche Gesinnung des bewirtend Hinzutretenden genügt dafür nicht. Erst recht liegt keine Beihilfe vor, wenn jemand dem Täter, der etwa gerade auf einen anderen schießen will, einen Trunk anbietet und dadurch die Ausführung mit möglicherweise vereitelnder Wirkung verzögert; denn darin liegt sogar eine Chancenverschlechterung. 6

**d) Die Ausschaltung hypothetischer Kausalverläufe.** Zu beachten ist, dass bei Beurteilung der Chancenerhöhung auf den konkreten Sachverhalt abgestellt werden muss und **kein hypothetischer Sachverhalt hinzugedacht** werden darf. Wenn in einem viel diskutierten Beispiel *Schaffsteins*[21] jemand dem Einbrecher die Leiter zum Tatort trägt, die dieser ggf. auch selbst hätte tragen können, so ist dies entgegen der Auffassung *Schaffsteins* eine strafbare Beihilfe. Denn in concreto ist die Herbeischaffung der Leiter für den Erfolg kausal geworden, indem sie ihn ermöglicht oder wenigstens die Chance des Täters wesentlich erhöht hat. Der Erfolg, also der Diebstahl, konnte wegen der Leiter zu einem anderen, i. d. R. früheren Zeitpunkt eintreten. Zu einem anderen Ergebnis kann man nur kommen, wenn man ein hypothetisches anderes Verhalten (das Tragen der Leiter durch den Täter selbst) hinzudenkt. Das ist aber unzulässig, weil ein strafbares Verhalten nicht dadurch irrelevant werden kann, dass erforderlichenfalls auch ein anderer eingesprungen wäre. Sonst müsste jeder Gehilfe straflos sein, wenn notfalls der Täter dessen noch so wichtigen Beitrag selbst übernommen hätte (z. B. er hätte sich den 7

**18** Das letzte Beispiel stammt von *Samson* FS Peters 129.

**19** In wichtigen Punkten übereinstimmend *Samson* Kausalverläufe, passim, und FS Peters 121 ff. Über Abweichungen zwischen seiner und der hier vertretenen Auffassung vgl. Rdn. 35. Wie hier auch Sch/Schröder/*Heine*/*Weißer* Rdn. 6 f.

**20** Vgl. dazu grundsätzlich *Roxin* Strafrechtliche Grundlagenprobleme (1973) 123 ff (= FS Honig 133 ff), sowie *Roxin*/*Greco* AT I § 11 Rdn. 44 ff.

**21** FS Honig 182.

unerlässlichen Dietrich, den der Gehilfe beschafft hat, notfalls auch selbst besorgt). Aus ebendiesem Grund genügt für eine Beihilfe zum unerlaubten Aufenthalt eines Ausländers (§ 95 Abs. 1 Nr. 2 AufenthG), dass man ihn beschäftigt oder ihn beherbergt und seinen Lebensunterhalt gewährleistet, unabhängig davon, ob er bereits fest entschlossen war, seine Ausreisepflicht zu verletzen (BGHSt **54** 140[22] [142 f. Rdn. 7 f.]). Die in der obergerichtlichen Rspr. vertretene gegenteilige Auffassung (BayObLG NStZ **1999** 627; NJW **2002** 1663 [1664]; KG NStZ **2006** 530 [531]; **and.** OLG Köln NStZ-RR **2003** 184; OLG Frankfurt a. M. NStZ-RR **2005** 184) war unrichtig,[23] und dies aber nicht deshalb, weil die Beihilfe keine Kausalität erfordert (so aber BGHSt a. a. O.), sondern weil die materielle (und nicht psychische) Unterstützung es dem Ausländer leichter macht, seinen Aufenthalt fortzusetzen und somit das tatbestandliche Unrecht zu intensivieren. Ob eine Strafbarkeit nicht aus sonstigen, kausalitätsfremden (insb. humanitären[24]) Gründen zu entfallen hat, kann hier nicht näher untersucht werden; in einigen Fällen wird es aber durchaus am deliktischen Sinnbezug fehlen, so dass eine Strafbarkeit nach den Regeln der neutralen Beihilfe abzulehnen ist (näher Rdn. 21).

8 **e) Die Wirksamkeit des Gehilfenbeitrages bis zur Vollendung.** Wichtig ist ferner, dass als vollendete Beihilfe nur ein Beitrag herangezogen werden darf, der **bei der Ausführung bis zum Schluss chancensteigernd** gewirkt und seine Bedeutung nicht schon im Versuchsstadium oder noch früher eingebüßt hat. So liegt eine straflose versuchte Beihilfe nicht nur in den unstrittigen Fällen vor, dass der Täter eine ihm angebotene Hilfe zurückweist oder dass diese ihn nicht erreicht (z. B. bei per Post versandten Hilfsmitteln),[25] sondern auch dann, wenn der Täter die Hilfe zunächst annimmt, aber noch vor Eintritt in das Versuchsstadium wieder auf sie verzichtet (z. B. wenn er einen ihm übergebenen Nachschlüssel dann doch nicht mitnimmt oder ihn unbenutzt lässt, als er beim Herannahen an das Haus, aus dem er stehlen will, im Erdgeschoss ein Fenster offenstehen sieht, in das er nun einsteigt). Einen klaren Fall der **straflosen versuchten Beihilfe** betraf auch die irrige Entscheidung BGH NStZ **1994** 441 m. **krit.** Rezension *Harzer* StV **1996** 336, die den untauglichen Versuch einer Beihilfe im Vorbereitungsstadium einer bereits endgültig gescheiterten Haupttat zum Gegenstand hatte; die Berechtigung dieser Kritik hat der BGH inzwischen selbst eingesehen, BGH NJW **2008** 1460,[26] näher u. Rdn. 53. Wirkt ein Beitrag dagegen nur und immerhin ins Versuchsstadium hinein chancensteigernd und büßt dann seine Bedeutung ein – der mitgegebene Schlüssel bricht im Schloss ab, und der Täter dringt nun auf andere Weise ins Haus ein –, so liegt eine strafbare Beihilfe zum Versuch, nicht aber zur vollendeten Tat vor. Selbstverständlich genügt es aber, wenn die eigentliche Beihilfehandlung im Vorbereitungsstadium erfolgt; entscheidend ist, dass ihre Auswirkung nicht vor dem Eintritt in das Ausführungsstadium erlischt.

9 **f) Gehilfenbeiträge, die sich nachträglich als überflüssig herausstellen.** Andererseits wird eine strafbare Beihilfe keineswegs dadurch ausgeschlossen, dass sich hinterher herausstellt, der Beitrag sei überflüssig gewesen. Das gilt z. B. für das Wachestehen, sofern es sich nicht schon als Mittäterschaft darstellt (dazu *Schünemannn/Greco* LK § 25 Rdn. 176, 313). Eine Beihilfe liegt nicht nur vor, wenn der Täter ohne den Wachtposten die Tat überhaupt nicht

---

**22** Mit Bspr. *Möller* StV **2010** 249 (krit.) und *Mosbacher* NStZ **2010** 457 (zust.).

**23** Vgl. *König* NJW **2002** 1623; *Cannawurf* S. 188 ff; *Brocke* NStZ **2009** 546 (548 f); *SSW/Murmann* Rdn. 8.

**24** BGH NJW **1990** 2207 f; dass hierin die ratio decidendi dieser von den Obergerichten lange missverstandenen BGH-Entscheidung liegt, legt überzeugend *König* NJW **2002** 1625 dar; ebenso *Murmann* SSW Rdn. 8; ausf. i. S. einer Nichtverfolgung (§§ 153, 153a StPO) beim Handeln aus humanitären Gründen *Cannawurf* S. 203 ff, 212 f; weitere der Bestrafung möglicherweise entgegenstehende Gründe führt *Möller* StV **2010** 250 an.

**25** Zu diesen beiden Fallgruppen vgl. *Dreher* MDR **1972** 553.

**26** Mit Bspr. *Krack* JR **2008** 342; *Krumdieck* HRRS **2008** 288; und *Weber* NStZ **2008** 467.

begangen oder wenn er bei der Tat ständig nach etwaigen Entdeckern Ausschau gehalten hätte, so dass der Schmierestehende die konkrete Ausführung erleichtert hat.[27] Vielmehr hat sich der Wachestehende auch dann wegen Beihilfe strafbar gemacht, wenn der Täter notfalls ohne Wache die Tat gewagt hätte und wenn die Wache nicht tätig zu werden brauchte, weil sich kein potentieller Entdecker näherte. Denn ob der Täter ggf. auch ohne Wache gehandelt hätte, ist wiederum eine unerhebliche hypothetische Frage (Rdn. 7); und der Umstand, dass die Wache nicht einzugreifen brauchte, ändert nichts daran, dass sie bei der erforderlichen objektiven Betrachtung ex ante **bis zur Vollendung** für den Täter chancensteigernd bzw. risikoverringernd wirkte. An der Kausalität dieser Hilfeleistung fehlt es (unabhängig von der Frage einer psychischen Beihilfe, vgl. Rdn. 11 ff) nicht; denn ein Diebstahl durch zwei Personen (den Wegnehmenden und den Wachestehenden), der etwas anderes ist als eine allein ausgeführte Tat, wird selbstverständlich durch jeden der beiden Beteiligten mitverursacht. Ebenso liegt (auch wo es keinen qualifizierenden Tatbestand dafür gibt) eine Beihilfe vor, wenn jemand dem Täter für alle Fälle eine Waffe mitgibt, die dieser dann mangels Entdeckung nicht benötigt. Denn für die Begehung einer Tat mit einer Waffe ist der Lieferant des Revolvers kausal, und chancensteigernd wirkt die Waffe während des gesamten Ausführungsaktes auch dann, wenn schließlich von ihr kein Gebrauch gemacht werden muss. Die Konstellation liegt im entscheidenden Punkt anders als der Fall, in dem der Täter die Überflüssigkeit eines ihm mitgegebenen Schlüssels schon im Vorbereitungs- oder Versuchsstadium erkennt und nun auf die Benutzung dieses Werkzeugs endgültig Verzicht leistet (vgl. Rdn. 8). Denn in diesem Gegenbeispiel einer versuchten Beihilfe oder einer Beihilfe zum Versuch wirkt der Schlüssel während der Herbeiführung des Erfolges in seinem früheren Einfluss nicht mehr fort und bedeutet auch bis zum Abschluss der Tat keine Chancensteigerung mehr.

**g) Die Bedeutung bestehender oder fehlender psychischer Beziehungen zwischen Täter und Gehilfen.** Mindestvoraussetzung für eine strafbare Beihilfe ist allerdings, dass das Tun des Gehilfen entweder dem Täter bekannt ist oder doch wenigstens für einen einsichtigen Durchschnittsbeobachter als chancenverbessernd in Erscheinung tritt. Daher liegt keine Beihilfe in dem Schulfall vor, dass ein Taschendieb im Gedränge einem Passanten die Brieftasche stiehlt, während ein Kollege des Diebes, von dessen Anwesenheit dieser indes nichts weiß, sich aus beruflicher Solidarität in der Nähe postiert, um notfalls das beliebte künstliche Gedränge hervorzurufen, unter dessen Wirkung der Taschendiebstahl erleichtert wird.[28] Hier fehlt es zwar nicht an einer Chancensteigerung. Die Annahme einer Beihilfe würde aber, wenn der bereitstehende Kollege überhaupt nichts unternimmt, weil der Taschendiebstahl auch ohne Gedränge gelingt, auf Bestrafung einer innerlich gebliebenen reinen Hilfsbereitschaft hinauslaufen.[29] Ihre Pönalisierung würde einem Gesinnungsstrafrecht bedenklich nahe kommen; auch würde sich eine solche Beihilfe dem forensischen Nachweis entziehen. Wenn freilich der eingriffsbereite Kollege sein Verhalten mit dem Täter vorher abgesprochen hat, kann er auch ohne Rückgriff auf die Rechtsfigur der psychischen Beihilfe (dazu Rdn. 11 ff) als Gehilfe bestraft werden; seine Beurteilung entspricht dann derjenigen eines Wachpostens. Andererseits ist abweichend von der Anstiftung (*Schünemann/Greco* LK § 26 Rdn. 2) ein psychischer Kontakt zwischen Gehilfen und Täter dann nicht erforderlich, wenn der Beihilfecharakter eines Tuns (oder auch Unterlassens) aus den Umständen objektiv erkennbar ist. Schlägt also der Freund des Einbrechers den herannahenden Polizisten aus eigenem Antrieb nieder, ohne dass der im Hause beschäftigte Täter etwas weiß oder bemerkt, so kann unbedenklich eine strafbare Beihilfe angenommen werden. Die Beihilfe tritt in solchen Fällen an die Stelle einer Mittäterschaft, die am Mangel des 10

**27** So jedoch *Samson* Kausalverläufe S. 196.

**28** *Maurach/Gössel*/Zipf[7] § 52 Rdn. 8; für Beihilfestrafbarkeit auch (im Anschluß an *Maurach*[4] § 52 III A) *Baumann* JuS **1963** 137; *Schaffstein* FS Honig 180.

**29** Zutreffend *Dreher* Bemühungen um das Recht (1972) 257.

gemeinsamen Tatplans scheitert (*Schünemann/Greco* LK § 25 Rdn. 195 f). Beihilfe wird deshalb richtig auch in BGHSt **6** 248 angenommen: Hier hatte der Gehilfe einen Diebstahl aus einem parkenden Auto unterstützt, indem er – vom Dieb unbemerkt – dem argwöhnisch gewordenen Eigentümer die Tür vor der Nase zugehalten hatte, so dass der Diebstahl ungestört zu Ende geführt werden konnte.

11 **h) Die psychische Beihilfe.** Strafbar ist auch die psychische Beihilfe, eine Hilfeleistung also, die nur über die Psyche des Täters wirkt und sich nicht in physischen Tatbeiträgen niederschlägt. Voraussetzung ist freilich auch hier ein Kausalzusammenhang zwischen der psychischen Einwirkung und dem Erfolge.

12 Dieser Zusammenhang ist ohne Weiteres gegeben bei der sog. **„technischen Rathilfe"**,[30] d. h. bei der Erteilung von Ratschlägen, die sich auf die konkrete Durchführung fördernd auswirken. Wer dem Täter die genaue Lage der Räume beschreibt, aus denen gestohlen werden soll, wer Anleitungen zum geschickteren Aufbrechen der Türen gibt oder sonst durch Anregungen die Gestaltung der Ausführung in förderlicher Weise modifiziert, dessen Tatbeitrag ist in derselben Weise kausal wie die physische Beihilfe.

13 Als psychische Beihilfe fassbar ist in vielen Fällen auch die von *Claß*[31] entdeckte Fallgruppe der sog. **„vorgeleisteten Strafvereitelung"**. Eine solche Konstellation liegt vor, wenn jemand einen Beitrag leistet, der für die Herbeiführung eines tatbestandsmäßigen Erfolges an sich irrelevant ist, aber eine spätere Strafverfolgung erschweren soll, wenn also z. B. jemand den Tätern Tarnanzüge und Gesichtsmasken liefert, die eine Identifizierung durch das Opfer und eine spätere Entdeckung verhindern sollen. Dabei handelt es sich materiell um eine vorweggenommene Strafvereitelungshandlung, die im Zusammenhang mit § 258 unter Strafe gestellt werden müsste, vom Gesetzgeber aber offenbar übersehen worden ist und deshalb auch von *Claß* als de lege lata straflos betrachtet wird. Man wird indessen vielfach annehmen können, dass die Durchführung der Tat von derartigen Vorkehrungen abhängig ist, weil der Täter ohne ausreichende Sicherung vor dem späteren Gefasstwerden nicht (oder doch nur in anderer Art und Weise) zur Ausführung geschritten wäre; dann ist die vorgeleistete Strafvereitelung für den konkreten Entschluss und damit auch für die Ausführung kausal und kann ohne Bedenken als Beihilfe bestraft werden. Dass der Täter sich möglicherweise bei einer Verweigerung der „Strafvereitelung" auf andere Weise entsprechende Sicherungen beschafft hätte, bleibt hier wie sonst außer Betracht. Wenn dagegen ein Täter zur Begehung der Tat (etwa eines Einbruchs) schon fest entschlossen ist und ein anderer ihm, ohne dass der Täter daran vorher gedacht hätte, Handschuhe zur Verhinderung identifizierungsfördernder Fingerabdrücke aufdrängt, ist das als Beihilfe nicht zu fassen; hier müsste der Gesetzgeber einen neuen Absatz in § 258 einfügen, wenn er ein solches Verhalten unter Strafe stellen will. Auch die Zusage sonstigen Beistands nach der Tat kann als psychische Beihilfe in Betracht kommen (vgl. BGH NStZ **2008** 516 für eine zugesagte Begünstigung; NStZ-RR **2015** 343 [344]; NStZ-RR **2020** 184 [185]).

14 Die schwierigsten Probleme wirft die psychische Beihilfe auf, die lediglich in einer **„Bestärkung des Tatentschlusses"** besteht.[32] Soweit diese Bestärkung zu einer Intensivierung der Tatbestandshandlung führt, ist freilich auch hier die Kausalität eindeutig. Wenn also etwa bei einer Körperverletzung die anfeuernden Rufe Umstehender zur Folge haben, dass der Täter um so heftiger oder länger auf das Opfer eindrischt, liegt ein klarer Fall strafbarer psychischer Beihilfe

---

30 *Hoyer* SK Rdn. 11; **and.** *Phleps* Beihilfe S. 1, die aber nur in der Terminologie abweicht.

31 FS Stock 116 ff; *Claß* spricht im Hinblick auf den früheren § 257 noch von „vorgeleisteter Begünstigung". Eine aktuelle Erscheinungsform bildet die „gewerbliche Firmenbestattung" als Beihilfe zur Insolvenzverschleppung gem. § 84 Abs. 1 Nr. 2 GmbHG; dazu klärend *Pananis/Börner* GmbHR **2006** 513 ff.

32 Ausführlich dazu *Phleps* S. 13 ff, 118 ff; *Baunack* S. 98 ff, beide mit Überblick über die von der Rspr. entschiedenen Fälle.

vor (über die – im Regelfall freilich nicht gegebene – Möglichkeit einer Anstiftung *Schünemann/Greco* LK § 26 Rdn. 35; zur Abgrenzung näher *Baunack* S. 132 ff). Man wird jedoch eine Modifizierung des äußeren Tatbildes nicht allemal verlangen, sondern eine Kausalität auch dort bejahen können, wo die psychische Einwirkung lediglich in nachweisbarer Form den Tatentschluss stabilisiert, indem der Gehilfe dem Täter etwa Bedenken ausredet oder durch Lieferung weiterer Tatmotive seinen Entschluss unumstößlich macht (zur Abgrenzung von der Anstiftung *Schünemann/Greco* LK § 26 Rdn. 17 ff). Denn in einem solchen Falle ist der Tatentschluss in seiner konkreten psychischen Realität und Wirkkraft durch den Gehilfenbeitrag in risikosteigernder Form mitgestaltet worden; die Beihilfe ist dann mittelbar für den Erfolg kausal, indem sie den die Tat bedingenden Entschluss (mit-)verursacht: causa causae est causa causati.[33] Dagegen reichen bloße Zustimmungs- und Solidarisierungsbekundungen, die einen bereits gefassten Tatentschluss auch in seiner Festigkeit und Intensität nicht beeinflussen, sondern den Täter nur in einer für die Tatverwirklichung folgenlosen Art erfreuen, für die Bejahung einer strafbaren Beihilfe nicht aus. Bloße Gesinnungsbekundung ist noch keine Hilfe; es wäre auch rechtsstaatlich bedenklich, wenn man mittels § 27 die Strafbarkeit in einem Tatstrafrecht auf reine Sympathisanten erstrecken wollte (eingehend *Baunack* S. 160 f).

Demgegenüber **lehnen einige Autoren** die Möglichkeit einer psychischen Beihilfe durch Stabilisierung des Tatentschlusses gänzlich **ab**. *Samson*[34] sieht in einer solchen Annahme den Versuch, unter Umgehung des Grundsatzes „in dubio pro reo" die versuchte als vollendete Beihilfe zu erfassen; denn die Kausalität solcher innerer Einwirkungen sei kaum jemals mit hinreichender Sicherheit festzustellen. Daran ist richtig, dass die Rechtsprechung es sich mit der Annahme einer psychischen Beihilfe oft zu leicht macht (vgl. Rdn. 50 ff). Aber es geht zu weit, dass ein stabilisierender Einfluss grundsätzlich nie feststellbar sein soll (vgl. Rdn. 14).[35] *Hruschka*[36] lehnt eine psychische Beihilfe durch Bestärkung des Tatentschlusses mit der Begründung ab, dass als Beihilfe nur eine Einwirkung auf die Tat und nicht auf den Täter in Betracht komme. Die Einwirkung auf den Täter sei der Anstiftung vorbehalten, die aber nur die Hervorrufung und nicht die Bestärkung des Tatentschlusses erfasse; daher sei diese nach geltendem Recht straflos. Dem ist aber entgegenzuhalten, dass sich eine so strikte Trennung von Täter- und Tateinwirkung nicht durchführen lässt. Jede Teilnahme wirkt in der Regel über den Täter auf die Tat ein (Ausnahme: Rdn. 10).[37] So muss auch die Bestärkung des Tatentschlusses mittelbar eine Einwirkung auf die Tat nach sich ziehen (vgl. Rdn. 14). Richtig ist aber auch an diesem Einwand, dass eine solche Einwirkung oft vorschnell angenommen wird. Zur Abgrenzung dieser Art der psychischen Beihilfe von der Anstiftung vgl. *Schünemann/Greco* LK § 26 Rdn. 19. 15

Ein Fehler ist es auch, nicht-garantenpflichtwidriges Unterlassen in eine psychische Beihilfe durch positives Tun umzudeuten. Das hat der 2. Strafsenat des BGH (StV **1982** 516) richtig gesehen. Die Angeklagte hatte erst bei der Rückfahrt von Holland nach Deutschland erkannt, dass die beiden Mitangeklagten Heroin einführen wollten, ihnen Vorwürfe gemacht, zu dem von den Mitangeklagten entworfenen Plan, bei einer eventuellen Befragung an der Grenze einen Besuch in Eupen vorzuspiegeln, aber keine Erklärung abgegeben. Die Vorinstanz hatte darin eine psychische Beihilfe durch positives Tun gesehen. Sie habe durch ihr Schweigen bei den Mitangeklagten die Erwartung geschaffen, dass sie sie nicht verraten werde, und sie dadurch in ihrem Tatentschluss bestärkt. Eine solche „Bestärkung" liegt in der Tat vor; sie besteht aber 16

---

**33** *Roxin* AT II § 26 Rdn. 200. In solchen Fällen sogar für Anstiftung *Charalambakis* FS Roxin I 635 ff, aber die Zerstreuung von Bedenken kommt im Unwert der Hervorrufung des Tatentschlusses nicht gleich.

**34** *Samson* SK[6] Rdn. 15; *Samson* Kausalverläufe S. 189 ff; **and.** *Hoyer* SK Rdn. 12 ff.

**35** Richtig *Rudolphi* StV **1982** 520: „Liefert der Gehilfe dem Täter ein zusätzliches Motiv für seinen Tatentschluß, das der Täter aufgreift und dadurch seinen Tatentschluß auf eine breitere und festere Grundlage stellt, so ist an der Kausalität der psychischen Beihilfe für die weitere Existenz des konkreten Tatentschlusses des Haupttäters und dessen Realisierung nicht zu zweifeln." Wie hier auch *Jakobs* § 22 Rdn. 36.

**36** JR **1983** 177 f.

**37** Zutr. *Phleps* S. 19, wonach § 27 seinem Wortlaut nach jede und damit auch die „mittelbare" Hilfeleistung erfasst.

nur in einem Unterlassen, das ohne eine – hier fehlende – Erfolgsabwendungspflicht nicht strafbar ist. Demgegenüber hat der 3. Strafsenat (StV **1982** 517) in einem entsprechenden Fall eine Strafbarkeit wegen psychischer Beihilfe bejaht. Drei Italiener und zwei ihrer Anwälte hatten bei einem Essen in einem Restaurant eine Erpressung verübt. Der Angeklagte als der dritte Anwalt war in diesen Plan nicht eingeweiht gewesen. „Er saß bei dem Gespräch lediglich still dabei, und dies auch noch mit aus dem Grund, daß er glaubte, er sei als Neuling der Kanzlei den berufserfahreneren Partnern ... zu kollegialer Rücksichtnahme verpflichtet." Der BGH sieht im schweigenden **Dabeisitzen** eine „tätige Förderung der Erpressung". Der Angeklagte habe „sie zwar nur vermeiden können, indem er sich alsbald entfernt hätte oder den Forderungen der übrigen Beteiligten entgegengetreten wäre". Das ändere aber nichts an einer psychischen Beihilfe durch positives Tun, so dass es auf das Vorliegen einer Erfolgsabwendungspflicht nicht ankomme. Dem ist zu widersprechen. Denn der BGH wirft dem Angeklagten eindeutig ein Unterlassen (des Weggehens oder Widersprechens) vor, zu dem er nur bei einer Garantenstellung hätte verpflichtet sein können.[38] Die Ansicht des 3. Senats müsste zu dem unhaltbaren Ergebnis führen, dass jede bloße Anwesenheit eines Nichtgaranten bei einer Deliktsbegehung zu einer Beihilfebestrafung führen würde, wenn der Täter sich durch die Untätigkeit des Zuschauers in seinem Tatentschluss bestärkt fühlt. Dem steht entgegen, dass die Handlungspflichten des Nichtgaranten in solchen Fällen durch §§ 138, 323c begrenzt werden. Hierauf kommen wir u. Rdn. 52ff. zurück.

17 **i) Die Notwendigkeit einer rechtlich missbilligten Risikosteigerung – Beihilfe durch „neutrale Handlungen"?** Mehr und mehr setzt sich die Ansicht durch, dass eine kausale Risikosteigerung für eine strafbare Beihilfe noch nicht genügt. Vielmehr wird angenommen, dass gewisse „neutrale" Handlungen oder „Alltagshandlungen" auch dann straflos sind, wenn sie bewusst zu einer Deliktsverwirklichung beitragen.[39] Als „äußerlich neutrale" Handlung oder „Alltagshandlung" kann man alle Verhaltensweisen verstehen, „die der Ausführende jedem anderen in der Lage des Täters gegenüber vorgenommen hätte, weil er mit der Handlung – im vorhinein (auch) – tat- und täterunabhängige eigene, rechtlich als solche nicht missbilligte Zwecke verfolgt".[40] Ist es z. B. als Beihilfe strafbar, einen Schraubenzieher zu verkaufen, wenn der Verkäufer zufällig erfahren hat (oder auch nur ernstlich für möglich hält), dass der Erwerber damit einen Einbruchsdiebstahl begehen will?[41] Macht sich der Bäcker wegen Totschlagsteilnahme strafbar, „wenn er beim Brötchenverkauf weiß, dass der Käufer das Produkt vergiften und sodann seinen Gästen servieren wird"[42]? Ist es Beihilfe zur Steuerhinterziehung, wenn jemand einen Handwerker beschäftigt, von dem er weiß, dass dieser den Arbeitslohn nicht versteuern wird? Oder wenn eine Bank für den Kunden das Schwarzgeld ins Ausland transferiert?[43] Ist es Beihilfe zu Umweltstraftaten, wenn jemand Material an einen Fabrikanten liefert, von dem ihm bekannt ist, dass dieser bei der Verarbeitung ständig gegen Umweltschutzvorschriften

---

38 Wie hier *Rudolphi* StV **1982** 518; *Ranft* JZ **1987** 861; *Stoffers* Jura **1993** 15 f; **abw.** *Sieber* JZ **1983** 431.

39 Erstmals thematisiert von *Kitka* im Jahre 1840, s. *Schneider* NStZ **2004** 312. Aus dem Schrifttum der von *Schneider* sog. „2. Phase" dieser Rechtsfigur grundlegend *Jakobs* ZStW **89** (1977) 1; *ders.* § 24 Rdn. 13 ff; *Schumann* Selbstverantwortung S. 54 ff; *Frisch* Tatbestandsmäßiges Verhalten und Zurechnung des Erfolgs (1988) 295 ff; ferner *Meyer-Arndt* wistra **1989** 281; *Hefendehl* Jura **1992** 374, 376 f. Eine Lösung auf der Kausalitätsebene ist nach allg. Auffassung unmöglich, **and.** nur *Harzer/Vogt* StraFo **2000** 39. Zum wenig diskutierten Problem der „neutralen Anstiftung", das wegen der wesentlich enger bestimmten Tathandlung des Bestimmens von geringer Relevanz ist, nur *Rotsch* ZIS **2007** 260 (264); *Kudlich* FS Tiedemann 221 ff; *Bülte/Hagemeier* NStZ **2015** 317; s. a. *Lesch* FS Schiller 459.

40 *Wohlleben* Beihilfe S. 4, der auch mit weiteren anschaulichen Fällen aufwartet.

41 Das Beispiel wird eingeführt bei *Jakobs* ZStW **89** (1977) 20 und ausführlich behandelt bei *Schumann* Selbstverantwortung S. 54 ff.

42 *Jakobs* § 24 Rdn. 17.

43 BGHSt **46** 107.

verstößt[44]? Oder schließlich – der älteste in der Rechtsprechung behandelte Fall hierzu[45] – wie steht es mit der Lieferung von Brot und Wein an einen strafbaren Bordellbetrieb? Die Behandlung derartiger Fälle ist noch nicht abschließend geklärt, obwohl es sich dabei um ein vieldiskutiertes Teilnahmeproblem handelt[46] (laut *Amelung* lag darin geradezu ein „Modethema").[47] Die vom BGH weitgehend übernommene, differenzierende Lösung *Roxins*,[48] die auch hier zugrunde gelegt wird, arbeitet mit dem **objektiven** Kriterium des *deliktischen Sinnbezuges* und unterscheidet weiterhin **subjektiv** danach, ob der Fördernde bezüglich des Deliktsentschlusses des Täters mit *dolus directus* (Rdn. 18) oder nur mit *dolus eventualis* handelt (Rdn. 19).[49]

**aa)** Weiß der Außenstehende sicher (i. S. eines **dolus directus**), dass er ein deliktisches Handeln unterstützt, so wird man darauf abstellen müssen, ob sein Tun einen **„deliktischen Sinnbezug"** in der Form aufweist, dass der fördernde Beitrag ohne die strafbaren Handlungen des Täters für diesen keinen Sinn mehr hat oder ob er unabhängig davon für den Täter sinnvoll bleibt. Im ersten Fall liegt strafbare Beihilfe, im zweiten strafloses Handeln vor. Das bedeutet, dass im Steuerhinterziehungs- und im Umweltschutzfall keine Beihilfestrafbarkeit anzunehmen ist. Denn die Entlohnung für einen Handwerker und die Lieferung von Material an einen Fabrikanten sind für die Empfänger auch dann sinnvolle Leistungen, wenn man von ihren Delikten absieht. Das begründet die Straflosigkeit: Ob der Partner an sich ordnungsgemäßer Geschäfte die Steuer- und Umweltschutzbestimmungen einhält, geht den Auftraggeber bzw. Lieferanten nichts an. Dagegen liegt beim Verkauf des Schraubenziehers und der Brötchen vom hier vertretenen Standpunkt aus eine strafbare Beihilfe vor. Denn der Erwerb hätte in beiden Fällen für den Käufer einen ausschließlich deliktischen Sinn; die gekauften Waren sollten einen Einbruch bzw. Totschlag fördern und wurden nur zu diesem Zweck gebraucht. Die scheinbare „Alltäglichkeit" und Harmlosigkeit des Verkaufsgeschäfts kann an der Strafbarkeit nichts ändern; denn diese Harmlosigkeit verliert sich, sobald der Verkäufer den Verwendungszweck kennt. Dies gilt 18

---

**44** Zu diesen und ähnlichen Fällen *Meyer-Arndt* wistra **1989** 281. Zur etwaigen Beihilfe des Leistungsempfängers zur Steuerhinterziehung des Leistenden *Cramer/Hund* JR **2002** 514, des Leistenden zur Hinterziehung des Empfängers BFH EFG **1994** 863; des Sanierungsberaters zum Bankrott *Bärenz* EWiR **2004** 1245; der kontoführenden Bank zum Kapitalanlagebetrug des Kunden LG Hanau (Zivilkammer) WM **1996** 1540.

**45** RGSt **39** 44.

**46** Aus neuerer Zeit außer den in Fn. 48 und 73 ff Genannten *Beckemper* Jura **2001** 169; *Frisch* FS Lüderssen 539; *Greco* wistra **2015** 1; *Hartmann* ZStW **116** (2004) 585; *Hassemer* wistra **1995** 41, 81; *Hoyer* SK Rdn. 24 ff; *Jakobs* GA **1996** 253 ff; *Joecks* MK Rdn. 49 ff; *Kindhäuser* FS Otto 355 ff; *Kudlich* FS Kindhäuser 231 ff; *Lesch* JA **2001** 986; *ders.* FS Schilling 448 ff; *Löwe-Krahl* Steuerstrafrechtliche Risiken typischer Bankgeschäfte (1989); *dies.* Die Verantwortung von Bankangestellten bei illegalen Kundengeschäften (1990); *dies.* wistra **1995** 201 ff; *Lüderssen* FS Grünwald 329; *Niedermair* ZStW **107** (1995), 507 ff; *Osamu* Jura **1999** 246 ff; *Otto* Zeitschrift für Kreditwesen **1994**, 775; *ders.* JZ **2001** 436; *Puppe* Jura **1998** 21 (27); *Rackow* Neutrale Handlungen, insb. S. 507 ff; *Ransiek* wistra **1997** 41 ff; *Amelung/Ransiek* Verantwortung S. 95 ff; Maurach/Gössel/Zipf/*Renzikowski* § 52 Rdn. 30 ff; *Schall* GS Meurer 103 ff; *Schild-Trappe* Harmlose Gehilfenschaft? (1995) (dazu die Anm. von *Roxin* JZ **1996** 29); Sch/Schröder/*Heine/Weißer* Rdn. 9 ff; *Schumann* Selbstverantwortung S. 54 ff; *Tag* JR **1997** 49 ff; *Tiedemann* Wirtschaftsstrafrecht Rdn. 362 ff; *Weigend* FS Nishihara 197; *Wohlers* SchwZStW **117** (1999), 436; *ders.* NStZ **2000** 169; *Wohlleben* Beihilfe; zu Alltagshandlungen bei der Unterstützung völkerstrafrechtlicher Verbrechen *Ambos* Der Allgemeine Teil S. 631 ff. Zur japanischen Diskussion mit weiterführenden, auch für Deutschland beachtlichen Überlegungen *Yamanaka* S. 205 ff.

**47** FS Grünwald 9.

**48** Näher *Roxin* FS Tröndle 277; *ders.* FS Stree/Wessels 365, 378 ff; *ders.* FS Miyazawa 512 ff; *ders.* AT II § 26 Rdn. 218 ff; im Wesentlichen ebenso *Meyer-Arndt* wistra **1989** 281; *Ambos* JA **2000** 724; *Amelung* FS Grünwald 9; *Otto* StV **1994** 409; *Rengier* § 45 Rdn. 109 ff; nahestehend *Geth/Leu* FS Donatsch 32 ff; instruktiv *Ransiek* wistra **1997** 41; *Amelung/Ransiek* Verantwortung S. 95 ff; *Tag* JR **1997**, 49; *Theile* Tatkonkretisierung S. 69; *Wohlleben* Beihilfe.

**49** Zur Kritik von *Weigend* FS Nishihara 199 f; *Tag* JR **1997** 51; *Wohlers* SchwZStr **177** (1999), 434; *Beckemper* Jura **2001** 168; *Schall* GS Meurer S. 110 ff; *Amelung* FS Grünwald 18 f siehe die Antikritik bei *Roxin* AT II § 26 Rdn. 243 ff. *Hartmann* ZStW **116** (2004) 596 f, 600 f, lehnt die ganze Rechtsfigur und das Kriterium des „deliktischen Sinnbezuges" ab, übernimmt aber die Anknüpfung an den „Rechtsgutsangriff" und lässt deshalb jede Unterstützung einer erkannt tatgeneigten Person ausreichen. Auch nach Auffassung von *Schneider* NStZ **2004** 312, 315 ff sind schlicht die allgemeinen Grundsätze der Beihilfe anzuwenden.

erst recht, wenn für ein schon angebahntes Heroingeschäft die an sich frei verkäuflichen Zusatzstoffe zum Strecken beschafft werden (BGH StV **1994** 429).

19 **bb)** Eine weitergehende Straflosigkeit ist dort anzunehmen, wo der Außenstehende kein sicheres Wissen von einem Deliktsplan hat, sondern eine deliktische Verwendung seines Beitrages nur für möglich hält, also mit **dolus eventualis** handelt. So liegt es etwa, wenn jemand in einem Haushaltswarengeschäft einen Schraubenzieher an einen verdächtig aussehenden Menschen verkauft und überlegt, ob dieser damit nicht einen Einbruch begehen wolle. Wird der Einbruch tatsächlich begangen, hat der Verkäufer dazu nicht mit dolus eventualis Beihilfe geleistet; vielmehr ist die Tat ihm nicht zuzurechnen, weil sie durch den **Vertrauensgrundsatz** gedeckt ist.[50] Jedermann darf im Regelfall darauf vertrauen, dass andere keine vorsätzlichen Straftaten begehen; sonst wäre ein Verkauf von Messern, Streichhölzern, Feuerzeugen, Brennspiritus, von Äxten und Hämmern und die Weitergabe solcher Gegenstände nicht möglich. Doch sind solche Tätigkeiten für ein modernes Sozialleben ebenso unentbehrlich wie zahlreiche andere Verhaltensweisen, die Straftäter sich zunutze machen können. Wenn dadurch im Einzelfall eine Straftat ermöglicht oder erleichtert wird, liegt die Förderungshandlung des Außenstehenden im Rahmen des durch den Vertrauensgrundsatz geschaffenen erlaubten Risikos. Das Vertrauen ist erst dann nicht mehr gerechtfertigt und das erlaubte Risiko folglich überschritten, wenn jemand sich die **Förderung eines erkennbar tatgeneigten Täters** angelegen sein lässt.[51] Gibt also jemand dem Teilnehmer einer Schlägerei auf seine Bitten ein Messer, obwohl er damit rechnet, dass dieser sich der Waffe zu einer Körperverletzung bedienen wird, ist er wegen Beihilfe (mit dolus eventualis) zu bestrafen, wenn es zu dem Delikt kommt. In **methodischer** Hinsicht ist zu beachten, dass damit die Grenze nicht objektiv durch die Erlaubnis bestimmter Tätigkeiten etwa wegen ihrer Üblichkeit, sondern **subjektiv** nach dem Kenntnishorizont des Außenstehenden gezogen wird.

20 Alles Dargelegte lässt sich auf den Strafgrund der Teilnahme und zuletzt auf die Regeln der objektiven Zurechnung zurückführen.[52] Denn wo ein Beitrag keinen deliktischen Sinnbezug aufweist (Rdn. 18) und wo er ein durch den Vertrauensgrundsatz erlaubtes Risiko darstellt (Rdn. 19), fehlt es an einem Rechtsgutsangriff. Ein **Rechtsgutsangriff** aber ist nur die vorsätzliche Schaffung eines unerlaubten Risikos, die eine Grundvoraussetzung der objektiven Zurechnung darstellt.[53] Die Stufen der Zurechnung zur Beihilfe: Kausalität, Risikosteigerung, rechtliche Missbilligung der Risikosteigerung entsprechen also den allgemeinen, um die Abgrenzung gegenüber Täterschaft und Anstiftung ergänzten Regeln der Zurechnungslehre.

21 **cc)** Die **Rechtsprechung** hat vor allem durch drei Entscheidungen des 5. Strafsenat des BGH die von *Roxin* entwickelte Linie übernommen, nachdem sie sich zuvor mit dem Problem nur sporadisch zu beschäftigen hatte.[54] Immerhin hat schon RGSt **39** 44, 48 es abgelehnt, Brot- und Fleischlieferungen (im Unterschied zu Wein) an einen Bordellinhaber als Beihilfe zur Kuppelei zu bestrafen. Denn die Lieferung von Nahrungsmitteln ist unabhängig davon sinnvoll, ob der Belieferte Straftaten verübt.[55] Deshalb ist auch z. B. der Gastwirt straflos, der einem notori-

---

**50** Ausführlich *Roxin* FS Tröndle 177. Dort werden diese Probleme im Wesentlichen am Beispiel der Fahrlässigkeitszurechnung behandelt, doch gilt für den dolus eventualis nichts anderes.

**51** Näher *Roxin* FS Tröndle 187 ff unter Auseinandersetzung mit ähnlichen und abweichenden Konzeptionen.

**52** Dazu *Roxin/Greco* AT I § 11 Rdn. 44, 53 ff. *Charalambakis* FS Roxin I, 633 will die hier erzielten Ergebnisse zwar direkt aus dem Begriff der Hilfeleistung ableiten, bleibt damit aber im Rahmen der objektiven Zurechnung, weil Hilfeleistung nichts anderes als Chancenerhöhung ist. An diesen Grundansatz knüpfen (wenn auch mit unterschiedlichen Schlussfolgerungen) die meisten neueren Arbeiten an, s. *Wolff-Reske* S. 95 ff; *Rogat* S. 47 ff; *Hartmann* ZStW **116** (2004) 599 ff; *Yamanaka* S. 215 ff.

**53** Vgl. *Roxin/Greco* AT I § 11 Rdn. 53 ff.

**54** Eine gute Zusammenstellung älterer einschlägiger Urteile gibt *Meyer-Arndt* wistra **1989** 281 ff. Zur Rechtsprechung des Schweizerischen Bundesgerichts s. SchweizBGE **119** (1993), 289 Nr. 55; *Wohlers* NStZ **2000** 171; *Roxin* AT II § 26 Rdn. 250.

**55** Ob es sich bei der Lieferung von Wein anders verhält, wie das RG meinte, dürfte davon abhängen, ob zwischen Wein und Bordellbetrieb ein Sinnbezug herstellbar ist, weil dadurch ein zusätzlicher Anreiz zum Besuch der Bordel-

schen Einbrecher vor der Tat eine Mahlzeit serviert. Mit Recht verwarf der BGH[56] ferner die Auffassung, „daß jede Mitwirkung – etwa eines Arbeitnehmers – beim Umsatz in Kenntnis der diesem nachfolgenden Umsatzsteuerhinterziehung durch den Steuerpflichtigen als Beihilfe zu dem Steuervergehen zu würdigen sei"; denn die Leistungen des Arbeitnehmers bleiben auch ohne Steuerhinterziehung für den Arbeitgeber sinnvoll. Konsequent wurde aber eine strafbare Beihilfe angenommen, „wenn das ganze Unternehmen, an dem ein Helfer mitwirkt, ausschließlich darauf abzielt, einen Gewinn durch Steuerhinterziehung zu erreichen". Zutreffend wurde auch erkannt, dass „das Gewähren von Wohnung an einen Ausländer, der nicht die erforderliche Aufenthaltserlaubnis ... besitzt ..., für sich allein keine Beihilfe zu einem Vergehen nach § 47 I Nr. 2 AuslG" (unerlaubter Aufenthalt) darstellt.[57] Wer den Drogenhändler zum Tatort fährt[58] oder den Einbrecher von dort mit dem Taxi abholt,[59] ist dagegen zutreffend als strafbarer Gehilfe angesehen worden, wenn er von dem Delikt wusste, das er durch seine Tat förderte; denn für den Täter hatten die Fahrten den ausschließlichen Sinn der Deliktsförderung.[60]

Der **5. Strafsenat** hat schließlich „bis in die Wortwahl hinein"[61] das Konzept *Roxins* im Falle eines Notars praktiziert, der wegen Beihilfe zur Untreue verurteilt wurde, weil er „das berufstypisch erlaubte Risiko" überschritten und sich „die Förderung der ‚erkennbar tatgeneigten Täter ... angelegen sein'" lassen habe;[62] ebenso im Falle eines Rechtsanwalts, der für eine Firma, „deren alleiniger Unternehmenszweck in der betrügerischen Erlangung von Anlagegeldern bestand", eine inhaltlich korrekte „für die Kundenwerbung bestimmte Broschüre ... erarbeitet" hatte;[63] und schließlich in dem viel diskutierten Problem der Mitwirkung von Bankangestellten bei einem der Steuerhinterziehung dienenden Kapitaltransfer ins Ausland.[64] In Ablehnung der die Beihilfestrafbarkeit „für berufstypische, neutrale Handlungen" allzu stark einschränkenden Positionen im Schrifttum (dazu u. Rdn. 25f) hat der BGH ausgesprochen: „Zielt das Handeln des Haupttäters ausschließlich darauf ab, eine strafbare Handlung zu begehen, und weiß dies der Hilfeleistende, so ist sein Tatbeitrag als Beihilfehandlung zu werten ... In diesem Fall verliert sein Tun stets den Alltagscharakter ... Weiß der Hilfeleistende dagegen nicht, wie der von ihm geleistete Beitrag vom Haupttäter verwendet wird, hält er es lediglich für möglich, daß sein Tun zur Begehung einer Straftat genutzt wird, so ist sein Handeln regelmäßig noch nicht als strafbare Beihilfehandlung zu beurteilen, es sei denn, das von ihm erkannte Risiko strafbaren Verhaltens des von ihm Unterstützten war derart hoch, daß er sich mit seiner Hilfeleistung ‚die Förderung eines erkennbar tatgeneigten Täters angelegen sein' ließ."[65] 22

---

le geschaffen wird und der Weinbezug ohne Bordellkunden keinen Sinn macht (unter dem Aspekt des Aphrodisiakums bejahend *Schünemann* GA **1999** 225, wegen der allgemeinen Üblichkeit des Weingenusses verneinend *Roxin* LK[11] Fn. 40).

**56** BGHR StGB § 27 Abs. 1 Hilfeleisten 3.

**57** BGH NJW **1990** 2207; BayObLG NStZ **1999** 627; NJW **2002** 1663; LG Landshut NStZ-RR **2009** 61 (Lebensgemeinschaft als „neutrale Beihilfe"); zur Frage der Kausalität o. Rdn. 7. Dagegen ist die Vermittlung einer Scheinehe Beihilfe zum Delikt des § 92 Abs. 1 Nr. 7 AuslG 1990 (OLG Frankfurt NStZ **1993** 394) und das über die bloße Wohnungsgewährung hinausgehende Verstecken eines fahnenflüchtigen Soldaten Beihilfe zu § 16 WStG (AG Tübingen NJW **1995** 2048).

**58** BGH GA **1981** 133.

**59** BGHSt **4** 107.

**60** Für Straflosigkeit in beiden Fällen *Jakobs* § 24 Rdn. 17.

**61** *Wohlers* NStZ **2000** 170; *Ambos* JA **2000** 724; zur Mitberücksichtigung anderer Ansätze näher u. Rdn. 26.

**62** BGH NStZ-RR **1999** 184 unter wörtlicher Bezugnahme auf den „Maßstab" bei *Roxin* LK[11] § 27 Rdn. 21.

**63** BGH NStZ **2000** 34.

**64** BGHSt **46** 107.

**65** BGH NStZ **2000** 34 (ob diese Voraussetzungen im konkreten Fall gegeben waren, gab der BGH dem Instanzgericht zur weiteren Prüfung auf); ebenso die Grundsatzentscheidung BGHSt **46** 107 (112) unter Zurückweisung der These von der „professionelen Adäquanz" (unten Rdn. 26) und eigener Festsetzung der Geldstrafe (a. a. O. S. 120).

Bleibt der Beitrag dagegen „auch ohne die strafbaren Handlungen der Haupttäter sinnvoll", so liegt keine Beihilfe vor.[66]

23 Die neueren Entscheidungen bleiben nahezu sämtlich auf dieser Linie (BGH NJW **2006** 522 [528 Rdn. 47 ff., insoweit in BGHSt 50 331 nicht abgedruckt]; wistra **2014** 176; StraFo **2014** 462 [464 f]; NStZ **2017** 337;[67] NStZ **2017** 461;[68] NStZ **2018** 328;[69] OLG Köln ZInsO **2011** 288;[70] LG Nürnberg-Fürth NZWiSt **2019** 462 [464 ff.]; s. a. von Zivilsenaten BGH NJW-RR **2011** 551 [Rdn. 48]; BeckRS **2011** 19295 [Rdn. 53]; NJW **2014** 1098 [Rdn. 31 ff.]; mit abweichender Begründung nur LG Landshut NStZ-RR **2009** 61: beherbergendes Zusammenleben mit einem sich illegal aufhaltenden Ausländer als straflose „neutrale Handlung"; s. a. FG Rheinland-Pfalz NZWiSt **2015** 154; OLG Frankfurt a. M. NStZ-RR **2005** 184 [186]). In der Entscheidung BGH wistra **2014** 176[71] blieb aber eine Besonderheit des Falls vom BGH unbeachtet: hier wurde der **„neutrale" Gehilfenbeitrag erst nach Abschluss der Täterhandlung** geleistet (was wegen der Struktur des Betrugs ohne Weiteres möglich ist, nämlich nach der Täuschungshandlung, aber vor der Vermögensverfügung).[72] Diese Besonderheit führt aber dazu, dass ein wesentlicher Grund, weshalb sich das Strafrecht in Fällen von neutralen Handlungen zurückhalten sollte, entfällt. Denn es ist viel delikater, nach möglichen bösen Absichten des Haupttäters zu fragen, die als Interna im Prinzip allein seine Sache sind, als danach, ob er etwas objektiv Verkehrtes bereits getan hat. In diesen Fällen sollte richtigerweise auf das Erfordernis eines zur Möglichkeitskenntnis hinzukommenden deliktischen Sinnbezugs bzw. einer erkennbaren Tatgeneigtheit verzichtet werden; Beihilfe ist bereits dann zu bejahen, wenn der Gehilfe *um die Möglichkeit* einer bereits begangenen, aber förderungsfähigen Haupttat *weiß*.

24 **dd)** Im Vergleich mit der bereits von *Roxin* in der 11. Aufl. dieses Kommentars (§ 27 Rdn. 16 ff) entwickelten differenzierenden Lösung, die bei Förderungshandlungen in sicherer Kenntnis des geplanten Delikts ganz überwiegend zur Annahme strafbarer Beihilfe kommt, wollen andere Stimmen in der **Literatur** die Beihilfestrafbarkeit teils wesentlich weiter einschränken (Rdn. 25 ff), teils noch erweitern (Rdn. 29).

25 **(1)** *Jakobs* und *Schumann* wollen auch im Schraubenzieher- und im Brötchenfall Straflosigkeit annehmen. *Jakobs* will allgemein „die üblichen Austauschgeschäfte des täglichen Lebens"[73] von Strafe freistellen, da niemand erwarten könne, ein Einbruch „unterbleibe mangels Verfügbarkeit eines ordinären Schraubenziehers".[74] *Schumann*[75] verneint eine Strafbarkeit, weil es an der von ihm für die Teilnahmestrafbarkeit verlangten *„Solidarisierung"* mit dem Täter fehle. Der Verkäufer mache sich mit der Haupttat nicht „gemein", solidarisiere sich nicht mit ihr, wenn er seinen Beitrag „im Stadium der noch rechtmäßigen Vorbereitung" leiste. Dagegen soll anscheinend eine strafbare Beihilfe vorliegen, wenn Schraubenzieher und Brötchen beim Versuch oder bei der Ausführung der Tat geliefert werden.

26 Beide Argumentationen überzeugen jedoch nicht. Denn wenn jemand weiß, dass sein Handeln dem Täter ausschließlich zu deliktischen Zwecken dient, verliert sein Tun den Alltags-Charakter und ist, sofern man diesen etwas vagen Begriff anwenden will, durchaus als „Solidarisierung" mit dem Täter zu deuten. Gewiss hätten Schraubenzieher und Brötchen auch woanders gekauft werden können. Aber die anderweitige Erlangbarkeit eines Gehilfenbeitrages än-

---

66 BGH NJW **2001** 2410 m. Rezension *Kudlich* JuS **2002** 751 zur Mitwirkung an Grenzsicherungsmaßnahmen der DDR.

67 M. Bspr. *Kudlich.*

68 M. Bspr. *Wohlers* JR **2017** 585.

69 Hierzu *Kudlich* FS Kindhäuser 235 ff.

70 M. Anm. *Kudlich* JA **2011** 472.

71 Hierzu *Bott/Orlowski* NZWiSt **2014** 143; *Putzke* ZJS **2014** 637 ff; *Greco* wistra **2015** 1; *Roxin* StV **2015** 447.

72 Vgl. *Greco* wistra **2015** 6; *Roxin* StV **2015** 452.

73 *Jakobs* § 24 Rdn. 17.

74 *Ders.* ZStW **89** (1977) 20; entsprechend ließe sich beim Brötchenkauf argumentieren.

75 Selbstverantwortung S. 57. Ähnlich *Schall* GS Meurer 115 ff; *Lesch* JR **2001** 383, 387 f.

dert – wie jeder hypothetische Kausalverlauf – nichts an der Beihilfestrafbarkeit. Auch wird man eine Strafbarkeit wegen Beihilfe nicht ernstlich bezweifeln können, wenn Einbrecher und Totschläger den Verkäufern mitgeteilt haben, wofür sie den Schraubenzieher und die Brötchen gebrauchen wollen.[76] Warum soll aber die Strafbarkeit des Gehilfen davon abhängen, woher er sein Wissen hat? An seiner Strafwürdigkeit ändert es nichts, wenn er den Plan des Täters erlauscht oder von einem Dritten mitgeteilt bekommen hat. *Schumann*[77] will auch – im Ergebnis zu Recht – denjenigen wegen Beihilfe bestrafen, „der einem Kunden, von dessen Attentatsplänen er zufällig weiß, eine Schußwaffe verkauft", und zwar auch dann, wenn der Käufer einen Waffenschein hat. Warum es dann aber beim Schraubenzieher anders liegen soll, ist schwer verständlich. Entscheidend ist, dass es keine Alltagshandlungen per se gibt, sondern der Charakter einer Handlung durch den **Zweck** bestimmt wird, dem sie dient. So ist das Tragen einer Leiter in den meisten Fällen ein alltagsüblicher Vorgang; er wird aber zur Beihilfe, wenn sein einziger Sinn darin besteht, einen Einbrecher zu unterstützen.[78]

**(2)** In den zahlreichen Monographien,[79] Aufsätzen[80] und Urteilsanmerkungen[81] der letzten Jahrzehnte wird zunehmend versucht, den geschilderten Einschränkungen durch die Einordnung von Alltagshandlungen als „sozialadäquat"[82] eine ausreichende theoretische Rechtfertigung zu geben, namentlich durch weiteren Ausbau der von *Hassemer*[83] präzisierten Sonderform der **„professionellen Adäquanz"** für die im Zentrum der Diskussion stehende „Unterstützung fremder Straftaten durch berufsbedingtes Verhalten".[84] Eine überzeugende *objektive Abgrenzung* ist auf diesem Wege aber bisher **nicht** gelungen. Die bei *Rogat* ausgearbeitete Idee einer **berufsrechtlichen Rechtfertigung** für Rechtsanwälte[85] kann deshalb nicht überzeugen, weil eine einen *Rechtsgutsangriff* darstellende Handlung durch „gewerbsmäßige" Vornahme an Sozialschädlichkeit eher zu- als abnimmt; die Sonderstellung des Verteidigerhandelns im Rahmen des § 258 (*Fischer* § 258 Rdn. 16 ff) ist deshalb auch weniger ein intrinsisches Berufsrecht als eine Konsequenz aus der spezifischen Rechtsstellung des Beschuldigten, die ein zur Begehung einer Straftat entschlossener Mandant nicht für sich in Anspruch nehmen kann. Das von *Lohmar* (Risiken S. 203) propagierte Abstellen auf das „erlaubte Risiko" ersetzt nur eine durch die andere Unbekannte und lässt sich entgegen *Lohmars* Annahme zwar mit einigen sprachlichen Wendungen, aber kaum mit der Essenz der Rechtsprechung vereinbaren.[86] Nichtsdestoweniger ist 27

**76** Für Beihilfestrafbarkeit dann auch *Schumann* Selbstverantwortung S. 68.

**77** Selbstverantwortung S. 63 f.

**78** Weitere Argumente bei *Roxin* a. a. O. (Fn. 48).

**79** Außer den Nachw. in Fn. 39, 46 ff auch *Müller* Beihilfestrafbarkeit; *Schmidt* Beteiligung.

**80** Ferner noch *S. Jaeger* RDV **1998** 252 zum Anbieten von „Hacker-Tools"; didaktisch *Rotsch* „Neutrale Beihilfe", Jura **2004** 14.

**81** *Otto* StV **1994** 409; schier unübersehbar zu BGHSt **46** 107, s. *M. Jäger* wistra **2000** 344; *Kudlich* JZ **2000** 1178; *Werner* PStR **1999** 50; *Jahn* EWiR **2000** 895; *Rolletschke* DStZ **2000** 787; *Karitzky/Marxen* EWiR **2000** 353; *Marx* DStR **2001** 96; *Lesch* JA **2001** 188; *ders.* JR **2001** 383.

**82** Nachweise bei *Hillenkamp/Cornelius* 32 Probleme aus dem Strafrecht, Allgemeiner Teil [15](2017) 228 ff.

**83** *Hassemer* wistra **1995** 41, 81 (85): Professionelle Adäquanz beschreibe „normales, neutrales, sozial akzeptiertes und regelgeleitetes berufliches Handeln, welches sich vor strafrechtlicher Analyse nicht zu verstecken" brauche, auch wenn dem professionell Unterstützenden die deliktischen Pläne des Täters bekannt seien. Zu weiteren Anhängern dieser Auffassung (vor allem aus der steuerstrafrechtlichen Literatur) LG Wuppertal wistra **1999** 474.

**84** So der Titel der alle Ansätze umfassend durchmusternden Habilitationsschrift von *Kudlich*; ähnlich bereits *Wolff-Reske* Berufsbedingtes Verhalten als Problem mittelbarer Erfolgsverursachung (1995); speziell zur Tätigkeit von Rechtsanwälten *Rogat* Die Zurechnung bei der Beihilfe (1997); von Bankmitarbeitern frühzeitig *Philippowski* Probleme sowie *Otto* Ztschr. f. d. ges. Kreditwesen **1994** 775; in neuerer Zeit *Pilz* Beihilfe zur Steuerhinterziehung durch neutrale Handlungen von Bankmitarbeitern (2001) und *Lohmar* Steuerstrafrechtliche Risiken typischer Bankgeschäfte (2002).

**85** Zurechnung S. 179 ff und passim.

**86** Denn die von *Lohmar* a. a. O. zit. Entscheidungen des BGH zum Notar und zum Schwarzgeldtransfer (o. Rdn. 22) folgen (so die Notarentscheidung) eher bzw. (so die Transferentscheidung) vollständig der Konzeption *Roxins* und versuchen die Abgrenzung in erster Linie im *subjektiven* Bereich zu finden (zutr. *M. Jäger* wistra **2000** 344, 345).

diese Unklarheit erhellend, weil sie die Schwierigkeit illustriert, eine unterschiedliche Ansätze und Methoden sprachlich amalgamierende Judikatur für eine bestimmte Doktrin in Anspruch zu nehmen.[87] Bezeichnenderweise beschränkt sich denn auch *Lohmar* nicht auf die Berücksichtigung der „banküblichen Gepflogenheiten", sondern verwertet weitere Kriterien wie *Puppes* „Tatnähe bzw. -ferne" (dazu u. Rdn. 28), den Rückgriff auf „(Erfolgs-)Abwendungspflichten" (dazu ebenfalls u. Rdn. 28) oder den schon von *Roxin* herangezogenen „Vertrauensgrundsatz" (dazu o. Rdn. 19),[88] um am Ende ebenfalls *Roxins* Formel heranzuziehen, ob sich der Bankangestellte „bei seiner Tätigkeit die Unterstützung eines erkennbar Tatgeneigten angelegen sein lässt".[89] Und auch *Kudlich* kommt nach einer subtilen Analyse aller Topoi weitgehend auf die Lösung hinaus, „die für eine Vorsatzstrafbarkeit entweder unbedingten Vorsatz oder aber bei bedingtem Vorsatz ‚triftige Anhaltspunkte' für die deliktische Verwendung *gerade der erbrachten Leistung selbst* verlangt".[90] Damit wird letztlich anerkannt, dass das professionell Übliche keinen Maßstab für das normativ Richtige bietet[91] und dass, wenn eine Handlung Delikte fördert, eher das Gegenteil nahe liegt. Aus diesem Grunde kann es auch nicht überzeugen, wenn *Otto* die Beihilfe durch berufstypisches und geschäftsmäßiges Verhalten – noch enger – generell auf ein Handeln mit dolus directus beschränken will.[92] Mit Recht hat daher auch der BGH diese Konzeptionen verworfen (BGHSt **46** 113): „Eine generelle Straflosigkeit von ‚neutralen', ‚berufstypischen' oder ‚professionell adäquaten' Handlungen kommt ... nicht in Betracht ... Fast jede Handlung kann in einen strafbaren Kontext gestellt werden."[93] *Greco*[94] schlägt vor, die eine Haupttat fördernden Beiträge als nicht unerlaubt-gefahrschaffend einzustufen, wenn ihrem Verbot keinerlei Eignung zukommt, die Begehung der Haupttat spürbar zu erschweren. Dies wird insbesondere der Fall sein, wenn ein Ersatz auf legalem Weg ohne nennenswerten Aufwand erreichbar wäre.

**28** **(3)** Andere stellen darauf ab, ob es sich um ein in § 138 genanntes Delikt handelt oder dieses eine **Hilfeleistungspflicht** nach § 323c oder gar § 13 auslösen würde.[95] Dagegen spricht jedoch,[96] dass §§ 138, 323c Handlungsgebote aufstellen und Unterlassungen bestrafen, während § 27 eine Förderung des Erfolges durch aktive Handlungen verbietet, so dass hier die Strafbarkeit früher eintreten sollte. Umgekehrt wollen *Puppe*[97] und *Wohlers*[98] auf die **abstrakte Verbotenheit** der Förderungshandlung abstellen und lassen die Lieferung von Gegenständen, die wegen ihrer Gefährlichkeit nicht frei verkäuflich sind („Schußwaffe, Betäubungsmittel oder Gifte"), bzw. die Verletzung von Sorgfaltsnormen etwa in Gestalt bankrechtlicher Vorschriften[99] immer zur Beihilfestrafbarkeit führen. Das führt aber von den Kriterien der konkreten deliktischen Ver-

---

**87** Während der 5. StrS in BGHSt **46** 113 f ausschließlich subjektiv abgrenzt, hat er in NStZ-RR **1999** 184, 186 noch im selben Satz davon gesprochen, dass der Notar „das ihm berufstypisch erlaubte Risiko überschritt und (‚*weil er*' wäre eindeutig gewesen) sich die Förderung der ‚erkennbar tatgeneigten Täter angelegen sein' ließ", wodurch das erlaubte Risiko u. U. als selbständiges objektives Kriterium konserviert, zumindest „in Reserve gehalten" wurde.

**88** Zur Banküblichkeit akribisch *Lohmar* Risiken S. 205 ff, zu den anderen Kriterien ibid. S. 262 ff, 274 ff, 277 ff.

**89** *Lohmar* Risiken S. 293.

**90** Unterstützung S. 534.

**91** *Amelung* FS Grünwald 11.

**92** JZ **2002** 436, 444; *ders.* FS Lenckner 192, 214 f.

**93** Unter Berufung auf *Roxin* FS Miyazawa 515.

**94** *Greco* wistra **2015** 5 f; ausf. *ders.* Cumplicidade através de ações neutras (Rio de Janeiro, 2004) S. 138 ff.

**95** *Frisch* Verhalten S. 295 ff; *Hefendehl* Jura **1992** 374, 376; *Tag* JR **1997**, 54 ff; für einen Teil der Fälle auch *Wohlers* SchwZStr **117** (1999), 425; *ders.* NStZ **2000** 169; *Wolff-Reske* S. 157 ff; *Otto* StV **1994** 409, 410.

**96** **Krit.** auch *Niedermair* ZStW **107** (1995) 519 ff; *Beckemper* Jura **2001** 166.

**97** *Puppe* NK vor § 13 Rdn. 169 ff.

**98** *Wohlers* SchwZStr **117** (1999) 425; *ders.* NStZ **2000** 169.

**99** Hier wäre, wenn auch mit umgekehrtem Ergebnis, die von *Lüderssen* FS Grünwald 329 (337 ff) in den Steuerhinterziehungsfällen propagierte Abwägung von staatlichem Steueranspruch und freiem europäischen Kapitalverkehr einzuordnen.

knüpfung eher weg.[100] Dem wird zwar das von *Puppe* kumulativ verwendete Kriterium der *Tatnähe* besser gerecht,[101] aber es eignet sich eher zur Abgrenzung von Mittäterschaft und Beihilfe als von strafbarem und straflosem Verhalten.

**(4)** Eine ebenfalls stark vertretene Auffassung will – jedenfalls bei dolus directus – eine **Einschränkung** der Beihilfestrafbarkeit scheinbar überhaupt **nicht anerkennen.**[102] Doch führt das zu keinen nennenswerten Unterschieden im Ergebnis, weil die meisten dieser Autoren in den hier eliminierten Fällen schon das Vorliegen der allgemeinen Beihilfekriterien bestreiten, etwa die (ggf. „missbilligenswerte", so *Beckemper*)[103] Gefahrerhöhung *(Niedermair)*[104] oder die für notwendig erklärte „wesentliche Förderung" *(Weigend)*.[105] *Samson/Schillhorn* bestreiten sogar im Schwarzgeldtransferfall BGHSt **46** 107 wegen der Aufbewahrungsfristen der Banken die *Dienlichkeit* des anonymisierten Transfers als vorgeleistete Strafvereitelung,[106] was aber die reale Verfolgungssituation vernachlässigen dürfte. 29

### 3. Abweichende Beihilfekonzeptionen

Aus der in Rdn. 2 ff entwickelten Auffassung ergibt sich die Stellungnahme zu den wichtigsten abweichenden Meinungen zur Grundstruktur der Beihilfe.

**a) Die Verneinung des Kausalitätserfordernisses durch die Rechtsprechung.** Die Recht- 30
sprechung basiert auf der in RGSt **58** 114 f exemplarisch ausgesprochenen These, dass der Gehilfenbeitrag die Handlung des Täters „tatsächlich gefördert" haben müsse, für den eingetretenen Erfolg aber „einflußlos" geblieben sein könne (Rdn. 1). Auch der BGH hat diese Lehre übernommen, wenn er feststellt,[107] eine dem Haupttäter gewährte Unterstützung sei „auch dann tatbestandsmäßige Beihilfe, wenn sie für den Erfolg nicht ursächlich ist", und es reiche „aus, daß die Gehilfentätigkeit die Handlung des Haupttäters fördert oder erleichtert".[108] Die Kritik hat seit Jahrzehnten darauf hingewiesen, dass diese Konzeption widersprüchlich sei, und das ist sie in der Tat: Da die Handlung des Täters auf die Tatbestandsverwirklichung abzielt, kann sie nur durch Beiträge gefördert werden, die sich auch auf den Erfolg auswirken; was für den Erfolg irrelevant ist oder gänzlich ohne Einfluss auf ihn bleibt, kann die Handlung des Täters höchstens scheinbar und nach den Intentionen der Beteiligten gefördert haben und deshalb nur eine versuchte Beihilfe sein. So hat *Mezger*[109] denn auch schon vor langer Zeit nachgewiesen, dass in fast allen RG-Entscheidungen, die mit der Förderungsformel arbeiten, in Wirklichkeit eine Kausalität des Gehilfenbeitrages vorgelegen hat, so dass im Ergebnis kein Unterschied gegenüber der hier vertretenen Meinung besteht. Vielfach beruht die Annahme fehlender Kausalität auf dem Missverständnis, dass der Gehilfenbeitrag condicio sine qua non für die Deliktsbegehung gewesen (Rdn. 3) sein müsse oder dass eine sich hinterher als überflüssig herausstellende erfolgsfördernde Handlung nicht kausal sei (Rdn. 9).

---

**100** Vgl. die **Kritik** von *Niedermair* ZStW **107** (1995), 536.
**101** *Puppe* NK vor § 13 Rdn. 172 ff.
**102** So etwa *Beckemper* Jura **2001** 163; *Fischer* Rdn. 19c; *Heinrich* Rdn. 1331; *Krey/Esser* AT § 32 Rdn. 1085 ff; *Niedermair* ZStW **107** (1995), 507; *Weigend* FS Nishihara 197; *Zieschang* Rdn. 756.
**103** *Beckemper* Jura **2001** 165.
**104** *Niedermair* ZStW **107** (1995), 527.
**105** *Weigend* FS Nishihara 208.
**106** wistra **2001** 1.
**107** BGH VRS **8** 199, 201.
**108** BGH bei Dallinger MDR **1972** 16.
**109** *Mezger* S. 413.

31 Auch die neuere Rechtsprechung kommt mit der Förderungsformel meist zu Ergebnissen, die der Forderung nach einer Kausalität des Gehilfenbeitrages entsprechen. So z. B. wenn der BGH (StV **1981** 72) meint, die Hilfeleistung brauche „zwar für den Erfolg der Haupttat nicht ursächlich zu sein", müsse aber „die den Straftatbestand verwirklichende Handlung des Täters in irgendeiner Weise erleichtert oder gefördert haben"; das sei nicht der Fall, weil die Auskunft des Angeklagten an einen „Scheinkäufer" auf „das weitere Geschehen keinen Einfluß hatte". Hier ist es in Wahrheit die offenkundig fehlende Kausalität, die zur Verneinung der Beihilfe führt.[110] Umgekehrt hat der BGH (DAR **1981** 226) mit Recht eine Beihilfe angenommen, als die Lenkerin eines Autos auf das Verlangen zweier Räuber weiterfuhr, obwohl sie bemerkt hatte, dass eine Mitfahrerin von den beiden verbrecherischen Autoinsassen beraubt wurde. Der BGH stützt die Verurteilung wegen Beihilfe auf die Annahme, während der Fahrt habe keine Aussicht bestanden, „daß die Schreie des Opfers von Dritten, die die Möglichkeit zum Eingreifen gehabt hätten, gehört werden konnten". Dadurch sei die Tatbegehung „erleichtert" worden. Diese **Erleichterung** stellt sich aber eindeutig als kausale Tatmodifikation dar, so dass das Urteil auf das Erfordernis der Kausalität durchaus nicht hätte zu verzichten brauchen. Noch deutlicher hat der 3. Strafsenat des BGH im 2. *Motassadeq*-Urteil vom 16.11.2006 (NJW **2007** 384 [389]) ausgesprochen, dass es sich bei der Kontroverse über Kausalität oder Risikoerhöhung der Beihilfe „weitgehend um einen Streit über dogmatische Begrifflichkeiten handelt, der allenfalls bei außergewöhnlichen ... Sachverhaltsgestaltungen zu abweichenden Ergebnissen führt". In concreto wurde die finanzielle und sonstige Unterstützung der Attentäter vom 11. September in der (langen) Vorbereitungsphase der Delikte als eine Beihilfe zum Mord an den Flugzeugpassagieren gewürdigt.

32 Wenn demnach der Meinungsunterschied sich auch in den meisten Fällen nicht auf das praktische Ergebnis auswirkt, birgt die Ansicht der Rechtsprechung doch die **Gefahr** in sich, eine nur versuchte Beihilfe oder eine Beihilfe zum Versuch in eine Beihilfe zur vollendeten Tat umzudeuten. Dieser Gefahr ist das RG wiederholt erlegen. So hat zwar RGSt **38** 156 es zutreffend abgelehnt, den **nicht benutzten Ratschlag**, eine zu stehlende Kassette mit einem Schraubenzieher von ihrer Unterlage zu lösen, als Beihilfe zu bestrafen; doch hat es in einer Entscheidung vom 7.11.1913[111] die Übergabe einer Zange an einen Einbrecher als vollendete Beihilfe bestraft, obwohl dieser den Einbruch schließlich „ohne Benutzung des Werkzeuges ausgeführt" hatte. Auch die Leitentscheidung RGSt **58** 113 wollte die Lieferung von Abtreibungsgeräten, die von der Schwangeren zunächst in Benutzungsabsicht angenommen, dann aber doch nicht verwendet worden waren, für eine Beihilfe genügen lassen.[112] Schon RGSt **6** 169 f hatte in dem Fall, dass der Gehilfe dem Täter einen Schlüssel mitgegeben hatte, der in dem zu öffnenden Schloss abgebrochen war, woraufhin der Täter auf andere Weise in das Haus gelangt war, eine Beihilfe zum vollendeten Diebstahl angenommen; richtigerweise lag hier zwar kein strafloser Beihilfeversuch, aber doch nur eine strafbare Beihilfe zum Diebstahlsversuch vor (vgl. Rdn. 8). Die Unklarheit der Förderungsformel begünstigt also, mag sie auch in den meisten Fällen unschädlich sein, eine Erstreckung der Beihilfe in den straffreien Raum. Neuere Entscheidungen verhalten sich uneinheitlich: So hat der 5. StS die zugesagte Hilfe zum Transport des Erlöses aus einer Betäubungsmitteltransaktion deshalb nicht als Beihilfe zum Handeltreiben (das nach der extensiven Deutung der Rspr. sogar die Übergabe des Erlöses erfasst!) angesehen, weil in dem konkreten Fall das Rauschgift bereits sichergestellt und deshalb kein Verkaufserlös mehr zu erzielen war; strafbare Beihilfe sei nicht gegeben, „wenn der Beihilfehandlung jede Eignung zur Förderung der Haupttat fehlt oder sie erkennbar nutzlos für das Gelingen der Tat ist (BGH NJW **2008** 1460 [Rdn. 13];[113] s. a. in einem obiter dictum BGHSt **54** 140 [143 Rdn. 7]). Kurze Zeit danach entschied aber der 5. StS, dass der Kurier, der sich zum Trans-

---

**110** Fälle fehlender Kausalität behandeln auch BGH NStZ **1983** 462; BGHR StGB § 27 I Hilfeleisten 4, 5; OLG Frankfurt NJW **1983** 2038 f.

**111** Zitiert in RGSt **58** 115.

**112** Im Ergebnis kam das RG in dieser Entscheidung aber aus anderen Gründen zum Freispruch, vgl. *Dreher* Bemühungen um das Recht (1972) 252.

**113** Nachw. zu den Urteilsbesprechungen in Fn. 26.

port von Kokain bereit erklärt hat, auch dann Hilfe leistet, wenn die Droge bereits sichergestellt ist; dass „sein Tun ... von vornherein nicht erfolgreich sein konnte", sollte „unerheblich" sein (BGH NJW **2008** 2276; i. Erg. ebenso 2. StS NStZ **2008** 284). S.a. u. Rdn. 45.

Noch stärker wirkt sich der Verzicht auf das Kausalitätserfordernis im Bereich der **psychischen Beihilfe** aus, wo häufig jede erkennbare Billigung der Haupttat als Beihilfe bestraft wird (näher Rdn. 52). Das erleichtert zwar dem Richter den Beweis, ist aber mit den Grundlagen eines Tatstrafrechts schwerlich zu vereinbaren (vgl. Rdn. 14). 33

**b) Die Beihilfe als Gefährdungsdelikt.** Die in neuerer Zeit in verschiedenen Varianten entwickelten Meinungen, wonach auf die Kausalität des Gehilfenbeitrages für den Erfolg verzichtet werden könne, weil schon eine konkrete oder abstrakte Gefährdung des tatbestandlich geschützten Rechtsgutes für eine Beihilfebestrafung ausreiche, setzen sich allesamt dem Einwand aus, „die versuchte Beihilfe als vollendete Beihilfe zu bestrafen";[114] denn eine objektive Gefährdung, bei der der Vorsatz auf die Erfolgsherbeiführung gerichtet sein muss (sonst liegt der straflose Fall des agent provocateur vor), ist strukturell ein Versuch. Den Versuch der Beihilfe aber hat der Gesetzgeber straflos gelassen. 34

Im Übrigen sind gegen die einzelnen Ansätze unterschiedliche **Einwände** zu erheben. *Schaffstein* und sein Schüler *Salamon* (vgl. Rdn. 1 bei Fn. 4) haben mit der Einführung des Risikoerhöhungsgedankens in die Teilnahmelehre das richtige Zurechnungsprinzip durchaus gefunden. Da sie aber das Erfordernis der Risikoerhöhung von der Kausalbeziehung ganz lösen, anstatt es zu ihrer Einschränkung zu benutzen, gerät ihnen der Teilnahmebereich teils zu weit, teils zu eng: zu weit insofern, als sie wirkungslose Beiträge (Mitgabe nicht verwendbarer Schlüssel und dgl.) als vollendete Beihilfe bestrafen; zu eng insofern, als sie kausale und tatfördernde Beiträge (das Tragen der Leiter zum Tatort, vgl. Rdn. 7) durch Einbeziehen hypothetischer Kausalverläufe als nicht risikosteigernd von der Bestrafung ausnehmen wollen.[115] *Vogler* (vgl. Rdn. 1 bei Fn. 5), der ebenfalls mit dem an sich zutreffenden Risikoprinzip operiert, vermeidet die zu starke Einengung der *Schaffstein/Salamonschen* Lehre, indem er im Hinblick auf den Erfolg eine abstrakte Gefährlichkeit des Gehilfenverhaltens genügen lässt und eine konkrete Förderung lediglich des Täterverhaltens verlangt. Aber auch er geht mit dem Verzicht auf die Kausalität des Gehilfenbeitrages auf der anderen Seite zu weit; da auch in concreto unbrauchbare und unverwendete Tatbeiträge zur Herbeiführung des Erfolges in der Regel generell geeignet und damit abstrakt gefährlich sind, verwandelt er Fälle straflosen Versuchs in strafbare Teilnahme.[116] *Herzberg* schließlich sieht die Beihilfe von vornherein als „abstraktes Gefährdungsdelikt"[117] an und meint, für eine vollendete Beihilfe sei nichts erforderlich als die Verursachung von „Hilfe": „Der Täter hat bei der Durchführung seiner Tat Beistand erhalten, und das genügt".[118] Vom grundsätzlichen Einwand der gesetzeswidrigen Strafbarkeitserweiterung abgesehen, ist gegen diese Lehre geltend zu machen, dass die zentralen Begriffe der „Hilfe" und des „Beistandes" gänzlich unbestimmt bleiben. Anscheinend soll alles „Hilfe" sein, was „abstrakt gefährlich" ist. Aber eine so vage Auskunft genügt dem gesetzlichen Bestimmtheitserfordernis nicht. Wenn *Herzberg* das Hinreichen eines Getränkes an den Täter selbst dann als „Hilfe" ansehen will, wenn es „den Erfolg der Wegnahme verzögert und dadurch gefährdet", oder wenn er den als Gehilfen bestrafen will, der lediglich bewirkt hat, dass der Täter die Handlung mit „besserer Laune" durchführt, dann ist nicht einmal mehr zu erkennen, worin die „abstrakte Gefährlichkeit" solcher Beiträge bestehen soll; die Grenzen der Strafbarkeit verschwimmen hier im 35

**114** Darüber eingehend *Samson* FS Peters 132; wie hier *Jakobs* § 22 Rdn. 35; *Stein* Beteiligungsformenlehre S. 147 ff.

**115** Zur **Kritik** *Samson* Kausalverläufe S. 75 ff; *ders.* FS Peters 125 ff; *Dreher* Bemühungen um das Recht (1972) 257 ff; *Herzberg* GA **1971** 7 f; *Vogler* FS Heinitz 307 f.

**116** Detail**kritik** an *Vogler* bei *Samson* FS Peters 127 ff.

**117** GA **1971** 7.

**118** GA **1971** 6.

Ungewissen.[119] Dieser Gruppe von Autoren gesellt sich neuerdings *Zieschang* hinzu,[120] der „Hilfeleisten" i. S. v. § 27 nach dem Vorbild der Begünstigung (§ 257), die auch diese Tatbestandshandlung kennt, auslegen möchte; bei § 257 verstehe man Hilfeleisten als Verhalten, das objektiv geeignet ist, den Täter besser zu stellen, was auch für die Beihilfe zu gelten habe. Damit wird aber nicht hinreichend berücksichtigt, dass die Forderung einer Kausalität der rückwärtsgewandten Struktur eines Anschlussdelikts wie der Begünstigung zuwiderläuft, was bei der Beihilfe, bei welcher die Haupttat dem eigenen Beitrag erst nachfolgen soll – wie allgemein der Erfolg bei Erfolgsdelikten –, eben nicht der Fall ist. Zuletzt möchte *Murmann*[121] sich anstelle einer Kausalität im Sinne der condicio-Formel damit begnügen, „dass der Gehilfe durch seinen Beitrag das in der Haupttat liegende Risiko zulasten des Opfers erhöht und sich diese Risikoerhöhung in der Haupttatbegehung niedergeschlagen haben muss, was auch dann der Fall ist, wenn die Tat ohne äußerliche Modifikation durch den Gehilfen sicherer wird ...". Dass die Tat aber „sicherer" wird, ist bereits eine äußerliche Modifikation, die die Intensität der Rechtsgutsverletzung (Rdn. 3) erhöht.

36 **c) Die Beihilfe als Intensivierung und Übernahme.** Diese von *Samson* in mehreren Publikationen entwickelte Lehre[122] steht unter den neueren Konzeptionen der hier vertretenen Ansicht am nächsten. Auch *Samson* gewinnt die Fälle strafbarer Beihilfe durch eine Auswahl unter den für den Erfolg kausalen Bedingungen. Er nimmt jedoch diese Auswahl nicht mit Hilfe des Risikoerhöhungsgedankens, sondern mittels der von ihm sog. Prinzipien der „Intensivierung" und der „Übernahme" vor. Danach leistet Beihilfe, wer den Erfolg dadurch mitverursacht, dass er die Rechtsgutsverletzung ermöglicht oder intensiviert (Intensivierungsprinzip) oder dass er dem Haupttäter sonst von diesem zu erbringende rechtswidrige Leistungen abnimmt (Übernahmeprinzip), indem er ihm die Durchführung der Tat erleichtert. Das läuft in den Ergebnissen im Wesentlichen auf das hier vertretene Risikoerhöhungsprinzip hinaus. Eine Abweichung liegt aber z. B. darin, dass *Samson* nur die Übernahme rechtswidriger Beiträge als strafbare Beihilfe ansieht und deshalb den straflos lassen will, „der sich dem ahnungslosen Postboten gegenüber erbietet, das Paket mit der Höllenmaschine die letzten Meter vom Gartentor bis zur Haustür zu tragen. Dies gilt auch, wenn er weiß, was das Paket enthält".[123] Überzeugend ist das nicht, weil das Setzen einer erfolgsfördernden Bedingung beim Bestehen eines entsprechenden Vorsatzes für eine strafrechtliche Zurechnung durchaus genügt.[124] Auch lässt sich mit den Prinzipien der Intensivierung und Übernahme das „Sichermachen" der Tatbestandshandlung nicht als Beihilfe erfassen, was wenig sachgerecht ist und *Samson* z. B. bei der Beurteilung des Wachestehens in große Schwierigkeiten bringt (vgl. Rdn. 9). Auch *Samsons* gänzliche Ablehnung der psychischen Beihilfe – soweit diese nicht in technischer Rathilfe besteht – ist eine zu weitgehende Konsequenz seiner Zurechnungsprinzipien (vgl. Rdn. 11 ff).

37 **d) Die Beihilfe als Solidarisierung.** Neben der Lehre von *Schumann*, der die Solidarisierung mit fremdem Unrecht als Strafgrund jeglicher Teilnahme beurteilt (dazu schon oben Rdn. 16 vor § 26 und § 27 Rdn. 24 f), ist die Auffassung von *Schild-Trappe*[125] selbständig, die speziell die Bei-

---

**119** Ausführliche **Kritik** an *Herzberg* bei *Vogler* FS Heinitz 298 ff; *Samson* FS Peters 126 f; *Stein* Beteiligungsformenlehre S. 147 ff.
**120** FS Küper 733 ff; *ders.* AT Rdn. 758.
**121** *SSW/Murmann* Rdn. 3.
**122** *Samson* Kausalverläufe; *ders.* FS Peters 121 ff.
**123** *Samson* Kausalverläufe S. 171.
**124** Gegen *Samson* in diesem Punkt auch *Vogler* FS Heinitz 312 Fn. 91, der von der „Schwäche des sog. Übernahmeprinzips" spricht.
**125** Gehilfenschaft S. 97 f, 137. Ähnlich *Heghmanns* GA **2000** 479 f.

hilfe als „Solidarisierung mit dem Täter“ versteht, was nach ihrer Konzeption einerseits voraussetzt, dass der Täter sich der Solidarisierung von Seiten des Gehilfen bewusst ist, d. h. dessen Tatbeitrag kennt, andererseits aber schon „bloße Zustimmungs- und Solidarisierungsbekundungen, die einen bereits gefaßten Tatentschluß auch in seiner Festigkeit und Intensität nicht beeinflussen“, genügen lässt. Aber das ist unter dem leitenden Aspekt des „Rechtsgutsangriffs“ einerseits zu eng, andererseits zu weit und deshalb abzulehnen.[126]

## II. Der objektive Tatbestand

### 1. Generelle Bestimmung

Der objektive Tatbestand der Beihilfe besteht darin, dass jemand einem anderen zu dessen vorsätzlich begangener rechtswidriger Tat **Hilfe leistet.** Zu dem Erfordernis der vorsätzlichen rechtswidrigen Tat (sog. Haupttat) *Schünemann/Greco* LK vor § 26 Rdn. 20–24. Über die Kausalität der Hilfeleistung s. Rdn. 1–16. 38

### 2. Der Zeitpunkt der Hilfeleistung

**a) Beihilfe vor der Tat.** Der Zeitpunkt der Hilfeleistung wird vielfach mit dem der Haupttat zusammenfallen, doch ist dies keineswegs notwendig. Beihilfe kann vielmehr schon zu bloßen Vorbereitungshandlungen[127] geleistet werden, ja selbst schon vor Entschließung des Haupttäters zur Tat einsetzen.[128] Vor dem Tatentschluss ist aber eine psychische Beihilfe durch Stärkung des Tatentschlusses denklogisch unmöglich (s. a. Rdn. 60). 39

**b) Vollendung als spätestmöglicher Zeitpunkt.** Der spätestmögliche Zeitpunkt der Hilfeleistung ist umstritten. Nach Ansicht der Rechtsprechung[129] und lange Zeit herrschender Lehre[130] endet die rechtliche Möglichkeit der Beihilfe nicht mit dem vollen Eintritt der Rechtsgüterverletzung, d. h. der formellen Vollendung, sie soll vielmehr noch im Stadium ihrer **materiellen Beendigung** bis zur endgültigen Sicherung ihres Erfolges gegeben sein. Damit wird die Möglichkeit eröffnet, zwischen Vollendung und Beendigung der Haupttat statt auf den begrenzten Strafrahmen der (von der Vollendung an möglichen) Begünstigung oder Strafvereitelung (§§ 257, 258) über § 27 Abs. 2 auf den u. U. strengeren Strafrahmen der Haupttat zuzugreifen. Die Entscheidung darüber, ob im Beendigungsstadium Beihilfe oder Begünstigung bzw. Strafvereitelung an- 40

---

**126** Vgl. die Kritik bei *Roxin* JZ **1996**, 29 f; *ders.* AT II § 26 Rdn. 194 ff; *Wohlleben* Beihilfe S. 96 ff; *Ambos* JA **2000** 722 Fn. 22.

**127** RG Rspr. **9** 149; RGSt **4** 95 f; **28** 287; **51** 136, 141; **58** 113 f; BGHSt **2** 344, 346; NStZ-RR **2006** 86 (87); NJW **2007** 384 [389 Rdn. 46]; NStZ **2013** 483 (484); NStZ **2017** 337 (338); BGHSt 61 **252** (257 Rdn. 17).

**128** RG Rspr. **3** 464; RGSt **8** 267 f; **16** 350; **38** 417 ff; **58** 113 f; **59** 376, 379; **67** 191, 193; **75** 112 f; BGHSt **2** 345 ff; s. a. BGH NStZ **2007** 230 (Rdn. 18); BGHSt 61 **252** (257 f. Rdn. 17); *Fischer* Rdn. 5.

**129** RGSt **23** 292; **58** 13 f; **71** 193 f; RG JW **1934** 837 m. Anm. *Mezger;* RG HRR **1940** Nr. 469; OGHSt **2** 50, 59 f; **2** 209 ff; **3** 1, 3; BGHSt **3** 40, 43 f; **4** 132 f; **6** 248, 251; **19** 325; BGH VRS **16** 267; BGH bei Dallinger MDR **1967** 726; BGH NStZ-RR **1997** 319; BGH NStZ **2007** 35; NStZ **2008** 152; NStZ **2008** 284; NJW **2008** 1460 (Rdn. 12); NStZ **2010** 522; NStZ **2012** 264; NStZ **2012** 316; NJW **2013** 2211 (Rdn. 5); NStZ **2013** 463 (464); NJW **2015** 2903 (Rdn. 14 – insw. in BGHSt 60 302 nicht abgedruckt); NStZ-RR **2015** 13 (14); BeckRS **2017** 109821 (Rdn. 4); LG Köln NJW **1956** 154; OLG Hamm JZ **1961** 94 m. Anm. *Stratenwerth;* OLG Karlsruhe GA **1971** 281; BayObLGSt **1999** 568; **2000** 31; OLG Düsseldorf NStZ-RR **2005** 336 (337).

**130** *Baumann/Weber/Mitsch*[11] § 37 Rdn. 25 f; *Blei* I § 80 I; *Bockelmann/Volk* § 25 III 2b; *Fischer* Rdn. 6 f; *Gropp* AT § 10 Rdn. 296; *Hau* Die Beendigung der Straftat und ihre rechtlichen Wirkungen (1974) 119 ff; *Jescheck/ Weigend*

zunehmen ist, soll nach der Rechtsprechung von der Willensrichtung des Hilfeleistenden abhängen.

**41** Wenn also drei Diebe fremden Schrott aus einem umzäunten Hof in ein 400–500m entferntes Versteck bringen, von wo ihn der Angeklagte abholt, ist der **Diebstahl** schon mit dem Verstecken vollendet. Trotzdem soll bis zur materiellen Beendigung der Tat (der Erlangung gesicherten Gewahrsams) sowohl Beihilfe wie Begünstigung vorliegen können; ob das eine oder andere gegeben sei, sei „im wesentlichen Tatfrage" (BGHSt **4** 132, 133). Wer dem Eigentümer in den Weg tritt, der den mit der Beute fliehenden Dieb verfolgt, soll ebenfalls Beihilfe wie Begünstigung begehen können (BGHSt **6** 248; ähnlich BGH bei Dallinger MDR **1967** 726).

**42** Nach materieller Beendigung von Diebstahl und Raub hält auch die Rechtsprechung eine Beihilfe nicht mehr für möglich. Eine Angeklagte, die von einem **Raub**, den ihr Verlobter begangen hatte, erst nach Verbringung der Beute in ihre Wohnung erfuhr und ihm daraufhin bei der Beseitigung der Fingerspuren half, konnte also nicht mehr wegen Beihilfe zum Raub verurteilt werden; der BGH meint, der Zeitpunkt der Beendigung des Raubes dürfe „nicht zu weit hinausgesetzt werden".[131] Keine Beihilfe zum schweren Raub sah der BGH auch in der Tat einer Angeklagten, die den Räuber nach einem Tankstellenüberfall in die Niederlande gefahren und erst bei dessen Einsteigen von seinem Verbrechen erfahren hatte (BGH JZ **1989** 759). Bemühungen um die Bergung der Beute können außerdem nach der Rechtsprechung dann keine Beihilfe mehr sein, wenn die Beute schon von der Polizei sichergestellt ist;[132] habe der Rechtsgutsangriff „seinen unveränderlichen Abschluß gefunden", sei „bereits damit die Tat beendet". Auch derjenige, der dabei hilft, entwendete Navigationsgeräte zu verpacken, um sie zu veräußern, leistet seinen Beitrag zu einem Zeitpunkt, zu dem der Gewahrsam bereits gesichert ist und deshalb nach Beendigung, so dass keine Beihilfe zum Diebstahl mehr in Betracht kommt (BGH NJW **2013** 2211).

**43** Schon die Ausdehnung der Beihilfe über den Eintritt der gesamten Rechtsgüterverletzung hinaus ist jedoch **abzulehnen**:[133] Angesichts des Verfassungsgebotes nullum crimen sine lege (Art. 103 Abs. 2 GG) ist die Rechtsfigur der materiellen Beendigung nur da rechtsstaatlich bedenkenfrei, wo sie die Strafbarkeit begrenzt (so allenfalls beim agent provocateur, *Schünemann/Greco* LK § 26 Rdn. 60 ff, oder bei der Notwehr), nicht aber dort, wo sie, wie es hier der Fall ist, zu einer Ausdehnung der Strafbarkeit führt (z. B. durch Anwendung des viel schwereren Strafrahmens der §§ 249 ff). Denn sie läuft, weil sie sich vom Gesetzeswortlaut der Tatbestandsdefinitionen ablöst, auf eine **Analogie** hinaus, die nur in bonam partem zulässig ist. Sie gerät auch in Konflikt mit dem **Bestimmtheitsgrundsatz**, weil die h. M. für den Eintritt der materiellen Beendigung keine auch nur halbwegs präzisen Kriterien angeben kann. Und zum dritten hat die propagierte Unterscheidung von Beihilfe und §§ 257, 258 anhand der Willensrichtung der Beteiligten in der psychischen Realität keine Entsprechung[134] und läuft auf eine ähnliche Chimäre wie die Unterscheidung von animus auctoris und animus socii hinaus: Kein Helfender stellt Überlegungen darüber an, ob seine Bemühungen zugunsten des Täters als Beihilfe- oder Begünstigungshandlungen zu qualifizieren sind.[135] Außerdem ist eine solche Rechtsfrage nicht nach dem Willen des Angeklagten, sondern nach den objektiven Maßstäben

---

§ 64 IV 2b; *Lackner*[20] Rdn. 3 (vorsichtig: „soll ... möglich sein"); *Preisendanz* Anm. 3c; Sch/Schröder/*Cramer/Heine*[26] Rdn. 17; *Schmidhäuser* AT § 14 Rdn. 137; einschränkend *ders.* StuB § 10 Rdn. 138. Differenzierend *Kühl* S. 94 ff; Sch/Schröder/*Heine/Weißer* Rdn. 20; **ablehnend** Baumann/Weber/Mitsch/*Eisele* § 26 Rdn. 120; *Wessels/Beulke/Satzger* § 13 Rdn. 912. Allgemein über die „Beendigung des vollendeten Delikts" *Kühl* FS Roxin I, 665.

**131** BGH StV **1981** 127 unter Hinweis auf BGHSt **8** 390; **19** 323; **21** 377 zur Frage der materiellen Beendigung; BGHR StGB § 27 I Hilfeleisten 1; zu § 316a s. BGH StraFo **2006** 421.

**132** BGH JZ **1985** 299; dazu *Laubenthal* Jura **1985** 630; *Küper* JuS **1986** 862.

**133** Monografisch *Hsueh* Abschied vom Begriff der Tatbeendigung im Strafrecht (2013).

**134** *Roxin/Schünemann/Haffke* Strafrechtliche Klausurenlehre mit Fallrepetitorium [4](1982) 232 f; zust. *Herzberg* TuT § 5 III 2. Auch das RG stand ursprünglich auf diesem Standpunkt, vgl. RGSt **22** 2, 4; **38** 417 ff; **52** 202 (wo mit dem Begriff der Beendigung in Wahrheit die Vollendung des Diebstahlstatbestandes gemeint ist); RG HRR **1938** Nr. 633.

**135** Ebenso *Geppert* Jura **1994** 441, 443 m. w. N.; *Roxin* AT II § 26 Rdn. 261.

der Rechtsordnung zu entscheiden. Wer dem Täter eines Diebstahls oder Raubes nach formeller Vollendung der Tat die Beute sichert, verübt zwar einen Angriff auf fremdes Eigentum. Aber als Unterstützung eines Diebstahls (nämlich einer von Zueignungsabsicht getragenen Wegnahme) kann dieses nachtatbestandliche Verhalten nicht mehr beurteilt werden.[136] Die Meinung, dass **nach Tatbestandsvollendung keine Beihilfe** mehr möglich sei, ist deshalb im Schrifttum heute bereits herrschend.[137]

Folgt man der hier vertretenen Meinung, dass eine Beihilfe nur, aber immerhin bis zur vollständigen Vollendung der Tatbestandserfüllung möglich ist, so kommt sie noch in Betracht, wenn jemand bei Betrug (oder Erpressung) erst nach Abschluss der Täuschung (bzw. Drohung) hinzutritt und z. B. den erschwindelten oder abgepressten Vermögenswert entgegennimmt; denn er wirkt bei der Schädigung (also noch bei der Tatbestandserfüllung) mit **(sukzessive Beihilfe).** Dagegen will *Rudolphi*[138] eine Beihilfe nur bis zum Abschluss der vom Erfolg als unabhängig gedachten Tatbestandshandlung (der Täuschung oder Drohung) zulassen; für ihn kommt also allenfalls noch eine nebentäterschaftliche Verwirklichung der §§ 263, 253 in Betracht, wenn der Abholende selbst durch Unterhaltung eines Irrtums oder einer Drohung tatbestandsmäßig handelt. Aber eine solche Trennung von Handlung und Erfolg ist schon deshalb nicht durchführbar, weil die Schädigungshandlung erst mit dem Eintritt des Erfolges ihr Ende findet (vorher liegt nur eine Schädigungsversuchshandlung vor). Auch braucht die Beihilfe sich nicht auf alle Tatbestandshandlungen (wie Täuschung und Drohung) zu erstrecken. Da eine Hilfe im Vorbereitungsstadium nur einzelne Handlungen des Gesamtgeschehens zu fördern braucht, ist nicht einzusehen, warum das im Vollendungsstadium anders sein sollte; es muss genügen, dass z. B. die Abholung des Geldes dem Betrug bzw. der Erpressung im ganzen zugute kommt. Daher kann auch eine Beihilfe zum Raub noch durch Beteiligung an der Wegnahme geleistet werden, wenn die Gewalt dabei weiterwirkt.[139] Selbst wenn der Täter eines Betruges schon wegen vollendeten Delikts verantwortlich ist, weil seine Täuschung eine schadensgleiche Vermögensgefährdung bewirkt hat, kann derjenige, der den endgültigen Schaden herbeiführt (oder mitherbeiführt), Gehilfe sein, weil er **bei** der **tatbestandsmäßigen Schädigungshandlung** noch mithilft.[140] Für das, was schon vollständig abgeschlossen vorliegt, vermag das nachträgliche Einverständnis aber die strafrechtliche Verantwortlichkeit nicht zu begründen (BGHSt **2** 344, 346; BGH NStZ **1994** 123). Wenn die Gewaltanwendung mit Körperverletzung bereits abgeschlossen ist, kann der nachträglich hinzukommende Helfer bei der Wegnahme also noch Beihilfe zum Raub, aber nicht mehr zur Körperverletzung leisten. **44**

Andererseits scheidet nach kompletter Tatbestandserfüllung eine Beihilfe aus. Ihre Möglichkeit darf nicht durch die vage Konstruktion einer unbestimmt langen „Beendigungsphase" beliebig ausgedehnt werden. Wenn also der Erpresste das Geld postlagernd an den Erpresser schickt und der Angeklagte es für diesen bei der Post abholt, ist das nicht Beihilfe, sondern Begünstigung.[141] Denn der endgültige **Schaden** des Opfers ist **bereits eingetreten**. Die Bereicherung des Täters gehört nicht mehr zum Tatbestand. Auch wer nach Abschluss des Inbrandsetzens, also nach tatbestandlicher Vollendung des § 306, Öl in das brennende Gebäude schüttet und damit ein schnelleres Niederbrennen bewirkt, begeht nicht, wie es die Rechtsprechung an- **45**

---

**136** *Rudolphi* FS Jescheck 568.

**137** Im Wesentlichen wie hier *Bitzilekis* ZStW **99** (1987) 733 ff; *Bottke* JA **1980** 379; *Gallas* ZAkDR **1937** 438 f; Sch/Schröder/*Heine*/*Weißer* Rdn. 20; *Herzberg* TuT § 5 III 2; *Hoyer* SK Rdn. 18; *Isenbeck* NJW **1965** 2336; *Jäger* SK Vor § 22 Rdn. 10; *Jakobs* § 22 Rdn. 40 f; *Köhler* AT S. 536; *Kühl* S. 94 ff; *ders.* JuS **1982** 189; *ders.* FS Roxin 680; *ders.* AT § 20 Rdn. 238 ff; *Küper* JZ **1981** 209, 251; Maurach/Gössel/Zipf/*Renzikowski* § 52 Rdn. 49 ff; *Roxin* AT II § 26 Rdn. 259 f; *Rudolphi* FS Jescheck 559; *ders.* SK[6] Vor § 22 Rdn. 9.

**138** FS Jescheck 576.

**139** Str.; **abw.** z. B. *Jakobs* § 22 Rdn. 40: Gehilfe sei nur, „wer zu einer kompletten Tatbestandsverwirklichung hilft". Trotzdem will er den bei der Wegnahme Helfenden wegen Beihilfe zum Raub bestrafen, wenn die Gewalteinwirkung durch den Täter rückgängig gemacht werden kann. Vgl. zur Problematik bereits *Schünemann*/*Greco* LK § 25 Rdn. 225.

**140** Näher *Kühl* S. 101 ff. Aus der Rspr. im hier vertretenen Sinne RG JW **1934** 837 und – bei einem entsprechenden Fall der Erpressung – RG HRR **1940** Nr. 469; BGH NStZ **1993** 440.

**141** *Kühl* JuS **1982** 189 m. w. N.

nimmt, Beihilfe zur Brandstiftung;[142] er ist als Nebentäter einer Brandstiftung zu bestrafen, weil sein Verhalten eine selbständige Inbrandsetzung darstellt.[143] Unhaltbar ist es auch, wenn das BayObLG[144] eine Beihilfe zur Unfallflucht noch zulassen will, „wenn der Täter sich zwar bereits von der Unfallstelle ‚entfernt', jedoch weder sein Fahrtziel erreicht noch sich endgültig in Sicherheit gebracht hat". Mit Recht nennt *Kühl*[145] die freihändige Bestimmung derartiger nachtatbestandlicher Beendigungszeitpunkte „völlig willkürlich". § 142 bestraft die Vereitelung von Feststellungen am Unfallort; die Erreichung des Fahrtziels oder endgültiger Sicherheit hat damit nichts mehr zu tun. Unhaltbar ist auch BGH NStZ **1994** 441, wonach selbst nach polizeilicher Sicherstellung des Betäubungsmittels noch Beihilfe zum Handeltreiben möglich sein soll.[146] Inzwischen sind sich die BGH-Senate selbst über diese Frage uneinig; der 2. und der 1. Senat halten hieran fest (BGH NStZ **2008** 284;[147] NJW **2008** 2276; NStZ **2010** 522), während der 5. Senat sich dagegen entschieden hat (BGH NJW **2008** 1460).[148] Zur umstrittenen Beihilfe zum Geheimnisverrat gem. § 353b durch Journalisten s. *Brüning* NStZ **2006** 253; *S. Cramer* wistra **2006** 165. Bedenklich ist auch die Erstreckung der Beendigungsphase des Computerbetrugs (§ 263a) weit über den Eintritt des Vermögensschadens hinaus bis auf den Zeitpunkt, in dem das vom Opfer überwiesene Geld vom Empfängerkonto abgehoben oder auf ein zweites Konto weiterüberwiesen worden ist (BGH wistra **2012** 302 [Rdn. 7]; NStZ-RR **2015** 13).

**46** Während nach der hier vertretenen Meinung eine Beihilfe zwischen formeller Vollendung und materieller Beendigung grundsätzlich abgelehnt wird, verwerfen einige Autoren ebenfalls die „Willensrichtungstheorie" der Rechtsprechung, kommen aber zu dem entgegen gesetzten Ergebnis, dass in der „Beendigungsphase" stets nur Beihilfe (und niemals Begünstigung oder Strafvereitelung) möglich sei.[149] Dagegen sprechen aber alle Einwände, die schon gegen eine solche Ausdehnung der Beihilfe durch die Rechtsprechung vorzubringen waren (Rdn. 43).

**47** **c) Sonderfälle. Bei Dauerdelikten** endet die Möglichkeit der Beihilfe allerdings erst dann, wenn der vom Täter aufrechterhaltene rechtswidrige Zustand aufhört, RGSt **38** 417. Reicht also G dem A den Türschlüssel, damit dieser die bisher durch bloße Körperkraft zugehaltene Tür zu dem Raum, in dem er den O eingesperrt hat, zuschließen kann, so ist G als (sukzessiver) Mittäter oder Gehilfe zur Freiheitsberaubung zu bestrafen. Denn derartige Handlungen intensivieren die Freiheitsberaubung und tragen dadurch zur Tatbestandsverwirklichung bei.[150] Dies wurde auch bzgl. der Beihilfe zum Dauerdelikt des unerlaubten Aufenthalts eines Ausländers (§ 95 Abs. 1 Nr. 2 AufenthG) bestätigt, dessen Kern in einer Verletzung einer Ausreisepflicht besteht (BGHSt

---

**142** RGSt **71** 193 m. **abl.** Anm. *Gallas* ZAkDR **1937** 438; OLG Hamm JZ **1961** 94 m. zust. Anm. *Stratenwerth*.

**143** Näher *Rudolphi* FS Jescheck 563 ff. *Kühl* S. 104 ff, 105 will eine Beihilfe annehmen, indem er das „Inbrandsetzen" so weit ausdehnt, dass es „auch noch die Phase bis zum völligen Abbrennen des angezündeten Gegenstandes umfaßt". Eine solche Interpretation ist aber nach dem Wortlaut des Gesetzes nicht möglich. *Jakobs* § 22 Rdn. 40 meint: „Wer dem Täter hilft, Benzin in ein in Brand gesetztes Gebäude zu schütten, haftet wegen Beihilfe zur qualifizierten Sachbeschädigung, §§ 27, 305, nicht aber zur Brandstiftung.".

**144** JZ **1981** 241; **abl.**: *Bottke* JA **1980** 379; *Kühl* JuS **1982** 191; neuerdings in diesem Sinne OLG Karlsruhe NStZ-RR **2017** 355.

**145** JuS **1982** 191; *ders.* FS Roxin I, 675 f; *ders.* AT § 20 Rdn. 239.

**146** Zutr. Kritik bei *Harzer* StV **1996** 336; **and.** *Krack* JuS **1995** 585.

**147** Hierzu **abl.** *Krumdiek* HRRS 2008, 288 (290 f.); StV **2009** 385 (387).

**148** S.a. *Schmidt* NJW **2009** 2999 (3000).

**149** *Geppert* Jura **1980** 274 f; *Laubenthal* Jura **1985** 632 f; Sch/Schröder/*Hecker* § 257 Rdn. 6; *Seelmann* JuS **1983** 33 f; *Vogler* FS Dreher 417. Um eine Zwischenlösung bemüht sich *Lesch* S. 272 ff, 310 ff, der jedenfalls bei Vorliegen einer „kollektiven Organisationseinheit" Beihilfe zulassen will.

**150** Für Beihilfe in diesem Fall auch *Jakobs* § 22 Rdn. 40. *Rudolphi* FS Jescheck 565 ff nimmt Beihilfe zu einer fortdauernden Unterlassungstäterschaft oder ggf. auch eine nebentäterschaftliche Tat nach § 239 an. Zur psychischen Beihilfe u. Rdn. 50.

**54** 140[151]). Reinbacher konstruiert eine von ihm sog. „durative Tatbegehung" bei Beleidigungen, die in offenen Internetforen bzw. sozialen Netzwerken „gepostet" werden, so dass die Tat auch nach Vollendung einer Beihilfe durch denjenigen zugänglich bleibt, der den Post teilt.[152] Dem ist im Ergebnis zuzustimmen; nur handelt es sich in Wahrheit um eine Konstellation, in welcher die Beleidigung als Dauerdelikt auftritt (denn die Einordung als Dauer- oder Zustandsdelikt hängt auch von der konkreten Begehungsweise ab).

Möglich ist auch Beihilfe zu einer für den Haupttäter **mitbestraften Nachtat,** RGSt **57** 42f; 48
**67** 70, 77. Maßgebend für den Gehilfen ist dabei allein der Strafrahmen der Nachtat; denn die Vortat war schon beendet, so dass zu ihr keine Beihilfe mehr möglich ist.

## 3. Die Mittel der Hilfeleistung

Die Mittel der Hilfeleistung wurden in § 49 a. F. mit der Formel „durch Rat oder Tat" bezeichnet. 49

**a) Physische Beihilfe.** Es gibt also einmal die physische Beihilfe, für die jede Art von Tätigkeit in Frage kommt, die nicht Täterschaft ist, RGSt **24** 86; **39** 37. Auf das Gewicht der Tatbeiträge kommt es nicht an, auch nicht auf irgendein Verhältnis zur Haupttat (BGH NStZ **2007** 230 [232 Rdn. 14]); wohlgemerkt, solange sich noch von einer rechtlich missbilligten, kausalen Risikosteigerung sprechen lässt (o. Rdn. 2 ff.), die Haupttat hinreichend konkretisiert ist (vgl. BGH NStZ **2009** 392) und sich der Beitrag nicht eher in einer Solidarisierungsbekundung erschöpft. Beihilfe zum Betreiben eines Piratensenders (§ 15 Abs. 1 des früheren Fernmeldeanlagengesetzes) kann man also nicht nur durch technische Hilfsdienste leisten, sondern auch durch die Zurverfügungstellung von Sendematerial (BayObLG MDR **1984** 685; OLG Karlsruhe MDR **1984** 1045). Dass das Mitfahren in einem von einer Person ohne Fahrerlaubnis gelenkten Auto Beihilfe zu § 21 Abs. 1 Nr. 1 StVG sein soll, wenn der Fahrzeugführer die Fahrt nur um des Mitfahrers willen unternommen hat (BayObLG NJW **1982** 1892),[153] überzeugt aber nicht; eher ist an Anstiftung oder psychische Beihilfe zu denken. Wer seine Wohnung zur Verwahrung und Portionierung von Betäubungsmitteln zur Verfügung stellt, leistet Beihilfe zum Handeltreiben gem. § 29 BtMG (BGH NStZ **1994** 92; ähnlich BGH StV **1995** 197; für weitere betäubungsmittelrechtliche Entscheidungen *Schünemann/Greco* § 25 Rdn. 37 f). Beihilfe zum sexuellen Missbrauch von Kindern kann durch deren „Vermittlung" geleistet werden (BGH NStZ **1996** 599). Wer an einem fingierten Unfall zwecks späterer Täuschung der Versicherung teilnimmt, ist Gehilfe zum Betrug (BGH StV **1997** 411).

**b) Psychische Beihilfe.** Hilfeleistung ist aber auch in der Form der psychischen Beihilfe mög- 50
lich, deren Fallgruppen im Einzelnen schon in Rdn. 11–16 entwickelt worden sind.

**aa) Übersicht aus der älteren Rechtsprechung.** Aus der erstaunlich zahlreichen Rechtsprechung sind dazu ergänzend zu nennen als Fälle einer

- **technischen Rathilfe** RGSt **13** 265 (Entscheidung eines Ehrengerichts über die Art der Waffen für ein Duell); **73** 52f (Ratschläge für die zweckmäßigste Ausführungsart beim Mord); BGHR StGB § 27 Abs. 1 Hilfeleisten 2 (Erklärung, „wie das Fahrzeug in Brand zu setzen sei", als Beihilfe zum Versicherungsbetrug);

**151** Zu dieser Entscheidung auch o. Rdn. 32.
**152** *Reinbacher* JZ **2020** 561.
**153** Dagegen auch *Jakobs* § 24 Rdn. 17 Fn. 23.

- **vorgeleisteten Strafvereitelung** RGSt **8** 267 (Ausleihen eines Staubhemdes, damit sich der Täter einer Körperverletzung unkenntlich machen kann, beseitigt dessen letzte Zweifel); BGH NJW **1951** 451 (die Bereitschaft zum Lochen einer Straßenbahnfahrkarte als Alibi für den Täter eines nächtlichen Warenhausdiebstahls bestärkt dessen Tatentschlossenheit); BGHSt **46** 107 (anonymer Geldtransfer ins Ausland zur Absicherung einer künftigen Steuerhinterziehung);
- **Intensivierung des Tatentschlusses** RGSt **27** 157 (Beihilfe zur eigenmächtigen Urlaubsüberschreitung eines Soldaten durch den Rat, statt des nächsten erst den übernächsten Zug zu nehmen);
- nachweisbaren **Stabilisierung des Tatentschlusses** RGSt **5** 140, 142 (Ehrengerichtsentscheidung über die Statthaftigkeit eines Duells); RG HRR **1938** Nr. 629 (der Angeklagte sagte der Zeugin zu, zu ihrer unwahren Aussage in seinem Ehescheidungsprozess zu schweigen); BGH NStZ **1996** 493 (vorherige Zusage einer Mithilfe bei der Beuteverwertung); RG HRR **1939** Nr. 1275 (Hingabe von Geld für die Abtreibung durch die dazu entschlossene Schwangere); RGSt **73** 52 (Zusage der späteren Eheschließung durch die Geliebte als Beihilfe zur Ermordung der Ehefrau); LG Berlin NJ **1994** 588 m. **zust.** Anm. *Zimmermann* (sog. Vergatterung der DDR-Grenzsoldaten).

51 Ein Beispiel für eine **zu weit gehende Annahme psychischer Beihilfe** bietet OLG Stuttgart NJW **1950** 118 (Fortsetzung eines Liebesverhältnisses trotz Kenntnis der Mordpläne des verheirateten Liebhabers als Stärkung des Entschlusses zur Tötung der Ehefrau). Zweifelhaft ist auch die Entscheidung BGHZ **63** 124, 130 f, die die bloße Bekundung der Verbundenheit mit den Teilnehmern einer illegalen Hausbesetzung durch zwei ebenfalls in das Haus Eingedrungene als Beihilfe zu Körperverletzungen an Polizisten bewertet. Ähnlichen Zweifeln begegnet BGH VRS **59** 185, wo bei einem gefährlichen Eingriff in den Straßenverkehr (§ 315b) die Zurufe „Los drauf und hinterher" und „volles Rohr drauf" als Beihilfe zur „schnelle(n) und zielgerichtete(n) Fahrt" des Täters gewürdigt wurden. Denn es fehlt jede Feststellung darüber, ob sich diese Zurufe irgendwie ausgewirkt haben; dass der Täter sie „wahrgenommen" hat, genügt zur Bejahung einer Beihilfe nicht.

52 **bb) Anwesenheit am Tatort als Hilfeleistung?** Oft wurde auch die bloße Anwesenheit am Tatort in zu weitgehender Weise als psychische Beihilfe gewürdigt, so z. B. wenn der BGH (bei Dallinger MDR **1967** 173) das bloße Dabeistehen bei einem Raubüberfall als geistige Unterstützung deutet, obwohl der Betreffende sich sogar zugunsten des Opfers eingesetzt hatte; oder wenn der BGH (bei Holtz MDR **1985** 284) meinte, auch „ein tatenloses Dabeistehen bei Ausführung der Tat" könne schon Beihilfe sein, „wenn es dem Haupttäter ein *erhöhtes Gefühl der Sicherheit* gibt und sich damit als geistige Unterstützung darstellt". Eine „geistige Unterstützung" im Sinne einer zustimmenden Kenntnisnahme reicht aber für eine Beihilfe auch dann nicht aus, wenn sie beim Täter angenehme Gefühle hervorruft und er sich zur Fortsetzung seiner deliktischen Aktivitäten motiviert fühlt.[154] Ein tatenloses Dabeisein ist nur dann Beihilfe, wenn der Täter davon ausgehen kann, dass der Untätige erforderlichenfalls zu seinen Gunsten eingreifen würde,[155] namentlich bei entsprechender Zusage (BGH NStZ **1993** 535); denn nur dies kann den Tatentschluss wirklich stabilisieren und obendrein die Abwehrchancen und den Abwehrmut des Opfers reduzieren. Dieser einschränkenden Auslegung nähert sich teilweise auch die Rechtsprechung: BGH GA **1985** 233 und BGHR StGB § 27 Abs. 1 Hilfeleisten 1, 13 und 15 betonen ausdrücklich, dass die Kenntnisnahme von der Tat und auch ihre Billigung durch einen Anwesen-

---

**154** Ebenso *Köhler* AT S. 535 und *Kühl* AT § 20 Rdn. 226, 228; *Charalambakis* FS Roxin I 637 f; *Baunack* S. 160 ff. Schwankend die Rspr., s. BGH NStZ **1993** 233; StV **1994** 422; NStZ **1995** 490; BGHR StGB § 27 Abs 1 Hilfeleisten 18.
**155** So auch BGH NStZ **1998** 362; **1999** 609.

den zur Annahme einer strafbaren Beihilfe noch nicht ausreichen.[156] Zur Gefahr einer Umdeutung straflosen Unterlassens des Anwesenden in eine psychische Beihilfe durch positives Tun und zu den beiden einander widersprechenden Entscheidungen BGH StV **1982** 516, 517 vgl. schon oben Rdn. 16.

**cc) (Verfehlter) Einschränkungsversuch in der neueren Rechtsprechung: Beweiswürdigungslösung.** Die neuere Rspr. scheint jedoch auf der ursprünglichen Position nicht nur zu beharren, sondern diese in zweierlei Hinsicht sogar auszubauen. Zum einen scheint sich für die psychische Beihilfe eines Untätigen so etwas wie eine „Beweiswürdigungslösung" herauszubilden. Die Anwesenheit am Tatort wird nicht per se für irrelevant erklärt, sondern lediglich als Konstellation, bei der es lediglich sorgfältiger und genauer Feststellungen darüber bedürfe, dass und wodurch die Tatbegehung in ihrer konkreten Gestaltung objektiv gefördert oder erleichtert wurde, und dass der Gehilfe sich dessen bewusst war (BGH NStZ **1993** 233; BeckRS **1995** 02177 [Rdn. 7]; NStZ **1996** 563 [564]; NStZ-RR **2007** 37; NStZ-RR **2011** 111 [112]; StV **2012** 287 [Rdn. 5]; NStZ **2014** 351 [Rdn. 8]; NStZ-RR **2016** 136 [137]; **2018** 40; BGHSt **64** 10 [31 Rdn. 95]; NStZ **2019** 461 [Rdn. 7]; NStZ-RR **2019** 74; **2019** 271;[157] BeckRS **2020** 21883 [Rdn. 8]; OLG Koblenz StV **2014** 749 [750]; s. a. BGH NStZ **2012** 316; BGH BeckRS **2019** 13091 [Rdn. 6]).[158] Das ist verfehlt: Die Beihilfe besteht aus einer Förderungshandlung und einem (genauer: zwei) Erfolgen, der Erleichterung der Haupttat (auch durch Stärkung des Tatentschlusses) und dieser Haupttat selbst. Dass die Rspr. auf einer sorgfältigen Feststellung dieses ersten Erfolgs besteht, lässt noch offen, ob es auch eine Beihilfe*handlung* gab. **Sich-Irgendwo-Befinden** ist aber **keine Handlung**, sondern ein Zustand. Lediglich das Sich-Irgendwohin-Begeben ist eine Handlung; dafür, dass dies aber als Förderungsbeitrag angesehen werden kann, muss bereits dieses Verhalten eine rechtlich missbilligte kausale und vorsätzliche Risikosteigerung verkörpern („ich komme mit, um Dir zu helfen"). Auch die **„Billigung"** ist in der Regel keine Handlung (so aber BGH NStZ **1998** 622; OLG Karlsruhe [Z] NJW-RR **2013** 1180 [1181]), sondern entweder eine innere Haltung (BGH NStZ **1995** 490 [491]) oder eine Aussage über bzw. eine Interpretation einer Handlung, etwa einer Zusage (o. Rdn. 52) oder einer Einverständniserklärung (richtig BGH NStZ **1995** 490 [491]; NStZ **2002** 139 [Rdn. 2, 10]; BeckRS **2010** 19203 Rdn. 2; OLG Karlsruhe [Z] NJW-RR **2013** 1180 [1181]). Ansonsten bleibt lediglich die Möglichkeit einer Strafbarkeit wegen des Unterlassens (der Handlung) des Sich-Entfernens, wofür es aber einer Garantenstellung bedarf; dass die Rspr. die Frage hiernach nicht aufwirft, also entgegen § 13 Unterlassungen von Nichtgaranten bestraft, ist das zentrale Problem der Figur „Beihilfe durch bloßes Dabeisein". 53

**dd) Beihilfe und kriminelle Strukturen; insb. der Gröning-Fall.** Zum anderen scheint die Rspr. weitere **neue Sektoren psychischer Beihilfe** zu etablieren, nicht zufällig gerade in *Bereichen „modernen Kriminalitätsbekämpfungsstrafrechts"* bzw. dessen, was einige als „Feindstrafrecht"[159] bezeichnen würden: bei organisierter Kriminalität, Drogen, Staatsverbrechen. Das spektakulärste neueste Beispiel für diese Sonderdogmatik ist die Verurteilung eines SS-Mannes nicht nur wegen der (teilnahmedogmatisch selbstverständlichen) physischen Beihilfe dadurch, dass er sich an der Selektion von Häftlingen in einem Vernichtungslager beteiligte, sondern zudem wegen psychischer Beihilfe zu der von einem SS-Sonderkommando 1944 organisierten 54

---

**156** Ebenso BGH NStZ **1993** 385; BGH StV **1994** 175; **1995** 363; **1996** 659; BGH NStZ **1995** 490; **1996** 563; **1998** 517; OLG Düsseldorf StV **2006** 695. Noch restriktiver BGH NStZ **1995** 27, 28, wo für die psychische Beihilfe gefordert wird, dass sie „in irgendeiner Weise für die Haupttat kausal geworden sein" müsse, was im konkreten Fall mit zw. Erwägungen verneint wurde.

**157** M. Bspr. *Brüning/Hädrich* ZJS **2019** 429; *Nestler* JK **2019** 1218.

**158** Dem folgend *Fischer* Rdn. 13; *SSW/Murmann* Rdn. 5.

**159** Für Nachw. vgl. *Schünemann/Greco* LK § 26 Rdn. 70.

Ermordung von mindestens 300.000 ungarischen Juden (BGHSt **61** 252[160] – Fall *Gröning*). In lakonischer Verabschiedung der die Praxis seit 1969 beherrschenden, entgegengesetzten Rspr. des 2. Strafsenats[161] stufte der BGH die Tätigkeit, die darin bestand, im KZ Auschwitz „das Geld der Deportierten nach Währungen zu sortieren, zu verbuchen, zu verwalten und nach Berlin zu transportieren" (BGHSt **61** 252 [257 f. Rdn. 12]), als eine im Vorbereitungsstadium geleistete psychische Beihilfe ein, die für den „Tatentschluss und die entsprechenden Anordnungen und Befehle der Verantwortlichen der ‚Ungarn-Aktion' [also der mittelbaren Täter kraft Organisationsherrschaft] von grundlegender Bedeutung" war (ibid. 260 f. Rdn. 22 ff.). Der vielfach sogar mit feierlichen Tönen aufgenommenen Entscheidung[162] steht ein anderer Teil des juristischen Schrifttums zumindest zurückhaltend gegenüber.[163] Doch ist statt Zurückhaltung eine dogmatisch strenge Analyse geboten, weil die neue Konstruktion auf mehreren Ebenen gravierenden Einwänden ausgesetzt ist und entsprechend dem Sprichwort „hard cases make bad law" eine immer weitere Ausdehnung des Lückenbüßers „psychische Beihilfe" besorgen lässt.[164]

55 In sachlicher Hinsicht ist zu bemängeln, dass das in der Entscheidung ausgesprochene Prinzip keine Differenzierung nach unten gestattet. Denn so gut wie alle, die irgendwie mit Auschwitz in Berührung kamen, können im Sinne des Urteils den Tatentschluss der mittelbaren Täter gestärkt haben: der Sanitäter, der den SS-Mannschaften Pflaster aufgeklebt hat,[165] die Reinigungskräfte, die Köche. Implizit hat sich der BGH der alten, von *Fritz Bauer* aufgestellten „These der Allverantwortlichkeit" angeschlossen,[166] die in der Sache nichts anderes als eine im Strafrecht inakzeptable **„Zustandsverantwortlichkeit"**[167] verkörpert: Man wird nicht dafür bestraft, etwas getan zu haben, sondern dafür, irgendwo gewesen zu sein,[168] bzw. dafür, dass man „Teil des personellen Apparats" (BGHSt **51** 252 [260 Rdn. 24]) einer kriminellen Großorganisation gewesen ist. Das nunmehr vom 3. StS leichthin beiseite geschobene Urteil des 2. StS von 1969 hatte dagegen betont, „die bloße Zugehörigkeit zum Lagerpersonal und Kenntnis von dem

**160** Hierzu *Bode* NJ **2017** 227; *Fahl* HRRS **2017** 167; *Grünewald* NJW **2017** 500; *Heinrich* Jura **2017** 1367; *Momsen* StV **2017** 546; *Rommel* NStZ **2017** 161 f; *Roxin* JR **2017** 88; *Safferling* JZ **2017** 258; *Rommel* NStZ **2017** 161; *Mitsch* JJZG **2018** 426; *Brüning* ZJS **2018** 285; *Burghardt* ZIS **2019** 21; Sch/Schröder/*Heine/Weißer* Rdn. 11; *Leite* S. 53 ff; erste Monografie: *Baun* insb. S. 182 ff.

**161** BGH NJW **1959** 2056 (dazu u. Rdn. 54), die dann die Praxis 45 Jahre lang geprägt hat, siehe *Werle/Burghardt* FS Beulke 348. Erste Anzeichen für eine Umkehr der Rspr. und eine Wiederanknüpfung an die Urteile der 50er Jahre fanden sich in der nicht rechtskräftig gewordenen Entscheidung des LG München II, Urteil vom 12. Mai 2011–1 Ks 115 Js 12496/08 –, juris, Rdn. 1201 ff, im Fall Demjanjuk, hierzu *Kurz* ZIS **2013** 125 ff; *Fahl* HRRS **2015** 210; *Werle/Burghardt* FS Beulke 339 ff. Darin war aber von physischer und nicht von psychischer Beihilfe die Rede; zu dieser Begründung Rdn. 58. Der Versuch des 3. StS, die Identität seines Kriteriums „dass alle im Rahmen der Tötungsmaschinerie auszufüllenden Funktionen mit zuverlässigen Untergebenen besetzt waren" (BGHSt **61** 261 [Rdn. 24]), mit der vom 2. StS für nicht ausreichend erklärten „Zugehörigkeit zum Lagerpersonal" (konkret ging es um den SS-Zahnarzt) zu bestreiten (BGHSt **61** 262 [Rdn. 28]), ist ebenso wenig überzeugend wie die von ihm ibid. behauptete „Übereinstimmung" mit zwei anderen Urteilen des 2. StS, die gänzlich andere Probleme betrafen.

**162** *Safferling* JZ **2017** 258: „Meilensteinverfahren... jede andere Entscheidung wäre politisch einem Skandal gleichgekommen..."; *Brüning* ZJS **2018** 292: „Der Beschluss gehört angesichts seiner historischen Tragweite zu den bedeutendsten Entscheidungen des BGH in den letzten Jahren". Aus der allgemeinen Presse nur *Hillenbrand* in: http://www.taz.de/Kommentar-Auschwitz-Urteil-des-BGH/!5357628/; *Janisch* in: https://www.sueddeutsche.de/politik/nazi-verbrechen-ein-spaetes-schlusswort-1.3269795: „Rechtsgeschichte geschrieben". Zust. auch *Burghardt* ZIS **2019** 25 ff. und *Weißer* GA **2019** 253, beide mit einem Versuch, eine dogmatische Begründung nachzuliefern (zu *Burghardt* u. Fn. 173; zu *Weißer* Rdn. 58); *Rommel* NStZ **2017** 161 f; *Fischer* Rdn. 3b; *SSW/Murmann* Rdn. 3.

**163** *Grünewald* NJW **2017** 501; *Mitsch* JJZG **2017** 433 ff; *Momsen* StV **2017** 548 ff; *Roxin* JR **2017** 88 f; *Heinrich* Jura **2017** 1377; *Leite* S. 52 ff; *Otto* FS Kindhäuser 717 ff; *Zaczyk* FS Kindhäuser 641.

**164** Zum Folgenden insb. *Leite* S. 65 ff.

**165** Beispiel von *Fahl* HRRS **2017** 168; s. a. *Baun* S. 349 ff; *Leite* S. 65.

**166** *Bauer* JZ **1967** 625 (628); so *Leite* S. 57; s. a. *Bode* NJ **2017** 231, der „eine klare Tendenz zum Ansatz von Bauer" feststellt.

**167** *Roxin/Greco* AT I § 8 Rdn. 43d ff.

**168** Diesen Nachweis halten *Werle/Burghardt* FS Beulke 349 für ausreichend.

Vernichtungszweck des Lagers reichen nicht aus, die während des Lageraufenthalts begangenen Tötungen zuzurechnen" (BGH NJW **1969** 2056 [2057]). Das jetzt vom BGH angenommene Gegenteil ist in Wahrheit keine Beihilfe im herkömmlichen Sinne mehr, sondern eine neue Konstruktion, die man mit *Leite*[169] als **Beihilfe kraft Organisationzugehörigkeit** bezeichnen könnte, womit ein weiteres Kapitel in der Aufweichung der Voraussetzungen der psychischen Beihilfe geschrieben wäre.

Diese Bezeichnung soll nicht etwa als Rechtfertigung missverstanden werden, sondern vielmehr den Charakter der Konstruktion als inakzeptable Sonderdogmatik unterstreichen. Denn anders als bei der sachgerechten mittelbaren Täterschaft kraft Organisationsherrschaft (*Schünemann/Greco* LK § 25 Rdn. 142 ff.) steht der Gehilfe nicht am Kopf der ihm als Werkzeug dienenden Organisation, sondern gerade auf deren unterster Stufe.[170] Die Beihilfe kraft Organisationszugehörigkeit führt somit zu einer **seltsamen Umkehrung von Verantwortung**: In Form einer Zuspitzung des Prinzips „die Kleinen hängt man" wird ihnen nicht nur das, was die Kleinen getan haben, sondern alles angelastet, und somit auch das, nur die „Großen" durch Indienstnahme ihrer Organisation getan haben und tun konnten. Die Beihilfe kraft Organisationzugehörigkeit ist also gerade kein Pendant zur mittelbaren Täterschaft kraft Organisationsherrschaft,[171] sondern die Verleugnung des sie tragenden Prinzips, dass Herrschaft und Verantwortung korrelieren. 56

Es lassen sich weitere Bedenken anführen, die alle bestätigen, dass diese Form der psychischen Beihilfe eine nicht in das herkömmliche System integrierbare Sonderdogmatik verkörpert. Sie verwischt die Grenzen zwischen Beteiligung am **Organisationsdelikt** (§§ 129 ff) und Beihilfe;[172] auf ihrer Grundlage lässt sich kaum ein Fall vorstellen, in dem jemand nur § 129 und nicht zugleich eine Mordbeihilfe verwirklicht. Unklar bleibt in der Entscheidung auch die **Haupttat**, auf die sich die Teilnahme bezog: Warum nur die Ungarn-Aktion mit ihren mindestens 300.000 Toten und nicht die sog. Endlösung mit ihren ca. 6 Millionen Opfern?[173] Es hilft auch nicht, dogmatisch sozusagen in die Offensive zu gehen und von einer **physischen Beihilfe** zu sprechen:[174] Nicht nur blieben hierdurch die angeführten Einwände sämtlich erhalten, es kämen zudem nicht überwindbare Kausalitätsprobleme hinzu (es sei denn, man macht die Beihilfe zum Gefährdungsdelikt, wogegen das o. Rdn. 34 Ausgeführte spricht). 57

Der Fehler lässt sich auch nicht dadurch verharmlosen, dass man darauf abhebt, er sei als Antwort allein auf die historische Einmaligkeit der Holocaustverbrechen angemessen bzw. auf die „reinen Vernichtungslager", an denen man schlicht „nicht mitmachen durfte",[175] und deshalb auch einhegbar. Hinter jeder Ausnahme steckt eine Regel,[176] die sich schleichend als solche auch etablieren wird.[177] Dies zeigt sich schon heute daran, dass die neue Form der psychi- 58

169 *Leite* S. 53 ff; ähnl. *Momsen* StV **2017** 550, der aber weniger präzise von „Organisationsbeihilfe" spricht.

170 In der Sache ähnl. *Leite* S. 71.

171 So aber *Burghardt* ZIS **2019** 39; *Weißer* GA **2019** 253 f.

172 *Grünewald* NJW **2017** 501; *Momsen* StV **2017** 550, 551 ff; *Leite* S. 67; *Otto* FS Kindhäuser 718 ff.

173 *Fahl* HRRS **2017** 167; *Leite* S. 67 f; s. a. *Momsen* StV **2017** 547. Wie der BGH i. Erg. aber *Burghardt* ZIS **2019** 26 ff.: Beihilfe zur Gesamttat (nur) der sog. Ungarn-Aktion mit der Begründung, alles andere sei phänomenologisch unangemessen und führe zu unnötigen Beweisschwierigkeiten. Weshalb aber die Zurechnung der gesamten sog. Endlösung oder wenigstens aller Morde in Ausschwitz phänomenologisch unangemessen sein soll, erschließt sich nicht. Vielmehr dürfte die angemessene Phänomenologie des Strafrechts allein die der Einzeltatschuld sein.

174 So vor allem *Weißer* GA **2019** 253 f.: physische Beihile durch Schaffung einer tödlichen Umgebung; s. a. die Nachw. in Fn. 161.

175 Insb. *Nestler* S. 364; s. a. *Werle/Burghardt* FS Beulke 349 zum Vernichtungslager Sobibor: „Keine Tätigkeit im Lagerbetrieb war überflüssig, und jede Tätigkeit diente der Förderung des mörderischen Gesamtzwecks, der niemandem, der dort seinen Dienst verrichtete, unbekannt blieb." Die zwei Autoren erinnern an die Unterscheidung von „reinen Vernichtungslagern" und multifunktionalen Lagern (Majdanek, Auschwitz), halten die Unterscheidung aber für beteiligungsdogmatisch irrelevant.

176 Vgl. *Greco* GA **2007** 628 (642 f).

177 So *Leite* S. 53 ff.: „Kontaminationsgefahr".

schen Beihilfe in späteren Urteilen auf Organisationen übertragen worden ist, die weder mit dem Holocaust vergleichbar sind noch die Struktur reiner Vernichtungslager aufweisen (BGHSt **64** 10 [35 f. Rdn. 107 ff.] – Ruanda;[178] grundsätzlich ebenso, aber fragiler Einschränkungsversuch von BGHSt **64** 89 [110 Rdn. 75 ff]). Aus der Ausnahme wurde inzwischen ein neuer Leitsatz, in dem keine Bereichseinschränkung vorkommt: „Psychische Beihilfe kann auch leisten, wer bewusst daran mitwirkt, für Straftaten Bedingungen zu schaffen, die für den Tatentschluss der anordnenden Führungspersonen wesentlich sind" (BGHSt **64** 10 [LS.; 35 Rdn. 107]).

59 **ee) Ausbaufähige restriktive Ansätze v.a. aus der Rechtsprechung.** Die Erwartung, es würde abermals zu einer Kehrtwende kommen, dürfte deshalb sehr optimistisch sein. Immerhin würde es dafür nicht an ausbaufähigen Ansätzen in der Rspr. selbst fehlen. So wurde das Erdulden der Lagerung von Betäubungsmitteln bzw. des Handeltreibens in der eigenen Wohnung wiederholt nicht als Beihilfe eingestuft, weil hierin kein positives Tun zu erblicken war[179] und es für eine Unterlassungsstrafbarkeit an einer Garantenstellung fehlt (BGH StV **2003** 280; **2007** 81 [82]; NStZ **2010** 221 f; NStZ-RR **2012** 58 f; StraFo **2016** 215; BeckRS **2019** 9718 [Rdn. 9 f]; OLG Karlsruhe StV **2007** 306 [307]). Die Möglichkeit einer psychischen Beihilfe, die dieses Ergebnis zunichte gemacht hätte, wurde regelmäßig nicht einmal in Betracht gezogen (and. nur OLG Karlsruhe a. a. O.). Diese Entscheidungen wiederholen alle mehr oder weniger wortgleich, dass „die **bloße Kenntnis von der Tat und deren Billigung ohne einen die Tatbegehung objektiv fördernden Beitrag**" für eine strafbare Beihilfe **nicht ausreiche** (vgl. zudem BGH NStZ **1993** 385; StraFo **2012** 331; BeckRS **2019** 13091 Rdn. 6, die auch diesen richtigen Satz enthalten). Wie gesagt (Rdn. 52), ist Billigung keine Handlung, sondern entweder eine unbeachtliche innere Haltung oder das Ergebnis der Auslegung einer Handlung, auf deren Feststellung deshalb nicht verzichtet werden kann – was übrigens bereits in BGH NStZ **1995** 490 betont wurde: „Festzuhalten ist vielmehr, daß im Rahmen strafrechtlicher Verantwortlichkeit für positives Tun jede Beihilfe – auch die sog. psychische – einen durch Handeln erbrachten Tatbeitrag des Gehilfen unabdingbar voraussetzt". Vorbildhaft ist hier auch BGH NStZ **2010** 224 (225), wo ganz anders als nach der o. Rdn. 52 kritisierten Beweiswürdigungslösung neben dem Förderungserfolg eine fördernde Handlung verlangt wird: „Zwar ist anerkannt, dass Beihilfe auch durch bloße Anwesenheit im Sinne eines ‚Dabeiseins' oder ‚Zugegenseins' bei der Haupttat geleistet werden kann, wenn dadurch die Tatbegehung gefördert oder erleichtert wird (...). Jedoch setzt jede Beihilfe durch positives Tun – auch die so genannte psychische – einen durch aktives Handeln erbrachten Tatbeitrag des Gehilfen unabdingbar voraus". BGH NJW **2013** 2211 (Rdn. 7) unterscheidet mit musterhafter Präzision zwischen einer Handlung der billigenden Zusage, dem (ersten) Beihilfeerfolg (= Förderung der Haupttat, auch durch Stärkung des Tatentschlusses) und letztlich dem Gehilfenvorsatz, und verlangt die Feststellung dieser drei verschiedenen Größen: „Denn es fehlen jegliche Feststellungen dazu, inwieweit eine solche Zusage ... die übrigen Beteiligten in ihrem Tatentschluss bestärkt oder in sonstiger Weise eine die Taten 1–6 fördernde Funktion entfaltet und der Angekl. dies – im Sinne eines doppelten Gehilfenvorsatzes – gewollt haben könnte". Wir erinnern zuletzt an die o. Rdn. 32 genannte Entscheidung, die einen von Anfang an nutzlosen, aber vom Gehilfen nicht als solchen erkannten Beitrag zum Gegenstand hatte (BGH NJW **2008** 1460). Dort wurde die Möglichkeit einer Umdeutung in eine psychische Beihilfe diskutiert und – u. a. mit Bezug auf die vorliegenden Kommentierungen – abgelehnt: Die psychische Beihilfe habe eine andere „Richtung" als die physische, weshalb es sich verbiete, „die Zusage jedes im Ergebnis nutzlosen Gehilfenbeitrags, der auf eine Förderung der Tatausführung abzielt, stets in eine psychische Beihilfe umzudeuten" (BGH NJW **2008** 1460 Rdn. 15). Diese dogmatisch überzeugenden Entscheidungen sind bereits wegen ihrer Anzahl keine Ausreißer; es ließen sich wei-

**178** M. insow. krit. Bspr. *Gierhake* NJW **2019** 1779 (1780 f).

**179** Ein anderer Sachverhalt lag BGH NStZ-RR **2013** 249 zugrunde: Zusage, deshalb Beihilfe; ebenso BGH NStZ-RR **2017** 219 (Überlassen der Wohnung); s. a. BGH NStZ-RR **2016** 6 (7).

tere anführen (BGH StraFo **2012** 331, trotz fragwürdigen Bekenntnisses zur Beweiswürdigungslösung; OLG Düsseldorf NStZ-RR **2005** 336, auch mit Hinweis auf die 11. Aufl. des vorliegenden Kommentars). In der dogmatischen Präzisierung der psychischen Beihilfe ist deshalb das letzte Wort noch nicht gesprochen.

In vielen Fällen wird eine angemessene Begrenzung schon daraus folgen, dass die psychi- 60
sche (anders als die physische) Beihilfe erst von dem Augenblick an möglich ist, da **der Täter den Tatentschluss bereits gefasst** hat (vgl. o. Rdn. 39). Denn vorher ist es nicht nur begrifflich unmöglich, einen noch nicht existierenden Tatentschluss zu bestärken, sondern es folgt auch e contrario aus der Bestrafung der Hervorrufung des Tatentschlusses als Anstiftung in § 26, dass psychische Einwirkungen unterhalb dieser Schwelle straflos sind.

### 4. Beihilfe durch Unterlassen

**a) Anwendungsbereich.** Ob und inwieweit **Beihilfe durch Unterlassen** rechtlich möglich ist, 61
ist sehr umstritten. Vgl. dazu die eingehende Auseinandersetzung mit Rechtsprechung und Literatur bei *Schünemann/Greco* LK § 25 Rdn. 229–238. Wie dort im Einzelnen entwickelt ist, kann die objektiv zurechenbare Nichthinderung durch einen zur Erfolgsabwendung verpflichteten Garanten grundsätzlich Täterschaft oder Beihilfe sein, je nachdem, ob die Herrschaft des Garanten über den Grund des Erfolges im Vorbereitungs- oder Ausführungsstadium besteht. Beihilfe durch Unterlassen kommt ferner dann in Betracht, wenn der Tatbestand durch den Garanten überhaupt nicht verwirklicht werden kann, d. h. bei den eigenhändigen Delikten[180] und Sonderdelikten (wenn der Garant Extraneus ist) und den subjektiv qualifizierten Herrschaftsdelikten, zu denen vor allem die Zueignungsdelikte gehören, wenn dem Garanten die betreffende Absicht fehlt; vgl. *Schünemann/Greco* LK § 25 Rdn. 234. Ebenfalls nur Beihilfe liegt in dem seltenen Fall vor, dass der Garant gegen eine von ihm zu verhindernde Beihilfehandlung nicht einschreitet (*Stein* SK vor § 13 Rdn. 61).

**b) Zurechnungsvoraussetzungen.** Die **objektive Zurechnung** des Erfolges zum Unterlassen 62
setzt wie stets in der Unterlassungsdogmatik voraus, dass der Garant den Erfolg auch tatsächlich mit an Sicherheit grenzender Wahrscheinlichkeit hätte abwenden können. Weitergehend wollen RGSt **71** 176, 178; **73** 52, **54** und BGH NJW **1953** 1838 den Erfolgsabwendungspflichtigen schon dann wegen Beihilfe bestrafen, wenn er lediglich in der Lage war, die Deliktsverwirklichung zu erschweren. Das RG leitete dies aus der in RGSt **58** 114 f entwickelten These her, dass die Beihilfe nicht Kausalität für den Erfolg erfordere, sondern schon durch die Förderung der bloßen Handlung des Haupttäters begründet werde; insoweit kann auf die bereits in Rdn. 30–33 vorgetragene Kritik verwiesen werden. Im Übrigen würde die konsequente Anwendung des Erschwerungsgedankens vielfach zu absurden Ergebnissen führen, indem es bei Gefahr der Kriminalstrafe zu offensichtlich nutzlosen Handlungen zwänge.[181] Doch findet die Gegenmeinung auch im Schrifttum immer wieder engagierte Anhänger. So meint *Jakobs*:[182] „Wer pflichtwidrig das Tor nicht schließt, das der Dieb andernfalls überklettert hätte, ist Gehilfe." Er meint, damit werde vom Pflichtigen keine nutzlose Aktivität verlangt, weil „dem Haupttäter auch die Überwindung der Erschwerung zuzurechnen" sei; außerdem könne das Nicht-Schaffen eines Hinder-

**180** Etwa bei den Aussagedelikten, wobei die Garantenfrage im Rahmen des § 27 nicht zu behandeln ist.
**181** Vgl. *Armin Kaufmann* Die Dogmatik der Unterlassungsdelikte (1959) 293; *Grünwald* GA **1959** 118 Fn. 21; *Roxin* TuT S. 489.
**182** *Jakobs* § 29 Rdn. 102 m. Fn. 201.

nisses nicht rechtlich neutral sein, wenn die Beseitigung eines Hindernisses für den Täter als aktive Beihilfe bestraft werde. In ähnlicher Weise will *Ranft*[183] die unterlassene Taterschwerung der aktiven Taterleichterung gleichstellen. Doch wird nun einmal aktives Handeln in weitergehendem Maße zugerechnet als Unterlassen, das nur als Erfolgsabwendungs- und nicht als Erschwerungspflicht auftritt. Anders könnte man höchstens urteilen, wenn man mit einer in der neueren Literatur vordringenden Meinung ganz allgemein für die Zurechnung der Unterlassung statt auf die an Sicherheit grenzende Wahrscheinlichkeit eines Ausbleibens des Erfolges auf die eindeutige Verminderung der Gefahr einer Rechtsgutsverletzung abstellen wollte.[184] Das ist jedoch ein Problem der allgemeinen Unterlassungsdogmatik, das hier nicht behandelt werden kann.

## III. Der Vorsatz des Gehilfen

### 1. Allgemeine Bestimmung

63 Nach § 27 wird als Gehilfe nur bestraft, wer **vorsätzlich** einem anderen zu dessen vorsätzlich begangener rechtswidriger Tat Hilfe geleistet hat. Der Vorsatz des Gehilfen hat daher wie der Vorsatz des Anstifters zwei Bezugspunkte: die eigene Hilfeleistung und die Ausführung einer ihrem Unrechtsgehalt und der Angriffsrichtung nach bereits umrissenen, wenn auch noch nicht in allen Einzelheiten konkretisierten zukünftigen Haupttat[185] (sog. **„Doppelvorsatz des Gehilfen"**).[186]

64 § 27 ist nicht erfüllt, wenn einem anderen fahrlässig Hilfe geleistet wird (so schon die frühere Rechtsprechung, RGSt **39** 214; BGHSt **1** 283); u. U. kann aber fahrlässige Täterschaft gegeben sein.[187] Wie bei der Anstiftung ist dolus directus nicht erforderlich; **dolus eventualis** genügt.[188] Der Gehilfe muss dabei die Tat nicht „billigen" im Sinne von gutheißen: Weiß der Helfende, dass sein Beitrag die Haupttat fördert, steht die bloß innere Missbilligung der Haupttat einer strafbaren Beihilfe nicht entgegen.[189] Ist die Hilfe an sich geeignet, die fremde Haupttat zu fördern, und wusste der Hilfeleistende dies, so vermag die bloß innere Absicht, nicht zu helfen, dem Beitrag des Gehilfen nicht den Charakter strafbarer Beihilfe zu nehmen.[190] Allerdings liegen viele Fälle des dolus eventualis im Bereiche des durch den Vertrauensgrundsatz gedeckten erlaubten Risikos (näher Rdn. 19); dann scheidet eine strafbare Beihilfe aus.

---

**183** ZStW **97** (1985) 268 ff, 288.

**184** S. dazu nur *Rudolphi* SK[7] Vor § 13 Rdn. 16 (wohl auch *Stein* SK Vor § 13 Rdn. 32); *Stratenwerth/Kuhlen* AT § 13 Rdn. 54 f; im Erg. ebenso *Greco* ZIS **2011** 674 (676 ff), mit dem Vorschlag, auch beim Unterlassungsdelikt schärfer zwischen Kausalität (zwischen Unterlassung und Erfolg in seiner konkreten Gestalt, s. o. Rdn. 3) und objektiver Zurechnung (zwischen Unterlassung und Rechtsgutsverletzung) zu unterscheiden; auf dieser Basis wäre *Jakobs* und *Ranft* zuzustimmen.

**185** RGSt **59** 245 ff; **67** 343 ff; BGH bei Dallinger MDR **1955** 143; BGH GA **1967** 115; BGH BeckRS **2016** 04215 (Rdn. 4); NJW **2020** 1080 (Rdn. 28).

**186** *Eser* II Nr. 46 Rdn. A 2; *Fischer* Rdn. 22; Sch/Schröder/*Heine*/*Weißer* Rdn. 28; *Hoyer* SK Rdn. 34; *Jescheck*/*Weigend* § 64 III 2d; Lackner/Kühl/*Kühl* Rdn. 7; vgl. aber auch *Schünemann*/*Greco* LK § 26 Rdn. 57 Fn. 87; *Joecks* MK Rdn. 95 („überflüssig").

**187** *Jescheck*/*Weigend* § 64 III 2d.

**188** RGSt **59** 246; **70** 24; BGHSt **2** 281; BGH NJW **1966** 676 f; BGH bei Dallinger MDR **1957** 266; BGH NStZ **2011** 399; für den Fall der Beihilfe zum Völkermord BGHR StGB § 220a Tatverdacht 2; vgl. auch *Eser* II Nr. 46 Rdn. A 13; *Fischer* Rdn. 22; Sch/Schröder/*Heine*/*Weißer* Rdn. 28.

**189** *Jescheck*/*Weigend* § 64 III 2d; *Busch* LK[9] § 49 Rdn. 13.

**190** RGSt **56** 168; BGHR StGB § 27 Abs. 1 Vorsatz Nr. 1 und 5; BGH NStE § 27 StGB Nr. 4; OLG Stuttgart NJW **1950** 118 f; BayObLGSt **1951** 195; OLG Karlsruhe GA **1971** 281.

## 2. Bestimmtheit der Kenntnis von der Haupttat

Was die Bestimmtheit des Gehilfenvorsatzes betrifft, so sind im Vergleich mit dem Anstiftervorsatz (dazu *Schünemann/Greco* LK § 26 Rdn. 39 ff) **geringere Anforderungen** zu stellen. Das erklärt sich daraus, dass der Anstifter, um den Tatentschluss kommunikativ hervorrufen zu können, die Tat vorzeichnen und daher wenigstens in groben Zügen kennen muss, wenn ihm die Auslösung des Geschehens angelastet werden soll. Der Gehilfe dagegen findet den Tatentschluss des Täters und damit die Konzeption der geplanten Tat bereits vor (oder erwartet ihn für die Zukunft), ohne ihm weitere Konturen verleihen zu wollen (*Roxin* Strafrecht AT II § 26/272). Während der Anstifter sich also gewisse konkrete Vorstellungen machen muss, um überhaupt anstiften zu können (und wegen dieser „Intellektuellen Urheberschaft" nach der Entscheidung des Gesetzgebers demselben Strafrahmen wie der Täter unterliegt), steckt in der Beihilfe und dem darin liegenden Verzicht auf eigene Tatherrschaft von vornherein ein breites „Anheimgeben" an den Täter, was er im Einzelnen machen will. Während bei der Anstiftung die Kenntnis der „wesentlichen Dimensionen des Unrechts" zu verlangen ist (*Schünemann/Greco* LK § 26 Rdn. 46), muss der Gehilfe nur die „kriminellen Verwertungsmöglichkeiten" seines Beitrages erfassen. Die Voraufl. (Rdn. 56) hatte hierfür im Anschluss an *Roxin*[191] die Kenntnis des zu verwirklichenden Tatbestands verlangt, doch erscheint das teils zu eng, teils zu weit. Dass von dem Gehilfen nicht verlangt werden kann, sich die Erfüllung eines bestimmten Gesetzestatbestands vorzustellen, folgt schon daraus, dass auch der Tätervorsatz keine Gesetzessubsumtion verlangt, sondern nur das Wissen, was er tut. Andererseits muss der Gehilfe eine Vorstellung darüber haben, was der Täter mit der ihm dargebotenen Hilfe machen *kann* und nach seiner vom Gehilfen nicht mehr überschaubaren, geschweige denn kontrollierbaren Entscheidung *möglicherweise machen wird*. Für eine solche Herabsetzung der Vorsatzanforderungen im Vergleich zur Anstiftung spricht auch ein Vergleich mit der „nachträglichen Beihilfe" des § 257 StGB, bei der sich der Vorsatz des Begünstigers nicht einmal auf einen bestimmten Tatbestand, sondern nur auf eine ‚rechtswidrige Tat' des Vortäters zu richten braucht. Dass der Gehilfe „vor der Tat" **nicht den genauen Tatbestand kennen muss**,[192] folgt aus der objektiven Zurechnungslehre und deren Projektion auf den subjektiven Tatbestand: Die Erfolge, die auf den vom Täter vorsätzlich gesetzten Kausalverlauf zurückführbar sind bzw. in denen sich die vorsätzlich geschaffene unerlaubte Gefahr verwirklicht, werden von seinem Vorsatz erfasst, sofern er das Risiko ihres Eintritts erkannt hatte. Hingegen erscheint eine Heranziehung der Kriterien der Wahlfeststellung – auch diejenigen Tatbestände seien vom Vorsatz erfasst, die rechtsethisch und psychologisch vergleichbar sind[193] – fehl am Platz, da die zwei Probleme wenig miteinander zu tun haben. 65

Dementsprechend ist für den Beihilfevorsatz nur und immerhin zu fordern, dass der Gehilfe das **Risiko kennt**, dass es mit seiner Unterstützung zur Verletzung von bestimmten Rechtsgütern kommt, ohne dass er auch über den genauen Tatbestand, das ungefähre Ausmaß des Schadens und die Art und Weise des geplanten Angriffes Näheres erfahren müsste.[194] Wer also eine Pistole „für einen Raubüberfall" ausleiht und sonst keine weitere Information über den Plan 66

---

**191** Strafrecht AT II § 26 Rdn. 272 ff, 277; ebenso *ders.* FS Salger S. 129 f, 136; *ders.* JZ **1997** 210 (212); *Kindhäuser* NStZ **1997** 275; *Scheffler* JuS **1997** 599. Dass einige dieser Autoren ihre Meinung aber in Grenzfällen zurücknehmen, belegt *Greco* ZIS **2019** 445.

**192** And. *Roxin* AT II § 26 Rdn. 273.

**193** So aber *Baumann/Weber/Mitsch*[10] S. 657; *Theile* Tatkonkretisierung S. 100 ff. Nahestehend *Montenbruck* ZStW **86** (1972), 336, der die Teilnehmervorstellung auf einen außergesetzlichen (gewohnheitsrechtlichen, S. 350) „Grundtatbestand" bezieht, der das Unrecht nicht als „Verhaltenstyp", sondern als „Werttyp" (S. 343) widerspiegeln soll; wohl auch *Joecks* MK § 27 Rdn. 100 f. Ähnlich ist auch die Auffassung, die auf ein „Näheverhältnis" zwischen den Tatbeständen abstellen will (Musterbeispiel: Raub und Erpressung): *Ingelfinger* Anstiftervorsatz S. 101 f; Baumann/Weber/Mitsch/*Eisele* § 26 Rn. 65 ff, 130 a. E.

**194** Dazu eingehend *Greco* ZIS **2019** 444 ff; s. a. zum Ganzen, teils enger, teils wie hier, Sch/Schröder/*Heine/Weißer* Rdn. 29; *Herzberg* JuS **1987** 617 (619 ff); *Hoyer* SK Rdn. 34; *Ingelfinger* Anstiftervorsatz S. 156 f; *Joecks* MK § 27

des Täters hat, ist bei Ausführung der Tat doch wegen Beihilfe zu der dann begangenen Tat mit allen ihren womöglich verwirklichten Qualifikationen zu bestrafen.[195] Die Grenze der subjektiven Zurechnung ist davon abhängig, welche Handlungen des Täters der Gehilfe für möglich hält und durch die Hilfeleistung in dessen Belieben stellt, also in Kauf nimmt. Wenn Charlotte dem Werther die Pistolen von Kestner überreichen und dabei für möglich halten würde, dass er damit entweder Kestner oder sich selbst erschießen will, wäre sie also je nach dem weiteren Verlauf wegen Beihilfe zur Selbsttötung straflos oder zur Tötung Kestners strafbar. Wer eine Internetplattform spezifisch für den Verkauf illegaler Waren einrichtet (insb. im sog. Darknet), handelt vorsätzlich in Bezug auf alle verbotenen Transaktionen, die innerhalb der von ihm zur Verfügung gestellten, spezifisch auf die Begehung von Straftaten zugeschnittene Struktur begangen werden, und dies auch dann, wenn er „nur" an Drogen- und nicht etwa an Waffendelikte dachte;[196] denn er wusste um dieses von ihm geschaffene Risiko auch für unerlaubten Waffenhandel. Schwieriger ist die Frage zu beantworten, ob auch eine Beihilfe (ggf. Kettenbeihilfe) zu einem mit der über die Plattform erworbenen Schusswaffe begangenen Tötungsdelikt angenommen werden kann oder ob diese am Fehlen eines hinreichend konkreten Vorsatzes scheitert, weil es neben der Begehung eines Tötungsdelikts mehrere, auch legale Zwecke gibt, weshalb man sich eine Waffe illegal besorgen möchte.[197]

67 Die **Rechtsprechung** war in dieser Frage (ähnlich wie schon bei der Anstiftung, s. *Schünemann/Greco* LK § 26 Rdn. 39) **restriktiver** als das Schrifttum. Lange Zeit ließ sich sagen, dass die Rechtsprechung die hier für die Anstiftung für richtig gehaltene Auffassung (vgl. *Schünemann/Greco* LK § 26 Rdn. 40 ff), dass der Teilnehmer den zu verwirklichenden Tatbestand und die wesentlichen Dimensionen des Unrechts kennen müsse, für die Beihilfe zugrunde legt. Der Gehilfe musste danach die Haupttat nur und immerhin in ihren **wesentlichen Merkmalen** erfassen; strafbare Beihilfe konnte auch leisten, wer den genauen Hergang, Ort, Zeit und Opfer der Tat nicht kennt (A leiht dem B einen Revolver, damit B einen Diebstahl mit Waffen begehen kann; welcher Gegenstand, wem, wo und wann von B gestohlen wird, braucht A nicht zu wissen).[198] U. U. brauchte der Gehilfe nicht einmal die Identität des Täters zu kennen (A überredet den B, ihm einen Lieferwagen zu übergeben, damit A dem unbekannten X beim Abtransport der Beute helfen kann).[199] Oder in den Worten von BGHR StGB § 27 Abs. 1 Vorsatz 6 (ebenso Vorsatz 9 unter Berufung auf BGHSt **11** 66): „Das Vorstellungsbild der Angekl. erfaßte daher den wesentlichen Unrechtsgehalt und die Angriffsrichtung der von ihr unterstützten Tat. Diese Konkretisierung genügte für den Gehilfenvorsatz." Modifikationen des Tatverlaufes wurden dabei nach der Rechtsprechung in dem gleichen Umfange für irrelevant erklärt wie die Abweichung des Kausalverlaufes vom Vorsatz (BGH NStE Nr. 9 zu § 27).

---

Rdn. 96 ff; *Kreuzberg* S. 603; *Scheffler* JuS **1997** 598 (599); *Warneke* S. 140 f; *Wild* JuS **1992** 911 (913); *Wolf* JR **1992** 427 (429); monografisch *Theile* Tatkonkretisierung.

**195** So im Ergebnis auch *Herzberg* JuS **1987** 618; *Ingelfinger* Anstiftervorsatz S. 156 f; *Theile* Tatkonkretisierung S. 147.

**196** Ausf. *Greco* ZIS **2019** 444 ff. Ob dies auch eine Bestrafung als Fahrlässigkeitstäter eines Tötungsdelikts gestattet (so LG Karlsruhe StV **2019** 400 [401], vom BGH bestätigt in 1 StR 188/19), ist eine weitere, hier nicht zu klärende Frage (sie offen lassend *Greco* ZIS **2019** 449; ausf. *Beck/Nussbaum* HRRS **2020** 119 ff, mit unklarem Ergebnis; bejahend *Eisele* JuS **2019** 1122 [1123]).

**197** Bejahend LG Karlsruhe StV **2019** 400 (401); dagegen *Greco* ZIS **2019** 449, der aus den o. genannten Gründen bereits den objektiven Beihilfetatbestand ablehnt; *Beck/Nussbaum* HRRS **2020** 118; *Eisele* JuS **2019** 1122 (1123). Man merke, dass im konkreten, vom LG Karlsruhe entschiedenen Fall der Täter sich nicht auf die Unterhaltung einer Handelsplattform beschränkte, vielmehr auch die angebotenen Waren in Kategorien unterteilte, u. a. als „Waffen"; s. a. *Zieschang* GA **2020** 57 (62), der sogar Täterschaft in Betracht zieht.

**198** Vgl. RGSt **1** 110; **4** 95; **31** 35; **59** 245; **67** 343; RG JW **1938** 2198 Nr. 8 a. E.; BGHSt **11** 66; BGH bei Dallinger MDR **1955** 143; BGH GA **1959** 185; **1967** 115; **1981** 133; eingehende Darstellung bei *Theile* Tatkonkretisierung S. 110 ff.

**199** *Busch* LK⁹ § 49 Rdn. 14 m. w. N.; BGH NJW **2020** 1080 (Rdn. 28); Finanzgericht Hamburg BeckRS **2014** 94321.

Hiervon scheint sich die neuere Rspr. aber distanziert zu haben. In einer Entscheidung des 1. Strafsenats des BGH[200] zeigt sich eine **extensive Tendenz**, deren Umfang freilich infolge der teilweise widersprüchlichen Begründung undeutlich bleibt; erst die hier vertretene, auf die Risikokenntnis und damit auf die objektive Zurechnungslehre abstellende Auffassung bietet dieser Rspr. eine feste Grundlage. Die Entscheidung betraf den Fall eines vereidigten Sachverständigen, der einem Auftraggeber wider besseres Wissen bescheinigte, dass dessen Edelsteine ca. 300.000 DM wert seien, obwohl sie wegen ihrer schlechten Qualität praktisch unverkäuflich waren. Der Sachverständige erkannte, dass mit Hilfe der falschen Wertangaben die Steine entweder zu einem überhöhten Wert veräußert oder beliehen werden sollten, ohne weitere Einzelheiten zu erfahren. Beides nahm er in Kauf. Tatsächlich verpfändete der Auftraggeber seine Sammlung unter Berufung auf die Schätzung des Angeklagten gegen einen Kredit von 270.000 DM an eine dadurch entsprechend geschädigte Sparkasse. Die Verurteilung des Sachverständigen wegen Beihilfe zum Betrug wurde vom BGH mit der Begründung bestätigt, dass ein ausreichender Beilhilfevorsatz vorliege, wenn jemand dem Täter ein Tatmittel an die Hand gibt „und damit bewußt das Risiko erhöht, daß durch den Einsatz gerade dieses Mittels eine ... Haupttat verübt wird. Opfer, Tatzeit oder nähere Details der konkreten Begehungsweise müssen dem Gehilfen nicht bekannt sein." (BGHSt **42** 135 – Leitsatz –). Mit Recht legt der BGH hierbei ausdrücklich an den Gehilfenvorsatz „andere Maßstäbe" an als an den Anstiftervorsatz und führt das auf die unterschiedlichen Strafdrohungen und Teilnahmestrukturen sowie die verschiedene Nähe zur Tat zurück. „Der Anstifter hat eine bestimmte Tat, insbesondere einen bestimmten Taterfolg, vor Augen. Der Gehilfe hingegen erbringt einen von der Haupttat losgelösten Beitrag." (a. a. O. S. 138). Das Ausmaß dieser Differenz bleibt jedoch unklar, denn es heißt an derselben Stelle der Entscheidung: „Dem Erfordernis der Bestimmtheit des Teilnehmervorsatzes liegt letztlich die Annahme zugrunde, daß nur derjenige Teilnehmer ernstlich mit der Begehung der Haupttat rechnet, der bereits wesentliche Einzelheiten des Tatplans kennt. Diejenigen Tatumstände sind als wesentlich für den Vorsatz des Teilnehmers anzusehen, deren Kenntnis die Begehung der Haupttat hinreichend wahrscheinlich werden läßt." Dass sich auch BGHSt **42** 135 anders als das neuere Schrifttum und auch eine Entscheidung des BayObLG[201] nicht mit der bloßen Kenntnis des verwirklichten oder zu verwirklichenden Straftatbestandes begnügt, zeigen die Ausführungen zum Schädigungsvorsatz: „Durch die in der Schätzung enthaltene falsche Wertangabe war zudem der Umfang des angestrebten Vermögensvorteils einerseits und des zu besorgende Schadens andererseits hinreichend eingegrenzt, um die ‚**Dimension des Unrechts** der ins Auge gefaßten Tat' (*Roxin* JZ **1986** 908) zu beschreiben."[202] Denn damit wird eine von *Roxin* für den *Anstifter*vorsatz geforderte Voraussetzung (die Kenntnis der Unrechtsdimension „des Täterhandelns") auf den *Gehilfen*vorsatz übertragen, so dass die endgültigen Anforderungen der Rechtsprechung an den Gehilfenvorsatz weiterhin unklar bleiben.[203] Die Unklarheit kann aber durch die hier vertretene Heranziehung der Zurechnungslehre überwunden werden: Eine „Kenntnis, die die Begehung der Haupttat hinreichend wahrscheinlich werden läßt" (BGHSt **42** 135 [138]; danach BGH NStZ **2017** 274 [275]; LG Karlsruhe StV **2019** 400 [402]), ist nichts anderes als eine Kenntnis der Umstände, die die durch den Gehilfen geschaffene unerlaubte Gefahr begründen; diese Gefahr ist Gegenstand des Vorsatzes, Genaueres muss der Gehilfe nicht wissen. 68

**200** BGHSt **42** 135 m. Anm. *Roxin* JZ **1997**, 210 (= *Roxin* HRR AT, Fall 85, 128 f u. 207 f); *Büscher* JuS **1998** 384; *Fahl* JA **1997** 11; *Kindhäuser* NStZ **1997**, 273; *Loos* JR **1997** 297; *Otto* JK **97** § 27/11; *Scheffler* JuS **1997** 598; *Schlehofer* StV **1997** 412. Dazu eingehend *Theile* Tatkonkretisierung S. 16 ff; *Warneke* S. 110 f, 174 f.

**201** NJW **1991** 2582. Dazu *Wolf* JR **1992** 428; *Wild* JuS **1992** 911.

**202** Ebenso *Kreuzberg* S. 572. Gegen dieses Abstellen auf die Kenntnis der „wesentlichen Dimensionen des Unrechts" (BGHSt **42** 138 f) bei der Beihilfe auch *Theile* Tatkonkretisierung S. 121 ff.

**203** Zu weiteren Unklarheiten von BGHSt **42** 135 *Roxin* AT II § 26/275 ff. Auch *Loos* JR **1997** 298 meint, ihr Gedankengang sei „nicht gerade besonders durchsichtig".

Nach dieser Entscheidung aus der amtlichen Sammlung hat sich zwar der 3. Strafsenat des BGH im 2. *Motassadeq*-Urteil vom 16.11.2006 (NJW **2007** 384, 389 f) von der Forderung der Kenntnis der „Unrechtsdimension" als Voraussetzung des Beihilfevorsatzes distanziert und einerseits die Kenntnis des gesetzlichen Tatbestands für ausreichend, es aber andererseits für notwendig erachtet, „den Schuldspruch auf die vom Vorsatz des Gehilfen erfassten Taten oder schuldspruchrelevanten Tatfolgen zu beschränken" – weshalb der Angeklagte in concreto nur wegen Beihilfe zum Mord an den Flugzeugpassagieren, nicht aber an den Opfern im World Trade Center und Pentagon verurteilt wurde.[204] Die neuesten Entscheidungen bedienen sich der Formel der Unrechtsdimension immer seltener (so noch BGH NStZ-RR **2015** 75 [76]; s. auch BGH NStZ **2016** 39 [Rdn. 16] u. NStZ **2017** 465 [468]: „Dimension der Tat"]) und verwenden stattdessen die Formulierung, es komme auf den **„wesentlichen Unrechtsgehalt und die wesentliche Angriffsrichtung"** an (BGH NStZ **2011** 399 [400]; NStZ **2012** 264; wistra **2012** 302 [Rdn. 4]; BeckRS **2017** 109266 [Rdn. 4]; NJW **2019** 1818 [1821 Rn. 96]; NStZ-RR **2019** 249 [250]; davor bereits BGH NStZ **1990** 501; BGH NJW **1997** 265 [266]). Die Möglichkeit einer abweichenden Tatbestandseinordnung wird ausdrücklich hervorgehoben; als Grenze postuliert man lediglich, dass der Gehilfenvorsatz sich nicht auf eine „grundsätzlich andere Tat" beziehen könne als die tatsächlich begangene – eine Anforderung, die bei Betrug und Untreue noch gewahrt sei (BGH NStZ **2011** 399 [400]; wistra **2012** 302 [Rdn. 4]; BeckRS **2017** 145721 [Rdn. 34]); nicht ausreichend sei freilich der Wille, „‚jedwedes' oder ‚irgendein' Vermögensdelikt (zu) fördern" (BGH wistra **2012** 302 [Rdn. 4]).

### 3. Fehlen des Willens, zu einer vollendeten Haupttat beizutragen

69 Wie der Anstifter, so muss auch der Gehilfe wissen und wollen, dass die unterstützte Haupttat zur **Vollendung** kommt. Will dagegen der Helfende die Tat nur bis zum Versuch gelangen lassen (A liefert bewusst ein untaugliches Abtreibungsmittel)[205] oder weiß er, dass die Haupttat nicht zur Vollendung gelangen kann, so fehlt es am Gehilfenvorsatz.[206] Tritt der Erfolg dennoch ein (das gelieferte Gift erweist sich wider Erwarten doch als wirksam), so kommt eine Fahrlässigkeitsstrafe in Betracht. Im Übrigen wird – vor allem für die Beteiligung an Rauschgiftdelikten und für besondere Tatbestände, bei denen u. U. noch die Beteiligung am vollendeten Delikt straflos sein kann (abstrakte Gefährdungsdelikte, Vorbereitungs-, Unternehmens-, rechtsgutsbezogene Absichtsdelikte, Delikte, bei denen ein Rücktritt von vollendeter Tat möglich ist) – auf die ausführlichen Darlegungen zum Anstiftervorsatz verwiesen (*Schünemann/Greco* LK § 26 Rdn. 57–96). Sie gelten für den Beihilfevorsatz entsprechend. Eine der wichtigsten Entscheidungen zur Strafbarkeit des agent provocateur in der Drogenszene (BGH StV **1981** 549) betraf einen Fall der Beihilfe (vgl. *Schünemann/Greco* LK § 26 Rdn. 65).

### 4. Bewusstsein, die Haupttat zu fördern

70 Der Gehilfenvorsatz setzt voraus, dass der Gehilfe in dem **Bewusstsein** handelt, durch sein Verhalten das Vorhaben des Haupttäters zu **fördern** (RGSt **72** 20, 24; BGHR StGB § 27 Abs. 1 Vorsatz 2). In der neueren Rechtsprechung wird dieses subjektive Element in zunehmendem Maße herangezogen, um die weite Ausdehnung des objektiven Tatbestandes, die durch den Verzicht auf Kausalität und bei der psychischen Beihilfe vorgenommen wird, wieder einzuschränken. So betont BGHR StGB § 27 Abs. 1 Vorsatz 4, „daß gegen die Annahme eines Gehilfen-

---

**204** Hierzu *Satzger* Jura **2008** 521 f.

**205** RGSt **56** 168, 170; **60** 23 ff; vgl. auch OLG Koblenz HESt **2** 279.

**206** RGSt **15** 315, 317; **17** 377 ff; **60** 23 ff; BGH NStZ-RR **2015** 81 (82); BeckRS **2016** 4215 (Rdn. 4); Sch/Schröder/*Heine*/*Weißer* Rdn. 28.

vorsatzes ... Bedenken bestehen können, wenn der Beitrag des ‚Gehilfen' zum Gelingen der Tat für diesen erkennbar an sich nicht erforderlich und auch für die Art der Tatausführung ohne Bedeutung war". Der Gehilfenvorsatz sei „in Frage zu stellen, wenn die Handlung des ‚Gehilfen' zum Gelingen der Tat erkennbar wenig beizutragen vermag". Eine Ablehnung des Förderungsvorsatzes findet sich ferner in BGHR StGB § 27 Abs. 1 Unterlassen 1; BGH StV **1981** 549; BGH wistra **1990** 20.

### 5. Irrtum des Gehilfen über die Rechtfertigung seines Handelns

Glaubt der Gehilfe irrig, er handle gerechtfertigt, kommen die allgemeinen Grundsätze der Irr- 71
tumslehre zum Zuge.

### 6. Abweichung von Haupttat und Gehilfenvorstellung

Da die Beihilfe akzessorischer Rechtsgutsangriff ist, kann der Gehilfe nur insoweit verantwort- 72
lich gemacht werden, wie die **Haupttat wirklich ausgeführt** worden ist. Bleibt diese hinter dem, was der Gehilfe wollte, zurück (Versuch statt Vollendung), so haftet er nur wegen Beihilfe zum Versuch. Andererseits kann dem Gehilfen keine Tat zugerechnet werden, die gegenüber der von seinem Vorsatz erfassten ein völliges aliud darstellt oder über den Vorsatz des Gehilfen hinausgeht; sog. **„Exzess des Täters"** (A leiht dem B einen Dietrich, damit dieser nachts in das Haus des C einbrechen kann; B nimmt ohne Wissen des A eine Pistole mit und erschießt den C; A kann nur wegen Beihilfe zum Hausfriedensbruch bestraft werden). Sind in dem vom Haupttäter verübten Delikt die Voraussetzungen der Tat enthalten, an der der Gehilfe mitwirken wollte, so haftet dieser für die von ihm vorgestellte Tat (so kann A wegen Beihilfe zu §§ 242, 244 Abs. 1 Nr. 3 bestraft werden, wenn B im Hause des C einen Raub verübt).[207] Im Einzelnen kann auf die Ausführungen zum Täterexzess bei der Anstiftung verwiesen werden (*Schünemann/Greco* LK § 26 Rdn. 86). Zieht die Tat einen qualifizierenden Erfolg nach sich, so kann der Gehilfe nur dann wegen **Beihilfe zum erfolgsqualifizierten Delikt** bestraft werden, wenn ihm hinsichtlich des qualifizierenden Erfolges ebenfalls mindestens Fahrlässigkeit zur Last fällt, § 18 (A verschafft dem B für einen geplanten Raub einen Dolch, das Opfer wird getötet[208]), vgl. dazu *Schünemann/Greco* LK § 26 Rdn. 95 f.

## IV. Beihilfe zu Sonderdelikten

Eine Beihilfe ist auch zu Delikten möglich, bei denen der Gehilfe nicht Täter sein könnte. Wer 73
also bei einem **Garantensonderdelikt** (vgl. *Schünemann/Greco* LK § 25 Rdn. 54) als Extraneus dem Intraneus zu einer tatbestandserfüllenden Handlung, z. B. zu einer Unfallflucht (§ 142) oder einer Untreue (§ 266), Hilfe leistet, ist wegen Beihilfe zu diesen Delikten zu bestrafen.[209] Dies entspricht heute einhelliger Meinung (zu der früher abweichenden Ansicht von *Schmidhäuser* vgl. *Schünemann/Greco* LK § 26 Rdn. 97). Der Strafrahmen für den Gehilfen wird dabei durch die Akzessorietätslockerungen der §§ 28, 29 modifiziert (vgl. die Kommentierung zu §§ 28, 29). Dabei ist eine Strafmilderung (§ 49 Abs. 1) im Falle der Beihilfe zu den echten Sonderdelikten nach § 28 Abs. 1 obligatorisch; eine doppelte Strafmilderung nach § 27 Abs. 2 und § 28 Abs. 1 kommt nach BGHSt **26** 53 hier aber nicht in Betracht, wenn der Tatbeteiligte nur deswegen Gehilfe und

---

**207** Allg. M., vgl. BGH bei Dallinger MDR **1955** 143; BGHSt **11** 66.
**208** BGH bei Dallinger MDR **1955** 143.
**209** RGSt **27** 157, 159; **50** 135, 141; BayObLGSt. **1961** 317; ebenso BGH (in Zivilsachen) NJW **1988** 2797 für den Fall einer Beihilfe zu § 399 Abs. 1 Nr. 4 AktG.

nicht Täter ist, weil ihm ein besonderes persönliches Merkmal fehlt (vgl. dazu *Schünemann/Greco* LK § 28 Rdn. 83 f).

74 Auch die **Beihilfe zum Unterlassungsdelikt** ist nach einhelliger Rechtsprechung und absolut h. L. strafbar. Bestritten wurde dies allein von *Armin Kaufmann* und im Anschluss an ihn von *Welzel*[210] mit der unzutreffenden Begründung, da es einen Unterlassungsvorsatz nicht gebe, begehe der Unterlassungstäter keine vorsätzliche Tat im Sinne des § 27 Abs. 1 (vgl. *Schünemann/Greco* LK § 26 Rdn. 98). Im Allgemeinen wird eine solche Beihilfe allerdings nur in Form einer psychischen Stützung des Täters für möglich gehalten, etwa derart, dass jemand den Unterlassenden in seinem Entschluss zum Nichteingreifen bestärkt. Andere Formen aktiv geleisteter Beihilfehandlungen zu Unterlassungsdelikten wurden früher vielfach als undenkbar ausgeschlossen.[211] Doch gibt es durchaus Fälle, die das Gegenteil belegen. Hat sich etwa A entschlossen, einen Verbrechensplan rechtzeitig anzuzeigen und einen Brief mit entsprechendem Inhalt bereits zur Post gebracht, lässt er nun den Brief aber durch den eingeweihten B wieder von der Post zurückholen,[212] so muss man die Handlung des B durchaus als durch positives Tun geleistete Beihilfe zum Unterlassungsdelikt des § 138 werten. Mit der Beihilfe zur (freilich nach richtiger Auffassung verfassungswidrigen)[213] Unterlassungsalternative des Garantensonderdelikts der Unfallflucht (Nichtermöglichen nachträglicher Feststellungen gem. § 142 Abs. 2 Nr. 1) beschäftigt sich BayObLG NJW **1990** 1861.[214] Richtig wird erkannt, dass diese „regelmäßig nur in der Form psychischer oder geistiger Beihilfe geschehen" werde, dass aber auch „physische Beihilfe denkbar" sei, z. B. dann, „wenn der Gehilfe durch Beseitigung von Unfallspuren das Risiko der Entdeckung des Haupttäters verringert ...".

## V. Einheit und Mehrheit der Beihilfe; Täterschaft und Teilnahme bei der Beihilfe

### 1. Einheit und Mehrheit der Beihilfe

75 **a) im Allgemeinen.** Einheit und Mehrheit der Beihilfe hängen von der Anzahl der Beihilfehandlungen und der unterstützten Haupttaten ab. Grundsätzlich gilt, dass **nur eine Beihilfe** i. S. des § 52 vorliegt, wenn der Gehilfe mit nur einer Unterstützungshandlung zu beliebig vielen Haupttaten oder mit beliebig vielen Unterstützungshandlungen zu einer Haupttat eines Täters Hilfe leistet.

76 Im ersten Fall ist das heute nahezu unbestritten,[215] da „Tat" des Gehilfen i. S. der §§ 52, 53 seine Beihilfehandlung ist, während die Durchführung der Haupttat nur seine Strafbarkeit begründet. Allein diese akzessorische Bindung aber schafft noch keinen hinreichenden Grund, wegen der Mehrheit der Haupttaten auch mehrere Beihilfehandlungen anzunehmen.[216] Dabei kommt es nicht darauf an, wie viele Täter der Gehilfe unterstützt, für wie viele Taten die Hilfe fortwirkt und in welchem Verhältnis diese Taten zueinander stehen. Verkauft also A an B eine Kiste Einbruchswerkzeuge, von denen er weiß, dass sie an Einbrecherbanden verteilt werden

---

**210** *Armin Kaufmann* Die Dogmatik der Unterlassungsdelikte (1959) 195 ff; *Welzel* § 27 V 3.

**211** *Maurach* AT[4] § 50 III E m. w. N. Zur Frage einer Beihilfe zur Insolvenzverschleppung *Pananis/Börner* GmbHR **2006** 513.

**212** Beispiel nach *Armin Kaufmann* (Fn. 162) 195 Fn. 249a; wie hier auch *Stratenwerth/Kuhlen* AT § 14 Rdn. 21 f.

**213** *Schünemann* DAR **1998** 426 f; *ders.* DAR **2003** 207 ff.

**214** Dazu *Herzberg* NZV **1990** 375.

**215** **Krit.** aber *Tadaki* FS Schreiber 487 ff.

**216** RGSt **70** 26 gegen die frühere Rspr.; BGH bei Dallinger MDR **1957** 266; bei Holtz MDR **1980** 272; BGHR StGB § 27 I Hilfeleisten 2; BGH NStZ **1993** 584; **1999** 451, 513; **2000** 83; NStZ-RR **2003** 265 (267); wistra **2006** 104, 226; NStZ **2007** 526; NStZ **2008** 516; NStZ-RR **2008** 168 (169); NStZ-RR **2008** 386; StV **2008** 575 (Rdn. 7); NStZ **2009** 443 (444); NStZ **2012** 318; NJW **2013** 2211 (Rdn. 6); NStZ-RR **2013** 147 (148); wistra **2014** 437 (Rdn. 69); BGH NJW **2015** 2903 (Rdn. 14 – insw. in BGHSt **60** 302 nicht abgedruckt); wistra **2015** 56 (Rdn. 9); NStZ **2016** 39 (Rdn. 20); BayObLG NJW **1989** 2142 f; Lackner/Kühl/*Kühl* vor § 52 Rdn. 22; *M. Jäger* wistra **2000** 346.

sollen, so liegt hinsichtlich der damit verübten Straftaten gleichwohl nur *eine* Beihilfe vor (Idealkonkurrenz).

Die zweite Feststellung, dass auch mehrere Beihilfehandlungen zu einer Tat eines Täters grundsätzlich nur die Annahme *einer* Beihilfe rechtfertigen,[217] folgt aus der Natur der Beihilfe als „akzessorischer Rechtsgutsangriff" (*Schünemann/Greco* LK vor § 26 Rdn. 7, 18). Denn das Unrecht des Gehilfen lässt sich hier nur über das Unrecht einer einzigen Haupttat aus der einmaligen Verletzung des gegenüber dem Gehilfen geschützten Rechtsgutes herleiten (*Schünemann/Greco* LK vor § 26 Rdn. 2 ff). Anders ist es wiederum, wenn alle Beihilfehandlungen gleichzeitig alle Haupttaten fördern (*M. Jäger* wistra **2000** 346). 77

**Mehrheit der Beihilfe** i. S. des § 53 ist stets dann anzunehmen, wenn der Gehilfe mit mehreren Hilfeleistungen mehrere Taten oder unabhängig voneinander agierende Täter unterstützt (BGH NStZ **2000** 83; NStZ **2007** 526 f.; NStZ-RR **2008** 168 [169]; NStZ **2009** 159 [Rdn. 20]; NStZ **2016** 39 [Rdn. 20]; NStZ-RR **2019** 249 [250]; NStZ **2020** 403 [Rdn. 11]). Greifen dabei mehrere als Täter das gleiche Handlungsobjekt an, dann ist der Gehilfe nur dann wegen Beihilfe in Tatmehrheit zu bestrafen, wenn diese als Nebentäter gehandelt haben. Bei Mittäterschaft liegt dagegen nur *eine* Beihilfe vor. 78

**b) Fortsetzungszusammenhang; uneigentliches Organisationsdelikt.** Zu den Fragen einer fortgesetzten Beihilfe, die mit der weitestgehenden Aufgabe der Rechtsfigur der fortgesetzten Handlung in BGHSt – GrS – **40** 138 heute ihre Bedeutung so gut wie verloren haben, eingehend *Roxin* LK[11] Rdn. 56 f. Der BGH hat durch die von ihm entwickelte Rechtsfigur des uneigentlichen Organisationsdelikts ein funktional vergleichbares Ergebnis erzielt, siehe dazu die Nachweise bei *Schünemann/Greco* LK § 25 Rdn. 151. 79

## 2. Beihilfe in Mittäterschaft

Beihilfe in Mittäterschaft ist möglich (vgl. *Schünemann/Greco* LK § 25 Rdn. 193 und § 26 Rdn. 100 f). Erforderlich ist nur, dass die allgemeinen Voraussetzungen der Mittäterschaft erfüllt sind (vgl. dazu *Schünemann/Greco* LK § 25 Rdn. 175 ff), d. h. dass mehrere Personen durch arbeitsteiliges Zusammenwirken – etwa durch gemeinsames Tragen der Schweißgeräte zum Banktresor – die Haupttat fördern. 80

## 3. Beihilfe in Nebentäterschaft

Als Nebentäter (vgl. *Schünemann/Greco* LK § 25 Rdn. 246) handeln die Gehilfen, wenn sie unabhängig voneinander zu der rechtswidrigen Haupttat Hilfe leisten. 81

## 4. Beihilfe in mittelbarer Täterschaft

Beihilfe in mittelbarer Täterschaft ist zugleich unmittelbare Beihilfe zur Haupttat, da der Einsatz des Tatmittlers diese direkt fördert. Hat A einen Diebstahl des B gefördert, indem er dem Nacht- 82

---

217 BGH NStZ **1999** 451; NStZ-RR **2007** 58; NStZ-RR **2008** 168; NStZ-RR **2008** 386; NStZ **2011** 97; NStZ-RR **2012** 280 (BtM-rechtliche Bewertungseinheit); NStZ-RR **2013** 147 (149); NStZ 2014 **465**; NStZ-RR **2015** 113; NStZ **2016** 39 (Rdn. 20); BeckRS **2017** 134289 (Rdn. 5); OLG Frankfurt a. M. NJW **2004** 2028 (2032); Baumann/Weber/Mitsch/*Eisele* § 27 Rdn. 137; Sch/Schröder/*Heine/Weißer* Rdn. 43; **aA** OLG Celle Hann. Rpfl. **1947** 51; *Busch* LK[9] § 49 Rdn. 25; Sch/Schröder/*Cramer/Heine*[26] Rdn. 38 (vorsichtig); *Heghmanns* FS Roxin II, 877 ff.

wächter C mit dem Tode drohte (§ 35), wenn dieser nicht seinen Nachschlüssel zum Kaufhaus dem B überließe, so ist A wegen Beihilfe zum Diebstahl zu bestrafen.

### 5. Anstiftung und Beihilfe zur Beihilfe

83 **Als Beihilfe** zur Haupttat werden auch die Anstiftung zur Beihilfe (RGSt **59** 396; BGHSt **7** 234, 236; BGH NStZ **2009** 392 [393]) und die Beihilfe zur Beihilfe (RGSt **23** 300, 306; **59** 396; OLG Hamburg JR **1953** 27) bestraft, da die Beihilfe jegliche Förderung der Haupttat umfasst.[218] Selbst wenn es dem Gehilfen nur darauf ankommen mag, dem Unterstützten die Möglichkeit der Teilnahme zu geben, so weiß er doch, dass sein Handeln auf diesem Wege auch der Förderung der Haupttat dient, was für den Gehilfenvorsatz ausreicht (**aA** *Martin* DRiZ **1955** 290). Eine Mehrfachmilderung der Strafe ist daher bei der Beihilfe zur Beihilfe unzulässig (RGSt **23** 300, 306; *Jescheck/Weigend* § 64 IV 1). Zur **Beihilfe zur Anstiftung** s. OLG Bamberg NJW **2006** 2935 sowie *Schünemann/Greco* LK § 26 Rdn. 106. Die Kettenbeihilfe muss nicht die Tat des Haupttäters unterstützen; ihr Bezugspunkt ist die Tat des nächsten Teilnehmers (richtig BGH NJW **2012** 2821 [Rdn. 4]; **and.** OLG Karlsruhe [Z] NJW-RR **2013** 1180 [1181]).

## VI. Ort, Zeit und Verjährung der Beihilfe

84 Nach § 9 Abs. 2 ist Beihilfe sowohl an dem Ort begangen, an dem die Tat begangen ist, als auch an dem Ort, an dem der Gehilfe gehandelt hat oder an dem nach seiner Vorstellung die Tat begangen werden sollte. Hat der Gehilfe einer Auslandstat im Inland gehandelt, so gilt für die Beihilfe das deutsche Strafrecht, auch wenn die Tat nach dem Recht des Tatortes nicht mit Strafe bedroht ist. Vgl. näher die Kommentierung zu § 9 Abs. 2.

85 **Tatzeit** der Beihilfe ist nach § 8 nicht der Zeitpunkt des Erfolges, sondern der der Beihilfehandlung. Vgl. näher die Kommentierung zu § 8.

86 **Die Verjährung** der Beihilfe beginnt nach st.Rspr. und ganz h. L. mit der Vollendung bzw. Beendigung der Haupttat oder mit deren strafbarem Versuch.[219]

## VII. Die Strafe des Gehilfen

### 1. Orientierung am Strafrahmen der Haupttat

87 Die Strafe richtet sich nach dem Strafrahmen der Haupttat (§ 27 Abs. 2 S. 1), zu der vorsätzlich Beihilfe geleistet wurde, vorbehaltlich der Anwendung von § 28 Abs. 1 und 2 und der Einschränkungen, die sich aus einem etwaigen Exzess des Haupttäters ergeben, der den Gehilfen nicht belastet. Sie **muss** aber nach Maßgabe des § 49 Abs. 1 **gemildert** werden (§ 27 Abs. 2 S. 2). Deshalb ist das Gericht jedoch nicht gehindert, im Rahmen der milderen Strafdrohung dem Gehilfen eine Strafe festzusetzen, die der konkret erkannten Strafe des Haupttäters gleichkommt oder sie sogar übersteigt (RGSt **51** 106), da der gegen den Gehilfen erhobene besondere Schuldvorwurf (§ 29) im Einzelfall auch schwerer sein kann als derjenige gegen den Täter. Bei der Entscheidung, ob ein minder schwerer oder ein besonders schwerer Fall der Beihilfe vorliegt, kommt es in erster Linie auf die Beurteilung des vom Gehilfen selbst geleisteten Beitrages an; doch ist das

---

**218** H. M.; vgl. *Schwind* MDR **1969** 13 ff; **aA** *Herzberg* GA **1971** 1 auf Grund seiner Lehre von der Eigendeliktsqualität der Teilnahmeformen, dagegen *Schünemann/Greco* LK vor § 26 Rdn. 5.

**219** RGSt **5** 282; **41** 17; BGHSt **20** 117; ebenso Maurach/Gössel/*Zipf/Laue* § 76 Rdn. 23 m. w. N. Zu den Sonderproblemen bei der Beihilfe zur Steuerhinterziehung *Pelz* wistra **2001** 1; *M. Jäger* wistra **2000** 347; *Landowski/Stoffers* StraFo **2005** 228.

Gewicht der Haupttat dabei zu berücksichtigen (BGH NStZ **1981** 394; **1982** 206; BGH wistra **1983** 116; StV **1985** 411; BGHR StGB § 250 Abs 2 Beihilfe 1; BeckRS **2011** 8172 [Rdn. 5]; NStZ **2018** 328 [329]). Auch sonst müssen beim Täter festgestellte strafmildernde Umstände, die den Erfolgsunwert der Tat mindern, dem Gehilfen aus Gründen der Akzessorietät selbst dann zugute gehalten werden, wenn er sie nicht kannte (BGH StV **1983** 326). Liegt eine Beihilfe und gleichzeitig ein minder schwerer Fall (z. B. nach § 250 Abs. 3) vor, so kommt eine doppelte Milderung in Betracht (BGH GA **1980** 255; NStZ **1988** 128). Der Gehilfe kann auch dann bestraft werden, wenn der Haupttäter selbst noch nicht bestraft ist, ja selbst wenn überhaupt noch nicht genau festgestellt ist, wer eigentlich als Haupttäter in Frage kommt (OLG Hamburg JR **1953** 27).

### 2. Fälle doppelter Ermäßigung

Eine doppelte Ermäßigung kann ferner stattfinden:

**a) Versuch.** Bei Beihilfe zu einer Tat, die im Stadium des Versuchs stecken geblieben ist; eine doppelte Strafmilderung erfolgt hier aber nicht zwingend, weil § 23 Abs. 2 nur eine fakultative Strafmilderung vorsieht. Entschließt sich der Richter zu einer derartigen Milderung, dann ist zunächst der Strafrahmen für den Versuch der Haupttat nach § 23 Abs. 2 oder 3 zu ermitteln und diesem gegenüber nochmals auf Grund von § 27 Abs. 2 zu ermäßigen (RGSt **2** 383; **61** 77). Beihilfe zur Beihilfe ist dagegen zugleich mittelbare Beihilfe zur Tat, weshalb hier keine doppelte Ermäßigung stattfinden kann (RGSt **23** 300; vgl. Rdn. 83). **88**

**b) Unterlassen.** Fakultativ bei einer Beihilfe durch Unterlassen nach §§ 13 Abs. 2, 27 Abs. 2 (Sch/Schröder/*Heine*/*Weißer* Vor § 25 Rdn. 111). **89**

**c) Sonderdelikte.** Bei der Beihilfe zu einem echten Sonderdelikt nach §§ 28 Abs. 1 und 27 Abs. 2 nur bei fehlender Tatherrschaft, s. BGHSt **26** 53; vgl. dazu Rdn. 63; *Schünemann*/*Greco* LK § 28 Rdn. 88 f. **90**

## VIII. Konkurrenzen

Wirkt eine Person in **mehreren Beteiligungsformen** an derselben Straftat mit, so tritt die minder schwere Beteiligungsform, nämlich die Beihilfe hinter der Anstiftung (BGHSt **4** 244), die Anstiftung hinter der Täterschaft (RGSt **44** 211), als subsidiär zurück (RGSt **33** 401; **40** 296; **62** 74; **63** 134). Dagegen ist Idealkonkurrenz zwischen Täterschaft und Beihilfe grundsätzlich nur bei mehreren Straftaten möglich, da niemand eine Tat zugleich mit und ohne Tatherrschaft begehen kann. Öffnet also A nachts gewaltsam die Haustür seines Feindes B in der Hoffnung, Diebe anzulocken, so ist er, wenn sein Plan gelingt, wegen Sachbeschädigung in Tateinheit mit Beihilfe zum Diebstahl strafbar. Ausnahmsweise ist jedoch auch Idealkonkurrenz zwischen Beihilfe und Mittäterschaft möglich, wenn ein Teil der in Handlungseinheit begangenen Delikte echte Sonderdelikte (vgl. Rdn. 63) sind und nur deshalb eine Täterschaft hier rechtlich ausgeschlossen ist (BGH bei *Hoffmann* NJW **1952** 963).[220] Öffnen also A und der Postangestellte B gemeinsam fremde Pakete, um den Inhalt zu verkaufen, hat sich A nicht nur als Mittäter des Diebstahls (§ 242), sondern auch wegen Beihilfe zur Verletzung des Post- und Fernmeldegeheimnisses (§ 206 Abs. 2 Nr. 1, 2) strafbar gemacht. **91**

**220** Vgl. näher *Roxin* TuT S. 359.

## IX. Beweisfragen im Verhältnis Täterschaft, Anstiftung, Beihilfe. Wahlfeststellung

92 Bleibt zweifelhaft, ob der Angeklagte am Delikt als Täter oder Gehilfe mitgewirkt hat, so bestraft die Rechtsprechung in entsprechender Anwendung des Grundsatzes in dubio pro reo wegen Beihilfe (BGHSt **23** 203; BGHR StGB § 27 Abs. 1 Unterlassen 2). Zwar schließen Täterschaft und Beihilfe einander logisch aus, doch begnügt sich die Judikatur mit einem „normativ-ethischen Stufenverhältnis", auf Grund dessen die Beihilfe im Verhältnis zur Täterschaft die schwächere Beteiligungsform ist. Diese Rechtsprechung ist durch BGHSt **31** 136[221] auf das Verhältnis von Anstiftung und Beihilfe übertragen worden. Kann also nicht geklärt werden, ob der Angeklagte den Täter zu dessen Tat angestiftet oder ihm nur Hilfe geleistet hat, so ist er wegen Beihilfe zu verurteilen.

93 Unzulässig ist eine Wahlfeststellung zwischen Beihilfe zum Betrug oder gemeinschaftlichem Diebstahl (BGH bei Holtz MDR **1985** 89) oder zwischen Beihilfe zum Raub und Strafvereitelung (BGH MDR **1989** 111). Bleibt dagegen unklar, ob jemand Beihilfe zum Diebstahl mit anschließender Hehlerei oder nur Hehlerei begangen hat, ist nach dem Grundsatz in dubio pro reo nur wegen Hehlerei zu bestrafen (BGH bei Holtz MDR **1984** 626).

## X. Beihilfe als Täterschaft

94 Es gibt Tatbestände, die allgemein oder mit bestimmten Begehungsformen täterschaftlich verselbständigte Beihilfehandlungen sind oder sich doch als solche deuten lassen (z. B. §§ 84, 85, 109f, 120, 125, 129, 129a, 145c, 180, 257, 281, 340, 357). Ob und inwieweit zu solchen Quasi-Beihilfehandlungen (vor allem §§ 129, 129a[222]) noch wieder eine strafbare Beihilfe möglich ist, ist im Einzelnen sehr umstritten. Die Frage kann aber hier nicht näher behandelt werden, weil sie nicht den § 27 betrifft, sondern nur durch eine differenzierende Auslegung der betreffenden Vorschriften des Besonderen Teils beantwortet werden kann.[223]

---

**221** Dazu *Baumann* JZ **1983** 116 (zust.); *Dingeldey* NStZ **1983** 166 (für unmittelbare Anwendung des In-dubio-Grundsatzes); *Hruschka* JR **1983** 177 (der die Begründung des BGH scharf kritisiert, aber das Ergebnis ebenfalls akzeptiert). Eine nähere Auseinandersetzung mit diesen außerhalb des § 27 liegenden Fragen ist hier nicht möglich.

**222** Hierzu *Stein/Greco* SK § 129 Rdn. 59 f.

**223** Näher *Sommer* JR **1981** 490.

## § 28 Besondere persönliche Merkmale

**(1) Fehlen besondere persönliche Merkmale (§ 14 Abs. 1), welche die Strafbarkeit des Täters begründen, beim Teilnehmer (Anstifter oder Gehilfe), so ist dessen Strafe nach § 49 Abs. 1 zu mildern.**

**(2) Bestimmt das Gesetz, daß besondere persönliche Merkmale die Strafe schärfen, mildern oder ausschließen, so gilt das nur für den Beteiligten (Täter oder Teilnehmer), bei dem sie vorliegen.**

### Schrifttum

Vgl. auch die Schrifttumsangaben Vor § 14, Vor § 25 und Vor § 26.

*Arzt* „Gekreuzte Mordmerkmale"? Zur Tragweite des § 50 II StGB, JZ **1973** 681; *Bauer* Die akzessorische Natur der Teilnahme (1904); *Baumann* Die Verjährung der NS-Gewaltverbrechen, Festschrift S. Wiesenthal (2006) 254; *ders.* Täterschaft und Teilnahme, JuS **1963** 51; *ders.* Vorsicht bei Verjährung von Gewaltverbrechen! NJW **1969** 1279; *Blauth* „Handeln für einen anderen" nach geltendem und nach kommendem Strafrecht (1968); *Bockelmann* Zur Problematik der Beteiligung an vermeintlich vorsätzlichen rechtswidrigen Taten, Festschrift Gallas (1973) 261; *Bottke* Täterschaft und Gestaltungsherrschaft (1992) (zit.: TuG); *Börker* Zur Abhängigkeit der Teilnahme von der Haupttat, JR **1953** 166; *Brammsen/Ceffinato* Doppelte Strafmilderung für Bankrottgehilfen? NZI **2013** 619; *Class* Zum Verhältnis des § 211 zum § 50 StGB, NJW **1949** 83; *Cortes Rosa* Teilnahme am unechten Sonderverbrechen, ZStW **90** (1978) 413; *Cramer* Die Beteiligung an einer Zuwiderhandlung nach § 9 OWiG, NJW **1969** 1929; *Engländer* Die Teilnahme an der Tötung auf Verlangen, Festschrift Krey (2010) 71; *Fischer/Gutzeit* Grundfragen zu § 28 StGB, JA **1998** 41; *Freund* Jakobs und die Unterlassungsdelikte, in: Kindhäuser u. a. (Hrsg.), Strafrecht und Gesellschaft (2019) 379; *Frister* Die Struktur des voluntativen Schuldelements (1993); *ders.* Gibt es keine unechten oder keine reinen Amtsdelikte? Zugleich ein Beitrag zur „Ehrenrettung" des § 28 StGB, Festschrift Puppe (2011), 451; *Furtner* Zur Frage der Anrechnung erschwerender Umstände bei nachfolgender Beihilfe und nachfolgender Mittäterschaft, JR **1960** 367; *Gallas* Beiträge zur Verbrechenslehre (1968); *ders.* Der dogmatische Teil des Alternativentwurfs, ZStW **80** (1968) 1; *Gehrling* Nochmals: § 50 II StGB n. F. und die Verjährung für Teilnahme an Mord, JZ **1969** 416; *Geppert* Zur Problematik des § 50 II StGB im Rahmen der Teilnahme an unechten Unterlassungsdelikten, ZStW **82** (1970) 40; *ders.* Die Anstiftung (§ 26 StGB), Jura **1997** 301; *Gerhold* Die Akzessorietät der Teilnahme an Mord und Totschlag (2014); *ders.* Einschränkungen und Durchbrechungen des Prinzips der Akzessorietät der Teilnahme im deutschsprachigen Raum, ZStW **130** (2018) 945; *Geppert* Die Akzessorietät der Teilnahme (§ 28 StGB) und die Mordmerkmale, Jura **2008** 34; *Gerl* Die besonderen persönlichen Merkmale (1975); *ders.* Mordmerkmale und Akzessorietät der Teilnahme (§ 28 StGB), Jura **1986** 106; *Grünwald* Zu den besonderen persönlichen Merkmalen, Gedächtnisschrift A. Kaufmann (1989) 555; *Grunst* § 370 I Nr. 2 AO – Sonderdelikt und besonderes persönliches Merkmal (§ 28 I StGB), NStZ **1998** 548; *Haas* Ist das Tatbestandsmerkmal der Geschäftsmäßigkeit in § 217 StGB ein besonderes persönliches Merkmal im Sinne von § 28 Abs. 1 StGB, Gedächtnisschrift Tröndle (2019) 525; *Hake* Beteiligungsstrafbarkeit und „besondere persönliche Merkmale" (1994); *ders.* Anm. zu BGH v. 25.1.1995, JR **1996** 162; *Hall* Über die Teilnahme an Mord und Totschlag, Festschrift E. Schmidt (1971) 343; *Hardwig* § 50 StGB und die Bereinigung des StGB, GA **1954** 65; *ders.* Die Gesinnungsmerkmale im Strafrecht, ZStW **68** (1956) 14; *ders.* Zur Systematik der Tötungsdelikte, GA **1954** 257; *Heidland* Die besonderen persönlichen Merkmale (1970); *Herzberg* Die Problematik der „besonderen persönlichen Merkmale" im Strafrecht, ZStW **88** (1976) 68, 178; *ders.* Täterschaft und Teilnahme (1977) (zit. TuT); *ders.* Der agent provocateur und die „besonderen persönlichen Merkmale" (§ 28 StGB), JuS **1983** 737; *ders.* Akzessorietät der Teilnahme und persönliche Merkmale, GA **1991** 145; *Hirsch* Auslegungsänderung und Neufassung der Teilnahmeregelung bei „besonderen persönlichen Merkmalen", Festschrift Schreiber (2003) 153; *ders.* Teilnahme bei „besonderen persönlichen Merkmalen", Festschrift Figueiredo Dias (Coimbra, 2010) 533; *Höll* Mittäterschaft bei Steuerhinterziehung durch Unterlassen, wistra **2013** 455; *Holthausen* Täterschaft und Teilnahme bei Verstößen gegen Genehmigungspflichten des KWKG und AWG, NStZ **1993** 568; *Hoyer* Zur Akzessorietät der Teilnahme bei überschießenden Innentendenzen, GA **2012** 123; *Ibold* Das Tatbestandsmerkmal der Pflichtwidrigkeit i. S. d. § 370 Abs. 1 Nr. 2 AO als besonderes persönliches Merkmal gem. § 28 Abs. 1 StGB, HRRS **2019** 206; *Jähnig* Die persönlichen Umstände des § 50 StGB (1974); *Jakobs* Niedrige Beweggründe beim Mord und die besonderen persönlichen Merkmale in § 50 II und III StGB, NJW **1969** 489; *ders.* Anm. zu BGH v. 15.7.1969, NJW **1970** 1089; *Keller* Rechtliche Grenzen der Provokation von Straftaten (1989); *Kleszczewski* Die limitierte Akzessorietät der Teilnahme am Mord, Festschrift Universität Leipzig (2009), 489; *Koffka* Ist § 50 II StGB auf Gehilfen anwendbar, wenn der Haupttäter aus dem Gehilfen bekannten niedrigen Beweggründen tötet, die beim Gehilfen fehlen? JR **1969** 41; *Kohlrausch* Täterschuld und Teilnehmerschuld, Festschrift Bumke (1939) 39; *Kretschmer* Anm. zu BGH v. 29.10.1997, NStZ **1998** 401; *Küper* „Besondere persönliche Merkmale"



https://doi.org/10.1515/9783110300451-013

und „spezielle Schuldmerkmale", ZStW **104** (1992) 577; *ders.* „Blutrache", „Heimtücke" und Beteiligung am Mord, JZ **2006** 608; *ders.* Im Dickicht der Beteiligung an Mord und Totschlag, JZ **2006** 1157; *ders.* Die „Sphinx" des § 28 Ab. 2 StGB, Festschrift Jakobs (2007) 311; *ders.* Erinnerungsarbeit: Das Urteil des BGH vom 20.5.1969 zur Verjährung der NS-Mordbeihilfe – ein Fehlurteil? JZ **2017** 229; *Lange* Die notwendige Teilnahme (1940); *ders.* Die Schuld des Teilnehmers, insbesondere bei Tötungs- und Wirtschaftsverbrechen, JR **1949** 165; *Langer* Das Sonderverbrechen (1972); *ders.* Zum Begriff der „besonderen persönlichen Merkmale", Festschrift Lange (1976) 241; *ders.* Zur Strafbarkeit des Teilnehmers gem. § 28 Abs. 1 StGB, Festschrift E. Wolf (1985) 335; *Maihofer* Objektive Schuldelemente, Festschrift H. Mayer (1965) 185; *Maurach* Die Mordmerkmale aus der Sicht des § 50 StGB, JuS **1969** 249; *Mitsch* Teilnahme und versuchte Beteiligung am Mord im Jugendstrafrecht, GA **2013** 137; *Neumann* Mord und Totschlag Festschrift Lampe (2003) 643; *Niedermair* Tateinstellungsmerkmale als Strafbedürftigkeitskorrektive, ZStW **106** (1994) 388; *Niethammer* Sinn und Wirkung des § 50 StGB, JuS **1969** 249; *Otto* Besondere persönliche Merkmale i. S. d. § 28, Jura **2004** 469; *Puppe* Jedem nach seiner Schuld. Die Akzessorietät und ihre Limitierung, ZStW **120** (2014) 504; *Radtke* Besondere persönliche Merkmale gem. § 28 StGB, JuS **2018** 641; *Redslob* Die persönlichen Eigenschaften und Verhältnisse (1909); *Reichling/Lange* Der Täterkreis der Steuerhinterziehung durch Unterlassen, NStZ **2014** 311; *Rissing-van Saan* Das systematische Verhältnis von Mord und Totschlag und die Reform der Tötungsdelikte, in: *Jahn/Nack* (Hrsg.), Rechtsprechung, Gesetzgebung, Lehre: Wer regelt das Strafrecht? 2. Karlsruher Strafrechtsdialog (2010) 26; *Roger* Die sog. Zumessungslösung zu § 28 II StGB: ihre (zweifelhafte) Berechtigung und ihre Bedeutung für die Vorfeldbestrafung (§ 30 StGB), GA **2013** 694; *Roxin* Über den Rücktritt vom unbeendeten Versuch, Festschrift Heinitz (1972) 251; *ders.* Kriminalpolitik und Strafrechtssystem, 2. Auflage (1973); *ders.* Schuld und Verantwortlichkeit als strafrechtsdogmatische Systemkategorien, Festschrift Henkel (1974) 171; *ders.* Strafzumessung im Lichte der Strafzwecke, Festgabe Schultz (1977) 463; *Rudolphi* Ist die Teilnahme an einer Notstandstat strafbar? ZStW **78** (1966) 67; *Samson* § 50 II n. F. StGB und die Verjährung, ZRP **1969** 27; *Sánchez-Vera* Pflichtdelikt und Beteiligung (1999); *Schaffstein* Zur Auslegung des Begriffs der „heimtückischen Tötung" als Mordmerkmal, Festschrift H. Mayer (1966) 419; *Schlutter* Zur Dogmengeschichte der Akzessorietät der Teilnahme (1941); *Schmidhäuser* Gesinnungsmerkmale im Strafrecht (1958); *Eb. Schmidt* Zum Verhältnis der §§ 211ff zum § 50 StGB, DRiZ **1949** 272; *Schroeder* Eine irreführende Legaldefinition: der Beteiligte (§ 28 II), JuS **2002** 139; *Schröder* Der § 50 StGB n. F. und die Verjährung beim Mord, JZ **1969** 132; *ders.* Roma locuta ...? JZ **1969** 418; *Schünemann* Besondere persönliche Verhältnisse und Vertreterhaftung im Strafrecht, Ztschr. f. Schweizer Recht **119** (1978) 131; *ders.* Die Bedeutung der „besonderen persönlichen Merkmale" für die strafrechtliche Teilnehmer- und Vertreterhaftung, Jura **1980** 354, 568; *ders.* Unternehmenskriminalität und Strafrecht (1979) (zit.: Unternehmenskriminalität I); *ders.* Die deutschsprachige Strafrechtswissenschaft nach der Strafrechtsreform im Spiegel des Leipziger Kommentars und des Wiener Kommentars, GA **1986** 293; *ders.* Die Funktion der Abgrenzung von Unrecht und Schuld, in: *Schünemann/Figueiredo Dias* (Hrsg.) Bausteine des europäischen Strafrechts – Coimbra-Symposium für Claus Roxin (1995) (zit. Unrecht und Schuld); *ders.* Die „besonderen persönlichen Merkmale" des § 28 StGB, Festschrift Küper (2007) 561; *ders.* Was heißt und zu welchem Ende betreibt man Strafrechtsdogmatik? – Zu *Fischers* These der „fremden seltsamen Welten" anhand aktueller Urteile zu Begriff und Funktion der „besonderen persönlichen Merkmale" im Strafrecht, GA **2011** 445; *Schwerdtfeger* Besondere persönliche Unrechtsmerkmale (1992); *Stein* Die strafrechtliche Beteiligungsformenlehre (1988); *Steinke* Welche persönlichen Merkmale des Haupttäters muß sich der Teilnehmer zurechnen lassen? MDR **1977** 365; *Stree* Das Versehen des Gesetzgebers (§ 50 II, III), JuS **1969** 403; *Theis* Das Merkmal der Böswilligkeit und die persönlichen Eigenschaften und Verhältnisse, SJZ **1946** 213; *Umansky/Mathieu* Die Bereicherungsabsicht als besonderes persönliches Merkmal, HRRS **2015** 36; *Valerius* Besondere persönliche Merkmale, Jura **2013** 15; *Vogler* Zur Bedeutung des § 28 StGB für die Teilnahme am unechten Unterlassungsdelikt, Festschrift Lange (1976) 265; *ders.* Zur Frage der Ursächlichkeit der Beihilfe für die Haupttat, Festschrift Heinitz (1972) 296; *Vormbaum* Der strafrechtliche Schutz des Strafurteils. Untersuchungen zum Strafrechtsschutz des strafprozessualen Verfahrenszieles (1987); *Wagner* Amtsverbrechen (1975); *v. Weber* Teilnahme an Mord und Totschlag, MDR **1952** 265; *Welzel* Zur Systematik der Tötungsdelikte, JZ **1952** 72; *S. A. Zimmermann* Strafbarkeitsrisiken durch Compliance (2014).

## Entstehungsgeschichte[1]

Das *StGB von 1871* enthielt in § 50 nur eine Vorschrift, die als **Vorläufer** des heutigen § 28 Abs. 2 angesehen werden kann. Sie lautete:

**„Wenn das Gesetz die Strafbarkeit einer Handlung nach den persönlichen Eigenschaften oder Verhältnissen desjenigen, welcher dieselbe begangen hat, erhöht oder vermindert, so sind diese besonderen Tatumstände dem Täter oder demjenigen Teilnehmer (Mittäter, Anstifter, Gehilfe) zuzurechnen, bei welchem sie vorliegen."**

1 Ausführlich dazu *Schwerdtfeger* S. 33 ff; *Hirsch* FS Schreiber 153 ff; zur Dogmengeschichte *Hake* S. 3 ff.

Durch die *VO v. 29.5.1943* (RGBl. I S. 339) wurde mit Einführung der limitierten Akzessorietät (*Schünemann/Greco* LK Vor § 26 Rdn. 19 ff) ein dem heutigen § 29 entsprechender § 50 Abs. 1 geschaffen und die bisherige Vorschrift als § 50 Abs. 2 im Wortlaut geändert und durch Einbeziehung der strafausschließenden persönlichen Eigenschaften und Verhältnisse erweitert. § 50 i. d. F. der Novelle v. 29.5.1943 lautete demgemäß:

**„(1) Sind mehrere an einer Tat beteiligt, so ist jeder ohne Rücksicht auf die Schuld des anderen nach seiner Schuld strafbar.**

**(2) Bestimmt das Gesetz, daß besondere persönliche Eigenschaften oder Verhältnisse die Strafe schärfen, mildern oder ausschließen, so gilt dies nur für den Täter oder Teilnehmer, bei dem sie vorliegen."**

Der dritte Schritt auf dem Wege der Gesetzgebungsentwicklung, der zum heutigen Rechtszustand hinleitet, wurde im EGOWiG v. 24.5.1968, Erster Abschnitt, Art. 1, getan. Da § 14 (ursprünglich § 9) OWiG eine abschließende und eigenständige Regelung über die Beteiligung traf und dabei die Frage der Verantwortlichkeit von Beteiligten bei besonderen persönlichen Merkmalen umfassend regelte, erschien es dem Gesetzgeber nicht sinnvoll, für die strafbegründenden persönlichen Merkmale im Ordnungswidrigkeitenrecht eine auch inhaltlich neue Vorschrift zu schaffen, es aber im Strafrecht bei dem bisherigen Rechtszustand von 1943 bewenden zu lassen, obwohl das Fehlen einer Milderungsmöglichkeit beim Mangel strafbegründender persönlicher Merkmale in der Person eines Teilnehmers in diesem Bereich seit langem kritisiert worden war (Sonderausschuss V/57 S. 1095). Es wurde unter Übernahme von § 33 Abs. 1 E 1962 ein dem geltenden § 28 Abs. 1 entsprechender § 50 Abs. 2 geschaffen und der bisherige Absatz 2 in einen Absatz 3 verwandelt; gleichzeitig wurden die „besonderen persönlichen Eigenschaften oder Verhältnisse" auf „besondere persönliche Eigenschaften, Verhältnisse oder Umstände" erweitert (vgl. dazu Rdn. 22 ff, 52) und dem Oberbegriff der „besonderen persönlichen Merkmale" unterstellt.

§ 50 hatte nunmehr folgende Fassung:

**„(1) Sind mehrere an einer Tat beteiligt, so ist jeder ohne Rücksicht auf die Schuld des anderen nach seiner Schuld strafbar.**

**(2) Fehlen besondere persönliche Eigenschaften, Verhältnisse oder Umstände (besondere persönliche Merkmale), welche die Strafbarkeit des Täters begründen, beim Teilnehmer, so ist dessen Strafe nach den Vorschriften über die Bestrafung des Versuchs zu mildern.**

**(3) Bestimmt das Gesetz, daß besondere persönliche Merkmale die Strafe schärfen, mildern oder ausschließen, so gilt das nur für den Täter oder Teilnehmer, bei dem sie vorliegen."**

Diese **Neuregelung** war inhaltlich nicht etwa ein Schnellschuss, sondern übernahm die Vorschläge des E 1962, der aufgrund der jahrelangen Beratungen der Großen Strafrechtskommission von der Bundesregierung beschlossen, am 4. Oktober 1962 als Drucksache IV/650 dem Bundestag zugeleitet worden war und in diesem Punkt auch in der weiteren Strafrechtsreform Bestand gehabt hat: Das *2. StrRG v. 4.7.1969*, das die seit dem 1.1.1975 **geltende Regelung** geschaffen hat, beruht in der Substanz auf der durch das EGOWiG eingeführten Regelung, greift aber im Text und im Aufbau auf die §§ 33, 34 des E 1962 zurück. Danach sind die früheren § 50 Abs. 2 und 3 zu den neuen § 28 Abs. 1 und 2 geworden, während der bis dahin geltende § 50 Abs. 1 im neuen § 29 verselbständigt und hinter die Regelung der besonderen persönlichen Merkmale gestellt worden ist.

Dass die Regelung des EGOWiG gleichwohl zu dem wohl größten justizpolitischen Skandal der Nachkriegszeit geführt hat, beruht auf der einzigartigen Mischung (1) einer dogmatisch verfehlten, aber bis heute beibehaltenen Rechtsprechung zum Verhältnis von Mord und Totschlag, (2) einem vermuteten, aber bis heute nicht vollständig aufgeklärten Manöver in dem von NS-belasteten Beamten geprägten Bundesjustizministerium,[2] (3) der erst mit dem 2. StrRG erfolgten und damit „hinkenden" Übernahme der Verjährungsregelung des § 127 Abs. 3 E 1962 sowie (4) einer teilweise erheblich

---

2 Dazu näher *Görtemaker/Safferling* Die Akte Rosenburg. Das Bundesministerium der Justiz und die NS-Zeit (2016) 399 ff; *Greve* KJ **2000** 412 (417 ff), wobei drei heikle Fragen bis heute nicht endgültig beantwortet worden sind: Warum der die Teilnehmerstrafbarkeit (und damit auch die Verjährungsfristen) betreffende Teil der Strafrechtsreform anlässlich der Verabschiedung des OWiG isoliert vorgezogen werden sollte, obwohl dieses das Prinzip der Einheitstäterschaft bevorzugte und eine dem § 50 Abs. 2 StGB entsprechende Vorschrift gar nicht kannte; warum oder ob es in dem jahrelangen Gesetzgebungsprozess niemandem aufgefallen ist, dass damit Konsequenzen für die Verjährungsfrist verbunden waren, die im E 1962 durch die nicht vorgezogene Vorschrift des § 127 Abs. 3 ausgeschlossen wurden; und warum die im September 1968 und damit noch vor dem in Art. 167 auf den 1. Oktober 1968 festgesetzten Inkrafttreten des bereits am 30. Mai 1968 im Bundesgesetzblatt veröffentlichten EGOWiG vom 24. Mai 1968 unter Fachleuten diskutierte Konsequenz für die Verjährung bestimmter NS-Taten nicht sofort dem damals amtierenden Bundesjustizminister *Gustav Heinemann* mitgeteilt worden ist.

überschätzten Reichweite der Neuregelung.[3] Weil es nicht Aufgabe einer Kommentierung des geltenden Rechts sein kann, rechtshistorische Sachverhalte zu analysieren[4] oder zu dekonstruieren, ist hier nur auf die auch für die heutige Auslegung des § 28 StGB relevanten dogmatischen Eckpunkte hinzuweisen: Weil die Mordmerkmale richtigerweise nicht strafbegründend, sondern strafschärfend sind (s. u. Rdn. 69), galt eigentlich immer schon vermöge des alten § 50 StGB, dass Beihilfe zu einem Mord, bei dem allein besondere persönliche Mordmerkmale und auch diese nur beim Täter vorlagen, als Beihilfe zum Totschlag zu bestrafen war und deshalb nach h. M. gem. § 67 Abs. 2 2. Alt. StGB a. F. in 15 Jahren verjährte (nach geltendem Recht gem. § 78 Abs. 3 Nr. 2 StGB in 20 Jahren).[5] Weil es sich nach der (verfehlten) Rspr. des BGH bei den besonderen persönlichen Mordmerkmalen um strafbegründende i. S. von § 28 Abs. 1 StGB handelt, bleibt dagegen trotz der obligatorischen Strafmilderung (=Strafrahmenverschiebung) gem. § 78 Abs. 4 StGB auch für den nicht qualifizierten Gehilfen die Verjährungsfrist der Haupttat maßgeblich und damit bei Mord dessen Unverjährbarkeit, sofern die Tat nicht bei Inkrafttreten des 9. StÄG vom 6.8.1969 (das die Verjährungsfrist auf 30 Jahre verlängert hatte und dem rechtzeitig die Abschaffung der Mordverjährung durch das 16. StÄG vom 22.7.1979 folgte) bereits verjährt war.[6] Weil das EGOWiG jedoch § 50 Abs. 2 a. F. (= § 28 Abs. 1 n. F.) ohne den heutigen § 78 Abs. 4 (= § 127 Abs. 3 E 1962) ins Gesetz aufnahm, war für die nicht selbst aus niedrigen Beweggründen geleistete Beihilfe zu einem allein hierdurch qualifizierten Mord die Verjährung bereits am 1.10.1968 eingetreten (BGHSt **22** 375). Anders dagegen für das nicht unter § 50 a. F. (= § 28 n. F.) fallende Mordmerkmal der *Grausamkeit* und damit praktisch für den gesamten Holocaust als qualitativen und quantitativen Extrempunkt der NS-Bestialität (BGHSt **24** 106). Wegen der dafür geltenden zusätzlichen Anforderungen an den Gehilfenvorsatz hat die sog. „kalte Amnestie" des Jahres 1968 freilich vielfach zu einer dubiosen Verfahrenseinstellung gegen „Schreibtischtäter" der mittleren Ebene geführt,[7] deren in den letzten Jahren erfolgte „Kompensation" durch eine Verfolgung einzelner, am Rande der Verhandlungsunfähigkeit stehender Überlebender der untersten Hierarchieebene dagegen zur Wiederbelebung archaischer Strafrechtskonzepte geführt, was in dem mit zunehmendem Zeitablauf wachsenden Drang von Publizisten aller Bereiche, sich als leider zu spät gekommene Widerstandskämpfer gegen die monströsen Verbrechen des NS-Regimes zu profilieren, nicht angemessen problematisiert worden ist (zu diesen Fällen *Schünemann/Greco* LK § 27 Rdn. 54 ff).[8]

## Übersicht



---

**3** Exemplarisch die Kommentierung von *Fischer* Rdn. 1: „Es waren dadurch alle Beihilfehandlungen zu NS-Morden verjährt [trifft nur für die Mordmerkmale der „niedrigen Beweggründe" und nur für solche Teilnehmer zu, bei denen diese nicht vorlagen, s. BGHSt **22** 375]. ... So wurde kurz vor dem ‚Einsatzgruppen-Prozess' für Straffreiheit der Täter gesorgt:" – trifft zu für den geplanten Prozess gegen diverse „Schreibtischtäter" im Reichssicherheitshauptamt, während die Erschießungen durch die Einsatzgruppen durchweg das Mordmerkmal der Grausamkeit erfüllten, was auch vom Vorsatz der daran Beteiligten umfasst war.

**4** Außer auf *Greve* und *Safferling* (Fn. 2) ist vor allem auf *Frommel* FS Rottleuthner (2011) 458 ff und zu den intrikaten Verjährungsfragen auf *Küper* JZ **2017** 229 hinzuweisen.

**5** Denn wenn es um strafschärfende oder strafmildernde besondere persönliche Merkmale, also nach der üblichen Terminologie um unechte Sonderdelikte geht, so ist jeder Beteiligte nach der seit 1871 bis heute ungebrochen h. M. nur aus dem auf ihn persönlich zutreffenden Tatbestand zu bestrafen, s. bereits RGSt **2** 153 am Beispiel der Kindstötung (§ 217 StGB a. f) und für die Gegenwart unter ausdrücklicher Ablehnung der Anwendbarkeit des § 78 Abs. 4 StGB *Greger/Weingarten* LK § 78 Rdn. 4; Sch/Schröder/*Bosch* § 79 Rdn. 10; *Mitsch* MK § 78 Rdn. 15; *Saliger* NK § 7 Rdn. 7.

**6** So ausdrücklich Art. 2 des 16. StrÄndG. Zum verfassungsrechtlichen Verbot der Wiedereröffnung eines verjährten Strafanspruches s. *Greger/Weingarten* LK vor § 78 Rdn. 11, § 78 Rdn. 6 m.z.w. N.; zur Problematik der vom BVerfGE **25** 287 leichthin für unbedenklich erklärten nachträglichen Verlängerung einer laufenden Verjährungsfrist (erst recht von deren Abschaffung) *Schünemann* Nulla poena sine lege? (1978) S. 25 f; *ders.* JR **1979** 177 ff.

**7** Näher *Greve* (Fn. 2) S. 421 f.

**8** Zu den mit dieser Verfolgung einhergehenden Legitimitätsproblemen *Greco* FS Merkel (2020) 443.

## Alphabetisches Stichwortverzeichnis

## I. Akzessorietätslockerung oder -aufhebung und Strafgrund der Teilnahme

### 1. Einleitendes

1 Entsprechend dem bei der Behandlung des Strafgrundes der Teilnahme ausgesprochenen Vorbehalt setzt erst § 28 (zusammen mit § 29) den **Schlussstein in die Architektur des Systems von Täterschaft und Teilnahme**. Diese Vorschriften bereiten allerdings einer widerspruchsfreien Interpretation und systematischen Verarbeitung fast unüberwindliche Schwierigkeiten, was damit zusammenhängt, dass die hier gebildeten Kategorien teils quer, teils parallel zu den üblichen straftatsystematischen Unterscheidungen verlaufen und die angeordneten Rechtsfolgen untereinander widersprüchlich zu sein scheinen: Während § 29 expressis verbis die *Schuld* betrifft und die strafausschließenden Merkmale des § 28 Abs. 2 sich jedenfalls nicht auf die Rechtswidrigkeit beziehen können (denn ein Rechtfertigungsgrund muss für alle Beteiligten gelten!), können die strafbegründenden und strafändernden Merkmale des § 28 zumindest theoretisch auf jeder Deliktsstufe in Erscheinung treten und weisen deshalb *keinen* spezifischen Bezug auf ein bestimmtes Systemelement auf. Der Anschein der Widersprüchlichkeit entsteht dadurch, dass § 29 und § 28 Abs. 2 auf den ersten Blick als eine **Durchbrechung** der Akzessorietät erscheinen, während § 28 Abs. 1 nur eine **Abmilderung** vorsieht: Stiftet etwa bei einem Garantensonderdelikt (dazu *Schünemann/Greco* LK § 25 Rdn. 54 ff) ein Nichtqualifizierter (ein sog. **Extraneus)** den Sonderpflichtigen (sog. **Intraneus**) zu einer Straftat an – es veranlasst beispielsweise ein Privatmann einen Richter zu einer Rechtsbeugung nach § 336 –, so wird er gem. § 28 Abs. 1 ebenfalls wegen Anstiftung zum Sonderdelikt bestraft, wenn auch nicht, wie es § 26 für sich allein anordnet, „gleich" dem Täter, sondern aus einem nach § 49 Abs. 1 gemilderten Strafrahmen. Ist das „besondere persönliche Merkmal" (im Folgenden: **bpM**) dagegen nicht strafbegründend, sondern strafschärfend, -mildernd oder -ausschließend, so lässt § 28 Abs. 2 die daran geknüpften Rechtsfolgen nur bei dem eintreten, in dessen Person sie vorliegen, was zu einer Änderung des Delikts führt: Wenn etwa ein Extraneus einen Amtsträger zu einer Körperverletzung im Amt (§ 340) veranlasst, wird der Täter aus diesem Delikt, der Anstifter hingegen nur wegen Anstiftung zum Grundtatbestand des § 223 bestraft. Da schließlich die Abgrenzung der bpM sowohl im Grundsatz wie im Einzelnen heillos umstritten ist, markiert die Interpretation des § 28 zweifellos den dunkelsten und verworrensten Abschnitt der in ihrer Dunkelheit und Verworrenheit seit *Kantorowicz*[9] so oft beklagten Beteiligungslehre.

2 Die h. L. behauptet deshalb nicht nur eine unauflösbare innere Widersprüchlichkeit des § 28, sondern auch die **Unmöglichkeit**, diese Vorschrift bruchlos in irgendeine der zum **Strafgrund der Teilnahme** vertretenen Theorien einzufügen. Folgt man nämlich der akzessorietätsorientierten Verursachungstheorie der h. M., derzufolge der Teilnehmer bestraft wird, weil er eine täterschaftliche Tatbestandserfüllung verursacht hat (Nachw. bei *Schünemann/Greco* LK Vor § 26 Rdn. 14 f), so soll zwar § 28 Abs. 1 insofern erklärbar sein, als das Teilnehmerunrecht aus dem Täterunrecht abgeleitet erscheine und das Fehlen besonderer persönlicher Eigenschaften sich nur bei der Strafzumessung auswirke. Aber § 28 Abs. 2 vertrage sich, soweit er Unrechtsmerkmale betrifft, mit dieser Strafgrunderklärung nicht, wenn und weil der Teilnehmer nach h. M. nicht aus dem Sondertatbestand, sondern aus dem Allgemeindelikt bestraft werde, denn dies scheine zu zeigen, dass nicht die Qualität der Tätertat, sondern

9 Aschaffenburgs Monatsschrift **7** (1910) 306; aufgegriffen von *Roxin* TuT S. 1.

nur sein Verhalten das Unrecht des Teilnehmers begründe.[10] Sieht man andererseits mit der „reinen Verursachungstheorie" *Schmidhäusers* das Teilnahmeunrecht als im Verhältnis zur Haupttat selbständig an, so dass der Teilnehmer nicht für das von ihm verursachte Verhalten des Täters, sondern nur für sein eigenes Tun bestraft wird (Nachw. bei *Schünemann/Greco* LK Vor § 26 Rdn. 11), so wird man zwar im Falle des § 28 Abs. 2 die bloße Bestrafung des nichtqualifizierten Teilnehmers aus dem Tatbestand des Grunddelikts für die allein richtige Lösung halten müssen; denn der Privatmann, der etwa zu einer Körperverletzung im Amt anstiftet, hat für seine Person nur das Tatbestandsunrecht des § 223 verwirklicht. Aber von einem solchen Verständnis der Teilnahme aus bleibt wieder § 28 Abs. 1 unerklärlich, weil die Strafbarkeit der Mitwirkung eines Extraneus am echten Sonderdelikt sich nur daraus erklären lässt, dass der Außenstehende, der für sich allein das tatbestandlich geschützte Rechtsgut nicht verletzen kann, für das von ihm bewirkte Täterunrecht haftbar gemacht wird; bei einer isolierten Betrachtung seines eigenen Tuns müsste der extrane Anstifter zur Rechtsbeugung straflos sein, weil er in seiner Person das Unrecht des Tatbestandes nicht verwirklichen kann. So billigt denn auch *Schmidhäuser* ausdrücklich das aus § 28 Abs. 2 hergeleitete Ergebnis, während er § 28 Abs. 1 für „sachwidrig" hält.[11] In entsprechender Weise können auch die sonst über den Strafgrund der Teilnahme entwickelten Konzeptionen (*Schünemann/Greco* LK Vor § 26 Rdn. 9 ff) auf der Basis des bisherigen Verständnisses von § 28 entweder nur Absatz 1 oder nur Absatz 2 mit ihrer Auffassung vereinbaren; *Samson*[12] meint deshalb, „daß der Strafgrund der Teilnahme ... – wie immer man ihn versteht – mit allen in §§ 28 Abs. 1 und 2; 29 enthaltenen Vorschriften kaum zu harmonisieren ist".

## 2. Die h. L. zu den Aporien des § 28

Diese Gesetzesschelte erinnert jedoch ein wenig an *Bertolt Brechts* satirische Aufforderung nach 3
dem 17. Juni 1953, die Regierung möge das Volk auflösen und sich ein neues wählen. Die sinnvolle Interpretation des § 28 und der Einbau dieser Interpretation in eine umfassende Theorie der Beteiligung bildet vielmehr den Prüfstein für die Strafrechts*dogmatik*, während man die Entscheidungen des *Gesetzgebers* in kriminalpolitischer Hinsicht kritisieren mag, nicht aber bei der dogmatischen Konstruktion ignorieren darf. Dann führen aber die beiden in der bisherigen Diskussion dominierenden Vorgehensweisen methodologisch in eine Sackgasse, nämlich (a) die Interpretation des § 28 in ein vorher geschaffenes Prokrustes-Bett dogmatischer Kategorien zu pressen, deren endgültige Ausformung in Wahrheit erst im Anschluss an die Interpretation des § 28 möglich ist; oder (b) mit einer reinen Kasuistik des Besonderen Teils zu arbeiten, die sich hinter einer Pseudointerpretation des § 28 in Gestalt molluskenhafter, beliebiger Ausdeutung zugänglicher und dann auch wechselhaft gehandhabter Schlagworte verbirgt. Statt dessen muss man (c), wie es einer **von den kriminalpolitischen Zielsetzungen des Gesetzgebers aus konstruierenden Strafrechtsdogmatik**[13] allein entspricht, als erstes ein konsistentes (d. h. widerspruchsfreies) teleologisches Konzept **aus dem in § 28 ausgedrückten Regelungswillen des Gesetzgebers** erarbeiten, aus dem dann die Begriffe und deren Konkretisierung zu entwickeln sind.

---

10 *Roxin* LK[11] Rdn. 2; auch nach *Stratenwerth/Kuhlen* AT § 12 Rdn. 192 kann die Regelung des § 28 Abs. 2 nur bedeuten, dass dem Extraneus die Verletzung der Sonderpflichtverletzung nicht zugerechnet werde, während diese bei § 28 Abs. 1 eben doch stattfinde; konsequenter wäre es deshalb gewesen, allemal nur eine Milderung nach § 49 Abs. 1 stattfinden zu lassen.

11 AT § 14 Rdn. 84 f, bei und in Fn. 24, 25.

12 *Samson* SK[6] Rdn. 5; ähnlich jetzt auch *Hoyer* SK Rdn. 4; *Joecks* MK Rdn. 10.

13 Grundlegend *Roxin* Kriminalpolitik und Strafrechtssystem [2](1973), zur eigenen Position näher *Schünemann* FS R. Schmitt 117; *ders.* FS Roxin I, 1; s. a. *Roxin/Greco* AT I § 7 Rdn. 26 ff, 57 ff.

4 **a) Petitio principii.** Der die Aporien des § 28 quasi erzeugende Ausgangspunkt der h. L. besteht in der Voraussetzung, dass es hier ab ovo um eine **Folge** der **Akzessorietät** und damit um die „Vereinbarkeit mit dem Strafgrund der Teilnahme“ gehen würde (*Roxin* LK[11] Rdn. 1, 2), etwa – wodurch der Charakter als petitio principii noch schärfer hervortritt – um eine „Ausprägung der limitierten Akzessorietät“ bzw. um eine „Anwendung der limitierten Akzessorietät“ (*Puppe* NK §§ 28, 29 Rdn. 14, 81). Es geht aber nicht primär bzw. nicht nur um das Verhältnis der Teilnahme zur Täterschaft, denn § 50 a. F. als Wiege der heutigen Vorschrift regelte die Zurechnung „persönlicher Eigenschaften oder Verhältnisse“ **sowohl für Täter als auch für Teilnehmer** (und das gilt auch heute noch für § 28 Abs. 2) und ist primär eine **Strafzumessungsvorschrift**, so dass die Konzentration auf den Akzessorietätsgrundsatz und den Strafgrund der Teilnahme eine den interpretatorischen Ansatz von Anfang an verkürzende Blickverengung bedeutet. Diese Voraus-Festlegung wird in *Puppes* (durch seine intrasystematische Konsequenz modellhaftem und deshalb gerade durch sein Scheitern lehrreichen) Versuch, § 28 bruchlos in eine vorgefasste allgemeine Straftatsystematik einzuordnen, dadurch gewissermaßen potenziert, dass sie als Axiom davon ausgeht, dass „Unrechtselemente ... der Zurechnung an einen beteiligten Extraneus zugänglich sind, ... aber besondere Schuldelemente ... es nicht sind“.[14] Die strafbegründenden bpM, deren Fehlen beim Teilnehmer gemäß § 28 Abs. 1 zu einer Strafmilderung führt, versteht sie deshalb als „semiakzessorische Pflichtenstellungen des Täters“, bei denen (am Beispiel des § 266) das Ausnutzen einer Machtstellung ein *Unrecht* bedeute, das auch dem Extraneus zuzurechnen sei, zu dem aber die Verletzung der höchstpersönlichen Sonderpflicht als *Schuld*element (nämlich Schulderhöhungsgrund) hinzukomme, an dem der Extraneus keinen Anteil habe (NK §§ 28, 29 Rdn. 8–10). Aber das bedeutet eine durch eine reine ad-hoc-Definition eingeführte und deshalb zirkuläre Aufspaltung des kompakten Sachverhalts „Missbrauch einer Machtstellung durch deren Inhaber (= Intraneus) unter Mitwirkung eines Machtlosen (= Extraneus)“ in eine Unrechtsdimension (eben: Missbrauch der Machtstellung, angeblich dem Extraneus zurechenbar) und eine Schulddimension (abermals: Missbrauch der Machtstellung, angeblich dem Extraneus nicht zurechenbar), die nicht teleologisch auf die Rechtsfolgen bezogen ist, sondern rein binnensystematisch auf die als feststehend behandelten Kategorien von Unrecht, Schuld und Akzessorietät. Ferner wird es mit einer Verunklarung des strafrechtlichen Schuldbegriffs erkauft, dessen scharfe Kontur als *Vorwerfbarkeit wegen der individuellen Möglichkeit des Andershandelns*[15] durch die abermals zirkuläre Vorstellung des Versagens gegenüber einer *höchstpersönlichen* Pflichtanforderung ersetzt wird (denn die Höchstpersönlichkeit als Synonym für Nichtübertragbarkeit macht als eigenständige dogmatische Kategorie ja nur im Zivilrecht einen Sinn).[16] *Puppes* Versuch einer systematischen Vereinheitlichung geht damit aber nicht nur von problematischen Prämissen aus, sondern verlässt auch den festen *inhaltlichen* Boden, der in der allezeit unbestrittenen, in der Strafrechtsreform vom Gesetzgeber bestätigten „Kerngruppe“ besteht, dass die Stellung als *Amtsträger* ein bpM ist, welches als straf*begründendes* Merkmal bei den sog. *echten* Amtsdelikten zur Anwendung des § 28 Abs. 1 und bei den die Amtsträgerstellung als *Qualifikations*merkmal einsetzenden sog. *unechten* Amtsdelikten zur Anwendung des

14 NK §§ 28, 29 Rdn. 8; *dies.* ZStW **120** (2014) 504 ff; auch *Roxin* LK[11] Rdn. 5: „Im Ergebnis wird ... die Zurechnung der Unrechts- und die Nichtzurechnung der Schuldmerkmale dem Prinzip der limitierten Akzessorietät vollauf gerecht.“.

15 Vgl. nur zur Schuld als „Andershandelnkönnen“ *Roxin/Greco* AT I § 19 Rdn. 20 ff; ob dieses Andershandelnkönnen auf der Basis der Willensfreiheit real ist oder nach Maßgabe des sozialen Schuldbegriffs nur die normative Ansprechbarkeit des Täters und die Vermeidbarkeit der Tat durch den Normalbürger zur Voraussetzung hat (zu dieser Kontroverse *Schünemann* FS Lampe 537, 540 ff), ist eine philosophische Frage, die für den strafrechtlichen Schuldbegriff keine praktischen Auswirkungen hat.

16 Näher *Schünemann* LK § 14 Rdn. 34 f.

§ 28 Abs. 2 führt.[17] Weil *Puppe* mit dieser geradezu den archimedischen Punkt des § 28 bildenden Entscheidung des Gesetzgebers von ihrem Dogma aus, dass nur Schuldmerkmale nicht-akzessorisch behandelt würden und es sich deshalb bei den strafbegründenden besonderen persönlichen Merkmalen um ein („semiakzessorisches") Amalgam aus Unrecht und Schuld handele, nichts anfangen kann, muss sie *contra legem* auch bei allen unechten Amtsdelikten die Amtsträgerschaft des Täters für strafbegründend erklären (NK §§ 28, 29 Rdn. 40[18]), wodurch evident wird, dass ihr Versuch, ein in sich konsistentes System zu konstruieren, zu der vom Gesetzgeber gewollten Regelung des § 28 nicht passt. Zwar ist einzuräumen, dass diese Methode, aus im Vorhinein gebildeten abstrakten, in Wahrheit semantisch durchaus offenen Begriffen zu deduzieren (vor allem der „Akzessorietät", deren Bedeutung im Rahmen des § 28 StGB ja überhaupt erst zu finden ist), in der Traditionslinie der ihre systematischen Kategorien nach den Regeln der Begriffsjurisprudenz anwendenden deutschen Strafrechtsdogmatik steht, die aber im Hinblick auf die neuerdings zunehmende Fundamentalkritik[19] unter Berücksichtigung der von *Roxin* proklamierten Synthese von „Kriminalpolitik und Strafrechtssystem" zum „mos analytico-philosophicus civitatis iuris" (mapci) fortentwickelt werden muss.[20]

Zwar ist die **Unterscheidung von Unrecht und Schuld** als systematisches Fundament der Strafrechtsdogmatik für ein dem Zweck des **Rechtsgüterschutzes** gewidmetes (und damit für jedes rechtsstaatlich-freiheitliche) Strafrecht begrifflich notwendig, weil das spezifisch strafrechtliche, qualifizierte Unrecht die **Sozialschädlichkeit** des Verhaltens voraussetzt und die Strafe als rein repressive Übelszufügung die **individuelle Vorwerfbarkeit,** ohne dass diese beiden negativen Bewertungen auseinander abgeleitet werden könnten.[21] „Das bedeutet allerdings mitnichten, dass auch die Abgrenzung zwischen Unrecht und Schuld im Einzelnen bereits vorgezeichnet wäre und womöglich sogar überpositiv festliegen würde. Denn sonst würde man die Tragweite der Korrespondenz zwischen dem normativen Leitprinzip" und dem konkreten Regelungsproblem überschätzen und einen für die begriffsjuristische Handhabung jedes dogmatischen Systems typischen Fehler begehen, den man „in Anspielung auf die Architekturform des sog. unechten oder Kraggewölbes die *Hyper-Überkragung* nennen" könnte „und der darin besteht, dass im Rahmen einer von Leitprinzip und Sachstruktur immer noch offen gelassenen Regelungsvielfalt (sog. *Kontingenz*) zu Unrecht die stringente Ableitbarkeit einer einzigen Lösung behauptet wird".[22] Für die aus dem Zweck des Strafrechts abgeleitete Unterscheidung von Unrecht und Schuld kann man deshalb ohne „Hyper-Überkragung" zunächst „nur einen Kernbereich von Unrecht und Schuld identifizieren, weil die äußere Rechtsgutsverletzung fraglos als Unrechtsvoraussetzung und die geistige Gesundheit des Täters fraglos als Schuldvoraussetzung bestimmt werden kann." Für jedes konkrete Rege- 5

17 So die für die heutige Fassung maßgebliche Konzeption des E 1962, s. BT-Drucks **IV**/650, S. 152, und darauf aufbauend die Begr. zum EGOWiG, BT-Drucks. **V**/1319, S. 62, sowie Baumann/Weber/Mitsch/*Eisele* § 26 Rdn. 150; *Fischer* Rdn. 5; Sch/Schröder/*Heine*/*Weißer* Rdn. 13; *Hoyer* SK Rdn. 16; Lackner/Kühl/*Kühl* Rdn. 5; *Roxin* AT II § 27 Rdn. 23; *Sowada* LK[12] Vor § 331 Rdn. 9 f; *Stratenwerth*/*Kuhlen* AT § 12 Rdn. 192. Ebenso immer schon für § 50 StGB a. f, s. RGSt **55** 181 (182); *Frank* Das Strafgesetzbuch für das Deutsche Reich [17](1926), § 50 Anm. II, 1; Vorbem II. und III. zum 28. Abschnitt; *Schwarz-Dreher* Strafgesetzbuch [24](1962) § 50 Anm. 2 B.

18 Ebenso *dies.* ZStW **120** (2014) 517 ff; in diesem Sinne auch *Sánchez-Vera* S. 193 ff.

19 Exemplarisch *Ambos* und *Hörnle* in Tiedemann/Sieber/Satzger/Burchard/Brodowski (Hrsg.) Die Verfassung moderner Strafrechtspflege (2016) 289, 321.

20 *Roxin* Kriminalpolitik und Strafrechtssystem [2](1973); daran anknüpfend *Schünemann* FS Schmitt (1992) 117 ff; zur Kritik der im Text zit. Polemik und zum „mapci" s. *Schünemann* ZIS **2016** 654 ff sowie *Schünemann in:* Hilgendorf/Schulze-Fielitz (Hrsg.) Selbstreflexion der Rechtswissenschaft (2015) S. 223 ff = *Schünemann* Rechtsfindung im Rechtsstaat und Rechtsdogmatik als ihr Fundament (2020), S. 431 ff, 455 ff.

21 Dazu statt aller *Schünemann* Unrecht und Schuld, passim (dort auch S. 161 die nachfolgenden wörtlichen Zitate im Text); s. a. *Greco* GA **2009** 636.

22 „Im architektonischen Bild: Wenn die Überwölbung des offenen Raumes (als Sinnbild der unstrukturierten Lebensvielfalt) durch aus der Wand (dem soliden juristischen Ordnungssystem) herausragende Konsolen und Platten ohne zusätzliche statische Abstützung so sehr übertrieben wird, dass die ganze Konstruktion zwangsläufig einstürzt.".

lungsproblem müssen dagegen die Zuordnung sei es zum Unrecht oder zur Schuld oder zu einer für beide geltenden Funktion und erst recht die aus einer solchen Zuordnung abzuleitenden Konsequenzen an Hand der konkreten legislatorischen Entscheidung selbständig geprüft und dürfen nicht aus einer dogmatischen Festlegung, die vor der kompletten Analyse des Rechtsstoffes und damit voreilig getroffen worden war, durch einen (vitiösen) „Inversionsschluss" deduziert werden.

6 **b) Eklektizismus.** Infolge der Verwendung unklarer Begriffe weniger leicht sichtbar, in der Sache aber noch gravierender sind die methodischen Mängel des in der Anwendung des § 28 heute vorherrschenden Eklektizismus, denen sich angesichts des desolaten Entwicklungsstandes der einschlägigen Dogmatik auch die Rechtsprechung nicht entziehen konnte. Als lehrreiches Exempel kann die wechselhafte Rechtsprechung des BGH zwischen BGHSt **41** 1 und BGHSt **63** 282 zu der Frage dienen, ob die Täterqualifikation bei der **Steuerhinterziehung durch Unterlassen** gem. § 370 Abs. 1 Nr. 2 AO ein strafbegründendes bpM gemäß § 28 Abs. 1 ist. Weil die Steuerhinterziehung durch Unterlassen derjenigen durch aktives Tun gemäß § 370 Abs. 1 Nr. 1 AO vollständig gleichgestellt ist, handelt es sich hierbei um ein *unechtes Unterlassungsdelikt*, so dass die in § 370 Abs. 1 Nr. 2 AO vorausgesetzte Täterqualifikation eine Garantenstellung gemäß § 13 StGB bedeutet.[23] BGHSt **41** 1 scheint der gleichen Auffassung zu sein (a.a.O. S. 4 oben: „... der des Garanten eines der sonstigen unechten Unterlassungsdelikte"), lässt aber die allgemeine Qualifikation von Garantenstellungen im Rahmen des § 28 offen und charakterisiert die in § 28 Abs. 1 gemeinten besonderen persönlichen Merkmale unter Hinweis auf seine frühere Rechtsprechung durch „Täterbezogenheit", wobei er die Abgrenzung davon abhängig machen will, ob das betreffende Merkmal im Schwergewicht die Tat oder die Persönlichkeit des Täters kennzeichne, weshalb Umstände, die eine besondere Gefährlichkeit des Täterverhaltens anzeigen oder die Ausführungsart des Delikts beschreiben, in der Regel tatbezogen (und damit nicht unter § 28 Abs. 1 subsumierbar) seien, während objektive Umstände wie das Pflichtenverhältnis bei § 266 täterbezogen sein könnten, wenn sie „eine besondere Pflichtenstellung höchstpersönlicher Art umschreiben"; die Einordnung erfolge unter Beachtung der Schutzrichtung des jeweiligen Straftatbestandes. Umschreibe das Merkmal eine vorstrafrechtliche Sonderpflicht, werde es eher die Persönlichkeit des Täters kennzeichnen; hingegen werde eher die Tat gekennzeichnet, wenn es sich um ein „strafrechtliches Jedermann-Gebot" handele (BGHSt **41** 1 f unter Hinweis auf *Roxin* LK[11] Rdn. 67). Die in § 370 Abs. 1 Nr. 2 AO angesprochene Pflicht sei danach weder mit der besonderen Pflicht des Amtsträgers oder des Täters einer Untreue noch mit der des Garanten eines der sonstigen unechten Unterlassungsdelikte vergleichbar, weil sie auf gesetzlichen Regelungen beruhe, die an objektive Vorgänge des täglichen Lebens anknüpften und jeden träfen, bei dem die sachlichen Voraussetzungen vorliegen, an die das Gesetz eine Erklärungspflicht anknüpft; eine vorrechtliche Pflichtenstellung oder eine „besondere Pflichtenstellung höchstpersönlicher Art" vermöge der Senat hierbei nicht zu erkennen, zumal die gesetzliche Festlegung nach reinen Zweckmäßigkeitsgesichtspunkten erfolge. Der bei Garanten häufig vorliegende starke persönliche Einschlag einer vorstrafrechtlichen Sonderpflicht fehle bei den steuerlichen Erklärungspflichten, die ein strafrechtliches „Jedermann-Gebot" für einen nicht durch individuelle Merkmale gekennzeichneten Personenkreis umschrieben, zumal das Rechtsgut des § 370 AO im Unterschied zu den durch persönliche Pflichtenlagen gekennzeichneten Tatbeständen der Untreue und der Amtsdelikte unabhängig von individuellen Bindungen des Täters geschützt werde (BGHSt **41** 4 f).

---

**23** Auch diejenigen, die von einem echten Unterlassungsdelikt ausgehen – Hübschmann/Hepp/Spitaler/*Peters* Abgabenordnung 257. Lfg. § 370 AO Rdn. 137 – gehen nur von einem abweichenden Begriff echter Unterlassung voraus, für den es formal auf das Vorhandensein eines expliziten Unterlassungstatbestands ankommt, bestreiten also das Erfordernis einer besonderen Pflichtenstellung nicht. Die Einordnungsfrage sogar offen lassend *Kohlmann/Ransiek* Steuerstrafrecht § 370 AO Rdn. 272, der aber bzgl. der Anwendbarkeit des § 28 Abs. 1 ganz auf der hier vertretenen Linie liegt (Rdn. 125 ff).

Der BGH hat hier intuitiv das richtige Ergebnis erzielt (dazu näher u. Rdn. 9, 61 f), musste das aber gegen die (die teleologische Struktur des § 28 verunklarenden) begrifflichen Instrumente der h. L. tun und sich deshalb gewissermaßen notgedrungen in der Begründung in Widersprüche verwickeln. Denn seinem Argument, dass die steuerlichen Informationspflichten jedermann treffen könnten und es sich deshalb nicht um eine höchstpersönliche Pflichtenstellung handele, wird von *Puppe* mit der an sich zutreffenden Feststellung widersprochen, dass in Bezug auf einen bestimmten Steuervorgang nur der davon betroffene Steuerbürger (nebst ggf. anderen damit rechtlich verbundenen Personen) dieser vorstrafrechtlich (nämlich steuerrechtlich) begründeten *Sonderpflicht* unterläge, während insoweit jeder andere Bürger von der steuerrechtlichen Mitwirkungspflicht frei sei, so dass die im einzelnen Fall einen bestimmten Bürger betreffende Pflicht durchaus *höchstpersönlichen Charakter* habe.[24] Das ist folgerichtig, zeigt aber gerade die beliebige Ausdeutbarkeit der „Höchstpersönlichkeit", die im Strafrecht funktional sinnlos ist, weil vor dessen rechtsgüterschützender Aufgabe (anders als etwa in einem an die symbolische Dimension anknüpfenden Standesrecht) Pflicht gleich Pflicht ist. Die strafrechtsdogmatische **Wertlosigkeit des Kriteriums der „Höchstpersönlichkeit"** wird des Weiteren sowohl durch die üblicherweise dafür angeführten Paradebeispiele als auch durch die Beliebigkeit, mit der der BGH im konkreten Fall damit umgeht, schlagend bewiesen. Wenn die Stellung des Amtsträgers bei den Amtsdelikten oder des Geheimnisträgers bei § 203 als Modellfall für eine Pflichtenstellung mit besonderem personalethischen Gehalt angeführt wird, an der der Extraneus keinen Anteil habe,[25] so wird dabei übersehen, dass der strafrechtliche Beamtenbegriff seit langem von der ständigen, inzwischen vom Gesetzgeber im Amtsträgerbegriff des § 11 Abs. 1 Nr. 2 bestätigten Rechtsprechung dahin ausgelegt worden ist, dass sogar eine formlose Bestellung zu vorübergehenden staatlichen Zwecken ausreicht und infolgedessen der auf diese Weise gewonnene Vertreter eines Amtsträgers unmittelbar selbst dem Amtsträgerbegriff unterfällt[26] – ebenso wie der Gesetzgeber in § 203 durch die Einbeziehung der keinen besonderen Berufspflichten unterliegenden Hilfspersonen und sogar der „postmortalen Mitwisser" in Abs. 3 deutlich gemacht hat, dass die Täterschaft nicht von der Dignität des moralischen Bandes zwischen Geheimnisträger und Schweigepflichtigem, sondern allein von der Übernahme einer Herrschaftsposition über das durch den Anvertrauensakt hilflos gewordene Rechtsgut abhängt.[27] 7

Nachdem BGHSt **41** 1 ungeachtet des Zuständigkeitswechsels vom 5. auf den 1. Strafsenat mehrmals bestätigt worden war (BGHSt **56** 153 [155 Rdn. 6]; NStZ **2018** 221 [23]), hat sich der BGH aber neuerdings von ihr verabschiedet (BGHSt **63** 282; danach BGH NStZ-RR **2019** 213; NStZ-RR **2019** 347; NStZ **2020** 495 [Rdn. 3]),[28] wobei es besonders pikant ist, wie das Gericht das neue Ergebnis begründet: die tatbestandskonstitutive Pflichtwidrigkeit sei ein „auf eine außerstrafrechtliche Pflicht rekurrierendes Straftatmerkmal", das „im Einzelfall eine besondere Pflichtenstellung des Täters beschreibt" (BGHSt **63** 282 [285 Rdn. 18]). Das ist indes nichts anderes als die Höchstpersönlichkeit, also genau das Kriterium, auf dessen Anwendung das Gericht jahrzehntelang das entgegengesetzte Ergebnis gestützt hatte.[29] Dies belegt, wie inhaltsleer und austauschbar die von der Rspr. aus der einschlägigen Literatur übernommenen Maßstäbe sind.[30] 8

---

**24** NK §§ 28, 29 Rdn. 69; **krit.** auch *Grunst* NStZ **1998** 548; zust. dagegen *Hake* JR **1996** 161 ff; *Ranft* JZ **1995** 1185 f.

**25** So BGHSt **41** 4 selbst, vgl. ferner *Puppe* NK §§ 28, 29 Rdn. 57, 61, 64 im Anschluss an *Gallas* Beiträge zur Verbrechenslehre (1968) 130, 158 f; ebenso *Roxin* LK[11] Rdn. 51 ff, 57; *Stratenwerth/Kuhlen* AT § 12 Rdn. 199.

**26** Vgl. nur *Hilgendorf* LK § 11 Rdn. 35 f; RG DR **1940** 1520; Lackner/Kühl/*Heger* § 11 Rdn. 6; Sch/Schröder/*Hecker* § 11 Rdn. 26.

**27** Dazu näher *Schünemann* Jura **1980** 574; *ders.* LK[12] § 203 Rdn. 158.

**28** Hierzu *Feindt/Rettke* wistra **2019** 332; *Ibold* HRRS **2019** 206; *Ransiek* JR **2019** 345, alle **zust.**

**29** Ebenso *Ransiek* JR **2019** 347, der sich auch der in der Voraufl. formulierten Kritik an der Höchstpersönlichkeit anschließt.

**30** Ein weiterer dogmatischer Fehler in der Rechtsprechung zur Anwendung des § 28 StGB auf § 370 AO erschließt sich nicht aus den gekürzten Publikationen in der amtlichen Sammlung, sondern erst aus dem vollständigen Abdruck der Entscheidungen bei Juris: Nach den dort zu findenden Sachverhalten dürfte es sowohl bei BGHSt **41** 1 als

9 Der BGH hat dementsprechend auch in einer anderen Entscheidung trotz Beschwörung der identischen Formeln (!) keine Bedenken getragen, den Tatbestand des Verwandtenbeischlafs (§ 173), der als **eigenhändiges Delikt** der in ihrer Rechtsgutsbezogenheit bis heute extrem umstrittenen „Blutschande"[31] eine – wenn man dieses Wort überhaupt ernst nehmen will – nicht mehr steigerbare „Höchstpersönlichkeit" der Interaktion aufweist, mit der Begründung aus § 28 Abs. 1 herauszunehmen, dass die Eigenschaft des Täters als Verwandter „durch eine jeder Einwirkung entzogene und unabänderliche blutsmäßige Verbindung begründet" werde und Verwandtschaft also „kein Merkmal (sei), das allein in der Person des Täters liegt", zumal Strafgrund des § 173 allein der objektive Eingriff in einen von geschlechtlichen Beziehungen freizuhaltenden Bereich sei und schließlich jeder Mensch in seinem familiären Bereich diesem Verbot unterliege (BGHSt **39** 326, 328 f). Dabei besteht doch der eklatante, in BGHSt **41** 1, 2 durch das beifällige Zitat der früheren Entscheidung freilich zugedeckte Unterschied zur Position des Erklärungsschuldners im Steuerrecht darin, dass gegenüber dem individuellen Partner ausschließlich der in direkter Linie oder geschwisterlich Verwandte zur sexuellen Enthaltsamkeit verpflichtet ist, aber sonst niemand und deshalb auch nicht der teilnehmende Extraneus, woran das Argument, jeder Mensch unterliege dem Verbot des § 173, völlig vorbeigeht: Denn natürlich unterliegt jeder Mensch jedem Verbot, wenn er die betreffenden Tatbestandsmerkmale erfüllt; und wie leicht lässt sich das ganze Argument ad absurdum führen, wenn man sich einen Teilnehmer vorstellt, der weder Geschwister noch Kinder hat und dessen Eltern bereits verstorben sind, so dass er den Tatbestand des § 173 niemals erfüllen könnte. Sollte das Wort „höchstpersönlich" die geringste Bedeutung haben, müsste es in allererster Linie bei den nur höchstpersönlich begehbaren eigenhändigen Delikten zur Anwendung des § 28 führen, was ja auch in der Sache (wenn auch aus anderen, noch darzulegenden Gründen)[32] ebenso richtig wie die gegenteilige Entscheidung BGHSt **39** 326 verfehlt ist. An dieser Stelle interessiert aber nicht einmal dieses sachliche Ergebnis, sondern die damit von BGHSt **39** 326 indirekt selbst eingestandene Unbrauchbarkeit des an eine (evidentermaßen beliebig einsetzbare) „Höchstpersönlichkeit" anknüpfenden methodischen Ansatzes. Hingegen ist BGHSt **41** 1 trotz seiner verbalen Anknüpfung an BGHSt **39** 236 für § 370 Abs. 1 Nr. 2 AO im Ergebnis zutreffend zur Nichtanwendung des § 28 Abs. 1 gelangt, weil es dafür eben gerade nicht um irgendwelche verschwommenen Vorstellungen von einer *vorstrafrechtlichen* Höchstpersönlichkeit geht (auf die es dann eben im Strafrecht per definitionem auch nicht ankommen kann),[33] sondern (man möchte fast sagen: selbstverständlich) auf die **Struktur des betreffenden Delikts**. Und § 370 Abs. 1 AO ist nun einmal kein Sonderdelikt, sondern ein **Gemeindelikt**, dessen Tatbestand in seiner Grundform der Steuerhinterziehung durch aktives Tun von jedermann als Täter erfüllt werden kann.[34] Weil § 370 Abs. 1 Nr. 2 AO deshalb nur eine an sich überflüssige Wiederholung und Klarstellung der sich schon aus § 13 ergebenden Rechtslage bedeutet, dass das Erfolgs-Gemeindelikt durch einen Garanten auch im Wege der unechten Unterlassung begangen werden kann, handelt es sich hier schlicht um einen Fall der (in BGHSt **41** 1 offen gelassenen) Nichtanwendung des § 28 Abs. 1 auf die unter den Tatbestand des Begehungs-Gemeindelikts zu subsumierenden unechten Unterlassungsdelikte (dazu näher u. Rdn. 61 f). Dass der BGH seine – im Ergebnis richtige! – Auf-

auch bei BGHSt **63** 282 um Steuerhinterziehungen **durch aktives Tun** gegangen sein (nämlich falsche Deklaration und nicht nur heimlicher Schmuggel), so dass sich die Frage einer Anwendbarkeit von § 28 überhaupt nicht stellte.

**31** Den Rechtsgutsbezug verneint *Roxin* TuT, S. 412 ff; zur alleinigen Rückführbarkeit auf das Inzesttabu und die daraus folgende Notwendigkeit einer Aufhebung des Straftatbestandes in Auseinandersetzung mit der moralisierenden Entscheidung BVerfGE **120** 224 *Roxin/Greco* AT I § 2 Rdn. 43 ff. mit umfassenden Nachw.

**32** Eingehend dazu unten Rdn. 63 ff.

**33** Der Gedanke, das Strafrecht akzessorisch an eine vorstrafrechtliche Pflicht zu binden, bildet eine Parallele zu der bei den unechten Unterlassungsdelikten längst als fehlerhaft erkannten formellen Rechtspflichttheorie zur Begründung der strafrechtlichen Garantenstellungen.

**34** BGH NStZ **1986** 463; **1990** 80; wistra **1987** 147; *Kohlmann/Ransiek* Steuerstrafrecht § 370 AO Rdn. 90 f; *Tiedemann* Wirtschaftsstrafrecht Rdn. 664 m. w. N.; weitere Nachw. b. *Schünemann/Greco* LK § 25 Rdn. 188.

fassung in dieser Frage veränderte (BGHSt **63** 282; s. Rdn. 7 a. E.), ist nur ein weiteres Zeichen für die Orientierungslosigkeit der die traditionellen Leerformeln des Schrifttums benutzenden Rechtsprechung.

**c) Einheitstheorie als Lösung.** Die **richtige Methode** bei der Interpretation des § 28 besteht deshalb weder darin, diese Vorschrift im Wege einer petitio principii in das Prokrustesbett eines schon zuvor fixierten Akzessorietätsprinzips zu zwängen, noch in der Aufstellung verschwommener und mit beliebigem Inhalt füllbarer Formeln, in deren Schatten dann eine Art Kadi-Kasuistik betrieben wird. Statt dessen muss im Ausgangspunkt nach dem **Zweck** dieser Vorschrift(en) gefragt werden, wobei als Ansatzpunkt der **Wille des Gesetzgebers** dienen muss, der nicht nur (wie schon erwähnt) für den heutigen § 28 eindeutig dahin feststellbar ist, die echten Amtsdelikte nach § 28 Abs. 1 und die unechten nach Abs. 2 zu behandeln, sondern auch kontinuierlich bis § 50 RStGB zurückverfolgt werden kann (dazu sogleich näher u. Rdn. 12). Allerdings würde sich dieser Ausgangspunkt gleich einer Fata Morgana bei näherer Betrachtung sogleich wieder auflösen, wenn die h. L. zutreffen würde, dass die beiden Absätze des § 28 etwas in sich Widersprüchliches anordnen würden, nämlich die bpM einmal nicht akzessorisch (nämlich in Abs. 2) und einmal doch akzessorisch (nämlich in Abs. 1) zu behandeln. 10

Zur Auflösung dieser Widersprüche hat *Roxin* in der 11. Auflage dieses Kommentars vorgeschlagen, Abs. 2 des § 28 ebenso wie dessen Abs. 1 als eine bloße Strafzumessungsvorschrift zu interpretieren und dementsprechend den „Teilnehmer, dem strafschärfende Unrechtsmerkmale fehlen, aus dem vom Täter verwirklichten Tatbestande schuldig zu sprechen" und „lediglich bei der Strafzumessung auf den Strafrahmen des Grundtatbestandes" zurückzugreifen (Rdn. 3–9). Das soll auch für sonstige Rechtsfolgen wie Verjährung, Antragsbedürftigkeit[35] oder Anwendbarkeit besonderer Schuld- und Strafausschließungsgründe wie etwa § 258 Abs. 6 gelten (Rdn. 4).[36] Zur Herstellung der Widerspruchsfreiheit ist das ein ingeniöser Ansatz, der aber mit dem geltenden Recht doch nicht zu vereinbaren ist,[37] weil er nur die strafschärfenden bpM in § 28 Abs. 2 berücksichtigt, nicht aber die strafmildernden[38] oder strafausschließenden wie die Angehörigeneigenschaft bei § 258 Abs. 6.[39] Es kann auch nicht überzeugen, im Strafrahmen u. U. drastisch herunterzugehen, aber bei Nebenfolgen oder der Verfolgungsintensität (Antrags- 11

35 Gegen RG JW **1938** 1583.

36 Im Anschluss an *Cortes Rosa* ZStW **90** (1978) 413 ff, 429 ff. Vorher ebenso für eine Sondergruppe der Amtsdelikte *Wagner* Amtsverbrechen, S. 398 ff; zust. *Stein* Beteiligungsformenlehre, S. 40 ff; mit gewissen Unterschieden im einzelnen auch *Bloy* Zurechnungstypus, S. 187; *Gerhold* S. 611; *ders.* ZStW **130** (2018) 280 ff; *Hake* Beteiligtenstrafbarkeit, S. 141 ff; *Hirsch* FS Tröndle 35; *ders.* FS Figueiredo Dias 534 ff; *Keller* Provokation, S. 170 f; die Autoren des SK in der 7. Aufl., nämlich *Horn* § 211 Rdn. 26 (and. jetzt *Sinn* § 211 Rdn. 3 ff, 36 ff); *Hoyer* § 28 Rdn. 5 (ebenso in der jetzigen, 9. Aufl.); *Radtke* JuS **2018** 643 f; *Rudolphi/Stein* Vor § 331 Rdn. 21 (and. jetzt *Stein/Deiters* Vor § 331 Rdn. 36).

37 So die weit überwiegende Auffassung, vgl. Baumann/Weber/Mitsch[11] § 32 Rdn. 34; *Fischer* Rdn. 7 f; *Frister* AT § 25 Rdn. 36; *Hardtung/Putzke* Rdn. 1506; *Ingelfinger* HK-GS Rdn. 10; Sch/Schröder/*Heine/Weißer* Rdn. 27; *Grünwald* GS Armin Kaufmann 565; *Jakobs* § 23 Rdn. 34; *Jescheck/Weigend* § 61 VII 3; *Jescheck* LK[11] § 331 Rdn. 12; *Joecks* MK Rdn. 9 f, 53; *Küper* ZStW **104** (1992) 559, 577 ff; *ders.* FS Jakobs S. 318 ff; Lackner/Kühl/*Kühl* Rdn. 1; *Puppe* NK §§ 28, 29 Rdn. 38 f; *dies.* ZStW **120** (2014) 506 f; *Roger* GA **2013** 695 ff; Maurach/Gössel/Zipf/*Renzikowski* § 53 Rdn. 43 ff; *Samson* SK[6] Rdn. 6b; *Schünemann* GA **1986** 340. Für die Rspr. war das immer selbstverständlich, s. BGH StV **1994** 17; NStZ **2000** 198.

38 Im Fall des § 216 behilft sich *Roxin* LK[11] Rdn. 7 mit einer Einordnung als Schuldminderungsgrund, womit aber die Vorschrift des § 29 entgegen ihrer Funktion die Qualifikations- oder Privilegierungsgründe des Besonderen Teils regeln würde, näher *Schünemann/Greco* LK § 29 Rdn. 7.

39 Hier ergibt sich in *Roxins* eigener Lösung ein Widerspruch, weil er an sich § 258 Abs. 6 zutreffend als einen besonderen Grund für den Ausschluss der strafrechtlichen Verantwortlichkeit und damit als Schuldausschließungsgrund einstuft (*Roxin/Greco* AT I § 22 Rdn. 139; ebenso *Schünemann* in: Schünemann [Hrsg.] Grundfragen des modernen Strafrechtssystems [1984] S. 1, 12 ff; *Schünemann* in: Hirsch/Weigend [Hrsg.] Strafrecht und Kriminalpolitik in Japan und Deutschland [1989] S. 147, 164 f), diese Privilegierung dem Extraneus im Fall einer Anstiftung zur Strafvereitelung im Amt aber gleichwohl verweigern will.

erfordernis, Verjährungsfrist) an den Regelungen des Qualifikationstatbestandes haften zu bleiben.

12 Dennoch weist *Roxins* Kompromissvorschlag in die richtige Richtung, weil er erkennt, dass der *Zweck* des § 28 in einer **gerechteren Strafzumessung** besteht. Genau das entspricht nämlich dem **Willen des Gesetzgebers**, der bis zum RStGB von 1871 zurückverfolgt werden kann und in der Strafrechtsreform durch Übernahme der Regelung des E 1962 nochmals bekräftigt worden ist. Im Anhang zu der zu Unrecht vergessenen Entscheidung der Vereinigten Strafsenate des Reichsgerichts über die Subsumtion der Gewerbs- und Gewohnheitsmäßigkeit unter § 50 RStGB (RGSt **25** 266) findet sich eine eingehende Darstellung der Entstehungsgeschichte aus der Feder des Oberreichsanwalts, die als Zweck der an § 82 des bremischen StGB-Entwurfs von 1868 anknüpfenden Vorschrift herausstellt, jeder solle „nur aus seiner Person, aus seinem strafrechtlichen Verhältnisse zur Tat beurteilt werden. Suum cuique!" (RGSt **25** 271).[40] Dieser Zweck ist im E 1962, dessen diesbezügliche Regelung im EGOWiG vollständig übernommen worden und in der Strafrechtsreform unverändert geblieben ist (o. Entstehungsgeschichte), ausdrücklich beibehalten und auf die strafbegründenden besonderen persönlichen Merkmale ausgedehnt worden: Ausgangspunkt ist die Abhängigkeit der „Strafbarkeit oder Schwere der Strafe" von besonderen persönlichen Merkmalen (also die Strafrelevanz und nicht irgendein vorgefasster Begriff von Akzessorietät oder die Abgrenzung von Unrecht und Schuld), für die „klargestellt" wird, dass sowohl Merkmale von „einer gewissen Dauer" als auch „vorübergehender Natur" einbezogen werden; die frühere Nichteinbeziehung strafbegründender Merkmale habe zu „unausgewogenen gesetzlichen Strafdrohungen geführt", dem nunmehr durch (heute:) § 28 Abs. 1 StGB abgeholfen werde, indem das Fehlen solcher Merkmale „wenigstens strafmildernd berücksichtigt" werde, wofür als Beispielsfälle ausdrücklich echte und unechte Amtsdelikte angeführt werden (BT-Drucks. IV/650 S. 152). Der Gesetzgeber wollte also von 1871 bis heute den Einfluss von persönlichen Merkmalen auf die Strafdrohung für diejenigen Beteiligten, die diese Merkmale nicht aufweisen, eliminieren oder wenigstens abschwächen, ging von einer inhaltlichen Identität der gleichen Merkmale aus, seien sie strafbegründender oder strafändernd, und hat irgendeine Ableitung aus Systemelementen der Straftat nicht einmal ins Kalkül gezogen.

13 An diesen Ausgangspunkt knüpft die von *Schünemann* erstmals 1978 entwickelte **Einheitstheorie**[41] an, derzufolge § 28 die ungerechtfertigte *Ungleichbehandlung* von Täter und Teilnehmer ausschließen bzw. soweit wie möglich abmildern soll, die die Ableitung der Strafe für einen nicht qualifizierten Teilnehmer aus dem Strafrahmen des qualifizierten Täters mit sich bringen würde. Sonst würde es bei allen Tatbeständen, die irgendwelche speziellen objektiven oder subjektiven Anforderungen an die Person des Täters stellen, zu dem absurden Ergebnis führen, dass der in dieser Weise qualifizierte Beteiligte sich durch Vorschieben eines nichtqualifizierten Täters gewissermaßen hinter diesem verstecken könnte,[42] während man dem nichtqualifizierten Beteiligten nur raten könnte, eine noch aktivere Rolle zu übernehmen und sich als „Quasi-Täter"

---

**40** Die hierfür auch verwendete Formulierung, dass „ein jeder lediglich nach dem Grade seiner Verschuldung bestraft werden soll, wie sie sich nach seiner Tätigkeit und seinen Verhältnissen gestaltet" (RGSt **25** 272), darf notabene nicht im Sinne des Systemelementes „Schuld" der heutigen Strafrechtsdogmatik missverstanden werden, denn (1) mit der „Verschuldung" wird ein unspezifischer, allgemeiner Ausdruck verwendet, (2) war die dogmatische Trennung von Rechtswidrigkeit und Schuld erst 1867 von *Jhering* „entdeckt" worden (in seiner Monographie „Das Schuldmoment im römischen Privatrecht") und etwa noch 1900 dem StGB-Kommentar des Oberreichsanwalts *Olshausen* (Kommentar zum Strafgesetzbuch für das Deutsche Reich, [6][1900], Th.I Abschn. 4 N. 9), evidenterweise erst recht dem bremischen Entwurf von 1868 unbekannt, und (3) schließt die genannte Formulierung sowohl die „Tätigkeit" als auch die „Verhältnisse" des Beteiligten ein, also sämtliche Deliktsmerkmale.

**41** *Schünemann* ZSchweizR **1978** 131, 149 ff, 158; *ders.* Unternehmenskriminalität I S. 131 ff; *ders.* Jura **1980** 354, 364 ff, 578 ff; *ders.* GA **1986** 336 ff; *ders.* FS Küper 561 ff; *ders.* GA **2011** 445 ff.

**42** Was bei den Garantensonderdelikten zwar durch die Rechtsfigur der mittelbaren Täterschaft durch Benutzung eines qualifikationslosen-dolosen Werkzeugs aufgefangen wird (näher *Schünemann/Greco* LK § 25 Rdn. 153 ff), aber jedenfalls bei eigenhändigen Delikten versagt und bei subjektiven Tätermerkmalen mindestens zweifelhaft ist.

zu engagieren, weil er dann nur milder oder sogar überhaupt nicht bestraft werden könnte. § 28 soll also verhindern, dass das *Rangverhältnis* zwischen der Täterschaft als der schwereren und der Teilnahme als der leichteren Beteiligungsform bei Delikten mit speziellen Tätermerkmalen auf den Kopf gestellt wird, und weil es für diesen Normzweck ausschließlich darauf ankommt, *dass* der Gesetzgeber besondere Tätermerkmale zur Strafbegründung, Strafmodifizierung oder zum Strafausschluss vorgesehen hat, *nicht* aber darauf, *warum* er dies in concreto getan hat, muss jegliche Differenzierung innerhalb der Tätermerkmale im Rahmen des § 28 verworfen werden. Ein besonderes persönliches Merkmal im Sinne des § 28 ist deshalb jedes, **das man nicht nach den Regeln der mittelbaren Täterschaft verwirklichen kann.**

Dass die bpM also identisch sind mit den **Tätermerkmalen,** drängt sich bereits nach **Wortlaut und Aufbau** des § 28 auf, sobald man an dessen Interpretation ohne die petitio principii eines inhaltlich abschließend fixierten Akzessorietätsprinzips herangeht. Denn dass Abs. 2 von Tätern und Teilnehmern, Abs. 1 dagegen nur von Teilnehmern spricht, beruht ersichtlich darauf, dass ein Beteiligter beim Fehlen *strafbegründender* (scil. Täter-) Merkmale eben ab ovo kein Täter sein kann, während die Abwesenheit von strafändernden oder -ausschließenden Merkmalen natürlich kein Hindernis für Täterschaft bedeutet. § 28 trägt infolge dessen den besonderen Strukturen derjenigen Delikte Rechnung, bei denen **außer dem allgemeinen Tätermerkmal** (regelmäßig)[43] **der Tatherrschaft** kumulativ **besondere Tätermerkmale** existieren, so dass ein Beteiligter, der weder das allgemeine noch das besondere Tätermerkmal aufweist, von der Tat im Vergleich zum Täter gewissermaßen **doppelt** weit entfernt ist, weshalb er auch eine entsprechende **Strafmaßprivilegierung** beanspruchen kann. Dagegen lässt sich auch nicht etwa anführen, dass der Gesetzgeber ja nun einmal die Zurechnung der strafbegründenden Tätermerkmale in § 28 Abs. 1 in wenn auch abgeschwächter Form angeordnet habe, **denn das hat er in Bezug auf die Tatherrschaft auch getan** – dergestalt dass der Gehilfe für die Tat verantwortlich gemacht, aber im Strafmaß gem. § 27 Abs. 2 S. 2 privilegiert wird. Und diese Parallele erhärtet den schon aus dem *Amtsträger-Argument* (oben Rdn. 10) stringent abzuleitenden Befund, dass im Rahmen des § 28 der für **andere** systematische Fragen grundlegenden **Unterscheidung von Unrecht und Schuld nicht die geringste Bedeutung** zukommt. 14

§ 28 transponiert also ebenso wie § 27 Abs. 2 S. 2 die nicht nur vernünftige, sondern sogar vom **Gleichheitsgrundsatz erzwungene Wertentscheidung** des Gesetzgebers, **Beteiligte ohne (volles) Täterprofil milder als den Täter zu bestrafen.** Zwar glaubt *Puppe* auch unter diesem Blickwinkel schwere Widersprüche innerhalb des § 28 ausmachen zu können, weil die Strafmilderung gem. Abs. 1 rechnerisch zu anderen Konsequenzen für das Strafmaß führe als das Zurückgehen auf den Basisstrafrahmen gem. Abs. 2.[44] Aber dabei wird eine numerische Präzision in der legislatorischen Feinjustierung der Strafrahmen vorausgesetzt, von der ja nicht die geringste Rede sein kann. Es ist oft genug moniert worden, dass der Gesetzgeber die Strafrahmen mehr mit der Axt als mit dem Schnitzmesser modelliert – und angesichts dieser Realität ist es sogar eine besonders elegante Lösung, dass die für alle Deliktsformen geltenden Regelungen der §§ 28 Abs. 1, 27 Abs. 2 S. 2 die Milderung über § 49 Abs. 1 vorschreiben, während § 28 Abs. 2 auf den für den jeweiligen Beteiligten exakt voll zutreffenden Tatbestand verweist. Die angebliche Ungleichbehandlung der strafbegründenden und der straferhöhenden besonderen persönlichen Merkmale in § 28 Abs. 1 und Abs. 2 ist deshalb weithin nur eine formale, denn im praktischen Ergebnis kommt in beiden Fällen für den nicht entsprechend qualifizierten Teilnehmer eine ähnliche Strafmilderung heraus: Bei den unechten Sonderdelikten wird der Extraneus aus dem milderen Strafrahmen des Grundtatbestandes, bei den echten Sonderdelikten unter Berücksichtigung einer Strafrahmenmilderung gemäß § 28 Abs. 1 i. V. m. § 49 bestraft, wobei diese „Nonchalance" des Gesetzgebers durch die Verwendung verschiedener Milderungsmaßstäbe 15

43 Nur „regelmäßig", weil die Tatherrschaft i. e. S. bei den Garantensonderdelikten durch die Herrschaft über den Grund des Erfolges ersetzt wird, vgl. *Schünemann/Greco* LK § 25 Rdn. 156.

44 NK Rdn. 57.

etwa auch beim Vergleich des § 16 Abs. 2 StGB mit einem analog § 35 Abs. 2 Satz 2 konzipierten Irrtum über Schuldminderungsgründe[45] zu beobachten ist und bei § 28 wegen der erwähnten Parallele zu § 27 besonders nahe liegt.

16 Die Überlegenheit der **Einheitstheorie** sowohl durch ihre methodologische Stringenz als auch durch ihre größere Gerechtigkeit gegenüber den heute in den unterschiedlichsten Varianten vertretenen **eklektizistischen Differenzierungstheorien** wird durch einen **apagogischen Beweis** unterstrichen, der nachfolgend durch die Kritik der einzelnen Differenzierungsmodelle zu führen ist.

## II. Erfasst § 28 nur Unrechts- oder auch Schuldmerkmale? Die Abgrenzung des § 28 von § 29

### 1. Der Streitstand

17 Die erste denkbare Differenzierung könnte sich an der **Unterscheidung zwischen Unrecht und Schuld** orientieren, indem auf der Tatbestandsebene zwischen unrechtsbezogenen und auf die Schuld bezogenen Merkmalen (den sog. **speziellen Schuldmerkmale**) differenziert wird[46] und die erstgenannten dem § 28, die zweitgenannten der Regelung des § 29 unterstellt würden. Die Mutter eines nichtehelichen Kindes etwa, die einen anderen veranlasste, das Neugeborene unmittelbar nach der Geburt zu töten, wurde früher nur wegen Anstiftung zu § 217 a. F. schuldig gesprochen, obwohl der Täter selbst nach § 212 zu bestrafen war, wobei man den Grund für die Privilegierung der Mutter allgemein in einer Schuldminderung erblickte.[47] Entsprechendes gilt nach h. L. im Verhältnis von § 212 und § 211 bezüglich der vielfach der Schuld zugeordneten Mordmerkmale der niedrigen Beweggründe (näher u. Rdn. 69). Umstritten ist, ob dieses Ergebnis aus § 28 Abs. 2 oder nicht vielmehr aus § 29 abzuleiten ist. Die **Rechtsprechung** hat seit eh und je (vgl. die Nachweise Rdn. 26) die speziellen Schuldmerkmale als bpM i. S. des § 28 (des früheren § 50 Abs. 2, 3) angesehen,[48] und die im Schrifttum **überwiegende Meinung** ist dem gefolgt;[49] danach bleiben für § 29 nur die Schuldausschließungs- und Schuldminderungsgründe des Allgemeinen Teils übrig.

18 Demgegenüber will die **Gegenmeinung**[50] auf allgemeine wie spezielle Schuldmerkmale gleichermaßen ausschließlich § 29 anwenden. Wenn man also etwa die „Habgier" in § 211 als ein schulderhöhendes Merkmal ansieht, würde sich nicht aus § 28 Abs. 2, sondern erst aus § 29 ergeben, dass nur derjenige aus § 211 zu bestrafen ist, dessen eigenes Handeln durch Habgier

---

**45** Dazu *Schünemann* GA **1986** 303 m. Fn. 38.

**46** Dazu im Rahmen der allgemeinen Verbrechenslehre *Hoyer* SK Rdn. 6; *Jescheck/Weigend* § 42 II; *Roxin/Greco* AT I § 7 Rdn. 16, § 10 Rdn. 70 ff, 78. Ob diese (im Einzelnen umstr.) Unterscheidung abgesehen von dem Anwendungsbereich der §§ 28, 29 eine dogmatische Funktion besitzt, kann im vorliegenden Zusammenhang auf sich beruhen.

**47** *Jähnke* LK[10] Vor § 211 Rdn. 40 m. w. N. in Fn. 99.

**48** Bereits vor Einführung der limitierten Akzessorietät die Rspr. des Reichsgerichts, s. am Beispiel des § 217 a. F. RGSt **2** 153, 155; ferner BGHSt **8** 209; **17** 217; **22** 375, 378; BGH NJW **1987** 199.

**49** Siehe *Schünemann/Greco* LK § 29 Rdn. 2 ff; Baumann/Weber/Mitsch/*Eisele* § 26 Rdn. 143; *Gallas* Beiträge zur Verbrechenslehre (1968) 155 f; *Grünwald* GS Armin Kaufmann 566 ff; *Köhler* AT, S. 551; *Niedermair* ZStW **106** (1994) 400 ff; Sch/Schröder/*Heine/Weißer* Rdn. 3 ff, 9, § 29 Rdn. 4; *Radtke* JuS **2018** 644 f; *Schünemann* Jura **1980** 363; **zweifelnd** *ders.* GA **1986** 338 f; *Vogler* FS Heinitz 267; *Welzel* S. 120 f; im Ergebnis auch *Puppe* NK Rdn. 19–26; *dies.* ZStW **120** (2014) 520 ff. und Maurach/Gössel/Zipf/*Renzikowski* § 53 Rdn. 51 ff, die die Existenz strafbegründender spezieller Schuldmerkmale überhaupt ablehnen.

**50** *Gerhold* S. 607, 612; *Freund* 393 ff; *Hake* Beteiligtenstrafbarkeit, S. 160 f; *Hilgendorf/Valerius* § 9 Rdn. 108; *Hirsch* FS Figueiredo Dias 552 f; *Jakobs* § 23 Rdn. 5; *Jescheck/Weigend* § 61 VII 4c, § 42 III 2; *Joecks* MK Rdn. 16; *Kühl* AT § 20 Rdn. 157; *Klesczewski* FS Leipzig 504 f; *ders.* AT Rdn. 770 ff; *Küper* ZStW **104** (1992) 587 ff; *Schmidhäuser* AT § 14 Rdn. 89, 96; *ders.* StuB § 10 Rdn. 33 ff; *Stratenwerth/Kuhlen* § 12 Rdn. 187; *Wessels/Beulke/Satzger* Rdn. 877. Differenzierend *Roxin* LK[11] Rdn. 12–16.

gekennzeichnet ist. Der Anwendungsbereich der §§ 28, 29 wäre dann so voneinander abzugrenzen, dass § 28 nur Unrechts- und § 29 nur Schuldmerkmale erfassen würde.

Dieser Streit ist für die strafmodifizierenden Merkmale (also die persönlichen Umstände, 19
die die Strafe schärfen, mildern oder ausschließen) ohne praktische Bedeutung, weil § 28 Abs. 2 und § 29 gleichermaßen eine nichtakzessorische Behandlung anordnen. **Abweichende Ergebnisse** zeigen sich jedoch in den relativ seltenen Fällen **strafbegründender persönlicher Merkmale**. Als Beispiele werden die „Böswilligkeit" (§§ 90a, 130 Abs. 1 Nr. 2, 225), die „Rücksichtslosigkeit" (§ 315c Abs. 1 Nr. 2) und die „Gewerbsmäßigkeit" (§ 180a Abs. 1, 2 Nr. 1) genannt. Wenn etwa jemand ohne eigene Böswilligkeit zur böswilligen Verächtlichmachung der Bundesrepublik (§ 90a Abs. 1 Nr. 1) Beihilfe leistet,[51] wird er bei einer Anwendung des § 28 Abs. 1 bestraft, wenn ihm auch die Milderung des § 49 Abs. 1 zugute kommt; geht man dagegen davon aus, dass die „Böswilligkeit" als Schuldmerkmal durch § 29 erfasst werde, so ist der Gehilfe straflos, weil die Böswilligkeit des Täters ihm nicht zugerechnet werden kann und in seiner Person das zur Bestrafung erforderliche Schuldmerkmal fehlt. Wer ohne eigene Rücksichtslosigkeit (z. B. aus altruistischen Beweggründen) einen anderen anstiftet, sich i. S. des § 315c rücksichtslos (d. h. aus eigensüchtigen Motiven) über die Verkehrsregeln hinwegzusetzen,[52] ist in entsprechender Weise als Anstifter zu bestrafen oder freizusprechen, je nachdem, ob man das Kriterium der Rücksichtslosigkeit unter § 28 oder § 29 subsumiert. Ebenso ist der nicht gewerbsmäßig handelnde Teilnehmer bei § 180a Abs. 1, 2 Nr. 1 straflos, wenn man die Gewerbsmäßigkeit nach § 29 behandelt.

## 2. Anwendbarkeit des § 28 auf strafbegründende spezielle Schuldmerkmale

Das Hauptargument der Vertreter, die die sog. speziellen Schuldmerkmale nach § 29 behandeln 20
wollen, ist ein **doppelter Zirkelschluss**. Denn weil die einzige Rechtsfolge, die von deren Zuordnung zum Unrecht oder zur Schuld abhängt, just die Anwendung des § 28 Abs. 1 oder des § 29 betrifft, ist es für eine funktionale Strafrechtsdogmatik unbehelflich, die Rechtsfolge wiederum von der Zuordnung abhängig zu machen. Ferner wird der Schuldbegriff in seinem Kern der **individuellen Möglichkeit des Andershandelns** von den (angeblich nur) die Schuld steigernden Merkmalen (die in Wahrheit aber auch die Sozialschädlichkeit der Tatsituation betreffen)[53] überhaupt nicht tangiert, so dass ein keinesfalls zwingendes Schuldverständnis per Definition aufgebaut und dann aus ihm die Rechtsfolge scheinbar deduziert wird.[54]

Des Weiteren ist die Lösung über § 29 mit dem eindeutigen Willen des **Gesetzgebers nicht** 21
zu vereinbaren. Wie die Rechtsprechung des Reichsgerichts zeigt, wurden die jetzt für § 29 nominierten Merkmale **schon vor dessen Einführung** nach § 50 a. F. (heute § 28 Abs. 2) behandelt, so dass der Gesetzgeber bei Einführung des § 29 durch die VO von 1943 (o. Entstehungsgeschichte Abs. 2) diese BT-Merkmale gar nicht im Sinn gehabt haben kann. Tatsächlich ging es ihm auch gar nicht darum, sondern allein um die die Schuldausschließungsgründe des AT betreffende limitierte Akzessorietät i. e. S. Laut Begründung des E 1962, dem der heutige Gesetzesaufbau entstammt, sollte dadurch „deutlich werden, daß § 33 (der jetzige § 28) Fragen des **Tatbestandes**, § 34 (der jetzige § 29) Fragen der **Schuld**" regele,[55] womit ersichtlich die Schuld im Sinne des AT gemeint war: Weil sich unter den Beispielen für „besondere persönliche Merkmale", die in der Begründung zu § 33 (jetzt § 28) aufgezählt wurden,[56] gerade auch

**51** Beispiel von *Jescheck* ZStW **88** (1976) 173.
**52** Fallbeispiel bei *Herzberg* TuT § 11 III.
**53** Zutr. *Puppe* NK §§ 28, 29 Rdn. 19–26.
**54** So dass dieselbe Kritik eingreift wie gegenüber *Puppes* Verständnis der Höchstpersönlichkeit einer Pflichtverletzung als Schuldsteigerung, o. Rdn. 7.
**55** BT-Drucks. **IV**/650 S. 153.
**56** AaO S. 152.

sog. spezielle Schuldmerkmale (wie „aus Habgier", „gewissenlos") finden und der Gesetzgeber seit 1968 nicht mehr nur besondere persönliche Eigenschaften oder Verhältnisse, sondern auch sonstige „Umstände" erfasst, wollte er ausdrücklich nicht mehr nur, wie vorher vielfach angenommen wurde, Merkmale von einer „gewissen Dauer", sondern auch „vorübergehende seelische Haltungen" in diese Vorschrift einbeziehen, also just die sog. speziellen Schuldmerkmale. Die **historische Auslegung** liefert deshalb ein eindeutiges Ergebnis im Sinn der Anwendung des **§ 28.**[57]

22 Die Heranziehung des **§ 29 verfehlt** auch dessen (beschränkten) **Zweck** ebenso wie die Idee der **Strafmaßgerechtigkeit.** Die Aufhebung der „extremen Akzessorietät" (*Schünemann/Greco* LK Vor § 26 Rdn. 19) sollte die Verantwortlichkeit des schuldhaft handelnden Hintermannes hinter einem schuldlosen Vordermann, den kriminalpolitischen Bedürfnissen entsprechend, unter Schließung der von der mittelbaren Täterschaft aus rein konstruktiven Gründen gelassenen Lücken verstärken, von der Etablierung einer straflosen Teilnahme an Sonderdelikten war dagegen keine Rede. Und dass es gerechter wäre, einen zu einer rücksichtslosen Straßenverkehrsgefährdung anstiftenden Nicht-Rücksichtslosen gänzlich straflos zu lassen, einen zum Verrat von Privatgeheimnissen anstiftenden Nicht-Geheimnisträger dagegen (milder) zu bestrafen, ist nicht nachvollziehbar, wären doch beide als Täter gleichermaßen straflos; allein die Strafmilderung gem. § 28 Abs. 1 trägt deshalb ihrem in ungefähr gleicher Entfernung vom Inbegriff der betreffenden Straftat begangenen schuldhaften Rechtsgutsangriff gleichermaßen und angemessen Rechnung.

### 3. Anwendbarkeit des § 28 auf strafmodifizierende spezielle Schuldmerkmale

23 Durch eine **unterschiedliche** Behandlung von strafbegründenden und strafmodifizierenden sog. speziellen Schuldmerkmalen (für die ersteren § 29, für die letzteren § 28 Abs. 2)[58] kann **erst recht keine** sachgerechte Lösung erzielt werden. Denn das Problem steckt ja allein in den **strafbegründenden** Merkmalen, die zum Garantietatbestand des Art. 103 Abs. 2 GG gehören, „dessen Verwirklichung durch den Täter eine selbstverständliche Minimalvoraussetzung jeglicher Akzessorietät ist" (*Roxin* LK[11] Rdn. 15) – so dass also die Norm des § 29 nicht auf den allein in seiner Person das Merkmal aufweisenden Teilnehmer und damit von vornherein nur zur Hälfte angewendet werden soll. Eine derartige Paradoxie kann kein Gesetzgeber gewollt haben.

### 4. Zusammenfassung

24 Damit ergibt sich für das Verhältnis von § 28 zu § 29 ein klares und eindeutiges Resultat: Alle in den **Tatbeständen des BT** aufgeführten bpM fallen in den Anwendungsbereich des **§ 28,** während **§ 29** ausschließlich die **Schuldausschließungsgründe des AT** betrifft.

## III. Der Begriff der „besonderen persönlichen Merkmale"

25 Das Auslegungsproblem des § 28 liegt deshalb allein in der Frage, ob entsprechend der o. Rdn. 13 ff skizzierten **Einheitstheorie alle Tätermerkmale**, d. h. alle Tatbestandsmerkmale, die man nicht in mittelbarer Täterschaft auf sich ziehen kann, sondern in eigener Person verwirklichen muss, **als „besondere persönliche Eigenschaften, Verhältnisse oder Umstände" zu**

---

**57** Zutr. Baumann/Weber/Mitsch/*Eisele* § 26 Rdn. 142; *Grünwald* GS Armin Kaufmann 576 ff; *Niedermair* ZStW **106** (1994) 388 f, 401 ff, der die Kritik von *Küper* ZStW **104** (1992) 590 widerlegt; **and.** *Roxin* LK[11] Rdn. 18, dessen Beispiele aber den Standpunkt des obigen Textes belegen.

**58** *Herzberg* ZStW **88** (1976) 70 ff; *ders.* TuT § 11 III; *Roxin* LK[11] Rdn. 14 ff m. w. N.

**charakterisieren sind** oder ob es statt dessen ein dogmatisch und kriminalpolitisch überzeugendes **Differenzierungskriterium** gibt. Wenn etwa jemand ohne Zueignungsabsicht einen anderen zu einem Diebstahl (§ 242) anstiftet oder wenn ein Außenstehender den Schuldner zur Vereitelung der Zwangsvollstreckung (§ 288) veranlasst, wenn der Beifahrer den Unfallverursacher zum Weiterfahren (§ 142) überredet oder der Prozessgegner den Rechtsanwalt zum Bruch seiner Schweigepflicht (§ 203) und zum Parteiverrat (§ 356), so handelt es sich bei der Zueignungsabsicht und der Eigenschaft als Schuldner, Unfallverursacher oder Rechtsanwalt zweifelsfrei um Merkmale, die nur in der Person des Täters vorliegen; trotzdem führt dieser Umstand nur dann nach § 28 Abs. 1 zu einer Strafmilderung für den Anstifter, wenn diese subjektiven und objektiven Kriterien als bpM anzusehen sind (was in den ersten drei Fällen sehr umstritten ist, vgl. Rdn. 45 f, 58, 62).

## 1. Das Reichsgericht[59]

Das RG hatte zu den „persönlichen Eigenschaften oder Verhältnissen" i. S. des ursprünglichen, im Vergleich zu § 28 erheblich engeren § 50 (vgl. Entstehungsgeschichte) eine Reihe von Merkmalen gezählt, die auch heute noch allgemein unter § 28 subsumiert werden und zum relativ gesicherten Bestand dieser Vorschrift gehören:[60] die Gewerbsmäßigkeit,[61] die Gewohnheitsmäßigkeit,[62] den Rückfall,[63] die Beamteneigenschaft,[64] die nichteheliche Mutterschaft nach § 217 a. F.[65] und das Anvertrautsein nach § 246.[66] Dabei ist nur selten der Versuch gemacht worden, den Begriff der „persönlichen Eigenschaften oder Verhältnisse" unter Lösung von den Gegebenheiten des jeweiligen Merkmals abstrakt zu definieren. Am ausführlichsten äußert sich die Entscheidung der Vereinigten Strafsenate vom 18. April 1894[67] aus Anlass der Gewerbs- und Gewohnheitsmäßigkeit. Dabei wird vor allem darauf abgehoben, dass diese Merkmale ihrem Träger mit einer gewissen Dauerhaftigkeit verbunden (und deshalb „Eigenschaften" seien) und dass ihr Vorliegen oder Nichtvorliegen „den deliktischen Tatbestand an sich nicht" berühre. Das Gesetz erhöhe die Strafe nur „wegen des durch dieses persönliche Moment begründeten höheren Grades der Verschuldung".[68] 26

Beide Gesichtspunkte sind aber für die Abschichtung der bpM des § 28 von anderen, bei denen diese Vorschrift nicht anwendbar ist, heute schon auf Grund der **Neuformulierung des Gesetzestextes** nicht mehr brauchbar. Denn weil seit dem Jahre 1968 (vgl. Entstehungsgeschichte) auch beim Fehlen straf*begründender* Merkmale in der Person des Teilnehmers ggf. eine Strafreduktion in Betracht kommt (§ 50 Abs. 2 a. F., § 28 Abs. 1 des geltenden StGB), lässt sich nicht mehr generell sagen, dass „besondere persönliche Merkmale" den „deliktischen Tatbestand an sich nicht berühren". Auch kann seither nicht mehr verlangt werden – was schon vorher umstritten war –, dass diese Merkmale eine gewisse Dauerhaftigkeit besitzen müssten und nicht lediglich eine vorübergehende Einstellung oder Gesinnung des Handelnden bezeichnen dürften. Nachdem der Anwendungsbereich dieser Vorschrift auf die „besonderen persönlichen Umstände" erweitert worden ist, lässt sich eine solche Beschränkung nicht mehr halten. 27

**59** Näher zur heute weitgehend überholten Rspr. des RG *Schwerdtfeger* S. 52 ff.

**60** *Roxin* LK[11] Rdn. 20, was nach seiner Stellungnahme zum Anwendungsbereich des § 29 (Rdn. 14 ff) nur für § 28 Abs. 2 gelten könnte.

**61** RGSt **23** 378; **25** 266; **26** 3; **36** 154; **61** 268; **71** 72, 73; RG JW **1934** 170 Nr. 16.

**62** RGSt **23** 378; **25** 266.

**63** RGSt **23** 378; **54** 274, 275.

**64** RGSt **55** 181, 182; **63** 31, 35; **65** 101, 104; **68** 90, 91; **75** 289; RG JW **1938** 1583 f Nr. 2.

**65** RGSt **2** 153, 155; **72** 373, 374; **74** 84, 86; RG HRR **1933** Nr. 1056.

**66** RGSt **72** 326, 328.

**67** RGSt **25** 266.

**68** AaO S. 268.

Es war auch die erklärte Absicht des Gesetzgebers, den Anwendungsbereich des § 28 (bzw. des seit 1968 geltenden § 50 Abs. 2, 3) nicht länger auf „dauerhafte" Elemente zu begrenzen. Denn in der Begründung zu § 33 E 1962, auf den die heutige Regelung wörtlich zurückgeht, heißt es,[69] die alte Vorschrift „spricht nur von ‚besonderen persönlichen Eigenschaften oder Verhältnissen' und läßt hierbei ungeklärt, ob hierunter nur fällt, was eine gewisse Dauer hat, oder ob von dieser Bestimmung auch vorübergehende seelische Haltungen ... umfaßt werden. Der Entwurf stellt das dadurch klar, daß er unter den Oberbegriff der ‚besonderen persönlichen Merkmale' erkennbar auch besondere persönliche Umstände, die nur vorübergehender Natur sein können, einbezieht".

## 2. Der Bundesgerichtshof

28 In der Rechtsprechung **des Bundesgerichtshofs**[70] hat die **Zäsur der legislatorischen Ausweitung der bpM im Jahr 1968** zwar in der Kasuistik, nicht aber in der maßgeblichen Abgrenzungsformel ihren Niederschlag gefunden. Weil die Lehre sich ähnlich verhalten hat, ist die Problematik dieser Kontinuität kaum je erkannt worden. Für eine dogmatisch stimmige Analyse kommt dieser Zäsur jedoch eine wichtige Bedeutung zu.

29 **a)** Die Rechtsprechung des BGH ist anfangs ohne grundsätzliche Neuorientierung bei den weitgehend außer Streit stehenden Merkmalen der Judikatur des RG gefolgt.[71] Sie hatte zum Problem der „Dauer" als einer Voraussetzung für das Vorliegen persönlicher „Eigenschaften oder Verhältnisse" zunächst nicht ausdrücklich Stellung genommen und es offen gelassen, „ob Beweggründe unter § 50 Abs. 2 (heute: § 28 Abs. 2) fallen können" (BGHSt **1** 368, 372; dazu BGHSt **22** 375, 378). Sie hatte dann aber zu der **Rechtslage vor 1968** schrittweise eine neue, differenzierende Formel entwickelt, die zwischen **„täterbezogenen"** Umständen unterschied, die „besondere persönlichen Verhältnisse" gem. § 50 seien, und **„tatbezogenen"**, für die § 50 nicht gelten sollte. Und diese Formel überlebte paradoxerweise sogar ihre **wortlose Auslöschung durch eine Entscheidung des Großen Senats:** Die ganze Formel ist zunächst am Fall der „bandenmäßigen Begehung des Schmuggels" (früher: § 401b AO) entwickelt worden. Schon BGHSt **6** 260, 262 hatte (mit Hinweisen auf die zuvor schwankende Rechtsprechung) vermerkt, die Strafschärfung beruhe hier „nicht entscheidend auf besonderen persönlichen Verhältnissen der *Täter*, sondern in der besonderen Gestaltung der *Tat*. Solche Strafschärfungsmerkmale fallen nicht unter den § 50 Abs. 2 StGB". Etwas deutlicher hieß es dann in BGHSt **8** 70, 72: „Die bandenmäßige Begehung des Schmuggels ist ... stärker ein Merkmal der **Tat** und nicht des **Täters**. Es kann dahingestellt bleiben, ob § 50 Abs. 2 StGB nur zutrifft, wenn ausschließlich persönliche Umstände oder Verhältnisse die Erhöhung der Strafe begründen. Wenn, wie hier, sachliche Umstände überwiegen, ist jedenfalls § 50 Abs. 2 StGB nicht anwendbar." In entsprechender Weise sagte BGHSt **8** 205, 209 im Hinblick auf dasselbe Merkmal, § 50 Abs. 2 (a. F.) müsse außer Betracht bleiben, wenn das Gesetz „nicht nur den Täter, sondern durch hinzutretende Umstände die Tat als Ganzes erschwerend gekennzeichnet" habe. Die ganze Formel wie auch deren Ergebnis für den Fall der bandenmäßigen Begehung ist dann jedoch in der Entscheidung des Großen Strafsenats in BGHSt **12** 220, 226 f mit der **quasi schon die Einheitstheorie vorwegnehmenden Begründung** aufgegeben worden, dass *„die härtere Strafe jeden, aber auch nur den treffen soll, der durch sein persönliches Mitwirken bei der Verübung des Verbrechens zu dessen größerer Gefährlichkeit beigetragen hat"*.

30 Eigenartigerweise hat die Formel der Tat- oder Täterbezogenheit dadurch für die Rechtsprechung ihre Bedeutung dennoch nicht verloren. Die Entscheidung BGHSt **17** 215, 217, die das

---

**69** BT-Drucks. **IV**/650 S. 152.

**70** Näher *Schwerdtfeger* S. 64 ff.

**71** Vgl. BGHSt **1** 235, 240 für § 217 a. F.; BGHSt **5** 75, 81; BGH NJW **1955** 720 für die Amtsdelikte; BGHSt **17** 217 für den Rückfall.

Merkmal der „verfassungsfeindlichen Absicht" (§ 94 a. F.) auf dem Höhepunkt des Kalten Krieges als „tatbezogen" und damit als nicht unter § 50 Abs. 2 a. F. fallend qualifizierte, erklärte unter ausdrücklicher Berufung auf BGHSt **8** 72 und unter Ignorierung der Entscheidung des Großen Strafsenats wiederum, es sei „in Grenzfällen ... entscheidend, ob das gesetzliche Merkmal überwiegend die Tat oder ob es überwiegend den Täter kennzeichnet". Die Entscheidung führt dann **in einer die Sprunghaftigkeit in der Kasuistik der BGH-Rechtsprechung zu den bpM** exemplarisch erhellenden Weise in Form eines obiter dictum aus, dass z. B. der Rückfall täterbezogen sei, während das Merkmal des „niedrigen Beweggrundes" beim Mord nicht unter § 28 falle, „weil es in erster Linie die Tat als besonders schwer erscheinen läßt, mag es mitunter außerdem auch den Charakter des Täters beleuchten".

**b)** Die Einführung des **Begriffs** der bpM im Jahre 1968 und die **Einbeziehung** der **„persönlichen Umstände"** hätte die Rechtsprechung eigentlich veranlassen müssen, ihren (so überaus wechselhaften!) Kurs prinzipiell zu überprüfen – aber das ist bis heute ebenso wenig geschehen wie im Gros des Schrifttums, das deshalb zu einer Rechtsprechungsschelte nur eine geringe Legitimation besitzt. Immerhin war ja auch die alte Formel so elastisch, dass sie einerseits beibehalten und andererseits (konkret hinsichtlich der „niedrigen Beweggründe" beim **Mord) zu einer Umorientierung** benutzt werden konnte. Das geschah in BGHSt **22** 375, 378, wo es heißt: „Der Gegensatz zu den ‚besonderen persönlichen Merkmalen' liegt in solchen Tatumständen, die nicht zur Person des Täters, sondern zur äußeren Mordtat selbst gehören, wie z. B. die Verwendung von gemeingefährlichen Mitteln (§ 211 Abs. 2 StGB). Jene sind ‚täterbezogen', diese ‚tatbezogen' genannt worden." Diese Unterscheidung wird dann so angewendet, dass die „niedrigen Beweggründe" beim Mord als „täterbezogen" und somit nach § 28 behandelt werden. Denn, so folgert das Urteil im Anschluss an *Koffka* (JR **1969** 41, 42): „Ein Motiv des Täters liegt in seiner Person und nirgends anders." Als obiter dictum sieht die Entscheidung die *Zueignungsabsicht* beim Diebstahl als „tatbezogen" an, weil die Absicht des Täters „an Stelle eines entsprechenden äußeren Merkmals", nämlich des eigentlichen Erfolgseintritts, stehe (BGHSt **22** 375, 380), während die *Beamteneigenschaft* als täterbezogenes besonderes persönliches Merkmal eingestuft wird (BGHSt **22** 375, 377). 31

In der **nachfolgenden Rechtsprechung** ist die Formel von der Tat- und Täterbezogenheit vor allem für **§ 211** weitergeführt worden. BGHSt **23** 39 erklärt die Verdeckungsabsicht beim Mord für ein täterbezogenes „besonderes persönliches Merkmal", während nach BGHSt **23** 103, 105 die „Heimtücke" und nach BGHSt **24** 106, 108 die „Grausamkeit" tatbezogene Merkmale sind und somit nicht dem § 28 unterfallen. BGHSt **25** 287, 289 befasst sich beiläufig wieder mit der „Heimtücke" und den „niedrigen Beweggründen": Bei dem einen Merkmal beruhe die besondere Verwerflichkeit in der Ausführungsweise der Tat, bei dem anderen in der inneren Einstellung des Täters. Dementsprechend seien die niedrigen Beweggründe, im Gegensatz zur Heimtücke, besondere persönliche Merkmale. BGH bei Holtz MDR **1980** 628 erklärt das Merkmal „um eine andere Straftat zu ermöglichen" und BGH NStZ **1981** 299 die „Habgier" für ein täterbezogenes und daher besonderes persönliches Merkmal. BGH NJW **1982** 2738 und BGHR StGB § 28 Abs 1 Merkmal 3 bestätigen die Täterbezogenheit der „Habgier" und der „niedrigen Beweggründe" sowie die Tatbezogenheit der „Heimtücke", während BGH StV **1984** 69 erneut die „niedrigen Beweggründe" und die „Verdeckungsabsicht" als besondere persönliche Merkmale beurteilt. 32

Von § 211 abgesehen, ist die BGH-Rechtsprechung für die Interpretation der bpM in § 28 wenig ergiebig. Weitere Entscheidungen[72] befassen sich mit der **Untreue** und sehen mit Recht (*Schünemann* LPK Untreue Rdn. 257), aber ohne nähere Begründung das Treueverhältnis in § 266 als besonderes persönliches Merkmal an. Die Urteile zu **§ 173** und zu **§ 370 AO** sind schon o. Rdn. 6–9 ausführlich gewürdigt worden. 33

**Zusammenfassend** lässt sich über die Rechtsprechung des BGH sagen, dass sie die Judikatur des RG mit der Anwendung des § 28 auf verhältnismäßig unstrittige Tatbestände (Amtsdelikte, Untreue) ohne besonderen Begründungsaufwand fortgesetzt hat. Dagegen hat sie Neuland 34

72 BGHSt **26** 53; BGH NJW **1983** 1807, 1809; BGH StV **1983** 330 (Leitsatz); weitere Nachw. u. Fn. 131.

betreten mit der Aufgliederung der Mordmerkmale in täter- und tatbezogene Umstände. Es kann heute als gesicherte Rechtsprechung gelten, dass die mittlere Merkmalsgruppe des § 211 (heimtückisch, grausam, mit gemeingefährlichen Mitteln) als tatbezogen beurteilt wird, während auf die übrigen Merkmale § 28 angewendet wird. Dabei zieht die Rechtsprechung allerdings § 28 Abs. 1 heran, weil sie die Mordmerkmale seit BGHSt **1** 368 als strafbegründend betrachtet, während die im Schrifttum fast einhellige Meinung mit durchschlagenden Argumenten den Mord für einen qualifizierten Fall des Totschlages hält und deshalb die täterbezogenen Mordmerkmale als Fälle des § 28 Abs. 2 ansieht. Aber diese Streitfrage (vgl. dazu Rdn. 69) berührt nicht die Einordnung dieser Umstände in den Bereich der bpM. Für die meisten sonstigen persönlichen Umstände, deren Zuordnung zu § 28 i. d. R. höchst umstritten ist (vgl. Rdn. 58 ff), liegen bisher nur wenige, in sich jedoch nicht konsistente Entscheidungen vor. Auch ein über die wenig aussagekräftige „Tat-" und „Täterbezogenheit" (vgl. Rdn. 29) hinausführendes klares und teleologisch fundiertes Prinzip für die nichtakzessorische bzw. akzessorische Behandlung persönlicher Merkmale lässt sich der bisherigen Rechtsprechung nicht entnehmen.

### 3. Die Literatur

35 **a) Unterscheidung von tat- und täterbezogenen Merkmalen.** In der Literatur wird heute ebenfalls, mit manchen Abweichungen im Einzelnen, vielfach die Formel von **täter- und tatbezogenen Merkmalen** als Etikett (Kriterium wäre zu viel gesagt) für die Anwendbarkeit oder Nichtanwendbarkeit des § 28 verwendet.[73] Doch mehren sich die Stimmen, die das Problem noch weiterer Klärung für bedürftig halten und darauf hinweisen, dass zur Abgrenzung von tat- und täterbezogenen Merkmalen noch keine einleuchtenden Gesichtspunkte gefunden worden seien.[74]

36 Tatsächlich bringen die **Begriffe der Tat- und Täterbezogenheit** gegenüber dem Gesetzeswortlaut nicht den geringsten semantischen Fortschritt (*Schünemann* GA **2011** 445 [452 f]) und können die ihnen überbürdete **Abgrenzungsaufgabe nicht erfüllen.** Sie können zunächst keinesfalls so verstanden werden, dass subjektive Merkmale täterbezogen und objektive tatbezogen sind.[75] Denn subjektive Merkmale wie der Vorsatz, die Zueignungsabsicht beim Diebstahl und die Bereicherungsabsicht beim Betrug sind nach Rechtsprechung und h. L. nicht täterbezogen, während objektive Umstände wie die nichteheliche Mutterschaft in § 217 a. F. und die Amtsträgereigenschaft als täterbezogen gelten und nach § 28 behandelt werden. Ebenso wenig kann man, wie es der BGH bei den „niedrigen Beweggründen" in § 211 getan hat (BGHSt **22** 378), als täterbezogen solche Merkmale charakterisieren, die ausschließlich in der Person des Täters „und nirgends anders" liegen. Das trifft zwar bei den „niedrigen Beweggründen" zu, aber es gilt ebenso für die schon genannten subjektiven Merkmale, die trotzdem nach der Rechtsprechung „tatbezogen" sind. Nicht anders liegt es bei den objektiven Merkmalen. Man kann freilich sagen, dass die Eigenschaft als Mutter eines nichtehelichen Kindes, die allgemein als unter § 28 fallend betrachtet wurde, ausschließlich in der Person der Betroffenen liegt; aber für die Eigenschaft als „Mann" (§ 183) gilt ganz dasselbe, und trotzdem wird dieses Merkmal ganz überwiegend als tatbezogen betrachtet. Das Begriffspaar Täter- und Tatbezogenheit führt also, wenn man es

---

73 Baumann/Weber/Mitsch//*Eisele* § 26 Rdn. 144 ff; *Fischer* Rdn. 3; *Gallas* Beiträge zur Verbrechenslehre, S. 125; *Jescheck/Weigend* § 61 VII 4a; *Kindhäuser/Hilgendorf* LPK-StGB Rdn. 5 ff; *Kühl* AT § 20 Rdn. 154; *Maurach/Gössel/* Zipf[7] § 53 Rdn. 148; Sch/Schröder/*Heine/Weißer* Rdn. 10, 15 ff; *Wessels/Beulke/Satzger* AT Rdn. 874.

74 **Kritisch** oder zumindest distanziert *Bockelmann/Volk* § 25 V, 2a; *Frister* AT § 25 Rdn. 39; *Hoyer* SK Rdn. 15 ff., 22; *Köhler* AT, S. 548; *Otto* AT § 22 Rdn. 16; Lackner/Kühl/*Kühl* Rdn. 4, 6; Maurach/Gössel/Zipf/*Renzikowski* § 53 Rdn. 66; *Samson* SK[6] Rdn. 4, 6; *Vogler* FS Lange 268; *Gallas* ZStW **88** (1976) 173 f; *Herzberg* ZStW **88** (1976) 78 ff; *ders.* TuT § 12; *Puppe* NK Rdn. 16M *Schmidhäuser* AT 14/73 ff; *Stratenwerth/Kuhlen* AT § 12 Rdn. 188 ff; *Roxin* LK[11] Rdn. 28; *ders.* AT II § 27 Rdn. 32 f. Ebenso natürlich erst recht die *Einheitstheorie*, s. o. Rdn. 13 ff.

75 Näher *Bockelmann/Volk* wie Fn. 59; *Herzberg* ZStW **88** (1976) 78 f.

**wörtlich nimmt, in die Irre**, während es in der praktischen Kasuistik als eine bloße **Leerformel** dient und selbst bei optimaler Ausdeutung im Verhältnis zum *Persönlichkeitsbezug* im Wortlaut des § 28 nur einen **Pleonasmus** darstellt.[76] Zwar kann man davon ausgehen, dass Merkmale, die nur die äußere Tat betreffen, wie die Handlung mit „gemeingefährlichen Mitteln" in § 211, nicht unter § 28 fallen, weil es sich dabei nicht um „persönliche" Merkmale handelt, auf die diese Vorschrift ihrem Wortlaut nach beschränkt ist. Aber das eigentliche Abgrenzungsproblem aller Differenzierungstheorien liegt nicht hier, sondern vielmehr darin, wie man unter den überwiegend oder ausschließlich persönlichen Merkmalen die unter § 28 fallenden „besonderen" persönlichen Merkmale auswählen soll. Zu seiner Lösung kann der Begriff der Täterbezogenheit nichts beitragen.

**b) Die Kriterien der Rechtsgutsbezogenheit und Höchstpersönlichkeit.** Im Vordringen ist deshalb eine Meinung, die unter den persönlichen Merkmalen als tatbezogen und deshalb nicht unter § 28 fallend diejenigen aussondern will, die **„rechtsgutsbezogen"** sind – im Gegensatz zu solchen Merkmalen, die eine Verletzung „höchstpersönlicher Pflichten" (*Gallas*), das „Maß der sozialethischen Verwerflichkeit" (*Blauth*) oder den „spezifischen ethischen Unwert der Tat" (*Vogler*) beschreiben.[77] Danach komme beispielsweise dem Anstifter zur Urkundenfälschung (§ 267) die Strafmilderung nach § 28 Abs. 1 auch dann nicht zugute, wenn er selbst nicht „zur Täuschung im Rechtsverkehr" handelte; denn diese Absicht ziele auf die Verletzung des in § 267 geschützten Rechtsgutes und sei tatbezogen. Andererseits erfahre der Anstifter zum Morde eine Strafmilderung, wenn die „niedrigen Beweggründe", die den Täter zum Mörder machen, ihn nicht motiviert haben; denn die Rechtsgüterverletzung (die Zerstörung menschlichen Lebens) sei vom Motiv des Handelnden unabhängig, das deshalb nicht tat-, sondern täterbezogen sei. Anklänge an diese Auffassung finden sich auch in der Begründung, die BGHSt **22** 380 für die Tatbezogenheit der Zueignungsabsicht beim Diebstahl gibt: „Das Vergehen des Diebstahls ist rechtlich bereits vollendet, wenn der Erfolg ... noch nicht verwirklicht worden ist, sofern er nur beabsichtigt war. Diese Absicht des Täters steht an Stelle eines entsprechenden äußeren Merkmals, ist ‚tatbezogen'." Das hier betonte Gerichtetsein der Absicht auf den Erfolg dürfte dem Kriterium der Rechtsgutsbezogenheit entsprechen. 37

Aber auch diese Abgrenzung ist durchgreifenden **Bedenken ausgesetzt**. Denn bei dem in der Sache am wenigsten umstrittenen Beispiel eines bpM, der Eigenschaft als Beamter (Amtsträger), lässt sich die Rechtsgutsbezogenheit schwerlich leugnen: „Unter dem Gesichtswinkel der Rechtsgutsverletzung betrachtet, liegt hier die Steigerung des Unrechtsgehalts der Tat in der Verletzung oder Gefährdung des Interesses der Allgemeinheit an der Reinheit der Amtsführung und der Autorität des Amts;"[78] außerdem kommt in vielen Fällen die Bezogenheit auf das dem Beamten anvertraute Rechtsgut wie etwa die Gesundheit der Gefangenen in § 340 hinzu.[79] Der Missbrauch der Amtsstellung ist also nicht nur eine Eigenschaft des Täters, sondern betrifft das Rechtsgut selbst,[80] so dass die Strafmilderung des teilnehmenden Nichtbeamten mit der mangelnden Rechtsgutsbezogenheit der Amtsträgereigenschaft nicht begründet werden kann. Dieser Widerspruch kann auch nicht mit *Grünwald*[81] dadurch umgangen werden, dass diese „historisch bedingte Besonderheit" als Ausnahmefall behandelt und in Abweichung von der 38

**76** *Schünemann* Unternehmenskriminalität I, S. 134; *ders.* GA **1986** 338.

**77** *Blauth* S. 63 ff, 100 ff; *Gallas* ZStW **88** (1976) 175; *Vogler* FS Lange 277; *Geppert* ZStW **82** (1970) 40, 64 ff; zust. *Grünwald* GS Armin Kaufmann 559 ff; Lackner/Kühl/*Kühl* Rdn. 4; Sch/Schröder/*Heine*/*Weißer* Rdn. 17 ff; *Samson* SK[6] Rdn. 19a.

**78** *Gallas* Beiträge zur Verbrechenslehre, S. 159.

**79** *Schünemann* Jura **1980** 362.

**80** So vor allem auch *Vogler* FS Lange 270; *Herzberg* ZStW **88** (1976) 81; *Roxin* LK[11] Rdn. 30; *Schünemann* GA **1986** 338; **abw.** *Geppert* ZStW **82** (1970) 72; *Blauth* S. 76.

**81** GS Armin Kaufmann 559, 561.

durchaus h. M. alle übrigen vergleichbaren Pflichtenstellungen, etwa bei der Verletzung von Privatgeheimnissen (§ 203), bei den Aussagedelikten und der Untreue (§ 266), streng akzessorisch behandelt werden. Denn wenn man diese anders als die Amtsdelikte nicht dem § 28 unterstellt, werden strukturell gleiche Sachverhalte ungleich und damit ungerecht behandelt. Auch kann es **nicht dem Willen des Gesetzgebers entsprechen,** wenn man eine von ihm als paradigmatisch verstandene Fallgruppe[82] als „historisch bedingte Ausnahme" von der eigenen Lösung abkoppelt, anstatt in ihr ein leitendes Kriterium für die Charakterisierung der besonderen persönlichen Merkmale zu suchen.

39 *Hake*[83] versucht einen anderen Ausweg, indem er in den Anwendungsbereich des § 28 alle persönlichen Merkmale einbezieht, „deren Gehalt sich ... nicht darin erschöpft, die Rechtsgutsverletzung als solche näher zu beschreiben". Damit hat er „aber den leitenden Gesichtspunkt der Abgrenzung schon weitgehend aufgegeben; denn es ist dann eben nicht mehr die mangelnde Rechtsgutsbezogenheit, die das besondere persönliche Merkmal charakterisiert".[84]

40 Der **Mangel** dieser ganzen Abgrenzungstheorie liegt aber nicht nur in der inneren Widersprüchlichkeit des Kriteriums der „Rechtsgutsbezogenheit" zur Charakterisierung der aus § 28 eliminierten bpM, sondern auch in der Begründung der einzubeziehenden Merkmale mit ihrer **sozialethischen Verwerflichkeit** bzw. **Höchstpersönlichkeit der Pflichtverletzung.** Mit einer derartigen, sogar noch weit außerhalb des Strafrechts angesiedelten Abstraktion ist zur Abgrenzung von der Rechtsgutsbezogenheit, die doch der Grund der Sozialschädlichkeit und damit strafrechtlichen Verwerflichkeit ist, wenig anzufangen. Und dasselbe gilt für die Höchstpersönlichkeit im Strafrecht, das ja anders als das Zivilrecht die Rechtsfigur der Vertretung nicht kennt.[85]

41 **c) Kriterium der Wertbezogenheit/Wertneutralität.** Deshalb hat *Herzberg* die Ungereimtheiten der bisherigen Lösungen durch eine völlig **neuartige Konzeption** zu überwinden versucht. Die ursprüngliche Form seiner Lehre[86] differenzierte unter den persönlichen Merkmalen zwischen **„wertbezogenen"**, die nach § 28 zu behandeln seien, und **„wertneutralen",** deren Nichtvorliegen in der Person eines Beteiligten zu keiner Strafrahmenreduktion führen solle. „Wertbezogen" waren für ihn solche Merkmale, die die Schwere des Unrechts oder der Schuld betreffen, während er als „wertneutral" diejenigen persönlichen Merkmale ansah, „die lediglich untypische Rechtsgutsverletzungen ausgrenzen, ohne für die tatbestandlich eingegrenzten einen besonderen Unwert oder eine erhöhte Strafwürdigkeit auszudrücken",[87] z. B. die Täterqualifikation als „Schuldner" beim Tatbestand der Vollstreckungsvereitelung (§ 288),[88] die Täterqualifikationen in §§ 142, 297 oder die Eigenschaft als „Mann" in § 183.[89] Aber die Annahme, es gebe „wertneutrale" Merkmale des Unrechtstatbestandes, lässt sich schwerlich halten. Denn wenn der Gesetzgeber bestimmte Merkmale zur Deliktstypisierung verwendet (die Eigenschaft des Täters als Schuldner oder Mann, die Zueignungs- oder Bereicherungsabsicht u. a.), gibt er damit zugleich zu verstehen, dass er die von ihm bewusst ausgegrenzten Verhaltensweisen (die Beseitigung von Vollstreckungsgegenständen durch einen anderen als den Schuldner, den weiblichen Exhibitionismus, die bloße Sachentziehung, die reine Vermögensschädigung durch Täuschung usw.) nicht für strafwürdig hält.

**82** Vgl. nur die Begründung zu § 33 E 1962, auf den der heutige § 28 Abs. 1 zurückgeht (BT-Drucks. **IV**/650 S. 152).

**83** Beteiligtenstrafbarkeit, S. 97 ff (98).

**84** *Roxin* AT II § 27 Rdn. 39 f.

**85** Dazu bereits o. Rdn. 4 sowie *Schünemann* Unternehmenskriminalität I, S. 133 f. Zum gleichen Missgriff bei der sog. Vertreterhaftung *Schünemann* LK § 14 Rdn. 34 f.

**86** ZStW **88** (1976) 68 ff; zusammenfassend TuT § 12; schon etwas modifiziert in JuS **1983** 737 ff.

**87** ZStW **88** (1976) 84.

**88** Näher ausgeführt in TuT § 12 II.

**89** ZStW **88** (1976) 82 ff.

*Herzbergs* Lehre, dabei vor allem die von ihm gewählte Terminologie,[90] hat fast ausnahmslos **Ablehnung** gefunden,[91] weshalb er nunmehr von der Frage ausgeht, „ob die Strafgerechtigkeit die Anwendung des § 28 I StGB fordert",[92] was für ihn bei den „funktionell sachlichen persönlichen Merkmalen",[93] und bei den „rein typisierenden Merkmalen", die „für die Rechtsgutsverletzung und den materiellen Unwert der Tat keine Bedeutung haben",[94] nicht der Fall sei. Die erste Fallgruppe, die er von der Anwendung des § 28 ausschließt, betrifft also **persönliche Merkmale,** die eigentlich **sachlicher Natur** sind, so laut *Herzberg* nach wie vor bei § 183,[95] der die männliche Exhibition verbieten will. Zur zweiten und wichtigsten Gruppe streng akzessorischer persönlicher Merkmale, den **„rein typisierenden Merkmalen"**, die keine besondere Unwertdifferenz im Verhältnis von Täterschaft und Teilnahme begründeten, sondern als „anschauliche Nachzeichnung bestimmter Deliktsbilder"[96] den Tatbestand konturierten, zählt er[97] etwa die Merkmale „Vollstreckungsschuldner" (§ 288), das Führen eines Fahrzeugs in §§ 315c, 316 und die Verwandteneigenschaft nach § 173. 42

**d) Die „Viergruppentheorie".** *Roxin* hat in Weiterführung von *Herzbergs* Ansatz die **beiden Gruppen in eine zusammengefasst** und dessen These übernommen, dass, wenn sich ein Tätermerkmal in seiner **deliktstypisierenden Funktion erschöpft**, damit eine brauchbare Kennzeichnung für streng akzessorische persönliche Merkmale gefunden sei. Auf der anderen Seite stünden **zwei verschiedene Merkmalsgruppen,** die aus jeweils abweichenden Gründen dem § 28 zu unterstellen seien. Die eine Gruppe umfasse alle strafmodifizierenden Merkmale, die jenseits der Rechtswidrigkeit liegen, also vor allem die *speziellen Schuldmerkmale*, aber auch *persönliche Strafausschließungs- und Strafaufhebungsgründe*. Die andere enthalte jene persönlichen Unrechtsmerkmale, die eine vortatbestandliche Sonderpflicht zum Ausdruck bringen, also die **Tätermerkmale der Pflichtdelikte** (vgl. *Roxin* LK[11] § 25 Rdn. 37) wie die Eigenschaft als Amtsträger, die Schweigepflicht nach § 203 oder das „Anvertrautsein" nach § 246.[98] Weil *Roxin* damit den Anwendungsbereich des § 28 letztlich nicht in zwei, sondern drei verschiedene Gruppen aufteilt, die er der einen Gruppe der bloß deliktstypisierenden Merkmale gegenüber stellt, soll die von ihm in Anschluss an *Herzberg* entwickelte Konzeption die Viergruppentheorie genannt werden. 43

Für die Umstände der **ersten Gruppe** ergebe sich ihre Qualität als „besondere persönliche Merkmale" ohne weiteres aus dem Grundsatz der limitierten Akzessorietät. Da die Schuld nur individuell zurechenbar ist, dürfe auch niemand für die **speziellen Schuldmerkmale** haften, die in der Person eines anderen erfüllt sind. Hierhin gehörten subjektive (wie etwa die „Habgier" in § 211) und objektive Merkmale (wie die Eigenschaft als Schwangere in § 218 Abs. 3), vor allem aber auch die Gewerbsmäßigkeit und die Gewohnheitsmäßigkeit. Das gemeinsame Charakteristikum dieser Merkmale bestehe darin, dass sie nicht den Deliktstypus und die Unrechtsschwere beträfen, sondern in der Bestimmung des Besonderen Teils vorverlagerte benannte Strafzumessungsgründe umschrieben. Dadurch werde ihre nichtakzessorische Behandlung nicht nur dog- 44

**90** In GA **1991** 145, 173 meint *Herzberg* selbst, es scheine, als habe er mit den Begriffen „wertbezogen" und „wertneutral" einen „terminologischen Mißgriff" getan.

**91** *Gallas* ZStW **88** (1976) 173 f; *Jakobs* § 23 Rdn. 11; *Samson* SK[6] Rdn. 18a–19; *Schünemann* ZStW **88** (1976) 176; *ders.* Unternehmenskriminalität I, S. 135 ff; *Stratenwerth/Kuhlen* AT § 12 Rdn. 195; *Vogler* FS Lange, S. 277 f; zustimmend *Steinke* MDR **1977** 365.

**92** GA **1991** 168.

**93** AaO S. 169 ff.

**94** AaO S. 173 ff.

**95** AaO S. 170.

**96** GA **1991** 174.

**97** GA **1991** 177 ff.

**98** LK[11] Rdn. 49–57; *ders.* AT II § 27 Rdn. 51 ff; ähnlich *Gallas* ZStW **88** (1976) 173 ff; *Gerhold* S. 607 ff; *Jakobs* § 23 Rdn. 12 ff; *Vogler* FS Lange, S. 265 ff; *Langer* FS Lange 241 ff; *Köhler* AT S. 548; *Stratenwerth/Kuhlen* AT § 12 Rdn. 191 ff.

matisch verständlich, sondern auch kriminalpolitisch plausibel. Denn hinter der Deliktskategorie der Schuld stünden zum guten Teil auch präventive, an der Strafzwecklehre orientierte Erwägungen,[99] die bei Gewerbs- und Gewohnheitsmäßigkeit eine längere Strafdauer als spezialpräventiv geboten erscheinen ließen.[100] Dass diese Notwendigkeiten nur für den gelten können, in dessen Person sie vorliegen, verstehe sich von selbst. Erst recht gelte das für **persönliche Strafausschließungsgründe** (wie die Straflosigkeit parlamentarischer Äußerungen nach § 36) oder **persönliche Strafaufhebungsgründe** (wie nach h. L. den freiwilligen Rücktritt vom Versuch), bei denen die Nichtübertragbarkeit nach dem gesetzgeberischen Zweck und Wortlaut dieser Vorschriften von vornherein außer Zweifel steht und auch ohne die Regelung des § 28 Abs. 2 gelten würde.

45 Die **zweite** nach § 28 zu behandelnde **Gruppe** der **täterschaftsbegründenden Pflichtenstellungen** umfasse strafbegründende wie straferhöhende Unrechtsmerkmale, betreffe also beide Absätze dieser Vorschrift. Deliktstypus und Unrechtsschwere würden, wie besonders deutlich die Amtsdelikte zeigten, durch die Verletzung der tatbestandsspezifischen Sonderpflichten sehr wohl betroffen. Wenn der Gesetzgeber dennoch für den Außenstehenden eine (nach *Roxin* allein den Strafrahmen betreffende)[101] Milderung angeordnet habe, die in Absatz 1 und 2 je verschiedenen Regelungen folgten, so habe das seinen Grund in Erwägungen der Täterlehre. Denn das Tätermerkmal der Pflichtdelikte bezeichne **mehr als ein Element des konkreten Tatgeschehens.** Es zeige den Täter in einer sozialen Rolle mit erhöhten Anforderungen, die an den Extraneus nicht gestellt würden und deren Verfehlung dem Außenstehenden daher bei der Strafbemessung nicht zur Last gelegt werden dürfe. Wenn jemand einen Richter zur Rechtsbeugung anstiftet, so sei er für das falsche Urteil, das er bewirkt, genauso verantwortlich wie der Richter und werde mit Recht wegen Anstiftung zu § 336 bestraft. Aber er diskreditiere nicht seine soziale Rolle; er missbrauche nicht sein Amt und die besondere Verantwortung, die der Richter für die Rechtspflege übernommen hat. Der Richter verwirkliche ein erhöhtes „Sonderunrecht",[102] auf das der Strafrahmen des § 336 zugeschnitten sei; mit Recht werde er daher nach einem strengeren Strafrahmen sanktioniert als der Extraneus.

46 **Entsprechendes gelte** etwa für den Bruch der Schweigepflicht durch den Arzt (§ 203), für die Verletzung einer besonderen Vermögensfürsorgepflicht (§ 266) und für die Unterschlagung anvertrauter Sachen (§ 246), aber z. B. nicht für die Schuldnereigenschaft bei der Vereitelung der Zwangsvollstreckung (§ 288). Denn den Schuldner treffe keine erhöhte Verantwortung gegenüber dem Gläubiger, er müsse es nur unterlassen, ihn durch Beiseiteschaffung seines Vermögens zu schädigen. Wenn § 288 nur den Schuldner (und nicht auch einen Dritten, der zugunsten des Schuldners handelt) zum Täter macht, so liege das nur am gesetzgeberischen Bemühen um Deliktstypisierung, so dass keine Veranlassung bestehe, die Strafe beim nichtqualifizierten Teilnehmer zu mildern.

47 **e) Die „Einheitslösung".** Von der hier für richtig erklärten Einheitstheorie (o. Rdn. 13 ff) aus muss man die *„Viergruppentheorie"* auch in den unter § 28 subsumierten Gruppen aufs Korn nehmen, weil dafür ein jeweils anderes Telos reklamiert wird. Der erste Einwand ergibt sich bereits aus der **Heterogenität dieser Gruppen** als solcher und der Unterschiedlichkeit der jeweils benutzten Argumentationsebenen, die vielfach beliebig ausgetauscht werden können, der zweite (nur scheinbar paradox) aus ihrer schwierigen und jeweils angreifbaren Abgrenzbarkeit gegeneinander. Wenn die Gewerbsmäßigkeit von *Roxin* wegen der besonderen spezialpräventiven Strafbedürfnisse der Schuld zugeschlagen wird, so lässt sich dasselbe auch für den Exhibitionisten und damit für die Ausgestaltung des § 183 als eigenhändiges Delikt anführen (es geht

---

**99** Dazu *Roxin* FS Henkel 171 ff, *Roxin* FG Schultz 463 ff.

**100** Über diesen kriminalpolitischen Hintergrund laut *Roxin* treffend *Vogler* FS Lange 274 ff.

**101** Nachw. o. Rdn. 11.

**102** *Langer* FS Lange 261; ähnlich *Vogler* FS Lange 279.

hier im Grunde um eine objektive Fassung des bei § 211 unstreitig nach § 28 zu behandelnden Merkmals „zur Befriedigung des Geschlechtstriebes“). Dass es bei § 288 nicht bloß um Typisierung, sondern um ein Garantensonderdelikt (in *Roxins* Terminologie: Pflichtdelikt) geht,[103] rüttelt als einzelnes Zuordnungsproblem noch nicht am Grundgerüst der Viergruppentheorie, macht aber die enormen Abgrenzungsprobleme zwischen den verschiedenen Gruppen deutlich, deren gleitende und in der Zuordnung unsichere Übergänge nur ein schwankendes Fundament für den reklamierten Unterschied in den Rechtsfolgen zu liefern vermögen. Und wieso soll die Verletzung einer **vorstrafrechtlichen Pflicht** ein strafrechtliches Sonderunrecht schaffen, das anders als alles sonstige Unrecht im Strafrecht dem Teilnehmer nicht zuzurechnen ist, während das strafrechtsspezifische Sonderunrecht der Eigenhändigkeit bei den §§ 173, 183 und 316 dem extranen Teilnehmer uneingeschränkt angelastet werden soll? An diesen Fragen und Einwänden wird deutlich, dass die Viergruppentheorie nur eine besser elaborierte Fassung von *Herzbergs* ursprünglicher Unterscheidung zwischen Wertbezogenheit und Wertneutralität darstellt und deshalb weiterhin der dagegen durchgreifenden Kritik ausgesetzt ist.

**f) Präzisierungen.** Damit bleibt aber nur die **„Einheitslösung“**[104] als einzige normativ geschlossene Theorie übrig, die sämtliche Tätermerkmale dem § 28 unterstellt und die daraus folgende Strafrahmenverschiebung durch den Zweck legitimiert, das (Un-)-Wertgefälle zwischen Täterschaft und Teilnahme nicht auf den Kopf zu stellen, sondern eine „ungerechtfertigte Ungleichbehandlung von Täter und Teilnehmer auszuschließen bzw. so weit wie möglich abzumildern, die ein unkorrigiertes Akzessorietätsprinzip ... mit sich bringen würde ...“.[105] Der *Unterschied* dieser Einheitstheorie zur Viergruppentheorie besteht im Ergebnis darin, dass sie auch bei subjektiven Unrechtselementen und den nicht auf einer außerstrafrechtlichen Sonderpflicht beruhenden objektiven Tätermerkmalen gemäß § 28 Abs. 1, die nach der Viergruppentheorie streng akzessorisch zu behandeln sind, eine Strafmilderung für den nicht qualifizierten Teilnehmer ermöglicht. Die hieran von *Roxin* geübte Kritik[106] ist von der h. L. für durchgreifend erachtet worden,[107] kann jedoch durch die Analyse der kritischen Beispiele entkräftet werden. 48

Das von *Herzberg* und *Roxin* (LK[11] Rdn. 40 f) als Haupttrumpf der Kritik ausgespielte Beispiel des § 183 beweist in Wahrheit die Überlegenheit der Einheitslösung. *Roxin* fragt, wie sich etwa die durch die Einheitslösung in Anwendung des § 28 Abs. 1 gebotene Milderbestrafung der weiblichen Anstiftung zum männlichen Exhibitionismus plausibel machen lasse; gewiss würde die Frau, die wegen Anstiftung zu § 183 bestraft wird, straflos bleiben, wenn sie „eine noch aktivere Rolle“ übernommen und sich selbst als Quasi-Täterin exhibiert hätte. Aber da der weibliche Exhibitionismus praktisch kaum vorkomme und ggf. auch weit weniger Beunruhigung auslöse als der männliche, habe ihn der Gesetzgeber mit Recht nicht für strafbedürftig erachtet. Jedenfalls ergebe sich daraus kein Argument für eine Strafmilderung in dem Fall, dass eine Frau einen Mann zu einer Straftat nach § 183 anstifte. Im Gegenteil: *Herzberg* habe es mit Recht „eine wunderliche Folge“[108] der Einheitstheorie genannt, „daß, wenn ein Ehepaar gemeinsam einen Dritten zu exhibitionistischen Handlungen anstiftet, der Mann die volle Strafe erleidet, die Frau aber nach § 28 I 49

**103** *Schünemann* LK[12] § 288 Rdn. 39.

**104** *Schünemann* ZSchwR **1978** 131, 149 ff, 158; *ders.* Unternehmenskriminalität I, S. 131 ff; *ders.* Jura **1980** 354, 365 ff; *ders.* GA **1986** 336 ff.

**105** So (mit weiteren Erläuterungen) fast wörtlich übereinstimmend *Schünemann* Jura **1980** 365 und GA **1986** 339.

**106** LK[11] Rdn. 33 ff; *ders.* AT II § 27 Rdn. 41 ff; ähnlich *Herzberg* JuS **1983** 742.

**107** *Hoyer* SK Rdn. 20; *Otto* Jura **2004** 471; *ders.* AT § 22 Rdn. 17; Maurach/Gössel/Zipf/*Renzikowski* § 53 Rdn. 69; **abl.** auch *Hake* S. 96, der aber das Anliegen des gerechten Strafmaßes als „Resignation“ missversteht; ohne eigene Stellungnahme *Fischer* Rdn. 3a; Sch/Schröder/*Heine*/*Weißer* Rdn. 15; *Joecks* MK Rdn. 23; für die aus der Einheitstheorie folgende Aufspaltung bei den Absichts- und einigen Mordmerkmalen aber *Samson* SK[6] Rdn. 20 und *Hoyer* SK Rdn. 25 f, 40. Das von *S.A. Zimmermann* S. 59 f. vorgeschlagene „Modell abgestufter Abstrahierungsgrade“, mit dem sie die hier vertretene Auffassung misst (S. 60), bleibt vage.

**108** JuS **1983** 742.

eine Strafmilderung erhält". Auch sei nicht einzusehen, wieso bei Nichtanwendung des § 28 der „qualifizierte Beteiligte sich durch Vorschieben eines nichtqualifizierten Täters gewissermaßen hinter diesem" sollte verstecken können. Denn wenn ein im Sinne des § 183 qualifizierter Mann eine Frau zu exhibitionistischen Handlungen anstifte, bleibe er zwar wie diese straflos. Aber da er kein strafwürdiges Unrecht verursache, sei diese Lösung auch allein sachgerecht.

50 Aber das **verkennt** die **Deliktsstruktur** des § 183. Der wesentliche Punkt der Beschränkung des Täterkreises besteht hier nämlich darin, dass es sich um ein *eigenhändiges Delikt der männlichen Entblößung*[109] handelt, so dass jegliche mittelbare Täterschaft – gleichgültig ob durch einen Mann oder durch eine Frau – ausgeschlossen ist und der Vergleich mit sich exhibierenden Ehefrauen am Problem vorbeigeht. Weil nicht das Geschlecht als solches, sondern die **Eigenhändigkeit** der Tatbegehung das nicht durch mittelbare Täterschaft substituierbare bpM darstellt, ist der Strafrahmen jedes nicht eigenhändig mitwirkenden Anstifters – gleichgültig welchen Geschlechts! – gemäß § 28 Abs. 1 zu mildern.[110] Übersetzt in die Formeln des BGH, könnte man sagen, dass die Entblößung eines männlichen Geschlechtsteils tatbezogen, deren eigenhändige Vornahme aber täterbezogen ist. Auch *Roxin* steht dieser von ihm bei § 183 abgelehnten Lösung eigentlich nicht so fern, weil er die Subsumtion der täterschaftsbegründenden Pflichtenstellungen unter § 28 mit der größeren „Distanz zur Täterschaft" im Vergleich zu den Herrschaftsdelikten begründet hat[111] und weil dieses Argument für den Teilnehmer am eigenhändigen Delikt, der weder Tatherrschaft besitzt noch die Tätervoraussetzung der Eigenhändigkeit aufweist, ganz genauso gilt.

51 Die zweite umstrittene Fallgruppe der **Absichtsmerkmale** hat durch das 6. StrRG ihre praktische Bedeutung weithin eingebüßt.[112] In dem von *Schünemann* gebildeten Fall der „Ehefrau, die um das Leben ihres leichtsinnigen Ehemannes fürchtet, der sich ein ob seiner Wildheit lebensgefährliches Pferd gekauft hat, und deswegen eine andere Person zu dessen Diebstahl anstiftet",[113] wird man jetzt auch bei der Anstifterin die (Drittzueignungs-) Absicht als ausreichenden Zwischenzweck zu bejahen haben. Das Problem bleibt nur noch für bizarre Konstellationen erhalten, beispielsweise[114] wenn die Ehefrau in einer Abwandlung des vorstehenden Falles weiß, dass dem Dieb das wilde Pferd sofort davonlaufen und deshalb zwar die Enteignung, nicht aber die Aneignung[115] glücken wird. Hier müsste sie nach der h. M. ohne Strafmilderungsmöglichkeit mit der vollen Strafe der §§ 242, 26 belegt werden, obwohl sie selbst nur mit einem Enteignungsvorsatz handelte, der für den Fall, dass sie selbst noch mehr getan hätte und als Täterin aufgetreten wäre, zur Begründung der Strafbarkeit nicht ausgereicht hätte. Dass sie als Teilnehmerin strafbar ist, hat der Gesetzgeber eindeutig angeordnet und ist auch sachgerecht, weil das Eigentum gegenüber der besonders gefährlichen Verletzungsform „Wegnahme in Zueignungsabsicht" mit den Mitteln des Strafrechts geschützt werden und der Täter deshalb auch von Teilnahme abgeschnitten werden muss;[116] aber weil dem Anstifter der „Kriminalitätsmotor"

---

**109** *Laufhütte/Roggenbuck* LK[12] § 183 Rdn. 6. Diese durch den Wortlaut von § 183 Abs. 1 nicht erzwungene, jedoch durch die Erwähnung der Heilbehandlung in Abs. 3 gesetzespositivistisch nahe gelegte Interpretation findet ihre tiefere Rechtfertigung in der Psychodynamik des Delikts, weil niemand mit einer fremden Erektion renommieren kann.

**110** And. z. B. *Hörnle* MK § 183 Rdn. 15, die aber die Eigenhändigkeit übersieht.

**111** LK[10] Rdn. 32 im Anschluss an *Dreher* JR **1970** 147, 148 (in der 11. Aufl. Rdn. 54 ausgetauscht durch das Argument der „sozialen Rolle mit erhöhten Anforderungen").

**112** Zutr. *Joecks* MK Rdn. 23 (Fn. 52) sowie 38.

**113** *Schünemann* GA **1986** 340.

**114** Ein anderes Beispiel könnte beim Handeln „zur Täuschung im Rechtsverkehr" bei § 267 (s. dazu *Jakobs* § 23 Rdn. 23; *Hoyer* SK Rdn. 25; *Joecks* MK Rdn. 39) gebildet werden.

**115** Zu dieser Unterscheidung bei § 242 allg. bereits *Binding* BT 1 S. 264, 268; *Vogel* LK[12] § 242 Rdn. 135; zur Bedeutung der Zerlegung für die bpM bereits *Samson*[6] SK Rdn. 20; heute *Hoyer* SK Rdn. 25 f; *ders.* GA **2012** 128.

**116** *Roxin* LK[11] Rdn. 36 und *Joecks* MK Rdn. 38 denken an eine Straflosigkeit unter dem Aspekt des agent provocateur, aber für den „Rechtsgutsangriff" reicht ja die Enteignungskomponente vollständig aus.

der Zueignungsabsicht fehlt[117] und er deshalb als Täter überhaupt straflos wäre, ist für ihn eine nach § 28 Abs. 1 gemilderte Strafe ausreichend und gerecht.[118]

*Roxin* hat hiergegen zweierlei eingewendet: Die Frau werde als Anstifterin eben nicht nur in einer Sachentziehungsabsicht tätig, sondern ihr Vorsatz gehe auf die Bewirkung eines Diebstahls.[119] Und die Anwendung des § 28 Abs. 1 auf rechtgutsbezogene Absichten überzeuge ferner deshalb nicht, weil es sich bei ihnen um **verkappte Elemente des äußeren Tatgeschehens** handele. Dann sei aber nicht einzusehen, warum eine Strafmilderung nur deshalb eintreten solle, weil der Gesetzgeber die Deliktsvollendung vorverlegen wollte und deshalb die objektive Tathandlung in deren bloße Absicht umgewandelt habe;[120] der gesetzgeberische Zweck einer Vorverlegung der Vollendungsstrafe habe keinen einsehbaren Zusammenhang mit einer Milderung der Teilnehmerstrafe.[121] Aber das erste Argument trifft wegen des Vorsatzerfordernisses bei der Teilnahme ja auf alle Merkmale zu, ist zur Ablehnung der Einheitslösung also unbehelflich. Und das zweite Argument deckt zwar die Ent-, aber gerade **nicht** das **egoistische** bzw. fremdnützige **Tätermotiv** der **An**eignungskomponente. 52

### 4. Zusammenfassung

Die **Einheitstheorie** tritt damit heute in dreifacher Hinsicht als Phönix aus der Asche hervor: (1) Alle Varianten der im Fall einer Addition herrschenden, aber untereinander heillos zerstrittenen Differenzierungstheorien haben sich als **nicht tragfähig** erwiesen. (2) Die Kritik an der Einheitstheorie kann nicht nur selbst widerlegt werden, sondern hat bei den bpM des **objektiven Tatbestandes** die große Bedeutung der **Eigenhändigkeit** hervortreten lassen. (3) Die Kontroverse um die **Absichtsmerkmale** im **subjektiven** Tatbestand ist für die Praxis seit dem 6. StrRG obsolet geworden. Außerdem kann die Einheitstheorie, wie noch zu zeigen ist (u. Rdn. 61, 88 f), für die Behandlung der **Garantenstellungen beim unechten Unterlassungsdelikt** und zur Frage der **Doppelmilderung bei der Beihilfe** für die vom BGH mit sicherem Judiz gefundenen, dogmatisch aber bis heute völlig in der Luft hängenden Ergebnisse **überzeugende Begründungen** liefern, die sich bei keiner anderen Theorie finden lassen. 53

## IV. Die „besonderen persönlichen Merkmale“ im Einzelnen

### 1. Die irreführende Verweisung auf § 14

Die bpM bilden, wie die Verweisung des § 28 Abs. 1 auf § 14 Abs. 1 ergibt, den Oberbegriff für „besondere persönliche Eigenschaften, Verhältnisse oder Umstände“. Dabei ist heute anerkannt, dass sich diese Begriffe in §§ 28 und 14 keinesfalls decken, so dass die dem Gesetzgeber offenbar vorschwebende[122] „*Identitätsthese*“ deshalb grundfalsch wäre: Sie verkennt, dass es für die Privilegierung nichtqualifizierter Beteiligter in § 28 nicht darauf anzukommen braucht, 54

117 Dieser Gesichtspunkt findet sich bei *Hoyer* SK Rdn. 28 ff in Gestalt der „speziellen Präventionsmerkmale“ wieder, nach *Rönnau* GA **2000** 410, 424 ff bei § 242 in Gestalt der Korrumpierung des Leistungsprinzips.

118 *Schünemann* GA **1986** 340 f.

119 LK[11] Rdn. 36.

120 Unter Hinweis auf *Jescheck/Weigend* § 61 VII 4a: „nur ins Subjektive vorverlegte Merkmale des objektiven Tatbestandes“. Schon BGHSt **22** 380 hat die „Tatbezogenheit“ der Zueignungsabsicht auf dieses Argument gestützt: „Diese Absicht des Täters steht an Stelle eines entsprechenden äußeren Merkmals, ist ‚tatbezogen‘.“.

121 LK[11] Rdn. 38.

122 Entwurf des Einführungsgesetzes zum Ordnungswidrigkeitengesetz mit Begründung, BT-Drucks. **V**/1319 S. 63.

ob das in ihrer Person nicht erfüllte Merkmal an sich substituierbar ist oder nicht, während die Täterqualifikationsausdehnungsnorm des § 14 die Substituierbarkeit der Tätermerkmale gerade voraussetzt.[123] Nicht weniger falsch ist aber auch die teils stärker, teils schwächer vertretene *„Reziprozitätsthese"*, dass die besonderen Tätermerkmale beim Vertreter belastend, beim Teilnehmer dagegen entlastend wirkten und dass der entlastende Effekt der Höchstpersönlichkeit des Tätermerkmals eine Belastung des Vertreters nach § 14 gerade ausschließe:[124] „Während § 28 die Frage regelt, welche Konsequenzen sich für die Strafbarkeit eines Beteiligten aus der Existenz eines nicht von ihm, aber von anderen Beteiligten verwirklichten besonderen persönlichen Merkmals ergeben, beantwortet § 14 nicht etwa eine auf der gleichen Ebene angeordnete entgegengesetzte (so die Reziprozitätsthese), sondern die **logisch vorrangige** Frage, wann einem Beteiligten ein besonderes persönliches Merkmal als von ihm verwirklicht unmittelbar zugerechnet werden kann, indem die im Besonderen Teil vorgenommenen Einschränkungen der Täterqualifikation wieder partiell zurückgenommen werden – so dass es keinerlei Widerspruch bedeutet, ein und dasselbe Tätermerkmal einem Beteiligten über § 14 zuzurechnen und einen anderen, die Voraussetzungen des § 14 insoweit nicht erfüllenden Beteiligten nach § 28 zu privilegieren".[125]

## 2. Persönliche Eigenschaften, Verhältnisse und Umstände

55 Als **„persönliche Eigenschaften"** werden solche Merkmale angesehen, die dem Menschen unlösbar anhaften, die „mit dem Wesen des Täters verbunden" sind (BGHSt **6** 262), wie sein Alter (§ 173 Abs. 3), sein Geschlecht oder die Eigenschaft als nichteheliche Mutter (§ 217 a. F.). Als **„persönliches Verhältnis"** werden demgegenüber meist „Beziehungen zu anderen Menschen oder Dingen" (BGHSt **6** 262) betrachtet, wie die Stellung als Amtsträger und andere täterschaftsbegründende Pflichtenpositionen. Die Unterscheidung ist logisch nicht einwandfrei durchführbar[126] und deshalb im Einzelnen umstritten. Denn ein Merkmal wie die Verwandtschaft ist einerseits untrennbar mit der Person des Menschen verbunden, besteht aber andererseits gerade in einer bestimmten Beziehung zu anderen Personen, weshalb es auch bald als „Eigenschaft",[127] bald als „Verhältnis"[128] eingeordnet wird. Die Frage ist jedoch ohne praktische Bedeutung,[129] weil der Gesetzgeber Eigenschaften und Verhältnisse gleich behandelt. **Persönliche Umstände** sind solche personalen Merkmale, die sich weder als Eigenschaften noch als Verhältnisse im Sinne der vorstehenden Umschreibungen darstellen. Dazu gehören die Gewerbs- und Gewohnheitsmäßigkeit, vor allem aber auch Merkmale, denen das für Eigenschaften und Verhältnisse wesentliche Element der „Dauer" fehlt, wie die sog. Gesinnungsmerkmale (etwa die „niedrigen Beweggründe" in § 211). Die Einbeziehung auch „vorübergehender seelischer Haltungen" in den Bereich des § 28 war der entscheidende gesetzgeberische Grund dafür, dass die „Umstände" im Jahre 1968 in den Kreis der besonderen persönlichen Merkmale aufgenommen wurden (vgl. näher Rdn. 24).

---

**123** *Schünemann* LK § 14 Rdn. 33; heute im Ergebnis unstr., s. Sch/Schröder/*Heine/Weißer* Rdn. 2.

**124** So aber *Gallas* ZStW **80** (1968) 22; mit anderer Begr. auch *Herzberg* ZStW **88** (1976) 110, 114; **zust.** *Roxin* LK[11] Rdn. 58; Sch/Schröder/*Perron/Eisele* § 14 Rdn. 8.

**125** *Schünemann* LK § 14 Rdn. 33; früher bereits *Schünemann* Unternehmenskriminalität I, S. 133 ff; *ders.* Jura **1980** 568, 573 f; *Langer* FS Lange, S. 254 ff.

**126** So schon der Oberreichsanwalt in RGSt **25** 266, 270 unter Hinweis auf das ältere Schrifttum.

**127** So bei Sch/Schröder/*Heine/Weißer* Rdn. 12 für § 258 Abs. 6.

**128** So bei *Fischer* Rdn. 5 für §§ 173, 221 Abs. 2, 247.

**129** Vgl. *Maurach* JuS **1969** 250: „Streit um des Kaisers Bart".

### 3. Strafbegründende bpM nach § 28 Abs. 1

Als solche allgemein anerkannt sind hierfür (a) die **täterschaftsbegründenden Herrschaftspositionen bei den Sonderdelikten**, deren Abgrenzung aber bereits außerordentlich umstritten ist. Die nächste Gruppe der (b) **eigenhändigen Delikte** ist bereits im Prinzip kontrovers. Dasselbe gilt (c) für die **Absichtsmerkmale** und sonstigen **subjektiven Unrechtselemente** und schließlich (d) für die sog. **speziellen Schuldmerkmale.** 56

**a) Täterschaftsbegründende Herrschaftspositionen bei Sonderdelikten.** Hauptbeispiele der 1. Gruppe sind die im Ergebnis einhellig dem § 28 Ab. 1 unterstellten **echten Amtsdelikte** wie §§ 331, 332, 336, 344, 345, 348. Für die unechten Amtsdelikte war die Beamten- bzw. Amtsträgerqualität immer schon als ein dem früheren § 50 unterstehendes Merkmal anerkannt (vgl. Rdn. 26); für die strafbegründenden Merkmale dieser Art kann selbstverständlich nichts anderes gelten. Unter § 28 Abs. 1 fallen ferner nach völlig h. M. die Soldateneigenschaft bei echten Soldatendelikten (z. B. Fahnenflucht gemäß § 16 i. V. m. § 1 WStG oder Meuterei gemäß § 27 i. V. m. § 1 WStG),[130] die Vermögensfürsorgepflicht nach § 266,[131] die Arbeitgebereigenschaft nach § 266a[132] und das Anvertrautsein bei der Veruntreuung nach § 246 Abs. 2[133] sowie der Anwälte und Rechtsbeistände nach § 356.[134] 57

Aber damit ist die unter den multiplen Differenzierungstheorien wenigstens im Ergebnis halbwegs bestehende Einigkeit bereits zu Ende. Bei zahlreichen **anderen strafbegründenden Tätermerkmalen ist heillos umstritten,** ob ihr Fehlen – wie es nach der Einheitstheorie selbstverständlich ist – beim Teilnehmer eine Strafmilderung nach § 28 Abs. 1 nach sich ziehen kann. Die Streitfragen haben ihre Ursache darin, dass die Beschränkung der Strafbarkeit auf einen bestimmten Täterkreis oft, aber fast nie einmütig nur als Folge des angeblich für § 28 Abs. 1 nicht ausreichenden Umstandes angesehen wird, dass bestimmten Personen das tatbestandlich geschützte Rechtsgut besonders leicht zugänglich ist oder dass normalerweise nur sie in eine Situation kommen, die die Tatbegehung nahe legt. Das beginnt schon bei der Stellung als Wehrpflichtiger, bei dessen Wehrpflichtentziehung durch Verstümmelung (§ 109) die Anwendung des § 28 Abs. 1 teils propagiert, teils abgelehnt wird,[135] oder als Medizinalpersonen nach § 278,[136] und setzt sich bei den Inhabern der Fürsorge- und Erziehungspflicht nach § 171 ebenso fort[137] wie bei den Berufsgeheimnisträgern in § 203, wo entgegen der überwiegenden Meinung[138] von einigen Autoren[139] das Vorliegen eines bpM verneint wird. Auch die täterschaftlichen Betreu- 58

**130** *Fischer* Rdn. 5; Maurach/Gössel/Zipf/*Renzikowski* § 53 Rdn. 86.

**131** BGH wistra **1994** 139; **1997** 100; BGH StV **1995** 173; BGH NStZ **1997** 281; NStZ-RR **2008** 6; **2009** 102; NStZ **2012**, 316 (317); NStZ **2012** 630; wistra **2015** 146; BGHSt **62** 282 (284 Rdn. 16).

**132** BGH wistra **2011** 344 (Rdn. 23); NStZ **2018** 221 (222); BGHSt **56** 153 (155 Rdn. 5); BGHSt **62** 282 (285 Rdn. 16).

**133** RGSt **72** 3238; *Fischer* Rdn. 5b; *Hoyer* SK Rdn. 16, 36; Sch/Schröder/*Heine*/*Weißer* Rdn. 13; *Radtke* JuS **2018** 643.

**134** *Gillmeister* LK § 356 Rdn. 105; *Kuhlen* NK § 356 Rdn. 66; *Rogall* § 356 SK Rdn. 45; Sch/Schröder/*Heine*/*Weißer* § 356 Rdn. 27.

**135** *Schroeder* LK[12] § 109 Rdn. 24 einerseits, Sch/Schröder/*Eser* § 109 Rdn. 17 andererseits.

**136** **Str.** vgl. Lackner/Kühl/*Heger* § 278 Rdn. 1; *Fischer* § 278 Rdn. 8; **aA** *Heidland* S. 64.

**137** Bejahend *Roxin* LK[11] Rdn. 60 und *Dippel* LK[12] § 171 Rdn. 22, verneinend Sch/Schröder/*Bosch*/*Schittenhelm* § 171 Rdn. 11.

**138** BGHSt **4** 355, 359; *Puppe* NK Rdn. 64. *Roxin* LK[11] Rdn. 61 bemüht sich intensiv, den wegen der Berufsgehilfen und postmortalen Mitwisser des Abs. 3 in seine Theorie der Pflichtdelikte nicht besonders gut passenden Tatbestand des § 203 doch noch zu integrieren.

**139** *Gössel* BT 1 § 37 Rdn. 133; Sch/Schröder/*Lenckner*[26] § 203 Rdn. 73 (and. jetzt Sch/Schröder/*Eisele* § 203 Rdn. 111); *Schwerdtfeger* S. 232 f.

ungsstellungen gem. §§ 174, 174a sollen nach *Lenckner*[140] und einer verbreiteten Meinung[141] keine bpM sein, weil die dort genannten Abhängigkeitsverhältnisse „lediglich eine besondere Beziehung kennzeichnen, in der das geschützte Rechtsgut – sexuelle Freiheit und ungestörte sexuelle Entwicklung des Jugendlichen – gegen Angriffe besonders gefährdet ist; der Gesichtspunkt einer besonderen personalen Pflichtverletzung" soll hier „keine Rolle" spielen; auch auf den Teilnehmer nach § 170 (Verletzung der Unterhaltspflicht) und § 172 (Doppelehe) soll § 28 Abs. 1 keine Anwendung finden.[142]

**59** Demgegenüber hat *Roxin* in der 11. Aufl. (Rdn. 63) auch die täterschaftlichen Betreuungspflichten in §§ 174, 174a als bpM qualifiziert.[143] Die These, die im Gesetz genannten Abhängigkeitsverhältnisse sollten keine besondere Pflichtenstellung, sondern nur die besondere Gefährdung des Jugendlichen gegen Angriffe kennzeichnen, leuchte nicht ein. Denn es gebe genügend andere Abhängigkeitsverhältnisse, die eine besondere Gefährdung begründen; aber nur die im Gesetz genannten Abhängigkeitsverhältnisse seien von der Art, dass den Täter eine spezielle Verantwortung treffe, der ein Außenstehender nicht unterliegt. Auch sei es ein höchst befremdliches Ergebnis, dass die Täterqualifikation nach § 174b ein besonderes persönliches Merkmal sein solle, weil „die Tat Amtsdelikt ist",[144] während es die strukturell völlig gleichgearteten Täterstellungen der §§ 174, 174a nicht sein sollten. Bleibe man konsequent und unterstelle die Eigenschaft als Amtsträger in § 174b nicht dem § 28 Abs. 1,[145] sei wiederum unverständlich, warum die Amtsträgereigenschaft ausgerechnet hier keine besondere Pflichtenstellung begründen solle.

**60** Diese Beispielsfälle könnten noch beliebig verlängert werden, ohne dass sich das Bild irgendwie verändern würde: Weil die benutzten Abgrenzungsformeln verschwommen sind und keine kompakte teleologische Basis besitzen, ist die Entscheidung fast aller Einzelfragen hoch umstritten und mutet wie ein Spiel der Willkür an, die die drohende Verwandlung einer „überfeinerten Strafrechtsdogmatik" in einen „Gemischtwarenladen"[146] drastisch illustriert. *Roxin* LK[11] Rdn. 39 hat deshalb (unbeschadet dessen, dass er selbst eine Differenzierungstheorie vertritt) die vorstehend bei einem großen Teil der Literatur nachgewiesene **restriktive Handhabung** des § 28 Abs. 1 mit Recht kritisiert. „Denn sie beruht mehr oder weniger deutlich auf der Prämisse, daß die Rechtsgutsbezogenheit eines Tätermerkmals seine Subsumtion unter § 28 Abs. 1 ausschließe. Wäre dies richtig, dürften nicht einmal die Amtsdelikte unter § 28 Abs. 1 fallen, und die Vorschrift wäre praktisch gegenstandslos. Verfehlt ist auch die Annahme, daß die leichte Zugänglichkeit des Schutzobjekts für den Täter notwendig gegen die Annahme einer besonderen Pflichtenstellung spreche. Denn der Umstand, daß das geschützte Handlungsobjekt bestimmten Personen besonders leicht zugänglich (weil anvertraut) ist, bildet vielfach gerade den Anlaß für die Auferlegung besonderer Pflichtenbindungen." Auch die meisten Amtsdelikte sind nur Amtsträgern zugänglich, und dennoch ist die Amtsträgereigenschaft unbestritten ein besonderes persönliches Merkmal. So bestehen denn auch keine Bedenken, die Vermögensfürsorgepflicht bei der Untreue,[147] die Unterhaltspflicht nach § 170[148] sowie die Fürsorge- oder Er-

---

**140** Sch/Schröder/*Lenckner*[26] § 174 Rdn. 20; § 174a Rdn. 13; Sch/Schröder/*Eisele* § 174 Rdn. 32, § 174a Rdn. 13.

**141** *Fischer* § 174 Rdn. 18, 174a Rdn. 3; *Hörnle* LK[12] § 174 Rdn. 52; *Maurach/Schroeder/Maiwald/Hoyer/Momsen* BT I § 18 Rdn. 49; *Otto* BT § 66 V 2; *Schwerdtfeger* S. 232; *Wolters* SK § 174 Rdn. 19.

**142** Sch/Schröder/*Bosch/Schittenhelm* § 170 Rdn. 35; § 172 Rdn. 8.

**143** Ebenso *Gössel* I § 25 Rdn. 30; *Jakobs* § 23 Rdn. 25; *Köhler* AT, S. 549; *Otto* BT § 66 Rdn. 32, 58.

**144** Sch/Schröder/*Eisele* § 174b Rdn. 10.

**145** *Hörnle* LK[12] § 174b Rdn. 20; *Maurach/Schroeder/Maiwald/Hoyer/Momsen* BT I § 19 Rdn. 21; *Wolters* SK § 174b Rdn. 12.

**146** Dazu *Schünemann* FS Roxin I, 2, 6 f.

**147** So die ganz h. M.: BGH wistra **1985** 190, wistra **1988** 308; *Fischer* StGB Rdn. 186; *Maurach/Schroeder/Maiwald/Hoyer/Momsen* BT I § 45 Rdn. 58; *Schünemann* LPK-Untreue Rdn. 257; aus dem früheren Schrifttum *Dreher/Tröndle* § 266 Rdn. 15; *Hübner* LK[10] § 266 Rdn. 105; *Lackner* § 266 Rdn. 2; *Otto* BT § 54 I 2; *Samson* SK[6] § 266 Rdn. 45. **Dagegen** aber Sch/Schröder/*Lenckner*[26] § 266 Rdn. 52; *Grünwald* GS Armin Kaufmann 563.

**148** **Abw.** Sch/Schröder/*Bosch/Schittenhelm* § 170 Rdn. 35; *Dippel* LK[12] § 170 Rdn. 78.

ziehungspflicht nach § 171 (= § 170d a. F.) als besondere persönliche Merkmale i. S. des § 28 Abs. 1 anzuerkennen. Anderer Auffassung bezüglich § 171 sind Sch/Schröder/*Lenckner*[26] bzw. Sch/Schröder/*Bosch*/*Schittenhelm* § 171 Rdn. 11. Wenn es dort heißt:‚§ 28 I ist auf den Teilnehmer nicht anwendbar, da sich die Fürsorgepflicht des § 170d im Prinzip nicht von sonstigen Garantenpflichten unterscheidet, diese aber kein besonderes Merkmal i. S. des § 28 darstellen‘, so stellt das aber die Dinge auf den Kopf, indem ein Argument für den Sonderpflichtcharakter der Garantenstellungen dazu benutzt wird, auch noch die Fürsorgepflicht des § 171 aus dem Anwendungsbereich des § 28 herauszuhalten. „Dabei ist kaum eine soziale Rolle denkbar, die den weitestgehenden Forderungen nach einer ethisch-normativ begründeten Vertrauensstellung als Voraussetzung für ein besonderes persönliches Merkmal so sehr entspricht wie die des § 170d“ (*Roxin* LK[11] Rdn. 66). Dem ist lediglich hinzuzufügen, dass **allein die Einheitslösung** der Überlastung haarspalterischer Differenzierungen mit davon normativ nicht getragenen Rechtsfolgen einen sicheren Riegel vorschieben kann.

Allein die Einheitstheorie hält schließlich auch für den im Herzen der Viergruppentheorie **61**
angesiedelten, von ihr aber nicht auflösbaren Knoten der **Garantenstellung bei den unechten Unterlassungsdelikten** die alexandrinische Lösung bereit. Die Anwendbarkeit des § 28 Abs. 1 ist hier noch heilloser umstritten als sonst.[149] Zwar unterscheidet sich, wie *Roxin* richtig feststellt (LK[11] § 28 Rdn. 64), die Garantenstellung gem. § 13 strukturell nicht von derjenigen des Amtsträgers, der im Rahmen seiner Aufgabe ebenfalls Garant der ihm anvertrauten Güter ist und für pflichtwidriges Tun und Unterlassen gleichermaßen haftet;[150] auch etwa die Vermögensfürsorgepflicht des Täters der Untreue (§ 266) ist eine Garantenpflicht, die durch das Unterlassen notwendiger Fürsorgemaßnahmen ebenso wie durch Tun verletzt werden kann. Und es trifft auch zu, dass die „vor allem von *Geppert* begründete Gegenmeinung einen Unterschied konstruiert, der nicht besteht, indem sie dem Garantieverhältnis bei den unechten Unterlassungsdelikten eine rechtsgutsbestimmende Funktion zuweist,[151] die Amtsstellung aber z. B. nur ‚als ein disziplinarisch zu erfassendes Moment ohne Bezug zum Rechtsgut‘[152] einstuft; in Wirklichkeit sind

**149** **Dafür** schon *Roxin* TuT, S. 515; eingehend *Vogler* FS Lange 265 ff; ferner *Arzt* JA **1980** 553; Baumann/Weber/Mitsch//*Eisele* § 26 Rdn. 151; *Eser* II Fall 42 Rdn. 12; *Fischer* Rdn. 5a; Sch/Schröder/*Heine*/*Weißer* Rdn. 19; *Hoyer* SK Garantestellungen der unechten Unterlassungsdelikte fließenden Pflichten besondere persönliche Merkmale im Sinne des § 28 Abs. 1 StGB sind“, sich im konkreten Fall der Garantenstellung bei § 370 Abs. 1 Nr. 2 AO aber gegen die Anwendung des § 28 Abs. 1 entschieden. **Differenzierend** nach Beschützer- und Überwachergarant *Herzberg* GA **1991** 161 ff; ähnlich *Jakobs* § 23 Rdn. 24 f; § 29 Rdn. 112.

**150** *Roxin* Kriminalpolitik und Strafrechtssystem S. 16 ff; das gilt freilich nur bei einer echten Herrschaftsbeziehung, die für die Stellung der Amtsträger im Umweltrecht heiß umstritten und nur in engen Grenzen zu bejahen ist, s. *Rudolphi* FS Dünnebier 580; *ders.* NStZ **1984** 198 f; *ders.* JR **1987** 336 ff; *ders.* JR **1995** 167 f; *ders.* SK[7] § 13 Rdn. 40b, 54c f; *Schünemann* Grund und Grenzen der unechten Unterlassungsdelikte (1971) S. 329, 363; *ders.* ZStW **96** (1984) 311; *ders.* GA **1985** 380; *ders.* wistra **1986** 243 f; *ders.* in Schünemann/Suárez González, S. 62 ff; zust. (und z. T. noch restriktiver) *Czychowski* ZfW **1984** 265 ff, 267 f; *Fischer* Vor § 324 Rdn. 18 f; GenStA Hamm NStZ **1984** 219; *Hohmann* NuR **1991** 12; *Immel* Strafrechtliche Verantwortlichkeit von Amtsträgern im Umweltstrafrecht (1987) 183 f; *Jescheck*/*Weigend* S. 624; *Schall* NJW **1990** 1270; *ders.* JuS **1993** 723; *ders.* SK Vor § 324 Rdn. 113 ff; *Stein* SK § 13 Rdn. 46; *Tiedemann* Die Neuordnung des Umweltstrafrechts (1980) 45; *Tröndle* GS Meyer 618 f; *Weber* Strafrechtliche Verantwortung von Bürgermeistern und leitenden Verwaltungsbeamten im Umweltrecht (1988) 56 f. **And.** ein annähernd gleich starker Teil der Literatur, s. *Brammsen* Die Entstehungsvoraussetzungen der Garantenpflichten (1986) 197 f; *Freund* Erfolgsdelikt und Unterlassen (1992) 305 ff; *Horn* SK[7] Vor § 324 Rdn. 111; *Hüwels* Fehlerhafter Gesetzesvollzug und strafrechtliche Zurechnung (1986) 175 f, 182 ff; *Kühl* AT § 18 Rdn. 80 f; Lackner/Kühl/*Heger* Vor § 324 Rdn. 11 f; Sch/Schröder/*Heine*/*Schittenhelm* Vor § 324 Rdn. 38 ff; *Schultz* Amtswalterunterlassen (1984) 166 ff; *Möhrenschlager* LK[12] § 324 Rdn. 61; *Stratenwerth*/*Kuhlen* AT § 13 Rdn. 17; *Winkelbauer* Probleme der Fahrlässigkeit im Umweltstrafrecht (1991) 67; ebenso OLG Frankfurt NJW **1987** 2753 ff, 2757, während BGHSt **38** 325 den Sonderfall der kommunalen Abwässer (mit Herrschaftsposition des Bürgermeisters!) betraf.

**151** *Geppert* ZStW **82** (1970) 70.

**152** *Vogler* FS Lange 270, mit auch sonst zutreffender Kritik an der Konzeption *Gepperts*, welcher schreibt, ZStW **82** (1970) 72, die Beamtenstellung charakterisiere „nicht das dort geschützte Rechtsgut, sondern eine rein persönliche Pflichtenstellung des jeweiligen Amtsträgers“.

alle diese Merkmale gleichermaßen rechtsgutsbezogen, ohne daß dies ihre Subsumtion unter § 28 Abs. 1 hinderte" (*Roxin* LK[11] Rdn. 64). Trotzdem ist die Schlussfolgerung: „Wenn aber in diesen und ähnlichen Fällen die Verantwortlichkeit für einen bestimmten Lebensbereich unbestritten als ‚besonderes persönliches Merkmal' gilt, kann es bei den unechten Unterlassungsdelikten nicht anders sein." (*Roxin* ibid.) weder zwingend noch überzeugend, denn dabei wird (ebenso wie in allen anderen Diskussionsbeiträgen) übersehen, dass die Garantenstellung des dem Tatbestand eines **Gemeindelikts** entsprechenden unechten Unterlassungsdelikts *als Tätermerkmal* **alternativ** *neben die Tatherrschaft durch aktives Tun tritt*, so dass es sich in *diesem* Fall *(anders als bei den Garantensonderdelikten)*[153] gerade *nicht* um ein exklusives Tätermerkmal handelt, das *man nicht durch mittelbare Täterschaft auf sich ziehen kann*. Vielmehr kann der Nicht-Garant, der etwa einen rettungswilligen Garanten fesselt und dadurch einen rettenden Kausalverlauf verhindert, ohne weiteres (mittelbarer) Täter des Gemeindelikts sein.[154] Die Garantenstellung ist also nur beim Garantensonderdelikt, nicht aber beim Gemeindelikt ein bpM, und deshalb hat BGHSt **41** 1 die Frage für das **Gemeindelikt der Steuerhinterziehung** (§ 370 AO) völlig richtig im Sinne der Nichtanwendung des § 28 Abs. 1 entschieden (dazu näher o. Rdn. 6 f).

**62** Was die sonst noch in der bisherigen Kasuistik behandelten besonderen Täterstellungen anbetrifft, so versteht sich ihre Zuordnung zu § 28 Abs. 1 nach der *Einheitstheorie* von selbst. Soweit sie von Vertretern der *höchstpersönlichen Pflichtentheorie* anders behandelt werden, ist das nicht nur von deren eigenen Prämissen her angreifbar, sondern scheitert auch gelegentlich an der Figur der **verkappt eigenhändigen Delikte**. Für die **Schuldnereigenschaft** in § 288 ergibt sich die Anwendbarkeit des § 28 Abs. 1 aus der Struktur als Garantensonderdelikt (Rdn. 46).[155] Entsprechendes gilt für § 283.[156] Dass die Täterstellung des **Unfallbeteiligten** nach § 142 dem § 28 Abs. 1 unterfällt, folgt aus dem Deliktscharakter als verkappt eigenhändiges Delikt, weil es sich um ein embryonales Aussagedelikt handelt.[157] Ähnlich verhält es sich mit der **Doppelehe** nach § 172.[158] Ehegatte ist man immer nur höchstpersönlich, was die Vertreter der Pflichtentheorie ebenfalls anerkennen müssten, weil es ja auch in der Erfüllung der ehelichen Pflichten keine Stellvertretung gibt. Dass das Delikt des Pfandleihers nach § 290 dem § 28 Abs. 1 untersteht,[159] folgt nicht nur aus der Einheitstheorie, sondern auch auf der Basis der Pflichtentheorie aus der Obhutsherrschaft des Pfandleihers und seiner daraus folgenden spezifischen Pflicht, die Ingebrauchnahme verpfändeter Sachen zu unterlassen. Schließlich bleiben noch die „Gefangenen" (§ 121), die sich **eigenhändig** zusammenrotten, so dass schon deshalb auf Extranei § 28 Abs. 1 anwendbar ist, was auch die Anhänger der Pflichtentheorien mit der nur die Gefangenen treffenden Pflicht zur Wahrung der Ruhe in ihrer Anstalt begründen könnten.[160] Dasselbe gilt für die Mitgliedschaft in der Menge beim Landfriedensbruch gem. § 125 (*M.-K. Meyer* GA **2000** 459, 471 f).

---

**153** Dazu näher *Schünemann/Greco* LK § 25 Rdn. 54 ff.

**154** Eine dritte Form der Tatbestandsverwirklichung sieht hierin *Gimbernat* in Hefendehl S. 163 ff.

**155** And. Sch/Schröder/*Heine/Weißer* Rdn. 18.

**156** BGHSt **58** 115 (hierzu **zust.** *Fauser* ZWH **2013** 273; *Kraatz* JR **2013** 466; diff. *Brammsen/Ceffinato* NZI **2013** 619); BGHSt **63** 282 (285 Rdn. 16); *Frister* AT § 25 Rdn. 40; Maurach/Gössel/Zipf/*Renzikowski* § 53 Rdn. 72; **a. A.** Sch/Schröder/*Heine/Weißer* Rdn. 18.

**157** Dazu *Schünemann/Greco* LK § 25 Rdn. 69; mit and. Beg. *Puppe* NK Rdn. 71 und Maurach/Gössel/Zipf/*Renzikowski* § 53 Rdn. 72; **and.** freilich die h. L., auch *Roxin* LK[11] Rdn. 68; *Herzberg* GA **1991** 170 f.

**158** Auch dazu *Herzberg* GA **1991** 171 f; zutr. *Dippel* LK[10] § 171 Rdn. 16 m. w. N.; **and.** die inzwischen von der Formel der Höchstpersönlichkeit durchtränkte, die Eigenhändigkeit freilich ignorierende h. L., s. zu den Revisionisten ihrer ursprünglichen eigenen Auffassung *Dippel* LK[12] § 172 Rdn. 12; *Maurach/Schroeder/Maiwald* BT II § 63 Rdn. 7; *Fischer* § 172 Rdn. 7; ferner *Roxin* LK[11] Rdn. 68; *Herzberg* GA **1991** 170 f.

**159** *Schünemann* LK[12] § 290 Rdn. 11 m. umfass. Nachw.; **and.** *Roxin* LK[11] Rdn. 68; ebenso *Jakobs* § 23 Rdn. 24.

**160** **And.** *Fischer* § 121 Rdn. 11; Lackner/Kühl/*Heger* § 121 Rdn. 2; *Roxin* LK[11] Rdn. 67; Sch/Schröder/*Eser* Rdn. 16 mit dem Argument der „Tatgefährlichkeit"; wie hier *Ostendorf* NK § 121 Rdn. 6.

**b) Eigenhändige Delikte.** Die zweite große Tatbestandsgruppe bilden die bisher in der Diskussion um § 28 Abs. 1 zu Unrecht vernachlässigten eigenhändigen Delikte. Mit der Einsicht, dass diese lange Zeit quasi als Atavismus angesehene Deliktsstruktur durchaus in ein kriminalpolitisches Konzept eingebettet werden kann (dazu eingehend *Schünemann* FS Jung [2007] 881 ff; *Schünemann/Greco* LK § 25 Rdn. 63 ff), leuchtet es auch ein, dass die Eigenhändigkeit ein *Tätermerkmal kat'exochen* ist, dessen Fehlen eine sowohl funktionale als auch kriminalpsychologische Entfernung vom tatbestandlichen Unrecht bedeutet, die die Strafmilderung gem. § 28 Abs. 1 nicht nur legitimiert, sondern notwendig macht. Die in der heutigen Doktrin dagegen als angeblicher Trumpf ausgespielte Isolierung des zur Rechtsgutsverletzung führenden Kausalstranges (in den sich natürlich auch ein Extraneus einklinken kann) ist in Wahrheit der eigentliche Atavismus, nämlich ein Rückfall in den strafrechtlichen Naturalismus nach Art *v. Buris*. Dadurch bewährt sich auch hier wieder das Kriterium der Einheitstheorie, denn die Eigenhändigkeit ist bei dieser Deliktsgruppe per definitionem ein Merkmal, **das man nicht durch mittelbare Täterschaft verwirklichen kann.** 63

Eine markante Gruppe der eigenhändigen Delikte bilden die **Aussagedelikte** (zu ihrer Stellung in der Täterlehre *Schünemann/Greco* LK § 25 Rdn. 69). Zwar bestreitet *Lenckner*,[161] dass die für die Aussageperson nach §§ 153 ff bestehende Wahrheitspflicht ein besonderes persönliches Merkmal i. S. des § 28 Abs. 1 sei: „Daß nur für den Zeugen usw. selbst eine Wahrheitspflicht besteht, beruht ausschließlich auf rechtsgutsbezogenen Erwägungen, da nur er mögliches Beweismittel bei der Wahrheitsermittlung ist, weshalb auch nur er die tatsächliche Möglichkeit eines Angriffs auf die Rechtspflege hat." Aber die Rechtsgutsbezogenheit, die bekanntlich auch bei den Amtsdelikten vorliegt (Rdn. 38), spricht nicht gegen das Sonderunrecht der Täterstellung. Auch *Roxin* hat hierzu anerkannt, gerade der Umstand, dass das Gesetz eine mittelbare Täterschaft bei Aussagedelikten nicht vorsieht, zeige, dass die prozessuale Rolle als Zeuge oder Sachverständiger eine Pflichtenstellung schaffe, die den Außenstehenden nicht trifft[162] – womit, wenn auch in den Worten der Theorie der Pflichtdelikte, genau der springende Punkt der **Einheitstheorie** akzeptiert worden ist. 64

Von da aus ist es nur noch ein kleiner Schritt zu der Erkenntnis, dass zwischen der Täterstellung bei den eigenhändigen Delikten der §§ 153 ff und bei denjenigen, die „ein **strafrechtliches Jedermann-Gebot** umschreiben",[163] nicht der geringste Unterschied besteht. Ob die Beschränkung des Täterkreises außerstrafrechtlichen Sonderpflichten korrespondiert, spielt für die kriminalpolitisch (und nicht nur kriminal-phänomenologisch!) motivierte Entscheidung des Gesetzgebers und deshalb auch für die kriminalpolitischen Konsequenzen via § 28 keine Rolle. Es führt deshalb auch gründlich in die Irre, wenn man sich darüber den Kopf zerbricht, ob die *Verwandteneigenschaft* in **§ 173** deshalb nach § 28 Abs. 1 zu behandeln sei, weil ihr die „sozialethische und daher spezifisch personale Pflicht"[164] zugrunde gelegt wird, „die engste Familie von sexuellen Beziehungen freizuhalten",[165] oder ob es sich dabei nur um eine Umschreibung der aus dem strafrechtlichen Verbot resultierenden Vermeidepflicht handele, deren Verletzung sozialethisch nicht mehr und nicht weniger verwerflich und „personal" sei als die Begehung anderer Straftaten und § 28 Abs. 1 deshalb hier nicht anzuwenden sei.[166] Ausschlaggebend ist 65

---

**161** Sch/Schröder/*Lenckner*[26] Vor § 153 Rdn. 42; Sch/Schröder/*Bosch/Schittenhelm* Vor § 153 Rdn. 42; ebenso Lackner/Kühl/*Kühl* Rdn. 6.

**162** LK[11] Rdn. 62 unter Hinweis auf den gleichen Standpunkt bei *Rudolphi* SK Vor § 153 Rdn. 9; *Vormbaum* Der strafrechtliche Schutz des Strafurteils (1987) S. 282 ff; *Jakobs* § 23 Rdn. 25; *Köhler* AT, S. 550; *Langer* FS Ernst Wolf 335 ff, 345 ff; *Puppe* NK Rdn. 70.

**163** *Roxin* LK[11] Rdn. 67, der mit dieser Charakterisierung allerdings die entgegen gesetzte Folgerung verbinden will.

**164** *Lackner*[20] (**and.** aber jetzt Lackner/Kühl/*Heger*) § 173 Rdn. 6.

**165** Im Ergebnis ebenso Baumann/Weber/*Mitsch*[11] § 32 Rdn. 18; *Tröndle/Fischer*[53] Rdn. 7 (**and.** jetzt *Fischer* Rdn. 11); wohl auch *Herzberg* ZStW **88** (1976) 105, Fn. 89.

**166** So die schon o. Rdn. 7 ausführlich kritisierte Entscheidung BGHSt **39** 326; ebenso bzw. zust. *Roxin* LK[11] Rdn. 67; *ders.* AT II § 27 Rdn. 71; *Blei* JA **1969** 610; *Schmidhäuser* AT § 14 Rdn. 82; BT § 13 Rdn. 11; Sch/Schröder/*Bosch/*

nicht die Verwandtschaftsbeziehung, sondern die vom Strafgesetz geforderte **Eigenhändigkeit** der Tatbegehung, die zwingend und auch rechtspolitisch mit Recht zur Anwendung des § 28 Abs. 1 auf den teilnehmenden Extraneus führt. Entsprechendes gilt für das Sich-selbst-Berauschen in § 323a und das „Führen" eines Fahrzeugs nach §§ 315c, 316.[167]

66 **c) Absichtsmerkmale und sonstige subjektive Unrechtsmerkmale. Nicht** zu den bpM strafbegründender Art gehören der Vorsatz und nach h. M. die rechtsgutsbezogenen Absichtsmerkmale (wie z. B. in §§ 164, 257, 267, die Enteignungskomponente bei § 242). Zwar ist der Vorsatz nichtakzessorisch, d. h., er wird nur demjenigen zugerechnet, der ihn selbst hat. Und die genannten Absichten sind wenigstens insoweit nichtakzessorisch, als auch ein Außenstehender selbst wollen muss, dass sie verwirklicht werden (zu alledem ausführlich *Schünemann/Greco* LK § 26 Rdn. 76 ff). Aber diese Nichtakzessorietät folgt nicht aus § 28 Abs. 1, der auch nicht die beim Fehlen derartiger Merkmale eintretende Straflosigkeit, sondern nur eine Strafmilderung begründen könnte. Sie ergibt sich vielmehr aus dem Strafgrund der Teilnahme, d. h. aus dem Fehlen eines Rechtsgutsangriffs in der Person dessen, der die genannten subjektiven Merkmale nicht aufweist (näher *Schünemann/Greco* LK § 26 Rdn. 76).[168] Zu den **nicht rechtsgutsbezogenen** Absichten s. am Beispiel der Aneignungsabsicht o. Rdn. 51 f. Ein verkapptes bpM stellt auch die Rechtsprechung zum Begriff des Handeltreibens gem. § 29 BtMG dar, die ein eigennütziges Handeln verlangt (BGHSt **34** 124, 126; BGH NJW **2005** 3790; BGH NStZ **2006** 578).

67 Diese Unterscheidung zwischen rechtsgutsbezogenen und rechtsgutsneutralen Absichtsmerkmalen ignoriert der BGH, wenn er die **Bereicherungsabsicht als qualifikationsbegründendes Merkmal zur Entziehung Minderjähriger** (§ 235 Abs. 4) deshalb als „tatbezogen", d. h. als vollakzessorisch behandelt, weil es sich um eine „überschießende Innentendenz" handele, die ein „erfolgskupiertes Delikt" durch „bloße Vorverlagerung des Vollendungszeitpunkts" konstituieren würde und damit „funktionell sachlicher Natur" sei (BGHSt **55** 229 [232 Rdn. 7][169]). Die Kennzeichnungen passen zur Enteignungskomponente des Diebstahls als eines Eigentumsdelikts, weniger, aber immerhin noch halbwegs zur Bereicherungsabsicht eines Vermögensdelikts wie des Betrugs, aber zu einem Freiheitsdelikt wie der Entziehung Minderjähriger schlichtweg nicht mehr, denn die erhoffte Belohnung hat mit der Tatvollendung nichts zu tun. Es erstaunt, dass der BGH seine These mit Literaturbelegen versieht, die sämtlich die Bereicherungsabsicht zu Vermögensdelikten wie insb. § 263 und nie zu Freiheitsdelikten betreffen, anscheinend ohne es zu merken. Das zusätzliche in der Entscheidung angeführte Argument, der Schutzzweck des Qualifikationsmerkmals spreche auch für dessen akzessorische Behandlung, weil es dem Gesetzgeber um die „Eindämmung des organisierten und kommerziellen Kinderhandels" gegangen sei (BGHSt 55 **229** [232 Rdn. 9), ist ad hoc; zu Ende gedacht würde es zur vollakzessorischen Behandlung der Bandenmäßigkeit gem. § 244 Abs. 1 Nr. 2 bzw. § 260 Abs. 1 Nr. 2 oder der Gewerbsmäßigkeit[170] (etwa § 260 Abs. 1 Nr. 1) führen, was aber einer gefestigten Rspr. widersprechen würde. Es ist auch zu kritisieren, wenn die **Bereicherungsabsicht im Kontext der mittelbaren Falschbeurkundung** (§ 271 Abs. 3) apodiktisch für vollakzessorisch angesehen wird (BGHSt **53** 34 [38 Rdn. 22]), obwohl es

---

*Schittenhelm* § 173 Rdn. 8 m. w. N.; *Herzberg* GA **1991** 184; *Dippel* NStZ **1994** 182; *Puppe* NK Rdn. 68; und im Erg. auch *Stein* StV **1995** 251, 253.

**167** **And.** naturgemäß *Roxin* LK[11] Rdn. 67; *Herzberg* GA **1991** 182 f.

**168** *Herzberg* GA **1991** 145; *Roxin* LK[11] Rdn. 70.

**169** Eingehende Kritik bei *Schünemann* GA **2011** 445 (452 ff); abl. auch *Hoyer* GA **2012** 123; hierzu **zust.** aber *Wieck-Noodt* NStZ **2011** 458; *Umansky/Mathieu* HRRS **2014** 42 ff; Sch/Schröder/*Heine/Weißer* Rdn. 20; *Puppe* Rdn. 25.

**170** Ebenso *Schünemann* GA **2011** 454; *Hoyer* GA **2012** 125.

keineswegs klar ist, ob diese Bereicherung, als Gewinn, das in einem rechtsgüterschützenden Strafrecht immer als Schädigung zu verstehende Unrecht prägt.[171]

**d) Spezielle Schuldmerkmale.** Die strafbegründenden sog. speziellen Schuldmerkmale unterstehen durchweg dem § 28 Abs. 1 (**aM:** § 29, s. o. Rdn. 17). 68

Der **BGH** zählt dazu auch die **Mordmerkmale der 1. und 3. Gruppe**, aber zu Unrecht: Zwar 69
handelt es sich bei diesen (vgl. Rdn. 73 ff) um besondere persönliche Merkmale; aber sie sind **strafschärfend** und deshalb nach **§ 28 Abs. 2** zu beurteilen, weil der Mord eine Qualifikation des Totschlags ist. Die Gegenmeinung der Rechtsprechung beruht auf der Prämisse, dass § 211 ein eigenständiger Tatbestand sei (vgl. Rdn. 34). Sie ist aus Gründen, die außerhalb der Akzessorietätsproblematik liegen, verfehlt und wird deswegen von der fast einhelligen Meinung in der Literatur abgelehnt (vgl. statt aller nur Sch/Schröder/*Eser*/*Sternberg-Lieben* vor § 211 Rdn. 5, 6).[172] Die vom BGH in st. Rechtsprechung praktizierte Anwendung des § 28 Abs. 1 führt aber auch unter Teilnahmegesichtspunkten zu sehr unglücklichen Ergebnissen. Denn danach ist zwar eine Milderung der Teilnehmerstrafe möglich, wenn ein den Täter charakterisierendes Mordmerkmal beim Teilnehmer fehlt; aber die Milderung nach §§ 28 Abs. 1, 49 Abs. 1 führt bei der Anstiftung zum Mord zu einem Strafrahmen von 3–15 Jahren, was im Verhältnis zur Totschlagsanstiftung nach §§ 26, 212, die in der Regel mit Freiheitsstrafe nicht unter 5 Jahren oder sogar mit lebenslanger Freiheitsstrafe zu ahnden ist, als grob unbillig betrachtet werden muss (*Arzt*/*Weber*/*Heinrich*/*Hilgendorf* BT § 2 Rdn. 40 f; die vom BGH jüngst als Aushilfe angenommene „Sperrwirkung" [BGH NStZ **2006** 34, 288] ist erst recht widersprüchlich, zutr. *Puppe* NStZ **2006** 290; *dies.* NK Rdn. 27). Wenn andererseits nicht der Täter, sondern nur der Teilnehmer aus niedrigen Beweggründen handelt, kann der Teilnehmer ungerechterweise nicht nach § 211, sondern nur wegen Teilnahme am Totschlag bestraft werden, weil § 28 Abs. 1 auf einen solchen Fall nicht zutrifft. BGHSt **23** 39 f versucht dieses Ergebnis zu mildern: Danach soll es – wenig folgerichtig! – für die Anwendung des § 211 auf den Teilnehmer genügen, dass dieser ein anderes persönliches Mordmerkmal erfüllt als der Täter (dazu kritisch *Arzt* JZ **1973** 681 ff). Für die hier vertretene Ansicht entstehen diese Probleme nicht. Das Signal, man würde sich von dieser Rspr. verabschieden (BGH NJW **2006** 1008 [1012 f.]), hat sich nicht realisiert (BGH NStZ **2008** 273 [Rdn. 13]; NStZ **2015** 46; StV **2015** 288 [289][173]) und dürfte inzwischen als erledigt anzusehen sein.[174]

Die Frage, ob die Geschäftsmäßigkeit nach dem 2015 eingeführten Straftatbestand gegen die **Suizidbeihilfe** (§ 217) als bpM einzustufen war,[175] hat sich mit der Nichtigerklärung der Strafbestimmung durch das BVerfG (NJW **2020** 905) erledigt.

## 4. Strafschärfende, strafmildernde und strafausschließende Merkmale nach § 28 Abs. 2

**a) Strafschärfende besondere persönliche Merkmale.** In die Gruppe der strafschärfenden 70
Merkmale nach § 28 Abs. 2 fallen neben den Unrechtsmerkmalen, die nicht durch mittelbare Täterschaft zu verwirklichen sind, eo ipso sämtliche speziellen Schuldmerkmale.[176] Zu den *straf-*

171 Die Einstufung als bpM abl. *Hoyer* SK § 271 Rdn. 36.
172 **And.** *Klesczewski* FS Leipzig 492 ff; s. a. die BGH-Richterin *Rissing-van Saan* (2010), insb. S. 40 ff.
173 M. Bspr. *Dehne-Niemann*.
174 Ebenso *Puppe* NK Rdn. 30, die auch an eine Äußerung von *Rissing-van Saan* (2010) S. 41 im 2. Karlsruher Rechtsgespräch erinnert.
175 Zum Ganzen nur *Haas* GS Tröndle 525 ff.
176 Nachweise aus der Rechtsprechung des RG finden sich bereits in Rdn. 23 f. Im Folgenden werden nur einzelne Belege aus der Nachkriegsrspr. nachgetragen.

*schärfenden Unrechtsmerkmalen* gehören die Pflichtenstellung als Amtsträger bei den unechten Amtsdelikten,[177] das Anvertrautsein bei der Veruntreuung nach § 246[178] und die Obhutsstellung nach § 221 Abs. 2. *Straferhöhende Schuldmerkmale* sind vor allem die spezialpräventiv orientierten Qualifikationsgründe der Gewerbsmäßigkeit[179] und der Gewohnheitsmäßigkeit[180] sowie die Gewinnsucht.[181]

71 Nach allgemeiner Meinung sollen alle strafschärfenden **persönlichen Merkmale** grundsätzlich nach § 28 Abs. 2 zu behandeln sein;[182] die Abgrenzungsprobleme, die bei den aus einer Beschränkung des Täterkreises resultierenden strafbegründenden Merkmalen auftreten (vgl. Rdn. 56 ff), stellten sich hier also nicht. Auf dem Boden der Einheitstheorie versteht sich das von selbst; die Pflichttheorien heben darauf ab, dass, wenn der Gesetzgeber die Strafe auf Grund persönlicher Merkmale schärft, nur die besondere Pflichtenstellung oder die erhöhte Schuld des Täters dafür Anlass sein könnte.

72 Für die eklektizistischen Theorien kann es im Einzelfall schwierig sein, unter den strafschärfenden Merkmalen **persönliche und sachliche voneinander zu trennen.** Ein Beispiel dafür bietet der Strafschärfungsgrund der **„Mitgliedschaft in einer Bande"** (§§ 244 Abs. 1 Nr. 2 StGB; 373 Abs. 2 Nr. 3 AO, 30 Abs. 1 Nr. 1 BtMG). Dieses Merkmal ist in der Rechtsprechung des BGH zunächst überwiegend als sachliches Merkmal gedeutet worden, wird seit der Entscheidung des Großen Senats (BGHSt **12** 220, 226 f; vorher schon BGHSt **4** 32, 35) jedoch nach § 28 Abs. 2 behandelt.[183] In der 11. Aufl. dieses Kommentars schloss sich *Roxin* (Rdn. 73) an die ältere Rechtsprechung an, denn es sei die Gefährlichkeit einer Bande als solcher und der Tatbegehung durch mehrere Personen, die den Qualifikationsgrund trage.[184] Aber „Mitglied" kann man nur in eigener Person sein und nicht durch einen anderen als Werkzeug werden, weshalb die Rechtsprechung mit Recht an der Einordnung in § 28 Abs. 2 festhält – im Unterschied zu der bei § 244 Abs. 1 Nr. 2 StGB die Tatbegehung beschreibenden Ausführung „unter Mitwirkung eines anderen Bandenmitglieds".[185]

73 **b) Die Qualifikationsmerkmale des Mordes insbesondere.** Nach entsprechenden Gesichtspunkten ist auch bei den Qualifikationsmerkmalen des Mordes zu entscheiden. Die neuere Rechtsprechung des BGH (vgl. die Nachweise Rdn. 31 ff) behandelt die Motive[186] (Mordlust, zur

---

**177** BGHSt **5** 71, 81; **6** 308, 309; BGH LM Nr. 12 zu § 50 a. F. = NJW **1955** 720 LS; *Fischer/Gutzeit* JA **1998** 41; *Kindhäuser/Hilgendorf* LPK Rdn. 4.

**178** BGH StV **1995** 84; *Köhler* AT 549.

**179** Zu § 260 Abs. 1 Nr. 1 bzw. § 260a siehe BGHSt **3** 191, 192; **4** 41, 43; NJW **2012** 325 (Rdn. 23); zu § 263 Abs. 5 BGH NStZ **2009** 95; NStZ **2019** 277; NJW **2020** 1080 (Rdn. 29 f); ähnlich §§ 292 Abs. 2, Nr. 2, beim Schmuggel (jetzt: § 373 I AO): BGHSt **6** 260, 261; weiter etwa §§ 29 Abs. 3 Nr. 1, 30 Abs. 1 Nr. 2 BtMG; ferner beim Wucher, § 291 Abs. 2 Nr. 2; bei § 243 Abs. 1 S. 2 Nr. 3 BGH StraFo **2014** 215; OLG Bamberg StV **2016** 651; bei § 267 Abs. 4 BGH NJW **2020** 1080 (Rdn. 38).

**180** § 292 Abs. 2 Nr. 1.

**181** §§ 236 Abs. 4 Nr. 1, 283a Nr. 1, 283d Abs. 3 Nr. 1. Die frühere Rechtsprechung hat die Gewinnsucht nicht als unter § 50 a. F. fallend anerkannt: RGSt **53** 31, 35; **62** 203, 206; BGHSt **17** 215, 217, ist aber seit Einbeziehung der „persönlichen Umstände" obsolet.

**182** So auch *Herzberg* TuT § 12 II.

**183** Vgl. die Nachw. in Rdn. 29; aus der neueren Rspr. BGH NStZ **2007** 101; NStZ-RR **2007** 112; StraFo **2008** 215; NStZ-RR **2012** 90; NStZ **2013** 102 (103); NStZ-RR **2015** 113 (114); NJW **2020** 1080 (Rdn. 29 f).

**184** *Ebenso* vor allem Sch/Schröder/*Bosch* § 244 Rdn. 28; *Gerhold* S. 608 Fn. 2603; Sch/Schröder/*Heine/Weißer* Rdn. 18; *Hoyer* SK § 28 Rdn. 32; *Kohlrausch/Lange* § 50 Anm. III; *Kindhäuser* NK § 244 Rdn. 48; *Otto* BT § 41 Rdn. 65; *Puppe* NK Rdn. 76; *Vogler* FS Lange 278.

**185** BGHSt **46** 120, 128; *Schmitz* MK § 244 Rdn. 61; *Herzberg* ZStW **88** (1976) 102; Lackner/Kühl/*Kühl* § 244 Rdn. 7; *Maurach/Schroeder/Maiwald/Hoyer/Momsen* BT I § 33 Rdn. 136; *Krey/Hellmann/Heinrich* BT II § 1 Rdn. 195; *Schünemann* JA **1980** 393, 395 f.

**186** **Abw.** KG JR **1969** 63 m. **abl.** Aufsatz *Koffka* JR **1969** 41.

Befriedigung des Geschlechtstriebes, Habgier, niedrige Beweggründe) und Absichten (Ermöglichungs- und Verdeckungsabsicht[187]) als „besondere persönliche Merkmale“, während die Mittelgruppe des § 211 (heimtückisch, grausam, gemeingefährliche Mittel) als voll akzessorisch vom Anwendungsbereich des § 28 ausgeschlossen wird (eingehend *Küper* JZ **2006** 608 ff, 1157 ff).

Dem ist für die **Motiv- und Absichtsmerkmale** in Übereinstimmung mit der h. M.[188] zuzustimmen; mit der Maßgabe freilich, dass diese Merkmale als straferhöhende Umstände nach § 28 Abs. 2 behandelt werden (und nicht als strafbegründende Merkmale nach Abs. 1, wie es der BGH auf Grund seiner These annimmt, § 211 sei ein eigenständiges Delikt; vgl. Rdn. 34). Denn die Motive und Absichten sind nicht vom Werkzeug abhängig, sondern müssen beim Täter vorliegen und steigern dessen individuelle Schuld und Gefährlichkeit (vgl. Rdn. 13ff). Daher ist der Mitwirkende, der diese Merkmale im Gegensatz zum Täter nicht aufweist, nur wegen Teilnahme am Totschlag zu bestrafen, so wie umgekehrt der Teilnehmer einer Anstiftung oder Beihilfe zum Mord schuldig ist, wenn er solche Merkmale in seiner Person erfüllt, diese beim Täter aber fehlen. 74

Bei den Merkmalen **„heimtückisch“, „grausam“, „mit gemeingefährlichen Mitteln“**, die von Rechtsprechung und h. L. voll akzessorisch behandelt werden, hängt die Anwendbarkeit des § 28 Abs. 2 von der Auslegung dieser Umstände ab. Stellt man sich auf den Standpunkt, dass diese Merkmale nur widerlegliche Indizien für die besondere Verwerflichkeit der Täterhandlung seien, dass also auch bei ihrem Vorliegen im Einzelfall noch im Wege „negativer Typenkorrektur“ aus § 212 bestraft werden könne, wenn es an dieser extremen Verwerflichkeit fehlt, so ist klar, dass auch auf diese Merkmalsgruppe § 28 Abs. 2 uneingeschränkt angewendet werden muss.[189] Geht man andererseits mit der Rechtsprechung (BGHSt **9** 385, 389; **11** 139, 143) davon aus, dass schon beim Vorliegen eines Mordmerkmals in jedem Falle § 211 heranzuziehen sei, ohne dass es auf die besondere Verwerflichkeit der Täterhandlung im Übrigen noch ankomme, so ist zu differenzieren: 75

Das Merkmal der **„Heimtücke“** ist kein persönliches, sondern ein sachliches und damit uneingeschränkt akzessorisch zu behandelndes Kriterium, wenn man es mit der älteren Rechtsprechung (vgl. *Jähnke* LK[11] § 211 Rdn. 39) im Sinne einer „Ausnutzung der Arg- und Wehrlosigkeit“ definiert; denn dann handelt es sich nur um eine besondere Art des Angriffs, die dem Teilnehmer hier wie in zahlreichen anderen Tatbeständen uneingeschränkt zuzurechnen ist (insofern ist also BGHSt **23** 103, 105 zuzustimmen). Wenn man allerdings mit der neueren Rechtsprechung (BGHSt **9** 385, 390; **37** 376, 377) für die Heimtücke neben der Ausnutzung der Arg- und Wehrlosigkeit noch eine besondere „feindselige Willensrichtung des Täters gegen das Opfer“ verlangt, so ist dieses zweite Begriffselement ein eindeutig persönliches, nicht substituierbares Merkmal, das demzufolge nichtakzessorisch zu behandeln ist.[190] Der Teilnehmer braucht dann, um aus § 211 bestraft werden zu können, die Ausnutzung der Arg- und Wehrlosigkeit durch den Täter nur zu kennen (das ist eine Frage des Vorsatzes), während er die feindliche Willensrichtung selber haben muss. In dem Sachverhalt, der der Entscheidung BGHSt **9** 385 zugrunde lag (der Familienvater tötet Frau und Kinder, während sie schlafen, durch ausströmendes Gas, um ihnen Schande zu ersparen), wäre der „ohne feindliche Willensrichtung“ han- 76

---

**187** Auch bei § 306b II Nr. 2, BGH NJW **2011** 2148 (Rdn. 12).

**188** Aporetische Übersicht bei Arzt/Weber/Heinrich/*Hilgendorf* BT § 2 Rdn. 26 ff; vgl. ferner; *Blei* II § 6 IV; *Herzberg* ZStW **88** (1976) 105 f; *Jakobs* § 23 Rdn. 21; *ders.* NJW **1969** 489; NJW **1970** 1089; *Krey/Hellmann/Heinrich* BT I § 1 Rdn. 18 ff; Lackner/Kühl/*Kühl* § 211 Rdn. 16; *Maurach* JuS **1969** 253 ff; Maurach/Gössel/Zipf/*Renzikowski* § 53 Rdn. 79 f; *Neumann/Saliger* NK § 211 Rdn. 113 ff; *Samson* ZRP **1969** 27; *Schröder* JZ **1969** 132; *Welzel* § 38 II, 3; *Wessels/Hettinger/Engländer* BT I § 2 Rdn. 88 ff; *Schneider* MK § 211 Rdn. 269. **And.** früher *Dreher* JR **1970** 146 ff, dazu **krit.** *Roxin* LK[11] Rdn. 75.

**189** In diesem Sinne vor allem Sch/Schröder/*Eser/Sternberg-Lieben* § 211 Rdn. 10, 55.

**190** *Roxin/Greco* AT I § 10 Rdn. 81; *Roxin* AT II § 27 Rdn. 76; auch *Herzberg* ZStW **88** (1976) 107 f; *Schünemann* Jura **1980** 359, 362 unter dem Terminus „Mischmerkmale“; *Geppert* Jura **2008** 37; ferner die Dissertationen von *Heidland* S. 50 f und *Jährig* S. 53 f.

delnde Vater demnach auch dann nur aus § 212 zu bestrafen gewesen, wenn er zu der Tat einen anderen angestiftet hätte, bei dem neben der Ausnutzung der Arg- und Wehrlosigkeit auch die „feindliche Willensrichtung" zu bejahen gewesen wäre: Das übersieht die Rechtsprechung, wenn sie die Heimtücke ohne jede Einschränkung als tatbezogenes Merkmal behandelt. Andererseits ist sogar ohne eine solche nach der gegenwärtigen Rechtsprechung erforderliche Zerlegung der gesamte Begriff der „Heimtücke" als schuldsteigerndes Merkmal dem § 28 Abs. 2 zu unterstellen, wenn man ihn mit einer im Schrifttum verbreiteten Meinung als „tückische Gesinnung" oder „verwerflichen Vertrauensbruch" deutet:[191] Denn in diesem Falle sind alle sachlichen Umstände der Tatausführung nur Indizien für die gesteigerte Schuld des Täters, die der Qualifikation zugrunde liegt. Die Unsicherheiten der Rechtsanwendung haben ihren Grund also nicht in § 28, sondern in der Uneinigkeit über die Auslegung des Heimtücke-Merkmals.

77 In entsprechender Weise ist auch bei der **„Grausamkeit"** zu unterscheiden, die von der Rechtsprechung als sachliches, rein akzessorisches Merkmal behandelt wird (BGHSt **24** 106, 108). Wenn nämlich „grausam" tötet, „wer dem Opfer aus gefühlloser, unbarmherziger Gesinnung ... besondere Schmerzen oder Qualen zufügt" (BGHSt **3** 180), so ist zwar die Zufügung der Leiden ein sachliches Unrechtselement, die zusätzlich verlangte verwerfliche Gesinnung jedoch ein persönliches Merkmal, das ebenso wie ein „niedriger Beweggrund" der Schuld zuzuordnen und nach § 28 Abs. 2 zu beurteilen ist.[192] Wenn also derjenige, der zur Tötung anstiftet, zwar weiß, dass der Täter dem Opfer besondere Schmerzen zufügt, dabei aber der unbarmherzigen Gesinnung des Ausführenden ermangelt, ist er nach § 212, 26 zu bestrafen, so wie er umgekehrt als Anstifter zum Morde zur Verantwortung zu ziehen ist, wenn er von einer derart verwerflichen Gesinnung geleitet wird, der unmittelbar Handelnde jedoch nur den Tatbestand des § 212 erfüllt. Einer im Sinne der Rechtsprechung voll akzessorischen Behandlung würde das Merkmal „grausam" nur dann unterliegen, wenn man auf das Gesinnungsmoment verzichtete und die Zufügung qualvoller Schmerzen allein zur Bejahung eines Mordes ausreichen ließe.

78 Dagegen ist die **„Gemeingefährlichkeit"** des Mittels der Prototyp einer Mordqualifikation, die auf einem rein sachlichen, unrechtssteigernden Merkmal, der durch die Art der Tötung bedingten potentiellen Gefährdung weiterer Menschenleben, beruht.[193] Selbstverständlich kann es auch durch einen mittelbaren Täter verwirklicht werden. Wenn also der Teilnehmer weiß, dass der Täter ein solches Mittel anwendet, haftet er auf jeden Fall auch selbst aus § 211.

79 **c) Strafmildernde besondere persönliche Merkmale.** Als strafmildernde besondere persönliche Merkmale i. S. des § 28 Abs. 2 kommen nur **privilegierende spezielle Schuldmerkmale** in Betracht. Unrechtsmerkmale scheiden hier aus, weil die täterschaftsbegründenden Pflichtenstellungen, die als besondere persönliche Merkmale anzusehen sind (Rdn. 55 f), das Unrecht nur begründen oder steigern, nicht aber mildern können. Die allgemeinen Schuldminderungsgründe andererseits fallen unter § 29, so dass etwa das jugendliche Alter des Heranwachsenden (§ 106 JGG), die verminderte Schuldfähigkeit (§ 21) oder der vermeidbare Verbotsirrtum (§ 17 S. 2) nicht schon nach § 28 Abs. 2 zur Strafmilderung führen; doch würde eine Anwendung des § 28 Abs. 2 dieselben Ergebnisse zeitigen, so dass die Frage keine praktische Bedeutung hat.

80 Hauptbeispiel eines strafmildernden Merkmals nach § 28 Abs. 2 war die nichteheliche Mutterschaft im Tatbestand der Kindstötung gem. § 217 a. F. Mit dessen Aufhebung durch das 6. StrRG ist als unbestritten nach § 28 Abs. 2 zu beurteilender persönlicher Strafmilderungsgrund die Eigenschaft als Schwangere nach § 218 Abs. 3 übrig geblieben.

---

191 Vgl. zu solchen Auslegungen nur *Schaffstein* FS H. Mayer 419 ff.

192 So auch *Roxin/Greco* AT I § 10 Rdn. 79 f; *Geppert* Jura **2008** 37. Vgl. ferner *Maurach* JuS **1969** 255, der unter Hinweis auf dieses Gesinnungsmoment bemerkt, es sei „bedenklich, wenn die herrschende Lehre gleichwohl die Sachgebundenheit der Grausamkeit betont und die Akzessorietät bestehen läßt".

193 Über die Zweifel, die selbst hier bestehen können, vgl. *Maurach* JuS **1969** 255.

Auch das **Handeln auf ernstliches und ausdrückliches Verlangen des Getöteten** in § 216 wird vielfach als unter § 28 Abs. 2 fallend angesehen.[194] Das ist richtig, wenn man, wie es auch geboten erscheint, die Motivation durch das Verlangen des Opfers als einen persönlichen, schuldmindernden Umstand ansieht. Dann ist, wenn der Handelnde durch den Wunsch des Opfers zur Tat bestimmt worden ist, ein Teilnehmer, der unabhängig davon tätig wird, als Mitwirkender nach §§ 212 bzw. 211 zu bestrafen; ebenso muss umgekehrt die Strafe des durch das Verlangen des Opfers motivierten Teilnehmers durch Anwendung von § 28 Abs. 2 i. V. m. § 216 gemildert werden, obwohl der Täter, wenn er dadurch nicht bestimmt worden ist, als Totschläger oder Mörder haftet. Die Gegenmeinung sieht § 216 als einen Fall geminderten Unrechts an und will die „Bestimmung" durch das Opfer voll akzessorisch behandeln.[195] Der Teilnehmer wird dann aus § 216 bestraft, wenn er nur weiß, dass der Täter unter den Voraussetzungen dieser Milderung handelt, mag er selbst auch durch andere Motive zu seiner Mitwirkung bestimmt worden sein. Aber das ist ein Zirkelschluss der oben in Rdn. 4 kritisierten Art. 81

**d) Strafausschließende besondere persönliche Merkmale.** Unter die strafausschließenden besonderen persönlichen Merkmale fallen, da die allgemeinen Schuldausschließungsgründe nach § 29 zu beurteilen sind, die speziellen schuldausschließenden Merkmale sowie die persönlichen Strafausschließungsgründe und Strafaufhebungsgründe. Als Beispiele sind etwa zu nennen §§ 36, 173 Abs. 3, 257 Abs. 3, 258 Abs. 6. Die Einordnung dieser Merkmale als Schuld- oder Strafausschließungsgründe ist im Einzelnen umstritten, doch kommt es für die Beurteilung nach § 28 Abs. 2 nicht auf diese Frage an: auch würde das Ergebnis immer noch dasselbe sein, wenn man die speziellen schuldausschließenden Umstände unter § 29 subsumieren wollte. Der freiwillige Rücktritt vom Versuch (§ 24) ist nur dann bei § 28 Abs. 2 einzuordnen, wenn man ihn mit der h. L. als persönlichen Strafaufhebungsgrund versteht;[196] deutet man ihn als allgemeinen Schuldausschließungsgrund,[197] so wird dieselbe Lösung durch Heranziehung des § 29 erreicht. 82

## V. Die Anwendung des § 28 in Sonderfällen

### 1. § 28 bei der versuchten Anstiftung

Die Regelung des § 28 gilt auch für die versuchte Anstiftung nach § 30 (BGHSt **6** 308, 311). Zwar passt § 28 hier nicht unmittelbar; denn die „Täter oder Teilnehmer", von denen § 28 Abs. 2 spricht, treten im Falle des § 30 nicht auf, weil es an einem Täter fehlt und in dessen Ermangelung auch von einer wirklichen Teilnahme nicht die Rede sein kann. Doch ist jedenfalls eine Anwendung des in § 28 niedergelegten „Rechtsgedankens" (BGHSt **6** 311) auf die potentiellen Täter oder Teilnehmer des § 30 geboten, weil sonst die versuchte im Verhältnis zu einer nach § 26 zu beurteilenden vollendeten Anstiftung ungerechtfertigterweise benachteiligt oder bevor- 83

**194** *Engländer* FS Krey 73, 80; *Jescheck/Weigend* § 61 VII 4a bb; *Maurach/Gössel*/Zipf[7] § 53 Rdn. 174 (ohne Stellungnahme jetzt Maurach/Gössel/Zipf/*Renzikowski* § 53 Rdn. 92); Sch/Schröder/*Heine/Weißer* Rdn. 23.

**195** So *Horn* SK[5] § 216 Rdn. 13 (**anders** aber seit der 6. Aufl., s. jetzt [9. Aufl.] *Sinn* § 216 Rdn. 17); *Otto* BT § 6 Rdn. 73, wo die These der Unrechtsminderung und konsequenterweise der akzessorischen Behandlung vertreten wird; **aA** *Jescheck/Weigend* § 61 VII 4a bb, der gerade wegen der Unrechtsminderung § 28 Abs. 2 statt § 29 anwenden will; ebenso auch *Fischer* § 216 Rdn. 14a; Lackner/Kühl/*Kühl* § 216 Rdn. 2; *Maurach/Gössel*/Zipf[7] § 53 Rdn. 174; Maurach/Schroeder/Maiwald/*Hoyer/Momsen* BT I § 2 Rdn. 61; Sch/Schröder/*Eser/Sternberg-Lieben* § 216 Rdn. 18; *Wessels/Hettinger/Engländer* BT I § 2 Rdn. 106.

**196** So BGH NStZ **2007** 91.

**197** *Roxin* FS Heinitz 273 ff; *Rudolphi* SK[6] § 24 Rdn. 6 (and. jetzt *Jäger* SK § 24 Rdn. 8 ff).

zugt würde. Wenn also z. B. jemand ohne niedrige Beweggründe einen Tötungsentschluss in einem anderen erregt, der seinerseits aus Habgier handelt, mit seiner Tat aber nicht ins Versuchsstadium gelangt, so ist der Veranlasser wegen versuchter Anstiftung zum Totschlag zu bestrafen; dagegen ist er nach §§ 30, 211 zur Verantwortung zu ziehen, wenn er selbst aus Habgier jemanden vergeblich zu einer Tötung auffordert, dessen Tat im Falle ihrer Ausführung als Totschlag zu beurteilen gewesen wäre. Über Einzelheiten der Anwendung des § 28 (namentlich in dem Fall, dass die in Aussicht genommene Tat in der Person eines Beteiligten als Vergehen, in der des anderen aber als Verbrechen zu beurteilen gewesen wäre) siehe *Schünemann/Greco* LK § 30 Rdn. 35 ff.

### 2. Anwendbarkeit der §§ 28, 29 auf die Teilnahme am erfolgsqualifizierten Delikt?

**84** Der BGH will §§ 28, 29 auch zur Lösung der Probleme heranziehen, die bei der Teilnahme an erfolgsqualifizierten Delikten entstehen. Er hat in zwei Urteilen (BGHSt **2** 223; **19** 339; vgl. näher dazu *Schünemann/Greco* LK § 26 Rdn. 95 f) entschieden, dass ein Anstifter zur Körperverletzung oder zum Raube nach §§ 26, 226, 251 bestraft werden kann, wenn der Täter das Opfer vorsätzlich umbringt, der Veranlasser dies aber lediglich fahrlässig (bzw. in § 251 heute „leichtfertig“) nicht voraussieht. Dabei soll die Möglichkeit einer Anstiftung zur fahrlässigen Qualifikation nach §§ 226, 251 trotz insoweit vorsätzlichen Täterhandelns aus § 50 (heute: §§ 28, 29) folgen (BGHSt **2** 226; **19** 341f). Das ist jedoch nicht zutreffend. Denn auch wenn man dem vom BGH erzielten Ergebnis zustimmt, besteht doch heute Einigkeit darüber, dass es sich konstruktiv um eine Anstiftung zum Grunddelikt in Verbindung mit einer fahrlässigen Nebentäterschaft hinsichtlich der schweren Folgen handelt (BGHSt **19** 341f; vgl. *Schünemann/Greco* LK § 26 Rdn. 96). Da somit eine eigentliche Teilnahme an der Erfolgsherbeiführung überhaupt nicht vorliegt, können auch keine Akzessorietätsprobleme entstehen. Es ist also nicht so, dass eine Teilnahme an einer fahrlässigen bzw. leichtfertigen Erfolgsherbeiführung angenommen werden dürfte, weil das beim Täter vorliegende schulderhöhende Merkmal des Vorsatzes dem Anstifter nach §§ 29 oder 28 Abs. 2 nicht zugerechnet werden könnte, sondern es fehlt insoweit überhaupt an dem Täter-Teilnehmer-Verhältnis, das diese Vorschriften voraussetzen.

### 3. § 28 und Regelbeispiele

**85** Auf gesetzliche Regelbeispiele für besonders schwere Fälle ist § 28 Abs. 2 analog (genau genommen: a fortiori) anzuwenden.[198] Beispielsweise ist die Gewerbsmäßigkeit gem. § 243 Abs. 1 Nr. 3 StGB ein „besonderes persönliches Regelbeispiel“, so dass der nicht selbst gewerbsmäßig handelnde Anstifter nur aus § 242 StGB bestraft werden kann.

## VI. Die Strafe

**86** Die **Strafmilderung** folgt in § 28 Abs. 1 und Abs. 2 unterschiedlichen Regeln. Bei *strafbegründenden Merkmalen* wird gemäß § 28 Abs. 1 der Teilnehmerbestrafung der Strafrahmen der Tätertat zugrunde gelegt, aber nach dem in § 49 Abs. 1 enthaltenen Milderungsschlüssel modifiziert. Bei *besonderen persönlichen Merkmalen*, die die Strafe *schärfen oder mildern*, kommt dagegen nach § 28 Abs. 2 entsprechend dem Vorliegen oder Nichtvorliegen dieser Merkmale der dafür zutreffende Tatbestand und damit auch dessen besonderer Strafrahmen zur Anwendung.

---

198 BGH wistra **2008** 379; StraFo **2009** 329; *Joecks* MK Rdn. 57.

Bei der **Strafzumessung** innerhalb des über § 28 Abs. 2 zur Verfügung stehenden Strafrahmens kann allerdings ein besonderer Pflichtverstoß des Intraneus **zu Lasten** des Extraneus ins Gewicht fallen. Wenn also ein Privatmann einen Polizisten zu einer Körperverletzung im Amt (§ 340) veranlasst, muss seine Strafe zwar dem durch § 223 gesetzten Rahmen entnommen werden, aber innerhalb dieses Rahmens kann die Veranlassung des erhöhten Amtsunrechts zu einer höheren Strafe führen, als sie bei der Anstiftung eines Privatmannes zu verhängen gewesen wäre.[199] 87

Bei der **Beihilfe zu Garantensonderdelikten** (vgl. *Schünemann/Greco* LK § 25 Rdn. 54 ff) kommt dem Extraneus im Falle des § 28 Abs. 1 seine mangelnde Täterqualifikation u. U. in doppelter Weise zugute: Sie führt zunächst nach § 27 Abs. 2 zu einer obligatorischen Strafmilderung wegen Beihilfe, dann aber wegen Fehlens eines strafbegründenden besonderen Merkmals nach § 28 Abs. 1 zur nochmaligen Milderung der schon gemilderten Strafe. Das kann aber dann **nicht** gelten, wenn dabei **ein und derselbe Umstand** (die mangelnde Täterqualifikation) zweimal zugunsten des Teilnehmers verwertet würde, nämlich wenn allein das Fehlen eines besonderen persönlichen Merkmals dazu führt, dass der Tatbeteiligte nur als Gehilfe verurteilt werden kann. In diesem Fall kann man deshalb nur eine einmalige Milderung zulassen.[200] Wenn also jemand ohne Tatherrschaft (bzw. nach der Rechtsprechung Täterwillen) und ohne die tatbestandsspezifische Vermögensfürsorgepflicht bei einer Untreue (§ 266) mithilft, ist seine Strafe doppelt zu mildern; hat er jedoch, wie es in dem der BGH-Entscheidung zugrunde liegenden Sachverhalt der Fall war, bei der Untreue mit Tatherrschaft bzw. Täterwillen, aber ohne Vermögensfürsorgepflicht mitgewirkt, so tritt nur eine einfache Milderung ein. 88

Gegen diese Lösung hat *Roxin* eingewendet, dass sie „das Stufenverhältnis zur Anstiftung verfehle".[201] So, wie im Regelfall die Gehilfenstrafe nach § 27 im Verhältnis zur tätergleichen Anstifterstrafe nach § 26 gemildert werde, könne angesichts einer Reduktion der Anstifterstrafe nach § 28 Abs. 1 der Abstand zur Beihilfe bei solchen Konstellationen nur durch eine doppelte Herabsetzung des Gehilfenstrafrahmens gewahrt werden. Denn beim Anstifter müsse die Strafe auch dann nach § 28 Abs. 1 gemildert werden, wenn er nur wegen Fehlens der Täterqualifikation Anstifter ist, davon abgesehen aber – z. B. bei einer schuldausschließenden Nötigung zur Untreue – mittelbarer Täter sein müsste. Aber der mit Tatherrschaft mitwirkende Nichtqualifizierte erfährt durchaus zu Recht nur die gleiche einmalige Strafmilderung wie der nichtqualifizierte Anstifter, da ja seine Tatherrschaft die normalerweise bestehende Unwertdifferenz der Beihilfe zur Anstiftung vollständig kompensiert.[202] *Roxins* Replik, dass auch der mit Tatherrschaft am Sonderdelikt beteiligte tatveranlassende (etwa nötigende) Extraneus eine Milderung seiner Anstifterstrafe erhalte, eine Gleichbehandlung des nicht qualifizierten, aber mit Tatherrschaft handelnden Gehilfen aber Anstiftung und Beihilfe entgegen dem Gesetz in solchen Fällen dem gleichen Strafrahmen unterstellen würde,[203] kann nur durch die Interpretation des 89

**199** RG JW **1938** 1583; *Fischer* Rdn. 13; Sch/Schröder/*Heine*/*Weißer* Rdn. 29; krit. Maurach/Gössel/Zipf/*Renzikowski* § 53 Rdn. 50.

**200** BGHSt **26** 53; BGH wistra **1988** 303; NStZ-RR **2006** 109; StraFo **2008** 215; NStZ-RR **2009** 102; BGHSt **56** 153 (155 Rdn. 5); NStZ **2012**, 316 (317); NStZ **2012** 630; BGHSt **58** 115 (118 Rn. 10); wistra **2015** 146; BeckRS **2017** 109266 (Rdn. 37); NStZ **2018** 221 (223); BGHSt **63** 282 [287 Rdn. 21]); NStZ-RR **2019** 213; NStZ-RR **2019** 347 f.; NZWiSt **2019** 317 (319); NStZ **2020** 495 (Rdn. 3); **zust.** *Bruns* JR **1975** 510; *Fischer* Rdn. 7; *Hoyer* SK Rdn. 45, sowie § 27 Rdn. 39; Sch/Schröder/*Kinzig* § 49 Rdn. 6; *Langer* FS Ernst Wolf 337, 339; *Willms* LM Nr. 1 zu § 49; **zweifelnd** BGH wistra **1994** 139; *Blei* JA **1975** 447; *Vogler* FS Lange 272; **abl.** *Puppe* NK Rdn 78 f; Maurach/Gössel/Zipf/*Renzikowski* § 53 Rdn. 87.

**201** LK[11] Rdn. 88; *ders.* AT II § 27 Rdn. 83; ebenso *Gribbohm* FS Salger 39, 42 ff.

**202** *Schünemann* Jura **1980** 367 Fn. 82.

**203** LK[11] Rdn. 89 mit der weiteren Erwägung, das sei auch nicht angemessen, weil dann bei tatherrschaftsloser Mitwirkung die Strafrahmen von Anstifter und Gehilfe doch wieder auseinander fielen, obwohl doch hier dem Anstifter nach Schünemanns Terminologie ebenfalls „zwei Tätermerkmale" fehlen, es also zu einem gleichermaßen doppelt gemilderten Strafrahmen kommen müsste, den das Gesetz aber nun einmal nicht vorsieht; aber das ist letztlich eine Kritik an der problematischen Regelung des § 26 selbst.

§ 28 mit Hilfe der **Einheitstheorie** entkräftet werden: **Besonders** ist ein persönliches Merkmal eben nur dann, wenn es als **weiteres** Tätermerkmal neben der Tatherrschaft verstanden wird,[204] weshalb eben auch nur beim **Fehlen zweier Tätermerkmale** die doppelte Strafmilderung angeordnet wird.[205]

**204** *Schünemann* Jura **1980** 366 f; *ders.* GA **1986** 341 f; **zust.** *Bottke* TuG, S. 118.
**205** Im Fall des § 28 Abs. 2 ergibt sich die gleiche Konsequenz daraus, dass der Grundtatbestand in der Regel ein Gemeindelikt ist (Beispiel: § 223 zu § 340), so dass der Extraneus hier wegen seiner Tatherrschaft eo ipso zum Täter avanciert.

## § 29 Selbständige Strafbarkeit des Beteiligten

**Jeder Beteiligte wird ohne Rücksicht auf die Schuld des anderen nach seiner Schuld bestraft.**

### Schrifttum und Stichwortverzeichnis

s. bei § 28.

Zur **Entstehungsgeschichte** der Vorschrift vgl. *Schünemann/Greco* LK vor § 25 Rdn. 1ff und § 28 Entstehungsgeschichte. Sie ist deshalb von großer, heute aber weitgehend vergessener Bedeutung für ihre Interpretation, weil sich der klar erkennbare Regelungswille des Gesetzgebers auf zwei Anwendungsbereiche erstreckte – nämlich die unvorsätzliche und die schuldlose Haupttat –, von denen der *erste* in der Strafrechtsreform anderweitig geregelt worden ist und somit nur noch der *zweite* übrig bleibt, während der von einer Mindermeinung proklamierte *dritte* Anwendungsbereich – die sog. speziellen Schuldmerkmale – bereits vor Einführung des § 29 (= § 50 Abs. 1 a. F.) anderweitig, nämlich in § 28 (= § 50 Abs. 2 a. F.) geregelt war und deshalb weder nach dem Willen des Gesetzgebers noch nach dem Zweck der Vorschrift von § 29 erfasst wird. 1

Die Vorschrift formuliert das **Prinzip der limitierten Akzessorietät,** demzufolge einem Teilnehmer zwar der vom Täter verwirklichte Unrechtstatbestand zuzurechnen, die Schuld aber für jeden Beteiligten individuell zu bestimmen ist. Unter „Schuld" verstand man 1943 einerseits die Vorwerfbarkeit im Sinne der Abwesenheit von Schuldausschließungsgründen und andererseits die Schuldformen „Vorsatz und Fahrlässigkeit".[1] Nach dem Willen des Gesetzgebers sollte § 29 deshalb die Strafbarkeit der vorsätzlichen Teilnahme an einer unvorsätzlichen Haupttat festsetzen,[2] die zuvor vom Reichsgericht in st.Rspr. verneint worden war (RGSt **10** 8 [9]; **51** 39 [41]; **70** 26 [27]). Dem ist der BGH zunächst auch gefolgt (BGHSt **4** 355 ff; **5** 47 [48]), um dann jedoch in einer Grundsatzentscheidung unter ausdrücklichem Hinweis auf die vom Finalismus *Welzels* übernommene Schuldlehre eine Teilnahme an unvorsätzlicher Haupttat kategorisch auszuschließen (BGHSt **9** 370 [374 ff]). Zwar war die dogmatische Situation wieder offen, nachdem sich *Roxin* in einer eingehenden Analyse für den Bereich der von ihm als *Pflichtdelikte* bezeichneten Garantensonderdelikte (dazu *Schünemann/Greco* LK § 25 Rdn. 54 ff) für die Strafbarkeit des teilnehmenden extraneus an einer unvorsätzlichen Haupttat des intraneus ausgesprochen hatte (TuT S. 406–422) – zumal dies die für das Ergebnis allein relevante Deliktsgruppe ist, weil der Hintermann hinter einem unvorsätzlich handelnden Vordermann bei den Tatherrschaftsdelikten ohnehin mittelbarer Täter durch Benutzung eines blinden Werkzeuges ist (*Schünemann/Greco* LK § 25 Rdn. 100 f). Die Frage ist dann aber in der Strafrechtsreform gegenteilig entschieden worden, indem in den §§ 26, 27 für Anstifter und Gehilfen gleichermaßen die Mitwirkung an einer „vorsätzlich begangenen rechtswidrigen Tat" verlangt wurde (*Schünemann/Greco* LK vor § 26 Rdn. 20 ff). 2

§ 29 gilt deshalb nur noch für die **Vorwerfbarkeit im Sinne der Abwesenheit von Schuldausschließungsgründen** und besagt, dass eine Teilnahme auch dann möglich ist, wenn der Täter entschuldigt handelt. Solche Schuldausschließungsgründe sind der unvermeidbare Verbotsirrtum (§ 17), die Schuldunfähigkeit (§§ 19, 20 StGB, ggf. § 3 JGG), der strafbefreiende Rück- 3

---

1 Vgl. nur *Roxin/Greco* AT I § 19 Rdn. 10 ff; *Schünemann* Grundfragen des modernen Strafrechtssystems (1984) S. 31 f, beide m. z. w. N.; eingehend *Achenbach* Historische und dogmatische Grundlagen der strafrechtssystematischen Schuldlehre (1974) S. 40 ff.

2 *Rietzsch* DJ **1943** 310 f; *ders.* in: Pfundtner/Neubert (Hrsg.) Neues Reichsrecht (1933 ff), II c 6 S. 223 Anm. 1 zu Art. 2 VO v. 29.5.1943; BGHSt **1** 49, 132, 382, 370.



https://doi.org/10.1515/9783110300451-014

tritt (§ 24),[3] der Notwehrexzess[4] (§ 33) und der entschuldigende Notstand (§ 35). Die Möglichkeit der Teilnahme hat allerdings deshalb keine große praktische Bedeutung, weil meist eine mittelbare Täterschaft vorliegen wird (§ 25 Abs. 1 Alt. 2), wenn sich jemand zur Durchführung einer Straftat eines Schuldlosen bedient. Doch gibt es immerhin eine Reihe von Ausnahmen, die bei Bestimmung der mittelbaren Täterschaft (*Schünemann/Greco* LK § 25 Rdn. 79 ff) im Einzelnen aufgeführt und deren wichtigste bei *Schünemann/Greco* LK vor § 26 Rdn. 21 zusammengestellt worden sind, namentlich Irrtumsfälle und Garantensonderdelikte. Für sie ist deshalb die in § 29 geregelte Teilnahme an schuldloser Haupttat auch im Ergebnis relevant.

4 Bei der **Teilnahme an einer nach §§ 33, 35 entschuldigten Tat** ist allerdings umstritten, ob sie strafbar ist. *Rudolphi*[5] verneint das im Hinblick darauf, dass auch das Unrecht der Tätertat schon wesentlich gemildert sei; rechne man dies dem Teilnehmer zugute, so sinke damit auch seine „Restschuld" unter das für eine Teilnehmerbestrafung erforderliche Maß. Dem ist jedoch mit der h. M.[6] entgegenzuhalten, dass erst der zur Unrechtsmilderung hinzutretende Motivationsdruck, der beim Teilnehmer gerade nicht vorliegt, den Täter vollends entschuldigt. Da § 29 es verbietet, diesen Gesichtspunkt dem Teilnehmer zuzurechnen, muss seine grundsätzliche Strafbarkeit bestehen bleiben. Da jedoch andererseits das verringerte Unrecht der Tätertat auch das Unrecht und mittelbar die Schuld des Teilnehmerverhaltens mindert, muss sich die Entschuldigung des Täters für den Teilnehmer wenigstens bei der Strafzumessung erheblich mildernd auswirken.[7] Außerdem wird man es als straflos ansehen müssen, wenn jemand einem im Notstand nach § 35 Befindlichen lediglich die Rechtslage – also die Straffreiheit seiner Rettung auf Kosten eines anderen – erklärt; der Hinweis auf Gesetzesbestimmungen ist sozialadäquat und kann deshalb nicht als psychische Beihilfe oder gar Anstiftung bestraft werden, solange der Außenstehende den in Not Geratenen nicht im Sinne einer bestimmten Entscheidung beeinflusst.

5 Auch bei den **allgemeinen Schuldminderungsgründen** wie dem vermeidbaren Verbotsirrtum (§ 17 S. 2), der verminderten Schuldfähigkeit (§ 21), dem verschuldeten Putativnotstand (§ 35 Abs. 2) oder dem Fall des § 106 JGG wirkt sich § 29 so aus, dass die Strafmilderung nur dem zugute kommt, in dessen Person sie vorliegt. Wer z. B. unter den Voraussetzungen des § 21 an der Tat eines voll verantwortlichen Täters mitwirkt, kann nur nach Maßgabe des § 21 bestraft werden. Nutzt jemand die verminderte Schuld eines anderen für seine Zwecke aus, kommt freilich auch hier anstelle einer Teilnahme in ungeminderter Schuld eine mittelbare Täterschaft in Betracht (vgl. *Schünemann/Greco* LK § 25 Rdn. 109 ff für den vermeidbaren Verbotsirrtum; § 25 Rdn. 113 f für den Notstand und § 25 Rdn. 136 ff für die verminderte Schuldfähigkeit).

6 Dagegen ist § 29 **nicht auf einzelne Tatbestandsmerkmale** anzuwenden, auch soweit sie in ihrer systematischen Einordnung als *besondere Schuldmerkmale* bezeichnet werden mögen (Bsp. bieten „böswillig" in § 225 StGB, „rücksichtslos" in § 315c StGB, „gewerbsmäßig" in §§ 180a, 260 Abs. 1 Nr. 1, 263 Abs. 5 StGB); für diese **gilt ausschließlich § 28** dazu näher *Schünemann/Greco* LK § 28 Rdn. 17 ff). *Erstens* ist das die Diskussion prägende Merkmal der *Gewerbsmäßigkeit* als qualifizierender Umstand immer schon unter § 28 Abs. 2 (= § 50 a. F.) subsumiert worden (RGSt **25** 271, näher *Schünemann/Greco* LK § 28 Rdn. 13), und die Einbeziehung der „Umstände" erfolgte in dem in diesem Punkt die Reform prägenden E 1962 ausdrücklich zur „Klarstellung", dass auch solche von „nur vorübergehender Natur" dazugehörten (BT-Drucks. **IV**/650

**3** Str. Hält man § 24 für einen persönlichen Strafaufhebungsgrund, so folgt das Ergebnis schon aus § 28 Abs. 2; vgl. *Schünemann/Greco* LK § 28 Rdn. 82.

**4** Auch bei § 33 wird bisweilen, aber zu Unrecht, bestritten, dass es sich um einen Schuldausschießungsgrund handelt, vgl. *Roxin* FS Schaffstein 105 ff.

**5** ZStW **78** (1966) 67; im Ergebnis ebenso *Maurach/Gössel/Zipf*[7] § 53 Rdn. 95 f; and. jetzt Maurach/Gössel/Zipf/*Renzikowski* § 53 Rdn. 23. Vgl. auch *Schünemann/Greco* LK § 25 Rdn. 90.

**6** Vgl. zur Begründung näher *Roxin/Greco* AT I § 22 Rdn. 66, 67.

**7** So auch *Rudolphi*[7] SK § 35 Rdn. 21 im Sinne einer Minimalforderung; *Rogall* SK § 35 Rdn. 52; Sch/Schröder/*Perron* § 35 Rdn. 46; *Welzel* § 23 III 2.

S. 152), also die „niedrigen Beweggründe" beim Mord (BGHSt **22** 375) und die vergleichbaren Merkmale „böswillig" und „rücksichtslos". *Zweitens* bedeutet es eine begriffsjuristische Überreizung der in der Dogmatik gebildeten Deliktskategorien von Unrecht und Schuld (von *Schünemann* als *Hyper-Überkragung* bezeichnet), wenn man eine die Zurechnung einzelner Tatbestandsmerkmale betreffende legislatorische Wertentscheidung mit der Begründung ignorieren will, dem vom Gesetzgeber mit der Absicht einer bestimmten Rechtsfolge verwendeten Ausdruck „Schuld" in § 29 könnten „eigentlich" auch bestimmte Tatbestandsmerkmale subsumiert und für diese deshalb eine andere als die vom Gesetzgeber gewollte Rechtsfolge subintellegiert werden (dazu näher *Schünemann/Greco* LK § 28 Rdn. 5; *Schünemann* Unrecht und Schuld). Die Anwendung von § 29 anstatt § 28 würde nämlich *drittens* zu der vom Gesetzgeber eindeutig verworfenen, die Regelung des § 28 Abs. 1 geradezu auf den Kopf stellenden (s. E 1962, BT-Drucks. **IV**/153 li. o.) Rechtsfolge führen, dass ein die *strafbegründenden* Merkmale aufweisender Teilnehmer selbst dann strafbar wäre, wenn sie beim Täter fehlen, während der Teilnehmer gänzlich straflos bleiben müsste, wenn diese Merkmale beim Täter, aber nicht in seiner Person erfüllt sind. Die Anhänger dieser sich nicht um den Willen des Gesetzgebers scherenden Auffassung;[8] versuchen der nahezu einhellig als unangemessen empfundenen erstgenannten Konsequenz dadurch auszuweichen, dass das „Erfordernis der tatbestandsmäßigen Haupttat den Vorrang" habe,[9] aber das ist eine ihre eigene Theorie nicht etwa rettende, sondern ruinierende bloße ad-hoc-Annahme, denn § 29 differenziert gerade nicht (wie § 28) zwischen Strafbegründung und Strafmodifizierung. *Puppe* sieht diesen Widerspruch, möchte aber deshalb nicht aus dem Automatismus der Inversionsschlüsse „wenn spezielles Schuldmerkmal, dann..." aussteigen, sondern die „Ablehnung strafbarkeitsbegründender Schuldmerkmale" dekretieren (NK Rdn. 82), womit sie aber nur die die ganze Konzeption zerreißenden Widersprüche an eine andere Stelle transponiert, indem sie etwa die „Gewerbsmäßigkeit" als Strafschärfungsmerkmal für täterbezogen, als Strafbegründungsmerkmal für tatbezogen erklärt (NK Rdn. 76).

Die ganze Figur der „speziellen Schuldmerkmale" spielt deshalb für die §§ 28, 29 keinerlei 7
Rolle, sondern stellt insoweit eine das systematische Denken zu Tode reitende „Hyper-Überkragung" dar. Ihr angeblicher Trumpf, man dürfe den Teilnehmer nicht mit fremder Schuld belasten,[10] sticht nicht. Denn der verfassungsrechtlich garantierte Schuldgrundsatz verlangt nur *individuelle Vermeidbarkeit,* ist also von der Regelung über die Details der Teilnehmerstrafbarkeit gar nicht betroffen. Und zur Figur der „speziellen Schuldmerkmale" ist generell zu sagen, dass sie durchweg einen komplexen Sachverhalt aus sozialschädlicher Gesamtsituation und missbilligenswerter Gesinnung erfassen und schon deshalb keine reine Schuldfrage betreffen, was im Einzelnen darzulegen in den Besonderen Teil gehört. Der BGH hat deshalb auch mit Recht in st. Rspr. auf einzelne Tatbestandsmerkmale ausschließlich § 28 und niemals § 29 angewendet.[11]

§ 29 gilt nicht nur für das Täter-Teilnehmer-Verhältnis, sondern für **„jeden Beteiligten"**, 8
also auch für Mittäter untereinander. Es ist auch mit einem Schuldlosen oder in verminderter Schuld Handelnden eine Mittäterschaft möglich, vgl. *Schünemann/Greco* LK § 25 Rdn. 192.

Der Grundgedanke des § 29 gilt über seinen Wortlaut und für den engeren Bereich von 9
Täterschaft und Teilnahme hinaus auch für **teilnehmerähnliche Beziehungen** überall dort, wo der Gesetzgeber entsprechend §§ 26, 27 anordnet, dass die Tätertat „rechtswidrig" (also nicht notwendig schuldhaft!) sein muss. Das ist der Fall in §§ 111, 257, 259, 357, ferner auch in § 138,

**8** Die letztgenannte Konsequenz ziehen *Herzberg* ZStW **88** (1976) 71; *Küper* ZStW **104** (1992), 559 (587 ff); *Langer* FS Lange 252 ff; *Joecks* MK § 28 Rdn. 15 f; *Hoyer SK* § 28 Rdn. 9; *Jakobs* § 23 Rdn. 5; *Jescheck/Weigend* AT 61 VII 4d; *Kühl* AT § 20 Rdn. 157; *Schmidhäuser* AT § 10 Rdn. 107; *Stratenwerth/Kuhlen* § 12 Rdn. 187.

**9** *Joecks* MK § 29 Rdn. 15.

**10** *Küper* ZStW **104** (1992), 582 (584 ff); *Stratenwerth/Kuhlen* § 12 Rdn. 187; *Joecks* MK § 28 Rdn. 16.

**11** Etwa BGHSt **22** 375 (378) zu den „niedrigen Beweggründen", die für die Protagonisten der „speziellen Schuldmerkmale" eigentlich ein Paradebeispiel bilden müssten; ebenso *Welzel* JZ **1952** 74; *Vogler* FS Heinitz 267; Lackner/Kühl/*Kühl* § 29 Rdn. 1; Sch/Schröder/*Heine/Weißer* § 28 Rdn. 5 ff, § 29 Rdn. 4; *Roxin* AT II § 27/7 ff m.z.w. N. in Fn. 3 unter Änderung seiner früheren Position in LK[11] § 28 Rdn. 14 ff; *Niedermair* ZStW **106** (1994) 388 (399 ff).

wo zwar dieser Hinweis in Abs. 1 und 2 fehlt, Abs. 3 jedoch erkennen lässt, dass schon die Nichtanzeige einer rechtswidrigen Tat strafbar sein soll.

**10** § 29 entscheidet nicht nur über das „Ob" der Strafbarkeit oder über die Anwendbarkeit eines gemilderten Strafrahmens, sondern kann auch für die **konkrete Strafzumessung** herangezogen werden. Doch hat die Vorschrift insoweit keine besondere Funktion, weil sich schon aus der Spezialregelung des § 46 ergibt, dass nur die individuelle Schuld des jeweils Beteiligten Grundlage der Strafzumessung sein kann.

## § 30 Versuch der Beteiligung

**(1) Wer einen anderen zu bestimmen versucht, ein Verbrechen zu begehen oder zu ihm anzustiften, wird nach den Vorschriften über den Versuch des Verbrechens bestraft. Jedoch ist die Strafe nach § 49 Abs. 1 zu mildern. § 23 Abs. 3 gilt entsprechend.**

**(2) Ebenso wird bestraft, wer sich bereit erklärt, wer das Erbieten eines anderen annimmt oder wer mit einem anderen verabredet, ein Verbrechen zu begehen oder zu ihm anzustiften.**

Fassung vor dem 1.1.1975:

**§ 49a**

(1) Wer einen anderen zu bestimmen versucht, eine als Verbrechen mit Strafe bedrohte Handlung zu begehen, wird nach den für den Versuch des Verbrechens geltenden Vorschriften (§ 44) bestraft.

(2) Ebenso wird bestraft, wer eine als Verbrechen mit Strafe bedrohte Handlung verabredet, das Anerbieten eines anderen annimmt, eine solche Handlung zu begehen, oder sich zu einem Verbrechen bereit erklärt.

### Schrifttum

Zu den §§ 30, 31; vgl. auch die Schrifttumsangaben vor § 26, zu § 28 und zu § 24.

*K. Becker* Der Strafgrund der Verbrechensverabredung (2012); *Beyer* Der Rücktritt vom Versuch (§ 46) mit einer Erweiterung über § 49a IV StGB, Diss. Erlangen 1950; *Bock/Harrendorf* Strafbarkeit und Strafwürdigkeit tatvorbereitender computervermittelter Kommunikation, ZStW **126** (2014) 337; *Börker* Zur Bedeutung besonderer persönlicher Eigenschaften oder Verhältnisse bei der versuchten Anstiftung zu einem Verbrechen, JR **1956** 286; *Bottke* Strafrechtswissenschaftliche Methodik und Systematik bei der Lehre vom strafbefreienden und strafmildernden Täterverhalten (1979) (zit. Methodik); *ders.* Rücktritt vom Versuch der Beteiligung nach § 31 StGB (1980) (zit. Rücktritt); *J.-D. Busch* Die Teilnahme an der versuchten Anstiftung, NJW **1959** 1119; *ders.* Die Strafbarkeit der erfolglosen Teilnahme usw., Diss. Marburg 1964; *R. Busch* Zur Teilnahme an den Handlungen des § 49a StGB, Festschrift Maurach (1972) 245; *Chou* Zur Legitimität von Vorbereitungsdelikten (2011); *Dehne-Niemann* Die Auswirkung strafschärfender besonderer persönlicher Merkmale (§ 28 Abs. 2 StGB) auf den Verbrechenscharakter der Haupttat bei § 30 StGB, Jura **2009** 695; *Dessecker* Im Vorfeld eines Verbrechens: die Handlungsmodalitäten des § 30 StGB, JA **2005** 549; *Dreher* Grundsätze und Probleme des § 49a StGB, GA **1954** 11 = Bemühungen um das Recht. Gesammelte Aufsätze (1972) (zit. Bemühungen); *Engel* Der Rücktritt von Vorbereitung und Versuch, Diss. Erlangen 1934; *Fieber* Die Verbrechensverabredung, § 30 Abs. 2 Alt. 3 StGB (2001) (zit. Verbrechensverabredung); *Gallas* Der dogmatische Teil des Alternativentwurfs, ZStW **80** (1968) 1; *Flemmig/Reinbacher* „Die unausgeführte Bande" – Zur Vorfeldstrafbarkeit bei Bandendelikten, NStZ **2013** 136; *Geppert* Die versuchte Anstiftung, Jura **1997** 546; *Griessmaier* Der Rücktritt des Teilnehmers vom Versuch, Diss. Erlangen 1935; *Greissinger* Der Einfluß der persönlichen Merkmale im Sinne § 50 Abs. 2 auf die versuchte Anstiftung zu einem Verbrechen gem. § 49a Abs. 1 StGB, Diss. Hamburg 1960; *Grünewald* Zum Rücktritt des Tatbeteiligten im künftigen Recht, Festschrift Welzel (1974) 701; *Gundelach* Die Strafbarkeit des Sich-Bereit-Erklärens gemäß § 30 Abs. 2 Alt. 1 StGB zur mitgliedschaftlichen Beteiligung an einer terroristischen Vereinigung gemäß § 129a Abs. 1 StGB, StV **2018** 110; *Heinitz* Gedanken über Täter- und Teilnehmerschuld im Deutschen und Italienischen Strafrecht, Festschrift der Juristischen Fakultät der Freien Universität Berlin zum 41. Deutschen Juristentag in Berlin (1955) S. 93; *B. Heinrich* Die Veranlassung fremder Straftaten über das Medium des Internet, Festschrift Heinz (2012) 728; *Herzberg* Anstiftung und Beihilfe als Straftatbestände, GA **1971** 1; *ders.* Rücktritt vom Versuch trotz bleibender Vollendungsgefahr? JZ **1989** 114; *ders.* Grundprobleme des Rücktritts vom Versuch und Überlegungen de lege ferenda, NJW **1991** 1633; *Herzfeld* Der Rücktritt des Anstifters, Diss. Frankfurt a. M. 1922; *Herzog* Über Strafbarkeit und Straflosigkeit i. S. des StGB mit besonderer Rücksicht auf die Lehre von der Teilnahme, GS **23** 435 und GS **26** 28; *Hinderer* Versuch der Beteiligung, § 30 StGB, JuS **2011** 1072; *Hoegel* Akzessorische Natur der Teilnahme, mittelbare Täterschaft, Eventualvorsatz, ZStW **37** (1916) 651; *Hoepfner* Über die rechtliche Eigenart von Anstiftung und Beihilfe, ZStW **26** (1906) 579; *Jakobs* Kriminalisierung im Vorfeld einer Rechtsverletzung, ZStW **97** (1985) 751; *ders.* Bürgerstrafrecht und Feindstrafrecht, HRRS **2003** 88; *Kern* Die Äußerungsdelikte (1919); *Klarenaar* Der Rücktritt des Teilnehmers vom Versuch nach geltendem Recht und den sechs Entwürfen, Diss. Erlangen 1927; *Knobloch* Die Bestrafung von Vorbereitungshandlungen aus deutscher Sicht, in: Sinn/Gropp/Nagy (Hrsg.) Grenzen der Vorverlagerung in einem Tatstrafrecht (2011) 197; *Kroß* Die versuchte Kettenanstiftung und der Rücktritt der an ihr Beteiligten, Jura **2003** 250; *Kühl* Grundfälle zu Vorbereitung, Versuch, Vollendung und Beendigung, JuS **1979** 874; *Küper* Versuchs- und Rücktrittsprobleme bei mehreren Tatbeteiligten, JZ **1979** 775; *ders.* Zur Problematik des Rücktritts von der Verbrechensverabredung, JR **1984** 265; *Kütterer-Lang* Versuch der Anstiftung


https://doi.org/10.1515/9783110300451-015

und Rücktritt, JuS **2006** 206; *Lagodny* Strafrecht vor den Schranken der Grundrechte (1996) (zit. Schranken); *Lenckner* Probleme beim Rücktritt von Tatbeteiligten, Festschrift Gallas (1973) 281; *Letzgus* Vorstufen der Beteiligung (1972); *Maurach* Die Problematik der Verbrechensverabredung, JZ **1961** 137; *ders.* Schuld und Verantwortung im Strafrecht (1948) 53; *M. E. Mayer* Versuch und Teilnahme, Die Probleme des RStGB, hrsg. von Aschrott-Liszt Bd. I, AT (1910) 331; *Merkel* Sind straflose Versuche rechtswidrig? ZIS **2014** 565; *Meister* Zweifelsfragen zur versuchten Anstiftung, MDR **1956** 16; *Mezger* Die Teilnahme in der VO vom 29.5.1943, DStR **43** 116; *Mitsch* Zum Anwendungsbereich des § 31 StGB, Festschrift Herzberg (2008) 443; *ders.* Untaugliche Bereiterklärung zur Verbrechensbegehung und Bereiterklärung zur untauglichen Verbrechensbegehung, Festschrift Maiwald (2010) 539; *Hans H. Müller* Der Rücktritt vom Versuch in seiner Bedeutung für die Teilnahme, Diss. Tübingen 1934; *v. Nitzsch* Die heutige Regelung des Rücktritts vom Versuch, insbesondere die Frage der Anwendbarkeit des § 49a IV StGB, Diss. München 1957; *Piazena* Das Verabreden, Auffordern und Anleiten zur Begehung von Straftaten unter Nutzung der Kommunikationsmöglichkeiten des Internets (2014); *Puschke* Legitimation, Grenzen und Dogmatik von Vorbereitungstatbeständen (2017); *ders.* Strafbarkeit des Sich-Bereit-Erklärens zum Mord gegenüber dem potentiellen Opfer, HRRS **2019** 346; *Rackow/Bock/Harrendorf* Überlegungen zur Strafwürdigkeit tatvorbereitender computervermittelter Kommunikation im Internet StV **2012** 687; *Rogall* Bemerkungen zum Versuch der Beteiligung, Festschrift Puppe (2011) 849; *Roxin* Über den Rücktritt vom unbeendeten Versuch, Festschrift Heinitz (1972) 213; *ders.* Die Strafbarkeit von Vorstufen der Beteiligung, JA **1979** 169; *Schiemann* Der Versuch der Beteiligung und die Strafbarkeit des Sich-Bereit-Erklärens gegenüber dem Opfer eines Tötungsverbrechens, NStZ **2019** 186; *Schmitt* Rücktritt von der Verabredung zu einem Verbrechen, JuS **1961** 25; *Schmoller* Zur Verabredung eines Verbrechens, JR **1993** 247; *Schnarr* Gehören Vorbereitungshandlungen nach § 30 StGB zum Deliktsbereich von Katalogtaten? NStZ **1990** 257; *Schröder* Grundprobleme des Rücktritts vom Versuch, JuS **1962** 81; *ders.* Grundprobleme des § 49a StGB, JuS **1967** 289; *ders.* Der Rücktritt des Teilnehmers vom Versuch nach § 46 und § 49a, MDR **1949** 714; *Steinke* Welche persönlichen Merkmale des Haupttäters muß sich der Teilnehmer zurechnen lassen? MDR **1977** 365; *Stienen* Die Strafbarkeit der vorbereitenden Handlung und die Reform des Strafrechts, JW **24** 1708; *Thalheimer* Die Vorfeldstrafbarkeit nach §§ 30, 31 StGB (2008); *Toepel* Aspekte der Rose-Rosahl-Problematik, JA **1997** 344; *Ulsenheimer* Grundfragen des Rücktritts vom Versuch in Theorie und Praxis (1976); *Vormbaum* Versuchte Beteiligung an der Falschaussage, GA **1986** 353; *Welzel* Aktuelle Strafrechtsprobleme im Rahmen der finalen Handlungslehre (1953); *Zipf* Probleme der versuchten Bestimmung zu einer Straftat, ÖRZ **1980** 141.

## Entstehungsgeschichte

Das StGB von 1871 enthielt in seiner ursprünglichen Fassung keine Vorschrift, die den Versuch der Beteiligung unter Strafe gestellt hätte. Erst durch eine Novelle vom 26.2.1876 (RGBl. S. 25) wurde die Urfassung der heutigen Vorschrift als § 49a in das StGB eingefügt. **Historischer Anlass** für die Einführung einer solchen Bestimmung war der Umstand, dass sich im Jahre 1873 auf dem Höhepunkt des von Bismarck gegen die katholische Kirche geführten Kulturkampfes ein belgischer Kesselschmied namens Duchesne in drei Briefen gegenüber dem Erzbischof von Paris, D'Affre, erboten hatte, gegen Zahlung von 60000 Franken Bismarck zu ermorden. Der Erzbischof lehnte dieses Angebot nachdrücklich ab, doch verlangte die deutsche Reichsregierung von Belgien eine Ergänzung des belgischen StGB, die für die Zukunft eine Bestrafung derartiger Angebote ermöglichen sollte. Die gesetzgebenden Körperschaften Belgiens kamen diesem Wunsche durch ein Gesetz vom 8.7.1875 nach, das den konkreten Anlass nicht erkennen ließ, sondern in einer darüber hinausgreifenden Weise gefährliche Formen der Verbrechensvorbereitung unter Strafe stellte. Im Anschluss daran wurde nach heftigen und kontroversen Debatten im Reichstag eine entsprechende Bestimmung, der sog. **Duchesne-Paragraph** vom 26.2.1876, in das deutsche StGB aufgenommen.[1] Danach wurden für strafbar erklärt die Aufforderung zur Begehung eines Verbrechens oder zur Teilnahme an einem Verbrechen, das Erbieten dazu sowie die Annahme einer solchen Aufforderung oder eines Erbietens, sofern die Erklärungen schriftlich abgegeben oder an die Gewährung von Vorteilen geknüpft wurden. Die Vorschrift wurde zwar in den Abschnitt „Teilnahme“ eingestellt, aber mit einem selbständigen Strafrahmen versehen (Gefängnis nicht unter drei Monaten, wenn das Verbrechen mit dem Tode oder mit lebenslänglicher Zuchthausstrafe bedroht war, sonst Gefängnis bis zu zwei Jahren oder Festungshaft von gleicher Dauer).

Eine Neufassung brachte erst die Strafrechtsangleichungs-VO vom 29.5.1943 (RGBl. I 339). Sie erweiterte die Strafbarkeit erheblich. Die Einschränkung der Strafbarkeit bei lediglich mündlichen Erklärungen wurde gestrichen. Die Annahme einer Aufforderung wurde als selbständige Tatbestandsalternative nicht mehr erwähnt (vgl. dazu Rdn. 87). Statt dessen wurde neben der Aufforderung, dem Erbieten, der Annahme des Erbietens und der Verabredung eine fünfte Tatbestandsvariante eingeführt: das Eintreten in ernstliche Verhandlungen über die Begehung

1 Zur Entstehungsgeschichte eingehend *J.-D. Busch* S. 47 ff, *Witte* S. 9 ff und zusammenfassend *Letzgus* S. 87 f, bei und in Fn. 7.

eines Verbrechens. Ferner wurde sechstens die erfolglose Beihilfe zur Begehung von Verbrechen in die Strafbarkeit einbezogen. Für sämtliche Begehungsformen wurde die Strafe der Anstiftung zu dem geplanten Verbrechen angedroht mit der Möglichkeit der Milderung nach den Grundsätzen des Versuches, bei der Beihilfe mit der Möglichkeit, die Strafe nach pflichtgemäßem Ermessen zu mildern oder ganz von Strafe abzusehen.

Gegen die Weitergeltung des § 49a in dieser Fassung wurden nach 1945 zwar Bedenken erhoben, die sich vor allem auf die Erwägung stützten, die Bestimmung sei in der Fassung des Jahres 1943 Ausdruck des nationalsozialistischen „Willensstrafrechts". Überwiegend wurde § 49a aber als weitergeltend angesehen. So insbesondere BGHSt **1** 59: Die Hinneigung zum Willensstrafrecht sei nicht typisch nationalsozialistisch; schon die subjektive Theorie des RG über den Versuch folge willensstrafrechtlichen Gedankengängen.

Gleichwohl brachte das 3. StRÄndG 1953 abermals eine Neufassung. Ihr Wortlaut ist oben als die bis 1.1.1975 geltende Fassung abgedruckt. Die Strafbarkeit der erfolglosen Beihilfe und des „Eintretens in ernsthafte Verhandlungen" wurde wieder beseitigt. Die „Aufforderung" wurde in eine versuchte Anstiftung umformuliert. Auch gegen diese Fassung wurden vereinzelt rechtsstaatliche Bedenken erhoben, weil sie die Strafbarkeit von der Tatbegehung weitgehend ablöse und bei einzelnen Tatbestandsalternativen in den Bereich bloßer Willens- und Gesinnungsbekundungen vorverlege (vor allem *Kohlrausch/Lange* § 49a Anm. I–III).

Der jetzt geltende Gesetzeswortlaut entspricht – abgesehen davon, dass in Absatz 1 Satz 3 noch § 23 Abs. 3 für entsprechend anwendbar erklärt wurde – dem § 35 Abs. 1 und 2 des E 1962 (BT-Drucks. **IV**/650). Er unterscheidet sich nicht wesentlich von dem seit 1953 geltenden § 49a Abs. 1 und 2. Neu sind nur die zwingende Strafmilderung des § 30 Abs. 1 Satz 2 und die Anwendbarkeit der „Unverstandsklausel" gem. § 30 Abs. 1 Satz 3. Ferner ist insofern eine Klarstellung erfolgt, als im Anschluss an die schon bis dahin vom BGH praktizierte Rechtsprechung in § 30 Abs. 1 der Versuch der sog. *Kettenanstiftung* (also der Anstiftung zur Anstiftung) ausdrücklich unter Strafe gestellt und in § 30 Abs. 2 auch die Anstiftung zu einem Verbrechen als möglicher Gegenstand einer Bereiterklärung, eines Erbietens und einer Verabredung genannt wird. Dagegen wurde § 35 Abs. 3 des E 1962 nicht in den Gesetzestext übernommen. Dort hatte es geheißen: „Machen besondere persönliche Merkmale ... eine Tat zum Verbrechen, so gelten die Absätze 1 und 2 nur dann, wenn die Merkmale bei dem vorliegen, der die Tat begehen soll". Der Sonderausschuss hat wegen der außerordentlichen Umstrittenheit der hier geregelten Frage den Absatz wieder gestrichen und ihre Entscheidung „wie bisher der Rechtsprechung überlassen" (BT-Drucks. **V**/4095, S. 13). Sie gehört auch heute noch zu den ungeklärten Auslegungsproblemen des § 30 (vgl. Rdn. 35 ff, 75 ff).

## Übersicht

## Alphabetisches Stichwortverzeichnis

## I. Die systematische und rechtspolitische Bedeutung des § 30

### 1. Zuordnung zum Allgemeinen Teil

In systematischer Hinsicht ist § 30 *kein selbständiger Tatbestand* (BGHR StGB § 30 Abs. 1 Satz 1, Konkurrenzen 2), sondern ein in den *Allgemeinen Teil* gehörender, auf Verbrechen beschränkter **Strafausdehnungsgrund.**[2] So, wie schon der Versuch und die Teilnahme je für sich Strafausdehnungsgründe sind, erstreckt § 30 die Strafbarkeit auf bestimmte Fälle versuchter Beteiligung. Dadurch wird bei Verhaltensweisen, die der Gesetzgeber für besonders gefährlich hält, eine quasi potenzierte Strafausdehnung erreicht, die zu einer **Vorverschiebung der Pönalisierungsgrenze bis an den Beginn des Vorbereitungsstadiums** führt. Die Einordnung des § 30 in den Bereich der allgemeinen Strafrechtslehren entspricht der heute einhelligen Meinung.[3] Demgegenüber wurde der frühere § 49a – vor allem in der Fassung des Jahres 1876 – trotz seiner Platzierung im Allgemeinen Teil vielfach als selbständiger Tatbestand angesehen, dessen Rechtsgut in der „Autorität der Staatsgewalt"[4] oder der „rechtstreuen Gesinnung des Bürgers"[5] erblickt wurde. Das RG hat einmal die „Sicherheit der Person" als das geschützte Rechtsgut bezeichnet (RGSt **37** 46), und auch die Reformentwürfe der Jahre 1909 bis 1927 wollten eine entsprechende Vorschrift als Delikt gegen die „öffentliche Ordnung", den „Rechtsfrieden" o. ä. ausnahmslos in den Besonderen Teil einstellen.[6] Derartige Auffassungen sind heute schon deshalb nicht mehr vertretbar, weil § 30 keinen selbständigen Strafrahmen aufweist – wie es beim ursprünglichen Duchesne-Paragraphen der Fall gewesen war –, sondern seine Strafdrohung an dem Tatbestand orientiert, dessen Erfüllung beabsichtigt war. Konsequenterweise muss denn auch das Verbrechen, das geplant war, in den Urteilstenor, der die Bestrafung nach § 30 ausspricht, aufgenommen werden (BGH bei Dallinger MDR **1969** 722). Im Übrigen würden auch die in § 30 unter Strafe gestellten Verhaltensweisen keineswegs in allen Fällen die genannten Rechtsgüter verletzen. So werden Staatsautorität, Rechtsfrieden, öffentliche Ordnung usw. bei privaten Vorbereitungen gerade noch nicht verletzt; und wenn zwei Gauner sich zur Begehung eines Verbrechens verabreden, wird niemandes „rechtstreue Gesinnung" angegriffen, weil sie den Beteiligten von vornherein fehlte. Die „öffentliche Sicherheit" wird freilich durch jedes De- 1

2 Teilw. and. – mit beachtlichen Gründen – *Merkel* ZIS **2014** 567 (Spezialbestimmung zu § 23 Abs. 1 f).
3 Statt aller: Sch/Schröder/*Heine*/*Weißer* Rdn. 2; *Jescheck*/*Weigend* § 65 I 2, 3; *Roxin* AT II § 28 Rdn. 1.
4 In diesem Sinne etwa *Wachenfeld* Lehrbuch des Deutschen Strafrechts (1914) § 139 III (unter den „Ungehorsamsdelikten" im Kapitel „Verbrechen gegen die Staatsgewalt"); *v. Liszt* Lehrbuch des Deutschen Strafrechts 21/22(1919) § 175 IV (unter I: „Verachtung ... des ... Willens der Staatsgewalt").
5 *Binding* Lehrbuch S. 838 und zuletzt *H. Mayer* AT § 52 I 1a.
6 Vgl. dazu die Einzelnachweise bei *Letzgus* S. 212.

likt nach § 30 insofern beeinträchtigt, als das Rechtsgut des jeweils bedrohten Tatbestandes gefährdet wird; aber das ist nur die Folge jedes beliebigen Tatbestandsangriffes und kann daher kein dem § 30 eigentümliches, selbständiges Rechtsgut begründen.[7]

## 2. Systematische Stellung im Allgemeinen Teil; Ratio

2 Kann somit der Charakter des § 30 als eines unselbständigen Strafausdehnungsgrundes kaum noch bestritten werden, so ist doch nach wie vor **ungeklärt, wie die Vorschrift in das System des Allgemeinen Teils einzuordnen** ist. Es gibt hier drei Möglichkeiten:[8] die Annahme einer *Versuchsbestimmung*,[9] einer Sonderregelung der Teilnahme oder einer selbständig unter Strafe gestellten Vorbereitungshandlung. Obwohl die gesetzliche Tatbestandsbezeichnung vom „Versuch der Beteiligung" spricht, muss die erste Möglichkeit von vornherein ausscheiden; denn wenn der Versuch nach § 22 ein Ansetzen „zur Verwirklichung des Tatbestandes" ist, so ist die Voraussetzung für die Anwendbarkeit des § 30 gerade das Fehlen eines Versuchs (vgl. näher Rdn. 54 ff). Kommt es zum Ansatz einer Tatbestandsverwirklichung, so liegt nicht ein Fall des § 30, sondern eine Teilnahme am Versuch oder eine versuchte Täterschaft vor. Herrschend ist die durch die gesetzliche Einordnung in den Abschnitt „Täterschaft und Teilnahme" gestützte Annahme, dass § 30 eine Sonderregelung der Teilnahme darstelle *(„Teilnahmetheorie")*.[10] Dagegen spricht aber, dass die Verbrechensverabredung des § 30 Abs. 2 nicht als eine – sei es auch nur vorweggenommene – Teilnahme erklärt werden kann und dass auch in den übrigen Fällen keine Teilnahme vorliegt, weil es an einer „Haupttat" und damit an der nach §§ 26, 27 begriffsnotwendigen Akzessorietät fehlt. Zwar wird im Anschluss an *Maurach/Gössel*[7] (§ 53 Rdn. 3 ff) versucht, den Teilnahmecharakter durch die Konstruktion einer „hypothetischen" (d. h. vom Delinquenten in seiner Vorstellung antizipierten) Akzessorietät zu retten.[11] Wenn aber das Unrecht der Teilnahme sich wesentlich aus dem Unrecht der Haupttat ableitet (*Schünemann/Greco* LK vor § 26 Rdn. 4, 7, 18), kann essentiell kein Teilnahmeunrecht vorliegen, wenn es an einer realen Tat mangelt.

3 Den Vorzug verdient deshalb die **„Vorbereitungstheorie"**. Sie erblickt in § 30 eine Pönalisierung unselbständiger Vorbereitungshandlungen, die dem Gesetzgeber wegen des mindestens angestrebten Zusammenwirkens mehrerer als besonders gefährlich und im Falle eines geplanten Verbrechens auch als strafwürdig erschienen.[12] Dem entspricht es, dass der Sonderausschuss den Absatz 2 der Vorschrift für notwendig hielt, „um bei der Vorbereitung schwerster Delikte rechtzeitig eingreifen zu können" (BT-Drucks. **V**/4095 S. 13). In diesem Sinne hat auch die Rechtsprechung des BGH die Bestimmung „als selbständig strafbare Vorbereitungshandlung"[13] charakterisiert (BGHSt **9** 131, 134; BGHSt **14** 378, 379; ähnlich BGHSt **10** 388, 389; BGH NStZ **2015** 455 [456]). Freilich sind wesentliche Rechtsgedanken der Teilnahmelehre (vor allem auch das Prinzip der limitierten Akzessorietät) auf das Zusammenwirken im Vorbereitungsstadium entsprechend anwendbar (Rdn. 20 ff, 32 ff und *Schünemann/Greco* LK § 28 Rdn. 83). Das mag die Einstellung der Vorschrift in den Abschnitt „Täterschaft und Teilnahme" rechtfertigen, ob-

---

**7** Zur „Ablehnung der Ansichten vom delictum sui generis" vgl. vor allem *Letzgus* S. 213 ff.

**8** Eingehende Diskussion bei *Letzgus* S. 215 ff.

**9** Wohl in diesem Sinne zuletzt *Mitsch* FS Maiwald 540.

**10** Baumann/Weber/Mitsch/*Eisele* § 26 Rdn. 172; *Blei* I § 81 II vor 1 (mit Einschränkungen); *Jescheck/Weigend* § 65 I 3 (die aber auch die „Vorbereitungstheorie" gelten lassen); *Maurach* JZ **1961** 138; *Maurach/Gössel*/Zipf[7] AT II § 53 Rdn. 3 ff; *Schmidhäuser* StuB § 11 Rdn. 108.

**11** Bei Maurach/Gössel/Zipf/*Renzikowski* § 53 Rdn. 93 ff. findet sich hiervon keine Spur mehr.

**12** Besonders deutlich in diesem Sinne etwa *Busch* FS Maurach 248; *Busch* LK[9] § 49a Rdn. 8; *Fischer* Rdn. 2; *Letzgus* S. 219 ff; *Roxin* AT II § 28 Rdn. 2; Sch/Schröder/*Heine*/*Weißer* Rdn. 2.

**13** Dabei darf das Wort „selbständig" nicht so verstanden werden, als wolle der BGH § 30 als selbständigen Tatbestand mit eigenem Rechtsgut (vgl. Rdn. 1) auffassen. Es liegt gerade eine unselbständige Vorbereitungshandlung vor. Gemeint ist nur, dass sie in einer besonderen Vorschrift selbständig unter Strafe gestellt ist.

wohl die Rücktrittsvorschrift des § 31 den engeren Zusammenhang der Materie mit den Lehren von Vorbereitung und Versuch deutlich hervortreten lässt.[14]

Unter teleologischen Aspekten stellt sich die für die Auslegung der Vorschrift wichtige Frage, welche kriminalpolitischen Erwägungen den Gesetzgeber veranlasst haben, gerade die in § 30 zusammengefassten Vorbereitungshandlungen bei Verbrechen gesondert unter Strafe zu stellen. Die verschiedenen Handlungsvarianten der Strafvorschrift lassen nur den Schluss zu, dass **zwei** selbständige und voneinander unabhängige **Gefährlichkeitsvorstellungen** die Bestimmung tragen:[15] der Gedanke der **Ingangsetzung** eines selbständig und unbeherrschbar weiterwirkenden Kausalverlaufs einerseits und die Annahme einer durch ein- oder zweiseitige **Willensbindung** besonders gesteigerten Rechtsgutsbedrohung andererseits. Der erste dieser beiden Gesichtspunkte liegt dem § 30 Abs. 1 und auch der „Annahme eines Erbietens" in Abs. 2 zugrunde, die nur eine Sonderform der versuchten Anstiftung darstellt (vgl. Rdn. 97 f). Er ist in BGHSt **1** 309 einmal so ausgedrückt worden: „Wer einen anderen zur Begehung eines Verbrechens auffordert, setzt damit in jedem Falle Kräfte in Richtung auf das angegriffene Rechtsgut in Bewegung, über die er – darin sogar abweichend von Versuchshandlungen, die ein Alleintäter unternimmt – nicht mehr die volle Herrschaft behält. Solche Willensbetätigungen mit der Strafe des Versuches zu bedrohen, ist nicht ungerecht."[16] Die legislatorische ratio für die Strafbarkeit der Verabredung und des Sichbereit-Erklärens (§ 30 Abs. 2) kann dagegen nur in der „Willensbindung", d. h. darin gesehen werden, dass der sich Verabredende oder sich Erbietende gegenüber dem Adressaten seiner Erklärung „im Worte steht"[17] und sich aus dieser Bindung nur schwer wieder löst, wohingegen ein allein Handelnder von seinen Deliktsvorbereitungen jederzeit nach Belieben Abstand nehmen kann. In diesem Sinne hat der Sonderausschuss bei den Gesetzesberatungen gerade die Strafbedürftigkeit der Verbrechensverabredung daraus hergeleitet, dass hier „sehr gefährliche Bindungen" entstehen könnten,[18] denen nach seiner Meinung sogar „kriminalpolitisch wesentlich mehr Gewicht" zukommen soll als dem Fall der erfolglosen Anstiftung. 4

## 3. Zur Kritik an der Vorschrift

Diese Doppelgleisigkeit der ratio legis ist freilich weder überall erkannt noch in ihrer Berechtigung de lege lata oder de lege ferenda allseitig anerkannt. Die radikalste Kritik an der Vorschrift hat *Richard* ***Lange***[19] geübt.[20] Für ihn durchbricht § 49a (bzw. heute § 30) „als Ausdruck polizeilichen Geistes den Gedanken der Tatschuld". Auch die Geltung der Vorschrift sei fragwürdig, „weil wesentlich Ungleiches sachlich gleich behandelt und der Gleichheitsgrundsatz des Art. 3 GG" nicht beachtet sei; ferner verletze das „Übergewicht des Gesinnungsmoments den Grund- 5

---

14 Für eine Einordnung in den Abschnitt über „Versuch" tritt *Letzgus* S. 221 (mit Hinweisen auf Reformgeschichte und Rechtsvergleichung) ein.

15 Für einen einheitlichen Strafgrund – Gefahrsteigerung durch Personalrekrutierung im Vorfeld der Deliktsbegehung – *Rogall* FS Puppe 870 ff.

16 In entsprechender Weise haben auch *Schäfer* bei den Beratungen der Großen Strafrechtskommission (Ndschr Bd. 2 [1958] S. 206) und der Alternativentwurf (AT $^{2}$[1969] S. 71) die Vorschrift gerechtfertigt. Ebenso BGH NStZ **1998** 347 m. Anm. *Kretschmer* NStZ **1998** 401; BGHSt **44** 99, 103 m. Anm. *Roxin* NStZ **1998** 616; *Geppert* Jura **1997** 547; Sch/Schröder/*Heine*/*Weißer* Rdn. 1.

17 Zust. BGHSt **63** 161 (167 Rdn. 24).

18 BTDrucks. V/4095, S. 13; ähnlich schon die Begründung zum E 1962, BTDrucks. **IV**/650, S. 153 f, und *Schäfer* Ndschr Bd. 2 (1958) S. 207. Vgl. auch Sch/Schröder/*Heine*/*Weißer* Rdn. 1; *Geppert* Jura **1997** 547; *Kühl* AT § 20 Rdn. 245; *Roxin* AT II § 28 Rdn. 5; BGHSt **44** 95 m. w. N., freilich für einen Fall der versuchten Anstiftung; BGH NStZ **2011** 570 (571 Rdn. 17); BGHSt **62** 96 (98 Rdn. 9).

19 *Kohlrausch*/*Lange* § 49a Anm. II, III; abschwächend Niederschriften, Bd. 2 (1958) 212 f; ähnliche **Kritik** bei *Köhler* AT S. 545, und *Zaczyk* NK Rdn. 4. *Fieber* Verbrechensverabredung, passim, konkretisiert diese Kritik für den von ihm für verfassungswidrig erklärten Fall der Verabredung – dazu unten Rdn. 61.

20 Sowie für die Alternative der Verabredung *Fieber*, zu ihm näher unten Rdn. 61.

satz rechtsstaatlicher Tatbestandsbestimmtheit (Art. 103 Abs. 2 GG)". Diese Bedenken gegen die Rechtsgültigkeit der Vorschrift sind ernst zu nehmen, greifen aber bei ihrer heutigen Fassung letztlich nicht durch. Denn der Gesetzgeber ist, wie viele andere Beispiele zeigen, nicht prinzipiell gehindert, gefährliche Vorbereitungshandlungen unter Strafe zu stellen; er hat diese Handlungen auch nicht im Sinne einer Gleichbehandlung des Ungleichen in der Strafbarkeit mit dem Versuch völlig gleichgestellt, sondern im Verhältnis zu der bei diesem nur fakultativen Strafherabsetzung in § 30 eine obligatorische Strafmilderung angeordnet. *Lange* sieht freilich eine Verletzung des Grundsatzes der Gleichbehandlung auch darin, dass in § 30 Abs. 1 Vorbereitungshandlungen unter Strafe gestellt werden, „soweit sie mit animus socii vorgenommen werden, während die animo auctoris begangenen Handlungen entsprechender Art nicht erfaßt sind". Dem ist jedoch entgegenzuhalten, dass der vorbereitende Alleintäter das Geschehen in der Hand behält und sich jederzeit umbesinnen kann, so dass „noch nichts geschehen" ist, während in den Fällen des § 30 Abs. 1 der in Gang gesetzte Kausalverlauf aus der Hand gegeben wird. Ob das ausreicht, um den ersten Fall straflos zu lassen, den zweiten aber zu bestrafen, ist eine Frage kriminalpolitischer Wertung; Art. 3 GG wird aber wegen der Verschiedenheit der Sachverhalte nicht berührt. Auch ein Verstoß gegen **Art. 103 Abs. 2 GG** muss verneint werden.[21] Denn § 30 gibt den Gedanken der Tatschuld nicht zugunsten einer unbestimmten Gesinnungsstrafe auf, weil die Bestimmung – wenigstens nach Meinung des Gesetzgebers – bedrohliche Rechtsgutsgefährdungen erfassen soll, die auch hinreichend deutlich umrissen sind. Rechtspolitisch hat die Kritik freilich einige Berechtigung. Denn bei einer Vorverschiebung der Strafbarkeit in den tatbestandsfernen Vorbereitungsbereich bedarf es besonders sorgfältiger (auch empirischer) Untersuchungen, an denen es bis jetzt fast gänzlich fehlt (vgl. Rdn. 8 ff), um die vom **ultima ratio-Prinzip** geforderte und damit auch aus verfassungsrechtlichen Gründen unerlässliche **Verhältnismäßigkeit** der (trotz der obligatorischen Milderung höchst empfindlichen!) Strafdrohung[22] zu belegen.

6 Hier setzt auch die **Kritik von *Busch***[23] ein, die sich vor allem dagegen wendet, dass § 30 die Strafbarkeit der dort geschilderten Vorbereitungshandlungen **unterschiedslos auf alle Verbrechen** erstreckt. Das führe „zu einer bedenklichen Ausweitung der Strafbarkeit im Bereich der Vorbereitung". Vielmehr sei die Strafbarkeit auf die Straftatbestände zu beschränken, „bei denen ein echtes kriminalpolitisches Bedürfnis vorliegt". Diese Kritik ist im Ansatz plausibel. Denn die legislatorische Einordnung eines Delikts als „Verbrechen" orientiert sich an der Sozialschädlichkeit und Strafwürdigkeit der vollendeten Tätertat, nicht aber am kriminalpolitischen Bedürfnis für die Bestrafung von Versuchs- oder Vorbereitungshandlungen, so dass das automatische Eingreifen des § 30 bisweilen zufällig anmutet. Solange aber empirische Grundlagenforschungen mit differenzierten Ergebnissen fehlen, wird man einräumen müssen, dass der Gesetzgeber auf einen gewissen Schematismus angewiesen ist, der wenigstens eine formale Gleichmäßigkeit der Bestrafung gewährleistet.[24]

7 Eine selbständige Konzeption hat auch ***Letzgus*** auf der Grundlage suggestionspsychologischer Forschungen entwickelt. Nach seiner Auffassung liegt die besondere Gefährlichkeit eines Tatentschlusses, die seine Pönalisierung schon vor dem Versuchsbeginn rechtfertigt, dann vor, wenn er durch die Einwirkung eines anderen zustande kommt. „Der Anstifter schaltet sich in

---

**21** And. jüngst *Mitsch* JR **2019** 262.

**22** Wobei auf die Grundsatzkontroverse, ob der Gesetzgeber hierdurch spürbar limitiert wird oder eine fast an Beliebigkeit grenzende Gestaltungsfreiheit genießt, hier nicht im Einzelnen eingegangen werden kann, vgl. dazu aus jüngster Zeit vor allem die Sammelbände von *Hefendehl/v. Hirsch/Wohlers* (Hrsg.) Die Rechtsgutstheorie (2003) sowie *v. Hirsch/Seelmann/Wohlers* (Hrsg.) Mediating Principles, Begrenzungskriterien bei der Strafbegründung (2006), und zum eigenen Standpunkt *Schünemann* ibid. S. 133 ff bzw. S. 18 ff; *Roxin/Greco* AT I § 2 Rdn. 101 ff. Zur Verfassungsmäßigkeit von § 30 auch *Knobloch* S. 206 ff.

**23** FS Maurach 245, 256.

**24** Gegen eine Differenzierung vor allem *Dreher* Niederschriften, Bd. 2 (1958) S. 210, mit der Begründung, es werde sich kein sachliches Kriterium dafür finden lassen.

den Motivationsprozeß des präsumtiven Täters ein, wodurch dessen freie Willensbildung beeinträchtigt, ja häufig sogar gelenkt wird" (S. 127).[25] Dabei sei es besonders gefährlich, dass „die suggestiven Einflüsse des Anstifters auch auf die unbewußten Schichten des Täters" wirkten. Aus dieser **Suggestionswirkung** folge, dass, wer auf Grund einer Anstiftung einen Entschluss fasse, davon weit weniger leicht loskomme als ein auf Grund eigener Überlegungen Entschlossener, „dessen Kontrollinstanz ... nicht durch suggestive Einflüsse eines anderen gestört ist" (S. 128). Noch gefährlicher als ein durch den Anstifter einseitig suggerierter Tatentschluss sei die „wechselseitige Suggestion", die bei der Verabredung stattfinde. Andererseits hält *Letzgus* eine Anstiftungshandlung, die nicht zu einem Tatentschluss führt (z. B. weil der Aufgeforderte ablehnt), für ebenso wenig strafwürdig wie das erfolglose Sich-Erbieten, das dem Duchesne-Fall zugrunde lag und den Anlass zur Schaffung des ursprünglichen § 49a gegeben hatte (S. 143, 145, 176). Nach seinem Gesetzesvorschlag soll deshalb unter dem Gesichtspunkt der „Vorbereitung" bei Verbrechen nur bestraft werden, „wer am Zustandekommen eines unbedingten, ernsthaften und tauglichen Tatentschlusses durch vorsätzliche Bestimmung eines anderen, durch Annahme einer solchen Bestimmung, durch Verabredung oder durch das Versprechen einer Hilfeleistung ursächlich beteiligt ist" (S. 225).

Die suggestionspsychologischen Annahmen von *Letzgus* harren noch empirischer Überprüfung, da sie nicht am Beispiel strafrechtlicher Beteiligungsverhältnisse entwickelt worden sind. Doch liegt es nahe, dass Suggestionswirkungen bei der Anstiftung zwar manchmal, aber keineswegs immer mitspielen, so dass *Letzgus* wohl den Einfluss der Suggestion bei deliktischen Zweckverbindungen überschätzt. Ein allgemeingültiges psychologisches Gesetz, wonach man sich von fremden Anregungen stets schwerer lösen kann als von allein gefassten Entschlüssen, wird sich vermutlich nicht aufstellen lassen. Gleichwohl ist nicht zu leugnen, dass die „konspirative Verbindung", auf die *Letzgus* abstellt, meist gefährlicher ist als der Plan des Einzelnen (näher Rdn. 10); und unter den Gründen dafür spielen *auch* suggestive Einwirkungen eine (freilich durchaus nicht immer überwiegende) Rolle. Der Gedanke der Konspiration wird daher auch sonst nicht selten (wenngleich ohne die von *Letzgus* versuchte psychologische Fundierung) zur kriminalpolitischen Legitimation des § 30 herangezogen,[26] doch muss man sich dessen bewusst bleiben, dass damit nicht alle Handlungsvarianten der Vorschrift erklärbar sind. 8

Im Gegensatz zu *Letzgus* hatte der Alternativ-Entwurf das kriminalpolitische Gewicht vorwiegend auf den Gedanken der **Ingangsetzung eines unbeherrschbar weiterwirkenden Kausalverlaufs** legen und demzufolge nur den Absatz 1 der Vorschrift (die Strafbarkeit der versuchten Anstiftung) aufrechterhalten, den Absatz 2 aber in der Annahme streichen wollen, dass dessen strafwürdige Fälle ohnehin versuchte Anstiftung seien und durch Absatz 1 erfasst würden (AE S. 77). Nur bei der versuchten Anstiftung habe der Auffordernde „ein verbrecherisches Geschehen in Gang gesetzt, das sich fortan seiner Einflußnahme entzieht". Wer sich dagegen zu einem Verbrechen lediglich bereit erkläre oder es verabrede, sei „über die Verlautbarung eines Entschlusses, dessen Durchführung von ihm abhängt, nicht hinausgelangt". Hier wird zwar die spezifische Gefährlichkeit der versuchten Anstiftung erkannt, jedoch die selbständige Bedeutung der Konspiration für die Bedrohung von Rechtsgütern unterschätzt (näher Rdn. 11). 9

Einen besonders radikalen **Angriff gegen die selbständige Bestrafung von Vorbereitungshandlungen** hat vor knapp zwei Jahrzehnten *Jakobs*[27] geführt. Bevor er sich zur Koryphäe des sog. „Feindstrafrechts" bekehrte,[28] befürwortete er ein „Bürgerstrafrecht", demzufolge ein 10

---

**25** S. jetzt *Letzgus* HK-GS Rdn. 7 f., der den Akzent auf konspirative Momente setzt.

**26** Besonders deutlich bei *Dreher* Niederschriften, Bd. 2 (1958) S. 210; *Jescheck/Weigend* § 65 I 2.

**27** ZStW **97** (1985) 751 ff; zurückhaltender und mehr wie hier aber *Jakobs* AT § 27 Rdn. 2.

**28** Am deutlichsten *Jakobs* HRRS **2003** 88 ff. Inzwischen werden die einschlägigen Vorschriften von *Jakobs* nicht mehr allein schon deshalb kritisiert, weil sie Feindstrafrecht seien, sondern weil sie ungefährliche Menschen („Personen") wie gefährliche Tiere („Feinde") behandelten, s. *Jakobs* Staatliche Strafe, Bedeutung und Zweck (2004)

Verhalten, solange es als Aufforderung, Verabredung usw. im Privatbereich verbleibt, das Strafrecht nichts angeht. „Ohne externes störendes Verhalten darf ein Subjekt nicht auf seine Interna festgelegt werden, wobei die Interna den gesamten Privatbereich umfassen, nicht nur Gedanken."[29] Das führt zur Forderung nach einer völligen Streichung des § 30:[30] „Für Vorbereitungen nach § 30 StGB dürften keine Fälle bleiben." Aber ein so weitgehender Schutz der Privatsphäre ist unserer Rechtsordnung unbekannt und wäre auch nicht erträglich. Wenn zum Zwecke der Strafverfolgung Körpereingriffe, Haussuchungen, Brief- und Telefonkontrollen usw. stattfinden dürfen, ist es nicht sinnvoll, das Mordkomplott jedem strafrechtlichen Zugriff zu entziehen. *Jakobs* selbst nimmt an der Strafbarkeit der Bedrohungsdelikte (§§ 126, 241) keinen Anstoß, weil durch sie das „Normvertrauen" der Betroffenen beeinträchtigt werde.[31] Aber die Bürger würden sich nicht weniger bedroht fühlen, wenn sie erfahren müssten, dass konspirative Verbrechenspläne gegen sie geschmiedet werden könnten, ohne dass das Strafrecht dagegen einschreiten dürfte. Auch *Zaczyk* und sein Schüler *Chou*, die mit Rückgriff auf die Philosophie des deutschen Idealismus das Unrecht als Verletzung eines Anerkennungsverhältnisses begreifen, bestreiten den Unrechtscharakter der in § 30 erfassten Verhaltensweisen.[32]

### 4. Stellungnahme

11 Unter dem Aspekt der Vorfeldkriminalisierung ist ein Vergleich des § 30 mit den *abstrakten Gefährdungsdelikten* erhellend, bei denen der Täter nach Bedienung einer für das Rechtsgut gefährlichen, anonymen *kollektiven Schaltstation*[33] den weiteren Verlauf **nicht mehr ausreichend kontrollieren** kann. Dann wird man zugeben müssen, dass die meisten der in § 30 genannten Verhaltensmodalitäten bei den schwersten Delikten nach dem gegenwärtigen Stande unserer empirischen Erkenntnis im Interesse eines wirkungsvollen Rechtsgüterschutzes nicht zu Unrecht bestraft werden. Das gilt zunächst für die **versuchte Anstiftung,** und zwar unabhängig von ihrem Erfolg. Denn der Auffordernde hat in den meisten Fällen alles getan, was er überhaupt zum Delikt beitragen wollte; bei einer Vollendung der Tat wird er aus demselben Strafrahmen wie der Täter bestraft. Da nun die Verwirklichung der Tat vom Anstifter aus gesehen oft Zufall ist und sich seiner Einflussnahme entzieht, wäre es nicht sachgerecht, diesen Zufall bei Verbrechen über die Verhängung schwerster Strafen oder gänzliche Straflosigkeit entscheiden zu lassen.[34] Gegenüber dem Einwand, dass sich das inkriminierte Geschehen doch auf bloßes „Gerede" beschränke, dessen Bestrafung bei der gebotenen Abwägung mit den **Freiheitsinteressen** der Bürger[35] unverhältnismäßig sei, lässt sich sagen, dass dies **nicht** für eine **auf beiden Seiten hochgefährliche** Kommunikation gelten kann:[36] Viele der von einem solchen Verbot

---

S. 45; ferner allgemein zuletzt *Jakobs* ZStW **117** (2005) 839. Die in kürzester Zeit fast schon uferlos gewordene Feindstrafrechtskontroverse als solche kann hier nicht aufgegriffen werden, s. zur **Kritik** die in § 26 Rdn. 70 nachgewiesenen Fundstellen.

**29** ZStW **97** (1985) 773.

**30** ZStW **97** (1985) 765.

**31** ZStW **97** (1985) 775.

**32** *Zaczyk* NK Rdn. 4; *Chou* S. 185 ff.

**33** Vgl. zu diesem Begriff *Schünemann* GA **1994** 213; *Schünemann* in: Kühne/Miyazawa (Hrsg.) Alte Strafrechtsstrukturen und neue gesellschaftliche Herausforderungen in Japan und Deutschland (2000) 15, 27.

**34** S.a. BGHSt **1** 305 (309); BGH NStZ **1998** 347 (348); BGHSt **44** 99 (102); BGHSt **50** 142 (146); BGH NJW **2013** 1106; NStZ-RR **2018** 10 (12); NStZ **2019** 595 (Rdn. 8).

**35** *Schünemann* GA **1994** 214; *Schünemann* in: Kühne/Miyazawa (Fn. 33) 26 f.

**36** Den Ausdruck aufgreifend *Rogall* FS Puppe 871.

erfassten Verhaltensweisen ereignen sich zwar vollständig in der Privatsphäre der Beteiligten,[37] aber nicht im Kern-, sondern im sog. Abwägungsbereich, in den der Staat unter strikter Wahrung des Verhältnismäßigkeitsgrundsatzes eingreifen darf.[38] Wenn sich dann die Gefahr nicht realisiert, erscheint eine obligatorisch gemilderte Versuchsstrafe als die general- wie spezialpräventiv angemessenste Lösung.

Diese Überlegungen tragen auch die Strafbarkeit der **Annahme eines Anerbietens,** die nur ein Sonderfall der versuchten Anstiftung ist. Auch für die Strafbarkeit der **Verbrechensverabredung** sprechen überzeugende Gründe: Nicht nur die Möglichkeit einer wechselseitigen suggestiven Beeinflussung, sondern auch der von einer quasi-vertraglichen Verpflichtung ausgehende, durch die Verhaltensnormen einer kriminellen Subkultur und reale Machtmittel gestützte Motivationsdruck sorgen oft dafür, dass es von einer bindenden Verabredung für einen Beteiligten kaum noch ein Zurück gibt, so dass bei Angriffen auf die wertvollsten und schutzbedürftigsten Rechtsgüter schon der Abschluss der Deliktsvereinbarung durch eine Strafdrohung verhindert werden muss.[39] 12

Problematischer ist dagegen die Strafbarkeit des **Sich-bereit-Erklärens.** Soweit die Bereiterklärung darin besteht, dass jemand sich, wie im Falle *Duchesne*, zur Begehung eines Verbrechens erfolglos anbietet, liegt nur eine einseitige Willensbindung (nämlich die Bindung an die eigene Erklärung) vor, die unter keinem der beiden in Rdn. 10 genannten Gesichtspunkte eine Strafbedürftigkeit begründet: Es wird kein fortan unbeherrschbarer Kausalverlauf angestoßen, da die Ausführung selbst im Falle einer Annahme des Erbietens in der Hand des sich Anbietenden bleibt; und es fehlt auch an einer konspirativen Bindung, durch die der Erklärende unter Druck gesetzt würde. Die bloße Erklärung der eigenen Bereitschaft bedeutet gegenüber einem nicht verlautbarten, aber ggf. schon in umfangreichen Vorbereitungshandlungen manifestierten Entschluss keine so erheblich größere Gefährdung, dass eine Bestrafung angezeigt wäre. Vielmehr muss angenommen werden, dass nur der politisch-historische Anlass zur Einführung der Vorschrift über alle Reformen hinweg ihre Beibehaltung gesichert hat.[40] Eher ist die Bestrafung des Sich-bereit-Erklärens zu rechtfertigen, wenn sie als Annahme einer Verbrechensaufforderung (oder als Festlegung nach der Annahme eines Anerbietens) in Erscheinung tritt; denn hier liegt immerhin eine Willensbindung des präsumtiven Täters gegenüber einem anderen (dem Anstifter) vor. Allerdings ist diese Bindung oft sehr viel weniger intensiv als gegenüber einem künftigen Mittäter, wie sie bei der Verabredung vorliegt; denn anders als der Sich-Verabredende hat der angestiftete Einzeltäter die alleinige Tatherrschaft über das Geschehen. Daher erscheint eine verabredungsähnliche, eine Bestrafung erfordernde Bindung nur dann als gegeben, wenn der präsumtive Täter nicht bloß eine unverbindliche Anregung zustimmend entgegennimmt,[41] sondern sich gegenüber dem Anstifter zur Ausführung der Tat **verpflichtet**. De lege ferenda ist deshalb zu fordern, dass das Merkmal des Sich-bereit-Erklärens durch das Kriterium der Übernahme einer Verpflichtung zur Verbrechensbegehung ersetzt wird. 13

---

**37** Ein typisches Beispiel hierfür bildet der in BGHSt **44** 99 entschiedene Fall. Zur Privatsphäre als Schranke von Kriminalisierungen *Greco* ZIS **2008** 234 (237 f); *Roxin/Greco* AT I § 2 Rdn. 12b m. w. Nachw.

**38** Dazu m. zahlr. Nachw. *Schünemann* LK[12] Vor § 201 Rdn. 2.

**39** **Zust.** BGH NStZ **2011** 570 (571 Rn. 17). *Jakobs* sagt demgegenüber, ZStW **97** (1985) 766, Fn. 19: „Daß sich jemand an einem Verbrechen beteiligt, nur weil er das versprochen hat, dürfte sehr selten sein und begründet deshalb keine Notwendigkeit einer Tatbestandserweiterung." Aber jedes Versprechen bindet. Es bindet doppelt, wenn es sich auf gravierende Verhaltensweisen bezieht, zu denen man sich nicht leichthin entschließt. Und es bindet dreifach, wenn die Mitwisserschaft bei Verbrechen den nachträglichen Rücktritt als gefährlichen „Verrat" erscheinen lässt, der für den Abfallenden sehr bedrohliche Folgen haben kann.

**40** Übereinstimmend *Letzgus* S. 176: „einzig und allein das Ergebnis eines mehr oder weniger zufälligen Ereignisses"; Bedenken auch bei *Kühl* JuS **1979** 875; *Dessecker* JA **2005** 554 plädiert für eine Streichung dieser Tatbestandsalternative; *Mitsch* JR **2010** 359; *Puschke* Vorbereitungsdelikte S. 343 f; *ders.* HRRS **2019** 348; *Schiemann* NStZ **2019** 188; *Zaczyk* NK Rdn. 34 hält sie sogar für verfassungswidrig.

**41** Für generelle Strafwürdigkeit plädiert dagegen auf der Grundlage seiner Suggestionshypothese *Letzgus* S. 174.

## II. Die versuchte Anstiftung (§ 30 Abs. 1)

### 1. Die Erscheinungsformen der versuchten Anstiftung

14 Jede Anstiftung zur vollendeten oder versuchten Tat durchläuft das Stadium der versuchten Anstiftung. Da diese jedoch hinter der Anstiftung zum Versuch oder zum vollendeten Delikt unbestritten als subsidiär zurücktritt (zu den Konkurrenzen näher Rdn. 54 ff), kommt eine Bestrafung nach § 30 Abs. 1 nur in Betracht, wenn die Anstiftungshandlung weder zur Vollendung noch zum Versuch der angesonnenen Tat geführt hat. Unter den danach übrig bleibenden Fällen lassen sich sieben Sachverhaltsgruppen unterscheiden, die einander begrifflich freilich nicht in allen Fällen ausschließen.[42]

**a) Die misslungene Anstiftung.** Hier bleibt schon der Täterentschluss aus, z. B. weil der Aufgeforderte das Ansinnen zurückweist.

**b) Die erfolglose Anstiftung.** Die Anstiftungshandlung ruft einen Tatentschluss hervor, doch kommt es nicht zum Versuch, z. B. weil der anfänglich zur Tat Entschlossene den Plan wieder aufgibt.

**c) Die untaugliche Anstiftung.** Der Adressat des Anstiftungsversuches ist bereits zur Tat entschlossen (omnimodo facturus).

**d) Die unwirksame Anstiftung.** Der Täter fasst zunächst einen Tatentschluss, lässt ihn aber wieder fallen und begeht die Tat später aufgrund eines neuen, von der früheren Anstiftung unabhängigen Entschlusses.

**e) Die unvollkommene Anstiftung.** Der Adressat der Anstiftungshandlung missversteht die Aufforderung und verwirklicht den Tatbestand unvorsätzlich (näher Rdn. 24).

**f) Der qualitative Täterexzess.** Der Täter wird zwar durch den Anstiftungsversuch motiviert, begeht aber mit Vorbedacht eine andere als die ihm angesonnene Tat (näher Rdn. 29 ff).

**g) Die teilweise vollendete Anstiftung.** Der Aufgeforderte wird durch die Anstiftung zur Vollendung eines minderschweren Deliktes bestimmt; z. B. er schwört nicht den ihm angesonnenen Meineid, sondern verwirklicht nur den Tatbestand des § 153. Hinsichtlich des § 154 liegt dann nur eine versuchte Anstiftung vor (näher Rdn. 55 f).

### 2. Die objektiven Voraussetzungen der versuchten Anstiftung

15 **a) Die äußere Form des Anstiftungsversuchs.** Für den Begriff der „Aufforderung" in der vor 1953 geltenden Fassung des Gesetzes (vgl. Entstehungsgeschichte) hatte die Rechtsprechung eine einschränkende Auslegung entwickelt, derzufolge eine (ausdrückliche, verschleierte oder stillschweigende) „Kundgebung" vorliegen musste, „die den Willen des Auffordernden erkennbar macht, daß vom Gegner ein bestimmtes, bezeichnetes Tun oder Lassen gefordert werde" (RGSt **47** 411, 413). Diesen Voraussetzungen sollte zwar ein Rat (RGSt **53** 351, 352; BGH NJW **1951** 666) und u. U. auch die Übersendung eines Rezeptes für eine Abtreibung (näher RG Recht **1912** Nr. 331), nicht hingegen ein bloßes „Anreizen" (RGSt **47** 411) genügen. Da der nunmehr vom Gesetzgeber verwendete Begriff des „Bestimmens" in § 30 derselbe ist wie in § 26, kommt heute jedes Verhalten in Betracht, das auch für eine Anstiftung ausreichen würde. So genügt etwa die Erteilung eines Tötungsbefehls an der DDR-Grenze (BGH NJW **2005** 1287),[43] nicht aber ein Ge-

42 So in ausführlicher Darstellung, aber anderer Anordnung *Letzgus* S. 24 ff; *ders.* HK-GS Rdn. 16 ff; s. a. *Thalheimer* Vorfeldstrafbarkeit S. 23 ff. Die Bezeichnungen zu a)–d) stammen von *Dreher* Bemühungen S. 95; die Konstellation unter e) hat *J.-D. Busch* S. 143 benannt; der Sachverhalt unter f) verdankt seinen Namen *Maurach* AT$^4$ § 51 III B 2, die Fallgruppen-Charakterisierung unter g) findet sich bei *Letzgus* S. 60. Die Termini a)–c) werden bei *Geppert* Jura **1997** 547; *Gropp* AT § 9 Rdn. 206 ff; *Jescheck/Weigend* § 65 II 1 und Sch/Schröder/*Heine/Weißer* Rdn. 20 übernommen.

43 Wenn nicht schon (was von der Stellung des Befehlshabers abhängt) eine mittelbare Täterschaft kraft Organisationsherrschaft zu bejahen ist, siehe *Schünemann/Greco* LK § 25 Rdn. 142 ff.

spräch mit einem Auftragskiller über eine mögliche künftige Tatbegehung als solches (BGHR StGB § 30 Beteiligung 1). Im Übrigen ist ohne Einschränkung auf die Darlegungen zur Anstiftung zu verweisen (*Schünemann/Greco* LK § 26 Rdn. 51). Ob es dementsprechend für eine versuchte Anstiftung ausreicht, dass ohne geistigen Kontakt mit dem präsumtiven Täter lediglich eine äußere Situation geschaffen wird, die diesen zu einem Deliktsentschluss motivieren soll, hängt von der sehr strittigen Frage ab, ob man ein solches Verhalten bei vollendeter Tat als Anstiftung betrachtet. Lehnt man das richtigerweise ab (*Schünemann/Greco* LK § 26 Rdn. 3), so muss ein solches Verhalten auch im Falle des § 30 straflos sein.

**b) Der Beginn des Anstiftungsversuchs.** § 30 Abs. 1 verlangt für die Strafbarkeit, dass der Täter „einen anderen zu bestimmen versucht". Daraus ergibt sich das Problem, wie die Vorbereitung vom Versuch des Bestimmens abzugrenzen ist. Unter der bis 1953 geltenden Fassung des Gesetzes, die eine „Aufforderung" zur Begehung eines Verbrechens verlangte (vgl. Entstehungsgeschichte), wurde überwiegend angenommen, dass der Adressat von der Aufforderung Kenntnis genommen haben oder dass sie ihm doch mindestens zugegangen sein müsse.[44] Aufgrund der Neufassung des § 49a ist der BGH in BGHSt **8** 261, 262 von dieser Rechtsprechung abgegangen und hat einen Gefängnisinsassen wegen versuchter Anstiftung zu § 154 bestraft, obwohl der Brief mit der Meineidsaufforderung, der über die Gefängnismauer dem auf der Straße wartenden Empfänger zugeworfen werden sollte, diesen nicht erreichte, sondern auf den Gefängnishof fiel und dort beschlagnahmt wurde. Der BGH führt aus, da die Neufassung keine Einschränkung enthalte, sei jede Handlung strafbar, „die die Anstiftung unmittelbar verwirklichen soll. Dazu gehört das Absenden eines die Anstiftung enthaltenden Briefes auch dann, wenn der Brief denjenigen, an den er gerichtet ist, nicht erreicht."[45] 16

Demgegenüber wird von einem großen Teil des Schrifttums unter Anlehnung an die ältere Rechtsprechung für die Strafbarkeit der versuchten Anstiftung auch weiterhin verlangt, die Erklärung müsse dem präsumtiven Täter mindestens zugegangen, d. h. derart in seinen Machtbereich gekommen sein, dass er die Gelegenheit gehabt habe, von ihr Kenntnis zu nehmen.[46] Begründet wird das ziemlich übereinstimmend mit der Notwendigkeit einer restriktiven Auslegung und dem Argument, dass vorher das für die Strafwürdigkeit erforderliche Minimum an Gefährlichkeit nicht erreicht sei. Noch weitergehend verlangt *Zaczyk* NK Rdn. 12 für die versuchte Anstiftung einen Teilerfolg i. S. des Hervorrufens eines Entschlusses zur Haupttat. Ein anderer Teil des Schrifttums hat sich dagegen im Ergebnis und in der Begründung dem BGH angeschlossen.[47] 17

Die **Rechtsprechung des BGH verdient Beifall,** und zwar aus drei Gründen. Erstens kann, wenn das Gesetz ausdrücklich auf den „Versuch" des Bestimmens abstellt, die Strafbarkeit nur danach beurteilt werden, ob der Handelnde zur Anstiftung „unmittelbar ansetzt" (§ 22). Das Absenden eines Briefes nun (und entsprechend der Sachverhalt der Entscheidung BGHSt **8** 261) sind sogar als beendeter Versuch des Bestimmens zu betrachten, weil der Handelnde schon alles getan hat, was nach seiner Vorstellung für die Herbeiführung des Anstiftungserfolges erfor- 18

**44** Im Einzelnen wurde teils eine Erkennungs- und Wahrnehmungsmöglichkeit (RGSt **30** 142; **36** 229), teils eine wirkliche sinnliche Wahrnehmung (RGSt **47** 230), teils sogar ein geistiges Verstehen auf seiten des Adressaten (so wohl RGSt **26** 81, 82) verlangt. Zum Schrifttum dieser Zeit vgl. *Letzgus* S. 42, Fn. 90.

**45** S. danach BGH NStZ **1999** 409 f; NStZ **2013** 483 (484), wo vom Zugang niemals die Rede ist.

**46** *Brose* S. 115 ff; *J.-D. Busch* S. 172 ff; *Eser* II Nr. 47 Rdn. 19; *Hoyer* SK Rdn. 31; *Jescheck/Weigend* § 65 II 1; *Letzgus* S. 41 Fn. 89; *Schröder* JuS **1967** 290; *Stratenwerth/Kuhlen* AT § 12 Rdn. 175; *Mezger* LK$^8$ § 49a Anm. 4a, b und *Jakobs* § 27 Rdn. 4 verlangen sogar eine Kenntnisnahme von der Mitteilung durch den Adressaten.

**47** *Blei* I § 81 II 1: *Bockelmann/Volk* § 27 VI 1a aa; *Dreher* Bemühungen S. 196; *Fischer* Rdn. 13; Sch/Schröder/*Heine/Weißer* Rdn. 18; *Joecks* MK Rdn. 36 f; *Hinderer* JuS **2011** 1074; *Kühl* JuS **1979** 877; *Maurach/Gössel*/Zipf$^7$ § 53 Rdn. 15 f (weitgehend auch Maurach/Gössel/Zipf/*Renzikowski* § 53 Rdn. 114); *Preisendanz* Anm. 3d; *Rogall* FS Puppe 870 f; *Roxin* AT II § 28 Rdn. 12; *Thalheimer* Vorfeldstrafbarkeit S. 39.

derlich war. Man kann dieser Konsequenz nicht dadurch aus dem Wege gehen, dass man vor einer Anwendung der Versuchsregeln warnt (*Brose, Eser, Letzgus,* wie Fn. 46); denn damit wird dem Gesetz der Gehorsam aufgekündigt. Zwar ergeben die Gesetzesmaterialien nichts darüber, ob bei Ersetzung der „Aufforderung" durch den „Bestimmungsversuch" im Jahre 1953 über den Beginn dieses Versuches nachgedacht worden ist (*J.-D. Busch,* wie Fn. 46). Aber der Wortlaut des Gesetzes ist eindeutig, und außerdem hätte der Gesetzgeber der Fassung des Jahres 1975 ausreichend Gelegenheit gehabt, eine restriktive Formulierung zu wählen, wenn er die Strafbarkeit der versuchten Anstiftung hätte einschränken wollen. Zweitens entspricht die Strafbarkeit der Briefabsendung und entsprechender Verhaltensweisen auch der ratio legis; denn der Handelnde hat einen von ihm nun nicht mehr beherrschbaren, rechtsgutsbedrohenden Kausalverlauf in Gang gesetzt und damit gerade das getan, was die Strafdrohung verhindern soll (Rdn. 4, 11). Wenn *Stratenwerth/Kuhlen* (AT § 12 Rdn. 175) ihre These, der Adressat müsse von der Einwirkung des Anstifters haben Kenntnis nehmen können, auf das Argument stützen: „erst dann verliert der Anstifter den Einfluss auf das weitere Geschehen, und das begründet die Strafbarkeit", so übersehen sie, dass der Anstifter diesen Einfluss schon verliert, wenn er sich seiner Aufforderungserklärung entäußert hat, mag sie auch dem Empfänger noch nicht zugegangen sein. Drittens schließlich gibt es, wenn man sich von der Versuchsregelung löst, für den Beginn der Strafbarkeit kein hinreichend bestimmbares Gefährlichkeitskriterium mehr. Denn vom Standpunkt der Konspirationshypothese aus wäre die Strafwürdigkeitsgrenze erst mit der Zustimmung des Adressaten erreicht (Rdn. 7), so dass nicht einzusehen ist, warum gerade die „Möglichkeit der Kenntnisnahme" die über Strafbarkeit oder Straflosigkeit entscheidende Zäsur abgeben soll. Diese Grenze ist auch kriminalpolitisch unpraktikabel: Der Brief mit der Mordanstiftung könnte noch nicht gem. § 99 StPO auf der Post beschlagnahmt werden, weil der Absender zu diesem Zeitpunkt ja noch straflos wäre.

**19** Das bedeutet jedoch keineswegs, dass bereits jede auf die Anstiftung zu einem Verbrechen hinwirkende Tätigkeit nach § 30 Abs. 1 strafbar wäre. Vielmehr sind die **Hauptfälle** der Strafbarkeit die des **beendeten Versuches**, in denen der Täter seine Einwirkungshandlung abgeschlossen hat; sei es, dass die Aufforderung (brieflich, telegrafisch, durch Boten oder wie immer) den Herrschaftsbereich des Absenders verlassen, sei es, dass bei einem mündlichen Anstiftungsversuch der Auffordernde seine Erklärung abgeschlossen hat.[48] Andererseits verstößt die kategorische These, dass ausschließlich beendete Anstiftungsversuche nach § 30 Abs. 1 strafbar und dass unbeendete Anstiftungshandlungen stets „als eine Vorbereitungshandlung des Anstifters zu bewerten" und deshalb straflos seien (*Letzgus* S. 40), in dieser Allgemeinheit gegen Grundregeln der Versuchslehre und gegen das Gesetz, das in § 31 Abs. 1 Nr. 1 von der **Möglichkeit eines unbeendeten Versuches** ausgeht (*Schünemann/Greco* LK § 31 Rdn. 7 f): Wenn der Anstifter auf den präsumtiven Täter im Sinne seines Planes einredet, den Zweifelnden aber noch durch weitere Darlegungen überzeugen will, so ist das ein unbeendeter Anstiftungsversuch, der nach § 30 Abs. 1 strafbar ist, weil der Täter eindeutig mit dem Anstiften begonnen hat; dasselbe gilt, wenn z. B. das auf die Anstiftung gerichtete Telefongespräch unterbrochen oder die Unterhaltung im fahrenden Auto durch einen Unfall beendet wird (*J.-D. Busch* S. 174). Aber an der These ist immerhin richtig, dass der Täter sich seiner „Botschaft" bereits entäußert haben muss, wenn die „Ingangsetzung eines fortan nicht mehr beherrschbaren Kausalverlaufs" die Strafbarkeit nach § 30 Abs. 1 begründet (Rdn. 4, 11). Man muss daher für einen unbeendeten Versuch mindestens voraussetzen, dass das „Anstiftungsgespräch" begonnen hat; was davor liegt, ist straflose Vorbereitung einer Anstiftung.[49] Straflos ist auch, wer den Anstiftungsbrief erst abfasst, wer den fertigen Brief (sei es auch unfreiwillig) nicht absendet oder wer ihn auf dem Weg zum Postkas-

---

**48** Über die allgemeinen Abgrenzungsfragen: *Roxin* FS Maurach 213.

**49** Restriktiver Sch/Schröder/*Heine/Weißer* Rdn. 18 und Maurach/Gössel/Zipf/*Renzikowski* § 53 Rdn. 114, die beide mündliche Gespräche für nicht ausreichend erachten.

ten verliert.[50] Straflos ist ferner, wer sich mit dem Anzustiftenden noch über unverfängliche Dinge unterhält, wer sich bei einer geplanten telefonischen Anstiftung verwählt und dies bemerkt oder wer sonst den Gesprächspartner bei seinem Anruf nicht erreicht. Die Anstiftungserklärung muss also beim unbeendeten wie beim beendeten Versuch den Herrschaftsbereich des Anstifters verlassen haben.

### 3. Die subjektiven Voraussetzungen der versuchten Anstiftung

Der Anstiftungsversuch setzt wie jeder Versuch voraus, dass Wissen und Wollen der Tat alle Elemente umfassen, die für eine vollendete Tat erforderlich sind. Das heißt: Es müsste eine Anstiftung zur vollendeten Tat vorliegen, wenn alles sich so verhielte und abliefe, wie der die Bestimmung Versuchende gedacht und geplant hat. § 30 Abs. 1 verlangt also einen Anstiftervorsatz, für dessen Voraussetzungen allgemein auf *Schünemann/Greco* § 26 Rdn. 57 ff verwiesen werden kann. Doch bedarf die Thematik im besonderen Anwendungsbereich des § 30 Abs. 1 in mehreren Punkten ergänzender und spezifizierender Erläuterungen: 20

**a) Die „Ernstlichkeit" des Anstiftungsversuches.** Die frühere, unter der ursprünglichen Fassung des § 49a Abs. 1 entwickelte Rechtsprechung, der ein Teil des Schrifttums bis heute folgt, verlangte, dass die „Aufforderung" (bzw. heute der Anstiftungsversuch) „ernstlich" sein müsste.[51] Das ist nicht falsch, aber sehr ungenau. In Wirklichkeit handelt es sich, wie zuerst *Schröder* (JZ **1967** 294) hervorgehoben hat, um ein reines Vorsatzproblem. Danach reicht für den Anstiftungsversuch (wie auch sonst für den Versuch) der dolus eventualis aus. Es genügt also für eine Strafbarkeit nach § 30 Abs. 1, wenn der Anstiftende damit rechnet, dass der Adressat die Aufforderung ernst nimmt und durch sie zur Tat bestimmt wird; wie „ernst" es der Auffordernde im Übrigen meint, ist gleichgültig.[52] Wenn also A dem B den Rat gibt, die Probleme, die B mit seiner Schwiegermutter habe, durch deren Vergiftung zu lösen, so hängt die Strafbarkeit nach § 30 Abs. 1 nicht davon ab, ob er „ernstlich" einen Giftmord wollte oder sich nur einen üblen und gefährlichen Scherz erlaubt hat. Entscheidend ist, ob er die Möglichkeit erkannt und in Kauf genommen hat, dass B sich durch seine Anregung zu einem Mord motivieren lassen könne, oder ob er, sei es auch leichtsinnig, darauf vertraut hat, dass B die Äußerung als Scherz auffassen und daraus keine Folgerungen ziehen werde. A ist im ersten Falle strafbar, im zweiten straflos, einerlei, wie sich der wirkliche Ablauf gestaltet. Der Anstiftungsvorsatz (bzw. die „Ernstlichkeit" des Anstiftungsversuches) wird auch nicht dadurch ausgeschlossen, dass die Ausführung der Tat und damit die „Gültigkeit" des Ansinnens von äußeren Bedingungen abhängig gemacht werden (RGSt **26** 199, 201 f für den Fall, dass zu einer damals als Verbrechen 21

**50** Demgegenüber wollen *Maurach/Gössel*/Zipf[7] § 53 Rdn. 16 einen Anstiftungsversuch schon annehmen, wenn der Anstifter „den die Anstiftung enthaltenden Brief nicht an den Adressaten herausgehen" lässt oder in letzter Minute von einem Beeinflussungsversuch Abstand nimmt. Hier handelt es sich aber eindeutig um Vorbereitungen. Zu weitgehend auch noch *Busch* LK[9] § 49a Rdn. 16, der nur die Abfassung des Anstiftungsbriefes als Vorbereitung betrachtet, jede Handlung aber, die den Brief „aus dem Bereich des Anstifters in den Bereich des Adressaten bringen soll" (also auch den Gang zum Postkasten?) bestrafen will. Auf der Grundlage der h. M. zweifelnd in diesem letzten Fall auch *Schröder* JuS **1967** 290. Richtig *Schäfer* Niederschriften, Bd. 2 (1958) Anhang, S. 114. Wenn der Brief dagegen auf der Post verlorengeht, liegt schon ein Anstiftungsversuch vor. Bei *Maurach/Gössel*/Zipf[7] § 53 Rdn. 16 wird zu Unrecht nicht unterschieden, ob der Absender (straflos) oder die Post (strafbar) den Brief verliert.

**51** RGSt **15** 359, 360; **57** 171, 172; RG GA Bd. **42** 122; BGHSt **7** 234, 238; BGHR StGB § 30 Beteiligung 2; BGHR StGB § 30 I 1 Bestimmen 2; offen gelassen in BGHSt **18** 160 f; BayObLG NJW **1970** 769 f; *Blei* I § 81 II 1; *Busch* LK[9] § 49a Rdn. 7; *Kohlrausch/Lange* Anm. § 49a IV 6; *Maurach/Gössel*/Zipf[7] § 53 Rdn. 12 (wohl and., wie die h. L., jetzt Maurach/Gössel/Zipf/*Renzikowski* § 53 Rdn. 112); *Schmidhäuser* StuB § 11 Rdn. 108.

**52** So auch *J.-D. Busch* S. 163 f; *Eser* II Nr. 47 Rdn. 20; *Geppert* Jura **1997** 550; *Jakobs* § 27 Rdn. 3; *Jescheck/Weigend* § 65 II 2; *Joecks* MK Rdn. 32; *Letzgus* S. 182 f; *Roxin* AT II § 28 Rdn. 15; Sch/Schröder/*Heine/Weißer* Rdn. 26.

strafbaren Abtreibung aufgefordert wurde, wenn sich das Vorliegen einer Schwangerschaft herausstellen würde). So wenig beim täterschaftlichen Versuch eine „unsichere Tatsachengrundlage" den Tatentschluss hindert,[53] so wenig wird der Anstiftungsvorsatz dadurch beeinträchtigt.

22 Straflos ist eine auf die Hervorrufung eines Verbrechensentschlusses abzielende Handlung auch dann, wenn der Veranlassende ein **agent provocateur** ist, der den Adressaten zu einem Tatentschluss und auch zu Ausführungshandlungen bewegen, die Vollendung des Erfolges aber verhindern will.[54] Der Lockspitzel, der die Ganoven zu einem Bankraub auffordert, um sie bei dieser Gelegenheit von der Polizei fassen zu lassen, ist also straflos, wenn die Gauner ihn durchschauen und den Plan ablehnen. Ebenso ist straflos, wer zu einer Tat zu bestimmen versucht, die sich für ihn als untauglicher Versuch darstellt (A fordert den B vergeblich auf, eine Pistole auf C abzudrücken, von der er im Gegensatz zu B weiß oder wenigstens annimmt, dass sie ungeladen ist; ähnlich der Fall BGHSt **18** 161, dazu *Roxin* LK[11] Rdn. 20). In beiden Fällen fehlt es an einem Rechtsgutsangriff, der Voraussetzung nicht nur der Anstiftung, sondern auch ihres Versuches ist (vgl. im Einzelnen *Schünemann/Greco* LK § 26 Rdn. 60 ff). Insoweit ist es zwar richtig, wenn man sagt, dass § 30 Abs. 1 ein „ernsthaftes Wollen" der Tat (d. h. ihrer Vollendung) voraussetzt; doch handelt es sich auch in diesem Punkt nicht um ein besonderes Problem der „Ernstlichkeit", sondern um die Anwendung allgemeiner Regeln.

23 Der von *Schröder* begründeten h. L. hat sich nunmehr BGHSt **44** 99[55] ausdrücklich angeschlossen. Weil für die Anstiftung bedingter Vorsatz ausreiche, müsse für die versuchte Anstiftung das Gleiche gelten. Eine darüber hinausgehende Ernstlichkeit sei in keinerlei Hinsicht erforderlich. Aus dem Strafgrund der versuchten Anstiftung als einem Ingangsetzen eines unbeherrschbaren Verlaufes lasse sich nichts anderes folgern (ibid. S. 102). Freilich war im konkreten Fall wohl davon auszugehen, dass die Tat nicht ohne Zutun des anstiftenden Rädelsführers hätte begangen werden können, so dass es an der Freisetzung eines unbeherrschbaren Verlaufes gerade fehlte.[56]

24 **b) Die Abgrenzung von versuchter Anstiftung und versuchter mittelbarer Täterschaft.** Eine Strafbarkeit nach § 30 Abs. 1 kann nur dann in Betracht kommen, wenn bei planungsgemäßem Ablauf eine Anstiftung und nicht eine mittelbare Täterschaft vorläge. Wer daher einen Geisteskranken für die Ausführung eines Verbrechens zu gewinnen versucht, ist nicht nach § 30 Abs. 1 strafbar, wenn dieser ablehnt oder im Vorbereitungsstadium scheitert. Hier ist nur eine mittelbare Täterschaft möglich, wobei nach den für sie geltenden Regeln (*Schünemann/Greco* LK § 25 Rdn. 170 ff) zu beurteilen ist, ob eine Vorbereitungshandlung oder ein strafbarer Versuch vorliegt.[57] Ein Fall des § 30 Abs. 1 ist dagegen anzunehmen, wenn jemand einen Täter, von dessen Geisteskrankheit er nichts weiß, vergeblich zur Begehung eines Verbrechens zu bestimmen versucht. Denn hier scheidet eine mittelbare Täterschaft mangels Kenntnis der eigenen, objektiv bestehenden Herrschaft aus (*Schünemann/Greco* LK § 25 Rdn. 163); nach dem Grundsatz der limitierten Akzessorietät (§§ 26, 29) ist aber eine Anstiftung und somit auch eine versuchte Anstiftung ohne weiteres möglich.[58] Fehlt dem Aufgeforderten der Vorsatz und weiß der Auffordernde dies, so liegt, wenn die Tat nicht vollendet wird, auf Seiten des Hintermannes keine

---

53 Näher *Roxin* GS Schröder 145.

54 *Blei* I § 81 II 1; Sch/Schröder/*Heine/Weißer* Rdn. 4, 28; Maurach/Gössel/Zipf/*Renzikowski* § 53 Rdn. 113; *Roxin* AT II § 28 Rdn. 16; *Zaczyk* NK Rdn. 21.

55 Zust. Anm. *Martin* JuS **1998** 1066; *Roxin* NStZ **1998** 616; *Bloy* JZ **1999** 157; danach BGH NJW **2013** 1106; NStZ-RR **2018** 353.

56 *Roxin* AT II § 28 Rdn. 18.

57 *Jakobs* § 27 Rdn. 5 nimmt einen Anstiftungsversuch an, den er freilich hinter dem speziellen täterschaftlichen Versuch des mittelbaren Täters in Gesetzeskonkurrenz zurücktreten lässt.

58 Schon vor Einführung der limitierten Akzessorietät hatte RGSt **47** 230 f den § 49a Abs. 1 auch dann für anwendbar erklärt, wenn derjenige, an den die Aufforderung gerichtet wird, geisteskrank ist.

versuchte Anstiftung, sondern ein Versuch in mittelbarer Täterschaft vor. Weiß dagegen der Auffordernde *nicht*, dass der Erklärungsempfänger ihn missversteht und vorsatzlos handelt, so ist selbst dann nur eine versuchte Anstiftung („unvollkommene Anstiftung", Rdn. 13) nach § 30 Abs. 1 anzunehmen, wenn der Adressat den Deliktserfolg (unvorsätzlich) herbeiführt. Denn für eine mittelbare Täterschaft fehlt dem Auffordernden die Kenntnis der „Werkzeugqualität" seines Partners, und eine Anstiftung zur vollendeten Tat scheitert am mangelnden Vorsatz des Ausführenden (näher zu dieser strittigen Frage *Schünemann/Greco* LK § 25 Rdn. 163 f m. w. N.). Im Übrigen ist auf die Kommentierung zu §§ 25, 26 zu verweisen; die dort bis in die Einzelheiten behandelte Abgrenzung von mittelbarer Täterschaft und Anstiftung ist bei einem Scheitern der Tat im Vorbereitungsstadium für eine mögliche Anwendbarkeit des § 30 Abs. 1 präjudiziell.

**c) Die Konkretisierung des Tatplans und der Exzess des präsumtiven Täters.** Wie bei der vollendeten, braucht auch bei der versuchten Anstiftung die auszuführende Tat nicht in allen Einzelheiten bestimmt zu sein. Wie weit die **persönliche und sachliche Konkretisierung** gehen muss, ist also ein Problem der Anstiftung (näher dazu *Schünemann/Greco* LK § 26 Rdn. 39 ff), deren Grundsätze insoweit auf § 30 Abs. 1 uneingeschränkt übertragen werden können. Doch ist die praktische Bedeutung der Frage vor allem bei der „misslungenen" Anstiftung (Rdn. 14) noch größer als im Falle des § 26. Denn der Täterentschluss selbst hat eine konkretisierende Wirkung, an der es fehlt, wenn ein solcher Entschluss von vornherein nicht zustande kommt und es bei einer mehr oder weniger vagen Bestimmungserklärung bewendet. Die Strafbarkeit der versuchten Anstiftung zum Verbrechen trägt daher in der Rechtsprechung zu einer Lockerung der Bestimmtheitsanforderungen bei (*Dreher* FS Gallas 321), so dass deren Minimalvoraussetzungen hier noch einmal in einigen Leitlinien zusammengefasst werden sollen. 25

Danach wird man hinsichtlich der **persönlichen Individualisierung** daran festhalten müssen, dass die Aufforderung an einen völlig unbestimmten Personenkreis keine Strafbarkeit nach § 30 Abs. 1 begründet, sondern nur ggf. nach § 111 strafbar ist. Abzulehnen ist daher eine Entscheidung des RG aus dem Jahre 1904 (SeuffBl. Bd. **69** S. 572), in der eine Zeitungsannonce „Hilfe gegen Blutstockung. Streng diskret" als Aufforderung zu einer damals als Verbrechen strafbaren Abtreibung nach § 49a Abs. 1 bestraft wurde; das Urteil basiert auch ausdrücklich auf der heute nicht mehr haltbaren Prämisse (Rdn. 1), dass § 49a ein „eigenartiges Delikt" sei, für das die Bestimmtheitsgrundsätze der Anstiftung nicht gelten könnten. Dagegen genügt es, wenn der Täter sich an noch unbestimmte Personen innerhalb eines individuell umgrenzten Personenkreises wendet. Wenn also jemand in einer Runde von Freunden oder Bekannten äußert: „Wer unter Euch sich traut, die X zu vergewaltigen, bekommt 100 Euro von mir", so ist er, wenn ihm niemand Folge leistet, schon allein wegen dieser Aufforderung nach § 30 Abs. 1 strafbar. Auch ist nicht erforderlich, dass der die Bestimmung Versuchende seine Persönlichkeit erkennbar macht; auch anonyme oder pseudonyme Aufforderungen sind strafbar, wenn sie sich nicht nur an die Allgemeinheit richten und auf Erregung eines Tatentschlusses abzielen (RGSt **36** 228, 229). 26

Was die **sachliche Bestimmtheit** der Tat betrifft, so lässt sich eine Faustregel verwenden, die *Lackner* (StGB[18] § 30 1b) einer unveröffentlichten Entscheidung des BGH (1 StR 280/69 v. 2.9.1969) entnommen hat. Danach muss die Tat nicht bis ins Detail, aber doch so weit konkretisiert sein, dass der andere sie begehen könnte, wenn er wollte.[59] Das ist im Prinzip richtig; denn nur in einem solchen Falle ist der Strafgrund (Rdn. 4, 11: Ingangsetzung eines nicht mehr beherrschbaren Kausalverlaufs) gegeben. Dabei können, wie besonders RGSt **34** 327, 328 hervorgehoben hat, „Ort, Zeit und Art der Verübung" offen bleiben, wenn und soweit es dem Anstifter darauf nicht ankommt. Nach dem Kriterium der Erheblichkeit für den Tatplan entscheidet sich 27

---

59 Ebenso BGH NStZ **1998** 347 (unter schwer nachvollziehbarer Berufung auf BGHSt **10** 389; **18** 161) m. Anm. v. *Graul* JR **1999** 249 und *Kretschmer* NStZ **1998** 401; LG Zweibrücken NStZ-RR **2002** 136; BGHSt **50** 142 (145); NStZ-RR **2010** 10 (12); NStZ **2019** 595 (Rdn. 7) m. Bspr. *Rückert*; Sch/Schröder/*Heine*/*Weißer* Rdn. 5.

auch, ob eine Individualisierung des Opfers nötig ist: Wo der Anstifter die Schädigung einer bestimmten Person veranlassen will, muss diese erkennbar gemacht werden; ist ihm die Individualität des Geschädigten oder des Handlungsobjektes jedoch gleichgültig, bedarf es für den Bestimmungsversuch keiner näheren Bezeichnung (RGSt **34** 328; BGHSt **15** 276, 277). Das mindeste, was deutlich werden muss, ist demnach der Tatbestand, zu dessen Verwirklichung der Anstifter den Adressaten veranlassen will, sowie die ungefähre Dimension des Unrechts (näher *Schünemann/Greco* LK § 26 Rdn. 45 f).

28 Lässt sich nicht feststellen, ob zu einem Raub oder Diebstahl aufgefordert worden ist, weil unklar bleibt, ob sich den Worten des Anstifters der Vorschlag einer Gewaltanwendung entnehmen lässt, so ist von der milderen Möglichkeit auszugehen und freizusprechen (**in dubio pro reo,** vgl. BayObLG NJW **1954** 1257, 1258). Bleibt undeutlich, ob die Anstiftungshandlung auf einen Raub oder eine räuberische Erpressung zielte, so kann eine Wahlfeststellung erfolgen (BGH NJW **1954** 521; BayObLG a. a. O.).

29 Ein **Exzess des Täters** liegt vor, wenn er eine andere Tat ausführt, als ihm der Anstifter angesonnen hatte. Schlägt etwa der A dem B die Begehung eines Raubes vor, lässt B sich jedoch angesichts der Attraktivität des Opfers statt dessen zu einer Vergewaltigung hinreißen, so kann A für diesen „qualitativen" Täterexzess (Rdn. 13) nicht verantwortlich gemacht werden; er wird vielmehr nur wegen versuchter Anstiftung zum Raub (§§ 30 Abs. 1, 249) bestraft. Dabei kann sich der qualitative Täterexzess für den Hintermann entweder als misslungene oder als erfolglose Anstiftung darstellen (*Letzgus* S. 52 f; zur Terminologie Rdn. 14): Eine misslungene Anstiftung liegt vor, wenn der präsumtive Täter sich von vornherein entschließt, eine andere Tat auszuführen, als der Anstifter will, während es sich um eine erfolglose Anstiftung handelt, wenn der präsumtive Täter zunächst einen vom Anstiftervorsatz gedeckten Tatentschluss fasst und erst nachträglich auf eine andere Tat umschwenkt.

30 Anders als beim Problem der Tatplankonkretisierung geht es beim Täterexzess nicht darum, ob eine für die Strafbarkeit hinreichende Bestimmtheit des Anstiftungsversuches gegeben ist, sondern um die Frage, ob eine Abweichung des Täters von einer im betreffenden Punkt konkreten Anstiftungserklärung dem Anstifter noch zugerechnet werden kann; ist dies der Fall, liegt trotz der Abweichung eine Anstiftung zur vollendeten Tat, sonst dagegen nur eine versuchte Anstiftung vor. Während also beim Konkretisierungsproblem die Alternative zu § 30 Abs. 1 die Straflosigkeit ist, bildet beim Exzess die Anstiftung zur vollendeten Tat die Alternative. Trotzdem kann man die für die Konkretisierungsfrage geltenden Gesichtspunkte zum guten Teil für die Lösung des Exzessproblemes heranziehen. Es lässt sich nämlich die Regel aufstellen, dass es am Vorliegen einer Anstiftung zur vollendeten Tat nichts ändert, wenn der Täter vom Plan des Anstifters in Punkten abweicht, auf die es diesem nicht ankam, die also von vornherein hätten offenbleiben können (Rdn. 27). Wenn daher A den B auffordert, den C am Samstag an der Ecke der X-Straße niederzuschlagen und ihm sein Geld wegzunehmen, und B auf den Vorschlag eingeht, nach gründlichem Überlegen den C aber erst am Sonntag in der Y-Straße unter Bedrohung mit einem Revolver beraubt, so handelt es sich nicht um einen qualitativen Täterexzess, der das Verhalten des A nur als versuchte Anstiftung zum Raube erscheinen ließe; vielmehr liegt eine unwesentliche Abweichung vor, so dass A nach §§ 26, 250 Abs. 1 Nr. 1 bestraft werden muss. Will der Anstifter dagegen eine bestimmte Person aus dem Wege geräumt wissen und dingt zu diesem Zwecke einen Bravo, so ist nur eine Bestrafung nach § 30 Abs. 1 möglich, wenn der Täter abredewidrig einen anderen erschießt.

31 Im Einzelnen ist das Problem des Täterexzesses im Rahmen der Anstiftung behandelt worden (*Schünemann/Greco* LK § 26 Rdn. 82 ff m. w. N.). Darauf kann hier verwiesen werden, vor allem hinsichtlich der besonders umstrittenen Fragen, ob eine nur versuchte Anstiftung vorliegt, wenn der Täter einen anderen, aber ähnlichen Tatbestand verwirklicht, und ob beim error

in persona des Täters eine versuchte Anstiftung, eine Anstiftung zum Versuche oder eine Anstiftung zur vollendeten Tat anzunehmen ist.[60]

**d) Der untaugliche Versuch der Anstiftung.** Strafbar ist auch der untaugliche Anstiftungsversuch. Damit ist nicht nur die Untauglichkeit gemeint, die darin besteht, dass der präsumtive Täter die Tat von vornherein nicht begehen will oder sich als omnimodo facturus erweist (RGSt **37** 171, 172; **72** 373, 375), sondern vor allem auch der Fall, in dem der Adressat der Anstiftungserklärung zur Durchführung der Tat durchaus bereit ist (oder ggf. wäre), wegen ihrer Undurchführbarkeit aber nicht erst in das Versuchsstadium eintritt.[61] Wenn also A den B zur Ermordung des C auffordert, der Plan aber dadurch hinfällig wird, dass der C schon einem anderen Attentat zum Opfer gefallen ist, so ist A gleichwohl nach § 30 Abs. 1 strafbar; Entsprechendes gilt für die Anstiftung zur Verfolgung eines nur vermeintlich Unschuldigen (§ 344) oder die Aufforderung zum Beschwören einer irrig für falsch gehaltenen Aussage.[62] In der Praxis kommt häufiger vor, dass der Anzustiftende in Wahrheit ein V-Mann oder ein verdeckter Ermittler ist, der sich auf den Anstifter nur deshalb einlässt, um ihn später zu überführen (so etwa BGHSt **50** 142; BGH 5 StR 518/05 bei *Altvater* NStZ **2006** 92). An der Strafbarkeit ändert sich auch dann nichts, wenn die Untauglichkeit auf der mangelnden Subjektsqualität des in Aussicht genommenen Täters beruht, wenn also z. B. jemand infolge einer Verwechselung einen Privatmann für den Richter seines Prozesses hält und zu einer Rechtsbeugung (§ 336) zu bewegen versucht. Denn selbst wenn man den „Versuch" eines untauglichen Subjektes beim Täter für ein Wahndelikt hält, ist der Auffordernde in einem solchen Falle kein untaugliches Subjekt des § 30 Abs. 1 (er ist ja ein durchaus tauglicher Anstifter), sondern nimmt nur irrig einen Sachverhalt an, der, wenn er gegeben wäre, eine Rechtsbeugung ermöglichen würde (im Erg. abw. *J.-D. Busch* S. 164 f). 32

Die Strafbarkeit des untauglichen Anstiftungsversuches ist allerdings von *J.-D. Busch* (S. 163 ff) bezweifelt, von *Zaczyk* NK Rdn. 30 stark eingeschränkt und von *Letzgus* (S. 185 ff) bestritten worden. *J.-D. Busch* bemängelt, dass bei Annahme der Strafbarkeit „die Zurückdrängung der objektiven Erfolgshaftung zu Gunsten der reinen Gesinnungsstrafe ihren Höhepunkt erreicht" habe (S. 163), und *Letzgus* fordert aus demselben Grunde, dass bei strafbaren Vorbereitungshandlungen „gleichsam als Äquivalent für die weite Vorverlegung der Strafbarkeit" die „Handlung im konkreten Fall wenigstens tauglich, d. h. generell geeignet" sein müsse, „den beabsichtigten Deliktserfolg herbeizuführen" (S. 186). Diese Argumente haben kriminalpolitisch Gewicht, wenn auch nicht zu verkennen ist, dass die ohnehin nur schwer mögliche Abgrenzung von tauglichen und untauglichen Versuchen auf zusätzliche Schwierigkeiten stößt, wenn die Ausführung nicht einmal versucht, die Probe auf das Exempel der Tauglichkeit also nie unternommen worden ist. De lege lata ergibt sich jedoch die Strafbarkeit des untauglichen Anstiftungsversuches schon daraus, dass § 30 Abs. 1 Satz 3 auf die Unverstandsklausel des § 23 Abs. 3 verweist.[63] Denn da ein auf „grobem Unverstand" beruhender Anstiftungsversuch notwendig untauglich ist, impliziert die Verweisung die prinzipielle Strafbarkeit solcher untauglichen Be- 33

---

60 Eine ausführliche Behandlung des qualitativen Täterexzesses unter dem Gesichtspunkt des § 30 Abs. 1 findet sich auch bei *Letzgus* S. 43 ff.

61 Vgl. nur *Busch* LK[9] § 49a Rdn. 19, 26; Sch/Schröder/*Heine*/*Weißer* Rdn. 7.

62 Eine Ausnahme macht BGHSt **24** 38 für den Fall der versuchten Anstiftung zu einer falschen Versicherung an Eides Statt (§ 159), wenn mangels Zuständigkeit des Strafrichters für die Entgegennahme einer solchen Erklärung die Tat nur zu einem (nicht strafbaren) Versuch nach § 156 führen kann. Die Straflosigkeit der versuchten Anstiftung in diesem Falle wird vom BGH jedoch nur darauf gestützt, dass der untaugliche Versuch nach § 156 straflos ist, so dass die Strafbarkeit der untauglichen Anstiftung nicht weitergehen könne. Dagegen wird ausdrücklich betont (a. a. O. S. 40), dass § 30 Abs. 1 auch dann anwendbar sei, „wenn die Tätigkeit, die der Angestiftete nach dem Willen des Anstifters entfalten soll, nur zu einem untauglichen Versuch führen kann", denn hier sei der „Versuch stets strafbar". Im Übrigen ist BGHSt **24** 38 auch für den Tatbestand des § 159 umstritten geblieben; zum Ganzen *Ruß* ibid. LK[12] m. weit. Nachw.

63 Insoweit abw., i. Erg. aber wie hier *Rogall* FS Puppe 874 ff.

mühungen; selbst bei grobem Unverstand ist ja nach § 23 Abs. 3 nur die Möglichkeit des Absehens von Strafe oder der Strafmilderung gegeben. Wenn also jemand einen anderen auffordert, seinen Feind durch Kamillentee zu vergiften, so kann ein derart abwegiges Ansinnen, auch wenn es vom Adressaten nur mit Lachen quittiert wird, gleichwohl nach § 30 Abs. 1 bestraft werden. Das ist freilich durchaus unangemessen;[64] daher sollte in derartigen Fällen generell von Strafe abgesehen werden. Von einer Verfassungswidrigkeit der aus § 30 Abs. 1 Satz 3 folgenden Strafbarkeit des untauglichen Anstiftungsversuches wegen Unverhältnismäßigkeit der Pönalisierung wird man aber noch nicht sprechen können.

34 **e) Der Irrtum beim Anstiftungsversuch.** Die Behandlung des Irrtums folgt den allgemeinen Regeln. Fordert also z. B. jemand einen anderen zu einer Falschaussage auf, so kann eine Verurteilung nach §§ 30 Abs. 1, 154 nur in Betracht kommen, wenn er an die Möglichkeit einer Vereidigung des Aufgeforderten überhaupt gedacht hatte (BayObLG NJW **1955** 1120). Ruft A dem B zu, er solle den C erschießen, so entfällt mit dem Vorsatz auch eine Bestrafung nach § 30 Abs. 1, wenn A den B in einer Notwehrsituation wähnte, die eine Erschießung des C gerechtfertigt hätte. War allerdings der Angriff des C schon abgeschlagen, so könnte die Ansicht des A, der Angreifer dürfe jetzt noch niedergeschossen werden, nur nach den Regeln des Verbotsirrtums gewürdigt werden. Die allgemeinen Irrtumsregeln gelten auch hinsichtlich der Verbrechensqualität der angesonnenen Tat. Erkennt also derjenige, der einen anderen zur Begehung eines Deliktes zu bestimmen versucht, sachliche Umstände nicht, die die Tat zum Verbrechen machen (wie die Möglichkeit einer Vereidigung im Ausgangsbeispiel), so schließt das die Strafbarkeit nach § 30 Abs. 1 aus; umgekehrt genügt für die Strafbarkeit nach § 30 Abs. 1 die irrige Annahme von Umständen, die das Delikt zum Verbrechen machen würden (RG DR **1943** 138). Auch wenn das Delikt im Ausland begangen werden soll, kommt es nur darauf an, ob die Tat, wie sie sich der Anstifter vorstellt, nach deutschem Strafrecht als Verbrechen zu qualifizieren wäre (RGSt **37** 45). Dagegen ist die irrtümliche rechtliche Qualifizierung einer in ihren sachlichen Merkmalen erkannten Tat als Verbrechen oder Vergehen ein unbeachtlicher Subsumtionsfehler; wenn also der Auffordernde den Raub (§ 249), zu dem er anzustiften versucht, für ein Vergehen hält, so ändert das an seiner Strafbarkeit nichts; andererseits begeht ein strafloses Wahndelikt, wer zur Begehung eines Einbruchsdiebstahls (§§ 242, 243 Abs. 1 Nr. 1) in der irrigen Meinung anzustiften versucht, es handele sich dabei um ein Verbrechen.

## 4. Die Verbrechensqualität und die Bedeutung besonderer persönlicher Merkmale im Rahmen des § 30 Abs. 1

35 § 30 Abs. 1 setzt die Anstiftung zu einem „Verbrechen" voraus. Unstrittig ist dabei, dass die Verbrechensqualität nach der in § 12 Abs. 3 zum Gesetz erhobenen „abstrakten Betrachtungsweise" zu bestimmen ist; es bleibt also z. B. die versuchte Anstiftung zum besonders schweren Fall einer Untreue straflos, obwohl § 266 Abs. 2 eine Mindeststrafe von einem Jahr anordnet. Einigkeit besteht auch darüber, dass der Rechtsgedanke des § 28 auf § 30 Abs. 1 angewendet werden muss (BGHSt **6** 308, 311, *Schünemann/Greco* LK § 28 Rdn. 83).

36 Äußerst **umstritten** aber ist die Frage, wie sich diese Anwendung auswirkt, wenn die Tat durch „besondere persönliche Merkmale" **in der Person eines Beteiligten** (sei es des Anstifters, sei es des präsumtiven Täters) **vom Vergehen zum Verbrechen qualifiziert** oder **überhaupt erst strafbar** wird bzw. wenn solche Merkmale über den **Strafrahmen** entscheiden. Wenn man z. B. die Aussageerpressung (§ 343) als Spezialfall der Nötigung und damit als unechtes Amtsdelikt ansieht (Sch/Schröder/*Hecker* § 343 Rdn. 1 m. w. N.), wird bei der Anstiftung eines

---

**64** Vgl. für den aus grobem Unverstand begangenen täterschaftlichen Versuch *Roxin* in: Stree/Zipf/Jung S. 26 f; zust. *Geppert* Jura **1997** 551.

Amtsträgers durch einen Privatmann der Täter, sofern die Tat zur Ausführung kommt, aus dem Verbrechenstatbestand des § 343, der Anstifter aber in Anwendung des § 28 Abs. 2 nur wegen Anstiftung zur Nötigung gem. § 240, einem Vergehen, bestraft. Lehnt nun der Beamte die ihm angesonnene Tat ab, so entsteht das Problem, ob eine nach § 30 Abs. 1 strafbare versuchte Anstiftung zu einem Verbrechen oder der straflose Versuch einer Vergehensveranlassung vorliegt. Das hängt davon ab, ob § 30 Abs. 1 verlangt, dass die Tat im Falle ihrer Durchführung in der Person des Angestifteten oder in der Person des Anstifters als Verbrechen strafbar wäre.

**a) Intention des Gesetzgebers.** Der Gesetzgeber hatte die Streitfrage, die in der Nachkriegszeit in Rechtsprechung und Schrifttum zum meistdiskutierten Problem bei der Anwendung des § 30 geworden war, zunächst im neuen Allgemeinen Teil regeln und dabei auf den Deliktscharakter in der Person des Ausführenden abstellen wollen. § 35 Abs. 3 E 1962 lautete: „Machen besondere persönliche Merkmale (§ 14 Abs. 1) eine Tat zum Verbrechen, so gelten die Absätze 1 und 2 nur dann, wenn die Merkmale bei dem vorliegen, der die Tat begehen soll." Der Sonderausschuss für die Strafrechtsreform, der die differenzierende, in Rdn. 41 geschilderte Lehre favorisierte, hat „angesichts der Schwierigkeiten, einen geeigneten Katalog der Fälle zu finden, in denen § 30 StGB nicht Anwendung finden soll", die Vorschrift wieder gestrichen und „die Entscheidung ... damit wie bisher der Rechtsprechung überlassen" (BT-Drucks. V/4095 S. 13). Der AE hatte dagegen vorgeschlagen, eine Strafbarkeit der versuchten Anstiftung nur vorzusehen, wenn die besonderen persönlichen Merkmale, die eine Tat zum Verbrechen machen, „sowohl bei dem vorliegen, der die Tat begehen soll, wie bei dem, der ihn dazu anzustiften versucht" (§ 32 Abs. 2 AE). 37

**b) Die praktische Bedeutung.** Die praktische Bedeutung des Problems hat sich seit dem 1. StrRG beträchtlich reduziert, weil zahlreiche Reformgesetze die Tatbestände, bei denen besondere persönliche Merkmale über die Einordnung als Verbrechen oder Vergehen entschieden, drastisch verringert haben. Heute können Gewerbs- und Gewohnheitsmäßigkeit die Tat nicht mehr zum Verbrechen machen, die Fremdabtreibung ist zum Vergehen herabgestuft, so dass die Aufforderung zum Schwangerschaftsabbruch, die früher in der Praxis eine besondere Rolle gespielt hat (vgl. Rdn. 40), generell nicht mehr nach § 30 Abs. 1 strafbar ist; auch die unechten Amtsdelikte, die sich ehedem als Verbrechen darstellten, sind in der bisherigen Form zum Teil weggefallen (§§ 346, 347, 351). § 313 a. F., der die Herbeiführung einer Überschwemmung in Absatz 1 als Verbrechen qualifizierte, in Absatz 2 aber zum Vergehen herabstufte, wenn „die Absicht des Täters nur auf Schutz seines Eigentums gerichtet gewesen" war, ist vom 6. StrRG weitgehend geändert worden, so dass die Problematik auch hier nicht mehr auftauchen kann. So bleiben nur wenige – nicht einmal unumstrittene – Anwendungsfälle übrig: unter den Amtsdelikten § 343 und etwa noch § 345, wenn man diesen Tatbestand (Vollstreckung gegen Unschuldige) mit einer kaum noch vertretenen Meinung als qualifizierten Fall der Freiheitsberaubung ansieht (dagegen m. Nachw. *Kuhlen* NK § 345 Rdn. 4); schließlich noch die Tötung auf Verlangen (§ 216), die im Gegensatz zum Totschlag nur ein Vergehen ist, so dass bei mehreren Beteiligten die Deliktsqualität verschieden sein kann. Abgesehen von diesen heute noch relevanten Beispielen behält die Streitfrage für die allgemeinen Strafrechtslehren aber auch deshalb einige Bedeutung, weil jede Änderung, die bei der deliktischen Einstufung im Besonderen Teil vorgenommen wird, die Problematik aktualisieren und um neue Konstellationen bereichern kann. 38

**c) Geltung für § 28 Abs. 2.** Um die Antwort auf diese Frage **bei strafschärfenden besonderen persönlichen Merkmalen** streiten fünf Auffassungen. 39

40 **aa) Maßgeblichkeit des Anstiftenden.** Nach der **ersten** Auffassung, der grundsätzlich die **Rechtsprechung** folgt, kommt es für die Anwendbarkeit des § 30 Abs. 1 darauf an, „ob nach der Vorstellung des erfolglos Anstiftenden derjenige, den er anzustiften versucht, ein Verbrechen begehen würde, wenn er die ihm zugemutete Tat ausführte" (BGHSt **6** 308, aber auch schon RGSt **32** 267; BGH NStZ **2006** 34; BGHSt **53** 174 [177 Rdn. 11];[65] NStZ-RR **2017** 140). Dabei wird jedoch § 28 Abs. 2 in der Weise angewendet, dass „die Strafe für die versuchte Anstiftung aus dem Strafrahmen des Grundtatbestandes zu entnehmen" ist (BGHSt **6** 309; BGHSt **53** 174 [177 Rdn. 11]; BGH StV **1987** 386).[66] Im Ausgangsbeispiel würde nach dieser Lehre also der Täter des Anstiftungsversuches nach §§ 30 Abs. 1, 343 bestraft werden; nur für die Strafbemessung wäre der Rahmen des § 240 heranzuziehen.

41 **bb) Maßgeblichkeit des Anstifters.** Nach der **zweiten** Ansicht führt die Anwendung des § 28 Abs. 2 zu dem Ergebnis, dass § 30 Abs. 1 nur gegeben ist, wenn die Tat in der Person dessen, der die Anstiftung versucht, im Vollendungsfalle nach einem Verbrechensstrafrahmen geahndet worden wäre. Geht man davon aus, so ist ein Privatmann, der einen Beamten erfolglos zur Aussageerpressung (Rdn. 36) auffordert, straflos, weil der Anstifter nur aus dem Vergehenstatbestand des § 240 hätte bestraft werden können, wenn die Tat zur Ausführung gekommen wäre. Diese Auffassung ist heute im Schrifttum herrschend.[67] Die Rechtsprechung (BGHSt **3** 228; **14** 353; im Ergebnis auch **4** 17) hat sie früher unter Beschränkung auf den Tatbestand des § 218 vertreten, nach dessen bis zum 1. StrRG geltender Fassung die Selbstabtreibung ein Vergehen, die Fremdabtreibung aber ein Verbrechen war. Danach war die Schwangere straflos, wenn sie einen anderen vergeblich aufforderte, ihre Schwangerschaft abzubrechen, während sich strafbar machte, wer eine Schwangere erfolglos zur Abtötung ihrer Leibesfrucht zu bestimmen versuchte.

42 **cc) Maßgeblichkeit von Unrecht oder Schuld.** Eine **dritte** Lehre[68] unterscheidet danach, ob das besondere persönliche Merkmal, das die Tat zum Verbrechen macht, dem Unrecht oder der Schuld zuzuordnen ist. Im ersten Fall wird darauf abgestellt, ob die Tat des präsumtiven Täters ein Verbrechen wäre, so dass diese Lehre also im Aussageerpressungsbeispiel zu derselben Lösung kommt wie die in Rdn. 40genannte Meinung. Wenn dagegen ein Schuldmerkmal (wie früher bei einzelnen Tatbeständen der Rückfall oder die Gewerbsmäßigkeit) die Verbrechensqualifikation begründet, soll es für die Strafbarkeit der versuchten Anstiftung außer Betracht bleiben. Die versuchte Anstiftung zur gewerbsmäßigen Hehlerei, die bis zum 1.1.1975 ein Verbrechen war, wurde also für straflos gehalten, weil die Hehlerei als solche, d. h. das Tatunrecht, nur Vergehensqualität hat; das sollte selbst in dem Falle gelten, dass auch der Auffordernde gewerbsmäßig handelte (*Gallas* wie Fn. 68).

---

65 Hierzu *v. Heintschel-Heinegg* JA **2009** 547; durchschlagende Kritik bei *Schünemann* GA **2011** 445 (456 ff); *Mitsch* JR **2010** 359; *Dehne-Niemann* Jura **2009** 695; *Roger* GA **2013** 705 ff.

66 Im Schrifttum folgen der Rspr. *Bockelmann/Volk* § 27 VI 1a bb; *Börker* JR **1956** 286; *Busch* LK[9] § 49a Rdn. 21 ff; *J.-D. Busch* S. 149 f; *Eser* II Nr. 47 Rdn. 12; *Fischer* Rdn. 5; *Hinderer* JuS **2011** 1073; *Meister* MDR **1956** 16; *Niese* JZ **1955** 324; *Welzel* § 16 II 7; s. a. *Rogall* FS Puppe 879 ff., der aber gegen die Heranziehung von § 28 und die von der Rspr. praktizierte Strafrahmenverschiebung ist.

67 *Brose* S. 142 ff; *Geppert* Jura **1997** 549; *Greissinger* S. 110 ff; *Heinitz* FS Freie Universität Berlin 117; *Jakobs* § 27 Rdn. 6; *Kohlrausch/Lange* Anm. § 49a IV 3; *Kühl* AT § 20 Rdn. 247; Lackner/Kühl/*Kühl* Rdn. 2; *Langer* FS Lange 249; *Maurach/Gössel*/Zipf[7] § 53 Rdn. 29; *Mitsch* Jura **2014** 585 (589 f); *Schmidhäuser* StuB § 11 Rdn. 111; *Schröder* JuS **1967** 292 f; *Vogler/Kadel* JuS **1976** 249.

68 *Dreher* Bemühungen S. 198 f = GA **1954** 16; *ders.* MDR **1955** 119; *Gallas* ZStW **80** (1968) 33; *Jescheck/Weigend* § 65 I 4; *Letzgus* S. 205; *Preisendanz* Anm. 3a; *Stratenwerth/Kuhlen* AT § 12 Rdn. 173 f. In diesem Sinne argumentierte auch der Sonderausschuss, BT-Drucks. **V**/4095 S. 13.

**dd) Lösung *Roxins*.** Eine **vierte**, in LK[11] von *Roxin* vertretene Lösung (Rdn. 40–45 mit detaillierter Analyse der verschiedenen Konstellationen) differenziert ebenfalls danach, ob das „besondere persönliche Merkmal", das die Einstufung als Verbrechen oder Vergehen bestimmt, dem Unrecht oder der Schuld zuzuordnen sei, unterscheidet sich von der dritten Auffassung aber dadurch, dass sie bei der Anwendung des § 30 besondere persönliche Schuldmerkmale nicht generell unberücksichtigt lässt, sondern dem Anstifter zurechnet, wenn sie bei ihm vorliegen. 43

**ee) Kumulative Theorie.** Gegen die dritte und vierte Lösung spricht die allgemeine Unbrauchbarkeit der Abgrenzung zwischen Unrecht und Schuld im Rahmen des § 28 (näher *Schünemann/Greco* LK § 28 Rdn. 20 ff). Gegen die ersten beiden Lösungen spricht, dass die weitgehende, bis zur Grenze des Noch-Verfassungsgemäßen reichende Vorverlagerung der Strafbarkeit durch § 30 (siehe oben Rdn. 3 ff) eine **restriktive Auslegung** erfordert: Die erste Lösung, wonach die Tat nur für den Täter, nicht aber für den Anstifter wegen eines besonderen persönlichen Merkmals ein Verbrechen sein müsse, überzeugt nicht, denn auch dieser müsste ein Verbrechen verwirklichen können, damit es berechtigt ist, in seine Handlungsfreiheit so weit einzugreifen. Die spiegelbildliche Lösung, die das besondere persönliche Merkmal nur bei dem Anstifter verlangt, verkennt, dass der Anstifter die nicht mehr kontrollierbare Gefahr schaffen muss, dass der Täter eine gravierende Straftat begeht, so dass die vom Täter begangene Tat auch ein Verbrechen sein muss. Richtig dürfte deshalb eine **fünfte** Lösung sein, die den oben erwähnten Regelungsvorschlag des AE (s. Rdn. 37) bereits de lege lata verwirklicht: Besondere persönliche Merkmale, die die Tat zu einem Verbrechen qualifizieren, müssen sowohl in der Person des Täters als auch in der des Anstifters vorliegen **(„kumulative Theorie")**.[69] 44

**d) Geltung für § 28 Abs. 1.** Lange Zeit unbestritten strafbar sollte die versuchte Anstiftung jedenfalls dann sein, wenn die dem Anstifter fehlenden **strafbegründenden** besonderen persönlichen (Unrechts-)Merkmale (§ 28 Abs. 1) die Tat zum Verbrechen stempeln, wenn also z. B. ein Extraneus einen Richter zur Rechtsbeugung (§ 339) anzustiften versucht. Für den Außenstehenden wurde lediglich eine doppelte Strafmilderung konzediert, und zwar nach § 28 Abs. 1 wie nach § 30 Abs. 1 (*Roxin* LK[11] Rdn. 44). Nach der kumulativen Theorie muss dieser Fall dagegen **straflos** sein, was auch der **funktionalen Gleichwertigkeit von § 28 Abs. 1 und 2** entspricht.[70] Die von der Gegenmeinung vertretene doppelte Strafmilderung ist als Beleg dafür anzusehen, dass die einschlägigen Verhaltensweisen im Vorfeld eines dem Auffordernden auch in mittelbarer Täterschaft nicht zugänglichen Unrechts die für die Vorfeldbestrafung vorausgesetzte Schwere noch nicht aufweisen. Dabei genügt (entgegen *Zaczyk* NK Rdn. 30) nicht derselbe Status von Vorder- und Hintermann, wenn es – wie bei § 339 (dazu *Schünemann/Greco* LK § 25 Rdn. 69) – um ein **eigenhändiges Delikt** geht, auf das deshalb **§ 30 überhaupt nicht anwendbar** ist. 45

**e) Probleme des Strafrahmens.** Dagegen ist die kumulative Theorie **nicht** für die Wahl des nach § 30 Abs. 1 anzuwendenden Strafrahmens entscheidend, wenn Anstifter und Täter im Vollendungsfalle innerhalb derselben Deliktskategorie aus verschiedenen Verbrechenstatbeständen zu bestrafen wären (dazu *Schünemann/Greco* LK § 28 Rdn. 83). Denn der Auffordernde hat dann den Rubikon des Verbrechenscharakters bereits überschritten, so dass im Übrigen § 28 Abs. 2 46

---

69 Ebenso *Zaczyk* NK Rdn. 29 mit dem Argument, der Anstifter müsse nach dem „Maß seiner Schuld" bestraft werden; *Dehne-Niemann* Jura **2009** 700; Baumann/Weber/Mitsch/*Eisele* § 26 Rdn. 183; *Joecks* MK Rdn. 20; *Letzgus* HK-GS Rdn. 46; Maurach/Gössel/Zipf/*Renzikowski* § 53 Rdn. 122; *Roger* GA **2013** 705 ff; *Schünemann* GA **2011** 459.

70 Dazu allgemein *Schünemann/Greco* LK § 28 Rdn. 20. Dasselbe Argument findet sich, von dem entgegengesetzten Ausgangspunkt freilich konsequenterweise auch mit dem entgegengesetzten Ergebnis, bei *Roxin* LK[11] Rdn. 44. Im Ergebnis wie hier *Zaczyk* NK Rdn. 30; wohl auch *Joecks* MK Rdn. 18.

anwendbar ist (ebenso *Roxin* LK[11] Rdn. 45). Das gilt auch für das Verhältnis der §§ 211, 212 zueinander, soweit hier § 28 anwendbar ist (dazu *Schünemann/Greco* LK § 28 Rdn. 75, 78 ff). Von seinem Ausgangspunkt einer Zuordnung zu § 28 Abs. 1 konsequent anders entscheidet der BGH (NJW **1982** 2738; BGHR StGB § 30 Abs. 1 Satz 2, Strafrahmen 1), dass es darauf, ob Mordmerkmale in der Person des Auffordernden vorliegen, für die rechtliche Qualifikation der das Ziel der Anstiftung bildenden Tat – und damit für die Findung des Ausgangsstrafrahmens – nicht ankomme. Wer also aus niedrigen Beweggründen zu einem Totschlag auffordert, soll nur nach §§ 30 Abs. 1, 212 bestraft werden. Die Erfüllung des Mordmerkmals in der Person des Anstifters sei lediglich eine Strafzumessungstatsache innerhalb dieses Strafrahmens.

### 5. Die Teilnahme an der versuchten Anstiftung

**47** § 30 Abs. 1 Satz 1 stellt im Anschluss an § 35 Abs. 1 Satz 1 E 1962 und in Übereinstimmung mit § 32 Abs. 1 Satz 1 AE auch die **versuchte Kettenanstiftung** zu einem Verbrechen (d. h. die versuchte Anstiftung zur Verbrechensanstiftung) ausdrücklich unter Strafe. Wer also einen anderen zu bestimmen versucht, „er möge einen Dritten veranlassen, dass dieser einen Menschen umbringe" (Begründung zum E 1962, S. 153 f), ist genauso strafbar, wie wenn er selbst den präsumtiven Täter anzustiften versucht hätte.[71] Das war schon vorher in der Rechtsprechung anerkannt (BGHSt **7** 234, 236 f; BGHSt **14** 156, 157), im Schrifttum aber nicht unbestritten gewesen (für die Gegenansicht vgl. *Schröder* JuS **1967** 290); das Gesetz hat die Strafbarkeit nun außer Zweifel gestellt.[72] Dabei gelten die Regeln, die auch bei vollendeter Tat auf die Kettenanstiftung Anwendung finden (BGHSt **6** 359 ff): Die Strafbarkeit nach § 30 Abs. 1 tritt also auch dann ein, wenn die Kette der Bestimmenden nach der Vorstellung des Auffordernden mehr als zwei Glieder umfassen soll; der die Bestimmung Versuchende braucht weder deren Zahl noch den Namen des präsumtiven Täters zu kennen, auch über Zeit und Ort der Ausführung braucht er im einzelnen nicht Bescheid zu wissen.[73] Es werden also nur sehr geringe Bestimmtheitsanforderungen gestellt (vgl. dazu allgemein schon Rdn. 25 ff).

**48** Strafbar ist bei Verbrechen auch die **Anstiftung zur versuchten Anstiftung.** Damit ist im Gegensatz zur versuchten Anstiftung zur Anstiftung (Rdn. 47) der Fall gemeint, dass der zur Anstiftung Aufgeforderte die ihm angesonnene Anstiftung tatsächlich vorzunehmen versucht, dabei aber scheitert, weil der präsumtive Täter ablehnt oder jedenfalls nicht ins Versuchsstadium vordringt. Wenn die versuchte Anstiftung zur Anstiftung strafbar ist, muss dieser Fall erst recht strafbar sein; denn er ist im Hinblick auf die geplante Rechtsgutsverletzung gefährlicher, weil der Täter der Verbrechensverwirklichung näherkommt. Dabei ist richtigerweise in einem solchen Falle nicht nach §§ 26, 30 Abs. 1 in Verbindung mit dem jeweiligen Verbrechenstatbestand des Besonderen Teils, sondern unmittelbar wegen versuchter Anstiftung zu dem jeweiligen Verbrechen zu bestrafen.[74] Denn so, wie die Anstiftung zur Anstiftung als Anstiftung zur Haupttat bestraft wird (*Schünemann/Greco* LK § 26 Rdn. 104), stellt die Anstiftung zur versuchten Anstiftung sich im Hinblick auf die Haupttat als versuchte Anstiftung dar.

**49** Straflos ist dagegen die **Beihilfe zu einer** nach § 30 Abs. 1 strafbaren **versuchten Anstiftung,** also z. B. der Fall, dass jemand dem Anstifter Ratschläge gibt, wie er den präsumtiven Täter – der sich hernach aber doch nicht auf die Sache einlässt – am besten überreden könne. BGHSt **14** 156 (157) gründet die Annahme der Straflosigkeit auf zwei Argumente: Erstens sei § 49a (heute: § 30) kein selbständiger Tatbestand, an dessen Verwirklichung man nach allgemeinen Regeln teilnehmen könnte, sondern eine „Teilnahme ohne Haupttat", die nur insoweit straf-

---

**71** Dazu im einzelnen *Kroß* Jura **2003** 250 ff.

**72** So auch *Thalheimer* Vorfeldstrafbarkeit S. 64 f.

**73** Ebenso Sch/Schröder/*Heine*/*Weißer* Rdn. 19; *Murmann* SSW Rdn. 11.

**74** *J.-D. Busch* NJW **1959** 1119; *ders.* Strafbarkeit S. 147, 170; *Preisendanz* Anm. 3; für Bestrafung nach §§ 26, 30 Abs. 1 *Schröder* JuS **1967** 293.

bar sei, wie diese Vorschrift selbst es bestimme. Entferntere Formen der Beteiligung könnten nicht dadurch erfasst werden, dass sie als Teilnahme an einem Verbrechen nach § 30 behandelt würden, „wie es möglich wäre, wenn die Vorschrift einen selbständigen gesetzlichen Tatbestand aufstellte". Zweitens sei eine Bestrafung auch deshalb unangemessen, weil die Beihilfe zur versuchten Verbrechensanstiftung nicht strafwürdiger sei als die versuchte Beihilfe zu einem nicht begangenen Verbrechen, die der Gesetzgeber des Jahres 1953 mit Vorbedacht von Strafe freigestellt habe (vgl. Entstehungsgeschichte). Das Schrifttum hat sich dieser Auffassung ganz überwiegend angeschlossen.[75]

Die **Gegenmeinung,** die für eine Strafbarkeit der Beihilfe zur versuchten Anstiftung eintritt, 50
wird vor allem von *Dreher*[76] vertreten. Er weist darauf hin, dass es nur eine „gesetzestechnische Frage" sei, ob man strafbare Vorbereitungshandlungen im Allgemeinen oder im Besonderen Teil regele, dass aber bei den verselbständigten Vorbereitungshandlungen des Besonderen Teils eine Teilnahme meist für strafbar gehalten werde. Auch sei die Beihilfe zur versuchten Anstiftung strafwürdiger „als die erfolglose Beihilfe zu einer Tat, deren Vorbereitung straflos ist". Denn „mit der versuchten Beihilfe zu einem nicht begangenen Verbrechen würde man die Beihilfe zu einem strafrechtlichen Nichts und würde man zwar die Vorbereitung der Tat durch den Gehilfen strafen, die durch den Täter selbst aber straflos lassen. Mit der Beihilfe zur Verbrechensvorbereitung nach § 49a (heute: § 30) hingegen straft man die Unterstützung strafbaren Handelns, das zwar Vorbereitung einer Straftat ist, aber vom Gesetz als so schwerwiegend angesehen wird, daß es Strafe verdient" (NJW **1960** 1163, 1164).

**Rechtsprechung und h. L.** verdienen gleichwohl den **Vorzug.** Denn zwar ist es nicht 51
schlechthin ausgeschlossen, auch eine Teilnahme an unselbständigen Vorbereitungshandlungen zu bestrafen, wie die schon vor Inkrafttreten des neuen § 30 praktizierte Rechtsprechung zur versuchten Kettenanstiftung zeigt (BGHSt **7** 234; oben Rdn. 47). Wenn aber der Gesetzgeber zur Klarstellung dieses umstrittenen Punktes die Strafbarkeit ausdrücklich in § 30 hineingeschrieben und damit implizit auch die Strafbarkeit der Anstiftung zur versuchten Anstiftung angeordnet, den wesentlich zweifelhafteren Fall der Beihilfe zur versuchten Anstiftung aber nicht erwähnt hat, so kann das nur in dem Sinne gedeutet werden, dass diese Konstellation straflos sein soll (ebenso *Bockelmann/Volk* § 27 VI 1a ee). Entgegen der Annahme *Drehers* wird dieses Ergebnis auch durch die teleologischen Argumente gestützt, die sich aus der Straflosigkeit der versuchten Beihilfe herleiten lassen. Wenn A dem B für die von diesem geplante Mordtat einen Revolver leiht, B aber im Vorbereitungsstadium steckenbleibt, so ist A straflos (versuchte Beihilfe). Dann kann aber sinnvollerweise nicht strafbar sein, wer einem Anstifter den Revolver gibt, damit ihm die Gewinnung des Täters durch Zurverfügungstellung einer Tatwaffe um so leichter falle, die Anstiftung aber trotzdem an der Ablehnung des Täters scheitert, denn die Rechtsgutsgefährdung ist im zweiten Fall geringer und entfernter als im unbestreitbar straflosen ersten.

Man darf auch den zweiten Fall nicht deshalb für strafwürdiger erklären, weil die versuchte 52
Anstiftung strafbar ist, die täterschaftliche Vorbereitung aber nicht; denn das beruht auf kriminalpolitischen Überlegungen, die für die Strafwürdigkeit von Beihilfebemühungen keine Rolle spielen (näher dazu Rdn. 4: Der Anstifter setzt einen nicht mehr beherrschbaren Kausalverlauf in Gang, der Vorbereitende behält die Tat in der Hand). Im Ergebnis ist die Beihilfe zur versuchten Anstiftung ein Versuch zur Förderung der Haupttat, also ein mittelbarer Versuch der Beihilfe; dieser kann nicht strafbar sein, wenn der unmittelbare Beihilfeversuch straflos ist.

---

75 *Bockelmann/Volk* § 27 VI 1a ee; *Brose* S. 127 f; *J.-D. Busch* NJW **1959** 1119, 1120; *ders.* S. 171 f; Baumann/Weber/Mitsch/*Eisele* § 26 Rdn. 177; Sch/Schröder/*Heine/Weißer* Rdn. 34; *Hoyer* SK Rdn. 57; *Jescheck/Weigend* § 65 II vor 1; *Maurach* JZ **1961** 143; *Preisendanz* Anm. 3g; *Roxin* AT II § 28 Rdn. 35; *Schmidhäuser* StuB § 11 Rdn. 113; *Schröder* JuS **1967** 293; *Schwind* MDR **1969** 15; *Welzel* § 16 III 7.

76 Bemühungen S. 200; NJW **1969** 1163; ihm folgend *Busch* LK[9] § 49a Rdn. 37; *ders.* FS Maurach 252 ff; in diesem Sinne früher auch *Mezger* LK[8] § 49a Anm. 4 f.

53 Unbestritten straflos sind ferner die **Anstiftung und** die **Beihilfe zur versuchten Beihilfe.** Denn da diese selbst nicht strafbar ist, muss auch jede wie immer geartete Teilnahme an ihr straflos sein. Das Problem liegt hier nicht im Prinzip, sondern in der Schwierigkeit, die Beihilfe von der nur versuchten Beihilfe exakt abzugrenzen; dazu ausführlich *Schünemann/Greco* LK § 27 Rdn. 1 ff.

## 6. Konkurrenzen

54 Die ursprüngliche Fassung des § 49a Abs. 1 enthielt eine ausdrückliche Subsidiaritätsklausel („soweit nicht das Gesetz eine andere Strafe androht"). Diese Klausel steht seit der Änderung von 1943 (vgl. Entstehungsgeschichte) nicht mehr im Gesetz und ist auch in den neuen § 30 nicht wieder aufgenommen worden. Doch ergibt sich aus allgemeinen Grundsätzen der Konkurrenzlehre, dass die versuchte Anstiftung gegenüber einer intensiveren Mitwirkung am Delikt als subsidiär zurücktritt (vgl. *Rissing-van Saan* LK Vor § 52 Rdn. 157). Etwas anderes könnte sich nur dann ergeben, wenn § 30 ein selbständiger Tatbestand wäre, was aber heute nicht mehr vertreten wird (vgl. Rdn. 1). So hat denn auch der BGH in ständiger Rechtsprechung anerkannt, dass die in § 30 „mit Strafe bedrohte geringere Gefährdung des Rechtsguts ... nur zu berücksichtigen ist, wenn die Handlung nicht zur stärkeren Gefährdung durch eine Versuchshandlung oder zur Verletzung durch die Begehung der gewollten Tat geführt hat" (BGHSt **1** 131, 135; im selben Sinne BGHSt **1** 241, 242; **1** 305, 306 f; **6** 308, 311; BGH NStZ **2000** 197, 199; BGH NStZ-RR **2002** 72). Das ist heute unbestritten.

55 Ein Fall der Subsidiarität liegt allerdings nicht vor, wenn der Täter das ihm angesonnene Delikt in einer weniger schweren Form verwirklicht oder zu verwirklichen versucht („teilweise vollendete Anstiftung", Rdn. 14). Stiftet also A den B zu einem Meineid an und sagt dieser daraufhin, ohne vereidigt zu werden, falsch aus, so ist A wegen versuchter Anstiftung zum Meineid (§§ 30 Abs. 1, 154) in Idealkonkurrenz mit Anstiftung zur vollendeten uneidlichen Falschaussage (§§ 26, 153) zu bestrafen (BGHSt **9** 131).[77] Ähnlich ist der Fall zu entscheiden, in dem jemand einen anderen zu einem heimtückischen Mord anstiftet, dieser aber bloß einen Totschlag begeht: Hier steht eine vollendete Anstiftung zum Totschlag in Idealkonkurrenz zu einer versuchten Anstiftung zum Mord (BGH NJW **2005** 996). Das ist freilich nicht unbestritten. Noch BGHSt **1** 131 hatte in einem Falle, da der zum schweren Raub (§ 250) Angestiftete nur einen einfachen Raub (§ 249) beging, die versuchte Anstiftung zu § 250 hinter der Anstiftung zu § 249 zurücktreten lassen (so auch nach der Rechtsprechungsänderung noch *Kohlrausch/Lange* § 49a Anm. VI und *Brose* S. 158 ff), während umgekehrt eine unveröffentlichte Entscheidung des RG (3 D 339/44 v. 16.11.1944) nur wegen versuchter Anstiftung zum schwereren Delikt hatte bestrafen wollen (so auch *Schneider* GA **1956** 257, 262). *J.-D. Busch* (S. 136) will differenzieren und eine Idealkonkurrenz zwischen versuchter und vollendeter Anstiftung nur dann annehmen, wenn das schwerere Delikt ein Verbrechen und das leichtere ein Vergehen ist, wohingegen bei gleicher Deliktsqualifikation die versuchte Anstiftung zum schwereren Delikt subsidiär sein soll; danach wären also die Entscheidungen BGHSt **1** 131; **9** 131 trotz entgegengesetzter Ergebnisse gleichermaßen richtig.

56 Der seit BGHSt **9** 131 herrschenden Rechtsprechung, der das übrige Schrifttum folgt, ist jedoch zuzustimmen. Eine Subsidiarität des § 30 Abs. 1 kann nicht in Betracht kommen, weil das zu dem verfehlten Ergebnis führen würde, dass eine völlig erfolglose Anstiftung nach einem strengeren Strafrahmen geahndet würde als eine teilweise erfolgreiche, die immerhin die Verwirklichung eines minder schweren Tatbestandes erreicht hat. Das dogmatische Gegenargument, dass eine Qualifikation kein selbständiger Tatbestand sei und deshalb nicht gesonderter Gegenstand einer versuchten Anstiftung sein könne, schlägt nicht durch. Denn da zu einem qualifizierten Tatbestand auch dann angestiftet werden kann, wenn der Täter zur Verwirkli-

77 *Rissing-van Saan* LK Vor § 52 Rdn. 152; *Joecks* MK Rdn. 75.

chung des Grundtatbestandes bereits entschlossen ist („Übersteigerung", BGHSt **19** 339; näher *Schünemann/Greco* LK § 26 Rdn. 31 ff), muss sich auch die versuchte Anstiftung in dieser Weise abspalten lassen. Andererseits erscheint es ebensowenig sinnvoll, in solchen Fällen nur wegen versuchter Anstiftung zum schwereren Delikt zu strafen. Denn eine solche Verurteilung würde den Eindruck erwecken, als sei nichts geschehen, während der Hintermann immerhin sein Ziel zum größeren Teil erreicht hat.

Eine versuchte und misslungene Anstiftung ist ferner dann **subsidiär**, wenn der Auffor- 57
dernde selbst als Täter oder Mittäter das Verbrechen begeht, zu dem er einen anderen vergeblich zu bestimmen versucht hatte. So lag es in BGHSt **8** 38: Der Angeklagte hatte C vergeblich als Mittäter eines Raubes zu gewinnen versucht und sich dann an H und M gewandt, die mitmachten; bei der Ausführung kam der Angeklagte nur bis zum Versuch. Die eigene versuchte (oder vollendete) Tat gefährdet (bzw. verletzt) das Rechtsgut intensiver als die versuchte Anstiftung. Da sogar die gelungene Anstiftung der Mittäter hinter der eigenen Täterschaft zurücktritt, muss die versuchte Anstiftung dies erst recht tun. § 30 Abs. 1 ist aber auch dann subsidiär, wenn der Anstifter sich an der Tatausführung nicht beteiligt, sondern nach dem Scheitern eines ersten Anstiftungsversuches einen anderen Täter findet, so dass also die versuchte Anstiftung mit einer Anstiftung zur vollendeten Tat zusammentrifft; denn § 30 Abs. 1 weicht jeder Form der Täterschaft oder Anstiftung zur vollendeten oder auch nur versuchten Tat. Ebenso BGHR StGB § 30 Abs. 1 Satz 1, Konkurrenzen 1 bis 3 für den Fall der erst nur versuchten und dann erfolgreichen Anstiftung: Wenn der Anstifter zur Brandstiftung nach vergeblicher Aufforderung die Tat von einer anderen als der ursprünglich vorgesehenen Person durchführen lässt, tritt § 30 Abs. 1 hinter der vollendeten Anstiftung zurück, „da sämtliche Betätigungen entsprechend der Planung dasselbe Rechtsgut gefährdeten" (im Anschluss an *Roxin* LK[11] Rdn. 55). Nach der neueren Rechtsprechung des BGH soll dagegen **Realkonkurrenz** vorliegen, wenn nach dem fehlgeschlagenen Versuch der Anstiftung jemand anderes erfolgreich zur (im Versuch stecken gebliebenen) Tötung desselben Opfers angestiftet wird, denn dann komme dem Fehlschlag des Versuchs eine Zäsurwirkung zu (vgl. BGHSt **44** 91, 95 f m. zust. Anm. *Beulke* NStZ **1999** 26; BGH NStZ **1998** 189 mit zust. Anm. *Geppert* NStZ **1998** 190). Damit werden aber Positionen aus der Rechtsprechung zum Rücktritt vom Versuch (BGHSt **40** 75) und zum prozessualen Tatbegriff (BGHSt **41** 368; NStZ-RR **2018** 353) auf § 30 übertragen, was für das Konkurrenzverhältnis der Vorbereitung zur (sei es auch nur versuchten) Vollendung nicht überzeugt. Etwas anderes gilt freilich, wenn die ausgeführte Tat hinter der erfolglos vorbereiteten zurückbleibt: Versucht jemand zu einem schweren Raub anzustiften und begeht er nach der Ablehnung des präsumtiven Täters die Tat selbst, aber in Gestalt eines einfachen Raubes, so ist er entsprechend dem in Rdn. 57 Dargelegten nach §§ 30 Abs. 1, 250 und nach § 249 zu bestrafen.

Ob die versuchte Anstiftung auch im Verhältnis zur Beihilfe an der vollendeten oder ver- 58
suchten Tat subsidiär ist, ist umstritten. Wenn A den B zu einem Verbrechen anzustiften versucht, B sich aber als omnimodo facturus entpuppt („untaugliche Anstiftung", Rdn. 13) und A sich nur als Gehilfe an der Tat beteiligt, will *Dreher* (Bemühungen, S. 204) nur nach § 30 Abs. 1 strafen, weil in der versuchten Anstiftung „nach der Bewertung des Gesetzes die stärkere Beteiligungsform zu sehen" sei, während *Meister* (MDR **1956** 16) aus beiden Bestimmungen bestrafen und *Samson* (SK[6] Rdn. 4; **anders** jetzt *Hoyer* SK Rdn. 59) wenigstens dann Realkonkurrenz zwischen versuchter und vollendeter Teilnahme annehmen will, wenn die Beteiligung auf einem „neuen Entschluß" dessen beruht, der ursprünglich nur anstiften wollte. Richtigerweise wird man aber mit der h. M.[78] die versuchte Anstiftung generell auch hinter der Beihilfe zur versuchten oder vollendeten Tat zurücktreten lassen müssen. Denn jede Mitwirkung an einer realen Rechtsgutsverletzung ist ein nachhaltigerer Eingriff als eine im Vorbereitungsstadium steckenbleibende Gefährdung. Dagegen lässt sich nicht geltend machen, wer zusätzlich als Gehilfe auftrete, komme besser weg, als jemand, der sich auf die versuchte Anstiftung beschränke; denn

---

**78** *Busch* LK[9] § 49a Rdn. 11; *J.-D. Busch* S. 140; Sch/Schröder/*Heine*/*Weißer* Rdn. 38; *Maurach* JZ **1961** 144; *Roxin* AT II § 28 Rdn. 40; *Schröder* JuS **1967** 295. Zahlreiche Autoren lassen die Frage unerörtert.

§ 27 Abs. 2 wie § 30 Abs. 1 ordnen dieselbe zwingende Strafmilderung gemäß § 49 Abs. 1 an. Auch kann es nicht darauf ankommen, ob die Beihilfe auf einem „neuen Entschluß" beruht; wenn § 30 Abs. 1 zurücktritt, sofern der ursprünglich nur auf eine Anstiftung Bedachte die Tat selbst als Täter ausführt, kann für die Beihilfe nichts anderes gelten. Entscheidend ist nicht, ob der Entschluss zur intensiveren Beteiligung „neu" ist, sondern ob sich im Wechsel der Beteiligungsform der Wille zur Verwirklichung derselben Haupttat durchhält.

59 Dagegen liegt selbstverständlich nicht Subsidiarität, sondern **Idealkonkurrenz** vor, wenn mit der versuchten Anstiftung eine andere Straftat konkurriert als die, zu der angestiftet werden sollte. Es ist also versuchte Anstiftung zum Mord (§ 211) in Tateinheit mit versuchter Nötigung (§ 240) anzunehmen, wenn jemand eine Mutter durch die Bedrohung mit ihrem eigenen späteren Tode zur Tötung ihres Kindes zu bestimmen versucht (BGHSt **1** 305, 306 f). Idealkonkurrenz besteht auch, wenn jemand durch aktive Bestechung (§ 333 a. F.) zu einem Amtsverbrechen anzustiften versucht;[79] denn das durch § 333 a. F. (heute § 334) geschützte Rechtsgut ist die „Amtsreinheit" schlechthin, während § 30 Abs. 1 das konkrete Rechtsgut schützt, zu dessen Verletzung der Bestechende den Amtsträger bewegen will. Zu § 111 Abs. 2 steht § 30 Abs. 1 normalerweise im Verhältnis der Exklusivität; denn wenn die Aufforderung sich an individualisierbare Einzelne richtet, greift nur § 30 Abs. 1 ein, wohingegen ausschließlich § 111 Abs. 2 erfüllt ist, wenn eine Aufforderung an einen völlig unbestimmten Personenkreis ergeht (vgl. Rdn. 24 sowie *Schünemann/Greco* LK § 26 Rdn. 48 m. w. N.). Im Einzelfall kann aber Tateinheit vorliegen, wenn eine Aufforderung sich an bestimmte Einzelne in einer Menge und gleichzeitig an die unbestimmte Vielzahl der übrigen richtet; eine Subsidiarität des § 111 würde unberücksichtigt lassen, dass § 111 immer zugleich eine Vielzahl von Individualrechtsgütern schützt (bzw. nach h. M. das zusätzliche Rechtsgut des Gemeinschaftsfriedens, vgl. *Rosenau* LK[12] § 111 Rdn. 3 f.).

60 Wo § 30 Abs. 1 mit **Vorbereitungshandlungen** zusammentrifft, die im **Besonderen Teil** selbständig mit Strafe bedroht sind, ist die Einzelausgestaltung der Vorschriften maßgebend dafür, welche der anderen vorgeht. So hat BGHSt **6** 85, 86 entschieden, dass Vorbereitungen zum Delikt der Verschleppung (§ 234a Abs. 1), wenn sie die Voraussetzungen des § 30 erfüllen, nach dieser Vorschrift und nicht nach § 234a Abs. 3 zu bestrafen seien, so dass die Vorbereitungsstrafdrohung des Abs. 3 „auf den allein handelnden Täter beschränkt" sei; das wird plausibel damit begründet, dass die schärfere Strafdrohung der §§ 234a Abs. 1, 30 nicht durch die mildere Vorschrift des Abs. 3 verdrängt werden könne. Entsprechendes muss für §§ 30, 81 im Verhältnis zu § 83 (Vorbereitung eines hochverräterischen Unternehmens) gelten.[80] Dagegen geht § 357 als eine speziell formulierte Verleitungsvorschrift dem § 30 vor, so dass den Vorgesetzten, der einen Untergebenen erfolglos zu einer Straftat im Amte anzustiften versucht, die volle Täterschaft ohne Milderung trifft (RGSt **68** 90, 92). In den seltenen Fällen, in denen diese Vorbereitungshandlungen bereits Verbrechen sind – ein praktischer Fall ist die Mitgliedschaft in einer terroristischen Vereinigung gem. § 129a –, ergibt sich eine nicht unbedenkliche Verdoppelung von Vorverlagerungen. Der BGH erblickt kein Problem darin, § 129a als Bezugsdelikt von § 30 anzusehen, weil beide Vorschriften verschiedene Zwecke verfolgen würden (BGH NJW **2015** 1032 [Rdn. 10]).[81] Die richtige Lösung[82] dürfte nicht darin bestehen, den Anwendungsbereich von

---

**79** BGHSt **6** 308, 311 f für den Fall des früheren § 347; ebenso schon RGSt **61** 269; **12** 55; **3** 390; **abw.** *Dreher* Bemühungen S. 203.

**80** **Sehr str.**; wie hier z. B. Lackner/Kühl/*Kühl* § 83 Rdn. 7; *Roxin* AT II § 28 Rdn. 42; *Zöller* SK § 83 Rdn. 14; Sch/Schröder/*Stree/Sternberg-Lieben* § 83 Rdn. 13; **aA** OLG Köln NJW **1954** 1259; *Busch* LK[9] § 49a Rdn. 13; ohne Begr. auch *Fischer* Rdn. 28; *Laufhütte/Kuschel* LK § 83 Rdn. 19.

**81** Krit. *Schiemann* NJW **2015** 1034 f; *Gundelach* StV **2018** 110 ff; *Heger/Petzsche* MR Rdn. 3.

**82** Vgl. *Stein/Greco* SK § 129 Rdn. 60, § 129a Rdn. 19, gegen die Möglichkeit einer Teilnahme und erst Recht des Versuchs der Beteiligung am Vereinigungsdelikt.

§ 30 allgemein einzuschränken, sondern bestimmte Delikte aus tatbestandsspezifischen Gründen von vornherein für nicht teilnahmefähig zu erklären.[83]

Über das Verhältnis der verschiedenen Alternativen des § 30 zueinander vgl. Rdn. 80 ff.

## III. Die Verabredung (§ 30 Abs. 2)

### 1. Die Voraussetzungen der Willenseinigung

61 Die Verabredung eines Verbrechens bedeutet die **Willenseinigung** mindestens zweier Personen (RGSt **55** 87) zur **mittäterschaftlichen Begehung** eines in seinen Grundzügen im Wesentlichen bestimmten Verbrechens.[84] Über Strafwürdigkeit und Struktur der Verabredung vgl. Rdn. 8, 11. Die Willenseinigung kann auf jede beliebige Weise zustande kommen: im persönlichen Gespräch, digital, brieflich, telefonisch, telegrafisch, durch Mittelsmänner und auch durch konkludente Handlungen; wer sich demjenigen, der einen Verbrechensplan propagiert, auf dessen Worte „wer mitmacht, folge mir" anschließt, hat sich dadurch stillschweigend zur Begehung des Verbrechens verabredet. Gleichgültig für die Strafbarkeit ist auch, von wem die Initiative zu der Verabredung ausgegangen ist (RGSt **59** 214, 215 f).

62 Nach *Fieber* soll die Strafbarkeit der Verbrechensverabredung dagegen als eine Erscheinungsform des Gesinnungsstrafrechts **verfassungswidrig** sein. Daran ist richtig, dass sich die durch § 30 angeordnete Vorfeldbestrafung am äußersten Rande eines rechtsstaatlich-liberalen Strafrechts bewegt (näher o. Rdn. 5 ff). *Fiebers* radikale Schlussfolgerung ist aber schon deshalb nicht überzeugend, weil seine Prämissen angreifbar sind. Zunächst wird – durch den neuerdings zwar modischen, aber methodisch bedenklichen Rückgriff auf eine vereinfachende pauschalisierende Interpretation von *Kant* und *Hegel* (Verbrechensverabredung S. 121 f) – behauptet, nur wirkliche Gefährdungen seien legitimes Kriminalunrecht (Verbrechensverabredung S. 161 f), womit alle abstrakten Gefährdungsdelikte mit einem Schlag illegitim würden.[85] Zudem meint er, die Vorschrift sei entbehrlich, weil lockere Bindungen keine im Vergleich zu dem Entschluss mehrerer einzelner Täter gesteigerte Gefahr ergäben (Verbrechensverabredung S. 187). Aber damit übersieht er (methodisch folgerichtig!) ganz banale Tatsachen des alltäglichen Lebens, nämlich dass die Einigung, etwas gemeinsam mit anderen zu unternehmen, es für die Beteiligten schwieriger macht, vom Vorhaben Abstand zu halten.[86]

63 Allgemein wird für die Verabredung verlangt, dass jeder Beteiligte einen „Tatentschluss" im Sinne der Versuchslehre (§ 22) gefasst haben müsse (BGHSt **12** 306, 309).[87] Daran ist richtig, dass eine bloße Tatgeneigtheit hier wie dort noch nicht ausreicht (KG GA **1971** 55; BGH NStZ **2009** 497

---

83 *Flemming/Reinbacher* NStZ **2013** 136 treten dafür ein, die von ihnen sog. „unausgeführte Bande", also den Fall, in der sich mindestens drei Personen dazu entscheiden, eine Bande zu begründen und einen Einbruchsdiebstahl zu begehen – also das Verbrechen von § 244a –, nicht über § 30 zu bestrafen, weil ansonsten die bandenmäßige Begehung nicht strafschärfend, sondern strafbarkeitsbegründend wirken würde. Zu Ende gedacht führte dies aber dazu, dass die Verabredung von Dieben, diesmal doch Gewalt gegen die Person einzusetzen, ebenso straflos sein müsste, denn Gewalt per se ist auch nicht strafbar (sondern erst körperverletzende oder nötigende Gewalt).

84 Ähnliche und teilweise gleichlautende Definitionen z. B. bei *Dessecker* JA **2005** 551; *Jescheck/Weigend* § 65 III 1; *Letzgus* S. 105; *Maurach* JZ **1961** 139; Maurach/Gössel/Zipf/*Renzikowski* § 53 Rdn. 129; *Roxin* AT II § 28 Rdn. 43; Sch/Schröder/*Heine/Weißer* Rdn. 24. Von der Übereinkunft, „eine bestimmte Tat als Mittäter zu begehen", sprechen BGH NStZ **1993** 137; BGHR StGB § 30 Abs. 2 Verabredung 2, 3; BGH StV **1994** 528; sehr analytisch BGH NStZ **2007** 697: „3 Elemente: ... – den Entschluss von mindestens 2 Personen – jeweils als Mittäter – ein bestimmtes Verbrechen zu begehen"; s. a. BGHSt **53** 174 (176 Rdn. 8); BGH BeckRS **2007** 15274 (Rdn. 22); NStZ **2009** 497; NStZ **2011** 570 (571 Rdn. 16); BGHSt **62** 96 (98 Rdn. 9); StV **2017** 308 (Rdn. 7); NStZ **2019** 655 (Rdn. 5).

85 Vgl. dagegen zur Unentbehrlichkeit abstrakter Gefährdungsdelikte in modernen Gesellschaften *Schünemann* GA **1994** 212.

86 In diesem Sinne auch *Roxin* AT II § 28 Rdn. 45.

87 Vgl. näher LK zu § 22 sowie *Roxin* GS Schröder 145.

[Rdn. 9]); für die Verabredung ergibt sich das schon daraus, dass das „Eintreten in ernstliche Verhandlungen", das von 1943 an unter Strafe stand, seit 1953 von Strafe freigestellt ist (vgl. Entstehungsgeschichte). Vorgespräche, noch nicht unterschriebene Vertragsentwürfe usw. sind also noch keine strafbare Verabredung. Dagegen ist eine **Verabredung auf unsicherer Tatsachengrundlage** – ebenso wie ein entsprechender Tatentschluss – sehr wohl möglich und strafbar: Wenn also zwei Gefangene für den Fall, dass ihnen der geplante Ausbruch aus der Haftanstalt gelingen sollte, einen gemeinsamen Raub vereinbaren, so ist das eine nach §§ 30 Abs. 2, 249 strafbare Verabredung (BGHSt **12** 306 [309 f]; NStZ **2007** 697; KG GA **1971** 55; ebenso zum Fall des Sichbereiterklärens OLG Hamm NStZ-RR **1997** 133).[88] Auch die Erwägung der beiden sich Verabredenden, von der Tat vielleicht doch wieder Abstand nehmen zu wollen, ändert an der Strafbarkeit nichts, sondern ist – genau wie beim Tatentschluss des Einzelnen – als Rücktrittsvorbehalt zu werten. Für die Merkmale der Verabredung selbst braucht allerdings keine Anleihe beim „Tatentschluss" gemacht zu werden: Denn während der Entschluss des Einzelnen ein schwer zu fixierender innerer Vorgang ist, bildet die Verabredung ein äußeres Ereignis, das einem Vertragsabschluss ähnelt und von den Beteiligten oft auch so empfunden werden wird. *Maurach* (JZ **1961** 138) spricht geradezu von einem „Gesellschaftsvertrag, der durch Offerte und Annahme zustande kommt und auf die Förderung gemeinsamer Pläne gerichtet ist". Man kann sich also in etwa am Beispiel des Vertragsabschlusses orientieren, wenn man ermitteln will, ob eine (zivilrechtlich natürlich nichtige) „Unrechtsvereinbarung", ein Willenskonsens der sich Verabredenden, zustande gekommen ist. Allerdings muss man sich hüten, zivilrechtliche Vorstellungen über „Willensmängel" heranzuziehen. Ob eine strafbare Verabredung vorliegt, wenn einer der Beteiligten sich nur zum Schein oder unter dem Einfluss von Drohung oder Irrtum mitzuwirken bereit erklärt, ist vielmehr ausschließlich nach strafrechtlichen Gesichtspunkten zu beurteilen.

64 Die schwierigsten Fragen stellen sich bei der **Scheinbeteiligung**. Ähnlich wie bei der versuchten Anstiftung (Rdn. 21 ff m. w. N.) wird auch bei der Verabredung vielfach die Meinung vertreten, dass sie bei allen Beteiligten den „ernstlichen" Willen zur Verbrechensbegehung voraussetze. So heißt es in RGSt **58** 392, 393, es liege keine Verabredung vor, „wenn zwar der eine Teil die Verabredung ernstlich will, der andere aber ... nur zum Schein darauf eingeht" (siehe auch BGH NStZ **1998** 403, 404; BGHR StGB § 30 Abs. 2 Verabredung 5), und *Maurach* schreibt in seiner grundlegenden Untersuchung (JZ **1961** 139), es sei „im Gegensatz zum Bürgerlichen Recht die Mentalreservation im Strafrecht sehr wohl am Platze". Doch liegen die Dinge differenzierter. Wenn von mehr als zwei Beteiligten einer insgeheim entschlossen ist, nicht mitzumachen, so sind die übrigen gleichwohl wegen ihrer Verabredung strafbar, und auch der Scheinbeteiligte haftet wegen versuchter Anstiftung, soweit er den Tatentschluss der übrigen (mit-)hervorgerufen hat. Entsprechendes gilt bei nur zwei Beteiligten mit dem Unterschied, dass man den ernstlich zur Tatausführung entschlossenen präsumtiven Mittäter besser wegen eines Sich-bereit-Erklärens[89] als wegen einer Verabredung bestraft;[90] denn die Verabredung ist eine vorbereitete Mittäterschaft (Rdn. 72), an der es fehlt, wenn einer von beiden nicht mitmachen will.[91] Straflosigkeit des

---

**88** Eine Verabredung zu einem Verbrechen nach § 16 I Nr. 7 KWKG dürfte auch bei dem Sachverhalt vorgelegen haben, den BayObLG NStZ **1990** 85 nur unter dem Gesichtspunkt des Versuchs geprüft hat; dazu *Lohberger* NStZ **1990** 61; *Oswald* NStZ **1991** 46.

**89** Vgl. BGHSt **62** 96 (99 f. Rdn. 10); BGH v. 13.6.1961, 1 StR 201/61, zit. bei *Fischer* Rdn. 20. Dabei ist vorauszusetzen, daß er nicht von vornherein ein omnimodo facturus war, in welchem Falle Straflosigkeit eintreten würde (Rdn. 92). Ob auch die Annahme eines Anerbietens vorliegen kann (so *Preisendanz* Anm. 4c) hängt davon ab, ob dafür die Annahme eines nicht ernstlich gemeinten Angebotes genügt (dazu Rdn. 97 f).

**90** So auch *Fischer* Rdn. 12; *Hoyer* SK Rdn. 48; *Joecks* MK Rdn. 42; *Maurach* JZ **1961** 139; *Piazena* S. 190 f; Maurach/Gössel/Zipf/*Renzikowski* § 53 Rdn. 131; *Roxin* AT II § 28 Rdn. 49; *Schmidhäuser* AT § 15 Rdn. 110; *Thalheimer* Vorfeldstrafbarkeit S. 99 f. **Dagegen** wollen *Eser* II Nr. 48 Rdn. 14; Sch/Schröder/*Heine*/*Weißer* Rdn. 29; *Letzgus* S. 183 der Scheinerklärung jeden Einfluss auf das Vorliegen einer Verabredung absprechen. Praktisch ergeben sich aber kaum Unterschiede gegenüber der hier vertretenen Auffassung.

**91** Es liegt gewissermaßen der untaugliche Versuch zu einer Verabredung vor, der aber als solcher nicht strafbar ist, vgl. Rdn. 79.

Scheinbeteiligten tritt, auch bezüglich der versuchten Anstiftung, allerdings dann ein, wenn er die Tat nicht zur Vollendung gelangen lassen will; sei es, dass er als agent provocateur die übrigen Komplottanten in eine Falle locken will; sei es, dass es nur zu einem untauglichen Versuch kommen kann (ein scheinbar Mitverschworener hatte eine Höllenmaschine gebaut, die, wie er weiß, nicht explodieren wird); sei es schließlich, dass derjenige, der sich nur zum Schein bereit erklärt hat, davon ausgeht, dass die Tat ohne sein Mitwirken nicht begangen werden kann (BGHSt **18** 160, wo der Sachverhalt nur unter dem Gesichtspunkt der versuchten Anstiftung erörtert wird). In allen diesen Fällen fehlt es dem Scheinbeteiligten an einem auf die Durchführung der Tat gerichteten Vorsatz, so dass sich seine Straflosigkeit aus allgemeinen Zurechnungsregeln zwingend ergibt. Ein Mitverschworener, der von der Nichtausführbarkeit der Tat nichts weiß, bleibt natürlich auch bei solchen Konstellationen strafbar, wobei mehrere wegen „Verabredung" und ein übrigbleibender Einzelner wegen seines „Sich-bereit-Erklärens" zur Verantwortung zu ziehen sind. Die Untauglichkeit der Vorbereitung ändert hier wie sonst (Rdn. 32 f, 70) an ihrer Strafbarkeit nichts. Auch wenn ein sich Verabredender erst nach Vollendung eines geplanten Raubüberfalls der Polizei Tipps zur Aufklärung der Tat geben will, ändert das an der Ernstlichkeit der Verabredung und ihrer Strafbarkeit nach § 30 Abs. 2 nichts (BGHR StGB § 30 Abs. 2, Verabredung 1). Dagegen fehlt es an einer Verabredung, wenn kein Beteiligter sie ernst meint. So verhielt es sich in dem vom BGH[92] entschiedenen Fall, in dem die zwei Angeklagten ein weibliches Kind für sadomasochistische Praktiken zum Verkauf angeboten hatten.[93]

Wird einer der Komplottanten durch **Drohungen** veranlasst, sich an der Verabredung zu beteiligen, so ist zu unterscheiden. Wenn die Drohungen den Voraussetzungen des § 35 entsprechen, so liegt zwar eine Verabredung vor (**aA** BGH NJW **1956** 30). Denn da § 29 auch für Mittäter untereinander gilt (*Schünemann/Greco* LK § 29 Rdn. 8), kann sehr wohl der eine Komplottant entschuldigt und der andere schuldhaft handeln. Die in § 30 Abs. 2 vorausgesetzte Gefährlichkeit der Willensbindung liegt auch dann vor, wenn einer der Beteiligten nur durch Druck zum Mitmachen veranlasst worden ist; aber der Genötigte ist natürlich für seine Person straffrei. Sind dagegen die Voraussetzungen des § 35 nicht erfüllt (es wird z. B. jemand durch die Drohung mit wirtschaftlichen Nachteilen veranlasst, sich an einer Verabredung zu beteiligen), so bleibt der Genötigte wegen der Verabredung strafbar (so auch *Maurach* JZ **1961** 139); der Druck, unter dem er stand, ist bei der Strafzumessung zu berücksichtigen. Anders ist es nur, wenn er sich der Mitwirkung heimlich entziehen oder die Tat verhindern will; dann führen die in Rdn. 63 dargelegten Regeln zur Straflosigkeit (BGH NJW **1956** 30). Wenn derjenige, der sich nur unter Druck an der Verabredung beteiligt hat, nicht weiß, ob es ihm gelingen wird, sich der Mitwirkung bei der Ausführung zu entziehen oder die Tat zu verhindern, so bleibt er (vorbehaltlich des § 31 Abs. 2) strafbar, weil er immerhin mit dolus eventualis hinsichtlich einer Ausführung der Tat handelt; nur wenn er darauf vertraut, dass ihm die Vereitelung oder ein Sich-Entziehen gelingen werde, fehlt es am Vorsatz. Weitergehend anscheinend BGH **1956** 30: „Wer sich unter dem Einfluß von Drohungen mit erkennbarem Widerstreben bereit findet, an einem Verbrechen (Verschleppung nach Ost-Berlin) mitzuwirken, es jedoch nach Möglichkeit verhindern oder sich der Mitwirkung entziehen will, verabredet es nicht." 65

Die **Schuldunfähigkeit eines Partners** schließt zwar dessen Bestrafung, nicht aber das Vorliegen einer Verabredung und die Bestrafung des anderen nach § 30 Abs. 2 aus (zur Begründung vgl. Rdn. 65 für den Parallelfall der Nötigung).[94] Bei einer Ausführung der Tat würde zwar neben der Mittäterschaft eine mittelbare Täterschaft vorliegen (*Schünemann/Greco* LK § 25 Rdn. 134 f), aber im Vorbereitungsstadium ist das Verhalten des schuldfähigen Komplottanten nur über § 30 Abs. 2 zu fassen. Demgegenüber will eine im Schrifttum verbreitete Meinung eine Verabredung nur annehmen, wenn der schuldfähige Komplottant von der Schuldunfähigkeit seines Partners nichts weiß, während sein Verhalten andernfalls nur nach den Regeln der mittel- 66

**92** BGH NStZ **1998** 403 m. Anm. *Bär* MMR **1999** 30 und *Geerds* JR **1999** 426.
**93** Dazu näher *Roxin* AT II § 28 Rdn. 51.
**94** Vgl. *Roxin* AT II § 28 Rdn. 55.

baren Täterschaft beurteilt werden soll.[95] Dabei wird aber übersehen, dass mittelbare Täterschaft und Mittäterschaft einander nicht ausschließen, wenn der mittelbare Täter sich an der Ausführung der Tat beteiligt; die für die versuchte Anstiftung geltenden Regeln (Rdn. 24), die auf dem wechselseitigen Ausschluss von mittelbarer Täterschaft und Anstiftung beruhen, dürfen also auf den Fall der Verabredung nicht übertragen werden.

67 Dagegen wird eine Verabredung in jedem Falle durch einen **Tatbestandsirrtum eines Beteiligten** verhindert (siehe auch *Roxin* AT II § 28 Rdn. 54). Wenn also A, der einen Raubüberfall plant, mit B vereinbart, dass beide gemeinsam dem C dessen Wertgegenstände mit Gewalt wegnehmen wollen, wobei A dem B aber vorschwindelt, es handle sich um seine, des A, Sachen, die C ihm gestohlen habe, so liegt zwar eine (straflose) Verabredung zu den Vergehen der Nötigung und der Körperverletzung, aber keine Verabredung zum Raube vor. Eine Strafbarkeit des A ist hier erst dann gegeben, wenn er in eigener Person oder durch B als sein vorsatzlos handelndes Werkzeug ins Versuchsstadium eintritt (dazu *Schünemann/Greco* LK § 25 Rdn. 170 ff).

## 2. Die Konkretisierung der Verabredung

68 Die Verabredung setzt voraus, dass die in Aussicht genommene Tat **in ihren wesentlichen Grundzügen konkretisiert** ist. Für das Ausmaß der erforderlichen Konkretisierung gilt zunächst, dass keine größere Bestimmtheit erforderlich ist als für den Tatplan bei mittäterschaftlicher Tatbestandsverwirklichung (dazu *Schünemann/Greco* LK § 25 Rdn. 195 ff; strenger aber *Joecks* MK Rdn. 62: „relativ konkrete Anforderungen"); Umstände, „die im Rahmen der üblichen Spielbreite einschlägiger Taten liegen" (BGH bei Dallinger MDR **1966** 197), können also bei der Verabredung ungeregelt bleiben. Aber auch die für die Bestimmtheit des Anstiftervorsatzes maßgebenden Gesichtspunkte (Rdn. 27 f sowie *Schünemann/Greco* LK § 26 Rdn. 39 ff) sind im Wesentlichen auf die Verabredung übertragbar (*Maurach* JZ **1961** 140). Eine strafbare Verabredung wird also nicht dadurch ausgeschlossen, dass Zeit, Ort und Modalitäten der geplanten Ausführung im Einzelnen noch offen bleiben (RGSt **69** 164, 165; BGH MDR **1960** 595; NStZ **2007** 697;[96] NStZ **2012** 514 [Rdn. 11]; NStZ **2019** 655 [Rdn. 5];[97] OLG Köln NJW **1951** 612 f; OLG Jena BeckRS **2009** 97; zu eng OLG Hamburg MDR **1948** 368). Unabdingbar ist nur, dass der Tatbestand, auf dessen Verwirklichung sich die Verabredung bezieht, und die ungefähren Dimensionen des Unrechts feststehen; darauf kann schon deshalb nicht verzichtet werden, weil der Schuldspruch, der Strafrahmen und die Maßstäbe der Strafzumessung davon abhängig sind. In der Rechtsprechung wird das meist so ausgedrückt, dass die „Art des verabredeten Verbrechens" feststehen müsse (BGH NJW **1973** 156, 157; BGH NJW **1951** 666 f; BayObLG NJW **1954** 1257).[98] Ob die Entscheidung BGH StV **1994** 528 insoweit strengere Anforderungen stellen will, ist unklar. Zwar ist danach in einem Fall, in dem die vier Angeklagten nach wiederholten Gesprächen ernsthaft entschlossen waren, das künftige Opfer bei der sich nächst bietenden Gelegenheit zu erschießen, diese „Verabredung nach Zeit und Ort der Absprache sowie hinsichtlich ihres Inhalts – jedenfalls was die vorgesehenen Tatbeiträge jedes einzelnen Angekl. betrifft" für zu wenig konkretisiert erklärt worden, die Verurteilung ist aber nicht wegen unrichtiger Subsumtion unter § 30 Abs. 2, sondern wegen Verletzung des § 267 StPO durch lediglich vage Umschreibung der Tatvorwürfe aufgehoben worden.[99] In einem Fall aber, in dem sich die Täter zur Begehung von banden- und gewerbsmäßigen Betrügereien verabredet hatten, verneinte der

95 Sch/Schröder/*Heine/Weißer* Rdn. 31; *Maurach* JZ **1961** 141; im Wesentlichen auch *Busch* LK[9] § 49a Rdn. 31.
96 M. Bspr. *Kudlich* JA **2008** 146.
97 Hierzu *Cornelius* ebda.; *Theile* ZJS **2019** 248.
98 Strenger *Jakobs* AT § 27 Rdn. 11: „Die Verabredung, sich ... per Bankraub Geld zu besorgen, ist auch bei Bestimmbarkeit des Mittels nicht entsprechend konkretisiert, wohl aber die Verabredung, diejenige der Banken eines Bezirks zu überfallen, deren Sicherheitseinrichtungen sich bei einer Kontrolle als die dürftigsten erweisen.".
99 Was bei *Roxin* AT II § 28 Rdn. 56 auf die materiellrechtliche Frage übertragen wird.

BGH das Vorliegen einer Verabredung, weil weder Ort, Zeit noch potenzielle Opfer konkret bestimmt waren (BGH NJW **2013** 483 [Rdn. 13]).

Ob und ggf. unter welchen Umständen auch die **Person des Opfers** bestimmt sein muss, ist umstritten. So verlangt das OLG Hamburg (MDR **1948** 368), bei der Verabredung eines Verbrechens müsse „zumindest feststehen ..., gegen wen es sich richtet“. Überwiegend wird jedoch zwischen Delikten gegen das Vermögen und Straftaten gegen die Person differenziert.[100] Im ersten Fall soll die Person des Opfers dahingestellt bleiben können, im zweiten nicht (in diesem Sinne auch BayObLG NJW **1954** 1257: „Bei der Verabredung eines Verbrechens gegen das Eigentum muß kein bestimmtes Opfer ins Auge gefaßt sein“). Doch wird man besser darauf abstellen, ob es nach dem Tatplan auf die Individualität des Opfers bzw. Handlungsobjektes ankommt[101] (vgl. Rdn. 27). Das wird zwar bei Vermögensdelikten seltener der Fall sein als bei Delikten gegen die Person, so dass die Unterscheidung nach der Deliktsart oft zu richtigen Ergebnissen führt. Aber es kann im Einzelfall auch anders liegen. Wenn A und B sich in einer einsamen Gegend auf die Lauer legen, um eine junge Frau zu vergewaltigen, deren Individualität ihnen noch unbekannt und auch gleichgültig ist, besteht kein Grund, dieser höchst gefährlichen Verbrechensverbindung den Charakter einer strafbaren Verabredung abzusprechen.[102] Sogar bei der Vereinbarung eines Mordes bedarf es der Individualisierung des Opfers nur nach Maßgabe des Tatplanes: Wo die Täter bei einem Raubüberfall allein um des Geldes willen handeln, liegt auch dann eine nach §§ 30 Abs. 2, 211 strafbare Verabredung vor, wenn die Person des Opfers (z. B. eines Kassenboten oder Schalterbeamten) dem Zufall der augenblicklichen Situation überlassen bleibt; wenn dagegen eine hochgestellte Person zum Opfer eines Attentates gemacht werden soll, ist die Verabredung nicht zustande gekommen, solange die Komplottanten keine Einigung über die Person des zu Ermordenden erzielt haben. Auf der Grundlage dieser Kriterien ist dem BGH (MDR **1960** 595) zuzustimmen, wenn er es (unter Hinweis auf OLG Köln NJW **1951** 612) für ausreichend ansieht, „daß die Täter planen, sich an einer Straße auf die Lauer zu legen, um zu gegebener Zeit einen ihnen geeignet erscheinenden Passanten oder Kraftfahrer zu überfallen und zu berauben“. In BGH NStZ **2019** 655 (Rdn. 5 ff.)[103] stand viel zu wenig fest: die Beteiligten sprachen über einen Überfall bzw. einen Mord an einer von vier verschiedenen Personen, wobei weder die Tatzeit, noch die Begehungsform näher bestimmt wurden. Darüber hinaus dürfte sogar am unbedingten Entschluss zur Begehung des Verbrechens (o. Rdn. 63) zu zweifeln sein. 69

## 3. Die untaugliche Verabredung

Aus denselben Gründen wie bei der versuchten Anstiftung (Rdn. 32 f) setzt auch die Verabredung nicht voraus, dass die in Aussicht genommene Tat durchführbar ist. Entscheidend ist allein, dass der Plan in der Vorstellung der Komplottanten hinreichend konkretisiert ist und ihnen als realisierbar erscheint (s. auch *Roxin* AT II § 28 Rdn. 58). Es hindert die Strafbarkeit also nicht, dass z. B. das Opfer nie existiert hat, bereits verstorben oder abwesend ist (BGHSt **4** 254; BGH MDR **1960** 595; BGH GA **1963** 127). Allerdings ist auch hier bei „grobem Unverstand“ – wenn etwa die Täter das Opfer durch abwegige Mittel zu Tode bringen wollen – nach § 23 Abs. 3 zu verfahren; denn § 30 Abs. 2 verweist hinsichtlich der Strafe auf § 30 Abs. 1, der seinerseits in Satz 3 die entsprechende Anwendung des § 23 Abs. 3 anordnet. Dagegen sind abergläubische Verabredungen straflos und unterfallen nicht dem § 30 (etwa die Verabredung, gemeinsam jemanden totbeten zu wollen). 70

---

**100** So besonders deutlich *Maurach* JZ **1961** 140; aber auch *Busch* LK⁹ § 49a Rdn. 29; Sch/Schröder/*Heine*/*Weißer* Rdn. 5.

**101** **Ähnlich** *Fieber* Verbrechensverabredung S. 71; *Jakobs* AT § 27 Rdn. 11; *Roxin* AT II § 28 Rdn. 57.

**102** In diesem Sinne auch *Kühl* AT § 20 Rdn. 253; Maurach/Gössel/Zipf/*Renzikowski* § 53 Rdn. 130 (mit dem Beispiel eines Raubs). Anders *Maurach* JZ **1961** 140; *Maurach*/*Gössel*/Zipf⁷ § 53 Rdn. 40; *Busch* LK⁹ § 49a Rdn. 29.

**103** M. Bspr. *Cornelius*.

### 4. Die alternative Verabredung

71 Möglich und in der Praxis nicht selten ist eine alternative Verabredung, der Fall also, dass „die Teilnehmer an der Verabredung mehrere Begehungsmöglichkeiten ins Auge fassen und in ihren Willen aufnehmen". Dann ist „jede der in den ernstlichen Willen der Täter aufgenommenen Taten verabredet" (BGH NJW **1973** 157; ebenso BGHSt **12** 306, 308; KG GA **1971** 55; BayObLG NJW **1954** 1257, 1258). Wenn also mehrere Männer verabreden, eine Frau zu überfallen, aber noch nicht wissen oder von den Umständen abhängig machen wollen, ob sie ihr Opfer berauben oder vergewaltigen oder beides tun wollen, dann handelt es sich nicht etwa um eine wegen mangelnder Bestimmtheit noch straflose Vorvereinbarung, sondern es liegt eine strafbare Verabredung zu beiden Verbrechen vor. Ist nur eine der alternativ verabredeten Taten ein Verbrechen – die Komplottanten wissen z. B. noch nicht, ob sie dem Opfer die Beute mit oder ohne Gewalt wegnehmen werden, sind aber ggf. auch zur Gewaltanwendung entschlossen – so ist das Verbrechen, im Beispiel also der Raub, verabredet (BGHSt **12** 308).[104] Anders liegt es nur dann, wenn die Täter sich noch nicht darüber klar sind, ob sie, falls anders die Beute nicht zu erlangen ist, Gewalt anwenden oder in einem solchen Falle von der Tat Abstand nehmen wollen; dann haben sie zwar Erwägungen über einen etwa zu begehenden Raub angestellt, ihn aber noch nicht verabredet.

### 5. Beweisfragen bei der Verabredung

72 Andere Regeln gelten, wenn nicht die Verabredung mehrere Möglichkeiten offen lässt, sondern nur die gerichtlichen Ermittlungen nicht genau erkennen lassen, was die Beteiligten planten.[105] Lässt sich nicht feststellen, ob die Komplottanten eine Qualifikation oder nur den Grundtatbestand eines Verbrechens verabredet haben (also z. B. ob ein schwerer oder ein einfacher Raub begangen werden sollte), so hat nach dem Grundsatz **in dubio pro reo** der Grundtatbestand als verabredet zu gelten (BayObLG NJW **1954** 1258); erstreckt sich die Ungewissheit darauf, ob ein Verbrechen oder Vergehen verabredet worden ist (man weiß nicht, ob die Beteiligten bei der geplanten Zueignung fremder Sachen eine Gewaltanwendung in ihren Willen aufgenommen hatten), so ist Freispruch geboten. Kann das Gericht nicht ermitteln, welcher von zwei verschiedenen, nicht in einem Stufenverhältnis zueinander stehenden Tatbeständen vereinbart worden ist, so gelten die Grundsätze der **Wahlfeststellung**. Danach ist es z. B. zulässig, die Verabredung eines Raubes oder einer räuberischen Erpressung wahlweise festzustellen (BGH NJW **1954** 521; BayObLG NJW **1954** 1258); dagegen wäre freizusprechen, wenn unklar bleibt, ob die Komplottanten den geplanten Überfall zum Zwecke eines Raubes oder einer Vergewaltigung vornehmen wollten. Hat der Täter entweder eine Geisel genommen oder dies mit seinem „Opfer" nur vorgetäuscht, um einen Dritten als Geisel nehmen zu können, so lässt BGHSt **38** 83 eine Verurteilung auf mehrdeutiger Tatsachengrundlage wegen Verabredung einer Geiselnahme (§ 239b Abs. 1) zu. Erfolgt die Verabredung in einem anonymen bzw. pseudonymisierten Internetchat, wovon man sich ohne weiteres in der reellen Welt distanzieren oder sogar verabschieden kann, wird am Tatentschluss grundsätzlich zu zweifeln sein (BGH NStZ **2011** 570 [571 f. Rdn. 17 ff.]).[106]

---

**104** BGH NStZ **1998** 510; vgl. auch OLG Hamm NStZ-RR **1997** 133 für den Fall des Sich-Bereit-Erklärens.

**105** Zur dritten Ebene der den Anforderungen des § 267 StPO nicht genügenden vagen Feststellungen vgl. die diese Ebenen nicht hinreichend klar trennende Entscheidung BGH StV **1994** 528, o. Rdn. 88.

**106** M. insoweit zust. Anm. *Weigend* ebda.; s. a., alle zust. *Hüttenrauch* NJ **2011** 344; *Reinbacher* NStZ-RR **2012** 40; *Rackow/Bock/Harrendorf* StV **2012** 687; *Rotsch* ZJS **2012** 680 (686); *Bock/Harrendorf* ZStW **126** (2014) 360 ff; *Piazena* S. 407 ff; Sch/Schröder/*Heine/Weißer* Rdn. 24; s. a. davor *B. Heinrich* FS Heinz 733 f.

## 6. Die Verabredung als Vorstufe der Mittäterschaft

Die Verabredung ist eine Vorstufe der Mittäterschaft (OLG Hamm NJW **1959** 1237), setzt also voraus, dass die Komplottanten einander mittäterschaftliche Beiträge versprechen.[107] Wenn A einen Raub begehen will und mit B vereinbart, dass dieser ihm eine Waffe dazu leihen soll, liegt daher keine strafbare Verabredung i. S. des § 30 Abs. 2 vor; vielmehr sind beide straflos. Das folgt für B zwingend aus der Straflosigkeit der versuchten Beihilfe: Wenn die Hingabe einer Waffe, die später nicht benutzt wird, straflos ist, muss das Versprechen, eine Waffe herzugeben, erst recht straflos sein. Aber auch A ist nicht strafbar, und zwar weder wegen einer Verabredung noch wegen eines Sich-bereit-Erklärens; denn dafür genügt eine Erklärung gegenüber einem Gehilfen nicht (vgl. Rdn. 92). Der kriminalpolitische Grund für die Straflosigkeit einer auf Gehilfenbeiträge gerichteten Abrede liegt darin, dass im Verhältnis zu einem Gehilfen (anders als bei Mittätern untereinander) nach der Auffassung des Gesetzgebers keine Bindung entsteht, die eine Bestrafung solcher Vorbereitungen nötig machen würde.[108] **73**

Mit Recht hat deshalb auch BGH NStZ **1982** 244 eine Strafbarkeit nach § 30 Abs. 2 in einem Fall abgelehnt, in dem ein Insasse einer Strafanstalt bei einer von Mitgefangenen geplanten Geiselnahme (§ 239b Abs. 1) nur eine Beihilfe zugesagt hatte. Für die Straflosigkeit zugesagter Beihilfe auch BGH NStE Nr. 1 zu § 30; BGH NStZ **1980** 406 (wo allerdings im konkreten Fall eine Mittäterschaft zugesagt war); BGH NStZ-RR **2006** 311. Das reale Ausmaß der Straflosigkeit hängt bei Verbrechensvereinbarungen freilich entscheidend davon ab, wie man die Mittäterschaft von der Beihilfe abgrenzt (dazu eingehend *Schünemann/Greco* LK § 25 Rdn. 175 ff). *Letzgus* (S. 171 f) vermutet, dass in der Praxis viele Fälle der versprochenen Verbrechensbeihilfe durch eine weite Ausdehnung der Mittäterschaft als Verabredung bestraft werden. Aus denselben Gründen wie im Falle der Beihilfe ist eine zugesagte Begünstigung oder Hehlerei keine Verabredung i. S. des § 30 Abs. 2. Ferner ist die Verbrechensvereinbarung zwischen Anstifter und Täter kein Fall der Verabredung. Doch ist der Bestimmende wegen versuchter Anstiftung nach Absatz 1 und der präsumtive Täter wegen eines Sich-bereit-Erklärens nach Absatz 2 strafbar. Eine strafbare Verabredung nach § 30 Abs. 2 ist andererseits nach dem Wortlaut des Gesetzes („wer sich ... verabredet, ein Verbrechen zu begehen oder zu ihm anzustiften") die Verabredung zur Anstiftung, der Fall also, dass mehrere Leute vereinbaren, einen anderen gemeinsam zu einer Verbrechensbegehung anzustiften; hier setzt also die Strafbarkeit schon vor Beginn des Anstiftungsversuches ein, der ohnehin nach § 30 Abs. 1 strafbar wäre. Dagegen ist die Verabredung mehrerer präsumtiver Gehilfen, den Täter unterstützen zu wollen, straflos. Das folgt aus der Straflosigkeit der versuchten Beihilfe – die Verabredung zur Beihilfe ist sogar nur eine vorbereitete Beihilfe – und aus der Nichterwähnung dieses Falles in § 30 Abs. 2. Über die Teilnahme an Verabredungen vgl. Rdn. 78. **74**

## 7. Der Einfluss besonderer persönlicher Merkmale auf die Verabredung

Auch für § 30 Abs. 2 ist die Frage sehr umstritten, wie der Fall zu behandeln ist, dass bei ausgeführter Tat aufgrund besonderer persönlicher Merkmale ein Komplottant wegen eines Verbrechens, der andere aber nur nach dem Strafrahmen eines Vergehens bestraft worden wäre. Zu dem entspr. Problem bei der versuchten Anstiftung vgl. Rdn. 35 ff m. w. N. Die dort gewonnenen Ergebnisse sind auf den Fall der Verabredung nicht ohne weiteres übertragbar, weil es nicht um **75**

**107** BGH StV **2017** 141 (Rdn. 42); StV **2017** 308 (Rdn. 7 f); NStZ **2016** 338 (339); NStZ **2012** 626 (627); NStZ-RR **2002** 74 m. Anm. *Heger* JA **2002** 628; BGH NStZ **1997** 604; BGH StV **1994** 528. In der Lit. einhellige Meinung; statt aller *Fischer* Rdn. 14a; *Jescheck/Weigend* § 65 III 1: Maurach/Gössel/Zipf/*Renzikowski* § 53 Rdn. 129; *Roxin* AT II § 28 Rdn. 60; Sch/Schröder/*Heine/Weißer* Rdn. 24; **abw.** für den früheren § 49b RGSt **58** 392, 393; **59** 376, 379.

**108** *Letzgus* S. 161 ff hält demgegenüber auf der Grundlage seiner suggestionspsychologischen Hypothesen die zugesagte Hilfeleistung für strafwürdig und befürwortet in seinem Gesetzesvorschlag ihre Strafbarkeit (näher Rdn. 7).

eine Vorstufe des Verhältnisses zwischen Täter und Teilnehmer und die etwaige Relevanz der Akzessorietät, sondern zwischen Mittätern geht. Für die Verabredung, bei der sich das Schrifttum mit der Bedeutung besonderer persönlicher Merkmale noch verhältnismäßig wenig beschäftigt hat, lassen sich drei idealtypische Positionen denken:[109] Nach der ersten würde eine strafbare Verabredung voraussetzen, dass bei zwei Beteiligten die geplante Tat in der Person beider ein Verbrechen ist (so *Welzel* § 16 VIII); nach der zweiten würde, wenn auch nur einer der beiden ein Verbrechen beginge, der andere ebenfalls wegen einer Verbrechensverabredung (obzwar möglicherweise aus dem gemilderten Vergehensstrafrahmen) haften (so *Busch* LK[9] § 49a Rdn. 32); nach der dritten schließlich wäre eine Verabredung zwischen präsumtivem Verbrechens- und Vergehenstäter zwar möglich, aber nur der, in dessen Person die ausgeführte Tat ein Verbrechen wäre, würde wegen der Verabredung bestraft werden, während der andere straflos ausginge (*Maurach* JZ **1961** 141; unsicher BGHSt **12** 307). Schließlich ist noch eine differenzierende, vierte Lösung denkbar, die danach unterscheidet, ob die unterschiedliche Strafrahmeneinstufung zweier Komplottanten auf einer Unrechts- oder Schulddifferenz beruht (*Roxin* LK[11] Rdn. 74).

**76** Nach der hier eingenommenen Grundposition zu § 30 erscheint allein die erste Lösung konsequent. Dieselben Erwägungen, die für § 30 Abs. 1 die **kumulative Theorie** getragen haben (s. oben Rdn. 44), sind auch hier einschlägig, denn sie resultieren nicht aus der Akzessorietät, sondern aus den Anforderungen des ultima ratio-Prinzips an eine Vorfeldbestrafung: Dem verfassungsrechtlichen Gebot einer streng restriktiven Interpretation wird man nur dann gerecht, wenn man auch bei § 30 Abs. 2 fordert, dass die verabredete Tat für beide Beteiligte ein Verbrechen darstellt. So kommt man etwa zur Straflosigkeit, wenn bei der Verabredung zur Tötung eines Schwerkranken der eine durch dessen ausdrückliches und ernstliches Verlangen motiviert ist (§ 216), der andere aber aus Habgier (§ 211) handelt (siehe auch oben Rdn. 43).

**77** Eine andere Rechtslage ergibt sich auch dann nicht, wenn die verschiedene Einstufung zweier Komplottanten auf einer Unrechtsdifferenz beruht (insoweit ebenso *Roxin* LK[11] Rdn. 76). Das kann heute nur dann vorkommen, wenn ein Amtsträger und ein Privatmann einen gemeinsamen Plan fassen, beispielsweise zu einer Aussageerpressung (§ 343). In einem solchen Falle kann eine Verabredung i. S. des § 343 von vornherein nicht vorliegen, weil der Extraneus niemals Mittäter beim Amtsdelikt sein könnte. Die Vereinbarung kann also nur in einer dem präsumtiven Täter zugesagten Beihilfe bestehen, die als solche straflos ist (Rdn. 73 f). Zwar steckt in der Regel in der Verabredung auch eine versuchte (wechselseitige) Anstiftung, aber auch diese reicht nach der kumulativen Theorie für eine Subsumtion unter § 30 Abs. 1 nicht aus, weil in einer Hinsicht der Anstifter und in anderer Hinsicht der Angestiftete nur ein Vergehen plant.

## 8. Teilnahme und Versuch

**78** Strafbare Teilnahme an einer Verabredung ist nur in Form der **Anstiftung** möglich. Die Anstiftung zur Verabredung ist in der Regel eine Anstiftung entweder zur wechselseitigen Anstiftung oder doch mindestens zur Anstiftung eines der Komplottanten und folgt dann den Regeln der Kettenanstiftung (Rdn. 47 f). Nur in dem seltenen Fall, dass jemand zwei omnimodo facturi zusammenbringt, kommt eine selbständige Bestrafung nach §§ 26, 30 Abs. 2 in Betracht.[110] **Nicht** strafbar ist dagegen die **Beihilfe** zur Verabredung, also z. B. der Fall, dass jemand das verschwiegene Hinterzimmer zur Verfügung stellt, in dem sich die Komplottanten verabreden.[111] Denn im Hinblick auf die geplante Tatbestandsverwirklichung, die im Vorbereitungsstadium

**109** Besonders klar *Maurach* JZ **1961** 141; ähnlich *Busch* LK[9] § 49a Rdn. 32.
**110** **Anders** *Fieber* Verbrechensverabredung S. 178.
**111** *Maurach* JZ **1961** 143; Sch/Schröder/*Heine*/*Weißer* Rdn. 34.

(nämlich nach der Verabredung, aber vor dem Versuch) scheitert, handelt es sich nur um eine versuchte Beihilfe, die straflos ist.[112] Wer Mitgefangenen, die sich zu einer Geiselnahme verabredet haben, eine Beihilfe zusagt, ist also weder wegen Verbrechensverabredung (dazu Rdn. 73 f) noch wegen einer Beihilfe zu § 30 Abs. 2 strafrechtlich verantwortlich zu machen. Auch § 138 Abs. 1 Nr. 7 ist in einem solchen Fall nicht erfüllt (BGH NStZ **1982** 244). Die Problemlage entspricht im Wesentlichen derjenigen, die bei der Beihilfe zur versuchten Anstiftung auftritt; vgl. dazu Rdn. 49 f.

Straflos ist die **versuchte Verabredung.**[113] Sie ist häufig in der Form, dass die präsumtiven Mittäter zwar zusammenkommen, aber sich nicht einigen. Ihre Straflosigkeit folgt zwingend daraus, dass die von 1943 bis 1953 geltende Strafbarkeit des „Eintretens in ernsthafte Verhandlungen", die praktisch eine Versuchsstrafbarkeit bedeutete, beseitigt worden ist (vgl. Entstehungsgeschichte). Allerdings bleiben in Fällen gescheiterter Verbrechensvereinbarungen sehr oft versuchte Anstiftungen oder Bereiterklärungen zu einem Verbrechen bestehen, die dann nach den dafür geltenden Regeln strafbar sind (näher Rdn. 96). 79

## 9. Konkurrenzprobleme

Sehr häufig treffen mit einer Verabredung andere Begehungsformen des § 30 zusammen. Wenn z. B. jemand für einen geplanten Raub einen Mittäter gewinnt, so hat er sich mit ihm zu einem Verbrechen verabredet, ist aber zugleich der versuchten Anstiftung zu einem Raube und meist auch der Bereiterklärung dazu (vgl. Rdn. 88 f) schuldig. Dabei muss als Grundregel gelten, dass jede Tatbestandsalternative hinter einer anderen als **subsidiär** zurücktritt, wenn diese **tatbestandsnäher** ist. Im Beispielsfall ist daher nur wegen einer Verabredung zu bestrafen, weil die versuchte Anstiftung und das Sich-bereit-Erklären Vorstufen der Verabredung sind und ihrer Herbeiführung dienen (BGH v. 13.6.1961, 1 StR 201/61, zit. bei *Fischer* Rdn. 20; BGH NStZ **1994** 383; BGHSt **62** 96 [101 Rdn. 17]). Es kann aber auch umgekehrt die Verabredung hinter einer versuchten Anstiftung zurücktreten, wenn zwei Leute aufgrund einer Verabredung einen anderen vergeblich zur Begehung eines Verbrechens auffordern (so der Sachverhalt in BayObLG NJW **1956** 1000 f); denn hier liegt es so, dass sich der Anstiftungsversuch „als Weiterentwicklung der schon in der Verabredung liegenden Vorbereitungshandlung in Richtung auf die gleiche Tat darstellt" und die schon „in der Verabredung liegende konkrete Gefährdung des geschützten Rechtsguts erheblich verstärkt" (a. a. O. S. 1001). Dagegen ist eine **Wahlfeststellung** zwischen den einzelnen Begehungsalternativen ohne weiteres möglich.[114] 80

**Realkonkurrenz** kommt in Betracht, wenn jemand mehrere Tatbestandsvarianten verwirklicht, diese sich aber auf verschiedene Tatbestände beziehen, z. B. wenn A sich gegenüber B zur Begehung eines Raubmordes bereit erklärt, die beiden dann aber nur einen Raub (§ 249) verabreden.[115] *Busch* (LK$^9$ § 49a Rdn. 38) will Tatmehrheit auch in Fällen wie dem annehmen, dass A vergeblich versucht, den B zu einem Mord zu bestimmen, nach dessen Ablehnung aber den Mord gemeinsam mit C verabredet. Da es hier jedoch um die Tötung eines und desselben Handlungsobjektes geht und die Verabredung tatnäher und gefährlicher ist, sollte die versuchte Anstiftung als subsidiär zurücktreten, so wie sie auch zurückgetreten wäre, wenn der Plan des gemeinsamen Mordes ins Versuchsstadium eingetreten wäre (vgl. BGHSt **8** 38 und Rdn. 56; **and.** die dort nachgewiesene neuere BGH-Rechtsprechung). 81

Wie die versuchte Anstiftung nach § 30 Abs. 1 (Rdn. 54) ist auch die Verabredung nach § 30 Abs. 2 **subsidiär im Verhältnis zur** vollendeten oder auch nur versuchten **Tat** (BGHSt **14** 378; BGH NStZ **1997** 83). Das gilt freilich nur, soweit die verabredete und nicht eine andere Tat ausge- 82

**112** Für Strafbarkeit *Dreher* Bemühungen S. 201; *Busch* LK$^9$ § 49a Rdn. 37.
**113** *Dreher* Bemühungen S. 200 f; *Maurach* JZ **1961** 142.
**114** Sch/Schröder/*Heine*/*Weißer* Rdn. 43.
**115** *Schröder* JuS **1967** 295.

führt wird. Wenn A und B verabreden, den X zu töten, sich dann aber, da sie ihn nicht antreffen, mit seiner Ehefrau „begnügen“ (Beispiel von *Maurach* JZ **1961** 144), so steht die Verabredung in Realkonkurrenz mit dem ausgeführten „anderen“ Mord. Wenn dagegen der Wechsel des Handlungsobjekts die Identität der Tat nicht berührt (anstelle des Autos, das zu rauben verabredet worden war, wird in Anpassung an äußere Zufälle ein gleichartiges anderes geraubt), so tritt die Verabredung zurück. Für die Beurteilung der Frage, welche Abweichungen von der Verabredung im Ausführungsstadium qualitativer Natur sind und die selbständige Strafbarkeit der Verabredung bestehen lassen, können die Gesichtspunkte herangezogen werden, die für die Bestimmtheit der Verabredung gelten (Rdn. 68 f): Einzelheiten, deren Offenbleiben das Zustandekommen einer strafbaren Verabredung nicht gehindert hätte, können bei der Ausführung geändert werden, ohne dass dies die Subsidiarität der Verabredung berührt. Ein Subsidiaritätsverhältnis besteht allerdings dann nicht, wenn die ausgeführte Handlung in ihrer tatbestandlichen Schwere hinter der Verabredung zurückbleibt, wenn also etwa statt des schweren Raubes ein einfacher Raub begangen wird. Vielmehr ist dann sowohl wegen der Verabredung als auch wegen der vollendeten Tat zu bestrafen (BGHSt **14** 379 f; *Maurach* JZ **1961** 144); die für die versuchte Anstiftung in der analogen Situation entwickelten Grundsätze (BGHSt **9** 131; Rdn. 53 f) gelten hier entsprechend mit dem Unterschied, dass Real- statt Idealkonkurrenz besteht. Außerdem darf nicht übersehen werden, dass eine Bestrafung wegen Verabredung der schwereren Tat nur dann in Betracht kommt, wenn der Verzicht auf ihre Ausführung sich nicht insoweit als freiwilliger Rücktritt darstellt. Wird dagegen statt der verabredeten leichteren eine schwerere Tat (z. B. statt des einfachen Raubes ein schwerer Raub) verübt, so ändert das nichts an der Subsidiarität der Verabredung. Für die übrigen Konkurrenzprobleme gelten sinngemäß die Regeln, die auch für § 30 Abs. 1 maßgebend sind (Rdn. 53 ff); auf sie sei hier verwiesen. Die Verabredung ist nur dann subsidiär gegenüber einer selbständig für strafbar erklärten Vorbereitungshandlung zu einem Verbrechen, wenn der der Vorbereitungshandlung eine mildere Strafe gedroht wird als der Verabredung (so am Beispiel der selbständig strafbaren Vorbereitung eines Explosionsverbrechens gem. § 310 Abs. 1 Nr. 2 BGHSt **61** 84 [91 f. Rdn. 18], wo auf Idealkonkurrenz erkannt wurde).

**83** Die Subsidiarität der Verabredung im Verhältnis zum Versuch bleibt auch dann erhalten, wenn der Täter vom **Versuch** mit strafbefreiender Wirkung **zurücktritt** (BGHSt **14** 378, 380; BGH NStZ **1999** 449, 451; jetzt einhellige Meinung). Das folgt nicht nur aus der kriminalpolitischen Überlegung, dass das Rücktrittsprivileg sinnlos wäre, wenn der Zurücktretende zwar nicht wegen Versuches, wohl aber wegen der den Versuch vorbereitenden Verabredung bestraft würde. Es ergibt sich auch aus der rechtlichen Einsicht, dass die durch den freiwilligen Rücktritt ausgelöste Straflosigkeit alle bisher zur Tatbestandsverwirklichung unternommenen Handlungen erfasst; wenn schon der Versuch straflos ist, muss die Vorbereitung es erst recht sein.

**84** Zweifelhaft und **umstritten** ist aber die Frage, ob die Verabredung auch in dem Fall straflos ist, „daß eine verabredete Haupttat nicht in gleichwertiger, sondern in weniger schwerer Erscheinungsform versucht wird, und daß die Täter von *diesem* Versuch freiwillig zurücktreten“ (BGHSt **14** 380); die Komplottanten treffen z. B. das Opfer, dessen gewaltsame Beraubung sie verabredet hatten, nicht an, beginnen, die Beute nunmehr im Wege des Diebstahls an sich zu bringen und treten von diesem Versuch freiwillig zurück. Dasselbe Problem ergibt sich, wenn der verabredete schwere Raub sich als nicht durchführbar erweist (z. B. können die Komplottanten keine Schusswaffe erlangen), die Täter daraufhin zur Begehung eines einfachen Raubes ansetzen, diesen aber freiwillig wieder aufgeben. Der BGH hat ausdrücklich offengelassen, ob in solchen Fällen gänzliche Straflosigkeit eintritt oder eine Strafbarkeit wegen der Verabredung bestehen bleibt. Da bei Durchführung der leichteren Tat die Verabredung nicht als subsidiär zurückgetreten wäre (Rdn. 82), liegt es nahe, auch den Rücktritt nur den Versuch als solchen und nicht die schwerer wiegende Verabredung erfassen zu lassen.[116] Den Vorzug verdient jedoch die Meinung, dass der Rücktritt auch die ursprünglich auf eine schwerere Tat gerichtete Verabredung von Strafe freistellt.[117] Denn wenn die Täter – um es an den oben genannten Beispielen zu exemplifizieren – die Beute auch ohne Gewalt bzw. ohne Mitführung einer Waffe erlangen können und trotzdem freiwillig zurücktreten, liegt darin eine Abstandnahme vom gesamten Deliktsplan. Mit dem Wegfall des Grunddelikts muss auch die Strafbarkeit der auf die schwerere Tat bezogenen Verabredung dahinfallen, weil die Grunddeliktsvereinbarung, auf der sie aufbaut, keine rechtliche Existenz mehr hat.[118]

Verabreden sich die Täter zur Begehung mehrerer Verbrechen, kommt es für die Unterscheidung von Tateinheit und -mehrheit auf die Tathandlungen der Beteiligten an, m. a. W., auf die Anzahl der Verabredungen, nicht auf die Anzahl der verabredeten Taten (BGHSt **56** 170 [172 Rdn. 14];[119] BGH NStZ-RR **2011** 367; NJW **2013** 483 [Rdn. 13]; and. noch BGH NJW **2010** 623). 85

## 10. Strafzumessung

Für die Strafzumessung bei der Verabredung (z. B. die Frage, ob ein schwerer Raub nach § 250 Abs. 1 oder ein minder schwerer Fall nach § 250 Abs. 3 verabredet worden ist) kommt es auf die Schwere des Delikts im Falle seiner Ausführung (BGHSt **32** 133, 136 f), aber auch auf die Sorgfalt der Vorbereitung und Planung (BGHSt **32** 136; BGH GA **1986** 559) und auf die motivierende Wirkung der Verabredung (BGH NStZ **1997** 83) an. Der Umstand, dass sich die Tatplanung noch „in einem frühen und unausgereiften Stadium" befand und „verhältnismäßig dilettantisch" war, kann also bei der erforderlichen „Gesamtbetrachtung" zur Annahme der Verabredung eines minder schweren Falles führen (BGH GA **1986** 559). Bei Annahme einer Verabredung, zum Beispiel nach § 250 Abs. 1, ist das „Bedrohungspotential" (hier: 13 Beteiligte, Versuchsnähe) strafschärfend zu berücksichtigen (BGH NStE Nr. 4 zu § 30; BGH NStZ **1998** 354). 86

Im Übrigen ist für die Strafrahmenwahl bei Tatbeständen mit **minder schweren Fällen** zu unterscheiden:[120] Liegt ein minder schwerer Fall unabhängig davon vor, dass die Tat im Vorbereitungsstadium steckengeblieben ist, so muss der Strafrahmen des § 250 Abs. 3 noch einmal nach §§ 30 Abs. 1 Satz 2, 49 Abs. 1 gemildert werden. Wird jedoch ein minder schwerer Fall nur wegen der allgemeinen Milderungsgründe in Verbindung mit dem vertypten Milderungsgrund des § 30 Abs. 2 i. V. m. Abs. 1 Satz 2 angenommen, so scheidet eine nochmalige Milderung des Strafrahmens aus § 250 Abs. 3 aus (§ 50). 87

# IV. Das Sich-bereit-Erklären (§ 30 Abs. 2)

Die Tatbestandsalternative des Sich-bereit-Erklärens enthält zwei sehr verschiedene Verhaltensweisen, deren Gemeinsamkeit nur darin besteht, dass nicht ein Teilnehmer (wie beim Bestimmungsversuch und der Annahme eines Anerbietens), sondern der präsumtive **Täter** eine Wil- 88

116 So denn auch *Busch* LK[9] § 49a Rdn. 11; *Fischer* Rdn. 28; *Maurach* JZ **1961** 146; *Mitsch* FS Herzberg S. 455; *Vogler* FS Bockelmann 728 f.

117 So *Bottke* Methodik S. 560 ff; *Jescheck/Weigend* § 65 IV 1; *Roxin* AT II § 28 Rdn. 70; *Schmidhäuser* StuB § 117 Rdn. 113; Sch/Schröder/*Heine/Weißer* Rdn. 40.

118 Vgl. dazu im einzelnen *Bottke* Methodik S. 560 ff.

119 Hierzu *Duttge* NStZ **2012** 438; *Bachmann/Goeck* JR **2011** 425 (429 f).

120 BGHR StGB § 30 Abs. 1 Satz 2, Strafrahmenwahl 1; BGH NStE § 30 Nr. 3; BGH NStZ **1990** 96; BGH bei Holtz MDR **1990** 486; s. a. BGH BeckRS **2015** 6208 (Rdn. 6 ff); BeckRS **2015** 15473 (Rdn. 2);.

lenserklärung abgibt (*Letzgus* S. 87): Zum einen die **Annahme einer Anstiftung**[121] und zum anderen das **Sich-Erbieten**, das im *Duchesne*-Fall (vgl. Entstehungsgeschichte) den Anlass zur Einführung des ehemaligen § 49a gegeben hatte. Die ursprüngliche Gesetzesfassung von 1876 hatte die „Annahme einer Aufforderung" (§ 49a Abs. 1) und das „Sich-Erbieten" (§ 49a Abs. 2) nebeneinandergestellt, der geänderte Gesetzestext des Jahres 1943 kannte nur noch das Sich-Erbieten, und erst das StRÄndG hat 1953 den Begriff des Sich-bereit-Erklärens eingeführt, der beide Begehungsweisen zusammenfasst und in dieser Form in das geltende Gesetz übergegangen ist. Darüber hinaus erfasst der Wortlaut des § 30 Abs. 2 sogar ausdrücklich auch die Erklärung der Bereitschaft zu einer Verbrechensanstiftung. Über die kriminalpolitische Problematik und die Zweifel an der Strafwürdigkeit des Sich-bereit-Erklärens vgl. Rdn. 13.

## 1. Annahme einer Anstiftung

89 Der strukturell einfachste Fall ist dien Annahme einer Anstiftung. Er erfasst den präsumtiven Täter bei der sog. erfolglosen Anstiftung (*Jescheck/Weigend* § 65 III 3; oben Rdn. 13) und stellt sich als eine durch die Anstiftung eines Dritten hervorgerufene Vorbereitungshandlung des künftigen Täters dar. Bei dieser Tatbestandsalternative ist unbestritten, dass die Bereiterklärung **ernstlich** sein muss, so dass auch ein geheimer Vorbehalt die Strafbarkeit ausschließt (RGSt **57** 243, 245; **60** 23, 25; **63** 197, 199; BGHSt **6** 346, 347; BGHR StGB § 30 II Verabredung 5; BGH NStZ **1998** 403, 404), denn wenn der Täter die Tat nicht ausführen will, fehlt es am Vorsatz und an jeglicher Rechtsgutsgefährdung. Nicht erforderlich ist dagegen, dass der Anstifter seine Aufforderung ernst meint, sofern er nur mit der Möglichkeit rechnet, dass der präsumtive Täter aufgrund des Bestimmungsversuches die Tat begehen werde (RGSt **57** 243, 245 ff gegen RG GA **1942** 122; BGHSt **10** 388; vgl. auch oben Rdn. 21). Ferner ist es wie bei der versuchten Anstiftung (Rdn. 32 f) und der Verabredung (Rdn. 69) gleichgültig, ob die Tat überhaupt durchführbar wäre: Auch wer sich zur Ermordung eines Menschen bereit erklärt, der im Zeitpunkt der Zusage bereits tot ist, macht sich nach § 30 Abs. 2 strafbar (BGH GA **1963** 126, 127 für den Fall des § 218 a. F.). § 23 Abs. 3 gilt freilich auch bei der untauglichen Bereiterklärung.

90 Die Annahme der Anstiftung braucht dem Anstifter **nicht zuzugehen.**[122] Denn die Gefährlichkeit des durch die Anstiftung motivierten Begehungswillens ist ganz unabhängig davon, ob und wann die Bereiterklärung den Anstifter erreicht. Man kann sogar zweifeln, ob die Annahme der Anstiftung überhaupt dem Anstifter gegenüber erklärt werden muss. Wer ungesäumt zur Tat schreiten will, ohne etwa durch eine briefliche Antwort an den Anstifter noch Zeit zu verlieren, stellt für das geschützte Rechtsgut u. U. eine noch größere Bedrohung dar. Freilich ist der feste innere Entschluss, der Aufforderung des Anstifters Folge zu leisten, noch kein Sich-bereit-**Erklären**; aber man könnte eine Manifestation des Ausführungswillens gegenüber anderen Personen (etwa einem Gehilfen) genügen lassen. Trotzdem erscheint es richtiger, daran festzuhalten, dass die Annahme der Anstiftung sich in einer Erklärung gegenüber dem Anstifter niedergeschlagen haben muss, wenn sie diesen auch nicht erreicht zu haben braucht. Denn wenn der Strafgrund in der Willensbindung des präsumtiven Täters liegt (Rdn. 12), ist es folgerichtig, dass man für die Strafbarkeit des präsumtiven Täters den in einer Erklärung bekundeten Willen verlangt, sich gegenüber dem Anstifter zu binden. Erklärungen gegenüber anderen Personen erzeu-

---

**121** In der Literatur wird in Anlehnung an die Gesetzesfassung von 1876 allgemein von der „Annahme einer Aufforderung" gesprochen. Da es sich jedoch um das Gegenstück zum Bestimmungsversuch des § 30 Abs. 1 handelt, der nicht notwendig in einer Aufforderung besteht, ist „Annahme der Anstiftung" die korrekte Bezeichnung (*Letzgus* S. 93).

**122** Ganz h. M.; **aA** *Frister* § 29 Rdn. 39; *Zaczyk* NK Rdn. 38, 40. Wie hier z. B. *Jescheck/Weigend* § 65 III 3 a. E.; *Letzgus* S. 94 Fn. 27; *Piazena* S. 169; Maurach/Gössel/Zipf/*Renzikowski* § 53 Rdn. 135; *Roxin* AT II § 28 Rdn. 77; Sch/Schröder/*Heine/Weißer* Rdn. 22; *Schröder* JuS **1976** 291. Offen gelassen in BGHSt **63** 161 (167 f Rdn. 26).

gen diese Bindungswirkung nicht (soweit sie nicht unter dem Gesichtspunkt der Verabredung strafbar sind).

## 2. Sich-Erbieten

Das Sich-Erbieten, die zweite Variante des Sich-bereit-Erklärens, ist ein Sonderfall der versuchten Anstiftung, d. h. eine **versuchte Kettenanstiftung.**[123] Der Sich-Erbietende erklärt sich einem anderen gegenüber zur Begehung eines Verbrechens für den Fall bereit, dass dieser das Anerbieten annimmt. Da die Annahme des Anerbietens den endgültigen Tatentschluss dessen hervorruft, der sich als bisher nur Tatgeneigter zur Begehung der Tat erboten hat, stellt sie sich als versuchte Anstiftung dar (vgl. Rdn. 97 f), zu der wiederum durch das Sich-Erbieten angestiftet wird. Die Besonderheit dieser versuchten Kettenanstiftung liegt darin, dass anders als sonst nicht drei (erster Anstifter, zweiter Anstifter, Täter), sondern nur zwei Personen mitwirken, weil der erste Anstifter mit dem präsumtiven Täter identisch ist (näher *Letzgus* S. 98 ff). Obwohl das Sich-Erbieten auch ohne die Erwähnung in § 30 Abs. 2 als versuchte Kettenanstiftung nach § 30 Abs. 1 bestraft werden könnte, ist es doch nicht „unnötigerweise ausdrücklich für strafbar erklärt" worden (*H. Mayer* AT § 52 I 4); denn da die Strafbedürftigkeit dieser Sonderform weit zweifelhafter als die der gewöhnlichen Kettenanstiftung ist (vgl. Rdn. 12), wird durch die Aufnahme des Sich-Erbietens in Absatz 2 eine Strafbarkeit klargestellt, die ohne diese ausdrückliche Anordnung umstritten geblieben und eher abzulehnen gewesen wäre. Nachdem dieser Spezialfall gesondert unter Strafe gestellt worden ist, ist bei einem Sich-Erbieten nur nach § 30 Abs. 2 (und nicht etwa auch noch nach Abs. 1) zu bestrafen. 91

Das **„echte Sich-Erbieten"** (Ausdruck von *Letzgus* S. 88 f) setzt voraus, dass der sich Erbietende zwar zur Tat geneigt, aber zu ihrer Begehung noch nicht entschlossen ist, sondern die Ausführung von der „Annahme des Erbietens" durch den Erklärungsempfänger abhängig machen will. Der Erklärungsempfänger muss also entweder Anstifter oder präsumtiver Mittäter sein und wird, wenn er auf den Vorschlag eingeht, wegen „Annahme eines Erbietens" bzw. wegen einer „Verabredung" bestraft. Demgegenüber liegt ein „unechtes Sich-Erbieten" vor, wenn ein omnimodo facturus seinen Willen zur Verbrechensbegehung erklärt (sei es gegenüber der Öffentlichkeit, einzelnen Unbeteiligten oder einem Gehilfen) oder wenn jemand seine Tatgeneigtheit gegenüber Personen ausspricht, von deren Zustimmung er die Tatbegehung nicht abhängig machen will.[124] Das **„unechte Sich-Erbieten"** ist nicht strafbar.[125] Denn wenn sich jemand zur Ausführung eines Verbrechens gegenüber Personen „bereit erklärt", von deren Zustimmung er die Ausführung nicht abhängig machen will, fehlt es an der intendierten „Willensbindung" gegenüber anderen, aus deren Gefährlichkeit sich erst der Strafgrund ergibt (vgl. schon Rdn. 87). Ein an sich strafloser Tatentschluss wird durch seine Verlautbarung allein nicht zu einer die Bestrafung rechtfertigenden Rechtsgutsbedrohung; bei der Erklärung der bloßen Tatgeneigtheit fehlt es zudem schon an einem Tatentschluss. 92

Für die Strafbarkeit des **„unechten Sich-Erbietens"** tritt dagegen *Jakobs* AT § 27 Rdn. 10 (tendenziell zust. *Joecks* MK Rdn. 41) mit der Begründung ein, auch in diesem Falle könne die Erklärung „denjenigen, der sie abgibt, faktisch binden, und zwar gegebenenfalls stärker, als es eine mehrseitige Vereinbarung kann, die sich – im Gegensatz zur einseitigen Erklärung – immerhin im mehrseitigen Einverständnis auch wieder aufheben läßt". Aber das leuchtet nicht ein. Denn es ist viel leichter, von einer einseitigen Erklärung Abstand zu nehmen oder sie zu 93

---

**123** *Dreher* Niederschriften, Bd. 2, S. 211; Sachbearbeiter des Bundesjustizministeriums, Niederschriften, Bd. 2, Anhang Nr. 42, S. 121; *Letzgus* S. 99.

**124** Der Ausdruck „unechtes Sich-Erbieten" stammt ebenfalls von *Letzgus* S. 89, der allerdings nur den Fall des omnimodo facturus nennt.

**125** Vgl. näher *J.-D. Busch* S. 187 f; *Letzgus* S. 89 f. Aus der übrigen Literatur: *Heger/Petzsche* MR Rdn. 17; *Jescheck/Weigend* § 65 III 3; *Roxin* AT II § 28 Rdn. 79; *Schröder* JuS **1967** 291.

widerrufen, als über die Aufhebung einer Verabredung Einverständnis zu erzielen. Ferner meint *Jakobs:* „Auch das Maß der Desavouierung der Norm ist bei der Erklärung eines ‚Alleingangs', der von einer Anstiftung unabhängig ist, nicht geringer als bei einer abhängigen Bereitschaft." Aber nicht die Desavouierung der Norm, sondern die besonders gefährliche Vorbereitung einer schweren Rechtsgutsverletzung ist der Strafgrund des § 30. Einseitige Tatbereitschaftserklärungen werden nur nach Maßgabe der §§ 126, 241 bestraft.

94 Das echte Sich-Erbieten, das demnach allein als „Bereiterklären" in Frage kommt, muss, wenn es strafbar sein soll, aus denselben Gründen wie die Annahme einer Anstiftung (Rdn. 87) **ernstlich** gemeint sein (RGSt **63** 197, 199; BGH NJW **2015** 1032 [Rdn. 13];[126] BGHSt **62** 96 [99 Rdn. 12][127]). Im Übrigen gelten die für die versuchte Anstiftung entwickelten Grundsätze (Rdn. 14 ff),[128] da die versuchte Kettenanstiftung den Regeln der versuchten Anstiftung folgt (Rdn. 47). Ein Sonderproblem liegt nur in der Frage, ob die Strafbarkeit des Sich-Erbietens voraussetzt, dass die Erklärung ihrem Empfänger **zugeht**. Das ist bei der Annahme einer Anstiftung nach fast einhelliger Meinung (Rdn. 88) und bei der versuchten Anstiftung nach zwar umstrittener, aber zutreffender Ansicht (Rdn. 16 ff) nicht nötig. Beim Sich-Erbieten besteht aber eine in charakteristischer Weise andere Situation. Denn während bei der Annahme einer Anstiftung die Gefährlichkeit der bevorstehenden Ausführung vom Zugehen der Bereiterklärung gänzlich unabhängig ist und bei der versuchten Anstiftung nach § 30 Abs. 1 der Anstifter das Geschehen mit der Absendung seiner Aufforderung aus der Hand gegeben hat, stellt das Sich-Erbieten eine wesentlich entferntere Rechtsgutsgefährdung dar, weil der sich in dieser Weise Bereiterklärende sogar nach Annahme des Erbietens das Geschehen noch in der Hand behält. Deshalb kann ein Sich-Erbieten nicht als strafwürdig angesehen werden, solange der Erklärungsempfänger noch nicht einmal Gelegenheit erhalten hat, durch Annahme des Erbietens den Tatentschluss beim präsumtiven Täter auszulösen. Da auch der vom Gesetzgeber gewählte Begriff des Sich-Erbietens anders als der des Bestimmungsversuchs in § 30 Abs. 1 keine Verweisung auf § 22 in sich schließt, steht nichts im Wege, einen solchen Spezialfall der versuchten Kettenanstiftung entsprechend seiner Sondernatur in diesem einen Punkt anders als die versuchte Anstiftung zu behandeln und einen Zugang der Erbietungserklärung zu verlangen. Man muss also hinsichtlich des Zugangs bei der Bereiterklärung differenzieren: Eine strafbare Bereiterklärung fordert einen Zugang zwar beim Sich-Erbieten, nicht aber bei der Annahme einer Anstiftung.[129] Mit Recht hat daher das OLG Celle (MDR **1991** 174) ein Sich-bereit-Erklären zu geheimdienstlicher Agententätigkeit (§ 99 Abs. 1 Nr. 2) für den Fall abgelehnt, dass die Angebotserklärung dem Empfänger nicht zugeht.

95 Wenig diskutiert ist die Frage nach dem **geeigneten Adressaten** der Bereit-Erklärung.[130] Hierfür gab aber ein skurriler neuer Fall Anlass, bei dem § 30 Abs. 2 Var. 1 auch auf denjenigen angewandt wurde, der sich **gegenüber dem Tatopfer zur Begehung eines Verbrechens bereit erklärt hatte** (BGHSt **63** 161 [168 ff. Rdn. 27 ff.]).[131] Meistens wird das bereits deshalb nicht in Betracht kommen, weil das Opfer mit seiner Zustimmung i. d. R. das Unrecht, bei der Tötung immerhin die Verbrechensqualität (§ 216) entfallen lassen kann. In dem konkreten Fall war aber § 216 nicht einschlägig, weil der Täter sich nicht handlungsleitend durch den Sterbewunsch des Opfers hatte bestimmen lassen. Der BGH bejahte die Strafbarkeit, mit dem Argument, die

---

**126** M. Bspr. *Schiemann* NJW **2015** 1034.

**127** Hierzu *Kudlich* NJW **2017** 2136; *Eisele* JuS **2017** 891.

**128** Zust. *Heinrich* FS Heinz 735.

**129** Für diese Differenzierung zuerst *Schröder* JuS **1967** 291; ihm folgend *Jescheck/Weigend* § 65 III 3; *Letzgus* S. 94 Fn. 27; ebenso *Piazena* S. 169 ff. Einen Erklärungszugang in beiden Fällen des Bereiterklärens verlangen *Tröndle/Fischer*[52] Rdn. 10 (offen jetzt *Fischer* Rdn. 15), während die h. M. in beiden Fällen keinen Erklärungszugang für notwendig hält: Maurach/Gössel/Zipf/*Renzikowski* § 53 Rdn. 135; Sch/Schröder/*Heine*/*Weißer* Rdn. 22.

**130** S.a. *Mitsch* FS Maiwald 545.

**131** Hierzu (abl.) *Fischer* Rdn. 16; *Mitsch* JR **2019** 262; *Puschke* HRRS **2019** 348 ff; *Schiemann* NStZ **2019** 186; eher krit. auch *Kudlich* NJW **2019** 449; zust. hingegen *Sinn* ZJS **2019** 241 (244 f).

Konstellation der Erklärung gegenüber dem Opfer sei erstens vom Wortlaut des Gesetzes erfasst (168 Rdn. 28), und zweitens liege die die Strafbarkeit tragende Willensbindung auch in diesem Fall vor (169 f Rdn. 30 ff.). Im Schrifttum wird diese Entscheidung deshalb kritisiert, weil in einem derartigen Fall die Willensbindung fraglich sei.[132] Das Problem dieser Kritik ist aber, dass sie zu viel beweist; im Grunde bestreitet sie bereits die Legitimität der ganzen Tatbestandsalternative des Sich-Bereit-Erklärens – einer in der Tat problematischen Kriminalisierung (vgl. o. Rdn. 13), deren Verfassungswidrigkeit aber bisher nicht festgestellt worden ist. Ein durchschlagender Kritikpunkt erschließt sich dagegen, wenn man sich vergegenwärtigt, dass das Sich-Bereit-Erklären entweder die Annahme einer Anstiftung oder eine versuchte Kettenanstiftung verkörpert und dass hier die Anstiftung immer straflos wäre, weil vom Opfer kommend.[133] Das Sich-Bereit-Erklären muss also einen anderen Adressaten haben als das Tatopfer selbst.

### 3. Subsidiarität

Die Bereiterklärung ist **subsidiär** im Verhältnis zur vollendeten oder versuchten Tat. In diesem 96
Punkt wie für die übrigen Konkurrenzprobleme gilt sinngemäß, was für die versuchte Anstiftung und die Verabredung dargelegt wurde (Rdn. 543 ff, 80ff). Führt das Sich-Erbieten zur Annahme des Erbietens und in deren Folge zum Tatentschluss des Sich-Erbietenden, so liegen genau genommen zwei Bereiterklärungen vor. Es wird aber natürlich nur wegen *einer* Bereiterklärung bestraft; das Sich-Erbieten ist subsidiär im Verhältnis zur tatnäheren Annahme der Anstiftung. Das Sich-Erbieten tritt ferner zurück hinter der Verabredung, wenn es deren Vorbereitung dient. Scheitert die angestrebte Verabredung, so bleibt (abgesehen vom Verabredungsversuch eines omnimodo facturus) ein strafbares Sich-Erbieten zurück (o. Rdn. 77, 79), das der gleichfalls vorliegenden versuchten Anstiftung des präsumtiven Mittäters vorgeht (Rdn. 91). Nur bei einem gescheiterten Verabredungsversuch eines omnimodo facturus ist der Initiator, da hier eine Bereiterklärung nicht in Betracht kommt (Rdn. 90), wegen versuchter Anstiftung zu bestrafen.

## V. Die Annahme des Erbietens (§ 30 Abs. 2)

Die Annahme des Erbietens ist ein **Spezialfall der versuchten Anstiftung.** Denn wer die Berei- 97
terklärung des sich Erbietenden annimmt, löst dadurch den Tatentschluss des präsumtiven Täters aus und stiftet ihn somit an. Die Besonderheit der Konstellation liegt allein darin, dass die Initiative zu der Anstiftung vom zukünftigen Täter selbst ausgeht (vgl. Rdn. 89). Die Auffassung dieser Tatbestandsalternative als eines modifizierten Bestimmungsversuchs entspricht der heute herrschenden Meinung.[134] Eine andere Auffassung nimmt demgegenüber an, dass mit der „Annahme des Erbietens" ausschließlich (oder wenigstens auch) eine versuchte psychische Beihilfe bestraft werde.[135] Am radikalsten wird diese abweichende Konzeption von *Blei* verfochten (NJW **1958** 30; ebenso *Jescheck/Weigend* § 65 III 2). Er geht davon aus, dass die Fälle, in denen eine Annahmeerklärung den Tatentschluss des präsumtiven Täters auslösen soll, als versuchte An-

132 *Puschke* HRRS **2019** 349; *Schiemann* NStZ **2019** 188.
133 Ebenso *Kudlich* NJW **2019** 449.
134 *J.-D. Busch* S. 188 f; *Dreher* Niederschriften, Bd. 2, S. 211 (unter Aufgabe seiner früheren Ansicht in Bemühungen S. 201); *Hoyer* SK Rdn. 45; *Letzgus* S. 96 ff; Maurach/Gössel/Zipf/*Renzikowski* § 53 Rdn. 138; *Roxin* AT II § 28 Rdn. 82; *Schröder* JuS **1967** 290 f; *Jakobs* § 27 Rdn. 9. Auch die Sachbearbeiter des BMJ sahen bei den Beratungen der Großen Strafrechtskommission in der „Annahme eines Sicherbietens ... eine Sonderform der Anstiftung ..., die aber der Deutlichkeit halber genannt werden sollte", Niederschriften, Bd. 2, Anhang Nr. 42, S. 121. Ebenso basiert die Entscheidung BGHSt **10** 388 auf der Prämisse, dass die Annahme eines Erbietens eine versuchte Anstiftung sei.
135 *Blei* NJW **1958** 30; *ders.* I § 81 II 3; *Busch* LK[9] § 49a Rdn. 35 f; *Dreher* Bemühungen S. 201; *Fränkel* Niederschriften, Bd. 2, S. 118; *Jescheck/Weigend* § 65 III 2.

stiftung allein nach § 30 Abs. 1 bestraft werden, so dass für § 30 Abs. 2 nur die Sachverhalte übrigbleiben, in denen ein schon fest Entschlossener durch die Annahme des Erbietens in seinem Täterwillen gestärkt wird, der Annehmende also psychische Beihilfe zu leisten versucht. Die übrigen in Fn. 103 genannten Autoren wollen anscheinend unter der „Annahme eines Erbietens" auch Fälle der versuchten Anstiftung verstehen; aber sie beziehen jedenfalls die Situationen in die Strafbarkeit ein, in denen der Annehmende nicht anstiften, sondern nur psychische Beihilfe leisten will. Nur für diesen Fall soll, wie *Busch* LK[9] § 49a Rdn. 36 sagt, diese Tatbestandsalternative „eigenständige strafkonstitutive Bedeutung" haben.

98 Den Vorzug verdient die **herrschende Meinung**, die in der Annahme eines Erbietens ausschließlich eine versuchte Anstiftung sieht, den Versuch einer lediglich psychischen Stärkung also nicht für strafbar hält. Das folgt zunächst aus dem gesetzlichen Zusammenhang mit der Tatbestandsalternative des Sich-Erbietens. Wenn diese nach einhelliger Meinung voraussetzt, dass der sich Erbietende kein omnimodo facturus ist, sondern die Ausführung der Tat von der Zustimmung des Erklärungsempfängers abhängig machen will (Rdn. 92), wird mit der psychischen Stärkung eines omnimodo facturus überhaupt kein „Erbieten eines anderen" angenommen; denn der Gesetzgeber kann mit diesem Wort sinnvollerweise nur das strafbare „Erbieten" gemeint haben, das die Tatbestandsalternative der Bereiterklärung in sich enthält (vgl. auch *J.-D. Busch* S. 189). Dasselbe ergibt sich aber auch aus teleologischen Erwägungen. Denn es würde der Wertentscheidung des Gesetzgebers, die versuchte Beihilfe von Strafe freizustellen, gröblich widersprechen, wenn gerade dieser Fall hier nun doch als strafbar angesehen würde. Es ist zwar denkbar, dass der Gesetzgeber von einer Grundentscheidung abweicht, wenn zusätzliche Strafwürdigkeitskriterien ausnahmsweise eine Pönalisierung erheischen. Aber solche Kriterien liegen hier nicht vor. Denn die versuchte seelische Bestärkung eines ohnehin Tatentschlossenen ist im Verhältnis zur unbestritten straflosen versuchten Beihilfe durch Lieferung von Tatwerkzeugen oder durch technische Rathilfe eher weniger strafwürdig. So bleibt nur die Annahme, dass der Gesetzgeber mit der Einfügung der „Annahme des Erbietens" in den Gesetzestext kein anderes Ziel verfolgt hat, als „der Deutlichkeit halber" einen Sonderfall der versuchten Anstiftung noch ausdrücklich zu nennen; diese Annahme wird durch die Auffassung der Sachbearbeiter des Bundesjustizministeriums bestätigt (vgl. Fn. 123), und die Gesetzesmaterialien enthalten keinerlei Anhaltspunkte, die für eine andere Auffassung sprächen.

99 Demgemäß folgt die „Annahme eines Erbietens" allen Regeln der versuchten Anstiftung, auf deren Kommentierung (Rdn. 14 ff) verwiesen werden kann. Wie bei der versuchten Anstiftung ist nach dem Wortlaut des § 30 Abs. 2 auch strafbar, wer das Erbieten eines anderen annimmt, zu einem Verbrechen anzustiften; die Annahme ist dann strukturell eine versuchte Kettenanstiftung (um einen solchen Fall handelte es sich in BGHSt **10** 388). Wird ein Erbieten angenommen, so ist ausschließlich nach § 30 Abs. 2 und nicht auch noch wegen versuchter Anstiftung nach § 30 Abs. 1 zu bestrafen. Dient die Annahme der Vorbereitung einer Verbrechensverabredung, so tritt sie bei deren Zustandekommen als subsidiär zurück, so wie sie erst recht in der Anstiftung zur versuchten und vollendeten Tat oder in der eigenen Mittäterschaft aufgeht. Ist der sich (scheinbar) Erbietende ein omnimodo facturus, ohne dass der Annehmende dies weiß, so ändert das an seiner Strafbarkeit nichts; es handelt sich dann um einen Spezialfall der untauglichen Anstiftung (Rdn. 14). Ist der Sich-Erbietende schuldunfähig, so kommt, wenn der Empfänger die Schuldunfähigkeit kennt, nicht die Annahme eines Erbietens, sondern nur ein Versuch der mittelbaren Täterschaft in Betracht; kennt er sie nicht, so liegt die Annahme eines Erbietens vor, weil das Prinzip der limitierten Akzessorietät die Schuldfähigkeit des präsumtiven Täters nicht voraussetzt.

100 Heftig **umstritten** ist die Frage, ob die Annahme eines Erbietens auch dann nach den Grundsätzen der versuchten Anstiftung zu behandeln ist, wenn das **Erbieten nicht ernstgemeint** war. Der BGH (BGHSt **10** 388; BGHR StGB § 30 Abs 2 Verabredung 5) hat die (ernstgemeinte) Annahme eines nicht ernstlichen Erbietens gegen die Rechtsprechung des RG (RGSt **1** 338;

**57** 243) für strafbar erklärt und damit bei einem Teil des Schrifttums[136] Zustimmung, bei einem anderen Teil jedoch[137] entschiedene Ablehnung gefunden. Die Ablehnung stützt sich vor allem auf das Argument, dass die Annahme des Erbietens gänzlich ungefährlich und daher nicht strafwürdig sei, wenn der präsumtive Täter nur zum Schein gehandelt habe, während der BGH seine Meinung auf die Grundsätze des untauglichen Versuchs und darauf stützt, dass, wer sein Erbieten noch nicht ernstlich meine, „möglicherweise gerade durch die Annahme des Erbietens zum ernstlichen Entschluß veranlaßt werde" (BGHSt **10** 389).

Mindestens im Ergebnis der Strafbarkeit wird man **dem BGH zustimmen** müssen. Denn es ist schlechterdings nicht zu bestreiten, dass der untaugliche Versuch einer Anstiftung vorliegt, wenn der Annehmende jemanden zur Tat bestimmen will, der dazu von vornherein nicht geneigt ist. Da nun die Strafbarkeit der misslungenen Anstiftung (Rdn. 14), des Falles also, dass der Aufgeforderte zur Tatbegehung keineswegs bereit ist, völlig außer Streit steht und da auch im Übrigen die Strafbarkeit des untauglichen Anstiftungsversuches weithin anerkannt ist (näher Rdn. 32 f), wäre es gegen das Gesetz und auch teleologisch ungereimt, den hier vorliegenden Fall straflos zu lassen. Die Ungefährlichkeit einer solchen „Annahme" ist kein Gegenargument, weil misslungene Anstiftungen auch sonst meist und untaugliche stets von vornherein ungefährlich sind. Es kann daher in einem solchen Falle nur dann von Strafe abgesehen werden, wenn die Voraussetzungen des „groben Unverstandes" vorliegen, wenn also jemand infolge einer besonders törichten Fehlinterpretation ein offensichtlich scherz- oder scheinhaftes Erbieten ernst nimmt und akzeptiert. Fraglich ist jedoch, ob die Annahme eines Schein-Erbietens nach § 30 Abs. 2 oder als versuchte Anstiftung nach § 30 Abs. 1 strafbar ist. Da die Scheinerklärung in Wirklichkeit kein strafbares Sich-Erbieten ist (Rdn. 89, 93), kann ein nicht vorhandenes „Erbieten" auch nicht angenommen werden, wenn man die Voraussetzung akzeptiert, dass der Gegenstand der Annahme ein strafbares Sich-Erbieten sein muss (dazu Rdn. 98). Deshalb erscheint es als sachgerechter, die „Annahme" eines Schein-Erbietens entgegen dem BGH nach § 30 Abs. 1 zu behandeln.[138] Doch macht das im Ergebnis keinen Unterschied, so dass sich längere Auseinandersetzungen erübrigen. 10

Was die **Ernstlichkeit der Annahmeerklärung** betrifft, so gelten die allgemeinen Regeln (Rdn. 21 ff): Es genügt also, dass der Annehmende damit rechnet, der präsumtive Täter werde seine Erklärung ernst nehmen und ihr entsprechend handeln. 102

**136** *Fischer* Rdn. 17; Sch/Schröder/*Heine*/*Weißer* Rdn. 28; *Jakobs* AT § 27 Rdn. 9; Lackner/Kühl/*Kühl* Rdn. 6; *Maurach*/*Gössel*/Zipf[7] § 53 Rdn. 48; *Otto* ZStW **87** (1975) 569 Fn. 105; *Preisendanz* Anm. 4b; *Schröder* JuS **1967** 294 Fn. 36.

**137** *Blei* NJW **1958** 30; *Busch* LK[9] § 49a Rdn. 35; *J.-D. Busch* S. 190; *Jescheck*/*Weigend* § 65 III 2; *Kohlrausch*/*Lange* § 49a Anm. V3; *Letzgus* S. 184 f; Maurach/Gössel/Zipf/*Renzikowski* § 53 Rdn. 139; *Zaczyk* NK § 30 Rdn. 44.

**138** Für Strafbarkeit nach § 30 Abs. 1 auch *Blei* NJW **1958** 30; *Busch* LK[9] § 49a Rdn. 35, die also, was von den übrigen Vertretern der in Fn. 105 genannten Meinung meist verkannt wird, im Ergebnis zu einer Bestrafung kommen.

# § 31 Rücktritt vom Versuch der Beteiligung

**(1) Nach § 30 wird nicht bestraft, wer freiwillig**

**1. den Versuch aufgibt, einen anderen zu einem Verbrechen zu bestimmen, und eine etwa bestehende Gefahr, daß der andere die Tat begeht, abwendet,**

**2. nachdem er sich zu einem Verbrechen bereit erklärt hatte, sein Vorhaben aufgibt oder,**

**3. nachdem er ein Verbrechen verabredet oder das Erbieten eines anderen zu einem Verbrechen angenommen hatte, die Tat verhindert.**

**(2) Unterbleibt die Tat ohne Zutun des Zurücktretenden oder wird sie unabhängig von seinem früheren Verhalten begangen, so genügt zu seiner Straflosigkeit sein freiwilliges und ernsthaftes Bemühen, die Tat zu verhindern.**

Fassung vor dem 1.1.1975:

**§ 49a**

(3) Nach diesen Vorschriften wird nicht bestraft, wer aus freien Stücken

1. eine als Verbrechen mit Strafe bedrohte Handlung verhindert, nachdem er einen anderen zu dieser Handlung zu bestimmen versucht oder das Anerbieten eines anderen hierzu angenommen hat,
2. nach der Verabredung einer als Verbrechen mit Strafe bedrohten Handlung seine Tätigkeit aufgibt und die Handlung verhindert,
3. seine Erklärung widerruft, durch die er sich zu einem Verbrechen bereiterklärt hat.

(4) Unterbleibt die Tat ohne sein Zutun oder wird sie unabhängig von seinem vorausgegangenen Verhalten begangen, so genügt sein freiwilliges und ernsthaftes Bemühen, die Begehung zu verhindern.

## Schrifttum und Stichwortverzeichnis

s. bei § 30.

## Entstehungsgeschichte

Die ursprüngliche Fassung des § 49a (vgl. § 30, Entstehungsgeschichte) hatte keine Rücktrittsvorschrift enthalten; ob und wie weit hier mit den allgemeinen Regeln des Rücktritts vom Versuch geholfen werden konnte, war umstritten. Die Fassung des § 49a durch die VO vom 29.5.1943 (RGBl. I 339) brachte in Absatz 4 erstmals eine Rücktrittsregelung mit folgendem Wortlaut: „Nach diesen Vorschriften wird nicht bestraft, wer freiwillig und endgültig davon absieht, die Straftat zu begehen, und ihre Begehung oder den Erfolg verhindert." Diese noch etwas undifferenzierte Bestimmung wurde durch das Strafrechtsänderungsgesetz vom 4.8.1953 (BGBl. I 735) in die Fassung gebracht, die oben als der bis zum 1.1.1975 geltende Gesetzeswortlaut abgedruckt worden ist. Das jetzt geltende Recht stimmt wörtlich mit § 36 E 1962 (BTDrucks. IV/650) überein und unterscheidet sich von der vorherigen Regelung außer in redaktionellen Einzelheiten auch inhaltlich in zwei Punkten. Beim Rücktritt vom Anstiftungsversuch genügt nach § 31 Abs. 1 Nr. 1 u. U. das bloße Aufgeben weiterer Beeinflussungsbemühungen, während § 49a Abs. 3 Nr. 1 a. F. stets eine Verhinderung der Tat verlangt hatte (näher Rdn. 3 ff); und bei der Bereiterklärung verlangt § 31 Abs. 1 Nr. 2 generell nur noch ein Aufgeben des Vorhabens, während § 49a Abs. 3 Nr. 3 a. F. einen Widerruf gefordert hatte (näher dazu Rdn. 15 ff).

## Übersicht





https://doi.org/10.1515/9783110300451-016

## I. Allgemeine Vorbemerkungen

§ 31 regelt den freiwilligen Rücktritt von einem nach § 30 strafbaren Versuch der Beteiligung. Für die systematische Einordnung des Rücktrittsprivilegs und für den Begriff der Freiwilligkeit muss auf die Erläuterungen zu § 24 verwiesen werden;[1] denn § 31 folgt insoweit den allgemeinen Regeln. Es gibt daher auch kaum Entscheidungen, die sich speziell aus Anlass des § 31 mit dem Begriff der **Freiwilligkeit** befassen, vielmehr kann dafür unmittelbar auf die zu § 24 entwickelten Lehren zurückgegriffen werden. Immerhin wird in BGHSt **12** 306, 311 festgestellt, der Rücktritt von einer Verabredung sei freiwillig, wenn die Komplottanten zwei mögliche Begehungsweisen ins Auge gefasst haben und von der einen ohne äußere Hinderung Abstand nehmen, nachdem die andere sich als unausführbar erwiesen hat. Dagegen kommt ein freiwilliger Rücktritt vom Anstiftungsversuch nicht in Betracht, wenn der Angeklagte sich um die Verhinderung des von ihm angeregten Meineides nur deshalb bemüht, weil der Anstiftungsbrief dem Prozessgegner in die Hand gefallen ist (OLG Tübingen DRZ **1949** 43 f). Bleibt unklar, ob jemand von einer Bereiterklärung freiwillig zurückgetreten ist, so ist nach dem Grundsatz in dubio pro reo eine strafbefreiende Wirkung des Rücktritts anzunehmen (BGH GA **1963** 126, 128). 1

Der Anwendungsbereich der §§ 30 Abs. 1, 31 Abs. 1 Nr. 1, Abs. 2 wird durch § 159 auf die Vergehenstatbestände der §§ 153, 156 ausgedehnt. Darüber hinaus wird man davon ausgehen müssen, dass § 31 auf **Vorbereitungshandlungen** entsprechend anwendbar ist, die im Besonderen Teil als selbständige Tatbestände geregelt sind, aber keine Rücktrittsvorschrift enthalten (**aA** *Zaczyk* NK Rdn. 19; wie hier Sch/Schröder/*Heine*/*Weißer* Rdn. 12; *Roxin* AT II § 28 Rdn. 89; wohl auch *Joecks* MK Rdn. 6); so auch BGHSt **6** 85, 87 für den Fall des § 234a Abs. 3 unter Berufung auf die Aufgabe des Strafrechts, Handlungen zu fördern, die der Abwehr eines drohenden Schadens dienen.[2] Dagegen soll nach BGHSt **15** 198, 199 eine analoge Anwendung des § 49a Abs. 3 und 4 (heute: § 31) auf selbständig unter Strafe gestellte Versuchshandlungen ausscheiden; die Begründung der zu § 122 Abs. 2 a. F. (heute in veränderter Fassung: § 121 Abs. 1 Nr. 2) ergangenen Entscheidung stützt sich allerdings auf das nicht verallgemeinerungsfähige Argument, dass schon durch den Ausbruchsversuch eines Gefangenen das geschützte Rechtsgut (die Unversehrtheit der Abschlusseinrichtungen) verletzt werde. 2

## II. Der Rücktritt von der versuchten Anstiftung (§ 31 Abs. 1 Nr. 1)

Der Gesetzeswortlaut lässt erkennen, dass beim Rücktritt vom Anstiftungsversuch **drei Konstellationen** unterschieden und abweichend behandelt werden sollen. Im ersten Fall hat der Anstifter mit seinem Bestimmungsversuch noch keinen Erfolg gehabt; der präsumtive Täter hat noch keinen Tatentschluss gefasst, so dass keine Gefahr der Tatbegehung besteht. Hier soll es für die Strafbefreiung genügen, dass der Anstifter seinen Versuch aufgibt. Wenn also der Aufgeforderte den Brief des Anstifters dahin beantwortet, dass er sich noch nicht entschließen könne, aber weiteren Bemühungen vielleicht nicht unzugänglich sein werde, so wird der Anstifter schon dadurch straflos, dass er freiwillig von weiteren Bemühungen Abstand nimmt. Die zweite Möglichkeit ist die, dass der Aufgeforderte das Ansinnen des Anstifters sofort und endgültig zurückweist; der präsumtive Täter antwortet also etwa dem Anstifter, er lehne dessen Plan entschieden ab, weitere Bemühungen seien zwecklos. In einem solchen Fall ist überhaupt kein Rücktritt 3

---

1 Vgl. ferner *Bottke* Methodik S. 572 ff, 183 ff, 345 ff, 469 ff; *ders.* Rücktritt S. 25 ff; *Ulsenheimer* S. 33 ff, 242 ff. Auch BGH NStZ **1992** 537 betont, dass das Merkmal der Freiwilligkeit „in § 31 I StGB in gleicher Weise auszulegen ist wie in § 24 StGB" (so auch BGH NStZ **1998** 510). Zur Freiwilligkeit ferner BGHR StGB § 31 I, Freiwilligkeit 1, 2, 3.

2 Insoweit zustimmend *Bottke* Methodik S. 340, der aber im Übrigen die analoge Anwendbarkeit der einzelnen Rücktrittsvorschriften des BT prüft und zu differenzierenden Lösungen gelangt (S. 340 ff, 614 ff); im Sinne einer Einzelfallbewertung auch *Thalheimer* Vorfeldstrafbarkeit S. 215 f.

möglich[3] (vgl. Begründung zum E 1962, S. 155): Denn einen gescheiterten Versuch kann man nicht „aufgeben"; nicht einmal eine Strafbefreiung nach § 31 Abs. 2 kommt in Betracht, weil der Anstifter sich nicht ernsthaft um eine Tatverhinderung bemühen kann, wenn er weiß, dass gar keine Tatbegehung droht.[4] Die dritte Konstellation schließlich ergibt sich, wenn der Anstiftungsversuch Erfolg hat, der präsumtive Täter also einen Tatentschluss fasst; dann kann der Anstifter sich Straflosigkeit nur dadurch verdienen, dass er die Gefahr der Tatbegehung abwendet, indem er z. B. den Tatentschlossenen von seinem Vorhaben wieder abbringt (RGSt **56** 210; **70** 295), das Opfer rechtzeitig warnt (RGSt **38** 225) oder die Polizei zu Hilfe ruft. Auch ein Unterlassen kann genügen, wenn es die Tatausführung unmöglich macht (BGHSt **4** 200 f m. Anm. *Maurach* GA **1954** 119: Die Partei benennt den von ihr zur Falschaussage aufgeforderten Zeugen schließlich doch nicht; ferner BGH NStZ-RR **1997** 289).

4 Die Differenzierung von Versuchsaufgabe und Gefahrabwendung, durch die sich § 31 Abs. 1 Nr. 1 vom früheren § 49a Abs. 3 Nr. 1 unterscheidet, bringt allerdings viele und vom Gesetzgeber ungelöste **Zweifelsfragen** mit sich. So bleibt zunächst unklar, ob die „Gefahr, daß der andere die Tat begeht", vom Tatentschluss des präsumtiven Täters abhängig gemacht werden soll. Die Begründung des E 1962 scheint eine solche Annahme zu stützen, wenn sie die Einfügung des Aufgabe-Kriteriums neben dem Abwendungspostulat auf den Einwand zurückführt, „daß im Grunde eine Handlung erst dann verhindert werden könne, wenn der Angestiftete einen Entschluß gefaßt, die Anstiftung insoweit also Erfolg gehabt hat" (S. 155). Richtig wäre eine solche These aber nicht, weil der Gesetzeswortlaut nur eine „etwa bestehende Gefahr" verlangt, die auch dann gegeben sein kann, wenn der Aufgeforderte noch schwankt oder der Brief des Anstifters ihn noch nicht einmal erreicht hat. In solchen Fällen kann sinnvollerweise nur ein aktiv hinderndes Tätigwerden zur Straflosigkeit führen. Man kann daher sagen, dass ein Tatentschluss zwar ein besonders wichtiges Gefahrindiz begründet, dass aber auch vorher schon eine Gefahr der Tatbegehung bestehen kann und dass ein freiwilliger Rücktritt dann stets deren Abwendung durch den Anstifter voraussetzt.[5] Wenn also der Anstiftungsbrief abgeschickt ist oder der mündlich Aufgeforderte noch schwankt, so wird der Anstifter durch bloßes Aufgeben auch dann nicht straffrei, wenn der präsumtive Täter später eine Tatbegehung ablehnt. Denn vor der Ablehnung bestand eine Gefahr, deren Abwendung durch den Anstifter für einen freiwilligen Rücktritt nötig gewesen wäre; nach Ablehnung fehlt zwar jede Gefahr, aber das endgültige Scheitern des Anstiftungsversuchs schließt den Rücktritt aus.

5 Sehr strittig ist weiter die Frage, ob das Bestehen einer Gefahr **objektiv oder nach der Vorstellung des Anstifters** zu beurteilen ist. In der Begründung des E 1962 (S. 155) heißt es, es komme „lediglich darauf an, ob eine solche Gefahr in Wirklichkeit besteht. Verkennt der Anstifter, wenn auch entschuldbar, ihr Vorhandensein und bleibt er aus diesem Grunde untätig, so tritt Straffreiheit nicht ein". Das Schrifttum hat diese Ansicht teils gebilligt,[6] teils abgelehnt.[7] Praktische Bedeutung erlangt der Streit in Konstellationen wie der folgenden: Der Anstifter hat den präsumtiven Täter zur Tatbegehung aufgefordert; der Aufgeforderte hat aber noch keinen Tatentschluss gefasst und wird dies nach Auffassung des Anstifters ohne erneute und intensivierte Anstiftungsbemühungen auch nicht tun. Der Anstifter gibt nunmehr freiwillig weitere Bestimmungsbemühungen auf, will also die Sache auf sich beruhen lassen. In Wirklichkeit ha-

---

**3** Zur Abgrenzung von fehlgeschlagenem und unbeendetem Anstiftungsversuch vgl. BGHR § 31 Abs. 1, Freiwilligkeit 3; vgl. auch BGH NStZ **1997** 260; **2002** 311; BGH StV **2003** 217.

**4** Weitere Fälle des fehlgeschlagenen Beteiligungsversuchs bei *Bottke* Rücktritt S. 21 ff.

**5** Vgl. dazu *Herzberg* NJW **1991** 1637.

**6** *Busch* LK[9] § 49a Rdn. 45; *Dreher/Tröndle*[52] Rdn. 4 (anders jetzt *Fischer* Rdn. 3); *Maurach/Gössel/*Zipf[7] § 53 Rdn. 62.

**7** *Hoyer* SK Rdn. 9; *Jescheck/Weigend* § 65 IV 2; Sch/Schröder/*Heine/Weißer* Rdn. 3; Lackner/Kühl/*Kühl* Rdn. 3; *Herzberg* JZ **1989** 114; *Roxin* AT II § 28 Rdn. 95; wohl auch *Joecks* MK Rdn. 8. *Bottke* Rücktritt S. 54 ff verlangt zwar prinzipiell eine dem Gesetzeswortlaut entsprechende objektive Auslegung, kommt aber zum selben Ergebnis wie die subjektive Interpretation, indem er das Aufhören des Anstifters, der die Gefahr für gebannt hält, als „ernsthaftes Bemühen" i. S. des § 31 Abs. 2 beurteilt.

ben aber die anfänglichen Aufforderungen doch nachgewirkt und den präsumtiven Täter zu seinem Tatentschluss bewegt. Gleichwohl gelangt die Tat nicht ins Versuchsstadium, weil der zur Ausführung bereite Täter wegen der bei den Vorbereitungen sich ergebenden Schwierigkeiten den Plan wieder aufgibt. Vom Standpunkt der objektiven Auffassung aus bestand hier eine Gefahr, die der Anstifter hätte abwenden müssen; da er dies nicht getan (sondern sich mit dem Aufhören begnügt) hat und da auch § 31 Abs. 2 nicht eingreift, bleibt er wegen versuchter Anstiftung strafbar. Nach der subjektiven Auffassung dagegen tritt Straflosigkeit ein. Denn aus der Sicht des Anstifters bestand keine Gefahr der Tatbegehung, so dass er sich durch die Aufgabe weiterer Versuchshandlungen Straffreiheit verdienen konnte. Diese **subjektive Lehre** verdient den **Vorzug.**

6 Erstens nämlich kann der Anstifter, wenn das Gesetz ihm verschiedene Verhaltensalternativen (Aufgeben oder Abwenden) anbietet und ihre Wahl an abweichende Voraussetzungen knüpft, die Entscheidung der Natur der Sache nach nur nach dem Maße seiner Erkenntnis, also danach treffen, ob *er* eine Gefahr der Tatbegehung sieht. Wenn es darauf nicht ankommen soll, fehlt ihm jeder Orientierungspunkt, und der Anstifter müsste vorsichtshalber *immer* Verhinderungsbemühungen vornehmen, wie es dem Wortlaut des früheren § 49a Abs. 3 Nr. 1 entsprach; das aber ist mit dem Gesetzestext nicht zu vereinbaren. Richtigerweise heißt es deshalb bei Sch/Schröder/*Heine*/*Weißer* Rdn. 5, dass „der Normappell, die Tat zu verhindern, vernünftigerweise nur daran orientiert werden kann, welche Vorstellungen der Täter nach § 30 Abs. 1 vom ... Erfolg seiner bisherigen Beeinflussungstätigkeit hatte".

7 Zweitens ermöglicht es nur die subjektive Auffassung, § 31 Abs. 1 Nr. 1 mit den sonst geltenden Regeln über die Abgrenzung von unbeendetem und beendetem Versuch in Einklang zu bringen. Denn ein unbeendeter Versuch, bei dem schon die freiwillige Aufgabe weiterer Bemühungen zur Straflosigkeit führt, setzt voraus, dass der Handelnde **nach Maßgabe seiner Vorstellungen** zur Erfolgsherbeiführung noch weitere, eigene Bemühungen für erforderlich hält, während ein beendeter Versuch, bei dem die Straffreiheit von freiwilligen Abwendungsbemühungen abhängt, anzunehmen ist, wenn der Täter **subjektiv** alles zur Deliktsherbeiführung Notwendige getan zu haben glaubt. Geht man nun davon aus, dass die Variante des „Aufgebens" in § 31 Abs. 1 Nr. 1 den unbeendeten Bestimmungsversuch kennzeichnet, so führt es zu ungereimten Ergebnissen, wenn man die Abgrenzung hier anders als sonst in der Versuchslehre nach rein objektiven Gesichtspunkten vornimmt. Der Anstifter wird dann, wie *Samson* (SK[6] Rdn. 11) zutreffend argumentiert, „schlechter behandelt als ein Täter, der nicht bemerkt, dass er bereits alles Erforderliche getan hat, freiwillig nicht weiterhandelt und dessen an sich zur Erfolgsherbeiführung geeignete Handlungskausalität wider Erwarten nicht zum Erfolg führt. Wenn bei ihm strafbefreiender Rücktritt vom unbeendeten Versuch anzunehmen ist, dann muss das Gleiche auch für den Anstifter in der vergleichbaren Situation gelten."[8]

8 Drittens schließlich ergibt sich aus § 31 Abs. 2 unzweideutig, dass der Gesetzgeber beim beendeten Versuch subjektiv abgrenzt: Wer irrig eine Gefahr der Tatbegehung annimmt, obwohl der präsumtive Täter zur Ablehnung fest entschlossen ist, und nun freiwillig und ernsthaft um die Gefahrabwendung bemüht ist, erwirbt Straffreiheit, obwohl objektiv nichts abzuwenden oder zu verhindern ist. Was aber dem beendeten Versuch recht ist, sollte dem unbeendeten billig sein. Der aus der früheren Gesetzesfassung übernommene § 31 Abs. 2 ist ausschließlich auf den beendeten Versuch zugeschnitten, weil der alte § 49a Abs. 3 Nr. 1 nur den beendeten Versuch erwähnt hatte; für den unbeendeten Versuch kann dasselbe Ergebnis jetzt dadurch erzielt werden, dass man das Urteil über die „etwa bestehende Gefahr" von der Vorstellung des Anstifters abhängig macht.

9 Somit ergibt sich, dass dem § 31 Abs. 1 Nr. 1 die Unterscheidung zwischen fehlgeschlagenem, unbeendetem und beendetem Versuch zugrunde liegt, die für den Anstifter genauso wie

8 Nicht so dezidiert jetzt *Hoyer* SK Rdn. 2 (m. w. N.).

für den Täter gültig ist:[9] Wer seinen Bestimmungsversuch für endgültig gescheitert hält, kann nicht mehr zurücktreten (fehlgeschlagener Anstiftungsversuch); wer mit dem Bestimmungsversuch begonnen hat, aber beim augenblicklichen Stand seiner Beeinflussungsbemühungen eine Gefahr der Tatbegehung nicht für gegeben hält, erwirbt sich durch freiwillige Aufgabe Straflosigkeit (unbeendeter Anstiftungsversuch); wer schon aufgrund seiner bisherigen Aufforderungen eine Tatbegehung für bevorstehend hält oder auch nur als möglich in Rechnung stellt, kann nur durch freiwillige Gefahrabwendung (§ 31 Abs. 1 Nr. 1) oder ein freiwilliges und ernsthaftes Bemühen darum (§ 31 Abs. 2) Straffreiheit erlangen (beendeter Anstiftungsversuch).

10 Das alles setzt freilich voraus, dass der Täter die Tat nicht begangen hat und auch nicht ins Versuchsstadium eingetreten ist. Wenn das Geschehen dagegen nicht im Vorbereitungsstadium verbleibt, ist die Frage, ob der Bestimmende wegen Anstiftung zur vollendeten (bzw. versuchten) Tat zu bestrafen ist, nach den allgemeinen Regeln der Dogmatik von Versuch und Rücktritt zu beantworten (ebenso *Hoyer* SK Rdn. 1; *Roxin* AT II § 28 Rdn. 97). Um ein Problem des § 31 handelt es sich dann *nicht* mehr. Denn wenn es in § 31 heißt: „nach § 30 wird nicht bestraft, wer ...“, so wird damit klargestellt, **dass § 31 nur eine Bestrafung nach § 30 ausschließen kann,** nicht aber die Straflosigkeit einer über den Anstiftungsversuch hinausgehenden Tätigkeit anordnet.

11 Danach kann ein strafbefreiender Rücktritt mit Sicherheit nicht in Betracht kommen, wenn der **Erfolg**, ohne dass der Anstifter dies weiß, schon **eingetreten** ist.[10] Wenn also der Anstifter weitere von ihm für erforderlich gehaltene Beeinflussungsversuche zu einem Zeitpunkt einstellt, da der Täter infolge der früheren Bestimmungsbemühungen die Tat schon ausgeführt hat, ist keine Strafbefreiung möglich. Denn bereits *vor* dem Moment des Aufhörens liegt – wobei die Kausalabweichung unwesentlich und unbeachtlich ist – eine Anstiftung zum vollendeten Delikt vor, von der es kein Zurück mehr gibt. Wenn andererseits der Anstifter *vor* der Tatbegehung weitere Handlungen in der Annahme aufgibt, dass noch keine Gefahr der Tatbegehung bestehe, der Täter aber erst nach dieser „Aufgabe“ aufgrund der ursprünglichen Anstiftungshandlung die Tat ausführt, will *Eser*[11] einen strafbefreienden Rücktritt zulassen. Die h. M.[12] nimmt auch in diesem Fall eine Anstiftung zur vollendeten Tat an. Für diese Auffassung spricht der Umstand, dass nach §§ 24 Abs. 1 Satz 2, 31 Abs. 2 beim beendeten Versuch Rücktrittsbemühungen nicht zur Straffreiheit führen, wenn der Erfolg trotzdem aufgrund der Täter- oder Anstifterhandlung eintritt; es wäre ein Widerspruch, wenn man beim unbeendeten Versuch anders verführe. Insofern entscheidet also der *objektive* Umstand, dass die Anstiftungshandlung nicht zur Tatbegehung geführt haben darf, über die Möglichkeit eines strafbefreienden Rücktritts. Vielleicht hat die Begründung des E 1962 (S. 155, vgl. oben Rdn. 3) diese Konstellation im Auge gehabt, als sie in zu weitgehender Weise das Bestehen einer Gefahr i. S. des § 31 Abs. 1 Nr. 1 generell objektiv bestimmen wollte. Im Übrigen muss zu den komplizierten Streitfragen, die sich im Rahmen des § 24 ergeben, auf die Erläuterungen zu dieser Bestimmung verwiesen werden.

12 Nicht ganz zweifelsfrei ist ferner die Frage, ob die Gefahr, deren Abwendung vom Anstifter verlangt wird, von ihm selbst verursacht sein muss. Der Gesetzeswortlaut, der nur „eine“ und nicht „eine von ihm verursachte Gefahr“ nennt, scheint auf die Ursächlichkeit verzichten zu wollen. Die Begründung des E 1962 (S. 155; ebenso *Busch* LK[9] § 49a Rdn. 45) spricht jedoch nur

---

**9** Zur subjektiven Abgrenzung von fehlgeschlagenem, unbeendetem und beendetem Versuch eines Alleintäters vgl. *Bottke* Methodik S. 353 ff, 407 ff; *Lilie/Albrecht* LK[12] § 24 Rdn. 84 ff, 140 ff; *Roxin* AT II § 30 Rdn. 163 ff.

**10** Mit weiterführenden Überlegungen zustimmend *Herzberg* JZ **1989** 119.

**11** Vgl. Sch/Schröder/*Eser/Bosch* § 24 Rdn. 24, 82; *Eser* II Nr. 33 Rdn. 47 ff.

**12** Vgl. nur *Jäger* SK § 24 Rdn. 53; *Jescheck/Weigend* § 51 III 3; *Lilie/Albrecht* LK[12] § 24 Rdn. 75 ff; *Schmidhäuser* § 11 Rdn. 73; *Stratenwerth/Kuhlen* AT § 11 Rdn. 81. Ausführlich und differenzierend *Bottke* Rücktritt S. 64 ff, der den misslungenen Rücktritt als Zurechnungsproblem auffasst und dadurch zu gewissen Differenzierungen kommt. Vgl. ferner *Bottke* Methodik S. 538 ff, der bei einem misslungenen Rücktritt vom Versuch (eines Täters oder Anstifters) den subjektiven Zurechnungszusammenhang für unterbrochen hält und lediglich wegen Versuchs (versuchter Anstiftung), u. U. konkurrierend mit einem Fahrlässigkeitsdelikt, bestrafen will.

von dem Fall, dass „der Anstiftungsversuch bereits die Gefahr der Tatbegehung herbeigeführt hat", so dass eine Absicht des Gesetzgebers, vom Anstifter auch die Abwendung fremd verursachter Gefahren zu verlangen, nicht angenommen werden kann. Die Beschränkung der Abwendungspflicht auf selbst verursachte (d. h. mindestens mitverursachte) Gefahren ist auch angemessen;[13] denn sie entspricht dem Grundsatz, dass jeder nur für die Folgen seines eigenen Tuns und nicht für Gefahren verantwortlich ist, an deren Entstehung er nicht beteiligt war.

Das Problem wird praktisch bei der versuchten Anstiftung eines **omnimodo facturus**. Hier 13 ergeben sich auf der geschilderten Grundlage folgende Konstellationen: Wenn der Anstifter erkennt, dass er einem omnimodo facturus gegenübersteht, so liegt ein fehlgeschlagener Anstiftungsversuch vor, von dem kein Rücktritt möglich ist;[14] nicht einmal die Abwendung des Erfolges kann hier noch helfen, weil der erkannte Fehlschlag die Grundvoraussetzung des § 31 Abs. 1 Nr. 1 (von der auch § 31 Abs. 2 ausgeht), das „Aufgeben" des Versuches, blockiert. Glaubt hingegen der Anstifter, der einen omnimodo facturus brieflich und in Unkenntnis von dessen Tatentschlossenheit zur Verbrechensbegehung auffordert, er müsse, nachdem der Aufgeforderte nicht antwortet, seine Bestimmungsbemühungen noch fortsetzen, so kann er schon durch freiwilliges Aufgeben weiterer Beeinflussungshandlungen Straffreiheit nach § 31 Abs. 1 Nr. 1 erlangen, denn es liegt ein unbeendeter Versuch vor, bei dem das bloße Aufgeben zur Straffreiheit führt (Rdn. 5 ff). Auch wenn die Tat begangen wird, kommt eine Strafbarkeit wegen Anstiftung oder versuchter Anstiftung nicht in Betracht; höchstens kann eine psychische Beihilfe anzunehmen sein, wenn die Aufforderung den Täter in seinem Tatentschluss bestärkt hat. Meint schließlich der Anstifter, den Tatentschluss herbeigeführt zu haben, während der Täter in Wirklichkeit bereits vorher entschlossen war, so bedarf es zum strafbefreienden Rücktritt auch im Falle der Tatbegehung keiner Gefahrabwendung (weil es an der Eigenverursachung fehlt); vielmehr genügt gemäß § 31 Abs. 2 sein freiwilliges und ernsthaftes Bemühen, die Tat zu verhindern, um die Strafbarkeit des Anstiftungsversuchs auszuschließen (denn die Tat ist „unabhängig von seinem früheren Verhalten begangen"). Hat der Anstifter die Tatbegehung mitverursacht (z. B. zusammen mit einem anderen Anstifter), so setzt § 31 Abs. 1 Nr. 1 allerdings die Abwendung der gesamten Begehungsgefahr (und nicht nur die Rückgängigmachung des eigenen Tatbeitrages) voraus; doch genügt bei Tilgung der eigenen Kausalität ein freiwilliges und ernsthaftes Bemühen um die Verhinderung der Gesamttat für eine Straffreiheit nach § 31 Abs. 2, weil die Tat dann unabhängig vom früheren Verhalten des Anstifters begangen wird (*Samson* SK[6] Rdn. 8; anders jetzt *Hoyer* SK Rdn. 11).

Auch bei der **Kettenanstiftung** ist die Rücktrittsfrage mutatis mutandis nach den oben 14 dargelegten Regeln zu behandeln (ausführlich *Kroß* Jura **2003** 252 f). Bemerkt der Anstifter also, dass der Aufgeforderte sein Ansinnen, weitere Anstiftungshandlungen vorzunehmen, definitiv zurückweist, so ist der Anstiftungsversuch gescheitert und kein Rücktritt mehr möglich; dasselbe gilt, wenn er erfährt, dass ein entfernteres Glied in der Kette weitere Anstiftungshandlungen oder die Tatbegehung verweigert hat. Glaubt der erste oder ein späterer Anstifter, zur Hervorrufung eines Tatentschlusses bei dem von ihm Aufgeforderten noch Weiteres tun zu müssen, so genügt, wenn die Tat (aus welchem Grund auch immer) unterbleibt, ein freiwilliges Aufhören zur Erlangung der Straffreiheit nach § 31 Abs. 1 Nr. 1; es liegt dann ein Rücktritt vom unbeendeten Versuch vor. Wird das Delikt freilich aufgrund der Beeinflussungsversuche des Anstifters entgegen seiner Erwartung doch versucht oder begangen, so ist eine strafbare Anstiftung zum versuchten oder vollendeten Delikt anzunehmen. Erkennt der Anstifter, dass seine Beeinflussungsbemühungen eine Gefahr der Tatbegehung geschaffen haben, so muss er zur Erlangung von Straffreiheit die Tat verhindern (bzw. im Falle des § 31 Abs. 2 sich ernstlich und freiwillig

---

**13** *Bottke* Rücktritt S. 54; *Hoyer* SK Rdn. 11; Sch/Schröder/*Heine*/*Weißer* Rdn. 4.

**14** So auch Sch/Schröder/*Heine*/*Weißer* Rdn. 4; *Hoyer* SK Rdn. 5; Maurach/Gössel/Zipf/*Renzikowski* § 53 Rdn. 153; nach *Maurach*/*Gössel*/Zipf[7] § 53 Rdn. 68 soll jedoch im Falle des omnimodo facturus „die Strafbarkeit der fehlgeschlagenen Anstiftung durch ernsthaftes, wenn auch erfolgloses Bemühen um Tatverhinderung" nach § 31 Abs. 2 aufgehoben werden. **Anders** auch *J.-D. Busch* S. 196 und *Zaczyk* NK Rdn. 3.

darum bemühen). Das kann gemäß § 31 Abs. 1 Nr. 1 entweder dadurch geschehen, dass er die Kette der Anstiftung durch Umstimmung eines ihrer Glieder an irgendeiner Stelle abschneidet, oder auch noch dadurch, dass der Anstifter den präsumtiven Täter vom Eintritt ins Versuchsstadium abbringt. Gelingt dies nicht, so kann jeder Anstifter in der Kette immer noch Straffreiheit erlangen, indem er die Vollendung der Tat im Versuchsstadium verhindert (etwa durch Einschaltung der Polizei oder Warnung des Opfers). Aber es liegt dann eine Anstiftung zum Versuch vor, bei der sich der Rücktritt nicht nach § 31, sondern nach § 24 Abs. 2 Satz 1 richtet.[15]

## III. Der Rücktritt von der Bereiterklärung (§ 31 Abs. 1 Nr. 2)

15 Nach § 31 Abs. 1 Nr. 2 genügt es für die Straffreiheit eines Sich-bereit-Erklärenden, dass dieser freiwillig „sein Vorhaben aufgibt“. Das ist prinzipiell unproblematisch und kaum der Erklärung bedürftig. Denn beide Erscheinungsformen des Sich-bereit-Erklärens, die Annahme einer Anstiftung und das Sich-Erbieten (dazu näher *Schünemann/Greco* LK § 30 Rdn. 87 ff), gleichen sich darin, dass sie die Bekundung des Deliktsbegehungswillens durch den präsumtiven Täter unter Strafe stellen; und wie der Täter eines unbeendeten Versuchs nach § 24 braucht der noch im Vorbereitungsstadium verharrende Täter, da er das Geschehen allein in der Hand hat, nur aufzugeben, um jede Gefahr für das Rechtsgut auszuschließen.[16]

16 Eine Schwierigkeit, die beim unbeendeten Versuch des § 24 nicht auftritt, liegt aber darin, wie die Aufgabe des Vorhabens **festgestellt** werden soll. Denn während beim Versuchstäter die Aufgabe durch den Abbruch der auf die Deliktsvollendung hinzielenden Tätigkeit sichtbar wird, besteht, wenn jemand sich lediglich bereit erklärt und sonst noch nichts unternommen hat, die Aufgabe in einem bloßen inneren Entschluss, der gerichtlicher Feststellung schwer zugänglich ist und vom Beschuldigten leicht vorgetäuscht werden kann. Die entsprechende Vorschrift des früheren § 49a Abs. 3 Nr. 3 hatte deshalb für die Gewährung des Rücktrittsprivilegs einen freiwilligen Widerruf der Bereiterklärung verlangt. Dieses Widerrufserfordernis ist schon bei den Beratungen, die zum E 1962 geführt haben, nach dem Vorschlag der Sachbearbeiter des Bundesjustizministeriums aufgegeben worden. Für den Verzicht wurde geltend gemacht,[17] dass das Verlangen nach einem Widerruf unsachgemäß sei, „wenn der Rücktrittswillige den Adressaten für seine Rücktrittserklärung nicht kennt oder nicht erreichen kann“; ferner auch, dass, wenn der präsumtive Täter schon Vorbereitungshandlungen getätigt habe, „deren Abbruch über die bloße Erklärung seines Rücktritts hinaus von ihm gefordert werden muß“. Beides leuchtet ein und hatte in den ursprünglichen Vorschlägen der Sachbearbeiter zu einer Gesetzesfassung geführt, derzufolge der Sich-bereit-Erklärende sein Vorhaben „erkennbar“ aufgegeben haben müsse.[18] Über das Erkennbarkeits-Kriterium entspann sich jedoch in der Großen Strafrechtskommission eine Debatte, die schließlich zur Streichung auch dieses Merkmals führte. Die Mehrheit der Kommission meinte,[19] die Verwendung des Wortes „erkennbar“ berge „die Gefahr einer falschen Auslegung im Sinne einer Beweislastregel“; schon aus dem Wort „aufgibt“ gehe hervor, „daß die Aufgabe des Versuchs nach außen hervorgetreten sein“ müsse. Immerhin wurde dem Kommissionsbeschluss,[20] der den Wortlaut des heutigen § 31 Abs. 1 Nr. 2 vorschlug, eine Fußnote beigefügt, derzufolge in der amtlichen Begründung klargestellt werden sollte, unter welchen Voraussetzungen die Aufgabe des Vorhabens angenommen werden kann. Diesem Verlangen trägt die Begründung des E 1962 (S. 155) mit dem Satz Rechnung, es genüge, „daß der Zurücktretende ... in einer nach außen erkennbaren Weise sein Vorhaben aufgibt“.

---

15 In allen wesentlichen Punkten übereinstimmend Sch/Schröder/*Heine*/*Weißer* Rdn. 6.

16 Vgl. zu einem Fall solcher Art BGHR StGB § 31 I, Aufgeben 1; OLG Hamm NStZ-RR **1997** 133.

17 Niederschriften, Bd. 2, S. 120, 123; ähnlich die Begründung zum E 1962, S. 155.

18 Niederschriften, Bd. 2, S. 120 f, S. 124.

19 Niederschriften, Bd. 2, S. 354.

20 Niederschriften, Bd. 2, S. 130.

Die Gesetzesverfasser haben also einerseits die Aufstellung einer Beweislastregel vermieden, andererseits aber die Praxis dazu anhalten wollen, das Straffreiheitsprivileg nur bei einem „nach außen erkennbaren" Aufgabeentschluss zu gewähren. Sie haben dieses Ziel jedoch nicht erreicht, und es ist auch nicht erreichbar. Denn wenn man das Erkennbarkeits-Merkmal als Beweislastregel verstehen kann, hängt eine solche Interpretation nicht davon ab, ob ein solches Erfordernis im Gesetz steht oder dem Richter nur in seiner Begründung als Auslegungsergebnis angeboten wird. In der Sache würde ein solches Merkmal zwar keine Beweislastregel, aber doch eine Beweisregel darstellen; denn da der materielle Grund der Straffreiheit nur in der Aufgabe des Tatentschlusses und nicht in ihrer Erkennbarkeit liegt, würde die Bindung der Straffreiheit an die Erkennbarkeit dazu führen, dass der Richter vom Fortbestehen des Deliktsbegehungswillens auszugehen hätte, solange dessen etwaige Aufgabe nicht nach außen erkennbar geworden ist. Eine solche Deutung, wie sie wohl beabsichtigt war, ist aber mit dem heutigen Gesetzestext nicht zu vereinbaren. Denn dieser knüpft die Straffreiheit ausschließlich an die freiwillige Aufgabe und bietet für das zusätzliche Erfordernis der Erkennbarkeit keinerlei Anhaltspunkte. Die Meinung der Kommissionsmitglieder, schon aus dem Worte „aufgibt" gehe hervor, dass die Aufgabe „nach außen hervorgetreten sein" müsse, ist irrig; denn ein innerer Entschluss und seine Erkennbarkeit nach außen sind zweierlei und keineswegs notwendig miteinander verbunden. Eine die freie Beweiswürdigung einschränkende Beweisregel darf auch nicht ins Gesetz hineininterpretiert, sondern müsste vom Gesetzgeber angeordnet werden. Da dies nicht geschehen ist, wird man nach geltendem Recht davon ausgehen müssen, dass schon die nicht verlautbarte **innere Aufgabe** des Tatentschlusses im Falle der Freiwilligkeit zur Straffreiheit nach § 31 Abs. 1 Nr. 2 führt;[21] ob eine solche Aufgabe anzunehmen oder mindestens nicht auszuschließen ist, hat allein der Richter nach seiner freien Überzeugung zu entscheiden. 17

Sch/Schröder/*Heine*/*Weißer* Rdn. 8 meinen, diese auch von ihnen für allein mit dem Gesetz als vereinbar angesehene Regelung stelle „die Praktikabilität der Rücktrittsregelung in § 31 I Nr. 2" sehr in Frage, weil „eine Rücktrittsleistung, die sich in der inneren Willensänderung des ursprünglich Tatbereiten erschöpft, objektiv idR schwer nachprüfbar ist". Diese Bedenken sind nicht ganz unbegründet. Doch wird sich die Beweiswürdigung immerhin auch bei mangelnder Verlautbarung des Aufgabeentschlusses in den meisten Fällen auf objektive Indizien stützen können. So deutet, wenn der sich bereit Erklärende schon Vorbereitungen zur Tatausführung unternommen hat, deren Abbruch auf eine Aufgabe hin. Sind noch keine Vorbereitungen unternommen, so kann schon die Untätigkeit für eine Tatplanaufgabe sprechen, wenn nach der Bereiterklärung wenigstens vorbereitende Aktivitäten zu erwarten gewesen wären. Die übrigbleibenden Schwierigkeiten sind nicht wesentlich größer als die, die auch sonst beim Beweise innerer Tatsachen auftreten können. 18

## IV. Der Rücktritt von der Verabredung oder der Annahme eines Erbietens (§ 31 Abs. 1 Nr. 3)

Einen strafbefreienden Rücktritt von der Verabredung sieht § 31 Abs. 1 Nr. 3 nur in der Form vor, dass der präsumtive (Mit-)Täter die **Tat verhindert**; das entspricht der Regelung des früheren § 49a Abs. 3 Nr. 2. Der Gesetzgeber will – genau wie in § 24 Abs. 2 (siehe BGHR StGB § 31 Abs 1 Untätigbleiben 2) – bei der Beteiligung mehrerer jeden einzelnen auch für das Verhalten der übrigen Komplottanten verantwortlich machen und ihm Straffreiheit nicht schon dafür gewähren, dass er selbst sich aus dem Komplott zurückzieht und seinen Tatbeitrag rückgängig macht. Vielmehr soll er auch den oder die übrigen vom Tatentschluss abbringen oder sonst die Tat 19

21 So auch BGH NStZ **2011** 570 (Rdn. 23 ff) m. Bspr. *Weigend* NStZ **2011** 572; *Rotsch* ZJS **2012** 688, 689 und *Reinbacher* NStZ-RR **2012** 40. Wie hier noch *Bottke* Rücktritt S. 48; Sch/Schröder/*Heine*/*Weißer* Rdn. 8; *Jakobs* AT § 27 Rdn. 17; *Joecks* MK Rdn. 19 f; *Küper* JR **1984** 272, Fn. 35; *Zaczyk* NK Rdn. 7. Für die Notwendigkeit einer nach außen erkennbaren Aufgabe **dagegen** *Hoyer* SK Rdn. 15; *Jescheck*/*Weigend* § 65 IV 2; Lackner/Kühl/*Kühl* Rdn. 4.

verhindern. Gelingt ihm dies nicht, so ist ein Rücktritt nach § 31 Abs. 1 Nr. 3 nicht möglich; doch erwirbt der Komplottant bei freiwilligem und ernsthaftem Bemühen um eine Verhinderung der Tat Straffreiheit nach § 31 Abs. 2, wenn die Tat „unabhängig von seinem früheren Verhalten begangen" wird. Eine solche Unabhängigkeit wird, wenn der sich zurückziehende Komplottant den oder die übrigen ursprünglich angestiftet hatte, kaum vorliegen können, wohl aber dann, wenn der später wieder Abspringende von einem omnimodo facturus angeworben worden war. Vgl. zum Ganzen die Begründung des E 1962, S. 155 f.

20 Das Erfordernis der Tatverhinderung bedeutet zwar in der Regel, aber nicht notwendig, dass der sich zurückziehende Komplottant über den eigenen Rückzug hinaus **aktiv** hindernd **tätig** werden muss.[22] Wenn der Komplottant weiß, dass die Tat ohne ihn nicht begangen werden kann (z. B. weil er allein zur Öffnung des Tresors in der Lage ist oder die übrigen den Aufenthalt des potentiellen Opfers nicht kennen), verhindert er schon durch sein bloßes Ausscheiden und Untätigbleiben die Tat (vgl. BGH GA **1974** 243 zu § 49a Abs. 4 a. F. m. Anm. *Blei* JA **1974** 675 f, wo eine Verhinderung nur deshalb abzulehnen war, weil das Opfer ohnehin von einem anderen Komplottanten gewarnt worden war; BGH NStZ-RR **1997** 289). Es liegt dann im Rücktrittsbereich dieselbe Situation vor, wie sie in der Entscheidung BGHSt **18** 160 (dazu *Schünemann/Greco* LK § 30 Rdn. 22, 64) schon im Augenblick der Verabredung gegeben war: So, wie sich nicht strafbar verabredet, wer nur zum Schein mitwirkt und weiß, dass die Tat ohne ihn nicht begangen werden kann, ist nach § 31 Abs. 1 Nr. 3 ebenso derjenige straflos, der erst später den Deliktsbegehungswillen in dem Bewusstsein aufgibt, dass damit allen Beteiligten die Ausführung unmöglich wird. Eine Verhinderung liegt aber auch dann schon vor, wenn jemand sich von seinen Mitverschwörern in der zutreffenden Meinung löst, sie würden nicht wagen, den Verbrechensplan ohne ihn auszuführen.[23]

21 Wird in einem solchen Fall freilich das Delikt entgegen der Erwartung des Ausscheidenden doch begangen, so ist er in aller Regel zu bestrafen. Zwar scheidet eine Mittäterschaft aus, weil der Komplottant, der sich zurückgezogen hat, nicht an der Tatherrschaft teilhat. Wenn die Verabredung in Form einer (sei es auch wechselseitigen) Anstiftung erfolgt ist, liegt aber eine Anstiftung zur vollendeten Tat vor (vgl. Rdn. 10 f). War der nicht Ausgeschiedene ein omnimodo facturus und hat der Ausscheidende dies gewusst, so bleibt er wegen Verabredung strafbar, wenn der andere nun die Tat ohne ihn ausführt; denn weder hat er die Tat nach § 31 Abs. 1 Nr. 3 verhindert, noch kann man sein Ausscheiden als „ernsthaftes Bemühen" im Sinne des § 31 Abs. 2 ansehen. Eine Straffreiheit kommt bei Begehung der Tat höchstens dann in Betracht, wenn der sich Zurückziehende nicht weiß, dass der andere ein omnimodo facturus war, und wenn er durch sein Ausscheiden die ganze Tat verhindert zu haben glaubt;[24] das Ergebnis hängt dann davon ab, ob man den eigenen Rückzug für ein „ernsthaftes Bemühen" nach § 31 Abs. 2 ausreichen lässt.

22 Schwierige **Probleme** wirft die Frage der Tatverhinderung auf, wenn einer der Mittäter sich von der Verabredung freiwillig zurückzieht und dadurch die Ausführung der Tat in der ursprünglich geplanten Form unmöglich macht, aber nicht verhindern kann, dass der zweite Mittäter den Plan später mit anderen Komplizen ausführt. Der BGH (NStZ **1992** 537) stellt mit Recht darauf ab, ob die spätere Ausführung noch mit der ursprünglich geplanten Tat identisch ist. „Ein Tatbeteiligter kann daher auch dann ohne weitere Verhinderungsbemühungen Straffreiheit erlangen, wenn nach Neutralisierung seines Tatbeitrages der ursprüngliche Handlungsplan in abgewandelter Form fortgeführt wird, das weitere Tatgeschehen jedoch hinsichtlich Objekt, Mittel oder sonstigen räumlich-zeitlichen Modalitäten so wesentlich von dem zunächst verabredeten Tatplan abweicht, daß es sich aus der Sicht des Zurücktretenden als Exzess des Tatausfüh-

---

**22** BGHSt **32** 133, 134; BGHR StGB § 31 I, Untätigbleiben 1.

**23** So auch BGHSt **32** 133; BGH JZ **1984** 290 m. Anm. *Kühl* JZ **1984** 292 zu beiden Urteilen; zur letztgenannten Entscheidung (im Wesentlichen **zust.**) *Küper* JR **1984** 265; BGHR StGB § 30 I, Verhindern 1. Im selben Sinne BGH NStZ-RR **1997** 289.

**24** So auch BGH NStZ **1987** 118.

renden darstellt." Etwas missverständlich ist daran nur die Subjektivierung. „Aus der Sicht des Zurücktretenden" ist der ursprüngliche Plan zu beurteilen, nicht aber, ob es sich bei der veränderten Form der Durchführung um einen Exzess handelt. Entsprechend liegt es in dem vom BGH entschiedenen Fall, in dem Bruder und Schwester sich zur gemeinschaftlichen Tötung des Vaters entschließen, der Bruder aber von der Tatbegehung Abstand nimmt, so dass die Schwester allein vorgehen muss. Um straffrei zu bleiben, müsse der ausscheidende „Mittäter" die Tat verhindern (BGH NStZ **1999** 449); die Frage eines Exzesses stellte sich hier nicht.

Ohne Behandlung der Exzessproblematik erwägt jedoch BGH NStZ **1987** 118 nur eine Anwendung der 2. Alternative des § 31 Abs. 2 („unabhängig von seinem früheren Verhalten") in einem Fall, in dem der Angeklagte als einer von drei Verabredeten zurückgetreten war, der zweite daraufhin ebenfalls aufgegeben und der dritte den zweiten erst später durch ein Geldgeschenk und die Anwerbung eines Ersatzmannes für den Angeklagten zurückgewonnen hatte. **23**

Auch bei der Annahme eines Erbietens verlangt der Gesetzgeber für die Straffreiheit die freiwillige Verhinderung der Tat. Obwohl die Annahme eines Erbietens nur ein Spezialfall der versuchten Anstiftung ist (*Schünemann/Greco* LK § 30 Rdn. 94), gleichen sich also die Rücktrittsregelungen nicht. Während in § 31 Abs. 1 Nr. 1 u.U. schon die Aufgabe des Versuchs genügt, wird bei der Annahme eines Erbietens allemal die Tatverhinderung gefordert. Diese Differenzierung findet ihre Rechtfertigung darin, dass aus der zugrunde zu legenden Sicht dessen, der durch seine Annahme den Tatentschluss des Sich-Erbietenden auslösen will, immer die Gefahr der Tatbegehung besteht, ein bloßes Aufgeben also zu ihrer Beseitigung nie genügen kann; denn der Erklärungsempfänger hat ja durch sein Erbieten gezeigt, dass er bei einer Annahme des Erbietens die Tat begehen will. Das gilt selbst bei der (strafbaren) Annahme eines Schein-Erbietens (vgl. *Schünemann/Greco* LK § 30 Rdn. 100 ff); auch hier muss der Annehmende aktive Hinderungsbemühungen unternehmen, die dann zwar, weil es nichts zu verhindern gibt, nicht nach § 31 Abs. 1 Nr. 3, wohl aber nach § 31 Abs. 2 zur Straffreiheit führen. Im Übrigen gilt für den Rücktritt von der Annahme des Erbietens alles, was über den Rücktritt vom beendeten Anstiftungsversuch schon oben gesagt wurde; insoweit kann auf die Kommentierung zu § 31 Abs. 1 Nr. 1 (Rdn. 3 ff) verwiesen werden. **24**

## V. Das freiwillige und ernsthafte Bemühen (§ 31 Abs. 2)

§ 31 Abs. 2 betrifft den beendeten Versuch der Beteiligung (dazu *Hoyer* SK Rdn. 21; *Joecks* MK Rdn. 3). Die Bestimmung gewährt bei freiwilligem und ernsthaftem Bemühen um die Tatverhinderung auch dem Beteiligten, der die Tat nicht wirklich verhindert hat, Straffreiheit unter zwei alternativen Voraussetzungen: Die Tat muss entweder ohne Zutun des Zurücktretenden unterbleiben oder unabhängig von seinem früheren Verhalten begangen worden sein. Die schwierigsten Auslegungsprobleme bereitet der Begriff des „ernsthaften Bemühens". Hier ist insbesondere strittig, ob es für die „Ernsthaftigkeit" auf die subjektiven Vorstellungen des Zurücktretenden oder auf die objektive Geeignetheit seiner Bemühungen zur Tatverhinderung ankommt und ob diese Frage für die beiden Alternativen des Absatz 2 einheitlich oder unterschiedlich zu beantworten ist. Da jedoch diese Fragen nicht speziell den Rücktritt von Vorbereitungshandlungen, sondern den Beteiligtenrücktritt schlechthin betreffen und in § 31 Abs. 2 nicht anders als in § 24 Abs. 2 Satz 2 behandelt werden können, muss insoweit auf die Erläuterungen zu **§ 24** verwiesen werden.[25] **25**

Speziell für § 31 sind mehrere Entscheidungen von Belang, die zu dem wörtlich gleichlautenden § 49a Abs. 4 a.F. ergangen sind. In BGH GA **1965** 283 wird ausgesprochen, dass die „Nichteinhaltung einer Verabredung", also ein bloßes Untätigbleiben, in der Regel noch nicht als „ernsthaftes Bemühen" gelten kann; es wird vielmehr ein „tätiges Verhalten" vorausgesetzt. **26**

---

25 *Lilie/Albrecht* LK[12] § 24 Rdn. 321 ff; vgl. ferner *Bottke* Methodik S. 531 ff; speziell zur „Ernsthaftigkeit" nach § 31 Abs. 2 *ders.* Rücktritt S. 60 ff.

Eine Ausnahme davon gilt, wie BGH GA **1974** 243 f (vgl. schon Rdn. 20) klarstellt, allerdings dann, wenn der untätig bleibende Komplottant weiß, dass ohne ihn die Durchführung der Tat nicht möglich ist (die Ehefrau unterlässt es, ihren Ehemann an den Ort zu fahren, wo er verabredungsgemäß ermordet werden sollte; dieser ist aber schon von anderer Seite über das Komplott unterrichtet worden). BayObLG JR **1961** 269, 270 verlangt für ein ernsthaftes Bemühen, dass „der Reuige das zur Verhinderung des Verbrechens ihm Mögliche vollständig getan hat". Der Angeklagte hatte einen Zeugen zum Meineid angestiftet, den Meineid dann aber in der Hauptverhandlung durch einen Verzicht auf den von ihm benannten Zeugen zu verhindern versucht. Der Vorsitzende hatte gleichwohl die Vernehmung des Zeugen angeordnet, ohne dass der Angeklagte nun zur Verhinderung des Meineides noch weiteres unternommen hätte. Der Zeuge hatte jedoch aufgrund der Ermahnung des Richters die Wahrheit gesagt. Der Angeklagte wurde wegen versuchter Anstiftung zum Meineid bestraft, weil es nicht genüge, dass ein Beteiligter „nur zeitweise – wie hier – die Wirkung seiner Beeinflussung unschädlich machen will, dann aber untätig bleibt, obwohl er erkennt, daß die Vorbereitung des Verbrechens durch ihn fortwirkt und zur Begehung hinführt". Ähnlich, aber zweifelhaft, hat BGHSt **50** 142 den Fall entschieden, dass der Komplottant lediglich die Erteilung des erforderlichen Signals zur Tatausführung unterlässt.[26]

27 Für die **erste Alternative** des § 31 Abs. 2 („unterbleibt die Tat ohne Zutun des Zurücktretenden") kommen zwei Fallgruppen in Betracht. Die eine Möglichkeit ist die, dass jemand einen anderen zunächst erfolgreich anstiftet, dass dieser hernach aber nicht aufgrund der Abwendungsbemühungen des Anstifters, sondern aus anderen Gründen den Plan wieder aufgibt. Die andere Möglichkeit ist gegeben, wenn jemand irrtümlich einen anderen, der in Wahrheit gar keinen Tatentschluss gefasst hat, angestiftet zu haben glaubt und nachträglich ernsthafte Verhinderungsbemühungen unternimmt (BGHSt **50** 142).

28 Die **zweite Alternative** des § 31 Abs. 2 (die Tat wird unabhängig vom früheren Verhalten des Zurücktretenden begangen) bezieht sich auf den verhältnismäßig seltenen Fall, dass jemand einen anderen zur Tat bestimmt zu haben glaubt, dass dieser aber schon von sich aus entschlossen (omnimodo facturus) war[27] und sich auch durch die nachträglichen Bemühungen des vermeintlichen Anstifters nicht von der Tatbegehung abbringen lässt.[28] Schwierig zu beantworten ist die Frage, wie es sich auf die Anwendbarkeit des § 31 Abs. 2 auswirkt, wenn die Anstiftungshandlung zwar nicht zu einer Hervorrufung des Tatentschlusses geführt, den präsumtiven Täter jedoch in seinem Entschluss bestärkt hat, so dass der Bestimmungsversuch sich als psychische Beihilfe darstellt. Man wird davon ausgehen müssen, dass in diesem Falle die Begehung der Tat als solche vom Anstiftungsversuch unabhängig ist, so dass bei ernsthaften, aber vergeblichen Verhinderungsbemühungen keine Bestrafung wegen versuchter Anstiftung eintritt. Unabhängig davon kann freilich ggf. eine psychische Beihilfe zur vollendeten Tat vorliegen. Doch wird man, wenn der „Anstifter" sich um eine Verhinderung durch Umstimmung des präsumtiven Täters bemüht, die „Stärkung des Tatentschlusses" als rückgängig gemacht ansehen müssen, so dass es dann auch an einer Beihilfe fehlt.

---

**26** Hierzu auch *Kudlich* JA **2006** 91; *Kühl* NStZ **2006** 94 f; *Kütterer-Lang* JuS **2006** 206; *Mosenheuer* ZIS **2006** 100; *Puppe* JR **2006** 74.

**27** In diesem Sinne auch BGH NStZ **1987** 118.

**28** Vgl. zur Rücktrittsproblematik beim omnimodo facturus im Übrigen schon ausführlich Rdn. 13, 21.

# Sachregister






https://doi.org/10.1515/9783110300451-017